**图书在版编目（CIP）数据**

中国风险投资年鉴．2015－2016/中国风险投资研究院编著．—北京：中国发展出版社，2017.6

ISBN 978－7－5177－0682－3

Ⅰ．①中…　Ⅱ．①中…　Ⅲ．①风险投资—中国—2015－2016—年鉴
Ⅳ．①F832.48－54

中国版本图书馆CIP数据核字（2017）第110182号

书　　名：中国风险投资年鉴．2015－2016
著作责任者：中国风险投资研究院
出版发行：中国发展出版社
（北京市西城区百万庄大街16号8层　100037）
标准书号：ISBN 978－7－5177－0682－3
经　销　者：各地新华书店
印　刷　者：三河市东方印刷有限公司
开　　本：889mm×1194mm　1/16
印　　张：72.5
字　　数：1900千字
版　　次：2017年6月第1版
印　　次：2017年6月第1次印刷
定　　价：1050.00元

联系电话：（010）68990646　68990692
购书热线：（010）68990682　68990686
网络订购：http：//zgfzcbs.tmall.com
网购电话：（010）68990639　88333349
本社网址：http：//www.develpress.com.cn
电子邮件：cheerfulreading@sina.com

# 《中国风险投资年鉴（2015~2016）》编委会

# 《中国风险投资年鉴(2015~2016)》组织机构

**主办单位及理事长单位**

中国风险投资研究院

**副理事长单位**

中国风险投资有限公司

上海国际创投股权投资基金管理有限公司

**常务理事单位**

广东省粤科金融集团有限公司

**理事单位**

清源投资管理股份有限公司

楚商领先（武汉）创业投资基金管理有限公司

**承办单位**

深圳中投风险投资研究发展有限公司

**支持单位**

科学技术部火炬高技术产业开发中心

深圳市人民政府金融发展服务办公室

广东省风险投资促进会

深圳市创业投资同业公会

上海市创业投资行业协会

天津市创业投资协会

湖北省创业投资同业工会

陕西省创业投资协会

浙江省风险创业投资协会

沈阳股权投资协会

# 前言

《中国风险投资年鉴》是反映中国风险投资业发展历程的大型史料性工具书。该年鉴的编撰出版对于中国风险投资实务界和学术界具有重要的参考价值和借鉴作用，不但可以为中央及地方政府的科技与经济管理相关部门提供决策参考，为专家学者研究中国风险投资业的发展提供事实依据，也为各类创投企业、投资基金、金融中介机构等提供了系统、准确、广泛的资讯，可以作为图书馆、研究机构以及风险投资业界人士重要的参考工具书。

年鉴编撰工作是一项牵涉面广、头绪繁多而庞杂的文化工程。在编撰《中国风险投资年鉴（2015~2016）》的过程中，编辑队伍首先进行了合理分工：主编陈昌智确定编撰原则、内容大纲和总体思路，并在总体上对年鉴编撰工作进行了质量把关；常务副主编刘曼红教授负责年鉴编撰工作的具体规划、组织与实施；副主编分别从政策、实务和学术三个方面进行了指导与把关；执行副主编罗国锋博士负责组织常务编委会对年鉴的编撰工作从不同角度提供了专业的意见和建议，组织常务编委会和编委会成员为年鉴提供了稿源；同时，执行副主编罗国锋博士还组织专门的研究团队，开展了针对性的研究，完成了第三篇“统计篇”，对中国风险投资发展数据进行统计分析并形成报告，完成了第四篇“研究篇”的国内外研究综述，完成了“案例篇”全部案例的撰写。编委会委员全面参与了编撰年鉴的具体工作，包括问卷调查、联系约稿、收集整理资料、编撰与修改文稿等。

在主编确定编撰原则、思路和大纲后，2016年9月中国风险投资研究院成立了年鉴编撰工作组，制定了详细的工作计划和工作指引。2016年10月初至11月上旬，年鉴编撰工作组组织了16人的资料搜集和数据分析小组，负责收集、整理国内外风险投资协会、公司、基金、科技园区和创业服务机构等风险投资及相关机构的信息资料更新；向全国重点大学相关领域专家学者和一些成功创业企业约稿；通过报刊、杂志和网站，收集整理风险投资相关的分析研究文章和典型案例。

2016年12月中旬至2017年4月，年鉴编撰工作组共组织了20多人全力投入编撰和修改工作中，直到2017年3月下旬，年鉴文稿的编撰工作才基本完成。年鉴编撰工作组以执行副主编罗国锋博士为组长，根据年鉴内容分为8个工作小组，其中："特载篇"由李志萍负责，解沐萱、郭丽协助；"政策篇"由张彦惠负责，解沐萱、郭丽协助；"统计篇"由罗国锋博士负责，带领由陈欣、刘建伟、张果等16人组成的团队，共同完成；"研究篇"由罗国锋博士负责，陈欣、郭丽、刘琪等10人参与；"案例篇"由吴兴海负责，编撰成员包括刘琪、吴丹等12人；"协会篇"由张果负责；"行业篇"由张彦惠负责；"附录篇"由李志萍负责，骆冬嬴、刘晓静、向云霄、唐慧洁、吴丹等参与。为提高年鉴的编撰质量，在编撰期间，年鉴编撰工作组每周都要召开2～3次沟通协调会议，同时，工作组还专门组织专家对各章文稿进行审阅，对各有关文稿进行了反复的核对和修改，并于2017年3月中旬完成了全部约170万字的文稿编撰任务。2017年4月，完成了全部文稿的三审三校。2017年5月，最终完成了年鉴的文字编辑与校稿工作。

年鉴的编撰工作是在中国风险投资及相关领域的学术界、实务界和政府管理部门的大力支持和积极参与下，由众多编撰人员共同努力完成的。在此，我们向所有参与年鉴编辑工作的人员表示感谢！在年鉴的编撰过程中，我们同时也得到了有关政府部门、风险投资协会、媒体机构和企业的大力支持和配合，在此也一并表示感谢！

为尊重知识产权，我们严格要求所有编撰人员在撰写文稿时必须注明所参考和引用文献资料的出处和来源。尽管如此，由于编撰工作的复杂性，在搜集资料和文稿编撰过程中依然可能存在一些疏漏，敬请海内外的有关专家学者、风险投资业界人士对年鉴中存在的疏漏给予谅解，我们将争取在编撰《中国风险投资年鉴2018》时加以改进，并进一步提高年鉴的编撰质量。

由于时间关系，本年鉴中难免存在不妥和错误之处，敬请广大读者给予批评指正。

# 目录

## 特载篇

# 政策篇

# 统计篇

# 研究篇

# 协会篇

# 行业篇

# 案例篇

# 附录篇

# 特 载 篇

# 第一章　影响中国风险投资的观点

## 一、习近平总书记在全国科技创新大会上的讲话

习近平

（2016 年 5 月 30 日）

各位院士，同志们，朋友们：

今天，我们在这里召开全国科技创新大会、两院院士大会、中国科协第九次全国代表大会。4000 名代表齐聚一堂，群英荟萃，少长咸集，共商国家科技创新大计。这是共和国历史上的又一次科技盛会。

1956 年 1 月，毛泽东同志等党和国家领导人以及 1300 多名领导干部，在中南海怀仁堂听取中国科学院 4 位学部主任关于国内外科技发展的报告，党中央向全党全国发出“向科学进军”的号召。其后 10 年，在各方共同努力下，我国建立了学科齐全的科学研究体系、工业技术体系、国防科技体系、地方科技体系，取得了以“两弹一星”为标志的一批重大科技成果。

1978 年，党中央召开全国科学大会，邓小平同志在大会上作出科学技术是生产力的重要论断，我国迎来“科学的春天”。1995 年，党中央、国务院召开全国科学技术大会，江泽民同志发表重要讲话，号召大力实施科教兴国战略，形成实施科教兴国战略热潮。2006 年，党中央、国务院再次召开全国科学技术大会，胡锦涛同志发表重要讲话，部署实施《国家中长期科学和技术发展规划纲要（2006－2020 年）》，动员全党全社会为建设创新型国家而努力奋斗。2012 年，党中央、国务院召开全国科技创新大会，号召我国科技界奋力创新、为全面建成小康社会提供有力科技支撑。

今天，我们在这里召开这个盛会，就是要在我国发展新的历史起点上，把科技创新摆在更加重要位置，吹响建设世界科技强国的号角。

我国现代化建设的目标是，到我们党成立 100 年时建成惠及十几亿人口的更高水平的小康社会，到新中国成立 100 年时基本实现现代化，建成富强民主文明和谐的社会主义现代化国家。党中央今年颁布的《国家创新驱动发展战略纲要》明确，我国科技事业发展的目标是，到 2020 年时使我国进入创新型国家行列，到 2030 年时使我国进入创新型国家前列，到新中国成立 100 年时使我国成为世界科技强国。

两院院士和广大科技工作者是国家的财富、人民的骄傲、民族的光荣，大家责任重大、使命重大，应该努力为建成创新型国家、建成世界科技强国作出新的更大的贡献！

各位院士，同志们、朋友们！

历史经验表明，科技革命总是能够深刻改变世界发展格局。16、17 世纪的科学革命标志着人类知识增长的重大转折。18 世纪出现了蒸汽机等重大发明，成就了第一次工业革命，开启了人类社会现代化历程。19 世纪，科学技术突飞猛进，催生了由机械化转向电气化的第二次工业革命。20 世纪前期，量子论、相对论的诞生形成了第二次科学革命，继而发生了信息科学、生命科学变革，基于新科学知识的重大技术突破层出不穷，引发了以航空、电子技术、核能、航天、计算机、互联网等为里程碑的技术革命，极大提高了人类认识自然、利用自然的能力和社会生产力水平。一些国家抓住科技革命的难得机遇，实现了经济实力、科技实力、国防实力迅速增强，综合国力快速提升。

在绵延 5000 多年的文明发展进程中，中华民族创造了闻名于世的科技成果。我们的先人在农、医、天、算等方面形成了系统化的知识体系，取得了以四大发明为代表的一大批发明创造。马克思说："火药、指南针、印刷术——这是预告资产阶级社会到来的三大发明。火药把骑士阶层炸得粉碎，指南针打开了世界市场并建立了殖民地，而印刷术则变成新教的工具，总的来说变成科学复兴的手段，变成对精神发展创造必要前提的最强大的杠杆。"

近代以后，由于国内外各种原因，我国屡次与科技革命失之交臂，从世界强国变为任人欺凌的半殖民地半封建国家，我们的民族经历了一个多世纪列强侵略、战乱不止、社会动荡、人民流离失所的深重苦难。在那个国家积贫积弱的年代，多少怀抱科学救国、教育救国理想的人们报国无门，留下了深深的遗憾。

经过新中国成立以来特别是改革开放以来不懈努力，我国科技发展取得举世瞩目的伟大成就，科技整体能力持续提升，一些重要领域方向跻身世界先进行列，某些前沿方向开始进入并行、领跑阶段，正处于从量的积累向质的飞跃、点的突破向系统能力提升的重要时期。

多复变函数论、陆相成油理论、人工合成牛胰岛素等成就，高温超导、中微子物理、量子反常霍尔效应、纳米科技、干细胞研究、肿瘤早期诊断标志物、人类基因组测序等基础科学突破，"两弹一星"、超级杂交水稻、汉字激光照排、高性能计算机、三峡工程、载人航天、探月工程、移动通信、量子通讯、北斗导航、载人深潜、高速铁路、航空母舰等工程技术成果，为我国成为一个有世界影响的大国奠定了重要基础。从总体上看，我国在主要科技领域和方向上实现了邓小平同志提出的"占有一席之地"的战略目标，正处在跨越发展的关键时期。

现在，我们比历史上任何时期都更接近实现中华民族伟大复兴的目标，比历史上任何时期都更有信心、更有能力实现这个目标。我们要抓住这一历史机遇，同时我们要牢记，中华民族伟大复兴绝不是轻轻松松就能实现的。科技兴则民族兴，科技强则国家强。实现"两个一百年"奋斗目标，实现中华民族伟大复兴的中国梦，必须坚持走中国特色自主创新道路，面向世界科技前沿、面向经济主战场、面向国家重大需求，加快各领域科技创新，掌握全球科技竞争先机。这是我们提出建设世界科技强国的出发点。

各位院士，同志们、朋友们!

纵观人类发展历史，创新始终是一个国家、一个民族发展的重要力量，也始终是推动人类社会进步的重要力量。不创新不行，创新慢了也不行。如果我们不识变、不应变、不求变，就可能陷入战略被动，错失发展机遇，甚至错过整整一个时代。实施创新驱动发展战略，是应对发展环境变化、把握发展自主权、提高核心竞争力的必然选择，是加快转变经济发展方式、破解经济发展深层次矛盾和问题的必然选择，是更好引领我国经济发展新常态、保持我国经济持续健康发展的必然选择。

科技是国之利器，国家赖之以强，企业赖之以赢，人民生活赖之以好。中国要强，中国人民生活要好，必须有强大科技。新时期、新形势、新任务，要求我们在科技创新方面有新理念、新设计、新战略。我们要深入贯彻新发展理念，深入实施科教兴国战略和人才强国战略，深入实施创新驱动发展战略，统筹谋划，加强组织，优化我国科技事业发展总体布局。

第一，夯实科技基础，在重要科技领域跻身世界领先行列。推动科技发展，必须准确判断科技突破方向。判断准了就能抓住先机。“虽有智慧，不如乘势。”历史经验表明，那些抓住科技革命机遇走向现代化的国家，都是科学基础雄厚的国家；那些抓住科技革命机遇成为世界强国的国家，都是在重要科技领域处于领先行列的国家。

综合判断，我国已经成为具有重要影响力的科技大国，科技创新对经济社会发展的支撑和引领作用日益增强。同时，必须认识到，同建设世界科技强国的目标相比，我国发展还面临重大科技瓶颈，关键领域核心技术受制于人的格局没有从根本上改变，科技基础仍然薄弱，科技创新能力特别是原创能力还有很大差距。

科学技术是世界性、时代性的，发展科学技术必须具有全球视野、把握时代脉搏。当今世界，新一轮科技革命蓄势待发，物质结构、宇宙演化、生命起源、意识本质等一些重大科学问题的原创性突破正在开辟新前沿新方向，一些重大颠覆性技术创新正在创造新产业新业态，信息技术、生物技术、制造技术、新材料技术、新能源技术广泛渗透到几乎所有领域，带动了以绿色、智能、泛在为特征的群体性重大技术变革，大数据、云计算、移动互联网等新一代信息技术同机器人和智能制造技术相互融合步伐加快，科技创新链条更加灵巧，技术更新和成果转化更加快捷，产业更新换代不断加快，使社会生产和消费从工业化向自动化、智能化转变，社会生产力将再次大提高，劳动生产率将再次大飞跃。

抓科技创新，不能等待观望，不可亦步亦趋，当有只争朝夕的劲头。时不我待，我们必须增强紧迫感，及时确立发展战略，全面增强自主创新能力。我国科技界要坚定创新自信，坚定敢为天下先的志向，在独创独有上下工夫，勇于挑战最前沿的科学问题，提出更多原创理论，作出更多原创发现，力争在重要科技领域实现跨越发展，跟上甚至引领世界科技发展新方向，掌握新一轮全球科技竞争的战略主动。

第二，强化战略导向，破解创新发展科技难题。科技创新的战略导向十分紧要，必须抓准，以此带动科技难题的突破。当前，国家对战略科技支撑的需求比以往任何时期都更加迫切。这里，我举几个例子。从理论上讲，地球内部可利用的成矿空间分布在从地表到地下 1 万米，目前世界先进水平勘探开采深度已达 2500 米至 4000 米，而我国大多小于 500 米，向地球深部进军是我们必须解决的战略科技问题。材料是制造业的基础，目前我国在先进高端材料研发和生产方面差距甚大，关键高端材料远未实现自主供给。我国很多重要专利药物市场绝大多数被国外公司占据，高端医疗装备主要依赖进口，成为看病贵的主要原因之一，而创新药物研发集中体现了生命科学和生物技术领域前沿新成就和新突破，先进医疗设备研发体现了多学科交叉融合与系统集成。脑连接图谱研究是认知脑功能并进而探讨意识本质的科学前沿，这方面探索不仅有重要科学意义，而且对脑疾病防治、智能技术发展也具有引导作用。深海蕴藏着地球上远未认知和开发的宝藏，但要得到这些宝藏，就必须在深海进入、深海探测、深海开发方面掌握关键技术。空间技术深刻改变了人类对宇宙的认知，为人类社会进步提供了重要动力，同时浩瀚的空天还有许多未知的奥秘有待探索，必须推动空间科学、空间技术、空间应用全面发展。这样的领域还有很多。党中央已经确定了我国科技面向 2030 年的长远战略，决定实施一批重大科技项目和工程，要加快推进，围绕国家重大战略需求，着力攻破关键核心技术，抢占事关长远和全局的科技战略制高点。

成为世界科技强国，成为世界主要科学中心和创新高地，必须拥有一批世界一流科研机构、研究型大学、创新型企业，能够持续涌现一批重大原创性科学成果。党的十八届五中全会提出，要在重大创新领域组建一批国家实验室。这是一项对我国科技创新具有战略意义的举措。要以国家实验室建设为抓手，强化国家战略科技力量，在明确国家目标和紧迫战略需求的重大领域，在有望引领未来发展的战略制高点，以重大科技任务攻关和国家大型科技基础设施为主线，依托最有优势的创新单元，整合全国创新资源，建立目标导向、绩效管理、协同攻关、开放共享的新型运行机制，建设突破型、引领型、平台型一体的国家实验室。这样的国家实验室，应该成为攻坚克难、引领发展的战略科技力量，同其他各类科研机构、大学、企业研发机构形成功能互补、良性互动的协同创新新格局。

第三，加强科技供给，服务经济社会发展主战场。“穷理以致其知，反躬以践其实。”科学研究既要追求知识和真理，也要服务于经济社会发展和广大人民群众。广大科技工作者要把论文写在祖国的大地上，把科技成果应用在实现现代化的伟大事业中。

经过改革开放30多年努力，我国经济总量已经居世界第二。同时，我国经济发展不少领域大而不强、大而不优。新形势下，长期以来主要依靠资源、资本、劳动力等要素投入支撑经济增长和规模扩张的方式已不可持续，我国发展正面临着动力转换、方式转变、结构调整的繁重任务。现在，我国低成本资源和要素投入形成的驱动力明显减弱，需要依靠更多更好的科技创新为经济发展注入新动力；社会发展面临人口老龄化、消除贫困、保障人民健康等多方面挑战，需要依靠更多更好的科技创新实现经济社会协调发展；生态文明发展面临日益严峻的环境污染，需要依靠更多更好的科技创新建设天蓝、地绿、水清的美丽中国；能源安全、粮食安全、网络安全、生态安全、生物安全、国防安全等风险压力不断增加，需要依靠更多更好的科技创新保障国家安全。所以说，科技创新是核心，抓住了科技创新就抓住了牵动我国发展全局的牛鼻子。

推动我国经济社会持续健康发展，推进供给侧结构性改革，落实好“三去一降一补”任务，必须在推动发展的内生动力和活力上来一个根本性转变，塑造更多依靠创新驱动、更多发挥先发优势的引领性发展。要深入研究和解决经济和产业发展亟须的科技问题，围绕促进转方式调结构、建设现代产业体系、培育战略性新兴产业、发展现代服务业等方面需求，推动科技成果转移转化，推动产业和产品向价值链中高端跃升。

发展不协调是我国长期存在的突出问题，集中表现在区域、城乡、经济和社会、物质文明和精神文明、经济建设和国防建设等关系上。我们要立足于科技创新，释放创新驱动的原动力，让创新成为发展基点，拓展发展新空间，创造发展新机遇，打造发展新引擎，促进新型工业化、信息化、城镇化、农业现代化同步发展，提升发展整体效能，在新的发展水平上实现协调发展。

绿色发展是生态文明建设的必然要求，代表了当今科技和产业变革方向，是最有前途的发展领域。人类发展活动必须尊重自然、顺应自然、保护自然，否则就会受到大自然的报复。这个规律谁也无法抗拒。要加深对自然规律的认识，自觉以对规律的认识指导行动。不仅要研究生态恢复治理防护的措施，而且要加深对生物多样性等科学规律的认识；不仅要从政策上加强管理和保护，而且要从全球变化、碳循环机理等方面加深认识，依靠科技创新破解绿色发展难题，形成人与自然和谐发展新格局。

国际经济合作和竞争局面正在发生深刻变化，全球经济治理体系和规则正在面临重大调整。经济全球化表面上看是商品、资本、信息等在全球广泛流动，但本质上主导这种流动的力量是人才、是科技创新能力。要增强我们引领商品、资本、信息等全球流动的能力，推动形成对外开放新格局，增强参与全球经济、金融、贸易规则制订的实力和能力，在更高水平上开展国际经济和科技创新合作，在更广泛的利益共同体范围内参与全球治理，实现共同发展。

人民的需要和呼唤，是科技进步和创新的时代声音。随着经济社会不断发展，我国13亿多人民过上美好生活的新期待日益上升，提高社会发展水平、改善人民生活、增强人民健康素质对科技创新提出了更高要求。要想人民之所想、急人民之所急，聚焦重大疾病防控、食品药品安全、人口老龄化等重大民生问题，大幅增加公共科技供给，让人民享有更宜居的生活环境、更好的医疗卫生服务、更放心的食品药品。要依靠科技创新建设低成本、广覆盖、高质量的公共服务体系。要加强普惠和公共科技供给，发展低成本疾病防控和远程医疗技术，实现优质医疗卫生资源普惠共享。要发展信息网络技术，消除不同收入人群、不同地区间的数字鸿沟，努力实现优质文化教育资源均等化。

第四，深化改革创新，形成充满活力的科技管理和运行机制。创新是一个系统工程，创新链、产业链、资金链、政策链相互交织、相互支撑，改革只在一个环节或几个环节搞是不够的，必须全面部署，并坚定不移推进。科技创新、制度创新要协同发挥作用，两个轮子一起转。

我们最大的优势是我国社会主义制度能够集中力量办大事。这是我们成就事业的重要法宝。过去我们取得重大科技突破依靠这一法宝，今天我们推进科技创新跨越也要依靠这一法宝，形成社会主义市场经济条件下集中力量办大事的新机制。

要以推动科技创新为核心，引领科技体制及其相关体制深刻变革。要加快建立科技咨询支撑行政决策的科技决策机制，加强科技决策咨询系统，建设高水平科技智库。要加快推进重大科技决策制度化，解决好实际存在的部门领导拍脑袋、科技专家看眼色行事等问题。要完善符合科技创新规律的资源配置方式，解决简单套用行政预算和财务管理方法管理科技资源等问题，优化基础研究、战略高技术研究、社会公益类研究的支持方式，力求科技创新活动效率最大化。要着力改革和创新科研经费使用和管理方式，让经费为人的创造性活动服务，而不能让人的创造性活动为经费服务。要改革科技评价制度，建立以科技创新质量、贡献、绩效为导向的分类评价体系，正确评价科技创新成果的科学价值、技术价值、经济价值、社会价值、文化价值。

企业是科技和经济紧密结合的重要力量，应该成为技术创新决策、研发投入、科研组织、成果转化的主体。要制定和落实鼓励企业技术创新各项政策，强化企业创新倒逼机制，加强对中小企业技术创新支持力度，推动流通环节改革和反垄断反不正当竞争，引导企业加快发展研发力量。要加快完善科技成果使用、处置、收益管理制度，发挥市场在资源配置中的决定性作用，让机构、人才、装置、资金、项目都充分活跃起来，形成推动科技创新强大合力。要调整现有行业和地方的科研机构，充实企业研发力量，支持依托企业建设国家技术创新中心，培育有国际影响力的行业领军企业。

科研院所和研究型大学是我国科技发展的主要基础所在，也是科技创新人才的摇篮。要优化科研院所和研究型大学科研布局。科研院所要根据世界科技发展态势，优化自身科技布局，厚实学科基础，培育新兴交叉学科生长点，重点加强共性、公益、可持续发展相关研究，增加公共科技供给。研究型大学要加强学科建设，重点开展自由探索的基础研究。要加强科研院所和高校合作，使目标导向研究和自由探索相互衔接、优势互补，形成教研相长、协同育人新模式，打牢我国科技创新的科学和人才基础。

发挥各地在创新发展中的积极性和主动性，对形成国家科技创新合力十分重要。要围绕“一带一路”建设、长江经济带发展、京津冀协同发展等重大规划，尊重科技创新的区域集聚规律，因地制宜探索差异化的创新发展路径，加快打造具有全球影响力的科技创新中心，建设若干具有强大带动力的创新型城市和区域创新中心。

第五，弘扬创新精神，培育符合创新发展要求的人才队伍。“功以才成，业由才广。”科学技术是人类的伟大创造性活动。一切科技创新活动都是人做出来的。我国要建设世界科技强国，关键是要建设一支规模宏大、结构合理、素质优良的创新人才队伍，激发各类人才创新活力和潜力。要极大调动和充分尊重广大科技人员的创造精神，激励他们争当创新的推动者和实践者，使谋划创新、推动创新、落实创新成为自觉行动。

我国科技队伍规模是世界上最大的，这是产生世界级科技大师、领军人才、尖子人才的重要基础。科技人才培育和成长有其规律，要大兴识才、爱才、敬才、用才之风，为科技人才发展提供良好环境，在创新实践中发现人才、在创新活动中培育人才、在创新事业中凝聚人才，聚天下英才而用之，让更多千里马竞相奔腾。要改革人才培养、引进、使用等机制，努力造就一大批能够把握世界科技大势、研判科技发展方向的战略科技人才，培养一大批善于凝聚力量、统筹协调的科技领军人才，培养一大批勇于创新、善于创新的企业家和高技能人才。要完善创新人才培养模式，强化科学精神和创造性思维培养，加强科教融合、校企联合等模式，培养造就一大批熟悉市场运作、具备科技背景的创新创业人才，培养造就一大批青年科技人才。要营造良好学术环境，弘扬学术道德和科研伦理，在全社会营造鼓励创新、宽容失败的氛围。要加强知识产权保护，积极实行以增加知识价值为导向的分配政策，包括提高科研人员成果转化收益分享比例，探索对创新人才实行股权、期权、分红等激励措施，让他们各得其所。

在基础研究领域，包括一些应用科技领域，要尊重科学研究灵感瞬间性、方式随意性、路径不确定性的特点，允许科学家自由畅想、大胆假设、认真求证。不要以出成果的名义干涉科学家的研究，不要用死板的制度约束科学家的研究活动。很多科学研究要着眼长远，不能急功近利，欲速则不达。要让领衔科技专家有职有权，有更大的技术路线决策权、更大的经费支配权、更大的资源调动权，防止瞎指挥、乱指挥。要建立相应责任制和问责制度，切实解决不同程度存在的一哄而起、搞大拼盘等问题。政府科技管理部门要抓战略、抓规划、抓政策、抓服务，发挥国家战略科技力量建制化优势。

科技创新、科学普及是实现创新发展的两翼，要把科学普及放在与科技创新同等重要的位置。没有全民科学素质普遍提高，就难以建立起宏大的高素质创新大军，难以实现科技成果快速转化。希望广大科技工作者以提高全民科学素质为己任，把普及科学知识、弘扬科学精神、传播科学思想、倡导科学方法作为义不容辞的责任，在全社会推动形成讲科学、爱科学、学科学、用科学的良好氛围，使蕴藏在亿万人民中间的创新智慧充分释放、创新力量充分涌流。

中国科学院、中国工程院是我国科技大师荟萃之地，要发挥好国家高端科技智库功能，组织广大院士围绕事关科技创新发展全局和长远问题，善于把握世界科技发展大势、研判世界科技革命新方向，为国家科技决策提供准确、前瞻、及时的建议。要发挥好最高学术机构学术引领作用，把握好世界科技发展大势，敏锐抓住科技革命新方向。“桐花万里丹山路，雏凤清于老凤声。”科技创新，贵在接力。希望广大院士发挥好科技领军作用，团结带领全国科技界特别是广大青年科技人才为建设世界科技强国建功立业。

中国科协各级组织要坚持为科技工作者服务、为创新驱动发展服务、为提高全民科学素质服务、为党和政府科学决策服务的职责定位，推动开放型、枢纽型、平台型科协组织建设，接长手臂，扎根基层，团结引领广大科技工作者积极进军科技创新，组织开展创新争先行动，促进科技繁荣发展，促进科学普及和推广，真正成为党领导下团结联系广大科技工作者的人民团体，成为科技创新的重要力量。

各级党委和政府要肩负起领导和组织创新发展的责任，善于调动各方面创新要素，善于发挥各类人才积极性，共同为建设创新型国家、建设世界科技强国凝心聚力。

各位院士，同志们、朋友们！

中国实现现代化，是人类历史上前所未有的大变革。中国实现了现代化，意味着比现在所有发达国家人口总和还要多的中国人民将进入现代化行列。从现在起到新中国成立100年只有30多年时间，我们的前景十分光明，我们的任务十分繁重。

有多大担当才能干多大事业，尽多大责任才能有多大成就。两院院士和广大科技工作者要发扬我国科技界追求真理、服务国家、造福人民的优良传统，勇担重任，勇攀高峰，当好建设世界科技强国的排头兵。

让我们扬起13亿多中国人民对美好生活憧憬的风帆，发动科技创新的强大引擎，让中国这艘航船，向着世界科技强国不断前进，向着中华民族伟大复兴不断前进，向着人类更加美好的未来不断前进！

## 二、习近平总书记在省部级主要领导干部学习贯彻党的十八届五中全会精神专题研讨班上的讲话

习近平

（2016年1月18日）

在去年的中央经济工作会议上，我突出强调了供给侧结构性改革问题，引起了热烈讨论，国际社会和国内各方面比较认同。但也有些同志向我反映说，对供给侧改革弄得还不是很明白，社会上很多讨论看了也不是很清楚。这里，我再讲讲这个问题。

首先，我要讲清楚，我们讲的供给侧结构性改革，同西方经济学的供给学派不是一回事，不能把供给侧结构性改革看成是西方供给学派的翻版，更要防止有些人用他们的解释来宣扬“新自由主义”，借机制造负面舆论。

西方供给学派兴起于20世纪70年代。当时凯恩斯主义的需求管理政策失效，西方国家陷入经济“滞胀”局面。供给学派强调供给会自动创造需求，应该从供给着手推动经济发展；增加生产和供给首先要减税，以提高人们储蓄、投资的能力和积极性。这就是供给学派代表人物拉弗提出的“拉弗曲线”，亦即“减税曲线”。此外，供给学派还认为，减税需要有两个条件加以配合：一是削减政府开支，以平衡预算；二是限制货币发行量，稳定物价。供给学派强调的重点是减税，过分突出税率的作用，并且思想方法比较绝对，只注重供给而忽视需求、只注重市场功能而忽视政府作用。

我们提的供给侧改革，完整地说是“供给侧结构性改革”，我在中央经济工作会议上就是这样说的。“结构性”3个字十分重要，简称“供给侧改革”也可以，但不能忘了“结构性”3个字。供给侧结构性改革，重点是解放和发展社会生产力，用改革的办法推进结构调整，减少无效和低端供给，扩大有效和中高端供给，增强供给结构对需求变化的适应性和灵活性，提高全要素

生产率。这不只是一个税收和税率问题，而是要通过一系列政策举措，特别是推动科技创新、发展实体经济、保障和改善人民生活的政策措施，来解决我国经济供给侧存在的问题。我们讲的供给侧结构性改革，既强调供给又关注需求，既突出发展社会生产力又注重完善生产关系，既发挥市场在资源配置中的决定性作用又更好发挥政府作用，既着眼当前又立足长远。从政治经济学的角度看，供给侧结构性改革的根本，是使我国供给能力更好满足广大人民日益增长、不断升级和个性化的物质文化和生态环境需要，从而实现社会主义生产目的。

供给和需求是市场经济内在关系的两个基本方面，是既对立又统一的辩证关系，二者你离不开我、我离不开你，相互依存、互为条件。没有需求，供给就无从实现，新的需求可以催生新的供给；没有供给，需求就无法满足，新的供给可以创造新的需求。

供给侧和需求侧是管理和调控宏观经济的两个基本手段。需求侧管理，重在解决总量性问题，注重短期调控，主要是通过调节税收、财政支出、货币信贷等来刺激或抑制需求，进而推动经济增长。供给侧管理，重在解决结构性问题，注重激发经济增长动力，主要通过优化要素配置和调整生产结构来提高供给体系质量和效率，进而推动经济增长。

纵观世界经济发展史，经济政策是以供给侧为重点还是以需求侧为重点，要依据一国宏观经济形势作出抉择。放弃需求侧谈供给侧或放弃供给侧谈需求侧都是片面的，二者不是非此即彼、一去一存的替代关系，而是要相互配合、协调推进。

当前和今后一个时期，我国经济发展面临的问题，供给和需求两侧都有，但矛盾的主要方面在供给侧。比如，我国一些行业和产业产能严重过剩，同时大量关键装备、核心技术、高端产品还依赖进口，国内庞大的市场没有掌握在我们自己手中。再比如，我国农业发展形势很好，但一些供给没有很好适应需求变化，牛奶就难以满足消费者对质量、信誉保障的要求，大豆生产缺口很大而玉米增产则超过了需求增长，农产品库存也过大了。还比如，我国一些有大量购买力支撑的消费需求在国内得不到有效供给，消费者将大把钞票花费在出境购物、“海淘”购物上，购买的商品已从珠宝首饰、名包名表、名牌服饰、化妆品等奢侈品向电饭煲、马桶盖、奶粉、奶瓶等普通日用品延伸。据测算，2014 年我国居民出境旅行支出超过 1 万亿元人民币。

事实证明，我国不是需求不足，或没有需求，而是需求变了，供给的产品却没有变，质量、服务跟不上。有效供给能力不足带来大量“需求外溢”，消费能力严重外流。解决这些结构性问题，必须推进供给侧改革。

从国际上看，当前世界经济结构正在发生深刻调整。国际金融危机打破了欧美发达经济体借贷消费，东亚地区提供高储蓄、廉价劳动力和产品，俄罗斯、中东、拉美等提供能源资源的全球经济大循环，国际市场有效需求急剧萎缩，经济增长远低于潜在产出水平。主要国家人口老龄化水平不断提高，劳动人口增长率持续下降，社会成本和生产成本上升较快，传统产业和增长动力不断衰减，新兴产业体量和增长动能尚未积聚。在这个大背景下，我们需要从供给侧发力，找准在世界供给市场上的定位。

从国内看，经济发展面临“四降一升”，即经济增速下降、工业品价格下降、实体企业盈利下降、财政收入下降、经济风险发生概率上升。这些问题的主要矛盾不是周期性的，而是结构性的，供给结构错配问题严重。需求管理边际效益不断递减，单纯依靠刺激内需难以解决产能过剩等结构性矛盾。因此，必须把改善供给结构作为主攻方向，实现由低水平供需平衡向高水平供需平衡跃升。

推进供给侧结构性改革，要从生产端入手，重点是促进产能过剩有效化解，促进产业优化重组，降低企业成本，发展战略性新兴产业和现代服务业，增加公共产品和服务供给，提高供给结构对需求变化的适应性和灵活性。简言之，就是去产能、去库存、去杠杆、降成本、补短板。

近年来，我国一些企业在推进供给侧结构性改革方面进行了成功探索。比如，前些年我国市场上各类手机争奇斗艳，既有摩托罗拉、诺基亚等国外品牌，也有国内厂商生产的手机，竞争十分激烈，一些企业破产倒闭。在这种情况下，我国一些企业从生产端入手，坚持自主创新，瞄准高端市场，推出高端智能手机，满足了人们对更多样的功能、更快捷的速度、更清晰的图像、更时尚的外观的要求，在国内外市场的占有率不断上升。世界手机市场竞争也十分激烈，名噪一时的摩托罗拉、诺基亚、爱立信手机如今已风光不再，甚至成了过眼烟云。元旦过后，我到重庆看了一家公司，他们生产的薄膜晶体管液晶显示器就是供给侧改革的成功案例。这几年，重庆笔记本电脑等智能终端产品和自主品牌汽车产业成长也很快，形成了全球最大电子信息产业集群和国内最大汽车产业集群，全球每 3 台笔记本电脑就有 1 台来自重庆制造。这说明，只要瞄准市场推进供给侧改革，产业优化升级的路子是完全可以闯出来的。

从国际经验看，一个国家发展从根本上要靠供给侧推动。一次次科技和产业革命，带来一次次生产力提升，创造着难以想象的供给能力。当今时代，社会化大生产的突出特点，就是供给侧一旦实现了成功的颠覆性创新，市场就会以波澜壮阔的交易生成进行回应。我看了一份材料，说在 2015 年世界经济论坛新兴技术跨界理事会上，18 位科学家选出 2015 年十大新兴技术榜单，包括燃料电池汽车、新一代机器人、可循环利用的热固性塑料、精准基因工程技术、积材制造、自然人工智能、分布式制造、能够感知和避让的无人机、神经形态技术、数字基因组。我去年访问英国时，在曼彻斯特大学国家石墨烯研究院，诺贝尔物理学奖获得者康斯坦丁·诺沃肖洛夫教授和安德烈·海姆教授给我介绍了石墨烯研发情况和开发利用前景。石墨烯是一种新材料，发展前景十分广阔，所以英国政府和欧洲研究与发展基金会都给予了大力支持。这些科技创新带来了科技的飞跃，也将为经济发展提供强劲动力。因此，推进供给侧改革，必须牢固树立创新发展理念，推动新技术、新产业、新业态蓬勃发展，为经济持续健康发展提供源源不断的内生动力。

## 三、李克强总理在博鳌亚洲论坛 2016 年年会开幕式上的演讲①

中华人民共和国国务院总理　李克强

（2016 年 3 月 24 日，中国海南博鳌）

尊敬的各位嘉宾，

女士们，先生们，朋友们：

很高兴同新老朋友再次相聚博鳌亚洲论坛年会。我谨代表中国政府，对本次年会召开表示热烈祝贺！对远道而来的嘉宾表示诚挚欢迎！

就在两天前，比利时发生了严重恐怖袭击事件。米歇尔首相原本计划出席今天的论坛并致辞。我们对遇难者家属表示深切哀悼。中国坚决反对一切形式的恐怖主义。

今天的博鳌春和景明、波澜不惊，但放眼全球经济，却是乍暖还寒、暗流涌动。各位政府首

① “李克强在博鳌亚洲论坛 2016 年年会开幕式上的演讲”，中国政府网：http：//www. gov. cn/premier/2016 – 03/25/content_ 5057611. htm。

脑、商界领袖、智库和媒体精英云集博鳌，期待大家发表真知灼见，共绘充满活力的亚洲新愿景。

时至今日，距离国际金融危机爆发已近8年，但其深层次影响尚未消除，世界经济仍处在深度调整之中，发达经济体复苏低迷，新兴经济体走势分化；全球贸易继续显现下降态势，国际大宗商品价格和金融市场波动不定，地缘政治风险上升，不稳定不确定因素有增无减。亚洲发展不足、不平衡的问题依然突出，不少国家目前又面临出口下滑、债务规模扩大、经济下行等问题，甚至一度出现货币大幅贬值和资本加速外流等现象。有人认为，亚洲经济正处于近年来比较困难的时期。

尽管形势不容乐观，但信心不可动摇。历经两次金融危机洗礼的亚洲已今非昔比。大多数国家在壮大实体经济、抵御金融风险方面积累了成功经验，地区合作也取得丰硕成果。去年亚洲经济增长仍然快于全球，总量占世界的比重还有提升，贸易规模占世界贸易的1/3左右，仍是全球最具发展活力的地区。

去年，中国国家主席习近平在博鳌亚洲论坛年会上提出了迈向命运共同体、开创亚洲新未来的重要倡议。本届论坛年会主题是“亚洲新未来：新活力与新愿景”，我们就是要打造发展和合作的共同体。亚洲是世界和平发展的重要力量，是世界经济增长的重要引擎，也是世界文明进步的重要推动者。亚洲各国坚定信心，团结协作，就一定能克服困难，迎来光明的前景。在此，我愿提出几点看法，与在座各位交流。

一是共同维护和平稳定。饮水思源。亚洲能够在近几十年里实现快速增长，一个重要原因在于保持了总体和平稳定。正如有谚语所说，哪里有相互间和睦，哪里就有生活的富裕。饱经沧桑的亚洲人民深知和平之可贵。战后亚洲发展历程和经验启示我们，不管处于什么样的发展阶段，我们都应该坚持睦邻友好，不为一些小的摩擦和矛盾所干扰。对话合作才是“金钥匙”。各国始终坚持平等相待、和平共处，努力求同存异、聚同化异，就可以夯实地区和平稳定的基石。

二是共同推动经济增长。新兴经济体和发展中国家经济总量占世界40%，过去一度贡献全球2/3以上的经济增量，在应对2008年国际金融危机中发挥了中坚作用，但这两年遇到较大困难，一些国家经济增速大幅回落甚至出现负增长。亚洲作为新兴经济体最集中的地区，总体仍保持了增长势头。去年亚洲发展中国家经济增速达到6.5%，对世界经济增长贡献率为44%。因此亚洲各国要增强发展信心，激发内生动力和活力，为亚洲、也为世界经济复苏发挥更大作用。希望世界各国深化合作、同舟共济，加强宏观政策协调，共同反对各种形式的贸易保护主义，采取更多的增长友好型政策，避免一些国家政策调整产生外溢效应。中方积极倡议筹建亚洲金融合作协会，愿与各方合作完善亚洲金融市场建设，避免再次发生大规模地区金融动荡。

三是共同深化融合发展。亚洲的振兴，不能有人掉队。中方愿将“一带一路”倡议与地区国家及区域组织发展战略对接，打造规划衔接、生产融合、协同跟进的地区发展新格局。中国愿结合地区国家的实际需求，提供性价比高的优质装备和生产线，在基础设施、工业设备等广泛领域开展产能合作。区域全面经济伙伴关系协定（RCEP）是亚洲参与成员最多、规模最大的区域贸易安排，应力争在2016年完成谈判。亚洲基础设施投资银行、丝路基金首先应服务亚洲发展中国家，优先支持地区互联互通、产能合作等项目，让地区人民共享融合发展的红利。

四是共同促进开放包容。开放包容是亚洲文化的根脉。亚洲历史悠久，自古以来不同民族、宗教、文化多样并存、交流互鉴，为人类文明进步作出了重要贡献。几乎所有的世界性宗教都诞生在亚洲。亚洲人民向往和平、和睦、和谐，正是在这片土地上，诞生了和平共处五项原则，培育了相互尊重、协商一致、照顾各方舒适度的亚洲方式。亚洲国家间人员往来密切，仅每年相互旅游人数就达到数亿人次。要用好各类交流对话平台，拓展和深化人文交流，不断增强亚洲的凝聚力。中方倡议举办亚洲文明对话大会，欢迎各国和地区组织积极参与。越是在地区发展面临困难的时刻，各国越需要在友好传统中汲取经验，从共同追求中凝聚智慧，让亚洲共识发扬光大。

五是共同激发创新活力。这是发展的关键所在。亚洲有48个国家，40多亿人口，过去依靠亚洲人民的勤劳智慧，创造了“亚洲奇迹”。今天亚洲要保持繁荣发展势头，从根本上还是要发挥充足的人力资源这个最突出的优势，激发人的潜力和创造力。有创新、有人才，亚洲才有新未来。我们不仅要通过加强教育和培训，打造高素质劳动力大军和人才队伍，提高劳动生产率，还要加大科技研发投入，利用“互联网+”等新模式，搭建创新合作平台，发展新经济、分享经济，共享创新经验，形成亿万人的创新大军、创造大军，特别是使年轻人的丰富创造力和创意得以充分释放，让地区各国尽快走上创新发展、升级发展的增长之路。

女士们，先生们!

中国与亚洲的发展休戚与共。各位朋友十分关心当前中国的经济形势，借此机会，我愿意从怎么看和怎么干两方面作简要阐述。

首先是对中国经济怎么看？去年中国经济总量为67.7万亿元人民币，超过10万亿美元，一举一动举世瞩目。同时，中国又处在结构调整优化的过程中，地区之间、行业之间走势出现分化，所谓“横看成岭侧成峰，远近高低各不同”。特别是在世界经济复苏乏力、去年增速为6年来最低的情况下，中国又处在经济转型升级过程中，各方看法有些差异是难免的。看中国经济，一是看整体。去年中国GDP增长6.9%，增速比过去有所放缓，但仍居于世界主要经济体前列，这不仅是在高基数基础上的增长，而且是在转型升级过程中实现的。今年以来，中国经济运行开局总体平稳，并出现新的积极变化。我们推出的一系列稳增长、调结构、促改革措施的政策效应正在不断累积。二是看走势。根据国家统计局数据，去年全国城镇新增就业1300多万人，居民收入增长超过GDP增速。今年1~2月就业形势基本稳定，31个大城市调查失业率保持在5.1%左右，和去年基本持平。产业升级步伐加快，服务业、高技术产业和装备制造业均保持较快增长。内需持续扩大，消费实现了两位数增长。消费和服务业成为拉动经济的主要力量，能耗强度和主要污染物排放持续下降，这标志着增长质量在改善。三是看长远。中国虽然已经成为世界第二大经济体，但人均收入仍处于世界的中等水平，这本身是差距，也是潜力，尤其在中国的中西部还有巨大的空间和回旋余地。中国正处在工业化、城镇化推进过程中，改革动力强，内需有空间，发展有韧性，创新有手段，中国经济长期向好的基本面没有也不会改变。

当然，我们也充分认识到，中国经济已深度融入全球经济，一些国际机构纷纷下调今年世界经济增长预期目标，世界经济不稳定、不确定因素增多，必然会对中国经济带来影响甚至冲击。同时，国内深层次结构性矛盾凸显，经济下行压力较大，转型升级过程中必然伴随阵痛，尤其是一些行业的企业生产经营困难。我们不回避困难，这说明有信心，我们也知道问题症结所在，因此，要在适度扩大总需求的同时，注重推动结构性改革尤其是供给侧结构性改革。总的看，中国经济希望大于困难。

关于中国经济下一步怎么干？人代会通过的《政府工作报告》已经做了详细阐述。昨天我们从三亚乘动车组来博鳌。动车组不单靠车头拉动，车厢也有动力，如果拿动车组比喻中国经济，就是要使中国经济运行平稳，保持合理的速度。在我国资源环境约束加大的背景下，高速运行不仅不经济，也不利于节能环保，难以持续。因此，保持中高速增长是我们的目标，我们将按照创新、协调、绿色、开放、共享的新发展理念，坚持发展是第一要务，打造动能充足的保持中高速增长、迈向中高端水平的经济发展动车组。

如同动车组一样，经济发展首先要保持平稳运行、安全运行。几年来，我们不断创新宏观调控思路，提出区间调控的新方式，把稳物价作为上限，把保就业作为下限。这一区间有效稳定了市场预期。今年，我们提出经济增长的预期目标为6.5%～7%，这是一个新的区间，可以使增长目标富有一定弹性。经济运行短期小幅波动是难以避免的，我们不会因一时的小幅波动而违背市场运行规律办事。但一旦经济运行滑出合理区间，我们也会遵循经济规律采取综合性措施。目前，中国政府负债率不足40%，中央政府负债率只有17%，居民储蓄率高，发展多层次资本市场有空间，创新金融调控手段也有很大余地，我们不仅有能力防范住系统性区域性风险，而且有足够的政策工具稳定经济运行。比如，去年有关部门和金融机构协作，用市场化的办法发行和使用专项建设基金，促进了有效投资的扩大，有力地支持了调结构、稳增长，今年要继续以市场化方式筹集专项建设基金。

中国经济要行稳致远，必须激发自动力，培育新动能。

动力首先来自改革开放。30多年来中国快速发展的历程证明，只要改革不断推进，中国经济就会持续前行。今年我们将继续深化简政放权、放管结合、优化服务等改革，进一步放宽市场准入，政府可以集中更多精力加强事中事后监管，强化知识产权保护，打击假冒伪劣，营造公平竞争环境，激发市场活力和社会创造力。

我们要积极推进财税金融体制改革。比如，全面推开营改增，这是结构性改革的重大举措，将为企业减轻税负5000多亿元，不仅有利于统一税制、消除重复征税，更重要的是会有力促进服务业特别是研发等高端服务业的发展和制造业转型升级。绝大部分企业会有不同程度的减税，其中小微企业的税收负担将明显减轻。在当前财政困难的情况下，政府这么做是为了放水养鱼，用短期财政收入的“减”，换取持续发展势能的“增”，这本身也说明我们财政政策还有一定的空间。又比如，金融领域的改革，可以推出按市场化方式的债转股，这有利于降低企业杠杆率。

开放也是改革。我们将着力提高对外开放水平，包括有序扩大服务业、金融等领域的开放，把中国进一步打造成范围更广、环境更优的外商投资最佳目的地。前年我们启动了“沪港通”，这是我国资本市场对外开放的重大举措。“深港通”今年内也将择机推出。人民币将继续在合理均衡基础上保持稳定，中国经济的基本面决定人民币不存在长期贬值的基础。中国是负责任大国，将按照主动性、渐进性、可控性原则推动人民币汇率形成机制市场化改革，不打货币战，绝不会用货币贬值来刺激出口。

动力来自调整结构。这是经济转型升级的关键。我们要积极发展新经济，大力培育新动能、改造提升传统动能，形成促进发展的“双引擎”。在推进过程中，既做减法，重点抓好钢铁、煤炭等困难行业去产能；更做加法，培育新的增长点，实施创新驱动发展战略，推动大众创业、万众创新，进一步发展服务业、高新技术产业、中小微企业，大力实施《中国制造2025》，提高实体经济竞争力。减法当中确实有一些职工需要转岗安置，但加法当中发展新经济、培育新动能，带动新产业、新业态等的成长，可以提供大量新的就业，这也会为传统动能改造提升创造条件。各级政府要利用市场倒逼机制，引导和扶持职工再就业，暂时有困难的，要保障他们的基本生活。中央和地方政府都要切实担起责任，同时，我们将积极推进新型城镇化，这是最大的内需潜力所在。要扩大基础设施建设等有效投资，为消费升级和民生改善排除障碍、优化环境、创造条件。这也将促进农业农村发展，带动农业现代化和农民持续增收。

动力来自改善民生。发展的成果最终要体现在民生改善上。反之，民生改善带来的就业增加也会促进消费，有效拉动经济发展。正所谓民生倒逼发展，发展检验改革。前天，我到三亚游客中心考察，见到一批大学生围绕旅游业搞双创，他们把一些农产品加工成工艺品和旅游纪念品，还适应群众生活需要开发了特色工具。旅游业形成了融合一二三产业的综合产业，已不同于传统旅游业。从全国来看，过去5年国内旅游总收入年均增长19%，去年国内旅游人数达到40亿人次，这有力地带动了居民消费的扩大和升级，尤其是大量增加就业岗位，这只是新经济发展与民生改善的一方面例证。今年保障和改善民生的重点是，织密织牢就业、教育、医疗、养老、住房五大民生保障“安全网”。让广大群众有事干、有钱挣，让适龄人员都有受教育的公平机会，使看病难、看病贵问题逐步得到解决，还要发挥好养老保险的保基本、兜底线作用。今年将继续加大棚户区和城市危旧住房改造力度，要把房地产去库存和棚改货币化安置结合起来，更好满足居民住房的刚性需求，按照因地制宜、分城施策原则，促进房地产市场平稳健康发展。尤其要高度重视扶贫问题，大力发展减贫事业，缩小贫富差距，实现包容发展。

动力最终来自亿万人民的活力和创造力。中国是拥有13亿多人口的最大发展中国家，有上亿受过高等教育和具有专业技能的人才，未来五年又会有三四千万大学生毕业。发挥好人力人才资源优势是我们发展的极大潜力和后劲。要健全激励机制，鼓励科技人员投身创新，让他们通过自身成果获得社会的尊重和合理回报。要完善绩效考核办法，促进广大干部竞相干事、主动作为，要搭建平台、创造条件，支持大中小企业拥抱新经济、融入新经济，同时改造和提升传统动能，让有志创业创新者卸下包袱，插上翅膀，在创造社会财富中实现自身价值，把亿万人的智慧和创造力汇聚成无可比拟的发展力量，助推中国经济闯过各种难关，跃上新的台阶。

中国经济升级发展，是自身提高的过程，也是世界的机遇。亚洲许多国家是中国的近邻，中国的发展首先将惠及亚洲国家。几天前，中国发布了《国民经济和社会发展第十三个五年规划纲要》，中国将朝着全面建成小康社会的宏伟目标迈进。未来5年中国经济将保持6.5%以上的增速，进口商品超过10万亿美元，对外投资将超过6000亿美元。同时，我们还将实施数百项重大工程和重大项目，这个过程将是开放的、共享的。希望在座企业家抢抓机遇，大展身手。

女士们，先生们！

博鳌亚洲论坛已走过了整整15个年头。15年来，论坛见证了亚洲发展的卓越成就，这是亚洲历史上发展最快最好的时期。“积其小者必至于大，积其微者必至于显”。只要我们携手合作，加快培育各国经济新动能，共同打造地区发展新愿景，就一定会迎来更加充满活力的亚洲新未来！

最后，预祝本届年会取得圆满成功！

谢谢大家！

## 四、李克强总理在第十届夏季达沃斯论坛开幕式上的致辞

中华人民共和国国务院总理　李克强

（2016年6月27日）

尊敬的施瓦布主席先生，

尊敬的各位政府首脑，

尊敬的各位贵宾，女士们，先生们：

很高兴与大家在天津再次相聚。首先，我代表中国政府，对夏季达沃斯论坛的召开，表示热

烈祝贺！对各位远道而来的嘉宾和媒体界的朋友，表示诚挚欢迎！

本次论坛是第10届夏季达沃斯论坛。中国有句话叫“十年树木”。如果把这个论坛比作树木的话，经过十年的精心培育，已是枝繁叶茂、硕果累累，不仅向世界展示了中国改革开放和现代化建设的历程与成就，也为世界和中国实现共同发展繁荣贡献了智慧与力量。

国际金融危机爆发以来，各方努力应对，使用了各种刺激增长的政策工具。8年过去了，世界经济复苏远不及预期，全球贸易投资增长低迷，大宗商品和金融市场不时动荡，发达国家和新兴经济体走势分化，地缘政治风险加大，不稳定因素增多。前几天英国公投脱欧，对国际金融市场的影响已经显现，世界经济新的不确定性还在增加。在此情况下，推动世界经济复苏和各国经济增长，需要共同应对挑战、提振信心，共同营造稳定的国际环境，共同寻求治本之策。欧洲国家是中国的重要伙伴。在新的形势下，中方将继续致力于维护好发展好中欧、中英关系。我们希望看到一个团结、稳定的欧盟，也希望看到一个稳定、繁荣的英国。本届论坛以“第四次工业革命——转型的力量”为主题，为人们提供了新视角，具有前瞻性和现实意义。在此，我愿提出几点看法，与大家交流。

第一，推动世界经济稳定复苏，需要积极实施结构性改革。解决世界经济深层次矛盾和问题，既要加强需求管理，又要着力推进结构性改革，以消除“病灶”。各国情况不尽相同，总的方向是针对经济失衡，重点推进财政金融改革，放松管制，促进竞争，支持创新，扩大开放，协力促进世界经济强劲、可持续、平衡增长。

第二，推动世界经济稳定复苏，必须加快经济转型升级。全球经济摆脱困境，最终要靠转变发展方式，加快新旧动能转换。世界新一轮科技革命和产业变革孕育兴起，为此提供了历史性机遇。一大批引领性、颠覆性新技术、新工具、新材料的涌现，有力推动着新经济成长和传统产业升级。各方应因势利导，把政策着力点放在支持经济转型升级上，增强经济发展新动力。

第三，推动世界经济稳定复苏，离不开高效有序的全球治理。面对共同的挑战，唯有同舟共济、立己达人，才是正道通途。各国应采取更多增长友好型政策，加强宏观政策协调，坚定不移推进贸易和投资自由化、便利化，旗帜鲜明反对保护主义，致力构建更加公平、公正、开放的国际经济体系。世界主要经济体在制定宏观经济政策时，不仅要考虑自身增长，也要考虑外溢性影响。今年9月，二十国集团领导人峰会（G20）将在中国杭州举行。本届论坛专门设置“中国的G20愿景”分论坛进行研讨，为此次峰会建言，有着积极意义。

女士们、先生们！

在经历多年的快速增长后，中国经济发展进入新常态。面对持续较大的经济下行压力，我们没有搞“大水漫灌”式的强刺激，而是创新宏观调控方式，着力推进结构性改革，着力培育新动能，改造提升传统动能，不仅保持了经济稳定发展，增长速度居世界主要经济体前列，而且结构调整也取得积极进展。这几年一路走来，充满风险和挑战，我们付出了很大艰辛。令人欣慰的是，新动能呈快速成长态势，尽管目前在规模上还难以与传统动能等量齐观，但在支撑发展、保障就业、促进转型升级等方面发挥着越来越大的作用。假以时日，异军突起的新动能必将撑起未来中国经济一片新天地。

今年以来，在世界经济增长继续放缓的背景下，中国经济运行总体平稳、稳中有进，保持在合理区间，确实来之不易。今年一季度经济增长6.7%，进入二季度以来继续保持稳定增长。夏粮有望再获丰收，工业企业效益回稳提升，服务业较快发展，市场销售平稳增长，居民消费价格指数（CPI）基本稳定、工业生产者出厂价格指数（PPI）降幅收窄，能耗强度和主要污染物排放继续下降。特别是就业保持稳定，1－5月城镇新增就业577万人，完成全年目标任务的58%；5月份31个大城市城镇调查失业率为5.02%。

上半年中国经济稳定发展，改革创新和调整转型发挥了关键作用。简政放权、放管结合、优化服务改革和大众创业、万众创新释放了发展潜力。新增市场主体平均每天4万户，其中新增企业1.3万多户、高于前两年，有力地带动了就业。消费和服务业逐步形成主导作用。信息通讯、智能手机、新能源汽车等新兴消费迅猛扩大，旅游、文化、体育、健康、养老“五大幸福产业”快速发展，服务业无论是产值还是就业，都稳居国民经济第一大产业。创新型经济活力四射。高技术产业、高端制造业和电子商务等新业态快速增长，一些转型升级早、新产业增长快的企业、行业、地区，保持良好发展势头。总起来看，中国经济的结构在优化、质量在提升、动能在积蓄。

我们也认识到，由于国际环境复杂严峻、国内长期积累的深层次矛盾凸显，中国经济稳定运行的基础还不牢固。外需对增长的拉动力减弱，民间投资和制造业投资乏力，金融等领域存在风险隐患，一些产能严重过剩行业和经济结构单一地区矛盾较多，经济下行压力仍然较大，困难不可低估。我们正视困难、坦承困难，恰恰表明我们有决心克服困难、有能力战胜困难，中国经济希望始终大于困难。

当前中国经济发展的基本面没有改变，宏观政策也会保持连续性稳定性。我们将继续创新宏观调控方式，加力增效实施积极的财政政策，灵活适度实施稳健的货币政策，把资源更多引向有利于补短板、增后劲、上水平的领域，引向有利于促进转型升级等新经济的领域。现在，中国政府负债率40%左右，中央政府负债率16%左右，在世界主要经济体中是比较低的，实施积极的财政政策有空间；居民储蓄率高，发展多层次资本市场潜力大，完善金融调控手段、优化金融资源配置有很大余地，可以创造条件，运用市场化、法治化方式逐步降低企业杠杆率和融资成本。我们不仅有足够的政策工具保持经济运行在合理区间，而且有充分的能力防范住系统性区域性风险。在调整转型时期，中国经济增长短期难免有波动起伏，但不会出现“硬着陆”，我们能够实现全年经济社会发展主要预期目标。

中国经济发展潜力大、优势足、空间广，前景光明。我们有9亿多劳动力，其中1.7亿多受过高等教育或有专业技能，每年大学毕业生700多万，中职毕业生500多万。科技人员数量世界第一，研发投入世界第二，去年投入的资金1万多亿元。中国是世界第二大经济体、第一制造大国，还是货物贸易和服务贸易大国、吸收外资和对外投资大国。中国也是世界第二大消费市场，中等收入群体数以亿计并日益扩大，农村贫困人口逐年减少，城镇常住人口每年增加上千万。这是一个世界上最具增长潜力的新兴大市场，也是各方人才能够充分发挥智力潜能、投资兴业的大舞台。我们对中国经济，不论是当前还是未来，都持乐观态度。乐观是充满信心的表现，在市场经济条件下，信心引导预期，本身就是巨大的力量。

女士们、先生们！

中国经济发展正处于新旧动能接续转换、经济转型升级的关键时期。我们将坚持发展第一要务，坚持稳中求进工作总基调，落实创新、协调、绿色、开放、共享的发展理念，实行宏观政策要稳、产业政策要准、微观政策要活、改革政策要实、社会政策要托底的总体思路，在适度扩大总需求的同时，坚定不移推进供给侧结构性改革，抓好去产能、去库存、去杠杆、降成本、补短板，推动发展从过度依赖自然资源转向更多依靠人力人才资源和创新驱动，使中国经济保持中高速增长、迈向中高端水平。

我们将以创新引领经济转型升级。创新是发展的第一动力，是供给侧结构性改革的重要内容。我们要深入实施创新驱动发展战略，加快建设创新型国家和世界科技强国，为经济转型升级提供强大支撑。

加快发展新经济、培育新动能。我们将大力推进科技创新，着力突破重大关键核心技术，推进创新成果转化应用。着力推动大众创业、万众创新，进一步推进“互联网 +”行动，广泛运用物联网、大数据、云计算等新一代信息技术，促进不同领域融合发展，催生更多的新产业、新业态、新模式，推出更加符合市场需要的新产品和新服务，打造众创、众包、众扶、众筹平台，汇聚各方力量加速创新进程，培育新的经济增长点。

加快改造提升传统动能。创新之新，不光是发展新经济，也包括对传统产业改造提升，使其不断焕发新的生机和活力。我们将深入实施《中国制造 2025》，推进制造业信息化、智能化改造，围绕满足消费者多样化需求开展个性化定制、柔性化生产，加快生产、管理、营销模式变革，重塑产业链、供应链、价值链，提高中国制造综合竞争力。

我们倡导新发展理念，包括共享的理念，发展共享经济也是发展众创经济。经济全球化深入发展和互联网日益普及，为人民群众创业创新提供了广阔的平台和空间。我们将通过深入推动“双创”，把精英与草根、线上与线下、企业与科研院所的创新活动融合起来，以千千万万市场主体的“微行为”，汇聚成创新发展的“众力量”。充分利用互联网平台，高效率对接海量供需信息，推进科技研发、专业知识、工匠技能的合作共享。众创经济、共享经济人人可参与、人人可受益，有利于激发所有人的潜能，形成合理的收入分配格局，壮大中等收入群体，让更多人特别是青年人通过努力实现人生价值，促进社会公平正义。

我们将以全面深化改革推动经济转型升级。我国过去 30 多年取得的巨大成就靠的是改革，破解制约发展的体制机制障碍、推动经济转型升级根本上也要靠改革。我们将坚定不移深化改革，更大程度激发市场活力和社会创造力。

积极推进结构性改革尤其是供给侧结构性改革。中国经济发展面临的结构性矛盾，供给和需求两侧都有，主要在供给侧。我们要用改革的办法推进结构调整，减少无效和低端供给，扩大有效和中高端供给。这既有利于经济转型，也有利于促进增长。其中很重要的就是淘汰落后产能、化解过剩产能。重点是抓好钢铁、煤炭等困难行业去产能，这方面近几年已取得初步成效，原煤、粗钢产量减少，但还要继续加以推动，主要是通过运用市场化、法治化手段，严格环保、质量、安全等标准。去产能最大的难题是人往哪里去。企业要采取多种措施使职工转岗不下岗，中央和地方政府都要对职工分流安置给予必要支持。产能过剩是一个全球性问题，我们主动采取行动去产能，说明中国是负责任的国家。

进一步推进简政放权、放管结合、优化服务改革。加快转变政府职能、提高效能，营造公平竞争的市场环境和激励创新的制度环境。坚持“简”字当头，把政府该放的权力放出去，能取消的尽量取消、尽可能直接放给市场和社会。同时，加强和创新市场监管。探索包容而有效的审慎监管方式，引导和支持新业态新模式健康发展。对有些符合发展方向但出现了这样或那样一些问题的，要及时予以引导和纠正，消除风险隐患，但也不能因噎废食，应使之有合理发展空间；对那些以创新之名行非法经营、欺诈诈骗之实的，要依法予以惩罚。严格保护知识产权。大力推行“互联网 + 政务服务”，搭建开放的政府公共服务平台，最大限度推进政府信息数据开放共享，便利群众和企业办事创业，提高政府服务效率。

协同推进财税、金融、投资等重点领域改革。我们已全面实施营改增，这是一次大规模的减税降负，有利于现代服务业和中小微企业创新发展。深化金融体制改革，加快完善现代金融监管体制，提高金融服务实体经济效率。我们还将深化国有企业、农村、投融资等领域的改革，推动社会诚信体系建设，释放经济发展的更大活力。民营经济是经济发展的重要力量，我们将进一步消除民营企业发展的各种障碍，取消不合理的市场准入限制，努力激活民间投资。

我们将以开放助推经济转型升级。开放也是改革，而且会倒逼改革。中国无论发展到什么阶段，都需要与世界各国取长补短、互学互鉴，对外开放的大门会越开越大。我们将进一步提高开放型经济水平，扩大服务业和一般制造业开放，为外商提供更多投资机会，营造更加公平、透明、可预期的投资环境。只要是在中国注册的企业，无论是中资还是外资，无论是合资还是独资，我们都一视同仁，切实保障他们的合法权益，提供更好的公共服务。面对当前国际金融市场扑朔迷离的波动，我们将坚持以市场供求为基础、参考一篮子货币进行调节、有管理的浮动汇率制度。中国经济的基本面决定了人民币不存在长期贬值的基础，我们有能力保持人民币在合理均衡水平上的基本稳定。中国将坚定不移走和平发展道路，坚持互利共赢的开放战略，愿与各国一道共同推动包容平衡增长、绿色可持续发展。

女士们，先生们！

天津是一个世界大港，从这里可以走向浩瀚的海洋。巨轮远航，需要持久强劲的动力。我们愿与世界各国一道，紧紧抓住新一轮科技和工业革命的机遇，共同打造经济增长新的发动机，推动世界经济在转型升级中实现稳定复苏，共创人类社会发展更加美好的明天！预祝本届论坛圆满成功！

## 五、陈昌智副委员长在2016中国风险投资论坛的讲话

全国人大常委会副委员长、民建中央主席　陈昌智

（2016 年 6 月 7 日）

各位来宾，女士们、先生们、朋友们，大家下午好。今天 2016 第 18 届中国风险投资论坛在深圳隆重举行，我代表民建中央对本届论坛的召开表示热烈的祝贺，对出席论坛的各位嘉宾致以诚挚的欢迎和衷心的感谢。

在本届论坛上，业界精英、专家学者、政府官员相聚一堂，以“新形势下中国 VC、PE 行业规范与价值重塑”深入讨论，交换意见，这对助推经济发展很有利。今天我演讲的题目是“扶持与监管并重，成长与智慧并重，促进 VC、PE 行业更好的健康发展”。

### （一）2015 年以来，国家 VC、PE 行业的状况

2015 年以来，在我国经济发展矛盾凸显，经济下行压力加大的情况下，作为中国经济助推器的股权投资行业仍然表现良好。一方面国家经济结构的调整，为股权投资提供了更为充足的资金来源，另一方面中央创新创业的发展战略又为股权投资，尤其是为天使投资及风险投资提出了更多的资金的要求。

（1）资金规模稳定扩大，行业逐步走向成熟。2015 年 VC、PE 市场总额大约八千亿美元，其实 2015 年底中国股权投资市场活跃的 VC、PE 机构超过 8000 家，大约五万亿人民币，比 2014 年提升了 25%。从行业发展的内涵来讲，股权投资机构从小的作坊到大支部，内涵和外延，投资

的范围都有较大的变化，一些老牌的 VC、PE 的合伙人离职创业，同时新的人才也在流入，中国 VC、PE 进入了新的时期。

（2）行业监管不断加强，制度体系日趋完善。自 2004 年 2 月 7 日开始，中国证券投资基金协会正式开始办理私募基金管理人登记和私募基金管理人备案，在协会登记并开展业务的私募证券，私募股权创投等管理人 8800 多家，备案的私募基金 2800 多支，认缴规模达到 6.07 万亿，实缴规模 5.02 万亿，人员也超过了 40 万。两年来，私募基金发展非常迅速，已经成为中国资本市场上不可或缺的一部分。当然问题和风险也不断凸显，15 年的 5 月，针对私募的投诉事项就有 495 件，主要集中在产品违约，涉嫌非法集资，登记备案不实等等问题，在这样的背景下，私募基金行业的监管进一步加强。2016 年 2 月，出台了私募投资基金管理人内部规定，私募基金信息披露管理办法和欢迎进一步规范私募基金管理人事项的公告。同时协会还定期对异常私募基金管理人进行公示。

（3）天使投资发展迅速，投资成果显著。天使投资领域格外的引人关注，尽管 2015 年下半年资本市场风云突变，早期投资市场受二级市场的影响，遭遇了融资的困难，但在宏观政策扶持引导下，天使投资市场仍然爆发出巨大的能量。由于天使投资很多是个人的投资行为，我这里引用了天使投资的信息。从募资方面来看，15 年度国内天使投资机构共募集 124 支天使投资基金，披露的金额大约 203 亿元人民币，超过 2014 年全年规模的百分之二点零几，而 2016 年出现了放缓，新设立的基金有 19 支，数量同比减少 38.7%，市场趋于谨慎。总体来讲，我国天使投资成绩斐然。另外许多精英人士进入了天使投资领域，更多的跨接投资人出现在天使投资领域，比如演艺界的人士、媒体人士与投资人合作成立了基金。

（4）新三板市场实现新的发展，分层机制开始实行。新三板交易量不断创下新高，2015 年新三板合计成交数额 238.9 亿，合计成交金额 1900 多亿，从挂牌的公司数来看，截至 2016 年 5 月，挂牌公司的数量已经达到 7394 家，而且保持着高速增长的态势。今年 5 月份，全国股转公司发布实施全国中小企业转让公司办法，有利更好地满足中小微的企业差异化的需求和分配监管，同时有效的降低投资者的信息收集的成本。

总的来看，近些年来行业的发展取得了显著的成绩，但在发展的进程中也暴露出不少的问题，比如说治理的意识不强、管理水平粗放、诚信责任缺失，市场不够规范，违规运作野蛮生长，非法集资，损害投资者利益。下面我谈一些具体的表现。

一是，有的交易平台假借金融创新之利违规开设私募产品，并向非合格的投资者募集私募，或通过转让收益权将私募产品转让给个人投资者，导致了单支私募产品投资者的数量超过 20 个。

二是，基于新三板挂牌的中小企业的现状，市场上超重估价的现象时有发现，有的公司受到公开谴责。在新三板的市场上也时有出现，尤其是股价，一个月之内从一块三毛三涨到了 160 元。

三是，互联网金融众筹的风险加大。众筹迅速发展的同时，问题也在出现。截至 15 年底至少有 84 家平台倒闭或者转型，大约占总数的 23%。小牛电动车创始人走上了法庭等等的事件反映出风投散户化，一些公司更是打着众筹融资、金融创新、融资租赁等方式实施诈骗，受害者多达 23 万人，涉案金额将近一百个亿。

四是，新三板市场冰火两重天。在 500 多家挂牌企业中，有一半是零交易，所以我们要看到在大发展的情况下出现的这些问题。

### （二）提高监管效能、提升服务水平，推动 VC、PE 行业发展

风险投资是国家创新战略的关键的一环，在促进大众创业、万众创新中发挥着不可替代的作用。因此，如何实施科学的管理，提高监管的效能是当务之急。我认为针对 VC、PE 行业，一是要遵守行政许可法的规定，减少行政规定。二是将分类指导和差异化管理的原则制定相关的政策。三是行业协会在加强管理的同时，也应该进一步的梳理服务意识，为行业的发展保驾护航。

结合这次论坛的主题，我谈四条具体的建议。

（1）实施税收的优惠，鼓励更多的社会资金参与到天使投资及风险投资的行业中来。风险投资作为推动创新经济发展的强劲动力，对我国创新型中小企业的发展起到了重要的提升和扶持作用，是服务实体经济的重要金融工具。现阶段，创业投资基金的发起人仍然以机构为主，因而鼓励自然人合伙人参与风险投资行业具有重要的现实意义。但目前自然人合伙人在风险投资收益所得税的税率偏高的问题亟待引起重视。按照我国的税收政策的规定，作为合伙企业实行先分后税的原文，不征收企业所得税及生产经营所得分配给合伙人后，法人合伙人依法缴纳企业所得税，自然人、合伙人则按照各级工商户生产经营所得的项目持有 5% －35% 的超额累计税，缴纳个人所得税。

在座的很多投资者是清楚的，也有的可能不是那么清楚。比如说它是在 15000 元以下，征收 5%，一万五到三万征收 10%，超过十万征收 35%，虽然符合现行政策规定，但是不利于自然人合伙人参与鼓励创新的风险投资，相比较，法人合伙人享有税收优惠，这就取得了很好的政策的效果。因此我认为可以参照法人合伙人的优惠政策，降低自然人合伙人在投资收益分配时的所得税的税率，鼓励自然人合伙人参与到风险投资中来。

（2）加大监管力度，规范众筹流程。近两年来作为“双创”的助推器，互联网非公开股权融资平台得以快速的发展，去中心化的特点帮助了更多的创业者更高效的找到了资金和资源。但股权众筹运行一年多问题也频频发生，尤其是诈骗、非法集资等违法违规行为。对投资者伤害很大。面对这么一系列问题，我认为政府的监管部门应该做好以下的工作。

一是制定有效的法规、科学的规范私募基金募资金额，防止违规募资。二是严格的监管依法追责，坚决惩处违法违规行为，维护投资者利益。三是督促平台对项目的严格审查，及时地披露信息，明确责任。四是对投资者进行教导，树立风险意识，理性地看待众筹。

刚才开会前，两点多，我和一些著名的投资者进行了一个小型的座谈，他们对协会举办考试反映很强烈。当然我对这个问题没有研究，需要很好地研究这个问题。我认为总的发展是，改革的趋势应是减少审批，减少资格考试，这应该说是大势所趋。

我没有深入的研究，我也没有和基金业协会的同志谈过。用这种考试的方式能达到什么目的，可能它是为了让这些投资人懂得更多的知识，懂得更多的法律，同时这可能也是加强监管的一个手段，但是我觉得这值得研究和考虑，通过考试的办法，可以对监管起到多大的作用。这些大家反映的问题非常强烈，所以我在这个会上也简单的提一提，但是我现在没有形成我的固定的观点。有全国政协的委员朋友已经表示，要向全国政协提交提案，我觉得是可以的。

（3）发挥引导基金的意义，提升政府引导的能力。以引导基金投资的方向，扶持创新的中小企业，可以说政府的创业投资引导基金是非常好的一种安排，但是它的效果怎么样就值得研究了。在去年的论坛上，我讲到了 15 年对 14 年的审计，审计了 14 个省的创业投资引导基金，这个基金从 09 年开始到 14 年前还有 397 个亿没有花出去，占总数的 84%。

今年我要讲点新的情况，审计署审计之后，企业、政府、方方面面都要整改，那么这 14 个省通过一年的整改，情况怎么样呢？又是审计署的报告。15 年从 1 月到 10 月，通过整改发出了 153 个亿，我不知道这是有效果还是没效果。我认为这说明政府相关部门在创业投资引导基金的使用上仍然存在不敢花，不会花的问题。它怕花出去收不回来，也不知道怎么样引导人才。实际上通过市场化的方式来使用好这笔基金，我认为会起到很好的作用。所以政府相关部门一定要学会用市场的方式来进行管理，不要用自己的手去干预市场。

（4）VC、PE 要爱国敬业、守法经营、回报社会。今年两会期间习近平总书记发表了重要讲话。他重申了要坚持党的基本经济制度，坚持两个毫不动摇等等，为推动非公有制经济健康的发展，进一步增强经济发展的活力指明了方向。总书记基于广大的非公有制经济人士也包括我们的 VC、PE 从业者，为了 VC、PE 的从业者也要加强自我学习、自我教育、自我提升，为投资者提供优质的服务，珍惜和维护好自身的协会形象，做到爱国敬业、守法经营、创业创新、回报社会。

本届论坛所关注的行业规范与价值重塑也离不开在座的各位在内的业界人士的共同努力。总书记首次重新定义新型政商关系，他指出对于民营企业家而言，就是积极主动与各级党委及部门多沟通、多交流、讲真话、践真言，满腔热情的支持地方发展。所谓清就是清白的清，就是要洁身自好，做到遵纪守法办企业、光明正大搞经营。

女士们、先生们、朋友们，中国风险投资论坛已经举办 18 届，有各位来宾的积极参与和贡献，论坛越办越好，希望各位来宾在接下来的讨论中为了论坛的主题各抒己见畅所欲言贡献智慧，最后驻本次论坛取得圆满成功，谢谢。

## 六、万钢部长：创新驱动关键是人要强化市场驱动

科技部部长　万钢

（2016 年 9 月 23 日，中国上海）

尊敬的徐冠华主席、女士们、先生们、朋友们、同志们，在秋高气爽的好时节，2016 年的浦江创新论坛隆重召开，在这里我谨代表中国科学技术部，向出席论坛的各位嘉宾表示热烈的欢迎！对英国主宾国 Jo Johnson 国务大臣和浙江省主宾省的代表冯飞先生表示衷心的感谢！我要特别感谢 Jo Johnson 大臣在致辞中带来了梅首相的祝愿，本届论坛的进行正直中国深入实施创新驱动发展战略，加快建设世界科技强国之际，来自于国内外政界、科技界、企业界各位嘉宾，将围绕着双轮驱动、科技创新和体制机制创新的主题，重论创新、畅谈思想、共谋发展，时机重要、主题重要，具有特别的意义。

中共的十八届五中全会强调，实现“十三五”时期发展目标，破解发展的难题，必须牢固地树立并切实地贯彻创新、协调、绿色、开放、共享的发展理念，今年 5 月 19 号，中共中央国务院印发了国家创新驱动发展的战略纲要，明确了未来 30 年中国实施创新驱动发展的战略目标、方向和重点任务，在 5 月 30 号召开的全国科技创新大会，两院院士大会、中国科学第九次代表大会，习近平总书记提出了建设世界科技强国三步走的战略目标，也就是到 2020 年进入创新性国家的行列，到 2030 年要晋升创新性国家的前列，到新中国建立 100 周年的时候，将成为世界科技的强国。今年 9 月，G20 第 11 次杭州峰会以构建创新、活力、联动、包容的世界经济为主

题，通过了20国集团创新增长蓝图，制定了一系列以科技创新为核心的具体行动计划，达成了可持续发展的共识，从根本上寻求世界经济持续健康的增长之路。实现创新驱动发展，是中国综合分析国内外大势、立足国家发展全局做出的重大战略决策，是我们应对新一轮科技革命和产业变革的深远影响。全球化内涵的深刻变化，国际经济深度调整，和引领经济增长新常态的客观要求。

当前，国际经济低迷，要走出困境就要充分利用科技革命和产业变革的重大机遇，结合自身的特殊优势，应势而动、趁势变革，重振经济繁荣和可持续发展，回顾历史，我们的主宾国英国在第一次科技革命后依靠完整的科研体系和持续的创新能力，成为世界上第一个工业国家，德国在以内燃机和电气化为代表的第二次科技革命以后，崛起成为欧洲的工业强国，美国抓住以电子信息为代表的第三次科技革命，成为世界头号强国，而日本亚洲四小龙也是依靠科技创新实现了赶超和跨越，当前的世界新科技革命与产业变革的正在呈现出历史的交汇，极其有可能重塑全球的经济结构，一些颠覆性的创新，对过去几十年积累的传统产业的竞争优势，以至于会发生归零效应，各国都在强化创新的战略部署，美国奥巴马总统连续三次推出国家创新战略，英国提出了创新与研究战略，对未来的创新与研发做了全面的部署，德国连续三次颁布高技术战略，在此基础上再次制定了工业4.0的计划，日本、韩国以及俄罗斯、巴西、印度等新兴经济体都在积极部署出台国家创新发展的战略或者规划，或者是路线图，创新成为各国振兴经济的核心。

当前，中国正处于全面建成小康社会的关键阶段，中国已经是一个经济大国，但是我们还存在着发展质量不高、效益不好、可持续能力不强等问题，我们尤其必须紧紧抓住新一轮科技革命和产业变革的历史机遇，全面增强创新能力，要依靠科技创新加快创造先发优势，为经济发展提供要素和动力，实现发展引擎的有机衔接，加快转换从传统增长的动力转向新的创新增长的动力。中国的发展迫切需要依靠创新驱动来提供加速度，经过多年的努力，中国科技的实力实现了整体跃升，重大成果和顶尖人才正在不断地涌现，“大众创业，万众创新”蓬勃兴起，科技创新为适应和引领经济发展的新常态增添经济发展的新动力提供了强大的支撑。载人航天、探月工程等高技术领域涌现出一批重大创新成果，有利的提升国家竞争力，振奋了民族精神，量子通信、干细胞、超导等基础研究取得重大突破，屠呦呦研究员获得了生理学和诺贝尔奖，标志着正在和生命的科学技术技术融汇，国家科技重大专项替补了一批技术和装备空白，在电子信息、能源环保、生物医药等领域培育了一批战略性新兴产业增长点。创新的人才呈现竞相踊跃活力迸发的新局面。中国的科学研究和技术的创新国际影响力正在不断提升，回顾过去的五年，就是“十二五”期间，国家创新能力的排名从2010年的第21位，上升到2015年的第18位，科技贡献率由50%增加到55.3%，研发支出超过2.4万亿，重要的是企业研发的支出超过了77%，IND经费占GDP的比重达到了2.1%，科技投入结构的优化提升了创新的效益，国际论文数量连续多年稳居世界第二位，国际专利的授权量居于世界前列，总体来说中国已经具备了创新发展的加速的基础。

女士们、先生们，实现创新驱动发展战略，最根本的是要增强自主创新的能力，最紧迫地是要破除体制机制的障碍，抓住关键点，打好组合拳，让科技创新和体制机制创新两个轮子一起转动起来，创新发展必须坚持以科技创新为中心，为核心，把科技创新的轮子更好地转起来，发挥创新第一动力的作用，抓好科技创新，要加强基础研究、增加源头技术的供给，是夯实创新驱动发展战略的根基，抢占创新制高点的根本。中国作出实施创新驱动发展的重大决策基于重大背景就是新科技革命和产业变革，知识创新技术的群体突破带来了新的经济增长的空间，中国把科技创新作为供给侧结构性改革的重要内容和关键环节，依靠科技创新打造发展的新动力，拓展发展的新空间，开辟产业的新方向，培育新的增长点，提高发展的质量和效益，来推动全社会生产力水平实现整体的提升，实现创新驱动发展必须要依靠改革，把体制机制创新的轮子同步转动起来，通过改革激发创新活力，技术先进不会自动形成市场优势，还要与产业业态的创新、商业模式的创新紧密的相关，创新驱动中的创新，指的是科技创新、管理创新、体制机制的创新和商业模式的创新，以及文化、环境的创新。它们要紧密互动、相互联动的创新，中国把全面深化改革作为创新的动力源泉，统筹科技、经济和政府治理三方面的体制机制的改革，最大限度地释放全社会的创新活力与创新的潜力，实施创新驱动发展战略，必须回答好由谁来驱动创新的问题。创新驱动关键是人，是全社会创新的动力，我们要保护好奇心的驱动，让科学家能够自由地探索，我们要选择突破点，加快战略高技术的研究，我们要强化市场的驱动，让企业家来主导创新，要着力推动“大众创业，万众创新”，使千千万万的青年人发挥智慧、放飞梦想，成为新一代的科学家、企业家、工程师和大国工匠，支持创新驱动、鼓励创新发展。支持创新驱动、鼓励创新发展要突破阻碍发展的体制机制障碍，要求政府、企业、院校的管理者对新生的事物和新生的模式要有更加灵活的应对，对创新所提出的新制度的需求要有更加果断的决策。创新必须更加开放，中国政府高度重视国际科技合作，当前全球面临着气候变化、能源安全、粮食安全、健康等挑战，任何一个国家都不可能置身度外、独善其身，中国政府希望自身的努力，并且和国际科技界携手为应对全球的共同挑战作出自身的贡献，中国政府要着力推动多边和双边的科技合作，面对影响人类文明发展的重大科学问题，我们愿意积极参与，并且结合实际情况和能力组织实施好重大的科技工程和科学计划。

女士们、先生们，为落实 G20 领导人杭州峰会的公报，创新增长蓝图和 G20 创新行动计划，我们将于今年 11 月 3 –5 日在北京举办 G20 的科技创新的部长会议，会议的主题是：创新增长方式，与会的各国部长共同讨论创新驱动发展的政策和实践，鼓励创新创业、科技合作的优先领域和创新模式，科技人力资源与创新人才的交流与合作议题，通过会议交流创新实践，应对共同挑战，为世界经济可持续发展作出贡献。

女士们、先生们、朋友们，中国科技创新正在努力地提升自己的能力，要不断地为世界科技创新与经济发展作出更大的贡献，为全球科技创新治理提供中国智慧和中国的行动，深化科技体制改革需要聚集更多的思想和智慧，推动创新发展需要大家共同的努力，我们真诚地希望各位嘉宾在本次论坛中，围绕着双轮驱动贡献出一系列的真知和灼见。

最后预祝论坛圆满成功！祝各位在上海期间工作顺利、生活幸福！谢谢大家！

## 七、辜胜阻：“十三五”投资机遇与“双创”健康发展

全国人大常委、民建中央副主席　辜胜阻

（2016 年 6 月 8 日）

尊敬的陈昌智主席，各位投资家、企业家，各位来宾，下午好，我演讲的题目是《“十三五”投资机会与创业创新健康发展》。在这次论坛举办之前，我随中央新媒体就深圳的创新模式进行了实地的考察，所以我也想借这个机会评价一下深圳的创新模式。

一、当前民间投资为何急剧下行、“十三五”投资空间在哪？刚才主持人讲了当前经济形势面临的问题，但讲的是老问题。现在最重要的问题是民间投资急剧下行，今年以来，民间投资增

速出现持续快速下滑趋势，1～4 月民间投资同比增速 5.2%，只有全国固定资产投资增速 10.5% 的一半，而民间投资占全社会投资的比重也出现下滑，62.1% 的占比比去年同期降低 3.2 个百分点。国务院派出了九个部长到江西、黑龙江、广东、湖南等 18 个省市区进行了 10 天的督查，走访逾 700 家企业来调查民间投资，研讨如何扩大民间投资。我自己也到很多市去调研，民间投资为什么下行，主要存在四个问题。问题一表现在“门好进、脸好看、事不办”，审批繁琐依然突出。从“门难进、脸难看、事难办”变成了“门好进、脸好看、事不办”，一些基层干部“多一事不如少一事”，对支持民间投资缺乏积极性。问题二表现在投资成本高、负担重，利润薄，影响企业投资意愿。民营企业普遍反映经营成本增长过快，如用工成本不断增加，土地价格持续上涨，电费长期居高不下，影响投资意愿。反映最为普遍的是人力成本不断增加，社保缴纳占到了工资总额的 32% 左右。此外，知识产权保护缺失也让民企在市场竞争中失去一层保护膜。问题三表现在公平待遇未落地。“现在民间投资面临的最大困惑就是缺乏公平待遇。”一些地方和金融机构在规模上“重大轻小”，在身份上“重公轻私”，在地域上“先内后外”。民营企业贡献了 80% 以上新增就业，但最近两三年民企不仅排在国企后面，连外企地位都比不上。问题四表现在金融机构抽贷、断贷，企业告贷无门，融资难仍普遍存在。在经济下行压力下，银行对民企的贷款收缩过大，企业贷款难、融资成本高、贷款期限短的现象普遍存在。许多银行只关注于部分民企违约造成贷款风险，大量地区和行业存在着“一刀切”的现象。

扩大民间投资首先要解决“钱从哪儿来”和“钱投向何方”两大瓶颈。就“钱的来源”问题而言，民企面临着严重的“融资难”困境，企业利润连续多年大幅下滑，内源性融资能力不足。其次，信用风险集中爆发，企业债发行困难。此外，民企融资渠道不通畅，政府本来是希望通过一系列的货币政策把流动性引入到实体经济去，结果银行惜贷和金融市场的分流作用助推资金“脱实向虚”，大量流动性在金融体系内部空转。就“钱的投向”问题而言，一方面，限制民资的“玻璃门”“弹簧门”“旋转门”普遍存在，一些领域甚至存在“没门”，不知道“门”在哪儿的现象。另一方面，市场预期不稳定导致民企“不敢投”。在经济转型升级的背景下亟须扩大民间投资，同时吸引民间资本投向有发展潜力的“蓝海”领域。但是，目前受制于多方面因素的影响，民企在扩大投资方面存在着没有能力投、没有意愿投、没有胆量投和没有地方投四大困境。

所以我的调研提出来六条建议。一是要发挥政府投资的引导带动作用，形成政府与民间投资合力，有效推广 PPP 模式，防止民间投资“挤出效应”。二是要进一步放宽民间投资市场准入，完善公平竞争的体制机制，推进混合所有制改革，让民企有“投资空间”。三是要构建新型“亲”“清”政商关系，发挥市场在资源配置中的作用，稳定投资预期，提振投资信心，形成民企“长期投资”行为。四是要加快推进供给侧结构性改革，组合出拳降低实体企业成本，让企业有利可图，让民企“想投资”。五是要引导民间投资转型升级，扭转“脱实向虚”态势，提升民企转型能力，让民企“能投资”。六是要大力弘扬企业家精神，让民间投资“活水”涌流，完善产权制度，使民企“敢投资”。

“十三五”期间，城镇化、工业化、智能化、服务化、绿色化和国际化将为中国提供重要的投资空间。城镇化会带动巨大的人流、物流、资金流、信息流、能源流。城市群将成为城镇化主体形态和主平台，预计未来 5 到 10 年内，城市群的人口和经济规模分别占到城市总量的 82% 和 92%。此外，要大力发展中小城市，培育新型的新生小城市。现在我国人口在 10 万以上的镇已经有 280 个，镇区人口在 5 万以上的特大镇，全国已经有 780 个，在国外这都是一种不小的城市，但我们还是一个镇，这是城市体系中的一个短板。当前，推进特大镇改市有利于充分发挥城镇化内需最大潜力优势，通过做多小城市扩大民间投资稳增长。还有要加强智慧城市的建设。在工业化方面要以“中国制造 2025”促进三大转变，即由中国制造转向中国创造，中国速度转向中国质量，中国产品转向中国品牌。互联网是我们最有可能实现弯道超车的领域。世界十大互联网公司，中国有四个，其他六个是美国的。智能化方面，促进机器换人推动制造业的智能化发展，会为企业带来重要发展机遇。要利用好“互联网 +”和消费升级机遇。马云讲传统的三驾马车投资、消费、出口现在在衰减，而服务业、消费和高科技则是拉动经济增长的三辆“奔驰轿车”。消费对 GDP 的贡献正在上升，2015 年已经达到 66%。生产性服务业、生活性服务业市场都非常巨大。要促进经济的绿色化，绿色经济发展将带动数以万亿元计的“治大气”、“治水”、“治土”的投资，为企业带来更多商机。要抓住国际化机遇，一带一路、自由贸易区和企业“走出去”战略有利于推动企业经营的国际化，利用好国际资源。所以“十三五”时期，我认为中国的投资空间是很大的。需要政府营造好的环境，释放改革红利，而投资家需要认清、用好这些投资机遇。

二、如何用好投资机遇，进一步推进创业创新健康发展？推进“双创”必须要让创业、创新、创投形成“铁三角”。要用好资本市场，资本市场不仅可以培育顶尖的大企业，也可以支持小微企业。要创新间接融资方式来支持“双创”。要组合出拳降低“双创”成本，并激活“双创”生态中的多元主体。要营造宽松的环境来激发企业家精神和工匠精神。

第一，要更好地发挥直投基金的作用，显著提高直接融资比例，重构创业、创新和创投的“铁三角”。直投基金包括天使基金、风险投资基金、私募股权投资基金、并购基金等，直投基金是具有风险承受力的资金主要来源，对创业创新非常重要。落实创业创新的扶持政策，打通创新创业资金扶持的“最先一公里”非常重要的是壮大天使投资。第二，要完善多层次资本市场，发挥好资本市场服务创新创业功能。当前，多层次资本市场发展的一个新特点就是股权众筹对推动创业创新起到了重要作用。我在今年两会提交了一个人大代表建议，提出来要规范发展资本市场的“新五板”，即股权众筹，实现众创与众筹的有效对接。具体而言，要遵循多元共治的理念，构建政府监管、行业自律、市场主体自治及社会监督等有机结合的治理体系。要发挥各类孵化器和众创空间的筛选培育作用，实现“众筹”与“众创”的有效对接和联动。现在各类创业项目是泥沙俱下，因此必须要发挥各类孵化器和众创空间的筛选培育作用。要坚守“底线”和“红线”，扎紧制度笼子，遵循宽进严管、循序渐进的监管思路做好平台监管。要完善股权众筹平台的信息披露制度和风险识别机制，做好投资者的风险教育，推广“领投 + 跟投”的模式。要加强互联网征信体系等基础设施建设，减少信息不对称引发的风险。要提高股权众筹流动性，畅通退出通道，完善多层次资本市场体系。第三，要发展投贷联动和知识产权质押融资，扶植实体型科创企业做大做强。第四，要通过组合拳切实降低实体经济成本，降低创业的门槛，让创业者轻装上阵。降低企业的成本是当务之急，要减审批权力，降准入门槛，强金融服务，聚创新资源，优管理举措，补信用短板。还要加大财税支持创业创新力度。第五，要构建多方参与的创业创新发展生态圈，发挥各主体的协同作用，建立产学研有效对接的创新链。要鼓励龙头企业建设众创空间，形成“大手拉小手”的“双创”格局，让大企业成为新创企业的“黄埔军校”。第六，要营造“实业能致富，创新致大富”的创业创新环境，激发企业家精神和工匠精神。

三、在进一步推进“双创”过程中，如何借鉴深圳创业创新的模式？目前我国整体的民间投资急剧下行，但是深圳的民间投资增长 27.5%，民间投资占比接近 75%，同时，深圳的财政收入增长 30.1%，而全国的比重只有 6.5%，深圳的 GDP 增长 8.4%，全国只有 6.7%。为什么会这样？我认为一个非常重要的原因在于深圳的创业创新十分活跃。现在中国的两个城市，深圳和北京，正在上演创业创新的“双城记”。深圳有市场环境、创业文化和创业生态，北京有技术优势、资本优势、教育资源。从深圳自身的特征来说，第一，深圳是典型的移民城市，富有移民文化，有利于孕育鼓励冒险、宽容失败、崇尚创新的创业创新精神。第二，深圳有良好的创业创新生态，成为各类创业人才和创新要素的栖息地。深圳已形成了三个 70%，先进制造业占规模以上工业增加值比重达到 76.1%，先进制造业和现代服务业占 GDP 比重超过 70%，现代服务业占服务业比重近 70%。第三，在深圳，创业与创新、创投形成“铁三角”，实现了技术创新与金融创新对经济发展的“双轮驱动”。第四，深圳创业创新主体呈现多元化态势，大批创业创新人才集聚深圳，形成创业“新四军”。第五，深圳创新体系是一种突出企业创新主体地位、以市场需求为导向的自主创新模式，有效避免科技和经济“两张皮”的问题。深圳有四个 90%，90% 以上的研发机构设立在企业，90% 以上的研发人员集中在企业，90% 以上的研发资金来源于企业，90% 以上的职务发明专利出自于企业。“四个 90%”，凸显深圳企业在创新中的“主角”地位，只有深圳在这个方面做到了极致。第六，深圳有充满活力而又高度开放的市场化和国际化的创业创新环境，提高自主研发能力。深圳的科技进步贡献已率提升至 60%，提前实现了国家十三五规划提出的目标，平均一天有 46 件发明专利，一年突破 10 万，是全国平均水平的 16 倍，但是深圳也要进一步改善环境。要妥善化解深圳创新驱动发展的空间制约，避免过高房价对创新人才的“挤出”效应。深圳是一个超大城市，不到 2000 平方公里的土地上聚集着近 2000 万人口，人口密度全国第一，空间制约是深圳发展的最大制约。要吸引一流的大学生落户深圳，缓解深圳科教资源不足、创新链上游存在“短板”的缺陷。与硅谷相比，深圳缺少像斯坦福大学这样的一流大学来作为技术创新源头。要有效构建人才激励机制，为创新人才“松绑”、“减负”，着力解决人才管理中的行政化、“官本位”问题，吸引、储备大量创新型人才，真正发挥创新人才“第一资源”作用。要激发企业家精神，发挥企业家才能，推进切实保护知识产权制度建设，激励企业加大创新投入，进入创新链和价值链的高端，靠创新占领产业制高点。

“双创”是稳增长保就业的重大引擎，需要健康可持续发展。现在企业存活率偏低，新登记的企业有 1/3 没有运营，运营的企业在 1 年停业的近 20%，大学生创业成功率低。创新型企业占比偏低，政策体系与评价体系仍不健全。“双创”要健康发展，要避免一哄而起推进运动化、项目泡沫化、理解上的全民化、脱离实体经济过度虚拟化、创业教育急功近利过于功利化等误区。“双创”是供给侧结构性改革的重大抓手，为中国“十三五”带来黄金机遇，但也要避免误区，使其健康可持续发展。我的演讲就到这，谢谢大家。

## 八、周小川行长在 2016 中国发展高层论坛上的讲话及答问

中国人民银行行长　周小川

女士们，先生们，各位来宾，下午好！

很荣幸又在中国发展高层论坛跟大家进行交流，今天我要讲的题目是金融改革。刚刚结束的中国十二届全国人民代表大会第四次会议通过了“十三五规划”，我想借此机会跟大家简要讨论下“十三五规划”有关金融体制改革的内容。

“十三五规划”第十六章专门讲金融体制改革，总的提法是“完善金融机构和市场体系，促进资本市场健康发展，健全货币政策机制，深化金融监管体制改革，健全现代金融体系，提高金融服务实体经济的效率和支持经济转型的能力，有效防范和化解金融风险”。第十六章共有三节和一个专栏：第一节是“丰富金融机构体系”；第二节是“健全金融市场体系”；第三节是“改革金融监管框架”。我就其中的几项内容跟大家讨论一下。

第一，丰富金融机构体系。中国金融机构数量和种类还比较少，不能满足为经济发展提供金融服务的需要，所以要丰富金融机构体系。这一节一个突出的提法是要健全以商业性金融、开发性金融、政策性金融、合作性金融分工合理、相互补充的金融机构体系。大家知道，中国商业银行、农村信用社、合作金融都有所发展，此次强调开发性金融和政策性金融，也是应对全球金融危机的需要。

首先，过去常规的概念就是金融要么是商业性，要么是公益性，采用类似二进制的提法，非零即一。但是本次全球金融危机以来，很多商业性机构都经历了自身资产负债表调整的过程，所以充分发挥作用就心有余而力不足。同时，如果说公益性融资一般过去都是应该财政花钱，但各国财政情况也不一样，有的财政空间也不大，所以国际上就对开发性金融和政策性金融再次关注。中国正好有三家这样的机构，一个是国家开发银行，一个是中国进出口银行，一个是中国农业发展银行。这三家机构的资产负债表加在一起大概是 15 万亿人民币左右，其中绝大多数资产是商业可持续性的资产，所以在“零”和“一”之间有一些业务，这些业务过去大家不太在意，但是在危机期间大家觉得需要给予一定的关注。也就是说，低于商业性回报，但又不完全是公益性，这部分业务的发展可以不以盈利最大化为目标，但同时又能弥补一些在“零”和“一”之间的融资空间。

对于中国来讲，也有一些特殊含义，就是中国经济从过去集中型计划经济向市场经济转轨，在转轨过程中由于各种各样的原因（包括价格体制等）造成一部分业务的商业性融资做不了，政府融资力量也不够。因此，中国在“十三五”规划中仍旧把开发性金融和政策性金融作为一个重要的内容进行描述。

另外，在这一节里还提到了扩大民间资本进入银行业，发展普惠金融和多业态中小微金融组织，规范发展互联网金融。做好这些事也有几个认识问题需要讨论来逐渐达成共识。

第一，在中国，非法集资、金融诈骗的现象还比较多，和国际相比可能还比较突出。在这种情况下可能就会有质疑，就是说如果扩大金融机构的数量和进一步放宽准入，会不会出现更多的混乱？

第二，中国金融服务的总水平如何？是供给十分充足不需要再设立更多的机构？还是金融服务总体不足，导致一些非法、钻空子性质的欺诈金融活动反而有很多的市场和机会。所以这个问题也需要通过讨论来明确。从“十三五规划”看，我觉得中国作为这么大的经济体，虽然商业银行、证券公司、保险公司数量不少，但因为国家很大，基层金融服务总量上来讲还是不足。

第三，中国政府历来强调金融要为实体经济服务。为实体经济服务的观点也有不同，有人认为金融发展了，就会把资源占走，反而忽略了实体经济。有人认为，金融界创造的市场和一些产品自己炒来炒去，不是为实体经济服务的，所以对发展金融服务业持有比较负面的看法。我认为从博弈论的角度来看，实际上可以分三类：即金融业和实体经济之间可以是双赢局面，也可以是零和博弈，也可以是双输局面。对于中国来讲应该做到什么样，至少可以有一个初步的结论，就是如果金融业不能够更好地发展，提高更普遍的金融服务，同时提供更加符合市场需求的产品，那么实体经济就会受到限制。

我们对金融业和实体经济的关系强调地比较多，说法也多种多样，要把“十三五规划”中有关金融改革的内容落实好，就需要进一步理清这方面的认识。

“十三五规划”第十六章第二节内容是“健全金融市场体系”，其中最突出和最开始提到的都是如何健康发展资本市场。中国资本市场的发展仍然有很大的空间，同时也有很多工作要做。除了有很多资本市场服务的市场需求、资本市场融资的需求以及改善公司治理的需求以外，在中国也有一个稍微特殊的考虑，就是中国经济的整体杠杆率偏高，也就是大家常讨论的总的借贷等债务和 GDP 的比重，特别是企业部门借贷等债务占 GDP 的比重偏高。“十三五规划”也希望通过发展资本市场，使更多的资金进行股权投资，减少企业对借贷杠杆的依赖，这也是大家关心的问题。

如何看待中国企业部门或者公司部门的高杠杆率？我想说三点：

第一，中国的国民储蓄率高。一般国家在 GDP 的 20%—30% 左右，中国去年的总储蓄率还是 46% 点多，其中居民部门在 35% 以上。储蓄率高有多种多样的原因，储蓄的钱多，通过银行和买债券渠道的债务融资就会高一些，所以如果说中国企业债务率高于其他一些国家，从这个角度看也不奇怪。当然也不能高的太多，否则也是有问题的。

第二，中国的股本市场发育比较晚，股票市场在 90 年代初才开始出现，市场发展的时间还短，所以资本市场总融资比例比较低，民间的股本融资也相对薄弱。

第三，中国改革开放以来发展比较快，但总的民间积累、民间财富还比较少，所以民间财富变为股本的机会也相对比较少。

这些因素加在一起就导致借贷比例比较高，就容易产生一些宏观上的风险，这方面我们也是和国际上很多朋友们一样给予高度重视。解决的方法也有很多种，其中一个重要的方法就是加快发展资本市场，通过资本市场股本融资能够使国民储蓄中更大比例资金进行股本融资，也就降低了债务占 GDP 的比重，也降低了债务股本的比例。

在健全金融市场体系这一节中还谈到了很多其他内容，包括债券市场的发展、健全利率、汇率的市场决定机制。大家都比较关心利率、汇率机制的改革，我们前一段时间在 G20 的场合下也讨论了汇率机制。中国的利率市场化在去年年底之前应该说基本上完成了，利率管制，不管是贷款还是存款都已经取消，金融机构都有了利率的自主定价权。当然，利率改革后续还有很多任务，比如说中央银行对利率的指导还有一个健全传导机制的问题。再比如说，利率形成机制也还有一个在市场上不断磨合、逐渐完善的过程。因此，还有很多需要不断完善的方面，但总体上看利率市场化改革已经取得了了决定性的进展。

“十三五规划”的第三节内容是“金融监管体制改革”。在这方面，首先，规划中提出要加强金融宏观审慎管理制度建设，构建货币政策与审慎管理相协调的金融管理体制。这表明中国还是很重视全球金融危机中的经验教训。中央银行过去比较强调对价格总水平的调控，很多央行还实行通货膨胀目标制，仅做到这点还不够。即便有些情况下通货膨胀水平不高，但经济体系还可能出现其他的金融风险，甚至是危机。所以首先强调要加强宏观审慎管理框架的建立。

另外，“十三五规划”中提出要健全符合我国国情和国际标准的监管规则。这方面，要认真研究我国自身的经验教训，包括在去年金融市场发生波动的时候，市场上有各种各样的讨论，包括有一些观点认为我国的金融监管体制还不是很理想，因此我们要从吸收经验教训。

从国际上看，尽管没有一个非常理想的模式，但全球金融危机中出了不少问题，这些问题今后在金融监管体制改革方面应如何对待，国际上也有众多的讨论，也有很多的实践探索，这也是我们金融监管体制改革的重要参考。

在金融监管体制改革中还特别提出了要切实保护金融消费者的合法权益，这也是目前体制上的不足之处，在落实“十三五规划”过程中要大力加强，包括金融消费者合法权益的保护、隐私的保护、提高金融基础设施和金融系统的安全性，以及加强对消费者的教育，使其能够更好地保护自身权益。特别要强调的是，在互联网技术和信息科技发展的情况下，应该把这项工作做得更好。

谢谢大家!

## 九、刘士余主席在中国证券投资基金业协会第二届会员代表大会上的致辞

各位会员代表、各位理事，同志们：

今天，中国证券投资基金业协会第二届会员代表大会在这里隆重举行，这是资产管理行业的一件盛事。我代表中国证监会对本次会员代表大会的顺利召开表示热烈祝贺，向与会代表和广大从业人员致以诚挚的问候，向长期以来关心支持资产管理行业健康发展的国务院各部门、各单位和各界朋友表示衷心感谢!

自协会第一次会员大会召开以来，我国经济金融改革持续深化，金融市场多维持续扩展、社会财富多元持续增长，资产管理行业实现了跨越式发展，取得了令人欣慰的成绩。

一是行业管理规模持续扩大。截至今年10月底，基金公司及其子公司管理规模达到26.24万亿元，证券公司及其子公司管理规模达到16万亿元，私募证券投资基金和私募股权投资基金管理规模达到7.3万亿元。目前，协会会员管理的资产规模突破50万亿元，与2012年底相比增长6倍。二是业务和产品快速发展。资产管理产品涵盖债券、股票、期货、股权等多种基础资产，有扎根国内市场的投资，也有面向全球的资产配置，满足了不同风险偏好、不同资产规模、不同期限的多元理财需求，并有力支持了实体经济发展，也促进金融市场多元多维发展。三是行业规则不断完善。2013年6月开始实施的《证券投资基金法》，在市场准入、投资范围、业务运作等多方面优化了行业业态，还将非公开募集基金纳入法律调整范围，拓展了行业的发展空间。同时，中央编办明确证监会负责私募基金的监督管理，其他监管部门也从各自职责出发，制定了相关规章，逐步健全了行业发展的制度基础。

特别是《证券投资基金法》高度重视发挥行业自律的作用，专辟一章，明确协会的法律地位、行业属性和法定职责。2012年6月6日成立以来，协会在民政部等有关部门和广大会员的大力支持下，积极进取，勇于担当，在加强行业自律、维护行业秩序、保护投资者合法权益等方面做了大量工作，发挥了桥梁和纽带作用。具体体现在以下几个方面：一是团结和带领会员，促进行业快速发展。及时收集行业建议，反映行业利益诉求，为相关法规政策的出台提供决策参考。加强政策解读和知识培训，营造良好的发展环境。二是切实实现好、维护好广大投资者的合法权益。推动行业树立“投资者利益至上”的理念，弘扬和培育理性投资文化。不断完善多渠道的纠纷调解机制和服务，支持投资者依法行使权利。三是加强行业自律，维护行业秩序。认真落实法律赋予的自律管理职责，完善公募基金和私募基金自律管理规则，形成基本全面覆盖登记、信息

披露、内部控制、托管业务等在内的完整的自律规则体系。四是加强自身建设，不断优化治理结构。制定和完善《协会章程》，充分发挥协会理事会、专业委员会和行业联席会等的功能与作用，自身建设和管理水平不断提升。总体来看，四年多来，协会各项工作取得显著成绩，来之不易。这些成绩的取得，与各会员单位、行业各主体维护行业健康发展大局、积极参与、支持协会工作密不可分。实践证明，协会已经成为中国资本市场发展中一支重要的行业自律力量，也是重要的引领创新的力量。

当然随着政府职能转换、监管方式转换，以及市场的创新，协会面临的任务会更加繁重和复杂，有些工作需要在实践过程中不断地摸索，与广大会员深入地沟通协商，真正的规则必须为会员所接受，受到会员拥护，不能有长官意志。

各位同志，资产管理行业担负着满足社会多元化投资需求，甚至满足把资金转换为资本服务实体经济的重担。行业机构、协会、监管部门等相关方面要深入学习习近平总书记系列讲话精神，主动作为，紧紧围绕国家经济社会发展的大局，在服务供给侧结构性改革、三去一降一补的五大重点任务，在惠民生、防风险、提升民族金融业国际竞争力的方面，更好地体现和实现自身价值。

希望协会：

首先，要注重协会的自身建设，尤其是要加强协会党的建设，强化对行业机构的政治引领和示范带动。刚刚结束的党的十八届六中全会对新形势下全面从严治党进行再动员、再部署、再出发，学习贯彻好六中全会精神是今后一个时期重要的政治任务。协会要认真落实中办、国办印发的《关于改革社会组织管理制度促进社会组织健康有序发展的意见》精神，切实加强协会党委和各级党组织的建设，发挥好协会党委在协会运作过程中的政治核心作用。各行业机构也要把加强党的建设与完善公司治理统筹一致，建立健全企业党的组织，把党员日常教育管理抓好，从而为各家会员的发展打下良好的内部政治保证和外部政治基础。

其次，协会要强化“为会员服务、为行业服务、为市场服务、为党和国家利益服务”的责任意识。把协会建设成为会员之家，保护会员合法权益，推动解决行业共同面临的共性问题。要坚决落实法律法规要求，承担好自律监管职责，净化行业发展环境。要坚持把保护投资者合法权益放在最重要的位置，切实促进行业可持续健康发展。不断加强自身建设，完善治理体制，着力构建深受广大会员支持拥护爱戴、深受市场欢迎、深受政府信任的现代行业协会。

最后，行业机构要结合经济社会发展的内在需求谋求创新发展，主动服务经济结构调整、创新驱动战略、脱贫攻坚战略等国家重点战略。要加强核心能力建设，提高专业服务水平，牢记“受人之托、代人理财”的初心，忠实履行“诚实守信、勤勉尽责”这一职业操守的底线。要坚决把依法合规作为“带电的高压线”，严格遵守法律的规定。要加强投资者适当性管理，牢固树立“投资者利益至上”的展业理念。作为市场重要参与者，行业机构要秉承价值投资理念，促进资本市场健康、稳定运行。

这里我希望资产管理人，不当奢淫无度的土豪、不做兴风作浪的妖精、不做坑民害民的害人精。最近一段时间，资本市场发生了一系列不太正常的现象，你有钱，举牌、要约收购上市公司是可以的，作为对一些治理结构不完善的公司的挑战，这有积极作用。但是，你用来路不当的钱从事杠杆收购，行为上从门口的陌生人变成野蛮人，最后变成行业的强盗，这是不可以的。这是在挑战国家金融法律法规的底线，也是挑战职业操守的底线，这是人性和商业道德的倒退和沦丧，根本不是金融创新。

同志们!

资产管理行业前景无限广阔，事业大有可为。证监会在习近平同志为核心的党中央领导下，将一如既往地大力支持行业发展。一是完善制度，健全规则。进一步完善《证券投资基金法》配套规则。会同市场各方面、政府有关部门共同推动《私募投资基金管理暂行条例》尽快出台，夯实私募基金监管法律基础，构建适应股权投资、创业投资基金规律的规范和制度体系。二是坚守监管本位，加快形成职权清晰、分工合理、标准统一的业务监管体系，全面加强监管，坚决查处触碰底线的行为，及时清除害群之马，强化扶优限劣导向，为行业管理创造良好的秩序。三是努力优化行业发展的外部环境，推动形成鼓励创新发展的政策支持体系。

我相信，在社会各界的大力支持下，在全行业的不懈努力下，中国的资产管理行业一定会抓住新机遇，创造新辉煌，以优异的成绩回报人民、回报市场，以更加优异的成绩迎接党的十九大顺利召开。

预祝大会取得圆满成功。谢谢大家!

## 十、李超副主席在第四届中国创业投资行业峰会上的讲话

（2016 年 10 月 17 日）

尊敬的张高丽副总理，各位领导、各位来宾：

大家下午好!

很高兴参加第四届中国创业投资行业峰会。我谨代表中国证监会，对大会的召开表示热烈祝贺。

推进大众创业、万众创新是落实党中央、国务院创新驱动发展战略的重要举措，也是适应经济新常态、培育发展新动能的必然选择。国内外实践经验表明，创新创业活动的顺利开展，始终与资本的催化、促进作用相伴。特别是随着信息技术革命的深入推进，技术与资本的紧密结合，使得创新创业活动的步伐比以往更快、涉及领域更广。

近年来，创业投资机构在创新、创业中的地位日益突出，以多层次资本市场为代表的直接融资体系的作用也发挥得更加明显。首先，通过资本市场的“择优汰劣”机制，引导资金源源不断注入具有真正竞争优势的创新企业。员工持股、股权激励等制度创新，对于人力资本价值转化，吸引和稳定优秀人才，激励企业家管理才能和创新精神发挥着重要作用。其次，创业投资基金等风险投资主体的发展，推进直接融资关口前移，有效适应了技术创新活动高风险、高投入的特点，解决了创业企业“起步一公里”的资金来源问题。同时，活跃、有效的资本市场，能够为早期的风险资本提供畅通的退出渠道，实现风险资本的增值与新一轮的投资循环。最后，与传统通过一级市场认购股份不同，风险投资基金不仅为创业企业注入资金，还基于自身专长，积极参与公司治理、引导发展战略等，投资与“孵化”共举，输血与造血并重，促进了资本与技术、人才、创意的有效融合，为创业企业健康成长提供有效支持。

中国证监会认真贯彻党中央、国务院决策部署，围绕创新驱动发展战略的需要，大力推进多层次资本市场体系建设，不断拓展资本市场的服务覆盖面，积极完善投融资体制机制，推进大众创业、万众创新。

一是不断发展壮大交易所市场，为科技含量高、创新能力强的新兴产业拓宽融资渠道。以主

板为例，2015年以来，共有155家公司完成IPO，募资1806亿元，其中属于创新创业等新兴产业企业约50家，募资约390亿元。目前，创业板540家公司中，高新技术企业占九成以上，战略性新兴产业企业占七成以上，公司平均研发强度5.35%，远高于市场平均水平。

二是改革全国股转系统，更好服务中小微创新创业型企业发展。新三板设立以来，坚持以包容性理念设计准入机制，对申请企业在所有制、地域和盈利等方面不做限制性要求，支持鼓励创新型、创业型和成长型中小微企业在新三板挂牌，通过发行普通股、优先股、债券等实现直接融资。目前，9000多家挂牌企业中，中小微企业占比93%；高新技术企业占比67%，先进制造业、现代服务业合计占比73%。根据统计，有私募股权基金投资参股的挂牌公司占比约60%。

三是鼓励面向创新创业项目的并购重组，推动行业整合、转型升级。积极支持符合条件的创新创业项目通过并购重组做大做强，鼓励传统企业针对新技术、新产品进行外延式并购。今年以来，上市公司并购重组交易共有1500多单，其中近1000单涉及创新创业型上市公司，占比63%，金额总计6497亿元，占比51%。

四是积极支持符合条件的创新创业企业进行债券融资。启动双创债、绿色债、可续期债和熊猫债等创新品种试点，满足创新创业企业的融资需求。今年以来，双创债发行3单，金额6000万元；绿色债发行11单，金额177亿元。交易所债券市场支持创新创业型企业融资机制进一步完善。

创业投资是推动创新创业的重要资本力量，是促进创新成果转化的助推器。近年来，证监会在促进多层次资本市场服务大众创新、万众创业的同时，也一直高度重视并大力培育私募基金市场，进一步吸引更多社会资本流向创新创业活动。自2013年6月《证券投资基金法》实施、中编办明确证监会的监管职责以来，证监会积极探索私募基金监管方式。加快构建私募基金法律规则体系，发布《私募投资基金监督管理暂行办法》，明确合格投资者标准和基本运作规范；坚持“适度监管、底线监管、行业自律、促进发展”的监管理念，实行私募基金备案制，不设行政审批；出台相关自律规则，建立分类公示、黑名单制度等诚信约束机制，构建行政监管与行业自律相结合的监管框架；积极配合发改委、财政部、工商总局等部门，推动解决私募基金发展涉及的税收优惠、国有股豁免转持、工商注册等相关政策问题。

截至2016年9月底，基金业协会已登记私募基金管理机构1.77万家，已备案私募基金4.12万只，认缴规模8.57万亿元，实缴规模6.66万亿元。其中，创业投资基金管理机构1200多家，创业投资基金1900多只，实缴规模3500亿元。与2015年年末相比，创业投资基金数量增幅36%、实缴规模增幅45%。股权投资基金特别是创业投资基金的发展，对于支持实体经济、促进创新创业起到了积极作用。2015年以来，股权投资基金、创业投资基金共有超过1万亿元投向实体经济。在已列明主要投资方向的基金中，主要投资互联网及软件产业的1315只、规模456亿元；医药保健类基金185只、规模835亿元；新材料工业基金141只、规模834亿元；科技服务和科学研究类基金162只、规模227亿元；消费产品与服务业基金258只、规模463亿元。

我国创业投资行业无论在规模和深度上均取得了长足进步，涌现出一批具有很高专业水准、市场广泛认可的创投机构，这些成绩离不开创投行业的辛勤付出。今后，希望创业投资机构继续秉承价值投资和长期投资的理念，以诚信为兴业之本、发展之基，立足服务实体经济的根本宗旨，创新内部体制机制，发挥自身资源优势和专业特长，努力提升专业化运作和管理水平，进一步加大对大众创业、万众创新的支持力度。

同志们、朋友们：

实现创新驱动发展战略是一场系统性的变革，也是我们国家转变发展方式、培育新的增长源泉的重要突破口，意义重大、任务艰巨。证监会将按照党中央、国务院的战略决策部署，紧扣创新驱动发展和大众创业、万众创新这一时代主题，强化依法、从严、全面监管，推动产品创新、业务创新和服务创新，进一步丰富和完善市场功能体系。一是不断完善资本市场基础性制度，便利资本形成、积聚与流转，切实提升市场服务的包容性，提高服务创新创业的效率。二是加快多层次资本市场建设，进一步壮大交易所市场，加快完善新三板市场，拓宽服务创新企业的覆盖面，畅通创业投资退出渠道。三是加快资本市场制度创新，进一步完善上市公司股权激励、投资者回报等机制，加大债券市场品种创新，优化支持创新创业的软环境。

上个月，国务院发布了《关于促进创业投资持续健康发展的若干意见》，这是创业投资行业发展史上首个国家层面的重要文件，适应了我国创业型经济发展形势的需要，为创业投资行业的发展指明了新的方向、提供了新的机遇。中国证监会作为创业投资基金行业的监管部门，将认真贯彻落实《若干意见》的相关部署和要求，简政放权、放管结合、优化服务。区别对待不同类型私募基金，持续改进和完善创业投资基金的差异化监管制度安排，进一步完善行业自律和诚信约束机制，打造适合创业投资发展规律和特点的监管环境，推动规范有序而又充满活力的创业投资市场环境，为发展新经济、培育新动能贡献应有力量。

最后，预祝大会圆满成功。谢谢大家。

## 十一、李超副主席在中国私募基金业 2016 论坛上的讲话

尊敬的阎庆民副市长，女士们、先生们、朋友们：

大家下午好！非常高兴参加“中国私募基金业 2016 论坛”。本次论坛聚焦私募基金行业健康发展，各方面专家、学者、行业机构等齐聚一堂，交流研讨，建言献策，适得其时。借此机会，我讲三个层面的意见，与大家探讨、交流。

### （一）客观全面认识行业取得的成绩和存在的问题

最近十年来特别是近年来，我国私募基金行业无论在制度建设，还是自身发展上，均取得了显著成绩。体现在以下几个方面：

一是行业地位已经确立。2014 年 5 月，国务院发布《关于进一步促进资本市场健康发展的若干意见》，即业界所称“新国九条”，以专门篇幅系统阐述了培育发展私募市场的基本原则和政策措施。“新国九条”发布以来，国务院各有关部门积极营造促进私募基金发展的政策环境，各类政策性创业投资引导基金相继设立，创业投资基金税收抵扣政策正在逐步完善，保险资金投资创业投资基金管理办法已经发布，各类私募基金的证券开户问题得到解决。此外，地方政府积极推动私募基金发展，结合本地特点出台了不少地方性促进政策，并设立了地方性行业协会。在社会多方力量的共同推动下，我国私募基金的行业地位已经得到确立。

二是行业规模持续扩大。截至 2016 年 4 月末，已在协会登记并开展业务的私募证券、私募股权、创投等私募基金管理人 8834 家，备案私募基金 28534 只，认缴规模 6.07 万亿元，实缴规模 5.02 万亿元，私募基金从业人员超过 40 万人。特别是涌现出一批具有较强管理实力、运作规范的私募基金管理机构，管理规模超百亿的已有 101 家。与实体经济紧密相关的私募股权投资基

金和创业投资基金更是成为行业的两道靓丽风景。今年前 4 个月，私募股权投资基金新增实缴规模达 5600 亿元，创业投资基金新增实缴规模达 800 亿元。

三是支持实体经济和创新创业的成效已初步显现。专业的创业投资基金和股权投资基金通过提供资本支持和增值服务，有力地促进了企业的创新创业、重组重建和实体经济发展，对于推进产业转型升级和经济结构调整发挥着独特的作用。特别是在创业投资基金的支持下，一大批具有创新活力的创业型企业得以快速成长壮大，成为资本市场的生力军。据不完全统计，创业投资基金参与为沪深交易所输送了 655 家上市公司，参与为新三板市场输送了 1596 家挂牌公司。

四是私募基金适度监管框架初步建立。2012 年 12 月，全国人大常委会审议通过的《证券投资基金法》修订案将私募证券投资基金纳入调整范围。2013 年 6 月，中央编办将包括创业投资基金在内的私募股权投资基金监管职能调整到证监会。2014 年 8 月，证监会发布《私募投资基金监督管理暂行办法》，以不设行政审批、适度监管为原则，为各类私募投资基金提供了基本制度框架。近来，在证监会指导下，中国证券投资基金业协会先后出台《私募投资基金管理人登记和基金备案办法（试行）》、《私募投资基金信息披露管理办法》、《私募投资基金管理人内部控制指引》、《私募投资基金募集行为管理办法》、《私募投资基金合同指引》等一系列自律规则，引导私募基金行业规范运作。

与此同时，我们也要看到，行业在发展过程中暴露出不少问题：

一是市场规范化水平亟待提高，违规运作时有发生。在基金募集环节，不时出现变相公开募集，突破合格投资者标准。例如，向不特定对象公开宣传推介，投资者超过法定人数限制，利用资金认缴制或者通过收益权拆分销售等方式变相降低投资者门槛，夸大或虚假宣传，违规承诺保本保收益等。在管理环节，不少机构内部管理和风控制度不健全，基金运作随意性大。例如，将自有财产与基金财产混同，违反合同约定列支费用；甚至挪用或侵占基金财产，向公司或特定关系人进行利益输送。部分私募基金从业人员还存在操纵市场、内幕交易等行为。

二是行业潜在风险大，非法集资呈频发态势。部分私募股权基金和房地产基金备案为股权投资，但在负债端向投资者承诺高额固定收益。一旦项目端出现风险或资金周转困难，即面临兑付风险。部分管理人机构在资金链断裂后"跑路"，导致投资者损失无法挽回。近两年不少私募基金进入兑付高峰期，在经济增速放缓、房地产市场调整情况下，违约和"跑路"事件增多。特别是 2014 年以来，北京、上海、深圳、湖北、湖南、河北、山西、吉林等地爆发了多起以私募基金为名的非法集资案件，不仅给投资者造成巨大经济损失，导致恶劣社会影响，也破坏了正常的市场秩序，损害了行业声誉。

三是促进行业发展的政策法规体系仍待进一步完善。对规制行业具有重大意义的《私募基金管理条例》尚待推出。公司型和合伙型私募基金被作为一般工商企业征税，因而无法解决公司型私募基金的双重征税问题和合伙型私募基金所得性质的彻底穿透问题，针对私募基金这种特殊业态的税收政策有待明确和完善。监管和自律规则尚属起步阶段，体系的完整性、分类监管及针对不同业态的差异化安排等方面仍需不断完善和改进。

### （二）扶持与监管并举，确保行业可持续健康发展

政策扶持和加强监管是促进私募基金健康规范发展不可或缺的两个方面。一方面，对规范运作的私募基金管理机构给予必要的政策扶持，既是培育私募基金行业核心竞争力的必然要求，也是壮大机构投资者队伍，促进多层次资本市场发展的迫切需要。尤其是对私募股权投资基金和创

业投资基金，更是需要从促进创新创业、支持实体经济、扩大民间投资、提高直接融资比重、推进供给侧结构性改革的高度，来全面认识。另一方面，由于私募基金本质上属于“受人之托、代人理财”，在委托人和受托人之间存在着信息和权利义务的不对称性，容易出现道德风险，因此需要加以适度监管，才能确保私募基金行业沿着健康规范的方向发展。特别是在当前“私募乱象丛生、非法集资频发”的特殊时期，如果任由这种局面继续下去，就势必破坏私募基金发展的行业生态，损害整个行业的形象！这不仅不利于保护投资者权益，也会导致合规私募机构无法正常开展经营活动。

在政策扶持方面，正在积极推进以下七项措施：

一是在已经明确私募股权和创业投资基金管理机构恢复在新三板挂牌的基础上，做好后续融资和投资运作的服务与引导工作。

二是在已经明确私募基金管理机构试点在新三板做市的基础上，鼓励符合条件的机构通过做市提升经营管理水平。

三是研究推进符合条件的私募基金管理机构申请公募基金管理业务牌照。

四是推动为公司型、合伙型等各种组织形式私募基金创造公平税收环境，推动完善细化创业投资基金税收优惠政策。

五是在风险可控的前提下，推动进一步提高保险资金和全国社保基金投资私募股权基金的比例，鼓励企业年金和各类公益基金等长期资本投资创业投资基金。

六是鼓励创业投资机构开发符合支持创新创业需求的金融产品，研究发行股债结合型产品，提高创投机构的募资能力。

七是支持有条件的私募基金管理机构适时开展境外投资业务。

在监管方面，证监会将以行为规范为主，着力从以下五个方面构建符合私募投资基金特点的适度而有效的监管及自律体系：

一是准确把握市场进入制度，既维护市场活力和效率，又能够在进入环节提高市场机构的规范化水平。鉴于私募基金投资者应是具有风险识别能力和风险承担能力的合格投资者，投资者有积极性选择优秀基金管理人并约束其管理运作行为，证监会对私募基金管理人机构和私募基金不设前置审批，而是采取事后登记备案制度。同时，为确保私募基金专业化合规运作，并保障投资者合法权益，有必要就私募基金管理人的专营性和合规性、从业人员资质和基本的展业保障等方面提出规范性要求。

二是完善合格投资者制度，规范私募基金募资行为，有效防范非法集资。对私募基金不实行前置审批，其前提是私募基金仅向合格投资者募集资金。只有合格投资者制度能够得以切实施行，对私募基金的适度监管才具备现实基础。现行《私募投资基金监督管理暂行办法》虽然明确了合格投资者标准和评估程序，以及资金募集对象、方式和规则，但有些条款过于原则，需要进一步完善相关制度安排与程序，以防范违规募集和非法集资行为。

三是加强基础设施建设，完善风险监测体系，及时发现风险隐患。证监会正研究开发私募基金监管信息系统，建立健全私募基金信息统计和风险监测指标体系，以及时掌握行业发展状况，发现风险隐患。

四是加强事中事后监管，加大检查执法力度，倒逼市场机构在事前即树立合规意识。为加强事中事后监管，去年以来，证监会先后发布《私募投资基金现场检查工作指引（试行）》和《关于加强私募基金日常监管和风险防范工作的通知》，努力构建起包括“机构自查、随机抽查、专项检查、个案检查”在内的立体式现场检查制度，并加快建立私募基金突发事件应急处置机制。

五是探索分级分类监管，完善分类公示制度，建立私募机构守信激励和失信约束机制。诚信是私募机构可持续发展的生命线。证监会将根据私募机构的合规守信情况和不同类型私募基金的特点，研究制定分级标准，在风险监测、现场检查、信息披露等方面提出不同监管要求，并实施差异化监管安排。在此基础上，完善分类公示制度，一方面对合规水平和诚信水平较高的机构给予有力激励，另一方面对违规失信机构给予应有的诚信约束。

### （三）凝聚多方共识，合力促进行业发展

客观分析行业现状，冷静看待行业成绩和问题，辩证思考行业发展与适度监管的关系，还需要行业各方凝聚共识，合力促进行业健康发展。

首先，对监管部门而言，要充分认识到私募基金对促进经济发展的特殊优势和积极作用，遵循“适度监管”理念和“扶优限劣”宗旨，充分听取行业意见，做好差异化的制度安排。既不能任由行业野蛮生长、损害投资者利益，也不能因噎废食、阻碍甚至扼杀行业正常发展。

其次，对各个行业协会而言，一方面要充分发挥好行业自律和服务功能，搭建好市场与政府沟通的桥梁，维护行业正当权益；另一方面又不能仅仅局限于办成精英俱乐部，还应正视行业存在的问题，在自律管理、促进合规、抵制不良、维护行业秩序和社会形象、强化行业责任和社会责任等方面发挥更好的作用。

最后，对私募基金管理人而言，一方面要牢固树立为投资者提供最佳服务的宗旨，不断提高投资管理能力，持续提升核心竞争力，努力打造行业品牌；另一方面要将追求自身发展与承担行业责任和社会责任结合起来，认真做好机构内部的合规管理，自觉接受行业自律和法律监管，不断提高规范化运作水平和诚信水平，在创造价值中获得价值。

对投资者而言，一方面要勇于善于维护自身权益，积极参与基金治理；另一方面也要树立风险识别意识和风险承担意识，促进形成基金产品“卖者有责、买者自负”的良好投资文化。

我相信，通过大家努力，行业各方真正承担起各自应尽的义务和责任，我国私募基金行业一定会在正确的轨道上走的更加长远、更加健康！

预祝论坛取得圆满成功！

谢谢大家！

## 十二、证监会副主席赵争平：建立健全区域性股权市场与新三板合作对接机制

（2016 年 11 月 23 日）

11 月 23 日，证监会副主席赵争平在“新浪金麒麟论坛”讲话，“对于资本市场服务创新驱动发展战略和中小微企业来说，新三板并不是单兵突进。我们还应注重发挥区域性股权市场功能，促进三板和四板合作对接。”证监会副主席赵争平在“新浪金麒麟论坛”说到。

赵争平谈到，经过三年多的发展，新三板已经成为我国多层次资本市场的重要组成部分。在看到发展的同时，赵正平也指出，新三板市场在发展过程中也不可避免地存在许多局限性，各方对于提高公司质量、改善市场流动性、完善融资功能等有许多迫切期盼。作为一个独立市场，新

三板起步晚，发展时间短，市场基础建设还有许多工作要做，相关的制度安排还需要细化完善，证监会将和市场各方一道，综合施策，妥善解决。

在提到新三板的融资功能时，赵争平表示融资功能是市场的基础功能，是服务中小微企业创新发展的重要途径。进一步拓展融资功能，一方面要继续坚持市场化原则，挂牌公司要有广泛的市场认可度；另一方面，要满足现有法律法规对挂牌公司在规范运作、持续经营、信息披露、公司治理等方面的要求。

流动性也是新三板的“老大难”，对此，赵争平强调，提高市场流动性是促进市场功能发挥的重要保障，同时，新三板是定位于以机构投资者为主的证券交易场所，严格的投资者适当性制度，对于新三板市场起好步、稳发展至关重要，必须持续坚持。“改进流动性必须坚守现有的合格投资者制度，在此基础上，推进制度建设，研究改革交易方式，丰富做市商类型，优化激励约束机制。”

此外，赵争平提到，对于资本市场服务创新驱动发展战略和中小微企业来说，新三板并不是单兵突进，还应注重发挥区域性股权市场功能，促进三板和四板合作对接、协同发展、比翼齐飞。

数据显示，截至 2016 年 9 月底，各区域性股权市场共有挂牌企业 1. 35 万家，展示企业 5. 41 万家，累计为企业实现各类融资 6450 亿元。

赵争平指出，区域性股权市场是多层次资本市场的“塔基”，主要服务于所在省级行政区域内中小微企业，是地方政府扶持中小微企业政策措施的综合运用平台，将其纳入多层次资本市场体系统筹发展，有利于形成良好的投资生态链，加速创业资本有序循环，扭转资本市场“倒金字塔”结构。

赵争平表示，证监会将制定区域性股权市场监管规则，指导、协调省级人民政府做好监管工作，积极为区域性股权市场的规范发展创造良好环境；加强区域性股权市场信息统计分析和风险监测，提高对苗头性、倾向性问题的发现和预警能力，并及时提示和指导地方政府防范和化解风险隐患；建立健全区域性股权市场与新三板的合作对接机制，以适当方式推广地方经验，支持地方政府将区域性股权市场作为中小微企业扶持资金的重要载体，更好服务中小微企业成长壮大。

## 十三、吴敬琏：担忧供给侧改革变成行政力量调结构

（2016 年 2 月 19 日）

我的题目是关于加快转变经济发展方式。我想讲 4 点意见。

### （一）杠杆率已经超过了警戒线

第一点意见，今年 11 月份中共中央提出来的着力推进供给侧结构性改革，推动经济持续健康发展。这个决定是一个非常重要的决定，推出这个决定就意味着我们从原来主要靠凯恩斯主义式的刺激政策搞增长，转向以提高供给质量，提高发展质量为主的宏观经济政策。这是领导决策思路的重要改变。

过去的主流思想是由需求侧的因素分析勘察中国经济增速下降的原因和寻求应对的方略。由这样的分析得出的结论就是，经济减速的原因是因为投资、消费、出口三驾马车的力量不足，所

以应对的方略就是扩需求，保增长。但是执行这个方针若干年以后，我们现在陷入了一个困境，出现了两个现象。

第一个现象投资回报递减。这些年来，每年刺激的力度并没有减弱，但是效率是不断衰减，几乎没有太大的作用。另外一个就是杠杆率不断提高。去年应该说超过警戒线了，到现在还在继续提高，这样就蕴藏着发生系统性风险的危险。事实上，我们也不能再继续用这样的方法来应对我们面临的挑战。

所以这个决策是非常重要的，好多年来，西方经济学家提出，对于讨论中国的长期经济发展问题的时候，不应该使用需求侧的分析，凯恩斯主义的刺激政策对于中长期发展来说是无效的，弊端很大。

### （二）应主要依靠效率提高实现增长

第二点，从需求侧的分析得出一些什么结论呢？GDP 总量、需求总量和生产要素的数量是相等的。但是你要分析 GDP 总量变化的时候，可以从需求侧分析，也可以从供给侧去分析。供给侧因素主要是从增长来说，新增资本投资，全要素生产率提高等。从这个分析提出的结论是什么？第一个是经济震荡，我们为什么发生经济增长？因为供给侧几个因素都在减弱，一个是人口红利消失，一个是增加投资难以为继，潜在增长率下降，有很多文献研究都系统说明了这一点。

解决这种震荡的处方就是通过纠正资源的误配置，改变结构恶化的状况和建立兼容的激励机制来调动积极性。千方百计提高资源的配置效果和宏观经济的运行效果。

所谓提高资源配置效率和经济运行效率，其实就是转变经济发展方式。转变经济增长方式，就是改变主要依靠投资实现的增长，转到主要依靠效率提高实现的增长。所以问题的核心和实质就是要加快转变经济发展的方式。

### （三）发展方式转型的成败在于能否消除体制性障碍

第三点，加快经济发展方式转型成败的关键是能不能通过全面深化改革消除实现转型的体制性障碍。正式提出实现经济发展方式转型已经 20 年了，是 1995 年制定九五计划的时候提出来的，但是直到现在转型还没有完全实现。在提出要实现经济发展转型 10 年以后，就是 2005－2006 年制定十一五规划的时候，曾经讨论过这个问题，为什么进展这么慢？当时给出的结论是存在体制性障碍。我当时写了“中国增长方式的决策”，这里面详细讲了当时有哪些体制性障碍，归结起来就是政府在资源配置中起着主导作用，使市场的作用不能发挥。

那么这个问题到现在仍然没有解决，怎么才能解决呢？那就是要全面深化改革，用全面深化改革消除这些转型的体制机制障碍，发挥市场的作用，发挥市场的有效配置资源的作用，发挥市场在行政有效激励机制的作用来实现转型。

### （四）行政干预很顺手　建立市场机制步履维艰

第四点，从三个月来，执行中央决定的情况来看，有两个问题是亟须解决的。第一个问题，提高经济发展的质量，是主要依靠市场的力量，还是主要依靠行政手段？这是一个很大的问题。从理论上来说，大多数人都承认市场力量能促进资源从供过于求、效率低下的企业流出来，转向效率较高的企业，实现决策优化，也承认市场能有力激发创新和创业的活力，达到奖优罚劣的目的。但是建立健全市场机制是很不容易做到的事，而且需要相关的机构和人员放弃一切既有的权力和利益，所以往往步履维艰。

因此对于政府机关和官员来说，最顺手的就是老方法，就是用行政手段干预。一方面下达指标压缩过剩产能，消除房地产库存，要求网络提速降费，另一方面设置各种各样的扶持基金和高新技术开发区，企图用高投资、高补贴推出一个科技创新的高潮。可是近年来的经验证明优化结构必须优化良好的体制机制，再辅助必要的行政手段。主要依靠行政手段调结构是很难取得成功的。

说到这个地方，我觉得有一个概念需要澄清，就是结构性改革在中国的经济学文献里面很少用，但是西方有一些人，特别是欧洲人很喜欢用这个词，在金融危机以后，一些国际组织在欧洲国家推结构性改革。我查了一些文献，当时结构性改革说的是政治、社会、经济结构的改革，也就是我们说的体制改革。但是和我们供给侧联合在一起的时候，常常被人理解为供给侧的结构调整，现在可以看到很多这样的报道，供给侧的结构性调整实际上回到了老办法，就是用行政力量调结构。我很担心，这个办法恐怕不能取得我们预期的效果。

### （五）改革空转

另外一个需要我们注意和加以改进的地方就是决策部门、执行部门好像有点慢。三中全会为全面深化改革做了很好的顶层设计，很多改革项目指导意见或者方案设计，都得到了中央深改小组的批示。但是这些顶层设计和指导意见和一些具体实施方案的衔接好像存在问题。

有一些指导意见和方案不衔接，电力部门的人做了一些讨论，这种现象很明显。最近一个月以来，所谓改革空转，领导部门忙着发文件，下级部门忙着学文件，一个文件还没有学完，第二个文件又来了，叫做改革空转，或者说改革成为修辞。

这种批评，有一些可能不实，但是应该引起我们足够的警惕。一定要把这些很好的改革顶层设计，指导意见落地生根，走向习近平总书记在 1 月 12 日中央深改小组讲的，今年力争把主体新框架搭建起来，有助于深化改革目标落实，打通关节，努力使各项改革都能行动起来。

我希望，或者我建议，领导部门和执行部门要充分协作，一项一项的改革，研讨它的进度，它原来的设计是不是有不足的地方，我们执行过程中有哪些补充。

## 十四、曹远征：股权融资可有效的降低杠杆率

前中国银行首席经济学家　曹远征

（2015 年 12 月 5 日）

非常高兴能参加这个 PE 论坛，我现在已经退休了，但是我还在 PE 里面，除了过去做这个像渤海产业投资和中国文化产业投资我是创始人以外，最重要我还是中英国际基础设施投资基金的董事长，我们曾经跟方总一块合作投过很多中国基础设施的项目。那今天请我来，我想讲三个问题，我的题目可以说是叫做供给侧改革和 PE 的发展谈三个问题。第一个为什么供给侧改革，第二个在供给侧改革 PE 可以做什么，第三个 PE 在未来发展当中应关注的方向是什么地方。

首先看到中国经济正在下行，我的老主任邵秉仁主任说了，从 2010 年第三季度到现在持续 20 个季度，坦率地说我 30 多年没有见过这样，他表明中国经济下行是趋势性的变化，是中国经济进入新的阶段，这个新阶段导致了经济告别了两位数高速增长，也就是说我们新常态，遇到第

一个问题下行。那如果我们看看这个结构变化什么变化，你跟过去35年的发展做一个对比就可以看出来，至少有4点是大家非常明显的，第一个过去我们出口导向性经济，出口在中国经济中间占的地位是非常重要的，但是现在全球经济不好，出口增速在下降。2010年中国出口增速在30%以下，去年只有6%，今年负增长。那这是一个深刻的结构调整，很多为出口准备的产业这个是为全球准备的产能，在这个意义上就出现了绝对的获胜。第二个过去中国的产业发展中间是低成本制造，最重要是得益于我们农民工的贡献，你看一下指标，现在农村青壮年劳动力50%以上已经离开中国，这意味着农村的廉价劳动力不再充沛，从而劳动力成本是会上升的，我们注意到在过去几年当中，中国最低工资成本都在不断的提高，而且还不存在东中西部的差异，如果存在西部涨的速度更快。那为了经济已经更需要劳动生产力的提高，而不是廉价劳动力要素的投入，这个是重大的转变。

第三个我们看到中国人口结构也在老龄化，老龄化固然是能提高消费，但是提高消费的同时就有储蓄率的下降，储蓄率下降就意味着投资驱动的经济难以持续，其实中国经济下行你会看到最重要的投资下行，过去投资维持在20%以上增长率，现在只有10%，那从未来来看，这个投资驱动性的动力正在逐渐地减弱。

第四个过去我们经济增长是资源廉价，环境不要钱，那现在看看已经很难持续了，什么叫做产能过剩，你看看在这个中央经济工作会议上对产能过剩的会议超出自然和资源承载能力，那这意味着绝对过剩，那显然这种低成本的发展受到挑战，那节能减排就是大势所趋。

这些因素都在过去35年中间曾经支持中国经济的高速增长，这些因素都在发生变化，中国经济因此下行，他出现结构性下行的变化。我们知道在一个结构变化的当中总需求政策是有意义的，但是他的作用是有限的，这个在全球都是一样的。请大家看到从全球来看我们金融危机是第七个年头了，而我们的货币政策QE、QQE从宽松到更宽松，那这种宽松的货币政策这种总需求扩张的政策尽管防止了更大的衰退，但是并没有有效的提升增长，怎么提升增长呢，只能从需求侧转向供给侧，对中国来说更为重要，我们看到中国经济目前相对遇到的形势跟韩国跟日本有点相像，但是你再分析一下似乎不一样，当时的日本当时的韩国城镇化率，也就是城市人口占总人口的比重是超过70%，而中国只有54%，其中城镇户籍人口只有35%，理论上说城市还没有达到很高的水平，经济发展还有潜力，但是这个潜力释放不出来，那他只能说明一个问题，我们的制度设计不对，这个就叫做供给侧的改革。

供给侧不仅要做政策，还要改革，通过改革，刚刚方总说了，国有企业民营企业，机制，体制的创新和改革，最后使他在供给侧发力。我特别想说的刚才邵秉仁主任发言的中间提到的问题，千条经验万条经验最重要的经验就是调动积极性，尊重群众的首创精神，那大概是最重要的改革，这个是我说的第一点。

第二点在当前的情况下PE在供给侧可以做什么，人们讨论中国的宏观经济通常会遇到一个问题，融资难融资贵，那我们必须得问谁融资难，为什么融资贵，我先说第二个问题，为什么融资贵。其实王忠民主任在发言中也提到了，杠杆率的问题，我是做国家资产负债表研究的，我看到中国的杠杆率，在次贷中国杠杆中间，中国在全球已经不算太低了，如果你GDP对M2比重来看，M2超过GDP200%，但是你会看到政府的资产负债表和居民的家庭资产负债表是比较健康的，最不健康的是企业，企业负债率高达153%，这个是全球最高的负债表。那负债率如此高的情况下他风险就加大了，那怎么来降这个杠杆呢？其中很重要的一方是增加股本融资才可以降低负债率，我们说过去负债率过高是发展国家一个经验，大家都没有钱，只好借钱搞建设，于是民营企业国有企业都是有高负债，但是经济发展是不是金融机构也发生了变化，有更多的机制更多的市场然后来发展股权融资，而股权融资从这个意义上来说就变成降杠杆率很重要的一个手段，那这个股权既包括公开市场的，企业通过上市通过再融资，也包括私募市场的，就是我们的 PE，这个属于股权投资他的降杠杆。

否则的话企业单从负债的话，负债率如此之高，在产能过剩的情况下，我们做银行的我们怎么敢贷款，那要贷款一定是利率在覆盖风险，什么叫做成本贵呢，如果不贷就是成本百分之百，这个是利息无限高。那你就可以看到我们说的在去年的过程中间风险的加大，你看整个在限贷贷款利率在持续的上升，那他意味着除了我们说在债券市场上有些发债，是把他的利率拉平以外，更重要的是股本市场，只有股权融资才可以有效的降低杠杆率，这个情况也是我们欧洲的这位女士她讲的问题，看到在金融危机，金融危机是快速地去杠杆，政府必须加杠杆，而政府宽松货币政策，就是利率在持续的下行。那利率持续下行并不意味着去杠杆不会发生，那利率持续下行也意味着股权融资的成本在降低，所以股权融资就 PPT 做的就是在大规模的发展，投资回报率也在提高，全球都面临这个情况，去杠杆恰恰是股权融资本身发展的机遇。

第二个，谁融资难？最重要的是中小企业融资难，那欧洲的同行也说了，他们最重要的是中型企业，那为什么中小企业融资难，这个是天然的命题，中小企业不适合负债，我们都知道负债得有资本，咱们就去做，老百姓去买房子你还有30%的首付，你没有这个银行是不会贷款的，那什么叫做中小企业，就那30%的首付没有，拿不出来，于是他就负不了债。我想这个是私募股权基金发展的原因也是背景，他提供30%的首付，那是资本，没有资本就没有办法负债，你一直强调金融机构发展负债类的存款类的继续发债，但是没有那30%的首付就没有贷款对象，我们私募是在这个方面提供补充。那如果说要大众创业万众创新，那创新最重要的应该是我们应该是私募股权基金，而正是因为他能够提供资本，从而使这些企业有了条件可以负债，才可以像滚雪球变大。我想这两种意义都是在目前中国宏观经济进行结构性改革的背景下对私募的要求或者是我们私募基金在这上面的贡献。

第三个在这个发展中间我们自身关注哪些领域，大家都知道今年是十二五规划最重要的一年，我们提出一个目标是调整结构，调整结构说一万句一千句就是两句话，怎么调整，一二三产业均衡发展，重点是发展服务业，第二个是内需外需共同提高重点是扩大内需，而扩大内需的核心是扩大居民消费，扩大居民消费的主要途径是增加居民收入，今年十二五最后一年，我们看看这些结构调整是不是发生变化，这些变化预示着中国经济新产业的出现，也预示着中国经济新产业的希望。我们关注四类指标，我想从宏观指标你们要高度关注一下，第一个是中国居民收入，在过去 7 年中间中国居民收入持续给 GDP 增长是保持同步的，而且更为重要的中国农民收入增长速度是快于 GDP 的，每年达到两位数，按照十二五的规划包括十三五中间我们看到的，他说 2010 年到 2020 年 GDP 翻番，中国居民收入应该翻番，那按照我们目前的增长速度，未来中间如果继续保持 6.5 的一个增长，那如果居民收入增长同步，那居民收入就在 10 年内就会翻番，中国是一个 13 亿人口的大国，如果他的居民收入在 10 年翻番就会再造一个中国，是一个庞大的消费市场。

我们讲的最重要的就是钢材水利，你会看到电视机过剩吗，冰箱过剩吗，手机过剩吗，汽车过剩吗，尽管也销售困难，但是似乎都能卖得出去，卖给农民了，农村市场是值得关注的，你会看到中国现在房地产不行，房子卖不出去，但是你会发现今年上半年增长是家具行业，是家装行业，弄农村去了，农民有钱了也要装修一下房子，也要买家具。从居民收入增长来看中国农村是最有潜力的，于是眼睛向下向农村方向是我们要考虑的方向。包括现在网络在争论就是最后一公里。

第二个在十一五期间我们的这个曾经是中央政府要求服务业增长速度要快于GDP2个百分点，没有做到，那但是在十二五期间我们会看到的服务业的增长速度不仅快于GDP也要快于工业生长，在2013年服务业成为第一大部分，那今年已经会达到50%左右了，我们预计大概是在2020年的时候服务业会达到50%到60%，这个服务业也不是大家传统认为的吃喝玩乐开得饭馆的服务业，他更多已经向高端转移。你们看看这几年增长最快的就是医疗产业，每年增长30%，第二个教育产业，培训市场是爆发性的市场，第三个旅游产业，就中国公民出国旅游每年超过1亿人次，当然也包括金融行业也包括互联网等等，物流行业，这都是服务业，生产性服务业是高端的服务业，这个成为中国新的增长热点，这个是投资需要关注的热点，我相信很多的PE都是关注这个方向的。

第三个是技术进步，十一五计划没有完成一个指标是研发经费占GDP的比重没有达到2%，但是在十二五期间似乎远远超过此数，中国第一次达到这个2%是2012年，而这几年的研发经费的持续的投入，我们计算了一下，这个投入不是由政府出钱，而是由企业，78%的研发经费是企业投入的，现在劳动力变贵了，我们用机器代替劳动力，中国机器人销售全球市场第一，占全球市场的1/5，这个是大规模的流水性的改造。我们认为中国进步最快的行业是中国汽车工业，新车车型发布给全球是同步的，车价在不断降低的，那个是劳动生产率提高的结果。那各个行业都在出现这种技术进步，大规模的设备更新和改造，这个是中国2025年中国制造升级的希望所在，前些日子海尔上市，海尔告诉我人家在佛山的工厂变成黑灯工厂，我没有听懂，就是智能生产的工厂不需要一个灯了，我发现制造业的升级比我们想象的要快。

除此之外那正是这个技术进步也催生了一大堆为这些技术进步的中间企业，比如说北京的中关村这条街上，那很多的孵化器，很多的这些企业在那，我算了一下在去年的在中国VC投资的1/2就发生在北京的中关村上，天使投资和VC投资都在那，不知道投资的成功里有多高，但是他成功氛围已经起来了。

最后一点，我们发现差异正在缩小，某种程度西部的增长快于全国的平均，西部成为新的一个地区，这个西部的经济增长还不仅仅说是投资的增长，基础设施的扩张，也是高新技术进步的一个表现，其实我们看到成都似乎成为新的高新技术聚集区了，很有可能跟深圳并驾齐驱，成都成为创业的热土，我们也注意到中国最先进的纺织技术出现在我们新疆，那正是这些技术进步是这些地区的增长有可持续增长的动力，从而才有了构成了一带一路向西开放的基础。那条路2000年前就有了，但有什么用，上面就是一条路，如果没有经济发展，那条路是没有意义的，正是有了这个经济的发展，西部经济的发展才是向西开放必要的。所以说关注西部关注跟一带一路相互配套的项目，很可能是我们PE考虑的一个方向，因为我们看到很多的中国产业会往那边转移，比如说中巴经济走廊，可能很多的过剩产能中国的纺织业会在那边去，比如说中缅蒙印经济走廊，很多劳动力往那边投资，于是我们的PE从这个上面来说也不仅仅是一个投资国内企业，投资国内企业具有国际化视野的这种企业，这种企业也不一定是高新技术，很可能是传统制造，只不过他把传统的东西搬到更适合的地方去了，这个经验就像我们当年张思平市长所说的，深圳30多年改革开放，想想看当年的深圳是什么样，就是弄到箱包厂，制鞋厂，玩具厂，那时候你的劳动成本便宜，现在你会看看大量的中国企业在东盟企业的投资也是这样的，越南的工资只有82美元，而中国现在人均工资平均四五百美元，有四五倍的差距，于是我们就看到越南中国的企业向当年的外资走深圳一样开始走到这个地方，那这个是有前景的，这个是我们 PE 关注的，还不仅仅是高新技术，传统行业。

以上可能中国经济正在出现新的变化，这些经济变化也意味着中国新产业的发展，总结一下什么叫做宏观调控，如果我们说这些产业是嫩芽的话，那我们宏观调控就是遮风挡雨，一旦这些嫩芽长成参天大树中国经济就可稳健可持续，而可稳健可持续，在中国人民币加入 SDR 的情况下，中国成为第二大经济体，中国的稳定次序就有实际的意义，这个也就是方总开这个全球 PE 大会的原因，我们的 PE 不仅仅是中国的意义，可能在全球是有意义的，因为中国经济的可持续发展现在变成全球的问题，以上是我的发言，谢谢。

## 十五、吴晓求：规范金融产品名称，维护市场秩序，保护投资者合法权益

吴晓求

（2016 年 1 月 9 日，中国北京）

大家好！今天是资本市场论坛二十周年，首先我对论坛二十周年表示祝贺，感谢以黄达老师为首的老一代老师们对论坛的积极支持。非常感谢以吴晓求教授为代表的研究人员对资本市场研究的执着。

应该说研究这些理论的人，外面的市场很精彩，他们获利的机会很多，但是他们还能够坚守在学校里头教学和研究是令人非常敬佩的。

下面我讲一下规范金融产品名称，维护市场秩序，保护投资者合法权益。

近年来互联网企业频繁介入金融服务行业，给社会大众带来了更好的体验、更多的选择，也促进了传统金融机构的变革，增进了社会的整体福利。与此同时，也出现了一些乱象，让一些人借用互联网金融的名义，和金融创新的名义冲破监管红线，扰乱了金融秩序，给投资人带来了不应有的损失。

为什么会出现这些问题？一是许多人没有认识到互联网技术运用于金融业并没有改变金融的本质，对各类金融产品的本质属性缺乏准确的了解，对金融的法律红线缺乏敬畏之心。

二是现有的金融产品设计没能满足不同风险承受能力投资人的需求，因而出现了一些有市场但不合规的产品，运作不当给市场带来风险。

三是金融监管跟不上市场发展，缺乏应有的引导和警示。因而，必须加大金融改革的力度，适应社会需求，维护市场秩序，保护投资人权益。

第一，要正确引导社会对金融产品的属性认识，遵守法律红线，维护社会秩序。当前，互联网金融中风险暴露最多的有两个领域，一个是 P2P，一个是互联网理财。这两个领域由于社会对这些产品的法律性质认识不清，以致难以有效防范和控制风险。

P2P 是直接借贷，借贷双方必须职权合同，如果这个标的分拆的话，分拆的标的最大分拆额 30 份，最多 20 万元。如果这个标的不分拆多大都可以，借一个 1 个亿只是要求双方两个人直接签合同，借 1 个亿也是你的自主权。如果分拆的话最大金额就是 20 万元，而且对拆借的分数做了限制，30 份。

而且，在 P2P 里头，如果要是防止建立资金池，最好的措施就是资金通过银行直接从借贷双

方走账。现在对有的 P2P 平台就说，我的资金是委托在银行，我是有保险的。但是，开的账户是谁的？如果是 P2P 平台本身的账户，把资金打到你的账户里头再出去，对不起就是资金池，就是在吸收存款。

如果 P2P 平台要想建立一个直接融资的银行托管账户，实际上是 P2P 平台向银行发出指令，把甲客户出借的钱直接转到乙客户的账上，不顾平台的账户。现在的监管当局要求 P2P 平台找银行做托管账户，现在很多银行没有开发这样的技术产品。因而是 P2P 平台在银行资金托管当中很大的技术障碍。

份额化的 P2P 标的就是发行债券，必须遵守私募发行或公募发行的规则。要是把这个份额化了，如果是在高法的解释的范围之内你是没有事的，如果超出了这个范围，要再分解就要遵守债券的规定了。如果私募发行少于 200 份，必须向合格投资人发起。但是如果你公募发行的话，就要实行核准或注册制，现在所有的债券证券法推定的是核准制，基金发行是注册制。

当前，P2P 的乱象，第一个是资产端没有坚持小额融资，它的金额很大，正因为你金额大肯定就要分拆。第二个就是资产端的标的复杂，许多标的还等额分，实质就是证券。比如对小微企业的贷款、融资租赁的贷款，融资租赁有资产管理的产品等等，这是资产端，由于资产段的产品复杂、金额大，因而分拆标的是普遍的现象，他们违规也就是普遍的。

在资金端来说，它会产生资金的错配和期限的错配，因为资产端金额太大，资金端金额小的时候，就会分拆标的。还有就是资产端资金比较长的时候，借贷期限比较长的时候，那么资金端不能够提供长期资金，很多的参与 P2P 的这些投资人它都希望短期获高利，因而产生了期限的错配。这是关于 P2P 的乱象。

第二个关于互联网理财，现在大众应该说都参与到了理财当中来，而这个理财，互联网理财乱象是非常严重的，互联网理财有三种形式，第一个是金融信息服务。第二类销售金融机构的产品，这些需要该类金融产品的销售许可，私募产品不可以公开销售。第三个就是集合客户资金帮助客户投资，这个时候平台承担了资产管理的责任，其实质在发行集合投资计划。

理财、投资是一种行为，不是产品，完成理财行为要借助金融工具，金融工具属性和法律关系必须明确。我现在非常反对说某一个东西它具体这个产品，它说是个理财产品，肯定会误导公众。理财是一种行为，可以出主意，可以向你销售产品，而各种销售的你的那些工具，那些产品它是有特定的属性的，你必须把你销售的理财产品的属性要说清楚。我们现在大量的理财产品其实就是集合投资计划。

集合份额化的集合资金，并由第三方管理的投资产品都是集合投资计划，其法律关系是信托，其金融产品属性是投资集权，是证券。你如果是私募发行要小于 200 份，必须向合格投资人。咱们现在各个监管当局掌握的合格投资人起点 100 万，金融资产的余额是多少，要按照监管当局界定的合格投资人的范围。如果是公募可以大于 200 份，但是集合投资计划是基金，必须注册发行。这是我讲的第一个问题。

第二个问题要加大金融创新力度，满足不同层次投资者的需求。

股票投资和基金投资已形成投资者风险自担，我们应沿此路径创新公募基金产品，发展股权众筹，满足不同投资人的需求。

第一，创新公募基金产品、满足中间层次投资者需求。公墓基金投资标的范围过窄，私募基金投资门槛过高，是当前难以满足中间层次投资者的需求的主要矛盾。私募基金投资范围合同约定，它的收益高，但是风险大。

私募基金从理论上来说是可以投资所有标的，包括另类投资，古玩、字画、红酒都可以。它是由合同来约定的，它的收益高，但是它的风险也是很高的。

公募基金投资范围，在我们监管当中掌握中偏窄，收益率偏低。法律规定的公募基金投资范围一个是上市交易的股票、债券，第二个是国务院证券监督管理机构规定的其他证券及其衍生品。我们应在公募基金投资范围方面应该进行扩展，这样才可以加到公募基金的收益。

创新公募基金品种，允许在一定比例内投资未上市的证券，同时提高投资人的门槛。比如说我们现在除了已经上市的股票和债券之外，还可以让它投资一些股权，或者是私募债，甚至于可以包括一些其他的投资计划，作为基金的基金，也都可以。但是，这个必须有一定的范围，而一旦你扩大了这个范围之后，投资人承担风险的能力必须要加强，因而可以提高投资人的门槛。

第二，发展股权众筹，让一般投资人参与企业创业。众筹是互联网时代大众参与投资的好形式，众筹的种类有很多。股权型众筹是小微企业发起设立的重要创新形式，《公司法》允许在 2 人以上 200 人以下发起设立股份制公司。大家记住这点，你做股权融资的时候，200 人以下没有合格投资人的要求，如果是做债券私募发行，有合格投资人的要求，股权是根据《公司法》可以说随便一个人都可以去发起设立股份公司，你只要你愿意参与就行。

但是，如果要是互联网股发起这个项目的时候，怎么把好关，基本上就是股权众筹平台项目筛选和投资人控制怎么进行得？一个是平台尽职调查，客户自主选择，这个是大多数的现在的互联网股权众筹平台做的。第二类在众筹平台上有领头人。第三个是一些孵化器推荐，孵化器也有各种标准的。这是对于项目的选择。

对于投资人来说，尽管从身份上来说所有的人都可以参加众筹，但是为了保证参与众筹人它的风险不至于承担的过大，应该有一个最高投资金额设限，就是说让你要提的少一点。你这一次每一个人最高只能够投多少，还有就是说要对参加多少个项目也要有限制，这样的目的最主要的是什么呢？最主要的是想控制你，一旦这个项目作了，也不至于影响你的生机和生活，在投资端控制投资人的风险。

现在我们在网上比较合规的众筹平台，它一般都自觉地把人数控制在 200 人以内，他们的风险起头额大体上很多人都是控制在 50 万美元，没有做到我刚才所说的让所有的公司一般的人都能够参加，也没有说公众公司。真正今后要搞的股权众筹实际上要在股权众筹平台上发起公募，公募发起公司，这才是股权众筹的创新所在。

如果你不突破 200 份，不打破合格投资人的限制，还是私募，只有打开 200 份的限制，降低投资人的门槛，才是真正的股权众筹。这样的众筹可以给小额投资人参与创业投资的机会，这就需要立法给予确认。由于现在法律没有修改，所以突破这两个限制的都是违法的。美国做的股权众筹是有一个总额控制的，美国控制是 100 万美元，我个人建议中国能够发起设立的公司控制在 300 万元，投资额度的限制，可支配资产的一定比例，或者是对绝对额和投资项目数目进行限制。

第三个方面，开放大额存款市场，给投资人一个投资高息存款的合法途径，保本保息是中国投资人的偏好，但债券不适合向个人投资者发行。中国有许多经营债券的机构，苦于资金来源受限。比如个人消费、融资租赁公司、汽车金融公司、住房信贷等等。如果我们能够开放大额存款市场，让他们变成允许一些非银行存款类金融机构吸收公众存款，成为有限牌照银行，那么这个对于提供更多的投资产品是有好处的。

最后，我们要创新监管，解除压抑，促进经济社会健康发展。

拓展证券定义、实行功能监管，证券定义：代表财产权益的可均分、可转让或可交易的凭证或投资活动。

第一，克服监管当局的地盘意识，按实质重于形式的原则，明确产品法律关系和功能属性，实行功能监管。让银行理财产品归位公募基金，用数量储架方式进行发行。

第二，完善中央地方双层金融监管体制，吸收存款人、公开发行证券、办理保险的金融机构和信托公司归中央监管。不吸收公众存款的一些金融服务机构可以归地方金融监管局监管。中央银行负责对地方金融监管机构的协调指导。

第三，就是规范金融产品名称，所有金融产品无论线上线下在销售时都必须表明产品的金融属性，存款、贷款、基金、债券、股票、集合投资计划、资产产品计划等等所有的产品必须明示你产品的名称。

第四，严格管理公司的名称，凡含有金融、理财、投资、投资咨询、财务、担保、财富管理、资产管理、融资租赁等字样的公司，要先到地方金融办备案再到工商局注册。我觉得国务院应该出台一个特殊的国务院令，或者是人大出台一个决定，来把这件事情必须明确。因为这些名称实在是误导公众太多了，这是我们当前金融混乱最重要的原因。

地方金融办今后应成为金融监管局，对这些公司进行负面清单监管，即不得非法集资；不得非法公开发行证券；不得办理超出200个合格投资人范围的资产管理业务等等。这些都是属于要有金融牌照的人才能干的事情。

第五，加大违法行为的处罚力度。

第六，打破性兑付，树立风险自担的意识，以维护稳定，迁就投资人只能助长非法集资活动。

这是我今天讲的。谢谢。

## 十六、李东荣：金融安全将面临更复杂的挑战

李东荣

（2016年10月15日，中国北京）

尊敬的张社长，王红主任，蔡鄂生主席，各位嘉宾，各位代表，大家上午好！很高兴有这么一个机会与大家一起交流。今天论坛的主题是“中国新金融”，刚才吴亮说了新金融怎么去理解，应该说这是当前学界、业界用的比较多的一个概念。我认为，在当今时代，随着社会的发展，随着技术进步的推动，随着人民群众对金融服务需求的不断增长，以及经济金融安全形势的日趋复杂，在上述这些因素的综合作用下，我国的金融业正在不断的经历重大的改革和发展变化，人民对金融形态的认识和表述也在不断的丰富，新金融就是其中一种表述。我认为这里边既体现了人们对新的历史条件下对金融进步的殷切期盼，同时也蕴含着新的历史条件下金融安全将面临更新、更复杂的挑战。

说到新金融，我们也很自然的会想到、提到互联网金融，如何去认识互联网金融呢？我们都知道，互联网金融是近世年代来在我国蓬勃兴起、迅速发展的金融形态。毋庸置疑，互联网金融在促进发展普惠金融、服务大众创业、万众创新、提升金融服务质量和效率等方面发挥了积极的作用，然而，互联网金融作为新生事物，它在为促进金融业发展注入活力的同时，也对我们的金融管理带来了新的挑战，其快速发展的过程中，也暴露出了一些问题和风险隐患，特别是当前互

联网金融某些业态偏离正确的创新方向，扰乱了正常的经济金融次序，形成了劣币驱逐良币的现象，行业的声誉和消费者信心受到冲击。

党中央国务院高度重视互联网金融发展和风险防范，在十八届五中全会明确提出了“规范发展互联网金融”的任务。刚才吴社长也提到了，国务院办公厅印发了关于互联网金融风险专项整治工作方案，对当前及下一段时候的互联网金融整治工作做了全面的部署和安排。因此，规范发展互联网金融作为深化金融体制改革的重要工作，将是当前及今后一段时期内互联网金融行业发展的主基调，下面我也想结合我的一些工作实践和思考，就互联网金融行业如何实现规范发展谈几点看法，供大家参考，如果有讲的不对的请批评指正。

一是以服务实体经济为导向。当前，全球经济总体仍处于深度调整和再平衡阶段，国际金融危机的深层次影响持续存在，主要经济体不均衡复苏和政策分化特征明显，我国经济发展进入新常态，经济长期向好的基本面没有改变，但经济增速换挡、结构调整阵痛、动能转换困难等问题相互交织，结构性矛盾更加凸显。党中央国务院在综合判断国际国内经济形势的基础上，提出了以供给侧结构改革为主线扩大优效供给、满足有效需求的战略任务，互联网金融行业应该紧紧地抓住我国经济转型升级与结构调整所产生的有效金融需求，促进网络与金融的深度融合，业务与场景的广泛结合，技术与流程的有机整合，有效的增加金融服务的供给规模、效率和质量，提高互联网金融供给对实体经济需求变化的适应性和灵活性，避免过度的拉长资金链条和脱离实体经济空转。

二是以发展普惠金融为重点。近年来，我国金融业在发展普惠金融分析进行了大量的尝试，取得的成绩有目共睹。根据世界银行在普惠金融指标上的最新数据，中国的大部分指标均排在发展中国家的前列，其中账户的普及率和储蓄普及率等指标甚至显著优于 G20 国家的平均值，但我们也清醒地认识到，中国与全球的许多国家一样，在发展普惠金融方面依然面临服务不均衡、成本高、效率低、商业可持续性不足等一系列的全球共性难题。

互联网金融在降低金融交易成本，提高金融资源配置效率，扩大金融服务辐射半径等方面，具有独特的优势，为解决上述共性难题提供了一条可行路径。从近几年普惠金融的实践能够看到，一些从业机构在依靠技术创新、实现商业可持续性和金融服务普惠性方面进行了大量尝试，也形成了一些典型经验和标杆做法。前不久，在杭州召开的 G20 峰会通过了 G20 数字普惠金融高级原则，鼓励各国建立可行的法律监管框架、数字基础设施和消费者保护体系，依托先进的数字技术促进普惠金融发展。可以预见，在全球范围内将会加速形成一个数字普惠金融的新模式。因此，互联网金融应该抓住数字普惠金融发展的良好机遇，赢得更为广阔的发展空间。

三是以合规审慎经营为前提。金融业是一个特殊的行业，存在着高风险性、强关联性和内在脆弱性等特点，因此，自古至今对这个行业的外部规制和监管一直是比较严格的，互联网金融在业务模式、服务理念、技术产品等方面的创新为金融体系的市场化、普惠化发展带来了新鲜的元素，但是这一切并不意味着互联网金融发展可以没有边界、创新可以没有规则，业务可以没有规矩。在工作实践中我们也做了一些初步的归纳和分析，对当前的这些从业机构大致可以分为三类：

第一类，既想干又会干的企业，具有较好的动机和经营管理能力，能实现较好的风控和市场效益。

第二类，想干却不会干或不善于干的企业，发展动机良好，但受自身各方面的条件制约，风控能力或者资金实力有限。事实上我们知道，很多人或者一些企业都有这样的愿望和热情，希望搭上互联网金融的快车，实现企业的高速发展，但是我们必须清醒地认识到，金融业是专业性很强的特殊产业，需要具备相关经验、人才和基础设施条件，不能光凭热情，还要尊重科学、尊重金融活动的本质规律。

第三类，纯粹的骗子公司，这些公司借互联网金融、普惠金融之名，行金融诈骗之实，这类企业是我们这个行业的害群之马，具有极大的欺骗性和风险性，必须坚决清理出去。当前，由国务院统一组织的互联网金融风险专项整治，特别突出了问题导向、分类整治、综合施策等原则，其目的不是否定互联网金融的作用，更不是要把互联网金融一棒子打死，而是要通过打击非法、保护合法、加快清理害群之马，有效的规范经营行为，还互联网金融一个健康有序的发展环境，这对于互联网金融今后的规范健康发展具有十分重要的意义。各从业机构应该按照监管的规则、整治要求和行业标准，加快建立客户的身份识别、信息披露、资金存管、投资者适当性管理、反洗钱、反恐怖融资等制度，切实的提升网络和信息安全保障水平。中国的互联网金融发展在全世界速度是非常快的，规模也是比较大的，如果要保持这个好的势头、保持它的可持续发展，以上说这些都是必不可少的技术性的功课是要做的。

四是以提升风控能力为关键。作为一项新生事物，互联网金融还有许多需要探索的领域和内容，究其本质它还是金融，其活动始终没有脱出资金融通、信用创造、风险管理的范畴，更没有违背风险收益相匹配的客观规律，也没有改变金融风险的隐蔽性、突发性、传染性和副外部性的特征，而且当今时代，现代的网络空间多维开放性和多向互动性，使得互联网金融风险的波及面扩散速度、外溢效应等影响，都远超出在传统金融的环境下。可以说，互联网金融发展的好不好关键取决于风控做的好不好，从业机构不论开展什么样的业务、面对什么样的客户，都应该把创新发展和防范风险有机地结合起来，正确把握好两者关系的适度平衡，我们应该充分认识到，信息化背景下金融业务风险与技术风险可能产生的叠加效应和扩散效应，应该遵循金融的基本规律，摒弃惟规模论、惟技术论、惟客户体验论等观念，形成正确的创新导向。我们应该参照金融和信息科技企业的内部控制基本原则，具备健全的内控制度和风险管理系统等软硬件条件。在这个方面企业内控还应该与法律约束、行政监管、行业自律、社会监督有机地结合起来，形成“五位一体”的多层次、全方位风险治理体系，使我国的互联网金融创新可能带来的风险始终处于可管、可控、可承受的范围内。

五是以先进性技术为驱动。近日，习近平总书记在中央政治局第36次集体学习时强调，网络信息技术是全球研发投入最集中、创新最活跃、应用最广泛、辐射带动作用最大的技术创新领域，是全球技术创新的竞争高低。随着信息化、数字化时代的深入发展，“无网络不金融，无移动不金融”已成为现代金融业体系的一个重要特征”，在互联网金融领域，谁能够更早、更好、更安全的掌握和运用先进网性技术，真正有效地解决当前金融改革发展中面临的难题和短板谁就能在竞争中取胜，更多的获得技术创新的红利。比如，大数据技术，能够实现多来源海量数据的实只处理和快速挖掘，完善客户画像、信用评估、风险定价等业务功能，开展多元化、定制化、精准化的金融产品创新，云计算技术，能够为互联网金融提供高效弹性的处理后台，保证计算处理的高效率和低成本，移动互联网技术，以智能手机等高普及的移动终端为载体，只需较少的成本投入，即可构建网络化、移动化、智能化的金融基础设施，从而提供随时、随地、随身的互联网金融服务。此外，人工智能、物联网、虚拟现实、量子通信、分布式等新的技术，对于提升效率、提高风控能力等方面的作用是值得深入探讨和积极尝试的。目前对这方面的研究不但是我们国家、包括欧洲、美国、亚洲像新加坡，包括我们国内的香港地区等等，他们都加大这方面的跟踪和研究，也形成了一些很好的经验。

六是以开放共赢合作为基础。在公平、开放、联动、共享的数字化、信息化时代，封闭式、割据式的传统金融发展思路已经很难适应时代的要求，各类从业机构应该建立利益相关者合作共赢、供需主体有效互动的生态理念，注重结合自身特点，找准市场定位，发挥各自优势，建设兼具包容性和竞争性的互联网金融生态圈和产业链。一方面，经过长期的实践积累，传统金融机构拥有良好的风控体系和定价模式，掌握大量的交易信贷数据，拥有较好的金融专业队伍，能够为互联网企业提供专业化的支持，弥补其风控、定价等方面的能力不足。另一方面，互联网企业占据网络入口优势，掌握小微企业和个人消费者的海量行为数据，要注重开放客户资源、技术能力、金融云服务等，为合作伙伴创新金融服务提供技术支撑。我想，通过传统金融机构和互联网企业的优势互补，提升金融服务实体经济的效率与质量有望实现“1 +1 大于 2”的效果。

各位嘉宾、各位同事，互联网与金融的融合发展是大势所趋，新的形势下，金融业面临新的发展机遇，同时，也将经受新的挑战，我们应该始终遵循金融活动的本质属性，坚守与实体经济服务的历史使命，正确发挥金融在促进国民经济发展中的作用。互联网金融协会作为全国性的行业自律组织，我们希望在民政部、人民银行、各金融监管部门的指导下，在广大会员机构和从业机构的参与和支持下，认真履行自律职责，维护行业发展次序，为互联网金融行业的规范发展、行稳致远做出积极的贡献。

最后，预祝本次峰会取得圆满成功。谢谢大家！

## 十七、贾洪波：新形势下的私募基金发展之道

中国证券投资基金业协会秘书长　贾红波

（2016 年 9 月 10 日，中国宁波）

近年来，私募基金行业蓬勃发展，行业影响力、社会认知度不断提升。截至 2016 年 8 月底，在基金业协会登记的私募基金管理人 9 月 10 日，有 17085 家，已备案正在运行的私募基金 39704 只，认缴规模 8. 03 万亿元、实缴规模 6. 43 万亿元，从业人员 28. 2 万人。面临新的形势、任务和挑战，私募基金行业如何积极应对，自律管理机构如何做好自律管理、推动行业持续健康发展，借今天论坛的机会，我讲三点意见，请大家批评指正。

### （一）私募基金行业的新形势

我国私募基金行业起步晚，长期处于“野蛮生长”状态。最近十年来特别是近年来，私募基金行业的整体实力明显增强。私募基金行业的商业模式、业务规则等逐步成熟，私募机构的内部管理、人才培养等机制逐步完善，行业监管、自律规则等制度体系不断健全。如果说过去是私募基金行业的 1. 0 时代的话，现在的私募基金行业已进入了 2. 0 时代，进入了规范化、制度化发展的新阶段。行业发展呈现如下特点：

第一，私募基金行业初具规模，在国民经济中发挥着独特作用，行业地位初步确立。私募基金历来是投融资双方对接最直接、最灵活、最有效的方式。对融资者而言，私募基金具有独特的优势和作用，对于数量众多的初创期、中小微、创新创业企业，私募基金已成为这些中小微企业获取直接融资支持的主要渠道，有效缓解了中小微企业融资难、融资贵的问题，支持了创新型、

科技型中小企业成长，培育了经济增长新动能，为推动经济转型、产业升级、供给侧结构性改革等国家战略做出了积极贡献。对投资者而言，私募基金以其自身优势为各类合格投资者提供了更多的选择，丰富了资产管理市场的品种，优化了资产管理行业生态。目前，我国各级政府对私募基金的重视程度前所未有，纷纷探讨通过引导基金、产业基金等方式促进地区经济发展和推进国有企业改革，这必将对私募基金的发展产生深远影响。私募基金已逐步被社会各界所熟知和认可，正在以崭新的姿态展现在社会各界面前，行业地位初步确立。

第二，私募基金行业告别“野蛮生长”，朝着规范化、制度化方向迈进。近年来，在证监会的指导下，基金业协会致力于搭建“以信息披露为核心，以诚实守信为基础，以促进发展为目的，符合私募基金发展规律”的自律管理规则体系。先后出台了一系列自律规则，初步形成了由登记备案、信息披露、内部控制、募集行为管理、基金合同、风险监控等构成的规则框架。基金业协会未来会继续完善包括投资顾问、托管、外包、从业人员管理在内的自律管理规则体系。私募基金行业告别了粗放式“野蛮生长”的历史，逐步进入有据可依、有规可循的规范化、制度化发展的新时代。

第三，私募基金行业竞争日益激烈，两极分化将逐步加剧。私募基金行业的集中度有所提升。在协会登记的机构中，从 2015 年 1 月到 2016 年 8 月，50 – 100 亿元管理规模的私募数量从 60 家增长到 160 家，增长 167%，而 100 亿元以上管理规模的私募数量从 43 家增长到了 140 家，增长 233%。但同时相当数量的私募基金管理规模很小，截至 8 月底，管理规模 50 亿以上的有 300 家，占比仅 1.76%；1 亿以下的有 11618 家，占比 68%。在当前宏观经济低迷的大背景下，资产收益率下滑，“资产荒”的问题越来越严重，私募基金行业的竞争将逐步进入拼业绩、比实力、做品牌的良性竞争阶段，强者恒强的局面可能会进一步强化，行业巨头将会逐步显露。银行、信托、保险等机构资金越来越青睐私募机构，能够进入合作机构“白名单”的私募机构将在竞争中处于优势地位。FOF 的发展以及地方引导基金的发展也会强化这一趋势。优质机构将会生存得更好，劣质机构将会被无情地淘汰。新进入的机构，如果没有很强的股东背景、专业优势或资金资源优势，生存将更加困难。

第四，私募基金行业的自律管理日益加强，行业的隐形门槛不断提高。私募基金管理人登记和产品备案仅仅是自律管理工作的第一步，绝不是“一备了之”。完成登记手续的私募基金管理人应持续履行产品备案、按要求向投资者进行信息披露以及向基金业协会报告更新季度、年度和重大事项信息等义务，并主动接受自律管理。此外，私募行业还有很多固有成本，形成了行业的事实门槛：一是募集成本，私募基金的固定管理费和业绩报酬有相当大的比重要分配给银行、券商、信托等渠道。二是运营成本，初步估算，一个小型私募证券基金的年度运营成本不少于 400 万元，随着人力、房租成本提升，这个数字也将不断增大。三是合规成本，随着相关制度的不断完善，私募基金的合规成本也在增加。私募基金行业除上述各种成本外，成活下来的机构的长期生存率也不容乐观。以对冲基金为例，1975 年全美前 100 名对冲基金，至今只剩下不到 5 家，长期生存率极低。

第五，私募基金行业发展中的问题不断暴露，行业秩序正在重塑。私募基金行业在发展壮大过程中暴露出一些问题，比如有的从事非法集资等违法违规行为，有的兼营 P2P、民间借贷、担保等非私募业务。既与其受托人职责相冲突，又可能对投资者利益造成侵害。这些问题如不及时采取有效措施，将来损害的将是整个行业的生存基础。私募基金行业应当认真吸取 P2P 行业的教训，避免重蹈覆辙。看到问题的同时，我们还应坚定发展的信心，私募基金当前最大的问题是发展问题，规范是为了更好地发展。私募基金行业的体量在整个大的资产管理行业的占比还非常低，发展不足，空间很大。私募行业只有自我革命，实现由乱而治，走规范化发展的路子，才可实现行业的可持续健康发展，这才是整个行业的整体利益和长远利益所在。在重塑行业秩序的过程中，大家会有阵痛，会有个习惯和适应的过程。

### （二）长期稳健的投资回报是私募基金行业生存的王道

我国私募基金进入新的发展阶段，将面临新的挑战和更高的要求。就行业整体而言，还存在一些突出问题，具体表现在：

一是行业规范化水平亟待提高。在基金募集环节，不时出现变相公开募集，向不特定对象公开宣传推介，投资者超过法定人数限制，利用资金认缴制或者通过收益权拆分销售等方式变相降低投资者门槛，夸大或虚假宣传，违规承诺保本保收益等。在投资环节，尽职调查敷衍了事，有的甚至伪造工作底稿。有的恶意哄抬价格，故意诋毁竞争对手等。有的投资决策草率，投资决策管理不规范等。在管理环节，不少机构内部管理和风控制度不健全，将自有财产与基金财产混同，违反合同约定列支费用；甚至挪用或侵占基金财产，向公司或特定关系人进行利益输送。投后管理不到位，流于形式，甚至是管理缺失。信息披露不及时、不准确、不完整。个别私募基金从业人员甚至存在操纵市场、内幕交易等行为。

二是风控能力和合规意识有待提升。有些机构缺乏足够的人才储备、资本金、经营场所等企业运营的基本条件，盲目扩展业务，重规模轻质量；有的脱离自身实际，过度使用杠杆，风险超出管控能力；有些机构甚至突破私募监管“三条底线”规定，乱搞非法集资等问题。

三是对投资者利益保护重视程度有待提高。有些机构没有尽到了解客户、揭示风险、评估客户风险承受能力和进行适当性管理的义务，更不要说有拒绝到手业务的理性和担当；有些机构过于关注公司自身利益，不仅没有尽到风险警示义务，还鼓励客户从事高风险投资，最终导致客户损失和各类纠纷。

四是理性成熟的投资文化有待进一步培育。有些机构急功近利的心态比较突出，过于追求短期业绩，导致业绩巨幅波动，甚至有的私募机构奉行“先拿到业绩报酬再说”的“一锤子买卖”心态，损害了投资者利益，导致短期业绩成为长期业绩的反向指标。其实，时间是优秀基金的朋友，投资是长跑，比的是耐力而不是爆发力，路遥知马力，通过较长时间才能检验出私募基金的真实水平，才能在投资者心目中建立良好的信誉和口碑。

我国私募基金行业起步时间不长，难免存在这样那样的问题。面对这些问题，我们既要有清醒的认识，也不必过于紧张，要坚定信心，保持定力，在发展中不断规范，在规范中不断发展，着力提高行业的核心竞争力。

归根结底，我们要思考一个问题：投资者为什么选择私募基金？最终目的是为了实现资产的保值增值，甚至是较高的投资回报。只有为投资者创造价值，才能赢得信任，可以说，为投资者带来长期稳健的投资回报始终是私募基金行业生存的王道。这里有三层含义：首先要给投资者带来回报；其次是这个回报要稳健；再次是稳健回报要可持续。我们正在积极推动FOF的发展，就是要发挥FOF平滑风险和收益的优势，降低单一投资的不确定性，为投资者提供更加稳健而且可持续的回报。对于私募基金管理人来讲，要实现长期稳健的回报，需要努力践行以下几个方面：

第一，依法合规运作，绝对守住底线。合规风控是私募基金行业的生命线。依法合规运作是实现长期稳健回报的前提。我们出台了一些行业自律规则，比如《私募投资基金募集行为管理办法》，既是行业“紧箍咒”，约束不规范行为，同时也是行业“护身符”，为行业健康发展保驾护航。我们提出了“三条底线”，一是坚持诚信守法，恪守职业道德；二要坚守私募原则，不得变相公募；三要严格投资者适当性管理，坚持面向合格投资者募集资金。这是为行业发展指明了方向，限定了边界。对那些触碰行业底线的行为，要坚决予以查处，有的甚至要受到法律的制裁。违法违规的机构，最终将被投资者和市场抛弃。

第二，聚焦投资主业，提升核心能力。通过专业化的组合投资为投资者创造价值，是私募基金行业的使命。私募行业应秉持长期投资、价值投资的理念，做到“专业、专注”。就投资领域而言，应走专业化道路，做到精耕细作，不能贪多求全；不要以为什么都可以做，投资是一门技术活，应有所为有所不为，认清能力的边界是大智慧。去年上半年股市行情火爆的时候，很多登记为股权、创投的私募基金管理人纷纷改行从事证券投资，盲目涉足不熟悉的领域，最后付出了高额学费和惨痛代价。就私募基金而言，核心是要提升投研能力，管理机构要构建好的投研制度体系，完善人员激励机制；投研人员要注重掌握扎实的方法论，还要有良好的心理素质和平和的心态。

第三，立足可持续稳步发展，避免规模冲动。规模是收益率的天敌，很多私募基金管理人都不同程度地存在“规模冲动”，不切实际地急于扩大规模，不仅为自身持续发展埋下隐患，也可能会对客户的资产造成损失。其实，我们私募基金管理人要清醒地认识到，规模要与投研、合规、销售、运营等各项能力建设相匹配。私募基金管理人要扎扎实实做业绩，业绩是因，规模是果。没有业绩做支撑的规模都是“过眼云烟”。俗话说“基础不牢、地动山摇”，没有坚实基础支撑的规模很可能是“昙花一现”。有了坚实的基础，规模增长才可能持续。私募基金管理人要有长远眼光，要深刻认识到，可持续的发展才是真实的发展，稳扎稳打才能健行致远。我们希望能够涌现一批能够保持定力，精益求精，“小而美”的私募基金管理人。

第四，培育核心人才，倡导团队精神。所有的竞争，归根结底是人才的竞争，没有人才一切都是空谈。对私募基金而言尤为重要，可以说私募基金行业的核心竞争力是人才。因此，私募基金行业要注重吸引和培养人才，打造优秀团队，探索和运用好合伙人、股权激励等制度，建立合理的激励约束机制，充分调动和发挥人才积极性。此外，私募基金行业已经不是一个“单打独斗”的行业，已发展成为一个“集体项目”，犹如排球项目讲究集体力量，私募基金行业要发扬“中国女排精神”，学习女排姑娘们“一次一次的飞身鱼跃救球、一次一次带伤参加比赛”这种不抛弃、不放弃的精神，要以这样的精神为投资者利益而拼搏。此外，我们希望行业要尊重对手、理性竞争，鼓励人才合理、有序流动，避免恶性竞争、互挖墙脚。

第五，树立品牌意识，努力打造百年老店。品牌是任何行业最重要的无形资产，在产品生产领域，面对激烈的市场竞争，要塑造品牌，比如同仁堂、青岛海尔等如雷贯耳；在金融服务领域，品牌更为重要，比如国际上私募基金往往通过专业的形象和服务水平向特定人群传递美誉度和信誉价值，通过媒体报道成功的投资案例和市场表现提高知名度，例如 KKR 通过 1988 ~ 1989 年 310 亿美元杠杆收购美国烟草和食品巨头 RJR. Nabisco 的成名之战成功塑造品牌，又比如金融行业的百年老店高盛，创立于 1869 年，最初只是一个家族企业，凭借其专业性、职业精神和以人为本的价值观，塑造了卓越的企业形象和品牌，目前已成长为全世界最顶尖的投资银行。我国私募基金行业要有这样的意识、勇气和担当，要把品牌和声誉看得比一切都重要。

第六，忠实履行责任，始终保持敬畏之心。私募基金管理人本质上是“受人之托、代人理财”，要坚持契约精神，坚守受托人义务，忠实地为持有人利益服务。要对客户资产有尊重和敬畏之心，忠实履行责任。私募基金对待客户资产，要有医生对待病人的“白衣天使之责”，比如，古希腊流传至今的希波克拉底誓言是警诫人类职业道德的圣典，是向医学界发出的道德倡议书，这份倡议书的核心内涵是医生对病人、对社会的责任及医生行为规范等。管理人还应坚守“了解你的客户”原则，要充分了解客户的资金属性、期限、风险收益偏好等。基于自身发展战略、投资风格等对客户风险承担能力进行匹配，精准选择客户，做到“有所选择、有所区分、学会拒绝”，这既是对客户负责，也是对自身负责。我们中国人经常讲“己所不欲，勿施于人”，私募基金管理人要有这种责任感，对客户如同对自己，对客户资产来不得半点马虎。

第七，根植于服务实体经济，努力发挥行业价值。私募基金的社会价值在于服务实体经济，在于为投资者带来价值回报。因此，私募基金管理人要找准服务实体经济的切入点和结合点，以服务实体经济为己任，以为投资者创造价值回报为目标，尽可能实现投资价值与社会价值的统一。鼓励调动各方力量推动天使投资、创业投资等早期投资的发展，为实体经济发展注入新动力。坚决避免资金空转，蓄意催生泡沫。当前，我国经济发展进入新常态，供给侧结构性改革成为国家经济发展的主线和宏观政策的着力点。私募基金行业要在国家大战略中找准定位，在资产管理行业大家庭中发挥中流砥柱作用。

### （三）“扶优限劣”是私募基金行业自律管理的主基调

私募基金不是“私人领域”，不是没有监管的“法外之地”。世界产业兴衰史告诉我们，任何行业的自由都是有限自由，任何行业生态的优化都是监管和自律管理的成果，可以说，没有监管和自律管理就没有行业的健康发展。下一步，基金业协会将坚持问题导向，把“扶优限劣”作为私募基金行业自律管理工作的主基调，秉承“服务、自律、创新”的宗旨，积极履行新《基金法》赋予的职责，凝聚各方力量，共同促进私募基金行业自律规范和创新发展，共同迎接私募基金行业 2.0 时代的挑战和机遇。

第一，维护行业秩序，工作重心由事前登记、备案向事中事后的监控监测和自律管理转移，切实做到“宽进严管”。目前，私募基金的登记备案已走上常态化道路。今年，基金业协会注销掉了超过 1 万多家机构，占登记机构比例超过 38%，其中大部分为无资产管理规模的空壳机构。今后，对于登记后未达到展业要求的机构，协会将依据《公告》持续予以注销。我们的目标是使得前端的登记备案逐步顺畅起来；登记备案后，严格执行自律管理规定，比如完善的信息披露制度和合同指引，能够让机构与投资者之间有效沟通，最大限度减少信息不对称，这是我们事中自律要完成的；事后自律，就是当出现违法违规行为后，要严格实行自律处罚，把“害群之马”剔除行业，坚决不能让“一颗老鼠屎坏了一锅粥”。只有这样，才能逐步形成“前端登记备案、中端自律规范运作、后端自律处罚”的全过程自律管理。此外，我们还将进一步完善私募失联制度、分类公示制度等，打击私募违法违规行为。

第二，努力优化行业生态，促进行业公平竞争，真正做到“扶优限劣”。自律管理工作要突出重点，分类施策，“服务一批、扶持一批、规范一批、打击一批”。既要培育行业标杆，也要净化行业队伍。要积极推动 FOF 的发展。FOF 有利于私募基金行业的专业化分工，优化行业的内部生态，促进行业的优胜劣汰。我们前期做了大量的 FOF 的调研工作，未来将通过对接各方资源，大力推动 FOF 发展。要疏通和扩展融资渠道和形式，积极代表行业与有关方面沟通，就银行、保险等机构的委外资金与私募基金的对接寻找合作的突破口。要不断丰富、优化和规范为私募基金提供基金募集、投资顾问、资产保管、份额登记、估值核算、信息技术系统等相关服务的服务机构，让私募基金专注主业、轻装上阵。

第三，积极整合行业资源，充分发挥行业的社会价值，真正体现社会担当。私募基金可以说是“千军万马”、“藏龙卧虎”，当然搞不好也是“鱼龙混杂、一盘散沙”。我们要整合资源、创造条件，充分发挥私募基金机构多、资源广的优势，引导私募基金服务国家经济发展战略，挖掘新的“蓝海”，体现行业价值和社会责任。私募基金是中国特色社会主义市场经济的一个组成部分，要从这个角度思考发展、找准定位，寻找突破口。比如，私募基金如何服务于中华老字号振兴事业，如何服务中草药种植和中医复兴事业，如何服务文化旅游事业等等，这些都是私募基金发展的“蓝海”，都是大有可为之处。协会正积极推动私募基金行业自发组建投资联盟，帮助行业整合资源，形成合力。比如，由相关私募机构牵头，市场化运作，以“传承与创新”为宗旨的振兴中华老字号投资联盟正在筹备之中。

第四，用好三个“抓手”，探索创新行业管理服务新模式，切实推动行业发展。俗话说，一个好汉三个帮，自律管理工作也不能单打独斗，团结一切可以团结的力量，才能做到众人拾柴火焰高。通过 FOF 机构动态掌握私募基金管理人的日常经营状况，了解行业实情，发现行业需求。通过引入托管、外包、律所等中介机构，利用市场化信用制衡机制，发挥中介机构的力量，更好地规范私募机构行为。对于涉嫌违规的中介机构，我们将与中介机构的自律组织联合处理，督促中介机构履职尽责。此外，我们站在有利于行业发展的角度，以开放包容的心态，联合地方行业协会和其他兄弟协会，优势互补、合作共赢，共同为私募基金服务，共同推动解决行业发展面临的共性问题。

私募基金野蛮生长已是过去时，优胜劣汰、大浪淘沙正在呼啸而来，有责任、有眼界，有担当、有坚守，有核心竞争力、有较强资产管理能力的私募基金管理人，将会迎来更为广阔的发展空间。基金业协会将致力于推动整个私募基金行业的规范发展和健康成长，为行业的规范发展保驾护航！让我们一起携手，共同见证私募基金行业 2.0 时代的腾飞与辉煌，共同创造私募基金更加美好的明天！

## 十八、贾红波：私募以间接融资债务性融资为主的时代面临变化

中国基金业协会秘书长 贾红波

（2015 年 4 月 17 日，中国深圳）

尊敬的陈应春副市长，尊敬的孙杰会长、范勇宏副会长，尊敬的各位业界精英，新老朋友，大家上午好。

很高兴参加今天的论坛，首先衷心的感谢会议主办方提供这么好的交流机会，其次衷心感谢各位业界精英对中国基金业协会长期以来的支持和帮助。中国基金业协会是一个年轻的协会，成立于 2012 年，但是这两年发展比较快，涵盖了公募基金、私募基金、券商资管等资产管理的众多机构，现在服务的规模达到 23.6 万亿元。

关于公募基金的话题，下一周我们的会长会发表看法，我今天就简单谈一谈私募基金的问题。我们的老前辈范勇宏先生写过一本《基业长青》，今天我们也探讨一下私募基金如何做到基业长青。

今天很多嘉宾是私募基金的金主，是我们的源泉，希望通过今天的汇报让大家对私募的了解进一步加深，能够寻找和发展新的业务机会，能够进一步坚定私募基金的信息。

## 第一部分，私募基金发展面临着黄金机遇期

私募基金发展如火如荼，去年 4 月 15 日在中国基金业协会登记备案的管理人达到 100098 家，管理资产规模达到 2. 88 万亿元，私募基金从从业人员达到 16. 3 万人。2014 年 12 月 30 日当时登记 4095 家，短短时间登记了 5000 家，预计年内私募基金还会增加。从这个图（见 PPT）可以看出，整个趋势是往上走的。大众的参与度也在提升，不少公募基金经理和高管也投身私募，私募队伍不断壮大。第二个是私募产品发行火爆，不少产品遭遇秒杀。另外，全国各地也在不断发展私募基金团队，如雨后春笋般的发展。

首先，党中央国务院非常重视私募基金，尤其是创投和天使基金，党中央国务院把创新群众发展确定为国家战略，规格高、内容细、措施实、力度大，这必然为全链条私募基金产生巨大影响。另外，改革红利不断释放，提升了大众的热情。另外，创业的愿望非常强烈，所以说下一步国人创业的欲望有可能成为引爆新一轮经济发展的强大动力。

其次，证监会方面，不断深化改革，IPO 再次开闸、新三板蓬勃发展，注册制度改革推进都为私募基金发展注入活力。私募基金暂行办法的公布让私募基金成为正规军，让私募基金找到真正的组织，各种利好政策不断。另外，一带一路等国家大的改革措施不断推进，为私募基金发展提供机会。

私募基金以间接融资、债务性融资为主的时代面临变化，房地产行业、矿产资源等行业风光不再，面临调整。银行资本要重回资本市场了，可能迎来大发展时期。另外，由于无风险收益率下行，最近下行趋势明显，居民收入配置权益性资产的需求提升。

私募基金有别于一般的方式，私募基金搞的是组合投资、概念投资，所以能完成很多人不能完成的事情，私募基金为解决当前经济发展中的问题做出独有的贡献，比如说私募基金解决中小企业融资难、融资贵的问题，能够为国家战略做贡献，另外私募基金还比较注重投资互联网高新企业，为转型升级提供助推作用。私募基金去年由游击队变成正规军，现在是一个衔接期，希望私募基金在衔接期内成为经济发展的精锐部队。另外，美国经济之所以刚开始几年快速复苏，很多跟私募基金发展密切相关，所以私募基金的贡献功不可没。总的来看，私募基金行业天时、地利、人和，面临千载难逢的发展机遇。

我们看到私募基金发展机遇的同时，可能要对私募基金的现状和存在的问题有清醒的认识。

当前我国私募基金发展基础比较薄弱，在协会 10098 家管理机构当中，管理规模 50 亿以上的有 105 家，和国外动辄管理规模上千亿的来比我们是比较小的，所以说和国际上比我们还有差距。另外，登记 10098 家机构管理规模为 0 的是 5733 家，称之为空壳公司和僵尸机构。所以总得来讲我们发展基础比较薄弱。

私募基金风险不断暴露。现在涉嫌违法违规的私募基金有 53 家，管理机构也在介入。

私募基金市场格局变化较大，10 年前排名前 100 位的创投机构 2014 年只有 4 家排名在前 100，5 年前排名前 100 位的创投机构只有 7 家仍排名在前 100，这个行业是大起大浮的。

总而言之，既要看到私募基金巨大的发展空间和机遇，也要理性对待私募基金行业的火爆现象。

## 第二部分，私募基金行业如何基业长青

私募基金管理的自身有六个方面要提高认识：

第一，要有胸怀和格局，要有责任意识和担当精神。当前我国经济发展进入新常态，加快实施创新驱动发展战略，是党中央着眼改造传统行业，打造新引擎、实现经济动力转化的重大战略部署。最近一带一路等战略给我们提供机会，我们要在国家大战略中找准位置，胸怀和格局多大视野就有多大，尤其是一把手要有大胸怀、大格局，有责任意识和担当精神。唯有如此私募基金才能得到投资者和国家的认可。

第二，要有长远眼光和长期战略，不急功近利。有一些私募机构急功近利，只顾眼前利益，必将为长远利益埋下隐患。私募基金融资相对容易，很多人没有充分评估自己机构的管理能力和整个团队的磨合程度，看到市场好了就拼命发产品，这要理性思考。昨天和业内人士在谈，说我们如果能募200亿就募100亿，把投资者回报搞好。

第三，要坚持契约精神，坚持持有人利益至上。其实我们肩上背负着责任，私募基金要把老百姓和投资者的钱管好、用好。曾经有人讲，我募来的钱有时候不知道怎么投，晚上睡不着觉，就考虑怎么把钱用到位。

第四，要培育核心竞争力，培养一支核心人才队伍。私募基金家数很多，很难说自己的核心定位是什么，我们要打造具有特色的核心竞争力，为投资者提供持续稳定的回报。另外，私募基金是发展变化非常快的行业，私募基金管理人要创新，这可能是私募基金发展不竭的源泉。才以业聚，业以才兴，要吸引和留住优秀人才。

第五，要把合规风控作为私募基金行业的生命线。华尔街谚语，投资界有老的投资者，有胆大的投资者，但没有又老又胆大的投资者。我们要考虑合规风控创造的价值，这是生存法则。私募基金行业要想基业长青，必须把合规和风控作为生命线，中国基金业协会也一如既往对私募基金机构中存在的薄弱问题采取管理措施，促进私募基金的持续健康发展。

第六，要恪守行业底线，遵守职业道德。我们提出三条底线，这三条底线是带点的高压线：一是坚持诚信守法，恪守职业道德；二要坚守私募原则，不得变相公募；三要严格投资者适当性管理，坚持面向合理投资者募集资金。触碰了行业底线，要么被法律制裁，要么被投资者抛弃。

下面讲一下中国基金业协会如何助推私募基金基业长青。2014 年是私募基金登记备案元年，2015 年是为自律管理与服务元年。协会要搭建一个“以信息披露为核心，以诚实守信为基础，以促进发展为目的，符合私募基金发展规律”的私募基金自律管理与服务体系。我们要推行分层分类管理，另外要抓两头、带中间，服务一批、扶持一批、规范一批、打击一批。对优秀的我们要扶持，树立行业标杆；对于违法经营，突破底线的，坚决打击，绝不手软。

另外我们提出了“宣传、引导、服务、规范”八个字的方针。

首先，敢于发声。协会一方面要做好投资者教育工作，用生动活泼的方式让投资者了解私募基金。此外，协会会加大对行业的宣传，为行业发展摇旗呐喊。我们举办一系列活动专门为投资者介绍投资理念和投资方法。下一步我们会把私募基金服务实体经济、服务国家战略的典型让老百姓了解，还会让门户网站加大力度，通过搜索引擎让老百姓搜索的第一条就能掌握私募基金的相关信息。

其次，敢于挑头。协会要集中行业资源，谋大事，做大事，推动行业持续健康发展，履行社会责任。我们协会还准备倡导健康的私募基金文化，引导私募基金树立长远眼光，避免短视行为。

再次，甘于奉献。服务是协会的根本，为私募基金管理人服务是协会的重要使命，协会将努力提高会员服务质量，推动解决行业发展面临的共性问题，为行业发展撑腰打气。最近几个月我们简化审批流程，化解了私募基金登记备案堰塞湖。私募基金管理人的材料齐全了，提到中国基金业协会，三个工作日内必须进行一次性把资料发给机构投资者，二十个工作日必须办完。如果私募基金机构提交的资料完备，必须尽快完成。此外，根据市场需求，最近调低了高管资格门槛，只要你在资产管理行业，包括私募基金过去三年管理资产规模在1000万以上就符合，我们不断降低门槛，让更多专业人士能够投资私募基金管理业务。此外，我们推动解决行业发展面临的共性问题，我们有60多个跟中国基金业协会类似的协会，我们上个月开会商讨如何组织全国协会的力量为私募基金服务。这两天在深圳调研期间，也和深圳同业工会做了很好的沟通，下一步在服务方面会有新举措。另外，中国基金业协会非常重视配合政协会推动构建统一公平的私募基金税收体系，目前我们在做积极的努力。原来私募基金机构比较小，缺乏官方的沟通交流平台，我们最近几个月搞一个私募基金的高端平台，叫私享汇，大家可以交流发展。另外我们搞了一个刊物《声音》。3月28号我们搞了中国杭州财富管理论坛。我们还建立微信群，分为私募、股权、基金、天使等等，分门别类为大家服务。

最后，敢于亮剑。私募基金长时间处于野蛮生长状态，行业规范缺失，我们协会将执法作为重要的职责，真正做到惩恶扬善。

为了方便大家备案登记工作，我们建立与发行部、上市部、新三板监管联动机制。今天有很多金主，向你们隆重推出我们的制度“分类公示”，在基金业协会网站右上方有一个栏目，将来与我们合作的时候可以去查询。我们一头是管理规模，大机构展示在那里了，另外一些运作不合规的也会在那里，大家可以进行了解。另外，我们会建立打击非法集资联动机制，防范他们从事非法集资活动。

中国基金业协会将一如既往给私募基金创造良好的发展环境作为使命，为私募基金的基业长青保驾护航。希望各位领导、各位业界精英和我们一起拥抱私募基金的春天，让我们一起为私募基金的基业长青贡献力量。

谢谢大家！

# 第二章　影响中国风险投资的十大事件

## 一、《私募投资基金募集行为管理办法》发布

**事件简介**

2016年4月15日，中国证券投资基金业协会（以下简称“基金业协会”）发布《私募投资基金募集行为管理办法》（以下简称《管理办法》），于2016年7月15日施行。《管理办法》的出台确立了详细的募集程序以及各个操作环节的具体要求，直接规制了以往私募基金在募集环节的诸多乱象，也改变了过去一套文件囊括所有内容的粗放式操作方式。

**关于募集主体**

《管理办法》规定私募基金的募集主体只能为机构，私募基金管理人可以自行募集其设立的私募基金，也可以委托销售机构募集私募基金，私募基金管理人应与受托销售机构签订基金销售协议，并将协议中关于私募基金管理人与基金销售机构权利义务划分以及其他涉及投资者利益的部分作为基金合同的附件；私募基金管理人作为委托人不能免除私募金管理人依法应承担的责任。

受托销售私募基金的销售机构必须在中国证监会注册取得基金销售业务资格并已成为中国证券投资基金业协会会员。

私募基金管理人可以聘请基金外包服务机构，对其管理的私募基金提供相应的外包服务。基金外包服务机构须在中国证券投资基金业协会（以下简称“中基协”）取得备案。

**关于募集结算资金专用账户**

本次《管理办法》提出了“私募基金募集结算资金专用账户”，明确了募集账户系“用于统一归集私募基金募集结算资金、向投资者分配收益、给付赎回款项以及分配基金清算后的剩余基金财产等，确保资金原路返还”。募集机构应与监督机构签署监督协议，在私募基金备案时报送私募基金结算专用账户及募集信息。

此次《管理办法》中分别出现了私募基金募集结算资金专用账户、私募基金财产账户、托管资金账户、投资者资金账户等多个不同账户。根据对不同账户的定义，我们可以梳理出私募基金的资金划转路径。

在实践操作中，一般私募证券投资基金才需要开具托管资金账户，股权投资可以在募集结算资金账户募集完毕后直接投入到私募基金财产账户内。

《管理办法》同时还明确规定：“募集结算资金从投资者资金账户划出，到达私募基金财产

账户或托管资金账户之前，属于投资者的合法财产。”

**关于私募基金推介材料**

《管理办法》规定，私募基金推介材料应由私募基金管理人制作并使用。私募基金管理人应当对私募基金推介材料内容的真实性、完整性、准确性负责。

募集机构应当采取合理方式向投资者披露私募基金信息，揭示投资风险，确保推介材料中的相关内容清晰、醒目。私募基金推介材料内容应与基金合同主要内容一致，不得有任何虚假记载、误导性陈述或者重大遗漏。

**关于私募基金风险评级**

《管理办法》规定，募集机构应当自行或者委托第三方机构对私募基金进行风险评级，建立科学有效的私募基金风险评级标准和方法。但是，募集机构如何对私募基金的风险进行评级并没有一个明确的规定。

对于私募证券投资基金，建议可以参考如《证券投资基金销售适用性指导意见》等规定对私募证券投资基金进行风险评级。而对于股权投资基金等其他类型的，建议根据项目的实际情况审慎把握基金的风险评级。

**关于投资冷静期**

本次《管理办法》首次提出了投资冷静期，要求私募证券基金应设置不少于 24 小时的投资冷静期，投资冷静期自基金合同签署完毕且投资者交纳认购基金的款项后起算；私募股权投资基金、创业投资基金等其他私募基金合同关于投资冷静期的约定可以参考对私募证券投资基金的相关要求，也可以自行约定。

因此，私募证券投资基金的募集机构要严格按照 24 小时的投资冷静期，否则对投资冷静期内进行的回访确认将无效。

中国基金业协会郑重提示，在《管理办法》发布到正式实施的 3 个月过渡期内，募集机构应当尽快完成相关行为整改和内部制度建设，切实做好特定对象确定、投资者适当性匹配、基金风险揭示、合格投资者确认、投资冷静期、基金合同的制定、募集结算资金专用账户的开立、监督协议的签署以及《管理办法》规定的其他义务的配套准备工作。在办法正式实施后，中国基金业协会将严格按照《管理办法》的规定，严肃执行自律规则和行业标准，一旦发现违反本办法有关规定的情形将做出相应的自律处分，对违反法律、行政法规、中国证监会有关规定的情形，将移送中国证监会或司法机关进一步处理。

## 入选理由

《管理办法》明确了三个重要问题：一是明确了私募基金两类募集机构主体，即已在中国基金业协会登记的私募基金管理人自行募集其设立的私募基金，以及在中国证监会取得基金销售业务资格并成为中国基金业协会会员的基金销售机构受托募集私募基金；二是明确了募集机构承担合格投资者的甄别和认定责任；三是引入资金账户监督机构，明确募集机构应当与监督机构签订监督协议，对募集专用账户进行监督，保证资金不被募集机构挪用，并确保资金原路返还。

根据《管理办法》，2016 年 7 月 15 日以后，“朋友圈卖产品”“承诺保本保收益”等行为都将受到监管。违规者将被纳入黑名单，而情节严重的，更将移送中国证监会处理。

《管理》的出台凝聚了行业智慧和社会共识，对我国私募基金行业意义重大、影响深远。从私募基金募集环节的募集主体、募集程序、账户监督、信息披露、合格投资者确认、风险揭示、冷静期、回访确认、募集机构和人员法律责任等方面，《管理办法》首次系统地构建了一整套专业、具有操作性、适应我国私募基金行业发展阶段和各类型基金差异化特点的行业标准和业务规范，对切实保护投资者合法权益、规范行业募集行为、塑造私募投资基金“买者自负、卖者尽责”的信托文化具有里程碑的意义。

**相关评论**

多位业内人士表示，当前私募基金行业鱼龙混杂，私募新规的实施意图在于规范私募机构募集行为，从长期来看对于私募基金行业规范壮大无疑是利好，但在新规提出的合规高门槛面前，实力较弱的小型私募、牌照不齐的第三方代销机构都会受到一定冲击。

格上理财研究员雷蕾也表示：“目前新规的实施只能在一定程度上消除行业乱象，规范行业发展，并不能一劳永逸，行业的规范不能一蹴而就，需要监管层的长期引导以及参与各方的共同努力。”

当前，我国私募基金行业的自律规则体系正在逐步形成。中国基金业协会将贯彻“自律、服务、创新”的宗旨，扶优限劣，引导私募基金行业诚实守信，合规运作，赢得投资者的信任托付、赢得社会和资本市场的认可，赢得基业长青。

## 二、国务院“创投二十二条”实行

2016 年 9 月 20 日，国务院印发了《国务院关于促进创业投资持续健康发展的若干意见》（以下简称《若干意见》），也可称为“创投二十二条”）。对于发展包括天使投资在内的各类创业投资的持续健康发展中的重点问题提出了十部分二十二条政策措施。《若干意见》的发布标志着中国创业投资行业发展进入新的历史时期。

**事件简介**

我国创业投资体制建设可追溯到 20 世纪 80 年代。最早原国家科委、原国家计委分别从各自角度，积极推进有关制度建设，并得到各有关部门大力支持和配合。2005 年 11 月，国家发展改革委等十部委联合发布《创业投资企业管理暂行办法》。随后，配套性税收优惠政策、引导基金政策于 2007、2008 年先后推出，多层次资本市场体系逐步建立，使得有中国特色的创业投资体制基本框架得以形成。2013 年 6 月，中央编办将包括创业投资基金在内的各类股权投资基金的监管职责调整到证监会。2014 年 8 月，证监会发布实施《私募投资基金监督管理暂行办法》，其中专设创业投资基金特别章节，从而为对创业投资基金实行差异化监管提供了基本法律框架。

受益于创业投资体制和差异化监管的有力支持，我国创业投资行业得以迅速起步和发展，对拓宽创业企业融资渠道、促进经济结构调整和产业转型升级、增强经济发展新动能，起到了积极作用。但同时也出现了一些问题。

适应新的时代背景，《若干意见》突出强调“持续健康发展”并从指导思想、基本原则两个层面提出了总体要求。坚持服务实体、构建“实体创投”投资环境，坚持专业运作、夯实“专业创投”运行基础，坚持信用为本、创建“信用创投”发展环境，坚持社会责任、树立“责任创投”价值理念，加快形成“创业、创新 + 创投”协同互动发展格局，发展一批具有国际影响力和竞争力的中国创业投资品牌，推动我国创业投资行业发展跻身世界先进水平。

《若干意见》围绕9大领域提出20项政策措施。一是培育多元化创业投资主体，鼓励行业骨干企业、创业孵化器、产业（技术）创新中心、创业服务中心、保险资产管理机构等机构投资者参与创业投资，鼓励包括天使投资人在内各类个人从事创业投资。二是拓宽创业投资资本来源，大力培育和发展合格投资者，建立股权债权等联动机制，有序发展投贷联动、投保联动、投债联动。三是加大政策扶持，完善创业投资税收政策，建立创业投资与政府项目对接机制，研究鼓励长期投资的政策措施，研究建立所投资企业上市解禁期与上市前投资期限长短反向挂钩的制度安排。四是完善相关法律法规，构建符合创业投资行业特点的法制环境，完善创业投资相关管理制度，落实和完善国有创业投资管理制度，支持有需求、有条件的国有企业依法依规、按照市场化方式设立或参股创业投资企业和创业投资母基金，健全符合创业投资行业特点和发展规律的国有创业投资管理体制，完善国有创业投资企业的监督考核、激励约束机制和股权转让方式。五是完善退出机制，完善全国中小企业股份转让系统交易机制，规范发展专业化并购基金。六是优化创业投资市场环境，实施更多的普惠性支持政策措施，营造公平竞争的发展环境，深化简政放权、放管结合、优化服务改革，创新监管方式，优化监管环境、商事环境、信用环境，严格保护产权，加强事中事后监管，有效防范系统性区域性风险。七是推动双向开放，坚持走开放式发展道路，通过吸引境外投资，引进国际先进经验、技术和管理模式，提升我国创业投资企业的国际竞争力。按照对内外资一视同仁的原则，放宽外商投资准入，简化管理流程，鼓励外资扩大创业投资规模。鼓励境内有实力的创业投资企业积极稳妥“走出去”。完善行业自律和服务体系，加快推进依法设立全国性创业投资行业协会，加强行业自律和维护良好市场秩序，健全创业投资服务体系，加大教育培训力度，吸引更多的优秀人才从事创业投资，提高创业投资的精准度。九是加强统筹协调，完善相关机制，密切发展政策和监管政策的协同配合，建立信息共享机制。

《若干意见》的特点在于突出重点任务。一是深入贯彻落实党中央、国务院关于加快实施创新驱动战略、大力推进大众创业万众创新有关决策部署，围绕推进供给侧结构性改革，全面落实促进天使、创业、产业投资的重点改革任务。二是坚持问题导向。积极回应税收政策、行业监管、资金来源、退出渠道、估值虚高投资泡沫化现象严重、国有企业发展创投、信用环境等重点热点问题，提出9个领域、20项、上百条既符合实际又能够解决问题的实招、硬招、新招。三是着眼长远发展。立足当前、谋划长远，明确行业长期发展方向，坚持创业投资服务实体、坚持价值投资和长期投资、加强行业信用体系建设和强化行业社会责任，促进创业投资行业持续健康发展。四是落实责任分工。严格按照党中央、国务院明确的步骤和时限等工作要求，突出改革导向，突出务实“管用”，明确了有关部门的责任分工，确保积极有序推进各项工作。

创业投资既不同于传统的金融资本，也不同于传统的产业资本，而是一种融资 + 融智相结合，实现技术、资本、人才、管理等创新要素与创业企业有效结合的新型业态，完善创投发展政策环境需要多个部门共同努力。国家发展改革委高度重视《若干意见》文件起草工作，科技部等16个其他国务院有关部门也给予了大力支持和积极配合，文件高度凝聚共识。为确保各项政策切实落实到位，《若干意见》明确提出要加强政策顶层设计和统筹协调。国家发展改革委会同有关部门加强促进创业投资发展的政策协调，建立部门之间、部门与地方之间政策协调联动机制，加强创业投资行业发展政策和监管政策的协同配合，增强政策针对性、连续性、协同性。国家发展改革委将积极会同有关部门加强政策协调，推动相关政策落地实施。

**入选理由**

创业投资行业的发展壮大，已成为促进科技创新成果转化的重要资本力量。但从总体上看，我国创业投资发展仍不充分，面临着法律法规不健全、监管体制不适应、行业信用体系建设滞后、政策环境不完善以及机构投资者投资渠道狭窄、退出渠道不畅、政策协调配合不足等问题，也存在投资估值虚高、投资“泡沫化”现象以及非法集资风险隐患。《若干意见》是在对过去10年创业投资行业的发展情况进行深入系统梳理总结的基础上，提出未来创业投资包括天使投资在内的行业发展定位，构建促进行业持续健康发展的制度和政策框架。《若干意见》的出台对于推进供给侧结构性改革，推动大众创业万众创新，促进技术与市场融合、创新与产业对接，孵化和培育面向未来的新兴产业，推动经济迈向中高端水平，具有重要意义。

**相关评论**

中国投资协会创投委常务副会长沈至群表示，这意味着创投行业开始进入新的发展机遇期，对更好的支持“大众创业、万众创新”，促进供给侧资本的结构性改革，优化经济结构和产业转型升级，拉动民间投资服务实体经济，具有重要的现实意义和深远的的历史意义。

深圳市创新投资集团有限公司董事长倪泽望认为，创投是破解当前经济困局的良方，一方面可以吸收市场中过剩的流动性，化解资产泡沫的风险；另一方面可以将金融资源引入实体经济之中，激发创业创新，促进就业。从这个意义上讲，《若干意见》适逢其时，切中要害。

财经网评论：《若干意见》鼓励行业骨干企业、创业孵化器、产业（技术）创新中心、创业服务中心、保险资产管理机构等创业创新资源丰富的相关机构参与创业投资，支持中央企业、地方国有企业、保险公司、大学基金等各类机构投资者投资创业投资企业和创业投资母基金，提出让信托公司为创业企业提供综合化、个性化金融和投融资服务，同时重视天使投资的发展。充分引导不同投资群体和投资资金参与创业投资，像大学基金等长期资金的进入将有利于初创型企业的融资和发展。

## 三、银行被准许参与股权投资

银监会主席尚福林于2016年9月14日在中国银行业协会第七届会员大会二次会议上表示，要允许有条件的银行设立子公司从事科技创新股权投资，通过并表综合算大账的方式，用投资收益对冲贷款风险损失。有媒体猜测，尚福林的此番表态可能意味着“创投国家队”即将登场。

**事件简介**

据投资家网了解，2015年，创业投资市场获得爆发式增长。根据清科统计，全年创业投资交易金额为1293亿元人民币，较2014年增长24.6%；资金募集总额为1996亿元人民币，较2014年增长70.6%；人民币创投基金平均募集规模为2.53亿元人民币，较2014年增长91.7%。蛋糕做大，银行入局不意外。

而此前，证券公司、信托公司、保险公司等一些金融机构已被允许开展创投业务，但拥有我国最多金融资源的商业银行却受限于《商业银行法》，一直无法直接从事股权投资。《商业银行法》第四十三条规定，商业银行“不得向非自用不动产投资或者向非银行金融机构和企业投资，但国家另有规定的除外”。在获得银监会的政策支持后，商业银行有望凭借“国家另有规定”的口子规避合规性问题，开展直接投资业务。

其实除了创投有蛋糕外，商业银行的转型也是其中的一个原因。早在2015年下半年，各家银行便开始了“摩拳擦掌”，纷纷探索股权投资新模式，以求进一步完善商业银行职能。不论是私募还是创投，丰厚的回报都足以让商业银行的客户看在眼里记在心里，而商业银行参与股权投资业务，在商业银行看来也正是为了拓展新的利润增长点，和抢占市场。

为了“曲线进军”，商业银行过往做出了相当多的努力。在金融牌照上，信托、基金、保险、金融租赁等目前都已对银行放开，仅剩券商。而纵观五大行及招行，目前均在香港成立全资控股子公司或孙公司开展上市保荐等投行业务，其中，中行早已通过其境外子公司中银国际控股中银国际证券。虽然业内人士看来，给银行直接颁发券商牌照近期看来不太可能，可“曲线进军”毕竟殊途同归，而再进军创投也并不是不可能。

除了商业银行层面，监管部门也在试水。在2016年2月，国务院常务会议就曾表示将选择金融机构试点开展投贷联动融资服务。而银监会已将投贷联动试点列为2016年的重点工作之一。银监会副主席周慕冰此前曾表示，银监会正在研究投贷联动机制，鼓励条件成熟的银行探索建立科技企业金融服务事业部，这将是我国创新小微企业金融服务的重要尝试。

投贷联动是指商业银行为客户提供信贷支持，PE或VC企业提供股权融资服务，以“股权+债权”的模式，给创业期的小微企业，特别是科技型企业提供融资的一种金融创新方式。在投贷联动业务中，银行主要收入来源是为企业提供贷款，收取利息，但不参与企业分红；今后，银行还可以直接投资一些新业态、新模式的产业以及转型升级中的传统产业。

银行进行股权投资大致有四种模式。一是地方政府主导，商业银行参与。国内部分地方政府或高新技术开发区管委会对原有“产业引导基金”模式进行升级，通过邀请或招标的方式，引导商业银行出资参与产业基金。二是由集团孙公司主导，银行内部推进。在银行系集团内部设立孙公司，专注于私募股权投资业务的开展。三是银行总行主导，分支机构配合。在银行总行投行部内部设立直投部门实际管理基金运作，项目源由分支机构来提供。四是银行分行主导，总行给予支撑。银行子公司/孙公司仅发挥通道（名义GP）的职能，只是主导部门由总行变成分行。

2016年4月21日，银监会、科技部、央行联合发布《关于支持银行业金融机构加大创新力度开展科创企业投贷联动试点的指导意见》，明确在北京中关村、武汉东湖、上海张江、天津滨海以及西安国家自主创新示范区五个地区开展试点，首批十家试点银行中的七家将开展投贷联动业务，包括国开行北京分行、中国银行北京分行、恒丰银行北京分行、北京银行、上海银行北京分行、天津银行北京分行以及浦发硅谷银行北京分行。这是全国金融机构参与投贷联动最密集的地区。

大数据、互联网、集成电路、芯片和纳米技术等领域，作为国家新兴战略产业，有望率先获得银行资本的垂青。

## 入选理由

自2015年下半年起，创业企业陷入资本寒冬已成共识。一级市场的钱袋子收紧，多数创业项目陷入“C轮死”的怪圈。不仅创业企业受困于资金短缺，风投等投资机构也面临项目估值泡沫破灭，资金无法安全退出的困境。

在资本市场股权融资困难的同时，中小企业在信贷融资渠道上也得不到支持。据《中国科创企业2016展望报告》，2015年仅有2%的受访企业主要资金来源渠道为银行贷款。

中小企业，尤其是科技型中小企业，大部分采取轻资产模式，缺乏银行认可的可抵押资产或有效担保，贷款难度较大。此外，中小企业往往缺少健全的财务制度，对于需要有效控制和防范风险的商业银行来说风险较大。即便是资质好、偿债能力高的中小企业，银行也一样惜贷。中小企业贷款通常数额不高，但审核、监管环节与大额贷款一致，这样一来，单位管理成本就高出许多。因此，仅靠信贷息差收入，银行在中小企业身上很难看到利润。

商业银行获准从事股权投资，意味银行获得了比较有效的风险补偿机制，股权投资的高额投资收益可以覆盖不良资产损失。简单来说，一级市场股权融资可以获得十倍乃至百倍的回报率，一个成功的投资项目抵消数个失败的项目后还有盈余。在高额的回报面前，商业银行自然有意愿向“双创”企业投资。

### 相关评论

著名经济学家陈志武表示，金融发展史上之所以把有的金融称为“银行”，有的金融称为“证券”，另一些又称作“创投”等是有其原因的。而现在的一些做法是“人有多大胆、地有多大产”，是在重新混淆银行跟股权投资金融的区分。同时他认为监管层应该吸取去年的股市泡沫、前两年互联网金融乱象带来的教训。

不过有些专家持相反意见，“当前我国经济发展步入新常态，稳增长压力较大，支持产业结构调整和优化升级，培育经济发展中的新产业、新动能、新力量，要求商业银行提供更多适应战略性新兴产业和新型业态的发展需求、更多与‘互联网+’时代特征相契合的金融产品和服务。因此，大力发展投贷业务属大势所趋。”

## 四、互联网金融风险专项整治工作实施方案

2016年10月13日，国务院办公厅印发《互联网金融风险专项整治工作实施方案》（下称《实施方案》），按照中央有关部署，要求有关部门配合开展互联网金融领域专项整治，推动对民间融资借贷活动的规范和监管，最大限度减少对社会稳定的影响。

### 事件简介

互联网金融近年来得到快速发展，并逐渐成为传统金融体系的有力补充。2015年7月份，人民银行等10个部委联合印发《关于促进互联网金融健康发展的指导意见》（以下简称《指导意见》），正式确立了互联网金融的合法地位。今年8月份，银监会颁布《网络借贷信息中介机构业务活动管理暂行办法》，规定银行作为第三方资金存管机构、设置借款余额上限以及不得开展类资产证券化业务等，对网贷行业发展影响重大。此次发布的《实施方案》是有关方面深入调查研究、认真分析评估和充分听取意见后形成的综合成果，明确了互联网金融风险专项整治工作目标、原则、重点、职责分工和进度安排等，具有“穿透式”监管思路明确、建立“重奖重罚”制度、强化资金监测的特点。

当前，互联网金融领域的风险隐患主要集中在P2P网络借贷、股权众筹、互联网保险、第三

方支付、通过互联网开展资产管理及跨界从事金融业务、互联网金融领域广告等领域，因此，专项整治也将集中力量对这几个重点领域进行整治，并强调抓住关键环节，提高整治效果。

由于缺乏引导和规范，近年来，一些互联网金融从业机构偏离正确的创新方向，更有甚者，打着互联网金融的旗号欺骗投资者，从事非法集资等非法金融活动。一些伪互联网金融、伪创新扰乱了市场秩序，产生了"劣币驱逐良币"的效应，挤压了真正有价值的互联网金融创新，更关键的是，其损害了金融消费者的利益。

2015 年 7 月，《指导意见》的印发打击处置了一批违法经营金额大、涉及面广、社会危害大的互联网金融风险案件，社会反映良好。《实施方案》公布，让专项整治工作更具有针对性和实操性，这将进一步推动互联网金融行业良好秩序的建立，加速淘汰不规范的平台，推动行业健康发展，进而更好保护投资人和金融消费者的合法权益，同时降低互联网金融可能引发的风险。

同时，互联网金融的发展亟须明确各项业务的合法与非法、合规与违规的边界。《实施方案》正为其划清了边界：守好法律和风险底线，对合法合规行为予以保护支持，对违法违规行为打击。《实施方案》对从事金融信息或者金融服务的互联网金融平台，从市场准入、防范风险、规范市场秩序、投资者适当性管理等方面提出明确要求，采取与传统金融一样的管理标准。

从长远看，及时总结经验，建立健全互联网金融监管长效机制尤为重要。新的金融业态要求监管与时俱进。《实施方案》中强调"穿透式"监管方法，即刺破表面看实质。也体现多元化的监管尝试，包括监管层次的多元化、监管主体多元化、监管方法的多元化等。在监管体制方面，需要进一步研究解决现有金融监管体制与互联网金融风险防范不适应的问题。强化功能监管和加强跨部门监管协调，加强中央与地方金融监管协作，实现对各类互联网金融活动的监管全覆盖。

专项整治工作已于 2016 年 4 月开始，计划至 2017 年 3 月底前完成。各有关部门、各地方人民政府要充分认识互联网金融风险专项整治的重要性、紧迫性和复杂性，把专项整治工作作为当前和今后一个时期的一项重要任务，坚持从实际出发，认真按照《实施方案》和各分领域整治方案要求，精心组织，压实责任，协同配合，讲求方法策略，有序有效推进专项整治工作，牢牢守住底线，维护社会稳定。

### 入选理由

由于前几年互联网金融的野蛮、盲目生长，不少从业机构偏离了业务方向，带来了巨大风险，考虑到违规机构比较多，整治活动可能涉及的范围比较大，如果不公布整治方案，可能会引起不必要的恐慌，甚至会进一步引发地区性甚至系统性风险。《实施方案》的公布选择了一个关键的节点，具有非常重要的意义。在摸底排查结束后，政府和监管层基本掌握了风险情况和明确了下一步的行动布署，同时，社会公众也希望了解整治方案。此时发布整体方案和配套制度，能够满足社会公众的知情需求，使金融消费者明确投资方向和市场预期。此外，还能够帮助互联网金融平台制定整改措施和经营方针，对于稳定社会舆论也具有积极意义。

### 相关评论

中国政法大学互联网金融法律研究院院长、博士生导师李爱君表示，此次《实施方案》的出台，是对互联网金融监管理念的重塑。互联网金融监管理念从原有的机构监管转变为行为监管，从中央一级的单一监管转变为中央与地方政府多层次的协调监管，从原有单一实施监管主体转变为多元化实施监管主体等。

业内专家认为，《实施方案》集中力量整治了互联网金融风险集中的重点领域，有助于形成良好的市场竞争环境，促进行业健康可持续发展，同时保护投资者合法权益。更要以此为契机，及时总结经验，建立健全互联网金融监管长效机制。

互联网金融千人会创始会长、中央财经大学金融法研究所所长黄震表示，下一阶段，整治工作将以分类整改为主，并将从短期整治行动转向长效机制建设。互联网金融发展将不再大起大落，而是作为常态化的改革新动能，在推动经济转型升级、普惠中小企业和广大百姓中真正发挥作用。

## 五、关于深化投融资体制改革的意见

2016 年 7 月 18 日，中共中央、国务院印发了《关于深化投融资体制改革的意见》（《意见》），旨在通过解决投融资管理体制中存在的问题，激发社会资本投资活力，发挥投资对稳增长、调结构、惠民生的关键作用。《意见》在权威性和改革的系统性方面都上升到了一个新的高度，并且今后将作为我国投融资体制改革的纲领性文件贯彻。

**事件简介**

党的十八大以来，党中央国务院大力推动简政放权、放管结合、优化服务改革，投融资体制改革取得新的突破。按照党中央国务院部署和要求，发展改革委会同有关部门深入推进以企业投资管理体制改革为主线的行政审批制度改革，在取消下放核准事项、改革核准制度、规范中介服务、建立协同监管机制等方面出台了一系列改革措施，各地区积极探索创新，积累了不少经验，改革取得积极进展。

《意见》提出：确立企业投资主体地位；建立投资项目“三个清单”管理制度；优化管理流程；规范企业投资行为；进一步明确政府投资范围；优化政府投资安排方式；规范政府投资管理；加强政府投资事中事后监管；鼓励政府和社会资本合作；大力发展直接融资；充分发挥政策性、开发性金融机构积极作用；完善保险资金等机构资金对项目建设的投资机制；加强构建更加开放的投融资体制；创新服务管理方式；加强规划政策引导；健全监管约束机制；加强分工协作；加快立法工作；推进配套改革。这些突出改革的系统性、整体性、协同性，自觉把投融资体制摆在整个经济体制改革大局中，充分利用其他改革营造的有利条件不失时机地推进投融资体制改革，同时要通过投融资体制改革牵引带动其他相关改革。《意见》贯彻落实发展新理念，着眼于提高投资有效性和精准性，通过体制改革形成有效激励机制，充分激发各方面扩大合理有效投资的活力与动力，发挥好投资对稳增长、调结构、惠民生的关键作用。

《意见》的创新之处主要体现在以下几个方面。

一是推行首问负责制。《意见》第十四条提出，探索建立并逐步推行投资项目审批首问负责制，投资主管部门或审批协调机构作为首家受理单位，提供“一站式”受理、“全流程”服务。这是在投资项目服务管理方面的制度创新，主要目的是在简政放权、实行并联审批后，加强对项目前期工作的统筹协调，为项目单位提供实实在在的便利。

二是创新“多评合一”的中介服务新模式。《意见》第三条提出，探索建立多评合一、统一评审的新模式。针对当前投资领域存在的中介服务较多、技术审查重复、评审效率不高、中介费用较高等问题，在实行并联评审的基础上，通过多种方式对各类评估评审事项进行有机整合，实现多评合一。这一模式有利于减少事项、避免重复、提高效率、降低费用。

三是编制三年滚动政府投资计划。《意见》第七条提出，依据国民经济和社会发展规划及国家宏观调控总体要求，编制三年滚动政府投资计划，并在此基础上编制政府投资年度计划，合理安排政府投资，建立覆盖各地区各部门的政府投资项目库，统筹安排、规范使用各类政府投资资金。这是改进和规范政府投资管理的重要创新举措。

四是试点金融机构依法持有企业股权。《意见》第十条提出，开展金融机构以适当方式依法持有企业股权的试点。这是一项重大的改革创新。一方面，商业银行依靠传统的间接融资业务获得高收益的时代已基本结束，股权融资业务以其轻资本、高收益的特点，成为商业银行提升盈利能力、加快转型的重要创新方向；另一方面，商业银行以适当方式依法持有企业股权，将有效减少中间环节、降低企业融资成本，顺应企业股权融资的巨大需求，有利于提高投融资效率。

五是建设投资项目在线审批监管平台。发展改革委会同有关方面不断创新投资管理方式，依托互联网和大数据技术，通过建设信息共享、覆盖全国的投资项目在线审批监管平台，将其作为投资领域简政放权、放管结合、优化服务的重要载体和手段，建立透明、规范、高效的纵横联动、协同监管机制，实现“制度 + 技术”的有效监管。

改革开放只有进行时没有完成时。当前投融资改革领域仍存在一些矛盾和问题，特别是面对当前经济下行压力，适应经济发展新常态更高更新要求，投融资体制改革既要考虑简政放权协同性又要考虑放管结合，既要不断改革创新投资管理方式又要不断提高投资管理法制化水平，既要充分运用好传统投资手段又要考虑投资手段与金融手段的充分融合。

## 入选理由

在党中央国务院的正确领导下，我国投融资体制改革不断推向深入，特别是 2013 年以来，通过大力推进简政放权、放管结合、优化服务改革，投资管理工作重心逐步从事前审批核准转向过程服务和事后监管，极大地调动了社会投资积极性。《意见》适应经济发展新常态更高更新要求，提出了深化投融资体制改革的指导思想、基本原则和重点任务，是在新起点上纵深推进投融资体制改革的纲领性文件。

## 相关评论

中国人民大学财政金融学院副院长赵锡军表示，我国经济进入新常态，面临着结构调整、产业的升级换代以及发展模式的转变时期，投融资改革更加显示出其迫切性。

浙江藏元汇控股有限公司董事长周如生指出，金融是经济的血液，大力推进直接融资有利于减轻企业经营成本，有利于创业企业快速成长，有利于企业创新发展，有利于搞活资本市场。

中央财经大学教授郭田勇表示，金融机构以适当方式依法持有企业股权的试点，有助于小微企业、创业企业等轻资产企业从银行拓展融资渠道。一方面，股权融资业务以其轻资本、高收益的特点，正在成为商业银行提升盈利能力、加快转型的重要创新方向；另一方面，商业银行以适当方式依法持有企业股权，将有效减少中间环节、降低企业融资成本，顺应企业股权融资的巨大需求，有利于提高投融资效率。

## 六、新三板分层

2016年5月27日，全国中小企业股份转让系统（俗称新三板）发布《全国中小企业股份转让系统挂牌公司分层管理办法（试行）》公告，决定自6月27日起，正式对挂牌公司实施分层管理，满足最近两年连续盈利且年平均扣非净利润不少于2000万元、平均净资产收益率平均不低于10%等三个条件之一者可进入创新层。

### 事件简介

新三板大体将分为三层：创新层、培育层、基础层，其中创新层准入标准有三套。标准一：要求最近2年平均净利润不少于2500万，净资产收益率不低于10%，最近6个月平均股东人数不少于200人；标准二：营业收入近二年复合增长率不低于40%，收入平均不低于5000万，总股本不少于3000万元；标准三：最近6个月市值不低于6亿，最近一期股东权益不少于5000万元，做市商不少于6家。总体而言，标准高过创业板上市标准。目前大约有500家符合条件，创新层企业可突破单次发行35人的限制。

由于新三板准入端的包容度高，在静态上，企业间的差异大，包括规模、盈利能力、股本等，在动态上，企业发展的速度和进度也有很大异同。采用分层模式，就有利于投融资的对接。从企业自身来讲，很容易就能找到自己需要的对家；从投资者角度来讲，可以大大降低搜集成本上，同时缩小投资搜寻的时间和范围，因而对引导投融资更为精准、更有效率。

企业的成长阶段不同，特色不同，通过分层以后，就可以在交易制度、发行制度、信息披露的要求等制度供给方面，进行差异化的安排。

新三板分层制度的意义在于三方面。首先，新三板覆盖面广，包括盈利能力较强的成熟企业、处于成长期的微利企业和初创期的亏损企业。分层管理更有助于对应挂牌公司多元化的融资选择，未来在推出公司债、可转债、优先股等一系列新型融资工具时，可在不同层次的内部市场分别予以考虑。其次，新三板扩容迅速，挂牌公司的小规模、高科技、初创期、细分行业等特征，令其投资难度较高，而分层归类有助于降低信息的不对称性，能让不同的投资者甄选合适的投资标的，提升市场流动性，规避投资风险。再次是对整个新三板市场而言，内部分层作为多层次资本市场体系的进一步细化，内部各层次的互通流转为未来实施转板提供有益探索。目前转板机制虽得以明确，但现实的情况是，这种“绿色通道”相当于“过独木桥”，转板成功者寥寥数家。承载着企业孵化器使命的新三板，如果能为企业在不同阶段提供针对性的服务，则能够把好的企业留下来。

对于投资人来说，分层政策利用制度创新，把一部分质优企业，以一种相对标准化的指标选拔出来，这样就等于说降低了筛选成本；对于优质企业来说，不仅仅是增加了自己展示的机会，获得了更多的关注，也等于说通过分层制度，全国股转系统对这一层面的公司进行了背书，信誉和美誉度都会有相应的提升；对于股转系统以及证监会来说，通过这种制度上的差异化安排，实现对不同层级挂牌公司实施差异化的服务和监管；对于整个新三板市场来说，分层制度的建立，让原本处于“盲人摸象”状态的新三板估值体系逐渐明确，而估值体系的明确，令新三板公司的股权交易会逐渐红火起来，这既解决了新三板公司老股东的融资问题，也解决了新三板股权交易的流动性问题，可谓是“一石三鸟”。新三板分层制度的建立，能够吸引更多优秀中小企业前去新三板挂牌上市，为中国的多层次资本市场建设打好良好基础。

### 入选理由

对新三板分层管理，利于降低投资人信息收集成本。但分层管理的意义并不局限如此。因为在新三板分层的情况下，一些好的企业，优秀的公司都会集中在“创新层”，而一些相对平庸，或业绩普通甚至亏损的公司就会安排在“基础层”。这样的安排，不仅方便了投资者的投资，也即是利于降低投资人信息收集成本，让投资者对企业的优劣，或对企业投资的风险，一看就能有一个大概的了解。因此，此举极大地方便了投资。

### 相关评论

和信投顾证券咨询总部总经理肖玉航认为，分层有利于投资者选择，原本 7600 多家挂牌企业在一起，鱼龙混杂，不好区分。新三板分层后，将直接导致出现两个阵营，从 7600 多家企业中脱颖而出者，会引起投资者青睐。

财经网评论：这种分层管理可以更好地留住好的企业。因为在优秀公司都集中在“创新层”的情况下，“创新层”挂牌公司就会成为投资者关注的重点，这些公司的投资价值就会得到充满的挖掘。如此一来，“创新层”公司转板到创业板上市的意愿就不会很强烈了。

分析人士指出，流动性将集中在创新层，未来创新层占新三板成交金额比重或超过 80%；基础层和创新层整体估值价差或接近 50%。

## 七、宝万之争

万科，吴晓波笔下“中国公司 30 年发展至今最值得骄傲的标本之一”，作为风云企业，总有风云人物次第登场弄潮，先是“地产教父”王石，而今又有“潮汕后生”姚振华。2015 年下半年开始，一场沸沸扬扬的“宝万之争”，持续一年而不得平息，并一直向着更为复杂的纵深发展。

### 事件简介

2015 年 7 月 10 日，宝能系掌门人姚振华，通过旗下公司前海人寿高调举牌万科 A 股，买入其 5.53 亿股股票。此后，宝能系一发不可收拾，多渠道、高杠杆募集资金，向万科发起数轮攻势，短短 160 天时间，就将 26.81 亿股万科股票收入囊中，以 24.255% 的持股比，轻松取代华润，登上万科第一大股东宝座。宝能系的举牌，不仅引发万科创始人王石及总裁郁亮等管理层的激烈反对，更引发社会各界的广泛围观与评议。

为遏制宝能系的增持势头，万科管理层最终于 2015 年 12 月 18 日申请万科 A 股停牌，拟实施“重大资产重组”。经过 80 多天的酝酿，2016 年 3 月 12 日，万科与深圳地铁集团有限公司（下称“深圳地铁”）签署合作备忘录，双方拟以万科向深圳地铁新发行股份的方式，进行交易对价 400 亿 - 600 亿元的重大资产重组。

然而，万科管理层“擅自”引入深圳地铁，令沉默多时的“靠山”华润态度骤变。万科管理层与宝能系的两方对峙，迅速演变成万科管理层与宝能系、华润的三方博弈。

2016年7月4日，万科A股正式复盘。截至发稿日，宝能系再次通过旗下钜盛华买入万科A股7839万股，其对万科的持股增至25%。

万科，这家号称当今世界最大的地产公司，也是中国股市引人瞩目的蓝筹股。自1991年上市以来，万科累计实现净利润1000.4亿元，实施现金分红23次，累计现金分红达189.3亿元。到2015年，万科营业收入达到1955.49亿元，总资产规模达到6112.96亿元之巨。

从公司治理角度而言，万科股权结构高度分散，也算是A股上市公司的“异数”。自2000年以来，第一大股东华润一直甘当“安静”的财务投资者。创始人王石及核心团队未成为控股股东，却成为万科实质上的“话事人”。2014年开始，万科推出事业合伙人持股制度，包括王石在内的1320位万科事业合伙人通过一家名为“深圳盈安财务顾问”的有限合伙企业（下称“盈安合伙”），持有万科4.17%股份。

与傲人的业绩形成鲜明对比的，是万科波澜不惊的股价。Wind数据显示，当前万科的总资产在2791家上市公司中排前30位，利润总额及净利润连年位居房地产行业之首。2015年上半年，万科A股的市盈率不过16倍，远低于房地产行业30倍的整体市盈率。

扎实的基本面、分散的股权，加之低迷的股价，对因进入地产行业而实现身家暴增的姚振华而言，无论战略投资还是财务投资，万科都是极具吸引力的“猎物”。

万科股权之争的意义远未发掘，它不只是造就了王石的失落和姚振华的名利双收，更重要的是凸显出中国资本市场与公司治理的法规空白以及长期掩盖的监管漏洞，而有权有责的监管机构对此将如何回应仍然不得而知。经过多方调查与梳理公开的信息发现，在以王石为代表的万科管理层与姚振华为代表的宝能系争夺万科股份控制权的过程中，通过双方专业与竭尽全力的举报揭发，空前暴露了万科“内部人控制”、跟投制度与小草计划、万丰系、停牌制度滥用、内幕交易、信息披露与故意泄密以及宝能系的举牌资金来源与杠杆倍数等诸多问题。

### 入选理由

围绕在宝万两者之间的股权之争，牵涉到了国内多家国企、民企，如华润集团、恒大、深圳地铁，也引起了上至监管层如证监会和保监会相关高层人士的多次关注和表态以及新华社多次的报道。宝万之争本身已经从资本市场方面演变到业界、学界以及普通投资者“家喻户晓”的事件。而对于宝能系增持万科的股权的资金来源到底是合法还是非法，以及宝能系到底是不是“野蛮人”的争论也延续至今，引起全国关注，宝万之争也具有标杆价值。

### 相关评论

财经网评论：一定程度上，双方之所以如此刺刀见红，是情感、情绪因素所致。但在更深层面则有规则不健全，双方不知如何博弈的因素。这个时候，监管层、规则应该站在第一线。

资深投资人、律师、阿甘筹众创始人、简鸣资本创始人与董事长邬健敏表示，股权的背后不是那些言论情怀表态，他的背后一定是实质的利益和资本。只有资本说了算；有了足够的资本就意味着你手里能够握有足够量的股权。所以股权之争股权的核心一点就在于股权从哪里来，你到底是有多大的股权。

报纸评论：此次收购案与目前的货币金融环境有一定关系，现在资本市场游资较多，随着降息、理财产品收入下降等，资本需要寻找较大获利空间的机会，市场的规则就在那里，当资本嗅到机会，且又有能力去做，为什么不做？从险资近期在市场中频繁扫货来看，“宝万之争”不仅是一场情怀与资本的对决，或许会成为中国金融资本逐渐控制产业资本的符号。

## 八、证监会开辟融资绿色通道服务国家脱贫攻坚战略

2016年9月9日，证监会发布了《关于发挥资本市场作用服务国家脱贫攻坚战略的意见》（以下简称《意见》），对贫困地区企业首次公开发行股票（IPO）、新三板挂牌、发行债券、并购重组等开辟绿色通道。一是IPO绿色通道，对注册地和主要生产经营地均在贫困地区且开展生产经营满三年、缴纳所得税满三年的企业，或者注册地在贫困地区、最近一年在贫困地区缴纳所得税不低于2000万元且承诺上市后三年内不变更注册地的企业，申请首次公开发行股票并上市的，适用“即报即审、审过即发”政策。二是新三板挂牌绿色通道，对注册地在贫困地区的企业申请在新三板挂牌的，实行“专人对接、专项审核”，适用“即报即审、审过即挂”政策，减免挂牌初费；三是发债绿色通道，对注册地在贫困地区的企业发行公司债、资产支持证券的，实行“专人对接、专项审核”，适用“即报即审”政策。

**事件简介**

证监会新闻发言人邓舸2016年9月9日在新闻发布会上指出，《意见》是证监会党委落实《中共中央国务院关于打赢脱贫攻坚战的决定》（中发〔2015〕34号）和中央扶贫开发工作会议精神的重要举措，并提出为支持贫困地区产业发展，帮助贫困群众稳定脱贫，证监会对贫困地区企业首次公开发行股票、新三板挂牌、发行债券、并购重组等开辟绿色通道。

邓舸表示，证监会党委一直把扶贫工作作为崇高的政治责任，刘士余同志任证监会扶贫工作领导小组组长，每位党委成员和上海、深圳证券交易所党委书记结对联系一个定点扶贫县。

《意见》要求，要集聚证监会系统和资本市场主体的合力，服务国家脱贫攻坚战略，支持贫困地区企业利用多层次资本市场融资，支持和鼓励上市公司、证券基金期货经营机构履行扶贫社会责任，切实加强贫困地区投资者保护。为支持贫困地区产业发展，帮助贫困群众稳定脱贫，证监会对贫困地区企业首次公开发行股票、新三板挂牌、发行债券、并购重组等开辟绿色通道。

具体而言，对注册地和主要生产经营地均在贫困地区且开展生产经营满三年、缴纳所得税满三年的企业，或者注册地在贫困地区、最近一年在贫困地区缴纳所得税不低于2000万元且承诺上市后三年内不变更注册地的企业，申请首次公开发行股票并上市的，适用“即报即审、审过即发”政策。

对注册地在贫困地区的企业申请在全国中小企业股份转让系统挂牌的，实行“专人对接、专项审核”，适用“即报即审、审过即挂”政策，减免挂牌初费。对注册地在贫困地区的企业发行公司债、资产支持证券的，实行“专人对接、专项审核”，适用“即报即审”政策。

《意见》强调，要贯彻精准扶贫基本方略，发挥资本市场行业优势，把出台各项政策的出发点和落脚点都定位在帮助贫困群众脱贫上，把各项政策与贫困村、建档立卡贫困户紧密衔接，建立带动贫困人口脱贫挂钩机制，让贫困群众有真实获得感。

《意见》指出，要进一步完善服务国家脱贫攻坚战略保障机制，加强精准扶贫的组织领导、

健全人才扶贫工作机制、完善精准扶贫成效的考核体系、加强精准扶贫的宣传引导。目前，证监会各部门、系统各单位正在根据《意见》制定相关的实施细则。

**入选理由**

《意见》发布后，市场对此纷纷予以解读，焦点集中于快速上市。《每日经济新闻》记者发现，或有7家企业未来将享受优惠政策。目前已发布的贫困县名单上共有592个县，按图索骥后，《每日经济新闻》记者发现，目前有资格走绿色通道的企业数量仅为7家——其中，已进行IPO预披露的有4家，分别是壶化集团、集友新材料、华业香料和森霸光电；处于IPO辅导阶段的有莱德马业和宏源药业（已在新三板挂牌）；还有一家已在新三板挂牌的根力多。

而另一方面，在2016年，作为中国版的纳斯达克——新三板迅速成长为全球最大的证券交易市场，挂牌企业超过了1万家。但与此同时，流动性低、估值低、参与度低，成为新三板挥之不去的弊病，大量新三板企业被迫试图转板。2017年，新三板将如何改革，才能真正推动中国创新市场发展，成为市场的重要议题。

自《意见》发布以来，新三板已有37家企业公告迁移注册地点，除1家只搬迁子公司外，其余皆为母公司举家搬迁。这些企业中，6家的IPO意向已经明确。对此，业内人士表示，挂牌企业迁址贫困地区有三方面原因：有明确IPO意向的，迁址为加速上市进程；或为享受贫困地区在税收、奖励等方面的政策优惠；迁址西部地区或为开拓新市场。

**相关评论**

深圳业内人士向《每日经济新闻》记者表示："证监会对贫困地区公司IPO开辟绿色通道，这个政策有着不可忽视的积极意义：支持贫困地区发展，帮助贫困群众脱贫，有利于解决减少贫富差距，减少地区发展不平衡问题。通过增加贫困地区人民群众的收入，进而增加有效需求，拉动经济增长。"

值得注意的是，《意见》特别指出，证监会对注册地和主要生产经营地均在贫困地区且开展生产经营满三年，缴纳所得税满三年的企业，或者注册地在贫困地区，最近一年在贫困地区缴纳所得税不低于2000万元且承诺上市后三年内不变更注册地的企业，申请IPO时，适用"即报即过，审过即发"政策。

上述业内人士也说明，优惠政策适用"即报即审、审过即发"，但并不是要降低贫困地区企业的上市标准，所以投资者需对此类企业认真研究，不能盲目跟风炒作。对于证监会将严格审查不降低标准，已经有多位业内人士向记者反映了。

## 九、e租宝"非法集资"案发

2015年12月8日，饱受争议的互联网金融平台e租宝因为涉嫌违法经营活动，被有关部门调查，总裁张敏发布声明称：因为经营合规问题，公司正在接受有关部门的调查。在此期间，网站及线下机构停止推广、发布新产品，已暂停其他日常业务。

2016年7月18日晚间，公安机关"e租宝"案件专案组在"非法集资案件投资人信息登记平台"发布《e租宝"案件公告（六）》，通报e租宝案投资人申请身份信息复核已经截止。当前司法机关对 e 租宝的司法审计工作正在抓紧进行，以便尽早启动对投资信息的审核工作。

2016 年 12 月 15 日，北京市人民检察院发布，北京市人民检察院第一分院以被告单位安徽钰诚控股集团、钰诚国际控股集团有限公司以及被告人丁宁等 10 人涉嫌集资诈骗罪，被告人王之焕等 16 人涉嫌非法吸收公众存款罪依法向北京市第一中级人民法院提起公诉。

## 事件简介

e 租宝是“钰诚系”下属的金易融（北京）网络科技有限公司运营的网络平台。2014 年 2 月，钰诚集团收购了这家公司，并对其运营的网络平台进行改造。2014 年 7 月，钰诚集团将改造后的平台命名为“e 租宝”，打着“网络金融”的旗号上线运营。

e 租宝注册资本金 1 亿元，其融资租赁业务的合作伙伴为钰诚集团旗下另一公司——钰诚融资租赁公司，总部位于北京。e 租宝旗下总共有 6 只产品，年化收益率为 9% ~14.6%，投资门槛为 1 元，可自由赎回，投资期限在 2 天至 12 个月不等。

根据 e 租宝官方数据显示，截至 2014 年 12 月 3 日，该平台注册用户已达 489.9 万人，累计投资金额为 729.53 亿元，这种增长速度在 P2P 领域被人认为是史无前例，老牌 P2P 公司红岭创投自 2009 年上线至今总成交额也才 975 亿元。无论是 2014 年 12 月 2 日的单日成交数据还是 7 日成交数据，均超过红岭创投、PPmoney、鑫合汇等 P2P 平台，排行榜首。

“1 元起投，随时赎回，高收益低风险。”这是“e 租宝”广为宣传的口号。针对 e 租宝在进行产品推介时宣传的“收益高，低风险”，以及年化收益率达到 9% ~14.6% 的情况，业内很多人提出了质疑。根据记者采访，目前融资租赁行业普遍的收益率在 5% ~8% 之间。无界新闻援引中国外商投资企业协会租赁业工作委员会荣誉会长李思明的观点称，融资租赁行业是不可能出现所谓的高回报、低风险的。李思明表示，互联网金融投资回报时间短，而融资租赁一般是长期限，平均时间 1 ~5 年，这对于可随时赎回的互联网金融平台根本不可能，流动性必然出问题；互联网金融目前仍是中高利率，但融资租赁行业给客户的肯定是中低利率，发行的产品扣除成本外年化收益率在 5% ~6% 左右，融资租赁公司才会进入，超过 15% 一般是高风险或者是骗局。

所有人都认为，e 租宝是一家风格激进的平台，这种风格不仅体现在铺天盖地的广告上，也体现在其交易额的猛增。即便是发生了深圳办事处被调查的事件，e 租宝平台上也未发生挤兑事件，12 月 4 日，该平台的成交量仍然破亿。

据盈灿咨询统计，2015 年 10 月份，共有 309 个借款公司在 e 租宝平台上发布借款标，借款标共计 649 个，平均每个借款公司 2.1 个借款标。其中，94.5% 的上述借款公司在借款之前发生过注册资本变更，距发布第一个借款标的时间平均为 33 天。变更前，这些企业的注册资本平均为 154 万元，变更后达 2714 万元。另外，有 302 家公司在借款之前发生过法定代表人变更，占比达 97.7%。

有第三方机构人士分析，e 租宝主要的投资人是线下的老年人群体，这些人平时很少上网，即便是出现负面新闻他们也看不到。据《棱镜》文章称，e 租宝线上投资的金额比较小，一般是 3 万 5 万元，真正的大额资金来自线下，几十上百万的资金都是通过 POS 机来刷卡的。

办案民警介绍，2015 年底，多地公安部门和金融监管部门发现“e 租宝”经营存在异常，随即展开调查。

公安机关发现，至 2015 年 12 月 5 日，“钰诚系”可支配流动资金持续紧张，资金链随时面临断裂危险；同时，钰诚集团已开始转移资金、销毁证据，数名高管有潜逃迹象。为了避免投资人蒙受更大损失，2015 年 12 月 8 日，公安部指挥各地公安机关统一行动，对丁宁等“钰诚系”主要高管实施抓捕。

“钰诚系”的分支机构遍布全国，涉及投资人众多，且公司财务管理混乱，经营交易数据量庞大，仅需要清查的存储公司相关数据的服务器就有 200 余台。为了毁灭证据，犯罪嫌疑人将 1200 余册证据材料装入 80 余个编织袋，埋藏在安徽省合肥市郊外某处 6 米深的地下，专案组动用两台挖掘机，历时 20 余个小时才将其挖出。

警方初步查明，“钰诚系”的顶端是在境外注册的钰诚国际控股集团有限公司，旗下有北京、上海、蚌埠等八大运营中心，并下设融资项目、“e 租宝”线上销售、“e 租宝”线下销售等八大业务板块，其中大部分板块都围绕着“e 租宝”的运行而设置。

办案民警表示，从 2014 年 7 月“e 租宝”上线至 2015 年 12 月被查封，“钰诚系”相关犯罪嫌疑人以高额利息为诱饵，虚构融资租赁项目，持续采用借新还旧、自我担保等方式大量非法吸收公众资金，累计交易发生额达 700 多亿元。警方初步查明，“e 租宝”实际吸收资金 500 余亿元，涉及投资人约 90 万名。据警方调查，“钰诚系”除了将一部分吸取的资金用于还本付息外，相当一部分被用于个人挥霍、维持公司的巨额运行成本、投资不良债权以及广告炒作。

“据我所知，‘e 租宝’上 95% 的项目都是假的。”安徽钰诚融资租赁有限公司风险控制部总监雍磊称，丁宁指使专人，用融资金额的 1.5% ~2% 向企业买来信息，他所在的部门就负责把这些企业信息填入准备好的合同里，制成虚假的项目在“e 租宝”平台上线。为了让投资人增强投资信心，他们还采用了更改企业注册金等方式包装项目。在目前警方已查证的 207 家承租公司中，只有 1 家与钰诚租赁发生了真实的业务。

### 入选理由

众所周知，P2P 是非法集资的重灾区。在 2016 年 12 月当月，全国范围内，平均不到 2 天就有 1 起 P2P 非法集资案得到法院判决。从目前法院的判决案例来看，P2P 平台相关负责人入刑往往也是以非法吸存以及集资诈骗的罪名。而网贷之家的数据显示，2016 年，经侦介入、提现困难、停业、跑路平台高达 1856 家。其中，经侦介入以及跑路的平台亦有 427 家之多。随着网贷行业的深层洗牌，无疑将会有更多的问题平台浮出水面。这似乎也预示着，2017 年及以后的日子，各地法院对 P2P 案件的审判将会更加频繁。

在 2016 年 8 月 24 日银监会等四部委下发了《网络借贷信息中介机构业务活动管理暂行办法》（以下简称《办法》）。《办法》第十条规定：网络借贷信息中介机构不得自行或委托、授权第三方在互联网、固定电话、移动电话等电子渠道以外的物理场所进行宣传或推介融资项目。线下理财与广告泛滥一直存在，波及面广、涉案资金大且在行业乃至全国引发震荡的 e 租宝案被认为是此项规定下发的导火索。

### 相关评论

据新华社报道，“e 租宝”案件已于 2016 年 8 月 14 日侦查终结，截至目前，全国公安机关共冻结涉案资金逾百亿元，查封、扣押涉案现金折合人民币约 3 亿元、黄金制品约 18.7 万克以及房产、珠宝、股权、车辆、直升机、办公用品等一批涉案财物。丁宁等 26 名犯罪嫌疑人因涉嫌集资诈骗、非法吸收公众存款等罪被移送检察机关审查起诉。

中国政法大学民商经济法学院教授李爱君表示，最高法在 2010 年出台的关于非法集资犯罪的司法解释里明确，不能用承诺回报引诱投资者。金融是一种以高风险为特征的行业，因此老百姓在投资前更需要掌握一定的金融知识，知道任何投资行为都要风险自担；而如果投资者参与的金融活动涉嫌违法犯罪，就将承担更大的风险。更是明确要求，各商业银行在销售理财产品时必须进行风险提示。

网贷资深评论员张天华认为，e租宝案发后，行业从业人员和投资人都在呼吁监管细则尽快出台，以减少这类事件的再度发生，挽p2p于将倾。而e租宝案发后，监管层迅速开始了互金风险整治工作，各地区相关部门进行了严格排查，社会各界对互金的监督更加严格。

## 十、前海母基金在深圳成立

2016年01月08日，筹备已久的前海母基金在深圳宣布创立。前海母基金是根据《国务院关于支持深圳前海深港现代服务业合作区开发开放有关政策的批复》中“支持设立前海股权投资母基金”的精神，顺应国内股权投资母基金行业发展趋势而设立的大型商业化母基金。

凭借已完成的215亿元募集规模，该基金成为目前国内最大的商业化募集母基金，也是国内单只募集资金规模最大的创业投资和私募股权投资基金。

### 事件简介

2014年11月，为了支持优秀的直投基金发展，同时在中国大力推动合格投资人的建设，时任深创投董事长的靳海涛就曾在一次公开场合表示，深创投以及他本人正联合马蔚华等各行业顶级大佬，积极筹建首期百亿规模的“前海投资母基金”。一年多后，前海母基金正式挂牌成立。

母基金FOFs（Fund of Funds）指的是一种专门投资于其他证券投资基金的基金。与一般基金最大的区别在于FOFs是以“基金”为投资对象。在2012年国务院批复前海先行先试22条支持中“设立前海股权投资母基金”的政策背景下，前海母基金顺应而生。前海母基金是目前国内最大的商业化募集母基金，也是国内单只募集资金规模最大的创业投资和私募股权投资基金，截至目前已完成募集规模215亿元。

同时据介绍，前海母基金集聚了当前国内有实力、有影响力、有互动资源的投资人，主要包括政府、保险和金融投资机构、知名企业和上市公司、有商业成就的个人等四类。管理公司的合伙人也都来自行业顶尖的投资机构，由PE泰斗靳海涛任执行事务合伙人，深创投担任机构合伙人。

工商资料显示，前海母基金的股东有35位之多。其中有限合伙人出资额在1亿~20亿元之间，对应出资比例在0.47%~9.3%。包括但不限于：深圳市引导基金投资有限公司（10亿，4.65%）、君康人寿保险股份有限公司（15亿，6.98%）、中国人保资产管理股份有限公司（10亿，4.65%）、永诚财产保险股份有限公司（5亿，2.33%）、北京首都科技发展集团有限公司（5亿，2.33%）、乐视投资管理（北京）有限公司（3亿，1.39%）。

其联合合伙人队伍更是囊括了目前金融、投资行业的领军人物，包括：招行股份原执行董事、行长兼CEO马蔚华，红杉中国基金创始及执行合伙人沈南鹏，IDG资本创始合伙人熊晓鸽，松禾资本创始合伙人、深港产学研创业投资有限公司董事长厉伟，清科集团创始人、董事长兼CEO倪正东等。

基于中国国情和投资人的需求，前海母基金开创性的提出投子基金与直接投资相结合、不双重征费、收益率与流动性兼顾的商业模式。母基金整体投资策略追求低风险，中高收益，以参股优质创业投资和私募股权投资基金为主，以直接投资和短期投资为辅。其商业特色，一是母基金替投资者筛选出最出色的股权投资基金管理人，在此基础上通过选择性直投，优中选优，帮助投资者实现较高的回报；二是通过结构化及创新型的中短期资产配置安排，为投资者创造平滑和持续的现金流入，努力实现收益率与流动性的均衡。三是，母基金首创不对投资人不双重征费，与直投基金相比，管理费和业绩提成比例无差异，不增加投资者额外的负担。

南方日报的记者了解到，前海母基金的资本构成，呈混合所有制业态，国有资本占据重要地位，社会资本占据多数地位。靳海涛认为，这种结构搭建确保母基金兼顾投资人对引导性和市场化的要求，以实现政府和社会投资人的多重目标。

其进一步阐述称，国有资本占据重要地位，社会资本占据多数地位。政府及国有资本在资本构成中占据相当比例，有利于母基金参与各类政策性较强的项目投资。社会资本占据多数地位，有利于从体制上保证母基金的市场化运作。

中国人保集团盛今与会时称，希望能够把保险资金长期稳定的特点在母基金的 LP 层面更好发挥我们的作用，“我们有足够的时间，我们有足够的耐心等待前海母基金的管理团队，帮助我们 LP 发现价值、创造价值。

靳海涛表示，前海母基金的创立对母基金的商业模式进行了创新，总体来看，其特色主要体现在三个方面。一是前海母基金采取子基金投资与项目直投想结合的模式，前海母基金筛选最出色的股权基金管理人进行投资，在此基础优中选优进行选择性跟投。二是不双重征费，投资者投资母基金，与直接投资私募基金的成本和费用不存在差异，不增加投资者额外的负担。三是收益率与流动性兼顾，整体投资策略追求低风险，中高收益。前海母基金通过结构化及创新型的资产配置，投资回报及现金流长中短合理搭配，实现收益率与流动性均衡。

据了解，天图资本第七期基金，成为前海母基金第一支子基金。天图资本第七期基金总规模 30 亿，其中 5 亿来自前海母基金，其余资金来自人保、百年人寿等险资以及其他机构投资人，天图自有资金出资 5 亿。

### 入选理由

母基金整体投资策略追求低风险，中高收益，以参股优秀的创业投资和私募股权投资基金为主，以直接投资和短期投资为辅。前海母基金开创性的提出投子基金与直接投资相结合、不双重征费、收益率与流动性兼顾的商业模式。据悉，前海母基金落户深圳前海，投资业务辐射全国，通过大量的金融创新，将有效推动股权投资行业的资本和人才集聚，带动我国基金行业健康成长。

前海母基金是国内成功大规模商业化募集的公司化母基金，在欧美，PE/VC 行业的资金近 50% 来自母基金，而在中国母基金刚刚起步，如此大规模的前海母基金的创立具有历史性意义。作为母基金，前海母基金将产生巨大的联动效应。

### 相关评论

靳海涛表示：“初步估计，通过与其他政府引导基金联动可以带动千亿资金，通过子基金联动方式可带动万亿资金。随着前海母基金与多个母基金之间互动的展开，中国有望在两三年内，有效的实现合格投资人体系建设的目标。”

“前海母基金将引领中国迎来母基金行业的春天。”业内人士声称，大量政府引导性母基金和商业化基金已经提出与该基金联动投资的愿望。“预计前海母基金通过联动投资可带动千亿资本，进一步通过子基金、投贷联动等方式，有望带动万亿资金。随着前海母基金与多个母基金之间互动，中国有望在两三年内，有效实现合格投资人体系建设的目标。”

# 政 策 篇

# 第一章　国家部委的政策法规

## 第一节　中共中央国务院关于深化体制机制改革加快实施创新驱动发展战略的若干意见

（2015 年 3 月 13 日）

创新是推动一个国家和民族向前发展的重要力量，也是推动整个人类社会向前发展的重要力量。面对全球新一轮科技革命与产业变革的重大机遇和挑战，面对经济发展新常态下的趋势变化和特点，面对实现“两个一百年”奋斗目标的历史任务和要求，必须深化体制机制改革，加快实施创新驱动发展战略，现提出如下意见。

### 一、总体思路和主要目标

加快实施创新驱动发展战略，就是要使市场在资源配置中起决定性作用和更好发挥政府作用，破除一切制约创新的思想障碍和制度藩篱，激发全社会创新活力和创造潜能，提升劳动、信息、知识、技术、管理、资本的效率和效益，强化科技同经济对接、创新成果同产业对接、创新项目同现实生产力对接、研发人员创新劳动同其利益收入对接，增强科技进步对经济发展的贡献度，营造大众创业、万众创新的政策环境和制度环境。

——坚持需求导向。紧扣经济社会发展重大需求，着力打通科技成果向现实生产力转化的通道，着力破除科学家、科技人员、企业家、创业者创新的障碍，着力解决要素驱动、投资驱动向创新驱动转变的制约，让创新真正落实到创造新的增长点上，把创新成果变成实实在在的产业活动。

——坚持人才为先。要把人才作为创新的第一资源，更加注重培养、用好、吸引各类人才，促进人才合理流动、优化配置，创新人才培养模式；更加注重强化激励机制，给予科技人员更多的利益回报和精神鼓励；更加注重发挥企业家和技术技能人才队伍创新作用，充分激发全社会的创新活力。

——坚持遵循规律。根据科学技术活动特点，把握好科学研究的探索发现规律，为科学家潜心研究、发明创造、技术突破创造良好条件和宽松环境；把握好技术创新的市场规律，让市场成为优化配置创新资源的主要手段，让企业成为技术创新的主体力量，让知识产权制度成为激励创新的基本保障；大力营造勇于探索、鼓励创新、宽容失败的文化和社会氛围。

——坚持全面创新。把科技创新摆在国家发展全局的核心位置，统筹推进科技体制改革和经济社会领域改革，统筹推进科技、管理、品牌、组织、商业模式创新，统筹推进军民融合创新，统筹推进引进来与走出去合作创新，实现科技创新、制度创新、开放创新的有机统一和协同发展。

到2020年，基本形成适应创新驱动发展要求的制度环境和政策法律体系，为进入创新型国家行列提供有力保障。人才、资本、技术、知识自由流动，企业、科研院所、高等学校协同创新，创新活力竞相迸发，创新成果得到充分保护，创新价值得到更大体现，创新资源配置效率大幅提高，创新人才合理分享创新收益，使创新驱动发展战略真正落地，进而打造促进经济增长和就业创业的新引擎，构筑参与国际竞争合作的新优势，推动形成可持续发展的新格局，促进经济发展方式的转变。

## 二、营造激励创新的公平竞争环境

发挥市场竞争激励创新的根本性作用，营造公平、开放、透明的市场环境，强化竞争政策和产业政策对创新的引导，促进优胜劣汰，增强市场主体创新动力。

### （一）实行严格的知识产权保护制度

完善知识产权保护相关法律，研究降低侵权行为追究刑事责任门槛，调整损害赔偿标准，探索实施惩罚性赔偿制度。完善权利人维权机制，合理划分权利人举证责任。

完善商业秘密保护法律制度，明确商业秘密和侵权行为界定，研究制定相应保护措施，探索建立诉前保护制度。研究商业模式等新形态创新成果的知识产权保护办法。

完善知识产权审判工作机制，推进知识产权民事、刑事、行政案件的“三审合一”，积极发挥知识产权法院的作用，探索跨地区知识产权案件异地审理机制，打破对侵权行为的地方保护。

健全知识产权侵权查处机制，强化行政执法与司法衔接，加强知识产权综合行政执法，健全知识产权维权援助体系，将侵权行为信息纳入社会信用记录。

### （二）打破制约创新的行业垄断和市场分割

加快推进垄断性行业改革，放开自然垄断行业竞争性业务，建立鼓励创新的统一透明、有序规范的市场环境。

切实加强反垄断执法，及时发现和制止垄断协议和滥用市场支配地位等垄断行为，为中小企业创新发展拓宽空间。

打破地方保护，清理和废除妨碍全国统一市场的规定和做法，纠正地方政府不当补贴或利用行政权力限制、排除竞争的行为，探索实施公平竞争审查制度。

### （三）改进新技术新产品新商业模式的准入管理

改革产业准入制度，制定和实施产业准入负面清单，对未纳入负面清单管理的行业、领域、业务等，各类市场主体皆可依法平等进入。

破除限制新技术新产品新商业模式发展的不合理准入障碍。对药品、医疗器械等创新产品建立便捷高效的监管模式，深化审评审批制度改革，多种渠道增加审评资源，优化流程，缩短周期，支持委托生产等新的组织模式发展。对新能源汽车、风电、光伏等领域实行有针对性的准入政策。

改进互联网、金融、环保、医疗卫生、文化、教育等领域的监管，支持和鼓励新业态、新商业模式发展。

#### （四）健全产业技术政策和管理制度

改革产业监管制度，将前置审批为主转变为依法加强事中事后监管为主，形成有利于转型升级、鼓励创新的产业政策导向。

强化产业技术政策的引导和监督作用，明确并逐步提高生产环节和市场准入的环境、节能、节地、节水、节材、质量和安全指标及相关标准，形成统一权威、公开透明的市场准入标准体系。健全技术标准体系，强化强制性标准的制定和实施。

加强产业技术政策、标准执行的过程监管。强化环保、质检、工商、安全监管等部门的行政执法联动机制。

#### （五）形成要素价格倒逼创新机制

运用主要由市场决定要素价格的机制，促使企业从依靠过度消耗资源能源、低性能低成本竞争，向依靠创新、实施差别化竞争转变。

加快推进资源税改革，逐步将资源税扩展到占用各种自然生态空间，推进环境保护费改税。完善市场化的工业用地价格形成机制。健全企业职工工资正常增长机制，实现劳动力成本变化与经济提质增效相适应。

### 三、建立技术创新市场导向机制

发挥市场对技术研发方向、路线选择和各类创新资源配置的导向作用，调整创新决策和组织模式，强化普惠性政策支持，促进企业真正成为技术创新决策、研发投入、科研组织和成果转化的主体。

#### （六）扩大企业在国家创新决策中话语权

建立高层次、常态化的企业技术创新对话、咨询制度，发挥企业和企业家在国家创新决策中的重要作用。吸收更多企业参与研究制定国家技术创新规划、计划、政策和标准，相关专家咨询组中产业专家和企业家应占较大比例。

国家科技规划要聚焦战略需求，重点部署市场不能有效配置资源的关键领域研究，竞争类产业技术创新的研发方向、技术路线和要素配置模式由企业依据市场需求自主决策。

#### （七）完善企业为主体的产业技术创新机制

市场导向明确的科技项目由企业牵头、政府引导、联合高等学校和科研院所实施。鼓励构建以企业为主导、产学研合作的产业技术创新战略联盟。

更多运用财政后补助、间接投入等方式，支持企业自主决策、先行投入，开展重大产业关键共性技术、装备和标准的研发攻关。

开展龙头企业创新转型试点，探索政府支持企业技术创新、管理创新、商业模式创新的新机制。

完善中小企业创新服务体系，加快推进创业孵化、知识产权服务、第三方检验检测认证等机构的专业化、市场化改革，壮大技术交易市场。

优化国家实验室、重点实验室、工程实验室、工程（技术）研究中心布局，按功能定位分类整合，构建开放共享互动的创新网络，建立向企业特别是中小企业有效开放的机制。探索在战略性领域采取企业主导、院校协作、多元投资、军民融合、成果分享的新模式，整合形成若干产业创新中心。加大国家重大科研基础设施、大型科研仪器和专利基础信息资源等向社会开放力度。

### （八）提高普惠性财税政策支持力度

坚持结构性减税方向，逐步将国家对企业技术创新的投入方式转变为以普惠性财税政策为主。

统筹研究企业所得税加计扣除政策，完善企业研发费用计核方法，调整目录管理方式，扩大研发费用加计扣除优惠政策适用范围。完善高新技术企业认定办法，重点鼓励中小企业加大研发力度。

### （九）健全优先使用创新产品的采购政策

建立健全符合国际规则的支持采购创新产品和服务的政策体系，落实和完善政府采购促进中小企业创新发展的相关措施，加大创新产品和服务的采购力度。鼓励采用首购、订购等非招标采购方式，以及政府购买服务等方式予以支持，促进创新产品的研发和规模化应用。

研究完善使用首台（套）重大技术装备鼓励政策，健全研制、使用单位在产品创新、增值服务和示范应用等环节的激励和约束机制。

放宽民口企业和科研单位进入军品科研生产和维修采购范围。

## 四、强化金融创新的功能

发挥金融创新对技术创新的助推作用，培育壮大创业投资和资本市场，提高信贷支持创新的灵活性和便利性，形成各类金融工具协同支持创新发展的良好局面。

### （十）壮大创业投资规模

研究制定天使投资相关法规。按照税制改革的方向与要求，对包括天使投资在内的投向种子期、初创期等创新活动的投资，统筹研究相关税收支持政策。

研究扩大促进创业投资企业发展的税收优惠政策，适当放宽创业投资企业投资高新技术企业的条件限制，并在试点基础上将享受投资抵扣政策的创业投资企业范围扩大到有限合伙制创业投资企业法人合伙人。

结合国有企业改革设立国有资本创业投资基金，完善国有创投机构激励约束机制。按照市场化原则研究设立国家新兴产业创业投资引导基金，带动社会资本支持战略性新兴产业和高技术产业早中期、初创期创新型企业发展。

完善外商投资创业投资企业规定，有效利用境外资本投向创新领域。研究保险资金投资创业投资基金的相关政策。

### （十一）强化资本市场对技术创新的支持

加快创业板市场改革，健全适合创新型、成长型企业发展的制度安排，扩大服务实体经济覆盖面，强化全国中小企业股份转让系统融资、并购、交易等功能，规范发展服务小微企业的区域性股权市场。加强不同层次资本市场的有机联系。

发挥沪深交易所股权质押融资机制作用，支持符合条件的创新创业企业发行公司债券。支持符合条件的企业发行项目收益债，募集资金用于加大创新投入。

推动修订相关法律法规，探索开展知识产权证券化业务。开展股权众筹融资试点，积极探索和规范发展服务创新的互联网金融。

### （十二）拓宽技术创新的间接融资渠道

完善商业银行相关法律。选择符合条件的银行业金融机构，探索试点为企业创新活动提供股权和债权相结合的融资服务方式，与创业投资、股权投资机构实现投贷联动。

政策性银行在有关部门及监管机构的指导下，加快业务范围内金融产品和服务方式创新，对符合条件的企业创新活动加大信贷支持力度。

稳步发展民营银行，建立与之相适应的监管制度，支持面向中小企业创新需求的金融产品创新。

建立知识产权质押融资市场化风险补偿机制，简化知识产权质押融资流程。加快发展科技保险，推进专利保险试点。

## 五、完善成果转化激励政策

强化尊重知识、尊重创新，充分体现智力劳动价值的分配导向，让科技人员在创新活动中得到合理回报，通过成果应用体现创新价值，通过成果转化创造财富。

### （十三）加快下放科技成果使用、处置和收益权

不断总结试点经验，结合事业单位分类改革要求，尽快将财政资金支持形成的，不涉及国防、国家安全、国家利益、重大社会公共利益的科技成果的使用权、处置权和收益权，全部下放给符合条件的项目承担单位。单位主管部门和财政部门对科技成果在境内的使用、处置不再审批或备案，科技成果转移转化所得收入全部留归单位，纳入单位预算，实行统一管理，处置收入不上缴国库。

### （十四）提高科研人员成果转化收益比例

完善职务发明制度，推动修订专利法、公司法等相关内容，完善科技成果、知识产权归属和利益分享机制，提高骨干团队、主要发明人受益比例。完善奖励报酬制度，健全职务发明的争议

仲裁和法律救济制度。

修订相关法律和政策规定，在利用财政资金设立的高等学校和科研院所中，将职务发明成果转让收益在重要贡献人员、所属单位之间合理分配，对用于奖励科研负责人、骨干技术人员等重要贡献人员和团队的收益比例，可以从现行不低于20%提高到不低于50%。

国有企业事业单位对职务发明完成人、科技成果转化重要贡献人员和团队的奖励，计入当年单位工资总额，不作为工资总额基数。

### （十五）加大科研人员股权激励力度

鼓励各类企业通过股权、期权、分红等激励方式，调动科研人员创新积极性。

对高等学校和科研院所等事业单位以科技成果作价入股的企业，放宽股权奖励、股权出售对企业设立年限和盈利水平的限制。

建立促进国有企业创新的激励制度，对在创新中作出重要贡献的技术人员实施股权和分红权激励。

积极总结试点经验，抓紧确定科技型中小企业的条件和标准。高新技术企业和科技型中小企业科研人员通过科技成果转化取得股权奖励收入时，原则上在5年内分期缴纳个人所得税。结合个人所得税制改革，研究进一步激励科研人员创新的政策。

## 六、构建更加高效的科研体系

发挥科学技术研究对创新驱动的引领和支撑作用，遵循规律、强化激励、合理分工、分类改革，增强高等学校、科研院所原始创新能力和转制科研院所的共性技术研发能力。

### （十六）优化对基础研究的支持方式

切实加大对基础研究的财政投入，完善稳定支持和竞争性支持相协调的机制，加大稳定支持力度，支持研究机构自主布局科研项目，扩大高等学校、科研院所学术自主权和个人科研选题选择权。

改革基础研究领域科研计划管理方式，尊重科学规律，建立包容和支持“非共识”创新项目的制度。

改革高等学校和科研院所聘用制度，优化工资结构，保证科研人员合理工资待遇水平。完善内部分配机制，重点向关键岗位、业务骨干和作出突出成绩的人员倾斜。

### （十七）加大对科研工作的绩效激励力度

完善事业单位绩效工资制度，健全鼓励创新创造的分配激励机制。完善科研项目间接费用管理制度，强化绩效激励，合理补偿项目承担单位间接成本和绩效支出。项目承担单位应结合一线科研人员实际贡献，公开公正安排绩效支出，充分体现科研人员的创新价值。

### （十八）改革高等学校和科研院所科研评价制度

强化对高等学校和科研院所研究活动的分类考核。对基础和前沿技术研究实行同行评价，突出中长期目标导向，评价重点从研究成果数量转向研究质量、原创价值和实际贡献。

对公益性研究强化国家目标和社会责任评价，定期对公益性研究机构组织第三方评价，将评价结果作为财政支持的重要依据，引导建立公益性研究机构依托国家资源服务行业创新机制。

### （十九）深化转制科研院所改革

坚持技术开发类科研机构企业化转制方向，对于承担较多行业共性科研任务的转制科研院所，可组建成产业技术研发集团，对行业共性技术研究和市场经营活动进行分类管理、分类考核。

推动以生产经营活动为主的转制科研院所深化市场化改革，通过引入社会资本或整体上市，积极发展混合所有制，推进产业技术联盟建设。

对于部分转制科研院所中基础研究能力较强的团队，在明确定位和标准的基础上，引导其回归公益，参与国家重点实验室建设，支持其继续承担国家任务。

### （二十）建立高等学校和科研院所技术转移机制

逐步实现高等学校和科研院所与下属公司剥离，原则上高等学校、科研院所不再新办企业，强化科技成果以许可方式对外扩散。

加强高等学校和科研院所的知识产权管理，明确所属技术转移机构的功能定位，强化其知识产权申请、运营权责。

建立完善高等学校、科研院所的科技成果转移转化的统计和报告制度，财政资金支持形成的科技成果，除涉及国防、国家安全、国家利益、重大社会公共利益外，在合理期限内未能转化的，可由国家依法强制许可实施。

## 七、创新培养、用好和吸引人才机制

围绕建设一支规模宏大、富有创新精神、敢于承担风险的创新型人才队伍，按照创新规律培养和吸引人才，按照市场规律让人才自由流动，实现人尽其才、才尽其用、用有所成。

### （二十一）构建创新型人才培养模式

开展启发式、探究式、研究式教学方法改革试点，弘扬科学精神，营造鼓励创新、宽容失败的创新文化。改革基础教育培养模式，尊重个性发展，强化兴趣爱好和创造性思维培养。

以人才培养为中心，着力提高本科教育质量，加快部分普通本科高等学校向应用技术型高等学校转型，开展校企联合招生、联合培养试点，拓展校企合作育人的途径与方式。

分类改革研究生培养模式，探索科教结合的学术学位研究生培养新模式，扩大专业学位研究生招生比例，增进教学与实践的融合。

鼓励高等学校以国际同类一流学科为参照，开展学科国际评估，扩大交流合作，稳步推进高等学校国际化进程。

### （二十二）建立健全科研人才双向流动机制

改进科研人员薪酬和岗位管理制度，破除人才流动的体制机制障碍，促进科研人员在事业单位和企业间合理流动。

符合条件的科研院所的科研人员经所在单位批准，可带着科研项目和成果、保留基本待遇到企业开展创新工作或创办企业。

允许高等学校和科研院所设立一定比例流动岗位，吸引有创新实践经验的企业家和企业科技人才兼职。试点将企业任职经历作为高等学校新聘工程类教师的必要条件。

加快社会保障制度改革，完善科研人员在企业与事业单位之间流动时社保关系转移接续政策，促进人才双向自由流动。

### （二十三）实行更具竞争力的人才吸引制度

制定外国人永久居留管理的意见，加快外国人永久居留管理立法，规范和放宽技术型人才取得外国人永久居留证的条件，探索建立技术移民制度。对持有外国人永久居留证的外籍高层次人才在创办科技型企业等创新活动方面，给予中国籍公民同等待遇。

加快制定外国人在中国工作管理条例，对符合条件的外国人才给予工作许可便利，对符合条件的外国人才及其随行家属给予签证和居留等便利。对满足一定条件的国外高层次科技创新人才取消来华工作许可的年龄限制。

围绕国家重大需求，面向全球引进首席科学家等高层次科技创新人才。建立访问学者制度。广泛吸引海外高层次人才回国（来华）从事创新研究。

稳步推进人力资源市场对外开放，逐步放宽外商投资人才中介服务机构的外资持股比例和最低注册资本金要求。鼓励有条件的国内人力资源服务机构走出去与国外人力资源服务机构开展合作，在境外设立分支机构，积极参与国际人才竞争与合作。

## 八、推动形成深度融合的开放创新局面

坚持引进来与走出去相结合，以更加主动的姿态融入全球创新网络，以更加开阔的胸怀吸纳全球创新资源，以更加积极的策略推动技术和标准输出，在更高层次上构建开放创新机制。

### （二十四）鼓励创新要素跨境流动

对开展国际研发合作项目所需付汇，实行研发单位事先承诺，商务、科技、税务部门事后并联监管。

对科研人员因公出国进行分类管理，放宽因公临时出国批次限量管理政策。

改革检验管理，对研发所需设备、样本及样品进行分类管理，在保证安全前提下，采用重点审核、抽检、免检等方式，提高审核效率。

### （二十五）优化境外创新投资管理制度

健全综合协调机制，协调解决重大问题，合力支持国内技术、产品、标准、品牌走出去，开拓国际市场。强化技术贸易措施评价和风险预警机制。

研究通过国有重点金融机构发起设立海外创新投资基金，外汇储备通过债权、股权等方式参与设立基金工作，更多更好利用全球创新资源。

鼓励上市公司海外投资创新类项目，改革投资信息披露制度，在相关部门确认不影响国家安全和经济安全前提下，按照中外企业商务谈判进展，适时披露有关信息。

**（二十六）扩大科技计划对外开放**

制定国家科技计划对外开放的管理办法，按照对等开放、保障安全的原则，积极鼓励和引导外资研发机构参与承担国家科技计划项目。

在基础研究和重大全球性问题研究等领域，统筹考虑国家科研发展需求和战略目标，研究发起国际大科学计划和工程，吸引海外顶尖科学家和团队参与。积极参与大型国际科技合作计划。引导外资研发中心开展高附加值原创性研发活动，吸引国际知名科研机构来华联合组建国际科技中心。

九、加强创新政策统筹协调

更好发挥政府推进创新的作用。改革科技管理体制，加强创新政策评估督查与绩效评价，形成职责明晰、积极作为、协调有力、长效管用的创新治理体系。

**（二十七）加强创新政策的统筹**

加强科技、经济、社会等方面的政策、规划和改革举措的统筹协调和有效衔接，强化军民融合创新。发挥好科技界和智库对创新决策的支撑作用。

建立创新政策协调审查机制，组织开展创新政策清理，及时废止有违创新规律、阻碍新兴产业和新兴业态发展的政策条款，对新制定政策是否制约创新进行审查。

建立创新政策调查和评价制度，广泛听取企业和社会公众意见，定期对政策落实情况进行跟踪分析，并及时调整完善。

**（二十八）完善创新驱动导向评价体系**

改进和完善国内生产总值核算方法，体现创新的经济价值。研究建立科技创新、知识产权与产业发展相结合的创新驱动发展评价指标，并纳入国民经济和社会发展规划。

健全国有企业技术创新经营业绩考核制度，加大技术创新在国有企业经营业绩考核中的比重。对国有企业研发投入和产出进行分类考核，形成鼓励创新、宽容失败的考核机制。把创新驱动发展成效纳入对地方领导干部的考核范围。

**（二十九）改革科技管理体制**

转变政府科技管理职能，建立依托专业机构管理科研项目的机制，政府部门不再直接管理具体项目，主要负责科技发展战略、规划、政策、布局、评估和监管。

建立公开统一的国家科技管理平台，健全统筹协调的科技宏观决策机制，加强部门功能性分工，统筹衔接基础研究、应用开发、成果转化、产业发展等各环节工作。

进一步明晰中央和地方科技管理事权和职能定位，建立责权统一的协同联动机制，提高行政效能。

**（三十）推进全面创新改革试验**

遵循创新区域高度集聚的规律，在有条件的省（自治区、直辖市）系统推进全面创新改革试验，授权开展知识产权、科研院所、高等教育、人才流动、国际合作、金融创新、激励机制、市场准入等改革试验，努力在重要领域和关键环节取得新突破，及时总结推广经验，发挥示范和带动作用，促进创新驱动发展战略的深入实施。

各级党委和政府要高度重视，加强领导，把深化体制机制改革、加快实施创新驱动发展战略，作为落实党的十八大和十八届二中、三中、四中全会精神的重大任务，认真抓好落实。有关方面要密切配合，分解改革任务，明确时间表和路线图，确定责任部门和责任人。要加强对创新文化的宣传和舆论引导，宣传改革经验、回应社会关切、引导社会舆论，为创新营造良好的社会环境。

## 第二节　国务院关于印发《中国制造 2025》的通知

国发〔2015〕28 号

各省、自治区、直辖市人民政府，国务院各部委、各直属机构：

现将《中国制造 2025》印发给你们，请认真贯彻执行。

国务院

2015 年 5 月 8 日

### 中国制造 2025

制造业是国民经济的主体，是立国之本、兴国之器、强国之基。18 世纪中叶开启工业文明以来，世界强国的兴衰史和中华民族的奋斗史一再证明，没有强大的制造业，就没有国家和民族的强盛。打造具有国际竞争力的制造业，是我国提升综合国力、保障国家安全、建设世界强国的必由之路。

新中国成立尤其是改革开放以来，我国制造业持续快速发展，建成了门类齐全、独立完整的产业体系，有力推动工业化和现代化进程，显著增强综合国力，支撑我世界大国地位。然而，与世界先进水平相比，我国制造业仍然大而不强，在自主创新能力、资源利用效率、产业结构水平、信息化程度、质量效益等方面差距明显，转型升级和跨越发展的任务紧迫而艰巨。

当前，新一轮科技革命和产业变革与我国加快转变经济发展方式形成历史性交汇，国际产业分工格局正在重塑。必须紧紧抓住这一重大历史机遇，按照“四个全面”战略布局要求，实施制造强国战略，加强统筹规划和前瞻部署，力争通过三个十年的努力，到新中国成立一百年时，把我国建设成为引领世界制造业发展的制造强国，为实现中华民族伟大复兴的中国梦打下坚实基础。

《中国制造 2025》，是我国实施制造强国战略第一个十年的行动纲领。

### 一、发展形势和环境

#### （一）全球制造业格局面临重大调整

新一代信息技术与制造业深度融合，正在引发影响深远的产业变革，形成新的生产方式、产业形态、商业模式和经济增长点。各国都在加大科技创新力度，推动三维（3D）打印、移动互联网、云计算、大数据、生物工程、新能源、新材料等领域取得新突破。基于信息物理系统的智能装备、智能工厂等智能制造正在引领制造方式变革；网络众包、协同设计、大规模个性化定制、精准供应链管理、全生命周期管理、电子商务等正在重塑产业价值链体系；可穿戴智能产品、智能家电、智能汽车等智能终端产品不断拓展制造业新领域。我国制造业转型升级、创新发展迎来重大机遇。

全球产业竞争格局正在发生重大调整，我国在新一轮发展中面临巨大挑战。国际金融危机发生后，发达国家纷纷实施“再工业化”战略，重塑制造业竞争新优势，加速推进新一轮全球贸易投资新格局。一些发展中国家也在加快谋划和布局，积极参与全球产业再分工，承接产业及资本转移，拓展国际市场空间。我国制造业面临发达国家和其他发展中国家“双向挤压”的严峻挑战，必须放眼全球，加紧战略部署，着眼建设制造强国，固本培元，化挑战为机遇，抢占制造业新一轮竞争制高点。

### （二）我国经济发展环境发生重大变化

随着新型工业化、信息化、城镇化、农业现代化同步推进，超大规模内需潜力不断释放，为我国制造业发展提供了广阔空间。各行业新的装备需求、人民群众新的消费需求、社会管理和公共服务新的民生需求、国防建设新的安全需求，都要求制造业在重大技术装备创新、消费品质量和安全、公共服务设施设备供给和国防装备保障等方面迅速提升水平和能力。全面深化改革和进一步扩大开放，将不断激发制造业发展活力和创造力，促进制造业转型升级。

我国经济发展进入新常态，制造业发展面临新挑战。资源和环境约束不断强化，劳动力等生产要素成本不断上升，投资和出口增速明显放缓，主要依靠资源要素投入、规模扩张的粗放发展模式难以为继，调整结构、转型升级、提质增效刻不容缓。形成经济增长新动力，塑造国际竞争新优势，重点在制造业，难点在制造业，出路也在制造业。

### （三）建设制造强国任务艰巨而紧迫

经过几十年的快速发展，我国制造业规模跃居世界第一位，建立起门类齐全、独立完整的制造体系，成为支撑我国经济社会发展的重要基石和促进世界经济发展的重要力量。持续的技术创新，大大提高了我国制造业的综合竞争力。载人航天、载人深潜、大型飞机、北斗卫星导航、超级计算机、高铁装备、百万千瓦级发电装备、万米深海石油钻探设备等一批重大技术装备取得突破，形成了若干具有国际竞争力的优势产业和骨干企业，我国已具备了建设工业强国的基础和条件。

但我国仍处于工业化进程中，与先进国家相比还有较大差距。制造业大而不强，自主创新能力弱，关键核心技术与高端装备对外依存度高，以企业为主体的制造业创新体系不完善；产品档次不高，缺乏世界知名品牌；资源能源利用效率低，环境污染问题较为突出；产业结构不合理，高端装备制造业和生产性服务业发展滞后；信息化水平不高，与工业化融合深度不够；产业国际化程度不高，企业全球化经营能力不足。推进制造强国建设，必须着力解决以上问题。

建设制造强国，必须紧紧抓住当前难得的战略机遇，积极应对挑战，加强统筹规划，突出创新驱动，制定特殊政策，发挥制度优势，动员全社会力量奋力拼搏，更多依靠中国装备、依托中国品牌，实现中国制造向中国创造的转变，中国速度向中国质量的转变，中国产品向中国品牌的转变，完成中国制造由大变强的战略任务。

# 二、战略方针和目标

## （一）指导思想

全面贯彻党的十八大和十八届二中、三中、四中全会精神，坚持走中国特色新型工业化道路，以促进制造业创新发展为主题，以提质增效为中心，以加快新一代信息技术与制造业深度融合为主线，以推进智能制造为主攻方向，以满足经济社会发展和国防建设对重大技术装备的需求为目标，强化工业基础能力，提高综合集成水平，完善多层次多类型人才培养体系，促进产业转型升级，培育有中国特色的制造文化，实现制造业由大变强的历史跨越。基本方针是：

——创新驱动。坚持把创新摆在制造业发展全局的核心位置，完善有利于创新的制度环境，推动跨领域跨行业协同创新，突破一批重点领域关键共性技术，促进制造业数字化网络化智能化，走创新驱动的发展道路。

——质量为先。坚持把质量作为建设制造强国的生命线，强化企业质量主体责任，加强质量技术攻关、自主品牌培育。建设法规标准体系、质量监管体系、先进质量文化，营造诚信经营的市场环境，走以质取胜的发展道路。

——绿色发展。坚持把可持续发展作为建设制造强国的重要着力点，加强节能环保技术、工艺、装备推广应用，全面推行清洁生产。发展循环经济，提高资源回收利用效率，构建绿色制造体系，走生态文明的发展道路。

——结构优化。坚持把结构调整作为建设制造强国的关键环节，大力发展先进制造业，改造提升传统产业，推动生产型制造向服务型制造转变。优化产业空间布局，培育一批具有核心竞争力的产业集群和企业群体，走提质增效的发展道路。

——人才为本。坚持把人才作为建设制造强国的根本，建立健全科学合理的选人、用人、育人机制，加快培养制造业发展急需的专业技术人才、经营管理人才、技能人才。营造大众创业、万众创新的氛围，建设一支素质优良、结构合理的制造业人才队伍，走人才引领的发展道路。

## （二）基本原则

市场主导，政府引导。全面深化改革，充分发挥市场在资源配置中的决定性作用，强化企业主体地位，激发企业活力和创造力。积极转变政府职能，加强战略研究和规划引导，完善相关支持政策，为企业发展创造良好环境。

立足当前，着眼长远。针对制约制造业发展的瓶颈和薄弱环节，加快转型升级和提质增效，切实提高制造业的核心竞争力和可持续发展能力。准确把握新一轮科技革命和产业变革趋势，加强战略谋划和前瞻部署，扎扎实实打基础，在未来竞争中占据制高点。

整体推进，重点突破。坚持制造业发展全国一盘棋和分类指导相结合，统筹规划，合理布局，明确创新发展方向，促进军民融合深度发展，加快推动制造业整体水平提升。围绕经济社会发展和国家安全重大需求，整合资源，突出重点，实施若干重大工程，实现率先突破。

自主发展，开放合作。在关系国计民生和产业安全的基础性、战略性、全局性领域，着力掌握关键核心技术，完善产业链条，形成自主发展能力。继续扩大开放，积极利用全球资源和市场，加强产业全球布局和国际交流合作，形成新的比较优势，提升制造业开放发展水平。

## （三）战略目标

立足国情，立足现实，力争通过“三步走”实现制造强国的战略目标。第一步：力争用十年时间，迈入制造强国行列。

到2020年，基本实现工业化，制造业大国地位进一步巩固，制造业信息化水平大幅提升。掌握一批重点领域关键核心技术，优势领域竞争力进一步增强，产品质量有较大提高。制造业数字化、网络化、智能化取得明显进展。重点行业单位工业增加值能耗、物耗及污染物排放明显下降。

到2025年，制造业整体素质大幅提升，创新能力显著增强，全员劳动生产率明显提高，两化（工业化和信息化）融合迈上新台阶。重点行业单位工业增加值能耗、物耗及污染物排放达到世界先进水平。形成一批具有较强国际竞争力的跨国公司和产业集群，在全球产业分工和价值链中的地位明显提升。

第二步：到2035年，我国制造业整体达到世界制造强国阵营中等水平。创新能力大幅提升，重点领域发展取得重大突破，整体竞争力明显增强，优势行业形成全球创新引领能力，全面实现工业化。

第三步：新中国成立一百年时，制造业大国地位更加巩固，综合实力进入世界制造强国前列。制造业主要领域具有创新引领能力和明显竞争优势，建成全球领先的技术体系和产业体系。

**表1.1　　2020年和2025年制造业主要指标**

| 类　别 | 指　标 | 2013年 | 2015年 | 2020年 | 2025年 |
|---|---|---|---|---|---|
| 创新能力 | 规模以上制造业研发经费内部支出占主营业务收入比重（%） | 0.88 | 0.95 | 1.26 | 1.68 |
| | 规模以上制造业每亿元主营业务收入有效发明专利数[1]（件） | 0.36 | 0.44 | 0.70 | 1.10 |
| 质量效益 | 制造业质量竞争力指数[2] | 83.1 | 83.5 | 84.5 | 85.5 |
| | 制造业增加值率提高 | — | — | 比2015年提高2个百分点 | 比2015年提高4个百分点 |
| | 制造业全员劳动生产率增速（%） | — | — | 7.5左右（“十三五”期间年均增速） | 6.5左右（“十四五”期间年均增速） |
| 两化融合 | 宽带普及率[3]（%） | 37 | 50 | 70 | 82 |
| | 数字化研发设计工具普及率[4]（%） | 52 | 58 | 72 | 84 |
| | 关键工序数控化率[5]（%） | 27 | 33 | 50 | 64 |
| 绿色发展 | 规模以上单位工业增加值能耗下降幅度 | — | — | 比2015年下降18% | 比2015年下降34% |
| | 单位工业增加值二氧化碳排放量下降幅度 | — | — | 比2015年下降22% | 比2015年下降40% |
| | 单位工业增加值用水量下降幅度 | — | — | 比2015年下降23% | 比2015年下降41% |
| | 工业固体废物综合利用率（%） | 62 | 65 | 73 | 79 |

1. 规模以上制造业每亿元主营业务收入有效发明专利数=规模以上制造企业有效发明专利数/规模以上制造企业主营业务收入。

2. 制造业质量竞争力指数是反映我国制造业质量整体水平的经济技术综合指标，由质量水平和发展能力两个方面共计 12 项具体指标计算得出。

3. 宽带普及率用固定宽带家庭普及率代表，固定宽带家庭普及率 = 固定宽带家庭用户数/家庭户数。

4. 数字化研发设计工具普及率 = 应用数字化研发设计工具的规模以上企业数量/规模以上企业总数量（相关数据来源于 3 万家样本企业，下同）。

5. 关键工序数控化率为规模以上工业企业关键工序数控化率的平均值。

## 三、战略任务和重点

实现制造强国的战略目标，必须坚持问题导向，统筹谋划，突出重点；必须凝聚全社会共识，加快制造业转型升级，全面提高发展质量和核心竞争力。

### （一）提高国家制造业创新能力

完善以企业为主体、市场为导向、政产学研用相结合的制造业创新体系。围绕产业链部署创新链，围绕创新链配置资源链，加强关键核心技术攻关，加速科技成果产业化，提高关键环节和重点领域的创新能力。

加强关键核心技术研发。强化企业技术创新主体地位，支持企业提升创新能力，推进国家技术创新示范企业和企业技术中心建设，充分吸纳企业参与国家科技计划的决策和实施。瞄准国家重大战略需求和未来产业发展制高点，定期研究制定发布制造业重点领域技术创新路线图。继续抓紧实施国家科技重大专项，通过国家科技计划（专项、基金等）支持关键核心技术研发。发挥行业骨干企业的主导作用和高等院校、科研院所的基础作用，建立一批产业创新联盟，开展政产学研用协同创新，攻克一批对产业竞争力整体提升具有全局性影响、带动性强的关键共性技术，加快成果转化。

提高创新设计能力。在传统制造业、战略性新兴产业、现代服务业等重点领域开展创新设计示范，全面推广应用以绿色、智能、协同为特征的先进设计技术。加强设计领域共性关键技术研发，攻克信息化设计、过程集成设计、复杂过程和系统设计等共性技术，开发一批具有自主知识产权的关键设计工具软件，建设完善创新设计生态系统。建设若干具有世界影响力的创新设计集群，培育一批专业化、开放型的工业设计企业，鼓励代工企业建立研究设计中心，向代设计和出口自主品牌产品转变。发展各类创新设计教育，设立国家工业设计奖，激发全社会创新设计的积极性和主动性。

推进科技成果产业化。完善科技成果转化运行机制，研究制定促进科技成果转化和产业化的指导意见，建立完善科技成果信息发布和共享平台，健全以技术交易市场为核心的技术转移和产业化服务体系。完善科技成果转化激励机制，推动事业单位科技成果使用、处置和收益管理改革，健全科技成果科学评估和市场定价机制。完善科技成果转化协同推进机制，引导政产学研用按照市场规律和创新规律加强合作，鼓励企业和社会资本建立一批从事技术集成、熟化和工程化的中试基地。加快国防科技成果转化和产业化进程，推进军民技术双向转移转化。

完善国家制造业创新体系。加强顶层设计，加快建立以创新中心为核心载体、以公共服务平台和工程数据中心为重要支撑的制造业创新网络，建立市场化的创新方向选择机制和鼓励创新的风险分担、利益共享机制。充分利用现有科技资源，围绕制造业重大共性需求，采取政府与社会合作、政产学研用产业创新战略联盟等新机制新模式，形成一批制造业创新中心（工业技术研究基地），开展关键共性重大技术研究和产业化应用示范。建设一批促进制造业协同创新的公共服务平台，规范服务标准，开展技术研发、检验检测、技术评价、技术交易、质量认证、人才培训等专业化服务，促进科技成果转化和推广应用。建设重点领域制造业工程数据中心，为企业提供创新知识和工程数据的开放共享服务。面向制造业关键共性技术，建设一批重大科学研究和实验设施，提高核心企业系统集成能力，促进向价值链高端延伸。

**【专栏1】　制造业创新中心（工业技术研究基地）建设工程**

围绕重点行业转型升级和新一代信息技术、智能制造、增材制造、新材料、生物医药等领域创新发展的重大共性需求，形成一批制造业创新中心（工业技术研究基地），重点开展行业基础和共性关键技术研发、成果产业化、人才培训等工作。制定完善制造业创新中心遴选、考核、管理的标准和程序。

到2020年，重点形成15家左右制造业创新中心（工业技术研究基地），力争到2025年形成40家左右制造业创新中心（工业技术研究基地）。

加强标准体系建设。改革标准体系和标准化管理体制，组织实施制造业标准化提升计划，在智能制造等重点领域开展综合标准化工作。发挥企业在标准制定中的重要作用，支持组建重点领域标准推进联盟，建设标准创新研究基地，协同推进产品研发与标准制定。制定满足市场和创新需要的团体标准，建立企业产品和服务标准自我声明公开和监督制度。鼓励和支持企业、科研院所、行业组织等参与国际标准制定，加快我国标准国际化进程。大力推动国防装备采用先进的民用标准，推动军用技术标准向民用领域的转化和应用。做好标准的宣传贯彻，大力推动标准实施。

强化知识产权运用。加强制造业重点领域关键核心技术知识产权储备，构建产业化导向的专利组合和战略布局。鼓励和支持企业运用知识产权参与市场竞争，培育一批具备知识产权综合实力的优势企业，支持组建知识产权联盟，推动市场主体开展知识产权协同运用。稳妥推进国防知识产权解密和市场化应用。建立健全知识产权评议机制，鼓励和支持行业骨干企业与专业机构在重点领域合作开展专利评估、收购、运营、风险预警与应对。构建知识产权综合运用公共服务平台。鼓励开展跨国知识产权许可。研究制定降低中小企业知识产权申请、保护及维权成本的政策措施。

### （二）推进信息化与工业化深度融合

加快推动新一代信息技术与制造技术融合发展，把智能制造作为两化深度融合的主攻方向；着力发展智能装备和智能产品，推进生产过程智能化，培育新型生产方式，全面提升企业研发、生产、管理和服务的智能化水平。

研究制定智能制造发展战略。编制智能制造发展规划，明确发展目标、重点任务和重大布局。加快制定智能制造技术标准，建立完善智能制造和两化融合管理标准体系。强化应用牵引，建立智能制造产业联盟，协同推动智能装备和产品研发、系统集成创新与产业化。促进工业互联网、云计算、大数据在企业研发设计、生产制造、经营管理、销售服务等全流程和全产业链的综合集成应用。加强智能制造工业控制系统网络安全保障能力建设，健全综合保障体系。

加快发展智能制造装备和产品。组织研发具有深度感知、智慧决策、自动执行功能的高档数控机床、工业机器人、增材制造装备等智能制造装备以及智能化生产线，突破新型传感器、智能测量仪表、工业控制系统、伺服电机及驱动器和减速器等智能核心装置，推进工程化和产业化。加快机械、航空、船舶、汽车、轻工、纺织、食品、电子等行业生产设备的智能化改造，提高精准制造、敏捷制造能力。统筹布局和推动智能交通工具、智能工程机械、服务机器人、智能家电、智能照明电器、可穿戴设备等产品研发和产业化。

推进制造过程智能化。在重点领域试点建设智能工厂/数字化车间，加快人机智能交互、工业机器人、智能物流管理、增材制造等技术和装备在生产过程中的应用，促进制造工艺的仿真优化、数字化控制、状态信息实时监测和自适应控制。加快产品全生命周期管理、客户关系管理、供应链管理系统的推广应用，促进集团管控、设计与制造、产供销一体、业务和财务衔接等关键环节集成，实现智能管控。加快民用爆炸物品、危险化学品、食品、印染、稀土、农药等重点行业智能检测监管体系建设，提高智能化水平。

深化互联网在制造领域的应用。制定互联网与制造业融合发展的路线图，明确发展方向、目标和路径。发展基于互联网的个性化定制、众包设计、云制造等新型制造模式，推动形成基于消费需求动态感知的研发、制造和产业组织方式。建立优势互补、合作共赢的开放型产业生态体系。加快开展物联网技术研发和应用示范，培育智能监测、远程诊断管理、全产业链追溯等工业互联网新应用。实施工业云及工业大数据创新应用试点，建设一批高质量的工业云服务和工业大数据平台，推动软件与服务、设计与制造资源、关键技术与标准的开放共享。

加强互联网基础设施建设。加强工业互联网基础设施建设规划与布局，建设低时延、高可靠、广覆盖的工业互联网。加快制造业集聚区光纤网、移动通信网和无线局域网的部署和建设，实现信息网络宽带升级，提高企业宽带接入能力。针对信息物理系统网络研发及应用需求，组织开发智能控制系统、工业应用软件、故障诊断软件和相关工具、传感和通信系统协议，实现人、设备与产品的实时联通、精确识别、有效交互与智能控制。

**【专栏2】**　　智能制造工程

紧密围绕重点制造领域关键环节，开展新一代信息技术与制造装备融合的集成创新和工程应用。支持政产学研用联合攻关，开发智能产品和自主可控的智能装置并实现产业化。依托优势企业，紧扣关键工序智能化、关键岗位机器人替代、生产过程智能优化控制、供应链优化，建设重点领域智能工厂/数字化车间。在基础条件好、需求迫切的重点地区、行业和企业中，分类实施流程制造、离散制造、智能装备和产品、新业态新模式、智能化管理、智能化服务等试点示范及应用推广。建立智能制造标准体系和信息安全保障系统，搭建智能制造网络系统平台。

到 2020 年，制造业重点领域智能化水平显著提升，试点示范项目运营成本降低 30%，产品生产周期缩短 30%，不良品率降低 30%。到 2025 年，制造业重点领域全面实现智能化，试点示范项目运营成本降低 50%，产品生产周期缩短 50%，不良品率降低 50%。

### （三）强化工业基础能力

核心基础零部件（元器件）、先进基础工艺、关键基础材料和产业技术基础（以下统称“四基”）等工业基础能力薄弱，是制约我国制造业创新发展和质量提升的症结所在。要坚持问题导向、产需结合、协同创新、重点突破的原则，着力破解制约重点产业发展的瓶颈。

统筹推进“四基”发展。制定工业强基实施方案，明确重点方向、主要目标和实施路径。制定工业“四基”发展指导目录，发布工业强基发展报告，组织实施工业强基工程。统筹军民两方面资源，开展军民两用技术联合攻关，支持军民技术相互有效利用，促进基础领域融合发展。强化基础领域标准、计量体系建设，加快实施对标达标，提升基础产品的质量、可靠性和寿命。建立多部门协调推进机制，引导各类要素向基础领域集聚。

加强“四基”创新能力建设。强化前瞻性基础研究，着力解决影响核心基础零部件（元器件）产品性能和稳定性的关键共性技术。建立基础工艺创新体系，利用现有资源建立关键共性基础工艺研究机构，开展先进成型、加工等关键制造工艺联合攻关；支持企业开展工艺创新，培养工艺专业人才。加大基础专用材料研发力度，提高专用材料自给保障能力和制备技术水平。建立国家工业基础数据库，加强企业试验检测数据和计量数据的采集、管理、应用和积累。加大对“四基”领域技术研发的支持力度，引导产业投资基金和创业投资基金投向“四基”领域重点项目。

推动整机企业和“四基”企业协同发展。注重需求侧激励，产用结合，协同攻关。依托国家科技计划（专项、基金等）和相关工程等，在数控机床、轨道交通装备、航空航天、发电设备等重点领域，引导整机企业和“四基”企业、高校、科研院所产需对接，建立产业联盟，形成协同创新、产用结合、以市场促基础产业发展的新模式，提升重大装备自主可控水平。开展工业强基示范应用，完善首台（套）、首批次政策，支持核心基础零部件（元器件）、先进基础工艺、关键基础材料推广应用。

**【专栏3】** 工业强基工程

开展示范应用，建立奖励和风险补偿机制，支持核心基础零部件（元器件）、先进基础工艺、关键基础材料的首批次或跨领域应用。组织重点突破，针对重大工程和重点装备的关键技术和产品急需，支持优势企业开展政产学研用联合攻关，突破关键基础材料、核心基础零部件的工程化、产业化瓶颈。强化平台支撑，布局和组建一批“四基”研究中心，创建一批公共服务平台，完善重点产业技术基础体系。

到2020年，40%的核心基础零部件、关键基础材料实现自主保障，受制于人的局面逐步缓解，航天装备、通信装备、发电与输变电设备、工程机械、轨道交通装备、家用电器等产业急需的核心基础零部件（元器件）和关键基础材料的先进制造工艺得到推广应用。到2025年，70%的核心基础零部件、关键基础材料实现自主保障，80种标志性先进工艺得到推广应用，部分达到国际领先水平，建成较为完善的产业技术基础服务体系，逐步形成整机牵引和基础支撑协调互动的产业创新发展格局。

### （四）加强质量品牌建设

提升质量控制技术，完善质量管理机制，夯实质量发展基础，优化质量发展环境，努力实现制造业质量大幅提升。鼓励企业追求卓越品质，形成具有自主知识产权的名牌产品，不断提升企业品牌价值和中国制造整体形象。

推广先进质量管理技术和方法。建设重点产品标准符合性认定平台，推动重点产品技术、安全标准全面达到国际先进水平。开展质量标杆和领先企业示范活动，普及卓越绩效、六西格玛、精益生产、质量诊断、质量持续改进等先进生产管理模式和方法。支持企业提高质量在线监测、在线控制和产品全生命周期质量追溯能力。组织开展重点行业工艺优化行动，提升关键工艺过程控制水平。开展质量管理小组、现场改进等群众性质量管理活动示范推广。加强中小企业质量管理，开展质量安全培训、诊断和辅导活动。

加快提升产品质量。实施工业产品质量提升行动计划，针对汽车、高档数控机床、轨道交通装备、大型成套技术装备、工程机械、特种设备、关键原材料、基础零部件、电子元器件等重点行业，组织攻克一批长期困扰产品质量提升的关键共性质量技术，加强可靠性设计、试验与验证技术开发应用，推广采用先进成型和加工方法、在线检测装置、智能化生产和物流系统及检测设备等，使重点实物产品的性能稳定性、质量可靠性、环境适应性、使用寿命等指标达到国际同类产品先进水平。在食品、药品、婴童用品、家电等领域实施覆盖产品全生命周期的质量管理、质量自我声明和质量追溯制度，保障重点消费品质量安全。大力提高国防装备质量可靠性，增强国防装备实战能力。

完善质量监管体系。健全产品质量标准体系、政策规划体系和质量管理法律法规。加强关系民生和安全等重点领域的行业准入与市场退出管理。建立消费品生产经营企业产品事故强制报告制度，健全质量信用信息收集和发布制度，强化企业质量主体责任。将质量违法违规记录作为企业诚信评级的重要内容，建立质量黑名单制度，加大对质量违法和假冒品牌行为的打击和惩处力度。建立区域和行业质量安全预警制度，防范化解产品质量安全风险。严格实施产品“三包”、产品召回等制度。强化监管检查和责任追究，切实保护消费者权益。

夯实质量发展基础。制定和实施与国际先进水平接轨的制造业质量、安全、卫生、环保及节能标准。加强计量科技基础及前沿技术研究，建立一批制造业发展急需的高准确度、高稳定性计量基标准，提升与制造业相关的国家量传溯源能力。加强国家产业计量测试中心建设，构建国家计量科技创新体系。完善检验检测技术保障体系，建设一批高水平的工业产品质量控制和技术评价实验室、产品质量监督检验中心，鼓励建立专业检测技术联盟。完善认证认可管理模式，提高强制性产品认证的有效性，推动自愿性产品认证健康发展，提升管理体系认证水平，稳步推进国际互认。支持行业组织发布自律规范或公约，开展质量信誉承诺活动。

推进制造业品牌建设。引导企业制定品牌管理体系，围绕研发创新、生产制造、质量管理和营销服务全过程，提升内在素质，夯实品牌发展基础。扶持一批品牌培育和运营专业服务机构，开展品牌管理咨询、市场推广等服务。健全集体商标、证明商标注册管理制度。打造一批特色鲜明、竞争力强、市场信誉好的产业集群区域品牌。建设品牌文化，引导企业增强以质量和信誉为核心的品牌意识，树立品牌消费理念，提升品牌附加值和软实力。加速我国品牌价值评价国际化进程，充分发挥各类媒体作用，加大中国品牌宣传推广力度，树立中国制造品牌良好形象。

### （五）全面推行绿色制造

加大先进节能环保技术、工艺和装备的研发力度，加快制造业绿色改造升级；积极推行低碳化、循环化和集约化，提高制造业资源利用效率；强化产品全生命周期绿色管理，努力构建高效、清洁、低碳、循环的绿色制造体系。

加快制造业绿色改造升级。全面推进钢铁、有色、化工、建材、轻工、印染等传统制造业绿色改造，大力研发推广余热余压回收、水循环利用、重金属污染减量化、有毒有害原料替代、废渣资源化、脱硫脱硝除尘等绿色工艺技术装备，加快应用清洁高效铸造、锻压、焊接、表面处理、切削等加工工艺，实现绿色生产。加强绿色产品研发应用，推广轻量化、低功耗、易回收等技术工艺，持续提升电机、锅炉、内燃机及电器等终端用能产品能效水平，加快淘汰落后机电产品和技术。积极引领新兴产业高起点绿色发展，大幅降低电子信息产品生产、使用能耗及限用物质含量，建设绿色数据中心和绿色基站，大力促进新材料、新能源、高端装备、生物产业绿色低碳发展。

推进资源高效循环利用。支持企业强化技术创新和管理，增强绿色精益制造能力，大幅降低能耗、物耗和水耗水平。持续提高绿色低碳能源使用比率，开展工业园区和企业分布式绿色智能微电网建设，控制和削减化石能源消费量。全面推行循环生产方式，促进企业、园区、行业间链接共生、原料互供、资源共享。推进资源再生利用产业规范化、规模化发展，强化技术装备支撑，提高大宗工业固体废弃物、废旧金属、废弃电器电子产品等综合利用水平。大力发展再制造产业，实施高端再制造、智能再制造、在役再制造，推进产品认定，促进再制造产业持续健康发展。

积极构建绿色制造体系。支持企业开发绿色产品，推行生态设计，显著提升产品节能环保低碳水平，引导绿色生产和绿色消费。建设绿色工厂，实现厂房集约化、原料无害化、生产洁净化、废物资源化、能源低碳化。发展绿色园区，推进工业园区产业耦合，实现近零排放。打造绿色供应链，加快建立以资源节约、环境友好为导向的采购、生产、营销、回收及物流体系，落实生产者责任延伸制度。壮大绿色企业，支持企业实施绿色战略、绿色标准、绿色管理和绿色生产。强化绿色监管，健全节能环保法规、标准体系，加强节能环保监察，推行企业社会责任报告制度，开展绿色评价。

**【专栏4】** 绿色制造工程

组织实施传统制造业能效提升、清洁生产、节水治污、循环利用等专项技术改造。开展重大节能环保、资源综合利用、再制造、低碳技术产业化示范。实施重点区域、流域、行业清洁生产水平提升计划，扎实推进大气、水、土壤污染源头防治专项。制定绿色产品、绿色工厂、绿色园区、绿色企业标准体系，开展绿色评价。

到2020年，建成千家绿色示范工厂和百家绿色示范园区，部分重化工行业能源资源消耗出现拐点，重点行业主要污染物排放强度下降20%。到2025年，制造业绿色发展和主要产品单耗达到世界先进水平，绿色制造体系基本建立。

### （六）大力推动重点领域突破发展

瞄准新一代信息技术、高端装备、新材料、生物医药等战略重点，引导社会各类资源集聚，推动优势和战略产业快速发展。

**1. 新一代信息技术产业**

集成电路及专用装备。着力提升集成电路设计水平，不断丰富知识产权（IP）核和设计工具，突破关系国家信息与网络安全及电子整机产业发展的核心通用芯片，提升国产芯片的应用适配能力。掌握高密度封装及三维（3D）微组装技术，提升封装产业和测试的自主发展能力。形成关键制造装备供货能力。

信息通信设备。掌握新型计算、高速互联、先进存储、体系化安全保障等核心技术，全面突破第五代移动通信（5G）技术、核心路由交换技术、超高速大容量智能光传输技术、“未来网络”核心技术和体系架构，积极推动量子计算、神经网络等发展。研发高端服务器、大容量存储、新型路由交换、新型智能终端、新一代基站、网络安全等设备，推动核心信息通信设备体系化发展与规模化应用。

操作系统及工业软件。开发安全领域操作系统等工业基础软件。突破智能设计与仿真及其工具、制造物联与服务、工业大数据处理等高端工业软件核心技术，开发自主可控的高端工业平台软件和重点领域应用软件，建立完善工业软件集成标准与安全测评体系。推进自主工业软件体系化发展和产业化应用。

**2. 高档数控机床和机器人**

高档数控机床。开发一批精密、高速、高效、柔性数控机床与基础制造装备及集成制造系统。加快高档数控机床、增材制造等前沿技术和装备的研发。以提升可靠性、精度保持性为重点，开发高档数控系统、伺服电机、轴承、光栅等主要功能部件及关键应用软件，加快实现产业化。加强用户工艺验证能力建设。

机器人。围绕汽车、机械、电子、危险品制造、国防军工、化工、轻工等工业机器人、特种机器人，以及医疗健康、家庭服务、教育娱乐等服务机器人应用需求，积极研发新产品，促进机器人标准化、模块化发展，扩大市场应用。突破机器人本体、减速器、伺服电机、控制器、传感器与驱动器等关键零部件及系统集成设计制造等技术瓶颈。

**3. 航空航天装备**

航空装备。加快大型飞机研制，适时启动宽体客机研制，鼓励国际合作研制重型直升机；推进干支线飞机、直升机、无人机和通用飞机产业化。突破高推重比、先进涡桨（轴）发动机及大涵道比涡扇发动机技术，建立发动机自主发展工业体系。开发先进机载设备及系统，形成自主完整的航空产业链。

航天装备。发展新一代运载火箭、重型运载器，提升进入空间能力。加快推进国家民用空间基础设施建设，发展新型卫星等空间平台与有效载荷、空天地宽带互联网系统，形成长期持续稳定的卫星遥感、通信、导航等空间信息服务能力。推动载人航天、月球探测工程，适度发展深空探测。推进航天技术转化与空间技术应用。

**4. 海洋工程装备及高技术船舶**

大力发展深海探测、资源开发利用、海上作业保障装备及其关键系统和专用设备。推动深海空间站、大型浮式结构物的开发和工程化。形成海洋工程装备综合试验、检测与鉴定能力，提高海洋开发利用水平。突破豪华邮轮设计建造技术，全面提升液化天然气船等高技术船舶国际竞争力，掌握重点配套设备集成化、智能化、模块化设计制造核心技术。

**5. 先进轨道交通装备**

加快新材料、新技术和新工艺的应用，重点突破体系化安全保障、节能环保、数字化智能化网络化技术，研制先进可靠适用的产品和轻量化、模块化、谱系化产品。研发新一代绿色智能、高速重载轨道交通装备系统，围绕系统全寿命周期，向用户提供整体解决方案，建立世界领先的现代轨道交通产业体系。

**6. 节能与新能源汽车**

继续支持电动汽车、燃料电池汽车发展，掌握汽车低碳化、信息化、智能化核心技术，提升动力电池、驱动电机、高效内燃机、先进变速器、轻量化材料、智能控制等核心技术的工程化和产业化能力，形成从关键零部件到整车的完整工业体系和创新体系，推动自主品牌节能与新能源汽车同国际先进水平接轨。

**7. 电力装备**

推动大型高效超净排放煤电机组产业化和示范应用，进一步提高超大容量水电机组、核电机组、重型燃气轮机制造水平。推进新能源和可再生能源装备、先进储能装置、智能电网用输变电及用户端设备发展。突破大功率电力电子器件、高温超导材料等关键元器件和材料的制造及应用技术，形成产业化能力。

**8. 农机装备**

重点发展粮、棉、油、糖等大宗粮食和战略性经济作物育、耕、种、管、收、运、贮等主要生产过程使用的先进农机装备，加快发展大型拖拉机及其复式作业机具、大型高效联合收割机等高端农业装备及关键核心零部件。提高农机装备信息收集、智能决策和精准作业能力，推进形成面向农业生产的信息化整体解决方案。

**9. 新材料**

以特种金属功能材料、高性能结构材料、功能性高分子材料、特种无机非金属材料和先进复合材料为发展重点，加快研发先进熔炼、凝固成型、气相沉积、型材加工、高效合成等新材料制备关键技术和装备，加强基础研究和体系建设，突破产业化制备瓶颈。积极发展军民共用特种新材料，加快技术双向转移转化，促进新材料产业军民融合发展。高度关注颠覆性新材料对传统材料的影响，做好超导材料、纳米材料、石墨烯、生物基材料等战略前沿材料提前布局和研制。加快基础材料升级换代。

**10. 生物医药及高性能医疗器械**

发展针对重大疾病的化学药、中药、生物技术药物新产品，重点包括新机制和新靶点化学药、抗体药物、抗体偶联药物、全新结构蛋白及多肽药物、新型疫苗、临床优势突出的创新中药及个性化治疗药物。提高医疗器械的创新能力和产业化水平，重点发展影像设备、医用机器人等高性能诊疗设备，全降解血管支架等高值医用耗材，可穿戴、远程诊疗等移动医疗产品。实现生物3D打印、诱导多能干细胞等新技术的突破和应用。

**【专栏5】　高端装备创新工程**

组织实施大型飞机、航空发动机及燃气轮机、民用航天、智能绿色列车、节能与新能源汽车、海洋工程装备及高技术船舶、智能电网成套装备、高档数控机床、核电装备、高端诊疗设备等一批创新和产业化专项、重大工程。开发一批标志性、带动性强的重点产品和重大装备，提升自主设计水平和系统集成能力，突破共性关键技术与工程化、产业化瓶颈，组织开展应用试点和示范，提高创新发展能力和国际竞争力，抢占竞争制高点。

到2020年，上述领域实现自主研制及应用。到2025年，自主知识产权高端装备市场占有率大幅提升，核心技术对外依存度明显下降，基础配套能力显著增强，重要领域装备达到国际领先水平。

### （七）深入推进制造业结构调整

推动传统产业向中高端迈进，逐步化解过剩产能，促进大企业与中小企业协调发展，进一步优化制造业布局。

持续推进企业技术改造。明确支持战略性重大项目和高端装备实施技术改造的政策方向，稳定中央技术改造引导资金规模，通过贴息等方式，建立支持企业技术改造的长效机制。推动技术改造相关立法，强化激励约束机制，完善促进企业技术改造的政策体系。支持重点行业、高端产品、关键环节进行技术改造，引导企业采用先进适用技术，优化产品结构，全面提升设计、制造、工艺、管理水平，促进钢铁、石化、工程机械、轻工、纺织等产业向价值链高端发展。研究制定重点产业技术改造投资指南和重点项目导向计划，吸引社会资金参与，优化工业投资结构。围绕两化融合、节能降耗、质量提升、安全生产等传统领域改造，推广应用新技术、新工艺、新装备、新材料，提高企业生产技术水平和效益。

稳步化解产能过剩矛盾。加强和改善宏观调控，按照“消化一批、转移一批、整合一批、淘汰一批”的原则，分业分类施策，有效化解产能过剩矛盾。加强行业规范和准入管理，推动企业提升技术装备水平，优化存量产能。加强对产能严重过剩行业的动态监测分析，建立完善预警机制，引导企业主动退出过剩行业。切实发挥市场机制作用，综合运用法律、经济、技术及必要的行政手段，加快淘汰落后产能。

促进大中小企业协调发展。强化企业市场主体地位，支持企业间战略合作和跨行业、跨区域兼并重组，提高规模化、集约化经营水平，培育一批核心竞争力强的企业集团。激发中小企业创业创新活力，发展一批主营业务突出、竞争力强、成长性好、专注于细分市场的专业化“小巨人”企业。发挥中外中小企业合作园区示范作用，利用双边、多边中小企业合作机制，支持中小企业走出去和引进来。引导大企业与中小企业通过专业分工、服务外包、订单生产等多种方式，建立协同创新、合作共赢的协作关系。推动建设一批高水平的中小企业集群。

优化制造业发展布局。落实国家区域发展总体战略和主体功能区规划，综合考虑资源能源、环境容量、市场空间等因素，制定和实施重点行业布局规划，调整优化重大生产力布局。完善产业转移指导目录，建设国家产业转移信息服务平台，创建一批承接产业转移示范园区，引导产业合理有序转移，推动东中西部制造业协调发展。积极推动京津冀和长江经济带产业协同发展。按照新型工业化的要求，改造提升现有制造业集聚区，推动产业集聚向产业集群转型升级。建设一批特色和优势突出、产业链协同高效、核心竞争力强、公共服务体系健全的新型工业化示范基地。

### （八）积极发展服务型制造和生产性服务业

加快制造与服务的协同发展，推动商业模式创新和业态创新，促进生产型制造向服务型制造转变。大力发展与制造业紧密相关的生产性服务业，推动服务功能区和服务平台建设。

推动发展服务型制造。研究制定促进服务型制造发展的指导意见，实施服务型制造行动计划。开展试点示范，引导和支持制造业企业延伸服务链条，从主要提供产品制造向提供产品和服务转变。鼓励制造业企业增加服务环节投入，发展个性化定制服务、全生命周期管理、网络精准营销和在线支持服务等。支持有条件的企业由提供设备向提供系统集成总承包服务转变，由提供产品向提供整体解决方案转变。鼓励优势制造业企业“裂变”专业优势，通过业务流程再造，面向行业提供社会化、专业化服务。支持符合条件的制造业企业建立企业财务公司、金融租赁公司等金融机构，推广大型制造设备、生产线等融资租赁服务。

加快生产性服务业发展。大力发展面向制造业的信息技术服务，提高重点行业信息应用系统的方案设计、开发、综合集成能力。鼓励互联网等企业发展移动电子商务、在线定制、线上到线下等创新模式，积极发展对产品、市场的动态监控和预测预警等业务，实现与制造业企业的无缝对接，创新业务协作流程和价值创造模式。加快发展研发设计、技术转移、创业孵化、知识产权、科技咨询等科技服务业，发展壮大第三方物流、节能环保、检验检测认证、电子商务、服务外包、融资租赁、人力资源服务、售后服务、品牌建设等生产性服务业，提高对制造业转型升级的支撑能力。

强化服务功能区和公共服务平台建设。建设和提升生产性服务业功能区，重点发展研发设计、信息、物流、商务、金融等现代服务业，增强辐射能力。依托制造业集聚区，建设一批生产性服务业公共服务平台。鼓励东部地区企业加快制造业服务化转型，建立生产服务基地。支持中西部地区发展具有特色和竞争力的生产性服务业，加快产业转移承接地服务配套设施和能力建设，实现制造业和服务业协同发展。

### （九）提高制造业国际化发展水平

统筹利用两种资源、两个市场，实行更加积极的开放战略，将引进来与走出去更好结合，拓展新的开放领域和空间，提升国际合作的水平和层次，推动重点产业国际化布局，引导企业提高国际竞争力。

提高利用外资与国际合作水平。进一步放开一般制造业，优化开放结构，提高开放水平。引导外资投向新一代信息技术、高端装备、新材料、生物医药等高端制造领域，鼓励境外企业和科研机构在我国设立全球研发机构。支持符合条件的企业在境外发行股票、债券，鼓励与境外企业开展多种形式的技术合作。

提升跨国经营能力和国际竞争力。支持发展一批跨国公司，通过全球资源利用、业务流程再造、产业链整合、资本市场运作等方式，加快提升核心竞争力。支持企业在境外开展并购和股权投资、创业投资，建立研发中心、实验基地和全球营销及服务体系；依托互联网开展网络协同设计、精准营销、增值服务创新、媒体品牌推广等，建立全球产业链体系，提高国际化经营能力和服务水平。鼓励优势企业加快发展国际总承包、总集成。引导企业融入当地文化，增强社会责任意识，加强投资和经营风险管理，提高企业境外本土化能力。

深化产业国际合作，加快企业走出去。加强顶层设计，制定制造业走出去发展总体战略，建立完善统筹协调机制。积极参与和推动国际产业合作，贯彻落实丝绸之路经济带和21世纪海上丝绸之路等重大战略部署，加快推进与周边国家互联互通基础设施建设，深化产业合作。发挥沿边开放优势，在有条件的国家和地区建设一批境外制造业合作园区。坚持政府推动、企业主导，创新商业模式，鼓励高端装备、先进技术、优势产能向境外转移。加强政策引导，推动产业合作由加工制造环节为主向合作研发、联合设计、市场营销、品牌培育等高端环节延伸，提高国际合作水平。创新加工贸易模式，延长加工贸易国内增值链条，推动加工贸易转型升级。

## 四、战略支撑与保障

建设制造强国，必须发挥制度优势，动员各方面力量，进一步深化改革，完善政策措施，建立灵活高效的实施机制，营造良好环境；必须培育创新文化和中国特色制造文化，推动制造业由大变强。

### （一）深化体制机制改革

全面推进依法行政，加快转变政府职能，创新政府管理方式，加强制造业发展战略、规划、政策、标准等制定和实施，强化行业自律和公共服务能力建设，提高产业治理水平。简政放权，深化行政审批制度改革，规范审批事项，简化程序，明确时限；适时修订政府核准的投资项目目录，落实企业投资主体地位。完善政产学研用协同创新机制，改革技术创新管理体制机制和项目经费分配、成果评价和转化机制，促进科技成果资本化、产业化，激发制造业创新活力。加快生产要素价格市场化改革，完善主要由市场决定价格的机制，合理配置公共资源；推行节能量、碳排放权、排污权、水权交易制度改革，加快资源税从价计征，推动环境保护费改税。深化国有企业改革，完善公司治理结构，有序发展混合所有制经济，进一步破除各种形式的行业垄断，取消对非公有制经济的不合理限制。稳步推进国防科技工业改革，推动军民融合深度发展。健全产业安全审查机制和法规体系，加强关系国民经济命脉和国家安全的制造业重要领域投融资、并购重组、招标采购等方面的安全审查。

### （二）营造公平竞争市场环境

深化市场准入制度改革，实施负面清单管理，加强事中事后监管，全面清理和废止不利于全国统一市场建设的政策措施。实施科学规范的行业准入制度，制定和完善制造业节能节地节水、环保、技术、安全等准入标准，加强对国家强制性标准实施的监督检查，统一执法，以市场化手段引导企业进行结构调整和转型升级。切实加强监管，打击制售假冒伪劣行为，严厉惩处市场垄断和不正当竞争行为，为企业创造良好生产经营环境。加快发展技术市场，健全知识产权创造、运用、管理、保护机制。完善淘汰落后产能工作涉及的职工安置、债务清偿、企业转产等政策措施，健全市场退出机制。进一步减轻企业负担，实施涉企收费清单制度，建立全国涉企收费项目库，取缔各种不合理收费和摊派，加强监督检查和问责。推进制造业企业信用体系建设，建设中国制造信用数据库，建立健全企业信用动态评价、守信激励和失信惩戒机制。强化企业社会责任建设，推行企业产品标准、质量、安全自我声明和监督制度。

### （三）完善金融扶持政策

深化金融领域改革，拓宽制造业融资渠道，降低融资成本。积极发挥政策性金融、开发性金融和商业金融的优势，加大对新一代信息技术、高端装备、新材料等重点领域的支持力度。支持中国进出口银行在业务范围内加大对制造业走出去的服务力度，鼓励国家开发银行增加对制造业企业的贷款投放，引导金融机构创新符合制造业企业特点的产品和业务。健全多层次资本市场，推动区域性股权市场规范发展，支持符合条件的制造业企业在境内外上市融资、发行各类债务融资工具。引导风险投资、私募股权投资等支持制造业企业创新发展。鼓励符合条件的制造业贷款和租赁资产开展证券化试点。支持重点领域大型制造业企业集团开展产融结合试点，通过融资租赁方式促进制造业转型升级。探索开发适合制造业发展的保险产品和服务，鼓励发展贷款保证保险和信用保险业务。在风险可控和商业可持续的前提下，通过内保外贷、外汇及人民币贷款、债权融资、股权融资等方式，加大对制造业企业在境外开展资源勘探开发、设立研发中心和高技术企业以及收购兼并等的支持力度。

### （四）加大财税政策支持力度

充分利用现有渠道，加强财政资金对制造业的支持，重点投向智能制造、“四基”发展、高端装备等制造业转型升级的关键领域，为制造业发展创造良好政策环境。运用政府和社会资本合作（PPP）模式，引导社会资本参与制造业重大项目建设、企业技术改造和关键基础设施建设。创新财政资金支持方式，逐步从“补建设”向“补运营”转变，提高财政资金使用效益。深化科技计划（专项、基金等）管理改革，支持制造业重点领域科技研发和示范应用，促进制造业技术创新、转型升级和结构布局调整。完善和落实支持创新的政府采购政策，推动制造业创新产品的研发和规模化应用。落实和完善使用首台（套）重大技术装备等鼓励政策，健全研制、使用单位在产品创新、增值服务和示范应用等环节的激励约束机制。实施有利于制造业转型升级的税收政策，推进增值税改革，完善企业研发费用计核方法，切实减轻制造业企业税收负担。

### （五）健全多层次人才培养体系

加强制造业人才发展统筹规划和分类指导，组织实施制造业人才培养计划，加大专业技术人才、经营管理人才和技能人才的培养力度，完善从研发、转化、生产到管理的人才培养体系。以提高现代经营管理水平和企业竞争力为核心，实施企业经营管理人才素质提升工程和国家中小企业银河培训工程，培养造就一批优秀企业家和高水平经营管理人才。以高层次、急需紧缺专业技术人才和创新型人才为重点，实施专业技术人才知识更新工程和先进制造卓越工程师培养计划，在高等学校建设一批工程创新训练中心，打造高素质专业技术人才队伍。强化职业教育和技能培训，引导一批普通本科高等学校向应用技术类高等学校转型，建立一批实训基地，开展现代学徒制试点示范，形成一支门类齐全、技艺精湛的技术技能人才队伍。鼓励企业与学校合作，培养制造业急需的科研人员、技术技能人才与复合型人才，深化相关领域工程博士、硕士专业学位研究生招生和培养模式改革，积极推进产学研结合。加强产业人才需求预测，完善各类人才信息库，构建产业人才水平评价制度和信息发布平台。建立人才激励机制，加大对优秀人才的表彰和奖励力度。建立完善制造业人才服务机构，健全人才流动和使用的体制机制。采取多种形式选拔各类优秀人才重点是专业技术人才到国外学习培训，探索建立国际培训基地。加大制造业引智力度，引进领军人才和紧缺人才。

### （六）完善中小微企业政策

落实和完善支持小微企业发展的财税优惠政策，优化中小企业发展专项资金使用重点和方式。发挥财政资金杠杆撬动作用，吸引社会资本，加快设立国家中小企业发展基金。支持符合条件的民营资本依法设立中小型银行等金融机构，鼓励商业银行加大小微企业金融服务专营机构建设力度，建立完善小微企业融资担保体系，创新产品和服务。加快构建中小微企业征信体系，积极发展面向小微企业的融资租赁、知识产权质押贷款、信用保险保单质押贷款等。建设完善中小企业创业基地，引导各类创业投资基金投资小微企业。鼓励大学、科研院所、工程中心等对中小企业开放共享各种实（试）验设施。加强中小微企业综合服务体系建设，完善中小微企业公共服务平台网络，建立信息互联互通机制，为中小微企业提供创业、创新、融资、咨询、培训、人才等专业化服务。

### （七）进一步扩大制造业对外开放

深化外商投资管理体制改革，建立外商投资准入前国民待遇加负面清单管理机制，落实备案为主、核准为辅的管理模式，营造稳定、透明、可预期的营商环境。全面深化外汇管理、海关监管、检验检疫管理改革，提高贸易投资便利化水平。进一步放宽市场准入，修订钢铁、化工、船舶等产业政策，支持制造业企业通过委托开发、专利授权、众包众创等方式引进先进技术和高端人才，推动利用外资由重点引进技术、资金、设备向合资合作开发、对外并购及引进领军人才转变。加强对外投资立法，强化制造业企业走出去法律保障，规范企业境外经营行为，维护企业合法权益。探索利用产业基金、国有资本收益等渠道支持高铁、电力装备、汽车、工程施工等装备和优势产能走出去，实施海外投资并购。加快制造业走出去支撑服务机构建设和水平提升，建立制造业对外投资公共服务平台和出口产品技术性贸易服务平台，完善应对贸易摩擦和境外投资重大事项预警协调机制。

### （八）健全组织实施机制

成立国家制造强国建设领导小组，由国务院领导同志担任组长，成员由国务院相关部门和单位负责同志担任。领导小组主要职责是：统筹协调制造强国建设全局性工作，审议重大规划、重大政策、重大工程专项、重大问题和重要工作安排，加强战略谋划，指导部门、地方开展工作。领导小组办公室设在工业和信息化部，承担领导小组日常工作。设立制造强国建设战略咨询委员会，研究制造业发展的前瞻性、战略性重大问题，对制造业重大决策提供咨询评估。支持包括社会智库、企业智库在内的多层次、多领域、多形态的中国特色新型智库建设，为制造强国建设提供强大智力支持。建立《中国制造 2025》任务落实情况督促检查和第三方评价机制，完善统计监测、绩效评估、动态调整和监督考核机制。建立《中国制造 2025》中期评估机制，适时对目标任务进行必要调整。

各地区、各部门要充分认识建设制造强国的重大意义，加强组织领导，健全工作机制，强化部门协同和上下联动。各地区要结合当地实际，研究制定具体实施方案，细化政策措施，确保各项任务落实到位。工业和信息化部要会同相关部门加强跟踪分析和督促指导，重大事项及时向国务院报告。

## 第三节　国务院批转发展改革委关于 2015 年深化经济体制改革重点工作意见的通知

国发〔2015〕26 号

各省、自治区、直辖市人民政府，国务院各部委、各直属机构：

国务院同意发展改革委《关于 2015 年深化经济体制改革重点工作的意见》，现转发给你们，请认真贯彻执行。

国务院

2015 年 5 月 8 日

# 关于2015年深化经济体制改革重点工作的意见发展改革委

2015年是全面深化改革的关键之年，是全面推进依法治国的开局之年，是全面完成“十二五”规划的收官之年，也是稳增长、调结构的紧要之年，经济体制改革任务更加艰巨。根据《中央全面深化改革领导小组2015年工作要点》和《政府工作报告》的部署，现就2015年深化经济体制改革重点工作提出以下意见。

## 一、总体要求

全面贯彻落实党的十八大和十八届二中、三中、四中全会精神，按照党中央、国务院决策部署，主动适应和引领经济发展新常态，进一步解放思想，大胆探索，加快推出既具有年度特点、又有利于长远制度安排的改革，进一步解放和发展社会生产力。以处理好政府和市场关系为核心，以政府自身革命带动重要领域改革，着力抓好已出台改革方案的落地实施，抓紧推出一批激活市场、释放活力、有利于稳增长保就业增效益的改革新举措，使改革新红利转化为发展新动力。

牢牢把握问题导向，使改革更好服务于稳增长、调结构、惠民生、防风险。把有效解决经济社会发展面临的突出问题作为经济体制改革成效的重要标准。针对经济下行压力加大、发展中深层次矛盾凸显、新老问题叠加、风险隐患增多等困难和问题，推动有利于稳增长保就业增效益的改革措施及早出台、加快落地，通过改革激发市场活力、释放发展潜力、化解潜在风险，促进经济稳中有进和提质增效升级。

坚持顶层设计与基层创新相结合，充分激发社会活力和创造力。既高度重视改革的顶层设计，又坚持眼睛向下、脚步向下，充分尊重和发挥地方、基层、群众实践和首创精神，善于从群众关注的焦点、百姓生活的难点寻找改革的切入点，使改革的思路、决策、措施更加符合群众需要和发展实际，从实践中寻找最佳方案，推动顶层设计与基层探索良性互动、有机结合。

自觉运用法治思维和法治方式推进改革，实现深化改革与法治保障的有机统一。研究改革方案和改革措施要同步考虑改革涉及的立法问题，做到重大改革于法有据。将实践证明行之有效的改革举措及时推动上升为法律法规。需要突破现有法律规定先行先试的改革，要依照法定程序经授权后开展试点。通过法治凝聚改革共识、防范化解风险、巩固改革成果。

处理好整体推进和重点突破的关系，推动改革尽早有收获、尽快见成效。既系统全面推进各领域改革，又根据改革举措的轻重缓急、难易程度、推进条件，统筹改革推进的步骤和次序，突出阶段性工作重点，把握改革关键环节，合理选择时间窗口，推出一批能叫得响、立得住、群众认可的硬招实招，让人民群众有更多获得感。

持续提高改革方案质量，更加注重改革实效。把质量放到重要位置，提高总体性改革方案和具体改革举措的质量。建立改革的前期调研制度，在做实做细调查研究的基础上搞好方案设计，多深入基层听取各方意见，严格方案制定程序，确保改革方案接地气、有针对性、能解决问题。

## 二、持续简政放权，加快推进政府自身改革

以深化行政审批制度改革为突破口，把简政放权、放管结合改革向纵深推进，逐步形成权力清单、责任清单、负面清单管理新模式，实现政府法无授权不可为、法定职责必须为，市场主体法无禁止即可为，从根本上转变政府职能，努力建设法治政府和服务型政府。

（一）继续深入推进行政审批制度改革，做好已取消和下放管理层级行政审批项目的落实和衔接，加强事中事后监管。再取消和下放一批行政审批事项，全部取消非行政许可审批，规范行政审批行为，推广网上并联审批等新模式。大幅缩减政府核准投资项目范围，精简前置审批，规范中介服务，实施企业投资项目网上并联核准制度，加快建立健全投资项目纵横联动协同监管机制。推进药品医疗器械审评审批制度改革，进一步完善新药注册特殊审批机制。完善认证机构行政审批程序。

（二）多管齐下改革投融资体制，研究制定深化投融资体制改革的决定。调整财政性资金投资方式，对竞争性领域产业存在市场失灵的特定环节，研究由直接支持项目改为更多采取股权投资等市场化方式予以支持。积极推广政府和社会资本合作（PPP）模式，出台基础设施和公用事业特许经营办法，充分激发社会投资活力。以用好铁路发展基金为抓手，深化铁路投融资改革。深化公路投融资体制改革，修订收费公路管理条例。出台政府投资条例，研究制定政府核准和备案投资项目管理条例，逐步将投资管理纳入法治化轨道。

（三）不失时机加快价格改革，制定加快完善市场决定价格机制的若干意见。修订中央和地方政府定价目录，大幅缩减政府定价种类和项目。稳步分批放开竞争性商品和服务价格，取消绝大部分药品政府定价，建立健全药品市场价格监管规则，放开烟叶收购价格和部分铁路运价，下放一批基本公共服务收费定价权。实现存量气与增量气价格并轨，理顺非居民用天然气价格，试点放开部分直供大用户供气价格。扩大输配电价改革试点，完善煤电价格联动机制。总结新疆棉花、东北和内蒙古大豆目标价格改革试点经验，改进补贴办法，降低操作成本。推进农业水价综合改革，合理调整农业水价，建立精准补贴机制。督促各地完善污水处理和排污收费政策并提高收费标准。全面实行保基本、促节约的居民用水、用气阶梯价格制度。

（四）加快形成商事制度新机制，深化落实注册资本登记制度改革方案，深入推进工商登记前置审批事项改为后置审批相关改革，推行全程电子化登记管理和电子营业执照，加快实现“三证合一、一照一码”，清理规范中介服务。简化和完善企业注销流程，对个体工商户、未开业企业以及无债权债务企业试行简易注销程序，构建和完善全国统一的企业信用信息公示系统，建立严重违法和失信企业名单制度，实施企业年度报告、即时信息公示、公示信息抽查和经营异常名录制度。

（五）制定清理、废除妨碍全国统一市场和公平竞争的各种规定、做法的意见。制定实行市场准入负面清单制度的指导意见和负面清单草案，出台负面清单制度改革试点办法并开展试点。促进产业政策和竞争政策有效协调，建立和规范产业政策的公平性、竞争性审查机制。修改反不正当竞争法。改革市场监管执法体制，推进重点领域综合执法。落实社会信用体系建设规划纲要，出台以组织机构代码为基础的法人和其他组织统一社会信用代码制度建设总体方案，推动信用记录共建共享。制定深化标准化工作改革方案。组织开展国内贸易流通管理体制改革发展综合

试点。

（六）全面实施中央和国家机关公务用车制度改革，做好车辆处置、司勤人员安置等后续工作。本着从实际出发、有利于工作、有利于节约开支、有利于机制转换的原则，因地制宜推进地方党政机关和驻地方中央垂直管理单位公务用车制度改革，启动国有企事业单位公务用车制度改革。出台深化出租汽车行业改革指导意见。

（七）推进地区生产总值统一核算改革，完善发展成果考核评价体系。加快建立和实施不动产统一登记制度。出台行业协会商会与行政机关脱钩改革方案并开展试点。出台改革社会组织管理制度促进社会组织健康有序发展的意见。

## 三、深化企业改革，进一步增强市场主体活力

以解放和发展社会生产力为标准，毫不动摇巩固和发展公有制经济，提高国有企业核心竞争力和国有资本效率，不断增强国有经济活力、控制力、影响力、抗风险能力。毫不动摇鼓励、支持、引导非公有制经济发展，激发非公有制经济活力和创造力。

（八）推进国企国资改革，出台深化国有企业改革指导意见，制定改革和完善国有资产管理体制、国有企业发展混合所有制经济等系列配套文件。制定中央企业结构调整与重组方案，加快推进国有资本运营公司和投资公司试点，形成国有资本流动重组、布局调整的有效平台。

（九）制定进一步完善国有企业法人治理结构方案，修改完善中央企业董事会董事评价办法，推动国有企业完善现代企业制度。完善中央企业分类考核实施细则，健全经营业绩考核与薪酬分配有效衔接的激励约束机制。推进剥离国有企业办社会职能和解决历史遗留问题。

（十）出台加强和改进企业国有资产监督防范国有资产流失的意见。出台进一步加强和改进外派监事会工作的意见。加快建立健全国有企业国有资本审计监督体系和制度。加强对国有企业境外资产的审计监督。完善国有企业内部监督机制。健全国有企业违法违规经营责任追究体系，制定国有企业经营投资责任追究制度的指导意见。

（十一）落实进一步深化电力体制改革的若干意见，制定相关配套政策，开展售电侧改革等试点。研究提出石油天然气体制改革总体方案，在全产业链各环节放宽准入。推进盐业体制改革。

（十二）支持非公有制经济健康发展，全面落实促进民营经济发展的政策措施。鼓励非公有制企业参与国有企业改制，鼓励发展非公有资本控股的混合所有制企业。出台实施鼓励和规范国有企业投资项目引入非国有资本的指导意见。

（十三）完善产权保护制度，健全归属清晰、权责明确、保护严格、流转顺畅的现代产权制度，让各类企业法人财产权依法得到保护。修改国有产权交易流转监管办法和实施细则，提高国有资产交易流转的规范性和透明度。查处侵犯市场主体产权的典型案例，引导和改善保护产权的舆论环境和社会氛围。

## 四、落实财税改革总体方案，推动财税体制改革取得新进展

立足当前，着眼长远，积极稳妥深化财税体制改革，进一步完善公共财政体系，为科学发展

奠定坚实的财税体制基础，更有效地发挥财政政策对稳增长、调结构的积极作用。

（十四）实行全面规范、公开透明的预算管理制度。完善政府预算体系，将 11 项政府性基金转列一般公共预算，出台中央国有资本经营预算管理办法及配套政策，进一步提高中央国有资本经营预算调入一般公共预算的比例。制定出台全面推进预算公开的意见，实现中央和地方政府预决算以及所有使用财政资金的部门预决算除法定涉密信息外全部公开。制定加强地方政府性债务管理意见的配套办法，做好过渡政策安排，加快建立规范的地方政府举债融资机制，对地方政府债务实行限额管理，建立地方政府债务风险评估和预警机制。推进权责发生制政府综合财务报告制度建设，制定发布政府会计基本准则，发布政府财务报告编制办法及操作指南。加快建立财政库底目标余额管理制度。制定盘活财政存量资金的有效办法。落实政府购买服务管理办法，提高政府购买服务资金占公共服务项目资金的比例。出台在公共服务领域大力推广政府和社会资本合作模式的指导意见，不断提高公共服务供给效率和质量。

（十五）力争全面完成营改增，将营改增范围扩大到建筑业、房地产业、金融业和生活服务业等领域。进一步调整消费税征收范围、环节、税率。组织实施煤炭资源税费改革，制定原油、天然气、煤炭外其他品目资源税费改革方案，研究扩大资源税征收范围。研究提出综合与分类相结合个人所得税改革方案。推进环境保护税立法。推动修订税收征收管理法。

（十六）研究提出合理划分中央与地方事权和支出责任的指导意见，研究制定中央和地方收入划分调整方案，改革和完善中央对地方转移支付制度，推动建立事权和支出责任相适应的制度。

## 五、推进金融改革，健全金融服务实体经济的体制机制

围绕服务实体经济推进金融体制改革，进一步扩大金融业对内对外开放，健全多层次资本市场，促进资源优化配置，推动解决融资难、融资贵问题。

（十七）制定完善金融市场体系实施方案。在加强监管前提下，加快发展民营银行等中小金融机构。推进开发性政策性金融机构改革。深化农村信用社改革。推出存款保险制度。制定健全银行业监管体制机制改革方案。出台促进互联网金融健康发展的指导意见。制定推进普惠金融发展规划。探索构建金融业综合统计制度框架。

（十八）推动利率市场化改革，适时推出面向机构及个人发行的大额存单，扩大金融机构负债产品市场化定价范围，有序放松存款利率管制。加强金融市场基准利率体系建设，完善利率传导机制，健全中央银行利率调控框架，不断增强中央银行利率调控能力。完善人民币汇率市场化形成机制，增强汇率双向浮动弹性，推动汇率风险管理工具创新。稳步推进人民币资本项目可兑换，扩大人民币跨境使用，择机推出合格境内个人投资者境外投资试点，进一步完善“沪港通”试点，适时启动“深港通”试点。建立健全宏观审慎管理框架下的外债和资本流动管理体系，提高可兑换条件下的风险管理水平。修订外汇管理条例。

（十九）实施股票发行注册制改革，探索建立多层次资本市场转板机制，发展服务中小企业的区域性股权市场，开展股权众筹融资试点。推进信贷资产证券化，发展债券市场，提高直接融资比重。制定出台私募投资基金管理暂行条例。修改上市公司股权激励管理办法。开展商品期货期权和股指期权试点，推动场外衍生品市场发展。推动证券法修订和期货法制定工作。

（二十）推出巨灾保险，推动信用保证保险领域产品创新，出台食品安全责任保险试点指导意见。研究启动个人税收递延型商业养老保险试点。制定完善保险稽查体制改革方案。

## 六、加快推进城镇化、农业农村和科技体制等改革，推动经济结构不断优化

经济结构不合理严重制约经济持续健康发展，优化经济结构必须加快推进结构性改革，充分发挥市场在资源配置中的决定性作用，着力消除导致经济结构失衡的体制机制弊端，加快调整产业、城乡、区域经济结构，促进经济行稳致远。

（二十一）推进城镇化体制创新，统筹推进国家新型城镇化综合试点、中小城市综合改革试点和建制镇示范试点，以点带面，点面结合，推进新型城镇化实现新突破。完善设市标准，制定市辖区设置标准，开展特大镇扩权增能试点。

（二十二）抓紧实施户籍制度改革，落实放宽户口迁移政策，完善配套措施，建立城乡统一的户口登记制度。出台实施居住证管理办法，以居住证为载体提供相应基本公共服务。制定实施城镇建设用地增加规模与吸纳农业转移人口落户数量挂钩政策。研究提出中央对地方转移支付同农业转移人口市民化挂钩机制的指导意见。

（二十三）建立规范多元可持续的城市建设投融资机制，允许地方政府通过发债等多种方式拓宽城市建设融资渠道，制定项目收益债券试点管理办法。开展城市地下综合管廊和“海绵城市”建设试点，鼓励社会资本参与城市公用设施建设和运营，拓宽多元投资渠道。

（二十四）制定深化农村改革实施方案。推进农村土地承包经营权确权登记颁证，新增9个省份开展整省试点，其他省份扩大开展以县为单位的整体试点。研究提出落实土地承包关系长久不变的意见。分类开展农村土地征收、集体经营性建设用地入市、宅基地制度改革试点。开展工业用地市场化配置改革试点。开展积极发展农民股份合作赋予农民对集体资产股份权能改革试点，探索赋予农民更多财产权利。制定推进农村集体产权制度改革指导意见。开展农村承包土地经营权和农民住房财产权抵押担保贷款试点。稳妥开展农民合作社内部资金互助试点。出台农垦改革发展意见。全面深化供销合作社综合改革。探索建立农业补贴评估机制。改革涉农转移支付制度，有效整合财政农业农村投入。开展水权确权登记试点，探索多种形式的水权流转方式。开展鼓励和引导社会资本参与水利工程建设运营试点。深入推进黑龙江“两大平原”现代农业综合配套改革试验。

（二十五）以体制创新促进科技创新，出台深化体制机制改革加快实施创新驱动发展战略的若干意见和实施创新驱动发展战略顶层设计文件，在一些省份系统推进全面创新改革试验，增设国家自主创新示范区。研究制定支持东北老工业基地创新创业发展的实施意见。改革中央财政科技计划管理方式，建立公开统一的国家科技管理平台，制定科研项目和资金管理配套制度。深入推进中央级事业单位科技成果使用、处置和收益管理改革试点，适时总结推广试点政策，修订促进科技成果转化法。健全企业主导的产学研协同创新机制，制定科技型中小企业标准并开展培育工程试点。完善人才评价制度，研究修订国家科学技术奖励条例，制定更加开放的人才引进政策。

## 七、构建开放型经济新体制，实施新一轮高水平对外开放

适应经济全球化新形势，把深化改革和扩大开放紧密结合起来，更加积极地促进内需和外需平衡、进口和出口平衡、引进外资和对外投资平衡，加快构建开放型经济新体制，以开放的主动赢得发展的主动、国际竞争的主动。

（二十六）健全促进外贸转型升级的体制和政策，完善出口退税负担机制，调整规范进出口环节收费，提高贸易便利化水平。制定创新加工贸易模式指导意见，修订加工贸易限制类商品目录。扩大跨境电子商务综合试点，增加服务外包示范城市数量。出台实施加快海关特殊监管区域整合优化改革方案，在符合条件的海关特殊监管区域开展高技术高附加值项目境内外检测维修、融资租赁和期货保税交割海关监管制度等改革试点。总结苏州、重庆贸易多元化试点经验，适时研究扩大试点。继续引导加工贸易向中西部地区转移，促进区域产业升级。

（二十七）实施新的外商投资产业指导目录，重点扩大服务业和一般制造业开放，缩减外商投资限制类条目。全面推行外商投资普遍备案、有限核准的管理制度，大幅下放鼓励类项目核准权，积极探索准入前国民待遇加负面清单管理模式。继续在自由贸易试验区和 CEPA（内地与香港、澳门关于建立更紧密经贸关系的安排）框架下开展将外商投资企业设立、变更及合同章程审批改为备案管理。推动修订外商投资相关法律，制定外资国家安全审查条例，健全外商投资监管体系，打造稳定公平透明可预期的营商环境。

（二十八）加快完善互利共赢的国际产能合作体制机制。制定关于推进国际产能和装备制造合作的指导意见。充分发挥“走出去”工作部际联席会议制度作用，加强统筹指导。发挥现有多双边合作机制作用，加快与有关重点国家建立互利共赢的产能合作机制，推动装备“走出去”和国际产能合作重点项目实施。改革对外合作管理体制，深化境外投资管理制度改革。综合利用债权、股权、基金等方式，更好发挥政策性金融机构作用，为装备和产能“走出去”提供支持。

（二十九）总结推广中国（上海）自由贸易试验区经验，积极推进内销货物选择性征收关税政策先行先试，统筹研究推进货物状态分类监管试点，将试验区有关投资管理、贸易便利化、金融、服务业开放、事中事后监管等举措适时向全国推广，将试验区部分海关监管制度、检验检疫制度创新措施向全国其他海关特殊监管区域推广。稳步推进广东、天津、福建自由贸易试验区建设，逐步向其他地方扩展。

（三十）实施“一带一路”战略规划，启动实施一批重点合作项目。制定沿边重点地区在人员往来、加工物流、旅游等方面的政策，扶持沿边地区开发开放。加快实施自由贸易区战略。完成亚洲基础设施投资银行和金砖国家新开发银行筹建工作。

（三十一）实施落实“三互”推进大通关建设改革，加快口岸管理条例立法进程，推进地方电子口岸平台和“单一窗口”建设，建立信息全面交换和数据使用管理办法。加快推进京津冀、长江经济带、广东地区区域通关和检验检疫一体化改革，逐步覆盖到全国。开展口岸查验机制创新试点，探索口岸综合执法试点。

## 八、深化民生保障相关改革，健全保基本、兜底线的体制机制

把改善民生与增强经济动力、社会活力结合起来，围绕解决基本公共服务公平、效率、供给等方面的问题，着力深化教育、医药卫生、文化、收入分配、社会保障、住房等领域改革，促进社会公平，更好兜住民生底线。

（三十二）落实考试招生制度改革，改进招生计划分配方式，提高中西部地区和人口大省高考录取率，增加农村学生上重点高校人数，完善中小学招生办法破解择校难题，开展高考综合改革试点。深化省级政府教育统筹改革和高等院校综合改革。落实农民工随迁子女在流入地接受义务教育政策，完善后续升学政策。出台深化高校创新创业教育改革实施意见。制定职业教育校企合作办学促进办法。出台进一步鼓励社会力量兴办教育若干意见。

（三十三）推动医改向纵深发展，全面推开县级公立医院综合改革，在100个地级以上城市进行公立医院改革试点，破除以药补医机制。开展省级深化医改综合试点。全面实施城乡居民大病保险制度，完善疾病应急救助机制，加快推进重特大疾病医疗救助。推动出台整合城乡居民基本医疗保险管理体制改革方案。推进医保支付方式改革，健全进城落户农民参加基本医疗保险和关系转续政策。加快发展商业健康保险。出台进一步鼓励社会资本举办医疗机构的意见。

（三十四）逐步推进基本公共文化服务标准化均等化，推动政府向社会力量购买公共文化服务。制定制作和出版分开实施办法。开展非公有制文化企业参与对外专项出版业务试点。完善国有文化资产管理体制。

（三十五）完善机关事业单位工作人员工资制度，制定完善艰苦边远地区津贴增长机制的意见和地区附加津贴制度实施方案，在县以下机关建立公务员职务与职级并行制度。制定地市以上机关建立公务员职务与职级并行制度的试点意见。制定关于完善最低工资标准调整机制的意见。制定养老保险顶层设计方案和职工基础养老金全国统筹方案。实施机关事业单位养老保险制度改革。出台企业年金管理办法、职业年金办法。制定基本养老保险基金投资管理办法。全面实施临时救助制度。研究提出深化住房制度改革实施方案，修订住房公积金管理条例。

## 九、加快生态文明制度建设，促进节能减排和保护生态环境

要加强生态文明制度顶层设计，完善国土空间开发、资源节约利用、环境治理和生态修复相关制度，加快建立源头严防、过程严管、后果严惩的制度体系，用制度保障生态文明。

（三十六）出台加快推进生态文明建设的意见，制定生态文明体制改革总体方案。出台生态文明建设目标体系，建立生态文明建设评价指标体系。深入推进生态文明先行示范区和生态文明建设示范区建设。加快划定生态保护红线。加强主体功能区建设，完善土地、农业等相关配套制度，建立国土空间开发保护制度。启动生态保护与建设示范区创建。建立资源环境承载能力监测预警机制，完善监测预警方法并开展试点。开展市县“多规合一”试点。在9个省份开展国家公园体制试点。研究建立矿产资源国家权益金制度。加快推进自然生态空间统一确权登记，逐步健

全自然资源资产产权制度。

（三十七）强化节能节地节水、环境、技术、安全等市场准入标准，制订或修改50项左右节能标准。修订固定资产投资项目节能评估和审查暂行办法。调整全国工业用地出让最低价标准。实施能效领跑者制度，发布领跑者名单。修订重点行业清洁生产评价指标体系。

（三十八）扎实推进以环境质量改善为核心的环境保护管理制度改革。编制实施土壤污染防治行动计划。实施大气污染防治行动计划和水污染防治行动计划。建立重点地区重污染天气预警预报机制。研究提出“十三五”污染物排放总量控制方案思路。研究制定排污许可证管理办法，推行排污许可制度。完善主要污染物排污权核定办法，推进排污权有偿使用和交易试点。开展国土江河综合整治试点，扩大流域上下游横向补偿机制试点。修订建设项目环境保护管理条例。推行环境污染第三方治理。扩大碳排放权交易试点。

（三十九）推进国有林场和国有林区改革，总结国有林场改革试点经验，抓紧制定林场林区基础设施、化解金融债务、深山职工搬迁、富余职工安置等配套支持政策，研究制定五大林区改革实施方案。出台深化集体林权制度改革意见。

## 十、完善工作机制，确保改革措施落地生效

各地区、各部门要进一步强化责任意识、问题意识、攻坚意识，加强组织领导，完善工作机制，以钉钉子精神抓好工作落实，确保完成各项改革任务。

完善务实高效的改革推进机制。各项改革的牵头部门要会同参与部门制定工作方案，明确时限、责任和目标，主动搞好沟通协调，发挥好参与部门的优势，充分调动和运用各方力量。对一些关系全局、综合性强的改革，建立跨部门和上下联动的工作机制联合攻关，加强系统研究和整体设计。进一步发挥好经济体制改革协调工作机制的作用，加强部门间沟通衔接和协作互动，确保重点改革任务得到有效落实。

狠抓已出台改革方案落地实施。要建立改革落实责任制，原则上改革方案的制定部门主要负责人为改革落实第一责任人。对已出台的具有重大结构支撑作用的改革，要抓紧出台细化实施方案，着重抓好起标志性、关联性作用的改革举措。加强对改革方案实施过程的跟踪监测，对推进实施中可能出现的新情况新问题要充分预研预判，制定周密的应对预案，及时发现和协调解决问题。要强化督促评估，落实督办责任制和评估机制，发挥社会舆论和第三方评估机制作用，对已经出台的重大改革方案及时跟踪、及时检查、及时评估，确保政令畅通、政策落地，改有所进、改有所成。

充分发挥试点的先行先试作用。充分考虑我国地区发展不平衡、条件差异大的特点，鼓励不同区域进行差别化的试点探索。及时跟踪改革试点的进展，总结地方试点中形成的可复制、可推广的经验。完善国家综合配套改革试点部际协调工作机制，研究出台规范开展国家综合配套改革试点的意见，总结推广改革试验区试点经验。妥善处理试点突破与依法行政的关系，坚持局部试点，明确试点期限，确保风险可控。

加强重大改革问题研究和调研。对一些具有全局意义和重要影响的重大改革事项，要组织专门力量进行深入的理论研究和探讨，进一步明晰改革的方向、思路、路径、重要举措及相互关系，发挥理论研究对改革方案制定的支撑作用。制定改革方案要理论联系实际，开展深入的调查

研究，广泛听取基层意见和群众诉求，确保改革方案具有针对性和可操作性。

做好改革宣传和舆论引导工作。通过召开重点改革新闻发布会和媒体通气会、组织专家解读等多种方式，加强对改革的主动宣传、正面解读，正确引导社会预期，及时回应社会关切，推动形成深化改革的社会共识。加强对改革舆情的监测，准确把握舆情动向，及时发现苗头性、倾向性问题，对不实报道及时澄清，有效引导舆论导向，努力营造全社会关心改革、支持改革、参与改革的良好氛围。

## 第四节 国务院关于大力推进大众创业万众创新若干政策措施的意见

国发〔2015〕32 号

各省、自治区、直辖市人民政府，国务院各部委、各直属机构：

推进大众创业、万众创新，是发展的动力之源，也是富民之道、公平之计、强国之策，对于推动经济结构调整、打造发展新引擎、增强发展新动力、走创新驱动发展道路具有重要意义，是稳增长、扩就业、激发亿万群众智慧和创造力，促进社会纵向流动、公平正义的重大举措。根据 2015 年《政府工作报告》部署，为改革完善相关体制机制，构建普惠性政策扶持体系，推动资金链引导创业创新链、创业创新链支持产业链、产业链带动就业链，现提出以下意见。

### 一、充分认识推进大众创业、万众创新的重要意义

——推进大众创业、万众创新，是培育和催生经济社会发展新动力的必然选择。随着我国资源环境约束日益强化，要素的规模驱动力逐步减弱，传统的高投入、高消耗、粗放式发展方式难以为继，经济发展进入新常态，需要从要素驱动、投资驱动转向创新驱动。推进大众创业、万众创新，就是要通过结构性改革、体制机制创新，消除不利于创业创新发展的各种制度束缚和桎梏，支持各类市场主体不断开办新企业、开发新产品、开拓新市场，培育新兴产业，形成小企业“铺天盖地”、大企业“顶天立地”的发展格局，实现创新驱动发展，打造新引擎、形成新动力。

——推进大众创业、万众创新，是扩大就业、实现富民之道的根本举措。我国有 13 亿多人口、9 亿多劳动力，每年高校毕业生、农村转移劳动力、城镇困难人员、退役军人数量较大，人力资源转化为人力资本的潜力巨大，但就业总量压力较大，结构性矛盾凸显。推进大众创业、万众创新，就是要通过转变政府职能、建设服务型政府，营造公平竞争的创业环境，使有梦想、有意愿、有能力的科技人员、高校毕业生、农民工、退役军人、失业人员等各类市场创业主体“如鱼得水”，通过创业增加收入，让更多的人富起来，促进收入分配结构调整，实现创新支持创业、创业带动就业的良性互动发展。

——推进大众创业、万众创新，是激发全社会创新潜能和创业活力的有效途径。目前，我国创业创新理念还没有深入人心，创业教育培训体系还不健全，善于创造、勇于创业的能力不足，鼓励创新、宽容失败的良好环境尚未形成。推进大众创业、万众创新，就是要通过加强全社会以

创新为核心的创业教育，弘扬“敢为人先、追求创新、百折不挠”的创业精神，厚植创新文化，不断增强创业创新意识，使创业创新成为全社会共同的价值追求和行为习惯。

## 二、总体思路

按照“四个全面”战略布局，坚持改革推动，加快实施创新驱动发展战略，充分发挥市场在资源配置中的决定性作用和更好发挥政府作用，加大简政放权力度，放宽政策、放开市场、放活主体，形成有利于创业创新的良好氛围，让千千万万创业者活跃起来，汇聚成经济社会发展的巨大动能。不断完善体制机制、健全普惠性政策措施，加强统筹协调，构建有利于大众创业、万众创新蓬勃发展的政策环境、制度环境和公共服务体系，以创业带动就业、创新促进发展。

——坚持深化改革，营造创业环境。通过结构性改革和创新，进一步简政放权、放管结合、优化服务，增强创业创新制度供给，完善相关法律法规、扶持政策和激励措施，营造均等普惠环境，推动社会纵向流动。

——坚持需求导向，释放创业活力。尊重创业创新规律，坚持以人为本，切实解决创业者面临的资金需求、市场信息、政策扶持、技术支撑、公共服务等瓶颈问题，最大限度释放各类市场主体创业创新活力，开辟就业新空间，拓展发展新天地，解放和发展生产力。

——坚持政策协同，实现落地生根。加强创业、创新、就业等各类政策统筹，部门与地方政策联动，确保创业扶持政策可操作、能落地。鼓励有条件的地区先行先试，探索形成可复制、可推广的创业创新经验。

——坚持开放共享，推动模式创新。加强创业创新公共服务资源开放共享，整合利用全球创业创新资源，实现人才等创业创新要素跨地区、跨行业自由流动。依托“互联网+”、大数据等，推动各行业创新商业模式，建立和完善线上与线下、境内与境外、政府与市场开放合作等创业创新机制。

## 三、创新体制机制，实现创业便利化

### （一）完善公平竞争市场环境

进一步转变政府职能，增加公共产品和服务供给，为创业者提供更多机会。逐步清理并废除妨碍创业发展的制度和规定，打破地方保护主义。加快出台公平竞争审查制度，建立统一透明、有序规范的市场环境。依法反垄断和反不正当竞争，消除不利于创业创新发展的垄断协议和滥用市场支配地位以及其他不正当竞争行为。清理规范涉企收费项目，完善收费目录管理制度，制定事中事后监管办法。建立和规范企业信用信息发布制度，制定严重违法企业名单管理办法，把创业主体信用与市场准入、享受优惠政策挂钩，完善以信用管理为基础的创业创新监管模式。

### （二）深化商事制度改革

加快实施工商营业执照、组织机构代码证、税务登记证“三证合一”、“一照一码”，落实

"先照后证"改革，推进全程电子化登记和电子营业执照应用。支持各地结合实际放宽新注册企业场所登记条件限制，推动"一址多照"、集群注册等住所登记改革，为创业创新提供便利的工商登记服务。建立市场准入等负面清单，破除不合理的行业准入限制。开展企业简易注销试点，建立便捷的市场退出机制。依托企业信用信息公示系统建立小微企业名录，增强创业企业信息透明度。

**（三）加强创业知识产权保护**

研究商业模式等新形态创新成果的知识产权保护办法。积极推进知识产权交易，加快建立全国知识产权运营公共服务平台。完善知识产权快速维权与维权援助机制，缩短确权审查、侵权处理周期。集中查处一批侵犯知识产权的大案要案，加大对反复侵权、恶意侵权等行为的处罚力度，探索实施惩罚性赔偿制度。完善权利人维权机制，合理划分权利人举证责任，完善行政调解等非诉讼纠纷解决途径。

**（四）健全创业人才培养与流动机制**

把创业精神培育和创业素质教育纳入国民教育体系，实现全社会创业教育和培训制度化、体系化。加快完善创业课程设置，加强创业实训体系建设。加强创业创新知识普及教育，使大众创业、万众创新深入人心。加强创业导师队伍建设，提高创业服务水平。加快推进社会保障制度改革，破除人才自由流动制度障碍，实现党政机关、企事业单位、社会各方面人才顺畅流动。加快建立创业创新绩效评价机制，让一批富有创业精神、勇于承担风险的人才脱颖而出。

## 四、优化财税政策，强化创业扶持

**（五）加大财政资金支持和统筹力度**

各级财政要根据创业创新需要，统筹安排各类支持小微企业和创业创新的资金，加大对创业创新支持力度，强化资金预算执行和监管，加强资金使用绩效评价。支持有条件的地方政府设立创业基金，扶持创业创新发展。在确保公平竞争前提下，鼓励对众创空间等孵化机构的办公用房、用水、用能、网络等软硬件设施给予适当优惠，减轻创业者负担。

**（六）完善普惠性税收措施**

落实扶持小微企业发展的各项税收优惠政策。落实科技企业孵化器、大学科技园、研发费用加计扣除、固定资产加速折旧等税收优惠政策。对符合条件的众创空间等新型孵化机构适用科技企业孵化器税收优惠政策。按照税制改革方向和要求，对包括天使投资在内的投向种子期、初创期等创新活动的投资，统筹研究相关税收支持政策。修订完善高新技术企业认定办法，完善创业投资企业享受70%应纳税所得额税收抵免政策。抓紧推广中关村国家自主创新示范区税收试点政策，将企业转增股本分期缴纳个人所得税试点政策、股权奖励分期缴纳个人所得税试点政策推广至全国范围。落实促进高校毕业生、残疾人、退役军人、登记失业人员等创业就业税收政策。

### （七）发挥政府采购支持作用

完善促进中小企业发展的政府采购政策，加强对采购单位的政策指导和监督检查，督促采购单位改进采购计划编制和项目预留管理，增强政策对小微企业发展的支持效果。加大创新产品和服务的采购力度，把政府采购与支持创业发展紧密结合起来。

## 五、搞活金融市场，实现便捷融资

### （八）优化资本市场

支持符合条件的创业企业上市或发行票据融资，并鼓励创业企业通过债券市场筹集资金。积极研究尚未盈利的互联网和高新技术企业到创业板发行上市制度，推动在上海证券交易所建立战略新兴产业板。加快推进全国中小企业股份转让系统向创业板转板试点。研究解决特殊股权结构类创业企业在境内上市的制度性障碍，完善资本市场规则。规范发展服务于中小微企业的区域性股权市场，推动建立工商登记部门与区域性股权市场的股权登记对接机制，支持股权质押融资。支持符合条件的发行主体发行小微企业增信集合债等企业债券创新品种。

### （九）创新银行支持方式

鼓励银行提高针对创业创新企业的金融服务专业化水平，不断创新组织架构、管理方式和金融产品。推动银行与其他金融机构加强合作，对创业创新活动给予有针对性的股权和债权融资支持。鼓励银行业金融机构向创业企业提供结算、融资、理财、咨询等一站式系统化的金融服务。

### （十）丰富创业融资新模式

支持互联网金融发展，引导和鼓励众筹融资平台规范发展，开展公开、小额股权众筹融资试点，加强风险控制和规范管理。丰富完善创业担保贷款政策。支持保险资金参与创业创新，发展相互保险等新业务。完善知识产权估值、质押和流转体系，依法合规推动知识产权质押融资、专利许可费收益权证券化、专利保险等服务常态化、规模化发展，支持知识产权金融发展。

## 六、扩大创业投资，支持创业起步成长

### （十一）建立和完善创业投资引导机制

不断扩大社会资本参与新兴产业创投计划参股基金规模，做大直接融资平台，引导创业投资更多向创业企业起步成长的前端延伸。不断完善新兴产业创业投资政策体系、制度体系、融资体系、监管和预警体系，加快建立考核评价体系。加快设立国家新兴产业创业投资引导基金和国家中小企业发展基金，逐步建立支持创业创新和新兴产业发展的市场化长效运行机制。发展联合投资等新模式，探索建立风险补偿机制。鼓励各地方政府建立和完善创业投资引导基金。加强创业

投资立法，完善促进天使投资的政策法规。促进国家新兴产业创业投资引导基金、科技型中小企业创业投资引导基金、国家科技成果转化引导基金、国家中小企业发展基金等协同联动。推进创业投资行业协会建设，加强行业自律。

### （十二）拓宽创业投资资金供给渠道

加快实施新兴产业“双创”三年行动计划，建立一批新兴产业“双创”示范基地，引导社会资金支持大众创业。推动商业银行在依法合规、风险隔离的前提下，与创业投资机构建立市场化长期性合作。进一步降低商业保险资金进入创业投资的门槛。推动发展投贷联动、投保联动、投债联动等新模式，不断加大对创业创新企业的融资支持。

### （十三）发展国有资本创业投资

研究制定鼓励国有资本参与创业投资的系统性政策措施，完善国有创业投资机构激励约束机制、监督管理机制。引导和鼓励中央企业和其他国有企业参与新兴产业创业投资基金、设立国有资本创业投资基金等，充分发挥国有资本在创业创新中的作用。研究完善国有创业投资机构国有股转持豁免政策。

### （十四）推动创业投资“引进来”与“走出去”

抓紧修订外商投资创业投资企业相关管理规定，按照内外资一致的管理原则，放宽外商投资准入，完善外资创业投资机构管理制度，简化管理流程，鼓励外资开展创业投资业务。放宽对外资创业投资基金投资限制，鼓励中外合资创业投资机构发展。引导和鼓励创业投资机构加大对境外高端研发项目的投资，积极分享境外高端技术成果。按投资领域、用途、募集资金规模，完善创业投资境外投资管理。

## 七、发展创业服务，构建创业生态

### （十五）加快发展创业孵化服务

大力发展创新工场、车库咖啡等新型孵化器，做大做强众创空间，完善创业孵化服务。引导和鼓励各类创业孵化器与天使投资、创业投资相结合，完善投融资模式。引导和推动创业孵化与高校、科研院所等技术成果转移相结合，完善技术支撑服务。引导和鼓励国内资本与境外合作设立新型创业孵化平台，引进境外先进创业孵化模式，提升孵化能力。

### （十六）大力发展第三方专业服务

加快发展企业管理、财务咨询、市场营销、人力资源、法律顾问、知识产权、检验检测、现代物流等第三方专业化服务，不断丰富和完善创业服务。

### （十七）发展“互联网＋”创业服务

加快发展“互联网＋”创业网络体系，建设一批小微企业创业创新基地，促进创业与创新、创业与就业、线上与线下相结合，降低全社会创业门槛和成本。加强政府数据开放共享，推动大型互联网企业和基础电信企业向创业者开放计算、存储和数据资源。积极推广众包、用户参与设计、云设计等新型研发组织模式和创业创新模式。

### （十八）研究探索创业券、创新券等公共服务新模式

有条件的地方继续探索通过创业券、创新券等方式对创业者和创新企业提供社会培训、管理咨询、检验检测、软件开发、研发设计等服务，建立和规范相关管理制度和运行机制，逐步形成可复制、可推广的经验。

## 八、建设创业创新平台，增强支撑作用

### （十九）打造创业创新公共平台

加强创业创新信息资源整合，建立创业政策集中发布平台，完善专业化、网络化服务体系，增强创业创新信息透明度。鼓励开展各类公益讲坛、创业论坛、创业培训等活动，丰富创业平台形式和内容。支持各类创业创新大赛，定期办好中国创新创业大赛、中国农业科技创新创业大赛和创新挑战大赛等赛事。加强和完善中小企业公共服务平台网络建设。充分发挥企业的创新主体作用，鼓励和支持有条件的大型企业发展创业平台、投资并购小微企业等，支持企业内外部创业者创业，增强企业创业创新活力。为创业失败者再创业建立必要的指导和援助机制，不断增强创业信心和创业能力。加快建立创业企业、天使投资、创业投资统计指标体系，规范统计口径和调查方法，加强监测和分析。

### （二十）用好创业创新技术平台

建立科技基础设施、大型科研仪器和专利信息资源向全社会开放的长效机制。完善国家重点实验室等国家级科研平台（基地）向社会开放机制，为大众创业、万众创新提供有力支撑。鼓励企业建立一批专业化、市场化的技术转移平台。鼓励依托三维（3D）打印、网络制造等先进技术和发展模式，开展面向创业者的社会化服务。引导和支持有条件的领军企业创建特色服务平台，面向企业内部和外部创业者提供资金、技术和服务支撑。加快建立军民两用技术项目实施、信息交互和标准化协调机制，促进军民创新资源融合。

### （二十一）发展创业创新区域平台

支持开展全面创新改革试验的省（区、市）、国家综合配套改革试验区等，依托改革试验平台在创业创新体制机制改革方面积极探索，发挥示范和带动作用，为创业创新制度体系建设提供可复制、可推广的经验。依托自由贸易试验区、国家自主创新示范区、战略性新兴产业集聚区等创业创新资源密集区域，打造若干具有全球影响力的创业创新中心。引导和鼓励创业创新型城市完善环境，推动区域集聚发展。推动实施小微企业创业基地城市示范。鼓励有条件的地方出台各具特色的支持政策，积极盘活闲置的商业用房、工业厂房、企业库房、物流设施和家庭住所、租赁房等资源，为创业者提供低成本办公场所和居住条件。

## 九、激发创造活力，发展创新型创业

### （二十二）支持科研人员创业

加快落实高校、科研院所等专业技术人员离岗创业政策，对经同意离岗的可在3年内保留人事关系，建立健全科研人员双向流动机制。进一步完善创新型中小企业上市股权激励和员工持股计划制度规则。鼓励符合条件的企业按照有关规定，通过股权、期权、分红等激励方式，调动科研人员创业积极性。支持鼓励学会、协会、研究会等科技社团为科技人员和创业企业提供咨询服务。

### （二十三）支持大学生创业

深入实施大学生创业引领计划，整合发展高校毕业生就业创业基金。引导和鼓励高校统筹资源，抓紧落实大学生创业指导服务机构、人员、场地、经费等。引导和鼓励成功创业者、知名企业家、天使和创业投资人、专家学者等担任兼职创业导师，提供包括创业方案、创业渠道等创业辅导。建立健全弹性学制管理办法，支持大学生保留学籍休学创业。

### （二十四）支持境外人才来华创业

发挥留学回国人才特别是领军人才、高端人才的创业引领带动作用。继续推进人力资源市场对外开放，建立和完善境外高端创业创新人才引进机制。进一步放宽外籍高端人才来华创业办理签证、永久居留证等条件，简化开办企业审批流程，探索由事前审批调整为事后备案。引导和鼓励地方对回国创业高端人才和境外高端人才来华创办高科技企业给予一次性创业启动资金，在配偶就业、子女入学、医疗、住房、社会保障等方面完善相关措施。加强海外科技人才离岸创业基地建设，把更多的国外创业创新资源引入国内。

## 十、拓展城乡创业渠道，实现创业带动就业

### （二十五）支持电子商务向基层延伸

引导和鼓励集办公服务、投融资支持、创业辅导、渠道开拓于一体的市场化网商创业平台发展。鼓励龙头企业结合乡村特点建立电子商务交易服务平台、商品集散平台和物流中心，推动农村依托互联网创业。鼓励电子商务第三方交易平台渠道下沉，带动城乡基层创业人员依托其平台和经营网络开展创业。完善有利于中小网商发展的相关措施，在风险可控、商业可持续的前提下支持发展面向中小网商的融资贷款业务。

### （二十六）支持返乡创业集聚发展

结合城乡区域特点，建立有市场竞争力的协作创业模式，形成各具特色的返乡人员创业联

盟。引导返乡创业人员融入特色专业市场，打造具有区域特点的创业集群和优势产业集群。深入实施农村青年创业富民行动，支持返乡创业人员因地制宜围绕休闲农业、农产品深加工、乡村旅游、农村服务业等开展创业，完善家庭农场等新型农业经营主体发展环境。

### （二十七）完善基层创业支撑服务

加强城乡基层创业人员社保、住房、教育、医疗等公共服务体系建设，完善跨区域创业转移接续制度。健全职业技能培训体系，加强远程公益创业培训，提升基层创业人员创业能力。引导和鼓励中小金融机构开展面向基层创业创新的金融产品创新，发挥社区地理和软环境优势，支持社区创业者创业。引导和鼓励行业龙头企业、大型物流企业发挥优势，拓展乡村信息资源、物流仓储等技术和服务网络，为基层创业提供支撑。

## 十一、加强统筹协调，完善协同机制

### （二十八）加强组织领导

建立由发展改革委牵头的推进大众创业万众创新部际联席会议制度，加强顶层设计和统筹协调。各地区、各部门要立足改革创新，坚持需求导向，从根本上解决创业创新中面临的各种体制机制问题，共同推进大众创业、万众创新蓬勃发展。重大事项要及时向国务院报告。

### （二十九）加强政策协调联动

建立部门之间、部门与地方之间政策协调联动机制，形成强大合力。各地区、各部门要系统梳理已发布的有关支持创业创新发展的各项政策措施，抓紧推进“立、改、废”工作，将对初创企业的扶持方式从选拔式、分配式向普惠式、引领式转变。建立健全创业创新政策协调审查制度，增强政策普惠性、连贯性和协同性。

### （三十）加强政策落实情况督查

加快建立推进大众创业、万众创新有关普惠性政策措施落实情况督查督导机制，建立和完善政策执行评估体系和通报制度，全力打通决策部署的“最先一公里”和政策落实的“最后一公里”，确保各项政策措施落地生根。

各地区、各部门要进一步统一思想认识，高度重视、认真落实本意见的各项要求，结合本地区、本部门实际明确任务分工、落实工作责任，主动作为、敢于担当，积极研究解决新问题，及时总结推广经验做法，加大宣传力度，加强舆论引导，推动本意见确定的各项政策措施落实到位，不断拓展大众创业、万众创新的空间，汇聚经济社会发展新动能，促进我国经济保持中高速增长、迈向中高端水平。

国务院<br>2015 年 6 月 11 日

# 第五节 国务院关于积极推进“互联网+”行动的指导意见

国发〔2015〕40号

各省、自治区、直辖市人民政府，国务院各部委、各直属机构：

“互联网+”是把互联网的创新成果与经济社会各领域深度融合，推动技术进步、效率提升和组织变革，提升实体经济创新力和生产力，形成更广泛的以互联网为基础设施和创新要素的经济社会发展新形态。在全球新一轮科技革命和产业变革中，互联网与各领域的融合发展具有广阔前景和无限潜力，已成为不可阻挡的时代潮流，正对各国经济社会发展产生着战略性和全局性的影响。积极发挥我国互联网已经形成的比较优势，把握机遇，增强信心，加快推进“互联网+”发展，有利于重塑创新体系、激发创新活力、培育新兴业态和创新公共服务模式，对打造大众创业、万众创新和增加公共产品、公共服务“双引擎”，主动适应和引领经济发展新常态，形成经济发展新动能，实现中国经济提质增效升级具有重要意义。

近年来，我国在互联网技术、产业、应用以及跨界融合等方面取得了积极进展，已具备加快推进“互联网+”发展的坚实基础，但也存在传统企业运用互联网的意识和能力不足、互联网企业对传统产业理解不够深入、新业态发展面临体制机制障碍、跨界融合型人才严重匮乏等问题，亟待加以解决。为加快推动互联网与各领域深入融合和创新发展，充分发挥“互联网+”对稳增长、促改革、调结构、惠民生、防风险的重要作用，现就积极推进“互联网+”行动提出以下意见。

## 一、行动要求

### （一）总体思路

顺应世界“互联网+”发展趋势，充分发挥我国互联网的规模优势和应用优势，推动互联网由消费领域向生产领域拓展，加速提升产业发展水平，增强各行业创新能力，构筑经济社会发展新优势和新动能。坚持改革创新和市场需求导向，突出企业的主体作用，大力拓展互联网与经济社会各领域融合的广度和深度。着力深化体制机制改革，释放发展潜力和活力；着力做优存量，推动经济提质增效和转型升级；着力做大增量，培育新兴业态，打造新的增长点；着力创新政府服务模式，夯实网络发展基础，营造安全网络环境，提升公共服务水平。

### （二）基本原则

坚持开放共享。营造开放包容的发展环境，将互联网作为生产生活要素共享的重要平台，最大限度优化资源配置，加快形成以开放、共享为特征的经济社会运行新模式。

坚持融合创新。鼓励传统产业树立互联网思维，积极与“互联网+”相结合。推动互联网向经济社会各领域加速渗透，以融合促创新，最大限度汇聚各类市场要素的创新力量，推动融合性新兴产业成为经济发展新动力和新支柱。

坚持变革转型。充分发挥互联网在促进产业升级以及信息化和工业化深度融合中的平台作用，引导要素资源向实体经济集聚，推动生产方式和发展模式变革。创新网络化公共服务模式，大幅提升公共服务能力。

坚持引领跨越。巩固提升我国互联网发展优势，加强重点领域前瞻性布局，以互联网融合创新为突破口，培育壮大新兴产业，引领新一轮科技革命和产业变革，实现跨越式发展。

坚持安全有序。完善互联网融合标准规范和法律法规，增强安全意识，强化安全管理和防护，保障网络安全。建立科学有效的市场监管方式，促进市场有序发展，保护公平竞争，防止形成行业垄断和市场壁垒。

### （三）发展目标

到2018年，互联网与经济社会各领域的融合发展进一步深化，基于互联网的新业态成为新的经济增长动力，互联网支撑大众创业、万众创新的作用进一步增强，互联网成为提供公共服务的重要手段，网络经济与实体经济协同互动的发展格局基本形成。

——经济发展进一步提质增效。互联网在促进制造业、农业、能源、环保等产业转型升级方面取得积极成效，劳动生产率进一步提高。基于互联网的新兴业态不断涌现，电子商务、互联网金融快速发展，对经济提质增效的促进作用更加凸显。

——社会服务进一步便捷普惠。健康医疗、教育、交通等民生领域互联网应用更加丰富，公共服务更加多元，线上线下结合更加紧密。社会服务资源配置不断优化，公众享受到更加公平、高效、优质、便捷的服务。

——基础支撑进一步夯实提升。网络设施和产业基础得到有效巩固加强，应用支撑和安全保障能力明显增强。固定宽带网络、新一代移动通信网和下一代互联网加快发展，物联网、云计算等新型基础设施更加完备。人工智能等技术及其产业化能力显著增强。

——发展环境进一步开放包容。全社会对互联网融合创新的认识不断深入，互联网融合发展面临的体制机制障碍有效破除，公共数据资源开放取得实质性进展，相关标准规范、信用体系和法律法规逐步完善。

到2025年，网络化、智能化、服务化、协同化的“互联网+”产业生态体系基本完善，“互联网+”新经济形态初步形成，“互联网+”成为经济社会创新发展的重要驱动力量。

## 二、重点行动

### （一）“互联网+”创业创新

充分发挥互联网的创新驱动作用，以促进创业创新为重点，推动各类要素资源聚集、开放和共享，大力发展众创空间、开放式创新等，引导和推动全社会形成大众创业、万众创新的浓厚氛围，打造经济发展新引擎。（发展改革委、科技部、工业和信息化部、人力资源社会保障部、商务部等负责，列第一位者为牵头部门，下同）

1. 强化创业创新支撑。鼓励大型互联网企业和基础电信企业利用技术优势和产业整合能力，向小微企业和创业团队开放平台入口、数据信息、计算能力等资源，提供研发工具、经营管理和市场营销等方面的支持和服务，提高小微企业信息化应用水平，培育和孵化具有良好商业模式的创业企业。充分利用互联网基础条件，完善小微企业公共服务平台网络，集聚创业创新资源，为小微企业提供找得着、用得起、有保障的服务。

2. 积极发展众创空间。充分发挥互联网开放创新优势，调动全社会力量，支持创新工场、创客空间、社会实验室、智慧小企业创业基地等新型众创空间发展。充分利用国家自主创新示范区、科技企业孵化器、大学科技园、商贸企业集聚区、小微企业创业示范基地等现有条件，通过市场化方式构建一批创新与创业相结合、线上与线下相结合、孵化与投资相结合的众创空间，为创业者提供低成本、便利化、全要素的工作空间、网络空间、社交空间和资源共享空间。实施新兴产业“双创”行动，建立一批新兴产业“双创”示范基地，加快发展“互联网+”创业网络体系。

3. 发展开放式创新。鼓励各类创新主体充分利用互联网，把握市场需求导向，加强创新资源共享与合作，促进前沿技术和创新成果及时转化，构建开放式创新体系。推动各类创业创新扶持政策与互联网开放平台联动协作，为创业团队和个人开发者提供绿色通道服务。加快发展创业服务业，积极推广众包、用户参与设计、云设计等新型研发组织模式，引导建立社会各界交流合作的平台，推动跨区域、跨领域的技术成果转移和协同创新。

### （二）“互联网+”协同制造

推动互联网与制造业融合，提升制造业数字化、网络化、智能化水平，加强产业链协作，发展基于互联网的协同制造新模式。在重点领域推进智能制造、大规模个性化定制、网络化协同制造和服务型制造，打造一批网络化协同制造公共服务平台，加快形成制造业网络化产业生态体系。（工业和信息化部、发展改革委、科技部共同牵头）

1. 大力发展智能制造。以智能工厂为发展方向，开展智能制造试点示范，加快推动云计算、物联网、智能工业机器人、增材制造等技术在生产过程中的应用，推进生产装备智能化升级、工艺流程改造和基础数据共享。着力在工控系统、智能感知元器件、工业云平台、操作系统和工业软件等核心环节取得突破，加强工业大数据的开发与利用，有效支撑制造业智能化转型，构建开放、共享、协作的智能制造产业生态。

2. 发展大规模个性化定制。支持企业利用互联网采集并对接用户个性化需求，推进设计研发、生产制造和供应链管理等关键环节的柔性化改造，开展基于个性化产品的服务模式和商业模式创新。鼓励互联网企业整合市场信息，挖掘细分市场需求与发展趋势，为制造企业开展个性化定制提供决策支撑。

3. 提升网络化协同制造水平。鼓励制造业骨干企业通过互联网与产业链各环节紧密协同，促进生产、质量控制和运营管理系统全面互联，推行众包设计研发和网络化制造等新模式。鼓励有实力的互联网企业构建网络化协同制造公共服务平台，面向细分行业提供云制造服务，促进创新资源、生产能力、市场需求的集聚与对接，提升服务中小微企业能力，加快全社会多元化制造资源的有效协同，提高产业链资源整合能力。

4. 加速制造业服务化转型。鼓励制造企业利用物联网、云计算、大数据等技术，整合产品全生命周期数据，形成面向生产组织全过程的决策服务信息，为产品优化升级提供数据支撑。鼓励企业基于互联网开展故障预警、远程维护、质量诊断、远程过程优化等在线增值服务，拓展产品价值空间，实现从制造向“制造 + 服务”的转型升级。

### （三）“互联网 + ”现代农业

利用互联网提升农业生产、经营、管理和服务水平，培育一批网络化、智能化、精细化的现代“种养加”生态农业新模式，形成示范带动效应，加快完善新型农业生产经营体系，培育多样化农业互联网管理服务模式，逐步建立农副产品、农资质量安全追溯体系，促进农业现代化水平明显提升。（农业部、发展改革委、科技部、商务部、质检总局、食品药品监管总局、林业局等负责）

1. 构建新型农业生产经营体系。鼓励互联网企业建立农业服务平台，支撑专业大户、家庭农场、农民合作社、农业产业化龙头企业等新型农业生产经营主体，加强产销衔接，实现农业生产由生产导向向消费导向转变。提高农业生产经营的科技化、组织化和精细化水平，推进农业生产流通销售方式变革和农业发展方式转变，提升农业生产效率和增值空间。规范用好农村土地流转公共服务平台，提升土地流转透明度，保障农民权益。

2. 发展精准化生产方式。推广成熟可复制的农业物联网应用模式。在基础较好的领域和地区，普及基于环境感知、实时监测、自动控制的网络化农业环境监测系统。在大宗农产品规模生产区域，构建天地一体的农业物联网测控体系，实施智能节水灌溉、测土配方施肥、农机定位耕种等精准化作业。在畜禽标准化规模养殖基地和水产健康养殖示范基地，推动饲料精准投放、疾病自动诊断、废弃物自动回收等智能设备的应用普及和互联互通。

3. 提升网络化服务水平。深入推进信息进村入户试点，鼓励通过移动互联网为农民提供政策、市场、科技、保险等生产生活信息服务。支持互联网企业与农业生产经营主体合作，综合利用大数据、云计算等技术，建立农业信息监测体系，为灾害预警、耕地质量监测、重大动植物疫情防控、市场波动预测、经营科学决策等提供服务。

4. 完善农副产品质量安全追溯体系。充分利用现有互联网资源，构建农副产品质量安全追溯公共服务平台，推进制度标准建设，建立产地准出与市场准入衔接机制。支持新型农业生产经营主体利用互联网技术，对生产经营过程进行精细化信息化管理，加快推动移动互联网、物联网、二维码、无线射频识别等信息技术在生产加工和流通销售各环节的推广应用，强化上下游追溯体系对接和信息互通共享，不断扩大追溯体系覆盖面，实现农副产品“从农田到餐桌”全过程可追溯，保障“舌尖上的安全”。

### （四）“互联网 + ”智慧能源

通过互联网促进能源系统扁平化，推进能源生产与消费模式革命，提高能源利用效率，推动节能减排。加强分布式能源网络建设，提高可再生能源占比，促进能源利用结构优化。加快发电设施、用电设施和电网智能化改造，提高电力系统的安全性、稳定性和可靠性。（能源局、发展改革委、工业和信息化部等负责）

1. 推进能源生产智能化。建立能源生产运行的监测、管理和调度信息公共服务网络，加强能源产业链上下游企业的信息对接和生产消费智能化，支撑电厂和电网协调运行，促进非化石能源与化石能源协同发电。鼓励能源企业运用大数据技术对设备状态、电能负载等数据进行分析挖掘与预测，开展精准调度、故障判断和预测性维护，提高能源利用效率和安全稳定运行水平。

2. 建设分布式能源网络。建设以太阳能、风能等可再生能源为主体的多能源协调互补的能源互联网。突破分布式发电、储能、智能微网、主动配电网等关键技术，构建智能化电力运行监测、管理技术平台，使电力设备和用电终端基于互联网进行双向通信和智能调控，实现分布式电源的及时有效接入，逐步建成开放共享的能源网络。

3. 探索能源消费新模式。开展绿色电力交易服务区域试点，推进以智能电网为配送平台，以电子商务为交易平台，融合储能设施、物联网、智能用电设施等硬件以及碳交易、互联网金融等衍生服务于一体的绿色能源网络发展，实现绿色电力的点到点交易及实时配送和补贴结算。进一步加强能源生产和消费协调匹配，推进电动汽车、港口岸电等电能替代技术的应用，推广电力需求侧管理，提高能源利用效率。基于分布式能源网络，发展用户端智能化用能、能源共享经济和能源自由交易，促进能源消费生态体系建设。

4. 发展基于电网的通信设施和新型业务。推进电力光纤到户工程，完善能源互联网信息通信系统。统筹部署电网和通信网深度融合的网络基础设施，实现同缆传输、共建共享，避免重复建设。鼓励依托智能电网发展家庭能效管理等新型业务。

### （五）"互联网+"普惠金融

促进互联网金融健康发展，全面提升互联网金融服务能力和普惠水平，鼓励互联网与银行、证券、保险、基金的融合创新，为大众提供丰富、安全、便捷的金融产品和服务，更好满足不同层次实体经济的投融资需求，培育一批具有行业影响力的互联网金融创新型企业。（人民银行、银监会、证监会、保监会、发展改革委、工业和信息化部、网信办等负责）

1. 探索推进互联网金融云服务平台建设。探索互联网企业构建互联网金融云服务平台。在保证技术成熟和业务安全的基础上，支持金融企业与云计算技术提供商合作开展金融公共云服务，提供多样化、个性化、精准化的金融产品。支持银行、证券、保险企业稳妥实施系统架构转型，鼓励探索利用云服务平台开展金融核心业务，提供基于金融云服务平台的信用、认证、接口等公共服务。

2. 鼓励金融机构利用互联网拓宽服务覆盖面。鼓励各金融机构利用云计算、移动互联网、大数据等技术手段，加快金融产品和服务创新，在更广泛地区提供便利的存贷款、支付结算、信用中介平台等金融服务，拓宽普惠金融服务范围，为实体经济发展提供有效支撑。支持金融机构和互联网企业依法合规开展网络借贷、网络证券、网络保险、互联网基金销售等业务。扩大专业互联网保险公司试点，充分发挥保险业在防范互联网金融风险中的作用。推动金融集成电路卡（IC 卡）全面应用，提升电子现金的使用率和便捷性。发挥移动金融安全可信公共服务平台（MTPS）的作用，积极推动商业银行开展移动金融创新应用，促进移动金融在电子商务、公共服务等领域的规模应用。支持银行业金融机构借助互联网技术发展消费信贷业务，支持金融租赁公司利用互联网技术开展金融租赁业务。

3. 积极拓展互联网金融服务创新的深度和广度。鼓励互联网企业依法合规提供创新金融产品和服务，更好满足中小微企业、创新型企业和个人的投融资需求。规范发展网络借贷和互联网消费信贷业务，探索互联网金融服务创新。积极引导风险投资基金、私募股权投资基金和产业投资基金投资于互联网金融企业。利用大数据发展市场化个人征信业务，加快网络征信和信用评价体系建设。加强互联网金融消费权益保护和投资者保护，建立多元化金融消费纠纷解决机制。改进和完善互联网金融监管，提高金融服务安全性，有效防范互联网金融风险及其外溢效应。

### （六）“互联网+”益民服务

充分发挥互联网的高效、便捷优势，提高资源利用效率，降低服务消费成本。大力发展以互联网为载体、线上线下互动的新兴消费，加快发展基于互联网的医疗、健康、养老、教育、旅游、社会保障等新兴服务，创新政府服务模式，提升政府科学决策能力和管理水平。（发展改革委、教育部、工业和信息化部、民政部、人力资源社会保障部、商务部、卫生计生委、质检总局、食品药品监管总局、林业局、旅游局、网信办、信访局等负责）

1. 创新政府网络化管理和服务。加快互联网与政府公共服务体系的深度融合，推动公共数据资源开放，促进公共服务创新供给和服务资源整合，构建面向公众的一体化在线公共服务体系。积极探索公众参与的网络化社会管理服务新模式，充分利用互联网、移动互联网应用平台等，加快推进政务新媒体发展建设，加强政府与公众的沟通交流，提高政府公共管理、公共服务和公共政策制定的响应速度，提升政府科学决策能力和社会治理水平，促进政府职能转变和简政放权。深入推进网上信访，提高信访工作质量、效率和公信力。鼓励政府和互联网企业合作建立信用信息共享平台，探索开展一批社会治理互联网应用试点，打通政府部门、企事业单位之间的数据壁垒，利用大数据分析手段，提升各级政府的社会治理能力。加强对“互联网+”行动的宣传，提高公众参与度。

2. 发展便民服务新业态。发展体验经济，支持实体零售商综合利用网上商店、移动支付、智能试衣等新技术，打造体验式购物模式。发展社区经济，在餐饮、娱乐、家政等领域培育线上线下结合的社区服务新模式。发展共享经济，规范发展网络约租车，积极推广在线租房等新业态，着力破除准入门槛高、服务规范难、个人征信缺失等瓶颈制约。发展基于互联网的文化、媒体和旅游等服务，培育形式多样的新型业态。积极推广基于移动互联网入口的城市服务，开展网上社保办理、个人社保权益查询、跨地区医保结算等互联网应用，让老百姓足不出户享受便捷高效的服务。

3. 推广在线医疗卫生新模式。发展基于互联网的医疗卫生服务，支持第三方机构构建医学影像、健康档案、检验报告、电子病历等医疗信息共享服务平台，逐步建立跨医院的医疗数据共享交换标准体系。积极利用移动互联网提供在线预约诊疗、候诊提醒、划价缴费、诊疗报告查询、药品配送等便捷服务。引导医疗机构面向中小城市和农村地区开展基层检查、上级诊断等远程医疗服务。鼓励互联网企业与医疗机构合作建立医疗网络信息平台，加强区域医疗卫生服务资源整合，充分利用互联网、大数据等手段，提高重大疾病和突发公共卫生事件防控能力。积极探索互联网延伸医嘱、电子处方等网络医疗健康服务应用。鼓励有资质的医学检验机构、医疗服务机构联合互联网企业，发展基因检测、疾病预防等健康服务模式。

4. 促进智慧健康养老产业发展。支持智能健康产品创新和应用，推广全面量化健康生活新方式。鼓励健康服务机构利用云计算、大数据等技术搭建公共信息平台，提供长期跟踪、预测预警的个性化健康管理服务。发展第三方在线健康市场调查、咨询评价、预防管理等应用服务，提升规范化和专业化运营水平。依托现有互联网资源和社会力量，以社区为基础，搭建养老信息服务网络平台，提供护理看护、健康管理、康复照料等居家养老服务。鼓励养老服务机构应用基于移动互联网的便携式体检、紧急呼叫监控等设备，提高养老服务水平。

5. 探索新型教育服务供给方式。鼓励互联网企业与社会教育机构根据市场需求开发数字教育资源，提供网络化教育服务。鼓励学校利用数字教育资源及教育服务平台，逐步探索网络化教育新模式，扩大优质教育资源覆盖面，促进教育公平。鼓励学校通过与互联网企业合作等方式，对接线上线下教育资源，探索基础教育、职业教育等教育公共服务提供新方式。推动开展学历教育在线课程资源共享，推广大规模在线开放课程等网络学习模式，探索建立网络学习学分认定与学分转换等制度，加快推动高等教育服务模式变革。

### （七）“互联网+”高效物流

加快建设跨行业、跨区域的物流信息服务平台，提高物流供需信息对接和使用效率。鼓励大数据、云计算在物流领域的应用，建设智能仓储体系，优化物流运作流程，提升物流仓储的自动化、智能化水平和运转效率，降低物流成本。（发展改革委、商务部、交通运输部、网信办等负责）

1. 构建物流信息共享互通体系。发挥互联网信息集聚优势，聚合各类物流信息资源，鼓励骨干物流企业和第三方机构搭建面向社会的物流信息服务平台，整合仓储、运输和配送信息，开展物流全程监测、预警，提高物流安全、环保和诚信水平，统筹优化社会物流资源配置。构建互通省际、下达市县、兼顾乡村的物流信息互联网络，建立各类可开放数据的对接机制，加快完善物流信息交换开放标准体系，在更广范围促进物流信息充分共享与互联互通。

2. 建设深度感知智能仓储系统。在各级仓储单元积极推广应用二维码、无线射频识别等物联网感知技术和大数据技术，实现仓储设施与货物的实时跟踪、网络化管理以及库存信息的高度共享，提高货物调度效率。鼓励应用智能化物流装备提升仓储、运输、分拣、包装等作业效率，提高各类复杂订单的出货处理能力，缓解货物囤积停滞瓶颈制约，提升仓储运管水平和效率。

3. 完善智能物流配送调配体系。加快推进货运车联网与物流园区、仓储设施、配送网点等信息互联，促进人员、货源、车源等信息高效匹配，有效降低货车空驶率，提高配送效率。鼓励发展社区自提柜、冷链储藏柜、代收服务点等新型社区化配送模式，结合构建物流信息互联网络，加快推进县到村的物流配送网络和村级配送网点建设，解决物流配送“最后一公里”问题。

### （八）“互联网+”电子商务

巩固和增强我国电子商务发展领先优势，大力发展农村电商、行业电商和跨境电商，进一步扩大电子商务发展空间。电子商务与其他产业的融合不断深化，网络化生产、流通、消费更加普及，标准规范、公共服务等支撑环境基本完善。（发展改革委、商务部、工业和信息化部、交通运输部、农业部、海关总署、税务总局、质检总局、网信办等负责）

1. 积极发展农村电子商务。开展电子商务进农村综合示范，支持新型农业经营主体和农产品、农资批发市场对接电商平台，积极发展以销定产模式。完善农村电子商务配送及综合服务网络，着力解决农副产品标准化、物流标准化、冷链仓储建设等关键问题，发展农产品个性化定制服务。开展生鲜农产品和农业生产资料电子商务试点，促进农业大宗商品电子商务发展。

2. 大力发展行业电子商务。鼓励能源、化工、钢铁、电子、轻纺、医药等行业企业，积极利用电子商务平台优化采购、分销体系，提升企业经营效率。推动各类专业市场线上转型，引导传统商贸流通企业与电子商务企业整合资源，积极向供应链协同平台转型。鼓励生产制造企业面向个性化、定制化消费需求深化电子商务应用，支持设备制造企业利用电子商务平台开展融资租赁服务，鼓励中小微企业扩大电子商务应用。按照市场化、专业化方向，大力推广电子招标投标。

3. 推动电子商务应用创新。鼓励企业利用电子商务平台的大数据资源，提升企业精准营销能力，激发市场消费需求。建立电子商务产品质量追溯机制，建设电子商务售后服务质量检测云平台，完善互联网质量信息公共服务体系，解决消费者维权难、退货难、产品责任追溯难等问题。加强互联网食品药品市场监测监管体系建设，积极探索处方药电子商务销售和监管模式创新。鼓励企业利用移动社交、新媒体等新渠道，发展社交电商、“粉丝”经济等网络营销新模式。

4. 加强电子商务国际合作。鼓励各类跨境电子商务服务商发展，完善跨境物流体系，拓展全球经贸合作。推进跨境电子商务通关、检验检疫、结汇等关键环节单一窗口综合服务体系建设。创新跨境权益保障机制，利用合格评定手段，推进国际互认。创新跨境电子商务管理，促进信息网络畅通、跨境物流便捷、支付及结汇无障碍、税收规范便利、市场及贸易规则互认互通。

### （九）“互联网+”便捷交通

加快互联网与交通运输领域的深度融合，通过基础设施、运输工具、运行信息等互联网化，推进基于互联网平台的便捷化交通运输服务发展，显著提高交通运输资源利用效率和管理精细化水平，全面提升交通运输行业服务品质和科学治理能力。（发展改革委、交通运输部共同牵头）

1. 提升交通运输服务品质。推动交通运输主管部门和企业将服务性数据资源向社会开放，鼓励互联网平台为社会公众提供实时交通运行状态查询、出行路线规划、网上购票、智能停车等服务，推进基于互联网平台的多种出行方式信息服务对接和一站式服务。加快完善汽车健康档案、维修诊断和服务质量信息服务平台建设。

2. 推进交通运输资源在线集成。利用物联网、移动互联网等技术，进一步加强对公路、铁路、民航、港口等交通运输网络关键设施运行状态与通行信息的采集。推动跨地域、跨类型交通运输信息互联互通，推广船联网、车联网等智能化技术应用，形成更加完善的交通运输感知体系，提高基础设施、运输工具、运行信息等要素资源的在线化水平，全面支撑故障预警、运行维护以及调度智能化。

3. 增强交通运输科学治理能力。强化交通运输信息共享，利用大数据平台挖掘分析人口迁徙规律、公众出行需求、枢纽客流规模、车辆船舶行驶特征等，为优化交通运输设施规划与建设、安全运行控制、交通运输管理决策提供支撑。利用互联网加强对交通运输违章违规行为的智能化监管，不断提高交通运输治理能力。

### （十）“互联网+”绿色生态

推动互联网与生态文明建设深度融合，完善污染物监测及信息发布系统，形成覆盖主要生态要素的资源环境承载能力动态监测网络，实现生态环境数据互联互通和开放共享。充分发挥互联网在逆向物流回收体系中的平台作用，促进再生资源交易利用便捷化、互动化、透明化，促进生产生活方式绿色化（发展改革委、环境保护部、商务部、林业局等负责）

1. 加强资源环境动态监测。针对能源、矿产资源、水、大气、森林、草原、湿地、海洋等各类生态要素，充分利用多维地理信息系统、智慧地图等技术，结合互联网大数据分析，优化监测站点布局，扩大动态监控范围，构建资源环境承载能力立体监控系统。依托现有互联网、云计算平台，逐步实现各级政府资源环境动态监测信息互联共享。加强重点用能单位能耗在线监测和大数据分析。

2. 大力发展智慧环保。利用智能监测设备和移动互联网，完善污染物排放在线监测系统，增加监测污染物种类，扩大监测范围，形成全天候、多层次的智能多源感知体系。建立环境信息数据共享机制，统一数据交换标准，推进区域污染物排放、空气环境质量、水环境质量等信息公开，通过互联网实现面向公众的在线查询和定制推送。加强对企业环保信用数据的采集整理，将企业环保信用记录纳入全国统一的信用信息共享交换平台。完善环境预警和风险监测信息网络，提升重金属、危险废物、危险化学品等重点风险防范水平和应急处理能力。

3. 完善废旧资源回收利用体系。利用物联网、大数据开展信息采集、数据分析、流向监测，优化逆向物流网点布局。支持利用电子标签、二维码等物联网技术跟踪电子废物流向，鼓励互联网企业参与搭建城市废弃物回收平台，创新再生资源回收模式。加快推进汽车保险信息系统、“以旧换再”管理系统和报废车管理系统的标准化、规范化和互联互通，加强废旧汽车及零部件的回收利用信息管理，为互联网企业开展业务创新和便民服务提供数据支撑。

4. 建立废弃物在线交易系统。鼓励互联网企业积极参与各类产业园区废弃物信息平台建设，推动现有骨干再生资源交易市场向线上线下结合转型升级，逐步形成行业性、区域性、全国性的产业废弃物和再生资源在线交易系统，完善线上信用评价和供应链融资体系，开展在线竞价，发布价格交易指数，提高稳定供给能力，增强主要再生资源品种的定价权。

### （十一）“互联网+”人工智能

依托互联网平台提供人工智能公共创新服务，加快人工智能核心技术突破，促进人工智能在智能家居、智能终端、智能汽车、机器人等领域的推广应用，培育若干引领全球人工智能发展的骨干企业和创新团队，形成创新活跃、开放合作、协同发展的产业生态。（发展改革委、科技部、工业和信息化部、网信办等负责）

1. 培育发展人工智能新兴产业。建设支撑超大规模深度学习的新型计算集群，构建包括语音、图像、视频、地图等数据的海量训练资源库，加强人工智能基础资源和公共服务等创新平台建设。进一步推进计算机视觉、智能语音处理、生物特征识别、自然语言理解、智能决策控制以及新型人机交互等关键技术的研发和产业化，推动人工智能在智能产品、工业制造等领域规模商用，为产业智能化升级夯实基础。

2. 推进重点领域智能产品创新。鼓励传统家居企业与互联网企业开展集成创新，不断提升家居产品的智能化水平和服务能力，创造新的消费市场空间。推动汽车企业与互联网企业设立跨界交叉的创新平台，加快智能辅助驾驶、复杂环境感知、车载智能设备等技术产品的研发与应用。支持安防企业与互联网企业开展合作，发展和推广图像精准识别等大数据分析技术，提升安防产品的智能化服务水平。

3. 提升终端产品智能化水平。着力做大高端移动智能终端产品和服务的市场规模，提高移动智能终端核心技术研发及产业化能力。鼓励企业积极开展差异化细分市场需求分析，大力丰富可穿戴设备的应用服务，提升用户体验。推动互联网技术以及智能感知、模式识别、智能分析、智能控制等智能技术在机器人领域的深入应用，大力提升机器人产品在传感、交互、控制等方面的性能和智能化水平，提高核心竞争力。

# 三、保障支撑

## （一）夯实发展基础

1. 巩固网络基础。加快实施“宽带中国”战略，组织实施国家新一代信息基础设施建设工程，推进宽带网络光纤化改造，加快提升移动通信网络服务能力，促进网间互联互通，大幅提高网络访问速率，有效降低网络资费，完善电信普遍服务补偿机制，支持农村及偏远地区宽带建设和运行维护，使互联网下沉为各行业、各领域、各区域都能使用，人、机、物泛在互联的基础设施。增强北斗卫星全球服务能力，构建天地一体化互联网络。加快下一代互联网商用部署，加强互联网协议第 6 版（IPv6）地址管理、标识管理与解析，构建未来网络创新试验平台。研究工业互联网网络架构体系，构建开放式国家创新试验验证平台。（发展改革委、工业和信息化部、财政部、国资委、网信办等负责）

2. 强化应用基础。适应重点行业融合创新发展需求，完善无线传感网、行业云及大数据平台等新型应用基础设施。实施云计算工程，大力提升公共云服务能力，引导行业信息化应用向云计算平台迁移，加快内容分发网络建设，优化数据中心布局。加强物联网网络架构研究，组织开展国家物联网重大应用示范，鼓励具备条件的企业建设跨行业物联网运营和支撑平台。（发展改革委、工业和信息化部等负责）

3. 做实产业基础。着力突破核心芯片、高端服务器、高端存储设备、数据库和中间件等产业薄弱环节的技术瓶颈，加快推进云操作系统、工业控制实时操作系统、智能终端操作系统的研发和应用。大力发展云计算、大数据等解决方案以及高端传感器、工控系统、人机交互等软硬件基础产品。运用互联网理念，构建以骨干企业为核心、产学研用高效整合的技术产业集群，打造国际先进、自主可控的产业体系。（工业和信息化部、发展改革委、科技部、网信办等负责）

4. 保障安全基础。制定国家信息领域核心技术设备发展时间表和路线图，提升互联网安全管理、态势感知和风险防范能力，加强信息网络基础设施安全防护和用户个人信息保护。实施国家信息安全专项，开展网络安全应用示范，提高“互联网＋”安全核心技术和产品水平。按照信息安全等级保护等制度和网络安全国家标准的要求，加强“互联网＋”关键领域重要信息系统的安全保障。建设完善网络安全监测评估、监督管理、标准认证和创新能力体系。重视融合带来的安全风险，完善网络数据共享、利用等的安全管理和技术措施，探索建立以行政评议和第三方评估为基础的数据安全流动认证体系，完善数据跨境流动管理制度，确保数据安全。（网信办、发展改革委、科技部、工业和信息化部、公安部、安全部、质检总局等负责）

## （二）强化创新驱动

1. 加强创新能力建设。鼓励构建以企业为主导，产学研用合作的“互联网＋”产业创新网络或产业技术创新联盟。支持以龙头企业为主体，建设跨界交叉领域的创新平台，并逐步形成创新网络。鼓励国家创新平台向企业特别是中小企业在线开放，加大国家重大科研基础设施和大型科研仪器等网络化开放力度。（发展改革委、科技部、工业和信息化部、网信办等负责）

2. 加快制定融合标准。按照共性先立、急用先行的原则，引导工业互联网、智能电网、智慧城市等领域基础共性标准、关键技术标准的研制及推广。加快与互联网融合应用的工控系统、智能专用装备、智能仪表、智能家居、车联网等细分领域的标准化工作。不断完善“互联网+”融合标准体系，同步推进国际国内标准化工作，增强在国际标准化组织（ISO）、国际电工委员会（IEC）和国际电信联盟（ITU）等国际组织中的话语权。（质检总局、工业和信息化部、网信办、能源局等负责）

3. 强化知识产权战略。加强融合领域关键环节专利导航，引导企业加强知识产权战略储备与布局。加快推进专利基础信息资源开放共享，支持在线知识产权服务平台建设，鼓励服务模式创新，提升知识产权服务附加值，支持中小微企业知识产权创造和运用。加强网络知识产权和专利执法维权工作，严厉打击各种网络侵权假冒行为。增强全社会对网络知识产权的保护意识，推动建立“互联网+”知识产权保护联盟，加大对新业态、新模式等创新成果的保护力度。（知识产权局牵头）

4. 大力发展开源社区。鼓励企业自主研发和国家科技计划（专项、基金等）支持形成的软件成果通过互联网向社会开源。引导教育机构、社会团体、企业或个人发起开源项目，积极参加国际开源项目，支持组建开源社区和开源基金会。鼓励企业依托互联网开源模式构建新型生态，促进互联网开源社区与标准规范、知识产权等机构的对接与合作。（科技部、工业和信息化部、质检总局、知识产权局等负责）

### （三）营造宽松环境

1. 构建开放包容环境。贯彻落实《中共中央国务院关于深化体制机制改革加快实施创新驱动发展战略的若干意见》，放宽融合性产品和服务的市场准入限制，制定实施各行业互联网准入负面清单，允许各类主体依法平等进入未纳入负面清单管理的领域。破除行业壁垒，推动各行业、各领域在技术、标准、监管等方面充分对接，最大限度减少事前准入限制，加强事中事后监管。继续深化电信体制改革，有序开放电信市场，加快民营资本进入基础电信业务。加快深化商事制度改革，推进投资贸易便利化。（发展改革委、网信办、教育部、科技部、工业和信息化部、民政部、商务部、卫生计生委、工商总局、质检总局等负责）

2. 完善信用支撑体系。加快社会征信体系建设，推进各类信用信息平台无缝对接，打破信息孤岛。加强信用记录、风险预警、违法失信行为等信息资源在线披露和共享，为经营者提供信用信息查询、企业网上身份认证等服务。充分利用互联网积累的信用数据，对现有征信体系和评测体系进行补充和完善，为经济调节、市场监管、社会管理和公共服务提供有力支撑。（发展改革委、人民银行、工商总局、质检总局、网信办等负责）

3. 推动数据资源开放。研究出台国家大数据战略，显著提升国家大数据掌控能力。建立国家政府信息开放统一平台和基础数据资源库，开展公共数据开放利用改革试点，出台政府机构数据开放管理规定。按照重要性和敏感程度分级分类，推进政府和公共信息资源开放共享，支持公众和小微企业充分挖掘信息资源的商业价值，促进互联网应用创新。（发展改革委、工业和信息化部、国务院办公厅、网信办等负责）

4. 加强法律法规建设。针对互联网与各行业融合发展的新特点，加快“互联网+”相关立法工作，研究调整完善不适应“互联网+”发展和管理的现行法规及政策规定。落实加强网络信息保护和信息公开有关规定，加快推动制定网络安全、电子商务、个人信息保护、互联网信息服务管理等法律法规。完善反垄断法配套规则，进一步加大反垄断法执行力度，严格查处信息领域企业垄断行为，营造互联网公平竞争环境。（法制办、网信办、发展改革委、工业和信息化部、公安部、安全部、商务部、工商总局等负责）

### （四）拓展海外合作

1. 鼓励企业抱团出海。结合“一带一路”等国家重大战略，支持和鼓励具有竞争优势的互联网企业联合制造、金融、信息通信等领域企业率先走出去，通过海外并购、联合经营、设立分支机构等方式，相互借力，共同开拓国际市场，推进国际产能合作，构建跨境产业链体系，增强全球竞争力。（发展改革委、外交部、工业和信息化部、商务部、网信办等负责）

2. 发展全球市场应用。鼓励“互联网+”企业整合国内外资源，面向全球提供工业云、供应链管理、大数据分析等网络服务，培育具有全球影响力的“互联网+”应用平台。鼓励互联网企业积极拓展海外用户，推出适合不同市场文化的产品和服务。（商务部、发展改革委、工业和信息化部、网信办等负责）

3. 增强走出去服务能力。充分发挥政府、产业联盟、行业协会及相关中介机构作用，形成支持“互联网+”企业走出去的合力。鼓励中介机构为企业拓展海外市场提供信息咨询、法律援助、税务中介等服务。支持行业协会、产业联盟与企业共同推广中国技术和中国标准，以技术标准走出去带动产品和服务在海外推广应用。（商务部、外交部、发展改革委、工业和信息化部、税务总局、质检总局、网信办等负责）

### （五）加强智力建设

1. 加强应用能力培训。鼓励地方各级政府采用购买服务的方式，向社会提供互联网知识技能培训，支持相关研究机构和专家开展“互联网+”基础知识和应用培训。鼓励传统企业与互联网企业建立信息咨询、人才交流等合作机制，促进双方深入交流合作。加强制造业、农业等领域人才特别是企业高层管理人员的互联网技能培训，鼓励互联网人才与传统行业人才双向流动。（科技部、工业和信息化部、人力资源社会保障部、网信办等负责）

2. 加快复合型人才培养。面向“互联网+”融合发展需求，鼓励高校根据发展需要和学校办学能力设置相关专业，注重将国内外前沿研究成果尽快引入相关专业教学中。鼓励各类学校聘请互联网领域高级人才作为兼职教师，加强“互联网+”领域实验教学。（教育部、发展改革委、科技部、工业和信息化部、人力资源社会保障部、网信办等负责）

3. 鼓励联合培养培训。实施产学合作专业综合改革项目，鼓励校企、院企合作办学，推进“互联网+”专业技术人才培训。深化互联网领域产教融合，依托高校、科研机构、企业的智力资源和研究平台，建立一批联合实训基地。建立企业技术中心和院校对接机制，鼓励企业在院校建立“互联网+”研发机构和实验中心。（教育部、发展改革委、科技部、工业和信息化部、人力资源社会保障部、网信办等负责）

4. 利用全球智力资源。充分利用现有人才引进计划和鼓励企业设立海外研发中心等多种方式，引进和培养一批“互联网+”领域高端人才。完善移民、签证等制度，形成有利于吸引人才的分配、激励和保障机制，为引进海外人才提供有利条件。支持通过任务外包、产业合作、学术交流等方式，充分利用全球互联网人才资源。吸引互联网领域领军人才、特殊人才、紧缺人才在我国创业创新和从事教学科研等活动。（人力资源社会保障部、发展改革委、教育部、科技部、网信办等负责）

### （六）加强引导支持

1. 实施重大工程包。选择重点领域，加大中央预算内资金投入力度，引导更多社会资本进入，分步骤组织实施“互联网+”重大工程，重点促进以移动互联网、云计算、大数据、物联网为代表的新一代信息技术与制造、能源、服务、农业等领域的融合创新，发展壮大新兴业态，打造新的产业增长点。（发展改革委牵头）

2. 加大财税支持。充分发挥国家科技计划作用，积极投向符合条件的“互联网+”融合创新关键技术研发及应用示范。统筹利用现有财政专项资金，支持“互联网+”相关平台建设和应用示范等。加大政府部门采购云计算服务的力度，探索基于云计算的政务信息化建设运营新机制。鼓励地方政府创新风险补偿机制，探索“互联网+”发展的新模式。（财政部、税务总局、发展改革委、科技部、网信办等负责）

3. 完善融资服务。积极发挥天使投资、风险投资基金等对“互联网+”的投资引领作用。开展股权众筹等互联网金融创新试点，支持小微企业发展。支持国家出资设立的有关基金投向“互联网+”，鼓励社会资本加大对相关创新型企业的投资。积极发展知识产权质押融资、信用保险保单融资增信等服务，鼓励通过债券融资方式支持“互联网+”发展，支持符合条件的“互联网+”企业发行公司债券。开展产融结合创新试点，探索股权和债权相结合的融资服务。降低创新型、成长型互联网企业的上市准入门槛，结合证券法修订和股票发行注册制改革，支持处于特定成长阶段、发展前景好但尚未盈利的互联网企业在创业板上市。推动银行业金融机构创新信贷产品与金融服务，加大贷款投放力度。鼓励开发性金融机构为“互联网+”重点项目建设提供有效融资支持。（人民银行、发展改革委、银监会、证监会、保监会、网信办、开发银行等负责）

### （七）做好组织实施

1. 加强组织领导。建立“互联网+”行动实施部际联席会议制度，统筹协调解决重大问题，切实推动行动的贯彻落实。联席会议设办公室，负责具体工作的组织推进。建立跨领域、跨行业的“互联网+”行动专家咨询委员会，为政府决策提供重要支撑。（发展改革委牵头）

2. 开展试点示范。鼓励开展“互联网+”试点示范，推进“互联网+”区域化、链条化发展。支持全面创新改革试验区、中关村等国家自主创新示范区、国家现代农业示范区先行先试，积极开展“互联网+”创新政策试点，破除新兴产业行业准入、数据开放、市场监管等方面政策障碍，研究适应新兴业态特点的税收、保险政策，打造“互联网+”生态体系。（各部门、各地方政府负责）

3. 有序推进实施。各地区、各部门要主动作为，完善服务，加强引导，以动态发展的眼光看待“互联网+”，在实践中大胆探索拓展，相互借鉴“互联网+”融合应用成功经验，促进“互联网+”新业态、新经济发展。有关部门要加强统筹规划，提高服务和管理能力。各地区要结合实际，研究制定适合本地的“互联网+”行动落实方案，因地制宜，合理定位，科学组织实施，杜绝盲目建设和重复投资，务实有序推进“互联网+”行动。（各部门、各地方政府负责）

国务院<br>2015年7月1日

# 第六节 进一步推进中国（上海）自由贸易试验区金融开放创新试点加快上海国际金融中心建设方案

为深入贯彻落实党中央、国务院决策部署，进一步推进中国（上海）自由贸易试验区（以下简称自贸试验区）金融开放创新试点，加快上海国际金融中心建设，制定本方案。

## 一、总体要求

贯彻落实党中央、国务院关于金融改革开放和自贸试验区建设的总体部署，紧紧围绕服务全国、面向世界的战略要求和上海国际金融中心建设的战略任务，坚持以服务实体经济、促进贸易和投资便利化为出发点，根据积极稳妥、把握节奏、宏观审慎、风险可控原则，成熟一项、推进一项，加快推进资本项目可兑换、人民币跨境使用、金融服务业开放和建设面向国际的金融市场，不断完善金融监管，大力促进自贸试验区金融开放创新试点与上海国际金融中心建设的联动，探索新途径、积累新经验，及时总结评估、适时复制推广，更好地为全国深化金融改革和扩大金融开放服务。

## 二、率先实现人民币资本项目可兑换

按照统筹规划、服务实体、风险可控、分步推进原则，在自贸试验区内进行人民币资本项目可兑换的先行先试，逐步提高资本项下各项目可兑换程度。

（一）认真总结自由贸易账户经验。抓紧启动自由贸易账户本外币一体化各项业务，进一步拓展自由贸易账户功能。自由贸易账户内本外币资金按宏观审慎的可兑换原则管理。

（二）规范自由贸易账户开立和使用条件，严格落实银行账户实名制。支持经济主体可通过自由贸易账户开展涉外贸易投资活动，鼓励和支持银行、证券、保险类金融机构利用自由贸易账户等开展金融创新业务，允许证券、期货交易所和结算机构围绕自由贸易账户体系，充分利用自由贸易账户间的电子信息流和资金流，研究改革创新举措。

（三）研究启动合格境内个人投资者境外投资试点，适时出台相关实施细则，允许符合条件的个人开展境外实业投资、不动产投资和金融类投资。

（四）抓紧制定有关办法，允许或扩大符合条件的机构和个人在境内外证券期货市场投资，尽快明确在境内证券期货市场投资的跨境资金流动管理方式，研究探索通过自由贸易账户等支持资本市场开放，适时启动试点。

（五）建立健全自贸试验区内宏观审慎管理框架下的境外融资和资本流动管理体系，综合考虑资产负债币种、期限等匹配情况以及外债管理和货币政策调控需要，合理调控境外融资规模和投向，优化境外融资结构，防范境外融资风险。

（六）创新外汇管理体制，探索在自贸试验区内开展限额内可兑换试点。围绕自贸试验区和上海国际金融中心建设目标，进一步创新外汇管理体制。放宽跨境资本流动限制，健全外汇资金均衡管理体制。统筹研究进一步扩大个人可兑换限额。根据主体监管原则，在自贸试验区内实现非金融企业限额内可兑换。逐步扩大本外币兑换限额，率先实现可兑换。

## 三、进一步扩大人民币跨境使用

扩大人民币境外使用范围，推进贸易、实业投资与金融投资三者并重，推动资本和人民币“走出去”。

（七）完善相关制度规则，支持自贸试验区内企业的境外母公司或子公司在境内发行人民币债券，募集资金根据需要在境内外使用。

（八）在建立健全相关管理制度的基础上，根据市场需要启动自贸试验区个体工商户向其在境外经营主体提供跨境人民币资金支持。

（九）拓宽境外人民币投资回流渠道。创新面向国际的人民币金融产品，扩大境外人民币境内投资金融产品的范围，促进人民币资金跨境双向流动。

## 四、不断扩大金融服务业对内对外开放

探索市场准入负面清单制度，开展相关改革试点工作。对接国际高标准经贸规则，探索金融服务业对外资实行准入前国民待遇加负面清单管理模式。推动金融服务业对符合条件的民营资本和外资机构扩大开放。

（十）支持民营资本进入金融业，支持符合条件的民营资本依法设立民营银行、金融租赁公司、财务公司、汽车金融公司和消费金融公司等金融机构。

（十一）支持各类符合条件的银行业金融机构通过新设法人机构、分支机构、专营机构、专业子公司等方式进入自贸试验区经营。

（十二）支持具有离岸业务资格的商业银行在自贸试验区内扩大相关离岸业务。在对现行试点进行风险评估基础上，适时扩大试点银行和业务范围。

（十三）支持在自贸试验区内按照国家规定设立面向机构投资者的非标资产交易平台。

（十四）允许自贸试验区内证券期货经营机构开展证券期货业务交叉持牌试点。

（十五）允许公募基金管理公司在自贸试验区设立专门从事指数基金管理业务的专业子公司。支持保险资金等长期资金在符合规定前提下委托证券期货经营机构在自贸试验区内开展跨境投资。

（十六）支持证券期货经营机构在自贸试验区率先开展跨境经纪和跨境资产管理业务，开展证券期货经营机构参与境外证券期货和衍生品交易试点。允许基金管理公司子公司开展跨境资产管理、境外投资顾问等业务。支持上海证券期货经营机构进入银行间外汇市场，开展人民币对外汇即期业务和衍生品交易。

（十七）支持在自贸试验区设立专业从事境外股权投资的项目公司，支持符合条件的投资者

设立境外股权投资基金。

（十八）允许外资金融机构在自贸试验区内设立合资证券公司，外资持股比例不超过49%，内资股东不要求为证券公司，扩大合资证券公司业务范围。允许符合条件的外资机构在自贸试验区内设立合资证券投资咨询公司。

（十九）支持在自贸试验区设立保险资产管理公司及子公司、保险资金运用中心。支持保险资产管理机构设立夹层基金、并购基金、不动产基金、养老产业基金、健康产业基金等私募基金。支持保险资产管理公司发起、保险公司投资资产证券化产品。依托金融要素市场研究巨灾债券试点。

（二十）完善再保险产业链。支持在自贸试验区设立中外资再保险机构，设立自保公司、相互制保险公司等新型保险组织，以及设立为保险业发展提供配套服务的保险经纪、保险代理、风险评估、损失理算、法律咨询等专业性保险服务机构。支持自贸试验区内保险机构大力开展跨境人民币再保险和全球保单分入业务。鼓励各类保险机构为我国海外企业提供风险保障，在自贸试验区创新特殊风险分散机制，开展能源、航空航天等特殊风险保险业务，推动国际资本为国内巨灾保险、特殊风险保险提供再保险支持。

（二十一）在现行法律框架下，支持设立外资健康保险机构。探索建立航运保险产品注册制度。研究推出航运保险指数。

（二十二）在风险可控前提下支持互联网金融在自贸试验区创新发展。

（二十三）支持科技金融发展，探索投贷联动试点，促进创业创新。在风险可控和依法合规前提下，允许浦发硅谷银行等以科技金融服务为特点的银行与创业投资企业、股权投资企业战略合作，探索投贷联动，地方人民政府给予必要扶持。

（二十四）在防范风险前提下，研究探索开展金融业综合经营，探索设立金融控股公司。

（二十五）在自贸试验区内金融开放领域试点开展涉及外资的国家安全审查。支持与我国签署自由贸易协定的国家或地区金融机构率先在自贸试验区内设立合资金融机构，逐步提高持股比例。在内地与港澳、大陆与台湾有关经贸合作协议框架下，提高港澳台地区服务提供者在自贸试验区内参股金融机构的持股比例。

（二十六）集聚和发展银行、证券、保险等行业的各类功能性金融机构。支持大型金融机构在上海设立业务总部。支持境外中央银行和国际金融组织在沪设立代表处或分支机构，吸引符合条件的国际知名银行、证券、保险公司等金融机构在沪设立分支机构、功能型机构以及成立合资机构。支持中国保险信息技术管理有限责任公司在上海设立创新型子公司。

（二十七）支持在自贸试验区按国家有关规定设立法人金融机构，实施“走出去”战略，加快海外网点布局，拓展海外市场。

## 五、加快建设面向国际的金融市场

依托自贸试验区金融制度创新和对外开放优势，充分发挥人民银行上海总部统筹协调功能，推进面向国际的金融市场平台建设，拓宽境外投资者参与境内金融市场的渠道，提升金融市场配置境内外资源的功能。

（二十八）支持中国外汇交易中心建设国际金融资产交易平台，增强平台服务功能。

（二十九）加快上海黄金交易所国际业务板块后续建设，便利投资者交易。

（三十）支持上海证券交易所在自贸试验区设立国际金融资产交易平台，有序引入境外长期资金逐步参与境内股票、债券、基金等市场，探索引入境外机构投资者参与境内新股发行询价配售。支持上海证券交易所在总结沪港通经验基础上，适应境内外投资者需求，完善交易规则和交易机制。

（三十一）支持上海期货交易所加快国际能源交易中心建设，尽快上市原油期货。积极推进天然气、船用燃料油、成品油等期货产品研究工作。允许符合条件的境外机构在自贸试验区试点设立独资或者合资的期货市场服务机构，接受境外交易者委托参与境内特定品种期货交易。

（三十二）支持设立上海保险交易所，推动形成再保险交易、定价中心。

（三十三）支持上海清算所向自贸试验区内和境外投资者提供航运金融和大宗商品场外衍生品的清算等服务。

（三十四）支持股权托管交易机构依法为自贸试验区内的科技型中小企业等提供综合金融服务，吸引境外投资者参与。

## 六、不断加强金融监管，切实防范风险

建立适应自贸试验区发展和上海国际金融中心建设联动的金融监管机制，加强金融风险防范，营造良好金融发展环境。

（三十五）完善金融监管体制。探索建立符合国际规则、适应中国国情的金融监管框架。精简行政审批项目，简化事前准入事项，加强事中事后分析评估和事后备案管理。加强金融信用信息基础设施建设，推动信用信息共建共享，构建与国际接轨的统计、监测体系。加大对金融失信行为和市场违规行为惩戒力度。

（三十六）支持人民银行和外汇局加强自贸试验区金融监管服务能力建设，探索本外币一体化监管体系。创新外汇账户管理体系。整合外汇账户种类，优化监管方式，提升监管效率。

（三十七）加强自贸试验区金融监管协调，探索功能监管。进一步发挥自贸试验区金融协调机制作用，加强跨部门、跨行业、跨市场金融业务监管协调和信息共享。研究探索中央和地方金融监管协调新机制。支持国家金融管理部门研究探索将部分贴近市场、便利产品创新的监管职能下放至在沪金融监管机构和金融市场组织机构。

（三十八）加强金融风险防范。完善跨境资金流动的监测分析机制，加强反洗钱、反恐怖融资和反逃税工作机制。针对金融机构跨行业、跨市场、跨境发展特点，掌握金融开放主动权，建立和完善系统性风险预警、防范和化解体系，守住不发生系统性、区域性金融风险底线。

（三十九）积极完善金融发展环境。上海市人民政府会同有关部门研究制定进一步完善金融信用制度建设等方案。

（四十）试点措施与行政法规、国务院文件、国务院批准的部门规章等规定不一致的，依照程序提请国务院作出调整实施决定。

# 第七节　国务院关于积极发挥新消费引领作用加快培育形成新供给新动力的指导意见

国发〔2015〕66 号

各省、自治区、直辖市人民政府，国务院各部委、各直属机构：

我国已进入消费需求持续增长、消费结构加快升级、消费拉动经济作用明显增强的重要阶段。以传统消费提质升级、新兴消费蓬勃兴起为主要内容的新消费，及其催生的相关产业发展、科技创新、基础设施建设和公共服务等领域的新投资新供给，蕴藏着巨大发展潜力和空间。为更好发挥新消费引领作用，加快培育形成经济发展新供给新动力，现提出以下意见。

## 一、重要意义

消费是最终需求，积极顺应和把握消费升级大趋势，以消费升级引领产业升级，以制度创新、技术创新、产品创新满足并创造消费需求，有利于提高发展质量、增进民生福祉、推动经济结构优化升级、激活经济增长内生动力，实现持续健康高效协调发展。

发挥新消费引领作用是更好满足居民消费需求、提高人民生活质量的内在要求。消费关系民生福祉。随着居民收入水平提高、人口结构调整和科技进步，城乡居民的消费内容和消费模式都在发生变化，对消费质量和消费环境提出更高要求。紧紧围绕居民消费升级谋发展、促发展，符合发展的根本目的，有利于更好满足人民群众日益增长的物质文化需要，使发展成果更多体现为人民生活质量的提高和国民福利的改善。

发挥新消费引领作用是加快推动产业转型升级、实现经济提质增效的重要途径。消费升级的方向是产业升级的重要导向。我国居民消费呈现出从注重量的满足向追求质的提升、从有形物质产品向更多服务消费、从模仿型排浪式消费向个性化多样化消费等一系列转变。只有围绕消费市场的变化趋势进行投资、创新和生产，才能最大限度地提高投资和创新有效性、优化产业结构、提升产业竞争力和附加值，实现更有质量和效益的增长。

发挥新消费引领作用是畅通经济良性循环体系、构建稳定增长长效机制的必然选择。经济发展进入新常态需要构建经济循环新体系、增长动力新机制。只有从发展理念、制度环境和政策体系等深层次原因入手，破除市场竞争秩序不规范、消费环境不完善等体制机制障碍，才能充分激发市场活力和创造力，实现潜在需求向现实增长动力的有效转换，为经济长期健康发展提供保障。

## 二、总体要求和基本原则

全面贯彻党的十八大和十八届二中、三中、四中、五中全会精神，按照党中央、国务院决策部署，发挥市场在资源配置中的决定性作用，积极发现和满足群众消费升级需要，以体制机制创新激发新活力，以消费环境改善和市场秩序规范释放新空间，以扩大有效供给和品质提升满足新需求，以创新驱动产品升级和产业发展，推动消费和投资良性互动、产业升级和消费升级协同共进、创新驱动和经济转型有效对接，构建消费升级、有效投资、创新驱动、经济转型有机结合的发展路径，为经济提质增效升级提供更持久、更强劲的动力。

坚持消费引领，以消费升级带动产业升级。顺应消费升级规律，坚持消费者优先，以新消费为牵引，催生新技术、新产业，使中国制造不仅能够适应市场、满足基本消费，还能引导市场、促进新消费，加快形成消费引领投资、激励创新、繁荣经济、改善民生的良性循环机制。

坚持创新驱动，以供给创新释放消费潜力。营造有利于大众创业、万众创新的良好市场环境，以科技创新为核心引领全面创新，推动科技成果转化应用，培育形成更多新技术、新产业、新业态、新模式，以花色品种多样、服务品质提升为导向，增加优质新型产品和生活服务等有效供给，满足不同群体不断升级的多样化消费需求。

坚持市场主导，以公平竞争激发社会活力。加快推进全国统一市场建设，清除市场壁垒，维护市场秩序，促进商品和要素自由流动、平等交换，资源和要素高效配置。强化企业的市场主体地位和主体责任，完善市场监管，保护消费者合法权益，实现消费者自由选择、自主消费、安全消费，企业诚信守法、自主经营、公平竞争，最大限度地激发市场主体创新创造活力。

坚持制度保障，以体制创新培植持久动力。统筹推进体制机制和政策体系的系统性优化，着力加强供给侧结构性改革，以更加完善的体制机制引导和规范市场主体行为，推动形成节约、理性、绿色、健康的现代生产消费方式，努力构建新消费引领新投资、形成新供给新动力的良好环境和长效机制。实施更加积极主动的开放战略，更好利用全球要素和全球市场推动国内产业升级，更好利用全球商品和服务满足国内多元化、高品质的消费需求。

## 三、消费升级重点领域和方向

我国消费结构正在发生深刻变化，以消费新热点、消费新模式为主要内容的消费升级，将引领相关产业、基础设施和公共服务投资迅速成长，拓展未来发展新空间。

服务消费。随着物质生活水平提高，教育、健康、养老、文化、旅游等既满足人民生活质量改善需求、又有利于人力资本积累和社会创造力增强的服务消费迅速增长。职业技能培训、文化艺术培训等教育培训消费，健康管理、体育健身、高端医疗、生物医药等健康消费，家政服务和老年用品、照料护理等养老产业及适老化改造，动漫游戏、创意设计、网络文化、数字内容等新兴文化产业及传统文化消费升级，乡村旅游、自驾车房车旅游、邮轮旅游、工业旅游及配套设施建设，以及集多种服务于一体的城乡社区服务平台、大型服务综合体等平台建设，发展空间广阔。

信息消费。信息技术的广泛运用特别是移动互联网的普及，正在改变消费习惯、变革消费模式、重塑消费流程，催生跨区跨境、线上线下、体验分享等多种消费业态兴起。互联网与协同制造、机器人、汽车、商业零售、交通运输、农业、教育、医疗、旅游、文化、娱乐等产业跨界融合，在刺激信息消费、带动各领域消费的同时，也为云计算、大数据、物联网等基础设施建设，以及可穿戴设备、智能家居等智能终端相关技术研发和产品服务发展提供了广阔前景。

绿色消费。生态文明理念和绿色消费观念日益深入人心，绿色消费从生态有机食品向空气净化器、净水器、节能节水器具、绿色家电、绿色建材等有利于节约资源、改善环境的商品和服务拓展。这将推动循环经济、生态经济、低碳经济蓬勃发展，为生态农业、新能源、节能节水、资源综合利用、环境保护与污染治理、生态保护与修复等领域技术研发、生产服务能力提升和基础设施建设提供大量投资创业机会。

时尚消费。随着模仿型排浪式消费阶段的基本结束，个性化多样化消费渐成主流，特别是年轻一代更加偏好体现个性特征的时尚品牌商品和服务，将推动与消费者体验、个性化设计、柔性制造等相关的产业加速发展。同时，中高收入群体规模的壮大使得通用航空、邮轮等传统高端消费日益普及，消费潜力加速释放，并激发相关基础设施建设的投资需求。

品质消费。随着居民收入水平不断提高，广大消费者特别是中等收入群体对消费质量提出了更高要求，更加安全实用、更为舒适美观、更有品味格调的品牌商品消费发展潜力巨大。这类消费涉及几乎所有传统消费品和服务，将会带动传统产业改造提升和产品升级换代。

农村消费。随着农村居民收入持续较快增长、城市消费示范效应扩散、消费观念和消费方式快速更新，农村消费表现出明显的梯度追赶型特征，在交通通信、文化娱乐、绿色环保、家电类耐用消费品和家用轿车等方面还有很大提升空间。适宜农村地区的分布式能源、农业废弃物资源化综合利用和垃圾污水处理设施、农村水电路气信息等基础设施建设改造投资潜力巨大。

## 四、加快推进重点领域制度创新

加快破除阻碍消费升级和产业升级的体制机制障碍，维护全国统一市场和各类市场主体公平竞争，以事业单位改革为突破口加快服务业发展，以制度创新助推新兴产业发展，以推进人口城镇化为抓手壮大消费群体，激发市场内在活力。

### （一）加快建设全国统一大市场

健全公平开放透明的市场规则，建立公平竞争审查制度，实现商品和要素自由流动、各类市场主体公平有序竞争。系统清理地方保护和部门分割政策，消除跨部门、跨行业、跨地区销售商品、提供服务、发展产业的制度障碍，严禁对外地企业、产品和服务设定歧视性准入条件。消除各种显性和隐性行政性垄断，加强反垄断执法，制定保障各类市场主体依法平等进入自然垄断、特许经营领域的具体办法，规范网络型自然垄断领域的产品和服务。

### （二）加大服务业对内对外开放力度

加快推进公立教育、医疗、养老、文化等事业单位分类改革，尽快将生产经营类事业单位转为企业。创新公共服务供给方式，合理区分基本与非基本公共服务，政府重在保基本，扩大向社会购买基本公共服务的范围和比重，非基本公共服务主要由市场提供，鼓励社会资本提供个性化多样化服务。全面放宽民间资本市场准入，降低准入门槛，取消各种不合理前置审批事项。积极扩大服务业对外开放，对外资实行准入前国民待遇加负面清单管理模式，分领域逐步减少、放宽、放开对外资的限制。按照服务性质而不是所有制性质制定服务业发展政策，保障民办与公办机构在资格准入、职称评定、土地供给、财政支持、政府采购、监督管理等各方面公平发展。

### （三）加强助推新兴领域发展的制度保障

加快推进适应新产业、新业态发展需要的制度建设。全面推进“三网融合”。加快推进低空空域开放。调整完善有利于新技术应用、个性化生产方式发展、智能微电网等新基础设施建设、“互联网+”广泛拓展、使用权短期租赁等分享经济模式成长的配套制度。建立健全有利于医养结合等行业跨界融合以及三次产业融合发展的政策和制度安排。在新兴领域避免出台事前干预性或限制性政策，建立企业从设立到退出全过程的规范化管理制度以及适应从业人员就业灵活、企业运营服务虚拟化等特点的管理服务方式，最大限度地简化审批程序，为新兴业态发展创造宽松环境。

### （四）加快推进人口城镇化相关领域改革

加快户籍制度改革，释放农业转移人口消费潜力。督促各地区抓紧出台具体可操作的户籍制度改革措施，鼓励各地区放宽落户条件，逐步消除城乡区域间户籍壁垒。省会及以下城市要放开对吸收高校毕业生落户的限制，加快取消地级及以下城市对农业转移人口及其家属落户的限制。加快推进城镇基本公共服务向常住人口全覆盖，完善社保关系转移接续制度和随迁子女就学保障机制。鼓励中小城市采取措施，支持农业转移人口自用住房消费。

## 五、全面改善优化消费环境

加快完善标准体系和信用体系，加强质量监管，规范消费市场秩序，强化企业责任意识和主体责任，健全消费者权益保护机制，完善消费基础设施网络，打造面向全球的国际消费市场，营造安全、便利、诚信的良好消费环境。

### （五）全面提高标准化水平

健全标准体系，加快制定和完善重点领域及新兴业态的相关标准，强化农产品、食品、药品、家政、养老、健康、体育、文化、旅游、现代物流等领域关键标准制修订，加强新一代信息技术、生物技术、智能制造、节能环保等新兴产业关键标准研究制定。提高国内标准与国际标准水平一致性程度。建立企业产品和服务标准自我声明公开和监督制度。整合优化全国标准信息网络平台。加强检验检测和认证认可能力建设。

### （六）完善质量监管体系

建立健全预防为主、防范在先的质量监管体系，全面提升监管能力、效率和精准度。在食品药品、儿童用品、日用品等领域建立全过程质量安全追溯体系。大力推广随机抽查机制，完善产品质量监督抽查和服务质量监督检查制度，广泛运用大数据开展监测分析，建立健全产品质量风险监控和产品伤害监测体系。实行企业产品质量监督检查结果公开制度，健全质量安全事故强制报告、缺陷产品强制召回、严重失信企业强制退出机制。完善商会、行业协会、征信机构、保险金融机构等专门机构和中介服务组织以及消费者、消费者组织、新闻媒体参与的监督机制。

### （七）改善市场信用环境

推动建立健全信用法律法规和标准体系，充分利用全国统一的信用信息共享交换平台，加强违法失信行为信息的在线披露和共享。加快构建守信激励和失信惩戒机制，实施企业经营异常名录、失信企业“黑名单”、强制退出等制度，推进跨地区、跨部门信用奖惩联动。引导行业组织开展诚信自律等行业信用建设。全面推行明码标价、明码实价，依法严惩价格欺诈、质价不符等价格失信行为。

### （八）健全消费者权益保护机制

推动完善商品和服务质量相关法律法规，推动修订现行法律法规中不利于保护消费者权益的条款。强化消费者权益司法保护，扩大适用举证责任倒置的商品和服务范围。完善落实消费领域诉讼调解对接机制，探索构建消费纠纷独立非诉第三方调解组织。健全公益诉讼制度，适当扩大公益诉讼主体范围。加快建立跨境消费消费者权益保护机制。完善和强化消费领域惩罚性赔偿制度，加大对侵权行为的惩处力度。严厉打击制售假冒伪劣商品、虚假宣传、侵害消费者个人信息安全等违法行为。充分发挥消费者协会等社会组织在维护消费者权益方面的作用。建设全国统一的消费者维权服务网络信息平台，加强对消费者进行金融等专业知识普及工作。

### （九）强化基础设施网络支撑

适应消费结构、消费模式和消费形态变化，系统构建和完善基础设施体系。加快新一代信息基础设施网络建设，提升互联网协议第6版（IPv6）用户普及率和网络接入覆盖率，加快网络提速降费。推动跨地区跨行业跨所有制的物流信息平台建设，在城市社区和村镇布局建设共同配送末端网点，提高“最后一公里”的物流配送效率。加快旅游咨询中心和集散中心、自驾车房车营地、旅游厕所、停车场等旅游基础设施建设，大力发展智能交通，推动从机场、车站、客运码头到主要景区交通零距离换乘和无缝化衔接，开辟跨区域旅游新路线和大通道。对各类居住公共服务设施实行最低配置规模限制，加快大众化全民健身和文化设施建设，推进城乡社区公共体育健身设施全覆盖。加快电动汽车充电设施、城市停车场的布局和建设。合理规划建设通用机场、邮轮游艇码头等设施。

### （十）拓展农村消费市场

优化农村消费环境，完善农村消费基础设施，大幅降低农村流通成本，充分释放农村消费潜力。统筹规划城乡基础设施网络，加大农村地区和小城镇水电路气基础设施升级改造力度，加快信息、环保基础设施建设，完善养老服务和文化体育设施。加快县级公路货运枢纽站场和乡镇综合运输服务站建设。完善农产品冷链物流设施，健全覆盖农产品采收、产地处理、贮藏、加工、运输、销售等环节的冷链物流体系。支持各类社会资本参与涉农电商平台建设，促进线下产业发展平台和线上电商交易平台结合。发挥小城镇连接城乡、辐射农村的作用，提升产业、文化、旅游和社区服务功能，增强商品和要素集散能力。鼓励有条件的地区规划建设特色小镇。

### （十一）积极培育国际消费市场

依托中心城市和重要旅游目的地，培育面向全球旅游消费者的国际消费中心。鼓励有条件的城市运用市场手段以购物节、旅游节、影视节、动漫节、读书季、时装周等为载体，提升各类国际文化体育会展活动的质量和水平，鼓励与周边国家（地区）联合开发国际旅游线路，带动文化娱乐、旅游和体育等相关消费。畅通商品进口渠道，稳步发展进口商品直销等新型商业模式。加快出台增设口岸进境免税店的操作办法。扩大72小时过境免签政策范围，完善和落实境外旅客购物离境退税政策。

## 六、创新并扩大有效供给

紧紧围绕消费升级需求，着力提高供给体系质量和效率，鼓励市场主体提高产品质量、扩大新产品和服务供给，营造大众创业、万众创新的良好环境，适当扩大先进技术装备和日用消费品进口，多渠道增加有效供给。

### （十二）改造提升传统产业

加快推动轻工、纺织、食品加工等产业转型升级，瞄准国际标准和细分市场需求，从提高产品功效、性能、适用性、可靠性和外观设计水平入手，全方位提高消费品质量。实施企业技术改造提升行动计划，鼓励传统产业设施装备智能化改造，推动生产方式向数字化、精细化、柔性化转变；推进传统制造业绿色化改造，推行生态设计，加强产品全生命周期绿色管理。支持制造业由生产型向生产服务型转变，引导制造企业延伸产业链条、增加服务环节。实施工业强基工程，重点突破核心基础零部件（元器件）、先进基础工艺、关键基础材料、产业技术基础等瓶颈。加强计量技术基础建设，提升量传溯源、产业计量服务能力。健全国产首台（套）重大技术装备市场应用机制，支持企业研发和推广应用重大创新产品。

### （十三）培育壮大战略性新兴产业

顺应新一轮科技革命和产业变革趋势，加快构建现代产业技术体系，高度重视颠覆性技术创新与应用，以技术创新推动产品创新，更好满足智能化、个性化、时尚化消费需求，引领、创造和拓展新需求。培育壮大节能环保、新一代信息技术、新能源汽车等战略性新兴产业。推动三维（3D）打印、机器人、基因工程等产业加快发展，开拓消费新领域。支持可穿戴设备、智能家居、数字媒体等市场前景广阔的新兴消费品发展。完善战略性新兴产业发展政策支持体系。

### （十四）大力发展服务业

以产业转型升级需求为导向，着力发展工业设计、节能环保服务、检验检测认证、电子商务、现代流通、市场营销和售后服务等产业，积极培育新型服务业态，促进生产性服务业专业化发展、向价值链高端延伸，为制造业升级提供支撑。顺应生活消费方式向发展型、现代型、服务型转变的趋势，重点发展居民和家庭服务、健康养老服务等贴近人民群众生活、需求潜力大、带动力强的生活性服务业，着力丰富服务内容、创新服务方式，推动生活性服务业便利化、精细化、品质化发展。支持有条件的服务业企业跨业融合发展和集团化网络化经营。

### （十五）推动大众创业万众创新蓬勃发展

加强政策系统集成，完善创业创新服务链条，加快构建有利于创业创新的良好生态，鼓励和支持各类市场主体创新发展。依托国家创新型城市、国家自主创新示范区、战略性新兴产业集聚区等创业创新资源密集区域，构建产业链、创新链与服务链协同发展支持体系，打造若干具有世界影响力的创业创新中心。加快建设大型共用实验装置以及数据资源、生物资源、知识和专利信息服务等科技服务平台。发展众创、众包、众扶、众筹等新模式，支持发展创新工场和虚拟创新社区等新型孵化器，积极打造孵化与创业投资结合、线上与线下结合的开放式服务载体，为新产品、新业态、新模式成长提供支撑。健全知识、技术、管理、技能等创新要素按贡献参与分配的机制。发展知识产权交易市场，严格知识产权保护，加大侵权惩处力度，建立知识产权跨境维权救援机制。

### （十六）鼓励和引导企业加快产品服务升级

引导企业更加积极主动适应市场需求变化，支持企业通过提高产品质量、维护良好信誉、打造知名品牌，培育提升核心竞争力。支持企业应用新技术、新工艺、新材料，加快产品升级换代、延长产业链条。支持企业运用新平台、新模式，提高消费便利性和市场占有率。鼓励企业提升市场分析研判、产品研发设计、市场营销拓展、参与全球竞争等能力。优化产业组织结构，培育一批核心竞争力强的企业集团和专业化中小企业。激发和保护企业家精神，鼓励勇于创新、追求卓越。

### （十七）适度扩大先进技术装备和日用消费品进口

健全进口管理体制，完善先进技术和设备进口免税政策，积极扩大新技术引进和关键设备、零部件进口；降低部分日用消费品进口关税，研究调整化妆品等品目消费税征收范围，适度增加适应消费升级需求的日用消费品进口。积极解决电子商务在境内外发展的技术、政策等问题，加强标准、支付、物流、通关、计量检测、检验检疫、税收等方面的国际协调，创新跨境电子商务合作方式。

### （十八）鼓励企业加强质量品牌建设

实施质量强国战略，大力推动中国质量、中国品牌建设。推行企业产品质量承诺和优质服务承诺标志与管理制度，在教育、旅游、文化、产品“三包”、网络消费等重点领域开展服务业质量提升专项行动。实施品牌价值提升工程，加大“中国精品”培育力度，丰富品牌文化内涵，积极培育发展地理标志商标和知名品牌。保护和传承中华老字号，振兴中国传统手工艺。完善品牌维权与争端解决机制。引导企业健全商标品牌管理体系，鼓励品牌培育和运营专业服务机构发展，培育一批能够展示“中国制造”和“中国服务”优质形象的品牌与企业。

## 七、优化政策支撑体系

着眼于发挥制度优势、弥补市场失灵、引导市场行为，系统调整财税、金融、投资、土地、人才和环境政策，加强政策协调配合，形成有利于消费升级和产业升级协同发展的政策环境。

### （十九）强化财税支持政策

加大对新消费相关领域的财政支持力度，更好发挥财政政策对地方政府和市场主体行为的导向作用。完善地方税体系，逐步提高直接税比重，激励地方政府营造良好生活消费环境、重视服务业发展。落实小微企业、创新型企业税收优惠政策和研发费用加计扣除政策。适时推进医疗、养老等行业营业税改征增值税改革试点，扩大增值税抵扣范围。严格落实公益性捐赠所得税税前扣除政策，进一步简化公益性捐赠所得税税前扣除流程。按照有利于拉动国内消费、促进公平竞争的原则，推进消费税改革，研究完善主要适应企业对企业（B2B）交易的跨境电子商务零售进口税收政策，进一步完善行邮税政策及征管措施。健全政府采购政策体系，逐步扩大政府购买服务范围，支持民办社会事业、创新产品和服务、绿色产品等发展。完善消费补贴政策，推动由补供方转为补需方，并重点用于具有市场培育效应和能够创造新需求的领域。

### （二十）推动金融产品和服务创新

完善金融服务体系，鼓励金融产品创新，促进金融服务与消费升级、产业升级融合创新。发挥金融创新对技术创新的助推作用，健全覆盖从实验研究、中试到生产全过程的科技创新融资模式，更好发挥政府投资和国家新兴产业创业投资引导基金的杠杆作用，提高信贷支持创新的灵活性和便利性。鼓励商业银行发展创新型非抵押类贷款模式，发展融资担保机构。规范发展多层次资本市场，支持实体经济转型升级。支持互联网金融创新发展，强化普惠金融服务，打造集消费、理财、融资、投资等业务于一体的金融服务平台。支持发展消费信贷，鼓励符合条件的市场主体成立消费金融公司，将消费金融公司试点范围推广至全国。鼓励保险机构开发更多适合医疗、养老、文化、旅游等行业和小微企业特点的保险险种，在产品“三包”、特种设备、重点消费品等领域大力实施产品质量安全责任保险制度。

### （二十一）优化政府投资结构

聚焦提供适应新消费新投资发展需要的基础设施和公共服务，创新投资方式，更好发挥政府投资的引领、撬动和催化作用。加大政府对教育、医疗、养老等基础设施，以及农村地区和中西部地区基础设施和公共服务领域的投资力度。加强适应新消费和新产业、新业态、新模式发展需要的基础设施和公共平台建设，强化对科技含量高、辐射带动作用强、有望形成新增长点的重大科技工程项目的支持，充分发挥政府投资对创新创业、技术改造、质量品牌建设等的带动作用。推动健全政府和社会资本合作（PPP）法律法规体系，创新政府投资与市场投资的合作方式，明确并规范政府和社会资本的权责利关系，鼓励和吸引社会资本参与新消费相关基础设施和公共服务领域投资。

### （二十二）完善土地政策

按照优化用地结构、提升利用效率的要求，创新建设用地供给方式，更好满足新消费新投资项目用地需求。优化新增建设用地结构，加快实施有利于新产业新业态发展和大众创业、万众创新的用地政策，重点保障新消费新投资发展需要的公共服务设施、交通基础设施、市政公用设施等用地，适当扩大战略性新兴产业、生产性和生活性服务业、科研机构及科技企业孵化机构发展用地，多途径保障电动汽车充电设施、移动通信基站等小型配套基础设施用地。优化存量建设用地结构，积极盘活低效利用建设用地。推广在建城市公交站场、大型批发市场、会展和文体中心地上地下立体开发及综合利用。鼓励原用地企业利用存量房产和土地发展研发设计、创业孵化、节能环保、文化创意、健康养老等服务业。依法盘活农村建设用地存量，重点保障农村养老、文化及社区综合服务设施建设用地，合理规划现代农业设施建设用地。

**（二十三）创新人才政策**

加大人才培养和引进力度，促进人才流动，为消费升级、产业升级、创新发展提供人才保障。培养适应产业转型升级和新兴产业发展需要的人才队伍，扩大家政、健康、养老等生活性服务业专业人才规模，加强信息、教育、医疗、文化、旅游、环保等领域高技能人才和专业技术人才队伍建设。培养更多既懂农业生产又懂电子商务的新型农民。推动医疗、教育、科技等领域人才以多种形式充分流动。完善医疗、养老服务护理人员职业培训补贴等政策。通过完善永久居留权、探索放宽国籍管理、创造宽松便利条件等措施加大对国际优秀人才的吸引力度。

**（二十四）健全环境政策体系**

建立严格的生态环境保护政策体系，强化节约环保意识，以健康节约绿色消费方式引导生产方式变革。完善统一的绿色产品标准、标识、认证等体系，开展绿色产品评价，政府采购优先购买节能环保产品。鼓励购买节能环保产品和服务，支持绿色技术、产品研发和推广应用。鼓励发展绿色建筑、绿色制造、绿色交通、绿色能源，支持循环园区、低碳城市、生态旅游目的地建设。建立绿色金融体系，发展绿色信贷、绿色债券和绿色基金。推行垃圾分类回收和循环利用，推动生产和生活系统的循环链接。推进生态产品市场化，建立完善节能量、碳排放权、排污权、水权交易制度。大力推行合同能源管理和环境污染第三方治理。

各地区、各部门要高度重视并主动顺应消费升级大趋势，积极发挥新消费引领作用，加快培育形成新供给新动力，推动经济实现有质量、有效益、可持续发展。要加强组织领导和统筹协调，强化部门协同和上下联动，推动系统清理并修订或废止不适应新消费新投资新产业新业态发展的法律法规和政策，加快研究制定具体实施方案和配套措施，明确责任主体、时间表和路线图，形成政策合力。要完善政策实施评估体系，综合运用第三方评估、社会监督评价等多种方式，科学评估实施效果。加大督查力度，确保积极发挥新消费引领作用、加快培育形成新供给新动力各项任务措施落到实处。

国务院

2015 年 11 月 19 日

## 第八节　中国人民银行等十部委发布《关于促进互联网金融健康发展的指导意见》①

为鼓励金融创新，促进互联网金融健康发展，明确监管责任，规范市场秩序，经党中央、国务院同意，中国人民银行、工业和信息化部、公安部、财政部、国家工商总局、国务院法制办、

① 资料来源：人民银行网站。

中国银行业监督管理委员会、中国证券监督管理委员会、中国保险监督管理委员会、国家互联网信息办公室日前联合印发了《关于促进互联网金融健康发展的指导意见》（银发〔2015〕221 号，以下简称《指导意见》）。

《指导意见》按照“鼓励创新、防范风险、趋利避害、健康发展”的总体要求，提出了一系列鼓励创新、支持互联网金融稳步发展的政策措施，积极鼓励互联网金融平台、产品和服务创新，鼓励从业机构相互合作，拓宽从业机构融资渠道，坚持简政放权和落实、完善财税政策，推动信用基础设施建设和配套服务体系建设。

《指导意见》按照“依法监管、适度监管、分类监管、协同监管、创新监管”的原则，确立了互联网支付、网络借贷、股权众筹融资、互联网基金销售、互联网保险、互联网信托和互联网消费金融等互联网金融主要业态的监管职责分工，落实了监管责任，明确了业务边界。

《指导意见》坚持以市场为导向发展互联网金融，遵循服务好实体经济、服从宏观调控和维护金融稳定的总体目标，切实保障消费者合法权益，维护公平竞争的市场秩序，在互联网行业管理，客户资金第三方存管制度，信息披露、风险提示和合格投资者制度，消费者权益保护，网络与信息安全，反洗钱和防范金融犯罪，加强互联网金融行业自律以及监管协调与数据统计监测等方面提出了具体要求。

下一步，各相关部门将按照《指导意见》的职责分工，认真贯彻落实《指导意见》的各项要求；互联网金融行业从业机构应按照《指导意见》的相关规定，依法合规开展各项经营活动。

近年来，互联网技术、信息通信技术不断取得突破，推动互联网与金融快速融合，促进了金融创新，提高了金融资源配置效率，但也存在一些问题和风险隐患。为全面贯彻落实党的十八大和十八届二中、三中、四中全会精神，按照党中央、国务院决策部署，遵循“鼓励创新、防范风险、趋利避害、健康发展”的总体要求，从金融业健康发展全局出发，进一步推进金融改革创新和对外开放，促进互联网金融健康发展，经党中央、国务院同意，现提出以下意见。

## 一、鼓励创新，支持互联网金融稳步发展

互联网金融是传统金融机构与互联网企业（以下统称从业机构）利用互联网技术和信息通信技术实现资金融通、支付、投资和信息中介服务的新型金融业务模式。互联网与金融深度融合是大势所趋，将对金融产品、业务、组织和服务等方面产生更加深刻的影响。互联网金融对促进小微企业发展和扩大就业发挥了现有金融机构难以替代的积极作用，为大众创业、万众创新打开了大门。促进互联网金融健康发展，有利于提升金融服务质量和效率，深化金融改革，促进金融创新发展，扩大金融业对内对外开放，构建多层次金融体系。作为新生事物，互联网金融既需要市场驱动，鼓励创新，也需要政策助力，促进发展。

### （一）积极鼓励互联网金融平台、产品和服务创新，激发市场活力

鼓励银行、证券、保险、基金、信托和消费金融等金融机构依托互联网技术，实现传统金融业务与服务转型升级，积极开发基于互联网技术的新产品和新服务。支持有条件的金融机构建设创新型互联网平台开展网络银行、网络证券、网络保险、网络基金销售和网络消费金融等业务。支持互联网企业依法合规设立互联网支付机构、网络借贷平台、股权众筹融资平台、网络金融产

品销售平台，建立服务实体经济的多层次金融服务体系，更好地满足中小微企业和个人投融资需求，进一步拓展普惠金融的广度和深度。鼓励电子商务企业在符合金融法律法规规定的条件下自建和完善线上金融服务体系，有效拓展电商供应链业务。鼓励从业机构积极开展产品、服务、技术和管理创新，提升从业机构核心竞争力。

### （二）鼓励从业机构相互合作，实现优势互补

支持各类金融机构与互联网企业开展合作，建立良好的互联网金融生态环境和产业链。鼓励银行业金融机构开展业务创新，为第三方支付机构和网络贷款平台等提供资金存管、支付清算等配套服务。支持小微金融服务机构与互联网企业开展业务合作，实现商业模式创新。支持证券、基金、信托、消费金融、期货机构与互联网企业开展合作，拓宽金融产品销售渠道，创新财富管理模式。鼓励保险公司与互联网企业合作，提升互联网金融企业风险抵御能力。

### （三）拓宽从业机构融资渠道，改善融资环境

支持社会资本发起设立互联网金融产业投资基金，推动从业机构与创业投资机构、产业投资基金深度合作。鼓励符合条件的优质从业机构在主板、创业板等境内资本市场上市融资。鼓励银行业金融机构按照支持小微企业发展的各项金融政策，对处于初创期的从业机构予以支持。针对互联网企业特点，创新金融产品和服务。

### （四）坚持简政放权，提供优质服务

各金融监管部门要积极支持金融机构开展互联网金融业务。按照法律法规规定，对符合条件的互联网企业开展相关金融业务实施高效管理。工商行政管理部门要支持互联网企业依法办理工商注册登记。电信主管部门、国家互联网信息管理部门要积极支持互联网金融业务，电信主管部门对互联网金融业务涉及的电信业务进行监管，国家互联网信息管理部门负责对金融信息服务、互联网信息内容等业务进行监管。积极开展互联网金融领域立法研究，适时出台相关管理规章，营造有利于互联网金融发展的良好制度环境。加大对从业机构专利、商标等知识产权的保护力度。鼓励省级人民政府加大对互联网金融的政策支持。支持设立专业化互联网金融研究机构，鼓励建设互联网金融信息交流平台，积极开展互联网金融研究。

### （五）落实和完善有关财税政策

按照税收公平原则，对于业务规模较小、处于初创期的从业机构，符合我国现行对中小企业特别是小微企业税收政策条件的，可按规定享受税收优惠政策。结合金融业营业税改征增值税改革，统筹完善互联网金融税收政策。落实从业机构新技术、新产品研发费用税前加计扣除政策。

### （六）推动信用基础设施建设，培育互联网金融配套服务体系

支持大数据存储、网络与信息安全维护等技术领域基础设施建设。鼓励从业机构依法建立信用信息共享平台。推动符合条件的相关从业机构接入金融信用信息基础数据库。允许有条件的从业机构依法申请征信业务许可。支持具备资质的信用中介组织开展互联网企业信用评级，增强市场信息透明度。鼓励会计、审计、法律、咨询等中介服务机构为互联网企业提供相关专业服务。

## 二、分类指导，明确互联网金融监管责任

互联网金融本质仍属于金融，没有改变金融风险隐蔽性、传染性、广泛性和突发性的特点。加强互联网金融监管，是促进互联网金融健康发展的内在要求。同时，互联网金融是新生事物和新兴业态，要制定适度宽松的监管政策，为互联网金融创新留有余地和空间。通过鼓励创新和加强监管相互支撑，促进互联网金融健康发展，更好地服务实体经济。互联网金融监管应遵循“依法监管、适度监管、分类监管、协同监管、创新监管”的原则，科学合理界定各业态的业务边界及准入条件，落实监管责任，明确风险底线，保护合法经营，坚决打击违法和违规行为。

### （七）互联网支付

互联网支付是指通过计算机、手机等设备，依托互联网发起支付指令、转移货币资金的服务。互联网支付应始终坚持服务电子商务发展和为社会提供小额、快捷、便民小微支付服务的宗旨。银行业金融机构和第三方支付机构从事互联网支付，应遵守现行法律法规和监管规定。第三方支付机构与其他机构开展合作的，应清晰界定各方的权利义务关系，建立有效的风险隔离机制和客户权益保障机制。要向客户充分披露服务信息，清晰地提示业务风险，不得夸大支付服务中介的性质和职能。互联网支付业务由人民银行负责监管。

### （八）网络借贷

网络借贷包括个体网络借贷（即 P2P 网络借贷）和网络小额贷款。个体网络借贷是指个体和个体之间通过互联网平台实现的直接借贷。在个体网络借贷平台上发生的直接借贷行为属于民间借贷范畴，受合同法、民法通则等法律法规以及最高人民法院相关司法解释规范。个体网络借贷要坚持平台功能，为投资方和融资方提供信息交互、撮合、资信评估等中介服务。个体网络借贷机构要明确信息中介性质，主要为借贷双方的直接借贷提供信息服务，不得提供增信服务，不得非法集资。网络小额贷款是指互联网企业通过其控制的小额贷款公司，利用互联网向客户提供的小额贷款。网络小额贷款应遵守现有小额贷款公司监管规定，发挥网络贷款优势，努力降低客户融资成本。网络借贷业务由银监会负责监管。

### （九）股权众筹融资

股权众筹融资主要是指通过互联网形式进行公开小额股权融资的活动。股权众筹融资必须通过股权众筹融资中介机构平台（互联网网站或其他类似的电子媒介）进行。股权众筹融资中介机构可以在符合法律法规规定前提下，对业务模式进行创新探索，发挥股权众筹融资作为多层次资本市场有机组成部分的作用，更好服务创新创业企业。股权众筹融资方应为小微企业，应通过股权众筹融资中介机构向投资人如实披露企业的商业模式、经营管理、财务、资金使用等关键信息，不得误导或欺诈投资者。投资者应当充分了解股权众筹融资活动风险，具备相应风险承受能力，进行小额投资。股权众筹融资业务由证监会负责监管。

### （十）互联网基金销售

基金销售机构与其他机构通过互联网合作销售基金等理财产品的，要切实履行风险披露义务，不得通过违规承诺收益方式吸引客户；基金管理人应当采取有效措施防范资产配置中的期限错配和流动性风险；基金销售机构及其合作机构通过其他活动为投资人提供收益的，应当对收益构成、先决条件、适用情形等进行全面、真实、准确表述和列示，不得与基金产品收益混同。第三方支付机构在开展基金互联网销售支付服务过程中，应当遵守人民银行、证监会关于客户备付金及基金销售结算资金的相关监管要求。第三方支付机构的客户备付金只能用于办理客户委托的支付业务，不得用于垫付基金和其他理财产品的资金赎回。互联网基金销售业务由证监会负责监管。

### （十一）互联网保险

保险公司开展互联网保险业务，应遵循安全性、保密性和稳定性原则，加强风险管理，完善内控系统，确保交易安全、信息安全和资金安全。专业互联网保险公司应当坚持服务互联网经济活动的基本定位，提供有针对性的保险服务。保险公司应建立对所属电子商务公司等非保险类子公司的管理制度，建立必要的防火墙。保险公司通过互联网销售保险产品，不得进行不实陈述、片面或夸大宣传过往业绩、违规承诺收益或者承担损失等误导性描述。互联网保险业务由保监会负责监管。

### （十二）互联网信托和互联网消费金融

信托公司、消费金融公司通过互联网开展业务的，要严格遵循监管规定，加强风险管理，确保交易合法合规，并保守客户信息。信托公司通过互联网进行产品销售及开展其他信托业务的，要遵守合格投资者等监管规定，审慎甄别客户身份和评估客户风险承受能力，不能将产品销售给与风险承受能力不相匹配的客户。信托公司与消费金融公司要制定完善产品文件签署制度，保证交易过程合法合规，安全规范。互联网信托业务、互联网消费金融业务由银监会负责监管。

## 三、健全制度，规范互联网金融市场秩序

发展互联网金融要以市场为导向，遵循服务实体经济、服从宏观调控和维护金融稳定的总体目标，切实保障消费者合法权益，维护公平竞争的市场秩序。要细化管理制度，为互联网金融健康发展营造良好环境。

### （十三）互联网行业管理

任何组织和个人开设网站从事互联网金融业务的，除应按规定履行相关金融监管程序外，还应依法向电信主管部门履行网站备案手续，否则不得开展互联网金融业务。工业和信息化部负责对互联网金融业务涉及的电信业务进行监管，国家互联网信息办公室负责对金融信息服务、互联网信息内容等业务进行监管，两部门按职责制定相关监管细则。

### （十四）客户资金第三方存管制度

除另有规定外，从业机构应当选择符合条件的银行业金融机构作为资金存管机构，对客户资金进行管理和监督，实现客户资金与从业机构自身资金分账管理。客户资金存管账户应接受独立审计并向客户公开审计结果。人民银行会同金融监管部门按照职责分工实施监管，并制定相关监管细则。

### （十五）信息披露、风险提示和合格投资者制度

从业机构应当对客户进行充分的信息披露，及时向投资者公布其经营活动和财务状况的相关信息，以便投资者充分了解从业机构运作状况，促使从业机构稳健经营和控制风险。从业机构应当向各参与方详细说明交易模式、参与方的权利和义务，并进行充分的风险提示。要研究建立互联网金融的合格投资者制度，提升投资者保护水平。有关部门按照职责分工负责监管。

### （十六）消费者权益保护

研究制定互联网金融消费者教育规划，及时发布维权提示。加强互联网金融产品合同内容、免责条款规定等与消费者利益相关的信息披露工作，依法监督处理经营者利用合同格式条款侵害消费者合法权益的违法、违规行为。构建在线争议解决、现场接待受理、监管部门受理投诉、第三方调解以及仲裁、诉讼等多元化纠纷解决机制。细化完善互联网金融个人信息保护的原则、标准和操作流程。严禁网络销售金融产品过程中的不实宣传、强制捆绑销售。人民银行、银监会、证监会、保监会会同有关行政执法部门，根据职责分工依法开展互联网金融领域消费者和投资者权益保护工作。

### （十七）网络与信息安全

从业机构应当切实提升技术安全水平，妥善保管客户资料和交易信息，不得非法买卖、泄露客户个人信息。人民银行、银监会、证监会、保监会、工业和信息化部、公安部、国家互联网信息办公室分别负责对相关从业机构的网络与信息安全保障进行监管，并制定相关监管细则和技术安全标准。

### （十八）反洗钱和防范金融犯罪

从业机构应当采取有效措施识别客户身份，主动监测并报告可疑交易，妥善保存客户资料和交易记录。从业机构有义务按照有关规定，建立健全有关协助查询、冻结的规章制度，协助公安机关和司法机关依法、及时查询、冻结涉案财产，配合公安机关和司法机关做好取证和执行工作。坚决打击涉及非法集资等互联网金融犯罪，防范金融风险，维护金融秩序。金融机构在和互联网企业开展合作、代理时应根据有关法律和规定签订包括反洗钱和防范金融犯罪要求的合作、代理协议，并确保不因合作、代理关系而降低反洗钱和金融犯罪执行标准。人民银行牵头负责对从业机构履行反洗钱义务进行监管，并制定相关监管细则。打击互联网金融犯罪工作由公安部牵头负责。

### （十九）加强互联网金融行业自律

充分发挥行业自律机制在规范从业机构市场行为和保护行业合法权益等方面的积极作用。人

民银行会同有关部门，组建中国互联网金融协会。协会要按业务类型，制订经营管理规则和行业标准，推动机构之间的业务交流和信息共享。协会要明确自律惩戒机制，提高行业规则和标准的约束力。强化守法、诚信、自律意识，树立从业机构服务经济社会发展的正面形象，营造诚信规范发展的良好氛围。

**（二十）监管协调与数据统计监测**

各监管部门要相互协作、形成合力，充分发挥金融监管协调部际联席会议制度的作用。人民银行、银监会、证监会、保监会应当密切关注互联网金融业务发展及相关风险，对监管政策进行跟踪评估，适时提出调整建议，不断总结监管经验。财政部负责互联网金融从业机构财务监管政策。人民银行会同有关部门，负责建立和完善互联网金融数据统计监测体系，相关部门按照监管职责分工负责相关互联网金融数据统计和监测工作，并实现统计数据和信息共享。

## 第九节　私募投资基金管理人内部控制指引

### 一、总则

（一）为了引导私募基金管理人加强内部控制，促进合法合规、诚信经营，提高风险防范能力，推动私募基金行业规范发展，根据《证券投资基金法》、《私募投资基金监督管理暂行办法》、《私募投资基金管理人登记和基金备案办法（试行）》，制定本指引。

（二）私募基金管理人内部控制是指私募基金管理人为防范和化解风险，保证各项业务的合法合规运作，实现经营目标，在充分考虑内外部环境的基础上，对经营过程中的风险进行识别、评价和管理的制度安排、组织体系和控制措施。

（三）私募基金管理人应当按照本指引的要求，结合自身的具体情况，建立健全内部控制机制，明确内部控制职责，完善内部控制措施，强化内部控制保障，持续开展内部控制评价和监督。

私募基金管理人最高权力机构对建立内部控制制度和维持其有效性承担最终责任，经营层对内部控制制度的有效执行承担责任。

### 二、目标和原则

（四）私募基金管理人内部控制总体目标是：

1. 保证遵守私募基金相关法律法规和自律规则。
2. 防范经营风险，确保经营业务的稳健运行。
3. 保障私募基金财产的安全、完整。
4. 确保私募基金、私募基金管理人财务和其他信息真实、准确、完整、及时。

（五）私募基金管理人内部控制应当遵循以下原则：

1. 全面性原则。内部控制应当覆盖包括各项业务、各个部门和各级人员，并涵盖资金募集、投资研究、投资运作、运营保障和信息披露等主要环节。

2. 相互制约原则。组织结构应当权责分明、相互制约。

3. 执行有效原则。通过科学的内控手段和方法，建立合理的内控程序，维护内控制度的有效执行。

4. 独立性原则。各部门和岗位职责应当保持相对独立，基金财产、管理人固有财产、其他财产的运作应当分离。

5. 成本效益原则。以合理的成本控制达到最佳的内部控制效果，内部控制与私募基金管理人的管理规模和员工人数等方面相匹配，契合自身实际情况。

6. 适时性原则。私募基金管理人应当定期评价内部控制的有效性，并随着有关法律法规的调整和经营战略、方针、理念等内外部环境的变化同步适时修改或完善。

## 三、基本要求

（六）私募基金管理人建立与实施有效的内部控制，应当包括下列要素：

1. 内部环境：包括经营理念和内控文化、治理结构、组织结构、人力资源政策和员工道德素质等，内部环境是实施内部控制的基础。

2. 风险评估：及时识别、系统分析经营活动中与内部控制目标相关的风险，合理确定风险应对策略。

3. 控制活动：根据风险评估结果，采用相应的控制措施，将风险控制在可承受范围之内。

4. 信息与沟通：及时、准确地收集、传递与内部控制相关的信息，确保信息在内部、企业与外部之间进行有效沟通。

5. 内部监督：对内部控制建设与实施情况进行周期性监督检查，评价内部控制的有效性，发现内部控制缺陷或因业务变化导致内控需求有变化的，应当及时加以改进、更新。

（七）私募基金管理人应当牢固树立合法合规经营的理念和风险控制优先的意识，培养从业人员的合规与风险意识，营造合规经营的制度文化环境，保证管理人及其从业人员诚实信用、勤勉尽责、恪尽职守。

（八）私募基金管理人应当遵循专业化运营原则，主营业务清晰，不得兼营与私募基金管理无关或存在利益冲突的其他业务。

（九）私募基金管理人应当健全治理结构，防范不正当关联交易、利益输送和内部人控制风险，保护投资者利益和自身合法权益。

（十）私募基金管理人组织结构应当体现职责明确、相互制约的原则，建立必要的防火墙制度与业务隔离制度，各部门有合理及明确的授权分工，操作相互独立。

（十一）私募基金管理人应当建立有效的人力资源管理制度，健全激励约束机制，确保工作人员具备与岗位要求相适应的职业操守和专业胜任能力。

私募基金管理人应具备至少 2 名高级管理人员。

（十二）私募基金管理人应当设置负责合规风控的高级管理人员。负责合规风控的高级管理人员，应当独立地履行对内部控制监督、检查、评价、报告和建议的职能，对因失职渎职导致内部控制失效造成重大损失的，应承担相关责任。

（十三）私募基金管理人应当建立科学的风险评估体系，对内外部风险进行识别、评估和分析，及时防范和化解风险。

（十四）私募基金管理人应当建立科学严谨的业务操作流程，利用部门分设、岗位分设、外包、托管等方式实现业务流程的控制。

（十五）授权控制应当贯穿于私募基金管理人资金募集、投资研究、投资运作、运营保障和信息披露等主要环节的始终。私募基金管理人应当建立健全授权标准和程序，确保授权制度的贯彻执行。

（十六）私募基金管理人自行募集私募基金的，应设置有效机制，切实保障募集结算资金安全；私募基金管理人应当建立合格投资者适当性制度。

（十七）私募基金管理人委托募集的，应当委托获得中国证监会基金销售业务资格且成为中国证券投资基金业协会（以下简称“中国基金业协会”）会员的机构募集私募基金，并制定募集机构遴选制度，切实保障募集结算资金安全；确保私募基金向合格投资者募集以及不变相进行公募。

（十八）私募基金管理人应当建立完善的财产分离制度，私募基金财产与私募基金管理人固有财产之间、不同私募基金财产之间、私募基金财产和其他财产之间要实行独立运作，分别核算。

（十九）私募基金管理人应建立健全相关机制，防范管理的各私募基金之间的利益输送和利益冲突，公平对待管理的各私募基金，保护投资者利益。

（二十）私募基金管理人应当建立健全投资业务控制，保证投资决策严格按照法律法规规定，符合基金合同所规定的投资目标、投资范围、投资策略、投资组合和投资限制等要求。

（二十一）除基金合同另有约定外，私募基金应当由基金托管人托管，私募基金管理人应建立健全私募基金托管人遴选制度，切实保障资金安全。

基金合同约定私募基金不进行托管的，私募基金管理人应建立保障私募基金财产安全的制度措施和纠纷解决机制。

（二十二）私募基金管理人开展业务外包应制定相应的风险管理框架及制度。私募基金管理人根据审慎经营原则制定其业务外包实施规划，确定与其经营水平相适宜的外包活动范围。

（二十三）私募基金管理人应建立健全外包业务控制，并至少每年开展一次全面的外包业务风险评估。在开展业务外包的各个阶段，关注外包机构是否存在与外包服务相冲突的业务，以及外包机构是否采取有效的隔离措施。

（二十四）私募基金管理人自行承担信息技术和会计核算等职能的，应建立相应的信息系统和会计系统，保证信息技术和会计核算等的顺利运行。

（二十五）私募基金管理人应当建立健全信息披露控制，维护信息沟通渠道的畅通，保证向投资者、监管机构及中国基金业协会所披露信息的真实性、准确性、完整性和及时性，不存在虚假记载、误导性陈述或重大遗漏。

（二十六）私募基金管理人应当保存私募基金内部控制活动等方面的信息及相关资料，确保信息的完整、连续、准确和可追溯，保存期限自私募基金清算终止之日起不得少于10年。

（二十七）私募基金管理人应对内部控制制度的执行情况进行定期和不定期的检查、监督及评价，排查内部控制制度是否存在缺陷及实施中是否存在问题，并及时予以改进，确保内部控制制度的有效执行。

## 四、检查和监督

（二十八）中国基金业协会对私募基金管理人内部控制的建立及执行情况进行监督。

（二十九）私募基金管理人应当按照本指引要求制定相关内部控制制度，并在中国基金业协会私募基金登记备案系统填报及上传相关内部控制制度。

（三十）中国基金业协会按照相关自律规则，对私募基金管理人的人员、内部控制、业务活动及信息披露等合规情况进行业务检查，业务检查可通过现场或非现场方式进行，私募基金管理人及相关人员应予以配合。

（三十一）私募基金管理人未按本指引建立健全内部控制，或内部控制存在重大缺陷，导致违反相关法律法规及自律规则的，中国基金业协会可以视情节轻重对私募基金管理人及主要负责人采取书面警示、行业内通报批评、公开谴责等措施。

## 五、附则

（三十二）本指引由中国基金业协会负责解释。

（三十三）本指引自 2016 年 2 月 1 日起施行。

# 第十节　私募投资基金信息披露管理办法

## 一、总则

第一条　为保护私募基金投资者合法权益，规范私募投资基金的信息披露活动，根据《证券投资基金法》、《私募投资基金监督管理暂行办法》、《私募投资基金管理人登记和基金备案办法（试行）》等法律法规及相关自律规则，制定本办法。

第二条　本办法所称的信息披露义务人，指私募基金管理人、私募基金托管人，以及法律、行政法规、中国证券监督管理委员会（以下简称中国证监会）和中国证券投资基金业协会（以下简称中国基金业协会）规定的具有信息披露义务的法人和其他组织。

同一私募基金存在多个信息披露义务人时，应在相关协议中约定信息披露相关事项和责任义务。

信息披露义务人委托第三方机构代为披露信息的，不得免除信息披露义务人法定应承担的信息披露义务。

第三条　信息披露义务人应当按照中国基金业协会的规定以及基金合同、公司章程或者合伙协议（以下统称基金合同）约定向投资者进行信息披露。

第四条　信息披露义务人应当保证所披露信息的真实性、准确性和完整性。

第五条　私募基金管理人应当按照规定通过中国基金业协会指定的私募基金信息披露备份平台报送信息。

私募基金管理人过往业绩以及私募基金运行情况将以私募基金管理人向私募基金信息披露备份平台报送的数据为准。

第六条　投资者可以登录中国基金业协会指定的私募基金信息披露备份平台进行信息查询。

第七条　信息披露义务人、投资者及其他相关机构应当依法对所获取的私募基金非公开披露的全部信息、商业秘密、个人隐私等信息负有保密义务。

中国基金业协会应当对私募基金管理人和私募基金信息严格保密。除法律法规另有规定外，不得对外披露。

第八条　中国基金业协会依据本办法对私募基金的信息披露活动进行自律管理。

## 二、一般规定

第九条　信息披露义务人应当向投资者披露的信息包括：

（一）基金合同；

（二）招募说明书等宣传推介文件；

（三）基金销售协议中的主要权利义务条款（如有）；

（四）基金的投资情况；

（五）基金的资产负债情况；

（六）基金的投资收益分配情况；

（七）基金承担的费用和业绩报酬安排；

（八）可能存在的利益冲突；

（九）涉及私募基金管理业务、基金财产、基金托管业务的重大诉讼、仲裁；

（十）中国证监会以及中国基金业协会规定的影响投资者合法权益的其他重大信息。

第十条　私募基金进行托管的，私募基金托管人应当按照相关法律法规、中国证监会以及中国基金业协会的规定和基金合同的约定，对私募基金管理人编制的基金资产净值、基金份额净值、基金份额申购赎回价格、基金定期报告和定期更新的招募说明书等向投资者披露的基金相关信息进行复核确认。

第十一条　信息披露义务人披露基金信息，不得存在以下行为：

（一）公开披露或者变相公开披露；

（二）虚假记载、误导性陈述或者重大遗漏；

（三）对投资业绩进行预测；

（四）违规承诺收益或者承担损失；

（五）诋毁其他基金管理人、基金托管人或者基金销售机构；

（六）登载任何自然人、法人或者其他组织的祝贺性、恭维性或推荐性的文字；

（七）采用不具有可比性、公平性、准确性、权威性的数据来源和方法进行业绩比较，任意使用"业绩最佳"、"规模最大"等相关措辞；

（八）法律、行政法规、中国证监会和中国基金业协会禁止的其他行为。

第十二条　向境内投资者募集的基金信息披露文件应当采用中文文本，应当尽量采用简明、易懂的语言进行表述。同时采用外文文本的，信息披露义务人应当保证两种文本内容一致。两种文本发生歧义时，以中文文本为准。

## 三、基金募集期间的信息披露

第十三条　私募基金的宣传推介材料（如招募说明书）内容应当如实披露基金产品的基本信息，与基金合同保持一致。如有不一致，应当向投资者特别说明。

第十四条　私募基金募集期间，应当在宣传推介材料（如招募说明书）中向投资者披露如下信息：

（一）基金的基本信息：基金名称、基金架构（是否为母子基金、是否有平行基金）、基金类型、基金注册地（如有）、基金募集规模、最低认缴出资额、基金运作方式（封闭式、开放式或者其他方式）、基金的存续期限、基金联系人和联系信息、基金托管人（如有）；

（二）基金管理人基本信息：基金管理人名称、注册地/主要经营地址、成立时间、组织形式、基金管理人在中国基金业协会的登记备案情况；

（三）基金的投资信息：基金的投资目标、投资策略、投资方向、业绩比较基准（如有）、风险收益特征等；

（四）基金的募集期限：应载明基金首轮交割日以及最后交割日事项（如有）；

（五）基金估值政策、程序和定价模式；

（六）基金合同的主要条款：出资方式、收益分配和亏损分担方式、管理费标准及计提方式、基金费用承担方式、基金业务报告和财务报告提交制度等；

（七）基金的申购与赎回安排；

（八）基金管理人最近三年的诚信情况说明；

（九）其他事项。

## 四、基金运作期间的信息披露

第十五条　基金合同中应当明确信息披露义务人向投资者进行信息披露的内容、披露频度、披露方式、披露责任以及信息披露渠道等事项。

第十六条　私募基金运行期间，信息披露义务人应当在每季度结束之日起10个工作日以内向投资者披露基金净值、主要财务指标以及投资组合情况等信息。

单只私募证券投资基金管理规模金额达到5000万元以上的，应当持续在每月结束之日起5个工作日以内向投资者披露基金净值信息。

第十七条　私募基金运行期间，信息披露义务人应当在每年结束之日起4个月以内向投资者披露以下信息：

（一）报告期末基金净值和基金份额总额；

（二）基金的财务情况；

（三）基金投资运作情况和运用杠杆情况；

（四）投资者账户信息，包括实缴出资额、未缴出资额以及报告期末所持有基金份额总额等；

（五）投资收益分配和损失承担情况；

（六）基金管理人取得的管理费和业绩报酬，包括计提基准、计提方式和支付方式；

（七）基金合同约定的其他信息。

第十八条　发生以下重大事项的，信息披露义务人应当按照基金合同的约定及时向投资者披露：

（一）基金名称、注册地址、组织形式发生变更的；

（二）投资范围和投资策略发生重大变化的；

（三）变更基金管理人或托管人的；

（四）管理人的法定代表人、执行事务合伙人（委派代表）、实际控制人发生变更的；

（五）触及基金止损线或预警线的；

（六）管理费率、托管费率发生变化的；

（七）基金收益分配事项发生变更的；

（八）基金触发巨额赎回的；

（九）基金存续期变更或展期的；

（十）基金发生清盘或清算的；

（十一）发生重大关联交易事项的；

（十二）基金管理人、实际控制人、高管人员涉嫌重大违法违规行为或正在接受监管部门或自律管理部门调查的；

（十三）涉及私募基金管理业务、基金财产、基金托管业务的重大诉讼、仲裁；

（十四）基金合同约定的影响投资者利益的其他重大事项。

## 五、信息披露的事务管理

第十九条　信息披露义务人应当建立健全信息披露管理制度，指定专人负责管理信息披露事务，并按要求在私募基金登记备案系统中上传信息披露相关制度文件。

第二十条　信息披露事务管理制度应当至少包括以下事项：

（一）信息披露义务人向投资者进行信息披露的内容、披露频度、披露方式、披露责任以及信息披露渠道等事项；

（二）信息披露相关文件、资料的档案管理；

（三）信息披露管理部门、流程、渠道、应急预案及责任；

（四）未按规定披露信息的责任追究机制，对违反规定人员的处理措施。

第二十一条　信息披露义务人应当妥善保管私募基金信息披露的相关文件资料，保存期限自基金清算终止之日起不得少于10年。

## 六、自律管理

第二十二条　中国基金业协会定期发布行业信息披露指引，指导信息披露义务人做好信息披露相关事项。

第二十三条　中国基金业协会可以对信息披露义务人

披露基金信息的情况进行定期或者不定期的现场和非现场自律检查，信息披露义务人应当予以配合。

第二十四条　私募基金管理人违反本办法第十五条规定，未在基金合同约定信息披露事项的，基金备案过程中由中国基金业协会责令改正。

第二十五条　信息披露义务人违反本办法第五条、第九条、第十六条至第十八条的，投资者可以向中国基金业协会投诉或举报，中国基金业协会可以要求其限期改正。逾期未改正的，中国基金业协会可以视情节轻重对信息披露义务人及主要负责人采取谈话提醒、书面警示、要求参加强制培训、行业内谴责、加入黑名单等纪律处分。

第二十六条　信息披露义务人管理信息披露事务，违反本办法第十九条至第二十一条的规定，中国基金业协会可以要求其限期改正。逾期未改正的，中国基金业协会可以视情节轻重对信息披露义务人及主要负责人采取谈话提醒、书面警示、要求参加强制培训、行业内谴责、加入黑名单等纪律处分。

第二十七条　私募基金管理人在信息披露中存在本办法第十一条（一）、（二）、（三）、（四）、（七）所述行为的，中国基金业协会可视情节轻重对基金管理人采取公开谴责、暂停办理相关业务、撤销管理人登记或取消会员资格等纪律处分；对直接负责的主管人员和其他直接责任人员，中国基金业协会可采取要求参加强制培训、行业内谴责、加入黑名单、公开谴责、认为不适当人选、暂停或取消基金

从业资格等纪律处分，并记入诚信档案。情节严重的，移交中国证监会处理。

第二十八条　私募基金管理人在一年之内两次被采取谈话提醒、书面警示、要求限期改正等纪律处分的，中国基金业协会可对其采取加入黑名单、公开谴责等纪律处分；在两年之内两次被采取加入黑名单、公开谴责等纪律处分的，由中国基金业协会移交中国证监会处理。

## 七、附则

第二十九条　本办法自公布之日起施行。

第三十条　本办法所称以上、以内，包括本数。

第三十一条　本办法由中国基金业协会负责解释。

# 第十一节　国务院办公厅关于加快众创空间发展服务实体经济转型升级的指导意见

国办发〔2016〕7号

各省、自治区、直辖市人民政府，国务院各部委、各直属机构：

推进大众创业万众创新是增强发展新动能、促进社会就业、提高发展质量效益的重要途径，是实施创新驱动发展战略的重要支撑，国务院陆续出台了一系列重要支持政策和举措，为经济平稳较快发展发挥了关键作用。当前，全国各地涌现出一批有亮点、有潜力、有特色的众创空间，已经成为大众创业万众创新的重要阵地和创新创业者的聚集地，呈现蓬勃发展的良好势头。为充分发挥各类创新主体的积极性和创造性，发挥科技创新的引领和驱动作用，紧密对接实体经济，有效支撑我国经济结构调整和产业转型升级，需要继续推动众创空间向纵深发展，在制造业、现代服务业等重点产业领域强化企业、科研机构和高校的协同创新，加快建设一批众创空间。经国务院同意，现就加快众创空间发展提出以下意见。

## 一、总体要求和基本原则

### （一）总体要求

促进众创空间专业化发展，为实施创新驱动发展战略、推进大众创业万众创新提供低成本、全方位、专业化服务，更大释放全社会创新创业活力，加快科技成果向现实生产力转化，增强实体经济发展新动能。通过龙头企业、中小微企业、科研院所、高校、创客等多方协同，打造产学研用紧密结合的众创空间，吸引更多科技人员投身科技型创新创业，促进人才、技术、资本等各类创新要素的高效配置和有效集成，推进产业链创新链深度融合，不断提升服务创新创业的能力和水平。

一是配套支持全程化。通过为创新创业者提供工业设计、检验检测、模型加工、知识产权、专利标准、中试生产、产品推广等研发、制造、销售相关服务，实现产业链资源开放共享和高效配置。

二是创新服务个性化。通过整合专业领域的技术、设备、信息、资本、市场、人力等资源，为创新创业者提供更高端、更具专业特色和定制化的增值服务。

三是创业辅导专业化。通过凝聚一批熟悉产业领域的创业导师和培训机构，开展创业培训，举办各类创业活动，为创新创业者提供更加适合产业特点的创业辅导服务，提高创新创业者的专业素质和能力，培养更多适应经济转型升级的创新人才。

### （二）基本原则

一是坚持发挥市场配置资源的决定性作用。要充分利用互联网等新一代信息技术，向创业者开放创新资源，降低创新创业成本，加强创新链与产业链、资金链的对接，让市场对科技成果作出评价。

二是坚持科技创新的引领作用。要以科技成果转移转化为重点，扩大“双创”的源头供给，推动科技型创新创业，使科技人员成为创新创业的主力军。

三是坚持服务和支撑实体经济发展。要与“互联网＋”行动计划、“中国制造 2025”、大数据发展行动等相结合，促进龙头骨干企业在研发、生产、营销、服务、管理等方面改革创新，加快发展“制造＋服务”的智能工厂模式，培育更多富有活力的中小微企业，为经济发展注入新技术、新装备、新模式，培育新业态，催生新产业。

## 二、重点任务

### （三）在重点产业领域发展众创空间

重点在电子信息、生物技术、现代农业、高端装备制造、新能源、新材料、节能环保、医药卫生、文化创意和现代服务业等产业领域先行先试，针对产业需求和行业共性技术难点，在细分领域建设众创空间。

### （四）鼓励龙头骨干企业围绕主营业务方向建设众创空间

按照市场机制与其他创业主体协同聚集，优化配置技术、装备、资本、市场等创新资源，实现与中小微企业、高校、科研院所和各类创客群体有机结合，有效发挥引领带动作用，形成以龙头骨干企业为核心、高校院所积极参与、辐射带动中小微企业成长发展的产业创新生态群落。

### （五）鼓励科研院所、高校围绕优势专业领域建设众创空间

发挥科研设施、专业团队、技术积累等优势，充分利用大学科技园、工程（技术）研究中心、重点实验室、工程实验室等创新载体，建设以科技人员为核心、以成果转移转化为主要内容的众创空间，通过聚集高端创新资源，增加源头技术创新有效供给，为科技型创新创业提供专业化服务。

### （六）建设一批国家级创新平台和双创基地

依托国家自主创新示范区、国家高新技术产业开发区等试点建设一批国家级创新平台，推动各地发展各具特色的双创基地。国家高新技术产业开发区、国家级经济技术开发区、国家现代农业示范区、农业科技园区等要结合国家战略布局和当地产业发展实际，发挥重点区域创新创业要素集聚优势，打造一批具有当地特色的众创空间，与科技企业孵化器、加速器及产业园等共同形成创新创业生态体系。

### （七）加强众创空间的国际合作

鼓励龙头骨干企业、高校、科研院所与国外先进创业孵化机构开展对接合作，共同建立高水平的众创空间，鼓励龙头骨干企业与国外创业孵化机构合作建立投资基金。支持众创空间引进国际先进的创业孵化理念，吸纳、整合和利用国外技术、资本和市场等资源，提升众创空间发展的

国际化水平。大力吸引和支持港澳台科技人员以及海归人才、外国人才到众创空间创新创业，在居住、工作许可、居留等方面提供便利条件。

## 三、加大政策支持力度

充分利用现有创新政策工具，挖掘已有政策潜力，加大政策落实力度，形成支持众创空间发展的政策体系。

### （八）实行奖励和补助政策

有条件的地方要综合运用无偿资助、业务奖励等方式，对众创空间的办公用房、用水、用能、网络等软硬件设施给予补助。支持国家科技基础条件平台为符合条件的众创空间提供服务。符合条件的众创空间可以申报承担国家科技计划项目。发挥财政资金的杠杆作用，采用市场机制引导社会资金和金融资本进入技术创新领域，支持包括中国创新创业大赛优胜项目在内的创新创业项目和团队，推动众创空间发展。

### （九）落实促进创新的税收政策

众创空间的研发仪器设备符合相关规定条件的，可按照税收有关规定适用加速折旧政策；进口科研仪器设备符合规定条件的，适用进口税收优惠政策。众创空间发生的研发费用，企业和高校院所委托众创空间开展研发活动以及小微企业受委托或自身开展研发活动发生的研发费用，符合规定条件的可适用研发费用税前加计扣除政策。研究完善科技企业孵化器税收政策，符合规定条件的众创空间可适用科技企业孵化器税收政策。

### （十）引导金融资本支持

引导和鼓励各类天使投资、创业投资等与众创空间相结合，完善投融资模式。鼓励天使投资群体、创业投资基金入驻众创空间和双创基地开展业务。鼓励国家自主创新示范区、国家高新技术产业开发区设立天使投资基金，支持众创空间发展。选择符合条件的银行业金融机构，在试点地区探索为众创空间内企业创新活动提供股权和债权相结合的融资服务，与创业投资、股权投资机构试点投贷联动。支持众创空间内科技创业企业通过资本市场进行融资。

### （十一）支持科技人员到众创空间创新创业

高校、科研院所要按照《中华人民共和国促进科技成果转化法》有关规定，落实科技成果使用权、处置权和收益权政策。对本单位科研人员带项目和成果到众创空间创新创业的，经原单位同意，可在3年内保留人事关系，与原单位其他在岗人员同等享有参加职称评聘、岗位等级晋升和社会保障等方面的权利。探索完善众创空间中创新成果收益分配制度。对高校、科研院所的创业项目知识产权申请、转化和运用，按照国家有关政策给予支持。进一步改革科研项目和资金管理使用制度，使之更有利于激发广大科研人员的创造性和转化成果的积极性。

### （十二）调动企业参与众创空间建设的积极性

企业建设众创空间的投入符合相关规定条件的，可享受研发费用加计扣除政策。国有企业对众创空间投入较大且符合有关规定的，可以适用有关科技创新考核政策。充分利用淘汰落后产能、处置“僵尸企业”过程中形成的闲置厂房、空余仓库以及生产设施，改造建设众创空间，鼓励企业通过集众智、汇众力等开放式创新，吸纳科技人员创业，创造就业岗位，实现转型发展。

**（十三）促进军民技术双向转化**

大力推动军民标准通用化，引导民用领域知识产权在国防和军队建设领域运用。军工技术向民用转移中的二次开发费用，符合相关规定条件的可以适用研发费用加计扣除政策。在符合保密规定的前提下，对向众创空间开放共享的专用设备、实验室等军工设施，按照国家统一政策，根据服务绩效探索建立后补助机制，促进军民创新资源融合共享。

## 四、组织实施

**（十四）加强组织领导**

各有关部门和各省（区、市）要加强对众创空间建设的宏观指导和工作协调，结合行业和地方发展实际，推进各具特色的众创空间建设和发展。加强对众创空间发展情况的监测、统计和评估。建立统一的政策信息发布平台。各地区各部门对众创空间等平台的扶持情况要上网公示，做到公开透明，避免多头重复支持。

**（十五）加强示范引导**

鼓励各地、各类主体积极探索支持众创空间发展的新政策、新机制和新模式，不断完善创新创业服务体系，持续提高创新创业服务能力。国家自主创新示范区、国家高新技术产业开发区等创新要素集聚区域的管理部门要率先行动起来，主动做好服务，为众创空间的专业化发展创造条件，开展先行先试，作出引领示范。

**（十六）加强分类指导**

要根据战略性新兴产业发展和传统产业升级的具体需求，聚焦重点领域和关键环节，采取有针对性的政策措施，实现重点突破，增强示范带动效应。要统筹考虑各地区经济发展、科技资源条件等实际情况，因地制宜推进众创空间在不同区域的建设和发展。

**（十七）加强宣传推广**

及时总结和交流众创空间建设的做法和经验，对模式新颖、绩效突出的案例进行宣传推广，树立品牌，扩大影响。对众创空间和中国创新创业大赛中涌现出来的优秀创业项目、创业人物加大宣传报道力度，在全社会弘扬创新创业文化，激发创新创业热情。

国务院办公厅

2016年2月14日

# 第十二节 国务院关于2016年深化经济体制改革重点工作的意见

国家发展改革委

2016年是全面建成小康社会决胜阶段的开局之年，也是推进结构性改革的攻坚之年。根据《中央全面深化改革领导小组2016年工作要点》和《政府工作报告》部署，现就2016年深化经济体制改革重点工作提出以下意见。

## 一、总体要求

全面贯彻落实党的十八大和十八届三中、四中、五中全会精神，按照“五位一体”总体布局和“四个全面”战略布局，牢固树立并贯彻落实创新、协调、绿色、开放、共享的新发展理念，引领经济发展新常态，坚持改革开放，坚持稳中求进工作总基调，坚持稳增长、调结构、惠民生、防风险，大力推进结构性改革，着力加强供给侧结构性改革，抓紧推动有利于创造新供给、释放新需求的体制创新，推出一批具有重大牵引作用的改革举措，着力抓好已出台改革方案的落地实施，推动形成有利于引领经济发展新常态的体制机制和发展方式，努力实现“十三五”时期经济社会发展良好开局。

更加突出供给侧结构性改革。围绕提高供给体系质量和效率深化改革，使市场在资源配置中起决定性作用和更好发挥政府作用，矫正要素配置扭曲，降低制度性交易成本，激发企业家精神，提高全要素生产率，实现由低水平供需平衡向高水平供需平衡的跃升。

更加突出问题导向和目标导向。针对突出问题、抓住关键点，围绕当前经济下行压力大、结构性矛盾凸显、风险隐患增多等突出困难和问题加大改革力度，促进去产能、去库存、去杠杆、降成本、补短板，使改革更加精准对接发展所需、基层所盼、民心所向。

更加突出基层实践和创新。将顶层设计和基层探索创新有机结合，合理安排改革试点，鼓励地方结合实际进行探索创新，发挥基层首创精神，及时总结基层改革创新中发现的问题、解决的方法、蕴含的规律，推动面上制度创新。

更加突出抓改革措施落地。坚持改革政策要实，建立全过程、高效率、可核实的改革落实机制，加强对方案落实、工作落实、责任落实情况的督促检查，以钉钉子精神抓好改革落实，推动改革举措早落地、见实效，使人民群众有更多获得感。

## 二、大力推进国有企业改革，着力增强市场微观主体活力

### （一）全面落实国企改革指导意见

健全国有资本合理流动机制，制定推动中央企业结构调整与重组指导意见，优化国有企业结

构布局。推进股权多元化改革，健全企业治理结构，转换经营机制，开展落实企业董事会职权、市场化选聘经营管理者、职业经理人制度试点。深化国有企业内部人事、劳动、分配制度改革，探索建立与市场化选任方式相适应的高层次人才和企业经营管理者薪酬制度。加快剥离国有企业办社会职能和解决历史遗留问题。

### （二）改革完善国有资产管理体制

加快改组组建国有资本投资、运营公司，搭建国有资本市场化运作专业平台。以管资本为主推进国有资产监管机构职能转变。出台进一步加强和改进外派监事会工作的意见。研究制定推进中央党政机关、事业单位经营性国有资产集中统一监管方案。出台加强国有企业国有资本和境外国有资产审计监督的意见。

### （三）推进国有企业混合所有制改革

在电力、石油、天然气、铁路、民航、电信等重点领域，选择一批国有企业开展混合所有制改革试点示范，推动集团公司整体上市，支持具备条件的上市企业引入合格战略投资者，进一步放大国有资本功能，提高国有资本配置和运行效率。研究提出公有制经济之间股权多元化改革方案。开展混合所有制企业实行企业员工持股试点。支持地方国有企业因地制宜开展混合所有制改革试点。

### （四）加快推进重点行业改革

深化电力体制改革，全面开展可再生能源就近消纳、售电侧改革、交易机构组建及电力市场建设等专项试点和综合试点。出台深化石油天然气体制改革的若干意见及配套政策。出台盐业体制改革方案，推进食盐生产批发管理体制、食盐政府定价机制、食盐储备体系等改革。出台深化建筑业改革促进行业发展的若干意见。

### （五）激发非公有制经济活力和创造力

进一步放宽非公有制经济市场准入，废除制约非公有制经济发展的不合理规定，消除各种隐性壁垒，改善和优化服务。鼓励民营企业参与国有企业改革，鼓励发展非公有资本控股的混合所有制企业。从典型案例入手，总结保护产权好的做法和经验，纠正破坏产权的行为，出台进一步完善产权保护制度推进产权保护法治化的意见，让各种所有制经济权益、企业家财产权和创新收益等依法得到保护。

## 三、完善创新驱动发展体制机制，加快新动能成长和传统动能提升

### （六）系统推进全面创新改革试验

聚焦实施创新驱动发展战略面临的突出问题，着力从处理好政府与市场关系、促进科技与经济融合、激发创新者动力和活力、深化开放创新等方面进行改革探索，在知识产权、科研院所、人才流动等方面取得试点突破，形成一批可复制、可推广的改革经验。加快将国家自主创新示范区试点政策推广到全国，再建设一批国家自主创新示范区、高新区。

### （七）深化科技管理体制改革

加快推进技术创新引导专项（基金）、基地和人才专项的优化布局及分类整合，健全科技计划（专项、基金等）体系及其管理制度，改革和规范项目管理流程，建立专业机构管理项目机制、统一的评估和监督机制、动态调整机制。打破行政主导和部门分割，建立主要由市场决定技术创新项目和经费分配、评价成果的机制。完善国家科技决策咨询制度。深化国家科技奖励改革。

### （八）完善创新人才激励机制

实施支持科技成果转移转化的政策措施，启动促进科技成果转移转化行动。落实国有科技型企业股权激励和分红激励实施办法，深入开展科技人才分类评价试点。推动高校和科研院所去行政化改革，出台科研事业单位领导人员管理办法，研究制定科研机构创新绩效评价办法。扩大高校和科研院所自主权，赋予创新领军人才更大的人财物支配权和技术路线决策权。实行以增加知识价值为导向的分配政策，提高科研人员成果转化收益分享比例。建立统一的外国人才管理体制。

### （九）营造保障大众创业万众创新的制度环境

构建对企业和个人创新创业活动的普惠性政策支撑体系，落实研发费用加计扣除、高新技术企业税收优惠政策，完善科技企业孵化器税收优惠政策，统筹研究对包括天使投资在内的投资种子期、初创期企业的税收优惠政策，研究建立新材料、关键零部件首批次应用保险保费补偿机制。借助互联网等新技术，构建新型的创新创业支撑平台，创新监管方式，为新兴领域创新创业营造宽松环境。创新通用航空新兴业态运行监管模式，出台促进通用航空发展相关政策。

### （十）完善服务业发展体制

进一步放宽服务业领域市场准入，营造公平竞争的环境。落实和完善支持政策，推动生产性服务业向专业化转变、向价值链高端延伸，推动生活性服务业加快向精细化和高品质提升。启动新一轮国家服务业综合改革试点，及时推广可复制的经验和做法。大力发展服务贸易和服务外包，开展服务贸易创新发展试点，增加服务外包示范城市。深化养老服务业综合改革试点，全面放开养老服务市场，鼓励民间资本、外商投资进入养老健康领域，提高养老服务质量，推进多种形式的医养结合，增加有效供给。

### （十一）健全保护企业家精神的体制机制

研究制定进一步激发和保护企业家精神的指导意见，健全相关体制机制和政策体系，充分发挥企业家精神在创新驱动和产业转型升级等方面的重要作用。

## 四、持续推进政府职能转变，改革完善“三去一降一补”的体制机制

### （十二）深入推进简政放权、放管结合、优化服务改革

继续取消和下放一批行政审批事项，进一步简化审批程序，开展“证照分离”试点，改进和

规范审批行为，清理规范中介服务，推广网上并联审批等新模式。制定国务院部门行政审批基本流程、标准指引及规范办法。全面公布地方政府权力和责任清单，开展国务院部门权责清单编制试点。对行政事业性收费、政府定价或指导价经营服务性收费、政府性基金和国家职业资格，实行目录清单管理。做好已取消和下放管理层级行政审批事项的落实和衔接，加强事中事后监管。建立健全纵横联动协同监管机制，全面推行“双随机、一公开”监管方式。研究制定创新政府配置资源方式的指导意见。进一步精简投资审批，创新投资管理方式和投融资机制。修改和废止有碍发展的行政法规和规范性文件。

### （十三）健全有利于去产能、去库存、去杠杆的体制机制

制定并实施推动产业重组、处置“僵尸企业”的方案，优化存量、引导增量、主动减量，完善企业退出机制。推进以满足新市民住房需求为主要出发点的住房制度改革，建立购租并举的住房制度，把符合条件的外来人口逐步纳入公租房供给范围，住房保障实行实物保障与货币补贴并举，有条件的地区逐步转向以租赁补贴为主，发展住房租赁市场，研究鼓励住房租赁经营企业发展的配套政策，促进房地产去库存。完善地方政府债务限额管理、预算管理、风险预警和监督考核制度，在全国人大批准的限额内适当增加财政实力强、债务风险较低的地方政府债务限额，改进地方政府债券发行办法，推动融资平台市场化转型改制。支持开展基础设施资产证券化试点。

### （十四）强化降成本、补短板的制度保障

进一步正税清费，清理各种不合理收费，将 18 项行政事业性收费免征范围扩大到所有企业和个人。推进流通体制改革，提高流通效率，降低物流成本。健全质量安全标准和追溯体系，建立商品质量惩罚性赔偿制度，健全统一权威的食品药品安全监管体制，加快推进食品、工业消费品等品质提升和供给创新。创新补短板投入机制，保持政府投入力度，完善政银企社合作对接机制，推广政府和社会资本合作模式，创新政府和社会资本合作项目收益和分配机制，制定政府和社会资本合作项目财政管理办法，激发市场主体投资活力，推进社会资本参与重大工程建设运营，形成多元化、市场化、可持续的基础设施和公共服务投入机制和运营机制。

### （十五）深入推进价格改革

推进电价市场化改革，完善煤电价格联动机制，完善环保电价、可再生能源电价政策，扩大输配电价改革试点。完善成品油价格市场化形成机制。择机理顺居民用天然气门站价格，完善天然气管道运输价格机制。稳步推进农业水价综合改革。积极稳妥推进医疗服务价格改革，逐步建立分类管理、动态调整、多方参与的价格形成机制。推进铁路运价形成机制改革，扩大铁路运输企业自主定价范围。扩大民航国内航线客运经营者自主定价范围。建立健全政府定价制度和市场价格行为规则。

### （十六）深化商事制度改革

深入推进“三证合一、一照一码”，持续推进工商登记注册制度便利化，推进全程电子化登记和电子营业执照试点。推进企业名称登记管理改革，进一步放宽住所登记条件限制。深化未开业企业和无债权债务企业、个体工商户简易注销试点，建立完善便捷的市场退出机制。推进国家企业信用信息公示系统建设，与全国信用信息共享平台实现有机对接和信息共享，完善经营异常

名录等信用监管制度。加强事中事后监管，履行“双告知”职责，探索综合执法模式。

### （十七）健全市场公平竞争保障机制

在上海、广东、天津、福建开展市场准入负面清单制度试点。研究制定公平竞争审查制度，完善产业政策与竞争政策的协调机制，打破地域分割和行业垄断。建立健全中央储备与地方储备、政府储备与商业储备互为补充的储备制度。

### （十八）加快社会信用体系建设

制定出台重点领域（政务、个人、电子商务等）诚信建设实施方案。完善全国信用信息共享平台，逐步实现各地区、各有关部门信用信息归集共享和整合。运用大数据加强对市场主体服务和事中事后监管，强化守信联合激励和失信联合惩戒机制。积极发展信用服务业，开展社会信用体系建设示范城市创建和信用大数据应用示范工程。全面推进统一社会信用代码制度改革，建立健全国家人口基础信息库、国家法人单位基础信息库。

## 五、加快财税体制改革，为结构性改革营造适宜的财税环境

### （十九）完善事权和支出责任相适应的制度

推进中央与地方事权和支出责任划分改革，适度加强中央事权和支出责任，在条件成熟的领域率先启动。完善并择机出台调整中央和地方收入划分过渡方案，深入研究收入划分改革整体方案，合理确定增值税中央和地方分享比例，把适合作为地方收入的税种下划给地方，在税政管理权限方面给地方适当放权，调动中央和地方两个积极性。改革和完善中央对地方转移支付制度。

### （二十）深化预算制度改革

对政府性基金预算中未列入政府性基金目录清单的收入项目，除国务院批准的个别事项外，逐步调整转列为一般公共预算并统筹使用。完善国有资本经营预算支出管理制度，进一步提高中央国有资本经营预算调入一般公共预算的比例。实施跨年度预算平衡机制和中期财政规划管理，扩大预算绩效管理范围，积极推进预决算公开。研究制定政府会计具体准则，研究建立政府综合财务报告分析指标体系，组织开展政府财务报告编制试点。研究建立涵盖各类国有资产的政府资产报告制度。完善国库现金流量预测体系，建立财政库底目标余额管理制度。清理规范重点支出同财政收支增幅或生产总值挂钩事项，一般不采取挂钩方式。制定重要公共资源有偿出让和使用经营收益管理办法，开展相关试点。

### （二十一）推进税收制度改革

全面推开营改增，将建筑业、房地产业、金融业和生活服务业纳入营改增范围。全面实施资源税从价计征改革，开展水资源费改税试点。继续推进消费税改革。逐步推进综合与分类相结合的个人所得税改革。研究降低部分消费品进口环节税税率。

## 六、深化金融体制改革，提高金融服务实体经济效率

### （二十二）深化金融机构改革

深化国有商业银行和开发性、政策性金融机构改革，完善公司治理。进一步扩大民间资本进入银行业，发展民营银行。推进农村信用社省联社改革。大力发展普惠金融和绿色金融，规范发展互联网金融。选取部分符合条件的银行业金融机构和地区开展科创企业投贷联动试点。创新小微企业信贷风险分担模式，建立政府、银行和担保机构、保险机构合作机制，设立国家融资担保基金，建立全国农业信贷担保体系。推进不良资产证券化试点。建立银行卡清算服务市场化机制。将消费金融公司试点推广至全国。

### （二十三）深化利率汇率市场化改革

加快建设市场化利率形成和调控机制。在公布关键期限和短端国债收益率曲线基础上，进一步健全长端国债收益率曲线。完善人民币汇率市场化形成机制，推动汇率风险管理工具创新。稳慎推进人民币资本项目可兑换，推动金融市场双向有序开放，择机稳妥开展限额可兑换试点。研究将境内企业人民币境外借款业务推广到全国。

### （二十四）深化资本市场改革

推进股票、债券市场改革和法治化建设，促进多层次资本市场健康发展，提高直接融资比重。适时启动“深港通”。研究制定房地产投资信托基金规则，积极推进试点。严厉打击证券期货领域的违法犯罪活动，坚决守住不发生系统性区域性风险的底线。

### （二十五）完善保险制度体系

研究推出城乡居民住宅地震巨灾保险制度，制定环境污染责任保险制度方案。研究建立保险资产交易机制。推进个人税收递延型商业养老保险试点、住房反向抵押养老保险试点，出台加快发展现代商业养老保险的若干意见。

### （二十六）改革完善现代金融监管体制

完善宏观审慎政策框架，制定金融监管体制改革方案，实现金融风险监管全覆盖。完善国有金融资本管理制度。完善外汇储备管理制度，建立健全外债和资本流动管理体系。

## 七、推进新型城镇化和农业农村等体制创新，促进城乡区域协调发展

### （二十七）完善新型城镇化体制机制

推动户籍制度改革落地，建立健全“人地钱”挂钩机制，制定实施1亿左右农业转移人口和

其他常住人口在城镇落户方案，促进有能力在城镇稳定就业和生活的农业转移人口举家进城落户。推动居住证制度尽快覆盖未落户的城镇常住人口，使其依法享有居住地基本公共服务。扩大新型城镇化综合试点范围，抓好中小城市综合改革试点。制定经济发达镇行政体制改革意见，支持符合条件的地区开展特大镇综合功能设置改革试点，将一些具备条件的特大镇尽快发展成为中小城市。制定市辖区设置标准，进一步优化市辖区规模和结构。深化城市公共交通管理体制改革，完善城市交通拥堵综合治理机制，健全城乡和跨区域公共交通衔接机制。推进综合交通运输管理体制改革。

### （二十八）深化土地管理制度改革

形成扩大国有土地有偿使用范围的意见。完善和拓展城乡建设用地增减挂钩试点。完善城镇低效用地再开发政策。深入推进工业用地市场化配置改革试点，促进工业用地优化配置和高效利用。制定土地二级市场改革试点方案，制定土地流转市场运行规范。深入推进农村土地征收、集体经营性建设用地入市、宅基地制度改革试点，出台土地增值收益调节金征收使用管理暂行办法。完善耕地质量等级评定与质量保护监测办法。制定加强和改进耕地保护与耕地占补平衡的意见。

### （二十九）深化农业农村改革

将农村土地承包经营权确权登记颁证整省试点扩大到22个省（区、市），完善农村土地所有权、承包权、经营权分置办法。制定稳步推进农村集体产权制度改革的意见。制定完善集体林权制度的意见。维护进城落户农民在农村的合法权益，探索土地承包权、宅基地使用权、集体收益分配权依法自愿有偿退出机制。创新金融支农服务机制，慎重稳妥开展农村承包土地经营权和农民住房财产权抵押贷款试点，完善农业保险基层服务体系。探索建立粮食生产功能区和重要农产品生产保护区，完善粮食主产区利益补偿机制。改革完善粮食等重要农产品价格形成机制，积极稳妥推进玉米收储制度改革。改革完善中央储备粮管理体制，完善吞吐调节机制。制定以绿色生态为导向的农业补贴制度方案。落实农垦改革发展意见。

### （三十）完善扶贫机制

对在贫困地区开发水电、矿产资源占用集体土地的，试行给原住居民集体股权方式进行补偿，探索对贫困人口实行资产收益扶持制度。建立贫困退出机制。指导推动有关省（区、市）研究制定改进贫困县经济社会发展考核评价具体办法。

### （三十一）强化区域协调发展体制保障

抓紧完善京津冀协同发展规划纲要的配套政策，启动一批北京非首都功能疏解示范项目，协调推进体制改革、创新驱动和试点示范。落实依托黄金水道推动长江经济带发展的指导意见和规划纲要。把改革开放作为新一轮东北地区等老工业基地振兴战略的关键举措，支持国企国资改革举措在东北地区先行先试，制定开展东北地区民营经济发展改革试点工作的意见，研究提出东北老工业基地进一步扩大对外开放的政策措施。

## 八、加快构建对外开放新体制，推进高水平双向开放

### （三十二）进一步完善外贸体制

促进加工贸易创新发展，动态调整加工贸易禁止类、限制类商品目录，着力培育以技术、标准、品牌、质量、服务为核心的综合竞争优势。扩大跨境电子商务试点和市场采购贸易试点。实施自由贸易区战略，加快环境保护、投资保护、政府采购、电子商务、竞争政策等议题谈判。

### （三十三）深化外商投资体制改革

推进外商投资负面清单管理模式改革，扩大金融、文化、电信、互联网、商贸物流等服务领域开放，进一步开放制造业。简化外商投资企业设立程序。深入推进自贸试验区建设，总结评估试验区经验，选择符合条件的地区扩大试验范围。创新开发区体制机制。

### （三十四）完善“一带一路”和国际产能合作体制

深入贯彻实施“一带一路”战略规划及三年滚动计划，务实推进中蒙俄等六大国际经济合作走廊建设，加强与相关国家发展战略对接。完善上下联动、统一归口、高效运转的对内对外合作机制，形成推进国际产能和装备制造合作的合力。持续深化境外投资管理制度改革，健全风险评估、预警和应急处置机制，研究探索有效的事中事后监管和服务手段。设立人民币海外合作基金。落实外债登记制改革，为企业开展国际产能合作提供低成本融资渠道。

### （三十五）推进通关便利化改革

推进电子口岸建设，制定“单一窗口”工作方案和相关制度。推动全国通关一体化，深入推进检验检疫一体化改革，强化互联互通、协同协作，提升通关便利化水平。统筹推进海关特殊监管区域整合优化，推动符合条件的各类海关特殊监管区域整合为综合保税区。

## 九、加快生态文明体制改革，推动形成绿色生产和消费方式

### （三十六）建立国土空间开发保护制度

完善主体功能区政策，发布全国主体功能区规划图和农产品主产区、重点生态功能区目录。重点生态功能区实行产业准入负面清单。以主体功能区规划为基础统筹各类空间性规划，推进“多规合一”。编制京津冀空间规划。制定省级空间规划试点方案。编制实施全国国土规划纲要。研究编制全国城镇体系规划。建立资源环境承载能力监测预警长效机制，形成资源环境承载能力监测预警报告。制定划定并严守生态保护红线的若干意见。抓紧推进三江源等9个国家公园体制试点。制定自然生态空间用途管制办法，将用途管制扩大到所有自然生态空间。制定耕地、草原、河湖休养生息规划，开展退田还湖还湿、耕地轮作休耕制度试点，开展山水林田湖系统保护

与修复试点。开展科学确定和维持河流生态流量试点。将确需退耕还林还草的陡坡地中的基本农田调整为非基本农田，扩大新一轮退耕还林还草规模。制定矿山地质环境保护和土地复垦制度方案。创建农业可持续发展试验示范区。

### （三十七）完善资源总量管理和节约制度

实施能源消费总量和强度双控制度，制定全国能源消费总量和强度目标及分解方案，建立目标责任制。深入实施能效领跑者制度，健全节能标准体系。实行最严格的水资源管理制度，建设节水型社会，实施水资源消耗总量和强度双控行动，出台水效领跑者引领行动实施方案，推行合同节水管理，推动建立国家水资源督察制度。制定建设用地总量和强度双控方案。研究建立矿产资源开发利用水平调查评估制度。制定围填海总量、自然岸线保有率控制制度方案，健全海洋督察制度。研究制定海洋渔业资源总量管理制度方案。制定沙化土地封禁保护制度方案、草原保护制度方案。制定湿地保护修复制度方案，在甘肃、宁夏等地开展湿地产权确权试点。制定生产者责任延伸制度方案。

### （三十八）建立健全市场化环境治理和生态保护机制

制定用能权有偿使用和交易制度方案。深入开展排污权有偿使用和交易试点。制定全国碳排放权交易总量设定与配额分配方案，推动碳市场建设。出台培育环境治理和生态保护市场主体的意见。实施环保领跑者制度。

### （三十九）完善环境治理保护制度

改革和完善主要污染物总量控制制度，制定污染物排放许可制实施方案，建立覆盖所有固定污染源的企业排放许可制。深入实施大气、水、土壤污染防治三大行动计划。制定重点区域大气污染防治联防联控协作机制方案。培育发展各种形式的农业面源污染治理、农村污水垃圾处理市场主体。推进水环境监测系统共建和信息共享。制定按流域开展环境监管和行政执法试点方案。开展省以下环保机构监测监察执法垂直管理试点。

### （四十）加快推进国有林场林区改革

完成国有林场改革试点验收和经验总结，完善林场林区基础设施、化解金融债务、深山远山职工搬迁、富余职工安置、职工社会保障、森林资源保护和培育等配套支持政策，积极稳妥推进国有林区改革。

### （四十一）推进生态文明基础制度建设

设立统一规范的国家生态文明试验区。制定出台生态文明目标评价考核办法，建立绿色发展指标体系。出台自然资源统一确权登记办法，制定水流产权确权试点方案。制定全民所有自然资源资产有偿出让制度方案，制定矿业权出让制度方案和矿产资源国家权益金制度实施方案，开展国有森林资源有偿使用试点。出台建立流域上下游横向生态补偿机制的指导意见。开展生态环境损害赔偿制度改革试点。制定国家自然资源资产管理体制改革试点方案。深入开展领导干部自然资源资产离任审计试点。

## 十、深化社会事业相关改革，守住民生底线和社会稳定底线

### （四十二）深化社会保障制度改革

加强顶层设计研究，完善个人账户制度，研究城镇职工基础养老金全国统筹方案，制定渐进式延迟退休年龄方案。继续推进机关事业单位养老保险制度改革。研究建立基本养老金合理调整机制。制定划转部分国有资本充实社保基金实施方案。研究适当降低社会保险费。

### （四十三）深化收入分配制度改革

建立改革协调联动机制，统筹推进各类群体的增收措施。建立反映劳动力市场供求关系、与企业经济效益和劳动生产率挂钩的工资决定和正常增长机制。完善最低工资制度，合理确定最低工资标准调整幅度。

### （四十四）深化教育体制改革

深入推进教育领域综合改革和考试招生制度改革。鼓励和督促各地制定推进教育管办评分离改革方案，开展相关改革试点。推动学前教育管理体制改革，鼓励普惠性幼儿园发展。出台统筹城乡义务教育一体化发展的意见。统一城乡义务教育学校生均公用经费基准定额。支持和规范民办教育发展。

### （四十五）协调推动医疗、医保、医药联动改革

巩固完善县级公立医院综合改革，将公立医院综合改革试点城市增加到200个，扩大综合医改试点省份范围，加快建立现代医院管理制度。在部分综合医改试点省推广福建省三明市医改做法和经验。推进公立医院医务人员薪酬制度改革，建立维护公益性、调动积极性、保障可持续的运行新机制。深化基层医疗卫生机构综合改革，加快推进分级诊疗制度建设，在70%左右的地市开展试点。完善基本医疗保险制度，整合城乡居民基本医保制度和经办管理机构，加快医保支付方式改革，推进基本医保全国联网和异地就医结算。实现大病保险全覆盖。研究制定医疗保险和生育保险合并实施试点方案。健全药品供应保障机制，推进药品流通改革，降低药品虚高价格。全面推进药品医疗器械审评审批制度改革，建立以临床疗效为主导的审评制度，推进仿制药质量和疗效一致性评价，开展药品上市许可持有人制度试点。落实促进社会办医加快发展的若干政策措施。指导各地制定调整完善生育政策的配套政策。

### （四十六）深化文化、体育改革

加快构建现代公共文化服务体系，推进基本公共文化服务标准化均等化。推动中央各部门各单位已转企改制的出版社、非时政类报刊社重组整合，组建若干出版传媒集团。落实足球改革发展总体方案。

### （四十七）完善社会组织管理体制

开展行业协会商会与行政机关脱钩改革试点。加大政府向社会组织购买服务力度，推进有条

件的事业单位转为社会组织。

## 十一、加强改革试点和改革督查评估

### （四十八）深入推进国家综合配套改革试验

充分发挥试验区的综合改革试验平台作用，鼓励和支持各部门将需要试点的重要改革举措优先放在国家综合配套改革试验区先行先试。做好对不同主题综合配套改革试验区试点经验的总结，将统筹城乡、“两型社会”建设、创新发展、社会治理等相关改革经验在更大范围进行推广。对需要一定前提条件才能推广的经验，在具备条件的地区和改革试验区定向推广。

### （四十九）有序开展各类专项改革试点

加强相关部门间的沟通、协调和合作，使各类专项改革试点目的明确、主题突出、内容相互衔接。合理确定试点任务、试点数量、试点范围和时限要求，有效防控风险，及时梳理总结可复制可推广的经验。鼓励不同区域进行差别化的试点探索，有针对性开展既符合本地区特点又对解决面上共性难题有探索示范意义的改革试点。

### （五十）加强改革督查评估和宣传引导

对已出台实施的重要改革方案，要加强对落实情况的督促检查，发现问题的要列出清单、明确责任、限定时间、挂账整改。采取第三方评估等方式，对改革举措执行情况、实施效果、群众感受等进行综合评估。根据评估情况进一步改进和完善改革政策，不断提高改革质量，使改革不断见到实效。加强改革宣传，正确引导社会预期，及时回应社会关切，为改革创造良好的舆论环境和社会氛围。

积极推进国家高端智库建设试点。遵循智库发展规律和决策咨询规律，创新组织形式和管理方式，建立成果质量导向的激励机制，不断提高政策研究、政策评估、政策解读和国际交流合作水平，为党和政府决策提供高质量的智力支持。

各地区、各部门要增强推进改革的思想自觉和行动自觉，加强组织领导，明确责任主体，提高方案质量，狠抓贯彻落实。牵头部门要切实负起主体责任，抓紧抓实改革方案制定、评估、督查、落实等工作；配合部门要加强协作，形成合力。国家发展改革委要加强对年度重点改革工作的综合协调、督促推进和检查评估，及时将改革进展情况和重大问题报告国务院。

# 第十三节　互联网金融风险专项整治工作实施方案

规范发展互联网金融是国家加快实施创新驱动发展战略、促进经济结构转型升级的重要举措，对于提高我国金融服务的普惠性，促进大众创业、万众创新具有重要意义。经党中央、国务院同意，2015 年 7 月人民银行等十部门联合印发了《关于促进互联网金融健康发展的指导意见》（以下简称《指导意见》）；有关部门及时出手，打击处置一批违法经营金额大、涉及面广、社会危害大的互联网金融风险案件，社会反映良好。为贯彻落实党中央、国务院决策部署，鼓励和保护真正有价值的互联网金融创新，整治违法违规行为，切实防范风险，建立监管长效机制，促进互联网金融规范有序发展，制定本方案。

## 一、工作目标和原则

### （一）工作目标

落实《指导意见》要求，规范各类互联网金融业态，优化市场竞争环境，扭转互联网金融某些业态偏离正确创新方向的局面，遏制互联网金融风险案件高发频发势头，提高投资者风险防范意识，建立和完善适应互联网金融发展特点的监管长效机制，实现规范与发展并举、创新与防范风险并重，促进互联网金融健康可持续发展，切实发挥互联网金融支持大众创业、万众创新的积极作用。

### （二）工作原则

打击非法，保护合法。明确各项业务合法与非法、合规与违规的边界，守好法律和风险底线。对合法合规行为予以保护支持，对违法违规行为予以坚决打击。

积极稳妥，有序化解。工作稳扎稳打，讲究方法步骤，针对不同风险领域，明确重点问题，分类施策。根据违法违规情节轻重和社会危害程度区别对待，做好风险评估，依法、有序、稳妥处置风险，防范处置风险的风险。同时坚持公平公正开展整治，不搞例外。

明确分工，强化协作。按照部门职责、《指导意见》明确的分工和本方案要求，采取“穿透式”监管方法，根据业务实质明确责任。坚持问题导向，集中力量对当前互联网金融主要风险领域开展整治，有效整治各类违法违规活动。充分考虑互联网金融活动特点，加强跨部门、跨区域协作，共同承担整治任务，共同落实整治责任。

远近结合，边整边改。立足当前，切实防范化解互联网金融领域存在的风险，对违法违规行为形成有效震慑。着眼长远，以专项整治为契机，及时总结提炼经验，形成制度规则，建立健全互联网金融监管长效机制。

## 二、重点整治问题和工作要求

### （一）P2P网络借贷和股权众筹业务

1. P2P网络借贷平台应守住法律底线和政策红线，落实信息中介性质，不得设立资金池，不得发放贷款，不得非法集资，不得自融自保、代替客户承诺保本保息、期限错配、期限拆分、虚假宣传、虚构标的，不得通过虚构、夸大融资项目收益前景等方法误导出借人，除信用信息采集及核实、贷后跟踪、抵质押管理等业务外，不得从事线下营销。

2. 股权众筹平台不得发布虚假标的，不得自筹，不得“明股实债”或变相乱集资，应强化对融资者、股权众筹平台的信息披露义务和股东权益保护要求，不得进行虚假陈述和误导性宣传。

3. P2P 网络借贷平台和股权众筹平台未经批准不得从事资产管理、债权或股权转让、高风险证券市场配资等金融业务。P2P 网络借贷平台和股权众筹平台客户资金与自有资金应分账管理，遵循专业化运营原则，严格落实客户资金第三方存管要求，选择符合条件的银行业金融机构作为资金存管机构，保护客户资金安全，不得挪用或占用客户资金。

4. 房地产开发企业、房地产中介机构和互联网金融从业机构等未取得相关金融资质，不得利用 P2P 网络借贷平台和股权众筹平台从事房地产金融业务；取得相关金融资质的，不得违规开展房地产金融相关业务。从事房地产金融业务的企业应遵守宏观调控政策和房地产金融管理相关规定。规范互联网“众筹买房”等行为，严禁各类机构开展“首付贷”性质的业务。

### （二）通过互联网开展资产管理及跨界从事金融业务

1. 互联网企业未取得相关金融业务资质不得依托互联网开展相应业务，开展业务的实质应符合取得的业务资质。互联网企业和传统金融企业平等竞争，行为规则和监管要求保持一致。采取“穿透式”监管方法，根据业务实质认定业务属性。

2. 未经相关部门批准，不得将私募发行的多类金融产品通过打包、拆分等形式向公众销售。采取“穿透式”监管方法，根据业务本质属性执行相应的监管规定。销售金融产品应严格执行投资者适当性制度标准，披露信息和提示风险，不得将产品销售给与风险承受能力不相匹配的客户。

3. 金融机构不得依托互联网通过各类资产管理产品嵌套开展资产管理业务、规避监管要求。应综合资金来源、中间环节与最终投向等全流程信息，采取“穿透式”监管方法，透过表面判定业务本质属性、监管职责和应遵循的行为规则与监管要求。

4. 同一集团内取得多项金融业务资质的，不得违反关联交易等相关业务规范。按照与传统金融企业一致的监管规则，要求集团建立“防火墙”制度，遵循关联交易等方面的监管规定，切实防范风险交叉传染。

### （三）第三方支付业务

1. 非银行支付机构不得挪用、占用客户备付金，客户备付金账户应开立在人民银行或符合要求的商业银行。人民银行或商业银行不向非银行支付机构备付金账户计付利息，防止支付机构以“吃利差”为主要盈利模式，理顺支付机构业务发展激励机制，引导非银行支付机构回归提供小额、快捷、便民小微支付服务的宗旨。

2. 非银行支付机构不得连接多家银行系统，变相开展跨行清算业务。非银行支付机构开展跨行支付业务应通过人民银行跨行清算系统或者具有合法资质的清算机构进行。

3. 开展支付业务的机构应依法取得相应业务资质，不得无证经营支付业务，开展商户资金结算、个人 POS 机收付款、发行多用途预付卡、网络支付等业务。

### （四）互联网金融领域广告等行为

互联网金融领域广告等宣传行为应依法合规、真实准确，不得对金融产品和业务进行不当宣传。未取得相关金融业务资质的从业机构，不得对金融业务或公司形象进行宣传。取得相关业务资质的，宣传内容应符合相关法律法规规定，需经有权部门许可的，应当与许可的内容相符合，不得进行误导性、虚假违法宣传。

## 三、综合运用各类整治措施，提高整治效果

### （一）严格准入管理

设立金融机构、从事金融活动，必须依法接受准入管理。未经相关有权部门批准或备案从事金融活动的，由金融管理部门会同工商部门予以认定和查处，情节严重的，予以取缔。工商部门根据金融管理部门的认定意见，依法吊销营业执照；涉嫌犯罪的，公安机关依法查处。非金融机构、不从事金融活动的企业，在注册名称和经营范围中原则上不得使用“交易所”、“交易中心”、“金融”、“资产管理”、“理财”、“基金”、“基金管理”、“投资管理”、“财富管理”、“股权投资基金”、“网贷”、“网络借贷”、“P2P”、“股权众筹”、“互联网保险”、“支付”等字样。凡在名称和经营范围中选择使用上述字样的企业（包括存量企业），工商部门将注册信息及时告知金融管理部门，金融管理部门、工商部门予以持续关注，并列入重点监管对象，加强协调沟通，及时发现识别企业擅自从事金融活动的风险，视情采取整治措施。

### （二）强化资金监测

加强互联网金融从业机构资金账户及跨行清算的集中管理，对互联网金融从业机构的资金账户、股东身份、资金来源和资金运用等情况进行全面监测。严格要求互联网金融从业机构落实客户资金第三方存管制度，存管银行要加强对相关资金账户的监督。在整治过程中，特别要做好对客户资金的保护工作。

### （三）建立举报和“重奖重罚”制度

针对互联网金融违法违规活动隐蔽性强的特点，发挥社会监督作用，建立举报制度，出台举报规则，中国互联网金融协会设立举报平台，鼓励通过“信用中国”网站等多渠道举报，为整治工作提供线索。推行“重奖重罚”制度，按违法违规经营数额的一定比例进行处罚，提高违法成本，对提供线索的举报人给予奖励，奖励资金列入各级财政预算，强化正面激励。加强失信、投诉和举报信息共享。

### （四）加大整治不正当竞争工作力度

对互联网金融从业机构为抢占市场份额向客户提供显失合理的超高回报率以及变相补贴等不正当竞争行为予以清理规范。高风险高收益金融产品应严格执行投资者适当性标准，强化信息披露要求。明确互联网金融从业机构不得以显性或隐性方式，通过自有资金补贴、交叉补贴或使用其他客户资金向客户提供高回报金融产品。高度关注互联网金融产品承诺或实际收益水平显著高于项目回报率或行业水平相关情况。中国互联网金融协会建立专家评审委员会，商相关部门对互联网金融不正当竞争行为进行评估认定，并将结果移交相关部门作为惩处依据。

### （五）加强内控管理

由金融管理部门和地方人民政府金融管理部门监管的机构应当对机构自身与互联网平台合作开展的业务进行清理排查，严格内控管理要求，不得违反相关法律法规，不得与未取得相应金融业务资质的互联网企业开展合作，不得通过互联网开展跨界金融活动进行监管套利。金融管理部门和地方人民政府在分领域、分地区整治中，应对由其监管的机构与互联网企业合作开展业务的情况进行清理整顿。

### （六）用好技术手段

利用互联网思维做好互联网金融监管工作。研究建立互联网金融监管技术支持系统，通过网上巡查、网站对接、数据分析等技术手段，摸底互联网金融总体情况，采集和报送相关舆情信息，及时向相关单位预警可能出现的群体性事件，及时发现互联网金融异常事件和可疑网站，提供互联网金融平台安全防护服务。

## 四、加强组织协调，落实主体责任

### （一）部门统筹

成立由人民银行负责同志担任组长，有关部门负责同志参加的整治工作领导小组（以下简称领导小组），总体推进整治工作，做好工作总结，汇总提出长效机制建议。领导小组办公室设在人民银行，银监会、证监会、保监会、工商总局和住房城乡建设部等派员参与办公室日常工作。人民银行、银监会、证监会、保监会和工商总局根据各自部门职责、《指导意见》明确的分工和本方案要求，成立分领域工作小组，分别负责相应领域的专项整治工作，明确对各项业务合法合规性的认定标准，对分领域整治过程中发现的新问题，划分界限作为整治依据，督促各地区按照全国统一部署做好各项工作。

### （二）属地组织

各省级人民政府成立以分管金融的负责同志为组长的落实整治方案领导小组（以下称地方领导小组），组织本地区专项整治工作，制定本地区专项整治工作方案并向领导小组报备。各地方领导小组办公室设在省（区、市）金融办（局）或人民银行省会（首府）城市中心支行以上分支机构。各省级人民政府应充分发挥资源统筹调动、靠近基层一线优势，做好本地区摸底排查工作，按照注册地对从业机构进行归口管理，对涉嫌违法违规的从业机构，区分情节轻重分类施策、分类处置，同时切实承担起防范和处置非法集资第一责任人的责任。各省级人民政府应全面落实源头维稳措施，积极预防、全力化解、妥善处置金融领域不稳定问题，守住不发生系统性区域性金融风险的底线，维护社会和谐稳定。

### （三）条块结合

各相关部门应积极配合金融管理部门开展工作。工商总局会同金融管理部门负责互联网金融广告的专项整治工作，金融管理部门与工商总局共同开展以投资理财名义从事金融活动的专项整治。工业和信息化部负责加强对互联网金融从业机构网络安全防护、用户信息和数据保护的监管力度，对经相关部门认定存在违法违规行为的互联网金融网站和移动应用程序依法予以处置，做好专项整治的技术支持工作。住房城乡建设部与金融管理部门共同对房地产开发企业和房地产中介机构利用互联网从事金融业务或与互联网平台合作开展金融业务的情况进行清理整顿。中央宣传部、国家互联网信息办公室牵头负责互联网金融新闻宣传和舆论引导工作。公安部负责指导地方公安机关对专项整治工作中发现的涉嫌非法集资、非法证券期货活动等犯罪问题依法查处，强化防逃、控赃、追赃、挽损工作；指导、监督、检查互联网金融从业机构落实等级保护工作，监督指导互联网金融网站依法落实网络和信息安全管理制度、措施，严厉打击侵犯用户个人信息安全的违法犯罪活动；指导地方公安机关在地方党委、政府的领导下，会同相关部门共同做好群体性事件的预防和处置工作，维护社会稳定。国家信访局负责信访人相关信访诉求事项的接待受理工作。中央维稳办、最高人民法院、最高人民检察院等配合做好相关工作。中国互联网金融协会要发挥行业自律作用，健全自律规则，实施必要的自律惩戒，建立举报制度，做好风险预警。

### （四）共同负责

各有关部门、各省级人民政府应全面掌握牵头领域或本行政区域的互联网金融活动开展情况。在省级人民政府统一领导下，各金融管理部门省级派驻机构与省（区、市）金融办（局）共同牵头负责本地区分领域整治工作，共同承担分领域整治任务。对于产品、业务交叉嵌套，需要综合全流程业务信息以认定业务本质属性的，相关部门应建立数据交换和业务实质认定机制，认定意见不一致的，由领导小组研究认定并提出整治意见，必要时组成联合小组进行整治。整治过程中相关牵头部门确有需要获取从业机构账户数据的，经过法定程序后给予必要的账户查询便利。

## 五、稳步推进各项整治工作

### （一）开展摸底排查

各省级人民政府制定本地区清理整顿方案，2016 年 5 月 15 日前向领导小组报备。同时，各有关部门、各省级人民政府分别对牵头领域或本行政区域的情况进行清查。对于跨区域经营的互联网金融平台，注册所在地和经营所在地的省级人民政府要加强合作，互通汇总摸查情况，金融管理部门予以积极支持。被调查的单位和个人应接受依法进行的检查和调查，如实说明有关情况并提供有关文件、资料，不得拒绝、阻碍和隐瞒。相关部门可依法对与案件有关的情况和资料采取记录、复制、录音等手段取得证据。在证据可能灭失或以后难以取得的情况下，可依法先行登记保存，当事人或有关人员不得销毁或转移证据。对于涉及资金量大、人数众多的大型互联网金融平台或短时间内发展迅速的互联网金融平台、企业，一经发现涉嫌重大非法集资等违法行为，马上报告相关部门。各省级人民政府根据摸底排查情况完善本地区清理整顿方案。此项工作于 2016 年 7 月底前完成。

### （二）实施清理整顿

各有关部门、各省级人民政府对牵头领域或本行政区域的互联网金融从业机构和业务活动开展集中整治工作。对清理整顿中发现的问题，向违规从业机构出具整改意见，并监督从业机构落实整改要求。对违规情节较轻的，要求限期整改；拒不整改或违规情节较重的，依法依规坚决予以关闭或取缔；涉嫌犯罪的，移送相关司法机关。专项整治不改变、不替代非法集资和非法交易场所的现行处置制度安排。此项工作于 2016 年 11 月底前完成。

### （三）督查和评估

领导小组成员单位和地方领导小组分别组织自查。领导小组组织开展对重点领域和重点地区的督查和中期评估，对于好的经验做法及时推广，对于整治工作落实不力，整治一批、又出一批的，应查找问题、及时纠偏，并建立问责机制。此项工作同步于 2016 年 11 月底前完成。

### （四）验收和总结

领导小组组织对各领域、各地区清理整顿情况进行验收。各有关部门、各省级人民政府形成牵头领域或本行政区域的整治报告，报送领导小组办公室，此项工作应于 2017 年 1 月底前完成。领导小组办公室汇总形成总体报告和建立健全互联网金融监管长效机制的建议，由人民银行会同相关部门报国务院，此项工作于 2017 年 3 月底前完成。

## 六、做好组织保障，建设长效机制

各有关部门、各省级人民政府要做好组织保障，以整治工作为契机，以整治过程中发现的问题为导向，按照边整边改、标本兼治的思路，抓紧推动长效机制建设，贯穿整治工作始终。

### （一）完善规章制度

加快互联网金融领域各项规章制度制定工作，对于互联网金融各类创新业务，及时研究制定相关政策要求和监管规则。立足实践，研究解决互联网金融领域暴露出的金融监管体制不适应等问题，强化功能监管和综合监管，抓紧明确跨界、交叉型互联网金融产品的“穿透式”监管规则。

### （二）加强风险监测

建立互联网金融产品集中登记制度，研究互联网金融平台资金账户的统一设立和集中监测，依靠对账户的严格管理和对资金的集中监测，实现对互联网金融活动的常态化监测和有效监管。加快推进互联网金融领域信用体系建设，强化对征信机构的监管，使征信为互联网金融活动提供更好的支持。加强互联网金融监管技术支持，扩展技术支持系统功能，提高安全监控能力。加强部门间信息共享，建立预警信息传递、核查、处置快速反应机制。

### （三）完善行业自律

充分发挥中国互联网金融协会作用，制定行业标准和数据统计、信息披露、反不正当竞争等制度，完善自律惩戒机制，开展风险教育，形成依法依规监管与自律管理相结合、对互联网金融领域全覆盖的监管长效机制。

**（四）加强宣传教育和舆论引导**

各有关部门、各省级人民政府应加强政策解读及舆论引导，鼓励互联网金融在依法合规的前提下创新发展。以案说法，用典型案例教育群众，提高投资者风险防范意识。主动、适时发声，统一对外宣传口径，有针对性地回应投资人关切和诉求。以适当方式适时公布案件进展，尽量减少信息不对称的影响。加强舆情监测，强化媒体责任，引导投资人合理合法反映诉求，为整治工作营造良好的舆论环境。

## 第十四节　国务院办公厅关于建设大众创业万众创新示范基地的实施意见

国办发〔2016〕35号

各省、自治区、直辖市人民政府，国务院各部委、各直属机构：

根据2016年《政府工作报告》部署和《国务院关于大力推进大众创业万众创新若干政策措施的意见》（国发〔2015〕32号）等文件精神，为在更大范围、更高层次、更深程度上推进大众创业万众创新，加快发展新经济、培育发展新动能、打造发展新引擎，建设一批双创示范基地、扶持一批双创支撑平台、突破一批阻碍双创发展的政策障碍、形成一批可复制可推广的双创模式和典型经验，重点围绕创业创新重点改革领域开展试点示范，经国务院同意，现提出以下实施意见。

### 一、总体思路

**（一）指导思想**

牢固树立并贯彻落实创新、协调、绿色、开放、共享的新发展理念，加快实施创新驱动发展战略，全面落实推动双创的各项政策措施。加强顶层设计和统筹谋划，通过试点示范完善双创政策环境，推动双创政策落地，扶持双创支撑平台，构建双创发展生态，调动双创主体积极性，发挥双创和“互联网+”集众智汇众力的乘数效应，发展新技术、新产品、新业态、新模式，总结双创成功经验并向全国推广，进一步促进社会就业，推动形成双创蓬勃发展的新局面，实现发展动力转换、结构优化，促进经济提质增效升级。

**（二）基本原则**

——坚持政府引导，加强政策协同。通过试点示范加强各类政策统筹，实现地方与部门政策联动，确保已出台扶持政策具体化、可操作、能落地，切实解决政策落实“最后一公里”问题。结合现有工作基础，更加注重政策前瞻性、引领性，不断完善体制机制，营造有利于双创的政策环境。

——坚持市场主导，搞活双创主体。充分发挥市场配置资源的决定性作用，结合科技、教育和国有企业等改革，放开市场、放活主体，通过环境营造、制度设计、平台搭建等方式，聚焦新兴产业和创新型初创企业，扩大社会就业，培育全社会双创的内生动力。

——坚持问题导向，鼓励先行先试。系统梳理不同领域推动双创的特点和难点，从解决制约双创发展的核心问题入手，明确试点方向，充分调动地方、部门和企业的积极性，大胆探索，勇于尝试，突破制度障碍，切实解决创业者面临的资金、信息、政策、技术、服务等瓶颈问题。

——坚持创新模式，完善双创平台。以构建双创良好生态为目标，系统谋划、统筹考虑，结合各类双创支撑平台的特点，支持建立多种类型的双创示范基地。探索创新平台发展模式，不断丰富平台服务功能，引导社会资源支持双创。

### （三）主要目标

力争通过三年时间，围绕打造双创新引擎，统筹产业链、创新链、资金链和政策链，推动双创组织模式和服务模式创新，加强双创文化建设，到 2018 年底前建设一批高水平的双创示范基地，培育一批具有市场活力的双创支撑平台，突破一批阻碍双创发展的政策障碍，推广一批适应不同区域特点、组织形式和发展阶段的双创模式和典型经验，加快推动创新型企业成长壮大，努力营造鼓励创新、宽容失败的社会氛围，带动高质量的就业，促进新技术、新产品、新业态、新模式发展，为培育发展新动能提供支撑。

## 二、示范布局

### （一）统筹示范类型

强化顶层设计，注重分类指导，充分考虑各类主体特点和区域发展情况，有机衔接现有工作基础，有序推进双创示范基地建设。

依托双创资源集聚的区域、高校和科研院所、创新型企业等不同载体，支持多种形式的双创示范基地建设。引导双创要素投入，有效集成高校、科研院所、企业和金融、知识产权服务以及社会组织等力量，实施一批双创政策措施，支持建设一批双创支撑平台，探索形成不同类型的示范模式。

### （二）统筹区域布局

充分考虑东、中、西部和东北地区双创发展情况和特点，结合全面创新改革试验区域、国家综合配套改革试验区、国家自主创新示范区等布局，统筹部署双创示范基地建设，依托各自优势和资源，探索形成各具特色的区域双创形态。

### （三）统筹现有基础

有机衔接各地方、各部门已有工作基础，在双创示范基地遴选、政策扶持、平台建设等方面充分发挥现有机制作用，依托众创空间、小微企业创业基地和城市等各类双创平台和示范区域，各有区别，各有侧重，协同完善双创政策体系。

### （四）统筹有序推进

分批次、分阶段推进实施。首批双创示范基地选择在部分创新资源丰富、体制机制基础好、示范带动能力强的区域和单位先期开展示范布局，建立健全工作机制。在此基础上，逐步完善制度设计，有序扩大示范范围，探索统筹各方资源共同支持建设双创示范基地的新模式。

## 三、改革举措

积极推进结构性改革尤其是供给侧结构性改革，支持示范基地探索创新、先行先试，在双创发展的若干关键环节和重点领域，率先突破一批瓶颈制约，激发体制活力和内生动力，营造良好的创业创新生态和政策环境，促进新旧动能顺畅转换。

### （一）拓宽市场主体发展空间

持续增强简政放权、放管结合、优化服务改革的累积效应，支持示范基地纵深推进审批制度改革和商事制度改革，先行试验一批重大行政审批改革措施。取消和下放一批行政审批事项，深化网上并联审批和纵横协同监管改革，推行政务服务事项的“一号申请、一窗受理、一网通办”。最大限度减少政府对企业创业创新活动的干预，逐步建立符合创新规律的政府管理制度。

### （二）强化知识产权保护

在示范基地内探索落实商业模式等新形态创新成果的知识产权保护办法，推行知识产权管理规范的国家标准。开展知识产权综合执法，建立知识产权维权援助网点和快速维权通道，加强关键环节、重点领域的知识产权保护。将侵犯知识产权行为情况纳入信用记录，归集到全国信用信息共享平台，构建失信联合惩戒机制。

### （三）加速科技成果转化

全面落实《中华人民共和国促进科技成果转化法》，落实完善科研项目资金管理等改革措施，赋予高校和科研院所更大自主权，并督促指导高校和科研院所切实用好。支持示范基地完善新兴产业和现代服务业发展政策，打通科技和经济结合的通道。落实新修订的高新技术企业认定管理办法，充分考虑互联网企业特点，支持互联网企业申请高新技术企业认定并享受相关政策。

### （四）加大财税支持力度

加大中央预算内投资、专项建设基金对示范基地支持力度。在示范基地内探索鼓励创业创新的税收支持政策。抓紧制定科技型中小企业认定办法，对高新技术企业和科技型中小企业转化科技成果给予个人的股权奖励，递延至取得股权分红或转让股权时纳税。有限合伙制创业投资企业采取股权投资方式投资于未上市中小高新技术企业满2年的，该有限合伙制创业投资企业的法人合伙人可享受企业所得税优惠。居民企业转让5年以上非独占许可使用权取得的技术转让所得，可享受企业所得税优惠。

### （五）促进创业创新人才流动

鼓励示范基地实行更具竞争力的人才吸引制度。加快社会保障制度改革，完善社保关系转移接续办法，建立健全科研人员双向流动机制，落实事业单位专业技术人员离岗创业有关政策，促进科研人员在事业单位和企业间合理流动。开展外国人才永久居留及出入境便利服务试点，建设海外人才离岸创业基地。

### （六）加强协同创新和开放共享

加大示范基地内的科研基础设施、大型科研仪器向社会开放力度。鼓励大型互联网企业、行业领军企业通过网络平台向各类创业创新主体开放技术、开发、营销、推广等资源，加强创业创新资源共享与合作，构建开放式创业创新体系。

## 四、建设任务

以促进创新型初创企业发展为抓手，以构建双创支撑平台为载体，明确示范基地建设目标和建设重点，积极探索改革，推进政策落地，形成一批可复制可推广的双创模式和典型经验。

### （一）区域示范基地

建设目标：

结合全面创新改革试验区域、国家综合配套改革试验区、国家自主创新示范区等，以创业创新资源集聚区域为重点和抓手，集聚资本、人才、技术、政策等优势资源，探索形成区域性的创业创新扶持制度体系和经验。

建设重点：

1. 推进服务型政府建设。进一步转变政府职能，简政放权、放管结合、优化服务，在完善市场环境、深化审批制度改革和商事制度改革等方面采取切实有效措施，降低创业创新成本。加强创业创新信息资源整合，面向创业者和小微企业需求，建立创业政策集中发布平台，完善专业化、网络化服务体系，增强创业创新信息透明度。

2. 完善双创政策措施。加强政府部门的协调联动，多管齐下抓好已出台政策落实，打通政策落地的“最后一公里”。结合区域发展特点，面向经济社会发展需求，加大财税支持力度，强化知识产权保护，在科技成果转化、促进人才流动、加强协同创新和开放共享等方面，探索突破一批制约创业创新的制度瓶颈。

3. 扩大创业投资来源。落实鼓励创业投资发展的税收优惠政策，营造创业投资、天使投资发展的良好环境。规范设立和发展政府引导基金，支持创业投资、创新型中小企业发展。丰富双创投资和资本平台，进一步拓宽投融资渠道。

4. 构建创业创新生态。加强创业培训、技术服务、信息和中介服务、知识产权交易、国际合作等支撑平台建设，深入实施“互联网 +”行动，加快发展物联网、大数据、云计算等平台，促进各类孵化器等创业培育孵化机构转型升级，打通政产学研用协同创新通道。

5. 加强双创文化建设。加大双创宣传力度，培育创业创新精神，强化创业创新素质教育，树立创业创新榜样，通过公益讲坛、创业论坛、创业培训等形式多样的活动，努力营造鼓励创新、宽容失败的社会氛围。

## （二）高校和科研院所示范基地

建设目标：

以高校和科研院所为载体，深化教育、科技体制改革，完善知识产权和技术创新激励制度，充分挖掘人力和技术资源，把人才优势和科技优势转化为产业优势和经济优势，促进科技成果转化，探索形成中国特色高校和科研院所双创制度体系和经验。

建设重点：

1. 完善创业人才培养和流动机制。深化创业创新教育改革，建立创业理论研究平台，完善相关课程设置，实现创业创新教育和培训制度化、体系化。落实高校、科研院所等专业技术人员离岗创业政策，建立健全科研人员双向流动机制。加大吸引海外高水平创业创新人才力度。

2. 加速科技成果转化。全面落实改进科研项目资金管理，下放科技成果使用、处置和收益权等改革措施，提高科研人员成果转化收益比例，加大股权激励力度，鼓励科研人员创业创新。开放各类创业创新资源和基础设施，构建开放式创业创新体系。

3. 构建大学生创业支持体系。实施大学生创业引领计划，落实大学生创业指导服务机构、人员、场地、经费等。建立健全弹性学制管理办法，允许学生保留学籍休学创业。构建创业创新教育和实训体系。加强创业导师队伍建设，完善兼职创业导师制度。

4. 建立健全双创支撑服务体系。引导和推动创业投资、创业孵化与高校、科研院所等技术成果转移相结合。完善知识产权运营、技术交流、通用技术合作研发等平台。

## （三）企业示范基地

建设目标：

充分发挥创新能力突出、创业氛围浓厚、资源整合能力强的领军企业核心作用，引导企业转型发展与双创相结合，大力推动科技创新和体制机制创新，探索形成大中小型企业联合实施双创的制度体系和经验。

建设重点：

1. 构建适合创业创新的企业管理体系。健全激励机制和容错纠错机制，激发和保护企业家精神。结合国有企业改革，强化组织管理制度创新，鼓励企业按照有关规定，通过股权、期权、分红等激励方式，支持员工自主创业、企业内部再创业，增强企业创新发展能力。

2. 激发企业员工创造力。加快技术和服务等双创支撑平台建设，开放创业创新资源，为员工创业创新提供支持。积极培育创客文化，激发员工创造力，提升企业市场适应能力。

3. 拓展创业创新投融资渠道。建立面向员工创业和小微企业发展的创业创新投资平台，整合企业内外部资金资源，完善投融资服务体系，为创业项目和团队提供全方位的投融资支持。

4. 开放企业创业创新资源。依托物联网、大数据、云计算等技术和服务平台，探索服务于产业和区域发展的新模式，利用互联网手段，向社会开放供应链，提供财务、市场、融资、技术、管理等服务，促进大中型企业和小微企业协同创新、共同发展。

## 五、步骤安排

2016 年上半年，首批双创示范基地结合自身特点，研究制定具体工作方案，明确各自建设目标、建设重点、时间表和路线图。国家发展改革委会同教育部、科技部、工业和信息化部、财政部、人力资源社会保障部、国务院国资委、中国科协等部门和单位论证、完善工作方案，建立执行评估体系和通报制度。示范基地工作方案应向社会公布，接受社会监督。

2016 年下半年，首批双创示范基地按照工作方案，完善制度体系，加快推进示范基地建设。

2017 年上半年，国家发展改革委会同相关部门组织对示范基地建设开展督促检查和第三方评估。对于成熟的可复制可推广的双创模式和典型经验，在全国范围内推广。

2017 年下半年，总结首批双创示范基地建设经验，完善制度设计，丰富示范基地内涵，逐步扩大示范基地范围，组织后续示范基地建设。

双创示范基地所在地人民政府要高度重视，加强领导，完善组织体系，把双创示范基地建设作为重要抓手和载体，认真抓好落实；要出台有针对性的政策措施，保证政策真正落地生根，进一步释放全社会创新活力。各相关部门要加强指导，建立地方政府、部门政策协调联动机制，为高校、科研院所、各类企业等提供政策支持、科技支撑、人才引进、公共服务等保障条件，形成强大政策合力；要细化评估考核机制，建立良性竞争机制，实现对示范基地的动态调整，推动形成大众创业万众创新的新局面。

附件：首批双创示范基地名单（28 个）

国务院办公厅

2016 年 5 月 8 日

（此件公开发布）

## 附件：首批双创示范基地名单（28 个）

**一、区域示范基地（17 个）**

北京市海淀区、天津市滨海新区中心商务区、辽宁省沈阳市浑南区、上海市杨浦区、江苏省常州市武进区、浙江省杭州市余杭区浙江杭州未来科技城、安徽省合肥高新技术产业开发区、福建福州新区、河南省郑州航空港经济综合实验区、湖北省武汉东湖新技术开发区、湖南湘江新区、广东省广州高新技术产业开发区科学城园区、广东省深圳市南山区、重庆两江新区、四川省成都市郫县、贵州贵安新区、陕西西咸新区。

**二、高校和科研院所示范基地（4 个）**

清华大学、上海交通大学、南京大学、四川大学。

**三、企业示范基地（7 个）**

中国电信集团公司、中国航天科工集团公司、招商局集团有限公司、海尔集团公司、中信重工机械股份有限公司、共享装备股份有限公司、阿里巴巴集团。

# 第十五节　国务院关于深化制造业与互联网融合发展的指导意见

国发〔2016〕28号

各省、自治区、直辖市人民政府，国务院各部委、各直属机构：

制造业是国民经济的主体，是实施“互联网+”行动的主战场。我国是制造业大国，也是互联网大国，推动制造业与互联网融合，有利于形成叠加效应、聚合效应、倍增效应，加快新旧发展动能和生产体系转换，前景广阔、潜力巨大。当前，我国制造业与互联网融合步伐不断加快，在激发“双创”活力、培育新模式新业态、推进供给侧结构性改革等方面已初显成效，但仍存在平台支撑不足、核心技术薄弱、应用水平不高、安全保障有待加强、体制机制亟须完善等问题。为进一步深化制造业与互联网融合发展，协同推进“中国制造2025”和“互联网+”行动，加快制造强国建设，现提出以下意见。

## 一、总体要求

### （一）指导思想

全面贯彻党的十八大和十八届三中、四中、五中全会精神，按照国务院决策部署，牢固树立和贯彻落实创新、协调、绿色、开放、共享的发展理念，以激发制造企业创新活力、发展潜力和转型动力为主线，以建设制造业与互联网融合“双创”平台为抓手，围绕制造业与互联网融合关键环节，积极培育新模式新业态，强化信息技术产业支撑，完善信息安全保障，夯实融合发展基础，营造融合发展新生态，充分释放“互联网+”的力量，改造提升传统动能，培育新的经济增长点，发展新经济，加快推动“中国制造”提质增效升级，实现从工业大国向工业强国迈进。

### （二）基本原则

坚持创新驱动，激发转型新动能。积极搭建支撑制造业转型升级的各类互联网平台，充分汇聚整合制造企业、互联网企业等“双创”力量和资源，带动技术产品、组织管理、经营机制、销售理念和模式等创新，提高供给质量和效率，激发制造业转型升级新动能。

坚持融合发展，催生制造新模式。促进技术融合与理念融合相统一，推动制造企业与互联网企业在发展理念、产业体系、生产模式、业务模式等方面全面融合，发挥互联网聚集优化各类要素资源的优势，构建开放式生产组织体系，大力发展个性化定制、服务型制造等新模式。

坚持分业施策，培育竞争新优势。深刻把握互联网技术在不同行业、环节的扩散规律和融合方式，针对不同行业、企业融合发展的基础和水平差异，完善融合推进机制和政策体系，培育制造业竞争新优势。

坚持企业主体，构筑发展新环境。充分发挥市场机制作用，更好发挥政府引导作用，突出企业主体地位，优化政府服务，妥善处理鼓励创新与加强监管、全面推进与错位发展、加快发展与保障安全的关系，形成公平有序的融合发展新环境。

### （三）主要目标

到2018年底，制造业重点行业骨干企业互联网“双创”平台普及率达到80%，相比2015年底，工业云企业用户翻一番，新产品研发周期缩短12%，库存周转率提高25%，能源利用率提高5%。制造业互联网“双创”平台成为促进制造业转型升级的新动能来源，形成一批示范引领效应较强的制造新模式，初步形成跨界融合的制造业新生态，制造业数字化、网络化、智能化取得明显进展，成为巩固我国制造业大国地位、加快向制造强国迈进的核心驱动力。

到2025年，制造业与互联网融合发展迈上新台阶，融合“双创”体系基本完备，融合发展新模式广泛普及，新型制造体系基本形成，制造业综合竞争实力大幅提升。

## 二、主要任务

### （四）打造制造企业互联网“双创”平台

组织实施制造企业互联网“双创”平台建设工程，支持制造企业建设基于互联网的“双创”平台，深化工业云、大数据等技术的集成应用，汇聚众智，加快构建新型研发、生产、管理和服务模式，促进技术产品创新和经营管理优化，提升企业整体创新能力和水平。鼓励大型制造企业开放“双创”平台聚集的各类资源，加强与各类创业创新基地、众创空间合作，为全社会提供专业化服务，建立资源富集、创新活跃、高效协同的“双创”新生态。深化国有企业改革和科技体制改革，推动产学研“双创”资源的深度整合和开放共享，支持制造企业联合科研院所、高等院校以及各类创新平台，加快构建支持协同研发和技术扩散的“双创”体系。

### （五）推动互联网企业构建制造业“双创”服务体系

组织实施“双创”服务平台支撑能力提升工程，支持大型互联网企业、基础电信企业建设面向制造企业特别是中小企业的“双创”服务平台，鼓励基础电信企业加大对“双创”基地宽带网络基础设施建设的支持力度，进一步提速降费，完善制造业“双创”服务体系，营造大中小企业合作共赢的“双创”新环境，开创大中小企业联合创新创业的新局面。鼓励地方依托国家新型工业化产业示范基地、国家级经济技术开发区、国家高新技术产业开发区等产业集聚区，加快完善人才、资本等政策环境，充分运用互联网，积极发展创客空间、创新工场、开源社区等新型众创空间，结合“双创”示范基地建设，培育一批支持制造业发展的“双创”示范基地。组织实施企业管理能力提升工程，加快信息化和工业化融合管理体系标准制定和应用推广，推动业务流程再造和组织方式变革，建立组织管理新模式。

### （六）支持制造企业与互联网企业跨界融合

鼓励制造企业与互联网企业合资合作培育新的经营主体，建立适应融合发展的技术体系、标准规范、商业模式和竞争规则，形成优势互补、合作共赢的融合发展格局。推动中小企业制造资源与互联网平台全面对接，实现制造能力的在线发布、协同和交易，积极发展面向制造环节的分享经济，打破企业界限，共享技术、设备和服务，提升中小企业快速响应和柔性高效的供给能力。支持制造企业与电子商务企业开展战略投资、品牌培育、网上销售、物流配送等领域合作，整合线上线下交易资源，拓展销售渠道，打造制造、营销、物流等高效协同的生产流通一体化新生态。

**（七）培育制造业与互联网融合新模式**

面向生产制造全过程、全产业链、产品全生命周期，实施智能制造等重大工程，支持企业深化质量管理与互联网的融合，推动在线计量、在线检测等全产业链质量控制，大力发展网络化协同制造等新生产模式。支持企业利用互联网采集并对接用户个性化需求，开展基于个性化产品的研发、生产、服务和商业模式创新，促进供给与需求精准匹配。推动企业运用互联网开展在线增值服务，鼓励发展面向智能产品和智能装备的产品全生命周期管理和服务，拓展产品价值空间，实现从制造向“制造＋服务”转型升级。积极培育工业电子商务等新业态，支持重点行业骨干企业建立行业在线采购、销售、服务平台，推动建设一批第三方电子商务服务平台。

**（八）强化融合发展基础支撑**

推动实施国家重点研发计划，强化制造业自动化、数字化、智能化基础技术和产业支撑能力，加快构筑自动控制与感知、工业云与智能服务平台、工业互联网等制造新基础。组织实施“芯火”计划和传感器产业提升工程，加快传感器、过程控制芯片、可编程逻辑控制器等产业化。加快计算机辅助设计仿真、制造执行系统、产品全生命周期管理等工业软件产业化，强化软件支撑和定义制造业的基础性作用。构建信息物理系统参考模型和综合技术标准体系，建设测试验证平台和综合验证试验床，支持开展兼容适配、互联互通和互操作测试验证。

**（九）提升融合发展系统解决方案能力**

实施融合发展系统解决方案能力提升工程，推动工业产品互联互通的标识解析、数据交换、通信协议等技术攻关和标准研制，面向重点行业智能制造单元、智能生产线、智能车间、智能工厂建设，培育一批系统解决方案供应商，组织开展行业系统解决方案应用试点示范，为中小企业提供标准化、专业化的系统解决方案。支持有条件的企业开展系统解决方案业务剥离重组，推动系统解决方案服务专业化、规模化和市场化，充分发挥系统解决方案促进制造业与互联网融合发展的“粘合剂”作用。

**（十）提高工业信息系统安全水平**

实施工业控制系统安全保障能力提升工程，制定完善工业信息安全管理等政策法规，健全工业信息安全标准体系，建立工业控制系统安全风险信息采集汇总和分析通报机制，组织开展重点行业工业控制系统信息安全检查和风险评估。组织开展工业企业信息安全保障试点示范，支持系统仿真测试、评估验证等关键共性技术平台建设，推动访问控制、追踪溯源、商业信息及隐私保护等核心技术产品产业化。以提升工业信息安全监测、评估、验证和应急处置等能力为重点，依托现有科研机构，建设国家工业信息安全保障中心，为制造业与互联网融合发展提供安全支撑。

# 三、保障措施

## （十一）完善融合发展体制机制

深入推进简政放权、放管结合、优化服务改革，放宽新产品、新业态的市场准入限制，加强事中事后监管，提升为企业服务的能力和水平，营造有利于制造业与互联网融合发展的环境。适应制造业与互联网跨界融合发展趋势，积极发挥行业协会和中介组织的桥梁纽带作用，鼓励建立跨行业、跨领域的新型产学研用联盟，开展关键共性技术攻关、融合标准制定和公共服务平台建设。围绕新商业模式知识产权保护需求，完善相关政策法规，建设结构合理、层次分明、可持续发展的知识产权运营服务网络。

## （十二）培育国有企业融合发展机制

鼓励中央企业设立创新投资基金，引导地方产业投资基金和社会资本，支持大企业互联网“双创”平台建设、创新创意孵化、科技成果转化和新兴产业培育。建立有利于国有企业与互联网深度融合、激发企业活力、积极开展“双创”的机制，完善国有企业内部创新组织体系和运行机制，探索引入有限合伙制，完善鼓励创新、宽容失败的经营业绩考核机制，研究建立中央企业创新能力评价制度，建立促进创新成果转让的收益分配、工资奖励等制度，对企业重要技术人员和经营管理人员实施股权和分红激励政策。

## （十三）加大财政支持融合发展力度

利用中央财政现有资金渠道，鼓励地方设立融合发展专项资金，加大对制造业与互联网融合发展关键环节和重点领域的投入力度，为符合条件的企业实施设备智能化改造、“双创”平台建设运营和应用试点示范项目提供支持。充分发挥现有相关专项资金、基金的引导带动作用，支持系统解决方案能力提升和制造业“双创”公共服务平台建设。制造业与互联网融合发展相关工作或工程中涉及技术研发、确需中央财政支持的，通过优化整合后的科技计划（专项、基金等）统筹予以支持。创新财政资金支持方式，鼓励政府采购云计算等专业化第三方服务，支持中小微企业提升信息化能力。

## （十四）完善支持融合发展的税收和金融政策

结合全面推开营改增试点，进一步扩大制造企业增值税抵扣范围，落实增值税优惠政策，支持制造企业基于互联网独立开展或与互联网企业合资合作开展新业务。落实研发费用加计扣除、高新技术企业等所得税优惠政策，积极研究完善科技企业孵化器税收政策。选择一批重点城市和重点企业开展产融合作试点，支持开展信用贷款、融资租赁、质押担保等金融产品和服务创新。鼓励金融机构利用“双创”平台提供结算、融资、理财、咨询等一站式系统化金融服务，进一步推广知识产权质押，创新担保方式，积极探索多样化的信贷风险分担机制。

### （十五）强化融合发展用地用房等服务

支持制造企业在不改变用地主体和规划条件的前提下，利用存量房产、土地资源发展制造业与互联网融合的新业务、新业态，实行5年过渡期内保持土地原用途和权利类型不变的政策。鼓励有条件的地方因地制宜出台支持政策，积极盘活闲置的工业厂房、企业库房和物流设施等资源，并对办公用房、水电、网络等费用给予补助，为致力于制造业与互联网融合发展的创业者提供低成本、高效便捷的专业服务。

### （十六）健全融合发展人才培养体系

深化人才体制机制改革，完善激励创新的股权、期权等风险共担和收益分享机制，吸引具备创新能力的跨界人才，营造有利于融合发展优秀人才脱颖而出的良好环境。支持高校设置“互联网+”等相关专业，推进高等院校专业学位建设，加强高层次应用型专门人才培养。在重点院校、大型企业和产业园区建设一批产学研用相结合的专业人才培训基地，积极开展企业新型学徒制试点。结合国家专业技术人才知识更新工程、企业经营管理人才素质提升工程、高技能人才振兴计划等，加强融合发展职业人才和高端人才培养。在大中型企业推广首席信息官制度，壮大互联网应用人才队伍。

### （十七）推动融合发展国际合作交流

积极发起或参与互联网领域多双边或区域性规则谈判，提升影响力和话语权。推动建立中外政府和民间对话交流机制，围绕大型制造企业互联网“双创”平台建设、融合发展标准制定以及应用示范等，开展技术交流与合作。结合实施“一带一路”等国家重大战略，运用丝路基金、中非发展基金、中非产能合作基金等金融资源，支持行业协会、产业联盟与企业共同推广中国制造业与互联网融合发展的产品、技术、标准和服务，推动制造业与互联网融合全链条“走出去”，拓展海外市场；提升“引进来”的能力和水平，利用全球人才、技术、知识产权等创新资源，学习国际先进经营管理模式，支持和促进我国制造业与互联网融合发展。

各地区、各部门要高度重视深化制造业与互联网融合发展工作，统一思想，提高认识，加大工作力度，切实抓好本意见实施。国家制造强国建设领导小组要统筹研究完善制造业与互联网融合发展推进机制，加强对重大问题、重大政策和重大工程的综合协调，部署开展督导检查，推动各项任务落实。各有关部门要按照职责分工，加强协同配合，做好指导协调，抓紧出台配套政策，完善相关规章制度，强化跟踪督查，及时帮助有关方面解决遇到的困难和问题。国家制造强国建设战略咨询委员会要充分发挥作用，组织开展基础性、前瞻性、战略性研究，为重大决策及相关工程实施提供咨询。各地区要结合实际建立健全工作机制，制定具体实施方案，加强考核评估，确保融合发展各项任务落到实处。

国务院<br>2016年5月13日

# 第十六节　国务院关于促进创业投资持续健康发展的若干意见

国发〔2016〕53 号

各省、自治区、直辖市人民政府，国务院各部委、各直属机构：

创业投资是实现技术、资本、人才、管理等创新要素与创业企业有效结合的投融资方式，是推动大众创业、万众创新的重要资本力量，是促进科技创新成果转化的助推器，是落实新发展理念、实施创新驱动发展战略、推进供给侧结构性改革、培育发展新动能和稳增长、扩就业的重要举措。近年来，我国创业投资快速发展，不仅拓宽了创业企业投融资渠道、促进了经济结构调整和产业转型升级，增强了经济发展新动能，也提高了直接融资比重、拉动了民间投资服务实体经济，激发了创业创新、促进了就业增长。但同时也面临着法律法规和政策环境不完善、监管体制和行业信用体系建设滞后等问题，存在一些投资“泡沫化”现象以及非法集资风险隐患。按照党中央、国务院的决策部署，为进一步促进创业投资持续健康发展，现提出以下意见。

## 一、总体要求

创业投资是指向处于创建或重建过程中的未上市成长性创业企业进行股权投资，以期所投资创业企业发育成熟或相对成熟后，主要通过股权转让获取资本增值收益的投资方式。天使投资是指除被投资企业职员及其家庭成员和直系亲属以外的个人以其自有资金直接开展的创业投资活动。发展包括天使投资在内的各类创业投资，应坚持以下总体要求：

### （一）指导思想

牢固树立和贯彻落实创新、协调、绿色、开放、共享的发展理念，着力推进供给侧结构性改革，深入实施创新驱动发展战略，大力推进大众创业万众创新，使市场在资源配置中起决定性作用和更好发挥政府作用，进一步深化简政放权、放管结合、优化服务改革，不断完善体制机制，健全政策措施，加强统筹协调和事中事后监管，构建促进创业投资发展的制度环境、市场环境和生态环境，加快形成有利于创业投资发展的良好氛围和“创业、创新 + 创投”的协同互动发展格局，进一步扩大创业投资规模，促进创业投资做大做强做优，培育一批具有国际影响力和竞争力的中国创业投资品牌，推动我国创业投资行业跻身世界先进行列。

### （二）基本原则

一是坚持服务实体。创业投资是改善投资结构、增加有效投资的重要手段。要进一步深化简政放权、放管结合、优化服务改革，创新监管方式，既要重视发挥大企业的骨干作用，也要通过创业投资激发广大中小企业的创造力和活力。以支持实体经济发展、助力创业企业发展为本，引导创业投资企业和创业投资管理企业秉承价值投资理念，鼓励长期投资和价值投资，防范和化解投资估值“泡沫化”可能引发的市场风险，积极应对新动能成长过程中对传统产业和行业可能造成的冲击，妥善处理好各种矛盾，加大对实体经济支持的力度，增强可持续性，构建“实体创投”投资环境。

二是坚持专业运作。以市场为导向，充分调动民间投资和市场主体的积极性，发挥市场规则作用，激发民间创新模式，防止同质化竞争。鼓励创业投资企业和创业投资管理企业从自身独特优势出发，强化专业化投资理念和投资策略，深化内部体制机制创新，加强对投资项目的投后管理和增值服务，不断提高创业投资行业专业化运作和管理水平，夯实“专业创投”运行基础。

三是坚持信用为本。以诚信为兴业之本、发展之基，加强创业投资行业信用体系建设，建立和完善守信联合激励和失信联合惩戒制度，促进创业投资企业和创业投资管理企业诚信守法，忠实履行对投资者的诚信义务，创建“信用创投”发展环境。

四是坚持社会责任。围绕推进创新型国家建设、支持大众创业万众创新、促进经济结构调整和产业转型升级的使命和社会责任，推动创业投资行业严格按照国家有关法律法规和相关产业政策开展投资运营活动，按照市场化、法治化原则，促进创业投资良性竞争和绿色发展，共同维护良好市场秩序，树立“责任创投”价值理念。

## 二、培育多元创业投资主体

### （三）加快培育形成各具特色、充满活力的创业投资机构体系

鼓励各类机构投资者和个人依法设立公司型、合伙型创业投资企业。鼓励行业骨干企业、创业孵化器、产业（技术）创新中心、创业服务中心、保险资产管理机构等创业创新资源丰富的相关机构参与创业投资。鼓励具有资本实力和管理经验的个人通过依法设立一人公司从事创业投资活动。鼓励和规范发展市场化运作、专业化管理的创业投资母基金。（国家发展改革委、科技部、工业和信息化部、人力资源社会保障部、商务部、国务院国资委、工商总局、银监会、证监会、保监会按职责分工负责）

### （四）积极鼓励包括天使投资人在内的各类个人从事创业投资活动

鼓励成立公益性天使投资人联盟等各类平台组织，培育和壮大天使投资人群体，促进天使投资人与创业企业及创业投资企业的信息交流与合作，营造良好的天使投资氛围，推动天使投资事业发展。规范发展互联网股权融资平台，为各类个人直接投资创业企业提供信息和技术服务。（国家发展改革委、科技部、证监会按职责分工负责）

## 三、多渠道拓宽创业投资资金来源

### （五）大力培育和发展合格投资者

在风险可控、安全流动的前提下，支持中央企业、地方国有企业、保险公司、大学基金等各类机构投资者投资创业投资企业和创业投资母基金。鼓励信托公司遵循价值投资和长期投资理

念，充分发挥既能进行创业投资又能发放贷款的优势，积极探索新产品、新模式，为创业企业提供综合化、个性化金融和投融资服务。培育合格个人投资者，支持具有风险识别和风险承受能力的个人参与投资创业投资企业。（国家发展改革委、财政部、国务院国资委、银监会、证监会、保监会按职责分工负责）

### （六）建立股权债权等联动机制

按照依法合规、风险可控、商业可持续的原则，建立创业投资企业与各类金融机构长期性、市场化合作机制，进一步降低商业保险资金进入创业投资领域的门槛，推动发展投贷联动、投保联动、投债联动等新模式，不断加大对创业投资企业的投融资支持。加强“防火墙”相关制度建设，有效防范道德风险。支持银行业金融机构积极稳妥开展并购贷款业务，提高对创业企业兼并重组的金融服务水平。完善银行业金融机构投贷联动机制，稳妥有序推进投贷联动业务试点，推动投贷联动金融服务模式创新。支持创业投资企业及其股东依法依规发行企业债券和其他债务融资工具融资，增强投资能力。（国家发展改革委、科技部、人民银行、银监会、证监会、保监会按职责分工负责）

## 四、加强政府引导和政策扶持

### （七）完善创业投资税收政策

按照税收中性、税收公平原则和税制改革方向与要求，统筹研究鼓励创业投资企业和天使投资人投资种子期、初创期等科技型企业的税收支持政策，进一步完善创业投资企业投资抵扣税收优惠政策，研究开展天使投资人个人所得税政策试点工作。（国家发展改革委、科技部、财政部、商务部、税务总局、证监会按职责分工负责）

### （八）建立创业投资与政府项目对接机制

在全面创新改革试验区域、双创示范基地、国家高新区、国家自主创新示范区、产业（技术）创新中心、科技企业孵化器、众创空间等，开放项目（企业）资源，充分利用政府项目资源优势，搭建创业投资与企业信息共享平台，打通创业资本和项目之间的通道，引导创业投资企业投资于国家科技计划（专项、基金等）形成科技成果的转化。挖掘农业领域创业投资潜力，依托农村产业融合发展园区、农业产业化示范基地、农民工返乡创业园等，通过发展第二、三产业，改造提升第一产业。有关方面要配合做好项目对接和服务。（国家发展改革委、科技部、工业和信息化部、农业部、商务部按职责分工负责）

### （九）研究鼓励长期投资的政策措施

倡导长期投资和价值投资理念，研究对专注于长期投资和价值投资的创业投资企业在企业债券发行、引导基金扶持、政府项目对接、市场化退出等方面给予必要的政策支持。研究建立所投资企业上市解禁期与上市前投资期限长短反向挂钩的制度安排。（国家发展改革委、科技部、财政部、人民银行、证监会按职责分工负责）

### （十）发挥政府资金的引导作用

充分发挥政府设立的创业投资引导基金作用，加强规范管理，加大力度培育新的经济增长点，促进就业增长。充分发挥国家新兴产业创业投资引导基金、国家中小企业发展基金、国家科技成果转化引导基金等已设立基金的作用。对于已设立基金未覆盖且需要政府引导支持的领域，鼓励有条件的地方按照“政府引导、市场化运作”原则推动设立创业投资引导基金，发挥财政资金的引导和聚集放大作用，引导民间投资等社会资本投入。进一步提高创业投资引导基金市场化运作效率，促进政策目标实现，维护出资人权益。鼓励创业投资引导基金注资市场化母基金，由专业化创业投资管理机构受托管理引导基金。综合运用参股基金、联合投资、融资担保、政府出资适当让利于社会出资等多种方式，进一步发挥政府资金在引导民间投资、扩大直接融资、弥补市场失灵等方面的作用。建立并完善创业投资引导基金中政府出资的绩效评价制度。（国家发展改革委、科技部、工业和信息化部、财政部按职责分工负责）

## 五、完善创业投资相关法律法规

### （十一）构建符合创业投资行业特点的法制环境

进一步完善促进创业投资发展相关法律法规，研究推动相关立法工作，推动完善公司法和合伙企业法。完善创业投资相关管理制度，推动私募投资基金管理暂行条例尽快出台，对创业投资企业和创业投资管理企业实行差异化监管和行业自律。完善外商投资创业投资企业管理制度。（国家发展改革委、商务部、证监会按职责分工负责）

### （十二）落实和完善国有创业投资管理制度

鼓励国有企业集众智，开拓广阔市场空间，增强国有企业竞争力。支持有需求、有条件的国有企业依法依规、按照市场化方式设立或参股创业投资企业和创业投资母基金。强化国有创业投资企业对种子期、初创期等创业企业的支持，鼓励国有创业投资企业追求长期投资收益。健全符合创业投资行业特点和发展规律的国有创业投资管理体制，完善国有创业投资企业的监督考核、激励约束机制和股权转让方式，形成鼓励创业、宽容失败的国有创业投资生态环境。支持具备条件的国有创业投资企业开展混合所有制改革试点，探索国有创业投资企业和创业投资管理企业核心团队持股和跟投。探索地方政府融资平台公司转型升级为创业投资企业。依法依规豁免国有创业投资企业和国有创业投资引导基金国有股转持义务。（国家发展改革委、财政部、国务院国资委、证监会按职责分工负责）

## 六、进一步完善创业投资退出机制

### （十三）拓宽创业投资市场化退出渠道

充分发挥主板、创业板、全国中小企业股份转让系统以及区域性股权市场功能，畅通创业投资市场化退出渠道。完善全国中小企业股份转让系统交易机制，改善市场流动性。支持机构间私募产品报价与服务系统、证券公司柜台市场开展直接融资业务。鼓励创业投资以并购重组等方式实现市场化退出，规范发展专业化并购基金。（证监会牵头负责）

## 七、优化创业投资市场环境

### （十四）优化监管环境

实施更多的普惠性支持政策措施，营造公平竞争的发展环境，深化简政放权、放管结合、优化服务改革，搞好服务，激发活力。坚持适度监管、差异监管和统一功能监管，创新监管方式，有效防范系统性区域性风险。对创业投资企业在行业管理、备案登记等方面采取与其他私募基金区别对待的差异化监管政策，建立适应创业投资行业特点的宽市场准入、重事中事后监管的适度而有效的监管体制。加强信息披露和风险揭示，引导创业投资企业建立以实体投资、价值投资和长期投资为导向的合理的投资估值机制。对不进行实业投资、从事上市公司股票交易、助推投资泡沫及其他扰乱市场秩序的创业投资企业建立清查清退制度。建立行业规范，强化创业投资企业内控机制、合规管理和风险管理机制。加强投资者保护，特别是要进一步完善产权保护制度，依法保护产权和投资者合法经营、合法权益和合法财产。加强投资者教育，相关投资者应为具有风险识别和风险承受能力的合格投资者。建立并完善募集资金的托管制度，规范创业投资企业募集资金行为，打击违法违规募集资金行为。健全对创业投资企业募集资金、投资运作等与保护投资者权益相关的制度规范，加强日常监管。（国家发展改革委、科技部、国务院国资委、证监会按职责分工负责）

### （十五）优化商事环境

各地区、各部门不得自行出台限制创业投资企业和创业投资管理企业市场准入和发展的有关政策。建立创业投资行业发展备案和监管备案互联互通机制，为创业投资企业备案提供便利，放宽创业投资企业的市场准入。持续深化商事制度改革，提高工商登记注册便利化水平。促进创业投资行业加强品牌建设。（国家发展改革委、工商总局、证监会会同各有关部门按职责分工负责）

### （十六）优化信用环境

有关部门、行业组织和社会征信机构要进一步建立健全创业投资企业、创业投资管理企业及其从业人员信用记录，实现创业投资领域信用记录全覆盖。推动创业投资领域信用信息纳入全国信用信息共享平台，并与企业信用信息公示系统实现互联互通。依法依规在“信用中国”网站和企业信用信息公示系统公示相关信息。加快建立创业投资领域严重失信黑名单制度，鼓励有关社会组织探索建立守信红名单制度，依托全国信用信息共享平台，按照有关法律法规和政策规定实施守信联合激励和失信联合惩戒。建立健全创业投资行业信用服务机制，推广使用信用产品。（国家发展改革委、商务部、人民银行、工商总局、证监会按职责分工负责）

### （十七）严格保护知识产权

完善知识产权保护相关法律法规和制度规定，加强对创业创新早期知识产权保护，在市场竞争中培育更多自主品牌，健全知识产权侵权查处机制，依法惩治侵犯知识产权的违法犯罪行为，将企业行政处罚、黑名单等信息纳入全国信用信息共享平台，对严重侵犯知识产权的责任主体实施联合惩戒，并通过“信用中国”网站、企业信用信息公示系统等进行公示，创造鼓励创业投资的良好知识产权保护环境。（国家发展改革委、人民银行、工商总局、知识产权局、证监会等按职责分工负责）

## 八、推动创业投资行业双向开放

### （十八）有序扩大创业投资对外开放

发展创业投资要坚持走开放式发展道路，通过吸引境外投资，引进国际先进经验、技术和管理模式，提升我国创业投资企业的国际竞争力。按照对内外资一视同仁的原则，放宽外商投资准入，简化管理流程，鼓励外资扩大创业投资规模，加大对种子期、初创期创业企业支持力度。鼓励和支持境内外投资者在跨境创业投资及相关的投资贸易活动中使用人民币。允许外资创业投资企业按照实际投资规模将外汇资本金结汇所得的人民币划入被投资企业。（国家发展改革委、商务部、人民银行、国家外汇局按职责分工负责）

### （十九）鼓励境内有实力的创业投资企业积极稳妥“走出去”

完善境外投资相关管理制度，引导和鼓励创业投资企业加大对境外及港、澳、台地区高端研发项目的投资，积极分享高端技术成果。（国家发展改革委、商务部、人民银行、国家外汇局按职责分工负责）

## 九、完善创业投资行业自律和服务体系

### （二十）加强行业自律

加快推进依法设立全国性创业投资行业协会，鼓励具备条件的地区成立创业投资协会组织，搭建行业协会交流服务平台。充分发挥行业协会在行业自律管理和政府与市场沟通中的积极作用，加强行业协会在政策对接、会员服务、信息咨询、数据统计、行业发展报告、人才培养、国际交流合作等方面的能力建设，支持行业协会推动创业投资行业信用体系建设和社会责任建设，维护有利于行业持续健康发展的良好市场秩序。（国家发展改革委、科技部、民政部、证监会按职责分工负责）

### （二十一）健全创业投资服务体系

加强与创业投资相关的会计、征信、信息、托管、法律、咨询、教育培训等各类中介服务体系建设。支持创业投资协会组织通过高等学校、科研院所、群团组织、创业投资企业、创业投资管理企业、天使投资人等多种渠道，以多种方式加强创业投资专业人才培养，加大教育培训力

度，吸引更多的优秀人才从事创业投资，提高创业投资的精准度。（国家发展改革委、科技部、证监会按职责分工负责）

## 十、加强各方统筹协调

### （二十二）加强政策顶层设计和统筹协调

国家发展改革委要会同有关部门加强促进创业投资发展的政策协调，建立部门之间、部门与地方之间政策协调联动机制，加强创业投资行业发展政策和监管政策的协同配合，增强政策针对性、连续性、协同性。建立相关政府部门促进创业投资行业发展的信息共享机制。（国家发展改革委、证监会会同有关部门按职责分工负责）

各地区、各部门要把促进创业投资持续健康发展作为深入实施创新驱动发展战略、推动大众创业万众创新、促进经济结构调整和产业转型升级的一项重要举措，按照职责分工抓紧制定相关配套措施，加强沟通协调，形成工作合力，确保各项政策及时落实到位，积极发展新经济、培育新动能、改造提升传统动能，推动中国经济保持中高速增长、迈向中高端水平。

国务院

2016 年 9 月 16 日

## 第十七节　完善投贷联动机制提升创业投资金融服务水平

银监会

2016 年 9 月 20 日，国务院印发《国务院关于促进创业投资持续健康发展的若干意见》（国发〔2016〕53 号）（以下简称《若干意见》）。《若干意见》的发布，有利于促进经济结构调整和产业转型升级，增强经济发展新动能，提高直接融资比重，拉动民间投资服务实体经济。《若干意见》涉及银监会的有关工作包括培育多元创业投资主体、多渠道拓宽创业投资资金来源、加强政府引导和政策扶持等。银监会将积极支持配合做好相关工作，推动创业投资持续健康发展。

### （一）鼓励信托公司充分发挥制度优势，为创业企业提供综合化、个性化金融投融资服务

银监会鼓励信托公司遵循价值投资和长期投资理念，充分利用信托公司固有资金和信托资金均可用于债权融资和股权投资的制度优势，加大产品和业务创新力度，在支持创业企业融资方面发挥排头兵的作用。主要措施有：一是支持具有集团背景和已开展创业企业投融资业务的信托公司先行试点，充分整合、发挥集团资源优势和风险管理经验，推动投贷联动业务规范、健康发展；二是鼓励信托公司充分发挥信托制度优势，探索信托资金的投贷联动模式，加强投贷联动业务相关产品的创新，为创业企业提供综合化、个性化金融投融资服务；三是引导信托公司综合考虑各地区科技资源情况、信用环境、地方政府支持力度等因素，充分利用地方政府分担和补偿信

用风险的有利条件，完善投贷联动相关产品开发和风险管理，促进对创业企业的投贷联动业务发展；四是研究制订《信托公司专业子公司管理暂行办法》，支持信托公司以固有资金设立股权投资子公司，鼓励其开展对创业企业的综合投融资业务，以投资收益补偿贷款损失，实现相关业务可持续发展。

### （二）支持银行业金融机构积极稳妥开展并购贷款业务，提高对创业企业兼并重组的金融服务水平

随着中国融入全球经济一体化进程加快，以及国内产业升级和行业结构战略性重组加速，国内企业并购重组升温。为完善企业兼并重组金融服务，2015 年 2 月 11 日，银监会修订印发了《银行并购贷款风险管理指引》（银监发〔2015〕5 号，以下简称《指引》）。该《指引》在 2008 年版本的基础上，为更好配合促进企业兼并重组的产业政策，合理满足企业的并购融资需求，将并购贷款期限由 5 年延长至 7 年，将并购贷款占并购交易价款的比例要求由 50% 提高到 60%，将担保的强制性规定修改为原则性规定。同时，删除了担保条件应高于其他种类贷款的要求，允许银行在防范并购贷款风险的前提下，根据并购项目风险状况、并购方企业的信用状况合理确定担保条件。银行在《指引》的基础上，按照依法合规、审慎经营、风险可控、商业可持续的原则，积极稳妥开展并购贷款业务。

并购贷款业务虽然属于商业贷款的一种，但从业务操作流程来看，更接近于投资银行业务。银行在发放并购贷款时需要进行更为详尽的尽职调查，对并购战略、法律合规、协同整合、经营管理、财务运营等方面进行全方位的风险评估。而创业企业多存在商业模式不够成熟、初始投资需求巨大、投资回报难以预期等特点。因此，创业企业并购贷款业务较之传统企业而言专业性更强，风险评估难度更大。

自 2008 年 12 月《指引》首次发布，对并购贷款业务开闸以来，我国银行积极尝试开展并购贷款业务，并取得了一定成绩。但我国银行并购贷款业务尤其是创业企业并购贷款业务仍处于起步阶段，面临人才储备不足、业务经验欠缺和风控能力薄弱等问题。银监会将不断督促和引导银行加强并购贷款人才储备与经验积累，增强风险定价和管控能力，提高为并购企业提供顾问、财务咨询等服务的专业化水平，不断提升对创业企业兼并重组的金融服务水平。

### （三）推动发展投贷联动

党的十八大提出实施创新驱动发展战略以来，科技创新被提到了前所未有的高度。科技创新创业企业（以下简称“科创企业”）是创业企业中最有活力的群体，也是科技创新成果转化为生产力和物质财富的主要载体。近年来，国家出台了一系列政策措施，加大金融对科创企业的支持力度。但由于科创企业自身特征和我国金融体系结构两方面的原因，我国科创企业的融资难问题仍比较突出。

为积极发挥银行业金融机构在加快实施创新驱动发展战略、大力推进“大众创业、万众创新”中的作用，支持科创企业健康发展，2016 年 4 月 20 日，银监会与科技部、人民银行联合印发了《关于支持银行业金融机构加大创新力度开展科创企业投贷联动试点的指导意见》（银监发〔2016〕14 号，以下简称《指导意见》），鼓励和指导银行业金融机构开展投贷联动业务试点，有效防范风险，不断提升科创企业金融服务水平。第一批试点机构包括国家开发银行、中国银行、恒丰银行、北京银行、天津银行、上海银行、汉口银行、西安银行、上海华瑞银行、浦发硅谷银行等 10 家银行业金融机构；试点地区包括北京中关村、武汉东湖、上海张江、天津滨海、西安

等5个国家自主创新示范区。

投贷联动是指银行业金融机构以“信贷投放”与本集团设立的具有投资功能的子公司“股权投资”相结合的方式，通过相关制度安排，由投资收益抵补信贷风险，实现科创企业信贷风险和收益的匹配，为科创企业提供持续资金支持的融资模式。

投贷联动的融资模式既考虑了科创企业的发展特征和融资需求，股权债权相结合、资金持续供给；又考虑了我国国情和金融体系的特点，充分发挥银行业金融机构在客户资源、资金资源方面的优势，通过构建风险收益相匹配的体制机制，有效增加科创企业的金融供给，探索建立符合我国科创企业特点的金融服务模式，是一项适应国家创新驱动发展战略需要的金融制度改革和创新。

《指导意见》主要对银行集团内部的投贷联动业务予以引导和规范，银行业金融机构与其他外部投资公司开展的投贷联动业务可参照《指导意见》执行。因此，银监会鼓励银行业金融机构按照依法合规、风险可控、商业可持续的原则，与创业投资企业建立长期性、市场化合作机制，共同培育创业生态系统。

在组织架构方面，《指导意见》规定投贷联动试点由科技金融专营机构负责信贷投放，投资功能子公司开展股权投资，两者在银行集团内部协调联动。一是设立科技金融专营机构。试点机构可按照《中资商业银行专营机构监管指引》规定，设立服务科创企业的科技金融专营机构及其分支机构，专司与科创企业股权投资相结合的信贷投放。试点机构也可以通过新设或改造部分分（支）行，作为从事科创企业金融服务的专业或特色分（支）行。二是设立投资功能子公司。试点机构在境内已经设立具有投资功能子公司的，由子公司开展股权投资进行投贷联动。试点机构没有设立投资功能子公司的，经申请和依法批准后，设立投资功能子公司。投资功能子公司要建立规范的法人治理结构，明确公司经营战略、文化和市场定位，引入专业化的人才队伍，提高投资的专业能力；做好风险隔离，进行独立的尽职调查与投资决策。投资功能子公司不应成为银行变相开展其他表内外业务的通道。

在风险管控方面，《指导意见》要求试点机构应按照科创企业信贷特点和投贷联动的要求，建立完善一整套适用于投贷联动业务特点的体制机制。一是建立有效的项目筛查和客户评价机制。银行与其投资功能子公司都应当建立独立的项目筛查机制，坚持前瞻进取的投资文化和审慎稳健的信贷文化“双管齐下”。二是建立有效的风险隔离机制。试点机构应加强对集团内部投贷联动业务的风险管控，投资功能子公司应当与银行母公司在机构、资金、人员等方面建立严格的“防火墙”制度，有效管理风险集中度，有效防范和控制不正当利益输送、监管套利等行为。在资金来源方面，投资功能子公司应当以自有资金向科创企业进行股权投资，不得使用负债资金、代理资金、受托资金以及其他任何形式的非自有资金进行投资；银行发放的科创企业贷款来源应当为表内资金，不得使用理财资金、委托资金、代理资金等非表内资金。在人员及岗位设置方面，投资功能子公司和科技专营机构的管理层和工作层人员不得交叉兼任。在集中度管理方面，投资功能子公司应坚持“小额、分散”原则，对投资的行业和企业进行分散，避免过度集中于单一的科技行业或领域，对单个科创企业的投资不得超过公司自有资金的10%。三是建立合理的风险容忍和风险分担机制。试点机构要根据科创企业不同发展阶段的风险特征，创新风险管理技术，在完善风险定价的基础上，综合采用多种风险补偿手段，合理设定科创企业贷款的风险容忍度。四是建立合理的激励约束和收益共享机制。试点机构要对投资功能子公司与从事科创企业信贷投放的专营机构分别构建适用于股权和债权的评价标准和激励约束机制。五是建立审慎的业务退出机制。银行应当结合自身风险偏好，确定投贷联动业务试点退出的触发条件和机制，制定退出程序，包括明晰的退出标准、退出制度、退出流程和操作细则。

根据统筹协调、稳步推进，简政放权、因地制宜，风险可控、商业可持续的试点原则，银监会开展了一系列工作积极推动投贷联动试点实施。银监会成立专门工作组，制订了政策解读文件，建立了统计监测与评估等制度，对相关地方政府和试点银行加强辅导，确保试点的规范性和可操作性。大多数试点银行和所有试点地区报送了实施方案。部分银行已报送设立投资功能子公司的申请，银监会初审后将报国务院审批。银监会将进一步加强试点监测，及时总结业务开展、风险管控等方面的经验，完善银行业金融机构投贷联动机制，探索形成符合中国国情、适合科创企业的金融服务模式。

## 第十八节　国家发展改革委关于加快美丽特色小（城）镇建设的指导意见

发改规划〔2016〕2125号

各省、自治区、直辖市、计划单列市发展改革委，新疆生产建设兵团发展改革委：

特色小（城）镇包括特色小镇、小城镇两种形态。特色小镇主要指聚焦特色产业和新兴产业，集聚发展要素，不同于行政建制镇和产业园区的创新创业平台。特色小城镇是指以传统行政区划为单元，特色产业鲜明、具有一定人口和经济规模的建制镇。特色小镇和小城镇相得益彰、互为支撑。发展美丽特色小（城）镇是推进供给侧结构性改革的重要平台，是深入推进新型城镇化的重要抓手，有利于推动经济转型升级和发展动能转换，有利于促进大中小城市和小城镇协调发展，有利于充分发挥城镇化对新农村建设的辐射带动作用。为深入贯彻落实习近平总书记、李克强总理等党中央、国务院领导同志关于特色小镇、小城镇建设的重要批示指示精神，现就加快美丽特色小（城）镇建设提出如下意见。

### 一、总体要求

全面贯彻党的十八大和十八届三中、四中、五中全会精神，深入学习贯彻习近平总书记系列重要讲话精神，牢固树立和贯彻落实创新、协调、绿色、开放、共享的发展理念，按照党中央、国务院的部署，深入推进供给侧结构性改革，以人为本、因地制宜、突出特色、创新机制，夯实城镇产业基础，完善城镇服务功能，优化城镇生态环境，提升城镇发展品质，建设美丽特色新型小（城）镇，有机对接美丽乡村建设，促进城乡发展一体化。

——坚持创新探索。创新美丽特色小（城）镇的思路、方法、机制，着力培育供给侧小镇经济，防止“新瓶装旧酒”“穿新鞋走老路”，努力走出一条特色鲜明、产城融合、惠及群众的新型小城镇之路。

——坚持因地制宜。从各地实际出发，遵循客观规律，挖掘特色优势，体现区域差异性，提倡形态多样性，彰显小（城）镇独特魅力，防止照搬照抄、“东施效颦”、一哄而上。

——坚持产业建镇。根据区域要素禀赋和比较优势，挖掘本地最有基础、最具潜力、最能成长的特色产业，做精做强主导特色产业，打造具有持续竞争力和可持续发展特征的独特产业生态，防止千镇一面。

——坚持以人为本。围绕人的城镇化，统筹生产、生活、生态空间布局，完善城镇功能，补齐城镇基础设施、公共服务、生态环境短板，打造宜居宜业环境，提高人民群众获得感和幸福感，防止形象工程。

——坚持市场主导。按照政府引导、企业主体、市场化运作的要求，创新建设模式、管理方式和服务手段，提高多元化主体共同推动美丽特色小（城）镇发展的积极性。发挥好政府制定规划政策、提供公共服务等作用，防止大包大揽。

## 二、分类施策，探索城镇发展新路径

总结推广浙江等地特色小镇发展模式，立足产业“特而强”、功能“聚而合”、形态“小而美”、机制“新而活”，将创新性供给与个性化需求有效对接，打造创新创业发展平台和新型城镇化有效载体。

按照控制数量、提高质量，节约用地、体现特色的要求，推动小（城）镇发展与疏解大城市中心城区功能相结合、与特色产业发展相结合、与服务“三农”相结合。大城市周边的重点镇，要加强与城市发展的统筹规划与功能配套，逐步发展成为卫星城。具有特色资源、区位优势的小城镇，要通过规划引导、市场运作，培育成为休闲旅游、商贸物流、智能制造、科技教育、民俗文化传承的专业特色镇。远离中心城市的小城镇，要完善基础设施和公共服务，发展成为服务农村、带动周边的综合性小城镇。

统筹地域、功能、特色三大重点，以镇区常住人口 5 万以上的特大镇、镇区常住人口 3 万以上的专业特色镇为重点，兼顾多类型多形态的特色小镇，因地制宜建设美丽特色小（城）镇。

## 三、突出特色，打造产业发展新平台

产业是小城镇发展的生命力，特色是产业发展的竞争力。要立足资源禀赋、区位环境、历史文化、产业集聚等特色，加快发展特色优势主导产业，延伸产业链、提升价值链，促进产业跨界融合发展，在差异定位和领域细分中构建小镇大产业，扩大就业，集聚人口，实现特色产业立镇、强镇、富镇。

有条件的小城镇特别是中心城市和都市圈周边的小城镇，要积极吸引高端要素集聚，发展先进制造业和现代服务业。鼓励外出农民工回乡创业定居。强化校企合作、产研融合、产教融合，积极依托职业院校、成人教育学院、继续教育学院等院校建设就业技能培训基地，培育特色产业发展所需各类人才。

## 四、创业创新，培育经济发展新动能

创新是小城镇持续健康发展的根本动力。要发挥小城镇创业创新成本低、进入门槛低、各项束缚少、生态环境好的优势，打造大众创业、万众创新的有效平台和载体。鼓励特色小（城）镇发展面向大众、服务小微企业的低成本、便利化、开放式服务平台，构建富有活力的创业创新生态圈，集聚创业者、风投资本、孵化器等高端要素，促进产业链、创新链、人才链的耦合；依托互联网拓宽市场资源、社会需求与创业创新对接通道，推进专业空间、网络平台和企业内部众创，推动新技术、新产业、新业态蓬勃发展。

营造吸引各类人才、激发企业家活力的创新环境，为初创期、中小微企业和创业者提供便利、完善的“双创”服务；鼓励企业家构筑创新平台、集聚创新资源；深化投资便利化、商事仲裁、负面清单管理等改革创新，打造有利于创新创业的营商环境，推动形成一批集聚高端要素、新兴产业和现代服务业特色鲜明、富有活力和竞争力的新型小城镇。

## 五、完善功能，强化基础设施新支撑

便捷完善的基础设施是小城镇集聚产业的基础条件。要按照适度超前、综合配套、集约利用的原则，加强小城镇道路、供水、供电、通信、污水垃圾处理、物流等基础设施建设。建设高速通畅、质优价廉、服务便捷的宽带网络基础设施和服务设施，以人为本推动信息惠民，加强小城镇信息基础设施建设，加速光纤入户进程，建设智慧小镇。加强步行和自行车等慢行交通设施建设，做好慢行交通系统与公共交通系统的衔接。

强化城镇与交通干线、交通枢纽城市的连接，提高公路技术等级和通行能力，改善交通条件，提升服务水平。推进大城市市域（郊）铁路发展，形成多层次轨道交通骨干网络，高效衔接大中小城市和小城镇，促进互联互通。鼓励综合开发，形成集交通、商业、休闲等为一体的开放式小城镇功能区。推进公共停车场建设。鼓励建设开放式住宅小区，提升微循环能力。鼓励有条件的小城镇开发利用地下空间，提高土地利用效率。

## 六、提升质量，增加公共服务新供给

完善的公共服务特别是较高质量的教育医疗资源供给是增强小城镇人口集聚能力的重要因素。要推动公共服务从按行政等级配置向按常住人口规模配置转变，根据城镇常住人口增长趋势和空间分布，统筹布局建设学校、医疗卫生机构、文化体育场所等公共服务设施，大力提高教育卫生等公共服务的质量和水平，使群众在特色小（城）镇能够享受更有质量的教育、医疗等公共服务。要聚焦居民日常需求，提升社区服务功能，加快构建便捷“生活圈”、完善“服务圈”和繁荣“商业圈”。

镇区人口10万以上的特大镇要按同等城市标准配置教育和医疗资源，其他城镇要不断缩小与城市基本公共服务差距。实施医疗卫生服务能力提升计划，参照县级医院水平提高硬件设施和诊疗水平，鼓励在有条件的小城镇布局三级医院。大力提高教育质量，加快推进义务教育学校标准化建设，推动市县知名中小学和城镇中小学联合办学，扩大优质教育资源覆盖面。

## 七、绿色引领，建设美丽宜居新城镇

优美宜居的生态环境是人民群众对城镇生活的新期待。要牢固树立“绿水青山就是金山银山”的发展理念，保护城镇特色景观资源，加强环境综合整治，构建生态网络。深入开展大气污染、水污染、土壤污染防治行动，溯源倒逼、系统治理，带动城镇生态环境质量全面改善。有机协调城镇内外绿地、河湖、林地、耕地，推动生态保护与旅游发展互促共融、新型城镇化与旅游业有机结合，打造宜居宜业宜游的优美环境。鼓励有条件的小城镇按照不低于3A级景区的标准规划建设特色旅游景区，将美丽资源转化为“美丽经济”。

加强历史文化名城名镇名村、历史文化街区、民族风情小镇等的保护，保护独特风貌，挖掘文化内涵，彰显乡愁特色，建设有历史记忆、文化脉络、地域风貌、民族特点的美丽小（城）镇。

## 八、主体多元，打造共建共享新模式

创新社会治理模式是建设美丽特色小（城）镇的重要内容。要统筹政府、社会、市民三大主体积极性，推动政府、社会、市民同心同向行动。充分发挥社会力量作用，最大限度激发市场主体活力和企业家创造力，鼓励企业、其他社会组织和市民积极参与城镇投资、建设、运营和管理，成为美丽特色小（城）镇建设的主力军。积极调动市民参与美丽特色小（城）镇建设热情，促进其致富增收，让发展成果惠及广大群众。逐步形成多方主体参与、良性互动的现代城镇治理模式。

政府主要负责提供美丽特色小（城）镇制度供给、设施配套、要素保障、生态环境保护、安全生产监管等管理和服务，营造更加公平、开放的市场环境，深化“放管服”改革，简化审批环节，减少行政干预。

## 九、城乡联动，拓展要素配置新通道

美丽特色小（城）镇是辐射带动新农村的重要载体。要统筹规划城乡基础设施网络，健全农村基础设施投入长效机制，促进水电路气信等基础设施城乡联网、生态环保设施城乡统一布局建设。推进城乡配电网建设改造，加快农村宽带网络和快递网络建设，以美丽特色小（城）镇为节点，推进农村电商发展和“快递下乡”。推动城镇公共服务向农村延伸，逐步实现城乡基本公共服务制度并轨、标准统一。

搭建农村一二三产业融合发展服务平台，推进农业与旅游、教育、文化、健康养老等产业深度融合，大力发展农业新型业态。依托优势资源，积极探索承接产业转移新模式，引导城镇资金、信息、人才、管理等要素向农村流动，推动城乡产业链双向延伸对接。促进城乡劳动力、土地、资本和创新要素高效配置。

## 十、创新机制，激发城镇发展新活力

释放美丽特色小（城）镇的内生动力关键要靠体制机制创新。要全面放开小城镇落户限制，全面落实居住证制度，不断拓展公共服务范围。积极盘活存量土地，建立低效用地再开发激励机制。建立健全进城落户农民农村土地承包权、宅基地使用权、集体收益分配权自愿有偿流转和退出机制。创新特色小（城）镇建设投融资机制，大力推进政府和社会资本合作，鼓励利用财政资金撬动社会资金，共同发起设立美丽特色小（城）镇建设基金。研究设立国家新型城镇化建设基金，倾斜支持美丽特色小（城）镇开发建设。鼓励开发银行、农业发展银行、农业银行和其他金融机构加大金融支持力度。鼓励有条件的小城镇通过发行债券等多种方式拓宽融资渠道。

按照“小政府、大服务”模式，推行大部门制，降低行政成本，提高行政效率。深入推进强镇扩权，赋予镇区人口10万以上的特大镇县级管理职能和权限，强化事权、财权、人事权和用地指标等保障。推动具备条件的特大镇有序设市。

各级发展改革部门要把加快建设美丽特色小（城）镇作为落实新型城镇化战略部署和推进供给侧结构性改革的重要抓手，坚持用改革的思路、创新的举措发挥统筹协调作用，借鉴浙江等地采取创建制培育特色小镇的经验，整合各方面力量，加强分类指导，结合地方实际研究出台配套政策，努力打造一批新兴产业集聚、传统产业升级、体制机制灵活、人文气息浓厚、生态环境优美的美丽特色小（城）镇。国家发展改革委将加强统筹协调，加大项目、资金、政策等的支持力度，及时总结推广各地典型经验，推动美丽特色小（城）镇持续健康发展。

国家发展改革委

2016年10月8日

# 第十九节　促进民间投资健康发展若干政策措施

## 一、促进投资增长

（一）进一步放开民间投资市场准入。按照国务院两个“36条”、一个“39条”要求，进一步开放民用机场、基础电信运营、油气勘探开发、配售电、国防科技等领域，市场准入对各类投资主体要一视同仁，鼓励民间投资进入。

（二）确保各类投资主体进入社会服务领域一视同仁。在医疗、养老、教育等民生领域完善已有的配套政策，出台实质性措施。重点解决民办养老机构在设立许可、土地使用、医保对接、金融支持、人才培养等方面的难题，民营医院在职称晋升、政府补贴、土地使用等方面的突出困难，民办学校在办学资格、职称评定等方面的突出矛盾。

（三）大力推广政府和社会资本合作（PPP）模式，进一步完善公共服务和基础设施领域鼓励民间投资参与的政策措施。研究出台相关行业、领域的PPP实施细则，切实解决民企与国企公平竞争问题，鼓励民间资本进入公共服务和基础设施领域。加快推动相关立法工作，明确适用范围、条件和程序，去除不合理门槛，保障各方的合法权益。

（四）抓紧建立市场准入负面清单制度。在部分地区试点的基础上，进一步明确市场准入负面清单以外的行业、领域、业务等，各类市场主体皆可依法平等进入。

（五）加快推动投资项目在线审批监管平台建设。各地区、各部门引入全流程监督管理和挂牌督办机制，加快推动有效落实部门横向协调联动和网上集中并联审批。

（六）加快修订政府核准的投资项目目录。推动有关部门加快落实《清理规范投资项目报建审批事项实施方案》，推动项目前期工作提速。

## 二、改善金融服务

（七）鼓励政策性、开发性金融机构发挥作用，在业务范围内对符合条件的小微企业提供信贷支持。发挥商业银行、财务公司、金融租赁公司等金融机构优势，改进授信管理，优化服务流程，为小微企业提供多样化的金融服务和融资支持。对经营状况良好、符合条件的小微企业给予续贷支持。

（八）设立国家融资担保基金，推进省级再担保机构基本实现全覆盖，以着力缓解小微企业融资难融资贵为导向，探索发展新型融资担保行业。

（九）鼓励发展支持重点领域建设的投资基金，充分发挥引导作用，按照“政府引导、市场化运作、风险可控”原则规范化操作，加大对处于种子期、初创期企业的融资支持力度。积极稳妥推进“投贷联动”试点，适时总结推广成功经验。

（十）拓宽民营企业直接融资渠道，降低企业融资成本。支持符合条件的民营企业发行债券融资、首次公开发行上市和再融资，积极推动私募股权投资机构和创业投资机构规范发展，积极稳妥发展“新三板”市场和区域性股权市场。

（十一）依法依规加快民营银行审批，成熟一家，设立一家，防止一哄而起。在条件成熟时，研究放宽村镇银行“一县一机构”的限制。

（十二）完善排污权、收费权、特许经营权等权利的确权、登记、抵押、流转等配套制度，积极开展创新类贷款业务。

（十三）进一步规范有关部门和中介机构在企业融资过程中的评估、登记等收费行为，督促商业银行取消不合法不合理收费。

（十四）推动动产质押统一登记立法，建立以互联网为基础、全国集中统一的动产和应收账款等财产权利质押登记系统，实现信息共享，以便于金融机构等相关方面查询和办理质押贷款，改进和完善小微企业金融服务。

（十五）提高信用评级质量，按照统一标准对民营企业进行信用评级，对评级结果一视同仁，引导金融市场和金融机构根据评级结果等加大对民营企业的融资支持力度。

## 三、落实并完善相关财税政策

（十六）进一步落实《政府采购法》和《政府采购法实施条例》，制定相关配套文件。严格执行政府采购有关制度规定，采购人、采购代理机构不得在采购文件中设置不合理条件限制或排斥民营企业，严格依照采购合同约定的付款时限和方式支付款项，为民营企业参与政府采购营造公平竞争的市场环境。

（十七）落实《环境保护、节能节水项目企业所得税优惠目录》和《资源综合利用产品和劳务增值税优惠目录》，确保垃圾填埋沼气发电项目按规定享受所得税优惠和增值税优惠。

## 四、降低企业成本

（十八）改革完善国有建设用地供应方式，对采用有偿使用方式供应土地的，采取长期租赁、先租后让、租让结合方式供应土地，有效降低民营企业用地成本。

（十九）针对民营物流企业建设用地束缚较多、成本较高等问题，落实好物流行业建设用地有关支持政策。

（二十）针对民营企业反映改扩建项目环评繁琐问题，按照改扩建项目与新建项目区别对待原则，结合不同行业企业情况，研究改进环评管理，简化环评内容或降低环评类别。

## 五、改进综合管理服务措施

（二十一）继续推进政府职能转变，加快构建权责明确、透明高效的事中事后监管体系，全面推行“双随机、一公开”监管等政府管理新模式。

（二十二）研究制定“地方政府偿还欠款计划”。对于依法依规应由地方政府偿还的拖欠企业的工程款、物资采购款、保证金等，督促地方政府制定分期还款计划。

（二十三）完善政策发布等信息公开机制，建立涉企政策手机推送制度和网上集中公开制度，加大政府信息数据开放力度，创新宣传推介方式。

（二十四）结合推进行业协会商会脱钩转型工作，加大对民营企业的专业培训力度，建立为民营企业提供信息服务的有效渠道，减少中介服务环节和费用。

（二十五）政府要认真履行承诺，遵守与企业、投资人签订的各类合同协议，基于公共利益确需改变承诺和约定的，严格按照法律程序进行。加强对政府服务的监督考核。

## 六、研究制定修改相关法律法规

（二十六）尽快出台《企业投资项目核准和备案管理条例》。进一步落实企业投资自主权，规范政府对企业投资项目的核准、备案等行为，依法保护企业合法权益。

# 第二章　主要政策解读

## 第一节　发改委关于《国务院关于促进创业投资持续健康发展的若干意见》的解读①

近日，国务院印发《国务院关于促进创业投资持续健康发展的若干意见》（国发〔2016〕53号，以下简称《若干意见》，也可称为“创投二十二条”）。9月23日，国家发展改革委副秘书长许昆林出席媒体通气会，对《若干意见》进行深入解读。《若干意见》体现了党中央、国务院对创业投资发展的高度重视，对创业投资作为推动供给侧结构性改革的重要举措和促进大众创业万众创新资本引擎地位的充分肯定，为行业持续健康发展指明了方向。《若干意见》的发布标志着中国创业投资行业发展进入新的历史时期。

《若干意见》对创业投资发展中的重点问题提出了十部分二十二条政策措施，亮点突出表现为以下12个方面。

第一，关于创业投资发展的基本原则和发展目标。《若干意见》首次明确提出促进创业投资持续健康发展的基本原则是坚持服务实体、坚持专业运作、坚持信用为本、坚持社会责任。创业投资要以市场为导向，充分调动民间投资和市场主体积极性，发挥市场规则作用，激发民间创新模式，防止同质化竞争。同时，提出行业发展目标是促进创业投资做大做强做优，培育一批具有国际影响力和竞争力的中国创业投资品牌，推动我国创业投资行业发展跻身世界先进水平。

第二，关于服务实体原则。《若干意见》明确提出既要重视发挥大企业的骨干作用，也要通过创业投资激发广大中小企业的创造力和活力。特别是针对创业投资发展过程中存在的扎堆投资Pre-IPO项目、盲目跟风投资、估值虚高助推投资泡沫、不进行实体投资而大举进行二级市场炒作等不合理、不健康现象，《若干意见》明确提出要加强信息披露和风险揭示，引导创业投资企业建立以实体投资、价值投资和长期投资为导向的合理的投资估值机制。对不进行实业投资、从事上市公司股票交易、助推投资泡沫及其他扰乱市场秩序的创业投资企业建立清查清退制度，净化创业投资服务实体经济的市场环境。同时，《若干意见》也明确提出研究对专注于长期投资和价值投资的创业投资企业在企业债券发行、引导基金扶持、政府项目对接、市场化退出等方面给予必要的政策支持。支持规范发展专业化并购基金。研究建立所投资企业上市解禁期与上市前投

① 《“创投二十二条”开启中国创业投资黄金发展期》，来源于 http://www.sdpc.gov.cn/xwzx/xwfb/201609/t20160923_819393.html。

资期限长短反向挂钩的制度安排。

第三，关于信用为本原则。为加强创业投资行业信用体系建设，加强事中事后监管，特别是为防范打着“创业投资”旗号进行非法集资的行为，《若干意见》明确提出要建立健全创业投资企业、创业投资管理企业及其从业人员信用记录，实现创业投资领域信用记录“全覆盖”。推动创业投资领域信用信息纳入全国信用信息共享平台。按照有关法律法规和政策规定实施守信联合激励和失信联合惩戒。

第四，明晰创业投资和天使投资的概念。当前市场存在五花八门的概念和组织形式，导致市场秩序较为混乱，政策无法聚焦。《若干意见》对创业投资和天使投资的概念做了清晰明确的界定和划分。创业投资主要是指向处于创建或重建过程中的未上市成长性创业企业进行股权投资，以期所投资创业企业发育成熟或相对成熟后，主要通过股权转让获取资本增值收益的投资方式。同时，明确提出鼓励具有资本实力和管理经验的个人通过依法设立一人公司从事创业投资活动。天使投资主要是个人投资行为，鉴于天使投资在本质上是少数富个人以其自有资金进行的助人成长、助人创业的股权投资行为，《若干意见》明确定义天使投资是指除被投资企业职员及其家庭成员和直系亲属以外的个人以其自有资金直接开展的创业投资活动。

第五，关于创投税收政策。针对行业反映较为突出的公司制企业和合伙制企业税收差异较大、投资中小高新技术企业税收抵扣政策门槛偏高等热点问题，《若干意见》首次明确提出坚持税收中性、税收公平原则，按照税制改革方向与要求，统筹研究鼓励创业投资企业和天使投资人投资种子期、初创期等科技型企业的税收支持政策。目前，有关部门已经着手开展创业投资税收政策制定工作。

第六，关于监管问题。当前，创业投资行业发展面临监管体制不完善、监管方式不适应行业发展、多头监管等行业反映突出问题，《若干意见》明确提出要优化监管环境，创新监管方式，实施更多的普惠性支持政策措施，营造公平竞争的发展环境，深化简政放权、放管结合、优化服务改革。坚持适度监管、差异监管和统一功能监管，建立适应创业投资行业特点的宽市场准入、重事中事后监管的适度而有效的监管体制。同时，为积极回应行业关注，《若干意见》明确提出要建立创业投资行业发展备案和监管备案互联互通机制，为创业投资企业备案提供便利。

第七，关于国有创业投资问题。如何促进国企创投发展、发挥国企创投优势、化解国企创投体制机制约束，《若干意见》明确提出落实和完善国有创业投资管理制度。健全符合创业投资行业特点和发展规律的国有创业投资管理体制，完善国有创业投资企业的监督考核、激励约束机制和股权转让方式，形成鼓励创业、宽容失败的国有创业投资生态环境。首次提出支持具备条件的国有创业投资企业开展混合所有制改革试点，探索国有创业投资企业和创业投资管理企业核心团队持股和跟投，探索地方政府融资平台公司转型升级为创业投资企业。

第八，针对投资者保护。创业投资从资金募集方式上属于私募行为，加强投资者保护不仅关系到创业投资企业持续稳定的资金来源，也关系到创业投资行业的持续健康发展。在投资者保护方面，《若干意见》明确提出要加强投资者保护，特别是要进一步完善产权保护制度，依法保护产权和投资者合法经营、合法权益和合法财产。

第九，针对创业投资法律环境问题。我国创业投资发展虽然已经二十多年，但相关法律建设仍然较为滞后。2005 年，经国务院批准，国家发展改革委等十部委发布了《创业投资管理暂行办法》，对于推动行业持续健康发展起到了积极作用。但十年来创业投资行业发展已经发生较大变化，且《办法》法律层级也较低，亟须对《办法》做进一步修改完善，并抓紧研究推动创业投资立法。针对上述情况，《若干意见》明确提出要进一步完善促进创业投资发展相关法律法规，研究推动相关立法工作。同时，提出在监管方面也要推动私募投资基金管理暂行条例尽快出台，对创业投资企业实行差异化监管和行业自律。

第十，针对商事环境问题。《若干意见》明确提出各地区、各部门不得自行出台限制创业投资企业和创业投资管理企业市场准入和发展的有关政策。同时，鉴于当前我国创业投资企业机构多而不强、同质化竞争严重的情况，为实现“培育一批具有国际竞争力和影响力的中国创业投资品牌”的发展目标，《若干意见》明确提出促进创业投资行业加强品牌建设。

第十一，针对市场主体建设。《若干意见》首次明确提出鼓励和规范发展市场化运作专业化管理的创业投资母基金。近年来，随着我国创业投资行业的快速发展，母基金也逐步发展壮大，在引领价值投资、分散投资风险等方面的作用逐步显现。《若干意见》明确提出在风险可控、安全流动的前提下，支持中央企业、地方国有企业、保险公司、大学基金等各类机构投资者投资创业投资母基金，鼓励创业投资引导基金注资市场化母基金，支持有需求、有条件的国有企业参股创业投资母基金等。

第十二，针对加强行业自律问题。创业投资行业发展政府部门主要职能在于创造良好的市场环境和制度环境，而行业的持续健康发展关键在于行业自律。《若干意见》明确提出加快推进依法设立全国性创业投资行业协会，鼓励条件具备的地区成立创业投资协会组织，搭建行业协会交流服务平台。

此外，《若干意见》在加大政府引导和政策扶持、拓宽退出渠道、保护知识产权、扩大对外开放和积极稳妥“走出去”、健全创业投资服务体系、加强人才培养等方面也有很多政策创新。

创业投资既不同于传统的金融资本，也不同于传统的产业资本，而是一种融资 + 融智相结合，实现技术、资本、人才、管理等创新要素与创业企业有效结合的新型业态，完善创投发展政策环境需要多个部门共同努力。国家发展改革委高度重视《若干意见》文件起草工作，科技部等 16 个其他国务院有关部门也给予了大力支持和积极配合，文件高度凝聚共识。为确保各项政策切实落实到位，《若干意见》明确提出要加强政策顶层设计和统筹协调。国家发展改革委会同有关部门加强促进创业投资发展的政策协调，建立部门之间、部门与地方之间政策协调联动机制，加强创业投资行业发展政策和监管政策的协同配合，增强政策针对性、连续性、协同性。下一步，国家发展改革委将积极会同有关部门加强政策协调，推动相关政策落地实施。

## 第二节　《国务院关于促进创业投资持续健康发展的若干意见》解读[①]

近日，国务院印发了《国务院关于促进创业投资持续健康发展的若干意见》（以下简称《若干意见》）。现将《若干意见》有关起草背景和内容介绍如下。

① “《国务院关于促进创业投资持续健康发展的若干意见》解读”，http：//chuangye. yjbys. com/zhengce/586911. html。

## 一、《若干意见》的起草背景和起草过程

党中央、国务院高度重视促进创业投资持续健康发展工作，明确要求扩大创业投资规模，培育和壮大创业投资和资本市场；党的十八届五中全会提出，要“发展天使、创业、产业投资”。李克强总理对此多次作出重要指示，强调要进一步完善对大众创业万众创新的金融服务，加大直接融资支持力度，加快发展创业投资、天使投资，积极发挥国家新兴产业创业投资引导基金作用，支持地方做大政府创业投资引导基金，重点支持处于“蹒跚”起步阶段的创新型企业，促进技术与市场融合、创新与产业对接，孵化和培育面向未来的新兴产业，推动经济迈向中高端水平。中央全面深化改革领导小组也将此项工作列为2016年重点改革任务。按照党中央、国务院的决策部署，我们会同科技部、财政部、人力资源和社会保障部、商务部、人民银行、国资委、国家税务总局、国家工商行政管理总局、知识产权局、银监会、证监会、保监会、外汇局等部门研究起草了《国务院关于促进创业投资持续健康发展的若干意见（送审稿）》（以下简称《若干意见》）。在《若干意见》起草过程中，我们多次组织召开部门和行业座谈会，深入调研和广泛听取地方政府和行业、专家、协会的意见，还委托中国投资协会股权和创业投资专业委员会会同15个地方行业协会开展了第三方评估。可以说，《若干意见》充分凝聚了中央各有关部门、地方政府和行业等各方面共识，是坚持问题导向、“管用”的政策措施。

## 二、《若干意见》出台的重要意义

近年来，围绕深入实施创新驱动发展战略、大力推进大众创业万众创新，我国创业投资行业进入快速发展阶段，过去10年创业投资资本规模以年均近20%的速度增长。截至2016年7月末，在全国创业投资备案管理系统备案的创业投资企业共1778家，备案创业投资企业总资产规模4340亿元；累计投资案例1.78万个，累计投资金额4558亿元。截至2015年末，备案创业投资企业所投资企业当年提供新增就业岗位217万个，带动相关工业与服务业增加值比上年增长52%，被投企业缴纳税金同比增长29%。

创业投资行业的发展壮大，已成为促进科技创新成果转化的重要资本力量，进一步发挥了创新作为引领发展第一动力的作用，对于推进供给侧结构性改革、加快发展新经济培育新动能和拉动民间投资服务实体经济、保持经济平稳增长、促进经济结构转型升级具有重要意义。但从总体上看，我国创业投资发展仍不充分，面临着法律法规不健全、监管体制不适应、行业信用体系建设滞后、政策环境不完善以及机构投资者投资渠道狭窄、退出渠道不畅、政策协调配合不足等问题，也存在投资估值虚高、投资“泡沫化”现象以及非法集资风险隐患。

自2005年发展改革委、科技部等10部门发布《创业投资企业管理暂行办法》以来，经过10多年的发展，创业投资行业已经到了关键发展时期。《若干意见》是在对过去10年创业投资行业的发展情况进行深入系统梳理总结的基础上，提出未来创业投资包括天使投资在内的行业发展定位，构建促进行业持续健康发展的制度和政策框架。《若干意见》的出台对于推进供给侧结构性

改革，推动大众创业万众创新，促进技术与市场融合、创新与产业对接，孵化和培育面向未来的新兴产业，推动经济迈向中高端水平，具有重要意义。

## 三、《若干意见》的主要内容

《若干意见》分为 10 个部分、22 项任务举措。

第一部分，明确了总体要求，包括指导思想和基本原则。坚持服务实体、构建“实体创投”投资环境，坚持专业运作、夯实“专业创投”运行基础，坚持信用为本、创建“信用创投”发展环境，坚持社会责任、树立“责任创投”价值理念，加快形成“创业、创新 + 创投”协同互动发展格局，发展一批具有国际影响力和竞争力的中国创业投资品牌，推动我国创业投资行业发展跻身世界先进水平。

第二部分至第十部分，围绕 9 大领域提出 20 项政策措施。一是培育多元化创业投资主体，鼓励行业骨干企业、创业孵化器、产业（技术）创新中心、创业服务中心、保险资产管理机构等机构投资者参与创业投资，鼓励包括天使投资人在内各类个人从事创业投资。二是拓宽创业投资资本来源，大力培育和发展合格投资者，建立股权债权等联动机制，有序发展投贷联动、投保联动、投债联动。三是加大政策扶持，完善创业投资税收政策，建立创业投资与政府项目对接机制，研究鼓励长期投资的政策措施，研究建立所投资企业上市解禁期与上市前投资期限长短反向挂钩的制度安排。四是完善相关法律法规，构建符合创业投资行业特点的法制环境，完善创业投资相关管理制度，落实和完善国有创业投资管理制度，支持有需求、有条件的国有企业依法依规、按照市场化方式设立或参股创业投资企业和创业投资母基金，健全符合创业投资行业特点和发展规律的国有创业投资管理体制，完善国有创业投资企业的监督考核、激励约束机制和股权转让方式。五是完善退出机制，完善全国中小企业股份转让系统交易机制，规范发展专业化并购基金。六是优化创业投资市场环境，实施更多的普惠性支持政策措施，营造公平竞争的发展环境，深化简政放权、放管结合、优化服务改革，创新监管方式，优化监管环境、商事环境、信用环境，严格保护产权，加强事中事后监管，有效防范系统性区域性风险。七是推动双向开放，坚持走开放式发展道路，通过吸引境外投资，引进国际先进经验、技术和管理模式，提升我国创业投资企业的国际竞争力。按照对内外资一视同仁的原则，放宽外商投资准入，简化管理流程，鼓励外资扩大创业投资规模。鼓励境内有实力的创业投资企业积极稳妥“走出去”。完善行业自律和服务体系，加快推进依法设立全国性创业投资行业协会，加强行业自律和维护良好市场秩序，健全创业投资服务体系，加大教育培训力度，吸引更多的优秀人才从事创业投资，提高创业投资的精准度。九是加强统筹协调，完善相关机制，密切发展政策和监管政策的协同配合，建立信息共享机制。

## 四、《若干意见》的主要特点

一是突出重点任务。深入贯彻落实党中央、国务院关于加快实施创新驱动战略、大力推进大众创业万众创新有关决策部署，围绕推进供给侧结构性改革，全面落实促进天使、创业、产业投资的重点改革任务。

二是坚持问题导向。积极回应税收政策、行业监管、资金来源、退出渠道、估值虚高投资泡沫化现象严重、国有企业发展创投、信用环境等重点热点问题，提出9个领域、20项、上百条既符合实际又能够解决问题的实招、硬招、新招。

三是着眼长远发展。立足当前、谋划长远，明确行业长期发展方向，坚持创业投资服务实体、坚持价值投资和长期投资、加强行业信用体系建设和强化行业社会责任，促进创业投资行业持续健康发展。

四是落实责任分工。严格按照党中央、国务院明确的步骤和时限等工作要求，突出改革导向，突出务实“管用”，明确了有关部门的责任分工，确保积极有序推进各项工作。

## 五、《若干意见》的政策创新

第一，《若干意见》是国内第一部促进创业投资行业持续健康发展的系统性、针对性的政策文件，着力构建覆盖创业投资企业运营中“募、投、管、退”各环节，从行业到政府部门、从行业协会组织到各类服务机构的全面、立体的政策和服务体系。

第二，《若干意见》明确了创业投资和天使投资的概念，对市场上存在的五花八门的概念和形态进行了清晰明确的界定和划分。创业投资是指向处于创建或重建过程中的未上市成长性创业企业进行股权投资，以期所投资创业企业发育成熟或相对成熟后，主要通过股权转让获取资本增值收益的投资方式。创业投资主要是机构行为。天使投资是指除被投资企业职员及其家庭成员和直系亲属以外的个人以其自有资金直接开展的创业投资活动，由此明确天使投资是个人投资行为。

第三，《若干意见》首次明确提出促进创业投资持续健康发展的基本原则和发展目标，即坚持服务实体、坚持专业运作、坚持信用为本、坚持社会责任。发展目标是促进创业投资做大做强做优，培育一批具有国际影响力和竞争力的中国创业投资品牌，推动我国创业投资行业发展跻身世界先进水平。

第四，围绕基本原则和行业发展热点、重点问题，提出9个领域、20项、上百条既符合实际又能够解决问题的实招、硬招、新招。其中新招包括，一是针对服务实体原则，明确提出要进一步深化简政放权、优化服务，创新监管方式。既要重视发挥大企业的骨干作用，也要通过创业投资激发广大中小企业的创造力和活力。要加强信息披露和风险揭示，引导创业投资企业建立以实体投资、价值投资和长期投资为导向的合理的投资估值机制。对不进行实业投资、从事上市公司股票交易、助推投资泡沫及其他扰乱市场秩序的创业投资企业建立清查清退制度。二是针对信用为本原则，提出建立健全创业投资企业、创业投资管理企业及其从业人员信用记录，实现创业投资领域信用记录“全覆盖”。三是首次明确提出鼓励长期投资和价值投资，研究对专注于长期投资和价值投资的创业投资企业在企业债券发行、引导基金扶持、政府项目对接、市场化退出等方面给予必要的政策支持。支持规范发展专业化并购基金。研究建立所投资企业上市解禁期与上市前投资期限长短反向挂钩的制度安排。四是针对创投税收政策，首次提出税收中性、税收公平原则，按照税制改革方向与要求，统筹研究鼓励创业投资企业和天使投资人投资种子期、初创期等科技型企业的税收支持政策。五是针对市场主体建设，首次明确提出鼓励和规范发展市场化运作专业化管理的创业投资母基金。六是在优化监管环境方面，明确提出实施更多的普惠性支持政策措施，营造公平竞争的发展环境，深化简政放权、放管结合、优化服务改革，搞好服务，激发活力。坚持适度监管、差异监管和统一功能监管，创新监管方式，建立适应创业投资行业特点的宽市场准入、重事中事后监管的适度而有效的监管体制。七是在国有创投方面，明确提出落实和完善国有创业投资管理制度。健全符合创业投资行业特点和发展规律的国有创业投资管理体制，完善国有创业投资企业的监督考核、激励约束机制和股权转让方式，形成鼓励创业、宽容失败的国有创业投资生态环境。支持具备条件的国有创业投资企业开展混合所有制改革试点，探索国有创业投资企业和创业投资管理企业核心团队持股和跟投。探索地方政府融资平台公司转型升级为创业投资企业。八是在投资者保护方面，明确提出要加强投资者保护，特别是要进一步完善产权保护制度，依法保护产权和投资者合法经营、合法权益和合法财产。九是在优化商事环境方面，首次明确提出各地区、各部门不得自行出台限制创业投资企业和创业投资管理企业市场准入和发展的有关政策。建立创业投资行业发展备案和监管备案互联互通机制，为创业投资企业备案提供便利，便利创业投资企业的市场准入。促进创业投资行业加强品牌建设。十是在加强行业自律方面，明确提出在时机成熟时依法设立全国性创业投资行业协会，鼓励条件具备的地区成立创业投资协会组织，搭建行业协会交流服务平台。

此外，《若干意见》在加大政府引导和政策扶持、拓宽退出渠道、保护知识产权、扩大对外开放和积极稳妥“走出去”、健全创业投资服务体系、加强人才培养等方面也有很多政策创新。

## 第三节　促进创业投资持续健康发展的行动纲领

### ——解读“创投国十条”的体制建设含义

中国证监会私募基金监管部副主任　刘健钧

2016 年 9 月 20 日，我国创业投资界热切盼望的《国务院关于促进创业投资持续健康发展的若干意见》（以下简称“创投国十条”）庄严发布。这在我国创业投资体制建设史上具有里程碑式的意义！为促进我国创业投资行业在新起点上的持续健康发展，“创投国十条”从十个方面明确了全面推进创业投资体制建设的新要求。

### 一、适应新的时代背景，提出持续健康发展总体要求

我国创业投资体制建设可追溯到 20 世纪 80 年代。最早原国家科委、原国家计委分别从各自角度，积极推进有关制度建设，并得到各有关部门大力支持和配合。2005 年 11 月，国家发展改革委等十部委联合发布《创业投资企业管理暂行办法》。随后，配套性税收优惠政策、引导基金政策于 2007、2008 年先后推出，多层次资本市场体系逐步建立，使得有中国特色的创业投资体制基本框架得以形成。2013 年 6 月，中央编办将包括创业投资基金在内的各类股权投资基金的监管职责调整到证监会。2014 年 8 月，证监会发布实施《私募投资基金监督管理暂行办法》，其中专设创业投资基金特别章节，从而为对创业投资基金实行差异化监管提供了基本法律框架。

受益于创业投资体制和差异化监管的有力支持，我国创业投资行业得以迅速起步和发展，对拓宽创业企业融资渠道、促进经济结构调整和产业转型升级、增强经济发展新动能，起到了积极作用。但同时也出现了一些问题。适应新的时代背景，“创投国十条”突出强调“持续健康发展”并从指导思想、基本原则两个层面提出了总体要求。

## 二、培育多元创业投资主体，赋予天使投资人作为个人创业投资主体地位

创业投资主体是创业投资市场的核心要素。过去，为便于操作，政策鼓励的着力点一直限于创业投资企业和创业投资基金等组织化创业投资主体。在新形势下，为培育多元创业投资主体，“创投国十条”将政策鼓励视野拓展到了组织化、非组织化创业投资主体两个层面：

### （一）加快培育形成各具特色、充满活力的创业投资机构体系

考虑到不同种类机构化创业投资主体的运作特点各异，“创投国十条”进一步提出了四项措施：一是鼓励各类机构投资者和个人依法设立公司型、合伙型创业投资企业（基金）。二是鼓励行业骨干企业、创业孵化器、产业（技术）创新中心、创业服务中心、保险资产管理机构等创业创新资源丰富的相关机构参与创业投资。三是鼓励个人通过依法设立一人公司从事创业投资活动。四是鼓励和规范发展市场化运作专业化管理的创业投资母基金。

### （二）积极鼓励包括天使投资人在内的各类个人从事创业投资活动

直接从事创业投资的个人，虽然不一定具备机构化创业投资的专业化运作水平，但由于投资运作具有更大的灵活性、特别是在决策上可以随性而为，因而也是创业投资的重要主体。特别是天使投资人，当其以个人资金直接从事创业投资时，多多少少怀有天使般助人创业情怀，因而可望成为支持早期企业创业创新最重要的主体之一。所以，“创投国十条”首次明确“积极鼓励包括天使投资人在内的各类个人从事创业投资活动”，并提出了相应政策举措。

## 三、股债联动，多渠道拓宽创业投资资金来源

资金是创业投资市场的源头活水。总结前些年创业投资企业股权资本募集和运用债权融资方式提高投资能力的两方面经验，“创投国十条”从两个维度，提出了多渠道拓宽创业投资资金来源的一系列举措：

### （一）大力培育和发展合格投资者

其目的是给各类创业投资企业提供源源不断的股权资本来源。具体途径包括：一是支持各类机构投资者投资创业投资企业和创业投资母基金。这里明确支持中央企业、地方国有企业投资创业投资企业和创业投资母基金，在历史上还是首次。尽管前些年一些国有企业已经开始尝试通过闲置资金参与创业投资，但往往被作为“非主营业务”加以限制。二是鼓励信托投资公司积极探

索新产品、新模式、为创业企业提供综合化、个性化金融投融资服务。三是支持具有风险识别和风险承受能力的个人参与投资创业投资企业。

### （二）建立股权债权等联动机制

主要目的是通过股权债权联动，提高创业投资企业的融资服务能力，甚至将债权融资方式融得的资金转化为创业投资企业的股权投资资金。一是推动发展投贷联动、投债联动、投保联动等新模式，提高创业投资企业的融资服务能力。二是支持创业投资企业及其股东依法发行企业债券和其他债务融资工具融资，增强投资能力。

## 四、加大政策扶持力度，强调投资方向引导

2005 年 11 月《创业投资企业管理暂行办法》发布实施以来，在财税等部门积极支持下，我国已经初步建立起以税收优惠政策和引导基金财政支持为主要内容的创业投资扶持机制。此次“创投国十条”不仅明确提出要加大政策扶持，而且强调投资方向引导，以更好发挥政策扶持引导创业投资支持创业创新的作用。主要体现为四个方面：

### （一）完善创业投资税收政策

主要亮点包括：（1）明确完善创业投资税收优惠政策的基本思路是“按照税收中性、税收公平原则和税制改革方向与要求，统筹研究鼓励创业投资企业和天使投资人投资种子期、初创期等科技型企业的税收支持政策”；（2）明确近期两项工作任务是“进一步完善创业投资企业投资抵扣税收优惠政策，研究开展天使投资人个人所得税政策试点工作”。

### （二）建立创业投资与政府项目对接机制

鉴于全面创新改革试验区、双创示范基地、国家高新区、自主创新示范区、产业（技术）创新中心、科技企业孵化器、众创空间等各类创业创新服务区是创业创新企业重要集聚区，“创投国十条”明确要求其开放项目资源，充分利用政府项目资源优势，搭建创业投资与企业信息共享平台。

### （三）研究鼓励长期投资的政策措施

明确要求有关部门研究“在企业债券发行、引导基金扶持、政府项目对接、市场化退出等方面给予必要的政策支持”，特别是要研究“建立所投资企业上市解禁期与上市前投资期限长短反向挂钩的制度安排”。

### （四）发挥政府资金的引导作用

一是充分发挥国家新兴产业创业投资引导基金等已设立基金的作用；二是对已设立基金未覆盖且需要政府引导支持的领域，鼓励有条件的地方新设创业投资引导基金；三是为最大限度发挥政府资金的杠杆放大效应，并实现专业化管理，鼓励创业投资引导基金注资设立市场化母基金；

四是建立并完善创业投资引导基金中政府出资的绩效评价制度，为发挥政府资金的引导作用奠定扎实制度基础。

## 五、着力构建法律保障体系，完善相关法律法规

过去有关创业投资立法，无论是《创业投资企业管理暂行办法》，还是《私募投资基金监督管理暂行办法》，主要从应急之需，聚焦于创业投资企业（基金）的自身构架建设。随着创业投资企业制度的初步确立，对相关法律法规的完善显得日益迫切。为此，着力构建法律保障体系，从两个层面提出完善相关法律法规举措。

### （一）构建符合创业投资行业特点的法制环境

一是鉴于现行公司法、合伙企业法等基本法仍难适应创业投资企业的运作要求，明确“推动完善公司法和合伙企业法”；二是考虑到对包括创业投资基金在内的各类私募投资基金进行统一立法已经成为我国既定的立法模式，明确“完善相关管理制度，推动私募投资基金管理暂行条例尽快出台，对创业投资企业和创业投资管理企业实行差异化监管和行业自律”；三是完善外商投资创业投资企业管理制度。

### （二）落实和完善国有创业投资管理制度

在创业投资发展初期，民营资本对创业投资往往望而生畏，因此鼓励国有资本以适当方式参与创业投资便成为我国培育多元创业投资主体和多渠道拓宽创业投资资金来源的重要选项之一。然而，我国现行国有资本管理体制尚不能适应高度市场化运作的创业投资。为此，“创投国十条”明确了落实和完善国有创业投资管理制度的一系列举措。

## 六、更好发挥资本市场功能，完善创业投资退出机制

创业投资退出机制既是确保创业投资资本实现“投资、增值、退出、再投资”良性循环的必要保障，也是确保有限创业投资资本支持更多新创建企业的重要条件。经过十几年的艰苦努力，我国在创业投资退出机制建设上已取得一系列重大成果：2004 年推出作为创业板过渡板块的中小企业板，2005 年完成股权分置改革，2009 年推出创业板，近年来在对三板市场进行改造基础上于 2012 年建立了全国中小企业股份转让系统，各地还建立了区域性股权交易市场。在新形势下，为拓宽创业投资市场化退出渠道，“创投国十条”重申“进一步完善创业投资退出机制”。

具体举措包括四个层面：一是充分发挥已有市场的功能，畅通创业投资市场化退出渠道；二是强调完善全国中小企业股份转让系统交易机制，改善市场流动性；三是支持机构间私募产品报价与服务系统、证券公司柜台市场开展直接融资业务；四是鼓励以并购重组等方式实现市场化退出，并将规范发展专业化并购基金作为并购退出重要途径。

## 七、四措并举，全面优化创业投资市场环境

创业投资持续健康发展不仅有赖于高效的运行机制，还需良好的市场环境。为此，“创投国十条”对创业投资市场环境给予了高度重视，从四个方面明确了相关要求：

### （一）优化监管环境

一是明确了创业投资基金监管制度建设的基本原则。一方面，要求“实施更多的普惠性支持政策措施，营造公平竞争的发展环境，深化简政放权、放管结合、优化服务改革，搞好服务，激发活力”；另一方面要求“坚持适度监管、差异化监管和统一功能监管，创新监管方式，有效防范系统性区域性风险”。二是明确了差异化监管的具体制度要求。提出“对创业投资企业在行业管理、备案登记等方面采取区别对待的差异化监管政策，建立适应创业投资行业特点的宽市场准入、重事中事后监管的适度而有效的监管体制”。三是厘清了创业投资基金与股权投资基金等其他类别私募投资基金的业务边界。为有效引导创业投资支持创业创新和实体经济，并避免主要从事上市公司并购投资的股权投资基金借用“创业投资基金”名义规避较严监管，明确要求“加强信息披露和风险揭示，引导创业投资企业建立以实体投资、价值投资和长期投资为导向的合理的投资估值机制。对不进行实业投资、从事上市公司股票交易、助推投资泡沫及其他扰乱市场秩序的创业投资企业建立清查清退制度”。将“是否从事上市公司股票交易”作为业务边界，既有利于给创业投资基金创造相对宽松的投资空间，但并不影响还可通过财税优惠政策引导其增加对创业早期企业的投资。四是明确了有效控制投资运作风险的制度安排。五是强调全面加强投资者保护。

### （二）优化商事环境

一是针对前一段时期地方工商部门因担忧非法集资，停止了各类投资性企业的工商登记或对工商登记变相搞行政许可等问题，明确提出“各地区、各部门不得自行出台限制创业投资企业和创业投资管理企业市场准入和发展的有关政策”；二是鉴于目前创业投资企业为享受财税优惠政策进行的“发展备案”和为接受适度监管的“监管备案”仍同时并行，为给两类备案提供便利，“创投国十条”要求建立互联互通机制；三是针对创业投资企业工商登记程序仍比较繁琐，要求“持续深化商事制度改革，提高工商登记注册便利化水平”；四是鉴于我国目前创业投资行业呈现出“机构多而不强”的无序同质竞争格局，要求“促进创业投资行业加强品牌建设”。

### （三）优化信用环境

忠实履行诚实信用义务，保持良好诚信记录，是创业投资行业赖以持续健康发展的生命线。为此，“创投国十条”全面提出了“优化信用环境”的要求。一是在信用记录环节，要求进一步建立健全创业投资企业、创业投资管理企业及其从业人员信用记录，实现创业投资领域信用记录全覆盖；二是在信用信息共享环节，要求推动创业投资领域信用信息纳入全国信用信息共享平台，并与企业信用信息公示系统实现互联互通；三是信用信息运用环节，要求加快建立创业投资领域严重失信黑名单制度，鼓励有关社会组织探索建立守信红名单制度，实施守信联合激励和失

信联合惩戒；建立健全创业投资行业信用服务机制，推广使用信用产品。

### （四）严格保护知识产权

创业企业多拥有创新的知识产权，保护好知识产权不仅关系到创业企业的兴亡，而且关系到创业投资能否获得应有的收益。因此，将“严格保护知识产权”作为“优化创业投资市场环境”的重要环节加以强调。

## 八、推动双向开放，着力培育创业投资行业国际竞争力

在我国创业投资行业发展初期，主要是引进国外的创业投资资本。在目前已初具规模后的新时期，“创投国十条”果断提出“推动创业投资行业的双向开放”。

### （一）有序扩大对外开放

一是明确开放的目的是“通过吸引境外投资，引进国际先进经验、技术和管理模式，提升我国创业投资企业的国际竞争力”，而不是为开放而开放；二是从便利外资进入、解决结汇难问题等方面，明确了具体政策取向。

### （二）鼓励境内创业投资企业“走出去”

具体政策取向是“完善境外投资相关管理制度，引导和鼓励创业投资企业加大对境外及港、澳、台地区高端研发项目的投资，积极分享高端技术成果”。

## 九、加强创业投资行业自律，健全相关服务体系

万紫千红才是春，在我国创业投资事业从过去的星星之火发展成为初具规模的行业之后，适应行业持续健康发展的需要，“创投国十条”对行业自律和服务体系建设提出了迫切而具体的要求。

### （一）加强行业自律

一是要求“加快推进依法设立全国性创业投资行业协会，鼓励条件具备的地区成立创业投资协会组织，搭建行业协会交流服务平台”。二是强调“充分发挥行业协会在行业自律管理和做好政府与市场沟通中的积极作用，加强行业协会在政策对接、会员服务、信息咨询、数据统计、行业发展报告、人才培养、国际交流合作等方面的能力建设，支持行业协会推动创业投资行业信用体系建设和社会责任建设，维护行业持续健康发展的良好市场秩序”。这些要求指明了行业协会的发展方向。

### （二）健全服务体系

一是要求“加强创业投资相关会计、征信、信息、托管、法律、咨询、教育培训等各类中介

服务体系建设”，全方位明确了服务体系建设主要内容；二是强调创业投资专业人才培养。

## 十、注重政策顶层设计，强调各方统筹协调

鉴于创业投资体制建设是一项复杂的系统工程，涉及制度设计的方方面面和国务院十五个部委，为确保各项举措落到实处，“创投国十条”特别注重加强政策顶层设计，并强调各方统筹协调。

鉴于根据中央编办的既有分工，发展改革委负责牵头促进创业投资发展政策，证监会负责对创业投资基金的监管，“创投国十条”要求“发展改革委要会同有关部委加强促进创业投资发展的政策协调，建立部门之间、部门与地方之间政策协调联动机制，加强创业投资行业发展政策和监管政策的协同配合，增强政策针对性、连续性、协同性。”为及时评估政策推进的成效，促进相关政策不断完善，并切实提高政策协同性，还特别强调“建立相关政府部门促进创业投资行业发展的信息共享机制”。

# 第四节　“供给侧”改革的核心内涵是深化改革解放生产力[①]

2015 年 12 月，中央经济工作会议提出了推进“供给侧”结构性改革。经济学所讲的“供给”与“需求”都包含了“有效”性，即消费者与生产者的意愿以及能力两重属性。消费者有能力但没有意愿购买，生产者有意愿但没有能力供给，这都不是有效的需求和供给。

2016 年 1 月 4 日，李克强总理在太原主持工作座谈会上以圆珠笔头上的“圆珠”为例说明了当前中国经济中供需的结构性矛盾——消费者有意愿和能力消费，而生产者却没有能力提供消费者意愿商品，与此同时，非意愿的存货投资不断增加，最终导致无效供给与经济失衡。而供需矛盾背后也说明了我国当前的根本任务仍是发展生产力。

经济学家普遍认为中国经济增长来源于两个主要因素：大规模的资本投资和生产力的快速增长。其基本逻辑是经济制度改革解放了生产力，从而带来了更多的产出、投资和不断的经济增长。随着近年来中国经济增长放缓，一些西方媒体不断用“崩溃”、“经济危机”、“泡沫破裂”等字眼来质疑中国经济。而中国的实际情况却没有验证这些媒体的论点。

从国内投资看，Wayne M. Morrison 于 2015 年 10 月 21 日在一份题为《中国经济增长：历史、趋势、挑战以及对美国的启示》的美国国会研究报告中指出，中国的储蓄率仍然高于美、德等发达国家，而正在推进的金融市场改革不断将储蓄转变为有效的投资。中国的国内经济可能放缓，但政府和企业对外投资正处于历史最高水平。

中国投资者在寻找海外更高、更安全的回报，以此来建立自己的品牌参与全球竞争。从外国投资看，根据中国商务部统计数据，2015 年，非金融部门实际外资投资（FDI）同比增加 6.4% 至 7814 亿元。服务业部门外商直接投资为 4771 亿元，较 2014 年增加 17.3%。高科技制造业外国直接投资增长 9.5% 达到 94.1 亿元，占制造业投资的 23.8%。2016 年 1 月 4 日，日本媒体的

① 资料来源：光明网。

一篇题为《从制造到服务——中国经济2016年展望》文章指出，受益于灵活的供给侧改革措施，中国国内企业在新兴产业的发展将提速，而外资在高新技术产业的投资将快速增长，并进一步扩大对通信、电子商务和新能源领域的投资。

从生产力角度，一些经济学家认为中国生产力增长是得益于制度改革将资源配置到更高效的用途中，随着中国的科技发展接近主要发达国家，生产力增长、实际GDP增长水平会较历史最高水平显著减慢，除非中国成为新技术和创新中心或者实施新的全面经济改革。

华盛顿大学的创新副主管Vikram Jandhyala教授于2015年12月26日撰文指出，中国作为世界制造业大国拥有1.5亿工人、比日本大5倍的供应商网络。这使中国企业能够进行大规模、可持续创新。他以高铁的例子指出存在于美国和欧洲的那些认为中国只是吸收或重新改造别人技术的观点已经过时，相较于硅谷公司“从0到1”的创新，中国正利用庞大的规模力量实现“从1到n”的创新发展，并加速成为全球创新领导者。而对于未来，研究中国科技创造能力的英国教授James Wilsdon用体育发展与创新做了一个类比，中国从奥运会金牌榜第11名（1988年）上升至第1名（2008年）只用了20年时间，“如果中国在体育方面实现了这样的速度，那么成为科学和创新的领导者的时间会长吗?”

从数据和国外学者的研究中，我们并没有找到中国生产力停滞或经济危机的证据。相反，随着供给侧改革措施的推进，中国企业将加快向高端、智能、绿色方面转型转产，生产力将进一步提高。中国的“供给侧”改革，其核心内涵是深化改革解放生产力，提升经济增长的质量和数量。对于中国经济2016年的表现，美中关系全国委员会主席Stephen Orlins、亚行行长中尾武彦都表示出信心，其共同的认识是近期股市和币值的波动并没有改变中国经济向上的趋势，中国经济正在以稳健的步调增长。（作者云南财经大学财政与经济学院应用经济系主任唐柳洁）

## 第五节 光明网：经济向好利益于供给侧改革释放活力[①]

近年来，因为经济结构不尽合理，部分工业领域产能出现严重过剩，我国经济步入发展新常态，增速由高速发展降至中高速发展。十三五期间，中央提出进行供给侧结构性改革的任务，目标就是从提高供给质量出发，用改革的办法推进结构调整，矫正要素配置扭曲，扩大有效供给，提高供给结构对需求变化的适应性和灵活性，提高全要素生产率，更好满足广大人民群众的需要，促进经济社会持续健康发展。

经过不断深化改革，尤其是在一些落后领域进行了壮士断腕般的去产能改革，我国经济近来显现出进一步向好的信号。8月份，统计显示，我国工业企业利润增速创年内新高。1-8月份全国规模以上工业企业利润同比增长8.4%，增速比1-7月加快1.5个百分点。其中，8月份工业企业利润同比增长19.5%，增速比7月加快8.5个百分点，为今年以来月度最高增速。国有工业企业、制造业的利润也逐步向好，许多企业去库存的速度明确加快。

我国工业发展态势的明显向好，至少有以下几点启示。一是中国能够解决好经济发展的问题，中国仍然是世界经济发展的重要拉动力量。近年以来，在国际舞台上，唱衰中国经济的论调

① 资料来源：光明网：经济向好利益于供给侧改革释放活力_滚动新闻_中国政府网 http://www.gov.cn/xinwen/2016-10/10/content_5116660.htm。

并不少见，许多西方经济学者认为，中国经济要硬着陆。不可否认，我国经济在过往多年确实在结构上出现了许多问题，但这些问题都是可控的，都是可以通过经济改革能够解决的。事实也最终证明了这一点。

二是中国要坚持走供给侧结构性改革的路子，进一步去产能、去库存、去杠杆、降成本、补短板。我们不能回避中国经济在过往一段时间出现的问题，比如，在过度依靠投资拉动经济的粗放模式下，如钢铁、煤炭等传统工业行业出现了严重的产能过剩。对此，国务院曾多次召开常务会部署淘汰落后产能问题，并避免在相关领域再次上马新的工程、新的项目。虽然壮士断腕会出现短时间的痛，但相信只要我们沿着改革的方向走下去，经济就会逐渐向好。

三是中国仍然要坚决贯彻“一带一路”战略，促进“一带一路”沿线国家与中国的共赢发展；政府更要坚决把简政放权、促进“双创”等工作深化，进一步释放经济活力。“一带一路”战略是向外的，是帮助沿线国家的发展，也是化解国内产能过剩的必要之路；政府进行的放管服改革是向内的，促进“双创”也是在培育或寻找新的发展动能。做好这对内和对外两个方面的工作，经济没有理由不好转。

经济发展出现多个向好信号，鼓舞人心。但更要明白，“十三五”刚刚进入关键时期，我国供给侧结构性改革的任务还很重，路还有很长，政府自身的放管服改革等也可谓路长且阻。我们不能满足于当前经济数据中反馈回来的成绩——继续做好以上各项工作，经济发展这场持久战才能最终打赢。（王传涛）

## 第六节　以消费升级为导向加快推进供给侧结构性改革①

近年来，国际经济持续深度调整，国内“三期叠加”阵痛不断深化，经济下行压力持续加大。在严峻复杂的国内外经济环境下，“三驾马车”中的投资和出口增速放缓，而消费一直保持平稳较快增长，尤其是消费升级持续加快，新消费不断孕育成长，对缓解经济下行压力起了积极作用，成为经济稳定运行的“压舱石”。下一阶段，要顺势而为，充分挖掘、释放消费潜力，加快供给侧结构性改革，进一步推动消费升级，以新消费引领新供给，以新供给创造新需求，加快培育经济发展新动能，推动我国经济保持中高速、迈向中高端。

### 一、消费升级步伐加快新消费方兴未艾

随着工业化、城镇化、信息化的持续推进，近年来我国消费需求正步入快速发展的新车道，对经济增长的贡献持续提高。2015 年，消费对经济增长的贡献率为 66.4%，分别比 2013 年、2014 年提高 18.2 个和 14.8 个百分点，比 2001 年至 2012 年平均贡献率高 16.0 个百分点，有力支撑了经济中高速增长。特别是消费升级带动了服务业尤其是新兴服务业的快速发展，进一步推动了产业结构调整。2015 年，第三产业增长 8.3%，比 GDP 和工业增速分别快 1.4 个和 2.2 个百

① “以消费升级为导向加快推进供给侧结构性改革”，中国政府网：http：//www.gov.cn/zhengce/2016－03/29/content_5059291.htm。资料来源：经济日报。

分点；第三产业增加值占GDP比重首次超过50%，比2013年提高3.6个百分点，经济由工业主导向服务业主导加快转变。

在消费规模快速扩张的同时，消费升级步伐加快，消费层次、消费品质、消费形态、消费方式和消费行为等方面均呈现出明显的趋势性变化，新消费方兴未艾。

一是消费层次由温饱型向全面小康型转变。2000年我国基本解决了温饱问题，进入新世纪以来，居民在“住”和“行”上持续跨上新台阶，正在由总体小康向全面小康迈进。2013年至2015年，全国居民恩格尔系数从31.2%下降至30.6%，接近联合国划分的20%至30%的富足标准；人均交通通信、教育文化娱乐、医疗保健等服务消费支出比重分别由12.3%、10.6%和6.9%提高到13.3%、11.0%和7.4%。居民保健和环保意识不断增强。2015年，人均滋补保健品和保健器具支出比2013年增长45.8%，年均增长20.7%；城镇居民使用清洁燃料占比达92.5%，比2013年提高2.1个百分点；农村居民使用清洁燃料占比达44.5%，比2013年提高5.7个百分点。

二是消费品质由中低端向中高端转变。

随着生活水平的提高，居民不再满足于吃饱穿暖，而是追求吃得营养、穿得时尚、住得舒适、行得便捷。从“吃”看，高蛋白食品比重增加。2015年，城镇居民人均消费粮食比2013年减少7.2%；而人均消费肉、禽、蛋分别比2013年增长1.7%、16.2%和11.2%。农村居民人均消费粮食比2013年减少5.5%；而人均消费肉、禽、蛋分别比2013年增长1.5%、7.5%和9.2%。从“住”看，住房条件明显改善。2015年，城镇居民人均居住面积35.8平方米，农村居民人均居住住房面积43.9平方米；2015年城镇居民有水冲式卫生厕所的占88.1%，农村居民占26.3%，分别比2013年提高1.2个、4.1个百分点。从“行”看，汽车拥有量大幅增加。2015年底，每百户家庭拥有私家车31辆，汽车占机动车比例达到61.8%，很多市民的代步工具经历了从自行车到摩托车再到汽车的升级换代。

三是消费形态由物质型向服务型转变。随着发展阶段的变化，在温饱问题解决之后，居民更加重视生活质量，对信息、医疗、养老、家政、旅游等新型服务消费需求明显增加。2015年，居住、交通通信、教育文化娱乐、医疗保健四项支出占居民全部消费支出的比重为53.4%，比2013年提高0.9个百分点。近年来，通信、电影、旅游等服务消费持续火爆，成为新的消费增长点。2015年，全国居民人均通信消费支出678元，比2013年增长21.1%，年均增长10.0%；电影总票房达440亿元，比2013年增长48.7%；今年春节期间，票房达30亿元，同比增长67%；国内游客突破40亿人次，国内旅游收入超过3万亿元，国内居民出境12786万人次，增长9.7%，其中因私出境12172万人次，增长10.6%。

四是消费方式由线下向线上线下融合转变。“互联网+”带动了电子商务的高速发展，猛烈冲击了人们的消费观念，极大刺激了人们的消费欲望，正在颠覆传统的消费模式。2015年底，我国互联网普及率已达到50.3%，网民规模达到6.9亿人，比2012年增长22%。电子支付方式日益普及，2015年前三季度，银行机构和非银行机构共处理电子支付业务1311亿笔，金额1953万亿元，同比分别增长174.7%和93.4%。2015年，全国网上零售额38773亿元，同比增长33.3%。其中，实物商品网上零售额32424亿元，增长31.6%，明显高于社会消费品零售总额10.7%的增速。

五是消费行为由从众模仿型向个性体验型转变。进入新常态后，我国从众型、排浪式消费模式逐步退潮，而由物流、信息流、资金流“三流合一”和“互联网+”所催生的个性化、定制化、多样化消费渐成主流。相关机构调查和研究显示，2015 年，64. 8% 的消费者在选择服饰时首选重视个性的服饰，中国智能可穿戴市场规模比上年增长 471. 8%。智能手机等通信工具的更新换代不断加速，2015 年，居民人均购买通信工具支出 189 元，比 2013 年增长 29. 2%，年均增长 13. 6%，今年 1－2 月，通讯器材类销售同比增长 20. 1%，继续保持较快增长。

## 二、多因素推动消费升级大众新消费时代来临

消费升级加快很大程度上是我国新阶段新常态发展规律的客观反映，也是居民收入持续提高、城镇化加快推进、互联网日益普及的必然结果，更是党和政府供需结合、因势利导加大惠民政策力度的效果体现。

一是大众新消费时代必然伴随消费升级。经济学家罗斯托在总结发达经济体发展历程的基础上指出，经济“起飞”几十年后，产业体系具备了快速吸收和使用现代技术成果的能力，进入“成熟”阶段，多数国家很快开启大众新消费时代。这个时代的主要标志是汽车、私人住宅等耐用消费品和大众化服务进入普通家庭，社会广泛关注的话题由工业成就转换为消费和福利问题，社会资源也更多地被引导到耐用消费品生产和大众服务供给，居民消费成为引导结构变动的主要动力。对照现实，近几年我国汽车、住房等耐用消费品已成为大众消费的热点，生活服务消费快速增长，消费升级明显加快。从产业结构看，工业体系和基础设施趋于“成熟”，工业化进入了中后期阶段，工业占 GDP 比重由 2006 年的 41. 8% 逐步下降到 2015 年的 33. 8%，第三产业比重由 41. 9% 逐步上升到 50. 5%。从全球分工格局看，我国作为“世界工厂”的地位突出，世界大部分工业行业都离不开“中国制造”的贡献。这些现象充分说明，我国已经进入大众新消费时代，这个时代必然伴随着消费升级加快，这既符合产业成长的一般规律，也与消费升级的国际经验相吻合。

二是居民收入稳步提高为消费升级提供了支撑。消费是收入的函数，只有收入不断增长，消费升级才有基础。心理学家马斯洛把人类的需求划分为不同层次，只有低层次需求得到满足后人们才会追求更高层次需求。党的十八大以来，我国坚持居民收入增长与经济发展同步，多措并举促进居民增收，居民收入增长连续“跑赢” GDP，为消费加快升级奠定了坚实基础。2013 年至 2015 年，居民可支配收入年均实际增长 7. 8%，比 GDP 年均增速高 0. 5 个百分点。按现行国家农村贫困标准测算，2015 年全国农村贫困人口比 2012 年减少 4324 万人，相当于一个中等国家的人口总量。基尼系数持续下降，2015 年下降为 0. 462，为近 13 年来新低。

三是城镇化快速推进为消费升级拓展了空间。人口由乡村向城镇集中，本身就意味着生活方式的改变。城镇生活的快节奏，使居民更多地依靠购买而不是自给自足来满足日常所需，由此带动餐饮、家政等生活服务业的快速增长；人口的集中也使一些规模经济门槛较高的行业获得了快速发展，特别是为医疗卫生、法律咨询、教育培训等专业技术服务和公共服务创造了巨大需求；人口的集中还大大加快了信息的传播速度，有利于加速新产品、新服务、新消费热点的成长。2013 年至 2015 年，我国城镇化率由 53. 7% 上升到 56. 1%，年均提高 1. 2 个百分点。据初步测算，城镇化率每提高 1 个百分点，拉动消费增长约 1. 8 个百分点。

四是互联网日益普及为消费升级创造了技术条件。互联网的普及使沟通变得空前便捷，居民足不出户就可以从上百家厂商挑选到心仪的商品和服务，交易成本的下降推动消费频率大幅提

高，个性化需求得到了更好的满足。信息传播的加快和自媒体时代的到来，还加速了各行各业由“卖方市场”向“买方市场”的转变，市场优胜劣汰的机制得到了更加有效的发挥。正是因为有了互联网技术的推动，才使得通信、零售等消费领域的新业态层出不穷，消费方式日新月异，而人口大国在互联网时代的特殊优势也使我国的消费升级故事比其他国家所讲述的更为精彩纷呈、引人入胜。网络的普及和支付方式的创新撬动了网络消费的大市场，有关部门调查显示，线上销售增强居民消费意愿，实际消费量较传统方式增加约20%。

五是供需结合的宏观政策为消费升级塑造了良好环境。为推进消费升级和增加有效供给，党中央、国务院科学决策，加强供求管理，既大力推进供给侧改革，又积极促进消费升级。面对持续较大的经济下行压力，不搞“大水漫灌”，而是坚持创新宏观调控，注重挖掘消费潜力。以简政放权为主要内容的改革大大提高了市场效率，使资源向消费升级相关领域集中；扎实推进大众创业、万众创新，有力催生了新技术、新产业、新业态等新经济的蓬勃发展；“营改增”及利率市场化等重大改革，进一步降低了服务业发展成本；推出六大消费工程包，有效引导社会资金向新消费领域聚集，增强了服务业的供给能力，有效促进了消费升级。

## 三、加强供给侧结构性改革以消费升级引领经济稳定发展

我国经济发展已进入增速换挡、结构调整和动力转换的新常态，经济结构和增长动力正在发生根本性的变化。今后一个时期，在去产能、去库存、去杠杆的同时，保持经济稳定运行任务十分艰巨，唯有顺应消费升级的大趋势，进一步挖掘消费潜力、促进消费升级、积极培养新消费为主体的新动能，才能促进新旧动力有序转换，实现结构优化升级。我国消费潜力巨大，空间广阔，但由于供给结构满足不了消费升级的需要，抑制了消费潜能释放，消费外流现象严重。为此，要以促进消费升级为导向，进一步优化宏观经济政策，加大供给侧结构性改革。

我国消费升级空间十分广阔。无论是从城镇化发展阶段，还是从居民消费水平和质量来看，我国消费潜力都很大。2015年，我国常住人口城镇化率为56.1%，户籍人口城镇化率不到40%，而发达国家多在80%以上；我国最终消费率只有52.8%，而美、日、法、德等发达国家都在75%以上，韩国也在65%以上。我国人均耐用消费品和公共服务水平与发达国家还有较大差距。2015年，每千人拥有私家车约为100辆，而美国、日本2012年分别为781辆和593辆；公共设施存量仅为西欧国家的38%，北美国家的23%，2014年，我国每百人拥有铁路8.2米，仅为美国2012年水平的11.3%。

有效供给不足制约消费潜力释放。我国是全球制造业大国，供给能力十分可观，全球500多种工业品中，我国有220多种产品产量位居世界第一，但供求错配现象比较严重，部分传统行业产能过剩而新兴领域有效供给不足，国内供给无法跟上消费结构升级步伐。一方面，消费外流现象比较严重，2015年我国游客境外消费超过1.2万亿元；另一方面，消费升级潜力未能充分释放。我国产品质量总体不高，质量监管标准较低，消费环境不佳，加之存在产品的假冒伪劣，特别是医疗、养老、健康等服务消费供给不足，抑制了居民的消费意愿，制约了消费升级。要促使境外消费有序回流、释放消费升级潜力，必须从供需两端发力，尤其是加快推进供给侧结构性改革。

以消费升级为目标，加强政策引导。目前我国消费升级及新经济孕育成长正处在关键阶段，

以“三去一降一补”为重点任务的结构性改革正在深入推进中，迫切需要宏观经济政策瞄准靶心，加力增效。建议以消费升级为目标，优化宏观政策，为供给侧改革和消费升级创造良好的条件和环境。一是要放宽市场准入，进一步减少对民营资本和外资的准入限制，打破行业垄断，尤其是全面放开民营资本进入教育、医疗卫生、养老、文化等短板领域。二是要优化消费环境，进一步简政放权，为企业发展和居民消费提供更多的便利。实施更严格的质量标准和监管措施，强化企业主体责任，完善全国信用信息共享平台，营造公平竞争环境，保护知识产权，严惩假冒伪劣，维护消费者合法权益。三是要完善基础设施，尤其要加大对农村电网电信改造、城市地下管廊、城乡养老健康、医疗卫生、文化体育、环境保护等领域的投资建设，为消费升级创造良好的硬件条件。四是继续实施积极的就业政策和收入增长政策，要进一步织牢民生保障网，有效化解去产能过程中带来的职工下岗压力，要继续推进创业创新，以创业带就业，多渠道增加就业、增加收入。五是要深入推进科技、财税金融、国有企业和价格等重要领域改革，从根本上破除制约供给创新和消费升级的体制机制障碍，进一步发挥市场在资源配置中的决定性作用。要牢固树立创新、协调、绿色、开放、共享五大发展理念，用新理念指导新实践，将中央确定的各项改革举措落到实处。（国家统计局局长宁吉喆）

## 第七节　发改委解读：改革先行加快释放“双创”活力[①]

日前，国务院办公厅印发《关于建设大众创业万众创新示范基地的实施意见》（以下简称《意见》），系统部署双创示范基地建设工作，明确了未来一段时期创业创新重点改革领域的任务部署。这是我国落实创新驱动发展战略，推动供给侧结构性改革的又一重大行动。《意见》提出，要面向制约双创发展的堵点和痛点，推进若干关键环节和重点领域改革的先行先试，关键是加快以下六个方面的任务部署。

### 一、制度松绑，最大限度释放市场主体活力

市场主体是经济社会持续健康发展的重要微观基础。新企业的大量增长是促进经济社会发展的重要力量。近年来，伴随审批制度改革、商事制度改革加快推进，我国各类市场主体雨后春笋般大量涌现，激发了市场经济的内在活力。但近期一项针对全国700余家企业的问卷调查结果显示，行政审批制约、政府管理服务滞后仍然是桎梏创业创新者的最大枷锁。80.6%的被调查企业认为行政审批程序过于繁琐，1/4以上的企业认为政府审批流程冗长，2/3以上的企业受到从业资质、地域市场限制。实地调研中，很多企业反映商事制度改革落地的“最后一公里”难题。为此，要持续推进简政放权，进一步优化政府服务，支持示范基地先行试验一批重大行政审批改革措施。全面推广网上并联审批和纵横协同监管，加快提升政府办事效率和服务质量，力争“让信息多跑路，让企业少跑腿”。

① “发改委解读：改革先行加快释放‘双创’活力”，中国政府网：http：//www.gov.cn/zhengce/2016－05/20/content_5074966.htm。

## 二、法律护航，全面保障创业创新者权益

技术发明是创业创新的重要源泉，而知识产权是保障创业创新的重要制度。长期以来，知识产权保护问题都是创新者的一大“心病”。国家知识产权局一项针对近4000余件知识产权侵权赔偿案件的研究显示，97%以上的专利和商标侵权案件和79%以上的著作权侵权案件由于难以证明实际损失和违法所得，被迫采用法定赔偿方式判赔，而最终赔偿数额往往远低于实际损失。此外，商业秘密保护法律体系缺失问题也长期掣肘企业创新，对发展初期高度依赖商业模式创新生存的互联网行业及中小微创业者而言尤其如此。为此，一方面，要加快弥补制度缺口，以示范基地为起点进一步完善落实商业模式等新形态创新的知识产权保护办法。另一方面，要强化法律制度护航，开展知识产权综合执法，加大关键环节、重点领域的知识产权保护，将侵权行为纳入信用记录，构建失信联合惩戒机制，最大限度保护创业创新者权益。

## 三、权责明晰，破局科技经济“两张皮”

如何打通科技与经济结合的通道，促进科技成果转化，是一直以来阻碍研究开发机构、高等院校、企业等创新主体及科技人员创业创新的关键问题。我国科技成果转化效率低下的原因一是在“权”，科技成果处置权、收益权等权限的不足严重制约科研人员转化科研成果的热情；二是在“责”，缺乏类似于美国《拜度法案》中规定的科技成果一定时限内必须转化的责任要求。尽管新修订的科技成果转化法对有关责权划分有了突破性进展，但落实起来困难重重。值得关注的是，一些地区的科研院所大胆创新，勇于突破科技成果转化的体制机制束缚，在科技成果处置权下放、科技成果转化收益归属等方面积累了宝贵的经验。未来一段时期，要在科研院所分类改革加快推进的基础上，以示范基地为“试验田”，进一步细化科研项目资金管理办法，明晰各类科研项目知识产权成果的转化责任，拓宽科技成果利益分享渠道，赋予科研院校的创新者更大的自主权。

## 四、减税降负，助力中小企业快速成长

中小企业是创业创新的主力军，但融资难、融资贵、税收负担重等问题长期没有有效解决，仍然是困扰中小企业发展的难题。近年来，国家实施结构性减税和普遍性降费政策，扩大小型微利企业享受减半征收所得税的范围，将应纳税所得额由10万元提高至30万元，将小微企业增值税、营业税起征点提高到3万元，对符合条件的孵化器企业减免营业税、房产税、城镇土地使用税，扩大企业研究开发费用税前加计扣除的范围，取消、停征、减免部分中央和地方涉企收费。据统计，2015年全国减免小微企业和创新型企业税费负担3500亿元以上。然而，目前对科技型中小企业个人股权奖励，创业投资企业股权投资和技术转让所得税税收不合理的问题依然比较突出，给企业增加了很多不必要的负担。因此，必须深入推进和落实一批激发企业创业创新的正向

税收激励政策，让科技型中小企业、创业投资机构在创业创新过程中真正“轻装上阵”、享受实惠。

## 五、疏通渠道，最大限度激发人才创业创新活力

人才是创业创新的第一动力。如何发挥好人才的作用，无疑是大众创业万众创新最亟须回答的问题。近年来，党中央高度关注人才对经济社会发展的作用，多次提出要深化人才发展体制机制改革，加快构建具有全球竞争力的人才制度体系，聚天下英才而用之。然而，人才改革牵涉方方面面，必须统筹考虑，重点突破。目前，我国企业的科技人才很难走进高校和院所、事业单位，后者的人才一旦走向企业，也很难再回到“体制内”。这与国内的职称评定制度、“行政化”“编制身份”制度、社会保障体系“双轨制”改革不配套紧密相关。在双创示范基地开展人才流动试点，就是要着力破除体制机制障碍，向用人主体放权，为人才松绑，让人才创新创造活力充分迸发，使各方面人才各得其所、尽展其长。

## 六、协同共享，促进创业创新公共服务平台惠及更多创业创新主体

良好的公共服务是提高创业创新成功几率的重要保障。近年来，政府部门高度重视为创业创新主体提供全方面、专业化的服务，大力支持大企业为小微企业搭建双创支撑平台和双创公共服务平台。据统计，全国共形成各类众创空间2300多个，中央企业建成84个创业创新孵化平台，为3000家小微企业、50家创客空间和上万名创客提供资金、技术和服务支持。然而，创业创新者仍然反映，国家重大科研基础设施和大型科研仪器利用率和共享水平还不高，大型科技企业为内部员工和外部创业者提供研发阿设备、生产制造、市场渠道、资金支持的动力还不足，创新基础设施和资源闲置浪费现象比较严重，没有形成对大众创业万众创新的有力支持。下一步，双创基地要建立促进科研设施与仪器开放共享的激励引导机制，促进科学仪器设备使用的社会化服务。同时，引导大企业与中小企业通过专业分工、服务外包、订单生产等多种方式，建立协同创新、合作共赢的协作关系。（国家发展和改革委员会产业经济与技术经济研究所姜江/韩祺）

## 第八节　国务院三大举措部署建设双创基地发展众创空间①

新华社北京2月4日电（记者安蓓）日前召开的国务院常务会议部署建设双创基地发展众创空间，加快培育新动能。分析人士指出，我国将从打造新型创业创新平台入手，为更好实施创新驱动发展战略、推进大众创业万众创新创造良好的平台依托和市场环境。

实施创新驱动发展战略，不仅可以更大释放全社会创业创新活力，增强实体经济发展新动

① “国务院三大举措部署建设双创基地发展众创空间”，中国政府网：http：//www. gov. cn/zhengce/2016 - 02/04/content_5039385. htm。

能，还能够增加就业岗位，为化解过剩产能创造条件。国家发展和改革委员会有关人士说，通过建设双创基地、发展众创空间，可以进一步发挥政策集成和协同效应，为创新创业者提供良好的工作空间、网络空间、社交空间和资源共享空间，对于推动大众创业万众创新具有重要意义。

2015年出台的《关于发展众创空间推进大众创新创业的指导意见》，提出要总结推广创客空间、创业咖啡、创新工场等新型孵化模式，充分利用国家自主创新示范区、国家高新技术产业开发区、科技企业孵化器、小企业创业基地、大学科技园和高校、科研院所的有利条件，发挥行业领军企业、创业投资机构、社会组织等社会力量的主力军作用，构建一批低成本、便利化、全要素、开放式的众创空间。

国务院常务会议从三个方面部署建设新型创业创新平台——

依托国家自主创新示范区、高新技术产业开发区等，试点建设一批国家级创新平台，推动各地发展各具特色的双创基地，选择电子信息、高端装备制造、现代农业等重点领域，通过龙头企业、中小微企业、科研院所、高校、创客等多方协同，打造产学研用贯通的众创空间，促进制造业增效升级和现代服务业发展。

加大政策扶持，鼓励将闲置厂房、仓库等改造为双创基地和众创空间，对办公用房、水电、网络等设施给予补助。引导和鼓励天使投资、创投基金等入驻双创基地和众创空间，选择金融机构试点开展投贷联动融资服务。

落实研发仪器设备加速折旧、研发费用加计扣除等税收优惠，改革完善创新成果收益分配制度，支持科技人员到双创基地和众创空间创新创业，对其创业项目知识产权申请、成果转化和推广应用给予政策扶持。

分析人士指出，发展众创空间不是“大兴土木”搞建设，而是要把已有设施条件用好，最大限度地盘活利用现有资源，发挥创新创业资源的集聚效应和创新创业活动的规模优势，为创业者提供低成本、便利化、全要素、开放式的创业服务平台，真正从制度构建入手，为创新创业者打通道路、减轻负担，充分释放活力和创造力。

## 第九节　让政策落地生根让“双创”释放活力①

改革开放以来，我国先后出现了三次大规模的创业浪潮：第一次是20世纪80年代乡镇企业和民营企业的异军突起；第二次是20世纪90年代“下海”经商的浪潮；第三次就是当下大众创业万众创新的“双创”新浪潮。

与前两次创新浪潮相比，本轮创业浪潮呈现出两大新特点：“创新”和“众创”。“双创”首要在于“创”，与体制转轨形成的创业不同，本轮创业是以经济转型、动力转换为背景，更加强调创新在创业中的支撑作用，挖掘创新潜力、激发创新活力、提升创新能力、推动“双创”融合，既是“双创”的逻辑起点，也是“双创”政策的最终落脚点。所谓“众创”主要体现在创业主体的多元化，与以往局限在某一阶层的创业不同，本轮创业更加体现“众”，包括“海归”的回国创业、大科技公司管理和技术精英的离职创业、返乡农民工的草根创业和大学生创业等多

① “让政策落地生根让‘双创’释放活力”，中国政府网：http：//www.gov.cn/zhengce/2016－10/31/content_5126280.htm。

个层面，而且创业的主动性更强。

在经济发展进入新常态的大背景下，我国大力实施创新驱动发展战略，着力推进大众创业万众创新，“双创”已经成为推动经济结构调整、打造发展新引擎、增强发展新动力的重要抓手和突破口，取得了积极进展和明显成效。

一是“双创”政策体系不断完善。近两年来，国务院及相关部门围绕“双创”先后出台了20多项指导性文件，推出了“互联网+”11个领域行动计划等政策举措，打造汇集“众创”“众包”“众扶”“众筹”的“四众”平台，“双创”政策体系框架初步形成，极大地推动了创业创新高潮的蓬勃兴起，使我国成为全球创业活动最活跃的区域之一。

二是“双创”成果不断涌现。在中央和地方“双创”政策的指导下，社会公众创新热情和创造活力得到有效激发，市场主体井喷式增长，创业创新蔚然成风，创业投资大幅增长，成为社会投资的新热点。数据显示，2015年，全国新增市场主体超过1400万户，日均新增市场主体接近4万户，天使投资募集资金204亿元，创业投资募集资金1996亿元、投资案例数达到3400多个。

三是创业的新动能不断汇聚。云计算、物联网、3D打印、大数据等新技术产业化步伐加快，线上线下融合（O2O）、移动支付、个性定制等新模式、新业态层出不穷，新一代信息技术、节能环保、新能源、生物医药等新兴产业快速发展壮大，成为推动创业的重要动力。

另一方面，与我国经济社会发展需求相比，创业创新仍属于发展“短板”，特别是，现实中具有高潜质、高成长性的创新型创业活动比例依然偏低，与日益高涨的创业热潮形成剧烈反差。重数量、轻质量，创新性不足是当前我国“双创”的现状和主要问题。此外，各地在“双创”政策落实方面良莠不齐，政策支持效果还有待提高。只有切实落实“双创”政策，让“双创”政策落地生根，积极鼓励创新，才能推动“双创”向更大范围、更高层次、更深程度发展，才能使“双创”成为推动经济结构调整、打造发展新引擎和增强发展新动力，促进我国经济社会达到更高发展水平。

推进制度创新和政策创新，降低创业门槛和创业成本。加大简政放权的力度，为“双创”创造更好的市场环境和制度环境，激发创业的内生动力和市场主体活力。全面推进商事制度改革，精简审批流程，简化创业手续，打破地方、部门利益，深化科研体制改革，为科研人员“离岗创业”创造良好的外部环境，充分调动各层次人员的创业热情。

解决政策落实的“最后一公里”，让“双创”政策落地生根。根据中国科协2015年“双创”政策措施落实情况的第三方评估报告，虽然全国不少地方政府部门贯彻落实“双创”政策措施迅速，政策效果得到一定释放，但也存在一些突出的问题。部分地方在落实政策过程中出现求急、求快、求数量等现象，存在把数量当政绩、挂牌子走形式等问题。推进“双创”工作，不仅要解决决策部署的“最先一公里”，更重要的是要解决政策落实的“最后一公里”，要在遵循“双创”规律基础上，以创业者的切身感受衡量政策落实成效，让“双创”政策发挥应有效果。

积极营造创新文化，培养企业家精神和全社会创新基因。积极营造崇尚创新、容忍失败的社会创新文化，鼓励社会成员创新活动，树立尊重首创、对创新者宽容的社会氛围，给予创新者提供良好的法规、政策保障和舆论导向，提高全民族的创新意识和创新精神。积极鼓励创新思想，打破墨守成规、故步自封的思维方式，进一步完善创新体制机制和政策环境，培育创新思想和创新行为的生存土壤。着力培养创业者的企业家精神，形成一大批具有宽广视野、远大抱负、重实业、重实干、勇于创新的创业者群体，推动“双创”活动的深入开展。（中国社科院数量经济与

技术经济研究所所长李平）

## 第十节 国务院打出组合拳多层面发力壮大实体经济[①]

新华社北京1月27日电（记者赵晓辉、吴雨）27日召开的国务院常务会议确定金融支持工业增效升级的措施，决定推动《中国制造2025》与“互联网+”融合发展，决定清理规范一批政府性基金收费项目持续为企业减负。这些举措旨在从不同层面发力，促进企业提质增效，壮大实体经济。

“在金融服务实体经济方面，国务院常务会议提出几大支持工业增效升级的措施，针对当下工业面临的不同发展情况，有针对性地提出不同的金融服务要求，有加法也有减法。”中国国际经济交流中心经济研究部部长徐洪才说。

在加法方面，会议指出，引导金融机构加大对高新技术企业、重大技术装备、工业强基工程等的信贷支持，制定金融支持制造强国建设指导意见，发展能效贷款、排污权抵押贷款等绿色信贷。

会议明确，鼓励通过并购贷款、发行优先股和可转换债券等筹集资金开展兼并重组，推动改造传统动能。支持大企业设立产业创投基金，支持地方开展小微企业融资担保代偿补偿等业务。

在减法方面，会议指出，对长期亏损、失去清偿能力或环保、安全生产不达标且整改无望的企业及落后产能，坚决压缩退出相关贷款，支持化解过剩产能。

“对极具发展潜力的工业企业，鼓励做加法，加大信贷支持力度，推进工业向产业中高端迈进；对于存量需要结构调整的工业企业，通过金融服务支持其兼并重组，进行结构调整；对于整改无望的落后产能，做减法，压缩退出相关贷款。”徐洪才就此分析说，与此同时，国家继续整顿金融服务乱收费，降低企业经营成本，让工业企业能够轻装上阵。

分析人士认为，在当前形势下，这种定向金融举措有助于对各类工业企业区别对待，因企施策，通过金融市场的资源配置功能引导资金流向更有活力、更有潜力的行业和企业。

除了金融举措之外，常务会议还提出，在“中国制造+互联网”上尽快取得突破，实现中国制造迈向中高端，并就此提出多项政策措施。

“以推进数字化、网络化、智能化制造为抓手，加快构筑自动控制与感知技术、工业云与智能服务平台、工业互联网等制造业新基础，培育制造业新模式、新业态、新产品”。这一表述为“中国制造+互联网”的具体实施指明了方向。

在具体实施方面，会议提出，要抓紧发布智能制造、绿色制造、质量品牌提升等11个配套实施指南、行动计划或专项规划。同时，完善加计扣除等政策，适当加大财政投入，设立“中国制造2025”专项资金，启动一批重大标志性项目和技改工程。

徐洪才分析说，无论是金融举措还是“中国制造+互联网”相关部署，都紧紧围绕中央经济工作会议部署的几大任务，有助于推进供给侧结构性改革，壮大实体经济基础。

---

① “国务院打出组合拳多层面发力壮大实体经济”，中国政府网：http://www.gov.cn/zhengce/2016-01/27/content_5036727.htm。

# 统 计 篇

为了全面了解中国风险投资在2015到2016年的发展状况，《中国风险投资年鉴》编委会专门成立了一个10人组成的课题组，对我国风险投资数据进行详细的统计分析。

本篇结构如下：第一步，综述我国风险投资的发展概况；第二步，详解我国风险资本中心和活跃投资机构的特征；第三步，从融资企业的角度，分析各省企业融资情况；最后，对六大热点投资区域进行详细分析。

# 第一章 中国风险投资发展概况

本章从投资机构特征、管理资金规模、投资情况、退出情况等四个方面，来描述中国风险投资概况。

## 第一节 风险投资机构的特征

截至2016年底，课题组掌握的数据中包含风险投资机构11100余家，但对数据进行非风险投资机构进行排除后，余下10822家机构。

### （一）风险投资机构的特征

**1．地理分布**

按照风险投资年鉴的统计惯例，课题组将广东省仍然划分为两部分：深圳和除深圳外的广东省，以更好地显示，作为风险投资中心之一深圳的风险投资发展状况。图1.1是全国风险投资机构的地理分布情况。

全国风险投资机构数最多的三个地区分别是上海、北京、深圳，分别拥有2013家、1887家、1328家风险投资机构。风险投资机构数量最少的3个省份分别是甘肃省、宁夏回族自治区、青海省。

与各省相比，上海、北京、深圳地理面积要小很多，GDP也无法与排名靠前的省份相提并论。2016年，按照省份的GDP排行榜中，上海和北京分列第11和12位，而深圳的GDP为19300万亿，略高于排名第15的省份陕西省。但这三个城市拥有的风险投资机构数量却位列三甲，合计占比超过48%，可以称为中国的风险资本中心。

**2. 阶段偏好**

根据课题组掌握的数据，有历史投资事件记录且有单笔投资金额的机构共4495家。课题组首先根据数据库对机构的类型划分，将机构分成VC机构、PE机构和VC/PE机构三类；进一步，为了突出对早期投资机构的关注，在VC机构中，当VC机构的平均单笔投资额小于等于100万美元时，课题组将其称为早期VC机构，将平均单笔投资额大于100万美元划分为中后期VC机

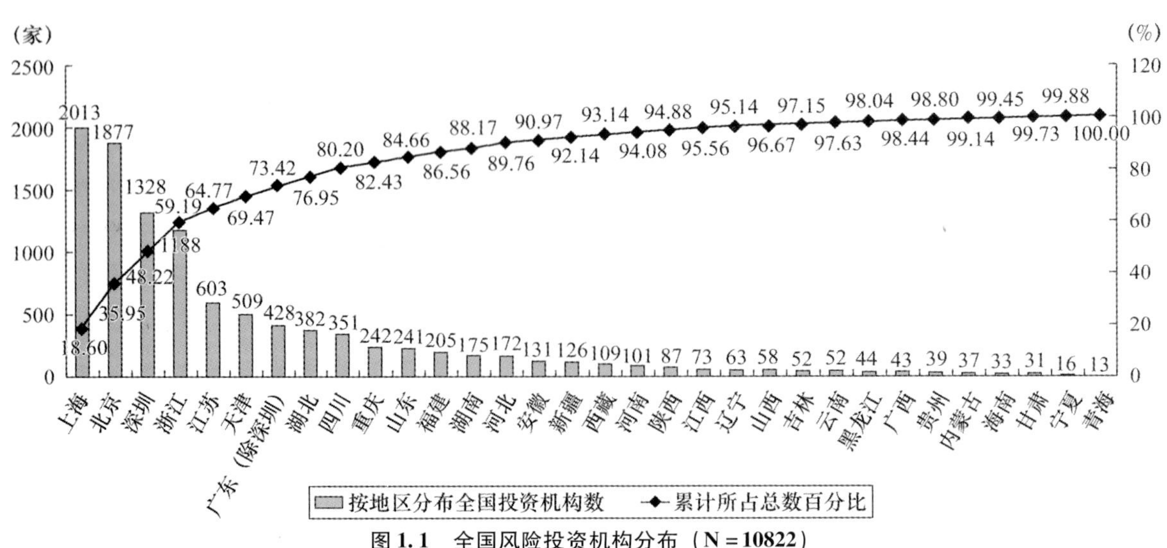


**图 1.1　全国风险投资机构分布（N = 10822）**

构。这样就产生了四种类型的投资机构。表 1.1 给出了四种类型机构的数量分布。

**表 1.1　全国风险投资机构的类型**

| 机构类型 | 数量（家） | 占　比 |
|---|---|---|
| 早期 VC 机构 | 501 | 11.1% |
| 中后期 VC 机构 | 1250 | 27.8% |
| PE 机构 | 1929 | 42.9% |
| VC/PE 机构 | 815 | 18.1% |
| 合计 | 4495 | 100.0% |

上述数据说明，关注早期的风险投资机构数量较小，占比仅为 11.1%，相比早期融资需求显得十分不足。同时，关注成熟企业投资的 PE 机构占比达到 42.9%，处于过热状态。国家应进一步鼓励早期投资机构的发展。

### 3. 活跃程度

为了研究风险投资机构的活跃程度，课题组将各阶段偏好的风险投资机构按照该机构历史投资事件数由高到低进行排序，然后计算投资事件数累计百分比，该比例达到约 80% 时，所涵盖的那些机构，课题组称之为活跃投资机构。由于阶段偏好不同的投资机构具有不同的特征，因此，活跃机构的历史投资事件数量有一定的差别。表 1.2 给出了活跃投资机构的划定标准。

**表 1.2　活跃投资机构的认定标准和数量指标**

| 机构类型 | 活跃机构数量占比 | 投资事件占比 | 临界投资事件 |
|---|---|---|---|
| 早期 VC | 20.56% | 79.32% | 5 |
| 中后期 VC | 15.76% | 77.31% | 11 |
| VC/PE | 12.76% | 78.17% | 16 |
| PE | 26.33% | 72.02% | 3 |

根据上面的标准，课题组甄别的活跃机构名单见附录 3。

上表显示：活跃机构整体上服从二八定律，即 20% 的活跃机构投资了 80% 左右的事件。具体而言，20.56%的早期VC机构，投资了79%的案例；15.76%的中后期VC机构投资了77%的案例；12.76%的VC/PE机构投资了78%的案例；26.33%的PE机构，投资了72%的案例。这些数据也说明，我国的早期VC机构规模较小，而VC/PE机构规模较大，且集中度较高。PE机构规模差异较小，投资事件数分布相对较为均匀。

根据上述划定标准，各省份（城市）的投资机构的类型组成如表1.3所示。

**表1.3　各省投资的类型组成**

| 地　区 | 全部投资机构 | 早期VC | 活跃早期VC | 中后期VC | 活跃中后期VC | VC/PE | 活跃VC/PE | PE | 活跃PE | 活跃机构总和 |
|---|---|---|---|---|---|---|---|---|---|---|
| 上海 | 2013 | 112 | 35 | 255 | 52 | 181 | 33 | 416 | 124 | 244 |
| 北京 | 1877 | 96 | 22 | 234 | 54 | 197 | 29 | 418 | 150 | 255 |
| 深圳 | 1328 | 67 | 16 | 160 | 22 | 126 | 17 | 288 | 67 | 122 |
| 浙江 | 1188 | 53 | 14 | 106 | 14 | 71 | 10 | 175 | 37 | 75 |
| 江苏 | 603 | 47 | 4 | 137 | 19 | 55 | 8 | 87 | 14 | 45 |
| 天津 | 509 | 5 | 0 | 2 | 2 | 16 | 2 | 102 | 28 | 32 |
| 广东（除深圳） | 428 | 21 | 1 | 64 | 10 | 42 | 2 | 81 | 19 | 32 |
| 湖北 | 382 | 15 | 4 | 26 | 1 | 15 | 0 | 36 | 10 | 15 |
| 四川 | 351 | 8 | 0 | 29 | 1 | 9 | 0 | 32 | 7 | 8 |
| 重庆 | 242 | 1 | 0 | 13 | 4 | 5 | 0 | 21 | 3 | 7 |
| 山东 | 241 | 13 | 1 | 35 | 4 | 11 | 2 | 29 | 6 | 13 |
| 福建 | 205 | 15 | 2 | 27 | 1 | 9 | 0 | 34 | 5 | 8 |
| 湖南 | 175 | 7 | 1 | 24 | 3 | 15 | 0 | 16 | 3 | 7 |
| 河北 | 172 | 4 | 0 | 6 | 2 | 3 | 0 | 14 | 1 | 3 |
| 安徽 | 131 | 6 | 1 | 1 | 1 | 4 | 0 | 19 | 4 | 6 |
| 新疆 | 126 | 2 | 1 | 3 | 0 | 6 | 0 | 50 | 6 | 7 |
| 西藏 | 109 | 6 | 0 | 9 | 2 | 10 | 0 | 26 | 4 | 6 |
| 河南 | 101 | 4 | 0 | 10 | 1 | 3 | 0 | 13 | 4 | 5 |
| 陕西 | 87 | 2 | 0 | 9 | 1 | 9 | 1 | 10 | 3 | 5 |
| 江西 | 73 | 2 | 0 | 7 | 0 | 4 | 0 | 11 | 1 | 1 |
| 辽宁 | 63 | 1 | 0 | 8 | 0 | 4 | 0 | 3 | 0 | 0 |
| 山西 | 58 | 1 | 0 | 8 | 0 | 1 | 0 | 5 | 2 | 2 |
| 吉林 | 52 | 3 | 0 | 2 | 0 | 2 | 0 | 7 | 1 | 1 |
| 云南 | 52 | 1 | 0 | 3 | 1 | 1 | 0 | 5 | 2 | 3 |
| 黑龙江 | 44 | 1 | 0 | 9 | 2 | 2 | 0 | 1 | 0 | 2 |
| 广西 | 43 | 2 | 0 | 0 | 0 | 1 | 0 | 5 | 1 | 1 |
| 贵州 | 39 | 2 | 0 | 3 | 0 | 3 | 0 | 2 | 0 | 0 |
| 内蒙古 | 37 | 1 | 0 | 4 | 0 | 2 | 0 | 1 | 0 | 0 |
| 海南 | 33 | 0 | 0 | 7 | 0 | 0 | 0 | 2 | 0 | 0 |
| 甘肃 | 31 | 2 | 1 | 3 | 0 | 0 | 0 | 3 | 0 | 1 |

续表

| 地 区 | 全部投资机构 | 早期 VC | 活跃早期 VC | 中后期 VC | 活跃中后期 VC | VC/PE | 活跃 VC/PE | PE | 活跃 PE | 活跃机构总和 |
|---|---|---|---|---|---|---|---|---|---|---|
| 宁夏 | 16 | 1 | 0 | 1 | 0 | 3 | 0 | 3 | 0 | 0 |
| 青海 | 13 | 0 | 0 | 1 | 0 | 0 | 0 | 1 | 1 | 1 |
| 合计 | 10822 | 501 | 103 | 1206 | 197 | 810 | 104 | 1916 | 503 | 907 |

根据机构总数和活跃机构数，课题组将全国风险投资的发展程度划分为四个层级：投资中心、活跃地区、欠发达地区、落后地区。如表 1.4 所示：

**表 1.4　　风险投资发展程度层次划分**

| 层次类别 | 包含城市或省份 | 风险投资机构总数 | 风险投资机构占比 | 活跃风险投资机构数 | 活跃风险投资机构占比 |
|---|---|---|---|---|---|
| 投资中心 | 上海、北京、深圳 | 5218 | 48.22% | 621 | 68.47% |
| 活跃地区 | 浙江省、江苏省、天津市、广东省（除深圳市）、湖北省、四川省、重庆、山东省、福建省 | 4149 | 38.34% | 235 | 25.91% |
| 欠发达地区 | 湖南省、河北省、安徽省、新疆、西藏、河南省、陕西省、江西省、辽宁省、山西省 | 1095 | 10.12% | 42 | 4.63% |
| 落后地区 | 吉林省、云南省、黑龙江省、广西壮族自治区、贵州省、内蒙古、海南省、甘肃省、宁夏、青海 | 360 | 3.33% | 9 | 0.99% |
| 合 计 | | 10822 | 100% | 907 | 100% |

## （二）早期 VC 机构分布情况

早期 VC 机构分布如图 1.2 所示。上海早期 VC 机构最多，达到 112 家。超过 10 家早期 VC 机构的省份有 9 个，少于 3 家早期 VC 机构的省份有 15 个。

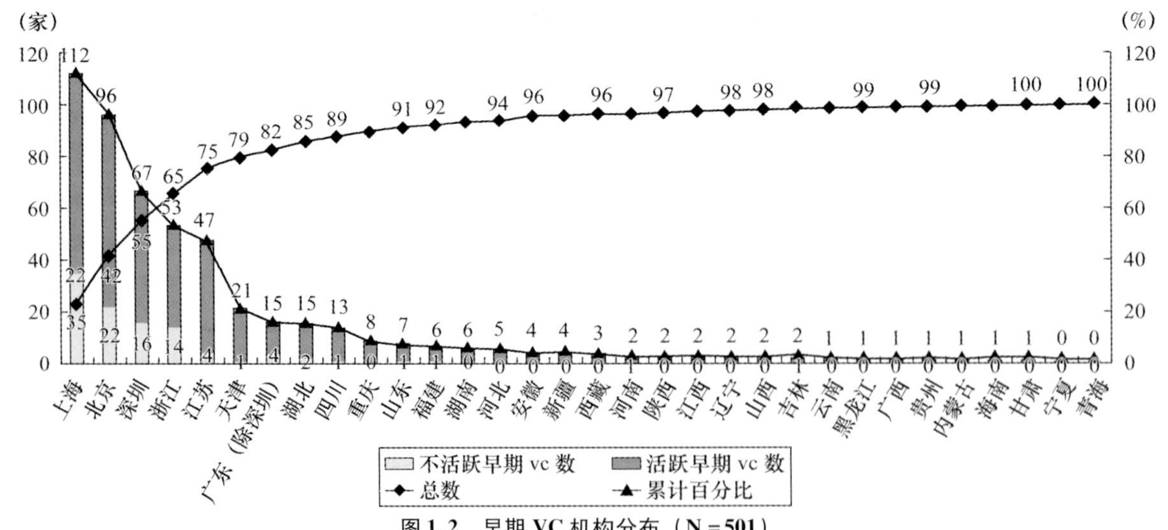


图 1.2　早期 VC 机构分布（N = 501）

## （三）中后期 VC 机构分布情况

中后期 VC 机构分布如图 1.3 所示。上海位居第一，北京紧随其后，但北京的活跃中后期 VC 机构数量较上海略多。中后期 VC 机构数超过 100 以上的省市有 5 个，分别是上海、北京、深圳、江苏省、浙江省。

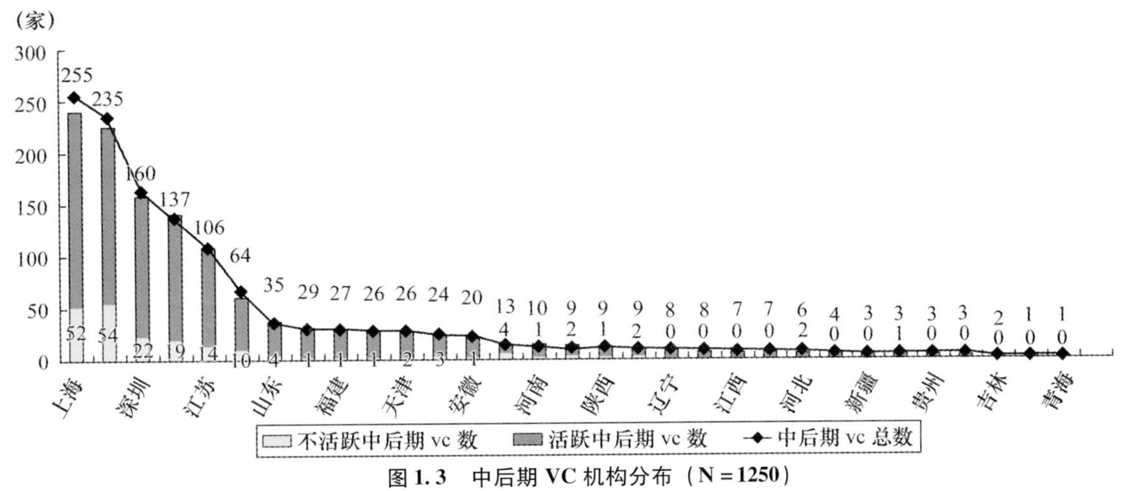


图 1.3　中后期 VC 机构分布（N = 1250）

## （四）VC/PE 机构分布情况

VC/PE 机构分布如图 1.4 所示。上海总量位居第一，北京紧随其后，深圳位居第三。三座投资中心城市均超过 120 家 VC/PE 机构。

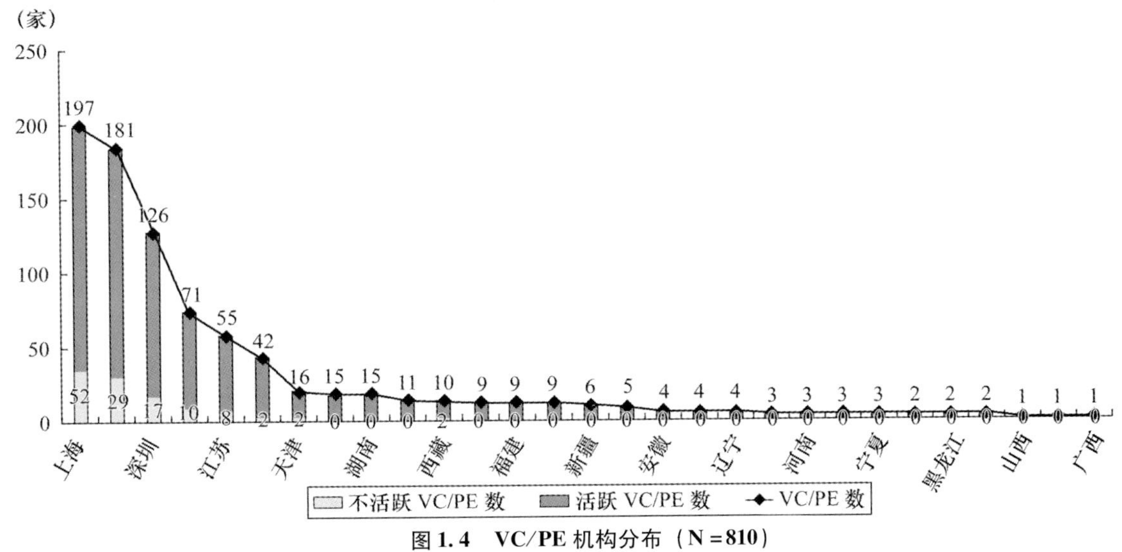


图 1.4　VC/PE 机构分布（N = 810）

## （五）PE 机构分布情况

PE 机构分布如图 1.5 所示。北京以 418 家 PE 机构位居第一，上海仅相差 4 家机构数据位居第二，两个城市累计占比已经达到全国 PE 机构的 44%。还包括深圳、浙江、天津等总共 5 个省市地区拥有超过 100 家 PE 机构。不超过 10 家 PE 机构的省份有 10 个。

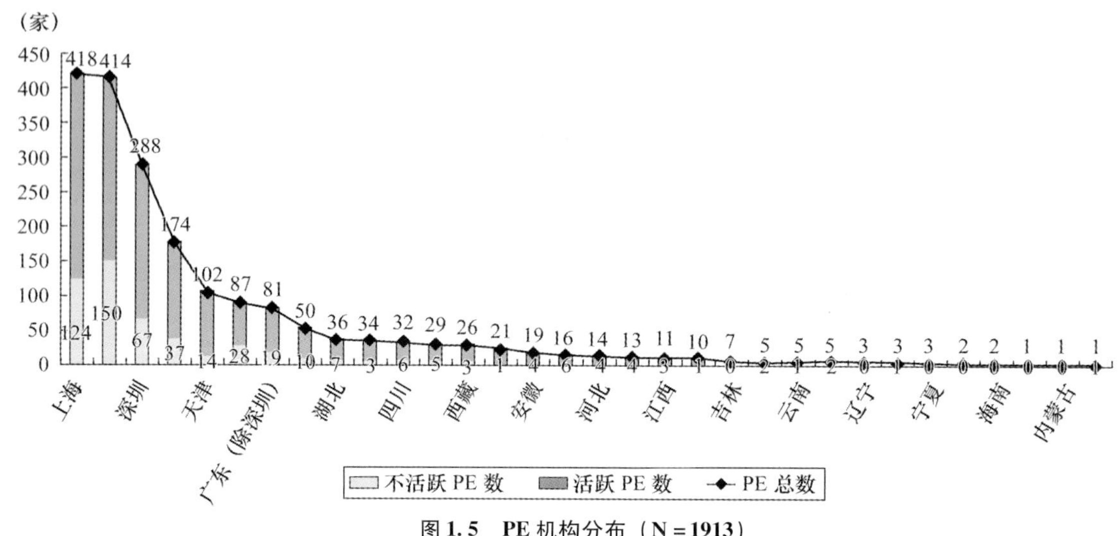


图 1.5 PE 机构分布（N = 1913）

# 第二节 管理资金规模

课题组掌握的数据中，披露管理资金规模的机构为 2214 家，这些机构管理资金总规模为 6098.69 亿美元，平均每家管理资金规模为 2.75 亿美元，如图 1.6 所示。

从分布情况来看，全国有 61.07% 的风险投资机构的管理资金小于 5000 万美元。管理资金在 5000 ~ 10000、10000 ~ 20000、20000 ~ 50000 万美元之间的频数分布相差不大。管理资金不超过 10 亿美元的机构累计占比达到 89.32%。超过 100 亿美元管理资金总额的机构有 7 家，占比 0.32%。

超过百亿美元的 7 家投资机构为：美益国际（380 亿美元）、鼎晖投资（152 亿美元）、赛伯乐投资集团（152 亿美元）、胜达国际（100 亿美元）、行健资本（100 亿美元）、世铭投资（100 亿美元）、景林资产（100 亿美元）。

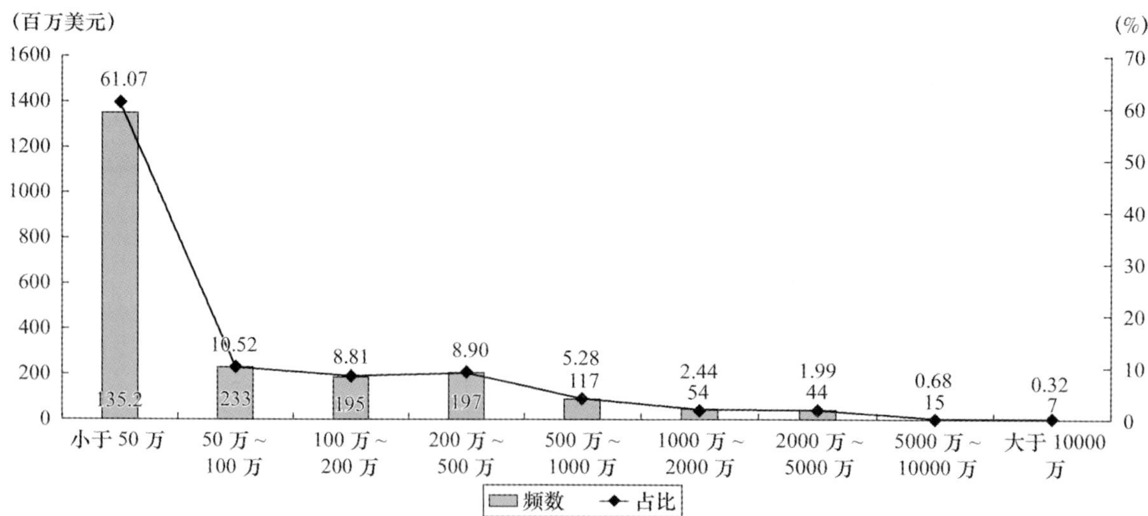


图 1.6 风险投资机构管理资金的规模分布

### （一）投资机构管理资金的地区分布

图 1.7、图 1.8 显示了处于投资中心、活跃地区、欠发达地区和落后地区四类区域的投资机构管理资金量情况。投资中心的投资机构管理资金总额达到 4466 亿美元，占全国管理资金总量的 73.23%。活跃地区管理资金总额为 1286 亿美元，占比 21.09%。欠发达地区与落后地区占比仅有 5.68%。

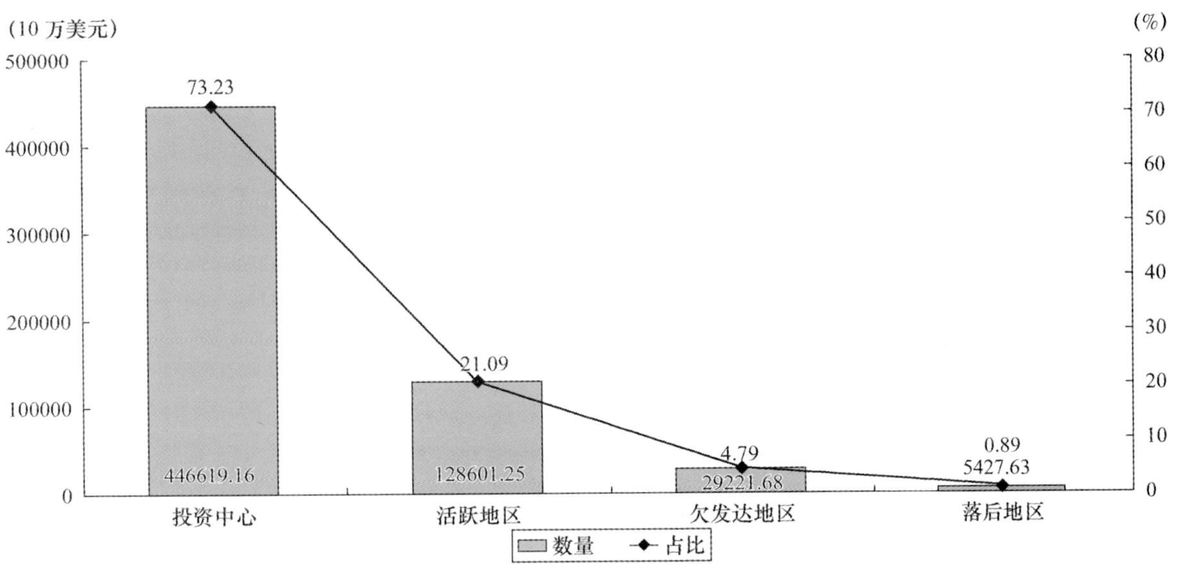

图 1.7　管理资金总量分布及占比（N=2214）

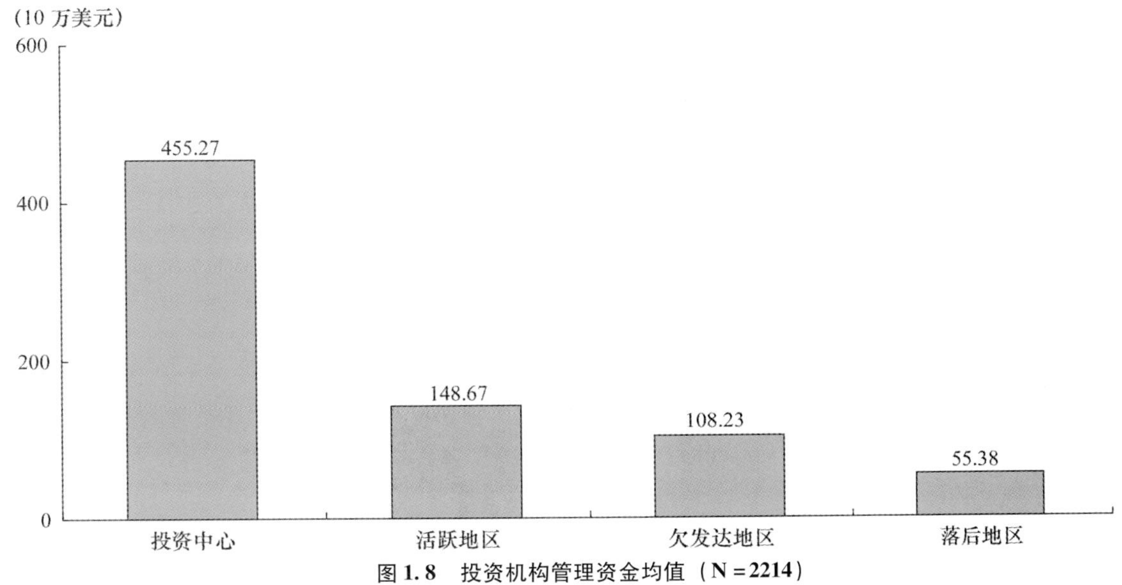

图 1.8　投资机构管理资金均值（N=2214）

从机关管理资金的均值来看，四个层级也有较大差距。在投资中心，风投机构的管理资金平均为 4.55 亿美元，比活跃地区均值高出 2 倍。

图 1.9 给出了按省份（城市）的机构管理资金量排名。北京市管理资金总和最高，达到 2466.64 亿美元，其次是上海，达到 1330.39 亿美元，第三是深圳，达到 669.15 亿美元。10 亿美元以下的省份有 13 个，最少是的宁夏回族自治区，仅有 620 万美元。

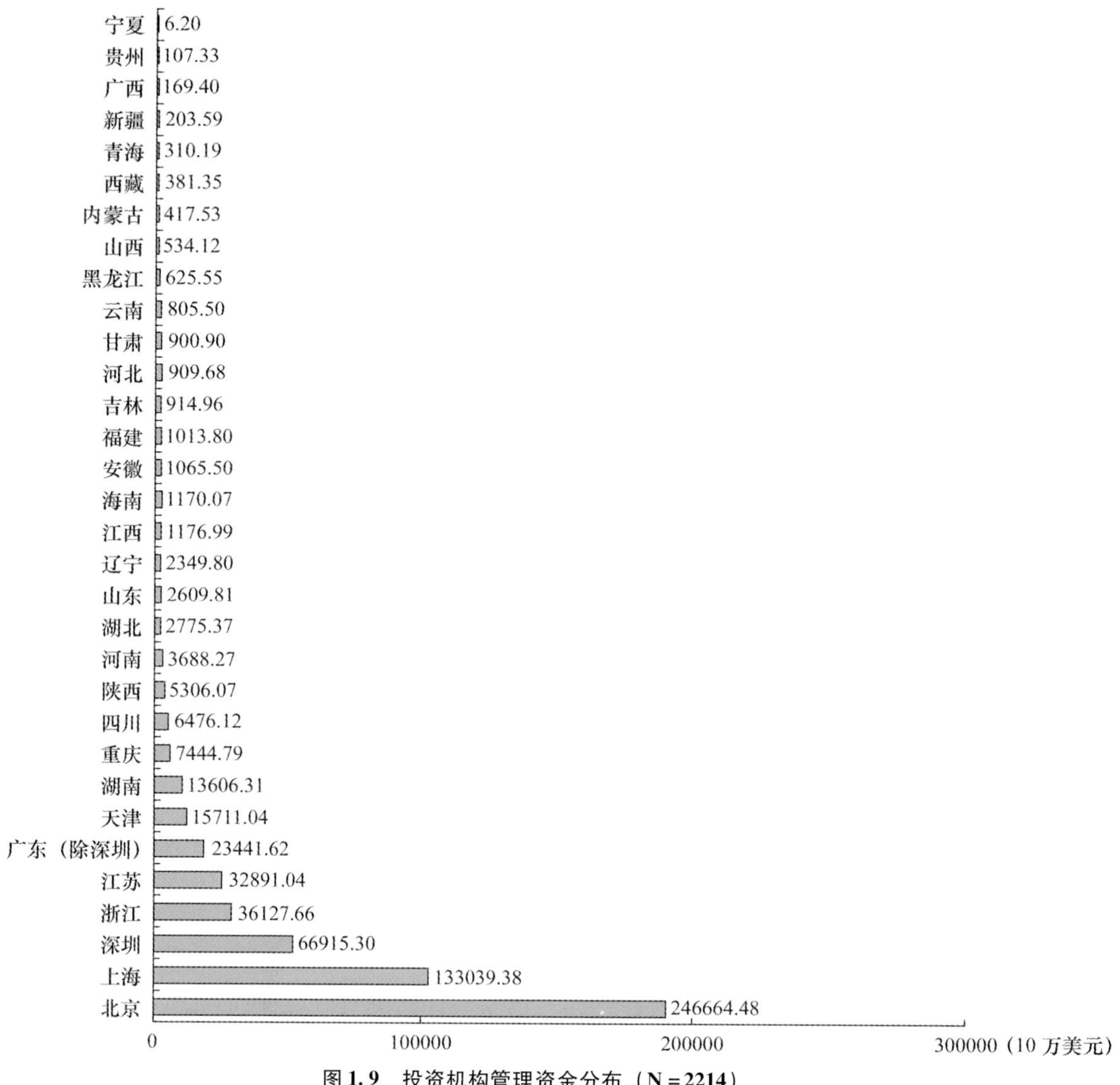


**图 1.9　投资机构管理资金分布（N = 2214）**

以各省均值排序，如图 1. 10 所示。北京 5. 58 亿美元排在首位，其次是上海，深圳。

## （二）早期 VC 机构

课题组掌握的数据中，披露管理资金规模的早期 VC 机构有 113 家，管理资金规模如图 1. 11 所示。活跃地区的早期 VC 投资机构管理资金总量以 32. 9 亿美元位居第一位，占比 58. 81%。第二则是投资中心地区，总量为 18. 9 亿美元，占比 33. 84%。欠发达地区管理资金总量仅总量为 2. 7 亿美元，占比 4. 82%。落后地区最靠后，仅有 1. 4 亿美元，占比 2. 52%。

从均值上来看，活跃地区以 0. 5 亿美元位居第一，投资中心的早期风险投资机构管理资金规模稍小一些，均值为 0. 36 亿美元，低于欠发达地区的早期风险投资机构管理资金均值 0. 386 亿美元，如图 1. 12 所示。

早期 VC 投资机构管理资金总量分布如图 1. 13 所示。上海以 11 亿美元位居首位，第二是广东省（除深圳市）以 4. 4 亿美元。第三是江苏省，为 8. 4 亿美元，与第二相差 0. 88 亿美元。前三名地区累计管理资金总额达到 53%，超过一半全国早期 VC 管理的资金总量。

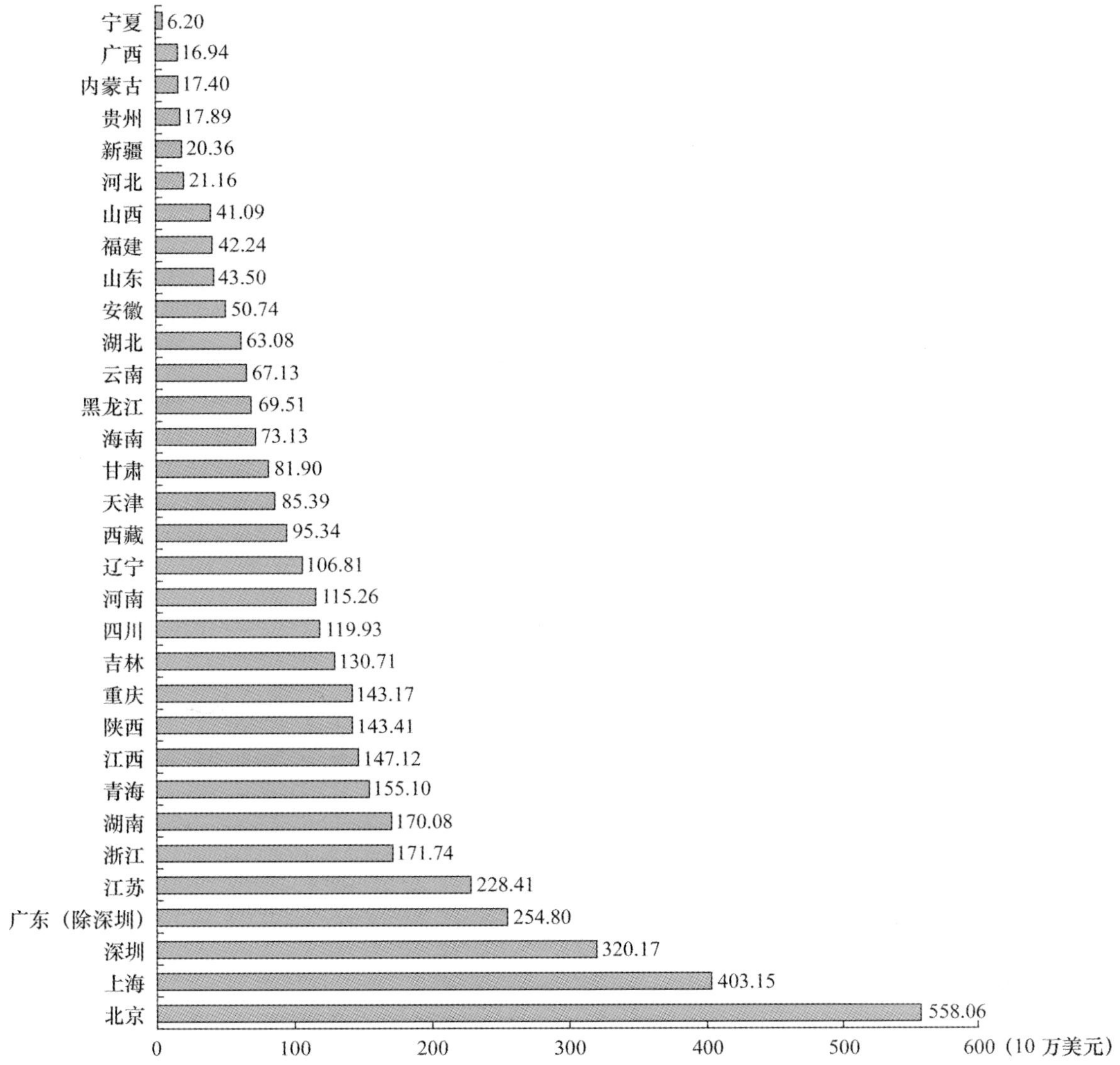
宁夏 6.20
广西 16.94
内蒙古 17.40
贵州 17.89
新疆 20.36
河北 21.16
山西 41.09
福建 42.24
山东 43.50
安徽 50.74
湖北 63.08
云南 67.13
黑龙江 69.51
海南 73.13
甘肃 81.90
天津 85.39
西藏 95.34
辽宁 106.81
河南 115.26
四川 119.93
吉林 130.71
重庆 143.17
陕西 143.41
江西 147.12
青海 155.10
湖南 170.08
浙江 171.74
江苏 228.41
广东（除深圳） 254.80
深圳 320.17
上海 403.15
北京 558.06
0
100
200
300
400
500
600（10万美元）

图 1.10　投资机构管理资金均值（N＝2214）

（10万美元）
（%）
4000
3000
2000
1000
0
80
60
40
20
0
1893.61
33.84
3290.90
58.81
4.82
269.85
2.52
141.04
投资中心
活跃地区
欠发达地区
落后地区
数量
占比

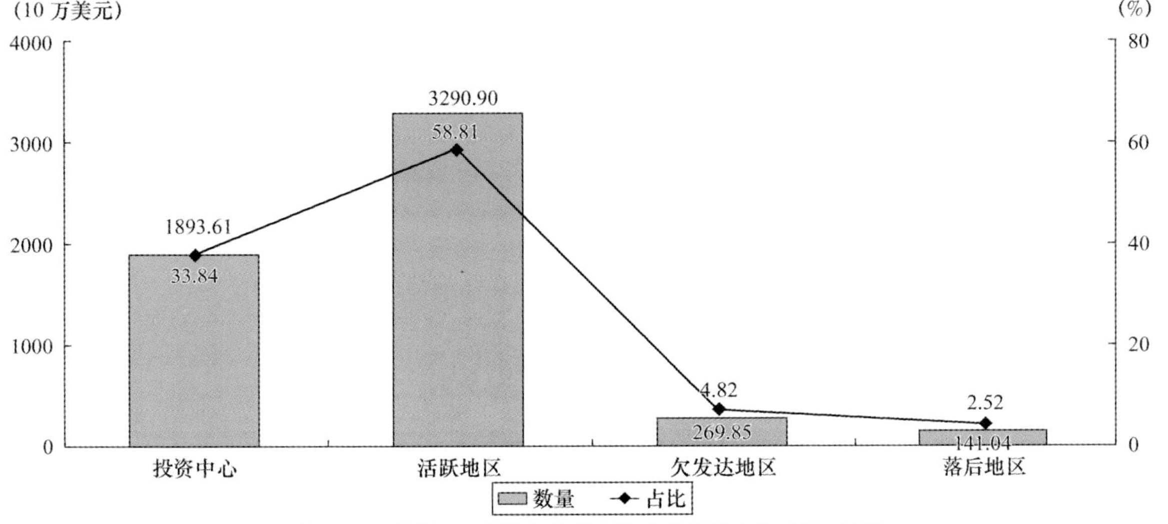

图 1.11　早期 VC 投资机构管理资金总量及占比（N＝113）

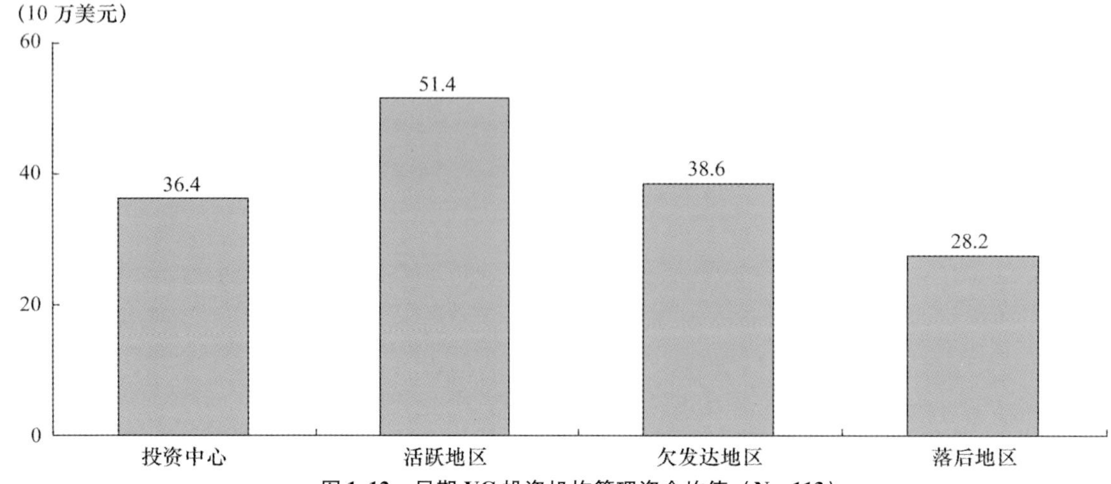


**图 1.12　早期 VC 投资机构管理资金均值（N = 113）**

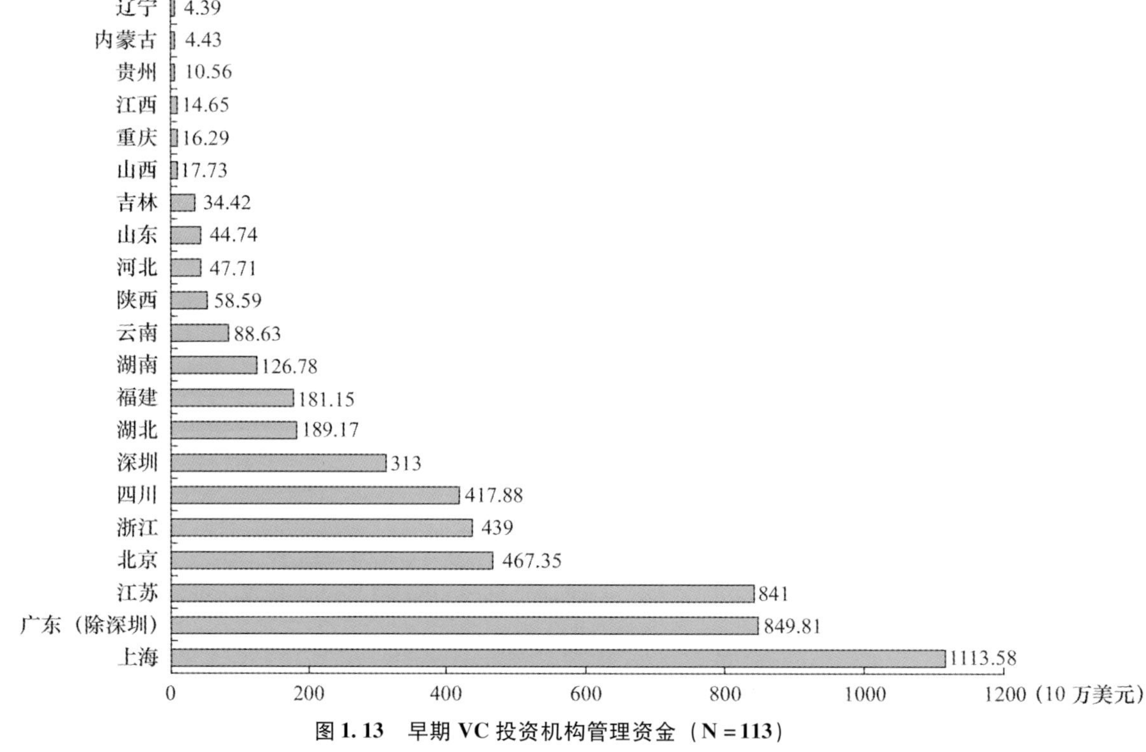


**图 1.13　早期 VC 投资机构管理资金（N = 113）**

从管理资金均值看，四川省以 2.09 亿美元，位居第一，其次是湖南省，1.27 亿美元。在投资中心中，上海以 5568 万美元，位居第 8 位；北京以 2749 万美元，位居第 11 位；上海以 2085 万美元，位居第 13 位，如图 1.14 所示。

## （三）中后期 VC 机构

在披露管理资金的 482 家中后期 VC 机构中，投资中心的中后期 VC 投资机构管理资金总量以 793 亿美元位居第一位，占比 65.52%。第二则是活跃地区，总量为 383 亿美元，占比 31.62%。欠发达地区总量为 23.9 亿美元，占比 1.97%。落后地区仅有 10.7731 亿美元，占比 0.89%。如图 1.15。

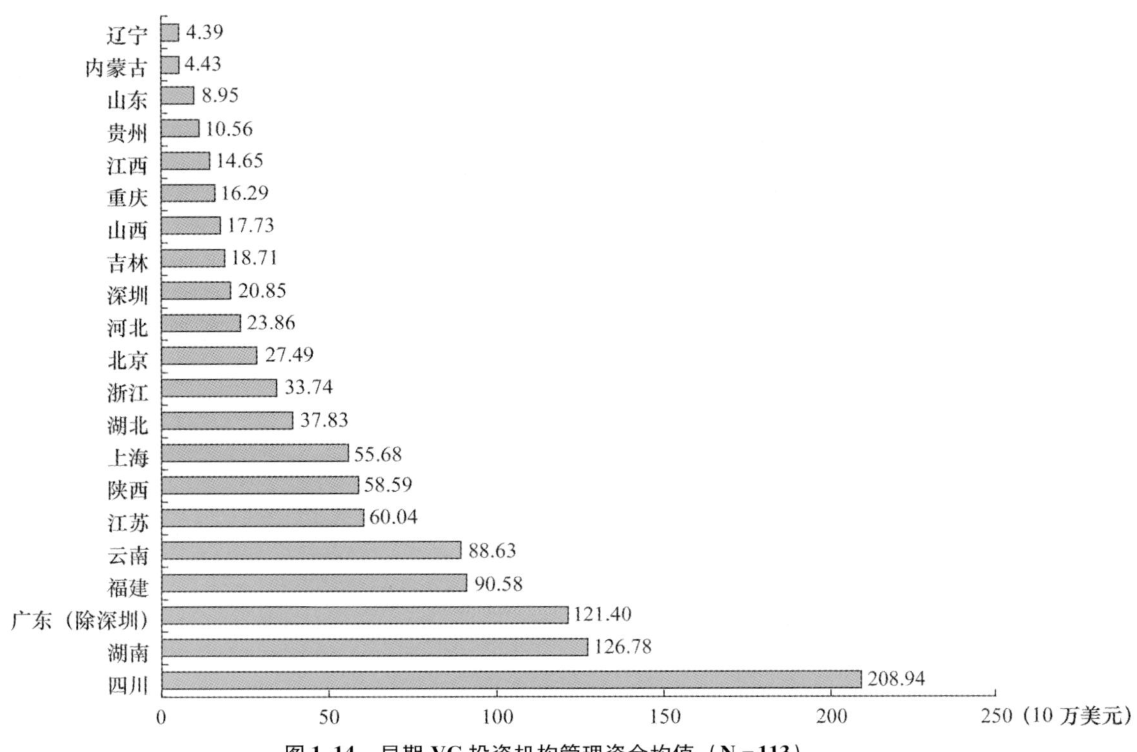


**图 1.14　早期 VC 投资机构管理资金均值（N=113）**

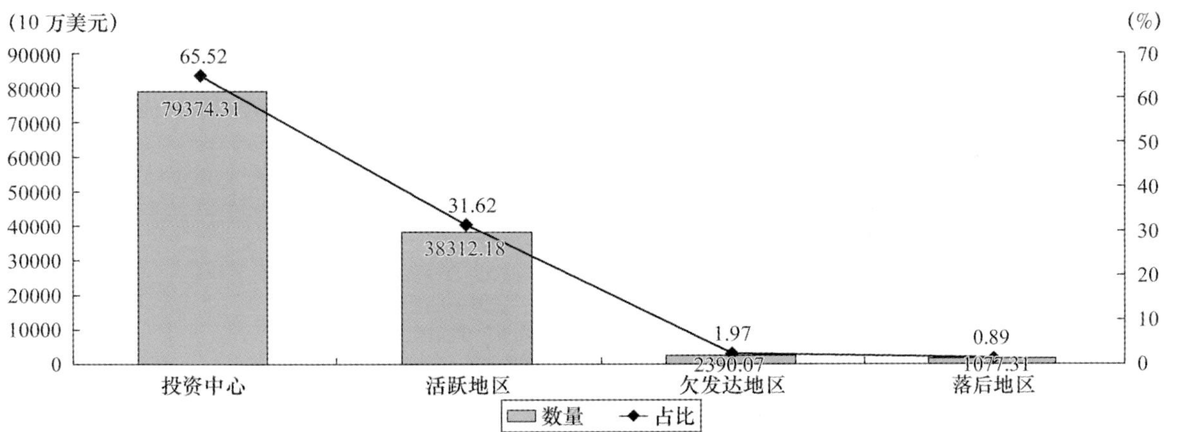


**图 1.15　中后期 VC 投资机构管理资金数量与占比（按层次）（N=482）**

从管理资金均值上来看，投资中心以 3.17 亿美元位居第一，活跃地区的管理资金均值仅为投资中心的一半左右，1.64 亿美元。如图 1.16 所示。

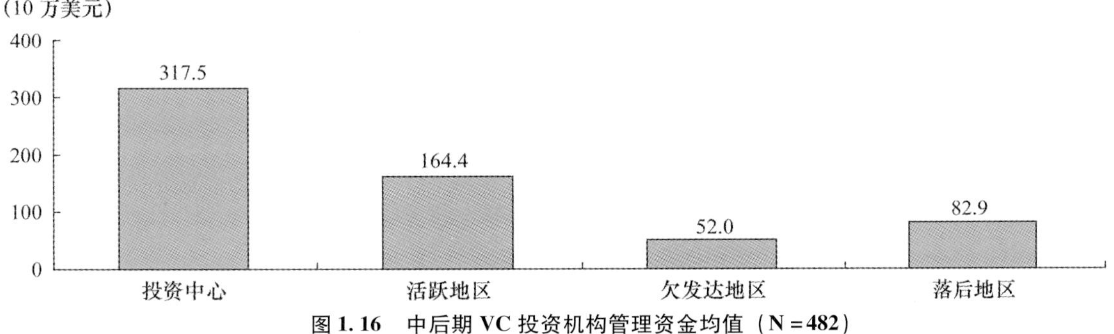


**图 1.16　中后期 VC 投资机构管理资金均值（N=482）**

全国中后期 VC 投资机构管理资金总量按地区排序如图 1. 17 所示。了解到，上海以 316 亿美元位居首位，第二是北京市以 300 亿美元。两者相差 15 亿美元，两者累计占比达到总量的 60%。第三是深圳市，为 176 亿美元，第四是江苏省 118 亿美元。两者相差 58. 7747 亿美元。前四名累计占比达到总量 88%。

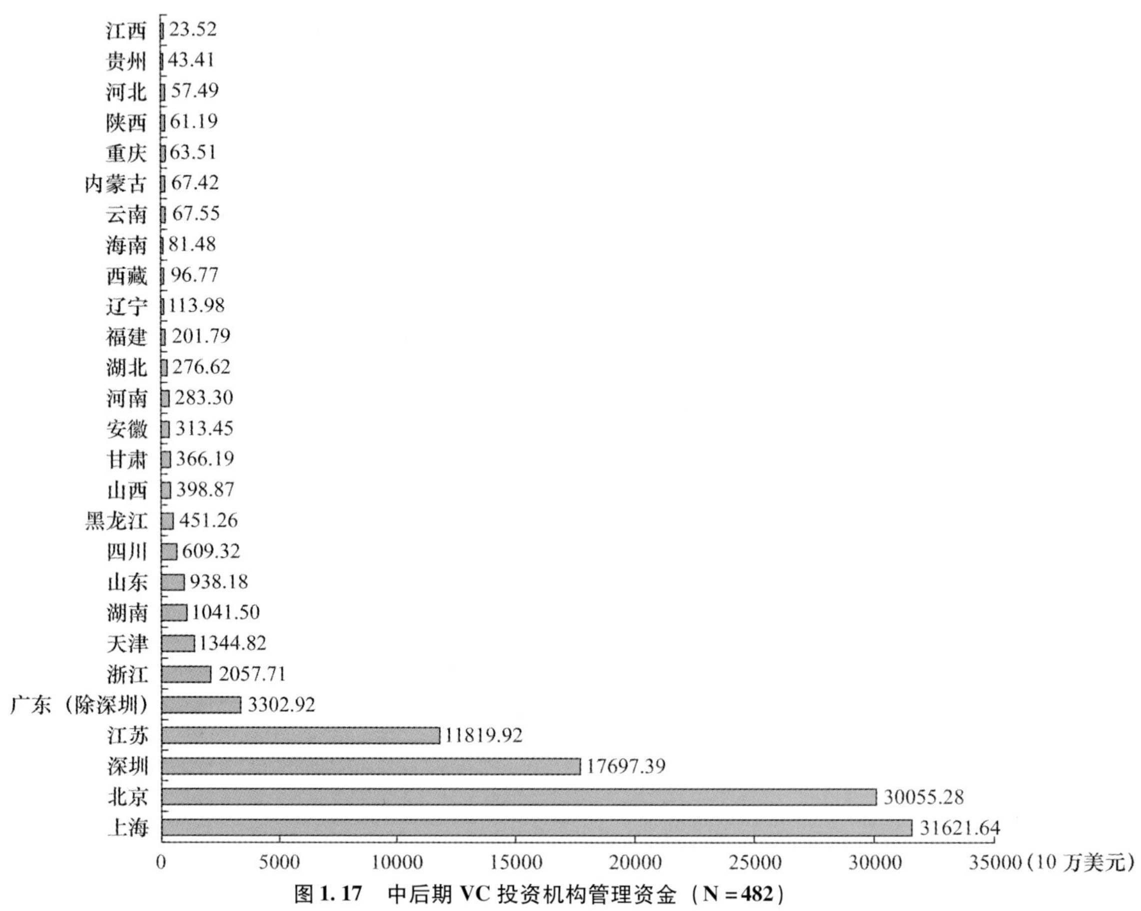

**图 1. 17　中后期 VC 投资机构管理资金（N = 482）**

中后期 VC 机构管理资金均值数据如图 1. 18 所示，上海市以 3. 7 亿美元位于首位，甘肃省，以 3. 6 亿美元位于第二位（披露管理资金数据的中后期 VC 机构仅有 1 家）。深圳市、北京市分别以 2. 9496 亿美元、2. 8354 亿美元位于第三、第四位。其余省份地区均没有超过 2 亿美元。

### （四）VC/PE 机构

在披露管理资金的 214 家 VC/PE 机构中，投资中心的 VC/PE 投资机构管理资金总量以 1451 亿美元位居第一位，占比 74. 33%。第二则是活跃地区，总量为 457 亿美元，占比 23. 45%。欠发达地区总量为 38 亿美元，占比 1. 95%。落后地区占比仅有 0. 28%，所占比例最少，5. 4123 亿美元。这组数据彰显了投资中心的 VC/PE 机构的实力。如图 1. 19 所示。

从均值来看，投资中心的 VC/PE 机构管理资金均值较大，以 10. 3 亿美元位居第一。第二是活跃地区，均值为 7. 76 亿美元。第三是欠发达地区，均值为 3. 46 亿美元，仅为投资中心均值的 1/3。如图 1. 20 所示。

北京以 987 亿美元位居首位，占总量的 51%。接下来的深圳市、浙江省、上海市、江苏省分别位于第 2、3、4、5 位，相互之间的差距不大。不超过 10 亿美元的有 9 个省份地区，不超过 1 亿美元的有 4 个省份地区。如图 1. 21 所示。

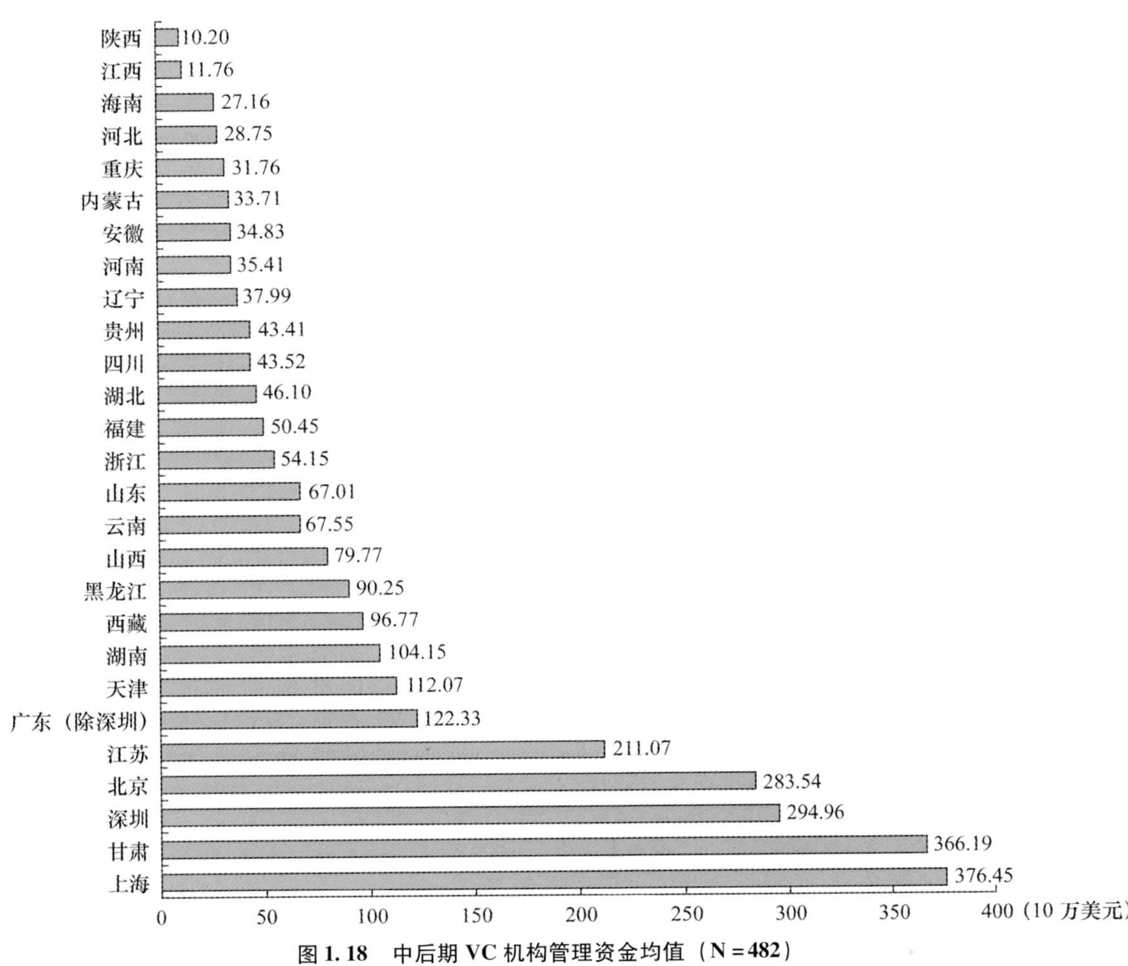


图 1.18　中后期 VC 机构管理资金均值（N＝482）

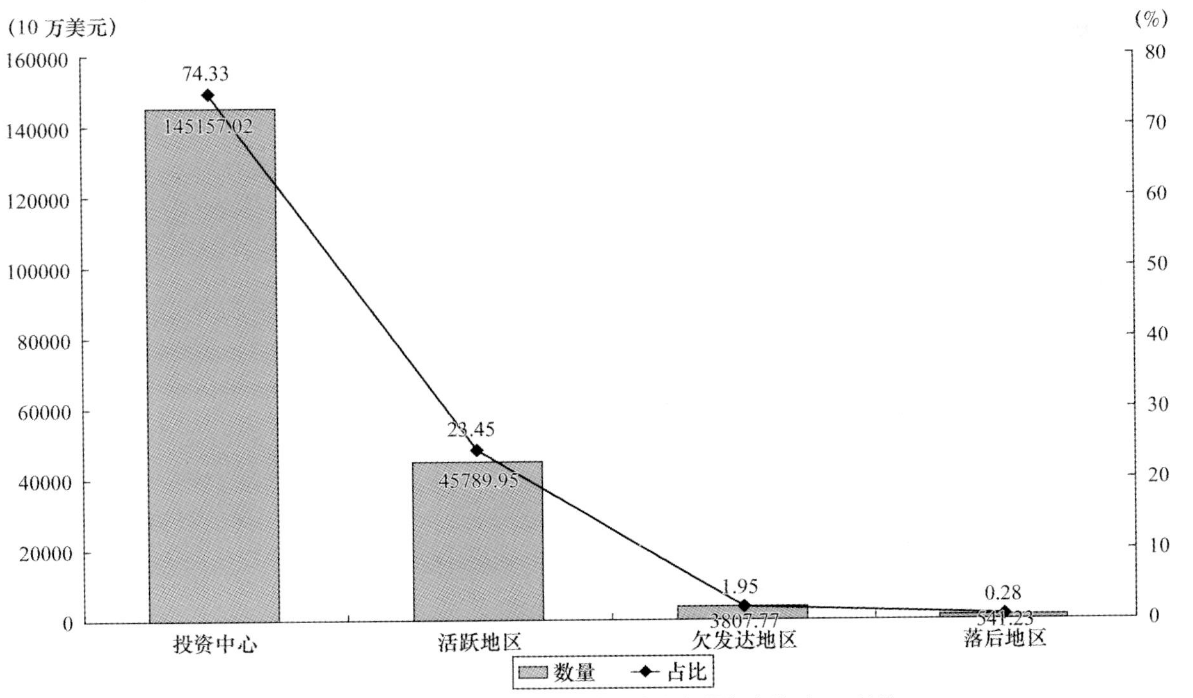


图 1.19　VP/PE 投资机构管理资金数量与占比（N＝214）

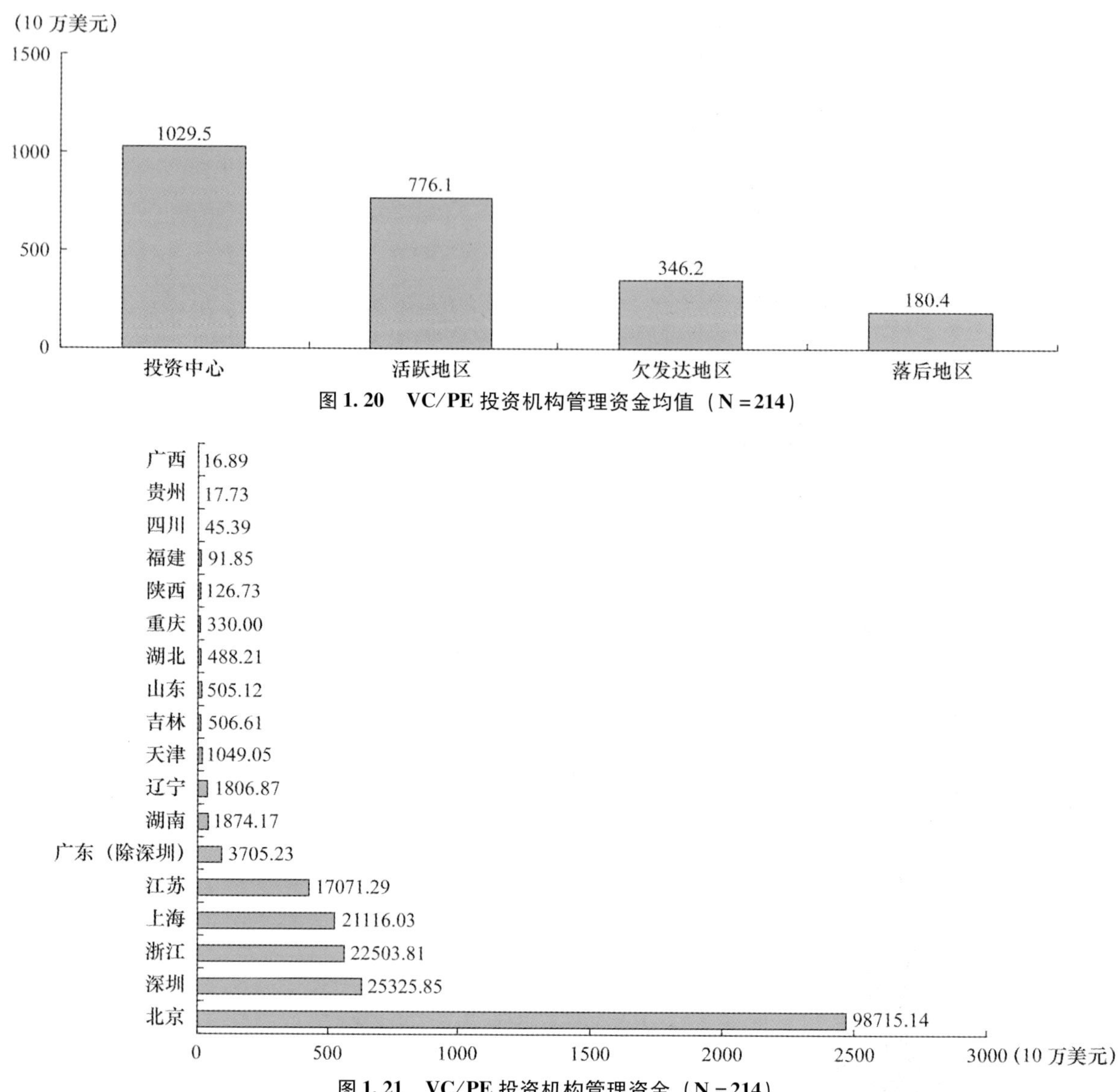


图 1.20 VC/PE 投资机构管理资金均值（N=214）



图 1.21 VC/PE 投资机构管理资金（N=214）

从均值来看，北京市以 16 亿美元位于首位，浙江省以 14 亿美元位于第二位。第三名江苏省和第四名辽宁省分列第三、四位。深圳市，7.6 亿美元，位列第五。上海市，4.5 亿美元，位列第八。如图 1.22 所示。

## （五）PE 机构

披露管理资金的 PE 机构有 324 家，总量为 2015 亿美元。其中，投资中心的 PE 投资机构管理资金总量以 1637 亿美元位居第一位，占比 81.24%。第二则是活跃地区，总量为 282 亿美元，占比 14.03%。欠发达地区总量为 86.9 亿美元，占比 4.31%。落后地区占比仅有 0.41%，所占比例最少，8.3 亿美元。由此，相比其他类型的投资机构，PE 更多的资金分布在投资中心。如图 1.23 所示。

从管理资金均值上来看，投资中心以 8.1 亿美元位居第一，第二是欠发达地区，4.82 亿美元。第三是活跃地区，2.8 亿美元。如图 1.24 所示。

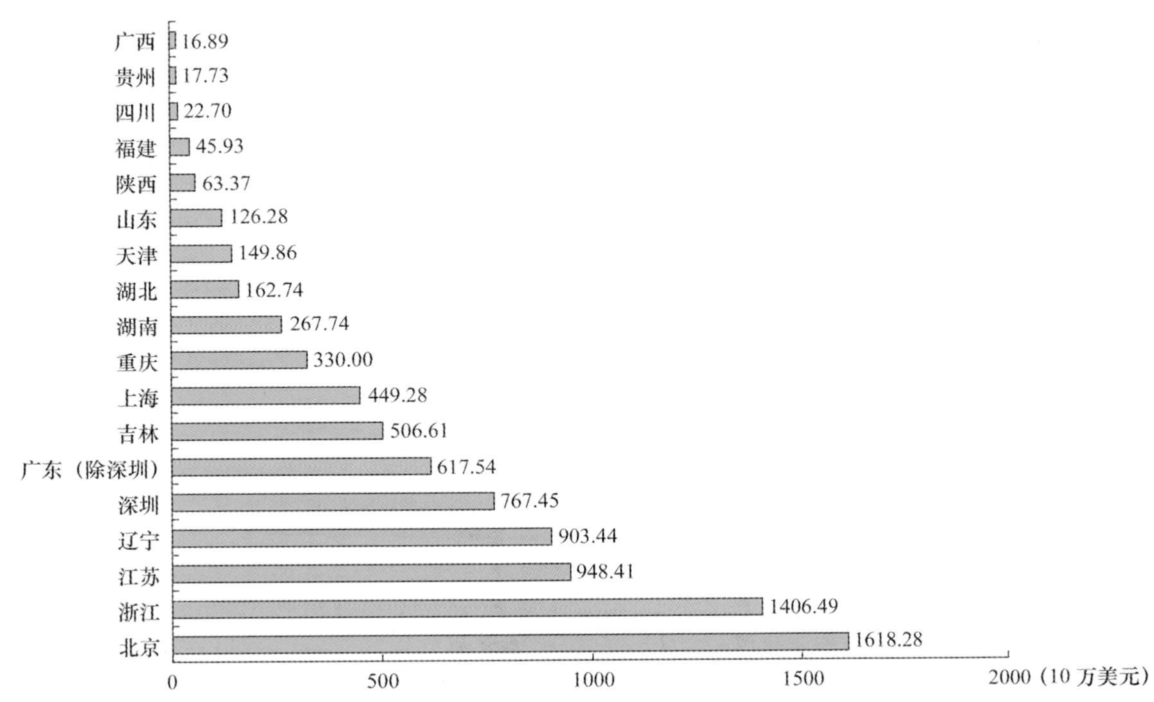


图 1.22　全国按地区 VC/PE 机构管理资金均值（N＝214）

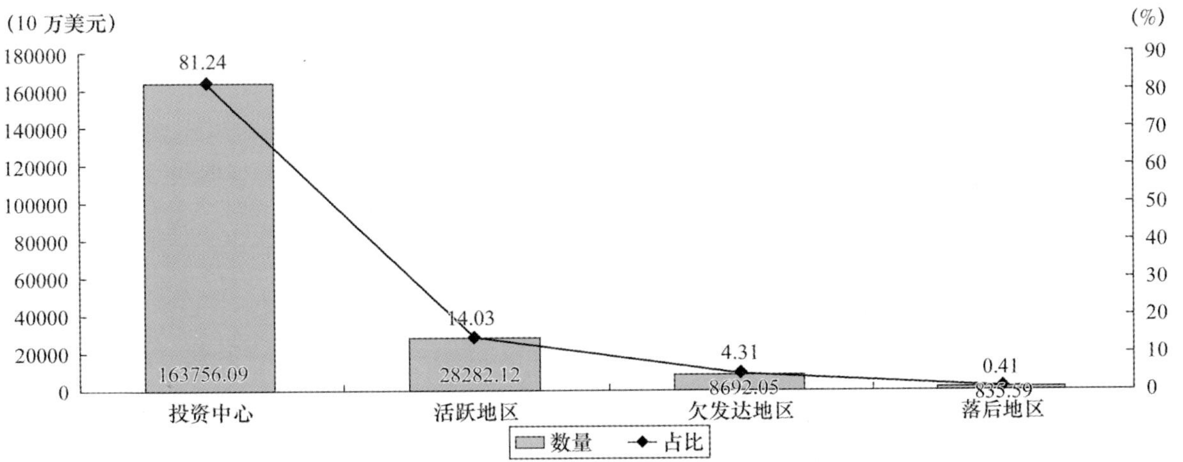


图 1.23　按区域类型 PE 投资机构管理资金数量与占比（N＝324）

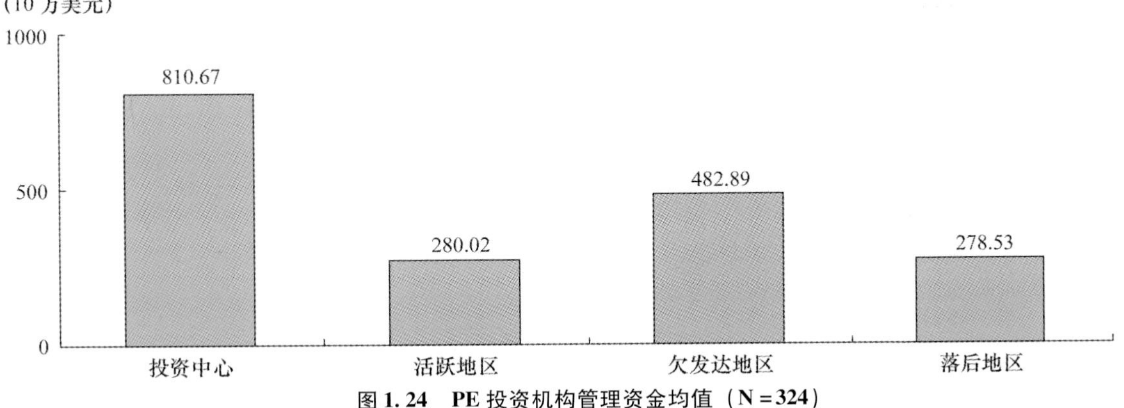


图 1.24　PE 投资机构管理资金均值（N＝324）

在全国按地区 PE 投资机构管理资金总量分布中，了解到，北京以 949 亿美元位居首位。接下来的是上海市，550. 8059 亿美元。第三位是深圳市，137. 6183 亿美元。不超过 10 亿美元的地区有 13 个。如图 1. 25 所示。

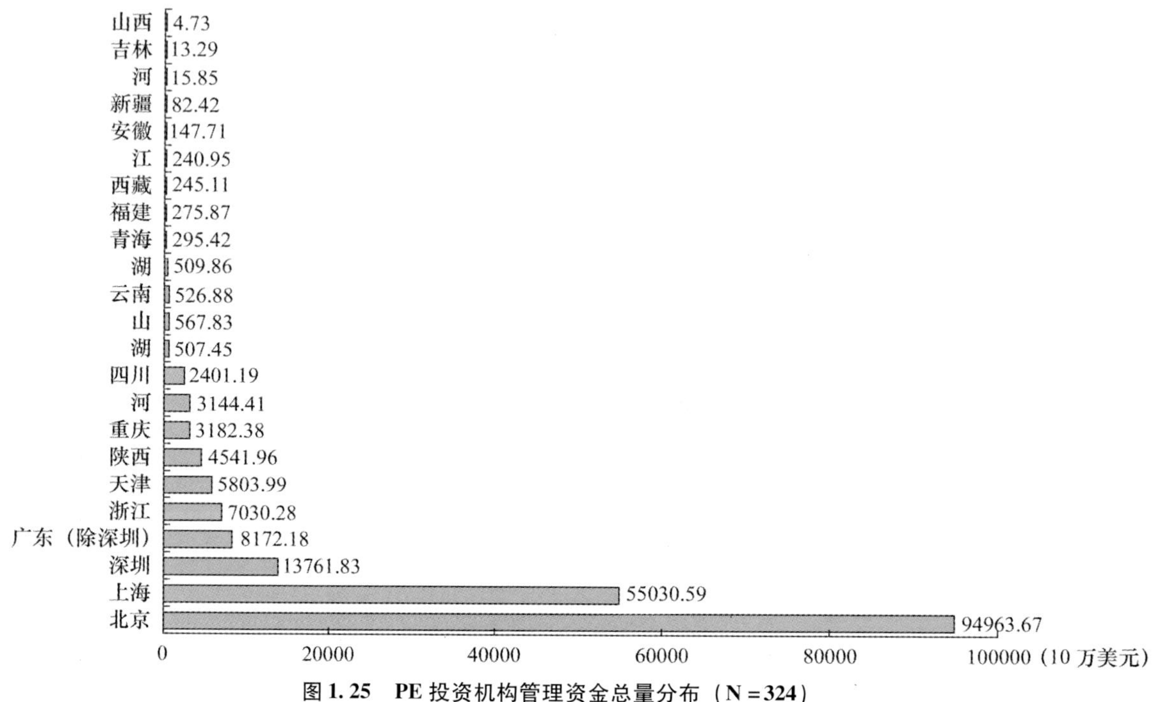


**图 1. 25　PE 投资机构管理资金总量分布（N = 324）**

从 PE 机构管理资金均值数据来看，福建省以 22. 7097 亿美元位居第一。山东省以 10. 4814 亿美元位居第二。其他各省份地区均没有超过 10 亿美元。福建、山东、陕西、西川、云南等地，由于披露的管理资金机构数量较少，而披露的金额较大，可能误差较大。如图 1. 26 所示。

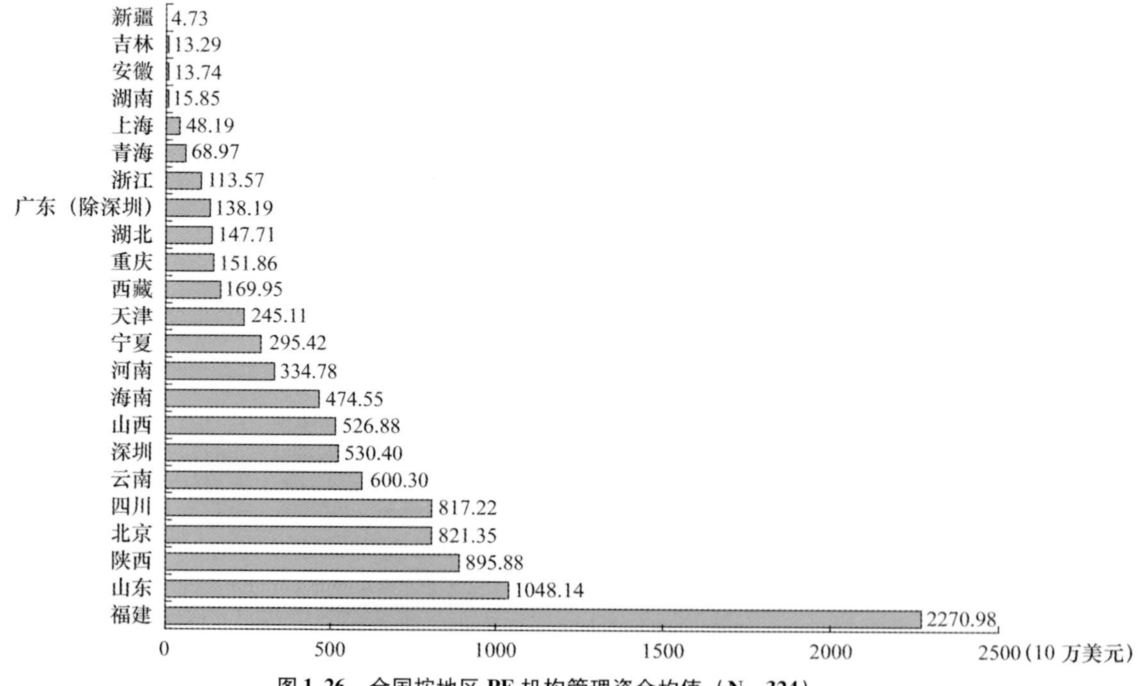


**图 1. 26　全国按地区 PE 机构管理资金均值（N = 324）**

# 第三节 投资情况

课题组掌握的数据中，4480家投资机构有历史投资事件数据，涵盖了31025起投资事件，平均每家机构的历史投资事件为6.9起。其他投资机构投资事件空缺。

## (一) 历史投资事件分布

从全国地区按机构层次投资事件总数与占比的数据显示，处于投资中心的投资机构的历史投资事件总量达到23164起，占全国历史投资事件总量的74.66%。活跃地区的投资机构所发生的历史投资事件数为6534起，占比21.09%。欠发达地区与落后地区总共占比仅有4.28%。如图1.27所示。

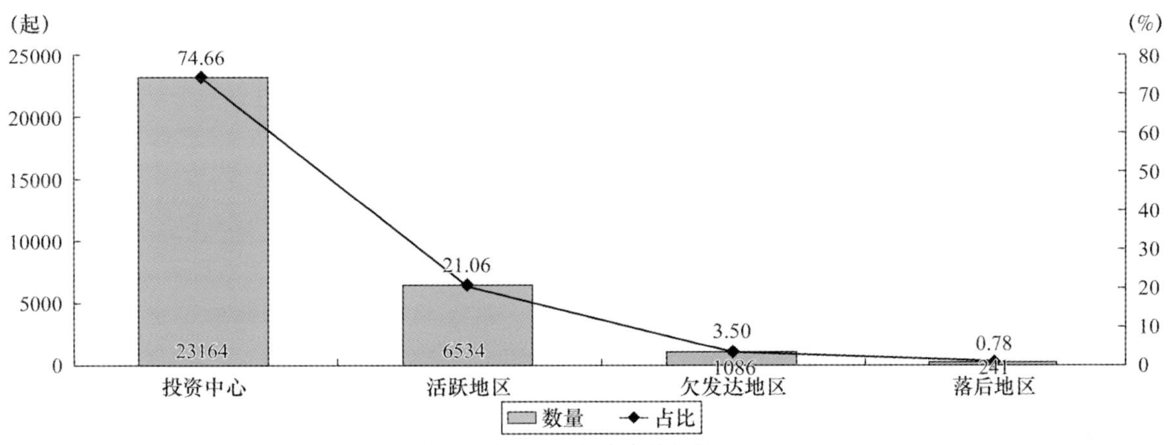


图1.27 投资机构的投资事件数量（N=4480）

从投资机构的历史投资事件均值看，四个层次的投资机构均值差异不小。投资中心的投资机构平均投资事件为9.1起，高出活跃地区一倍以上，是欠发达地区和落后地区的三倍。如图所示。如图1.28所示。

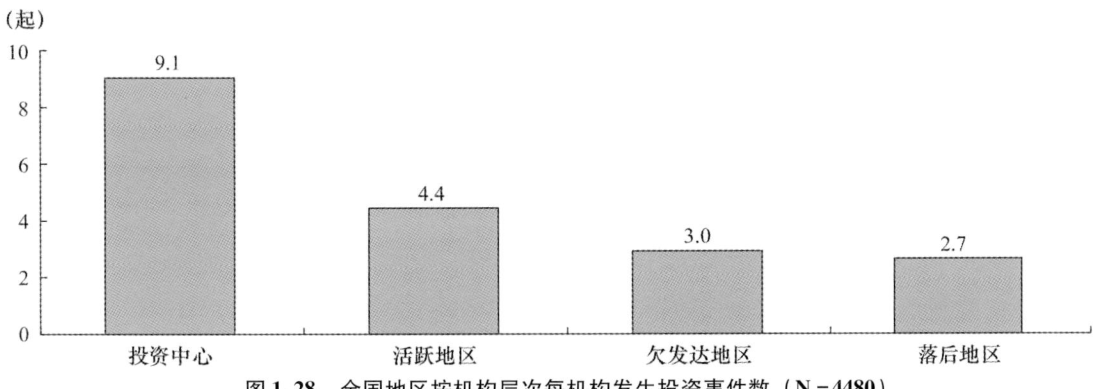


图1.28 全国地区按机构层次每机构发生投资事件数（N=4480）

按省份和地区排列，如图1.29所示。北京市历史投资事件最高，达到10318起，其次是上海，达到7458起，第三是深圳，达到5388起。100起以下的省份有14个，最少是的青海省，仅有5起。

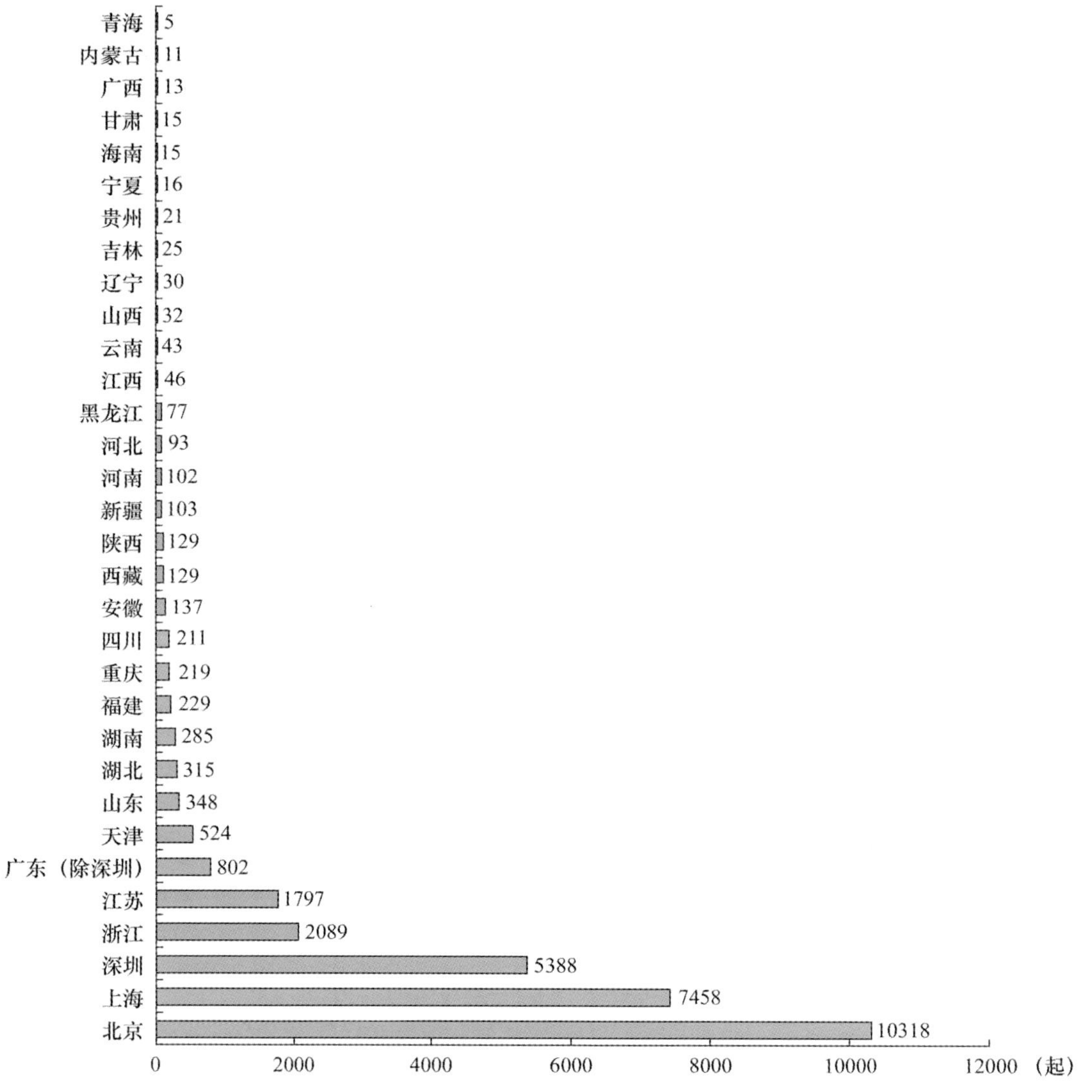
青海 5
内蒙古 11
广西 13
甘肃 15
海南 15
宁夏 16
贵州 21
吉林 25
辽宁 30
山西 32
云南 43
江西 46
黑龙江 77
河北 93
河南 102
新疆 103
陕西 129
西藏 129
安徽 137
四川 211
重庆 219
福建 229
湖南 285
湖北 315
山东 348
天津 524
广东（除深圳） 802
江苏 1797
浙江 2089
深圳 5388
上海 7458
北京 10318
0
2000
4000
6000
8000
10000
12000（起）

**图 1.29　机构历史投资事件数（按省份）（N = 4480）**

从投资机构历史投资事件均值看，上海以 11 起排在首位，其次是深圳、北京，均为 8 起投资事件。其各省份之间差距较小。如图 1.30 所示。

（起）
12
10
8
6
4
2
0
11 8 8 6 5 5 5 5 4 4 4 4 4 3 3 3 3 3 3 3 3 2 2 2 2 2 2 2 2 2 2 1
上海
北京
浙江
黑龙江
西藏
重庆
辽宁
天津
湖北
安徽
四川
青海
江西
广西
宁夏
海南

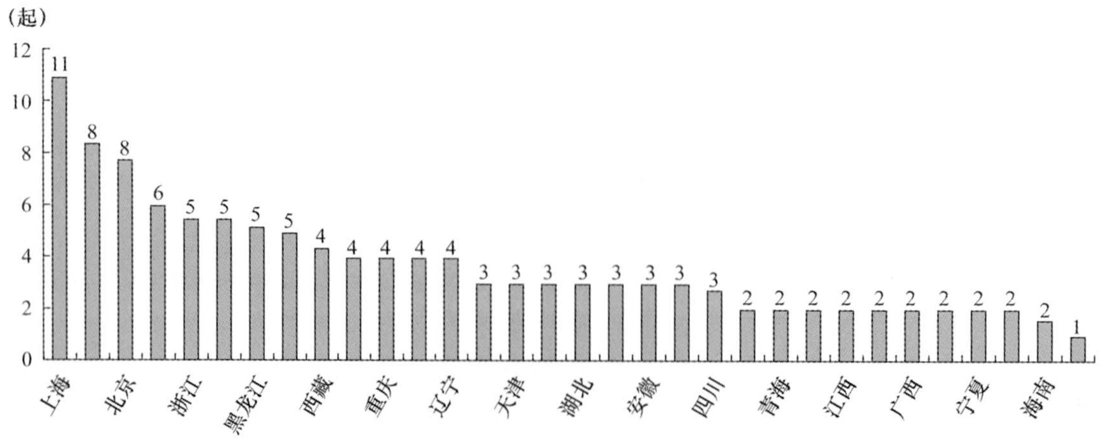

**图 1.30　机构平均每机构发生投资事件数（N = 4480）**

### （二）早期 VC 机构的投资事件数

在披露投资事件的 501 家有历史投资事件的早期 VC 机构中，总共发生 3012 起投资事件，平均每家机构发生 6 起投资事件。投资中心的早期 VC 投资机构历史投资事件总量以 2062 起位居第一位，占比 68.91%。第二则是活跃地区，总量为 833 起，占比 27.66%。欠发达地区总量为 94 起，占比 4.82%。落后地区最靠后，仅有 23 起，占比 0.76%。如图 1.31 所示。

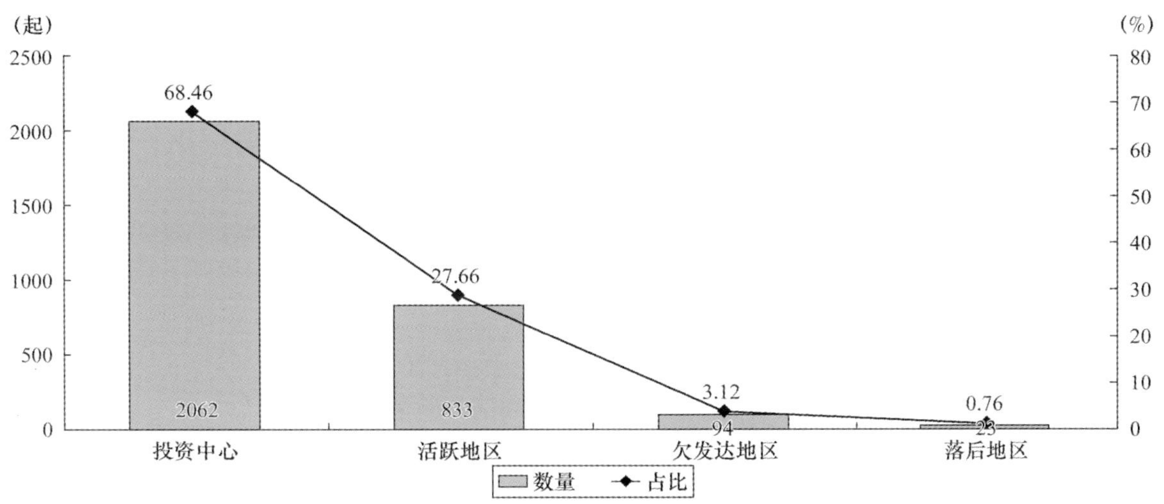


图 1.31 全国按地区层次早期 VC 机构投资事件总数与占比（N=501）

从早期机构投资事件的均值来看，活跃地区以 29 起位居第一，第二是欠发达地区，23 起。第三是投资中心，22 起，最后是落后地区，14 起。如图 1.32 所示。

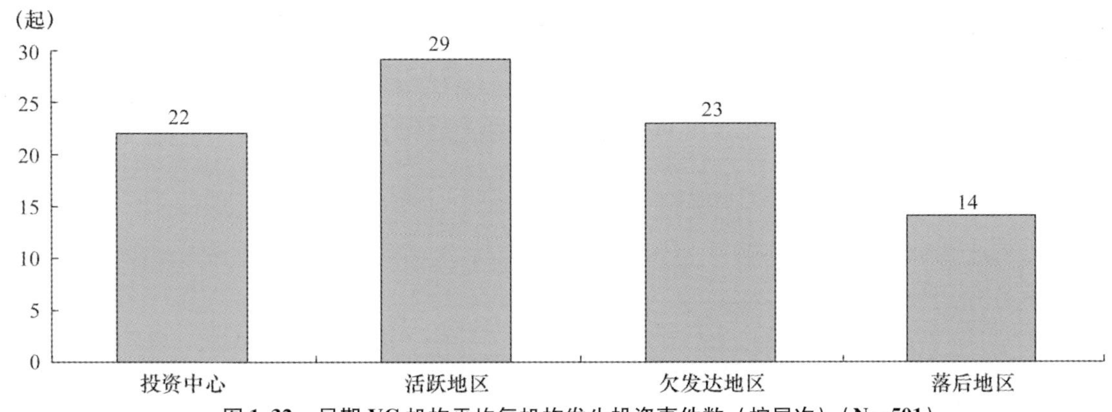


图 1.32 早期 VC 机构平均每机构发生投资事件数（按层次）（N=501）

对早期 VC 机构的投资事件数量按省份和地区排列，如图 1.33 所示。上海以 859 起位居首位，第二是北京市以 768 起。深圳市与浙江省并列第三，均为 435 起。地处三大投资中心的风险投资机构投资事件数合计占比达到 68%。

从均值看，上海市、北京市、浙江省等三地机构平均发生 8 起风险投资事件。如图 1.34 所示。

在披露历史投资事件的 103 家活跃早期 VC 机构中，总共发生 2389 起投资事件，平均每家早期 VC 机构发生 23 起投资事件。投资中心的活跃投资机构投资事件均值为 24.1，位居第一，活跃地区 22.2 起，位于第二，欠发达地区有 17.3 起，位于第三。如图 1.35 所示。

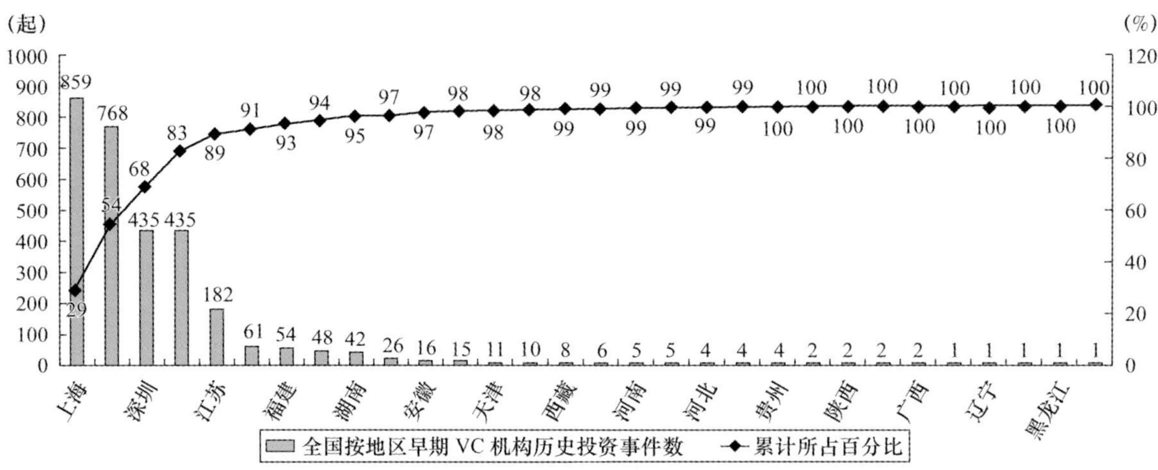


**图 1.33　全国按地区早期 VC 机构历史投资事件数累计图（N＝501）**

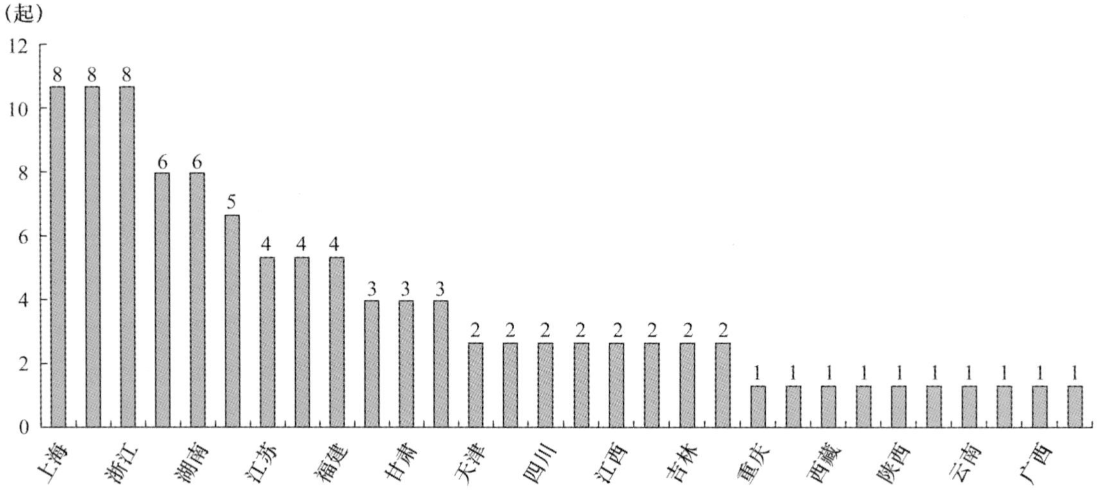


**图 1.34　全国按地区早期 VC 机构平均每机构发生投资事件数（N＝501）**

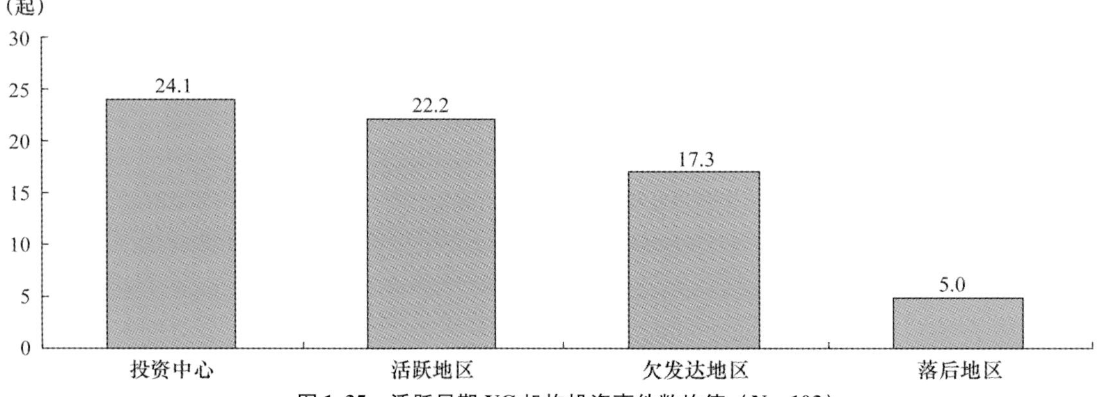


**图 1.35　活跃早期 VC 机构投资事件数均值（N＝103）**

在对全国跃早期 VC 机构历史投资事件进行分析时，课题组发现，仅有 13 个省份（城市）有活跃早期 VC 机构披露历史投资事件数据，其中上海市以 748 起位于第一。第二是北京市，650 起。两个地区累计占比达到 59%。浙江省与深圳市相差不大，浙江省为 371 起，深圳市为 358 起，相差 13 起。如图 1.36 所示。

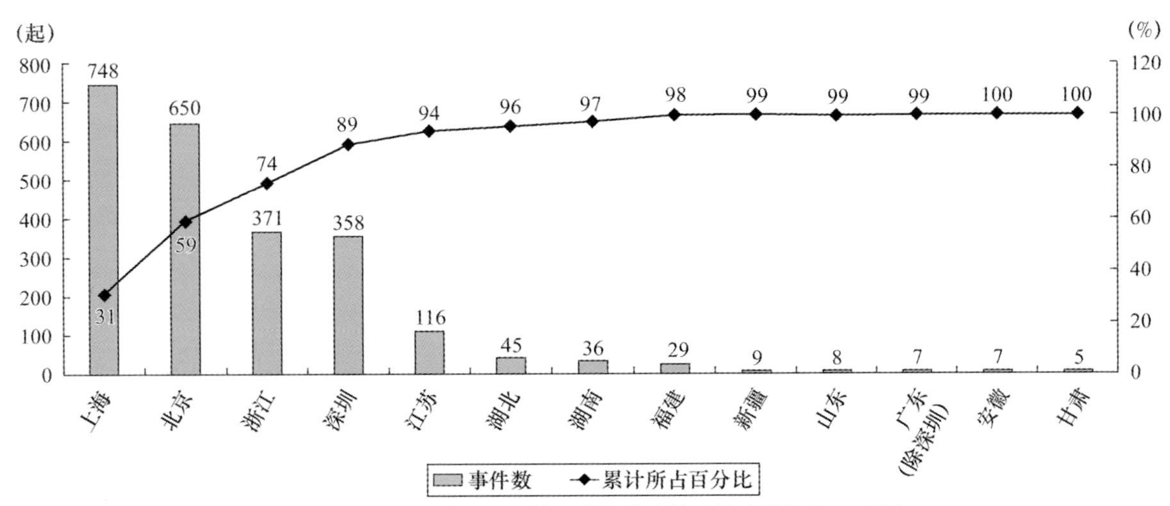


图 1.36　活跃早期 VC 机构历史投资事件（按省份）（N = 103）

从活跃早期 VC 机构投资事件数均值来看，湖南省仅有一家活跃早期 VC 机构披露历史投资事件数据，历史投资事件达到 36 起，位居第一位。北京市、江苏省、浙江省三地相差不大。平均值不超过 10 起的省份有 5 个。如图 1.37 所示。

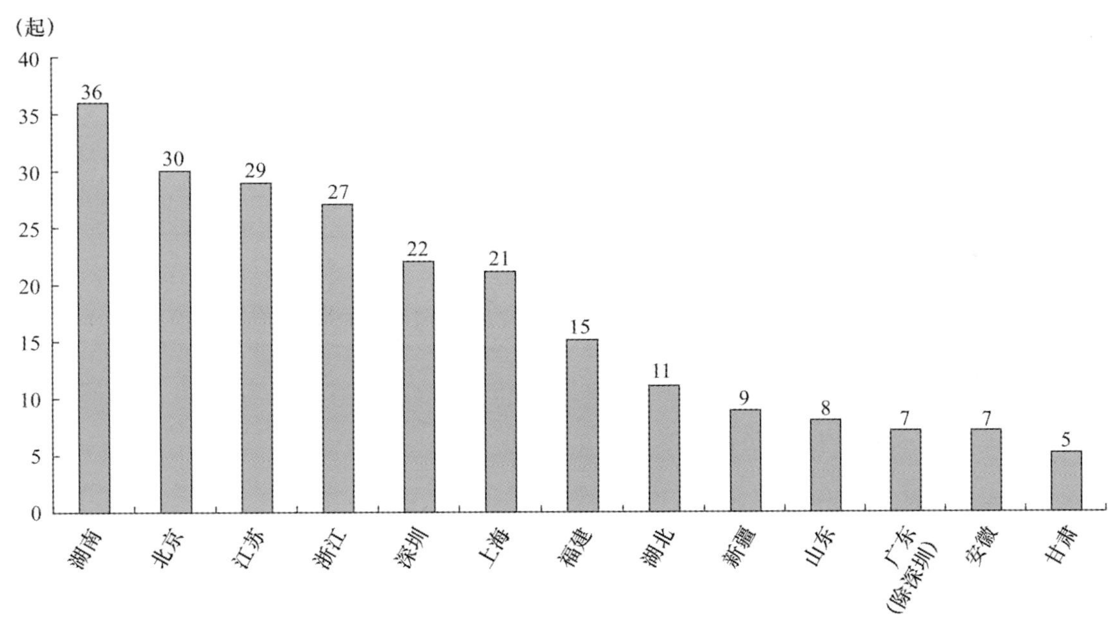


图 1.37　活跃早期 VC 机构平均投资事件数（N = 103）

## （三）中后期 VC 机构

披露投资事件的 1249 家中后期 VC 机构，总共发生 12803 起投资事件，平均每家机构发生 10 起。投资中心的中后期 VC 投资机构历史投资事件总量以 9801 起位居第一位，占比 76.55%。第二则是活跃地区，总量为 2389 起，占比 18.66%。欠发达地区总量为 476 起，占比 3.72%。落后地区靠后，仅有 133 起，占比 1.07%。如图 1.38 所示。

从中后期 VC 机构发生投资事件均值看，投资中心以 15.1 起位居第一；第二是活跃地区，5.2 起；第三是欠发达地区，4.6 起；第四是落后地区，4.2 起。如图 1.39 所示。

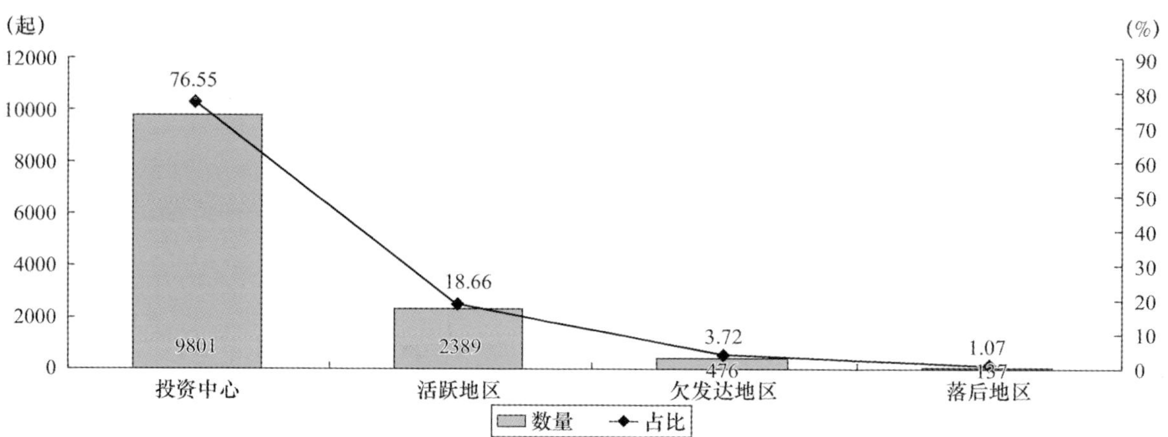


图 1.38　中后期 VC 投资事件数量与占比（N = 1249）

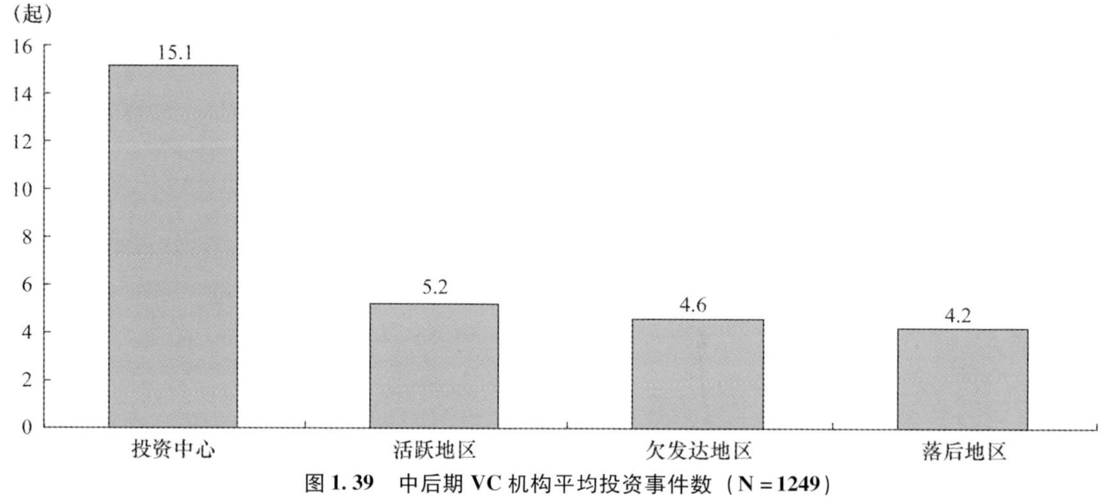


图 1.39　中后期 VC 机构平均投资事件数（N = 1249）

按省份排序，中后期 VC 机构历史投资事件如图 1.40 所示。北京以 4804 起位居首位，第二是上海市以 2806 起。第三是深圳市，为 2191 起，不超过 100 起的省份地区有 20 个。不超过 50 起的省份有 13 个。不超过 10 起的有 7 个。

从中后期 VC 机构平均投资事件数来看，北京市以 21 起位于首位，深圳市 14 起、重庆市 12 起、上海市 11 起、河北省 10 起，位列第二、三、四、五位。如图 1.41 所示。

197 家活跃中后期 VC 机构，总共发生投资事件 9898 起，平均投资事件 50 起。投资中心以 8246 起，占比 83.31% 位居第一。活跃地区发生 1345 起投资事件，占比 13.59%。欠发达地区与落后地区总共占比 3.1%。如图 1.42 所示。

活跃中后期 VC 机构平均投资事件数分布如图 1.43 所示。投资中心为 64.4 起，活跃地区 24 起，欠发达地区 24.2 起，落后地区 21.7 起。

20 个省份和城市有活跃中后期 VC 机构，按照省份排列，如图 1.44 所示。北京 4216 起位于第一，上海 2245 起位于第二，深圳 1784 起位于第三。13 个省份地区的投资机构历史投资事件总量没有超过 100 起。

按照活跃中后期 VC 机构投资事件均值排序，如图 1.45 所示。深圳市平均值为 81 起，位居第一，北京市有 78 起平均值，位居第二，相差不大。天津市、陕西省位于第三、四位。其他各省份之间的差距不大。最少平均每家机构发生投资事件 12 起。

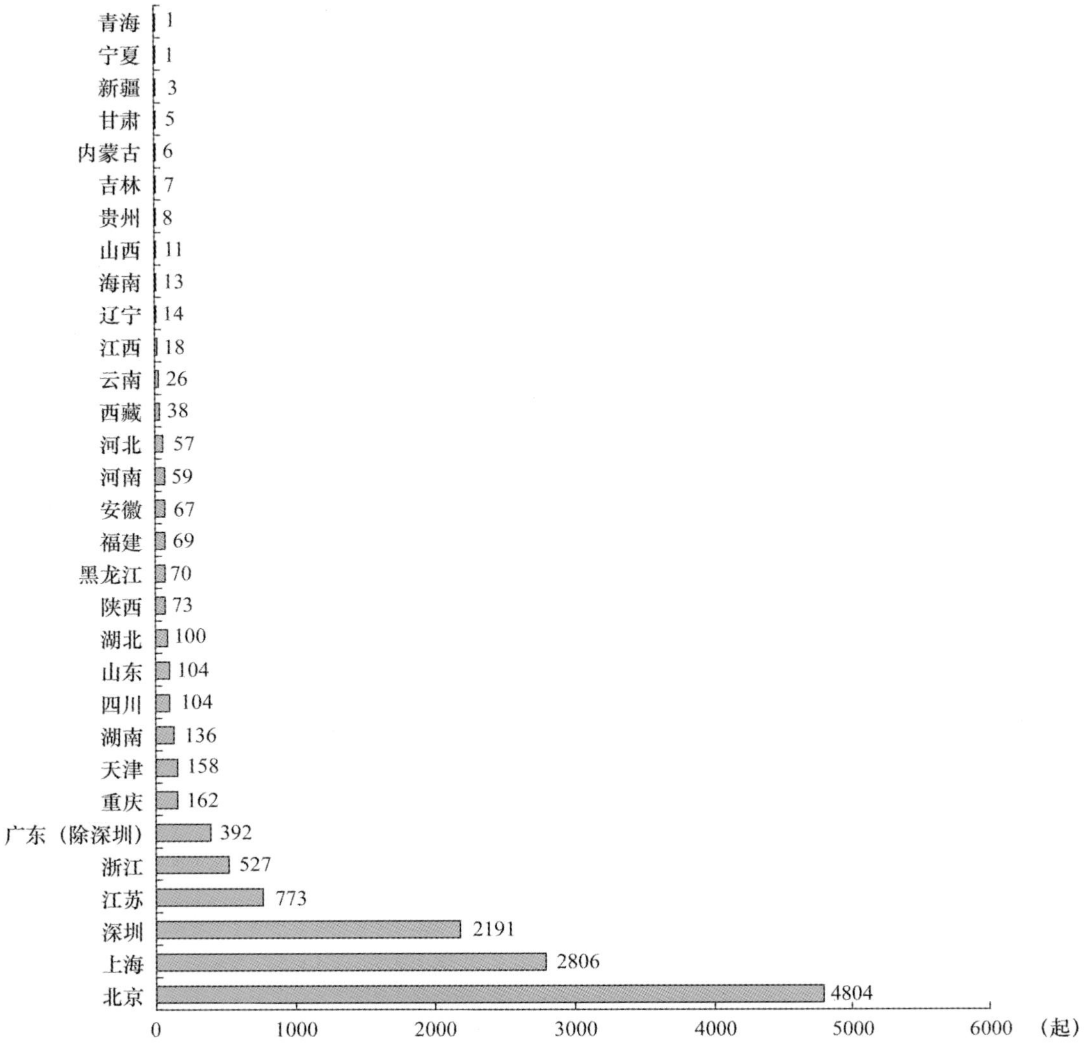
青海 1
宁夏 1
新疆 3
甘肃 5
内蒙古 6
吉林 7
贵州 8
山西 11
海南 13
辽宁 14
江西 18
云南 26
西藏 38
河北 57
河南 59
安徽 67
福建 69
黑龙江 70
陕西 73
湖北 100
山东 104
四川 104
湖南 136
天津 158
重庆 162
广东（除深圳） 392
浙江 527
江苏 773
深圳 2191
上海 2806
北京 4804
0 1000 2000 3000 4000 5000 6000 （起）

图 1.40 中后期 VC 机构历史投资事件分布图（N = 1249）

（起）
25
20
15
10
5
0
北京 21
深圳 14
重庆 12
云南 11
河北 10
黑龙江 9
陕西 8
天津 8
江苏 6
天津 6
广东（除深圳） 6
湖南 6
河南 6
浙江 5
湖北 4
四川 4
西藏 4
吉林 4
山东 3
福建 3
安徽 3
江西 3
贵州 3
辽宁 2
内蒙古 2
河南 2
甘肃 2
新疆 1
山西 1
宁夏 1
青海 1

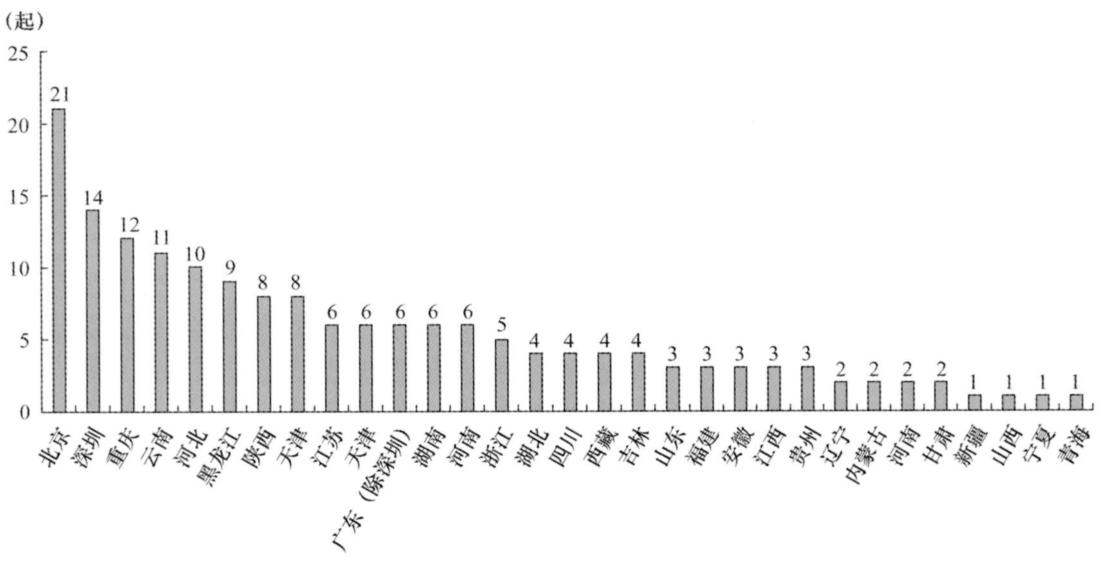

图 1.41 机构历史投资事件数（按省份）（N = 1249）

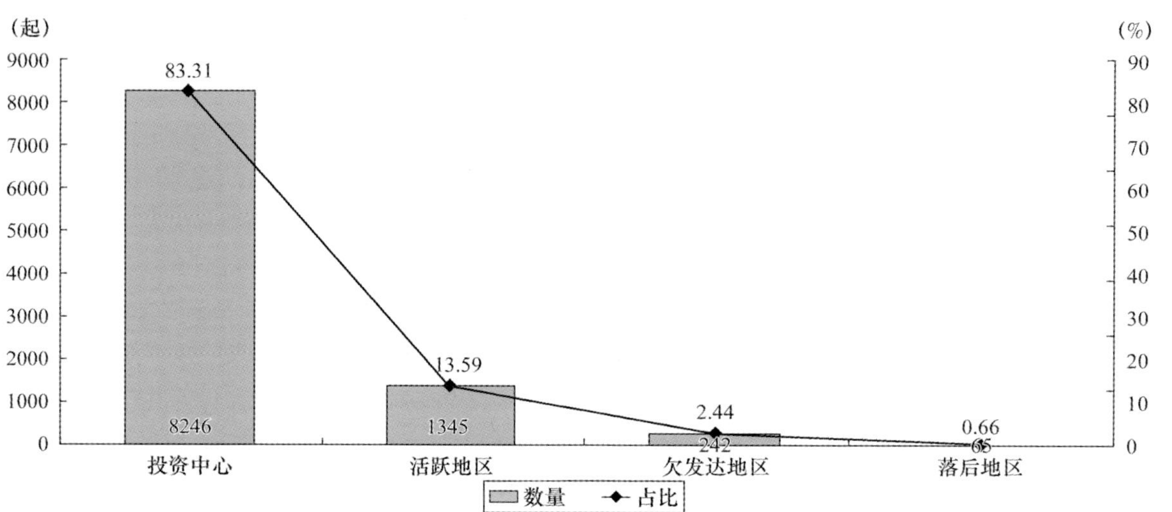


图 1.42 活跃中后期 VC 投资事件数量与占比（N = 197）

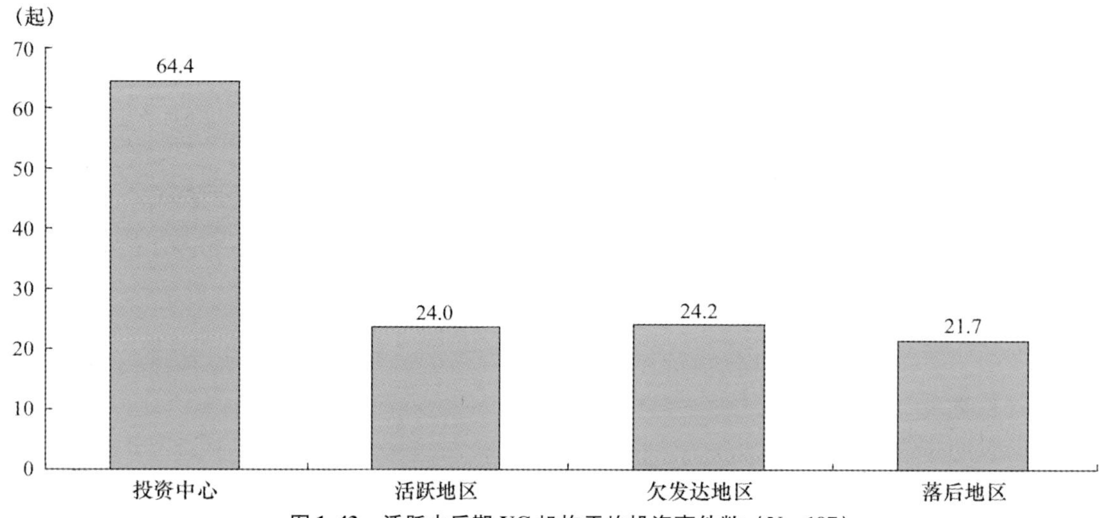


图 1.43 活跃中后期 VC 机构平均投资事件数（N = 197）

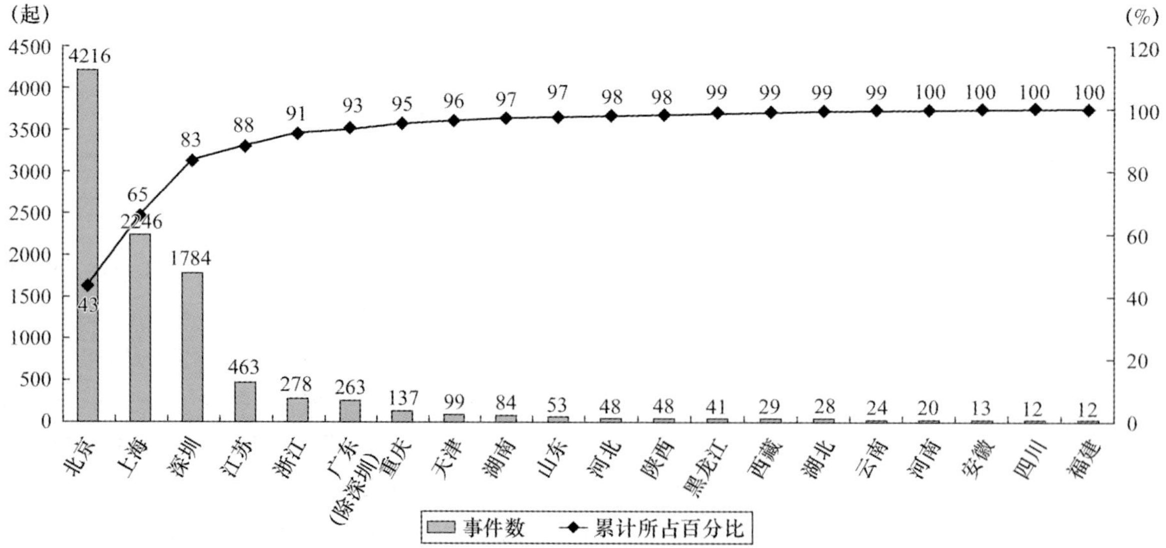


图 1.44 活跃中后期 VC 机构历史投资事件（N = 197）

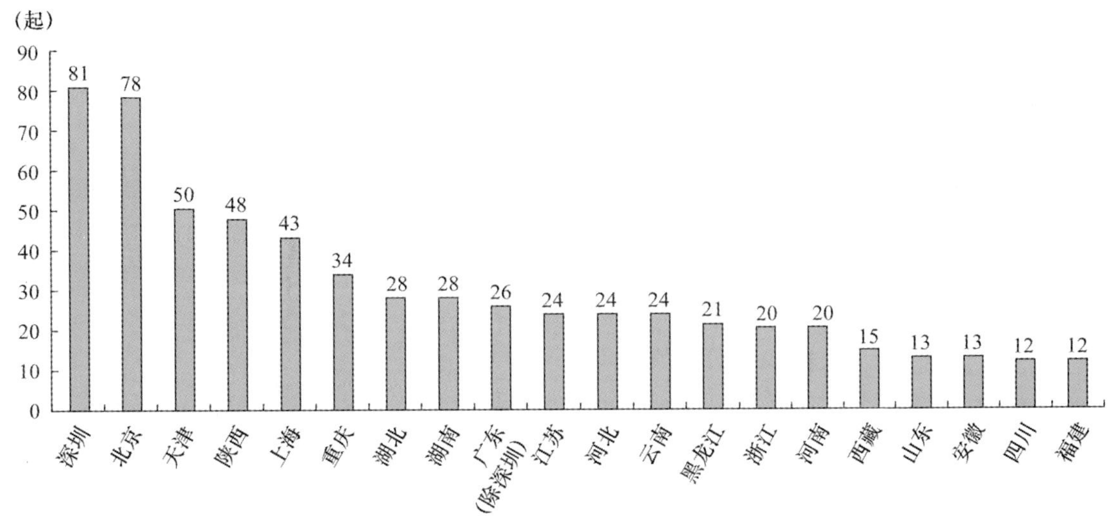


图 1.45　活跃中后期 VC 机构平均投资事件数（N = 197）

## （四）VC/PE 机构

在披露投资事件的 809 家 VC/PE 机构中，总共发生 8989 起投资事件，平均每家 VC/PE 机构发生 11 起投资事件。投资中心的 VC/PE 投资机构历史投资事件总量以 6923 起位居第一位，占比 77.02%。第二则是活跃地区，总量为 1912 起，占比 21.27%。欠发达地区总量为 126 起，占比 1.04%。落后地区占比仅有 0.31%，所占比例最少，28 起。如图 1.46 所示。

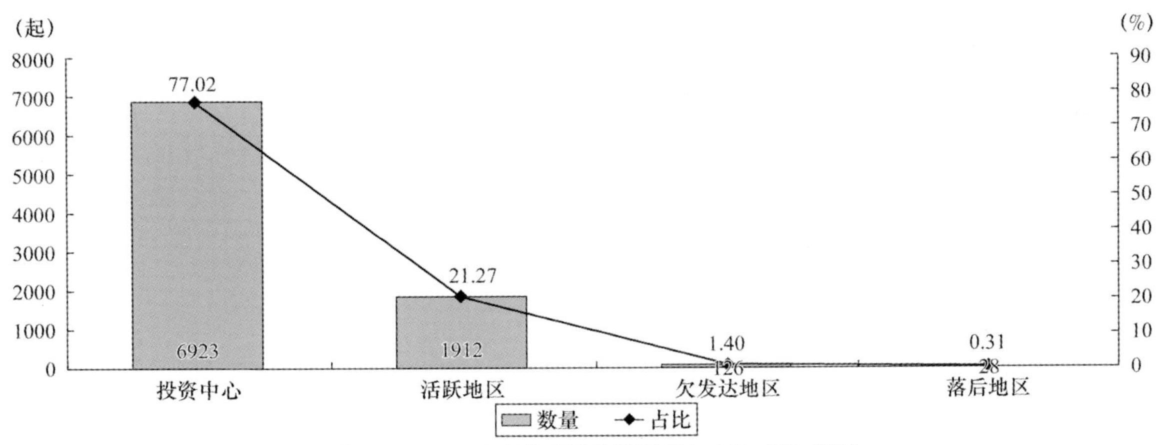


图 1.46　VC/PE 机构投资事件数量与占比（N = 809）

VC/PE 机构平均投资事件数分布如图 1.47 所示。投资中心以 13.8 起位居第一。第二是活跃地区，8.2 起。第三是落后地区，2.1 起。最后是欠发达地区，2 起。

按省份排序，结果如图 1.48 所示。北京以 2770 起位居首位。接下来的是上海市，2155 起；深圳市，1998 起。不超过 100 起的有 22 个省份地区，不超过 10 起的有 14 个省份地区。

VC/PE 机构平均投资事件数按省份排序如图 1.49 所示。深圳市以 16 起位于首位，但是作为活跃地区的山东省，以 15 起位于第二位。其主要原因是山东省有披露历史投资事件数据的 VC/PE 机构仅有 11 家，造成的误差较大。第四名江苏省存在同样因素影响。北京市，14 起，位列第三。上海市，12 起，位列第五。

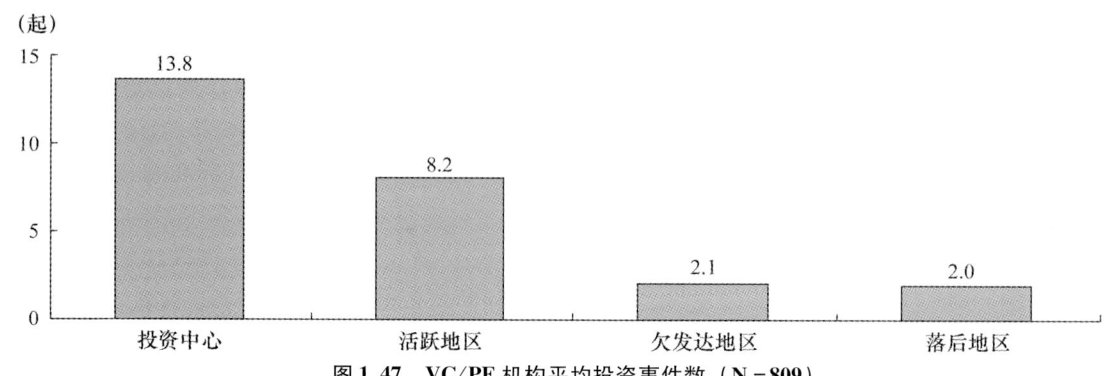


图 1.47　VC/PE 机构平均投资事件数（N＝809）

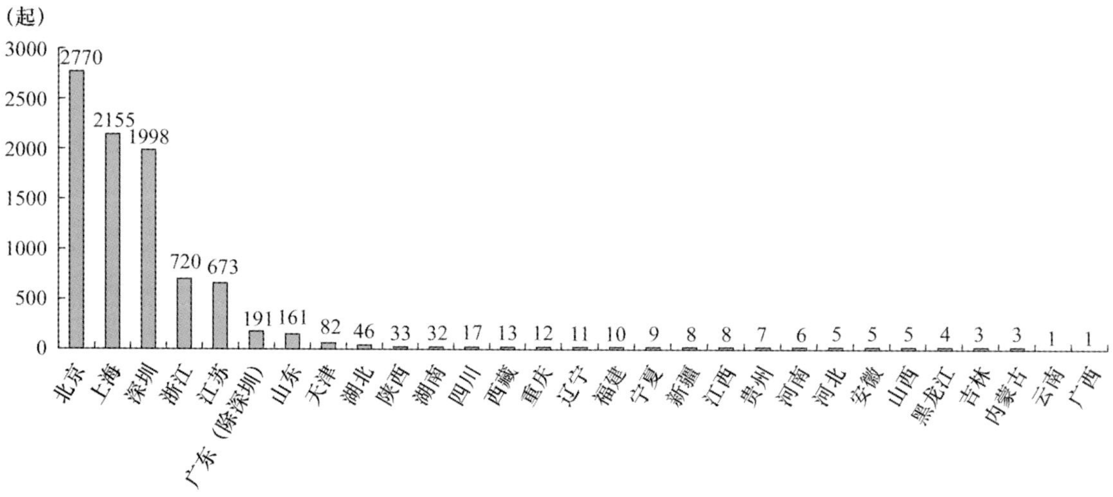


图 1.48　VC/PE 机构投资事件排序（N＝809）

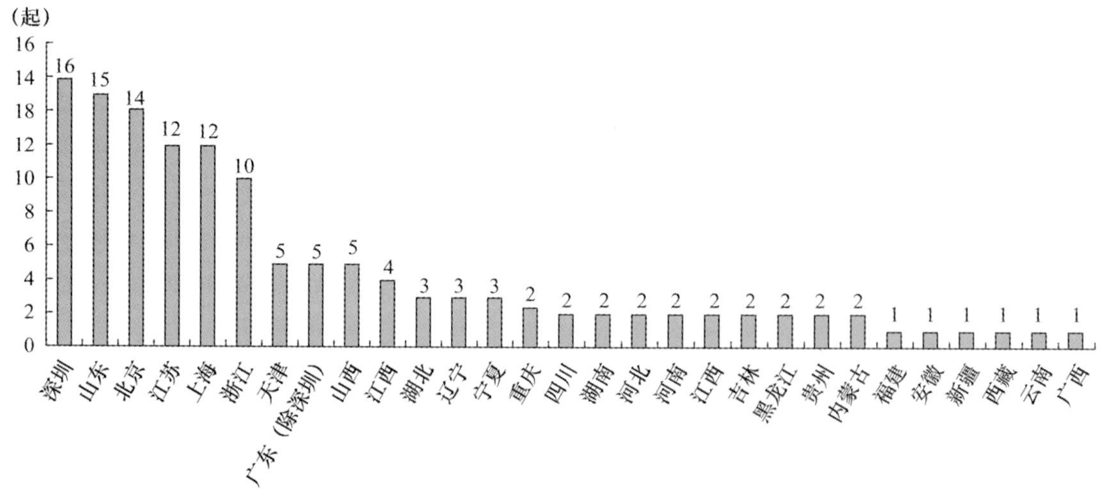


图 1.49　VC/PE 机构平均投资事件排序（N＝809）

从活跃 VC/PE 机构投资事件数量来看，全国 104 家活跃 VC/PE 机构共计发生 7043 起投资事件，平均发生 67 起投资事件。投资中心以 5643 起，占比 80. 12% 位居第一。活跃地区 1384 起，占比 19. 65% 。欠发达地区与仅有 16 起，占比 0. 23% 。落后地区没有活跃 VC/PE 机构披露历史投资事件数。如图 1. 50 所示。

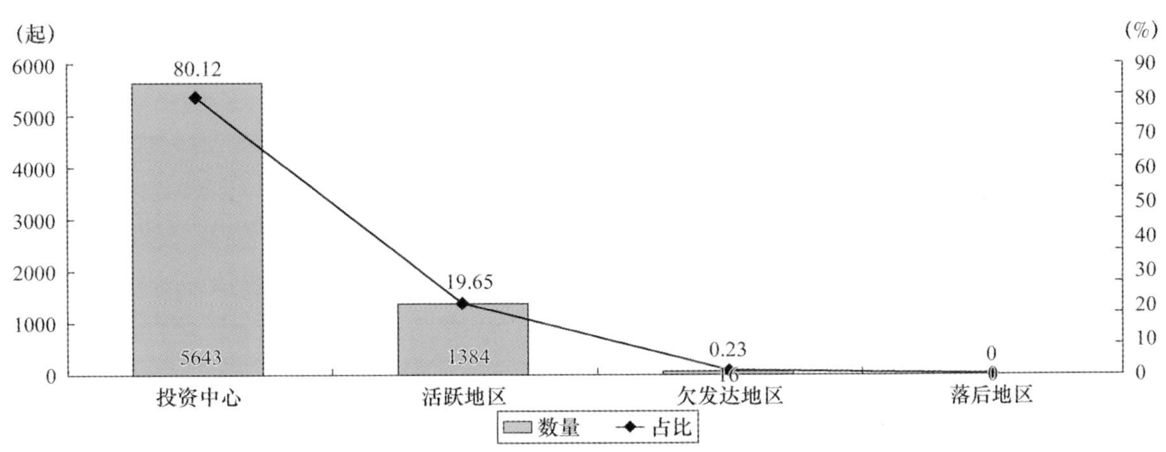


图 1.50 活跃 VC/PE 机构投资事件数量与占比（N = 104）

活跃 VC/PE 机构平均投资事件数分布如图 1.51 所示。投资中心以 71.4 起位于榜首，活跃地区为 57.7 起，排名第二。两个地区之间平均值相差不大。欠发达地区为 16 起，位列第三。

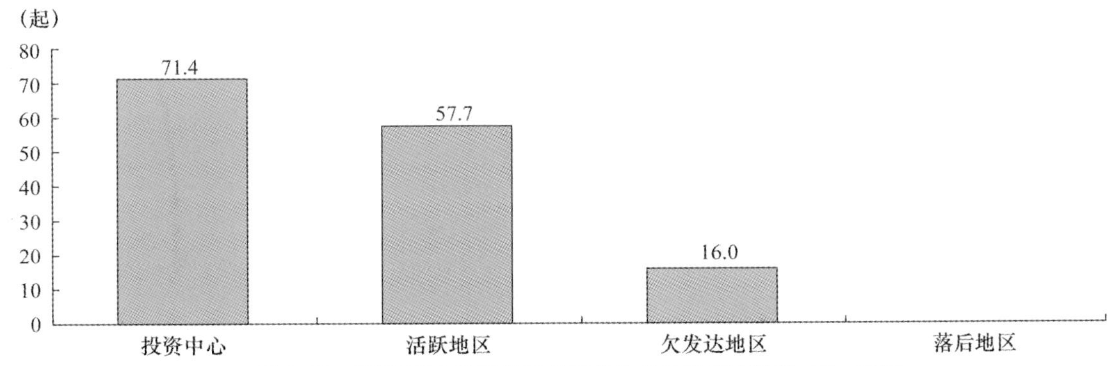


图 1.51 活跃 VS/PE 机构平均每机构发生投资事件数（N = 104）

有活跃 VC/PE 机构的历史投资事件排序见图 1.52。北京以 2235 起位于榜首，所占全国活跃 VC/PE 机构的 32%。排名第二的是深圳市。第三名市上海市，发生投资事件 1682 起。前三个地区累计占全国比例达到 80%。江苏省、浙江省各个地区间相差不大。不超过 100 起投资事件的省份有 3 个。

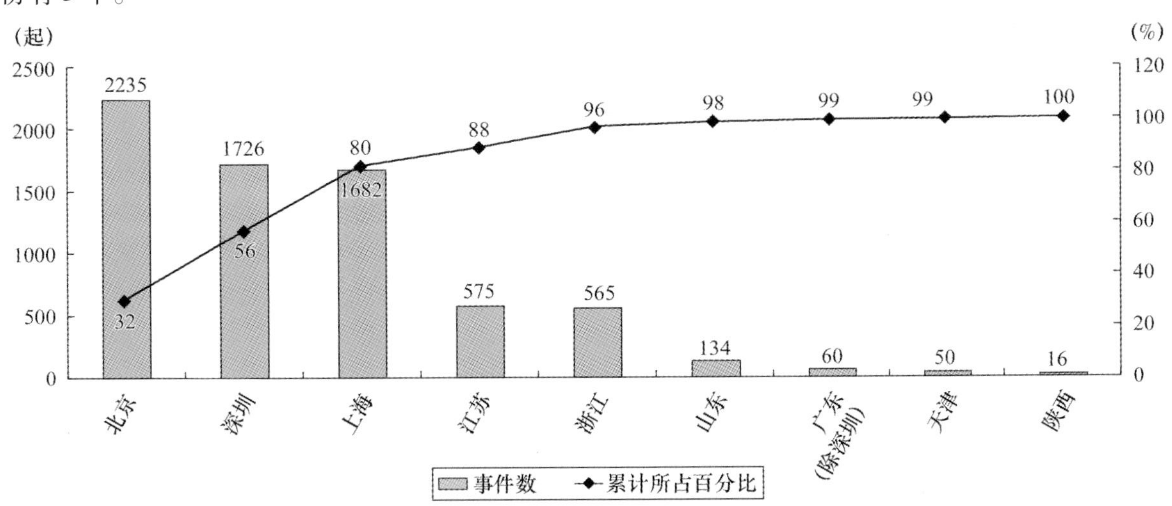


图 1.52 活跃 VC/PE 机构历史投资事件（N = 104）

从各省（市）活跃 VC/PE 机构的投资事件均值来看，深圳市以 102 起，位居第一。第二名北京市，77 起；第三名江苏省 72 起；第四名山东省 67 起，他们之间的差距不大。如图 1.53 所示。

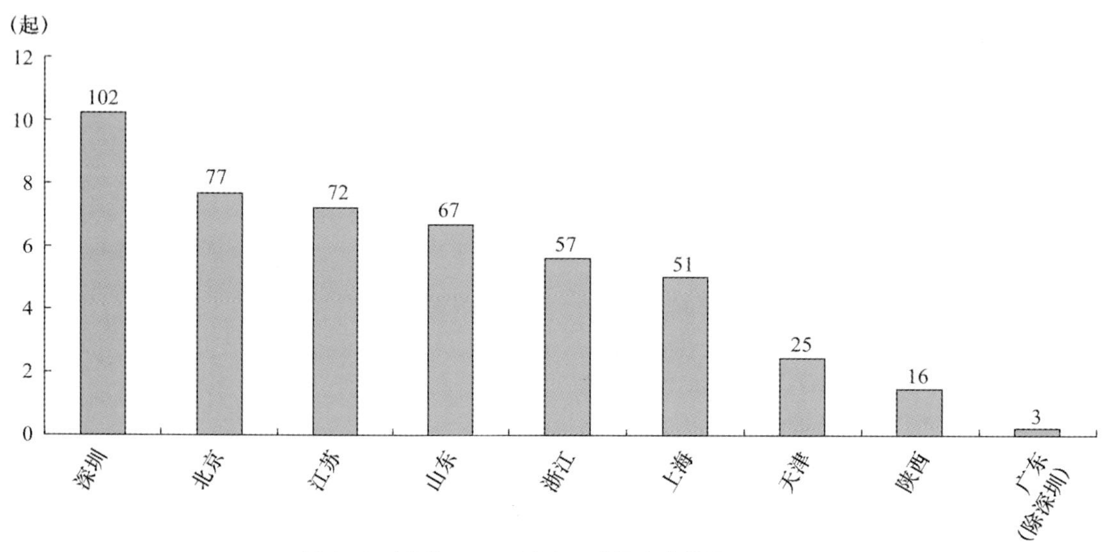


图 1.53　活跃 VC/PE 投资平均投资事件数（N＝104）

## （五）PE 机构

1916 家 PE 机构中，投资事件总量为 6217 起，每家机构平均有超过 3 起投资事件。其中，投资中心的 PE 投资机构历史投资事件总量以 4377 起，占比 70.40%。第二则是活跃地区，总量为 1387 起，占比 22.49%。欠发达地区总量为 389 起，占比 6.26%。落后地区占比仅有 0.85%，所占比例最少，53 起。如图 1.54、图 1.55 所示。

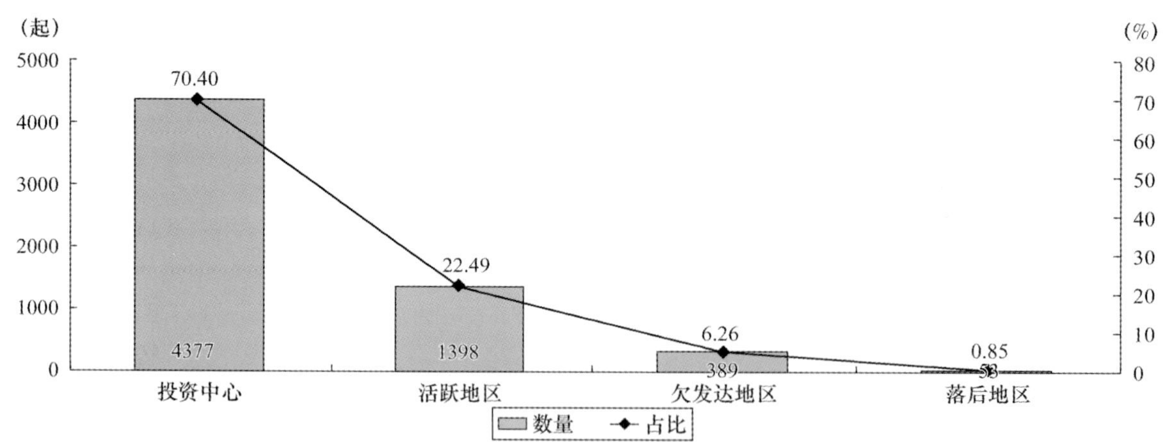


图 1.54　全国按地区层次 PE 机构投资事件数量与占比（N＝1916）

从 PE 投资机构历史投资事件均值来看，投资中心 3.9 起位居第一，活跃和欠发达地区均为 2.3 起。

PE 机构历史投资事件数按省排序如图 1.56 所示。。北京以 1975 起位居首位。其次是上海市，1638 起投资事件。第三是深圳市 764 起投资事件。全国各省份地区发生投资事件不超过 100 起的有 24 个。不超过 10 起投资事件的省份有 10 个。

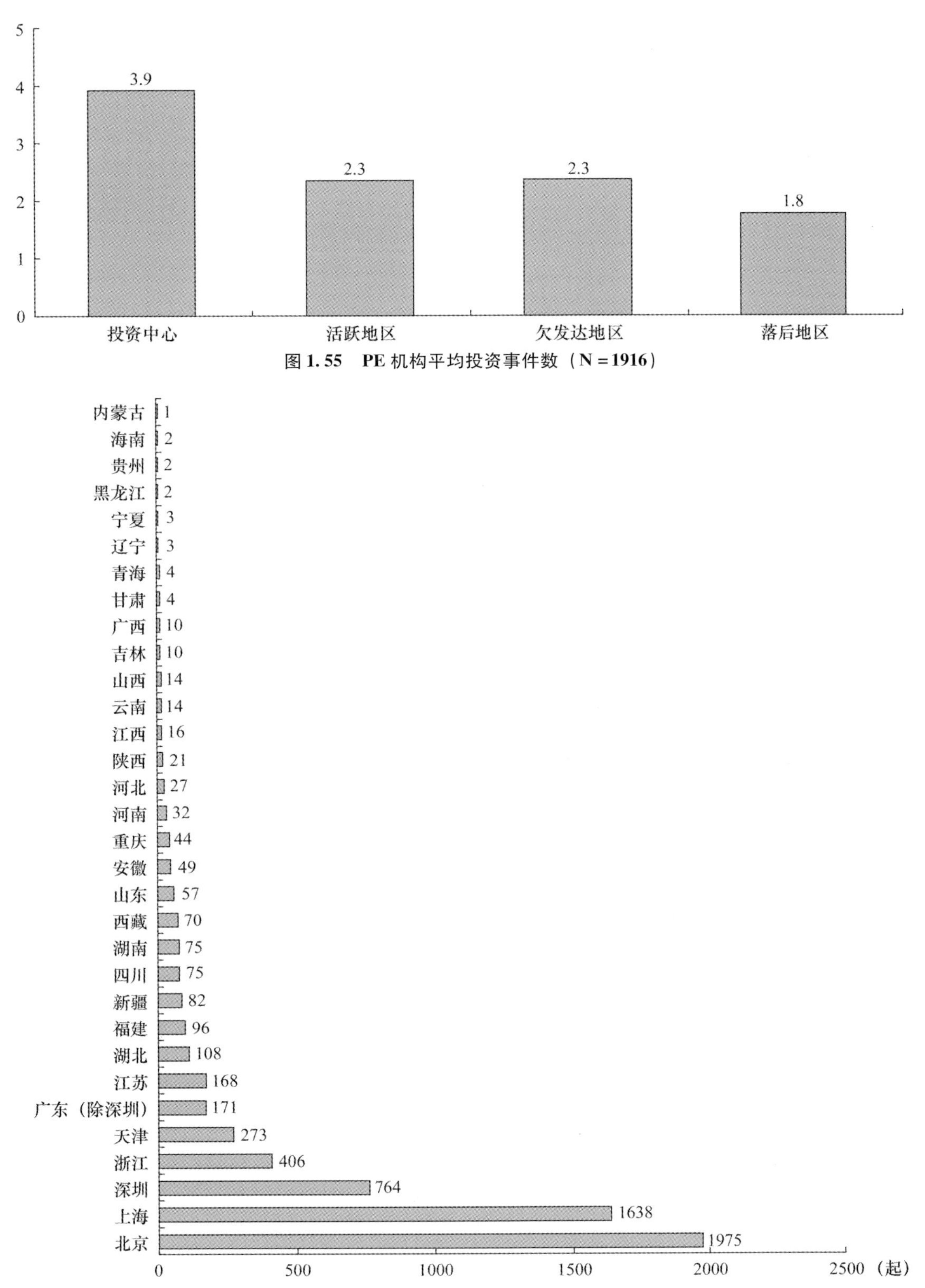


图 1.55　PE 机构平均投资事件数（N＝1916）



图 1.56　PE 机构历史投资事件数（N＝1916）

503 家活跃 PE 机构投资事件数达到 4474 起，平均每家机构为 8.8 起。投资中心以 3400 起，占比 75.99%，位居第一。活跃地区 835 起，占比 18.66%。欠发达地区 216 起，占比 4.83%。落后地区 PE 机构披露的历史投资事件数较少，仅有 23 起，占比 0.51%。如图 1.57 所示。

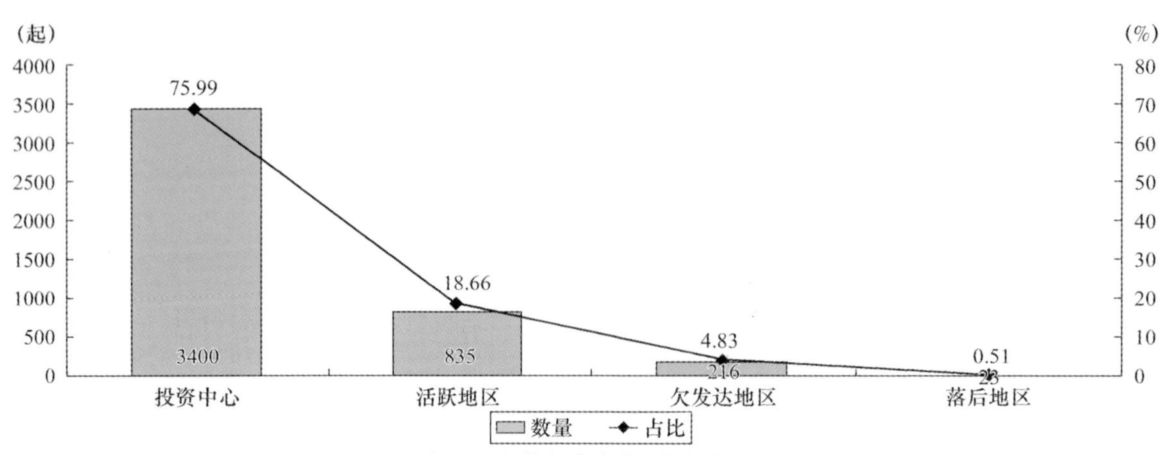


图 1.57　活跃 PE 机构投资事件数量与占比（N＝503）

投资中心的活跃 PE 投资机构历史投资事件均值为 10，高于其他区域。如图 1.58 所示。

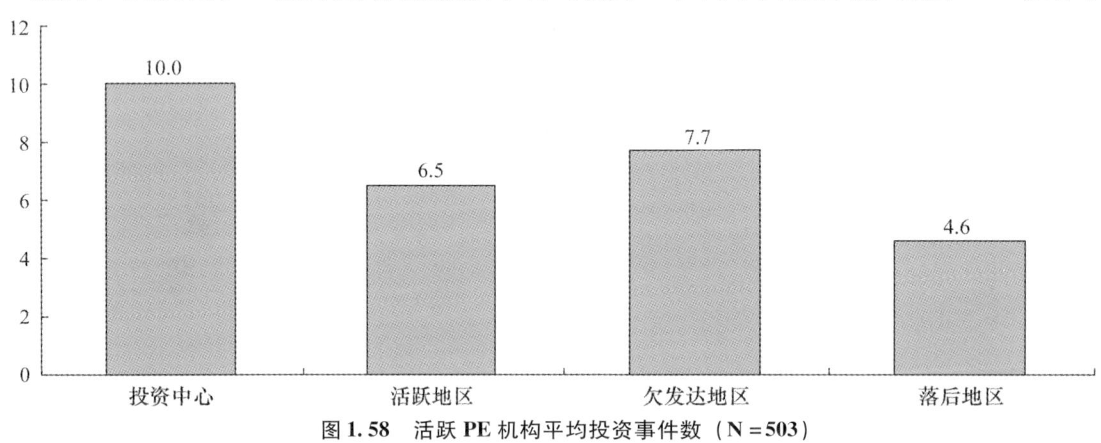


图 1.58　活跃 PE 机构平均投资事件数（N＝503）

活跃 PE 机构历史投资事件按省市排序结果如图 1.59 所示。北京以 1639 起位于榜首。排名第二的是上海，1271 起。深圳市为 490 起，位于第三。其他各省份均不超过 300 起。不超过 10 起的省份地区有 4 个。

按均值排序，结果如图 1.60 所示。湖南省仅三家活跃 PE 机构，披露数量为 62 起。均值为 21 起，位于榜首。福建省的平均投资数量为 12，位列第二。

## 第四节　退出情况

课题组掌握的数据显示，过去全国发生的投资退出事件 4696 起，有历史退出事件数据的机构为 1698 家。平均每家机构发生历史退出事件为 2.7 起。

### （一）投资退出事件分布

投资中心、活跃地区、欠发达地区以及落后地区的退出事件总数与占比如图 1.61 所示。投资中心的历史退出事件总量达到 3104 起，占全国历史退出事件总量的 66.10%。活跃地区历史退出事件数为 1342 起，占比 4.47%。欠发达地区与落后地区总共占比仅有 5.32%。

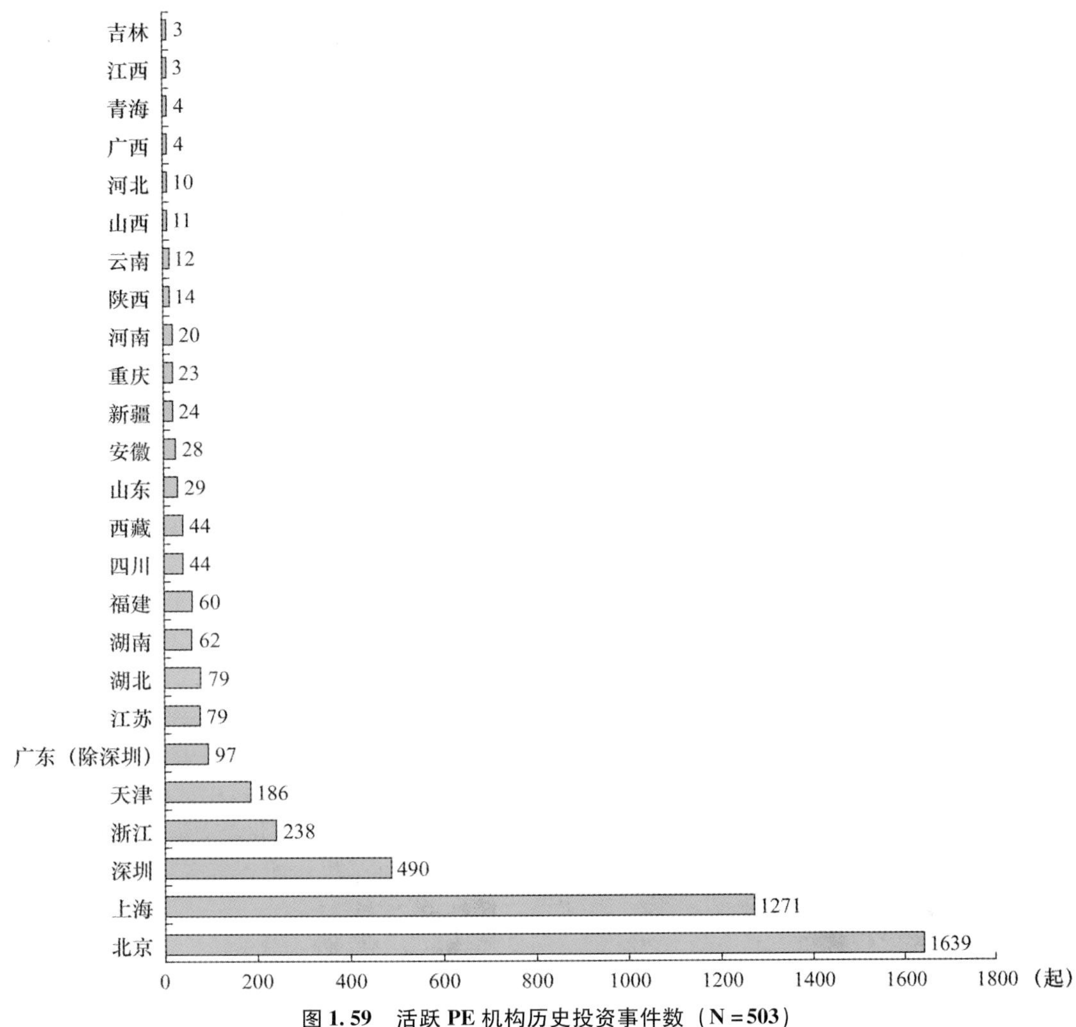


图 1.59　活跃 PE 机构历史投资事件数（N=503）

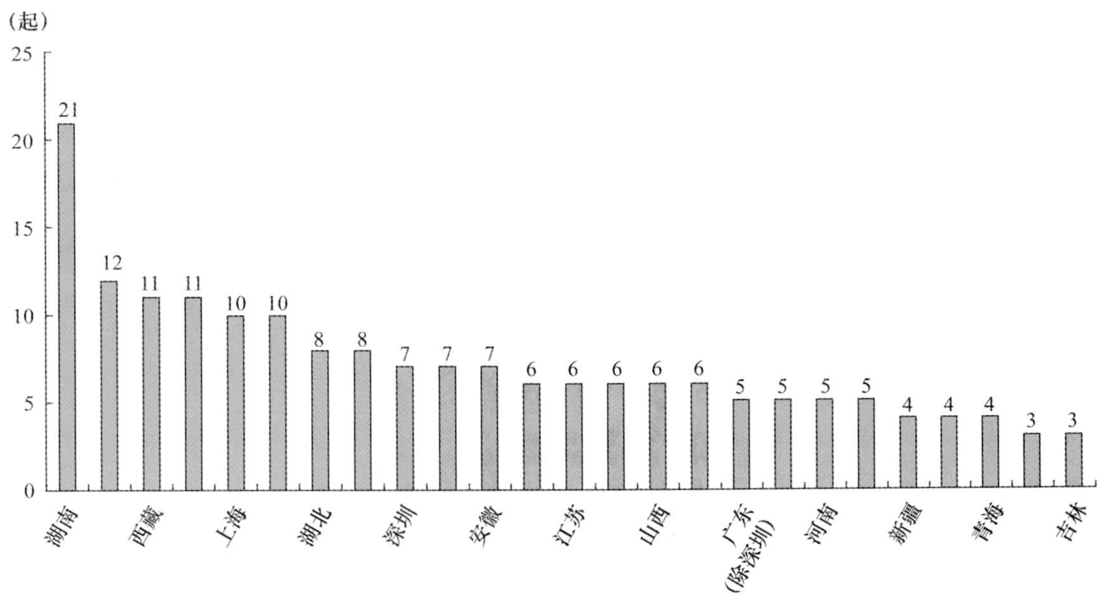


图 1.60　活跃 PE 机构平均投资事件数（N=503）

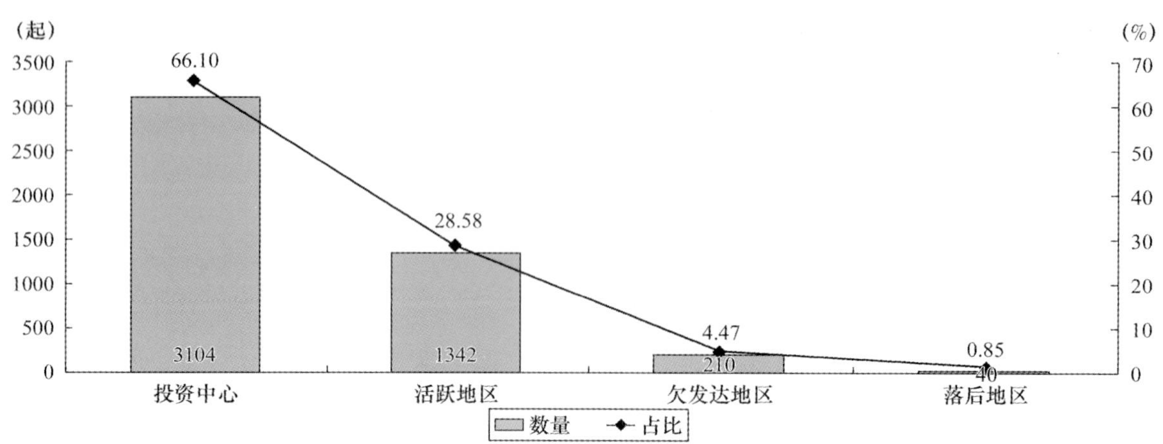

图 1.61　机构退出事件总数与占比（N＝1698）

按机构所处的地区，有退出事件的机构分布情况如图 1.62 所示：其中，投资中心有 919 家，占比 54%。活跃地区有 623 家，占比 37%。欠发达地区分布 134 家，占比 8%。落后地区有退出事件数据机构数有 22 家，占比 1%。

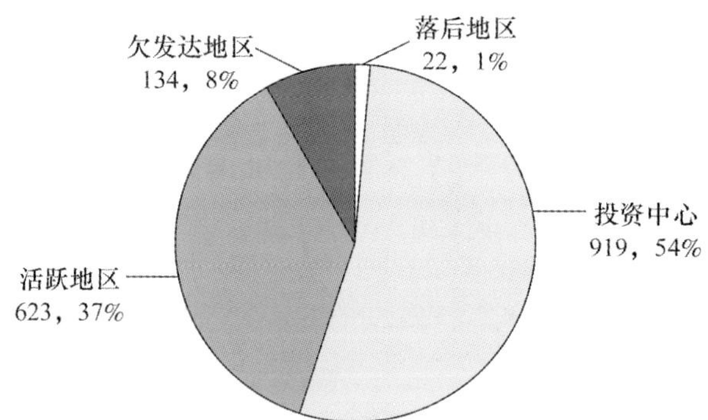

图 1.62　有历史退出事件数据机构数量（N＝1698）

从机构退出事件均值看，在投资中心，机构平均退出事件数为 3.38 起，活跃地区 2.15 起，落后地区为 1.82 起，欠发达地区为 1.57 起。如图 1.63 所示。

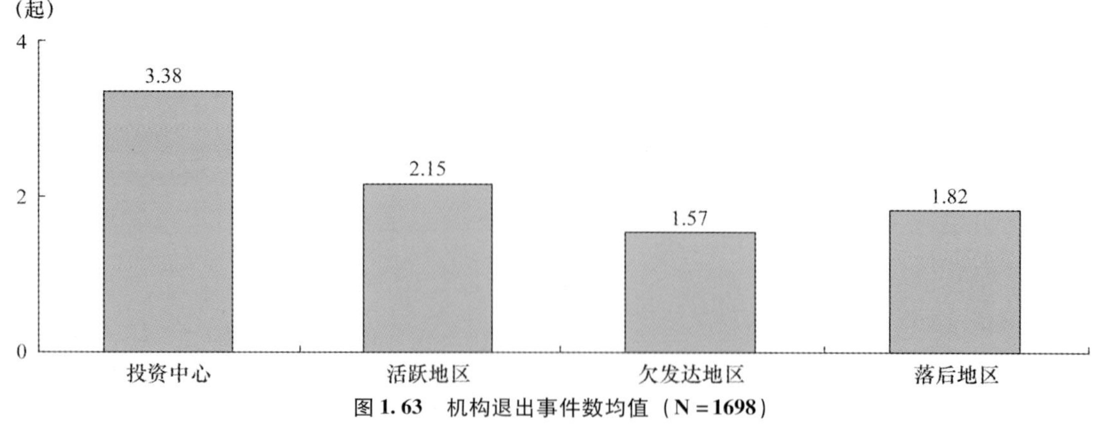

图 1.63　机构退出事件数均值（N＝1698）

按照省（市）对退出事件数进行排列，得到图 1.64。北京市历史退出事件最高，达到 1132 起，其次是上海，达到 992 起，第三是深圳，达到 980 起。上海与深圳之间的差距不大。100 起以下的省份有 24 个。10 起以下的省份有 12 个。

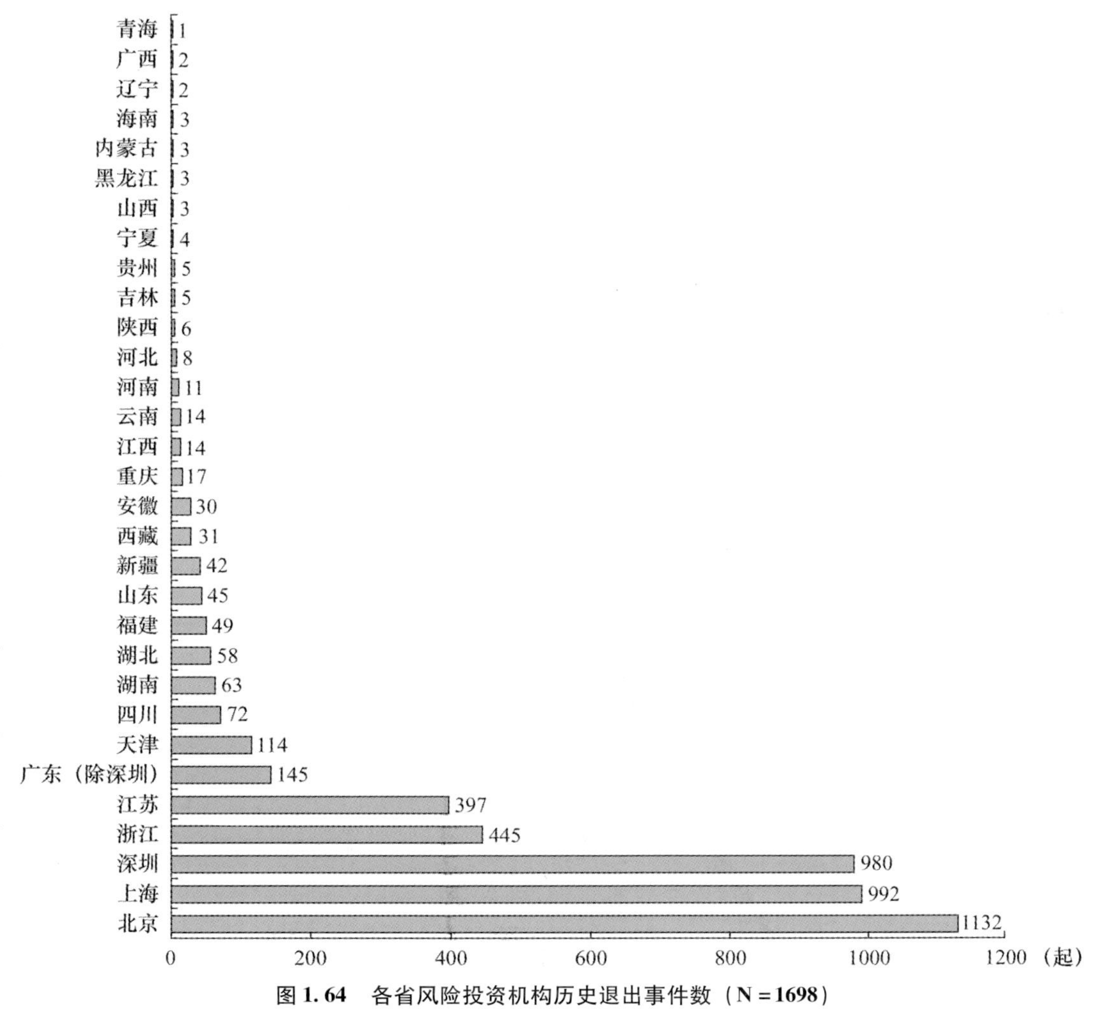


图 1.64　各省风险投资机构历史退出事件数（N＝1698）

在全国按地区全部机构有历史退出事件数据的机构分布数据中，上海以 364 家机构排在首位。北京有 324 家机构，排在第二位。北京与上海相差不大。深圳有 231 家，排在第三位。不超过 100 家机构的省份有 26 个。不超过 10 家机构的有 15 个。青海省最少，仅有 1 家机构。如图 1.65 所示。

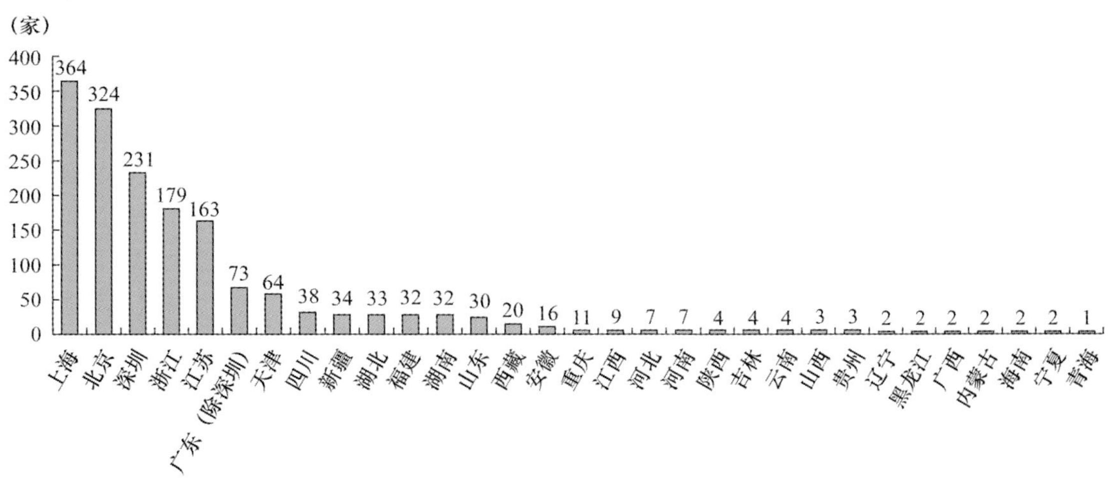


图 1.65　有退出事件的机构分布（N＝1698）

### （二）早期 VC 机构

130 家有历史退出事件的早期 VC 机构，共发生 192 起退出事件，平均每家机构发生 1.476 起退出事件，其分布如图 1.66 所示。活跃地区的早期 VC 机构历史退出事件总量以 89 起位居第一位，占比 46.35%。。第二则是投资中心，总量为 85 起，占比 44.47%。欠发达地区总量为 15 起，占比 7.81%。落后地区最靠后，仅有 3 起，占比 1.56%。

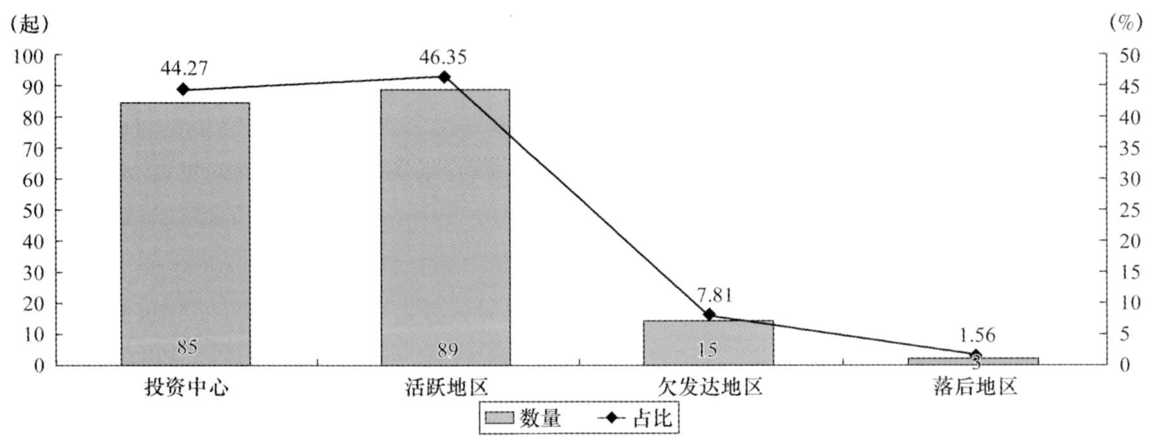


图 1.66 早期 VC 机构退出事件总数与占比（N = 130）

有历史退出事件的早期 VC 机构数量最多的是投资中心，有 59 家早期 VC 机构，占比达到 46%，其次是活跃地区，占比 43%。欠发达地区与落后地区共同占比 11%。如图 1.67 所示。

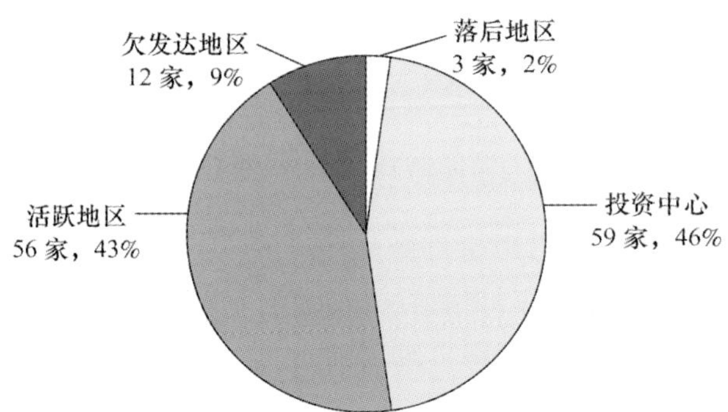


图 1.67 有历史退出事件的早期 VC 机构分布（N = 130）

从机构退出事件均值看，活跃地区以 1.59 起位居第一，第二是投资中心，1.44 起。第三是欠发达地区，1.25 起，最后是落后地区，1.00 起。如图 1.68 所示。

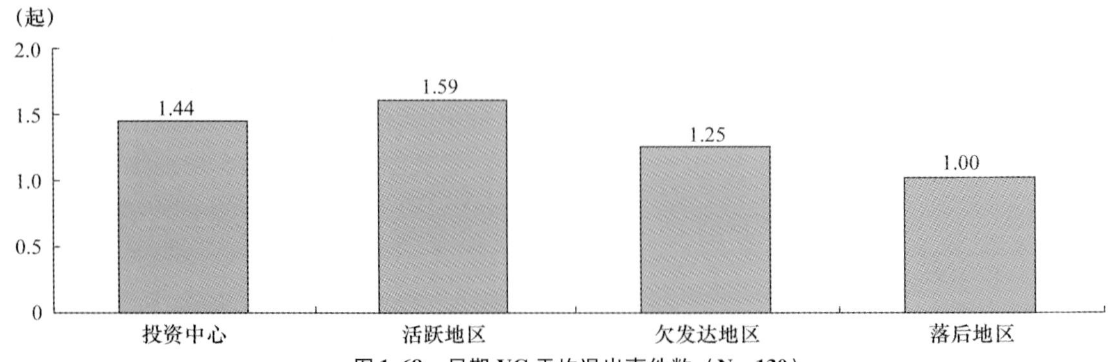


图 1.68 早期 VC 平均退出事件数（N = 130）

对各省市排序，得到图 1.69。在全国按地区早期 VC 机构历史退出事件累计图中可以看到，深圳的机构以 37 起位居首位，第二是江苏，为 36 起。第三是上海，为 31 起。前三名累计历史退出事件数达到 54%，超过一半的全国历史退出事件总量。

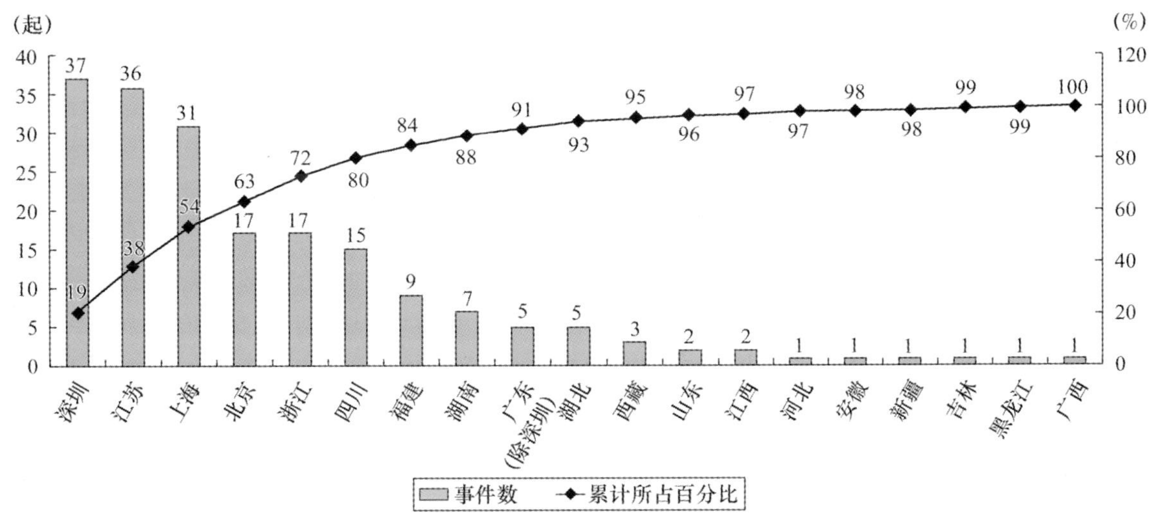


图 1.69　早期 VC 机构历史退出事件（按省市排序）（N=130）

各省有退出事件记载的早期 VC 机构数量如图 1.70 所示。有退出事件的早期 VC 机构最多的是深圳，23 家；其次是上海市与江苏省，均为 21 家；第四是北京市，15 家。四个省市合计超过 60%。

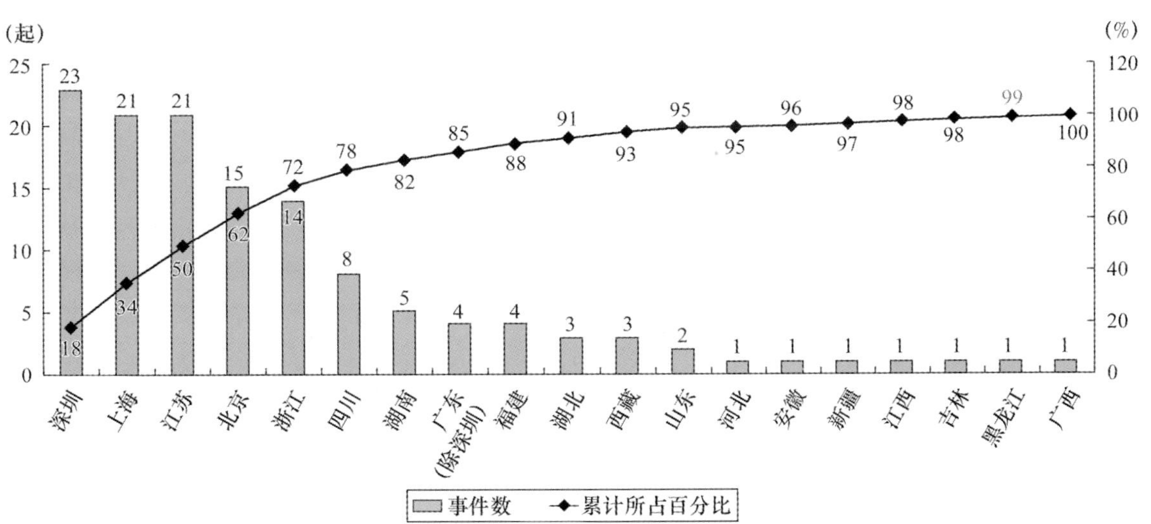


图 1.70　早期 VC 机构有历史退出事件数据的机构累计（N=130）

## （三）中后期 VC 机构

590 家中后期 VC 机构共发生 1847 起退出事件，平均每家 3.13 起退出事件，其分布如图 1.71 所示。投资中心的中后期 VC 投资机构历史退出事件总量以 120 起位居第一位，占比 65.13%。第二则是活跃地区，总量为 542 起，占比 29.34%。欠发达地区总量为 84 起，占比 4.55%。落后地区靠仅 18 起，占比 0.97%。

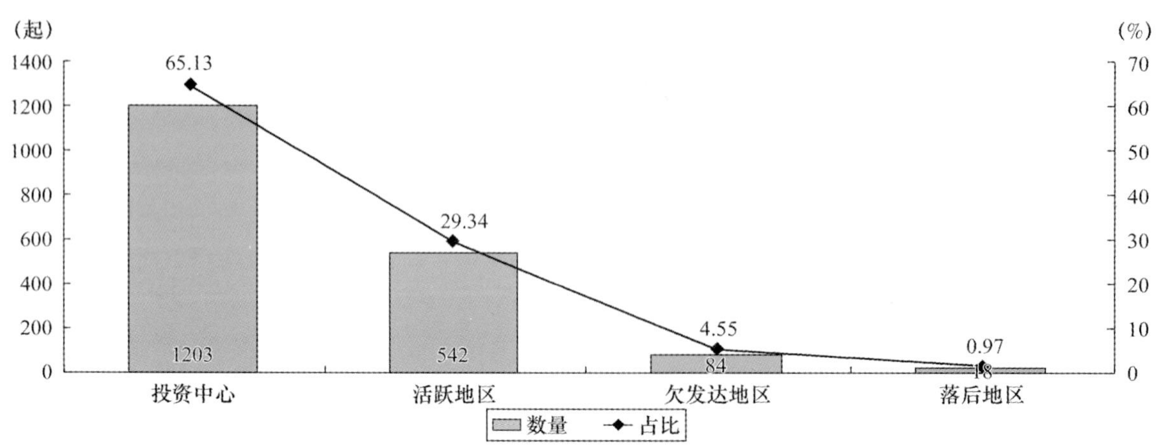


图 1.71　中后期 VC 退出事件数量与占比（N = 590）

有历史退出事件的中后期 VC 机构数，投资中心有 311 家，占比达到 53%，超过全国半数。其次是活跃地区，有 230 家机构，占比 39%。二者合计超过 90%。如图 1.72 所示。

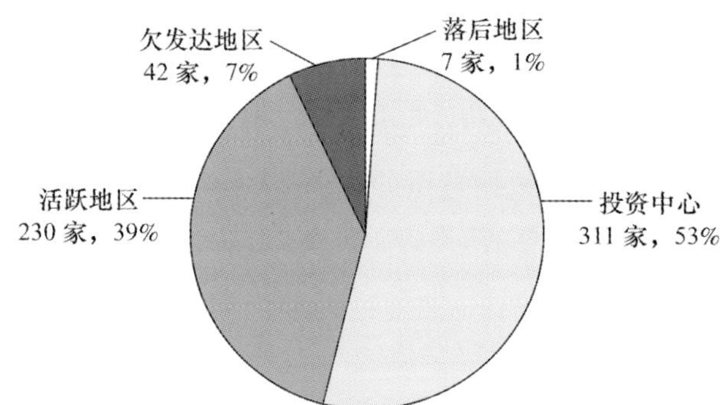


图 1.72　有历史退出事件的中后期 VC 机构分布（N = 590）

从均值看，处于投资中心的投资机构以 3.87 起位居第一，第二是落后地区，2.57 起。第三是活跃地区，2.36 起，最后是欠发达地区，2.00 起。四个地区之间的差距不大。如图 1.73 所示。

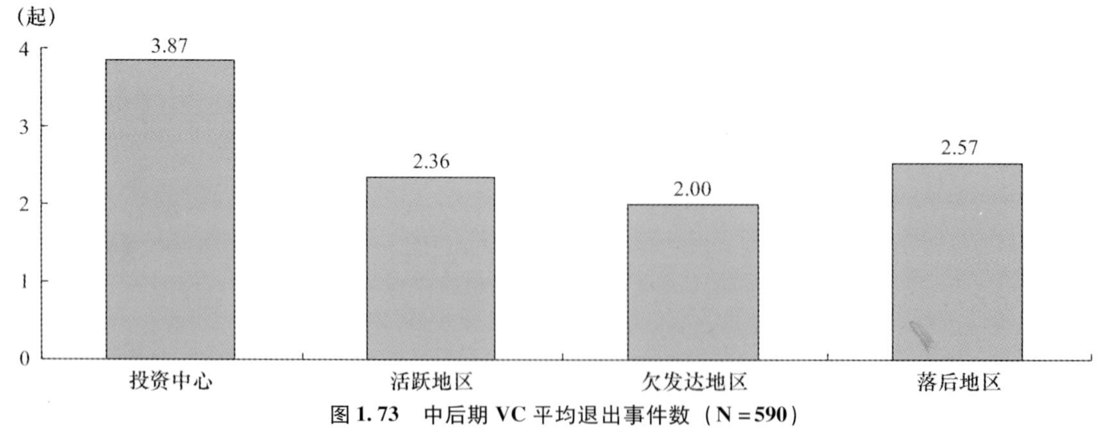


图 1.73　中后期 VC 平均退出事件数（N = 590）

对各省市中后期 VC 机构的历史退出事件进行排序，得到图 1.74。深圳以 450 起位居首位，第二是北京市，397 起。第三是上海市，为 356 起，不超过 100 起的省份地区有 22 个。不超过 10 起的省份有 13 个。

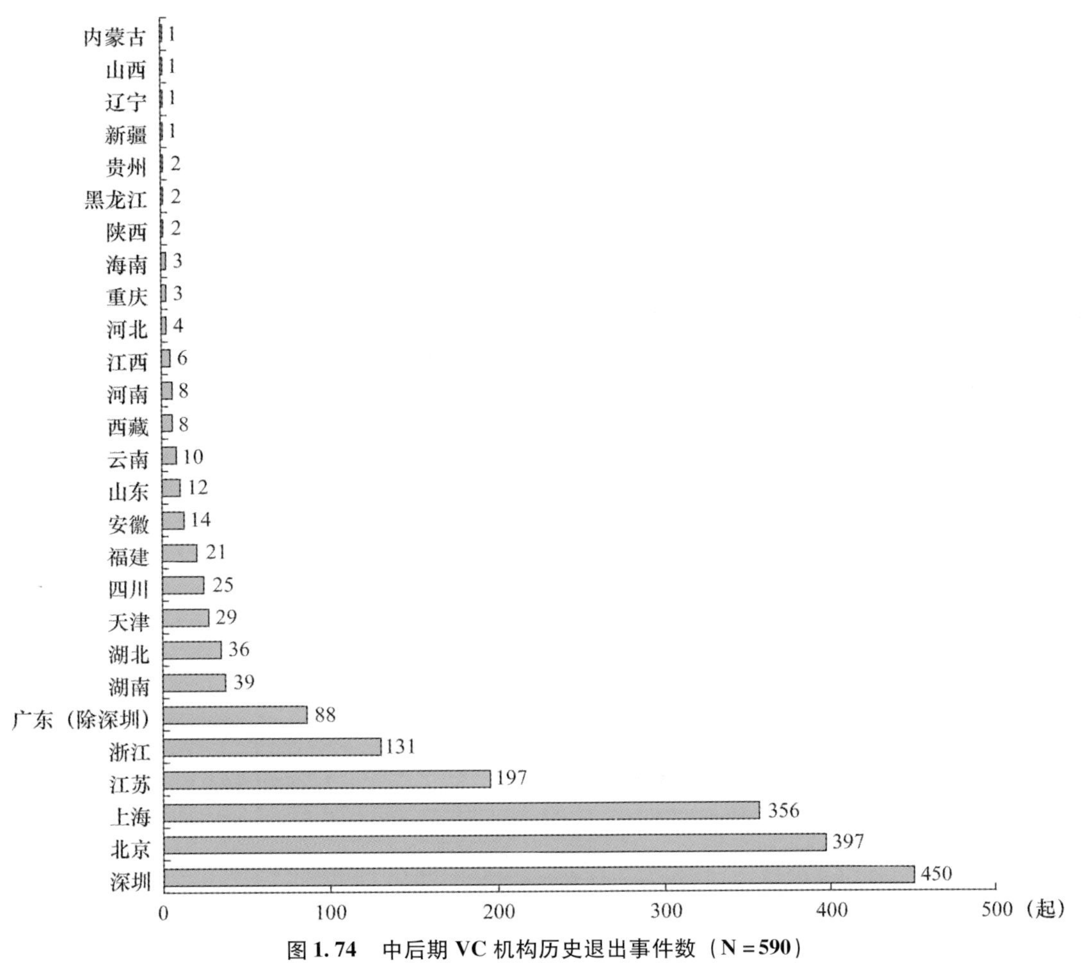


图 1.74　中后期 VC 机构历史退出事件数（N=590）

有历史退出事件的中后期 VC 机构的省份分布如图 1.75 所示。上海最多，125 家，北京次之，101 家，第三是深圳，85 家。

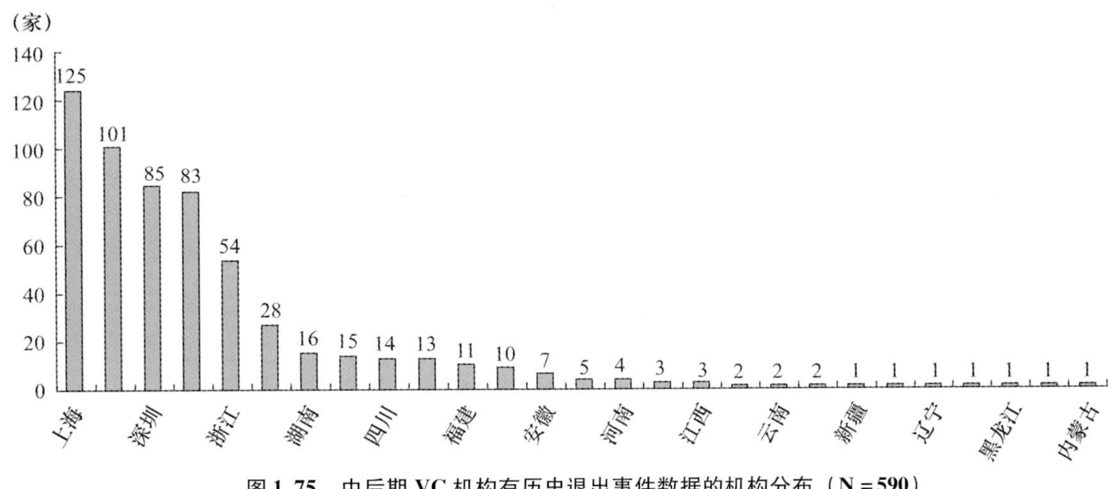


图 1.75　中后期 VC 机构有历史退出事件数据的机构分布（N=590）

## （四）VC/PE 机构

有退出事件的 272 家 VC/PE 机构，共发生 1324 起退出事件，平均每家 VC/PE 机构发生

4.87 起退出事件，其分布如图 1.76 所示。投资中心的 VC/PE 投资机构历史退出事件总量以 965 起位居第一位，占比 72.89%。第二则是活跃地区，总量为 320 起，占比 24.85%。欠发达地区总量为 22 起，占比 1.66%。落后地区占比仅有 0.60%，所占比例最少，仅有 8 起。

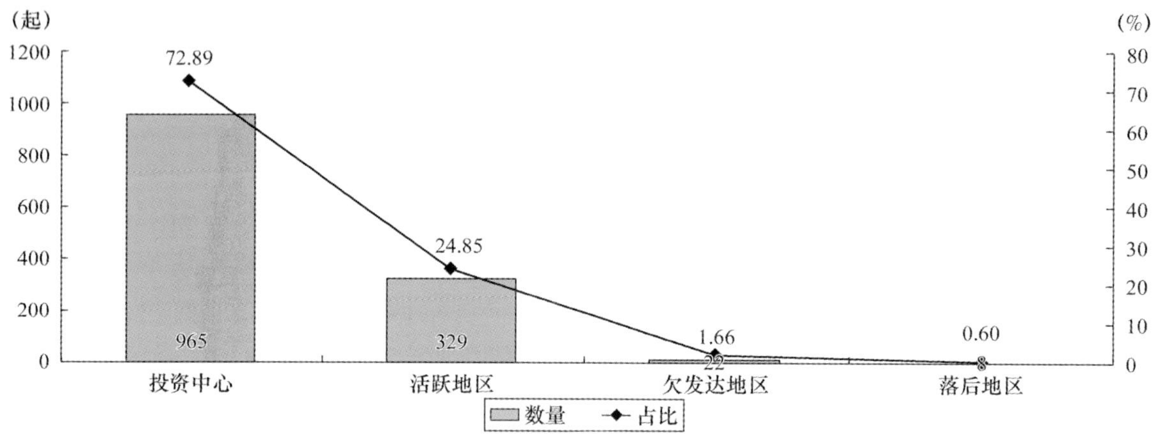


图 1.76　VC/PE 机构退出事件数量与占比（N=272）

有历史退出事件的 VC/PE 机构，投资中心最多，有 170 家 VC/PE 机构，占比达到 63%。其次是活跃地区，有 80 家机构，占比 29%。欠发达地区有 18 家 VC/PE 机构，占比 7%。占比最少的是落后地区，占比 1%，仅有 4 家 VC/PE 机构。如图 1.77 所示。

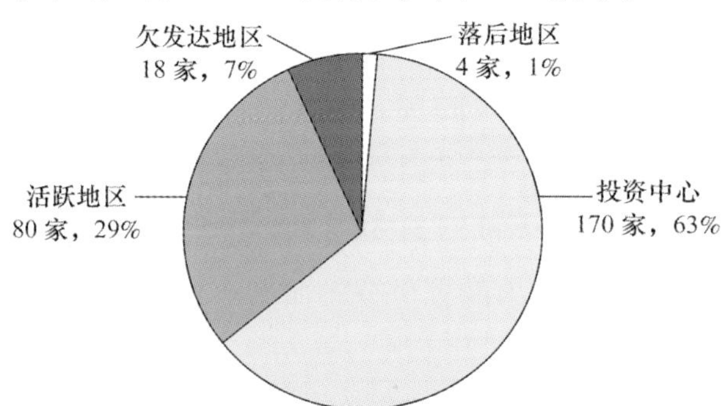


图 1.77　VC/PE 机构有历史退出事件数据的机构数量（N=272）

按照全国地区 VC/PE 机构按区域层次平均每机构发生退出事件数上来看，投资中心地区以 5.68 起位居第一。第二是活跃地区，4.11 起。第三是落后地区，2.00 起。最后是欠发达地区，1.22 起。如图 1.78 所示。

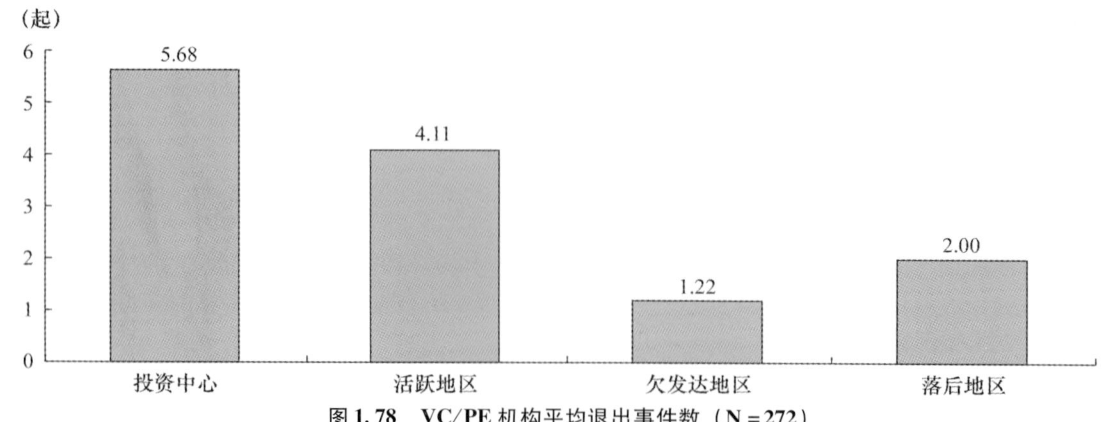


图 1.78　VC/PE 机构平均退出事件数（N=272）

按照省市排序，得到图 1.79。北京的 VC/PE 机构以 352 起位居首位。接下来的是深圳市，323 起。上海市，290 起，位居第三。

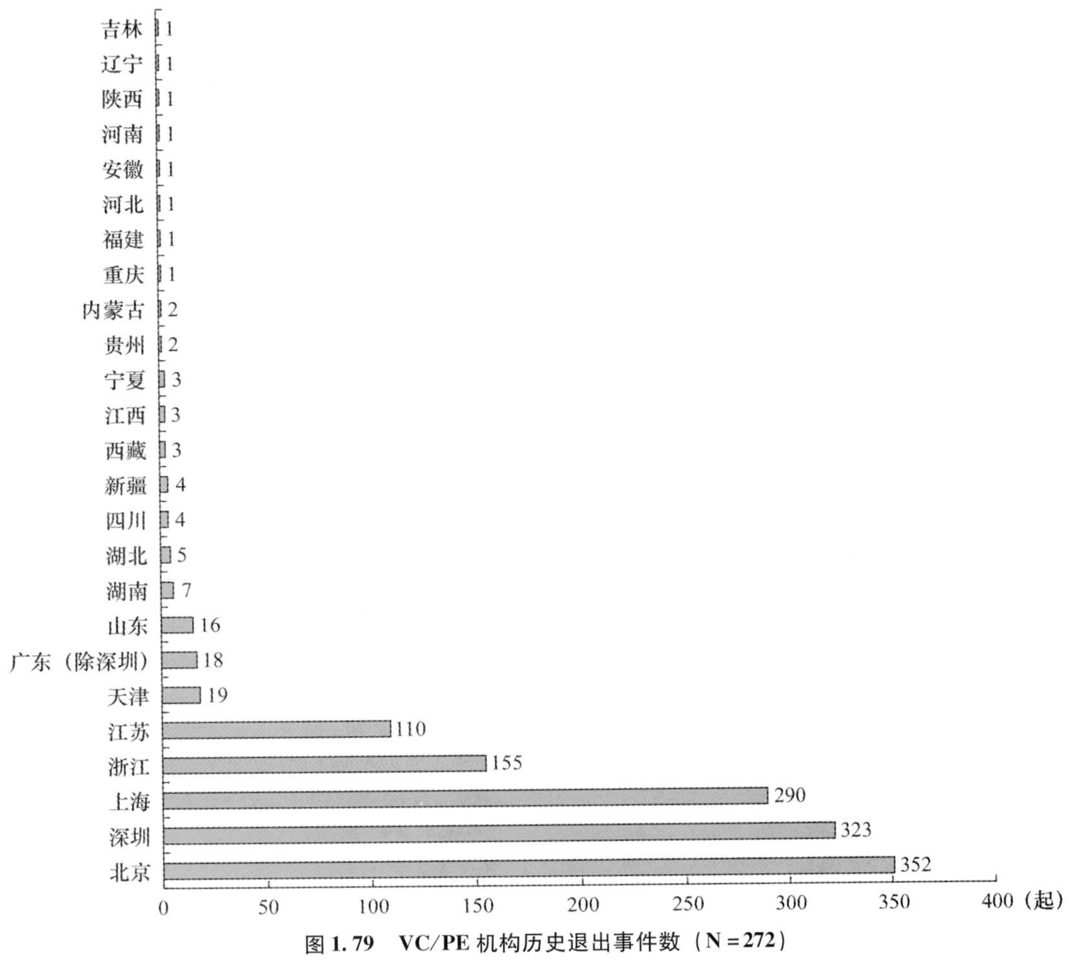


图 1.79　VC/PE 机构历史退出事件数（N = 272）

有历史退出事件的 VC/PE 机构省市分布情况如图 1.80 所示。机构最多的是上海，74 家；其次是北京，55 家；第三是深圳，41 家。

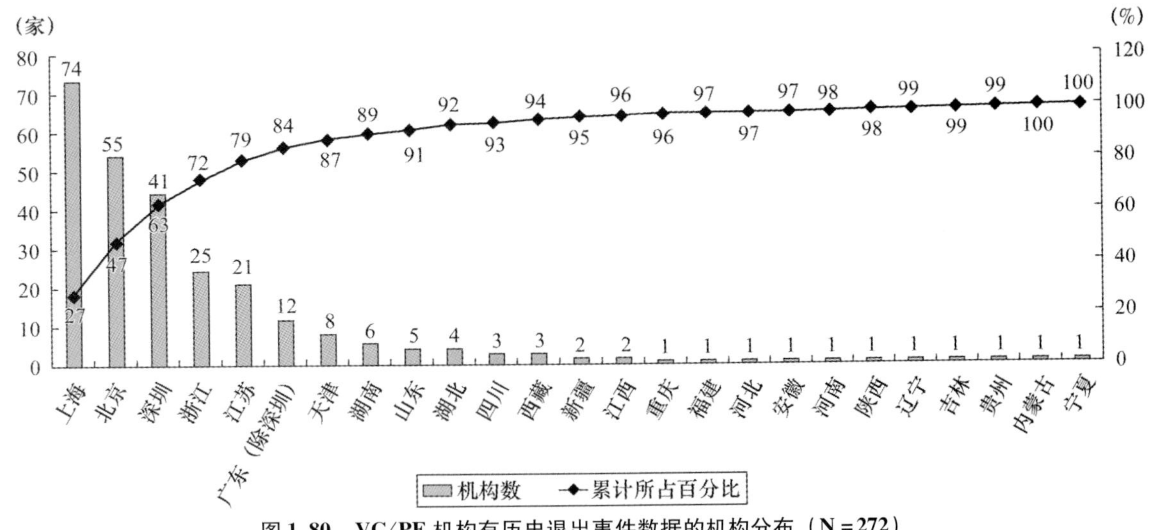


图 1.80　VC/PE 机构有历史退出事件数据的机构分布（N = 272）

### （五）PE 机构

有退出事件的 PE 机构共 604 家，退出事件为 1225 起，平均每家 PE 投资机构 2.03 起，其分布如图 1.81 所示。投资中心的 PE 投资机构历史退出事件总量以 807 起位居第一位，占比 65.88%。第二则是活跃地区，总量为 330 起，占比 26.94%。欠发达地区总量为 77 起，占比 6.29%。落后地区占比仅有 0.90%，所占比例最少，11 起。

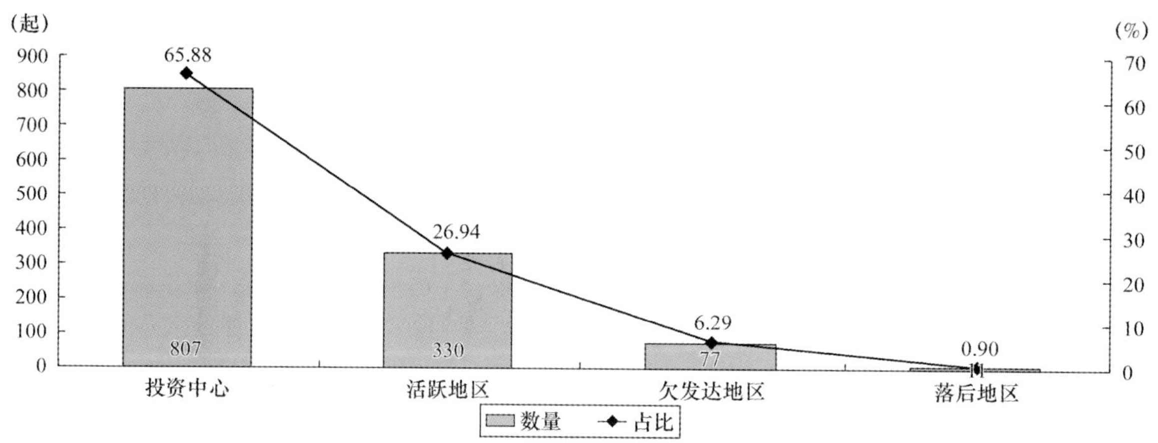


图 1.81 PE 机构退出事件数量与占比（N=604）

604 家 PE 机构分布情况如图 1.82 所示。投资中心有 336 家 VC/PE 机构，占比达到 56%。其次是活跃地区，占比 35%。

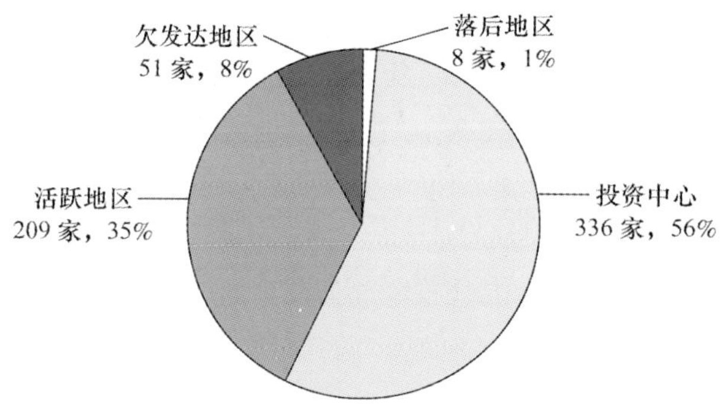


图 1.82 有历史退出事件的 PE 机构分布（N=604）

从 PE 投资机构历史退出事件均值来看，投资中心以 2.40 起位居第一，第二是活跃地区，1.58 起。第三是欠发达地区，1.51 起。最后是投资中心，1.38 起。三个地区的差距不大。如图 1.83 所示。

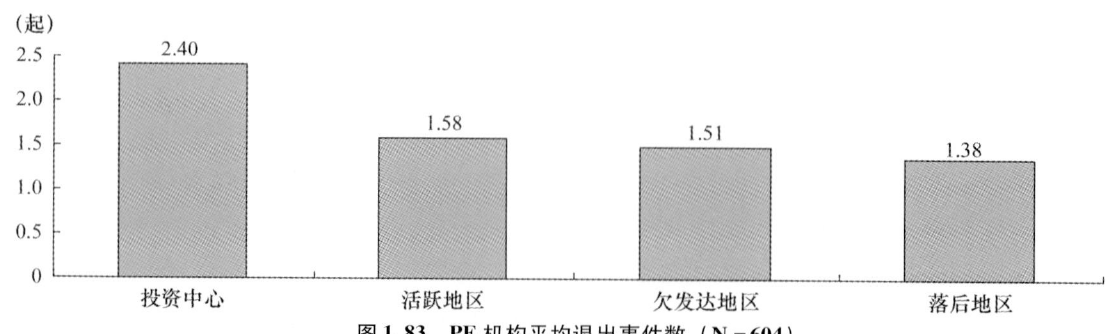


图 1.83 PE 机构平均退出事件数（N=604）

按照省市排序，PE 机构历史退出事件分布如图 1. 84 所示。北京以 354 起位居首位。其次是上海市，295 起退出事件。第三是深圳市 185 起退出事件。全国各省份地区发生退出事件不超过 20 起的有 18 个。不超过 10 起退出事件的省份有 13 个。

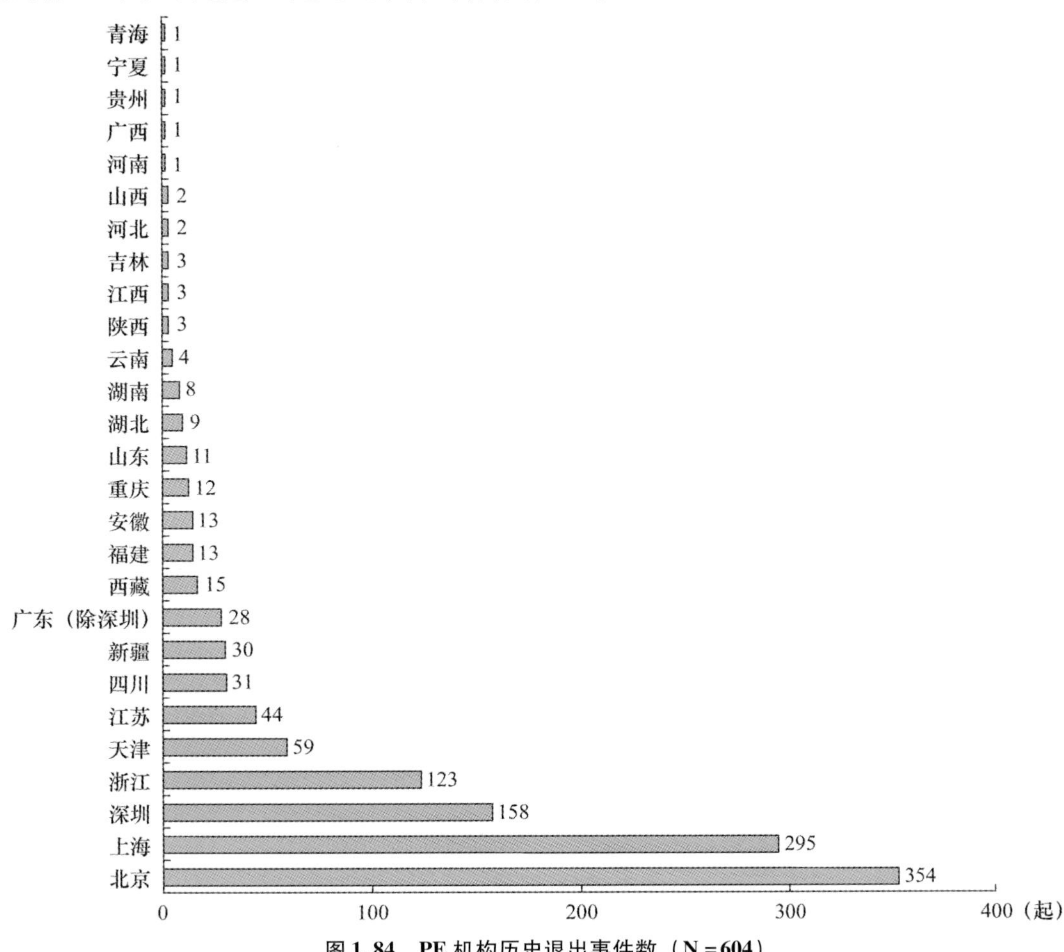


**图 1. 84　PE 机构历史退出事件数（N = 604）**

604 家有退出事件的 PE 机构的省市分布如图 1. 85 所示。北京最多，141 家，上海 125 家，深圳 70 家。第四是浙江省，70 家。

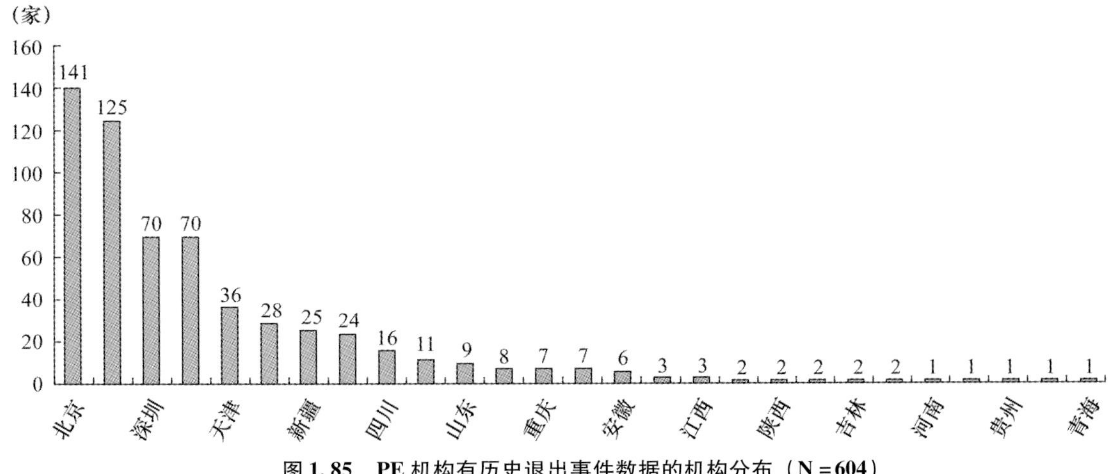


**图 1. 85　PE 机构有历史退出事件数据的机构分布（N = 604）**

# 第二章　风险资本中心

本章课题组分析了我国三大风险资本中心——北京、上海和深圳的特征，数据截至 2016 年 12 月 31 日。对没有投资事件的机构进行排除之后，本章的研究样本包含 2550 家投资机构，其中北京 945 家，上海 964 家，深圳 641 家，全部投资事件数为 23163 件，退出事件数为 3060 件。在对投资中心所有投资机构分析的基础上，进一步研究了各种活跃 VC 的情况，包括活跃早期 VC、活跃中后期 VC 和活跃 VC/PE。

## 第一节　北京

### 一、风险投资机构整体情况

#### （一）投资机构类型分布

按照风险投资机构性质划分，如图 2. 1 所示。北京市 945 家风险投资机构中，早期 VC 机构数为 96 家，其中活跃早期 VC 机构数为 22 家，占比 22. 92%；中后期 VC 机构数为 234 家，其中活跃中后期 VC 机构数为 54 家，占比 23. 08%；VC/PE 机构数为 197 家，其中活跃机构数为 29 家，占比 14. 72%；PE 机构数为 418 家，其中活跃机构数为 150 家，占比 35. 89%。

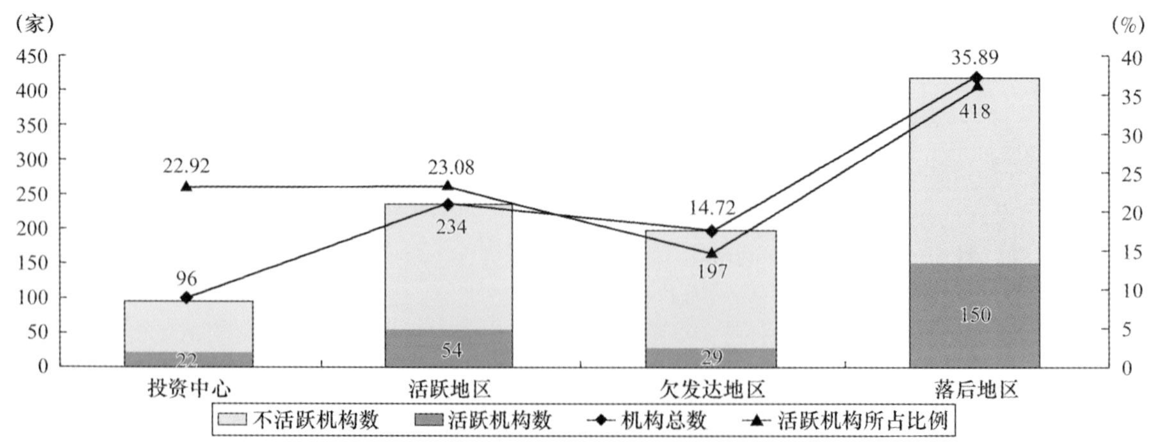


图 2. 1　北京市风险投资机构类型分布（N = 945）

## （二）管理资金情况

### 1. 总体分布

课题组掌握的数据中，北京市945家风险投资机构披露管理资金的有290家，披露总金额为2242亿美元，管理资金均值为7.7亿美元，其分布如图2.2所示。其中VC/PE机构、PE机构占比最多，分别为44%、42%。

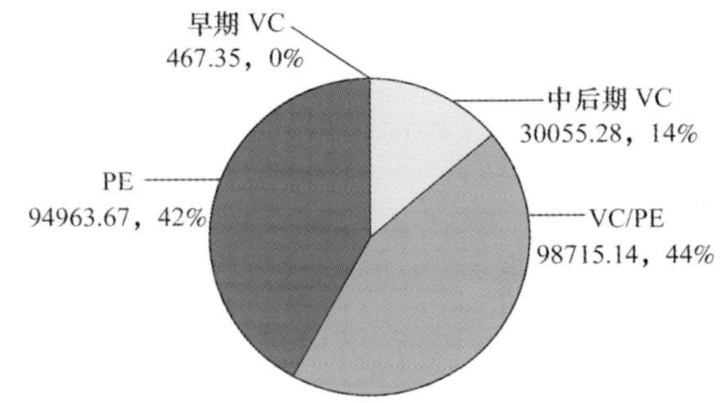


图2.2　北京市投资机构管理资金总和（单位：10万美元）（N=290）

### 2、活跃投资机构管理资金分布

课题组掌握的数据中，披露管理资金总额的北京市活跃风险投资机构家数为123家，管理资金总金额为1711.67亿美元，管理资金均值为13.9亿美元，其分布如图2.3所示。其中PE机构占比最多，达到了48%，其次是VC/PE机构，占比38%。

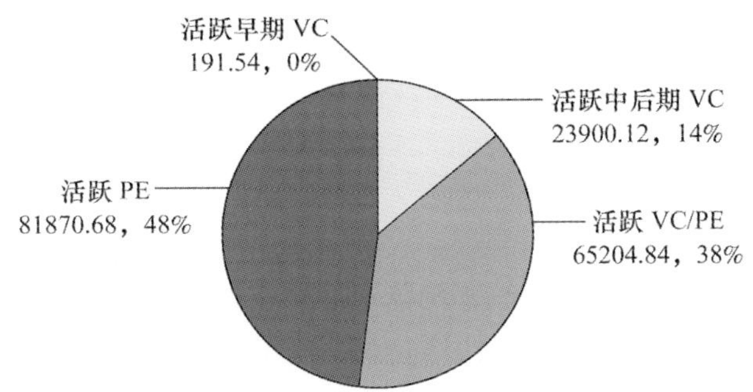


图2.3　北京市活跃投资机构管理资金总和（单位：10万美元）（N=123）

## （三）投资事件情况

### 1. 总体分布

北京市945家风险投资机构的投资事件数总和为10317件，每家机构的平均投资事件数为10.9件。按照投资机构类型分布如图2.4所示。中后期VC机构的投资事件总数最多，为4804件，其次是VC/PE机构、PE机构，数量分别为2770件、1975件。

由图2.5可知，中后期VC机构的平均投资事件数最多，为21件，其次是VC/PE机构、早期VC机构，平均投资事件数最少的是PE机构。

### 2. 活跃投资机构投资事件分布

北京市255家活跃风险投资机构，投资事件数总和为8740件，每家机构的平均投资事件为34.27件，按照投资机构类型分布如图2.6。活跃中后期VC机构的投资事件总数最多，占比将近1/2，其次是VC/PE机构、PE机构，数量分别为2235件、1639件。

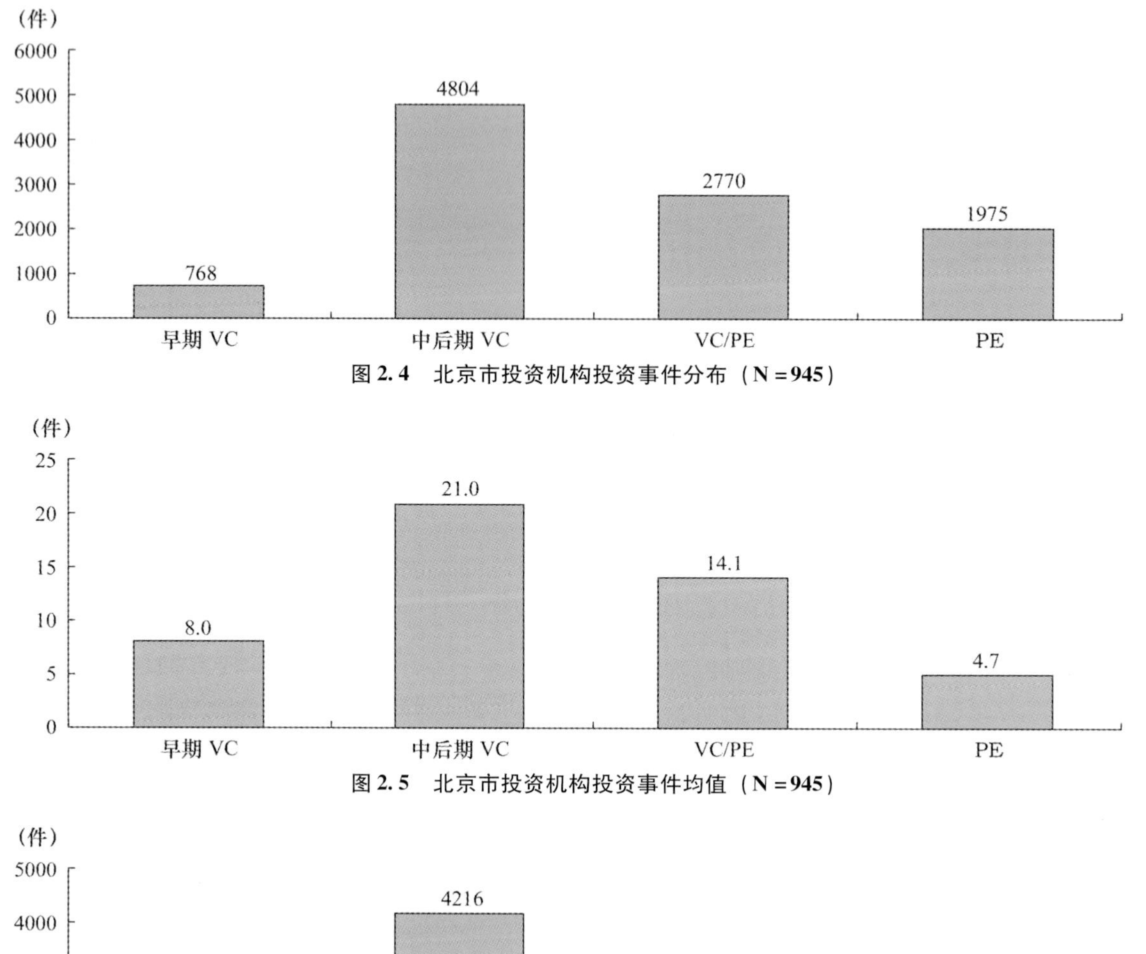


图 2.4　北京市投资机构投资事件分布（N＝945）



图 2.5　北京市投资机构投资事件均值（N＝945）

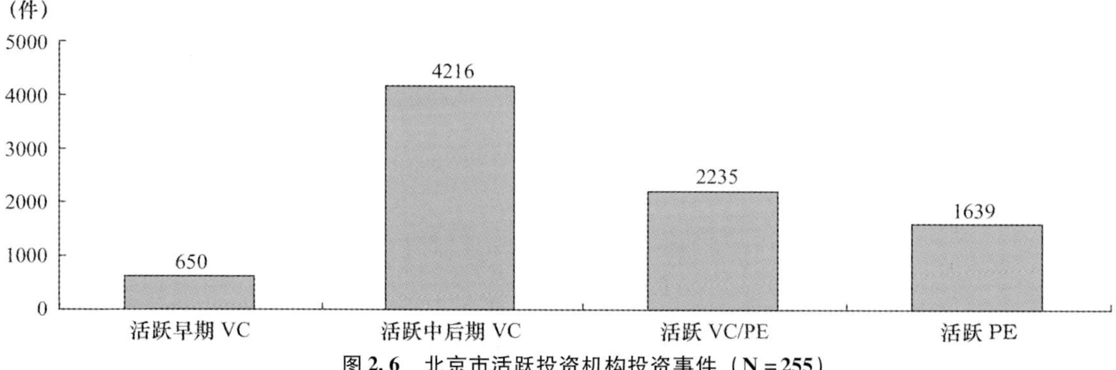


图 2.6　北京市活跃投资机构投资事件（N＝255）

北京市活跃投资机构投资事件均值如图 2.7 所示。中后期 VC 机构和 VC/PE 机构的平均投资事件数最多，分别为 78 件、77 件；PE 机构的平均投资事件数最少，为 10.9 件。

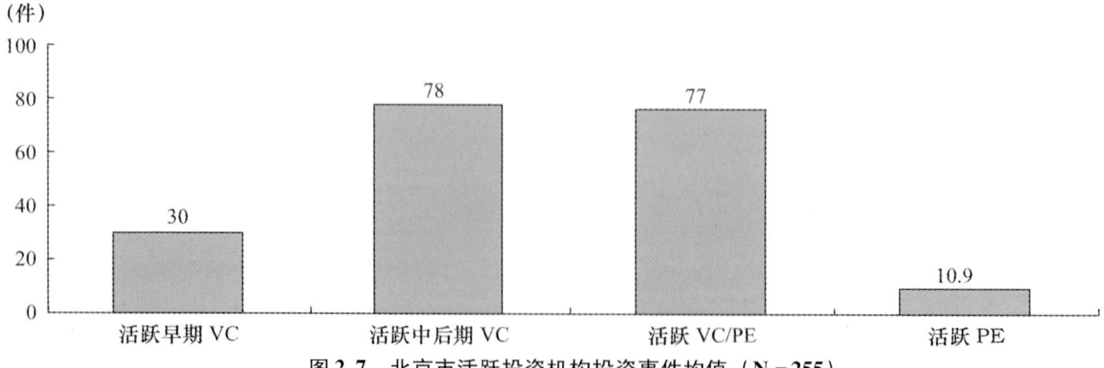


图 2.7　北京市活跃投资机构投资事件均值（N＝255）

## （四）退出事件情况

### 1. 总体分布

北京市风险投资机构中披露退出事件的机构有312家，披露的退出事件总数为1120件，每家机构平均退出事件数为3.59件。

按照机构类型，北京市投资机构的退出事件分布如图2.8所示。中后期VC机构、VC/PE机构、PE机构退出事件数相差不大，占比分为35%、31%、32%，早期VC机构的退出事件数最少，总数为17件。

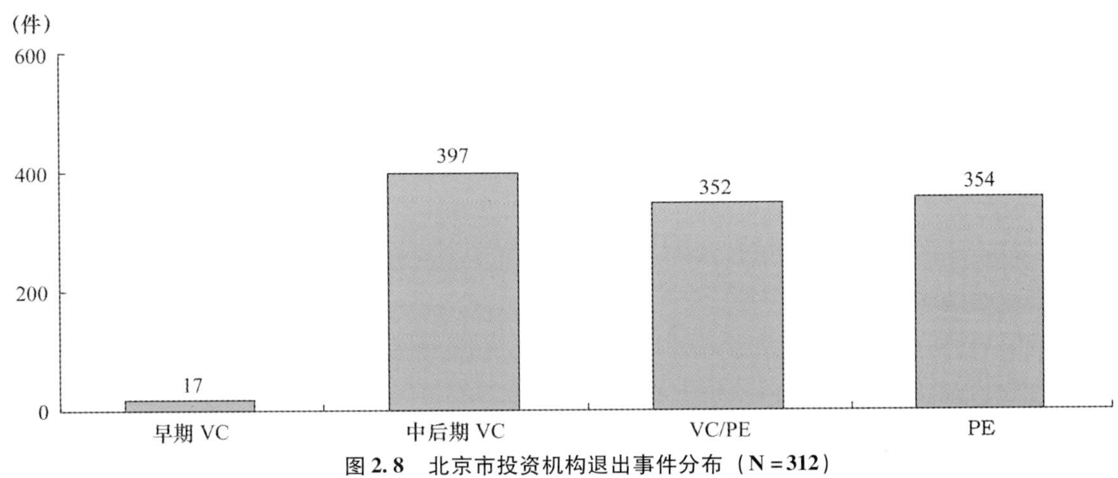


图2.8　北京市投资机构退出事件分布（N=312）

由图2.9可知，VC/PE机构的平均退出事件数最多，为6件，占比43%，其次是中后期VC机构、PE机构，分别为4件、3件。

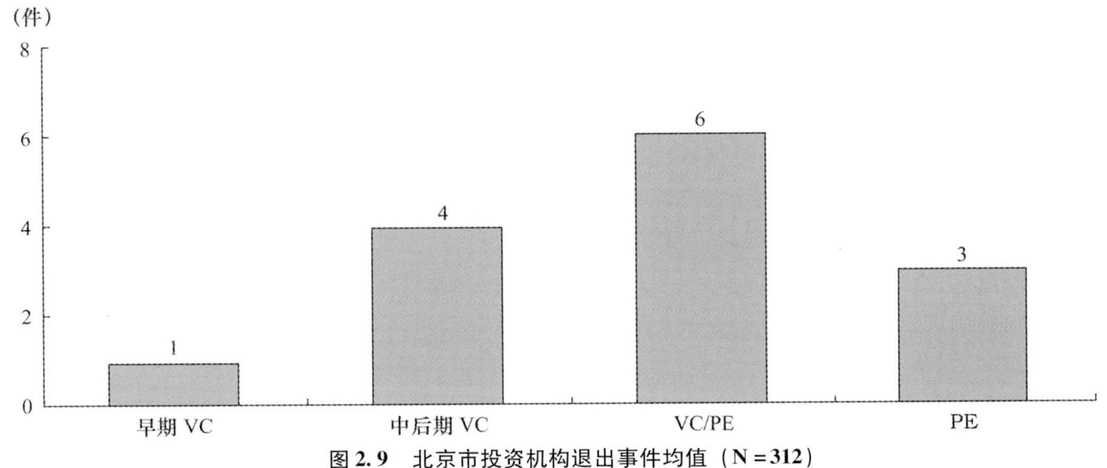


图2.9　北京市投资机构退出事件均值（N=312）

### 2. 活跃投资机构退出事件分布

课题组掌握的北京市活跃风险投资机构中，披露退出事件的机构有136家，退出事件总数为838件，每家活跃机构平均退出事件数为6.16件。

各种类型活跃投资机构的退出事件分布如图2.10所示。中后期VC机构的退出事件数最多，为291件，占比35%，其次是VC/PE机构、PE机构，最少的是早期VC机构，退出事件只有5件。

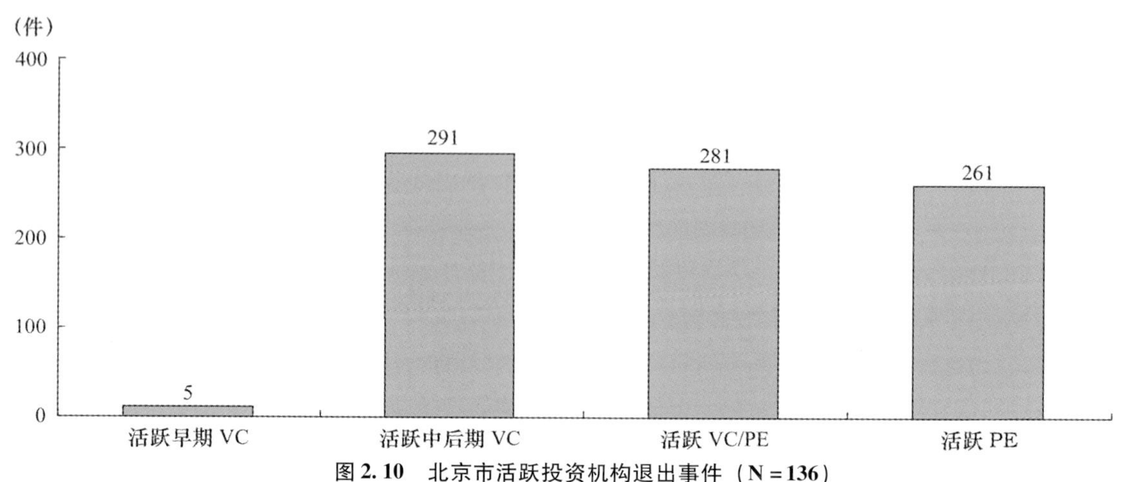


图 2.10　北京市活跃投资机构退出事件（N = 136）

## 二、活跃 VC 机构情况

对投资中心活跃机构的研究仅包括各类 VC 机构，不包括纯粹的 PE 机构。课题组把焦点放在投资于中早期发展阶段的企业，分析内容增加了基金募集情况、投资行为、以及退出方式，旨在为创新和创业者以及相关政府部门提供决策参考。

### （一）管理基金情况

#### 1. 基金募集情况

课题组掌握的数据中，北京市的 85 家风险投资机构披露了管理基金情况，这些机构共管理着 721 只基金，平均每家机构管理 8.48 只基金。基金的类型及其数量如表 2.1 所示。

表 2.1　北京市活跃机构管理的基金类型分布

| 基金类型 | 早期 VC | 中后期 VC | VC/PE |
|---|---|---|---|
| Venture（创业投资） | 11 | 162 | 181 |
| Angel（天使投资） | 9 | 15 | 7 |
| Growth（成长基金） | 0 | 48 | 180 |
| MultiStage（多阶段基金） | 0 | 4 | 6 |
| NEEQ Fund（新三板基金） | 0 | 2 | 37 |
| Buyout（并购基金） | 0 | 2 | 35 |
| Gov. Matching（引导基金） | 0 | 1 | 0 |
| Real Estate（房地产基金） | 0 | 0 | 17 |
| Mezzanine（过桥资本） | 0 | 0 | 2 |
| FOF（母基金） | 0 | 0 | 2 |

上表说明，早期 VC 机构募集基金均为投资于早期的基金。中后期 VC 机构募集的基金范围涵盖了天使阶段到并购阶段的基金，但不包括过桥资本、房地产投资基金以及母基金，而 VC/PE

机构募集的基金则涵盖了所有类型的基金。

**2. 2015～2016 新募集基金分布**

北京市 2015、2016 年新募集基金最多的机构类型分别是 VC/PE、中后期 VC，各占当年新募集基金总数的 73. 17%、54. 55%。如图 2. 11 所示。

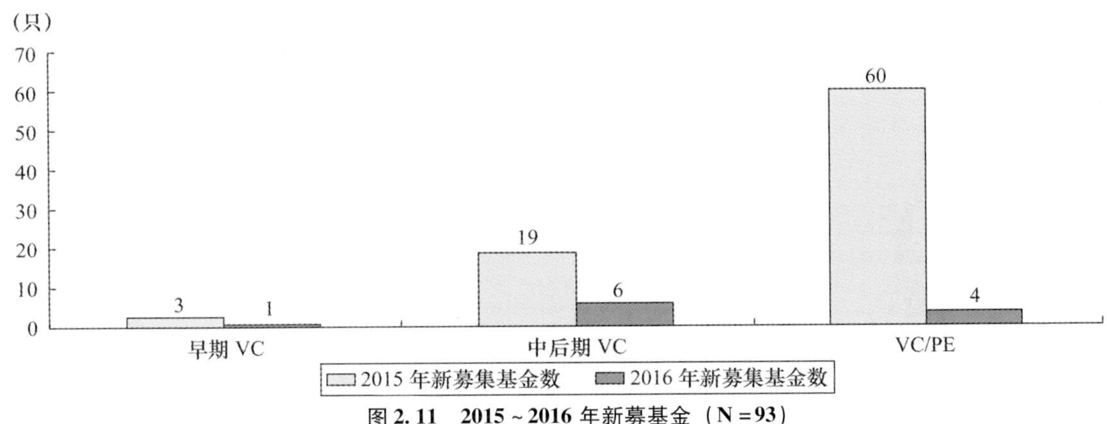


**图 2. 11　2015～2016 年新募基金（N=93）**

**3. 基金资本来源分布**

课题组掌握的数据包括 721 只基金的资本来源信息。中资资本来源最多，有 591 只；外资来源的有 100 只；中外合资最少，有 30 只。如图 2. 12 所示。

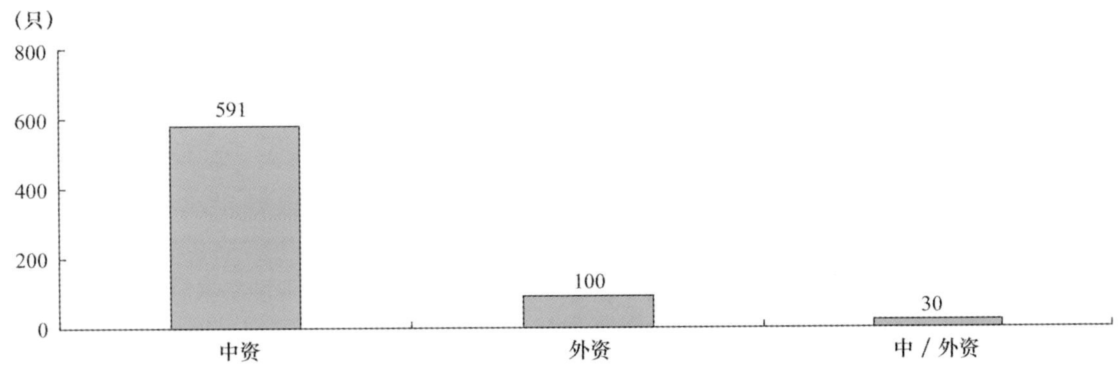


**图 2. 12　北京市活跃机构基金资本来源分布（N=721）**

**4. 基金组织形式分布**

721 只基金的组织形式分布如图 2. 13 所示。为有限合伙制的最多，有 600 只；公司制的有 120 只；信托制的最少，只有 1 只。

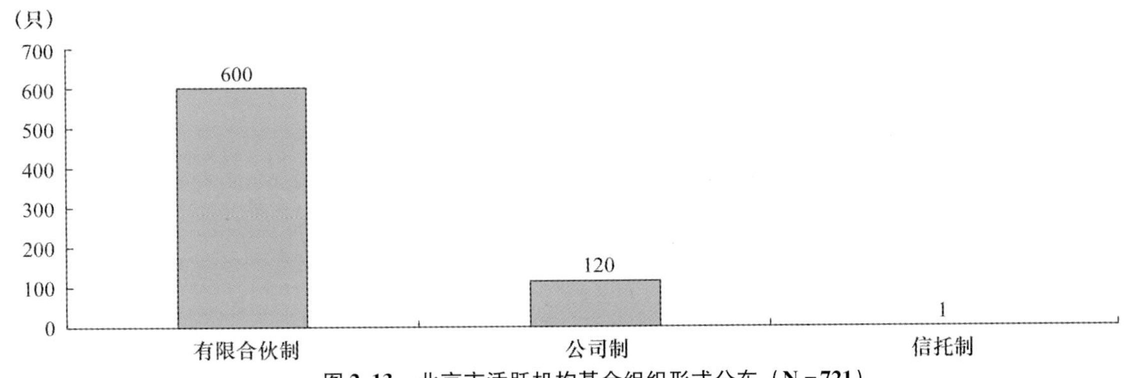


**图 2. 13　北京市活跃机构基金组织形式分布（N=721）**

### 5. 基金拟投资阶段分布

课题组掌握的数据中，披露拟投资阶段的基金只数为 717 只，其中投发展期的最多，有 697 只，扩张期的基金次之，有 614 只；其次是投早期的，有 219 只；投获利期的最少，有 24 只。如图 2. 14 所示。

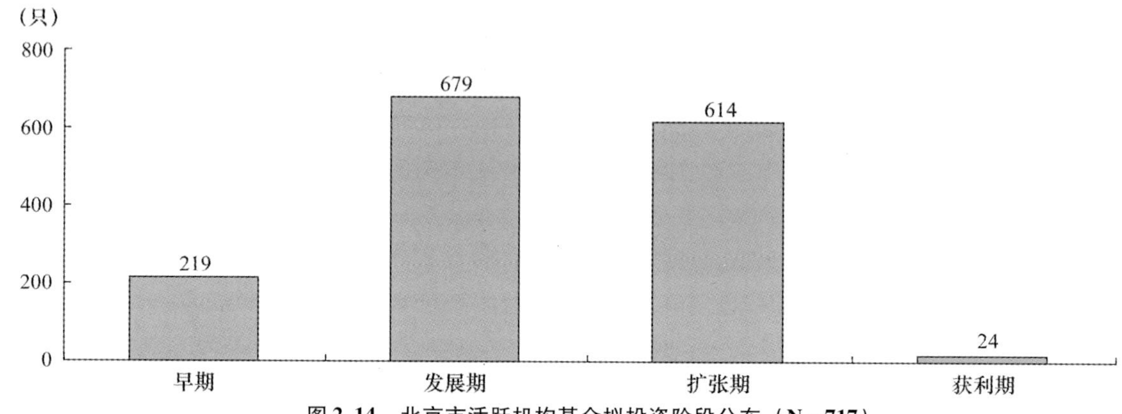


图 2. 14　北京市活跃机构基金拟投资阶段分布（N = 717）

### 6. 基金拟投资阶段的组合方式

上述 717 只基金有很多对不同阶段进行组合投资，其中以发展期/扩张期组合为最多，有 469 只基金；其次是早期/发展期/扩张期，为 116 只。少数基金投资阶段组合涵盖了企业发展的全阶段。如图 2. 15 所示。

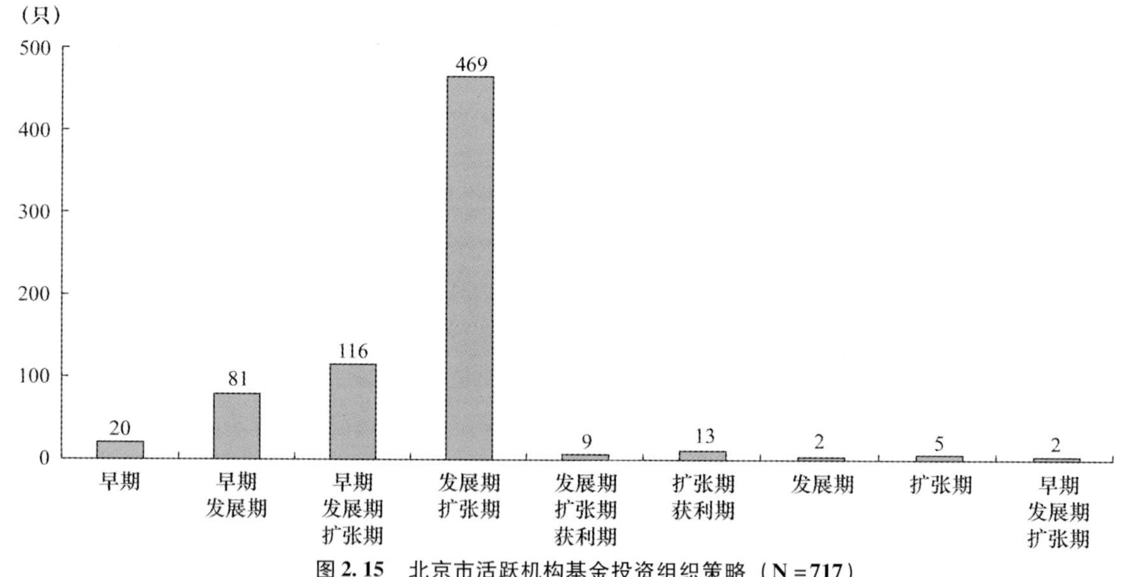


图 2. 15　北京市活跃机构基金投资组织策略（N = 717）

### 7. 募集规模

课题组掌握的数据中，有 416 只基金募集规模数据。其中在 2 万 ~ 5000 万美元这一范围的基金只数最多，有 105 只。大部分基金的规模在 1. 5 亿美元以下。如图 2. 16 所示。

北京市活跃早期 VC 机构募集基金募集规模分布如图 2. 17 所示。1000 万 ~ 2000 万美元段的最多，有 4 只。

北京市活跃中后期 VC 机构募集基金募集规模分布如图 2. 18 所示。大部分基金规模低于 1. 5 亿美元。

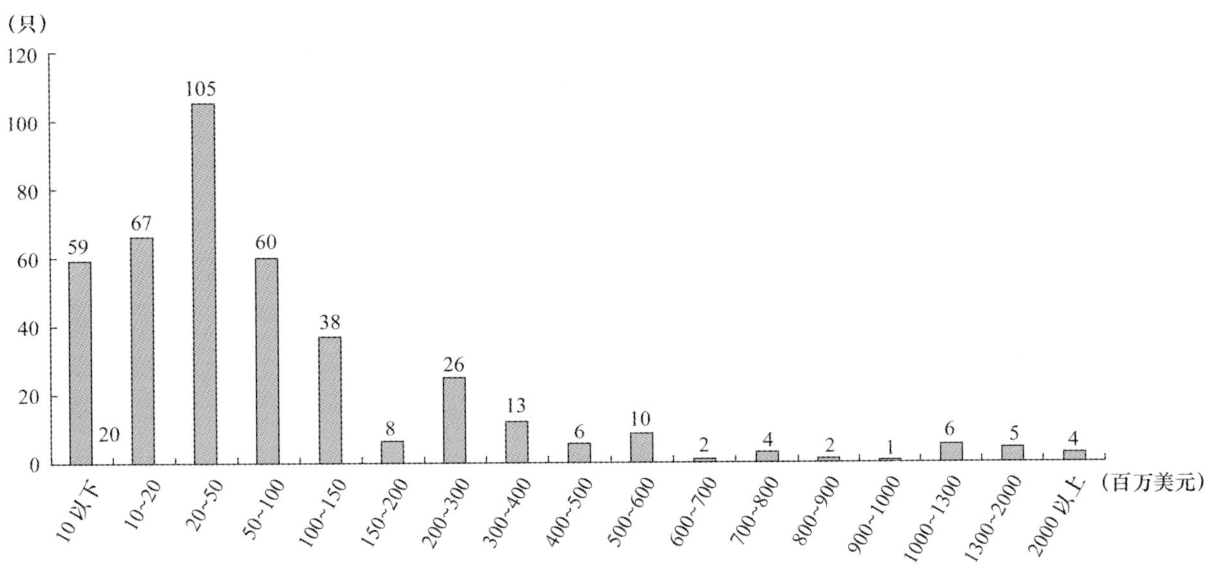


图 2.16　北京市活跃 VC 募集基金规模分布（N = 416）

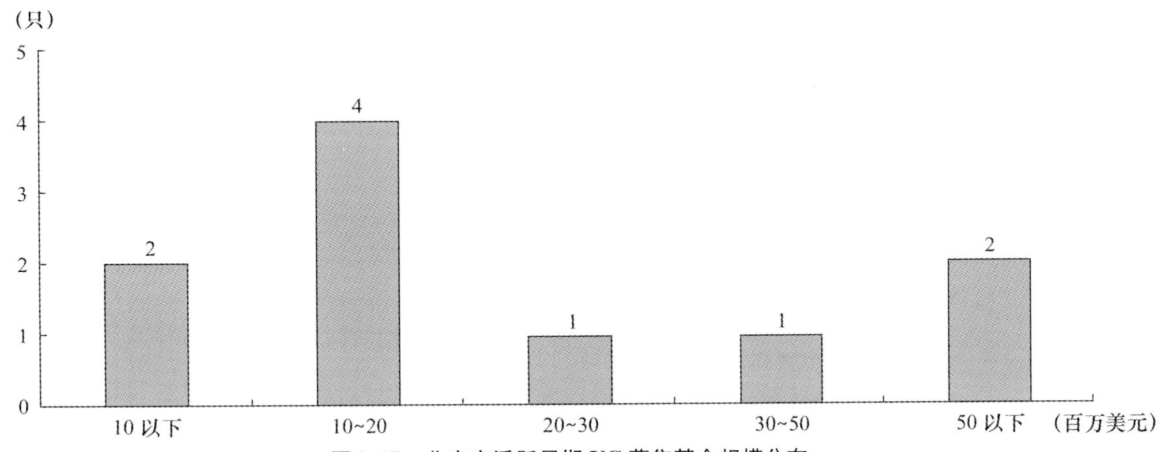


图 2.17　北京市活跃早期 VC 募集基金规模分布

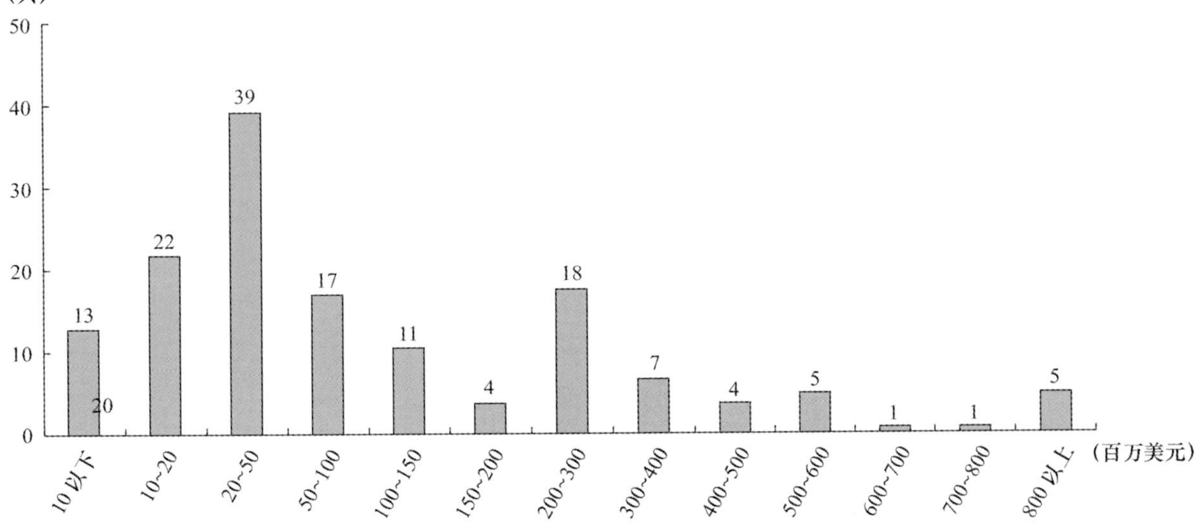


图 2.18　北京市活跃中后期 VC 募集基金规模分布（N = 147）

北京市活跃 VC/PE 机构募集基金募集规模分布如图 2.19 所示。同 VC 机构类似，基金规模大部分低于 1.5 亿美元。

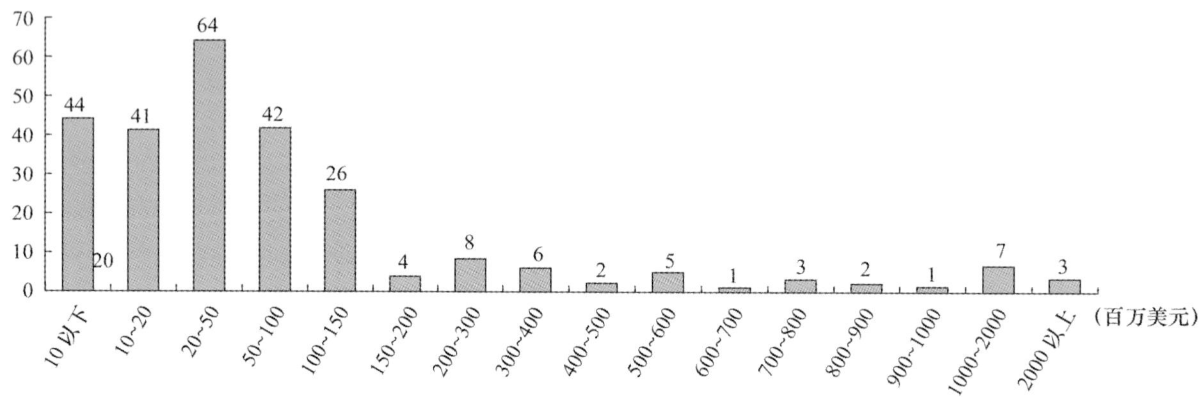


图 2.19　北京市活跃 VC 机构募集基金的规模分布（N = 259）

**8. 募集资金年度分布情况**

北京市活跃早期 VC 机构 2006 ~ 2016 年募集基金总额总体呈现上升趋势，其中虽然 2016 年新募集的基金数量只有 1 只，但募集总金额达到了 1 亿美元。如图 2.20 所示。

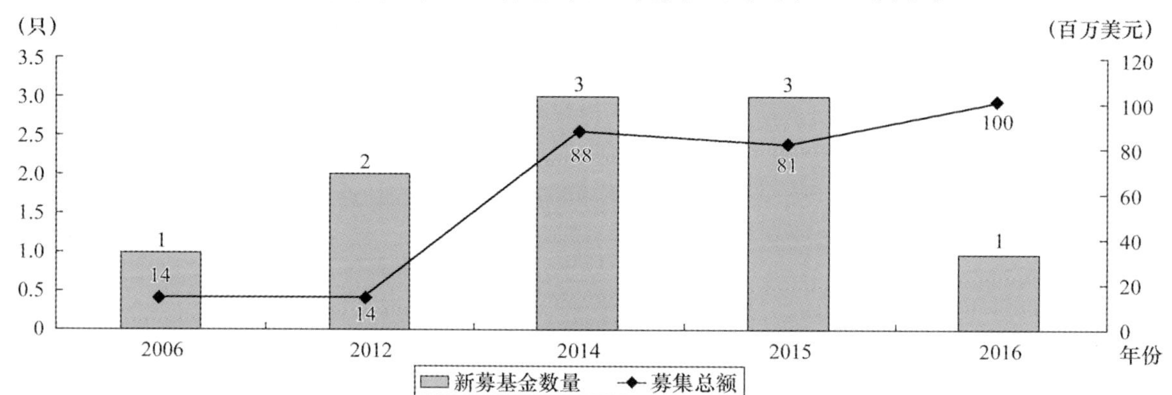


图 2.20　北京市活跃早期 VC 机构 2006 ~ 2016 年基金募集情况

北京市活跃中后期 VC 机构 1995 ~ 2016 年基金募集总额总体波动较大，其中 2010、2011、2012 三年是基金募集高峰年份。2013、2014 年有所下降，2015 年反弹后，2016 年跌到谷底。如图 2.21 所示。

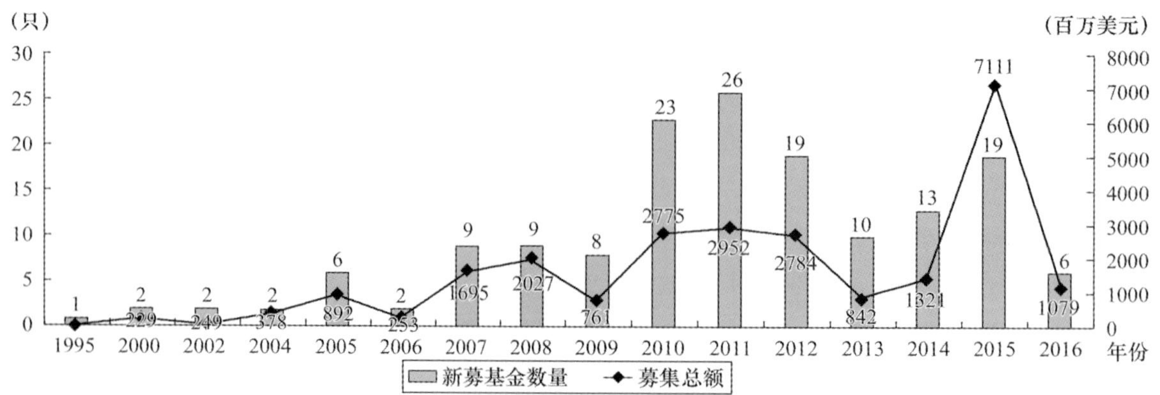


图 2.21　北京市活跃中后期 VC 机构 1995 ~ 2016 年基金募集情况（N = 157）

北京市活跃 VC/PE 机构 1999～2016 年基金募集总额呈现了与 VC 机构相同的趋势，如图 2.22 所示。

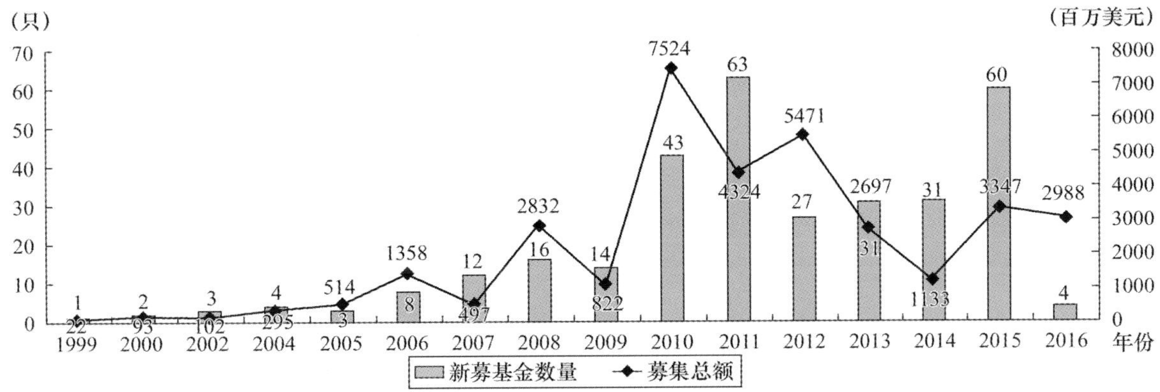


**图 2.22　北京市活跃 VC/PE 机构 1999～2016 年基金募集情况（N＝322）**

## （二）投资事件情况

### 1. 投资事件基本情况

（1）投资事件数量情况。

北京市活跃 VC 机构披露的投资事件总数为 7172 件，平均每家活跃机构的投资事件数为 68.3 件。数据显示，中后期 VC 机构的投资事件总数最多，有 4235 件；其次是 VC/PE 机构，有 2280 件；早期 VC 机构的投资事件总数最少，有 657 件。如图 2.23 所示。

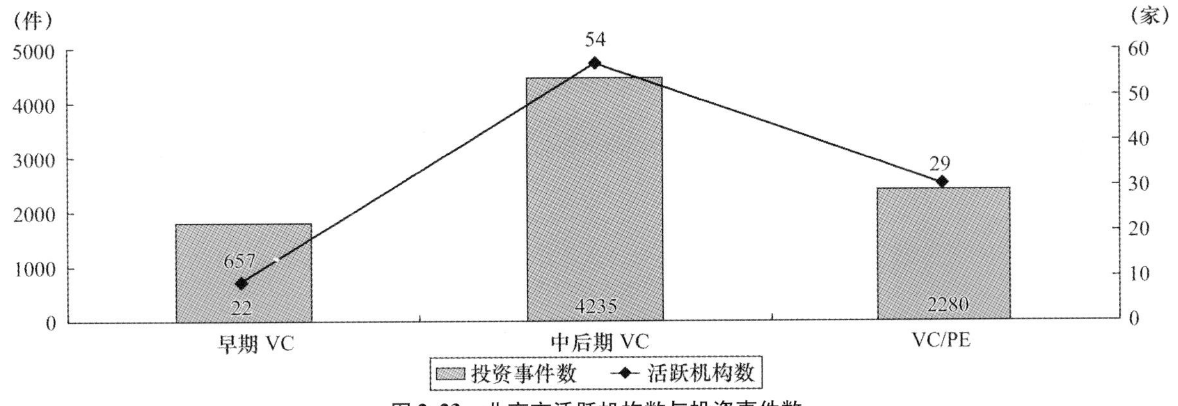


**图 2.23　北京市活跃机构数与投资事件数**

北京市活跃早期 VC 机构的平均投资事件数为 30 件，中后期 VC 为 78 件，VC/PE 为 79 件。如图 2.24 所示。

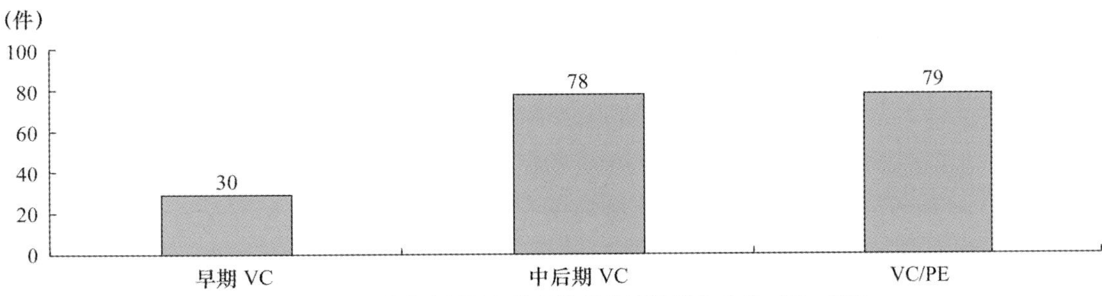


**图 2.24　北京市活跃机构平均投资事件数与占比（N＝105）**

从历年投资事件总量来看，北京市活跃中早期 VC 机构的投资事件发生在本地的有 427 件，占早期 VC 总事件数的 64. 99%；中后期 VC 中发生在本地的有 2026 件，占中后期 VC 总事件数的 47. 84%；VC/PE 中发生在本地的有 786 件，占 VC/PE 总事件数的 34. 47%。上述数据说明，越是早期的投资，越具有本地化特征。如图 2. 25 所示。

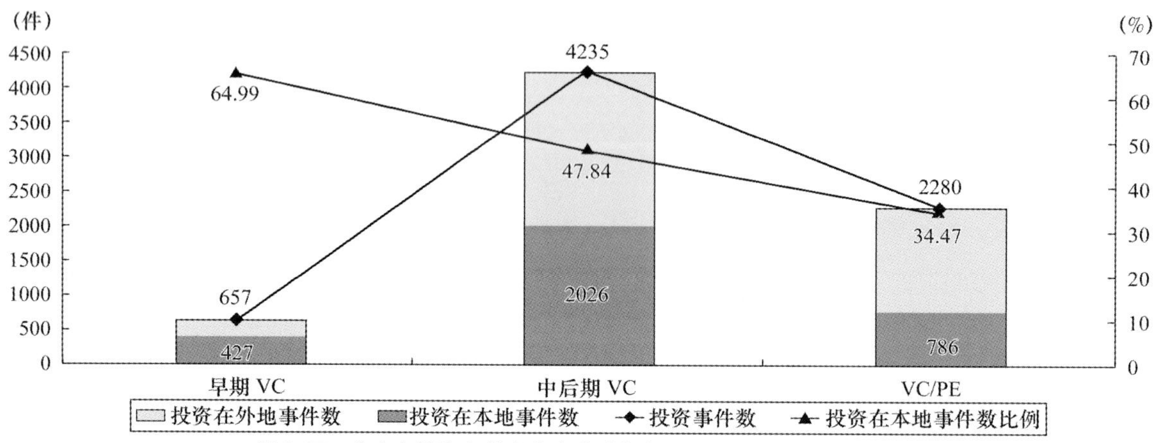

图 2. 25　北京市投资事件发生在本地数与总数所占比例（N = 3239）

2015 和 2016 两年的投资事件数如图 2. 26 所示。2015 年北京市活跃中后期 VC 机构发生的投资事件数最多，有 949 件，早期 VC 最少，有 278 件；2016 年中后期 VC 发生的投资事件数最多，有 469 件，早期最少，有 141 件。

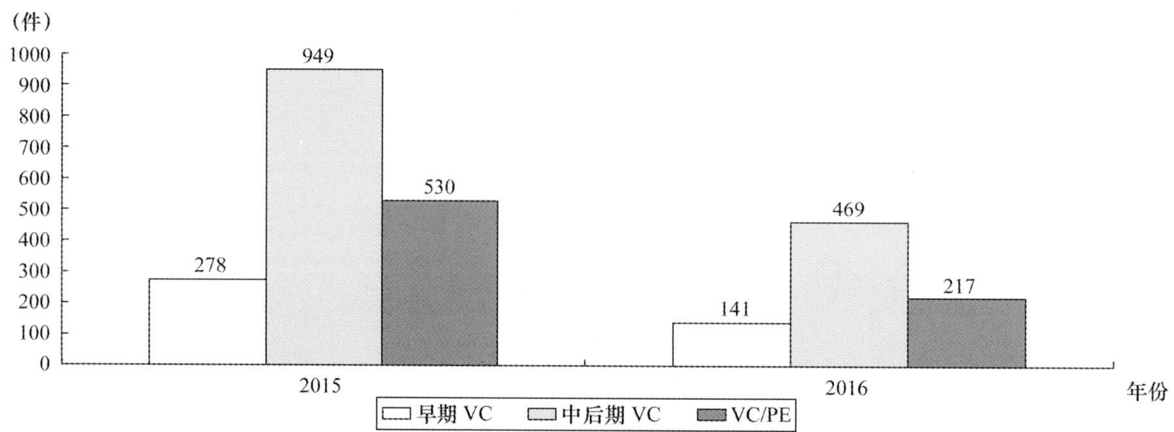

图 2. 26　北京市 2015 ~ 2016 年活跃 VC 机构投资事件数（N = 2584）

（2）投资事件的轮次分布。

北京市活跃 VC 机构的投资轮次大部分分布在 A 轮和 B 轮。如表 2. 2 所示。

表 2. 2　北京市活跃投资机构投资轮次

| 投资轮次 | 早期 VC | 中后期 VC | VC/PE |
|---|---|---|---|
| Angel | 10 | 15 | 2 |
| VC – Series A | 507 | 2234 | 949 |
| VC – Series B | 98 | 1098 | 372 |
| VC – Series C | 16 | 423 | 158 |
| VC – Series D | 3 | 148 | 45 |

续表

| 投资轮次 | 早期 VC | 中后期 VC | VC/PE |
|---|---|---|---|
| VC - Series E | 0 | 50 | 19 |
| PE - Buyout | 1 | 13 | 42 |
| PE - Growth | 2 | 131 | 560 |
| PE - PIPE | 0 | 43 | 61 |

（3）投资金额情况。

北京市活跃早期 VC 机构披露金额的投资事件数为 211 件，披露的总投资额约 1 亿美元，平均投资金额为 49 万美元；各类型 VC 机构的投资额分布情况如图 2. 27 所示。

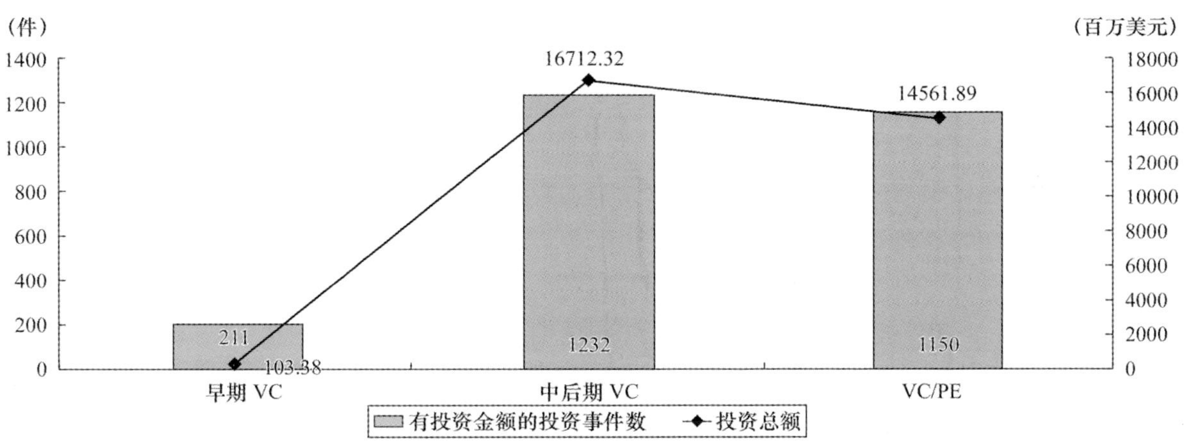


图 2. 27　北京市活跃 VC 机构投资总额分布（N = 2593）

中后期 VC 机构披露金额的投资事件数为 1232 件，披露的总投资额为 167 亿美元，平均投资金额为 1357 万美元；VC/PE 披露金额的投资事件数为 1150 件，披露的总投资额为 145 亿美元，平均投资金额为 1266 万美元，如图 2. 28 所示。

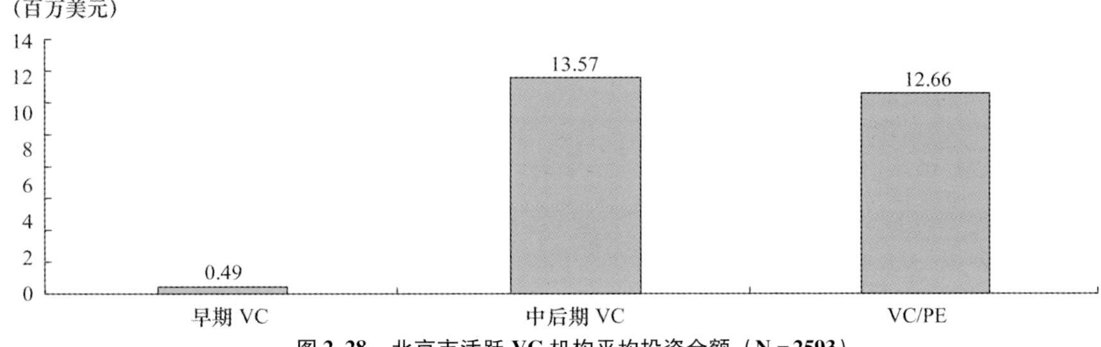


图 2. 28　北京市活跃 VC 机构平均投资金额（N = 2593）

（4）投资行业分布。

北京市各活跃 VC 机构有明确的行业信息的投资事件样本总量为 7131，行业分布如图 2. 29 所示。互联网、IT、电信及增值是最受北京活跃 VC 投资机构欢迎的前三大行业，投资事件数分别为 2256 件、1233 件、918 件；制造业、医疗健康、能源及矿业也比较受欢迎，各发生了 619 件、355 件、299 件；旅游业、公用事业、房地产是事件数排最后三位的行业，分别发生 21 件、23 件、35 件。

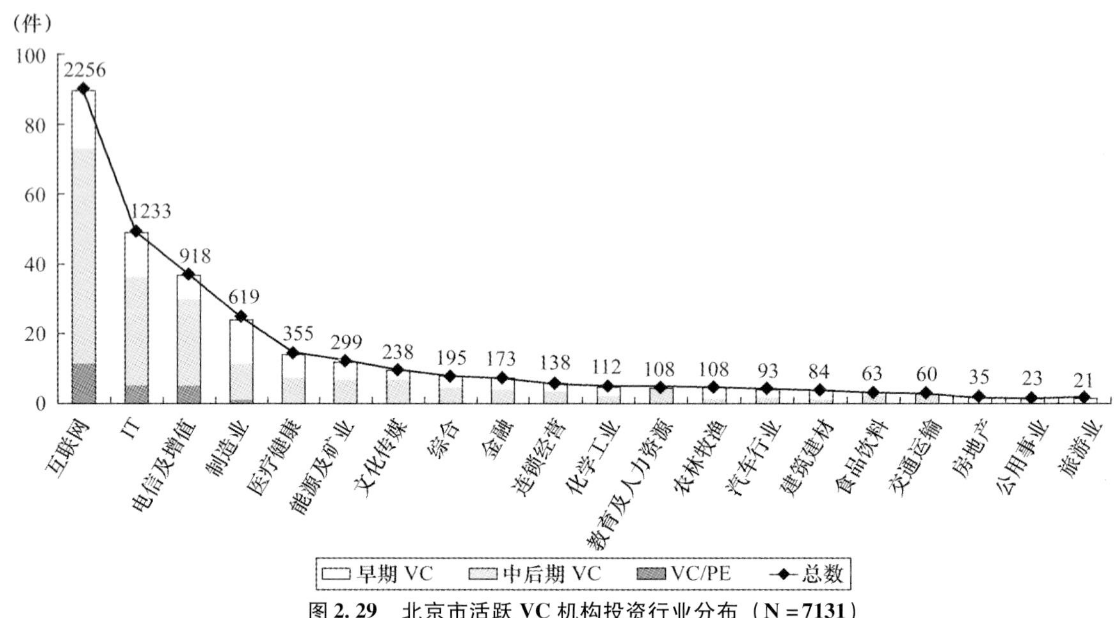


**图 2.29 北京市活跃 VC 机构投资行业分布（N =7131）**

从早期投资来看，北京市活跃早期 VC 机构有明确的行业信息的投资事件样本总量为 652 件，其行业分布如图 2. 30 所示。互联网是最受早期风险投资机构欢迎的行业，占到了总事件数的 43% ,；其次是电信及增值和 IT，各占总事件数的 19% 。

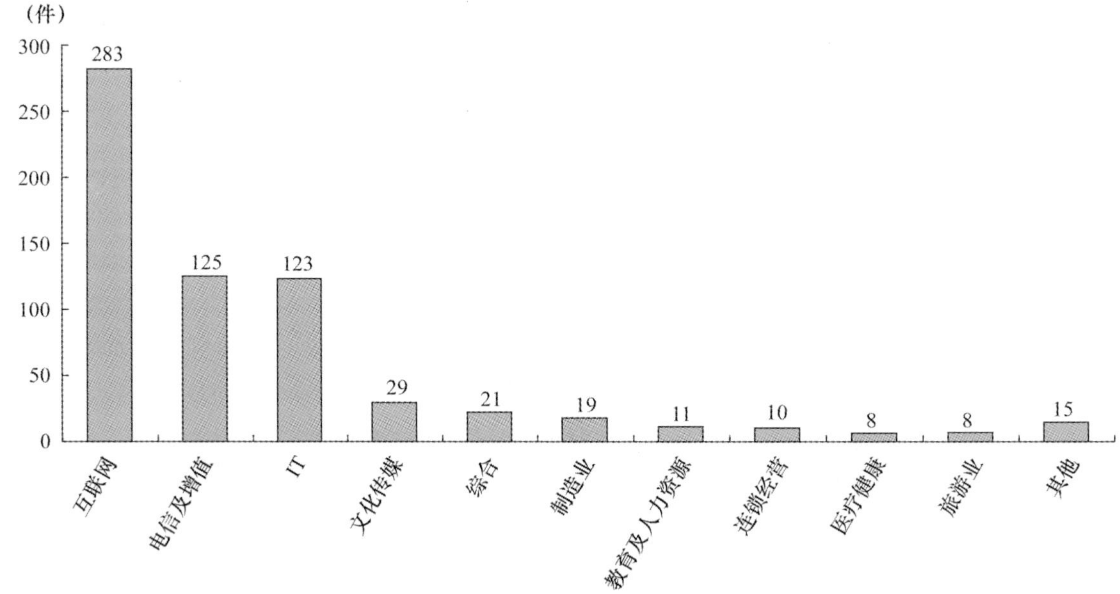


**图 2.30 北京市活跃早期 VC 机构投资行业分布（N =652）**

北京市活跃中后期 VC 机构有明确的行业信息的投资事件样本总量为 4215 件，其分布如图 2. 31 所示。互联网行业发生的投资事件数最多，占到了总事件数的 37% ,；其次是 IT、电信及增值，分别占总事件数的 18% 、15% 。

北京市活跃 VC/PE 机构投资有明确的行业信息的投资事件样本总量为 2264 件，其分布如图 2. 32 所示。由图可知，行业分布与早期 VC 和中后期 VC 有较大区别。其中互联网的投资事件数最多，占总事件数的 19%；制造业的总事件数超过 IT 和电信及增值行业。

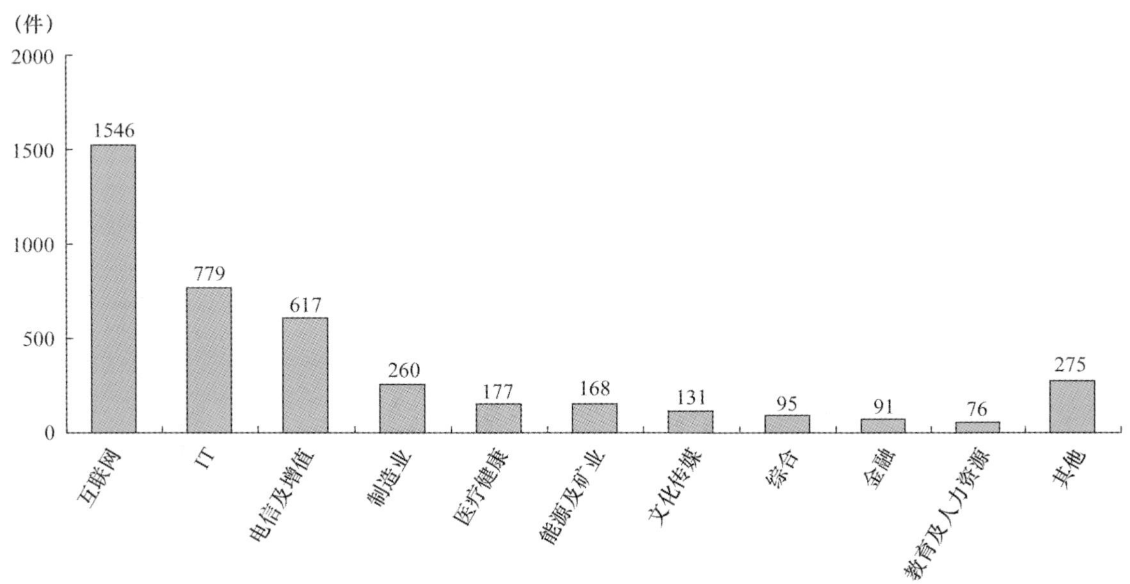


**图 2.31　北京市活跃中后期 VC 机构投资行业分布（N＝4215）**

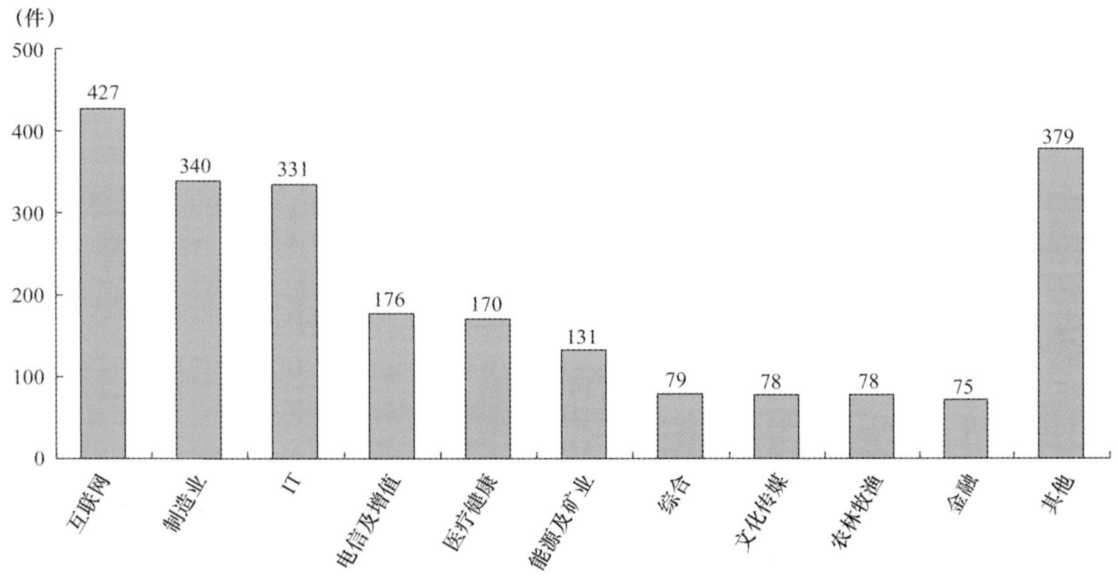


**图 2.32　北京市活跃 VC/PE 机构投资行业分布（N＝2264）**

**2. 投资热度趋势**

（1）早期 VC 热度趋势。

北京市活跃早期 VC 机构投资事件 2012～2016 年新增投资事件数呈现上升趋势，2016 年有所下降，有 141 件；2015 年新增投资事件数最多，有 278 件。如图 2.33 所示。

从本地化投资比例来看，北京市活跃早期 VC 机构 2012～2016 年投资事件发生的本地投资所占的比例呈现下降趋势，2015 年最低，为 64%，说明活跃早期 VC 机构的投资区域变得越来越广。如图 2.34 所示。

（2）中后期 VC 热度趋势。

北京市活跃中后期 VC 机构 2006～2016 年投资事件数如图 2.35 所示，总体呈现上升趋势，2015 年达到了顶峰，有 949 件；2009 年最低，只有 108 件。

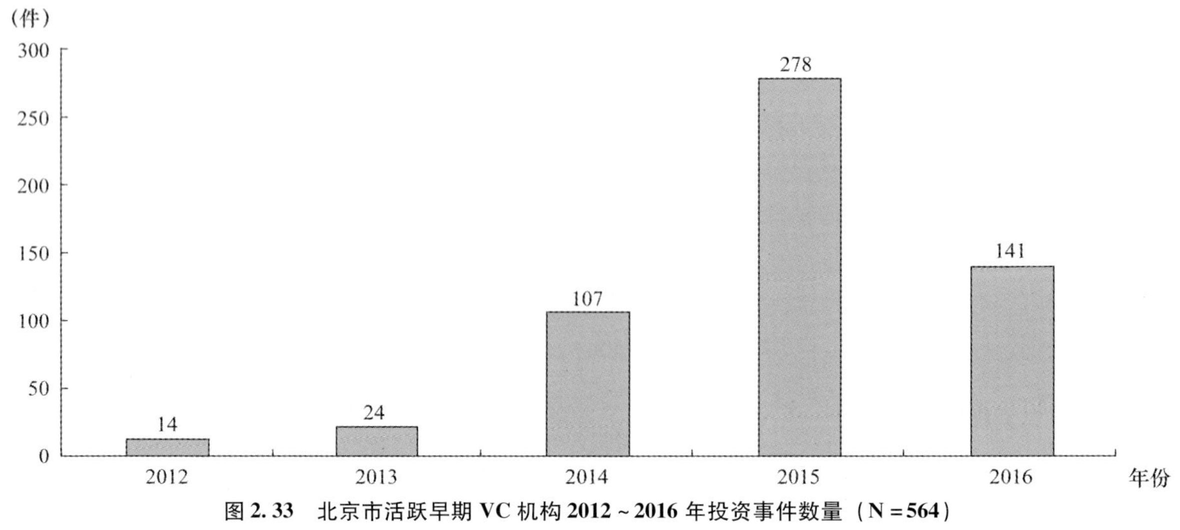


图 2.33　北京市活跃早期 VC 机构 2012～2016 年投资事件数量（N＝564）

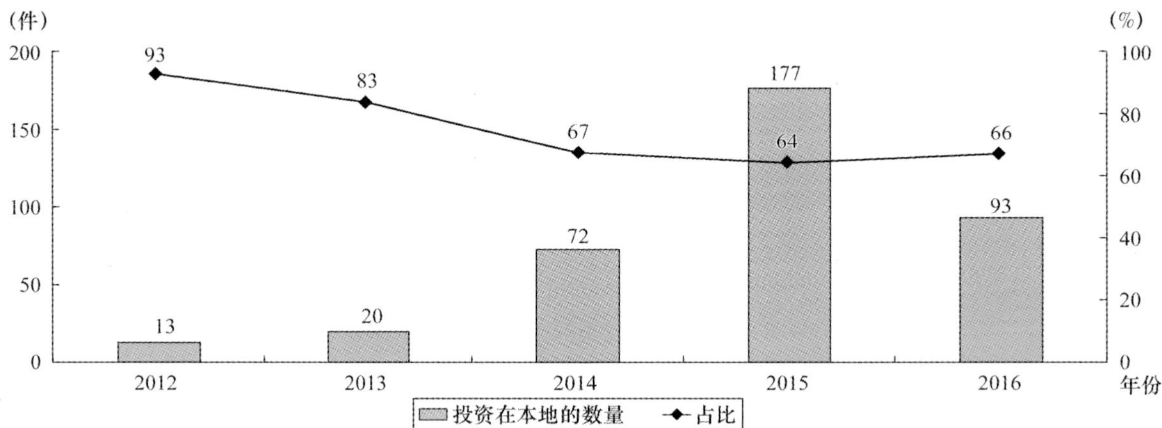


图 2.34　北京市活跃早期 VC 机构 2012～2016 年本地化投资数量与占比（N＝375）

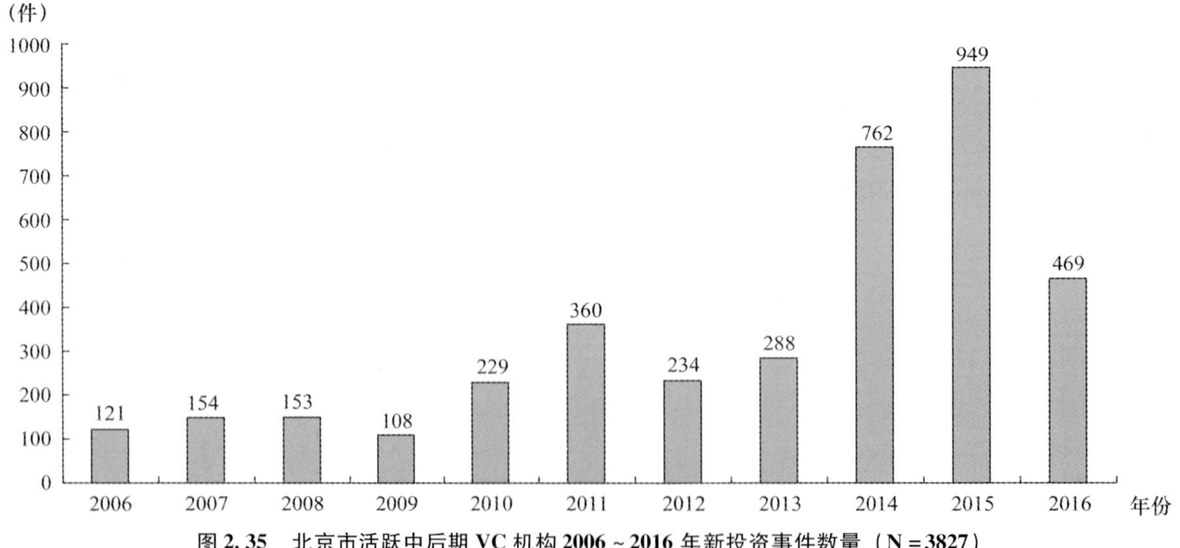


图 2.35　北京市活跃中后期 VC 机构 2006～2016 年新投资事件数量（N＝3827）

北京市活跃中后期 VC 机构投资事件发生在本地所占的比例分布如图 2.36 所示。趋势平稳，在 50% 上下波动。

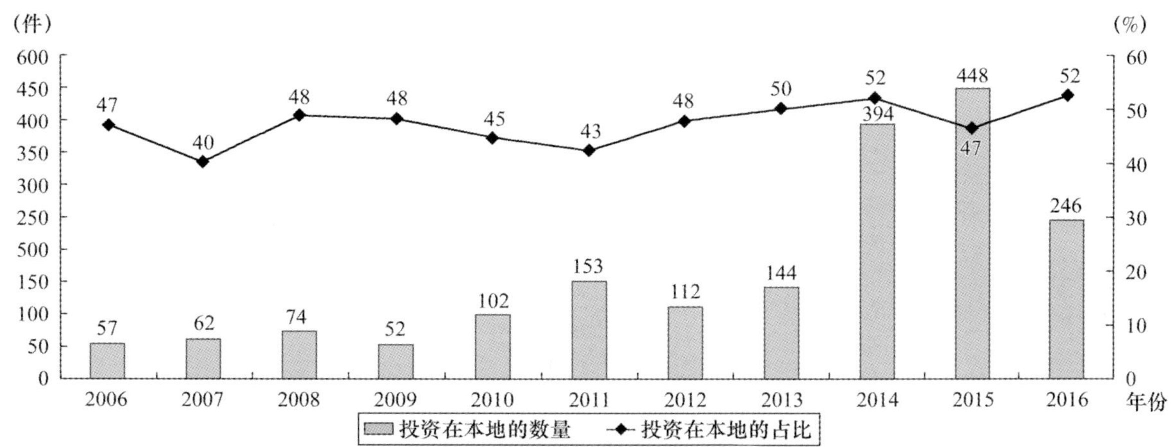

图 2.36　北京市活跃中后期 VC 机构本地化投资数量与占比（N＝1844）

（3）VC/PE 热度趋势。

北京市活跃 VC/PE 机构 2000～2016 年投资事件数量分布如图 2.37 所示。投资事件数量总体呈现上升趋势，其中 2015 年最高，达到了 530 件；其次是 2011 年，有 284 件。

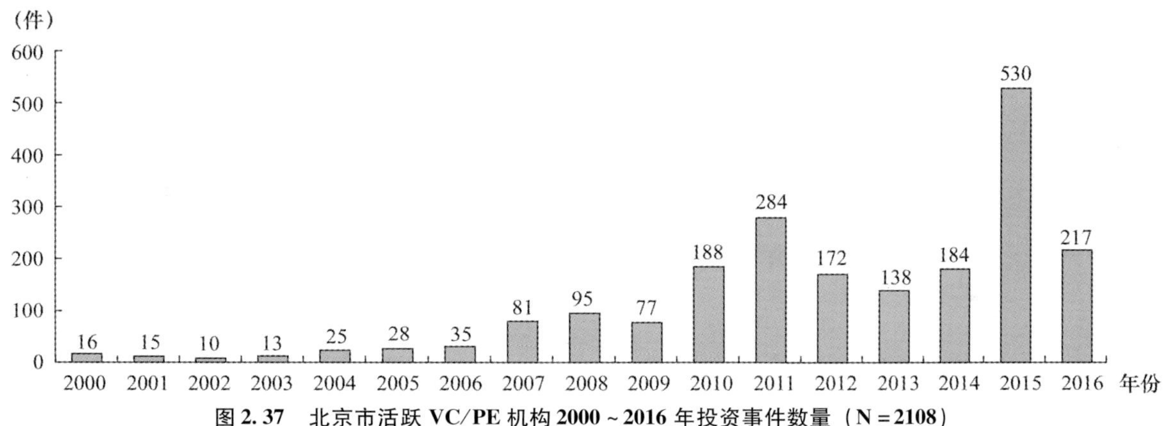

图 2.37　北京市活跃 VC/PE 机构 2000～2016 年投资事件数量（N＝2108）

北京市活跃 VC/PE 机构 2000～2016 年投资事件发生在本地的比例变化情况如图 2.38 所示。总体呈现先下降后上升的趋势，最高比例 70%，而最低比例仅为 22%，可谓是变化无常。2010～2013 这三年占比较低，投资事件发生在本地数量最高的是 2015 年，有 158 件。

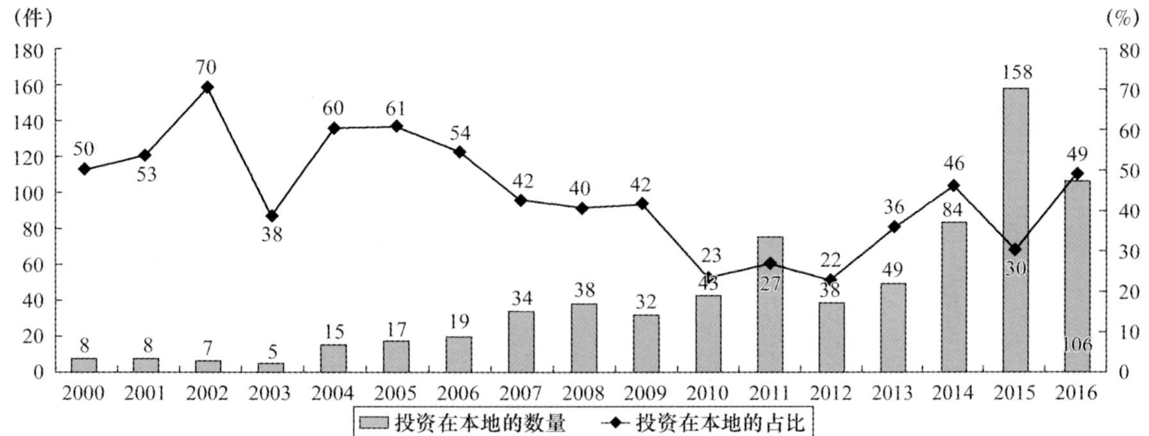

图 2.38　北京市活跃 VC/PE 机构本地化投资数量与占比（N＝737）

## （三）退出事件情况

### 1. 退出事件数量情况

北京市活跃机构退出事件总量为929件，其中，中后期VC有464件、VC/PE有460件，几乎各占总退出事件数的一半。早期VC机构的退出事件数仅为5件。如图2.39所示。

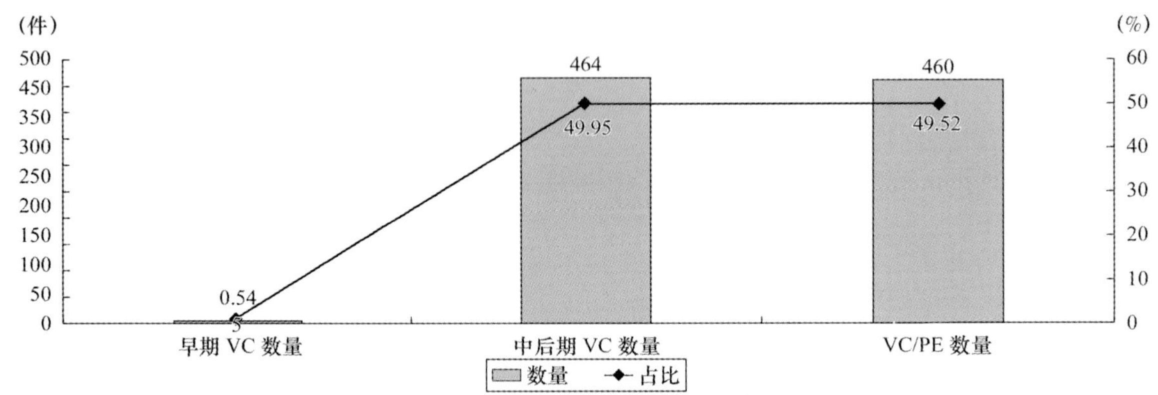


图2.39 北京市活跃机构全部退出事件数量与占比（N=929）

### 2. 退出方式

929件退出事件中，以首次公开募股（IPO）退出数量最多，占比达到了38%；其次是并购，占28%；清算退出仅占1%。如图2.40所示。

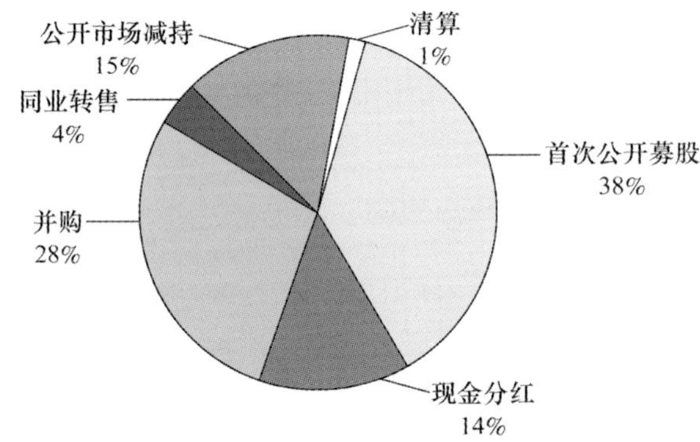


图2.40 北京市活跃机构退出方式总体分布（N=929）

北京市活跃早期VC机构退出方式的统计样本量为5件，其中并购4件，同业转售1件。

北京市活跃中后期VC机构退出方式分布如图2.41所示。并购占比最多，为37%，其次是首次公开募股，占34%。

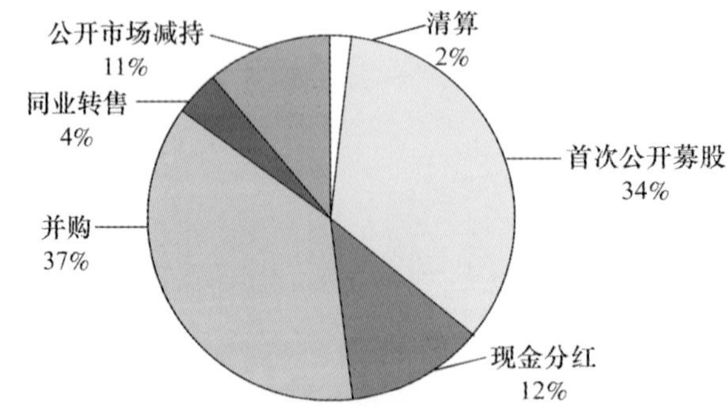


图2.41 北京市活跃中后期VC机构退出方式分布（N=464）

北京市活跃VC/PE机构退出方式的分布如图2.42所示。首次公开募股占比最多，达到了42%，最少的是同业转售，只占4%。

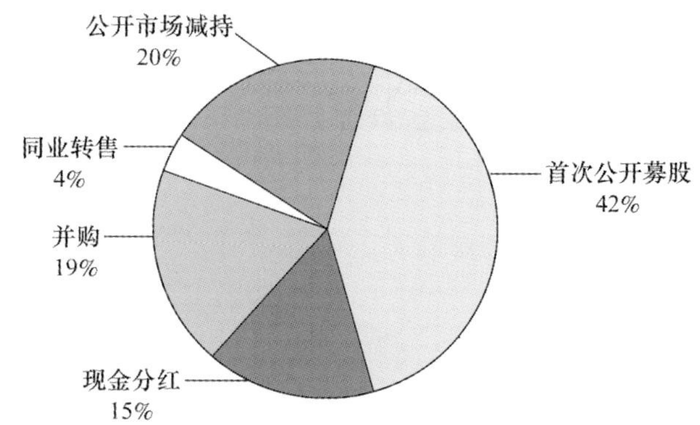


图2.42　北京市活跃VC/PE机构退出方式分布（N=460）

# 第二节　上海

## 一、风险投资机构整体情况

### （一）投资机构类型分布

按照风险投资机构性质划分，上海市964家风险投资机构的分布如图2.43所示。早期VC机构数为112家，其中活跃早期VC机构数为35家，占比31.25%；中后期VC机构数为255家，其中活跃中后期VC机构数为52家，占比20.39%；VC/PE机构数为181家，其中活跃VC/PE机构数为33家，占比18.23%；PE机构数为416家，其中活跃机构数为124家，占比29.81%。

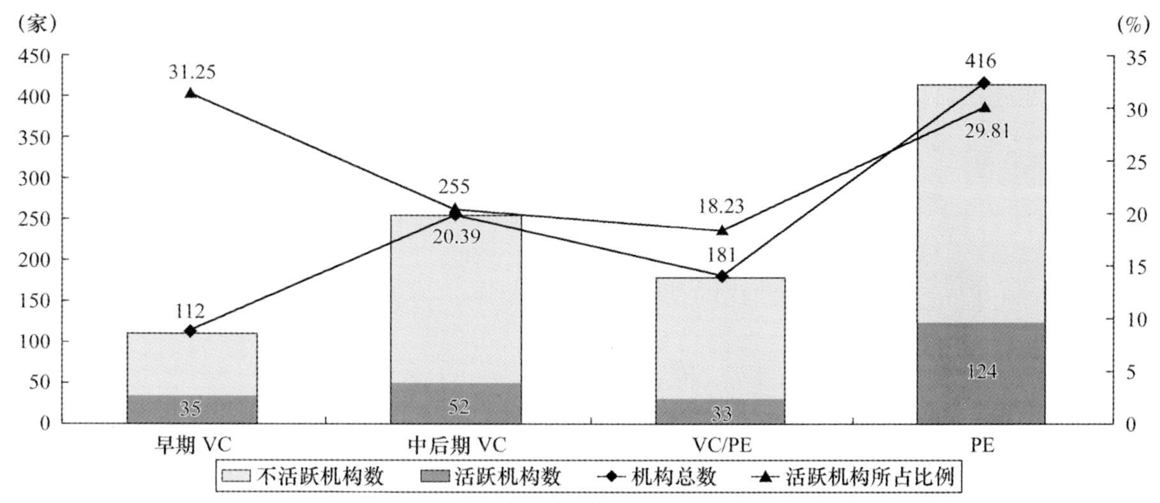


图2.43　上海市按投资机构类型分布图（N=964）

## （二）管理资金情况

**1. 总体分布**

课题组掌握的数据中，上海市 964 家风险投资机构中披露管理资金金额的有 218 家，披露总金额为 1088 亿美元，管理资金均值约为 5 亿美元，如图 2.44 所示。其中 PE 机构占比最多，占到全部管理资金的 51%；早期 VC 机构最少，占 1%。

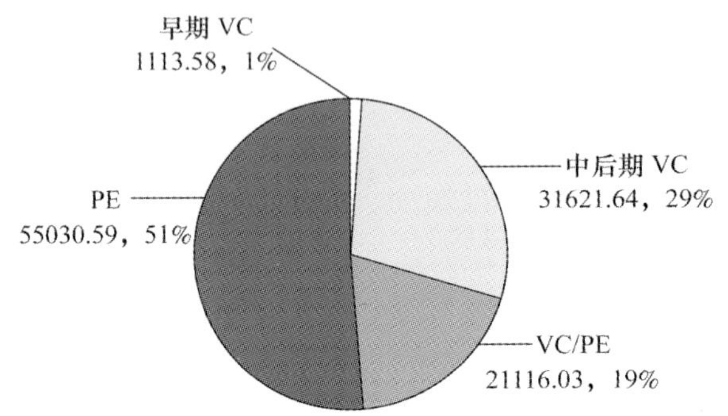


图 2.44 上海市投资机构管理资金总和（单位：10 万美元）（N = 218）

**2. 活跃投资机构管理资金分布**

课题组掌握的数据中，披露管理资金总额的上海市活跃风险投资机构家数为 109 家，披露总金额为 871 亿美元，管理资金均值为 7 亿美元。其中 PE 机构占比最多，达到了 59%；早期 VC 最少。如图 2.45 所示。

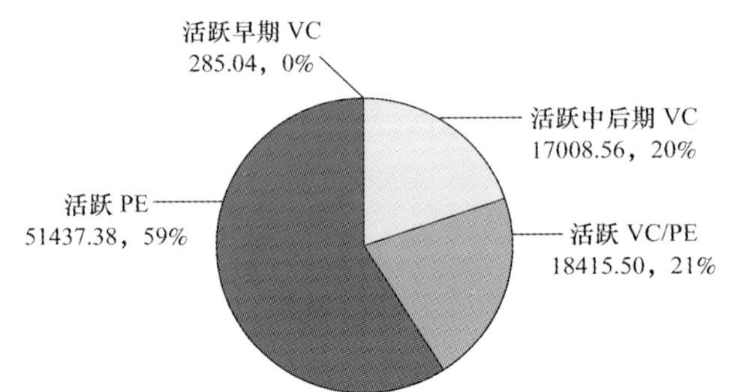


图 2.45 上海市活跃投资机构管理资金情况（单位：10 万美元）（N = 109）

## （三）投资事件情况

**1. 总体分布**

上海市 964 家风险投资机构的投资事件数总和为 7458 件，每家机构的平均投资事件数为 7.74 件。按照投资机构类型分布如图 2.46。

由图 2.46 可知，中后期 VC 机构的投资事件总数最多，为 2806 件，其次是 VC/PE 机构，数量为 2155 件。

**2. 活跃投资机构投资事件分布**

上海市 244 家活跃风险投资机构的投资事件数总和为 5947 件，每家机构的平均投资事件为 24.37 件，按照投资机构类型分布如图 2.47。活跃中后期 VC 机构的投资事件总数最多，占比 38%，其次是 VC/PE 机构、PE 机构，数量分别为 1682 件、1271 件。

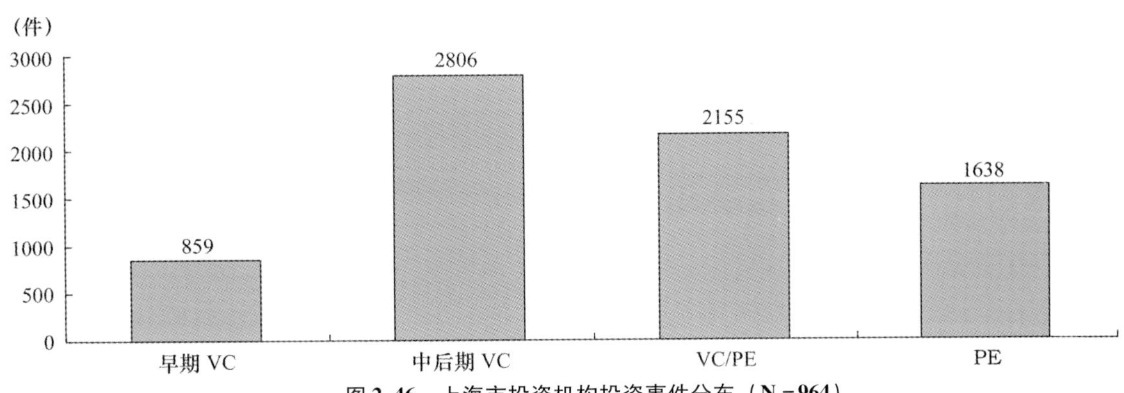


图 2.46　上海市投资机构投资事件分布（N＝964）

（件）
2500
2000
1500
1000
500
0
748
2246
1682
1271
活跃早期 VC
活跃中后期 VC
活跃 VC/PE
活跃 PE

图 2.47　上海市活跃投资机构投资事件（N＝244）

上海市活跃投资机构投资事件均值如图 2.48 所示。活跃 VC/PE 机构的平均投资事件数最多，为 51 件；其次是中后期 VC 机构，为 43 件；PE 机构的平均投资事件数最少，为 10 件。

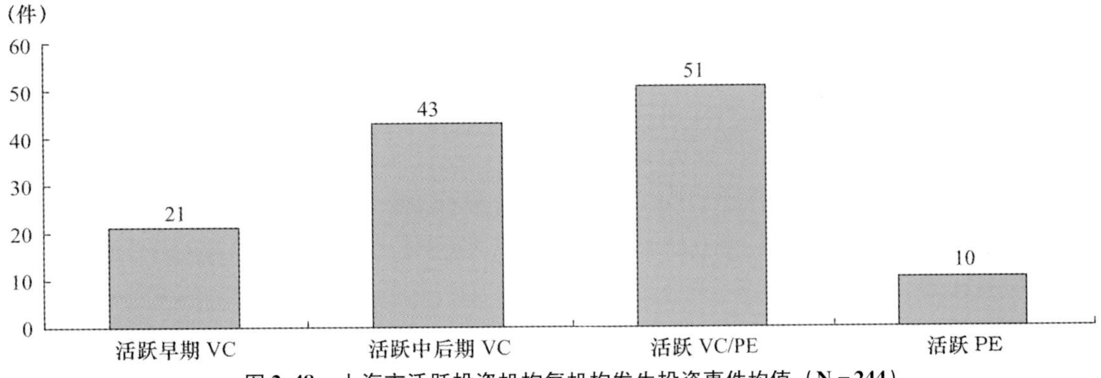


图 2.48　上海市活跃投资机构每机构发生投资事件均值（N＝244）

## （四）退出事件情况

### 1. 总体分布

上海市风险投资机构中披露退出事件的机构有 345 家，披露的退出事件总数为 972 件，每家机构平均退出事件数为 2.82 件。

按照机构类型，上海市投资机构的退出事件分布如图 2.49 所示。中后期 VC 机构退出事件数最多，有 356 件，占比 37%；其次是 VC/PE 机构、PE 机构，分别有 295 件、290 件；早期 VC 机构的退出事件数最少，总数为 31 件。

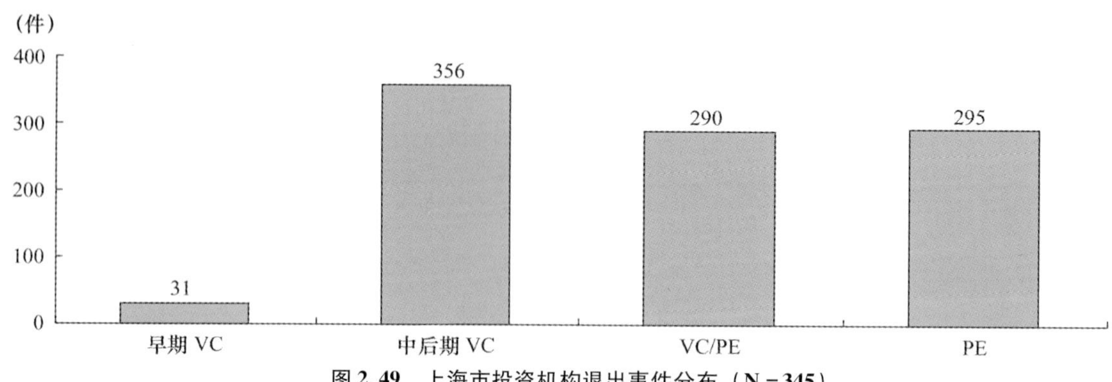


图 2.49　上海市投资机构退出事件分布（N＝345）

由图2.50可知，VC/PE机构的平均退出事件数最多，为4件，占比40%，其次是中后期VC机构、PE机构，分别为3件、2件；早期VC最少，只有1件。

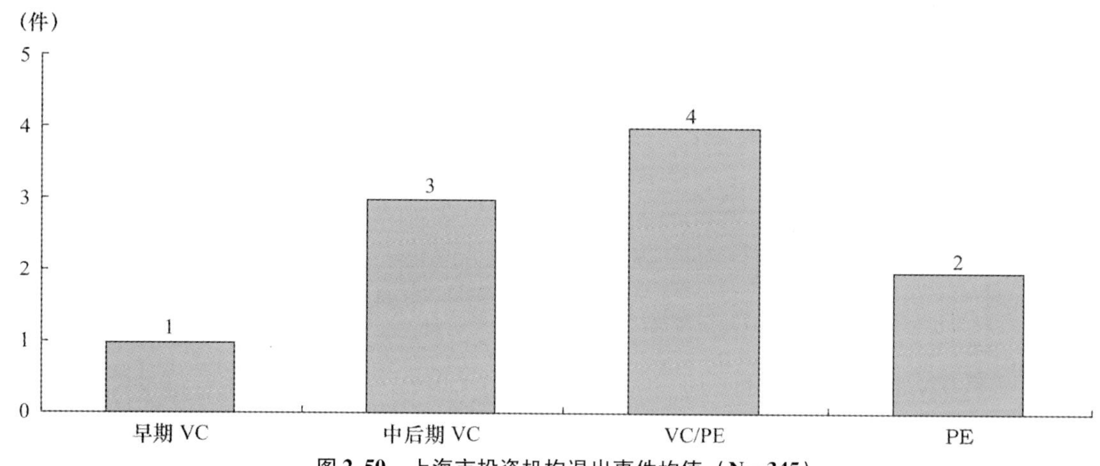


图 2.50　上海市投资机构退出事件均值（N＝345）

**2. 活跃投资机构退出事件分布**

课题组掌握的上海市活跃风险投资机构中，披露退出事件的机构有134家，退出事件总数为658件，每家活跃机构平均退出事件数为4.91件。

各种类型活跃投资机构的退出事件分布如图2.51所示。中后期VC机构、VC/PE机构、PE机构三者的退出事件数各占总事件数的1/3左右，分别为218件、218件、209件；最少的是早期VC机构，退出事件只有13件。

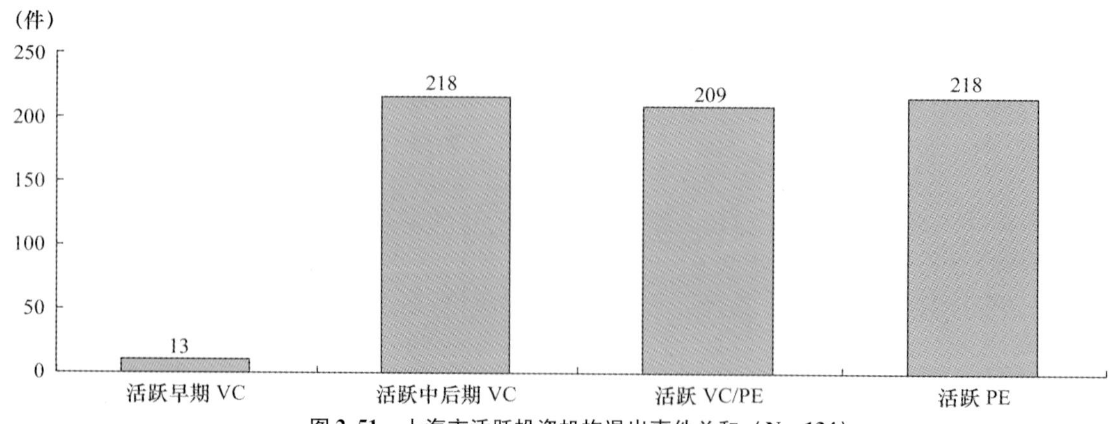


图 2.51　上海市活跃投资机构退出事件总和（N＝134）

## 二、活跃VC机构情况

与北京市活跃VC机构研究相同，下面的分析仅包括各类VC机构，不包括纯粹的PE机构。

### (一) 管理基金情况

#### 1. 基金募集情况

课题组掌握的数据中，上海市102家活跃VC机构披露了基金募集情况。数据显示，102家活跃风险投资机构共管理着511只基金，平均每家机构管理5只基金。基金的类型及其数量如表2.3所示。

表2.3　上海市活跃机构管理的基金类型分布　单位：只

| 基金类型 | 早期VC | 中后期VC | VC/PE |
|---|---|---|---|
| Venture（创业投资） | 35 | 149 | 114 |
| Angel（天使投资） | 5 | 4 | 0 |
| Growth（成长基金） | 7 | 26 | 122 |
| MultiStage（多阶段基金） | 0 | 0 | 3 |
| NEEQ Fund（新三板基金） | 3 | 6 | 24 |
| Buyout（并购基金） | 1 | 1 | 7 |
| Gov. Matching（引导基金） | 0 | 0 | 1 |
| Real Estate（房地产基金） | 0 | 0 | 1 |
| Mezzanine（过桥资本） | 0 | 0 | 1 |
| FOF（母基金） | 0 | 0 | 1 |

上表说明，不同于北京，上海的早期VC机构募集基金虽然大多都是投资于早期的基金，但也有成长基金和新三板基金，另外，还包括一只并购基金。上海的中后期VC机构募集的基金范围涵盖了天使阶段到并购阶段的基金，但不包括过桥资本、房地产投资基金、以及母基金。而上海的VC/PE机构募集的基金则涵盖了除了天使阶段的所有类型的基金。

#### 2. 2015. 2015－2～2016新募集基金分布

上海市2015年新募集基金最多的机构类型是VC/PE，有46只，占当年新募集基金总数的61.33%；2016年最多的机构类型是中后期VC，有11只，占当年新募集基金总数的64.71%。如图2.52所示。

#### 3、. 基金资本来源分布

课题组掌握的数据包括511只基金的资本来源信息，如图2.53所示。中资资本来源最多，有407只；外资来源次之，有81只；中/外合资最少，有23只。

#### 4. 基金组织形式分布

511只上海市活跃机构基金的组织形式分布如图2.54所示。组织形式为有限合伙制的最多，有454只；公司制的有56只；信托制的最少，只有1只。

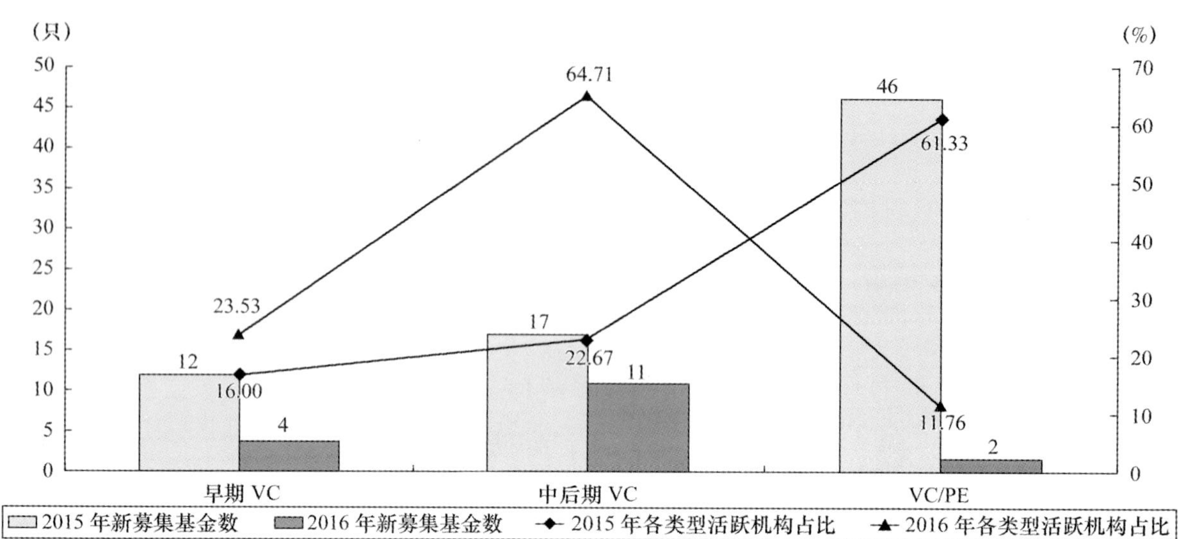


图 2.52　2015～2016 年新募基金数量与占比（N=92）

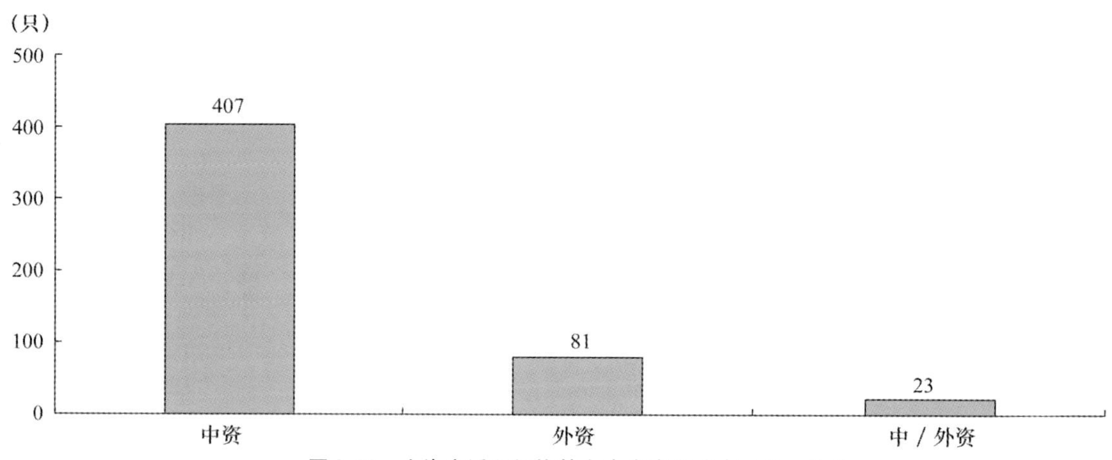


图 2.53　上海市活跃机构基金资本来源分布（N=511）

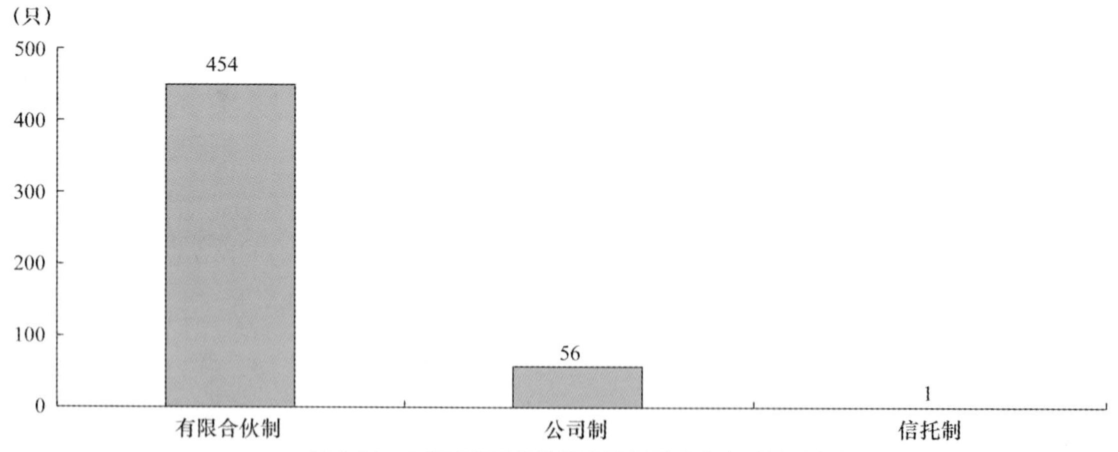


图 2.54　上海市活跃机构基金组织形式分布（N=511）

**5. 基金拟投资阶段分布**

课题组掌握的数据中，披露拟投资阶段的基金只数为 507 只，其中投发展期、扩张期的基金较多，分别有 481 只、455 只；投早期的有 181 只；投获利期的最少，有 23 只。如图 2.55 所示。

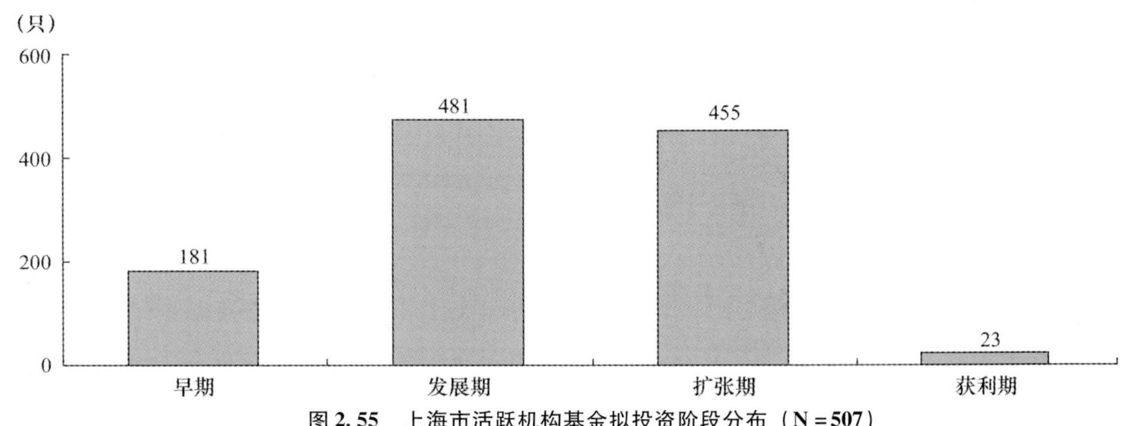

图 2.55　上海市活跃机构基金拟投资阶段分布（N=507）

### 6. 基金拟投资发展策略组合方式

上述507只基金有很多对不同阶段进行组合投资，其中以发展期/扩张期组合为最多，有298只基金；其次是早期/发展期/扩张期，为101只；早期/发展期组合策略，有64只。如图2.56所示。

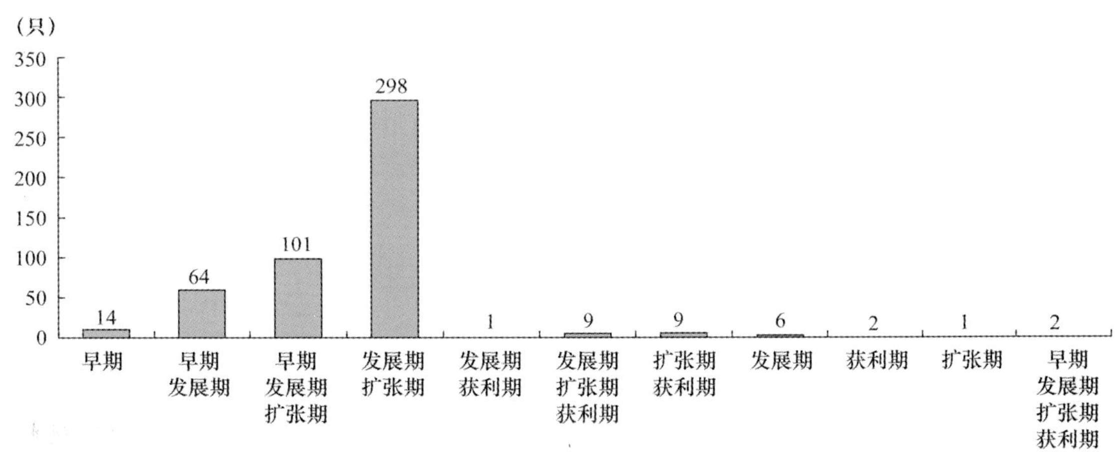

图 2.56　上海市活跃机构基金投资策略组合（N=507）

### 7. 基金规模分布

课题组掌握的数据中，有254只基金募集规模数据。其中在2000万~5000万美元段的基金最多，有63只；大部分基金规模在1.5亿美元以下。如图2.57所示。

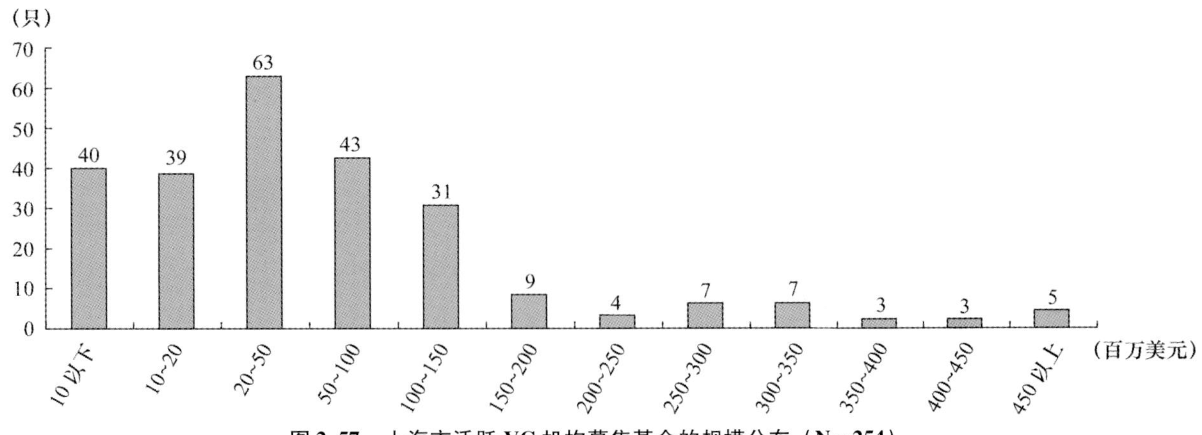

图 2.57　上海市活跃 VC 机构募集基金的规模分布（N=254）

上海市活跃早期 VC 机构募集基金募集规模分布如图 2.58 所示。大部分在 1500 万美元以下。

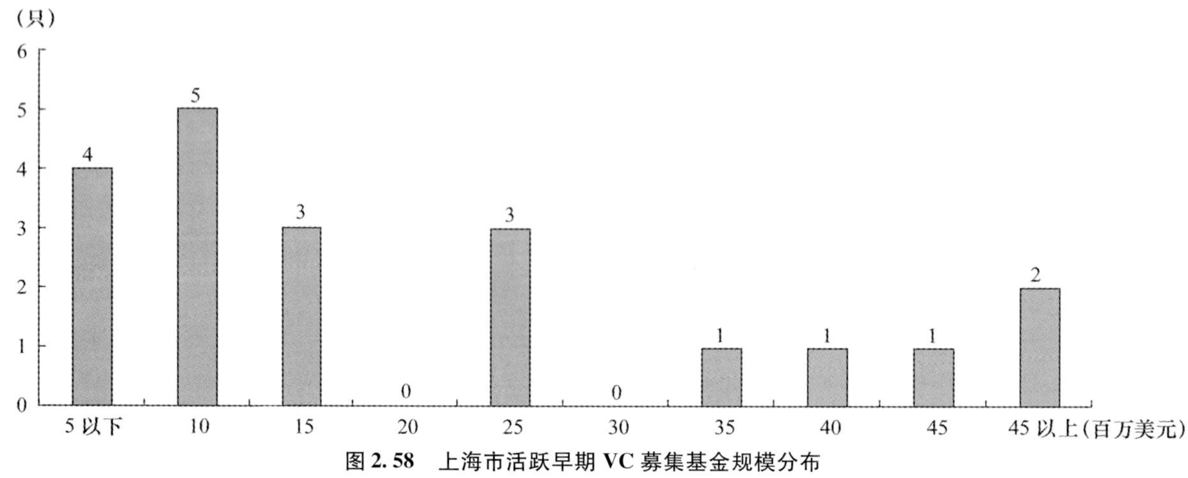


图 2.58 上海市活跃早期 VC 募集基金规模分布

上海市活跃中后期 VC 机构募集基金募集规模分布如图 2.59 所示。大部分基金规模低于 1.5 亿美元。

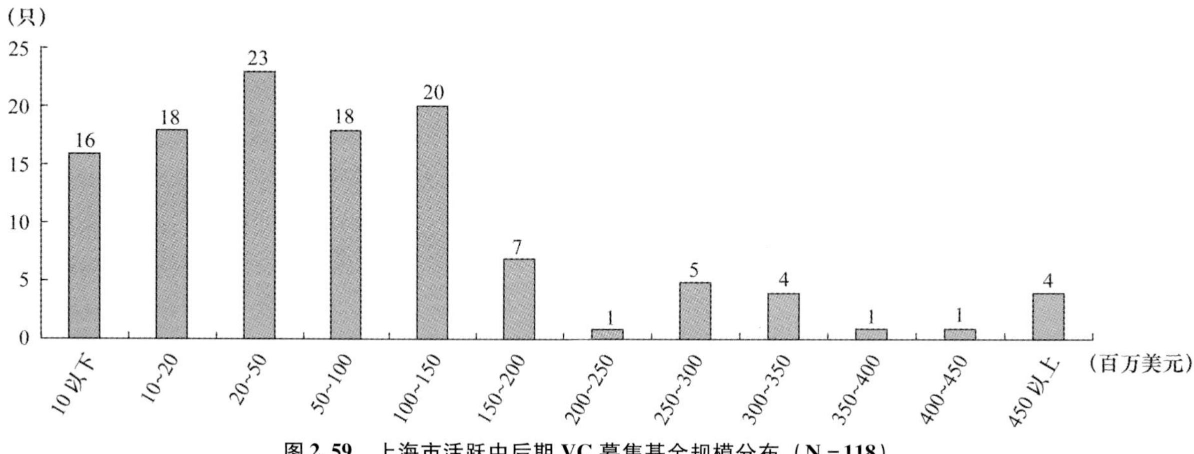


图 2.59 上海市活跃中后期 VC 募集基金规模分布（N = 118）

上海市活跃 VC/PE 机构募集基金募集规模分布如图 2.60 所示。同中后期 VC 机构类似，基金规模大部分低于 1.5 亿美元。

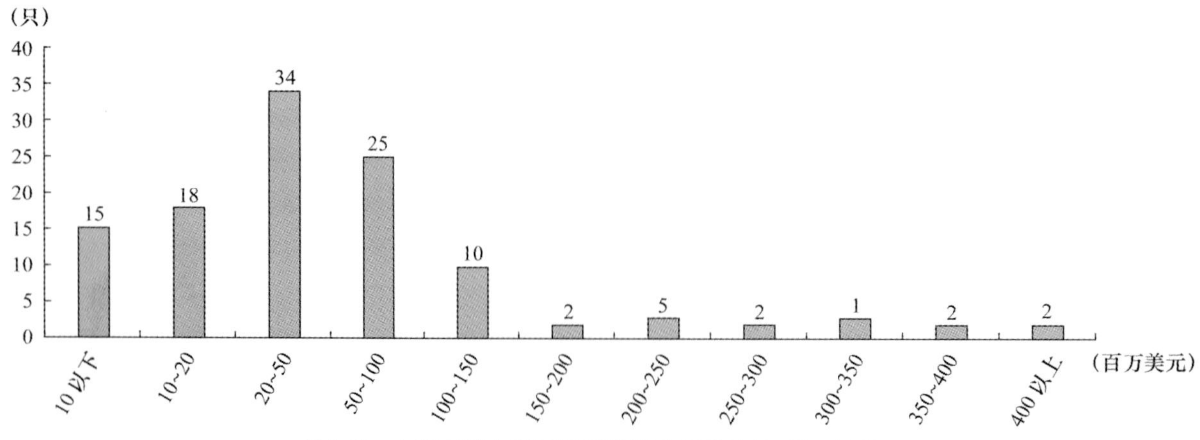


图 2.60 上海市活跃 VC/PE 募集基金规模分布（N = 116）

**8. 募集资金年度分布情况**

上海市活跃早期 VC 机构 2000～2016 年募集基金总额 2014 年之前趋于平稳，2015 年突然达到顶峰，新募集基金 12 只，募集总额高达 9 亿美元。如图 2.61 所示。

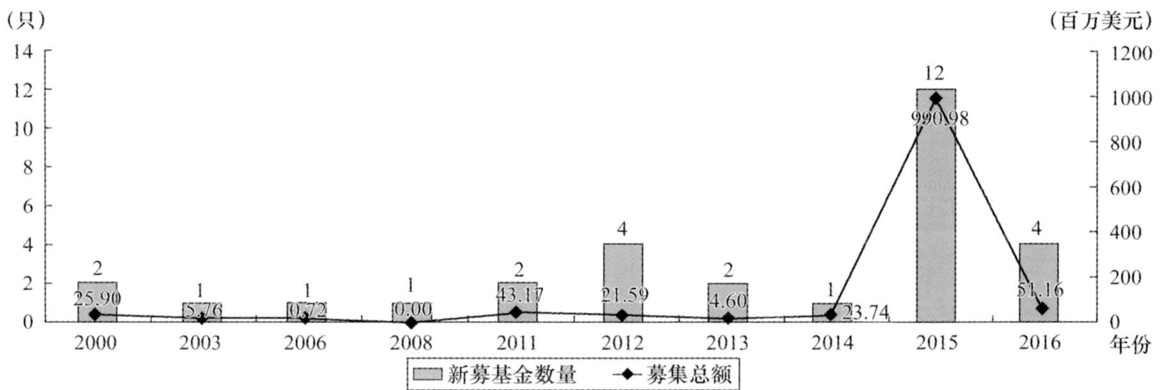


图 2.61　上海市活跃早期 VC 机构 2000～2016 年基金募集情况

上海市活跃中后期 VC 机构 1995～2016 年基金募集总额总体波动较大，其中 2010、2011、2012 三年是基金募集高峰年份。2013 年跌到低谷，2014 年开始反弹，2015 年达到新高峰后，2016 年再次下跌。如图 2.62 所示。

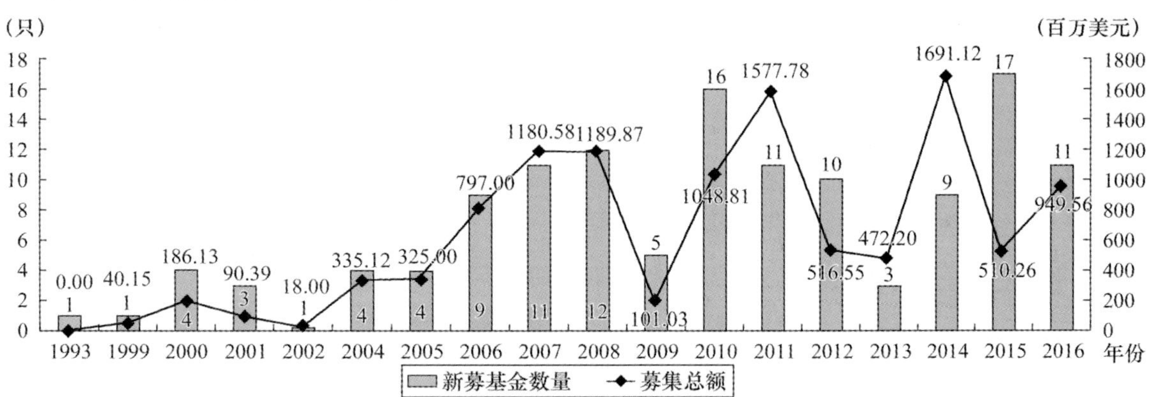


图 2.62　上海市活跃中后期 VC 机构 1995～2016 年基金募集情况（N＝132）

上海市活跃 VC/PE 机构 1999～2016 年基金募集总额在 2010 年突然增高，2011 年达到高峰后，2012 年、2013 年、2014 年急剧下降，2015 年达到新高，2016 年再次跌到低谷。如图 2.63 所示。

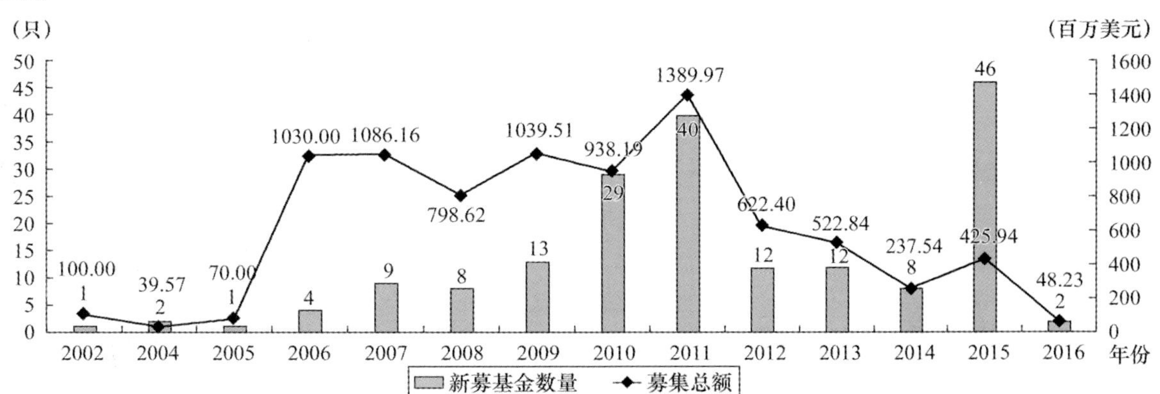


图 2.63　上海市活跃 VC/PE 机构 1999～2016 年基金募集情况（N＝251）

## （二）投资事件情况

### 1. 投资事件基本情况

（1）投资事件数量情况。

上海市活跃 VC 机构披露的投资事件总数为 4684 件，平均每家活跃机构的投资事件数为 39.03 件。数据显示，中后期 VC 机构的投资事件总数最多，有 2248 件；其次是 VC/PE 机构，有 1685 件；早期 VC 机构的投资事件总数最少，有 751 件。如图 2.64 所示

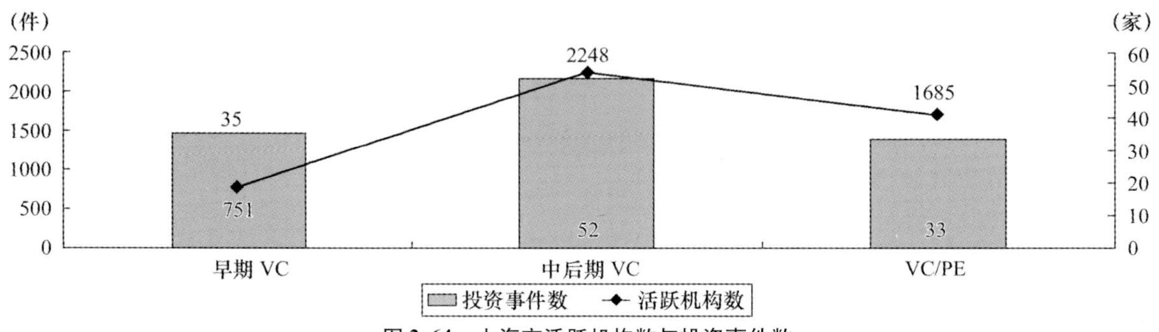


图 2.64　上海市活跃机构数与投资事件数

上海市活跃早期 VC 机构的平均投资事件数为 21 件，中后期 VC 为 43 件，VC/PE 为 51 件。如图 2.65 所示

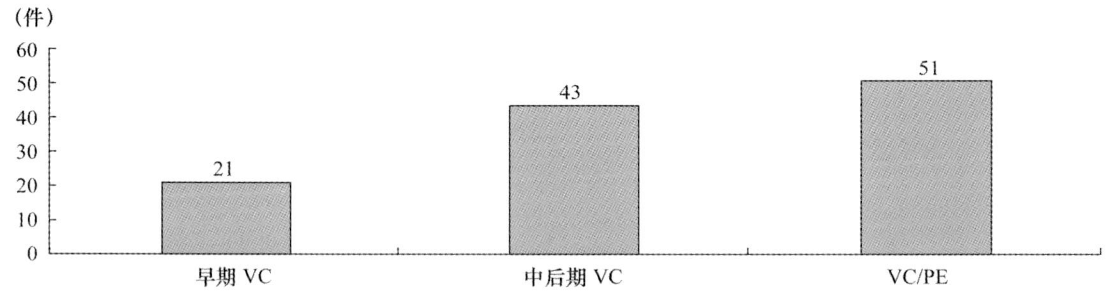


图 2.65　上海市活跃机构平均投资事件数与占比（N = 120）

从历年投资事件总量来看，上海市活跃机构早期 VC 投资事件发生在本地的有 352 件，占早期 VC 总事件数的 46.87%；中后期 VC 中发生在本地的有 731 件，占中后期 VC 总事件数的 32.52%；VC/PE 中发生在本地的有 429 件，占 VC/PE 总事件数的 25.46%。如图 2.66 所示。

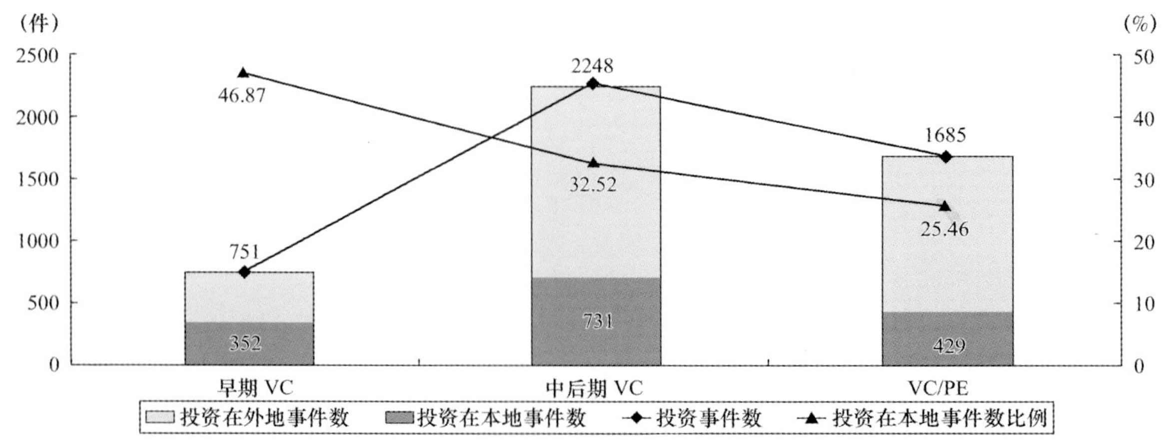


图 2.66　上海市投资事件发生在本地数与总数所占比例（N = 1512）

2015 和 2016 两年的投资事件数如图 2. 67 所示。2015 年上海市活跃中后期 VC 机构发生的投资事件数最多，有 381 件，VC/PE 最少，有 246 件；2016 年中后期 VC 发生的投资事件数最多，有 204 件，早期最少，有 130 件。

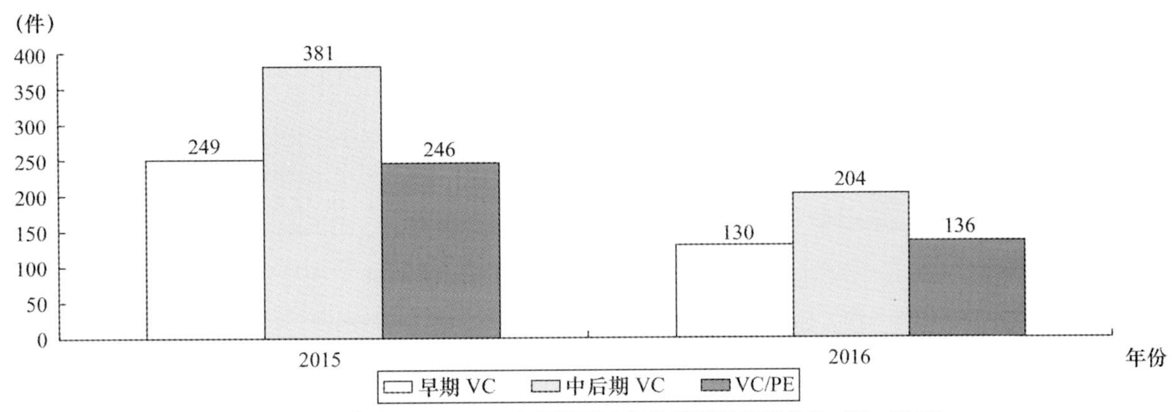


图 2. 67 上海市 2015 ~ 2016 年活跃 VC 机构类型投资事件数（N = 1346）

（2）投资事件的轮次分布。

上海市活跃 VC 机构的投资轮次大部分分布在 A 轮和 B 轮。如表 2. 4 所示。

表 2. 4 上海市活跃投资机构投资轮次

| 投资轮次 | 早期 VC | 中后期 VC | VC/PE |
|---|---|---|---|
| Angel | 18 | 7 | 9 |
| VC – Series A | 576 | 1131 | 690 |
| VC – Series B | 91 | 570 | 219 |
| VC – Series C | 26 | 227 | 98 |
| VC – Series D | 10 | 78 | 48 |
| VC – Series E | 3 | 25 | 18 |
| PE – Buyout | 0 | 3 | 20 |
| PE – Growth | 10 | 136 | 326 |
| PE – PIPE | 2 | 7 | 150 |

（3）投资金额情况。

上海市活跃早期 VC 机构披露金额的投资事件数为 146 件，披露的总额为 7. 3 亿美元，平均投资金额为 50 万美元；中后期 VC 披露金额的投资事件数为 905 件，披露的总额为 4036. 65 百万美元，平均投资金额为 4. 46 百万美元；VC/PE 披露金额的投资事件数为 818 件，披露的总额为 23377. 33 百万美元，平均投资金额为 28. 58 百万美元。如图 2. 68 、图 2. 69 所示。

（4）投资行业分布。

上海市各活跃 VC 机构有明确的行业信息的投资事件样本总量为 4674 件，行业分布如图 2. 70 所示。互联网、IT、电信及增值是最受上海活跃 VC 投资机构欢迎的前三大行业，发生的投资事件数分别为 1243 件、785 件、503 件；其次是制造业、医疗健康、能源及矿业，各发生了 473 件、373 件、254 件；公用事业、旅游业、房地产是事件数排最后三位的行业，分别发生 12 件、17 件、20 件。

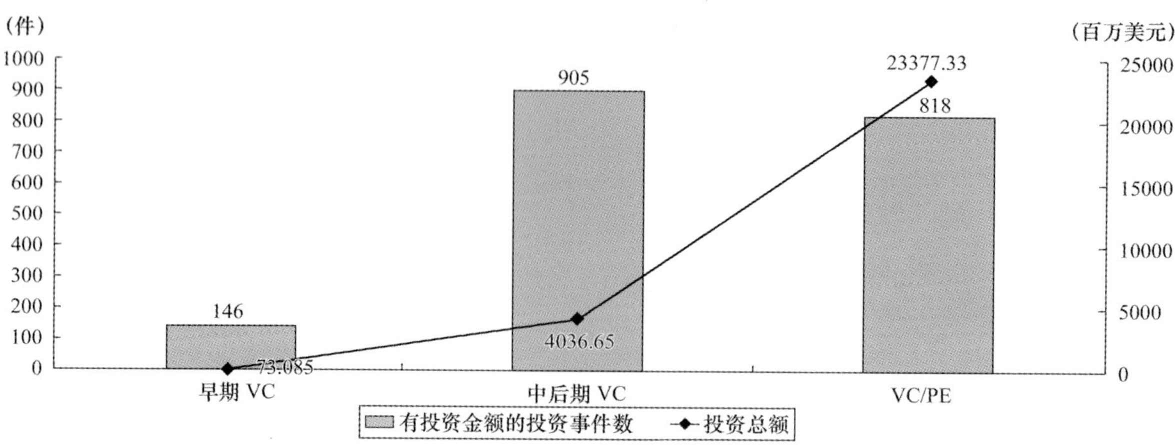


图 2.68　上海市活跃 VC 机构投资总额分布（N = 1869）

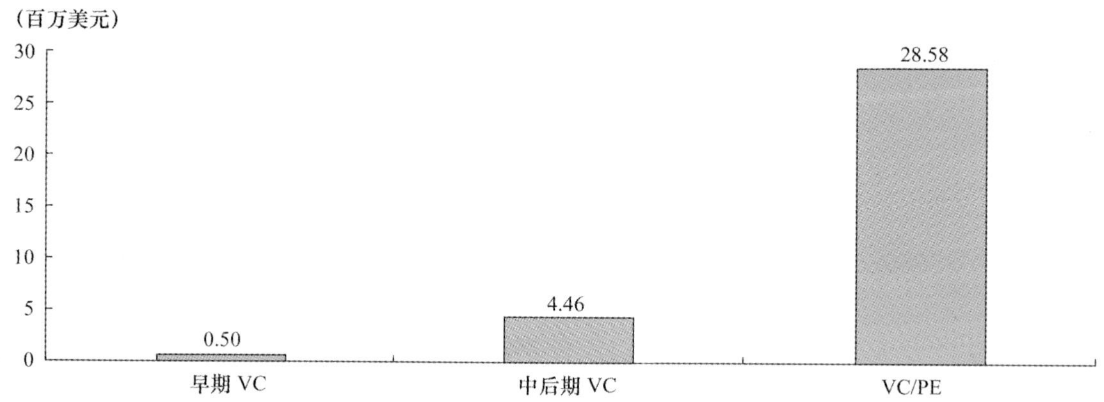


图 2.69　上海市活跃 VC 机构平均投资金额（N = 1869）

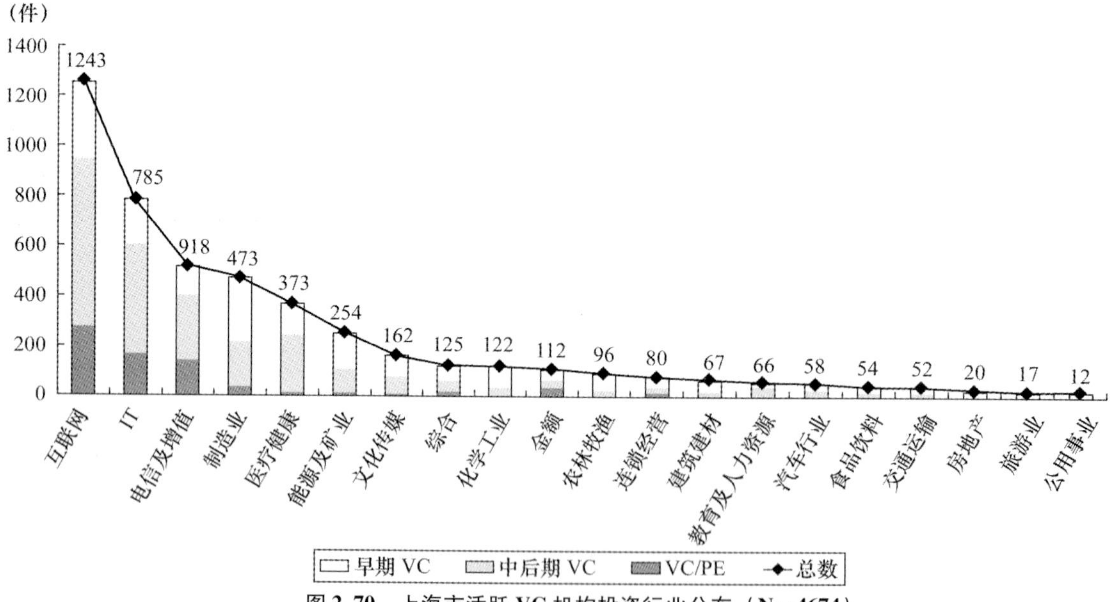


图 2.70　上海市活跃 VC 机构投资行业分布（N = 4674）

从早期 VC 的投资事件看，上海市活跃早期 VC 机构有明确的行业信息的投资事件样本总量为 751，其分布如图 2.71 所示。由图可知，互联网是最受风险投资机构欢迎的投资行业，占到了总事件数的 36%；其次是 IT，占总事件数的 21%。

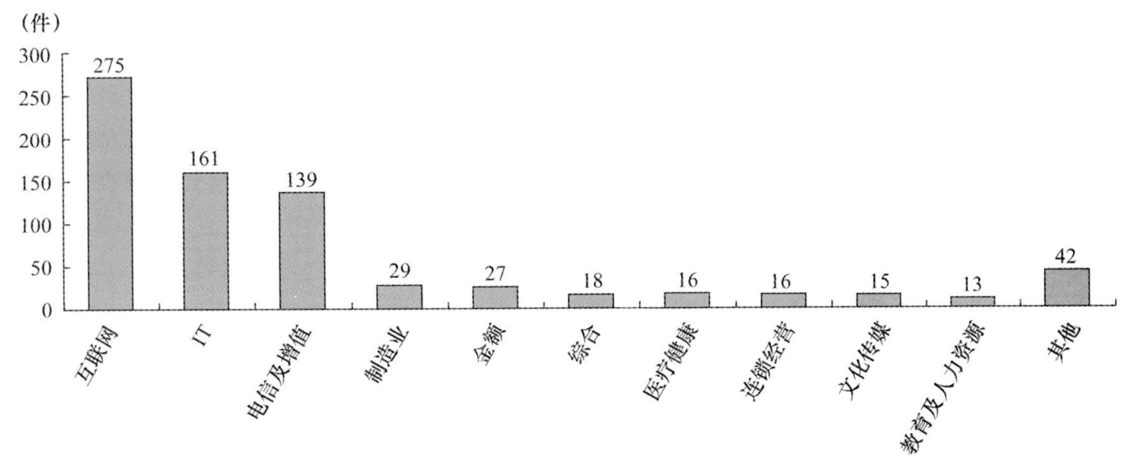


**图 2.71　上海市活跃早期 VC 机构投资行业分布（N =751）**

上海市活跃中后期 VC 机构有明确的行业信息的投资事件样本总量 2241 件，其分布如图 2.72 所示。由图可知，互联网行业发生的投资事件数最多，其次是 IT。

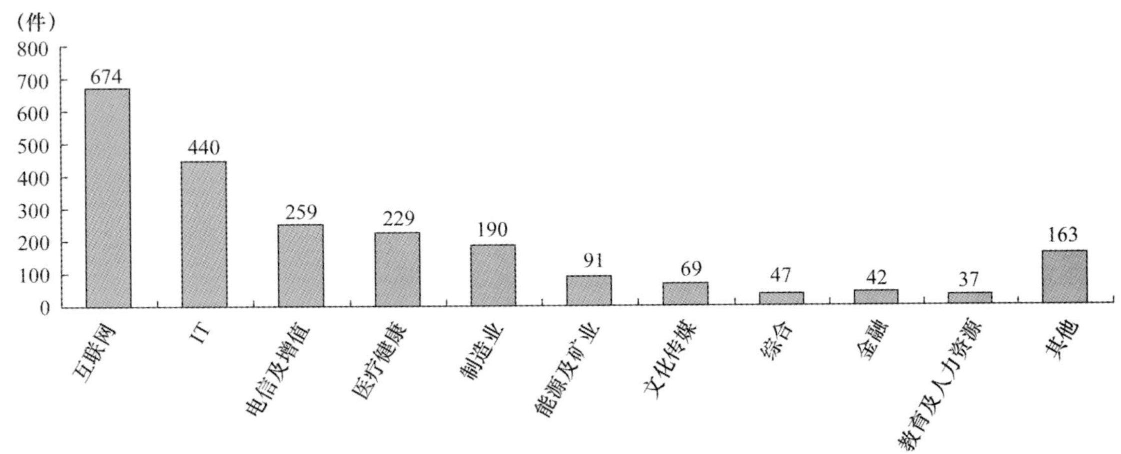


**图 2.72　上海市活跃中后期 VC 机构投资行业分布（N =2241）**

上海市活跃 VC/PE 机构有明确的行业信息的投资事件样本总量 1682 件，其分布如图 2.73 所示。由图可知，互联网仍然是最受欢迎的行业，制造业排名第二。

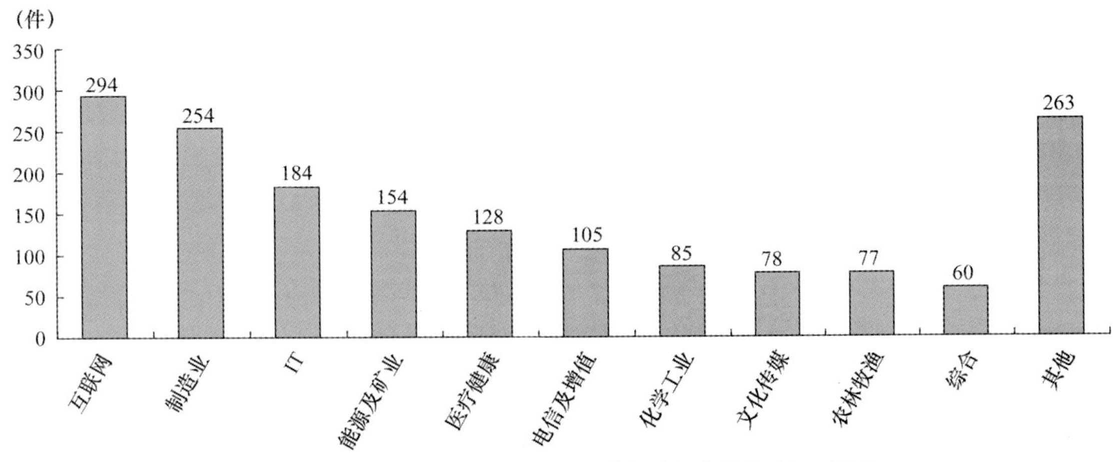


**图 2.73　上海市活跃 VC/PE 机构投资行业分布（N =1682）**

**2. 投资热度趋势**

（1）早期 VC 热度趋势。

上海市活跃早期 VC 机构投资事件 2012～2016 年新增投资事件数总体呈现先上升后下降的趋势；2015 年新增投资事件数最多，有 278 件；2016 年有所下降，有 141 件。如图 2.74 所示。

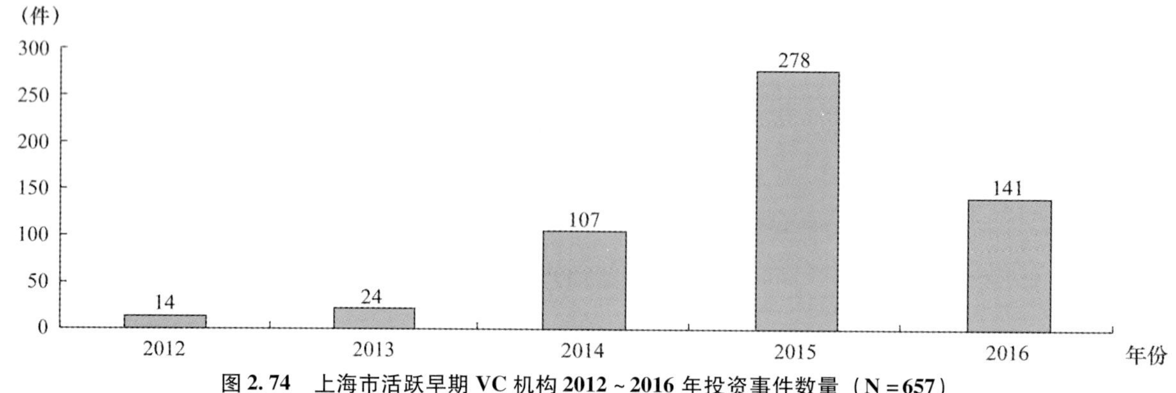


图 2.74　上海市活跃早期 VC 机构 2012～2016 年投资事件数量（N＝657）

从本地化投资比例来看，上海市活跃早期 VC 机构 2012～2016 年投资事件发生的本地所占的比例总体呈现下降趋势，2016 年最低，为 35%，说明活跃早期 VC 机构的投资区域变得越来越广。如图 2.75 所示。

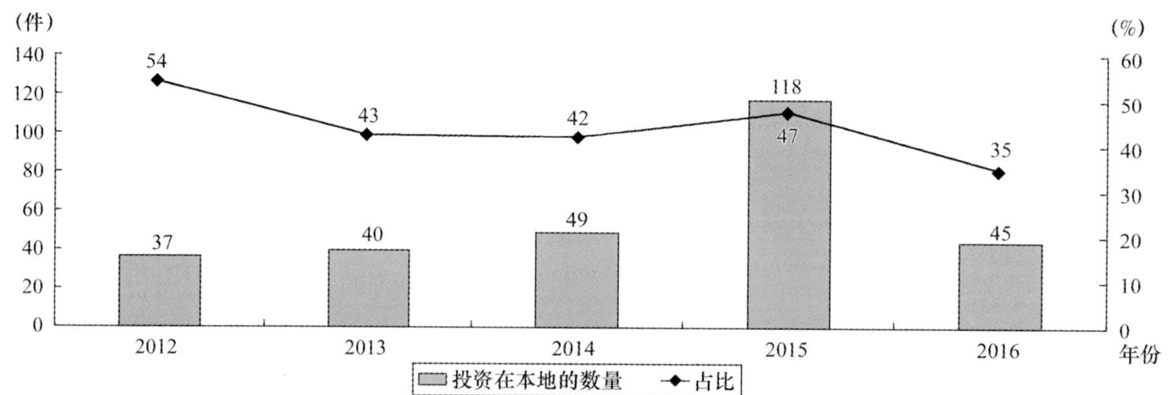


图 2.75　上海市活跃早期 VC 机构 2012～2016 年投资在本地数量与占比（N＝289）

（2）中后期 VC 热度趋势。

上海市活跃中后期 VC 机构 2006～2016 年投资事件数总体呈现平缓波动，2015 年达到了顶峰，有 381 件。如图 2.76 所示。

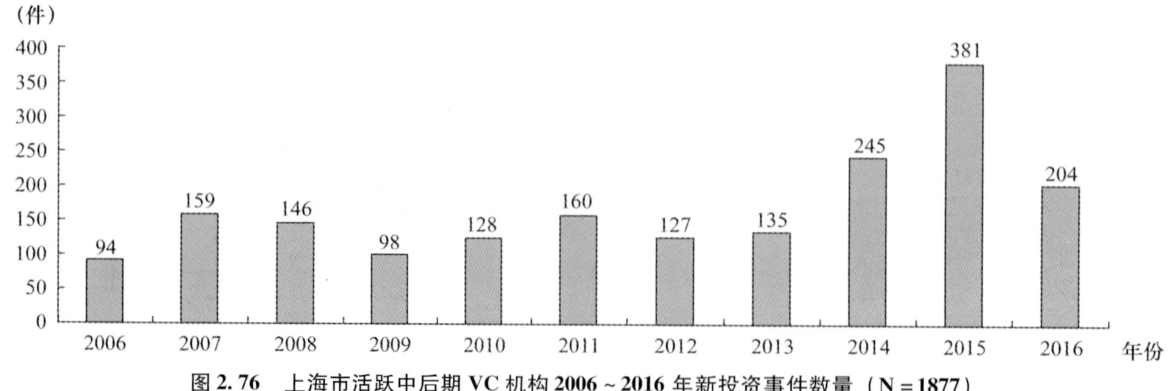


图 2.76　上海市活跃中后期 VC 机构 2006～2016 年新投资事件数量（N＝1877）

上海市活跃中后期 VC 机构 2006～2016 年投资事件发生在本地所占的比例分布如图 2.77 所示。投资于本地的比例最高年份为 37%，最低年份为 26%。

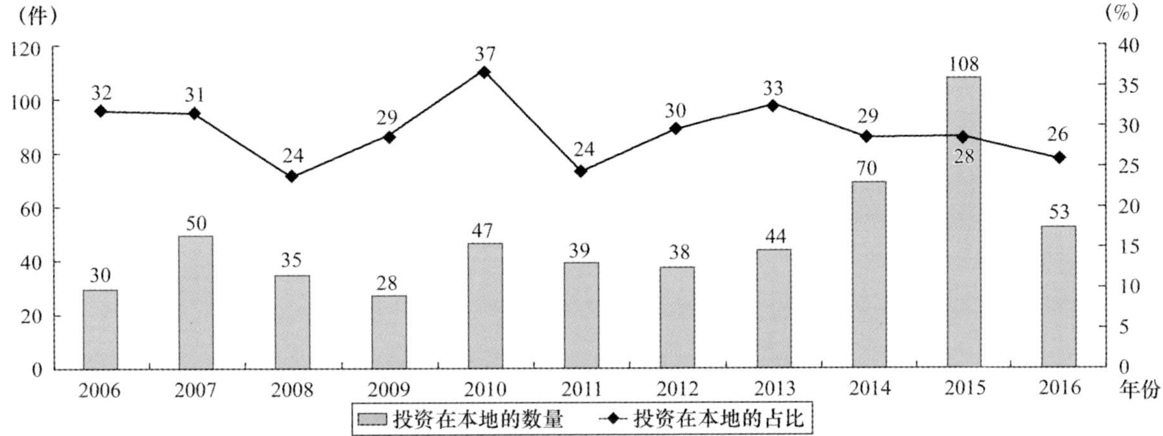


图 2.77　上海市活跃中后期 VC 机构 2006～2016 年投资在本地数量与占比（N＝1877）

（3）VC/PE 热度趋势。

上海市活跃 VC/PE 机构 2010～2016 年投资事件数量中 2011 年最高，有 263 件；其次是 2015 年，有 246 件。如图 2.78 所示。

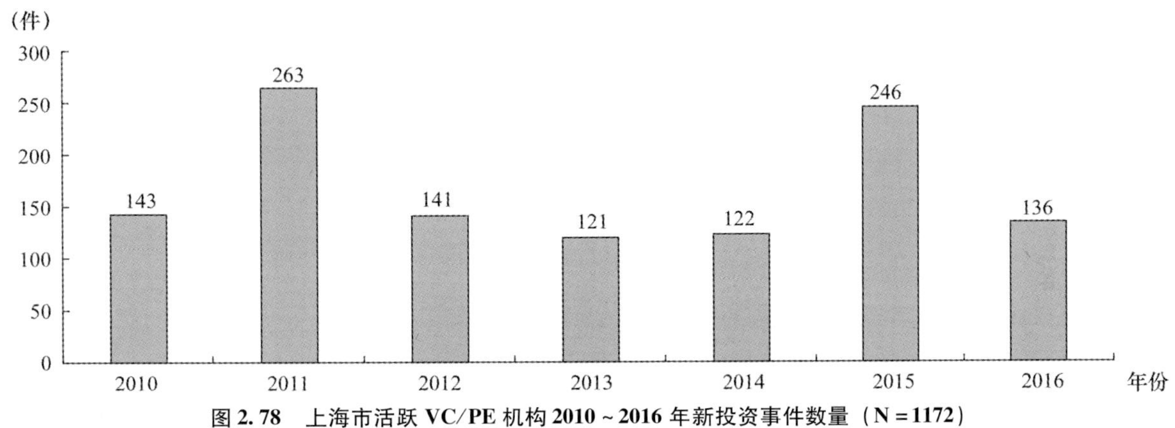


图 2.78　上海市活跃 VC/PE 机构 2010～2016 年新投资事件数量（N＝1172）

上海市活跃 VC/PE 机构 2010～2016 年投资事件发生在本地的比例变化情况如图 2.79 所示。总体呈现上升趋势，但比例最高只有 32%，说明上海的 VC/PE 机构更加喜欢把资金投资在外地。

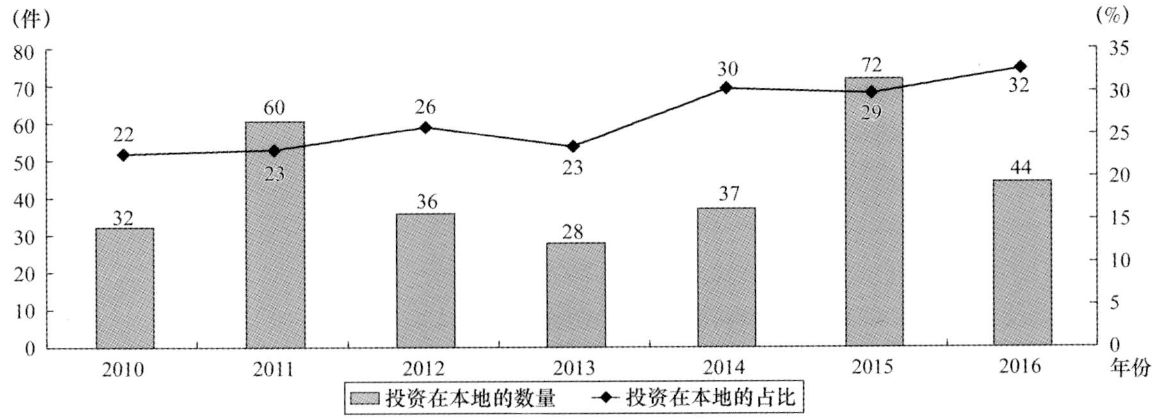


图 2.79　上海市活跃 VC/PE 机构 2010～2016 年投资在本地数量与占比（N＝1172）

## （三）退出事件情况

### 1. 退出事件数量情况

上海市活跃 VC 机构退出事件的样本总量为 613 件，其中中后期 VC 机构最多，有 310 件；其次是 VC/PE 机构，有 284 件；早期 VC 机构最少，只有 19 件。如图 2. 80 所示。

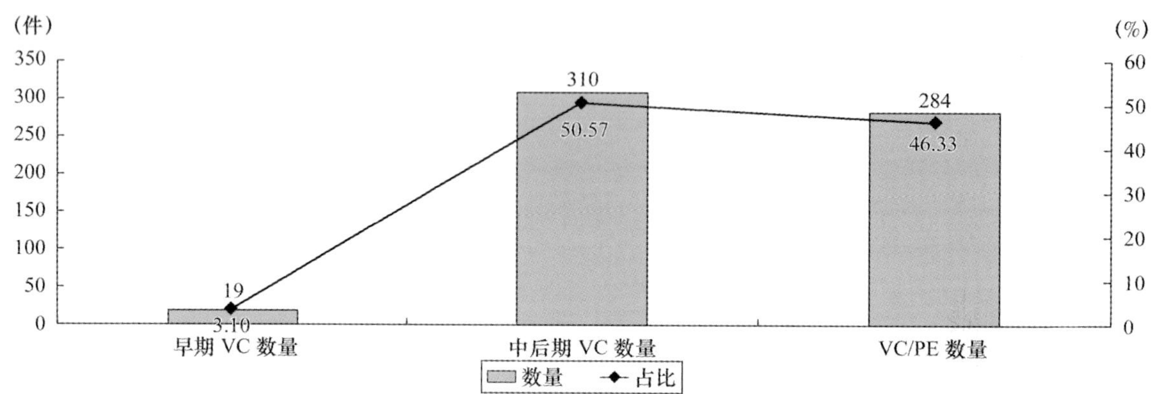


图 2. 80　上海市活跃 VC 机构全部退出事件数量与占比（N = 613）

### 2. 退出方式

613 件退出事件中，以首次公开募股（IPO）退出数量最多，占比达到了 42%；其次是并购，占 29%；最少的是清算退出，只占 1%。如图 2. 81 所示。

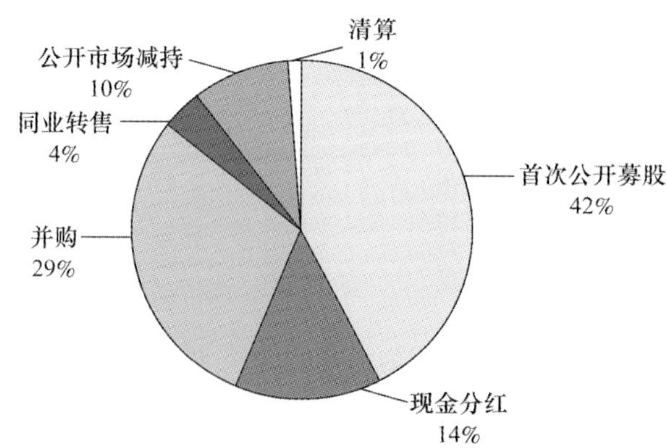


图 2. 81　上海市活跃机构退出方式总体分布（N = 613）

上海市活跃早期 VC 机构退出方式如图 2. 82 所示。并购退出最多，有 14 件，占比 74%。

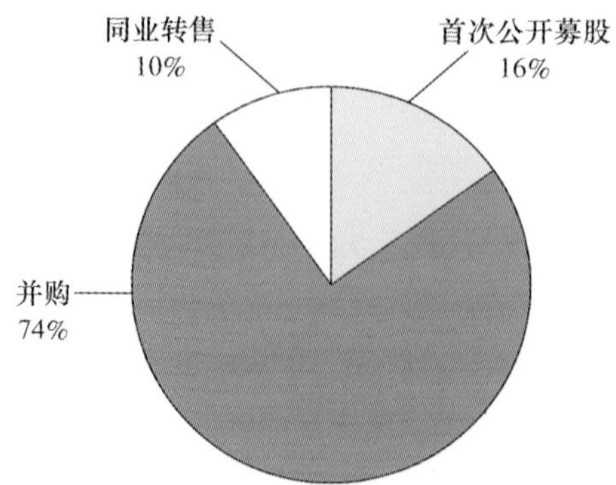


图 2. 82　上海市活跃早期 VC 机构退出方式分布（N = 19）

上海市活跃中后期 VC 机构退出方式如图 2.83 所示，其中首次公开募股占比最多，为 43%，其次是并购，占 30%。

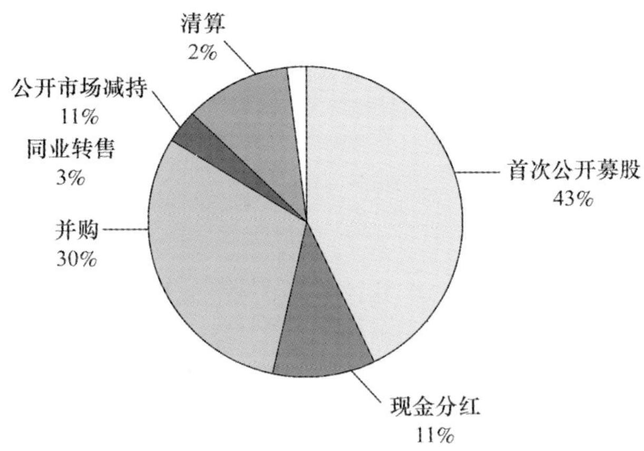


图 2.83　上海市活跃中后期 VC 机构退出方式分布（N=310）

上海市活跃 VC/PE 机构退出方式如图 2.84 所示。首次公开募股占比最多，达到了 44%。

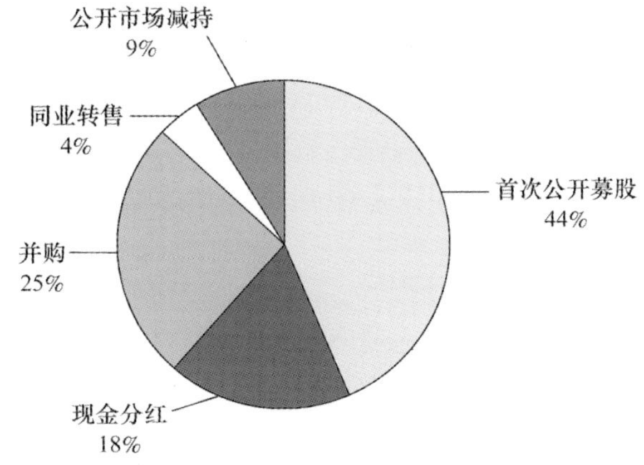


图 2.84　上海市活跃 VC/PE 机构退出方式分布（N=284）

# 第三节　深圳

## 一、风险投资机构整体情况

### （一）投资机构类型分布

按照风险投资机构性质划分，深圳市 641 家风险投资机构中，早期 VC 机构数为 67 家，其中活跃早期 VC 机构数为 16 家，占比 23.88%；中后期 VC 机构数为 160 家，其中活跃中后期 VC 机构数为 22 家，占比 13.75%；VC/PE 机构数为 126 家，其中活跃 VC/PE 机构数为 17 家，占比 13.49%；PE 机构数为 288 家，其中活跃机构数为 67 家，占比 23.26%。如图 2.85 所示。

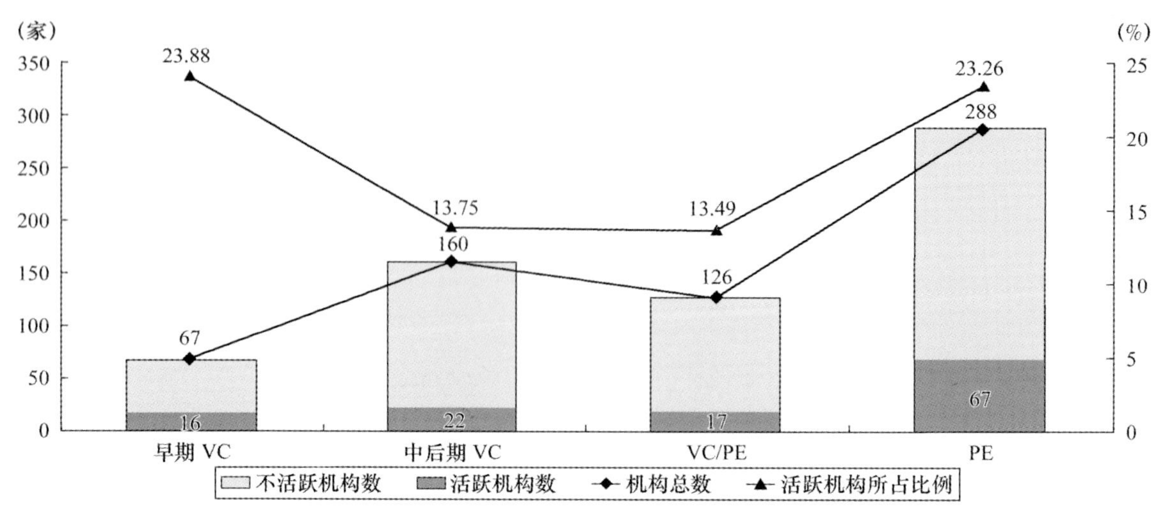


图 2.85 深圳市按投资机构类型分布图（N = 641）

## （二）管理资金情况

### 1. 总体分布

课题组掌握的数据中，深圳市 641 家风险投资机构披露管理资金的有 137 家，披露总金额为 570 亿美元，管理资金均值为 4.16 亿美元。其中 VC/PE 机构占比最多，占到全部管理资金的 44%；早期 VC 机构最少，占 1%。如图 2.86 所示。

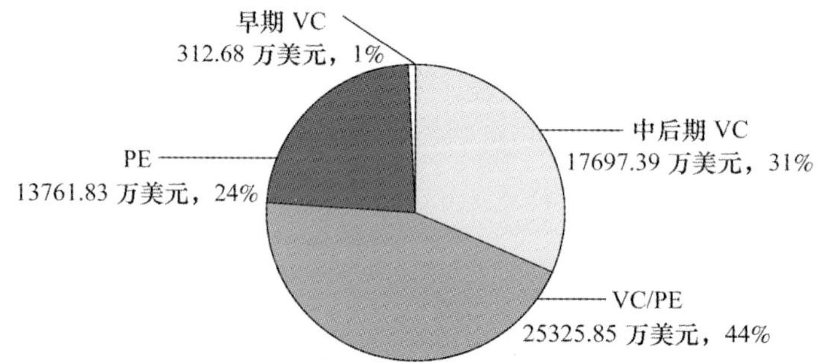


图 2.86 深圳市投资机构管理资金总和（单位：10 万美元）（N = 137）

### 2. 活跃投资机构管理资金分布

课题组掌握的数据中，披露管理资金总额的深圳市活跃风险投资机构家数为 52 家，披露总金额为 10.7 亿美元，管理资金均值为 2 亿美元。其中 VC/PE 机构占比最多，达到了 42%；早期 VC 最少。管理资金均值中占比最多的为 VC/PE 机构，达到了 43%。如图 2.87 所示。

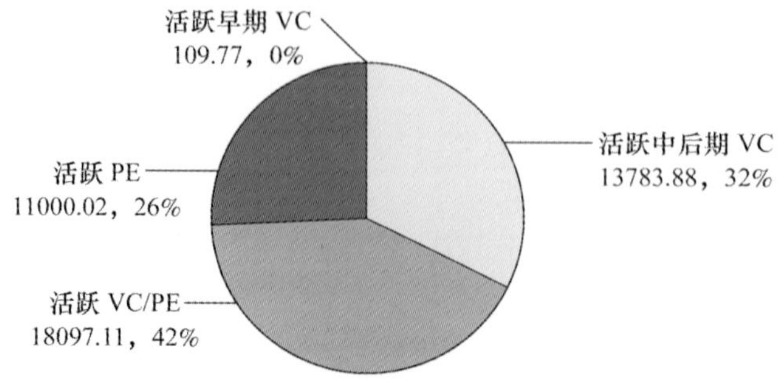


图 2.87 深圳市活跃投资机构管理资金情况（N = 52）

## （三）投资事件情况

### 1. 总体分布

深圳市 641 家风险投资机构的投资事件数总和为 5388 件，每家机构的平均投资事件数为 8.41 件。按照投资机构类型分布如图 2.88。中后期 VC 机构的投资事件总数最多，为 2191 件，其次是 VC/PE 机构，数量为 1998 件。

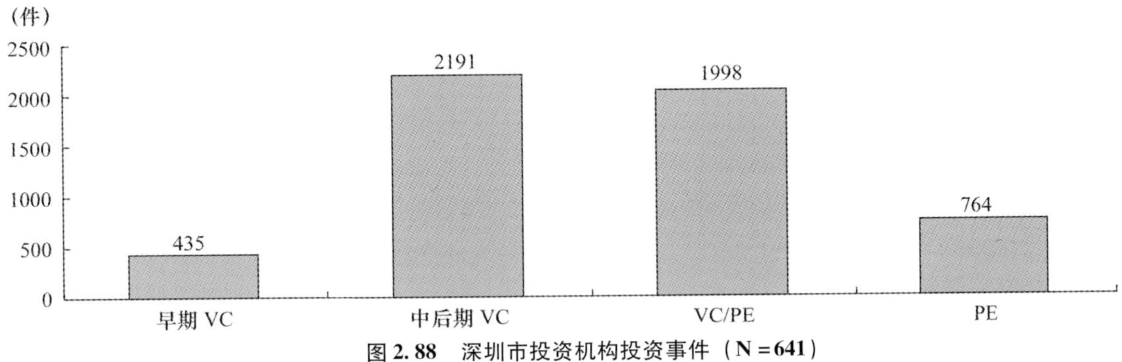


图 2.88　深圳市投资机构投资事件（N = 641）

### 2. 活跃投资机构投资事件分布

深圳市 122 家活跃风险投资机构的投资事件数总和为 4358 件，每家机构的平均投资事件为 35.72 件，按照投资机构类型分布如图 2.89。中后期 VC 机构的投资事件总数最多，有 1784 件，占比 41%，其次是 VC/PE 机构，有 1726 件，占比 40%。

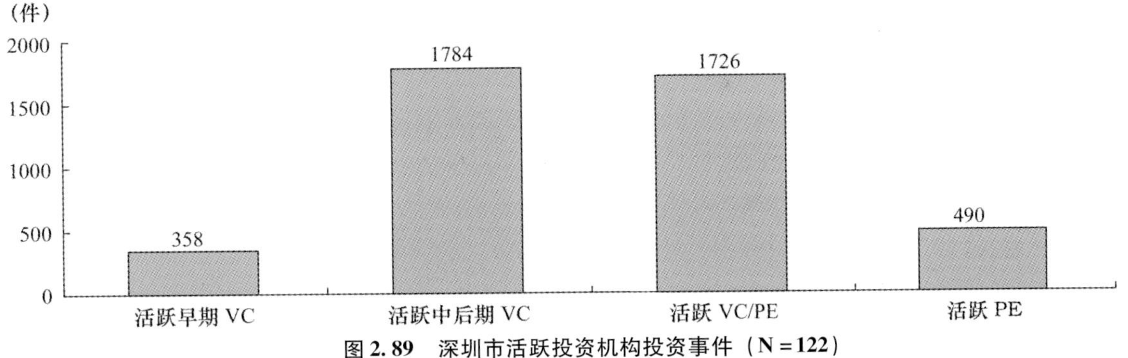


图 2.89　深圳市活跃投资机构投资事件（N = 122）

深圳市活跃投资机构投资事件均值如图 2.90 所示。活跃 VC/PE 机构的平均投资事件数最多，为 102 件；其次是中后期 VC 机构，为 81 件；PE 机构的平均投资事件数最少，为 7 件。

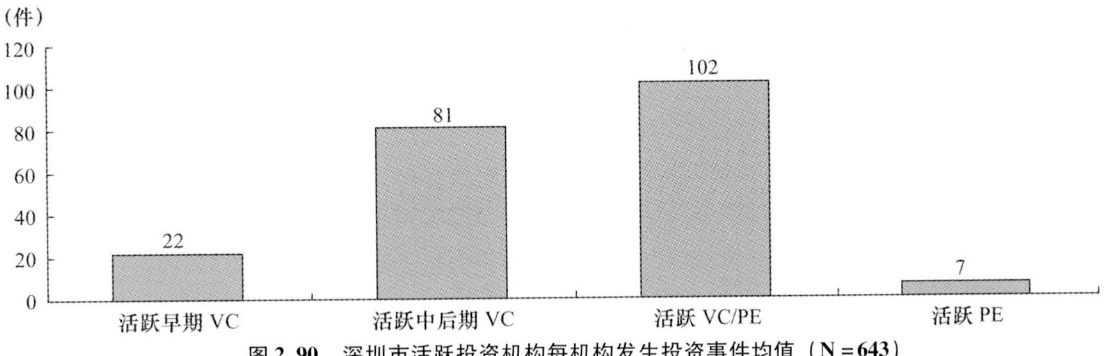


图 2.90　深圳市活跃投资机构每机构发生投资事件均值（N = 643）

## （四）退出事件情况

### 1. 总体分布

深圳市风险投资机构中披露退出事件的机构有 219 家，披露的退出事件总数为 968 件，每家机构平均退出事件数为 4.42 件。中后期 VC 机构退出事件数最多，有 450 件，占比 47%；其次是 VC/PE 机构、PE 机构，分别有 323 件、158 件；早期 VC 机构的退出事件数最少，有 37 件。如图 2.91 所示。

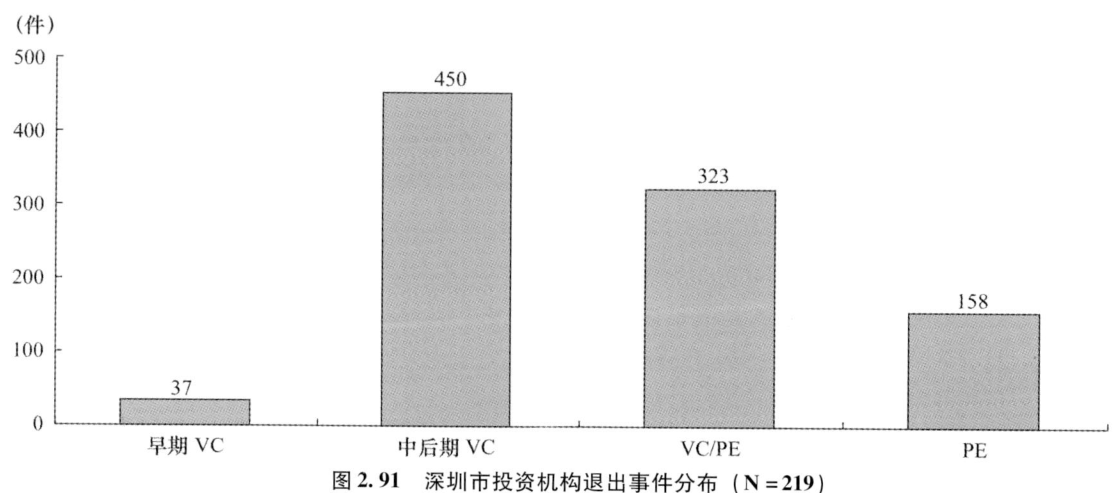

图 2.91　深圳市投资机构退出事件分布（N = 219）

深圳风险投资机构的平均退出事件数分布如图 2.92 所示。VC/PE 机构的平均退出事件数最多，为 8 件，占比 47%，其次是中后期 VC 机构，有 5 件；早期 VC 机构、PE 机构最少，只有 2 件。

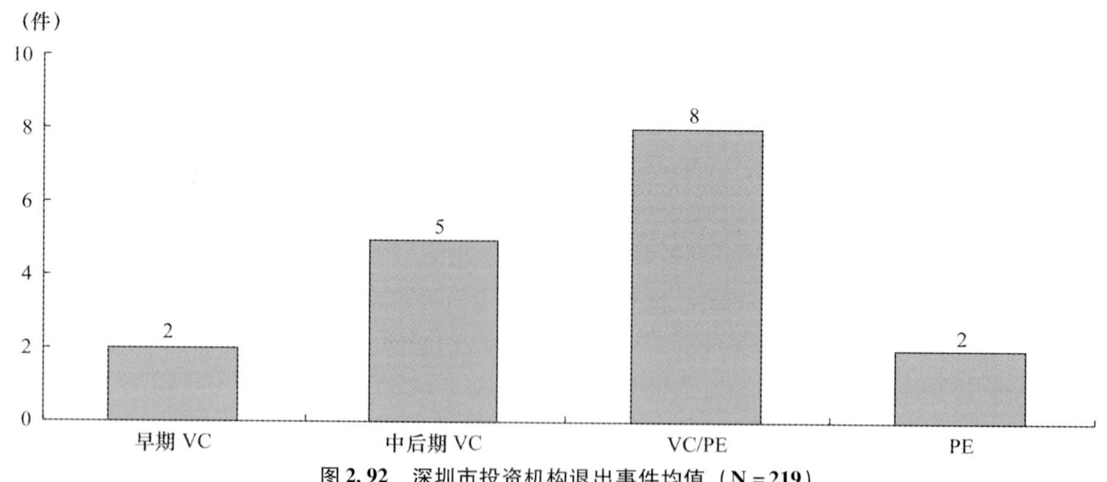

图 2.92　深圳市投资机构退出事件均值（N = 219）

### 2. 活跃投资机构退出事件分布

课题组掌握的深圳市活跃风险投资机构中，披露退出事件的机构有 76 家，披露的退出事件总数为 737 件，每家活跃机构平均退出事件数为 9.7 件。

各种类型活跃投资机构的退出事件分布如图 2.93 所示。中后期 VC 机构的退出事件数最多，有 329 件，占总退出事件数的 45%；其次是 VC/PE 机构，有 282 件，占比 38%；最少的是早期 VC 机构，退出事件只有 19 件。

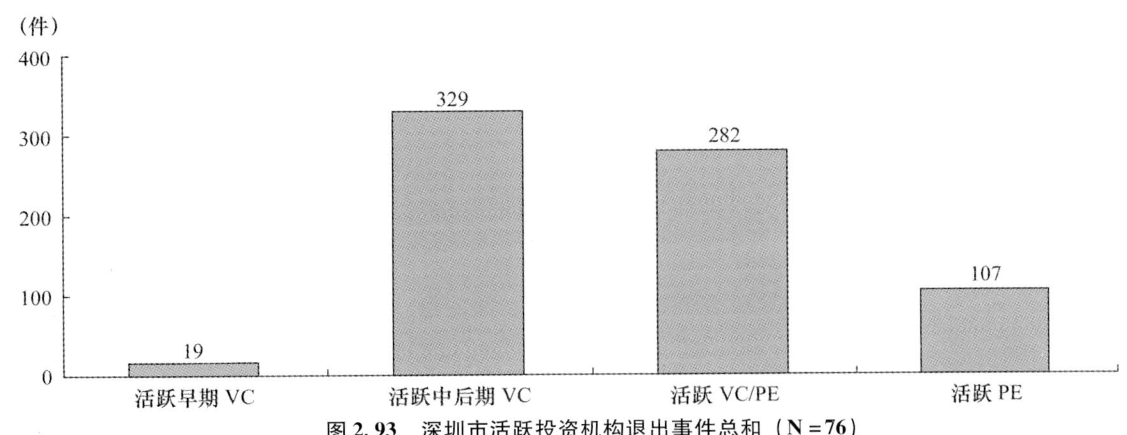


图2.93　深圳市活跃投资机构退出事件总和（N=76）

## 二、活跃VC机构情况

与北京市活跃VC机构研究相同，下面的分析仅包括各类VC机构，不包括纯粹的PE机构。

### （一）管理基金情况

#### 1. 基金募集情况

课题组掌握的数据中，深圳市48家活跃VC机构披露了基金募集情况。数据显示，48家活跃风险投资机构共管理着529只基金，平均每家机构管理11只基金。按照类型分布如表2.5，其中VC/PE机构管理的基金最多，为281只，平均每家机构管理17只。基金的类型及其数量如表所示。

表2.5　上海市活跃机构管理的基金类型分布　单位：只

| 基金类型 | 早期VC | 中后期VC | VC/PE |
|---|---|---|---|
| Venture（创业投资） | 7 | 11 | 2 |
| Angel（天使投资） | 279 | 1074 | 909 |
| Growth（成长基金） | 33 | 286 | 318 |
| MultiStage（多阶段基金） | 5 | 98 | 109 |
| NEEQ Fund（新三板基金） | 3 | 36 | 46 |
| Buyout（并购基金） | 0 | 9 | 12 |
| Gov. Matching（引导基金） | 0 | 4 | 7 |
| Real Estate（房地产基金） | 4 | 181 | 229 |
| Mezzanine（过桥资本） | 2 | 33 | 13 |
| FOF（母基金） | 7 | 11 | 2 |

上表说明，不同于北京，深圳的早期VC机构募集基金虽然大多都是投资于早期的基金，但也有成长基金、新三板基金、房地产基金、过桥资本和母基金，但不包括并购基金和引导基金。深圳的中后期VC机构和VC/PE机构募集的基金范围涵盖了全部类型，与北京上海不同的是，深圳VC机构对房地产基金情有独钟，另外，对于过桥资本和母基金亦有很高的热情。

**2. 2015～2016 新募集基金分布**

深圳市 2015 年新募集基金最多的机构类型是 VC/PE，有 25 只，占当年新募集基金总数的 58.14%；2016 年最多的机构类型是 VC/PE，有 10 只，占当年新募集基金总数的 58.82%。如图 2.94 所示。

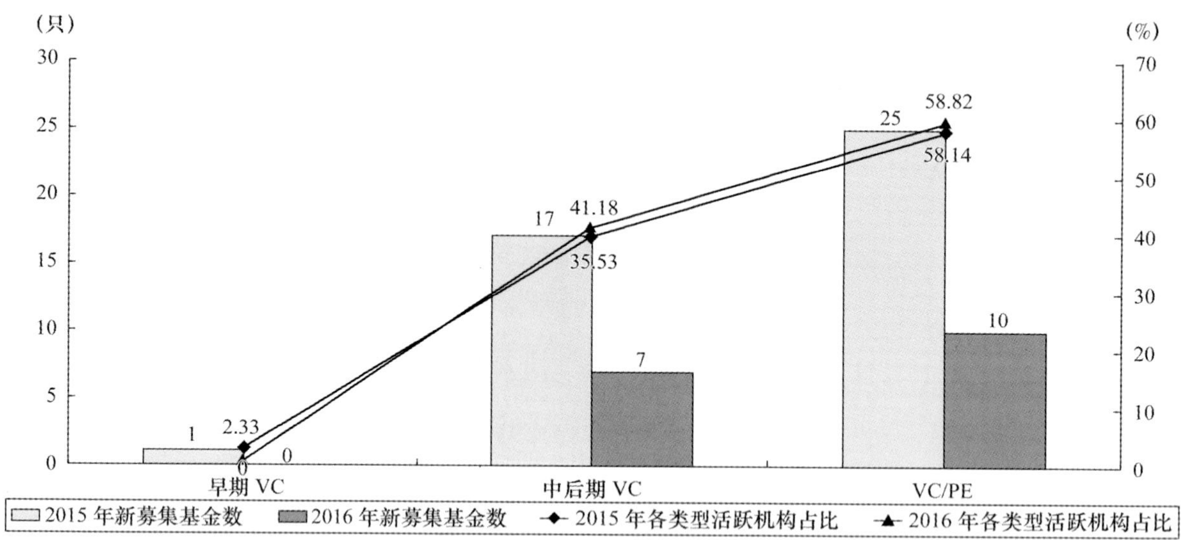


图 2.94　深圳市 2015～2016 年新募基金数量与占比（N＝60）

**3. 基金资本来源分布**

课题组掌握的数据包括 529 只基金的资本来源信息，如图 2.95 所示。其中资本来源为中资的最多，有 514 只；其次外资的有 11 只；中/外资最少，只有 4 只。

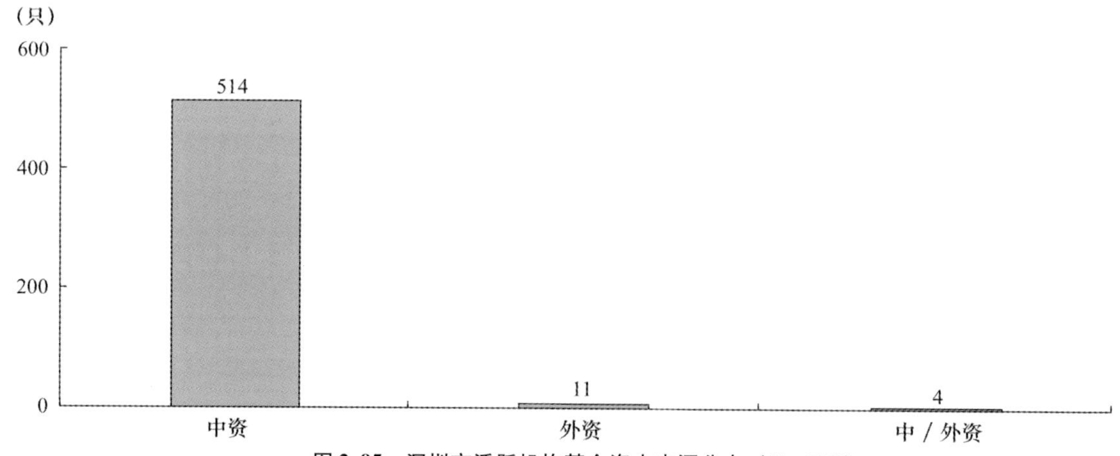


图 2.95　深圳市活跃机构基金资本来源分布（N＝529）

**4. 基金组织形式分布**

529 只上海市活跃机构基金的组织形式分布如图 2.96 所示。其中组织形式为有限合伙制的最多，有 417 只；公司制的有 97 只；信托制的最少，有 15 只。

**5. 基金拟投资阶段分布**

课题组掌握的数据中，披露拟投资阶段的基金只数为 529 只，其分布如图 2.97 所示。其中投发展期、扩张期的基金较多，分别有 495 只、453 只；其次是投早期的基金，有 212 只；投获利期的最少，有 30 只。

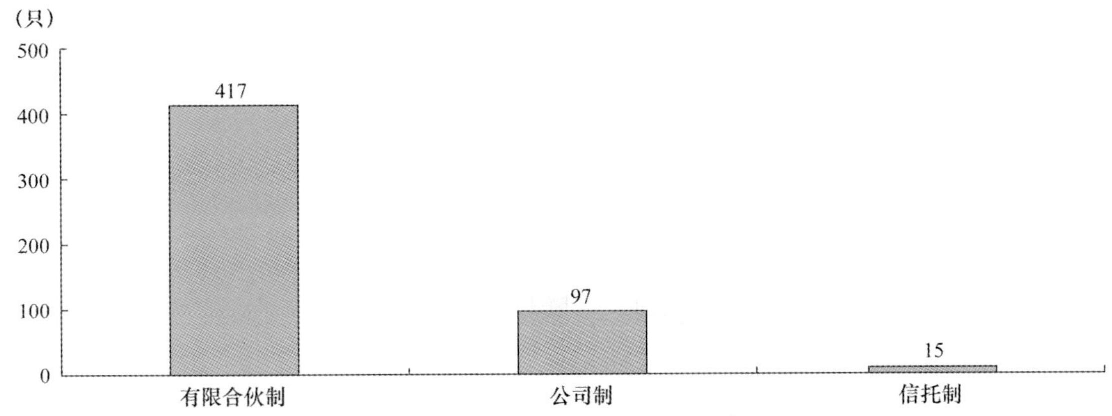

图 2.96　深圳市活跃机构基金组织形式分布（N=529）

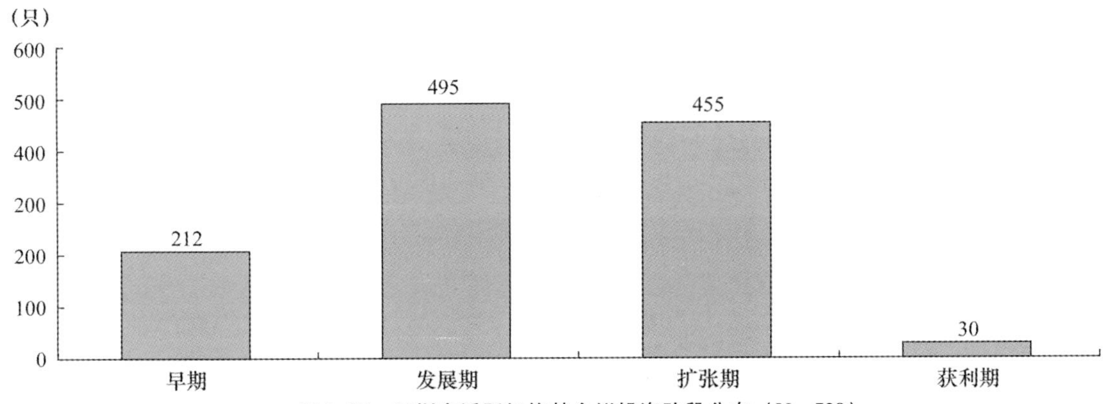

图 2.97　深圳市活跃机构基金拟投资阶段分布（N=529）

### 6. 基金拟投资发展策略组合方式

课题组掌握的数据中，深圳市活跃机构的基金，披露投资策略组合的有 525 只，其分布如图 2.98 所示。其中，最多的组合策略是发展期/扩张期，有 275 只基金；其次是早期/发展期/扩张期，有 148 只。

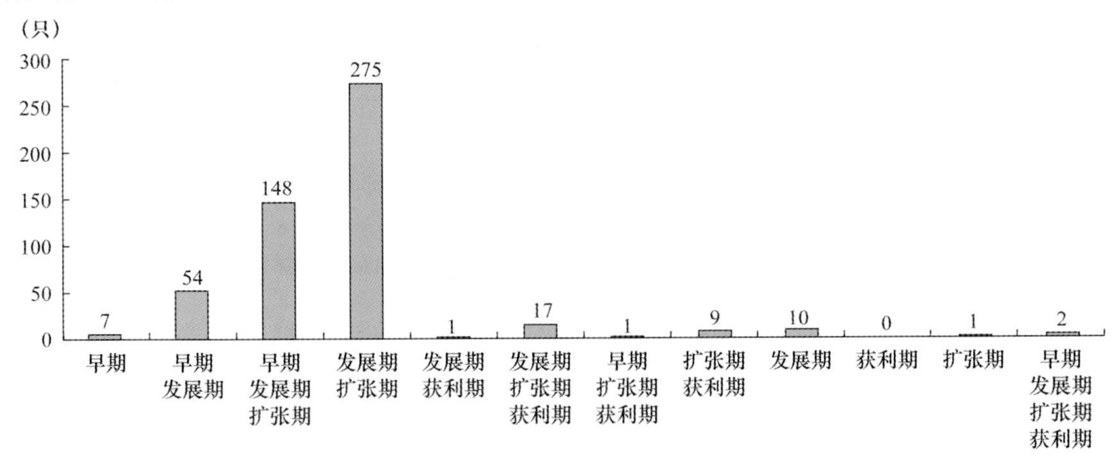

图 2.98　深圳市活跃机构基金投资策略组合（N=525）

### 7. 基金规模分布

课题组掌握的数据中，有 333 只基金募集规模数据，其分布如图 2.99 所示。其中在 1000 万~2000 万美元段的基金最多，有 93 只；与北京和上海相比，深圳的基金规模分布更加均匀。

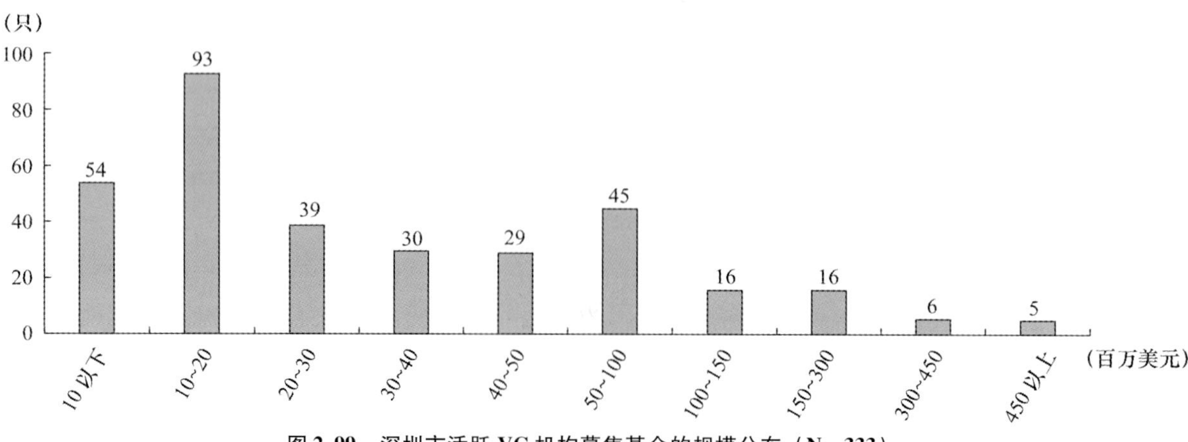


**图 2.99 深圳市活跃 VC 机构募集基金的规模分布（N = 333）**

深圳市活跃早期 VC 机构募集基金募集规模分布如图 2.100 所示。1000 万 ~ 2000 万美元之间的最多。

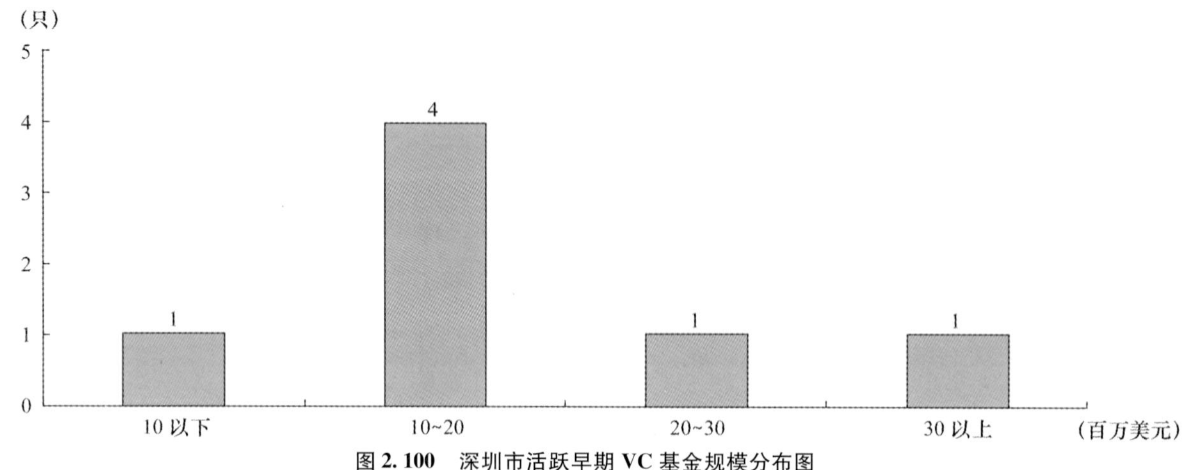


**图 2.100 深圳市活跃早期 VC 基金规模分布图**

深圳市活跃中后期 VC 机构募集基金募集规模分布如图 2.101 所示。大部分基金规模低于 1 亿美元。

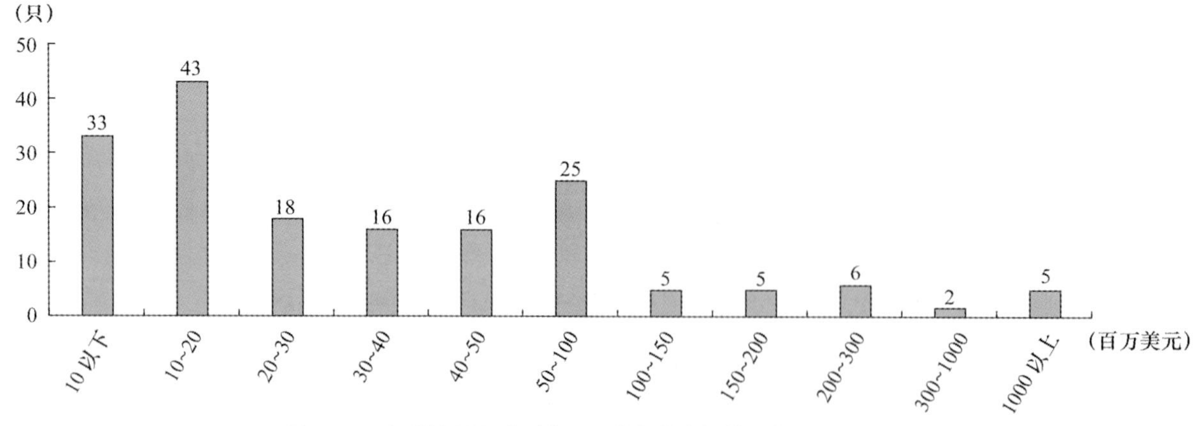


**图 2.101 深圳市活跃中后期 VC 募集基金规模分布（N = 174）**

深圳市活跃 VC/PE 机构募集基金募集规模分布如图 2.102 所示。同中后期 VC 机构类似，基金规模大部分低于 1 亿美元。

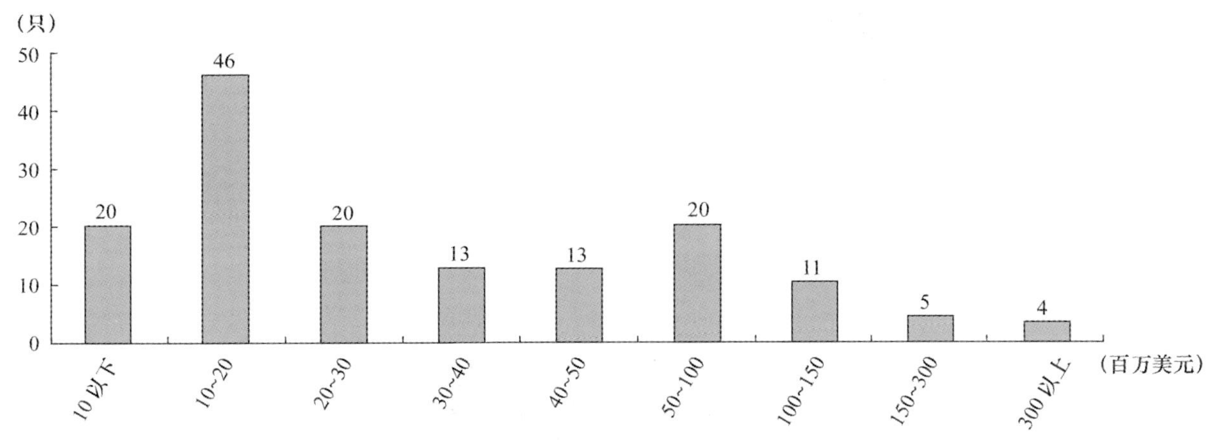


图 2.102 深圳市活跃 VC/PE 募集基金规模分布（N＝152）

**8. 募集资金年度分布情况**

深圳市活跃早期 VC 机构 2000～2015 年募集基金总额先升后降，在 2014 年达到高峰后回落。如图 2.103 所示。

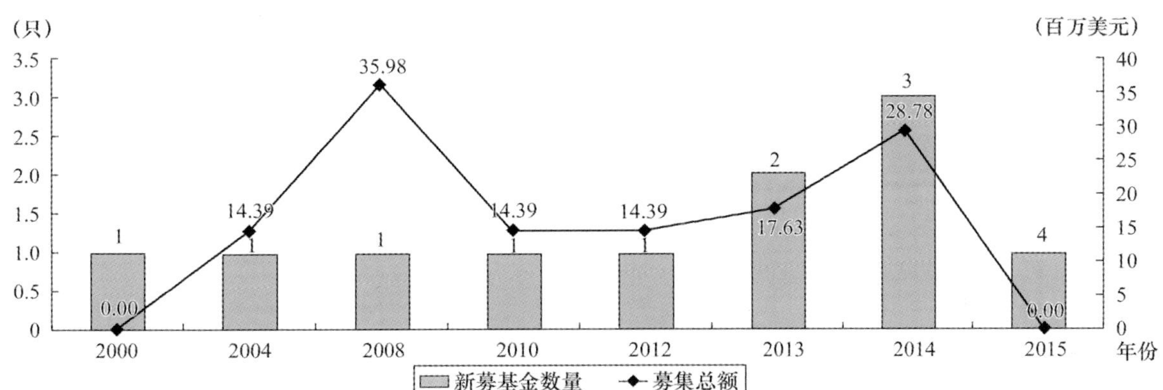


图 2.103 深圳市活跃早期 VC 机构 2000～2015 年基金募集情况

深圳市活跃中后期 VC 机构 2000～2016 年基金募集总额在 2011 年之前呈现缓慢上升趋势，2011 达到高峰后，2012 年急剧下降，2013 年后又开始上升，2015 年达到新高峰后回落。如图 2.104 所示。

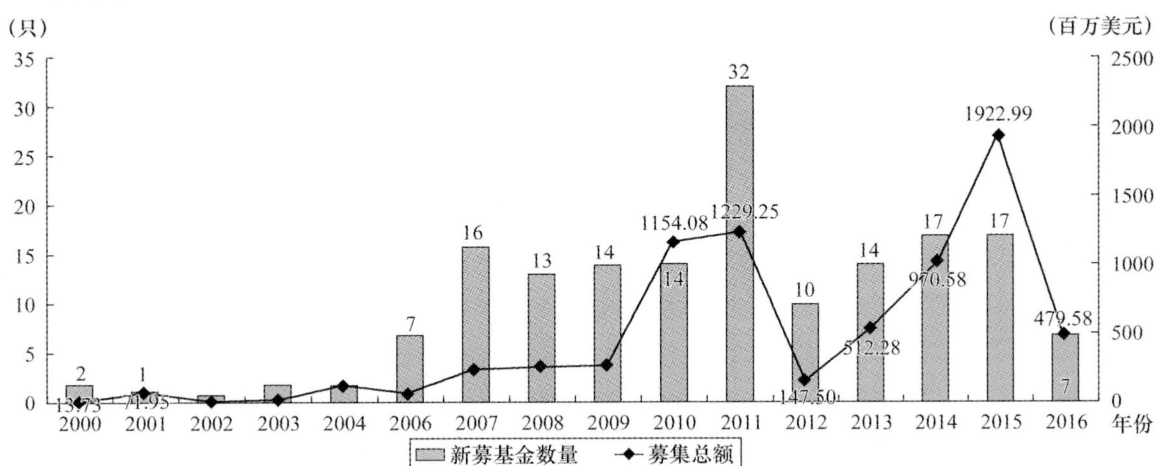


图 2.104 深圳市活跃中后期 VC 机构 2000～2016 年基金募集情况（N＝169）

深圳市活跃 VC/PE 机构 1999～2016 年基金募集总额呈现缓慢上升趋势，2011 年急剧上升，达到最高峰，2012 年回落。2011 年募集总额最高，达到了 2122.53 百万美元。2015 年新募集基金数最多，有 25 只。如图 2.105 所示。

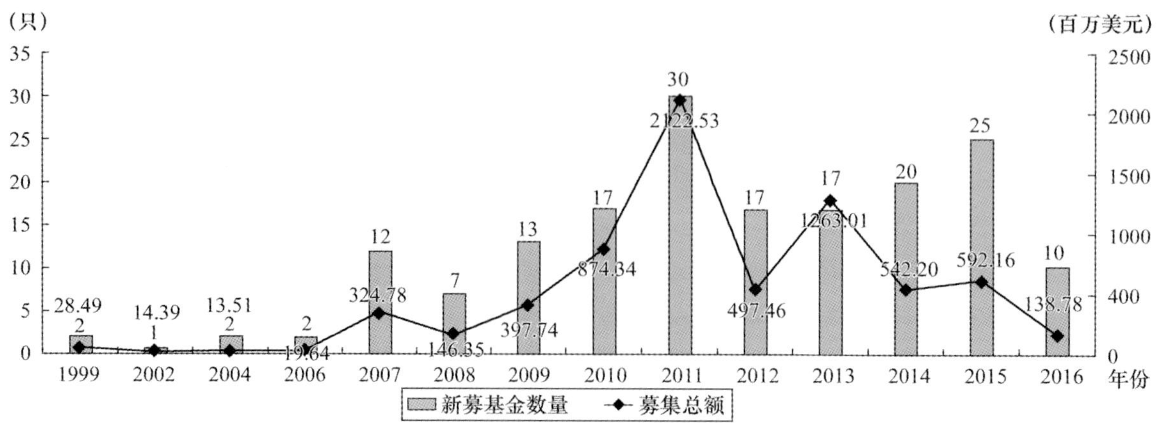

图 2.105 深圳市活跃 VC/PE 机构 1999～2016 年基金募集情况（N=251）

## （二）投资事件情况

### 1. 投资事件基本情况

（1）投资事件数量情况。

深圳市活跃 VC 机构披露的投资事件总数为 3883 件，平均每家活跃机构的投资事件数为 70.6 件，其分布如图 2.106 所示。数据显示，中后期 VC 机构的投资事件总数最多，有 1797 件；其次是 VC/PE 机构，有 1726 件；早期 VC 机构的投资事件总数最少，有 360 件。

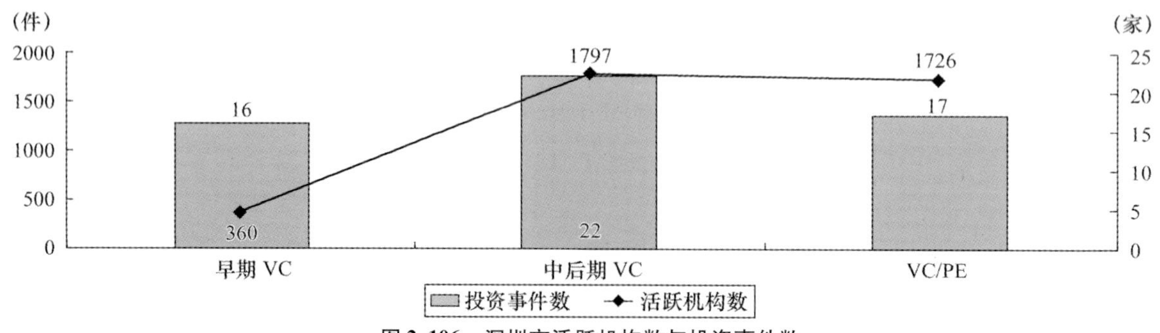

图 2.106 深圳市活跃机构数与投资事件数

深圳市活跃早期 VC 机构的平均投资事件数为 23 件，各阶段分布如图 2.107 所示。中后期 VC 为 82 件，VC/PE 为 102 件。

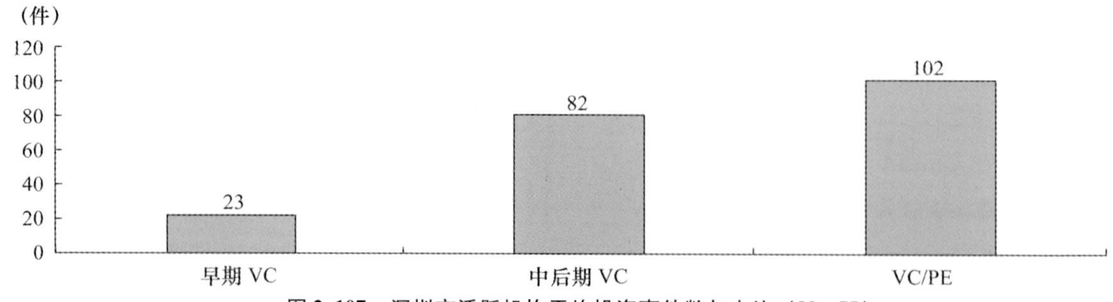

图 2.107 深圳市活跃机构平均投资事件数与占比（N=55）

各阶段 VC 历年投资事件总量，如图 2.108 所示。深圳市活跃机构早期 VC 投资事件发生在本地的有 181 件，占早期 VC 总事件数的 50.28%；中后期 VC 中发生在本地的有 596 件，占中后期 VC 总事件数的 33.17%；VC/PE 中发生在本地的有 634 件，占 VC/PE 总事件数的 36.73%。

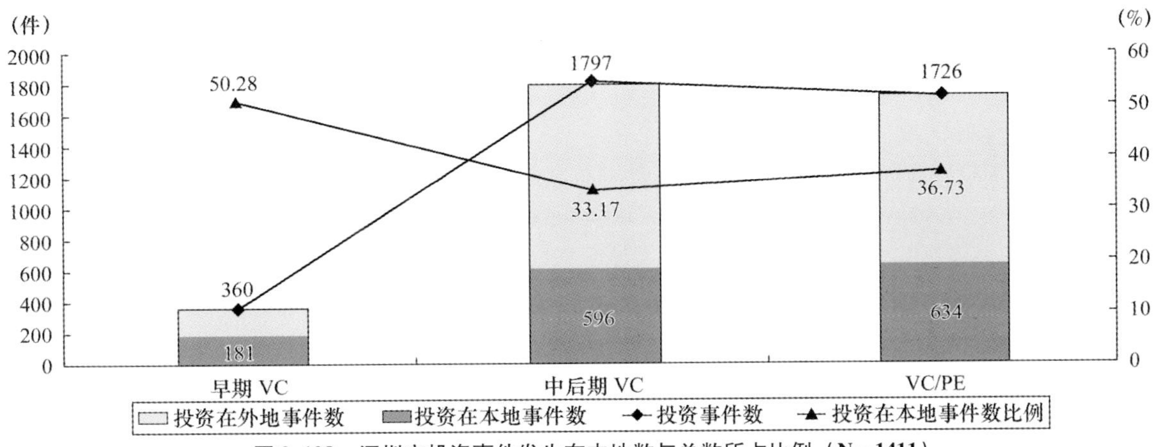


图 2.108　深圳市投资事件发生在本地数与总数所占比例（N=1411）

2015 和 2016 两年的投资事件数如图 2.109 所示。2015 年深圳市中后期活跃 VC 机构发生的投资事件数最多，有 306 件，早期 VC 最少，有 98 件；2016 年深圳市活跃 VC/PE 发生的投资事件数最多，有 151 件，早期最少，有 31 件。

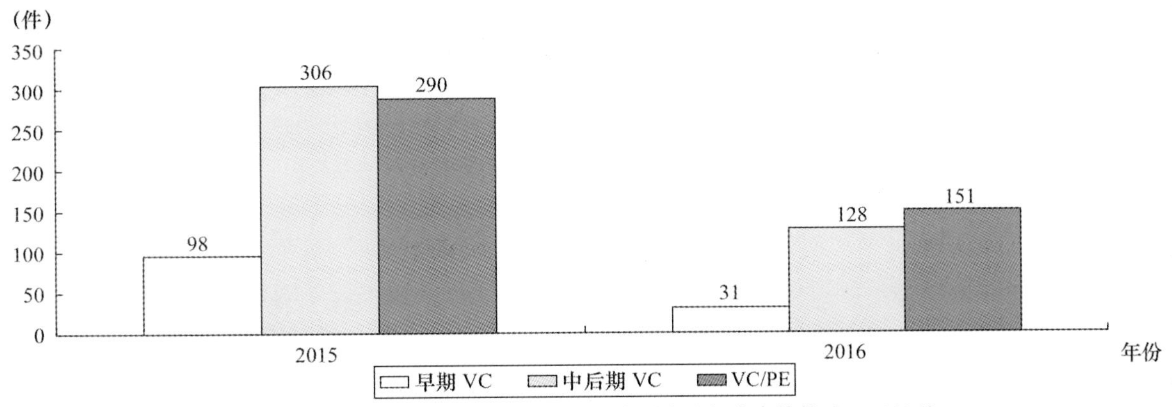


图 2.109　深圳市 2015～2016 年各机构类型发生投资事件数（N=1004）

（2）投资事件的轮次分布。

深圳市活跃 VC 机构的投资轮次大部分分布在 A 轮和 B 轮。如表 2.6 所示。

表 2.6　上海市活跃投资机构投资轮次

| 投资轮次 | 早期 VC | 中后期 VC | VC/PE |
|---|---|---|---|
| Angel | 7 | 11 | 2 |
| VC－Series A | 279 | 1074 | 909 |
| VC－Series B | 33 | 286 | 318 |
| VC－Series C | 5 | 98 | 109 |
| VC－Series D | 3 | 36 | 46 |
| VC－Series E | 0 | 9 | 12 |

续表

| 投资轮次 | 早期 VC | 中后期 VC | VC/PE |
|---|---|---|---|
| PE - Buyout | 0 | 4 | 7 |
| PE - Growth | 4 | 181 | 229 |
| PE - PIPE | 2 | 33 | 13 |

（3）投资金额情况。

深圳市活跃早期 VC 机构披露金额的投资事件数为 92 件，披露的总额为 7765 千万美元，平均投资金额为 84 万美元，如图 2. 110 所示。中后期 VC 披露金额的投资事件数为 1110 件，披露的总额为 45. 6 亿美元，平均投资金额为 412 万美元；VC/PE 披露金额的投资事件数为 1025 件，披露的总额为 43. 3 亿美元，平均投资金额为 423 万美元，如图 2. 111 所示。

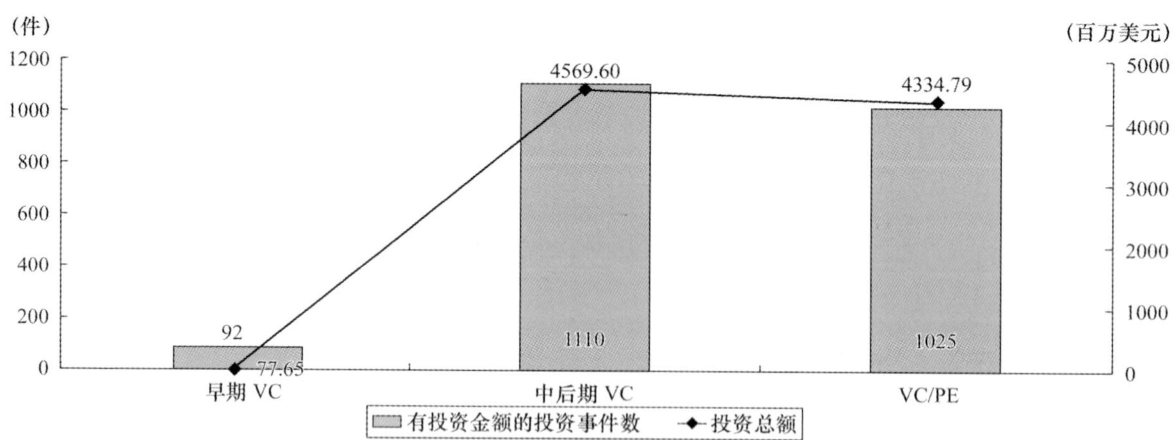


图 2. 110　深圳市活跃 VC 机构投资总额分布（N = 2227）

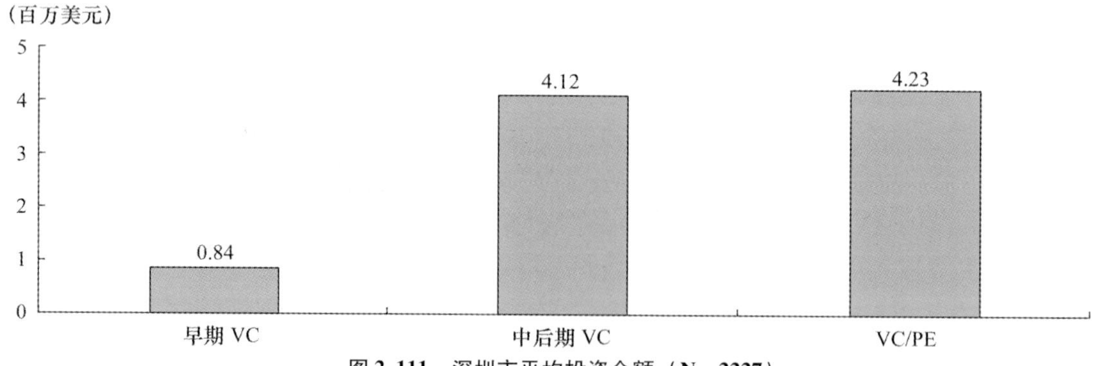


图 2. 111　深圳市平均投资金额（N = 2227）

（4）投资行业分布。

深圳市各活跃 VC 机构有明确的行业信息的投资事件样本总量为 3863 件，行业分布如图 2. 112 所示。IT、互联网、制造业是深圳市最受活跃 VC 机构欢迎的前三大行业，发生的投资事件数分别为 733 件、657 件、637 件；其次是电信及增值、医疗健康、能源及矿业，各发生了 342 件、272 件、258 件；旅游业是投资事件数最少的行业，只有 6 件。

从早期 VC 机构的投资事件看，深圳市活跃早期 VC 机构投资事件中，有明确行业信息的样本总量为 356，其分布如图 2. 113 所示。由图可知，互联网是最受风险投资机构欢迎的投资行业，占到了总事件数的 39% ,；其次是电信及增值和 IT，各占总事件数的 22% 、19% 。

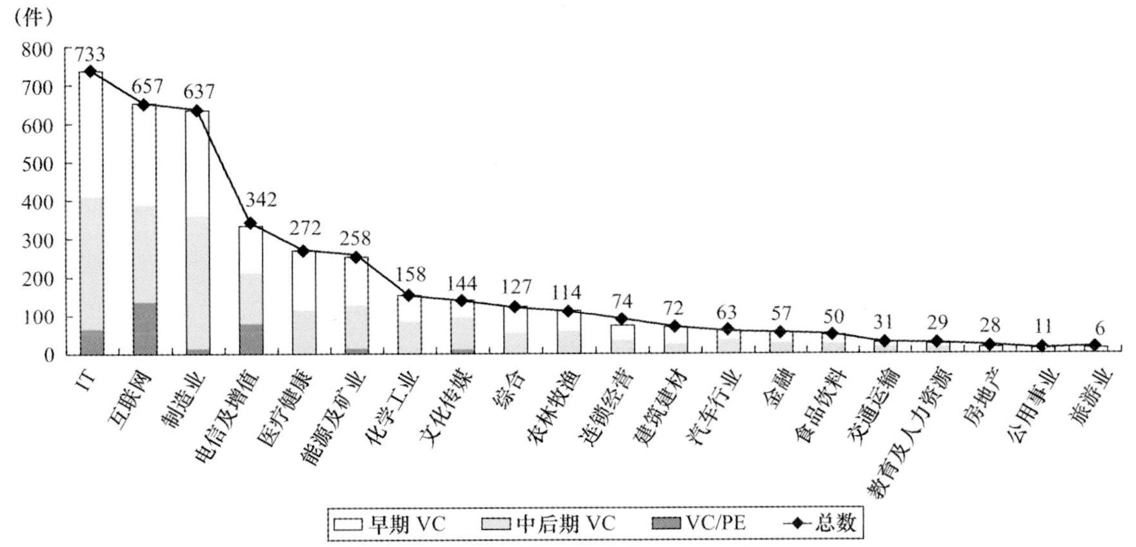


图 2.112　深圳市活跃 VC 机构投资行业分布（N=3863）

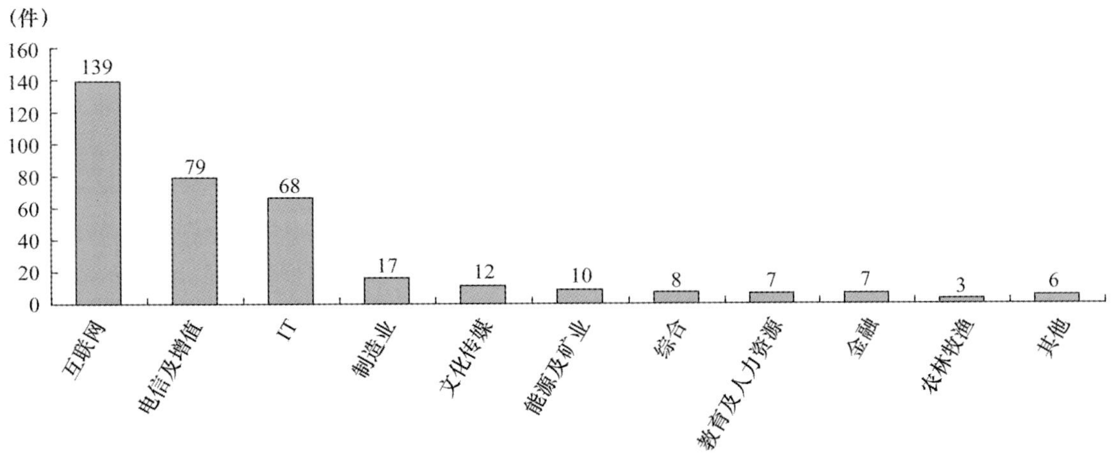


图 2.113　深圳市活跃早期 VC 机构投资行业分布（N=356）

深圳市活跃中后期 VC 机构投资事件中，有明确行业信息的样本总量为 1791，其分布如图 2.114 所示。IT、制造业、互联网是投资事件数排名前三的行业，三者的总和占总投资事件数的 52%；医疗健康、能源及矿业、电信及增值各占 7%。

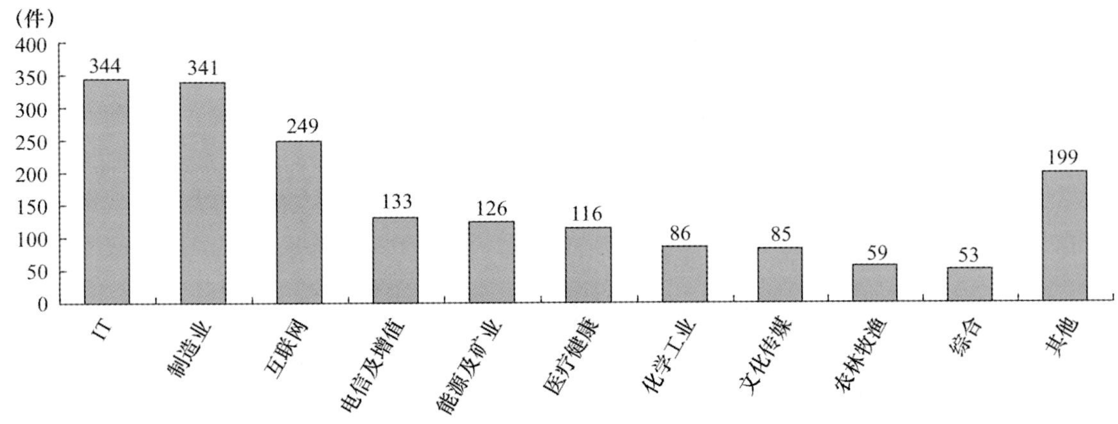


图 2.114　深圳市活跃中后期 VC 机构投资行业分布（N=1791）

深圳市活跃中后期 VC 机构投资事件中，有明确行业信息的样本总量为 1716，其分布如图 2. 115 所示。IT 行业的投资事件数最多，321 件，占总事件数的 19%；其次是制造业、互联网，各占总事件数的 16%。

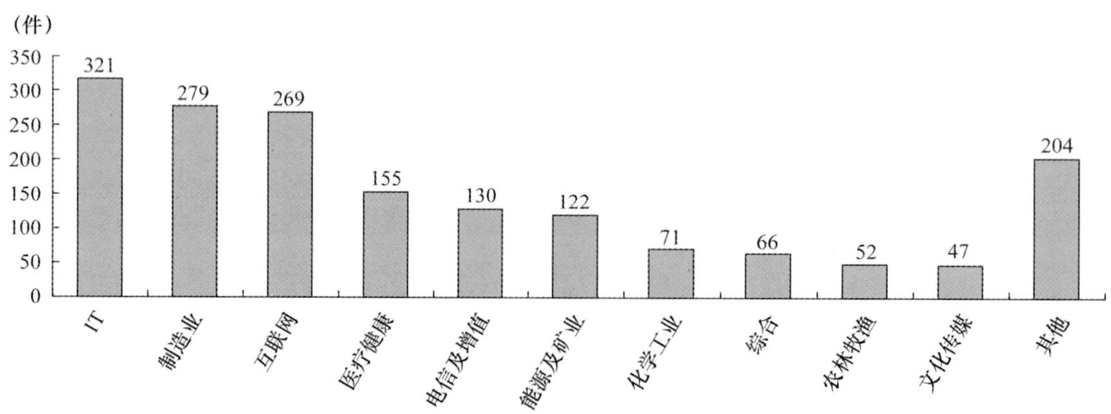


图 2. 115　深圳市活跃 VC/PE 机构投资行业分布（N = 1716）

## 2. 投资热度趋势

（1）早期 VC 热度趋势。

深圳市活跃早期 VC 机构 2012 ~ 2016 年投资事件数如图 2. 116 所示。总体呈现上升趋势；2016 年投资事件数最多，有 98 件；其次是 2015 年，有 50 件。

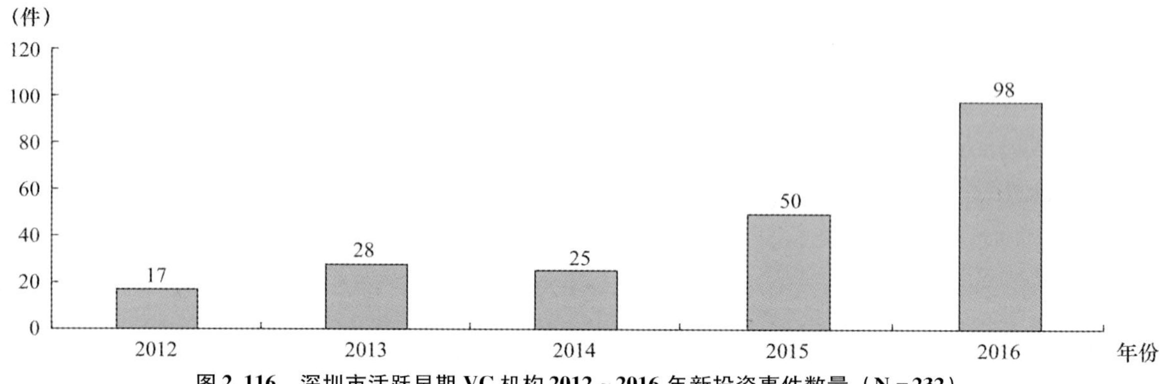


图 2. 116　深圳市活跃早期 VC 机构 2012 ~ 2016 年新投资事件数量（N = 232）

从本地化投资比例来看，深圳市活跃早期 VC 机构 2012 ~ 2016 年投资事件发生的本地所占的比例 2013 年最低，为 28%；2014 年有所上升，为 52%；然后开始呈现下降趋势。如图 2. 117 所示。

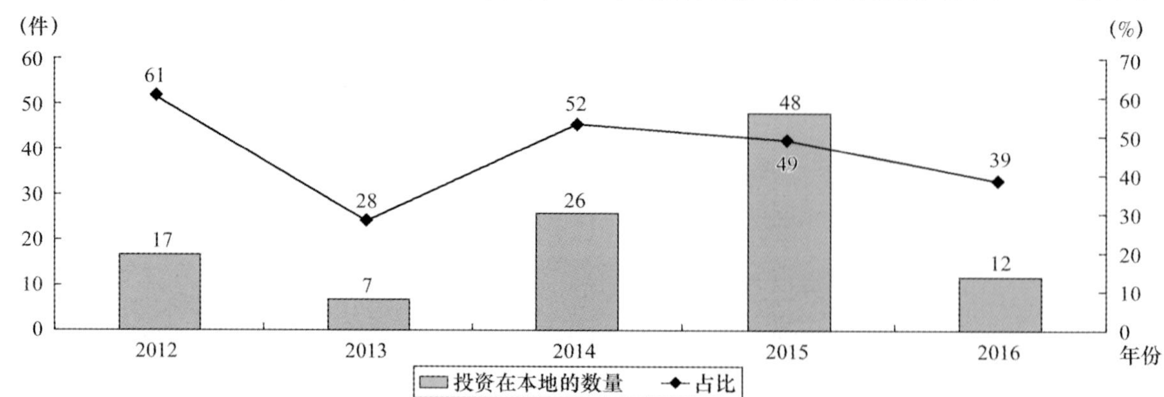


图 2. 117　深圳市活跃早期 VC 机构 2012 ~ 2016 年投资在本地数量与占比（N = 93）

(2)中后期VC热度趋势。

深圳市活跃中后期VC机构2006~2016年投资事件数如图2.118所示。在2011年之前呈现上升趋势,2011年达到高峰,然后回来,2014年再次上升,2015年达到最高峰,发生了306件投资事件。2006年急剧下降,只有128件。

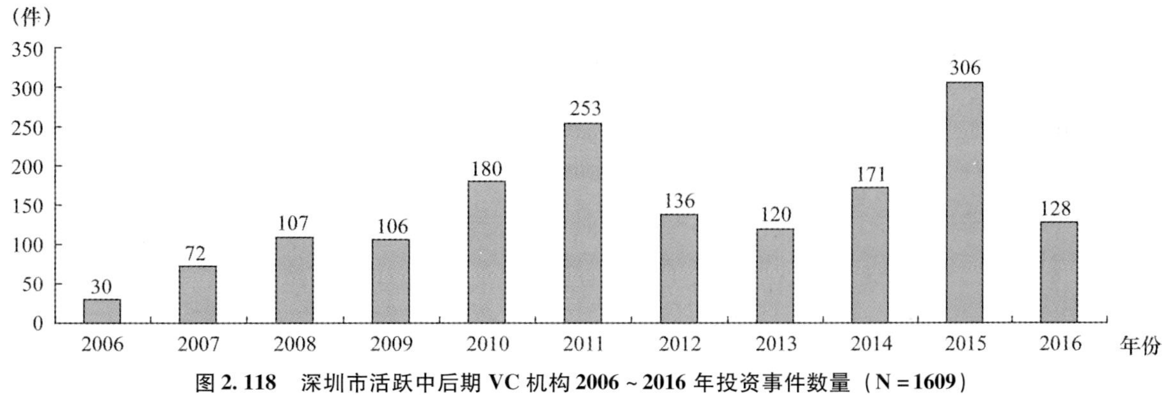


图2.118 深圳市活跃中后期VC机构2006~2016年投资事件数量(N=1609)

深圳市活跃中后期VC机构2006~2016年投资事件发生在本地所占的比例分布如图2.119所示。其中2015年投资事件在本地的最多,有95件。本地投资的比例在26%~40%之间波动。

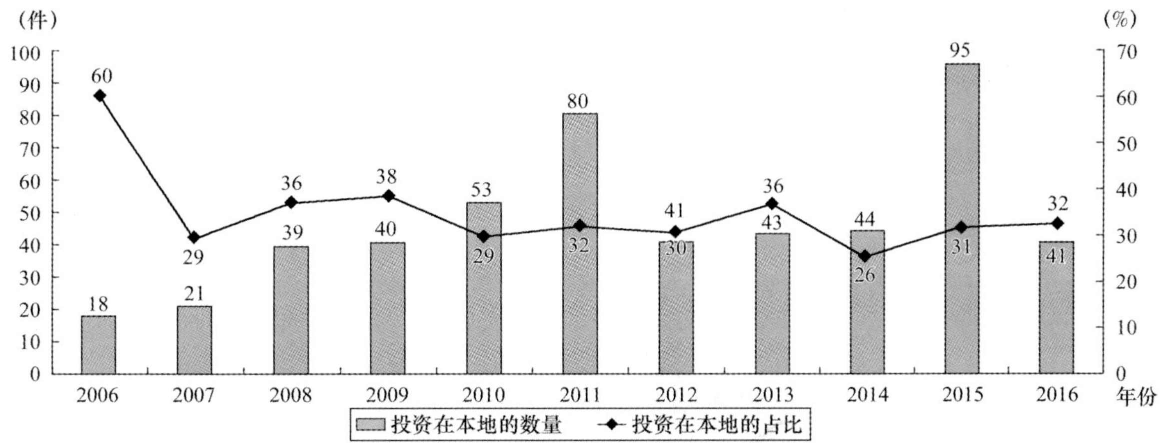


图2.119 深圳市活跃中后期VC机构2006~2016年投资在本地数量与占比(N=515)

(3)VC/PE热度趋势。

深圳市活跃VC/PE机构2010~2016年投资事件分布如图2.120所示。2015年最高,有290件;其次是2011年,有267件。2011年和2015年是两个投资高峰年。

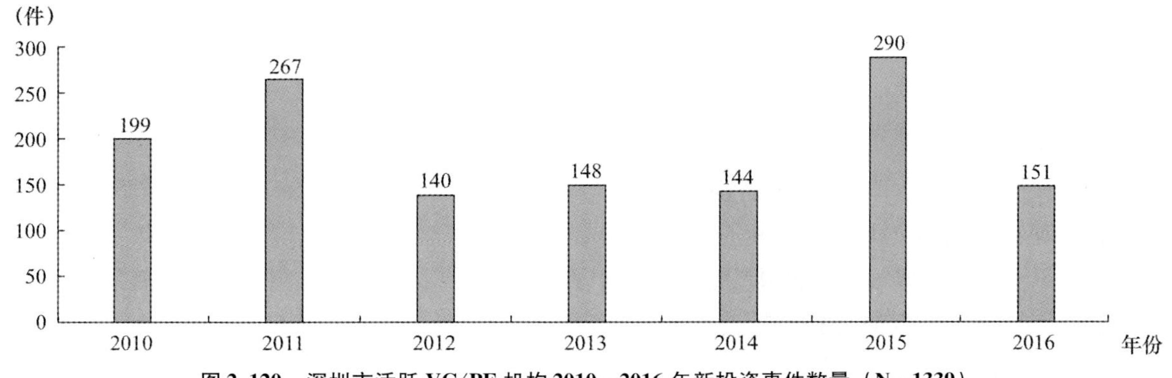


图2.120 深圳市活跃VC/PE机构2010~2016年新投资事件数量(N=1339)

深圳市活跃 VC/PE 机构 2010 ~ 2016 年投资事件发生在本地的比例变化情况如图 2. 121 所示。总体看来，呈现先降后升的趋势，投资事件发生在本地数量最高的是 2015 年，有 122 件，占 42%，最低比例在 26%，高于上海。

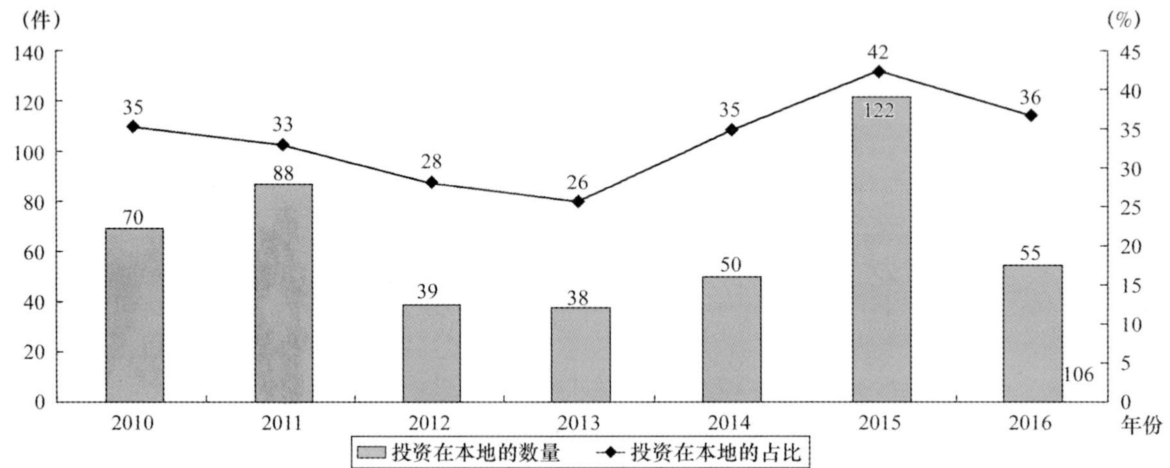


图 2. 121　深圳市活跃 VC/PE 机构 2010 ~ 2016 年投资在本地数量与占比（N = 460）

## （三）退出事件情况

### 1. 退出事件数量情况

深圳市活跃 VC 机构退出事件的样本总量为 1100 件，其分布如图 2. 122 所示。中后期 VC 机构最多，有 575 件；其次是 VC/PE 机构，有 501 件；早期 VC 机构最少，只有 24 件。

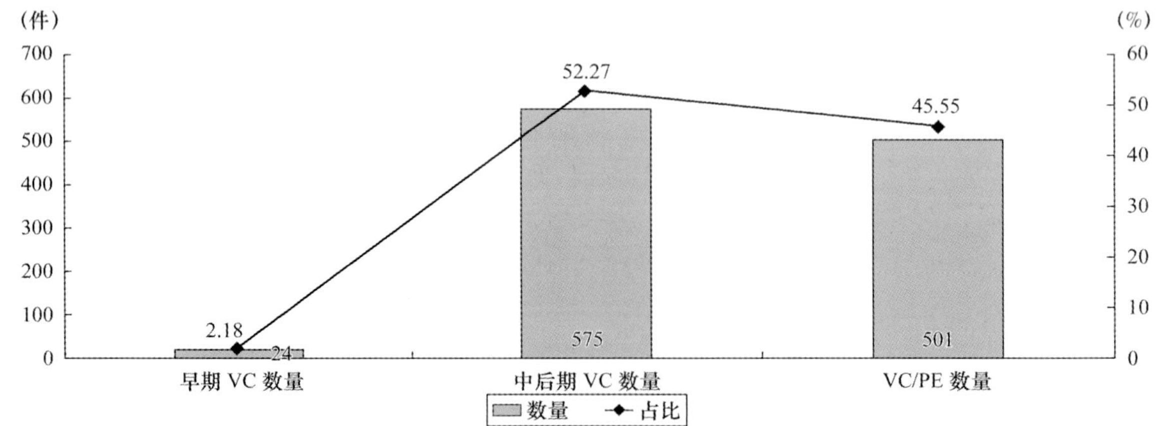


图 2. 122　深圳市活跃机构 VC 全部退出事件数量与占比（N = 1100）

### 2. 退出方式

深圳市活跃 VC 机构退出方式分布如图 2. 123 所示。以首次公开募股退出的占比最多，达到了 28%；其次是并购，占 27%。

深圳市活跃早期 VC 机构退出方式如图 2. 124 所示。并购退出 8 件，占比 33%；公开市场减持和首次公开募股都占 21%。

深圳市活跃中后期 VC 机构退出方式如图 2. 125 所示。首次公开募股占比最多，为 32%。

深圳市活跃 VC/PE 机构退出方式如图 2. 126 所示。并购占比最多，达到了 32%；其次是首次公开募股，占 25%。

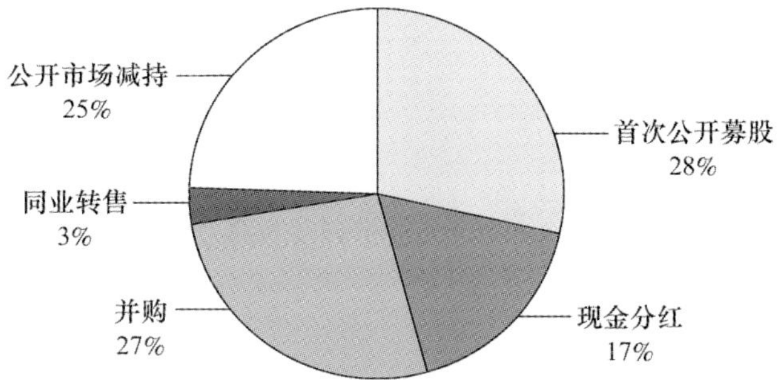


**图 2.123　深圳市活跃机构退出方式总体分布（N＝1100）**

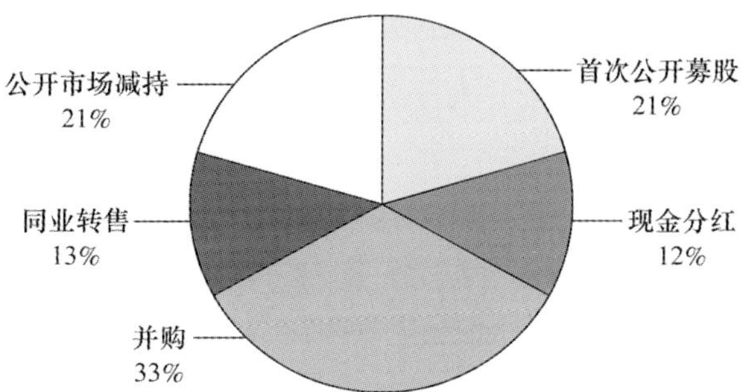


**图 2.124　深圳市活跃早期 VC 机构退出方式分布（N＝24）**

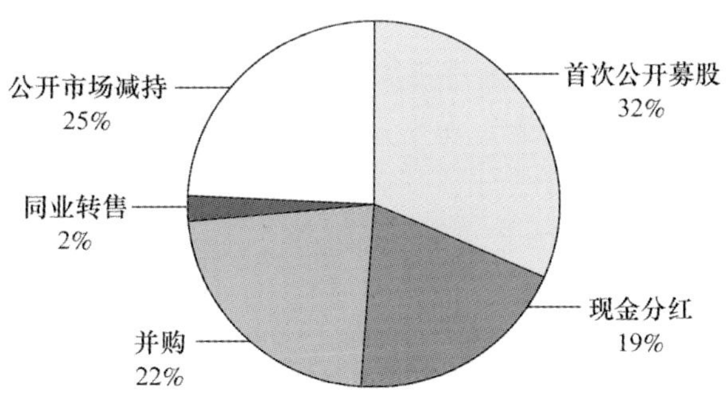


**图 2.125　深圳市活跃中后期 VC 机构退出方式分布（N＝575）**

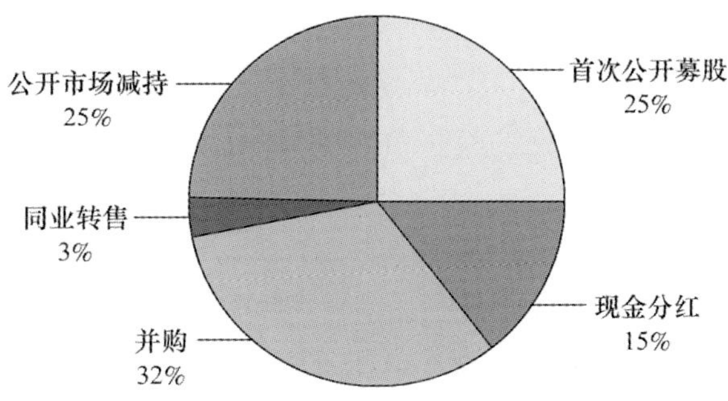


**图 2.126　深圳市活跃 VC/PE 机构退出方式分布（N＝501）**

# 第三章　活跃 VC 机构的募资、投资和退出

本章聚焦于全国 404 家活跃 VC 机构（包括早期 VC、中后期 VC 和 VC/PE，不包括 PE）的基金募集情况、投资行为以及退出情况，与“第二章活跃 VC 机构”的数据不同，本章的数据不限于北京、上海和深圳三个风险资本中心。

## 一、基金募集情况

### （一）全国活跃 VC 机构基金募集总量

2000 ~ 2016 年中国活跃机构新募基金总量如图 3. 1 所示，活跃早期 VC 新募集的基金总量每年变化较为稳定，最大值出现在 2015 年，募集规模达到 10. 9473 亿美元。活跃中后期 VC 机构呈现周期性波动上涨趋势，最大值在 2015 年，达到 101. 8283 亿美元。活跃 VC/PE 机构增长下降波动情况大，最大值为 2010 年 101. 9736 亿美元。

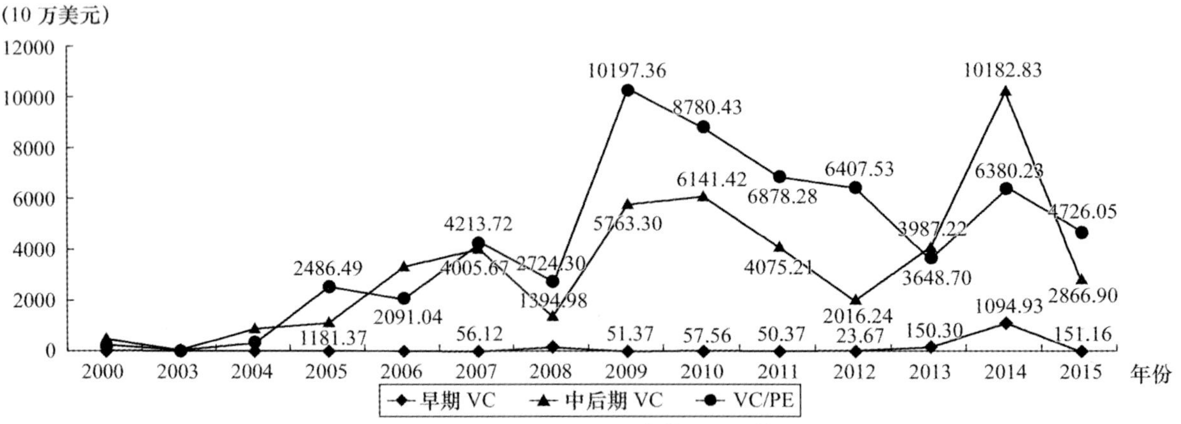


图 3. 1　2000 ~ 2016 年中国活跃机构新募基金总额情况（N = 1598）

### （二）活跃早期 VC 机构募集基金的只数和均值

2000 ~ 2016 年中国早期活跃 VC 机构新募基金数量如图 3. 2 所示。每个有数据的年度，活跃早期 VC 机构新募集的基金数量较少，最大值为 18 只，发生在 2015 年。

2000 ~ 2016 年全国活跃 VC 机构基金平均募集金额如图 3. 3 所示。大部分时期，活跃早期 VC 机构的平均规模在 1000 万美元到 3000 万美元之间。2013 年达到谷底，平均规模只有 592 万美元，而之后又迅速攀升，2015 年达到最高峰，平均规模为 1. 1 亿美元。

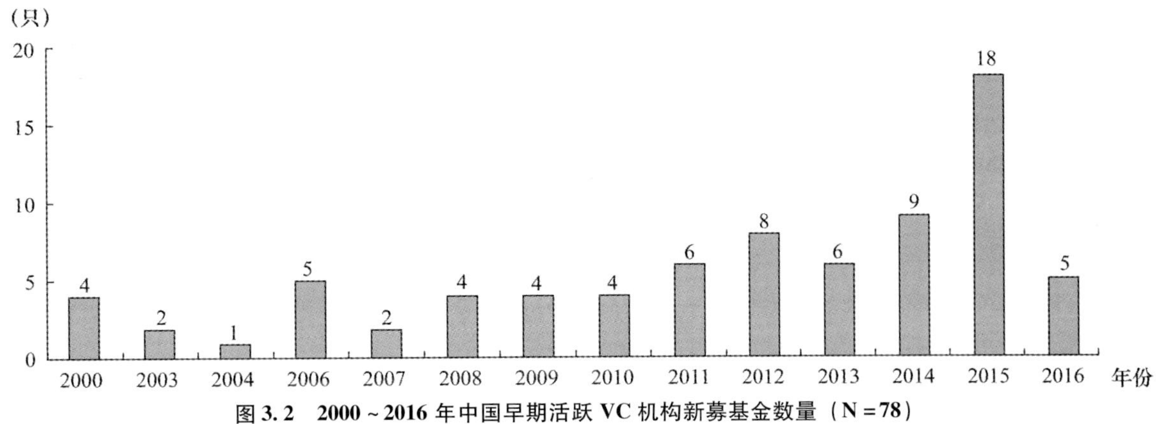

图 3.2　2000～2016 年中国早期活跃 VC 机构新募基金数量（N=78）

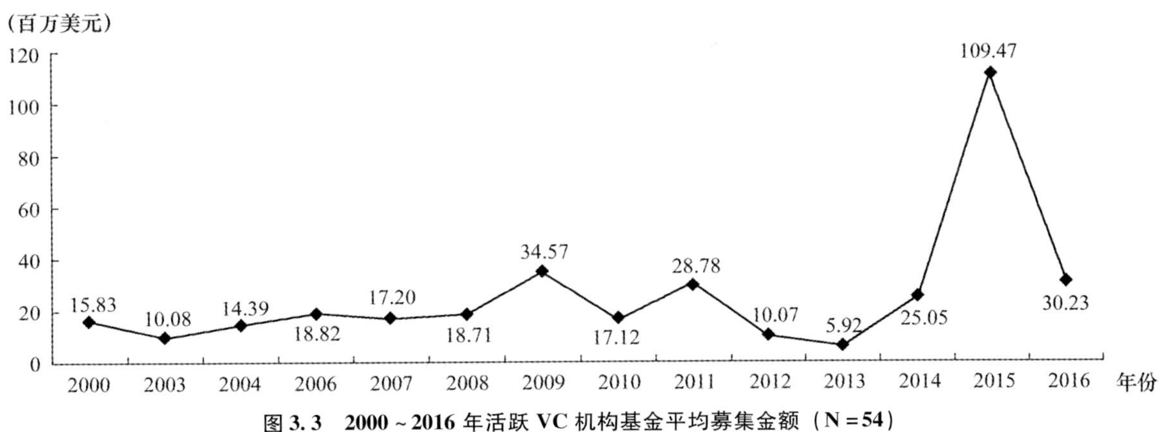

图 3.3　2000～2016 年活跃 VC 机构基金平均募集金额（N=54）

## （三）活跃中后期 VC 机构募集基金的只数和均值

从 1993～2016 年中国活跃中后期 VC 机构新募基金数量如图 3.4 所示。图形显示，2000 年之前，基金募集非常罕见，2000 年开始有起色，但很快下降。2004 年，活跃中后期 VC 机构的基金募集开始活跃，并逐渐增长。基金只数在 2011 年达到高峰，该年共募集基金 106 只。

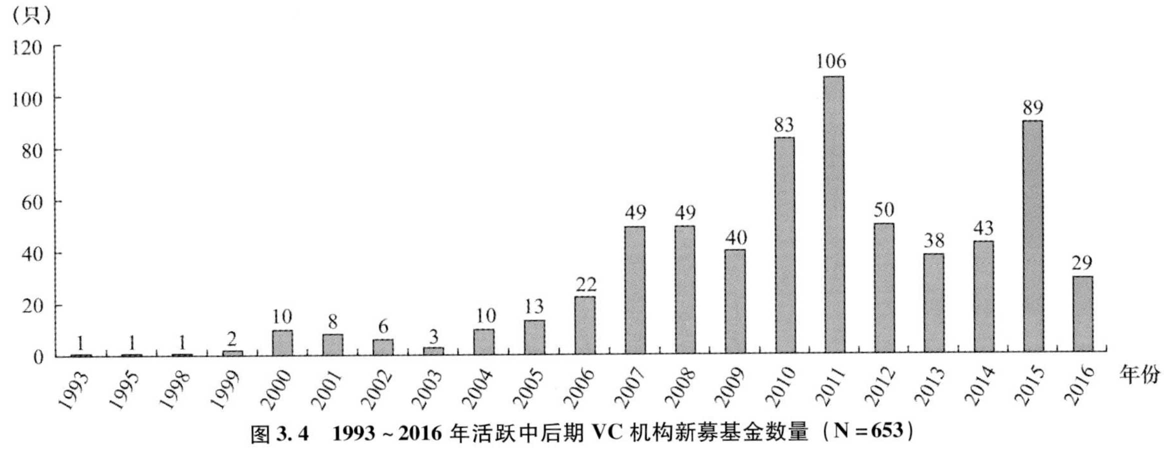

图 3.4　1993～2016 年活跃中后期 VC 机构新募基金数量（N=653）

1993～2016 年，中国活跃中后期 VC 机构年度平均募集金额呈现波动性，2013 年之前，平均基金规模大都低于 1 亿美元。2015 年达到最大值，1.9213 亿美元。如图 3.5 所示。

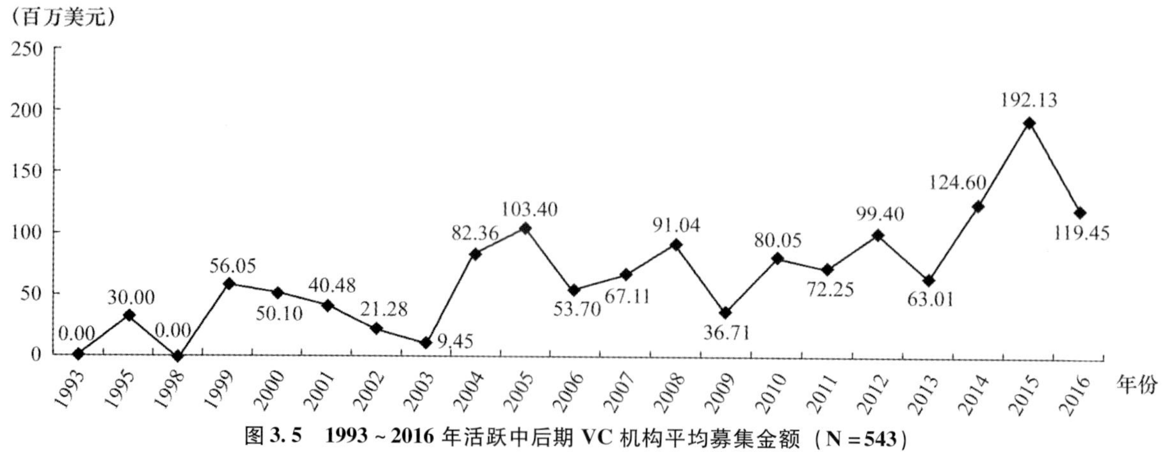

图 3.5　1993 ~ 2016 年活跃中后期 VC 机构平均募集金额（N = 543）

## （四）活跃 VC/PE 机构募集基金的只数和均值

1999 ~2016 年中国活跃 VC/PE 机构新募基金数量如图 3. 6 所示。2011 年达到最大值，该年活跃 VC/PE 机构募集基金 182 只。但随后募集基金只数锐减至 2012 年的 72 只，2015 年基金募集再次活跃缓之后，2016 年又下降至 2017 年以来的新低，该年只有 25 只新募基金。

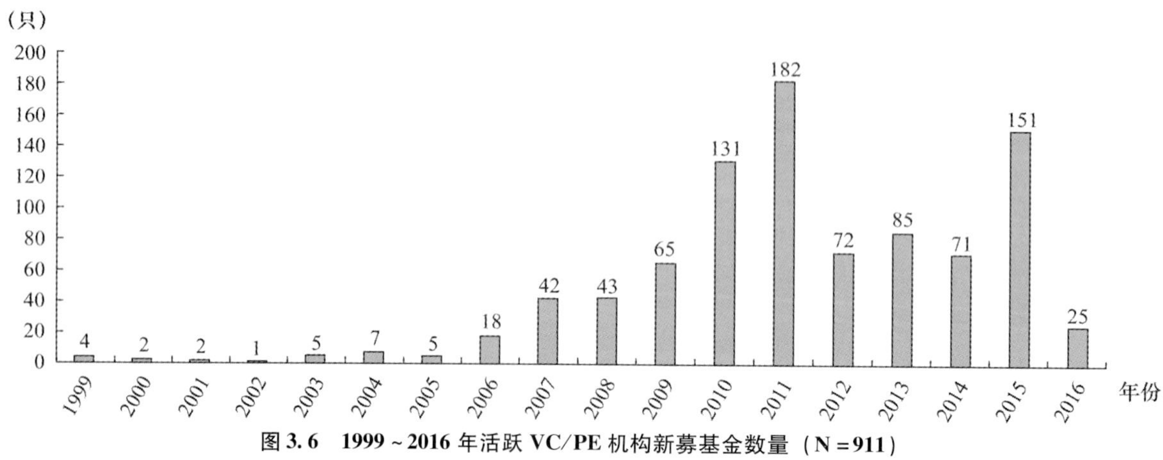

图 3.6　1999 ~ 2016 年活跃 VC/PE 机构新募基金数量（N = 911）

1999 ~2016 年中国活跃 VC/PE 机构新募基金中，披露募集规模的基金有 666 只。募集规模均值波动很大，最高均值为 3. 1 亿美元，而最低的均值只有 0. 14 亿美元。如图 3. 7 所示。

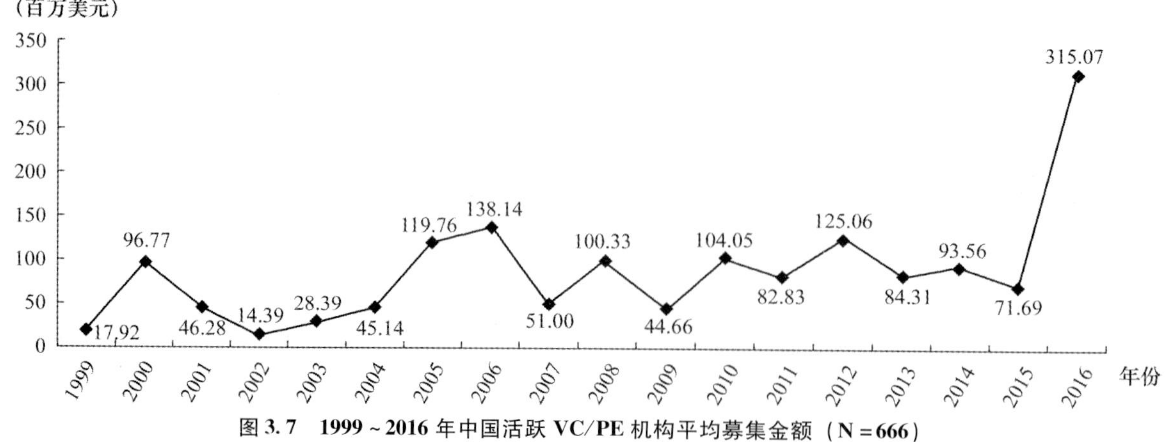

图 3.7　1999 ~ 2016 年中国活跃 VC/PE 机构平均募集金额（N = 666）

# 二、投资事件分布

## （一）全国活跃机构投资事件整体情况

### 1. 全国活跃机构数与投资事件情况

从全国活跃机构的投资事件数，404 家活跃 VC 机构累计发生 19431 起投资事件。活跃机构平均投资事件 48.1 起，分布如图 3.8 所示。活跃中后期 VC 共有投资事件 9941 起。第二是 VC/PE 机构，7087 起投资事件。最少的是早期 VC 机构，仅 2503 起。

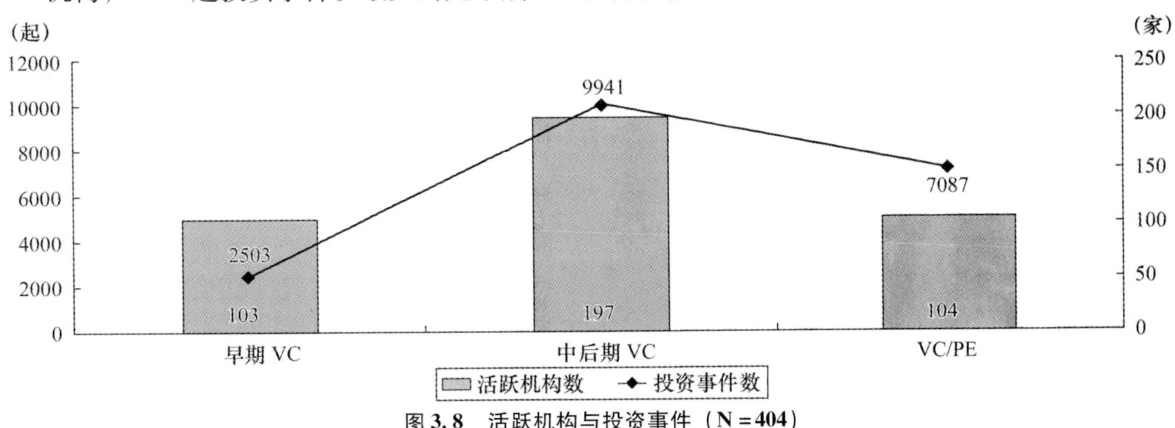


图 3.8　活跃机构与投资事件（N=404）

全国活跃 VC 机构平均投资事件数如图 3.9 所示。活跃 VC/PE 机构投资事件均值最大，每家机构平均有 68 起投资事件。其次是活跃中后期 VC 机构，每家有 50 起投资机构。最少的是早期 VC 机构，23 起。

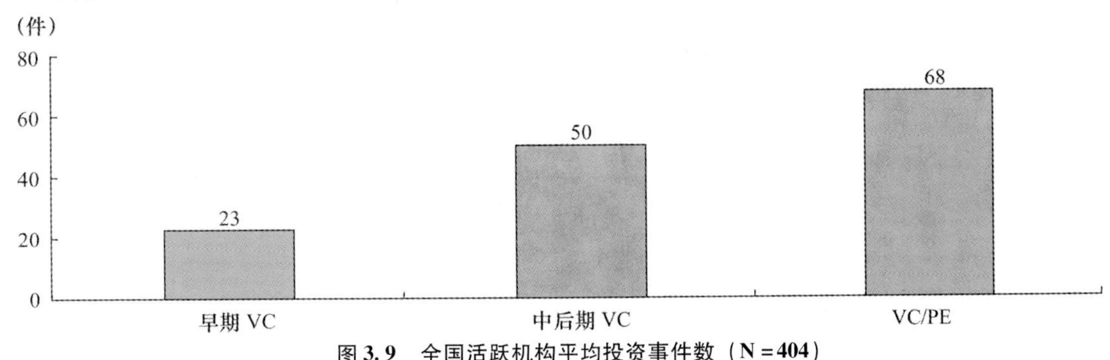


图 3.9　全国活跃机构平均投资事件数（N=404）

投资本地化的比例如图 3.10 所示。活跃早期 VC 机构投资在本地的比例高达 54.39%，而中后期 VC 机构投资在本地的比例为 42.8%，活跃 VC/PE 机构投资在本地的比例仅为 36%。总量为 8124 起。这说明早期 VC 机构更加倾向于在本地进行投资。

全国活跃 VC 机构在 2015～2016 年的投资情况如图 3.11 所示。2015 年发生 3484 起投资事件，2016 年发生 1688 起投资事件，共计发生 5172 起投资事件。在每年发生投资事件中，占比最高的是中后期 VC 机构，分别是 1863 起和 911 起。所占比例均达到 50% 以上。最少的是早期 VC 机构，分别发生 464 起和 214 起，分别占比 13.32% 和 12.68%。

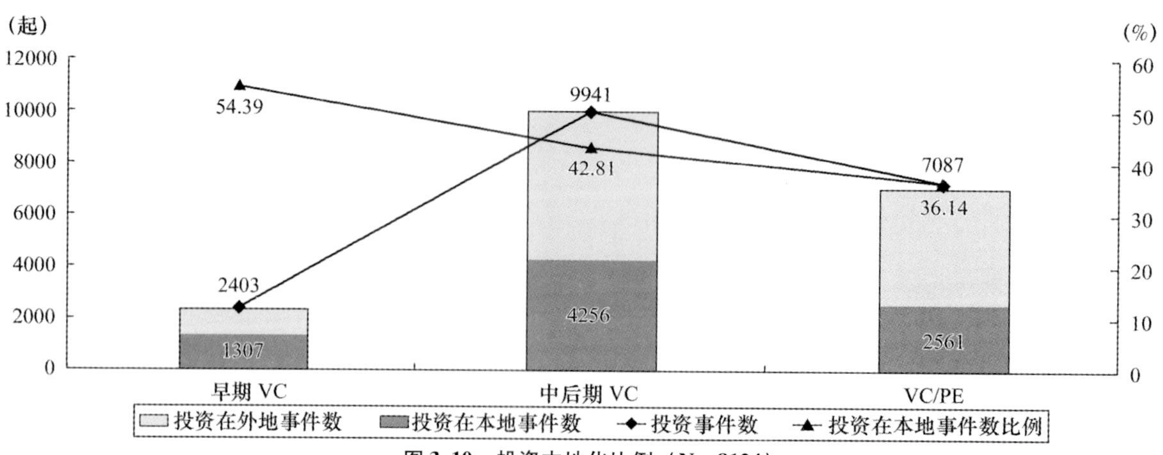

图 3.10　投资本地化比例（N＝8124）

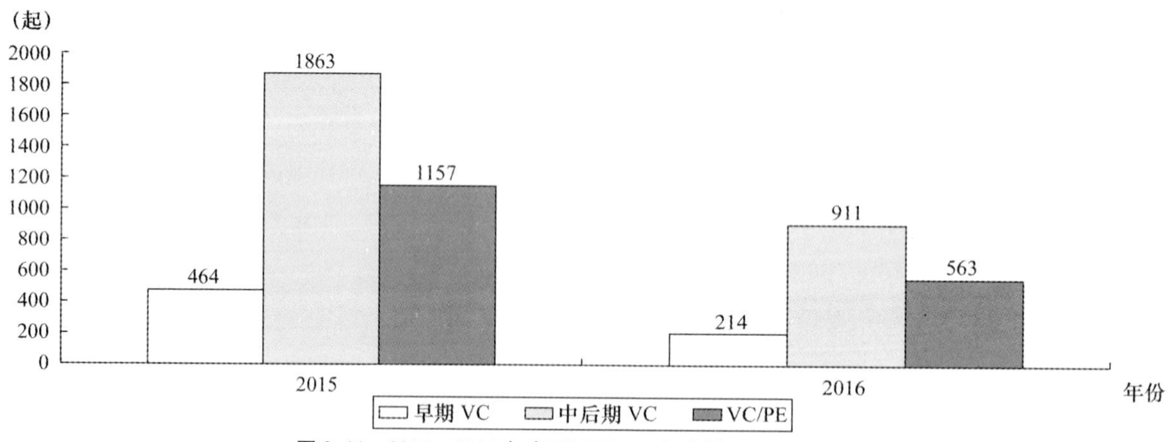

图 3.11　2015～2016 年全国活跃 VC 投资情况（N＝5172）

## 2. 投资轮次

在全国活跃机构发生的投资事件中，有 18733 起投资事件披露投资轮次活跃早期 VC 机构、中后期 VC 机构和活跃 VC/PE 机构的投资轮次分布分别如图 3. 12 所示。

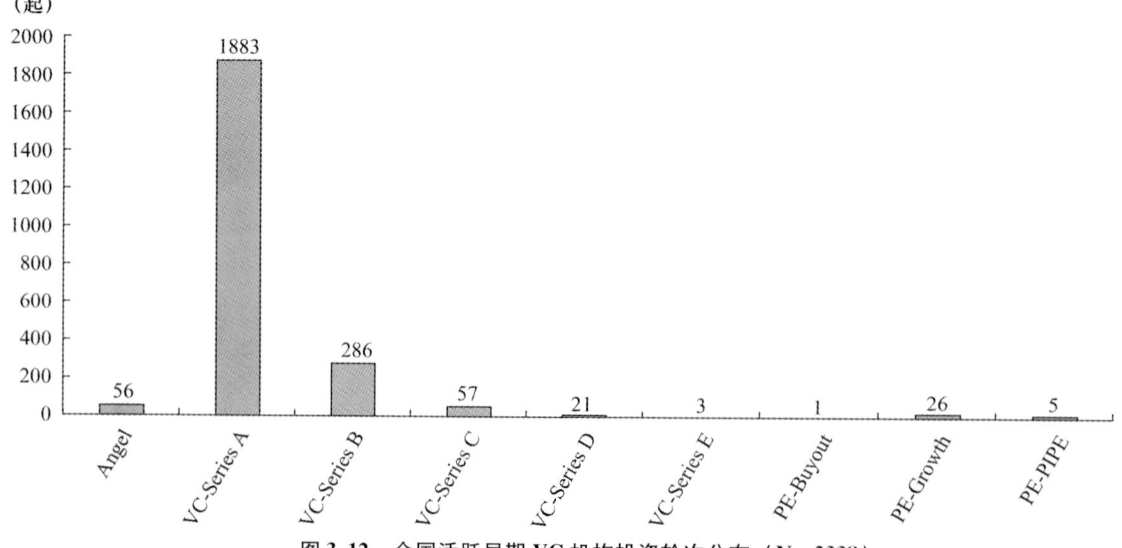

图 3.12　全国活跃早期 VC 机构投资轮次分布（N＝2338）

活跃早期VC机构投资轮次分布显示，活跃早期VC机构81%的投资事件的投资轮次VC－Series A。其次是VC－Series B，12%。VC－Series C占比3%，Angel占比仅为2%。

全国活跃中后期VC机构投资轮次分布如图3.13，9673起投资事件中，56%的投资事件的投资轮次VC－Series A。其次是VC－Series B，22%。其他投资轮次的投资事件均不超过10%。

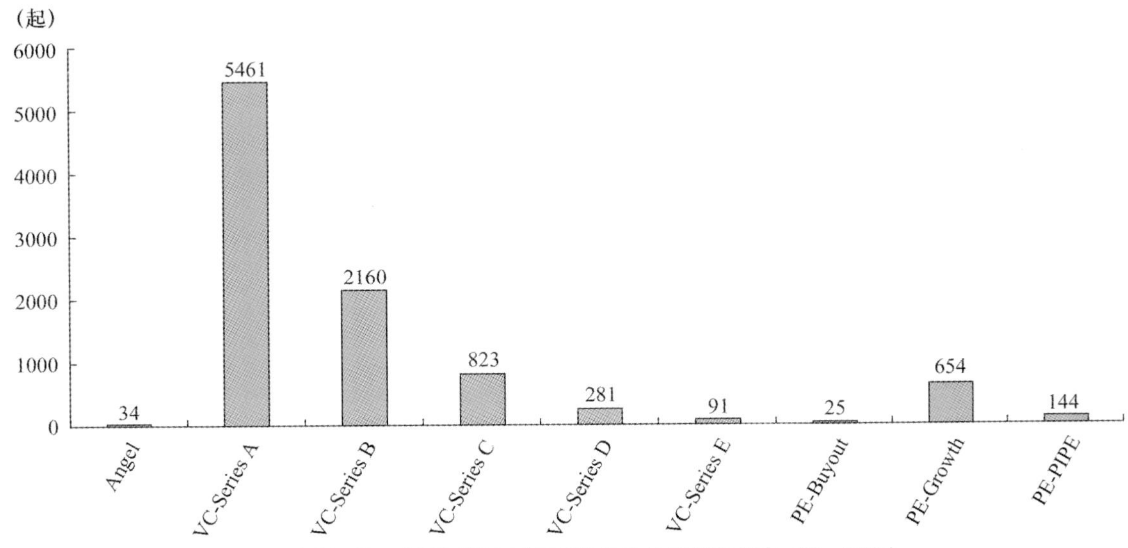


**图3.13 全国活跃中后期VC机构投资轮次分布（N＝9673）**

全国活跃VC/PE机构投资轮次分布如图3.14，6722起投资事件中48%的投资事件的投资轮次VC－Series A。其次是PE－Growth，占比20%。VC－Series B，16%。其他投资轮次的投资事件均不超过10%。

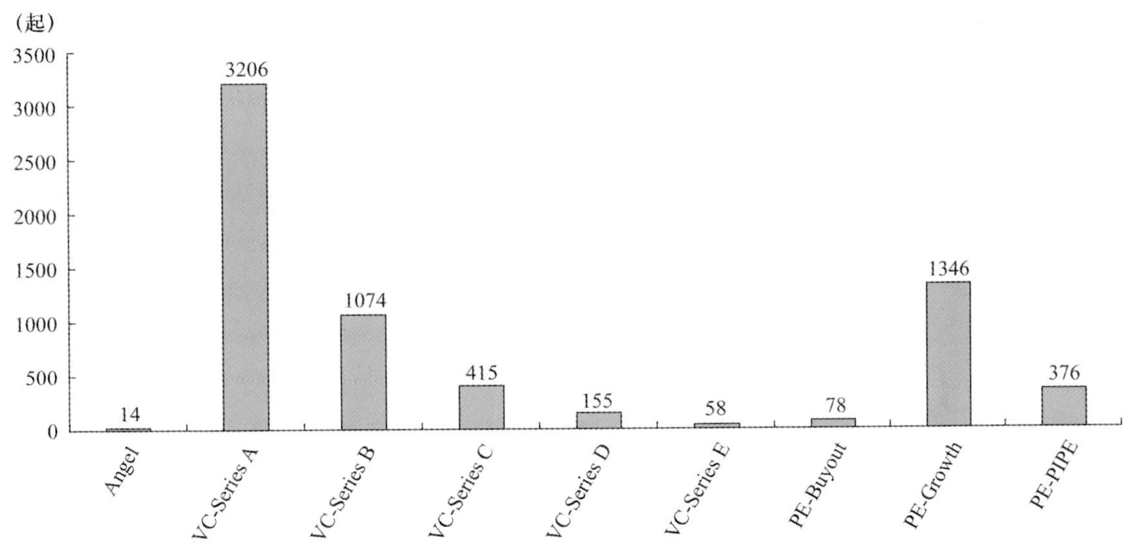


**图3.14 全国活跃中VC/PE机构投资轮次分布（N＝6722）**

### 3. 投资总额

全国活跃VC机构的8534起投资事件披露了投资金额，投资总额达到842.2980亿美元，平均每起投资事件为986.99万美元。其分布如图3.15所示。全国活跃机构类型有投资事件数与投资总额分布情况如图3.16所示。活跃中后期有披露投资事件数最多，但是活跃VC/PE机构投资总额最高，达到489.3179亿美元。

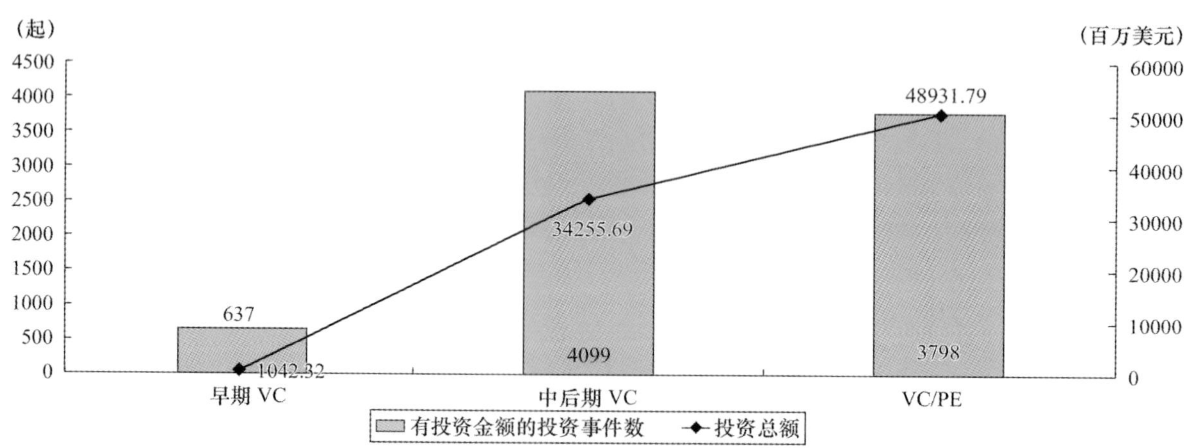


图 3.15 全国活跃 VC 机构投资数与投资总额（N = 8534）

### 4. 投资行业

从全国各活跃机构发生的 19342 起投资事件数中来看，所投资的行业分布排在第一位的是互联网行业，共有 4603 起投资事件发生，占比达到 23.80%。排在第二的是 IT 行业，3415 起投资事件，占比达到 17.66%。不超过 100 起投资事件的行业有 3 个。最冷门的是旅游业与公共事业行业。如图 3.16 所示。

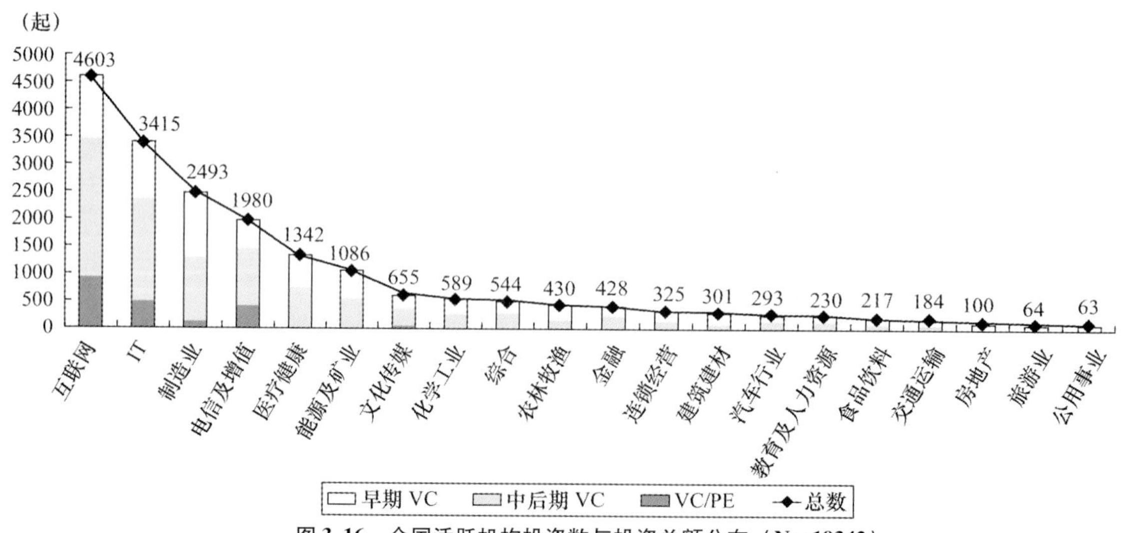


图 3.16 全国活跃机构投资数与投资总额分布（N = 19342）

课题组分别分析了不同类型 VC 机构投资的前十大行业。

活跃早期 VC 机构投资的前十大行业分布如图 3.17 所示，37% 的投资事件发生在互联网行业。第二是 IT 行业，占比 21%。第三是电信与增值行业，占比 17%。前三个行业累计占比达到 75%。制造业仅占 6%。

全国活跃中后期 VC 机构投资行业分布如图 3.18 所示。互联网行业所占比例相对于活跃早期而言，仅有 26%，但是依旧排在第一位。占比第二的是 IT 行业，占比 19%。制造业所占比例较高，占比达到 12%。

在全国活跃 VC/PE 机构投资行业分布如图 3.19 所示。按照 VC 行业分类标准，各行业之间的分布相对而言，较为均衡。制造业所占比重最大，达到 17%。互联网行业所占比重减少，仅有 16%。IT 行业占比 15%。医疗健康行业在活跃三类机构中，所占比重最大，达到 8%。

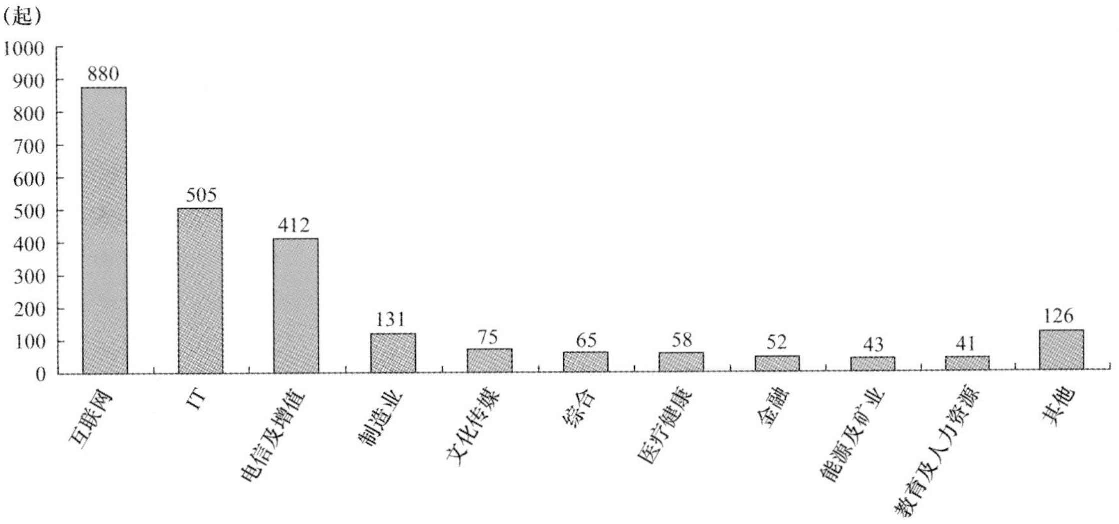


图 3.17　全国活跃早期 VC 机构投资行业分布（N = 2388）

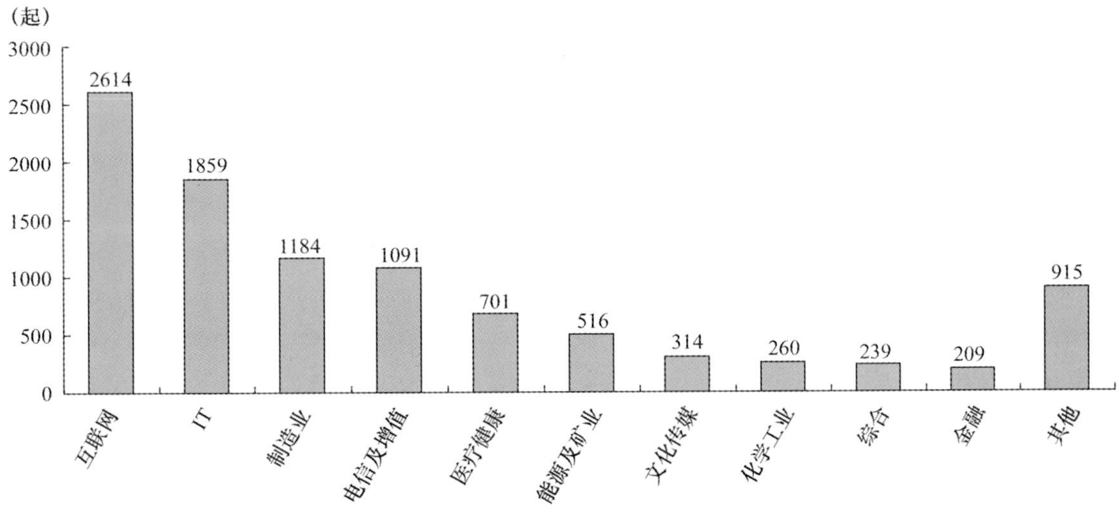


图 3.18　全国活跃中后期 VC 机构投资行业分布（N = 9902）

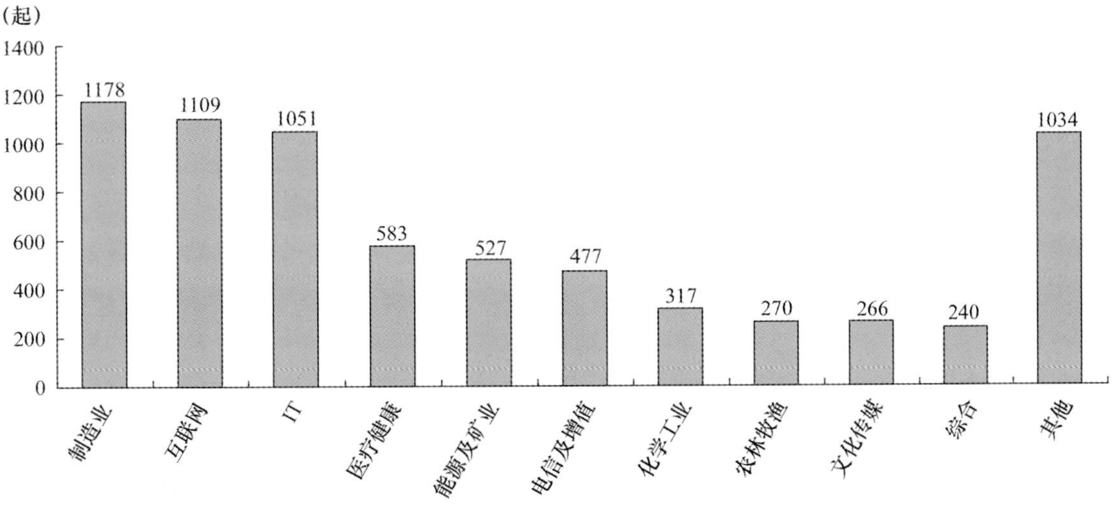


图 3.19　全国活跃 VC/PE 机构投资行业分布（N = 7052）

## （二）活跃早期 VC 机构

全国活跃早期 VC 机构 2012～2016 年投资事件为 1824 起，2012～2015 年逐年新增投资事件数呈现逐步减少趋势，但是减少幅度不大。但是进入到 2016 年，投资事件数达到 811 起，为历史最高。如图 3. 20 所示。

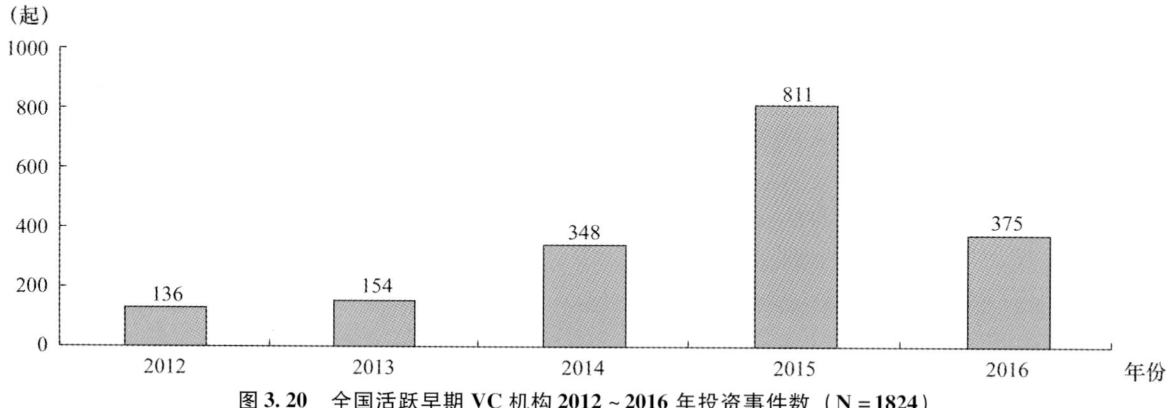


图 3. 20　全国活跃早期 VC 机构 2012～2016 年投资事件数（N＝1824）

上述投资事件中，有 518 起披露投资金额。各年度的投资金额如图 3. 21 所示。2012 年投资总额最少，仅 729 万美元。2015 年达到最大值 8. 2459 亿美元。

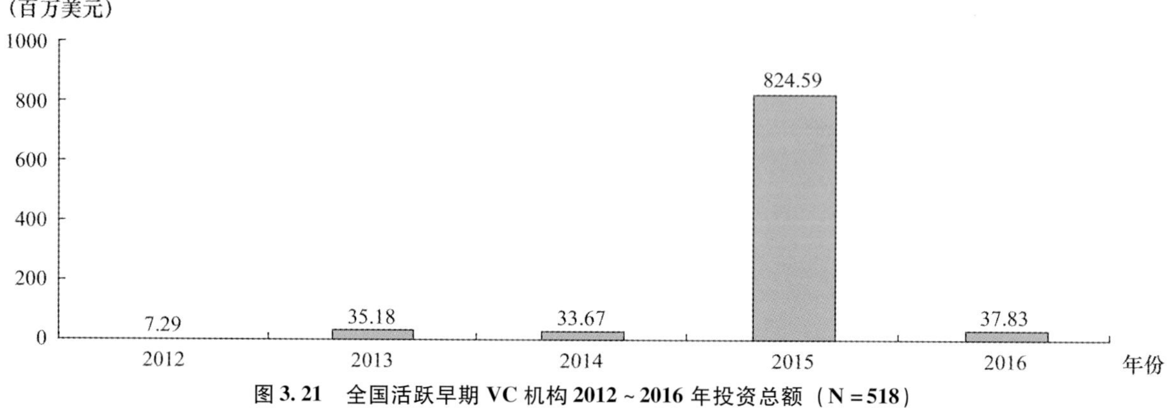


图 3. 21　全国活跃早期 VC 机构 2012～2016 年投资总额（N＝518）

活跃早期 VC 机构 2012～2016 年平均单笔投资金额如图 3. 22 所示。2015 年投资火热，单笔投资金额达到 242 万美元。而其他时期则不足 100 万美元。

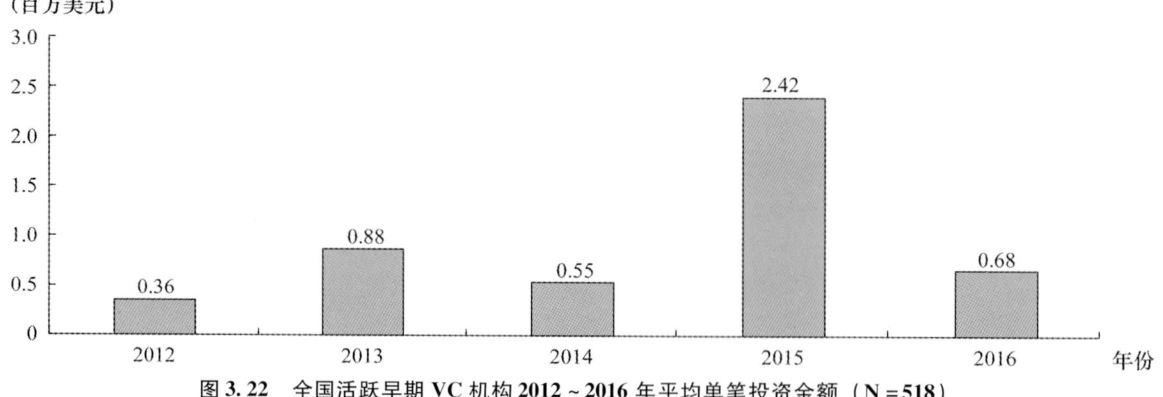


图 3. 22　全国活跃早期 VC 机构 2012～2016 年平均单笔投资金额（N＝518）

活跃早期 VC 机构在本地投资的比例如图 3. 23 所示。总体呈逐年下降趋势，从 2012 年的 57% 降低到 2016 年的 45% 。

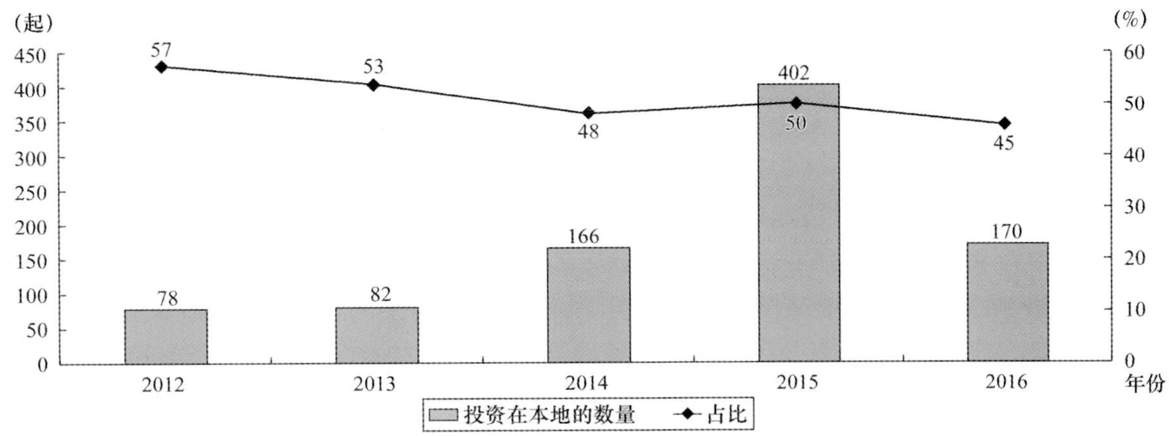


图 3. 23 活跃早期 VC 机构本地投资情况（N = 898）

在 2012 ~ 2016 年全国活跃早期 VC 机构的投资事件中，累计共有 1811 其投资事件披露投资行业情况，各行业之间逐年的变化趋势大致相同，2015 年前，稳定增长。2015 年达到最大值，2016 年回落。其中互联网行业、电信及增值行业、IT 行业等三大行业在每年投资行业中占有较大比重。如图 3. 24 所示。

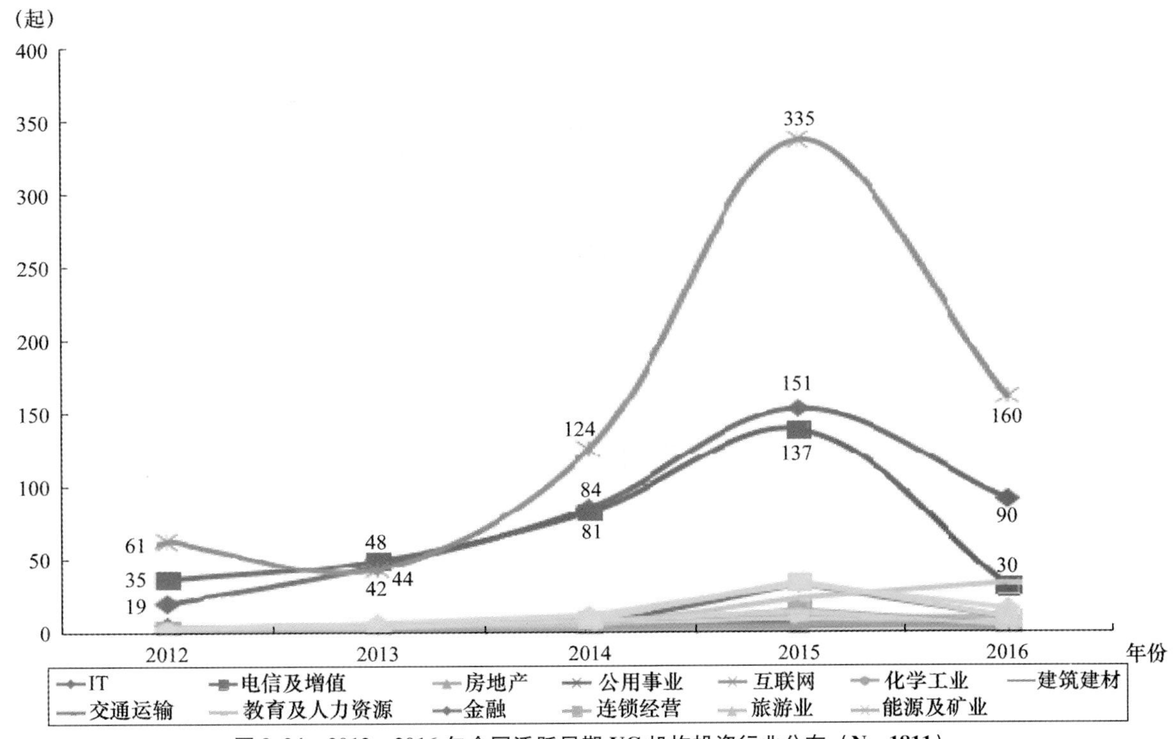


图 3. 24 2012 ~ 2016 年全国活跃早期 VC 机构投资行业分布（N = 1811）

2015 年活跃早期 VC 机构的投资事件的前十大行业分布如图 3. 25 所示。互联网、IT 和电信及增值行业分列前三。

2016 年活跃早期 VC 机构的投资事件的前十大行业分布如图 3. 26 所示。互联网行业和 IT 行业仍然是前两名，而第三热门行业成为文化传媒，制造业超越金融业进入前五。

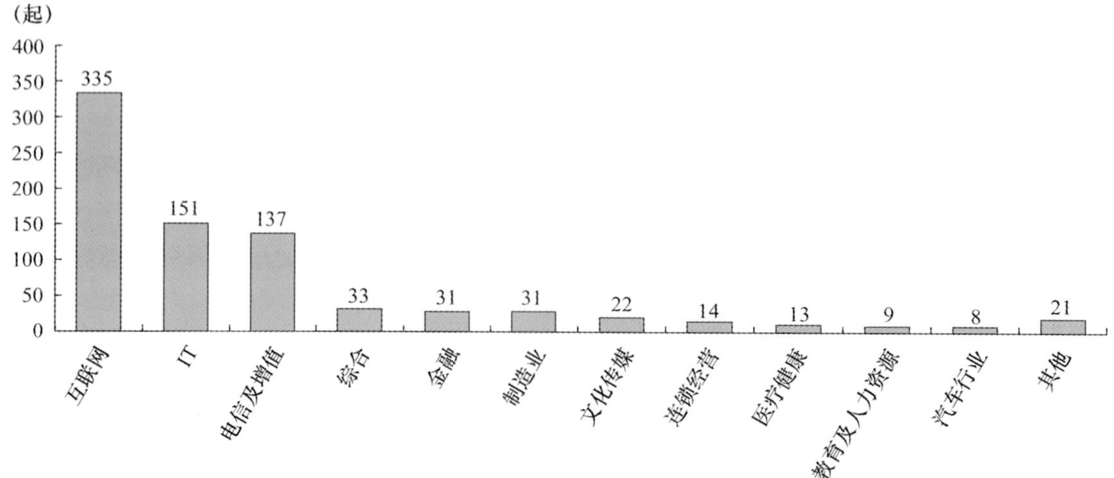


图 3.25　全国 2015 年活跃早期 VC 机构投资事件行业分布（N = 805）

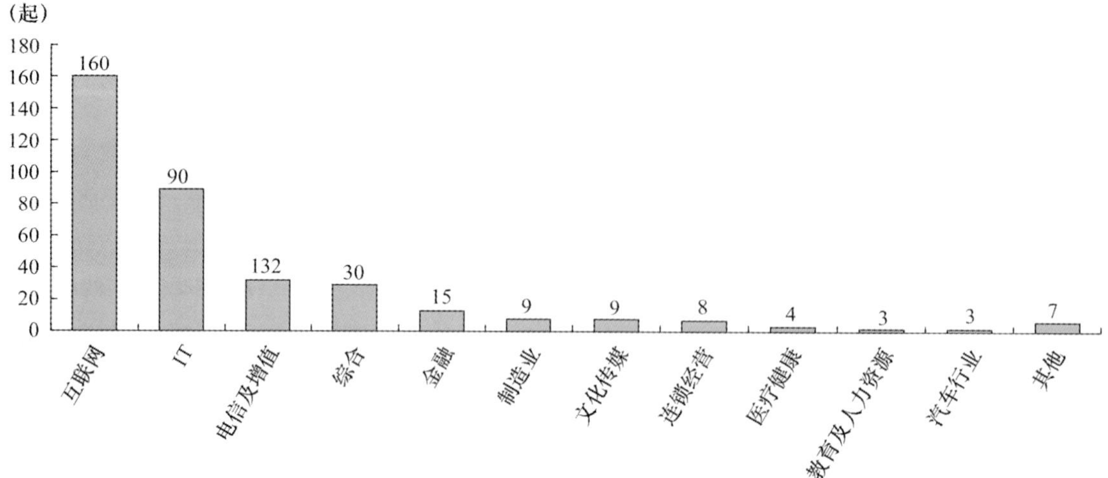


图 3.26　全国 2016 年活跃早期 VC 机构投资事件行业分布（N = 370）

## （三）活跃中后期 VC 机构

全国活跃中后期 VC 机构 2006 ~ 2016 年投资事件总计为 8584 起，2006 ~ 2016 年波动性增长。分别在 2007 年、2011 年与 2015 年迎来峰值。其中 2015 年达到最大值 1863 起。如图 3.27 所示。

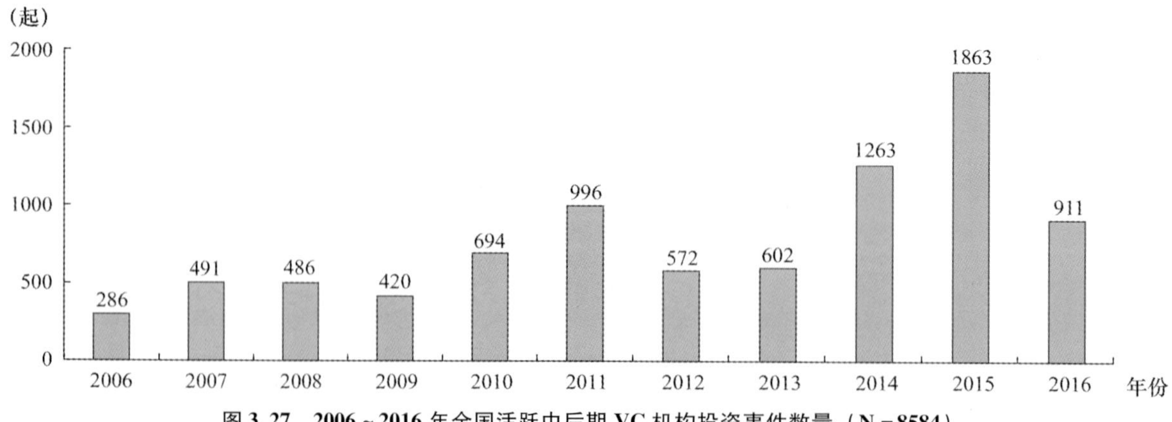


图 3.27　2006 ~ 2016 年全国活跃中后期 VC 机构投资事件数量（N = 8584）

上述投资事件中，有 3689 起披露投资金额，其分布如图 3.28 所示。2006 年投资总额最少，仅 5.2091 亿美元。2011 年达到峰值后下降，2015 年达到最大值 184 亿美元。

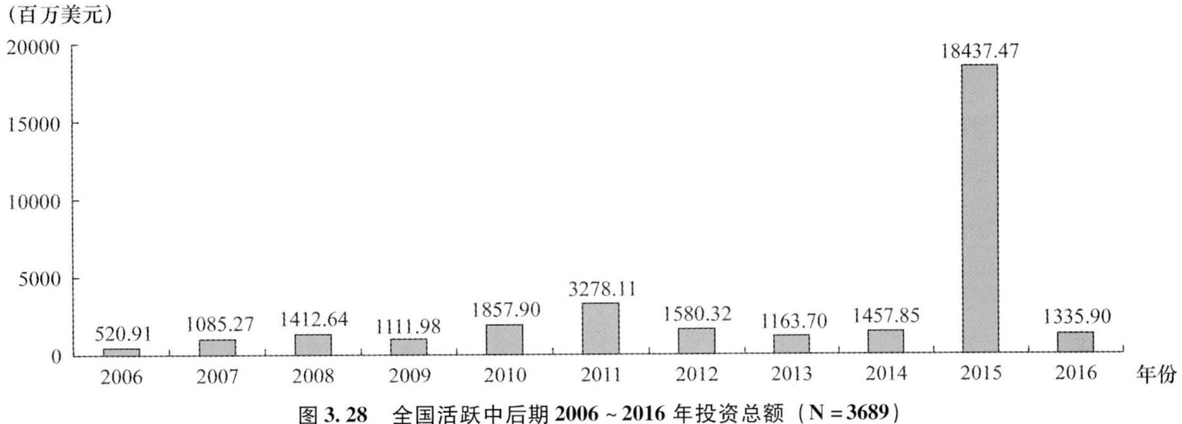


图 3.28 全国活跃中后期 2006 ~ 2016 年投资总额（N = 3689）

全国活跃中后期 VC 机构的单笔投资金额均值分布如图 3.29 所示。2006 ~ 2016 年的大多数年份，单笔投资金额都在 330 万美元到 600 万美元之间，2015 年创造了单笔投资金额的峰值 2700 万美元。

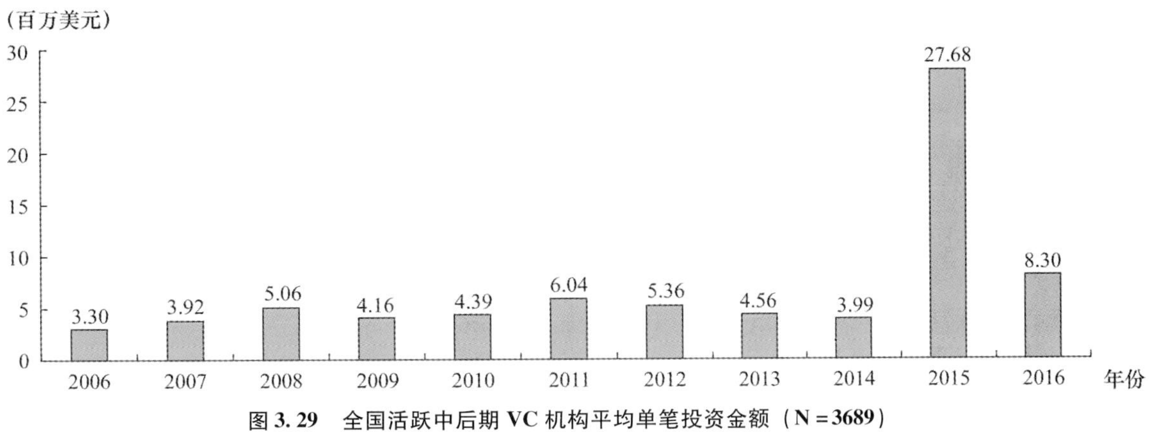


图 3.29 全国活跃中后期 VC 机构平均单笔投资金额（N = 3689）

活跃中后期 VC 的本地化投资比例如图 3.30 所示。11 年来，该比例在 40% ~ 50% 之间波动。

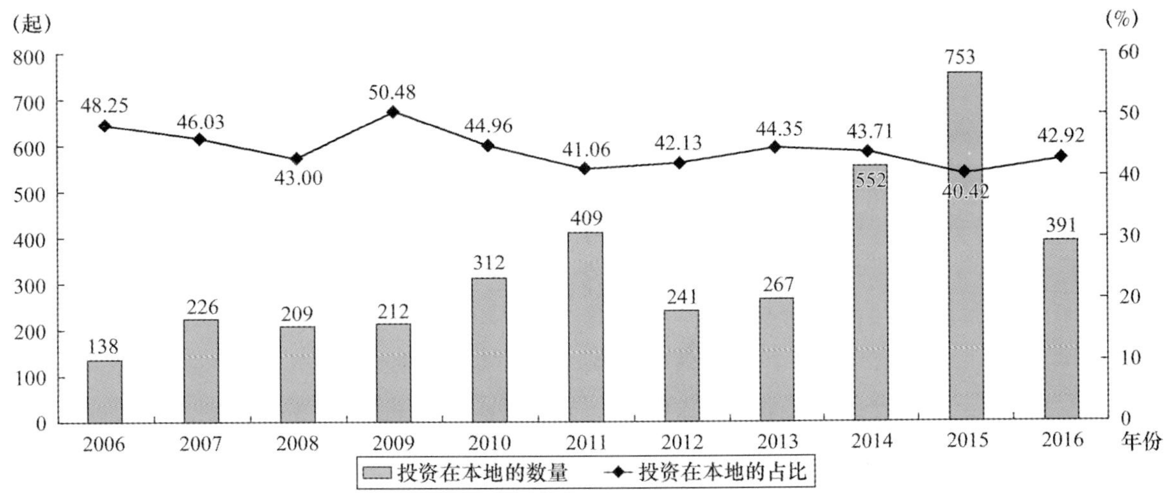


图 3.30 2006 ~ 2016 年活跃中后期 VC 本地化投资比例（N = 3701）

在 2006 ~2016 年全国活跃中后期 VC 机构的投资事件中，累计共有 3807 其投资事件披露投资行业情况。行业投资热度如图 3. 31 所示。

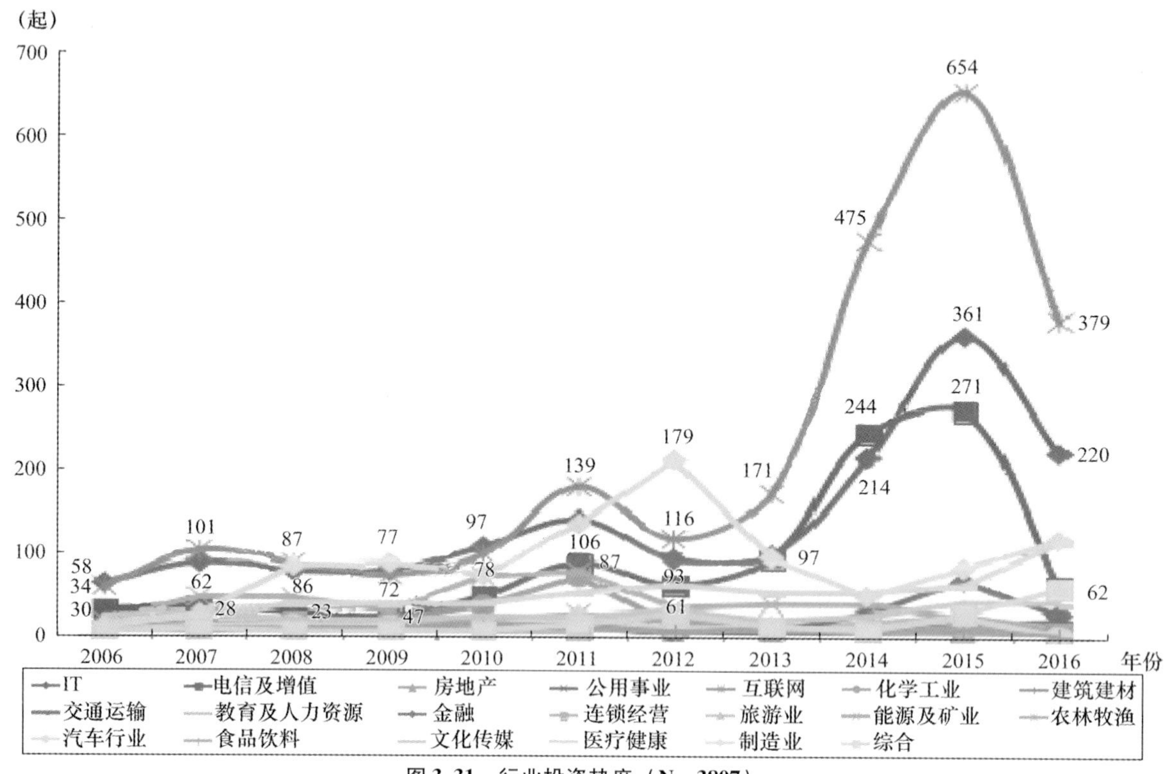


图 3. 31　行业投资热度（N =3807）

2015 年活跃中后期 VC 机构投资事件的前十大行业分布如图 3. 32 所示。互联网、IT、电信及增值、制造业、医疗健康分列前五。

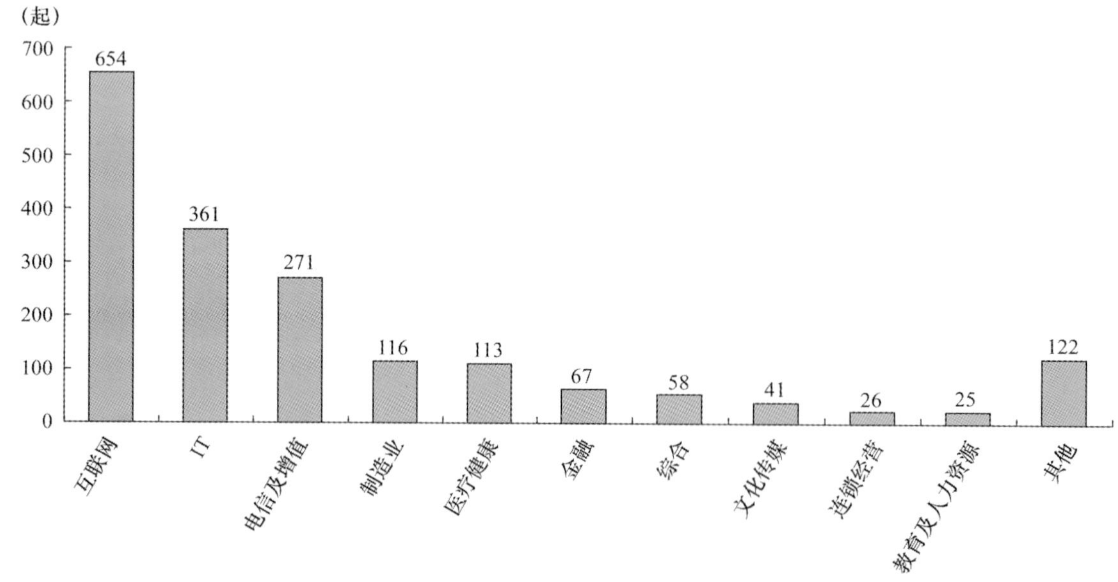


图 3. 32　全国 2015 年活跃中后期 VC 机构投资事件行业分布（N =1854）

2016 年活跃中后期 VC 机构新增投资事件仅有 397 件。互联网、IT、电信及增值仍然位居前三，而制造业跌出前五，文化传媒紧跟医疗健康位列第五。如图 3. 33 所示。

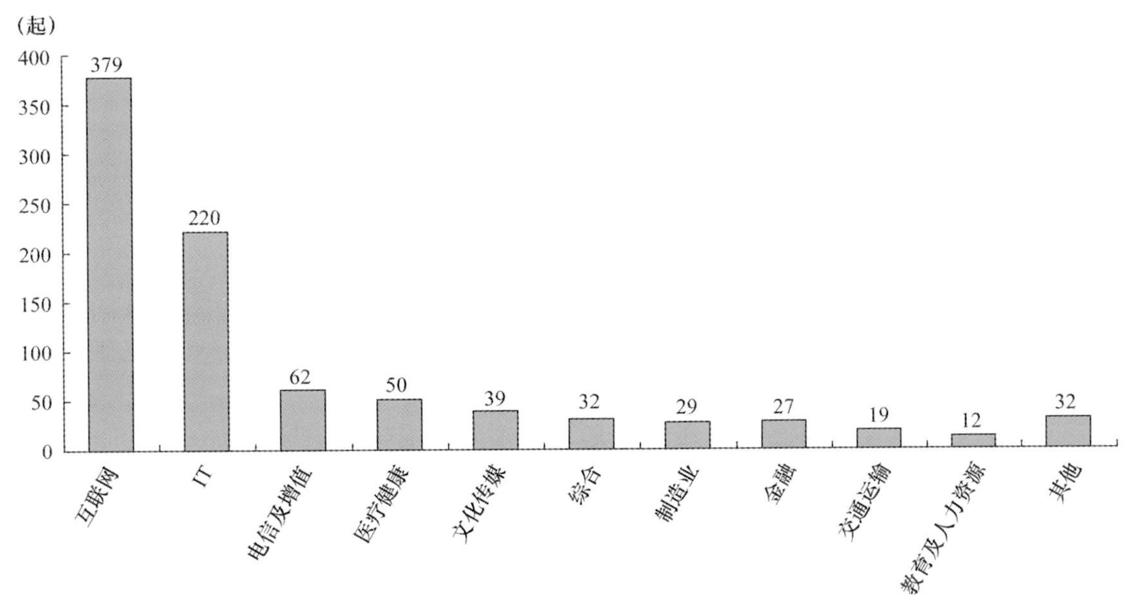


图3.33 全国2016年活跃中后期VC机构投资事件行业分布（N=397）

## （四）活跃VC/PE机构

全国活跃VC/PE机构2006～2016年投资事件为6135起，隔年分布如图3.34所示。总体看，2006～2016年呈现逐年增长趋势，但在2012和2013年，投资事件数下降。2011年和2015年是两个峰值年，其中2015年达到最大值1863起。

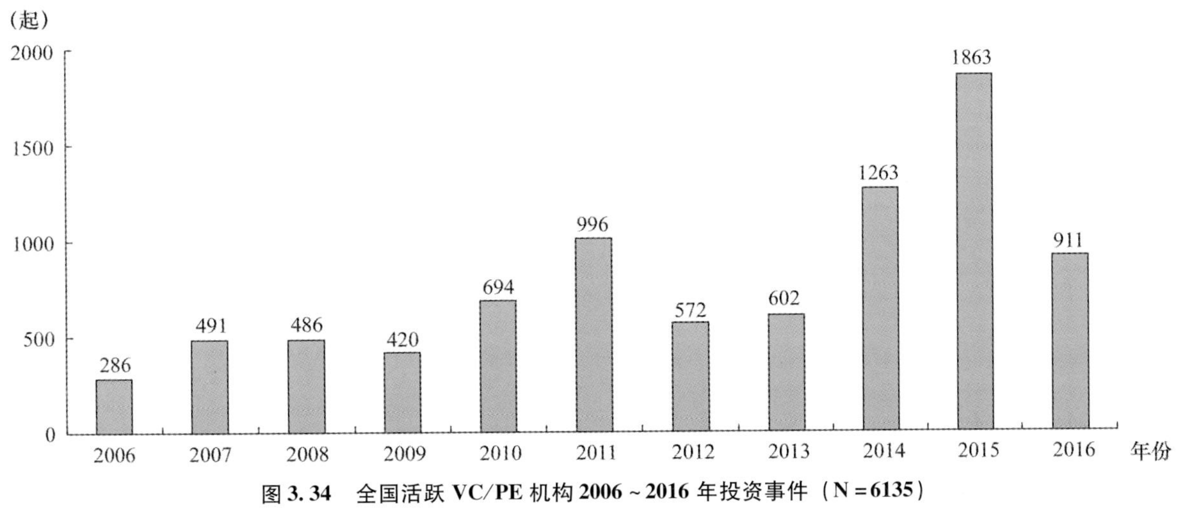


图3.34 全国活跃VC/PE机构2006～2016年投资事件（N=6135）

上述投资事件中，有3583起披露投资金额。投资金额变化情况如图3.35所示。2011年投资金额达到一个峰值：55亿美元，然后回落到2012年的20亿美元，2013年达到最大值：192亿美元。之后回落到50亿美元之下。

从单笔投资金额的平均值看，各年度变化情况如图3.36所示。大多数年份，VC/PE机构的单笔投资金额均值在1000万美元之下，最低值为492万美元。2013年最高，均值为5696万美元。

活跃VC/PE机构的本地化投资比例分布如图3.37所示。该比例在31%～50%之间波动。

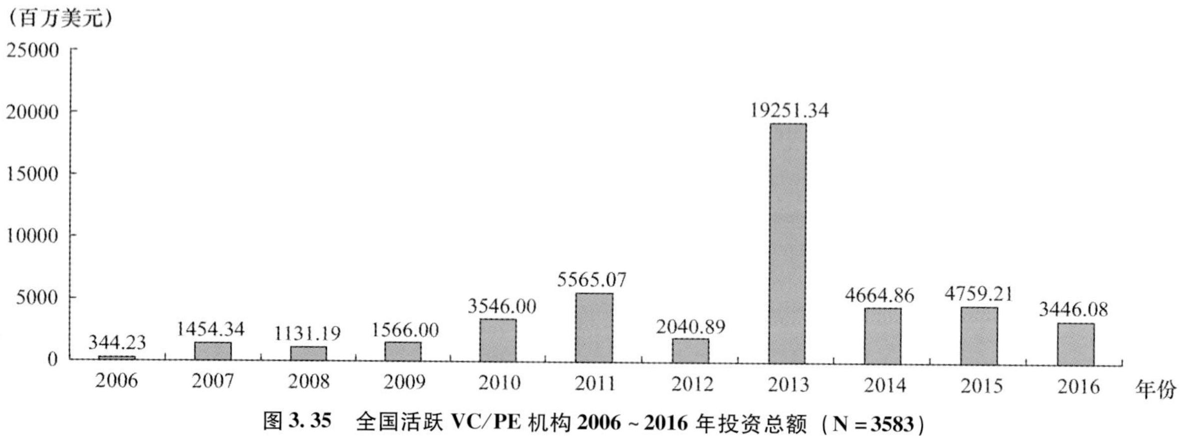


图 3.35　全国活跃 VC/PE 机构 2006 ~ 2016 年投资总额（N = 3583）

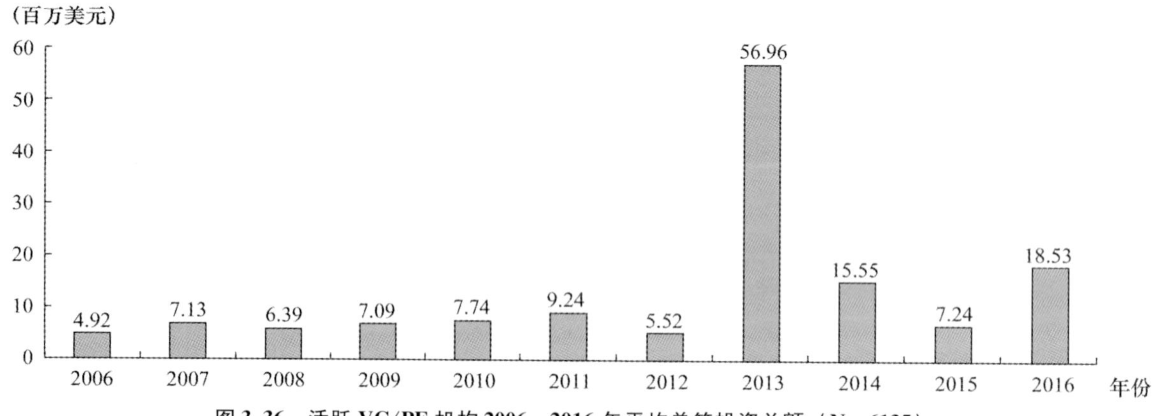


图 3.36　活跃 VC/PE 机构 2006 ~ 2016 年平均单笔投资总额（N = 6135）

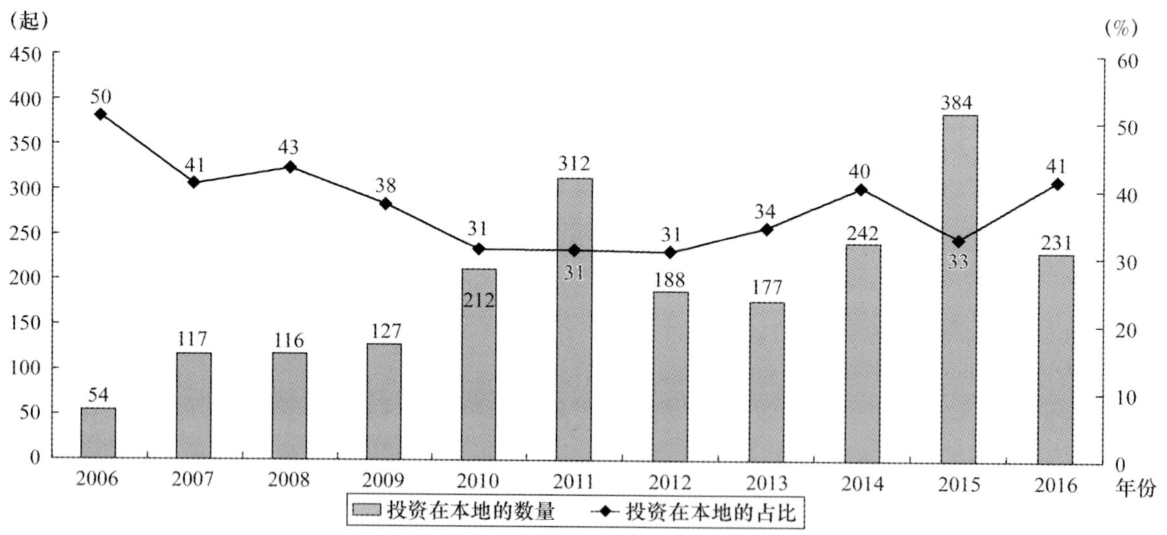


图 3.37　活跃 VC/PE 机构本地化投资比例分布（N = 2160）

活跃 VC/PE 投资行业情况如图 3.38 所示。共有 6102 其投资事件披露投资行业情况。

2015 年，活跃 VC/PE 机构投资事件前十大行业如图 3.39 所示。互联网、IT、制造业、电信及增值、医疗健康分列前五。

2016 年，活跃 VC/PE 机构投资事件前十大行业如图 3.40 所示。互联网和 IT 依旧位居前两名。医疗健康位居第三名，文化传媒超越制造业挤进前五。

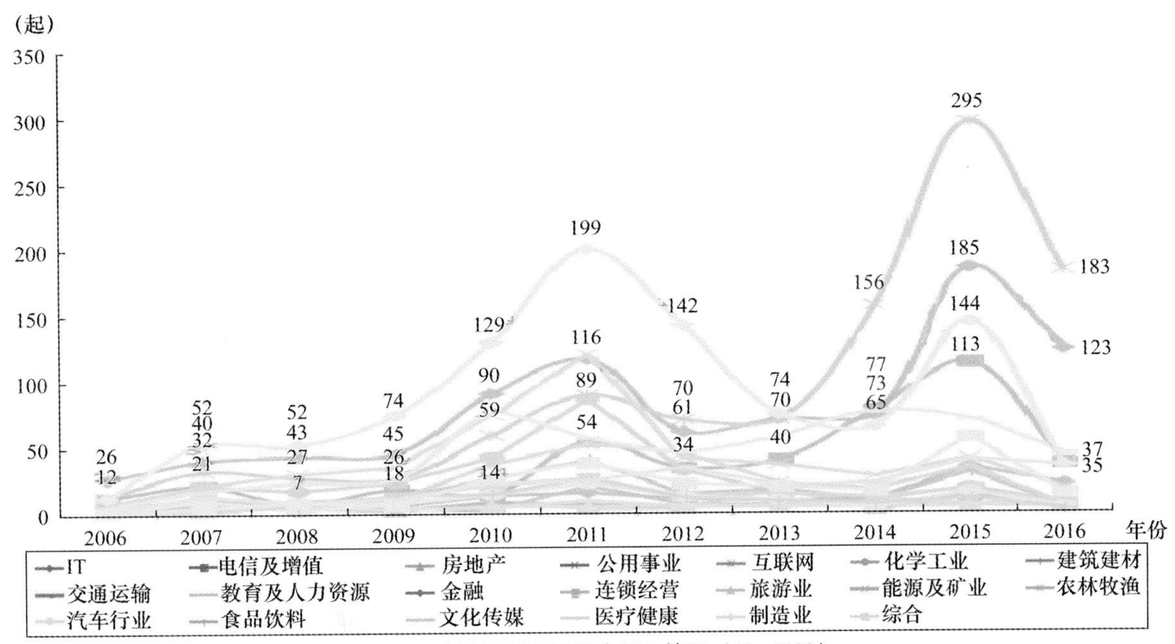


图3.38 活跃VC/PE投资行业情况(N=6102)

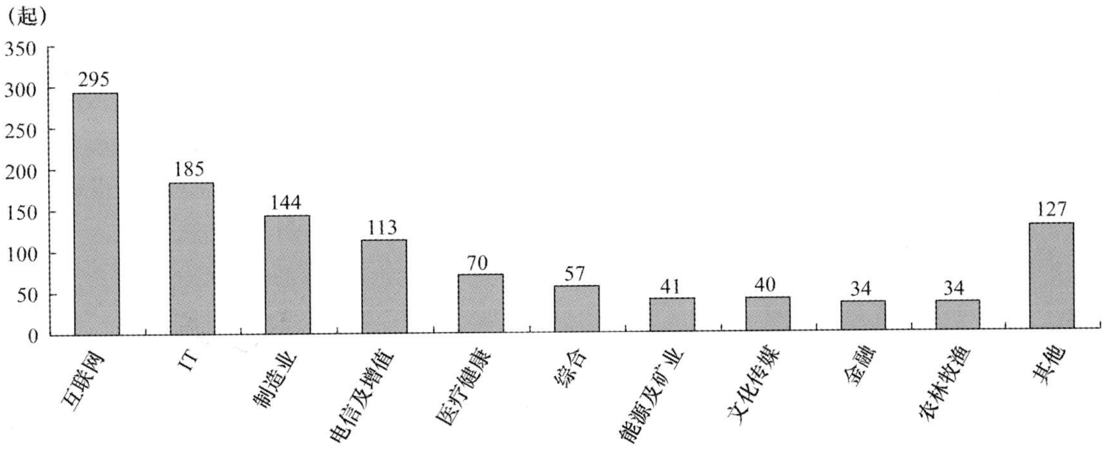


图3.39 全国2015年活跃中后期VC机构投资事件行业分布(N=1140)

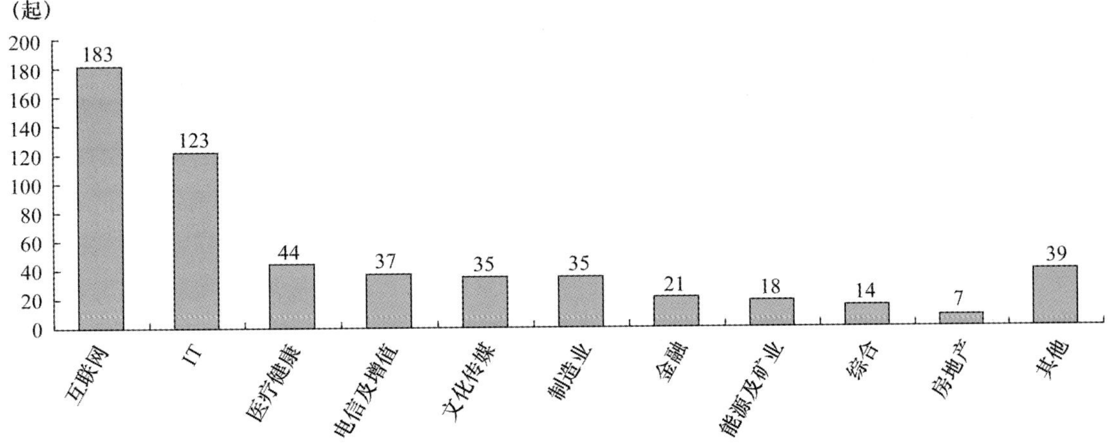


图3.40 全国2016年活跃中后期VC机构投资事件行业分布(N=556)

# 三、退出事件

## （一）退出事件分布

### 1. 数量分布

全国活跃机构全部退出事件数量与占比情况如图3.41所示。全国活跃机构发生全部退出事件数总量为3516起。其中，活跃中后期VC历史退出事件数量发生最多，1834起，占比52.16%。活跃VC/PE机构历史退出事件数有1588起，占比45.16%。与活跃中后期VC机构仅相差246件。活跃早期VC机构历史退出事件数最少，仅有94起，占比2.67%。

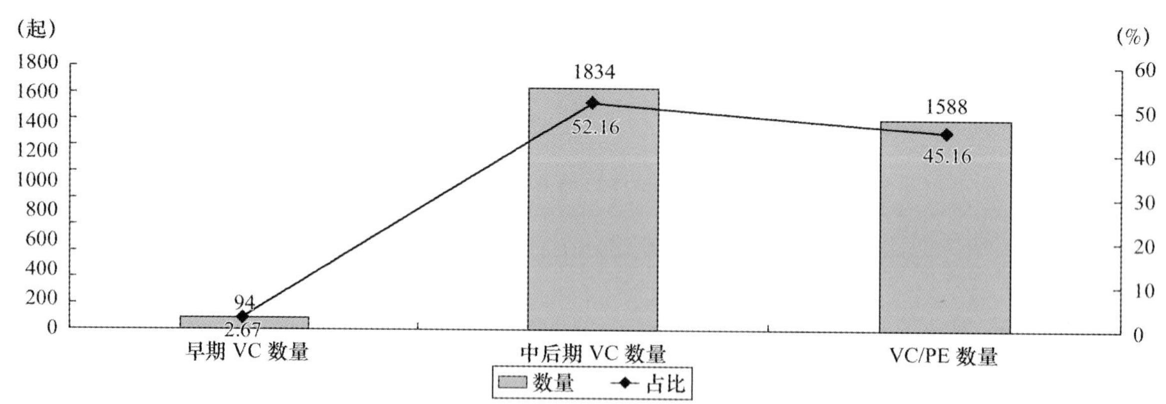


图3.41 活跃早期VC机构退出情况（N=3516）

### 2. 时间分布

2003－2016年之间，活跃VC机构退出事件总数为3426起。其年度分布如图3.42所示。在2007年之前，退出事件数均不足百起。之后，10年前，全国活跃机构退出事件呈现整体稳步上涨的趋势，2010年至2011年，增长95.03%。2011年达到最大值864起。之后回落。2013年后，退出事件数逐步增加，2015年达到峰值，386起。2016年回落到135起。

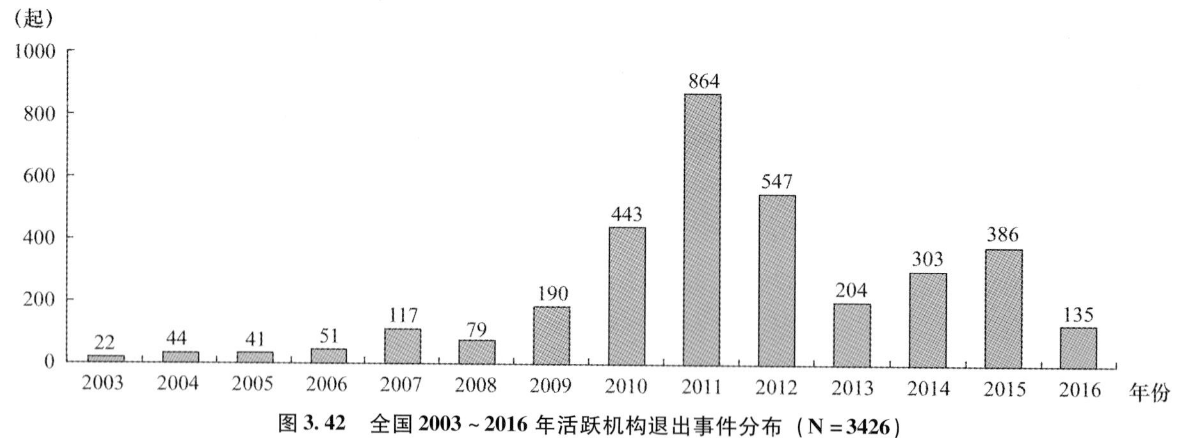


图3.42 全国2003～2016年活跃机构退出事件分布（N=3426）

按照VC类型来看，退出事件的时间分布如图3.43所示。活跃中后期VC机构和活跃VC/PE机构的退出变动情况与全国总量变动情况基本一致。2010～2012是退出事件最多的三年。

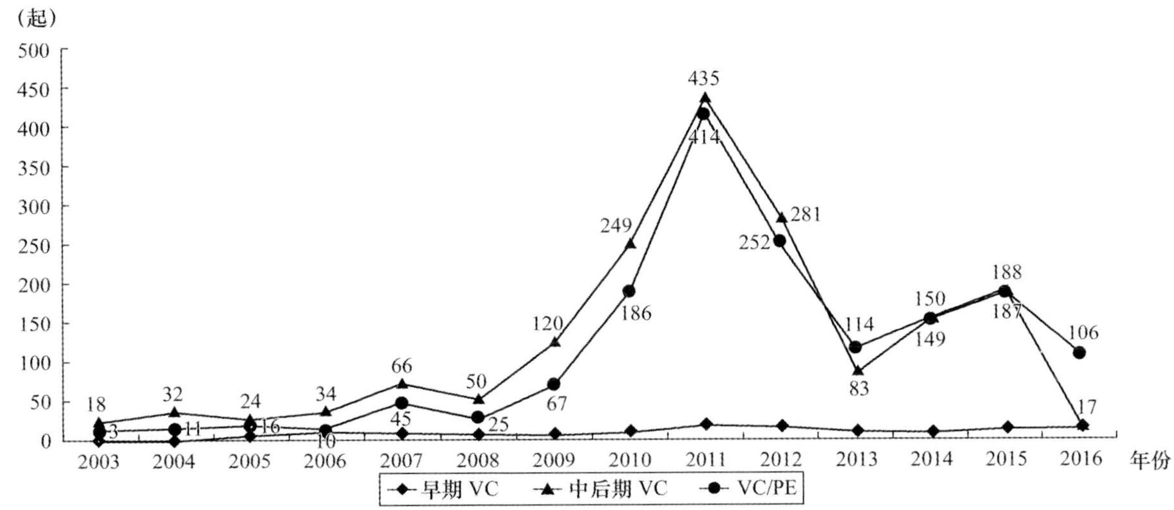


图 3.43 不同类型 VC 退出时间分布（N =3426）

## （二）退出方式

全国活跃 VC 机构退出方式如图 3.44 所示。总的来看，首次公开募股这一方式最多，占比 34.22%。其次是并购，占比 27.73%。现金分红或者公开市场减持这两种退出方式占比相差不大，前者占比 17.09%，后者占比 16.89%。清算退出方式的仅有 18 起，占比 0.51%。

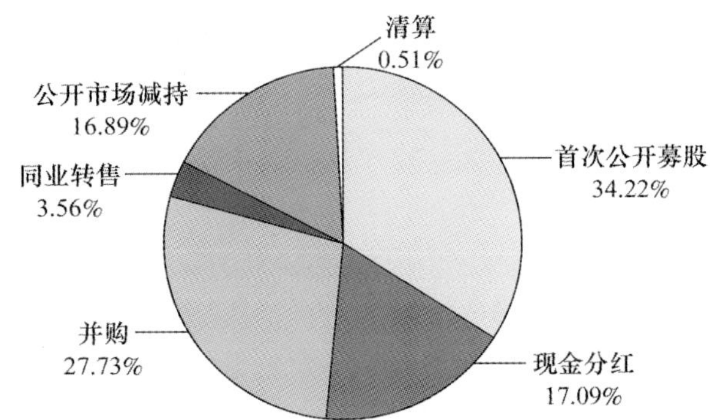


图 3.44 全国活跃 VC 机构退出方式总体分布（N =3516）

活跃早期 VC 机构退出方式如图 3.45 所示。活跃早期 VC 机构发生退出事件 94 起。活跃早期 VC 机构更加倾向于以并购的方式退出市场，占比达到 44%。其次是首次公开募股，占比 26%。第三是现金分红，占比 16%。

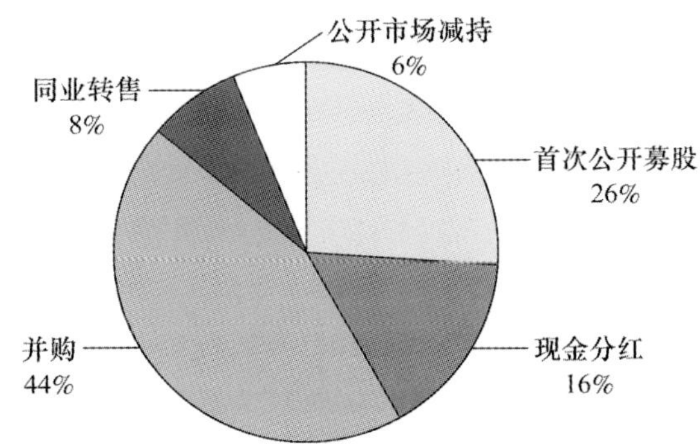


图 3.45 全国活跃早期 VC 机构退出方式分布（N =94）

活跃中后期 VC 机构退出方式如图 3.46 所示。活跃中后期 VC 机构总共发生退出事件 1834 件。其中 35% 的退出事件是首次公开募股的方式。其次是并购，占比 28%。现金分红或者公开市场减持这了两种方式占比分别是 17% 和 16%。两者相差不大。占比最少的是清算，仅有 1%。

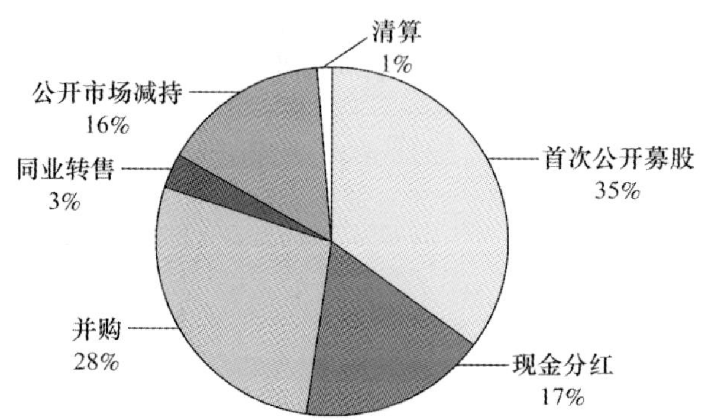


**图 3.46　全国活跃中后期 VC 机构退出方式分布（N = 1834）**

全国活跃 VC/PE 机构退出方式分布情况如图 3.47 所示。全国活跃 VC/PE 机构共发生 1558 起退出事件。选择的退出方式与活跃中后期 VC 机构类似，首次公开募股占比最高，34%。并购第二，占比 27%。公开市场减持占比略高于现金分红，前者 19%，后者 17%。同业转售占比仅有 3%。

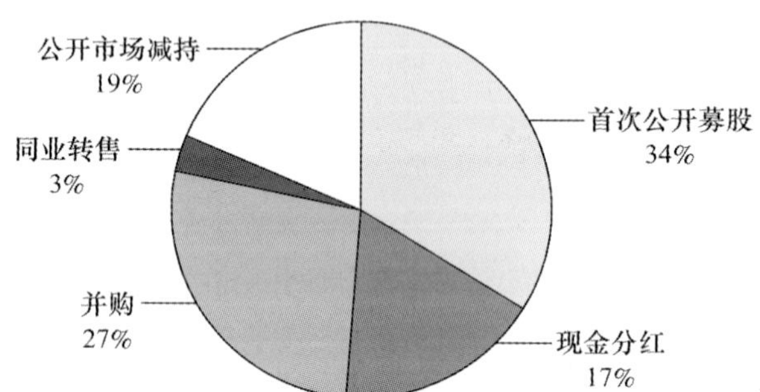


**图 3.47　全国活跃 VC/PE 机构退出方式分布（N = 1588）**

# 第四章　热点投资区域

本章选取2007～2016年全国成功融资企业的数据，根据各地成功融资企业的数量，划定热点投资区域，然后对热点投资区域进行详细分析。

## 第一节　热点投资区域的划定

### （一）成功融资企业的分布

近十年成功融资企业的总量如图4.1所示。2007年到2009年三年，投资事件不足千件，2010年，投资事件超过1500件，2011年达到一个高峰2289件，2012年回落，2013到2015年，投资事件持续上升，2015年达到最高峰，投资事件达到6191件。2016年回落至4171件。

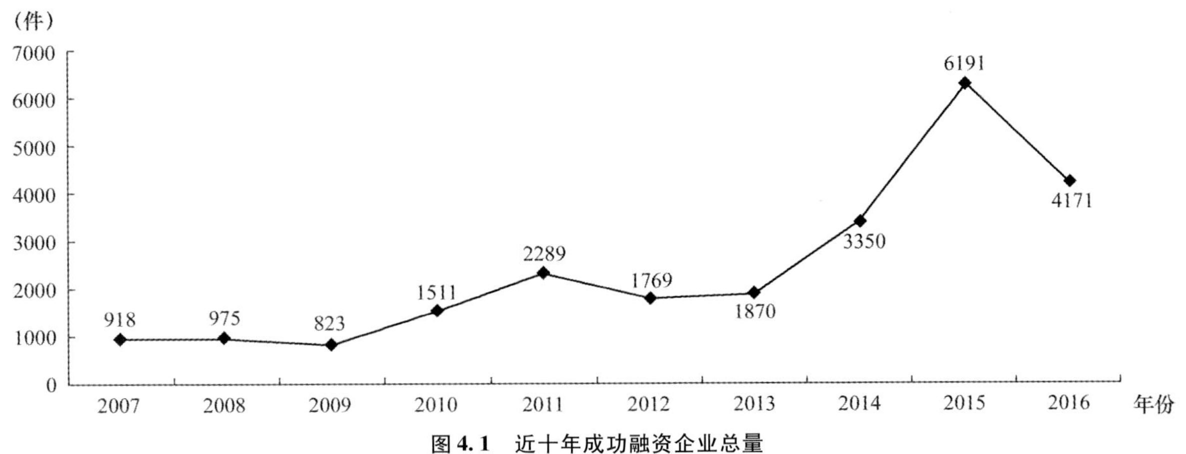


图4.1　近十年成功融资企业总量

2007～2016十年来，投资事件的省份分布如表4.1所示。

表4.1　各省市2007～2016年十年融资企业

| 省份 | 融资企业 | 占全国比重 | 累加和 | 累加比例 |
|---|---|---|---|---|
| 北京 | 7181 | 30.09% | 7181 | 30.09% |
| 上海 | 3858 | 16.16% | 11039 | 46.25% |
| 广东（除深圳） | 3315 | 13.89% | 14354 | 60.14% |
| 深圳 | 2074 | 8.69% | 16428 | 68.83% |
| 浙江 | 1652 | 6.92% | 18080 | 75.75% |

续表

| 省份 | 融资企业 | 占全国比重 | 累加和 | 累加比例 |
|---|---|---|---|---|
| 江苏 | 1491 | 6.25% | 19571 | 82.00% |
| 四川 | 618 | 2.59% | 20189 | 84.59% |
| 福建 | 468 | 1.96% | 20657 | 86.55% |
| 湖北 | 429 | 1.80% | 21086 | 88.35% |
| 山东 | 407 | 1.71% | 21493 | 90.05% |
| 湖南 | 283 | 1.19% | 21776 | 91.24% |
| 陕西 | 272 | 1.14% | 22048 | 92.38% |
| 天津 | 225 | 0.94% | 22273 | 93.32% |
| 安徽 | 211 | 0.88% | 22484 | 94.21% |
| 重庆 | 203 | 0.85% | 22687 | 95.06% |
| 河南 | 182 | 0.76% | 22869 | 95.82% |
| 辽宁 | 138 | 0.58% | 23007 | 96.40% |
| 河北 | 121 | 0.51% | 23128 | 96.90% |
| 江西 | 90 | 0.38% | 23218 | 97.28% |
| 新疆 | 81 | 0.34% | 23299 | 97.62% |
| 云南 | 74 | 0.31% | 23373 | 97.93% |
| 黑龙江 | 71 | 0.30% | 23444 | 98.23% |
| 吉林 | 71 | 0.30% | 23515 | 98.53% |
| 内蒙古 | 68 | 0.28% | 23583 | 98.81% |
| 海南 | 56 | 0.23% | 23639 | 99.04% |
| 广西 | 51 | 0.21% | 23690 | 99.26% |
| 贵州 | 50 | 0.21% | 23740 | 99.47% |
| 山西 | 43 | 0.18% | 23783 | 99.65% |
| 宁夏 | 28 | 0.12% | 23811 | 99.77% |
| 甘肃 | 24 | 0.10% | 23835 | 99.87% |
| 青海 | 24 | 0.10% | 23859 | 99.97% |
| 西藏 | 8 | 0.03% | 23867 | 100.00% |

北京、上海、深圳作为风险资本中心，同时也是排名第一、第二和第四的热点投资区域。排名第三的是除去深圳市之后的广东省。排名第五和第六的分别是浙江和江苏，前六名的投资事件之和超过了80%，达到82%。因此，我们称前六名省市为热点投资区域。在第五章，我们将详述热点投资区域。

## （二）风险资本中心的成功融资企业情况

图4.2给出了风险资本中心历年接受风险资本的企业数量和占比。

投资中心中的企业成功融资数量每年都占全国总量最好47%以上，最高67.64%，平均为56.26%。接近投资对象，是解释风险资本聚集在这三个城市的重要原因。

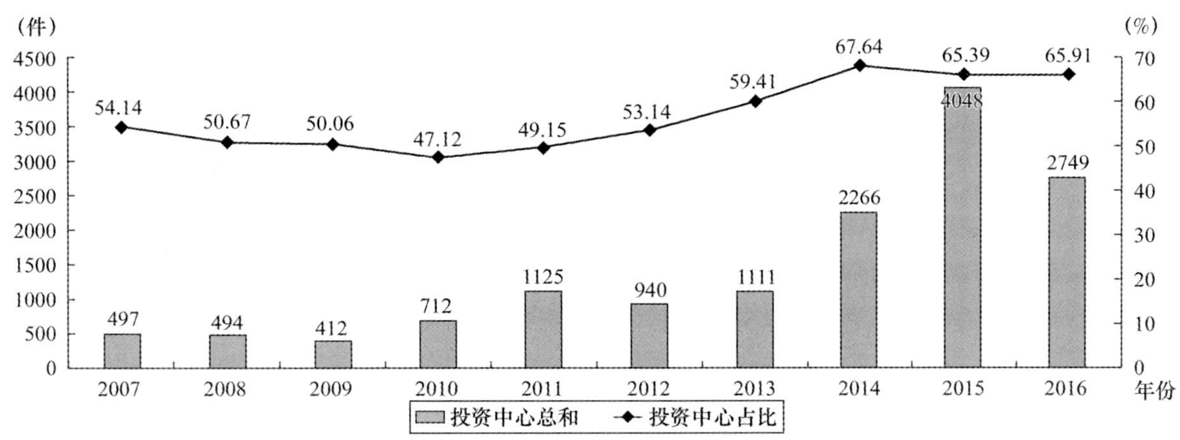


图 4.2　风险资本中心历年接受风险资本的企业数量和占比

## （三）热点投资区域成功融资企业数量对比

图 4.3 给出了 2007 ~ 2016 年全国热点投资区域的投资事件数量对比。

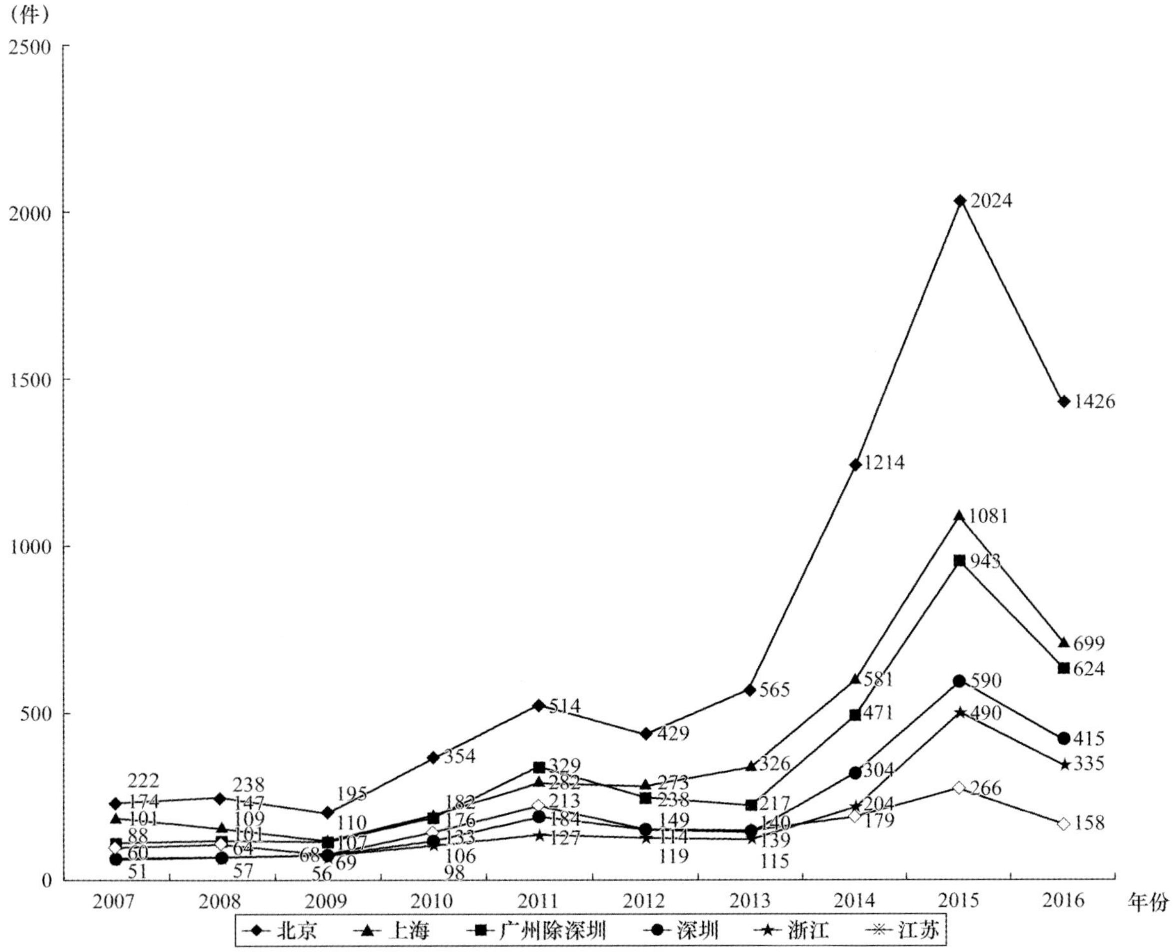

图 4.3　2007 ~ 2016 年全国热点投资区域投资事件数量对比

全国各省份地区间的变化波动情况基本一致。2011 年达到一个高峰，2012 年回落后，2013 年开始持续上涨，2015 年达到最大值。然后，2016 年投资事件数量下降。

# 第二节　北京市 2015 ~ 2016 企业融资情况

## （一）融资企业的行业分布

### 1. 2015 年融资企业行业分布

北京市 2015 年融资企业行业分布如图 4. 4 所示。互联网、IT、电信及增值行业分别以 771 件、396 件、312 件位列北京市融资企业前三大行业，分别占总融资企业数的 38. 36%、19. 7%、15. 52%。

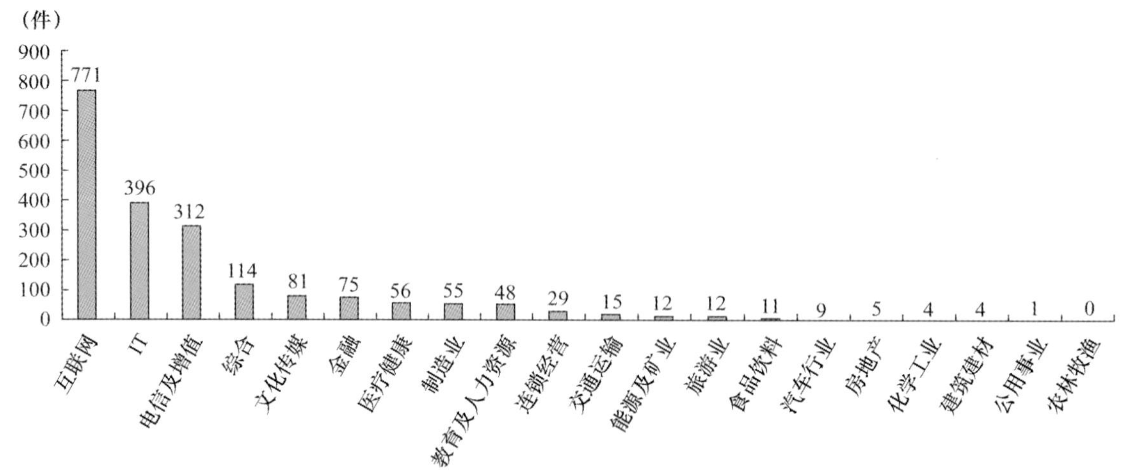


图 4. 4　北京市 2015 年融资企业行业分布

各行业企业融资的平均金额如图 4. 5 所示。公用事业、房地产的融资企业数较少，但平均融资额度最大。制造业的平均融资金额处于第三位，为 6835 万美元。

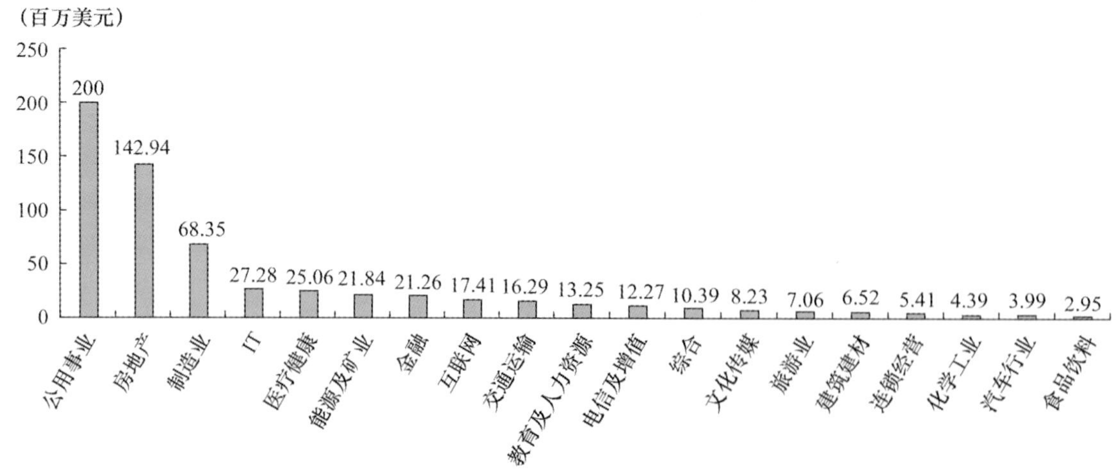


图 4. 5　北京市 2015 年各行各业融资的平均金额（N = 1064）

### 2. 2016 年融资企业行业分布

北京市 2016 年融资企业行业分布如图 4. 6 所示。互联网、IT 分、电信及增值别以 595 件、320 件和 91 件位列前三。文化传媒以 90 件位列第四。

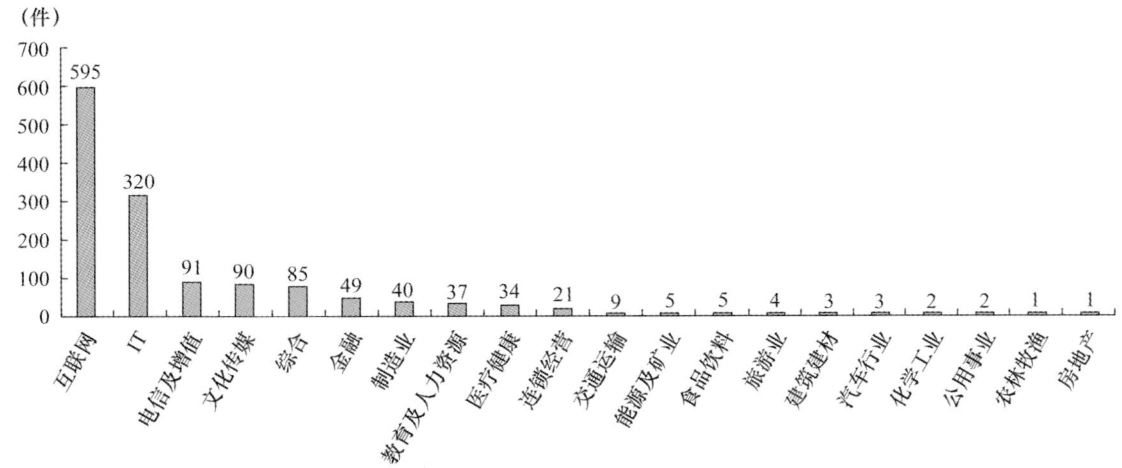


**图 4.6　北京市 2016 年融资企业行业分布**

北京市 2016 年融资企业平均融资金额分布如图 4.7 所示。房地产的融资企业数较少，但融资额较高，平均融资 1.39 亿美元；金融行业平均融资金额 1.04 亿美元。交通运输、IT 两个行业片进入者超过 4500 万美元，互联网行业平均融资金额仅有 2260 万美元。

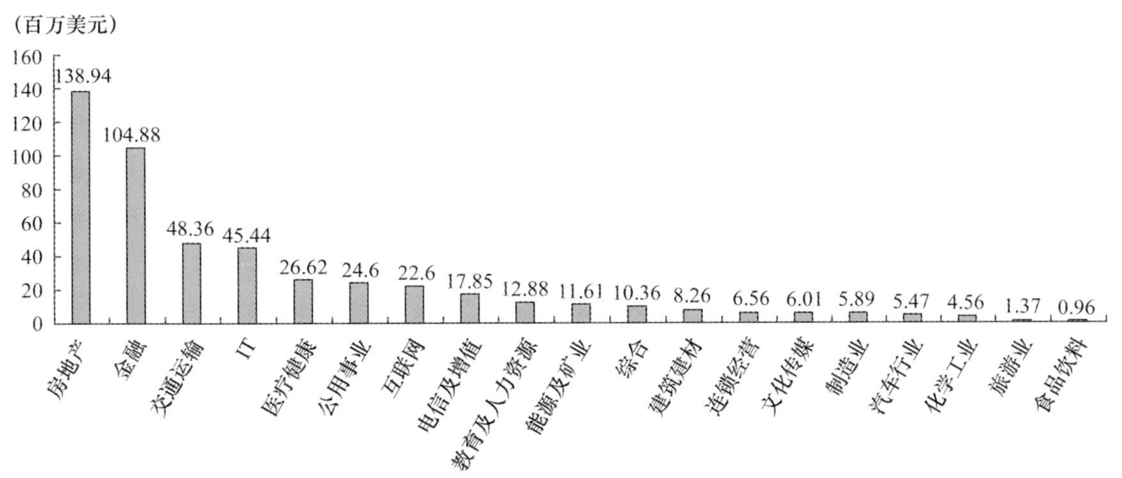


**图 4.7　北京市 2016 年融资企业平均融资金额（N=735）**

## （二）融资企业的发展阶段

### 1. 2015 年融资企业发展阶段分布

课题组掌握的数据中，北京市 2015 年共有 2010 件融资事件有明确的发展阶段信息，其分布如图 4.8 所示。融资企业处于早期的最多，有 1257 件，占总融资企业的 62.54%，其次发生在发展期，有 723 件，占比 35.97%；最少的发生在扩张期，有 30 件，占比 1.49%。

北京市 2015 年融资企业披露金额的有 1064 家，各发展阶段平均融资金额如图 4.9 所示。其中扩张期平均融资金额最高，为 8653 万美元、早期最低，为 732 万美元。

### 2. 2016 年融资企业发展阶段分布

北京市 2016 年的融资企业披露发展阶段信息的共有 1397 家，其阶段分布情况如图 4.10 所示。融资企业发生在早期阶段，有 784 家，占总融资企业的 56.12%，比 2015 年略有下降；其次发生在发展期，有 594 件，占比 42.52%；最少的发生在扩张期，有 19 件，占比 1.36%。

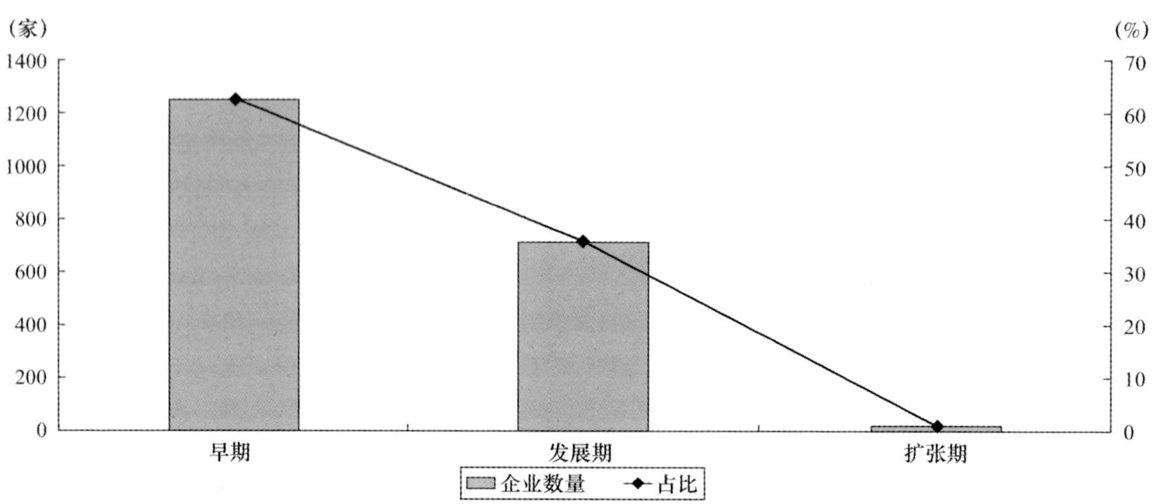


图 4.8　2015 年北京市融资事件发展阶段信息（N = 2010）

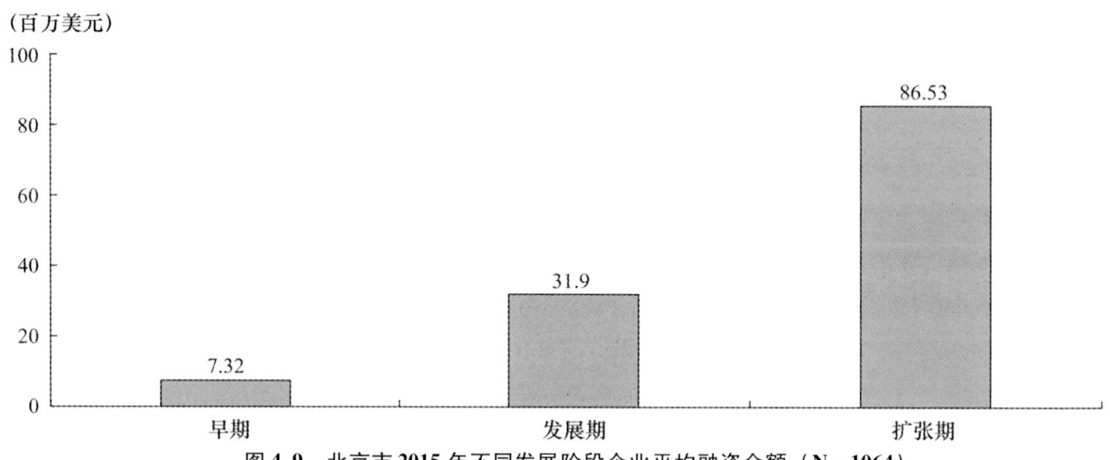


图 4.9　北京市 2015 年不同发展阶段企业平均融资金额（N = 1064）

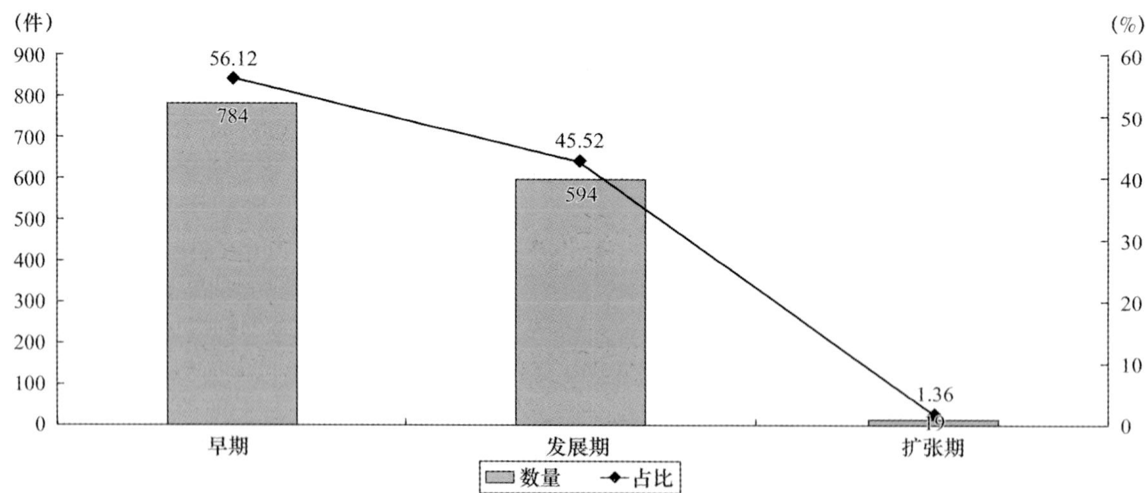


图 4.10　2016 年北京市融资事件发展阶段信息（N = 1397）

北京市 2016 年融资企业披露金额信息的有 735 件，各发展阶段平均融资金额如图 4.11 所示。其中扩张期最高，为 5.8 亿美元，约为 2015 年的平均融资金额的 7 倍；早期最少，为 653 万美元。

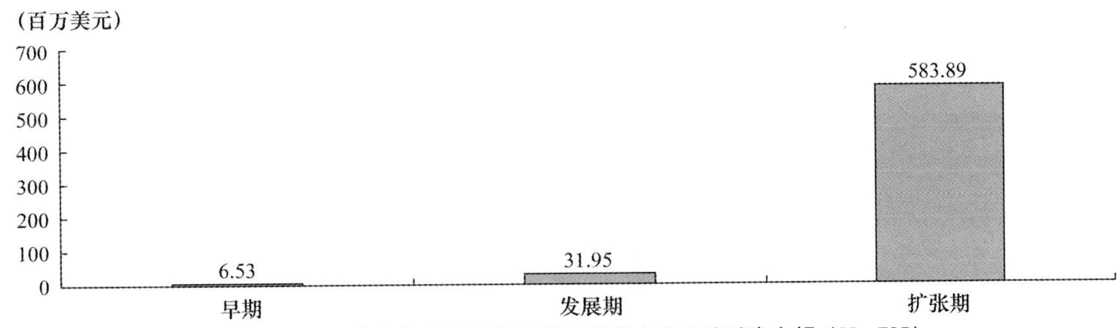


图 4.11　北京市 2016 年不同发展阶段企业平均融资金额（N=735）

## （三）企业融资轮次

### 1. 2015 年企业融资轮次分布

北京市 2015 年披露融资轮次的融资企业数为 2005 家，其分布如图 4.12 所示。VC－SeriesA 轮最多，有 1116 件，占比超过了总融资企业数的一半；其次是天使轮，占比为 16%；最少的是 PE－PIPE 融资，只有 1 件。

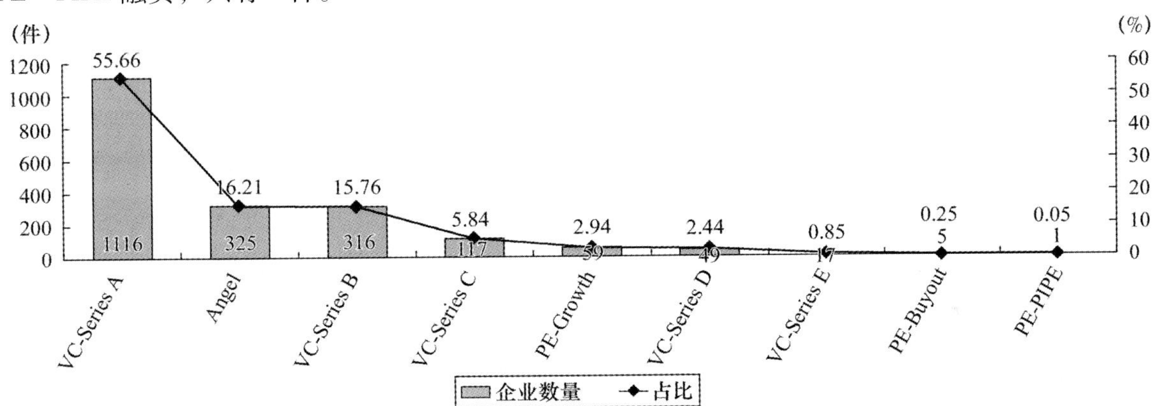


图 4.12　2015 年北京市融资企业轮次分布（N=2005）

### 2. 2016 年企业融资轮次分布

北京市 2016 年披露融资轮次的融资企业数为 1379 件，其分布如图 4.13 所示。VC－SeriesA 轮仍然最多，有 669 件，占比 47.89%，比 2015 年有所下降；天使轮第二，占比 22.26%，比 2015 年有所上升。

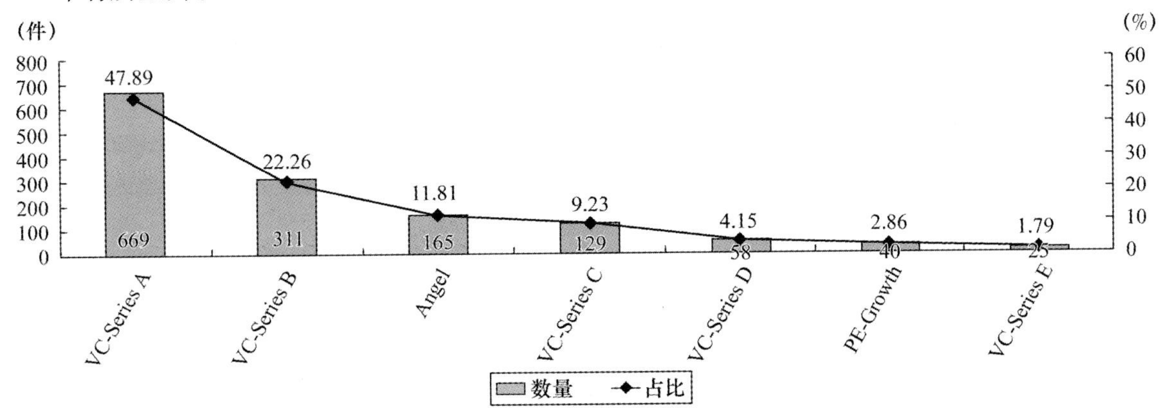


图 4.13　2016 年北京市融资企业轮次分布（N=1379）

### （四）企业融资的币种

**1. 2015 年企业融资币种分布**

北京市 2015 年披露融资币种的融资事件数为 1064 件，其中本币为 839 件，占比 79%；外币为 225 件，占比 21%。如图 4.14 所示。

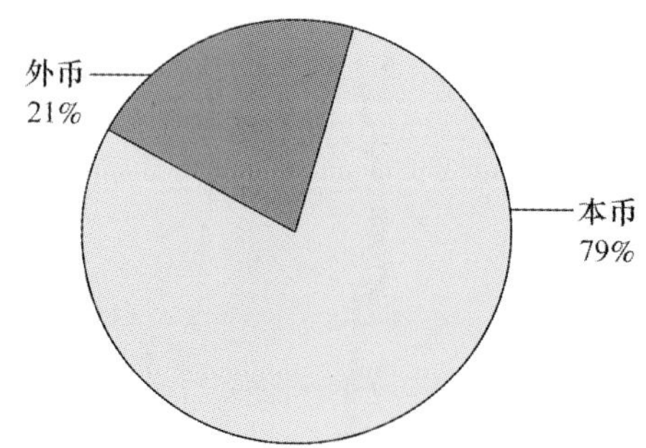


**图 4.14　北京市 2015 年企业融资币种（N＝1064）**

**2. 2016 年企业融资币种分布**

北京市 2016 年披露融资币种的融资企业数为 735 件，其中本币为 636 件，占比 87%；外币为 99 件，占比 13%。如图 4.15 所示。

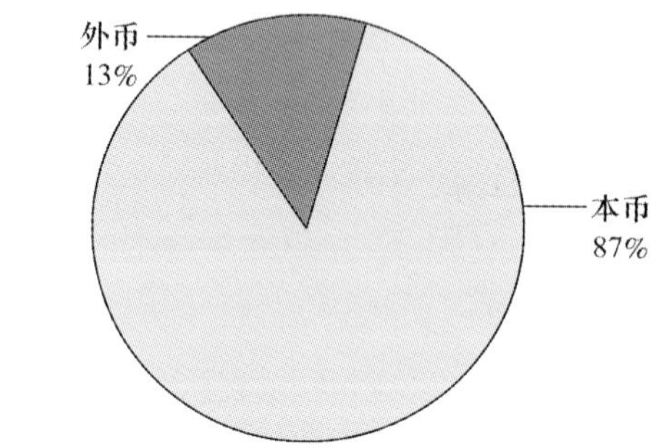


**图 4.15　北京市 2016 年企业融资币种（N＝735）**

## 第三节　上海市 2015～2016 企业融资情况

### （一）融资企业的行业分布

**1. 2015 年融资企业行业分布**

上海市 2015 年 1075 件融资企业的行业分布如图 4.16 所示。互联网、IT、电信及增值分别以 445 件、191 件、150 件位列上海市融资企业前三大行业，分别占总数的 41.4%、17.77%、13.95%。

各行业融资企业的平均融资金额分布如图 4.17 所示。汽车行业平均融资金额最高，为 2 亿美元，金融、互联网，医疗和制造业的平均融资金额都超过了 2000 万美元。

**2. 2016 年融资企业行业分布**

上海市 2016 年融资企业行业分布如图 4.18 所示。互联网、IT、电信及增值仍然位列前三。金融、医疗健康、文化传媒分列第四、五、六名。

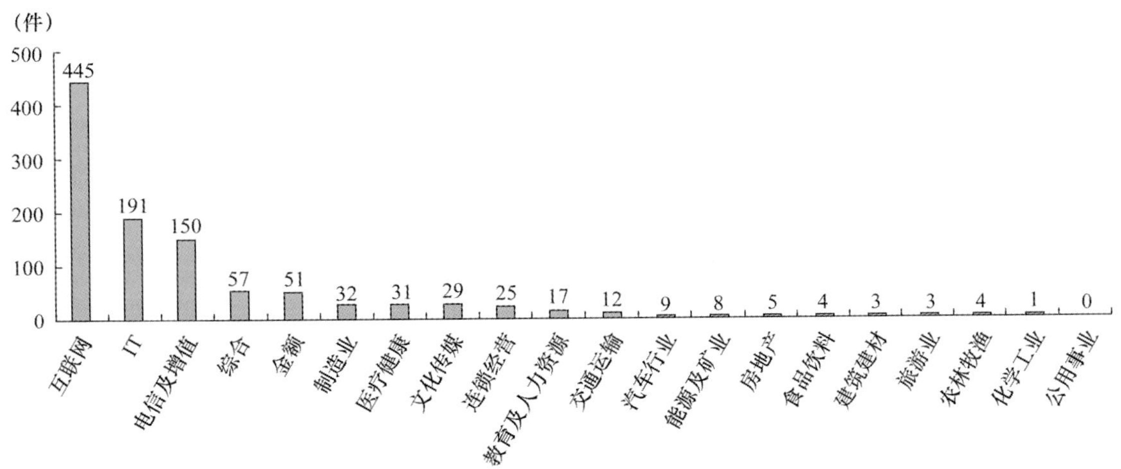


**图 4.16 上海市 2015 年融资企业行业分布**

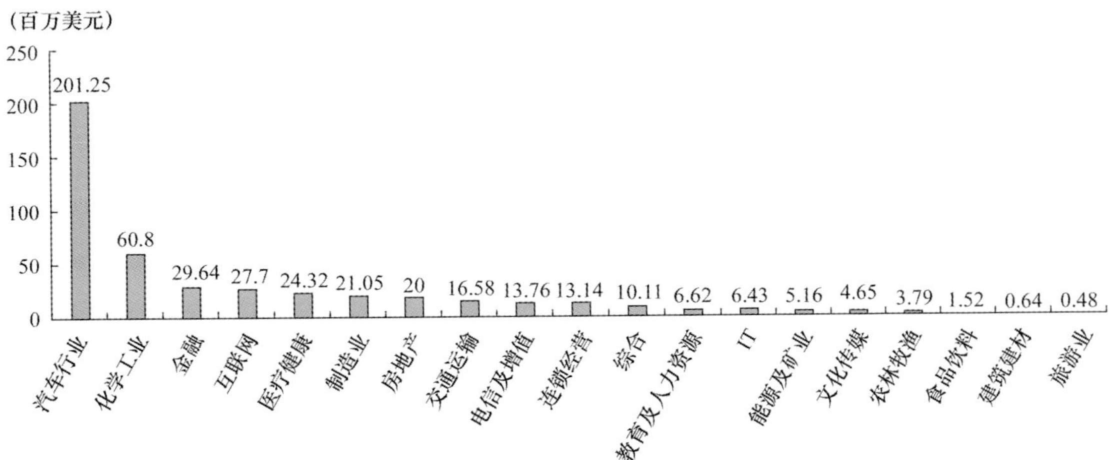


**图 4.17 上海市 2015 年各行业企业融资的平均金额（N=513）**

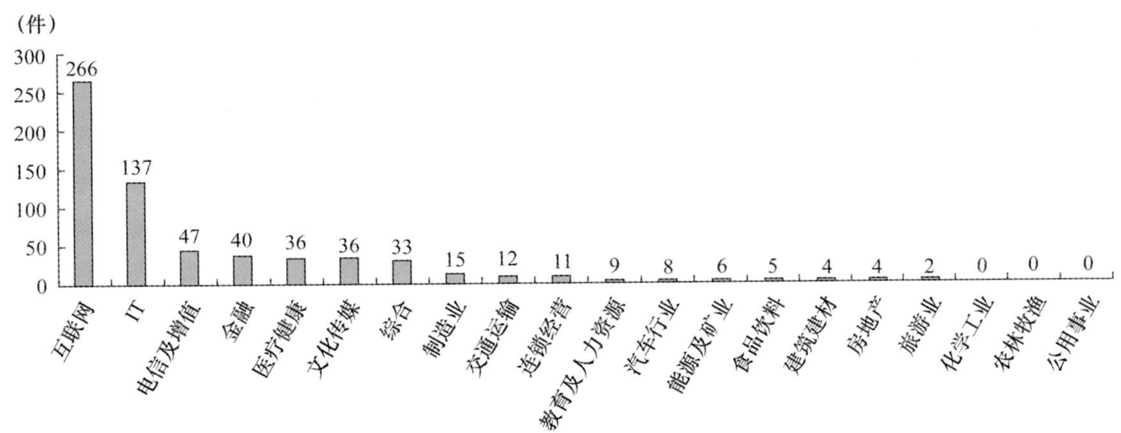


**图 4.18 上海市 2016 年融资企业行业分布**

上海 2016 年融资企业平均融资金额分布如图 4.19 所示。平均融资金额最高的是房地产行业，为 1.78 亿美元，其次是交通运输，为 1.13 亿美元；金融业平均融资金额为 9153 万美元；连锁经营、食品饮料、IT、互联网、汽车行业、电信及增值、医疗健康的行业平均融资金额都在 2000 万美元以上。

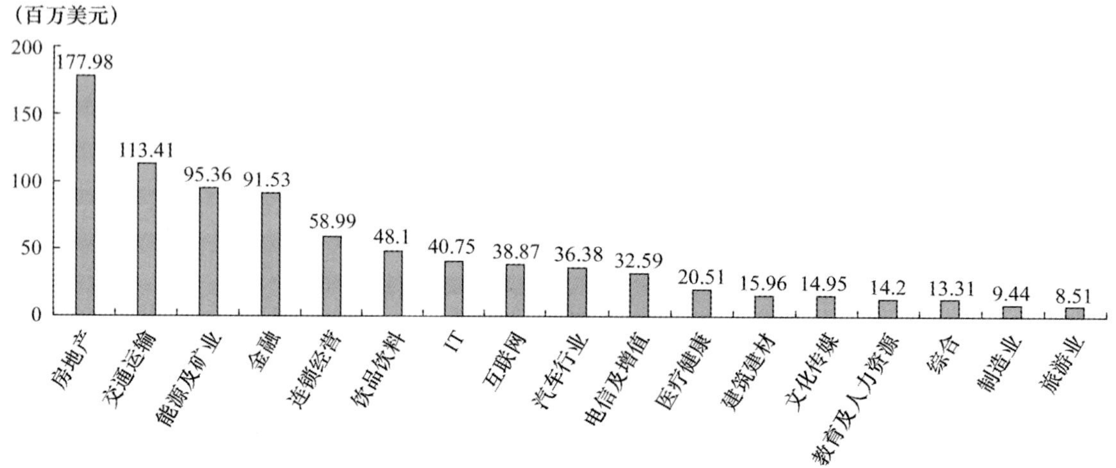


**图 4.19 上海市 2016 年融资企业平均融资金额（N=369）**

## （二）融资企业的发展阶段

### 1. 2015 年融资企业发展阶段分布

课题组对掌握的数据中，上海市 2015 年共有 1075 件融资事件有明确的发展阶段信息，其分布如图 4.20 所示。融资企业发生在早期的最多，有 604 件，占总融资企业的 56.19%，其次发生在发展期，有 453 件，占比 42.14%；最少的发生在获利期，有 1 件，占比 0.09%。

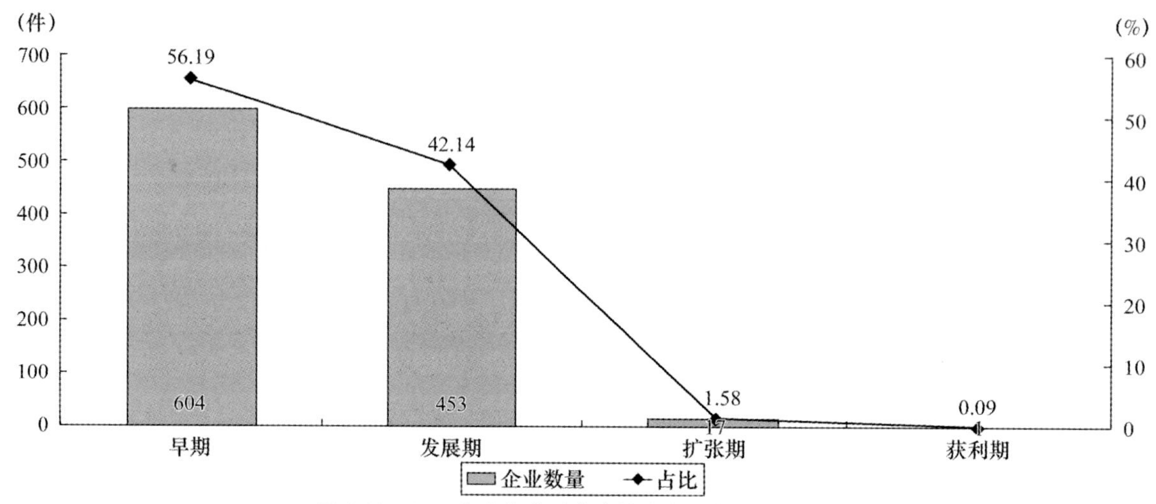


**图 4.20 2015 年上海市融资事件阶段分布（N=1075）**

上海市 2015 年融资企业披露金额的有 513 家，各发展阶段平均融资金额如图 4.21 所示，其中扩张期最高，为 1.64 亿美元；早期最低，为 936 万美元。

### 2. 2016 年融资企业分布

上海市 2016 年的融资企业披露发展阶段信息的共有 671 家，阶段分布如图 4.22 所示。融资企业发生在早期的最多，有 360 件，占总融资企业的 53.65%，其次发生在发展期，有 303 件，占比 45.16%；最少的发生在扩张期，有 8 件，占比 1.19%。

上海市 2016 年融资企业披露金额的有 359 家，各发展阶段平均融资金额如图 4.23 所示。其中扩张期最高，为 1.15 亿美元；早期最低，为 714 万美元。

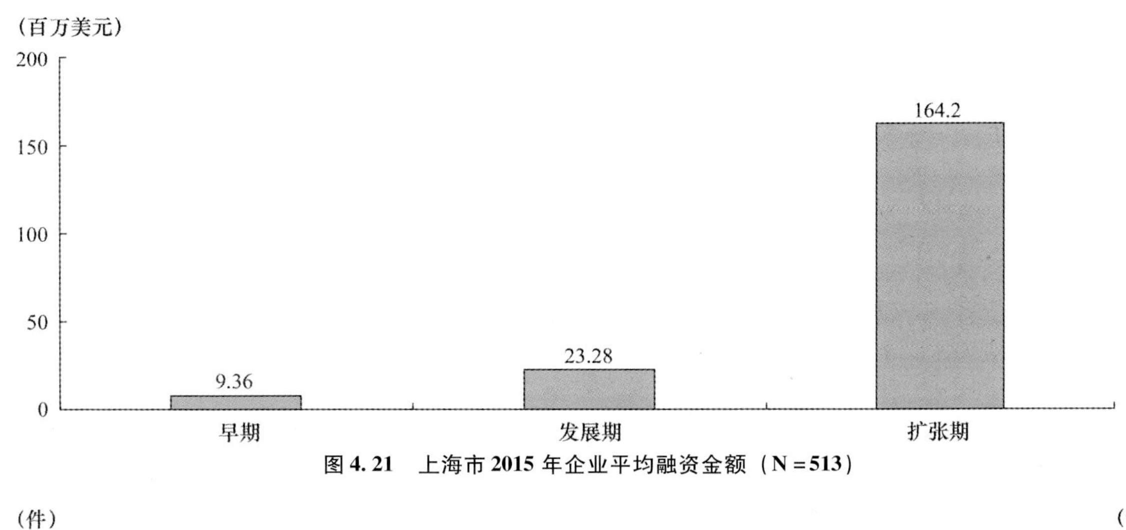


图 4.21　上海市 2015 年企业平均融资金额（N＝513）

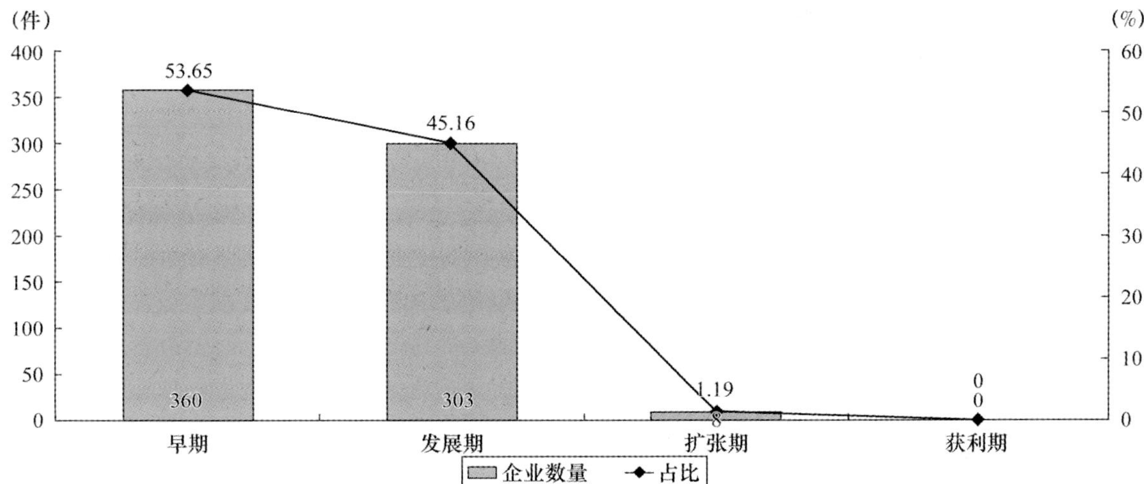


图 4.22　2016 年上海市融资事件阶段分布（N＝671）

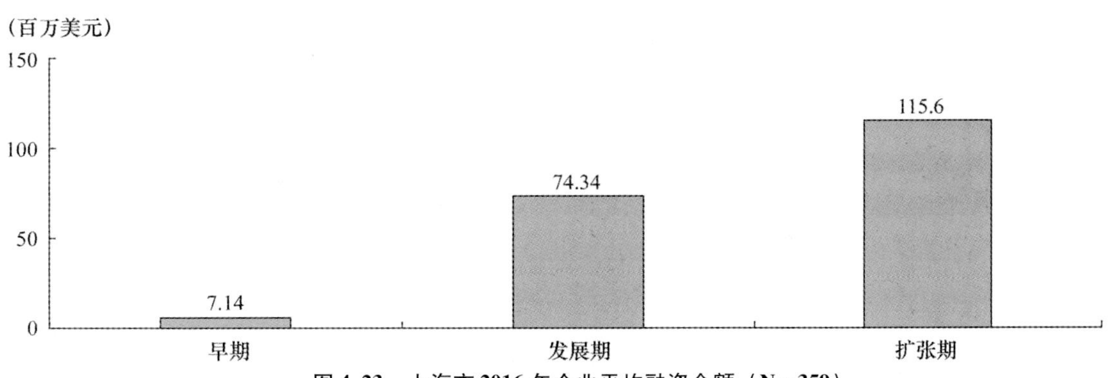


图 4.23　上海市 2016 年企业平均融资金额（N＝359）

## （三）企业融资轮次

### 1. 2015 年企业融资轮次分布

上海市 2015 年披露融资轮次的融资企业数为 1074 家，其分布如图 4.24 所示，VC－SeriesA 轮融资最多，有 609 件，占比超过了总融资企业数的一半，其次是 B 轮融资，天使轮融资位列第三，占比 13%。

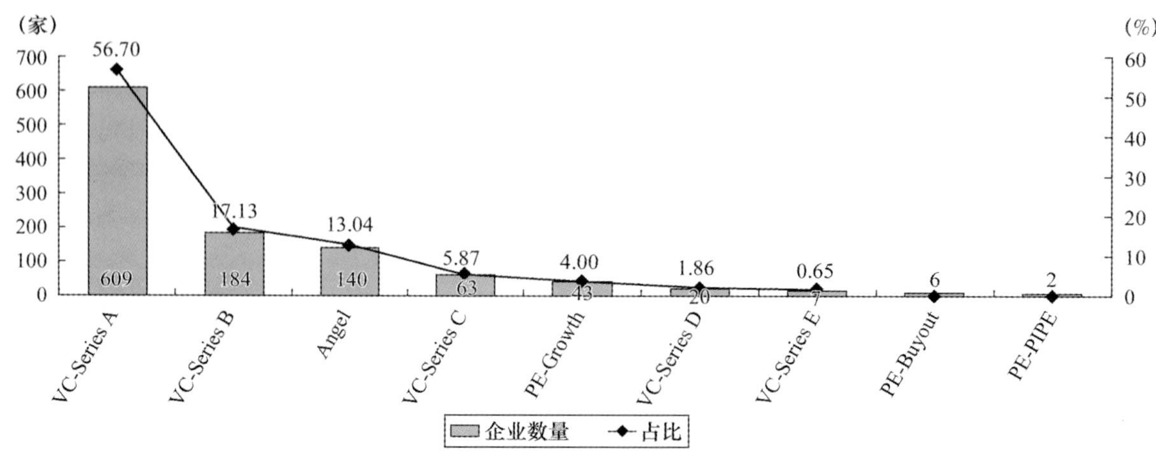

图 4.24 上海市 2015 年融资企业轮次分布（N＝1074）

**2. 2016 年企业融资轮次分布**

上海市 2016 年披露融资轮次的融资企业数为 669 家，其分布如图 4.25 所示，VC－SeriesA 轮融资最多，有 309 件，占比 46.19%，其次是 B 轮融资和天使轮。

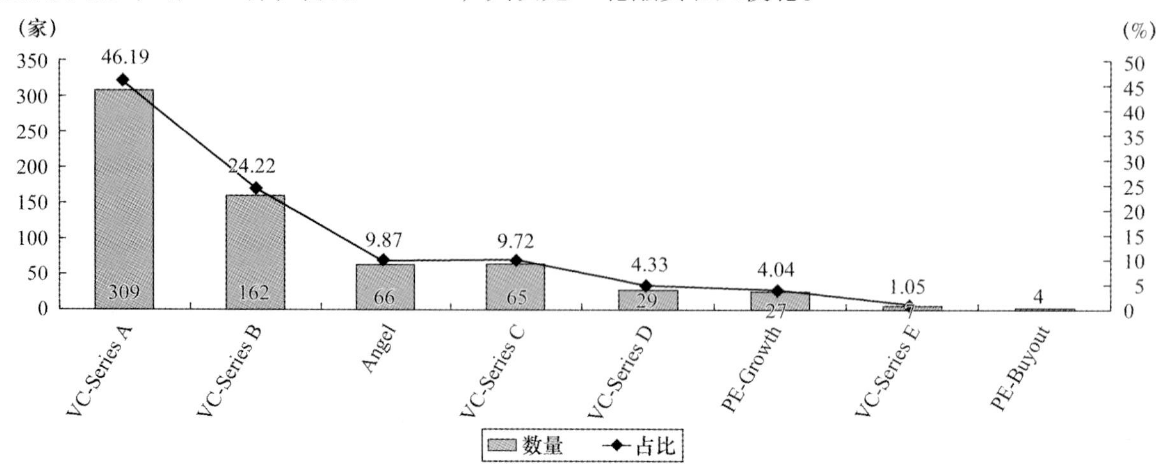

图 4.25 上海市 2016 年融资企业轮次分布（N＝669）

## （四）企业融资的币种

**1. 2015 年企业融资币种分布**

上海市 2015 年披露融资币种的融资企业数为 513 家，其分布如图 4.26 所示。本币为 419 件，占比 82%；外币为 94 件，占比 18%。

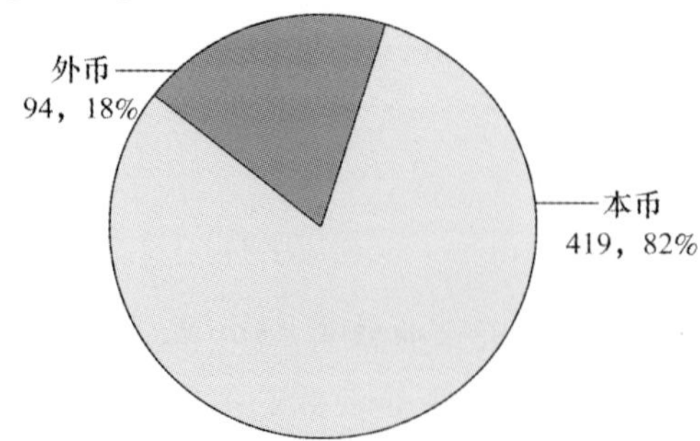

图 4.26 上海市 2015 年企业融资币种（N＝513）

**2. 2016 年企业融资币种分布**

上海市 2016 年披露融资币种的融资企业数为 359 件，其分布如图 4. 27 所示。本币为 301 件，占比 84%；外币为 58 件，占比 16%。

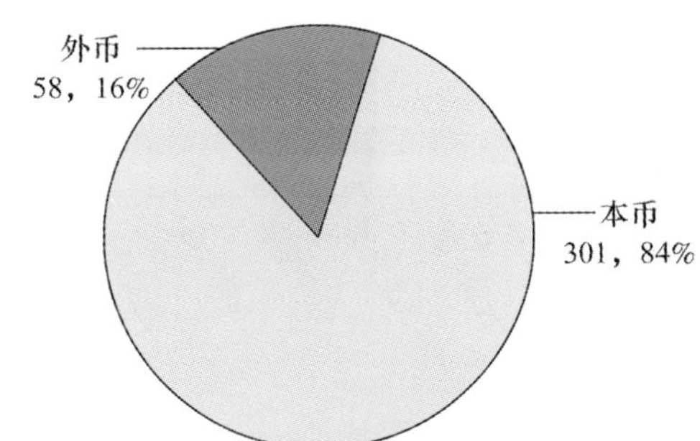


图 4. 27　上海市 2016 年企业融资币种（N = 359）

# 第四节　广东省（除深圳）2015 ~ 2016 企业融资情况

## 一、融资企业的行业分布

### （一）2015 年融资企业行业分布

广东省（除深圳市）2015 年融资企业行业分布如图 4. 28 所示。互联网、IT、电信及增值分别以 130 件、63 件、45 件成为广东省（除深圳市）融资企业的前三大行业，分别占总融资企业数的 37. 24%、18. 05%、12. 89%。医疗健康、制造业和金融业分列第四、五、六位。

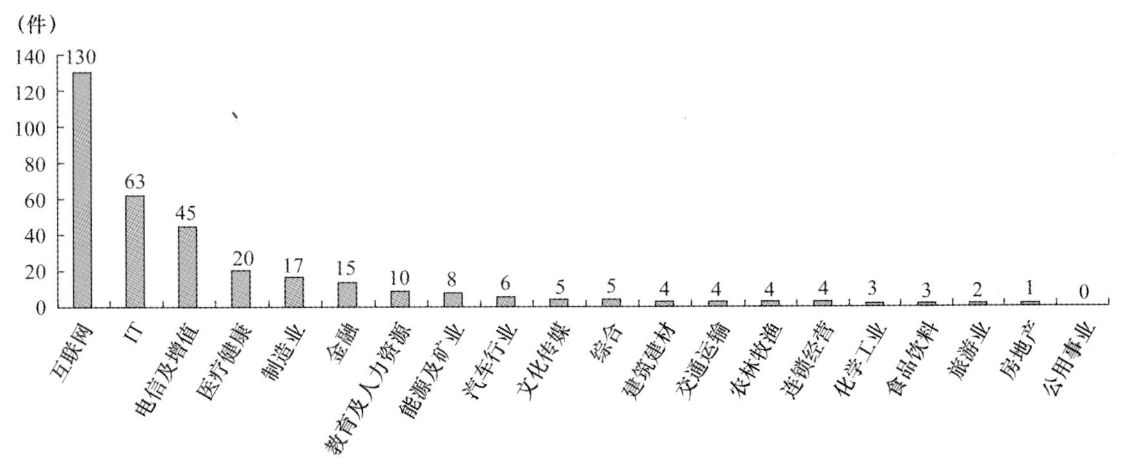


图 4. 27　广东省（除深圳市）2015 年成功融资企业行业分布（N = 349）

各行业平均融资金额如图 4. 29 所示。最高的是电信及增值，为 3047 万美元，其次是能源及矿业，为 2370 万美元。金融业、交通运输、互联网、制造业、汽车行业的行业平均融资金额都在 1000 万美元以上。

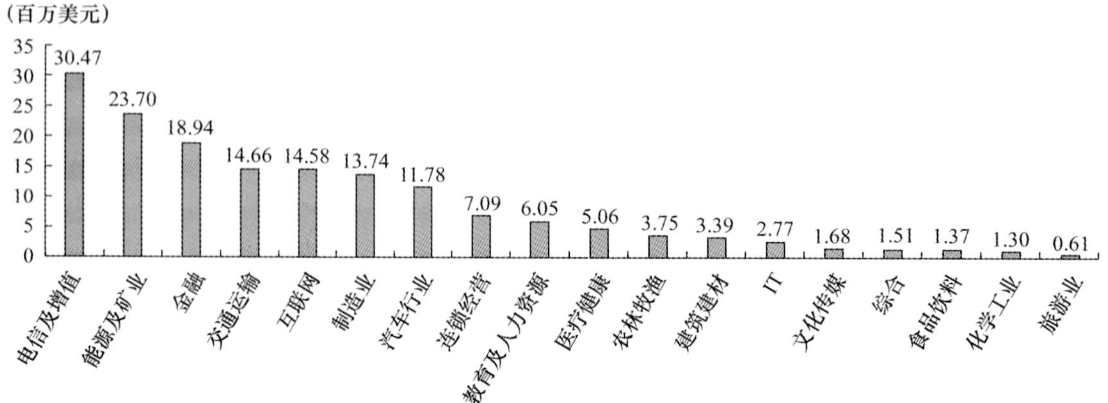


图 4.29　广东省（除深圳市）2015 年各行业融资平均金额（N=223）

## （二）2016 年融资企业行业分布

广东省（除深圳市）2016 年融资企业行业分布如图 4.30 所示。互联网、IT 分别以 84 件、41 件位列广东省（除深圳市）企业融资最多的两大行业，分别占总融资企业数的 41.18%、20.1%；电信及增值、制造业、医疗健康、文化传媒分列第四、五、六、七位。

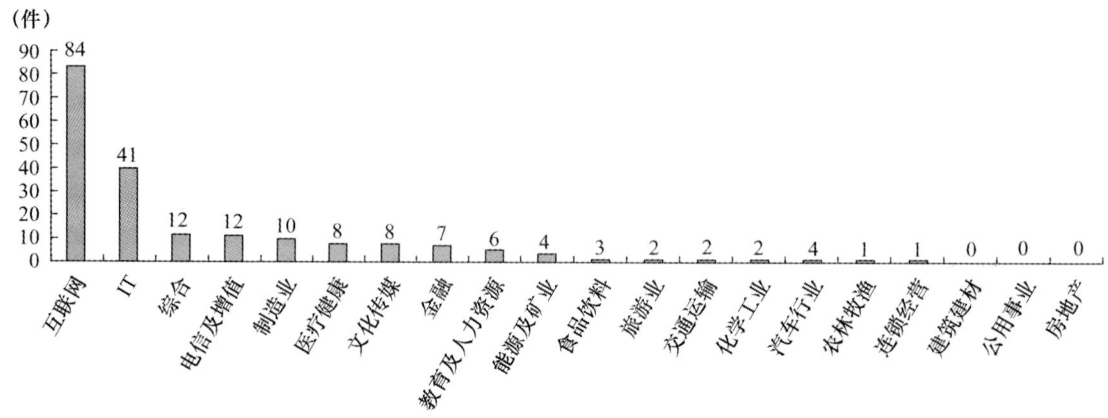


图 4.30　广东省（除深圳市）2016 年融资企业行业分布

广东省（除深圳市）各行业平均融资金额如图 4.31 所示。最高的是教育及人力资源，平均融资金额高达 1.3 亿美元，汽车行业、能源及矿业、医疗健康平均融资金额在 2000 万美元以上。

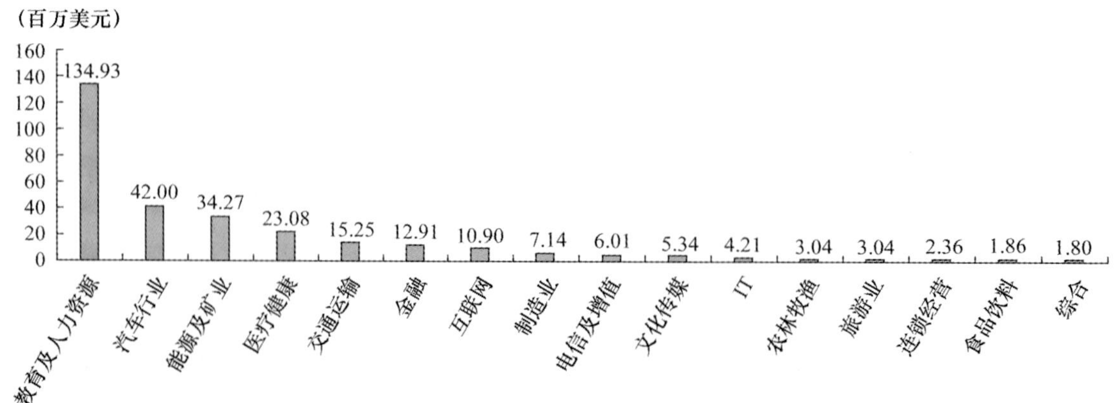


图 4.31　广东省（除深圳市）2016 年各行业平均融资金额（N=116）

# 二、融资企业的发展阶段

## （一）2015 年融资企业发展阶段分布

课题组掌握的数据中，广东省（除深圳市）2015 年共有 349 件融资事件有明确的发展阶段信息，其分布如图 4.32 所示。融资企业处于早期的最多，有 184 件，占总融资企业的 52.72%，其次是发展期，有 154 件，占比 44.13%；最少的是扩张期，有 11 件，占比 3.15%。

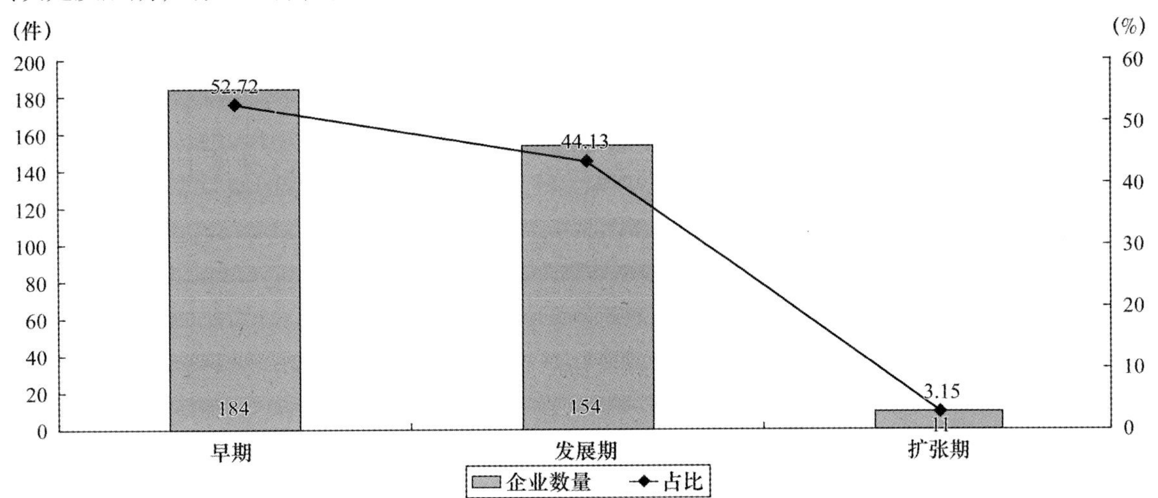


图 4.32　广东省（除深圳市）2015 年融资事件阶段分布（N = 349）

广东省（除深圳市）2015 年融资企业披露金额的有 223 家，各发展阶段平均融资金额如图 4.33 所示。扩张期最高，为 1.43 亿美元；早期最低，为 444 万美元。

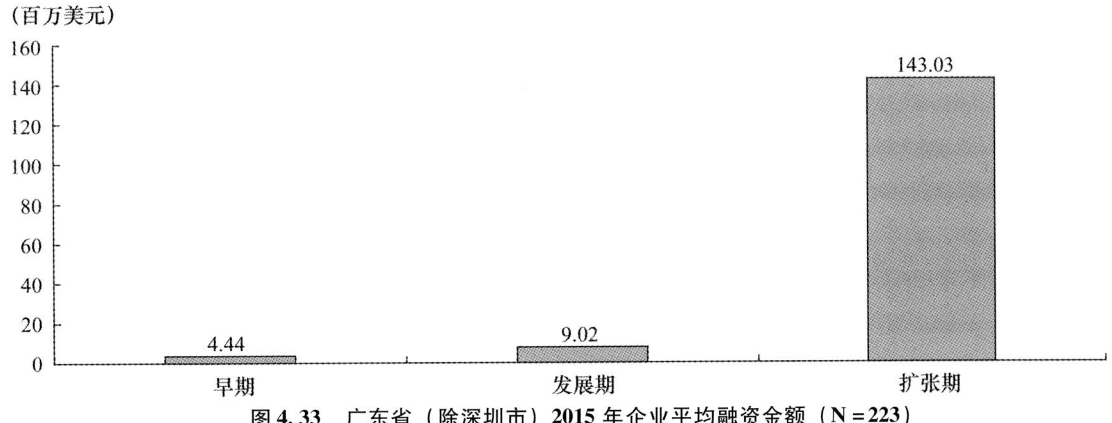


图 4.33　广东省（除深圳市）2015 年企业平均融资金额（N = 223）

## （二）2016 年融资企业发展阶段分布

广东省（除深圳市）2016 年的融资企业披露发展阶段信息的有 204 家，其分布如图 4.34 所示。融资企业发生在发展期的最多，有 101 家，高于早期的 100 家。扩张期最少，中有 3 件，占比 1.47%。

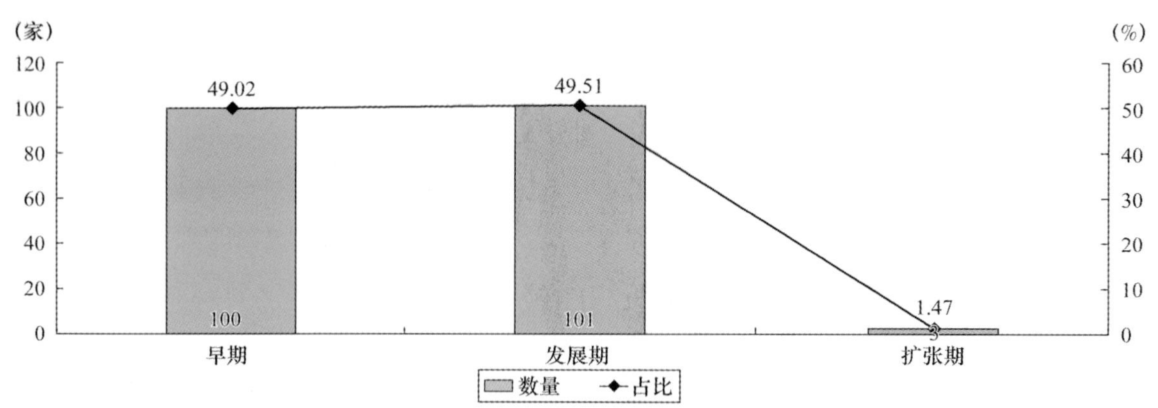


图 4.34 广东省（除深圳市）2016 年融资事件阶段分布（N=204）

广东省（除深圳市）2016 年融资企业披露金额的有 116 家，平均融资金额分布如图 4.35 所示。发展期最高，为 2552 万美元；早期最低，为 336 万美元。

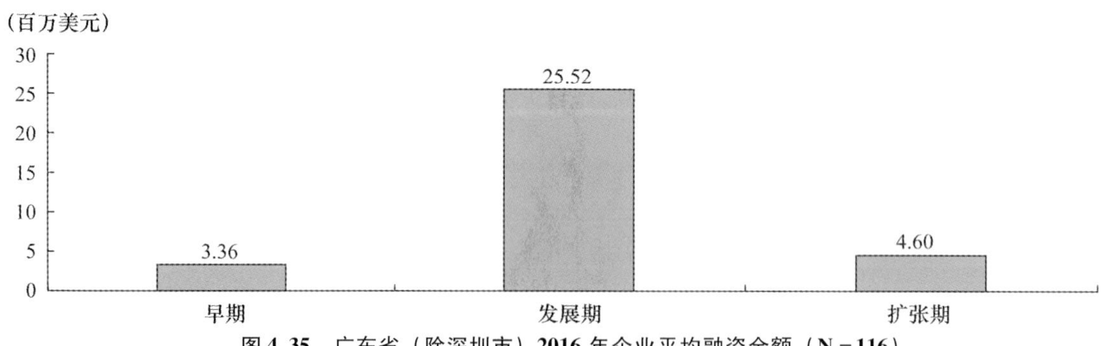


图 4.35 广东省（除深圳市）2016 年企业平均融资金额（N=116）

## 三、企业融资轮次

### （一）2015 年企业融资轮次分布

广东省（除深圳市）2015 年披露融资轮次的融资企业数为 348 家，其分布如图 4.36 所示。VC－SeriesA 轮融资最多，有 196 件，占比超过了总融资企业数的一半，其次是 B 轮和天使轮。

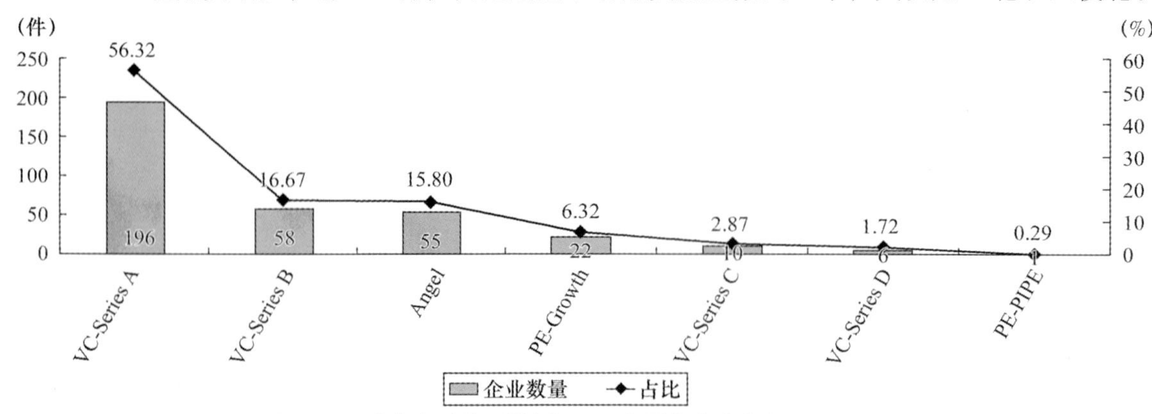


图 4.36 广东省（除深圳市）2015 年融资企业分布（N=348）

## （二）2016 年企业融资轮次分布

广东省（除深圳市）2016 年披露融资轮次的融资企业数为 204 家，其分布如图 4.37 所示。VC－SeriesA 轮融资最多，有 100 件，占比 49.02%，B 轮次之，天使轮第三。

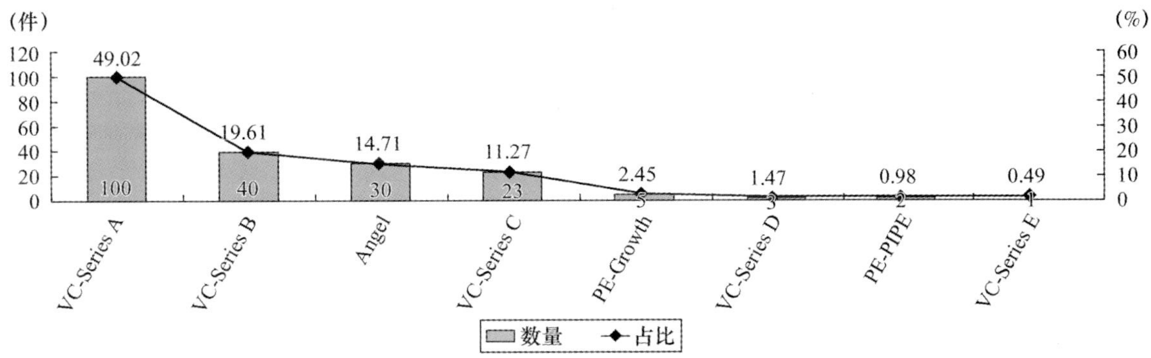


图 4.37　广东省（除深圳市）2016 年融资企业分布（N＝204）

# 四、企业融资的币种

## （一）2015 年企业融资币种分布

广东省（除深圳市）2015 年披露融资币种的融资事件数为 223 件，其中本币为 206 件，占比 92%；外币为 17 件，占比 8%。如图 4.38 所示。

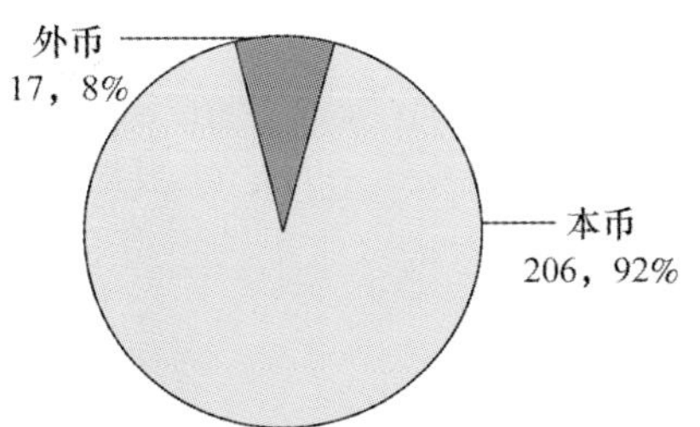


图 4.38　广东省（除深圳市）2015 年企业融资币种（N＝223）

## （二）2016 年企业融资币种分布

广东省（除深圳市）2016 年披露融资币种的融资事件数为 116 件，其中本币为 108 件，占比 93%；外币为 8 件，占比 7%。如图 4.39 所示。

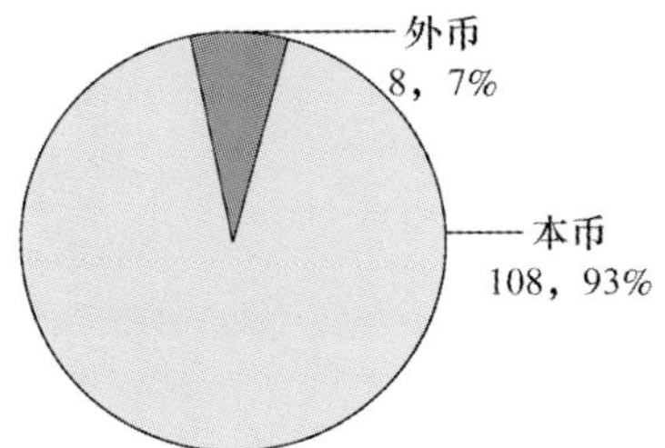


图 4.39　广东省（除深圳市）2016 年企业融资币种（N＝116）

# 第五节　深圳市 2015～2016 企业融资情况

## （一）融资企业的行业分布

### 1. 2015 年融资企业行业分布

深圳市 2015 年融资企业行业分布如图 4. 40 所示。互联网、IT、电信及增值分别以 195 件、135 件、90 件位列融资企业前三大行业，分别占总融资企业数的 33. 62%、23. 28%、15. 52%；制造业、金融、医疗健康位列第四、五、六位。

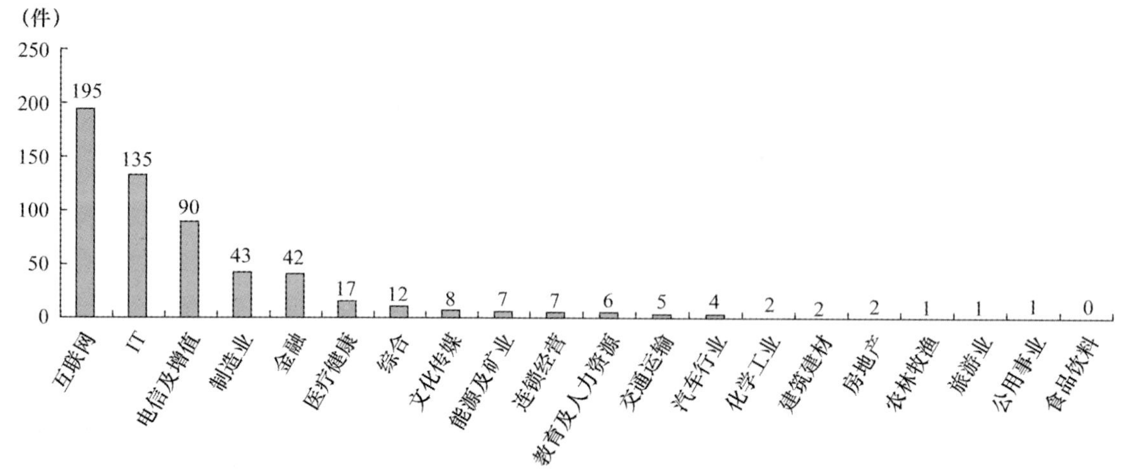


图 4. 40　深圳市 2015 年融资企业行业分布

深圳市 2015 年行业平均融资金额如图 4. 41 所示。最高的是金融行业，为 2158 万美元；连锁经营位列第二，2110 百万美元，交通运输、IT、建筑建材，位列第三、四、五位，平均融资金额超过 1000 万美元。互联网、汽车等剩余行业平均融资金额不超过 1000 万美元。

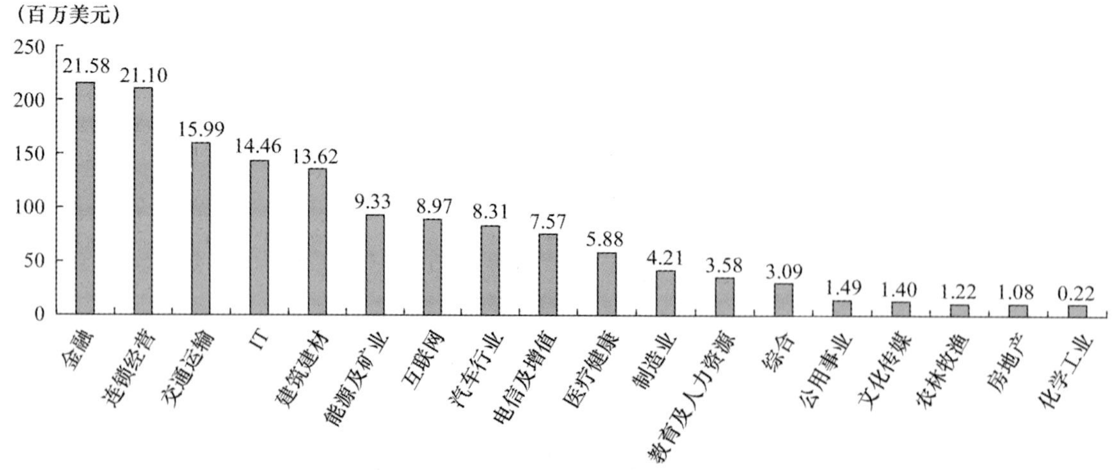


图 4. 41　深圳市 2015 年各行业企业融资的平均金额（N＝332）

### 2. 2016 年融资企业行业分布

深圳市 2016 年融资事件的行业分布如图 4. 42 所示。互联网、IT 两个行业仍然领先各行业。

金融业跃升为第三大行业。

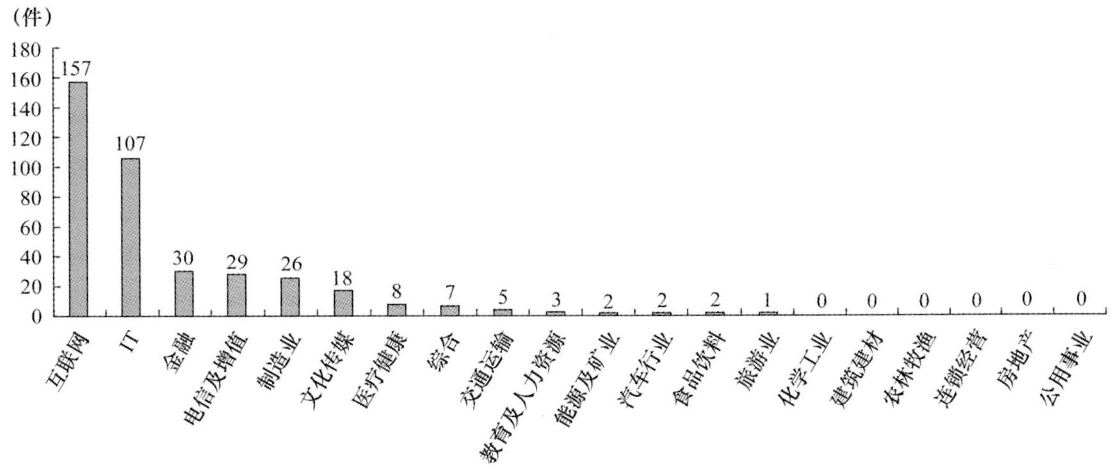


**图 4.42　深圳市 2016 年融资企业行业分布**

行业平均融资金额如图 4.43 所示。最高的是能源及矿业，为 7145 万美元，其次是交通运输，为 4370 万美元；金融业位列第三，为 3342 万美元。

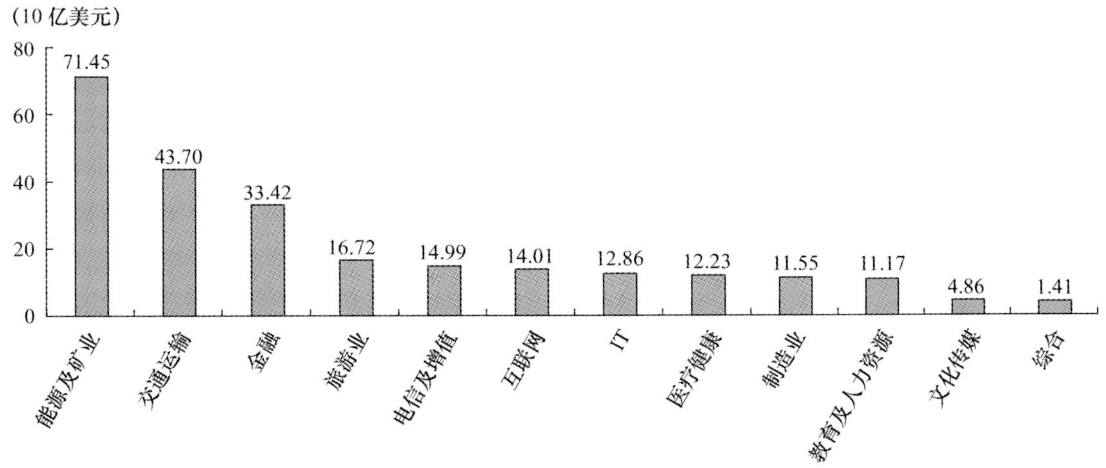


**图 4.43　深圳市 2016 年各行业企业融资的平均金额（N＝220）**

## （二）融资企业的发展阶段

### 1. 2015 年融资企业发展阶段分布

课题组掌握的数据中，对深圳市 2015 年共有 580 件融资事件有明确的发展阶段信息，其分布如图 4.44 所示。融资企业处于早期的最多，有 350 家，占总量的 60.34%，其次是发展期，有 219 件，占比 37.76%。

深圳市 2015 年融资企业披露金额的有 326 件，各发展阶段平均融资金额如图 4.45 所示。其中扩张期最高，为 2261 万美元；早期最低，为 427 万美元。

### 2. 2016 年融资企业发展阶段分布

深圳市 2016 年的融资企业披露发展阶段信息的共有 397 家，其阶段分布如图 4.46 所示。融资企业处于早期阶段的最多，有 238 家，占总融资企业的 59.95%；其次是发展期，有 156 家，占比 39.29%。

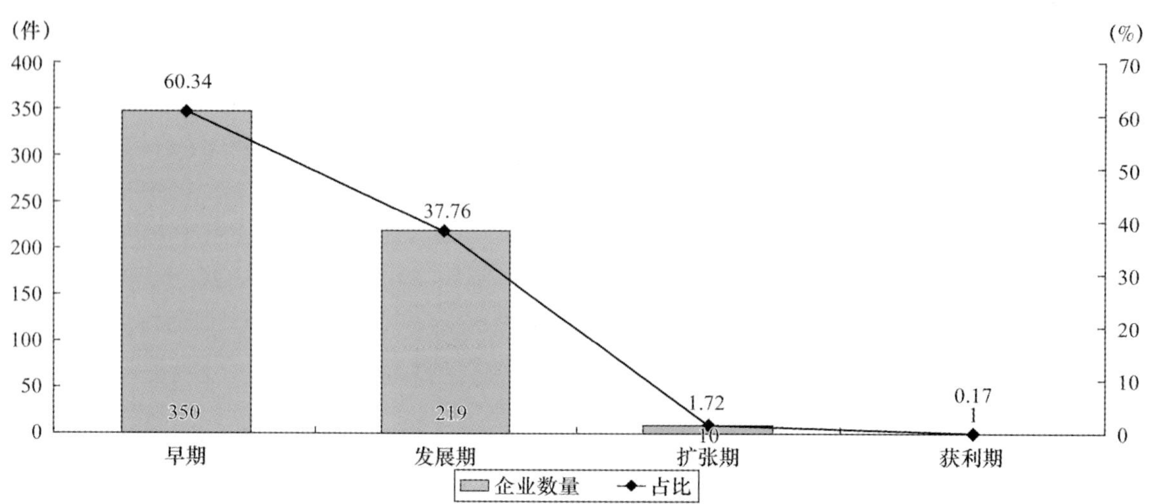


图 4.44　深圳市 2015 年融资事件阶段分布（N=580）

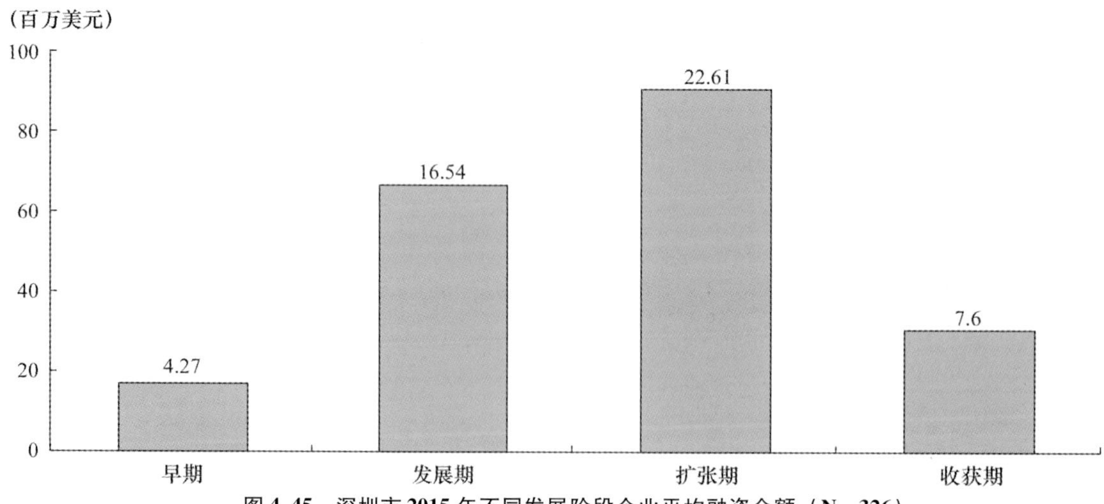


图 4.45　深圳市 2015 年不同发展阶段企业平均融资金额（N=326）

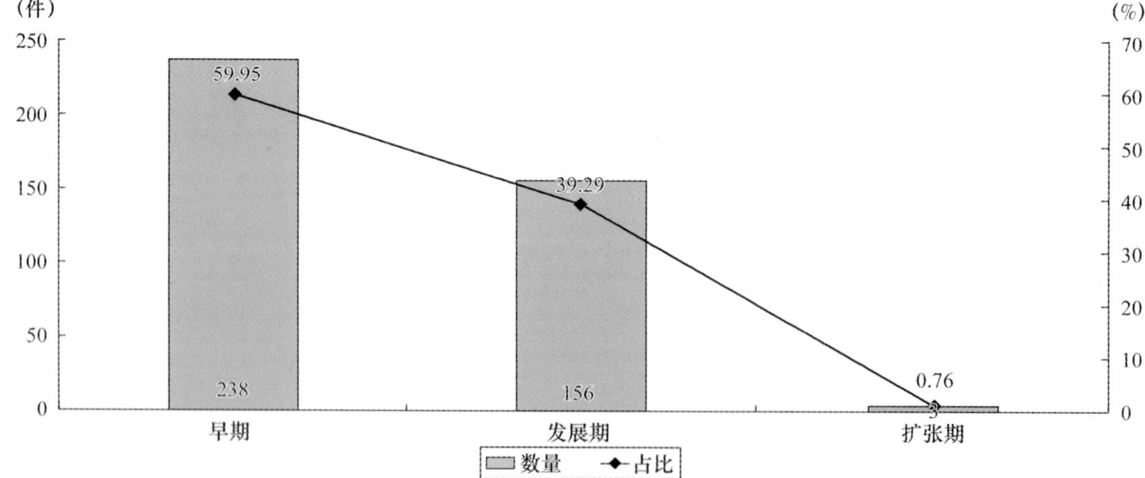


图 4.46　深圳市 2016 年融资事件阶段分布（N=397）

深圳市 2016 年融资企业披露金额的有 220 家，各发展阶段平均融资金额如图 4.47 所示。其中发展期平均金额最高，为 2152 万美元；扩张期最低，为 874 万美元。

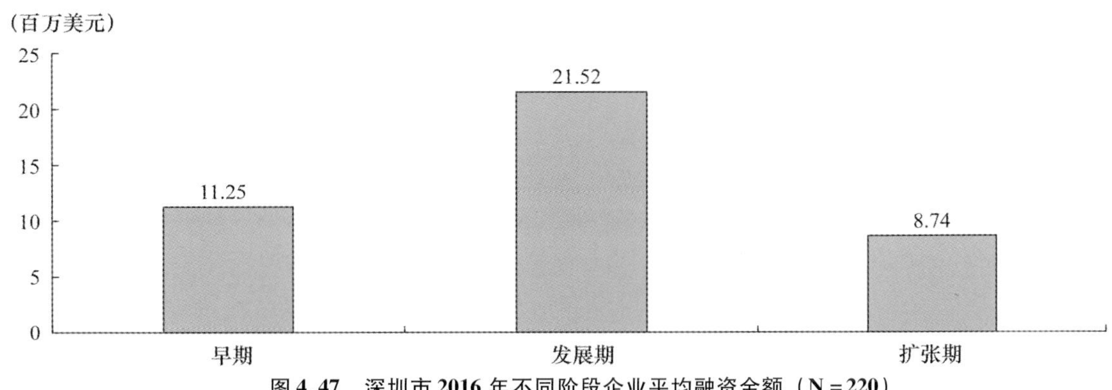

图 4.47　深圳市 2016 年不同阶段企业平均融资金额（N＝220）

## （三）企业融资轮次

### 1. 2015 年企业融资轮次分布

深圳市 2015 年披露融资轮次的融资企业数为 578 家，其分布如图 4.48 所示。VC－SeriesA 轮融资事件最多，有 335 件，占总融资企业数的 57.96%，其次是天使轮，107 件，占比 18.5%。

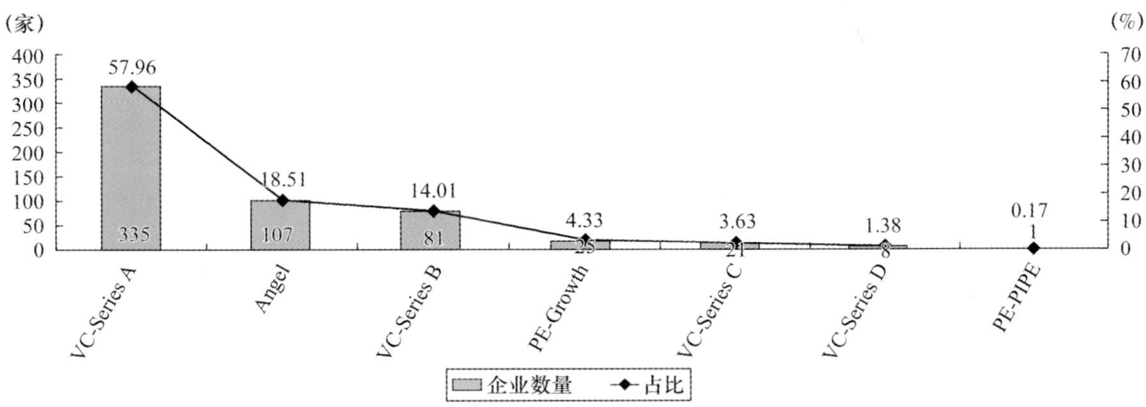

图 4.48　深圳市 2015 年融资企业轮次分布（N＝578）

### 2. 2016 年 . 2016 年企业融资轮次分布

深圳市 2016 年披露融资轮次的融资企业数为 396 家，其分布如图 4.49 所示。VC－SeriesA 轮融资事件最多，有 210 件，占总数的 53.03%，其次是 B 轮，占比 16%。再次是天使轮，占比 15.9%。

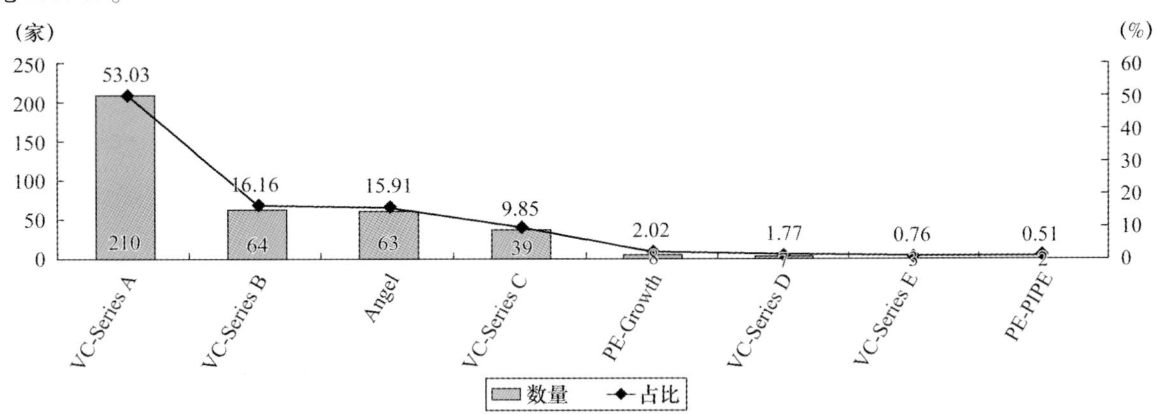

图 4.49　深圳市 2016 年融资企业轮次分布（N＝396）

### （四）企业融资的币种

**1. 2015 年企业融资币种分布**

深圳市 2015 年披露融资币种的融资企业数为 326 件，其中本币为 297 件，占比 91%；外币为 29 件，占比 9%。如图 4. 50 所示。

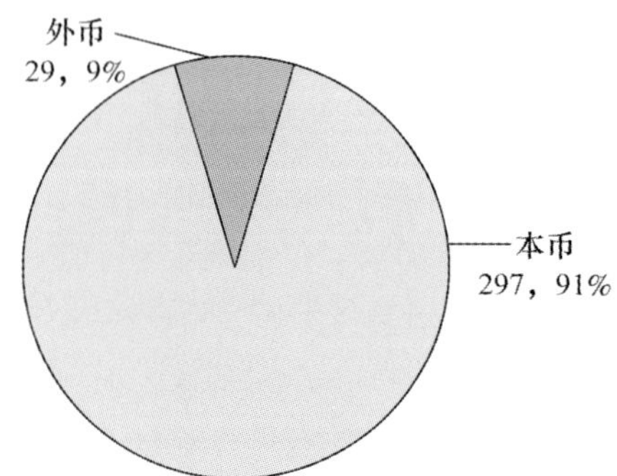


图 4. 50　深圳市 2015 年企业融资币种分布（N = 326）

**2. 2016 年企业融资币种分布**

深圳市 2016 年披露融资币种的融资企业数为 220 件，其中本币为 205 件，占比 93%；外币为 15 件，占比 7%。如图 4. 51 所示。

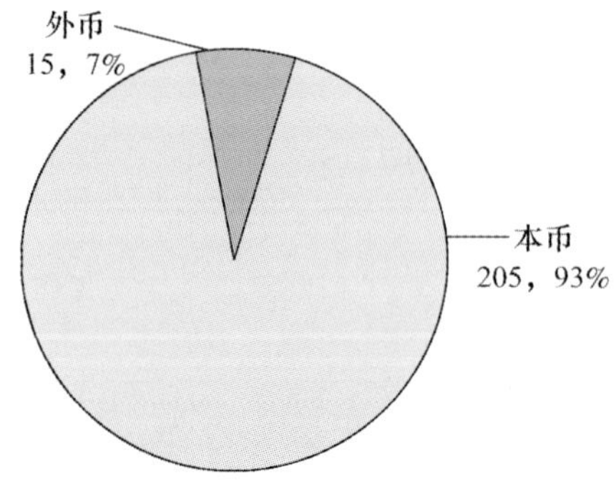


图 4. 51　深圳市 2016 年企业融资币种分布（N = 220）

# 第六节　浙江省 2015 ~ 2016 企业融资情况

## 一、融资企业的行业分布

### （一）2015 年融资企业行业分布

浙江省 2015 年融资企业行业分布如图 4. 52 所示。互联网、IT、电信及增值分别以 203 件、90 件、60 件位列浙江省融资企业前三大行业，分别占总融资企业数的 42. 56%、18. 87%、12. 58%；制造业、医疗健康、金融、文化传媒分列第四、五、六、七位。

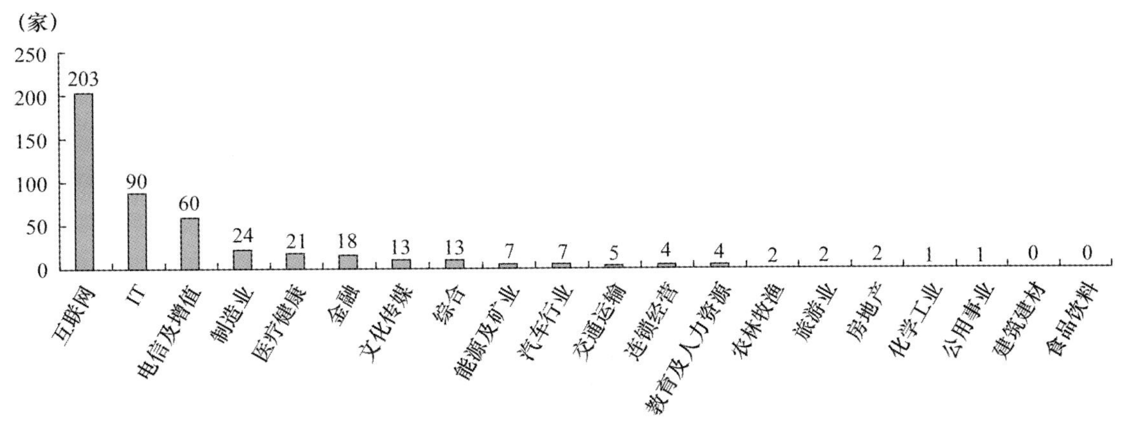


图 4.52　浙江省 2015 年融资企业行业分布

各行业企业平均融资金额如图 4.53 所示。最高的是能源及矿业，为 3.24 亿美元，其次是交通运输业、为 2 亿美元；电信及增值、农林牧渔、金融、公用事业、医疗健康、综合、互联网的行业平均融资金额都在 1000 万美元以上。

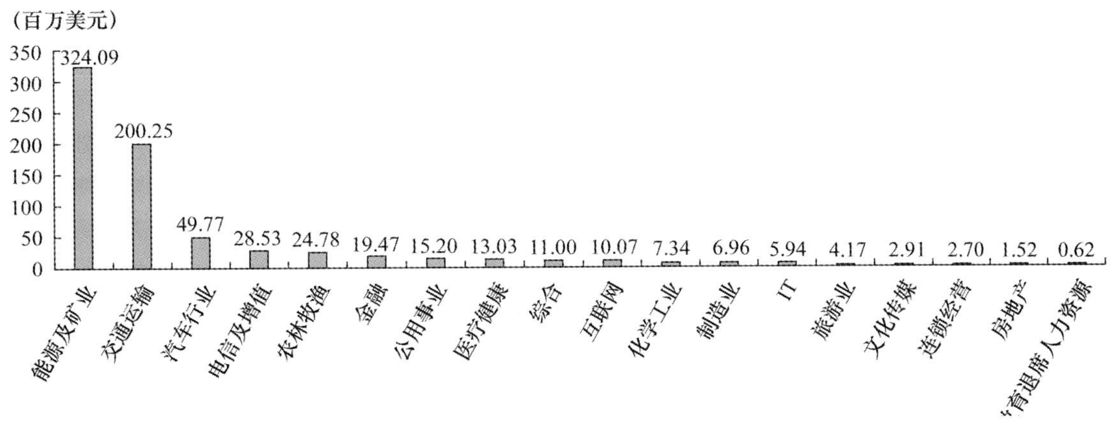


图 4.53　浙江省 2015 年各行业企业融资的平均金额（N = 254）

## （二）2016 年融资企业行业分布

浙江省 2016 年融资企业行业分布如图 4.54 所示。互联网、IT、电信及增值分列前三，制造业、金融、文化传媒分列第四、五、六位。

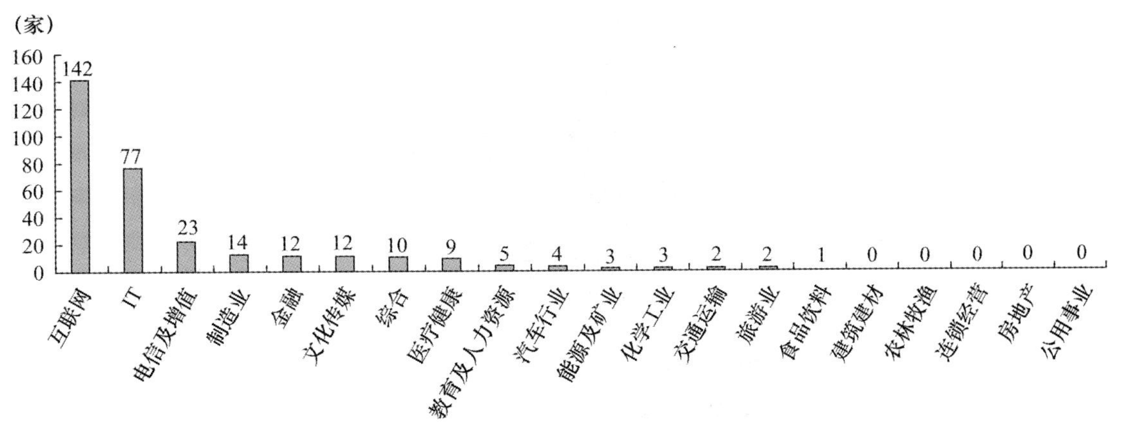


图 4.54　浙江省 2016 年融资企业行业分布

浙江省 2016 年融资企业平均融资金额分布如图 4. 55 所示。最高的是交通运输，为 7. 6 亿美元，金融业平均融资金额位居第二，均值高达 1. 4 亿美元；汽车、IT、医疗健康、电信及增值、化学工业、互联网行业平均融资金额都在 1000 万美元以上。

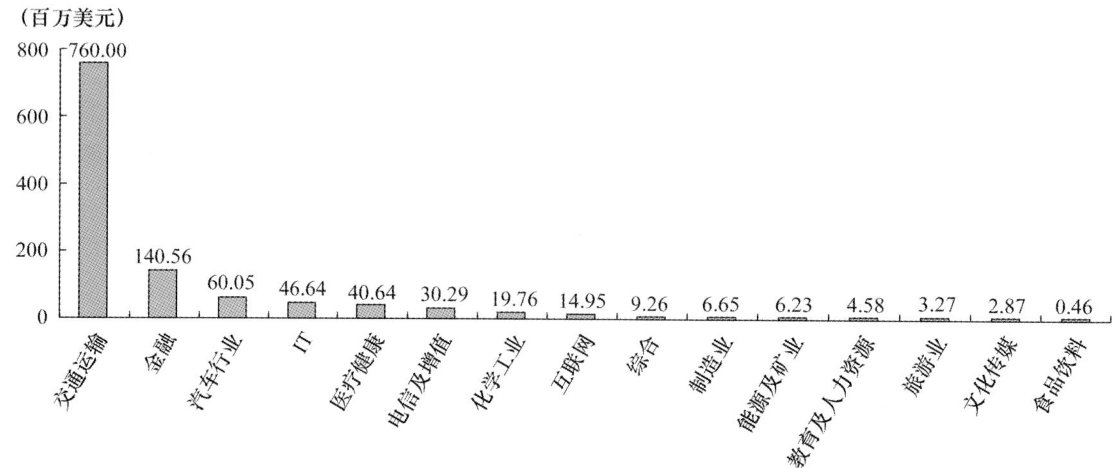


图 4. 55　浙江省 2016 年融资企业平均融资金额（N = 183）

## 二、融资企业的发展阶段

### （一）2015 年融资企业发展阶段分布

课题组掌握的数据中，浙江省 2015 年共有 477 件融资事件有明确的发展阶段信息，其分布如图 4. 56 所示。融资企业处于在早期阶段的最多，有 277 件，占总融资企业的 58. 07%，其次是发展期，有 190 件，占比 39. 83%。

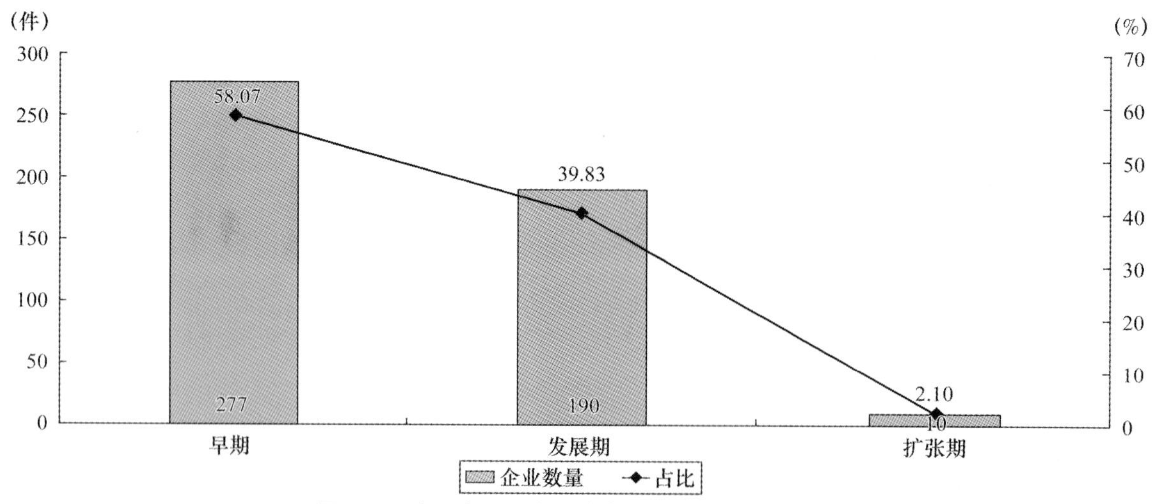


图 4. 56　浙江省 2015 年融资事件阶段分布（N = 477）

浙江省 2015 年融资企业披露金额的有 254 家，各发展阶段平均融资金额如图 4. 57 所示。其中扩张期最高，为 9055 万美元；早期最低，为 650 万美元。

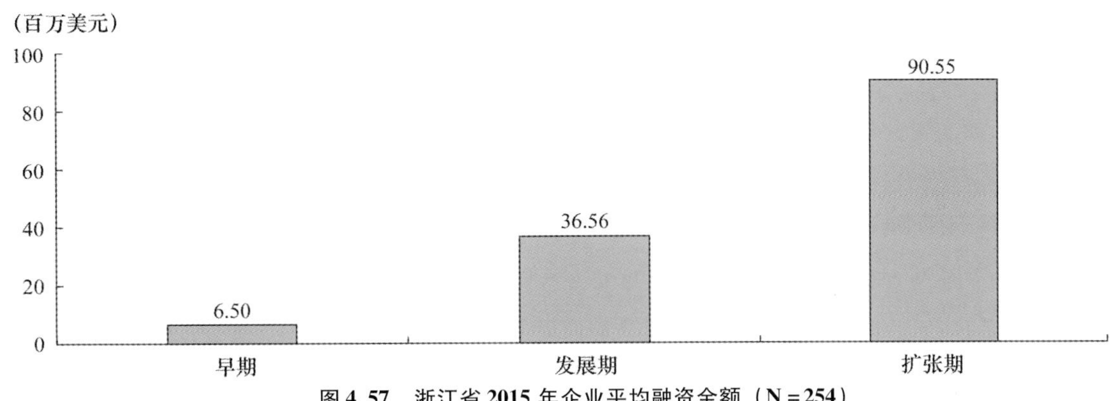

图 4.57　浙江省 2015 年企业平均融资金额（N = 254）

## （二）2016 年融资企业发展阶段分布

课题组对浙江省 2016 年的融资企业进行了统计分析，共有 319 件融资事件，其分布如图 4.58 所示。其中融资企业发生在早期的最多，有 196 件，占总融资企业的 61.44%，其次发生在发展期，有 119 件，占比 37.3%；最少的发生在扩张期，有 4 件，占比 1.25%。

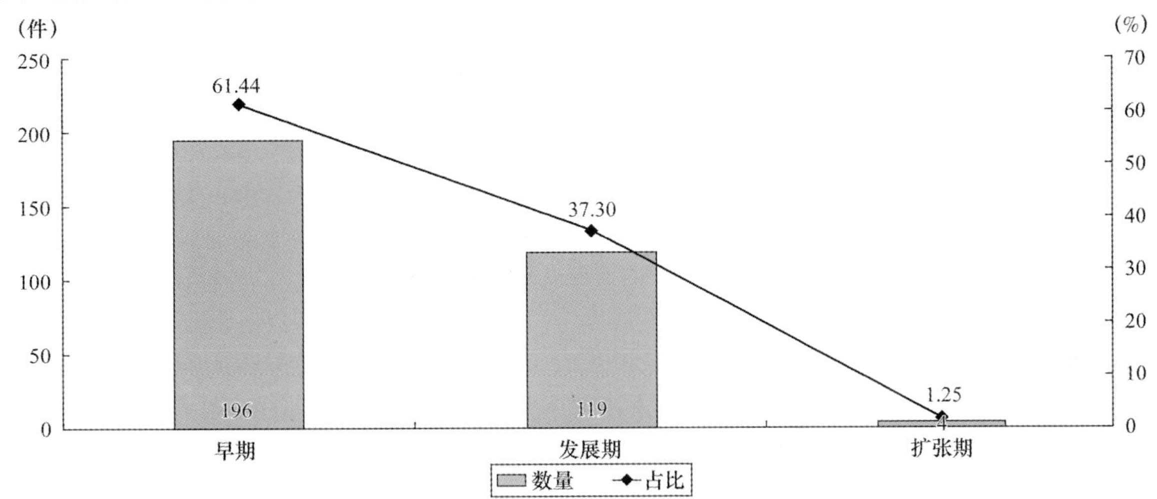

图 4.58　浙江省 2016 年融资事件阶段分布（N = 319）

浙江省 2016 年融资企业披露金额的有 183 件，各发展阶段平均融资金额如图 4.59 所示。扩张期最高，达 1.9 亿美元；早期最低，但也达到 2715 万美元。

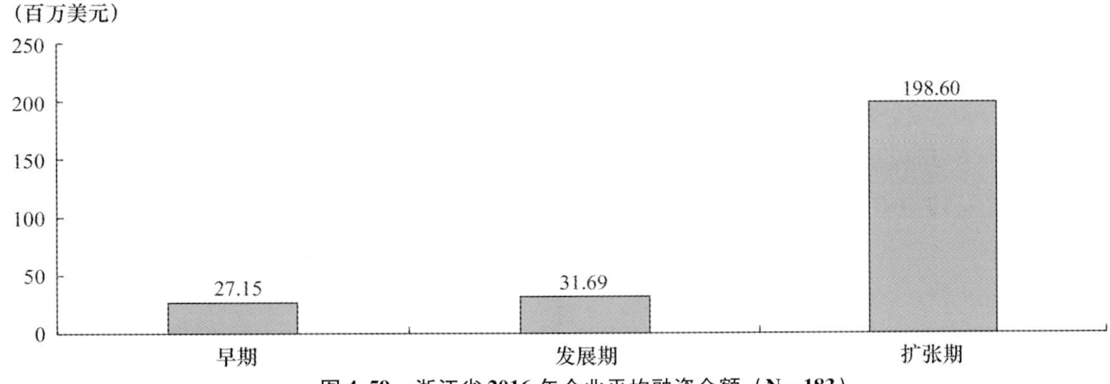

图 4.59　浙江省 2016 年企业平均融资金额（N = 183）

# 三、企业融资轮次

## （一）2015 年企业融资轮次分布

浙江省 2015 年披露融资轮次的融资企业数为 477 家，其分布如图 4.60 所示。VC－SeriesA 轮融资事件最多，有 260 件，占比超过了总融资企业数的一半，其次是 B 轮，占比近 17%，天使轮融资事件位列第三，占比 15.7%。

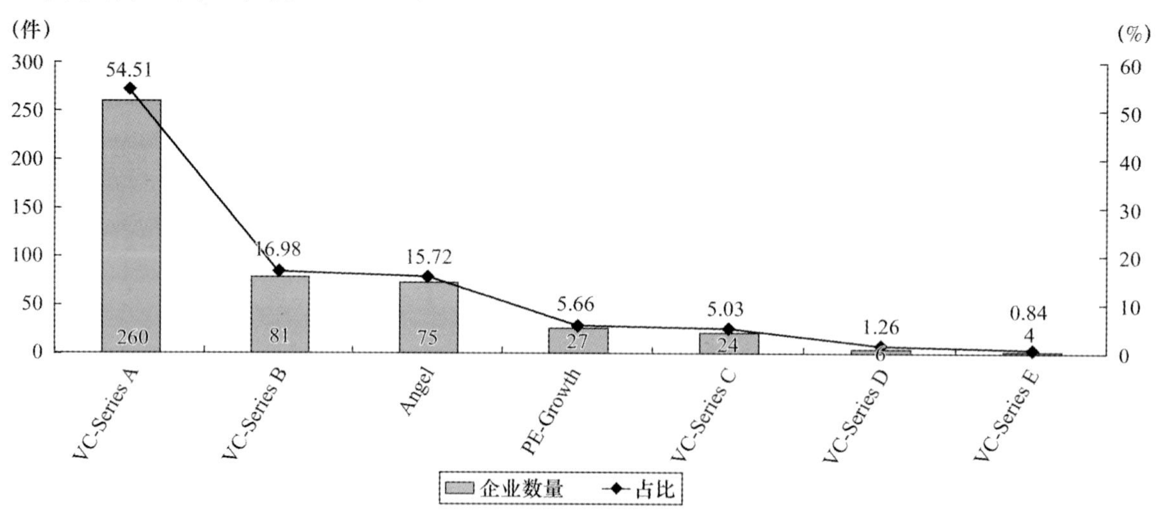


图 4.60 浙江省 2015 年融资企业轮次分布（N＝477）

## （二）2016 年融资企业轮次分布

浙江省 2016 年披露融资轮次的融资企业数为 319 家，其分布如图 4.61 所示。VC－SeriesA 轮融资事件最多，有 168 件，占比 52.66%，B 轮融资位列第二，占比 19%。天使轮位列第三，占比 10.7%。

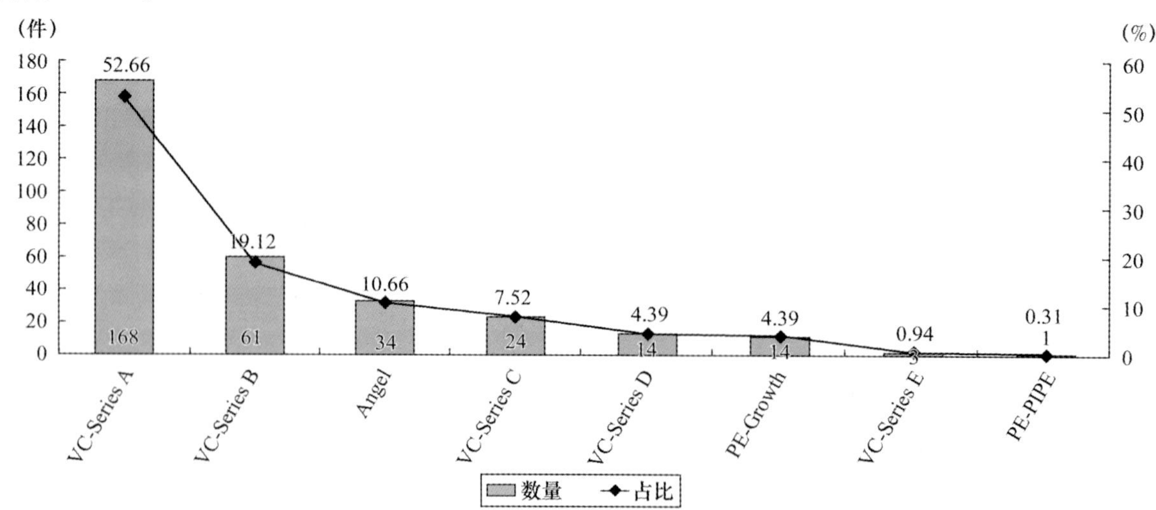


图 4.61 浙江省 2016 年融资企业轮次分布（N＝319）

## 四、企业融资的币种

### （一）2015 年企业融资币种分布

浙江省 2015 年披露融资币种的融资事件数为 254 件，其中本币为 219 件，占比 86%；外币为 36 件，占比 14%。如图 4.62 所示。

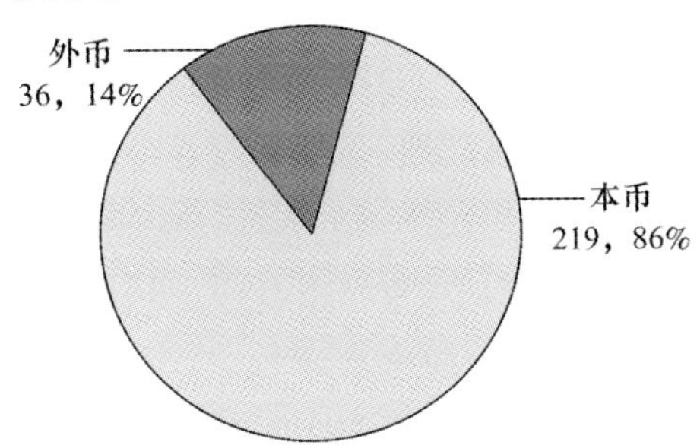


图 4.62　浙江省 2015 年企业融资币种分布（N＝254）

### （二）2016 年企业融资币种分布

浙江省 2016 年披露融资币种的融资事件数为 183 件，其中本币为 161 件，占比 88%；外币为 22 件，占比 12%。如图 4.63 所示。

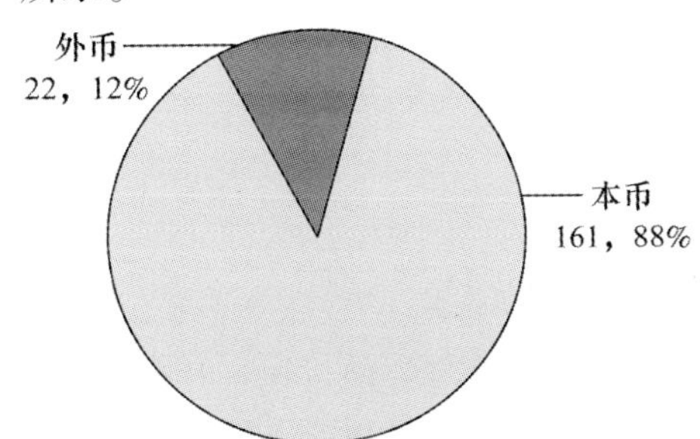


图 4.63　浙江省 2016 年企业融资币种分布（N＝183）

# 第七节　江苏省 2015～2016 企业融资情况

## 一、融资企业的行业分布

### （一）2015 年融资企业行业分布

江苏省 2015 年融资企业的行业分布如图 4.64 所示。互联网、IT 分别以 87 件、49 件，位列江苏省融资企业最多的两个行业。江苏省排名第三的行业是医疗健康，排名第四的行业是制造业，这与其他热点投资区域不一样。

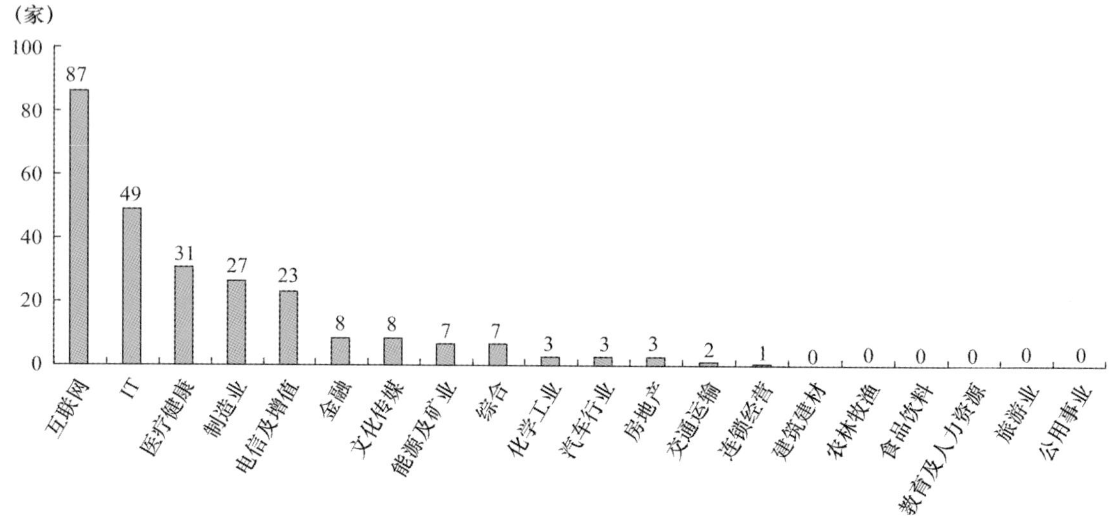


图4.64 江苏省2015年融资企业行业分布

各行业融资的平均金额如图4.65所示。文化传媒业的平均投资金额最高，为3537万美元，汽车行业、金融行业分别为1976万美元、1922万美元；房地产、医疗健康、连锁经营等行业平均融资金额都在1000万美元以上。

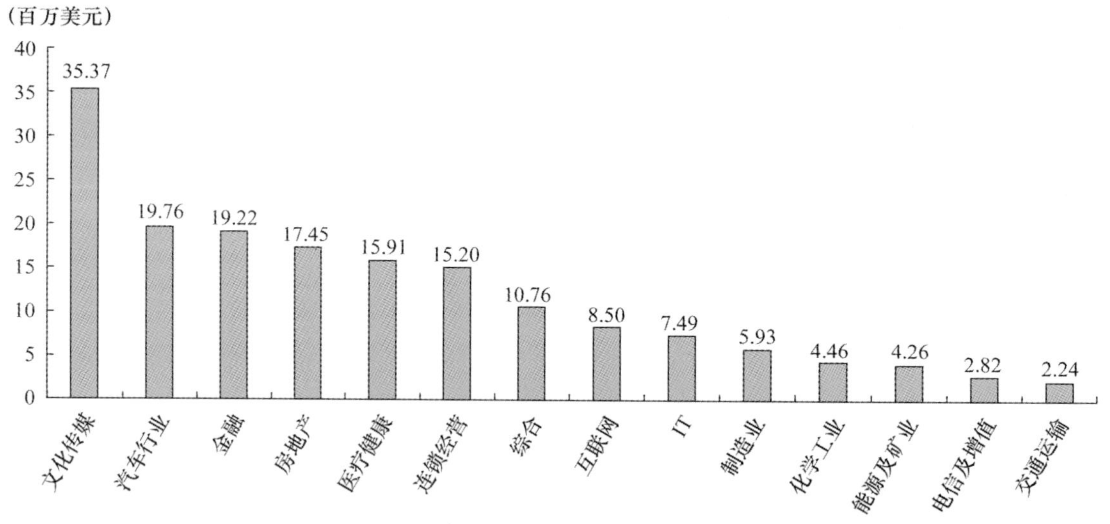


图4.65 江苏省2015年企业融资的平均金额（N=168）

### （二）2016年融资企业行业分布

江苏省2016年融资企业行业分布如图4.66所示。互联网、IT仍然位列前两名，分别为45件、33件，占融资企业数的29.8%、21.85%；医疗健康、制造业仍然分居三、四位，与其他热点投资区域形成了鲜明的差异。

江苏省2016融资企业的平均金额分布如图4.67所示。平均融资金额最高的是汽车行业，为2.14亿美元，其次是金融、医疗健康、能源及矿业，分别为1.16亿美元、3168万美元、3021万美元；IT、制造业、公共事业、综合的行业平均融资金额都在1000万美元以上。

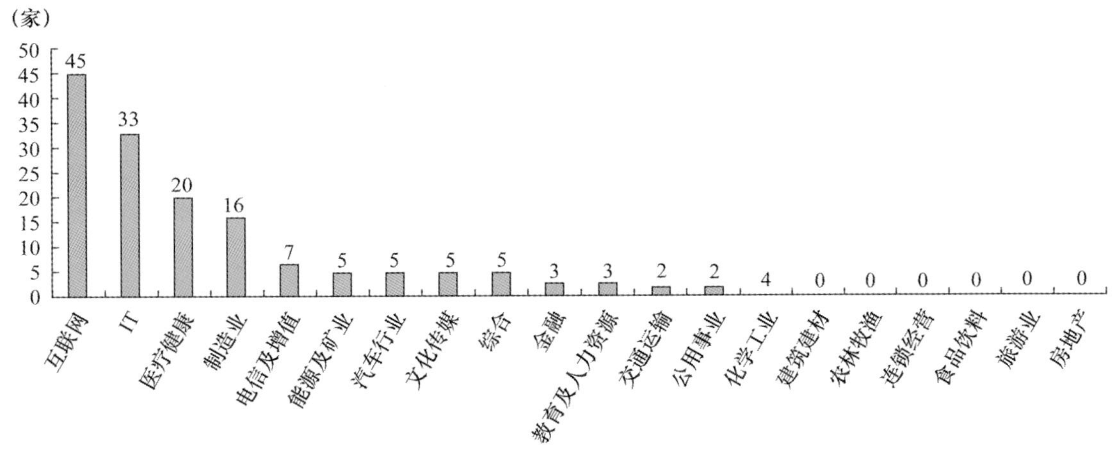


图 4.66　江苏省 2016 年融资企业行业分布

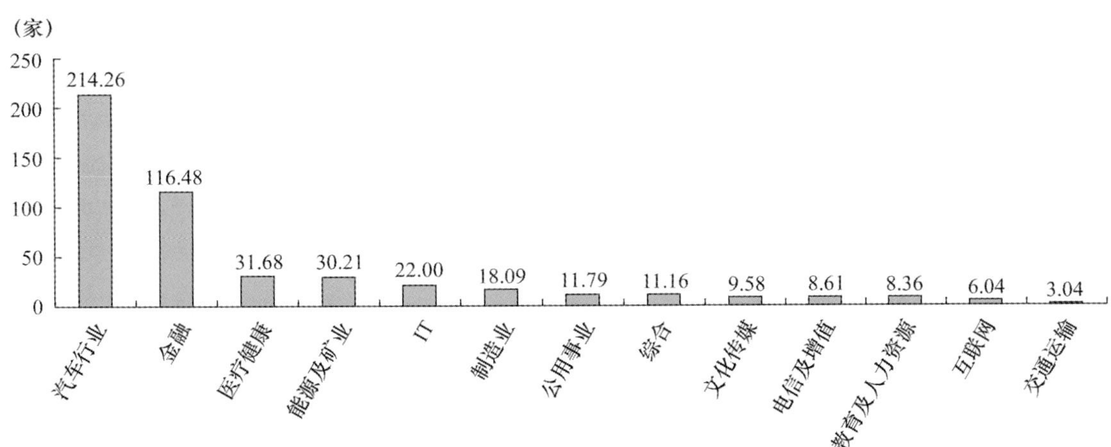


图 4.67　江苏省 2016 年企业的平均融资金额（N = 102）

## 二、融资企业的发展阶段

### （一）2015 年融资企业发展阶段分布

课题组掌握的数据中，江苏省 2015 年共有 259 件融资事件有明确的发展阶段信息，其分布如图 4.68 所示。处于发展期的最多，有 140 件，占总融资企业的 54.05%，其次发生在早期，有 112 件，占比 43.24%。

江苏省 2015 年融资企业披露金额的有 168 家，各发展阶段平均融资金额如图 4.69 所示。扩张期最高，为 1364 万美元；早期最低，为 579 万美元。

### （二）2016 年融资企业发展阶段分布

江苏省 2016 年的融资企业共有 151 家披露了明确的发展阶段，其分布如图 4.70 所示。融资企业处于在发展期的最多，有 84 件，占总融资企业的 55.63%，其次是早期，有 62 件，占比 41.06%；最少是扩张期，有 5 件，占比 3.31%。

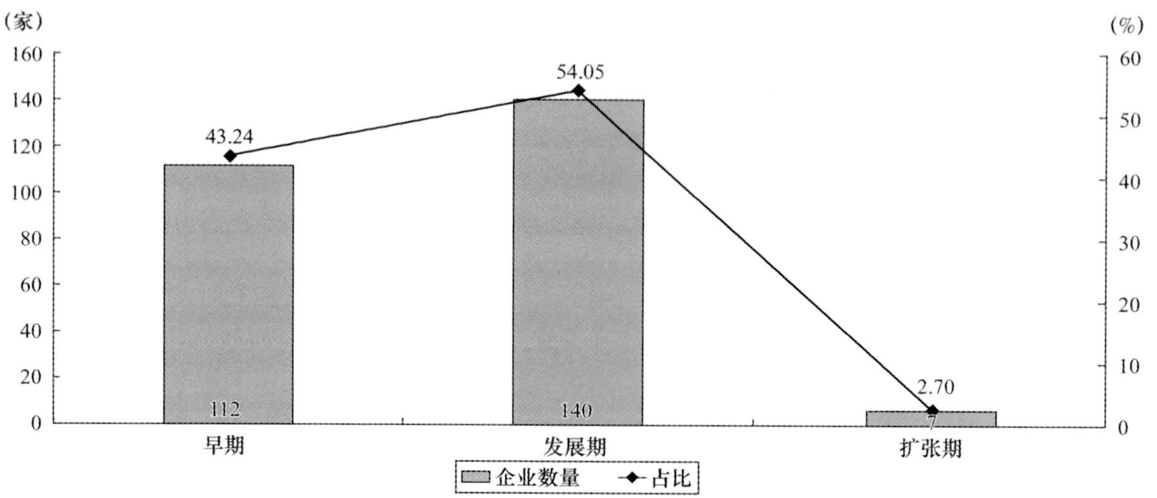


图 4.68　江苏省 2015 年融资事件阶段分布（N = 259）

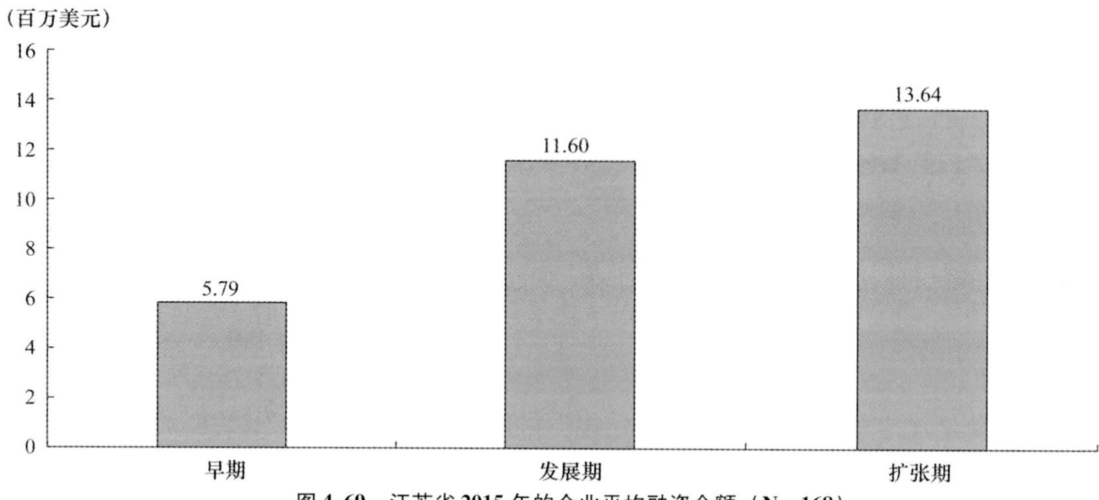


图 4.69　江苏省 2015 年的企业平均融资金额（N = 168）

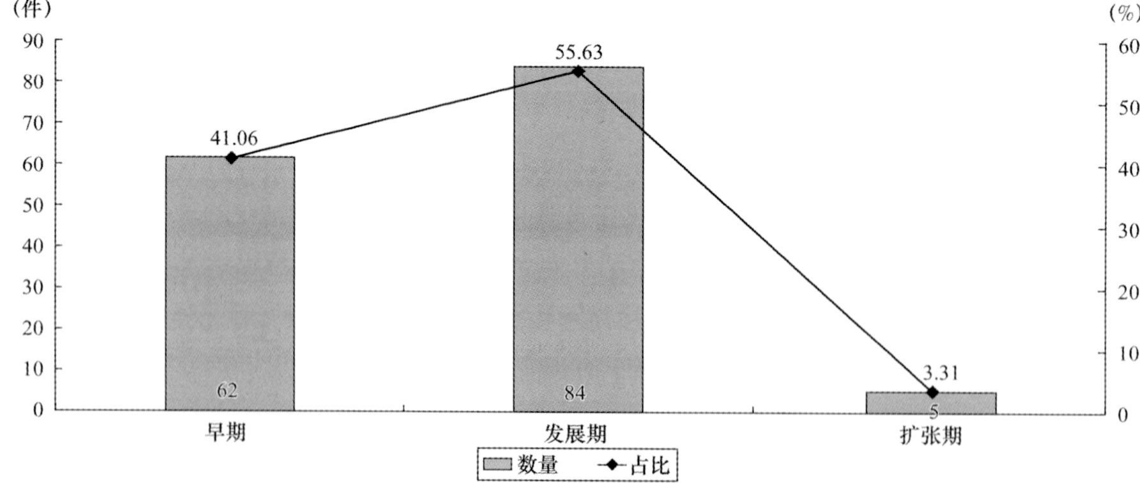


图 4.70　江苏省 2016 年融资事件阶段分布（N = 151）

江苏省 2016 年融资企业披露金额的有 102 家，各发展阶段平均融资金额如图 4.71 所示。发展期最高，为 4065 万美元；早期最低，为 1236 万美元。

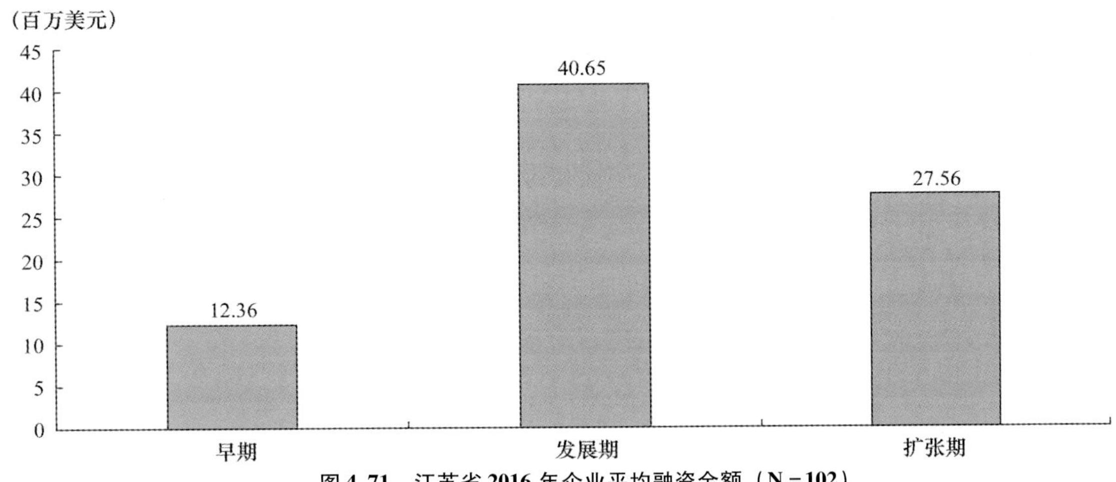


图 4.71 江苏省 2016 年企业平均融资金额（N = 102）

## 三、企业融资轮次

### （一）2015 年融资企业轮次分布

江苏省 2015 年披露融资轮次的融资企业数为 259 家，其分布如图 4.72 所示。VC – SeriesA 轮融资最多，有 136 家，占比超过了总融资企业数的一半，其次是 B 轮，占比 17%，天使轮占比约 12%，位列第三。

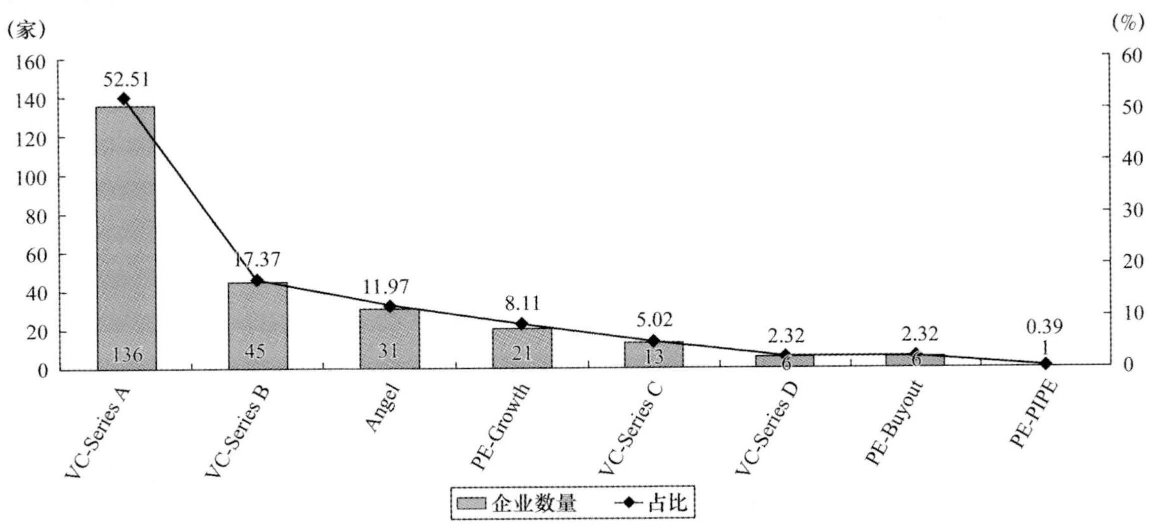


图 4.72 江苏省 2015 年融资企业轮次分布（N = 259）

### （二）2016 年融资企业轮次分布

江苏省 2016 年披露融资轮次的融资企业数为 151 家，其分布如图 4.73 所示。VC – SeriesA 轮融资最多，有 71 件，占比 47.02%，其次是 B 轮，占比 20.5%，天使轮仅位居第四，占比 9%。

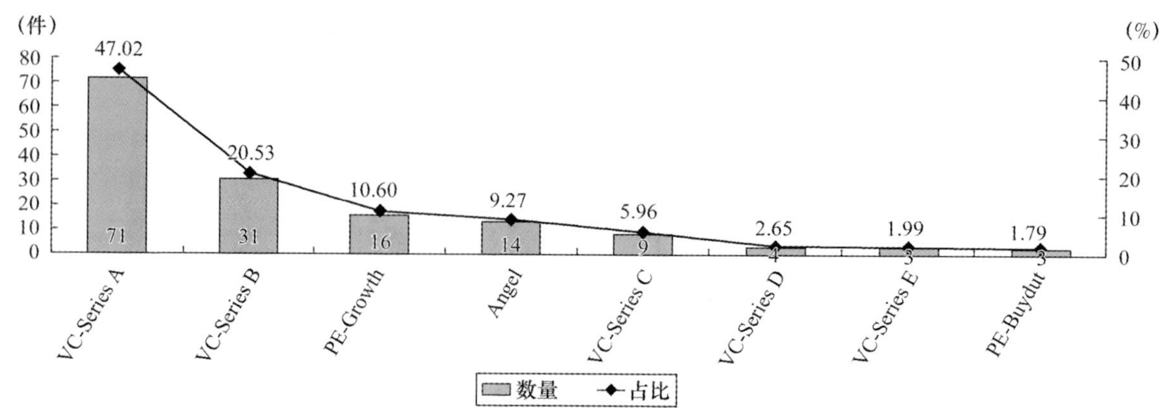


图 4.73　江苏省 2016 年融资企业轮次分布（N = 151）

## 四、企业融资的币种

### （一）2015 年企业融资币种分布

江苏省 2015 年披露融资币种的融资事件数为 168 件，其中本币为 150 件，占比 89%；外币为 18 件，占比 11%。如图 4.74 所示。

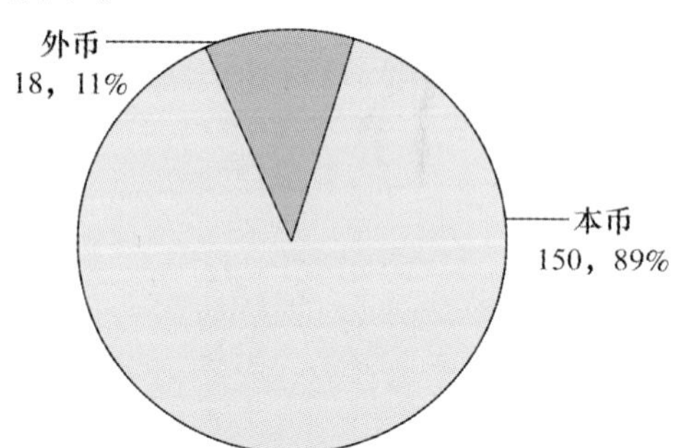


图 4.74　江苏省 2015 年企业融资币种分布（N = 168）

### （二）2016 年企业融资币种分布

江苏省 2016 年披露融资币种的融资事件数为 102 件，其中本币为 92 件，占比 90%；外币为 10 件，占比 10%。如图 4.75 所示。

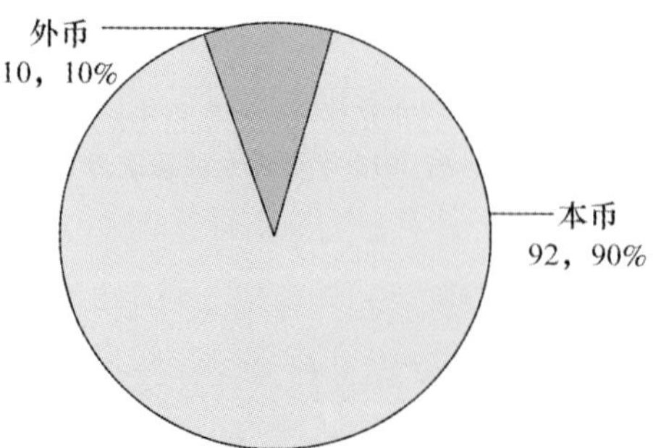


图 4.75　江苏省 2016 年企业融资币种分布（N = 102）

# 研 究 篇

# 第一章　2015 ~ 2016 年国际风险投资研究综述

自 2006 年以来，《中国风险投资年鉴》针对国际风险投资这一主题，共出版了 8 次系列年度研究综述。为保持一致性和连贯性，本综述沿袭了以上系列研究综述的研究思路和分析框架。经过对主要国际学术期刊在 2015 ~ 2016 年度刊发文献的仔细阅读和梳理，作者共甄别出 183 篇关于国际风险投资的研究文献，在此基础上，分析了该年度国际风险投资研究文献在研究领域、期刊来源等方面的一些数量分布特征。本研究综述具体安排如下：首先，阐明本研究综述所采用的文献检索途径和分析框架；其次，从经济学和管理学两个维度细化出共计 12 个二级研究领域，对隶属于每一研究领域的文献进行归类，并作简要的概述；再次，本研究精选出了 18 篇国际风险投资文献，并一一进行重点介绍。这些文献对于我国发展风险投资产业具有理论和实践上的借鉴意义；最后，本研究列出了 2015 ~ 2016 年度的 183 篇国际风险投资文献目录，以方便有兴趣的读者查阅。

## 第一节　国际风险投资研究综述说明

在 2015 ~ 2016 年的研究文献中，管理学维度的研究文献数量较多，风险投资组织层面的研究仍然是热点，其中，“风险投资与创业企业的相互作用和影响” 和 “风险投资战略与绩效” 2 个研究领域是学者们关注的焦点，相关文献的数量较多。

### 一、分析框架

基于对风险投资系统的界定，按照系统环境、风险投资系统整体、风险投资系统组织层面和个体层面 4 个层面各自的特点及其相互之间关系，我们建立 4 × 4 研究领域矩阵作为分析框架，如表 1. 1 所示。表中阴影部分覆盖的研究领域，我们将其归为基于经济学维度的风险投资研究领域；其他部分，则归为基于管理学维度的风险投资研究领域。

此分析框架主要借鉴了 2007 ~ 2013 年《中国风险投资年鉴》研究篇综述部分。沿袭先前的研究，经济学维度仍然划分为 3 个二级风险投资研究领域：风险投资的演化、国际比较和新兴国家风险投资；环境对风险投资的影响；风险投资对经济的作用。管理学维度的研究也仍然划分为 9 个二级风险投资研究领域。这种领域划分方法比较细致，因此在对大量的文献做综述时体现了优越性。

表 1.1　　风险投资研究领域

| 层面 | 环境 | 风险投资系统整体 | 风险投资组织层面[①] | 风险投资个体层面[②] |
|---|---|---|---|---|
| 环境 | 风险投资的演化、国际比较和新兴国家风险投资 | 环境对风险投资的影响 | 环境对风险投资的影响 | 环境对风险投资的影响 |
| 风险投资系统整体 | 风险投资对经济的作用 | 风险投资的演化、国际比较和新兴国家风险投资 | 风险投资网络 | 风险投资网络 |
| 风险投资组织层面 | 风险投资对经济的作用 | 风险投资网络 | 风险投资公司和创业企业相互作用和影响；<br>创业企业融资；<br>风险投资契约和风险管理；<br>风险投资过程，其包括：①风险投资筛选和评估过程②风险投资监控过程③风险投资退出和收获过程；<br>风险投资战略与绩效：①投资辛迪加②公司风险投资 | 组织对风险投资家、基金经理和创业家的激励 |
| 风险投资个体层面 | 风险投资对经济的作用 | 风险投资网络 | 风险投资家和创业家个体特征对投融资过程以及绩效的影响 | 投资者、风险投资家和创业企业家的行为特征和三者的相互关系 |

注：①风险投资组织层面：包括风险投资公司、风险投资基金、创业企业以及机构投资者；
②风险投资个体层面：包括个体投资者、风险投资家、基金经理、创业家。

## 二、文献检索途径

我们使用 ScienceDirect、EBSCO、Web of Science 以及 PROQUEST 四个文献数据库进行了检索，检索的具体要求为：检索对象为主要国际学术期刊上刊发的论文，但不要求数据库提供全文；检索文献的发表时间限定在 2015 ~2016 年全年；检索条件为论文名称、关键词和论文摘要，三者中至少有一项包括我们的检索词“Venture Capital”。此外，我们辅助使用了 Elsevier、Blackwell、Springerlink、Emerald、Wiley 等出版商的数据库以尽可能多地获得全文，准确地进行分析。通过以上步骤，我们初步检索出了所需的文献样本。然后，对文献的题目、摘要和内容进行通读，我们剔除了重复的文章和那些虽然包含了检索词“Venture Capital”，但实际上并不是风险投资领域的论文以及被这些数据库误以为是学术论文的文章（实际上是新闻或者书评等），最终认定 2015 ~2016 年主要国际学术期刊上共发表了 183 篇风险投资研究领域的学术论文。

对于筛选出的 183 篇文献，我们逐一细读了文章的摘要和全文文献，依据前述风险投资研究领域的框架模型，将这些篇文献分为两个大类共计 12 个二级研究领域（其中 1 篇文献属于特殊的研究领域，我们将其归为其他类）。由于这些文献的划分有一定的困难，在界限不明显时，我们对这些文献的归属进行认真地讨论，依据文章的研究对象处在风险投资系统的层次、研究目标和主要结论，将它们归于某一类别。分类结果详见表1.2。

表1.2　2013年风险投资学术文献研究领域分布

| 维度 | 研究领域 | 研究的问题 | 文献篇数 |
|---|---|---|---|
| 经济学维度 | 风险投资的演化、国际比较和新兴国家风险投资 | 风险投资系统层面的比较 | 13 |
| | 环境对风险投资的影响 | 风险投资系统受外界环境的影响 | 27 |
| | 风险投资对经济的作用 | 风险投资系统对外界环境的影响 | 28 |
| 合　计 | | | 68 |
| 管理学维度 | 风险投资公司和创业企业相互作用和影响 | 系统内组织层面上的相互关系 | 28 |
| | 风险投资战略与绩效 | 风险投资机构的战略和其绩效的关系 | 31 |
| | 风险投资过程 | 风险投资机构的业务运作规律 | 15 |
| | 创业企业融资 | 创业企业的融资过程 | 12 |
| | 风险投资家和创业家个体特征对投融资过程以及绩效的影响 | 个体层面的特征对组织层面战略、行为以及绩效的影响 | 13 |
| | 风险投资网络 | 风险投资组织或者个体层面网络关系 | 7 |
| | 投资者、风险投资家和创业企业家的行为特征和三者的相互关系 | 个体层面上不同个体之间的相互关系 | 5 |
| | 风险投资契约和风险管理 | 风险投资机构的风险管理 | 2 |
| | 组织对风险投资家、基金经理和创业家的激励 | 组织层面对个体层面行为以及绩效的影响 | 1 |
| | 其他 | 特殊研究领域 | 1 |
| 合　计 | | | 115 |

# 第二节　风险投资研究概述

## 一、风险投资研究总况

在本节，我们利用EXCEL电子表格对样本文献数据进行统计分析，归纳2015～2016年风险投资研究所呈现出来的特点。

### （一）学者及其国别分析

在2015～2016年，发表2篇文章及以上的作者共计31名，其发文数量统计如表1.3。

表 1.3　　发表 2 篇及以上的作者及其所在机构

| 编　号 | 作　者 | 篇　数 | 国　别 | 机　构 |
|---|---|---|---|---|
| 1 | Cumming Douglas | 5 | 加拿大 | 约克大学 |
| 2 | Bertoni Fabio | 4 | 法国 | 里昂商学院 |
| 3 | Mohamed Abdulkadir | 4 | 英国 | 克兰菲尔德管理学院 |
| 4 | Schwienbacher Armin | 4 | 法国 | SKEMA 商学院 |
| 5 | Tripathi Smita | 3 | 印度 | 勒克瑙大学 |
| 6 | Hellmann Thomas | 3 | 英国 | 牛津大学 |
| 7 | D' Adda Diego | 3 | 意大利 | 马尔凯理工大学 |
| 8 | Croce Annalisa | 3 | 意大利 | 米兰理工大学 |
| 9 | Buchner Axel | 3 | 德国 | 帕绍大学 |
| 10 | Afful - Dadzie Eric | 2 | 捷克共和国 | 托马斯·巴塔大学 |
| 11 | Anokhin Sergey | 2 | 美国 | 肯特州立大学 |
| 12 | Bengtsson Ola | 2 | 瑞典 | 隆德大学 |
| 13 | Colombo Massimo G. | 2 | 意大利 | 米兰理工大学 |
| 14 | Dai Na | 2 | 美国 | 纽约州立大学奥尔巴尼分校 |
| 15 | Du Qianqian | 2 | 中国香港 | 香港理工大学 |
| 16 | Espenlaub Susanne | 2 | 英国 | 曼彻斯特商学院 |
| 17 | Guerini Massimiliano | 2 | 意大利 | 米兰理工大学 |
| 18 | Hochberg Yael V. | 2 | 美国 | 莱斯大学 |
| 19 | Jin Yonghong | 2 | 中国 | 华东理工大学 |
| 20 | Johan Sofia | 2 | 加拿大 | 约克大学 |
| 21 | Khurshed Arif | 2 | 英国 | 曼彻斯特商学院 |
| 22 | Li Saiping | 2 | 中国台湾 | 中央研究院 |
| 23 | Obrimah Oghenovo A. | 2 | 尼日利亚 | 巴布科克大学 |
| 24 | QuasAnita | 2 | 法国 | 里昂商学院 |
| 25 | Sensoy Berk A. | 2 | 美国 | 俄亥俄州立大学 |
| 26 | Ughetto Elisa | 2 | 意大利 | 都灵理工大学 |
| 27 | Wen Hongxing | 2 | 中国 | 四川大学 |
| 28 | Wincent Joakim | 2 | 芬兰 | 汉肯经济学院 |
| 29 | Wonglimpiyarat Jarunee | 2 | 泰国 | 国立法政大学 |
| 30 | Xia Kui | 2 | 中国 | 四川大学 |
| 31 | Zhang Qi | 2 | 中国 | 华东理工大学 |

在 2015～2016 年的 183 篇风险投资文献中，32 篇文献为独著，67 篇文献为 2 位作者一起合著，65 篇文献为 3 位作者合著，17 篇文献为 4 位作者合著，2 篇文献为 5 位作者合著。二人及以上合作的文章共计 151 篇，占比 82.51%；三人及以上合作的文章共计 84 篇，占比 45.90%。详见表 1.4。

表1.4　学者的合著情况分布

| 作者数 | 文章数 | 占　比 |
|---|---|---|
| 5 | 2 | 1.09% |
| 4 | 17 | 9.29% |
| 3 | 65 | 35.52% |
| 2 | 67 | 36.61% |
| 1 | 32 | 17.49% |
| 合计 | 183 | 100% |

这些数据表明风险投资研究领域已经产生一些比较大的研究团队。在所有183篇文献中，共有作者445人次，400人。平均每篇文章的作者数为2.43人。值得注意的是，有50篇文献为学者们跨国合作完成，占比27.32%。

全部文章的作者共来自39个国家和地区。其中，美国学者的人数最多，共有123人，占400名作者的30.75%，其次是中国，有40人，占11.25%；再次是意大利，有26人。学者们的国家分布见表1.5。

表1.5　学者的国家分布

| 国家 | 学者人数 | 国家 | 学者人数 | 国家 | 学者人数 |
|---|---|---|---|---|---|
| 美国 | 123 | 比利时 | 6 | 瑞士 | 3 |
| 中国 | 40 | 芬兰 | 6 | 丹麦 | 2 |
| 意大利 | 26 | 西班牙 | 5 | 希腊 | 2 |
| 印度 | 25 | 荷兰 | 5 | 罗马尼亚 | 2 |
| 加拿大 | 20 | 拉脱维亚 | 5 | 卢森堡 | 2 |
| 德国 | 20 | 匈牙利 | 4 | 中国香港 | 2 |
| 法国 | 15 | 新西兰 | 4 | 澳大利亚 | 2 |
| 英国 | 14 | 智利 | 4 | 巴西 | 2 |
| 韩国 | 10 | 波兰 | 4 | 泰国 | 2 |
| 俄罗斯 | 9 | 土耳其 | 3 | 尼日利亚 | 1 |
| 瑞典 | 8 | 日本 | 3 | 阿根廷 | 1 |
| 葡萄牙 | 6 | 立陶宛 | 3 | 菲律宾 | 1 |
| 捷克 | 6 | 中国台湾 | 3 | 马其顿共和国 | 1 |

## （二）研究内容和领域分析

从整体上看，实证研究仍然是国际重要学术期刊中所发表文章的主要研究类型。在研究对象上，很多学者将视角投向了一些发展中国家和风险投资不发达的国家，并比较其差异和路径，为风险投资发展提供了有价值的参考。

基于表1.1中所列的标准，我们认定2015～2016年基于管理学维度的风险投资研究文章共有115篇（约占63%），基于经济学维度的文章共有68篇（约占37%）。2015～2016年，管理学维度的文章在数量上仍然占据了风险投资研究上风，这与前几年的研究结果一致。

对经济学维度的文献分析发现，学者们对其中两个领域（环境对风险投资的影响；风险投资对经济的作用）的关注最多，这类文章数量分别为27篇、28篇。

对管理学维度的文献分析发现，管理学维度的风险投资研究二级领域“风险投资战略与绩效”中的文献共有31篇，占管理学维度风险投资研究总文献数的27%；其次是“风险投资公司和创业企业相互作用和影响”研究领域中的文献共有28篇，占管理学维度风险投资研究总文献数的24%；文章数量排列第三的是“风险投资过程”研究领域中的文献，有15篇；第四位的是“风险投资家和创业家个体特征对投融资过程以及绩效的影响”研究领域中的文献，有13篇。这4个领域合计有文献87篇，占管理学维度风险投资研究总文献数的76%，占全部风险投资研究文献48%。以上数据表明，这4个研究领域仍然是风险投资研究的核心领域。

## （三）期刊来源分析

2015～2016年的183篇文献来自于93种期刊（2013年43种，2012年51种，2011年63种，2010年59种，2009年为75种，2008年为60种，2007年为54种，2006年为38种）。载文数量最多的期刊是Journal of Business Venturing，有13篇文章；其次是Journal of Private Equity，有11篇文章。在许多顶级期刊中，风险投资研究文献的频繁出现，说明了风险投资研究在学术界仍然受到重视。

载文数量只有1篇的期刊有154种，载文2篇及以上的期刊有29种，载文3篇及以上的刊物有17种。载文2篇以上的期刊及其数量详见表1.6。

表1.6　　载文2篇以上的期刊及其数量

| 期刊名称 | 载文数量 |
|---|---|
| Journal of Business Venturing | 13 |
| Journal of Private Equity | 11 |
| Journal of Corporate Finance | 9 |
| Procedia Economics and Finance | 7 |
| Research Policy | 7 |
| Journal of Banking & Finance | 6 |
| Venture Capital | 6 |
| Journal of International Management | 5 |
| Small Business Economics | 5 |
| Journal of Financial Economics | 4 |
| Procedia Computer Science | 4 |
| Emerging Markets Review | 3 |
| Journal of Business Research | 3 |
| Journal of Business Venturing Insights | 3 |
| Journal of Small Business and Enterprise Development | 3 |
| Journal of World Business | 3 |
| Procedia - Social and Behavioral Sciences | 3 |
| Academy of Management Journal | 2 |

续表

| 期刊名称 | 载文数量 |
|---|---|
| Economia e Politica Industriale | 2 |
| Entrepreneurship：Theory & Practice | 2 |
| European Journal of Operational Research | 2 |
| Finance Research Letters | 2 |
| Journal of Economics & Management Strategy | 2 |
| Journal of Finance | 2 |
| Journal of International Business Studies | 2 |
| Journal of International Financial Markets，Institutions and Money | 2 |
| Journal of Small Business Management | 2 |
| Management Decision | 2 |
| Social Science Research | 2 |

## 二、经济学维度的风险投资研究

### （一）风险投资系统环境对对风险投资的影响

风险投资系统的环境包括宏观经济因素、政府政策因素、国家法律规制、社会文化等宏观环境，也包括证券市场、产权交易市场、中介组织、行业协会等微观环境。在这些因素中国家或者政府可以改变的包括法律规制和政策等宏观环境因素和各种微观的环境因素，政府往往希望通过其立法提议和针对性的政策来对风险投资施加影响。

本小节分别讨论法律、公共政策、政治、制度以及社会经济因素对风险投资的影响。

**1. 法律环境对风险投资的影响**

在波斯尼亚和黑塞哥维那没有正式登记的风险投资基金。对于风险资本基金的运营，有必要采取有关这一领域的法规来创建一个优惠的税收制度，并引入收付实现制来计算中小企业增值税。Hisrich 和 Ramadani（2016）研究中的大多数受访者认为，建立风险投资基金将是这些国家政府提供的最大支持之一，分析这些国家的经济状况，很明显，在这些国家中存在不支持中小企业发展的欠发达的法律和税制。为了吸引国内外投资者，形成风险投资基金，创造良好的经营环境是很有必要的。

Kpetz 和 David（2016）研究在过桥贷款人破产期间对风险投资（VC）和私募股权（PE）企业桥式贷款的从属和潜在重新定性攻击。研究的主题包括在联邦铁路上诉法院制定的法律的基础上，桥式贷款的重要性，确定债务或股权对破产的影响，以及承认财务困境企业存在于现代金融经济的现实。

Khoury，Junkunc 和 Mingo（2015）构建了一个理论来解释一个国家的法律体系的质量和政治危害的程度如何影响发展中国家的风险投资策略。数据集包括 1995 年至 2003 年期间在 13 个拉丁美洲国家发生的 433 次风险投资交易回合。与以前关于投资发生的可能性的研究不同，作者将投资交易的规模视为因变量。作者发现投资规模和政治危害风险之间存在负相关关系，而较大的投资与在低质量法律体系中运营的企业相关。作者还提出了这些制度层面在企业发展阶段与投资规模之间的关系中的调节作用。结果表明，在质量较差的法律制度中，传统的风险投资分期策略并不明显，中期和后期投资获得最大的投资，但随着法律制度的改善，越来越大的投资流向早期投资。关于企业发展阶段与政治危害的相互作用，作者发现，随着政治危险程度的增加，企业的发展阶段和投资规模之间的积极关系减弱，当政治危害高时，传统的风险投资分期也不会发生。在发现这些制度因素对发展中国家创业的独特影响时，这些研究结果揭示了发展中国家风险投资在不同发展阶段寻求风险投资面临的严峻挑战。

Castellaneta，Conti 等（2015）研究了必须披露原则——一种商业秘密的法律保护的形式，怎样影响风险投资。利用从 1980 至 2012 年间在美国实现的风险投资交易的数据集，作者发现支持必须披露原则的法律增加了投资风险数额我们通过评估必须披露原则如何根据初创企业经营地所在国家和行业的特点对风险投资产生不同的影响，以及如何影响风险资本支持的企业的绩效，研究出可以解释这些发现的机制。作者还讨论了研究结果的管理和政策方面的影响。

Adongo（2016）探讨了债权人保护法对非洲风险投资的影响。讨论的主题包括债权人保护法对投资的影响，扩大非洲风险投资的需要以及外部冲击对公众股权和公众投资的影响。

**2. 公共政策对风险投资的影响**

世界各地的政府机构已经设立了政府风险投资基金，并且呈扩大趋势，其目的是促进私人风险投资业的发展以及缓和新兴创新型企业权益资本的缺口。Colombo，Cumming 和 Vismara（2016）借助最近的创业融资文献来记录它们的演变并且比较不同类型政府扶持方式的影响。与一些国家缺乏成功的情况相比，也有成功的政府风险投资倡议，例如澳大利亚创新投资基金。因此，适当地规划政府风险投资基金的投资过程是相关学者和政策制定者的当务之急。

Guerini 和 Quas（2016）调查了欧洲政府风险投资公司的筛选和认证能力。以欧洲高科技创业企业为样本，发现政府风险投资提高了企业得到私人风险投资的可能性。此外，已经获得第一轮私人风险资本的政府风险资本投资的公司，至少有和其他私人风险资本投资的公司一样的，获得第二轮私人风险投资或上市或被收购的可能性。研究结果有力的证明了政府风险投资公司有能力选择有发展前景的公司并向私人风险投资者证明这些企业。

Colombo，D'Adda和 Pirelli（2016）调查了新型技术公司（NTBFs）在欧盟资助的研发合作伙伴中的参与情况。研究有风险投资支持的公司相比于没有风险投资支持的同业是否更有可能进入这些合作伙伴关系，以及风险投资者的所有权和治理的作用。作者采用了混合法，使用通过采访新兴技术公司和风险投资公司管理者收集的定性信息，以更好地说明演绎推导出的理论假设，然后通过大量计量经济分析进行测试。计量经济分析利用 VICO 数据集，包括来自 1995 年至 2008 年观察的来自 7 个欧洲国家的 8346 个新型技术公司的纵向数据，其中 758 个是有风险投资支持的公司。计量经济学的结果表明，有风险投资的支持对新型技术公司参与欧盟资助的研发合作伙伴关系有很强的积极影响，但是这种影响随着新型技术公司先前的这种合作经验在迅速减少。此外，风险投资的影响程度取决于投资者的类型，银行和政府风险投资表现出最强的积极影响。

Lim 和 Kim（2015）考察了政府管理的，政府发起经营的风险投资（VC）和私人风险投资基金这几种特征的风投在两个发展阶段（即增长和重组）的南韩 VC 市场对高新技术企业（NT-BF）的总体风险投资的影响，并提出设计有效的政府 VC 项目的意见。利用 1995 年到 2005 年期间463个基金的数据的分析结果显示出对NTBF的风险投资有积极影响的因素。这些因素是专注于某些工业部门的基金专业化，对私人和政府风险投资基金中的风险资本家的绩效敏感性补偿。

以色列被称为最成功的硅谷式经济，类似于美国硅谷。以色列的高科技经济呈现出了一个有趣的现象，有效的机构设置和政策将国家转变为创新型国家。Wonglimpiyarat（2016）探讨以色列具有硅谷风格的企业融资和风险投资（VC）管理。基于竞争性钻石模型进行分析，结果表明，蓬勃发展的以色列高科技集群是三螺旋交互作用和政府主导的政策，在Yozma计划的财政以及外国资金的支持下的风险投资行业创造出的结果。作者的研究结果提供了有关硅谷式管理的经验教训，以及以色列政府在促进高科技集群发展方面的积极作用。

BELL和WOODMANSEE（2016）重点介绍促进风险投资发展的相关研究。主题包括通过对投资者的投资资本回报来减少特定投资者风险，鼓励与股权税收抵免相关的投资，为若干商业企业利用公共部门融资，确定与公共财政援助有关的企业效率关系，吸引投资者进行共同投资以及展示与所得税负债有关的几个报表。

Yang（2016）考察了政府投资如何影响风险投资的发展和创业活动。使用中国1992－2012年的数据，研究了政府投资对风险投资与自然实验研究设计的因果关系。更具体地说，研究了允许政府投资于风险投资行业的政策如何引发风险资本融资和风险资本投资的变化。结果表明，政府投资政策的启动可以对风险资本融资带来立即的积极影响，同时也促使本地初创企业的创业融资逐渐发生重大变化。

鉴于政府的参与在风投市场发展中的重要性，风投市场的收益仍然与政治家和政策制定者息息相关。然而，关于发展风投市场的建议显示出日益不同。Callagher，Smith和Ruscoe（2015）针对风投市场发展过程中政府的作用，提出了加强三大主要政策方法的构想。作者将现有的实证研究分为三种方法，并举例说明与各种方法相关的不同政府政策。研究结果表明：直接或间接的方法能够识别出活跃的股票市场的重要性，但是主张在不管市场背景的情况下，资本的供应、制度的变迁、事前的金融激励会产生积极的市场反响，这会大大忽略市场的动态进程。最新的定时方法对适应国家背景的需要和在市场出现的不同阶段变化的政策的需要了解更综合全面。

**3. 政治和制度环境对风险投资的影响**

Munari和Toschi（2015）分析了公共风险投资（VC）基金的影响与私人风险投资基金相比是否以及如何根据其创新强度水平在不同地区有所不同。基于代理和人力资本理论，作者将公共风险投资基金分为区域类型和政府类型，以评估其投资组合公司的表现的潜在差异。本分析依赖于1998～2007年间英国628家风险投资支持公司的样本数据，并且他们确认区域特征对公共VC计划有效性的严格评估很重要。

Yeganegi，Laplume，Dass和Huynh（2016）概念化和实证检验了回旋滑行（即，由员工创建的新业务）组织和制度的前提条件。在2011年涵盖29个国家的全球创业监测调查的一个子样本上进行了多层次逻辑回归建模方法分析。结果表明，具有与其组织核心技术无关的活动经验的员工更有可能拖延创业活动，而具有核心技术相关经验的员工则不太可能这样做。为了支持最近的理论，作者发现知识产权的力量和风险资本的可用性分别对员工成为企业家的可能性产生消极和积极的影响。这些制度因素也缓和了技术相关性的影响，使得具有核心技术相关经验的员工的回旋滑行业务受到更强的知识产权保护制度和缺乏风险资本更严重的限制。

Lingelbach（2015）研究正式制度变革对风险投资（VC）发展过程的影响。具体来说，它对比了在稳定和不稳定的正式制度环境中发生的VC发展过程。它表明正式的制度变化、改善和衰退都有利于风险投资发展过程，并且更多的变化比少的变化更有利于该过程。宏观制度变革在促进风险投资发展过程中起着比微观制度变革更大的作用，并且在两个宏观层面上的变化，法治和政治稳定对这一进程产生最大的积极影响。利用来自具有一系列制度变化和质量层次的四个新兴经济体博茨瓦纳，印度尼西亚，巴基斯坦和南非的纵向访问和档案数据，为命题提供了经验支持。

**4. 社会经济因素对风险投资的影响**

Hain，Johan 和 Wang（2016）以中国为例，提出了一个新的多维框架来解释通过发达国家和新兴经济体进行的创新风险投资的跨境贸易。通过分析一份独特的国际数据，研究了从 2000 - 2012 年的全球风险投资流量数据，并考虑地理、文化和相似体制，以及机构和关系制度信任的影响。在制度信任与新兴经济体的投资更为相关，关系信任与发达经济体的投资更为相关的情况下，研究发现：信任机制，可以减轻地理和文化距离的负面影响。

Ewelina（2016）研究了不断增长的财富是否促进了欧洲的风险资本融资。作者计算 2015 ~ 2017 年高风险资本市场的短期预测。识别能够刺激增加高风险资本的发展来影响 vc/pe 市场的因素。风险投资作为未来项目的融资来源，刺激创新和促进中小型企业发展。由于其抵消失业的作用，这一资本在经济上支持了各国的发展。

Carlos（2016）从风险投资（VC）管理者的角度审视国际金融和主权债务危机对葡萄牙风险投资行业的影响，以及风险投资经理人被迫采取的对他们的程序和当前的做法的变化和调整以应对这些挑战。采用两步法的研究设计，以最好地捕捉危机的动态。通过深入的半结构化访谈和内容分析来收集数据。第一组是在 2011 年，国家救助之前，对 10 家风险投资经理进行了初步的采访；第二组是在能感受到债务危机的全面影响的 2013 年。研究表明，危机，通过产生了一个具有高度不确定性地复杂而动态的环境，从而对风险投资行业产生了重大影响。风险投资经理们相互矛盾的看法反映了他们自己努力找出最好的方式来应对在这样一个新机会也可能出现时的动荡环境中的压力。一般来说，风险投资公司变得更有选择性地采取更审慎的态度和更严格的控制机制。

Rupeika - Apoga 和 Danovi（2015）了解中小企业替代资源的可获得性，通过对其严密分析，了解非银行金融机构发展的障碍，并提出克服这些障碍的建议。作者意在揭示拉脱维亚和意大利创新融资的最新趋势，大大增强了对这一创业融资关键来源的证据基础。创新提供商作为“聪明的钱”的来源，支持新的和早期阶段的业务，被广泛认为是企业生态系统的关键部分。

在过去的几年中，拓宽公司尤其是中小企业融资渠道的必要性已经提上欧盟议程。一旦传统融资方式如银行贷款很难再吸引人们，发展另类投资则成为一个大胆的选择，例如种子和启动资本投资、众筹、风险投资和天使投资。Dibrova（2015）研究天使投资者具有的优缺点，同时肯定了在欧洲国家另类投资的发展的重要性。文章主要目的是认识天使投资的特征、相关风险和公司管理者应该意识到的机遇。即使从一方面来说天使投资是一种获得融资的好机会，但也不可低估它所具有的风险。通过关注欧洲市场将会评估到天使投资的核心要素。

Prohorovs，Jakusonoka 和 Beizitere（2015）探讨了风险资本基金为拉脱维亚微型企业融资的问题。作者考虑了企业向风险投资基金提交的申请数量，投资数量以及给予一般企业特别是微型企业的融资金额。将这些指标与商业银行的微型企业融资指标进行比较。本文主要的研究方法是基于调查问卷，访谈，调查和描述性统计。研究结果表明，风险投资不是在微型企业中流行和可用的金融工具。然而，在 2013 - 2014 年，微型企业的份额占风险基金投资数量的 81.8% 和

60.4%。但2013年微型企业的风险投资基金投资总额约为拉脱维亚银行微型企业融资总额1%，2014年约为2%。

Singhal（2015）研究了印度的三家风险投资基金，即IFCI风险投资基金，Canbank Ventures和Bain Capital私募股权基金。尤其是在1991年后的印度经济自由化之后，风险投资变得很重要。这个行业包括公共部门单位以及包括印度和外国在内的私募基金。该行业受SEBI监管。本文还给出了印度一些行业成功的风险资本融资的例子。本研究使用了选定公司的二手数据。该研究还列举了一些已经从风险投资基金获得资金的公司的例子。这项研究还确定了印度VCF的一些未来的挑战。

在直接投资中，瑞士的风险投资行业曾经与国内和国际金融市场相连。如今，这些传统的直接投资者正在衰落，因为他们的传统商业模式不再适合当前的经济环境。与此同时，最近出现了一种新的直接投资商业模式振兴了这个金融部门：众筹平台更密集地利用了信息和通信技术以及专业但分散的专业知识所能开辟出的可能性。Salomon（2016）强调了两种商业模式的优势和弱点，以及它们在以时间和空间方法来处理不确定性上的对比。

Ning，Wang和Yu（2015）研究了1995年至2011年17年间风险投资（VC）的投资波动性和宏观经济驱动因素。发现美国（US）的风险投资总额，按交易数量和每笔交易的平均金额均受宏观经济因素和公开市场信号的显著影响。经济形势的根本变化（即2000年高科技泡沫；2008年全球金融危机）对美国风险投资行业产生了重大影响。为了应对这些巨大的变化，风险投资公司一般通过获得平均交易金额较小的较少交易来调整风险偏好和投资策略，增加对扩张和后期投资的分配，并在最初的几个融资序列中注入较低比率的现金，而不是将他们的全部付出的投资只投资于一家公司。研究还发现，2008年全球金融危机和经济衰退对VC行业的影响与2000年的网络泡沫有所不同。

Guilhon，Montchaud（2015）使用工业组织（I/O）方法，旨在解释基金管理公司根据该行业的基本条件进行的投资规模。因此，在市场结构－行为－绩效范式中，关注基本条件和风险投资公司行为之间的关系。从供给（对应于从投资者处募集资金的基金管理公司）和需求（指可投资资本的公司）的角度分析基本条件。宏观经济、制度、退出和创业特质构成了VC环境，同一相同要素可以构成供求双方的基本条件。基于2002～2009年期间18个欧洲国家的样本的计量经济学研究强调了利率、税收和法律框架、退出背景和创新动力的影响。

Bertoni，D'Adda和Grilli（2016）提出一个正式模型来分析哪些创业型企业积极寻求并随后在不发达的VC市场获得风险资本（VC）融资。该模型显示，在欠发达VC市场中，（1）风险投资者将投资于有需要的公司（青蛙接吻）而不是最佳业绩者（樱桃采摘），（2）最佳表现企业将自我选择VC的市场。研究结果表明，在欧洲，许多创业公司不积极寻求风险投资，风险投资者也似乎不具有他们在美国相同的偏颇选择能力。

## （二）风险投资对经济的作用

### 1. 风险投资对地区经济的作用

金融网络已经作为现实世界复杂网络的例子被广泛研究。Jin，Zhang等（2015）建立和研究了中国风险投资公司的网络。作者计算和分析网络的统计属性，包括如度、最短路径的平均长度、聚类系数和稳健性等参数。进一步研究了网络的拓扑，发现它有小世界的行为。引入多元线性回归模型来研究中国网络参数与主要区域经济指标之间的关系。从回归结果来看，作者发现，经济总量（包括 GDP 总量，投资，消费和净出口），产业结构升级，地区的就业和报酬都与该地区风险投资子网络的程度和聚类系数呈正相关，这表明风险投资行业的发展对中国的区域经济有重大影响。

Pistoresi 和 Venturelli（2015）调查了信贷和风险资本投资对区域经济增长的作用。通过国际比较来研究金融和区域经济增长之间的联系，共同使用银行系统结构性指标（即互助银行渠道或大型商业银行的优势）和在当地环境下获得的风险资本价值。数据集包括一个在 1995～2008 年间由分属于德国、意大利和西班牙这三个国家的 53 个地区组成的小组。为了避免内生性问题，作者使用广义矩方法（GMM）来估计动态面板。结果强调了不同类型的金融中介在区域经济增长中发挥的重要作用：互助银行和商业银行对区域经济增长均具有强大的积极影响，但在经济贫困地区，互助银行的作用更大。最后，风险资本投资在经济贫困地区的积极影响也更有效。

Pradhan，Maradana 等（2016）考察了 19 个欧洲经济区（EEA）国家 1989－2014 年期间风险资本投资与人均经济增长之间的长期关系。使用了风险投资（VC）的三个不同指标，即初期阶段风险投资，后期投资风险投资和风险投资总投资。通过使用协整技术，保证了对少数情况下风险投资与人均经济增长之间的长期关系的支持，通常参考特定的风险指标和我们使用的人均经济增长数据。使用向量自回归（VAR）模型检测格兰杰因果关系，在单一国家和面板环境下均确认了风险投资与选定的欧洲经济区国家的人均经济增长之间的关系的混合证据。在某些情况下，风险投资导致人均经济增长，支持了风险投资－增长关系的供应主导假设（SLH）。在其他情况下，人均经济增长调节风险投资的水平，为风险投资增长关联的需求跟随假说（DFH）提供支持。在某些情况下，风险资本投资和人均经济增长是相互依存的。这是两者都是自我强化的并且支持风险投资－增长联系的反馈假说（FBH）的情况。此外，也有风险投资和人均经济增长彼此独立的情况。这是两者都是中性的并且支持 VC 投资－增长关系的中性假说（NLH）的情况。总之，根据在特定实证探索过程中使用的风险资本投资类型和人均经济增长数据，格兰杰因果关系结果在欧洲经济区各国之间存在差异。研究的政策含义是，经济政策应该承认风险投资和人均经济增长的差异，以维持这些欧洲经济区国家的可持续发展。

Groh 和 Wallmeroth（2016）使用从 2000 到 2013 年的面板数据和 118 个国家（其中 78 个是新兴市场）中累计风险投资基金对他们的研究做了进一步扩展扩大了使用汇总的风险投资基金的范围，其中 78 个国家被认为是新兴市场。研究发现，并购活动、法律权利和投资者保护、创新、知识产权保护、腐败以及企业税收和失业都会产生影响。作者揭示了由几个参数判断的两个不同国家类型的决定因素在经济规模和方向方面的影响，通过强调风险投资驱动因素对于发达国家和发展中国家可能不同而增强了以前的研究。

在发展中国家，监督和管制经济的制度能力薄弱，阻碍了对风险投资至关重要的外国资本流入。Martinez，Cummings 和 Vaaler（2015）使用制度和交易成本理论来假设：非正式性将移民汇款用于风险基金。对从 2001 年到 2009 年观察的 48 个发展中国家进行分析以支持我们的主张。当非正规部门的经济贡献量超过 GDP 的 46% 时，汇款会增加风险资金的可用性。移民及其汇款对发展中国家的新业务和企业主导型经济增长至关重要，因为发展中国家的大量非正规性效应阻碍了其他外国投资者。

Kovács 和 Vajay（2015）分析了三个国家投资者在过去十年中的投资。它显示了目标公司的定位和对就业的影响。结果表明，国家在创造就业方面发挥了积极的作用，但在国民经济水平上的间接创造就业非常低。在周边地区开展融资业务是国家干预的理性原因，但它并没有实现。因为直接向企业提供股权的国家投资者的活动处于核心经济区域。另一方面，该研究分析了JEREMIE风险投资计划的投资情况。混合型基金的投资由于立法的原因在该国中小企业中的资助比例较高。由于监管系统没有具体分离中心和周边地区的优质资本，制订为总目标的区域目标似乎未能实现。

Ptacek，Kaderabkova和Piecha（2015）分析了风险投资（VC）和私募股权（PE）投资对捷克共和国的外国直接投资（FDI）流入的影响。捷克共和国存在对PE和VC投资活动产生不利影响障碍，如高投资门槛，不完善的信息或立法障碍，并阻止外国投资者投资捷克PE和VC。这是捷克共和国极少有PE和VC市场活动的主要原因。然而，PE和VC中的外国直接投资（FDI）的数据是扭曲的，因为主要的外国投资者是捷克管理者的投资基金，他们通过出于税务原因在欧盟以外建立的投资媒介。有助于消除外国直接投资流入PE和VC的障碍的解决办法是为在捷克共和国投资创造更有利的条件。如果捷克共和国力图以欧洲平均水平作为基准，根据2007～2013年的平均数据，它必须每年填补PE和VC投资0.077%的国内生产总值，或1.132亿欧元的年度差距。

**2. 风险投资对微观经济环境的影响**

资源获取对于社会企业去实现他们的社会使命同时努力扩大规模和获得可持续性融资至关重要。过去的研究仅仅开始注重机构力量如何改变社会企业获取资源。基于小额信贷组织的背景，一种特定类型的社会企业，它们具有解决发展中国家的贫困问题的希望。Zhao和Lounsbury（2016）研究了与市场和宗教相关的制度逻辑如何形成小额信贷组织的特性并影响其获得资本的数量，以及市场逻辑和宗教多样性如何独立地和共同地影响了全国范围内商业和公众资本流向小额信贷组织。通过使用一个从2004年到2012年间，所有可追溯的资本提供者和小额信贷组织之间的贷款交易的专属数据库，发现强大的市场逻辑加强了小额信贷组织获取的商业和公众资本的能力，然而宗教多样性减少了流向小额信贷组织的商业资本。宗教多样性同样减轻了市场逻辑对流向小额信贷组织资本的积极影响。

Bertoni，Croce和Guerini（2015）研究了风险资本（VC）如何和何时缓解投资组合公司的财务约束。使用一个包含128个风险投资支持公司和233个通过倾向评分匹配识别的非风险投资支持公司的样本，通过考虑可能由于资本市场缺陷而呈U形的投资曲线来估计误差校正模型。研究结果表明，风险投资导致投资组合公司的投资曲线平缓，这表明风险投资减轻了财务约束。然而，只有在公司接受后续一轮的风险投资融资时，这种影响在经济和统计学上才是显著的。因为通常而言，后续多轮投资不涉及更大的投资额，但具有比初始轮次的投资有更强大的信息量。

Jacob，Johan（2016）等研究了逐步淘汰其中一个补贴计划对投资者的影响。研究环境利用了一个独特的准自然实验的优势，这个环境中，对加拿大劳工资助的风险资本公司的税收补贴在一个而非多个省中被取消。通过差异设置，发现与税收抵免无关的投资效益在逐步实施取消之后大幅下滑。进一步的经验表明，劳工资助的风险资本公司经理继续收取投资管理费，尽管事实上他们的投资策略变得更类似于共同基金。研究数据有力的支持了投资者在意外地失去政府资金支持的公司或基金中会面临显著的融资成本这一理论。

Chaplinsky，Gupta－Mukherjee（2016）通过衡量一个行业早期和晚期的投资相对比例，为风险资本家在风险的投资项目间的资本分配是怎样与退市环境结合在一起的提供了依据。设计出一个更加全面的方法，来测量导致最近影响行业收益框架变化的退市环境，尤其失败和并购数量与通过IPO退出数量的比例激增。研究发现，在最近的退出和失败的企业中盈利与亏损的比例与风险投资家在 1990 年至 2008 年间的资本分配呈显著正相关关系。资本配置的变化如此之大以至于它影响了公司早期的融资能力。总之，研究表明退市环境对于风险资本家对高风险投资的资本分配有重大的经济意义上的影响。

Obrimah（2016）发现风险投资家的信息生产活动有助于降低公共股票市场上资产估值的不确定性，这导致不同类别的风险投资支持的 IPO 的横截面内的价格收敛以及风险投资和非风险投资支持的 IPO 之间的价格收敛。这些研究结果提供了证据，证明风险资本融资可以是公共股票市场中有力和有效的价格发现过程的一个组成部分，在非风险投资的 IPO 的定价方面产生有利的外部效应。假定估值的不确定性的减少最终导致发行公司资本成本的降低、股票市场规模的扩大，以及市场流动性和效率的改善。实证研究结果证明了风险投资家的信息生产活动有利于经济增长和发展。

dos Santos Dias 和 Alvaroda Silva Macedo（2016）调查了 PE / VC 基金的需求和供给的决定因素。通过因素分析确定了这六个因素：经济活动，股票市场发展，公司治理，社会和环境发展，创业和税收。这些因素通过 25 个变量被定义，并通过因子分析转化为 5 个因素。所得到的因素被用于计量经济模型中来研究所述因素首先和 PE / VC 基金筹资之间的关系，然后是 PE / VC 基金投资的金额之间的关系。结果表明，投资受到资本市场深度的不利影响：PE / VC 基金寻求通过 IPO（首次公开发行）提供的退出策略。其他的重要因素是投资者保护，社会和环境发展以及创业水平。与预期不同，经济活动对需求的影响很小。这种结果似乎存在争议，但其缺乏突出资本市场（通过 IPO 作为投资的一种方式）作为 PE / VC 市场的主要驱动力的重要性。税收对需求方也不重要，这一事实表明政府可以影响当地的 PE / VC 市场，并且它应该提供足够高的贴现率或税收优惠以减轻 PE / VC 市场面临的其他障碍。

Anjos 和 Drexler（2015）模拟了一种对好的机构和其他高级合伙人合作有益的经济模式并且这种分类匹配模式允许好的融资者向他们的高级合资企业的合作公司提供廉价资金。在聪明资本的供给下，与高级合伙人相关的预期收益增加对寻求高级合伙人产生了额外的激励作用。研究结论是，在这样的环境下，有时需要有足够量的好的资本来获得有效的均衡。这项研究为金融部门如何影响特别是通过影响匹配模式来影响真正的结果提供了一个新的渠道。

Söderblom，Samuelsson，Wiklund 和 Sandberg（2015）考察了著名的早期政府补贴的结果附加性。根据新颖性和认证文献的负债的论据，开发了一个中介模型，分析补贴的结果附加性。假设受补贴的新企业比非补贴企业吸引更多的人力和金融资本，因为与一个著名的政府组织的联系显示了新企业的合法性。这种合法性对于吸引合格的员工和融资者来说是至关重要的。获取人力和金融资本的效果反过来对业绩具有长期和重大影响，而补贴本身的影响是微不足道的，短暂的。应用一种新的匹配方法，比较了 130 个获得批准的政府补贴申请人和在最后阶段被拒绝的 154 个申请的对照组，从而克服了与类似研究相关的一些选择和内生性偏差。这个假设模型得到了数据的强有力支持。这些发现对于在这个领域的学者和政府对于新企业的支持具有一定意义。

Cole，Cumming 和 Li（2016）比较了两个主要来源的创业融资对小公司建立和成长的影响：银行与风险投资（VC）。基于美国 1995 ~ 2011 年的数据，无论内生性控制如何，研究发现，风险投资在经济和统计方面刺激新公司，新企业，新就业和新工资方面具有显著影响。但是没有为银行找到类似的证据。

Hua，WangYali 和 Wang Miao（2016）考察了风险投资对中国中小企业的绩效和创新的影响。通过使用在 2005 年至 2014 年期间，中国试点场外股票交易市场即国家股权交易和报价市场中的

2699家有风险投资支持公司和非风险投资支持公司的不平衡数据，发现风险资本融资不仅刺激了中国市场的创新，而且对财务业绩也有着显著的积极影响。证据表明，风险投资的联合以及风险资本家的声誉有助于为有风险投资支持的公司创造价值。然而，没有证据表明有外国风险投资支持公司的表现优于有国内风险投资支持的公司。对各种规模的公司而言，研究结果都是稳健的。研究结果表明，风险投资是促进中国多层资本市场中中小企业发展的有效渠道，鼓励具有高信誉的风险投资集团和风险资本家在未来对创新创业的培育中发挥更大的作用。

Rothrock（2016）提供了关于风险投资及其与科学和经济的联系的见解。讨论的主题包括对风险投资作为一种创新的思考，机构风险投资的方式，对融合科学研究的财政支持，以及风险投资对公司的货币利益。

Savaneviciene，Venckuviene和Girdauskiene（2015）研究风险投资基金作为催化剂来帮助初创企业克服“死亡谷”的作用，特别是在金融和创新视角方面提供增值服务。通过结合定性和定量研究技术进行研究，包括科学文献的分析和综合，案例研究和统计数据。文献研究已经确定了风险投资融资的特点，特别是有证据表明风险投资基金引发公司的发展，产品开发，激励创业精神，从而提高初创企业的竞争力。关于在立陶宛的风险投资背景的公司案例的分析，已经表明，风险投资不仅在初创公司，而且也在成熟公司，以及覆盖各个部门，不仅仅对高科技投资，也包括能源，食品，纺织部门。

**3. 风险投资与研发、创新**

Lahr和Mina（2016）提出了一个建模和估计框架，用于风险投资是否提高了企业的专利性能，或者这种效应是否是基于企业专利产出的先前投资选择的结果。作者开发同步模型预测企业吸引风险投资的可能性，他们取得专利的可能性，以及申请和授予的专利数量。充分考虑到投资的内生性，研究发现，风险投资对专利申请的影响是微不足道或消极的，与使用独立方程的简单模型产生的结果相反。研究结果表明，风险资本家遵循专利信号投资具有商业可行的专门知识的公司，并表明他们更有可能使投资公司的专利产出合理化，而不是增加投资公司的专利产出。

Prieger，Bampoky等（2016）使用全球创业监测（GEM）的数据，研究来自发达国家和发展中国家的数据，用于估计一个国家在2003～2011年间的创业偏离其最优水平时的“增长惩罚”。考虑到各国之间在最佳创业率、偏离最优水平的增长惩罚和影响增长的其他因素方面的差异，尽管发展中国家比发达国家有更多新创立的小公司，但是发展中国家创业率的边际增长对增长产生了更积极的影响。相反，在发达国家，没有明显的增长惩罚。补充结果表明，由于发达国家作为一个整体，其现在的创业水平接近其最佳水平，而在发展中国家，最佳创业率要高得多。作者也研究了增长惩罚如何随着国家的特点而变化以便我们测试关于创业和增长之间关系的理论。研究表明，更高水平的研发能力减少了有过少创业者时的增长惩罚，表明创业和研发是替代品。风险投资的可用性也增加了增长惩罚，但只有在发展中国家，风险投资数据能最好地代表其对初创企业的可用性。

Obrimah（2016）风险资本家（VC）的主体奖励意外或意外提高了风险投资者在有声誉的市场发展相关创新企业的能力。同时发现，通过第三方收购来关注创新和退出的组合产生了最好的风险回报权衡，并且与风险资本市场横截面内特殊能力的最高估计相关。这些发现提供了证据表明，注重创新与能力相关联，并能在风险资本市场内获得市场声誉。鉴于发现IPO退出率并不是衡量风险投资公司向市场提供相对创新投资能力的意外提高的指标。

Kiebzak，Rafert和Tucker（2016）研究了美国专利诉讼和风险资本投资水平之间的统计关系。研究发现，风险投资作为创业活动的主要资金来源，最初随诉讼专利数量的增加而增加。然而，存在一个“临界点”，即诉讼专利数量的进一步增加与风险投资下降有关，这表明专利诉讼和风险投资之间存在倒 U 型关系。这种关系对于技术专利来说是最强的，对于诸如药品的产品可以忽略不计。研究发现，专利诉讼代理人是频繁专利诉讼代理人的诉讼直接与风险投资减少有关，最初没有积极影响。

Wadhwa，Phelps 和 Kotha（2016）调查公司风险投资组合关系影响企业投资者创新表现的条件。通过使用 40 个远程通信设备供应商的公司风险投资组合的纵向数据调查了这个问题。发现多样化的组合对公司投资者的创新表现有一个反向的“U 型”影响，同时发现多样化的影响程度取决于投资组合能够利用的专业知识的深度。这些结果通过展示新创业企业的外部合作伙伴关系可利用的知识资源的广度和深度如何相互作用来影响公司的创新，为组织内部的学习，企业风险资本和开放式的创新文献做出了贡献。

Bertoni 和 Tykvová（2015）研究了政府风险投资者是否以及如何刺激欧洲年轻生物科技公司的发明与创新。为了衡量发明，重点关注公司层面的简单专利数量，而创新则由引证加权专利数量代表。研究结果表明，政府风险投资者作为独立投资者对发明和创新没有影响。然而，政府风险投资者增强了独立风险投资者（IVC）对发明和创新的影响。得出结论，政府风险投资者对独立风险投资者是一种无效替代，但是一种有效补充。作者还区分技术导向政府风险投资者（TVC）和发展导向政府风险投资者（DVCs）。发现发展导向政府风险投资者更好地增加公司的发明，而技术导向政府风险投资者与独立风险投资者相结合则能支持创新。

创业企业是创新的关键来源。如今，风险投资受到广泛的投资者的支持，这些投资者的互补性资产配置差异很大。Alvarez - Garrido，Dushnitsky（2016）认为，创业企业不能再作为一个同类群体来研究。作者利用独立风险投资者和企业投资者简介中固有的二分法来研究企业的创新成果。样本包括 545 个成立于 1990 年至 2003 年，由独立的风险投资家（VC）或企业风险投资（CVC）支持的美国生物技术企业。研究发现，与有独立的风险投资支持的同业相比，企业风险投资的投资对象表现出更高的创新产出率。此外，有企业风险投资支持的企业的绩效对他们利用企业资产的能力很敏感，强调了企业风险投资可获得性和作为与企业风险投资贡献相关的机制的 FDA 批准要求的作用。

**4. 风险投资对行业发展的作用**

Criscuolo，Menon（2015）详细描述了 2005 ~ 2010 年间 29 个国家绿色部门的风险资本投资，并确定了政策在解释所观察到的跨国差异中可能发挥的作用。分析基于寻求融资的企业的交易级数据库，以及关于可再生的政策和政府研发支出的指标。计量经济分析将国家中的交易数量及其交易量与部署策略和使用计数数据和有限因变量（Tobit）模型的提供策略相关联。结果表明，从创造环境技术市场的长期角度进行设计供应侧政策和环境部署政策与更高的、与更多短期财政政策相关的风险投资资本相关联。当关注与可再生能源发电有关的政策时，结果证实慷慨的网电价补贴政策与风险资本投资的成正相关关系。然而，在太阳能行业，过于慷慨的大量上网电价补贴政策往往会阻碍投资，并且可能会在长期反映出缺乏可信度。因此，两组结果指出长期政策稳定性，可持续性和可信性是确保一个国家绿色部门创新和风险投资的重要政策特征。

Jain（2015）调查私人投资在监管环境背景下减少印度灾害风险的大规模基础设施项目中的作用。试图找出规划过程，利益相关者激励和有利环境过程中的差距以便在大型基础设施项目的发展过程中纳入减少灾害风险措施，这项研究参照在印度德里的四个大型基础设施和房地产项目进行。主要发现：监管环境方面存在缺陷导致缺乏激励私营部门利益相关者在大型基础设施项目中投资减少灾害风险的措施。当局的批准程序和能力不足以确保包含减少灾害风险的措施，从而导致在易受灾地区发展建设中增加风险，从而增加财产，人员，系统和经济的风险。本研究对于在私营部门高级管理层更加了解减少灾害风险的方法在减少不确定性、建立信心、降低成本和创造价值方面发挥重要作用。

## （三）风险投资的演化、国际比较和新兴国家风险投资

### 1. 新兴国家风险投资

印度、东南亚等地区的风险投资也正在兴起，诸多学者对这些国家和地区的风险投资发展状况做了研究。

Scheela，Isidro，Jittrapanun 和 Trang（2015）评估了投资于泰国，菲律宾和越南等新兴东南亚经济体的正式和非正式风险资本的发展情况。作者研究投资于缺乏支持有效私募股权投资所需的法律和金融机构的新兴经济体时面临重大挑战的风险投资者（正式投资者）和天使投资者（非正式投资者）的投资策略。综合了以前的研究，并且更密切地分析了七份先前发表的分别报道了东南亚三个新兴经济体的风险投资研究论文。基于对七篇文章中每一篇的数据的分析，为本文研制了摘要表。所有七项研究都采用了基于面对面半结构化访谈的混合研究方法。基于对这些论文的综合，作者为投资新兴经济体的风险投资家和天使投资者提出了一个投资策略。此投资策略基于重要的联网，深入的尽职调查和实际投资后的监控。研究做出了几个贡献。首先，东南亚的新兴经济体代表了一些全球增长最快的市场，因此需要在风险投资和私募股权方面受到越来越多的关注。第二，本文运用制度理论，研究正式和非正式风险投资者的投资策略，包括东南亚的天使投资。最后，提出的投资策略可能有助于形成新兴经济体的风险投资模式，并进行关于这个焦点话题的研究。

近年来由于其强大的潜力，改善的监管环境和良好的人口统计特征，印度风险资本投资在不断增加。Tripathi（2015）考察了风险投资公司在印度的投资趋势和模式，以及允许更高投资限额的不断变化的监管框架。风险投资的趋势不仅针对 IT / ITES 行业应用，而且在基础设施，零售，制造业和金融服务行业也有涉及。政策框架已在反应模式而不是主动措施下逐步放开来帮助风险投资公司增加其投资组合的投资。研究结论表明，风险资本可以推动经济，并且最近的修订案和监管变化可能鼓励风险资本家更有效地在印度投资，使印度风险投资产业更具活力。

Klonowski（2016）介绍了新兴市场风险投资和创业活动发展的案例研究。讨论的主题包括为创业公司的发展和价值创造，为创业公司提供风险资本融资，以及在新兴市场使用风险资本融资。

Cumming，Zhang（2016）提供了对新兴市场另类投资文献的回顾，重点在于艺术和葡萄酒，天使投资，风险投资和私募股权，私人债务，对冲基金，众筹和 IPO。研究表明，在 2000 至 2016 期间，相比于替代投资和新兴市场，新兴市场的另类投资的学术兴趣有相对更多的增长。

如何在与成熟和发达市场显著不同的环境中通过风险投资融资的问题开始成为研究者的一个重要议题。RUSU 和 TODERASCU（2016）分析了新兴市场的风险投资的实践。获得风险投资与申请贷款不同，因为风险投资在决定投资在哪时通常非常有选择性。作者分析了风险投资融资过程，以及在中欧和东欧国家的新兴经济体中，企业能够受益于这种融资的条件。所获得的结果对于在新兴经济体中寻求风险资本融资的创业者和创业企业也有影响。

KimMyung - Jig，Kim Sang - Soo 和 Lee Sang - Heon（2015）利用韩国创业投资协会（KVCA）编制的1999至2006年所有流动资金的风险投资现金流量数据，发现市场和HML因素都很重要。然而，与美国市场中市场因素的贡献小而积极的经验不同，韩国新兴市场的HML因素贡献大而负。这意味着韩国的风险投资战略在价值股票中占据空头头寸，在成长股中占据较大的位置。因为在本文的样本期内成长型股票落后而价值型股票表现良好，其资本成本几乎为零。这可以通过超常收益率来补偿，在韩国市场的风险资本投资中每年可获得11.05%的预期回报。

Hearn，Oxelheim 和 Randøy（2016）研究了22个新兴非洲经济体中的202家新上市公司中在商业集团公司首次公开招股后仍保存着私募股权的股票所有权人相比于非附属公司股票所有权人的治理属性。采用一个以行为者为中心的制度理论观点使制度空白和由天使投资和风险投资私募股权维持治理的优势合理化。研究结果显示，相比于非附属公司，在商业集团子公司中的私募股权保留了更多的公司首次公开招股后的股权，并且在提高制度质量的背景下被反向调节 - 如果是外国风险投资而不是国内风险投资或天使投资，那么这种调节作用更加强烈。作者的研究增加了关于多元化公司治理机制和私募股权投资制度决定因素的研究文献。

**2. 风险投资的演化**

Zhang，Jin 和 Wang（2015）首先分析了促进实体行业绿色创新的风险投资的必要性和主要特点。绿色风险投资是促进实体行业绿色创新的关键。其次，通过模型构建分析了风险投资促进实体行业绿色创新的机制。结果表明，生态文明建设以及市场竞争和法规是将普通风险投资转化为绿色风险投资的前提条件，同时，它们也是风险投资促进实体行业绿色创新的前提条件。第三，进行理论和实证的研究确定风险投资对实体行业的绿色创新的影响，提出了关于风险投资促进实体行业绿色创新的建议。实证研究表明，风险投资比银行贷款将能更有效地提高中国实体行业的绿色创新能力。为了发挥风险投资在实体行业的绿色创新中的作用，风险资本的发展应该更大规模地加快。与此同时，中国风险投资行业应该提倡绿色转型，这样更多的风险投资可以变成绿色风险投资。

Kovner 和 Lerner（2015）考察了社区发展风险投资（CDVC）的投资情况和绩效。研究发现CDVCs和传统风险投资之间存在显着差异：CDVC投资更有可能存在于非大都市地区和之前很少有创业活动的地区。CDVC投资可能存在于早期投资阶段和成功退出概率较低的非风险投资主流行业。即使在控制了这种无吸引力的混合交易之后，CDVC投资被成功退出的概率也较低。CD-VCs的一个优势可能是它们将传统风险投资带到服务欠缺地区使得传统风险投资得以存在，每个额外的CDVC投资导致一个地区另有0.06个新的传统风险投资公司出现。

Fazekas，Becsky - Nagy（2015）关注欧洲和美国PE行业目前的进展，并检验该行业从2008年衰退的复苏情况。目前的趋势与之前的发现一致。平均而言，在美国和欧洲收购基金的收益超过风险投资基金的收益，不仅根据收益的绝对值，而且根据其风险收益权衡，收购基金似乎是一个更优的投资。收购基金绩效之间的差异不如风险基金的差异那么大。虽然2008年经济衰退对私募股权的收益产生负面影响，但千年的“网络”热潮对该行业的影响更大，研究发现私募股权市场正处在恢复过程中。

清洁技术风险投资与典型的风险投资不同，因为它往往是资本密集型的，并面临比典型风险投资更相关的技术活动，可扩展性和退出要求的技术风险。此外，与典型的风险投资不同，清洁技术风险投资带来的好处不能完全被风险资本家所获得，会通过减缓环境恶化和提高健康和生活质量的结果而有益于社会。Cumming，Henriques 和 Sadorsky（2016）试图确定是否存在可能激发更多清洁技术投资的补偿因素。作者认为，石油价格，利益相关者更多的关注，以及各种正式和非正式机构的影响是这些补偿因素。采用1996－2010年31个国家构成的独特全球数据集，提供了一个关于清洁技术风险投资的决定因素的跨国家分析。这些数据表明，石油价格在推动清洁技术风险投资方面发挥了显着作用，这一点比其他经济，法律或制度变量更为重要。清洁技术媒体报道同样是清洁技术风险资本投资的统计上重要的决定因素，并且与其他国家层面的法律，治理和文化变量一样具有经济意义。不确定性规避会对清洁技术风险投资产生负面影响，同时也对其他变量有调节作用。

**3. 风险投资国际比较**

Bertoni，Colombo 和 Quas（2015）研究了欧洲不同类型的风险投资者的投资模式：独立风险投资，企业风险投资，银行附属风险投资和政府风险投资。依赖于一个涵盖了863个投资者在7个欧洲国家的737个年轻的高科技企业投资中进行的1663次首次风险投资的独特的数据集。比较了不同VC投资者类型在涉及被投资公司特征的几个方面的相对专业化指数：行业，成立时间，规模，发展阶段，与投资者和国家的距离。研究结果表明，欧洲的不同类型VC投资者在他们的投资模式上相互之间的差异很大，而且在投资模式方面，政府VC投资者似乎是最不同的VC投资者类型。不同风险投资者的投资模式随时间稳定，并且在不同欧洲国家相类似。最后，欧洲不同类型VC投资者类的投资模式与美国所观察到的投资模式有显著不同。

Teker D.，Teker S. 和 Teraman（2016）的研究表明：美国，欧洲，以色列，加拿大，中国和印度都有最成熟的风险资本市场环境。风险投资市场的规模现在约为500亿美元，美国在2013年风险投资最多为331亿美元。风险投资公司可能在萌芽，第一轮、第二轮或更晚阶段投资于有前途的公司。2013年美国的投资中位数为50万美元，第一轮为250万美元，第二轮为570万美元，后期为100万美元。风险投资最具吸引力的部门是美国，以色列和加拿大的信息技术，2013年投资超过100亿美元，而最吸引人的行业是欧洲，中国和印度的消费产品，2013年投资超过48亿美元。

## 三、管理学维度的风险投资研究

前面我们提到管理学维度的风险投资研究是打开风险投资系统这个黑箱，探索系统内部各子系统组织层面甚至个体层面的特点以及它们之间的相互关系，意图找到增进组织绩效的办法。这些研究可以分为组织层面上的研究、个体层面上的研究以及跨层面的研究。2013年，组织层面上的研究最受学者们的关注。

### （一）风险投资公司和创业企业的相互作用和影响

风险投资是股权资本的一部分，当投资一个企业之后，风险投资家成了企业的共同拥有者。风险投资在中小企业的人员聘用、销售增长、技术发展和价值增加方面扮演着重要的角色。风险投资对中小企业融资越来越重要，特别是对那些具有高增长潜力的中小企业。天使投资人是潜在的高增长企业的重要利益相关者。现存的实证研究提供的证据表明，他们不仅提供资金，而且还为所投资的企业带来附加价值。

2015和2016年，该研究领域仍然是管理学维度风险投资研究的重点，共有21篇文献，这与目前国际管理学界对组织研究方法的日渐成熟有关系。组织研究方法应用到风险投资和创业领域，产生了一些非常新的研究结果，标志着管理学维度的风险投资研究走向成熟。

Panda 和 Dash（2016）研究控制和信任在印度的代理环境中发展协作的风险投资企业家关系的作用。研究采用多案例研究方法来调查十组 VC 创业者。该研究使用从主要和次要来源收集的数据并把内容分析作为数据处理技术。实证证据表明，在早期阶段出现的 VC－企业家关系遭受低代理风险，并且使用更多的关系机制来抑制机会主义和发展合作，而处于晚期阶段的关系遭受更高的代理风险并且使用更多的控制机制解决这一问题。这种差异促使了一种理论模型的发展，该模型显示了因随着创业型企业在不同阶段提出多轮风险投资，控制和信任的双重治理机制如何相互作用来影响合作伙伴合作的信心。这些发现可以用于适当环境下确定适用的关系或控制机制来加强 VC 企业家关系的合作，这将最终导致企业拥有更好的绩效。

**1. 对创业公司治理结构和行为的影响**

Wen 和 Xia（2016）实证研究了风险资本，所有权集中度和企业研发投资之间的关系。根据中国创业板从 2010 年到 2014 年的数据，作者发现，风险投资和企业研发投资显著正相关，而所有权集中和企业研发投资显著负相关。进一步的研究表明，在风险投资支持的公司，所有权集中对研发投资没有显著影响。

Sharma 和 Tripathi（2016）研究了通过分期融资的风险资本融资和私募股权基金相关的风险。讨论的主题包括：减少风险投资或私募股权基金支持的基础设施项目的不确定性，对已建立的尽管处在初创阶段的公司的风险投资或私募股权投资，投资目标的不确定性与信息不对称性，以及对印度基础设施投资阶段通过风险资本或私募股权资金进行风险缓解之间的联系。

基于 1990～2007 年 1593 家美国上市公司的样本，Megginson，Meles，Sampagnaro 和 Verdoliva（2016）发现以风投支持的 IPO 比可比的无风投支持的 IPO 的有更低的财务困境风险。控制内生性不变，作者发现这与风投投资者们选择也有关。他们会选择一些低财务困境风险的公司和为投资组合公司融资时通过风险投资家降低风险。研究发现，被更多声誉良好的风险投资家投资的企业有着更高的财务困境风险，即使这些公司有着卓越的经营绩效。这是因为这些公司高杠杆的资本结构和流动性相对较低的资产投资。

风险投资在可持续发展的初创企业的发展中发挥着关键作用。可持续风险投资的研究领域仍在初期阶段。Bocken（2015）通过调查可持续风险投资的作用、动机、投资观点、以及对可持续企业成功的障碍和推动力，研究了风险资本家如何能够为可持续的企业成功做出贡献。本文调查了以下问题：可持续风险投资家如何能够为可持续初创公司的成功做出贡献？访谈是由以领先的可持续风险资本家和具有可持续企业家精神的其他关键利益相关者组成的专家样本进行的。发现在财务支持之外，风险资本家提供三种基本的业务咨询和网络支持。主要成功因素包括商业模式创新，合作和强有力的商业案例，而失败因素包括缺乏合适的投资者，强大的现有行业和短期投资者的心态。可持续创业公司应该关注三种基本的商业模式创新，在新技术和融资平台上寻找机会，开展多种业务案例，以实现超越“绿色客户基础”的成功。可持续的风险资本家可以帮助证明可持续商业模式的成功，通过共同投资来减轻金融风险，并通过平衡金融与社会和环境收益来锻炼耐心。

Park，Tzabbar（2016）研究了风险资本家和企业 CEO 之间的相互依赖关系如何影响新企业在不同发展阶段的创新。基于 482 家美国生物技术公司的样本，发现风险投资公司鼓励他们的投资对象在新企业的早期阶段追求风险和创新，但不鼓励他们在企业的后期阶段这样做。此外，能够承担更大的风险的结构上强大的 CEO，加强了风险投资在企业的早期阶段对创新的积极影响。然而，这样的 CEO 削弱了风险投资对企业后期阶段创新的负面影响。相比之下，权力源于创新相关的专长的 CEO 通常寻求更平衡的创新方法。这样的 CEO 削弱了风险投资对企业早期阶段创新的积极影响和风险投资对企业后期阶段创新的负面影响。这项研究提供了 VC—CEO 关系的新线索，提出了风险偏好和相互依赖的行为者的能力如何影响新企业的创新成果的见解。

Croce，D' Adda和 Ughetto（2015）分析了一个从 1994 年到 2004 年期间接受了银行风险资本（BVC）融资的欧洲高科技创业公司的样本。采用“两步”匹配程序来建立一个包括两部分的控制组：（1）从独立投资者（IVC）获得风险投资融资的可比公司和（2）非 IVC 支持的可比公司。计量经济学分析表明，BVC 投资者对他们所投资公司的财务风险状况感兴趣。事实上，在第一轮融资之前，BVC 支持的公司表现出比 IVC 支持的公司和非 IVC 支持的公司更低的金融危机风险。然而，在投资之后，与非投资公司相比，BVC 支持的公司的债务风险显著增加。

Jolink 和 Niesten（2016）介绍了在与初创公司合作的合作过程中契约风险的解决方案。作者认为风险投资家可以作为减轻契约风险的机制，并作为合资企业股权共享的替代物。依据 SDC 数据库分析了 2009～2014 年 5405 次双边合作并且发现有风险投资支持的企业不太可能在合作中分享股权。在一个有 564 个风投支持的公司的子集中，发现初创企业与成熟公司相比，不太可能选择合资企业作为治理结构。当公司有大量的风险资本家支持时，他们也不太可能在合作中分享股权。这篇文章加深了对风险投资家对企业间关系的治理决策的影响的理解，并提供了合作形成中需要在合资企业股权与风险投资股权之间的权衡的证据。它还表明这种权衡在风险资本家联合存在时更具实质性。

**2. 对创业公司价值增加和绩效的影响**

作为投资组合公司的金融投资者，风险投资机构通过持续的监管和治理来增加被投资企业的价值。这会使有风险资本支持的上市公司比没有风险资本支持的上市公司更有优势。Raghupathy 和 Thillatrajan（2015）通过对有风险资本支持的上市公司的运营和资本市场表现的数据，和 3 组无风险资本支持的上市公司的相应数据进行了比较分析，来研究这些增加的价值。确定了一个由 92 家风险资本支持的上市公司和 182 家无风险资本支持的上市公司组成的研究组。这 182 家无风险资本支持的上市公司被进一步按行业和规模细分。Wilcoxon 测试用于比较运营和资本市场表现的中位数，面板数据回归模型用于验证风险资本对于这些不同表现的影响。研究发现，风险资本支持的上市公司的大部分的运营表现参数的中位数要好于无风险资本支持的上市公司组。但是相关的测试不能将良好的业绩表现归因于风险资本的影响。这可能表明风险投资家具有辨别有前景的企业，并且推动这些企业发挥其最大潜能的卓越能力。这项研究是在探索印度风险资本价值创造背景下的开拓性的贡献之一。作者也将会计领域的资本市场研究扩展到风险资本领域。

Gerasymenko，De Clercq 和 Sapienza（2015）通过研究风险投资机构对已经大大改变其商业模式的初创企业绩效的影响，扩展了现有商业模式变化的研究。该分析使用 163 个有风险资本支持的投资组合公司的独特数据集，揭示了风险投资机构的参与与被投资公司绩效表现之间的正相关关系。此外，风险投资机构的商业模式变化的经历和投资组合公司外部 CEO 的招聘都增加了风险投资机构参与的积极影响。

Barry 和 Mihov（2015）以在 1980－2012 年期间首次公开上市的 6000 多家公司为样本，研究了贷款人和风险投资家这两个金融中介在其中的作用。风险投资家和贷款人通常资投资不同类型的公司，通常是互为替代的；然而，在一些例子中，我们观察到两个资金来源之间的相互作用和补充作用。高负债公司比那些风险资本支持的公司有着更低的估值不确定性和更低的初始日收益。然而，高债务水平的公司长期表现不佳，特别是那些没有风险资本的公司。我们提供一些证据表明，有声誉良好的风险资本家支持的公司有着更佳的绩效表现。

Dutta 和 Folta（2016）研究私募股权投资者创造的增值效应对企业发展的影响程度并调查这些效应是否在天使投资团体和风险资本家之间有所不同。这是第一个比较天使投资团体与风险资本家对企业创新和成功退出的相对贡献的研究。通过追踪350家科技企业的外部投资来进行研究。结果表明风险资本家和天使投资团体对创新率的贡献是相同的，但是这些效应是不可累加的。研究还发现，风险资本家支持的企业有更多更有影响力创新并且体验更快的商品化率。

Yang，Xia 和 Wen（2016）通过实证研究利用 2010 – 2014 年中国创业板（创业板市场）上市公司的数据，研究风险投资（VC），金融杠杆和企业绩效之间的关系。实证结果表明：VC 与企业绩效呈正相关，财务杠杆与企业绩效呈负相关；此外，进一步的研究表明，这种负相关关系在引入风险投资和财务杠杆交叉项的风险投资支持的公司中变得更显著。

**3. 风险投资与创业企业上市抑价和溢价**

在首次公开发行泡沫破裂之前，由顶级风投机构支持上市公司第一天的收益是非顶级风投机构投资的上市公司的两倍。由顶级风投公司投资的上市公司也更可能得到全面的分析并在锁定期满后遭受更多的亏损。Bradley，Kim 和 Krigman（2015）认为这不是一个巧合。承销商从相对抑价中获利，而风险投资家们在锁定期满时从允许他们以更高价格售出的信息要素中获利。全明星分析师是一种承销商拨款给他们的能够给他们带来回头业务的最好的客户（顶级风投师）的稀缺资源。后泡沫时代，监管的冲击限制了优先首次公开募股的分配并且减少了全明星覆盖的价值。研究发现这种关系的消失表明监管的改变很有可能出现了预期效果。

以一个风险投资支持的首次公开上市的公司为例，Jindra 和 Leshchinskii（2015）分析了感知价值变化在首次公开发行抑价中的作用。发现从上一轮首次公开发行到本次首次公开发行的感知价值变化对于 IPO 抑价的影响是非线性的。进一步的研究表明信息基础理论，而非行为偏差，解释了这种非线性。还发现之前记录记录的部分调整效应及其对 IPO 抑价的非线性影响与感知估值的变化轨迹有关，这与之前的行为偏差的重要性的证据形成鲜明对比。

Sieradzki 和 Zasepa（2016）分析了 2003 至 2011 年间，在华沙证券交易所上市的私募股权/风险资本支持的 IPO 的抑价现象。虽然平均初始收益率为正（11.4%），但它显著小于其他 IPO（14.5%）。这些结果可能支持私募股权和风险投资资金减少了 IPO 投资者和公司前 IPO 所有者之间的信息不对称，或权利了私募基金和风投基金的地位。同时，研究数据没有给大型的和较复杂的理论提供任何证据，而中长期异常收益（1 个月，3 个月和 1 年）平均为负。一般来说，从发行日起经过的时间越长，来自私募或风投资金支持的 IPO 投资的回报就越低。这些数据表明，私募和风投资金基金没有扮演任何重要角色。

（1）风险投资与创业企业成功退出。

由于与其他退出策略相比具有很大的信息不对称性，IPO 市场为研究私募股本投资者的行为提供了一个有价值的环境。与私募股权投资者比其他业内人士更能专业的使用 IPO 市场来侵占投资者所有权的假设恰恰相反，私募资金支持的 IPO 市场与相比之下由相互独立公司组成的 IPO 市场没有显著差异。私募股权投资者与独立公司的经理们相比，既不想把他们的首次公开发行设定在火热期，也不倾向于催促他们的公司进行过早的首次公开发行。他们也不会抬高估价，更不可能寻求将股票卖给市场上那些前景堪忧的公司。通过研究上市后的阶段，Michala（2016）发现在火热期进行的首次公开发行的公司明显更有可能因为违约而被从上市公司中除名。作者对收购支持的 IPO 和风险投资支持的 IPO 做了一些区分，指出了两者之间一些有趣的不同和相似之处，为反驳媒体对私募股权投资者的批判提供了证据，也对私募股权的规章制度有重要的政策方面的影响。研究结果对增强 IPO 市场中私募股权的重要性做了积极贡献。

Gill 和 Walz（2016）调查了风险资本的支持在公司首次公开募股、做出随后被收购并退出交易的决策过程中所起的作用。得出结论，在控制企业特征以及风险资本参与的内生性的情况下，很明显，有风投基金支撑的公司更可能在被收购后退出交易。分析结果支持了不上市的决策，甚至对于正在上市的风险投资基金支持的公司也有同样的结果。研究结果表明，在相当一部分的案例中，有风险资本支持的 IPO 会被认为是延迟的股权交易。

在过去几年中，加拿大的风险资本的增长主要依赖于外国投资者的驱动，尤其是美国投资者，这种情况不是只在加拿大存在。Kong，Nitani 和 Riding（2016）研究表明这种情况喜忧参半。从一方面来讲，外国投资者进行相对较大数目的投资，从而解决加拿大风投市场中风投基金的向下倾斜的尺寸分布。此外，与国内投资者相比，国外风投家的参与和通过首次公开募股成功退出、更大的资本可用性和更短的退出时间的高倾向性相关联。从另一方面来讲，本研究还记载了国外风投参与更低的风险投资退出时每美元的支付价之间的关系，以及加拿大投资者和早期高风险加拿大联合风险投资家对货币收益的担忧。跨界风险投资与更高的可能性的通过跨境并购退出的风险投资之间的联系同样值得注意。这些实例结果表明了国外风险投资家在加拿大成长中公司的融资中的作用，并有助于全面了解加拿大风险投资市场。

Bernstein，Giroud 和 Townsend（2016）指出风险资本家在他们的投资组合公司的现场参与会导致创新和成功退出的可能性增加。利用风险投资参与差异性的外源性排除了选择效应：引入新的减少风险投资家到达他们所退出的投资组合公司所花时间的路径。作者通过进行一项大规模风险投资的调查来确认这个渠道的重要性，其中近 90% 表明直达的航班增加了与他们的投资组合公司和管理的互动，帮助他们更好地了解公司经营活动。

Ragozzino 和 Blevins（2016）调查了风险资本家如何通过收购或通过首次公开发行，如何影响企业退出的可能性。作者考察了风险投资的重要性，投资于一家公司的风险投资家数目，以及他们在新企业投资的时间，持续时间和规模。研究发现，每个维度都直接解释了企业退出，虽然他们的影响根据退出是通过收购还是首次公开发行（IPO）会有所不同。这些结果经受了几个鲁棒性检验，并为关于新企业和风险投资公司的关系如何在创业周期早期阶段展开提供了更精确的说明。

Bothner，Kim 和 Lee（2015）提出了两种状态的差异，并考察其对美国风险投资行业组织投资退出率的影响。扩展了过去关于基于状态的竞争的研究，从一个简单的基线开始：将主要状态描述为在领导角色中的组织质量的网络相关信号，即，作为在投资集团的背景下，组织领导其他人而他们自己被认为是领导组织的程度下的职能。将 Harary（1959）的精英顾问形象与 Goffman 的（1956）"能力的尊重"概念结合起来，作者再将补充状态作为一个组织特性划为配角的基于隶属关系的信号进行讨论，把它衡量为一种组织被重要的领导组织邀请入集团——也即那些集团拥有高水平的主要状态的职能。结果显示，以主要状态为条件，补充状态会减少风险资本组织在本行业的退出率。与这种状态对应于不同的角色和市场特性的前提一致，研究还发现补充状态削弱（并最终逆转）主要状态对一个组织生存机会的有利影响。

（2）创业企业对风险投资公司的影响。

组织理论家对终止组织间关系的先例越来越感兴趣，但对于这种终止对未来联系形成的破坏性后果几乎没有关注。为了纠正这种不平衡，Zhelyazkov 和 Gulati（2016）研究 1985 年至 2008 年期间风险投资机构从风险投资联合组织中的撤资如何与之后的联合相联系。认为撤资破坏了撤资的风险投资机构与合作投资者之间的关系并减少他们进入后续交易的可能性）。此外，关于撤资的公开信息可能会损害撤资的风险投资机构声誉的可靠性，使其成为一个不太理想的交易合作伙伴。研究发现被放弃的合作投资者会传播关于撤资公司的负面私密信息，降低其与其他联合投资网络联系的机会。研究还证实了，由于相互提供信息的冗余，全球和区域的声誉相互削弱。

Bottazzi，Da Rin 和 Hellmann（2016）研究信任对风险投资的影响。理论预测了信任与投资间的积极关系，但与成就之间有负面关系。通过使用人工收集的欧洲风险投资交易数据集，发现衡量各国之间的信任关系的欧盟民调积极预测了风险投资公司的投资决策，但信任与资本成功退出有负相关关系。作者的理论还预测出早期投资需要更高的信任，联合在低信任情况下更有价值，高级的信任投资者使用更多的或有合同。

（3）不同背景的风险投资对创业企业的影响。

Brander，Du 和 Hellmann（2015）研究了由政府提供风险资本支持的创业企业。研究发现，由政府和私人风险投资家共同资助的创业企业比仅由私人风险资本投资或仅由政府风险资本投资的创业企业能获得更多的投资。同时，有着更多政府风险投资资金的市场中每个企业能获得更多的风险资本投资，市场中也有更多的风投资助的初创企业，这表明政府风险资本融资增加而非取代了私人风险资本融资。在政府和私人混合风险资本资金和成功的退出之间有着积极的联系，正如首次公开发行和收购所显示的那样，对额外投资有着极大的贡献。

Alperovych，Hübner 和 Lobet（2015）研究风险投资（VC）投资者类型（政府或私人）与投资后 3 年内 515 家比利时投资组合企业的运营效率的关系。研究发现政府风险投资支持的公司显示出生产力显著降低；私人风险投资支持的公司与非风险投资同业相比，效率没有显著差异；与非风险投资支持同业相比，政府风险投资目标的效率显著降低。

Chemmanur，Hull 和 Krishnan（2016）发现，由国际和地方风险资本家组成的集团支持的新兴国家的创业公司比由纯国际或纯粹地方风险资本家的集团支持的企业更能成功退出和更好的 IPO 后经营业绩。作者使用工具变量分析和自然实验来控制国际风险投资的潜在内生合作和联合，并找到国际风险投资参与成功结果的因果效应。国际风险投资由于缺乏与创业公司的接触而在投资上面临着不利。使用国家之间的航空运输协议作为有效接触的外生变量，研究发现，国际风险投资支持的创业公司在两国之间的业务往来变得更容易时更成功。总的来说，研究结果表明，国际风险资本家更完善的风险投资专业知识和当地风险资本家更具优势的当地知识和更低的监控成本对于获得成功的投资成果都很重要。

Croce，D'Adda和 Ughetto（2015）分析了一个从 1994 年到 2004 年期间接受了银行风险资本（BVC）融资的欧洲高科技创业公司的样本。作者采用“两步”匹配程序来建立一个包括两部分的控制组：（1）从独立投资者（IVC）获得风险投资融资的可比公司和（2）非 IVC 支持的可比公司。计量经济学分析表明，BVC 投资者对他们所投资公司的财务风险状况感兴趣。事实上，在第一轮融资之前，BVC 支持的公司表现出比 IVC 支持的公司和非 IVC 支持的公司更低的金融危机风险。然而，在投资之后，与非投资公司相比，BVC 支持的公司的债务风险显著增加。

## （二）风险投资过程

风险投资过程包括基金的募集，对项目的筛选、评估、签约和投资后管理和增值服务以及退出等活动。

**1. 资金募集**

Sharma（2015）聚焦于风险投资家用来决定在种子基金和风险投资融资的投资金额的一个理论。讨论的方面包括风险投资评估方法如 Worthworm 和 Berus、描述没有债务融资的资本结构的风险、以股权资本的形式进行的后续融资，和在投资持有期间累计运营成本的计算。

**2. 风险投资筛选和评估过程**

印度尼西亚的许多风险投资公司采用一些快速分析法来选择业务流，其中一些标准可能是具有相互联系的。Wiratno，Latiffianti 和 Wirawan（2015）试图在被研究的公司中运用网络分析法来支持所做的决策。然而网络分析法在选择众多的情况下并不是最适合的，通过采用两种筛选标准以减少可能存在的其他选择，来在可供选择的方案中进行初次选择。然后采用这种方法选出十种判定标准并进行可供选择方案的排序，依次排除的方法也被用于分析中。结果表明，在进行决策的过程中网络分析方法可以提供一个优秀的建设性决策纲要。分析表明当一些方案在经过计算后被否决时，最终的排序也会改变。

Afful－Dadzie E. 和 Afful－Dadzie A.（2016）提出一种直觉模糊技术，用于通过与理想解决方案类似的、在选择政府风险资本资助的创业企业时的多标准决策方法的偏好。大部分政府风险资本资助的初创企业都失败或与私人风险投资家资助的企业相比绩效不佳的原因有很多，包括缺少透明度和不公正的选择流程。由于一些原因，包括缺乏透明度和选择过程中的不公平，大多数由全球价值链资助的创业公司与私人风险投资公司资助的公司相比，失败或表现不佳。通过这个设计，所提出的方法能够增加透明度并且减少政府风险资本初始选择过程中的偏差的影响。所提出的方法还使用模糊集合理论来模拟选择标准中的不确定性，所述模糊集合理论反映自人的决策过程。拟议的方法首先提出了一套在政府风险资本融资体制中，选择早期但是具有高潜力的初创企业的标准。然后使用 TOPSIS 方法在直觉模糊环境中分析这些标准。直觉模糊加权平均算子用于聚合决策者的评级。提供了如何将所提出的方法用于在高度竞争的政府风险资本方案中选择被投资的初创企业的数值示例。所采用的方法增加了在政府运作的风险投资计划中选择初创企业予以资金支持的公平性和透明度。提出的标准是在政府控制的风险资本方案中选择初创企业的理想标准。决策框架证明了在选择标准中的不确定性如何用 TOPSIS 方法有效地模模拟。随着全球政府风险资本计划不断增加、关于政府风险资本资助的初创企业的失败和绩效不佳的担忧不断增长，作者提出的方法可以使选择具有高潜力的初创企业的过程更加规范，确保选择结果的成功。

与私人风险投资相比，公共风险资本融资往往在选择具有高潜力的初创企业时未经严格审查。Afful－Dadzie，Oplatková 和 Nabareseh（2015）应用模糊优先排序组织拓展评估（Fuzzy PROMETHEE）方法来评估和选择在政府优先领域（如信息和通信技术）中的处于早期但具有高潜力的初创企业。同时提供了具有由三角形模糊数参数化的预定义语言项的数值示例。该框架可以作为决策者审查在政府其他优先领域选择初创企业的有用工具。

Baranov 和 Muzyko（2015）提出一种方法论方法通过实物期权法来评估在制药工业中的创新项目中的风险投资的有效性。提出的方法是在制药行业的风险融资的真正创新项目上进行测试。研究结论是，由于分期投资的因素和停止融资的可能性，复合实物期权的价值增加了创新项目的整体价值。研究结果说明了应用在风险投资者对创新项目有效性的评估时使用实际期权方法的效率。

Andrieu 和 Staglianò（2016）研究在法国同一地区经营的独立和银行附属风险投资公司之间的企业家选择的决定因素。研究发现对企业的支持质量和企业的清算价值有重大影响的实质证据。

选择风险投资流程被认为是最复杂的任务，因为它对企业的成功率有直接或间接的影响。因此，需要一个系统的方法来更好地了解风险投资过程。Dhochak 和 Sharma（2016）使用解释性结构模型来探索并且发展相关决策因素间的相互关系。结构自相互作用矩阵可用于测量各种迭代层次的层次分区。一个有向图有助于在识别依赖（受驱动程序影响的）和驱动程序（其他影响因素）的基础上，完成逻辑框架的构建。研究结果可以帮助风险投资者和创业者更好地分析投资过程，并为投资者提供对投资决策过程相关问题的深入了解。

在风险资本现实活动中，项目的正确性在于评价风险投资在运营中并成功完成贸易的关键环节。Wang（2016）研究多重属性决策问题，用以评估具有双重犹豫模糊信息和不完整权重信息的高科技公司的风险投资的效率。然后，利用现有的 GRA 方法，提出了用不完全权重信息处理双重犹豫模糊多属性决策问题的计算步骤。最后，提出了一个使用基于双重犹豫模糊信息的灰色关系分析评估高科技公司风险投资效率的例子。

Silveira 和 Wright（2016）建立了一个风险资本市场模型，重点关注资本家与企业家之间进行匹配的搜索过程，以及它们之间的利益分配问题。风险资本家反复经历以下周期：（1）筹资；（2）寻找项目/合作伙伴；（3）实施；（4）退出项目。分析侧重于当存在特定匹配的成本和回报时的项目选择，第一时间进入市场的决定，实施期间的投资和基金规模。该模型与程式化的事实一致，并提供了一个易于理解的框架用于正式化这个市场的描述和制度研究。

**3. 风险投资监控过程**

Da Gbadji，Gailly 和 Schwienbacher（2015）研究了全球大型公司（非金融公司和金融机构）如何运营风险投资（VC）计划，特别针对“财富”全球 500 强公司。这种决策涉及预期战略和财务效益以及管理和风投融资的成本之间的权衡，受到影响创新型创业精神的制度和法规的影响。作者确定，如果公司设立于在早期投资市场发达且创新相关资源更广泛的国家，那么公司更有可能实施该计划。此外，位于拥有高昂费用的个人破产法规的国家的公司不太可能运行 VC 计划，这与这些法规阻止创业计划的预测是一致的。这些发现强调了对附属 VC 项目有利的当地条件的重要性。然而，作者没有观察到任何证据表明不利的地方条件影响方案的国际化程度，暗示开展国际方案需要大量额外费用。最后，在美国和西欧的公司之间没有显著差异。

**4. 风险投资的退出和收获过程**

Li，Cao 和 Feng（2016）研究了风险投资对新上市公司合并和收购活动的影响，并考虑到锁定期的因素。研究发现，风险投资家（VCs）倾向于在锁定期内推迟并购活动，而这种抑制作用在锁定期到期时会减弱。投资期较长的风险投资者主导这种影响。作者还说明了市场如何对风险投资所支持公司的并购公告做出反应，其反应随着风险投资周期的变化而变化。

So? oma（2015）研究风险投资和私募股权投资经理决定是否要在波兰资本市场上市的影响因素。研究方法包括对科学文献记录、报道和统计数据的比较分析。在数据收集过程中也用到了问卷调查方式。调查结果显示，在波兰和中东欧地区，风险投资公司和私人股权投资公司最常采用的退出路线是股权转让。然而，通常最受私募基金经理欢迎的是首次公开发行的退出方式。

Bock 和 Schmidt（2015）通过参考前景理论和行为金融的内涵，研究了首次公开发行锁定期满之后风险资本的退出行为的决定性因素。研究着眼于基金经理和投资基金的有限合伙人之间有待研究的关系。美国1991年到2008年292家风险投资支持的上市公司的所有权数据集的结果表明：风险投资机构的特征和基金动态对锁定期满后的退出程度有重大影响，而且可能不总是符合有限合伙人的利益，暗示了以前景理论为基础的行为的相关性。特别是，首次公开发行后首次投资者持有股票的时间更长，而当前基金表现令人满意的基金则在锁定期结束后不久即兑现。

Espenlaub，Khurshed 和 Mohamed（2015）研究了英国风险投资家者从世界各地的投资组合公司中的退出。兼并和收购（并购）对所有的投资来说是最常用的出口途径，无论是在英国还是在国外。通过并购退出对于英国的投资是特别常见的退出方式，而英国通过首次公开发行退出的投资的概率远低于国外。能够解释这些国家在风险投资家、投资组合公司、法律体系和市场条件方面特征变化的差异。由经验丰富的风险投资家支持的投资组合公司更可能通过并购或首次公开发行退出。当一个风险资本联合组织有一名经验丰富的成员时退出更加可能成功。一个通过并购、首次公开发行或管理层收购的成功的退出的可能性在股票市场流动性强、法律保护体系完善的国家中更高。

Espenlaub，Khurshed 和 Mohamed（2015）依据风险投资家通过首次公开发行、管理层收购或其他路径退出所花费的时间，比较和对比了跨境及国内的风险资本投资的表现。初步分析表明跨境投资比国内投资退出得更快，并且这个差异是由北美公司的跨境投资所驱动产生的。作者研究国内退出和跨境退出之间的差异是否能够用经济/市场活动和法律系统的区域变化来解释。发现允许这些宏观变量在不同地区风险投资退出时的影响不同是很重要的。这个重要性不仅在于能获取宏观因素的全部影响，还在于能够解释退出时国内投资和跨境投资之间时间的不同。

## （三）风险投资战略与绩效

风险投资公司的绩效评估具有复杂性和不确定性。Heinzelmann（2016）借鉴了实用建构主义（PC）的框架，重点关注 PC 的四个维度，即事实、价值、可行性和交互性，为不确定性和绩效评估实践之间的关系提供了一个基于敏感环境的描述。作者采用比较案例研究方法论，研究结果表明，绩效评估实践受到整合在行为人－世界关系中的价值观的强烈影响。

### 1. 投资辛迪加

Du（2016）研究了风险投资机构对联合合作伙伴的偏好以及联合合作伙伴对于风险投资机构的影响。与同类投资者的共同投资可以减少交易成本，但是也可能限制学习的机会。基于美国风险投资方面的数据，研究发现，风险投资机构通常更喜欢同与他们自身相似的合作者组成企业联合组织，这与之前的理论预测也是一致的。然而，从长远角度来看，风险投资机构可能从与不同类型合作伙伴共同投资中获益更多。

Hahn 和 Kang（2016）研究了金融和战略投资者之间的联合投资，如独立风险投资家和公司风险投资家，是如何影响被投资公司的绩效表现。虽然这些不同类型的投资者给被投资公司提供了不尽相同但是起到补充作用的非金融增值，他们在投资的动机和目的上的固有差异也会导致关于被投资公司经营控制的冲突。通过一个美国股票市场中的风投支持的 IPO 的样本，分析了投资集团的组成是如何影响被投资公司通过首次公开发行退出。经验结果表明，当以平衡所有权的方式联合投资时，独立风险投资家和公司风险投资家会面对越来越多的冲突。因此，被这些联合投资支持的被投资公司可能导致首次公开发行退出的延迟。通过处理不同类型的投资者之间的联合投资及其对被投资公司绩效的影响，这项研究补充了关于创业融资和首次公开发行方面的文献。

Forshey 和 Levitas（2016）通过两个问题探讨了风险资本参与联盟市场的影响，这两个问题是：风险资本参与是否倾向于促进企业进入联盟市场，风险投资是否会增加那些联盟提供给公司开发创新产品的报酬金额？作者用在公共生物技术行业开发创新产品投向市场的公司来进行理论的检验。研究结果表明，风险资本支持的公司往往更快地形成联盟，形成更多的联盟，并通过联盟，相比于在首次公开发行（IPO）前一年和首次公开发行后的五年内缺乏风险资本支持的公司而言，会将更多的钱投入到开发创新产品的公司。这项研究直接增加了关于风险投资参与联盟的形成过程的现有文献。还解决了关于发展创新产品的公司从他们形成的联盟获得的好处的研究需要，以及对联盟形成过程的更多研究需要。

Dai 和 Nahata（2016）研究由外国风险投资家（VC）领导的侧重于文化差异与 VC 集团形成之间的潜在相关性的跨境联合投资。与风险共担动机相反，研究发现投资者国家和他们公司之间更大的文化差异实际上与较小的 VC 集团有关。这主要是由于本地投资者在外国 VC 领导的集团中的席位较少。然而，某些与文化差异相关的整合战略，如来自文化相似的国家的当地经验丰富的外国风险投资者或集团成员的参与，与存在更多提供有价值的监测服务的地方风险投资者有关。进一步研究表明，这些文化链接联合方法与跨境投资中的风险投资和监测策略及其最终成功显著相关。

Wang（2016）试图了解外国和国内企业何时在风险资本投资中有不同的联合可能性。虽然目前的理论可能意味着外国公司面临的外来者不利因素限制他们的联合机会，实证研究提供了较多的混合证据。为了解决这个问题，本研究强调背景，经验和声誉的应急作用。特别是，当焦点投资不太成熟，或者当地市场更冷清和资本化更少时，与国内企业相比，外国企业更有可能联合起来。然而，外国和本国公司之间的联合的差异在当他们积累更多的经验或当他们获得更高的声誉时减少。作者从中国、英国和荷兰的风险投资样本中找到了实证证据并在最后讨论理论和实践影响。

联合投资是风险投资市场的一个重要现象。然而，由于 VC 行为的复杂性和不确定性，预测未来的联合投资是具有挑战性的。Wang，Zhou，Tang 和 Luo（2016）将联合投资预测的问题设定为包含结构平衡理论的因素图模型。作者从专业知识和社交网络的角度设计了大量的特征值，并且由 Lasso 组选择显著的特征值。为 VC 的研究引入了两个新的投资数据集。实验结果表明，提出的模型显著（准确度 + 9%）优于基线法。表明只有由 Lasso 组选择的前 10 个特征值（例如：国籍，共同邻国数，中介性，最短距离，投资者类型，投资领域的数量和投资领域的 Jaccard 相似性）可以相当好地解释 VC 网络的形成（在准确性方面约 90%）。此外，本研究有一些有趣的发现。例如，在 VC 网络中，我的联合投资者的联合投资者往往是我的联合投资者；来自同一国家，投资者类型相同，距离较短，更多共同邻国或投资领域具有适当的 Jaccard 相似性的 VC 可能形成联合投资；大中介或涉及大量投资领域的 VC 在 VC 网络中具有优势；亚洲国家，特别是中国的投资者比其他国家更有可能拥有社会关系。

先前的研究强调了外国和国内投资者在新兴风险投资市场上的共同投资的重要性。然而，国内和外国风投集团合伙人如何选择彼此进行初始共同投资的问题仍然是一个开放的问题。基于代理理论，Khavul 和 Deeds（2016）假设并测试经济和社会信号对新兴市场中国内外风险投资初始共同投资选择的风险缓解效应。作者的研究对国际管理研究，国际风险投资的实践以及试图刺激创业驱动型生态系统的公共政策都有影响。

**2. 公司风险投资**

Lee，Kim和Jang（2015）研究公司风险投资与从初创企业转移到企业投资者的知识水平之间的关系。还描述了公司风险投资促进知识转移的条件。一项纵向设计用于检查1995年至2005年期间CVC投资和专利引证活动的年度快照。使用负二项泊松回归模型来测试所提出的研究假设。作者发现，公司风险投资数量与从初创企业转移的知识水平之间存在倒U形关系。这项研究的结果还发现，投资公司的知识多样性缓和了倒U型的关系。这项研究通过将公司风险投资概念化为一个远程搜索过程，从初创企业获取外部知识，为搜索文献做出贡献。通过理论论证和实践证明公司风险投资结构的关系强度和技术知识多样性对组织知识转移的影响，本研究扩展了以前的社会关系和技术多样性的理解和适用性，以了解公司风险投资活动。

Guo，Lou和Pérez－Castrillo（2015）提出了一个投资、持有和退出策略的模型，这个模型是针对受到风险资本投资的有着高度不确定性的初创企业、内部信息使用者和外部信息使用者之间的信息不对称和贴现率。分析表明，有公司风险投资资助的初创企业比那些由独立风险资金资助的初创企业在退出和收到更多投资之前会存续更长的时间。虽然一段更长的持续将会提高被收购退出的可能性，但一个更大的投资提高通过公开上市退出的可能性。这些预测有强有力实践支持。

Anokhin，Simon和Joakim（2016）为管理因素的作用提供了理论依据，其中包括董事会、CEO和机构所有者的特征。来自一个关于全球公司风险投资的国际样本的实证表明，类似拥有多个委员会授权和机构所有权的董事会这样的因素对于公司风险投资活动来说是非常重要的因素。因此管理因素起着非常重要的作用，后续的研究也不应忽视这一组因素。

基于2003年至2013年期间由生物制药行业顶级公司风险投资者进行的260个公司风险投资交易的独特纵向数据集的归纳定性研究，Baldi，Baglieri和Corea（2015）认为公司风险投资者（及其公司赞助者）在多大程度上可能从新企业学习取决于其风险态度的性质，更一般地，取决于其投资组合多元化（低风险）或集中（高风险）战略。作者确定四种类型的公司投资组合策略，能够使上一级发起者获得成长和学习期权，显示了学习倾向和投资组合多样化之间的曲线（U形）关系。作者还开发了一个用于确定公司风险投资机会集的工具，该工具可以帮助基金根据自己的风险回报偏好优化资本配置。公司风险投资决策的理论是通过推进两个进一步的、需要未来经验验证的命题而推进的。

Sahaym，Cho，Kim和Mousa（2016）研究了最近已经经历了首次公开发行的公司中，高管团队和治理结构在公司风险资本使用方面的作用。这项研究是独特性在于它揭示了影响这些公司策略制订的管理因素。作者在整合代理行为和高阶理论的观点之上提出了假设。结果表明，由于非双重性的存在，高管团队的异质性与公司风险资本的使用呈负曲线相关关系。同时发现，高管团队的异质性和所有权促进了公司风险资本的使用，但这种促进能力是有限的。

Anokhin，Wincent和Oghazi（2016）分析了公司风险资本投资的战略性影响。通过具体地研究163家企业在一个4年期间内的交易，记录了驱动的、新兴的、授权的和被动投资对在职者可利用的创新机会和通过他们的投资带来的效率规模效应利得的影响。这项研究表明通过推动式的和授权的投资，在职者将他们自己放在产业中来获取利润并提升创新规模效应。同时，新兴的和被动投资对这篇文章中的两个战略目标都是不利的。

Mohamed和Schwienbacher（2016）调查了促进公司进行风险投资宣告的因素。与自愿信息披露理论一致，发现当新创立的公司在种子阶段时很难做到公开公告，但是当母公司规模较大且活跃于集中市场和非高科技行业时，更有可能公开公告。公告内容包括公司主要投入的内部研发和资金支出，拥有较低的杠杆比率和面临的更多信息不对称问题。另外，公司风险投资外部管理项目的披露比内部项目更加频繁。研究还发现，面临着更加严重的信息不对称问题的母公司在公告后有更多异常高的收益。这项研究对于自发性信息披露的文献也有帮助，因为它证明了证明大型公司在战略上披露他们对创新创业公司的一些投资信息，作为向市场传递有价值信息的一种方式。

Marcks 和 Kinoshita（2016）讨论了全球风险投资（VC）、公司风险投资（CVC）和全球在创业企业的投资。它向全球顶尖的企业风险投资公司和如何通过这些公司进行全球风险投资活动提供数据，并且提到这些公司的主要业务是提供服务而不是向初创企业进行投资。它同样讨论了直接投资、通过合作进行企业风险投资和获取创业企业技术的优点和缺点。

**3. 投资战略与绩效**

Woike，Hoffrage 和 Petty（2015）使用计算机模拟调查了不同的战略对风险投资的财务绩效的影响。他们运用比较简单的启发式方法，如等权重，有更复杂的机器学习的高效简洁决策树和回归模型，并分析三个因素的影响：风险投资学习，投资环境的统计属性和商业计划中可用的信息量，证明了决策策略的绩效和决策结果的相对质量在商业计划中包含的信息与财务成功的可能性之间存在不同统计关系的环境之间发生关键性变化。权重策略与更复杂的投资决策策略相比具有竞争力，其绩效在各种环境中都很强大。只从模拟风险投资的计划中学习，大大降低了风险投资从经验中学习的潜力。结果证实，决策策略在增加信息对决策结果的影响方面不同。

使用一组新的风险基准，Pereiro（2015）估计了对于风险投资基金中的创业企业、有限合伙人和一般合伙人的股权资本的机会成本。这些数字低于私募股权行业中通常制订的内涵投资回报率。那些一直使用目标内涵投资回报率来进行现金流贴现的风险资本家可能因此一直雇用目标内部收益率来贴现现金流可能会因此面临失败的风险 - 整体绕过有利可图的潜在交易。

Buchner（2016）开发了一种新的计量经济学方法来估计可观测的投资现金流的异常回报和私募股权的系统风险。这种方法的特别之处在于它提供了封闭式的估计量，并采用了广义的资本资产定价模型（CAPM），这种模型准确地考虑到私募股权收益通常会偏离正态分布。此方法已通过数值事例进行验证，且应用于 12565 个有私募股权支持的投资组合公司投资的综合样本中。研究结果表明，忽视私募股权收益的偏差可能会造成对异常回报和系统风险的偏误估计。

在缺乏关注等资源稀缺的情况下，风险资本家应该考虑如何确定创业公司在风险资本融资中的最佳投资组合规模。Pu 和 Fang（2016）在分期融资机制的基础上，基于双重道德风险，使用最优化理论，得到关于风险投资最佳投资组合规模的表达式，发现最佳投资组合规模减少了启动资金和后期投入资金，增加了早期产出和总产出。

Tripathi（2016）分析了印度基础设施建设部门私募股权投资和风险投资的投资策略。讨论的方面包括用于抵消不对称和不确定性的风险的在发展后期阶段的投资倾向，以及在投资阶段的资金差异基于的几个因素，如投资者的次级部门和外国投资者对于公司发展的重要性。

Capizzi（2015）通过使用一个独特的数据集，这个覆盖了意大利非正式风险投资市场具有代表性的主要参与者，来研究使投资的绩效。计量经济分析以一套原始的独立变量为参考，研究了天使投资企业的回报率和其主要的决定因素。而以往的实证研究假设解释变量和非正式风险资本家的投资业绩之间存在线性关系，这项工作测试了线性和非线性两种不同的函数形式。主要研究结果如下：（1）经验和内涵投资回报率之间的关系十分显著，呈 U 形；（2）被普遍接受的短持有期的投资将赚取更低回报率的预期，已被大量数据证实；（3）原始的解释变量－排斥率－放入模型后，它对天使投资企业绩效的影响是积极、非线性和显著的；（4）最终的整体经济计量模型显示出相关的解释力，anR平方接近35%。在这项研究进行的实证分析结果能够识别那些新而具体的，且旨在刺激非正式风险投资行业中可能的公共政策干预，从而在经济体系内部实现创业。

Chen和Liang（2016）采用严格的经营绩效测量指标和一个扩展到2000期以后的样本，重新研究了风险投资支持的IPO的绩效情况。研究发现风险投资持股的公司表现不如无风险投资持股的公司，尤其是当公司具有大量超额现金时。同时发现在上市时风险投资持股的公司持有过剩现金可能会造成投资浪费。上市后的实际投资情况也证实了这一点。此外，研究结果还证实了在在IPO日后风险投资家是否会进入董事会中。研究结果支持了过度投资假说。

Gohil和Vyas（2016）提供了与私募基金表现相关的信息。主要讨论了让业绩持续的驱动因素，如：风险投资家的技能、资金流和风险资本的价值评估之间的关系、风险资本的价值评估和资本流入的相关性。

Buchner（2016）设计了一个新颖的公开市场等价的测量方法，通过使用标准资本资产定价模型和多因素扩展，评估私人股权投资的风险调整后的绩效表现。通过一个包含7723个全面实现风险资本的投资的样本，本文使用标准资本资产定价模型、法玛—弗伦奇三因子模型和一个包括Pastor－Stambaugh交易流动性因素的四因子模型来评估这种方法。结果表明，风险资本投资显著优于流通股，而且其收益类似于小型成长型股票。此外，结果还表明，风险资金收益的交易流动性因素的披露可以忽略不计。

Korteweg和Nagel（2016）改进了用于风险投资绩效评估的随机贴现因子的估值方法。作者的方法将流行的公开市场等价方法进行一般化，并允许对影响风险资本收益准确性的横截面依赖的存在进行统计推断。放宽公开市场等价方法中的隐含限制条件，从使其能准确反映无风险利率和在取样期间公开股票市场的收益。这种广义的公开市场等价方法对于风险资本资金和早期初创企业投资产生了显著不同的异常绩效估计，尤其对处于上涨时期的股票市场和贝塔值远大于1的投资来说更是如此。

Escobari和Serrano（2016）试图重塑不对称的信息和研究首次公开募股的风投公司的收益性。作者还分析了属于特定分组的首次公开发行的收益性的影响因素。作者应用2404家在1980~2012年间成立的美国公司为样本，采用最大似然法来评估这个混合模型。研究发现：根据首次公开募股的收益是如何分配的可将公司分成两类。第一类公司的情况和当前的研究是相似的。作者发现第二类公司的收益主要受风投起源和资本扩张的声誉影响。作者还将研究发现深入到各种各样的IPO小组。这个新提出的混合的方法减少了投资者、监管者和企业的不对称信息，提高了投资的收益性。

Wiltbank，Dew和Read（2015）考察了投资于新企业的资本回报率。理论上，新的风险增长，估值和随之而来的企业家回报的结果通常被认为是获得股本资本的函数。利用一个包括1996年至2006年期间由美国上市公司收购的3160家私营公司的手工收集的数据集，作者分析了该领域具有明确的终值，生命周期以及企业家分配的异质投资概况。研究结果描绘出投资资本回报率急剧下降的情况说明股本投资的首要好处是加速流动性，而不是企业或企业家回报的终值。

Buchner，Mohamed和Schwienbacher（2016）在基金和交易层面使用详细的交易层面的现金流量信息来研究基金特定风险是否有助于解释私募股权基金的绩效持久性。通过测试各种风险措施的影响，来进一步将现有结果扩展到收购和风险投资（VC）的国际论证中。研究发现，风险是绩效持续性的重要驱动力并有助于解释这种持久性。还发现私募股权风险的持续性，特别是收购和风险投资基金的下行波动持续。最后，作者证明了基金的绩效更强烈地被基金经理最小化不利损失的能力影响而不是被选择优于市场组合的公司所影响。这种效应对于收购最强，但在较弱的程度上，也适用于 VC。研究结论是进一步健全控制在国家层面上的法律因素。

Akhmejanova，Vikulina，Votchel 等（2015）评估了投资者从风险资本退出的另类策略，这些策略可以同时被分为理想策略和不理想策略。退出策略的所有选择权根据其吸引力降序排列：从 IPO（首次公开发行）到清算。由于对 2006～2014 年期间俄罗斯联邦的风险投资和直接投资市场进行了分析，发现最常用的退出是向战略投资者出售自己的股票。统计数据表明，通过 IPO 最有效的退出没有广泛地被投资者使用。然而，应该注意到相对较少的清算是俄罗斯风险资本市场的积极特征。在未来，类似于 IPO 和回购等选择权将有很大的前景。

**4. 其他问题；声誉与跨国投资的影响因素**

虽然通常来说，信息不对称风险是风险资本投资项目的主要阻碍，那些跨国风险投资机构由于地理距离和文化差异而面临着更大的风险。Joshi，Subrahmanya（2015）概念化、实证调查和统计确定对于在印度的跨国风险投资机构重要的相关指标集。起初，作者分析了最相关的指标，如被投资企业的融资阶段、联合投资、对最合适的标志例如投资企业的资金、企业联合组织、专业化领域和过去创业团队的创业经验。此外，还调查了一些与印度经济、政治和社会文化环境有关的特定指标。

### （四）风险投资契约和风险管理

Brown 和 Wiles（2016）记录了新兴增长型公司在通过私人 IPO 或 PIPO 私有化的同时筹集大量股权的增长趋势。PIPO 融资创造了大量的“独角兽”公司 - 私人企业，他们拥有 10 亿美元或更多的估算市场价值，同时允许他们避免上市交易的挑战。但是，也有人指出，PIPO 流程，由于其多次融资轮和日益复杂的条件，几乎肯定会导致一些通货膨胀。与之一同出现的还有合同过程和由此产生的许多规定往往具有一些参与者不了解的经济后果，包括利益相关者之间的重大财富转移以及企业价值的整体破坏。包含这些条款的合同似乎在每轮融资方面变得更加“不透明”和更“有害”。更确切地说，清算优先权通常在后几轮 PIPO 中提供新的投资者，可以极大地影响风险和所有权份额的分配，同时，从创业家和其他原始所有者处转移大量财富。通过对代表性条款的数值分析，作者讨论了公司早期阶段的金融合同，提供了谈判会出错的示例，并显示利益相关者的商定结果开始损害股东利益的确切时间和地点。

Tian，Udell 和 Yu（2016）研究企业欺诈与监控失败之间的直接联系，并研究风险投资公司的声誉如何在未能防止其投资组合公司欺诈时受到的影响。发现声誉受损的风险投资公司在未来与其有限合作人，其他风险投资公司和 IPO 承销商的交互不同，因为他们被认为是无效的监测器。此外，未能防止欺诈的风险投资公司在使将来的投资组合公司上市时面临更大的困难。

### （五）创业企业融资

在向有限合伙人筹集资金的时候，风险投资机构需要展现能够彰显公司业绩的相关资料，以说服合伙人进行投资。Kuckertz，Kollmann，Röhm 和 Middelberg（2015）发现，公司表现出的可信度的一些子方面，如感知市场的能力、诚信度、慈善行为等，在风投公司和他们潜在的合伙人之间起着非常重要的作用。作者在全世界的合伙人中抽取 148 位作了分析，分析显示合伙人最看重的是他们的决策权。特别地，有中等或更高水平经营记录的风投机构会受益于他们的诚信经营。因此，一个风投公司的可信度并不是它经营记录的替代品，而是它的补充。

Bengtsson 和 Sensoy（2015）研究了风险投资家在被投资企业获得的现金流权的演变和重新协商。当公司在融资轮中的表现较差时，包含更有力的风险资本现金流权利的后续合同和已经存在风险投资家倾向于给新的风险投资家更高的权利或者收回他们已经存在的权利。这些结果与在不同的风险投资家和预测较差的绩效表现会使融资摩擦加剧的理论之间的融资问题的重要性一致。一个后果是风险投资家的现金流权利在退出之前经常被显著稀释，这意味着风险投资家的投资比之前的估计有着更高风险。

企业家尝试去说服潜在的投资者他们的初创企业是有信誉并且值得投资的。关于创业企业外在形象管理的长期研究表明，建立在有利条件下展现他们的企业能力是成为成功企业家的关键。Benson，Brau，Cicon 和 Ferris（2015）研究了问题相反的一面和判断企业家是否掩盖了一些公司治理信息的测试。作者创造了一个新的指标来衡量首次公开发行的治理文件中信息的真实性水平。发现企业家在高强度的监管期间不太可能提供虚假信息，这与行业分析师对于产业集中度和IPO 集群的分析结果一致。同样发现更多的使用信息粉饰与筹集更多资本有关，原因在于更多的溢价和更少的抑价。这个效果在对股东来说很难去改变的公司章程中最明显。

Edelman，Manolova，Shirokova 和 Tsukanova（2016）使用了社会支持的视角，假设创业活动的范围与两种家庭的支持、金融资本和社会资本正相关。作者进一步认为到家庭的支持效果会通过情绪支持的水平和家庭凝聚力的形式所加强。为了测试假设，作者进行了 2011 年全球大学企业家精神学生调查（GUESSS），这是一个对来自 19 个国家的大学生的调查。重点关注那些正在开始新创业的新生企业家（n = 12，399）。研究结果表明，家庭社会资本与创业活动的范围正相关，家庭金融资本与创业活动的范围负相关，家庭凝聚力放大了家庭社会资本对创业活动范围的影响。同时讨论了理论，从业者和公共政策的影响。

Kim 和 Wagman（2016）分析在一个竞争激烈的投资市场中，当一个创业家试图维持他的股本和权益价值时，在天使投资和风险资本融资两种方式之间的选择。分析的关键是如果一个内部投资者选择不去追加一项后续投资，就会向市场传播消极的信号。作者首先指出，当预期风险完全相同时，创业家通过向一个承诺在未来一轮中不参与的天使投资人融资来保持较高的股本。而当预期风险有差异时，具有较高（低）成功可能性的创业家会在第一轮选择风险资本融资（天使投资）方式，从而导致分离均衡。

基于家族企业接受外部股东的自然排斥性，Croce 和 Martí（2016）分析内部产生的现金流的投资敏感性是否会驱动在这些公司中的风险投资的参与度。作者认为，当家族企业受到严重的金融约束时，他们会更容易接受外部投资者。研究目标是确定在何种程度上风险投资参与有助于降低投资和内部现金流之间的依赖关系。作者聚焦于一个在 1997 年和 2006 年之间获得初始风险投资的加拿大私营家族企业的具有代表性的样本，并且比较了风投支持的家族企业与非风投支持的家族企业的投资现金流敏感性。研究发现，在接受风险资本前，风险资本支持的家族企业比其他类似的非风险资本支持的家族企业有更多的经济限制。这一发现在家族企业第一代被证实了，因而提供了家族企业不愿接受外部股东的额外证据。还发现，风投支持的家族企业，特别是第一代，在首轮风险投资后，显著降低了投资现金流的敏感性。

Robinson 和 Sensoy（2016）使用来自 1984 年至 2010 年的 837 个收购和风险投资基金的数据研究私募股权现金流的流动性属性。在一个时间点的大多数现金流变化是多样化的 由给定基金的特质或基金的存续期解释。资本调用和分配都有一个顺周期的系统组件。分配比调用更敏感，意味着顺周期合计净现金流。研究发现，在热门市场上筹集的资金在绝对数量上表现不佳，与公众股权相比，大幅减少。与在萧条时期未缴股款的流动性溢价一致，作者发现具有相对高倾向的资金在绝对和相对方面表现更好。风险投资现金流和业绩比收购更具周期性，周期性现金流和业绩之间的联系也更强。

**1. 众筹**

最近一项新型机构已经出现，众筹。这些实体：1）引导资本去创造知识产权；2）收集项目和企业家质量信息；3）从个体直接计量需求信息，以提高资本配置效率。来自众筹机构 Kickstarter 的数据表明对资本形成和企业声誉形成在风险融资过程中的作用的新见解。Li 和 Martin（2016）发现正面和负面的声誉获取都显著改变了筹资成功的措施。

尽管股权众筹提供了从大量投资者募集资金的机会，许多发起活动仍然往往不成功。Lukkarinen，Teich，Wallenius H. 和 Wallenius J.（2016）从股权众筹、风险投资与天使投资以及奖励式众筹等邻近的两个融资领域中吸取经验，加深了解股权众筹投资决策的驱动因素。使用来自北欧领先的股权众筹平台上的数据，研究了被股权众筹活动吸引的投资者数量和资金数量的驱动因素。结果表明，传统上由风投或商业天使使用的投资决策标准对于股权众筹的成功不是最重要的。相反，成功与预选的众筹活动特征以及私人和公共网络的利用有关。这些发现与企业家和众筹平台的决策相关，因为双方都从成功中受益。

众筹在美国获得了极大的关注，允许企业家去筹集企业资金以换取他们在企业中的股权。这种股权资本方法可以为合法企业家开辟新的企业融资来源，但很少注意到它如何为非法企业家欺骗投资者提供新的机会。Baucus 和 Mitteness（2016）采用了辩证方法去检验推出 Ponzi 骗局的企业家 - 这些企业持续吸引新的投资者，以便利用他们的资金向早期投资者支付回报 - 为了展示这些非法的企业家经营的轻松性、创造性与勇敢性。提供的庞氏企业家的例子展现了他们如何轻松地规避保护投资者的保障：人群筛选，透明度和文件要求，独立的审计报告和保证资金，直到企业的财务目标已经实现。作者提供了可能的解决方案来帮助保护投资者，合法企业家和一般企业免受非法企业家造成的损害。

**2. 专利、商标等对创业企业融资的影响**

一些可观察到的资源，特别是专利、联盟和团队经验，被公认会影响初创企业吸引风险资本融资的能力。在这种情况下它们可能履行着双重职能：作为生产性资产和可能作为在评估时不可观察到的企业特征的信号。尤其地，专利、联盟和团队经验可作为一个企业技术不可观测的质量信号。Hoenig 和 Henkel（2015）通过对 187 名欧洲和美国风险投资家进行联合调查，发现他们依靠研究联盟，部分依靠团队经验作为技术质量的信号。尽管专利影响风险资本家在他们产权功能方面的决策，但并没有发现表明他们可以作为技术质量信号。

Zhou，Sandner，Martinelli 和 Block（2016）分析了初创企业通过风险资本家融资过程中专利和商标的影响。专利和商标标志着初创企业的技术和营销能力。研究发现专利和商标不仅对风险资本投资有直接影响而且有互补效应。同时申请专利和商标的初创企业比只申请一项的企业获得更多的风险投资资金。并且，作者发现专利和商标的互补性只存在于首轮风险投资回合中。结果表明寻找早期阶段初创企业在强调他们的技术和营销能力时，能最好寻求他们最初的风险投资基金。因此，创业政策应该鼓励初创企业同时培养技术和营销能力。

## （六）投资者、风险投资家和创业企业家的行为特征及相互关系

Bengtsson 和 Hsu（2015）记录了企业家创始人和风险投资（VC）合作伙伴共同在塑造投资关系中的作用。共同种族增加了风险投资公司投资公司的可能性。有条件的投资，共同种族通过提高董事会参与风险委员会的可能性和增加投资的规模和范围来加强参与程度。这些结果与基于信任和社会网络的机制是一致的。然而，研究样本中的共享种族与通过投资流动性衡量的更差的投资结果相关，研究结果表明这可能源于更宽松的筛选和/或公司治理。

Yang，Chen 和 Zhang（2016）收集来自 VentureXpert，Compustat 和美国专利局的数据。最终样本包括 1990 年至 2004 年的 868 个 CVC 投资组合年度观察值。在分析中使用面板线性回归和分层线性回归。这项研究的主要发现显示，CVC 计划的结构自主性与其投资组合多元化有显著的相关性。除了直接效应，作者还发现，CVC 的结构自主性调节了企业投资者的战略关注与其 CVC 投资组合多元化之间的关系。具体来说，当 CVC 项目的自主水平较高时，其母公司相对增长潜力与 CVC 投资组合多元化之间的负相关关系将变为正数，其母公司业务多元化与 CVC 投资组合多元化之间的正相关关系将变为负数。本研究确定了 CVC 投资组合多元化的前因，如 CVC 结构自主性和企业投资者的战略关注以及它们的互动影响。这一发现也为 CVC 项目设计提供了宝贵的管理上的意义。

在一个双面道德风险框架里，Geronikolaou 和 Papachristou（2016）模拟风险资本家之间的竞争对于被投资企业风险状况的影响。调查显示，随着竞争加剧，投资者愿意为那些本来不可行的风险项目提供资金。

Vergara，Bonilla 和 Sepulveda（2016）研究风险资本家和创业家之间的关系。特别分析了两者难以觉察到的努力水平如何影响了企业家愿意分给风险资本家的股权份额。作者解决了在双向风险存在的情况下创业家面临的最大问题。在这一假设下，作者指出风险资本家的股份是有约束力的，因此没有所谓的效率工资。通过模拟模型得出，创业家的努力结果并不会使分配给风险资本的股份份额单调递减，同时，风险资本家的努力也并不会使企业家股份份额单调递增。得出两者的努力结果有着互补的趋势，这个项目的现金流几乎是被均等分配的，大约每个合伙人占 50%。这种理论发现确实在风险资本家和创业家实际的合约签订中被证实。

Takahashi（2015）研究了商业银行家在银行与小型企业建立关系的努力中的作用。通过利用日本 IPO 数据，这项研究揭示银行倾向于向在董事会拥有有限财务专家的公司提供额外的资金。此外，银行家作为建立贷款关系的代理人身份的介入更可能发生在银行的风险资本（VC）投资之前。这些发现表明，商业银行提供银行家来补充客户公司的金融专业知识，并利用这种关系建立随后的风险投资。

## （七）风险投资家和创业家个体特征对投融资过程以及绩效的影响

风险投资家在辨别具有创新性和巨大潜力的公司中起着重要的作用。但是在投资之前，风险投资家们会采用不同的标准来评估初期投资。Monika 和 Sharma（2015）通过抽象概念和实际经验结合的方法集中阐述了风险投资家如何做出投资决策以及什么是当代投资的主要影响因素。研究强调，对于一个新的投资项目，并非所有风险投资家都能够遵循同一个决策过程，比如，其中一些人看重企业家本身的性格特征而另一些人则更看重企业的财务和经营状况。基于此，研究结果揭示了风险投资家在决策中遵循着多重判据。研究结论对于风险投资家的决策过程及企业家最

有效的运用风险资本都有价值。

Cheng 和 Schwienbacher（2016）调查了中国风险投资支持的公司在国内市场和外国股票市场之间的上市选择。通过使用在 1994 – 2013 年期间上市的 2249 家中国公司 IPO 的综合样本，作者发现，由中国国内风险投资支持的公司在国外上市的可能性显著降低，而由外国风险投资或国外和国内共同投资 VC 显然更有可能这样做。作者进一步发现，为高科技初创公司（创业板）引入国内股票市场大大降低了其在国外上市的可能性。然而，在引入创业板之后，VC 参与的效果基本上消失了，因为由外国或国内外共同投资的风险投资公司支持的公司更有可能在国内上市。此外，研究发现风险投资支持的 IPO 发行规模较大，但对这些中国公司的 IPO 定价没有影响。这些关于 IPO 结果的结论对于全样本和使用匹配法的匹配样本都适用。

Cumming，Knill 和 Syvrud（2016）研究了 81 个国家 1995 ~ 2010 年间国际风险资本投资者对私营企业的成功的影响。研究数据表明，相对于纯粹国内投资者的交易，有一个国际投资者的私营企业更有可能通过 IPO 退出并且有更高的 IPO 收益。研究结果与国际化的益处可能是管理起来更为困难和昂贵的观点相一致，成功管理跨境协调成本的企业，对一个上市公司有潜在的价值。相反，与被并购的私营企业投资者国际化有关的好处，很少被提及。这一好处的最重要的来源似乎是资本的获取。

He，Li 和 Tian（2016）通过中国 2002 到 2012 年之间所有 1404 家首次公开上市的企业，分析了风险资本投资，尤其是外国风险资本投资，在首次公开发行后的三年间，是否对被投资企业带来更多或更少的增值服务。结果表明，风险投资家选择投资于有更高价值潜力的公司，并且，相应的，在首次公开发行后，公司的价值会增加；外国风险资本比国内风险资本更能增加被投资企业的价值。然而，风险投资和无风险投资支持的公司在首次公开发行后的盈利能力并没有显著差异。但是，这证明了风险资本在中国市场上扮演着活跃的角色。

Falik，Lahti 和 Keinonen（2016）关注的是理解以色列创业家在选择风险投资机构时的标准。主要目的是调查创业经验如何影响创业家在资源相关标准和与交易条件相关的标准之间的权衡。假设来自代理理论，资源依赖视角和现有的风险投资研究。数据来自对 144 个以色列创业家的采访，这些创业家正在获得风险投资，或者有近期获得风险资本的经验。使用序数对数模型测试假设。结果表明，早期经验和创业家对估值的重要性之间存在负相关关系，并且对风险投资公司的网络和信誉的重视影响了这种关系。此外，风险投资机构网络的重要性调节了创业经验与分配给合同条款的重要性之间的关系。此外，结果表明，虽然没有经验的创业家比有经验的创业家更重视估值，但当他们寻求获得风险投资公司的联系网络时，倾向于更少地强调它。当创业家接触声誉较低的风险投资机构时，他们更关心估值，特别是如果创业家有大量的创业经验。

Devigne，Manigart 和 Wright（2016）利用承诺框架逐步增强的原理，研究了跨国的和国内的风险资本投资者在情感、社会和制度因素方面的差异如何影响他们对于终止一个失败投资的决策。作者追踪了 684 家欧洲科技公司的 1060 项风险资本投资的退出结果。结果表明，国内的投资者更有可能逐步增强他们对于一个失败投资的承诺，而跨国投资者则选择高效率地终止投资，即使是他们是通过当地的一家分公司来进行投资。这是由于跨国投资者对于投资项目有更低的社会和情感关联性，对于当地的经济和社会环境有更低的根植性，从而减少了个人决策的偏见。此外，他们受联合投资网中做进一步投资的规范性压力的影响程度更低。跨国投资者的当地分公司也被逐步增强的承诺保护。作者推测，跨国投资者们的国际投资承诺扮演着反对个体决策偏见的组织保障的角色。国内投资者因此可以通过模仿跨国投资者的行为获益。

Zajac 和 Lungeanu（2016）旨在通过改进一个基于专家经验将所有权视作或有资源方面的观点，促进关于企业所有权与公司绩效的研究。具体来说，作者提出企业所有者先前不同的经验在他们的专业知识上产生可辨识且不断发展的差异，当这些专业知识上的差异与公司的特性和不断变化的战略需求适当匹配时，这些差异会成为在公司整个生命周期创造价值的源泉。作者在风险投资环境下，来确认这些所有者的专业知识之间存在已有的有意义的差别，以及一个既定的具体情况，即作者相信风险资本所有者与这些私营公司之间存在着一定的匹配与失配。作者进行测试，并使用广泛的来自众多1997年到2004年间不断寻求着上市的美国私营企业的纵向数据集，为有关匹配良好的所有者和公司绩效状况的预测寻找支撑。

关于性别和工作场所决策的研究倾向于解决男子和妇女的人力和社会资本之间的供给方差异，或妇女和男子工人的状况期望方面的需求方差异。此外，这项工作通常依赖于从工人特征和工作场所结果收集的经验数据中得出的因果推论。Tinkler，Whittington，Ku 和 Davies（2015）展示了通常与供给方特征相关联的有形教育和工作经历证书，与性别的文化信念相结合，对高增长、高科技企业家的风险投资决策的评估过程的影响。利用一个实验设计，模拟具有不同技术背景、不同重要社会关系的男性和女性企业家风险投资的资金决策。研究证明了风险投资评估的两个不同方面：企业和企业家的两个不同方面，并发现企业家的性别影响评价最多时，是人而不是企业作为评价的目标。技术背景资格舒缓了性别期望的影响，与评估风险投资密切联系，妇女获得的报酬多于男性。作者讨论对未来关于性别和工作的研究的影响。

Lee，Paik 和 Uygur（2016）以4240个韩国公司为调查样本，通过调查四种中介机制，研究了所有者性别与国际新创企业（INVs）出口业绩之间的关系，其中这四种机制分别是风险资本融资，上游企业特定优势，下游企业特定优势和国家特定优势。作者得到三个发现，（1）女性所有的企业很难获得风险投资，但风险资本融资与他们的出口业绩并不是正相关关系；（2）男性所有的企业通过卓越的创新和营销能力（即调节效应）比其女性所有的同行将取得更出色的出口业绩；（3）虽然性别与本地区域内出口目的地无关，但在亚太地区出口的国家目的地对国际新创企业的出口业绩产生了积极影响。

Ughetto（2016）研究了企业家的人力资本和风险资本（VC）融资的收入在多大程度上影响了天生全球化企业（BGs）的增长。该研究分析了来自位于世界不同国家的ICT和电子行业的高科技初创企业调查得出的242个样本。作者进行了控制风险投资内生性的多变量探索性分析。结果表明，企业家以前建立另一家企业家的经验积极影响了天生全球化企业的增长。负面影响与管理团队在教育背景方面存在异质性有关。关于金融资本和增长之间的联系，研究发现风险资本融资和创始人数量（可用内部资本的代表）都对天生全球化企业的增长产生了积极的影响。

在发达经济体中进行首次公开发行的外国公司面临新性和外国性的双重责任，可能对公司获得资本的能力产生负面影响。Li，Bruton 和 Filatotchev（2016）研究了海归独立董事在美国232个国外上市中承担这种责任的能力。作者发现海归独立董事对国外IPO的价格溢价产生积极影响。同时发现，这种关系取决于非独立董事所拥有的所有权水平，风险资本家所拥有的所有权水平以及公司原产国的投资者保护程度。

Gompers，Mukharlyamov 和 Xuan（2016）研究个人特征如何影响人们的合作愿望，以及这种吸引力是否增强或降低了风险资本的绩效。研究发现，具有相同民族，教育或职业背景的风险资本家更有可能彼此联合。这种同质性降低了投资成功的概率，并且它的有害影响对于早期的投资是最突出的。大量测试表明，亲和力的高成本最有可能归因于投资后的高亲和力集团的决策不佳。这些结果显示“人以群分物以类聚”的影响在合作可能是昂贵的。

有充分的证据表明风险投资对新企业的创造和成长的影响，但是对风险资本家的异质性及其对新企业的动态增长作出贡献的能力的关注很少。Meglio，Destri 和 Capasso（2016）试图通过探索当他们依赖于与风险资本能力相关的一组独特的技能和过程时，风险资本家对新企业的发展存在有利影响，从而对现有文献作出贡献。结合风险资本和基于资源角度的研究流以确定风险投资能力的基本机制，作者开发了一组命题来进行经验性测试，并讨论研究和实践的意义。

### （八）风险投资网络

Hellmann 和 Thiele（2015）提出了一个天使投资和风投市场如何相互作用的理论。企业家首先接受天使投资然后是风投资金。这两种投资者类型是“朋友”因为他们相互依靠对方的投资。然而，他们也是“敌人”，因为在后续阶段中风险投资家不再需要天使投资。通过使用一个昂贵的搜索模型我们得到两个市场的平衡交易流、内生市场的大小、竞争结构、估值水平，以及退出率。作者同样研究了对天使投资的法律保护所扮演的角色。

Lukas，Mölls 和 Welling（2016）提出了一个基于企业家和风险投资家之间的期权博弈不确定性的企业家风险融资动态模型，并且分析了多阶段融资的影响，以及经济和技术不确定性对于风险投资背景下的最优契约的影响。研究的新方法是将复合期权定价与顺序非合作契约结合起来，从而能够确定重新谈判是否会提高达成协议的可能性，并继续与企业合作。这表明，两个不确定性来源明确影响风险投资者的最佳股权份额。具体来说，较高的不确定性导致拥有企业中更大的股份，重新谈判可能导致企业控制权的巨大变化，防止企业失败。此外，对于低波动性的投资，可能会在风险投资者失去他的先发优势的情况下发生。基于比较静态分析，从模型中推导出了用于进一步实证研究的新的可测试假设。

结合资源依赖和社会网络理论，Zhang 和 Pezeshkan（2016）研究了国外公司在东道国中联盟网络的地位如何影响他们与东道国和本国公司的进一步联合。作者引入网络中心性作为影响联盟形成中的两个竞争力量的因素：意愿和吸引力。此外，作者认为，如果他们有行业经验，有低网络中心性遭遇的外国公司可能会更容易增强他们的网络位置。研究以对美国风险投资公司在中国的投资的相关数据的分析作为支持的理论框架。作者对研究结果在理论和管理方面的影响进行了讨论。

由于风投公司在刺激地区经济增长方面的重要性，风投公司与风险投资的地理选择会引起人们大量关注。然而，跨地域的风险投资资本流动的空间模式却很少有人关注，尤其是在新兴经济体的背景下。基于与国内首次公开发行（IPO）相关的风险投资公司和投资的独特数据集，Pan，Zhao 和 Wójcik（2016）结合位置分析与网络分析来调查中国风险投资活动的空间格局。结果证实，北京，深圳和上海是全国主要的风险投资中心。虽然长三角地区拥有最多的投资，但北京和深圳在风险投资公司的数量，投资量和国内风险投资支持的 IPO 数量方面具有超过上海的优势。北京和深圳在中国的风险投资网络中也比上海更具中心性，北京－深圳在风险投资流动方面代表着最重要的城市对。这篇论文阐述了风险投资中心的动力如何嵌入到中国机制与文化环境中，这对理解中国风险投资行业的发展和地理位置十分重要。

金融网络已经被作为现实世界的复杂网络的例子进行广泛研究。基于我国创业板和中小企业板的数据，Jin，Zhang 和 Li（2016）建立了风险投资网络来研究了我国风险投资网络的统计属性、拓扑属性和社区结构。结果表明，在中国没有主要的风险投资公司能作为风险投资网络的枢纽，多公司联合在中国也并不流行，这意味着风险投资公司之间的关系较弱。该网络在随机或有意攻击下是稳健的，并且具有小的世界特性。作者还从其社区结构中发现，风险资本公司更集中于发达地区，但与不同发达地区之间的联系相比，同一地区内的联系很少，这表明风险资本公司更愿意与其他发达地区的公司联合。此外，投资同一行业的风险投资公司在社区内的关系比没有投资在同一行业的投资公司更密切。

风险投资（VC）市场中产品差异的一种重要类型是行业专业化。Hochberg，Mazzeo 和 McDevitt（2015）估计一个市场结构模型来评估风险投资者之间的竞争——其中一些专攻某一特定行业，有些则是通才——并发现其他同类型竞争对手增量随数量增加而额外加强的递增效应。此外，调查显示通才 VCs 对专业化的影响是重大的，并较同类型竞争对手的影响更大。来自其他行业的估计通常显示随着同类型竞争对手数量的增加，增量效应下降，同类型竞争对手的影响总是大于不同类型竞争对手的影响。与存在软化竞争的网络效应一致，这些模式在现有 VC 中表现出密集组织网络的市场中更加明显。相比之下，那些具有稀疏网络的现有市场，则表现出与其他非网络行业相类似的竞争格局。

经济和金融网络中类似合作伙伴的关系通常归因于对代理成本的关注。Hochberg，Lindsey 和 Westerfield（2015）区分工作中的潜在合作伙伴关系形成背后的动因，即代理成本和资源积累在公司间合作关系的形成中具有重大的作用。作者研究出一种健全的概括性方法，这种方法可以推断出在潜在的资源交易中相似性和/或累积优势的动机。作者使用风险投资（VC）联合投资网络来估计模型，使用因素分析来为风险投资公司描述互不相关且可以解释的资源。在风险投资的设置中，除了资本之外的可增值资源似乎是为了与资本交换，而不是彼此交换。研究发现很少有证据表明相似动机是匹配的主要驱动力，这表明，对代理问题的关注通常源于对积累某些更高水平的资源的欲望。

### （九）组织对风险投资家、基金经理和创业家的激励

Buzzacchi，Scellato 和 Ughetto（2015）根据不同金融市场条件下的管理激励计划的结果和过去回报的表现来研究风险投资阶段性转移。利用一个包含在 1998～2007 年期间从欧洲投资基金（EIF）获得了资金支持的欧洲所有风险投资基金数据的独特数据集，该数据集包括投资于 1925 家公司的 149 家风险投资基金。研究发现，更高的止损率产生了阻止风险投资经理降低资金风险的补偿激励。作者还观察到，更有信誉的基金经理不太可能通过下行阶段性转移来增加风险，并且更可能通过遵循上升阶段性转移策略来保证安全。过去表现不佳的基金经理相对于表现良好的基金经理似乎不太愿意执行阶段性浮动以到达更低风险的层次。后者的证据在牛市金融市场时期更为显著。

### （十）其他

鉴于风险资本的经济影响越来越大，以及在这一领域的学术工作越来越多，对风险投资研究与实践风险资本家的相关性和价值的评估是恰当的。为了更好地理解其作用，Cannice，Allen 和 Tarrazo（2016）采用了德尔菲方法来征求专业风险投资家对现有研究，风险资本环境的预期变化以及未来最相关的研究主题的思考。作者发现风险投资者在退出策略和绩效方面寻求更多的研究，而在筹资方面更少。研究还表明，产业结构的不断变化可以预告未来的研究方向。

## 第三节 2015～2016年国际风险投资研究文献目录

[1] Adongo Jonathan O. Creditor protection law effects on venture capital Investment in Africa: Country – Level Evidence. Journal of Private Equity, Summer2016, Vol. 19 Issue 3, p37 – 50.

[2] Afful – Dadzie Eric, Afful – Dadzie Anthony. A decision making model for selecting start – up businesses in a government venture capital scheme. Management Decision, 2016, Vol. 54, Issue 3, p714 – 734.

[3] Afful – Dadzie Eric, Oplatková Zuzana Komínková, Nabareseh Stephen. Selecting start – up businesses in a public venture capital financing using fuzzy PROMETHEE. Procedia Computer Science, Volume 60, 2015, p63 – 72.

[4] Akhmejanova Tatiana Alexandrovna, Vikulina Valeria Vladimirovna, Votchel Lilia Midykhatovna, Ivashina Natalya Stanislavovna, Kuznetsova Margarita Vladimirovna. Assessment of efficiency of innovation projects financing through the exit strategies of venture capital investors. Journal of Advanced Research in Law and Economics, Volume 6, Issue 3 (13), Winter 2015, p463 - 471.

[5] Alperovych Yan, Hübner Georges, Lobet Fabrice. How does governmental versus private venture capital backing affect a firm's efficiency? Evidence from Belgium. Journal of Business Venturing, Volume 30, Issue 4, July 2015, p508 – 525.

[6] Alvarez – Garrido Elisa, Dushnitsky Gary. Are entrepreneurial venture's innovation rates sensitive to investor complementaryassets? Comparing biotech ventures backed by corporate and independent VCs. Strategic Management Journal, May2016, Vol. 37 Issue 5, p819 – 834.

[7] Andrieu Guillaume, Staglianò Raffaele. The entrepreneur's choice of a venture capital firm: Empirical evidence from two VC fund portfolios. Finance Research Letters, Volume 17, May 2016, p141 – 145.

[8] Anjos Fernando, Drexler Alejandro. Inter – company matching and the supply of informed capital. Journal of Economic Behavior & Organization, March 2015, Volume 111, p119 – 136.

[9] Anokhin Sergey, Peck Simon, Wincent Joakim. Corporate venture capital: The role of governance factors. Journal of Business Research, Volume 69, Issue 11, November 2016, p4744 – 4749.

[10] Anokhin Sergey, Wincent Joakim, Oghazi Pejvak. Strategic effects of corporate venture capital investments. Journal of Business Venturing Insights, Volume 5, June 2016, p63 – 69.

[11] Baldi Francesco, Baglieri Daniela, Corea Francesco. Balancing risk and learning opportunities in corporate venture capital investments: Evidence from the biopharmaceutical industry. Entrepreneurship Research Journal, Jul2015, Vol. 5, Issue 3, p221 – 250.

[12] Baranov Alexander, Muzyko Elena. Valuation of compound real options for investments in innovative projects in pharmaceutical industry. Procedia Economics and Finance, Volume 27, 2015, p116 – 125.

[13] Barry Christopher B., Mihov Vassil T.. Debt financing, venture capital, and the performance of initial public offerings. Journal of Banking & Finance, Volume 58, September 2015, p144

-165.

[14] Baucus Melissa S., Mitteness Cheryl R.. Crowdfunding: Avoiding Ponzi entrepreneurs when investing in new ventures. Business Horizons, Volume 59, Issue 1, January - February 2016, p37 -50.

[15] Bengtsson Ola, Hsu David H.. Ethnic matching in the U. S. venture capital market. Journal of Business Venturing, Volume 30, Issue 2, March 2015, p338 -354.

[16] Bengtsson Ola, Sensoy Berk A. Changing the Nexus: The evolution and renegotiation of venture capital contracts. Journal of Financial & Quantitative Analysis, Jun2015, Vol. 50 Issue 3, p349 -375.

[17] Benson David F., Brau James C., Cicon James, Ferris Stephen P.. Strategically camouflaged corporate governance in IPOs: Entrepreneurial masking and impression management. Journal of Business Venturing, Volume 30, Issue 6, November 2015, p839 -864.

[18] Bernstein Shai, Giroud Xavier, Townsend Richard R. The impact of venture capital monitoring. Journal of Finance, Aug2016, Vol. 71 Issue 4, p1591 -1622.

[19] Bertoni Fabio, Colombo Massimo G., Quas Anita. The patterns of venture capital investment in Europe. Small Business Economics, Oct2015, Vol. 45 Issue 3, p543 -560.

[20] Bertoni Fabio, Croce Annalisa, Guerini Massimiliano. Venture capital and the investment curve of young high - tech companies. Journal of Corporate Finance, Volume 35, December 2015, p159 -176.

[21] Bertoni Fabio, D'Adda Diego, Grilli Luca. Cherry - picking or frog - kissing? A theoretical analysis of how investors select entrepreneurial ventures in thin venture capital markets. Small Business Economics, Mar2016, Vol. 46 Issue 3, p391 -405.

[22] Bertoni Fabio, Tykvová Tereza. Does governmental venture capital spur invention and innovation? Evidence from young European biotech companies. Research Policy, Volume 44, Issue 4, May 2015, p925 -935.

[23] Bock Carolin, Schmidt Maximilian. Should I stay, or should I go? - How fund dynamics influence venture capital exit decisions. Review of Financial Economics, Volume 27, November 2015, p68 -82.

[24] Bocken N. M. P.. Sustainable venture capital - catalyst for sustainable start - up success? Journal of Cleaner Production, Volume 108, Part A, 1 December 2015, p647 -658.

[25] Bothner Matthew S., Kim Young - Kyu, Lee Wonjae. Primary status, complementary status, and organizational survival in the U. S. venture capital industry. Social Science Research, Volume 52, July 2015, p588 -601.

[26] Bottazzi Laura, Da Rin Marco, Hellmann Thomas. The importance of trust for investment: Evidence from venture capital. Review of Financial Studies, 2016, Volume 29, Issue 9, p2283 -2318.

[27] Bradley Daniel, Kim Incheol, KrigmanLaurie. Top VC IPO underpricing. Journal of Corporate Finance, Volume 31, April 2015, p186 -202.

[28] Brander James A., Du Qianqian, Hellmann Thomas. The effects of government - sponsored

venture capital: International evidence. Review of Finance, Mar2015, Vol. 19 Issue 2, p571 – 618.

[29] Brown Keith C. , Wiles Kenneth W. . Opaque financial contracting and toxic term sheets in venture capital. Journal of Applied Corporate Finance, Winter2016, Vol. 28, Issue 1, p72 – 85.

[30] Buchner Axel. Dealing with non – normality when estimating abnormal returns and systematic risk of private equity: A closed – form solution. Journal of International Financial Markets, Institutions and Money, Available online, 20 June 2016.

[31] Buchner Axel. Risk – adjusting the returns of private equity using the CAPM and multi – factor extensions. Finance Research Letters, Volume 16, February 2016, p154 – 161.

[32] Buchner Axel, Mohamed Abdulkadir, Schwienbacher Armin. Does risk explain persistence in private equity performance? Journal of Corporate Finance, Aug2016, Vol. 39, p18 – 35.

[33] Buzzacchi Luigi, Scellato Giuseppe, Ughetto Elisa. Investment stage drifts and venture capital managerial incentives. Journal of Corporate Finance, Volume 33, August 2015, p118 – 128.

[34] Bwll Joseph R. , Woodmansee Jeff B. . Seeding venture capital: Insights into state – by – state equity tax credit legislation. Journal of Private Equity, Spring2016, Vol. 19 Issue 2, p34 – 42.

[35] Cabral – Cardoso Carlos, Céu Cortez Maria, Lopes Luísa. Venture capital and the financial crisis in Portugal: the VC managers' viewpoint. Journal of Small Business and Enterprise Development, 2016, Vol. 23, Iss 4, p1032 – 1056.

[36] Callagher Lisa Jane, Smith Peter, Ruscoe Saskia. Government roles in venture capital development: a review of current literature. Journal ofEntrepreneurship and Public Policy, March 2015, Volume 4, Issue 3, p367 – 391.

[36] Callagher Lisa Jane, Smith Peter, Ruscoe Saskia. Government roles in venture capital development: a review of current literature. Journal of Entrepreneurship and Public Policy, March 2015, Volume 4, Issue 3, p367 – 391.

[37] Cannice Mark V. , Allen Jonathan P. , Tarrazo Manuel. What do venture capitalists think of venture capital research? Venture Capital, Jan2016, Vol. 18, Issue 1, p1 – 20.

[38] Capizzi Vincenzo. The returns of business angel investments and their major determinants. Venture Capital, Oct2015, Vol. 17, Issue 4, p271 – 298.

[39] Castellaneta Francesco, Conti Raffaele, Veloso Francisco M. , KemenyCarlos A. . The effect of trade secret legal protection on venture capital investments: Evidence from the inevitable disclosure doctrine. Journal of Business Venturing, Volume 31, Issue 5, September 2016, p524 – 541.

[40] Chaplinsky Susan, Gupta – Mukherjee Swasti. Investment risk allocation and the venture capital exit market: Evidence from early stage investing. Journal of Banking & Finance, December 2016, Volume 73, p38 – 54.

[41] Chemmanur Thomas J. , Hull Tyler J. , Krishnan Karthik. Do local and international venture capitalists play well together? The complementarity of local and international venture capitalists. Journal of Business Venturing, Volume 31, Issue 5, September 2016, p573 – 594.

[42] Chen Hung – Kun, Liang Woan – lih. Do venture capitalists improve the operating performance of IPOs? International Review of Economics & Finance, Volume 44, July 2016, p291 – 304.

[43] Cheng Cheng, Schwienbacher Armin. Venture capital investors and foreign listing choices of

Chinese companies. Journal of International Management, Volume 22, Issue 3, September 2016, p280 –293.

[44] Cole Rebel, Cumming Douglas, Li Dan. Do banks or VCs spur small firm growth? Journal of International Financial Markets, Institutions and Money, Volume 41, March 2016, p60 –72.

[45] Colombo Massimo G., Cumming Douglas J., Vismara Silvio. Governmental venture capital for innovative young firms. Journal of Technology Transfer, 2016, Volume 41, Issue 1, p10 –24.

[46] Colombo Massimo G., D'Adda Diego, PirelliLorenzo H.. The participation of new technology –based firms in EU –funded R&D partnerships: The role of venture capital. Research Policy, Volume 45, Issue 2, March 2016, p361 –375.

[47] Criscuolo Chiara, Menon Carlo. Environmental policies and risk finance in the green sector: Cross –country evidence. Energy Policy, August 2015, Volume 83, p38 –56.

[48] Croce Annalisa, D'Adda Diego, Ughetto Elisa. Venture capital financing and the financial distress risk of portfolio firms: How independent and bank –affiliated investors differ. Small Business Economics, 2015, Volume 44, Issue 1, p189 –206.

[49] Croce Annalisa, Martí José. Financial constraints in family firms and the role of venture capital. Economia e Politica Industriale, Available online, 30 September 2016.

[50] Cumming Douglas, Henriques Irene, Sadorsky Perry. 'Cleantech' venture capital around the world. International Review of Financial Analysis, Volume 44, March 2016, p86 –97.

[51] Cumming Douglas, Knill April, Syvrud Kelsey. Do international investors enhance private firm value? Evidence from venture capital. Journal of International Business Studies, Apr2016, Vol. 47, Issue 3, p347 –373.

[52] Cumming Douglas, Zhang Yelin. Alternative investments in emerging markets: A review and new trends. Emerging Markets Review, Available online, 9 September 2016.

[53] Da Gbadji Luc Armel G., Gailly Benoit, Schwienbacher Armin. International analysis of venture capital programs of large corporations and financial institutions. Entrepreneurship: Theory & Practice, Sep2015, Vol. 39 Issue 5, p1213 –1245.

[54] Dai Na, Nahata Rajarishi. Cultural differences and cross –border venture capital syndication. Journal of international Business Studies, 2016, Volume 47, Issue 2, p140 –169.

[55] Devigne David, Manigart Sophie, Wright Mike. Escalation of commitment in venture capital decision making: Differentiating between domestic and international investors. Journal of Business Venturing, Volume 31, Issue 3, May 2016, p253 –271.

[56] Dhochak Monika, Sharma Anil. Using interpretive structural modeling in venture capitalists' decision –making process. Decision, Mar2016, Vol. 43, Issue 1, p53 –65.

[57] Dibrova Alina. Business angel investments: Risks and opportunities. Procedia –Social and Behavioral Sciences, Volume 207, Issue 20, October 2015, p280 –289.

[58] dos Santos Dias Ricardo, Alvaroda Silva Macedo Marcelo. Private equity and venture capital funds: What drives the demand and supply? BAR –Brazilian Administration Review, Apr –Jun2016, Vol. 13 Issue 2, p1 –21.

[59] Du Qianqian. Birds of a feather or celebrating differences? The formation and impacts of ven-

ture capital syndication. Journal of Empirical Finance, Volume 39, Part A, December 2016, p1 – 14.

[60] Dutta Supradeep, Folta Timothy B.. A comparison of the effect of angels and venture capitalists on innovation and value creation. Journal of Business Venturing, Volume 31, Issue 1, January 2016, p39 – 54.

[61] Edelman Linda F., Manolova Tatiana, Shirokova Galina, Tsukanova Tatyana. The impact of family support on young entrepreneurs' start – up activities. Journal of Business Venturing, Volume 31, Issue 4, July 2016, p428 – 448.

[62] Escobari Diego, Serrano Alejandro. Reducing asymmetric information in venture capital backed IPOs. Managerial Finance, 2016, Vol. 42, Iss: 6, p553 – 568.

[63] Espenlaub Susanne, Khurshed Arif, Mohamed Abdulkadir. VC investments and global exits. European Journal of Finance, May2015, Vol. 21, Issue 7, p608 – 628.

[64] Espenlaub Susanne, Khurshed Arif, Mohamed Abdulkadir. Venture capital exits in domestic and cross – border investments. Journal of Banking & Finance, Volume 53, April 2015, p215 – 232.

[65] Falik Yakir, Lahti Tom, Keinonen Henrik. Does startup experience matter? Venture capital selection criteria among Israeli entrepreneurs. Venture Capital, Apr2016, Vol. 18 Issue 2, p149 – 174.

[66] Fazekas Balázs, Becsky – Nagy Patrícia. Private equity market in recovery. Procedia Economics and Finance, 2015, Volume 32, p225 – 231.

[67] Forshey Paul, Levitas Edward. The impact of venture capital on funding amounts promised in alliance contracts. Academy of Strategic Management Journal, 2016, Vol. 15, Issue 1, p12 – 31.

[68] Gerasymenko Violetta, De Clercq Dirk, Sapienza Harry J.. Changing the business model: effects of venture capital firms and outside CEOs on portfolio company performance. Strategic Entrepreneurship Journal, 2015, Volume 9, Issue 1, p79 – 98.

[69] Geronikolaou George, Papachristou George. Investor competition and project risk in venture capital investments. Economics Letters, Volume 141, April 2016, p67 – 69.

[70] Gill Andrej, Walz Uwe. Are VC – backed IPOs delayed trade sales? Journal of Corporate Finance, Apr2016, Vol. 37, p356 – 374.

[71] Gohil Raviraj Karmvir, Vyas Vijay. Private equity performance: A literature review. Journal of Private Equity, Summer2016, Vol. 19, Issue 3, p76 – 88.

[72] Gompers Paul A., Mukharlyamov Vladimir, Xuan Yuhai. The cost of friendship. Journal of Financial Economics, Volume 119, Issue 3, March 2016, p626 – 644.

[73] Groh Alexander Peter, Wallmeroth Johannes. Determinants of venture capital investments in emerging markets. Emerging Markets Review, Available online, 30 August 2016.

[74] Guerini Massimiliano, QuasAnita. Governmental venture capital in Europe: screening and certification. Journal of Business Venturing, Volume 31, Issue 2, March 2016, p175 – 195.

[75] Guilhon Bernard, Montchaud Sandra. The impact of basic conditions on investment in the venture capital industry. Evidence from European countries. International Journal of Entrepreneurship & Innovation Management, May2015, Vol. 19 Issue 3/4, p194 – 214.

[76] Guo Bing, Lou Yun, Pérez – Castrillo David. Investment, duration, and exit strategies for

corporate and independent venture capital – backed start – ups. Journal of Economics & Management Strategy, Summer2015, Vol. 24, Issue 2, p415 –455.

[77] Hahn Sunny, Kang Jina. Complementary or conflictory?: The effects of the composition of the syndicate on venture capital – backed IPOs in the US stock market. Economia e Politica Industriale, Available online, 20 October 2016.

[78] Hain Daniel, Johan Sofia, Wang Daojuan. Determinants of cross – border venture capital investments in emerging and developed economies: The effects of relational and institutional trust. Journal of Business Ethics, November 2016, Volume 138, Issue 4, p743 –764.

[79] He Yin, Li Bin, Tian Yunhua. Does foreign venture capital provide more value – added services to initial public offering companies in China? China& World Economy, 2016, Vol. 24, Iss. 2, p90 - 106.

[80] Hearn Bruce, Oxelheim Lars, Rand? y Trond. The institutional determinants of private equity involvement in business groups—The case of Africa. Journal of World Business, In Press, Corrected Proof, Available online, 26 February 2016.

[81] Heinzelmann Rafael. Making up performance: the construction of "performance" in venture capital firms' portfolios. Qualitative Research in Accounting & Management, 2016, Vol. 13, Issue 4, p445 –471.

[82] Hellmann Thomas, Thiele Veikko. Friends or foes? The interrelationship between angel and venture capital markets. Journal of Financial Economics, Volume 115, Issue 3, March 2015, p639 –653.

[83] Hisrich Robert D. , Petkovi? Sa? a, Ramadani Veland, Dana Léo – Paul. Venture capital funds in transition countries: Insights from Bosnia and Herzegovina and Macedonia. Journal of Small Business and Enterprise Development, 2016, Vol. 23, Issue 2, p296 –315.

[84] Hochberg Yael V. , Lindsey Laura A. , Westerfield Mark M. . Resource accumulation through economic ties: Evidence from venture capital. Journal of Financial Economics, Volume 118, Issue 2, November 2015, p245 –267.

[85] Hochberg Yael V. , Mazzeo Michael J. , McDevitt Ryan C. . Specialization and competition in the venture capital industry. Review of industrial organization, 2015, Volume 46, Issue 4, p323 - 347.

[86] Hoenig Daniel, Henkel Joachim. Quality signals? The role of patents, alliances, and team experience in venture capital financing. Research Policy, Volume 44, Issue 5, June 2015, p1049 –1064.

[87] Hua Xiuping, Wang Yali, Wang Miao. The innovation and performance impacts of venture capital investment on China's small – and medium – sized enterprises. China Economic Journal, Jun2016, Vol. 9 Issue 2, p167 –185.

[88] Jacob Martin, Johan Sofia, Schweizer Denis, ZhanFeng. Corporate finance and the governance implications of removing government support programs. Journal of Banking & Finance, February 2016, Volume 63, p35 –47.

[89] Jain Garima. The role of private sector for reducing disaster risk in large scale infrastructure

and real estate development: Case of Delhi. International Journal of Disaster Risk Reduction, Volume 14, Part 3, December 2015, p238 – 255.

[90] Jin Yonghong, Zhang Qi, Li Saiping. Topological properties and community detection of venture capital network: Evidence from China. Physica A: Statistical Mechanics and its Applications, Volume 442, Issue 15, January 2016, p300 – 311.

[91] Jin Yonghong, Zhang Qi, Shan Lifei, Li Saiping. Characteristics of venture capital network and its correlation with regional economy: Evidence from China. Plos One, September 2015, Volume 10, Issue 9.

[92] Jindra Jan, Leshchinskii Dima. Venture capital valuation, partial adjustment, and underpricing: Behavioral bias or information production? Financial Review, May2015, Vol. 50 Issue 2, p173 – 219.

[93] Jolink Albert, Niesten Eva. The impact of venture capital on governance decisions in collaborations with start – ups. Small Business Economics, Aug2016, Vol. 47, Issue 2, p331 – 344.

[94] Joshi Kshitija, Subrahmanya M. H. Bala. Information asymmetry risks in venture capital investments: Strategies of transnational venture capital firms in India. South Asian Journal of Management, Apr – Jun2015, Vol. 22 Issue 2, p36 – 60.

[95] Khavul Susanna, Deeds David. The evolution of initial co – investment syndications in an emerging venture capital market. Journal of International Management, Volume 22, Issue 3, September 2016, p280 – 293.

[96] Khoury Theodore A., Junkunc Marc, Mingo Santiago. Navigating political hazard risks and legal system quality: Venture capital investments in Latin America. Journal of Management, March 2015, Volume 41, Issue 3, p808 – 840.

[97] Kiebzak Stephen, Rafert Greg, Tucker Catherine E.. The effect of patent litigation and patent assertion entities on entrepreneurial activity. Research Policy, February 2016, Volume 45, Issue 1, p218 – 231.

[98] Kim Jin – Hyuk, Wagman Liad. Early – stage entrepreneurial financing: A signaling perspective. Journal of Banking & Finance, Volume 67, June 2016, p12 – 22.

[99] Kim Myung – Jig, Kim Sang – Soo, Lee Sang – Heon. Estimation of risk and return of venture capital investments in an emerging market: An iterative generalized method of moments approach. Asia – pacific Journal of Financial Studies, 2015, Volume 44, Issue 3, p475 – 495.

[100] Klonowski Darek. Venture capital and entrepreneurial growth by acquisitions: A case study from emerging markets. Journal of Private Equity, Summer2016, Vol. 19 Issue 3, p21 – 29.

[101] Kong Shuangshuang, Nitani Miwako, Riding Allan. Cross – border VC investment in Canadian firms: implications for exit patterns. Venture Capital, Jan2016, Vol. 18 Issue 1, p63 – 93.

[102] Korteweg Arthur, Nagel Stefan. Risk – adjusting the returns to venture capital. Journal of Finance, Jun2016, Vol. 71, Issue 3, p1437 – 1470.

[103] Kovács Tamás, Vajay Julianna. Effects of state – owned and hybrid venture capital funds in Hungary. Procedia Economics and Finance, Volume 30, 2015, p430 – 435.

[104] Kovner Anna, Lerner Josh. Doing well by doing good? community development venture cap-

ital. Journal of Economics & Management Strategy, Fall2015, Vol. 24 Issue 3, p643 –663.

[105] Kuckertz Andreas, Kollmann Tobias, R? hm Patrick, Middelberg Nils. The interplay of track record and trustworthiness in venture capital fundraising. Journal of Business Venturing Insights, Volume 4, December 2015, p6 –13.

[106] Kupetz David. Understanding potential recharacterization and subordination attacks against bridge loans made by venture capital and private equity firms. Journal of Private Equity, Fall2016, Vol. 19 Issue 4, p47 –50.

[107] Lahr Henry, Mina Andrea. Venture capital investments and the technological performance of portfolio firms. Research Policy, Volume 45, Issue 1, February 2016, p303 –318.

[108] Lee In Hyeock, Paik Yongsun, Uygur Ugur. Does gender matter in the export performance of international new ventures? Mediation effects of firm – specific and country – specific advantages. Journal of International Management, Available online, 28 June 2016.

[109] Lee Sang M., Kim Taewan, Jang Seung Hoon. Inter – organizational knowledge transfer through corporate venture capital investment. Management Decision, 2015, Vol. 53, Issue 7, p1601 – 1618.

[110] Li Emma, Martin J. Spencer. Capital formation and financial intermediation: The role of entrepreneur reputation formation. Journal of Corporate Finance, Available online, 21 April 2016.

[111] Li Wanli, Cao Ting, Feng Zhaozhen. Heterogeneous venture capital, M&A activity, and market response. Emerging Markets Review, Available online, 30 August 2016.

[112] Li Weiwen, Bruton Garry D., Filatotchev Igor. Mitigating the dual liability of newness and foreignness in capital markets: The role of returnee independent directors. Journal of World Business, Volume 51, Issue 5, September 2016, p787 –799.

[113] Lim Sojin, Kim Yeonbae. How to design public venture capital funds: Empirical evidence from South Korea. Journal of Small Business Management, Oct2015, Vol. 53 Issue 4, p843 –867.

[114] Lingelbach David. Developing venture capital when institutions change. Venture Capital, Oct2015, Vol. 17 Issue 4, p327 –363.

[115] Lukas Elmar, M? lls Sascha, Welling Andreas. Venture capital, staged financing and optimal funding policies under uncertainty. European Journal of Operational Research, Volume 250, April 2016, p305 –313.

[116] Lukkarinen Anna, Teich Jeffrey E., Wallenius Hannele, Wallenius Jyrki. Success drivers of online equity crowdfunding campaigns. Decision Support Systems, Volume 87, July 2016, p26 –38.

[117] Marcks Eric, Kinoshita Mangyo. Seeking innovation through corporate venture capital. Economy, Culture & History Japan Spotlight Bimonthly, Sep/Oct2016, p21 –23.

[118] Martinez Candace, Cummings Michael E., Vaaler Paul M.. Economic informality and the venture funding impact of migrant remittances to developing countries. Journal of Business Venturing, July 2015, Volume 30, Issue 4, p526 –545.

[119] Megginson William L., Meles Antonio, Sampagnaro Gabriele, Verdoliva Vincenzo. Financial distress risk in initial public offerings: How much do venture capitalists matter? Journal of Corporate Finance, Available online, 21 September 2016.

[120] Meglio Olimpia, Destri Arabella Mocciaro Li, Capasso Arturo. Fostering dynamic growth in new ventures through venture capital: Conceptualizing venture capital capabilities. Long Range Planning, Available online, 21 September 2016.

[121] Michala Dimitra. Are private equity backed initial public offerings any different? Timing, information asymmetry and post – IPO survival. Journal of Corporate Finance, Available online, 15 October 2016.

[122] Mohamed Abdulkadir, Schwienbacher Armin. Voluntary disclosure of corporate venture capital investments. Journal of Banking & Finance, Volume 68, July 2016, p69 – 83.

[123] Monika, Sharma A. K.. Venture capitalists' investment decision criteria for new ventures: A review. Procedia – Social and Behavioral Sciences, Volume 189, 15 May 2015, p465 – 470.

[124] Munari Federico, Toschi Laura. Assessing the impact of public venture capital programmes in the United Kingdom: Do regional characteristics matter? Journal of Business Venturing, Volume 30, Issue 2, March 2015, p205 – 226.

[125] Ning Yixi, Wang Wei, Yu Bo. The driving forces of venture capital investments. Small Business Economics, Feb2015, Vol. 44 Issue 2, p315 – 344.

[126] Obrimah Oghenovo A.. Information production within the venture capital market: Implications for economic growth and development. Journal of Economics and Business, Volume 87, September – October 2016, p1 – 17.

[127] Obrimah Oghenovo A.. How important is innovation for venture capitalists' (VCs') market reputation? The Quarterly Review of Economics and Finance, August 2016, Volume 61, p64 – 76.

[128] Pan Fenghua, Zhao Simon X. B., Wójcik Dariusz. The rise of venture capital centres in China: A spatial and network analysis. Geoforum, Volume 75, October 2016, p148 – 158.

[129] Panda Swati, Dash Shridhar. Exploring the venture capitalist – entrepreneur relationship: evidence from India. Journal of Small Business and Enterprise Development, 2016, Vol. 23, Issue 1, p64 – 89.

[130] Park Haemin Dennis, Tzabbar Daniel. Venture capital, CEOs' sources of power, and innovation novelty at different life stages of a new venture. Organization Science, 2016, Vol. 27, Issue 2, p336 – 353.

[131] Pereiro Luis E.. The opportunity cost of venture capital. Journal of Private Equity, Fall2015, Vol. 18, Issue 4, p8 – 18.

[132] Pistoresi Barbara, Venturelli Valeria. Credit, venture capital and regional economic growth. Journal of Economics & Finance, Oct2015, Vol. 39 Issue 4, p742 – 761.

[133] Pradhan Rudra P., Maradana Rana P., Zaki Danish B., Dash Saurav, Jayakumar Manju. Nexus between venture capital and economic growth in european economic area countries: the granger causality approach. Journal of Developing Areas, 2016 Special Issue, Vol. 50, p1 – 15.

[134] Prieger James E., Bampoky Catherine, Blanco Luisa R., Liu Aolong. Economic growth and the optimal level of entrepreneurship. World Development, June 2016, Volume 82, p95 – 109.

[135] Prohorovs Anatolijs, Jakusonoka Ingrida, Beizitere Ilona. Is venture capital the source of financing for micro – enterprises? Economic Science for Rural Development Conference Proceedings,

Apr2015, Issue 39, p176－185.

[136] Ptacek Ondrej, Kaderabkova Bozena, Piecha Marian. Venture capital, private equity and foreign direct investment: Case study of the Czech Republic. Procedia Economics and Finance, Volume 30, 2015, p680－689.

[137] Pu Yi, Fang Sihai. The optimal portfolio size of venture capital under staged financing. Procedia Computer Science, Volume 91, 2016, p85－93.

[138] Raghupathy M. B., Thillatrajan A.. Financial value creation: A comparative study of VC－backed IPOs and non－VC－backed IPOs in India. Journal of Private Equity, Summer2015, Vol. 18 Issue 3, p55－71.

[139] Ragozzino Roberto, Blevins Dane P. Venture－backed firms: How does venture capital involvement affect their likelihood of going public or being acquired? Entrepreneurship: Theory & Practice, Sep2016, Vol. 40 Issue 5, p991－1016.

[140] Robinson David T., Sensoy Berk A.. Cyclicality, performance measurement, and cash flow liquidity in private equity. Journal of Financial Economics, Available online, 10 September 2016.

[141] Rothrock Ray. What's the Big Idea? Issues in Science & Technology, Winter2016, Vol. 32 Issue 2, p55－60.

[142] Rupeika－Apoga Ramona, Danovi Alessandro. Availability of alternative financial resources for SMEs as a critical part of the entrepreneurial eco－system: Latvia and Italy. Procedia Economics and Finance, Volume 33, 2015, p200－210.

[143] Rusu Valentina Diana, Toderascu Carmen. Venture capital financing in emerging economies. Centre for European Studies (CES) Working Papers, 2016, Vol. 8, Issue 1, p148－162.

[144] Sahaym Arvin, Cho Sam Yul, Kim Sang Kyun, Mousa Fariss－Terry. Mixed blessings: How top management team heterogeneity and governance structure influence the use of corporate venture capital by post－IPO firms. Journal of Business Research, Volume 69, Issue 3, March 2016, p1208－1218.

[145] Salomon Victoriya, Emergent models of financial intermediation for innovative companies: from venture capital to crowdinvesting platforms in Switzerland. Venture Capital, Jan2016, Vol. 18 Issue 1, p21－41.

[146] Savaneviciene Asta, Venckuviene Vitalija, Girdauskiene Lina. Venture capital a catalyst for start－ups to overcome the "Valley of Death": Lithuanian Case. Procedia Economics and Finance, Volume 26, 2015, p1052－1059.

[147] Scheela William, Isidro Edmundo, Jittrapanun Thawatchai, Trang Nguyen. Formal and informal venture capital investing in emerging economies in Southeast Asia. Asia Pacific Journal of Management, Sep2015, Vol. 32 Issue 3, p597－617.

[148] Sharma J. K., Tripathi Smita. Staged financing as a means to alleviate risk in VC/PE financing. Journal of Private Equity, Spring2016, Vol. 19 Issue 2, p43－52.

[149] Sharma Manu. Asset pricing: valuing venture capital investments. Journal of Private Equity, Winter2015, Vol. 19 Issue 1, p73－76.

[150] Sieradzki Rafal, Zasepa Piotr. Underpricing of private equity/venture capital backed IPOs.

Do they differ from other offers? Argumenta Oeconomica, 2016, Volume 36, Issue 1, p261 – 289.

[151] Silveira Rafael, Wright Randall. Venture capital: A model of search and bargaining. Review of Economic Dynamics, Volume 19, January 2016, p232 – 246.

[152] Singhal Ritesh Kumar. Venture capital financing. Journal of Management, Mar2015, Vol. 11 Issue 1, p10 – 16.

[153] S? derblom Anna, Samuelsson Mikael, Wiklund Johan, Sandberg Rickard. Inside the black box of outcome additionality: Effects of early – stage government subsidies on resource accumulation and new venture performance. Research Policy, October 2015, Volume 44, Issue 8, p1501 – 1512.

[154] Soko? owska Ewelina, Is the growing wealth the driving force for venture capital fundraising in Europe? An empirical analysis. Applied Economics Letters, Nov2016, Vol. 23 Issue 16, p1125 – 1129.

[155] So? oma Andrzej. IPO in private equity finance: Evidence from Poland. Procedia – Social and Behavioral Sciences, Volume 213, Issue 1, December 2015, p358 – 363.

[156] Takahashi Hidenori. Dynamics of bank relationships in entrepreneurial finance. Journal of Corporate Finance, Volume 34, October 2015, p23 – 31.

[157] Teker Dilek, Teker Suat, Teraman ? zgür. Venture capital markets: A cross country analysis. Procedia Economics and Finance, Volume 38, 2016, p213 – 218.

[158] Tian Xuan, Udell Gregory F., Yu Xiaoyun. Disciplining delegated monitors: When venture capitalists fail to prevent fraud by their IPO firms. Journal of Accounting and Economics, Volume 61, Issues 2 – 3, April – May 2016, p526 – 544.

[159] Tinkler Justine E., Whittington Kjersten Bunker, Ku Manwai C., Davies Andrea Rees. Gender and venture capital decision – making: The effects of technical background and social capital on entrepreneurial evaluations. Social Science Research, Volume 51, May 2015, p1 – 16.

[160] Tripathi Smita. Analysis of investment strategies of VC/PE funds in the Indian infrastructure sector. Journal of Private Equity, Fall2016, Vol. 19, Issue 4, p35 – 45.

[161] Tripathi Smita. Trends and patterns in venture capital/private equity in India: A review. Journal of Management Research, Apr2015, Vol. 14, Issue 2, p39 – 51.

[162] Ughetto Elisa. Growth of born globals: the role of the entrepreneur's personal factors and venture capital. International Entrepreneurship and Management Journal, 2016, Volume 12, Issue 3, p839 – 857.

[163] Vergara Marcos, Bonilla Claudio A., Sepulveda Jean P.. The complementarity effect: Effort and sharing in the entrepreneur and venture capital contract. European Journal of Operational Research, Volume 254, Issue 3, 1 November 2016, p1017 – 1025.

[164] Wadhwa Anu, Phelps Corey, Kotha Suresh. Corporate venture capital portfolios and firm innovation. Journal of Business Venturing, Volume 31, Issue 1, January 2016, p95 – 112.

[165] Wang Pengfei. Syndication and Foreignness: Venture capital investments in emerging and developed markets. Journal of International Management, Available online, 19 July 2016.

[166] Wang Yi – Xin. Research on the efficiency evaluation of venture capital of high – science and technology companies with dual hesitant fuzzy information. Journal of Intelligent & Fuzzy Systems, 2016,

Vol. 31, Issue 3, p1183 -1187.

[167] Wang Zhiyuan, Zhou Yun, Tang Jie, Luo Jar - Der. The prediction of venture capital co - investment based on structural balance theory. IEEE Transactions on Knowledge & Data Engineering, Feb2016, Vol. 28, Issue 2, p537 -550.

[168] Wen Hongxing, Xia Kui. Venture capital, ownership concentration and enterprise R&D investment. Procedia Computer Science, Volume 91, 2016, p519 -525.

[169] Wiltbank Robert, Dew Nicholas, Read Stuart. Investment and returns in successful entrepreneurial sell - outs. Journal of Business Venturing Insights, Volume 3, July 2015, p16 -23.

[170] Wiratno Stefanus Eko, Latiffianti Effi, Wirawan Kevin Karmadi. Selection of business funding proposals using analytic network process: A case study at a venture capital company. Procedia Manufacturing, Volume 4, 2015, p237 -243.

[171] Woike Jan K., Hoffrage Ulrich, Petty Jeffrey S.. Picking profitable investments: The success of equal weighting in simulated venture capitalist decision making. Journal of Business Research, Volume 68, Issue 8, August 2015, p1705 -1716.

[172] Wonglimpiyarat Jarunee. Mechanisms behind the successful VC nation of Israel. Journal of Private Equity, Fall2015, Vol. 18 Issue 4, p82 -89.

[173] WonglimpiyaratJarunee. Exploring strategic venture capital financing with Silicon Valley style. Technological Forecasting and Social Change, Volume 102, January 2016, p80 -89.

[174] Yang Ruili, Xia Kui, Wen Hongxing. Venture capital, financial leverage and enterprise performance. Procedia Computer Science, Volume 91, 2016, p114 -121.

[175] Yang Wei. Examining the impact of government investment in venture capital on entrepreneurship financing: Does it make a difference? Global Entrepreneurship: Past, Present & Future, 2016, Volume 29, p235 -256.

[176] Yang Yi, Chen Tianxu, Zhang Lei. Corporate venture capital program autonomy, corporate investors' attention and portfolio diversification. Journal of Strategy and Management, 2016, Vol. 9, Iss: 3, 302 -321.

[177] Yeganegi Sepideh, Laplume André O., Dass Parshotam, Huynh Cam - Loi. Where do spinouts come from? The role of technology relatedness and institutional context. Research Policy, Volume 45, Issue 5, June 2016, p1103 -1112.

[178] Zajac Edward J., Lungeanu Razvan. Venture capital ownership as a contingent resource: how owner - firm fit influences IPO outcomes. Academy of Management Journal, Jun2016, Vol. 59, Issue 3, p930 -955.

[179] Zhang Jing, Pezeshkan Amir. Host country network, industry experience, and international alliance formation: Evidence from the venture capital industry. Journal of World Business, Volume 51, Issue 2, February 2016, p264 -277.

[180] Zhang Wei, Jin Yuguo, Wang Jiaping. Greenization of venture capital and green innovation of Chinese entity industry. Ecological Indicators, Volume 51, April 2015, p31 -41.

[181] Zhao Eric Yanfei, Lounsbury Michael. An institutional logics approach to social entrepreneurship: Market logic, religious diversity, and resource acquisition by microfinance organizations.

Journal of Business Venturing, November 2016, Volume 31, Issue 6, p643 –662.

[182] Zhelyazkov Pavel I., Gulati Ranjay. After the break – up: the relational and reputational consequences of withdraws from venture capital syndicates. Academy of Management Journal, 2016, Vol. 59, Issue 1, p277 – 301.

[183] Zhou Haibo, Sandner Philipp G., Martinelli Simon Luca, Block Joern H.. Patents, trademarks, and their complementarity in venture capital funding. Technovation, Volume 47, January 2016, p14 –22.

# 第二章　2015～2016 年中文风险投资研究综述[①]

本次《中国风险投资年鉴》的“研究篇”首次新增中文风险投资研究综述。本综述沿袭了国际风险投资研究综述的研究思路和分析框架。经过对主要中文学术期刊在 2015、2016 年度刊发文献的仔细阅读和梳理，作者共甄别出 198 篇关于国际风险投资的研究文献，在此基础上，分析了该年度中文风险投资研究文献在研究领域、期刊来源等方面的一些数量分布特征。本研究综述具体安排如下：首先，阐明本研究综述所采用的文献检索途径和分析框架；其次，从经济学和管理学两个维度细化出共计 12 个二级研究领域，对隶属于每一研究领域的文献进行归类、并作简要的概述。这些文献对于我国发展风险投资产业具有理论和实践借鉴意义。

## 第一节　中文风险投资研究综述说明

在研究文献数量上，2015～2016 年度关于风险投资的中文论文数量较国际论文数量持平。管理学维度是国内外学者研究的热点，文献数量较多，其中，学者们特别关注风险投资组织层面的研究，尤其是“风险投资公司和创业企业相互作用和影响”领域。国内外各研究领域的文章比例略有变化，具体表现为：与国际风险投资研究相比，中文风险投资研究的经济学维度“风险投资对经济的作用”领域的研究较多；管理学维度“风险投资契约和风险管理”的研究较多，而“创业企业融资”和“风险投资家和创业家个体特征对投融资过程以及绩效的影响”的研究相对较少。

我们使用中国知网进行检索，检索条件为：2015～2016 年正式发表，标题或者关键词中包含“风险投资”“创业投资”“天使投资”“私募股权”等，文献来源限定于 CSSCI 收录期刊。然后，对文献的题目、摘要和内容进行通读，我们剔除了重复的文章和那些虽然包含了检索词但实际上并不是风险投资领域的论文以及虽然在这些期刊刊出，但实际上不是学术论文的文章，最终认定 2015～2016 年中文 CSSCI 学术期刊上共发表了 198 篇风险投资研究领域的学术论文。

对于筛选出的 198 篇文献，我们逐一细读了文章的摘要和全文文献，依据前述风险投资研究领域的框架模型，将这些文献分为两个大类共计 12 个二级研究领域，分类结果详见表 2. 1。

---

① 本文主要由罗国锋和郭丽完成。罗国锋为东北大学副教授、硕士生导师、创新创业与风险投资研究所所长，南开大学创业管理研究中心博士后。郭丽为东北大学创新创业与风险投资研究所研究助理、华东师范大学研究生。

表 2.1　2015～2016 年中文风险投资学术文献研究领域分布

| 维度 | 研究领域 | 研究的问题 | 文献篇数 |
|---|---|---|---|
| 经济学维度 | 风险投资的演化、国际比较和新兴国家风险投资 | 风险投资系统层面的比较 | 7 |
| | 环境对风险投资的影响 | 风险投资系统受外界环境的影响 | 27 |
| | 风险投资对经济的作用 | 风险投资系统对外界环境的影响 | 46 |
| 合　计 | | | 80 |
| 管理学维度 | 风险投资公司和创业企业相互作用和影响 | 系统内组织层面上的相互关系 | 49 |
| | 风险投资战略与绩效 | 风险投资机构的战略和其绩效的关系 | 19 |
| | 风险投资过程 | 风险投资机构的业务运作规律 | 11 |
| | 创业企业融资 | 创业企业的融资过程 | 2 |
| | 风险投资家和创业家个体特征对投融资过程以及绩效的影响 | 个体层面的特征对组织层面战略、行为以及绩效的影响 | 3 |
| | 风险投资网络 | 风险投资组织或者个体层面网络关系 | 11 |
| | 投资者、风险投资家和创业企业家的行为特征和三者的相互关系 | 个体层面上不同个体之间的相互关系 | 1 |
| | 风险投资契约和风险管理 | 风险投资机构的风险管理 | 19 |
| | 组织对风险投资家、基金经理和创业家的激励 | 风险投资企业对风险投资家、基金经理和创业家的激励 | 3 |
| 合　计 | | | 118 |

# 第二节　风险投资研究概述

## 一、风险投资研究总况

在本节，我们利用 EXCEL 电子表格对样本文献数据进行统计分析，归纳 2015～2016 年风险投资研究所呈现出来的特点。

### （一）学者及其国别分析

在 2015～2016 年，发表 2 篇文章及以上的作者共计 25 名，其发文数量统计如表 2.2。

在 2015～2016 年的 198 篇风险投资文献中，46 篇文献为独著，83 篇文献为 2 位作者一起合著，60 篇文献为 3 位作者合著，8 篇文献为 4 位作者合著，1 篇文献为 5 位作者合著。二人及以上合作的文章共计 152 篇，占比 76.77%；三人以上合作的文章共计 69 篇，占比 34.85% 。详见表 2.3。

表 2.2　　发表 2 篇及以上的作者及其所在机构

| 编　号 | 作　者 | 篇　数 | 机　构 |
|---|---|---|---|
| 1 | 晏文隽 | 5 | 长安大学经济与管理学院 |
| 2 | 黄晓 | 4 | 南京审计学院工商管理学院 |
| 3 | 许昊 | 4 | 西安交通大学管理学院 |
| 4 | 冯冰 | 3 | 西安理工大学经济与管理学院 |
| 5 | 金永红 | 3 | 华东理工大学商学院 |
| 6 | 汪洋 | 3 | 安徽师范大学经济管理学院 |
| 7 | 蔡宁 | 2 | 厦门大学管理学院 |
| 8 | 党兴华 | 2 | 西安理工大学经济与管理学院 |
| 9 | 冯照桢 | 2 | 西安交通大学经济与金融学院 |
| 10 | 韩瑾 | 2 | 西安理工大学经济与管理学院 |
| 11 | 贺玮 | 2 | 湖南大学金融与统计学院 |
| 12 | 胡志颖 | 2 | 北京科技大学东凌经济管理学院 |
| 13 | 蒋伟 | 2 | 西安交通大学经济与金融学院 |
| 14 | 李九斤 | 2 | 东北石油大学石油经济与管理研究所 |
| 15 | 李萌 | 2 | 湖南大学金融与统计学院 |
| 16 | 李曜 | 2 | 上海财经大学金融学院 |
| 17 | 刘伟 | 2 | 重庆大学经济与工商管理学院 |
| 18 | 龙玉 | 2 | 上海财经大学金融学院 |
| 19 | 谈毅 | 2 | 上海交通大学安泰经济与管理学院 |
| 20 | 王秀军 | 2 | 上海财经大学金融学院 |
| 21 | 薛薇 | 2 | 中国科学技术发展战略研究院 |
| 22 | 张科举 | 2 | 中国人民大学经济学院 |
| 23 | 张岭 | 2 | 西安交通大学管理学院 |
| 24 | 赵玮 | 2 | 西安交通大学经济与金融学院 |
| 25 | 赵武 | 2 | 西安电子科技大学经济与管理学院 |

表 2.3　　学者的合著情况分布

| 作者数 | 文章数（篇） | 占　比 |
|---|---|---|
| 5 | 1 | 0.51% |
| 4 | 8 | 4.04% |
| 3 | 60 | 30.30% |
| 2 | 83 | 41.92% |
| 1 | 46 | 23.23% |
| 合计 | 198 | 100% |

这些数据表明风险投资研究领域已经产生一些比较大的研究团队。在所有 198 篇文献中，共有作者 429 人次，337 人。平均每篇文章的作者数为 2.17 人。

### （二）研究内容和领域分析

从整体上看，实证研究仍然是中文重要学术期刊中所发表文章的主要研究类型。

基于表 1. 1 中所列的标准，我们认定 2015 ~ 2016 年基于管理学维度的风险投资研究文章共有 118 篇（约占 60%），基于经济学维度的文章共有 80 篇（约占 40%）。2015 ~ 2016 年，管理学维度的文章在数量上仍然占据了风险投资研究上风，这与国际风险投资的研究结果一致。

对经济学维度的文献分析发现，学者们对“风险投资对经济的作用”领域的关注度最多，这类文章数量为 46 篇，其次是“环境对风险投资的影响”，文章数量为 27 篇。

对管理学维度的文献分析发现，管理学维度的风险投资研究二级领域“风险投资公司和创业企业相互作用和影响”中的文献共有 49 篇，占管理学维度风险投资研究总文献数的 42%；其次是“风险投资过程”研究领域中的文献和“风险投资战略与绩效”研究领域中的文献，各有 19 篇，各占管理学维度风险投资研究总文献数的 16%。这 3 个领域合计有文献 87 篇，占管理学维度风险投资研究总文献数的 74%，占全部风险投资研究文献的 44%。以上数据表明，这 3 个研究领域仍然是风险投资研究的核心领域。

### （三）期刊来源分析

2015 ~ 2016 年的 198 篇文献来自于 104 种期刊。载文数量最多的期刊是科技管理研究和科技进步与对策，都有 11 篇文章；其次是中国科技论坛，有 7 篇文章。在这些期刊中，风险投资研究文献的频繁出现，说明了风险投资研究在学术界受到重视。

载文数量只有 1 篇的期刊有 64 种，载文 2 篇及以上的期刊有 40 种，载文 3 篇及以上的刊物有 20 种。载文 2 篇以上的期刊及其数量详见表 2. 4。

**表 2. 4　　载文 2 篇以上的期刊及其数量**

| 期刊名称 | 载文数量（篇） |
| --- | --- |
| 科技管理研究 | 11 |
| 科技进步与对策 | 11 |
| 中国科技论坛 | 7 |
| 税务研究 | 6 |
| 证券市场导报 | 6 |
| 科研管理 | 5 |
| 科学学研究 | 5 |
| 科学学与科学技术管理 | 4 |
| 技术经济 | 4 |
| 上海金融 | 4 |
| 统计与决策 | 4 |
| 南开管理评论 | 3 |
| 管理工程学报 | 3 |
| 管理科学学报 | 3 |
| 宏观经济管理 | 3 |

续表

| 期刊名称 | 载文数量（篇） |
| --- | --- |
| 技术经济与管理研究 | 3 |
| 金融研究 | 3 |
| 山西财经大学学报 | 3 |
| 西安财经学院学报 | 3 |
| 商业经济与管理 | 3 |
| 福建论坛（人文社会科学版） | 2 |
| 当代经济科学 | 2 |
| 产业经济研究 | 2 |
| 财贸经济 | 2 |
| 财经研究 | 2 |
| 管理评论 | 2 |
| 管理现代化 | 2 |
| 河北经贸大学学报 | 2 |
| 宏观经济研究 | 2 |
| 华东经济管理 | 2 |
| 经济管理 | 2 |
| 软科学 | 2 |
| 山东社会科学 | 2 |
| 商业研究 | 2 |
| 世界经济与政治论坛 | 2 |
| 西安交通大学学报（社会科学版） | 2 |
| 西南民族大学学报（人文社科版） | 2 |
| 系统管理学报 | 2 |
| 中国管理科学 | 2 |
| 中山大学学报（社会科学版） | 2 |

## 二、经济学维度的风险投资研究

### （一）风险投资系统环境对风险投资的影响

风险投资系统的环境包括宏观经济因素、政府政策因素、国家法律规制、社会文化等宏观环境，也包括证券市场、产权交易市场、中介组织、行业协会等微观环境。在这些因素中国家或者政府可以改变的包括法律规制和政策等宏观环境因素和各种微观的环境因素，政府往往希望通过其立法提议和针对性的政策来对风险投资施加影响。

本小节分别讨论法律、公共政策、政治、制度以及社会经济因素对风险投资的影响。

**1. 法律对风险投资的影响**

从国际经验看，合格投资者制度已经成为私募股权投资基金法律制度的核心。胡波（2015）认为在我国，为进一步完善私募股权投资基金的监管，应进一步提高合格投资者制度的立法地位，细化合格投资者的具体标准，并将信息披露制度作为合格投资者制度的重要补充。

私募基金管理人是私募基金的运作核心，私募基金管理人的准入制度——注册制的完善极为关键。梁清华（2015）中国金融领域实行“分业经营、分业监管”，私募基金管理人注册机构分置化、注册标准碎片化，导致私募基金管理人注册制度非常混乱，亟待统一。应当扩大私募基金管理人注册制度的外延；在具体制度的构建上，私募基金管理人应以实质审查的注册登记为原则，豁免注册为例外；对小型和从事创业投资的私募基金管理人应当豁免注册，但应实行“低度备案”。

殷楠（2015）认为私募股权投资基金在帮助我国企业进行海外并购的过程中，正在或者将要受到来自法律层面的掣肘，比如私募股权投资基金法律组织形式的混乱、对私募股权投资基金投资主体及对外资私募股权投资基金的各种限制，这些法律隐患都会对私募股权投资基金发挥其在海外并购中的积极作用产生障碍。

张辉锋和宋倚文（2015）本文总结了韩国政府在发展影视剧产业风险投资过程所扮演的角色，以期为探索有中国特色的影视剧产业投融资模式提供借鉴，并建议我国政府在完善法律法规、做好引导工作、改善影视剧产业环境、改革创业板市场、提供财税优惠等五个方面采取举措。

王瑜和曹晓路（2016）借鉴金融危机后美英两国对私募股权投资基金监管的改革法案，同时结合我国资本市场的发展程度以及私募股权投资基金行业自身的发展现状。从我国现有相关立法的角度入手，对私募股权投资基金的监管理念、监管主体以及监管内容等问题做些分析。

**2. 政治和制度环境对风险投资的影响**

安同信和刘祥霞（2015）凝练了日本战后克服科技型中小企业融资难的经验，剖析了中国科技型中小企业的融资现状，旨在找出破解中国科技型中小企业融资难问题的措施，促进其健康快速发展。

管斌彬（2015）认为金融组织体系不健全、融资渠道狭窄、政府对金融的不当干预、基础设施投融资环境不够完善等，已成为制约长三角地区县域金融生态健康发展的重要因素。文章提出了长三角地区县域金融生态构建的主要途径，即丰富金融生态体系，促使金融生态主体多元化；完善金融生态环境评价指标体系；优化金融生态信用环境；改进金融生态法律与政策环境；创造和谐的金融生态人才环境。

促进科技和金融结合试点在中国深化科技体制、金融体制改革进程中扮演着重要的角色。国丽娜（2015）本文试图按照政策试点的内在逻辑，对促进科技和金融结合试点进展进行系统和深入的解析，提出当前迫切解决的问题是完善政府创业投资引导基金的激励相容机制，大力发展基于区域的借款人中介机构，建立区域科技型中小企业信息数据库并利用大数据分析提高政府服务能力。

王秀芳、唐娅楠和石冉（2015）认为从我国国情出发，有必要进一步完善相关制度以推动农业科技创新风险投资的发展。在梳理三十年来我国农业科技风险投资制度演变的基础上，分析得出农业科技风险投资在行业自身制度建设中存在着立法滞后、资本筹集受限、退出途径不畅、政府干预不适当等方面的约束，在外部环境制度建设中存在着税收优惠政策不足、引导基金制度建设滞后、缺乏专业化中介服务制度设计、农村产权交易市场不健全等方面的约束；最后从鼓励农业科技创新的角度，提出相应的制度改进建议与对策。

王艳丽（2016）认为我国现行互联网金融经营者市场准入制度存在重要制度缺失、准入条件模糊等问题，有必要在比较分析其他国家准入制度的基础上，逐步构建、完善我国不同业务模式下互联网金融经营者市场准入制度。

刘宁悦和黄子桐（2016）认为政府创业投资引导基金为我国创新驱动战略做出了积极贡献，但也面临着管理分散、委托代理关系不明确、地域发展不均、运作基础不完善等问题。需要采取统筹规划、加强监督与激励、均衡资源、提高市场化水平等措施，让引导基金发挥更大的杠杆作用，助力“大众创业、万众创新”。

武长海（2016）认为在网络经济时代，监管者基于传统技术和金融模式所确立的监管规则与法律规制，已经不适应互联网金融的新特征。构建开放条件下的互联网金融监管体系，以及新的信息披露制度、投资者顾问制度和投资者教育制度非常必要。

杨琳（2016）文章对陕西省创投引导基金、陕西省科技成果转化引导基金和西安市创投引导基金的运作成效和发展障碍进行了客观评价及分析。结合国家创新驱动发展战略的新要求，从完善市场化运作机制、合理设定投资限制条件、细分投资组合策略、扩大基金规模等方面，提出加快陕西创业投资引导基金发展的可行建议。

**3. 公共政策对风险投资的影响**

刘明（2015）认为改变投融资双方之间的信息不对称状态，是众筹融资良性运转的基础条件，而现行私募融资发行规则中的公开宣传禁令，将可能成为制约私募股权众筹健康发展的最主要制度瓶颈。

王海勇（2015）本文通过分析认为，下一步应更加注重应用所得税这一政策工具，完善现行创业投资所得税政策，加大创业投资税收政策扶持力度，构建统一、公平、高效的创业投资所得税政策体系，进一步发挥税收政策对技术创新的助推作用。

吴小强（2015）认为当前我国经济运行进入新常态，税制改革面临的形势比较严峻，日本税收改革经验值得我们适当关注和借鉴。本文在总结日本税制改革目标、内容与特点的基础上，从税收法定原则、税制结构比重、政策重点及机制等方面，提出完善我国税制的若干建议。

天使投资有助于解决“大众创业、万众创新”资金需求问题。张佩峰（2015）本文分析了天使投资的发展现状，梳理了天使投资相关税收政策，提出进一步推动我国天使投资发展的税收政策建议。

张艳、陈镜冰和吴志勇（2015）文章结合利率市场化、多层次金融市场、互联网金融等国内金融市场发展新趋势，分析其对中小企业融资服务带来的影响，探析中小企业融资服务体系新的市场环境和发展方向。并在此基础上，立足福建省实际，从多元化融资渠道和持续性风险管理两个角度提出完善中小企业融资服务体系的政策建议。

薛薇、李峰和宁冰珂（2015）本文对英国“风险投资计划”税收优惠制度的主要内容、限制条件、实施情况和政策效果进行了分析，并与我国相关政策进行了比较，进而提出完善我国风险投资税收政策的建议。薛薇、李峰和彭春燕（2016）本文总结了风险投资对技术创新的作用，深刻分析了我国风险投资发展中遇到的税收问题，并在系统对比国际实践的基础上，提出我国风险投资税收政策的完善路径。

陈强和鲍竹（2016）重点从主体特征、过程分析、对象分析等维度对天使投资的行为进行系统的研究，通过对中国天使投资发展现状的分析，提出进一步促进天使投资发展的相关政策建议。

林烺（2016）基于金融市场规律的相似，国外研究能够为我国私募股权基金所得税制的未来发展提供参考，即私募股权基金的发展潜力与所得税制的内在联系要求税制设计应充分考虑低税率的推动作用。

目前，私募股权基金发展快速，税收政策已落后于行业发展的步伐。刘金科和杨文兰（2016）本文在深入剖析私募股权基金现行税收政策问题的基础上，依据避免重复征税、保持税收中性与税收公平的原则，提出应明确私募股权基金为税收透明实体、制定合理的亏损分担与弥补政策、加强税法与其他法律的衔接、完善非居民有限合伙人常设机构认定制度、强化税收征管等相关政策建议。

**4. 社会经济因素对风险投资的影响**

汪洋（2015）利用2005—2012年省际面板数据，检验了产业结构与文化因素对风险投资阶段选择的影响。

**5. 微观环境因素对风险投资的影响**

李希义（2015）对当前国内关于硅谷银行的观点进行了剖析，纠正了对硅谷银行不正确的认识，阐明了硅谷银行在股权投资、债权投资以及贷款支持创业投资机构发展的正确做法，并从理论角度对硅谷银行敢于支持早期阶段高科技企业的原因给出了一个全新解释；最后指出了我国科技银行应该借鉴和学习硅谷银行的哪些做法和经验。

### （二）风险投资对经济的作用

**1. 风险投资对地区经济的作用**

陈鹏、逯元堂、陈海君和苏畅（2015）研究在系统梳理政府投资渠道和企业融资渠道种类、特征、现状、趋势的基础上，提出了确保环保投融资渠道更加顺畅的政策措施。

王文凯（2015）本文通过构建文化企业孵化机制来改变民间资本投融资难、市场进入难、“走出去”难的局面。

赵静梅、傅立立和申宇（2015）本文选取2004～2012年我国上市公司数据，研究风险投资与上市公司全要素生产率的关系，结果发现风险投资总体上并没有改善企业的生产效率。情景转换模型显示，高声誉的风投机构对企业生产效率的影响比低声誉的风投机构高1.24－1.65%。本文的研究为企业选择风投机构提供了参考，也为风险投资对企业的增值服务提供了新的视角，对双方而言，饥也需择食，择其善者而从之。

程实、罗宁（2015）本文探讨如何利用金融手段支持“大众创业、万众创新”国家战略。在实践中应以简政放权打造高效率创新创业金融市场环境，充分发挥银行金融机构支持创新创业功能，积极健全完善多层次资本市场服务创新创业，加强国际合作提升金融支持创新创业服务水平。

邱兆祥（2015）认为在促进科技与金融有效结合的工作中，除要重视对相关理论问题的研究，发挥理论的先导作用之外，当前还应当着重抓好以下工作：着力解决科技型中小企业融资难的问题；重视发展和壮大创业投资规模；健全中介服务体系，优化科技金融环境；加快培养高层次科技金融人才。

崔光胜和耿静（2015）认为公益创投这种服务模式已经成为政府购买公共服务的新形式，对政府提高服务水平、社区、社工、社会组织“三社联动”以及增加社区社会资本，具有重要作用。

李成和王婷（2015）本文构建了以创新倾向作为信号的分离均衡模型，采用 2003～2012 年中国区域面板数据，对我国风险投资的资本提升效应进行实证分析。研究结果表明：风险投资的资金注入能够有效改变市场配置，缓解企业的融资难困境；风险投资的行业发展通过资本提升有效带动了创新增值。

丁涛和盖锐（2015）文章基于南京 2003～2012 年创业投资和区域经济增长的相关数据，运用灰色关联分析模型对创业投资和区域经济增长之间的关系进行了研究，分析了创业投资地区指数、创业投资机构数和创业投资总额对区域经济增长各主要指标之间的关联程度。发现该地区三种创业投资指标对区域经济增长相关指标的贡献情况并不相同，其中创业投资总额和创业投资地区指数对该区域经济增长的贡献较大，而创业投资机构数量对该地区经济增长的贡献有待提高。

赵玮和温军（2015）本文采用 2005～2013 年上市公司作为样本，研究了风险投资机构对上市公司高管薪酬与董事会特征的作用机制。结果发现：风险投资参与不仅可以显著降低高管薪酬，而且可以显著提升高管持股比例。同时，具有高持股比例、高声誉、联合投资的风险投资机构可以降低公司高管薪酬，并对高管持股比例的提升具有显著的正向效应。不同特征的风险投资机构参与对董事会特征均有不同方向的显著影响。

周莉、侯子徐和张颂嘉（2015）选取每股净收益、净资产收益率、总资产收益率和销售利润率四个指标，比较有创投支持和无创投支持企业的经营绩效是否存在显著差别，研究结果表明：创业投资对创业板上市公司的经营绩效具有正向的促进作用。

房燕和鲍新中（2016）利用 2005—2014 年中国 7 个创投发展成熟地区的面板数据，基于随机效应模型考察了政府引导基金对创投资本的引导作用和对 GDP 的促进作用，并对各地区的情况进行了对比分析。研究结果表明：政府引导基金对创投资本的引导作用不明显，但是对 GDP 具有一定的促进作用；7 个地区的政府引导基金效用存在很大差异。

**2. 风险投资与研发、创新**

蔡地、陈振龙和刘雪萍（2015）以 2004～2012 年 1042 家在深圳交易所中小板和创业板 IPO 公司为样本，检验了风险投资及其背景对我国创业企业研发活动的影响。结果表明：总体而言，风险投资有利于我国创业企业提高研发投入，但并不能提高研发投入对企业未来绩效的贡献．进一步的分析显示，不同背景的风险投资对创业企业研发活动的影响存在显著差异．具体地，与本土背景的风险投资相比，外资背景的风险投资更能促进创业企业提高研发投入以及研发投入对企业未来绩效的贡献；与民营背景的风险投资相比，政府背景的风险投资对创业企业研发投入的影响并无显著差异，但显著降低了研发投入对企业未来绩效的贡献。

贺玮（2015）选择创业板市场 355 家上市公司作为研究对象，分析私募股权投资对公司技术创新行为的影响。研究发现，私募股权投资对我国创业板上市公司的技术创新存在一定的推动作用。研究结果表明：有 PE 创业板上市公司的创新能力强于无 PE 上市公司。PE 持股比例越高，上市公司的创新能力也相应越强。进一步的实证表明，我国创业板上市公司技术创新能力还受到公司所处地理位置和企业所处行业等的影响，不同行业间技术创新的需求和创新能力有所差异，而不同行业对私募股权投资的吸引力也存在差异。研究发现，私募股权投资对我国创业板上市公司的技术创新存在一定的推动作用。

黄艺翔和姚铮（2015）以 2009～2012 年我国创业板上市公司为样本，研究风险投资对上市公司研发投入与政府专项研发补助关系的作用效果。结果发现：随着政府专项研发补助的提高，具有风险投资持股的上市公司其研发投入上升幅度要显著高于没有风险投资机构持股的上市公司研发投入。以风险投资持股的上市公司为样本，研究还发现不同特征的风险投资均能起到促进政府专项研发补助与上市公司研发投入之间正相关关系的作用，随着政府研发补助的提高，具有较高持股比例、国有背景风险投资的上市公司其研发投入的上升幅度要显著大于风险投资持股比例较低、非国有背景风险投资持股的上市公司。

蒋殿春和黄锦涛（2015）认为风险投资对企业创新效率发挥了积极作用，风险投资能够通过企业软实力的提高，实现企业创新投入资本更有效率的创新。

贺炎林（2015）依据信息不对称理论，风险投资的引入能有效降低IPO抑价，但基于中国创业板的数据发现，风险投资对IPO抑价没有产生负向显著影响，本文从研发投入的视角对此提供新的解释。发现存在风险投资通过研发投入影响IPO抑价的路径，即风险投资显著增加了研发投入，研发投入的增加一方面显著提高了IPO抑价，另一方面增加了风险投资对IPO抑价负向影响的显著性。进一步研究发现，在研发投入越高的公司中，风险投资对IPO抑价的负向影响越显著，越能发挥认证监督作用。

中国进入经济发展新常态，经济增长动力从“要素驱动”“投资驱动”转向“创新驱动”。辜胜阻（2015）认为，要通过金融创新突破金融体系的“短板”，重构多层次资本市场，完善股权投资链，大力发展天使投资，显著提升直接融资比重，助力创新驱动战略实施。

与高新技术产业发展密切相关的创新活动离不开金融支持。费聿珉、张友祥、国林恒（2015）认为从长吉图先导区高新技术产业发展现状及现有的政策性融资、银行贷款、资本市场融资等模式的融资能力来看，在保持现有银行主导模式的前提下，应积极完善风险投资市场，形成由金融机构、担保机构、投资机构、中介机构等多方参与的市场化投融资模式。

沈丽萍（2015）本文以创业板上市公司为样本，研究了风险投资对技术创新的影响。研究发现，风险投资并不能为创新企业提供更多资源的支持，也不能督促企业创造出更多的效益，风险投资并不能促进高新技术企业的技术创新。分时段来看，越早进入企业的风险投资机构能够更显著地影响企业技术创新，在企业发展中后期进入的投资机构的影响力极为薄弱，但目前在初创期进入企业的投资机构占比较低。

汪洋和孔令娜（2015）利用创业板数据检验风险投资阶段选择行为所产生的经济后果表明：风险投资在早期阶段进入，比在后期阶段进入更能促进研发投入；风险投资在早期阶段进入显著提升了企业的成长性。风险投资在后期阶段进入比不进入更糟糕，它对企业的成长性产生负效应；风险投资在早期阶段进入，相比在后期阶段进入，或者不进入显著提升了企业的获利能力，而在后期阶段进入的风险投资对企业的获利能力的正面影响不显著。在我国，风险投资对被投企业影响不显著的原因在于，投资后期阶段的风险投资作用下降，甚至产生了负面效应，拖累了整体影响效果。

唐清泉、黎文飞和蔡贵龙（2015）本文以2007～2012年A股上市家族企业为样本，研究风险投资对家族控制企业R&D投资机制的影响。研究发现，家族控制的风险规避行为抑制了企业的R&D投资；有风投背景的家族企业能显著地增加R&D投资，并对家族控制权与R&D投资关系产生调节作用，但这种调节的有效性只在家族控制权较低的企业才成立。进一步研究发现，不同特征的风投对家族控制企业的R&D投资产生的影响不同。风投声誉越高和持股比例越多，对家族控制权与R&D的调节作用越强；国有风投和本地风投对家族控制权与R&D的调节作用更强，而联合风投与独立风投没有显著差别。

王建和李思慧（2015）本文应用知识生产模型，区分了研发经费来源，实证分析了研发经费对国家创新能力的影响，并对银行贷款和风险投资两类研发经费来源进行了深入分析。结论认为：研发经费投入对区域创新能力有显著的提升作用；银行贷款效果受到制约，未能显著促进创新；风险投资能够带动政府资金和企业资金进入新技术研发领域，形成创新合力，从而显著提升创新能力。实证研究结论为拓宽创新融资渠道，优化科技投入资源配置，创新科技金融政策引导机制提供了思路。

许昊、万迪昉和徐晋（2015）通过手工收集沪深两市信息技术与生物医疗企业创新数据，研究了VC与PE对企业创新投入的影响。研究发现，VC是促进企业IPO前创新投入的有效投资者，而PE与企业创新投入的关系不明显。VC或PE的早期进入和孵化时间都对企业IPO前一年创新投入有明显的正向影响。进一步的分析表明VC与PE构成了促进企业创新投入的有效联合投资，此外上述因素对企业IPO当年创新投入没起到显著的作用。许昊、万迪昉和徐晋（2015）利用创业板上市公司数据，本文研究了风险投资背景、持股比例对初创企业研发投入的影响。研究发现：风险投资的支持促进了企业研发投入，不同背景风险投资对企业研发投入的影响不同；政府背景风险投资对企业研发投入无影响，民营和外资背景风险投资对企业研发投入有积极的促进作用，其中外资是最有效的投资者；风险投资的整体持股比例未能增加企业的研发投入，但外资背景风险投资的持股比例对企业研发投入有着显著的正向影响。进一步的分析表明，民营与外资背景风险投资构成了增强企业研发的有效联合投资，风险投资的早期进入和充分孵化均促进了企业的研发投入。

詹正华、田洋洋和王雷（2015）利用2011—2013年深圳创业板上市公司的数据，通过多元回归分析，从技术创新投入和产出两个方面探讨了联合风险投资对目标企业技术创新能力的影响。结果显示：联合风险投资正向促进目标企业的R&D投入、发明专利数和专利总数，但是风险资本持股比例过高会适得其反；联合风险投资与R&D投入的交互效应与目标企业的专利总数正相关，而在董事会角度上的交互效应与目标企业的专利总数负相关；联合风险投资分别与R&D投入和风险资本加入董事会的交互效应对发明专利数的影响都不显著。

赵武、李晓华、朱明宣和庞加兰（2015）采用我国1994—2012年风险投资、科技投入与创新产出的数据，运用线性回归和PLS回归实证分析风险投资、研发投入等对创新产出的差异化影响。实证结果表明：风险投资、研发投入均对创新产出有正向促进作用，但风险投资额对创新产出的贡献率较低，研发经费支出额对专利产出的弹性系数是风险投资额弹性系数的2倍。尽管风险投资额对创新产出有正向影响，但对不同创新产出的影响也存在差异，在以专利申请量和注册商标量分别为解释变量的模型中，风险投资额对注册商标量的作用更为显著。

张岭和张胜（2015）基于创新驱动发展对金融服务的需求，分析了金融体系支持创新驱动发展战略的路径和作用机制，指出创新驱动发展战略需要金融体系重点给予种子期和初创期企业足够的融资服务支持；需要金融体系增强对企业技术创新试错和创业失败的包容性和容忍度；金融支持企业创新过程需要政府和市场的力量共同发挥作用；风险投资是突破科技与金融结合瓶颈的关键。张岭和张胜（2015）基于创新驱动发展的金融服务需求，提出了金融发展支持科技创新的路径，重点分析了金融体系支持创新驱动发展战略的作用机制。研究结果表明，金融支持创新驱动发展的关键在于构建金融链对创新链和产业链前端种子期、初创期企业的融资支持体系，并采取有利于创新驱动发展战略实施的金融支持策略。

冯照桢、温军和刘庆岩（2016）针对风险投资与技术创新这一热点问题，在回顾国内外学者相关研究、系统梳理风险投资对技术创新的影响路径和作用机理的基础上，提出二者可能存在非线性关系的理论假设；接着利用中国2001—2012年各省市（自治区）的面板数据，运用面板平滑转换回归（PSTR）模型，从风险投资规模和风险投资数量两个角度对风险投资与技术创新（专利数量和研发效率）的非线性关系进行了实证分析。结果发现：风险投资与技术创新之间存在着门槛效应，即当风险投资规模低于门槛值时，风险投资的融资支持和增值作用有限，更多表现为盘剥行为，会抑制企业技术创新；但当风险投资规模超越门槛值后，融资支持和增值作用会促进企业进行技术创新；风险投资数量的实证结果也验证了同样的结论。

胡志强和彭博（2016）文章利用我国2006—2013年间基于风险投资案例和三种专利授权的省际面板数据，研究了风险投资在“研发投入—创新产出”转化过程中的调节作用。研究发现风险投资促进了研发投入和创新产出，并对创新过程起到调节作用。

刘督、万迪昉、庄梦周、吴祖光和许昊（2016）以2015年之前上市的创业板及中小板制造业企业为样本，从研发投入强度和专利申请量两方面研究天使投资对企业创新活动的影响。研究发现：（1）天使投资参与能够显著提高企业的研发投入强度，并且对发明专利申请量有显著的促进作用，而对实用新型和外观专利申请量没有显著影响；（2）天使投资存续时间越长，企业研发投入强度越大，发明专利申请量也越高，但对实用新型专利和外观专利申请量没有显著影响。

吴涛和赵增耀（2016）利用CDM模型，将风险企业的技术创新过程分为研发投入、技术产出和绩效提升三个过程，分别考察风险投资在技术创新三个阶段对上市公司的影响，以深入研究风险投资提升创业板上市公司技术创新绩效的机理。对2012～2014年创业板上市公司创新活动的实证分析表明，风险投资参与能够显著提升创业板上市公司创新绩效，其作用主要是通过促进风险企业提高研发强度和提高商业运营能力实现的。实证分析结果还显示，风险投资对创业板上市公司非发明专利数量的提升作用显著，而对发明专利数量的增加无显著影响，这表明风险投资对风险企业技术创新的影响具有一定的局限性。

谢雅萍和宋超俐（2016）明晰风险投资的内涵，分析影响风险投资与企业合作模式的因素，引入战略导向中介机制，构建从合作模式到企业技术创新的过程演化模型，挖掘风险投资影响企业技术创新的路径，以期提升风险投资与企业的合作成功率，推动企业技术创新。

王婷（2016）基于Kortum和Lerner采用的创新生产函数，将风险投资对于技术创新的促进效应分解为资本增加效应和创新效率提高效应。运用2003～2013年的区域数据进行实证分析，研究结果显示中国的风险投资对技术创新具有显著的资本增加效应，但未能有效发挥创新效率提高效应；同时，促进效应存在区域差异性，在创新要素密集和创新生态环境温润的北京、深圳及上海地区的表现比较突出。

尹艳林（2016）认为必须从我国国情出发，借鉴国际经验，适应新技术、新产业发展需要，加快建立健全支持技术创新的金融体系和政策措施，实现金融资源与科技资源的有效对接以及产业链、创新链、资金链协同发展，有效满足科技创新各阶段多样化的资金需求，促进我国科技创新能力明显提升。

**3. 风险投资对行业发展的作用**

曲红燕和周寅猛（2015）认为为了扶持我国移动互联网产业的战略性发展，有必要成立以政府为主导、进行市场化运作的移动互联网产业投资基金。

钱士茹和袁友龙（2015）基于中部地区科技投入及成果产出、风险投资与高新技术产业发展现状与存在的问题，从增强政策扶持力度、完善多层次资本市场、建立创新产学研平台及协同机制、促进人才引进集聚以及培育创新创业文化环境等方面提出了解决思路，以期提高中部地区风险投资发展水平，促进中部高新技术产业发展。

徐策和邹磊（2015）认为设立国家新兴产业创业投资引导基金，是在我国经济发展步入新时期、新阶段后出台的一项重要战略举措，要从积极适应、引领经济发展新常态的高度认识，从全面深化改革让市场在资源配置中发挥决定性作用和更好发挥政府作用的要求把握，更好发挥其在引导产业转型升级、推动经济发展沿新常态行稳致远的重要功能。

赵玮和温军（2015）基于2005年到2013年间我国战略性新兴产业上市公司微观数据，运用“倾向得分匹配和处理效应模型”对我国风险投资与战略性新兴产业上市公司绩效之间关系进行了实证检验。结果表明：在风投机构介入的第一年时间窗口内，企业绩效显著低于无风投介入的企业，表明风险投资介入对企业绩效具有显著的抑制作用，不具有事后监督性；进一步研究表明高持股比例、高声誉的风险投资能够显著的改善公司绩效；然而风险投资家数变量却对其有显著抑制作用。

阮丽颖（2016）认为应进一步利用风险投资的灵活性和专业性优势，促进风险投资与新闻出版行业的高效对接，推动我国新闻出版行业实现跨越式发展。

杜传忠、李彤、刘英华（2016）本文选取节能环保产业中小板和创业板的43家上市公司，实证分析了风险投资对该产业发展的作用效应。实证结果表明，研发投入占营业收入比率、净资产收益率与公司成长性显著正相关，总资产规模、期间费用率、资产负债率、总资产周转率与公司成长性显著负相关，表明中国节能环保产业总体处于发展初期，还有很大发展空间。

姜永玲和雷潇雨（2016）基于2009年到2014年间我国A股上市公司的微观数据，运用实证回归分析的方法检验了创业风险投资对我国战略性新兴产业融资的溢出作用。研究发现，风险投资的介入对于战略性新兴产业融资具有显著的正向带动作用，拥有风险投资背景的战略性新兴企业更容易获得以短期债务融资为代表的外部债务融资以及外部权益融资，而且风险投资的融资带动作用对于非国有战略性新兴企业更有效。

李萌和包瑞（2016）本文借鉴国内外研究学者的经验，基于我国风险投资业的发展现状，对风险投资支持战略性新兴产业发展的现状以及存在的问题进行研究分析，为风险投资支持中国特色的战略性新兴产业提出一些对策建议，以期为战略性新兴产业的可持续发展出言献策。李萌和包瑞（2016）认为应进一步把握战略性新兴产业风险投资发展规律、完善风险投资机制、加强法制建设、拓宽投融资渠道、引进培育储备人才、建立健全退出机制。

李云鹤和李文（2016）本文以2010～2012年创业板战略性新兴指数样本公司为研究样本，实证考察了风险投资对公司资本配置效率的作用效果，研究发现：风险投资介入没能显著改善公司资本配置效率（包括过度投资、投资不足）；而风险投资对被投资公司持股比重的提高将显著抑制公司过度投资，但其对公司投资不足没有发挥应有的改善作用且与非新兴产业的公司相比，风险投资持股能够显著改善战略新兴产业的公司过度投资，也能改善投资不足问题。

赵先进和李雪（2016）基于1997—2010年我国七大战略性新兴产业中的240家上市公司数据，研究企业技术创新绩效的影响因素，重点分析风险投资的特殊作用。研究发现：（1）风险投资数量、风险投资的早期进入都能显著提高企业的技术创新绩效；（2）研发投入及研发人员数量等传统研发资本也显著影响企业的技术创新绩效；（3）被投资企业所在地区、被投资企业是否进行国际化运营对企业的技术创新作用都不显著。采用实证研究方法在企业层面分析风险投资对战略性新兴产业技术创新的作用，研究结论对政府发展战略性新兴产业的相关政策制定以及对风险投资发展引导均有启示。

朱顺泉和石双宏（2016）运用因子分析、回归分析等方法对创业投资如何促进经济转型升级进行实证分析。研究结果表明：创业投资对经济转型升级有明显的促进作用。为全国和广东省经济转型升级提供有价值的参考意见。

### （三）风险投资的演化、国际比较和新兴国家风险投资

#### 1. 风险投资的演化

黄晓、陈金丹和于斌斌（2015）以硅谷－北京和硅谷－上海两个风险投资集群式转移形成的集群链为研究对象，结合产业集群式转移中的集群间关联类型，对集群式转移的链式效应进行了测度与分析。研究发现：对于尚处于上升期的产业集群链而言，随着时间推移集群链式效应不断增加，集群间关联强度不断增大；转移企业的中介作用，使得集群式转移的直接链式效应要远大于间接链式效应，在集群“外部通道”形成中的作用明显；硅谷－北京风险投资集群的链式效应要略大于硅谷－上海，但二者的链式效应具有相似的演化规律。

张明喜和郭戎（2015）本文基于统计调查数据，从机构数量、管理资本、资本来源、投资行业、区域运行、投资阶段、退出方式、引导基金、政策环境等方面总结了 2013 年中国创业风险投资业发展呈现的十大特点。同时，本轮调查还反映了全国风险投资家对自身发展状况持乐观态度，对全行业发展现状的评价略有改善，对 2014 年投资预期向好。

王佳妮、李阳和刘曼红（2015）借助一手调研数据和二手资料，本文从发展趋势和对策两个方面分析了处于转型时期的中国天使投资市场，研究发现：（1）中国天使投资正处于高速发展阶段，尤其是在国家鼓励创新创业的氛围下，对天使投资营造了利好的环境。基于这个新形势，天使投资的未来趋势体现在平民化、组织化、机构化以及与孵化器、股权众筹模式的深度融合化等几个方面。（2）天使投资市场在投资者认知、规范化发展以及政策制定等方面仍存在诸多问题。为了推动天使投资实现规范性发展，并逐步走向成熟，以支撑中国创新型经济发展，本文建议需要进一步完善天使投资法律法规与培育管理体系、出台天使投资激励政策、加大天使投资引导力度。

#### 2. 风险投资国际比较

董竹、尚继权和孙萌（2015）本文结合我国股权众筹的发展现状，并对比参照《美国 JOBS 法案》，提出股权众筹监管负面清单监管模式，并给出负面清单设计方向。

魏蓉蓉和鲁继业（2015）以促进科技和金融有机结合为出发点，重点分析国内外科技金融发展的现状，并指出当前我国科技金融工作中存在的主要问题，在此基础上对如何促进科技和金融结合、支持科技型中小企业发展，提出创新的思路和政策建议。

虞思明（2015）中国风险投资存在着退出渠道单一、相关法律不健全、多层次的资本市场未建立等一系列问题，制约了风险投资业的健康发展。德国风险投资业在发展过程中曾经历了与中国类似的阶段，德国法律与中国法律也因同属于大陆法系而具备法律移植的可行性，因此，对德国风险投资退出机制的法律研究，将对中国建立和完善高效、健康的资本市场有着重要的借鉴意义。

徐晓红、潘峰华、夏亚博和梁进社（2016）虽然近些年中国风险投资行业已经进入快速发展阶段，但是目前国内地理学对风险投资的研究仍然非常欠缺。对国外空间视角下风险投资研究内

容的整理和分析，旨在为中国金融地理学的风险投资研究提供指导和借鉴。

## 三、管理学维度的风险投资研究

前面作者提到管理学维度的风险投资研究是打开风险投资系统这个黑箱，探索系统内部各子系统组织层面甚至个体层面的特点以及它们之间的相互关系，意图找到增进组织绩效的办法。这些研究可以分为组织层面上的研究、个体层面上的研究以及跨层面的研究。2015～2016年，组织层面上的研究最受学者们的关注。

### （一）风险投资公司和创业企业的相互作用和影响

风险投资是股权资本的一部分，当投资一个企业之后，风险投资家成了企业的共同拥有者。风险投资在中小企业的人员聘用、销售增长、技术发展和价值增加方面扮演着重要的角色。风险投资对中小企业融资越来越重要，特别是对那些具有高增长潜力的中小企业。天使投资人是潜在的高增长企业的重要利益相关者。现存的实证研究提供的证据表明，他们不仅提供资金，而且还为所投资的企业带来附加价值。

2015、2016年，该研究领域仍然是管理学维度风险投资研究的重点，共有50篇文献，这与目前国际管理学界对组织研究方法的日渐成熟有关系。组织研究方法应用到风险投资和创业领域，产生了一些非常新的研究结果，标志着管理学维度的风险投资研究走向成熟。

**1. 对创业公司治理结构和行为的影响**

蔡宁（2015）本文考察了风险投资的“逐名”动机对上市公司会计信息质量、IPO后长期业绩的影响。研究发现：第一，风险投资支持的公司在IPO时的盈余管理程度要高于无风投支持的公司，考虑锁定期的可能影响后这一结果仍然显著，并且风投的持股比例、派出董事情况、声誉以及政治联系都与盈余管理程度正相关；第二，风险投资支持的公司在IPO后的盈余管理程度要显著高于无风投支持的公司，配合减持需要、创造有利退出条件是重要原因；第三，风险投资支持的公司其IPO后长期市场业绩要低于无风投支持的公司，并且IPO时盈余管理程度越大、IPO后的长期业绩也越差。研究从会计信息角度系统考察了风险投资的可能负面作用。即为了顺利上市和退出，风投支持公司的盈余管理程度要高于无风投支持的公司，但这在一定程度上也造成了风投支持公司上市后的长期业绩走低。

晏文隽和郭菊娥（2015）为了从非资金价值增值服务的视角，给出创新企业家甄选风险投资机构的依据，本文建立风险投资多维信息甄别模型，证明了风险投资机构非资金价值增值服务的努力程度受价值增值服务边际成本和不同服务水平的边际成本差异影响。最后通过情景分析和算例分析进一步效验了风险投资机构非资金价值增值服务努力程度的影响因素及其途径，为创新企业家甄别风险投资机构的服务水平提供了依据。

何滔和崔毅（2015）针对PE基金对创业板上市公司高管离职的抑制作用，本文首次从PE基金参与被投企业公司治理从而创造公司价值和PE基金影响首次公开发行（IPO）定价两种途径，研究了PE基金以及PE基金类型对创业板高管离职的作用机理。实证结果发现：（1）相比于没有PE基金参与的创业板上市公司，PE基金的参与并不够显著的提高公司价值；（2）从PE基金管理合伙人的股东背景看，外资基金的进入能显著的提高公司价值，而国资基金和民营基金对提高公司价值的作用不显著；从特殊类型的基金看，券商直投基金降低了公司价值；（3）有PE基金参与的公司在IPO时估值泡沫显著小于无PE参与的公司；（4）从PE基金管理合伙人的股东背景视角看，外资基金的进入能显著的抑制IPO泡沫，而国资基金和民营基金对抑制IPO泡沫的作用不强；从特殊类型的基金视角看，券商直投基金增加了IPO估值泡沫。

刘娥平、赵伟捷和贺晋（2015）以2003—2012年中国上市公司为研究样本，参考肖（Xiao，2013）对企业研发投资的分类标准，采用多元线性回归、PSM配对和工具变量等方法，实证检验风险投资对中国上市公司非效率研发投资的双向治理作用。研究结果发现：对于研发过度投资的上市公司样本，风险投资能降低其研发投入；对于研发投资不足的上市公司样本，风险投资能促进其研发投入。在高科技行业公司样本中，风险投资对公司非效率研发投资的双向治理作用依然显著。另外，实证检验还发现风险投资与研发投资的内生性、盈余管理和分类标准稳健性等问题，并不会改变主要结论。

刘焕鹏和严太华（2015）以我国2009～2013年52家上市高端装备制造企业为样本，运用DSBM模型测算企业效率得分，并使用随机面板Tobit模型检验风险投资与智力资本对企业效率的改善效应。研究发现：高端装备制造企业效率处于较高水平，但总体呈下降趋势和发散特征；高端装备制造企业智力资本对效率具有显著改善效应，而且贡献主要来自于物质资本投入，人力资本和结构资本贡献相对较小；风险投资可通过高端装备制造企业智力资本实现效率改善，且持股比例较高和声誉较好的风险投资可通过物质资本和人力资本改善企业效率，具有国有背景的风险投资可通过物质资本与结构资本改善企业效率，存在联合投资的风险投资则可通过人力资本和结构资本改善企业效率。

姬新龙和马宁（2016）文章以创业板上市公司为样本，从实证的角度分析了风险投资对上市公司信息透明度产生的影响，并进一步分析不同的风险投资背景对企业会计信息披露产生的影响。结果显示：风险投资的参与可以提升企业的会计信息透明度，提高上市公司的治理效率。同时，不同背景的风险投资机构对信息披露的影响存在差异性，政府背景的风险投资机构没有体现出显著的监督作用，反而私人背景和外资背景的风险投资机构能更好地改善企业的信息不对称程度，并向外部投资者传递真实信息。

谷文林和乔娇（2016）以创业板2009—2013年期间IPO上市公司为研究对象，采用实证研究方法，分析风险投资对上市公司财务治理效率的作用及其形式。结果显示，风投方持股比例越高，参与时间越长，在董事会、监事会高管中拥有席位越多，财务治理效率就越高，但创业板中的联合投资存在“搭便车”现象。

胡刘芬（2016）本文从资本结构偏离目标程度和资本结构调整速度两方面考察了风险投资对上市公司资本结构动态调整的影响。研究发现在资本结构偏离目标程度方面，风险投资背景对公司资本结构偏离目标程度具有显著的降低作用；持股比例较高、采用联合投资模式或高声誉的风险投资对上市公司资本结构偏离目标程度的降低作用更为显著；风险投资对资本结构偏离目标程度的作用受到公司负债水平及财务状况的影响，在过度负债伴随财务盈余或者负债不足伴随财务赤字的公司中作用更明显。在资本结构调整速度方面，风险投资对上市公司资本结构调整速度无显著影响。

刘奎甫和茅宁（2016）文章实证探讨了风险投资进入对新创公司董事会社会资本的影响关系，以及风险投资机构特征在这一关系中扮演的角色。研究结果表明：第一，风险投资的进入有利于提高新创公司的董事会社会资本；第二，非外资背景、国有背景、非联合投资和进入时间较早的风险投资对董事会社会资本的提高作用更为显著。文章拓展了公司治理、创业投资等领域的研究视角。

沈维涛和陈洪天（2016）本文基于新三板市场，考察了风险投资是否对新三板企业做市转让行为产生影响。研究发现，整体而言，风险投资支持的挂牌企业更有可能进行做市转让。其中，高声誉、非国有背景风险投资在企业做市转让过程中发挥更大的作用。此外，风险投资尤其是非国有背景风险投资支持的企业拥有更多的做市商数量，体现了更强的做市动机。结论支持了风险投资监督管理的价值增加效应。进一步研究发现，在新三板做市交易低迷情况下，风险投资不再积极推动所投企业进行做市转让。综合研究结论，企业选择声誉更好、非国有背景的风险投资机构更有利于企业做市转让。

王雷（2016）基于不完全契约理论，从控制权收益和企业家人力资本的视角，研究公司创业投资支持企业的控制权配置问题。分析创业企业中公司创业投资者与企业家的控制权收益构成和类型以及企业家的人力资本专用性和专有性特征，厘清公司创业投资者与企业家各自私人收益、货币收益与其拥有的企业剩余控制权和特定控制权之间的对应关系。根据控制权共享收益来源，构建基于企业家人力资本专用性和专有性的控制权共享收益函数，分析控制权私人收益和战略收益、企业家人力资本专用性和专有性以及控制权收益与人力资本交互作用对公司创业投资支持企业剩余控制权和特定控制权配置的作用机理。以公司创业投资支持的110家不同行业上市企业3年数据为样本，运用面板数据混合回归模型，实证检验控制权收益、企业家人力资本及其交互项对中国经济背景下公司创业投资支持企业两类控制权配置的影响。研究结果表明，公司创业投资者拥有的特定控制权和剩余控制权与企业家人力资本专用性正相关，与企业家人力资本专有性负相关，企业家控制权私人收益对公司创业投资者获得创业企业特定控制权比例具有正向影响，公司创业投资者控制权战略性私人收益对其自身获得创业企业特定控制权比例具有负向影响；企业家控制权私人收益正向调节企业家人力资本专用性与公司创业投资者剩余控制权占比之间的关系，负向调节企业家人力资本专有性与公司创业投资者剩余控制权占比之间的关系；公司创业投资者战略性私人收益负向调节企业家人力资本专用性与公司创业投资者剩余控制权占比之间的关系，正向调节企业家人力资本专有性与公司创业投资者剩余控制权占比之间的关系。由于不同产业类型的创业企业会给公司创业投资者和企业家带来不同的控制权收益，进而导致双方对控制权的关注程度和类型发生变化。同时，处于不同发展阶段的创业企业，公司创业投资者和企业家对剩余控制权、特定控制权关注的重点也不相同。因此，需要对不同类型的创业企业进行控制权分类治理。研究结论为完善公司创业投资支持企业的控制权治理、提升控制权激励效果进而促进被投资创业企业发展具有重要的理论参考价值。

王秀军、李曜和龙玉（2016）文章从高管薪酬的角度，探讨风险投资对其所持股的创业板企业高管薪酬水平和结构，特别是对薪酬理论中的关键指标——薪酬绩效敏感度的影响作用。结果表明：与无风险投资持股相比，风险投资支持企业的高管总薪酬水平和股权薪酬显著更高；高管货币薪酬绩效敏感度较低，即风险投资对传统的管理层货币薪酬治理机制具有“替代效应”，而风险投资支持企业的高管股权薪酬水平显著较高，风险投资发挥了对高管股权薪酬的“促进效应”；控股股东两权分离度会显著影响风险投资替代效应、促进效应的发挥。文章揭示了风险投资对企业实施监督及增值的一种治理机制以及这种机制在不同股权结构下的变化，为研究我国风险投资的价值增值作用提供了实证支持。

吴斌和施瑶（2016）以2008—2011年中小板和创业板有风险投资机构持股的上市企业IPO

当年及之后两年的数据为样本，对风险投资参与和公司纳税筹划的相关性进行了实证检验。结果显示：在考虑了内生性问题的情况下，风险投资参与以及风险投资机构持股比例高的企业，纳税筹划积极性更高，说明我国资本市场上风险投资具有的“有效监督说”假设并不成立；将风险投资机构成立时间、管理资本、已投资企业数、已完成 IPO 个数和 IPO 金额刻画为风险投资机构的声誉基础上后发现，风险投资机构声誉对抑制被投资上市公司税收筹划具有积极作用。

徐研和杨大楷（2016）以 2009～2012 年我国创业板的 258 家高科技上市公司为样本，实证检验风险投资对参股企业产生的信号传递效应。研究发现，风险投资参股对上市公司构建联盟网络具有正向影响。相对于声誉低的风险投资，声誉高的风险投资参股的上市公司具有较高网络中间中心度。进一步研究发现，从上市后的较长时期来看，声誉高的风险投资参股对提升公司网络中心度的影响具有持续性，与声誉低的风险投资差异明显。

张卫东和张春香（2016）本文旨在研究企业风险投资的获得对其商标行为的影响。在相关理论回顾的基础上，本文提出了关于企业风险投资的获得对商标注册的可能性和注册商标所保护的市场范围之影响的基本关系假设，并用 192 家英国微米纳米技术行业企业面板数据进行了实证研究。因为商标注册的可能性是一个虚拟变量，所以本文采用 logit 模型对其进行回归；而注册商标所保护的市场范围在本文是计数变量，因此，本文采用负二项分布模型和泊松分布模型对其回归。结果表明，风险投资的获得不仅显著促进企业的商标申请，而且对商标所保护的市场范围也有显著影响。因此，国家应该大力发展风险投资，鼓励风险投资流向高科技企业，培育高科技企业的商标行为意识。

**2. 对创业公司价值增加和绩效的影响**

邓艳华和刘伟平（2015）文章以私募股权投资基金的发展现状为切入点，揭示中小企业引入私募股权投资基金的必要性，并为中小企业如何适当地引入私募股权投资基金给出建议。

胡志颖、吴先聪和果建竹（2015）为了分析我国当期制度环境下私募股权参与 IPO 的行为动机及经济后果，本文选取 IPO 前股权持有期为私募股权参与 IPO 行为动机的代理变量，考察了不同私募股权特征对 IPO 前持有期的影响，研究发现，私募股权声誉越高，IPO 前的持有期越长，国有背景会延长 IPO 前的持有期，但影响不显著。进一步的研究结论表明，持有期对被投资公司 IPO 后市场业绩呈正向影响，但正向影响随着私募股权锁定期的结束有所减弱。

蒋伟和顾汶杰（2015）文章从风险投资对创业企业作用的机理分析出发，实证研究风险投资对创业企业创生和企业成长的作用。对企业创生作用的研究表明风险投资活动的发展和增长有助于地区新企业的创生，一方面风险投资为那些无法从传统渠道融资的创业企业提供资金支持，另一方面也刺激地区创新，促使新经济部门、新技术、新产品的出现，为创业者创业活动提供更多机遇。有关风险投资对创业企业成长作用的研究采用倾向得分匹配法，该方法有效剔除了风险投资家“选择作用”对研究结果造成的偏差。研究结果表明风险投资不但有助于企业规模的不断扩大，同时也有助于企业研发创新等各项成长能力的提升，有效促进了企业竞争优势，帮助企业做大做强。

黄福广、张晓、彭涛和田利辉（2015）结合未上市中小企业的 211 份调查问卷数据以及部分手工收集的数据，研究了创业投资对企业成长的影响作用。实证结果表明，创业投资对未上市中小企业成长具有显著正向影响，但是创业投资的联合投资对企业成长有显著负向作用。中国创业投资通过提升未上市中小企业的管理能力，提高企业整合供应链能力，最终促进企业成长。在这一路径中，创业投资持股比例、外资创业投资的管理提升中介效应显著。创业投资与企业冲突不明显，关系较为融洽。

朱海花和崔毅（2015）截至2010年12月31日我国创业板共有154家公司上市，从中筛选出有风险投资持股的80家公司作为研究样本，考察其IPO前一年至IPO后两年的相关数据，研究政府引导与风险企业成长能力之间的关系。结果表明，相比政府财政补贴和直接出资设立风险投资公司来持股企业，对风险企业实施税收优惠政策更能显著提升其成长能力，即现阶段政府介入风险投资的主要方式应由直接干预微观运作向制度完善和政策激励等方面过渡，通过营造良好的风险投资发展的外部环境让我国巨额的民间资本充当风险投资主体。

蒋伟和吴洋博（2015）本文先从理论上讨论影响企业创生的因素，然后构建实证模型，使用我国省际面板数据来检验风险投资在创业企业创生时期的作用。

梁帆（2015）以2002—2013年中国A股上市公司的数据为研究样本，考察银行贷款和风险投资两种渠道对企业融资的差异，采用DID方法分析金融发展程度对企业成长性的影响，充实金融发展与经济增长理论的微观基础。研究表明，越依赖于外部融资的行业，在银行发展程度高的区域，中小企业成长相对较慢；而在风险投资发展程度高的地区，中小企业成长快。进一步实证研究表明，银行贷款倾向于发放给规模大、抵押品充足、收益确定的企业，而风险投资则对规模和抵押品不敏感。相比于银行贷款，风险投资在中小企业融资方面具有明显优势。

赵立祥和张文源（2015）本文以2010～2012年中小板和创业板首次公开上市公司为研究样本，采用相关分析、多元回归分析和Heckman两阶段回归等多种统计分析方法，探讨了创业投资对组织冗余与企业绩效关系的调节作用。研究发现，在中小企业和创业企业中，组织冗余与企业绩效存在倒U型关系，而创业投资参与对两者关系存在负向调节作用。进一步研究显示，创业投资持股比例越多，投资期限越长，负向调节作用越强，但联合创业投资的调节作用并不显著。本文的结论丰富了有关组织冗余与企业绩效关系的情境因素研究，并从一个侧面深化了对创业投资协助和监督作用的认识，研究结果对中小企业和创业企业、创业投资机构以及政策制定者都有一定的借鉴意义和参考价值。

韩瑾、党兴华和石琳（2016）基于创业投资参与程度对企业绩效具有双重效应，以中国创业投资市场为研究背景，运用CVSource数据库2000～2014年的大样本数据，使用多变量回归模型，研究不同管理风格下创业投资参与程度对创业企业绩效的影响。结果发现，不同管理风格下VC参与程度与企业绩效间存在显著倒U型关系，在VC参与程度达到最优值之前，随着参与程度的增加，企业绩效随之提升，VC参与程度对企业绩效具有促进效应；但超过最优值后，随着VC参与程度的增加，企业绩效却呈递减趋势，VC参与程度对企业绩效具有抑制效应。

金永红、蒋宇思和奚玉芹（2016）本文运用中国创业板上市公司数据，通过建立多元线性回归模型进行实证研究，发现有VC持股的公司，其创新投入水平要显著地高于没有VC持股的公司，且VC持股比例与公司的创新投入水平成正相关关系。进一步研究发现，有VC持股的公司，其企业创新投入对价值增值水平提升有显著促进作用，说明VC参与通过提升企业创新投入而对公司的价值增值带来显著的正面效应，提高了企业创新投入的效率。本文的结论进一步证实了VC作为技术进步催化剂的作用。

李九斤、叶雨晴和徐畅（2016）文章选取2009～2012年创业板IPO公司的经验数据，从信息披露评级、可操纵性应计利润两个维度衡量企业盈余质量，利用OLS回归模型研究其与企业绩效之间的关系以及风险投资介入的影响。研究发现盈余质量越高，企业绩效表现越好，而风险投资的引入，可有效提升企业盈余质量，并强化盈余质量与企业绩效间的正相关关系。

刘冰、罗超亮和符正平（2016）本文以中国创业板上市公司为样本，以管理自主权理论为切入点，实证检验创业企业 IPO 之后，风险投资机构介入对冗余资源与企业绩效之间关系的影响。研究发现，其介入弱化了高流动性冗余资源与绩效间的正相关关系，但加剧了低流动性冗余资源与绩效间的负相关关系；其介入程度对高流动性冗余资源与绩效的关系有显著负向调节作用，而对低流动性冗余资源与绩效的关系无显著影响。

刘辉、赵玮和温军（2016）基于 2005 ~ 2013 年我国沪深上市公司面板数据，采用 GMM 方法研究了风险投资机构对公司业绩的影响效果。结果表明：风险投资机构的参与可以显著提升企业的会计业绩，但对市场业绩存在显著的抑制作用；相对于国有企业，这种作用机制在非国有企业中表现得更为明显；高持股比例、高声誉以及联合投资的风险投资机构可改善国有企业的会计业绩，但对其市场业绩具有显著抑制作用。

王力军和李斌（2016）运用 1996 ~ 2012 年 IPO 公司数据，本文考察了中国制度环境下风险投资是否能够提供增值服务以及哪些因素影响其作用发挥。研究发现，在我国，VC 已经能够产生若干正向效应，表现在 VC 参股的 IPO 公司上市前成长性显著优于非 VC 参股公司，创新性更强，市场价值更高；外资 VC 相比国有和民营 VC 能够更好地促进企业成长、提高其创新性；领投 VC 投资距 IPO 时间越长、领投 VC 管理资金规模越大，企业创新性越强。但是，VC 提供增值服务的能力仍然有限，体现在其并没有显著改善企业资产运营效率；VC 的持股比例、所在区域、投资距离、年龄、董事会参与等因素均没有显著影响，而投资轮次和联合投资则分别对 IPO 企业上市前资产周转率和营业收入增长率产生了负向影响。

王秀军和李曜（2016）风险投资机构对于企业的作用，到底是基于投前的筛选眼光，还是投后的增值能力，文章以我国中小企业板上市公司为样本，探讨该问题。研究发现：（1）投资之前，VC 易选择研发投入高、成长性好、负债率高、经营效率差的企业；（2）投资之后，VC 的增值服务能力使被投企业的经营效率显著提高，股东收益率得以大幅提升。（3）相对于无 VC 支持的企业，有 VC 支持的企业在盈利能力、经营效率、财务杠杆等方面显著较好，其中高的盈利能力主要来自于 VC 的投后增值作用，较好的经营效率和财务杠杆是由 VC 的事前筛选和事后增值两方面共同作用的结果。这为认识我国风险投资对创业企业的价值增值机制做出了贡献。

文守逊、王寒和廖显浩（2016）本文选取创业板上市公司为样本，实证创投机构声誉、减持退出行为收益与上市公司经营业绩的影响效果。研究发现：有创投参投的上市公司其经营业绩并未能明显优于无创投参投的上市公司，创投减持退出并未造成上市公司业绩显著下滑，创投机构减持行为与参投上市公司的业绩无显著关联；创投机构会发生聪明投资者的择时减持行为，借此获取超额减持收益；不同声誉创投机构退出行为的自我约束效力不同，高声誉创投机构减持退出行为更加理性。

姚江红（2016）文章结合风险投资对于上市公司发行市盈率的影响内在机理系统，分析了风险投资的不同行为对 IPO 市盈率的影响假设进行了实证检验，研究发现：在现行市场环境下，国内风险投资行业发展还不够成熟，在参与公司管理方面，风险机构增值服务较弱。

张科举（2016）本文以 2009 ~ 2012 年创业板信息技术行业上市公司为样本，对创业板上市公司 IPO 前后业绩变动情况及风险投资的角色进行实证分析，结果发现：创业板上市公司上市前后不仅盈利能力大幅下降，成长能力也大幅下滑；有风险投资机构持股的样本公司上市后业绩下降幅度大于无风险投资机构持股的样本公司；创业板上市公司风险投资持股时间偏短，风险投资机构与拟上市公司形成了某种程度的“业绩同盟”。张科举（2016）以中小板、创业板187家信息技术类上市公司为研究对象，实证检验公司IPO前后业绩表现和风险投资持股在公司IPO前、中、后各个时期的作用。研究发现：公司上市当年普遍存在业绩增长下降现象；与上市前两年相比，上市后三年业绩增长有显著的下降趋势。有风险投资持股的公司上市前两年业绩增长显著优于无风险投资持股的公司，其上市当年的业绩增长下降幅度也大于无风险投资持股的公司；上市以后，有风险投资持股的公司业绩与无风险投资持股的公司业绩增长并无显著差异。风险投资在被投企业中的董事会席位、持股时间和风险投资机构数量对公司业绩有显著影响。

**3. 风险投资与创业企业上市抑价和溢价**

曹婷、冯照桢和温军（2015）该文通过分析风险投资机构的历史数据，引入异质性风险投资概念，并利用Heckman两步法处理风险投资机构入驻的内生性问题，研究了创业板上市公司异质性风险投资、联合持股与IPO抑价之间的关系，发现：1）长期风险投资持股会降低IPO抑价，发挥认证/监督作用；2）短期风险投资随着持股比例的增加更多表现为逐名动机，其持股与IPO抑价呈现“U”型关系；3）异质性风险投资的联合持股均会显著降低IPO抑价，且机构数量越多，IPO抑价程度越低。

胡志颖、李瑾和果建竹（2015）本文探讨了在我国制度环境下研发投入强度对IPO抑价的影响，以及风险投资的参与对二者关系的调节作用。研究发现，与发达市场相同，信息不对称的存在使得我国公司IPO前的研发投入引发更高的IPO抑价，而在我国转轨经济制度环境下，风险投资的投机性参与并没有起到对IPO公司进行认证监督从而减少信息不对称的作用，相反却增加了IPO公司研发投入的信息不对称，最终加剧了研发投入对IPO抑价产生的正向调节作用，且风险投资对研发投入和IPO抑价之间的正向调节作用依存于风险投资的声誉、产权背景和IPO前持股比例。更进一步，风险投资参与对研发投入和IPO抑价关系的正向调节作用及调节作用对声誉、产权背景的依存性在创业板市场上更为显著。

李曜和王秀军（2015）文章研究了在价值实现过程中，风险投资对创业板企业IPO折价的影响。文章通过将首日折价率分解成一级市场的“内在折价率”和二级市场的“市场反应率”，解决了传统首日折价率所隐含的市场有效前提条件可能不成立的问题。研究发现，风险投资对创业板企业IPO折价具有双重作用：一方面，风险投资具有认证作用，可以缓解企业与投资者之间的信息不对称，其支持的企业具有显著较低的“内在折价率”；另一方面，风险投资还具有市场力量，能够吸引更有声誉的承销商、更多的投资者和分析师关注，其支持的企业具有显著较高的“市场反应率”。在风险投资的双重作用中，市场力量占主导，从而风险投资支持的企业IPO首日折价率较高。

许昊、万迪昉和徐晋（2015）通过手工收集创业板公司风险投资辛迪加数据，本文研究了辛迪加成员背景、内部组织结构与公司IPO抑价间的关系。经验研究发现，辛迪加、主导机构和主导背景的规模均能有效提升公司质量。政府作为主导机构或主导背景均不能改善公司绩效，而外资在这两方面都是有效的投资者。此外，混合背景结构辛迪加比单一背景结构辛迪加对公司的贡献更大。许昊、万迪昉和徐晋（2016）通过手工判别风险投资及其背景，以创业板上市企业为研究对象，分析了风险投资机构的进入、参与程度和资金背景对新创企业IPO绩效的影响。研究发现：（1）风险投资的进入和参与程度能显著改善企业IPO绩效；（2）相比于政府背景风险投资，民营和外资背景风险投资的进入和参与程度对IPO绩效的影响更大；（3）政府背景风险投资虽向投资者发出新创企业质量较高的“信号”，但未能真正缓解投资者对企业真实价值认识的信息不对称和不确定性。此外，联合风险投资可以有效提升 IPO 绩效。

李曜和宋贺（2016）文章对创业板市场上 IPO 公司背后的风险投资与 IPO 公司聘请的保荐机构之间的合作次数进行统计，将存在 2 次及以上合作的界定为联盟关系，并将新股首日折价率分解成一级市场的“内在折价率”和二级市场的“市场反应率”，进而研究了 VC 与承销券商之间的联盟关系是否对 VC 参股公司在 IPO 定价效率上产生了影响。研究发现：相比于其他有 VC 持股但与券商无多次合作关系的公司以及无 VC 持股的公司，存在“VC 与券商联盟”关系的公司的 IPO 发行价格更接近于公司的内在价值，表现为内在折价率最低；且该类公司在上市首日具有更高的市场价格，表现为市场反应率最高。这说明风险投资兼具认证效应和市场力量，并且这两种作用可能都来自于 VC 与券商的长期而稳定的联盟关系。文章的结论对创业板市场上的各方参与者都具有借鉴意义。

曾庆生、陈信元和洪亮（2016）基于我国股票发行核准制的特殊背景，首次从风险投资提高 IPO 成功率和进程效率的角度揭示了我国拟上市公司有别于成熟市场中企业的风险投资引入动机。研究发现，风险投资入股不仅提高了被投资公司 IPO 首次申报的过会概率，而且缩短了其 IPO 进程的总耗时和过会时间；风险投资对 IPO 过会概率和耗时的影响主要由高声誉风险投资引起，而风险投资的持股比例、所有权性质和是否联合入股对过会概率、IPO 进程时间未产生影响或影响一致.

冯慧群（2016）本文以 2006 ~ 2012 年我国沪深两市首次公开发行（IPO）的民营企业为样本，考察风险投资的介入对这些公司上市速度、上市机会和市场表现的影响。研究发现：（1）风险投资介入的民营企业具有更快的上市速度和更优的上市机会，并且风险投资的经验积累和社会关系能够进一步增强这种优势；（2）有风险投资参与的民营企业在 IPO 时存在盈余操纵，而且这种操纵能进一步降低民营企业的 IPO 折价率。研究结果表明，在我国股票市场 IPO 资源稀缺的情况下，风险投资的介入有助于民营企业实现 IPO，因而可称得上是其“救星”。

冯照桢、曹婷和温军（2016）通过分析风险投资机构的历史数据，引入异质性风险投资概念，研究了创业板和中小板公司上市前异质性风险投资、联合持股与 IPO 抑价之间的关系。在采用倾向得分匹配（PSM）和 Heckman 两步法处理风险投资机构入驻内生性的基础上，对相关理论进行了实证研究。结论表明：（1）长期风险投资能够发挥认证监督作用，其持股能降低 IPO 抑价；（2）短期风险投资随着持股比例的增加更多表现为逐名动机，其持股与 IPO 抑价呈现“U”型关系；（3）异质性风险投资的联合持股均会显著降低 IPO 抑价，且机构数量越多，IPO 抑价程度越低。

李九斤和徐畅（2016）本文采用倾向评分配比法及异常操控性项目的计算方法，度量了企业应计盈余管理和真实盈余管理程度，并以 2008 ~ 2012 年 IPO 企业为研究样本构建多元线性回归模型，从风险投资特征角度考察了风险投资对别投资企业 IPO 抑价的影响，结果表明，风险投资参与的企业 IPO 抑价程度普遍低于无风险投资参与的企业；从背景特征角度看，外资风险投资较非外资风险投资对被投资企业 IPO 抑价的影响更为显著，国有风险投资较非国有风险投资对被投资企业 IPO 抑价的影响作用更为显著；风险投资声誉越好、持股比例越高、投资期限越长、联合投资机构数量越多，则被投资企业的 IPO 抑价程度越低。

**4. 风险投资与创业企业成功退出**

徐欣和夏芸（2015）本文在对 2009—2013 年中国创业板公司风险投资退出特征刻画的基础上，深入研究了风险投资 IPO 退出的影响因素和经济后果。研究发现，企业上市后，我国风险投资呈现出一次性完全退出较少，非连续性完全退出较多的特征。风险投资特征对于其退出企业具有重要影响。风险投资所持有公司的股份越少，企业上市后其退出的概率越大；风险投资联合持股会导致企业上市后其更加易于退出。风险投资退出会对企业绩效产生负面影响，企业业绩会在风险投资退出后明显下滑；风险投资退出企业时减持原有股份越多，则企业绩效会变得越差。本文结论为深入认识我国风险投资的IPO退出及其对企业绩效的影响提供了理论基础和经验证据，并为国家完善金融监管，积极推动风险投资的发展，以及推进创业板市场的健康成长提供了决策依据和政策建议。

晏文隽和郭菊娥（2015）为了揭示创业投资中创业投资机构提供的非资金价值增值服务和创业企业的高风险性二者之间的关系以及这二者对创业投资结果的影响效应，通过对以往研究成果的梳理，凝练出创业企业的高风险性、创业投资机构提供的非资金价值增值服务对创业投资结果的作用机理。结果表明：非资金价值增值服务会产生双向道德危害，创业企业家和创业投资机构都可能基于各自的利益做出对企业发展不利的行为，这些行为会产生并加剧创业企业的不确定性风险。创业企业的高风险性、非资金价值增值服务会直接影响创业投资的退出，同时非资金价值增值服务产生的道德风险会改变创业投资机构和创业企业家的行为选择，这也会对创业投资的退出结果产生影响。

## （二）风险投资过程

风险投资过程包括基金的募集，对项目的筛选、评估、签约和投资后管理和增值服务以及退出等活动。

### 1. 风险投资筛选和评估过程

曹麒麟和王文轲（2015）本文从风险投资决策者的有限理性出发，强调风险投资者的实际心理感受对风险投资决策的影响。根据高新技术项目的高风险、高收益性以及分阶段资金注入的特点，建立了基于有限理性和不同技术战略的实物期权风险投资动态决策模型．本文模型全面、客观的对高新技术项目的价值进行了评估并对风险投资的投资决策进行了指导．文章详细阐述了模型中各参数对投资决策的影响，使理论上的最优投资决策结果真正成为现实中风险投资决策者的重要参考依据。

孙壮志和邓超（2015）依据项目案源开发能力、组合配置能力、资源整合能力、价值判断能力、风险控制能力和退出交易能力等六个层面以及每个层面各个评价指标的模糊权重值相关数据，本研究提出我国创投管理团队项目运营能力的评价模型，并对我国创投管理团队的项目运营能力做出评价。研究显示，我国创投管理团队项目运营能力属于较好偏差。这说明，我国创投管理团队项目运营能力的六个层面还有比较大的提升空间。另一方面，通过创投管理团队项目运营能力评价模型，能够比较充分地了解我国创投管理团队项目运营能力的现状，为我国创投管理团队项目运营能力的强弱判断提供理论依据。

王超发、倪自力、孙静春（2015）文章介绍了高技术企业的风险投资决策与实物期权，同时指出实物期权定价的困难主要在于模型参数的获得和选取，通过实验设计的方法检验影响实物期权定价的相关因素之间的交互作用，以及各相关因素的组合在不同水平下对期权价值的影响程度，从而提出实物期权定价时的模型参数应用方法。

晏文隽和郭菊娥（2015）基于可转换证券和估值调整协议的期权特性，从被投项目价值的角度，证明了风险投资可转换证券和估值调整协议应用选择的边界条件。结果表明：当所投项目的价值较小时，可转换证券带给风险投资机构的价值超过估值调整协议，特别是参加分配可转换证券的优势逐步显现；随着风险项目价值增高，估值调整协议优势凸显。最后结合纯债权、纯股权两种基本的投资形式，给出了基于项目价值曲线的金融工具应用策略。

刘伟和黄江林（2016）以 2009～2011 年在创业板上市的 204 家制造业企业为样本，通过其从上市至 2014 年 12 月 31 日之间参与的 CVC 数据，分析企业技术资源、财务资源和商誉资源对新创企业 CVC 决策的影响。通过二分类 Logit 实证检验发现：技术资源对新创上市企业选择 CVC 战略具有积极影响；充裕的现金流对新创上市企业选择 CVC 战略具有促进作用；商誉资源对公司创业投资决策的影响并不显著。

马志福（2016）针对风险投资决策中涉及的模糊多属性决策问题，文章分析了基于 FWHA 和 FIOWHA 算子的模糊多属性决策方法，并列举了一个关于风险投资方案选择的案例，用该方法选择出了最佳投资方案，为解决模糊多属性决策问题提供了新的思路。

于超和樊治平（2016）本文提出了一种涉及多个行业的考虑决策者后悔规避的风险投资项目选择方法。在该方法中，首先计算各风险投资项目在不同市场状态下的项目价值；然后，计算各组合市场状态发生的概率；进一步地，构建后悔函数刻画决策者后悔的心理感知，并通过计算不同行业的各风险投资项目的综合效用值得到风险投资项目的排序结果。最后，通过一个算例说明了本文提出方法的可行性与有效性。

吴凤平、朱玮和程铁军（2016）针对互联网金融背景下风险投资双边匹配选择问题，考虑到风险投资者与风险企业在双向选择时的心理期望，提出一种基于前景理论的风险投资双边匹配决策模型；最后，通过实例分析，验证了该方法的可行性与有效性。

**2. 风险投资监控过程**

王冰（2015）为了减少风险资本投资高新技术企业产生的高风险，风险资本在投资阶段和中期管理阶段应当注意企业的知识产权是否有法律瑕疵，并通过在投资协议中约定知情权、内部控制审查权和董事委派权，以取得我国的高新技术企业资格认定；风险投资者从高新技术企业退出时，不论采取上市、创始人回购、股权转让和清算退出等任何一种方式，都要事先排除其中可能存在的法律障碍和风险，并通过制定法律文件等办法来保障自己的投资利益。

**3. 风险投资的退出和收获过程**

韩瑾、党兴华和石琳（2016）从 IPO 和并购这两种退出方式视角，选取 CVSource 数据库 2000—2014 年大样本数据，使用多变量回归模型，研究创业企业控制权不同配置对创业投资机构退出方式的影响。研究发现，创业企业家拥有的控制权比例与 IPO 退出方式显著正相关，企业家拥有的控制权越多，对其产生的期权激励作用越大，越会促使创业投资机构通过 IPO 方式退出；而创业投资机构拥有的控制权比例与并购退出方式存在显著正相关关系，创业投资机构拥有的控制权越多，为了尽早收回投资，保护自身利益，实现较高投资收益，其越会选择通过并购方式退出。

王琛（2016）本文通过对小猪短租网站成立 3 年以来运营现状分析与资金数据推算，结合风险投资 IPO 退出方式的特点与小猪短租在国内发展的实际情况，为小猪短租提供个性化的风险投资退出建议。

## （三）风险投资战略与绩效

### 1. 公司风险投资

黄晓、陈金丹和于斌斌（2015）通过Thomson Venture Xporter数据库搜集到1993—2012年间587家中国本土风险投资企业投资于2207家本土创新企业的共计3558个投资交易样本，以此为实证对象，运用二元Logistic回归方法，从微观企业层面和宏观市场层面研究了环境不确定性对风险投资本地偏好的影响。研究表明，在中国现有的资本市场分割情境下，当控制了风险投资的战略选择及风险投资机构的特征等变量后，随着环境不确定性水平的降低，风险投资机构对本地偏好的依赖也会随之减弱。因此，对于后发地区而言，可以通过降低投资环境的不确定性，来吸引更多的外地风险资本而实现本地的创新发展。

金碧华（2015）有必要结合大学生创业孵化园实际，在发展定位、政策支持、创业能力、融资服务平台以及创业环境等方面下工夫，以促进大学生创业孵化园生态链的形成，保证大学生创业持续发展。

金永红、李媛媛和罗丹（2015）本文分析中国风险投资（VC）公司不同特征与联合投资动机（如财务动机、交易流动机以及获取资源动机）之间的关系。研究结果表明：财务动机对于行业经验少以及规模小的VC公司更加重要；交易流动机对于外资背景、国有背景或者规模大的VC公司更加重要；而获取资源动机对于投资早期阶段的VC公司更为重要，对于其他特征的VC公司无明显影响。本文的研究结果对于VC公司在合作伙伴的选择上有很大的借鉴意义。

杨其静、程商政和朱玉（2015）本文以2012年底前在中国创业板块上市的公司为研究对象，研究发现：（1）在IPO之前，财务绩效越好的公司，引入VC的意愿越弱，而且越不愿意引人多个VC以及经验VC；（2）在IPO之后，VC并不能更有效地帮助公司改善经营绩效；（3）在IPO时，资本市场不仅不会给予VC资助公司更高的估值，反而有可能贬损其市场价值。总之，在中国资本市场上VC未能有效地履行其基本职能——对创业型企业进行事前甄选和事后监管。

谈毅和杜雪川（2015）运用中国风险投资市场5316条风险投资数据，以欧美国家市场联合投资的动机为参考，结合中国的法律、政策、文化环境研究中国风险投资机构参与联合投资动机的影响因素。结果发现，融资规模大、外资机构参与以及向高新技术企业投资，出于规避风险和整合资源的考虑较倾向于采用联合投资方式；获利期阶段项目的投资，则出于IPO等因素考虑更倾向于联合投资。这表明中国风险投资市场联合投资的动机与欧美国家相比，会受到制度和市场环境的影响而有所差异。

田利辉、叶瑶和黄福广（2015）我们分析505家具有风险投资背景的企业，发现声誉能够抑制企业IPO抑价，有助于风投机构再融资。这种声誉效应对年轻的风投机构尤为重要。为了提高声誉和顺利再融资，年轻风投机构更倾向于投资成熟企业、缩短投资期限和减少投资轮次，以期所投资的企业早日上市。声誉效应带来了投资行为的异化，减少了对于企业长期发展的关注。

### 2. 投资战略与绩效

陈玉山（2015）文章以金融和产业相结合的视角，利用博弈论和金融工具，选择矿企的投资换股的比例作为信号，建立了钢企对矿企股权投资的信号博弈模型，分析和比较了一般企业的无套期保值和钢企的有套期保值下风险股权投资的比例和投资效率，并通过定量计算得出：一定的对冲数量下，钢企采用套期保值时的风险股权投资策略优于无套期保值时的投资策略，并可以增大钢企在原料投资项目上的投资效率和竞争机会。该结论为我国钢企获得稳定的生产原料以及在海外的铁矿项目的风险投资决策提供一定的理论参考。

顾婧、任珮嘉和徐泽水（2015）针对我国创业投资引导基金的特点，本文首先从政策效应、经济效应以及管理效应三个维度构建了创业投资引导基金的绩效评价指标体系。其次，考虑到直觉模糊层次分析法自身的优点，尤其在刻画不确定评价信息方面的优越性，本文提出基于直觉模糊层次分析法的绩效评价方法。最后，根据对成都市某创业投资引导基金实际运作数据的收集和整理，并对其绩效进行评价，表明了本文提出的方法在创业投资引导基金绩效评价方面具有良好的适用性。而且通过对该方法与传统模糊层次分析法的比较，发现该方法在评价精度方面具有更加优异的表现。

李志萍、罗国锋、郁培丽和陈凯（2015）以 2000—2009 年中国大陆发生的风险投资事件为研究样本，采用回归分析方法，实证研究了影响我国风险投资近距离投资偏好的因素及近距离投资带来的绩效结果。结果表明，风险投资机构的声誉及风险投资机构所在地的竞争状况会影响其近距离投资偏好程度，历史悠久、规模大、经验丰富和 IPO 业绩好的风险投资机构近距离投资偏好程度更弱，风险投资机构间的激烈竞争会促使风险投资机构进行远距离投资。与国外研究结论不同的是，没有发现联合投资网络对近距离投资偏好的影响，另一反常的发现是 logit 回归结果表明近距离投资反而获得更低的回报。

蒲毅和房四海（2015）从双边道德风险的角度出发，考虑技术创新因素对项目的预期收益和成功概率以及创业投资机构和创业企业家的努力成本的影响，强调创业投资机构和创业企业是团队生产与代理关系的结合体，运用最优化理论得出技术创新影响下创业企业最优组合规模的计算式，认为技术创新对创业投资最优组合规模的影响依赖于项目的预期收益，而提高企业的技术创新程度有利于提高社会福利水平。

刘春晓、刘红涛和孟兆辉（2015）本文基于政府创业投资引导基金投后管理需求，对其参股基金绩效评价方法进行研究，基于平衡计分卡原理设计了五个维度的政府创业投资引导基金参股基金绩效评价指标体系，利用层次分析法完成了各指标权重的设置，并以北京市新兴产业创业投资引导基金参股基金为例，运用 TOPSIS 模型进行了实证研究，最后提出了政府创业投资引导基金投后管理的相关建议。

赵武、李晓华、孙永康和庞加兰（2015）通过建立完全信息及信息不对称条件下的博弈决策模型，寻找双方博弈的均衡点。模型结果表明：在完全信息条件下，（融合，融合）是双方博弈的唯一纳什均衡，即合作是一种必然趋势。而在信息不对称条件下，通过建立品牌型孵化器能够部分解决信息不对称问题，减少信息搜寻成本，并同时提高合作双方的收益。

郑君君、韩笑和邹祖绪（2015）为了研究风险投资退出股权拍卖的价格形成机理，运用演化博弈分析投标者竞价策略的演化路径与均衡。考虑到心理因素对有限理性投标者的影响，将行为经济学的前景理论引入到演化博弈中。利用前景价值函数构建收益感知矩阵以取代由支付函数构成的收益矩阵，将参照依赖、认知差异、损失规避等心理因素融入竞价策略的动态演化分析中，以刻画出更加贴近现实的有限理性投标者的认知与决策。针对不同市场供需情况分类探讨了异质投标者竞价策略演化均衡的一般规律。研究发现，竞价系统最终均衡与市场供需关系、系统初始状态以及投标者的相对支付有关。最后为政府及拍卖规则设计者提供了相关参考建议。

刘赞扬和聂中生（2015）文章在分析加强科技计划项目监督管理的重要性和必要性、考察国内外开展科技计划项目监管的特点与经验、总结安徽省科技计划项目监督管理的实践与探索基础上，重点研究了安徽省重大科技项目（专项）、安徽省创业投资引导基金、科技计划项目评估评审绩效评价三种监督管理创新模式，提出了加强安徽省科技计划项目监督管理的政策建议。

吴兴海、马俊、罗国锋和龙丹（2015）通过构筑数理模型，深入剖析了创业投资资金规模的影响因素。研究表明：在创业过程中，创业投资资金规模受到创业者努力工作的期望净收益率、创业者和投资者间信息不对称程度和创业者努力重要性3个因素影响。

徐勇和贾键涛（2016）结合2000—2013年中国大陆地区创业投资的数据，采用面板Tobit回归，基于知识基础观的视角，实证检验在中国转型经济的背景下多元化投资策略对创业投资绩效的影响，并进一步分析联合投资对二者关系的调节作用。研究发现：多元化的投资策略为创业投资机构提供了有效的知识来源渠道，行业多元化知识使得创业投资机构在价值发现和适应行业波动方面更具优势，地域多元化知识帮助投资机构有效克服不同区域间的制度差异，均对投资绩效具有显著提升作用；联合投资作为调节变量削弱了地域多元化对投资绩效的正向影响，而对行业多元化与投资绩效的影响并不显著。

冯冰、杨敏利和王凤（2016）本文基于代理理论研究投资区域在阶段投资对风险投资机构投资绩效影响中的调节作用。以2000年～2008年间首次接受风险投资的991家创业企业为样本，使用logit回归模型，本文研究发现：当风险投资机构投资于本地（本省或本市）的创业企业时，总投资轮次增加对投资绩效有显著的负向影响；而当风险投资机构跨区域投资时，总投资轮次增加对投资绩效有显著的正向影响。上述结论表明，阶段投资的相对收益和相对成本会随着投资区域的不同而发生变化，风险投资机构在决定是否通过阶段投资来降低代理成本时需考虑投资区域这一情境因素。

龙玉和李曜（2016）通过对风险投资在国内地区退出率的分组比较研究，发现平均而言，VC在风险投资中心（北、上、广深）的退出率最低，而其邻近省份的退出率最高。原因在于：（1）交易和监督成本的存在使VC提高了远距离项目的选择标准；（2）地区产业集聚及投资机构经验能显著提高退出率，有助于削弱因距离带来的逆向选择。这些发现揭示出：为了更好地发挥风险投资对创新创业的推动作用，应综合考虑被投企业所在地的禀赋资源、VC自身的专业性等条件来制订合理的投资策略。本文的发现为认识国内VC的现状及运作规律提供了增量知识，也为从“供给侧”改善VC资金投放方式提供了借鉴。

汪洋和何川（2016）文章对默会知识影响风险投资阶段选择的机制进行了梳理，并提出假设进行检验，结果显示：风险投资决策团队中成员创业经历占比、海外发达地区工作经历占比越高，金融工作经历占比越低，则风险投资选择早期阶段项目的概率越大。相对于异地投资，风险投资在本地投资时选择早期阶段项目的概率更高。在本地投资的情况下，决策团队成员中的研发经历促进机构选择早期阶段项目，而在异地投资的情况下，研发经历刚好会产生反作用。总体来看，代表默会知识的经历和文化背景，比代表明确知识的学历，对风险投资决策的影响更显著。

### （四）风险投资契约和风险管理

陈孝勇和惠晓峰（2015）本文选取2009～2012年沪深两市创业板和中小板上市公司为研究对象，研究了创业投资参与对民营和国有企业高管薪酬契约的影响。实证研究发现：（1）创业投资能够显著改变民营企业高管薪酬与业绩的敏感性，但是创业投资并没有显著改变国有企业高管薪酬与业绩的敏感性；（2）对民营企业而言，创业投资参与降低了高管薪酬与会计业绩之间的敏感性，但是提高了高管薪酬与市场业绩敏感性。实证结果表明，创业投资在民营企业高管薪酬制订过程中发挥了作用，创业投资更加重视市场业绩在高管薪酬契约中的作用；创业投资对国有企业高管薪酬契约影响非常有限；创业投资参与民营和国有企业的动机可能存在差异。

高晓燕、惠建军和张婧瑜（2015）运用VAR模型，通过格兰杰非因果检验、结合脉冲响应函数及方差分解方法，实证分析了我国微型金融对小微企业的支持力度以及影响的差异性。实证结果表明：我国微型金融对小微企业发展的支持效应滞后且力度有限。相比较而言，直接融资方式对小微企业发展的支持力度较显著，而间接融资对小微企业的支持力度远远不能满足小微企业的发展需要。

郭青青（2015）认为股东间的信义义务应当尊重公司参与方明定的契约安排，发挥缝隙弥补的作用。

金永红（2015）在不对称信息框架下，建立风险投资短期契约和长期契约的模型，并对其进行了比较研究，最后，得出结论：不对称信息下的长期契约投资水平严格优于短期契约，但都不能达到社会最优投资水平，即风险投资项目都被过早终止；不对称信息对风险投资的社会有效投资水平、长期契约与短期契约投资水平的影响是同方向、同规模的；在不对称信息下，风险投资短期契约的低效率性是刚性的，不能得到改善，而长期契约的低效率性则可以通过提高贴现率、降低项目主观成功概率得到改善，但也不能完全消除。

刘伟、杨麒渊和童洪志（2015）从广义证券化的角度提出科技成果入股、创业投资入股、知识产权资产证券化以及科技成果质押贷款资产证券化4种科技成果资产证券化途径，认为企业依据科技成果的利用状况，在技术创新的不同阶段可以利用不同的证券化技术促进科技成果转化。

刘子亚、张建平和裘丽（2015）文章在分析2009年9月至2012年9月创业板数据以及若干案例的基础上，探寻对赌协议这一约束机制为何在中国引发诸多问题，并试图找出对赌协议成功运作的机制。研究结果表明对赌协议对风险投资来说是有效的利益保护机制，一定程度上保证了创业者融资的及时性，但其成功履行也需要联合投资、分步投资和委派董事等多项措施的协同实施。

龙玉和李曜（2015）本文基于合作博弈的分析框架，试图回答VC在入股企业时，为何要采用优先清算权、它解决了什么问题、优先清算倍数如何设置等。研究结果表明，优先清算权的采纳是VC投资者权衡未来潜在收益和风险承担的结果，优先清算倍数的设置存在上界和下界，设置合理的倍数能够确保风险投资家与创业企业家在合作中的激励相容。

谈毅、杨晔和孙革（2015）本文结合天使投资在中国发展的实际情况选取合适的抽样和估算方法，估算中国天使投资的市场规模。在此基础上，根据实际调研数据对中国天使投资群体的背景特征和行为特征进行了分析，并提出了相关政策建议。

肖宇和许可（2015）基于私募股权投资基金的特殊性，信义义务在融资、投资、管理和退出环节各有具体的表现形式，注意义务与忠实义务在不同情境中的弹性与张力也各有不同。但是信义义务的适用也受到主观判断、法官裁量水平等因素的影响，需要与外部监管措施相结合共同保护投资人利益。

晏文隽和郭菊娥（2015）以估值调整协议的应用为视角，将风险投资机构最优退出时机引入风险投资参与主体收益函数，从理论上揭示并证明了不确定条件下风险投资高收益的触发条件，并得到如下结论：当风险投资机构所投项目价值的不确定性较大时，风险投资机构只能在双赢时获得高收益；而不确定性较小时，不论企业的盈利是否达到估值调整规定的标准，风险投资机构都可能得到较高收益；风险投资机构要获得高收益，所投项目价值需大于其阈值，并且不确定性越大，对创业企业的盈利水平要求越高，直至到达估值调整协议规定的双赢标准。晏文隽和郭菊娥（2015）根据一般可转换证券和参加分配可转换证券应用下的风险投资参与主体收益分配形式，文章构建了基于双向道德危害的风险投资股权分配模型，研究了风险投资机构最优股权分配比例及其影响因素。结果表明：应用参加分配可转换证券时，风险投资机构获得的最优股权分配比例随着债权值的增大而减小，随着不转换行为可能性的增大而减小；应用一般可转换证券时，风险投资机构最优股权分配比例随着债权值的增大而减小，而最优股权分配比例与不转换行为的关系受债权控制，当债权价值较小时，最优股权分配比例随着不转换行为可能性的增大而增大，当债权价值较大时，最优股权分配比例随着不转换行为可能性的增大而减小。

赵黎明、刘猛和郝琳娜（2016）利用微分对策理论研究了风险投资和风险企业的合作问题，且基于外部投资者视角将其合作过程抽象为“创业链声誉”的构建过程，构建了一个微分对策动态模型，运用汉密尔顿 - 雅可比 - 贝尔曼方程求出风险投资和风险企业在 Nash 非合作博弈、Stackelberg 主从博弈及协同合作博弈条件下的最优策略，并对此三种博弈结构下的反馈均衡结果进行了比较。研究结果显示，协同合作博弈情形下的系统收益、参与双方的收益水平要优于 Nash 非合作、Stackelberg 博弈情形下的收益水平，而风险企业的激励因子是系统中的一种协调和激励机制，可以提高风投和企业以及整个系统的收益。

康正发和冯佩琳（2016）应用定性与定量分析方法，讨论 TMT 行业风险投资收益的影响因素。通过样本数据的分析，结果表明被投企业的质量、风险投资企业的经验、投资期限因素、联合风险投资企业数是影响风险投资收益的重要因素。

陈翔（2016）认为可在厘清合伙协议治理规则属性的法理基础上，完善合伙协议的基础条款、扩张合伙协议的安全港条款等，进而提高我国有限合伙制私募股权基金的治理水平。

冯卓和马雪剑（2016）本文主要通过风险投资有限合伙制与公司制的比较，以及对有限合伙制实行的障碍分析，探讨风险投资有限合伙制在中国的应用。

姜爱克、李学伟和赵峰（2016）由于私募股权基金在运作过程中存在着多层委托代理关系，从而产生了不同利益主体之间的信息不对称，并进而造成了逆向选择和道德风险问题，这是私募股权投资产生风险的最主要根源，这种投资风险可以从宏观和微观两个层面进行识别和预测。基于此，可构建私募股权投资风险的备选指标体系和支持向量机模型，并进行实证评价。实证结果表明：私募股权投资风险随着投资周期的增加而提高，相应的投资风险也因各种不确定因素的增加而呈现上升趋势；SVM 方法对私募股权投资风险能够进行有效预测，这将为私募股权投资风险的预测提供理论指导和方法借鉴。

杜灵恩、徐福缘和何建佳（2016）入孵创业企业的道德风险长期制约着科技企业孵化器的融资行为。针对科技企业孵化器与互联网金融有机结合的新形势，构建科技企业孵化器、创业企业、风险投资三者间的演化博弈模型，并分析三方合作的稳定性。研究结果表明，借助互联网金融能够有效缓解信息不对称问题，提高融资成功率：当创业企业违约罚金期望值大于违约后的额外净收益时，创业企业必将选择诚信策略；而且降低科技企业孵化器努力成本、降低创业企业的融资目标和提高风险投资的投资预期收益有助于提高融资成功率。而当科技企业孵化器无法对创业企业进行有效监督时，创业企业必定选择投机——创业企业投机风险存在的必然性。

修国义和许童童（2016）本文以中国装备制造业为研究对象，从政策性金融支持、商业性金融支持、资本市场金融支持、风险投资金融支持 4 个角度出发，选取了 2005 ~2014 年 10 年的全国装备制造业的面板数据，创新性地运用超越对数生产函数模型与岭回归分析 4 项金融支持方式对装备制造业的支持程度，找出各种金融支持方式存在的问题，为促进我国装备制造业的发展提供借鉴。

### （五）创业企业融资

蔡尚伟和骆世查（2015）认为自2007年起，中国文化产业投资界掀起了一股产业基金热潮，从国家到地方各式产业投资基金纷纷成立。国家在金融支持文化产业发展的政策环境上也呈现出利好趋势。省级文化产业基金作为国家之外资金最为雄厚，指向性最为明确的区域文化产业投融资渠道理应成为文化与金融融合的中坚力量。但在组建和操作的过程中也需要充分考量金融秩序与潜在风险等。

农村中小微企业对我国农村经济乃至国民经济的发展具有十分重要的意义，但融资约束始终是困扰农村中小微企业发展的瓶颈。张幼芳（2015）深入研究融资约束背后的原因，跳出以银行信贷为主的间接融资路径依赖，把握目前我国多层次资本市场特别是场外交易市场跨越式发展带来的机遇，提升农村中小微企业素质、健全场外交易市场，创新农村中小微企业融资路径，促进农村中小企微企业健康快速发展。

### （六）风险投资家和创业家个体特征对投融资过程以及绩效的影响

倪宁和魏峰（2015）利用国内创业真人秀节目中的364个项目阐释所形成的文本数据，采用定量化文本分析研究方法，构建并验证了创业身份清晰度、项目相对区分度作用于天使投资意向的关系模型，引入身份相似度作为创业项目阐释的调节变量。发现：创业身份清晰度与天使投资意向正相关；项目相对区分度与天使投资意向负相关；身份相似度正向调节了创业身份清晰度与天使投资意向之间的关系。为研究创业者与天使投资人的早期沟通问题提供了新思路和新方法。

谢军和周南（2015）以合法性作为理论框架，研究了创业者的不同先前工作经验与获得风险投资之间的关系，以及风险投资者的行业经验在该关系中所起的调节作用。研究结果显示，创业者先前的行业经验和管理经验会积极影响其获得风险投资的大小，而风险投资者的行业经验会调节它们之间的关系。

赵毅、戚安邦和乔朋华（2016）以2007—2014年在A股主板、中小板、创业板上市的高新技术企业的3 238名CEO作为初始样本，以CEO权力强度为基准，将CEO分为强权型CEO和弱权型CEO两组对照样本，并从理论与实证2个层面对强、弱权型CEO对于企业创新投入的影响机制及外部风险投资持股对这种影响效应的调节作用进行探讨。研究发现：CEO权力与企业创新投入活动显著正相关，强、弱权型CEO对企业创新投入的影响具有显著差异性；外部风险投资持股在企业上市后仍是影响企业创新投入的重要因素；外部风险投资持股比例的不断提高将会显著改善CEO由于弱权而造成的企业创新投入水平较低的问题，但对强权型CEO与企业创新投入活动之间的关系不具有显著的调节作用；稳健性检验以及工具变量控制内生性后，研究结论依然成立。

### （七）组织对风险投资家、基金经理和创业家的激励

余得生（2015）认为目前，由于政府规制存在着不对称信息约束、交易成本约束的缺陷以及治理结构呈现出“多层式规制”的特征，创业投资引导基金效果并不明显。创业投资引导基金中政府及民间资本、基金管理人、创业企业家三者存在双层的委托代理关系。针对基金管理人、创业企业家和民间资本分别进行激励性规制政策设计，防范基金管理人与创业企业家合谋，减少政

府资本对民间资本的挤出效应，可以促进引导基金各参与主体进行理性的投资和经营活动，从而实现政府的产业政策目标。

陈文和田益祥（2016）关注风险企业家的短期努力和长期持续努力的协同效应及其作用机制，建立了基于风险企业家努力协同效应的激励解析模型，深入探讨了如何激励风险企业家沿着风险投资家的导向努力工作以及如何帮助有限理性的风险企业家找到正确的努力方向。研究结果表明：根据风险企业产出函数的凸性变化方向，建立正确引导风险企业家的激励机制，对于风险企业持续发展具有重要的现实意义。

吴萌（2016）本文首先建立了基于不同时期付出不同努力的多阶段激励模型。进一步，一些实证和实践表明：风险投资家和风险企业家不仅具有自利偏好，还具有公平偏好，基于此，将行为经济学中的公平偏好理论植入到多阶段激励模型中，构建了多阶段行为激励模型，研究结果表明：如果风险企业家具有公平偏好，和完全理性相比，风险企业家会提高各期努力，但随着风险企业家嫉妒程度的加大，风险投资投资家对风险企业家的激励系数先增加后降低，在引入公平偏好之后，风险投资家和风险企业家的实际收益都得到了帕累托改进。

### （八）风险投资网络

蔡宁和何星（2015）本文以2004～2013年我国A股上市公司为研究对象，考察风险投资所嵌入的股东网络对其所支持公司投资效率的影响。研究发现：风险投资的网络位置影响了公司的投资效率。风投的网络中心度越高，越有可能抑制投资不足，但也推动了公司的投资过度；联合投资可能影响风投网络位置的上述作用。当风投采取联合投资时，网络中心度对投资不足的抑制作用以及对投资过度的推动作用，都要强于风投独立出资的情况；并且，当风险投资退出公司、关系网络断裂时，公司投资效率受到的上述影响也随之消失。上述研究结论表明，关系网络带来的信息优势将影响风险投资对所投资的公司产生的作用。此外，风投在IPO后进入、公司产权性质、公司现金流情况等也会对网络作用产生一定影响。

冯冰、党兴华和王凤（2015）基于地位信号理论研究网络地位对VC筹资行为的影响，以2004年（含）之前成立的572家本土VC在2005～2012年间的筹资活动为样本，研究发现：网络地位对VC的筹资可能性有显著的正向影响，但这一影响会随着VC的IPO次数增加而减弱。此外，网络地位对VC跨区域筹资的可能性有显著的正向影响，但对VC的筹资规模则没有显著影响。冯冰、党兴华和杨敏利（2015）本文基于地位信号理论研究网络地位对风险投资机构（简称VC）跨区域筹资的影响。以2004年（含）之前成立的本土VC在2005年至2012年间的筹资活动为样本，本文研究发现：（1）VC的网络地位越高，筹资时为其提供资金的省外投资者数量越多。（2）VC的网络地位越高，筹资时为其提供资金的省外投资者在所有投资者中所占的比例越高。（3）上述效应会随着VC的IPO次数增加而减弱。本文的研究结论支持地位信号理论，表明网络地位发送的质量信号可以降低VC跨区域筹资时投资者面临的不确定性。

黄晓、胡汉辉、于斌斌和陈金丹（2015）文章基于硅谷－北京风险投资产业集群式转移的案例，运用社会网络分析等方法，对产业集群式转移的网络结构演化与变迁进行了研究。研究发现：转移后的北京风险投资产业集群与原硅谷风险投资集群具有相似的多中心核状结构，原集群的网络特征通过转移企业在新集群中的网络合作逐渐渗透到了新集群网络中；硅谷中处于网络中心位置的风险投资企业，在北京的集群网络中通常占据着中心位置，也更具有向北京进行集群式转移的倾向。

黄晓、胡汉辉和于斌斌（2015）利用硅谷－北京风险投资集群转移的案例，运用多元 Logistic 回归方法，对产业集群式转移中新集群网络的构建及其演化进行了理论与实证分析。研究发现：集群式转移中新集群网络的形成过程体现了原集群网络的渗透和本地企业网络的嵌入；转移企业的网络位置、经验及其面临的环境不确定性对新集群网络中的网络关系有显著影响；随着时间的推移，转移企业会逐渐由保留原有集群网络关系向嵌入本地网络关系演化。最后，根据研究结论对转入地政府和企业如何承接集群式转移提出了针对性的建议。

孔令涛和侯合银（2015）运用演化博弈理论和方法，通过引入创业企业质量变量，研究其对不同类型创业投资家群体的策略选择及互动机制的影响，探讨了创业投资家的类型和创业企业的质量对辛迪加网络生成的影响。博弈结果表明：高声誉创业投资家不仅会与高声誉创业投资家进行联合，还有可能与低声誉创业投资家进行联合，最终趋于形成星型网络结构。

党兴华、薛超凯和施国平（2016）从中观网络社群视角解读风险投资行为已成为当今理论研究的热点内容。通过相关文献梳理，描述了风险投资网络社群行为概念的产生过程。从社群内和社群间两个视角对网络社群行为类别进行研究；从社群结构、社群差异、网络节点特征等方面剖析网络社群行为的影响因素；从知识转移、资源获取与利用、第二者意见等方面探讨网络社群行为的作用。在此基础上，提出了风险投资网络社群行为的整合研究框架，并对未来研究进行了展望。

党兴华、胡玉杰和王育晓（2016）基于我国风险投资机构的深度访谈数据，运用质性的扎根理论研究方法，通过开放性编码、主轴编码和选择性编码，探索了风险投资网络社群形成的影响因素。研究发现，VC 异质性资源、风险企业特质、VC 关系网络特性以及外部投资情景是影响风险投资网络社群形成的 4 类主要因素。在此基础上，进一步分析了各影响因素对风险投资网络社群形成的影响作用。

罗吉和党兴华（2016）本文从我国资本市场上出现的风险投资“抱团”现象入手，以 CV-Source 数据库为数据基础，应用模块性指标 G－N 算法，动态识别了我国风险投资机构网络社群结构，进而探讨了社群结构的稳定性，最后基于网络社群特征分析，对社群成员身份的稳定性和风险投资机构间偏好特征进行了研究。结果表明，社群现象在我国风险投资网络中广泛存在，且趋势愈发显著；风险投资网络社群结构的变动具有延续性与稳定性；我国风险投资机构网络社群特征所呈现出机构间相互偏好在投资行业特征方面倾向于同质，而在投资阶段和投资项目的地理分布特征方面倾向于异质。本文对风险投资网络社群的分析，有助于从网络社群层次探讨风险投资机构的投资行为，为深入分析联合风险投资的网络行为提供了新的视角。

戚湧和陈尚（2016）本文收集 2009—2013 年所有联合投资事件，运用社会网络分析方法构建创业投资网络。选择 2014 年 1 月到 2015 年 6 月（滞后期为 1.5 年）IPO 且有创业投资的企业作为样本，构建企业创新绩效评价指标体系，基于 DEA 方法进行绩效评价。研究创业投资网络中投资机构位置属性对企业创新绩效的影响及产生原因，并进行强度测试，最后提出对策建议。

石琳、党兴华和韩瑾（2016）基于我国风险投资业情境，运用 CV Source 数据库 2005 年 1 月 1 日～2014 年 12 月 31 日数据，使用多元回归模型，研究了风险投资机构网络中心性对投资绩效的影响，以及知识专业化对二者间关系的调节作用。结果表明：风险投资机构网络中心性与投资绩效存在显著倒 U 型关系；知识专业化正向调节二者间的倒 U 型关系，即知识专业化水平越高，风险投资机构网络中心性对投资绩效的初始正向影响越强，而高水平网络中心性对投资绩效的负面影响越小。

### （九）投资者、风险投资家和创业企业家的行为特征和三者的相互关系

查博、郭菊娥和晏文隽（2015）在不完全信息条件下，建立了风险投资公司、银行与创业企业三者之间的委托代理模型，证明了风险投资公司的监督比例存在一个临界值，并分析了创业企业家过度自信心理特征与风险投资公司监督努力对各参与方委托代理关系的影响作用。研究表明：在三方参与约束条件下，当风险投资公司监督比例小于临界值并且监督对投资成功的影响作用大于增值服务的作用时，风险投资公司的监督努力会提升创业企业和银行参与投资的意愿；创业企业家过度自信行为会提升银行和风险投资公司参与投资的意愿。在双向道德危害情况下，当风险投资公司监督比例小于临界值并且监督对投资成功的影响作用大于增值服务的作用时，风险投资公司的监督努力会提升其最优努力水平与权益分配比例；创业企业家过度自信行为会提升其最优努力水平，并会降低风险投资公司的最优权益分配比例。

## 第三节　2015～2016年中文风险投资研究文献目录

［1］安同信，刘祥霞．破解中国科技型中小企业融资难问题的路径研究——基于日本经验的借鉴［J］．理论学刊，2015（10）：52－61.

［2］蔡地，陈振龙，刘雪萍．风险投资对创业企业研发活动的影响研究［J］．研究与发展管理，2015（5）：1－11.

［3］蔡宁．风险投资“逐名”动机与上市公司盈余管理［J］．会计研究，2015（5）：20～27.

［4］蔡宁，何星．社会网络能够促进风险投资的“增值”作用吗？——基于风险投资网络与上市公司投资效率的研究［J］．金融研究，2015（12）：178－193.

［5］蔡尚伟，骆世查．产业基金浪潮下的文化产业投融资问题——刍议欠发达省区文化产业基金的组建［J］．中国海洋大学学报（社会科学版），2015（6）：66－72.

［6］曹麒麟，王文轲．基于有限理性和技术战略的风险投资决策研究［J］．管理科学学报，2015（11）：25－34.

［7］曹婷，冯照桢，温军．我国创业板异质性风险投资及其联合持股与IPO抑价关系研究［J］．上海经济研究，2015（12）：23－33.

［8］曾庆生，陈信元，洪亮．风险投资入股、首次过会概率与IPO耗时——来自我国中小板和创业板的经验证据［J］．管理科学学报，2016（9）：18－33.

［9］查博，郭菊娥，晏文隽．风险投资三方委托代理关系——基于创业企业家过度自信与风投公司监督努力［J］．系统管理学报，2015（2）：190－199＋208.

［10］陈鹏，逯元堂，陈海君，苏畅．我国环境保护投融资渠道研究［J］．生态经济，2015（7）：148－151.

［11］陈强，鲍竹．中国天使投资发展现状与政策建议［J］．科技管理研究，2016（8）：21～25.

［12］陈文，田益祥．风险企业家激励机制设计——基于努力协同效应［J］．技术经济，2016（3）：61－67＋108.

［13］陈翔．合伙协议治理规则属性的法律分析——以有限合伙制私募股权基金治理为视角［J］．安徽大学学报（哲学社会科学版），2016（4）：117－125.

［14］陈孝勇，惠晓峰．创业投资的治理作用：——基于高管薪酬契约设计视角的实证研究［J］．南开管理评论，2015（2）：126－135.

［15］陈玉山．基于套期保值下钢企风险股权投资的博弈研究［J］．技术经济与管理研究，2015（9）：105－109.

［16］程实，罗宁．金融与创新创业国家战略［J］．金融论坛，2015（7）：19～26＋48.

［17］崔光胜，耿静．公益创投：政府购买社会服务的新载体——以湖北省公益创投实践为例［J］．湖北社会科学，2015（1）：57－62.

［18］党兴华，胡玉杰，王育晓．基于扎根理论的风险投资网络社群形成影响因素研究［J］．科技进步与对策，2016（19）：14～20.

［19］党兴华，薛超凯，施国平．风险投资网络社群行为研究述评与展望［J］．科技进步与对策，2016（18）：156－160.

［20］邓艳华，刘伟平．中小企业引入私募股权投资基金的若干思考［J］．福建论坛（人文社会科学版），2015（11）：19～24.

［21］丁涛，盖锐．创业投资与区域经济增长的灰色关联性分析——以南京为例［J］．技术经济与管理研究，2015（1）：32－35.

［22］董竹，尚继权，孙萌．对《私募股权众筹融资管理办法（试行）（征求意见稿）》的讨论［J］．上海金融，2015（8）：56－61.

［23］杜传忠，李彤，刘英华．风险投资促进战略性新兴产业发展的机制及效应［J］．经济与管理研究，2016（10）：64－72.

［24］杜灵恩，徐福缘，何建佳．基于互联网金融的科技企业孵化器与风险投资合作［J］．科技管理研究，2016（17）：106－111.

［25］房燕，鲍新中．中国政府创业投资引导基金效用——基于随机效应模型的实证研究［J］．技术经济，2016（2）：58－62＋101.

［26］费聿珉，张友祥，国林恒．长吉图先导区高新技术产业融资模式探讨［J］．当代经济研究，2015（6）：92－96.

［27］冯冰，党兴华，王凤．网络地位对风险投资机构筹资行为的影响研究——基于地位信号视角［J］．经济问题，2015（8）：42－49.

［28］冯冰，党兴华，杨敏利．网络地位对风险投资机构跨区域筹资的影响研究［J］．预测，2015（2）：48－53.

［29］冯冰，杨敏利，王凤．阶段投资对风险投资机构投资绩效的影响：投资区域的调节作用［J］．科研管理，2016（2）：124－131.

［30］冯慧群．风险投资是民营企业 IPO 的“救星”吗［J］．财贸经济，2016（8）：66－80.

［31］冯照桢，曹婷，温军．异质性风险投资、联合持股与 IPO 抑价［J］．中南财经政法大学学报，2016（2）：57－67.

［32］冯照桢，温军，刘庆岩．风险投资与技术创新的非线性关系研究——基于省级数据的 PSTR 分析［J］．产业经济研究，2016（2）：32－42.

[33] 冯卓，马雪剑．有限合伙制风险投资在中国的应用分析［J］．经济研究参考，2016（13）：76－81.

[34] 高晓燕，惠建军，张婧瑜．微型金融对小微企业的支持力度比较研究［J］．河北经贸大学学报，2015（6）：66－70＋81.

[35] 耿志祥，费为银．金融资产风险度量及其在风险投资中的应用——基于稳定分布的新视角［J］．管理科学学报，2016（1）：87－101.

[36] 辜胜阻．实施创新驱动战略需完善多层次资本市场体系［J］．社会科学战线，2015（5）：1月9日．

[37] 谷文林，乔娇．创业板公司风险投资对财务治理效率影响研究［J］．河海大学学报（哲学社会科学版），2016（2）：54－60＋90.

[38] 顾婧，任珮嘉，徐泽水．基于直觉模糊层次分析的创业投资引导基金绩效评价方法研究［J］．中国管理科学，2015（9）：124－131.

[39] 管斌彬．长三角地区县域金融生态建设研究［J］．南通大学学报（社会科学版），2015（3）：9月15日．

[40] 郭青青．优先股东与普通股东间的信义义务取舍［J］．河北法学，2015（11）：173－180.

[41] 国丽娜．促进科技和金融结合试点的实践浅析及启示［J］．中国科技论坛，2015（9）：109－114.

[42] 韩瑾，党兴华，石琳．不同管理风格下创业投资参与程度对创业企业绩效的影响［J］．科技进步与对策，2016（3）：103－108.

[43] 韩瑾，党兴华，石琳．创业企业控制权配置对创业投资机构退出方式影响研究——来自中国创业投资业的经验证据［J］．科技进步与对策，2016（13）：90－97.

[44] 何滔，崔毅．私募股权基金对创业板公司高管离职影响的路径分析［J］．证券市场导报，2015（4）：26－33.

[45] 贺玮．私募股权投资与企业技术创新行为——来自中国创业板市场的证据［J］．求索，2015（7）：106－109.

[46] 贺玮．私募股权投资对创业板上市公司的公司治理行为影响研究［J］．湖南社会科学，2015（4）：118－122.

[47] 贺炎林．风险投资对IPO抑价的影响：研发投入的视角［J］．西南民族大学学报（人文社科版），2015（9）：110－118.

[48] 胡波．合格投资者制度与私募股权投资基金监管［J］．河南社会科学，2015（11）：59－64.

[49] 胡利娜．风险投资与医疗服务相结合的前景展望［J］．山西财经大学学报，2015（S1）：24＋27.

[50] 胡刘芬．风险投资与上市公司资本结构动态调整［J］．中国经济问题，2016（3）：109－122.

[51] 胡志强，彭博．风险投资在研发转化中调节作用的实证分析［J］．统计与决策，2016（11）：165－167.

[52] 胡志颖，李瑾，果建竹．研发投入与IPO抑价：风险投资的调节效应［J］．南开管理

评论，2015（6）：113－124.

［53］胡志颖，吴先聪，果建竹．私募股权声誉、产权性质和IPO前持有期［J］．管理评论，2015（12）：39－49.

［54］黄福广，张晓，彭涛，田利辉．创业投资对中国未上市中小企业管理提升和企业成长的影响［J］．管理学报，2015（2）：207～214.

［55］黄晓，陈金丹，于斌斌．产业集群式转移的链式效应：测度分析与实证研究［J］．中国科技论坛，2015（5）：54－60.

［56］黄晓，陈金丹，于斌斌．环境不确定性与本地投资偏好——基于中国本土VC样本的研究［J］．科学学与科学技术管理，2015（9）：126－137.

［57］黄晓，胡汉辉，于斌斌．产业集群式转移中新集群网络的建构与演化——理论与实证［J］．科学学研究，2015（4）：539－548.

［58］黄晓，胡汉辉，于斌斌，陈金丹．产业集群式转移的网络结构演化与变迁研究［J］．大连理工大学学报（社会科学版），2015（4）：78－85.

［59］黄艺翔，姚铮．风险投资对上市公司研发投入的影响——基于政府专项研发补助的视角［J］．科学学研究，2015（5）：674－682＋733.

［60］姬新龙，马宁．不同风险投资背景对上市公司会计信息披露的影响［J］．华东经济管理，2016（1）：121－128.

［61］姜爱克，李学伟，赵峰．基于支持向量机的私募股权投资风险预测［J］．北京交通大学学报（社会科学版），2016（3）：23－30.

［62］姜永玲，雷潇雨．风险投资对战略性新兴产业融资的溢出作用研究［J］．科技管理研究，2016（14）：160－164.

［63］蒋殿春，黄锦涛．风险投资对企业创新效率影响机制研究［J］．中国高校社会科学，2015（6）：140－151＋155.

［64］蒋伟，顾汶杰．风险投资对创业企业作用的实证研究［J］．商业经济与管理，2015（11）：54－67.

［65］蒋伟，吴洋博．风险投资在创业企业创生时期的作用——基于省际面板数据的固定效应分析［J］．浙江工商大学学报，2015（2）：94－100.

［66］金碧华．大学生创业孵化园发展策略研究——基于赛博（杭州）创业工场的思考［J］．科技进步与对策，2015（3）：11－15.

［67］金永红．不对称信息、社会有效投资水平与风险投资契约期限选择［J］．系统管理学报，2015（2）：260～266.

［68］金永红，蒋宇思，奚玉芹．风险投资参与、创新投入与企业价值增值［J］．科研管理，2016（9）：59－67.

［69］金永红，李媛媛，罗丹．风险投资公司特征与联合投资动机［J］．中国科技论坛，2015（10）：130－135.

［70］康正发，冯佩琳．我国TMT行业风险投资收益的影响因素实证分析［J］．金融理论与实践，2016（1）：52－55.

［71］孔令涛，侯合银．基于演化博弈的创业投资辛迪加网络生成机制研究［J］．科技管理研究，2015（9）：207～211.

[72] 李成，王婷．中国风险投资发展对创新资本的提升效应分析［J］．山西财经大学学报，2015（10）：56-65.

[73] 李九斤，徐畅．风险投资特征对被投资企业IPO抑价的影响［J］．商业研究，2016（8）：73-82.

[74] 李九斤，叶雨晴，徐畅．盈余质量、风险投资与企业绩效——基于深交所2009-2012年创业板IPO公司经验数据［J］．西安财经学院学报，2016（4）：93-100.

[75] 李萌，包瑞．风险投资支持战略性新兴产业发展分析［J］．宏观经济研究，2016（8）：123-128.

[76] 李萌，包瑞．风险投资支持战略性新兴产业发展探究［J］．宏观经济管理，2016（5）：55-58+65.

[77] 李希义．我国的科技银行应该学习硅谷银行什么？——兼剖析国内关于硅谷银行的认识误区［J］．中央财经大学学报，2015（11）：45-52.

[78] 李曜，宋贺．风险投资与券商联盟对创业板上市公司IPO首发折价率的影响研究［J］．财经研究，2016（7）：40-51.

[79] 李曜，王秀军．我国创业板市场上风险投资的认证效应与市场力量［J］．财经研究，2015（2）：4月14日．

[80] 李云鹤，李文．风险投资与战略性新兴产业企业资本配置效率——基于创业板战略新兴指数样本公司的实证研究［J］．证券市场导报，2016（3）：40-46.

[81] 李志萍，罗国锋，郁培丽，陈凯．风险投资近距离投资偏好与投资绩效的实证研究［J］．东北大学学报（自然科学版），2015（7）：1060-1064.

[82] 梁帆．融资约束、风险投资与中小企业成长——基于中国A股上市公司的实证［J］．河北经贸大学学报，2015（2）：72-79.

[83] 梁清华．论中国私募基金管理人注册制度的完善［J］．学术月刊，2015（1）：109-114.

[84] 林烺．西方私募股权基金所得税制研究动态及启示［J］．上海金融，2016（1）：56-61+49.

[85] 刘冰，罗超亮，符正平．风险投资和创业企业总是完美一对吗［J］．南开管理评论，2016（1）：179-192.

[86] 刘春晓，刘红涛，孟兆辉．政府创业投资引导基金参股基金绩效评价研究［J］．上海金融，2015（10）：61-65+39.

[87] 刘督，万迪昉，庄梦周，吴祖光，许昊．天使投资改善了中小企业创新活动吗？［J］．科学学与科学技术管理，2016（5）：96-104.

[88] 刘娥平，赵伟捷，贺晋．风险投资对非效率研发投资的双向治理——来自我国上市公司的经验证据［J］．中山大学学报（社会科学版），2015（6）：196~210.

[89] 刘焕鹏，严太华．智力资本、风险投资与高端装备制造企业效率——基于DSBM方法与Tobit模型的实证研究［J］．山西财经大学学报，2015（5）：63-72.

[90] 刘辉，赵玮，温军．风险投资对上市公司业绩影响的实证研究［J］．软科学，2016（2）：69-73.

[91] 刘金科，杨文兰．我国私募股权基金税收政策研究［J］．税务研究，2016（6）：58

–62.

［92］刘奎甫，茅宁．风险投资会提高新创公司的董事会社会资本吗？［J］．商业经济与管理，2016（10）：45–56.

［93］刘明．论私募股权众筹中公开宣传规则的调整路径——兼评《私募股权众筹融资管理办法（试行）》［J］．法学家，2015（5）：95–104+178.

［94］刘宁悦，黄子桐．政府创业投资引导基金发展探析［J］．宏观经济管理，2016（9）：34–38.

［95］刘伟，黄江林．企业资源对新创上市公司创业投资决策的影响——基于创业板制造业的分析［J］．科技进步与对策，2016（2）：86–90.

［96］刘伟，杨麒渊，童洪志．科技成果资产证券化途径及其策略研究［J］．科技管理研究，2015（15）：23～27.

［97］刘赞扬，聂中生．科技计划项目监督管理模式创新研究——以安徽省为例［J］．华东经济管理，2015（12）：171–175.

［98］刘子亚，张建平，裘丽．对赌协议在创业板的实践结果［J］．技术经济与管理研究，2015（1）：98–102.

［99］龙玉，李曜．风险投资入股合约中为何引入优先清算权条款［J］．上海金融，2015（11）：39–43.

［100］龙玉，李曜．风险投资应该舍近求远吗——基于我国风险投资区域退出率的实证研究［J］．财贸经济，2016（6）：129–145.

［101］罗吉，党兴华．我国风险投资机构网络社群：结构识别、动态演变与偏好特征研究［J］．管理评论，2016（5）：61–72.

［102］马蔡琛，万鑫．我国私募股权基金税收政策的取向［J］．税务研究，2015（10）：29–34.

［103］马志福．基于 FWHA 和 FIOWHA 算子的模糊多属性群决策方法［J］．统计与决策，2016（5）：49–51.

［104］倪宁，魏峰．创业项目阐释与天使投资意向研究［J］．中国软科学，2015（12）：164–175.

［105］蒲毅，房四海．技术创新影响下的创业企业最优组合规模［J］．技术经济，2015（12）：76–82.

［106］戚湧，陈尚．创业投资网络位置属性对企业创新绩效的影响［J］．中国科技论坛，2016（7）：86–91.

［107］钱士茹，袁友龙．风险投资视角下中部地区高新技术产业发展路径研究［J］．科技进步与对策，2015（22）：46–51.

［108］邱兆祥．促进科技与金融结合 助推我国经济转型［J］．理论探索，2015（3）：5 月 9 日．

［109］曲红燕，周寅猛．政府主导市场化产业投资基金与我国移动互联网产业发展［J］．管理现代化，2015（5）：27～29.

［110］阮丽颖．风险投资与新闻出版业融合发展研究［J］．中国出版，2016（10）：46–49.

[111] 沈丽萍．风险投资对中小企业自主创新的影响——基于创业板的经验数据 [J]．证券市场导报，2015 (1)：59－64.

[112] 沈维涛，陈洪天．风险投资会影响企业做市转让行为吗？——我国新三板市场的实证研究 [J]．经济管理，2016 (10)：125－139.

[113] 石琳，党兴华，韩瑾．风险投资机构网络中心性、知识专业化与投资绩效 [J]．科技进步与对策，2016 (14)：136－141.

[114] 孙壮志，邓超．创业投资管理团队项目运营能力评价研究 [J]．山东社会科学，2015 (12)：155－159.

[115] 谈毅，杜雪川．中国风险投资机构联合投资动机的影响因素研究 [J]．财经论丛，2015 (10)：41－47.

[116] 谈毅，杨晔，孙革．中国天使投资市场规模、特征与发展 [J]．中国科技论坛，2015 (9)：115－120.

[117] 唐清泉，黎文飞，蔡贵龙．家族控制、风险投资和企业R&D投资 [J]．证券市场导报，2015 (1)：32－38.

[118] 田利辉，叶瑶，黄福广．发行上市、声誉效应和风险投资机构再融资研究 [J]．证券市场导报，2015 (10)：19～26.

[119] 汪洋．产业结构、文化因素与风险投资阶段选择 [J]．中国科技论坛，2015 (8)：121－126.

[120] 汪洋，何川．默会知识影响风险投资阶段选择研究 [J]．西南民族大学学报（人文社科版），2016 (7)：120－129.

[121] 汪洋，孔令娜．风险投资阶段选择的经济后果——基于创业板数据 [J]．安徽师范大学学报（人文社会科学版），2015 (2)：243～252.

[122] 王冰．风险资本投资高新技术企业的风险防范与控制 [J]．云南社会科学，2015 (1)：71－75.

[123] 王超发，倪自力，孙静春．风险投资决策模型的参数组合研究 [J]．统计与决策，2015 (14)：42－45.

[124] 王琛．在线短租行业风险投资IPO退出方式可行性研究——以"小猪短租"网站为例 [J]．山东社会科学，2016 (S1)：255～256.

[125] 王海勇．激励创业投资发展的所得税政策取向 [J]．税务研究，2015 (12)：14－16.

[126] 王佳妮，李阳，刘曼红．中国天使投资发展趋势与对策研究 [J]．科研管理，2015 (10)：161－168.

[127] 王建，李思慧．研发经费异质性、创新能力与科技金融政策 [J]．世界经济与政治论坛，2015 (4)：160－172.

[128] 王雷．公司创业投资支持企业控制权配置实证研究 [J]．管理科学，2016 (4)：80－93.

[129] 王力军，李斌．风险投资提供了增值服务吗？——基于1996～2012年IPO公司的实证研究 [J]．证券市场导报，2016 (5)：10－17.

[130] 王婷．区域视角下风险投资对技术创新的促进效应研究 [J]．科学学研究，2016

(10)：1576 – 1582 + 1592.

［131］王文凯．民间资本进入湖北文化市场的企业孵化机制研究［J］．湖北民族学院学报（哲学社会科学版），2015（1）：42 – 43 + 51.

［132］王秀芳，唐娅楠，石冉．我国农业科技创新风险投资的制度缺失与改进建议［J］．农林经济管理学报，2015（2）：152 – 159.

［133］王秀军，李曜．VC 投资：投前筛选还是投后增值［J］．上海财经大学学报，2016（4）：83 – 96.

［134］王秀军，李曜，龙玉．风险投资的公司治理作用：高管薪酬视角［J］．商业经济与管理，2016（10）：35 – 44 + 56.

［135］王艳丽．我国互联网金融经营者市场准入制度探析［J］．理论与改革，2016（2）：137 – 140.

［136］王瑜，曹晓路．私募股权投资基金的法律监管［J］．社会科学家，2016（2）：106 – 111.

［137］魏蓉蓉，鲁继业．科技金融创新发展的思路与模式研究——基于推动科技型中小企业发展的视角［J］．管理现代化，2015（3）：10 – 12.

［138］文守逊，王寒，廖显浩．创投机构声誉、减持退出收益与公司业绩的影响效果——基于我国创业板制造业上市公司的实证分析［J］．西南大学学报（社会科学版），2016（2）：74 – 81 + 190.

［139］吴斌，施瑶．风险投资参与是否影响企业纳税筹划的积极性？——基于中国资本市场的经验证据［J］．审计与经济研究，2016（1）：110 – 118.

［140］吴凤平，朱玮，程铁军．互联网金融背景下风险投资双边匹配选择问题研究［J］．科技进步与对策，2016（4）：25 – 30.

［141］吴萌．风险企业家考虑公平关切的风险投资多阶段激励模型［J］．管理工程学报，2016（3）：72 – 80.

［142］吴涛，赵增耀．风险投资对创业板上市公司技术创新影响的实证研究［J］．科技管理研究，2016（14）：12 – 17 + 23.

［143］吴小强．日本最新税改评介［J］．税务研究，2015（5）：121 – 123.

［144］吴兴海，马俊，罗国锋，龙丹．创业投资的资金规模及其影响因素研究［J］．软科学，2015（10）：16 – 19.

［145］武长海．论我国互联网金融投资者准入法律制度［J］．政法论丛，2016（4）：95 – 102.

［146］肖宇，许可．私募股权基金管理人信义义务研究［J］．现代法学，2015（6）：86 – 97.

［147］谢军，周南．创业者的先前工作经验对获得风险投资的影响［J］．科学学与科学技术管理，2015（9）：173 – 180.

［148］谢雅萍，宋超俐．风险投资对企业技术创新的影响［J］．自然辩证法研究，2016（7）：57 – 61.

［149］修国义，许童童．中国装备制造业发展的金融支持测度研究［J］．工业技术经济，2016（3）：73 – 77.

［150］徐策，邹磊．用好创投基金 促进产业结构转型升级［J］．宏观经济管理，2015（3）：32－34＋37.

［151］徐维军，罗莛方，张卫国．珠三角财富管理中心的建设模式探讨［J］．武汉大学学报（哲学社会科学版），2016（2）：79－84.

［152］徐晓红，潘峰华，夏亚博，梁进社．空间视角下国外风险投资的研究进展及启示［J］．地域研究与开发，2016（2）：12－18.

［153］徐欣，夏芸．风险投资特征、风险投资IPO退出与企业绩效——基于中国创业板上市公司的实证研究［J］．经济管理，2015（5）：97－107.

［154］徐研，杨大楷．风投是否有助于高科技企业联盟网络构建——信号传递理论视角的研究［J］．科技进步与对策，2016（17）：73－78.

［155］徐勇，贾键涛．多元化投资策略对创业投资绩效影响的研究——基于中国创业投资的经验证据［J］．中山大学学报（社会科学版），2016（5）：151－160.

［156］许昊，万迪昉，徐晋．VC与PE谁是促进企业创新的有效投资者？［J］．科学学研究，2015（7）：1081－1088.

［157］许昊，万迪昉，徐晋．风险投资背景、持股比例与初创企业研发投入［J］．科学学研究，2015（10）：1547－1554.

［158］许昊，万迪昉，徐晋．风险投资辛迪加成员背景、组织结构与IPO抑价——基于中国创业板上市公司的经验研究［J］．系统工程理论与实践，2015（9）：2177～2185.

［159］许昊，万迪昉，徐晋．风险投资改善了新创企业IPO绩效吗？［J］．科研管理，2016（1）：101－109.

［160］薛薇，李峰，宁冰珂．英国"风险投资计划"税收优惠制度及启示［J］．国际税收，2015（12）：50－54.

［161］薛薇，李峰，彭春燕．我国支持风险投资的税收政策研究［J］．税务研究，2016（7）：116－120.

［162］晏文隽，郭菊娥．创业投资的高风险性和非资金价值增值服务及其作用机理分析［J］．西北大学学报（哲学社会科学版），2015（5）：138－143.

［163］晏文隽，郭菊娥．基于多维信息甄别的风险投资非资金价值增值服务及其影响因素［J］．湖南大学学报（社会科学版），2015（4）：74－81.

［164］晏文隽，郭菊娥．风险投资中金融工具选择的边界条件与应用策略［J］．当代经济科学，2015（3）：47－54＋125－126.

［165］晏文隽，郭菊娥．不确定性条件下风险投资高收益的触发条件——以估值调整协议为视角［J］．西安交通大学学报（社会科学版），2015（2）：22～26.

［166］晏文隽，郭菊娥．基于可转换证券的风险投资最优股权分配及其影响因素［J］．西安财经学院学报，2015（4）：5－12.

［167］杨琳．破除机制障碍 助力创新驱动——陕西创业投资引导基金的运作实践［J］．西安财经学院学报，2016（5）：9－13.

［168］杨其静，程商政，朱玉．VC真在努力甄选和培育优质创业型企业吗？——基于深圳创业板上市公司的研究［J］．金融研究，2015（4）：192～206.

［169］姚江红．风险投资对创业板上市公司发行市盈率的影响［J］．统计与决策，2016

(19)：166－169.

［170］殷楠．私募投资基金助力我国企业海外并购的三大法律障碍［J］．世界经济与政治论坛，2015（2）：129－146.

［171］尹艳林．加快我国支持技术创新的金融体系建设［J］．宏观经济研究，2016（7）：13～20.

［172］于超，樊治平．考虑决策者后悔规避的风险投资项目选择方法［J］．中国管理科学，2016（6）：29－37.

［173］余得生．创业投资引导基金激励性规制研究［J］．江西社会科学，2015（12）：33－37.

［174］虞思明．德国风险投资退出机制研究［J］．当代财经，2015（5）：57－65.

［175］詹正华，田洋洋，王雷．联合风险投资对目标企业技术创新能力的影响——基于深圳创业板上市企业的经验分析［J］．技术经济，2015（6）：24－30.

［176］张辉锋，宋倚文．影视剧产业发展风投融资模式中的政府角色分析——以韩国政府为借鉴［J］．现代传播（中国传媒大学学报），2015（1）：109－113.

［177］张科举．创业板上市公司IPO前后业绩变动及风险投资的角色［J］．商业研究，2016（1）：77－82.

［178］张科举．风险投资持股对公司IPO前后业绩表现的影响［J］．现代管理科学，2016（7）：112－114.

［179］张岭，张胜．创新驱动发展战略的金融支持体系［J］．西安交通大学学报（社会科学版），2015（6）：24～29.

［180］张岭，张胜．金融体系支持创新驱动发展机制研究［J］．科技进步与对策，2015（9）：15－19.

［181］张明喜，郭戎．中国创业风险投资的发展近况及思考［J］．中国科技论坛，2015（2）：20～26.

［182］张佩峰．推动我国“天使投资”发展的税收政策建议［J］．税务研究，2015（10）：45－48.

［183］张卫东，张春香．风险投资对高科技企业商标行为的影响［J］．科研管理，2016（7）：8月16日.

［184］张艳，陈镜冰，吴志勇．福建省中小企业融资服务体系建设的政策研究［J］．福建论坛（人文社会科学版），2015（7）：177－184.

［185］张幼芳．场外交易市场：农村中小微企业融资路径创新［J］．经济问题探索，2015（8）：142－147.

［186］赵静梅，傅立立，申宇．风险投资与企业生产效率：助力还是阻力？［J］．金融研究，2015（11）：159－174.

［187］赵黎明，刘猛，郝琳娜．基于创业链声誉的风险投资与风险企业合作的微分对策模型研究［J］．管理工程学报，2016（1）：168－175.

［188］赵立祥，张文源．创业投资对组织冗余与企业绩效关系的影响研究［J］．当代经济科学，2015（2）：114－123＋128.

［189］赵玮，温军．风险投资介入是否可以提高战略性新兴产业的绩效？［J］．产业经济研

究，2015（2）：79－89.

［190］赵玮，温军．风险投资、高管薪酬及董事会特征——公司治理视角［J］．现代财经（天津财经大学学报），2015（4）：34－45.

［191］赵武，李晓华，孙永康，庞加兰．企业孵化器与风险投资的融合机制——基于博弈决策模型［J］．科技管理研究，2015（12）：101－105.

［192］赵武，李晓华，朱明宣，庞加兰．风险投资、研发投入对技术创新产出的差异化影响研究［J］．科技管理研究，2015（7）：1－5＋11.

［193］赵先进，李雪．风险投资、研发资本与战略性新兴产业的技术创新［J］．科技管理研究，2016（13）：90－95＋101.

［194］赵毅，戚安邦，乔朋华．强权CEO能更好地利用风险投资进行创新吗？［J］．科学学与科学技术管理，2016（9）：155－168.

［195］郑君君，韩笑，邹祖绪．引入前景理论的股权拍卖异质投标者竞价策略演化均衡研究［J］．管理工程学报，2015（4）：109－116.

［196］周莉，侯子徐，张颂嘉．创业投资对创业板上市企业经营绩效的影响研究［J］．经济与管理，2015（1）：42－47.

［197］朱海花，崔毅．政府引导对风险企业成长能力影响的实证研究［J］．科技管理研究，2015（11）：116－120＋126.

［198］朱顺泉，石双宏．创业投资促进经济转型升级的实证研究——以中国、广东、广州、深圳数据为例［J］．科技管理研究，2016（1）：61－66.

# 第三章 专题研究报告

## 研究报告一：2017 互联网众筹行业现状与发展趋势报告[①]

### 前 言

2016 年对于众筹行业的从业者而言并不平静。在监管趋严的形势下，市场环境与上一年度相比堪称“冰火两重天”，行业发展前景依然不明朗，未来充满着不确定性，政策监管细则迟迟未出台。随着国务院十部委的互联网金融专项整治逐步深入，规范化运营的平台站稳脚跟并崭露头角，整个行业有望在 2017 年实现稳步发展。

中关村众筹联盟与云投汇、京北众筹、36 氪股权投资联合发布《2017 年互联网众筹行业现状与发展趋势报告》。报告秉承服务于中小微创新创业企业、构建科技金融服务体系，打造创新创业新模式新生态的理想，从全国及北京地区的众筹平台发展概况、互联网非公开股权融资平台发展概况、2016 年众筹行业政策法规盘点分析、中关村众筹联盟部分重点会员平台解析、代表性成功股权融资类众筹项目解析、2016 年我国众筹行业十大热点事件、我国众筹行业 2017 年发展趋势展望共 7 个维度来观察分析。2016 年，股权众筹的格局已然发生变化，这其中隐藏在前行中的力量，我们坚信将足以改变未来。

### 一、互联网非公开股权融资平台发展概况

互联网股权融资完善并发展了多层次资本市场，成为金融市场中的有效补充。本章节将从互联网非公开股权融资平台整体概况、主要互联网非公开股权融资平台发展概况及其在金融供给侧改革中的探索和实践 3 个维度对互联网非公开股权融资平台发展概况进行分析。

#### （一）2016 年互联网非公开股权融资平台整体概况

从平台数量来看，全国互联网非公开股权融资平台数量共计 145 家，其中正常运营的互联网

---

① 本报告由中关村众筹联盟提供并授权转载。

非公开股权融资平台数量共计 118 家，平台下线或众筹业务下架的平台数量共计 26 家，转型平台共计 1 家。

从平台融资项目来看，截至 2016 年年底，2016 年中国互联网非公开股权融资平台新增项目数量共计 3268 个，同比减少 4264 个，降幅达 56.6%；2016 年新增项目成功融资额共计 52.98 亿元，同比增加 1.08 亿元，涨幅为 2.1%。如图 3.1 所示。

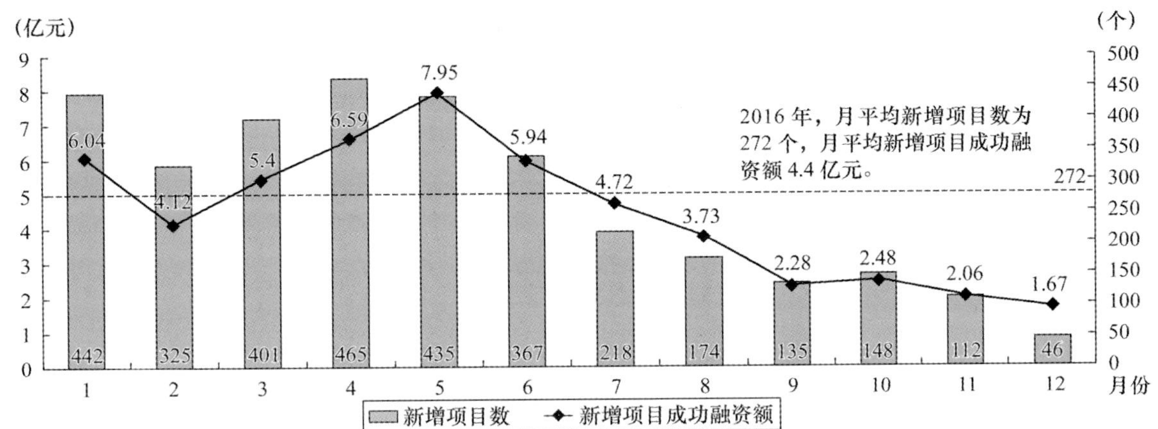


**图 3.1　2016 年中国互联网非公开股权融资平台新增项目数及融资额分布**

数据来源：云投汇·云天使研究院、盈灿咨询。

从 2016 年各月份互联网非公开股权融资平台新增项目数及融资额分布可以看出，受到整体投资市场及政策等多重影响，2016 年互联网非公开股权融资呈现上下半年冰火两重天的态势，上半年新增项目数及新增项目成功融资额远高于下半年。此外，随着资本去泡沫化，资本蜂拥至处于成长期的项目，项目普遍估值较高，融资额度较大，下半年新增项目平均成功融资额为 219.1 万元，高于上半年的 147.4 万元。

从投资人次来看，截至 2016 年年底，2016 年中国互联网非公开股权融资平台新增项目投资人次为 5.8 万人次，同比减少 4.5 万人次，降幅达 43.6%。如图 3.2 所示。

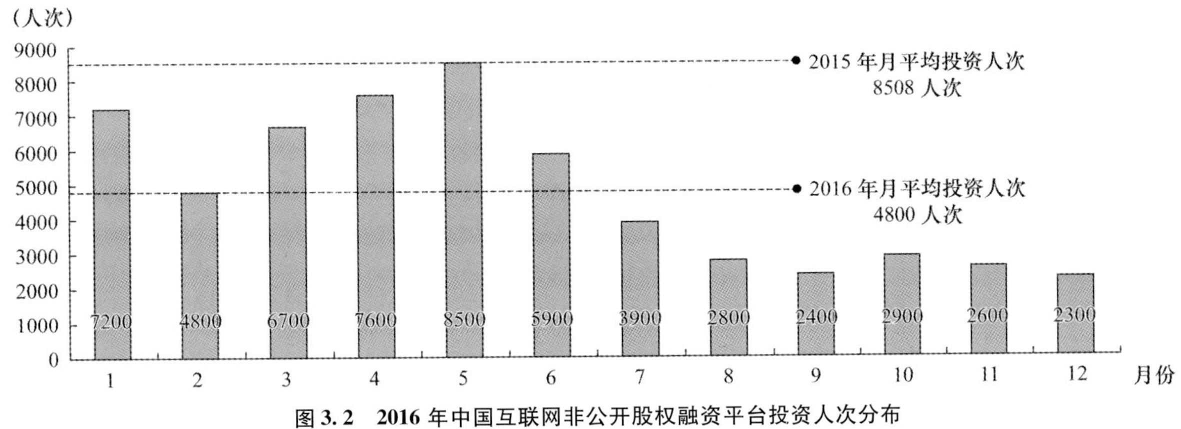


**图 3.2　2016 年中国互联网非公开股权融资平台投资人次分布**

数据来源：云投汇·云天使研究院、盈灿咨询。

## （二）主要互联网非公开股权融资平台发展概况

报告本章节选取了包括云投汇、京北众筹、36 氪股权投资等在内的 32 家互联网非公开股权融资平台作为分析样本。

32 家互联网非公开股权融资平台截至 2016 年年底，累计成功融资项目数量共计 1001 个，累计成功融资额共计 71. 54 亿元，成功融资项目披露的投资人次共计 2. 61 万人次。

从各平台成功项目披露的信息来看，融资轮次超 8 成集中于早期项目（其中天使轮项目数量最多，占比 49. 1%），项目平均起投金额为 6. 7 万元，平均出让股份比例为 18. 2%。如图 3. 3 所示。

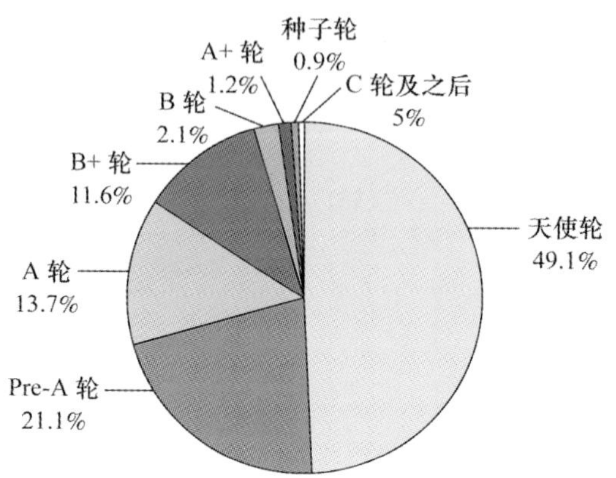


**图 3. 3　家互联网非公开股权融资平台成功融资项目轮次分布**

数据来源：云投汇 · 云天使研究院。

将 32 家互联网非公开股权融资平台累计成功融资项目按行业划分后，可以看出文化娱乐、餐饮、企业级服务这三个行业成功融资项目数量居前，分别为 102、75、74 个，分别占比 10. 2%、7. 5%、7. 4%；而互联网金融、文化娱乐、企业级服务这三个行业成功融资额居前，分别为 7、7、6. 8 亿元，分别占比 9. 8%、9. 7%、9. 5%。如图 3. 4 所示。

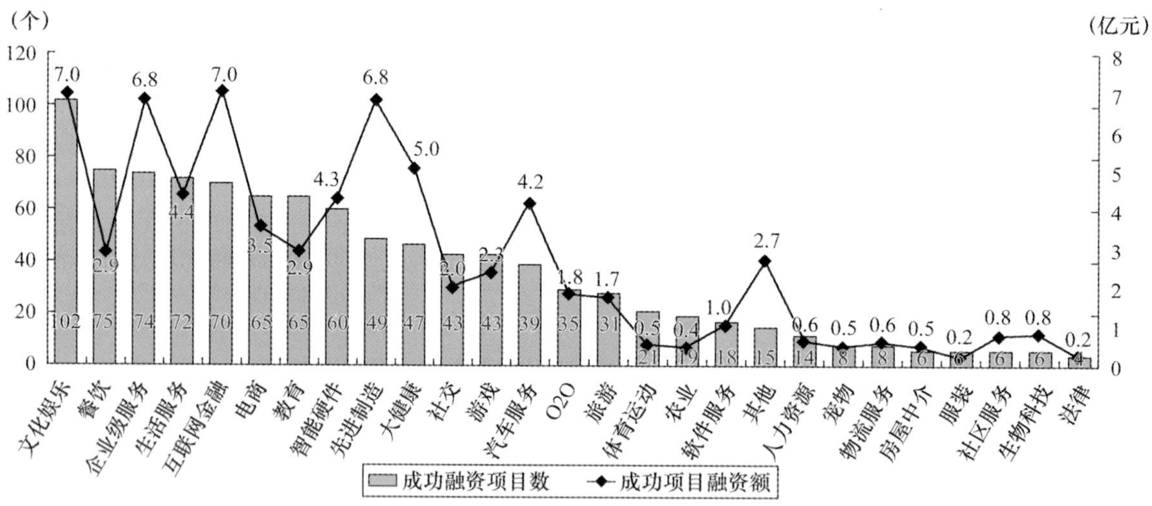


**图 3. 4　32 家互联网非公开股权融资平台成功融资项目行业分布**

数据来源：云投汇 · 云天使研究院。

## （三）互联网非公开股权融资在金融供给侧改革中的探索和实践

2016 年，我国供给侧改革的主要方向是“三去一降一补”，即“去产能、去库存、去杠杆、降成本、补短板”。事实证明，以互联网非公开股权融资为代表的中国互联网创投界，已经在逐步的探索中，实践并推动了中国供给侧的改革，具体体现在：

**1. 互联网创投市场更开放，推动“双创”，助力结构调整**

互联网创投对中小微企业、“双创”活动，对符合未来产业调整方向的现代服务业的推动效应日益明显。上述融资数据表明，新兴消费领域的创业项目，如文化消费、餐饮消费、健康养老消费、体育消费等，在互联网创投平台上获得了市场青睐。

**2. 将低成本资金引入实体经济，推动先进制造企业扩大、升级**

李克强总理多次提及要唤醒“沉睡的资金”，让资金流向实体经济最需要的地方。许多人都认为，互联网股权融资主要集聚于新兴行业。然而，上述32家互联网非公开股权融资平台的融资业绩（先进制造以6.8亿元的成功融资额排名第四位）说明，互联网创投在过去几年的实践中，不仅支持了大量中小微创新创业项目的发展，亦为生产制造企业注入资金与活力。

**3. 唤醒沉睡的资金，对接居民资产配置的需求升级**

在房地产投资大势已去之后，转型中的中国所面临的新的十年的投资机遇期，即是由短期理财、固定资产投资转向长期权益资产配置。股权类投资尽管有着相对较高的短期投资风险，但从中长期趋势上表现出的稳健高回报看，正在成为国人最重要的新的资产配置工具及财富增长来源。而互联网股权投资恰逢其时的为广大潜在投资者提供了更低的投资门槛和海量项目的选择，将大量闲散资金激活，转换成企业发展的长期性资金。从上述数据可以看出，2015年中国互联网非公开股权融资平台新增项目投资人次为10.21万人次，2016年新增项目投资人次为5.8万人次。据此粗略估计，我国累计参与互联网股权投资的人次在20万左右，按照20%－30%的复投率转换，保守估算，大概有近15万人投身其中。

**4. 完善多层次资本市场的有力补充**

面对企业主体融资的巨大需求、多层次投资者投资需求的日益丰富以及新常态下去杠杆压力等多重因素，发展多层次资本市场，让互联网股权融资成为传统金融市场的重要补充，已成为广泛共识。从上述数据可以看出，2016年互联网非公开股权融资平台的成功融资额度继续呈上升态势，互联网股权融资对小微企业融资的推动作用日益显著。

## 二、2016年众筹行业政策法规盘点分析

证监会等国家部门的专项整治方案的出台，让行业内外纷纷感到寒意阵阵，众筹行业如何发展，痛点如何解决等成为众筹平台需要长期面对的难题。然而从未来而言，众筹行业同时处于整体发展上升的趋势。本章节将对2016年众筹行业相关的中央及地方政策法律法规进行梳理与解读。

### （一）众筹行业相关政策分类概览

综合2016年相关政策的主要内容呈现与解读，可以看到中央以及地方出台的众筹相关管理办法、指导意见、通知，大致分为三类：相关鼓励政策、监管政策、风险整治计划。

**1. 相关鼓励政策**

在大众创业，万众创新的大趋势下，股权众筹以其“大众、小额、公开”的特征，成为中小微企业重点关注的融资方式。中央提出加快推进众创、众包、众扶、众筹；北上深积极推动开展众筹融资业务试点；各地方纷纷探索开发、打造具有地方特色的众筹融资平台。这些鼓励政策都

为众筹的发展提供了便利。

**2. 相关监管政策**

在众筹大力发展的同时，监管主要体现在以下几个方面：

（1）关于众筹平台，明确平台的概念、业务模式、发展定位、监管部门等重要信息、合格投资者标准。

（2）关于融资方，股权众筹融资方应为小微企业，应通过股权众筹融资中介机构向投资人如实披露企业的商业模式、经营管理、财务、资金使用等关键信息，不得误导或欺诈投资者。

（3）关于资金存管，建立客户资金第三方存管制度。

（4）关于信息披露，平台应当对客户进行充分的信息披露，及时向投资者公布其所投项目经营活动和财务状况的相关信息。

国家政策表现出全面整治和创造良好竞争环境的决心，从投资者、融资方、众筹平台，募投管退的流程对众筹的各个方面，阶段流程进行监管。

**3. 风险整治与防范计划**

2016 年 4 月份推出的《股权众筹风险专项整治工作实施方案》，对股权众筹的检查内容又做了更为细致的分类。重点整治以股权众筹名义进行股权融资、私募股权基金、公开或变相公开发行股票；虚构或夸大平台实力、项目及回报；非法经营证券业务；挪用或占用投资者资金等进行分类处置。按照摸底排查、清理整顿、督查和评估、验收和总结四个步骤，稳步推进股权众筹风险专项整治工作。

各地方贯彻执行中央推出的专项整治工作实施方案，也分别制定了因地制宜的本地实施方案。

此外，2016 年度深圳等地对房地产众筹进行了严厉监管，严禁众筹炒房等。随着 2016 下半年度对股权众筹的专项整治，监管动作频繁且力度加大，众筹平台在合规性的大背景下放慢脚步。其他类型的众筹，尤其是汽车众筹，由于监管相对宽松，下半年呈井喷式增长。不过合规发展是永恒主题，未来在这些其他类型的众筹方面，也会出台更为成文的监管细则。

## （二）2016 年中央政策概览与解读

**1. 政府工作报告连续第三年提及互联网金融**

2016 年 3 月 5 日，第十二届全国人民代表大会第三次会议上，国务院总理李克强在政府工作报告中提出，打造众创、众包、众扶、众筹平台，构建大中小企业、高校、科研机构、创客多方协同的新型创业创新机制。这是政府工作报告连续第三年提及互联网金融。

国务院总理李克强在政府工作报告中提到：（1）深化金融体制改革。加快改革完善现代金融监管体制，提高金融服务实体经济效率，实现金融风险监管全覆盖。（2）规范发展互联网金融，大力发展普惠金融和绿色金融。加强全口径外债宏观审慎管理。扎紧制度笼子，整顿规范金融秩序，严厉打击金融诈骗、非法集资和证券期货领域的违法犯罪活动，坚决守住不发生系统性区域性风险的底线。

互联网非公开股权融资是帮助小微企业融资的有力渠道之一，其必然发展趋势是互联网 VC 化，更适合于偏中等规模、成长期的企业。美国已经证明了这个趋势，当下美国股权众筹产生的总金额已经超过了天使投资的规模。在此趋势下，国家出台了相关政策，帮助引导，才能让股权众筹行业在规范中更好的发展，起到应有的作用，产生好的社会效应。

**2. 众筹被正式纳入十三五规划**

2016 年 3 月 16 日，第十二届全国人民代表大会第四次会议表决通过《国民经济和社会发展第十三个五年规划纲要（草案）》，明确指出要全面推进众创、众包、众扶、众筹，众筹被正式纳入十三五规划。

任何行业的规范发展，都是先摸索，再逐渐找到规律，进而落实到法律层面。国家出台一系列监管政策，给行业设置一条红线，将不规范的众筹平台挡在线外，从而给真正的优质平台创造公平竞争的机会和环境。

但是，有些管理办法在实际操作层面存在一定的困难，比如进行非公开股权融资需要成立合伙人企业，但成立合伙人企业的手续花费时间较长且过程繁琐，其中需要投资人签字环节，对于普遍拥有数十名乃至上百名投资人的众筹项目来说，一次聚齐所有投资人在同一份文件上签字通常较为困难，同时也会影响投资效率和参与众筹者的用户体验。很多业内人士表示，建议监管部门与众筹行业的优质代表性企业建立长期深入的沟通机制，并共同完善政策制定。

**3. 民政部评出 13 家互联网募捐信息平台**

2016 年 8 月 20 日，民政部组织有关专家对通过形式审查的 29 家互联网募捐信息平台进行了评审。各参评平台在答辩中分别作出了“不代为接受慈善捐赠财产”等承诺及陈述。8 月 22 日，13 家通过评审入围，它们分别是：“腾讯公益”网络募捐平台、淘宝网、蚂蚁金服公益平台、新浪 - 微博（微公益）、轻松筹、中国慈善信息平台、京东公益、基金会中心网、百度慈善捐助平台、公益宝、新华公益服务平台、联劝网、广州市慈善会慈善信息平台。

此外，民政部从 2016 年 9 月 1 日起施行慈善法规定，慈善组织通过互联网开展公开募捐的，应当在国务院民政部门统一或者指定的慈善信息平台发布募捐信息。

**4. 四部委联合发布《网络借贷信息中介机构业务活动管理暂行办法》，限期整顿网贷平台**

2016 年 8 月 24 日，国家银监会、工业和信息化部、公安部、国家互联网信息办公室四部委，联合发布了《网络借贷信息中介机构业务活动管理暂行办法》（以下简称《办法》）。为避免《办法》出台对行业造成较大冲击，《办法》作出了 12 个月过渡期的安排，在过渡期内通过采取自查自纠、清理整顿、分类处置等措施，进一步净化市场环境，促进机构规范发展。

该《办法》第十条明确了网络借贷信息中介机构不得从事或者接受委托从事的十三项活动，包括不得开展类资产证券化业务、不得从事股权众筹等业务。

**5. 国务院发布《国务院关于促进创业投资持续健康发展的若干意见》**

2016 年 9 月 20 日，国务院发布《国务院关于促进创业投资持续健康发展的若干意见》（以下简称“创投国十条”）。“创投国十条”明确指出，由国家发展改革委、科技部、证监会按职责分工负责，规范发展互联网股权融资平台，为各类个人直接投资创业企业提供信息和技术服务。

其中明确指出，引导创投秉承价值投资理念，鼓励长期投资和价值投资，防范和化解投资估值“泡沫化”可能引发的市场风险，加大对实体经济支持的力度，构建“实体创投”投资环境。

并对目前概念进行了清晰明确的界定和划分。特别是创业投资和天使投资的定义得到明确，天使投资是指除被投资企业职员及其家庭成员和直系亲属以外的个人以其自有资金直接开展的创业投资活动。个人投资行为的本质也得到明确，创业投资是指向处于创建或重建过程中的未上市成长性创业企业进行股权投资的一种投资方式，剔除了股票投资、债权投资等模式。

该意见被普遍认为是创投领域自 2005 年 11 月国务院颁布《创业投资企业管理暂行办法》，时隔 10 年再次出台国家层面的顶层设计。创业与投资能够吸收市场中过剩的流动性，缓解经济下行风险，同时能激发创新意识与行动，对建设双创环境、促进供给侧资本的结构性改革，优化经济结构和产业转型升级，拉动民间投资服务实体经济，都有重大意义。

**6. 证监会等15部委印发《股权众筹风险专项整治工作实施方案》**

2016年10月13日，证监会等15部委印发了《股权众筹风险专项整治工作实施方案》。整治重点有以下八点：

（1）互联网股权融资平台（以下简称平台）以“股权众筹”等名义从事股权融资业务。

（2）平台以“股权众筹”名义募集私募股权投资基金。

（3）平台上的融资者未经批准，擅自公开或者变相公开发行股票。

（4）平台通过虚构或夸大平台实力、融资项目信息和回报等方法，进行虚假宣传，误导投资者。

（5）平台上的融资者欺诈发行股票等金融产品。

（6）平台及其工作人员挪用或占用投资者资金。

（7）平台和房地产开发企业、房地产中介机构以“股权众筹”名义从事非法集资活动。

（8）证券公司、基金公司和期货公司等持牌金融机构与互联网企业合作，违法违规开展业务。

目前市场上存在一些打着“股权众筹”或“众筹”名义误导投资者、涉嫌公开或变相公开发行证券等问题的伪众筹平台及项目。证监会等15个部门联合印发的《股权众筹风险专项整治工作实施方案》（以下简称“实施方案”）正是对此行业现状展开的具体针对措施，明示了六大红线，即擅自公开发行股票、变相公开发行股票、非法开展私募基金管理业务、非法经营证券业务、对金融产品和业务进行虚假违法广告宣传，以及挪用或占用投资者资金等行为。

我国目前还未出台专门针对众筹融资的行政法规和部门规章，涉及的其他文件主要是《指导意见》、中国证券业协会发布的《场外证券业务备案管理办法》等。然而，这些文件中对于某些具体众筹交易行为未给予明确的规定。

**7. 国家发展改革委研究制定《互联网市场准入负面清单（第一批，试行版）》**

2016年10月21日，国家发展改革委办公厅发布关于征求对《互联网市场准入负面清单（第一批，试行版）》意见的函，文件中提到，国家发展改革委研究制定了《互联网市场准入负面清单（第一批，试行版）》，列明了一批在我国境内互联网领域涉及的禁止和限制投资经营的市场准入事项。其中，负面清单中，与股权众筹相关的内容有：

（1）非公开募集基金，不得向合格投资者之外的单位和自然人募集资金，不得通过报刊、电台、电视台、互联网等公众传播媒体形式或者讲座、报告会、分析会等方式向不特定对象宣传推介。

（2）任何机构或个人依托互联网开展金融活动，应当经过相关金融监管部门批准，或到相关金融监管部门办理备案手续。

（3）网贷机构不得从事股权众筹业务。

## （三）2016年地方政策概览与解读

在地方政府层面，北京、上海、广东先后提出支持互联网众筹的行动方案。

**1. 北京市发布《关于积极推进“互联网+”行动的实施意见》**

2016年1月27日，北京市人民政府发布《关于积极推进“互联网+”行动的实施意见》

（以下简称“意见”）。“意见”中提到，鼓励众筹业务发展，打造股权众筹中心。明确指出“要全面提升互联网金融服务能力和普惠水平，构建科技金融服务体系。鼓励众筹业务发展，打造股权众筹中心。”

股权众筹是互联网金融的重要组成部分，股权投资是当下及未来最有价值的投资方式之一。该意见的实施表明了北京市政府对互联网金融发展趋势的准确判断和大力支持。打造股权众筹中心有利于整合股权众筹行业的区域化发展，打造凝聚力和优势互补的区域化股权众筹生态。这对于整个中国股权众筹领域的环境优化能起到加速作用，让互联网进入真正地实现普惠金融。

**2. 上海市发布《上海市推进“互联网+”行动实施意见》**

2016年2月17日，上海市人民政府发布《上海市推进“互联网+”行动实施意见》（以下简称“意见”）。该“意见”在发展互联网+金融的第7个专项细则中提到鼓励发展新兴金融模式。

**3. 上海先行先试股权众筹融资试点**

2016年4月12日，国务院批准并印发《上海系统推进全面创新改革试验加快建设具有全球影响力的科技创新中心方案》。该方案提出要“健全企业为主体的创新投入制度”“建设有国际影响力的大学和科研机构”“创新和健全科技型中小企业融资服务体系”。

此方案的发布，有利于激发市场创新投入动力的制度环境，发挥金融财税政策对科技创新投入的放大作用，强化多层次资本市场的支持作用，形成创业投资基金和天使投资人群集聚活跃、科技金融支撑有力、企业投入动力得到充分激发的创新投融资体系。

方案提出，“支持科技创新企业通过发行公司债券融资，支持政府性担保机构为中小科技创新企业发债提供担保或者贴息支持。在上海股权托管交易中心设立科技创新专门板块，在符合国家规定的前提下，探索相关制度创新，为挂牌企业提供股权融资、股份转让、债券融资等创新服务。”

“成立不以盈利为目的的市级信用担保基金，通过融资担保、再担保和股权投资等形式，与上海市现有政府性融资担保机构、商业性融资担保机构合作，为科技型中小企业提供信用增进服务；完善相关考核机制，不进行盈利性指标考核，并设置一定代偿损失容忍度；建立与银行的风险分担机制。”

该方案将“支持上海地区为开展股权众筹融资试点创造条件”列入十个先行先试重点突破的工作之中。

**4. 深圳、广州全面叫停房地产众筹业务**

2016年4月12日，深圳市互联网金融协会下发《深圳市互联网金融协会关于停止开展房地产众筹业务的通知》，要求全市各互联网金融企业全面停止开展房地产众筹业务，并进行自查自纠和业务清理工作。继深圳全面叫停房地产众筹后，广州紧随其后发布消息。

2016年4月13日，广州市金融局召集广州市互联网金融协会和广州金融业协会，要求暂停房地产众筹业务，做好风险排查工作。

**5. 广东提出开展股权众筹融资试点**

2016年7月，广东提出开展股权众筹融资试点，大力扶持三农发展的行动计划。此举标志着广东地方政府正在以实际行动支持和贯彻中央精神，促进股权众筹行业在双创大潮中的发展。

**6. 深圳迎史上最严房地产专项整治**

此次专项整治行动重点是对深圳房地产开发企业和经纪机构的经营行为进行专项检查。专项行动将房地产企业违规开展房地产金融业务的违法行为纳入市场日常监管工作，严查房地产开发企业和经纪机构违规开展“首付贷”“众筹购房”等违法行为，一经发现问题，第一时间调查取证并予以查处。

目前房地产众筹的问题主要是部分平台流程和利益关系复杂，盈利模式不够清晰，法律风险大，有可能催生炒房行为。业内人士分析，叫停房地产众筹业务，是对叫停、清查“首付贷”的延续，重点防止投机性炒房。

**7. 上海发布自贸区新政**

2016 年 11 月 23 日，人民银行上海总部正式发布了《关于进一步拓展自贸区跨境金融服务功能支持科技创新和实体经济的通知》，标志着新一轮自贸区精准改革将拉开帷幕，上海可能先行实现跨境股权众筹项目。通知中提到，支持自贸区开展跨境股权投资业务，明确“区内设立的股权投资项目公司和股权投资基金，可在金融机构分账核算单元开立账户向区内境内外募集资金开展跨境股权投资。”

跨境股权投资应遵循绿色投资、科创投资等理念，应重点投向上海科创中心建设区域、绿色环保、“一带一路”建设相关领域，支持实体经济增强资本实力。

上海可以依托自由贸易账户向区内及境外募集资金，用于进行跨境股权投资，满足实体经济做大资本和扩大跨境投资的需求，推动上海自贸区跨境股权投资业务的健康发展。在此基础上，股权众筹作为股权投资的一种新型模式和类型，也将享受政策红利，在自贸区不断开放的跨境投融资政策环境下，走向国际化。

综上，相信亦期待监管将通过规范促进真正的创业创新，引导众筹行业的进一步发展，使中国众筹无论从模式、融资额还是对创新创业的推动力上，成为中国多层次资本市场的重要一环，在全世界互联网金融创新的大潮中成为新的标杆。

## 三、2016 年我国众筹行业十大热点事件

2016 年对于股权众筹及互联网股权融资行业的从业者而言并不平静，本章节把股权众筹及互联网股权融资行业在这一年的变化，分为政策、事件和产品三个层面进行梳理与观察。

### （一）京沪出台“互联网＋”发展意见，股权众筹成重点关注领域

2016 年 1 月 27 日，北京市人民政府发布《关于积极推进“互联网＋”行动的实施意见》。其中在提到发展“互联网＋”金融时明确提到，全面提升互联网金融服务能力和普惠水平，构建科技金融服务体系。鼓励众筹业务发展，打造股权众筹中心。

2 月 17 日，上海市人民政府发布《上海市推进“互联网＋”行动实施意见》。在发展“互联网＋金融”的具体细则中提到鼓励发展新兴金融模式。在“风险可控、商业可持续”的原则下，发展新兴金融模式，鼓励符合规定的互联网支付、股权众筹、网络借贷等商业模式创新，为优秀产品、企业和消费者提供完整的金融解决方案。

从北京、上海两地的发展“互联网＋金融”的具体细则来看，除了鼓励开展股权众筹业务之外，还提倡发展网贷业务、互联网基金销售、互联网保险、互联网信托和互联网消费金融等商业模式。

### （二）众筹被正式纳入十三五规划

2016 年 3 月 16 日，第十二届全国人民代表大会第四次会议表决通过《国民经济和社会发展第十三个五年规划纲要》，规划纲要提出，要深入推进大众创业万众创新，把大众创业万众创新融入发展各领域各环节，鼓励各类主体开发新技术、新产品、新业态、新模式，打造发展新引擎。建设创业创新公共服务平台，全面推进众创众包众扶众筹。

2016 年是十三五规划开局之年，众筹作为创新创业的新动能，对于中国金融制度创新具有重要意义。众筹的发展不仅符合“大众创业、万众创新”的战略方针，而且还能解决中国众多中小微企业和个人消费的需求，服务实体经济的发展，促进金融制度的改革创新。

### （三）十四部委启动互联网金融专项整治

2016 年 4 月 14 日，国务院组织 14 个部委召开电视会议，将在全国范围内启动为期一年的互联网金融专项整治。本次整治共设七个分项整治方案，由相关监管主体根据业务属性发布细分领域整治细则。

由央行牵头联合多部委，结合地方政府及相关金融监管部门组成的专项整治小组正式成立，并将整治行动具体分为三个时间段：第一阶段，至 7 月底，各省级政府制定本行政区域内清理整顿方案，同时各部门、各地区分别对各自牵头区域开展清查；第二阶段，从 8 月到 11 月底，实施清理整顿，同时工作小组和各地区分别组织自查；第三阶段，从 12 月底到 2017 年 3 月份进行验收，形成报告并由央行会同有关部门完成总体报告，并形成互联网金融监管长效机制建议。

就股权众筹方面，证监会的监管思路已经明确。据报道，股权众筹整治将重点查处七类问题，包括违规以股权众筹名义从事股权融资业务行为；违规以股权众筹名义募集私募股权投资基金；平台未经批准擅自公开或者变相公开发行股票；平台通过虚构、夸大平台实体股东的项目信息等形式进行虚假宣传，误导投资者；平台上的融资者欺诈发行股票等金融产品；平台及其工作人员挪用或占用投资者资金；平台和有关企业以股权众筹名义从事非法融资活动等。

### （四）深圳、广州全面叫停房地产众筹业务

2016 年 4 月 12 日，深圳市互联网金融协会发布《关于停止开展房地产众筹业务的通知》，全面叫停各种形式的房地产众筹。此次《通知》还明确将房地产众筹业务定义为“所有与房地产相关的众筹业务，物业形态包括但不限于商品房、商铺、厂房、公寓，众筹形式包括但不限于众筹购房、众筹租房”。4 月 13 日，广州市金融局也召集广州市互联网金融协会和广州金融业协会开会，要求房地产众筹企业暂停开展该业务，做好风险排查工作。

业内人士分析，包括房地产众筹业务、首付贷可能存在一些非法集资，或会引起金融风险，为此政府将打击金融诈骗现象，稳定楼市。也有业界人士认为，虽然房地产众筹在传统地产行业中的占比很小，但若全面排查和打击，对主要业务是依靠房地产项目的众筹平台或是灭顶之灾。

### （五）互联网巨头纷纷试水互联网非公开股权融资

2016 年 4 月，百度低调推出了私募股权投融资平台“百度百众”，归属于百度新业务事业群组。其官网资料显示，百度百众是百度旗下致力于服务创业者和投资者的互联网私募股权投融资平台，主打创业生态。

9月26日，小米科技旗下的互联网非公开股权投融资平台“米筹金服”正式上线。原上海金融办金融市场处（上市重组处）副处长赵明辉出任CEO。据媒体报道，米筹金服是小米科技会同有关方面发起设立的互联网金融服务平台，公司成立于2016年3月，位于上海陆家嘴金融贸易区，注册资本1亿元人民币。米筹金服将率先以互联网股权投融资为重要突破点和着重点开展业务，未来小米生态链企业的筹融资需要都可借助于米筹金服互联网金融服务平台进行。

至此，加上2015年已经上线的京东东家和蚂蚁达客，阿里、京东、百度、360等大型互联网企业均已上线了自己的互联网非公开股权融资平台，BAT中除了腾讯，均已加入到互联网股权融资平台的角逐中，为未来股权众筹融资的业务打开了想象空间。

### （六）中关村众筹联盟正式获得社会团体法人登记证书

历经一年多的精心筹备，2016年6月16日，中关村众筹联盟第一届会员大会正式召开，大会选举产生了第一届理事会、监事会和秘书处。通过了联盟章程、会费管理办法等相关文件。8月26日，中关村众筹联盟正式获得民政部门颁发的社会团体法人登记证书，成为迄今为止国内唯一一家获得政府合法审批的众筹行业社团组织。

2016年以来，中关村众筹联盟组织会员企业与国内外高校、行业研究机构和政府部门保持密切沟通，开展了多种形式的交流活动。根据行业和市场发展的最新变化，联盟定位从成立之初的专注于股权众筹，提升为服务和推动股权众筹、区块链、Fintech和创新创业的新模式新生态。12月1日，中关村众筹联盟推出“一拍即合”计划，面向股权众筹的相关上下游机构和创业企业展开合作征集。

12月14日，在由微金融50人论坛、新华网、中国信息通信研究院联合主办的2016中国微金融峰会上，中关村众筹联盟荣获“2016中国微金融十大领军单位奖”。

### （七）民政部公布首批互联网募捐信息平台

2016年9月1日起，正式施行的《慈善法》对网络募捐的平台权限做出了明确规定，慈善组织通过互联网开展公开募捐的，应当在国务院民政部门统一或者指定的慈善信息平台发布募捐信息，并可以同时在其网站发布募捐信息。

此外，经过一系列的报名和严审程序，淘宝、蚂蚁金服、京东公益等首批13家互联网募捐信息平台的名单也正式公布，中关村众筹联盟会员单位轻松筹亦成功入选。

### （八）十五部委发布股权众筹风险整治方案

为稳步开展股权众筹风险专项整治，经国务院同意，证监会等15部门联合印发《股权众筹风险专项整治工作实施方案》，全面排查、集中整治股权众筹风险，方案于10月13日全文公开发布。

整治范围为互联网股权融资活动，重点整治互联网股权融资平台以“股权众筹”等名义从事股权融资业务，以“股权众筹”名义募集私募股权投资基金，平台上的融资者擅自公开或者变相公开发行股票，平台通过虚构或夸大平台实力、融资项目信息和回报等方法进行虚假宣传，平台上的融资者欺诈发行股票等金融产品，平台及其工作人员挪用或占用投资者资金，平台和房地产开发企业、房地产中介机构以“股权众筹”名义从事非法集资活动，证券公司、基金公司和期货公司等持牌金融机构与互联网企业合作违法违规开展业务等8类问题。

业内人士认为，《股权众筹风险专项整治工作实施方案》是监管进一步细化的表现，将进一步缩减监管盲点，同时具有较强的实施可行性，同时严厉打击非法集资等行为，进一步肃清行业环境。

### （九）中关村积极推动股权众筹融资试点，为先行先试创造良好环境

2016 年 11 月 2 日上午，中关村示范区贯彻落实《促进科技成果转化法》暨先行先试政策宣讲启动会在中关村展示中心会议中心举行。作为具有全球影响力的创新中心，中关村国家自主创新示范区正成为新经济发展的热土。为促进新经济发展，中关村先后推出了“1 +6”“新四条”“京校十条”“京科九条”“工商十九条”等一系列先行先试政策。

为积极响应政府提出的“大众创业、万众创新”的号召，在北京市政府的支持下，中关村也积极推动股权众筹融资试点，争取股权众筹平台等方面的相关政策在中关村的先行先试，打造全球股权众筹中心。

在中关村管委会的直接倡导下，国内第一家全国性众筹行业组织中关村众筹联盟于积极开展各项工作。其中，中关村管委会以课题形式，委托中国人民大学法学院杨东教授组织课题组，对创业投资、股权众筹等领域进行深入研究，提出股权众筹健康发展的政策建议、行业标准和创新发展模式，积极推动股权众筹在中关村的先行先试。

### （十）《证券法》修订再次“跳票”，公募股权众筹暂无时间表

据媒体报道，2016 年 12 月 19 日 ~25 日召开的十二届全国人大常委会第二十五次会议，审议内容中不包括市场各方热切关心的《证券法》修订的相关内容。而这次“跳票”，也意味着此前提出在《证券法》加入股权众筹内容无法在 2016 年内实现，2017 年也未必能如期出台，公募股权众筹暂无时间表。

作为新兴事物，股权众筹在我国的发展可谓一波三折，也出现与现行监管制度不相匹配的情况，首当其冲的就是—公募股权众筹受限于《证券法》多个条款，无法通过公开募集的方式，目前行业的实践，基本上都是特定范围内的私募股权众筹，即互联网非公开股权融资。

2017 年《证券法》修订延期与突破股权众筹发展瓶颈的矛盾将更加突出，要解决这个问题，可行的办法并不多，这可能要求证监会及早发布互联网非公开股权融资的相关监管、指导意见，并尽快开展股权众筹融资试点的相关法律法规准备、行业监管的创新探索。同时，也取决于相关各行业政府部门、地方政府金融管理部门的共同努力。

## 四、我国众筹行业 2017 年发展趋势展望

众筹的服务对象在变化，从最早只为初创企业服务，到后来延伸至店铺、影视等领域，服务对象的范围和市场规模都在扩大，众筹正在以螺旋上升的形态进步发展。通过上述梳理与分析，从众筹领域的发展轨迹出发，对中国众筹行业进行趋势预测，同时对于众筹监管和发展提出了建议。

### （一）中国众筹行业发展趋势预测

#### 1. 平台加速全球化布局

中国众筹市场空间有待扩大，跨境众筹潜力大。“一带一路战略”为我国更深的参与到全球

经济中创造了条件，而跨境众筹是比外贸更简单直接的经济合作与交流模式，而且非常符合全球金融互联网化的最新发展趋势的形式。

当前已有股权众筹平台在本土之外的国家开展业务，一些规模较大的平台加快在全球布局。除了布局较早的德国 Companisto 平台、英国 Seedrs 平台外，瑞典平台 FundedByMe、以色列平台 OurCrowd 的分支也已分布多个国家及地区，而中国的部分平台，如云投汇等也已经开始在美国等国家展开布局。

**2. 平台构建生态闭环**

无生态不众筹，这是由股权融资的复杂性和高风险性决定的。经过几年的探索，股权众筹平台已经充分意识到这一点，并开始着手发展、整合自己的生态资源以构建生态闭环。具体而言，第一，综合类商品众筹平台致力于打造新生活方式的入口，从总体上控制项目风格与特质，强调参与感、品味和乐趣。第二，垂直类众筹平台向产业链整合发展，以平台为依托，提供人才、渠道、管理等多方面支持，电影、音乐等文创类垂直众筹平台表现尤其突出。第三，门户类和股权类众筹平台注重创新性流程设计。阿里、百度等巨头旗下的众筹平台，结合自身数据资源，结合保险理财、消费信托等金融模式，尝试与股权交易所等机构合作推出理财产品，同时也积极探索多种退出途径，提高股权资产的流动性。第四，传统产业依托众筹平台从网络销售向 C2B 网络定制转型。一些食品、服装等传统产业已经开始通过众筹平台探索转型方式。

**3. 平台趋向垂直细分**

中国众筹平台正不断趋向垂直化、细分化领域渗透，如多彩投等专注于垂直细分领域的众筹平台大量涌现，积极探索合规化盈利模式。下面将对汽车、房地产这两个垂直细分领域众筹予以剖析及展望。

2016 年，汽车众筹因其门槛低、投资灵活、流程便捷、周期短、年化收益率高等特点，成众筹领域的新亮点，并吸引了一部分 P2P 平台转型做汽车众筹。汽车众筹属于物权众筹，尚无明确的监管部门和相关法律法规。汽车根据业务范围可分为新车众筹、二手车众筹、进口车众筹、汽车租赁众筹等，二手车众筹最受欢迎。二手车众筹的交易链条由筹资方、平台方、投资者三方共同构成，利用二手车买卖的差价盈利及进行分红，这种模式决定了需要参与者对二手车市场变化长期深入的了解，普通人很难实现大批量二手车的低买高卖。同时，因为该细分领域处于监管真空区，也存在虚假信息、估值误差较大、风控难等问题。目前，汽车众筹领域中已经发生提现困难、停业甚至跑路等风险事件。在法律风险方面，汽车属于不动产，权利证书是其唯一认定所有权的有效证明。对于通过协议方式签约的汽车众筹交易，一旦涉及纠纷，法律上能认定的是以合同为基础的债权，而不是物权，这是投资者的潜在风险。

2014 年起，房地产众筹兴起，标的可以为住房房产和营业性房产。房地产众筹这种模式可以提前锁定购房者，同时降低中间环节成本，理论上降低房价。根据回报的不同，国内房地产众筹基本上可分为营销型、理财型和建房型三大类，其中尤以建房型最符合众筹的定义。2016 年 11 月和 12 月，北京公布首批“限房价、竞地价”地块，其中，100% 自持地块的持有期限和土地出让期限一致，地块上的住宅将 70 年不允许销售。有房企提出“土地众筹”的设想，希望合适的企业参与到前期开发和项目建设中。金融业内人士指出，长期来看，房地产及土地众筹是一种很好的尝试，但落实和盈利相对较难，地产商和企业之间相互选择、如何收回成本、如何给予企业回报、如何适应法律条款，资产无法标准化等问题，都需要一一解决。从实践来看，深圳等地对于房产众筹的叫停也体现出政府层面对于风险的担忧。

除此之外，由于市场上的信息不对称和食品安全隐患，随着互联网的发展，移动端的便捷操作，农业类众筹在2016年也慢慢得到了大众的认知和认可，预测在2017年，其规模将会迎来新高。而影视类众筹也将在2017年迎来更多资本和参与者加快进入，网络影视会不断升温，内容越来越多元化，成为未来影视文化众筹的主要方向。

**4. 平台更加重视专业性打磨**

股权投资是专业性极强的工作，专业化是众筹参与者对平台最基本的要求，未来，股权众筹平台将会以“专业领投+合投”为维度深入发展，既帮助专业投资人实现能力变现，又帮助跟投人获得优质跟投项目。

**5. 平台加大对大数据等技术的应用**

2016年科技技术逐渐落地，利用大数据、区块链、人工智能等前沿技术手段的金融科技站上风口。众筹平台随着用户基数和项目基数的增大，逐渐认识到大数据分析的重要性，建立单个平台甚至是众筹行业的大数据平台，加大科技技术的应用，将是行业发展的必然趋势。大数据平台的建立，将改变传统信息的提供方式，从“用户选择”变为“主动推送”。同时，通过建立精准算法，直接匹配供需两方的需求，能够更全面更严谨地帮助投资人和创业者审慎决策。

**6. 平台加强行业协作**

作为新兴行业，股权众筹机遇与危机并存。在行业监管尚未完善，平台发展良莠不齐的背景下，为了营造良好的发展环境，维护行业形象和口碑，优质平台之间的联合将日益加强。这种联合将主要表现为：推动行业自律，建立行业规范，共享优质项目，培育投资人市场等四个主要方面。

目前，国内有多家众筹联盟机构，如中关村众筹联盟等，在促进优质平台之间合作与交流、促进行业更规范和进步方面起到了重要作用。

**7. 平台加快社交板块建设**

信任是金融投资的基础。国内许多众筹平台已经意识到构建社交圈子是平台增加活跃度和用户粘性的关键手段，并开始开拓线上线下的社交版块。同时，借助社交，众筹可以超越“投资——回报”的固有金融关系，伴随情感以及对应资源的投入，项目方更精确地把握用户需求，利于优化项目，改良产品，不同行业的投资人因为一个项目被串联到生产链里，社会的闲散资金和资源被最大限度地利用起来，带来投资的价值溢价。

**8. 平台加速提升风控能力**

风控依旧是各大股权众筹平台需要着重提高的地方，因此在股权众筹专项整治中要求股权众筹平台做好尽调、风控工作。已经有平台开始引入行业第三方机构对项目进行尽调，这样可以帮助投资人减少信息不对称带来的投资风险，以及提供法律或财务咨询等服务，从而有效避免投资人出现不必要的损失。

**9. 平台积极探索退出渠道**

随着股权众筹的快速发展，越来越多的股权众筹平台开始重视退出机制方面的探索和创新。如云投汇安排了隔轮退出的通道机制，京北众筹与股权交易中心合作为股权众筹成功的企业提供挂牌及股权流转服务等。随着股权众筹在多层次资本市场中的地位和作用的进一步明确，监管政策的落地，以及股权众筹市场的日益成熟，股权众筹的退出机制将有更大的想象空间和实现的可能性。

**10. 行业监管将进一步明确**

全球范围内，股权众筹的法律地位和监管政策将进一步明确。对中国而言，在政府推出多项有关股权众筹的政策利好影响下，众筹行业的监管体系将愈加明细。股权众筹平台的法律权利和义务将得到进一步的规范，股权众筹市场将真正成为我国多层次资本市场的有益补充，发挥小微金融的作用。

## （二）期望与建议

众筹监管面临的主要问题是法律体系不完善，监管主体不到位。目前，我国对众筹行业尚未出台专门法律、行政法规、规章，法律体系不完备，仅以“意见”“试行办法”等形式出台了一些规范性或指导性文件。虽然证监会针对股权众筹出台了相关意见，工商部门也开展了非法集资专项检查，但针对股权众筹尚未形成职责明确的监管体系和执法依据，其中奖励众筹，更是处于监管的空白状态。因此在借鉴美国等国家监管法规的基础上，对我国股权众筹行业提出以下十条期望与建议。

**1. 建议确立公募股权众筹平台牌照制和私募股权众筹平台备案制并存的监管模式**

在众筹的运作过程中，众筹平台发挥着无可替代的中枢作用。众筹平台对投融资双方的价值体现在为投融资双方提供高效、廉价的信息沟通平台和安全的交易平台，降低投融资双方的交易成本，提高其交易效率。

美国在JOBS法案颁布前，主要根据《证券交易法》的规定，由在SEC注册设立的证券经纪商/交易商（registered broker dealer，以下简称“注册券商”）来设立众筹平台。但由于股权众筹的筹资人只能是经营规模相对较小的新兴成长型公司，且筹资规模较为有限，对于大多数注册券商而言，可能并没有足够动力设立和运营众筹平台。因此，美国JOBS法案创立了“集资门户”这一众筹平台类型。相较于注册券商，集资门户在设立门槛和经营成本等方面均要求较低，只要众筹平台的经营者能够遵守SEC设定的检查义务、强制性规定以及其他相关规则，并注册成为全国证券协会的成员，就可无须注册成为注册券商，而直接以集资门户的主体身份设立众筹平台。

股权众筹本身主要是小微和初创企业的融资服务平台，将股权众筹平台设立门槛设定过高有待考量。对于公募股权众筹平台，考虑到技术的要求和监管的难度，采取相对更为严格的牌照制较为适宜。对于私募股权众筹平台，建议以备案制为宜。在设定诸如500万注册资本金、高管团队要求、平台信息披露、资金监管等基本门槛的前提下，引导股权众筹平台的合规设立和运营，促进行业健康发展。

**2. 建议沿用私募股权众筹表述和定义**

“通过互联网形式进行的非公开股权融资”的表述虽然准确，但字数较多，不易推广。私募股权众筹实质为“互联网形式进行的非公开股权融资”，这一概念和基本要求在《私募股权众筹监督管理办法（试行）征求意见稿》发布后在业界已经基本达到共识。如果不再允许使用“私募股权众筹”概念，可能反而在业界并对投资者形成一些混乱。

监管的核心在于整顿打着“众筹”名义进行非法集资，乃至传销等违规违法行为，并通过规范推动行业发展，促进真正的创业创新。从现有成熟监管体系来看，公募基金、私募基金，融资性担保公司、非融资性担保公司等分类监管模式在我国已经有一定的经验，其名称简洁清晰，也有利于市场及投资人的理解及区分。因此，在目前监管层已经明确股权众筹的分类监管思路的前提下，在制度层面严格区分清楚公募股权众筹和私募股权众筹的不同监管要求，以“公募股权众筹”和“私募股权众筹”来进行相应区分及管理，将更利于形成行业共识及促进行业健康发展，将更有利于在技术变革和全球互联网金融创新的新形势下探索中小微企业融资尤其是创新型企业初创期融资的新路径。

**3. 确立符合中国国情的私募股权投资合格投资者的标准**

《私募股权众筹监督管理办法（试行）征求意见稿》中将“投资单个融资项目的最低金额不低于100万元人民币的单位或个人”作为合格投资者的充分条件之一。100万元的标准更多体现了传统私募对于合格投资者的要求标准；如果可以将单个投资者单项目最低投资金额调整至10万元，应比较符合目前中国具有众筹投资实力与判断能力的投资者的实际情况与小微企业融资的需求，也更符合众筹融资必须通过一定数量项目的投资来进行投资人风险分散的特点。考虑到我国目前存在的证明实际收入与资产状况较为困难的实际情况，将单个项目投资下限作为认定合格投资者的充分条件，可以提高认定合格投资者的效率。

考虑到一些融资项目和投资者的需求，亦可考虑在10万以下另行确立一个标准，如投资者可以在单个项目投资5万元，但须证明其资产或收入状况符合合格投资者的标准。

**4. 确立符合中国国情的公募股权众筹投资限额**

在促进广大中小微企业开展融资工作的同时，切实考虑股权投资尤其是初创期企业投资的高风险情况，为保护投资者利益及相关风险预防，我国的公募股权众筹亦应设定单个项目融资额上限和单个投资者投资上限。业界正传闻公募股权众筹要求“单个项目的融资额度不能超过300万；要求参与项目的投资人年收入超过12万，一年内投资总额不能超过年收入的10%”。根据对公募股权众筹的分析及与现有资本市场形成差异化，单个项目的融资额度可以考虑以300至500万元甚至更高的1000万作为上限；但对于单个投资者的投资上限，考虑到提供收入和资产证明的困难性和操作性，建议设立双重标准，即任何投资者（包括未提供收入或资产证明的投资者），可以投资的投资上限，如12个月内不超过1万元；提供收入或资产证明其超过一定标准的投资者，可以以其年收入的一定比例如10%作为12个月累计众筹投资的上限。

**5. 明确公募股权众筹和私募股权众筹的信息披露标准**

目前国内很多众筹平台对于融资项目的信息披露比较简单粗糙，投资者与被投企业信息极其不对称，很难判断企业的真实运营情况。作为国家未来多层次资本市场的重要组成部分，无论公募股权众筹抑或是私募股权众筹，因为涉及一定的公开及相应的投资行为，出于保护投资人需求，建议二者均需设立一定的信息披露标准，譬如相应的公司股权架构、注册资本、实缴资本、核心财务数据及领投人信息等。同时，为了对早期企业进行适当的保护，在信息披露的详细程度及披露成本上要以充分的考虑，寻找一个“真实与便捷”中的平衡点。采用领投人（包括领投机构及领投个人）模式的股权众筹平台，同步需要对领投人进行更为详尽的信息的披露，确保形成一个公开、透明、健康的投资引导机制，保障投资人利益。

在实际操作当中，出于对初创期融资企业的核心商业模式、商业机密的保护及不增加无谓的成本的考虑，私募股权众筹在基本的信息披露基础之上，为了让投资人更好地做出投资决策，可以由融资企业与众筹平台共同筛选投资人进行小范围的网络式或面对面的沟通，确保沟通的效率及投资人对投资行为的自主性。

**6. 建议建立投资者资金银行存管机制**

（1）建议将建立投资者资金银行存管/监管机制作为发放公募股权众筹平台牌照和私募股权

众筹平台备案的前提条件之一；。

（2）实现投资者投资资金与众筹平台自身资金分账管理；。

（3）存管/监管账户每年接受独立审计，将审计报告提交监管机构上备案并向投资者公开。

通过建立股权众筹投资者资金银行存管/监管机制，在不提高股权众筹尤其是私募股权众筹平台设立的投资门槛的情况下，提高平台管理规范性要求，有利于股权众筹行业整体的规范发展。

**7. 建议加强股权众筹与区域性交易场所业务合作**

建议积极探索股权众筹平台融资项目发布和发行模式，并通过区域性交易场所或互联网金融资产交易中心进行转让交易，为股权众筹投资退出提供更多合法和便利的路径。

**8. 建议推进工商登记制度改革**

建议推动工商部门认可并接受由第三方机构认证的电子合同和其他文件中投资者的电子签名，加快现有股权众筹项目相关的工商登记及变更工作，并配合未来修订版《证券法》的实施，对可能突破 200 人的公募股权众筹，提前做好制度上、技术上的准备，从制度层面减少、消除众筹融资中的股权代持情况及提高工商登记注册、工商变更工作效率，提高股权众筹投资和退出的效率和规范性。

**9. 建议明确“私募股权众筹”推广和发行方式的合规底线**

《国务院办公厅关于严厉打击非法发行股票和非法经营证券业务有关问题的通知》中网络方式被定义为公开方式，要求非公开发行股票及其股权转让不得采用包括网络在内的公开方式发行。但网络形式无疑是“通过互联网形式进行的非公开股权融资”的必备要件。股权众筹以互联网技术为依托，这使得其天然地具有公开传播特性。无论筹资人或众筹平台是否有意实施公开广告或一般性劝诱行为（general advertising or public solicitation），筹资信息都将持续性地处于公开可获得状态。此外，社交网络和自媒体技术的普及，也使得筹资信息可能藉由网络用户的行为，在更大范围内进行传播，并对潜在投资人产生影响。建议明确允许通过互联网形式（包括微信、APP 等）进行非公开股权融资，允许通过互联网（包括微信、APP 等）和短信形式介绍项目的基本情况，但以要求众筹平台备案以及只能向经过合格投资者审核的实名注册用户推荐项目具体信并只能由经过合格投资者审核的实名注册用户进行投资为前提。

**10. 建议理顺股权众筹与上市与挂牌等的衔接机制**

股权众筹模式天然具有投资者众多的特点，如果被投企业上市或挂牌时，股权众筹投资主体穿透计算股东人数，股权众筹无疑将给被投企业在资本市场的后续融资带来很大障碍，使得很多微小或初创企业不得不放弃股权众筹融资模式。

可以在满足一定条件的前提下，如要求众筹平台合法备案，投资项目和投资主体合规登记的情况下，允许股权众筹设立的投资主体作为新三板的合格投资者，并在被投企业上市或新三板挂牌时免于穿透计算。

此外，我们呼吁政府可建立大型国有企业、大型国有商业银行以及多层级的开发园区共同参与的全国性、示范性的众筹平台作为标杆和示范；地方政府引导重点高校、科研院所、国有和民营的创投资本联合构建研究型、创造型股权众筹平台，充分发挥“人才”红利，加速高水平、创新型项目转化；鼓励民营企业、民营资本在监管框架内自行投资、运营众筹平台，在监管下健康发展。

表 3.1　　中关村众筹联盟会员一览表

| 序号 | 单位名称 | 简　介 |
|---|---|---|
| 1 | 北京大河众智投资有限公司（简称：中关村大河资本） | 中关村大河资本成立于2014年，是一家专注于从天使及A轮项目的人民币基金，重点关注互联网+、消费升级、智能硬件、大健康等领域的早中期项目，基金投委会成员均为百倍收益俱乐部成员。基金LP包括联想融科、北京市政府引导基金及数十名上市公司董事长、高层管理人员等。 |
| 2 | 上海诺亚易捷网络科技有限公司（简称：财富派） | 财富派是诺亚财富集团旗下专为高潜力人群打造的高品质互联网财富管理平台，于2014年6月18日上线，并于2015年初开始布局众筹业务。截至2016年5月底，平台帮助客户累计管理资产规模已经超过170亿。 |
| 3 | 北京牛投科技有限公司（简称：牛投网） | 北京牛投科技有限公司是一家互联网非公开股权融资服务机构。牛投网以独特的“社群+众筹”模式，为种子轮至Pre IPO阶段创业项目和高净值人群提供私募股权交易信息服务，交易量和金额在行业内处于领先地位。 |
| 4 | 一八九八文化传媒（北京）有限公司（简称：一八九八咖啡馆） | 一八九八咖啡馆由近200位北京大学杰出的校友企业家、投资人、创业者、校友中各行业的专业精英，依托北京大学校友创业联合会，众筹创建的国内首家校友创业主题咖啡馆。是中国式众筹策源地，是北大校友创业之家，是一个小型的交易所，也是创新孵化器和俱乐部。一八九八咖啡馆引领了中国式众筹，以众筹的创投基金、平台建设等模式构建全球创业者社交平台，成为资本、资源、项目、人脉汇聚的众筹标杆、创业创新典范。 |
| 5 | 北京原始会投资管理有限公司（简称：原始会） | 原始会于2013年12月28日正式上线。原始会与众筹网一起构成了网信集团的众筹业务群。奖励众筹平台——众筹网，已为业内熟知，目前是中国最具影响力的众筹平台，为项目发起者提供筹资、投资、孵化、运营一站式综合众筹服务。 |
| 6 | 北京协力创成股权投资基金管理有限公司（简称：36氪股权投资） | 36氪作为全国最大的创业生态服务平台，用5年的时间完成了创业服务业的完整布局，将全国第一的科技媒体、针对短期孵化的众创空间、帮助早期创业者的在线投融资平台三种载体融为一体，构成了36氪的三大业务线。36氪拥有“氪指数”“中国创新创业指数”。 |
| 7 | 领投联合（北京）投资管理有限公司（简称：领投会中国投资人中心） | 领投会中国投资人中心是目前国内第一家以投资人为核心的聚集服务平台。以中国投资人中心为载体，以母基金为杠杆，引领中国100万传统企业家转型投资人，携手资深投资人助力中国双创事业。 |
| 8 | 北京天使街网络科技有限公司（简称：天使街） | 天使街互联网众筹平台隶属于北京天使街网络科技有限公司，2013年4月进入筹备，2014年6月，天使街互联网众筹平台PC版正式上线，2015年5月天使街app上线。经过三年的发展，天使街已在全国成立51家子公司，专注于品牌连锁及地产两个领域的产业众筹。 |
| 9 | 北京京北众筹科技有限公司（简称“京北众筹”） | 北京京北众筹科技有限公司首创“项目分板、投资人分级”“联袂交易所构建第五种股权投资退出渠道”“首家实行银行资金监管”三大行业领先标准，并通过严格的“领投+跟投”方式及完善的投后管理服务，为广大投资人、创业者提供专业、优质的一站式股权投资服务。 |
| 10 | 云投汇众筹（北京）网络技术有限公司（简称：云投汇） | 云投汇是中科招商集团双创新生态的核心企业，是新兴的互联网非公开股权融资平台，2015年7月正式上线。云投汇致力于为优质项目和投资人提供一站式投融资交易和服务工具，采取“领投—跟投”模式，为领投人汇聚海量的项目，为跟投人安排最佳投资机会和退出渠道。 |

续表

| 序号 | 单位名称 | 简　介 |
| --- | --- | --- |
| 11 | 北京考拉众筹投资管理有限公司（简称：考拉众筹） | 考拉众筹成立于2015年8月，公司依托拉卡拉线上线下渠道，以移动互联网为载体，以支付为连接，以“领投+跟投”及“权益凭证”为主要模式，致力于为小微企业、创业企业提供创新众筹融资方式。 |
| 12 | 亮中（北京）文化发展有限公司（简称：亮中国） | 亮·中国，是鸟巢文化中心与首都金融服务商会共同发起的文体新平台，由99位文化体育、医疗健康、金融投资及互联网等领域的精英人士众筹组建，专注于文体、大健康领域的投融结合，有产业基金和孵化器。 |
| 13 | 北京淘才信息技术有限公司（简称：360淘金） | 360淘金由北京淘才信息技术有限公司运营并管理，为奇虎360旗下互联网金融服务平台，作为中国最大互联网安全公司，奇虎360拥有超过5亿的PC用户和超过7亿的手机用户，按照用户数量计算，奇虎360是中国前三大互联网公司之一。 |
| 14 | 北京中关村科技创业金融服务集团有限公司（简称：中科金） | 北京中关村科技创业金融服务集团有限公司成立于2009年2月，是经北京市政府批准设立的中关村国家自主创新示范区科技金融创新与服务的重要平台，是中关村发展集团的全资子公司，主要是用市场化手段实现政府公共服务的目标，为科技企业提供多元化、多层次、全方位的科技金融服务。 |
| 15 | 天津开发区金融服务中心（简称：金融服务中心） | 天津开发区金融服务中心成立于2009年11月27日，整合投融资资源，聚集和拓展融资渠道，降低投融资成本，促进中小型科技企业快速发展，使各层次资金充分和项目结合，大力支持、促进和引导金融机构、风投机构、私募股权基金等金融创新行业和中小科技企业合作共赢发展。 |
| 16 | 深圳市前海镭驰互联网金融服务有限公司（简称“企e融”） | 企e融是镭驰金控旗下板块之一，依托集团资源，以“投融合一、股债联动、实时风控”构建闭合生态环，实现核心竞争力，打造以股权众筹为核心的泛行业PE平台。现为上海市互联网金融协会众筹专委会委员单位。 |
| 17 | 北京长天资产管理有限公司（简称：京东东家） | 京东东家致力于为大众投资者提供新型投资标的，为创业者提供融资服务。目前，东家推出的产品类型包括创投板私募股权、消费板私募股权等，为爱好投资的用户提供更多更新型的投融资机会。 |
| 18 | 清控银杏创业投资管理（北京）有限公司（简称“清控银杏”） | 清控银杏是清华控股有限公司与基金管理团队合资成立、由基金管理团队控股的创业投资管理机构。“清控银杏”专注于继承和发挥基金管理团队积累的丰富经验和业绩，进一步巩固市场化、专业化的业务理念，树立全新的创业投资管理机构品牌，全面承担清华控股产业布局中早期投资、科技投资的功能。 |
| 19 | 中关村华夏新供给经济学研究院（简称：新供给研究院） | 华夏新供给经济学研究院是由贾康、白重恩、王庆等12位学者发起设立、经政府管理部门批准成立于2013年9月的民间智库组织。 |
| 20 | 北京星河融快科技有限公司（简称：星河融快） | 星河融快定位为互联网非公开股权融资服务平台，以互联网方式提供直投+承销式私募股权合投对接服务，为A轮到PreIPO之间的互联网各细分领域优质创业企业快速融资，以有吸引力的交易模式为私募股权投资机构提供优质项目参投机会。并通过互联网相关技术替代部分线下环节，提高交易效率、交易规模和流动性。 |
| 21 | 郑州市市郊农村信用合作联社（简称：郑州市市郊农信） | 郑州市市郊农信联社，位于河南省省会郑州市，属河南省农信系统中资产规模最大、年盈利超10亿的独立法人金融机构。同时，作为一家区域性金融机构，我们未忘初心，始终秉承“服务社区、支持小微”的经营理念，监管改革指标已经完全达到组建良好商业银行的标准。 |

续表

| 序号 | 单位名称 | 简　介 |
|---|---|---|
| 22 | 麒运科技发展（北京）有限公司（简称：AngelEase） | AngelEase是宜信推出的创新天使投资人服务平台，依托宜信十年深耕金融行业的优势资源，为知名天使投资人与创投机构提供募集资金、项目运营、投后管理、营销推广等多方面全方位服务，致力于打造中国最佳天使投资和创业融资生态圈。 |
| 23 | 北京鸿鹄行环保科技有限公司（简称：鸿鹄行） | 北京鸿鹄行环保科技有限公司成立于2011年，专注于通讯领域的基站建设和维护业务，是中国移动和北京城市照明管理中心指定的基站建设单位。公司致力于公众服务，开拓进取，让人与人的沟通方便快捷、无处不在。 |
| 24 | 太库（北京）科技孵化器有限公司 | 太库作为一家专注于孵化器运营管理和科技创业企业动态成长的专业机构，在北京、上海、深圳等全球创业圣地建立起孵化培育体系。通过打破地理空间的壁垒和“创新要素势差”，为创新人才提供全球统一标准的基础设施、最适合的国际化成长资源、以及切实高效的增值服务。 |
| 25 | 北京若水众邦科技有限公司（简称：若水众筹） | 若水众筹由若水合投俱乐部及陈晓伟、段践冰、宋宇海、陶闯等金融投资界知名人士共同发起，旨在面向中高收入人群，按照极品、人品、稀缺品的标准，共创集品质消费、财富配置、人脉社交于一体的高端投资生活圈。 |
| 26 | 全国工商联民办教育出资者商会EMBA教育联盟委员会（简称：全国工商联EMBA教育联盟） | 全国工商联EMBA教育联盟是由北京大学、清华大学、长江商学院、中欧商学院、哈佛、斯坦福等海内外商学院EMBA企业家共同发起，目前已拥有3万多位EMBA会员（覆盖了全国10多万EMBA同学的1/5），EMBA联盟主要从事教育培训、投资、众筹等。 |
| 27 | 北京多彩投科技有限公司（简称：多彩投） | 多彩投是中国首家专注于营造新型生活空间的互联网金融企业。针对B端，为新型地产空间项目快速解决融资需求，通过众筹平台推广，帮助其获得高质量的投资者及消费用户和忠实传播者；针对C端，为消费者提供客栈民宿、青年公寓、健身工作室等私募股权和消费众筹产品。 |
| 28 | 深圳市众投邦股份有限公司（简称：众投邦） | 众投邦是深圳市众投邦股份有限公司倾力打造的专注上市资产的互联网股权投融资平台，主要通过领投（GP）＋跟投（LP）的模式帮助拟挂牌或已挂牌新三板的成长期企业进行股权融资，在帮助企业获得资金的同时，努力从平台、资源、人才等多个方面支持企业后续发展，实现企业价值最大化。 |
| 29 | 兰州银行股份有限公司（简称：兰州银行） | 兰州银行作为西北最大规模城商行再次担负起西北地区金融行业发展转型引领者的重要角色。兰州银行始终将“加快推动创新技术运用，打造兰州银行互联网金融生态”作为全行战略转型的发展重点。 |
| 30 | 中关村股权交易服务集团有限公司（简称：中股集团） | 中股集团自2013年底成立以来，作为北京市唯一区域性股权市场，以服务“创新创业”为己任，以解决中小微企业“两难”问题为抓手，多方汇聚资源，创新服务体系，延伸服务链条，多策并举全力营造首都大众创业、万众创新的良好金融生态环境。 |
| 31 | 上海东方飞马网络科技有限公司（简称：爱创业） | 爱创业互联网非公开股权平台于2014年1月1日正式上线，公司主营业务是互联网非公开股权融资。核心业务模式为互联网非公开股权融资（股权众筹），通过互联网、新媒体等渠道，帮助优质的项目寻找投资人、投资机构；为有投资需求的投资人及投资机构提供优质的投资项目。 |
| 32 | 投融在线（北京）股权投资服务有限公司（简称：投融在线） | 投融在线成立于2015年9月，公司定位于“股权融资全过程服务平台”，主营业务为专注于股权投资领域的在线教育、专家咨询、企业家社交与信息共享平台，目前平台正在进行内部测试。投融在线致力于帮助中小企业学习融资知识，提高融资能力，获得融资渠道。 |

续表

| 序号 | 单位名称 | 简　介 |
|---|---|---|
| 33 | 浙江互联网金融资产交易中心股份有限公司（简称：网金中心，公司平台简称：网金社） | 浙江互联网金融资产交易中心股份有限公司是负责运营管理互联网金融资产交易平台“网金社”的互联网金融公司。网金中心由中国投融资担保有限公司、浙江蚂蚁小微金融服务集团有限公司、恒生电子股份有限公司作为主发起人发起设立，是首家获得政府批准的互联网金融资产交易中心。网金社是一个独立经营且持有牌照的互联网金融资产交易平台，立足于满足用户多样化、多层次的金融需求。网金社的目标是致力于通过互联网，利用IT技术和大数据，与金融机构合作，为个人和企业建立自金融生态。 |
| 34 | 北京银行股份有限公司中关村分行（简称：北京银行中关村分行） | 北京银行中关村分行作为中关村国家自主创新示范区内第一家一级分行级银行机构，自2011年5月28日成立以来，全力支持中关村示范区的建设与发展，持续开展先行先试，逐步打造出小微金融、网络金融、惠民金融、区域金融等多项科技金融品牌，成为中关村示范区科技金融创新的开拓者和领先者。 |
| 35 | 北京轻松筹网络科技有限公司（简称：轻松筹） | 北京轻松筹网络科技有限公司成立于2014年9月19日，公司的核心业务模式为基于社交圈的众筹平台，涉及多种类型众筹项目的发起、参与和管理。 |
| 36 | 上海极阅金融信息服务有限公司（简称：极客加速） | 极客加速由中国最大的创新者社区极客公园运营，2015年7月正式上线。公司定位于中国最专业的股权众筹平台，业务重点为帮助最优秀的公司通过股权众筹的形式聚集资源完成财智众筹，借助股权众筹的创新模型，为业界最优秀的公司注入核心力量，帮助公司业务快速发展。 |
| 37 | 北京联合新媒信息科技有限公司（蓝筹网） | 蓝筹网定位于精品私募股权投融资平台，成立于2015年10月，获得中联创投千万元天使轮注资，由北京联合新媒信息科技有限公司负责运营。公司提供以优质精品项目和创新组合产品为核心的股权投融资服务。 |
| 38 | 北京海蓝创景投资咨询有限公司（简称：创投圈） | 2011年，国内第一家互联网基金创投圈（vc. cn）成立，获得国内著名天使徐小平、李开复、蔡文胜、曾李青、杨向阳等人的天使投资。经过四年发展，创投圈作为互联网基金已经建立起创投圈互联网股权融资平台、旗下自有拓璞基金、大数据创业谱三位一体的战略布局。 |
| 39 | 深圳前海头狼互联网金融服务有限公司（简称：头狼金服） | 头狼金服，专注于精品创业项目的互联网投融平台。巡猎于互联网金融、智能硬件、医疗健康、垂直社群、TMT等创新领域，创始人团队以独到的眼光与丰富的投资经验，强中选强，优中选优，为股权投资者遴选有野心、有耐力、有速度、有担当的狼性团队。 |
| 40 | 深圳市网筹互联网金融服务有限公司（简称：众筹之家） | 众筹之家作为行业领先的第三方媒体，2015年一直在做众筹行业的布道者，先后通过网站、微信公众号、动画、行业高峰论坛等形式，为投资者提供全方位了解众筹行业的渠道。同时，众筹之家也没有仅仅为行业说好话，对于行业内存在的风险和一些黑幕，也在第一时间发出风险提示，为广大投资者保驾护航。 |
| 41 | 上海悠唐股权投资管理合伙企业（有限合伙），简称：有糖资本 | 上海悠唐股权投资管理有限合伙企业（以下简称有糖资本），自2015年成立至今，投资方向涵盖TMT、智能硬件、跨境电商、游戏、社交等领域，都取得了较显著的成绩，公司致力于颠覆传统的投资模式，从创客的角度出发，不仅提供资金、技术和资源等全方位的支持，还依托有糖生态庞大的用户群体为创业者提供首批的种子用户，通过有糖生态付费模式，让每一款产品在上线初期就获取应有的收益，并具备持续运营能力。 |

# 研究报告二：中国天使投资专题研究报告[①]

## 引　言

普遍认为，非正式投资者（Informal Investors），即由那些与创业企业“非亲非故”的天使投资家（又称商业天使，Business Angels）为其提供直接投资，可能是企业发展初期相对理想的融资方式[②]。在过去的二十多年中，天使投资随着欧美经济的增长和科技创业企业的爆炸式成立而得以迅猛发展。在中国，天使投资伴随互联网和高科技企业的发展在20世纪末开始兴起。近几年，越来越多的企业家、创业者以及专业人士都纷纷加入到天使投资这一领域，并且伴随着规范化和制度化投资的发展，天使投资机构化趋势也在加快，各种天使投资协会、团体、网络等组织机构在全国一线城市开花。同时，中央政府以及一些地方政府出台实施了促进天使投资发展的政策，比如中关村管委会、江苏省、湖北省、深圳市、宁波市、成都市等。

尽管天使投资发展势头迅猛，但中国天使投资的市场潜力还未充分挖掘，政策环境还有待进一步优化。尤其是中国庞大的高净值群体，他们还是偏好更加“稳定”回报的投资产品，在天使投资市场的参与度不高。《中国高净值人群消费需求白皮书（2012）》调查了北京、上海、广州等29个城市的高净值人群（600万以上），其中有60%的人群投资房地产，有46%和41%的人群投资股票和固定收益，仅有13%和5%的人投向私募股权基金和非上市公司。

大多数中国天使投资家是成功的企业家、投资家、银行家以及其他专业人士。与西方成熟市场相比，中国天使投资市场的发展还处于初级阶段。许多人从事天使投资业务，但不一定熟悉天使投资这一概念，也不一定与其他天使投资人或天使投资机构有什么固定联系。在中国天使投资群体中，不仅有本土成功人士，还有两类特殊的群体存在——“海归”与“富二代”。尽管天使投资个人规模不大，但是天使投资基金机构、政府引导基金发展势头很猛，在整个市场中扮演了重要角色。值得一提的是，天使投资激励不足以及退出渠道不畅是制约天使投资释放潜力的两个关键问题。

## 一、天使投资的市场发展

### 1. 天使投资发展简史

在过去的十年，中国的风险投资与私募基金的发展远远超过天使投资。与西方成熟市场相

---

① 本文作者王佳妮（Jiani Wang）博士，目前就职于首都经济贸易大学金融学院，曾在中国科学院虚拟经济与数据科学研究中心从事博士研究。王博士与刘曼红教授在2015年年初合著出版了《中国天使投资》新书，还兼任中国管理现代化研究会风险投资研究专业委员会执行秘书长。陈苏（Chen Su），是中国人民大学财政金融学院博士研究生，曾在中国风险投资研究院担任分析师，主要研究外资风险投资、股权众筹、孵化器等领域。

② D. A. Walker. Financing the Small Firm, Small Business Economics, 1989, 1 (1): 285 -296。

比，天使投资在我国发展尚处于起步阶段，尤其在中国经济结构转型的重要阶段，初创期及种子期企业亟须扶持，天使投资亟待发展。

北京民营科技实业家协会2007年7月的《中关村科技园区天使投资发展环境研究报告》中指出，“中国最早的天使投资起源于1986年开始实施的‘863计划’和1988年开始实施的‘火炬计划’，这是两个由政府主导的投资于种子期的天使投资计划”。这样看来，中国最早的天使投资是由政府推动的。这是中国天使投资的特色之一①。2000年之后，随着互联网、信息技术等高科技领域的发展，带动了全球的创业和早期投资热潮。一些在欧美发达地区学习和工作的“中国海归”回国创业并开始在国内尝试“天使投资”，帮助更多的年轻人创业，同时也带动了本土科技领域的成功企业家从事天使投资，他们利用个人的资金、行业经验、人脉资源帮助初创企业。

**2. 天使投资的市场概况**

大部分研究仍以定性描述为主，关于中国天使投资市场的统计数据较少。早在八年前，由北京软件与信息服务业促进中心、互联网实验室与《新经济导刊》杂志社三家联合推出了国内首部天使投资产业研究报告“中国天使投资研究报告（2006）”，报告表明，2006年中国境内种子期投资占创业投资总额的17%，达10.54亿元，主要集中在TMT行业。

随后几年，清科研究中心（2011，2012，2014）、中国风险投资研究院（2011）、《创业邦》（2012）、中关村管委会（2013）、中国技术创业协会天使投资联盟（2013）等机构纷纷开始对中国天使投资行业进行跟踪和调研分析。似乎西方的天使投资定义并不完全适用于中国。“天使投资”在中国更倾向于是一种投资阶段并非是一类投资者。因此，天使投资主体的类型并不局限为个人。根据清科研究中心的调查结果，2014年中国总共发生了1463起天使轮投资案例，涉及金额达9.3亿美元。这些交易主要由个人天使、早期私募基金（机构天使）以及政府引导基金完成。目前，全国市场上可供统计的公开天使投资人至少有千余人，其中中关村活跃的天使投资人占一半，公开披露的天使投资基金已经过百支，协会、俱乐部、联盟、网络等天使服务平台达50余家。笔者调研结果显示②：大多数天使投资人不是很活跃，43.75%的人投资项目不足5个，投资总额呈现两极分化（500万以上占比50%，100万以下占比50%），大部分人平均持股5% - 10%（56.25%）；超过40%的投资交易发生在北京和上海，而TMT（57.14%）、节能环保（34.29%）和生物医药（20%）是相对热门的行业。

中国天使投资人平均年龄41岁，大部分天使投资人为男性（88.57%）、高学历（硕士及以上占比48.57%）、从事金融行业（68.57%）并且具有创业（57.14%）和担任公司高管（54.29%）的经历。在投资策略方面，八成以上的投资者会对投资项目进行实地考察；九成以上的投资者有联合投资的经历，并且联合投资的伙伴主要是亲戚朋友（54.29%）和天使组织成员（51.43%）。所有被调查的天使投资者都会签订投资协议，主要以股权转让（71.43%）、反稀释（60.00%）及对赌条款（54.29%）为主；九成以上的投资人参与投资后的监督与管理，八成以上的投资人会加入被投公司董事会。

**3. 天使投资风格的案例**

由于这些活跃天使的专业背景、商业技能及个性不同，他们的投资风格也有所区别。例如雷军、周鸿祎、徐小平、曾李青这样的企业家，由于自身经历了创业，所以理解创业公司的需要，

① 刘曼红：《天使投资理论与实践》，经济管理出版社2009年版。

② 数据为作者调研成果，详见《中国天使投资：理论、方法与实践》。

能够给予创业公司有效的帮助；又如李开复等企业高管，他们虽然没有太多创业经验和投资经验，但是有资金、有行业关系等资源，也是天使投资人重要的组成部分（见表3.2）。

表3.2　中国知名天使投资人的背景与投资风格（部分）

| 投资人 | 背　景 | 投资风格 |
|---|---|---|
| 雷　军 | 现任小米科技创始人、董事长兼首席执行官，多玩游戏网董事长，金山软件公司董事长，中国大陆著名天使投资人 | 非专职投资人；主要看人和团队；介入很早，创业型投资人；投后参与管理与决策；投熟人 |
| 徐小平 | 现任真格天使投资基金创始人；新东方教育科技集团创始人，曾任集团董事、新东方文化发展研究院院长 | 专职投资人；主要看人；投资了很多陌生人；投完少管，不干涉企业发展 |
| 曾李青 | 现任德迅投资董事长，曾是中国著名互联网企业腾讯公司五位创始人之一 | 专职投资人；介入很早，创业型投资人；投资额在200万~1000万；投后参与管理与决策；投熟人 |
| 李开复 | 创新工场董事长兼首席执行官。曾在苹果、SGI、微软和Google等多家IT公司担当高管职务 | “天使+孵化”的投资模式；不仅给予资金支持，还提供配套服务；机构化运作；偏好轻资产项目，集中在TMT领域 |

资料来源：根据《我为什么投资你》相关内容整理而得。

**4. 天使投资的发展模式**

2000年之后，中国天使投资开始起步，其投资主体以闲散的个人为主。2009年至今，天使投资进入快速发展阶段，已经从单一的个人投资模式转向团体、机构、孵化、众筹等多种模式并存。笔者将现有的天使投资运作模式归为六类：一是天使投资个人，中国具备从事天使投资的潜力，除了现有的活跃天使投资人外，未来将会有更多的高净值人群加入到天使投资行列；二是天使投资团体（Angel Group），以俱乐部、联盟等组织为表现形式，为天使投资人、创业者提供交流和沟通平台，天使组织的成员通常采用联合投资的方式，以便聚集资金、优势互补和降低投资风险；三是天使投资机构，类似投资早期阶段的风险投资基金，天使投资机构更多是将原有的零散、非正规化性质转化为基金募集、专业化投资管理的运作模式；四是天使投资孵化器/加速器，一些天使投资机构不仅提供资金支持，还向被投企业提供孵化场所和创业服务，还有一些孵化器向入驻的企业提供种子资金换取少量股份，使得孵化、投资、管理实现一体化，不仅可以降低投资成本还可以减少投资风险；五是平台创业基金，主要是由实力雄厚的机构或政府为专门领域创业提供的基金支持，如腾讯的安全创业基金、阿里巴巴的云基金、新浪的微博开发基金等；六是天使投资网络平台。2013年被称为“互联网金融的元年”，在天使投资领域也创造出了快速团购优质企业公司股份的众筹模式，并且逐步发展成为一个平台。

**5. 天使投资的区域特征**

此外，中国不同的区域，天使投资发展模式也不尽相同。创业和金融投资相对发达的地区更加“市场化”，而欠发达地区主要依托政府支持。作为中国的硅谷，北京中关村的天使投资领跑全国，天使投资个人占到全国人数的六成，大部分是成功企业家与企业高管，媒体曝光率高，在业内形成了一定的影响力和知名度；上海地区的天使投资也较活跃，投资人较为分散，大多偏爱TMT领域；而以宁波为代表的江浙投资人很多都是潜在的“天使”，他们更重视在传统产业升级中投资，这也与当地的产业特征有关；珠三角地区的天使投资以深圳最为活跃，与北京不同，珠三角地区的天使投资主体做实业又兼做天使的占多数；此外，以武汉、成都为代表的中西部地区，尽管本土的个人投资刚刚起步，但政府支持和引导十分突出。

## 二、天使投资组织与机构

随着天使投资规模的扩大，市场主体形态也在发生变化。基于风险分散、资源共享、专业管理等好处，天使投资从个体投资模式演变成“团体投资”“机构投资”，以及衍生出各种盈利性及非营利性的中介机构。我们根据 MIT 创业中心（2000）的方法，将这类机构分为以下四类：

一是天使投资基金（Angel Fund）。这类机构全职从事早期投资业务，是公司形态的天使投资组织。根据 CBAA（2013）研究表明，在国内可统计的 80 支天使投资基金中，有 52 支是专业的天使投资机构，有 15 支具有孵化基地，还有 13 只是政府主导/参股的天使基金。其中比较有代表性的机构是由著名天使投资人徐小平创立的“真格基金”——该机构成立于 2006 年；2011 年真格基金与红杉资本（中国）正式成为战略合作伙伴，双方各出资 1500 万美元组成新的早期投资基金。

二是会员制的天使团体（Angel Group）。这类机构吸收活跃的天使投资人加盟，成员间信息共享，共同决策。行业中相对有影响力的组织是成立于 2013 年的中国青年天使会。该组织倡导“合投共赢开放”的理念，鼓励更多人参与天使投资机构；该组织的特色活动主要是月度沙龙，即某些会员推荐优质项目进行现场路演。

三是盈利性中介服务机构。这类机构主要提供项目筛选、尽职调查等咨询服务或者提供收费类的第三方中介服务，有的机构旗下设立了配套的天使基金。通常有两种模式：其一，“孵化型天使投资机构”，如创新工场、创新谷等这些类似美国 YCombinator 的“天使 + 孵化”机构，其对早期项目进行筛选并投资，通常为企业提供种子资金 50 万 ~ 500 万元不等，并占有少量股份 5% -25%，然后为企业提供免费带宽、工位、招聘、创业辅导、交流、后续融资等增值服务。其二，“平台型天使服务机构”，如天使汇、创投圈等这些类似美国 angellist、kickstarter 公司，他们是天使投资与创业项目私募股权投融资对接的平台。

四是非营利性中介服务机构。它们致力于成为天使和企业的信息中介，这类机构是一些非营利性组织。比如上海天使投资俱乐部——该组织成立于 2008 年 11 月，由科技部火炬中心出任指导单位，中国技术创业协会、上海市创业投资行业协会和上海市大学生科技创业基金会共同发起，旨在聚集全国天使投资人，提升天使投资专业水平，进一步完善社会创业投融资环境。

总体而言，中国天使投资的主体已从单一的个体形式逐渐走向团体式、组织化与机构化并存的多元形式，在一定程度上有助于提高交易效率、节约时间以及做好尽职调查。然而，中国天使投资市场处于初级发展阶段，存在人才瓶颈、法律障碍、政策约束等问题，究竟哪种模式更有效，更符合中国本土发展趋势，还有待进一步探索和研究。

## 三、天使投资的生态环境

纵观最近十年，中国经济发展迅猛，创业者的创业动机从生存型为主导逐渐转变为以机会型为主导。《全球创业观察中国报告 2013》指出：中国的创业排名已从 2002 年的 11 名提升到第 2 名，成为全球创业活动最活跃的地方之一。但是总体质量不高，高学历创业者少，且较多集中于低技术行业。

从 2002 年开始，大学生创业教育实践进入了政府引导的多元化发展阶段，形成了试点推进、项目引入与政策支持的"三位一体"齐头并进的工作格局。一是，2002 年教育部选择清华、人大等 9 所大学作为创业教育试点高校，2008 年教育部又建立了 30 个创新与创业教育类人才培养创新实验区；二是，2004～2005 年由政府主导的创业实践教育项目 SIYB 和 KAB 等引入国内；三是 2008～2012 年教育部的多项文件中，强调了创业教育实践的重要性。与国外成熟完善的创业教育体系相比，我国创业教育还存在很多不足，如高校创业教育体系不健全，师资缺乏且水平参差不齐等。

校园创新创业比赛活动通常被看作是创业教育实践的重要途径。从其发展历程中的关键事件来看，我国真正意义上的大学生创业教育实践活动的开展，要从清华大学首届大学生创业计划大赛开始追溯。1998 年 5 月，清华大学举办了中国最早的学生创业计划竞赛。竞赛期间，学校还组织了形式多样的讲座培训和创业沙龙，对普及创业知识起到了良好的作用。此之外，最近几年，政府、媒体以及民营机构也在组织各类创新创业比赛、会议等大型活动，旨在为科技型中小企业搭建一个有效的项目展示及信息交流平台，积极引导更广泛的社会资源支持创新创业，促进中小企业创新发展。其中业界影响力较大的活动之一是由《创业家》主办的"黑马大赛"，自 2011 年 6 月第一季黑马大赛至今，走遍全国 20 余座城市，共吸引了近 5000 家企业，700 余人次的投资人参与，平均每季大赛促成约 2 亿元的投融资对接，有 400 多家的参赛企业获得了风投对接，近 200 家企业通过该赛事拿到投资，累计达成投资额超过 10 亿元人民币。

科技企业孵化器不仅能够促进创业企业的成长，还能促进技术创新、产业升级，并通过产生就业机会带动区域经济发展。根据《中国火炬统计年鉴（2013）》，国家认定的科技企业孵化器数量从 1995 年的 73 家增加至 2013 年的 1468 家。在北京中关村地区，涌现了一批新型孵化机构，发展模式与传统国有孵化器有很大差异，这些机构通过注入另类的联合办公、资源对接、创业辅导等孵化服务，打破了政府背景下以物业服务为主的传统孵化模式，增强了全国科技企业孵化行业的创新活力（见表 3.3）。

**表 3.3　北京中关村孵化器情况（部分）**

| 孵化器 | 机构性质 | 孵化模式 |
|---|---|---|
| 创新工场、联想之星 | 社会化投资 | 早期全方位孵化 |
| 车库咖啡、3W 咖啡、厚德创新谷 | 社会化投资 | 开放办公 |
| 36 氪、创业邦、创业家 | 社会化投资 | 创业媒体 |
| 汇龙森、博奥联创 | 社会化投资 | 技术平台孵化 |
| 微软云加速器、诺基亚体验创新中心、石谷轻文化产业孵育基地、云基地孵化器 | 平台型企业 | 产业孵化 |
| 常青藤创业园 | 民办非盈利机构 | 高端人才孵化 |
| 亚杰商会 | 协会组织 | 导师辅导 + 学员互动 |

资料来源：《中关村打造全球最具吸引力的创业中心 2013》。

## 四、天使投资的公共政策

自20世纪90年代以来，政府较为关注创业、孵化器以及发展中小企业，并没有专门针对促进天使投资的政策。最近三年，中央政府和部分地方政府陆续出台一些促进天使投资发展的政策，主要包括种子资金、风险补贴、支持天使组织的发展等几个方面[①]。

**1. 对中小企业与创新创业的支持**

1999年设立的科技型中小企业技术创新基金（SME Technology Innovation Fund）是中央层面第一个面向中小企业发展的专项资金。2007年，科技部、财政部联合发布了《科技型中小企业创业投资引导基金管理暂行办法》，在技术创新基金中设立了科技型中小企业创业投资引导基金项目，主要采取风险补助和投资保障两种无偿支持方式。截至2012年底，技术创新基金累计投入超过220亿元，支持了4万多家科技型中小企业，有效促进了科技型中小企业群体的发展壮大，约有31%的创业板上市公司都得到过技术创新基金的早前期支持。

2012年，受劳动力成本上升、原材料价格上涨等多种因素影响，部分地区、部分行业中小企业经营压力加大。针对这些问题，财政部认真贯彻落实《国务院关于进一步支持中小企业特别是小型微型企业健康发展的意见》，出台并实施了一系列支持中小企业特别是小微企业健康发展的政策措施。其中，关于资金支持的方式也有了一些创新举措。自2012年起中央财政拟分5年安排150亿元设立国家中小企业发展基金，将采用市场化方式运作，撬动各类社会资金共同支持中小企业发展。

除国家层面支持中小企业发展的政策外，地方政府也有很多支持创新创业的政策（见表3.4）。

**表3.4　地方政府的相关政策（不完全统计）**

| 区　域 | 内　　容 |
|---|---|
| 湖北省 | 安排2000万元扶持大学生创业孵化示范基地 |
| 山西省 | 对进驻省级创业孵化基地的企业将给予一定的场地租赁费补贴 |
| 湖南湘潭市 | 湘潭大学生科创园每年从创业基地资金中预提30%用于优势项目开办费补贴及对某些符合条件的入驻项目提供不超过20万的无偿资助 |
| 山东省 | 山东省大学生自主创业微利项目可申请不超10万小额担保贷款；对初始创业的高校毕业生 |
| 河南郑州市 | 给予一次性创业补贴5000元 |
| 江苏南京市 | 大学生在江宁区创业可免费租用场地还可获得最高5万元的奖励 |
| 徐州市 | 设立3000万元的大学生创业引导资金 |
| 四川成都市 | 对当地高校在校生提供一年的人均900元创业培训补贴 |
| 天津市 | 对高校毕业生自主创业的给予一定的房租补贴 |

资料来源：根据地方政府公文整理而得。

**2. 直接促进和鼓励天使投资发展的政策**

部分地方政府关于支持创新创业的政策，主要是通过补贴、基金等帮助较低创业成本和投资

① 文简单介绍了一部分天使投资的政策，了解更多的信息，参见《中国天使投资：理论、方法与实践》。

风险。江苏、成都、宁波、武汉、深圳等省市出台了专门鼓励和促进天使投资发展的政策。

（1）门槛准入。美国《证券法》有专门的“合格投资人”认证规定，但中国的天使投资认证还没有上升到法律层面。仅仅是部分地方政府为了配合天使投资扶持政策的需要而制定了专门的天使投资门槛准入制度。深圳市科技和信息局（2009）出台了天使投资人的备案登记制度：天使投资个人的资产不少于500万元（天使投资机构的注册资金不低于3000万），具有天使投资的实际案例或项目来源渠道和社会资源，并且出具行业协会的推荐意见。宁波市（2013）制定了天使投资备案管理的办法：天使投资人具有100万以上的投资资本（银行存款），有意向或者已经有过天使投资行为；而天使投资机构则要求单笔投资不低于100万，有至少3名具备2年以上投资或相关业务经营的高级管理人员负责，有意向或者已经有过天使投资行为。截至2015年2月，宁波天使投资引导基金已经累计投资58家企业，投资金额5235.5万元，直接引导天使资本1.9亿元，加上间接引导的银行信贷、企业增资、其他投资人跟投的资金，累计撬动各类社会资本5.6亿多元，实现了近十倍以上的放大效应。

（2）引导基金。很多地方政府最近几年十分重视创新创业，由财政出资设立一些“种子基金”“创新基金”“天使基金”等。武汉市政府（2013）天使投资基金总规模达3亿，首期规模为1亿元；重庆市科委和团市委（2012）设立首期资金规模为1亿的“重庆市青年创新创业天使基金”；成都高新区（2012）设立8000万的天使基金；北京软件交易所（2013）首期天使基金的规模达8000万。在运作方式上，中关村（2011）通过参股（不高于基金总额的30%）和契约（与合伙伙伴进行联合投资）两种方式；成都高新区（2012）委托成都高投创业投资有限公司开展直接投资；而宁波市天使投资则采取跟进投资的模式。在投资领域上，一般是符合一定的标准和当地产业发展的需要。如成都高新区的基金重点支持“天府之星”的优秀企业，武汉天使投资基金主要投向光电子与新一代信息技术、新材料、先进装备制造、高新技术服务、生物医药、新能源与新能源汽车、节能环保、现代农业及应用高新技术提升传统产业领域等。总体来看，这些基金在引进人才、鼓励创新创业及促进区域产业发展等方面发挥了积极作用。

（3）风险补贴。除了天使投资引导基金之外，风险补贴是政府扶持天使投资的另一项政策。成都高新区（2012）出台了天使投资风险补助专项资金的实施规则，即投资机构对高新区创业型企业投资50万元以上的，按投资额20%同期对被投企业进行项目扶持，单个企业获得扶持金额上限为40万元。江苏省（2012）设立“天使投资引导资金”作为弥补天使投资损失的风险补偿资金，主要向已投资种子期或初创期科技型小微企业的天使投资机构提供不超过首轮投资额30%的风险准备金并要求地方按照20%给予配套，若3年内实际发生损失，天使投资机构可按首轮投资实际发生损失额的50%从准备金中获得补偿。值得一提的是，北京中关村出台了一项新政策，鼓励高校教师（科技人员）当“天使”支持学生。如果教师投资自己学生创立的企业，可享受不超过投资金融的50%的补贴。

（4）构建天使投资网络。天使投资行业中普遍存在信息沟通不畅、缺乏制度规范的问题，为此通过构建天使投资网络形成行业自律组织，也是政府大力支持的一项内容。中国创业技术协会天使投资联盟（China Business Angel Association）——是世界天使投资联盟（World Business Angels Association）的中国区唯一成员，隶属于中国科技部中国技术创业协会，受到国家科技部火炬中心的支持，该机构采用理事会团体及个人形式，通过吸纳投资人、创业家、专家学者与政策制定者，投资机构、企业与中介机构，高校、园区、协会等社会团体单位，开展网站资讯、研究出版、论坛沙龙、项目对接、培训认证、创业服务等工作，为社会各方提供一个信息共享、资源互换、合作发展的多方位交流平台。

## 五、天使投资的前景展望

未来五到十年，转型时期的中国仍蕴含着丰富的创业和投资机会，天使投资活动正在日新月异地蓬勃发展，中国的天使投资机构是充满希望的。第一，受益于天使投资和风险投资的企业家，创业成功后，也以天使投资人的身份帮助更多的创业者，中国天使投资人正在从单纯的逐利行为转向在追求经济利益的同时享受到帮助创业者成功的成就感，越来越多的绝对控股型投资转向相对控股甚至是不控股投资。第二，众筹模式会越来越受到天使投资界的关注。第三，民间涌现了各类创业咖啡馆、虚拟孵化服务平台、投融资平台等服务机构，但这些领域都还没有形成成熟的商业模式。经过不断探索和策略改进，未来一段时间这些机构势必会改变粗放式发展模式，找准自身定位，用更加专业高效及规范化的运营模式发展壮大，中国的创投生态环境将呈现良性发展趋势。最后，大部分天使投资政策都是近三年陆续出台的，大量优秀的创业型企业已经受到政府支持，但是还无法满足国内大规模中小企业的融资需要，特别是“草根企业”；从政策有效性来看，地方政府的公共政策还处于“摸着石头过河”状态，也不能简单地模仿和复制国外经验，现行的政策适用性和有效性还有待观察。但我们预测：在未来一段时间，金融服务于实体经济的总态势不会变化，中国政府将加大对创新创业和天使投资的支持力度。

# 研究报告三：2016 消费金融生态报告①

## 一、消费金融发展概况

### （一）消费金融概念解析

本文中的消费金融是指传统金融机构和互联网金融平台向各阶层消费者提供以消费（不包括购买房屋）为目的的贷款的金融服务方式，常见的产品包括汽车贷款、耐用品消费贷款、无抵押个人现金贷款以及房屋修缮贷款等等。目前消费金融的服务提供商，包括商业银行、小额贷款公司、消费金融公司、分期平台和汽车金融公司等多种类型。

### （二）消费金融特点和意义

消费金融具有无担保无抵押、用户范围广、单笔授信额度小、审批效率高、贷款期限短、服务方式灵活等特点。

---

① 本报告由盈灿咨询完成，并授权转载。

现阶段大力发展消费金融，具有重大意义。

首先，消费金融符合我国经济结构调整的现状，政策红利明显，市场空间大。随着我国经济增速换挡，消费成为拉动 GDP 增长最重要的一环。究其原因，近些年，投资的边际收益下降明显，国际贸易增速放缓，而社会消费品零售总额增速明显高于 GDP 增速，消费金融通过对消费的刺激和拉动，对扩内需、去库存、供给侧改革都具有极其重要的意义。同时，我国人均可支配收入稳步增加，国家不断出台消费刺激政策，居民消费意识转变，居民消费杠杆处于相对低位，消费信贷市场可挖掘空间广阔，这些都为我国消费金融业务的腾飞奠定了坚实的基础。

其次，消费金融可以大大提高金融服务的可获得性，帮助广大缺乏银行信用支持的个人提高生活质量，具有重大的社会效益。而且，消费金融服务长尾客户，开发了一个新的市场，本身也是一种创新。

最后，随着技术积累和金融外围服务逐渐丰富和完善，发展消费金融正当其时。互联网化、大数据技术、云存储等高新技术的逐渐成熟和广泛应用，为消费金融在我国的发展提供了巨大助力，在获客、场景、风控等方面带来新的变化，可以在提升用户体验的同时，得到提高审贷效率、降低违约率。

## （三）消费金融国外发展历程及现状

### 1. 美国

美国的消费金融最早以分期付款出现，这起源于 19 世纪初政府出售土地、农民购买农具和城市居民购买房产等行为。此后缝纫机和汽车的分期付款极大地推动了分期付款的普及，到 20 世纪 30 年代，所有的耐用商品基本都可以使用分期付款，而且分期付款的使用人群开始转移，从低收入人群逐步向中产阶级渗透。二战期间，美国先后实施了三次消费信贷控制，这样做可以通过减少人们在耐用消费品方面的购买，来保证军用生产资料的供应，同时抑制通货膨胀，这导致在 1943 年左右美国居民消费信贷余额不断减少，最低时降到 53.54 亿美元。二战后，为迅速恢复发展经济，美国政府放宽了对消费信贷的限制，并加强了法律监管和金融基础设施建设，同时，“婴儿潮”、超前消费的观念普及、居民可支配收入增长和科技创新等诸多因素，共同促进了美国消费信贷实现高速发展。截至 2016 年 9 月底，美国的消费金融（居民消费信贷）市场规模达到 3.71 万亿美元，72 年间（1943 年 9 月 56.48 亿美元）增加了近 655 倍，相当于以近 10% 的增速连续增长了 72 年。如图 3.5 所示。

美国消费金融的服务提供商包括商品生产商、商业银行、消费金融公司、信用社、联邦政府和储蓄机构、证券化信贷资产池机构、非金融机构等等多种类型，服务的消费者群体覆盖可以申请信用卡的优质个人到收入水平较低的群体。这种广阔的客户市场得益于美国发达的信用评估体系。美国实行市场化征信，市场化征信是通过商业运作形成征信体系，向全社会提供全面的征信服务。征信机构自主收集、整理、加工信用信息及数据，提供尽量全面的、可信的信用报告。政府提供立法支持和监管，规范信息采集、整理、存储及加工流通的规则，形成自由竞争。在个人征信业务上，美国以益博睿（Experian），艾克菲（Equifax），环联（Trans Union）为主，三家机构几乎垄断了全美个人征信数据。征信机构采集数据后一般都采用 FICO 评分模型对数据进行处理获得用户的信用等级。此外，在政策监管上，美国消费金融市场的监管先后经历了利率上限管制到加强信息披露，再到放松消费金融公司产品种类监管，最后到 2008 年金融危机后全面改革

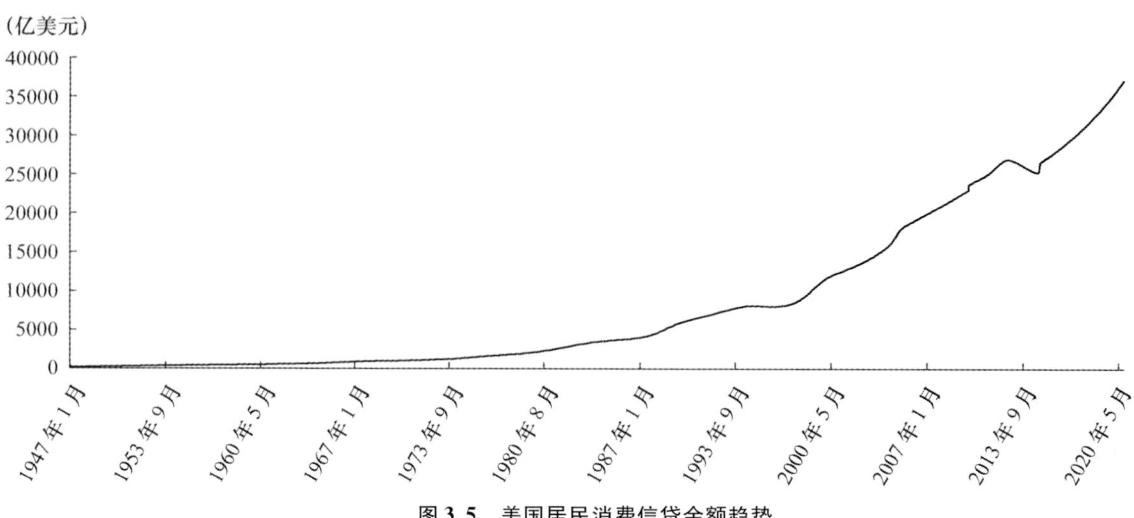


**图 3.5　美国居民消费信贷余额趋势**

资料来源：美联储、盈灿咨询。

金融监管，设立消费者金融保护局，保护消费者正当权益。每一个阶段的调整都对美国的消费金融市场进行了纠正，并且坚持了消费金融市场透明公开、重点保护消费者权益的思路。如表 3.5 所示。

**表 3.5　美国消费金融相关法律法规**

| 时期 | 主要法律法规 |
| --- | --- |
| 1970 年以前 | 《贷款真实性法》《公平住房法》等 |
| 20 世纪 70 年代 | 《公平信用报告法》《证券投资者保护法》《房屋抵押贷款披露法》《平等机会信贷法修正案》《公平追偿债务实施法》等 |
| 20 世纪 80 年代 | 《货币控制法》《可选择抵押贷款交易平价法》等 |
| 20 世纪 90 年代 | 《金融服务业现代化法》《诚信储蓄法》《住房所有权及权益保护法》等 |
| 2000 年以后 | 《多德—弗兰克华尔街改革和消费者保护法》《信用卡业务相关责任和信息披露法案》《公平准确信用交易法案（〈公平信用报告法〉的修正案）》等 |

资料来源：盈灿咨询。

**2. 欧洲**

欧洲的消费金融起步稍晚于美国，其第一家消费金融公司诞生于 1953 年。欧洲的消费金融服务经过几十年的快速发展，已经成为世界消费信贷市场最重要的力量之一。但是近些年，由于 2008 年的金融危机、2009 年开始的欧债危机等，使得欧洲的消费信贷市场发展停滞。根据欧洲消费信贷提供商 CréditAgricole Consumer Finance 的调查，欧盟 28 个国家 2015 年的消费信贷余额约为 1.12 万亿欧元（约为 1.19 万亿美元），这是 2008 年以来欧盟消费信贷余额首次上升，环比 2014 年涨幅为 2.9%。这主要得益于汽车金融的崛起，使得服务商从汽车销售市场和租赁计划中获取了高额利润。在欧盟国家内部，消费信贷规模最大的三个国家分别是英国（约 3290 亿欧元）、德国（约 2250 亿欧元）和法国（约 1530 亿欧元），同时英国也是欧盟中人均消费信贷余额最高的国家，达到了人均 5000 欧元的水平，相比之下，消费信贷规模第六的波兰，人均仅有 900 欧元。而在消费信贷增速上，有 9 个国家是负增长，有 12 个国家获得了超过 3% 的显著增长。可见，欧盟内部的消费信贷发展水平差距较大。如图 3.6 所示。

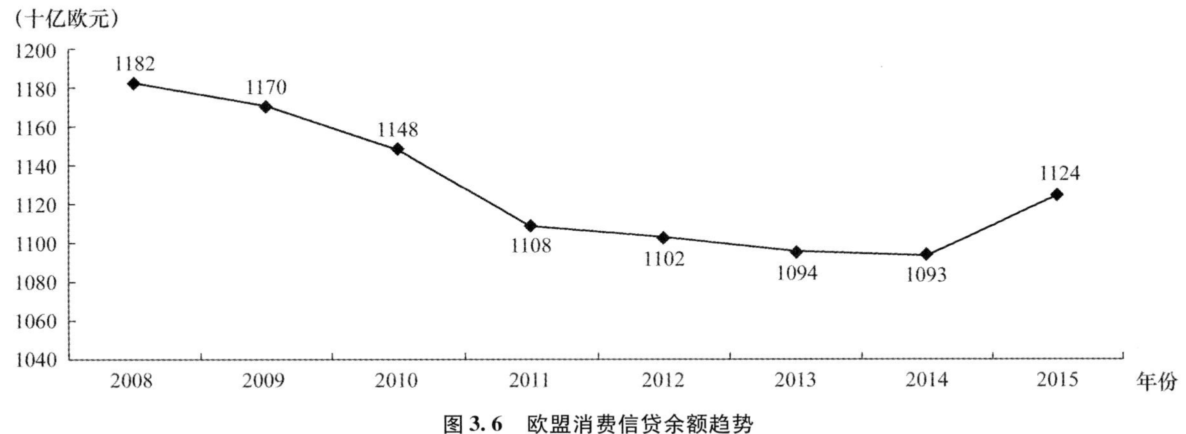


**图 3.6　欧盟消费信贷余额趋势**

资料来源：CréditAgricole Consumer Finance、盈灿咨询。

欧洲的消费金融公司通常为收入较低但稳定的中低端客户提供金融服务。从产品分类上看，欧洲消费金融的产品包括特定用途贷款，如汽车贷款、房屋修缮贷款、家庭耐用消费品贷款等，和另一类无特定用途的贷款，如现金贷款等。此外，一些欧洲的消费金融公司会发行自己的信用卡，来提供循环信贷服务。在销售模式上，分为以金融机构为主的直接销售模式和以产品零售商或批发商为主的间接销售模式。在征信模式上，欧洲国家普遍采用公共征信，即由政府直接出资建立公共的征信机构，并由政府设立专门部门对其进行控制和监管。政府通过运用行政手段要求数据供应商向公共征信机构提供信用信息及数据，公共征信机构可以建立比较权威的信用信息数据库，并可以保证信息及数据的真实性。此外，在政策监管上，欧盟已经先后出台了《数据保护指令》《消费者信用指令》《欧盟消费者权利指令提案》《关于消费者信贷合同以及废除第 87/102/EEC 号指令的第 2008/48/EC 指令》等一系列法案，构成了较为完备的征信和信贷消费者保护制度。如图 3.7 所示。

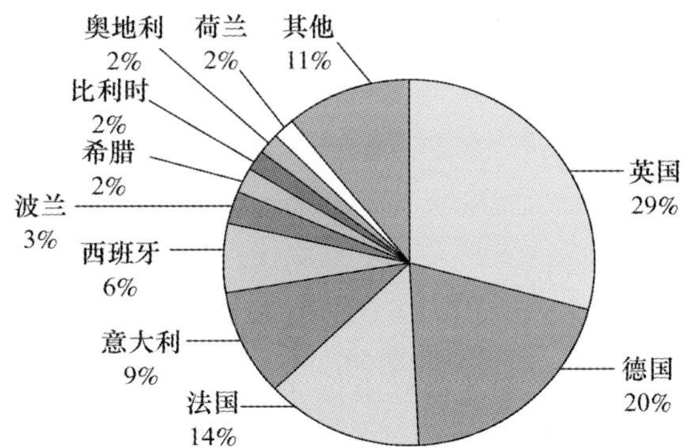


**图 3.7　2015 年欧盟国家消费信贷余额比较**

资料来源：CréditAgricole Consumer Finance、盈灿咨询。

### 3. 日本

日本的消费金融服务是在二战后开始发展的，从流通企业、零售企业等非金融机构自发产生消费信贷服务并发行自己的信用卡开始，十年后商业银行才跟进了消费金融服务。20 世纪 50 年代末至 60 年代出现了日本信贩、三洋商事等对工薪阶层放贷的小额贷款公司；20 世纪 60 年代末至 70 年代末，民间金融公司开始向一般消费者发行信用卡，同时，银行为吸收存款和开发新业务也开始了消费信贷业务；20 世纪 70 年代末，美国等外国消费金融公司涌入日本，日本人的消费观念开始发生变化，促进了消费信贷市场迅速发展。在充分的市场竞争后，日本的消费金融公司逐渐形成了四家巨头，分别是 AIFUL、武富士（已破产）、ACOM 和 PROMISE，合计占比一度超过六成（不含银行消费信贷产品）。但是为了规范发展日本的消费金融市场，日本政府于 2006 年出台金融管制法案，对消费金融公司业务开展进行了较多的限制，导致从业人数锐减，武富士也最终破产。据日本消费信贷协会的数据，近十年来日本信用卡贷款余额一直在稳步上升，非信用卡信贷余额在 2006 年后一直萎缩，于 2012 年恢复增长。截至 2015 年底，日本消费信贷余额为 23.53 万亿日元（约 2071 亿美元），其中，信用卡贷款余额占比达到 4 成（9.28 万亿日元）。2015 年，日本信用卡的年度信贷交易量达到 49.83 万亿日元，占当年日本家庭经济支出（除房租）的 20.9%。如图 3.8 所示。

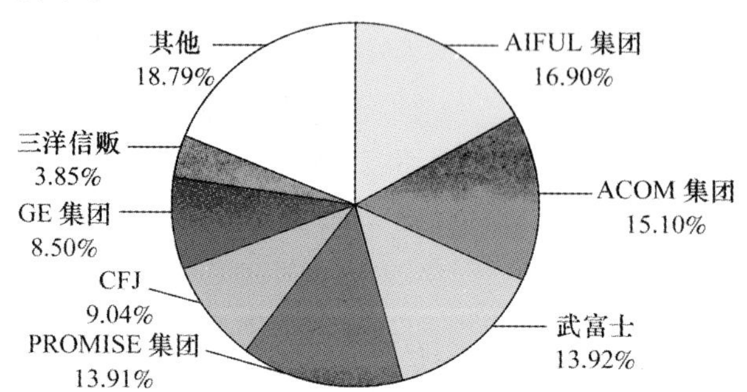


**图 3.8　2006 年日本消费金融公司的市场份额比较（不计入银行的消费信贷产品）**

资料来源：日本贷款业协会（JFSA）、AIFUL 公司 2006 年年报、盈灿咨询。

在消费金融服务供给上，日本的商业银行由于主要服务大企业，所以个人消费金融服务并不是其重点业务，而日本的非银行金融机构更为主动，此类公司包括消费者无担保贷款公司、信用卡公司、分期付款公司等等。其服务对象包括上班族、家庭主妇和学生等；服务领域涉及汽车贷款、教育、旅游、婚庆、电子产品和服装等消费金融贷款；在资金用途上，分为指定用途的专项贷款和不指定用途的一般消费贷款。此外，在征信制度上，日本采取会员制的征信模式，即以行业协会建立的会员制征信机构为主体的征信管理体系，包含银行体系、消费信贷体系和销售信用体系三类，而且为了方便信息的横向流动，这三大信用体系的信息中心建立了三者之间的信息交流和资源共享机制（CreditInformatica Network），促进了信息的畅通。目前，日本有关消费信贷的法律主要有《分期付款销售法》《贷款业法》《特定商品交易法》《消费者合同法》等，但是还没有一部统一的消费信贷法律。如图 3.9 所示。

### （四）消费金融国内发展历程及现状

在发展历程上，我国消费金融虽然开展较晚，但是发展迅速。

由于近几年经济形势的转变，我国政府在政策上给予了消费金融持续和有力的支持，“消费”被视作未来保持我国经济中高速增长的重要支点。

2009 年 7 月，银监会公布《消费金融公司试点管理办法》，标志着我国消费金融公司正式进入历史舞台。2010 年 1 月，首批 4 家消费金融公司获准成立，分别是北京的北银消费金融有限公司、上海的中银消费金融有限公司、四川成都的锦程消费金融有限公司和天津的捷信消费金融有限公司。2013 年 9 月，银监会宣布，拟新增 10 个消费金融公司试点城市。2015 年 6 月，国务院常务会议决定放开消费金融的准入制度，试点扩大至全国，审批权下放到省级部

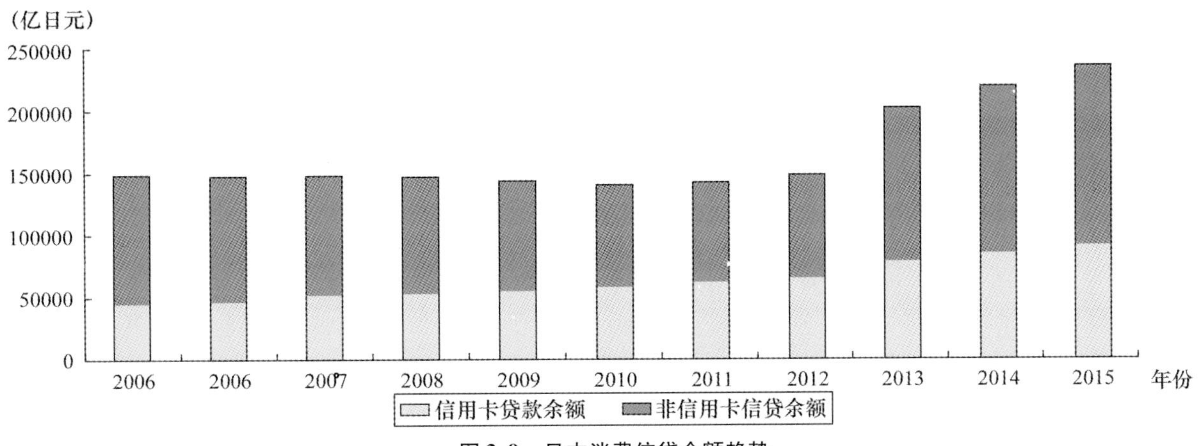


**图 3.9　日本消费信贷余额趋势**

资料来源：日本消费信贷协会（JCA）、盈灿咨询。

门，成熟一家批准一家。2016 年 3 月，《2016 年政府工作报告》再次提及消费金融，鼓励金融机构创新消费信贷产品，同月，央行和银监会联合发布了《关于加大对新消费领域金融支持的指导意见》，其内容主要为，要求各大银行积极培育和发展消费金融组织体系、加快推进消费信贷管理模式和产品创新、加大对新消费重点领域的金融支持以及改善优化消费金融发展环境等。截至到 2016 年 11 月 23 日，我国已经有获批持牌消费金融公司 17 家，分布在东部、中部、西部、东北等各个地区。

当前，我国消费金融市场增速很快，公司类型众多，商业模式不断推陈出新。

首先，伴随着政策利好，我国居民的短期消费贷款余额近几年一直保持在 20% 以上的高速增长。截至 2016 年 10 月底，我国金融机构人民币信贷收支表中住户部门的短期消费贷款余额达到 46474.51 亿元，再加上主要的非金融机构的消费金融平台的贷款余额约 3000 亿，也就是我国当前消费金融市场规模约为 5 万亿元人民币。如图 3.10 所示。

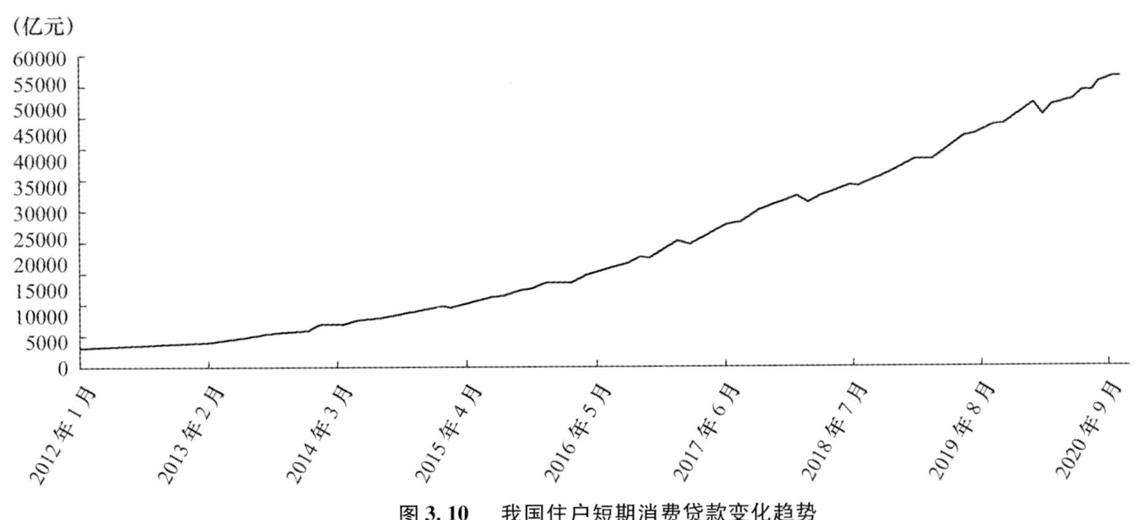


**图 3.10　我国住户短期消费贷款变化趋势**

资料来源：中国人民银行、盈灿咨询。

其次，伴随着互联网技术的普及，以及大数据技术、人工智能等高新科技的应用，我国消费金融的参与公司类型众多，各个系别优势不同，形成了百花齐放的局面。主要参与方分为银行系、产业系和互联网系，分别在资金获取成本、产业资源整合和用户覆盖上具有比较优势。

最后，商业模式推陈出新。除了商业银行的信用卡和个人消费信两大产品、消费金融公司和汽车金融公司的标准化贷款产品，互联网消费分期平台的出现使得基于消费场景的金融服务备受瞩目。场景涉及的领域从最开始的3C数码到家装、医疗美容、婚庆、旅游、教育等等，不一而足，显示出了巨大的拓展能力和商业潜力。这些垂直领域消费金融公司的出现，极大地丰富了消费金融的商业模式。

另外，放眼世界，在总量上，我国消费信贷的余额位列世界前茅，但是人均水平相对落后。如图3.11所示。

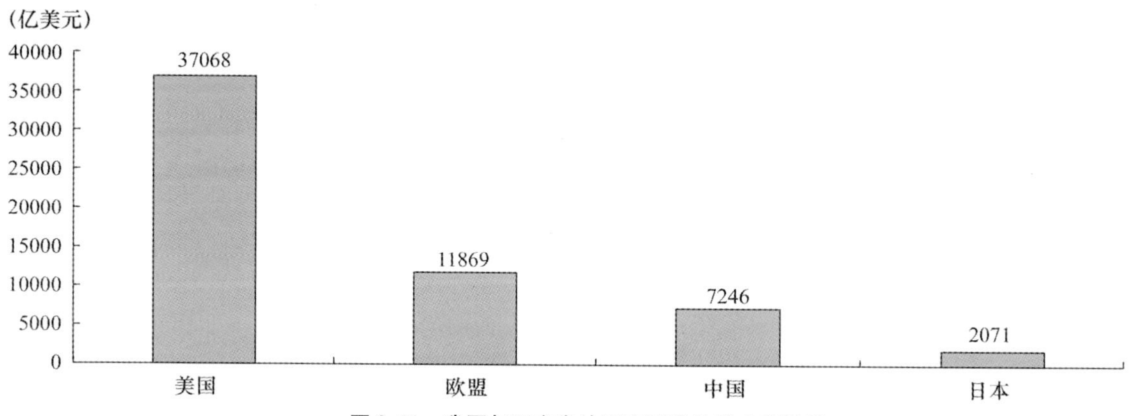


**图3.11 我国与西方发达国家消费信贷余额比较**

资料来源：美联储、CréditAgricole Consumer Finance、中国人民银行、日本消费信贷协会（JCA）、盈灿咨询。

和国外的消费金融发展相比，我国的消费信贷余额与美国和欧盟都有不小的差距，分别是前者的1/5和后者的六成，不过，已经远远超过了经济长期低迷的日本。此外，我国消费信贷余额的增速近些年保持在20%以上，2015年居民短期消费贷款增速达到26%，而欧盟中增速最快的是斯洛伐克，在10%左右（2015年），美国达到6.6%（2015年），日本达到7.2%（2015年），我国消费信贷在总量上展现了赶超欧美的态势。不过，在人均水平上，我国人均消费信贷余额仅为516美元（2016年10月底），约为美国的5%，不到日本的1/3。不仅落后于欧美发达国家，也不如波兰等发展中国家。如图3.12所示。

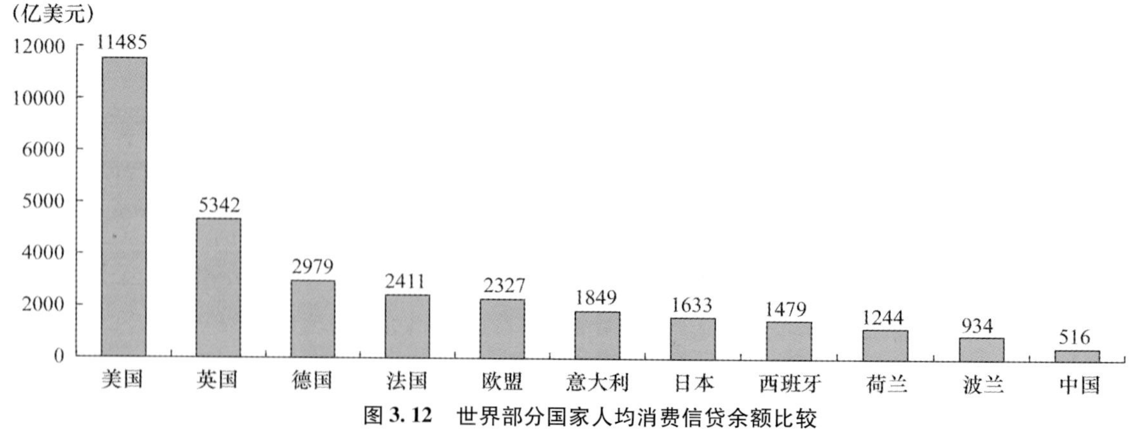


**图3.12 世界部分国家人均消费信贷余额比较**

资料来源：世界银行数据库、美联储、CréditAgricole Consumer Finance、中国人民银行、日本消费信贷协会（JCA）、盈灿咨询。

### （五）消费金融年度新闻

**1.《政府工作报告：开展消费金融公司试点鼓励消费信贷》搜狐财经**

2016 年 3 月 5 日第十二届全国人民代表大会第四次会议，李克强总理在政府工作报告上提到挖掘内需，用消费带动增长，在全国开展消费金融公司试点，鼓励金融机构创新消费信贷产品。

**2.《央行银监会联合发文要求各大银行支持消费金融》腾讯科技**

2016 年 3 月 30 日，人民银行、银监会联合发布了《关于加大对新消费领域金融支持的指导意见》，要求加快推进消费信贷管理模式和产品创新，明确了养老家政健康消费、信息和网络消费、绿色消费、旅游休闲消费、教育文化体育消费和农村消费等六大新消费领域的金融支持措施。

**3.《电商“双十一”促销背后的消费金融盛宴》和讯网**

消费信贷产品的出现促进了“双十一”电商的交易额再上一层楼，同时资金端的网贷行业交易量再创历史新高。根据网贷之家的统计数据，“双十一”当日网贷行业成交量超过 116 亿元，较去年同期增加 14 亿余元的规模。

**4.《消费金融未来 4 年将破 40 万亿助力供给侧改革》新京报**

消费金融不仅带给老百姓很大实惠，通过刺激消费、降低库存对推动供给侧改革的国家战略也具有重要意义，中国消费金融市场未来 4 年将破 40 万亿元。

**5.《京东金融与 ZestFinance 成立合资公司》东方财富网**

京东金融与美国大数据公司 ZestFinance 联合发起成立了合资公司 ZRobot，力图在金融数据技术领域更进一步。ZRobot 核心竞争力在于数据挖掘能力和模型开发能力，先进技术体现在能够处理高维度数据、可处理数据的类型丰富、模型对数据质量依赖程度低三方面。

**6.《监管收紧互联网消费金融 ABS 审批》中国经济网**

中国证券投资基金业协会备案信息显示，在消费金融领域，除了阿里、京东等互联网巨头外，非持牌金融机构的 ABS 发行下半年已陷入停滞。由于校园贷、暴力催收、首付贷等互联网金融领域问题频发，监管层对于在交易所挂牌的消费金融 ABS 态度非常谨慎。

**7.《校园贷平台清存量：纷纷转战消费金融》澎湃新闻网**

校园贷的发展历程总体来说跟当初的大学生信用卡类似，经历了短时间的高速发展之后，逾期问题和负面舆情使得社会媒体迅速聚集在这个细分领域，最终引来监管关注，政策压力加大，但也并不意味着这个市场空间就没了。预计在未来的一段时间里，校园贷会更多的通过结合消费场景来做这块市场。

**8.《消费金融场景日趋丰富错位竞争成趋势》新华社**

随着一系列针对新消费领域的金融政策“红包”逐步落地，除了商业银行，消费金融公司、汽车金融公司和互联网金融消费公司等新兴机构正积极参与到消费金融市场拼抢中。商业银行和互联网金融机构可以形成错位竞争。

**9.《消费金融爆发式增长千亿征信市场有望激活》上海证券报**

消费金融行业，正迎来爆发式增长，征信作为风险控制的重要手段，有望被迅猛发展的消费金融所激活。广证恒生预计，到 2020 年，征信市场规模将达到千亿左右规模。

**10.《消费金融成互联网金融新宠儿万亿级市场争夺战》凤凰网**

互联网金融企业的竞争从线上资金端转移到资产端，消费金融行业迎来最好的机会，现在不管是国家政策还是消费者层面，消费金融的前景受到了肯定，整个国家都在逐步释放消费能力，消费对于拉动经济的作用越来越明显，成为新常态。根据市场预测，以中国的人口基数和增长的消费需求，我国消费信贷有很大的上升空间，是一个十万亿级的市场。

## 二、消费金融生态圈及典型参与方

### （一）消费金融生态圈概况

#### 1. 消费金融生态圈的定义

商业生态圈是指以各种不同组织相互作用而成的经济联合体，这些组织包括产品提供者、供应商、分销商、顾客、互补产品提供者、竞争者、政府及其他利益相关者等。在这一生态体系中，每个组织各司其职又相互依赖，不同利益驱动、互利共存、资源共享，共同维持系统的延续和发展。

随着金融触网，金融进入了以连接为特征的信息时代，进而实行生态圈的发展战略。消费金融生态圈指由资金供给方、资金需求方、消费金融平台、消费场景支持方、消费支付支持方、垂直搜索引擎、数据补充方、风控服务方、催收服务方等不同组织相互作用而成的经济联合体。其中，资金供给方主要有消费金融平台自有资金、银行信贷、P2P 网贷平台、同业拆借、资产证券化 ABS 等；资金需求方主要指个人消费者；消费金融平台主要有商业银行、消费金融公司、垂直产业生产方或零售方、互联网公司、小额贷款公司等；消费场景支持方主要有日常购物、购房、购车、装修、租房、旅游、医疗美容、教育、婚庆等。如图 3. 13 所示。

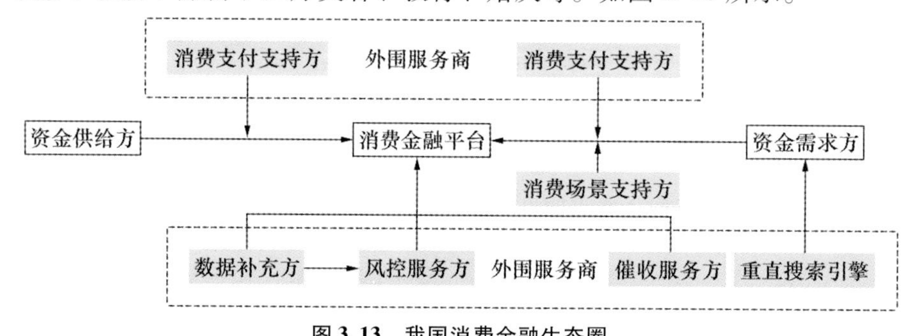


图 3. 13　我国消费金融生态圈

资料来源：盈灿咨询。

消费金融生态圈以消费金融平台为核心，以消费金融产品的贷款搜索、贷款申请、资质审核、贷款发放、贷后管理为主轴，各组织建设自己的价值平台，通过平台借助、撬动圈内其他平台的能力，形成竞争优势。

- 贷款搜索。资金需求方根据需求条件搜索消费金融垂直搜索引擎，寻找到合适的消费金融平台及产品。
- 贷款申请。在消费场景下向消费金融平台申请消费资金，或直接向消费金融平台申请现金贷款。
- 资质审核。消费金融平台凭借自己和数据补充方、风控服务方的专业知识及风控技术做出消费金融决策。

• 贷款发放。对符合资质要求的资金需求方发放借款资金。

• 贷后管理。消费金融平台、风控服务方对借款项目实行贷后管理。当有逾期或坏账时，适当引入催收服务商。

**2. 消费金融生态圈发展方向**

目前我国消费金融生态圈处于成长阶段。

首先，脱离了初期阶段的沿着价值链方向的上下游拓展的方式，逐渐引入了异质性参与者，如消费场景支持方、消费支付支持方、数据支持方等。

其次，生态圈内的组织间嵌入度正提升，联动频率和深度提升。

再次，互惠性逐渐取代传统独食思维，价值分配机制逐渐趋于合理，保证了生态圈的平衡与稳定性。如图 3. 14 所示。

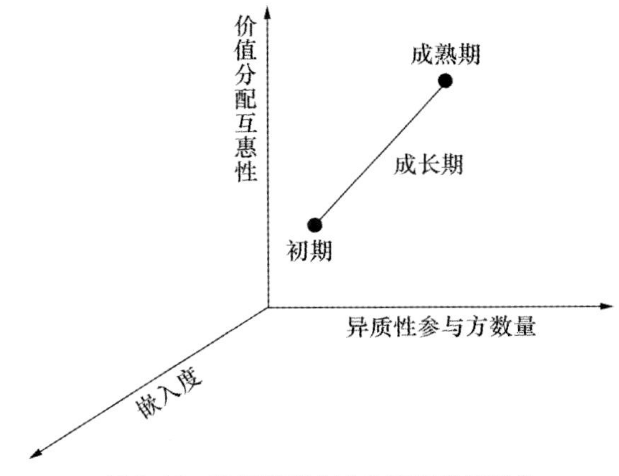


**图 3. 14　我国消费金融生态圈发展阶段**

资料来源：盈灿咨询。

此外，我国消费金融市场存在严重的同质化现象。表现在场景同质化、产品同质化、风控手段同质化等。

基于对消费金融生态圈发展情况的描述可见，未来消费金融生态圈将朝着高异质性、高嵌入度、高互惠性、差异化方向发展。

如场景多元化。如互联网巨头百度在消费金融领域，采取区别于蚂蚁金服、京东金融等依托电商平台为场景的模式，即根据自身特色以百度钱包为串联，依托百度糯米、手机百度、百度地图、Uber、爱奇艺等流量入口为场景，构建闭环的消费信贷生态。

如信用卡生态领域的 51 信用卡管家的诞生，将同一用户不同银行信用卡的数据汇聚到一起，增强了不同银行间的嵌入度，从而形成用户完整的信用卡使用画像，促进信用卡行业的良性、快速发展。

## （二）消费金融平台

我国消费金融市场由多元化的消费金融平台组成。目前，我国消费金融平台主要包括商业银行、消费金融公司、垂直产业生产方或零售方、互联网公司、小额贷款公司等。

由上述消费金融平台打造的消费金融产品路线有两类。一类是设定特定用途的场景贷款，下称有场景消费分期；另一类是未设特定用途的信用贷款，下称无场景消费信贷。两者各有市场，有所区分。如表 3. 6 所示。

**表 3.6　　有场景消费分期与无场景消费信贷对比分析**

| 对比项 | 有场景消费分期 | 无场景消费信贷 |
|---|---|---|
| 市场规模 | 较小 | 很大 |
| 风险 | 偿还能力风险 | 欺诈风险、偿还能力风险 |
| 风控要求 | 一般 | 较高 |
| 资金去向 | 产品提供方 | 借款方 |
| 申请渠道 | 纯线上、线上＋线下 | 纯线上、线上＋线下 |
| 人力成本 | 较高 | 较低 |
| 借款利率 | 与市场利率、借款人风险、消费内容关联 | 与市场利率、借款人风险相关 |
| 期限 | 与消费内容关联 | 7天～36个月 |
| 额度 | 与消费内容关联 | 纯线上额度小（普遍万元以下）、线上＋线下额度较大 |

资料来源：盈灿咨询。

由于无场景消费信贷具有很大的潜在市场规模，故部分有场景消费分期平台也开始尝试涉足，但最高额度较小，一般在万元以内。

**1. 有场景消费分期**

有场景消费分期是指基于特定消费场景的，对有资金需求的群体提供的贷款产品，且贷款资金直接打给产品提供方。目前，较为流行的场景主要有购车、装修、租房、旅游、医美、教育、婚庆等。

本研究综合考量有场景消费分期平台背景实力、市场规模、风控水平、成长潜力等，选取了有场景消费分期平台 TOP10（注：重复上榜平台划分为最显著的一种场景类别中）。如表 3.7 所示。

**表 3.7　　有场景消费分期平台 TOP10**

| 平台名 | 场景 | 费用 | 期数 | 最高额度 | 模式 | 是否循环 |
|---|---|---|---|---|---|---|
| 蚂蚁花呗 | 多场景购物、医疗、旅游、娱乐、医疗、教育、公共缴费等 | 最高41天内免息、账单分期费用：3期，2.5% 6期－4.5%，9期－6.5%，12期－8.8%，购物时分期部分商品支持免费 | 3、6、9、12期 | 5万 | 信用卡＋分期 | 是 |
| 京东白条 | 多场景购物、租房、旅游、装修、教育、婚庆等 | 30天内免息、账单分期费用：3期、6期、12期、24期 0.5%/月～1.2%/月、购物时分期部分商品支持免费 | 3、6、12、24期 | 未公开 | 信用卡＋分期 | 是 |
| 捷信消费金融 | 数码3C、教育、装修、婚庆 | 13.2%/年～16%/年 | 6～24期 | 未公开 | 分期 | 否 |
| 分期乐 | 多场景购物、旅游、教育等 | 产品差异、期数而差异化 0%/月～1.5%/月 | 2～24期 | 1.5万 | 分期 | 是 |

续表

| 平台名 | 场景 | 费用 | 期数 | 最高额度 | 模式 | 是否循环 |
|---|---|---|---|---|---|---|
| 易鑫车贷 | 购车 | 1.24%/月 | 最高36期 | 预估车价90% | 分期 | 否 |
| 佰仟金融 | 数码3C、装修、教育、健身 | 未公开 | 未公开 | 未公开 | 分期 | 否 |
| 趣店 | 购物 | 产品差异、期数而差异化 0%/月 ~ 2.7%/月 | 1~24期 | 1万 | 分期 | 是 |
| 蜡笔分期 | 教育 | 未公开 | 最高24期 | 1万 | 分期 | 是 |
| 易日升金融 | 装修 | 未公开 | 6、12、24、36期 | 100万 | 分期 | 否 |
| 去哪儿-拿去花 | 旅游 | 最高60天内免息、0.3%/月起 | 3、6、9、12期 | 未公开 | 信用卡+分期 | 是 |

资料来源：盈灿咨询。

依据背景，上述有场景消费分期平台可以划分为互联网公司系和持牌系，两类均注重创新用户群体和商业模式。

互联网公司系以分期乐为例。分期乐成立于2013年8月，是中国互联网小微消费金融商业模式的开创者。分期乐最早从校园起步，相继打造了3C数码、运动户外、洗护美妆、教育培训等多个消费金融场景。用户人群横跨校园、白领、蓝领等主流消费人群。2016年1月，“嘉实资本—分期乐1号资产支持专项计划资产支持证券”在上海证券交易所完成资产交割，分期乐成功发行标准ABS。

目前分期乐已升级为乐信集团，旗下除了年轻人互联网消费金融品牌分期乐外，还有针对普惠人群的互联网消费金融品牌提钱乐。提钱乐商城于2015年底上线运营。作为乐信集团旗下面向普惠人群提供互联网消费金融的子品牌，提钱乐借助集团的人才、技术、管理和规模化采购优势，连续7个月保持了高速的增长。2016年7月，提钱乐单月销售额已突破1亿人民币。此外，集团拥有针对互联网理财人群的子品牌桔子理财，以及资产管理开放平台鼎盛资产。截至2016年11月，分期乐所属集团乐信集团用户数达到1500万，乐信集团交易额达到300亿人民币。

持牌系以银监会首批的试点消费金融公司捷信消费金融为例。捷信主要面向中低收入群体用户，包括蓝领、个体户和农民。这类群体虽对消费金融有着极大的需求，但苦于没有央行征信记录，传统的商业银行贷款难以覆盖，捷信则由差异化进入中国消费金融市场出发，布局蓝领、个体户和农民的耐用品消费分期业务。目前已设置数码3C、教育、装修、婚庆等场景。

在商业模式上，捷信针对用户群体特征，选用驻店式贷款发放方式，即不设立固定物理网点，而在合作的消费点派驻办公人员或者设立柜台，围绕POS终端，为目标用户提供消费分期服务。截至2016年底，捷信在我国的业务已覆盖了29个省和直辖市，共超过280个城市，与迪信通、国美、苏宁等零售商建立了合作关系，通过11万多个贷款服务网点，累计服务的客户超过1700万人次。捷信在2016年把分期和贷款业务扩展至线上，推出了捷信福贷，购物贷和想花，为用户提供更加广泛和便捷的服务。

**2. 无场景消费信贷**

无场景消费信贷包含现金贷以及其他没有基于特定场景的信用贷款。其中，现金贷是指直接放款给借款人，资金真实流向未知的产品。

由于消费金融不能渗入所有的消费场景，故无场景消费信贷也是消费金融中必不可少的部分。与消费分期相似，无场景消费信贷也存在着细分领域，尤以纯线上平台创新多种新型商业模式最受关注。

本研究综合考量平台运营稳定性、运营效率、业务增速、市场影响力、创新能力等指标，选取了无场景消费信贷平台 TOP10。如表 3.8 所示。

**表 3.8　　无场景消费信贷平台 TOP10**

| 平台名 | 费　率 | 期　限 | 提前还款 | 最高额度 | 申请渠道 | 是否循环 |
|---|---|---|---|---|---|---|
| 蚂蚁借呗 | 0～0.05%/日 | 6、12 个月 | 支持、无罚金 | 30 万 | 全线上 | 是 |
| 平安普惠－i 贷 | 0.04%/日 | 合同约定 | 支持、无罚金 | 3 万/50 万 | 全线上 | 是 |
| 宜人贷 | 0.78%/月 | 12、24、36、48 个月 | 支持、有罚金 | 20 万 | 全线上 | 否 |
| 51 人品 | 20%/年～30%/年 | 未公开 | 支持、有罚金 | 10 万 | 全线上 | 否 |
| 拍拍贷 | 0.83%/月＋2%－4% | 3、6、12 期 | 未公开 | 50 万 | 线上＋线下 | 否 |
| 省呗 | 0.5%/月 | 3、6、12 个月 | 支持、无罚金 | 2 万 | 全线上 | 是 |
| 微众银行－微粒贷 | 0.05%/日 | 未公开 | 支持、无罚金 | 30 万 | 全线上 | 是 |
| 掌众金融－闪电借款 | 未公开 | 21 天 | 不支持。 | 1 万 | 全线上 | 否 |
| 信而富－现金贷 | 0～0.06%/日 | 3 个月以内 | 支持、无罚金 | 0.6 万 | 全线上 | 是 |
| 北银消费金融－轻松 e 贷 | 未公开 | 未公开 | 未公开 | 5 万 | 线上＋线下 | 是 |

资料来源：盈灿咨询。

现金贷同质化极高，且对风控能力的要求更高。故产品差异化突围和风控优势是现金贷平台良性发展下去的两大要素。

产品差异化突围的典型平台如信用卡余额代偿模式的省呗。信用卡余额代偿指信用卡持卡人偿还发卡银行的信用卡账单时，通过在第三方机构申请较低利率（低于信用卡账单分期利率）贷款的方式一次结清信用卡账单，再分期还款给金融机构的过程，它是利率市场化竞争的必然结果，已经成为欧美和台湾地区信用卡市场的标配。

省呗是国内信用卡余额代偿践行成功的先行者，它运用大数据分析、风控模型开发以及人工智能技术等为用户提供专属定制金融服务。其推出的省呗资金主要来自于银行，其信用卡分期平均年化利率在 10～15%之间，是银行信用卡分期的 7 折左右，且省呗是针对用户的信用进行风险定价，信用越好，利率越低。随着我国信用卡市场的发展壮大，省呗也迅速发展，截至 2016 年 11 月，用户数已达 570 万。

51 人品是 51 信用卡旗下的网贷信息服务平台。51 信用卡作为中国信用卡金融生态引领者，从信用卡账单管理的工具“51 信用卡管家”起步，通过沉淀的用户资源、金融数据切入交易环节，并衍生出了信贷、分期、理财等多项金融产品和服务，形成网贷信息服务平台“51 人品”、小额现金分期服务平台“给你花”，构建信用卡金融生态体系和综合金融服务集团的产业闭环，现已积累超 8000 万用户。2016 年下半年，公司完成近 4 亿美元 C 轮系列融资，成为估值超 10 亿美元的金融科技独角兽。

51 人品通过将负债管理用户转化为信贷交易用户，人均借贷额 2.8 万、平均借款期限 13.45 个月，通过多维度交叉验证的大数据（信用卡、社交、电商、运营商、征信报告、公积金数据）

风控模型，实现了用户的在线风险定价。51人品本质上属于信用卡用户补充信贷类，处于用户信贷需求的上游，目前用户数已超过900万。

## （三）消费金融外围服务商

### 1. 垂直搜索引擎

消费金融垂直搜索引擎平台是整合市场上的消费金融产品，根据用户贷款申请条件，为用户返回满足条件的银行、小额贷款公司、消费金融公司等金融机构产品，并附有比价功能的平台。具有方便贷款、专注、具体和深入的特点。

本研究综合考量平台业务规模、合作对象、产品类型、背景等指标，选取了消费金融垂直搜索引擎平台TOP5。如表3.9所示。

**表3.9　消费金融垂直搜索引擎平台TOP5**

| 平台名 | 上线时间 | 风投 | 业务规模 | 合作对象 | 产品类型 |
|---|---|---|---|---|---|
| 融360 | 2011.10 | D轮 | 获批贷款1370亿、贷款产品38930个、信贷经理11583名 | 银行、小贷公司、保险公司 | 房产贷、汽车贷、信用卡 |
| 借点钱 | 2015.09 | 集团公司B轮、公司PreA | 用户500万人、贷款申请金额1000亿元 | 小贷公司、消费金融公司、P2P网贷平台 | 小额极速贷、有淘宝就能贷、工薪贷、企业主贷、信用卡代还、抵押贷款 |
| 好贷网 | 2013.03 | C轮 | 合作信贷机构1万家、信贷员50名、实现信贷服务1000万人、每年提交的贷款需求超过5000亿元，每年成功撮合贷款额超过400亿元 | 银行为主、小贷公司 | 信用贷、装修贷、购房贷、购车贷、旅游贷、教育贷、企业贷 |
| 易贷网 | 2009.01 | A轮 | 合作金融机构3496家、资深顾问8883名、客户56397人 | 银行、消费金融公司、小贷公司 | 信用贷、房产贷、汽车贷、企业贷、应急贷 |
| 卡牛 | 2012.10 | B+轮 | 多家信贷机构及消费金融贷款垂直搜索引擎 | 小贷公司、消费金融公司、贷款垂直搜索引擎 | 信用卡贷款、公积金贷款、普通贷款-结合其他贷款垂直搜索引擎 |

资料来源：盈灿咨询。

目前消费金融垂直搜索引擎平台多采用“搜索+匹配+推荐”的模式，与银行、小贷公司、消费金融公司等机构合作，涉足信用贷、装修贷、旅游贷、教育贷、企业贷、房产贷、汽车贷等产品，风控多依赖信贷经理。

拓展合作方类型、丰富产品类型、风控引入数据技术或成为消费金融垂直搜索引擎平台的突破口。借点钱即是在这三方面突围的新型消费金融垂直搜索引擎。

借点钱在合作金融机构中创造性引入P2P网贷平台；产品类型也在千篇一律的固有产品中加入有淘宝就能贷、信用卡代还等新型产品；借点钱在风控上加入黑名单过滤欺诈风险。

## 2. 数据补充方

消费金融业务涉及的数据可分为风控数据和营销决策数据。本文所指的数据支持方指风控数据补充方，即征信数据。

征信的最终目的是构建人物完整画像。越多行业维度的数据，越能够做出完整的信用评估。本研究根据现有征信公司，综合考量征信机构数据的互补及差异性，选出消费金融数据补充方TOP5（注：本榜单选取的征信机构专注于征信数据和信用评级，不涉及更深层次的风控流程开发、反欺诈监控等风控行为）。如表3. 10所示。

**表3. 10　消费金融数据补充方TOP5**

| 平台 | 数据类型 | 数据来源 | 特　色 |
|---|---|---|---|
| 芝麻信用 | 1. 基本信息：职业、收入、工作稳定性、街区、放假及居住稳定性；<br>2. 借贷信息：车贷、房贷、信用卡和学生贷等；<br>3. 消费信息：商场和网络消费频次、额度等；<br>4. 公共信息：法院判决、税务拖欠、地铁逃票、交通违章、亲友欠款等；<br>5. 公益行为。 | 1. 阿里巴巴；<br>2. 蚂蚁金服；<br>3. 合作公共机构及伙伴；<br>4. 用户自主提交。 | 有大量线上购物、生活等数据 |
| 腾讯征信 | 1. 社交网络信息；<br>2. 门户；<br>3. 游戏；<br>4. 支付、消费。 | 1. QQ；<br>2. 微信；<br>3. 其他腾讯产品。 | 对无信用记录者可征信 |
| 前海征信 | 1. 平安集团的数据；<br>2. 通讯运营商、公安、法院、社保、学历学籍、交通违章、房产、地理位置、租房、租车、婚恋、社交网站、消费等；<br>3. 不良名单。 | 1. 平安集团的数据；<br>2. 外部数据合作伙伴；<br>3. 合作机构。 | 金融行业经验 |
| 考拉征信 | 1. 个人线上及线下交易支付、金融数据；　2. 线下商户日常经营数据；<br>3. 求职网站、论坛、微博、微信公众号数据；<br>4. 其他公共部门数据。 | 1. 拉卡拉；<br>2. 前程无忧、蓝标等股东；<br>3. 公共部门及合作伙伴。 | 线下个人及商户数据 |
| 上海资信 | 1. 个人基本信息、借款信息；<br>2. 企业基本信息、借款信息。 | 1. 央行征信；<br>2. 合作金融机构。 | 背靠央行征信 |

资料来源：盈灿咨询。

我国征信市场处于中国人民银行征信中心数据和民间征信机构数据互补共存、民间征信机构繁荣的阶段。央行征信系统中无信贷记录、无法形成个人征信报告的分别约占总人口的73%和80%，目前这个比例要靠民间征信机构来补充。

民间征信机构分为两大阵营，具有金融属性和具有互联网属性的征信机构。金融属性的征信机构如前海征信，拥有平安集团的大量数据；上海资信，有许多P2P网贷及小贷公司数据等。互联网属性的征信机构如芝麻信用有大量线上购物、生活等数据；腾讯征信，有大量社交数据；考拉征信，有大量线下商户数据等。众多维的数据使用户画像更为准确。

同时，我国民间征信机构的业务开展模式步入多元化。如除了将所有数据存储在中央数据库这种征信数据存储模式外，蜜蜂数据、91征信等还创造了分布式技术联通P2P网贷公司数据库的模式，每个公司不需上传数据到中央数据库，有效解决了合作方不愿公开数据的难题。

**3. 风控服务方**

消费金融是一种无抵押、无担保的信用贷款，信用贷款的风控在于模型化和收益覆盖损失，这些都需要精确的计量。而目前大多数消费金额平台极其缺少这方面的人才，故产生了风控寻求外部专业风控服务方的需求。

本研究综合考量风控服务方背景、行业经验、产品竞争力等的指标，选取了风控服务方TOP5。如表3.11所示。

**表3.11　　消费金融风控服务方TOP5**

| 平台名 | 背　景 | 产品服务 |
|---|---|---|
| 百融金服 | B+轮 | 用户评估报告、信贷审批系统、风险罗盘 |
| ZRobot | 京东金融+Zest Finance | 个人及小微企业信用评分、反欺诈风控系统、风险管理咨询、行业研究报告 |
| FICO | 上市 | 信用评分、债务管理解决方案、风险与合规性、决策管理 |
| 益博睿 | 上市 | 客户拓展、客户洞察和管理、风险管理、欺诈管理、债务追偿、付款 |
| 同盾科技 | B+轮 | 反欺诈服务、信贷风控服务、核心风控工具、信息核验服务 |

资料来源：盈灿咨询。

国外由于征信数据发达，信用评估行业已有丰富先进的经验，尤其是大数据风控经验，故在本风控服务方榜单上可见FICO、益博睿、Zest Finance等国际知名信用评分及大数据服务平台。它们在信用评分、风险管理系统构建等领域都表现突出，我国诸多小贷公司及P2P网贷平台都与其合作，弥补自身的风控短板。

百融金服和同盾科技是我国在消费金融风控服务行业表现较好的两家平台，其中，百融金服提供的解决方案还辐射银行业和保险业。两者提供的产品均涉及贷前反欺诈、贷中风控流程构建、提供风控工具等。

相信通过初期引入风控服务方，后再平稳构建基于消费金融平台自身的风控模型，将解决消费金融平台的燃眉之急。

**4. 催收服务方**

有借贷就有逾期坏账。面对逾期坏账，在消费金融平台自身催收能力不足的情况下，委外给专业的催收服务商成为一种必然的选择。

催收服务商诞生于2000年以后的信用卡疯狂增长期的信用卡大量坏账。近几年伴随着消费金融、P2P网贷等新金融业态兴起，经济低迷下的坏账率增高，催收服务商被推至风口，诞生了几百家独立第三方催收公司。但由于催收公司的低调性，很多催收公司均为线下公司，且较为分散，其数据及发展情况难以获得，故催收服务O2O平台应势而生。本研究也将重点放在催收O2O平台上，即整合全国信贷企业和催收服务机构的平台上。

本研究综合考量催收服务方产品服务、业务规模、背景等指标，选取了催收服务方TOP5。如表3.12所示。

表 3.12　消费金融催收服务方 TOP5

| 平台名 | 业务模式 | 产品服务 | 业务规模 | 自有催收 |
| --- | --- | --- | --- | --- |
| 资产 360 | 整合全国信贷企业和催收服务机构 | 智能催告中心、电催呼叫中心、外访移动催收工具、失信黑名单查询、不良资产评级与定价、智能委外匹配、数据化精细运营 | 未知 | 未知 |
| 资易通 | 整合全国信贷企业和催收服务机构 | 大数据云端查询、标准化管理系统、智能化催收工具、全方位评分引擎、安全化催收处置 | 线下处置网点遍布全国 20 多个省份，触达 67 个城市、合作机构 82 家 | 未知 |
| 资产百分百 | 整合全国信贷企业和催收服务机构 | 智能催收 SaaS 管理系统、债权委托处置服务、基于大数据的风控服务与资产定价 | 未知 | 有 |
| 贷后邦 | 整合全国信贷企业和自营 | 自建催收团队和催收系统、数据化催收 | 累计处理债权 12.4 亿、一线催收员 100 +、3 年业界经验人员占比 70% | 有 |
| 快催收 | 整合全国信贷企业和催收服务机构 | 数据修复、电话外呼、智能债务匹配、风险管控咨询、不良资产处置、电话催收外包 | 累计催回资金 10 亿元、累计发布案件 21840 件、累计加盟催收机构 297 家、催收能力覆盖全国省市区县 90% | 未知 |

资料来源：盈灿咨询。

目前市场上的催收服务商主要有两种存在形式。一种为整合全国信贷企业和催收服务机构，一方面对接信贷企业，获取坏账资产，一方面对接催收机构，委外催收。这种模式的平台较多，如资产 360、资易通、资产百分百、快催收等。另一种为整合全国信贷企业和自营，即对接信贷企业获取坏账资产，催收服务由平台自己来做，如贷后邦等。

目前，催收服务方涉及的产品主要有贷前黑名单查询、智能委外匹配、智能催告、电话催告、实地催收、基于大数据的不良资产评级与定价、不良资产处置、催收管理系统构建等。这些产品的载体多为大数据及互联网，虽平台间稍有差异，但相似度更高。相较于传统的催收服务商，基于大数据的不良资产评级与定价、催收管理系统构建令人耳目一新，也成为服务商的竞争力之一。如基于大数据的不良资产评级与定价，根据结合合作伙伴及其他数据源的风险数据，进行数据挖掘分析，构建海量债务人催收数据库，为每一个债务人创建催收卡，综合评估债务人的还款意愿和还款能力。利用大数据和机器学习技术，基于平台积累的海量不良债务的催收信息，能够对海量小额案件的不良资产包进行客观的价值评估。智能催收 SaaS 管理系统，可实现海量委案的自动导入、智能匹配与分案，实时动态的催收督导、进度监控、还款对账等，配合智能催收预、催收统计报表、短信/邮件通知等，帮助提高催收业务处理效率。

受限于数据的不成熟与模型的稚嫩，目前催收服务商的产品更多的是一种美好的愿景，仰赖各方的努力共同实现。

## 三、消费金融生态展望

### （一）困境与突围

消费金融在我国仍属于新生事物，发展时间短，面临众多的困难，但是也给了创新型公司很多突围的机会。

首先，我国金融基础设施匮乏，政策法规的完备性上相对于西方发达国家仍然有较大差距。与西方发达国家百年的金融业发展相比，我国的征信制度等金融基础设施建设极度匮乏，造成消费金融公司不得不用自己的资金进行模型试错，来建立个人的信贷档案，这在短期内可能造成消费金融公司坏账率较高，无法盈利，增加公司运营风险，影响风投和资本进入。而且，建立消费金融公司需要牌照，目前申请到牌照的多有国资大股东支持，民营企业较难进入，连接央行征信等金融基础设施，也不是一般民企容易做到的，这容易造成巨头利用牌照和资金优势抢占市场，挤压其他创新型公司的生存空间。对此，51 信用卡 CEO 孙海涛表示，未来消费金融行业不可避免地会被巨头抢占一部分市场，但是消费金融和其他互联网行业相比不具有排他性，仍然有机会获得用户、资本方和行业的认可，比如 51 信用卡不需要重新建立场景获取用户，而是从基础的信用卡管理服务中获取优质的信贷用户，同时不断创新出针对无卡用户的“给你花”APP，更好的满足不同用户的需求。

其次，大部分居民的消费意识依然保守，社保体系的不完善，让居民不敢进行提前消费，可支配收入的增长未必会带来消费的高速增长。中国大城市居民有沉重的房贷、车贷压力，可能对消费造成一部分挤出效应。

最后，由于未来我国 GDP 增速放缓、地缘政治问题，以及国际上越来越多的黑天鹅事件，可能影响消费者信心，进一步影响消费金融业务的开展。

### （二）希望与机遇

我国的消费金融在困境与挑战下仍然充满了希望与机遇。

首先，政策红利与国民经济的持续增长，使得消费金融长期稳健增长成为可能。

目前，消费金融仍处于政策红利期，决策层信心坚定，消费杠杆处于相对低位，待挖掘空间广阔。而且，2016 年经济学人智库的报告显示，中国将在 2030 年前迈入中等收入国家的行列，3/4 的中国人将成为中产，同时，居民消费将以每年平均 5. 5% 增长。随着人均可支配收入不断提高，年青一代消费意识转变，这将成为消费金融购买力的坚实基础。

其次，消费金融被普遍认为是新风口，大资本相继进入，可以带来人才、资金、技术、数据等，共同促进行业高速发展。消费金融与互联网、金融科技融合，将在获客、数据处理、风控技术、场景消费等多个环节进行颠覆式创新，促进消费金融行业快速增长。比如成功践行信用卡余额代偿的互联网消费金融平台“省呗”，为只能偿还信用卡最低还款而支付大额利息的消费者提供了新的选择，使消费者能够通过低利率的代偿借款替换了高利率信用卡贷款余额，降低了消费者的借款成本。

最后，我国政府已经注意到金融基础设施对于促进金融发展的重大意义，正在大力推进建设，同时有欧美日等发达国家的历史经验教训可以提供给我国政府和企业学习借鉴，有可能实现弯道超车。

# 研究报告四：中国创新生态系统[①]

## 前　言

中国理事会 2014～2016 报告主要讨论的是中国创新生态系统。本文描述了中国的创新生态系统，包括对比了中国和其他国家的创业生态系统；阐述了加强中国创新生态系统的一系列总体原则；精心选择并深入探讨了大中华地区的最佳实践；并呼吁进一步采取行动，培育有关创新生态系统的知识。

创新驱动发展已成为中国的核心国家战略。中国于 2015 年发起了“大众创业、万众创新”的重大计划，旨在全国范围内推动草根创业。这一愿景也非常符合中国的经济发展目标，即从劳动密集型制造业向创新主导的增长模式转变。中国也拥有大规模的国内消费群体，他们渴望获得新型技术。

2015 年，中国在研发领域的投资世界第二。为此，中国还从资源和政策上提供扶持，进一步推动价值链升级，改善技术并促进制造业和服务业的创新。中国的创新项目和获得的专利数量不断增加，中国也正在建设更多的科学园区和开发区。

除了提升创新力、保持竞争力等自上而下的目标，自下而上的因素也在引领中国的创新热潮。例如，层出不穷的创业者正在颠覆中国的传统产业；包括电子商务、社交媒体以及互联网金融在内的技术正在大力推进中国的创新进程。

网络技术，尤其是电子商务、互联网银行和社交媒体，则大大加速了中国变革的步伐。技术赋予了中国创业者以强有力方式颠覆传统行业的力量。初创企业开始通过众筹、开源设计和创新孵化器等途径，实现更深层次的行业颠覆。

创新热潮也促使民营企业数量显著增长（过去十年增长了四倍）。这些企业也逐渐从模仿走向创新，开始走出国门，进军全球市场。中国的一批创新企业，成为世界领先的互联网企业。很明显中国具有巨大的驱动力成为创新型经济体。

我谨代表世界经济论坛在此对中国理事会对此报告的贡献表示诚挚的感谢。能和中国理事会理事们这样的优秀专家一起工作，我们感到非常荣幸，专家的具体名单请看下文合作者部分。我想特别感谢我们的两位联席主席，中国国际经济交流中心常务副理事长、执行局主任张晓强先生和亚洲协会政策研究院主席，澳大利亚第 26 任总理陆克文先生。在他们的领导下，理事会在过去的两年中，积极讨论，为中国创新转型撰写报告，并画上了圆满的句号。

① 本报告由世界经济论坛中国理事会宋莎女士提供。

# 一、执行摘要

当前，国际社会正逐渐认识到中国拥有强大的能力，能够推动经济转型，引领全球科技。中国已宣布要发展成为全球科技领导者，并于2015年发起了“大众创业、万众创新”的重大计划，旨在全国范围内推动草根创业。这一愿景也非常符合中国的经济发展目标，即从劳动密集型制造业向创新主导的增长模式转变。

中国在研发领域进步巨大，中国的创新项目和获得的专利数量不断增加，中国也正在建设更多的科学园区和开发区。技术的影响从电子商务到社交媒体到互联网金融正全方位地跨越式地推动着中国的创新进程。

然而，中国的草根创业和创新力量也可能遇到多重阻碍。但是，很明显中国具有巨大的驱动力成为创新型经济体。

## （一）评估中国的创新现状

在报告的这一章节，我们将分析中国近年来取得的成就以及正在面临的各项挑战。

世界经济论坛中国理事会与清华大学、斯坦福大学携手合作，调查了大中华地区100多位创业者，希望更好地了解下列问题：成功的创业公司如何快速进入新市场，并成为可规模化的高增长企业。参与调查的创业者主要来自北京、上海、南京和广州等城市。

对于中国企业家来说，人力资本、可进入的市场以及监管框架和基础设施是影响其业务发展的关键因素。世界经济论坛2014年发布的《全球创业生态系统和初期增长动态》报告也得出了同样的研究结论。

## （二）中国的创新政策和法规

中国发起了一些开拓性项目，并正大力投资，积极打造更加完善的“创新生态系统”。中国还拥有一批规模庞大、渴望新技术的国内消费者群体。报告对中国大力推动创新的努力进行了评估，认为中国通过提升创新力来推动经济转型的举措已经在多个方面取得了显著成效。

中国理事会有四个建议：

- 积极营造加快实施创新驱动战略的良好生态环境，加快完善使市场在资源配置中起决定性作用和更好发挥政府作用的体制机制。
- 强化企业技术创新的主体地位。
- 完善创新人才的培养使用机制。
- 推动形成开放创新格局。

## （三）最佳实践

通过创新，中国的经济转型已经取得了令人瞩目的成果。那些支持创新和创新企业的城市以及行业都在不断发展、走向繁荣。本报告从中国新生的创新生态系统中选取了一些激励人心的创新案例，既提供了切实的经验教训，也对中国未来的发展图景进行了展望。

# 二、评估中国的创新现状

## （一）中国创新生态系统的优势

世界经济论坛的《全球竞争力报告》显示，中国建立了坚实的经济基础，初等教育基本实现普及，公共医疗水平较高，再加上大力投资交通和能源基础设施建设，确保了相对稳定的宏观经济环境。这些成就不仅帮助中国崛起为制造业中心，也代表了促进未来发展的有利条件。

所有这些因素都为中国企业的进一步发展创造了有利条件。但是，中国也面临着许多挑战，包括生产成本不断上升、人口日益老龄化，以及过去三十年大规模投资的回报在逐渐降低等。中国需要推动创新，刺激国内消费需求，才能推动生产力进一步增长。

“创新生态系统”一词是指现代经济中，要想实现持续创新所需的各利益相关方和资源。过去十年，经济学家和从业者对创新的看法大为改观。过去，创新就是想出新点子，现在则被视为一个‘生态系统’，有助于激发创意并将其转化为市场上的新产品、新服务和新流程。

中国的创新生态系统治理从研发项目的中央管理系统，转变为科技发展的宏观协调系统。

中国创新生态系统的一个显著特征是，地方政府和官方科研机构占据重要地位。国务院对科研体系的组织架构和研究政策的制定拥有最终决定权。

以往，中国的学术研究和行业研究处于脱节状态。但是今天，越来越多的中国大学开始与企业合作开展研究项目，并纷纷成立自己的科技企业。创业者依托科技园区和孵化器，实现与地方资源的对接。

在职业教育和高等教育领域，关注创业的前瞻性项目越来越多。一些大型企业设立了孵化器，用于研发新的产品和服务。

由于中小企业的速度，敏捷和潜在的颠覆性，中小企业是中国创新生态系统的关键。数据显示，中国65%的国内发明专利是由中小企业获得的，80%的新产品是由中小企业创造的。

**1. 科技创新为产业结构优化升级发挥了重要作用**

伴随着创新能力的大幅提升，科学和技术创新也极大促进了中国经济的发展。

中国在创新领域已取得重大进展。2015年，中国的研发支出总额达到1.422万亿元，占国内生产总值的2.1%，相当于欧盟国家的平均水平。这一数字占世界各国研发总支出的20%，位居全球第二。科技进步有力促进了多个产业的结构优化升级，包括交通、能源、工业制造、信息工程、现代服务业等。从区域创新能力看，中国的高科技园区、自主创新示范区发展迅猛，目前总量已超130个。这些园区不足国土面积的1%，但研发投入占全国企业的近40%，新产品销售收入占全国的32.8%。在深化科技管理制度改革的同时，创新生态系统也在改善。

科技领域的进步有力促进了交通运输、能源、工业制造、信息工程、现代服务业等多个产业结构优化升级。

中国目前已建成7条特高压输电线路（交流100万伏，直流80万伏），在建10条；已建成的锦屏至苏南、哈密南至郑州80万伏直流输电工程，总长度均超过2000公里。中国是世界唯一具有这样系统性工程设备、技术的国家。

中国的一批创新企业，阿里巴巴、腾讯、百度等，成为世界前十位的互联网公司。中国电子商务中的网上零售额，2015 年达到 38773 亿元，其中网上商品零售额达 32424 亿元，成为世界电子商务规模最大的国家。

**2. 企业作为技术创新主体的地位近年来不断加强。**

华为几年来研发支出占营业收入的比重一直保持在 10% 以上，2015 年达 380 亿元，从而使该公司在 4G 核心技术，系统设备能力等领域居于世界首位。

中石化 2015 年国内发明授权专利达 2844 件，居全国首位以中石化集团为主承建的沙特年产 450 万吨乙烯工程是迄今世界规模最大、水平一流的。

**3. 从区域创新能力看，中国的高科技园区、自主创新示范区迅速发展。**

从区域创新能力看，中国的高科技园区、自主创新示范区发展迅猛，目前总量已超 130 个。这些园区不足国土面积的 1%，但研发投入占全国企业的近 40%，新产品销售收入占全国的 32. 8%。在深化科技管理制度改革的同时，创新生态系统也在改善。

北京中关村自主创新示范区 2015 年实现总收入 4. 07 万亿元，以占北京市 3% 的土地，实现了对全市经济增长约 37% 的贡献率；在"互联网 +"、人工智能、生物医药、智能制造、新材料等领域开始进入世界领先水平；战略新兴产业集群收入占比达 71. 6%。深圳市近几年 R&D 投入一直高达 GDP 的 4% 以上，2015 年 GDP 增长 8. 9%；其中七大新兴产业增加值增幅达 16. 1%，占全市 GDP 比重从 5 年前的 28% 升至 40%。当年 PCT 专利申请 1. 33 万件，占全国的 46. 9%。超级计算、基因测序、超材料、4G 技术等均达国际一流水平。全市的重点实验室、工程实验室、工程中心和企业技术中心达 1283 家。

### （二）中国的创新生态系统的挑战

中国创新创业有了巨大的进步。科技领域的进步有力促进了交通运输、能源、工业制造、信息工程、现代服务业等多个产业结构优化升级。公司开始成为创新的主体。高新技术园区和自主创新示范区正在迅速增长。

但是，中国依然面临着相当大的挑战。

**1. 核心技术落后**

一些关键核心技术与发达国家相比有较大差距。虽然中国已是智能手机、笔记本电脑世界第一生产大国。但集成电路、基础软件严重依赖进口。

2015 年，中国进口单一最大金额商品就是集成电路，进口金额 2300 亿美元，占全部进口额比重达 13. 7%。特别是电子计算机核心 CPU 芯片、4G 智能手机高端芯片的 90% 以上被几家外国公司控制。

**2. 企业需要创新**

中国企业中具有国际竞争力的创新型企业仍为数不多，万众创新刚处于起步阶段。大批中小企业的创新以一般性产品创新为主，处于产业链的中低端。2015 年中国规模以上工业企业研发经费首次突破 1 万亿元，5 但仅占主营收入额的 0. 92%，6 仅为发达国家平均水平的 1/2。

2015 年，全国技术市场成交额达到 9835 亿元，但从结构上看，80% 左右是企业进行转让和吸纳，科研院所高校在转化成果方面还存在一些障碍。中国科技成果转化为产业应用技术的比例仅约 15%，远低于先进国家约 30% 的比例。

**3. 激励创新的环境仍需大力完善**

多数创新型中小企业认为中国的政策环境和监管是很有利于创新的。但是仍然存在一些问题，仍需大力完善激励创新的环境。不同的监管部门可以有不同的方法来做技术规划，资金管理和分配，以及规划。特别是如下方面：

- 中国在新产品、新设备等市场准入方面，仍存在过于复杂繁琐的多环节、长周期审批核准，如对创新药物、医疗器械。
- 对新能源汽车，存在着制约创新的市场分割和一定程度的地方保护主义。
- 对某些垄断性行业、领域，特别是自然垄断性行业，进入门槛过高，束缚了中小企业的创新发展。对不断涌现的新商业模式，一些管理部门仍存在过度管制、限制发展的取向。
- 低空域领域的过严管制是中国通用航空事业发展缓慢的最主要原因。

**4. 创新人才的培养、使用机制不完善**

中国科技队伍的数量已居世界之首，但同样存在“大而不强”。从教育培训方面看，高等院校等的灌输式、应试教育模式，不利于培养具有较强创造性思维的创新式人才。适应市场需求、科技新进步的培训机构、专业设置、培训方式等与德国等先进国家比有较大差距。

从使用、吸引人才方面看，鼓励创新、宽容失败的创新文化氛围尚未形成。按照科技研发活动中有关职务发明、知识产权归属、利益分享机制等方面的现行制度，科技人员在创新活动的受益比例偏低。

**5. 知识产权保护可以更好地执行**

中国知识产权保护的执法力度、惩处力度仍有不足，使得侵犯知识产权的行为大量发生，被查处的侵权行为不到1/10，且处罚力度不强。这就使科技人员和企业自主创新的积极性受到很大影响。

## 三、中国和世界各国的创业生态系统

世界经济论坛早已意识到中小企业是在创新生态统的主体。2016 年，世界经济论坛与清华大学（陈鸿波教授）和斯坦福大学（GeorgeFoster 教授）合作，调查了大中华地区 100 多位创业者，希望更好地了解下列问题：成功的创业公司如何快速进入新市场，并成为可规模化的高增长企业。

参与调查的创业者主要来自北京、上海、南京和广州等城市。

创业者所感知到的全球创业生态系统差异揭示了构成生态系统的八个支柱以及每个支柱的各个要素。创业者在调查中被问到，在他们建立企业时，创业生态系统的八个支柱中哪些较为重要。

受访者认为完善的比例越高，则视为该支柱在这一地区的优势越大。调查结果具有三原色（红黄蓝）的热点图显示。深蓝表示认为完善的受访者比例最高，深红则相反。

### （一）生态系统的八个支柱对企业成长的比较

热点图 4 比较了中国创业者和 2014 年其他地区创业者在生态系统支柱重要性方面的反馈。根据样本数据，对中国创业者来说，最重要的两大支柱是人力资本/劳动力和可进入的市场。这是中国创业者的反馈和其他大洲和国家的反馈的共同点。

热点图 5 比较了中国创业者和 2014 年其他地区创业者在生态系统支柱存在性方面的反馈。

中国的企业家认为监管框架和基础设施，人力资本/劳动力和可进入市场已经在中国的创新生态系统中存在。创业者在调查中被问到，在他们建立企业时，创业生态系统的八个支柱中哪些较为完善。受访者认为完善的比例越高，则视为该支柱在这一地区的优势越大。结果以热点图显示。

企业家对创新生态系统的八大支柱在中国是否已经存在的反馈。中国处在中等水平，整体情况比北美和欧洲要弱。但是凭借良好的监管框架和基础设施，中国的创业生态系统优于其他亚洲国家。

### （二）分析各主要领域的中国企业家

分析定性反馈中的一个有见地的，便捷的方式是使用词云。此工具已应用于显示关键词在2016年的调查中使用的相对频率。

图6给出的词云和相关引用关于“促进一个公司在其早期阶段迅速发展阶段的主要因素”的问题。最常提及的关键词是：1. 团队 2. 市场 3. 技术 4. 创新

团队作为一个共同的主题成为正在成长早期阶段公司的关键。有限的人力资本往往是在早期阶段的公司在中国的增长的主要制约因素。可进入的市场是受访者最经常提到的第二个因素，受访者经常提及最初的重点在国内市场上。

## 四、中国的创新政策和监管制度

### （一）创新生态环境近年不断改善

一是推进对科研单位、高等院校等类别管理体制改革。在加大对基础研究财政投入的同时，支持研究机构自主布局科研项目，扩大学术自主权和个人科研课题选择权。一批技术开发类科研院所转制成为企业化单位，通过引入社会资本或上市等方式，发展成为具有活力的市场主体。

二是建立技术创新市场导向机制。依托有优势企业建立的工程技术中心数量不断增加，企业主导、院校协作、成果分享的技术创新模式更加丰富；企业研发费用计核办法、企业所得税加计扣除优惠政策适用范围逐步扩大。产业技术联盟、面向中小企业的创新服务体系、多地各类科技创新孵化器蓬勃发展。目前，中国各类众创空间已超过2300家，科技企业孵化器、加速器超过2500家。

三是对科技创新、知识产权的保护、运用管理体制取得长足进展。2014年开创性地在北京、上海、广州设立了中国的知识产权法院。

四是科技成果转化机制和金融支持创新的作用取得积极进展。科技成果使用、处置和收益权逐步下放到相关项目承担单位，科研单位、企业科研人员在知识产权归属、利益分享机制方面的权利提升，对企业等类别科研人员的股权、期权、分红等激励方式运用逐步扩大。创新创业投资的规模不断扩大、方式更加丰富多样。创业板市场逐步发展，新兴产业引导基金等迅速发展，知识产权质押融资试点迈出重要步伐。

五是法律、政策进一步完善。随着政府职能转变，不断取消或下放一大批行政、非行政审批事项，改革工商登记管理制度等一系列措施出台，近年来中国创新创业出现了前所未有的积极进取态势。2015年6月，国务院发布了《关于大力推进大众创业万众创新若干政策措施的意见》。

文件指出，中国需要从要素驱动、投资驱动转向创新驱动，打造新引擎、形成新动力；并从创新体制机制、加强知识产权保护、优化财税政策、搞活金融市场、发展创新型企业等十个方面提出了三十项措施。

### （二）最重要四方面提出改进建议

积极营造加快实施创新驱动战略的良好生态环境，加快完善使市场在资源配置中起决定性作用和更好发挥政府作用的体制机制。发挥市场竞争激励创新的根本性作用，营造公平、开放、透明的市场环境。建设发展各类创新主体协同互动和创新要素顺畅流动、高效配置的生态环境；明确企业、科研院所、高校、社会组织等各类创新主体功能定位，构建开放高效的创新网络，建立统一、开放的全国性科研信息平台。政府制定出台的竞争政策、产业政策、财政政策、价格政策等要聚焦于对创新的鼓励与引导，促进优胜劣汰、增强市场主体创新动力。例如，在“十三五”时期要推动政府职能从研发管理向创新服务转变，要构建普惠性创新支持政策体系，要在自然垄断行业扩大开放等方面采取有效措施。要高度重视和加强知识产权制度建设，特别是加大充分利用信息化技术手段、社会信用体系的知识产权保护及打击、惩处侵权行为的力度。还应强调的是，创新包括理论创新、制度创新、科技创新和文化创新等各方面的创新，科技创新要在全面创新中发挥引领作用；而制度创新包括管理创新、商业模式创新等将对科技创新产生重要的促进作用。中国电子商务的快速发展正是科技创新与商业模式创新紧密结合、相互促进的成功范例。因此，对于产业组织、商业模式、供应链、物流链等方面的创新也应积极探索、努力推进。与此相适应，必须高度重视创业、创新型企业家群体的发展壮大。

强化企业技术创新的主体地位。在发挥市场对技术研发方向、路线选择和各类创新资源配置的导向作用的进程中，使企业真正成为技术创新决策、研发投入和成果转化的主体。竞争类产业技术创新应由企业根据市场需求自主决策。要鼓励重点行业领军企业自主加强高水平研发机构的建设，吸引高端创新人才，保持较高强度的研发投入。支持领军企业与科研单位联合创新，通过产业链、价值链带动相关中小企业的创新发展。对广大中小企业创新发展，在金融、财税、公共服务体系等多方面提供力度更大、方式灵活多样、简便高效的多层次支撑体系。特别是在发展壮大创业投资规模、资本市场对技术创新型中小企业支持力度等方面采取切实有效的措施。包括加快创业板市场改革，完善中小企业全国和区域性股权市场，开展好创新型企业的股权质押融资业务，推进股权众筹、知识产权证券化，允许更多的符合条件的创新型企业发行债券。

完善创新人才的培养使用机制。在人才培养方面，高等院校需加快启发式、探究式、研究式教学方法的完善。在基础教育环节，要强化尊重个性发展、强化兴趣爱好和创造性思维的培养模式。在人才使用和吸引方面，需要通过加快社会保障制度改革，促进科研人员在科研单位、高等院校与企业单位之间更高效便捷的双向流动。要实行更有竞争力的创新人才吸引制度，通过提高科研人员成果转化收益比例、加大科研人员股权激励力度、完善科研工作绩效激励力度、改革科研成果评价制度、放宽国外技术性人才在中国居留条件、探索建立技术移民制度、对高层次外籍人士在中国创办科技型企业等创新活动给予中国籍公民同等待遇等措施，更大地激发国内外人才在创新发展中发挥积极作用。与此同时，需要统筹推进科技、管理、品牌、组织、商业模式等的全面创新。中国的科技人力资源已超过7100万，研发人员达535万，其中企业研发人员398万。将这座世界数量第一的科技人力资源宝库的积极性、创造性充分挖掘出来、发挥出来，必将使创新驱动战略在中国的实施不断取得丰硕的成果。

推动形成开放创新格局。2015 年 5 月，中共中央、国务院发布了《关于构建开放型经济新体制的若干意见》，明确提出坚持引进来与走出去相结合，主动适应经济发展新常态，构建互利共赢、多元平衡、安全高效的开放型经济新体制。中国需要以更主动的姿态融入全球创新网络，吸纳全球创新资源，鼓励创新要素的跨境流动，以“一带一路”建设为统领，提高包括创新在内的开放水平。在国际研发合作、科技创新交流、积极参与重要国际技术标准制定（如第五代移动通信标准/5G）等方面采取更为主动的措施。在“十三五”实行对外资的准入前国民待遇与负面清单管理新模式下，要更加注重提高利用外资的质量，使引资与引技、引智更好结合，鼓励外资更多投向先进制造、高新技术，在中国设立研发中心。在中国对外投资加快发展的形势下，既要支持国内企业有效开展产业投资，也需同时推动国内先进技术设备、产品、标准、品牌走出去，开拓国际市场。在条件允许时，积极投资设立海外研发型机构，以并购、参股等多种方式投资于科技水平高的项目。

### （三）创新与知识产权

随着中国逐步改变发展模式或者发展方向，也越来越强调创新和对于创新成果的保护。与此相应，有效保护知识产权也就成了整个社会发展中的重要议题。

到了 2015 年 12 月，中国政府宣布了严格保护知识产权的政策。在这方面，国务院还发布《关于新形势下加快知识产权强国建设的若干意见》，提出了知识产权强国建设的目标。新修订的《商标法》强调了注册商标的使用，除了《商标法》，中国还在修订《专利法》《著作权法》和《反不正当竞争法》。通过提高法定损害赔偿的最高限额，通过引进惩罚性损害赔偿的规则，通过确立新的证据提交规则，体现了对于权利人的强有力保护。

### （四）知识产权与保护机制

在中国，关于知识产权纠纷的解决，存在着一个“双轨制”。根据这个双轨制，在发生了有关著作权、专利权、商标权、商号和商业秘密的纠纷以后，当事人可以有两个选择，一是向适当的民事审判庭提起诉讼，一是要求相应的行政执法机关解决纠纷。在这方面，中国不仅在中央政府中设立了国家知识产权局（主管专利工作）、国家版权局（主管著作权事务）、国家工商行政管理总局（主管商标注册和制止不正当竞争的工作），而且在地方政府中设立了有关专利、著作权、商标和反不正当竞争的机构。值得注意的是，在各级地方政府中设立知识产权的管理机关，是中国的一个独特做法，不同于世界上的其他国家。与此相应，就知识产权的所有人而言，在发生了侵权纠纷的时候，除了向法院提起诉讼，还多了一个请求行政机关保护其权利的选择。

在知识产权的司法保护方面，中国选择了一条专业化审理的道路。知识产权是一种无形财产权，相关的案件不同于其他的民事案件，尤其是不同于涉及有形财产的民事案件。中国成立专门的知识产权审判庭，分门别类地审理有关著作权、专利权、商标权和制止不正当竞争的案件。选择专门化的审判方式，一方面可以迅速提高法官的审判技能，另一方面则可以有效保护知识产权。

全国人大常委会于 2014 年 8 月 31 日通过了《关于在北京、上海、广州设立知识产权法院的决定》。8 到了 2014 年 11 月 3 日，最高人民法院又发布了一个司法解释，《关于北京、上海、广州知识产权法院案件管辖的规定》，进一步细化了《决定》中的一些原则性规定。根据这两个文件，新设立的知识产权法院有以下特点。

三个知识产权法院管辖有关专利、植物新品种、集成电路布图设计、技术秘密和计算机程序的一审民事和行政案件；三个法院属于中级法院；三个知识产权法院跨区域受理相关的案件。根据全国人大常委会的《决定》，三个知识产权法院在三年之内先管辖本省和本直辖市的知识产权案件。值得注意的是，目前成立的三个知识产权法院，在名称上没有行政区划的字词，例如是"北京"知识产权法院，而非"北京市"知识产权法院。这显然为三年之后更大范围的跨区域管辖留下了空间。

三家知识产权法院在中国目前的司法改革当中叫做"先行先试"。首先是实行员额制，例如北京知识产权法院在一开始仅仅设定了30名法官的员额。其次是"扁平化管理"，按照三个知识产权法院的做法，从院长到各个审判庭的厅长，都要亲自审理案件，而非仅仅从事管理工作。同时，几个审判庭也是只设庭长、不设副庭长最后是法官负责制，即主审法官独立审判，不必请示院长和副院长。

三个知识产权法院成立后，最大的变化或许是极大地提高了给予权利人的损害赔偿的数额。例如在很多年里，专利权人在专利侵权诉讼中通常选择法定赔偿，而法院判决的数额平均为8万元左右。10但是自三个知识产权法院成立后，这种状况发生了更本性的变化。根据相关的统计，北京知识产权法院在2015年中，判决给专利权人的损害赔偿数额平均是46万元。此外，北京知识产权法院在2015年中，判决给商标权人的损害赔偿数额平均是62万元。显然，这也向整个社会发出了一个强有力的信息，知识产权是值钱的，侵权人应当为其侵权行为支付高额的损害赔偿。

### （五）知识产权保护面临的挑战

如上所述，所有的这些努力都向整个社会传达了一个强有力的信息，某些创新或者智力活动的成果，例如著作权、专利权、商标权和商业秘密，应当获得有效的和严格的保护。应该说，在知识产权保护，或者对于某些创新成果予以保护方面，中国仍然面临着一系列的挑战。

第一，应当更多地关注专利的质量，而非专利的数量。根据国家知识产权局的统计数字，在2015年中，中国的专利申请数量是2，799，000，其中的1，102，000件为发明专利申请，其他为实用新型和外观设计专利申请。中国的发明专利申请量连续5年位居世界第一。此外，2015年授予的发明专利权也达到了359，000件。然而，面对如此巨大的专利申请量和发明专利的授权量，中国应当更多地关注专利的质量而非专列的数量。"专利质量"意味着更多的研发投入，以及核心技术和重大技术的突破。

第二，更多地关注商标使用而非商标注册。根据国家工商行政管理总局的数据，中国2015年的商标注册申请量是2，876，000件，有效商标注册量是10，348，000件。在注册商标的申请量和有效注册的保有量方面，中国连续14年位居世界第一。然而，面对如此巨大的商标注册申请量和有效注册保有量，我们不得不提出一个严肃的问题，其中有多少是已经使用在商品或者服务上的，或者有多少是准备使用在商品或者服务上的。事实上，在注册主义的推动之下，一些市场主体注册或者抢注了一大批从来不打算使用的"商标"，并以此干扰其他市场主体正常的经营活动。这是中国必须尽快解决的问题之一。

第三，加大知识产权的损害赔偿力度。在中国近年来的知识产权保护实践中，一个非常重要的问题是，法院和行政执法机关的决定，大大低估了知识产权的价值。例如，专利的损害赔偿数额平均为8万元，商标的损害赔偿平均为7万元，著作权的损害赔偿平均为1.5万元。由于法院和行政执法机关给予权利人的损害赔偿数额过低，致使一些市场主体甘冒侵权的风险，未经许可而使用他人的作品、专利技术和商标、商号，而不是通过正常的途径获得许可和支付必要的费用。

第四，合理布局知识产权法院，建立统一的上诉法院。按照全国人大常委会的《决定》，在北京、上海和广州设立三个知识产权法院属于试点。在该《决定》实施满三年以后，最高人民法院应当向全国人大常委会报告《决定》实施的情况。这表明，到了2017年以后，中国将设立更多的知识产权法院。但是，按照相关的知识产权法院可以跨区域管辖的特点，我们应当合理布局知识产权法院，以不超过10个为宜。除此之外，中国还会尝试设立单一的知识产权上诉法院，统一受理来自知识产权法院的上诉案件。这样，有关专利、植物新品种、集成电路布图设计、技术秘密和计算机程序的案件经过大约10个知识产权法院的审理，可以统一上诉到一个全国性的上诉法院。知识产权的创造不是目的，知识产权的保护也不是目的，只有有效运用知识产权，将相关的作品、发明、实用新型、外观设计、商标、商号和商业秘密充分商业化，变为企业的市场竞争力，变为国家的核心竞争力，这才是知识产权制度的最终目标。显然，通过强有力的知识产权保护，不仅可以保护创新成果，促进创新驱动发展战略的实施，而且可以让中国以更加强劲的姿态，在国际经济和政治中发挥更有力的建设性作用。

## 五、结论

中国在创新生态系统积累了一定优势，取得了重大成效，但同时也面临很多挑战。

中国在创新生态系统取得了长足的进步。中国的研发资金投入和人力资源供给为创新提供了较好的资源。中国对于研发的投入不断上升。中国本土企业的研发投入从2005年的12亿美元，增长至2015年的394亿美元，增长了近32倍。

2015年中国研发经费投入总量为1.4万亿元，成为仅次于美国的世界第二大研发经费投入国家。

中国的企业和研发机构，能够迅速灵活地将外来产品和创新本地化，并在生产和销售等方面，采用成本领先战略，更好地迎合消费者的需求。

中国每年有120多万名工程师从高校毕业，进入劳动力市场。在高端人才方面，中国政府实施了“千人计划”等人才引进计划，截至2015年底，“千人计划”已分11批引进5208名海外专家，很多专家回国后在各自的领域取得了突破性进展。

除了数量有所增长，人才的创新积极性也在一定程度上被调动，2015年有87.8%的在华工程师表示较有兴趣或有很高的兴趣投入到创新活动中，工程师们对国家创新政策和企业创新环境的满意度也较高。

中国庞大而活跃的消费市场促进了中国企业的创新。2005年到2015年，中国消费者实际可支配收入年增长率达到10%；2000年到2015年，超过8500万个家庭进入新的主流消费群体（即年可支配收入为10.6万~22.9万人民币的家庭）。

中国极具发展潜力的消费市场也吸引了外资研发机构。截至2015年，跨国公司在中国设立的研发机构有1500多家。中国的消费者更愿意参与到产品外部测试等创新环节中，这使一些公司可以先发布新的产品，然后通过分析客户反馈来进行产品完善。

中国的供应商网络使企业能够以较低的价格、较快的速度采购到所需零部件，将创新成果转化为实际生产力。中国有超过 14 万家机械零部件供应商、7.5 万家通讯设备公司、10.4 万家运输设备公司，供应商规模是日本的 5 倍。

此外，政府对创新的支持也十分重要。中国政府认识到创新的重要性，实施了高科技企业扶持、人才引进政策，并倡导“大众创业，万众创新”，这些对创新起到了鼓励和支持作用。

中小企业在创新生态中的作用日益凸显。数据显示，中国 65% 的国内发明专利是由中小企业获得的，80% 的新产品是由中小企业创造的。

截至 2015 年，工业和信息化部认定了 500 多家国家中小企业公共服务的示范平台，全国共建设网络窗口平台 800 多个。2014 年这些平台开展创业创新服务 600 多个，为 32 万人次提供创业服务。

然而，中国的创新生态也面临着各种挑战。中国需要加强自主创新，从“海绵式创新”（innovationsponge）的模式向创新领导者转变。“海绵式创新”是吸收其他国家的知识、技术、和最佳实践，然后迅速将其本土化的创新模式。这些吸收和引进虽然能够帮助中国企业迅速掌握先进知识和技术、缩短研发周期，但从长期发展看，海绵式创新模式无法持续支撑中国企业在核心技术方面的自主创新能力。

一些企业传统的创新机制亟待更新。受历史原因的影响，国有企业在管理体制、研发基础等方面面临着挑战，此外一些大型国有企业的资源利用效率也有待提高。这些行业龙头企业需要提高自身运营效率和创新能力，更好地引领行业进步。

中国的资源使用效率有待提高。中国虽然研发投入总量较大，但三方专利数量、合作发表论文数量、论文被引量等创新成果与美国、日本等发达国家仍有差距。

中国应更注重人才培养的市场导向。中国职业学校、专业技术学院、综合性大学每年输出 700 万名毕业生，但他们中有超过 40% 不能找到合适的工作，原因是他们掌握的知识技能与企业要求不匹配。此外，为了适应技术发展带来的竞争环境的变化，中国创新人才的知识技能结构也亟待更新。老龄化的人口结构影响了创新成果转化为实际生产力。

在创新环境方面，中国各级政府虽然出台了一系列政策支持创新，但地区性政策的不成熟和不平衡削弱了这些政策的支持作用。

展望未来，尽管存在这些挑战，世界经济论坛中国理事会对中国创新生态系统是乐观的。在相关资源的支持下，中国决心打造一个健康、具有前瞻性和激励性的创新生态系统。鉴于中国正在维持这一良好势头，我们相信中国将会继续前进，成为世界创新领袖。

## 六、最佳案例

在这样的大背景下，我们的报告希望通过以下案例更深入地诠释中国创新生态中的具体实践，以总结得失，启发对于中国未来创新生态的思考。

### 案例一：城市层面的创新生态 – 从深圳发展看中国的城市创新生态

#### 1. 深圳的社会经济背景及创新生态面临的挑战

深圳经济特区建立三十多年以来，在经济发展方面取得一些成果。但在经济全球化背景下，宏观政治经济环境趋向不稳定，加之科技进步、经济新常态和商业竞争环境的变化，以及创新人才竞争的日趋激烈，深圳也面临着一系列挑战。据深圳市政府估计，截至2015年，深圳高层次产业人才缺口为30万左右；政府在研发方面的投入只占社会总投入的10%，财政对研发的支持仍不足，此外政府和市场的分工也有待明确。

以上问题产生的原因是多方面的。在创新人才问题上，一方面，深圳长期缺乏大学、大型科研院所的支撑，创新人才供给不足；另一方面，深圳的医院、学校、住房等基础设施有待改善，这削弱了深圳对高技术人才的吸引力。

**2. 解决方案－打造城市创新生态**

● 创新主体

深圳的企业是创新生态中最重要的主体。深圳的企业汇集了大量资源，深圳90%以上的研发机构设立在企业，90%以上的研发人员集中在企业，90%以上的研发资金来源于企业。除了企业，高校和科研院所也是重要的创新主体。自2008年成为首个国家创新型城市以来，深圳加大高校和科研机构建设力度，已有超过56家国家级创新平台。深圳与高校合作，建立了清华大学研究院、北大深港产学研基地、虚拟大学园等机构，这些机构不断产生新的知识和技术。此外，深圳还建立了一批科研院所，通过实施基础创新工程，支持国家重点实验室、国家工程实验室、国家工程研究中心、国家基因库等国家级科技基础设施在深圳的建设，深圳承接国家科技重大专项的能力得到加强。以新建立的科研基础设施为载体，深圳推进了新一代信息技术、互联网、基因工程、干细胞、新能源等重点领域的自主创新，成为华南地区重要的创新节点。创新中介也是深圳创新生态的主体之一，主要包括孵化器，专业服务机构（如会计师事务所），科技咨询机构，以及行业协会、商会、人才市场、科技招投标机构、信誉评级机构等。创新中介主要开展和创新直接相关的信息交流、决策咨询、资源配置、技术服务以及科技鉴定等业务，可以有效降低创新创业风险、加速科技成果产业化。

● 创新资源

深圳在发展中认识到人才对于创新的重要性，实行了一系列人才引进措施。截至2015年，孔雀计划已为深圳引进“孔雀团队”和广东省创新科研团队59个，经确认的“孔雀计划”海外高层次人才1219名。其中2015年引进“孔雀团队”18个，团队涵盖生物与新医药、生命健康、软件及网络通信、微电子、新能源等领域，其中“二维材料先进光电器件”等都是国内刚刚起步的研究方向。同时，深圳扩大高校办学规模，并健全人才激励和服务保障机制，更好地吸引和保留人才。

资金投入方面，2015年深圳全社会研发投入占GDP比重为4.05%，市区财政科技类支出209.3亿元，重点支持前沿技术、共性技术和核心技术研发，组织重大技术攻关156项30。根据深圳市政府的规划，到2020年，全社会研发投入占GDP的比重将达到4.25%，除鼓励企业加大研发投入，政府也将加大研发资金支持力度。此外，政府还投入资金建立高技术创新创业投资公司，完善科技创新风险投资体系。

● 创新环境

如何处理政府与市场的关系是创新生态发展面临的重要问题，深圳在一系列改革中理清政府与市场的关系，让市场积极发挥资源配置的基础性作用。政府的服务主要体现在：制定战略、规划和计划；进行支撑体系建设（创新和合作基地、科技产业圆、孵化器、外溢性大的设施、信息网络、金融支持、税收减免等）；营造良好的基础设施、政策法规、市场环境、管理体制和人文环境等创新环境，提供配套的政策和措施支持；更多地发挥组织、协调、方向引导作用。

深圳出台鼓励自主创新的法律法规，为创新提供法律保障。同时，深圳努力完善知识产权机制，加强知识产权的保护和管理，使创新成果得到保护。在基础设施建设方面，深圳2013～2015年投资道路机场港口项目40个，轨道交通项目19个，环保水务项目45个，资源保障项目18个，基础设施总投资为5281亿元人民币。加强基础设施建设不但有利于创新产品的快速集散，同时改善了城市居住环境，有利于创新人才的保留。

**3. 对未来发展的启示**

深圳的城市创新生态体系中，政府的定位是服务者和统筹者，不直接干预创新主体的创新行为，这样的定位有利于市场发挥基础性作用，创新活动也更加贴近市场。此外，深圳的创新模式中，不否定对先进技术的引进和模仿，这加快了创新速度。

### 案例二：行业层面的创新生态－制造业

**1. 中国制造业的发展现状和面临的挑战**

中国制造业虽然在过去20年中有较大发展，但受成本上升、国际市场需求减弱、劳动力供给下降等因素的影响，制造业企业的利润正在下滑。劳动力、原材料、能源、土地等生产成本迅速上升——比如十年来中国人工成本上升了2.7倍，其中珠三角、长三角达到美国制造业成本的95%。同时，由于政府和企业过分追求商业利润，忽视环境保护，中国生态环境遭到严重破坏。

**2. 解决方案－打造制造业的创新生态**

创新主体在制造业中，企业仍是最重要的创新主体。中国制造业企业积极“走出去”，利用国外人才和技术资源、借鉴国外先进经验，提升自身创新能力。一些企业通过并购国外企业，寻找新的发展机会。还有企业在北美和欧洲建立研发中心、建设生产设备，不但更易获得当地资源，而且使研发更贴近当地市场需求。很多企业也意识到环境保护的重要性，积极研发环保型产品为保护环境做出贡献。此外，一些制造业的龙头企业一直发挥着引领行业和地区进步的作用，还有一些企业通过参与制定北京地区汽车行业标准，提高产品质量安全、推广新能源汽车应用、节能减排。

创新资源在创新人才的吸引上，从2009年开始，中国政府实施“千人计划”，引进全球范围内的高端人才到中国企业和机构工作，为中国制造业的发展注入活力。中国制造业积极对外开放，不但吸引了外商直接投资（FDI），为创新提供资金支持，而且引进了先进技术和管理经验。随着中国市场重要性的提升，跨国公司的一些工程和技术团队也由国外迁移到中国，中国制造业的技术能力在这些国外资源的影响下逐渐提高，一些工厂的技术中心也参与到跨国公司的全球研发活动中。

创新环境中国政府实行了一系列宏观政策，鼓励制造业企业创新。2015年，实行了“中国制造2025”计划，希望提升中国制造业的竞争力。要达到这一目标，需要在国家层面执行“协同创新”等战略，帮助企业提升创新和技术能力。除此，中国政府还实行了“一带一路”战略，并建立亚洲基础设施投资银行（亚投行，AIIB）。尽管这两项政策对提升制造业创新能力没有直接的促进，但政策带来的基础设施建设项目，可以帮助制造业企业实现创新成果的转化，并提供检验创新成果的机会。

除了宏观政策上的支持，中国政府还投资对基础设施进行升级。不断完善的交通基础设施使原料、零部件、产品能够更快地运抵目的地。在环境保护问题上，政府也出台了一些治理政策。

比如北京市在2014年启动“百项环保技改工程”，并制定多个行业污染物排放标准，建立相关激励机制，减少挥发性有机物排放。

**3. 对未来发展的启示**

第一，对技术升级、产品改造进行长期投资才能最终收获效果。许多中国制造业企业希望对产品和制造技术进行升级改造，但由于之前缺乏对技术的长期投资，它们面临着艰巨的挑战。此外，政府应该对研发提供长期的资金和政策支持。第二，应注意平衡经济发展与环境保护。

## 案例三：行业层面的创新生态－智能交通业

现代信息与智能技术的进一步发展使交通参与者、运载工具和道路基础设施的交互手段、内容和范围发生了重大变化。20世纪90年代以来，中国智能交通业通过更新知识技能、加强技术研发，有了一定发展，但在核心技术、市场培育等方面仍存在不足。

**1. 中国智能交通的发展现状和面临的挑战**

中国早在20世纪70年代末就已经开始在交通运输和管理中应用电子信息技术，尤其是从20世纪90年代中期以来，中国开始跟踪国际上智能交通运输系统的发展，不断提高智能交通技术研究水平。近年来中国智能交通业发展较快，2014年，行业市场规模达到550亿元，同比增长34.8%。然而，中国在核心技术、技术标准化产业链整合、市场培育等方面的劣势，仍然制约着中国智能交通的发展。

**2. 交通智能化的实现条件及解决方案－中国智能交通的创新生态**

• 创新主体

中国的科技企业看到智能交通行业的潜力，加大在此行业的研发投入，取得一些技术进展。智能交通行业的龙头企业与科研院所、行业协会一起，组成国家智能交通产业技术创新战略联盟，充分发挥自身创新资源优势和行业影响力，建立产学研技术创新机制，促进行业技术交流，推动行业发展。

• 创新资源

近年来，中国在智能交通的一些核心技术上取突破，车路协同、交通状态的感知和交互、车联网、环境友好型的智能交通、多模式的交通协同、道路安全的智能化管控等核心技术的进步，为智能交通的持续创新提供了技术资源。

• 创新环境

中国政府通过国家科技计划，对智能交通发展持续给予了政策支持。政府还应创新市场开发和资本驱动的产业政策，同时也要突出市场的创新和资本的作用。技术的进步和新商业模式的诞生带来了交通出行模式的变化，并催生了新的交通场景。协动互联网的普及应用促进了共享交通的产生。功能的协同化将使基于车辆单体自身措施的被动和主动安全逐步被多体之间的协作安全所代替，交通安全被适时提升为协同式已成为可能并将得到快速发展。此外，出行绿色化将促进创新主体进一步提升清洁能源效率，攻破新能源汽车关键技术，大力推进电动汽车等的推广应用，在大数据、智能网联和车路协同等技术的提升中求发展。

**3. 对未来发展的启示**

对于发展绿色、可持续的交通系统，交通智能化是其中一个关键点，除此之外，还应加强企业和大众对绿色出行、绿色交通理念的认同。

## 案例四：创新生态中的科技园－科技园如何服务于高技术企业的创新需求

### 1. 高技术企业的发展环境和对创新服务的需求

随着“大众创业、万众创新”时代的来临，以科技园为主的创新空间载体已成为高科技产业的重要集聚地，它们通过提供创新服务，帮助高技术企业提升创新能力。

### 2. 高技术企业的创新生态

● 创新主体

高技术企业通过自主创新和引进先进技术，创新能力不断提升，并通过创新产品的交易，提升了经济产出，如 2013 年国家高新区高新技术企业出口创汇总额 4915.8 亿美元，同比增长 6.7%，约为 2004 年的 6 倍。

● 创新资源

在资金投入方面，应该让政府财政和社会资本同时发挥作用。政府可通过设立的中小企业发展专项资金、新兴产业创业引导基金等，撬动社会资本，引导投资机构为科技企业提供融资服务。此外，科技园区还可以搭建公共服务平台，促进技术等资源的共享与转化，同时为创新人才提供更好的服务。

● 创新环境

高技术企业聚集区和科技企业孵化器能够为高技术企业的发展提供良好的支持。

截至 2015 年，国家级高新区和经开区共有 364 家，以 2011 年为基数的年均复合增长率为 13.5%。仅国家高新区就聚集了全国三成以上的企业研发投入和五成以上的企业研发人员，收获了全国一半以上的企业发明专利。除高技术企业聚集区外，科技企业孵化器也呈蓬勃发展态势。截至 2014 年底，中国的科技企业孵化器超过 1600 家，大学科技园有 115 家，在孵企业有 8 万多家，就业人数 170 多万。各类孵化器的功能正日益完善。以国家级孵化器为例，目前有 30% 以上的国家级孵化器已建立起创业苗圃和企业加速器，50% 以上具有天使投资和持股孵化功能，60% 以上从业人员接受孵化器专业培训，80% 建有公共技术服务平台，90% 形成创业导师辅导体系。在法律保障方面，我们认为，政府应进一步完善知识产权保护相关法律法规，加大执法力度。同时，园区运营商应探索搭建跨区域企业交流平台，加强行业自律，打击市场侵权行为。在运营机制方面，科技园应建立高技术企业服务需求反馈机制，成立创新服务工作平台，通过线上留言与线下交流结合的方式，及时受理客户反映的创新服务需求。

### 3. 对未来发展的启示

创新服务机构应充分了解不同类型企业、不同发展阶段企业的需求，提供差异化服务。我们对清华科技园入驻企业的调研显示，不同类型的高技术企业对创新服务的需求不同。民营科技企业的重点需求是人才服务、资金、政府服务、知识产权保护、科研基础设施等；国有科技企业的需求集中在对中层管理人员、研发人员和一般技术人员的人才需求，对科研人员激励机制的需求和对资金、科技信息服务等的需求；外资科技企业则对知识产权保护的需求尤为强烈。

## 案例五：中国企业通过管理促进创新的实践－海尔的组织变革和人才管理

### 1. 海尔组织变革的背景

海尔是中国最大的家电制造商之一，但随着“新经济”时代的到来、市场竞争的加剧，海尔在发展中遇到一些挑战。为了激发员工的创新创业精神并提升企业效率，海尔进行了组织变革，由传统的“正三角”科层制组织转变为由“小微”和资源平台组成的平台型组织。

**2. 海尔的变革——平台型创新生态圈**

为了鼓励创新、提高组织运作效率，海尔进行了组织变革，打造了平台型创新生态圈。

• 创新主体

“小微”是海尔平台型生态圈的基本单元。在海尔，小微分为两类：1）创业小微聚焦新机会、新事业，完全市场化的自组织；2）非创业小微开始时基于海尔现有的、成熟的业务，现在则已经转变成自主经营、自负盈亏的自组织。在海尔打造的平台型生态圈中，用户（或者客户）是重要的创新主体。生态圈中，价值链由串联变为并联。用户被放在了所有组织内活动的核心位置，因此，所有的小微和他们的活动也直接连接市场、连接用户。

• 创新资源

资源平台为小微提供充足的创新资源。变革后的海尔逐渐向“去中心，无边界”的由网络串联的组织演进，组织的边界正在消失，原有的各事业部、产品线负责人均转型为各自产品线的平台主，提供研发、供应链等资源。我们在对海尔员工进行的问卷调查和访谈中发现，对创业小微吸引力最大的内部资源是海尔集团提供的供应链网络，而对转型小微和生态小微吸引力最大的内部资源则是海尔的生产能力和营销渠道。

• 创新环境

变革后的海尔不再是一个大型集团公司，而是颠覆成一个可快速聚散内外部资源的生态圈、一个由小微和资源平台组成的创业孵化平台，中间层消失，组织内外边界被打破，串联流程变并联平台，资源无障碍进入。人力资源方面，海尔构建了开放的人力资源交互平台，解决了人力资源来源问题。研发资源方面，海尔成立了全球研发资源整合平台，即 HOPE（HaierOpenPartnershipEcosystem）。它是海尔和全球伙伴交互创新的社区，整合了全球十万个知名高校、专家学者、科研机构。

除打造孵化平台外，海尔对员工创业会给予一定的协助和支持。在企业文化方面，海尔一直倡导员工对企业负责的企业文化。

**3. 对未来发展的启示**

第一，企业内部的市场化可以提高资源利用效率，并促进内部团队间的良性竞争，且这种市场化应该是以客户为导向的。第二，企业内部创新创业团队应该被给予适当的自主性。但这种自主性并不是无限制的，在财务决策和战略规划方面，集团仍对小微有一定的控制。第三，我们需要关注员工在变革过程中的感受，以及员工创新的内在驱动力。

### 案例六：中国企业通过管理促进创新的实践－华为方式

**1. 华为的全球扩张和面临的挑战**

华为公司经过 28 多年的发展，从一家立足于深圳、初始资本只有 2.1 万人民币的民营企业，成长为年销售规模超过 3950 亿人民币的世界 500 强公司。但随着规模不断扩大，华为面临着如何快速响应市场需求、如何吸引和保留创新人才等挑战。

这些挑战的产生有多方面的原因。首先，从华为的发展历程来看，华为最初的成功建立在价格优势、客户服务和在研发方面的快速模仿能力上。但是随着华为在某些领域已经成为领头羊，这样的模式就不可持续了。华为必须发展出承担不确定性和在未知领域探索的能力。不仅如此，经过 28 年的发展，华为已经成为一家大型国际组织，它的规模和复杂的内部管理系统会减低效率和创新的速度。

**2. 解决方案 – 华为的创新生态**

• 创新主体

大量的研发人员是华为主要的创新源泉之一。在近 17 万华为员工中，超过 45% 的员工从事研究与开发。华为还拥有高素质的“商业工程师”来服务客户。在华为，一个很重要的创新策略就是与客户共同创新，截至目前华为已在全球建立了 36 个联合创新中心。通过这些联合创新中心，华为与客户一起，从客户的实际商业需求、应用场景、网络建设以及运营中的挑战出发，共同提出创新的想法，能更好地满足客户需求。

• 创新资源

在创新资金投入上，华为每年将销售收入的 10% 以上投入研发，在过去 10 年中，研发投入累计 1880 亿元人民币（约合 200 亿美元），2014 年研发投入约 395 亿 ~ 405 亿元人民币，在销售收入中占比达到 14.2% 。此外，华为还采用大量的财务激励政策吸引和留住创新人才，包括虚拟股权和基于时间的单位计划（TUP，TimeUnitPlan）。截至 2014 年底，华为已有 8.4 万名股东，他们共同持有华为 98% 的股票。

华为还尽量增加研发人员在工作上的自主性。华为把自己的组织分为“前线”和“后台”两个部分。前线的团队和客户紧密联系，发现市场机会，然后从后台寻求支持。而后台运行着一个负责维持和分配资源以及内部服务的巨大系统，它会评估前线反馈回来的信息，然后重新组织梯队，包括研发专家、产品和服务、财务、谈判、供应链，等等，所有这些方面的人组成一个团队，满足客户需求，完成交易。通过这种方式，整个组织就能够对市场和客户迅速做出响应。

• 创新环境

除了上市股份合作制以外，华为还采用了独特的合作式的领导结构。轮值 CEO 由三名副董事长轮流担任，轮值期为 6 个月。由于关于企业战略方向和经营的决策是集体作出的，可以防止决策风险给公司运作带来的不确定性，为创新提供了稳定的环境。在企业文化方面，华为推崇“努力工作”的文化，相应地也建立了强调价值创造和价值分享的回报系统。那些能够为组织创造价值的人能够得到更多的奖金，加薪，股票配额和升职机会。在华为，责任和权利的分配都取决于你在多大程度上能够成功满足客户的外显或潜在的需求。所有这些努力都创造了一个以客户为取向的创新环境。

**3. 对未来发展的启示**

面向未来，华为面临着几个关键的挑战。为保证未来的竞争力，公司需要建立一个创新的生态以便吸引外部资源，同时改进内部的审核和升职机制以便更好地甄别和奖励有价值的研发领袖。另外，华为的组织结构原本包含客户服务、产品管理、地区需求，在过去形成了有效的模式，但是由于其需要多个决策者进行复杂的沟通，现在这个系统变得低效。和中国大多数的公司一样，华为需要通过组织变革、多样化的奖励计划、职业发展的机会和更加开放、包容的组织文化，来保持组织的高效和打赢人才争夺的战争。

# 研究报告五：2015年台湾创业投资机构现况调查[①]

## 一、2015年创投机构营运现况分析

近年来，中国台湾产业积极发展转型并促进再次升级，期能在愈趋竞争的国际市场中稳占一席之地，同时开发新的销售管道。然在产业努力追求转型与升级之际，对于民间资金的引进与资源的运用，则是表达出较过往更为强大的需求，因此，以往被视为促进产业发展的政策工具－创业投资机构（以下简称创投机构）再次引起政府重视，希冀透过运用创投机构的力量，为产业导入活水。于此，台湾创投机构无论是营运、发展现况及投资产业别等在配合政府政策推动、产业积极转型等情况下，有所影响并随之改变。

### （一）创投机构营运家数及实收资本额现况

2015年整年度的新成立创投机构家数共计18家，新设立创投机构的总实收资本额则为新台币56.96亿元。本年度进行更名改业或进行清算解散的创投机构，统计家数共达16家，因更名改业或清算解散而减少的总实收资本额计为新台币28.58亿元。

截至2015年12月31日止，台湾创投机构的总营运家数达227家，总实收资本额则为新台币1456.67亿元。

### （二）创业投资机构增减资情形

自2015年全年度，办理增资的创投机构家数共计26家次[②]，合计增加的实收资本额计为新台币102.56亿元；办理减资的创投机构则计有66家次，合计减资金额为新台币115.84亿元。

### （三）创投机构可用投资余额统计

截至2015年12月31日止，整体创投机构的预估账面上的可用投资余额约为新台币159.72亿元，占整体实收资本额新台币1456.67亿元的10.96%。

由于针对本项问题提供详细数据回复的创投机构有限，且部分创投机构因投资金额属业务机密，故无法完全显示创投机构实际投资余额现况。

① 本报告由台湾创业投资协会苏拾忠秘书长提供。

② 由于同一家创投机构可能于一年内办理多次增资或减资业务，故此处的计算单位以“家次”为主。

## 二、2015 年创投机构投资现况分析

### （一）总投资情形统计

截至 2015 年 12 月底止，台湾创投机构的总投资案件数计有 354 件，总投资金额达新台币 122.37 亿元。其中，投资于省内地区的案件数计有 284 件，总投资金额约为新台币 80.59 亿元；投资省外地区（包含中国大陆、港澳地区）的案件数计有 70 件，总投资金额约为新台币 41.78 亿元。如以投资的案件数及金额所占比例进行分析，无论是投资案件数或投资金额，仍是以省内地区作为主要投资区域。

若与 2014 年创投机构投资情形比较，总投资案件数与投资金额皆有成长；投资案件数由 206 件成长至 354 件，约成长 72%、投资金额由新台币 83.36 亿元增加至 122.37 亿元，约成长 47%。

针对省内地区的投资情形分析，2015 年的投资案件数为 284 件，较 2014 年度增加 123 件（2014 年度投资省内案件数总计 161 件）、投资金额则增加 17.37 亿元（2014 年度投资省内总金额约新台币 63.22 亿元）；针对省外地区的投资情形分析，2015 年的投资案件数较 2014 年度增加 25 件（2014 年度投资省外案件数总计 45 件）、总投资金额则大幅增加约新台币 21.64 亿元（2014 年度投资省外总金额约新台币 20.14 亿元）。

由前述资料可知，2015 年创投机构的投资概况，若就案件数来看，主要增加于省内地区投资，但是每件投资案的金额应偏小，故与去年的总投资金额差距不大；就投资金额来看，则是以省外地区的投资金额为主要成长区域，总投资件数较去年增加 25 件，总投资金额更增加超过 21 亿元。

### （二）产业别投资情形分析

#### 1. 整体产业别投资情形分析

2015 年创投机构的投资产业别若以投资案件数分析，系以 IT 产业（共计 94 件，26.55%），其次则为策略性制造业，共计有 62 件（17.51%）、生物科技（共计 45 件，12.71%）为前三项投资业别。

配合政府发行基金共同投资实施方案之推动，文化创意业及策略型服务业的投资案件比重，由 2014 年的 40 件（文创产业 24 件、服务业 16 件）增加为 2015 年的 55 件（文创产业 33 件、服务业 22 件），由此可知，由政府引导民间资金的投资政策，对于活络产业资金而言，确实有所帮助。

如以投资金额进行分析，生物科技产业的总投资金额跃居最高，约计为新台币 23.44 亿元（19.15%），其次则为 IT 产业 8.72 亿元（15.30%）及文创产业 15.51 亿元（12.68%），策略性制造业则排名第四位，总投资金额约达新台币 15.00 亿元（12.26%）；策略性服务业则排名第七位，总投资金额约为新台币 7.59 亿元（6.21%）；若就整体投资概况分析，本年度的投资金额比重分布与 2014 相似，仍以生物科技与 IT 产业为主。

今年较为特殊的则是精致农业（含科技农业）的投资金额明显成长，2014 年仅有 3 件投资案、总投资金额约为 520 万元，2015 年的投资案件数则成长至 29 件、总投资金额约为 9.79 亿元。由此可知，台湾创投机构的投资趋势与国际一致，皆将农业视为未来的主要投资目标，且已开始大幅投资；唯目前台湾农业投资仍有法规限制，非所有农业类别皆开放投资，若未来要为科

技农业或相关产业发展迎来国际游资，法规之修订与开放，势必成为重要工作。

### 2. 省内外产业别投资情形分析

若依据投资区域分析2015年各产业别的投资状况，表3.13、表3.14、表3.15及图3.15、图3.16则分别罗列出省内地区、省外地区的产业别投资情形。

表3.13　**2015年地区别与产业别交叉统计表**　单位：新台币/百万元

| 产业类别 | 省内 | | 亚洲 | | 美国硅谷 | | 美国其他 | | 欧洲 | | 其他地区 | |
|---|---|---|---|---|---|---|---|---|---|---|---|---|
| | 件数 | 金额 | 件数 | 金额 | 件数 | 金额 | 件数 | 金额 | 件数 | 金额 | 件数 | 金额 |
| IT产业 | 74 | 1246.28 | 6 | 149.68 | 4 | 351.32 | 5 | 30.42 | 3 | 29.95 | 2 | 64.73 |
| 文创产业 | 24 | 729.01 | 6 | 773.10 | 0 | — | 0 | — | 1 | 11.85 | 2 | 37.40 |
| 生物科技 | 35 | 1189.45 | 2 | 150.00 | 0 | — | 5 | 297.20 | 1 | 43.00 | 2 | 664.30 |
| 其他 | 10 | 325.80 | 0 | — | 0 | — | 0 | — | 0 | — | 0 | — |
| 创投机构 | 10 | 1217.85 | 0 | — | 0 | — | 1 | 146.00 | 0 | — | 2 | 63.05 |
| 策略性服务业 | 19 | 507.64 | 2 | 186.70 | 0 | — | 1 | 64.99 | 0 | — | 0 | — |
| 策略性制造业 | 54 | 1274.91 | 6 | 173.23 | 0 | — | 1 | 20.00 | 0 | — | 1 | 31.56 |
| 传统制造业 | 16 | 539.47 | 6 | 232.60 | 0 | — | 0 | — | 0 | — | 0 | — |
| 精致农业（含科技农业） | 19 | 475.86 | 6 | 390.63 | 0 | — | 0 | — | 0 | — | 4 | 112.39 |
| 绿色能源与环保 | 11 | 184.23 | 1 | 154.00 | 0 | — | 0 | — | 0 | — | 0 | — |
| 医疗照护产业 | 9 | 269.00 | 0 | — | 0 | — | 0 | — | 0 | — | 0 | — |
| 观光旅游业 | 3 | 99.40 | 0 | — | 0 | — | 0 | — | 0 | — | 0 | — |
| 总计 | 284 | 8058.90 | 35 | 2209.94 | 4 | 351.32 | 13 | 558.61 | 5 | 84.80 | 13 | 973.43 |

数据源：本会自行整理。

表3.14　**2015年省内地区产业别投资情形统计表**　单位：新台币/百万元

| 产业别 | 投资案件数 | 比　例 | 投资金额 | 比　例 |
|---|---|---|---|---|
| IT产业 | 74 | 26.06% | 1，246.28 | 15.46% |
| 文创产业 | 24 | 8.45% | 729.01 | 9.05% |
| 生物科技 | 35 | 12.32% | 1，189.45 | 14.76% |
| 其他 | 10 | 3.52% | 325.80 | 4.04% |
| 创投机构 | 10 | 3.52% | 1，217.85 | 15.11% |
| 策略性服务业 | 19 | 6.69% | 507.64 | 6.30% |
| 策略性制造业 | 54 | 19.01% | 1，274.91 | 15.82% |
| 传统制造业 | 16 | 5.63% | 539.47 | 6.69% |
| 精致农业（含科技农业） | 19 | 6.69% | 475.86 | 5.90% |
| 绿色能源与环保 | 11 | 3.87% | 184.23 | 2.29% |
| 医疗照护产业 | 9 | 3.17% | 269.00 | 3.34% |
| 观光旅游业 | 3 | 1.06% | 99.40 | 1.23% |
| 总计 | 284 | 100.00% | 8，058.90 | 100.00% |

数据源：本会自行整理。

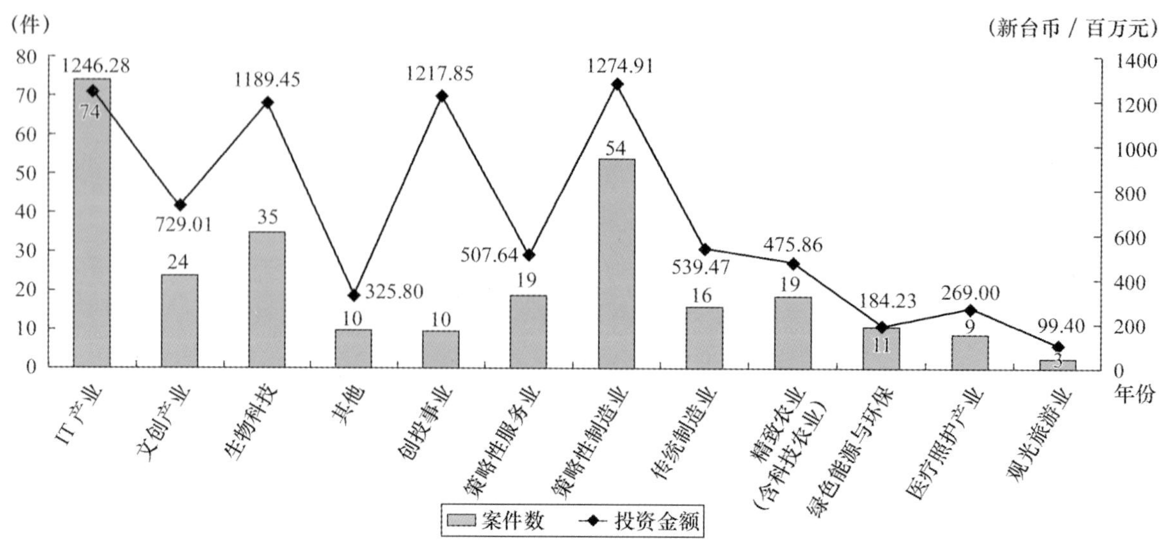


图 3.15 12015 年省内地区产业别投资情形统计图

表 3.15 2015 年省外地区产业别投资情形统计表 单位：新台币/百万元

| 产业别 | 投资案件数 | 比　例 | 投资金额 | 比　例 |
|---|---|---|---|---|
| IT 产业 | 20 | 28.57% | 626.10 | 14.99% |
| 文创产业 | 9 | 12.86% | 822.35 | 19.68% |
| 生物科技 | 10 | 14.29% | 1，154.50 | 27.63% |
| 其他 | 0 | 0.00% | — | 0.00% |
| 创投机构 | 3 | 4.29% | 209.05 | 5.00% |
| 策略性服务业 | 3 | 4.29% | 251.69 | 6.02% |
| 策略性制造业 | 8 | 11.43% | 224.79 | 5.38% |
| 传统制造业 | 6 | 8.57% | 232.60 | 5.57% |
| 精致农业（含科技农业） | 10 | 14.29% | 503.02 | 12.04% |
| 绿色能源与环保 | 1 | 1.43% | 154.00 | 3.69% |
| 医疗照护产业 | 0 | 0.00% | — | 0.00% |
| 观光旅游业 | 0 | 0.00% | — | 0.00% |
| 总计 | 70 | 100.00% | 4，178.10 | 100.00% |

数据源：本会自行整理。

由上述各表可知，创投机构在台湾地区就投资案件数分析，政府近年积极推动的各项投资政策或产业扶植措施，皆可反应在创投机构的投资情形，如文化创意产业、策略性制造业、策略性服务业及生物科技等产业，投资案件数皆属排名前茅；由此可见，政府产业政策方向、配套措施与法规等，都会对产业投资产生影响，进而引导民间资金挹注重点发展的产业目标，达成带动产业发展与转型之目的。

若就投资金额分析，台湾对于策略性制造业的投资总金额最高，探究原因，可能在于制造业规模较大，故就企业营运、技术提升或市场通路建构等，相对需要较多的资金，故可吸引较大额度的投资行为。

探讨创投机构对与省外地区的投资，就案件数而论，IT 产业仍是主要投资目标；与过往投资

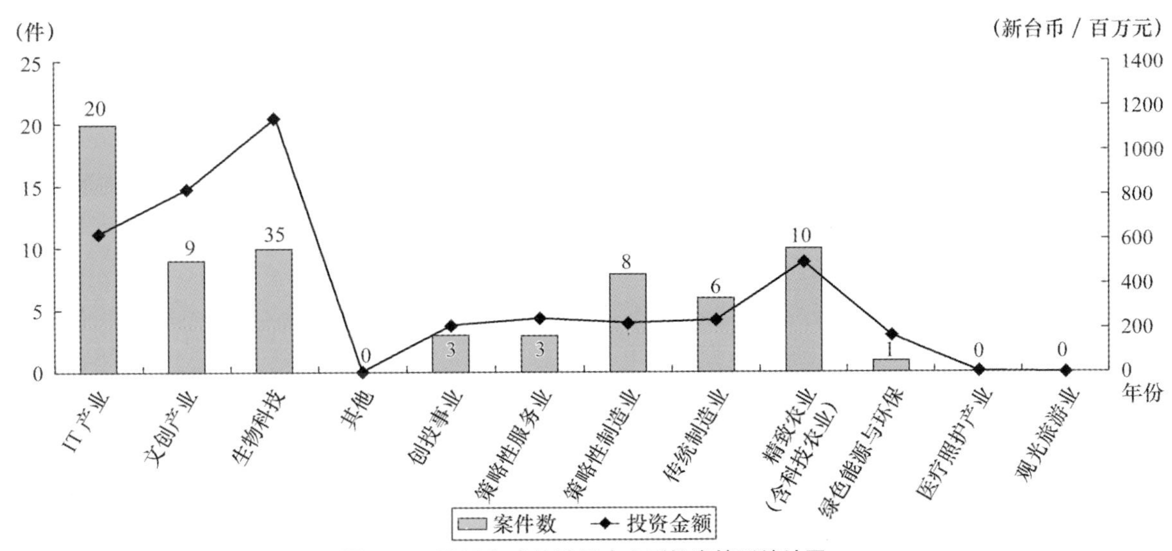


图 3.16　2015 年省外地区产业别投资情形统计图

概况不同者，则在于生物科技、文创产业、精致农业（含科技农业）的投资案件数分居前三位；基本上投资案件数多应该会有投资金额亦高的连带效应，但是，就省外的投资案来看却没有呈现同比例的成长。IT 产业的投资案件数虽然最多，共计达 20 件，但总投资金额却明显低于生物科技产业与文创产业；同样的状况，也反映在策略性制造业的产业投资上，总投资案件数达 8 件，总投资金额却仅约 2.25 亿，由此可知，；平均每件投资案的投资金额不高，约为新台币 3，000 万元左右。

省外产业的投资金额明显集中在生物科技产业，此应与多数属于生物科技类产品如要顺利量产或商上市，都需要长期且高额的研发费用；对于投资人而言，若眼光精准、被投资机构一举成功，未来获利则非其他产业能够比拟，因此较能吸引投资人的关注。

### （三）阶段别投资情形分析

从 2015 年创投投资情形若依据阶段别来看，依据投资案件数进行分析，扩充期的投资案件数仍居冠，共计 153 件；其后则为成熟期（共计 102 件）、创建期（共计 71 件）与种子期（共计 28 件）；若以投资金额高低比例分析，依序分别为扩充期（42.37%）、成熟期（27.28%）、创建期（23.51%）与种子期（6.84%）。

若将中、晚期（系指扩充期、成熟期与重整期）的总投资金额所占比例合计，创投机构的投资比例达到 69.66%，与 2014 年的投资比例（68.09%）相差不远；投资于早期的金额比例则约为 30.34%，符合过往投资早期（EarlyStage，即指种子期以及创建期）约占总投资金额 30% 的投资行为。

从 2015 年台湾地区的产业投资阶段别来看，依据投资案件数进行分析，扩充期的投资案件数仍居冠共计 122 件，其后则为成熟期（共计 78 件）、创建期（共计 61 件）与种子期（共计 23 件）；若以投资金额高低比例分析，同样是扩充期（40.22%）居于首位，且投资金额所占比重超过四成，其后则是创建期（29.98%）、成熟期（21.04%）与种子期（8.76%）；其中，创建期与成熟期的投资金额比重皆低于三成，与过往投资比重可达 30% ~33% 相较，有小幅降低的趋势。

2015 年省外地区的产业投资阶段，依据投资案件数加以分析，扩充期的总投资案件数最高，共达 31 件（44. 29%），其次则是成熟期 24 件（34. 29%）、创建期 10 件（14. 29%）及种子期 5 件（7. 14%）；若以投资金额占总投资金额比例分析，投资于扩充期的总金额仍最高，约为新台币 19. 44 亿元（46. 52%），之后则为成熟期 16. 43 亿元（39. 33%）、创建期 4. 61 亿元（11. 02%）及种子期 1. 30 亿元（3. 12%）。

### （四）地区别投资分析

台湾创投机构在全球各地的投资情形，仍是以省内投资为主，投资案件数总计达 284 件，投资金额总计为新台币 80. 59 亿元，无论是投资件数或金额皆较 2014 年增加（投资件数 161 件、投资金额 63. 22 亿元）；其次则是亚洲地区，共计投资 35 件，投资金额达新台币 22. 10 亿元、美国其他地区与其他地区的投资案件数皆为 13 件，投资金额则分别为新台币 5. 59 亿元及 9. 74 亿元。较令人惊讶的则是对于美国硅谷地区的投资，2015 年仅有 4 件，总投资金额则为新台币 3. 51 亿元，与过去省外投资主要锁定美国硅谷地区的投资行为相差甚大。

### （五）被投资机构规模分析

为能有效推估可吸引创投机构投资的企业规模，作为日后厂商咨询辅导之参考，本次问卷调查特规划征询“被投资机构营运规模”，区分等级则如表 3. 16 所列。

**表 3. 16　被投资机构营运规模区分表**　　单位：新台币/元

| 项　次 | 投资时被投资机构之营运规模 |
|---|---|
| 1 | 1000 万元以下 |
| 2 | 1000 万元（含）以上～未满 3000 万元 |
| 3 | 3000 万元（含）以上～未满 5000 万元 |
| 4 | 5000 万元（含）以上～未满 8000 万元 |
| 5 | 8000 万元（含）以上～未满 2 亿元 |
| 6 | 2 亿元（含）以上 |

按回复的数据分析，约计 46. 83% 的创投机构表示已经投资的个案，系以营运规模（或实收资本额）属“2 亿元（含）以上”等级的企业，为主要营运规模；第二顺位则为营运规模达“8000 万元（含）以上～未满 2 亿元”的企业，第三顺位则是“1000 万元以下”的企业。

由上述统计可知，基于投资风险、持股比例考虑，并交叉对照 2015 年的产业别投资概况，省内创投机构的投资对象仍以商业化程度高且企业营运规模较大的企业为主，实收资本额较小的企业仍难获得创投机构的青睐。

### （六）投资案源开发暨投资评估分析

针对创投机构如何开发潜在投资案源，本次问卷半开放式调查特规划半开放式问题，征询创投机构意见，以利了解潜在优质投资案的主要开发管道及影响投资或决策的要素。如表 3. 17 所示。

### 1. 投资案源开发分析

表 3.17 潜在投资案源开发管道

| 问　　题 | 选　　项 |
|---|---|
| 贵公司过往/现今开发潜在投资案的主要管道有哪些？ | 1. 由所属创投机构本身之人脉或产业关系所转介/推荐者（例：董监事转介或推荐） |
| | 2. 已转投资机构所衍生之投资机会 |
| | 3. 政府单位办理之研发或奖励补助计划成果 |
| | 4. 民间机构研发或培育成果（如：工研院、育成中心、学术机构等） |
| | 5. 其他专业机构转介（如：会计师事务所、券商、柜买中心、金融机构等） |
| | 6. 创业者自荐 |
| | 7. 自相关论坛、座谈会、研讨会、投资媒合活动主动发掘 |
| | 8. 其他 |

依据回复内容，创投机构最常用于开发投资案源的管道依序为“由所属创投机构本身之人脉或产业关系所转介/推荐者”“已转投资机构所衍生之投资机会”及“其他专业机构转介”。

### 2. 投资案评估考虑分析

表 3.18 影响投资评估或决策的考虑

| 问　　题 | 选　　项 |
|---|---|
| 影响贵公司对于潜在案源投资评估/投资决策主要的考虑因素有哪些？ | 1. 公司经营团队的治理能力 |
| | 2. 公司产品的技术竞争力 |
| | 3. 公司未来的策略发展规划 |
| | 4. 公司财务的状况 |
| | 5. 公司内稽内控的制度 |
| | 6. 公司的股东结构 |
| | 7. 公司所属产业的市场状况 |
| | 8. 资本市场的外在环境因素 |
| | 9. 总体经济的环境因素 |
| | 10. 投资案的投资条件 |
| | 11. 投资案未来出场的问题 |
| | 12. 投资案预期的投资报酬率 |
| | 13. 投资案的投资风险 |
| | 14. 其他 |

依照调查结果，创投机构表示最常影响投资案是否投资的主要因素依序为”公司产品的技术竞争力”“公司经营团队的治理能力”及“投资案预期的投资报酬率”。

## 三、结论

依据本次进行的 2015 年创投机构现况问卷调查结果，台湾的创投机构在地区别的投资行为，仍是以省内内投资为最多；亚洲地区（包含中国大陆、港澳地区及其他亚洲区域），在本次调查结果中取代美国硅谷地区，成为台湾创投机构省外主要投资区域，由此可见，国际游资流动及国内鼓励两岸三地产业交流，确实对创投机构的投资行为产生影响，促使省内创投机构对于中国大陆与港澳地区的投资评估增加，进而提高了成功投资案的比例。

就产业别投资情形进行分析，与过往统计结果相似，省内创投机构的主要投资业别仍是 IT 产业，主要在于早年创投机构为协助高科技产业发展的政策工具，故长期对于科技产业的发展及未来动向充分掌握，因此对于广义的 IT 产业的潜在案源开发、投资评估及成功投资等，自然会较其他产业为多。

为协助产业发展，透过政府政策引导民间资金挹注产业的措施以产业共同投资为主，包含了”加强投资中小企业实施方案””加强投资文化创意产业实施方案””加强投资策略性服务业实施方案”及”加强投资策略性制造业实施方案”等。由本次调查结果，可明显看出，由政府主导或推动的促进产业投资措施，对于民间资金的流动确有影响，无论是对于文创产业、服务业或策略性制造业的投资案件数与金额都有稳定增加趋势。

另一方面，国际投资趋势亦对台湾的投资行为影响重大！以农业投资为例，农业技术的进步改变了生产劳动型态，使得农业生产从劳力密集转向资本密集，部分已开发国家的农民可以透过智慧化生产或监控系统等技术设备，将农业生产流程自动化，农民亦可以透过软件技术平台等分析数据，做出更好的决策以提升生产表现。农业经营型态改变，意味着具备规模化与商业化的农企业逐步出现，且渐趋成熟。然企业经营型态变革，资金的投入是不可或缺的一环，这样的产业发展与资金需求就吸引了国际投资人的关注，跨国性的农企业投资多不甚举。台湾创投机构也感受到国际投资趋势的变化，同时也注意到台湾农业随着转型与升级需要而出现的变化，对于此一业别的投资行为明显大幅增加！

就整体投资分析而言，2015 的投资行为，以中期及晚期的投资比例较高，无论是案件数或投资资金，都达到 70% 以上，较过往统计创投机构投资行为所的结果（约为 60% ~70%）更高一些；在此情况下，创投机构对于早期投资的比重明显下滑。探究原因，外在经济环境、证券交易市场活络度等因素都让产业表现（如预期获利）未如预期，也让投资人进行投资评估之际趋于保守评估，并以投资风险较低、产业表现较稳定及获利可期的业别为主要投资对象，故该年度的整体投资概况呈现出以中晚期投资为主，且投资案件数与金额都集中在创投机构较为熟悉的产业类别。

然 2016 年政党轮替，政府积极推动新兴产业发展策略，鼓励创新创业；另，政府再度关注创投机构可在台湾整体经济中扮演的角色，各界针对台湾创投机构未来发展亦对政府提出各项建言，在众多将对投资行为有所影响的因素环绕下，预期未来台湾创投机构的投资概况必将与 2015 年表现有所不同。

# 协 会 篇

# 第一章　北京创业投资协会

北京创业投资协会（英文：Beijing VentureCapitalAssociation）成立于2000年3月。

## 一、基本信息

秘书长：黄平

副秘书长：杨林松

办公室主任：张雪梅

理事长：王一军

中国风险投资有限公司总裁

副理事长：李光荣、李爱民、黄平、李伟群、汤志勇

理事：王曙光、梁国忠、宋宇海、杨大勇、徐小平、袁岳、易欢欢、牛近明、刘双莹、易日勿、洪宝泉、秦源、王栋、贾彦海、刘建、熊海涛、杨林松、刘旭明、李斌、曹伟伟

监事长：刘廷儒

监事：徐义国、周飞

电话：62572150/62572151

Email：publicvcab@126. com

联系地址：北京市海淀区海淀大街3号鼎好大厦A座20层2002

邮编：100080

网址：www. vcab. org

## 二、协会简介

作为中国大陆第一家创业投资行业协会，北京创业投资协会成立于2000年3月，由北京市科委进行业务指导，基于国家科技部、国家发展改革委、工信部、财政部及北京市经信委、金融工作局、国家发展改革委、中关村管委会等委办局的政府资源平台，以“服务创业，引领投资”为宗旨，承载着政府与企业之间桥梁和纽带的重要职能，在沟通信息、利益协调、增进合作、整合资源及受托部分政府服务性、专业性职能、提高政府服务效率等多个方面积极发挥作用，主要服务于创业投资机构和科技型创业企业。

北京创业投资协会一直将推动创业投资事业发展、积极为本市引进创业资本、完善高新技术

企业与资本市场的对接条件、有效搭建创业投资公司与高新技术企业的信息交流与资讯服务平台、加速高新技术的产业化进程作为基本任务。协会结合行业特性，针对会员单位的实际需求，借鉴境内外成熟地区的先进经验，加强服务职能，切实为会员解决实际问题，从事行业调研，举办行业培训，提供信息服务，组织境外考察，促进境内外的同业合作，参与和推动行业政策制定及实施，得到了会员单位和广大业界的普遍好评。

协会职能主要范围在：行业调研，研究创业投资在北京的各类问题，为政府决策提供支持；承办委托，接受政府委托，规范创业投资相关业务的行为规范；对外交流，开展国内外交流活动，成为北京创业投资对国内外交流的窗口；专业培训，培训有利于创业投资发展的各类人才；信息交流，联系创业投资相关的政府及非政府部门，机构与个人。

## 三、特色活动

### （一）京科技企业投融资路演——中科招商、中富投资专场成功举办

2016 年 11 月 11 日，“北京科技企业投融资路演——中科招商、中富投资专场”在中关村国家自主创新示范区展示中心成功举办。参与路演的主要有由中科招商及中富投资推荐的涵盖云计算、生物医药/医疗器械、出行服务/交通大数据、文化娱乐，以及物联网/智能硬件领域的五个已经接受过一轮融资的投后项目。路演采取线上线下同时进行的方式，投资者也可以通过线上方式现场提问及洽谈。

此次路演在加强创投机构投后项目管理与退出，拓宽创投机构与其他投资机构、上市公司之间的合作等方面发挥了很重要的作用，同时也为创投机构之间搭建了沟通交流的平台。

### （二）2016 中国私募基金峰会隆重举行

2016 年 11 月 6 日，“2016 中国私募基金峰会”在北京国际会议中心隆重举行，北京创业投资协会作为此次峰会的合作单位之一，特邀了中国风险投资有限公司等多家投资公司的合伙人出席。

本次峰会内容精彩纷呈，包括中国私募证券母基金子联盟成立仪式、顶级母基金与基金交流会、顶级投资机构颁奖典礼等活动。其中最大的亮点是目前唯一的国家级行业排名——2016 中国私募股权母基金和基金排行榜的发布。

本次峰会共设置了 13 个奖项，分别从政府引导基金、市场化母基金、天使基金、创业投资基金（VC）、私募股权投资基金（PE）等不同类别进行评价，我协会副秘书长杨林松女士作为颁奖嘉宾为获奖机构颁发了“2016 中国天使投资基金 top20”“2016 中国最活跃基金 top10”及“2016 中国市场化母基金 top20”三个重量级奖项。

本次峰会通过整合私募投资基金，尤其是母基金投资及相关领域资源，为构建良性的私募投资基金链条，推动市场投资环境健康发展做出了卓越的贡献。

### （三）“走近投资人活动北京系列”北京坚果优选资产管理有限公司专场

2016 年 5 月 20 日，由北京创业投资协会联合好投网共同举办的“走近投资人活动北京系列

——北京坚果优选资产管理有限公司”主题活动如期进行。

参加本次活动的主要有坚果创投的管理合伙人李崛华及其团队、英泰基金，以及来自嘀嗒运动、北京大马竞信息技术有限公司、智能衣橱、可视冰箱、私人订制服装等多家创业企业项目的代表，总计25人。

活动伊始，按照惯例，每个参会人员都进行了两分钟的自我介绍。关于自己的身份，所在的公司以及现有的项目，在此过程中，与会人员之间也有一定的互动，为本次活动增添了良好的氛围。

在之后路演过程中，各个项目都进行了出色的陈述："智能衣柜"通过精心设计的搭配算法让衣物共享成为可能；"可视化冰箱"在硬件设施上对冰箱进行升级，大大提高其使用效率；"大马竞"基于大数据的研究，以造福万千彩民为目标，打造博彩信息综合平台，每个项目都引起了在场人员的关注。

### （四）科创汇·太阳能热利用国家科技成果转化项目路演活动成功举办

2016年5月20日，由国家太阳能光热产业技术创新战略联盟、北京创业投资协会、首都创新大联盟联合主办的"科创汇·太阳能热利用国家科技成果转化项目路演"在中关村鼎好大厦成功举办。

科技部技术创新联盟秘书长李新男、国家太阳能光热产业技术创新战略联盟理事长易跃春分别做了重要讲话，充分肯定了此次活动对促进国家科技成果转化及搭建产业链平台、促进产业落地方面的重要作用，并对本次活动的创新模式表示了肯定。

参加本次路演的项目有两个，分别是广东五星太阳能股份有限公司的"平板中温太阳能空气集热器关键技术研究与系统集成示范"及上海交通大学的"太阳能制冷与新风除湿空调项目商业计划"。主讲者分别就项目的研究成果、技术关键点、创新突破、运用及转化现状、产业落地应用情况、市场前景、融资计划等方面进行了为时25分钟左右的讲解，随后，技术专家清华大学殷志强教授、北京理工大学郑宏飞教授和投资专家天星资本吴继华分别就各自擅长的领域进行了点评并同主讲人进行了交流。

# 第二章　北京股权投资基金协会

北京股权投资基金协会（简称“北京 PE 协会”，英文：BeijingPrivateEquityAssociation，缩写为 BPEA）成立于 2008 年 6 月 20 日。

## 一、基本信息

荣誉会长：邵秉仁

会长：方风雷

厚朴投资董事长、高盛高华证券董事长

秘书长：熊焰

中国技术交易所、北京产权交易所、北京金融资产交易所董事长

副会长：单祥双、衣锡群、李爱庆、赵令欢、吴尚志、何小锋、田溯宁、沈南鹏、张懿宸、刘乐飞、于剑鸣、倪泽望、刘晖、熊晓鸽、殷荣彦、唐葵、杨向东、宋斌

电话：86 - 10 - 88087229

传真：86 - 10 - 88086229

Email：bpea@ bpea. net. cn

联系地址：北京市海淀区彩和坊路 11 号华一控股大厦 13 层

邮编：100080

网址：www. vcpe. org. cn

## 二、协会简介

北京股权投资基金协会（简称北京 PE 协会）是由股权投资行业人士自愿联合发起成立，经北京市社会建设工作办公室、市民政局核准设立的非营利性社会团体法人机构。北京 PE 协会接受国家行业主管部门管理并受北京市政府主管部门的指导，旨在服务在京注册的各类股权投资基金及其管理企业以及有关中介机构，促进我国股权投资基金产业的健康发展。协会将致力于建立行业自律监管机制，维护会员合法权益，提高从业会员素质，加强行业与国家监管机关交流与配合，加强会员与境内外股权投资基金管理界的交流与合作，进一步促进中国股权投资市场的发展。

协会致力于：

促进行业环境建设建立自律监管机制
维护会员合法权益研究行业发展动向
培养相关专业人员组织内外交流合作
协会服务中心：
为会员及相关从业人士提供：专业咨询、辅导，基金注册、备案，商务会议、培训等服务。
协会会训：
遵纪守法诚信为本专业精神服务社会

## 三、特色活动

### （一）“全球 PE 北京论坛”

“全球 PE 北京论坛”作为业界的一个高端品牌会议，从 2008 年开始已成功举办过七届。届时，一行三会、国家发展改革委、社保基金、商务部、北京市政府等部门领导，以及境内外顶级 PE 业界领袖和境内外行业协会领导等嘉宾将齐聚北京，交流 GP 的管理经验，分享 LP 的投资心得，并就境内外 PE 行业监管与自律、中国 PE 市场的投资退出环境、新兴的天使投资及被投企业的发展等业界热点话题展开深入讨论。

### （二）“亮·中国”进驻鸟巢：穹顶之上铸创客黄金起跑线

从“互联网+”到“梦想+”，创业者要回归创业的本质。想要做到“梦想+”，创业孵化平台不仅要授人以鱼，还要授人以渔。“亮·中国”不仅是一个创新的孵化平台，还积极为创业者“打工”；不仅能给创业者提供平台及火炬导师，还能为创业企业背书；在场地支持上，鸟巢文化中心正式揭开面纱，鸟巢文化中心今后将着力发展品牌化、集成化、专业化的“文创科技体育众创空间”，以高端化、国际化为发展目标。今后为了更好的服务创业者，“亮·中国”前瞻性的提出了火炬导师计划，火炬导师以完全自主的方式，与创业者自由搭配，用最市场化的方式实现导师资源与企业资源的最佳配置。

众筹改变了传统的创业难题。在新的创业模式里，每个人都是投资人，每个人都是消费者，每个人又都是传播者。众筹是一个从聚变到裂变的过程，“亮·中国”汇聚的不仅仅是资金，而是更广泛的联合创始人资源。“亮·中国”创业孵化平台和鸟巢文化中心强强联合，共同推动中国科技、文化创意和体育事业的发展和进步。“梦想+”的创业孵化平台“亮·中国”将成为中国与世界连接的一个桥梁，点亮每一个创业者。

# 第三章　中关村股权投资协会

中关村股权投资协会（英译名为：ChinaZhongguancunPrivateEquity&VentureCapitalAssociation，缩写为 ZVCA）是一个全国性股权投资行业协会，成立于 2012 年 1 月。

## 一、基本信息

会长：王少杰

中关村股权投资协会会长，快乐投资学院院长，合伙圈创始合伙人

秘书长：尹立志

中关村股权投资协会执行秘书长、北京快投会网络科技有限公司 CEO、快创学院创始人

荣誉会长：靳海涛、沈南鹏、王贵亚、范勇宏、曹彤、王永利、李春洪、罗茁、赵勇、段宏伟、刘克峰、丁继红、王航、崔巍

联席会长：刘研、孙东升、陈文正、王岑、李丰、盛希泰、李竹、易基刚、张伟、肖虎、赵红梅

常务副会长：熊俊、刘朝晨、刘丹宁、刘斌、蒋会成、陈波、王涌、张金生、李智勇、许莉、李卓桓、郑捷、尹立志

副会长：汪潮涌、宋安澜、葛琦、杨圣军、路跃兵、苏维洲、杨镭、伍伸俊、颜勇、唐斌、牟永辉、童士豪、何风志、翁吉义、冯新、林中华、秦君、杜永波、王俊峰、屈卫东、刘小鹰、胡斌、钱学锋、马斌、李铁、吴皓、马卫国、陶宁、许泽玮、林霆、樊志、黄屹峰、徐美菊、王维、朱艺恺、张章笋、寇祥河、傅哲宽、甘佳庚、屈田、郑锦桥、付业辉、李姜元鸿、申万秋、吴文雄、饶江

创始副会长：郑伟鹤、乔迁、汪安东、白亮、杨勇、李秀芹

电话：010－53692796

传真：86－10－88086229

Email：zvca@ zvca. org

联系地址：北京市海淀区东北旺西路 8 号中关村软件园 4 号楼 D 座 113 室

邮编：100193

网址：www. zvca. org. cn

## 二、协会简介

中关村股权投资协会是在民政部门依法注册成立的国家级股权投资行业协会，拥有红杉资本、同创伟业、信中利资本、软银中国、洪泰基金等知名机构会员以及乐视、复星、新希望、东方雨虹等众多上市公司会员。协会会员机构管理资金总规模超过1万亿人民币（超过2000亿美元）。协会以中关村创新、创业高地为基础，北京各类智库为依托，秉承专业化、国际化的发展理念，每年举办近十次国际考察活动，数十场高品质投融资对接活动，努力打造中国股权投资行业高端、专业、国际的资源对接平台，为中国股权投资行业服务！

其中，旗下拥有专业门户网站—中关村投融资网；每周一期的电子期刊—《中关村投融资资讯》，发行量8万份；为会员提供国内国际行业咨询信息等服务。

专业化与国际化是协会主要特点。专业化指协会活动紧紧围绕股权投资行业“募投管退”四大业务主线精心设计；国际化指协会多次主导了美国、加拿大、以色列、意大利、英国、法国、北爱尔兰等国与北京市及各地政府的投融资对接活动，先后接待过：渥太华市长访华团、安大略省农业部中国贸易代表团、温哥华市长访华团和以色列经济部部长。

协会宗旨在于搭建国内外行业交流合作平台，促进会员单位业务合作，促使行业健康发展，让投融资会员在轻松、愉快的交流、合作氛围中实现业务增值。

## 三、特色活动

### （一）国际视野下的创新与资本论

2016国际视野下的创新与资本论坛（第四届）由“中关村管委会、海淀区政府、中关村发展集团”联合发起，中关村股权投资协会主办，北京合伙圈金融信息服务有限公司承办，北京中关村软件园发展有限责任公司支持，美加以色列等多国大使参加，百家上市公司、全国30多家股权投资行业协会特别支持，会议于2016年1月19日在北京中关村软件园国际会议服务中心隆重举行。

论坛亮点：

**1. 200多位全球创业精英齐聚**

来自美国、加拿大、以色列、瑞士等全球200多位创业精英、10个热门国家驻华大使馆及300多位创业精英、专家学者齐聚论坛！

**2. 顶级风投悉数到场**

天使、VC、PE、上市公司等领域股权投资行业代表，信中利资本、IDG资本、红杉资本、同创伟业、软银中国、晨兴创投、英诺天使基金、复星集团等顶级投资机构代表悉数到场！

**3. 400多位中国投资行业高管精英列阵出席**

中关村股权投资协会联合全国30多家投资行业协会及平台共同推出的国内唯一一项针对股权投资机构从业者个人的专业性评选，“第二届中国青年投资100行业评选”颁奖仪式及“全球最佳投资机构榜单”在本届论坛上进行表彰及发布。

**4. 顶尖创新项目**

第二届以色列创新科技项目跨境视频路演专场，项目涉及医疗大健康、电信、社交媒体、智能化硬件、TMT、网络安全、生物科技、清洁技术、环境科技、物联网、机器人技术、大数据、高科技材料、计算机视觉、人工智能，等等，覆盖全行业以色列全球优势技术。投资方可在洽谈环节与海外项目代表直接洽谈。

### （二）“中国青年投资 100”

“中国青年投资 100”评选是由中关村股权投资协会联合全国数十家投资行业协会及平台共同推出的国内唯一一项专门针对风险投资行业新锐力量及青年投资者的全国范围行业评选活动，同时也是中国股权投资界最具权威、最具价值、最具个性的评选活动！计划评选出 100 位优秀青年投资人！

在“股权投资”全球经济重要性日益凸显的大时代背景下，本评选旨在选拔与表彰“战斗”在投资一线的优秀青年投资人们，通过评选向行业及社会介绍他们独特的投资理念、分享各自的成功经验，引领行业发展。

在股权投资这个充满朝气的行业里，青年投资人是主力军，优秀的青年投资人是行业未来的领军人物。与优秀的青年投资人为伍，就能抓住时代进步的脉搏，把握最前沿的财富机会。

### （三）快乐投资学院

中国最具影响力的风投行业高管培训及业务合作平台，目前已有 30 多个班级，300 多名学生，学生均为投资总监以上级别职业投资人，已经在北京、深圳、上海、西安、大连、沈阳、长沙等城市开设班级，初步完成全国扩张战略布局；专业设置已经涵盖天使、VC、PE、并购及 LP 投资，已经完成整个风险投资行业产业链布局；已经聘有 50 多名行业资深投资人导师，师生已经覆盖了中国 60% 以上的主流投资机构。

# 第四章　中国创业投资协会

中国创业投资协会（英文：ChinaVentureCapitalAssociation，简称“CVC”）成立于2009年。

## 一、基本信息

荣誉会长：周禹鹏
联席会长：阚治东
副会长：王政、陈泰杰、刘海波、常英敏
执行会长：刘臧秦
电话：00852－39216080
传真：00852－39216081
Email：vc. liu@163. com
联系地址：香港中环夏悫道12号美国银行中心大厦25楼2508A室
网址：www. cncvc. org

## 二、协会简介

中国创业投资协会（简称CVC）是在政府相关部门支持下，由合法从事创业投资、投资管理、金融服务的专业性机构、企业以及与之相关的社会团体和个人等自愿组成的大中华地区的社会机构。

自2009年成立以来，发展会员逾万名，开展了富有成效的活动，为创业投资机构提供专业服务；扶持中小企业和个人创业；制定行业标准，进行资格认证培训，为中国创业投资事业做出了极积的贡献。

协会主办的“众筹世界锦标赛”获得极大成功。第一届众筹中国锦标赛于2014年4月在北京盛大启幕，第二届众筹中国锦标赛于2015年1月19日在香港亚洲金融论坛启动并于2015年10月在世界众筹大会上升格为众筹世界锦标赛取得圆满成功。第三届众筹世界锦标赛于2016年1月19日在香港亚洲金融论坛全面启动。

为支持中国多层次资本市场的发展，协会定位于股权投资领域，面向543群体，服务于中小企业。5指新5板（众筹板），4指新4板（各区域股权交易中心），3指新三板（全国中小企业股份转让系统），实施543联盟计划。

协会欢迎 543 所涉各机构或个人成为会员。

协会宗旨是：遵守国家法律、法规，按照国家有关创业投资管理办法，积极发挥组织协调作用，促进行业的规范运作，服务于创业投资机构；促进中小企业和创业者成功创业，提供投融资服务；热心为会员服务，反映会员的呼声，维护会员的合法权益；积极为政府主管部门建议献策，开展调查研究工作提出行业报告，积极推动中国创业投资事业的发展。

协会职能：代表职能，代表本行业全体企业的共同利益。沟通职能，作为政府与会员之间的桥梁，向政府传达会员的共同要求，同时协助政府制定和实施行业发展规划、产业政策、行政法规和有关法律。协调职能，制定并执行行规行约和各类标准，协调同行业之间的投资行为。监督职能，对本行业投资和服务质量、竞争手段、经营作风进行严格监督，维护行业信誉，鼓励公平竞争，打击违法、违规行为。公正职能，在政府指导下对从业人员素质审核、资格审查、企业调查、市场监督、展业规范、行业评选、荣誉奖励等等。统计职能，对本行业的基本情况进行统计、分析、并发布结果。研究职能，开展对本行业国内外发展情况的基础调查，研究本行业面临的问题，提出建议、出版刊物，供会员和政府参考。狭义的服务职能，创业投资服务、信息服务、教育与培训服务、咨询服务、举办展览、组织会议等等。

## 三、特色活动

### （一）543 联盟“百千万计划”

“543”其中，5 指新 5 板（众筹板），4 指新 4 板（各区域股权交易中心），3 指新三板（全国中小企业股份转让系统）。“百千万计划”是 543 联盟的具体实施计划，大意是——百城论坛、千家投资机构和万家中小企业孵化上市。该活动将毫无保留的分享 543 联盟创新商业模式、后台支持业务系统、战略规划等一系列内容。

### （二）第二届“众筹中国锦标赛”

第二届“众筹中国锦标赛”于 2015 年初在香港正式启动，大赛主题：众志成城，万众创新，开启众筹事业新时代。

《众筹管理办法》即将正式出台，让更多碎片化的资金和更多普通人加入到财富大潮中。众筹不仅让更多的人有了实现梦想的机会，同时也让更多的人能够成为投资者，得到丰厚收获。众筹意味着融资模式、商业模式、管理模式的变革，更意味着新的财富盛宴。众筹，作为支持创业者创业的一种新的融资方式越来越得到社会的认可。作为推动众筹在中国发展的公益活动，“众筹中国锦标赛”也在全国各地呈现出爆炸式发展。以支持草根创业为标志的众筹浪潮扑面而来，众筹是一场革命，势必在神州大地星火燎原。自 2014 年 4 月份启动以来，分别在北京、上海、成都、深圳举办了多次千人大会、论坛，研修班等各种活动，影响面普及各界人士，收到 127 个众筹项目。2014 年 12 月 12 日在北京盛大举办了“众筹中国锦标赛总评榜”。我们，努力成为中国众筹领域的一杆旗帜！

### （三）中国众筹（成都）高峰论坛暨众筹项目对接会

本次峰会以“众筹资本、创业未来”为主题；以“抢占众筹板、众筹资本、项目招商”为主旨内容；峰会规模达到300人；于成都众筹空间在2015年3月31日召开。

峰会首先隆重举行众筹板揭牌仪式和成都众筹空间揭牌仪式，然后开始第二届众筹中国锦标赛成都赛区启动仪，最后举行项目招商进行项目路演和项目现场展示。

# 第五章　中华股权投资协会

中华股权投资协会（英文：ChinaVentureCapitalandPrivateEquityAssociation，缩写为 CVCA）成立于 2002 年。

## 一、基本信息

理事长：孙强

黑土地集团创始人和董事长，美国华平投资集团特殊有限合伙人

当选理事长：刘海峰 KKR 全球合伙人，KKR 亚洲私募股权投资联席主管，兼大中华区首席执行官

执行委员会：胡祖六、许明茵、邝子平、单伟建、邵俊、张懿宸、赵令欢

理事：陈悦、程章伦、刘乐飞、马雪征、曲家浩、沈南鹏、熊晓鸽、吴尚志、徐新、杨文钧、杨向东、张磊

电话：（8610）59298620

联系地址：中国北京市朝阳区建国门外大街 1 号国贸写字楼 2 座 24 层 2401 – 15&16 室

网址：www. cvca. org. cn

## 二、协会简介

中华股权投资协会成立于 2002 年，是中国境内成立最早的创业投资和私募股权投资行业协会组织。协会依托国际化的背景，秉持独立性、专业性的理念，通过市场化运作，致力于推动创业投资和私募股权投资在大中华地区的健康、可持续的发展。协会现有近百家常规会员及联席会员公司，累计管理的资金规模超过 7 千亿美元。会员主要包括以大中华地区为重点投资市场的创业投资和私募股权投资基金管理公司。他们拥有丰富的投资经验，经过全球不同地区和不同经济周期的检验，并成功投资于大中华地区的诸多行业领域。

协会的目标和任务是：

- 支持大中华地区创业投资和私募股权投资的可持续发展；
- 促进人们了解创业投资和私募股权投资对大中华地区及全球经济活力的重要意义；
- 通过积极对话的机制，推动利于创业投资和私募股权投资发展的政策；
- 倡导行业道德标准和专业水平；

- 推动会员之间的交流和信息共享；
- 为会员提供行业数据、行业出版物以及职业发展培训；
- 增进投资人与创业者交流的机会。

为了促进大中华地区创业投资和私募股权投资行业的可持续、健康发展，倡导大中华地区创业投资和私募股权投资行业自律与行为规范，中华股权投资协会会员遵守“诚实守信、合规守法、负责任的投资、投资者关系”行为准则。会员应采取合理措施确保其董事、经理和其他雇员遵守本行为准则。本行为准则同时向非会员开放，欢迎行业从业者主动遵守本行为准则，与中华股权投资协会会员共同提升大中华地区创业投资和私募股权投资行业标准、推动行业的健康和可持续发展。

## 三、特色活动

### （一）中华股权投资协会年会暨中国私募股权/创业投资高峰论坛

年会旨在为CVCA会员代表和CVCA朋友之间提供年度交流和聚会的平台。通过研讨和论坛的形式，CVCA会员和业内人士可将所遇到的议题和所面临的挑战进行讨论和交流，分享有益的经验和案例，以共同促进行业的发展。

同时，年会也是中国股权投资行业业内高层次的盛事。业内人士相聚一堂，会见新老朋友和生意伙伴，了解最新的行业动态，分享投资和管理心得。除会员代表外，出席的嘉宾还包括政府官员、学术界代表、业内有影响力的投资机构、企业家以及来自著名金融服务机构的专业人士等。

此次年会设立主题演讲、高峰论坛、圆桌会议等环节。会员和业内代表踊跃参与，借此机会增进彼此了解、加深友谊，共谋发展。

### （二）CVCA学院

CVCA学院把严谨的治学之道和务实创新的理念相结合，旨在通过专业、系统的课程设计，为CVCA会员提供最富有实践指导意义的股权投资相关知识和技巧的培训。学院的讲师主要是来自从业机构及专业服务组织的资深专业人士，他们在股权投资领域拥有丰富的实践经验，并且对帮助提升行业人员专业水平拥有热情。在CVCA学院，讲师和学员教学相长，相互促进。CVCA学院也是从业者们交流合作的平台。

### （三）CVCA高层分享系列：企业服务与B2B交易平台投资经验分享会回顾

2016年6月17日，中华股权投资协会（CVCA）在上海举办“企业服务与B2B交易平台投资经验分享会”。作为CVCA高层分享系列活动，这次分享会邀请成为资本合伙人的顾旋先生主讲，来自上海国和投资、湖北省长江经济带产业引导基金等多家投资机构和酒店哥哥、名片全能王等企业的约30位代表参加了这次分享会。

在CVCA首席经济学家武雅斌先生和上海国和投资董事总经理浦伟先生分别致辞后，顾旋先生通过国外成熟市场和国内企业的大量实例从企业软件、交易平台、智能设备三方面分享了投资经验与心得。顾先生根据美国和西欧企业服务软件行业近期并购案例和最新行业数据，总结出西方成熟市场的格局变化，及其对国内市场发展趋势的启发和预示；同时，他也分析了国内市场相对于成熟市场的利好因素和可挖掘的巨大潜力。对于关注度较高的交易平台领域，顾先生阐述了国内发展交易平台的优势，以及在评估不同品类交易平台时面临的挑战。他认为软件与交易相结合，使交易平台从被动接单到主动提供预测性服务，是项目选择的重要条件。与会的被投企业代表也从自身角度出发，分享了对行业与企业发展趋势的想法。

随后，顾旋先生和与会者还探讨了从 SaaS 发展到交易平台过程中如何对企业估值、在进入一个新行业时如何有效做出项目选择的判断、2B 企业兼顾 2C 业务的机遇和挑战等问题。

### （四）CVCA 美元基金业绩基准最新趋势暨 LP/GP 研讨会议

基金业绩基准（performancebenchmark）是衡量 VC/PE 行业基金业绩的重要指标，对于 LP 配置另类资产、GP 衡量自己的业绩水准和募资至关重要。自去年开始，CVCA 与 CambridgeAssociates（简称“C | A”）开展了“中国地区美元 VC/PE 基金业绩基准”的研究与调研，我们已经收到了一部分会员单位的调研情况并有了初步成果。本次研讨会将由 C | A 分享美元基金业绩基准的最新研究成果，解析业绩基准的最新特点及趋势，同时我们也邀请到业内专业人士就建立中国市场的 VC/PE 基金业绩基准面临的挑战与机遇进行深入研讨。通过本次研讨，我们希望能够为推动建立中国的 VC/PE 基金业绩基准做出努力和贡献。

### （五）首届“投资者训练营”活动

本次训练营活动旨在提高现有以及潜在私募股权投资行业从业人员对行业的认知、宣传行业规范及标准并分享行业最新动态及趋势。

训练营的授课环节阵容强大，由来自春华资本集团董事总经理张晶、凯鹏华盈中国基金主管合伙人周炜、资本合伙人顾旋、君联资本合伙人唐婕、中信产业基金董事总经理翟锋、德勤合伙人余云、安永合伙人张宁宁、高级经理刘雪瑾等资深高管为学员授课。讲者分别从基金的募集及设立、投资项目选择和投资决策、投资后管理以及退出策略的选择等四个模块为学员系统梳理了 PE/VC 的基础知识和各家机构的独门秘籍。此外，训练营还邀请了清华大学五道口金融学院的专家张弘教授为大家进行了经典的投资案例分享。在训练营的最后环节，学员代表分别上台陈述各组的商业计划书，北极光创投投资合伙人郑炜、瑞金麟集团联合创始人、云像数字 CEO 安士辉、青云创投投资总监朱宏炜、以及中华股权投资协会首席经济学家武雅斌先生组成的点评团对各组商业计划书进行了现场点评。

许多学员评价“首期训练营”阵容强大、干货很多；有高度、有深度、有广度，并期待中华股权投资协会和清华五道口能携手举办更多期的“投资者训练营”。

### （六）CVCA 跨境并购经验分享会

2016 年 3 月 18 日，中华股权投资协会（CVCA）在北京举办“跨境并购经验分享会”。该系列活动定位小型高端，将经验交流、热点探讨、政策分析等主题与健康养生、传统文化、艺术鉴赏等休闲话题相结合，为行业资深人士的分享交流提供轻松的氛围和专业的平台。

博龙资本董事总经理花醒鸿先生作为主讲人，分享了大量跨境并购一手案例。他认为投后管理对于并购的成功起着关键作用。有成功行业管理经验的专家直接参与运营管理，以做产业的精神去做并购，寻求并购双方的战略性协同，将会更好地达到提升效率、创造更多价值的目的。

随后，花醒鸿先生与其他与会者探讨了当前中国企业“走出去”的过程中遇到的若干问题，例如如何估值，需要制定怎样的商业计划特别是投后的管理方案，怎样处理跨境并购中遇到文化差异，如何协调投资团队与投后团队的关系等等。

# 第六章 中国股权投资基金协会

中国股权投资基金协会（简称：中国 PE 协会，英文：ChinaAssociationofPrivateEquity，缩写：CAPE）成立于 2010 年 9 月，是由股权投资行业人士自愿联合发起成立的非盈利性社会团体法人机构。

## 一、基本信息

荣誉会长：项怀诚

会长：邵秉仁全国政协人口资源环境委员会副主任、曾任国家经济体制改革委员会副主任、国家电力监管委员会副主席

秘书长：李伟群中国股权投资基金协会秘书长，兼任全球 PE 联盟副秘书长、亚太股权投资基金协会理事会轮值主席（2015 ~ 2016）、国际风险管理师协会（PRMIA）中国认证中心专家委员会副秘书长、北京青年金融家联席会副秘书长

常务副会长：衣锡群

首席经济学家：许小年

副会长：方风雷、安红军、李祥生、白国红、刘昼、林向红、何小锋、赵令欢、吴尚志、刘乐飞、张琼、李皓天、宋斌、

电话：86 - 10 - 88087229

传真：86 - 10 - 88086229

Email：cape@ chinacape. org

联系地址：北京市海淀区彩和坊路 11 号华一控股大厦 13 层

邮编：100080

网址：www. chinacape. org. cn

## 二、协会简介

中国股权投资基金协会接受国家行业主管部门的工作指导和业务支持，服务于在全国注册的各类基金及管理、中介机构等，致力于建设行业自律监管机制，维护会员的合法权益，提高会员从业素质，加强会员与境内外股权投资基金界的合作与交流，促进我国股权投资基金产业健康发展。

## 三、特色活动

### （一）2016 全球并购论坛

2016 年 9 月 9 日下午，由中国股权投资基金协会（CAPE）和商务部、中央电视台、中国国际投资促进中心（CIIPA）、北京金融资产交易所（CFAE）、厦门市会议展览事务局（XMBCEA）等联合主办的 2016 全球并购论坛在厦门国际会议中心成功举行。包括政府机构、驻华使领馆、境内外知名投资机构、行业协会等代表近 400 人参加了本次论坛。本届全球并购论坛共邀请到 26 位、来自 19 个不同国家和地区的嘉宾，先后参与了致辞、主题演讲、报告发布、圆桌论坛等环节，围绕全球并购这一当前最受关注的热点话题，回顾历史、展望未来、分享经验、探讨趋势。其中的圆桌论坛讨论了以下议题："全球并购市场发展趋势""中国企业在海内外并购投资的挑战""中德并购投资热点"。

中国股权投资基金协会秘书长李伟群博士在论坛期间表示，近年来，中国提出的一带一路倡议引起了全球各国的高度关注、亚投行吸引了越来越多的国家参与、人民币国际化、中国企业走出去战略和创新驱动战略等，正在积极推动全球化和共享发展，也为中国参与并引领这一轮全球并购浪潮带来了良好的机遇。全球并购市场将呈现出地域范围扩大化、投资标的多元化、交易结构复杂化、金融服务专业化、交易金额大额化等发展趋势。中国企业在参与海内外并购时，应高度重视不同国家和地区之间的技术水平、文化背景、法律体系、税收制度、工会制度、国家外交、行业监管等多个方面的巨大差异，也要以积极的态度、加强交流与合作，应对信息不对称、专业人才缺乏、整合经验不足等挑战。在全球并购市场的地域选择上，应高度重视以德国为中心的欧洲大陆，发现互补优势和投资价值、共享科技成果和人类文明，以全球并购推动产业转型升级、促进和谐共赢。

本届全球并购论坛有来自三十多个国家和地区的嘉宾和听众，共有 26 位嘉宾上台分享了他们的丰富的经验和专业的建议。多家联合主办方一致认为，随着全球经济一体化和人民币国际化，新一轮并购浪潮悄然兴起，全球并购浪潮的中心也正在向中国转移，引起国际投资领域的高度关注和积极参与。2016 全球并购论坛为大家搭建平台，以及时、广泛地了解世界各国的投资政策和并购趋势，交流和探讨海内外投资并购的实践经验和热点问题。

### （二）中国高新科技企业投融资巡回路演·中关村站

2015 年 4 月 9 日，"中国高新科技企业投融资巡回路演·中关村站"活动在北京举行。本次活动由科技部火炬中心、中关村管委会、深圳证券交易所、全国中小企业股份转让系统有限责任公司、中关村股权交易服务集团主办，深圳证券信息有限公司、中关村创新创业企业上市培育基地、中国高新区科技金融信息服务平台、中国股权投资基金协会、中关村上市公司协会承办。来自中关村的 12 家企业通过"现场路演 + 网上直播"的方式，与全国各地的投资机构就企业投资价值、融资信息等进行了深入交流。

本站巡回路演主要由两部分组成，4 月 9 日上午，来自中关村管委会推荐的 6 家企业进行路演，嘉宾进行现场点评，投资者通过现场和网络提问。9 日下午，另外 6 家来自中关村股权交易服务集团的企业进行路演，并与嘉宾和投资者交流。

本次中关村企业路演活动的举办，进一步提升中关村的品牌影响力，完善中关村的创新创业生态体系，营造中关村“大众创业、万众创新”的良好局面，实现资本市场激活创新创业的功能，推动中关村创新创业企业发展壮大，将中关村建设成为具有全球影响力的科技创新中心。

值得一提的是，本次活动通过“中国高新区科技金融信息服务平台”进行网上视频直播和远程互动交流。该平台是科技部火炬中心、深交所共同发起的“科技型中小企业成长路线图计划2.0”路演对接功能的网络平台和服务窗口。该平台以互联网技术为手段，通过信息展示、数据查询、路演推介、平台社交等多种服务，促进全国各地国家级高新园区及区内高新技术企业与广大创投机构之间的投融资信息对接。该平台上线后，推出“中国高新科技企业投融资巡回路演”系列活动，已经在西安、武汉、济南等地举办了三场，促成多起投融资对接案例，收获良好的效果。

### （三）2015 中国智慧城市投融资论坛

2015 年 7 月 10 日，由中国股权投资基金协会、世界旅游城市联合会、世界移动互联网协会、中国智慧城市国际博览会组委会联合主办，北京股权投资基金协会与北京创业投资协会协办的2015 中国智慧城市投融资论坛在北京展览馆成功举办，包括行业专家、企业代表、投资机构及媒体在内百余位嘉宾参加了本次论坛。

以“中国智慧城市投融资服务及创新”为主题的圆桌论坛，由中国股权投资基金协会秘书长李伟群主持，山东省枣庄市常务副市长张兵、亚太城市网董事长卞洪登、TSF 资本首席执行官宋斌、KBG 卡贝基金资深合伙人郭佳莹、世界旅游城市联合会副秘书长李宝春参与讨论。张副市长首先通过政策结合山东省的现状分析智慧城市在中国主要城市的推广和发展情况，并希望吸引更多的高新技术产业进驻枣庄市共同推动当地经济发展。随后宋斌先生、郭佳莹女士从投资及行业的角度进行了细致的分析，李宝春副秘书长及卞洪登董事则是跳出了原有认知层面，结合外国的发展案例，对中国智慧城市发展轨迹提出新的认知和期许。

智能城市是运用信息和通信技术手段感测、分析、整合城市运行核心系统的各项关键信息，从而对包括民生、环保、公共安全、城市服务、工商业活动在内的各种需求做出智能响应。其实质是利用先进的信息技术，实现城市智慧式管理和运行，进而为城市中的人创造更美好的生活，促进城市的和谐、可持续成长。随着人类社会的不断发展，未来城市将承载越来越多的人口。目前，我国正处于城镇化加速发展的时期，部分地区“城市病”问题日益严峻。为解决城市发展难题，实现城市可持续发展，建设智慧城市已成为当今世界城市发展不可逆转的历史潮流。本届投融资论坛众多专家、行业代表都从各自的领域通过政策解读、案例分析、数据比对在场的嘉宾进行细致的分析，是我们对这个新兴的领域有了更多了解和认识，也对我们生活的城市、国家、世界未来的发展有了更多的憧憬。

# 第七章　北京中关村外商投资企业协会

北京中关村外商投资企业协（BeijingZhongguancunAssociationOfForeign – foundedEnterprises）成立于1990年12月20日，是由中关村科技园区内的外商投资企业和香港、澳门、台湾同胞投资设立的企业自愿组成的非盈利性社会团体。

## 一、基本信息

会长：洪小文

微软全球资深副总裁、微软亚太1研发集团主席、微软亚洲研究院院长

电话：88498441

Email：zgcafe@163. com

联系地址：北京市海淀区四季青路7号永泰郦城果岭1号楼1–801

网址：www. zgcafe. org. cn

## 二、协会简介

北京中关村外商投资企业协会成立于1990年12月20日，是由中关村科技园区内的外商投资企业和香港、澳门、台湾同胞投资设立的企业自愿组成的非盈利性社会团体，并经社会团体管理机关登记注册的社团法人。协会接受业务主管部门中关村科技园区海淀园管理委员会和社会团体管理部门监督管理。

协会从成立之初的98家会员企业，发展到现在已拥有600多家会员企业，其中包括微软、英特尔、谷歌、AMD、联想、松下等30家世界500强在内的国际知名企业。

协会自1990年成立至今，外商投资企业经济发展持续保持上升势态，根据2010年协会课题研究的统计数据，中关村外商投资企业以占海淀园约12%的企业数量比，达到了对园区就业、总收入和税收约30%的贡献率，科技经费投入占到园区总量的37%。中关村外商投资企业已成为中关村创新与发展的重要组成部分，为中关村国家自主创新示范区核心区的经济发展和技术创新做出了积极的贡献。

# 三、特色活动

## （一）中关村研发开放日活动

在中关村管委会和海淀园管委会的大力支持下，2016 年 11 月 3 日上午，北京中关村外商投资企业协会与亚信科技（中国）有限公司合作共同举办了中关村研发开放日活动。

活动伊始，在亚信展厅，公司专业技术人员首先针对亚信软件、亚信数据、亚信安全、亚信国际和亚信在线五支战舰的打造进行了详细介绍。

随后，由亚信创新部项目经理分别介绍了亚信集团内部创新大赛获得冠军的两个作品。

在座谈中大家针对医疗器械、网络监测农业、互联网运营水利网络建设，能源光伏以及智慧城市的建设等科技创新进行了广泛交流，亚信集团董事总经理杨通兵先生、亚信创新管理中心总经理周颖女士等高管，给与了大家热情地讲解与回应，确认了几个共同关心的热点将在日后进一步深化。

## （二）参观《中国梦正圆》专题展览

2016 年 7 月 14 日，北京中关村外商投资企业协会联合党委组织参观了在香山双清别墅举办的《中国梦正圆》专题展和“践行‘两学一做’，争当学做先锋”风采展，党员同志们一起重温了中共党史和中国革命史，重温了入党誓词，在古藤树下一起学习了新党章。好未来集团、玛斯特、第一视频、赛孚耐以及中关村联合会成员单位等 41 名党员和积极分子参加了此次活动。

外资协会联合党委也将持续进行“两学一做”主题活动，激发中关村外商投资企业党员的使命感和责任感，进一步增强联合党委的凝聚力、创新力和向心力，为中关村成为全球具有影响力的科技创新中心做出应有的贡献！

# 第八章　中国证券投资基金业协会

中国证券投资基金业协会于2010年10月开始筹建，2012年6月6日召开第一次会员大会暨成立大会，2012年7月获得成立登记批复。

## 一、基本信息

党委书记、会长：洪磊
党委副书记、纪委书记：胡家夫
专职副会长：钟蓉萨、张小艾
兼职副会长：于华、刘晓艳、周月秋、金旭、赵学军
秘书长：贾红波
电话：400-017-8200
官网微信公众号：中国基金业协会（CHINAAMAC）
联系地址：北京市西城区金融大街20号交通银行大厦B座9层
邮编：100033
网址：www.amac.org.cn

## 二、协会简介

中国证券投资基金业协会于2010年10月开始筹建，2012年6月6日召开第一次会员大会暨成立大会，2012年7月获得成立登记批复。

中国基金业协会会员可分为普通会员、联席会员、观察会员、特别会员。其中普通会员包括公募基金管理人、基金托管人、符合协会规定条件的私募基金管理人；联席会员包括基金销售、评价、支付结算、投资咨询、信息技术服务、律师/会计师事务所等基金服务机构；观察会员包括不符合普通会员条件的其他私募基金管理人；特别会员包括证券期货交易所、登记结算机构、指数公司、经副省级及以上人民政府民政部门登记的各类基金行业协会、境内外其他特定机构投资者等。

协会最高权力机构为会员代表大会，执行机构为理事会。理事会包括29名理事，其中4名非会员理事，25名会员理事构成。监事会包括6名监事，监事长1名。

## 三、特色活动

### （一）中国基金业协会 2015 年年会

中国证券投资基金业协会 2015 年年会暨第一次会员大会临时会议（以下简称“大会”）26 日在京召开，大会听取并审议通过了协会党委书记、副会长洪磊同志所作的《贯彻落实 < 证券投资基金法 >，将基金业协会建设成为现代资产管理机构行业协会》报告，审议并表决通过了《中国证券投资基金业协会章程（修订草案）》《中国证券投资基金业协会会员管理办法（修订草案）》《关于完善协会最高权力机构运作模式的议案》。

大会还为通过微信投票评选出的 10 名“最美公募基金人”举行了颁奖仪式，宣传、表彰他们在平凡岗位上爱岗敬业、努力创新、甘于奉献的职业素养和职业品格，以榜样的事迹和精神，砥砺基金从业人员奋发有为。

大会听取了创新与战略发展专业委员会、私募证券投资基金专业委员会、互联网金融专业委员会做工作报告，认为各个专业委员会在反映不同类别会员诉求，发挥行业专家力量，解决行业问题等方面表现卓越，为行业做出了重要贡献。

证监会有关部门负责同志、境内外资产管理机构、地方行业协会与行业服务机构等会员单位代表共 800 余人参会。

### （二）第二届中国并购基金年会

在全球经济形势低迷、国内经济结构转型升级的大背景下，并购成为全球经济结构化改革的重要工具，中国并购市场可谓波澜壮阔、热点纷呈，跨境并购热度不减，新兴行业并购整合层出不穷，监管趋紧政策频出，资本博弈走向有序化，经过洗礼后的并购市场愈发成熟，并将持续活跃。

为促进行业拓展国际化的并购视角，积极吸纳科技理念，迎接并购基金新机遇，中国证券投资基金业协会与全国工商联并购公会（中国并购公会）、苏州工业园区管委会、中国基金博物馆于 2016 年 11 月 5 日在苏州共同主办“第二届中国并购基金年会”。本届年会的主题为“并购基金与杠杆收购”，汇集融合了并购基金、财富管理，互联网金融三大金融产业链，通过研讨、展示、交流和互动等形式，为与会者搭建交流、分享、创新和服务的平台。

### （三）“私享汇—环保投资论坛”

11 月 8 日，中国证券投资基金业协会在徐州举办“私享汇—环保投资论坛”。本次论坛由徐州经济技术开发区管委会联合主办，丰利财富（北京）国际资本管理股份有限公司和丰利公益基金会承办。中国证券投资基金业协会秘书长贾红波主持论坛。来自国内环保企业、环保科研机构、私募投资基金等相关机构的代表 60 余人参加了论坛，徐州市政府徐东海副市长到会并致辞。

地下水污染防控及修复产业联盟祖国峰秘书长、协鑫金控集团上海思融投资管理有限公司宋海刚总经理、徐州科融环境资源股份有限公司张永辉副董事长等有关专家，围绕环保产业发展与产业投资主题做了发言。

中国证券投资基金业协会秘书长贾红波指出，习近平总书记强调“绿水青山就是金山银山”，资本市场应按照绿色发展要求，推动我国节能环保等绿色产业的创新发展。希望私募基金行业以本次论坛为契机，充分发挥灵活、专业、专注的优势，主动与环保行业相结合，为行业引入长期资本、优秀管理经验和专业化人才，推动环保行业做大做强，助力经济转型升级。

# 第九章 中国投资协会股权和创业投资专业委员会

北京股权投资基金协会中国投资协会股权和创业投资专业委员会（中文简称中国创投委）。英文名称：ChinaVentureCapital&PrivateEquityAssociation（英文简称为 CVC · PEA）。

## 一、基本信息

名誉会长：甘子玉

会长：宋密

常务副会长：沈志群

联席会长：熊晓鸽、沈南鹏、倪泽望、王能光、曾之杰、林向红、胡章宏、张伟、冯涛、李宝林、单祥双、陈越孟、汪涛、高峰、王飚、姜明明

副会长邓锋、张凤林、王晓滨、马伟、周锦昌、伍伸俊、林怡仲、孙燕军、赵岗、陈凯、吴文军、邓伟、吴发福、关键、陈维、郑伟鹤、李磊、陈玮、鲍钺、刘昼、周吉宁、王树勋、肖水龙、徐永胜、王平、李广新、符绩勋、曾军、王永华、刘国超、殷哲、李勇军、郑伟鹤、孙燕军、牟坤林、邓锋、赵忠义

执行副会长狄娜

专职副会长胡芳日

专职副会长兼秘书长王韵

副秘书长袁铭忆、赵贞、袁铭忆、赵贞

电话：010 - 63909873/9874/9875

Email：project@ vcpe. org. cncvcpea@ vcpe. org. cn

联系地址：北京市西城区木樨地北里甲 11 号国宏大厦 A 座 9 层

邮编：100038

网址：www. vcpe. org. cn

## 二、协会简介

中国投资协会股权和创业投资专业委员会（简称中国创投委）是经国家发展和改革委员会批准成立（发改人干字〔2010〕36 号）、国家民政部批准登记（民社登字〔2010〕第6080 号）的全国社会团体，是目前国内唯一经政府主管部门正式审批注册（社证字第4122 - 9 号）的全国性

股权和创业投资行业协会组织。

中国创投委的宗旨是：宣传贯彻国家有关股权和创业投资政策法规、研究股权和创业投资领域中的重大理论和实际问题，培训股权和创业投资行业专门人才，加强股权和创业投资行业规范和企业自律管理，保护股权和创业投资者的合法权益，构建股权和创投企业与政府主管部门之间、股权/创投企业之间以及股权和创业投资企业与创业企业之间联系交流合作的桥梁与纽带，推动中国股权和创业投资行业持续健康快速发展。

主要业务：为会员及相关从业人士提供专业咨询、辅导，基金注册、备案，商务会议、培训等服务。

## 三、特色活动

### （一）研究出版

中国创投委组织专家学者开展一系列股权和创业投资行业调查和研究工作，承担政府部门及企业委托的课题，为政策制定提供数据、理论支持和建议，为股权和创业投资机构开展业务提供专业指导。

《中国创业投资行业发展报告（年度）》：行业发展报告是国家发展改革委财金司和中国创投委联合发布的导航中国创投业的权威白皮书。报告数据主要来源于国家发展改革委“创业投资企业备案管理数据与信息系统”，以及市场调研数据，数据全面丰富，资料翔实可靠。该发展报告既是对创投行业发展的年度总结和评价，也是对一年来创投管理制度建设和发展政策的系统解读和回顾。

《中国创业投资动态》周刊：由中国创投委编辑出版的内部电子周刊，传递最新行业动态信息摘要，发布最新研究成果，为会员提供最新最精炼的信息快餐。

《中国创业投资引导基金发展报告（年度）》：中国创投委每年对全国创业投资引导基金进行调研，编撰年度发展报告，目前国内信息最全面、内容最真实的政府创业投资引导基金发展报告。

《创投中国》系列丛书：该丛书基于年度评优表彰榜单，选择部分获奖创业投资机构、创业投资家、创业投资案例分别编着出版，每年出版一辑，每辑分三本：优秀创业投资机构篇、优秀创业投资家篇和优秀创业投资案例篇。

中国股权和创业投资实务指南系列丛书：中国创投委组织业界专家编着出版中国股权和创业投资实务操作指南系列丛书。目前已经出版《中国股权和创业投资法律实务指引》，还将出版《中国股权和创业投资财务实务指引》《创业投资引导基金操作指南》等。

《投资与合作》杂志：是由中国新闻出版总署批准，中国创投委主管的行业权威期刊。杂志已有18年的发展历史，长期致力于投融资领域报道，是中国大陆乃至亚太地区报道投融资方面最有影响力的媒体，也是上海世博会联合国展区国际信息发展网馆的国际合作伙伴及合作媒体，已被《万方数据库》《维普资讯》等多家中文期刊数据库收录。

### （二）评优表彰

中国股权和创业投资行业评优表彰活动系中国投资协会举办的国家优质投资项目评优表彰活

动的重要组成部分。国家优质投资项目系依据国务院纠风办《关于评比表彰保留项目的通知》所保留的国家发展改革委主管的15项评优表彰项目之一。从2010年起，中国创投委按照“公平、公正、公开、公益”的原则，开展股权和创投行业评优表彰活动，评选年度优秀股权和创业投资项目、股权和创业投资机构、股权和创业投资家和股权和创业投资中介机构，并在年度创业投资行业峰会上进行颁奖表彰，这是中国创投委树立行业标杆、促进行业健康发展的重要举措。

### （三）中国创业投资行业峰会

一年一度的“中国创业投资行业峰会”由国务院相关部委业务司局联合指导、中国创投委联席会长单位联合主办，是目前国内层次最高的股权和创业投资行业盛会。国务院相关部委业务司局和地方备案管理部门领导齐聚峰会，共同探讨我国股权和创业投资政策框架和走向，是内容广泛的国家政策发布会。全国股权和创业投资业界精英欢聚一堂，共同描绘中国股权和创业投资业发展的宏伟蓝图，是群星荟萃的行业领袖精英会。

### （四）资质认证

进行资质认证，是提高从业人员综合素质、加强行业自律管理的重要手段。中国创投委将探讨和启动股权和创业投资行业资质认证体系研究工作，择机开展股权和创业投资机构资质等级认证、从业人员从业资格认证和创业企业（项目）投资价值评估工作。

### （五）资本项目对接

中国创投委联合各省（市）备案管理部门、行业协会，组织国内外著名的股权和创业投资机构，在全国范围内开展“资本与项目对接”活动，为创业项目储备较为丰富、政府推动股权和创业投资发展决心较大、相关配套政策措施较为完善的地区，提供资本与项目对接服务。此外，中国创投委企业金融服务促进中心（以下简称“中心”）是由中国投资协会股权和创业投资专业委员会（以下简称“创投委”）与中国宏观经济信息网（以下简称“中宏网”）共同发起设立的致力于为地方政府和企业提供综合融资服务之机构。

### （六）示范基地

“中国创业投资示范基地”是中国创投委2013年一届四次理事会提出设立的，目的是为贯彻落实《国家十二五规划》中将促进创业投资健康发展作为“加快多层次金融市场体系建设”的重要举措，旨在通过中国创业投资示范基地的引导、窗口、辐射和研究作用，为国家完善创业投资体制机制提供典型示范案例。

### （七）中国 VCPE 网

中国 VCPE 网（www. vcpe. org. cn）是中国创投委官方网站，也是中国股权和创业投资行业信息交流的重要平台。网站主要服务包括：行业资讯发布，会员风采展示，研究报告下载，创投人才招聘，最新会议论坛信息，创业项目介绍等。

# 第十章　天津股权投资基金协会

天津股权投资基金协会（英文：ChinaPrivateEquityAssociation，缩写为“CPEA”）成立于2007年9月16日。

## 一、基本信息

会长：沈南鹏

红杉资本中国基金创始及执行合伙人

轮值主席：李祥生

副会长：吴尚志、张懿宸、赵令欢、田溯宁、陈十游、文显堂

监事会主席：张士明

监事：唐葵

秘书长：阮班会

Email：tjpea@ tjpea. org

联系地址：天津市和平区大沽北路157号国投大厦1106室

邮编：300042

网址：www. tjpea. org

## 二、协会简介

天津股权投资基金协会是根据国务院《社会团体登记管理条例》，在天津市社会团体管理局登记注册的具有法人资格。协会成立于2007年9月16日，是中国第一家全国性股权投资基金协会。协会会员包括中国国际金融有限公司、中国宽带资本、鼎晖投资、渤海产业基金、中信资本、弘毅投资、红杉资本、方源资本等一大批大陆一流股权投资基金管理机构及淡马锡（香港）有限公司、太平洋投资等香港股权投资基金管理机构。协会理事都是资深的高级股权投资基金管理专家。

协会以推动行业发展、参与金融创新、促进经济发展为使命，以维护会员合法权益为己任，为会员提供全方位的服务。

协会自2008年起，发起并成功举办了三届中国股权投资基金行业最高级别的峰会—中国股权投资基金年会，直接推动了我国股权投资基金业的起步和发展。三届年会，累计参会的国内外

投资机构700多家，参会专业人士1000多人。年会包括主/分论坛、中国股权投资基金之夜和中国股权投资基金领袖恳谈会等活动，场场爆满，群贤毕至，堪称行业盛典。年会现已成为业内著名品牌，具有广泛的影响力。

作为会员，可以借助协会平台与著名的基金管理人相互交流、合作，及时得到最新行业信息、政策法规、业务培训等服务。协会还能帮助会员与政府相关部门、各大投资机构沟通交流，帮助会员募集资金，提供投资项目。

作为政府和企业之间联系的桥梁，协会积极向政府部门反映行业发展态势，配合政府部门制定相关政策法规，促进行业健康快速发展。

## 三、特色活动

### （一）中国股权投资基金年会

中国股权投资基金年会是在国家发展和改革委员会、全国社保基金理事会的指导下，由天津市发展和改革委员会、天津市人民政府金融服务办公室、天津股权投资基金协会共同主办的全国股权投资基金行业年会。

中国股权投资基金年会是我国股权投资基金行业集中讨论对行业健康持续发展有重大影响和普遍关注问题的顶级行业峰会。

年会包括主旨演讲，专题论坛，股权投资基金领袖恳谈午宴（高端圆桌会议），股权投资基金之夜和资本与项目对接会等活动，场场爆满，群贤毕至，堪称行业盛典。

中国股权投资基金年会现已成为业内著名品牌，具有广泛的影响力。

### （二）投资教育进社区活动

为保护私募基金投资者合法权益，促进私募基金行业健康发展，根据中国证监会和天津证监局的安排，天津股权投资基金协会面向社会投资者开展针对私募基金投资者权益保护教育系列专项活动。

协会在积极参加天津证监局组织的在公共场所开展天津市投资者保护教育大型宣传咨询活动的同时，积极开展以“投教走进社区、走进校园”为主题的私募基金投资者保护教育专项活动。活动通过直接向社区居民发放宣传材料，为投资者提供咨询服务等方式进行宣传。本次远离非法集资、保护投资者合法权益宣传教育活动受到了小区业主欢迎和关注，取得了良好的社会效果。

# 第十一章　上海股权投资协会

上海股权投资协会（英文：PEAssociationofShanghai）成立于2009年。

## 一、基本信息

会长：王开国

上海海通证券股份有限公司董事长

秘书长：苏晓悦

副会长：卫哲、邵俊、孙谦、王力群、张向阳、沈伟国、金凤春、吕厚军、张玉峰、刘啸东、郑安国、王志强、蒋颖、陈琦伟、袁蕊、梁信军、程劲松

电话：862153863869

传真：862153863571

Email：info@ peas. org. cn

联系地址：上海市黄浦区金陵东路569号汇通大厦1101室

网址：www. peas. org. cn

## 二、协会简介

上海股权投资协会成立于2009年，目前注册会员接近300多家。会员单位包括50家大型国有集团诸如：太平洋资产管理有限责任公司、上海国际集团有限公司、上海浦东发展银行上海分行和上海银行股份有限公司；另外还有60余家外资基金公司：如红杉资本中国基金、IDG资本、赛富亚洲等；更有80余家国内投资机构在册：如上海亚商投资管理有限公司、德同（上海）股权投资管理有限公司、盘石资本、嘉御基金等；同时还有第三方中介机构50余家：如德勤华永会计师事务所、上海柏年律师事务所、上海京华山一咨询有限公司等等。

上海股权投资协会于2015年9月成功完成第三届理事会换届改选，并由海通证券股份有限公司任会长单位，海通证券战略发展部副总经理苏晓悦出任秘书长，开启了股权投资协会全新的里程碑和经济发展的新篇章。

协会自成立以来，以“促进上海股权投资业务发展并助力上海国际金融中心建设”为纲领性目标，在上海金融办的鼎力指导和广大会员单位的倾力支持下，贯彻国家和地方政府的经济政策导向，全方位地挖掘市场经济热点，与同区政府、产业园区通力合作，致力于为各会员单位提供

有效的资源配置和项目衔接，近期更是通过举办各类大型商业论坛、研讨会、财经沙龙以及培训讲座，起到了协会与行业会员及政府机构间桥梁枢纽的链接作用，得到了业内的一致好评。协会在本年度举办的品牌性“畲山投资论坛”获得了业内外人士的好评，点击率突破百万，在业内产生了极具轰动效应的有效互动影响力。

协会还致力于举办各项专业研讨会，有针对性的推动证券、银行和保险机构与投资机构的业务合作，并于2016年成功地举办了银投合作会、保投合作会，会后有合作意向的机构签订意向协议。协会同时还与北京、天津等直辖市以及新疆、江苏、安徽、吉林等省政府建立战略合作关系，组织会员开展多行业多层次多地区交流，并多次组团赴境外考察，充分发挥平台嫁接链接作用。协会紧跟政策形势的步伐，于2016年3月《私募投资基金管理人登记和基金备案办法（试行）》出台后，协会邀请中国基金业协会为广大会员解读《办法》的相关条款以及进行实务操作解析，有效推动会员单位合规有序开展投资业务。

在PE行业炙手可热的发展背景下，上海股权投资协会将积极有效发挥更大的作用，创造资本与产业的高效对接机会，为会员单位提供最为优质的增值服务，不断扩大上海股权投资协会的行业影响力，为上海国际金融中心建设助推发挥强有力的保障。

## 三、特色活动

### （一）FOF资产配置策略研讨会

上海股权投资协会于2016年11月15日下午在中国金融信息中心举办“FOF资产配置策略研讨会”。中国国际金融股份有限公司财富管理部副总经理王薇担任本次研讨会主讲嘉宾。

近几年，FOF在中国迅速发展，数量呈快速增长的态势，市场的持续震荡为FOF的增长提供了机遇，并使其在全球资产配置中占有重要的一席之地。本次活动由上海股权投资协会力邀行业专家，从宏观经济、外汇趋势等方面，由浅入深、全方位地解读FOF在中国的发展现状，通过对比海外FOF的优势、分析实际案例，形象生动地解析国内FOF产品发展所面临的挑战及巨大的市场空间，为资产的合理配置给出独到的见解。

在对2017年宏观经济的展望中，王薇女士表示，增长大体平稳，结构更趋平衡，2017年的经济增长结构和政策组合或将对个人消费的增长最为有利。同时，她指出今年私募证券投资基金迅速崛起，FOF是进入对冲基金丛林中的可靠选择，也是投资私募的重要方式。国内FOF资产配置应扩宽理念，在投资过程中重视长期管理规划，深入调查分析与考察跟踪，有效筛选基金，使FOF更能适应环境需求，成为重要的资产配置途径。

自由讨论是本次研讨会的重中之重，科创集团总经理、执行董事沈伟国，创瑞投资总经理、管理合伙人唐浩夫，合星金控董事、副总裁严磊，鼎汇通副总经理王红岩和德同资本总监王聪等与会嘉宾纷纷提问，就FOF现状与未来展开激烈探讨，针对外汇储备、基金的运营管理等方面问题进行了一场头脑风暴。

研讨会结束后，上海股权投资协会秘书长苏晓悦带领协会近20位会员单位代表参观在中国金融信息中心六楼举办的《孙中山的理想与奋斗》大型图片展。学习孙中山先生的爱国思想、革命意志和进取精神，为促进两岸和平交流、中华民族伟大复兴提供助力！

### （二）大类资产配置与震荡市投资策略论坛

2016 年 10 月 26 日下午，上海股权投资协会作为股权投资行业最具影响力的协会之一，携手如是金融研究院、海通证券和通衡浙商资本，在海通证券大厦召开大类资产配置与震荡市投资策略论坛。

在中国经济强调转型之际，本次论坛旨在汇聚业内资深投资人与经济学领域专家，共同探讨如何配合深化供给侧改革，探索合理的资产配置策略；如何适应市场，多策略地应对震荡市；为股权投资业务指引未来的大方向，助力上海国际金融中心建设。本次论坛邀请了民生证券、东方证券、中金、通衡浙商资本，以及协会会员单位赛领资本、科创集团、复星创富、自贸区股权投资基金、鼎汇通、创瑞投资、中国金融信息中心、合星资产管理等逾 200 位代表参加了论坛。

圆桌讨论作为论坛的另一大看点，邀请 6 位业内资深投资人与经济学专家齐聚一堂，包括民生证券副总裁、研究院院长管清友，东方证券首席经济学家邵宇，通衡浙商资本创始人、副董事长梁晓玮，上海自贸区股权投资基金管理有限公司总经理助理胡炎，合星资产管理有限公司总经理严磊，上海复星创富投资管理股份有限公司高级投资总监曹霄辉。各位嘉宾围绕“低利率环境下的资产配置”这一主题进行讨论，分享业内宝贵经验，共同探讨未来合作发展方向。

论坛在浓郁的学习氛围中圆满闭幕，得到参会者的积极响应和一致好评。上海股权投资协会在协会官网上对论坛内容进行了全程文字直播，实时分享论坛动态与盛况，为线上参与者搭建资讯分享的平台。协会特别邀请中国金融信息中心的媒体平台对民生证券副总裁、研究院院长管清友和通衡浙商资本创始人、副董事长梁晓玮进行了人物专访，为本次论坛以及特邀嘉宾进行一系列宣传。大类资产配置与震荡市投资策略论坛作为上海股权投资协会 2016 年度第二场大型论坛活动，取得了巨大成功，为行业内发展提供了助力。

### （三）集成电路行业投资研讨会

9 月 28 日，由上海股权投资协会、上海市银行同业公会联合主办的“集成电路行业投资研讨会”在海通证券大厦举行。常春藤资本创始合伙人付磊、海通开元执行董事王步宜担任主讲嘉宾。

作为银投合作的延伸，本次活动上海股权投资协会特邀在投资集成电路行业有着丰富经验的两位专家从他们的视角，结合当下行业发展趋势，全面剖析集成电路领域中从投入到产出最后退出的一系列挑战和机遇，分享自身对标的选择要点与成功的投资案例，同到场的商业银行投资人进行了交流。

本次研讨会反响积极，期待能为未来商业银行同 PE 机构的合作做好铺垫。上海股权投资协会也将继续为投资机构间的互动提供更多支持。

### （四）第三届畲山投资论坛

2016 年 6 月 23 日，上海股权投资协会作为股权投资行业最具影响力的协会之一，在上海市金融服务办公室的指导与上海市松江区人民政府的特别支持下，协会携手海通证券、亚商资本、中国金融信息中心、招商银行等多家业内代表性金融机构，联合新沪商联合会、上海国际股权投资基金协会、上海上市公司协会等行业兄弟协会，邀请中国金融信息中心陆家嘴金融网、《凤凰卫视》《经济参考报》等合作媒体，在上海松江隆重召开年度品牌活动——第三届畲山投资论坛。

本届论坛以“全球经济和产业结构调整期的股权投资策略—创新. 跨境. 并购. 整合”为主题，旨在打造涵盖产业、资本及第三方服务机构的金融合作平台，汇聚各方资源，实现资源共享、有效促进改革创新下的投资与合作，促进股权投资业务发展，助力上海国际金融中心建设。共有300余家涵盖股权投资机构、投资咨询和第三方服务机构、财富管理中心、大型国企、社会团体、产业园区等在内的嘉宾单位参加了论坛。

圆桌专题讨论作为本届论坛的一大看点，近20位业界资深投资家、金融机构代表与第三方机构专业人士齐聚一堂，紧跟行业热点，先后围绕“价值投资”“并购投资”“海外投资”三大主题深入讨论，以轻松、自由、开放的形式分析市场热点，分享宝贵经验，共同探讨未来发展方向，寻求业务合作机遇。

畲山投资论坛现场分享、探讨、学习气氛浓郁，得到了与会者的一致认可。会后，包括新华社客户端、新华网、陆家嘴金融网、东方网、搜狐、今日头条在内的多家媒体对论坛内容进行了报道和转载，特别是新华社客户端转载了由中国金融信息中心制作的关于本届论坛的微信公号内容，阅读量已过百万，反响轰动。“畲山投资论坛”作为上海股权投资协会的年度品牌性大型论坛活动，顺利举办并取得巨大成功，在业内外产生了广泛而深远的影响。

### （五）上市公司——股权投资公司座谈会

2016年4月13日，由上海股权投资协会和上海上市公司协会共同主办的“上市公司——股权投资公司座谈会”在海通证券35楼会议室顺利举行。

本次座谈会股权投资协会邀请到了来自科创集团、赛领资本、达晨创投、建银国际、国和投资和浦发银行等20余家会员单位及投资机构代表出席会议，上海上市公司协会的8家上市公司代表前来参会，与会总人数近50人。座谈会由上海股权投资协会秘书长助理华莹主持。

上海市金融服务办公室金融创新处徐霄副处长表示通过这样的座谈会形式增进了两会之间合作交流的契机，对本次座谈会的成功举办表示了充分的肯定和支持，希望今后能利用协会的平台为会员单位提供更多资源，实现资源共享、合作共赢。

### （六）2016银投合作研讨会

2016年1月9日，由上海股权投资协会及海通证券股份有限公司联合主办的“2016银投合作研讨会”在上海国际会议中心顺利举行。上海股权投资协会会长、海通证券股份有限公司董事长王开国先生出席会议并致欢迎辞。会议邀请到上海市金融服务办公室地方金融处许耀武处长等领导莅临现场。

协会的副理事长、理事等30余人出席了此次研讨会。会议由上海股权投资协会秘书长、海通证券股份有限公司战略发展部副总经理苏晓悦女士主持。

会议接近尾声，王开国会长发表总结致辞。他表示，“上海股权投资协会作为一个服务平台，下一步将举办多场专题类项目对接会，服务好会员单位。”

### （七）2015中韩资本市场发展会议

2015年11月6日，由上海股权投资协会与韩国金融投资协会主办，海通证券股份有限公司承办的“2015中韩资本市场发展会议”在海通证券股份有限公司举行。会议旨在针对中韩资本市场进行深度交流，促进双边资本市场的投资，发掘两国潜在的新商机。会议翻译形式为中韩交替翻译。本次会议中，上海股权投资协会会员机构代表：德同资本、海通开元投资、上海国合投资、国信证券、通力律所等数十家会员机构参与，韩国金融投资协会率领韩国证券业访华代表团参会，包括韩国金融投资协会5位成员以及13位韩国知名证券机构CEO，与会总人数为40余人。

会议由主题发言与自由交流环节组成。海通开元投资有限公司的投资副总裁王步宜先生发表了主题演讲，介绍了中国资本市场的规模、投资类别，并以海通开元投资举例，详细说明了当前中国券商直投概况，中国券商直投已基本形成适合自身的基金管理思路。上海股权投资协会副会长、德同资本创始合伙人邵俊先生以“中韩跨境投资”为主题，举例分析了目前中韩两国的优势，他指出韩国拥有全球领先的文化娱乐产业、具有竞争力的品牌以及有利的出口能力，而中国巨大的市场、高速发展的经济体系、高度渗透的社交网络，将为两国之间的合作发展提供巨大的机会。韩国证券业访华代表团代表，韩国投资证券的CEO申性浩先生针对韩国私募基金市场的概况进行发言，介绍了韩国私募基金市场的历史趋势、私募股权投资在韩国市场上的规模以及交易形态，并对比韩国与国际私募基金现状，表示韩国私募基金产业在未来发展上有巨大的空间。在自由交流问答环节，双方进行了积极的提问发言，特别是针对券商如何在中国进行直投这一话题展开深度的讨论，对未来中韩合作起了积极的促进作用。

# 第十二章　上海市创业投资行业协会

上海市创业投资行业协会成立于2000年11月，是经上海市社会团体管理局核准登记的具有社会团体法人资格的社会组织，由上海市发展和改革委员会业务主管。

## 一、基本信息

会长：王品高

上海科技创业投资（集团）有限公司

秘书长：曹渭清

上海市创业投资行业协会

副会长：史美梁、冯涛、朱正红、华平、李广新、何彬、沈钦华、肖永吉、陆永涛、杨锡生、蒋洪、薛加玉、戴燕玲、卓福民、郭箭、袁蕊、张赛美、吴忱、李杰、张跃波、顾雪平

电话：（8621）64389130

传真：（8621）64387157

Email：pr@ shvca. org

联系地址：上海市南丹东路60号502～506室

邮编：200030

网址：www. shvca. org. cn

## 二、协会简介

上海市创业投资行业协会成立于2000年11月，是经上海市社会团体管理局核准登记的具有社会团体法人资格的社会组织，由上海市发展和改革委员会业务主管。协会成员有从事创业投资、投资管理、投资咨询公司，有律师、会计师事务所等中介服务机构，有银行、证券公司等金融机构，还有创业企业及孵化机构等。协会现有团体会员近200家。现任会长为原上海科技创业投资（集团）有限公司总经理王品高。

协会遵循“服务第一”的宗旨，致力于创投资本与创新技术的有机结合，致力于政府与创投行业的沟通和交流。根据行业特点和会员需求开展各项服务活动：

1. 创投机构与创新企业之间的投融资对接活动；

2. 法律法规、投资环境、行业动态等信息沙龙；

3. 跨省市合作交流和项目洽谈活动；

4. 高层次、国际化研讨会或投融资峰会；

5. 出版《上海创业投资》内刊（（每月1期）。

同时，协会积极协助政府有关部门做好行业统计、备案年检、风险救助、职称评定和软课题研究等工作。

本协会荣获“中国社会组织评估等级4A级”称号。同时，被上海市社团管理局评为先进社会团体。

## 三、特色活动

### （一）2016科创板网络科技与大数据项目投融资路演会

2016年8月10日下午，由上海市创业投资行业协会、上海林涌投资咨询有限公司和隧道股份中央研究院联合举办的“2016科创板网络科技与大数据项目投融资路演会”在徐汇区宛平南路1099号上海市隧道股份有限公司会议中心201会议室成功举行。参加本次项目路演会的有：上海市创业投资行业协会秘书长曹渭清、副秘书长杨建军、隧道股份办公室主任冯凯、隧道股份中央研究王静经理、上海林涌投资咨询有限公司总经理查德德一亮以及来自上海国际创投、中国风投、徐汇科投、中同资本、新进创投、易津资本、长宁国资、星香云投资、天津久久丰集团、上海太证投资、漕河泾创投、上海得一投资等投资机构代表共90多人，会议由上海林涌投资咨询有限公司舒艳丽主持。

会上，共有5个精选项目进行了推介路演，都是已上科创板或正准备上科创板的项目，分别是：上海创和汽车服务股份有限公司汽车后市场服务平台项目；上海长盛实业发展股份有限公司—农特精品电商平台项目；上海爱易生物医学科技股份有限公司—基因检测项目；上海寰动网络科技股份有限公司IDC项目和上海幻网网络科技有限公司—网络科技项目。投资机构代表在现场对感兴趣的问题积极提问，路演代表认真答疑，互动热烈。

会后，投资机构代表与项目方代表进行了深入的交流。协会表示，今后将继续与相关单位合作，举办更多类似活动，搭建好资本与科技项目的对接平台，更好地为广大会员服务。

### （二）第18届上海国际生物技术与医药研讨会之中韩生物技术投资论坛

为推动中韩两国在生物医药方面的产业化、为两国生物医药领域的资本对接搭建有效平台、促进相关行业融合和合作机遇，由上海对外科学技术交流中心与上海市创业投资行业协会（SV-CA）以及韩国材料配件投资机关协会共同举办的第18届上海国际生物技术与医药研讨会之中韩生物技术投资论坛于2016年6月21日在上海金茂君悦大酒店以及上海国际会议中心顺利举行，参加本次论坛的有：韩国驻沪总领事、上海对外科学技术交流中心主任朱军洁、上海市创业投资行业协会副秘书长杨建军、韩国生物医药企业代表、投资机构代表等共100多人。

本次投资论坛由上午的韩国企业宣讲会以及下午的中韩企业一对一对接两部分组成。十家来自韩国生物技术领域的高科技企业与以上海为中心的全国生物医药行业以及创投产业的企业代表们进行了多方面的沟通与交流。论坛现场对接氛围热烈，不少中方代表表示此行很有收获，将与部分韩企建立沟通渠道并考虑战略性投资或合作。

### （三）协会联办阿里巴巴诸神之战全球创客大赛

阿里巴巴诸神之战全球创客大赛上海赛区决赛暨“2016 上海最具投资潜力 50 佳创业企业”评选活动今日（9 日）在张江高科技园区举行。上海赛区 15 强排定座次，上海斗象信息科技有限公司、上海大不自多信息科技有限公司两家优秀企业代表上海出战于 10 月 16 日在杭州云栖大会上举行的阿里巴巴诸神之战全球总决赛。

在当今创业创新大赛此起彼伏、风起云涌的时代，如何能够让大赛不落俗套、脱颖而出、贴近创业企业诉求、具有可持续性，是影响大赛和评选活动的关键环节。本次大赛采用“一赛双评”的模式，前半段为阿里巴巴诸神之战全球创客大赛上海赛区总决赛，后半段为“2016 上海最具投资潜力 50 佳企业评选”。两项赛事共享一个报名通道，经过同样规格的预赛评审，再根据各自赛事特点和要求，评选出优胜者，体现了赛事过程的“高效率”。

与此同时，大赛还强调对参赛企业的“高起点”，活动限于 0 ~ 3 岁创业企业而非创客团队参与，团队成员必须有在世界 500 强企业工作经历或毕业于知名高校。另外，赛事还明确评选标准的“高要求”，由众多知名投资人担任评委和专家，并制定了详尽的标准，保证过程公正公平。

# 第十三章　河北省企业投资理财协会

河北省企业投资理财协会（英文名称为 Corporate Investmentand Financing Associationof Hebei Province，缩写 CIFAHB）于 2013 年 12 月 1 日。

## 一、基本信息

名誉会长：齐守印、李益民
会长：张宝岩
秘书长：崔立成
监事会主席：李建卿
顾问：史玉强、张立柱、杨兴盛、鲁俊芳、张炳明、李秉先、商志福、
副会长：张志芳、吴达发、苑毅、姚红、杨曼、焦钰、张向光
副秘书长：张月珍、张弓准、王志英
办公室主任：钮飞
投资咨询部主任：胡春雷
金融服务部主任：唐磊
电话：0311 －67669955
Email：hbtzlc@ 163. com
联系地址：河北省石家庄市中山西路佳泰大厦 26 层
网址：www. hbtzlc. com

## 二、协会简介

河北省企业投资理财协会（英文名称为 Corporate Investmentand Financing Associationof Hebei Province，缩写 CIFAHB）于 2013 年 12 月 1 日，在河北省石家庄河北宾馆召开成立大会，它标志着河北省专业化综合性的投资理财协会诞生。

河北省企业投资理财协会是由参与、从事投资理财的河北省内银行、保险、基金、证券公司和投资理财咨询公司、第三方理财公司、小额贷款公司、投资担保公司、典当行、拍卖公司、工商企业和相关经济组织、相关专业的专家学者等组成的具有社团法人资格的非营利性社会团体；协会宗旨：遵守国家宪法、法律、法规和有关政策规定，遵守社会道德风尚，贯彻国家和河北省

宏观调控政策，认真落实科学发展观，积极发挥政府与投资主体之间的桥梁纽带作用，维护投资主体合法权益，实行行业自律，促进投资、融资、财务决策与管理的科学化、规范化、法制化，推进我省经济健康、协调发展。

本协会接受业务主管单位河北省工业经济联合会（河北省经济团体联合会）和登记管理机关河北省民政厅的业务指导和监督管理。

协会设立团体会员和个人会员。团体会员：河北省内凡从事银行、保险、基金、证券公司和投资理财咨询公司、第三方理财公司、小额贷款公司、投资担保公司、典当行、拍卖公司、工商企业和相关的经济组织和单位，拥护本协会章程，有加入本协会的意愿，在投资理财行业具有一定影响的，均可以单位名义申请为团体会员；个人会员：与投资理财有关联、有兴趣、有造诣、有成就、有影响的行政、事业、企业、学术等各行业人士、专家、学者，承认本协会章程，有入会意愿者，均可申请为个人会员。

## 三、特色活动

2016 年 2 月 24 日，在千年古村—井陉天长镇核桃园村，由河北省企业投资理财协会主办，河北省中老年之友俱乐部、河北省诗词协会、河北省散文协会、河北博客圈联盟、全国新媒体人联谊会、燕赵老年报摄影群、和谐大家庭群等协办的“投资理财科普大学首届旅游文化活动”热闹的氛围中隆重启动。来自四面八方的投资理财科普大学群 70 名成员参与了这次文化盛宴活动。

# 第十四章　吉林省创业投资协会

吉林省创业投资协会成立于20017年4月28日，主管部门为吉林省发展和改革委员会。

## 一、基本信息

电话：+8643181959791
传真：0431－81959791
Email：jivc@ jl－vc. com
联系地址：吉林省长春市高新开发区蔚山路2559号吉林投资大厦七层
邮编：130012
网址：www. jl－vc. com

## 二、协会简介

为贯彻落实国家发展和改革委员会《创业投资企业管理办法》文件精神，经吉林省民政厅民间组织管理局批准，2007年4月28日吉林省创业投资协会正式成立，主管部门为吉林省发展和改革委员会。协会是由从事创业投资、投资管理、咨询服务企业及金融证券机构，学术研究机构，创业企业和其他相关企业自愿组成的行业性非盈利的社会组织。协会的宗旨是：遵守宪法、法律、法规和国家政策，遵守社会道德风尚，促进吉林省创业投资事业的健康发展，积极为吉林省的创业投资事业做出贡献，促进国内外创业投资界的合作和交流，落实吉林省创业投资行业自律管理，推进创业投资行为规范化。目前协会已发展会员单位四十余家。

# 第十五章　吉林省投资基金业协会

北京股权投资基金协会（英文：TheInvestmentFundAssociationofJiLinProvince，缩写为 JIFA）成立于 2012 年 6 月。

## 一、基本信息

会长：张子毅

吉林省文化产业投资控股（集团）有限公司董事长

副秘书长：张春平

副会长：王宏、杨树财、谭志刚、张志新、于学宏

电话：+86－431－80889314

传真：+86－431－89183839

Email：jilinpe@ sina. com

联系地址：长春市净月开发区生态大街与福祉大路交汇恒丰国际 23 层

网址：www. jlpea. org

## 二、协会简介

吉林省投资基金业协会（TheInvestmentFundAssociationofJiLinProvince，缩写为 JIFA），成立于 2012 年 6 月，接受业务主管单位吉林省金融工作办公室、社会团体登记管理机关吉林省民政厅的工作指导和监督管理。本团体是依据《证券投资基金法》和《社会团体登记管理条例》的有关规定设立的，由投资基金行业内具有代表性和影响力的机构自愿联合发起，经吉林省民政厅批准成立的非营利性、社会团体法人。

协会宣导并贯彻我国宪法、法律、法规和政策，遵守社会道德规范；提供行业服务，促进行业交流和创新，提升行业执业素质，提高行业竞争力；发挥行业与政府间桥梁与纽带作用，维护行业合法权益，促进公众对行业的理解，提升行业声誉；履行行业自律管理，促进会员合规经营，维持行业的正当经营秩序；促进会员忠实履行受托义务和社会责任，推动行业持续稳定健康发展。

协会宗旨

宣传贯彻法律法规，建立自律约束机制；反映行业发展诉求，维护会员合法权益；挖掘行业

合作项目，实现行业资源共享；搭建项目对接平台，优化行业资源配置；组织内外学习交流，提升行业综合实力；服务金融优势企业，促进区域产业发展。

## 三、特色活动

### （一）私享汇（第二十二期）——文化旅游产业投资论坛

为贯彻十八届五中全会关于2020年前将文化旅游产业逐步发展成为国家的支柱产业有关政策精神，中国证券投资基金业协会举办“私享汇—文化旅游产业投资论坛”，诚邀文化旅游企业代表和私募基金高管等相关专家，探讨文化旅游产业发展给私募基金行业带来的机遇，探索私募基金参与文化旅游产业投资的路径与模式，共商引入长期资本促进文化创新，提升文化旅游产业的竞争力和推动区域旅游经济发展。

### （二）对冲基金商品期货管理策略

为了帮助行业把握机遇，及时、全面了解商品期货管理策略，协会与芝商所（CMEGroup）共同举办“对冲基金商品期货管理策略研讨会”，并邀请到AspectCapital执行董事陈建伟及RC-MAAssetManagement董事总经理MichaelColeman分别就管理期货及主观商品期货策略进行深度解析。

# 第十六章　大连市股权投资业协会

大连市股权投资业协会（英文名称：DalianAssociationofPrivateEquity 缩写：DAPE）成立于 2014 年 7 月 11 日。

## 一、基本信息

会长：杨海琳

副会长：桂冰、王秋良、王坤秀、庄德才、王滨、王应新、郭颖利、李明欣、楼秀英、张铁柱、齐全、崔圣伦

理事：孟繁荣、安彦雄、郭允亮、

监事长：谭臻尧，

秘书长：王福军

常务副秘书长：刘桐

副秘书长：卢义竑、王应新

电话：0411 - 83793610

传真：0411 - 83793610

Email：dlgqtzyxh@ sina. com

联系地址：辽宁省大连市西岗区长江路 539 号西岗 PE 万达大厦 23 层

邮编：100080

网址：www. dlaope. com

## 二、协会简介

协会性质：本协会是由大连市区域内股权投资公司自愿结成的行业性、地方性、非营利性社会团体。

协会宗旨：遵守国家的法律、法规和政策，遵守社会道德风尚；进行行业自律管理、维护股权投资市场正当竞争秩序；为会员提供服务，反映会员诉求、维护会员合法权益；与政府沟通联系，传达有关政策精神；与国内外股权投资协会及股权投资机构建立合作与交流；推动规范化业务管理、促进大连市股权投资业健康发展。

协会接受业务主管单位大连市金融发展局、协会登记管理机关大连市民政局的业务指导和监

督管理。

## 三、特色活动

### （一）直面资本？2016大连投融资峰会首场路演拉开帷幕

由协会主办，大连西岗PE万达大厦管委会、大连市基金业协会协办的“直面资本？2016大连投融资峰会”首场路演活动，今日在大连西岗PE万达大厦3楼大厅举行。

本次路演，采取“路演+直播”的方式，由活动评审委首批评出的9家优秀企业项目参展。他们是大连六环生态科技有限公司、步步为赢影业（大连）有限公司、坤元泰和生物科技有限公司等9家企业，既有创新型的，又有创业型的，反映了大连经济的新增长点，成长性良好，前景广阔，引领了大连民营实体经济发展的新方向。

本次路演评审嘉宾全部来自协会专家团队，在路演前已经对路演企业进行了专业诊断和业务辅导，与投融资机构共同进行了业务沟通和探讨，为进一步投融资对接打下了良好基础。

协会秘书长王福军主持路演活动。大连市政府有关部门领导出席活动，42家投资机构和20多家银行、券商、咨询服务机构等专业人员150多人参加现场活动，有创业和融资需求企业的400多人分别在现场和线上参与和观摩此次路演活动。

### （二）“东北？新经济论坛”隆重开幕

5月18日13点，在大连市国际会议中心（东港）由大连市股权投资业协会与其他单位联合主办码尚（大连）科技有限公司等单位承办的“东北·新经济论坛”隆重开幕！市金融局领导出席论坛活动并致辞，来自北京、上海、大连的18位嘉宾共同承担论坛主旨分享，大连及东北企业家500多人参加论坛活动的。本次论坛主旨是针对东北经济特征，通过论坛科学思想引领，引入新经济思维、人才、技术、资本，开阔企业家视野，助力东北实业发展。活动分为“思想盛雁：解码东北经济；熵变·论坛：引领式发展；蝶变·论坛：跨越式发展”三项议程展开。通过此次论坛，为东北的企业家们带来了新经济思想的盛宴，为东北的发展振兴带来了腾飞的智慧和动力。

### （三）协会开办手机端微信在线学习业务

近年来，随着我国市场经济的高速发展，多种业态的各类金融机构不断发展壮大，对从业人员的要求越来越高，持证上岗越来越受到公司、机构和个人从业者的重视。

为满足大家的需求，大连股权投资业协会组织金融类从业人员资格培训业务，由协会培训部开发了一款便捷高效的学习平台—“手机端微信版典典在线学习系统”。

目前，该系统已具备五大金融类资格证培训功能：1. 理财规划师职业资格证（国一级、国二级、国三级）；2. 基金从业资格证（从事基金行业的资格证书）；3. 银行从业资格证（即“中国银行业从业人员资格认证”简称CCBP；4. 证券从业资格证（证券行业准入资格。属地管理，全国通用）。5. 期货从业资格证（全国性执业资格）。

“手机端微信版典典在线学习系统”是通过扫描微信公众平台二维码进行学习的，学员可根据自身情况实现自主学习、资源共享；有效改善学习条件，实现随时随地，利用“碎片”时间来学习，比面授更高效；不占用手机内存，比手机端 APP 更节省空间，低流量在线学习；学习、练习、模考等模块形象具体：“章节练习”可以将每篇练习每日具体化；“每日复习”可以将之前所标注的错题、生题每天加以巩固加深印象；“模拟考试”可检测出自己近期的一个学习效果；“精准押题”模块是针对当次考试学员所给出的含金量较高题目，具有很高的学习和参考价值，可有效地帮助学员顺利通过当次考试。系统操作流程简便，学员通过扫描大连市股权投资业协会微信公众平台二维码进行关注；扫描协会提供的学员指定专用二维码；填写学员姓名、手机端号；进入主界面，学员可以根据自身情况进入各模块具体学习；再次登陆时找到协会微信公众账号（可将协会图标添加到手机主屏桌面、方便每次直接进入学习），点击左下角自定义菜单“会员天地”—“在线学习”—“查看全文”—“阅读原文”即可进入学习界面进行学习。

# 第十七章　辽宁省股权和创业投资行业协会

辽宁省股权和创业投资行业协会（英译名为：LiaoningVentureCapitalandPrivateEquityAssociation，缩写为LVCPEA）成立于2012年5月。

## 一、基本信息

会长：刘滨
秘书长：郭寅
副会长：王丽岩、刘辉、吴竞、王爱群、孟松、曾毅
电话：024－3131867231318361
Email：lnvcpea@163. com
联系地址：辽宁省沈阳市和平区市府大路187号3楼
网址：www. lnvcpea. org

## 二、协会简介

辽宁省股权和协会投资协会成立于2012年5月，是辽宁省发展和改革委员会业务指导下、辽宁省民政厅注册登记的主管部门的全省股权投资和创业投资行业的自律组织和服务平台。

协会的工作宗旨为“政策研究解读，资本项目对接，专业人才培训，信息平台服务，业内合作交流，行业维权自律”。协会全面贯彻行业政策法规，建立行业自律机制，为政府决策提供参谋与建议，为会员提供政策咨询和信息支持，维护行业整体利益，为国内外股权投资、创业投资、金融中介机构、中小企业、政府之间搭建服务桥梁，为推动辽宁省股权和创业投资行业健康发展，助力辽宁经济发展发挥积极作用

协会成立以来，已有包括省内部分市行业协会、股权投资、创业投资基金及其管理机构、城建投资、银行、证券、担保、审计、资产评估、律师事务所、产权交易中心等在内的会员单位，与省政府各部门建立了良好的沟通与联系，举办了各类项目融资对接、融资推介、业务讲座、信息交流及政策咨询等活动。

辽宁省股权和创业投资协会为中国创业投资专委会的常务理事单位，与各省股权投资协会、创业投资协会、全国相关股权投资企业保持着密切的联系与协作。

随着经济的不断发展，企业的不断壮大，作为与时俱进、适时而生的协会组织，寄托着政

府、社会、会员和相关从业者的希望，促进全省股权和创业投资企业健康有序发展，协会发挥着桥梁和纽带的作用。

## 三、特色活动

### （一）辽宁省股权和创业投资学院举办《公司治理中的股东权利与义务》的公开课

7 月 19 日下午，辽宁省股权和创业投资学院在辽宁省股权交易中心举办学院一期学员公开课，邀请东北大学工商管理学院博士生导师、教授王世权讲关于《公司治理中的股东权利与义务》的讲座。王世权教授是我学院的特聘导师，是国家教育部新世纪优秀人才，是全国治理专业具有影响力的专家。参加此次课程不仅有学院的首期学员，还有辽宁省股权和创业投资协会多家创业投资、股权投资企业、银行、律师事务所、相关金融机构等近 60 人参加此次授课。王世权教授从理论到实践，列举大量生动案例讲解了股东权利和义务在公司治理中的重要地位，全面系统讲述了公司治理中的重要环节和注重的问题，使大家在操作层面得到更深理解。此次课程收到良好的效果，参课人员均感到收获很大，并希望此类公开课程能经常开展，使大家的业务水平和专业素质不断提高。

### （二）辽宁省股权和创业投资协会召开投融资项目对接会

5 月 12 日下午，辽宁省股权和创业投资协会召开投融资项目对接会，协会多家创业投资、股权投资企业、银行、律师事务所、相关金融机构参加会议。会上辽宁睿车汽车服务连锁有限公司、星云互动科技有限公司、辽宁新益农信息科技有限公司进行项目路演。辽宁睿车汽车服务连锁有限公司的项目是建立互联网平台，针对车主车辆故障问题做出快速响应、对修配厂、配件代理商、配件厂家、汽车相关创新产品或新模式联盟提供与众不同的、有针对性的营销推广服务。星云互动科技有限公司主要从事全息现实，新材料万年储存，大数据，AL，智慧城市五大核心的研究、开发、生产和销售。辽宁新益农信息科技有限公司是专为“信息进村入户”工程市场化运营成立的“互联网 + 农村”专业服务商。公司将以“信息进村入户”工程为“互联网 + 农村”的基础载体，打造农村电商新生态，建立农村功能性服务平台与农业信息综合服务体系，从而更好地、更有针对性的、更及时的、更有效的满足农民对信息的需求。三个企业介绍了基本情况、产品技术特点、核心竞争力、未来市场发展设想、融资的使用方向等，投资机构和融资企业进行了充分交流和沟通。

### （三）创业投资基金及高新企业投融资项目对接会

10 月 29 日，受鞍山市政府邀请，辽宁省股权和创业投资协会组织多创业投资、股权投资企业、银行、证券、律师事务所、会计师事务所等相关金融机构会员二十多人走进鞍山，参加协会和鞍山市发展改革委、鞍山高新技术开发区管委会共同召开的“创业投资基金及高新企业投融资项目对接会”。在产业园区管委会领导安排下，创业投资企业参观考察了产业园区的 5 个重点项目，下午参加了投融资项目对接会。会议由鞍山市发展改革委主任马长青主持。鞍山市政府副秘书长金峰、省股权和创业投资协会常务副会长王丽岩分别讲话，会上有沈阳恒信安泰股权投资公司朱晓军副总经理、沈阳日亚创投公司孙贺峰高级投资经理对创业投资基本知识、本公司投资方向、成功案例进行精彩演讲，受投资机构关注的10个企业进行项目路演。鞍山市科技局、金融办、中小企业局及市县产业园区相关领导参加会议，此次会议建立了协会会员于鞍山产业园企业的沟通平台，为投资机构接与鞍山市各县区各产业园区优质企业交流提供机会。

# 第十八章　哈尔滨市股权投资协会

哈尔滨市股权投资协会（英文名称是 HarbinPrivateEquityAssociation，缩写为 HPEA）成立于2008 年 6 月 20 日。

## 一、基本信息

会长：刘国超

黑龙江辰能哈工大高科技风险投资有限公司总经理

秘书长：宋要武

副会长：张永滨、宋要武、薄金峰、刘景辉、李文茂、关铁宁、李明中、李方权、公明、杨庆海、满伟男、冯文善、韩涛、孟繁华、孟宪奎、江岩、王立东、林建芳、张业炎、王欣宇

电话：0451 －82287807

传真：0451 －82287805

Email：hpea888@ 163. com

联系地址：中国哈尔滨市松北区世茂大道 66 号火炬金融服务港 12 号楼五层

邮编：150000

网址：www. hpea. org. cn

## 二、协会简介

哈尔滨市股权投资协会（以下简称协会）是由从事股权投资业务的机构和有关人士自愿发起成立的联合性、地方性、非营利性的社会组织。

协会宗旨：

汇集精英团队，聚合产业资本；打造投资平台，推动经济发展。

协会职能：

一、组织职能：代表股权投资行业共同利益，维护会员合法权益；建立专家资源库，有效的利用社会资源，调配市场要素；组织内外交流，组织会员参加各种活动，增强会员之间的互动。

二、服务职能：打造股权投资行业综合管理网络平台，收集项目信息，建立项目资源库，为会员提供投资机会；培训相关专业人才；研究行业发展动向，为会员提供经济、技术、信息、管理、融资、法律法规等咨询服务。

三、协调职能：作为国家行业政策宣传的窗口和政府与行业间的桥梁纽带，向政府提供合理化建议，向会员传递政府信息；增进会员与行业间的互动，加强股权投资基金行业与其他相关行业之间的交流与合作。

四、规范职能：促进行业环境建设，建立自律监管机制，规范股权投资机构的投资行为；为股权投资事业的发展创造良好的环境。

## 三、特色活动

7月31日下午，由我协会举办的专题活动“专家讲座＋项目路演”圆满成功。哈尔滨市金融办副主任吕海东、天琪投资董事长、常务副会长张永滨、副会长兼秘书长宋要武、哈尔滨创新投资有限公司副总经理、副秘书长朱淑媛、辰能风投总助、副秘书长赵鹏等出席此次活动。吕海东主任给我们带来了“资本要什么”专题讲座，2个项目参加路演，十余家投资机构报名参会，参会人数达到40多人，现场气氛热烈。

# 第十九章　江苏省创业投资协会

江苏省创业投资协会（英文：Jiangsu PrivateEquityAssociation，缩写为 JPEA）成立于 2001 年 3 月 29 日。

## 一、基本信息

名誉会长：李中和
会长：张伟
江苏高科技投资集团有限公司党委书记、董事长
秘书长：董梁
江苏高科技投资集团有限公司总裁
副会长：夏春阳、于波、董立新、闵建国、陶冠红、赵颖、刘灿放、常玉保、董梁
电话：025 - 83303470
传真：025 - 85529959
Email：jsvca@ js - vc. com
联系地址：南京市山西路 128 号和泰国际大厦 19 楼
邮编：210009
网址：js - vc. org

## 二、协会简介

江苏省创业投资协会于 2001 年 3 月 29 日正式成立。协会的成立得到了江苏省省委、省政府的高度重视与大力支持。协会理事单位有 27 家，会员单位有 10 家，主要来自省内的风险投资机构、创业服务中心、证券公司、高校科研院所、上市公司以及科技型中小企业，广泛涉及了从事创业投资活动的各种群体。协会借鉴国内外同行的经验并结合江苏实际情况，将自身定位于发挥桥梁纽带作用的服务型行业自律组织，以指导、协调、帮助会员更好地从事创业投资活动，维护其合法权益为宗旨，以构建创业投资平台、促进资本与科技结合为己任，为在江苏尽快建立一个能有效地动员与集中创业资本、促进知识向高新技术转化、加速高新技术成果商品化与产业化进程的创业投资机制，为推动江苏省创业投资事业与经济发展做出贡献。

在江苏省政府有关领导的关心与指导下，在会员的热情协助与参与下，江苏省创业投资协会

成立之后，积极致力于宣传创业投资理念，推动会员间及会员与政府有关部门、相关团体间的交流与沟通，增强与国内外创投机构的交往与合作，促进创投队伍成长等。协会通过报纸、电视等媒体宣传创业投资的独特理念与运作机制，加强社会各界对创业投资在推动科技成果转化方面所起的重大作用的认识；通过组织“创业投资沙龙””科技成果推荐会”“项目展示会”等活动，为创业投资机构与创业者构建交流与合作的平台；协会还与北京创业投资协会、深圳创业投资同业公会、上海创业投资协会、杭州创业投资协会等国内创投协会建立合作关系；协会举办“江苏省创业投资机构高层管理人员培训班”，邀请众多国内外著名创业投资机构的资深人士为会员授课、传播成功经验，提高会员从事创业投资的水平与技能；同时，还举办高科技领域行业报告会，邀请学术权威与著名企业家演讲，与会员交流、探讨行业发展历程与趋势；协会还积极开展省内外创业投资行业研究工作，进行省内创业投资基本情况调研、了解各地有关创业投资的政策条例，为政府部门制定本省创业投资行业规范提供参考与建议。

今后，江苏省创业投资协会将继续遵循优质、高效服务原则，并与国内外创业投资同行精诚合作、为推动江苏及全国创业投资事业的发展而不懈努力！

## 三、特色活动

### （一）创投沙龙专题活动

为帮助会员单位进一步了解新常态下供给侧改革的意义及投资机会，科学规划投资业务，同时进一步加强对物联网行业生态及投资机会的把握，5 月 20 日，由省创投协会主办、无锡创业投资集团承办的创业投资沙龙专题活动在无锡成功举行，活动特别邀请了中科院上海微系统与信息技术研究所副所长、无锡物联网产业研究院刘海涛院长、中国社科院社会学研究所副研究员鹏博士分别开展了主题讲座。本次专题活动针对性和实用性都非常强，来自各会员单位的共计 70 余位代表参会，会场氛围热烈、互动频繁，取得较好效果。

### （二）“新三板”专题沙龙活动

5 月 26 日，江苏省创投协会“新三板”专题沙龙在“太湖金谷”举办。本次活动由江苏省创投协会、苏州市创投协会主办，苏高新创投集团承办，旨在帮助省内各创投机构更深入地了解“新三板”的发展态势及开展相关业务时需注意的问题，省创投协会各会员单位近 60 人参加本次活动。

活动中，全国股转公司市场发展部对“新三板”的发展现状及未来前景做了详细介绍；机构业务部就创投机构与“新三板”的关系、发展现状及前景做了深入浅出的阐述；中信建投从券商角度讲解了投资机构在“新三板”投资中的操作实务及注意事项。会后，各创投机构还就行业热点和业务问题与参会嘉宾作了互动交流。

# 第二十章　苏州股权投资基金协会

苏州股权投资基金协会（英文：SuzhouAssociationofPrivateEquity，缩写为 SAPE）成立于 2010 年 11 月 24 日。

## 一、基本信息

会长：苏州元禾控股有限公司

常务副会长：苏州国发创业投资控股有限公司

副会长：苏州高新创业投资集团有限公司

理事：苏州农发创新资本管理有限公司、东吴创业投资有限公司、苏州市相城创业投资有限责任公司、苏州市吴中创业投资有限公司、苏州金沙湖创业投资管理有限公司、江苏信泉创业投资管理有限公司、苏州达泰创业投资管理有限公司、华登投资咨询（北京）有限公司上海分公司、普华永道中天会计师事务所有限公司苏州分所、江苏干融集团有限公司

电话：0512－66969300

传真：0512－66969301

Email：xuhq@ szape. org

联系地址：苏州工业园区凤里街 345 号沙湖创投中心

邮编：215026

网址：www. szape. org

## 二、协会简介

协会是由从事股权投资基金活动的企事业单位和团体自愿组成的全市性、行业性、非营利性的社会团体法人组织。接受业务主管单位苏州市政府金融工作办公室、社团登记管理机关苏州市民政局的监督管理。

协会由苏州创业投资集团有限公司、苏州国发创业投资控股有限公司、苏州高新创业投资集团有限公司、苏州相城创业投资有限公司及苏州吴中创业投资有限公司联合发起设立。目前有会员 39 家。此外，协会是中国股权投资基金协会六家主发起人之一，联同北京、天津、上海、深圳和重庆的股权投资基金协会发起并于 2010 年 12 月成立中国股权投资基金协会。日前，协会作为副会长参加了国家协会 2011 年的第一次会长办公会议。

协会致力于组织和团结会员，遵守国家宪法、法律、法规和国家政策，遵守社会道德规范；建立行业自律监管机制，维护会员的合法权益，提高会员素质，加强会员与国内各省市和国际股权投资基金管理界的合作与交流；促进我市股权投资基金行业的健康发展。协会是政府与股权投资机构之间沟通的桥梁，是股权投资机构之间相互交流的平台，是股权投资机构与中介服务机构之间联系的纽带。

## 三、特色活动

### （一）2016 新年交流活动暨新三板业务研讨

为加强协会会员机构间的交流与互动，加深对苏州各区域产业及创投机构的了解，苏州股权投资基金协会于 2016 年新年伊始，组织首站走进苏州高新区、苏州高新创业投资集团有限公司，深度了解苏高新创投的业务发展情况，共同探讨新的一年行业发展展望。

同时，苏高新创投也为大家精心准备了一场围绕“新三板发展趋势及投资策略”的主题研讨活动，邀请全国股转系统相关领导或券商等有关新三板专业研究机构来与大家共同交流探讨。

### （二）2015 东沙湖“创投”嘉年华系列活动

东沙湖股权投资中心定于 2015 年 10 月 26 日 ~28 日在苏州独墅湖世尊酒店举办“创? 投”嘉年华（SandlakeCarnival）系列活动。活动包括“东沙湖杯”第四届千人计划创业大赛决赛，2015 东沙湖“创? 投”榜单颁奖盛典，“聚在沙湖”秋季论坛，东沙湖? CEO 创业论坛等，为投资机构 GP 以及被投企业 CEO 创造一个交流、展示的平台。苏州股权投资基金协会作为支持单位，也参与了此次活动。

# 第二十一章　浙江省创业风险投资行业协会

浙江省创业风险投资行业协会（英文：ZhejiangVentureCapitalAssociation，缩写为 ZVCA）成立于 2008 年 6 月 20 日。

## 一、基本信息

电话：0571 – 88062481
传真：0571 – 88869550
联系地址：杭州市西湖区文一路 115 号杭州电子科技大学实验楼 3 楼（东）
邮编：300012
网址：www. zvca. org. cn

## 二、协会简介

浙江省创业风险投资行业协会系浙江省科技风险投资有限公司、浙江天堂硅谷创业集团有限公司、浙江省创业投资集团有限公司、通联创业投资股份有限公司、杭州市高科技投资有限公司等 7 家单位联合发起成立，由浙江省科技厅进行业务指导，经浙江省社会团体管理机关核准注册登记的地方性非营利的社会团体法人，是以浙江地区的创业投资及相关担保、咨询、服务机构，以及创业投资领域的专业人士为基本会员的行业自律管理组织。

浙江省创业风险投资行业协会汇集浙江地区主流风险投资机构和一批高成长企业，整合政府、实务届、理论界专家资源，倾力打造针对中小企业的专业服务平台，旨在为中小企业提供与风险投资交流合作的畅通管道，形成稳定的交流机制，使企业管理者和风险投资人有直接沟通的机会，从而降低投融资双方寻求合作机会的成本，提高接洽配对的效率。

浙江省创业风险投资行业协会本着真诚服务，加强行业自律管理、促进行业健康发展的宗旨，团结和组织广大会员，积极探索建立适合我国国情的新兴创业投资体系，鼓励创业投资机构的发展，加强从业人员管理和培训，开展与境内外同业之间的交流与合作，开展行业调查和咨询，参与国家及浙江省相关法律、法规、政策制定等，已经成为浙江风险投资行业之间、风险投资机构与中小企业之间、浙江风险投资业界与海内外同行之间沟通合作的重要平台。

# 三、特色活动

## （一）创建“创投试验区”恳谈会在诸暨召开

2016年7月7日下午，由诸暨市人民政府联合浙江省创业风险投资行业协会举办的创建“创投试验区”暨推动创业创新、转型升级恳谈会在诸暨市召开。此次恳谈会邀请到了浙江省科技厅常务副厅长邱飞章、诸暨市市长徐良平及诸暨市金融办、财政局等相关部门负责人与会，与浙江、上海两地的主流创投机构负责人围绕如何先行先试，打造中国县域“创投试验区”积极推动区域经济发展等热点问题展开恳谈交流。此次恳谈会由协会会长俞志华主持。

会上，在座的创投机构代表纷纷对诸暨市政府在积极创建“创投试验区”过程中高效、务实的服务能力表示赞赏，希望诸暨市通过创建“创投试验区”，集聚专项的人力、财力、物力，建立高效的创新创业创投联动机制，推出一系列的政策措施，充分发挥创业投资在推动大众创新创业、推动高新技术企业发展、推动产业转型升级上的巨大作用；希望“创投试验区”能够建立资本、优质项目、人才、资源等多重供给的平台，让资本能够精准地与优质项目对接，实现多赢发展；希望诸暨市政府和协会能够紧密合作，将诸暨市“创投试验区”打造成为省级、国家级示范区，不断推动创投行业健康发展。代表们建议诸暨市可以参考衢州市的经验做法，阵线前移，在杭州等地建立科技创业园集聚资本、项目，这样既方便创投投资，项目稳健发展，又有效培育了地方优质税源。

会议最后，浙江省科技厅常务副厅长邱飞章充分肯定了创建“创投试验区”的重要性，认为此举将进一步激发创投行业的活力，积极推动浙江省的创新创业发展和经济建设。希望协会要积极发挥桥梁纽带作用，鼓励众多创投机构积极参与“创投试验区”创建工作，让浙江省积极助力创投行业发展的探索、经验和模式，能够推广到全国，吸引越来越多的资本、人才、项目来浙江创业创新。

## （二）天使投资实战培训活动今日在科技大市场举行

作为创新投资的早期重要资本力量，天使投资在中国增长迅速。3月30日，由浙江省天使投资专业委员会主办的“天使投资实战培训”在浙江科技大市场举行，对百余名天使投资学员进行天使投资人培训，旨在打造浙江省优秀的专业天使投资人队伍。

本次培训课程邀请到天使湾创投总裁庞小伟作为授课导师，剖解天使投资知识，分享投资经验及案例，从基础理论知识到项目案例分析再到投资实战演练，力求做到课堂教学与实践教学的完美结合，让学员在短时间内掌握全新的知识和技能，获得更多的帮助和成才。在关于天使投资风险大、投资回报低这一难点上，庞小伟认为天使投资有着巨大的成长优势和巨大的安全保护，而创新是一个企业最能体现价值的地方，越是早期有想法创新创业的创业人更是值得去投资，这也是庞小伟坚定天使投资之路的选择。

天使投资在长期的发展中演化为一种专业度很高的职业，浙江省天使投资专业委员会希望通过天使投资培训课程的举办，旨在传播天使投资知识、行业分析、案例剖析、真实投资等方式，为有志参与天使投资的精英人士提供专业的特训，致力于培育一批优秀的天使投资人，促进浙江省天使投资行业发展。

### （三）运河之上，金融居中首届“运河财富小镇”高端投资论坛成功召开

8 月 24 日，在拱墅区远洋公馆销售中心一楼，首届“运河财富小镇”高端投资品牌论坛“运河之上，金融居中”在拱墅区区长朱建明的致辞中拉开了序幕。此次论坛活动由杭州市拱墅区运河财富小镇管委会、拱墅区金融办主办，浙江省创业风险投资行业协会、金诚集团共同协办。

在这次论坛中，“PPP 模式”引发了各方的关注。这种政府与私人组织间的新型伙伴式合作模式正逐渐在中国传播，未来的财富小镇将着力打造成为非银行类金融企业集聚区，这为全国首个 PPP 项目交易平台的建成创造了条件。正如中国城市发展研究院朱彼得副院长所说“PPP 模式”是最有效率的公共事业商业模式，而企业在与政府合作的同时要成为 PPP 的“平台建设者”和“城市运营商”，更好地推动城市实现可持续发展。

此次论坛亮点是由论坛嘉宾华瓯创业投资总经理黄金明、浙江省科技风险投资有限公司董事长顾斌、浙商投资行政总裁华晔宇、广润创投总经理陈长泉及枫惠创投总经理马海邦召开的圆桌主题会议，各位嘉宾就“如何积极地利用投资平台发展创业投资”这一主题与到场的企业家代表一起讨论交流如何在当下“大众创业，万众创新”的时代背景中，进一步加快杭州创业园区、创业小镇、众创空间等新型创业服务平台建设。浙江省科技风险投资有限公司董事长顾斌发言道：“创业人之所以会选择落户运河‘财富小镇’，它的优势在于良好的创新创业生态环境和健康有序的政策环境与服务环境。”的确，运河独有的历史文化和杭州“创业创新”良好氛围促就了“财富小镇”的产生。

浙江的创业风险投资行业是推动浙江经济发展的重要力量。近年来，许多创投企业通过专业的资本运作，不仅成功推动了许多优秀的浙商企业上市，更为浙江经济的快速发展和地方财力增长做出了积极贡献。此次浙江省创业风险投资行业协会协助成功举办首届“运河财富小镇”高端投资品牌论坛，致力于通过浙江省创投这一平台为杭州的“全国小微企业创新创业基地城市示范”贡献更多力量，创造更多财富与价值。

# 第二十二章　宁波市股权投资与创业投资行业协会

宁波市股权投资与创业投资行业协会（英文：NingboPrivateEquityVentureCapitalAssociation，缩写为NPEVCA）成立于2013年1月25日。

## 一、基本信息

电话：0574－87104896

传真：0574－87104896

Email：nbgqtzxh@163. com

联系地址：宁波市江东区江东北路375号和丰创意广场丰庭楼1402室

网址：www. npevca. org

## 二、协会简介

宁波市股权投资与创业投资行业协会由宁波工业投资集团有限公司、宁波市创业投资引导基金管理有限公司、宁波经济技术开发区金帆投资有限公司、宁波东元创业投资有限公司、宁波君润创业投资管理有限公司、宁波富博睿祺创业投资中心、宁波新以创业投资管理有限公司、中信银行股份有限公司宁波分行等多家单位共同发起。协会目前有60余家会员，包括各股权投资公司、金融企业、证券公司、律师事务所和会计事务所等相关机构。

协会宗旨：遵守宪法、法律、法规和国家政策，遵守社会道德风尚，以人为本，以服务为己任，积极开展业务活动，扩大行业影响，推动股权投资相关机构与本地实体经济进行对接合作，促进国内外股权投资与创业投资界的合作与交流，加强宁波股权投资与创业投资行业自律管理，维护会员的合法权益，提高会员素质，服务会员单位，推进股权投资与创业投资行为规范化，促进宁波股权投资与创业投资事业的持续、稳定、健康发展，积极为宁波地区的区域经济发展作贡献。

协会业务范围：

（一）向政府及相关部门提出政策法律咨询建议；

（二）制定行规行约，实行行业自律，维护会员合法权益；

（三）收集发布行业信息，为会员提供技术支持，做好行业人才的培训；

（四）举办各类交流活动，促进股权投资、创业投资企业之间，与其他相关行业之间，国内外相关协会、组织之间的沟通与合作。

## 三、特色活动

### （一）“宁波10大金牌投资人”评选活动

为引导鼓励行业内诚信合规的投资行为，总结、宣传市内优秀投资经理人的投资案例，现拟开展“10大优秀金牌人”评选表彰活动，对在天使投资、股权投资、创业投资行业合规经营、深入服务产业、业绩突出的投资人进行表彰。

通过加强对优秀投资人的评选、表彰，树立行业模范人物形象。倡导从业人员遵守行业规范、提高专业技能、增强自我监督与责任意识，不断提高全市创投行业的专业水平，促进行业健康发展，营造良好的创业创新氛围，为宁波战略性新兴产业发展与经济转型提供人才与资本的双重保障。

### （二）“寻找宁波最具投资价值企业”系列活动

当前，中国经济发展正处于转型加速的关键期，为推动大众创业、万众创新，打造经济发展新引擎，必须立足全局、改革创新，充分发挥市场配置资源的决定性作用和更好地发挥政府作用，尊重创业创新规律，实现资金链引导创业创新链、创业创新链支持产业链、产业链带动就业链，形成良好、健康、可持续的创业生态系统。

创业投资与股权投资作为创业生态系统中重要的组成部分是促进企业成长和创新的重要推手，其重要性日益凸显。发展创业投资与股权投资，一方面是落实十八届三中全会提出的“使市场在资源配置中起决定性作用”提高金融支持实体经济能力的要求；另一方面，也是要理解和贯彻习近平总书记对中国经济所做的“新常态”重大判断以及习总书记在系列讲话中所明确的中国经济发展要靠新动力、社会发展要有新视角、政府管理要有新举措。创业投资与股权投资作为资本市场体系的重要组成部分，对新兴产业发展具有巨大的促进作用。

宁波作为我国东部沿海的重要城市，市委、市政府近年来围绕打造“港口经济圈”着力实施“创新驱动”战略，推进战略性新兴产业发展，促进区域经济转型升级，积极推进政策创新、服务创新、模式创新，充分激发创造活力、形成大众创业、万众创新的生动局面，着力为宁波创业投资与股权投资打造天赐土壤。

# 第二十三章　青岛市股权与创业投资行业协会

青岛市股权与创业投资行业协会（英文译名：VentureCapitalandPrivateEquityAssociationofQingdao，缩写：VCPEAQ）是青岛市内从事股权投资和创业投资行业相关经济组织以及个人自愿组成的地方性、行业性、非营利性社会团体。

## 一、基本信息

会长：青岛华耀资本创业投资企业（有限合伙）
秘书长：青岛市市级创业投资引导基金管理中心
副会长：青岛高新创业投资有限公司
青岛光控低碳新能源股权投资有限公司
青岛静远创业投资有限公司
青岛银行股份有限公司
青岛拥湾资产管理有限责任公司
融银黄海创业投资有限公司
青岛鲁信驰骋创业投资管理有限公司
青岛软银瀚海创业投资合伙企业（有限合伙）
青岛华仁创业投资有限公司
电话：0532－66750598
传真：66750598
Email：VCPEAQ@126.com
联系地址：山东省青岛市科苑纬一路国际创新园B座2303室
邮编：266101
网址：www.vcpeaq.com

## 二、协会简介

青岛市股权与创业投资行业协会是青岛市内从事股权投资和创业投资行业相关经济组织以及个人自愿组成的地方性、行业性、非营利性社会团体。

青岛市股权与创业投资行业协会的宗旨是：遵守中华人民共和国宪法、法律、法规；贯彻执行国家有关方针政策；遵守社会道德风尚；在建设有中国特色的社会主义理论指导下，为政府服务，为会员服务，为社会服务；按照“公正、团结、服务、创新”的原则开展工作，在政府、创业企业和从事股权投资和创业投资相关企事业单位及个人之间发挥纽带和桥梁作用，促进股权投资和创业投资的发展。

## 三、特色活动

### （一）2015 青岛“蓝色之星”路演项目推荐会

日前，在青岛市蓝色经济区建设办公室指导下，由市股权与创业投资行业协会主办的 2015 青岛“蓝色之星”路演项目推荐会在青岛市创业投资公共服务平台举行。来自政府相关部门、全国知名基金机构及企业家代表 200 余人参加活动。

“蓝色之星”活动由青岛市市级创业投资引导基金管理中心发起，每年秋季举行，通过搭建企业和资本对接的桥梁，旨在打造青岛企业上市的“预备军团”。2014 年首届“蓝色之星”活动评选的十家“蓝色之星”已有过半企业得到基金机构的股权投资近 1 亿元。

今年的“蓝色之星”活动继续突出“蓝色、高端、新兴”的产业方向，通过层层初选，从全市的 500 多家参评企业优选出 20 余家进行现场路演，软银中国资本、光大投资、康大恒远、华耀资本、鲁信创投等 50 余家知名机构投资专家对参赛企业进行了现场点评指导。青岛华耀资本创业投资有限公司、青岛创信海洋经济创业投资基金中心（有限合伙）等基金机构与青岛旅事通有限公司、青岛博智汇力生物科技有限公司等企业达成投资意向。

五年来，在市级创业投资引导基金带动下，青岛市创投行业实现了跨越式发展，创投机构企业数量从 20 余家发展到 280 余家，基金规模由 13 亿元扩大到 170 亿元，从业人员从不到 60 人增加到 600 余人，均实现 10 倍以上增长。

### （二）创业吧兄弟——青岛众创空间首发

4 月 10 日，这个由青岛市市级创业投资引导基金管理中心发起成立，旨在利用集聚于引导基金管理中心平台的参股基金资金资源及管理能力，结合青岛市股权与创业投资行业协会和青岛创业咖啡的运营经验的创新创业平台开始面世。第一期 17 家创业企业进驻。通过这个平台，将推动优质项目的引进、培育、投资一条龙服务。

青岛市市级创业投资引导基金管理中心主任徐惠向记者介绍称，青岛众创空间以“资本助力众创，梦想在此起航”为创业服务愿景，将入驻项目划分为天蓝、海蓝、深蓝三种类型，量身定制相应的创业服务方案。

其中，天蓝型项目是指具有创新特点的优秀初创团队，也就是说有创新点子的团队，你有一个 good idea，你就可以来试试，青岛众创空间给项目设置一定的考察期，根据成长状况项目和平台双向选择去留；海蓝型项目是指已获得资本关注即将步入快速成长期的企业，也就是说已有资本关注并准备掏出真金白银，即将步入快速成长期；深蓝型项目是指已获得创投基金投资进入高速成长期的企业。目前，一期入驻的企业有 17 家，里面涵盖多个“互联网 +”的优质项目。

# 第二十四章　湖北省创业投资同业公会

湖北省创业投资同业公会（英文译名：VentureCapitalAssociationofHuBeiProvince，缩写：HB-VCA）成立于2001年9月。

## 一、基本信息

会长：周爱清湖北省高新技术产业投资有限公司董事长

秘书长：黎苑楚、郭华

监事：廖敏

副会长：黎苑楚、朱松青、李娟、王建国、乐荣军、王胜利、岳蓉、钱斌、刘敏、汪海涛、张晓玲、邝远平、王翔、魏永新、晏绍康

电话：027－87133831

传真：027－87135551

Email：webmaster@ hbvca. com

联系地址：武汉市洪山区珞喻路630号华乐商务中心12楼

网址：www. hbvca. com

## 二、协会简介

湖北省创业投资同业公会成立于2001年9月，系湖北地区专业性创业投资机构及相关中介服务机构自愿参加组成，由湖北省科技厅进行业务指导，并经湖北省民政厅注册登记的非营利性的创业投资行业自律组织。目前，省创投同业公会秘书处挂靠在省科技厅直属事业单位湖北省高新技术发展促进中心。同业公会自成立以来一直致力于为会员单位提供多方位、个性化的服务，促进各会员共同探索湖北地区创业投资的发展模式和策略，支持会员间实现资源共享、互惠协作和联合发展，为有效地促进资本与科技结合、加快高新技术成果与产业化进程、推动湖北地区创业投资事业和社会经济发展做出积极贡献。

本会的宗旨：本会遵守宪法、法律、法规和国家政策，遵守社会道德风尚。本着平等、交流、共享、互惠的原则，为会员单位提供多方位、个性化的服务，促进各会员共同探索湖北地区创业风险投资的发展模式和策略，鼓励会员间实现双边或多边形式的联合发展，促进会员之间的优势互补、利益互动、资源共享和互惠协作，充当行业与政府之间沟通的纽带，代表行业与政府

进行对话，维护行业利益，从而促进湖北地区创业风险投资事业规范、健康发展，为支持湖北地区高新技术产业及社会经济发展作贡献。

## 三、特色活动

2014 年 6 月 11 日 ~14 日，由民建中央、科学技术部、广东省人民政府和深圳市人民政府共同主办的“2014（第十六届）中国风险投资论坛”在深圳隆重召开。

十八届三中全会吹响了全面深化改革的号角，经济将更加展示出市场自身的强大力量。尽管内外部环境极为复杂，各种问题依然严峻，在过去的 2013 年，中国的风险投资行业仍延续了 2011 年以来的低活跃度状态，并未出现大幅的回暖，但在转型发展中陆续呈现的积极因素和不断释放的改革红利，让我们看到了梦想照进现实的曙光。

本届峰会将邀请 400 多位海内外投资者，800 多位杰出的创业企业家，200 多位中央及地方政府官员、学者及专业人士齐聚深圳，以“释放改革红利打造中国风险投资升级版”为主题，在变革的浪潮中，为 VC/PE 发展把脉，为行业思维注入活力，为国内外的投资家、企业家、学者及政策制定者们构建平等互动、激荡包容的智慧交流空间，以深远的见解，帮助我国风险投资完成行业的整合发展，行业升级。

论坛设置了 2 场高层论坛“改革与创新的力量：新经济增长点”“聚焦 VC/PE 行业 2.0 版”以及 10 场专题论坛“创业板的救赎之路”“爆发前夜：PE 二级市场的萌动”“直击新三板：热点、难点与改革”“天使投资的蜕变与新生”“高端制造业契机与挑战”“健康中国：行进中的医疗健康产业”“文化产业 VS 体制改革：投资新机遇”“突围‘十面霾伏’：环保与清洁能源的重任”“开创企业新版图：电子商务的创新与深化”“金融撞进互联网”。

# 第二十五章　湖南省股权投资协会

湖南省股权投资协会，简称湖南 PE 协会，成立于 2010 年 7 月 15 日，是由股权投资机构以及基金、保险、证券、信托、担保、法律、会计等涉及股权投资的行业单位和个人自愿联合发起成立的非营利性、行业性社会团体法人。

## 一、基本信息

顾问：李友志

名誉会长：石华清

名誉副会长：彭艾珍、马天毅、李金良、易德华、邓林、彭小玲、易晓中、尹侠

会长：黄明

轮值会长：储慧斌

副会长：张强、刘昼、蔡神元、谢暄、姜策、刘健、向德伟、熊焰、刘魁、肖正滔、何华梁、周文、刘桂平、郭运斌、彭建明、杨志勇、舒晓东

秘书长：余斌

常务理事：雷晟、廖立平、徐远忠、王鹏、何克明、向纪华、郑洪、隆福军、沈翔

监事：袁爱平、杨迪航、邹红艳

电话：0731－88862681

传真：0731－88862682

Email：hnpea888@126. com

联系地址：长沙市五一大道 389 号华美欧大厦 1909 室 2 楼

邮编：410005

网址：www. hnpea. org

## 二、协会简介

湖南省股权投资协会（简称：湖南 PE 协会，英文名称是 HunanPrivateEquityAssociation，缩写为 HNPEA）是由股权投资机构以及基金、保险、证券、信托、担保、法律、会计等涉及股权投资的行业单位和个人自愿联合发起成立的非营利性、行业性社会团体法人，是湖南省唯一的股权投资行业的省级协会，成立于 2010 年 7 月 15 日。协会的业务主管单位是湖南省人民政府金融

工作办公室，业务指导单位是深圳证券交易所。

以服务的态度、专业的水准搭建湖南省股权投资业界交流和沟通的平台，促进会员间的信息、资源共享；规范会员的行为，制定行业公约，加强行业自律；了解会员需求，解决会员困难，协调会员诉求，维护会员权益；构架会员和政府之间的桥梁，承担政府的职能委托，开展各种形式的调研活动，了解行业动态，为行业发展出谋划策，为政策制定提供依据；开展各种专业培训，组织各种交流活动，促进湖南省投融资事业的健康发展，为湖南省经济腾飞做出贡献。

## 三、特色活动

### （一）2016 亚洲（首届）文旅投资峰会项目路演专场

10 月 31 日，由湖南省工商联、湖南省旅游局指导，湖南省股权投资协会、湖南顺为资本管理有限公司主办，湖南前海创投孵化器有限公司、三一众创孵化器有限公司承办的“2016 亚洲（首届）文化旅游投资峰会项目路演专场”活动在长沙北辰洲际酒店举行。全省 14 个市州文化旅游部门负责人、50 余家湖南文化旅游企业代表、100 余位投资人参加了本次路演。

本次路演的 9 个项目涉及文化创意、动漫影视、网络文化、文化旅游等行业，包括湖南山猫吉咪、云上茶旅、赞美文化、大巴网、至美旅行、飞艺宝、大汉伊人舞台剧和凤栖谷—株洲通航小镇。路演采用“15 +5”模式，即 15 分钟自我展示 +5 分钟专家点评，企业方有更多的时间从公司概况、行业市场竞争情况、融资方案等方面充分展示项目亮点；区别于比赛的形式将专家提问调整成了专家点评，邀请了一众创投界、文旅行业资深评审专家，对路演企业进行了全方位的解析点评，并给予了企业更多专业化的指导意见和建议。路演过程中大汉伊人舞台剧、株洲通航小镇、赞美文化等几个项目获得了评委的青睐和投资意向，评委现场表示在会后做深度交流并展开尽调。中午时分，大汉伊人舞台剧项目将路演会氛围推向高潮，鼎信泰和董事长黄飙表示，将调动身边资源，助力其开拓和发展，更有一位现场观摩投资人请主持人给予发言机会，当即对该项目予以了高度评价，认为该项目是对中国汉文化的传承，肩负着重要的历史责任，表示将竭尽全力推动该项目的发展；另外湖南中小微企业产业投资基金董事长沈翔对株洲通航小镇项目表示非常看好，愿意会后通过金融结构化产品设计确定合作方案，助其解决融资问题。

### （二）2015 中国（长沙）科技成果转化交易会专场—高新技术产业与风险投资对接会

2015 年 11 月 11 日至 13 日，由 2015 中国（长沙）科技成果转化交易会组委会主办，长沙市政府金融工作办公室、长沙市工商业联合会、湖南省股权投资协会、长沙科技创业投融资协会、长沙市科技风险投资管理有限公司、长沙高新技术创业投资管理有限公司、长沙市技术产权交易所有限公司共同承办的“2015 科交会投融资专场主体活动——高新技术产业与风险投资对接会”在长沙世纪金源大饭店隆重举行，长沙市副市长何寄华出席并致辞。据统计，共有来自各地的 69 家知名创投机构、30 余家我市企业代表，共 200 余人参加了现场对接会。华纳大药厂、一特电子、学海文化、科达智能等一批投融资专场前期重点服务企业，通过与国内外投资机构的交流对接，成功完成项目融资，12 日下午在会议现场举行了签约仪式，签约总金额 3. 27 亿元。

为最大限度提高对接效率和成功率，今年，组委会深入我市各区县、园区，组织企业座谈和现场培训考察，有针对性的收集了 400 多个项目，并从中精选出 34 个优秀的融资项目进行重点推介，推介项目涵盖互联网、医药、新能源、新材料、智能装备制造等多个产业，其中，利用大数据监测提供节能综合服务的城光节能（832616）、互联网 + 建筑设计院的新型建筑设计服务商宝信平台（831620）、固废环保处置与资源化利用企业万容科技（833311）、湖南电子竞技业务开拓者科佳商业、湖南康通电子科技有限公司、惟楚有才网络股份有限公司等 6 个项目进行了现场路演。会议期间，海内外投资机构通过现场考察、项目路演、对接洽谈等多层次多形式的磋商交流充分接触了我市融资企业。

# 第二十六章　广东省风险投资促进会

广东省风险投资促进会（英文名称：GuangDongVentureCapitalPromotionAssociation，缩写“GDVCA”）是粤科金融前身广东省风险投资集团于2003年联合华南理工大学、广东省生产力促进中心、清华科技园（珠海）创业投资有限公司共同发起成立。

## 一、基本信息

理事长：汪涛

副理事长：戴华坤、嵇世山、罗茁、肖航、列海权、陈若愚

理事：梁茹、潘祖祖、贺臻、邓飞其、黄杰荣

电话：020－87681798

传真：020－37656562

Email：gdvca@ gdvca. com

联系地址：广州市先烈中路100号60栋14楼

邮编：510070

网址：www. gdvca. com

## 二、协会简介

广东省风险投资促进会是粤科金融前身广东省风险投资集团于2003年联合华南理工大学、广东省生产力促进中心、清华科技园（珠海）创业投资有限公司共同发起成立，由广东省科技厅作为业务指导单位，经广东省社会团体管理机关核准注册登记的社会团体，是以广东地区的风险（创业）投资及相关担保、咨询、服务机构，以及创业投资领域的相关专业人士为基本会员的行业自律管理组织。

广东省风险投资促进会在推广风险投资理念、促进行业交流以及促进广东省内风险投资事业发展等方面做了大量的工作，取得了较好成效，受到政府主管部门和业界的充分肯定，对推动广东经济社会发展特别是风险投资、创新驱动做出了积极的贡献。

2015年5月，广东省风险投资促进会中标广东省发展和改革委员会公开招标采购的广东省发展和改革委员会创业投资企业备案管理服务项目，负责承担广东省创投企业备案管理工作。

广东省风险投资促进会汇集广东地区主流风险投资机构和一批高成长企业，本着真诚服务、

加强行业自律管理、促进行业健康发展的理念，团结和组织广大会员，积极探索建立适合广东新兴创业投资体系、鼓励创业投资机构的发展，成为同业之间、风险投资机构与中小企业之间、广东风险投资业界与海内外同行之间沟通合作的重要平台。

## 三、特色活动

2016 年 3 月 2 日下午，在广东省科技厅、广州市科技创新委员会、广州市番禺区人民政府的大力支持下，由广东省孵化器协会、美国风险投资学院中国分院、广东省沃土企业成长研究院、广东省风险投资促进会、广州番禺节能科技园联合主办的“国际孵化器运营与管理高峰论坛”，在广州番禺节能科技园科技交流中心举行。

来自美国、瑞典、英国、澳大利亚和中国的孵化器运营管理以及风险投资专家，在论坛上总结国内外孵化器运营管理的经验与教训，共同探讨了在创新创业大潮中，中国孵化器如何更好地面对机遇与挑战，实现良性健康发展。

本次论坛吸引了 300 多位来自全国各地孵化器、科技园区和高校的负责人，以及企业家、投资人参加。广州市委常委、统战部部长卢一先，广州市番禺区委副书记，区长何汝诚在活动前会见了海外专家。广东省科技厅副厅长杨军，广州市番禺区副区长杨伟强，以及广东省风险投资促进会秘书长崔颖，副秘书长李玮出席了本场活动。

对于孵化器的建设和运营管理，国外已经有了多年运作经验，来自美国投资学院的主席查理？费尔菲尔德先生就表示，建立一个孵化器是很容易的，但是要建立一个成功稳健的孵化器就非常困难，这里面需要解决几大问题。第一，对于孵化器的运营者和管理者来说，核心目的就要寻找并孵化能够获得长期成功的团队或公司；第二，孵化器一直不断地运转，并不意味着你在实际的前进，只有往前不断开拓式的运转，这个孵化器才是有价值的；第三，成功的加速器，它的管理者（包括政府部门）必须要有企业家的思维方式，管理者要知道成功企业必备的要素，需要什么资源，地区和行业之间有什么特殊性等等；第四，作为孵化器的管理者还必须对市场有一个前瞻性的预测，要知道市场的周期处在什么水平上，无论是哪里的孵化器都不可避免会经历市场的起起落落，有了先见之明才能保护孵化器和企业稳健成长。

# 第二十七章　深圳市创业投资同业公会

深圳市创业投资同业公会（以下简称同业公会）成立于2000年10月14日第二届“高交会”期间，系由深圳地区专业性创业投资机构及相关中介机构自愿结成的，经深圳市社会团体管理机关核准注册登记的专业性、非营利性创业投资行业自律组织。

## 一、基本信息

会长：靳海涛原深圳市创新投资集团有限公司董事长

常务副会长（兼秘书长）：王守仁

副会长：陈虹、厉伟、朱方、刘昼、卢振威、蔡达建、程厚博、王欣胜、陈永弟、保罗·希尔、叶小杭、郑伟鹤、李晋宁

常务理事：陈鸿桥、刘明伟、常进勇、靳新中、孙明高、黄绍文、刘杰、张玉宏、贺玲、钟博义、王永华、张凤岗

理事：司马翔、丁宝玉、郑海滨、吴宇、汤毅、王鸣、安云丽

电话：（86）755－82912573829227598297419982928843

传真：（86）755－82909418

Email：qfu@ szvca. com

联系地址：深圳市福田区新闻路侨福大厦2楼

邮编：518034

网址：www. szvca. com

## 二、协会简介

深圳市创业投资同业公会（以下简称同业公会）截至2008年底共有会员252家，其中创业投资机构132家，中介机构19家，创业投资管理机构101家，是目前国内规模最大最活跃的创业投资行业自律组织。截至2008年底，深圳创投资本总额600多亿元（包括注册资本和管理创投资本），累计投资项目超过1000项，投资金额近400亿元，在支持以深圳地区为重点的高新技术产业发展上做出了积极的贡献。其中投资深圳地区占60%以上，投资行业涵盖：TMT、光机电、先进制造、生物医药、新材料、能源、环保、化工、物流、连锁服务等领域投资地域，分布在国内的广东、北京、上海、江苏、山东、浙江、陕西、湖北、辽宁、福建、安徽、云南、贵

州、黑龙江、西藏、新疆、重庆等17个省、市、自治区。投资阶段涵盖：初创期、成长期、成熟期。自深圳中小企业板2004年5月17日正式运作以来，在中小企业板公开上市的企业中，大族激光、同洲电子、达安基因、荣信股份、山河智能、拓邦电子、远望谷、西部金属、金证科技、科陆电子等多家上市公司是由深圳创业投资同业公会旗下的会员机构投资培育的，并且还投资多家企业在香港、美国、韩国、德国、新加坡、英国等地的资本市场成功上市，上市地点涵盖世界各地13个证券交易所，其中三诺电子是韩国创业板首家中国上市公司，深受韩国投资者青睐。深圳市创业投资行业在对深圳乃至全国高新技术产业做出重大贡献的同时，行业自身已经获得丰厚的回报，取得不俗业绩。深圳已经成为全国本土创业投资最活跃的地区，同时成为按市场化原则规范运作并具有很强凝聚力的新兴行业组织。鉴于一贯坚持市场化原则，坚持服务第一和行业自律的宗旨，以及在创业投资领域的优异表现，深圳市创业投资同业公会获评“深圳市优秀社会团体”。

## 三、特色活动

### （一）主办和参与举办创业投资大型论坛与研讨会，推动全国创投业发展

三年来，同业公会主办和参与举办了多场高水准的大型创业投资论坛与专业研讨会。其中主办的有2004年“扶持与规范：中国创业投资国际论坛”、2005年“全流通：科技企业及VC新机遇联谊会”、2006年“中国在赢：中国创业投资配套政策高层论坛”及深圳、张家港、西安、洛阳、苏州、杭州、北京等地的项目对接会。同时，同业公会还与中国风险投资研究院、北京清科公司及《投资与合作》杂志等机构联合主办或协办了亚太风险投资论坛、中国科技企业孵化器发展论坛、中国风险投资论坛等多场大型论坛及研讨会。

### （二）充分发挥同业公会网站、《创新》杂志的作用，广泛开展创业投资信息交流

在市政府的大力支持下，同业公会建立了功能较为齐全，面向境内外开放的动态网站，利用信息化技术为会员及境内外同行提供全面的信息咨询服务，并以此为基础搭建起创业投资信息交换平台，将最新的创业投资及其他相关信息及时地传递给会员、境内外同行及科技产业界同行。同业公会还利用与创新投资集团合办的《创新》杂志、社会新闻媒体，举办各种论坛与研讨会等途径及时传播行业信息，通过信息传导和交流有力地发挥同业公会对创投行业的服务和引导作用。此外，还组织部分创投机构联合编写2004、2005年版《深圳年鉴》“创业投资”栏目，协助科技部编写2004、2005、2006年《中国创业投资发展报告》，协助深圳市金融服务办出版深圳市行业发展白皮书，协助中央电视台采访报道深圳创业投资及科技创业发展状况等。

### （三）推动深圳市实施科技路线图计划，与深交所及投资银行建立战略联盟

自从2005年深圳证券交易所开设中小企业板以来，同业公会全力推动实施科技路线图计划，组织机构会员参加深交所在全国各地及深交所本部举办的“中小企业板上市推介会”，鼓励和引导机构会员根据中小企业板上市要求广泛选投优质项目，与投资银行开展项目投资与上市合作，还组织深圳地区创投机构与外资创投机构就共同设立“人民币基金”进行座谈。此外，公会通过撰写调研咨询报告、召开座谈会等方式，为推动我国多层次资本市场建设及创投开通多种退出渠道献计献策。

# 第二十八章　海南省投资协会

海南省投资协会（简称“海投协”，英文：TheInvestmentAssociationofHainan，缩写为 IAHN）成立于2010 年。

## 一、基本信息

会长：余以军

秘书长：韩录光海南省发展和改革委员会财政金融处原调研员

常务副会长：安凤明

副会长：曲军远、欧曼琛、李春生、杨松、谭荣国、杨永库、杨新宇、庄松水、唐祥钧、林号营、邢捷、陈玉德、罗闯、何雪涓、陈贵云、王存金、彭汉楚、刘晓琴、赵伟雄、程太阳、董健、董永开、刘振元、刘国富、陈品忠

常务理事：辜华龙、胡晓峰、杜海峰

电话：0898－65362335

传真：0898－65319335

Email：

联系地址：海南省海口市海秀大道48 号鸿泰大厦14 层（海南省招标投标交易市场内）

邮编：570206

网址：www. hnia. org. cn

## 二、协会简介

海南省投资协会（简称“海投协”）是海南省委省政府为了更好的服务于各方投资海南的企业，为了引进和引导民间资金加快海南国际旅游岛建设的进程，促进我省投资业的健康发展和投资环境的改善，按照进一步转变政府职能的要求，在整合重组既往我省投资类社团的基础上，2010 年组建起来的代表我省投资行业的协会。海投协承载着省委省政府的殷切期望，并交由投资主管部门省发展改革委主管，接受中国投资协会的业务指导，与全国各地的投资协会、商会、投资联盟、投资公会及数百家上市公司等大型投资机构结成战略伙伴，具有强大雄厚的资源优势；

海投协整合省内外著名的区域发展研究、区域经济规划、项目策划、市场分析与预测、投资

和融资运作、活动策划与组织等投资服务专业机构，具备强大可靠的专业优势；

海投协以海南全省投资行业的名义整合投融资所需的各方面资源，同时整合全省各市县各行业各企业的同类需求整体对外开展相关活动，具有无可替代的整体优势；

海投协是投资性企业的娘家，在服务政府的同时为企业服务是协会的天职，因此具有受企业信赖的服务优势。

## 三、特色活动

### （一）首届中国通用航空旅游高峰论坛

经国务院批准，中国国际通用航空大会每两年举办一次，中国国际通用航空大会第四届大会将于2015年10月15～19日在西安召开。大会由中国民用航空局、中国国际贸易促进委员会、中国航空工业集团、陕西省人民政府联合主办。我协会是协办单位之一。

大会期间将有来自国内外两百余架通用飞机参展，其中30余架将进行飞行表演，近两百余家航材生产商参展，500多家国内外通用航空企业及客商参会，观众预计20万人。届时有来自美国、匈牙利、瑞典、立陶宛等多个国家的飞行特技表演队进行空中特技表演。

我协会之外，本次高峰论坛的协办单位还有：中国国际通用航空大会执委会、中国通用经济智库、中国通用航空（救援）产业联盟、中国通用航空联合会、中国通用航空旅游俱乐部、中国旅游投资促进会、陕西西北通用航空协会。

中国通用航空旅游高峰论坛将深入研讨在国家“一带一路”战略大背景下，中国通用航空与旅游产业如何有机融合问题，促进智慧旅游主题文化小镇建设，促进文化旅游、会议旅游、健康休闲、养生养老、现代服务业、互联网金融、应急救援等产业的融合与协同创新，促进传统产业转型升级和大众创业。届时500多位国内外的行业高层及精英们欢聚一堂，共同探讨，共商发展大计。我协会为我省相关企业争取参会、参展机会，做好相关服务和组织工作。

### （二）第二届亚太金融与资源创新峰会

2015年中国经济进入新常态，既有资源寒冬、股市震荡、人民币贬值等现实因素，也有“一路一带”的发展战略，尤其习近平主席在APEC中提到的“亚太自由贸易区”，为亚太地区资源与金融的发展拉开了序幕。

亚太和沿线的国家及地区拥有丰富的资源，中国可以发挥在资源投资、勘察、开发、设计等方面的优势，与各国发展产业互补共同开发。本年度末亚太金融研究院联合海南省金融办和本协会共同举办第二届亚太资源与金融年会，旨在探讨新经济形势下的金融创新模式与资源投资趋势、实体经济及虚拟经济发展的诸多热点问题。

# 第二十九章　成都市创业投资和股权投资协会

成都市创业投资和股权投资协会（英文名称：VentureCapitalandPrivateEquityAssociationofChengdu）。

## 一、基本信息

会长：吴忠成都银科创业投资有限公司总经理
常务副会长：隋海峰
副会长：尹柯、付勤、李农
电话：028－85978058
传真：028－85978058
Email：cd_ vcpe@ 163. com
联系地址：成都市高新区锦城大道539号盈创动力大厦403室
网址：www. cdvcpe. org

## 二、协会简介

成都市创业投资和股权投资协会是经成都市发展和改革委员会批准成立、成都市民政局批准登记的社会团体，是成都市创业投资和股权投资行业的协会组织。

成都市创业投资和股权投资协会的宗旨是：宣传贯彻国家有关创业投资和股权投资政策，研究创业投资和股权投资领域中的理论和问题，培训创业投资和股权投资行业人才，加强创业投资和股权投资行业规范和企业自律管理，保护创业投资和股权投资者的合法权益，构建创业投资和股权投资企业与政府主管部门之间、创业投资和股权投资企业之间以及创业投资和股权投资企业与创业企业之间联系交流合作的桥梁与纽带，推动成都市创业投资和股权投资行业持续健康快速发展。

主要业务：年度发展报告、行业评优表彰、政策信息研究、行业人才培训、行业门户网站、资本项目对接、法律咨询顾问、国内外合作交流。

## 三、特色活动

### （一）2016成都市创投企业政策宣讲座谈会

进一步加强我市创投行业业内交流、宣贯最新政策、倾听行业诉求，4月7日，协会举办2016成都市创投企业政策宣讲座谈会，会议由协会秘书处胡宇主持，市发展改革委资金利用处处长顾博，高新区经贸发展局金融处副处长李庆，协会副会长德同银科创业投资基金总经理李农出席了会议，创新风投、成都技转投资、泰豪银科等21家机构和创投企业负责人、代表参加了座谈。

会议首先由顾博处长解读西部大开发创投行业相关优惠政策，围绕鼓励类产业目录，支持符合条件的创投企业享受税收优惠政策、鼓励投融资需求有机结合等方面，与参会代表进行了深入的沟通和讨论，听取了创投企业的意见。区经发局金融处副处长李庆对近期内在实施的“三次创业”、产业、创新及人才政策进行了宣讲，现场进行了解疑答惑。

协会将继续发挥行业桥梁和纽带作用，在投融资平台建设、服务政府、反映诉求、行业培训等方面为会员单位做好服务工作，通过举办更多的交流座谈、学习培训与项目对接活动，促进我市创投行业快速健康地发展。

### （二）成都千亿创投公益活动首场创业投资对接会

8月5日，由市科技局、成都市创业投资和股权投资协会指导，成都商报、每日经济新闻主办的“成都千亿创投公益活动首场创业投资对接会”天府软件园灵感咖啡在举办，协会组织了成都技转投资有限公司、成都德同银科基金、成都创新风险投资有限公司、成都天下惠创创业投资中心等会员单位参加，与参会的20多个创业团队进行了对接。现场气氛热烈，投融资双方进行良好的互动交流。

成都“千亿创投”公益活动系成都商报及成都传媒集团发挥自身媒体优势和资源优势，采用现代媒体手段，汇聚千亿创业资本、创业项目、政府的力量，为“创业天府”鼓与呼，营造和传播成都浓烈的创业氛围，切实为创业者与投资机构以及金融机构搭建的合作平台。

### （三）2015年1月川藏股权交易中心挂牌企业投融资对接会

1月29日下午，由协会和成都（川藏）股权交易中心共同组织的“2015年第一期投融资对接交流会”在股权交易中心第一会议室举行。协会组织了德同银科、创新风投、盈创资本、高特佳银科、中物创投等9家VC/PE企业，与来自装备制造、农业、餐饮连锁等行业的10家成都（川藏）股权交易中心挂牌企业进行了对接交流。

随着我国多层次资本市场体系建设逐步完善，及监管部门对区域性股权交易市场的定位逐步明确，四板市场作用将日益突出。今后协会将持续与成都（川藏）股权交易中心开展合作，拓展项目渠道，搭建项目对接平台。

# 第三十章　云南股权投资基金协会

云南股权投资基金协会（英文名称 YunnanPrivateEquityAssociation，缩写为 YPEA）是由云南省人民政府金融办公室主管，经云南省民政厅批准成立，由云南省股权投资行业人士自愿联合发起成立的非盈利性社会团体法人机构。

## 一、基本信息

会长：刘一农
秘书长：马策
副会长：梁兴超、樊宏、刘焕智、杨于明、马佳、吴江、葛蓁、王增鹏、周龙
电话：0871－6378540
传真：0871－3172129
Email：yngqtzjjxh@163.com
联系地址：云南省昆明市拓东路澜沧江大厦 1807 室
邮编：650011
网址：www.ynpea.org

## 二、协会简介

云南股权投资基金协会是由云南省人民政府金融办公室主管，经云南省民政厅批准成立，由云南省股权投资行业人士自愿联合发起成立的非盈利性社会团体法人机构。

云南股权投资基金协会的宗旨是：认真贯彻执行国家的有关法律法规，建立行业自律监管机制；协调组织股权投资机构行为，实现行业资源共享；维护会员的合法权益，提高会员素质；加强会员与国内各省市和国际股权投资管理行业的合作与交流；创新融资工具，壮大股权投资基金队伍，促进云南股权投资基金的超常规发展，扶持企业成长，推动云南经济发展方式转变，促进云南省经济社会又好又快发展。

云南股权投资基金协会的主要工作是：促进股权投资基金行业的健康运行与监管环境的改善；为股权投资基金注册提供系列服务；组织相关活动，搭建行业交流平台；建立行业信息库、传媒平台、教育与培训系统，提商研究能力；全面开展与国内外特别是泛亚地区股权投资界的合作，提升协会的行业影响力。

## 三、特色活动

### （一）第二届滇深金融合作产融对接会

2015年5月21日，协会承办的“合力打造面向南亚东南亚辐射中心暨深化滇港（澳、粤）产业合作交流活动‘第二届滇深金融合作产融对接峰会’”在深圳五洲宾馆举行。我协会10余家会员单位及两地商界、政界、学界以及金融投资界等业内人士350余人参会。

会议以“金融入（出）滇、产融对接、合作共赢”为主题，探讨如何充分发挥滇深两地各自优势，加强金融合作、整合资源、盘活资本、集聚力量，以此构建云南“面向南亚东南亚辐射中心”的滇深金融合作资本圈，实现产融对接，谋求互利共赢。

云南省省长陈豪同志亲临会场。他表示，云南资源富集，又是沿边开放的前沿，国家层面赋予云南许多差别的政策。滇深两地政府非常重视金融合作和产融对接的问题，希望通过搭建各种资源整合平台，把两地的金融专长和产业专长较好的结合起来，促进不同区域内实体经济又好又快发展。

滇深两地金融投资机构和企业在会上签署了多项支持云南经济和金融发展的合作协议，将积极促成100多亿元的意向协议资金落地云南，促进云南经济建设和跨越式发展。

### （二）云南私募基金

云南股权投资基金协会开展“云南私募基金”专题互动，已开展十六个专题，分别为“一带一路”，《私募投资基金管理人内部控制引导》解读，《关于进一步规范私募基金管理人登记若干事项的公告》解读，2016《政府工作报告》，应急产业，金融行业“营改增”新政，《私募投资基金募集行为管理办法》解读，私募基金登记备案若干问题，私募机构挂牌新三板新政，PPP项目的基金运作、并购基金、VIE架构，PE投资条款，IPO新政，贫困地区企业上市，挂牌绿色通道解读，私募机构新三板做市，私募股权投资尽职调查。

# 第三十一章　西安市创业投资协会

西安市创业投资协会陕西创投业是自律性行业组织。协会由从事创业风险投资、创业风险投资管理，以及相关的投资咨询、金融证券、科学研究、政府部门、高新园区等机构和个人组成。

## 一、基本信息

名誉会长：王文斌
会长：刘薪
秘书长：王仕伟
电话：029－86226310
传真：025－86200102
Email：xascytzxh@163.com
联系地址：西安市北关正街6号阳光报社9楼
网址：5yctj.com

## 二、协会简介

协会由从事创业风险投资、创业风险投资管理，以及相关的投资咨询、金融证券、科学研究、政府部门、高新园区等机构和个人组成。会员分为特邀会员、单位会员和个人会员三类。现有单位会员50多家。

协会宗旨：联合省内外创投资机构和相关组织，通过项目交流、信息服务、组织培训和投资咨询等，发展陕西的创业投资。

协会业务：自律管理、专业培训、资格认定、行业信息调研、对外交流、咨询服务等。协会接受政府委托，制订行业标准，规范行业行为，实现行业自律。协会每月定期举办创业投资沙龙，深受项目企业和投资者欢迎。协会愿与各地投资者建立广泛的合作关系。

## 三、特色活动

### （一）阳光报社与西安市创业投资协会签署战略合作协议

5月20日，西安市创业投资协会第二届第一次会员代表大会在阳光报社6楼会议室举行，大会选举产生了创业投资协会新一届领导班子，刘薪任新一届会长，宫蒲玲、董洁冰、王韶利任常务副会长。此次会议上，西安市创业投资协会与阳光报社签署战略合作协议，阳光报、阳光网总编辑万波与阳光报社副社长、阳光网总经理王仕伟在大会上进行了致辞。参加此次大会的有十二家会员单位近二十人，大会由创业投资协会办公室主任管培莲主持。

阳光报、阳光网总编辑万波及西安市创业投资协会刘薪会长签约战略合作协议。万波总编说："李克强总理一直在说创业，我对此热情高、想法多。现在各种资源都可以连接，阳光报社和西安市创业投资协会签署战略合作协议，这是符合时代大潮的。没有创新就很难创业，在互联网的大潮下谈创新创业适逢其时。我们要把科技资源转化为经济资源，打造陕西创新创业平台——一个让大家获利的空间平台。"

# 第三十二章　广西投资企业联合会

广西投资企业联合会（英文：GuangxiUnionOfInvestmentEnterprise）成立于2009年4月。

## 一、基本信息

会长：阳曜丞

广西八桂城投公司董事长

常务副会长：韦强、闭杨杨、刘战兵、刘振坤、陈洲、陈峰、陆剑、李力劼、陆治华、杨金林、李荣坚、吴荣惠、杨朝龙、罗凤望、罗兴彪、洪文忠、莫汉军、黄开永、黄环球、彭世界、谭济昊、

商会顾问：韦坚祥、郑澄、李干、张霖军、韦丰文、熊志柳、彭雨捷、唐波、林涌泉、谢斌、陈伯隆、郑立成、陶雄军、李永振、古越胜、

电话：0771－5554077

传真：0771－5534933

Email：gxtzlm@126.com

联系地址：南宁市民族大道127号铂宫国际19楼1910室

邮编：530022

网址：www.gxtzqy.com

## 二、协会简介

广西投资企业联合会成立于2009年4月，是由广西区内投资企业自愿组成跨行业的非营利性社会团体，具有社团法人资格，是广西省级优秀社团组织之一。本会接受业务主管单位广西区经济委员会和民政厅社团登记管理机关的业务指导和监督管理。目前，拥有会员企业近百家，会员单位含盖各投资领域，包括地产开发、基础设施、矿产采掘、物流、交通能源、环保节能、科技、文化、现代农业和新兴业态等一、二、三产业。

区经委和民政厅批复文号分别为：桂经规划函〔2009〕333号，规民函〔2009〕212号。

成立两年多来，在自治区工信委和业务主管机关的关心支持下，经过全体会员企业家的积极参与和共同努力，从打基础、练内功入手，在制度建设、对外交流、凝聚会员等方面做了些卓有成效的工作，取得了一定的成绩，得到了社会各界的广泛认可和赞同。

面对广西新一轮的发展机遇，我们以科学发展观为指导，坚持走集约整合的联合发展之路，为搭建能实现共赢的合作发展平台，使广大会员企业家能在广西新一轮建设高潮中占有一席之地。我们将努力把联合会办成能够提供特色服务、反映诉求、维护权益，进行有益、有效、高端服务的松散又紧密型的联合体和在区内外有一定影响、深受广泛认同的会员企业之家。

## 三、特色活动

2014 年 8 月 22 日下午 14：00，“走进《中国规划》时代”论坛在南宁沃顿国际大酒店举行。“中国规划”第一人、文华金融研究院院长刘文华为南宁的企业家分享了新时期中国经济如何进入全球“中国规划”时代。刘文华作为广州文华投资集团董事长，曾荣获“2013 中国经济最具影响力十大年度人物”殊荣。

据了解，“走进《中国规划》时代”论坛至今已经在全球 30 多个国家和地区举行，在国内 50 多个城市举行，影响了数万名爱国企业家对自己的企业和行业重新站在全球的高度进行战略规划。

据悉，本次活动由南宁市中小企业服务中心主办，是《中国规划》首次在南宁举行。南宁政界、银行界代表及 200 多名本地企业家各商会代表参加了论坛。广西投资企业联合会副会长青立广、王霖，会员梁健诚、王中钦，金融服务委员会主任郑澄等均应邀出席本次论坛。

在《中国规划》论坛现场刘文华分享了文华大系统“三十九个字”的全球普适价值观，“合法，正面，共赢，不谈论政治，不攻击他人”的文华基本原则，“低调，务实，执着，海纳川穹，做到最好”的文华精神，“感恩，分享，添柴火，爱国”的行为习惯。

刘文华认为，实现中国规划，首先要做的就是加快金融工具推进步伐，通过人民币国际化，实现以中国经济为核心的全球经济一体化。他指出，美国曾经走过的路是美国制造、美国创造、美国金融和美国规划，中国应该从“中国制造”直接跨过“中国创造”，跨过“中国金融”、进入“中国规划”，在美国规划的前面做前端拦截，走在前端等着美国，而不是跟在美国后面走。

在他看来，做好“中国规划”要认识到中国产品质量并不比外国差。中国有自然资源优势，可以通过数量、质量、品种等方式让发达国家处于市场饥饿状态，制造稀缺性，提高价格获取更高利润，廉价或“零代价”收购其他第三世界国家更多的自然资源，通过“前端拦截”规划全球，让更多发达国家成为我们的“研发工厂”。

会后，广西投资企业联合会的多位会员均表示，刘文华院长的“中国规划”理念站在世界金融的高度去解析了中国当今的金融环境，其中《资本兵法》通过对资本本质规律的诠释，站在系统和理论的高度，详细剖析了企业资本运作的各种可能性和方法，为帮助现阶段我国民营企业插上资本的翅膀，更快更好的突破现阶段的发展瓶颈并快速成长起到了重要的作用。

# 第三十三章　重庆股权投资基金协会

重庆股权投资基金协会（英文：ChongqingPrivateEquityAssociation，缩写为 CQPEA）成立于 2013 年 1 月 10 日。

## 一、基本信息

会长：重庆市江北嘴股权投资基金管理有限公司

副会长：重庆华房股权投资基金管理有限公司、重庆正银广惠股权投资基金管理有限公司、重庆瀚曦股权投资基金管理有限公司、重庆文化股权投资基金管理有限责任公司

常务理事：瑞旗股权投资管理（重庆）有限公司、昊云（重庆）股权投资基金管理有限公司、重庆天启股权投资基金管理有限公司、重庆华犇创业投资管理有限公司

理事：重庆英飞尼迪投资管理有限公司、重庆新汇瀚股权投资基金管理有限公司、重庆中金英华股权投资基金管理有限公司、重庆涌瑞股权投资有限公司、重庆润科股权投资基金合伙企业、西证渝富股权投资基金管理有限公司、重庆富坤投资顾问有限公司、重庆安发股权投资基金管理有限公司

电话：023－67572006

联系地址：重庆市北部新区星光大道 11 号

邮编：40112

网址：www. cqpea. cn

## 二、协会简介

重庆股权投资基金协会是由从事股权投资基金相关业务的单位自愿联合发起成立，是经重庆市社会团体登记管理机关核准登记的非营利性、地方性、联合性社会团体法人。协会业务范围为开展调研、理论研究、交流合作、业务培训等活动。

协会宗旨：

遵守我国宪法、法律、法规和政策，遵守社会道德规范；建立行业自律监管机制，维护会员的合法权益，提高会员素质，加强会员之间、会员与国内外股权投资及管理界的合作与交流；促进我市股权投资行业的健康发展。

工作范围：

（一）向会员宣传、贯彻党和国家的方针、政策，引导会员遵守国家法律法规，规范企业行为，提高行业自律水平；

（二）积极开展调查研究和理论研究，组织会员开展股权投资基金的职业教育培训、再培训及经验交流，推动行业的规范创新；

（三）组织会员参观、考察或举办各类研讨会、项目合作推介会等活动，增进会员与行业间的交流与合作，向会员提供咨询服务，遵照有关规定编辑出版有关书籍、报刊；

（四）参照国际惯例和准则，结合国内实际情况，逐步形成并制定符合中国国情的行业标准、职业道德规范和自律性管理规则，设立并组织评选行业相关奖项；

（五）加强股权投资行业与其他相关行业之间的交流和合作，研究探讨股权投资行业的热点问题，向政府有关主管部门提供关于行业发展建议、调研报告和立法建议，维护股权投资行业的共同执业权益，争取股权投资行业的优惠政策；

（六）广泛联系国际与港澳台地区的商会等组织和机构，组织会员开展交流、互访、考察等活动，促进会员的国际交流与合作；

（七）维护会员合法权益，及时向政府有关主管部门反映会员的困难、意见和要求，帮助会员排忧解难；

（八）承办政府交办的其他事项。

## 三、特色活动

### （一）私募基金合同纠纷案例分析会

11 月 4 日，重庆股权投资基金协会联合重庆市金融发展服务中心在金考源会议酒店成功举办私募基金合同纠纷案例分析会。此次培训会邀请到国浩律师（重庆）事务所合伙人江晓惠律师讲解最新私募基金合同规范及合同纠纷案例分析。

通过私募基金涉诉案件分析、私募基金涉诉案件裁判规则、典型案例评析、私募新规解读四个部分，江律师对私募基金行业各地区的涉案数量、各案件的裁判特点、裁判案例及新规做了详细的讲解。据统计，截至到 2016 年 11 月 3 日，基金合同涉诉的民事案件总数为 319 件。私募基金涉诉案由主要为私募股权基金与目标公司及原股东或实际控制人在增资或受让股权后提起的股权协议诉讼、公司决议效力确认纠纷、股东资格确认纠纷等。合伙协议约定的保底条款无效；基金谎称将募集基金投入信托计划但直接投资于项目公司的，构成对有限合伙人的重大欺诈，投资款应当返还；对赌协议中，目标公司对实际控制人或原股东支付股权回购款的义务承担保证责任的约定无效等条款都是私募基金涉诉案件裁判中用到的主要规则。

通过此次培训，各基金行业从业人员对私募基金新规理解更加到位，提升了合规操作意识和执业能力。

### （二）“香港市场挂牌融资与境外上市”交流培训会

11 月 20 日，重庆股权投资基金协会与重庆市金融发展服务中心联合举办“香港市场挂牌融资与境外上市”交流培训会。此次会议应香港明大企业集团邀请，香港交易所、德勤中国、广发资产、香港新华集团、中豪律师集团等多家机构负责人齐聚一堂，共同探讨渝企赴港上市的机遇与路径。重庆部分区县金融办，多家在渝基金公司、企业代表共计百余人参加了此次会议。

在上午的会议中，港交所代表、德勒中国、柯伍陈律师事务所、广发资产等机构的代表依次上台，向到场听众就内地企业赴港上市的政策支持，已赴港上市的企业经验以及香港资本市场的运作与机遇等主题内容进行演讲，深入分析了香港资本市场情况、赴港上市优势与流程等内容。会议还通过沙龙论坛的形式，多家机构的代表就境外上市与境内上市的区别差异进行了热烈的讨论，并与现场来宾交流互动，解答台下听众提出的问题，使听众对香港市场挂牌融资及境外上市的相关情况有了全面而深入的了解。议会内容安排充实，内容针对性、专业性强，会场氛围浓厚，达到了预期效果。

### （三）铜梁工业园区融资辅导对接活动

9 月 23 日，重庆股权投资基金协会在铜梁区成功举办“铜梁工业园区融资辅导对接活动”。在市金融办和市经信委组织领导下，在铜梁经信委、相关工业园区的积极配合下，产业引导基金、德同资本、华犇创投等 15 家投资机构，对来自铜梁、大足、潼南、合川、双桥 5 个园区的 46 家代表企业进行了融资辅导和对接交流。

活动中，产业引导基金、和君资本、德同资本、安信诚基金、股份转让中心、国泰君安、工业服务港 7 家机构分别进行了辅导授课，讲解了企业如何与资本对接、风险投资选择企业的看重点、区域性股份交易中心、新三板并分享了成功投资案例，增加了企业对区别于传统银行融资的股权类直接融资的认识。辅导环节后，企业针对自身问题和各自偏好，分别与 15 家投资机构进行了一对一的对接交流。

此次活动是继“南川项目对接活动”后，重庆股权投资基金协会推动的又一“进区县，进园区”系列活动，此系列活动将不断完善形式，丰富内容，切实帮助区县企业解决“融资难、融资贵”的问题，助推区县实体经济发展。

# 第三十四章　重庆市民营企业投资协会

重庆市民营企业投资协会（英文：ChongqingPrivateEnterprisesInvestmentAssociation，缩写为CPEIA）成立于2016年1月15日。

## 一、基本信息

总会长：蒋远武
秘书长：甘德全
会长：彭广义
执行会长：邓祥永、石金华
执行会长：兰远、刘军
副会长：杨扬、林科、巫云德、李建刚
电话：023－63301662
联系地址：重庆市渝中区经纬大道333号康德国际2栋9－4
邮编：400010
网址：www. vcpe. org. cn

## 二、协会简介

重庆市民营企业投资协会成立于2016年1月15日，是重庆市工商联主管和重庆市民政局备案登记的全市性、联合性、非营利性民间社会组织，是党和政府联系民营企业的桥梁和纽带，是民营企业共创、共享、共赢的平台。协会会员遍及金融、投资、商业、贸易、地产、制造、文化、科技、农业、健康、互联网等多个行业和领域。

本会按照协会平台化建设，市场化运作的基本原则，坚持解放思想、改革创新、凝聚力量、搭建平台、整合资源、优势互补、共谋发展的指导思想和基本思路。坚持以服务为宗旨，投（融）资为重点，项目为载体，发展为目的，逐步建立我市民营企业“信息、资金、资产、项目、人才”五大“池子”，努力搭建我市民营企业的投（融）资平台、资源配置平台和咨询服务平台，团结和带领广大会员优化投资结构和资源配置，促进我市民营企业在“新常态”下抓机遇、调结构、促转型和持续、健康的发展。

本会将积极创新办会理念，汇聚民企力量，激活民间资本，促进民企发展，努力创建一个充满生机与活力，在重庆有影响力、有凝聚力的协会组织，为重庆的经济和社会事业的发展做出积极贡献。

## 三、特色活动

2016 年 6 月 13 日，由中国优质农产品开发服务协会、中国农产品市场协会、农民日报主办的“强农兴邦中国梦·品牌农业中国行——走进重庆”活动在重庆逸安酒店正式启动。出席这次活动的有全国政协委员、中国优质农产品开发服务协会会长朱保成，国务院参事室特约研究员、原农业部党组成员、中国农产品市场协会会长张玉香，农业部市场经济与信息司司长唐珂，中国优质农产品开发服务协会执行副会长黄竞仪，副秘书长张平，信息部副部长张易，国家外专局专家、中国优质农产品开发服务协会专家委员会副主任邓中恒，中国优质农产品开发服务协会专家委员会专家柳松，重庆市政府副秘书长艾扬，重庆市农委主任路伟，重庆市民营企业投资协会总会长蒋远武，中国优质农产品开发服务协会重庆办事处 10 家发起单位代表，重庆各区县农委、农业品牌企业的代表及来自北京、重庆的新闻媒体等单位 200 余人。

这次活动得到重庆市政府的高度重视和有关部门的大力支持，活动既有领导致辞、讲话，又有专家讲堂，企业发言、经验交流，还有实地考察，活动的规格高、范围广、影响大、效果好，对推动重庆地区的农业品牌的培育发展具有积极的推动作用。

在这次活动的筹备过程中，酝酿时间较长，但进入实质性的会务准备时间只有一周时间（含端午节假期），重庆市民营企业投资协会通过积极协调，争取到了重庆市农委为这次活动的支持单位，重庆市农产品质量安全中心与重庆市民营企业投资协会共同承办，确保了这次活动的顺利进行和圆满完成。

重庆市民营企业投资协会通过这次活动的举办，既有效的搭接了中国优质农产品开发服务协会这个大平台，同时又批准组建中国优质农产品开发服务协会重庆办事处并全面启动筹备工作，又将有效的拓展重庆市民营企业投资协会的发展空间，为重庆民营企业和农产品发展提供更丰富的信息资源和更宽广的发展前景。

# 第三十五章　福建省互联网金融协会

福建省互联网金融协会（英文：FujianInternetFinancialAssociation，缩写为 FJIFA）成立于2015 年 12 月 23 日。

## 一、基本信息

会长单位：平安银行福州分行

副会长单位：福建省华兴集团有限责任公司、海峡股权交易中心有限公司、福建信和贷金融信息服务有限公司、东亮拾财贷（厦门）资产管理有限公司、福建中浩金融信息服务有限公司、品尚电子商务有限公司、福建中金在线网络股份有限公司

理事单位：福建聚宝网金融信息服务有限公司、福建省华侨互联网金融服务信息平台有限公司、福建圈子互联网金融服务有限公司、福建万隆庄金融信息服务有限公司、闽江学院经济与管理学院、福州大学经济与管理学院、国浩律师（福州）事务所、福建博思软件股份有限公司、厦门帝网信息科技有限公司、福建大拇指互联网产业科技集团有限公司、泉州市财佰通金融服务有限公司、福建顶点软件股份有限公司、福建省海峡经济技术信息中心、福建互助金服金融技术服务有限公司、胖毛在线（厦门）金融技术服务有限公司

监事单位：福建江夏学院金融学院、福建中正恒瑞会计师事务所有限公司、福建海丝金融服务股份有限公司

电话：87810023

Email：fj_ ifa@ 126. com

联系地址：福建省福州市鼓楼区五四路 157 号新天地大厦 2202

网址：www. fjifa. org

## 二、协会简介

福建省互联网金融协会（FujianInternetFinancialAssociation，简称 FJIFA）是福建省互联网金融的行业性组织，在福建省金融办等相关部门的支持下，由平安银行福州分行、省华兴集团、海峡股权交易中心等发起，于 2015 年 12 月 23 日成立。协会由福建省内有代表性和影响力的金融机构、互联网企业、互联网金融企业以及相关配套服务机构组成，代表会员还包括信和贷、拾财贷、中浩金融、品商电子、中金在线、福州大学、闽江学院、国浩（律师）事务所等机构，具有

广泛的行业代表性。

协会指导单位为：福建省金融办、驻福建金融监管部门和福建省社团登记管理机关等。

协会宗旨是：遵守宪法、法律、法规和国家政策，遵守社会道德风尚，依法履行自律、维权、服务、协调功能，搭建现代金融同业之间的交流合作平台以及与政府主管部门之间的桥梁与纽带，推动福建互联网金融创新发展，加强行业自律管理，服务实体经济、服务中小微企业，为福建省经济社会发展做出积极贡献。

## 三、特色活动

11 月 1 日下午，福建省互联网金融协会副秘书长潘长风带领协会会员代表到广东互联网金融协会交流访问。

广东互联网金融协会秘书长朱明春、副秘书长华德莉表示热烈欢迎，在与广东协会举行的座谈会上，广东协会秘书长朱明春及广东协会理事单位投之家 CEO 黄诗樵分享了广东网贷行业拥抱监管政策的实践经验，并详细介绍了广东协会会员单位在满足诸如借款限额、资金存管等政策要求方面取得的进展以及合规发展情况。潘长风副秘书长说，此次与广东互金协会进行互动交流是一次很好的学习机会，十分欢迎广东互金协会及其会员单位到福建进行参访交流。双方正式签署战略合作协议，结成跨省区域战略合作联盟，为粤、闽两省的互金企业交流合作搭建一个信息共享、互通有无的平台，为广东、福建两省互联网金融的互进发展提供了新机遇，为两地互金企业的合作开辟了新通道。

# 第三十六章　东莞市互联网金融协会

东莞市互联网金融协会（英文：DongguanInternetFinancialAssociation，缩写为DGIFA）成立于2014年6月。

## 一、基本信息

会长单位：东莞团贷网互联网科技服务有限公司

常务副会长单位：广东民信电子商务有限公司、广东财汇宝资产管理有限公司

副会长单位：东莞市中天信诚融资担保有限公司、广东安星财富管理有限公司、广东南方金融创新研究院、深圳市倍多金互联网金融服务有限公司、广东通融资产管理有限公司、东莞市快捷资产管理有限公司、广东莞贷互联网信息服务有限公司、东莞市恒泰资产管理有限公司

理事单位：东莞市纵合实业投资有限公司、东莞创翔投资管理有限公司、东莞八方网络科技有限公司、东莞市盟大塑化科技有限公司、东莞市恒达土地房地产评估有限公司、东莞市儒艺影视投资有限公司、东莞市融裕贷互联网信息服务有限公司、广东狮子投网络科技有限公司、东莞市现代信息服务协会、广东天行健网络有限公司

电话：0769－231982010769－231982020769－23198203

Email：dgifa@ dgifa. org

联系地址：东莞市南城区三元里民间金融街1栋903－904

网址：www. dgifa. com

## 二、协会简介

东莞市互联网金融协会是由东莞市内从事互联网金融行业的企事业单位及相关促进行业发展的社会组织自愿结合的联合性、地方性、非营利性社会团体。主要工作如下：

### （一）东莞市互联网金融公共服务平台

协会建立的东莞市互联网金融公共服务平台（www. dgifa. cn），2015年6月正式上线，面向全市中小企提供免费的金融服务，充分利用互联网信息技术，一站式解决中小微企业融资难、融资贵等难题，合理对接资源，促进我市民间金融的规范化发展。

### （二）东莞市互联网金融自律监管系统

为进一步强化我市金融监管力度，发挥行业协会自律作用，建立平台重点板块互联网金融自律监管系统，监管我市 P2P 网贷企业的运营情况，推动全市 P2P 网贷行业健康发展。

### （三）东莞市民间借贷征信系统

为贯彻落实国务院颁布的《征信业管理条例》及《广东省人民政府关于印发广东省社会信用体系建设规划（2014—2020 年）的通知》的文件精神，建立平台重点板块东莞民间金融征信系统，对我市民间借贷记录进行数据采集，供平台用户查询企业借款信息及个人信誉档案。

### （四）互联网金融主题沙龙

围绕我市加快转型升级、促进产业、金融相结合的战略任务，开展互联网金融主题沙龙、巡回交流活动、系列宣传活动、企业信用评级、评定示范典型、科普平台技术安全等措施，扶持和激励我市传统行业广泛应用互联网金融手段，提高企业融资能力和水平，引导金融机构提供优秀解决方案，加快推进互联网金融产业发展。

### （五）互联网金融专家委员会

组建专门互联网金融专家委员会，对行业政策进行专业学术研究与风险评估，对相关法律法规、政策、标准、规划的制定（修订）和形势分析提供技术支持，以保证信息客观公正、真实可靠。

### （六）自律监管行业刊物

汇编《东莞创新金融》刊物，围绕最新互联网金融政策、法律法规，宣扬自律监管重要性，宣传我市民间金融热点，报道国内外金融行业动态、新技术和专业发展动向，促进互联网金融企业技术发展。

### （七）东莞市互联网金融产业园

着力打造东莞市互联网金融产业园，园区位于松山湖科技九路，建筑面积达 4.7 万平方米。互联网金融产业园作为东莞互联网金融机构聚集的重要载体，将重点聚集互联网金融的研发、运营、培训、研究院等各类服务机构。

作为东莞首个互联网金融产业园项目，政府也将不断加大扶持力度。松山湖将在工商注册、购租房补贴、互联网金融转型升级、设立互联网金融研究院等方面推进先行先试改革，发起设立互联网金融产业投资引导基金，大力拓展产业空间、优化发展环境。

## 三、特色活动

### （一）东莞市第三方支付平台信息安全技术研讨会

7 月 14 日下午，东莞市互联网金融主题沙龙——东莞市第三方支付平台信息安全技术研讨会在会员单位快捷财富顺利开展。我会成员单位、合作机构及互金从业人员积极参与，共同学习探讨第三方支付平台信息安全技术的应用。

活动开始，通联支付网络服务股份有限公司网络支付事业部、投融资行业部副总经理陈心君从互联网金融政策及发展情况入手，为与会嘉宾介绍了存管业务下的通联支付与银行的合作模式，并分享了通联支付互联网金融增值服务体系。

接下来，中国金融认证中心广州分公司技术支持部总经理刘通进行主题演讲——《互联网金融行业信息安全应用分享》。刘经理表示，根据P2P网络借贷发展迅速、低门槛、弱监管的现状，各平台及客户对信息安全需求越来越大，一些主要的信息安全问题越来越凸显。刘经理就以上安全问题具体提出了几种解决方案，并细致地介绍了几种保护信息安全的产品，现今常用于保护信息安全的产品主要有电子认证、安全咨询及数据服务等等。信息安全将来将会占据重要地位，各平台应提前做好安全战略部署。

精彩的信息安全应用分享过后，中金支付有限公司区域市场总监吴鹏程为我们分享了网络借贷平台资金存管的几种模式。银行资金存管模式主要有以下三种：银行电子账户＋支付通道、银行实体账户＋托管系统和银行电子账户＋托管系统。吴总监具体介绍了这三种方式的具体接入方法，分别列表示意出其优势、劣势及业务模板。各P2P平台可根据自身需求选择合适的存管模式。

本次沙龙活动顺利开展，各与会嘉宾获益良多，受益匪浅。今后，我会将定期举办类似活动，着力为会员企业的创新发展提供交流平台和有力支持。

### （二）东莞市互联网金融自律监管体系建设暨利用仲裁高效解决潜在危机讲座

5月30日下午三点，由东莞市互联网金融协会主办、清远仲裁委员会协办的东莞市互联网金融自律监管体系建设暨利用仲裁高效解决潜在危机专题讲座在会展国际大酒店正式举行，我会成员、合作机构及各界人士都积极参与，共同学习。

活动开始，我会秘书长杨希与清远仲裁委员会副秘书长李沛霖上台签署合作备忘录，并为“东莞市互联网金融协会仲裁工作站”揭牌。东莞市互联网金融协会仲裁工作站正式成立！

揭牌仪式后，西南政法大学博士、武汉大学法学博士后马占军进行主题演讲——《互联网金融企业自查体系建设暨利用仲裁高效解决潜在危机》。马博士表示，商事仲裁具有域外执行效、仲裁高效、仲裁程序灵活等优势。金融纠纷法律关系简单，法律事实清晰，适合通过仲裁的方式解决问题。此外，互联网金融以小额信用贷款为主，没有抵押物，面临的风险很高。如果通过传统的金融诉讼解决，效率太低，而金融仲裁最大的优势体现在时效上，所以互联网金融更需要仲裁。

接下来，清远仲裁委员会秘书处副主任皮帔为我们简单地介绍了清远仲裁委员会。清远仲裁委员会是清远市人民政府根据《中华人民共和国仲裁法》和国务院统一部署组建的清远地区唯一裁决经济纠纷的仲裁机构，是依法独立行使仲裁权的非营利性事业单位法人。其任务是以仲裁方式公正，及时地解决平等主体的公民、法人和其他组织之间发生的民商事合同纠纷及其他财产权益纠纷。为更方便快捷解决东莞地区当事人的民商事纠纷，满足当事人就地开庭的需要，清远仲裁委员会根据《中华人民共和国仲裁法》及《清远仲裁委员会仲裁规则》的相关规定，于2013年10月9日正式在东莞成立东莞庭室。

最后，广东法仕律师事务所主任杨德江发表主题演讲——《互联网金融合规经营法律法规及纠纷解决中的仲裁应用》。杨律师对与互联网金融有关的法律法规进行了详细讲解，并列举了解决 P2P 等民间借贷纠纷案件的仲裁应用及优势。

对于东莞市互联网金融协会仲裁工作站的成立，我会秘书长杨希表示，随着监管政策的落地，越来越多合规经营的平台将风险控制放在重要的位置，工作站的成立有利于进一步提升互联网金融行业的风险控制，促进行业有序健康可持续发展。

### （三）2016 互联网金融＋产业发展论坛

1 月 4 日下午三点，由东莞市互联网金融协会主办，团贷网总冠名，六沐资产、倍多金、融裕贷、繁融实业协办的“2016 互联网金融＋产业发展论坛”在东莞隆重召开。

中央财经大学中国互联网经济研究院副院长欧阳日辉，广东南方金融创新研究院秘书长徐北，广州互联网金融协会执行秘书长黄志海，亚洲金融创新论坛副秘书长杨洋，东莞市银行业协会副秘书长王文彪，东莞市商事调解中心主任卢偲旻，东莞市理财规划师协会马志平，广东省城镇化发展研究会专职副会长兼东莞办事处秘书长李宗洋，壹宝贷创始合伙人罗浩杰，广东俊特团贷网络信息服务股份有限公司创始人、董事长兼 CEO 唐军、联合创始人、总裁张林以及东莞市互联网优秀企业代表、行业精英和媒体朋友等 200 余人出席本次发展论坛。

互联网金融行业领袖、团贷网创始人、董事长兼 CEO 唐军在论坛上致辞表示东莞全行业的网贷平台，其他互联网金融平台今天聚在一起，在专家学者，领导、行业贡献者的共同探讨指导下，共同努力，共同进步，共建东莞金融绿洲。

接下来，广东南方金融创新研究院秘书长徐北进行主题演讲—《互联网金融应用及创新》。徐秘书长认为互联网有“九一”法则，但互联网金融可以破“九一”法则。互联网思维主要在于用户体验，提高用户服务，要么做细分市场，但细分市场做到极致以后，同样要横向扩充和发展。

论坛上，东莞十佳互联网金融平台颁奖仪式正式启动。经过一个多月的考察筛选，集合相关监管部门、经济专家及投资者共同意见，对互联网金融平台进行全方位的评估，最终评选出东莞十佳互联网金融平台，旨在给行业树立优秀榜样，给行业提供一个可参考的发展模式，给广大从事互联网金融行业者提供专业的、具有价值的、多元化的建议及指导，希望各平台再接再厉，再创佳绩。

精彩的颁奖仪式过后，中央财经大学中国互联网经济研究院副院长欧阳日辉进行主题演讲—《互联网金融与制造业融合发展的路径与策略》。欧阳院长认为我们正处于技术革命、产业革命、金融革命三个革命叠加的“互联网＋”时代，互联网时代的商业需要互联网时代的金融。具体到东莞互联网金融行业发展本身，欧阳院长表示东莞的互联网金融发展必须围绕东莞制造业转型升级和跨境电子商务发展这两个中心任务。

最后，精彩的圆桌论坛环节中，由广东省城镇化发展研究会专职副会长兼东莞办事处秘书长李宗洋主持，中央财经大学中国互联网经济研究院副院长欧阳日辉，壹宝贷创始合伙人罗浩杰，团贷网联合创始人、总裁张林以及繁融实业总经理张克利参与讨论，共同探讨了互联网金融＋产业如何共生共长、监管细则出台后行业如何健康发展等问题。

本次 2016 互联网金融＋产业发展论坛成功召开，有利于推动行业创新，更加深刻了解互联网金融＋产业的发展模式，促进行业之间的互相交流。下阶段，我协会将继续立足东莞本土，深入调研，服务行业，服务广大会员，共同推动我市互联网金融行业的健康有序发展。

### （四）东莞市互联网金融行业自律监管媒体交流会

9月17日晚，东莞市互联网金融行业自律监管媒体交流会在广彩城酒店成功举办。出席本次活动的包括副会长单位基因创投CEO李伟萍女士和行政总监尹长业先生、副会长单位安星财富执行总裁罗勇先生和首席运营官王华平先生、副会长单位倍多金负责人龙毅先生、副会长单位通融财富招商总监袁汉英女士、理事单位狮子投创始人杜学刚先生及网投网、微贷在线、小树时代等会员单位代表。同时，我会邀请东莞日报、东莞时报、东莞广播电视台、南方日报、南方都市报和羊城晚报6家媒体参与到交流会中。

交流会上，我会秘书长杨希致辞，对各会员单位代表以及媒体朋友的到来表示热烈的欢迎。现场的媒体朋友与会员单位代表围绕互联网金融行业自律监管展开热烈讨论，如互联网金融行业自律现状，互联网金融企业如何做到自律、政府对互联网金融行业的监管政策以及未来互联网金融行业的监管方向，现场气氛非常活跃。

本次交流会，我会充分发挥行业协会的职能，整合行业资源，加强会员与媒体之间的交流。今后，我会将定期举行此类活动，着力为会员企业与媒体朋友提供良好的交流平台和有力的支持。

### （五）2015东莞“金融+”高峰论坛

7月19日下午，由我会和广东民信电子商务有限公司主办的2015东莞“金融+”高峰论坛暨创新互联网金融平台发布会在东城万达文华酒店隆重举行。

本次高峰论坛得到了业界权威人士和学术名流的高度重视和支持，广东金融学院包强教授、方橙众筹创始人兼广东互联网金融研究会常务副会长宁宇博士、广东南方金融创新研究院秘书长徐北、南粤银行东莞分行徐可瑞博士、建设银行东莞道滘支行行长陆平以及东莞互联网金融行业新秀，国内权威媒体20多家共逾三百人出席了本次论坛。

广东南方金融创新研究院秘书长徐北结合7月18日中国人民银行等十部委发布的《关于促进互联网金融健康发展的指导意见》提出的总体要求作主题演讲，强调从政策出台到具体落实还得有一个过程，也需要进一步细化各个环节，相互协调各个部门，同时，还要预留空间，联系实际，建立弹性监管机制，适应互联网金融快速变化的节奏。

随后，广东省城镇化发展研究会副会长兼东莞办事处秘书长李宗洋亲自主持了圆桌论坛，同时荣幸的邀请到了徐北先生、宁宇博士、杨希先生以及广东民信副总裁张凡先生加入本次圆桌论坛对互联网金融的“自我修养”等热点议题进行深入探讨。我会秘书长杨希表示，随着指导意见落实，P2P网贷行业被认可，明确监管和指引，对整个行业来说是极大的利好。接下来，协会将不定期实地走访，组织从业人员职业道德培训，为互联网金融行业的健康有序发展贡献力量。

目前，协会筹建的东莞市互联网金融公共服务平台已正式上线，平台将实时抓取、分析各P2P平台数据，为广大投资理财用户提供参考。

# 第三十七章　中国互联网金融协会

中国互联网金融协会（简称“北京 PE 协会”，英文：National Internet Finance Association of China，英文缩写为 NIFA）成立于 2016 年 3 月 25 日。

## 一、基本信息

Email：contact@ nifa. org. cn

网址：www. nifa. org. cn

## 二、协会简介

中国互联网金融协会是按照 2015 年 7 月 18 日经党中央、国务院同意，由人民银行、银监会、证监会、保监会、工信部、公安部、工商总局等 10 部委联合发布的《关于促进互联网金融健康发展的指导意见》（银发〔2015〕221 号）要求，由中国人民银行会同银监会、证监会、保监会等国家有关部委组织建立的国家级互联网金融行业自律组织。2015 年 12 月 31 日，经国务院批准，民政部通知中国互联网金融协会准予成立。2016 年 3 月 25 日，中国互联网金融协会在上海黄浦区召开成立会议暨第一次全体会员代表大会，上海市市长杨雄和中国人民银行副行长潘功胜共同为协会揭牌。第一次全体会员代表大会审议和表决通过了《中国互联网金融协会章程》《中国互联网金融协会会员管理办法》《中国互联网金融协会会费管理办法》等基础制度，签署了《中国互联网金融协会会员自律公约》《互联网金融行业健康发展倡议书》。同时选举产生了第一届理事会和监事。李东荣当选为首届协会会长。

中国互联网金融协会的成立得到了党中央、国务院的高度重视，是我国行业协会脱钩改革后第一个承担特殊职能的全国性行业协会，为建立全国性行业协会商会登记体制做了有益的探索。协会旨在通过自律管理和会员服务，规范从业机构市场行为，保护行业合法权益，推动从业机构更好地服务社会经济发展，引导行业规范健康运行。

协会单位会员包括银行、证券、保险、基金、期货、信托、资产管理、消费金融、征信服务以及互联网支付、投资、理财、借贷等机构，还包括一些承担金融基础设施和金融研究教育职能的机构，基本覆盖了互联网金融的主流业态和新兴业态。

# 三、特色活动

## （一）统计分析专业委员会

为加快推进互联网金融统计分析工作，促进行业统计基础设施建设，11 月 14 日，中国互联网金融协会召开统计分析专业委员会成立会议暨第一次工作会议。协会李东荣会长出席会议并向委员颁发聘书。会上，委员们听取了协会统计部的工作汇报，并就互联网金融统计分析、风险监测预警等工作进行了深入讨论，提出了相关工作建议。

统计分析专业委员会是协会理事会下设的专业委员会，主要职责包括：对协会互联网金融统计工作进行总体战略规划；对互联网金融统计制度、统计分析框架、统计标准、统计信息披露等提出理论指导和专业建议；对互联网金融统计分析领域的重点难点问题组织深入研究等。

统计分析专业委员会由人民银行参事、调查统计司原司长盛松成担任委员会主任委员，中央财经大学教授、原统计与数学学院院长刘扬担任副主任委员。其他委员包括来自人民银行调查统计司、银监会普惠金融部、证监会市场监管部、保监会统计信息部、统计局国民经济核算司、外汇局国际收支司等政府部门以及蚂蚁金服、网信集团、网贷之家、网贷天眼和中关村互联网金融研究院等会员单位的专家学者。

统计分析专业委员会的成立，将有助于构建全面、灵敏、共享的互联网金融统计框架，规范行业统计信息采集、共享与披露，科学研究和制定互联网金融统计标准和统计制度，为行政监管、行业自律以及社会提供全面准确的互联网金融统计信息服务。

## （二）中英金融科技合作论坛

2016 年 11 月 10 日至 11 日，第八次中英经济财金对话在英国伦敦举行，中国国务院副总理马凯率领中方代表团出席。本次中英经济财金对话活动中，中国互联网金融协会（NIFA）和英国国际贸易部（DIT）联合主办了首次中英金融科技合作论坛，中国人民银行副行长易纲和英国财政部经济大臣西蒙·科比出席论坛，双方就金融科技发展趋势与监管框架发表主旨演讲，并签署中英金融科技战略合作和监管框架协议。来自英方和中方的近 100 家金融科技公司代表出席论坛，就中英金融科技合作的发展前景、机遇及挑战等系列问题进行了研讨交流。中方出席人员包括来自银行、证券、保险、基金、资产管理公司和从事互联网金融业务的科技企业等近 50 名协会会员单位代表。

活动期间，代表团还访问了英国金融行为监管局（FCA）、帝国理工大学、巴克莱银行、汤森路透等机构，就监管沙盒、区块链、大数据等金融科技前沿技术进行了深入交流，并参加了英国金融科技创新企业路演。

此次活动是协会成立以来按照“服务监管、服务行业、服务社会”的宗旨，组织会员机构开展的首次国际交往。未来，协会将顺应规范发展互联网金融的趋势，有序组织行业机构加强国际交流与合作，推动我国互联网金融行业“走出去”和“请进来”。

### （三）正式发布互联网金融信息披露标准和配套自律制度

经中国互联网金融协会（以下简称“协会”）第一届常务理事会2016年第二次会议审议通过，协会于10月28日正式发布《互联网金融信息披露个体网络借贷》标准（T/NIFA1—2016）和《中国互联网金融协会信息披露自律管理规范》。

《互联网金融信息披露个体网络借贷》标准（T/NIFA1—2016）定义并规范了96项披露指标，其中强制性披露指标逾65个、鼓励性披露指标逾31项，分为从业机构信息、平台运营信息与项目信息等三方面，以期通过信息披露使行业达到“三个透明”，即通过披露从业机构、年度报表、股东高管与平台经营等信息，达到机构自身透明；通过披露资金存管、还款代偿等信息，达到客户资金流转透明；通过披露借款用途、合同条文、相关风险以及借款人信用等信息，达到业务风险透明。《中国互联网金融协会信息披露自律管理规范》分为总则、信息披露管理与责任、信息披露方式和要求、奖惩、附则等五部分内容，对经发现确认为违规的信息披露行为将依据相关条例实施自律惩戒。

### （四）互联网金融统计制度和互联网金融信用信息共享标准培训会

为落实十部委《关于促进互联网金融健康发展的指导意见》精神，本着服务监管、服务会员、服务社会的宗旨，中国互联网金融协会受人民银行委托开展了互联网金融统计监测工作，并启动了互联网金融信用信息共享建设。在前期大量调研、讨论的基础上，协会已制定了《互联网金融统计制度》和《互联网金融信用信息共享标准》。其中《互联网金融统计制度》包括公司基本信息、财务信息、业务信息三类共六张统计表，分别按照年度、季度和月度进行数据统计。《互联网金融信用信息共享标准》是面向互联网金融企业建立的统一的信用信息采集标准，通过采集会员单位的融资业务信息，在会员范围内就借款人的信用信息进行共享。

为实现统计数据和共享信息的采集，协会前期组织开发了“互联网金融服务平台”，目前相关系统一期建设已基本完成，近期将分期分批对会员进行培训。第一期培训于4月14日在京举行，此次参加培训的主要是从事网络借贷、互联网支付和消费金融业务的36家会员单位。培训范围是《互联网金融统计制度》和《互联网金融信用信息共享标准》的主要内容和数据报送流程，并安排数据报送工作。培训为全面开展互联网金融统计工作和互联网金融信用信息共享奠定基础。

# 第三十八章　中国风险投资研究会

中国风险投资研究会（全称为“中国管理现代化研究会风险投资研究专业委员会”；英文：ChinaAcademyofVentureCapital）成立于2014年11月。

## 一、基本信息

电话：86－10－88087229
传真：010－82680699
Email：vcacademy@163. com
联系地址：北京市中关村东路80号6号楼202室
邮编：100190
网址：www. vcacademy. org. cn

## 二、协会简介

中国风险投资研究会经中国管理现代化研究会理事会批准设立，挂靠中国科学院虚拟经济与数据科学院研究中心，由中国风险投资领域的权威学者、中国科学院虚拟经济与数据科学院研究中心风险投资研究室主任、中国人民大学财政金融系博士生导师刘曼红教授担任专委会主任委员。

中国风险投资研究会旨在为从事中国风险投资和天使投资研究的学者、政策制定者、企业实践家提供一个思想与经验交流的平台，促进研究能力的发展和研究水平的提高；促进中国风险投资理论的完善，推动天使投资理论的形成、完善与传播；强化我国风险投资及天使投资研究学者与国外研究学者的国际合作；做好风险投资及天使投资学界与业界的合作交流，为政府出台风险投资及天使投资相关政策提供理论支持。

中国风险投资研究会汇集了国内外知名高校风险投资及天使投资研究领域的专家学者、实践派企业界专业人士的人力资源和智力资源，国家及相关部委和各级地方政府的重要政策法规和监管信息，国内相关主流媒体包括电视台、报纸、专业风险投资及天使投资期刊杂志、互联网等资源。中国风险投资研究会为各级政府监管部门、经济主管部门、各种类型集团和企业、学术科研机构提供国际化视角和中国情境的研究服务。

该研究会及其网站的建立得到了新华都商学院、国家自然科学基金青年项目（71303224）、中国博士后科学基金项目（2014M550814）的资助与支持。

## 三、特色活动

### （一）学术研讨会

2015 年 11 月 7 日下午，由中国管理现代化研究会、复旦管理奖励基金会主办，合肥工业大学管理学院承办的第十届（2015）中国管理学年会正式开幕。在本届年会中，中国管理现代化研究会风险投资研究专业委员会（以下简称专委会）副主任委员、北京大学光华管理学院的路江涌教授获得了中国管理学青年奖。

2015 年 11 月 7 日晚上，由中国科学院虚拟经济与数据科学院就中心风险投资研究室主任、专委会主任委员刘曼红教授主持召开了专委会内部工作会议。研究室主任助理、专委会执行秘书长王佳妮博士介绍了新加入的几名内部成员，随后几位副主任委员、顾问委员以及秘书处团队就“成思危教育基金”“专委会 2016 年发展规划”等议题进行了深入讨论。

11 月 8 日上午，风险投资分组报告会暨风险投资研究室第九期学术研讨会在安徽合肥世纪金源大酒店 33 楼会议室举行，由北京大学光华管理学院的路江涌教授和合肥工业大学副院长李姚矿教授担任主持人，来自合肥工业大学、同济大学、上海财经大学、湖南大学、江南大学、厦门大学等高校的 7 名学者做了风险投资、天使投资和企业创新创业等相关主题的报告。报告分别为“中国天使投资研究中的几个问题”“风险投资空间演化及其溢出效应研究综述”“创业投资机构介入、声誉信号与创新网络的动态演化”“社会企业主导的社会创业生态系统形成机理及案例研究”“人力资本专用性、专有性与创业企业控制权治理—基于不同类型控制权收益交互作用的经验研究”“研发投入、风险投资与企业融资约束—基于中国制造业上市公司的实证分析”“风险投资与创业企业的匹配结构：来自中国的经验证据”“中国创业企业的产出决定：风险投资发挥增值作用了吗?”。值得一提的是，江南大学商学院青年教师付辉博士在本论坛报告的论文被评为风险投资组的优秀论文。

最后，刘曼红教授为风险投资分组报告会做总结发言，并倡议进一步促进和加强风险投资学术交流活动，特别是青年学者之间的学术交流，以期望能够推动中国的风险投资学术发展。

### （二）首届中国风险投资学术年会成功召开

2016 年 7 月 4 日，首届中国风险投资学术年会在深圳成功召开。本次年会由中国科学院虚拟经济与数据科学研究中心（以下简称“虚拟经济中心”）、中国管理现代化研究会风险投资研究专业委员会（以下简称“专委会”）、中国风险投资公司、新华都创投研究中心和深圳市普禾资产管理有限公司等机构联合主办，并得到了中国风险投资研究院的大力支持。主办方邀请了来自清华大学、北京大学、复旦大学、中国人民大学、香港理工大学、香港中文大学、天则经济研究所等十多所高校及专业机构的风险投资权威学者、经济金融专家，分享最新研究成果，解读最新学术动态、行业发展方向，有 100 多位来自高校和业界的人员参加会议。

年会由首都经济贸易大学、虚拟经济中心风险投资研究室主任助理王佳妮博士主持，主要内容包括：专委会揭牌仪式（上午）、学术报告（分上下午）和两个专题论坛（下午）。

首先，由专委会的主任委员、虚拟中心风险投资研究室主任刘曼红教授致辞并宣布专委会正式成立，随后清华大学田轩教授、北京大学路江涌教授、复旦大学张陆洋教授、香港理工大学陆海天副教授等四位副主任委员及秘书长王佳妮博士共同揭牌。

在学术报告上，清华大学五道口金融学院院长助理田轩教授、香港理工大学会计及金融学院胡罡副教授、北京大学光华管理学院的路江涌教授、香港理工大学会计及金融学院副主任陆海天副教授、香港中文大学创业研究中心副主任马旭飞教授六位专家学者，分别作了题为“企业创新学术前沿简介”“创业金融学术研究综述”“政府风投对民间风投的挤出效应”“可持续投资与公司社会责任学术前沿综述”以及“香港青年的创业生态—基于 GoogleEYE 青年创业计划的研究”的专题报告。

“天使投资”专题论坛由王佳妮博士主持，复旦大学中国风险投资研究中心主任张陆洋教授、合肥工业大学管理学院副院长李姚矿教授、华中科技大学管理学院买忆媛教授以及同济大学经济与管理学院丁竹君助理教授等四位学者就天使投资的“概念界定”“数据采集”及“方法论”等话题进行研讨。“社会投资”专题论坛则由刘曼红教授主持，中国人民大学环境经济与管理系蓝虹教授，天则经济研究所华南中心执行主任赵旭先生，湖南大学工商管理学院汪忠副教授和香港 WaterDrops 基金创始人张瑞霖先生四位专家就各自的研究成果和实践经验交流了生态金融、PPP 模式、社会创业以及影响力投资等领域的观点和看法。

本次会议是中国风险投资学术界的一个重要里程碑，尤其是专委会的成立，对于加强风险投资学术交流与合作，促进风险投资学术研究的发展，提高风险投资在经管学科中的影响力和地位，都起到了积极作用。

# 第三十九章 中关村互联网金融行业协会

中关村互联网金融行业协会（英文：National Internet Finance Association of China，英文缩写为 NIFA）成立于 2013 年 8 月 9 日。

## 一、基本信息

会长单位：北京京东世纪贸易有限公司

名誉会长单位：北京宽带天地资本管理有限公司

执行会长单位：拉卡拉支付有限公司

监事长单位：北京启迪厚德投资管理有限公司

副会长单位：中国技术交易所有限公司、人人贷商务顾问（北京）有限公司、易宝支付有限公司、北京融联世纪信息技术有限公司〔融 360〕、北京京西创业投资基金管理有限公司、北京银行中关村分行、网信有限公司、考拉征信服务有限公司、天津中慧银通商业保理有限公司、稳盛金融控股集团、盈富互联网金融服务（深圳）有限公司、诺远资产管理有限公司、北京金信网银金融信息服务有限公司、好贷天下信息技术（北京）有限公司〔好贷网〕、广东俊特团贷网络信息服务股份有限公司、汇中普惠财富投资管理（北京）有限公司副会长单位、北京银讯财富信息技术有限公司、杭州尚尚签网络科技有限公司、北银消费金融有限公司、北京中关村领创金融信息服务有限公司、北京首创金融资产交易信息服务股份有限公司、北京同城翼龙网络科技有限公司、北京协力筑成金融信息服务股份有限公司

理事单位：中国建设银行股份有限公司北京中关村分行、宜信惠民投资管理（北京）有限公司、北京中联创投电子商务有限公司〔抱财网〕、北京弘合柏基信息科技有限责任公司〔有利网〕、北京亿创网安科技股份有限公司、北京科蓝软件系统股份有限公司、北龙中网（北京）科技有限责任公司、金电联行（北京）信息技术有限公司、北京金马甲产权网络交易有限公司、北京钱袋宝支付技术有限公司、垫富宝投资有限公司、北京崇致网络科技有限公司、北京手投网投资控股有限公司、北京国创富盛通信股份有限公司、合安易贷金融信息服务（北京）有限公司、佰仕乐投（北京）信息技术有限公司、北京冠城瑞富信息技术有限公司、北京瑞钱宝资产管理服务有限公司、北京恒善信诚科技有限公司、北京创客帮科技孵化器有限公司、三岛中融资产管理有限公司、北京决策信诚科技有限公司〔我爱卡〕、中金云金融（北京）大数据科技股份有限公司、人人信用管理有限公司、北京小马金融信息服务有限公司、国信卓越信息咨询有限公司、北京盈衍网络科技有限公司

电话：13552072011

Email：renjundong@ zaif. org
网址：www. zaif. org

## 二、协会简介

为加快中关村国家科技金融创新中心建设，发挥中关村在互联网、搜索引擎、大数据、云计算、科技金融等方面的优势，推动中关村互联网金融产业发展，在中关村管委会和北京市民政局的业务指导和监督管理下，中关村互联网金融行业协会于2013年8月9日正式成立。

作为我国互联网等信息技术发展的中心和国家科技金融创新中心，中关村具备互联网金融企业发展的良好条件。近年来，中关村第三方支付企业、P2P平台、众筹融资等互联网金融机构数量日益增加，规模加速壮大，新的商业模式层出不穷。为把握互联网金融行业的发展机遇，中关村互联网金融行业协会正式筹备成立，首批发起成立协会的会员单位共33家，包括京东商城、当当网等电商平台，拉卡拉、易宝支付、钱袋网等第三方支付企业，融360、天使汇、人人贷、有利网等互联网金融平台机构，用友软件、银达润和等中关村企业和中关村企业信用促进会，中国技术交易所等机构。

中关村互联网金融行业协会旨在通过整合互联网金融行业发展资源，实现协会成员优势互补、合作共赢、协同创新、规范自律。贯彻互联网金融行业相关法律法规，研究互联网金融行业发展规律，推动制订互联网金融行业发展规则和标准，引导行业健康规范发展。（协会宗旨）中关村互联网金融行业协会的成立是中关村建设国家科技金融创新中心的重要工作抓手，也是中关村占据互联网金融产业发展制高点，打造中国互联网金融创新中心的重要举措。

## 三、特色活动

### （一）举办2015互联网金融走势暨政策解析与分险防范研讨会

互联网金融正日益成为传统金融体系的补充，也成为社会各界关注的热点。2014年3月5日，国务院总理李克强首次在全国人大会议政府工作报告中提出，促进互联网金融健康发展，完善金融监管协调机制。8月14日《国务院办公厅关于多措并举着力缓解企业融资成本高问题的指导意见》中明确提出尽快出台规范发展互联网金融的相关指导意见和配套管理办法，促进公平竞争。预计，相关《指导意见》和配套管理办法近期出台。

为贯彻国家相关方针政策和帮助互联网金融企业及时了解最新监管方向，结合企业情况准确定位，合法合规，规避风险，健康发展，打造企业核心竞争力，应企业要求，中关村互联网金融行业协会于2015年1月24日举办首期《2015互联网金融走势暨政策解析与风险防范研讨会》，邀请监管部门领导及互联网金融行业资深专家、学者切实针对产业具体问题进行深入讲解、广泛交流。研讨会以理论结合实操，经典案例分析以及充分的互动形式展开。

### （二）中关村互联网金融行业协会成立一周年峰会

27 日，中关村互联网金融行业协会成立一周年峰会在京成功举行，大会受到了各界人士的广泛关注，现场座无虚席。整个峰会在围绕合作创新融通未来这一主题进行的同时，谈论最多的话题就是未来互联网金融最终将回归金融本质，金融的理念、规则、人才和文化将逐步融入互联网企业中，同时风险控制将是未来互联网金融发展的核心任务和关键。

近两年，伴随着互联网行业、移动技术的快速发展，基于互联网的金融服务正在向金融领域不断延伸和深入，同时传统金融企业也在借助互联网技术涉足互联网金融领域。

可以说，互联网企业在金融领域的渗入和发展已经成为一种新常态。但是，不管互联网金融的呈现模式是什么，其本质仍然是金融。央行去年出台的被称为新金融十条的文件中，对互联网金融的定位为传统金融的补充。可见，作为补充的互联网金融并没有改变金融的本质，而金融的本质就是对风险的控制。

作为互联网金融行业协会的指导单位，中关村管理委员会副主任杨建华在谈到对互联网金融的认识时就指出，互联网金融的本质还是金融，互联网企业要大补金融的课。大量的中关村互联网企业进入金融界，更多的是要在金融二字上下足功夫，做足文章，补足课。要将金融的理念和游戏规则纳入互联网企业的日常运营与管理，要将金融的人才汇集并融合到互联网企业的人才体系，要将金融的文化创造性地快速地与互联网文化高效融合，形成真正的互联网金融企业文化。杨建华直言，互联网企业从事金融业务在近期的核心任务还在于风险控制。业务的拓展、产品的创新、高速的增长都必须以有效的风险防控作为前提，否则都是空中楼阁。

作为本次大会的执行会长，拉卡拉集团董事长兼总裁孙陶然在猜想未来一两年互联网金融的发展趋势时，再次提到互联网金融会回归本质金融，而金融的本质是对风险的控制，未来互联网企业一定要抓住这个本质。随着行业泡沫的逐渐褪去，最终真正关注服务和产品、能够控制并有着严谨风险防范能力的企业最终会取得成功。

这样的趋势和政府以及行业目前的努力方向恰好吻合。在经历了初级发展阶段之后，不管是从监管层还是企业本身，都在不断强调金融基因，着重加强风险控制能力。

近期，有关 P2P 监管的细则正在拟定中，不久便会落地。杨建华指出，政府下一步的主要工作就是帮助互联网金融企业提高风险防控能力，聚焦信用信息体系建设，消灭信息孤岛，改变企业无法接入行业信用体系和放大效应有限的局面，利用市场化机制进行信用体系建设，而征信牌照的下发，正是政府逐步放开并扶持的重要表现。

与之相对应，作为行业协会，孙陶然表示，中关村互联网金融行业协会后续工作的主要着力点之一就是加强理事单位和监管部门的沟通，推动双方的交流，切实推动整个互联网金融行业的信用体系建设，让互联网金融的信用体系和传统银行的信用体系相对接，充分发挥行业协会组织的作用。

在三个分论坛上，参与讨论的嘉宾都不约而同把风险风控作为互联网金融目前的特别关注，征信系统的建设就显得尤为必要。

路演嘉宾鼎程金融创始人姚猛在介绍项目时表示，要更多地在风险控制从事前变为事中，通过采购、销售、投资、融资、内部管理方式等多维度的数据来掌控一个企业的风险。

我国互联网金融目前的现状就是征信体系的缺失，征信系统的建立可以有限有效防范风险。百付宝公司业务发展部资深总监李佺表示，互联网金融发展到今天，包括接下来的发展会越来越接近金融的核心，就是风险控制和风险评价。基于互联网的思维、互联网的技术和手段发展相应的征信业务，以及相关的信用评级，对接未来个人理财业务、小微贷款业务，以及个人用户的财富管理等，都具有非常大的意义。钱袋网副总裁高晴更是表示，征信是为社会、人类、金融服务的一个必然诞生品。宽带资本合伙人周耕也认为，只有更多的企业做征信，才能把互联网金融蓬勃发展起来。

经过初始阶段的野蛮生长，现在的互联网金融正在迈入以金融属性为基调、风控为主的2.0时代。正如当下的媒体格局一样，内容提供商逐渐占据主导地位，回归以内容为主导的本质；在移动互联时代，提供商也将占据主导地位，金融属性本质的凸显也日趋明显。

# 第四十章　深圳市互联网金融协会

深圳市互联网金融协会（英文：ShenzhenInternetFinanceAssociation，缩写为 SZIFA）成立于 2008 年 6 月 20 日。

## 一、基本信息

会长：任汇川
顾问：盛斌
秘书长：曾光
电话：0755 - 88103004
地址：深圳市福田区大中华国际交易中心
网址：www. szifa. org. cn

## 二、协会简介

深圳市互联网金融协会是深圳最大的互联网金融的行业性组织，在深圳市委市政府支持下于 2015 年 7 月 28 日成立。由深圳地区有代表性和影响力的金融机构、互联网企业、互联网金融企业、以及相关配套服务机构组成的行业自律组织，代表会员单位为平安集团、招商银行、微众银行、工商银行深圳分行、建设银行深圳分行、财付通、合拍在线、红岭创投、投哪网、金斧子、众投邦、大家投、钱爸爸、海巨信达等，具备广泛的行业代表性。协会具有社会团体法人资格，指导单位为深圳市人民政府金融发展服务办公室、驻深一行三会监管部门。协会的宗旨是：为会员搭建公共服务平台，推动互联网金融行业创新、自律，服务实体经济，规范市场行为，加强交流合作，维护合法权益，推动互联网金融创新发展、健康发展。

## 三、特色活动

### （一）深圳市互联网金融协会与上海金浦投资建立战略合作

2016 年 11 月 22 日，深圳市互联网金融协会与上海金浦投资管理有限公司签署战略合作协议，将在教育培训、活动合作、咨询顾问等方面展开深入合作，共同促进互联网金融健康发展。

上海金浦投资管理有限公司是上海金融发展投资基金的管理人，基金以“移动互联网技术的商业应用”作为主线，重点投资互联网金融、金融服务业、智能制造、互联网新媒体等领域，所投项目包括蚂蚁金服、博创联动、焦扬网络等。

上海金融发展投资基金是上海市人民政府主办，并经国务院同意、国家发展改革委批准试点的产业投资基金。总规模为200亿元人民币，分两期运营。基金于2011年3月30日在上海正式设立，并于2012年12月28日顺利完成首期基金封闭，基金总认缴规模为90亿人民币，是迄今为止国内最大的人民币股权投资基金之一。

上海金融发展投资基金是政府主导、以市场化运营管理的基金，通过对企业进行直接股权投资，改善所投资企业的公司治理和盈利能力，全面增强其核心竞争力，努力为企业实现在证券市场上市。基金积极参与中国金融产业和其他产业的重组、改制、上市和并购，为合作企业提供以资本供应为核心的全方位金融服务，并以提供灵活多样的增值服务为合作企业创造价值。

深圳市互联网金融协会是深圳地区唯一一家在市委市政府的支持下，经由深圳市金融办、一行三会驻深机构批准设立的互联网金融行业自律组织，也是深圳最大的互联网金融行业自律组织。通过本次与上海金浦投资的合作，继续助力互联网金融规范发展、创新发展。

### （二）金博会完美闭幕，深圳市互联网金融协会助力行业健康发展

11月7日下午，历时三天的第十届中国（深圳）国际金融博览会（以下简称“金博会”）圆满落幕。本届深圳金博会以“跨界融百业互通赢天下”为主题，深圳市互联网金融协会（以下简称“协会”）与深圳市金融办、深圳市科技创新投融资服务平台、深圳创业创新资本服务公共平台、前海创投基金转让平台、前海深港基金小镇进行联合展览，向参展观众展示深圳金融特色。

在本届金博会上，协会重点展现了“数字普惠金融、绿色金融、科技金融”等创新金融方面的成果，通过现场互动活动，为参展人员提供一次近距离体验科技服务金融的机会。参展期间协会组织宣传防范互联网金融所面临的主要风险和分析解读互联网金融的监管方向，同时邀请行业专家向广大投资者普及投资风险教育知识，帮助投资者增强风险防范意识和规避风险的意识和能力。

协会是深圳地区唯一一家在市委市政府的支持下，经由深圳市金融办、一行三会驻深机构批准设立的互联网金融行业自律组织，也是深圳最大的互联网金融行业自律组织，共发展会员单位170余家，囊括了平安集团、微众银行等众多知名互联网金融企业，代表了深圳互联网金融行业的最高水准。自成立以来，协会在政府支持、行业自律、会员服务等方面取得了积极的成效，并将持续致力于互联网金融行业的自律规范、健康可持续发展。

### （三）中美两国共谋互联网金融创新与发展——记深圳市互联网金融协会和美国LendIt联合主办“遇见未来”

2016年7月15日，遇见未来—2016中美元融科技创新峰会在深圳福田希尔顿酒店隆重举行。来自美国独角兽网贷公司Prosper、微软旗下知名区块链生态服务开发商ConSensys、美国知名金融科技平台Orchard、前海征信、金证科技、易安财险等超过140名代表参加了该峰会。

本次峰会由深圳市互联网金融协会和美国 LendIt 联合主办。深圳市互联网金融协会是深圳最大的互联网金融行业自律组织，代表会员单位为平安集团、招商银行、微众银行、工商银行深圳分行、建设银行深圳分行、财付通、合拍在线、红岭创投、投哪网、金斧子等。朗迪（LendIt）是汇集全球金融创新产业的所有核心企业和公司高层的专业机构，旗下朗迪（LendIt）峰会作为全球最知名、最高端互联网金融领域系列会议，每年在美国、英国和中国定期举办。

本次峰会上，原深圳市政府副秘书长、深圳市互联网金融协会顾问盛斌和深圳市互联网金融协会秘书长曾光、美国独角兽网贷公司 ProsperCEO、微软旗下知名区块链生态服务开发商 ConSensysCEO、美国知名金融科技平台 Orchard 西海岸主管、前海征信代表、金证科技代表、易安财险代表等众多嘉宾出席并从不同角度分享了各自对互联网金融的观察和前沿思考。

从嘉宾分享中可以得知互联网金融已经跨越国界，在全世界范围内得到强烈关注。一是以互联网为代表的信息技术不断对各产业进行渗透，促进了效率提升，如互联网银行、互联网基金、互联网保险等，传统制造业也可以通过结合产业链发展 O2O 电子商务或供应链金融。二是互联网金融还在更深层次上进行创新，比如大数据技术的应用、区块链技术的应用等。

深圳市互联网金融协会认为，中国正在推进利率市场化改革，逐步开放资本项目，而美国早已实现这些目标，美国互联网金融发展现状和趋势对我们国家具有重要参考价值。另外，中国互联网金融市场体量庞大，可以为美国互联网金融跨国企业提供国际合作机会。基于此，中美两国可以就互联网金融建立长效沟通机制，分享相关监管经验和行业信息，共同推动中美两国互联网金融行业健康发展。

# 第四十一章　上海市互联网金融行业协会

上海市互联网金融行业协会，英文名称为：AssociationofShanghaiInternetFinancialIndustry，缩写为 ASIFI。

## 一、基本信息

会长：万建华

中国人民银行总行，后担任招商银行总行常务副行长，中国银联首任董事长、总裁，上海国际集团总裁，国泰君安证券董事长。现任证通股份有限公司董事长。

常务副会长：杨德红

副会长：柴洪峰、姜明生先生、敬宗泉先生、陈春钱、薛峰、沈刚、洪佩丽、凌涛、陶涛、周晔、叶国标、计葵生

首席专家兼秘书长：王喆

电话：+86021－20538901

联系地址：上海市锦康路308号陆家嘴世纪金融广场6号楼

邮编：200120

网址：www. ASIFI. com. cn

## 二、协会简介

上海市互联网金融行业协会，是经上海市社会团体管理局批准，在上海依法登记注册的全市性非盈利社会团体法人，是上海市辖内互联网金融行业的自律组织。协会主管单位为上海市政府金融服务办公室，业务指导单位为中国人民银行上海总部（分行）。

协会以促进会员单位实现共同利益为宗旨，履行行业自律、维权、协调和服务职能，引领会员单位遵守国家法律、法规和经济金融方针、政策，遵守社会道德风尚。维护上海互联网金融行业的健康发展，为上海国际金融中心建设做出积极贡献。

协会在促进行业发展的同时，致力于自身的专业化建设，努力使协会成为与上海的互联网金融行业地位相匹配，与上海国际金融中心建设相适应的职业化、国际化、高水准的行业组织。

# 三、特色活动

## （一）2016 第二届上海支付清算发展论坛——支付安全与创新

为加强探讨与交流，促进创新与合作，不断推动支付清算行业健康发展。2016 年 11 月 23 日由中国人民银行上海分行和上海市金融服务办公室作为指导单位，上海市支付清算协会、上海市互联网金融行业协会、现代支付与互联网金融研究中心和中国金融信息中心联合主办的“2016 第二届上海支付清算发展论坛”在上海隆重召开。

本次论坛以“支付安全与创新”为主题，得到了中国人民银行上海总部、上海市金融服务办公室、中国支付清算协会等单位的大力支持。中国人民银行上海总部副巡视员兼金融服务一部主任季家友，上海市金融服务办公室副主任吴俊，中国支付清算协会副秘书长王素珍，上海市支付清算协会会长、中国工商银行上海市分行行长顾国明，上海立信会计金融学院校长唐海燕，上海市互联网金融行业协会首席专家兼秘书长王喆和中国金融信息中心总经理助理刘功润出席论坛并致辞。在沪银行机构、第三方支付机构、财务公司、支付清算机构以及其他相关经济组织的单位负责人、业务管理部门负责人共 300 多位参加了论坛。

上午，论坛邀请了招商银行股份有限公司、浙商国际金融资产交易中心和东方证券的相关负责人及专家围绕“构建互联网时代健康的支付生态”“FinTech：创新与风险的平衡术”和“金融科技与交易金融”发表了主题演讲。下午，论坛邀请了中国人民银行上海总部金融市场管理部、金融稳定部、金融服务一部、中国建设银行上海市分行、江苏银行总行、万达网络科技集团、汇付天下、中国社会科学院金融研究所、北京大学互联网金融研究中心、复旦大学金融研究院、蚂蚁金服集团研究院、德弘资产管理公司等机构负责人、创始人、专家及学者围绕“互联网金融风险整治”“金融合规与安全”和“金融科技与创新发展”进行了圆桌论坛。

王喆秘书长在致辞中表示，支付是金融体系的重要组成部分，并始终引领着整个金融业的创新。短短十几年，第三方支付已经成为支付领域乃至整个金融领域不可忽视的力量。未来，金融科技的发展将为支付带来更多可能，支付仍将引领互联网金融发展的潮流。孟添副秘书长作为圆桌论坛的主持人，与企业高管和高校专家就“金融科技与创新发展”这一主题进行了深入探讨。

## （二）2016 年度会员单位继续教育活动第四期

11 月 3 日，上海市互联网金融行业协会 2016 年度会员单位继续教育活动第四期在中国金融信息中心举行。这是协会首次邀请国外专家为会员单位做行业内的交流与分享。

协会会长万建华，中国人民银行上海总部金融服务一部营业部主任周跃菊，上海银监局政策法规处副处长田伟，上海保监局统研处副处长吴钰，市工商局注册处副处长虞亚光，通联支付总裁兰奇，通联金融总裁黄兴海，协会副秘书长孟添，副秘书长肖波，副秘书长龚建烂等领导和嘉宾出席了活动。同时参会的还有 100 多家会员单位的代表。

本次活动作为继续教育活动的第四期，延续了前几期的专业性和前沿性，并加入了国际化的色彩。本期主讲嘉宾为日本 NTTDATA（NTT 数据）集团社长岩本敏男，他以“数字化时代的到来”为题，以技术为出发点，结合 NTTDATA 多年来与全球各行各业合作的经验，为大家展示了一幅未来的图景。

资料显示，NTTDATA 集团是世界500强企业 NTT（日本电信电话株式会社）集团旗下五大核心集团之一，是东京证交所上市公司，日本信息产业协会（JISA）会长单位，世界 IT 服务企业排名前十强，日本 IT 服务企业排名居首。

在谈到数字化的定义时，岩本敏男认为应该用 SMACS 来定义数字化，S 指的是社交媒体，M 指的是移动，A 是指大数据分析，C 是云端，S 是指安全。这五个要素缺一不可。

在谈到未来发展趋势时，岩本敏男表示，通过行业加 Tech，未来所有的各行各业、生活的方方面面都会通过技术力量实现巨大的改变，Fintech 也是其中之一。未来随着 IT 技术的不断进步，将从根本上改变商业模式，可能以前的一些行业就会完全消失。他认为，VR、生命科学、人工智能等技术将是未来的商业机会所在。

上海市互联网金融行业协会会长万建华在主旨发言中表示，岩本敏男先生从技术角度来展望金融，为会员们打开很大的思考和创造的空间。虽然说竞争日趋白热化，但是从万物互联的角度来看，创新的空间仍然是巨大的。

前不久，国务院办公厅正式发布了《互联网金融风险专项整治工作实施方案》，对互联网金融风险专项整治工作进行了全面部署安排，行业迎来了规范化发展的重要阶段。在这个大背景下，为了引导与规范本市互联网行业的健康发展，搭建会员单位与相关部门的交流平台，提高防范和控制互联网金融的能力，同时帮助会员单位了解互联网单位最新发展趋势，上海市互联网金融行业协会将继续教育工作作为了今年的一项重点工作。

同时，自协会成立以来，一直十分重视对外交流工作，先后与北京、浙江、江苏、广东、香港地区、台湾地区、美国、英国、澳大利亚、韩国、新加坡等建立了联系并积极推进行业跨省、跨国学习与互访，促进互联网金融领域的全球对话与合作。万建华表示，希望通过这次的活动，能够搭建一座上海与日本互联网金融行业交流的桥梁，为将来进一步合作打下良好的基础。

### （三）共同发起成立陆家嘴区块链金融发展联盟

近年来，区块链技术正在成为各行各业突破再造的新风口，金融业更是敏锐捕捉到区块链技术作为底层架构的价值所在，纷纷探讨在各种金融场景中应用区块链技术的可能性。10 月 9 日，以“拥抱创新、防范风险、健康发展”为主题的2016 陆家嘴区块链金融高峰论坛在上海中国金融信息中心举行。

论坛期间，在中国银监会上海监管局、上海市经济与信息化委员会、上海陆家嘴金融城发展局的指导下，上海市互联网金融行业协会、上海金融业联合会、中国金融信息中心等 13 家机构共同发起成立“陆家嘴区块链金融发展联盟”。

上海市互联网金融行业协会会长万建华，秘书长王喆，副秘书长孟添出席了活动。万建华会长在致辞中表示，2016 年是区块链研究加速发展的一年，世界上各国政府、大型金融机构、企业集团都纷纷投入了大量资源对区块链进行研究，探索更多的应用场景，力求能够转化为实际的应用，推动产业的发展，国内也加快了区块链相关的研究与开发。

他认为，与其把区块链看成一个市场模式，不如更多的看成一项创新技术，从技术的角度入手进行应用，发展的路径可能更实在一些。一方面应积极研究探索，另一方面也要注意防范其可能产生的投资风险、技术风险、道德风险、政策风险等等。

“陆家嘴区块链金融发展联盟”将依托上海陆家嘴在金融行业的中心地位，聚焦区块链技术在银行、证券、保险、互联网金融等金融服务领域的应用延伸，积极开展行业自律活动和风险防控，联合联盟内部成员，为各类金融服务降低成本、提高效率、增强安全的过程做出贡献。

### （四）上海市互联网金融行业协会众筹专委会正式成立

2016年5月12日，“拥抱监管，合规发展”—上海市互联网金融行业协会众筹与互联网非公开股权融资专业委员会成立暨闭门研讨会在中国金融信息中心举行。

上海市互联网金融行业协会会长万建华，秘书长王喆，副秘书长龚建烂，副秘书长肖波，众筹与互联网非公开股权融资专委会主任委员、爱创业董事长、飞马旅创始人袁岳博士及其他专委会成员出席了会议。一同出席的还有来自市金融办、上海证监局、市工商局的协会监事代表，以及上海市主要众筹与互联网非公开股权融资平台业界代表。会议由上海市互联网金融行业协会副秘书长孟添主持。

王喆秘书长在致辞中表示，众筹专委会的成立是充分贯彻协会理事会精神的重大举措，目标是为该业态的会员单位提供更为专业、精准的服务；发挥众筹与互联网非公开股权融资领域会员的专业优势和资源，对业态特点进行研究分析，总结教训分享经验；在拥抱监管、引导行业健康合规发展中发挥表率作用。

众筹与互联网非公开股权融资作为互联网金融的重要业态，如何规范化发展成为本次研讨会的重要议题。零壹财经合伙人兼首席内容官董云峰介绍了众筹行业在我国的发展现状和发展趋势；众筹专委会主任委员、爱创业董事长、飞马旅创始人袁岳博士结合自身从业经验，就众筹的规范化管理进行了深度分享。

众筹专委会办公室主任顾冰向与会人员介绍了《上海市众筹与互联网非公开股权融资平台信息披露指引》的具体情况，该信披指引将率先在专委会委员单位推行。

在研讨环节，与会人员围绕“拥抱监管，合规发展”，从从业人员、行业协会、监管部门等多角度进行了热烈的讨论。袁岳博士在总结发言中表示，在目前的行业形势下，专委会一定要发挥应有的作用，在今年的工作中，将重点围绕“规范化”，办成1～2件对会员单位或该领域行业发展有影响力的实事。

### （五）互联网金融发展趋势与风险控制专题研讨会

12月11日，互联网金融发展趋势与风险控制专题研讨会在上海顺利举行，相关部门领导、VC\PE机构代表、互联网金融企业代表等近80人参会。

本次研讨会由上海市互联网金融行业协会、上海股权投资协会、海华永泰律师事务所共同主办，海通证券股份有限公司协办。与会人员围绕互联网金融行业最新动态和互联网金融企业商业模式与价值、VC/PE机构投资人观点、互联网金融行业现行法律法规体系、互联网金融企业可能面临的法律风险进行了讨论。

上海股权投资协会秘书长苏晓悦主持了会议，海华永泰律师事务所主任颜学海代表主办方致辞。上海市互联网金融行业协会秘书长王喆从政策支持、行业特点、薄弱环节、发展趋势以及监管自律等方面全面阐述了上海互联网金融的发展现状。点融网业务拓展副总裁丁锐和飞马旅品牌总监、爱创业首席运营官季怿昊分别对P2P和众筹两种业态进行了详细介绍。海华永泰律师事务所合伙人陆文昕针对最新的政策走向，分享了互联网金融法律风险控制的经验。上海科技创业投资有限公司科技金融部总经理童跃农则从投资人的角度分享了投资互联网金融企业的经验。

### （六）2015 互联网＋股权众筹@上海高级研讨会

12 月 02 日上午，“2015 互联网＋股权众筹@上海高级研讨会”在上海跨国采购会展中心举办。本次研讨会由金恪投资控股集团旗下金恪金合会主办，上海市互联网金融行业协会为指导单位，爱创业为协办单位。

研讨会以“理性务实”为态度，以“精度、深度、解密、共赢”为研讨方向，邀请了上海市互联网金融行业协会、互联网金融千人会、爱创业、AceBridge、一米好地、房筹星空、上海同筹网、芝麻开门、上海申浩律师事务所、摩尔菲投资等十余家上海众筹相关机构或企业及其创始人或代表出席。金恪金合会负责人姜振兴主持了本次研讨会。

# 第四十二章　内蒙古互联网金融行业协会

内蒙古互联网金融行业协会（英文：InnerMongoliaInternetBankingAssociation，缩写为 IMIBA）成立于 2015 年 10 月 27 日。

## 一、基本信息

会长：畲松涛
秘书长：李晓慧
副会长：周浩
常务副会长：吴国君
副会长：桑志杰
电话：0471 －3947077
Email：nmgsifi@ nmgsifi. org
网址：www. nmgsifi. org

## 二、协会简介

内蒙古互联网金融行业协会，由内蒙古中贷金融信息服务有限公司发起，正式于 2015 年 10 月 27 日通过了自治区民政厅的审核批准成立，是内蒙古自治区金融机构、互联网机构以及从事互联网金融行业的企业、实体企业、社会团体和个人自愿组成的全区性、综合性、非营利性的民间社会团体。

协会宗旨：

遵守我国宪法、法律、法规和互联网金融方针政策，遵守社会道德风尚。深入贯彻科学发展观，严格履行国家赋予互联网金融行业的各项职能，维护互联网金融行业的合法权益，促进互联网金融行业发展，全面提高互联网金融行业人员的素质，提高为会员服务的水平，促进互联网金融行业健康发展。

核心价值观：

用畲松涛博士创建的金融理论和互联网金融工具帮企业、机构转型升级，提高盈利能力和打造核心竞争力，推动内蒙古自治区经济更健康发展。

协会愿景：

协会为行业的发展提供多元化的服务，为会员单位提供专业化的培训及指导，帮助会员单位整合资源，实现协会会员优势互补、合作共赢、协同创新、规范自律。贯彻互联网金融行业相关法律法规，研究互联网金融行业发展规律，推动制订互联网金融行业发展规则和标准，引导行业健康规范发展。会员单位在为各行各业提供互联网金融服务的过程中发展壮大，成为最具影响力的专业化的互联网金融机构，成为在国内最有竞争力的领先互联网金融机构。

协会文化：

协会本着“普惠金融、规范自律、创新发展、合作共赢、服务社会”的理念，围绕创办全国一流协会的共同理想，竭诚服务、不断创新、充满激情、追求卓越、群策群力、共同发展，把协会办成创新型、服务型、研究型、学习型的社会团体。

协会理念：

以人为本，尊重人才，与会员建立优势互补、互惠互利、相互依存的战略伙伴关系，用一流的服务为会员创造价值，实现与会员的双赢；与政府及社会建立相互支持、密切合作、共建和谐社会的良好关系，积极回馈社会，实现与社会的双赢。

发展目标：

积极整合社会资源，会员数量形成规模，创立独特品牌活动，拥有自主知识产权，培育特色组织文化，把协会办成能够提供特色服务、反映诉求、维护权益的，能够集成区内外相关的社会资源，进行有益、有效、高端服务的社会中介组织。与各地区互联网金融相关协会结成合作伙伴关系，形成全区统一的互联网金融工作体系。与拥有互补资源的各类经济、社会机构结成战略联盟，发挥协同优势，实现共赢。并通过不断努力，最终将协会办成在区内有一定影响的、受欢迎的自治区互联网企业、金融机构和企业之家。

## 三、特色活动

### （一）2016第一届“互联网+城市渠道联盟”

由内蒙古互联网金融行业协会副会长单位，内蒙古非凡网络科技有限公司主办的，2016第一届“互联网+城市渠道联盟”大会，诚邀您的参加！

继2014年李克强总理提出“大众创业、万众创新”的号召后，全民进入“互联网+”时代；2016年8月8日，国务院正式印发《“十三五”国家科技创新规划》，对我国未来五年科技创新做了系统谋划和前瞻布局，明确提出坚持创新是引领发展的第一动力，以深入实施创新驱动发展战略、支撑供给侧结构性改革为主线，全面深化科技体制改革，大力推进以科技创新为核心的全面创新。

内蒙古非凡网络科技有限公司，作为专业的互联网科技企业，紧紧围绕国家网络的强国战略和国家的大数据战略，经过数年的发展，不断提升企业自主创新能力，增强企业竞争力。2016年，公司明确发展战略、创建非凡商业联盟，定位于搭建覆盖全国的专业化城市渠道运营服务平台。旨在通过互联网渠道营销解决方案及纵深技术的开拓与应用，利用三网合一的创新理念和庞大的线上线下资源，创新商业模式，整合资源，协同发展，应用“互联网+城市渠道”，帮助传统企业转型升级，为合作伙伴提供高效、精准的渠道建设和渠道营销专业化服务。

### （二）内蒙古互联网金融行业协会与内蒙古山东商会共同谱写会员服务新篇章

2016 年 4 月 24 日，内蒙古山东商会座谈交流会在巨华国际大酒店成功举办。内蒙古互联网金融行业协会会长、中贷金服董事长畲松涛博士受邀出席本次会议，并做题为《商协会服务会员企业融资渠道建设》的主题分享。

畲博士讲道：李克强总理在 2016 年政府工作报告中提出“以体制机制创新促进分享经济发展，建设共享平台，做大高技术产业、现代服务业等新兴产业集群，打造动力强劲的新引擎。分享经济可以让社会资源配置更加优化、社会协同合作更有效率，从而降低大众创业门槛，让更多的人参与到创业创新活动中来，为‘大众创业，万众创新’注入新活力。”

当下，分享经济热潮正席卷全球，已经有几十亿消费者从中受益。比如：交通出行的共享基于巨大存量市场，盘活了社会上大量闲置的车资源、司机资源、停车位资源等，在改变人们出行方式的同时，指数级提升了交通闲置资源的利用率，有大家耳熟能详的 Uber、滴滴打车；共享空间的途家、小猪短租；共享美食的爱大厨、好厨师、烧饭饭等平台。

在分享经济下，如何共创共赢是我们内蒙古互联网金融行业协会发起的初衷之一，在此也想和山东商会及更多商协会、企业的同仁们一起探讨。协会从金融视角入手，为中小企业设计解决资金路径的同时，在不增加成本的基础上为企业提供资本、财税、IT、营销、管理等增值服务。

畲博士分享了商协会参与分享经济的优势；过去融资方式与现阶段融资方式；充分利用四板、债、基金和混和所有制发展企业，降低企业发展风险；中贷金服的特色服务等精彩内容。

山东商会各会员企业对畲松涛博士的分享很感兴趣，纷纷咨询合作事宜。未来内蒙古互联网金融行业协会与内蒙古山东商会共同谱写会员服务新篇章。

### （三）内蒙古互联网金融行业协会和通辽市民间借贷服务中心互通有无

近日，内蒙古互联网金融行业协会（简称协会）会长畲松涛一行赴通辽市民间借贷服务中心互相有无，再续前缘。

通辽市民间借贷服务中心简称服务中心，是通过通辽市人民政府依法进行合法性审查并在自治区金融办备案的，通辽市唯一一家民间借贷综合服务机构，同时是中国互联网金融企业家俱乐部理事单位。

协会与服务中心的缘分还要从 2015 年说起，去年通辽市民间借贷服务中心主任侯兵一行来到呼和浩特与畲会长聊得相当投机，此次畲会长特意来到通辽拜访侯主任，共同探讨业务模式上的互补点与不同点，分享各自的经验成果。双方就平台建设、会员拓展、风险控制、业务创新等方面内容进行了深入交流，希望在共创互联网金融未来的路上取长补短，互通有无，不断完善。

### （四）内蒙古首家互联网金融行业协会会员大会暨全区商协会金融论坛

2016 年 3 月 25 日，“内蒙古首家互联网金融行业协会会员大会暨全区商协会金融论坛”，在回民区党政机关办公楼胜利召开。内蒙古自治区工商业联合会秘书长赵庆禄，新华社内蒙古分社副社长王占义，内蒙古自治区经信委中小企业局处长石补根，内蒙古自治区金融办副处长刘利文，呼和浩特市市委秘书长政研室主任李抚沧，回民区委常委、宣传部部长、区政府副区长王志强，呼和浩特市工商联常务副主席樊晓明，内蒙古自治区工商业联会员部部长熊玲玲，呼和浩特市工商联会员部部长托娅，呼和浩特留学人员创业园副主任冀晓军，回民区工商联主席、商会会长杨永林，玉泉区工商联主席郭毓，蒙草抗旱副总裁、正观品牌创始人、著名品牌战略专家、中贷金服董事高俊刚，博洋广告、百城联盟董事长、中贷金服董事李玉法及内蒙古互联网金融行业协会会员单位、金融行业负责人及媒体代表共计200余人出席了会议。会议以“分享．共创．共赢”为主题，以推动互联网金融健康发展为中心，旨在对互联网金融广阔的发展前景树立信心，建立新金融环境下的合作平台与合作模式。

本次论坛主要议题由内蒙古互联网金融行业协会会长、中贷金服董事长畲松涛就《商协会服务会员企业融资渠道建设》进行现场专题分享。主要围绕分享经济；商协会参与分享经济的优势；过去融资方式与现阶段融资方式；充分利用四板、债、基金和混和所有制发展企业，降低企业发展风险；中贷金服服务企业的特点等金融相关层面进行精彩的演讲。重点分析中贷金服、内蒙古互联网金融行业协会与全区各商协会的共建分享经济平台的未来构想，同时阐述了互联网金融行业协会服务企业，从金融视角入手，为企业设计解决资金路径的同时，在不增加成本的基础上为企业提供资本、财税、IT、营销、管理等增值服务的主要方式。

本次“内蒙古首家互联网金融行业协会会员大会暨全区商协会金融论坛”在欢快愉悦的氛围中圆满结束。合作商协会的领导及各协会会员表达了要与内蒙古互联网金融行业协会、中贷金服合作共赢的强烈意愿，并在现场进行了新会员的入会仪式，参会企业积极响应，踊跃入会，表示愿参与到协会的工作当中，与协会共同进步。对互联网金融行业协会的未来充满期待。

本次论坛达成了联合企业、商协会等机构共创分享型经济平台的初衷，让我们共同期盼在“内蒙古互联网金融行业协会”的带动下，互联网金融的未来更加精彩。

# 第四十三章　内蒙古互联网金融协会

内蒙古互联网金融协会成立于2016年。

## 一、基本信息

会长：萧丞
呼和浩特市青年联合会第八届委员会委员，任副秘书长
内蒙古嘉得拍卖有限责任公司任职副总经理
内蒙古金通房地产评估有限公司担任总经理
内蒙古汇峰典当有限公司，担任董事长
内蒙古易捷贷金融信息服务有限公司担任董事长；
电话：+86－0471－3983396
Email：nmghlwjrxh@126.com
联系地址：呼和浩特市赛罕区科尔沁南路69号留学人员创业园创新创业大厦一楼东侧
网址：www.imifa.org

## 二、协会简介

内蒙古互联网金融协会于2016年民政厅正式批准并注册成立，是由内蒙古互联网金融企业、机构、专家自愿组成的专业性、非赢利性行业社团组织。

协会坚持以政府法律为指导，以推进内蒙古互联网金融领域的发展为使命，参照国家标准，创造性开展行业服务工作，致力于在政府、企业、专家之间搭建一个沟通、交流、互动的平台，推动“以政府管理为主导、以社会参与为辅助、以市场需求为动力、以产业支撑为基础”的全区互联网金融体系的建立。

协会宗旨：

坚持以金融创新的思维、协作的文化，搭建现代金融同业之间的交流合作平台，推动内蒙古现代金融业创新发展，规范健康发展，为会员需要服务，为行业发展服务，为地区经济转型升级服务，加快内蒙古区域现代金融中心建设。

# 第四十四章　江西省互联网金融协会

江西省互联网金融协会（英文：JiangXiInternetFinanceAssociation，缩写为 JXIFA）成立于 2015 年 12 月 25 日。

## 一、基本信息

名誉会长：温显来
会长：周健
江西大刚汽车集团有限公司
监事长：钟久祥
副会长：谢世冬、涂强、陈盛、胡帅
秘书长：王翔
电话：综合科：杨华 0791—86278920 余龙 0791—86278920
业务科：龚丝 0791—86278921 刘芳 0791—86278921
400 电话：聂今 400 - 915 - 8227
传真：0791—86278920
Email：jxhlwjr@ 163. com
联系地址：江西省南昌市红谷滩新区翠林路 326 号普瑞花园 1 栋 402 室
邮编：330038
网址：www. jxifa. org. cn

## 二、协会简介

江西省互联网金融协会是由省内十家知名互联网金融公司发起筹备，经江西省政府金融办批准设立的具有独立法人资格、自愿组织的全省性、行业性、自律性、非营利性社会团体法人，是按照市场化改革和政会分开的要求，进行自主办会、自主管理、自主发展、行业自律的省级社团组织。目前有会员 30 余家。

协会的业务主管单位是江西省人民政府金融工作办公室，管理登记机关是江西省民政厅，协会接受业务主管单位和登记管理机关的领导和监督管理。

互联网金融与互联网技术相伴相生，它在技术、信息安全等方面使金融风险更加复杂。今后，协会将致力于发挥行业自律组织在规范市场行为、信息交流共享，行业合法权益保护方面的作用，呼吁我省互联网金融服务公司坚持行业自律，始终把防控风险放在首要位置；以普惠金融为导向，加大对小微企业、科技型企业、涉农、民生以及社会弱势群体的金融支持力度，满足不同阶层多元化的金融服务需求。

协会在省政府金融办的领导下，严格按照协会章程的要求，汇聚优质资源、凝聚高端人才、凝聚行业人气、提供全方位服务，群策群力，开拓创新，为推动行业发展、规范行业行为、防范行业风险，不负光荣使命，不负行业重托，奋力迈出“发展升级、小康提速、绿色崛起、实干兴赣”的新步伐，努力争创建设富裕和谐秀美江西的新辉煌而努力奋斗！

协会重要任务：

一、协助政府宣传贯彻落实国家和江西省关于互联网金融的法律、法规和相关规则；

二、研究和探索互联网金融行业的发展方向，推进行业自律机制，调查了解并及时反映行业及从业人员的诉求和建议，为政府决策和制定政策提供建议和依据；

三、积极推进互联网金融行业的技术研发与产品创新，研究提出行业规范和技术协议等，推动行业健康有序发展；

四、推进平台信息分级披露，增加行业透明度，建立信息平台，收集和发布从事互联网金融行业的企业所需要的相关信息，为互联网企业和金融机构开发新品、开拓市场、引进智力与技术服务；

五、推进资金托管，协助、支持会员单位从资金托管方提取交易纪录，以搭建行业信息互助平台；

六、组织会员参与国际经济技术交流与合作；

七、加强行业内部交流，建立交流平台，开展从事互联网金融行业的经营管理人才的培训工作，组织理论研讨，举办相关会议，不断提高从事互联网金融行业的企业家的综合素质；

八、推进行业品牌建设，组织推广先进经验，宣传优秀的从事互联网金融行业的企业家，促进互联网金融行业的品牌建设及金融创新；

九、加强行业自律，促进会员坚守行业发展底线，不得触碰非法集资，不得非法吸收公众存款，不得建立资金池和资金链。加强会员企业风险管理，处理行业投诉，保护金融消费者的权益；

十、推动建立互联网金融行业的统一风控平台、云风控体系，研究建立互联网金融平台的基础协议，进一步强化风险控制能力；

十一、提供综合专业服务，编辑、出版、发行会刊等出版物；

十二、承办会员单位和有关部门委托的各项内容

## 三、特色活动

### （一）江西省网络借贷信息中介机构自查自纠工作座谈会

为推动网络借贷行业规范发展，9 月 22 日，省互联网金融协会在南昌组织召开网络借贷信息中介机构自查自纠工作座谈会，协会各成员单位负责人及省政府金融办相关人员参加了座谈会。

会议由协会秘书长王翔主持。

秘书长王翔首先就本次召开座谈会的目的和意义向与会人员作了介绍，他指出，根据近期中国银监会、工业和信息化部、公安部、国家互联网信息办公室联合印发了《网络借贷信息中介机构业务活动管理暂行办法》（以下简称《办法》）。《办法》明确了网贷业务适用范围及基本原则，重申了从业机构作为信息中介的法律地位；确立了网贷监管体制，明确了网贷监管各相关主体的责任，促进各方依法履职；注重加强消费者权益保护，明确对出借人进行风险揭示以及纠纷解决途径等要求。协会对《办法》的出台高度重视，一是通过下发《关于开展网络借贷信息中介机构自查自纠工作座谈会的通知》，要求各会员单位认真学习、贯彻《办法》，对照本公司经营管理、业务范围、资金存管、信息披露、登记要求、禁止行为等各项活动开展自查，提出整改方案，明确整改时间进度表，并将《自查报告》及《整改方案及工作计划》的电子版和纸质材料及时送达协会秘书处。二是将各会员单位的自查报告集中进行梳理，及时召开自查自纠工作座谈会。

协会会长单位江西大刚汽车集团有限公司董事长周健就行业发展情况作了介绍，并对自身机构发展情况进行了自查。各参会单位结合本公司发展情况，认真对照《办法》积极开展自查自纠工作，对存在的问题进行全面剖析，提出了整改意见。

省政府金融办介绍了我省 P2P 网络借贷风险专项整治情况及监管政策动向，通报了我省的主要违规情况，要求各网贷信息中介机构严格对照《办法》立即开展自查整改，严禁触碰《办法》提出的负面清单，共同推动我省互联网金融健康发展。

### （二）江西省 P2P 行业及网络小贷公司合规经营培训班

8 月 24 日，银监会、工业和信息化部、公安部、国家互联网信息办公室联合发布《网络借贷信息中介机构业务活动管理暂行办法》。为更好地对政策进行解读，规范行业发展，经研究，省互联网金融协会于 9 月 21 日举办了《网络借贷信息中介机构业务活动管理暂行办法》（以下简称《办法》）政策解读及网络小额贷款公司合规经营培训班。协会特邀中国人民大学法学院副院长、中国人民大学金融创新与风险治理研究中心筹建负责人，参与制定《网络借贷信息中介机构业务活动管理暂行办法》起草人之一——杨东教授担任本次培训班主讲老师。

本次培训历时一天，课程安排紧密，内容丰富详实，培训老师带来了海量前沿资讯。杨东老师分别从《办法》出台的背景、意义、内容提要、亮点、八大误读及解析等方面对监管政策进行认真细致的解读并展望互金行业发展前景；通过分析目前已出现的八大互联网金融经营模式，讲授小额贷款公司与互联网金融的创新及合规经营。另外，课程还涵盖了大数据时代的风险治理，互联网金融的创新、风险监管与发展趋势等内容。

《办法》的公布，在互联网金融监管史上具有里程碑意义，引起了各方关注。在此背景下，本次培训受到省金融办领导及会员单位的极大关注。省金融办、各设区市、县（市、区）金融办（局），各设区市小贷行业协会及会员单位共计 120 余家单位的近 200 人参加了培训班。培训期间，参训学员与授课老师进行了热烈的互动交流，现场说出自己对政策的理解，今后如何转型升级以及合规经营的迷茫。杨东老师现场为学员答疑解惑，当天的课程也因此而一再拖堂。应广大学员的要求，协会特为学员新建了网贷政策解读答疑微信群，搭建了学员与老师长期有效沟通的平台。

### （三）监管细则出台对我省 P2P 行业影响研讨会

8 月 24 日，银监会、工业和信息化部、公安部、国家互联网信息办公室联合发布《网络借贷信息中介机构业务活动管理暂行办法》（下简称《办法》）。这一法规在互联网金融监管史上具有里程碑意义，引起了各方关注。在此背景下，由江西省金融学会主办、江西省互联网金融协会承办的“监管细则出台对我省 P2P 行业影响研讨会”于 8 月 29 日召开。会议由江西省金融学会秘书长朱锦主持。博金贷、壹心贷、今时贷、道口金融、点石金融等平台（排名不分先后）负责人参加。

会上，各平台负责人根据自身发展状况，表达了自己对政策法规的认识和疑问，并商讨转型方向。大家认为《办法》的推出，为鱼龙混杂的网贷平台带来一定管制，抑制行业的违规犯罪，激发真正的科技创新，将有助于整个行业回到理性发展的轨道上。但目前，网贷平台要完全符合新规要求，转型升级面临巨大压力。《办法》的真正落地还有待《监管细则》的下一步推出。

江西省互联网金融协会秘书长王翔表示，本次《办法》被业内称为“史上最严监管办法”，在借款限额和资金存管等方面对 P2P 公司都提出了较高的要求，短期内可能会带来行业的洗牌潮，但从长远来看，将引导从业机构从信用中介业务行为回归到信息中介的定位，提高平台的资金安全性，增强投资者信心，推动整个行业长远规范的发展。

江西省金融学会秘书长朱锦在会上表示，本次会议的主要目的是为了探讨互联网金融行业如何合规经营和稳健发展。《办法》的出台让网贷行业开启整治的过程，十分必要。宏观而言，监管细则的出台将在很大程度上规范网贷平台的健康发展。省金融学会将于会后将大家的想法和意见进行整理汇总，为政府政策的拟定提供参考。

针对本次新规出台，省互联网金融协会还将专门邀请曾参与《办法》起草的著名学者来赣，进行政策解读，为广大会员单位答疑解惑，指点迷津。敬请各会员单位留意省协会近期通知，及时报名参与。

# 第四十五章　南昌市互联网金融协会

南昌市互联网金融协会（英文：NanchangInternetFinancialAssociation，缩写为 NCIFA）成立于 2015 年 12 月 29 日。

## 一、基本信息

荣誉会长：赵建榕
理事长：刘俊强
监事长：杨伟
副会长：袁博、朱涵华、王静
电话：0791－87870148
Email：ncifa@ qq. com
联系地址：江西省南昌市红谷滩新区第一街区商业办公综合楼 F310 室
邮编：330038
网址：www. vcpe. org. cn

## 二、协会简介

南昌市互联网金融协会是由南昌市从事互联网金融的相关企业及金融研究机构、学术研究单位、经济组织、社会团体和个人自愿结成的地方性、行业性、非营利性社会组织，经南昌市民政局核准注册，首批发起成立协会的会员单位共 42 家，包括通联支付、银河证券、博金贷、海银财富、中智金服等蜚声业界的知名企业。

协会宗旨：

协会以“诚信、互联、创新、共赢”为宗旨，遵照国家法律、法规，参照国际规则，在市委市政府的正确领导下，为企业服务，为行业服务，为政府服务，搭建政府与企业之间的桥梁，促进我市互联网金融行业健康有序，快速发展。

协会愿景：

致力于成为“创新型、服务型、研究型、学习型”的行业组织，推动全市互联网金融技术创新、产品创新、服务创新、模式创新，发挥协同优势，服务实体经济，助推南昌经济转型升级。

协会职能：

1、履行行业自律、维权、协调和服务职能，对内组织制定行业自律公约，维护行业整体利益和信誉，引导会员单位遵守国家法律、法规；

2、协调行业与政府及监管部门的交流与沟通，发挥桥梁和纽带作用，积极表达会员共同心声；

3、组织开展行业发展情况的基础调查，研究本行业面临的问题，提出专业意见和建议供企业和政府参考；

4、受政府委托，代表我市行业评定机构，组织评定行业诚信示范单位；

5、大力开展咨询与培训服务，搭建信息与资源共享平台，推动企业抱团发展合作共赢；

6、协同社会各界，积极营造良好的生态产业链环境和行业发展舆论环境。

协会优势：

依托并整合上海财经大学、中南财经政法大学、南昌大学、江西财经大学等著名高校的信息与学科优势资源，及专家（学术）委员会的研究成果，充分发挥“平台 + 数据 + 信息 + 技术 + 共享”功能，增强行业信息透明度，推进行业技术研发与产品创新，提升企业市场竞争能力。

## 三、特色活动

### （一）互联网金融与投资论坛

11 月 26 日，我会联合国融证券江西分公司、光大银行江西省分行红谷滩支行、江西省 MBA 理事会、江西财经大学南昌校友联谊会共同举办了“创新金融投资共赢未来—2016 年互联网金融与投资论坛”。

来自互联网金融、银行、证券、保险、实体企业等行业的近 80 人参加了会议。

南昌市互联网金融协会理事长兼执行会长、江西中智互联金融服务有限公司总经理刘俊强首先以“互联网金融的美与痛”为题，从社会经济大格局出发，较为全面地分析了互联网金融发展的趋势和方向，以及当前行业中存在的问题。

光大银行南昌分行私银中心高级产品经理陈懿蕾则以“财富传承之家族信托”为题，就家族信托、税务筹划、法律咨询、保险规划等进行了生动的诠释。

国融证券江西分公司投资总监王宁以“券商之企业融资”为题，详细地介绍了券商如何为企业融资上市服务，如何为投资人进行股票融资。

江西瑞奇期货经纪有限公司总经理刘国平则从“商品期货的奥妙与资产配置”方面，与参会人员分享了把握投资机会，挖掘价值洼地，利用期货进行投资及管控风险的经验。

本次论坛为参会人员提供了跨界融合，互相交流的机会。同时也体现了协会积极整合各方资源，服务会员，提升价值的办会初衷。

### （二）互联网金融法律条款解读研讨会

8 月 18 日，由我会主办、法大大承办的“2016 互联网金融法律条款解读研讨会”圆满结束，本次会议以加强行业自律、合规运营为核心，围绕互金企业的“责任与义务”进行了探讨和交流，取得了预期效果。

本次活动得到通联支付、中智金服、中银律所、盈科律所等知名企业的大力支持。通过专家对具体条款的详细解释，让与会人员更清晰地理解平台的法律责任和法定义务。本次研讨会的举办，是我会积极引导全市互金行业朝着规范有序的方向前进的良好举措之一。

### （三）南昌市互联网金融企业合规经营研讨会

针对互联网金融企业、融资者、投资者普遍存在对行业法律边界把握不准，法律关系把握不清等问题，同时，为积极引导规范全市互联网金融市场经营行为、防范化解行业经营风险，强化企业市场主体自律意识，维护行业公信力，促进行业可持续、健康平稳发展；我会与中银（南昌）律师事务所于 2016 年 4 月 24 日，联合举办了“南昌市互联网金融企业合规经营法务研讨会”。

原最高人民法院民一庭副庭长姚辉、中国华融资产管理有限公司法务总监兼法律部总经理郭卫华、深圳法大大网络科技有限公司高级法务官田卫民分别就民间借贷与非法集资类案件的审判依据、不良资产处理中的若干法律问题、互联网金融合同风险防范等议题，做了主题演讲，并就相关法律条款与参会者进行了互动交流。

### （四）中银（南昌）律师事务所签订战略合作协议

为加快建立法律服务综合信息平台为纽带的一体化法律服务体系，使会员企业享受及时便利、专业优质的法律服务，帮助企业建立“事前防范、事中控制、事后应对”为一体的法律风险防范机制。我会于 2016 年 4 月 21 日与北京市中银（南昌）律师事务所签订战略合作协议。

双方建立战略合作关系，将重点在专业法律咨询、代理行政诉讼、处理信访纠纷等法律服务方面加强合作，我会将充分借助中银专业法律团队的丰富经验和资源优势，通过专业法律服务，进一步提高协会服务效能。

# 第四十六章　河北省资本研究会

## 一、基本信息

会长：孙万军

汇丰源集团董事长

监事会主席：刘善江

特别顾问：王加林

顾问团：

首席顾问兼专家组组长：史玉强

顾问：阚治东、王世渝、屈延凯、赵大建、张立群、黄少明、卞方、张高波、秦逸飞、郑剑豪、谢志华、刘杉、李成才、于权、陈强、高连奎、徐洪才、安国俊、汪潮涌、关建中、保罗、王顺龙、杜平、高立新、庄启飞、梅向荣、李群煦、管清友、俞铁成、刘建国、任力波、张晋、叶一剑、王金洲、杜金卿、李纯勇、刘骁悍、谢禄生、张彦惠、谢占海、郭秀堂、张炳明、黄品奇、杨永君、成英谦、魏少军、蔡东晨、陈怀荣、刘建民、沈峰、郑志瑛、郑晓东、范志贵、徐明勋、赵喆、翟建强、魏卓民、穆英林

专家：田军、郑锦桥、宫明强、元立兴、邬劲丰、江勋、陈宗建、房晓、姜红兵、吕志刚、黄静、徐军、伊冉、王琦、徐向东、李光斗、张永泽、易欢欢、林华、王玉凡、宋宇海、傅仲宏、刘固、唐军民、陈宇、谢涛令、高峰、李本强、张士松、褚海涛、周雷、陶永谊、林思明、程斌宏、周翔、田磊、谭玉石、卫东、辛全东、周沅帆、李增华、任广斌、刘瑞、薛德英、鲁万全、施阳、吴治军、陈震、谢利明、郭嘉凯、李然、张永升、陈袁华、韩戎、王学江、黄美杰、马国庆、李永刚、王帮群、刘万才、刘永斌、李科、王晓海、沈诚君、赵巍、梅长春、郭立田、张肃建、黄奎、邹建、陈比伦、孙德严、朱梁生、韩朝明、郑宪海、曹晶波、王林、杜习海、霍永涛、成涛、余长安、殷伟、刘启笙、买敬江

电话：0311 －6803611168036555 87616888.

联系地址：石家庄槐北路 309 号汇丰源集团一层

网址：www. hbcra. com

## 二、协会简介

河北省资本研究会是在河北省民政厅注册的非营利性社团组织，成员为国内外金融机构、投

融资机构及资本界的知名专家、学者、河北省内优秀企业家及高端人士。本会特点：国内首创利用微信群发起成立，汇聚国内外众多专家、学者于一体，立足河北经济，推动产业与金融有效对接。顺应“京津冀一体化”发展趋势，打破地域概念，运用“互联网思维”在多层面、多元化开创社团组织之先河。本会宗旨是：跨界、交流、对接、融合。本会目标是：以建设区域性民间智库为目标，探索和创新高端经济、民间经济社团组织建设新模式，以坚持资本研究和资本运作相结合为原则，以服务政府、服务企业、服务会员为目的，努力建成适应社会主义市场经济需要的高端民间经济社团组织，真正实现民间社团组织在经济社会发展中的卓越作用。

本会职责：贯彻落实国家和河北省的经济社会发展规划、方针和政策。积极发挥政府与企业之间、资本界与企业界之间的桥梁纽带作用，促进企业在战略决策、投资、融资和内部管理等方面不断科学化、合理化、规范化。组织会员开展理论探讨，进行信息交流，通过资源有效对接，实现产融结合。充分发挥研究会专业、引领和服务的作用，推进河北省经济健康、协调发展。

主要作用：依托河北环渤海、环京津的区位优势，聚合省内外企业家、金融家和资本高端人才资源，立足于挖掘全省各类生产要素潜力、整合全省产业和金融资源，对接国内外资本市场。在以下四个层面发挥作用：组织政府部门、金融机构和企业的有效对接；引导企业与金融机构的良性互动；推动资产、资金、人才、信息等资源的有效整合；实现河北产业和金融深度融合。

发展目标：河北省资本研究会致力于培育三支高素质的团队：一支创新务实的企业家团队；一支精干高端的资本运作团队；一支知名、权威的专家智囊团队。致力于打造成为：河北省最具权威的民间智库；河北省第一家集理论研究和投融资实务操作为一体的专业平台；河北省产融结合交流互助分享平台；河北省企业家持续学习成长的平台；企业投融资的咨询平台；会员之间信息交流平台。

河北省资本研究会下设河北省资本研究院、会员俱乐部、秘书处、财务部等部门，拥有自己的微信公共号，定期发布研究会动态、最新金融信息、项目资金需求、作为研究会线上线下沟通交流和互动的官方平台。拟编辑出版《河北省资本研究报告》《河北省资本研究会会刊》微信会刊等刊物，及时公布研究会研究成果。

## 三、特色活动

### （一）冀渝金融创新论坛在石家庄举办

11 月 15 日，由河北和重庆两地有关政府和民间机构组织的“冀渝金融创新论坛”在石家庄举行。

会上，冀渝两地专家围绕“互联网·天使投资”主题，以专家演讲和互动问答的形式研讨了经济新常态与互联网时代背景下，天使投资机构如何更好地促进河北互联网企业与电商企业的发展，与会专家还对金融改革创新进行了深入探讨。论坛着重推介了“博恩天使投资及新型管理机制”。据主办方介绍，“博恩天使投资进入和落地河北，将彻底的改变河北在天使基金投资与管理方面相对滞后的局面，将会引领和带动省内一大批天使基金创新投资管理模式，运用新型投融资管理机制支持河北产业创新升级，推动河北资金链引导创业创新链、创业创新链支持产业链、产业链带动就业链，增强河北发展新动力，促进河北整体产业的发展。

期间河北省资本研究会与重庆市博恩集团旗下易翎资本签订合作协议，双方将协力开展面向河北互联网电商企业的投融资服务工作，力争吸引大批天使投资支持河北互联网电商企业创业发展。据悉，博恩天使、宝来资产、融信资本、赛伯乐等重量机构已达成入驻河北意向。

据了解，易翎资本主要是服务于传统产业 + 互联网的产业基金，总规模 60 亿助力发展传统产业升级改造。易翎资本的东家重庆博恩集团，旗下辖有国内知名第三方支付易极付，每天的支付流水金额达到 40 亿元，平台每日交易也达到 70 多亿元。并成功投资了奇虎 360、猪八戒网、安存科技等。

据介绍，塔坛国际商贸城是塔坛投资集团斥资百亿重点打造的华北大型城市商贸集群项目，商业总建筑面积超过 170 万平方米，万余名商家已签约。会上，河北省资本研究会、重庆博恩集团、易翎资本、宝来资产、河北塔坛投资集团、北京大唐金控集团、河北省企业投资理财协会、河北省电子商务协会 8 家单位签订战略协议，将联合优势资源，共同打造该项目成为京、津、冀区域内以互联网为主的高新技术产业创新基地。

河北省资本研究会是以河北资本界、企业界人士为主，以及来自深圳及香港等金融“高地”的资本界高端人士组成的协会团体。近百位国内资本界知名专家、学者担任顾问。河北省资本研究会首席顾问史玉强表示，河北省资本研究会将充分发挥“服务政府、服务企业”的桥梁作用，竭尽全力、调用优势资源，不断创新开拓，促进产融结合，为企业提供热心优质的金融创新与资本运作服务，同时为河北产业升级与发展做出新的贡献。

本论坛由河北省资本研究会与重庆博恩集团公司、易翎资本、宝来资产、石家庄市桥西区政府、河北塔坛投资集团、河北省投资理财协会、河北省电子商务协会联合组办。

### （二）资本研究会与省商务厅共同举办 2015 河北省电子商务项目发布暨对接洽谈会

为加快河北金融创新和电子商务发展的步伐，促进生产企业、金融企业、电商平台企业间更深、更广阔的合作交流，共同谋划河北电商产业发展，2015 年 6 月 24 日下午，2015 河北省电子商务项目发布暨对接洽谈会在太行国宾馆一楼柏坡厅举行。

本次对接会由河北省商务厅与河北省资本研究会共同主办，河北省电子商务协会、河北省北方电子商务研究院承办，石家庄广思达文化传媒有限公司协办。

河北省商务厅巡视员史玉强，河北省工商联副主席李纯勇，原河北省政协常委、原河北省供销总社理事会主任张彦惠，河北省经济信息中心主任刘万玲，河北省商务厅电子商务处处长陈永祥，河北省资本研究会会长孙万军，河北省资本研究会执行会长兼秘书长成镕，河北省商务厅电子商务处副处长吴彦立及省内外 80 余家电商企业、40 余家金融机构参加了对接会。

会上，河北省商务厅巡视员史玉强、清华大学中国战略与管理研究院研究员刘汉斌针对当前国内外的电子商务发展趋势及应对策略等进行了讲解，发布了全省一百余项优秀电子商务企业项目，同时向 40 余家风投、基金等金融机构推介对接，10 家重点电商企业进行了项目路演（涵盖跨境、农业、生鲜、文化艺术和新技术等多个门类）。同时，当面提问和微信公众平台等现场互动使会议高潮迭起，有合作意向的企业进行了现场对接。不仅如此，河北省资本研究会还将以此次对接会为契机给电商企业搭建平台，帮助把企业做大做强，更好地服务经济建设。期间，河北省资本研究会与清华大学职业经理训练中心签署合作协议，决定共同举办《互联网 + 金融与电商》高级研修班，旨在使企业掌握现代互联网金融资本运营的渠道、手段及方法，学习互联网与传统行业的结合以及电子商务的应用，使企业实现跨越式发展。

通过这次电商项目合作对接会，能够进一步推进河北省电子商务发展进程，促进电子商务与各金融业态之间的合作，实现多方联动，互利共赢，共同推动电子商务在多领域的发展。

### （三）河北省资本研究会与美国南卡州代表团举行投资合作座谈会

2015 年 6 月 17 日美国南卡州格林维尔市市长 RichardW. Danner 先生、南卡州议员 DeborahLong 女士、美国南卡州华人经济发展局执行董事漆容女士等一行 4 人来到河北省资本研究会，就推动河北对外投资合作进行了座谈交流。河北省资本研究会组织了河北金环建设集团有限公司、河北昌通通信工程有限公司、见喜集团石家庄金迪化工科技有限公司、冀商联合会、河北省纳税筹划协会、河北省产学研合作促进会、河北省广东商会等企业与商协会代表参加了座谈。

座谈会前，代表团 RichardW. Danner 先生一行在河北省资本研究会会长孙万军、驻会副秘书长罗辉陪同下先后到河北省资本研究会的会员企业金环建设集团及汇金机电公司参观考察，详细了解企业的生产经营及发展情况。来宾们对企业的生产经营情况高度赞赏，并欢迎企业到美国南卡州格林维尔市投资兴业。

座谈会一开始，孙万军对代表团一行的到来表示欢迎，并向其介绍了河北省资本研究会的基本情况。孙万军表示，此次交流为河北企业走出去提供了一个良好的契机，希望双方进一步加强沟通交流，为我省企业“走出去”对外投资引线搭桥、多创造机会。会上，RichardW. Danner 先生介绍了美国南卡州的经济发展情况和外商投资环境、以及独特的资源优势。他表示，近年来，中国经济始终保持高速增长，涌现出了一大批具有国际竞争力的企业，希望通过河北省资本研究会积极寻求河北企业到美国南卡州投资，促进中国河北与美国南卡州共同发展。

期间，河北省资本研究会与美国南卡州华人经济发展局签订了合作协议，旨在进一步促进双方开展广泛深入的合作。

# 第四十七章　中国技术创业协会

中国技术创业协会，英文名称：China Association of Technology Entrepreneurs，缩写为 CATE。

## 一、基本信息

理事长：马颂德

科学技术部原副部长

副理事长：王林江、王平高、冯梦觉、江华、张卫星、李义春、唐自力、龚伟、谭啸、裴夏生

秘书长：裴夏生

科技部火炬高技术产业发展中心原（正局级）调研员

电话：（010）63954451

传真：（010）63957618

Email：cate@ chinate. org

联系地址：北京市海淀区复兴路 12 号恩菲科技大厦 A 座 809 室

邮编：100038

网址：www. chinate. org

## 二、协会简介

中国技术创业协会是经民政部批准，科技部作为业务主管，科技部火炬中心作为受托管理部门并接受民政部监督管理的一级行业社团组织。

中国技术创业协会会员分为团队会员和个人会员。会员主要由直接从事技术创业的科技型企业、服务于技术创业行业的投资机构、科技中介服务机构、社会团体以及从事技术创业行业研究的专家、学者和成功的企业家组成。

中国技术创业协会的宗旨是："通过提高我国技术创业能力，促进国家自主创新的实施，推动国民经济又好又快发展"。

中国科技创业协会的任务是："完善技术创业支撑条件，特别是创业风险投资、企业孵化器，对科技型中小企业的孵化、辅育和资金投入，引导社会资源向技术创业聚集，为科技型中小企业的发展营造良好的自主创新环境"。

## 三、特色活动

### （一）携手全球创新力量共探创业生态环境——浦江论坛之“创·未来”亚洲创新创业合作论坛隆重举行

9月4日，由中华人民共和国科学技术部和上海市人民政府主办。科学技术部火炬高技术产业开发中心、上海市科技创业中心共同承办的浦江论坛之“创·未来”亚洲创新创业合作论坛在上海国际会议中心隆重举行。活动邀请了政府代表、海内外投资界代表、孵化器代表、众创空间代表、创业者代表以及创新创业大赛优秀企业和团队代表参会。

本届论坛的主题为“双轮驱动：科技创新与体制机制创新”。活动中，来自国家科学技术部火炬高技术产业开发中心、国际孵化器协会、亚洲企业孵化器协会的代表以及专家学者进行主题分享，探讨全球视野下的创业生态环境。

科技部党部组成员、科技日报社社长李平在致辞中表示，随着中国创新驱动发展战略的深入实施，中国创新创业氛围日益优化，创新创业在全社会形成了广泛的共识，为创新驱动经济社会发展注入强劲的动力，正成为国家在新常态下突破经济增速换挡、动力转换的新引擎。他认为，在创新创业的浪潮中，无数的草根英雄正成长为这个时代的“弄潮儿”。

科学技术部火炬高技术产业开发中心书记翟立新在活动现场发布《走进创时代——中国科技企业孵化器发展根告（2011~2015）》。报告中指出，过去五年中国科技企业孵化器实现了跨越发展，形成了政府推动、市场主号、各类主体广泛参与的良好局面，初步形成企业孵化服务新企业。未来我国还将推动孵化器加快实现类型多元化、服务高效、资源共享、机制灵活、区域协同、氛围浓厚，形成多种力量、多种模式、多种机制共同促进的全链条、多层次创业孵化新格局。

美国孵化器协会国际合作事务总监 MattMelloy、BIIA—澳大利亚创新孵化协会副主席 Phillip-Kemp 分别从孵化器跨境合作以及孵化体系如何支持中小企业发展的角度，探讨孵化体系的国际化和专业化。随后，来自中欧国际工商学院的龚焱教授以《创新路径的演进》为主题进行分享。

此外，在此次浦江论坛创业者论坛中，还举办了2016“创业在上海”创新创业大赛颁奖活动、2016亚洲企业孵化协会（AABI）年度颁奖盛典以及“创青春”上海青年创新创业大赛颁奖仪式。

### （二）2017年重点专项资金新管理办法和申报操作实务暨科研财务助理岗位权责讲解答疑专题培训班

为贯彻“十三五”发展新理念和全国科技创新大会精神，帮助科研骨干与科研财务助理权责专业化发展，及时准确理解国家推进科研领域“放管服”改革的核心内容，更大的调动科研骨干与科研财务助理积极性和创造性，运用好2017年国家重点专项申报新政策，中国科技创业协会于2016年12月22—24日在云南省昆明市，2017年1月6~8日在上海市举办“2017年重点专项资金新管理办法和申报操作实务暨科研财务助理岗位权责讲解答疑专题培训班”，培训结束经考核合格后颁发有有关部门批准，协会统一印制编号的培训班证书。

### （三）中国技术创业协会留学人员创业园联盟

中国技术创业协会留学人员创业园联盟是在国家科技部、国家教育部、国家人力资源和社会保障部、国家外国专家局以及中国致公党中央共同支持下，是由致力于支持留学生创业企业发展的创业园和相关企、事业单位，机构共同发起，以自愿方式组成的全国性非盈利的社会组织，在中国技术创业协会的领导下开展活动。其业务指导单位是国家科技部火炬高新技术产业开发中心、国家教育部国际合作与交流司、国家教育留学服务中心、国家人力资源和社会保障留学人员和专家服务中心。国家外国专家局经济技术专家司、中国国际人才交流中心（协会）、中国致公党中央留学人员委员会。

联盟各成员自主经营，独立承担民事责任。联盟遵循国家法律法规和相关仿真政策，全国整合各方资源，推动全国留学生创业园的全面发展，为建设新型国家做出贡献。

联盟将发挥全国留学人员创业园的各种资源优势，以及政府有关部门指导，通过政策，活动、宣传、国际交流与合作、国际技术转移平台，形成人才、技术、资本、市场等方面的资源共享机制，促进留学人员创业企业在各领域的沟通交流，不断完善留学人员创业园孵化体系建设，探索新的发展模式，加强留学人员创业园的政、产、学、研的结合以及与中介服务机构之间的互动，加快科技成果转化，推动品牌创新，逐步提高全国留学人员创业园的整体服务能力和国际化服务水平，营造海外高层次人才归国创新创业的良好环境。

# 行 业 篇

# 第一章　中国虚拟现实行业研究报告

## 一、VR 行业定义及历史

### （一）定义及原理

虚拟现实（Virtual Reality），简称 VR 技术，也称人工环境。利用电脑或其他智能计算设备模拟产生一个三度空间的虚拟世界，提供用户关于视觉、听觉、触觉等感官的模拟，让用户如同身历其境一般。

### （二）VR/AR 原理比较

尽管都涉及虚拟成像，但 VR 和 AR 在技术实现方面还是存在着本质上的区别：

• VR 的视觉呈现方式是阻断人眼与现实世界的连接，通过设备实时渲染的画面，营造出一个全新的世界。

• AR 的视觉呈现方式是在人眼与现实世界连接的情况下，叠加全息影像，加强其视觉呈现的方式。

• MR（混合现实）是虚拟现实技术的进一步发展，该技术在虚拟世界、现实世界和用户之间搭起一个交互反馈的信息回路，以增强用户体验的真实感。

### （三）VR 技术核心价值

显示方式的进化：将传统平面显示方式升级成为全景显示，大幅提高用户的沉浸感与内容的仿真程度。

水平定位欺骗视觉：通过水平定位系统模拟用户的视角，同时通过高画质的全景展示做到对视觉的欺骗。

3D 音效掌控听觉：运用最先进的 3D 音效解决方案模拟环绕式听觉体验。让用户感受身临其境。

多样的交互方式：结合手柄操控，行为检测，语音识别等多种类的交互方式以提高用户在行为甚至触觉上的交互体验。

### （四）VR 主要设备构成

表 1.1　　VR 主要设备构成表

<table>
<tr><td rowspan="3">输出设备</td><td>外接式 VR 头盔</td><td>依靠外接电脑、主机等设备为运行系统的 VR 显示头盔。平台内容的技术含量最高。<br>产品：Oculus，HTC VIVE 等。</td></tr>
<tr><td>一体式 VR 头盔</td><td>将内容平台与显示设备融合制作在一起的 VR 独立平台。平台兼顾了便携性与功能性。<br>产品：小黑灵镜等。</td></tr>
<tr><td>智能手机 VR 眼镜</td><td>以智能眼镜为运行系统的显示设备。平台的便携性相对最高但内容技术含量偏低。<br>产品：Gear VR，暴风魔镜等。</td></tr>
<tr><td rowspan="3">输入设备</td><td>操作设备</td><td>游戏手柄、方向盘、模拟枪等平台操作输入设备。</td></tr>
<tr><td>行为监测设备</td><td>红外监测摄像头、万向跑步机、手势捕捉手套等用于监测用户行为动作的设备。</td></tr>
<tr><td>其他设备</td><td>耳机、话筒等配套设备。</td></tr>
</table>

### （五）VR 行业发展历程

表 1.2　　VR 行业发展历程

| | |
|---|---|
| 1935～1961 年<br>概念萌芽期 | 1935 年，小说家 Stanley. Weinbaum 在小说中描述了一款 VR 眼镜，以眼镜为基础，包括视觉，嗅觉，触觉等全方位沉浸式体验的虚拟现实概念，该小说被认为是世界上率先提出虚拟现实概念的作品。 |
| 1962～1993 年<br>研发与军用阶段 | 1962 年，名为 Sensorama 的虚拟现实原形机被 MortonHeilig 所研发出来，后来被用以虚拟现实的方式进行模拟飞行训练。该阶段的 VR 技术仍仅限于研究阶段，并没有生产出能交付到使用者手上的产品。 |
| 1994～2015 年<br>产品迭代初期 | 1994 开始，日本游戏公司 Sega 和任天堂分别针对游戏产业陆续推出 SegaVR－1 和 VirtualBoy 等产品，在当时的确在业内引起了不小的轰动。但因为设备成本高，内容应用水平一般，最终普及率并没有很大。 |
| 2016 年起<br>产品成型爆发期 | 随着 Oculus，HTC，索尼等一线大厂多年的付出与努力。VR 产品在 2016 年迎来了一次大爆发。这一阶段的产品拥有更亲民的设备定价，更强大的内容体验与交互手段，辅以强大的资本支持与市场推广。整个 VR 行业正式进入爆发成长期。 |

## 二、VR 行业市场环境分析

### （一）国内 VR 行业市场环境分析

环境喜忧参半用户端和技术层的缺失较为严重。从整体市场国内对 VR 等新技术创新呈鼓励态度。然而考虑到国内严格的内容审查环境，VR 在内容方面将受到政府的严格监管和审查。例如国外发展势头正猛的色情 VR 视频与我国法律相违背，不可能通过正规途径进入中国市场。

经济发展使得用户更愿意在内容消费尤其是娱乐消费上进行投入。但硬件的投入是对用户使用 VR 的一个重要门槛，这也造成短期内国内硬件出货更多是眼镜类。

近几年，VR 概念在社会舆论中已经拥有一定传播力度，但是社会对 VR 的准确定义以及整个行业的发展现状仍然较为模糊。面对种类多定价浮动大的 VR 设备用户往往不会挑选，一旦试用了劣质的产品后也容易对整个 VR 行业的发展产生负面看法。因此，如何正确引领整个社会认识 VR 是首先需要解决的难题。

在类 Oculus 头盔和硬件游戏研发方面，借助国外开源技术，国内会有较快的提高，但进一步提升有赖海外发展。在 VR 眼镜方面，国内优秀的代工技术和低成本能够带来很好的价格优势。在体感交互等前瞻技术上，国内积累较少，仍处于模仿和追赶阶段。

### （二）国内 VR 行业市场热度分析

与国外市场火热行业活跃相比，国内规模较小，尚未成气候。可以看到，VR 概念在 2015 年底迎来爆发，百度热搜指数高速上升且搜索指数一直高于体感游戏，可见 VR 概念在国内是有一定用户基数的。但即使概念在近期受到热捧，VR 的热搜指数仍未在 2015 年底超越 PS4 的热搜度。考虑到主机游戏在国内用户基数较小，从 VR 概念热搜指数不及 PS4 的现状可以判断，目前 VR 行业市场规模仍然较小拥护者少，尚未形成气候。

### （三）国内 VR 行业未来市场规模

国内智能手机巨大的用户基数将有效助推 VR 产品销量。根据 vgchartz. com 的报告，XboxOne 和 PlayStation4 今年在中国的合计销量约为 55 万台，相比全球高达 2418 万台的销量，中国地区科技娱乐产品受众比例数明显偏小。艾瑞咨询认为起步更晚，不确定因素更多的 PC 端 VR 在近 3 年内的境遇可能与主机十分相似，VR 市场推广及普及将受到很大限制。而值得期待的是，移动 VR 在中国潜在用户基数极大。根据 eMarket 的数据显示，到 2016 年中国智能手机用户保有量将极有超 6 亿人。只要有 1% 的用户选择花费数百元使用移动 VR，也会有数百万计的用户，移动 VR 整体市场潜力及发展空间巨大。

### （四）国内 VR 行业融资情况简介

硬件制作商仍是 VR 行业现阶段发展的重点产业在各细分行业融资情况分析中可以看到：VR 硬件开发商的融资总占比占到整个 VR 行业的 51.9%，可见在 VR 行业发展初期，VR 硬件设施方面的更新迭代是最受投资人瞩目也是竞争最为激烈的板块。另外，VR 内容制作商在过去几年中的融资总占比仅为行业总量的 11.4%，作为整个 VR 行业赖以增加用户粘性及用户吸引力的核心力量，艾瑞分析认为当 VR 硬件的迭代步伐逐步放缓之后，用于内容团队上的投资将得到明显的增长。

### （五）国内 VR 硬件出货量、用户量预计

预计 2020 年 VR 设备出货量 820 万台，用户量超过 2500 万人。根据艾瑞初步测算，预计 2020 年 VR 设备出货量 820 万台用户量超过 2500 万人。

PCVR 及一体机在 2019 年左右会有跨越式发展，实现用户量的飞跃。

预计 2020 年，PCVR 及一体机 VR 的用户规模仍有潜力，但是期待技术、内容的全面升级。

2020 年以 PCVR/一体机每个 3000 元，MobileVR 每个 2000 元计算，国内 VR 硬件规模达到

64 亿元，与 BIIntelligence 统计，2020 年头戴式 VR 硬件市场规模将达到 28 亿美元规模比较，国内 VR 硬件市场规模占全球 VR 硬件市场 34.6%。主要得利于预计 2019 年左右，随着 VR 硬件成熟，以及海外软硬件技术的开源支持，国内厂商低价抢占 PCVR/一体机市场。

### （六）国内 VR 线下体验馆市场统计

VR 线下体验馆数量近几年增长迅速，全国已超过 2000 家。国内 VR 体验馆从 2014 年开始逐渐成立，在短短的一年多时间里全国范围已经拥有超过 2000 家 VR 体验馆。对比国内线下影院在长达数十年的周期中也仅开放了 5500 家的数量。从这里我们可以看到 VR 体验馆发挥了其成本低、占地面积小的优势，相比游乐场及电影院，VR 体验馆将会是一个更经济更轻便的选择。同样，在单人单次消费情况上来看，VR 体验馆在定价上也更亲民。

但与此同时，VR 线下体验馆也受到了虚拟现实内容深度不足以及选择面小的限制，体验馆往往“回头客”少，因此客流量也受到了很大的制约。

### （七）国内 VR 平台内容生产情况

目前国内 VR 平台内容约有 3500 款产品。由于国内 VR 市场主流设备仍以移动端 VR 眼镜为主，国内 VR 内容开发普遍面临了交互功能不足以及播放硬件条件有限的限制。因此，国内 VR 视频内容的开发数量要远多于 VR 游戏内容。绝大多数已面试的 VR 游戏中也以过山车、跑酷等交互设计简单，游戏时间较短的轻度游戏为主。视频方面，约 2700 款内容中还是有不少非国产非原创的内容，而内容比较浅的短视频也占据了其中很大的比例。以目前国内 VR 内容平台的水准而言很难提高用户付费欲望，VR 内容的盈利模式不仅要从商业模式、用户习惯上进步，更需要拥有强大的内容在背后做支撑。值得关注的是目前在电脑端国内已经面世的游戏产品有 500 款左右，规模已经超过移动端，内容深度与游戏交互性也要更上一层楼。可见 PC 端 VR 游戏的发展前景已经受到市场的认可。

### （八）国内外 VR 行业发展现状对比

表 1.3　　国内外 VR 行业在发展过程中的主要区别

| 维　度 | 国　内 | 国　外 |
|---|---|---|
| 厂商 | 以初创型企业的开发拓展为主，后有大型公司逐渐加入或投资收购 | 以几大科技巨头企业为主力，小型企业团队多以开发内容为主 |
| 成本与价格 | 成本相对较低，产品定价也比国外产品更便宜 | 成本较高，产品定价普遍比较贵 |
| 产品开发周期 | 开发周期相对较短，产品同质现象比较严重 | 开发周期相对较长，产品之间各有所长 |
| 产品交互性 | 交互性能普遍较差，超半数设备不支持外接操作 | 交互性能相对较好，也有许多团队专门研制交互操作设备 |
| 内容平台 | 产品的内容平台多是官方论坛和普通应用，差异性小，吸引力一般 | 产品有专门的内容渠道及作品，且针对产品优化，吸引力大 |
| 硬件平台 | 手机端 VR 设备普遍更受欢迎，PC 端设备仅适用于深度用户 | 手机端、PC 端、主机端 |
| 产品适配性 | 适配设备广泛，对硬件的要求低 | 适配设备较少，对硬件的要求高 |

## 三、VR行业产业链分析

VR/AR行业覆盖了硬件、系统、平台、开发工具、应用以及消费内容等诸多方面。作为一个还未成熟的产业，VR/AR行业的产业链还比较单薄，参与厂商（尤其是内容提供方）比较少，投入力度不是太大。核心内容生产工具面临较大的研发制作瓶颈，如360°全景拍摄相机，市面上的产品屈指可数。

### （一）国内VR行业硬件公司案例——乐相科技

乐相科技是国内首批参与研发虚拟现实硬件生产的制作团队。团队拥有较丰富的虚拟现实研发经验，公司的产品“大朋眼镜”也是国内较为成熟的多平台VR显示设备。除了研发多平台VR显示设备外，乐相科技还参与研发了虚拟现实内容聚合APP“3D播播”；PC端应用助手“大朋助手”以及建立了大朋VR平台专属的开发者平台。是国内VR产业布局较为领先的硬件制造团队。

多平台VR显示设备。大朋眼镜在PC端、移动端的VR眼镜均已上市，一体机VR头盔也正在研发中。多平台覆盖的策略有效得帮助乐相科技覆盖到了更多的潜在用户。

内容丰富的聚合软件。“3D播播”与“大朋助手”分别是大朋眼镜在移动端与PC端的内容聚合软件。依靠自身平台的内容以及对其他平台内容的强兼容性大朋眼镜在内容聚合上也做到了行业领先水准。

专属开发者平台。大朋眼镜是国内少有的几家拥有自己开发者平台的VR眼镜平台之一。在当下VR眼镜硬件产品同质化严重的情况下，拥有平台独占的特色内容将是能够吸引用户购买的一大因素。

### （二）国内VR行业应用/内容公司案例——天舍游戏

天舍游戏是国内首批专注于虚拟现实游戏领域的研发团队。团队拥有丰富的技术与内容研发经验，并对虚拟现实沉浸式交互拥有独到且深入的理解。团队所制作的探索解谜类游戏《Weeping Doll》是天舍游戏将在明年初发布的主要作品。

技术研发。团队成员有丰富的3D游戏、主机游戏研发经验，同时也是国内第一批涉足虚拟现实游戏制作的团队。

内容与交互。团队成员有密室解谜从业经验，在解谜类游戏中可以给予用户更真实的游戏体验，并通过各类VR手柄、VR定位影像设备来提高游戏交互性与用户沉浸度。

渠道支持。游戏将适用于市场上几乎所有VR头盔，并支持智能手机、电脑、游戏主机等多平台兼容，渠道与平台覆盖面大。

### （三）VR行业解决方案/平台公司案例——UnityTechnology及其Unity游戏开发引擎

Unity作为主要的游戏开发引擎之一，也积极跟进VR游戏内容的开发。今年6月发布的Unity5.1版本原生支持OculusRiftHMD开发工具，还为VR增添了“高度优化”渲染管道。借助Unity引擎，3D游戏能够快速高效便捷地开发出VR版本，且不受游戏平台的限制。

### （四）VR 行业盈利模式归纳

硬件制作商在行业现状下盈利能力略强于内容提供商。硬件厂商坐享自身产品销售额。内容提供商与平台搭建者分享软件收入。

三、VR 产品运用内容与场景分析

### （一）VR 游戏娱乐场景分类介绍

游戏娱乐类内容是 VR 用户期待度最高的内容板块。

**VR 游戏**

- VR 主要的运用场景
- 极强的游戏沉浸感
- 市场玩家基数大，潜在用户群大
- 已开发内容相对丰富，用户选择面广

**VR 影视**

- VR 最主要的运用场景
- 提高观影整体沉浸感
- 全景观看技术实现对观影形式的创新
- 已开发内容相对丰富，用户选择面广

**VR 演艺**

- 通过 VR 技术提高演出直播展示效果
- 弥补无法去现场观看的遗憾
- 观看视角更多变，可以选择不同视角全景跟踪观看
- 通过 VR 技术带给观众更强的现场体验感
- 弥补无法去现场观看的遗憾
- 观看视角更多变，可以选择不同视角全景跟踪观看

### （二）VR 生活服务场景分类介绍

VR 是一项能够让生活体验得到升级的技术。

**VR 社交**

- VR 社交内容产品尚未成型，但一直是人类对“虚拟现实”的最终幻想
- 用户可以以虚拟的或是拟真的形象与身份在完全虚拟的世界中学习、逛街、交际
- 用户可以在平行世界中尝试改变自己的性格，更新自己的交际圈，挑战平时不太会做的事

**VR 教育**

- VR 教育在技术操作类教学案例上更受欢迎
- 在 VR 技术的支持下，实验操作拜托了空间、材料、工具的束缚
- 用户能够随时随地进入教学环境参与教学

**VR 旅游**

- VR 旅游无法完全代替真实旅游的体验感受
- VR 旅游可以带用户体验南北极等极端地区

- 不受时间限制，可以作为日常生活放松身心的一种方式

### （三）VR 商业服务场景分类介绍

VR 商业服务用途为整个市场提高了效率、降低了风险。

**VR 交易**

- 目前主要运用于汽车销售、房屋展示
- 借助 VR 技术还原现实的能力，有效节约了销售方的人力物力以及消费者的时间与精力
- VR 交易的主要价值将体现在精简传统交易模式，而非完全替代传统的交易方法

**VR 训练**

- 专业技能训练是 VR 技术最早被应用的领域
- VR 训练将主要用于军事训练、驾驶训练、手术训练等技术含量与操作风险较高的领域
- VR 训练在保证训练强度与训练效果的同时能够很好得规避训练风险

## 四、VR 用户特点分析

1. 影视作品对虚拟现实概念普及有巨大推动。
2. 用户对 VR 概念的认知度已经过半，视频成最受捧内容。
3. 近八成用户期望 VR 设备定价在 3000 元以内。
4. 用户最在乎设备舒适度，而设备外形的美观则是最次要的。
5. 用户普遍看好具有强交互性的 VR 游戏。
6. 用户对 VR 游戏画质的追求以微弱优势排名第一。
7. VR 电影仍然是 VR 视频用户最为期待的内容平台。
8. VR 视频用户认为影视的沉浸感与画面真实性是首要诉求。

## 五、VR 行业发展优劣势及未来发展趋势

### （一）VR 行业发展驱动因素分析

资本助推与 VR 概念本身的吸引力成为两大市场推动因素。

VR 产品发布潮资本推动概念。2015 年起，VR 概念蔓延全球，谷歌、索尼、Facebook 等科技巨头纷纷加入阵列推动市场。在产品的竞争中各家产品为了能够脱颖而出也是不断提出新的概念加入新的技术以满足用户需求。正是在这样一种良性的竞争之中 VR 产品质量与水平得到了有效的提高，整个行业的影响力开始升温。

全景概念刷新技术认知。VR 本身的“全景观看”概念可以算是吸引大批用户关注的主要原因。从书籍到广播再到电视电脑，在漫长的历史发展中人类对具有更强表达力与沉浸性的画面展现形式一直有着一种与生俱来的诉求。因次，VR 技术所带来具有极强沉浸体验的“虚拟世界”概念在短时间内就成功得在全球范围迅速蔓延开来。

### （二）VR 行业发展瓶颈分析

VR 发展初期，产品在硬件软件各方面都有发展限制。

**佩戴舒适度**

• 大部分 VR 头盔自重过中，重力分布不均匀，长期佩戴后会有不适感

• 绝大部分用户在长期使用 VR 头盔后会产生眩晕感

• 佩戴 VR 头盔后视线受阻，连更换游戏内容都不方便

**交互体验欠缺**

• 大部分 VR 头盔的交互手段无法完全满足用户需求

• 用户对语音识别、力反馈、全息投影等更高级的交互手段有很强的诉求

**内容深度广度不足**

• 受 VR 起步初期影响，市面上的 VR 应用选择面较窄种类少，难以满足用户需求

• 在已经面试的 VR 应用中绝大多数应用偏轻度，用户粘性差

**硬件要求过高**

• 硬件方面，具有行业领先水准的 VR 头盔对 PC 硬件要求过高，而要求稍低的 VR 头盔则显示水平稍差

• 移动端 VR 眼镜对智能手机也有屏幕大小、分辨率等要求限制

### （三）VR 行业硬件设备的发展方向

定点设备——侧重强交互沉浸体验，足不出户玩遍世界

移动 VR——随时随地“改变”世界：

**VR 头盔 + 摄像头**

• 虚拟与现实的结合，拜托带着 VR 头盔“乱跑乱撞”的窘境

• 更进一步增加了 VR 内容的真实度，用户沉浸度得到进一步提高

• 在内容的制作上可以结合 AR 内容的思路，让内容变得更丰富

**VR 头盔 + 智能手机**

• VR 头盔使用范围更加自由，人在户外仍然可以体验虚拟世界

• 与智能手机市场交叉，有机会获得更多潜在用户，推动 VR 全民化

• 交互相对单一，主要用于弱交互场景

### （四）VR 行业软件应用的发展方向

深入连接生活，大幅缩小人与人间沟通距离，未来的 VR 应用极有可能涉足社交领域，虚拟现实视频连线、虚拟现实约会或者虚拟现实教学都有可能成为下一个发展方向。

VR 应用在未来同样能给工作带来很多便利。VR 视频会议可以让天南海北的合作伙伴在虚拟世界面对面开会，省去了日复一日的旅途奔波。

# 第二章　人工智能计算机视觉领域前沿

## 一、计算机视觉的发展现状与应用

### （一）从传统图片处理方法跨入人工智能处理时代

计算机视觉（Computer Vision）研究如何让计算机可以像人类一样去理解图片、视频等多媒体资源内容。例如用摄影机和计算机代替人眼对目标进行识别、跟踪和测量等，并进一步处理成更适合人眼观察或进行仪器检测的图像。近些年在海量的图像数据集、机器学习（深度学习）方法以及性能日益提升的计算机支持下，计算机视觉领域的技术与应用均得到迅速发展，尽管神经网络不断刷新着计算机视觉的表现成果，但对于人类来说依然是一个黑匣子，究竟是什么造就了神经网络的强大能力，尚需学术界、工业界进一步的探索与研究。

### （二）海量训练数据集解决计算机视觉瓶颈

计算机视觉的传统挑战是图片分类，即让计算机拥有可以识别图像中物体的能力。对于图片分类问题，计算机就像一个学生，需要人类为它提供图片和图片对应的标签来告诉计算机图片上究竟有什么。计算机虽然有强大的计算能力，但是却缺乏人类一样的智慧，需要给予大量有标注的图片。对于已有的数据集，目前传统的算法已经足够优秀。MNIST 手写数字数据集的错误率已经达到 0.3%。

计算机视觉的进一步发展需要新的图片数据集，但数据标注需要耗费大量人力物力，一般实验室很难完成如此艰巨的工作。直到现任斯坦福人工智能实验室和斯坦福视觉实验室主任李飞飞教授（近期公开宣布加入 Google 并担任 Google Cloud Machine Learning 负责人）带领团队，于 2007 年发起、2009 年创建完成的图像识别数据集 ImageNet 解决了这个问题。该数据集不仅图片种类达到惊人的 1000 种，同时每一类都含有超过 1000 张图片。新的海量数据集的出现挑战了计算机视觉的传统技术，推动了计算机视觉领域技术的发展，也让卷积神经网络一展所长。

### （三）深度学习方法提升计算机视觉准确度

目前计算机视觉领域最为流行也最为有效的技术是卷积神经网络。它是一种常见的深度学习架构，相比传统神经网络，卷积神经网络体积更小，能力更强。得益于现在强大的 GPU 并行运算能力，卷积神经网络已经由最开始的 8 层的 AlexNet，到 16 层的 VGGNet，再到 152 层 ResNet，甚至更高，在 ImageNet 比赛中所取得的成绩也越来越优秀，自从 2012 年 Hinton 团队首次在该赛事中使用深度学习以来，Top5 分类错误率已经从 26.1% 降低到不足 3%。

### （四）计算机视觉在众多领域得到应用

计算机视觉作为人工智能的研究方向之一，主要目的在于使得计算机能识别、分辨甚至理解不同的图像、视频及复杂场景。在自动驾驶、机器人、AR/VR、金融、安防以及医疗领域均得到应用。

（1）自动驾驶（无人车、无人机）

计算机视觉技术在自动驾驶中解决的问题主要是障碍物检测和道路检测，尤其是在驾驶过程中的实时动态检测，对计算机判断的速度和准确性要求都很高。

（2）机器人

训练机器人“能听会说能看”的能力显然离不开计算机视觉，除了需要 SLAM 即时定位与地图构建技术，在对象识别上主要依赖图像及场景的分类与分割等基本技术。

（3）AR/VR

在物体跟踪、动作识别、三维环境建模等方面都需要用到计算机视觉技术。例如“虚拟试衣应用”主要利用计算机视觉技术对人体和服装进行建模，然后做在线试衣、穿搭，未来的游戏甚至可能将现实世界扫描，建模，完成对象识别，最后生成游戏地图。

（4）金融

基于人脸识别、指纹识别以及指静脉、虹膜等生物识别技术对目标任务进行身份鉴定，从而在开户、支付等环节提供更为安全、便利、高效的服务。

（5）安防

车牌、车辆识别在公安、交管领域应用较早也相对成熟，人脸识别目前应用还相对有限，更多在门禁系统、ATM 监控等简单任务，未来在刑事案件侦查、特定人员追踪、嫌疑人报警灯领域将发挥更大的作用。医疗计算机视觉在医疗领域的应用主要表现为对医学影像的识别，从而辅助医生对患者进行诊疗。

## 二、知名研究机构和创业团队

### （一）国外研究机构和学术达人

国外计算机视觉相关的研究，除了耳熟能详的 Google、微软、Facebook 等工业界科技巨头有所涉及之外，一些著名高校也设有专门的实验室，如斯坦福、麻省理工以及伯克利等。

（1）斯坦福计算机视觉实验室（Stanford Computer Vision Lab）

研究重点是两个密切相关的视觉研究分支：计算机视觉和人类视觉。在计算机视觉方面，主要研究如目标识别，场景分类，整体场景理解，人类运动识别，材料识别等的智能算法；在人类视觉中，研究一种潜在的神经机制，它使人类视觉系统以惊人的速度和效率执行高级视觉任务。

（2）麻省理工媒体实验室（MIT Media Lab）

隶属于麻省理工学院建筑与设计学院，致力于设计、多媒体及科技等方面技术转化的研究。20 世纪 90 年代，研究成果如无线网络、无线传感器及网页浏览器等，被《连线》（Wired），《红鲱鱼》（Red Herring）等知名杂志报道，从而成为举世瞩目的研究机构。近年来，该实验室聚焦于应用设计和技术解决社会问题。

（3）伯克利计算机视觉团队（UC Berkeley Computer Vision Group）

研究方向主要包括识别（对象，人类，活动），重组（分组，轮廓检测，分割，生态统计），重建（3D 形状，照明，底纹，反射，纹理）三部分。深度学习框架 caffe 的作者贾扬清曾师从该团队的 Trevor Darrell 教授，目前就职于 Facebook。

## （二）国内知名创业团队

（1）依图科技

依图科技创立于 2012 年，从图像识别入手，首先与全国省市级公安系统合作，对车辆品牌、型号等进行精准识别，随后扩展到人像识别，通过静态人像比对技术和动态人像比对技术，协助公安系统进行人员身份核查、追逃、监控、关系挖掘等。

近些年来依图科技的产品已经应用到全国二十多个省市地区的安防、智慧城市和健康医疗等领域，协助政府构建“城市大脑”，也希望将医疗领域的巨大知识鸿沟缩小，改善医患体验。

（2）商汤科技

SenseTime 商汤科技成立于 2014 年，致力于引领人工智能核心“深度学习”技术突破，构建人工智能、大数据分析行业解决方案。聚集了当下华人中深度学习、计算机视觉科学家，以及来自于谷歌、百度、微软、联想等一批产业界的领军人物。

公司在 2014 年已经在人脸识别和物体识别上分别超过了 Facebook 和 Google，并在同年获得前投千万美元注资。目前，已经开始对外提供人脸识别技术及集成了人脸识别、危险品识别、行为检测、车辆检测等的安防监控系统。在业务上，主要深耕金融、移动互联网、安防监控三大行业。

有关分析师的申明，见本报告最后部分。其他重要信息披露见分析师申明之后部分，或请与您的投资代表联系。并请阅读本证券研究报告最后一页的免责申明。

（3）旷视科技

旷视科技成立于 2011 年，公司专注于人脸识别技术和相关产品应用研究，2012 年 9 月推出视觉服务平台 Face + +0.9 版本。面向开发者提供服务，能提供一整套人脸检测、人脸识别、人脸分析以及人脸 3D 技术的视觉技术服务，主要通过提供云端 API、离线 SDK、以及面向用户的自主研发产品形式，将人脸识别技术广泛应用到互联网及移动应用场景中。Face + + 与众多互联网公司合作，并通过“脱敏”技术掌握了 500 万张人脸图片数据库，互联网图片人脸识别 LFW 准确率达到 99.6%，合作伙伴包括阿里、360 等一批图片、社交、设备类企业。

（4）云从科技

云从科技成立于 2015 年，专注于计算机视觉与人工智能，核心技术源于四院院士、计算机视觉之父——ThomasS. Huang 黄煦涛教授。核心团队曾于 2007 年到 2011 年 6 次斩获智能识别世界冠军，得到上市公司佳都科技与香港杰翱资本的战略投资。公司主要技术团队来自中国科学院重庆分院，是中科院研发实力最雄厚的人脸识别团队，并作为中科院战略性先导科技专项的唯一人脸识别团队代表参与了新疆喀什等地安防布控。

（5）格林深瞳

格灵深瞳成立于 2013 年，自主研发的深瞳技术在人和车的检测、跟踪与识别方面居于世界领先水平。公司借助海量数据，让计算机像人一样看懂这个世界，实时获取自然世界正在发生的一切，打造自然世界的搜索引擎，目前公司产品在金融、零售、公安、司法及智能交通等领域均有应用。

## 三、两大挑战赛

计算机视觉领域比较知名的两大挑战赛分别是 ImageNet 和 MS COCO。ImageNet 数据集主要由斯坦福大学李飞飞教授团队牵头创建，比赛重在评测算法识别图像中显著物体的能力，深度学习算法正是在 2012 年 ImageNet 大赛将分类错误率从传统方法 26.1% 降到 16.4% 而引起业界的广泛关注。MS COCO 数据集主要由微软赞助，大赛更倾向于评测复杂场景中识别各类物体的能力。

### （一） ImageNet

ImageNet 竞赛（全称 ImageNet Large Scale Visual Recognition Challenge，即 ILSVRC）一直被誉为国际计算机视觉领域的“奥林匹克”，历次竞赛结果对工业界以及学术届都会产生深远的影响，并且作为风向标指引着未来计算机视觉的发展方向。ImageNet 一直吸引诸多活跃的顶尖研究团队参与其中，不断刷新各比赛项目的记录。

今年 ImageNet 2016 分为五大部分，包括目标检测、目标定位、视频中目标物体检测、场景分类、场景分割。与去年相比今年增加了一项场景分割任务。这五类任务都是计算机视觉领域基础的人工智能任务，有广阔的工业应用前景。五项任务提供了基础的训练集和测试集，各参赛队伍在训练集上训练，在测试集上完成测试，提交测试结果，然后由组委会统一评估性能并给出排名。

ImageNet 2016 已于 9 月份宣布结果，共计 85 只参赛队伍，344 次提交，同比增长超过一半。目标检测的 mAP（综合衡量检测召回率 + 准确率的指标，下同）从去年的 62.07% 提升到 66.27%；定位错误从 9.02% 降到 7.71%，top5 分类错误率从 3.57% 降到 2.99%；视频检测的 mAP 从 67.82% 提升到 80.83%；场景分类有 28 个队伍，92 次提交，top5 分类错误率从 16.87% 降低到 9.01%；场景分割有 23 个队伍，80 次提交，最后的平均性能 57.21%。本次比赛中来自中国学术界和工业界团队包揽了多项冠军。

ImageNet 2016 中国团队包揽众多冠军：CUImage（商汤和港中文）获目标检测第一；Trimps-Soushen（公安部三所）获目标定位第一；CUvideo（商汤和港中文）获视频中物体检测子项目第一；NUIST（南京信息工程大学）获视频中的物体探测两个子项目第一；HikVision（海康威视）获场景分类第一；SenseCUSceneParsing（商汤和港中文）获场景分割第一。

（1）目标检测：该项任务在于考核选手所提供的算法模型能够从 4 万张图像中准确检测到 200 类物体的具体位置，并且一幅图像往往包含多个不同类别的物体。ImageNet 的物体检测挑战对技术能力要求极高：200 类物体在颜色、纹理、形状、长宽比、形变等方面差异巨大；即便属于同一类别，光线、角度、遮挡、部件变形托因素也使得物体间存在显著的差异。这些都要求通过深度学习得到的特征表达具有强大的视觉描述能力，不仅能够区分不同类别的物体和复杂背景，还要对同一类别物体的辨别能力有稳定的表现。

（2）目标定位：要求选手所设计的图像系统能准确定位来自 Flickr 和搜索引擎的 15 万张图

片，并把图片划入 1000 个物体分类（狼蛛、iPod、清真寺、玩具店、调制解调器等），错误率越低越好。

(3)、视频中的目标物体检测：需要在运动的连续视频中检测物体位置、同时识别物体类别，其对于工业界有很强的实用价值。该任务有 30 个基本类别，是目标检测任务 200 个基本类别的子集。

这些精心选择的类别考虑到运动类型，视频背景干扰，平均目标数目等不同因素，所有类别在每一帧上都有标签。

(4) 场景分类：目的是识别照片中描述的场景类别。该任务数据来源于 Places2 数据集（包括 1000w + 图像，属于 400 + 不同场景类别）。特别地，比赛数据分为 810w 训练图像和 2w 张验证图像，38.1w 张测试图像，均属于 401 个场景类别。正如这些场景在现实中出现的频率不同，不同类别图像数量分布也不均匀，从 4000 张到 3w 张不等。对每张图片，算法应产生 5 个场景类别的列表（按照置信率降序排列），标签质量将使用图片最佳匹配真实标签评估。因为很多环境有多个标签（一个酒吧也是一个餐馆），人也常常用不同词语描述同一个地方（森林，树丛），因而比赛中允许一个算法对一张图识别多种场景类别。

(5) 场景分割：目的是将一张图片分割成分属不同静态类别的图片区域，例如天空，马路，人或者床等。该任务的数据来自于 ADE20K 数据集（包括 2W + 图像，总共 150 种静态类别）。

场景分类和分割技术，对于视频产业及其应用领域有比较重要的应用价值。基于对场景的理解有助于系统对于视频中的信息理解和应用。一方面，可以让系统根据场景适配算法，另一方面，也可以让系统更好的理解视频中所产生的信息。例如，当系统检测到视频中有人在奔跑，系统理解到奔跑事件所发生的环境，是在步行街或者是在学校，就可以采用不同的应对策略。而目标检测、分类、跟踪及定位技术是计算机视觉领域的基础算法，可以应用于许多领域。例如，自动驾驶、机器人、智能摄像机、智能手机等，只要系统中有视觉传感器，需要视觉传感器从视频图像中提取信息，这些技术都是必不可少的。

### （二）MS COCO

MS COCO 图像识别比赛（全称 Common Objects in Context Detection Challenge），COCO 2016 分为三大部分，包括：目标检测和分割（object detection and segmentation），关键点检测（key-points）和图片描述（captions）。

(1) 目标检测和分割：该项任务要求参赛者对于 20000 张以上的图片数据集，能够准确的检测其属于 80 个类别的哪一类，并将其从图片中分割出来，并且一幅图像往往包含多个不同类别的物体。

(2) 关键点检测：目的是对于复杂不可控的场景中人类关键点进行准确定位。数据集中大部分人都是中等或大尺寸的人像，在 10 万以上的人群中超过一百万的关键点。

(3) 图片描述：该项比赛任务在于对一张给定图片，参赛者通过自己设计的算法系统给出五句描述，

评估时则从三个角度进行考量：对于图片细节的把握，与人工描述比较的好坏以及系统是否通过图灵测试。从 2015 年的比赛结果来看，表现最好的两支队伍分别来自谷歌和微软亚洲研究院，但与人类的表现基准线依然存在明显的差距。

# 四、三大顶级会议

## （一）三大会议的介绍

（1）ICCV

ICCV 全称是 IEEE International Conference on Computer Vision，国际计算机视觉大会，是计算机方向的三大顶级会议之一，通常每两年召开一次，2005 年 10 月曾经在北京召开。会议收录论文的内容包括：底层视觉与感知，颜色、光照和纹理处理，分割与聚合，运动与跟踪，立体视觉与运动结构重构，基于图像的建模，基于物理的建模，视觉中的统计学习，视频监控，物体、事件和场景的识别，基于视觉的图形学，图片和视频的获取，性能评估，具体应用等。会议的收录率较低，以 2007 年为例，会议共收到论文 1200 余篇，接受的论文仅为 244 篇。

（2）CVPR

CVPR 全称是 IEEE Conference on Computer Vision and Pattern Recognition，IEEE 国际计算机视觉与模式识别会议。CVPR 是 IEEE 一年一度的学术性会议，会议的主要内容是计算机视觉与模式识别技术。近年来每年有约 1500 名参加者，收录的论文数量一般 300 篇左右。第一届 CVPR 会议于 1985 年在旧金山举办，后面每年都在美国本土举行。在各种学术会议统计中，CVPR 被认为有着很强的影响因子和很高的排名。

（3）ECCV

ECCV 全称是 European Conference on Computer Vision，欧洲计算机视觉国际会议，两年一次。每次会议在全球范围录用论文 300 篇左右，主要的录用论文都来自美国、欧洲等顶尖实验室及研究所，中国大陆的论文数量一般在 10～20 篇之间。ECCV2010 的论文录取率为 27%。

## （二）会议亮点回顾

CVPR 是计算机视觉最大的年度聚会，今年收到投稿 2，145 份，接受论文 643 篇，接收率 29.9%。与会人数增加近 30% 达到 3，600 人，表明计算机视觉在学术界和工业界得到越来越多的关注。而且此次会议接受的 643 篇文章中深度学习再次占据了半壁江山。会议内容涉及机器人、无人机、VR、AR、自动驾驶、生物医疗、工业自动化和检测等众多领域，逐渐成为计算机视觉前沿理论和技术的聚集地。

（1）给机器“看电视剧”预测人类行为

CVPR2016 上，麻省理工学院计算机科学和人工智能实验室（CSAIL）发布一份关于可预测人类行为的算法的研究报告。通过给此算法导入近 600 小时的电视秀（包括《生活大爆炸》《绝望主妇》《办公室》等剧集），来测试机器是否能准确预测人类在各场景互动中的行为。

（2）基于深度学习的手势识别：能够用于 VR 交互

来自于美国普渡大学 C Design 实验室的研究成果——DeepHand（深度手势识别），基于“深度学习”解析人手塑造的角度和扭曲等动作，可以在未来加强 VR 设备的交互上有广泛应用前景。

（3）微软全息“穿越”技术

HoloPortation 将人物全息图像投射到另一个房间，使该房间内的人可以和全息影像实时互动，系统通过追踪人物身体的高质量细节，重建每一个特征。

（4）人工智能为视频配音

CVPR 上来自麻省理工学院的算法演示他们将如何精准预测声音。当研究员将一个击打物品的短视频交给算法，算法就可以生成一个打击的声音，真实到可以糊弄住观看视频的人类。

（5）深度学习识别 YouTube 视频内容

迪尼斯研究院和复旦大学在 CVPR 大会上展示了如何用深度学习自动识别刚刚上传到 YouTube 视频里正在发生的事情，帮助开发原先视频上传后丢失的大部分有潜在价值信息。

（6）社会化行走机器人 Jackrabbot

斯坦福大学的研究人员制造了一个叫 Jackrabbot 的原型机器人，希望能够自行在街道上行走，又不会与其他行人碰撞，或者遇到迎面而来的人时不知往左往右，未来这些走路的经验还可以分享给其他的机器人。

## 五、风险提示

计算机视觉技术在实验室的表现结果不等于实际应用场景的效果，在不同领域的应用也存在差异，进度可能不达预期。

# 第三章　人工智能 + 金融的机遇与变革

## 一、投资聚焦

### （一）核心观点

问题 1：金融业为什么需要人工智能？

观点 1：人工智能技术帮助金融业降低人力成本，提升效率，更好地维护和挖掘低单价客户的价值。

金融业低客单价客户增长，居民对金融服务的需求增加。1）据世行报告推算，2011～2014 年间我国银行新增初始用户 1.41 亿，主要为农村居民和老年人等低客单价用户。2）存量资金规模大，总体财富继续平稳增长。根据福布斯、贝恩、中国社科院的统计数据推算，2015 年我国居民可投资资产规模约为 120 万亿，其中，高净值人士之外的可投资资产约为 85 万亿元，从有潜在投资需求的存量现金角度来看，我国居民拥有现金存款 57.5 万亿。瑞信报告预测未来 5 年，中国财富将继续以 9.4% 的速度逐年递增。3）中国居民财富配置趋向多元化。2015 年我国居民金融资产目前占比 40%，该比例在逐渐提升。调查显示银行理财产品、股票和基金是富裕阶层最青睐的理财产品，数据证明银行理财产品规模近 10 年复合增长率达到 40%，公募基金管理规模自 2014 年至今增长 100%。

客户群和服务需求的扩大催生金融业降低成本、提高效率的需求。金融行业是知识密集型的服务业，产生了大量数据并有 IT 基础，人工智能技术可以快速处理人与数据的关系，并批量化人与人的服务。互联网公司和金融 IT 企业利用技术优势，积极布局金融行业。在外部威胁，以及利率市场化、混业经营、金融牌照逐渐开放情况下，传统金融机构也需要借助人工智能提高业务效率。

问题 2：人工智能在金融行业的市场空间？

观点 2：人工智能将优先用于辅助传统金融机构，包括提升数据处理效率和替代简单人工服务。2020 年金融 IT 应用投资中，人工智能相关应用 IT 资本开支预计将超过 200 亿人民币，而智能投顾业务带来的管理费用未来可达千亿。

优先应用包括智能量化交易、智能投顾、智能客服、身份鉴定。优先使用较成熟的人工智能技术：机器学习、自然语义处理、语音和人脸识别技术。

中国产业信息网报告显示，2014 年中国金融业 IT 应用投资规模 1140 亿元，同比增长 5.2%，另据艾瑞咨询数据，2015 年中国人工智能市场规模约 12 亿人民币，据此推算，目前人工智能在金融 IT 领域的渗透率不足1%。

2016 年四部委发布目标明确指出到 2018 年形成千亿级的人工智能市场应用规模。

按照国家建设力度，人工智能技术成熟度，以及金融行业 IT 投入领先程度，保守估计，若 2020 年渗透率能够达到15%，金融 IT 应用投资规模保持5%的增速，则 2018 年人工智能在金融领域市场资本开支规模将达到166 亿，2020 年将超过200 亿人民币。

智能投顾：国内智能投顾管理费用市场可达千亿。假设按目前金融资产占个人财富比例40%的水平将存量现金及存款57.5 万亿再分配，并选择智能投顾的方式，将约有23 万亿现金将转投智能投顾，按市场上收费的智能投顾产品0.5%左右的管理费率计算，管理费用可以达到1150 亿元。瑞信预测，我国个人财富还在按12%的增速逐年增长，在金融资产上配置的比例也呈上升趋势。

问题3：人工智能技术对金融业是颠覆还是辅助?

观点3：在短期，人工智能技术用于辅助现有业务，不会导致金融业发生根本改变。随着技术进步，未来金融知识图谱将带来至少百亿收入规模，其应用将给行业带来明显震动。

以 IBMWatson 对标，金融知识图谱收费模式多样，保守估计，仅知识图谱在金融行业每年就可获得百亿收入。金融搜索引擎可产生更多商业模式。

对于大型券商可按年收取订阅费，2015 年证券行业人员总数达到310288 人，对标 Watson 的 KnowledgeStudio 产品，若按年费3 万/人/套测算，券商行业贡献收益每年可达97 亿。私募基金按管理费用分成，预测每年贡献收益为112 亿元。

现阶段，人工智能技术提供数据处理类和客户服务类的辅助型工具和信息服务，让金融业务回归本质，用技术提高业务效率，将工作者从数据工作和重复劳动中解放。未来，基于知识图谱的金融搜索引擎会打破专业壁垒，机器将具备同时高效服务长尾客户的能力，对金融行业造成冲击。

### （二）创新之处

（1）从金融 IT 应用投资的角度，预测了未来金融行业在人工智能的投资份额。

（2）首先提出基于知识图谱的金融搜索引擎对金融行业的重要性和影响，对标 IBMWatson 提出可能的商业模式，并测算其在金融机构中可获得的收益。

（3）分析金融行业人工智能技术实践中最先受益的企业类型，市场各类参与者的竞争及合作格局。我们从四个维度对传统金融机构、大型互联网公司、人工智能技术公司进行分析，将资源概括为四个维度：客户资源、技术创新能力、牌照资源、金融业务理解。

### （三）投资建议

我们对 Fintech 细分行业首次给予“强于大市”评级。我们认为：人工智能技术类公司有望最先通过向金融机构提供数据处理和服务类工具获利，基于知识图谱的金融搜索引擎供应商将打破行业壁垒。根据以上思路，重点推荐两条投资主线：1）金融搜索引擎重点推荐同花顺；2）提供智能量化交易、智能投顾、智能客服和生物身份识别解决方案的厂商，重点推荐：金融机构 IT 龙头供应商恒生电子；在银行已布局人脸识别应用的佳都科技；互联网金融综合服务商东方财富；建议关注银之杰、赢时胜、东方网力、科大讯飞、神州泰岳。

## 二、人工智能技术是 Fintech 重要一环

### （一） Fintech 概述

Fintech 是 FinancialTechnology 的缩写，是金融行业与信息技术融合形成的产业。Fintech 不是一个全新的概念，随着信息技术的不断进步，Fintech 产业中融合的技术也在不断升级，在业务模式上不断进步。目前来看，运用在金融行业中的技术主要是指：大数据、人工智能、区块链等最前沿技术。

信息技术驱动产业变革，每一次信息技术的升级都能带动劳动生产率飞跃式提高。在金融业中，信息技术可以有效降低个人和小微企业的征信及资金分配的边际成本，大幅度提高“信用”的量化效率，从而服务于长尾客户。

Fintech 领域之一就是互联网、移动互联网和金融的结合，即互联网金融，人工智能和互联网对金融行业产生的影响各不相同。从技术融合进程来看，互联网金融实现了金融行业在渠道上的技术改造，从而实现了商业模式的创新。人工智能和金融业务的结合仍聚焦于传统的金融业务，使用技术手段辅助工作，替代部分重复性的脑力劳动，最终实现工作效率的提升。

### （二） 全球对 Fintech 的关注度提升

2015 年全球 Fintech 领域投资总额和数量都达到新高。2015 年全球 Fintech 领域吸收融资金额 191 亿美元、达成 1162 笔交易，较 2011 年的 24 亿美元、457 笔交易分别增长逾 8 倍、1.5 倍。

国内超过 1 亿美元的大规模投资增加。根据 CBinsights 资料显示，国内在 Fintech 领域的风险投资总额从 2014 年的 6 亿美元增长到了 2015 年的 27 亿美元，投资额的大幅增长主要归因于大量超过 1 亿美元的交易。

### （三） 人工智能概述

人工智能是跨学科、跨行业的综合性学科，尚无确定性定义。斯坦福大学教授尼尔森在《人工智能》一书中提到，人工智能就是致力于让机器变得智能的活动，而智能就是使实体在其环境中有远见地、适当地实现功能性的能力。从目前人工智能的发展方向来看，机器正在实现必须借助人类智慧才能实现的任务，包括知觉、推理、学习、交流、和在复杂环境中的行为。

计算能力、数据资源和核心算法等先决条件的成熟催化了人工智能的进步。互联网的普及和物联网的渗透率提高积累了大量数据资源，云计算和 GPU（图形处理器）的大规模应用使得集中化的数据计算处理能力变得前所未有的强大，深度学习带来算法上的突破，使得复杂任务分类准确率大幅提升．从而推动了计算机视觉、机器学习、自然语言处理、机器人技术、语音识别技术的快速发展。

大量深度学习平台和框架的开源推动行业快速发展。人工智能平台、工具包和框架的开源大幅降低了开发深度学习系统的相关应用门槛。Google、Facebook、百度和微软等科技巨头公司先后开源其人工智能平台，许多深度学习框架也逐渐开源，世界各地的开发者们可以免费获得优质机器学习算法源码，开源软件可以让规模更小的组织用先进的算法和代码进行试验。2016 年 3

月，两位退休的对冲基金的金融工程师（此前没有使用人工智能软件工作的经验），设计了根据核磁共振成像（MRI）图片诊断心脏病的算法。尽管这些创新者对人工智能较为生疏，他们仍然可以从开源网站GitHub下载软件，设计推动产业变革的应用。

人工智能应用价值巨大，至2020年，全球人工智能市场空间可达千亿。

BBC相关预测显示2020年全球人工智能市场规模将达到183亿美元，约合人民币1190亿元，年增长率约为19.7%。

市场研究公司StratisticsMRC估计全球人工智能市场有望以超过25%的复合率增长至2022年约400亿美元的规模。其中，亚太区是其中增长最快的地区。

IDC在其全球半年认知和人工智能系统支出指南中指出，各个行业的认知系统和人工智能的支出将从2016年的近80亿美元增加到2020年的470亿美元，人工智能解决方案的市场将在2016~2020年的预测期内实现55.1%的复合增长率。

### （四）人工智能适用于金融业

#### 1. 金融业对数据的强依赖性为人工智能的介入做好了准备

金融业对数据极其依赖。金融业需要从大量数据中评估风险和做出投资决策。根据麦肯锡的研究，金融业和保险业的工作者的一半时间都花在了处理和收集数据上，这是各种行业中比例最高的。

金融机构在开展业务的过程中积累了海量的高价值数据，其中包括客户身份、资产负债情况、资金收付交易等数据。BCG研究报告统计，以银行业为例，其数据强度高踞各行业之首一银行业每创收100万美元，平均就会产生820GB的数据。彭博社指出，金融服务以及使用互联网服务等数据密集型的行业可能会首先迎来人工智能的冲击。用于识别模型的机器学习和深度强化学习等工具可以更容易地被应用在数据丰富的垂直领域。

金融行业的数据强度在一定程度上决定了金融机构的技术强度。BCG数据显示，以银行业为例，在海外成熟市场，银行平均将营业收入的8%左右投入IT系统建设；而这一比例在国内稍低，但也可达到3%左右。BusinessInsider报道，高盛33000名全职员工中，9000名是工程师和程序员，这比例如Facebook和Linkedin等互联网巨头的IT员工人数都要多。

国内金融牌照逐渐开放，互联网公司和金融IT企业积极布局金融行业，进一步推进技术进步。一方面，金融IT提供商通过直接申请牌照、间接收购或参股有牌照公司或者进行紧密业务合作等方式，开始布局金融业务。另一方面，大型互联网公司为丰富生态，也积极布局金融业务。2016年上半年，平安集团旗下一站式投资理财平台陆金所，京东集团旗下子平台京东金融，以及阿里巴巴旗下互联网金融公司蚂蚁金服完成融资。

#### 2. 中国居民对金融服务的需求提升

存款进入低利率时代，房地产投资进入长周期，占财富配置品种一半以上的房地产和储蓄配置转移到大类资产。根据中国社科院统计，2014年中国居民总资产达到了253.7万亿，其中金融资产为103万亿，房地产、汽车等非金融资产为150万亿。受经济社会各方面因素影响，我国居民长期以来形成了“重储蓄、轻投资、轻配置”的特点；在投资方向上，“以房养老”的观点和保守的投资理念。

存款进入低利率时代，房地产投资进入长周期，资金寻找其他投资标的。利率市场化使得存款的投资回报率大幅降低；人口结构变化、不动产登记实施临近、限购并未完全解禁、购房投资机会成本较高，房地产投资进入长周期。

更多的个人居民需要金融业服务，我国居民的资产配置向资本市场产品、理财产品、保险等金融资产转移。2014 年至今，我国公募基金的资产管理规模已经增长超过 100%，基金数量增幅也超 50%。从 2007 年到 2016 年，银行理财规模的年复合增长率高达 40%。银行业理财总规模在 2015 年底达到 23.5 万亿元人民币，2016 年一季度超过了 26 万亿人民币。

贝恩咨询的《中国私人财富报告 2015》指出，2014 ~ 2015 年，2015 年中国个人持有的可投资资产总体规模预计可达到 129 万亿人民币，2012 ~ 2014 年年均复合增长率达到 16%。

（1）规模增长率低于整体增长率的可投资资产为：现金及存款、投资性不动产；

（2）规模增长率高于整体增长率的可投资资产为：保险、境外投资、银行理财产品、资本市场产品。

**3. 金融机构需要提高效率服务低客单客户**

我国银行用户进一步增加，初始用户大部分为来自农村居民和老年人的低客单价用户。世界银行 2015 年发布的《全球普惠金融指数》中提到，中国的银行账户拥有者相对全部成年人的比例从 2011 年的 64% 飙升至 79%，其中大部分来自农村居民和老年人。按照 2011 年第六次人口普查数据，我国 15 ~ 59 岁人口约 9.4 亿，推算 3 年间银行新增初始用户增加 1.41 亿。

利率市场化加速金融业竞争，银行收入结构需要调整。自 2014 年第 4 季度起，国内银行的净息差就在不断下降。2015 年 10 月中国人民银行决定对商业银行和农村合作金融机构等不再设置存款利率浮动上限，这是国内首次开放存款利率上限，利率市场化接近完成。比较各上市银行的营业收入结构可见，净利息收入依然是主要来源。然而，为了应对利率市场化的挑战，各上市银行均大力推动转型，加快中间业务的发展，手续费及佣金收入为主的非利息收入占比持续上市。

证券行业面临日益增加的业绩压力。随着市场行情回落，证券行业 2016 年上半年业绩较 2015 年出现较大幅度回落。从收入构成变化情况看，对小客单价客户的争夺日趋激烈。一方面，由于我国 A 股散户占主导的格局在相当长时间内仍会维持，经纪业务收入未来仍将占据券商总收入最重要部分，券商仍需要巩固和扩大传统经纪业务收入。而目前随着行业交易佣金费率不断降低，以及一人多账户的放开，各家券商对散户资源的争夺将日趋激烈。以智能交易、智能客服、智能识别为代表的创新性人工智能产品能够为广大长尾散户提供更为便捷和个性化的服务，极大增强用户体验，将成为维系散户资源、增强粘性的重要法宝。另一方面，投资顾问和投资咨询业务比重呈逐年上升趋势，也体现出广大客户对定制化投资方面的需求日益增加，也将使得以智能投顾为代表的人工智能产品具有更广阔的市场前景。

## 三、人工智能已经开始运用在金融行业

### （一）人工智能在金融行业可以在相对短期看到机会

2016 年四部委发布目标明确指出到 2018 年形成千亿级的人工智能市场应用规模。发展改革委、科技部等 4 部门 5 月联合印发《“互联网 +”人工智能三年行动实施方案》。方案提出，到 2018 年，打造人工智能基础资源与创新平台，人工智能产业体系、创新服务体系、标准化体系

基本建立，基础核心技术有所突破，总体技术和产业发展与国际同步，应用及系统级技术局部领先。在重点领域培育若干全球领先的人工智能骨干企业，形成千亿级的人工智能市场应用规模。

IDC 数据显示，在 2016 年人工智能应用近 80 亿美元的全球收入中，银行作为投资最多的行业，贡献近 15 亿美元。IDC 报告指出认知计算在银行、证券和投资、制造等行业中可以看到短期机会。在这些领域希望从大量非结构化数据中获得洞察力；具备对创新技术的

开放性；认知计算的价值定位很好地符合行业主管的优先事项。例如，认知技术被用于银行业来检测和打击欺诈，这一直是银行业的最大痛点。

目前我国金融业人工智能渗透率尚低。中国产业信息网报告显示，2014 年中国金融业 IT 应用投资规模 1140 亿元，同比增长 5.2%，另据艾瑞咨询数据，2015 年中国人工智能市场规模约 12 亿人民币，据此推算，目前人工智能在金融 IT 领域的渗透率不足 1%。

2020 年金融 IT 应用投资中，人工智能投资规模预计将超过 200 亿人民币。考虑未来国家在人工智能的投入建设力度，机器学习等人工智能技术以开始成功应用，以及金融行业 IT 建设的领先基础，保守估计，若 2020 年渗透率能够达到 15%，金融 IT 应用投资规模保持 5% 的增速，则 2018 年人工智能在金融领域市场规模达到 166 亿，2020 年将超过 200 亿人民币。

### （二）人工智能在金融领域最广泛使用的技术

从人工智能技术生态中——基础层、技术层、应用层——三者的关系来看，在金融领域最先获得应用的技术应该是人工智能中最成熟的技术。

人工智能目前发展最成熟的技术是机器学习、自然语言处理技术。从 Gartner2016 新兴技术成熟曲线可以看出，机器学习和自然语言问答是近 2 ~5 年就将实现的。

机器学习是实现人工智能的重要方法。机器学习主要研究计算机如何模拟或实现人类的学习行为，以获取新的知识或技能，重新组织已有的知识结构使之不断改善自身的性能。机器学习应用类公司是受资金支持最大的。据 VentureScanner 的统计全球各类人工智能公司，机器学习应用类公司在 2016 年第一季度达到约 250 家，数量排名第一，相应获得的融资总额也是最多的，超过了 25 亿美元。

深度学习是近年来人工智能的重大突破。深度学习又称深层神经网络（CNN），是机器学习领域重要分支，由 Hinton 等人在 2006 年提出。深度学习由人工神经网络模型发展而来，“深度”指模型的层数以及每一层的节点数量与人工神经网络相比有了很大程度的提升。深度学习的算法和网络结构的创新是近年来人工智能的重大突破之一。

大数据和深度学习成功运用于人脸识别。深度学习需要海量的数据对模型进行训练，2015 年底 ImageNet 大赛中，微软亚洲研究院使用高达 152 层的神经网络，以绝对优势包揽图像分类、图像定位以及图像检测全部三个项目的冠军，识别错误率降低至 3.57%，优于人眼的错误率（约 5.1%）。在现实环境中，人脸识别等领域已达到或超过肉眼识别水平，语音识别已经可以满足多种发言需求，技术进步带动线上身份验证进入普及阶段。

自然语言处理应用空间大，可以应用在新闻资讯写作、翻译、搜索应用等活动中。自然语言具是计算机科学与语言学的交叉学科。致力于让计算机理解人们日常所使用的自然语言，并在与人对话的过程中，用自然语言进行交流，使对话内容能进行的信息传递以及认知活动。自然语言处理从文本中提炼出核心信息，计算机可自主解读出含义，做到对文本的“理解”能力。例如自动识别文档中被提及的人物、地点等，或将合同中的条款提取出来制作成表。中投顾问《2016 ~

2020 年中国人工智能行业深度调研及投资前景预测报》认为，自然语言处理/生成将开启人机交互新界面，也是其他许多 AI 应用的基础，到 2025 年市场规模达 300 亿美元。

### （三）金融行业在人工智能技术的主要应用

目前在金融行业较成熟的应用主要有智能量化交易、智能投顾、智能客服和生物身份识别，这些新技术应用一方面优化了信息的市场提供机制，并将后台数据分析工作标准化，主要用于辅助金融行业的专业人士。另一方面，是用机器代替人工进行标准化的前台服务和沟通。

**1. 将 AI 作为投资过程的一部分——智能量化交易**

传统的量化交易是指分析员们对财务、交易数据进行建模，分析其中显著特征，利用回归分析等传统机器学习算法预测交易策略。计算机模型需要数据科学家的介入，使用计算机来建立一个大型的统计模型。这些模型相当复杂，但是相对来说是静态的模型。随着市场变化和时间推进，模型精准度降低。在 Preqin 的研究中，典型的系统化基金的收益并没有比人工操作的基金效益好。

通过自然语言处理对非结构化数据进行处理，提升数据的深度和广度。从各个源头去采集数据的话，需要做很多工作，这部分占了量化模型实现的一半以上的工作量。机器学习、自然语言处理提升了对非结构化数据的处理能力，提升数据采集的深度和广度。

利用机器学习进行数据模型训练，发现更多有效因子。智能量化交易能够使用机器学习进行回测，不断自动优化投资策略。传统的量化投资方法往往严格应用事先设定好的策略，它的基本假设是现在的相关性会无限持续下去，不适应瞬息万变的市场。

使用人工智能技术的量化基金表现优异。在国内，同花顺机器人智能投资实盘账户自 2014 年以来累计回报率为 470.2%。长信量化先锋混合作为市场上较早的主动量化基金之一，该基金通过模型智能选股，在量化产品里表现亮眼。截至 2016 年 9 月 30 日，长信量化先锋混合近一年的收益率为 64.39%，居同类 1146 只基金第 3。

在国外，人工智能量化基金也取得了不错的成绩。

各种形式的人工智能技术逐渐成为量化交易的一部分。2012 年以后，由于大数据技术成熟，以机器学习为核心的人工智能技术在证券投资领域得到认同和飞速发展，包括 Renaissancetechnologies、AIDIYIA、CerebellumCapital、CmmEq、Castilium、Binatix、Sinai、KFLCapital 等多家全球著名资产管理公司开始运用人工智能技术进行证券投资。Bridgewater 合伙人和 Point72 资产管理也开始转向人工智能自动交易方向。2016 年 9 月，百度金融科技将与易方达基金展开战略合作，共同探索人工智能及机器学习技术在资产管理领域中投资决策、资产管理、交易技术等多方面的前沿应用，并将共同推出一支主动量化基金。

新成立的主动量化投资基金数量明显增加，国内量化投资基金占比有明显提升空间。仅从公募基金数据推测，Wind 显示，2014 ~ 2016 年至今成立的主动量化基金分别为 4 只、16 只和 18 只，目前 59 只主动型量化基金总规模约为 450 亿，相比 2016 年第三季度公募基金 8.83 万亿来说微不足道。

专业投资者自建或使用开放量化交易平台，高质量的数据资源将成为各类平台刚需。国内开放量化交易平台有优矿、米筐、聚宽、京东量化等，均发展迅速，主要优点是提供优质数据进行模型回测，但有投资策略被泄密的安全性隐患，因此机构投资者多自主研发量化交易平台，但无论是开放还是自建量化平台，对于使用高质量数据来回测的需求是共同的。

**2. 低成本的财富管理服务——智能投顾**

智能投顾根据个人投资者的风险偏好、财务状况与理财目标等特征，运用智能算法及投资组合理论模型，为用户提供智能化的投资管理服务，并持续跟踪市场动态，对资产配置方案进行调整。

无论是在美国还是中国，低费率低门槛是让智能投顾大受欢迎的核心原因。相对于智能量化交易多为专业金融人员使用，智能投资顾问则是服务长尾客户的人工智能工具。人工智能技术可以完全代替或部分取代昂贵的财务顾问人工服务，将投资顾问服务标准化、批量化，降低服务成本，进一步降低财富管理的费率和投资门槛。

在美国，智能投顾的突出优势是极低的费率和门槛资金，财富管理的服务群众由高净值客户拓展至普通民众。美国第三方资产管理公司投顾费用高，根据 AdvisoryHQ 统计，2016 年 5 万美元资产一年的平均管理费用约为 590 美元，管理费用率约为 1.18%；对于非资产管理的客户，投资顾问的咨询费用约为 120 到 300 美元/小时。而智能投顾平台低成本优势突出，如代表公司 Bettement 无资产管理门槛金额，且收费费率为 0.15% ~0.35%，大幅低于资产管理公司的管理费用率。

在美国多种因素推升智能投顾的应用价值。美国有 12.4 万亿的巨量养老金规模强制个人投资者参与管理，然而美国民众对华尔街的信任降至冰点，法规增加了投资顾问约束，人工投资顾问的成本提升。截至 2016 年 6 月，美国养老金规模达 24.5 万亿美元，其中 7.5 万亿美元个人退休金账户（IRAs）及 4.9 万亿美元 401（k）计划需要个人投资者参与管理。据 CorporateInsight 的统计，截至 2015 年年中，美国智能投顾公司管理的资产规模已超过 210 亿美元。根据 A. T. Kearney 公司预测，美国智能投顾行业资产管理规模将从 2016 年的 3000 亿美元增长至 2020 年的 2.2 万亿美元，复合增长率将达到 68%。根据花旗银行的最新研究报告，在未来 10 年的时间里，它管理的财产还会呈现指数级增长的势头，总额将达到 5 万亿美元。

全球最大的基金公司之一 Fidelity 也参与到智能投顾队伍中，发布的最新智能投顾 FidelityGo 专门针对年轻人提供投资理财以及退休金计划的服务。

我国市场不具备美国智能投顾火爆因素，但智能投顾低费率低门槛，普遍适用于逐渐增高的居民大类资产配置需求。但随着国内居民对大类资产配置需求的提升，网民对余额宝等理财产品接受度提高，国内智能投顾市场也充满机会。

若我国私人可投资资产中存量现金和存款充分利用智能投顾理财，国内智能投顾市场空间可达千亿。福布斯的《2015 中国大众富裕阶层财富白皮书》指出，2014 年我国私人可投资资产规模为 106.2 万亿，年增长 12.8%，其中现金存款 57.5 万亿。根据访谈，银行理财产品、股票和基金是受访大众富裕阶层最青睐的三种理财产品，房地产投资不再受宠，首次下降到第四的位置。

国内智能投顾管理费用市场可达千亿。假设按目前金融资产占个人财富比例 40% 的水平将存量现金及存款 57.5 万亿再分配，并选择智能投顾的方式，将约有 23 万亿现金将转投智能投顾，按市场上收费的智能投顾产品 0.5% 左右的管理费率计算，管理费用可以达到 1150 亿元。瑞信预测，我国个人财富还在按 12% 的增速逐年增长，在金融资产上配置的比例也呈上升趋势。

传统金融机构、互联网公司更具流量优势。目前，国内公开宣传已经或将要上线具有智能投顾功能的平台已近 40 家，包括金融机构、互联网公司、金融 IT 公司以及创业公司。这些投顾产品准入门槛由百元至 50 万元以上不等，目标客户由高净值人群到小资白领都有覆盖，数量还在不断增多。传统金融机构、互联网公司已经保有足够的客户量，变现相对更加容易。

**3. 及时和前瞻性的客户关怀——智能客服**

智能客服可以高效高质地处理并发投诉和咨询，提高服务长尾能力，降低人工成本。网易在其智能客服网易七鱼的产品发布会上表示，经测试，网易七鱼可以为企业节省超过85%人力客服成本。在人工智能的帮助下，蚂蚁金融集团的智能客服可以基于用户数据来做总结个性化疑问点，不但能解决同质化重复问题，还可以给用户特点问题给予更精准的回应，2015 年双十一，蚂蚁金服 95% 的远程客户服务已经由大数据智能机器人完成。同时实现了 100% 的自动语音识别，蚂蚁金服客户中心整体服务量超过 572 万人次，同比增长了 150%。

人工智能已可以做到帮助预测客户情绪。苏格兰皇家银行 RBS 最近已经宣布，将引进人工智能程序（Luvo）用于协助消费者投诉。程序拥有人工个性，模仿了人类特征，比如友善、共情以及理性。Luvo 也能从错误中学习，猜测一个人的情绪状态。

企业客服市场迎来高增长，客服厂商产品功能正在向智能化发展。易观国际统计报告显示，向企业提供一体化客服解决方案的 SaaS 客服市场规模 2017 年将达到 680 亿元，3 年复合增长率为 37. 78%。

客服市场厂商产品功能向开放架构、智能化和具备高并发能力的方向发展。智能化客服将以大数据为支撑，基于关键字、ID、路径等方式进行客服需求的智能分配，提升客服信息处理效率，机器人客服将大大减少企业客服人力资本投入。

**4. 远程获客的最优手段——身份认证**

身份认证主要通过人脸识别、虹膜识别等生物识别技术快速提取客户特征，人脸信息易于采集、难以复制和盗取、自然直观，是目前银行使用较多的技术。

人脸识别实现了客户“刷脸”即可开户、登录账户、发放贷款等，让金融机构远程获客和营销成为可能。从客户角度看，人脸识别技术直接应用于客户服务，给予客户最直观的服务体验，节省业务时间，有助于快速提升客户满意度。从金融机构角度看，面向客户服务的人脸识别应用可节省人力资源，视频数据易于存储，可以全网利用和重复使用，也是激烈竞争中的一种个性化服务手段。

人脸识别技术可成为银行安全防控手段的优先选择。银行的安防难点之一是在动态场景下完成多个移动目标的实时监测。人脸识别技术在银行营业厅等人员密集的区域可有效实现实时多目标在线检索和比对，在银行库区、ATM 自助设备场景下，都与广泛应用。

智能识别需要借助专业设备，其软硬件研发需要较强专业性，一般金融机构不具有相关软硬件一体化研发的能力，一般采取外部采购的形式获得相关产品。例如，佳都科技旗下的云从科技拥有人脸识别核心技术已经与中国银行、农业银行、建设银行等金融机构开展合作。

预计生物特征线上身份验证 2016 年市场空间达到 28. 3 亿元，2016 ~ 2018 复合增长率超过 200%。目前金融机构多用人脸识别开展业务，在未来将扩展更多的生物识别方式，生物识别身份验证市场从商业模式上，目前还处于探索阶段，由于身份验证具有基础服务属性，看好未来按次数或交易额收费模式。根据央行发布《2015 年支付体系运行总体情况》，2015 年银行业网上支付交易金额 2018. 20 万亿元，同比分别增长 46. 67%。保守预计未来三年内网上支付额度保持 40%复合增长率，假设生物识别身份验证按照万分之一的收费率，预计 2016 年市场空间达到 28. 3 亿元，2016 ~ 2018 复合增长率超过 200%。

# 四、人工智能在金融行业发展基石——知识图谱技术

## （一）知识图谱已被各大巨头使用

知识图谱可以连接碎片化的信息，得到的一个关系网络，建立知识图谱，就拥有了一个巨大的知识库，以及衍生各种上层的智能应用的能力。知识图谱旨在描述真实世界中存在的各种实体和实体间的关系，知识图谱可以被看做是一张巨大的图，节点表示实体或概念，边则由属性或关系组成。

知识图谱可以让机器像人类一样具有逻辑思考，将数据升级为智慧。大数据给了我们一个知识的基石，充足的样本量，但是这实际上离我们真正的提取信息，掌握知识，运用智慧去解决甚至创造还有一个距离。在知识图谱中，数据之间是根据推理和规则相连的。

知识图谱可以实现知识的追溯，由知识图谱得到的结果会有严密的推理过程，被抽取的数据源也会被记录。舍恩伯格在《大数据时代》一书中写道："我们没有必要非得知道现象背后的原因，而是要让数据自己发声。"人工智能的机器学习也没有知识管理系统，所以并不擅长推理。然而，知识图谱一旦建立，数据和数据之间的关系都被记录下来，就具备了逻辑基础，可以进行深入的推理来产生结果。

知识图谱技术已被各大科技巨头运用。知识图谱这个概念最早由谷歌提出，与谷歌大脑一起是谷歌的两大重要技术储备之一，用来支撑下一代搜索和在线广告业务。谷歌之后，百度、搜狗都在构建大规模知识图谱提高搜索性能。Facebook 也利用知识图谱技术构建兴趣图谱，用来连接人、分享的信息等，并基于此构建了 graphsearch。苹果的 SIRI 使用了语音交互方式，但支持自然语言自由沟通的前提是也是知识图谱的庞大的知识库和知识库的各种服务，IBM 近年来一直在推动认知智能和智慧地球的理念也和知识图谱有关。

## （二）金融知识图谱展现推理投资分析过程

金融决策需要大量数据支持和逻辑推理过程，金融知识图谱提供了从关联性角度去分析问题的能力，将规则、关系及变量通过图谱的形式表现出来，进行更深层次的信息梳理和推测。金融领域的数据具有开放性，多样性，且文本、数据的时间特征很强。金融知识图谱的实体可以是投资机构、投资人、企业等等，实体不是简单的字符串，实体包含了与之相关的各种信息，比如地域属性和分类属性等。图谱数据包含了实体间的关系，可以是企业的上下游、合作、竞争对手、子母公司、投资、对标等关系，或者高管与企业间的任职等关系。业务逻辑可以参考过往案例，专家对行业的理解，投资的逻辑，风控的把握等得到。

知识图谱可以用于反欺诈等信用评估手段可以帮助金融机构减少坏账率，改善盈利水平。知识图谱本身就是用来表示关系的，整合借款人的基本信息（比如申请时填写的信息），还可以把借款人的消费记录、行为记录、网上的浏览记录等整合到整个知识图谱里，从而进行分析和预测。这种直观的表示方法可以帮助我们更有效地分析复杂关系中存在的特定的潜在风险。

通过知识的可追溯实现智能搜索及可视化展示，我们可以解析一个投资建议的分析过程。对于每一个搜索的关键词，我们可以通过知识图谱来返回更丰富，更全面的信息。比如搜索一个人

的身份证号，我们的智能搜索引擎可以返回与这个人相关的所有历史借款记录、联系人信息、行为特征和每一个实体的标签（比如黑名单，同业等）。通过可视化把复杂的信息以非常直观的方式呈现出来，使得我们对隐藏信息的来龙去脉一目了然。

### （三）基于知识图谱的金融搜索引擎具备降维攻击能力

基于知识图谱的金融搜索引擎利用非结构化数据可以辅助我们做出价值判断和风险评估。相比传统的金融终端，知识图谱给出的投资决策辅助包含了非结构数据，IDC 数据显示，企业中 80% 的数据都是非结构化数据，这些数据每年都按指数增长 60%。

金融搜索引擎替代金融数据终端，为专业投资人士节省工作步骤，缩短决策时间。专业人士使用的 Bloomberg、Wind 等数据终端只解决了信息和数据的问题，并没有解决信息过载后的整理分析问题。

（1）金融搜索引擎节省了选择函数、建立模型的逻辑表达步骤，初级的价值判断和风险评估在被交付给机器处理。

（2）智能搜索引擎可以辅助量化交易，快速给出投资决策，缩减事件性投资的反应时间。

（3）推理过程的回溯可以辅助分析师进行投研报告的编写，减少人力密集研究工作投入。

搜索引擎提供的自然语言问答的交互方式更加友好，打破金融的专业壁垒，适用人群将向非专业投资群体扩张。知识图谱数字化了专业人士的投资模型和推理过程，是一个巨大的策略库，无需生成思考过程，通过自然语言就可以提取策略。

金融搜索引擎形成一个闭环生态，在不断被使用中，对知识图谱进行调整和更新。Kensho 公司的 Warren 平台能够实时的回答投资者所提出的复杂的金融问题，并且可以快速、大量的进行各种数据处理分析工作。Kensho 在高盛的主要客户群是那些在银行交易大厅里的销售人员。Kensho 的软件不断地调整并扩展这些建议的搜索词条，这一切几乎无需人力干预。

基于知识图谱的金融搜索引擎是金融领域的 Watson，可以输出多种金融服务，用户名从金融机构拓展至企业和个人。IBM 介绍时说“Waston 是一个集高级自然语言处理、信息检索、知识表示、自动推理、机器学习等开放式问答技术的应用”。IBM 将 Watson 的能力分割成许多不同的部分，每个部分可以被租赁用来解决特定的商务问题，比如语言识别服务，总共有 40 多种不同的产品。基于知识图谱的金融引擎集数据、分析、搜索、投资工具于一体，一方面可以取代金融数据终端为专业人士提供服务，另一方面也可以为商家、个人等提供投资建议、征信信息等各类服务内容。

金融业巨头们投资潜在影响最大的竞争对手，大数据独角兽将知识图谱作为重要分析工具。Kensho 成立于 2013 年 5 月。2014 年 11 月，高盛向金融数据服务商 Kensho 投资 1500 万美元。Kensho 的股东还包括富达投资、谷歌和中情局风投部门 IQT 跟投。大数据独角兽 Palantir 曾推出一个基于知识图谱的金融数据分析平台—PalantirMetropolis，可以整合多源的量化资料，并提供一套方便易用的分析工具来满足复杂的研究需求。英国公司 Garlik 利用核心技术之一是大规模语义数据库进行个人信用记录、信用盗窃的分析。

### （四）基于知识图谱的金融搜索引擎——百亿空间可期

以 IBMWatson 对标，金融知识图谱根据使用对象不同，收费模式多样。因为知识图谱在功能上有望替代金融数据终端，对于大型券商可按年收取订阅费，2015 年证券行业人员总数达到

310，288 人，对标 Watson 的 KnowledgeStudio 产品，若按年费 3 万/人/套，券商行业贡献收益每年可达 97 亿。

金融知识图谱对于私募基金等中小金融机构，可按管理费分成或使用频次收费。以 IBMWatson 为例，对于需要高容量的重复性活动如呼叫中心的技术支持，则以低廉的价格按次收费（每次 3 美分）。2016 年 6 月，私募基金管理规模为 7.47 万亿元，若仅按固定管理费率约为 1.5% 计算，其中 10% 为知识图谱使用费，则私募基金可贡献收益达，私募基金管理费用为 112 亿元。

金融搜索引擎可产生更多商业模式。垂直行业搜索引擎可行的商业模式有：依靠提供更多更全资讯，依靠流量获得广告收入，广告收入毛利高，市场空间大，2014 年，谷歌的广告收入高达 590 亿美元，广告业务毛利约 360 亿美元，毛利率 61%。2015 年中国搜索广告支出总额达到 149.0 亿美元，年增长 32.8%。另外，部分垂直行业搜索引擎依靠提供该垂直行业用户所需要的服务获得收入，或者分销其上游的垂直行业网站的产品，分销其产品服务获得分成收入。保守估计，仅知识图谱在金融行业每年就可获得百亿收入。

### （五）人工智能短期将提升金融机构效率，知识图谱技术有望形成颠覆

金融业有大量“脑力体力劳动”可以被机器替代。根据牛津大学的论文以及相关研究，就业前景因行业不同而有明显区别，研究表明，在金融业中工作受到自动化威胁的风险比任何技能型行业都高，约为54%。金融业重要的两个方面——风险评估和投资决策——都建立在信息处理的程度上。机器学习将把一些交易员、分析师、还有其他产业雇员推离他们目前的岗位。机器将取代更多人的重复性工作，让人可以从劳动密集型的工作中解放出来，释放人力去做更具有价值的事。《机器中的幽灵：金融市场中的人工智能、风险及监管》是 EuromoneyInstitutionalInvestorThoughtLeadership 的一项调查报告，他们对全球金融机构中的 424 名高级管理人员进行了调查问卷，研究人工智能和机器学习在金融市场的风险以及监管问题。报告显示接近 70% 的人认为，人工智能在 15 年内会给他们自己的工作带来彻底或很大程度上的改变。

从目前人工智能可以提供的应用来看，主要是辅助工作和替代人力，增强服务长尾客户能力。在 EuromoneyInstitutionalInvestorThoughtLeadership 对 424 名金融高管进行的访谈调查中，64% 的被访者认为，机器学习的使用将给金融市场竞争带非常积极的影响。无论是智能客户、智能投顾、或是人脸识别开户，都是为了更好的和个人客户沟通、发现个人客户金融需求。在 CBinsights 做的调查中显示，更多的亚洲机构认为，Fintech 公司补充了现有金融机构获得市场份额和长尾客户的能力，中国银行更聚焦于服务中小企业。

未来，基于知识图谱的金融搜索引擎将会对传统金融行业造成冲击。基于知识图谱的金融搜索引擎是金融领域的 Watson，可以输出多种金融服务。基于知识图谱的金融引擎集数据、分析、搜索、投资工具于一体，一方面可以取代金融数据终端为专业人士提供服务，另一方面也可以为商家、个人等提供投资建议、征信信息等各类服务内容。这将打破专业壁垒，让金融服务进一步去中介化，对传统金融行业造成冲击。

## 五、传统金融机构与科技公司合作共赢

我们将国内金融领域在人工智能应用上活跃的参与者分为三类：1）传统金融机构：包括银

行、券商、保险、基金公司，以及金融集团。2）大型互联网公司：主要是百度、阿里巴巴、腾讯、京东的金融业务线。3）人工智能技术公司：包括传统的金融 IT 公司，大数据公司，人工智能技术初创企业。

人工智能应用从研发到推广需要的资源概括为四个维度进行分析：

（1）客户基础：客户基础既是业绩的来源，也是数据的源头，金融机构和大型互联网公司拥有较好的客户基础，但是结构和商业模式各不相同。但相比技术类公司，金融机构和互联网公司拥有大量的客户数据可以提供机器学习和知识图谱的构建。

（2）技术创新能力：主要包括人工智能专业技术人才资源和研发资金，除国有四大行外，金融机构的信息化能力相对较弱，一般会外采成熟的解决方案。大型互联网公司有相对充足的资金和人才可以投入到前瞻技术研发。对于人工智能技术公司，目前前瞻投入负担很重，但随着计算成本的降低，机器学习算法的进步，技术类公司将获得抗衡大机构的能力。在战术上，人工智能技术公司可以瞄准某个细分领域做精做强。

（3）牌照资源：从直接开展金融业务的监管情况考虑。目前牌照申请门槛逐渐放开，互联网公司和人工智能技术公司都在争取牌照，给传统金融机构带来一定威胁。

（4）金融业务理解：区别于通用的人工智能技术，金融行业的专业性较强，业务流程繁多且设计严密，另外，技术创新也需要有较强的金融风险意识。金融机构在专业性上毫无疑问最有优势，互联网公司在前瞻技术的投入充足，通过人才的吸收也可以获取专业理解能力。人工智能技术公司可以分为通用型和金融 IT 类，以金融机构为下游的金融 IT 公司会对业务有较深理解。

金融机构前端布局网点机器人、刷脸开户，提供整体解决方案的技术公司将受益。对于金融机构来说，采购生物识别开户、网点机器人等非核心产品，可减少自主研发成本。从银行布局网点机器人的进度看来，前端应用布局进入需求增长期。在政策上，央行、银监会对远程开户的相关规定也经历了从严厉禁止到小心探索再到有限制开放的过程。

金融机构对 Fintech 创业公司的投资增长。传统金融机构，有着全面的业务线，虽然有投入于前瞻技术应用的资金实力，但也要兼顾业务的高效和稳定性。前瞻性研究需要更高信息技术实力，金融机构在 IT 专家的储备可以通过和科技类公司的合作或是通过收购来弥补。CBinsights 数据显示，实体公司开始将金融行业的颠覆者纳入自己的投资选项，全球范围内，实体企业参与了超过 25% 的 Fintech 领域的风险投资，金融服务、电信、科技类公司明显更加活跃。在亚洲，实体公司参与了超过 40% 的 Fintech 领域的风险投资。科技公司更受益于与金融机构的合作。科技公司在对金融业务的理解、应用场景、用户数据、牌照资源和研发资金上相对薄弱，和金融机构合作可以弥补不足。并且，在应用成熟后，面向金融机构推广时更有渠道优势。

随着技术成熟，下游客户需求加大，人工智能将成为软件公司必备。在未来的几年里，所有的软件应用都将具有嵌入式人工智能。其中的早期例子包括 GooglePhotos、聊天机器人、GoogleAssistant、亚马逊 Alexa 和 IBMWatson。随着人工智能的发展，普通软件的生存将变得非常困难，因为集成了人工智能的软件的具有很大的生产力差异。Gartner 的炒作周期预计智能应用还有 2 到 5 年的成熟窗口。但随着计算成本的降低，机器学习算法的进步，创新的节奏以及创业公司的颠覆性潜力将会加速。

互联网巨头在人工智能技术上具备极强优势，在金融领域利用人工智能技术增强用户体验。大型互联网公司拓展金融业务线，主要目的是完善生态，在此之上引入的人工智能技术，可以给现有客户提供增值服务，增强用户粘性。以京东“智投”为例，为投资者提供资产配置方案，引导客户在线购买京东金融代销的多种理财产品。在百度金融产品之中，依靠图像识别、数据风控技术等人工智能和大数据的运用，能够“秒批”让用户获得相应的信贷产品。

## 六、风险因素

行业层面：人工智能的基础和技术创新不达预期，监管政策无法跟上应用创新。

## 七、重点公司分析

### （一）同花顺：加码 Fintech 领域，布局智能投顾业务

移动流量领先，客户资源丰富。同花顺成立于 1995 年，拥有 20 多年行业经验，作为国内老牌金融信息综合服务商，通过时间和技术积累拥有广大的用户群体和流量优势。同花顺以免费的网上行情交易客户端、网站、手机移动端进行市场拓展，提供数据分析等增值功能。在多数国内主流下载平台，同花顺稳居财经类 APP 下载量第一的位置，从总量看，同花顺也拥有绝对优势。作为国内目前唯一的传统证券的云联网平台。同花顺通过自身流量优势为传统券商导入了大量客户，与国内 90% 以上的证券公司建立了业务合作关系。

行业地位资深，品牌效应显著。同花顺在互联网金融信息服务行业属于元老级企业，拥有丰富的行业积累和经验。与万德，大智慧等竞争对手比较而言，具有价格成本较低，公式系统丰富，用户体验好等优点。公司拥有 45 项计算机软件著作权、69 项非专利技术，在行业内一直保持技术领先优势。旗下“i 策略”平台，目前已有超过 30 家机构、200 位个人投顾入驻。公司利用现有技术、数据的积累基础上来开展新业务的探索，发挥在人工智能、金融大数据、云计算的技术上的优势，帮助投资者寻找适合自己的投资方法，并提供相应服务，增加用户黏性，提升服务附加值。

产品体系完整，布局智能投顾。同花顺产品齐全，拥有基于基本面，技术面，消息面的智能投顾软件“大战略”，超级资金二代分析体系服务软件“财富先锋”，主题研报决策软件“大研究”，关注热点板块龙头的“云计算”，涨停抓取软件“短线宝”，金融数据终端“iFind”，具有增值内容的即时行情软件“Level2”等几十种产品，综合覆盖股票、期货、基金、债券、理财、量化等领域。

风险因素：资本市场景气度下降风险，政府监管政策风险。

首次覆盖，给予“增持”评级。公司加码 Fintech 领域，布局智能投顾业务，产品＋资源的先天优势有望加速领跑，预测公司 2016～2018 年 EPS 为 2.10/2.59/3.08 元，对应 PE 为 34/27/23，首次覆盖给予“增持”评级。

### （二）东方财富：金融牌照全面布局，互联网综合金融服务商崭露头角

公司是国内领先的互联网金融服务平台综合运营商。通过互联网金融服务大平台，向广大用户提供主要基于互联网金融平台服务的产品和服务。公司主要业务有证券业务、金融电子商务服

务业务、金融数据服务业务及互联网广告服务业务等。

旗下基金销售平台提供一键投顾服务。东方财富全资子公司天天基金联合数家基金公司推出业内第一个以基金公司为投顾的投资组合产品——组合宝。该平台由多家投资机构为投资者提供最新市场观点以及最优资产配置策略，重点解决个人投资者在基金筛选上遇到的困难，以及资产配置方面的烦恼。对于个人投资者来说，用户无需支付高额的服务费用，只需一键操作就可享受到基金公司专业的投顾服务。

场景+流量提升客户规模及粘性，奠定公司业务变现基础。东方财富的财经门户（东方财富网、天天基金网）为客户提供专业财经内容，社区（股吧、天天基金吧）为用户提供互动平台，金融数据终端（东方财富通、CHOICE）为用户提供交易、数据等投资服务。2016 年 7 月东方财富网日均覆盖人数达 1350 万人，网民到达率为 5.6%，位居垂直财经网站第一名，公司拥有庞大的客户规模并持续提升用户粘性，为公司实现持续变现提供保障。

搭建完整互联网金融服务体系，金融牌照布局有序推进。在证券领域，2015 年公司收购西藏同信证券（A 股，现名东方财富证券）及宝华世纪证券（港股），并拟对子公司东方财富（香港）进行增资；在基金领域，公司拥有第三方基金销售平台天天基金网，并拟以注册资金 2 亿元投资设立基金管理公司，开展基金管理业务；在保险领域，公司拟使用自有资金 5000 万设立保险代理公司，切入互联网保险领域；在征信领域，公司与上海漫道金融信息服务股份有限公司共同投资设立征信公司，拟开展征信服务相关业务；在第三方支付领域，公司于 2015 年 7 月参股第三方支付公司易真网络 27% 股权，获得互联网第三方支付牌照。

风险因素：资本市场景气度下降风险，政府监管政策风险。

首次覆盖，给予“增持”评级。公司经营稳健，流量、数据、场景、牌照四大要素所构建的互联网金融服务生态圈日渐完善，变现能力强，预测公司 2016～2018 年 EPS 为 0.28/0.43/0.54 元，对应 PE 为 71/47/37，首次覆盖给予“增持”评级。

## （三）恒生电子：转型坚决，新业务拓展良好

上半年业绩符合预期，传统 1.0 业务增速良好。主要原因有：1）受 HOMS 和数米业务的影响 2015H1 为收入高点，HOMS 和数米业务的调整影响已纳入预期。子公司恒生网络关闭 HOMS，违法所得 1.3 亿元，若剔除该收入对 2015H1 的影响，2016 同期收入略有增长；其次，第三方基金销售公司数米基金从 2015 年 7 月开始不再并表，公司持股比例从 75% 减至 24%。数米公司 2015 年实现收入 1.7 亿元，净利润 0.4 亿元，对 2015H1 业绩有较大贡献。2）公司继续加大对创新业务、新技术研发的投入。2.0 和 3.0 业务有明确战略规划，市场对公司在新业务的投入增长上有一定预期。报告期内，公司研发投入为 4.5 亿元，同比增长 51%，为人员薪酬增加所致。3）资本市场低迷和监管趋严对公司目前占比最大的 1.0 业务影响较小，公司具备优势的资本市场业务收入 6.1 亿元，同增 45%，其中经纪业务受政策影响收入增长减缓外，其余业务增长超过 50%。

2.0 业务收入大幅下降，但业务进展良好，部分 3.0 业务上线。1）新经纪业务、SAAS 服务等客户数量、交易量指标展示 2.0 业务已有一定成果；直投通、机构通、米宝等 3.0 业务投入运营，具备一定用户规模。2）上半年公司 2.0 业务收入同比下滑 76%，从目前新业务开展情况和历史市场认可度（2015 年同期 2.0 业务收入增长超过 300%，收入占比提升至 20%）可以判断，一旦监管开放，公司的 2.0 业务将大有可为。另外，公司目前持续进行子公司平台的员工持股，

也体现出了一定的激励效果。

继续看好公司作为金融IT绝对龙头的长期布局，3.0业务料将完成IT厂商从成本中心向利润中心的转变。公司产品布局金融全产业，多年构建出品牌、技术上的核心竞争力，在多个细分市场都拥有市场占有率绝对领先的产品，在金融混业趋势和金融创新发展的格局下，更有利于发挥协同优势，构建业务壁垒。公司2.0战略是将客户的IT系统上云，部分产品已布局完善，业务爆发仍待政策东风；3.0业务可以从业务支持到利用IT技术推动业务，收入的主要来源是业务合作费的分成。

风险提示。新业务拓展不及预期；资本市场表现进一步恶化。

盈利预测及估值。看好公司目前金融IT的标杆实力，未来3.0产品分成的商业模式料将带来业绩突破。维持公司2016~2018年EPS预测0.86/1.13/1.44元，对应PE68/52/41倍。维持目标价73.8元，维持"增持"评级。

### （四）佳都科技：全面布局视频智能识别，业绩上轨道

收购华之源，获得轨道视频监控关键资源。华之源是中国领先的城市轨道交通通信系统解决方案提供商，为轨道交通公安通信系统、专用通信系统、视频监控子系统建设提供产品和整体解决方案。收购完成后，佳都科技将100%控股华之源，进一步巩固自身在轨道视频监控领域的客户资源和技术能力，拥有自动售检票系统、屏蔽门系统、综合监控系统、视频综合监控系统四大核心产品，提升在全国智能轨道交通行业的竞争力。

投资云从信息科技，布局人脸识别综合服务。云从科技拥有人脸识别核心技术，终端产品覆盖边防、地铁、门禁、柜台等多场景应用，并向移动互联网身份验证基础服务拓展，已经与中国银行、农业银行、建设银行等金融机构开展合作。

拓展警务视频云业务，提升大数据分析能力。公司拟募集配套资金2.181亿元，其中8，810万元将投向建设警务视频云应用项目。作为智慧城市建设背景下的新一代视频大数据处理应用平台，警务视频云平台有望满足国家提出加强治安防控的要求，实现警务视频云为基础的视频大数据防控模式。

设立产业并购基金和创汇投资子公司，助力外延式扩张。公司牵头筹备"佳都智慧中国产业并购基金"，并出资成立全资子公司佳都科技创汇投资有限公司。这些举措不仅可以令公司更好地开展PPP等业务模式下的智能安防和智能化轨道交通业务，更为其拓展跨行业业务及并购带来机遇。预计公司将加快进行外延收购，人脸识别、智慧城市、智能安防、轨道交通等深耕的主营业务布局将日趋完善。

风险因素：全国业务布局不及预期；收购进展不及预期。

维持"增持"评级。公司全面布局视频/人脸智能识别，全面收购华之源进一步打开智能轨道交通发展空间，投资云从科技布局人脸综合服务，募资投入警务视频云有望共享智慧城市视频监控平台联网升级红利。公司的智能安防、智能轨道业务维持高速增长，视频/人脸智能识别有望带来业务增量，传统智慧城市订单确认进度延缓，略下调其2016~2018年EPS预测为0.18/0.26/0.34元（原EPS预测为：0.20/0.28/0.36元），对应PE55/39/29倍。维持"增持"评级。

# 第四章　人工智能深度报告

## 一、AI 发展前景广阔，商业化进程加快

深度学习性能准确度随着数据增长而增加，AI 商业化进程有望加速：人工智能（AI）是用计算机程序来模拟、延伸和扩展人类智能，以胜任人类智能才可完成的复杂工作。AI 自 1956 年诞生以来，发展历经数次起伏，过去 AI 系统一般基于规则，试图用简单演绎推理规则来描述并模拟一个复杂系统的行为，而真实世界是无限复杂，数据驱动的 AI 系统才有前景。目前深度学习的爆发正是通过大数据和计算能力实现。传统 AI 算法随着数据增加，性能提高到某一个点就饱和，算法不能处理大规模数据。但深度学习模型足够复杂，可处理大数据，且性能准确度随着数据增长而增加，目前还未观察到饱和点，而在语音识别、图像识别等领域的性能准确度已经超过人类准确率，AI 技术逐步走向商业化。深度学习需要大量数据训练才可达到良好效果，大数据可无限逼近事物真实状态，未来大数据 + AI 将深刻改变传统产业结构。

机器学习根据数据处理情况可分为：监督式学习、非监督式学习（或称端到端学习、End to - End Learning）。对于监督式学习，数据需进行人工标记预处理，AI 程序再挖掘标记数据的潜在特征，识别出特定模式，并将其模式进一步应用于标记数据。非监督式学习可直接收集和处理非标记数据，通过这种端到端的学习，实现全过程整体优化，避免人工标记数据的低效环节，大幅提升机器学习效率。2012 年谷歌使用非监督式学习方法，在软件中输入未加工的原始数据，在没有人工协助下计算出结果，从 YouTube 图片中识别出当中的猫和人物，因此深度学习可实现非监督学习。但这种非监督学习方法的精确度还未达实用水平，仅限于实验室应用，目前深度学习研究及产品开发的爆发均基于监督式学习。随着深度算法改进，及未来非监督式学习精度提高，AI 将进一步加速商用化。

## 二、科技巨头在竞争与合作中，共同开启 AI 时代

### （一）科技巨头在竞争与合作中，共同开启 AI 时代

2015 年 12 月，特斯拉创始人 Elon Musk 与 Amazon、LinkedIn、PayPald 共同创立非营利开源人工智能公司 OpenAI，并将为其募集 10 亿美元资金。OpenAI 主要目标是发展可最大化造福人类的 AI 技术，并预防 AI 灾难性影响，目前主要关注机器学习领域，重点关注无监督学习和强化

学习。2016 年 9 月，谷歌及旗下公司 DeepMind、微软、亚马逊、Facebook、IBM 等 5 大科技巨头宣布成立非营利性 AI 研究机构 Partnership on AI，以保障 AI 研究会造福人类和社会，沿着正确轨道发展，并向大众普及 AI。

鉴于 AI 重要战略意义，Google、Microsoft、Facebook、IBM、BAT 等科技巨头竞争日益白热化，耗费巨资收购具备核心竞争力的 AI 初创公司。根据 Venture，2011 ~2015 年之间，AI 领域并购资金从 2.82 亿美元增长到 2015 年的 23.88 亿美元，而并购数量也从 67 起增长到 397 起。巨头也争相抢夺 AI 科技人才，来进行 AI 算法研究、并加速应用落地，如谷歌招募 Geoffrey Hinton，Facebook 招募 Yann LeCun，百度招募 Andrew Ng 等 AI 传奇人物。各科技巨头也建立 AI 研究院，攻克 AI 核心算法、打造 AI 技术平台，将其算法、平台开源，吸引开发者并汇聚创造性想法，形成 AI 应用开发生态。

### （二）科技巨头结合主业布局 AI，推动 AI 渗透传统行业

科技巨头在 AI 布局上，对于拥有大量数据资源的公司而言，首先是将 AI 技术与原有主业数据进行整合，利用 AI 提升用户体验，增强客户粘性，强化主业竞争优势。如 Google、百度重点落地智能搜索，Facebook 重点攻克聊天机器人。对于具备 AI 核心技术，但主业并无大量数据积累的公司（如 IBM），则通过大量收购垂直行业数据（如医疗诊断、律师等），加速 AI 向传统产业渗透，推动行业变革。具体而言，企业 AI 布局可分为以下类型：

国外科技公司聚焦于 AI 基础层、技术层的核心技术研发。而国内科技公司在基础层、技术层研发较为缺失，大多初创公司使用国外科技巨头的开源平台，通过大量行业数据来训练 AI 系统。IBM、Google、百度全面布局 AI 技术，在重点研究 AI 核心算法基础上，在应用层全面推进 AI 商用化进程，在 AI 核心算法、智能搜索、无人驾驶、医疗诊断等领域率先布局且行业领先。

Facebook、腾讯、微软、苹果侧重于社交应用，这些巨头最为关注图像和语音的识别技术，希望打通图像、语音等人机交互接口，提高用户参与度，收集用户行为数据，从而进一步训练 AI 系统，最终希望打造一个智能私人助理来统一管理旗下应用。因此重点布局语音识别、图像识别、智能助理、聊天机器人等领域。

英伟达、英特尔鉴于传统 PC CPU 或 GPU 业务饱和及衰退，大力谋求业务转型。它们基于芯片领域技术积累，着力研发适合深度学习的 AI 芯片，寻求新增盈利点。

亚马逊、Saleforce、阿里、Mobileye 偏重商业应用，如亚马逊在 Echo 智能音箱上加载电商商品目录，方便客户购买；Saleforce 利用云计算、大数据、人工智能来改善 CRM 的体验效果；Mobileye 通过 ADAS 系统先期掘金、积累技术，逐步进阶完全自动驾驶。

## 三、Facebook——重点布局语义识别、图像识别及智能助理

### （一）利用 AI 分析社交大数据

Facebook 是 2004 年 2 月上线的社交网络服务网站。截至 2015 年，Facebook 全球市场占有率（中国除外）高达到 68.4%，是全球第一大社交网站，且近年 Facebook 用户数增速仍维持 15%。Facebook 的 70% 用户来自美国以外，网站提供超过 70 种语言。目前 Facebook 广告收入占 Facebook 整体收入的 90% 以上，移动端广告收入增长迅速，根据 eMarketer，2016 年 Facebook 占全球 1868 亿美元的数字广告市场份额将达 12%。2016 年 Q2 实现净利润 36.65 亿美元，同比上年增长 189.6%，业绩增长强劲。Facebook 现有应用超过 24000 个，世界各地有超过 40 万开发者在为其开发应用程序，每天约有 140 个应用上线。

Facebook 拥有得天独厚社交大数据，根据互联网流量监测机构 comScore 数据，2013 年 2 月，Facebook 8.367 亿独立访问者名列榜首，目前 Facebook 移动通信应用已迈过 10 亿用户大关。截至 2015 年，全球网民共 32 亿人，Facebook 月活用户已达 17.1 亿人。用户社交过程将产生大量数据，Facebook 10 亿多用户每天都在上传更多的图片、视频、文字等内容，跟踪这些内容成为一大难题。机器学习帮助 Facebook 自动处理所有这些数据，监测图片和视频的内容，并可让用户（还有广告商）更好利用数据。Facebook 也通过 AI 技术，推出更好新闻、图片、搜索服务，及一套全新的沟通和分享的方法，最终将给予用户更多在线身份控制权，而非削弱控制。

### （二）AI 是 Facebook 未来的三大战略之一

未来 Facebook 三大重点发展领域为：虚拟现实和增强现实、互联互通（让更多的人连上网络）及人工智能，且 AI 将助力 AR/VR、互联互通战略达成。

虚拟现实和增强现实：2014 年 3 月，Facebook 斥资 20 亿美元收购沉浸式虚拟现实技术公司 Oculus VR，未来将为 Facebook 17 亿用户搭建虚拟现实平台，联合众多 AR/VR 开发者应用，深刻改善用户体验。AR/VR 目前主要应用于游戏、视频、电影、医疗等领域，与图像识别、视频识别等 AI 技术关系密切，未来 AR/VR 技术进一步突破仍有赖 AI 技术发展。

互联互通：2014 年 3 月，Facebook 表示，已聘请美国宇航局（NASA）喷气式推进实验室和艾姆斯研究中心的宇航和通信专家从事“互联实验室”项目，计划利用卫星和无人机等技术，帮助互联网设施薄弱地区的用户联网。据报道，Faceboo，也使用 AI 技术来建立详细的人口密度地图并且替全球提供互联网接入服务。这帮助 Facebook 将互联网带到世界上那些还没有网络接入的地方。为了实现该目标，Facebook 已经分析了 20 个国家和 2.16 亿平方千米土地——总计 350TB 的数据。

人工智能：Facebook 短期目标为创造自动回答简单问题的系统，目前在打造一种数字助手，其基于深度学习技术，对用户上传照片的尴尬内容（如醉酒失态照片）进行识别和提醒。长远目标是开发技术，密切分析上传到 Facebook 中除照片以外的其他数据内容，让人工智能自动完成操作。人工智能方面计划，Facebook 实现对用户的个性化推荐，推荐用户真正关心、感兴趣内容。并收购了语音识别及机器翻译公司 Mobile Technologies，促进 Facebook 从图片识别拓展到语音识别领域。

### （三）Facebook 围绕用户社交关系和社交信息布局 AI

Facebook 的 AI 领域布局主要围绕其用户社交关系和社交信息来展开，集中在图像识别、自然语言处理等技术领域。2013 年 Mark Zuckerberg 建立了专门 AI 实验室——Facebook FAIR RESEARCH（FAIR），FAIR 学术氛围浓厚，研究方向宽松，目前在加州 Menlo Park，纽约曼哈顿和法国巴黎有三个分部。FAIR 在全球招募最优秀科研人员，试图建造能理解海量数据的人工智能机器，致力于在人工智能助理、图像识别、自然语言处理、语音识别及运营等 AI 系统所需的物理与逻辑基础设施方面开展长期研究，希望将 News Feed、照片、搜索等服务做得更好，开创全新连接和分享方式。FAIR 团队工作内容中，70% 为长期科研，30% 是短期产品开发，还成立一个应用机器学习部门 AML，AML 将 AI 研究成果应用到 Facebook 现有产品中。FAIR 注重科研，AML 则注重应用。

2012～2014 年，由于 Facebook 语音和图像等技术均为第三方公司提供，为摆脱对技术提供商的依赖，Facebook 进行系列收购以获取核心技术，如 2012 年 6 月，收购人脸识别公司 Face. com、2013 年 8 月收购语音识别和机器翻译公司 MT 等。2013 年，随着深度学习鼻祖 Yann Lecun 重磅加入及 FAIR 组建，Facebook 在 AI 领域优势逐渐凸显。2015～2016 年集中精力主攻聊天机器人。

目前深度学习鼻祖 Yann LeCun 为 Facebook 人工智能实验室负责人。Yann LeCun 是卷积神经网络领域的重要推动者，该技术最主要应用是图像识别及自然语言处理，这与 Facebook 需求和已经积累的数据类型非常匹配。Yann LeCun 领导的 Facebook 人工实验室研发的算法已经可分析用户在 Facebook 的全部行为，为用户挑选出其感兴趣的内容。

### （四）AI 重点布局语义识别、图像识别、智能助理

Facebook 试图通过互联互通进一步扩展用户范围，再通过 AR/VR、AI 技术深刻提升用户体验。在 AI 领域，Facebook 重点布局语义识别、图像识别、智能助理等领域，目前在聊天应用、家用语音识别终端领域，Facebook 及亚马逊处于领先位臵。

自然语言理解：Facebook 基于深度学习方法，推出文本理解引擎 DeepText，该引擎使用多个深度神经网络构架，结合监督学习与无监督学习，可从零开始，在词和字符的水平进行学习。目前 DeepText 可处理超过 20 种语言，以接近人类的准确度、每秒数千篇文本的速度快速理解文本内容。Facebook 希望通过该引擎提高用户产品体验，该技术或将革新新闻订阅和广告推送模式。未来 DeepText 还将与 Facebook 虚拟助理 M 整合，以更好地连接商家与消费者。

智能助理 Facebook〃M：目前 FAIR 最大项目是用于对话系统的自然语言理解，Facebook 试图在社交网络中集成智能聊天机器人。2015 年 1 月，收购语音识别公司 Wit. ai，以提升 Facebook Messenger 语义理解水平。2015 年 8 月，Facebook 推出个人助理 Facebook〃M，内臵 Facebook Messenger，人性化程度相当高。用户可用自然语言向 Facebook〃M 咨询问题或相关服务，Facebook〃M 将给出实时、个性化回答。Facebook 还发布用于语言理解的新型机器学习模型——记忆网络（memory network），该模型能将机器学习算法（尤其是神经网络）和一种工作记忆（working memory）结合起来，使得聊天机器人能在给定语境中存储和检索信息，以构建自然语言问答系统。

图像识别：2010 年，Facebook 发布面部识别技术，能在照片中识别出人。2014 年其脸部识别率的准确度达到 97%，Facebook 的 DeepFace 技术被同行高度肯定。目前，Facebook 正使用 AI 技术开发可对照片生成描述的应用，帮助盲人通过 IOS 手机应用看“看见”照片中内容。DeepFace 运用深度学习将人脸识别（或人脸判定）提高到人类水平。

### （五）开源 AI 工具建立产品生态

Facebook 现在在信息推荐、过滤攻击言论、推荐热门话题、搜索结果排名等领域已大量使用人工智能和深度学习的技术。与 Google、微软等巨头相似，为促进 Facebook AI 应用端产品研发、及 AI 生态系统建立，Facebook 陆续开源 Torch、Chef、fastText、BigSur 等一系列 AI 工具及资

料库。

## 四、微软——语音识别、图像识别技术领先，将 AI 技术融入每一类产品

### （一）全球最大的软件、服务、设备和解决方案供应

全球最大的软件、服务、设备和解决方案供应商：微软由比尔·盖茨、保罗·艾伦创立于 1975 年，是全球最大的软件、服务、设备和解决方案供应商。目前微软已构建从 Windows、Office、SQL Server、Cloud OS 到 Windows Phone、Surface 和 Xbox 的完整、庞大的软件生态系统。根据 Net Applications，2016 年 4 月，Microsoft Windows 操作系统占据全球操作系统市场份额高达 88. 71%（远高于 Mac 9. 65%，Linux 1. 63%的市场占比），Microsoft Windows 操作系统、Microsoft Office 系列软件在操作系统、办公系统市场拥有无可撼动优势。微软在全球拥有七大研究院，研究覆盖人工智能、深度学习等。

### （二）微软将 AI 融入每一类产品，打造 AI 生态

微软尤其重视 AI 技术研发，微软 CEO 纳德拉 Satya Nadella 认为增强现实、云计算服务、机器学习及聊天机器人技术将重塑整个 IT 行业。微软研究院初期的 AI 工作集中在语音识别、自然语言和计算机视觉等领域。在语音识别、图像识别技术突破后，微软试图将 AI 技术融入每一款产品中。通过广泛的智能型产品（覆盖基础设施、服务、应用以及智能助理等），来扩展用户及机构能力。

与谷歌发展无人驾驶替代人类不同，微软更侧重于提供分析结论来帮助人类决策，让 AI 解决社会、经济关键问题，而不是取代人类。微软也注重将 AI 技术普及，让第三方软件开发者也掌握 AI 开发技术，打造 AI 产品生态。近年来，微软收购 AI 初创公司最主要目的是获得 AI 领域人才和技术，一般会关停被收购公司的原有业务（如 Genee、Cortana），并将其整合到微软现有业务中，以贯彻微软“移动第一，云计算第一”策略。

2016 年 9 月，微软宣布重组微软研究院（Microsoft Research）、微软信息平台部门（Information Platform Group）、必应（Bing）和小娜（Cortana）产品部门、环境计算（Ambient Computing）、机器人团队等部门，联合组建 Microsoft AI and Research Group 部门。新成立 AI 部门将包含 AI 产品工程部门、基础和应用研究实验室，及新体验与新技术部门 NExT 等，并由微软行政副总裁沈向洋领军。新部门将拥有超过 5000 人的 AI 研发团队，未来微软 AI 领域将重点关注：

代理：利用 Cortana 语音助手等代理以改变人机交互方式；

应用：将智能注入微软所有应用中（如 photo app、Skype、Office 365 等）；

服务：将微软 AI 技术（如视觉、声音等认知能力，机器分析能力）开放给全球开发者；

基础设施：利用 Azure 开发全球最强大的 AI 超级计算机并开放给每个人。

### （三）语音识别、图像识别技术业内领先

微软研究旨在运用人脸、情感、语言应用项目之间的交互了解其用户，其语音识别、图像识别技术位处业内领先水平。研发者现在能运用情感检测服务，根据人的面部表情为其匹配情感类

型，该人脸识别服务能依据照片中人物情感对照片分类。

语音识别及翻译：微软对话语音识别系统，使用数个声学模型及系列卷积、循环神经网络，在产业标准 NIST 2000 Switchboard 语音识别任务中，取得产业最低 6.3% 词错率（WER）。微软 Skype 系统利用深度学习技术，实现 7 种语言语音、视频通话翻译，及 50 多种语言即时消息翻译功能，还可将用户语言转换为翻译文本，打破语言障碍。

图像识别：2015 年 12 月，微软亚洲研究院视觉计算组在 ImageNet 计算机识别挑战赛中通过构建深达 152 层的“深层残差神经网络结构”系统，以绝对优势获得图像分类、图像定位以及图像检测全部三个主要项目的冠军，且图形识别错误率低至 3.57%，已低于人眼辨识错误率 5.1%。同时，也在另一项图像识别挑战赛 MS COCO（常见物体图像识别）成功夺冠。2016 年 4 月，微软上线 CaptionBot（图像描述机器人），可接收任何图像并提供图像详细描述。目前微团正在研发 Seeing AI 项目，通过计算机视觉和自然语言处理来描述一个人的周边环境、朗读文本、回答问题，甚至可识别他人面部表情。未来 SeeingAI 将用于手机应用、及 Pivothead 智能眼镜，给为视障人士带来福音。

### （四）重点研发智能助理（Cortana）、聊天机器人（微软小冰）

微软研究院在语音识别、图像识别、自然语言处理等基础技术基础上，着力研发智能助理（Cortana）、聊天机器人（微软小冰）。基于微软操作系统强大用户基础，将 Cortana 打造成全球最先进的 AI 产品：

Cortana（微软小娜）：Cortana 是微软全球第一款个人智能助理，目前支持 Windows、iOS、Android 系统。Cortana 可结合主动式知识来回答用户问题，并了解用户喜好和习惯，做出个性化的智能推荐，并帮助用户进行日程安排（设路提醒、追踪航班）、问题回答（物流、股价、天气）等，形成个性化的高效生态系统。相比工具型智能助理过去单纯强调效率、及实用，Cortana 语言表达俏皮，更强调情感连接，重新定义人和人、人和机器间的关系。Cortana 也有强大隐私功能，深获用户信赖，目前 Cortana 每日用户量高达 1.13 亿，并已回答了超过 120 亿个问题。微软还将 Cortana 集成至 Windows 10，Windows 10 系统因搭载 Cortana 大获用户好评。微软也提出“ 沟通即平台 ”概念，鼓励开发者采用微软智能助理来帮助用户，并推出 Bot Framework 引导开发者完成服务接入，让拓展应用服务。未来微软希望在后 PC 时代重新定义计算，试图将 Cortana 和其他微软产品（如 Office）深度整合。微软还提供 Cortana Intelligence Suite，让开发人员使用认知能力。

微软小冰：2014 年 5 月，微软推出人工智能聊天机器人“微软小冰”。微软小冰凭借微软在大数据、自然语义分析、机器学习及深度神经网络等方面深厚技术积累，通过理解对话语境与语义，超越简单人机问答，进行更自然的人机交互。微软小冰具有“陪你数羊”催眠功能、“单身男女”群聊技能、识别图像、生成发送语音等功能。目前微软小冰升级为第四代，更有小冰“入职”东方卫视，主持天气预报节目，成为微软在全球人工智能领域的核心产品。此外，开发者还可利用微软机器人架构 Microsoft Bot Framework 开发聊天机器人。

### （五）研发量子计算、芯片，大幅提高 AI 算力

微软为量子计算机创造专用软件和硬件，在 2011 年 12 月成立 QuArC 部门，重点关注可扩展、容错量子计算机的使用设计软件架构和算法。QuArC 开发出量子计算的软件架构工具包

LIQUi| >，LIQUi| >主要包含程序语言、优化和调度算法及量子模拟，可将高级程序中的量子算法转化成为低级设备的语言。微软 Station Q 小组也正研究拓扑量子计算（topological quantum computing），以改善量子状态控制设计，试图在 QuArC 软件和算法基础上，构建出混合超导/半导体设备，用于受控环境中的应用。

微软最近推出 FPGA 芯片（Project Catapult），帮助 AI 进行二次开发和优化。这款芯片在云服务 Azure 和 bing 搜索中都已应用，在执行 AI 命令时，速度比普通芯片快几个数量级。基于 FPGA 的 A－eye 芯片更赋予摄像头视觉理解力。

### （六）发布基于云平台的 Azure 机器学习平台，微软云业务迅速成长

微软研究有超过 50 个开源项目，涵盖了人工智能、可视化技术、密码学、编程模型等计算机领域的各方面。2015 年 11 月，微软开源机器学习工具包 DMTK，DMTK 包括在多台服务器训练的模块框架、一个主题建模算法、一个进行自然语言处理的文字嵌入算法。通过这些工具，开发者可使用较少服务器部署大规模机器学习。2016 年 1 月，微软开源深度学习工具包——CNTK，CNTK 是目前最快的分布式运算神经网络框架，也是唯一可扩展的开源深度学习工具包。

2015 年 2 月，微软发布基于云平台的微软认知服务（Azure 机器学习平台），为所有用户提供在云端处理大数据的 Azure 机器学习服务。Azure 集合多种来自 Bing、前牛津计划的智能 API 及知识 API，API 覆盖视觉、语音（TTS）、语言处理及自然语言理解、知识挖掘、搜索等五大方向。这些 API 为用户提供预定义模板和工作流，让开发者无需机器学习背景，就开发跨平台的更智能、更交互、具有吸引力的预测类应用。此外，用户还可在 Azure 机器学习平台上发布 API 和网络服务。2015 年 5 月，微软“Azure”服务平台上推出测年龄应用（How Old Are YOU），一时风靡全球网络。

视觉：计算机视觉、情绪识别、人脸识别及视频检测；

语音：语音识别、自定义智能识别及声纹识别；

语言：必应拼写检查、语言理解、语言分析、文本分析及网络级语言模型；

知识：学术搜索、实体链接、知识搜索及推荐；

搜索：必应自动推荐、必应图片搜索、必应新闻搜索、必应视频搜索及必应网络搜索。

微软智能云 Azure 集合了企业级云计算平台、物联网、移动解决方案、大数据分析、人工智能、丰富开发工具平台，提供了完善底层技术支持、平台服务，并积极拥抱开源。Azure 云服务与 Windows Server 结合使其成为唯一一家同时提供公有云、私有云和混合云平台，试图开创移动为先，云为先的新世界。目前 Azure 已覆盖全球 34 个区域，并在 28 个区域正式商用，85%的“财富 500 强”企业采用微软云服务，其中 60%企业至少采用 3 项微软云服务。目前微软云业务营收已接近 100 亿美元的规模，预计 2018 年达到 200 亿美元，是全球发展最快的公有云服务。2016 年 9 月，微软还推出基于云平台的人工智能超级云电脑（AI supercomputer in the cloud）。

### （七）主攻数字医学影像识别，加速推进精准医疗

目前微软内部已有接近 100 个与医疗相关的项目，既含前瞻性，又有实际应用层面项目。微软亚洲研究院一直将数字医学影像识别作为主攻方向之一，希望通过计算机视觉领域的最新技术加速推动精准医疗。近两年，微软 AI 也加速进军癌症治疗领域，微软亚洲研究院团队在脑肿瘤

病理切片的识别和判断，基于“神经网络+深度学习”模式，已取得对大尺寸病理切片的图片处理、对病变腺体的识别等两大突破。目前微软还正研发可判断病人是否感染疟疾、感染哪类疟疾及感染疟疾渠道的 AI 技术。

## 五、苹果——AI 技术与保护用户隐私并重，改善用户体验

### （一）苹果公司将加强智能汽车、Apple TV、人工智能和增强现实等研究

苹果公司（Apple Inc.）创立之初主要开发、销售个人电脑。高科技企业中，苹果公司以创新而闻名世界。在后 PC 时代，苹果公司将软件和硬件进行垂直整合、关注软件与硬件产品的细节和创新、大力投资研发，连续推出了 iPod、iPhone、MacBook Air、iPad 等多款变革性产品。自 2007 年推出第一代 iPhone 以来，每代 iPhone 均成全球最火爆手机，目前 iPhone 全球累计销量已突破 10 亿部。根据 StrategyAnalytics，2016 年 Q2 苹果全球智能手机市场份额高达 11.9%，在高端智能手机市场拥有绝对优势，而随着新上市三星 note7 爆炸事件持续发酵，苹果手机市场份额还将强劲扩张。此外，2016 年 Mac 操作系统市场份额占比达 9.65%、Apple Watch 占全球智能手表市场份额高达 33.5%，市场优势较为明显。2014 年，苹果品牌超越谷歌（Google），成为世界最具价值品牌。最近，苹果 CEO 库克表示未来将着重加强在智能汽车、Apple TV、人工智能和增强现实等领域研究。

### （二）在隐私保护前提下，打造 AI 生态，提升用户体验

苹果手机在高端智能手机市场份额稳定，客户忠诚度高，为此苹果不遗余力提升用户体验。为保障客户信赖，苹果公司高度重视用户隐私保护，在其基础上进行 AI 技术研发，试图利用 AI 技术来打造苹果生态系统。苹果致力于用户隐私保护、AI 技术研发的折中，AI 硬软件一体化设计强化其竞争优势。

用户体验至上：比其他科技公司而言，苹果更关注用户体验，未大加宣传 AI 技术先进，而将 Apple Brain 尽可能地运用到产品中，如 iPhone 相机的人脸识别功能、iOS10 图片自动识别和分类机制、Apple Watch 自动检测用户锻炼或闲逛状态、Aipoly 可识别物体并播放名称、HomeKit 智能家居等。苹果利用 AI 技术重塑苹果生态系统，以期更好用户体验。苹果在 AI 领域也进行大幅收购，目前已收购 16 家 AI 公司，当 AI 技术可嵌入现有苹果产品中时，苹果将考虑收购，并将内部技术与收购技术整合，提升用户体验。

高度重视用户隐私保护：机器学习需大量数据训练以达到良好学习效果，传统 AI 学习方式为将用户数据上传至云端，再遍历数据寻找感兴趣内容，并进行数据训练。而苹果缺少搜索服务和社交网络服务，且高度重视用户隐私保护，对用户数据进行端到端加密，iOS 平台上所有与 AI 有关的应用和服务都需在本地设备完成计算及处理，这将限制用户数据使用，难开展可行的个性化 AI 业务，影响机器学习效果（终端设备局限性、AI 算法进化速度等限制）。为此苹果公司在用户隐私之上原则下，试图不将用户信息上传并存储于云端情况下，提升机器学习效果，利用 AI 技术深刻提升用户体验。2015 年 10 月，苹果已收购 Perceptio，Perceptio 试图在无大量外部数据情况下，开发智能手机端的 AI 图像分类系统。收购 Perceptio 符合苹果对用户数据的利用最小

化，并将尽可能将 AI 技术踣于手机端的策略。从 iOS 10 起，苹果使用差分隐私（Differential Privacy）技术，在数据若干片段加入数学噪音，让个人身份无法识别，通过该方式，苹果可在不影响个人隐私下，识别大批量用户的使用模式。

硬件设计优势凸显：苹果将 AI 定位于设备智能，尽可能将 AI 技术纳入硬件处理方式。苹果自主设计芯片，AI 人员可直接与编写固件的芯片设计组工程师合作，开发 AI 过程中，还可协调所有组件（如麦克风、麦克风位踣等），最大化提升神经网络的性能，相比单纯 AI 软件开发公司，苹果公司硬件设计方面优势明显。

### （三）虚拟助理 Siri 用户体验高，有望进入智能家居领域

全球几大科技公司都推出各自虚拟助理（人工智能机器人），如谷歌 Allo、苹果 Siri、微软小冰 &Cortana、百度度秘。早在 2007 年，苹果就在 iPhone 手机上线语音驱动虚拟助手 Siri。目前 Siri 已经可支持 Apple TV 和 Apple Watch。Siri 可分为语音识别（理解你何时与它对话），自然语言理解（理解说话内容），执行（满足查询或请求）、响应（产生回话）等四个组成部分，具有根据用户喜好推测想要打开应用、分析 email 数据识别通讯录来电人信息、筛选新故事、识别照片中的人和位踣并判断 Apple Watch 用户是否在锻炼、解锁后列出最常用应用、提醒约会、自动显示附近酒店等功能。

2015 年 10 月，苹果收购英国语音技术初创公司 VocalIQ，VocalIQ 软件可帮助计算机与用户进行更自然对话。VocalIQ 比 Siri、Google Now、Alexa、Cortana 性能更稳定、强大，经测试，在抓取复杂漫长的语音指令的全部重要信息方面，VocalIQ 成功率超过 90%，而 Google Now、Siri、Cortana 成功率仅为 20%。经整合 VocalIQ 后，苹果数字助手 Siri 性能将大幅改善。目前苹果开始允许第三方在应用中调用 Siri 语音助手，提升用户体验。根据外媒报告，苹果正加紧推进技术 Siri 语音助手的智能家居设备的研发及原型测试，试图通过语音来控制电器、门锁、照明以及窗帘等。

## 六、亚马逊——云计算、智能家居成为盈利亮点

### （一）云计算、Echo 智能音箱成为盈利亮点

亚马逊成立于 1995 年，是最早经营电子商务公司之一，目前已经成为全球商品品种最多的网上零售商和全球第二大互联网企业。亚马逊致力于做“最以客户为中心的公司”，根据 Internet Retailer《全球 1000 强：全球零售电商的革新》报告，2015 年全球零售电商交易总额达到了 1.74 万亿美元，其中亚马逊交易额占全球份额的 13%，仅次于阿里巴巴（26.6%）。由于阿里巴巴的淘宝、天猫属于开放平台模式，而亚马逊主要为自营模式，2016 年 Q2，亚马逊营收约为阿里巴巴的 6 倍。2016 年 Q2，阿里巴巴来自国际市场的营收占比 8%，而亚马逊则高达 32%，从国际化程度、营业收入来看，亚马逊综合实力均强于阿里巴巴。目前亚马逊主要从 Amazon. com 网站销售的商品中抽取利润，并提供亚马逊网络服务（AWS）及相关智能家居设备，Echo、亚马逊云服务的热卖及对其未来前景看好是亚马逊股票在这两年大涨两大原因。

## （二）亚马逊 AWS 云计算实力领先全球，为 AI 技术提供充足算力支持

2015 年全球云计算市场规模达到 522 亿美元，根据 Gartner 预计，2019 年全球云计算市场规模将达 3150 亿美元，云计算市场前景广阔。云计算是谷歌、亚马逊、IBM 等巨头竞相角逐的项目之一，目前云计算市场已经形成亚马逊、谷歌、微软、IBM、Saleforce 五巨头格局，巨头行业竞争地位牢固，根据 IDC，2020 年亚马逊、阿里云、微软、Google、Salesforce 和 IBM 等 6 家厂商将垄断全球云计算基础服务市场的 80% 份额。

亚马逊较早进入云计算，技术积累深厚，根据 Gartner《2015 年全球云基础设施服务关键能力报告》，亚马逊在应用程序开发、批量计算、原生云应用程序、一般业务应用程序等四大场景均位居第一。随着产品线不断丰富，亚马逊云计算业务营收增速从 2015 年起维持在 50% 以上。由于 IDC 为重资产行业，随着用户量提升及边际成本不断降低，利润率从 2015 年 Q1 的 12.5% 逐步上升至 2016 年 Q2 的 24.9%。根据 Synergy Research，2016 年 Q2，亚马逊 AWS 全球市场份额高达 31%，遥遥领先第二位微软公司的 9% 市场份额。2016 年 8 月，中国光环新网宣布与亚马逊合作，光环新网获得亚马逊授权，在中国境内运营亚马逊云服务，未来亚马逊全球云服务市场份额将进一步扩张。亚马逊云计算部门 2016 年第二季度营收接近 30 亿美元，占整个亚马逊收入的 30%，是亚马逊的主要营收来源。

AI 算法需要强大算力支持，亚马逊领先云计算能力，将为其人工智能技术走向实用提供保障。而亚马逊云服务的强大客户数据，将迅速提升 AWS 系统的智能化水平。

## （三）AWS 提供亚马逊机器学习服务，大幅增强用户粘性

微软、谷歌均在云计算领域引入人工智能服务，2015 年 4 月，亚马逊公司旗下 Amazon Web Services 推出“亚马逊机器学习”服务，为第三方开发者提供亚马逊创建机器学习模型的技术。通过该服务，开发者无需机器学习经验，可使用历史数据开发并部署预测模型，模型可覆盖检测欺诈、防止用户流失等领域，支持数十亿级别的预测，且精确度高达 92%，大幅增强预测和分析能力，改善用户体验，增强客户粘性。此外，该服务也大幅提高模型开发效率，单个开发者可在 20 分钟内完成先前两名开发者 45 天的开发工作量。2016 年 5 月，亚马逊还开源其深度学习和机器学习工具 DSSTNE（Deep Scalable Sparse Tensor Network Engine），DSSTNE 目标为解决深度学习现实应用的产品部署问题，强调试验灵活性、速度及规模。相比其他深度学习工具而言，DSSTNE 更擅于训练稀疏数据。

## （四）亚马逊 Echo 智能音箱已率先抢占智能家居硬件入口

随着科技消费者日益倾向于同语音助理互动，目前全球科技产业目光聚焦于 AI 及语音控制技术领域，希望打造人与人之间沟通类似的人机交互体验。AI 领域，亚马逊在过去 4 年期间，重点打造 Alexa 智能语音助手及 Echo 智能音箱，目前从事 Alexa、Echo 项目团队已超过 1000 人。

Alexa 智能语音助手：Alexa 支持亚马逊语音设备（如 Echo、Echo Dot、Tap、Fire TV 机顶盒），并可控制兼容的智能家用电器（如关灯）、及第三方应用（朗读 Twitter 推文内容），具备强大跨平台特性。Alexa 可理解不同口音、方言和语言，回答用户各种问题（如天气、交通状况、日程安排等）。但 Alexa 支持的 Amazon Tap、Echo Dot 等设备均定位于在家中使用，目前 Alexa 用户仅可在家或车内就才可调用 Alexa，并不支持外出携带。此外，亚马逊没有自己智能手机平

台生态系统，在集成第三方应用方面，Alexa 相对谷歌 Google Assistant（安卓系统）和苹果 Siri（集成 IOS 系统）而言，处于竞争劣势。目前亚马逊努力尝试让 Alexa 支持其他可连接设备，未来将集成至宝马车型中。2016 年 9 月，LG 也表示准备将亚马逊的服务（例如 Alexa 服务、Dash 等）植入到自己的产品中（如 SmartThinkQ Hub），未来用户可通过 Alexa 语音识别来控制 LG 家电。

Echo 智能音箱：2014 年 11 月，亚马逊推出家庭语音联网设备（Echo 智能音箱），内路 Alexa 语音交互系统。2015 年 4 月份，Echo 新增对 Belkin WeMo 无线开关、飞利浦 Hue 灯具的控制，开始触及智能家居领域，目前亚马逊在抢占智能家居硬件入口远超其他企业产品（如 Google Home、叮咚智能音箱）。Echo 已经通过 API 及亚马逊云服务增加 1200 多个“技能”（诸如同步语音数据、播放音乐、语音购物、搜索、新闻、提醒等功能），未来 Echo 还将持续扩大对智能家居设备兼容性。Echo 具备隐藏属性，仅在用户提出需求的时候进行精准反馈，深获用户喜爱，已经入驻 300 多万家庭。Echo 市场增速极为强劲，2015 年 Q2 销量仅为 20 万台，2016 年 Q2 销量已突破 100 万台，预计 2017 年底销量达到 1000 万台，届时 Echo 为亚马逊贡献营收将高达 10 亿美元。

## 七、2.5 Mobileye——ADAS 芯片和自动驾驶解决方案

### （一）ADAS 芯片和自动驾驶解决方案提供商

Mobileye 致力于计算机视觉、地图及机器学习等领域，为知名汽车制造商提供基于视觉系统分析和数据处理研发的 ADAS（高级驾驶辅助系统）芯片和自动驾驶解决方案。目前 Mobileye ADAS 系统的市场占有率高达 75%，截至 2016 年 1 月，其 ADAS 产品被应用于通用、宝马、沃尔沃、特斯拉等 20 个整车厂的 237 款车型，全球已有超过 1000 万辆汽车使用了 Mobileye 技术。受 ADAS 系统强劲需求驱动，公司营业收入增长强劲，2011 ~ 2015 年营收年复合增长率高达 65.90%。

### （二）自动驾驶尚处“有限的自动驾驶”早期，ADAS 系统作用关键

根据美国高速公路安全管理局（NHTSA），自动驾驶分为 5 个阶段，目前正处于“有限的自动驾驶”阶段早期，ADAS 起着关键作用。ADAS 是辅助驾驶，核心是环境感知，不以完全控制汽车为目的，对应汽车自动化 1 ~ 3 级。而自动驾驶则是替代人工作，实现的是第 4 级。与 Google、Tesla 着眼于完全自动驾驶不同，Mobileye 则采用更廉价可行方案，着眼于提供 ADAS 系统。

美国高速公路安全管理局（NHTSA）划分汽车自动化的 5 个阶段：0 级——非自动化驾驶员完全控制汽车的主要控制器（如制动、方向盘）等；1 级——特定功能自动化包括一个或多个特定控制功能的自动化；如为多项功能自动化，它们是独立运转；2 级——组合功能自动化至少两个主要控制功能的自动化；3 级——有限的自主驾驶让驾驶员在某些路况或环境下可不用完全掌控所有安全功；4 级——全面的自主驾驶汽车能在全程完全掌控所有与安全攸关的驾驶功能。

### （三）持续更迭 EyeQ3 芯片，巩固 Mobileye ADAS 系统优势

ADAS 是汽车主动安全技术，通过芯片和软件来收集车辆周围数据，同时进行静、动态物体的辨识、侦测与追踪，预先警告可能危险状况，让驾驶人提早采取应对措施。常见 ADAS 功能有盲点侦测 BSD、前碰撞预警 FCW、主动紧急制动 AEB、车道偏离预警 LDW、车道保持心态 LKS 等，目前 ADAS 功能已达 20 多个。Mobileye 主打产品是一款基于摄像头的 ADAS 芯片——EyeQ 芯片，EyeQ 识别率已高达 99.99%，市场占有率为 75%。

EyeQ3：EyeQ 芯片由 Mobileye 和 ST（全球最大的半导体公司之一）共同开发。目前最新量产产品 EyeQ3 处理性能是前代的 6 倍，垂直水平视野和成像清晰度都有明显提升，可通过前方单颗镜头实现防碰撞预警。

EyeQ4：2015 年，Mobileye 发布第四代 ADAS 视觉处理器 EyeQ4，2018 年将应用在新下线车型中。EyeQ4 采用 14 个计算核心（其中 10 个为特制矢量加速器），大幅提升了视觉处理和数据解读的性能，拥有超级计算机的性能，运营功率低至 3W，大幅提升视觉处理和数据解读性能。EyeQ4 在处理能力上将是最早的芯片产品性能的 512 倍。

EyeQ5：Mobileye EyeQ5 芯片将于 2019 年到 2020 年面世，已经有两家大车厂确认采用 EyeQ5，Mobileye 持续进行产品更迭，巩固自己的 ADAS 系统中地位。

AI 应用推广不及预期风险；芯片、算法研发遭遇未知障碍风险；基础层、技术层变化巨大，应用层难以适应风险；使用国际开源平台，无自身核心竞争力，产品严重同质化风险。

## 八、投资建议

深度学习效果未见天花板，未来非监督学习将走向实用，AI 发展迎来热潮。国外科技巨头争先布局 AI，积累 AI 底层技术，围绕主业打造 AI 生态，并加速 AI 向其他业务扩散。国内科技企业积极对标国外 AI 技术，未来有望弯道超车。维持【推荐】评级，建议投资者积极关注同花顺（300033.SZ，人工智能 + 金融），思创医惠（300078.SZ，人工智能 + 医疗），汉邦高科（300449.SZ，人工智能 + 安防、驾驶），保千里（600074.SH，人工智能 + 驾驶），景嘉微（300474.SZ，人工智能 + GPU）等标的。

# 第五章　医疗信息化软件行业研究报告

## 一、软件行业概况

### （一）行业主管部门

软件和信息技术服务业的主管部门是工信部以及各地的信息产业主管部门。工信部负责制订我国软件和信息技术服务业的产业政策、产业规划和行业规章制度，制定行业的技术政策和技术标准等，对行业的发展方向进行宏观调控。此外，国家发展改革委、科技部等部门分别从产业发展、科技发展等方面对行业进行宏观指导，国家版权局负责本行业知识产权相关的保护工作。

我国软件和信息技术服务业自律机构为中国软件行业协会。中国软件行业协会主要负责产业及市场研究、行业协调；为会员企业提供公共服务、行业自律管理；受工信部委托对各地软件企业认定机构的认定工作进行业务指导、监督和检查，负责软件产品登记认证和软件企业资质认证工作；代表会员企业与相关政府部门进行行业信息的交流与协调，向政府部门提出产业发展建议等。

### （二）行业管理体制

软件行业：我国软件行业实行认证制度，软件产品、软件著作权实行登记制度认证。根据《软件企业认定管理办法》，工业和信息化部组织管理全国软件企业的认定工作。省级工业信息化主管部门负责本行政区域内的软件企业认定和年审工作，并颁发软件企业认定证书。根据《软件企业认定管理办法》，工业和信息化部负责全国软件产品的管理。经审查合格的软件产品有省级软件产业主管部门批准，核发软件产品登记证书。我国软件著作权登记机构是国家新闻出版总署（国家版权局）中国版权保护中心。

医疗卫生行业：我国医疗卫生行业行政主管部门，为国家卫生和计划生育委员会，由原卫生部、国家人口和计划生育委员会合并组建，承接原国家卫生部职责，包括：推进医药卫生体质改革，组织制定医药卫生行业相关政策和有关标准、技术规范，负责新型农村合作医疗的综合管理，规划并指导社区卫生服务体系建设，监督管理医疗机构医疗服务等。医疗卫生行业的信息系统建设是医药卫生体制改革的重要内容之一。原卫生部制定的有管国家卫生信息标准和技术规范，是本行业的重要行业标准和规范性文件。

### （三）行业法规

软件行业作为“十二五”的七大战略性新兴产业中“新一代信息技术产业”的重要组成部分，属于国家鼓励发展的战略性、基础性和先导性支柱产业，为推动软件行业的发展，国务院及有关政府部门先后颁布了一系列支持政策。

## 二、行业规模、水平和发展趋势

### （一）行业市场规模

我国软件行业的市场规模：

2014 年，我国软件行业营业收入达到 3.72 万亿元，同比增长 21.73%。2007 年至 2014 年我国软件业务收入累计增长 541.97%，年均复合增长率达到了 30.42%，并有望在未来继续保持高速增长的态势。2014 年，信息技术咨询服务、数据处理和储存类服务分别实现收入 3841 和 6834 亿元，同比增长 22.5% 和 22.1%，增速高出全行业平均水平 2.3 和 1.9 个百分点，占全行业比重分别达 10.3% 和 18.4%，同比提高 0.2 和 0.3 个百分点。传统的软件产品和信息系统集成服务分别实现收入 11324 和 7679 亿元，同比增长 24.3%，增速高出全行业平均水平 4.1 个百分点。中、西部地区分别完成软件业务收入 1713 和 3927 亿元，同比增长 26.7% 和 23.5%，占全国比重 4.6% 和 10.6%，比 2013 年提高 0.2 和 0.3 个百分点。东部地区平稳增长，完成软件业务收入 28012 亿元，同比增长 20.5%。其中江苏、广东、北京的软件规模仍居全国前三位，山东、湖北、湖南等省份增长快速，增速超过 30%。

根据工信部网站数据披露，2015 年上半年我国软件和信息技术服务业整体运行态势平稳，软件收入增幅有所回升，利润小幅提高，中西部地区保持较快增势，中心城市软件业规模持续扩大。2015 年上半年我国软件和信息技术服务业完成软件业务收入 20217 亿元，同比增长 17.1%；截至 2015 年 9 月 30 日，软件业务收入达到 31127 亿元，同比增长 17.5%。

根据工信部 2012 年发布的《软件和信息技术服务业十二五发展规划》，“十二五”时期软件和信息技术服务业产业规模要达到 4 万亿元。其中重点强调要重视社会民生领域软件研发，提高在科技、教育、医疗、社保、环保和安全生产等领域的应用水平，大力支持面向生活领域的软件开发和消费型信息服务业展，软件开发和消费型信息服务业展，满足人民群众日益增长的物质生活和精神文化新需求。

我国医院管理信息化行业市场规模：

医疗卫生机构的构成：根据国家卫生和计划生育委员会统计，截至 2015 年 5 月底，全国医疗卫生机构数达 98.7 万个，其中：医院 2.6 万个，基层医疗卫生机构 92.2 万个，专业公共卫生机构 3.5 万个，其他机构 0.3 万个。与 2014 年 5 月底比较，全国医疗卫生机构增加 6804 个，其中：医院增加 1433 个，基层医疗卫生机构增加 2112 个，专业公共卫生机构增加 3140 个。医院中：公立医院 13326 个，民营医院 13153 个。与 2014 年 5 月底比较，公立医院减少 64 个，民营医院增加 1487 个。基层医疗卫生机构中：社区卫生服务中心 3.4 万个，乡镇卫生院 3.7 万个，村卫生室 64.6 万个，诊所 19.2 万个。与 2014 年 5 月底比较，社区卫生服务中心和诊所增加，乡镇卫生院、村卫生室减少。专业公共卫生机构中：疾病预防控制中心 3490 个，卫生监督所 3093 个。与 2014 年 5 月底比较，疾病预防控制中心减少 4 个，卫生监督所增加 3 个。

医疗管理信息化的市场概况：2012 年我国医疗行业 IT 总花费占医疗卫生总费用的比例为 0.62%，而同期美国占比为 1.94%。我国医疗卫生信息化投入占医疗卫生费用的比例仍较低。而就整个健康服务业而言，目前我国健康服务业仅占我国国内生产总值的 5% 左右，这说明我国健康服务业发展潜力巨大。

中国医院协会信息管理专业委会 2013～2014 年《中国医院信息化状况调查》数据，2013 年 590 家参与调查的各级医院信息化建设平均投入值 443.91 万元，平均每床位 5925.37 元．其中三级以上医院投入均值 632.69 万元，三级以下医院投入均值 181.57 万元；经济发达地区医院投入均值万元；经济发达地区医院投入均值 545.44 万元，经济万元，经济中等发达地区医院投入均值 419.06 万元，经济欠发达地区医院为 341.17 万元。其中有 46.78% 的医院表示较上年度信息化投入资金有不同程增加。

实现医疗管理信息化的意义：

重塑我国医院管理新理念。医疗卫生信息化，不仅仅只是实现操作信息化，更重要的是能够改变和优化我国传统的医院管理流程，重塑我国医院管理的理念。将原来以“医生为中心”的医疗模式，变成以“病人为中心”，再到“以人为中心”，实现从病人到健康人群，从单纯的医疗为主，逐步过渡到预防、保健为主，实现医院管理“服务人性化”“医疗智能化”和“管理精细化”。医院管理理念的改变，将为提升我国国民的身体素质提供了保证。改善我国就医难的需要。我国人口众多，人口资源相对不足。因此，就医困难就成为我国一个突出的社会问题，而医疗信息化，为解决就医难提供了条件。近年来，先进的医疗卫生信息化产品的不断推出，已经逐步改善我国的就医环境。通过公共卫生信息管理系统，建立社区健康档案等措施，逐步实现全民健康的预防理念；通过数字化的预约系统、医生工作站、检验系统、医学影像系统等不断加快诊断治疗时间、提高效率，逐步改变“三长一短”（挂号时间长、候诊时间长、交费取药时间长而就诊时间短）的就诊现状。

医疗管理信息化在我国的前景：

在新的医疗改革政策推动下，我国医疗卫生领域信息化建设的花费不断扩大，各类产品和服务市场快速增长。根据统计，2009 年我国医疗信息化总花费规模为 87.46 亿元，2012 年增长至 170.76 亿元。2016 年我国医疗行业 IT 花费市场规模将达 339.9 亿元，2011 至 2016 年的年复合增长率为 18.4%。预计 2017 年我国医疗信息化总花费规模将达到 336.53 亿元，期间复合增长率为 14.53%。数据显示，尽管我国医疗卫生信息化投入增长较快，但与欧美等发达国家仍存在较大差距。2012 年我国医疗行业 IT 总花费占医疗卫生总费用的比例为 0.62%，而同期美国占比为 1.94%。我国医疗卫生信息化投入占医疗卫生费用的比例仍较低。而就整个健康服务业而言，目前我国健康服务业仅占我国国内生产总值的 5% 左右，美国 2009 年就达到了 17.6%，这说明我国健康服务业发展潜力巨大。

在国家卫生和计划生育委员会发布的《健康中国 2020 战略研究报告》中，提出未来要推进 7 大医疗体系专项建设，在医疗信息化方面卫生部将推出 611 亿元预算的全民电子健康系统工程，包括大型综合医院信息化系统的标准化建设、建立全民电子健康档案和区域性医疗信息化平台三项工作。其中大型综合医院信息化系统的标准化建设是医院运营和医疗单位之间互认的基础工作，管理指标的标准化工作是医院管理的重要组成部分。

标准的建立为医院大数据的统计、分析和应用奠定了基础。当前，我国社会正全面迈入 DT（Data Technology）时代，大数据的应用越来越广泛，医院也不例外，以病种为核心的精细化质量管理更是以大数据作为基础来进行的。

国内的各类医院业务管理系统，如：HIS、LIS、RIS、PACS、人事管理、设备管理等系统没有统一的标准，主要是各自为政，医学信息标准化的问题越来越成为制约医疗信息产业飞速发展的瓶颈。因此，如何去解决异构系统间的集成问题，以及采用何种集成方法就变得非常重要。当前，发展较好的是在上述业务管理系统之上构建管理平台，实现各信息系统之间的互联互通。从共享和交换工程建设角度来讲需要进行三个层面的整合，包括数据整合、系统整合、流程整合，整合方案的重心是通过构造医疗业务整合平台建立数据中心库、形成一个稳定可靠、具备扩展性的集成平台，为提高医疗质量和领导决策提供准确、可靠的数据。我们认为：数据管理平台的构建将是国内医院管理下一阶段的主要信息化目标。

据前瞻产业研究院发布的《2015～2020 年中国医疗信息化行业市场前瞻与投资战略规划分析报告》数据显示，目前信息化投入占医院收入的比重大约在 0.5%－0.8% 左右，预计随着政府投入以及医院自身对信息化的重视程度提升，信息化投资占收入的比重将快速提升。按照医院收入复合增速 15%（过去 5 年复合增速达到了 22.4%）、信息化投资占比达到 1.2% 的中性假设计算，2015 年医院信息化行业规模将达到 248.2 亿元，复合增速为 32.1%。随着医疗改革的进一步深入，国家对医疗卫生行业的投入持续增加。由于医院自身的信息化建设和公共卫生系统平台的搭建是提高全行业医疗水平，优化利用医疗资源，增加公民卫生保健水平，最终改善居民医疗保健水平和提高国家卫生开支效率的重要手段，医疗卫生行业的信息化投入将会明显高于整个软件和信息服务行业的增速。

### （二）行业技术水平

软件行业的特点之一是技术升级快，先进的信息技术理论和方法一经出现便得到广泛的推广和运用。医疗卫生软件基本体现了应用软件当前的整体技术水平，主要体现在以下几个方面：

（1）数据库系统：由文件型桌面数据库技术发展到大型关系型数据库技术、XML 数据库、面向对象数据库。目前医院大量采用关系型数据库技术如 MSSQLSERVER、ORACLE 等，而 XML 数据库（如 IBM DB2）、面向对象数据库（Cache）等也越来越多的被采用。

（2）软件架构：软件架构是指对直接构成系统的抽象组件及其相互关系的一种描述，按照组件间不同的通讯方式可以分为 C/S 架构、B/S 架构、分布式计算、对等系统、基于构件架构、面向服务体系结构等多种类型，这些架构目前都应用在医疗信息化的不同场景中。

（3）工具软件：在软件生产的整个生命周期中涉及许多种工具软件，包括开发工具软件、辅助设计工具软件和管理类工具软件等。开发工具软件主要包括编译器、除错器、性能分析、GUI 设计、集成开发环境等。

（4）网络：网络在覆盖范围上从局域网发展到城域网、广域网，从有线网络发展到无线网络，核心骨干网络带宽从 10 兆发展到千兆甚至万兆级别。

（5）信息安全：信息安全在认识上，经历了从强调保密通信的数据安全阶段、强调网络环境的网络信息安全时代，发展到目前的强调不能被动地保护、需要有保护、检测、反应、恢复四个环节的信息保障时代。安全技术严格地讲包含隐藏、访问控制和密码学三类，隐藏类的如数字水印、访问控制类的如网络防火墙、密码学类的如数字签名等。

随着软件开发技术和运营模式的发展，医疗卫生行业应用软件的技术水平存在以下发展趋势：

（1）操作系统方面：面向对象的操作系统、嵌入式操作系统将成为未来研究开发的重点，开放性、友好性、标准化是未来的主要发展趋势，目前 Windows、Unix、Linux 等重要系统软件和嵌入式操作系统将不断升级，推出新的产品。

（2）开发方法方面：随着软件复用技术和软件构件技术的日益成熟，未来基于构件/构架模式的软件开发方法将成为主流。

（3）软件厂商的商业运营模式：基于服务为核心的 SaaS 模式的出现，改变了我国传统的单一软件销售模式。国内 SaaS 模式进入发展初级阶段，将呈现多元化的快速增长，随之产生的 SaaS 技术和产品开发技术将快速提高。

## 三、行业发展趋势

管理软件行业发展趋势：

管理软件随着企业的发展而发展，企业对管理软件的依赖越来越强。通过观察国外领先的管理软件厂商，可以看到行业的发展趋势。

行业的集中度会不断提高。首先，在管理软件行业的未来发展趋势中，行业的集中度会不断提高，管理软件的技术成熟度高，市场竞争激烈使软件价格下滑，只有规模效益才能降低开发成本，中小厂商没有品牌优势，很难在这个行业中生存。市场集中趋势无疑有利于提升领先厂商的利润率。目前对于领先国内厂商而言，低端的管理软件虽然市场已成熟，但是因为市场集中度高，产品销售利润率最好；中端管理软件利润率一般，高端管理软件仍处于开拓期。未来的趋势是，随着市场集中和产品逐渐成熟，中端管理产品将成为利润率最好的业务，而高端管理产品将逐渐进入盈利期。

服务收入占比大。管理软件产业链由 IT 咨询、系统实施、运行维护、运营咨询和培训教育等部分构成，贯穿企业管理信息化生命周期，也意味着存在全方位服务的机会。

中小企业成为关注重点。中小企随着对管理系统的认识的加深，未来管理软件在中小型企业市场的潜力巨大。我国中小企业数已达到 5000 万户左右，占全国企业总数的 99.8%，中小企业创造的最终产品和服务的价值占国内生产总值的 58%，中小企管理软件的需求很大，占了 60% 的市场需求，中小企业管理软件市场增长率超过大型企业市场，未来成长的 1/3 要靠中小企的业务。

研发投入大，客户价值大。研发投入是软件企业保持领先的基本要求，管理软件的核心竞争力体现在对企业管理模式的研究上，所以每年要投入大量资金用于知识采购和研发。而管理软件本身作为一种特殊的商品，它的安装、实施、维护和开发都十分复杂，需要客户投入大量的人力、物力和财力，管理软件还带动了硬件的购买。管理软件创造了高于它成本的价值，企业才会持续投资，加强客户服务可以创造比初次销售更大的价值。

医疗管理软件的发展趋势：

医疗卫生信息化“十二五”规划、“3521 工程”、基层医疗信息系统建设指导意见等实质性政策接踵而至，我国医疗信息化步入发展快车道，县医院、社区卫生、公共卫生信息系统成主要动力，医院应用需求向临床化和公众化横纵双向拓展，云计算、无线等技术被广泛接受并逐步渗透。在政府不断加大对医药卫生事业及医疗信息化产业的支持力度的背景下，医疗信息化热潮将加速升温，业内预计2016年投资将达340亿元，未来十年将是医疗信息化建设的黄金期。

更多的大型三甲医院使用移动应用系统。发达地区的一些大型三甲医院已经推出了移动应用试点项目，主要应用在护士和医生查房工作中，在2014年越来越多的医院将开始部署移动应用，已经部署试点项目的医院将会改善移动应用中存在的问题，并扩大试点的业务。

私营医院和外商投资医院将快速增长，成为市场增长的一个新领域。中国政府鼓励非公医院的发展，将会为安防行业创造更多的机会。目前，在深圳及其周边城市，民营医院数量较多，而其他地区的民营或者外资医院大多是专科医院且数量较少。为了补充医疗服务的不足，卫生部鼓励非公医院的发展。非公医院的发展，将会带动医院信息系统、保险系统和客户服务信息系统等的发展。

医院财务管理系统与医疗业务结合更加紧密。随着公立医院改革的深入，即医药分开管理模式的推广，公立医院的收入核算要求将更高，医疗服务收入的核算和监督也成为重点。前几年，医院的财务系统更多的是记账的作用，预计随后两年里，更多医院的财务管理系统将会升级，更多医院开始部署更加综合的、与医疗业务结合更加密切的财务管理软件。

医院系统集成和商业智能（BI）加速发展。医院将加强其电子病历的使用水平，电子病历应用评级以及医院综合评级标准中都对电子病历的建设和使用提出了很高的要求。2014至2016年，年电子病历在大型医院将更加深入应用，而在中小医院开始建设。

社交媒体的深入发展或促生新的业务和盈利模式。社交网络媒体提供的服务将会不断冲击现行的医疗卫生改革理念。2014年之前，社交网络媒体以提供医疗咨询和医疗挂号注册等服务为主，但是盈利模式尚不明确。预计接下来两年，社交媒体在继续探索如何满足医疗监管要求的情况下，将找到清晰的盈利模式，新的商业模式或将呼之欲出。

上下游产业链结构：

在软件产业中，按照产业的上下游划分类别，上游为操作系统、中间件。自主软件技术的研发，需要上游操作系统、中间件和开发工具提供商的支撑，主要包括IBM、Microsoft、Oracle等；软件产品交付下游合作伙伴及最终用户进入应用环节，也需要操作系统、中间件等支撑，选用支撑软件的集成性、融合性，便于下游合作伙伴的二次开发，保证产品交付最终用户的可靠、稳定运行。下游行业是拥有信息化建设需求的最终应用行业，即最终用户，以及系统集成商和软件开发商等合作伙伴。

在上游厂商方面，目前国内外软件中间件行业发展形势良好，供需关系平稳，除少量专用高端产品外，市场不存在供货渠道单一的情况．中间件产品行业在国内主要由几家较大的软件提供商占据，这些提供商都具有稳定的供货欲望，因此公司在供给方面可能面临的风险较少。从下游客户来看，各类企业及行政组织的现代化企业管理诉求是行业需求迅速增长的内因。同时，我国相继推出的两化融合、推动医疗信息化建设等公产业政策将是下游行业需求增长的外因。

软件行业是为国家各行业信息化建设提供服务的行业，政府、金融、能源和工业等行业都与国计民生、国民经济直接相关，是国家重点优先发展的领域，信息化需求将持续增长，可以为公司提供广阔的市场空间。

## 四、行业基本风险

### （一）核心技术人才流失风险

人才是本行业可持续发展的重要驱动力之一，软件开发依赖研发人员的专业能力与经验，系统集成服务和专业服务需要掌握不同品牌厂商产品的特性，成熟的专业技术人员相对稀缺，需要较长时间的积累，行业内企业需要通过长期积累和不断投入培养了较为成熟的技术队伍。随着市场竞争的加剧，国内对这些人才的需求日益增加，对人才的争夺也日趋激烈，行业内企业面临人才吸引、保留和发展的风险。

### （二）技术风险

目前软件开发及信息系统集成行业正处于快速发展阶段，产品更新换代快，用户对产品的技术要求不断提高。因此，若该行业内的企业对技术、产品和市场的发展趋势不能正确判断，对行业关键技术的发展动态不能及时掌控，在新产品的研发方向、重要项目的方案制定等方面不能适应用户的需求，将导致企业的市场竞争能力下降，从而带来一定的技术风险。

### （三）产品开发风险

由于软件类产品需求多样，产品差异化明显，小型的软件十几人甚至几人即可完成开发，行业门槛较低，导致众多企业进入该行业，竞争较为激烈，如果行业内企业不能持续开发出特点鲜明，性能稳定、实用的产品，并得到客户认可，将面临被其他竞争者赶超的风险。

## 五、同行业竞争格局

国内医疗信息化市场活跃着为数众多、规模不等的系统供应商。其中，硬件系统供应商相对集中，而软件系统供应商则比较分散。所提供的产品在价格、系统可靠性等方面差别明显。按竞争力划分，国内医疗信息系统供应商可分为“三大阵营”，竞争力依次递减。不同阵营的竞争者所具有的竞争力、面向客户、提供服务等均有所不同。

第一阵营：国际领先企业。

代表企业：英特尔、微软、戴尔、思科、IBM、NEC 等

目标客户：国内大型医院

竞争优势：先进的技术研发能力、雄厚的财力、成熟的市场营销管理体系

竞争力评价：市场竞争力强

第二阵营：本土领军企业

代表企业：东软、东华、用友、方正、华海、华为等

目标客户：大中型医院以及相关卫生系统

竞争优势：较强的研发能力、价格优势以及本土化优势

竞争力评价：较强，和第一阵营企业存在一定的竞争关系

第三阵营：本土中小型软件企业

目标客户：一级医院、乡镇医院、社区医院甚至卫生所等

竞争优势：价格低廉

竞争力评价：市场竞争力较弱

按照不同细分领域来看，东软集团相对于其他企业来说，医疗信息化业务较为全面，和卫宁、东华软件一起，在高端市场份额领先，但整体来看，行业集中度低，目前尚处于混战阶段。

## 六、影响行业发展的主要因素

### （一）有利因素

国家产业政策的扶持为本行业创造了良好的发展环境。我国政府高度重视软件和信息技术服务业的发展。自2000年开始，国务院相继发布了《鼓励软件产业和集成电路产业发展的若干政策》《电子信息产业调整和振兴规划》《进一步鼓励软件产业和集成电路产业发展的若干政策》等鼓励政策，为行业的发展提供政策扶持和保障；工信部相继编制了《软件与信息服务业"十一五"专项规划》《信息产业"十一五"规划》《软件和信息技术服务业"十二五"发展规划》《国家电子政务"十二五"规划》等发展规划，为行业的发展指明方向；税收优惠方面，国家对软件企业和国家规划布局内重点软件企业的认定以及相关税收优惠政策的出台，大大减轻了行业内企业的税负，支持企业的研发和扩大再生产。

市场需求空间巨大，软件和信息技术服务业在国家各项鼓励政策的扶持下发展迅速。未来，本行业巨大的市场容量将吸引更多的资金、人才、技术等社会资源的投入，这对行业整体的发展将起到积极的推动作用。未来，随着金融、电力、社保、卫生、交通等国家重要信息化领域的需求进一步增加，本行业将迎来更加广阔的发展空间。

地方政府对信息化建设的重视程度和资金投入逐渐增加。近年来，随着地方信息化建设的全面启动，省市县乡层级的电子政务建设领域的投资大幅增加，一些地方政府开始根据地方特点提出新的建设需求。地方政府对信息化的重视和资金投入的增加，给立足于地方的区域性信息服务提供商带来了前所未有的发展机遇。

信息技术的不断升级推动行业的持续发展。软件行业具有技术更新快、产品生命周期短、技术继承性和产品复用性强的特点。每一次技术创新和技术进步都持续推动行业发展。计算机技术的发展契合并推动了医院信息化的发展。大数据、云计算、人工智能、移动互联网等信息化技术满足了医院对信息化的复杂要求。医疗大数据将会加快医疗进程、减少失误，也会为人类了解和掌握自身提供有效支撑；利用云计算技术可以减少医院在信息化方面的软硬件投入；人工智能技术在医疗领域的应用在当前信息技术背景下，得到非常快的推广；移动互联网的发展为患者带来了便利，出现了手机挂号、手机查询病理结果、手机问诊等方便患者的应用，也推动了医院管理进入到更高层次，通过HIS、电子病历等基础数据，为患者和医护人员提供了大量基于移动互联网的应用。

## 七、大数据的应用

越来越多的针对医院医疗服务各环节点的大数据应用将会加快推动医院管理平台产品的发展。医院管理平台是医院各种应用的集成平台，是医疗数据、人力资源数据、大设备数据、固定资产数据等的沟通桥梁。为了提供公平合理的医护人员政策、为患者提供有效的医疗支持，医院管理将会涉及医院的各个角落，未来的医院管理不会出现信息孤岛现象。

## 八、分级诊疗制度的建立

建立分级诊疗制度是医院（特别是三级医院）加快推动以病种为核心的精细化质量管理的重要力量，分级诊疗制度的核心是将医疗资源更合理、更有效地配置。合理、有效的前提必然是有大数据支撑的、依据病种管理的保障体系。

### （二）不利因素

缺乏行业标准。各地区、各医院对管理信息化的理解和要求不同，也没有行业准入门槛，市场处于无序竞争阶段。国家相关部门一直在积极主动寻找对策，制定有效保障体系和相关标准，预计“十三五”期间，将对整个医疗体系、医保政策、医疗标准等做出重大改变，以适应社会的发展和人民生活的需要。

知识产权保护不尽如人意。软件是典型的知识密集型产品，软件产品的研发需要企业投入大量研发人才和资金。但软件产品复制简单，扩散快，容易盗版，而且，用户对软件服务支付费用的观念尚未形成，这将在一定程度上影响企业的收入。因此，软件企业需要从技术等方面充分考虑对自主知识产权的保护。随着国家对于知识产权保护力度的加大，用户知识产权保护意识的增强，盗版等知识产权保护问题对软件企业的不利影响会逐渐减小。

高质量人才供应不足。国内软件行业高端人才相对有限，特别是既掌握客户所处行业知识背景又掌握软件研发技术的高端技术人才匮乏，软件企业对高端人才争夺较为激烈。国外软件企业进入我国后，以良好的薪酬及工作环境吸引了大量高端人才，更加剧了国内软件行业高端人才的竞争。

医院管理层和科室对信息化重视程度不一。医院信息化建设是由医院的服务部门管理，而信息化产品却是为医院各个部门使用，使应用软件在实施过程中会出现不可控因素，造成产品交付过程变慢。因此，企业需要提高技术人员的开发水平、提高产品的实用性、加强服务人员的培训力度，以满足各类客户的不同要求。

# 九、行业进入壁垒

## （一）核心技术壁垒

软件行业属于高科技行业，技术密集型行业，行业进入需要具有较高的技术层次。技术和产品的创新能力是推动公司取得竞争优势的关键因素。称重软件、金融软件的核心产品涉及技术架构、业务模型、管理模型等多个专业领域，需要企业建立持续有效的创新体系、研发体系和高水平的技术团队，对企业核心技术和产品进行持续不懈的研究开发，才能开发出市场领先的核心技术、有竞争力的产品，具有很高的技术门槛。

## （二）资金壁垒

软件产品的研发业务和市场开拓需要大量的资金投入，因此资金投入成为制约软件企业发展的瓶颈之一。

## （三）行业经验和专家队伍壁垒

称重软件、金融软件细分市场，要求进入的企业具备丰富的行业经验，对客户所在行业业务流程、业务需求有深刻理解和经验积累，才能保证客户项目实施的效率、目标和价值的实现。拥有一批技术过硬、精通行业经验、熟悉项目管理和实施方法论的技术专家队伍，是企业进入该细分市场的关键要素。

## （四）行业资质壁垒

软件行业需要高新技术企业证书、安防资质、质量管理体系认证证书等相关行业资质认证代表着企业的综合实力，需要经过较长时间的项目积累、管理水平提升才能取得，是进入本行业的主要壁垒之一。

## （五）客户资源壁垒

软件企业通过长期的优质服务才能逐步建立起稳定、忠诚的客户资源。客户对产品的使用习惯，对服务商的熟悉，以及对服务和软件应用功能的延续性需要，使其对原有服务厂商和产品容易形成依赖。新的行业进入者很难在短期内培养出稳定的客户资源。

# 第六章　教育服务行业分析报告[①]

## 一、淋浴政策，教育产业迎来机会

教育是有关国计民生的重大事业，国家对教育行业既有非常优惠的财政拨款、税收优惠等政策支持；但同时，也紧紧掌握着教育的管控权，因为教育的成败决定着一个国家中长期发展战略。当下中国经济飞速发展的今天，衣、食、住、行等物质相对丰富之后，文教娱乐方面的供求矛盾正在日益显现，在教育投入保持相对稳定的情况下，与产业发展相适应的产业政策变得至关重要，我们认为，2016 年对于教育产业来说，是非常重要的一年，《民办教育促进法》三审的落地，为教育产业与资本市场的衔接打开了通道。资本市场将迎来分享产业快速发展的盛宴。

### （一）国家持续加大教育投入，保障教育稳健发展

《国家中长期教育改革和发展规划纲要》提出，2020 年要实现教育财政性经费支出占国内生产总值 4% 的目标，2012 年已经提前达到该水平，可见国家对教育产业发展的重视。2014 年国家财政性教育经费 26420. 58 亿元，同比增长 7. 89%，教育作为有关国计民生的重大公共性事业，关系着国家中长期的发展方向。我们认为，国家在教育经费的支出中，未来将只增不减。

我国全社会对教育的固定资产投资在绝对数值上维持上涨的趋势，但是全社会固定资产投资比例近年来有所下降，目前稳定在 1. 3%。国家在教育上的投入，不仅包括经费和固定资产的投资，更有很多的税收优惠政策来鼓励更多的民间资本进入教育领域，促进产业的快速发展，此次《民办教育促进法》的修订，就明确了对民营非营利性教育机构的土地、税收优惠上跟公办教育机构享有共同的优惠政策。

### （二）民促法三审落地，打通资本与产业的对接通道

2002 年《民办教育促进法》颁布以来，我国民办教育快速发展，已经成为社会主义教育事业的重要组成部分。民办教育的发展，有效增加了教育服务供给，不断满足了人民群众多样化的教育需求，培养了大批合格人才，为创新教育体制机制、推动教育现代化、促进经济社会发展做出了积极贡献。2015 年全国教育事业统计公报数据显示，全国有民办学校 16. 3 万所，占全国总数的 31. 8%；在校学生数 4570. 4 万人，占全国总数的 17. 6%。学前教育、义务教育、高中阶段教育、高等教育的民办学校数分别占民办学校总数的 90%、6. 6%、3. 0%、0. 4%。民办学校在

① 国元证券。

学前教育阶段高达90%，而K12阶段及高等教育阶段长期由公立学校占主导地位。

2010年，中共中央、国务院颁布实施《国家中长期教育改革和发展规划纲要（2010～2020年）》，对民办教育改革发展提出新要求，明确了积极探索非营利性和营利性民办学校分类管理的新任务。为了落实教育规划纲要要求，从法律层面破解民办教育发展面临的法人属性、产权归属、扶持政策、平等地位等方面的突出矛盾和关键问题，进一步鼓励社会力量兴办教育，促进民办教育健康发展，2012年教育部启动了《民办教育促进法》的修改工作，广泛征求了各方面意见，为本次修改作了基础性准备。

2016年11月7日，第十二届全国人民代表大会常务委员会第二十四次会议审议通过了《关于修改<中华人民共和国民办教育促进法>的决定》，为深化教育领域综合改革、促进民办教育健康发展提供了法律保障，是民办教育改革发展新的里程碑。

民促法修改的细节。

新增第九条：民办学校中的中国共产党基层组织，按照中国共产党章程的规定开展党的活动，加强党的建设。

第十八条：修订前，民办学校取得办学许可证，并依照有关的法律、行政法规进行登记，登记机关应当按照有关规定予以办理。修订后，民办学校的举办者可以自主选择设立非营利性或者营利性民办学校。但是，不得设立实施义务教育的营利性民办学校。非营利性民办学校的举办者不得取得办学收益，学校的办学结余全部用于办学。营利性民办学校的举办者可以取得办学收益，学校的办学结余依照公司法等有关法律、行政法规的规定分配。民办学校依法取得办学许可证后，进行法人登记，登记机关应当依法予以办理。

第十九条：修订前，民办学校应当设立学校理事会、董事会或者其他形式的决策机构。修订后，民办学校应当设立学校理事会、董事会或者其他形式的决策机构并建立相应的监督机制。民办学校的举办者根据学校章程规定的权限和程序参与学校的办学和管理。

第三十条：修订前，民办学校应当依法保障教职工的工资、福利待遇，并为教职工缴纳社会保险费。修订后，民办学校应当依法保障教职工的工资、福利待遇和其他合法权益，并为教职工缴纳社会保险费。国家鼓励民办学校按照国家规定为教职工办理补充养老保险。

第三十七条：修订前，民办学校对接受学历教育的受教育者收取费用的项目和标准由学校制定，报有关部门批准并公示；对其他受教育者收取费用的项目和标准由学校制定，报有关部门备案并公示。民办学校收取的费用应当主要用于教育教学活动和改善办学条件。修订后，民办学校收取费用的项目和标准根据办学成本、市场需求等因素确定，向社会公示，并接受有关主管部门的监督。非营利性民办学校收费的具体办法，由省、自治区、直辖市人民政府制定；营利性民办学校的收费标准，实行市场调节，由学校自主决定。民办学校收取的费用应当主要用于教育教学活动、改善办学条件和保障教职工待遇。

第四十条：修订前，教育行政部门及有关部门依法对民办学校实行督导，促进提高办学质量。修订后，教育行政部门及有关部门依法对民办学校实行督导，建立民办学校信息公示和信用档案制度，促进提高办学质量。

第四十五条：修订前，县级以上各级人民政府可以采取经费资助，出租、转让闲路的国有资产等措施对民办学校予以扶持。修订后，县级以上各级人民政府可以采取购买服务、助学贷款、奖助学金和出租、转让闲路的国有资产等措施对民办学校予以扶持；对非营利性民办学校还可以采取政府补贴、基金奖励、捐资激励等扶持措施。

第四十六条：修订前，民办学校享受国家规定的税收优惠政策。修订后，民办学校享受国家规定的税收优惠；其中，非营利性民办学校享受与公办学校同等的税收优惠。

第五十条：修订前，新建、扩建民办学校，人民政府应当按照公益事业用地及建设的有关规定给予优惠。修订后，新建、扩建非营利性民办学校，人民政府应当按照与公办学校同等原则，以划拨等方式给予用地优惠。新建、扩建营利性民办学校，人民政府应当按照国家规定供给土地。

第五十一条：修订前，民办学校在扣除办学成本、预留发展基金以及按照国家有关规定提取其他的必需的费用后，出资人可以从办学结余中取得合理回报。取得合理回报的具体办法由国务院规定。修订后，删除原条目

第五十九条（第二款）：修订前，民办学校清偿上述债务后的剩余财产，按照有关法律、行政法规的规定处理。修订后，非营利性民办学校清偿上述债务后的剩余财产继续用于其他非营利性学校办学。

第六十二条：修订前，民办学校有下列行为之一的，由审批机关或者其他有关部门责令限期改正，并予以警告；有违法所得的，退还所收费用后没收违法所得修订后，“审批机关或者其他有关部门”改为“县级以上人民政府教育行政部门、人力资源社会保障行政部门或者其他有关部门”

第六十三条：修订前，审批机关和有关部门有下列行为之一的，由上级机关责令其改正；情节严重的，对直接负责的主管人员和其他直接责任人员，依法给予行政处分；造成经济损失的，依法承担赔偿责任；构成犯罪的，依法追究刑事责任：修订后，县级以上人民政府教育行政部门、人力资源社会保障行政部门或者其他有关部门有下列行为之一的，由上级机关责令其改正；情节严重的，对直接负责的主管人员和其他直接责任人员，依法给予处分；造成经济损失的，依法承担赔偿责任；构成犯罪的，依法追究刑事责任。

第六十四条：修订前，社会组织和个人擅自举办民办学校的，由县级以上人民政府的有关行政部门责令限期改正，符合本法及有关法律规定的民办学校条件的，可以补办审批手续；逾期仍达不到办学条件的，责令停止办学，造成经济损失的，依法承担赔偿责任。修订后，违反国家有关规定擅自举办民办学校的，由所在地县级以上地方人民政府教育行政部门或者人力资源社会保障行政部门会同同级公安、民政或者工商行政管理等有关部门责令停止办学、退还所收费用，并对举办者处违法所得一倍以上五倍以下罚款；构成违反治安管理行为的，由公安机关依法给予治安管理处罚；构成犯罪的，依法追究刑事责任。

《民办教育促进法》修改前后对比，主要对财政，税收，土地、收费、招生等方面，做了重大的修订与补充，对非营利性民办教育机构的土地政策给予明确的优惠，收费和招生权利下放到各地教育主管部门和学校本身，非营利性教育机构的权利和义务向公办教育靠拢，首次对营利性民办教育机构的权利和义务进行了明确的界定，总的来说，营利性民办教育机构，以市场化、规范企业化的运作方式展开经营。产权归属明确、企业运作规范化，对于社会资本进入教育领域打通了道路，未来资本对产业发展的推动力会逐步显现。

民促法改革前后的影响分析。

在公办教育方面。改革前后，财政为主的国家投入作为其经费的稳定来源，优惠的税收政策，较多的土地优惠政策，根据政府制定的收费项目进行收费，基本根据国家标准统一招生；改革前，人民政府可以给予支持，财政补贴相对较少，部分优惠政策没有得到落实，未指明是否享

有土地优惠政策，学历教育报有关部门批准，其他教育报有关部门备案，招生具有一定的自主权。

在民办教育方面。改革后，非营利性民办教育财政补贴增加，逐步与公立教育接近，税收减免政策增加，减轻资金负担，较多的土地优惠政策，由省、自治区、直辖市人民政府规定，接受一定的管理，招生自主权有所下降；营利性民办教育难以申请财政补贴，其他融资渠道，税收减免政策较少，较繁重的税务负担，基本难以拥有土地优惠政策，市场调节由学校自主决定，充分具有招生的自主权。

本次修改是贯彻落实中央教育改革战略部署的重要举措，对于全面促进教育事业发展、深化教育领域综合改革、构建公办民办教育共同发展的办学格局，加快推进教育现代化，满足人民群众日益增长的多样化教育需求和经济社会发展需要，具有重要而深远的意义。

### （三）K12学校“营利性”机构性质被禁止，利好K12线下辅导及在线教育

我们认为，此次《民办教育促进法》的修改，对资本市场和教育产业的对接非常重要，我们续接上半年幼教产业投资报告，我们本次报告主要研究K12阶段教育消费的投资机会，民促法禁止了义务教育阶段营利性教育学校，彰显了国家对教育控制权的捍卫，因为K12阶段是通往高等教育的基础，也是教育受众人群最广、受教时间最长的教育阶段。相比学前教育阶段90%的民办教育机构，K12阶段可以说长期被公立学校垄断。但K12阶段的课外辅导市场规模也是非常庞大的。

阶段营利性和禁止设立盈利性机构的界限。非营利性教育机构：学校教育，包括公办学校、民办学校；非营利/营利性教育机构：校外培训，包括课外辅导（以提升成绩为目标）、素质教育（以艺术培训，STEAM教育为主）；在线教育，包括在线教育平台、科技驱动教育内容消费升级。

我们认为，2017年将是教育行业实现快速发展的重要一年，对于政策的修订，教育领域未来对于课外培训市场的受益将是多方面的：

1. 民促法的修改打通了产业与资本的通道，对教育机构性质的认定，将有效地解决教育领域的投资者获得合法收益的问题，未来资本的介入，将成为行业发展的重要催化剂。

2. 将会使得更多的营利性教育机构登陆A股，也将为更多上市公司并购进入教育领域扫清障碍，市场扩容的机会是显然的，对于教育标的于A股上市来说，带来的不仅仅是资金，更是强大的广告效应。

3. 整个K12教育行业市场规模超过5000亿元，长期处于高度分散、标准化低等状态，未来借助于资本的力量，行业将加快整合，并健康有序地发展，也将有更多的投资者分享到行业快速发展的盛宴。

4. 对于K12教育领域来说，我们认为，《民办教育促进法》的修改将有效促进K12课外培训教育机构的跨区域扩张，如新南洋，目前80%的业务在上海，受制于上市公司的身份，公司在外地扩张存在一定的限制。

### （四）K12教育产业梳理

K12，全称kindergarten through 12 grade。主要被美国、加拿大等北美国家采用，是指从幼儿园（Kindergarten，通常5~6岁）到十二年级（grade12，通常17~18岁），这两个年级是美国、澳大利亚、英国、加拿大等免费教育头尾的两个年级，此外也可用作对基础教育阶段的通称。在

中国被误读为小学 6 年、初中 3 年和高中 3 年共计 12 年的基础教育阶段。

狭义的 K12 主要指学校教育，而“K12 阶段”与国内幼教、K12、中职、高等教育四大教育相比，除了学校教育之外，有着更广阔的校外教育消费市场。根据高盛全球投资研究显示，中国家庭教育消费约占家庭收入的 3% －19%，其中家庭收入的 2% －11% 花费在学校教育学费上，1% －8% 用于课外辅导费用上。此比例与世界发达国家的家庭收入投资于教育的比例（韩国 17%，日本 10%，美国 2%）相比程度较高。除了中国家庭收入相对较低之外，更是由于中国家庭对教育的重视。

禁止 K12 阶段的学校设立营利性教育机构这一政策，将使得未来很长一段时间，学校教育将依然由公办学校垄断，且未来民办学校的数量在政策指引下，可能还有收缩的趋势。建国以来，国家就对 K12 阶段的教育就一直强调要减负，但随着中国家庭可支配收入的不断增长，普惠型的 K12 学校教育已经无法满足家庭多样化的教育需求，因此，大量的 K12 课外辅导市场需求应运而生，对于 K12 课外辅导来说，存在着教师、家长、学生三方的特殊关系，买单者和消费者错层，教师资源的高流动性、教育区域化等问题，使得 K12 课外产业链成为一个又大、又长、又庞杂、又高度分散的市场。

在整个 K12 课外辅导产业链中，线上辅导机构主要以内容、平台、工具、家教 O2O 等模式存在，分门别类、公司众多，但规模都不大，主要以“基础产品免费、增值服务收费”的创业商业模式的特点与趋势为主，创业公司普遍处于盈利模式探索阶段，行业未来的整合性和爆发性会比较大。而线下辅导培训机构虽然也比较分散、参差不齐，但线下机构的差距已经拉得很大，品牌效应已经显现，行业未来的核心竞争力在于品牌和完善的教研体系，优质教育内容及核心教师资源将成为龙头们跑马圈地的杀手锏。总的来说，无论是线上还是线下，都属于 2C 端市场，线上面临用户获取成本高和粘性低的问题，而线下将面临教师资源不稳定，扩张对管理等综合能力提出更高的要求；教育信息化主要是 2B 端，受益于 C 端需求的提升，但需要与技术更好地融合，同时受益于教育内容消费的升级，从而提供更好更快的教育产品。

## 二、K12 教育

德勤发布的教育产业报告指出，无论从整体行业规模还是市场活跃度来看，中国教育产业均处于扩张阶段，且产业的总体规模将在 5 年内翻倍，即从 2015 年的 1.6 万亿元增长至 2020 年的 3 万亿元左右，年均复合增长率将高达 12.7%。

根据德勤的教育市场规模预测数据，我们计算得出，2015 年，整个 K12 教育市场规模约为 5000 亿元，而到 2020 年，这一数据有望达到 8800 亿元，未来五年年复合增长率约 12%，未来随着二胎政策的放开、K12 阶段家庭年均教育消费支出的逐年增长，新增人口将持续为 K12 教育输出新的用户，未来万亿市场可期。

2015 年教育统计公报数据显示，目前 K12 阶段的学生数量约 1.6 亿人，是四个教育领域中人数最多，存续期最长的教育阶段。为 K12 输出消费者的学前教育阶段人数也达到了四千多万，二胎政策放开，会在未来五年逐渐在 K12 教育的需求会逐步体现。

K12 教育模式的具体介绍如下。“找家教平台”为家长和学生提供客观的优质师资信息，平台真实记录和展现教师教学及用户评价内容，并采用 LBS 寻找师生、先试听再上课、线上担保支付等模式，为学生、家长和老师创建一个“高效、快捷、安全”的第三方家教 O2O 服务平台。“题库”根据学生目标科目的考点、考频、难度分布等，利用云计算、大数据、人工智能算法等技术，为学生提供一对一智能出题服务，并根据其答题情况生产个人能力评估报告，准确评估学生当前对各个知识点的掌握情况，并提供进一步的练习和测试建议。“在线教学”应用多媒体互动技术，通过实时在线的互动教学、图文并茂的随堂讲义、科学全面的学业测评，提供教师备课、课堂教学、布銘作业、在线测评、网络直播教室、学生个性学习中心等在线教育应用工具和服务，为学生带来丰富的在线学习体验。“作业答疑”利用图片语音识别与搜索、大数据等先进技术，通过移动互联网为学生实时提供作业精准答案及详尽解析、一对一答疑、众答等服务。

K12 教育是基于互联网的快速发展，与课外辅导需求结合的，从 K12 互联网教育模式来说，主要以上述找家教平台、题库、在线教学、作业答疑等模式出现。从教育需求来讲，线上和线下培训机构现阶段处于抢占市场阶段，但从教育的本质来说，争取优质的教育内容资源才能立于不败之地。未来我们认为，线上与线下教育培训机构，将会是互融、合作的趋势，线下培训机构也在不断开发线上教学系统，掌握了品牌和优质教育资源，线下龙头未来将在整合中占尽先机。

根据艾瑞咨询的调查数据显示，38.6% 的家庭每年家庭教育支出大于 6000 元，64% 的家 庭年均教育支出大于 3600 元，若按家庭年均教育支出 3600 元的计算，K12 的教育市场 规模约 5760 亿元，与德勤的预测数据基本一致。

## （一）中国 K12 阶段公办学校占绝对主导地位，K12 课外辅导迎来机会

相比学前教育，国内整个 K12 教育领域基本上由公立教育机构垄断，根据教育部最新的 统计数据显示，全国公办 K12 学校的数量，占到整个 K12 学校总数的 95%，这两年民 办 K12 学校以双语、综合素质培养等办学特色在北上广等一线城市快速发展。民促法的 最新修改中，对于教育机构分类管理办法，强调要严禁 K12 阶段的学校设立营利性教育 机构，上海等地也相继出台相关政策，对民营 K12 学校的教学大纲和股东背景进行严格 的监管。因此，我们认为，教育体制无论如何改革，K12 领域的改革都将不会太大，未来在学校教育这一块，公办 K12 学校仍将占据绝对垄断的地位，民办 K12 学校的数量可能还会有收缩的趋势。

幼儿园教育阶段，民办学校占比 65% 左右，K12 教育阶段，民办学校占比 96% 左右，中职教育民办学校占比 80% 左右，高等教育阶段民办学校占比 70% 左右。

在国内，K12 教育阶段在未来很长一段时间内仍将是应试教育，而与之相对矛盾的是，国家在 K12 教育阶段的政策方向却一直围绕着为该阶段的学生减负，除高中阶段外，大 量中小学校的放学时间比幼儿园还早。因此，在家长、学校追求应试成绩与国家减负政 策两者互相矛盾的作用下，大量的 K12 阶段的教育工作依赖于父母，而中国传统的望子 成龙的观念让大多数父母不愿意自已的孩子成为教育改革的牺牲者，因而大量的孩子涌 向了 K12 课外辅导机构，课外辅导市场的需求量之大不言而喻。

建国以来，国家 K12 阶段的减负政策：1951 年 8 月，《关于改善各级各类学校学生健康状况的决定》；1955 年 7 月，《关于减轻中小学生过重负担的指示》；1955 年 9 月，《关于小学课外活动的规定的通知》；1960 年 5 月，《关于保证学生、教师身体健康和劳逸结合的指示》；1960 年 12 月，《关于保证学生、教师身体健康和劳逸结合的紧急通知》；1964 年 5 月，《关于克服中小学学生负担过重现象和提高教育质量的报告》；1964 年 7 月，《关于调整和精简中小学课程的通知》；1966 年 1 月，《关于减轻学生负担，保证学生健康问题的报告》；1979 年 12 月，《中小学

卫生工作暂行规定》；1983 年 12 月，《关于全日制普通中学全面贯彻党的教育方针，纠正片面追求升学率倾向的十项规定》；1988 年 5 月，《关于减轻小学生课业负担过重问题的若干规定》；1990 年 2 月，《关于减轻小学生课业负担过重问题的若干规定》；1993 年 3 月，《关于减轻义务教育阶段学生过重课业负担、全面提高教育质量的指示》；1994 年 6 月，《关于全面贯彻教育方针，减轻中小学生过重课业负担的意见》；1995 年 2 月，《关于停办各级各类奥林匹克学校（班）的紧急通知》；2000 年 1 月，《关于在小学减轻学生过重负担的紧急通知》；2004 年 6 月，"五坚持，五不准"；2007 年《教育部办公厅正式发出关于不受理义务教育阶段学生参加英语等级考试的通知》；2007 年 10 月，《党的十七大报告》；2010 年《国家中长期教育改革和发展规划纲要（2010－2020）》；2013 年 8 月，《小学生减负十条规定》。

国家对 K12 教育阶段的减负政策，从建国以来就有，从国家多年来对于减负的政策来看，主要是针对孩子放学后的时间安排问题，从政策的要意来看，主要是关注孩子的身体素 质以及睡眠方面的问题，国家的政策关注 K12 群体德、智、体、美、劳的全面发展。因 此，现行 K12 阶段的教育体制直接导致了学校减负、家庭加负的现象。

### （二）春江水暖鸭先知——资本的教育投资与教育创业版图

在当下"互联网＋"的大风口下，教育与互联网的结合，有效地解决了资源分配的不均 衡问题，大量的创业类在线教育、教育科技类公司层出不穷。资本和创业者以春江水暖 鸭先知的嗅觉，实现了近三年来教育行业内的投资案例和单笔交易规模均跨越式增长的 态势。根据好未来提供的报告显示，2015 年，投资案例数量达到 270 例，相比 2014 年 的 190 例增幅达到 42%，而投资总金额达到 159 亿元人民币，相比 2014 年的 61 亿元 更是增长至两倍多。同时，2015 年教育行业的投资表现出数量多、速度快、频次高三个 特点。其中，"数量多"，体现在高峰时期每天均有公司获得融资，形成资本角逐教育项 目的局面；"速度快"表现在资本从有意向到融资的间隔极短；"频次高"则体现在接连 不断的融资机会。从机构的角度来看，2015 年来自创投机构的投资案例占比达到 77%，而剩下的 23% 来自非创投机构，后者主要由互联网公司和教育公司组成，既有乐视、腾 讯、阿里巴巴等互联网大鳄，又有新东方、学而思、全通教学和学大教育等教育行业巨 头。BAT 三大巨头的介入，有力地证明了对教育行业发展前景的看好。

在资本投资与教育创业的版图中，我们明显可以看出中小学阶段的资本投资与创业项目占比最为突出，投资金额占到 12%，创业项目分布占到 22%，近半年新增创业项目分布占到 28%。

根据好未来提供的报告，教育行业创业项目和投资情况分布，中小学、职业技能和成人 外语是创业和投资的热门领域，并且此趋势还在继续，其中，中小学领域创业项目占比 最大，达到 22% 左右。资本与创业者的嗅觉往往都是最灵敏的，这也印证了我们对于 K12 教育领域的观点

在 2015 年德勤制作的教育行业投资领域分布图中，我们可以看到，K2 课辅的占比达到 25.4%，包括在线学业辅导、020 课外辅导、K12 教辅、学业规划、兴趣培养、语言培训、自考题库型 APP 以及智能家校安全平台八个版块。根据德勤的分析报告，2015 年教育行业投资分布中，K12 课辅占到最大的比重，达到 25.4%。数据再次证明，资本的偏好，就是产业的方向。

### （三）K12 线下课外辅导市场将携品牌优势加速扩张和整合

公立教育规模大，满足大范围人群的教育需求，是为了普及教育而存在的，无法满足家 庭

多层次的教育需求和优质的教育需求，尤其是素质教育和艺术方面的教育需求，根据 WIND 的统计数据，2005 年民办教育培训机构约有 3 万家，而这当中大部分都是 K12 课外辅导机构，经历最近十年的行业整合，目前民办培训机构也持续稳定在 2 万家左右，我们认为，未来民办教育机构的数量仍将会有进一步减少的趋势，资本介入后，将会加 速产业的整合。线下培训机构的整合，未来将成为常态，也将是行业良性发展的方向。

WIND 关于民办教育培训机构数量的统计来看，2005 年达到了最高峰将近 30000. 00，在随后的年份中，略有减少，但都维持在 20000. 00 的数量水平。

根据 IDC 的数据，2013 年中国 K12 课外辅导市场规模超过 2000 亿。市场的老大新东方 2013 年 k12 业务规模大约为 29 亿，只占 1. 45%。紧随其后的学大、好未来 2013 年大 约是 21 亿和 17 亿，top3 的合计数为 67 亿，仅占总体的 3. 35%。如果再将后面七名的 龙文（10 亿）、巨人（8 亿）、京翰（7. 5 亿）、卓越（7 亿）、精锐（7 亿）、昂立（3. 3 亿）、邦德（3 亿）全部加起来，top10 的合计营收为 112. 8 亿，占总体市场的 5. 64%。而很多 在当地营收超过 1 亿的龙头机构，只占总体市场的万分之五。市场相当的分散，差距明显拉开。

搜狐教育白皮书、公开资料中显示 K12 培训机构格局大致可以分为四个梯队：第一梯队是全国性龙头，包括新东方、好未来、学大教育等，网点分布全国一、二级城市；第二梯队是区域龙头，包括昂立、精锐、京翰等，网点覆盖多个省会城市，区域市场占有率较高；第三梯队是单个城市或临近 2 ~ 3 个小城，包括明师教育、邦德教育等，网点覆盖辐射半径较小；第四梯队师大量地方性连锁教育机构，包括同济数学、明师工作室等，网点覆盖全国各地，大多三、四线城市，没有形成规模。

从整个 K12 课外辅导 PC 和移动端的排名来看，品牌差别不是很大，基本上前十名是相 同的机构，整个 K12 课外辅导行业虽然高度分散，但品牌效应已经存在，进入壁垒较高，对于龙头企业来说，未来整合机遇是巨大的。

2015 年教育行业白皮书数据显示 K12 课外辅导行业排名中，PC 端排名从高到低有的有学而思培优、优胜教育、高思教育、巨人教育、卓越教育、龙文教育、京翰教育、精锐教育、昂立教育、智康一对一，而在移动端排名从高到低有优胜教育、学而思培优、高思教育、龙文教育、精锐教育、昂立教育、卓越教育、京翰教育、巨人教育、智康一对一。

### （四）教育资源分配不均，K12 在线教育需求爆发

近几年，北上广等一线城市，学区房价疯涨的现象发人深省，房价疯涨的背后是中国人 根深蒂固的教育观念在发酵，但究其根本，最主要的是教育资源分配不平衡导致的结果。我们根据 21 世纪教育网的全国中小学排名数据，统计了一下各省的情况，各地的差距非 常大，排名前四的，广东、上海、北京、浙江，占到了 62 所，教育资源的不均衡也是大 量辅导机构存在的主要原因。

根据 21 世纪教育网显示的全国排名前 100 的小学分布情况，我们可以看出，广东省拥有最多名额 25 所，其次是上海和北京，均为 13 所，在然后是浙江 11 所，江苏有 6 所，其余大多数省份拥有 2、3、4 所不等，重庆、天津、山西、江西、黑龙江、河南、安徽只有 1 所。

全国排名 100 的高中分布情况和全国排名前 100 的小学分布情况略有不同，广东省仍然是拥有最多名额的省份，共有 8 所，但湖北紧随其次 6 所，再然后是云南和贵州均为 5，辽、赣、苏、吉、黑、琼、桂、闽、皖均有 4 所，其余省份 2、3 所不等，山东、青海、河南只有 1 所。

全国高中的排名集中度情况能略好于小学，主要是由于最多的和最少的地区优质学校的 数量相差达到八倍，教育资源不均衡主要受到地域因素的影响，然而，K12 在线教育将 有效突破区域的界线，市场需求正逐步显现。

K12 在线辅导近几年受政治、经济、社会、技术等需求因素的影响，进入快速发展期，根据易观智库的数据，2010 ~2014 年，中国 K12 互联网教育市场的复合增长率达到 40. 9%，2014 年市场规模约为 22. 6 亿人民币，较 2013 年增长 25. 4%。行业经历了 2014 年的市场整合和洗牌后，整体质量得到了一定程度的提升，部分领域开始出现清晰的盈 利模式，预计 2017 年市场规模将达到 43. 7 亿人民币，市场潜力巨大。

政治上，国家政策性引导传统教育与信息技术产业间融合，制度改革推动网络教育平台建设。减负政策出台推动素质教育，一方面对 K12 教育市场中的校内课程辅导可能产生抑制作用；另一方面，也将从侧面推动 K12 教育市场中关于兴趣爱好、素质教育等方面培训的发展。

经济上，线下 K12 教育市场已经十分成熟并接近饱和，竞争格局也较为稳定。但线下机构的教学人力成本、租赁成本等占比较高，并有不断上涨的趋势，问题伴随着规模扩张而越发显著。K12 在线教育对优秀教师和教学资源具有严重的依赖感，导致线下培训机构多以线下资源布局北上广等一线城市。而通过线上平台则能将这些一线教育资源转移到二、三、四线城市，实现“翻转课堂”，以开拓更大市场机会，抢占更多市场份额。

社会上，2013 年处于 K12 教育阶段（普通小学、普通初中、普通高中）的学龄人口约有 1. 62 亿，庞大的学生基数奠定了该领域教育产业规模化的基础。受传统观念的影响，中国家庭教育过程中对子女 K12 阶段的投入不遗余力，基础教育消费一直是中国家庭消费的重头戏。

在当前中国的教育体制下，K12 教育的最终导向依然是应试结果，尤其是解决学生小升初、初升高以及高考的巨大压力，因此 K12 教育培训市场呈现刚性需求。

技术上，移动互联网进入 4G 时代，将对移动智能终端设备以及应用软件的开发和普及起到促进作用，对 K12 移动教育是一个重大利好。

大数据挖掘和处理技术不断发展，能够对教室和学生的教学行为进行快速精准的分析和研究，这对互联网教育企业及其产品的精准定位、以及商业模式的确定都具有至关重要的指导意义，对于整个市场的快速健康成长起到关键作用。

纵观目前众多类型的在线教育公司，大多不外乎以下几种形式：以资讯和论坛为主、以 教学内容为主、以平台搭建为主、以辅助地面教学为主。然而要找到一条真正实现盈利 的道路，现在看来并不是那么容易。

# 第七章　网络文学行业研究报告[①]

## 一、IP 元年资本瞩目，网络文学屌丝逆袭成宠儿

### （一）发展时间轴：从草根野蛮生长到互联网巨头云集

网络文学是与互联网相伴而生的一个行业，1994 年中国加入国际互联网后，中国网络文学渐渐萌芽。1995 年，水木清华 BBS 成立，“读书·文学·武侠”板块开始发表原创作品。

1998 年至 2002 年，网络文学起步期。1998 年为网络文学的发端年，痞子蔡将《第一次的亲密接触》贴上 BBS 论坛，翌年，知识出版社推出了《第一次的亲密接触》简体字版，风靡一时。“轻舞飞扬”成了大众情人，“红斑狼疮”成了网友最痛恨的疾病。伊妹儿、美眉、恐龙、网恋等词汇迅速流传。网络文学的时代，就这样开启了。1999 年，李寻欢、宁财神、邢育森最早通过混论坛崛起，并称“网络文学三家马车”。同年，朱威廉把个人主页打造成“榕树下”。他还从宁波招来一个女孩，网名“安妮宝贝”。很快，她凭借《告别薇安》《七月》受网友热捧，并逐渐炼成了最早的“女神”。2002 年 4 月，慕容雪村在天涯发布《成都，今夜请将我遗忘》，点击量冲破 10 亿，令人咋舌。

这个时期，网络发表作品是没有稿费的，全凭作家个人的兴趣爱好，无法解决温饱问题，渐渐地像李寻欢、宁财神等作家弃文从商，网络文学进入小低谷期。安妮宝贝、慕容雪村等人的收入则来自实体书版税。其路径是：线上出名，线下出版。实际上，彼时大多数人是通过纸质书阅读“网络小说”的。

2003 年至 2007 年，网络文学探索期。2003 年起点中文网成立，首创“在线收费阅读”，提出了 2 分/千字的稿费制度。网络文学忽然具备了造血功能。2004 年盛大公司收购起点中文网，网络文学的商业模式至此确立。由于靠写作就可能有收益，这大大激励了写手，从而将网络文学推向繁荣。唐家三少、血红、骷髅精灵等“大神”都借此崛起。2005 年初，起点与写手约定了“三七开原则”，即每获一角钱，写手拿 7 分，网站拿 3 分。此后天下霸唱连载《鬼吹灯》，随后南派三叔连载《盗墓笔记》，直接激活了“盗墓小说”的热潮。玄幻、奇幻、穿越、仙侠、历史等类型也逐渐确立。这个时期，线上收费和线下出版两线并行，网络作家的收入成倍增长。

2008 年至今，网络文学进入高速发展期，行业竞争开始加剧。2008 年盛大文学正式成立，

---

① 兴业证券，分析师：纪云涛：S0190511020003，jiyt@ xyzq. com. cn；代云龙：S0190516070006，daiyunlong@ xyzq. com. cn；研究助理：邢军亮：xingjl@ xyzq. com. cn；代凯燕：daiky@ xyzq. com. cn。

此后，网络作家的培养走向正规化，鲁迅文学奖、茅盾文学奖等向网络文学敞开大门，2011 年明月、唐家三少等网络作家加入中国作协，网络文学已经形成了深远的影响力。2012 年“中国网络作家富豪榜”首度发布，唐家三少以 5 年版税总和 3300 万名列榜首。2013 年，被称为“中国网络文学之父”的盛大 CEO 吴文辉离开盛大，加盟腾讯文学并成立创世中文网，他给腾讯带来的编辑团队和签约作家使得盛大文学一家独大的局面被打破。网络文学行业竞争逐渐加剧，互联网巨头 BAT 纷纷加入。2014 年百度文学成立，同年盛大文学被腾讯收购。2015 年 IP 概念爆发，腾讯文学和盛大文学正式成立阅文集团，同年阿里文学成立。2016 年泛娱乐产业大爆发，各巨头陆续以集团化运作，对优质 IP 的运作更加成熟。

### （二）IP 元年，网文从“穷屌丝”逆袭为“高富帅”

从 1998 年发展至今，网络文学经过十八年的发展已具有成熟的商业化运行模式。但是这 18 年来网络文学的发展道路并不平坦，从一开始便备受争议，网络文学曾经被批判为“粗水俗贪昏滥假”，一度被视为是文学界的“穷屌丝”。在起步时期网络文学行业没有找到变现模式，行业一度低迷。

直到进入 2003 年，阅文首创“阅读付费”模式使得网络文学有了变现的商业模式，网文迎来自己的春天。然而之后由于对网络文学网站审查加严，天鹰、读写、翠微等网站接连被审查甚至关闭，起点、幻剑等网站也展开了自查活动，虽然这对网络文学造成的一定的打击，但是从长远来说对网络文学发展是有利的，网络文学走向正规化。

到高速发展时期，政府对打击盗版力度加严以及网络大扫黄行动同样也给网络文学带来较大的冲击，但这从大环境来说对网络文学的发展也是有利的，作家的版权得到了保护，网络文学内容得到净化，这也为网络文学近几年的快速发展打下了基础。

近两年来 IP 概念的兴起让网络文学重新焕发青春，网络文学规模发展迅速。从 2012 年到 2015 年网络文学市场规模增长了约 1. 5 倍，2015 年市场规模达到 70 亿元。2013 年是网络文学发展最为迅速的一年，较 2012 年市场规模上涨 67. 1%。正是在这一年，行业格局发生了极大的变化，腾讯文学成立，盛大文学 CEO 吴文辉离开盛大加盟腾讯创立创世中文网，百度以 1. 915 亿元收购纵横中文网，看书网被人民网以近 2. 5 亿元收购 69. 25% 的股权，小米收购多看阅读……网文市场竞争逐渐加剧，互联网巨头的加入使得网文市场的发展速度大大加快。

2014 年市场规模增速大幅放缓，主要是由于 2014 年盗版严重，据统计，2014 年全年，盗版至少使 PC 端付费阅读收入蒙受了 43. 2 亿元的损失，使移动端付费阅读收入蒙受 34. 5 亿元的损失，二者合计达到惊人的 77. 7 亿元，而盗版对网络文学行业带来的直接损失远高于此。2015 年各方对版权保护力度加严——2015 年 4 月 17 日国家版权局出台《关于规范网络转载版权秩序的通知》加大对互联网媒体的版权监管力度；行业领头企业阅文集团成立“正版联盟”，致力于网络文学行业的版权保护，2015 年阅文集团共有 34 起关于版权侵权的法律诉讼获得胜诉。在版权保护力度加强的环境下，市场渐渐恢复，阿里文学也在这年加入网文市场，至此 BAT 全部入场。据估计，2016 年网络文学市场规模将达到 90 亿，2017 年将突破 100 亿。

2015 年，互动娱乐进入 IP 元年，影视游漫联动风起云涌，IP 衍生覆盖互动娱乐的全产业链。游戏方面，依托网文精品《花千骨》《苍穹变》开发的手游月流水均破亿，《莽荒纪》《傲世九重天》等页游月流水也高达 3000 万。影视方面，2015 年 8 月网络播放覆盖人数 Top10 的电视剧中 4 部都改编自网络小说，而改编自网络小说的电影《致青春》《九层妖塔》《匆匆那年》等票房均超过5亿，原著粉丝对未来网络小说改编电影也表现出高度的忠诚和期待。动漫方面，《择天记》是国内网络文学作品改编动画首次尝试，截至2015年9月底，《择天记》动画片在腾讯视频共获得2700万次播放，此后播出的《莽荒纪》也在爱奇艺共获得2100万次播放。出版方面，《盗墓笔记》《鬼吹灯》等知名网络小说简体出版畅销超过千万册。阅文旗下作品占据台湾中文原创小说出版市场的半壁江山，《鬼吹灯》《刑名师爷》等版权更是远销韩国、泰国、越南等国。网络文学以其庞大的数量（阅文集团旗下作品总数则超过1000万部）和粉丝群（2015年网文读者达2.97亿），成为IP中最令人垂涎的金矿，备受资本瞩目，网络文学从“穷屌丝”逆袭为“高富帅”。

随着互联网基础设施建设的不断完善、利好政策的持续出台，以及互联网对于各个行业的渗透，我国网民规模持续增长，2015年我国互联网普及率突破50%。随着互联网的普及，更多的用户可以通过网络看小说，我国网络文学用户规模也呈现逐年上升的趋势，近5年来，网络文学用户渗透率一直维持在40%以上，全中国接近一半的网民是网络文学的受众群。从2016年上半年网民对各类互联网应用的使用率看，网络文学跟网络购物、网络游戏、网络支付等一样已经成为人们日常生活、娱乐活动的重要组成部分。而随着网络小说被改编成影视剧、游戏等搬上荧屏，观众对影视剧、游戏的关注也有助于影迷、游戏迷向网络文学市场转化，网络文学市场的用户仍有望保持持续增长势头。

## 二、对比传统文学产业链，平台是网络文学最核心环节

目前，以网络文学为核心IP来源的产业生态逐渐形成，并丰富了自身盈利模式。作为泛娱乐IP产业链的最前端，网络文学作品依靠互联网低传播成本的优势积累了大量忠实读者，这部分用户在网络文学作品向电影、电视剧、游戏等领域的改编过程中体现了极大商业价值。与此同时，由于网络文学产业生态的逐渐形成，其盈利模式也突破了从前单纯依靠用户付费的发展瓶颈，转变为影视内容生产和用户付费并存的多元盈利模式。

### （一）网络文学：网络平台是最核心环节

从网络文学产业链条来看，网络文学内容提供方是网络文学产业链的最上游，通常与网络文学网站签约，由网络文学网站将内容供给给终端用户获取订阅费用。网络文学网站处于中游核心环节，各技术厂商为网络文学网站提供网络支撑、应用分发、支付渠道等技术/渠道服务。网络文学网站在有了访问流量之后广告商便会在其平台上发布广告，向网络文学网站支付广告费用。网络小说在积攒了大量的粉丝之后，游戏、影视、动漫、出版等各方向内容提供方购买版权，获得版权后对原著进行改编、出版等，而平台在初始和作者签约时便可以通过相关条款约定作品出名后的相关衍生权益的归属。因此整条产业链均围绕网络文学的平台运转。

### （二）传统文学：出版社是最核心环节

传统文学的产业链相比网络文学更简单些，主要为三点一线：作者→出版商→消费者，作者将作品交给出版商出版，作者按销售收入提稿酬。在传统文学产业链中，出版商是核心，作品都是先经过出版商编辑之后出版的，在此模式下，读者完全只是消费者。在网络文学产业链中，读者是作品的直接受众，读者能够通过评论的方式与作者交流，还可以通过打赏的方式来表达自己

对作品的喜爱，作者也会在写作时将读者评论特别是打赏多的粉丝的评论意见考虑在内，更能符合读者的口味。另外，传统文学出版通常是一次性的，而网络文学是连载的，极大的增强了粉丝的粘性。

传统文学改编成影视剧、游戏的模式是相当成熟的。从我国古代四大名著《西游记》《红楼梦》《水浒传》《三国演义》到当代金庸先生笔下的《射雕英雄传》《神雕侠侣》《天龙八部》《倚天屠龙记》《笑傲江湖》《鹿鼎记》《雪山飞狐》，琼瑶阿姨的《还珠格格》《一帘幽梦》等等，每一部经典都被反复翻拍，许多游戏原型也都出自这些经典小说。

### （三）网络文学与传统文学商业模式的不同

传统文学商业模式主要为实体书出版和版权收入，而网络文学的商业模式则更为多元化，主要可总结为以下四种。

（1）内容阅读会员收费，即读者在阅读收费章节时需要支付相应的费用，这也是作者在成为“大神”之前收入的主要来源。

（2）广告收费，无论是网络文学网站还是手机阅读软件上都会有广告位或广告推送，从而收取一定的广告推广费用。

（3）影视游戏等衍生产品收费，如《左耳》《何以笙箫默》等拍成影视作品，《大主宰》《盘龙》等则有相应的手游作品诞生，这些出售版权的费用则是网站和签约作者之间分成；而在互联网这样一个十分开放的环境下，能够与影视、游戏等其他产业巧妙结合，将网络文学融入大的生态系统中来，是未来网络文学发展的重要方向。

（4）实体书出版费用，即实体书出版后的稿费有一部分会归网站所有，由于目前仍然有不少的实体书读者，而且实体书也是收藏爱好者的不二选择。

## 三、网络文学平台商业模式：以起点中文网为例

起点是国内最大文学阅读与写作平台之一，是目前国内领先的原创文学门户网站，开创了付费阅读的先河，这里我们对作为原创文学网站龙头的起点中文网从作家签约、稿酬、粉丝运营机制等方面进行了梳理和分析：

### （一）作家签约

作家在起点的一个成长历程大致是普通作家→A 签作家→大神白金作家。

普通作家（即未签约作家）没有门槛，注册成为作家，再去“作者专区”上传 3000 字的稿件即是普通作家，0 收入，占作家总数的 90% 左右。

普通作家要升级成 A 签作家主要看书的质量（这里的质量不是说文笔，而是情节和创意，就是要有商业价值），如果书质量好的话，发表到 3 万字是编辑会主动来找作家签约；如果编辑没有来找的话，当作者更新 10 万字时可自己申请成为 A 签作家，当然这还是要看作者书的质量，写到几十万字没有成为 A 签作家的大有人在。成为 A 签作家以后并不是说作家的作品都稿酬，只有在 A 签作家的作品成为 VIP 作品（俗称“上架”）之后，才会有稿酬，当然成为 A 签作家的福利是起点会给 A 签作家开通打赏、催更等业务，在这些业务中取得的利益是可以在 A 签作家

的小说上架以后分成的。A 签作家的作品有不同的签约方式：专属作品（起点独家全权代理）、驻站作品（作品可在起点上发表，也可在别的平台发表）以及授权作品（只是给起点在其平台上发表作品的权利）。A 签作家占总数的 9% 左右。

白金作家，也成为大神，这类作家起点总共十五个左右，包括唐家三少、我吃西红柿、猫腻、天蚕土豆、耳根、骷髅精灵、月关、辰东、跳舞、忘语、霞飞双颊、鱼人二代、任怨等等。

### （二）稿酬

读者在起点中文网订阅 vip 章节需要以起点币购买，1 元 =100 起点币，即 1 起点币需要 1 分钱购买。在盛大文学时期，起点的订阅收费普通会员为千字 3 分（刚开始收费时为千字 2 分），进入阅文时期以后，起点订阅收费普通会员为千字 5 分钱。所以一个读者要看完一部完整作品的订阅费用 = 字数/1000 * 0. 03，以《蛮荒记》为例，总字数 418 万，一个读者要看完一部完整作品的订阅费用为 125. 4 元，按均订数粗略计算《蛮荒记》的订阅费至少可达 610. 6 万（此处暂不考虑分次订阅及未订阅完整的情况）

至于订阅收费作者与起点之间怎么分就要看作家就作品与起点中文网选择签署作品分成协议：

标准分成签约：该签约作品产生的网站订阅、渠道直接销售所得、各类版权拓展收益作家均享受分成，大致为七三分成或五五分成。

买断模式：买断稿酬千字 50 ~ 5000 元，此种模式下作品的一切权利和收益属于起点。

### （三）作者收入

在起点作家是分等级的，在写手的名字后面有一个等级的标识，2015 年阅文成立后，起点的作家等级制进行了改革，由原来的 9 级变为现在的 5 级。这样一个等级作家，一年到底能赚多少钱呢？

由于改革之前的等级划分更细分一些，计算数值区间更明确，故选取改革之前的等级数值对作家的收入进行大致的估算，如表 7. 1 所示。

**表 7. 1　各等级作家收入**

| 等级 | 平均每月月票（估算） | 全年共计（票） | 作家最小年收入（元） |
|---|---|---|---|
| 1 | 5 | 60 | 只要有收入就可成功晋级 |
| 2 | 20 | 240 | 6691 |
| 3 | 80 | 960 | 54036 |
| 4 | 200 | 2400 | 148727 |
| 5 | 1000 | 12000 | 180000 |
| 6 | 2000 | 24000 | 367692 |
| 7 | 4000 | 48000 | 1435384 |
| 8 | 4000 | 48000 | 30281538 |
| 9 | 4000 | 48000 | 91820000 |

### （四）作家收入构成

作家收入大致包括稿酬、版税、网站奖励、粉丝打赏等几个部分。前两项无疑是作家收入的大头。稿酬：如前文所述，此处不赘述。版税：又称版权使用费。根据我国法律规定，无论是影视、游戏、动漫等何种形式的出版，使用版权持有人的版权，应当支付相应费用。2014 ~ 2016 年，从《花千骨》《芈月传》《琅琊榜》到现在 7 部同时霸屏暑期档的仙侠小说改编剧《诛仙·青云志》《幻城》《九州天空城》，等等，无一不展现出改编自网络文学 IP 的火爆，当然，这些原著作者也因此赚的金银满钵。从 2015 年网络作家富豪榜我们看到，唐家三少仅版税这一项在 2015 年就高达 1.1 亿元，排在第十的流浪的蛤蟆的版税也突破千万。如表 7.2 所示。

表 7.2　　2015 年网络作家富豪榜

| 排　名 | 作　家 | 版税（万元） | 签约网站 | 经典代表作 |
|---|---|---|---|---|
| 1 | 唐家三少 | 11000 | 起点中文网 | 《斗罗大陆》 |
| 2 | 天蚕土豆 | 4600 | 起点中文网 | 《斗破苍穹》 |
| 3 | 辰东 | 3800 | 起点中文网 | 《神墓》 |
| 4 | 骷髅精灵 | 2800 | 起点中文网 | 《星战风暴》 |
| 5 | 高楼大厦 | 2100 | 创世中文网（原在起点中文网） | 《叱咤风云》 |
| 6 | 烟雨江南 | 2000 | 纵横中文网 | 《尘缘》 |
| 7 | 跳舞 | 1600 | 起点中文网 | 《天启之门》 |
| 8 | 月关 | 1500 | 起点中文网 | 《回到明朝当王爷》 |
| 9 | 烽火戏诸侯 | 1450 | 纵横中文网 | 《雪中悍刀行》 |
| 10 | 流浪的蛤蟆 | 1420 | 起点中文网 | 《龙神诀》 |

网站奖励：全勤奖、勤奋写作奖、月票奖、道具分成等。全勤奖为 600 元/月；勤奋写作奖为该周期内，作品在起点中文网自有平台所产生的新增单章订阅稿酬的 20%；月票奖又叫原创风云排行榜，第一名：人民币 1 万元，第二、三名：各人民币 6000 元，第四至六名：各人民币 3000 元，第七至十名：各人民币 1000 元；道具分成相当于是对作者的打赏，只是通过互动道具的方式（当然道具是需要读者用起点币买的），起点中文网在收取 50% 的成本费用之后，将起点币折算为人民币发放给作者。打赏：粉丝对作品的打赏，这或许是现在粉丝经济的鼻祖。或许你会想靠打赏能有多少钱，且看打赏粉丝榜。

排行榜前三名粉丝的累积打赏起点币分别为 179183876、171552640、128985764，按 1 元 = 100 起点币算，前三名粉丝总共贡献了 179.18 万、171.55 万、128.98 万元，不得不说粉丝的力量还是很强大的。

### （五）起点的粉丝运营机制

在互联网思维中，很重要的因素是粉丝经济。谷歌、微博、微信等的成功都是基于粉丝的力量。网络文学中"大神"级作者的作品也成为粉丝追捧的对象。在网络文学行业，起点对粉丝运营的意识应该是最早的，起点粉丝采用积分制：订阅 VIP 小说章节：每消费 1 个起点币转化为 1 个粉丝积分；小说评价票：每票值 100 粉丝积分；催更票：每票值 100 粉丝积分，有效使用后才能转化，催更票被退回则不计数；月票：每票值 100 粉丝积分；打赏作者：每消费 1 个起点币转化为 1 个粉丝积分。

另外，起点中文网将粉丝划分成 10 个等级，最高等级为盟主，如果你在一本书得到了 100000 粉丝积分（需要 100000 起点币，也就是 1000 人民币），你就会成为这本书的盟主。统计显示，起点中文网目前35部作品拥有“百盟争霸”荣誉勋章（拥有100个及以上盟主级别粉丝的作品可获得此勋章），其中盟主数量最多的《全职高手》达到盟主级别的有1682个，据粗略估算，这1682个粉丝至少直接贡献了168.2万元，随着时间的推移这个数字还会不断累积，最终的数额将极为可观。

通过起点的粉丝运营机制，粉丝可以通过订阅、评价、催更、打赏的方式来关注自己喜爱的作品，粉丝积分越高，作家对你的评论、意见就越在意。其实这也是网络文学与传统文学一个较大的不同点，传统出版产业链中，读者处于产业链的最下游，只是单纯的消费者的角色。而网络文学时代，读者转变为用户，从文学作品的创作到文学作品的衍生，都深度地参与和互动。粉丝经济运营的核心就在于，以用户需求为中心，以多样化的文学内容和文学形式满足个性化的用户需求。同时，以文学IP为中心汇聚而成的用户群或者粉丝群，成为从线上到线下贯穿整个“文学+”产业链的原生力量，通过粉丝的引流，形成整个粉丝经济的商业生态。

## 四、网络文学市场的竞争格局

经过近两年的大规模并购重组，网络文学市场目前已经形成了较为清晰的市场格局。目前网络文学行业集中度比较高，腾讯收购盛大文学后成立阅文集团，市场份额达82.8%，腾讯系一家独大；百度、阿里等各方在腾讯一家独大的情况下也积极寻找突破口；以出版为主业的中文在线和在移动阅读端占优的掌阅文学也积极布局希望在网络文学这片蓝海市场上掘金。

### （一）盛大文学——曾经的王者

盛大文学曾经盛极一时，按照2011年的营收计算，盛大文学占据中国在线文学市场72.1%份额；按用户使用时间计算，盛大文学占据中国在线文学市场57.7%的市场份额。盛大文学旗下起点中文网是中国最大的原创文学网站，按营收计算，占据中国在线文学市场43.8%的份额。2011年，盛大文学月均独立用户访问量达6970万；独立移动用户访问量达6800万，其中2100万次购买了付费内容；月均移动页面访问量达16亿；约160万名作者在盛大文学平台上创作了超过580万部作品；平均每天有6000万字的作品被上传到盛大文学库中。盛大文学与超过320家包括出版商和作者在内的第三方内容提供商达成协议，后者将提供超过68940份版权作品。

（1）从1500万到50亿的传奇。

盛大文学的雏形，是从2004年盛大以200万美元（按当年汇率，约合1500万人民币）的价格买下“起点中文网”开始建立的。由于起点中文网是盛大当时唯一的网络文学资产。2008年盛大文学有限公司正式成立，成为盛大网络旗下与盛大游戏、盛大在线并列的三大业务之一。盛大文学曾于2011年5月及2012年2月两次向美国证券交易委员会（SEC）提交IPO文件，但因当时美国资本市场低迷以及中概股在美国上市遭遇低谷，两次IPO计划皆没有成功。

其营收主要来自线上付费、无线业务、授权许可收入和第三方游戏等其他收入，前两项为主要来源。其中，用户线上付费收入所占营收比例逐年降低，2009年至2011年分别为40.3%、26.4%和26.1%；无线服务（手机付费阅读、云中书城等）占营收比例则迅速上升，2009年至2011年该比例分别为4.3%、15.4%和24.8%。

与营收同步增长的，还有盛大文学的估值。2004年，盛大花1500万人民币买回来的起点中文网就是盛大文学业务的全部。但到了 2011 年，只花了 7 年的时间，盛大文学估值便已超过了 64 亿人民币。但估值随后也有所回落，2012 年，总部位于百慕大的 Orbis 基金投资盛大文学，给出了约 50 亿的估值。第二年，受到起点中文网创世人吴文辉和他的团队出走的影响，盛大文学估值进一步一度缩水至 36 亿人民币左右，2014 年腾讯收购盛大文学，盛大文学估值重回 50 亿。

（2）这些年你看过的热门电视剧可能都源自盛大！

从 2011 年盛大各项主营业务占比可以看出，线上付费和无线业务（从大类上我们可以将这两项并称为付费阅读）占比为 50% 左右，但是自 2013 年以来，版权出让以及衍生品收入也成为内容变现的重要途径。从《裸婚时代》《搜索》到《甄嬛传》《步步惊心》，这些过去几年的热门电视剧其实都是改编自盛大文学旗下各网站的原载作品。

2006 年在起点中文网开始发表的盗墓小说《鬼吹灯》，通过版权出让已经有了漫画版、网络游戏版、影视版、话剧等衍生内容。这部小说在起点中文网上的阅读量就近 2000 万。同名印刷版小说出版后的几个月里，4 次加印，总销量超过 1000 万册。2014 年，在网络文学版权费用总体升高的环境下，《鬼吹灯》影视版权以 200 万元的价格卖出。这些小说之所以能被选中改编成游戏或者电视剧，一个最重要的原因是在连载阶段它们已经积攒了足够高的人气。较之从前的剧本生产模式，网络小说改编的游戏和电视剧能更好地根据小说的热度，更早获得市场的关注度，以及提前判断收视率和收益。

（3）起点中文网是盛大的关键盛大文学旗下各网站总共占据网络文学市场超 70% 的份额，其中最早被收购回来的起点中文网独占 43%。

目前，除了起点外，盛大文学旗下还有红袖添香网、言情小说吧、晋江文学城、榕树下、小说阅读网、潇湘书院等 6 家原创文学网站，这些网站也是畅销原创小说的源产地，比如《裸婚时代》出自红袖添香网，《花千骨》出自晋江文学城等等。

2002 年，北大毕业的吴文辉（被称为“网络文学之父”）创办了玄幻文学网站“起点原创文学协会”，这也是起点中文网的前身。第二年，起点中文网推出了在线收费阅读的模式，为原创的连载小说设立了付费墙。实际上，在起点中文网之前，收费模式也曾经被其他文学网站采用过。但起点中文网更多地保护了作者，提高了稿酬标准。不仅为写作者提供了最低保障收入，收费所得的 50% 至 70% 也归作者所有。这种稿酬制度有效地吸引了一批高质量的作者，为网站带来流量，并进入良性循环。

（4）既然生意这么好，为什么要卖掉盛大？

2013 年，盛大文学出现了两次重大的人事震动。首先是盛大文学总裁吴文辉带领着起点中文网的核心团队加入腾讯。而在此之后，盛大文学 CEO 侯小强也于 2013 年年底离职。如前文所述，盛大文学曾两度尝试赴美上市却都未成功。这些间接暴露了盛大文学本身存在着问题。按照盛大经营网络文学的最初打算，他们是想将文学和游戏结合。之后，他们也尝试了将文学和影视结合。但是，具体操作过程却并不顺利。

盛大文学热门的连载小说在改编成其他文化产品时，往往因为开发时间太长，热度下降而导致价值流失。比如，2007 年就已经开始成为话题的小说《鬼吹灯》，在拖了 7 年之后才正式开机拍摄。要改变这种局面要求盛大文学需要提前介入产业链。而直到目前盛大文学没有这样的产业链去直接参与电影、游戏的制作，盛大文学在“文学和游戏结合”“文学和影视结合”的这一过程中只能把握卖版权这一环。

另一方面，盛大的游戏业务也在萎缩。就盛大关于“文学和游戏的结合”的美好愿景来说，盛大文学并没有像预设中那样全身心地助力盛大游戏，不断巩固盛大游戏的地位。盛大游戏也在与腾讯、网易的竞争中略显乏力，地位日渐衰落。

### （二）阅文集团——腾讯50亿收购盛大文学，腾讯系一家独大

2014年，挚信资本以50亿的价格收购盛大文学，挚信资本是由原盛大CFO李曙君于2006年创建，而腾讯则是挚信资本的LP，腾讯等于曲线收购了盛大文学。当时有消息称，腾讯、百度和三家基金公司都在接洽盛大文学，当然最终结果我们看到了：腾讯笑到了最后。至此，腾讯已经完成了影视、文学、动漫游戏三大内容行业的大布局。掌握内容行业中的“内容”——文学，让腾讯能够在前端直接获取优质IP和内容。目前腾讯拥有最完整的泛娱乐生态圈布局，尤其是在内容开发和挖掘领域占据绝对高地。

（1）阅文稳坐网络文学第一把交椅2015年，盛大文学与腾讯文学整合成立阅文集团，盛大文学旗下的原创文学网站、出版机构等以及腾讯文学旗下的QQ阅读、创世中文网、云起书院都通过阅文集团进行统一的管理和运营。

按营收来看，盛大文学被收购之前其占网络文学市场的份额已达70%，腾讯文学占12.8%，二者整合后，阅文集团占比达82.8%，稳坐网络文学第一把交椅。从拥有的原创作品数量上看，阅文集团拥有近1000万原创作品，行业占比达90%；从网络文学作家的数量来看，95.24%来自阅文平台；从2016年上半年搜索指数来看，阅文旗下文学网站受关注度高。盛大文学被收购后，起点中文网核心地位依然不可撼动，从文学网站用户覆盖率来看，起点中文网用户量行业领先；从网络人气小说TOP50覆盖率来看，起点中文网占据半壁江山。

（2）阅文稳坐第一把交椅的关键：起点中文网在盛大文学时期，起点中文网就是盛大文学的关键，盛大文学旗下各网站总共占据网络文学市场超70%的份额，其中起点中文网独占43%。到现在阅文时代，起点中文网的地位依然不可撼动，起点依然是扶持阅文坐上网文第一把交椅的关键。

（3）阅文新模式：告别“一锤子买卖”，推“IP合伙人制”所谓“合伙人”，简单说就是未来阅文集团将基于IP与各个合作方一起开一家IP运营公司，一起为了未来五年、十年的IP开发做奋斗。而在新的合伙人体系中，多方合伙人将共同分享体系中的所有收益。此外，作者也将被绑定到这个体系中，承担艺术总监、版权指导者的职责。由于阅文集团拥有日新增超万部的海量作品库，依托大数据+编辑把关培养的双重筛选，经由亿万粉丝筛选，不断养成阅文金牌IP，这些IP已经成为产业链各环节IP商业开发最主要的IP。随着IP价值不断发现、价格不断飙升，此前中国IP产业贩售和单次、单向开发的粗放模式显然已经失效；国内IP商业要抓住万亿大未来的风口，就需要借鉴漫威模式，以IP为核心，全产业链协同形成新生态。在2.0的“IP共营合伙人制”模式下，阅文作为承上启下的纽带，将以IP为核心，连接起产业上下游，将作家、粉丝、影视游戏动漫的开发方、资本方等串联起来，实现生态“共营”、以漫威模式为参照，打造“泛娱乐”化的中国IP产业。

### （三）百度文学——“航母计划”

百度文学的前身可以追溯到纵横中文网。纵横中文网在2013年被完美世界以1.9亿元出售给百度。2013年7月，百度斥116亿元收购91无线，91熊猫看书随之归入旗下。2014年，百度文学宣布成立，并发布了包括“纵横中文网”“91熊猫看书”“百度书城”等子品牌在内的架构。2015年7月，百度在Q2财报分析师会上首次宣布对百度外卖等十余个项目进行独立发展和

开放融资，并被统称为“航母计划”，这是百度在打造开放生态的同时，减轻自身的投入压力。2016 年 7 月 4 日，百度将百度文学 80% 的股份以 10 亿元卖给完美世界，百度保留两成的股份继续为百度文学提供流量支持。或许对百度来说，百度泛娱乐相关业务太散，没有整合在一起，很难形成泛娱乐的概念，主要还是倚靠流量来铺。另外百度重点确实不是文娱，更多依赖搜索为主的业务。百度文学就好像是是空中楼阁，虽然依托百度的力量，但并没有对线下产品进行比较大的转化，而完美世界的入局或许刚好可以弥补百度文学 IP 开发运营上的短板。完美世界入局后会如何表现，也是值得期待的。

### （四）阿里文学——内容弱，渠道占优

阿里文学在 2015 年刚刚成立，是阿里布局泛娱乐的一步，但是相对于其他竞争者来说，虽然阿里凭借渠道上的优势能在市场上谋得一席之地，但阿里几乎没有自己的内容，在内容方面处于弱势，目前采用与他人合作的方式获得内容来源。阿里文学在商业模式上实行开放版权战略，不强调绝对控制版权，提倡版权共享。

### （五）中文在线（300364）——“文学 +”战略

2000 年成立于清华大学，为中国数字出版的开创者之一，也是全球最大的中文数字出版机构之一，于 2015 年 1 月 21 日在深交所创业板上市，成为“中国数字出版第一股”。旗下互联网文学平台包括 17K 小说网、汤圆创作和中文书城。17K 小说网是新生代网络文学大神的培养基地，被中宣部认定为“网络文学重点园地”。汤圆创作是目前国内最大的移动读写社区，月活跃作者数破 20 万。中文书城 APP 是一款移动阅读产品，汇聚了经典图书、原创网络文学内容在内的海量阅读资源，累计用户数已达 2000 万。

“一种内容、多种媒体、同步出版”的全媒体出版模式，满足任何人在任何时间、任何地点，以任何方式获得任何内容的需求。中文在线以版权机构、作者为正版数字内容来源，进行内容的聚合和管理，向手机、手持终端、互联网等媒体提供数字阅读产品；为数字出版和发行机构提供数字出版运营服务；通过版权衍生产品等方式提供数字内容增值服务。公司自有用户超 7000 万，合作用户超 4 亿。公司拥有数字内容资源过百万种，签约版权机构 600 余家，签约知名作家、畅销书作者 2000 余位，驻站网络作者超过 100 万名。

“文学 +”战略。“IP 一体化”是中文在线整个“文学 +”战略的核心，以文学 IP 为核心，进行全产业链运作、全方位运营，打通产业链条以发挥协同效应，放大版权价值，构建一个开放的泛娱乐生态圈。如根据 17K 小说网大神作者黑夜 de 白羊同名作品改编而成的《我的美女老师》在爱奇艺独家上映，点击量突破 3 亿，首创都市修真题材网剧先河。《我的美女老师》第二季目前正在拍摄中，由中文在线、王马影视联合出品，同名手游也在紧张开发中，并将与网剧同步上线。通过影游联动，开启网剧植入、游戏植入双向互推创新模式全方位开发 IP。

2016 年 8 月 24 日，中文在线宣布近 20 亿定增正式落成，参与定增的有：财通基金、东海基金、广发基金、嘉实基金和宝盈基金。同时还和奥飞娱乐（股票代码：002292）达成战略合作，双方将从 IP 一体化开发、资源合作、投资合作及其他四方面展开。此外，中文在线将旗下 17K 小说网上备受追捧的多部网络小说分别授权给唐德影视、华策克顿、原力动画等合作伙伴，共同进行影视和游戏的相关开发。

## 五、"文学+"成功案例：粉丝经济的无穷想象空间

随着IP的价值日益凸显，网络文学产业过去单纯依靠用户付费的商业模式正在逐渐向"创造优质IP为其他易变现的内容产业输血"过渡。作为IP生产的最上游，网络文学受到互联网巨头企业的高度重视，百度、腾讯、阿里先后成立了自己的网络文学部门，希望在未来内容产业的竞争中获得优势地位。

首先，通过并购与重组，原本分散的文学资源被整合，这大大降低了读者寻找新作品所需的时间成本，提高了用户黏性，而文学网站则可以通过对用户的长期阅读习惯和内容进行跟踪分析，更加有效的为读者推送其可能感兴趣的新作品，进而为有潜力的作者提供更多机会。

其次，互联网巨头企业通过最近几年对于内容产业的布局，旗下往往拥有可以对网络文学进行改编的多种业务，这为IP的转化利用提供了更多可能性和极大便利，有效提升了优质IP的利用效率。

最后，由于近年来优质IP的价格越来越高，很多视频网站都因为高昂的版权费用而难于盈利，很多热门作品的影视版权已经达到数百万元，这一方面证明了网络文学的巨大经济潜力，一方面也反映了版权采购方所面临的极大压力，而企业自己培养优质IP为旗下其他内容业务"供养"的方法则从客观上为企业降低了成本。

目前，行业内的竞争企业都朝着以网文IP为核心，影、游、漫联动的方向发展，可以看出这是行业发展的大趋势，但所有这些能够发展的基础都在于用户愿意为此买单。

据调查，对网文周边产品有购买意向的用户接近六成，而为网文周边花费金额在百元以内的接受度高。具体来看，游戏方面，目前有59.3%的用户玩过网络小说改编的游戏，用户未来玩网文IP游戏的意愿也比较高，43.9%的用户明确表示会玩，42.0%的用户可能会玩；用户愿意为网文IP游戏付费意愿较高，明确表示不愿意付费的用户仅在10%左右，各类型游戏付费意愿比例分布接近。动漫方面，动漫用户对网文IP动漫作品的接受度高，53.2%的用户表示会看喜欢的小说改编成的动漫，35.8%的用户表示可能会看，而动画电影则是用户最期待的类型，占比82.4%；对于用户对网文IP改编的动漫的付费意愿，33.7%的动漫用户愿意为网络小说改编的动画付费，而对于漫画而言这一比例会升高到40.5%。影视剧方面，半数左右的用户愿意看网络小说改编的电影和电视剧，去电影院看网文IP电影的意愿很高，在考虑因素中，演员阵容排名第一，其次是用户评分和导演及制作团队。多数用户愿意为网文IP影视剧付费，20元以内的接受比例超过70%（视频平台的VIP月付费基本在20元以内）。

### （一）《哈利·波特》

国际上，"文学+"模式已经趋于成熟，也出现了一些较为知名的"文学+"成功案例，如《指环王》《哈利·波特》《暮光之城》等，无一例外在这种模式下受到了市场的热捧。其中，《哈利·波特》由销量超过4.5亿册的系列图书，衍生出多种产品形态。电影版《哈利·波特》系列在美国已经积累了超过22.34亿美元总票房，在全球创造了77.235亿美元的票房。

《哈利·波特》电影除去为小说的原作者与几位主演带去丰厚的收入之外也让时代华纳公司赚得盆满盅满。据统计，前六部的DVD发行和录象带出租收入约为39亿美元，电视播映方面的

收入为10亿美元。前面7部《哈利·波特》DVD单是在北美地区的销量就超过6000万套，是新世纪之后最畅销的系列电影DVD。

《哈利·波特》电子游戏，由美国著名的电子艺术公司得到版权，在全球卖出了4200万套正版游戏，游戏公司在这个项目上的收益达到了15亿美元。

Mattel、乐高与孩之宝就分别以千万美元的价格，买到了制作铅笔盒和魔法帽的制作权。从华纳正规渠道获得商标注册权的企业，仅周边产品的累计收入就达到了70亿美元。

《哈利·波特》如今已经拥有出版、电影、DVD、录像带、饮料、玩具、文具、游戏、服装等成千上万种特许经营商品，同时还包括主题公园，以及英格兰的哈利·波特旅游业，《哈利·波特》早已成为一个横跨多个领域的巨型产业链，带动经济规模达2000亿美元，在这条产业链中，衍生产品的收益就占到总量的约70%。

也就是说，仅一个《哈利·波特》所产生的价值，超过了目前我国图书出版、影视、游戏产业的年产值之和。可见一部好的文学作品创造的价值是巨大的。而《哈利·波特》的作者J. K. Rowling也成为全英国最富有及最具影响力的女性之一，早在2010年她的身价已达到5.54亿英镑。

### （二）《步步惊心》

由桐华创作的穿越小说《步步惊心》2005年起在晋江原创网连载。2009年，《步步惊心》成为盛大文学旗下第一部被改编并正式启动剧集拍摄的网络小说，于2011年在湖南卫视首播，一炮而红。《步步惊心》不仅捧红了一批导演、编剧、演员、歌手，也让盛大文学看到跨界产业巨大的商业潜力。受电视剧热播影响，2011年由中南博集天卷策划的纸质书《步步惊心》，第一个月内销量突破30万册，成为年度畅销书。仅出版而言，《步步惊心》的收益就超千万元。在随后几年，《步步惊心》相继改编为话剧、网游等形式，据媒体调查，从图书到影视再到话剧，《步步惊心》的产业链价值已经过亿。

### （三）《甄嬛传》《如懿传》

2012年《甄嬛传》银幕首播，以海啸之势迅速风靡全球，造成“万人空巷睹甄嬛”的火爆盛景，《甄嬛传》影视剧总收入达2亿多。由于2012年IP概念并没有被市场关注，当时《甄嬛传》的小说版权费只卖出了30万元，但是经过这两年对IP的热捧，2014年版权价格涨了10倍，2015年版权价格涨了30倍。《甄嬛传》的火爆让市场看到了IP的商机，再由《甄嬛传》影视剧原版人马打造的《芈月传》在未播出前就已经收回了成本。《芈月传》的单集成本大概在200～250万左右，单集的版权销售在450～500万左右，加上链家地产的首席赞助；唯品会、加多宝、宝洁、露露、联合利华、倩碧、DIOR、怡宝、一汽大众、善存、海澜之家等数十家品牌的广告投放；海外版权贩卖，估算下来首轮播出收入在4亿元左右。另外由《甄嬛传》作者流潋紫创作的姊妹篇《如懿传》将被搬上荧屏，为忠于原著，由流潋紫担任编剧，小说作者的版权费未有具体数据，但是《如懿传》还未开拍，腾讯视频已经以900万一集的价格拿下独家网络播放权，《如懿传》总共90集，整部剧的首轮网络播放权就达到8.1亿，另外还以300万一集的价格卖给两家卫视，也就是说《如懿传》单集价格达到了1500万，再加上二、三轮和海外版权售卖，这部剧的最终销售额会超过15亿元。

### （四）《花千骨》

《花千骨》原本是一部网络仙侠言情小说，于2008年12月31日独家首发于晋江文学城，也是目前人气小说家Fresh果果的成名之作。2012年11月，在唐丽君推荐下，慈文传媒集团重金购得小说改编电视剧版权。仅2014年，慈文传媒向湖南卫视和爱奇艺出售的《花千骨》首轮播放权和版权收入就高达1.68亿，毛利率约55%，二轮、三轮播出权后续也被其他平台“抢购”。当时慈文传媒对于《花千骨》的收入预期大概是2.29亿元，不包括未来电影的收入。《花千骨》电影版目前正在筹备当中，预计2016年下半年开始拍摄，2017年将与观众见面。在影视剧播出的同时，《花千骨》游戏同步上线，与同期播出的影视剧形成影游联动的互推效果，同步上线的游戏作为《花千骨》影视IP的衍生品不仅为影视剧的制作方及版权方提供了IP的增值效应，而且很大程度上实现了资源共用，联合推广。改编自《花千骨》的游戏半年总流水超8.5亿人民币。《花千骨》手游的合作是由电视剧的制作方慈文传媒提供版权，由爱奇艺作为影视和游戏的代理商提供桥梁，最后由天象互动进行游戏的研发以及渠道推广。天象互动正在启动新三板计划。

据估计，《花千骨》衍生领域产值超20亿。

### （五）《盗墓笔记》《鬼吹灯》

《盗墓笔记》系列是南派三叔的经典作品，发行量超2000万册，畅销十年，百度贴吧关注数是294万，帖子数是9420多万。《盗墓笔记》堪称IP中的爆品，去年中《盗墓笔记》网剧上线，引发疯狂点击。上线两分钟点击量2400万，上线一小时点击量3045万，22个小时点击量破亿。实时热搜前50位占据9席，话题单小时内阅读量增长1亿。而今年上海电影（集团）有限公司、乐视影业（北京）有限公司、南派泛娱有限公司三大出品方推出《盗墓笔记》电影版，由三叔亲自操刀担任编剧，8月5日电影上映后一路披荆斩棘创造各项记录，截至8月18日，电影票房破9亿，夺今年暑期档票房冠军。出品方将《盗墓笔记》分成8部拍摄，希望可以像《哈利·波特》一样通过8部大电影，为影迷构造一个奇幻的盗墓世界。

当然提到《盗墓笔记》逃不开的话题就是同为盗墓类题材的小说《鬼吹灯》，作者是天下霸唱，小说原著里双方就互相看不上（《鬼吹灯》里北派摸金校尉骂南派是土狗，糟蹋文物；而在《盗墓笔记》里，虽然出现了摸金校尉，但是绝没有胡八一那么牛逼，骂北派是伪君子，明明是贼还装腔作势。）故而难免一直被网友拿来比较，网友笑称“南派PK北派”。当然从关注度而言，《鬼吹灯》百度贴吧关注数23万，帖子数201万，弱于《盗墓笔记》。2015年改编自《鬼吹灯》的电影《九层妖塔》和《寻龙诀》在大荧幕上映，两部影片明显《寻龙诀》的口碑和质量更好，主要由于《寻龙诀》由原著天下霸唱把关，并且制作各方面代表了华语电影的较高水平，《寻龙诀》票房累计超16亿。

## 六、移动阅读崛起，行业发展新动力

随着4G网络的覆盖、带宽的不断增加以及流量资费的下降，移动互联网产业快速发展。

同时移动互联网应用服务不断丰富、与用户的工作、生活、消费、娱乐需求紧密贴合，推动了PC网民持续快速向移动端渗透。从商业模式和用户行为方式两个维度看，PC互联网时代是“内容为王”和“平台为王”的时代，而移动互联网时代则更像是一个“渠道为王”“入口为王”的时代。用户进入互联网的方式变了，由不同的电脑、不同的浏览器、不同的门户、不同的搜索，变成了不同的移动终端和不同的APP应用；谁能走进更多用户的移动终端，谁能成为更多用户习惯使用的APP，谁才有机会成为移动互联网时代的强者。

### （一）移动互联网带来阅读方式的变革

移动互联网的兴起、网络文学厂商在客户端的推动以及支付渠道的便捷使得越来越多人开始在手机和平板设备上进行阅读，移动互联网的到来进一步降低了读者接触网络文学的门槛。2015年第一季度时，有57%的用户是在移动端阅读，纸质阅读占比15%，而PC端阅读的用户占28%，移动端阅读已经成为用户接入网络文学的主要渠道。2015年1月~12月，PC端和移动端网络文学服务基本保持稳定，其中双端月度覆盖人数相差不大，但移动端在日均覆盖人数和使用时间上大幅领先PC端。以12月为例，当月网络文学PC端月度覆盖人数为1.41亿，移动端为1.48亿，双端基本持平；但在日均覆盖人数上，移动端是PC端的近3倍，达3297.5万人。月度浏览时间上，移动端高达8.03亿小时，远超PC端的1.62亿小时。

### （二）移动阅读市场竞争格局

从2015年移动阅读市场的竞争格局看，掌阅iReader、QQ阅读、塔读文学处于第一梯队。其中iReader以离线阅读器成名，数年的推广使得其在线上商店和应用市场具有强大的用户口碑；QQ阅读背靠腾讯，拥有庞大的基础用户资源；而最新跻身第一阵营的塔读文学其渠道实力也足以让行业侧目，依托其母公司天音控股在通信产业链上的渠道话语权和战略资源布局，不仅与三大运营商及众多国内外知名手机、移动终端品牌都建立了长期、深度的合作关系，而且自身的线上营销推广及渠道分发运作颇具特色，用户规模上升很快，整体市场份额取得了持续增长。

但是从2016年Q1到Q2的移动阅读市场份额变化来看，掌阅虽然连续多年领跑市场，但其市场份额确开始逐渐下滑达到30.67%；QQ阅读凭借自身深厚的底蕴，市场份额逐渐增长达到30.48%的占比，排在第二位。特别是腾讯文学和盛大文学合并后，阅文集团拥有市场90%的内容，QQ阅读作为阅文集团旗下的一员，无论在内容还是渠道上都拥有得天独厚的条件。

### （三）移动阅读客户端未来发展方向

**产品创新**

随着移动阅读用户需求的日益多元化、个性化与社会化，阅读应用产品的创新正在由曾经的“以产品功能为中心”的时代向“以用户体验为中心”转变。在追求效率与品质的今天，人们更加注重碎片化时间的合理利用和个性极致的体验。以塔读文学为例：在全新升级的android版塔读文学客户端里，创造性的加入了音乐模块功能，用户在阅读中，轻点正文页右上角的音符，调用多米音乐插件，就可以一边读书一边听音乐而不用另外再开一个应用。同时，用户还可以在背景音乐、在线网络曲库和本地音乐中自由切换，享受不一样的阅读乐趣。正是这样一个简单而又不经意的需求满足，表明了业界在产品创新理念上，正在从“以产品功能为中心”向“以用户体验为中心”转变。

很多移动阅读厂商都在尝试着富媒体阅读的产品化工作，跨界合作是这类创新最重要的实现方式。塔读文学与多米音乐合作推出融合音乐功能的阅读客户端已经成为一个成功的探索，未来将形成以阅读为核心应用、融合音乐、游戏、学习等功能的一系列融合应用产品。这让我们有理由相信，未来，移动阅读产品的声、光、电、影等丰富的体验将逐步实现，用户即将体验一个不一样的“阅读+”时代。

**内容驱动**

移动阅读最终的核心还是要落在内容上，没有内容再多的渠道也是枉然。以内容为导向的厂商正在市场中占据越来越多的份额，例如阅文集团在内容市场份额上占比达90%，成为QQ阅读发展的坚强后盾。目前整个市场都在加强自身的原创内容建设，虽然目前阅文内容上处于垄断地位，但是对于TOC的产业来说，谁能有吸引用户眼球的内容，谁能让用户有更好的体验，谁能改变目前市场竞争格局打破一家垄断局面也是未可知的。这个内容和渠道双线并行的时代，随着互联网大佬的纷纷加入，移动阅读市场竞争必然更加激烈，市场格局的变化也值得更多行业人士的关注。

## 七、新三板相关公司梳理

### （一）铁血科技（833658. OC）

“网络社区” + “垂直电商” 两大资产体系。公司的主营业务为依托垂直化的网络社区，围绕“铁血”这一军事文化品牌，在线上及线下提供军事历史及泛军事文化相关的综合系列产品，致力于为军事历史爱好者提供在该细分领域线上线下消费链的闭环服务，主要包括：垂直电商业务，提供具备专业战术功能和战术风格外型的服装、鞋帽、配饰等实物产品；基于网络社区平台的互联网广告、在线阅读、游戏联合运营、线下活动等衍生增值业务。

铁血读书（www. junshishu. com），国内知名原创军事文学网站。公司拥有众多粉丝读者和专业写手，通过公司10余年的运营，积累了大量优秀、原创军事文学作品，且公司拥有上述作品的开发、改编的权利，在泛娱乐大潮下，IP资源价值逐步得到市场认可，受到各方资本追捧。公司目前已经累积了近6，000部军事题材小说IP，公司已经出版60多部图书作品，13部作品被改编成热门影视作品。2016年，公司控股子公司铁马文化传媒（北京）有限公司与北京光线影业有限公司共同出资设立控股子公司。该控股子公司为公司未来运营IP的平台，将优秀的网络文学IP改编成影视剧并公开发行。

### （二）天下书盟（833019. OC）

“一体两翼”。“一体”为公司的新媒体网站“天下书盟网”，“两翼”为图书制作发行业务和数字阅读业务，以公司的新媒体“天下书盟网”为核心和基础的技术平台；以数字阅读和图书制作发行为业务主导；以文学创作、图书选题策划、设计组稿制作、合作出版、发行销售、图书版权贸易为主要业务方式；以相关衍生产品开发制作为辅助。公司在此运营模式中已形成三大业务平台，分别是：以数字版权转让为基础所形成的传统图书策划制作销售平台；为数字阅读打造的数字阅读制作销售平台；为电影游戏动画等衍生产品提供优质内容版权的知识产权管理平台。

### （三）博易创为（836025. OC）

数字阅读业务。依托于博易创为自有的香网（www. xiang5. com）和天地中文网（www. tiandizw. com）与中国移动和阅读（咪咕数字传媒有限公司）、中国联通沃阅读、中国电信天翼阅读、腾讯阅读、360阅读、淘宝阅读、掌阅、2345等所有主流运营平台形成原创小说内容战略合作，并与多家国内大型出版社、出版发行公司合作；同时通过自有小说阅读/粉丝汇聚平台（笑眼看书、香网、天地中文网）为用户提供优质的数字阅读服务，并通过小说用户的深度运营汇聚整合优质数字阅读内容的粉丝。

版权衍生业务。依托于版权衍生业务，公司经营着传统武侠名家温瑞安、梁羽生的众多顶级IP，公司与各位名家等一起，持续不断地通过衍生产品的运营，在获取经济效益的同时传递正能量。目前，公司已与芭乐传媒进行的基于本公司优质小说IP的战略合作，联手对《恶魔少爷别吻我》《青春期》等多部小说IP进行网络剧/电影/电视剧/游戏/动漫的全链条打造；与丝芭传媒基于小说IP《天才小毒妃》的全链条打造；与云端文化基于《时光之城》《步云衢：大清最后的格格》《最美不过初相见》等多部小说IP战略合作。公司在运作小说IP网络剧/电影/电视剧的同时，与凯撒股份、杭州哲信等多家手机游戏研发/发行公司形成小说IP游戏化的深度战略合作。通过多家合作伙伴的深度战略合作，实现泛娱乐行业的多产品切入。

优质原创内容打造。基于自有的香网和天地中文网，与成千上万优质作者合作，采用PGC + UGC的独特内容生产模式，生产大量优质原创小说创意内容，公司在行业通行的UGC模式之外，引入PGC模式打造内容，即根据用户喜好及精细化数据分析，对原创阅读内容的打造提炼出相关模型，并以此指导作者进行创作。公司所有原创小说在相关平台上进行连载，与用户形成良性互动。

IP粉丝营销汇聚。优质原创内容经自平台及主流合作平台进行运营推广后，初步进行了用户汇聚，依托于大数据分析，公司以贴吧、兴趣部落、微信订阅号及自有APP，以优质原创小说IP为核心，进行深度营销推送，并以互动及活动等立体形式，将IP的粉丝进行汇聚，并与各影视公司、游戏公司、动画漫画衍生方一起，通过IP输出实现深度战略合作，持续立体地打造优质IP版权。同时公司与中国移动和动漫、中国电信天翼动漫、中国联通沃动漫、中国移动和游戏、中国电信天翼游戏、中国联通沃游戏等形成深入合作，拥有“蔡志忠精品漫画系列”“12星座的秘密”“老夫子精选系列”“恶魔少爷别吻我”“天才小毒妃”“步云衢：大清最后的格格”“大剑神”“血脉战神”等大量优质作品，持续不断的打造IP的同时，也在深度运营自己的相应衍生产品。

### （四）云畅游戏（834785. OC）

公司的主营业务是移动终端网络游戏的研发和运营。公司具备了强大的游戏研发和运营能力，公司的产品《神龙传说》及《机器人大战》面市以来反响热烈（A级产品）。经验丰富的运营团队将在产品面市起即向玩家充分展示它的独特魅力，并提供最优秀的娱乐体验，不断提升公司的品牌影响力。强大的资金实力和国内一流的市场发行能力使公司迅速成为国内一流的新锐游戏公司。公司在境内发行游戏的同时，还在境外也有部分收入。主要来自于台湾和东南亚。

《旋风少女》IP改编成游戏。二次元跆拳道格斗手游《旋风少女》，源自著名作家“明晓溪”的同名热门小说，湖南卫视官方偶像剧唯一正版授权，小鲜肉杨洋和女神胡冰卿主演，同名手游

100%还原剧中的经典情节。

### （五）永乐文化（837736. OC）

公司是为文化、体育、影视、演艺爱好者提供一流的视觉盛宴和精神感受的文化公司。公司主营业务包括：（1）以“永乐联网售票系统平台”为基础，搭建“电商+”的票务生态系统；（2）基于文体演艺垂直领域，以商业演出活动、影视项目投资、体育比赛项目运营为业务主线；（3）围绕上述相关演艺活动，整合周边产品，包括：艺人推广、现场演出和发行服务等，为客户提供整合营销、咨询、宣传等增值服务；（4）结合行业特点，以“永乐联网售票系统”为原型，为客户定制个性化的票务管理系统解决方案。

公司旗下子公司“永乐互娱”专注于二次元IP项目线下产品的开发及运营，将多年的线下行业整合经验，以IP线下产品为核心，带动线上产品推广，实现IP价值的O2O整合联动营销。去年10月永乐互娱与阅文集团达成战略合作，将于今年9月推出《我欲封天》舞台剧，将这部起点中文月票、点击、收藏榜三榜第一的S级IP作品实现二次元到三次元的转变，公司目标是将这部超级IP所改编的舞台剧打造成中国的“狮子王”（全球票房总收入已超过72亿美元），相信原本就拥有亿万粉丝的《我欲封天》将为公司带来可观的收入。目前又牵手上市公司万好万家旗下电子竞技传媒有限公司共同开发二次元IP《全职高手》，准备推出《全职高手》舞台剧。

### （六）和力辰光（836201. OC）

和力辰光致力于打造IP（知识产权）增值与服务平台模式，实现各方的盈利与增值。和力辰光通过选取优质IP，从横向（影视剧、音乐剧、小说、游戏、动漫动画、主题公园及衍生品等）或者纵向（碎片化视频、网络剧、电视剧、电影等）层面进行深度地挖掘和开发，并通过搭建服务平台整合各类资源，为IP量身定制合适的增值模式，辅以与金融产品相配套的完片担保、风险管理及监理的业务模式，让参与项目的各方都实现增值。

公司的王牌：郭敬明。和力辰光已成功运营、出品、制片、制作、营销并完成的影视作品有：电影《飞越老人院》《小时代》《小时代：青木时代》《小时代3：刺金时代》《小时代4：灵魂尽头》《最好的我们》《归来》《老男孩之猛龙过江》《爸爸去哪儿2》，电视剧《北平无战事》。未来几年和力辰光计划推出《爵迹》《心理罪》《校花的贴身高手》《雪地惊魂》《真假游戏》《极品模王》《最佳女配》《悬崖之上》《飞刀又见飞刀》《长在面包树上的女人》等影视剧作品。

# 第八章　母婴行业专题报告[①]

## 一、母婴产业链及趋势概览

本文涉及的母婴产业是从备孕到婴幼儿出生 0～3 岁的时间周期角度讨论各产业链环节呈现的特点和发展趋势。

### （一）母婴产业包括产品和服务两大类

从时间周期上可以将母婴产业划分为备孕、孕中以及产后三个大的阶段，而产品和服务需求贯穿整个产业链条。

备孕期：备孕阶段主要是为孕育新生命做好充分准备，一般需要夫妻双方进行身体状态的调理和检查，适当补充叶酸，备孕阶段一般情况下没有特殊需求，但随着现在生活节奏的加快，身心的压力的增加以及不良的作息及饮食习惯都会影响人们的健康状态，导致越来越多的婚育适龄人群需要借助辅助生殖的方式孕育下一代。

孕中期：孕中期指的是从怀孕到分娩的十个月，这一阶段的需求主要为定期的医院产检、孕期需要补充的营养保健品以及孕妇的日常衣食住行。

产后期：产后期的需求包括了哺乳期产妇的需求以及婴幼儿的照护。随着人们生活质量及消费能力的提高，产后选择月子中心或者月嫂服务进行专业的产妇护理及婴幼儿的照护的家庭越来越多。婴幼儿的需求则包括衣食消费、医疗、启蒙教育、娱乐等多个方面。

### （二）母婴市场互联网化趋势明显

母婴市场互联网化兴起。随着 85 后、90 后年轻一代的崛起，作为中国主力数字消费者的一代已到了为人父母的年纪，孕育观念和消费行为的升级，致使互联网母婴市场发展迅速，从信息内容服务到工具服务，再到母婴电商、跨境购物和大母婴产业的 O2O 服务，母婴市场的互联网化大大增加了消费者的信息获取渠道，开启了高效低成本的消费体验，同时推动着母婴产业朝规范化、品质化、标准化发展。

母婴互联网市场发展迅速，电商服务成为主战场。母婴市场的产品消费是母婴需求的主要构成。随着互联网、电子商务的发展，母婴电商以妈妈群体切入，以母婴商品为主要售卖品类而蓬

① 中泰证券，分析师：陈康：S0740515080004，010－59013788，chenkang@ r. qlzq. com；张帆：CFA（首席分析师）S0740515020001，021－20315209，zhangfan@ r. qlzq. com. cn。

勃发展。目前母婴电商市场已经进入高速发展期，母婴电商正在模式、渠道、品类等各方面努力寻求差异化发展，市场逐步恢复理性，竞争亦愈加激烈。

全球购成标配、跨境税改拼供应链。由于用户购买力和孕育理念的升级、中国中高端母婴商品的信任危机及缺失，全球购已成母婴电商的标配业务，贝贝、乐友等母婴厂商亦相继开通跨境电商业务。2016 年，新的跨境电商税收政策颁布并暂缓实行，跨境母婴电商最终拼的是进口商品的供应链建设和服务的时效及质量，母婴电商如何在供应链和服务链上以低成本高效率服务用户是影响其跨境业务发展的关键点。

不断扩充品类、发展"妈妈经济"。2016 年 5 月中国移动母婴电商用户中女性占比 76.9%。女性的碎片时间相对丰富，购物时间也较分散且分布均匀，掌握家庭主要消费主权，母婴电商从妈妈人群切入，正在不断丰富品类，大力发展"妈妈经济"。如贝贝由非标品的童装童鞋品类切入，逐渐加入奶粉尿裤等标品自营、拓展跨境电商，逐步打造以妈妈经济为核心的移动购物入口。

母婴社区和母婴电商协同发展。妈妈群体天然的具有圈子效应，通过分享讨论获得育儿知识及相关的母婴商品推荐。2015 年有多家母婴社区开通了电商业务寻求变现，亦有母婴电商开通母婴社区/社群业务通过圈子效应围拢用户，二者协同发展，精准电商的同时，通过优质内容互动反馈形成闭环。

线上线下全面布局，大母婴产业生态发展雏形初现。2014 年开始，乐友便布局 O2O 全渠道战略，打通线上线下、试图引领母婴零售变革；2015 年 3 月京东首家母婴产品线下体验店在北京开业；2016 年苏宁红孩子计划在全国范围内开设 40 家集购物、服务、游乐一体的综合店；蜜芽与早教机构红黄蓝合作，战略投资儿童室内游乐品牌悠游堂，进驻美中宜和医疗机构。目前，母婴厂商正在积极营造生态圈，将更多线上线下场景植入，大母婴产业生态发展雏形初现。

## 二、全面二胎政策 + 消费升级引爆母婴市场需求

### （一）二胎放开驱动景气需求

基础人口红利释放：随着数量庞大的 80 后和 90 后进入婚育高峰期，中国开始进入第四次婴儿潮。近年来我国人口出生率保持在 12‰左右，每年新生儿数量一直维持在 1600 万以上。同时，根据调查抽样数据显示，中国 0 ~ 4 岁人口数量近年来保持在 7000 万以上，2015 年突破 8000 万，创历史新高。

二胎政策红利加码：2015 年 10 月 29 日，十八届五中全会公报明确指出"促进人口均衡发展，坚持计划生育的基本国策，完善人口发展战略，全面实施一对夫妇可生育两个孩子的政策，积极开展应对人口老龄化行动"，我国全面二胎政策正式落地。计生委王培安副主任表示，"实施全面两孩政策，今后几年出生人口总量会有一定程度的增长，最高年份的出生人口预计超过 2000 万人"。我国符合全面两孩政策的夫妇有 9000 万对左右（50% 是在 40 岁以上，假设 40 岁以上不考虑再生育）。按照此前单独二胎政策出台后的申请数据（约 10% 的单独夫妇申请再生育），粗略估计新增出生人口为 4500 万 * 10% = 450 万，考虑到实际出生率等因素，每年新增人口约在 200 万 ~ 300 万，按照每个新生儿带来 5 万元的母婴市场消费，新增母婴市场规模将达到 1000 万

~1500 万。

协会职能主要范围在：行业调研，研究创业投资在北京的各类问题，为政府决策提供支持；承办委托，接受政府委托，规范创业投资相关业务的行为规范；对外交流，开展国内外交流活动，成为北京创业投资对国内外交流的窗口；专业培训，培训有利于创业投资发展的各类人才；信息交流，联系创业投资相关的政府及非政府部门，机构与个人。

### （二）消费升级推动行业发展

人均收入水平提高推动消费需求增加。2010~2015 年我国城镇居民人均可支配收入年均增速在 10% 以上，财富积累推动居民消费结构升级，服务型的支出比例不断提高。随着生活水平的改善，孩子作为家庭的重心，将获得更多的资源分配和消费比重，母婴市场的产品及服务需求也因此迅速攀升。

消费模式与时俱进。随着人们收入水平的提高以及经济环境的日新月异，人们对生活品质开始有了追求，包括物质领域和精神领域。人们的消费模式也发生了与时俱进的变化，而母婴市场，也将在新模式的推动下迅速发展。

在物质领域，互联网的兴起带来了电商消费模式，由于母婴群体属于需要特殊照顾的群体，对于物质品质的要求高于日常，跨境电商便应需而生，不论线上还是线下，对于产品品牌和品质的追求无疑在提升整个母婴市场的消费水平；

在精神领域，专业的事情交给专业的人做，月子中心的诞生便是迎合了现代人对于高品质生活和服务的需求；以母婴知识、问答、专家在线咨询医疗健康等形式进行孕育知识的科普及传播的母婴社区在逐渐成为 85、90 后的孕妈愈加青睐的分享交流平台，平台流量的增加可以扩大网络规模效应，进而成为产品和服务的变现渠道，推动不断上涨的市场需求。

## 三、母婴市场孕育万亿规模

### （一）备孕—辅助生殖需求

孕前检查及身体调理：孕前检查是指夫妻准备生育之前到医院进行身体检查，以保证生育出健康的婴儿，从而实现优生。一般检查项目包括肾功能、肝功能、生殖系统以及染色体变异等。随着人们优生优育意识的增强以及对孕育下一代的重视度越来越高，备孕环节逐渐受到重视。备孕期间除了身体检查外，还需要进行身体的调理，以保持良好的身体状态，补充所需的营养物质如叶酸等。一般在备孕期间没有特殊需求。

辅助生殖需求增加：根据中国人口协会、国家计生委联名发布的最新《中国不孕不育现状调研报告》显示，中国的不孕不育率从 20 年前的 2.5% -3% 攀升到 12.5% -15% 左右，患者人数超过 4000 万，即每 8 对夫妇中就有 1 对有不孕不育问题，且随着环境污染、生育年龄推迟、生活压力等原因，不孕夫妇人数还在不断增加。不孕不育症的治疗可大致分为药物治疗、手术治疗和辅助生殖三大类，随着医学技术的不断发展，辅助生殖技术已经相对成熟，通常在进行保守治疗无明显效果的情况下会选择进行辅助生殖。辅助生殖技术主要包括人工授精和体外受精—胚胎移植及其衍生技术（即试管婴儿）两大类。

我国每年出生的新生儿约为1600万，按照12.5%～15%的不孕不育率计算，理论上每年有200万～240万的新生儿因不孕不育无法出生。假设其中有60%的夫妇选择辅助生殖妊娠，则每年进行辅助生殖的夫妇为120万～144万对，国内辅助生殖技术的成功率约为30%，假设每对夫妇平均进行2次辅助生殖手术，每次手术费用在2万～4万元，则辅助生殖市场的潜在规模在千亿左右。

此次路演在加强创投机构投后项目管理与退出，拓宽创投机构与其他投资机构、上市公司之间的合作等方面发挥了很重要的作用，同时也为创投机构之间搭建了沟通交流的平台。

### （二）孕中—产检医疗服务+营养保健产品

医院的定期产检服务贯穿整个孕期阶段。孕期一般是自末次月经日期计算起40孕周的时间，可大致分为孕早期（1～12周）、孕中（13～28周）和孕晚期（29～40周）三个阶段：

孕早期：通过HCG等指标确认怀孕后，根据孕妇个体情况看是否需要补充黄体酮等进行安胎，前三个月属于不稳定期，孕妇需格外注意休养。12周是第一次正式产检，孕期第12周时正式开始进行第1次产检，一般医院会给各项所需检查指标合格的准妈妈建档入册，方便日后进行产检记录。前期检查项目一般包括体重血压、抽血（主要是验血型、血红蛋白、肝功能、甲状腺功能、肾功能及梅毒、乙肝、艾滋病等）、验尿（尿糖及尿蛋白）、NT筛查（即“胎儿颈部透明区”的筛检，早期得知胎儿是否为罹患唐氏综合征的高危险群）等。

孕中期：产检周期为每个月一次，第2次产检（16周）—除了例行检查（血常规、尿常规），可抽血做唐氏综合征筛检，两周出结果后根据风险高低判断是否需要进行无创DNA或羊水穿刺的检查，进一步确定胎儿的染色体异常与否；第3次产检（20周）—主要做超声波检查，主要是看胎儿外观发育上是否有较大问题，包括胎儿的头围、腹围、看大腿骨长度及检视脊柱是否有先天性异常；第4次产检（24周）—妊娠糖尿病的筛检，若有妊娠糖尿病，在治疗上，要采取饮食调整，如果调整饮食后还不能将餐后血糖控制在理想范围，则需通过注射胰岛素来控制；第5次产检（28周）—常规的胎心、腹围等，抽血检查乙型肝炎，开始数胎动。

孕晚期：产检周期为每两周一次至每一周一次。第6次产检（32周），检查是否有水肿，避免有子痫前症的危险，预防早产的发生；第7次产检（34周），详细的超声波检查，以评估胎儿当时的体重及发育状况，并预估胎儿至足月生产时的重量，防止胎儿出生时体重过轻或过重；第8～12次产检（36～40周），接近临产，胎动频繁，每周一次产检，监视胎儿状态，从38周开始，胎位开始固定。42周后仍无生产迹象则需进行催产或剖腹产。?

孕期需要额外的营养补充。从孕早期开始就需要每天补充复合叶酸、维生素等，预防胎儿神经血管畸形以及补充所需维生素等营养物质，一直服用至生产；到了中期由于胎儿骨骼发育需要补充钙质，准妈妈需服用补钙类营养品直到哺乳期。除此之外，准妈妈在日常生活中也需要进行肉、禽、蛋、鱼等均衡营养的搭配摄入以及粗粮、蔬菜和水果的适量补充。?

市场规模测算：目前提供妇产医疗服务的机构可分为公立医院和民营医院两大类，根据2014年的统计数据，民营妇产科医院有559所，从数量和规模上看，依然是公立医院占主导，因为除了综合医院的妇产科、公立的专科妇产医院以外，各地市基本也会有妇幼保健院。从专科医院的盈利能力来看，妇产医院的净利润率排名居前，仅排在美容医院、眼科及口腔医院之后。民营医疗机构近年来发展迅速，在妇产医院领域也有相应布局，民营医院相比公立医院的优势主要在就医环境以及就医的流程和体验，随着人们收入水平的提高，对就医环境和服务要求较高的部分人群已经开始青睐于选择如和睦家等中高端民营妇产医院，享受更优质的孕产服务。按照公立医院平均收费水平测算，整个孕期（包括生产）的医疗服务费用（包含营养保健类产品）大概在1.5万~2万元，民营医院的费用按照30% -50%的上浮，约为2万~3万元。按照平均2万的消费水平，每年1600万的新生儿，则总市场规模在3200亿。

### （三）产后—月嫂服务/月子中心+婴幼儿消费

专业的产妇护理和婴儿照护需求不断增加。随着收入水平的提高以及越来越多的85、90后成为适龄婚育人群的主流，育儿观念已经逐渐向科学化、专业化转变，加之二胎政策的放开，对于孕龄较高、上一代父母年纪较大的二胎家庭，专业的月嫂服务或月子中心成为必需，多方面的因素促进了专业的产妇护理和婴儿照护需求的增加，并成为趋势，随着孕产服务行业的发展和成熟，未来会有更多比例的家庭选择专业化的服务。

月嫂服务：从各地的新闻报道可以看到，家政市场的月嫂服务近年来需求大增，特别是在全面二胎政策实施后，随着需求的增加月嫂的待遇也是水涨船高，部分地区的金牌月嫂需要至少提前半年预定。根据问卷星的调查问卷显示，目前有半数以上比例的家庭选择聘请月嫂，主要原因是出于月嫂的专业性。月嫂的工资水平根据等级基本在6000~15000元/月，且很多家庭月嫂的聘请时间为3个月及以上，按照平均支出10000元/月，平均聘请时间为2个月，保守估计35%的家庭选择聘请月嫂，则月嫂服务市场的规模每年（1600万新生儿）在1120亿元。

月子中心：月子中心的理念最早源于台湾。随着人们生活水平和消费能力的提高，月子中心的模式逐渐引入内地，经过近几年的发展，目前全国的月子中心约有上千家的数量，在北上广深一线城市分布较多，如上海就有近百家。月子中心主要提供的服务包括针对产妇和婴儿的两大类，针对产妇的服务有产后体检、生活护理、专业护理、营养月子餐、心理辅导、美容保健等，针对婴儿的服务主要有专业护理、生长监测、巡房健诊、婴儿设施等。经过多年的发展，月子中心以其专业性与系统性获得广大消费者认可。越来越多产妇选择在月子中心坐月子。二胎政策的开放也使产妇基数变大，月子中心的目标客户随之增加。正规的月子中心服务套餐收费从几万元到数十万元不等，价格的差异主要在于环境（酒店式、独栋别墅）、服务项目套餐以及不同品牌的服务质量差异。虽然二胎政策以及消费升级给月子中心的运营带来了巨大市场，但由于市场监管不严、进入门槛较低，目前行业整体竞争格局分散，区域性特征明显，能够在早期运营过程中走差异化、规范化路线的公司有望获得更广阔的发展空间。按照2013年一线城市选择月子中心的产妇占比只有5% -8%推算，假设目前全国月子中心的渗透率在1%（主要分布在一、二线城市），平均消费在5万元，市场规模约为80亿元。在新生人口红利、消费水平提升、消费观念转变、产业政策出台等多重因素的推动下，未来月子中心市场的年复合增速有望保持20%以上。

婴幼儿的衣食、早教、文娱等需求向多样化延伸。0~3岁的婴幼儿消费频次最多的主要是奶粉和辅食等食品类，其次是以纸尿裤为代表的日用洗护用品，由于婴幼儿成长发育较快，衣服鞋帽等也有较高的更换频次需求，除了日常的衣、食、日化等高频次消费产品，婴儿车、安全座椅等耐用品的渗透率随着人们生活品质的提高也在不断增加，且不断有多样化的育婴产品上市，如近年来兴起的带娃出行“神器”——腰凳背带。在竞争日益激烈的当今社会，家长都想让自己的宝宝赢在起跑线上，对于婴幼儿早期的身体素质及智力开发愈加重视，推动玩具市场、早教市场的需求日益旺盛。从产品渠道来看，早期母婴线上渠道以线下连锁母婴店的网店为主，随着消费者线上购买意愿增强，综合电商、垂直电商平台等涉足母婴市场，母婴用品线上渠道规模发展迅速，根据艾瑞咨询数据，2015 年我国母婴用品线上渗透率为 15.5%，较 2011 年提升 12 个百分点，随着电商渠道建设力度的加大，以及 80、90 后网购消费主力进入适孕年龄，母婴用品线上规模将持续增加。

婴幼儿鞋服：0～3 岁婴幼儿皮肤较为敏感，对贴身衣物材质要求较高，根据 Euromonitor 数据，2014 年国内婴幼儿装市场规模为 204 亿元。

婴幼儿食品：2014 年我国婴幼儿食品市场规模达千亿元，其中奶粉占比最高，2014 年婴幼儿奶粉市场规模为 880 亿元，辅食市场规模为 99 亿元。全面二胎政策将进一步推动婴幼儿食品市场需求。

婴幼儿日用品：日用品中消费占比最高的当属纸尿裤，2014 年我国婴幼儿纸尿裤市场已达 412 亿元，渗透率为 30% －40%，未来仍有较大空间；其他洗护用品市场约 20 亿～30 亿元。

婴幼儿耐用品：根据 Frost&Sullivan 数据，2014 年全球婴童耐用品行业规模约 950 亿元，中国占比 24%，约 228 亿元，过去五年复合增速约为 14%。目前我国市场婴幼儿主要耐用品有婴儿推车、婴儿床、安全座椅等。2014 年我国婴儿推车的市场规模在 30 亿元，市场集中度较高，市场占有率第一的好孩子品牌占据市场 41% 的份额；2014 年婴儿床的规模约为 59 亿元，市场渗透率较高，但进入门槛低使得市场竞争格局较为分散；2014 年我国汽车安全座椅市场规模仅为 3 亿元，与国内安全座椅市场起步晚，渗透率低有关，随着国内立法的不断完善，强制性的约束将带来安全座椅的需求释放。

婴幼儿玩具：Euromonitor 数据显示，2014 年我国传统玩具市场约为 580 亿元，近 5 年 CARG11.6%。行业集中度较低，前十大品牌市场占有率仅为 14%，未来或通过并购整合加速洗牌。

婴幼儿早教：婴幼儿时期是孩子神经系统发育最快、各种潜能开发最为关键的时期，是进行教育的好时机。早期教育核心在于提供一个教育营养丰富的环境，对孩子的大脑发育和人格成长进行"激活"，从而为其身体、大脑、智力、个性、人格、精神、心灵等方面的发展打下坚实的基础。早期教育的对象广义上涵盖 0～6 岁的婴童，但在我国，3～6 岁的幼儿园式的早期教育较为普及，而针对 0～3 岁婴幼儿期的教育则在最近几年才开始逐渐渗透到一般家庭。教育投资的重要性已经越来越被当代的父母们所认可，随着人们经济生活的富裕以及教育理念的不断进步，催生出了庞大的早教市场，也吸引了越来越多的早教机构纷纷试水。假设每个婴幼儿早教开支为 300 元/月，目前 0～3 岁的婴幼儿数量约为 8000 万，则早教的理论市场规模接近 3000 亿元，若仅按照保守的 10% 的渗透率计算，目前 0～3 岁早教市场的规模也有 300 亿元。

# 第九章 奖励式众筹行业研究报告

## 一、国外奖励式众筹平台一览

### （一）Kickstarter 的简介

Kickstarter 于 2009 年 4 月 28 日成立于美国纽约，截至 2015 年 7 月 27 日，Kickstarter 总投资者为 9，126，929 人，其中有过两次及两次以上投资经历的人数为 2，798，038 个，占比 30.65%，有十次及以上投资经历的人数为 340，000 人，占比 3.7%。

从众筹金额来看，截至 2015 年 7 月 28 日，Kickstarter 总众筹金额为 18.6 亿美元，其中成功众筹金额为 16 亿美元，占比 86%；游戏、科技、设计以及电影 & 视频众筹金额较大，位于前三。

从众筹项目的数量来看，Kickstarter 总众筹项目个数为 246，054 个，成功众筹项目个数为 89，620 个，占比 36.42%。其中，电影 & 视频、音乐、出版众筹数量位列前三。15 个细分种类中，成功率高于平均水平的有 6 个种类，其中，音乐、戏剧、舞蹈的成功率位于前三，而科技，新闻业与手工制作的成功率较低。

### （二）Kicistarter 的运作模式及盈利模式

Kickstarter 平台采用 all – or – nothing 模型，发起者通过视频在该平台发起项目后，投资者进行投资，但该投资只是一个投资意向，可随时撤回，若筹资金额 > = 目标金额，Kickstarter 平台将向投资者收取筹金并收取税费，就平台而言，会收取所筹金额 5% 的费用，筹资者拿到资金后，开始启动项目，在项目完成后将产品或者服务回报给投资者；若筹资金额 < 目标金额，则筹资失败。对于后续项目开展行为，Kickstarter 平台不再负责，由投资者与筹资者协商处理。

Kickstarter 平台的盈利模式：通过收取筹款金额 5% 的手续费来盈利。

### （三）Kicistarter 的优势与劣势 & 机遇与挑战

Kickstarter 平台作为国外一家典型奖励式众筹平台，发展态势良好，这与其自身平台优势及发展机遇息息相关，但平台发展也存在不足，面临挑战，具体情况如下所示：

优势：Kickstarter 平台采用 All – or – nothing 模式，避免了项目筹资不成功资金退还的环节。Kickstarter 设有 15 个细分项目，几乎涵盖奖励式众筹的所有类型，为各行各业想要筹资的人们提供平台。

劣势：Kickstarter 平台并不负责发起人后续项目履行情况监督，投资者风险自担。

机遇：Kickstarter 起步较早，进入奖励式众筹蓝海领域，迅速获得大量用户，平台可以考虑将用户流量转化为货币的其他盈利模式。

挑战：Kickstarter 平台盈利依靠向发起者收取中介费，随着奖励式众筹平台的不断出现，例如 Indiegogo 等平台会与 Kickstarter 产生竞争，项目的减少有可能带来利润的下滑。

## 二、国内典型奖励式众筹平台发展现状

我国典型奖励式众筹平台分别为众筹网、点名时间、追梦网、淘宝众筹、乐童音乐与京东众筹等。其中，众筹网、淘宝众筹与京东众筹不只经营奖励式众筹，还经营股权众筹或捐赠式众筹；追梦网只经营奖励式众筹，但门类较多；点名时间与乐童音乐也只经营奖励式众筹，但深耕单一领域，且侧重领域不一样：一个侧重科技领域，一个侧重音乐领域。

从经营多种众筹种类的平台来看，就项目个数而言，众筹网众筹项目个数最多，淘宝众筹次之，京东众筹最少，但从已募集金额而言，京东众筹最多，淘宝众筹次之，众筹网最低。该类平台众筹金额明显大于其他两类平台，说明经营多种众筹种类的平台经营奖励式众筹项目更易获得融资，且融资金额较大。

从经营多种奖励式众筹的平台来看，主要有追梦网，众筹项目个数与融资规模次于点名时间但优于乐童音乐；从经营单种奖励式众筹的平台来看，主要有点名时间与乐童音乐，点名时间深耕高科技领域，受到国家政策支持，因此众筹项目个数众多，融资金额也较大；乐童音乐专注于音乐领域，目前发展不如点名时间。经营单种奖励式众筹的平台众筹项目与融资金额大小绝大部分取决于深耕哪类领域，若深耕领域需求大，该类平台众筹项目个数与融资规模大于经营多种奖励式众筹的平台但融资规模小于经营多种众筹种类的平台；若深耕领域需求比较小众，平台众筹项目个数与融资规模小于经营多种奖励式众筹的平台。

## 三、国内典型奖励式众筹平台一览

### （一）点名时间

点名时间成立于 2011 年 5 月，自 2012 年起与北京、上海、杭州、深圳等地的硬件团队开展线下《点名时间 10x10 大会》。截至 2014 年，每场《点名时间 10x10 大会》超过 2000 人参加。

点名时间运作模式与 Kickstarter 平台所有类似，但点名时间不采用 All - or - nothing 模式，投资者对于支持的项目要直接打款支持，且一旦打款支持就不能撤回，当项目筹资成功后，点名时间将收取 3% 费用之后将款项打给发起者，同时对于发起者之后能否按时完成等问题不再负责。

点名时间的盈利模式：对成功筹集资金的项目收取最终筹资金额 3% 的费用。

点名时间的优势与劣势 & 机遇与挑战：点名时间作为国内第一家奖励式众筹平台，发展态势良好，这与其自身平台优势及发展机遇息息相关，但平台发展也存在不足，面临挑战，具体情况如下所示：

优势：点名时间平台费较低，有利于减轻发起者筹资成本；点名时间是国内第一家奖励式众筹网站，有先动优势。

劣势：点名时间平台并不负责发起人后续项目履行情况监督，投资者风险自担。

机遇：点名时间平台只对创新科技类产品进行众筹，深耕领域，更加专业，而且国家政策导向科技创新，有利于赢得进一步发展。

挑战：随着创新科技类众筹平台的不断出现，将对点名时间产生冲击。

### （二）追梦网

追梦网成立于 2011 年 9 月，隶属于上海追梦网络科技有限公司，追梦网支持以下类别的项目：科技，影视，摄影，出版，设计，音乐，旅行，人文，活动。

追梦网的运作模式与点名时间有所类似，但在收取费用与打款次数方面有所不同，追梦网按照项目上线天数收取不同的平台费，且款项分两次打给发起人，因此追梦网较点名时间而言更注重保护平台投资者的利益。

追梦网的盈利模式：根据项目上线时间不同收取不同的平台费用，时间越短，收费月底，对于一周以内的项目不收取平台费。

追梦网的优势与劣势 & 机遇与挑战：追梦网是国内与 Kickstarter 平台最为相似的奖励式众筹平台，起步较早，发展态势良好，这与其自身平台优势及发展机遇息息相关，但平台发展也存在不足，面临挑战，具体情况如下所示：

优势：费按照项目上线天数来计算，促进发起者对自己筹资天数的考量；筹款分两次打入发起者账户，督促发起者兑现承诺。

劣势：追梦网只能在 APP 或者微信公共号上发起项目，渠道单一。项目结束前，投资者不能撤回投资，所以风险较大，投资者投资时要慎重。

机遇：追梦网涉及多个类别的众筹项目，为发起人拓宽门类，从而赢得各类用户。

挑战：随着其他奖励众筹平台的不断出现，将对追梦网产生冲击。

### （三）众筹网

众筹网成立于 2013 年 2 月，是网信金融集团旗下的众筹模式网站，已上线众筹网、众筹制造、开放平台、众筹国际、金融众筹、股权众筹六大板块，为项目发起者提供筹资、投资、孵化、运营一站式综合众筹服务。众筹网奖励式众筹模块目前支持科技、公益、出版、娱乐、艺术、农业、商铺七个行业的项目。

众筹网平台的运作模式与追梦网类似，只是在项目审核与费用收取上有所不同：在项目审核上，众筹网对项目进行两审，第一次审核审项目是否完整，第二次审核审项目的真实性、可行性与合理性，且二审中项目经理可以提供指导性意见，但是要收取一定费用；在费用收取上，收取筹资金额 1. 5% 的费用。

众筹网的盈利模式：对众筹成功的项目收取筹资总额 1. 5% 的费用以及项目二审接受指导的指导费。众筹网的利润来源不仅仅依靠手续费，还依靠提供增值服务，盈利模式比较多元化。

众筹网的优势与劣势 & 机遇与挑战：众筹网作为一家经营多种众筹种类的平台，既有奖励式众筹，也有股权众筹等其他形式的众筹，其中奖励式众筹模块发展态势良好，这与其自身平台优势及发展机遇息息相关，但平台发展也存在不足，面临挑战，具体情况如下所示：

优势：项目要进行两轮审核，第二次审核平台可提供指导意见，有利于项目成功筹资，但要收取费用；项目两次打款，有利于督促发起人兑现承诺。

劣势：项目结束前，投资者不能撤回投资，所以风险较大，投资者投资时要慎重。

机遇：涉及多个类别的众筹项目，为发起人拓宽门类，从而赢得各类用户；鼓励发起人设立梯度回报，有利于提高支持率，增加平台用户量。

挑战：随着其他奖励众筹平台的不断出现，将对众筹网产生冲击。

### （四）淘宝众筹

淘宝众筹平台系淘宝推出的预购平台，截至 2015 年 9 月 4 日，累计筹款金额为 60，572 万，其中单项筹款人数最高为 34. 8 万人，单项筹款金额最高为 2，366 万。淘宝众筹平台属于预售平台，项目已比较成型明确。

淘宝众筹平台发起人需注册淘宝用户、进行支付宝实名认证与淘宝店实名认证才能发起项目，项目通过审核后即可在淘宝众筹平台发布，若项目募资成功，筹集款项分两次打给发起者：在项目筹资成功后打给发起者启动资金，额度为筹资金额的 1%—50% 之间，当发起人完成项目，投资者收到回报后，将尾款打给发起者；若发起者未完成项目，应将启动资金返还给投资者，同时平台将会把尾款退还给投资者。在此全过程中，淘宝众筹不收取任何费用。

淘宝众筹的盈利模式：淘宝众筹平台建立在淘宝网上，占有先天优势，不收取任何费用，但平台后期有可能会存在其他盈利模式。

淘宝众筹的优势与劣势：淘宝众筹通过借助淘宝运作，提供免费众筹服务，发展态势良好，这与其自身平台优势及发展机遇息息相关，但平台发展也存在不足，面临挑战，具体情况如下所示：

优势：引入商业保险模式，进一步降低风险；淘宝众筹平台不收取任何费用，降低项目发起者的成本；分两次打款，降低投资者投资风险。

劣势：若项目未完成，发起人应当将启动资金返还给投资者，但并没有任何保障。

机遇：涉及多个类别的众筹项目，为发起人拓宽门类，从而赢得各类用户；平台前期不收取费用，其运作模式与淘宝几乎一样，后期平台可能通过广告等其他模式赢取巨额利润。

挑战：随着其他奖励众筹平台的不断出现，将对淘宝众筹产生冲击，客户分流风险存在。

### （五）京东众筹

京东众筹成立于 2014 年 7 月 1 日，截至 2015 年 9 月 4 日京东众筹累计支持金额达 87212 万元，单项最高筹集金额为 7202 万元，单项最高支持人数为 35. 9 万人。

京东众筹的发起人向平台申请项目后需通过平台审核，审核通过的项目将得到京东团队的帮助，确定文案与设计，将项目上线，投资者对自己感兴趣的项目进行投资，若项目众筹成功，款项将分为两次打给发起人，若发起人按时完成项目，并回报给投资者，则尾款将会打给发起者；若未按时完后才能项目，发起人需要向投资者支付赔款；若发起人无法完成项目，发起人需要将首款全部退还给投资者，同时平台将会把尾款退还给投资者。

京东众筹的盈利模式：收取项目众筹总金额 3% 的费用。

京东众筹的优势与劣势：京东众筹作为一家经营多种众筹种类的平台，可以增加客户流量，促进奖励式众筹的发展。但平台奖励式众筹的发展还与平台其他优势及发展机遇息息相关，同时受到平台不足及面临挑战的约束，具体情况如下所示：

优势：对未按时完成的项目，要求支付赔款，保障投资者权益；分两次打款，降低投资者投资风险；有京东团队帮助项目确定文案与设计，成功率较高。

劣势：若项目未完成，发起人应当将启动资金返还给投资者，但并没有任何保障。

机遇：涉及多个类别的众筹项目，为发起人拓宽门类，从而赢得各类用户；基于平台对投资者保障力度较大，因而更容易得到投资者青睐，从而增加客户流量。

挑战：随着其他奖励众筹平台的不断出现，将对京东众筹产生冲击，客户分流风险存在。

### （六）乐童音乐

乐童音乐成立于2011年，是国内唯一一家音乐众筹平台，项目大致分为唱片制作、现场演出、音乐周边、音乐视频与音乐出版等几个模块。

乐童音乐提供两种运作模式，一种是灵活的预售筹资模式，不论筹资目标是否达到，都可以获得一定的筹资金额，完成音乐创意项目，给予支持者回报；另一种模式是固定的筹资模式，如果最终未能达到筹资目标，资金将返还给支持者。

乐童音乐的盈利模式：乐童音乐根据不同的筹资模式收取不同的费用。

乐童音乐的优势与劣势 & 机遇与挑战：

优势：发起者可以根据自己的情况选择两种筹资模式，其中预售模式不论项目众筹成功与否都将获得所筹资金，有利于发起者项目开展。

劣势：平台收取费用较高，对于发起者而言，发起项目成本较高。

机遇：平台只涉及音乐模块，且进入较早，深耕领域可以让平台更专业，迅速占领音乐众筹蓝海市场。

挑战：随着其他奖励众筹平台的不断出现，将对乐童音乐产生冲击，客户分流风险存在。

## 四、估值方法探讨

### （一）互联网估值常用方法—用户流量估值法介绍

互联网公司属于“轻资产”行业，没法看PB，而且互联网初期没有利润，无法用PE，因此互联网只能看未来利润的源头，即用户流量，特别是活跃用户的变化，以及将用户流量转化为现金流量的能力。所以互联网估值采用用户流量估值法，该方法建立在梅特卡夫定律之上，即网络的价值与互联网设备数量的平方成正比。节点之间的连接次数为N＊（N－1），当数量较大时，可以近似为N^2，因此用户流量估值方法的初级计算公式为：E＝MN^2（E为平台经济价值，M为单体带来的经济价值，N为用户数量，N^2为用户节点连接次数总和），该方法多用于社交网路，即用户之间通过相互沟通创造价值。

### （二）用户流量估值法修正1—相关性修正

用户流量估值方法下平台估值E与用户数量N呈指数相关，即平台估值随着用户数量增加将成倍增长。然而英国利物浦大学进化心理学教授计算出人类的社会群体规模“平均组大小”为

148，且该理论得到数据验证：从新石器时代的村庄规模，到罗马军团的战斗单位，再到 facebook 的平均友好数量，基本都在 150 上下。因此，虽然节点连接次数随着用户流量增加成倍增长，但是就平台单个用户而言，并不会与平台所有人进行互动，单人最大互动群体数量在 150 人左右，原始的用户流量估值方法容易产生高估泡沫，需对其进行修正，修正如下：

$$E = \begin{cases} MN2N \leq 150 \\ M \times (150N)N > 150 \end{cases}$$

上式中 150 并不是绝对的分界值。从上式可以看出，当用户数小于 150 人时，项目经济价值与用户数量呈现指数相关；当用户数大于 150 人时，项目经济价值与用户数量呈现线性相关。

### （三）用户流量估值法修正 2—用户分层修正

用户流量估值方法建立在用户互动基础之上，而互联网平台用户质量参差不齐，不能一概而论，所以需要对客户进行分层处理。互联网平台根据用户活跃程度分为三类：活跃用户、普通用户与不活跃用户，根据价值分层可以分为高净值客户与非高净值客户。互联网平台应对不同的客户类型赋予不同的权重，如 a 表示高净值用户且活跃用户，b 表示非高净值用户且活跃用户，c 表示高净值用户且普通活跃用户。d 表示非高净值用户且普通活跃用户，e 表示高净值用户且不活跃用户，f 表示非高净值用户且不活跃用户，且满足 a > b > c > d > e > f。因此，根据用户层次进行分层的用户流量估值方法修正后如下所示：

$$E = \begin{cases} \sum_{i=a}^{f} \sum Mi \times (i \times Ni)2Ni \leq 150 \\ \sum_{i=a}^{f} \sum Mi \times (150 \times i \times Ni)Ni > 150 \end{cases}$$

### （四）用户流量估值法修正 3—客户流量货币化系数修正

以上修正在一定程度上压缩了互联网估值泡沫，但估值结果仍旧偏大，原因在于互联网存在马太效应，并不是所有平台都能将客户流量货币化，只存在少数几家平台，尤其是细分行业里的龙头平台才有可能实现客户流量货币化。若把该因素考虑在内，对平台进行审慎估值，还应乘以一个系数 y，该系数介于 0 与 1 之间，代表互联网平台的综合实力，实力越大，系数越大；实力越小，系数越小，具体公式如下所示：

$$E = \begin{cases} \sum_{i=a}^{f} \sum y \times Mi \times (i \times Ni)2Ni \leq 150 \\ \sum_{i=a}^{f} \sum y \times Mi \times (150 \times i \times Ni)Ni > 150 \end{cases}$$

### （五）用户流量估值法修正 4—考虑平台项目数修正

前面介绍的用户流量估值办法仅仅考虑到平台用户流量，却忽略了平台项目数量的影响。其实，对于奖励式众筹与股权众筹平台而言，更多的是通过项目与个人之见相互联系为项目创造价值，平台抽取项目价值的一部分作为中介费来盈利，即使通过广告盈利或者是增值服务盈利，也多围绕项目展开，目的在于用项目来吸引更多投资者，所以使用 N^2 将不再合适，估值公式应该变为 E = MNn（E 为平台经济价值，M 为单体带来的经济价值，N 为用户数量，n 为平台项目数），然后根据不同种类众筹对公式进行修正。

### （六）奖励式众筹的盈利模式

用户流量估值法多用于社交网站估值，通过用户之间的交流创造价值，奖励式众筹平台的盈利模式多以收取手续费来盈利，但也存在其他盈利模式，例如众筹网通过提供指导来收取指导费用等。所以，未来奖励式众筹的盈利模式可能为以下几种：

①中介费盈利：对成功融资的项目收取融资金额的一定比例作为中介费。

②广告盈利：为众筹项目进行推广向发起者收取广告服务费用。

③增值服务盈利：通过向众筹项目发起者提供指导，修改意见等增值服务向其收取服务费。

④资金池盈利：收取手续费形成资金池，对资金池进行运作带动利润增长。

### （七）奖励式众筹的估值方法

当下奖励式众筹平台主要通过收取成功融资项目融资额度一定比例的手续费来创造价值，而项目融资额度是由项目数与用户共同创造的，即使提供增值服务或者广告服务，也是围绕项目开展的，目的在于提高项目曝光度及吸引力，让更多投资者投资，所以应使用修正 4 中的基本公式：E = MNn，该公式是平台最大的估值，但并不是所有的用户会投资所有的项目，所以需要对客户进行分层。平台收取的中介费可以形成资金池，可以进行资金运作增加利润，其估值公式如下所示：$E = \sum_{i=a}^{f} Mi \times Ni \times n \times p\ aum \times$ 奖励众筹平台资产管理规模 。

## 五、投资建议及风险提示

投资建议：奖励式众筹平台搭建的是一个产品的平台，不涉及股权和债权转移，因此没有非法集资之嫌，政策性风险较小；奖励式众筹平台目前的盈利模式主要是依靠收取手续费，部分平台会提供指导等增值服务来获取收入；我们认为随着奖励式众筹平台上项目的多元化，其可以成为一个产品的孵化器，有利于创新氛围的培育，亦可能诞生伟大的产品。

风险提示：平台客户分流风险；法律法贬空白产生的合贬风险；客户大量退出导致的平台倒闭风险。

# 第十章 捐赠式众筹平台行业研究报告

## 一、互联网众筹简介

### （一）互联网众筹的定义及起源

众筹“crowdfunding”，即大众筹资或群众集资。互联网众筹即通过利用互联网和 SNS 传播的特性，在预订时间内完成项目发起者的筹资目标。

传统众筹的起源可以追溯到 1713 年，英国诗人亚历山大·蒲柏通过众筹，历时 5 年完成注释版《伊利亚特》，并承诺在完成翻译后向每位订阅者提供一本六卷四开本早期英文版的《伊利亚特》，并将订阅者的名字列在早期翻译版《伊利亚特》上，这一承诺有 575 名用户支持，筹集了 4000 多几尼的黄金货币。不仅如此，莫扎特与贝多芬也曾使用该种模式从有兴趣的赞助人募集资金用于作曲或者举办音乐会。概括而言，传统众筹有以下三个特点：一是集中在文学、艺术等创意类领域；二是发起者一般有较高的声誉和较强的信息传播途径；三是具有预付费和赞助的性质。

互联网众筹的起源可以追溯到 2001 年，ArtistShare 众筹网站在美国成立，该网站与传统众筹领域相切合。此后，互联网众筹平台不断出现，如 Sellaband（2006 年）、SliceThePie（2007 年）、IndieGoGo（2008 年）、Kickstarter（2009 年），互联网众筹时代从此开启。互联网众筹具有低门槛、低成本、高创意、高效率以及风险自担的特征。

### （二）全球互联网众筹的发展现状

全球互联网众筹起步于 2001 年，随后呈现爆发式增长，据 Massolution 与艾瑞咨询统计与预测，2010 年至 2016 年全球互联网众筹将保持 75% 以上增长率，并于 2016 年达到 2000 亿美元众筹规模。据中国电子商务研究中心检测数据显示，2025 年全球众筹市场众筹规模将达到 3000 亿元左右，发展中国家众筹规模将达到 960 亿美元。

### （三）互联网众筹的分类

国内外互联网众筹通用的分类标准是根据回报方式不同进行的分类，分为捐赠式众筹、奖励式众筹、股权众筹与债权众筹。

（1）捐赠众筹（Donate - basedcrowd - funding）：捐赠者通过互联网众筹平台对项目进行捐赠，被捐赠者不需提供任何回报的活动。

（2）奖励众筹（Reward - basedcrowd - funding）：投资者通过互联网众筹平台对自己感兴趣的项目进行投资，同时获得一定报酬，但该报酬不能涉及财只能涉及物或者体验。

(3) 股权众筹 (Equity – basedcrowd – funding)：投资者通过互联网形式进行公开小额股权融资的活动，具体而言，是挃创新创业者或小微企业通过股权众筹融资中介机构互联网平台 (互联网网站或其他类似的电子媒介) 公开募集股本的活动。股权众筹具有公开、小额、大众、风险自担的特点。

(4) 债权众筹 (Lending – basedcrowd – funding)：投资者通过互联网众筹平台对项目进行投资，同时获得债权，享有收回本金及利息的权利。债权众筹一般包括两种：P2P (PeerTOPeer) 与 P2B (PeerTOBusiness)。债权众筹平台为投资方和融资方提供信息交互、撮合、资信评估等中介服务，不得提供担保等增信服务。

## 二、我国互联网众筹的发展现状

### (一) 我国互联网众筹发展现状

我国互联网众筹起步于 2011 年，随后大批众筹平台相继成立。据中国电子商务研究中心预测，2025 年全球发展中国家的众筹融资将达到 960 亿美元，预计中国将达到 460 亿至 500 亿美元，占比 47. 9% 到 52. 1% 之间。据零壹财经统计，截至 2014 年底，我国有 128 家众筹平台，其中股权众筹平台有 32 家，融资规模约在 10 亿左右；而截至 2015 年 7 月，我国众筹平台已经发展到 224 家，其中股权众筹平台有 107 家。

据清科私募通统计，截至 2014 年 12 月 31 日，我国 13 家典型众筹平台共发生融资事件 9088 起，募集资金总额 13. 81 亿元，其中奖励式众筹平台募集金额达 3. 49 亿元，股权众筹平台募集金额达 10. 31 亿元。

### (二) 我国互联网众筹的种类

我国互联网众筹的种类主要有三种，分别是股权众筹、奖励众筹与捐赠众筹，而真正意义上的债权众筹其实并不存在，主要原因在于现阶段几乎所有的 P2P 或者 P2B 都提供本金保障，就连拍拍贷也有风险备用金计划来保障本金或本息，不符合债权众筹风险自担的特点。不仅如此，债权众筹风险高而收益低，性价比不高，我们认为其未来发展空间会受到限制。

### (三) 互联网众筹发展监管环境分析

我国第一家互联网众筹为点名时间，于 2011 年 7 月上线运作，此后我国互联网众筹呈现爆发式增长，但是我国相对于互联网众筹的监管是滞后于众筹发展的。

## 三、基于疾病的典型捐赠式众筹平台一览

### (一) 国外基于疾病捐赠式众筹平台——Watsi

Watsi 是一家非营利众筹医疗服务平台，2012 年创立于加利福尼亚州，主要服务对象是缺乏

基本医疗服务的患者。Watsi 为保证资金运作安全，在患者信息的真实性与捐助流程的透明性两方面加强了管理。一方面，患者的资料要经过 Watsi 平台与第三方机构（PartnersinHealth 等）联合验证；另一方面，捐赠者可以随时通过 Watsi 平台 TransparencyDocument 了解资金运行的最新状况。截至 2015 年 8 月，该平台有 15 个医疗合作机构，13358 位捐赠者已为 21 个国家的 4761 个病人捐赠。

Watsi 平台作为捐赠式众筹平台，其运作模式涉及四方，分别是 Watsi 平台、捐赠者、地方医疗合作机构与第三方支付。Watsi 平台并不直接接触患者，而是通过地方合作医疗机构出具的患者情况决定是否为该项目募集资金，项目审核通过后，先由医疗机构垫付治疗，在患者接受治疗之后再将款项支付给相关医疗机构。其中，1500 美元的众筹项目成功率最高，且其平台上几乎所有众筹项目基本在 1500 美元以下。

Watsi 平台的盈利模式：Watsi 平台不以盈利为目的，平台运营费由创建者、慈善家与捐赠者共同负责承担。

Watsi 平台的优势：

（1）设有全球基金，捐赠者可以按月捐赠款项；

（2）通过与当地医疗合作机构合作，可以降低治疗成本；

（3）对于已捐赠款项并不退回，可以用于未筹足款项的项目；

（4）捐赠资金 100% 直达病人；

（5）会在病人接受治疗后将款项打入医疗合作机构，以保障款项充足；

Watsi 平台的劣势：

（6）疾病治疗金额在 1500 美元以下，缺少对大额疾病支出的支持；

（7）不在美国等医疗支出较高的国家寻求医疗合作机构，缺少对高难度病症的保障力度；

Watsi 平台的机遇是运营费由捐赠者、创建者与慈善家共同支付，未来可以寻求其他盈利模式。挑战是患者资格审核主要依靠医疗合作机构出具的患者情况报告，因此医疗合作机构的客观公正尤为重要。

### （二）国内基于疾病的捐赠式众筹平台——抗癌公社、众保公社与 e 互助

和 watsi 着重于基础医疗不同，国内基于疾病的捐赠式众筹平台主要着重于肿瘤等大病，在某种形式上，更加类似于基于重疾的互助保险形式。

**1. 抗癌公社**

抗癌公社是中国第一家众保平台，于 2011 年 5 月 8 日上线，主要服务对象是公社社员，截至 2015 年 9 月 2 日，该平台拥有 198，047 位会员。抗癌公社不以营利为目的，不建资金池，每次事故缴费较低，与商业保险公司有很大不同；不仅如此，抗癌公社由于借助互联网开展互保，因而具有“轻资本”的特点，而传统的相互保险组织需要预收保费维持经营，外加上现有的相互保险与商业保险越来越趋同发展，因而抗癌公社与传统的相互保险组织亦有所不同。所以抗癌公社既不是商业保险组织，也不是相互保险组织，而是带有捐赠性质的众筹平台。

抗癌公社的运营模式很简单，70 周岁以下且符合健康条件的社员提供身份证信息注册即可入会，不预收费用，但设有等待期（40 岁以下半年，40 岁以上 1 年）。当某个社员发生癌症、24 种大病或者意外身故时，抗癌公社将由“审核监督委员会”（包括保险理赔专家、律师、医学专家、媒体记者、社员和外部专家）对受助人资料进行审核，然后根据现有社员数筹集 30 万元以

下的资金来救助患病者（一般会根据入会年龄决定资助金额），每次缴纳的费用不超过10元人民币，每月最多一次资助，计算公式为受助人权利除以公社人数，不缴费的社员自动退社。

抗癌公社的优势：

（1）根据不同的年龄段设置等待期与保障额度，防范道德风险与逆选择；

（2）抗癌公社每月最多一次资助任务，资助金额小于10元降低社员的成本；

（3）资助金额100%直达患者；

抗癌公社的劣势：

（1）监管空白，不利于营造稳定的发展环境，不利于保障会员的合法权益；

（2）抗癌公社当下没有一个很好的盈利模式，其运营费平台自担，不是长进之计；

抗癌公社的机遇是作为国内第一家互联网资助平台，进军互联网资助蓝海，有先动优势，可以在短时间内聚集大量客户资源，迅速占领市场。同时可以寻求多种盈利模式，减少平台运营费负担。挑战是社员进入与退出公社无限制，若公社社员人数较少或者同时大量退出，平台将面临倒闭风险，从而难以兑付当初承诺。随着大量互联网资助平台的出现，抗癌公社将面临客户资源分流的风险。

**2. 众保公社**

众保公社成立于2015年5月，是众保（北京）科技有限公司在退出抗癌公社之后推出的兄弟产品，现有2588位社员，每人最大资助额度为3.71元众保公社，现在只设有微信公共号。主要保障对象是保险从业人员、保险公司员工、保险媒体与行业管理者服务者，其他人无权加入；保障范围为癌症、白血病及60周岁之前的身故；保障额度根据加入公社的年龄变化，加入越早，保额越高；加入越晚，保额越低。公社不设等待期，不预收保费。

众保公社的运作模式与抗癌公社相差不多，只是在保障额度，设立等待期及保障对象有所不同，其中保障额度根据入社时间来定：随着入社时间增加，社员的保障金额也在不断增加。众保公社的保障对象是保险从业人员及其直系亲属，抗癌公社的保障对象是符合年龄与健康条件的个人。对于保障金额，众保公社根据入社时间来定，抗癌公社是根据不同的入社年龄段来定。众保公社没有等待期，抗癌公社的等待期是40以下半年，40以上一年。

众保公社的优势是与入社时间绑定，入社时间越长的人享有的保障额度越高，可以避免患病人群入社骗保的情况发生。还可以降低保障成本。劣势是同一时间加入的人群不论年龄大小享有相同的保障额度及增长幅度，容易产生逆选择。而且监管空白，不利于营造稳定的发展环境，不利于保障会员的合法权益。

众保公社的机遇是可以借助抗癌公社顺势发展，同时众保公社可以发展多种盈利模式，从而减轻平台运营费负担。挑战是随着大量互联网资助平台的出现，众保公社将面临客户资源分流的风险。社员进入与退出公社无限制，若公社社员人数较少或者同时大量退出，平台将面临倒闭风险，从而难以兑付当初承诺。

**3. e互助**

e互助由美国纳斯达克上市公司CNinsureInc. 下属企业——深圳点烧信息科技有限公司主办，保障对象为平台会员，保障范围为癌症。e互助累计注册人数为511，669人，累计充值数8，887，775.91元，累计资助人数为8人，累计资助金额为3，586，143元。e互助平台设有9元注册费用及三个月的观察期，不对会员承诺资助金额，最高保障金额达60万元人民币。

e互助平台的运作模式与抗癌公社有所不同，除了符合健康条件，还要满足18—60周岁的限制以及预缴 9 元资助费的条件限制。平台设有 180 天的等待期，当社员罹患癌症时，e 互助平台将聘请泛华保险有限公司作为独立调查机构对资助事件的真实性进行调查，同时外聘专家对资助事件是否满足资助条件进行审定，不仅如此，平台每年会随机抽取 10 名会员组成监督小组对平台运营进行审查。e 互助将根据会员人数计算保障金额，该金额不受年龄限制，每人每次最高均摊不高于 3 元，患者得到资助款后可以用于治疗，也可以用于完成心愿或者留给家人，e 互助都将不再干涉。

e 互助的优势：

（1）设有等待期，防范道德风险；? 降低消费者的保障成本；

（2）要求会员预存保证金，可以避免会员因未及时缴费而失去会员资格，同时在一定程度上保证资金流的稳定性；

（3）e 互助的最高保障金额较高；

e 互助的劣势：

（1）资助金额与社员年龄无关，但对所有社员收费一样，容易产生逆选择；

（2）监管空白，不利于营造稳定的发展环境，不利于保障会员的合法权益；

e 互助由预收费用，可用于资金管理，从而获取利润。随着大量互联网资助平台的出现，e 互助将面临客户资源分流的风险。若社员人数较少或者同时大量退出，平台将面临倒闭风险，从而难以兑付当初承诺。

## 四、国外捐赠式众筹典型平台——基于公益

### （一）国外基于公益的捐赠式众筹平台——Kliptap

Kliptap 是一个让项目发起者通过视频筹集资金和让朋友行动起来的平台，通过该平台，你可以在全球传播项目，而且能降低捐赠者获取成本。在 Kliptap 平台上发起的冰桶比赛作为成功案例，为 ALS 疾病成功筹集 1 亿美元，有 4 亿 4 千万参与者，1 千 7 百万个拍摄视频，参与者不乏各界名人，从国外的奥巴马、比尔盖茨到中国的李彦宏、邓紫棋等均参与该项目。

Kliptap 平台运作模式很独特，它是通过视频驱动的社交媒介活动来帮助个人、非盈利者及企业壮大支持者。具体而言，发起者通过社交媒介点名的方式让自己的三位朋友参与活动，完成视频挑战，不管朋友接受挑战或者选择退出，都将捐赠相应金额给项目发起者，并将该挑战传播下去，从而在全球形成连锁反应。Kliptap 平台作为信息中介，不接触资金，由 Paypal 与 Braintree 进行资金管理。Kliptap 平台通过对成功筹集资金的个人收取中介费来盈利。

### （二）国外基于公益的捐赠式众筹平台——Prizeo

Prizeo 是英国一家公益众筹平台，通过利用名人的社会影响力来筹集善款。截至 2013 年，该平台有 13 位员工，成为汇聚将近 100 个慈善机构的平台，并通过超过 100 个分布在电影、电视、音乐、美食、时尚、体育、科技和媒体行业的发起者筹集资金高达 860 万美元。

Prizeo 平台项目发起者多为名人、公司或者慈善机构，他们可能获得私人订制的小型音乐会等特别体验，捐赠者通过平台选择自己感兴趣的回报项目进行捐赠，最低捐赠额为 5 美元，同时

捐赠者可以通过通讯媒介预先选择一位自己的朋友一同参与特别体验。当项目筹足金额之后，Prizeo 平台将会从众多捐赠者随机选取特别体验参与者，捐赠者也可以通过 Prizeo 平台监督资金运作情况。

Prizeo 平台利用名人与粉丝的粘性聚集捐赠，捐赠者可以得到一生只有一次的特别体验，影响范围广；Prizeo 平台与奖励式众筹平台有很大区别，该平台上并不是所有捐赠者都可以得到特别体验，而是由 Prizeo 平台根据体验内容随机选取若干名捐赠者参与进来；同时，最低捐赠额度设为 5 美元，为小额大众的捐赠者提供捐赠机会；平台捐赠者在捐款之后便可以选择一位朋友，若该捐赠者获得特别体验，该朋友也可以一同参加，扩大了平台项目的影响力。

Prizeo 平台会收取扣除手续费后募集金额的 10% 作为提成。

## 五、国内捐赠式众筹典型平台——基于公益

### （一）国内基于公益捐赠式众筹平台——微公益

微公益平台 2012 年 2 月上线，有三款产品：个人求助、转发捐助、微拍卖，将人们的爱心通过微博平台超 3.68 亿网友的爱心力量汇集起来，一定程度上实现了个人、企业、公益组织的三方共赢。从救助对象来划分微公益项目，主要包含支教助学、儿童成长、医疗救助、动物保护、环境保护五大类。从救助需求来划分，主要包含募款、募集物品、招募志愿者、转发支持四大类。

微公益采用微博的形式，微博有其自身的优势：首先，微博有名人进驻，有很强的宣传效应，例如微公益平台上范玮琪与黑人发起的项目以及范伟发起的西单奶奶的项目；其次，微博有很快的传播速度，可以通过粉丝增加阅读数；最后，微博最大的优点就是在个人首页上可以看到别人的微博，进一步加强了传播的速度与广度。微公益平台由于在微博上开展，所以能够达到很好的宣传效应。微公益平台分三块，其运营模式如下：

（1）个人求助：发起人发起求助，有微公益爱心团进行线上线下审核，其中爱心团的成员由不同领域不同地域的人群组成，因此可以选择不同的爱心团成员对不同的项目进行审核，审核通过的项目需要经过公益基金组织认领，在该公益组织基金平台上筹物筹资并执行，并对结果进行反馈。

（2）转发捐助：企业先选定项目或者发起项目并设定转发规则，由爱心团进行线上线下审核，审核通过后，由微博用户进行转发，企业将根据转发量决定捐赠金额。该种模式不是直接众筹资金，而是直接众筹流量，间接众筹资金。

（3）微拍卖：微拍卖类似于公益拍卖，拥有物品的人群可以在微公益平台上拍卖物品，该物品多是具有纪念意义的物品，如名人用过的物件等，由捐赠者进行竞拍，出价最高的捐赠者将得到该拍卖品，同时想平台捐赠相应金额。

### （二）国内基于公益捐赠式众筹平台——腾讯乐捐

腾讯乐捐是公益推出的公益项目资助发布平台，包括发起、捐赠、互动与监督等功能。腾讯乐捐截至 2015 年 9 月 2 日，历史筹款总额为 513702081 元，

个人实名认证用户/非公模机构/公募机构自主发起项目，通过平台审核，在线公开募集，并

及时反馈项目执行进展、接受公众监督；个人用户可以通过该平台选择自己支持的公益项目，自主选择捐款金额进行捐款。由于腾讯乐捐处于上线初期，项目选取来自于腾讯公益优秀公益项目、创新性公益项目、有一定影响力的项目、至少获得1家公益机构正式推荐的项目或者16岁以下的贫困家庭大病儿童救助项目。

### （三）国内基于公益捐赠式众筹平台——平安众+

平安众+系深证前海普惠众筹交易股伴有限公司开发及运作的平台，成立于2015年3月，其公益众筹模块提供公益众筹项目的项目挂牌、信息查询、项目推介、捐赠咨询、信息统计、交易组织、合同管理、票据管理、后续管理、信息披露等全部或部分的，线上线下的服务。

平安众+支持者与发起者均需以会员账户ID在平台通过点击确认或者类似方法签署《平台注册协议》，获得注册会员资格，发起人发起的项目将由平安众+进行审核，当捐赠者找到自己意向捐赠的项目时，将通过ID账户在平台通过点击确认或者类似方法签署规则，并将款项从与平安众+绑定的银行账户汇至以其会员账户ID生成的虚拟账户，若公益众筹项目筹足后，支持人与发起人的捐赠合同法律关系生效，若公益众筹项目未筹足，款项退回捐赠者。

### （四）国内基于公益捐赠式众筹平台——淘宝众筹与京东众筹

淘宝众筹平台系淘宝推出的预购平台，截至2015年9月4日，累计筹款金额为60572万，其中单项筹款人数34.8万人，单项筹款金额为2366万。淘宝众筹公益模块与众不同的一点在于该众筹有“回报”，或者是爱心捐赠记录，或者是被捐赠者当地的特色产品等，即就是说淘宝众筹公益也带有“预购”特点。

京东众筹成立于2014年7月1日，截至2015年9月4日京东众筹累计支持金额达87212万元，单项最高筹集金额为7202万元，单项最高支持人数为35.9万人。京东众筹与淘宝众筹相类似，公益众筹模块也有“预购”特点，即存在纪念性回报。

## 六、估值方法探索

### （一）互联网估值常用方法——用户流量估值法介绍

互联网公司属于“轻资产”行业，没法看PB，而且互联网初期没有利润，无法用PE，因此互联网只能看未来利润的源头，即用户流量，特别是活跃用户的变化，以及将用户流量转化为现金流量的能力。所以互联网估值采用用户流量估值法，该方法建立在梅特卡夫定律之上，即网络的价值与互联网设备数量的平方成正比。节点之间的连接次数为N＊（N－1），当数量较大时，可以近似为N^2，因此用户流量估值方法的初级计算公式为：E＝MN^2（E为平台经济价值，M为单体带来的经济价值，N为用户数量，N^2为用户节点连接次数总和），用户流量估值法多用于社交网站，通过用户相互之间的联系创造价值。

### （二）用户流量估值法修正1——相关性修正

用户流量估值方法下平台估值E与用户数量N呈挃数相关，即平台估值随着用户数量增加将成倍增长。然而英国利物浦大学进化心理学教授计算出人类的社会群体规模“平均组大小”为148，且该理论得到数据验证：从新石器时代的村庄规模，到罗马军团的战斗单位，再到facebook的平均友好数量，基本都在150上下。因此，虽然节点连接次数随着用户流量增加成倍增长，但是就平台单个用户而言，并不会与平台所有人进行互动，单人最大互动群体数量在150人左右，原始的用户流量估值方法容易产生高估泡沫，需对其进行修正，修正如下：

$$E = \begin{cases} MN^2 N \leq 150 \\ M \times (150N) N > 150 \end{cases}$$

上式中150并不是绝对的分界值。从上式可以看出，当用户数小于150人时，项目经济价值与用户数量呈现挃数相关；当用户数大于150人时，项目经济价值与用户数量呈现线性相关。

### （三）用户流量估值法修正2——用户分层修正

用户流量估值方法建立在用户互动基础之上，而互联网平台用户质量参差不齐，不能一概而论，所以需要对客户进行分层处理。互联网平台根据用户活跃程度分为三类：活跃用户、普通用户与不活跃用户，根据价值分层可以分为高净值客户与非高净值客户。互联网平台应对不同的客户类型赋予不同的权重，a、b、c、d、e、f表示不同权重，且满足a > b > c > d > e > f。

**表10.1**　　**客户分层一览**

| | 高净值用户 | 非高净值用户 |
|---|---|---|
| 活跃用户 | a | b |
| 普通活跃用户 | c | d |
| 不活跃用户 | e | f |

资料来源：平安证券研究所。

因此，根据用户层次进行分层的用户流量估值方法修正后如下所示：

$$E = \begin{cases} \sum_{i=a}^{f} Mi \times (i \times Ni)^2 Ni \leq 150 \\ \sum_{i=a}^{f} Mi \times (150 \times i \times Ni) Ni > 150 \end{cases}$$

### （四）用户流量估值法修正3——客户流量货币化系数修正

以上修正在一定程度上厈缩了互联网估值泡沫，但估值结果仍旧偏大，原因在于互联网存在马太效应，并不是所有平台都能将客户流量货币化，只存在少数几家平台，尤其是细分行业里的龙头平台才有可能实现客户流量货币化。若把该因素考虑在内，对平台进行审慎估值，还应乘以一个系数y，该系数介于0与1之间，代表互联网平台的综合实力，实力越大，系数越大；实力越小，系数越小，具体公式如下所示：

$$E = \begin{cases} \sum_{i=a}^{f} y \times Mi \times (i \times Ni)^2 Ni \leq 150 \\ \sum_{i=a}^{f} y \times Mi \times (150 \times i \times Ni) Ni > 150 \end{cases}$$

### （五）用户流量估值法修正4——考虑平台项目数修正

前面介绍的用户流量估值办法仅仅考虑到平台用户流量，却忽略了平台项目数量的影响。其实，对于奖励式众筹与股权众筹平台而言，更多的是通过项目与个人之见相互联系为项目创造价值，平台抽取项目价值的一部分作为中介费来盈利，即使通过广告盈利或者是增值服务盈利，也多围绕项目展开，目的在于用项目来吸引更多投资者，所以使用 N^2 将不再合适，估值公式应该变为 E = MNn（E 为平台经济价值，M 为单体带来的经济价值，N 为用户数量，n 为平台项目数），然后根据不同种类众筹对公式进行修正。

### （六）捐赠式互联网众筹盈利模式

捐赠式互联网众筹平台不以盈利为目的，因而传统公司估值方法不再适用。然而捐赠式互联网众筹依托互联网开展，拥有大量用户，可以形成规模效应与传导效应，未来可以通过广告、增值服务等来盈利。

基于大病捐赠式互联网众筹盈利模式

①广告盈利：加入大病捐赠众筹的成员往往是关注健康的群体，因而会吸引商家在平台进行广告宣传，平台可收取中介费

②增值服务盈利：平台可以为社员及体检公司提供信息平台，从而收取中介费；保险公司向平台提供多种保险服务可以收取中介费；为社员及医生、医院提供信息平台，收取中介费

③资金池盈利：虽然当下不能建立资金池，但随着法律及征信体系的不断完善，平台会有个人账户形成资金池，增值部分盈利

基于公益捐赠式互联网众筹盈利模式

公益捐助式互联网众筹平台盈利模式较为简单，主要为广告盈利，即企业可以凭借公益捐赠式众筹平台转发量决定捐助额，既可以帮助别人，也可以起到宣传企业的目的，从而平台可以收取中介费。

### （七）基于大病捐赠式互联网众筹估值方法

大病捐赠式互联网众筹平台的盈利主要来自于中介费及利息，该部分利润一方面与用户流量息息相关，应使用互联网估值方法，另一方面与资金池利息相关，应使用资产管理公司估值方法。所以大病捐赠式互联网众筹平台估值如下所示：

$$E = \begin{cases} \sum_{i=a}^{f} y \times Mi \times (i \times Ni)^2 + \frac{p}{aum} \times \text{捐赠众筹平资管理规模}\ Ni \leq 150 \\ \sum_{i=a}^{f} y \times Mi \times (150 \times i \times Ni) + \frac{p}{aum} \times \text{捐赠众筹平资管理规模}\ Ni > 150 \end{cases}$$

（八）基于公益捐赠式互联网众筹估值方法

公益捐赠式互联网众筹的盈利主要来自于中介费，与用户量息息相关，应使用互联网估值方法。

$$E = \begin{cases} \sum_{i=a}^{f} y \times Mi \times (i \times Ni)^2 Ni \leq 150 \\ \sum_{i=a}^{f} y \times Mi \times (150 \times i \times Ni) Ni > 150 \end{cases}$$

# 七、投资建议及风险提示

## （一）投资建议

捐赠式平台的主要目的在于其公益性以及分散风险，盈利不是其主要目的。国外的平台例如watsi等现阶段的运营费用由受捐助者和捐助人共同承担，平台的运营具有持续性；国内的平台的运营费用现阶段主要还是来自于投资方，当然有些比如e互助等是希冀拿到相互保险的牌照，实现公司化的经营。

我们认为虽然捐赠式平台的目的不在于盈利，但是积累了大量的用户之后，可以通过广告、增值服务等寻求盈利点，在某种程度上，捐赠式平台很类似于社交平台，所以我们也对其估值进行了理论意义上的探索。

## （二）风险提示

平台客户分流风险；法律法规空白产生的合规风险；客户大量退出导致的平台倒闭风险。

# 案例篇

# 案例一　KEEP[①]

**背景**

Keep这个专注在健身课程、垂直社交的平台自2015年2月上线以来一直显示出极大的潜力：用户增长方面，截至2016年10月，这家公司公开公布的用户数已达6000万；在当前的互联网创业和资本环境下，APP创业已经越来越艰难，但Keep在一年多中获得了不错的口碑，年轻人健身意识确实比过去有了很大的提升，追寻健康生活的方式已经远远不止于骑车和跑步。

## 一、关于Keep

Keep是一款具有社交属性的健身工具类APP。由北京卡路里科技有限公司研发，CEO为王宁。用户可利用碎片化的时间，随时随地选择适合自己的视频健身课程，进行真人同步训练。完成后还可以“打卡”晒成就。

Keep主要提供免费健身视频课程、户外跑步记步、健身计划指导、健身分享、兴趣交友、BMI指数分析等。

该产品已在各大平台上线，用户可在AppStore及Android渠道下载。

### （一）目标用户

**1. 想健身的人**

想健身却不知道方法，没有针对性的系统计划的人群；

希望健身，但是没有条件（钱+时间）去健身房锻炼或请私教的人群；

想健身但是自己没有办法坚持下去的人群；

减肥人群；

不满此前纯文字类的经验和书本式教学，希望体验更生动，更互动的视频社交健身经历的人群；

**2. 在健身的人**

在健身却没有线上社区进行分享和炫耀的人群；

在健身却依然不知道方法的人群；

健身教练进行个人品牌的营造；

兴趣社交（通过APP社区结识同好）；

---

① 本案例由黄景薇搜集整理并撰写成文。黄景薇为东北大学创新创业与风险投资研究所研究助理。

**3. 健康生活的信仰者**

关注健身健康信息；

关注并实践健康生活理念的人。

### （二）KEEP 产品分析

首先通过用户的基础数据信息，推送适合用户的课程，用户在可利用碎片化的时间里，随时随地选择适合自己的健身课程，即便是 4 分钟也可以完成一次健身训练，所有动作均配有视频，动作演示和语言描述使小白用户可以“傻瓜式”学习。

其次用户可根据器械、部位、难易度筛选适合自己的课程。训练结束后，用户可以拍照记录每一天的变化，分享在「Keep」运动社区，社区好友相互勉励，使健身不再是孤独的坚持。

### （三）产品特点

在 keep 的产品体验过程中，Keep 每节课程的视频大小都做了技术优化，几乎是秒下载，无需担心流量。这与同类产品“火辣健身”形成了鲜明的对比。

同时 Keep 健身课程的交互设计简洁清晰，暂停时，屏幕中还会通过引用名人名言对健身者进行激励。而“火辣健身”在课程中点击屏幕任何地方都会暂停，让用户产生会不小心误触的担心。

### （四）产品核心功能

1. 提供基础的、标准化的、可以随时开始的训练计划或课程，尽可能多的覆盖涉及运动的各场景；

2. 主要满足健身需求 0 ~ 70 分的群体（70 分以上需要定制化的，而非标准化的计划与服务）；

3. 运营策略：社交传播、用户运营。

## 二、王宁与 keep

当年还在大学操场跑步减肥的胖子王宁，没有想到两件事：他真的通过健身瘦下来了，以及，那次成功的瘦身直接改变了他接下来的人生。

两年前，24 岁的王宁还是个在等着毕业的大四学生。那些临近毕业的日子里，他决心瘦身，但是没钱，请不起健身教练。他就自己一个人，搜集健身的知识，在学校操场跑步，对着视频网站上的健身视频练习。

自己锻炼的王宁瘦了 20 斤。身边人一遍遍问，是怎么瘦下来的？王宁就一遍遍把那些他用到的链接发给他们。身边人又有新问题：这么多链接，先练哪个？后练哪个？前一个月怎么练？后一个月怎么练？要不然你直接做个 App ，把这些视频全放到里面排列好顺序？

朋友的话算是王宁创业的起点。他与后来的合伙人在 QQ 上聊天发现，跑步确实是适合大众化的健身需求之一，但那种家庭徒手训练的需求量应该也不小，跑步反而有门槛——你要穿好鞋和衣服，出了汗好冲澡，在家训练好像门槛更低。那就把这些视频整合起来，做一个结构化的东西？

那天晚上的这个建议，日后成了王宁创业项目 Keep 的产品雏形。他去 App Store 搜了一下，在 2014 年底，健身领域里的确没有适合健身小白的 App 。

那天晚上在 App Store 搜索健身类 App 而不得结果的王宁，没有料想到，当他将这个想法付诸实践的时候，已经有三四家同样产品的公司加入了竞争。更不幸的是，Keep 是三四家当中产品最晚上线的。

从投资人的拒绝和建议中可以得知，这名刚刚毕业的大学生几乎不具备任何创业的优势：没有自带成功光环的创始团队，没有资源优势，没有技术门槛——什么都没有。

而在短短一年多时间，Keep 获得五轮融资，5000 万用户。他们把 Keep 的成功归因于多个方面：消费升级的风头正盛，投资人对 90 后创始人的青睐，以及一部分互联网时代赋予创业者的好运气。

这家年轻的公司在过去一年中收获了多个层面的成功：用户量的迅速增长，投资人不断的找上门来，媒体的持续曝光。从 Keep 的融资速度便不难看出，顶着所谓“资本寒冬”的漫长冰期，在一年时间内连续完成 500 万美元、1000 万美元和 3200 万美元的三轮融资。为了适应这种疾驰所需的力量，年轻的王宁和他年轻的团队必须以全力以赴的态度来对待这份已经不再是初创状态的事业。

## 三、融资

2014 年 11 月，公司成立不久后获得 300 万人民币天使投资；

2015 年 3 月，获 Ventech（银泰资本）和 BAI（贝塔斯曼亚洲投资基金）的 500 万美元 A 轮融资；

2015 年 7 月，获得 GGV（纪源资本）领投的 1000 万美元 B 轮融资，BAI（贝塔斯曼）和 Ventech（银泰资本）跟投；

2016 年 5 月，Keep 完成 3200 万美元 C 轮融资，由 GGV（纪源资本）与 Mornningside（晨兴资本）领投；

2016 年 8 月，Keep 再获腾讯 C + 轮战略投资，具体数值其不愿透漏。

Keep 创始人兼 CEO 王宁表示，在 C 轮完成不到 1 个月的时间就完成了 C ＋轮融资。这轮融资的核心目的是“希望能用更多的资金，深耕内容与品牌，并继续打磨产品提升用户体验”。王宁还表示，除了来自腾讯的资金之外，Keep 更重视通过腾讯获得的资源及产品支持。Keep 不太烧钱，获取用户成本很低，它基本上是靠口碑走到今天。其具体优化有三个方向：

1. 内容深挖，从健身拓展到全民运动。品类上从原来的健身扩展到瑜伽、跑步等；邀请运动领域 Top 级的人参与，已经请了邹市明（拳击）、刘湘（游泳）、邱波（跳水）等专业运动员来参与内容生产，让用户感受到其专业性。

2. 产品的优化改善。

3. 商业化的尝试。出于服务用户、丰富产品的目的，例如现在的商品瑜伽球，是为了配合 Keep 的瑜伽课程。

## 四、运动 App 的逻辑

运动是苦累的，难于坚持。要保持 APP 的活跃度，就需要帮助用户养成运动习惯，甚至喜欢上运动。Keep 所面向的健身领域，跟跑步有很大的不同。健身体系中包含非常多类型的训练，强度由高到低，科学搭配。尽管跑步的运动效果是相对模糊的，但参与健身的很多用户都有明确的目标，比如降低体脂、增加肌肉、马甲线等。为了达到这个目的，通常要长时间持续的科学训练，严格控制饮食。

事实上，运动 App 自诞生起就不是为运动者准备的，因为那些真正的运动者不用 App 也会坚持运动，而那些在健身俱乐部办张卡、去几次就不去了的用户，App 也帮不了他们。

此时运动 App 发挥的最大价值是：在聚合了有运动需求的用户后，制造出“我们是通过这个 App 实现了健身”的假象给其他用户看。

有趣的结果是：运动 App 在一群不爱运动的用户中火了，他们或把健身作为借口，实际是为了约朋友，或为找个理由打发时间，App 也成为他们在社交软件中炫耀的道具。

他们真正要的是朋友圈里那串运动数字和“点赞之交”的微信好友。他们真正的运动是“晒”，此时运动 App 的价值是：提供了一个话题窗口和途径，成为线下社交的极好场景。

运动健身本是一件枯燥的事情，一旦失去场景化的驱动，用户很容易失去自制力，App 也会慢慢被冷落。如何创造有意思能推动用户频繁打开的内容就变得格外重要。

目前行业内多数用打卡来提升激励体验，比如 Feel 上用户在完成一天所有的运动计划之后，就会自动弹出一个完成任务的激励卡片，只要点下分享就可同步分享到社交软件中。这种不用截图、不用编写朋友圈文字、简单粗暴的方式容易让用户获得满足。

Keep 也在健身这个垂直维度下设置了打卡、话题功能和社区，并重点推荐时下热门的腹肌撕裂者、翘臀训练、五维腹肌训练等局部塑形训练，还推出邹市明拳击课程、邹市明战斗跳绳、以及瑜伽等课程，以丰富的课程内容去提升黏性。

其实在健身习惯养成上，因为具有任务挑战和社交属性，利用 KOL 做示范效应也是一种方式，一旦习惯初步养成或产生初步健身效果，就容易产生深度黏性。

此外社区化也是内容 PGC + UGC 提升粘性的方式。锻炼后可以看到其他人锻炼后的吐槽、自黑、共勉、还有“福利”——来自美女帅哥用户秀身材的自拍照，也是个诱惑。

Keep 的核心内容是科学分解健身的各类课程，在线视频教学。健身递进式的练习特点，引导用户碎片化地练习、记录训练数据和打卡分享训练效果，逐步坚持和养成习惯，便形成了 Keep 的核心运营思路。

## 五、运营策略

体育之风盛行，每一个产品都在尝试新的方式连接用户、运动、体育资源（场地、教练、赛事）。从跑步社交工具“咕咚、悦跑圈”，到健身社交工具的“Keep”，再到 ClassPass 模式的“全城热练”，都用其独有的运营方式，探索着用户习惯和消费升级之路。

所有的运营出发点，都是基于用户的整个运动周期和所在的体育产业链。从运动习惯养成，到科学训练，资源连接、赛事服务、装备需求等每一个环节，既可以单点突破，也可以整合深入。

Keep 所面向的健身领域，跟跑步有很大的不同。健身体系中包含非常多类型的训练，强度由高到低，科学搭配。尽管跑步的运动效果是相对模糊的，但参与健身的很多用户都有明确的目标，比如降低体脂、增加肌肉、马甲线等。为了达到这个目的，通常要长时间持续的科学训练，严格控制饮食。

归纳起来，在健身习惯养成上，同样具有任务挑战和社交属性。跟跑步相比，练习复杂度高、坚持难度大，但是目标导向强，KOL 示范效果震撼，一旦习惯初步养成或产生初步健身效果，即产生深度黏性。

Keep 的核心内容是科学分解健身的各类课程，在线视频教学。健身递进式的练习特点，引导用户碎片化地练习、记录训练数据和打卡分享训练效果，逐步坚持和养成习惯，便形成了 Keep 的核心运营思路。

**1. 冷启动策略**

切入点：对于无法去健身房，或者时间有限，不会科学地安排健身计划，也没有同伴相互鼓励的用户，为他们提供免费健身视频课程、户外跑步记步、健身计划指导、健身分享、兴趣交友、BMI 指数分析等。

锁定人群——根据用户健身所需的专业程度以及想达到的效果进行分级，0～70 分的效果是在线辅导可以很快解决的，而 70 分以后目标精确的用户则需要定制化的产品而不是标准化的方案，而 keep 针对的主要是前 70 分的用户。

做法：

雪球计划——通过招募内测官，熟人之间进行传播，带来极好的口碑，用户开始自发分享传播。

埋雷计划——4000 到 200 万的迅速膨胀。从上线初期开始，就锁定了近百个垂直社区，包括那些流量巨大的百度和豆瓣群组，长期连载品质较高的以健身经验为内容的帖子，并对帖子进行一些 SEO 推广，吸收健身兴趣用户，在产品 App 正式上线时，所有帖子同时将矛头指向 Keep 引爆健身圈。此后 Keep 也一直依赖用户运营和社交传播来刺激新用户的加入。

通关模式——持续推出新的健身课程，吸附深度用户保持活跃和跟随，减缓他们的流失率。

明星效应——快速获取大量粉丝。2015 年 10 月朱亚文在参与快乐大本营综艺活动的时候，口播植入 keep 广告，节目播出当天，用户增长近 100 万。

**2. 轻量运营之道**

根据健身多维度和渐进式的特点，Keep 坚持轻量的运营来培养用户习惯。内容矩阵 + 话题运营，构成了 Keep 的轻量运营体系。

这个体系基于两个方面，第一个是 APP 的打卡、话题功能和社区。每次完成训练后，用户才可以打卡，内容编辑窗口有便捷的话题标签插入功能（包括最新和历史话题推荐），可以一键同步社交平台。Keep 的很多活动都是联合社区和微博的话题功能展开。

第二个是丰富和传播势能的内容矩阵。健身内容根据训练体系、KOL、饮食结构、生活场景等不同维度分解出很多内容。内容空间虽大，但专业性和体系的要求都非常高。

在这个轻量运营体系中，首先是内容规划。在微信公众号上，Keep 有“活动、答疑、福利、分享、课堂、食谱”等十多个常态轮换栏目，栏目的焦点图风格统一。

在微博上，常态话题有“#Keep 课堂#、#KeepEatHealthy#、#Keep 问答#、#Keep Talking#”等不同的内容体系。内容专业度、新鲜度和规范上都做到很高的标准。表 1. 1 是部分话题的总阅读数。

**表 1. 1　　Keep 部分话题阅读总数**

| 话题 | 内容 | 微博阅读数 |
|---|---|---|
| #keep talking# | 每日有奖话题讨论 | 1. 2 亿 |
| #keepEatHealthy# | 健身食品的介绍和制作 | 2738. 6 万 |
| #keep 问答# | 每周健身问题的答疑 | 2388 万 |
| #keep 课堂# | 系统化健身课堂 | 2418. 7 万 |
| #keeptips# | 健身小知识 | 4417. 1 万 |

在营销活动上，主要也是围绕话题形式开展。结合热点和节日，让用户通过 APP 社区或微博参与活动话题，送出奖品。话题形式有统一的主题，在微博上还有话题主页，也有机会上热门话题榜。

例如在 2015 年 6 月 26 日到 2015 年 7 月 20 日，结合综艺节目“真正男子汉”，发起#挑战男子汉#活动。通过 Keep 完成训练打卡，添加话题#挑战男子汉#，根据连续打卡天数，可参与不同的抽奖，转发活动微博抽送奖品。

**3. 品牌合作的纵深**

在健身的用户群体和产业链上，有非常多的合作选择。不同的品牌合作对 Keep 有联合曝光、潜在用户导入、品牌价值输出、丰富互动形式和探索商业化等多重意义。在这方面，Keep 尝试了非常多类型资源整合的品牌活动，是运营体系中，最色彩丰富却饱含商业意义的一环。

（1）运动品牌的深度资源互动

用户的最大共性是运动，运动品牌在品牌契合度、市场资源上都有很大的合作优势。除了品牌价值输出外，它们与 Keep 在用户的互动和体验上的诉求更为一致。在活动形式上，双方的合作链条可以更长。

例如在 2015 年 7 月 20 日到 2015 年 8 月 16 日，Keep 联合 Puma 发起#抛开借口#24 小时运动挑战训练营大型线上线下体验活动。每个品牌合作方以各自战队形式参与最终的现场挑战。在 Keep 的战队报名上，用户在 Keep 内完成训练打卡，带上#抛开借口# + 身型照，参与战队报名，选出 4 组共 16 人参与现场挑战赛。

（2）用户群体的价值输出

除了运动共性外，Keep 的用户还可以挖掘出年轻，活力和 cool 等属性，与一众的年轻时尚品牌吻合。通过联合的主题活动，Keep 尝试了品牌价值输出以及丰富互动形式、合作方获得精准用户互动体验、品牌认知以及转化。

例如在 2016 年 5 月 14 日到 2016 年 5 月 20 日与优衣库的合作中，用户通过 Keep 跑步功能跑出“U 形”轨迹图，在社区#跑出优表现#话题下分享轨迹图，就能得到优衣库抽送的奖品。

跑步类 APP 有不少品牌合作都是通过这样的形式，用户跑出合作方的品牌形象图案来赢取奖励。APP 可以获得有效的用户激活，用户的行动更好的为合作方传递了品牌形象。

**4. 传统媒体的意外爆红**

在流量渠道泛滥，但成本普涨和用户质量堪忧的当下，很多人考虑并尝试回归影视媒体的投放。单次的合作费用（费用不等同成本），模糊的用户量回报，很容易让人望而却步，但面对精准和稳定的用户覆盖、巨大的品牌附加效应，如何权衡是他们所面临的问题。

在2015年10月31日的“快乐大本营”上，他们提前锁定了当期电影“我是证人”宣传的嘉宾鹿晗和朱亚文，因鹿晗的商业合作成本较高，故Keep曲线选择了与鹿晗同台的朱亚文，加上杜海涛也是Keep（杜海涛微博也有合作展示过Keep的训练）的用户，便很自然通过节目中屏幕展示了Keep。

**4. 广告效应的多级联动**

例如在2016年6月13日到2016年6月20日，用户可以通过微博晒出健身前后的对比照，并添加话题#自律给我自由#，来参与抽送奖品。

在这个系列的宣传中，除了拍摄华丽的广告视频和投放外，针对制定好的主题，利用多级的子主题活动，将话题汇集到中心来，让线上的用户渴望遇见广告，遇见的用户渴望成为话题的主角。

**5. 用户留存**

当产品走向正轨，拥有一定量的用户之后，运营工作的重点便在维持用户增长的同时进行用户留存。

对于健身新手并初步接触产品的用户来说，keep简明的界面和简单的使用方法对用户具有一定的吸引力，而他们在使用产品进行训练后便会发现，无论是产品的内容还是社交方面的功能都足以满足其需求，用户便很容易留存，同时keep在社交功能上积极邀请健身达人进行分享，来吸引关注并增加用户黏性，提高留存率。

不过对于没有长期健身意识的大部分人群来说，运营方面所需做的除了分析原因，还需要通过内容推送和举办活动来对用户进行激励。

**6. 商业下的运营考验**

在体育风口下，演化了很多用户和服务分级的运营方式。比如加重赛事的举办和服务运营、classpass的健身资源对接、教练的C2C服务、深度爱好者的分级社群和服务、健身直播等，它们切中的都是某一环节的运营需求。

## 六、商业路径上的窘境

事实上，运动类App的发展“仿制”了PC互联网产品的发展轨迹，免费是他们的最大利器，圈用户是他们的最大工作。

然而正是这种在PC互联网时代被验证过的发展路径坑了他们。

首先，他们掉入了同质化竞争的泥潭，看似每款产品都在更新，然而最后大家都集中到了记步与跑步上，大家能提供的都是GPS定位、显示运动路线图、耗时、卡路里消耗等最基础的服务。这种浅层的运动功能，不仅让用户陷入选择困难，也没能强化自己的独有性，建立竞争壁垒。

健身类创业项目中也出现了不少模仿Keep模式的追随者，如FitTime、睿健时代等，但在产品下载量上跟 Keep 相比差距还很大。

其次，这些运动 App 在技术上存在硬伤。有媒体测试结果显示，不管在步数的计算或者是热量的计录上，这些 App 和专业仪器测试出来的数据都大相径庭。这与不同运动产品本身的算法、所使用的传感器以及人体的复杂性因素等因素不无关系，但却直接影响了用户对运动 App 的信任和付费意愿。

最后，国内用户对软件付费的意愿远低于国外，尤其是对运动工具类 App ，用户的依赖程度更低，所以找直接的使用用户收钱显然“难于上去青天”。这样，运动类 App 们集体陷入盈利模式空缺的窘境。

## 七、Keep 课程免费战略

Keep 对传统健身方式最大的颠覆在于“课程免费”。一名“健身小白”在平台注册后可以根据身材和训练目标选择“动作入门”“跑步基础”“活力燃脂”“腹肌雕刻”“力量增肌”等课程，所有课程都由健身教练为 model 制作成非常标准化、示范性的视频课程（可下载视频包均为经压缩的文件，不占用户手机太多空间），用户参加训练后还可以通过社区分享和互相“打气”——类似微信中的“点赞”功能，在这里有一个生动的叫法，平台把所有用户称作 Keeper，也制造了独特的社区氛围。

据 Keep 团队介绍，Keep 平台上线之初仅有 7 项训练计划和 16 项单次训练，到现在已经推出 20 项训练计划和 76 项单次训练，并在原有课程基础上推出了拉伸、康复训练以及瑜伽、按摩等品类。

以记者参与训练的“刘湘核心集训”为例，截至记者发稿，课程页面显示已有超过 77000 用户参加训练，对平台活跃度显然是一个较大的提升。

“课程免费”也是 Keep 的软肋所在。按照传统线下健身房的收费标准，一节私教课程的价格在 300 ~ 400 元左右，而除了购买课程，健身房年费的消费都不低，由于 99% 的健身房均实行年卡制，在北京大众消费定位的健身房一位健身爱好者至少要花上 6000 ~ 10000 元的年卡费用。

## 八、Keep 的摸索

健身类产品始终存在一个困局，如果产品过于轻便则很可能沦为单纯的工具，在小白用户一旦形成健身习惯之后很有可能会被抛弃——就像薄荷网的食物热量查询和咕咚的跑步计数。而产品功能如果过于复杂，又无法契合健身时的使用场景，对于这个问题，Keep 企图用通关和羊圈两种模式解决。

目前，Keep 里面已经累计储存了 600 多个课程，事实上已经录制完成的课程更多，只是王宁在用一种网络游戏迭代资料片的方式控制课程的更新，“就像是通关一样，你每过一个星期释放一个新的课程出来，会让深度用户保持活跃和跟随，减缓他们的流失率”。

美国未来学家 JaneMcGonigal 写过一本影响很大的书，名为《游戏改变世界》，她认为游戏的设计正在引导现实世界的发展，比如反馈系统，每杀一只怪物，游戏玩家都会获得经验值的提高以及些许金币道具的掉落，这种奖励机制不断刺激用户深入游戏世界，获得心理愉悦。因此，这种设计也被广泛运用于企业管理、软件开发当中，来显著提升接处对象的幸福感。

Keep 的很多细节，同样反射了这种理念，它引导用户打卡和分享（“分享之后可能就不太好意思半途而废”）、将卡路里燃烧量精准量化、帮助制作周期性的目标等等，都起到了刺激用户黏性的作用。而这些细枝末节的功能都被尽量轻便处理，拆解 Keep 目前的结构其实相当简单——以 PGC 的课程加上并不丰富的社交 Feed 功能为组合。“我们希望在一开始能够简单一点，让用户带着问题过来，找到适合他的解决方案，这样会让他的体验特别轻，使用之后也容易建立自信”。

对于课程内容累积背后的盈利模式展望，王宁举了一个浅显的例子，来讲述他的思路：“抽象来看，Keep 现在做的是建造一个羊圈，那些课程就是草料，我们尽可能让草料丰盛起来，让越来越多的羊进来吃草。在这之后，我可以做的事情非常多，从商业的角度而言，要不我就自己做狼，把这些羊都给吃掉，要么我就卖门票，放外面的狼进来”，而 Keep 的选择重心，会落到电商和 O2O 两大盈利模式上。

电子商务这边的逻辑相对清晰，也是其他行业走过的老路，用户需要健身，就会产生商品消费需求，比如器材、服装甚至是偏科学食谱方面的食品等，只要有了用户规模，Keep 往这个方向寻求收入不会有太大问题。王宁考虑得更多的是 O2O，即对接人与人的服务。

“短期可能不太现实，但是长远来看，我们会慢慢试着打破健身房和健身教练两者‘封装一体化’的潜规则。其实现在已经有很多‘私塾’的出现，就是健身教练脱离给他提供背书的商业场馆，但是客户资源的匹配是一个很大的问题，而这又是 O2O 最擅长解决的”，王宁预想的是，终有一天，Keep 的用户足以支撑那些因人而异的服务项目，而“Uber 式”的互联网经济体也就能够顺理成章的到来，健身既可以在线教育化（YY 模式），也能够上门服务化（对比按摩、美甲等 O2O 业务）。

## 九、4000 到 200 万的迅速膨胀

早期，王宁和他的团队社交媒体找到了约 4000 人规模的内测团队，王宁自己还尝试“潜伏”进不少健身主题的 QQ 群，与网友熟络之后，小心翼翼的扔出产品下载链接，推荐群友体验，“一个千人群，发一次链接平均下来可以带来五十多次下载”。

这 4000 人成为 Keep 最早的忠实用户，在他们的热情帮助下 Keep 完成了功能完善后的上线版本。随后的 3 个月内，4000 这个数字迅速上升到了 200 万。然而即便如此，王宁并不认为 Keep 可以称得上是一款“爆红”的产品。因为除了在 AppStore 将 Keep 放到首页做了精品推荐的那一段时间以外，Keep 的用户增长一直保持平稳的状态，并没有爆发式的明显高峰。而对于这种增长状态，王宁坚持新媒体的低成本投入。

从上线初期开始，Keep 的运营团队就以代号为“埋雷计划”的行动锁定了近百个垂直社区，包括那些流量巨大的百度和豆瓣群组，长期连载品质较高的以健身经验为内容的帖子来培养出固定读者，并在 SEO 方面得到了很高的曝光位置。而当产品 App 正式上线时，Keep 将这些帖子同时引爆，几乎是在一夜之间，通过作者的话语权告知读者这些饱含价值的经验都是通过一款名为 Keep 的移动工具来维持的。“那段时间，好像几乎整个健身主题的中文 BBS 都在议论我们，Keep

在 iOS 渠道的日下载量也达到 4 万以上”。

Keep 目前超过半数以上的使用者都是“90 后”，一方面是年轻人群对形象更加重视的态度，另一方面是这个群体旺盛的好奇心、对于新鲜事物的接受程度会形成连锁反应，对那些身居前沿的创业项目而言是极大的利好。“我们常常看到，一个大学宿舍里有一个人开始用 Keep 练习，分享各种数据图谱和健身照片之后，很快就打动整个屋子里的人都开始用”，王宁对 Keep 的前景表示谨慎乐观，他一直强调 Keep 的“无公害”属性，相比商业气息比较浓厚的其他类型产品，Keep 的推广之路有着得天独厚的俯冲优势。

此后 Keep 也一直依赖用户运营和社交传播来刺激新用户的加入。“可能还是和我在猿题库的过往有关，在那时的团队里，不少从网易出来的同事，新闻敏感度非常强，也确实尝到过四两拨千斤的甜头”，王宁表示，他在这个阶段也不太敢将投资烧到渠道资源的采购上，虽然几块钱换取一个激活已经算是非常便宜了，“但是你最终会整天都盯着剩余预算，而且也很难去识别自然增长的趋势和反馈来调整产品方向”。

实际上这种思路和目前网络上健身行业的整体传播趋势吻合，因为小白用户占据主流，所以有价值有内容的经验和直播贴都容易带来极高的关注度。而王宁选择的传播素材多数都是精挑细选的原创内容，比起其他反复转载的信息源对用户来说更有价值，在这种内容中附带 Keep 的信息不仅可以收获用户更可以获取信任，这种信任正是王宁希望 Keep 品牌能够慢慢累积的资产。

## 十、省钱省出的推广奇迹

在 B 轮一千万美元的融资到账之后，王宁带着团队启动了新的推广策略，这也是 Keep 在历史上首次真正使用“资本力量”来加快圈地运动。

在针对广点通、粉丝通等买量渠道做完市场调研之后，王宁还是感觉“太贵”，这使他一边感慨错过移动互联网的流量红利，一边苦恼怎样找到性价比更高的推广方式。“Keep 的产品普适性比较高，只要优化得好，可能用户单价可以压到三到四块钱的地步，但还是不太适合我们这样的创业公司。”

在同时考虑 Keep 的品牌曝光需求之后，王宁看上了综艺节目植入这条线，他认为在等量的总体预算下，电视媒介的性价比可能会高过网络媒介，“就算转化率差不多，但是以同样换来一百万用户的成本，电视媒介还有品牌增值的附加效应，这个也比纯粹依赖渠道导流要好。”

一个大的背景是，由于电视类传统媒体近年以来逐渐挽回颓势——因为观看终端的碎片化并未如悲观腔调所预言的那样夺走用户的注意力，相反，由于互联网生态下的影视内容生产能力极其有限，所以当电视媒体抓住内容制作的优势之后，很快发现它们仍旧可以掌握版权分发链条之上的话语权——所以，愈来愈多的互联网公司也开始积极介入商业招标环节，豪掷千金以求得露出。

同时，基数依然庞大的客厅场景天然适合互联网产品的触客：Wi - Fi 覆盖的条件，相对闲适的状态，以及边玩手机边看电视的大众习惯，都意味着观众能够在被激发兴趣之后直接下载体验应用。

了解一圈下来，王宁发现《快乐大本营》的观众年龄与 Keep 的一致率最高，这档节目也是大陆综艺的常青树之一。但是与电视节目合作，其报价动辄就上百万，其中门道之多也是令人咋舌。坊间流传,《爸爸去哪儿》的冠名商伊利派了12个人进驻剧组,随时敦促拍摄过程中镜头是否对准了商品、Logo有没有被遮挡等情形,且在关键节点还会喊停重拍。

但是在另一方面,直接搞定艺人的效果同样出色,有的赞助商甚至会趁经纪人不在艺人身边的时候,和艺人私下敲定交易条款,让艺人在拍摄过程里口播植入内容,最后只要再去搞定剪辑人员不要把这段给咔嚓掉,就大功告成了。

王宁笑言,在走了一圈之后,他作为一个90后,身心都受到了伤害,“里边儿的‘故事’真的是太复杂了。”

获得启发之后,王宁便从《快乐大本营》的制作计划反向入手。伏笔埋好之后,剩下的就只有执行计划。在节目录制现场,朱亚文接茬何炅关于如何保持身材的话题,将Keep这款App可以帮助用户利用空闲时间锻炼以及“就像一个随身教练一样”等核心信息口播出来,再拉上主持人杜海涛——他恰好也是Keep的用户,曾在微博分享打卡做“陪练”,最终播出的画面中亦有Keep的Logo出现,这看上去天衣无缝。

“但是我当时在现场紧张坏了,生怕口播会被打断,或者发生别的意外,总之是特别的累,跟创业的累法完全不同。”为了这场合作,王宁和同事前后断续投入时间超过四十天,几乎已经达到他的极限,然而,合作效果使这一切都显得物超所值。

节目播出当天,Keep的新增用户接近100万,其托管的阿里云服务器直接宕机罢工,随着节目的重播和网络传播,Keep享受到了一个月左右的红利时期,最后统计下来,单个用户成本大概是五毛钱,惊为天人。

## 十一、电商是Keep商业化唯一方向吗

王宁曾表示,选择电商是因为它产品简单、快。电商是比较简单的商业模型,这被大规模验证过。他认为在目前阶段内容、产品更重要,电商的尝试不会牵扯团队太多的精力。

事实证明,结果还是比较好的,没有补贴、优惠,电商一上线就是带着利润在跑。

在2015年的O2O死亡名单中,健身类亦是重灾区之一,不过因为从未触及线下健身场馆这一领域,Keep基本没有受到波及。

当然,这也是Keep遭到质疑之处:在没能创造经济价值之前,安全线是没有任何意义的,Keep止步于O2O和智能硬件等想象空间巨大的方向,仅仅凭借一个热闹的移动社区能够找到商业模式吗?

而王宁想做的,是电商,而且他比外界的质疑更加坚定的认为,如果Keep在2016年不能转型成为一家盈利的互联网公司,那么Keep也就“没有什么机会了”。

“社区接入电商的时机宜早不宜迟,为什么在母婴、美妆等品类下历史悠久的PC社区都被后来诞生的移动社区迅速超越,因为PC时代的社区追求纯净,连商业信息都不太能有,移动时代的规则不同,购买能力、支付门槛、用户心态都变化巨大,很多时候你要是没有消费纽带黏住用户,他们反而得不到满足。”

王宁推断的场景是,用户会在使用Keep的过程中产生消费需求,比如新手需要适合自己的运动服,开始练习瑜伽的女孩则需要一张瑜伽垫,这些需求他们会在Keep之外的渠道——比如天猫和淘宝,或是线下体育用品商店一一购买,如果Keep能够提供这些,加上以信任关系为底

座的推荐，这条路按理说是走得通的。

宏观来看，社区电商大抵可分为三类，一类是平台性质，主做流量中介生意，比如虎扑识货；一类是 C2C 性质，由买手团队建立稀缺围栏，比如美啦；最后一类是 B2C 性质，用社区品牌拉动自营商品，比如铁血君品行。

在王宁的规划中，Keep 会以平台作为电商化的第一步，在耐克、彪马等知名体育品牌里挑选合适商品上架，在趟顺之后，再逐渐过渡到第二步 B2C，推出 Keep 的自有品牌。"我想试试能不能用科技驱动的方式做出一家耐克这样的运动品牌，其实凡客挺可惜的。"

不过，由于所属领域高度垂直，加上电商本身的库存风险，所以 Keep 可能会在很长一段时间内采用少量爆款的销售来运作电商业务，就像罗辑思维和小红书等汇集了精准用户之后的社区（社群）能够基于用户表征来预判供应，Keep 的电商应该不会形成常态化的货架，而是借助闪购形式来去库存化和海量试错。

王宁认为，电商业务的成败将决定 Keep 的生死，他至今仍然不相信短期之内会有第二条生路留给 Keep。

健身平台其实类似"下厨房"这类美食推荐社区，积累了足够的用户规模后转入电商是个不错的思路。在 Keep 目前版本的"发现"频道的"装备"板块，其实一直在尝试周边商品销售。C + 轮融资之前，Keep 已经在加码电商业务，在 3.0 版本中也推出了跑步功能和电商版块，用户可以使用 Keep 进行户外跑，也可在 Keep 中买到运动时需要的装备。由于互联网的免费模式，垂直工具平台的变现一直是个难题，而两轮融资或可以减轻 Keep 营收压力，帮助其从健身工具向运动平台转型。Keep 此番融资发布中，也明确了产品定位："一站式的解决运动问题"。

## 十二、品牌广告——鸣必惊人

2016 年夏天，王宁做了一件以前他从未想过的事情：砸出上千万人民币，做了一轮品牌广告的曝光。

将 Keep 作为品牌而非产品名称进行打造，是王宁在创业之初就已定好的基调，他甚至不惜"自我诅咒"的表示："就算终有一天 Keep 这个 App 不再流行，但是 Keep 的商城线或是社区线还能继续打着 Keep 的品牌延续下去，我就认为是 OK 的。"

从广告学的角度来讲，以品牌为主体的物料宣传需要大量舍弃产品的诉求，而将情感层面的务虚内容尽力放大，在传统行业多被产品高度成熟的企业——比如可口可乐，它已过了需要包装其饮料口感或是配方的阶段——使用，追求效果的互联网企业则很少采用这一模式。

当王宁决定拿出上千万人民币实施一档持续时间并不长的品牌投放时，这个力度不仅让 VC 颇感意外，连同后来执行时被吸引而来的媒体也大为惊讶。

因为 Keep 之于行业的特别之处，素来在于它的"以小博大"，无论是零成本的冷启动（3 个月拿到 200 万用户）还是综艺节目的隐形植入（登陆《快乐大本营》），都是以省见长的主旨。

"毕竟也融了这么多了，总不能让钱躺在掌上发霉吧，再说了，创业快两年了，一直都在提紧裤子战斗，总要给我一次花钱的机会。"王宁几乎没用多少气力，就说服了 VC 认同他的首次大手笔投放，而实际上，VC 也不希望这家已到 C 轮的公司仍然疏于花钱这项技能，否则真到需要拿钱铺路时，缺少操作经验反而可能酿成大错。

至于为什么要做品牌广告而不是在应用商店或是社交平台投放效果广告，王宁的依据在于一份用户调研报告，数据显示 Keep 在最近半年一直保持着日均近 20 万的自然新增用户，而这些新增的来源占比最多的是“口碑”，即受到老用户的推荐而主动搜索下载，这让王宁意识到 Keep 的特殊之处。

前 Facebook 负责海外市场的主管 Meenal Balar 在分享用户增长实战技法时也提到过，一切增长的基础都是健康的用户留存率，否则新增再怎么强劲，也敌不过旧用户的流失速度（User acquisition doesn't really make sense unless you already have healthy retention.）。

这让王宁决定，这轮品牌广告的制作原则，是“优先与老用户沟通，然后捎带着给新用户去看。”这也就导致了在那支长达 2 分钟的广告全片中，Keep 这款应用的出镜时间不到 10 秒，所有的平面广告也都为了美观而没有放置任何二维码，所有的设计指向，都放在了“自律给我自由”这个品牌精神上。

在选择广告公司时，Keep 也将“既服务过运动品牌、也服务过互联网企业”为不可替代的标准，最终上海广告公司 Karma 得到了这次机会，其为新百伦策划的“尽管去跑”和为饿了么策划的“饿了别叫妈”都是相当成功的案例。

只是，真到了合作阶段，各种不顺纷至沓来，王宁连续否掉了 Karma 精心筹划的两轮提案，Karma 团队也在不断寻找新的灵感，两边都有些焦虑和不安。

“自律给我自由”的诞生，是在 Karma 上海总部二楼阳台的一场争吵中，或许还是要归功于 Karma 的创意总监 Marcus 自己也是一个“运动人”，他在过去四年跑了八场全程马拉松，而在长期坚持训练的结果，是强健的身体和充沛的精神。这份经历，让他最终构思出了让王宁和 Keep 整支团队无法拒绝的那句文案。

王宁毫不掩饰他对“自律给我自由”的喜爱，随着投放结束，Keep 的日均自然新增翻倍，总用户量朝着 5000 万迅速趋进，月活用户也迈向 2000 万。而在优酷、腾讯等视频平台的统计中，Keep 的广告单片累计播放次数超过五千万次，基本上也是 2016 年互联网企业中的“半程冠军”。

## 十三、“自律给我自由”

健身运动类垂直社区的流行也正是国内消费升级趋势的佐证。随着三四线城市和北上广一线城市之间信息鸿沟、物流鸿沟被逐渐填平，消费人群正在将可支配收入逐渐投入到娱乐、健康领域，这个趋势已经没有地域差异了——Keep 平台上常常能看到来自三四线城市年轻人、大学生人群活跃度极高的分享。

但问题在于，健身意识的觉醒不止成就了 Keep 这样的在线平台，同时也让线下健身房更加火爆。Keep 上的主流人群崇尚“在家健身”，这样的用户往往消费理念保守；而那些相对资深的健身用户大多本身就已经在线下健身房交足了年卡费。除了广告，还能怎么挖掘千万级的用户的价值，这可能是 Keep 面临的最大挑战。

Keep 在 2016 年 6 月份正式推出自己的品牌口号“自律给我自由”让人印象深刻，Keep 的品牌形象也得到了 Adidas、puma、优衣库、碧欧泉等知名品牌的认同。“Keep 并不只是健身工具，我们希望把它打造成一个运动品牌，成为一种年轻人喜欢的生活方式”，这是 Keep 创始人王宁的期待。

## 十四、Keep 的以后

C 轮融资的投资人找上门来，对王宁说，如果 Keep 足够伟大的话，应该成为一家有宗教信仰的公司。像 Airbnb 一样，看起来只是一个租房的平台，但其实背后是共享经济的精神，也是年轻人的生活方式。投资人觉得 Keep 有潜力成为这样的公司。“这其实是牛逼的公司才能做到的，你能不能做到那一步，可能路还是很长的。”

王宁看到了投资人指明的方向，他慢慢开始体验到品牌的感觉了。团队开始更爱惜自己的品牌，比如所有的微博、微信，每一张配图都有专门的设计师来做。他们开始尊重自己的受众，希望所有的东西都有自己的气质在。

关于品牌，王宁下一步的计划是往国际化的方向走。他也想做出一个像耐克、阿迪达斯一样的品牌出来，只不过不同时代的品牌路线不同罢了。“耐克是通过自下而上的方式，先做装备这些东西，再去扩展品类，互联网是它的一个补充。Keep 是自上而下做，先做了 App ，先把人搞过来，基于对 Keep 平台的信任、喜爱，有这个 Keep 品牌 之后，可能再往下去延伸，延伸到运动装备，延伸到场馆，延伸到这个那个……但是你说本质是不是一样的？我也不知道。”

“我们想成为行业代名词，比如说你搜索想要 Google 一下，运动的时候想 Keep 一下，出门滴滴一下，吃饭的时候点评一下。成为行业代名词，就是有品牌在了。”

如果像王宁一样承认 Keep 前半部分的成功是运气，那王宁接下来要做的事情才是真正让人觉得兴奋和敬佩的。Keep 这棵树要怎么种，接下来就要靠实力了。

“再往下一个阶段走的时候，接触的都是全新的东西了，既要同化它进入到你的价值网当中，也要学习它价值网里的东西。我会去想能不能撼动住这些人、这些事，这才决定了这家公司会不会再有价值。”

# 案例二　ofo 共享单车——随时随地有车骑[①]

**背景**

2000 年之后，随着互联网 web2.0 时代的到来，借助于网络社区、论坛的出现，信息的共享开始出现，2010 年前后，随着 Uber、Airbnb 等一系列实物共享平台的出现，共享开始从纯粹的无偿分享、信息分享，走向以获得一定报酬为主要目的，基于陌生人且存在物品使用权暂时转移的“共享经济”。

共享经济的本质是整合线下的闲散物品或服务者，让他们以较低的价格提供产品或服务。对于供给方来说，通过在特定时间内让渡物品的使用权或提供服务，来获得一定的金钱回报；对需求方而言，不直接拥有物品的所有权，而是通过租、借等共享的方式使用物品。

在共享经济的背景下，“钱”的共享可以促进社会财富流动，提高社会财富的循环效率，扩大人们消费需求，满足更多人的利益。在这样的前提下，提供金融服务的专业的持牌机构，需要转型为基于互联网的信息提供平台。就是消除资金提供方与资金需求方之间冗长的中介环节，让双方最直接地交易。

共享经济将成为社会服务行业内最重要的一股力量。在住宿、交通，教育服务以及生活服务及旅游领域，优秀的共享经济公司不断涌现：从宠物寄养共享、车位共享到专家共享、社区服务共享及导游共享，甚至移动互联强需求的 Wi－Fi 共享。新模式层出不穷，在供给端整合线下资源，在需求端不断为用户提供更优质体验。

正是在这种共享经济的大背景下，ofo 共享单车应运而生。

## 一、共享经济时代异军突起的小黄车

### （一）戴威和 ofo 共享单车

戴威，ofo 创始人兼 CEO，青年创业者，毕业于北京大学光华管理学院。2014 年与 4 名合伙人创立 ofo，提出了“以共享经济＋智能硬件，解决最后一公里出行问题”的理念，创立了国内首家以平台共享方式运营校园自行车业务的新型互联网科技公司。

2013 年，戴威本科毕业，距离研究生入学还有一年时间，他做了一个不同于大多数人的选择：去青海省大通县东峡镇支教数学。

东峡镇偏远，往返小镇与县城的山路崎岖，一辆山地车解决了这个问题——既帮助他在每个

① 本案例由傅晨炜搜集整理并撰写成文。傅晨炜为东北大学创新创业与风险投资研究所研究助理。

周末往返县城与小镇，也陪伴他看遍了青海的壮丽河山，他被这种魅力所折服，“我觉得骑行是一种最好的了解世界的方式。”

于是，戴威成了重度骑行驴友，结束支教、回到北大攻读经济学硕士后，他和朋友就开始酝酿一份“自行车的事业”，很快，ofo 骑游诞生——一个深度定制化骑行旅游项目。

这是一个美好的愿景，让每个人都能享受骑行的快乐。但后来，在公司的账面只剩下 400 元之时，戴威不得不承认，这是一个可有可无的需求，不够“实在”，而且烧钱太快。

首次创业失败，戴威反思得出的结论是：必须解决实实在在的问题，要击中真实的痛点。自行车共享模式开始进入他的视野。

在几无亲朋支持的情况下，戴威决定将 ofo 转向共享单车，并宣告了自己的愿景：只连接，而不生产自行车。

2014 年 6 月，ofo 共享单车在北大启动。初期单车均由师生共享而来。到了 10 月份，戴威和团队观察到用户增长量较为可观，师生骑着 ofo 上课、吃饭、回宿舍，应用情景确实存在，终于松了口气。

共享经济要冷启动很难，Aribnb 花了将近 5 年时间才迎来爆发，如果单纯依靠用户共享，ofo 想复制到多个大学，必须要在每个校园都重新开始，运营难度高。

“这一波红利的窗口期时间有限了，我们必须再快一点。”为此，戴威决定在学校里投入一批自生产的车辆。他认为，当投放量达到一定程度时，自愿共享的人会越来越多，而制造车辆的边际成本也将大规模下降。

测试了 9 个版本之后，“小黄车”诞生了，ofo 也从纯粹的 C2C 模式转变成“轻 B2C 模式”。真正意义上的小黄车由此诞生。

### （二）什么是 ofo 共享单车

ofo 共享单车是全球第一个无桩共享单车出行解决方案，首创“单车共享”模式。用户只需在微信服务号或 App 输入车牌号，即可获得密码解锁用车，随取随用，随时随地，也可以共享自己的单车到 ofo 共享平台，获得所有 ofo 共享单车的终身免费使用权，以 1 换 N。

上线一年来，ofo 已成为国内规模最大、成长最快的共享单车平台，连接 18 万辆共享单车，提供超过 4000 万次共享单车服务，为全国 22 座城市 300 多万用户提供便捷的出行服务。

2016 年 9 月，ofo 陆续获得了唯猎资本、东方弘道、金沙江创投、真格基金、天使投资人王刚、经纬中国的投资。2016 年 10 月 10 日，ofo 宣布完成 1.3 亿美元 C 轮融资，包括滴滴出行数千万美元的 C1 轮战略投资，以及 Coatue、小米、顺为、中信产业基金领投，元璟资本、Yuri Milner、以及滴滴出行、经纬中国、金沙江创投等早期投资方跟投的 C2 轮投资。

ofo 共享单车的愿景是，不生产自行车，只连接自行车，让用户“随时随地有车骑”。希望人们在未来中国的每一个角落都可以通过 ofo 解锁自行车，满足短途代步的需求。

ofo 同样以开放平台和共享精神，欢迎用户共享自己的单车加入 ofo，以共享经济的互联网创新模式调动城市单车存量市场，提高自行车使用效率，为城市节约更多空间。ofo 倡导文明用车，通过技术手段引导用户规范使用 ofo 共享单车，与市民和政府协同优化共享单车出行解决方案，让城市更美好。

## （三）小黄车使用规则

**1. 开锁与结束**

ofo 共享单车无固定停车点，可随时取用，结束使用后，将车辆停放至道路两旁的安全区域，方便他人取用。

拨轮锁开锁时，拨动密码盘，使密码对准锁身黄色标准线，按下圆形按钮，即可成功开锁；键盘锁开锁时，输入密码，按下密码盘下方的按钮，即可成功开锁。

拨轮锁关锁时，滑动锁环上的滑动锁扣，直至锁环扣合。为防止车辆被他人恶意使用，影响信用纪录，通过拨动拨轮上的密码使其复位；键盘锁关锁时，滑动锁环上的滑动锁扣，直至锁环扣合。为了防止车辆被他人恶意使用，影响信用纪录，要按动键盘背面的按键复位密码。

当在 ofo 用车界面上输入车牌号并获得解锁码后，页面开始显示 80 秒倒计时，在倒计时结束前，如果您发现车辆无法正常使用，可选择在小黄车 APP 保修。

如果在行驶途中发现车辆问题，可在结束用车并支付订单后，在小黄车 APP 保修。

**2. 押金与车费**

押金为使用 ofo 共享单车的保证金。押金可随时申请提现，原路退还。目前充值押金有两种方式：微信支付或支付宝支付。为保证押金缴纳及退还的流畅性，ofo 共享单车将押金与充值余额分开。余额用于支付用车订单，永不过期。

余额可申请退还（参与充送金额等活动的充值金额可部分退款）。余额提现需求，可与客服人员联系。

在北京和上海两个城市，非学生用户缴纳 99 元押金后通过认证即可用车；学生认证用户支付 99 元押金可获得双号车的用车资格，双号车在缴纳押金后可同时在校园及校外使用，单号车仅限校内使用，无需支付押金。（单号车指车牌尾号为单数的车辆，双号车指车牌尾号为双数的车辆）。在南宁市，用车需缴纳 99 元押金。

在车费计价方面：师生认证用户 0.5 元/小时，非师生认证用户 1 元/小时（不满 1 小时的部分按 1 小时计费）。

**3. 用车规则**

在北京、上海两地，车辆将分为单号车和双号车。单号车为车牌尾号为单数的车辆，双号车为车牌尾号为双数的车辆。校园认证用户用车时，单号车仅限在校内使用，双号车在校内外均可使用。非学生用户可在有效区域使用。

在广州、深圳和厦门的社会用户用车需要交纳 99 元押金，校园用户用车时无需交纳押金。

北京、上海、南宁以外的城市，校园用车时，无需缴纳押金，所有车辆均不允许骑出校外。

在红包的使用方面，红包可在支付订单时使用，享受相应的优惠，一笔订单最多使用一张红包优惠券。一个红包需一次性使用，不可分开使用。红包不可兑换现金、不设找零。红包使用需在有效期内使用，过期的优惠券不可使用。在特定的活动中，按照活动规则获得红包。同一张优惠券仅供一个用户使用，同一个账号、手机号均视为同一用户。

## （四）产品优势

用户在使用时，通过移动 App 输入车牌号即可获得密码解锁单车，并可以将车骑去校内任意的地方，随时停放。另外，高校师生也可以共享出自己的单车给 ofo 经营，从而获得所有 ofo

共享单车的免费使用权，以 1 换 N。

学生自购新车一般会面临着易丢车、修车麻烦的问题。而借助 ofo 的共享自行车，学生的经济压力更小。

校园场景与城市场景比起来，在封闭的校园场景中，共享自行车的使用率更高，可以利用潮汐效应。所谓潮汐效应，即学生在校园食堂、图书馆、宿舍、教学楼等地间的迁徙是大规模并发的。

除此之外，ofo 共享单车还具有使用方便、快捷，缓解交通拥堵，减少环境污染，提高闲置自行车的利用率，应用软件操作简单、流畅等一系列优势。

### （五）产品缺陷

1. 小黄车没有每次使用都会随机更换密码的电子密码锁，只有一个机械密码锁，用户在其官方微信或是 App 中输入车辆编号后即可获得密码，进而解锁使用。由于机械锁的密码容易破解，所以在使用过程中会出现密码被破译，无偿使用小黄车的情形，同时也存在本次使用后不将密码复位，下次无偿使用的情形。虽然新版本小黄车升级了密码锁，从原来的方盘式摁键密码锁升级为圆柱式转盘密码锁，但依然会出现密码被破译的问题。同时不复位密码的可能也依然存在。

2. 在小黄车的使用过程中，用户在其官方微信或是 App 中输入车辆编号后即可获得密码，进而解锁使用，当用户获得密码之后，系统便开始计费。其使用时长的判定也完全由用户自己决定，即不管用户是否已经停止用车，只要其在 ofo 的官方微信或是 App 中点了结束用车之后，系统便判定本次用车过程结束且停止计费。也正是由于 ofo 官方无法对车辆的使用情况进行监管，会一定程度上导致计费欺诈的情况产生。

3. ofo 小黄车的整体管理欠佳，小黄车的毁损、丢失、篡改号码等情况频繁出现，增加其运营成本，影响其发展。

## 二、傲立时代潮头高歌猛进的小黄车

### （一）一年半 = 超 10 亿融资——小黄车的融资速度

ofo 共享单车在 2015 年 3 月到 2016 年 10 月，一年半的时间里，共拿下六轮 10 亿多人民币的融资，其投资方囊括半个 TMT 投资圈。

2015 年 3 月，获得唯猎资本数百万人民币的天使轮投资。

2015 年 12 月，获得东方弘道和唯猎资本攻击 900 万元人民币的 Pre - A 轮融资。

2016 年 2 月，获得金沙江创投和东方弘道共计 1500 万元人民币的 A 轮融资。

2016 年 8 月，获得真格基金、天使投资人王刚共计 1000 万元人民币的 A + 轮融资。

2016 年 9 月，获得经纬中国、金沙江创投、唯猎资本数千万美元的 B 轮融资。

2016 年 10 月，完成 1. 3 亿美元的 C 轮融资。其中包括滴滴出行数千万美元的 C1 轮战略融资，以及 Coatue、小米、顺为资本、中信产业基金领投，元璟资本、Yuri Milner、滴滴、经纬中国、金沙江创投等跟投的 C2 轮融资。

2016 年 10 月 10 日，ofo 共享单车宣布完成 1.3 亿美元 C 轮融资，包括两周前滴滴出行数千万美元的 C1 轮战略投资。C2 轮投资方均来自国内外顶级投资机构：参与了滴滴出行最新一轮融资的美国对冲基金 Coatue，两年投资 55 家公司并缔造 4 家独角兽的小米，以及曾投资滴滴出行、饿了么的中信产业基金为本轮投资领投方，元璟资本、著名风险投资家 Yuri Milner 以及 ofo 的早期投资方经纬中国、金沙江创投等早期投资机构继续跟投。

在未来，ofo 将与小米展开战略合作。早前滴滴出行方面表示，滴滴出行与 ofo 将进一步为人们“城市出行共享”展开战略合作，用户在滴滴平台上有望直接体验到 ofo 的服务。“流量 + 硬件”的战略布局，将会极大提升 ofo 共享单车在城市出行服务的竞争力。

ofo 共享单车是全球第一个无桩共享单车出行解决方案，首创“共享单车”模式。用户通过微信服务号或移动 App 输入车牌号即可获得密码解锁单车，随取随用，随时随地。用户也可以共享自己的单车给 ofo 经营，从而获得所有 ofo 共享单车的免费使用权，以 1 换 N。

ofo 共享单车上线 13 个月，覆盖 200 个校园，拥有 180 万用户，每日提供超过 50 万次出行服务。上线的一年时间里，ofo 共完成了 5 轮融资。从高频的融资节奏以及商业布局来看，ofo 长远战略的部署意识以及踏实干劲，让北大学生创业背景的 ofo 成为当下最有潜力的创业公司。

### （二）共享经济背景下开启城市服务

2016 年 6 月，ofo 的校园共享单车计划已经拓展到广州。

广州有一个大学城，十几所大学，4 个村庄，共 18 平方公里，3000 多辆车，每天能有 2 万多单。当时戴威就觉得其实这已经不是一个大学城的概念，而是一个县城的级别。秉着“城市是一个大校园，校园是一个小城市”的理念，戴威觉得可以开始去尝试城市市场了。

一旦进军城市市场，ofo 必将面临更多的像摩拜单车这样的对手。

在关键的节点，戴威通过朱啸虎认识了程维，而程维是经历过当年滴滴快的血雨腥风市场争夺的人，双方谈论了很多关于共享出行的话题，而 ofo 本来的初衷也是“不生产车，连接车”，通过让用户参与到单车共享计划把闲置的自行车加入进来，让每个人都能随时随地有车骑。

2016 年 11 月 18 日下午，ofo 共享单车在京召开城市战略发布会，宣布正式开启城市服务，推出新一代小黄车 ofo3.0，并启动“城市大共享”计划。“城市大共享”计划将面向自行车品牌与厂商开展合作，同时接入并共享市民闲置的自行车，实现“连接自行车，而不生产自行车”。发布会上，ofo 还与 700bike 公布达成战略合作，双方将在共享单车领域展开深度合作。

据创始人戴威介绍，ofo 上线至今，已在 19 个省市 22 座城市的 200 多所高校成功运营，并在北上广深四座城市开始城市运营。目前，ofo 拥有超过 300 万的城市和高校用户，连接单车数量达 16 万，总订单量达 4000 多万。目前的 ofo 平台上连接了超过 16 万辆共享单车，300 万的注册用户，总的服务出行次数超过了 4000 万，ofo 小黄车已经跑的历程 5136.4 万公里，相当于绕赤道 1300 圈，往返地球到月亮 67 次，为地球减少碳排放超过 2 万吨。

**1. 积累经验与数据从校园走进城市**

“在创业初期，我们的目标就是解决人们 1 ~ 3 公里的出行问题。”在 ofo 共享单车整个项目孵化过程中，戴威和团队走遍了北京近 20 所高校，对学生的出行以及自行车需求进行了详细调研。随后，他们推出了可以满足共享需求的定制自行车，并研制了具有自主产权的智能解决方案，同时购买和回收自行车，进行统一改造。戴威说，“我们通过将每一辆自行车装上车牌以及共享硬件，就可以在校园里实现随取随用，不用寻找固定的停车桩。通过移动终端使用也极大的方便了同学们的交通出行，并且价格非常低，比自己买车要便宜很多。”

在积累了一年多运营经验与大数据后，ofo 宣布正式进入城市，提供共享单车服务。为了配合城市运营，ofo 对小黄车进行了全面升级。延续轻便好骑的产品理念与明黄色的设计语言，升级版 ofo3.0 使用了实心胎、三角型把立、可调节座椅、前后双抱刹系统等，在安全性、耐用性、功能性、设计感上都获得全面提升，同时大幅降低了维护成本。同时，ofo 为每位规范用车的用户购买了用车保险，成为第一家为用户购买保险的共享单车公司。

**2. 发布“城市大共享”计划**

11 月 17 日，ofo 发布了“城市大共享”计划，欢迎全球的自行车品牌与生产商将自行车整车硬件和自行车服务接入 ofo，共同为用户提供差异化、个性化的自行车出行服务。未来用户将在 ofo 上体验到不同类型的自行车，满足多元需求。

ofo“城市大共享”计划同样面向城市用户，鼓励市民将闲置自行车共享出来，接入 ofo 平台为更多人提供服务。同时，把自己的自行车共享出来的市民，将获得 ofo 平台所有车辆的使用权，以 1 换 N。根据 ofo 在学校共享师生自行车的经验，此举将有效调动存量市场，提升闲置自行车使用效率，为城市节省更多空间。“ofo 希望用科学增量 + 盘活存量的方式，调动城市闲置单车资源，推动绿色环保低碳出行，改善城市拥堵问题，让城市更美好”。“城市大共享”计划将率先在北京上海两地开启。

**3. 共享经济一定是未来的趋势**

“共享经济一定是未来的趋势。”戴威说。首先，共享可以提高效率，不管是把汽车资源拿出来还是把闲置的房子拿出来，还是自行车，都是解决效率的问题，原来一个人一辆车，现在二十个人一辆车，更多的道路可以节省出来，不用买更多的自行车，更加的经济实惠。

其次，共享可以建立信任。其实如果每一个人都能够更加爱惜一些，更加规范的使用共享单车，长期下来，每个人一定会有更多更好的车，更加方便的出行的服务。ofo 一定尽最大的努力推进信任的建设，不管是自行车还是汽车、还是房子，所有的共享经济里面，随着时间的发展，我们共同需要努力的都是建立这个社会的信任，建立人和人之间的信任关系，只有大家的内心开始为别人着想，相信别人跟我自己一样爱惜这辆车的时候，这个社会才会更加的健康，更加的美好。

从供应链到城市的推广，ofo 已找到非常健康的商业模式，非常棒的现金管理的方式，目前 C 轮的融资一分钱都没花，马上要在 22 个城市开启服务，ofo 在超过一半的区域实现盈利，这是行业里没有任何一家公司可以做到的。

### （三）产品升级、企业合作，小黄车又上新台阶

**1. 小黄车 3.0**

从 2000 辆用户共享车，到 8 万辆小黄车；从微信端用车，到更加方便的 APP；从北大校园走向全国高校；从 1.0 到 2.0 时代……

2015 年 9 月正式上线以来，ofo 从没停止探索的脚步。“每一次变革，我们都想为师生提供更加便捷的出行体验。我们变了很多，但有一点从未改变：让大家随时随地有车骑。”

为了更好的服务 ，ofo 不断突破，全面升级，进入 3.0 时代！

基于超过 6 万名用户的访谈与调研，结合超过 30 万次硬件测试、5 次调整，ofo 共享单车进行了全面硬件升级，其中包括：加厚加粗的车圈、辐条，让小黄车更加耐用，不易变形；坚固稳

定的三角形把立使得骑行过程更加平顺；特制实心胎，胎内填充特殊弹性材质，减震效果更好还不用打气，更能避免爆胎、扎胎等现象；前后轮双抱刹系统可以解决刹车皮磨损问题，延长使用寿命，并且在经受撞击后变得更稳定，更易维护。此外，小黄车还采用了可调节车座以及加固的车圈。

此外很重要的是，新版本小黄车升级了密码锁，从原来的方盘式摁键密码锁（有 210 种开锁密码）升级为圆柱式转盘密码锁（有一万种开锁密码）。开锁密码多了，小黄车被猜出密码的可能性就会变小（目前已几乎不可能，除非撬锁）。戴威表示，对车辆本身和密码锁进行硬件升级后，整车成本将从原来的 200 元上升到 300 元左右。

除了硬件的升级，ofo3.0 也更加关注服务。押金、充值秒退，退款即时到账，ofo 并不希望退款，但对于这个流程的体验，ofo 从不拖延。更优质的保险服务：为了保障每一名用户的人身安全，ofo 为大家每次用车都提供太平洋保险，让出行更安全、更放心。更简化的计费规则，但红包依然少不了。由于不少用户对 2.0 时代的计费规则心存困惑，时间 + 距离 + 密度稍显复杂。ofo 重新修改了计费规则，用户可能会很“激动”，但是别急，红包依然少不了。新的计费规则为：师生 0.5 元/小时，非师生 1 元/小时。

**2. 引入高管**

ofo 正式宣布，前 Uber 中国北区西区总经理张严琪已经加入共享单车平台“ofo”，担任 COO，戴威特别强调，与传言不同，张严琪并非滴滴钦定派过来的，而是自己请过来的。

张严琪是原中国优步北区西区总经理，负责中国优步 30 个城市的业务。在今年 8 月份滴滴优步合并后，张严琪与南区总经理罗岗离开优步加入滴滴，分别负责滴滴的汽车后市场业务和加油业务。现在看来，时隔三个月，张严琪又将离开滴滴踏上新的征程。

张严琪作为 COO 加入 ofo，或将把 Uber 中国的运营经验反哺给 ofo，这对 ofo 来说也是一个不小的加持。

## 三、巅峰对决——ofo VS 摩拜单车

摩拜的所有单车，ofo 的绝大部分单车都是由两家公司自行生产或采购的，所以其本质上都是一种 B2C 的租赁模式，但是两者在运营范围、目标人群、使用与管理方式等方面具有一些差异。

ofo 旗下的自行车与普通的自行车无异，因为都被涂成了黄色，因此也被称为小黄车。这些小黄车被 ofo 官方投放在北大、清华、人大、北交大等大学的校园之内，每辆车都拥有一个号牌与一个机械密码锁，用户在其官方微信或是 App 中输入车辆编号后即可获得密码，进而解锁使用，当用户获得密码之后，系统便开始计费，价格为每小时 0.5 元钱。

但是小黄车并没有搭载 GPS 定位系统与电子锁模块，用户需要在校园内自行寻找车辆使用，且其使用时长的判定也完全由用户自己决定，即不管用户是否已经停止用车，只要其在 ofo 的官方微信或是 App 中点了结束用车之后，系统便判定本次用车过程结束且停止计费。也正是由于 ofo 官方无法对车辆的位置与使用情况进行监管，所以 ofo 在成立之后也一直将其运营范围与目标用户限制在了学校与学生群体之内，一方面是由于封闭环境便于管理，另一方面则是因为大学生群体相对来说属于高素质人群，其进行计费诈骗、偷盗损毁的概率较低。

而摩拜单车则将其市场瞄准了整个社会，每一辆摩拜单车都配备有 GPS 系统与智能电子锁模块。用户在下载摩拜 App 并完成注册之后可以查看单车的位置，并通过扫码完成解锁、结算等操作，其使用价格为每 30 分钟一元钱。

与此同时，为了解决自行车在社会环境中易于损坏和被盗等问题，摩拜旗下的单车均由其自行设计并组织生产，号称能够四年不坏。为此，每一辆摩拜单车都采用了高强度铝合金车架、实心轮胎以及传动轴驱动的设计，且其内部还安装的有小型发电机，这也导致该车生产成本高达 3000 元/辆，且其整体重量也达到了 25 公斤。

总体来看，ofo 走的是一种低成本低价格的放任型的租赁模式。这种模式的优点是其车辆的成本较低，利于大量投放。但是缺点也非常明显，低成本的车辆易于损坏且没有配备电子设施，ofo 自身无法监控车辆位置与使用情况，仅能凭借用户的自觉来维持运营，进而导致其一直无法在大学校园之外进行运营。

而摩拜则走的是一种高成本严管理的路径。虽然其每台单车的价格相当昂贵，但是却增强了其单车的使用寿命，并提供了便于管理的电子设备，让摩拜单车的租赁范围扩大到了整个城市，拥有更大的发展潜力。

除了上述差异之外，ofo 比摩拜还多了另外一样东西——开放性。虽然 ofo 的大部分单车都是其自行采购或翻新的，但是 ofo 在成立之初就一直在推动其用户将自有的自行车共享出来。具体流程是用户决定共享之后，ofo 的工作人员会上门对其车辆进行改装并投放到校园内部。而作为交互，共享者可以免费使用 ofo 平台上的任何车辆，这种开放性让 ofo 有了 C2C 共享经济的萌芽。

而摩拜是难以接入社会车辆的，因为其为了实现统一的服务标准与管理，其单车都是标准化的，社会车辆很难通过改装来适应它的体系。

事实上，单车共享在 2016 年的火爆正是摩拜单车所引起的，这个由 Uber 前高管王晓峰所带领的公司成立于 2015 年。据相关报道显示，摩拜在成立之初也曾为了寻求融资而四处碰壁，但是在 2016 年春节之后，摩拜于资本市场上完成了一个漂亮的翻身仗，迅速完成了 A 轮、B 轮、B + 轮融资，总融资金额也达到了数千万美元，随之也受到了媒体与业界的高度关注。

无独有偶，就在摩拜的热度还未消散之际，汽车巨头福特也在大洋彼岸的美利坚部署了共享自行车项目。于是，单车共享的概念彻底火了，也让自 2014 年起就一直在大学校园内低调运营的 ofo 再次走到了台前。

在滴滴投资 ofo 之后，有观点认为这会极大地改变双方的力量对比，进而结束短途出行市场竞争。然而事实却并非如此，滴滴的入局不仅没有结束竞争，反而有了一种引爆火药桶的感觉。

在摩拜单车方面，有媒体称其已经完成了 C 轮融资，且其背后很有可能站着高领与红杉这种量级的投资机构。如果报道属实，那么拿到丰富“弹药补给”的 ofo 与摩拜之争则很有可能演变成“大战投对抗大财阀”的局面。

另一方面，ofo 与摩拜在资本市场受到热捧让其他创业者看到了入局的机会。单是在 ofo 获得滴滴数千万美元投资后的几周内，就先后有优拜单车和小鸣单车两家盯上单车共享领域的初创公司宣布获得数千万元天使投资。

其中，优拜单车的天使投资由中路资本、初心资本、点亮资本领投。其创始人称优拜计划从现有的政府有桩公共自行车切入，利用已有车辆的规模效应快速获取用户，并在停车桩、扫码解锁上对其做出改进。而小鸣单车的天使投资则由联创永宣冯涛领投，多位上市公司背景股东跟投。

而小鸣单车则表示将通过对现有单车换装实心轮胎与智电子锁的措施来提供共享单车，其单车的生产成本大约在 500 元左右，进而通过这种低成本的单车来迅速抢占市场。

所以，在眼下这种资本普遍放缓了投资节奏，VR 与智能硬件大幅降温的背景之下，单车共享反而意外在成了新的“资本风口”，再加之该领域没有过高的门槛，其竞争主要表现在社会营销、用户获取以及车辆管理等运营层面，单车共享领域很有可能出现一种“百车大战”的局面。

不过对于资本来说，逐利一定是其首要目的。那么他们所看重的单车共享领域到底如何盈利呢？在智东西看来，其现有的收入主要可以分为租金与金融两块。在租金方面，虽然 ofo 与摩拜的单次收入较低，但是其使用频次较高。以摩拜单车为例，假设每辆单车每天被使用 5 次，一次收入一元钱，那么其每辆车每天的收入就是 5 元，以每年 300 天来计算，其一年的收入为 1500 元，需要两年的时间来收回一辆车将近 3000 元的投入成本。

其次，ofo 与摩拜单车在使用的时候都需要缴纳押金，ofo 的押金为 99 元，而摩拜单车的押金则为 299 元。前文已经提到过，由于短途出行是高频需求，所以经常使用的用户是并不会退掉这部分押金的。另外，摩拜单车在使用的时候还必须进行预充值，且充值费用不能低于 10 元。这种预充值在短期内是无法完全花费掉的。所以结合上押金与预充值金额，共享单车的平台在用户量上到一定规模后会拥有一个相当大的资金池，若以 1000 万核心用户来算，单是摩拜单车 299 元的押金，就能够形成一个 30 亿元的资金池。与支付宝一样，通过对这部分资金进行运作，单车共享企业也能够获得相当大的收入。

当然，单车共享企业想要真正获得收入也有一个前提，就是用户规模。只有当其用户规模达到千万甚至上亿级别的时候才能实现上述盈利的目标显然，与滴滴取代现有出租车的存量市场不同，ofo 与摩拜更多的是在开发新的需求，所以其增长速度肯定也会慢上一些。

## 四、滴滴为什么选择 ofo 小黄车？

无论是 ofo 还是摩拜，其本质都是通过提供出行工具来解决最后三公里的出行需求，包括从家到地铁站、从图书馆到宿舍、从公司到饭店等等。这种需求大量存在极其繁琐，且面临着打车费钱、走路费时、自带交通工具费事的三重尴尬。而 ofo 与摩拜所提供的租赁交通工具的模式则很好地化解了上述尴尬，并且也被认为是有潜力长成一个短途出行领域的滴滴，因而受到了资本市场的追捧。

然而巨大的短途出行的市场当然有也会威胁到滴滴在出行领域的地位。一方面，短途出行属于低价位的高频次需求，用户很有可能在一天之内就会使用多次，例如去地铁站、去食堂等。而另一方面，由于短途出行的费用极低，所以其潜在的用户规模会非常之大，能够涵盖学生、农民工等不经常打车的低收入群体。所以，一旦像 ofo 或是摩拜这种短途出行服务拥有大量的用户基数且使用频率更高时，他们也有可能推出汽车共享服务，进而对滴滴造成威胁。

当然，滴滴是不会眼睁睁地看着这种情况发生的，就在业内与媒体还在热烈探讨滴滴将要在何时以及何种方式进军短途出行市场的时候，ofo 的一纸公告揭晓了答案——滴滴选择了战略投资 ofo。

滴滴一直强调自己是一家出行公司，在其疯狂融资的背后自然隐藏着希望涵盖一切出行方式的“野心”。只不过可能滴滴并没有意识到在资本的推动下短途出行市场成长的如此之快。眼下，滴滴想要切入这个领域无外乎是通过自营或是投资并购两个途径。而如果选择自营，滴滴会面临包括前期需要自购交通工具培育市场、收入低下、管理难度大等问题。所以滴滴选择了更为省事儿的投资途径，通过战略投资的方式来抓住潜在的机会，限制可能的威胁。

那么滴滴为什么在这场短途出行的战争中选择了 ofo 而非摩拜呢？极有可能是这几方面的原因：

1. 投资人的推动。

2. 短途出行市场开始成熟。

3. ofo 与滴滴的模式更为契合。

4. ofo 团队的自身特点。

首先是投资方的推动。据公开资料显示，ofo 的 B 轮融资方包括了金沙江创投、经纬中国，其 A + 轮融资中也看能看到天使投资人王刚的存在。而金沙江、经纬中国以及王刚三方在之前也都曾投资过滴滴。要知道不论是当年的滴滴快的合并，还是最近滴滴与 Uber 中国的合并，资本都是其幕后的重要推动力量，所以本次滴滴投资 ofo 也很有可能是资本的力量使然。

其次，现在是滴滴出手短途出行市场的好时机。一方面，短途出行市场开始快速增长。据 ofo 与摩拜官方提供的数据显示，ofo 上线至 2016 年 9 月已有近 7 万辆共享单车，总订单超过 1500 万，日订单超过 50 万，为全国 20 座城市超过 150 万师生提供过出行服务。而摩拜单车则在上海与北京两个城市总计投放 1. 55 万辆自行车，运营 100 天即收获了 20 万注册用户。而另一方面，这个市场还没有发育到十分成熟的地步，虽然该市场增长很快，但是 ofo 与摩拜的总用户数也不到 200 万，这也就意味着在此时选择投资会有一个更好的“价格”。

再次，ofo 与滴滴的模式更为契合。摩拜走的是 B2C 的租赁模式，且为了保证车辆的美观、耐久性以及服务标准的统一，摩拜团队选择了自主设计与生产车辆，这就很难让社会上的其他单车或是交通工具接入到摩拜的平台上来。而 ofo 目前虽然也走得是 B2C 的租赁模式，但是其在一开始就允许其他车辆接入到自己的平台上来，这种 C2C 共享的萌芽更易于与滴滴进行融合。

最后，在竞争加剧的背景下，抱大腿也会是 ofo 团队的一种倾向。据了解，ofo 由数名北大的毕业生所创办，其在创业人背景、团队执行力以及商业化等方面自然要稍弱于摩拜这样一家由前 Uber 高管坐镇指挥的纯商业团队。在市场开始快速增长而竞争又愈发激烈的情况之下，与滴滴站在一起也不失为一个好的选择。

在校园，ofo 从这里起步，直至 2016 年 10 月，已来到全国 22 座城市、200 多所高校，累计提供超过 4000 万次共享单车出行服务，目前已成为中国规模最大的校园交通代步解决方案，为广大高校师生提供便捷经济、绿色低碳、更高效率的校园共享单车服务。

在城市，低效率的出行状况已经无法满足快节奏的城市生活，两点一线的生活半径和不断加速的城市改造，让外来人融不进来，也让原住民忘了城市本来的样子，正因如此，ofo 共享单车怀揣“随时随地有车骑”的朴素愿景来到城市，试图满足人们短途代步的需求，更用这辆单车，重新丈量人们经过的每一条路线，找寻与城市的全新连接方式。

在未来，ofo 以开放平台和共享精神，欢迎用户共享自己的单车加入 ofo，以互联网创新模式调动城市单车存量市场，提高自行车使用效率，为城市节约更多空间；未来，ofo 希望不生产自行车，只连接自行车，让人们在全世界的每一个角落都可以通过 ofo 解锁自行车，随时随地有车骑，满足短途代步的需求。

# 案例三　天使汇——引领股权众筹[①]

**背景**

2011年对于中国创业投资行业来说是一个备受压力的年份：上半年投资项目估值居高不下，下半年以来市场募集难度加剧，赴美IPO“窗口期”渐过，二级市场情况不尽人意。中国创投市场风雨欲来。

2011年中国创业投资市场可谓“冰火两重天”。清科研究中心数据显示：2011年中国创投市场募资、投资均创下历史新高，中外创投机构共新募基金382支，新增可投资于中国大陆的资本量为282.02亿美元；全年共发生1503起投资交易，其中已披露金额的1452起投资总量共计127.65亿美元，接近去年两倍。但退出方面形成极大对比的是，312笔IPO退出案例数较上一年度有所缩水。

而正是这样一年，被称为中国的天使投资元年。大批的天使投资不断出现，形成了以北京为代表的“北派”，以深圳为代表的“南派”，和长三角一带迅速崛起的天使投资俱乐部等为代表的三足鼎立之势，我国天使投资全面发展的时代已经到来。这种快速发展的背后，一方面是由于我国出现了相对充裕的社会资本和全民高涨的创业热情，另一方面也说明我国涌入VC和PE领域的资金较多，瞪羚企业相对成为稀缺资源，于是VC、PE想要寻找短平快的投资项目越来越难，大批的投资人被迫将眼光转向种子期和初创期的项目。当VC、PE转向种子期项目时，他们发现天使投资是一个较好的概念，于是很多风投公司便摇身一变成为天使投资人。

正是在这样的背景之下，兰宁羽洞悉了天使投资的发展前景，天使汇迎着时代的潮头应运而生。

天使汇于2011年11月11日11时11分正式上线，定义目标为让靠谱的钱找到靠谱的项目，是一个天使众筹平台。天使汇以光棍节为生日，致力于让天使投资人和创业者迅速摆脱“单身”，高效“联姻”。

## 一、天使异军突起，见证发展速度

天使汇是中国起步最早、规模最大、融资最快的天使合投平台。天使汇助力天使投资人迅速发现优质初创项目、助力初创企业迅速找到天使投资。

天使汇主要为创业者提供以下四个方面的服务：一、融资前的指导：AngelCrunch平台的专业分析师团队会提出建议，协助您发现优势、表达优势，同时向创业团队提供商业计划书（BP）

① 本案例由傅晨炜搜集整理并撰写成文。傅晨炜为东北大学创新创业与风险投资研究所研究助理。

撰写、估值模型、财务预测、投资协议、融资谈判等各方面的指导。二、实现融资：AngelCrunch天使汇平台入驻的国内外投资机构和投资人都经过严格考察，慎重选择邀请，专业而优秀。天使汇了解他们的需求，会把恰当的项目推荐给恰当的人。此外 AngelCrunch 天使汇还定期举办“Startup Engine”创投沙龙及推荐项目参加各种现场活动。通过多种手段，促成创业者和投资人双方约谈，在过程中又给予各方面协助，力求实现快速融资。三、宣传推广：通过 AngelCrunch 天使汇审核的项目，可以得到 Tech2IPO 专项报道的机会，通过这里，快速走向市场，并为国际媒体所关注。四、后续融资：AngelCrunch 天使汇为初创企业提供持续的融资支持（包括 A 轮及后续融资）。

天使汇自上线以来，以极快的速度向前发展。首个成功的众筹案例，首家互联网金融行业组织，首个创业者大屏幕，制定中国天使众筹领投人规则，制定中国天使投资成交规则……天使汇创造了许多个第一。天使汇的发展，不仅创造了自己的发展速度，见证了股权众筹的全新发展速度。

2013 年 1 月 17 日，推出快速合投功能的首个项目“Lava Radio”用时 17 天，7 位投资人融到了 335 万，比预期融资目标高出 34%，是国内首个成功的众筹案例。

2013 年 8 月，获得中关村国家自主创新示范区授予“创新性孵化器”资格。

2013 年 8 月，天使汇与京东、易宝等公司共同发起成立中关村互联网金融行业协会，成为国内首家互联网金融行业组织。

2013 年 10 年 30 日，天使汇在自己的平台上发起自众筹，计划融资 500 万元人民币。上线 56 小时完成 1000 万元预约。30 天获 705 位认证天使投资人预约认购超过 1.77 亿元。最终确认的认购金额为 3280 万元，超出目标金额 600%。

2013 年 11 月 13 日，天使汇发布中国天使众筹领投人规则。

2014 年 1 月，被评为 2013 中关村十大创投案例《众筹融资创新天使投资新模式》。

2015 年 1 月 5 日，全球首个为创业者建立的大屏幕——天使汇大屏幕启动。

2015 年 3 月，天使汇德国和硅谷分舵成立。

2015 年 4 月 10 日，天使汇入选中关村十大新锐品牌。

2015 年 4 月 16 日，天使汇发布中国天使投资成交规则。

2015 年 8 月 30 日，天使汇完成了 2000 多万元自众筹，估值 20 亿元自众筹上线仅 24 小时就超额认购 1.5 亿元。

2016 年 5 月 28 日，天使汇首期投资训练营开幕。

截至 2016 年 11 月，天使汇上已经有 414 个项目完成了超过 41 亿的融资，拥有 3651 位认证投资人，26 位收益超过 50 倍的投资人。

## 二、创新发展模式，助力股权众筹

### （一）种子阶段——两亿宅男创业基金

两亿宅男创业基金是一只专注于技术创业的种子投资基金，投资额度为 20 万人民币。两亿宅男创业基金有“不需要谈估值、网络自动申请，通过大数据辅助决策，快速审批放款”的特点。申请本基金的创业者无需离职或者休学创业，可以利用基金给的钱兼职创业，迈出第一步。

两亿宅男创业基金具有以下几个特点：

1. 对创业者友好。拿到投资的创业者无需离职或者休学创业，降低了创业的门槛和风险。

2. 独家创业课程。两亿宅男创业基金所投资的团队，其核心成员都有机会参加天使汇与清华大学五道口金融学院联合推出的独家创业课程，帮助创业团队快速成长。

3. 包办创业融资。天使汇平台拥有2000多位认证投资人，还提供快速合投、100X加速器、闪投快速封闭路演，以及科技媒体tech2ipo. com及与深交所深度合作的创业直播间及中关村大屏幕。

4. 全套工商服务。工商注册、股权变更、法律咨询、商标申请、专利注册、媒体服务、公司估值等大小事无忧。

5. 资源开放共享。天使汇旗下100X加速器活动、线下定期闪投、极客咖啡活动对本基金投资团队开放，大屏幕、科技媒体、线下场地共享。

### （二）设立公司——工商一网通

#### 1. 服务内容

天使汇一网通与北京市工商局合作，为创业者提供公司注册以及注册信息变更的线上服务，帮助创业者轻松搞定注册公司、变更股权等公司信息管理业务，让创业者更加专注于产品。

与传统的代理相比，一网通具有更简单、更方便、更安全、更快捷的特点。更简单：简约智能的交互页面，系统自动生成办理材料，只需要签字盖章即可；更方便：快递上门收取材料和寄送执照，在家也可完成注册；更安全：与北京市工商局合作，数据安全有保障，不用担心自己的身份信息被泄露；更快捷：无需往返领取文书、现场排队，比传统代理更快捷，平均节省一周时间。

#### 2. 收费模式

代理费完全免除。在“一网通”平台注册公司，可以省去代理服务费用￥1000元。工本费：按需选择，由第三方机构收取，包括以下几项：虚拟地址费用5000元起，目前平台支持北京市的公司注册，工商变更服务（仅限海淀）。办理印章600元起，包括公章、财务章、合同章、发票章和法人章。银行开户免费，U－key工本费70元，300元预存在基本账户。“一网通”平台协助用户免费开办公司基本账户（暂仅支持招行）。营业执照寄递，材料包装等的服务费用全免。

#### 3. 成功案例

北京搬哪儿科技有限。2016. 01. 24通过一网通提交工商变更申请，变更股东信息。2016. 01. 25工商审核通过，一网通帮助预约工商现场办理时间。2016. 01. 26通过一网通准备材料。2016. 02. 05一网通现场办理变更业务，并帮助更换三证合一后的营业执照。2016. 02. 09工商变更完成，领取营业执照。工商变更整个过程仅用了12个工作日，整个过程中用户与一网通零见面。

### （三）天使阶段——闪投＋快速合投

#### 1. 闪投——革命性的创投玩法

闪投（Speed Dating）是天使汇打造的高效融资路演品牌，致力于让优秀的项目和智慧的投资人以最快的速度完成融资交易。截至2015年7月底，天使汇“Speed Dating闪投”已在北京举办举行十九期、深圳两期、杭州两期、广州一期，共 189 个项目，1146 人次专业投资人参加。平均每期 9 个闪投项目，50 位投资人到场，50% 项目现场达成超募，最高超募 460%。

天使汇“Speed Dating 闪投”，是天使汇致力于让优秀的项目遇到智慧的投资人而推出的高效线下路演产品。同样的闪电速度，更棒的路演体验。

天使汇希望改变行业内 DEMO DAY 效率低的现状，打造投资人和创业者人生中最高效的一天。在这里，创业项目在上午集中路演，中午和投资人共进午餐，下午和有投资意向的投资人进行一对一私密约谈，傍晚签订投资意向书。

天使汇一直认为，靠谱的创业者，理所应当一次见遍所有优质投资人，从路演走到融资成功；而优质的投资人，理所应当直接面对市面上最好的项目，高效迅速的决定投资意向。天使汇闪投，将把所有的“理所应当”变成“稀松平常”。

天使汇闪投具有优中选优、精准匹配、超高成功率、立体化传播等一系列特点。每期闪投在上百个项目中选择 8 个优质项目集中展示，现场将组织超过五十位战绩彪炳的国内一线活跃投资人一同鉴定项目，实时分享彼此观点，根据到场投资人偏好严格精选感兴趣的项目，宣讲后可当天、当场直接进行一对一私密约谈，往期闪投一直保持路演结束后一周内 40% 项目成交的成交率。

**2. 快速合投**

快速合投是天使汇推出的在线认购项目股权的服务，旨在帮助创业项目随时随地快速进行融资，以更主动的融资地位，打造火爆的融资势头，让靠谱的天使投资人合投创业项目，实现超额认购。

快速合投包括创业项目在天使汇首页的展示机会、专业媒体的报道机会、获得更多认证投资人关注的机会以及三十天的快速融资对接服务等。创业项目在快速合投期间可以简单高效的获得融资，让产品的开发和推广更快一步。

对于创业者来说，快速合投可以天使汇首页的展示机会，并有机会获得持续媒体报道，营造火爆的融资势头，更多的靠谱投资人也给创业者带来了更多的人脉、渠道和市场资源。同时，在“快速合投”平台，投资者和创业者双向选择，平等互利；创业项目更容易获得超额认购，主动分配额度，创业者拥有更主动的融资地位。除此之外，快速合投的也十分实惠，当项目获得超过 2 倍认购意向，佣金全免；未超过 2 倍认购的项目仅收取融资额的 2% 作为服务佣金。

对于投资者来说，快速合投项目经过了严格的筛选，从 30000 多个项目中严格筛选出优秀团队，具有清晰的商业模式。快速合投具有专业透明的投资过程，可以查看每个项目的详细资料、团队的履历，其他天使投资人的意见，在线问询创业项目的进展情况和发展细节。进入“快速合投”阶段的项目已经获得了众多靠谱天使投资的青睐，并通过平台完成了投资行为。这些经过认证的天使投资人能够抓住创业项目中的亮点，专业评判项目价值，跟他们一起投资更容易获得回报。

快速合投这种方式更灵活、更有效，也非常有潜力，为国内广大中小企业和创业团队带来一种全新的融资方式，大大降低了创业初期资金募集的门槛。它告诉创业者，没有钱不是问题，只要有靠谱的想法，有优质的团队，就可以获得融资。

快速合投的精髓是领投人，领投人发挥定价作用，也会帮助完善项目，确定跟投人。合投的投资人可以分成三部分，一部分是“智慧资本”，即具备一定的专业能力，判断力，和基本风险承受能力的人；第二部分是跟投的高净值个人，或者对这个领域有兴趣，但不熟悉的投资人；第三是和这个企业相关的上下游伙伴，包括他的员工、相关的商业伙伴，也包括活跃的用户，他们愿意支持自己所使用的产品，持有他们所喜爱的公司的一小部分的股份，他们也可以参与。

**3. 收费模式**

挂牌阶段全免费。快速合投阶段，在融资成功前不收费，在融资成功后对融资额收取2%的佣金，超募达到200%时佣金全免。私募发行不收取佣金，融资成功后，天使汇财务顾问公司向企业收取1%的股权。

**4. 成功案例**

星客多融合了快剪培训、快剪专门店、平台三块业务，打造高质量的服务平台，并为技术者提供完整的环境，是一款新型美容美发连锁品牌。在天使汇上，星客多达成投资意向总额925万，超过预融资额285%。2015年6月，星客多完成天使轮数百万融资。明势资本领投。2015年11月，星客多完成A轮千万融资。弘道资本领投。

记忆便签是一款专为学生打造的轻量化笔记应用，除了专注于知识记录功能外，还把一些“记忆术”融入其中，让用户可以在手机端轻松高效的学习。2014年12月12日，记忆便签上线快速合投；正式融资成功前已累计收到14次投资人约谈，555万的投资意向，是预订融资额的770%。2014年12月下旬，记忆便签正式完成融资。赶集网CEO杨浩涌领投。2015年2月，记忆便签完成第二轮数百万融资。险峰华兴领投。

### （四）私密融资——100X加速器

**1. 服务内容**

“100X”是由天使汇16位具备持续创业和投资经历的天使投资人联合推出的创业加速器。成功申请者能够获得至少150万元人民币投资。在为期100天的加速期中，创业者还会得到这些投资人的帮助。毕业之后，100X加速器的资源网络仍会源源不断给予团队支持。截至2015年7月，这一全新模式的实验性加速器已经帮助15个精品创业项目获得融资，实现近百倍估值加速增长。

100X加速器由天使汇上10多位拥有连续创业经验和优秀投资战绩的天使投资人（吴世春、戴志康、黄明明、蒋涛、李竹、王童、林海、麦刚、郑刚、孙洪峰、杨浩涌、唐彬森、冯一名、文心、熊明华等），于2014年6月15日联合推出，旨在为早期创业项目提供资金和资源方面的支持，帮助项目在100天实现100倍的加速成长。无论产品已经实现盈利还是尚处于概念阶段皆可申请加入100X加速器，不限制发展阶段。

100X加速器使项目获得1次面对16位顶级天使投资人的群面机会，可以当场获得50万~300万元人民币投资，以及多位顶级天使投资人共同的资源和背书，快速合投。在100天的加速期中，项目将得到投资人和各大互联网公司CXO的全方位指导，更有100X明星顾问团队提供技术、媒体等方面的支持。

**2. 成功案例**

云视野，创始人张仕郎，专注于透过云技术为近视朋友提供专业、快速、方便的验光配镜服务。2014年7月1日报名100X加速器并通过初选。2014年7月23日参加100X私密路演，当场获得吴世春、李竹、王童、孙洪峰、冯一名等投资人的百万投资。2015年1月经过100X的全面加速，获得第二轮数百万投资。

除云视野之外，通过100X加速器成功融资的项目还包括约拍、中捷代购、河马体育、Mockingbot、稀土、老虎证券、一朵棉花、V2EX、珞石、债管家、星客多等。

其中，约拍、云视野等被各大媒体评为2014年度相关领域最值得关注的项目，老虎证券更是在100X私密路演当场即获得千万投资，经过数轮融资后，估值已达上亿元人民币。

## 三、全面助推发展，降低项目风险

### （一）从零开始——创业公开课

创业公开课由中国金融界的黄埔军校清华五道口金融学院和中国最大天使合投平台天使汇AngelCrunch联手为创业者打造。该系列课程将融汇天使汇与海量创业者总结出的独家秘辛与清华五道口金融学院在互联网、金融及创投领域的学术见解，邀请大家所最为熟知的明星创业者为广大创业者言传身教。

系列课程共计20期，涵盖招聘、团队管理、投资估值、塑造企业文化等覆盖创业全生命周期的各个课题。每期公开课将为学员提供超长的互动时间，与讲师充分交流，公开课现场还将发放纸质教义，加入与讲师直接交流的课程微信群，认识更多创业中的伙伴。截至2016年11月，创业公开课已成功举办了5期。

第一期创业公开课以找回创业的初心为主题，由天使汇创始人、CEO兰宁羽主讲，分别讲述了为什么要创业，创业者要充分认识自我、了解自我，创业者要重视创业方向的选择，在确定创业方向之后要专注于该方向不动摇等内容。

第二期创业公开课由互联网老兵、两次精准把握互联网浪潮的唱吧CEO陈华主讲，陈华从方向选择、产品研发、建立规则和市场营销四个方面，向创业者讲述了创业初期用户积累之道。

第三期创业公开课由WiFi万能钥匙联合创始人李磊向大家分享，主题围绕共享经济时代如何创业展开，分别讲述了共享经济繁荣的三大原因：观念、分配、交易成本，共享经济的三大要点：颠覆、保障、冷启动。

第四期创业公开课的讲师是比特基金、KnewOne创始人李笑来，讲述了对市场、竞争对手、窗口期、行业发展周期的调查方法以及一些具体的调研手段，详细描述了进行行业调查的方法。

第五期创业公开课由七八点首席股权架构师、合伙人股权设计拓荒者、创投律师何德文主讲，何德文是少有的"股权架构师+创投律师"，合伙人股权设计拓荒者。他长期从事合伙人股权、员工激励股权与投资人股权业务，服务了大量创业者、投资人与投资银行。本期的内容主要围绕互联网时代合伙人的股权设计展开。

天使汇创业公开课的吸引了大量创业者的关注，受到了众多创业者的广泛好评。

### （二）助推起飞——天使汇跟投指数基金

天使汇跟投指数基金成立于2014年7月，是一只以分散风险为主要策略、寻找并跟投优秀天使投资人的投资项目的基金。现已募集完毕一期基金。

天使汇跟投指数基金的投资策略为主要投资TMT行业相关的天使期项目。基金为被动投资模式（passive strategy），即基金的认证投资人，领投项目占比超过本轮融资额的50%的情况下，AC跟投指数基金进行跟投。跟投范围占当轮融资的5%～30%，跟投金额在80万元人民币以内，项目估值3000万人民币以内。未来将对所投项目估值设立指数，反映中国初创企业的发展状况，建立中国天使投资市场的风向标。

对投资人来说，AC跟投指数基金严守充分多样化的投资策略，帮助天使投资人合理分配手中资金，力争将天使投资非系统风险降到最低。

对创业者来说，AC跟投指数基金一方面可以帮助已得到领投意向的创业者快速完成融资，即只要满足跟投项目标准即可快速决策进行投资；另一方面也可以联合天使汇平台的强大资源为创业者提供战略辅导、后续融资资源对接等附加资源。

从2014年10月至2016年3月，AC跟投指数基金已成功投资天使汇平台上的55个项目，包括记忆便签、修车人网、蜂小秘、债管家、星客多、优衣客、有活儿、高考圈、怀才科技、GhostCloud、有道金融、旅管家、有巢智能、南友圈、IPRdaily等。

### （三）创业保障——天使汇创业保险

1. 新创企业人员失业补偿保险：新创企业人员失业补偿保险是投资人通过“天使汇”平台投资，为投资项目所属企业的新创企业法定代表人、联合创始人、雇员购买的失业补偿保险。本保险是“被保险人”（新创企业法定代表人、联合创始人）因公司倒闭或解聘或解除劳动合同，且12个月内重新为投资人带来新项目，并且再次获得投资人的投资时获得的保障；或“被保险人”（雇员）因公司倒闭或解聘或解除劳动合同，且12个月内重新为投资人带来新项目，并且再次在投资人所投的企业任职所获得的保障。本产品由众安在线财产保险股份有限公司（简称“众安保险”）承保。

对创业者来说，当创业者因公司倒闭或被开除，且12个月内重新为投资人带来新项目，并且再次在投资人所投的企业任职所获得的保障时，可按月从保险公司领取一定金额的保险金，减轻因创业失利对创业者经济、生活产生的不利影响。

对投资人来说，创业者在保险的保障之下没有后顾之忧，可以全力冲锋陷阵，进而帮助投资人的投资获得持续、稳定投资收益。

2. 新创企业团体意外健康险：本保险产品是投资人通过“天使汇”平台投资，为投资项目所属企业的新创企业法人、创始人、雇员购买的团体意外健康险，被保险人因疾病或意外，可根据保单相应的保障内容获得理赔。本产品由众安在线财产保险股份有限公司（简称“众安保险”）承保。

新创企业团体意外健康险可以减轻创业者因意外事故或疾病对自己和家庭带来的不利影响。让创业者没有后顾之忧，全力冲锋陷。从而使得投资人的投资获得持续、稳定收益。

## 四、制定全新规则，引领行业发展

天使汇关注的项目和企业主要有三类：TMT（以互联网为主）；尖端技术背景的项目和企业；传统产业转型升级过程中具有技术创新和商业模式创新的企业。可想而知，天使的投资风险很大。因此，为了保护投资者和创业者的利益，天使汇制定了一系列的规则。

第一，天使投资并非针对一般的投资大众，而是面向风险承受能力较高、具备成熟投资经验的特定投资者。所以，天使汇对投资者有着很高的要求。一方面，考虑到天使投资的隐秘性和高风险性，合格投资人必须具备资金充足、经验丰富、较高商业判断和抗风险能力；另一方面，为了更有效帮助创业者发展，合格投资人必须具备一定的教育背景、职业、商业经验以及投资经验。对资产有严格规定，比如说，自然人投资者的固定资产必须在500万以上。除了资产，还要求投资者有过TMT领域天使投资10万元人民币以上的投资案例，以方便为创业者提供指导。

为了保护众小投资者的利益，天使汇创新的提出了“领头 + 合投”的融资模式。领头人担负着引领投资的重大任务，给予跟投人足够的信心，并在一定程度上加速了创业者的融资行为。最优秀的领投人一定是创业者的合伙人，能互相充分信任，无论别人怎么样，一定会非常确定的对创业者进行投资；会帮创业者确定价格和条款，协助创业者完成本轮融资，完成融资后，会不断的帮助并鼓励创业者，是创业者在商量公司重要事项时第一个可以随时沟通的人，大多数最优秀的领投人会要求董事席位，并能够在董事会上做出有利于公司的决策，也会帮助创业者协调所有其他的投资者。

因此，为了保证领投人的可信度，在2013年11月11日，天使汇联合众多一线天使投资人和投资机构发布领投人规则。规则要求，领头人必须在某个领域有丰富的经验，独立的判断力，丰富的行业资源和影响力，很强的风险承受能力；一年领投项目不超过5个，有充分的时间可以帮助项目成长。能够专业的协助项目完善BP、确定估值、投资条款和融资额，协助项目路演，完成本轮跟投融资。在投资过程中，领头人需要帮助创业者完善BP，确定估值、融资额、最低单笔投资额、投资者席位数和投资条款，通过天使汇和自己的人脉推荐项目给自己熟悉的投资人，协助项目路演，帮助项目落实跟投；如果完成，则建议创业者出让1%的股权作为奖励。投资之后领投人还要能够代表跟投人出席董事会，尽最大努力为项目提供有价值的帮助、指导和资源。

第二，天使投资是一个对信任度要求足够高和决策速度足够快的事情。每隔一段时间我们都会听到所谓的投资告吹而互掐的消息。为拒绝投资拖延症，2013年4月，天使汇AngelCrunch联合王利杰及其他著名天使投资人及组织共同发布《中国天使投资成交规则》，有利于进一步规范天使投资的行为。

有很多项目，即使签署了termsheet，也有不及时交割拖延打款的，给创始人带来很多煎熬的等待。投资人经常说：我们要内部商量一下，走一下投委会流程，回头给你发termsheet。投资人通常不会当面拒绝，有可能他们觉得项目太贵想压价，或者的确没有看上。而当有少数最优秀的投资人当场决策，当场谈价，第二天打款，拿下了项目，项目事后变成了大热门，之前犹豫不决的投资人又后悔没有跟进……早期项目有很多不确定的因素，那些往往看起来完美的项目最终不一定能成功，那些看起来可能一般般，好像有点问题，但有一个特别的亮点的项目，最终有可能成功。所以，天使投资的魅力就在于此，但很多投资人因为太忙而忽略了那些看起来一般般的项目，错失了时机。更糟糕的是，一些投资人有意误导创业项目他们是多么感兴趣投资，投资人用一种委婉的方式表达拒绝或保留意见，但听上去却像是积极地鼓励创业者甚至听上去像有意向投资。他们基本上给自己预留了投资与否的自由，但并没有实际承诺，他们的成本为零，他们想看到别人对这个项目的认可情况，来最终做出自己的判断，而这对创业者是非常不公平的。没有证据，没有规则，没有追溯，意向是否明确并不清晰，最终无法判断到底是创业者的问题还是投资人的问题。天使汇试图解决这个问题。在2013年，天使汇发布了行业首个《中国天使众筹领投人规则》，其中的操作指引与硅谷YC的《握手成交》规则思路不谋而合。假设一下前提，这个规则不针对决策流程复杂周期漫长的基金，而主要针对的是早期的个人天使投资人或者早期的天使投资机构（决策过程相对集中和快速）。创业者提前准备一个简单的投资意向，当有投资人表示兴趣的时候，创业者应及时邀请投资人登记意向。因为只有完成以下天使投资成交的步骤，才算确认了投资人的投资意向，否则创业项目是没有义务非要接受他们投资；对于投资人，完成天使投资成交的步骤也是非常有利的。花 5 分钟的时间将帮助双方减少很多不确定性，投资人可以优先锁定优质项目，而创业者在融资过程中也提高了效率，不会一厢情愿地把模棱两可的托辞当作投资意向。该行为规范不指定必须使用何种文件或协议。天使投资协议与风险投资协议不同，市场对大部分天使投资的条款都比较了解，人们既可以使用天使汇提供的标准条款也可以使用他们自己的条款，后续因为条款问题而不能达成共识的天使投资是非常罕见的。在确定意向阶段，如果一方就某些条款为难我们很容易判断是谁的过错，而能让我们判断这一点，行为规范的作用也就达到了。

## 五、面向未来，永不止步

多年来，中小企业融资难的问题都没有找到突破口，这与天使投资发育不成熟有很大关系。如何解决这些问题呢？要让靠谱的项目找到靠谱的钱，互联网是一个很好的模式和手段。此外，要转变投资观念，认识到天使投资的价值和风险，只为了追求短期资本收益的人，不适合做天使投资。

丰富人脉资源和较多资金储备的领投人提供的附加值服务，即智慧资本（Smart Money），才能真正解决中小微企业的发展，解决融资难、创新难、创业难等问题，持续引导帮助企业健康成长，而不单单是给企业多少钱。

天使汇目前所做的事，就是不断发掘实际上具备领投人素质的潜在人群，包括专家学者、企业家、持续创业者、上市公司高管、投行总经理（MD）、VC/PE 机构合伙人、会计师事务所和律师事务所里的专业人士，让靠谱的项目找到靠谱的钱。

天使汇也在逐步完善产品，会探索一些新玩法。比如他们想为那些现在还不具备融资条件的人做一些设计：就像游戏里面的升级打怪设置一样，这些人现在还没到一定级别，但他可以不断地去完善自我，积累经验，到了一个节点，再参与到创业和投资中。

下一步，天使汇将推出创新型社会型企业（Social Enterprise）板块，即以社会价值为第一目的，股东回报第二，去解决人的本质需求和基本服务为目标的企业。譬如在民生、医疗、教育、文化等领域利用技术创新和商业模式创新提高效率，降低成本，实现社会价值的企业。

天使汇未来的发展将继续致力于为社会企业提供融资便利，通过天使汇逐步引导天使投资和创业人群的出现，推动中国经济可持续发展。

# 案例四　暴风魔镜——好奇者的新玩具[①]

**背景**

2014 年 9 月 1 日，暴风影音在北京召开主题为“离开地球两小时”的新品发布会，正式发布了暴风魔镜。暴风魔镜是国内较早涉入虚拟现实领域的厂商之一，已经发布 5 代产品。截至 2016 年 7 月，暴风魔镜对外公布销售总量达到 150 万台。

暴风魔镜是北京暴风魔镜科技有限公司推出的一款虚拟现实眼镜，在使用时需要配合暴风影音开发的专属魔镜应用，在手机上实现 IMAX 效果，普通的电影即可实现影院观影效果。除了观影之外，它还支持 3D 游戏，实现更真实的游戏场景。暴风魔镜通过对应用的开发，实现了手机显示代替了以往虚拟现实设备单独配备的硬件。而对于本地和在线视频的同时支持也使得用户在使用过程中有更充足的资源，实用性更好。

暴风魔镜 CEO 黄晓杰表示，暴风魔镜未来的发展将围绕硬件、内容、销售、产业等几个方面来进行，“进一步巩固领先者地位”，“为用户提供更好的产品、更丰富的内容、更方便的渠道、更优质的体验。”

## 一、创立暴风，推出墨镜

冯鑫，男，山西阳泉人，1993 年毕业于合肥工业大学管理学院。北京暴风网际科技有限公司首席执行官。多年从事 IT 行业，把“暴风影音”推向全网络的人。1998 年至 2004 年在北京金山软件公司历任市场渠道部经理、市场总监、毒霸事业部副总经理。2004 年至 2005 年担任雅虎中国个人软件事业部总经理。2005 年底创办北京酷热科技公司。2007 年收购“暴风影音”播放软件，组建北京暴风网际科技有限公司。冯鑫在暴风科技上市（2015 年 3 月 24 日）当天说的话能说明一切：“今天，我不是一个人来到这的，截至昨天，每天使用暴风的活跃用户是 5000 万，每个月活跃用户有 2 亿，我是带着 5000 万中国网民来到今天，带着 2 亿中国网民来到 A 股的”。

冯鑫经历过金山的辉煌时期，也当过周鸿祎和雷军的股肱之臣，最后拿了蔡文胜的天使投资，做了一款名叫酷热影音的播放器软件，进而收购了整个行业的前辈暴风影音，成为它的主人。销售出身的冯鑫口才机灵、思维敏锐，一眼就知道自己对面的人究竟最需要什么。

“省”字当先，是暴风影音得以熬过版权大战存活至今的唯一原因。大浪淘沙后的江湖构成“321”剩者阵营，BAT 各有一枚棋子——爱奇艺（PPS）、优酷（土豆）、腾讯视频，两支独立势力——乐视和搜狐视频，以及暴风影音了，但暴风影音的成本投入，只有其他五家平均值的

① 本案例由陈立凡搜集整理并撰写成文。陈立凡为东北大学创新创业与风险投资研究所研究助理。

1/10。

这种节省，让暴风影音成为中国除乐视之外，唯一一个能够盈利的在线视频玩家。“暴风的收入结构里，90%都是广告，我连游戏收入都没有，就可以保证用户生长”，精打细算之下，冯鑫决定不买独家版权，“购买了独家版权的视频网站带来巨大的流量，但是这些流量是会跑的，你如果有一天被别人抢了独家，流量跌幅同样巨大。”冯鑫认为，在线视频行业的资本竞争远远高过产品竞争，是暴风影音得以从侧面杀出一条血路的机会。

搜狗的王小川多次强调，“工具”必须要上升到“服务”才有未来。工具的没落，在于它与用户的关联过低，想要摆脱被边缘化的宿命，就必须顺着渠道、平台直到入口这条路径，爬到无法被轻易取代的位置。冯鑫并不愿意遵循进化的惯常规律，他为暴风影音所造的梦，是基因突变。冯鑫因此软硬兼施：在软件上，主抓用户忠诚度，做聚合和长尾。到了硬件，则抢在所有竞争对手之前，生产他所认为未来必将流行的可穿戴设备，先入为主。

他在产品功能的开发上做了很多“脏苦累活”——独立编码技术、3D支持、高清视效优化等——所以暴风影音可能不会是某些赶内容潮流的用户首选，但是持续沉淀下来的，一定是黏性极高的用户。在他的规划下，暴风影音很早就开始着手取消VIE结构，并清退美元基金转而吸收人民币，将上市地点定在了创业板，只有务实精神才会如此的能屈能伸。

作为中国互联网第一代企业家，冯鑫正好赶上互联网窗口的开启，以及20世纪80年代末期的浪漫主义。作为一个创客，读《联想为什么》是入行启蒙，但唯有《约翰·克利斯朵夫》才是“真正的圣经”，在这个关于殉道和妥协的史诗故事里，他明白了自由的灵魂是“趋同于自己认可的事业，并愿意为之付出牺牲”。先天的文艺青年本色加上后天的销售型人格，如同DNA的双螺旋结构，构成了这位气质独特的CEO。

冯鑫坦言让自己走出困境的方式是读书，依旧不是什么管理类书籍，而是《道德经》。冯鑫在其中读出了欲速则不达，读出了时机比努力更重要的道理。这让他更加心平气和。

冯鑫遇到了一个很纠结的难题，如何提高暴风影音的用户观感体验。《奇点临近》让冯鑫认为，虚拟现实的时代即将到来，他发现自己在互联网圈混了这么多年，居然第一次对互联网商业模型有了更为透彻的理解。只提高暴风影音的观感已不是最重要的了，虚拟现实可以做的还有更多，于是他推出了暴风魔镜。

## 二、产品更迭，不断创新

### （一）暴风魔眼

2015年6月，暴风墨镜正式向公众发布了全球第一款球形个人全景拍摄设备——暴风魔眼。

暴风魔眼是一款全景摄像机产品。目前市场上的全景摄像机不仅体积大，难操作，而且无法做到实时拍摄，拍摄时也无法同步观看拍摄内容和效果，并且需要在电脑端上对拍摄的视频进行后期拼接。暴风魔眼刚好解决了目前市场上全景摄像机的痛点，在硬件芯片级的视频图像拼接上取得了重大突破，实现全景视频实时拼接，随拍随看。用户在拍摄过程中，打开暴风魔眼APP，用手机即可实时全景预览拍摄效果，告别“盲拍”，实现全景拍摄实时成像。

这是一个看颜值的时代，作为一款站在科技前沿的电子产品，造型一定要够酷够特别，才能够获得用户的喜爱。在这方面，暴风魔眼做得很优秀，产品既有“外星人 ET”科技和奇幻的即视感，又有“大白”身上那种萌萌哒的感觉，兼具了科技、时尚、以及设计上的质感，让人只看一眼就会眼前一亮，而且就连三脚架、适配器插头等附件都非常的“有范儿”。这款暴风魔眼采用白色圆球形外观，简洁大方不失档次，重量为160g，存储空间为16GB，内置有扬声器和定向话筒，支持实时直播和远程观看。拥有3个190度广角镜头拼接成全景，底部的脚架和普通的三脚架类似，可以合拢成一个圆柱体用来手持。其次魔眼搭载的三个鱼眼镜头，三个镜头视角都是190°＊190°，支持720°全景视频和全景图片，能够实现垂直360°、水平360°，一共720°的全景拍摄，是真正意义上的无死角全景摄像机。续航方面，充电时间约两三小时，单次充电能拍摄至少50张全景照片，或是40分钟的全景视频。

暴风魔眼外形小巧，整体为7.5＊7.5＊6.7的球形，单手即可握持，在底部设计有1/4英寸标准脚架孔，还可以配合第三方自拍杆和三脚架，携带、使用都非常方便。魔眼由于其便携性的特点，我们还可以通过暴风云平台对室内或室外大型活动等诸多场景进行异地实时全景直播。例如，用户可利用魔眼的麦克风和speaker功能为朋友异地全景实时直播聚会，会议以及其他室内外大型活动。并且，作为一款互联网产品，暴风魔眼开发了专门的APP配套使用，根据提示将暴风魔眼与APP绑定，即可通过手机操作观看到魔眼所在的环境，即使远隔千里也能一目了然。对方可通过手机上的暴风魔眼APP 720°地选择角度实时观看，配合暴风魔镜，甚至有异地亲临现场的感觉。这种异地实时参与模式不仅颠覆普通用户记录生活、分享生活、体验生活的方式，也是国内的VR领域取得实质性进展的重要体现，不过这些功能还有待官方完善开发。

除了支持android和IOS两大平台以外，暴风魔眼还上线了全国首个VR全景社区，汇集了很多全景视频，也支持各种不同全景设备拍摄的全景视频和图片的上传、播放和分享，相当于是一个分享平台和趣味社区，全景爱好者们都可以前往相聚，发现更多更好玩的事情。

总体来看，暴风魔眼的整体效果还是不错的，无论是设计感、功能性还是趣味性，都称得上是新奇，在这样的前提下，999元的价格并不高，值得体会一把，对于暴风魔眼这样的新生事物来说，未来可能会成为一种生活新时尚，尤其是那些不放心孩子和老人在家的消费者会有更强的“刚需”，会更加需要。

当然，也并不是说这款产品就完美无缺，事实上它还有很大的进步和改善空间，比如说魔眼使用较长时间后会有轻微发热现象；机器或APP重启之后不能自动连接Wi-Fi，需要手动点击连接；除了全景视角之外没有提供更多选择，无法进行单一视角观看等。不过白璧微瑕，相信在后续的版本或APP的迭代中，这些问题都会得到更好的解决。

### （二）暴风魔镜

**1. 魔镜发展历程**

2014年9月1日，暴风集团在北京召开主题为“离开地球两小时”的新品发布会，正式发布了暴风魔镜第1代产品。

2014年12月16日，暴风魔镜推出了第2代产品。

2015年6月，暴风魔镜推出第3代产品。

2015年11月，暴风魔镜发布了暴风魔镜4。

2016年3月，暴风魔镜推出新一代VR眼镜——暴风魔镜小D。

2016年5月31日，暴风魔镜在北京举行“VR 2.0”发布会，宣布第5代暴风魔镜正式发布，一同登场的还有搭载 Leap Motion 手势识别的魔镜 5 Plus。

2016 年 6 月，暴风魔镜发布全新暴风魔镜 4S－RIO。

**2. 魔镜 5－转型**

在 2016 年 5 月的发布会上，暴风魔镜推出新一代虚拟现实产品暴风魔镜 5 及 5 Plus，并与手势识别公司 Leap Motion 达成技术合作，将手势识别技术集成到新产品中，除了支持头控、遥控、触摸板，还引入了手势识别这样的“硅谷范儿”交互方式。因此，外界也评价称，正是因为这一项“黑科技”，让暴风魔镜 5 的价格一下子翻了 10 倍。

暴风魔镜在中国低端盒子领域有着非常重要的地位，从第一代到 4 代都是纯光学盒子。而到了暴风 5 代，迎来了非常重大的改变，也是暴风从低端盒子向中端 VR 体验转型的开始。作为暴风魔镜家族首款具备电子元器件的革命性产品，电子芯片的应用，使其具备更高精度、更高稳定性的传感器数据，更好地为用户体验提供了技术支持，标志着 VR2.0 产品时代的到来。同时暴风 5plus 开创性的加入了手势识别的功能。最新一代暴风魔镜 5 已于 7 月份上市，这款售价 499 元的手机盒子搭载了 ST 芯片，还配备了外置陀螺仪、距离传感器、触摸板和 OTG 数据接口等，看起来和三星的 GearVR 十分相似。

全新暴风魔镜 5 在整体外观上改变了四代头盔式设计风格，而是以手机大小为基础，结合工业设计的黄金比例，线型流畅、小巧轻便、设计感十足。前盖设计采用半透明磨砂的表面层处理，运用了更轻薄的材料，增强了朦胧神秘的科技气息，头感更加轻盈、舒适。支撑部分采用 TPU 材质，舒适不变形；海绵采用热压工艺，触感绵柔，减少面部压迫感；三角形的设计结构，使边缘弧度更好地贴合面部更亲肤，佩戴起来更加稳定舒适。

魔镜 5 的最重要标志便是电子芯片的应用，具备更高精度、更高稳定性的传感器数据。这也标志着它从传统塑料版“Cardboard”过渡到类“Gear VR”。根据官网介绍，魔镜 5 搭载了 ST（意法半导体）的芯片，用的是 ST 的 32F401 A5009V0 TW 435，也就是 STM32F4 系列的 STM32 32－bit ARM Cortex－M4 微控制单元，具备尺寸最小、成本最低的特点；使用 9 轴传感器，分别为三轴陀螺仪、三轴加速度计、三轴地磁计，传统的 VR 眼镜盒子一般依靠手机自带的陀螺仪来进行定位，而魔镜 5 则在头显上加入了外置陀螺仪，内含运动感测芯片，能够进行复杂的融合演算。

镜片作为虚拟现实眼镜非常重要的一环，是如何提升观看体验的关键。暴风魔镜 5 采用日本原装进口的光学材料、双凸非球面镜片，与一般的单凸非球面镜片相比，观看效果实现质的飞跃，带用户领略更加清晰真实的虚拟世界。支持物距调节，最多支持 600°以内的近视调节，通过拨动上方的滚轮可以进行近视调节。滚轮相对来说调节比较轻便，不会感觉特别生硬。笔者近 300 度近视，在调节之后能够看到很清晰的画面。它没有采用瞳距自适应，而是选择了在头显下方设置了瞳距调节的按键。采用左右独立式拨片调节，瞳距范围 58mm～68mm，可以通过向左右慢慢调节瞳距拨片，直至画面清晰。FOV 提高到 96°，带来更宽阔的视角，实现更完美的沉浸式体验。镜片采用美国官方的检测标准，专业的光学镀膜，更能够有效防止有害蓝光、紫外线，把对眼睛的损害降到最低。

针对人体晕动症这一难题，暴风魔镜 5 首次搭载了电子元器件，如高精度九轴陀螺仪，可大幅度降低画面延时，有效缓解手机画面漂移产生的晕眩。

作为产品体验的关键，VR 的交互操作将直接影响用户的沉浸式体验，暴风魔镜 5 在交互细节的人性化上做出了全方位的阐释，实现轻松盲操：魔镜右侧智能触控操作板让用户交互操作更加方便舒适，且灵敏度更佳，操作起来更加精准；返回键、音量键凸点识别，无需再反复的摘下眼镜调试；与暴风魔镜5“天生一对”的BT4.0BLE遥控器，在链接手机时自动与魔镜5进行智能匹配，并且用户可以同时连接蓝牙音箱或蓝牙耳机，尽情享受无“线”束缚的虚拟现实世界。

值得一提的是，在与手机匹配方面，暴风魔镜5代能够支持当前市面上的5～5.7寸主流品牌的安卓手机旗舰机型，手机屏幕在1920＊1080及以上会使观看效果最佳。另外，使用的手机需具备OTG功能，方能正常使用内置陀螺仪、触控板等电子设备。强大外扩接口用于拓展手机U盘、游戏手柄等外设，大容量视频或者隐私的小视频放到移动存储设备中，即插即用，减轻手机存储负担，让娱乐不受限制，追求更丰富的内容体验。同时，官方还提供Type－C转换头，以匹配更多的安卓手机。OTG接口能够让手机和头显之间的数据传输更快更稳定。

暴风魔镜全力打造的魔镜5代不仅是一款技术控爱不释手的虚拟现实产品，更是暴风魔镜在虚拟现实生态构建中的重要一步，体现了暴风魔镜开创VR2.0时代的决心。其前瞻性地将VR体验中的瓶颈问题进行针对性的细节化重点化的处理，数十次精心修改，在最大程度上满足用户的VR体验需求。

**3. VR一体机**

正如互联网的到来是不可避免的趋势，现在人工智能与虚拟现实等技术的到来也都是必然的。所有的事情都是往更智能化的方向发展，我们已经拥有了人工智能，与大数据结合后，人类可以实现与人工智能对话。人与电脑系统进行对话，最终的互动就是我们进入到电脑系统当中，这就是VR。VR是继智能手机之后的下一代互联网平台，触及面非常宽泛，VR生态将越来越发达，虚拟现实最强大的部分不是创造了一个现实世界，它使得那些不可能存在生活中的事物或者人都能够真正的让我们体验到，所以这将是非常伟大的一种变革。

VR一体机是具备独立处理器的VR头显（虚拟现实头戴式显示设备）。具备了独立运算、输入和输出的功能。功能不如外接式VR头显强大，但是没有连线束缚，自由度更高。

2015年11月，暴风方面发布了首款VR一体机暴风魔王，该一体机采用英特尔Z8720芯片，2K显示屏，具备100°FOV视场角。

2016年12月20日，又将举办主题为“VR Evolving | 虚拟现实·进化”的新品发布会，发布全新的VR一体机，号称“机皇”。该产品之所以号称VR“机皇”，主要体现在其性能强悍和优异的使用体验方面。众所周知，在性能和体验方面，基于PC或者游戏主机的VR头显，毫无疑问是比移动VR占有绝对优势的，而此次暴风魔镜VR一体机头显将首次在产品性能、使用体验等方面接近PC VR和游戏主机VR头显，在某些关键指标方面甚至已将其超过，这无疑将是VR产业的重要突破。

## 三、多轮融资，前景光明

### （一）首轮融资

暴风魔镜曾在2015年4月获得了1000万美元的首轮融资，首轮估值超5000万美元。本轮投资方为华谊兄弟、天音、爱施德、松禾资本。暴风魔镜一直在拓展VR产业链上下游的资源。通过本轮融资，暴风魔镜将补上内容、渠道方面的短板。这次参投的华谊兄弟是国内最大的影视娱乐公司，旗下拥有丰富的艺人、内容和营销资源，每年输出大量优质的影视内容，将能丰富暴风魔镜的观看内容。天音、爱施德是国内最大的两家移动通信产品国代商，拥有苹果、三星、索爱、LG、酷派等数十家知名品牌手机的全国一级代理权，并且是多个国际知名品牌的指定维修代理商。这也将拓展暴风在线下的销售渠道。松禾资本则是一家专业化创业投资管理公司，管理资本数十亿元；自此，暴风魔镜占据了产业链上中下游：内容、硬件渠道、资本3大块的优势。

此次投资后，四家公司将共占股比19%。2015年4月13日晚，参股公司暴风魔镜拟进行增资扩股。本次增资完成后，暴风魔镜的注册资本由260万元增加至320.9877万元，公司持有暴风魔镜股权比例由增资前的38.46%变更为31.15%。天音通信以自有资金投资1500万元，交易完成后，天音通信将持有暴风魔镜5%股权；爱施德全资子公司北京瑞成汇达科技有限公司以自有资金投资900万元，交易完成后，瑞成汇达将持有暴风魔镜3%股权。华谊兄弟（天津）互动娱乐有限公司对标的公司投资2400万元，交易完成后持有标的公司8%股权。

### （二）B轮融资

据统计，2015年国内可统计的VR项目融资总额已超过10亿元，有越来越多的投资者和投资机构看好这个行业，百度、腾讯、乐视、小米等也均表示进军VR。业内人士称，2016年将是VR爆发的一年。2015年12月底国内虚拟现实硬件厂商蚁视科技对外宣布称获得A股上市公司高新兴3亿元人民币的融资。蚁视方面称，此轮融资后，蚁视估值达8.3亿人民币。同期上海乐相科技有限公司（大朋VR），宣布获得迅雷及恺英网络3000万美元投资。而灵镜VR也宣布获得获乐视1000万美元A轮融资。除此以外还有不少VR公司获得投资，诸如诺亦腾、乐蜗科技、兰亭数字、焰火工坊等等。

赶着这股热潮，2016年1月21日，暴风魔镜宣布获得第二轮融资，融资金额2.3亿元人民币，暴风魔镜的估值达到14.3亿元人民币。本轮由中信集团旗下中信资本领投，天神互动、暴风鑫源跟投。而上一轮的投资者暴风科技、华谊兄弟、天音控股、爱施德、松禾资本继续追加投资。这是近一个多月来国内虚拟现实（VR）领域的第六笔重大投资，距2015年4月获得1000万美元首轮融资才短短8个月，暴风魔镜不仅再次获得融资，估值更是在首轮融资的基础上翻了4倍，可见市场和投资者的钟爱与追捧。此轮融资之后，成为国内虚拟现实创业公司的头名。自2014年9月发布第一代产品到2015年12月，暴风墨镜的出货量已超过50万。而在上一轮融资之后，暴风魔镜便一直拓展VR产业链上下游的资源，补内容、渠道方面的短板，目前推出了《极乐王国》《暴风行动》《杀戮空间》等一系列VR游戏；获得了好莱坞大片《饥饿游戏》的VR中文版权、VR大电影《过失杀人》中文版权、BTV环球春晚的VR独家播放权，并为热门电影《老炮儿》发布会进行了VR直播。

## 四、美中不足，有待发展

### （一）美中不足

在当前经济形势和资本遇冷的大背景下，VR作为新兴产业的发展也面临严峻挑战，产业发展既需要新技术、新产品的诞生，更需要树立行业和资本的信心，相对而言，后者更弥足珍贵。

“重量、清晰度、眩晕是 VR 当前面临的三大发展难题。”在被问及 VR 产业距离大规模爆发还面临哪些困难时，冯鑫表示：第一，从头显重量方面来看，当前市面主流头显的重量约在 500 克左右，从产品发展和用户使用角度考虑，第一阶段能否降低到 200 克左右，最终的理想目标是 100 克左右。第二，在清晰度方面，目前主流 VR 采用的是 2K 屏幕，画面粗糙，颗粒度大，理想情况是采用 4K 屏幕，目前第一步可以做到的是 3K 屏幕。第三，在解决眩晕方面，谷歌 Daydream 的推出使得解决 VR 眩晕问题迈出重要一步，随着产业与技术的发展，眩晕问题将逐渐得到解决。此外，对于目前业界提出的 VR 内容问题，冯鑫认为随着 VR 硬件产品的日益完善和体验提升，用户规模将会随之快速上升。只有这样，内容 CP 才会从中赚到钱，相应的优质内容也随之将会大量涌现。也许，即将出世的机皇或将在解决行业三大痛点方面带来新的突破。

并且，就暴风魔镜产品本身而言，也存在着一些缺陷。魔镜 5 的 FOV（视场角）为 96°，基本上和目前主流的 VR 眼镜视场角保持一致，算是中规中矩。不过，这样的一个 FOV 显然是不能很好满足沉浸感需求的，不管是游戏体验，还是观看视频都是如此。Gear VR 的二代产品已经将视场角提升到了 101°，因此，国产头显还需继续努力。暴风魔镜 5 在硬件上有颇大的进化，在规格上已经追进三星 Gear VR，但价格比后者便宜不少，在手机 VR 眼镜盒子当中性价比突出。但试用后还是发觉有不少瑕疵，比如瞳距设计可能还不合理，有些人会觉得头晕。在暴风魔镜 PRO APP 中只用使用摇头移动光标，遥控器的摇杆沦为摆设等问题都有待厂商在后续产品中加以解决。另外，之前几代暴风魔镜都对应 Iphone 的版本，但这一代目前还没有 Iphone 版本的消息。5 的透气效果依然不佳，镜片上容易产生雾气，另外电池仓设计得有些深，取出电池时有点不方便。除此之外，影视内容可以通过魔镜 5 自带的遥控器配合头部转动直接点击观看，但是游戏内容需要下载之后取出手机手动安装，这一点的确反人类，影响整体的体验。

### （二）未来发展 - VR 教育平台

9 月 8 日，由国内领先的原创 IT 教育品牌我赢职场打造的国内首款 VR 教学平台在京发布，同时“虚拟现实 O2O 大联盟百城计划”也正式启动。作为国内 VR 行业先行者和领军企业，暴风魔镜受邀出席此次会议并发言，双方就共同推进国内 VR 教育行业达成战略合作。

众所周知，随着当前国内 VR 硬件迅速发展，VR 内容制作同时也将呈现井喷态势，而目前国内市场上 VR 内容却依然匮乏，也反映出 VR 人才的巨大缺口，而在国内，VR 教育还尚属一片空白。作为中国第一个 VR 教学平台，我赢职场平台在教学过程中融合了多项独家技术，可将任何场景融入课堂，实现沉浸式教学体验，对传统学习来说是一场颠覆性改变。与此同时，“虚拟现实 O2O 大联盟百城计划”将在 3 年内投入 2 亿元资金扶持全国百个城市的 VR 教育中心，扶持计划主要涵盖 VR 教学设备、技术、营销、师资及就业等方面的支持。

据悉，暴风魔镜目前已与我赢职场达成战略合作，共同推进国内 VR 教育行业，携手打造 VR 行业生态链。在人才培养方面，将联合培养与打造 VR 领域原创开发人才，并且将产生的 VR 人才（影视、游戏、UI 等）对暴风魔镜进行人才输出；在 VR 内容领域，将培养与培训的 VR 领域原创开发者，产生的 VR 内容（影视、游戏、UI 等）与暴风魔镜（PC 平台、移动 App）进行合作；在 VR 相关项目合作方面，还将培养与孵化 VR 领域原创开发团队，并且将优秀团队与暴风魔镜进行项目合作对接。

作为国内 VR 领军企业，自成立之初，暴风魔镜就确立了“产品 + 内容 + 产业链”的平台化生态发展模式。在 VR 产品方面，公司已相继推出了五代头显产品，以及暴风魔镜小 D、暴风魔眼等相关产品；在做好产品的同时，更为用户提供丰富的海量VR内容，截至目前，暴风魔镜APP中已包含全景视频1200多部、在线影视25000多部、VR游戏200多部等。在行业应用方面，暴风魔镜目前已与教育、新闻、医疗、旅游、房产、汽车、时尚、社交等行业领域的众多合作伙伴进行了深度定制方案和探索全新的商业模式。

## 五、回首过去，展望未来

一年一度的投资者大会——2016第四届雪球嘉年华11月27日在北京751D? PARK北京时尚设计广场举办。暴风集团CEO冯鑫在现场发表了主题演讲，首次公布暴风集团的愿景：在十年内建设一个面向全球，每天为数亿人提供新颖互联网娱乐服务的平台。据透露，暴风魔镜新品及战略发布会将于12月20日举行，暴风魔镜一体机有望在此次发布会上亮相。

过去二十年来，最核心的互联网应用始终围绕着四个关键词：资讯、社交、娱乐和钱（商业）。今后的十年，这四类核心应用会发生更大的变革：资讯将会变得更加头条化、视频化和收费化；通讯更加场景化，游戏向新平台移植，比如TV和VR将成为新的游戏平台；商业金融将无处不在。未来十年，互联网平台的升级会持续进行，VR/AR、智能电视、物联网/场联网、声音交互将成为新的4大互联网平台。

面对已经拉开大幕的2025互联网娱乐黄金十年，暴风会选择有所为有所不为，未来十年坚持“N421”战略：依托4块屏幕（PC、手机、VR、TV）打造2块核心的内容再生平台（影视、体育），以DT这1项核心技术打通平台与服务，为用户提供个性化的互联网娱乐服务。N代表着广告、电商、金融、硬件、O2O和游戏等多种商业形式和载体。暴风将立足于影音、VR、TV、体育等四大平台，以DT为核心，向用户提供个性化服务，努力打造全新、有趣、不一样的互联网娱乐。

经过10年的发展，暴风已经从单一的视频播放演进为以DT为核心的大娱乐布局，在视频、虚拟现实、体育和互联网电视四大平台积极布局，并成立了暴风影业积极拓展上游IP的多维运营，暴风影音、暴风TV、暴风魔镜、暴风体育成为暴风集团的四大战略平台。

自从2015年3月份上市以来，暴风集团募集资金1.6亿，多个业务板块已经落地，并做到了“开花结果”，完成了VR、TV、体育、影业的布局。截至2016年6月，暴风影音平台月活用户流量突破2亿，峰值日活达到5400万，是唯一一家不烧钱，依靠创新和效率，实现连续盈利的互联网视频平台。截至2016年6月份，暴风魔镜累计销量突破200万台，月度活跃用户增长近10倍，在中国虚拟现实行业处于绝对第一，在世界范围内也处于领先地位。2016年8月份，暴风TV获A轮2亿元融资，公司估值20亿元，创下了一年时间估值增至4倍的互联网电视融资和估值增长速度新纪录，成为中国互联网电视品牌第二名。作为国内VR电视的开创者，暴风TV第一次参加天猫双11，就以辉煌战绩斩获电视品类销量第一名。2016年9月份，暴风体育获得A轮2.04亿元融资，距离公司成立不到100天时间，彰显出互联网体育新平台的吸引力。暴风体育自发布APP2.0版本以来，增加了超越现场观赛的互动新体验，用户活跃和留存度目前全行业第一名。

作为互联网娱乐新营销开拓者，暴风集团通过视频、VR、体育、TV大屏，覆盖消费者不同场景化营销，2016年引领中国VR营销实现2000万元销售收入。依照坚实的用户基础，暴风在

VR 场景化营销方面创造了许多经典案例：与美宝莲完成全球美妆行业第一支 VR 广告；与澳洲旅游局合作面向国内用户推介澳洲全景风光；与世纪佳缘向用户推介 VR 婚恋约会；联手玛氏 M 豆上线国内首个品牌定制 VR 影院。实际上，暴风目前已经成为中国 VR 营销的第一品牌，是 VR 营销新生态的定义者。未来暴风集团将在 VR 营销 2.0 时代继续创造 VR 营销标准，加快 VR 营销的全产业落地，输出更多具有创造性 + 精准化的场景营销，为合作伙伴升维营销服务。

# 案例五　大家投——草根投资者的创业之路[①]

**背景**

2013年3月25日“众帮天使网”第一轮自融获得14自然人与创新谷孵化器100万人民币投资，估值500万人民币。

随后“众帮天使网”更名为“大家投”，大家投于2012年10月正式上线，专注于股权众筹融资项目，为创业者和投资人提供高效的众筹服务。大家投由深圳市创国网络科技有限公司旗下打造的股权众筹平台，中国版的AngelList，股权投融资版的Kickstarter。总部位于深圳，在北京和上海等多地有分支机构。大家投是国内首个“众筹模式”天使投资与创业项目私募股权投融资对接平台，从平台性质来看，大家投就像一个供创业公司卖股权的“天猫商城”，天猫上卖东西，大家投上卖股权。

创新谷是中国最活跃的互联网孵化器和天使投资基金之一，已在中国孵化项目数百个，在全球投资项目60余家。创新谷管理团队有着丰富的互联网和移动互联网从业经验，此前投资的暴风影音和昆仑万维已成功上市。创办创新谷后在中国投资的初创企业也快速增长。

## 一、草根教父，比马云更马云的人

李群林，湖南耒阳人，大家投创始人兼CEO，中国私募股权融资行业联盟理事长。李群林是国内最早专注于天使投资私募股权融资领域的人，其创立的大家投是中国首个“私募股权融资”天使投资与创业项目私募股权投融资对接平台；并率先创建全国首个第三方资金银行监管账户“投付宝”。创立大家投之前，李群林主要从事互联网相关行业，多年的沉淀于积累，让其对互联网行业的发展有着独有的敏锐认识。

在他看来，大家投的创立是偶然中带着必然。2012年，李群林苦于融资渠道的匮乏无法进行投资，而且当时的众筹网站点名时间采用的是预购的方式，按照法律规定，众筹网站给支持者的回报不能涉及现金、股票等金融产品，这与李群林的需求不匹配，因此他决心创办众筹网站，即是今天的大家投。

除此之外，李群林发现只把众筹作为一种对商品的购买行为，很难区别于产品的预售，也约束了众筹的成长速度和规模，而且中国的投资方式和渠道也比较有限，而将其作为一种天使投资行为，让更多的有一定投资实力的普通人参与进来是一种更为合理的方式，当他把当时的想法和经历在社交网站上写了出来时，还一度引起了很多人的共鸣，正是因为这些支持才坚定了李群林

① 本案例由张宁搜集整理并撰写成文。张宁为东北大学创新创业与风险投资研究所研究助理。

决定做一个股权融资模式的众筹网站的决心，这就是大家投的雏形。

在李群林的带领下，2012 年大家投前身“众帮天使网”上线，第一轮自融获得 14 自然人与创新谷孵化器 100 万人民币投资，估值 500 万人民币。2013 年大家投和兴业银行联合首创第三方银行监管账号“投付宝”。同年大家投 2.0 上线，并将“众帮天使网”更名为“大家投”。2014 年“大家投”启动第二轮自融，融资 300 万，22 天完成融资。同年城隍小吃完成融资，大家投总融资额突破一千万并成立北京运营中心。10 月 30 日中国（深圳）第一届股权众筹大会股权众筹联盟成立，大家投创始人李群林任联盟理事长。也是在这一年高强度纳米全瓷义齿材料完成融资 301 万，成为大家投融资额最高项目。15 年大家投最后一轮自众筹不到 20 小时认投破千万。大家投领投基金上线时，第一支 500 万领投基金 3 天认投满额。李群林在创办大家投平台的过程中也帮助过难以计数的创业者，故被大家戏称为“草根教父”“比马云更马云的人”。

## 二、风投模式，引领风骚

“大家投”为深圳市创国网络科技有限公司旗下私募股权融资平台，是国内最早期开展私募股权融资业务的平台之一，本着“优质项目，大家投资”的经营宗旨，致力于为天使投资人和创业者之间提供专业、高效的投融资对接服务。

与其他股权众筹平台相比，大家投之所以能够取得如今的成果，主要依赖于它与众不同的创新点。首先在全国首创众帮模式初期，大家投所采用的企业股权投融资业务模式单次跟投额度可以最低到项目融资额度的 2.5%，大大降低中国天使投资人的门槛，这使很多普通的投资者也可以参与到投资行业中来，这也将是中国全民天使时代的一个历史开端；其次，大家投是以融资项目为主体的直接投资网络平台，这是它与其他以创投为主题的社交 SNS 网站在产品定位的根本差异，方便投资者和被投资者及时查看投资情况；另外，大家投平台在用户体验上实现融资项目商业计划书真正实现从文档化到数据化、标准化的革命性转变，彻底终结了创业者用电子邮件方式大量重复发送商业计划书的低效融资历史，同时又将大大提升投资人从众多商业计划书中筛选自己感兴趣项目的工作效率；最重要的是大家投在独创天使投资行业中采用“领投 + 跟投”机制，实现职业天使投资人与业余天使投资人的共同支持创业者的行业格局。

对于“领投 + 跟投”的这种模式，是目前比较合理和适合这个行业的，从实际的收效来看也很不错。

目前，大家投的“领投人”全部由具有丰富投资经验、项目判断能力及投后管理能力的投资者投资后并担任，其他投资者跟投。项目认投过程中，领投人将发起相关项目调研，对融资项目团队、技术、商业模式、财务状况等进行调查，并在调研结束后出具尽职调查报告并上传，作为跟投人对投资项目的参考，充分降低跟投人的投资风险。发展专业的“领投 + 跟投”模式，有助于提高项目信息质量，有效促进项目投后管理，建立和提升项目信息披露机制的完整性，充分降低投资方风险，提升投资过程的专业度。大家投平台上线以来，通过系统化的建立与服务，根据项目的进度，合理制定“投前—投中—投后”进度管理，严格把控投融两端各个环节的风险。

大家投平台对项目上线实行严格的准入制度和投委会决策机制。

专业投资经理在项目前期会进行尽职调查，并出具内部调查报告，最终进行内部合议决定该项目上是否上线。同时大家投还会协助领投人，邀请跟投人进行项目情况核实、评估，与项目方商议、确定投资方案。同时出具经项目方、领投人、大家投三方共同确认的《尽职调查报告》向投资人披露，此过程中，如发现项目方存在虚假陈述、重大造假等违背商业法则情况立即终止项目融资。

项目投后管理中，大家投的负责人会和领投人一起督促项目方定期披露财务报告，协调项目投融资双方的信息沟通。充分降低项目的风险控制，最大限度的保障投资人的利益。针对这个问题，大家投自2014年9月就推出了“荷兰式询价”制度，主要目的就是解决项目估值虚高问题。

大家投平台上的每个融资项目均有一个初始估值范围（即项目融资方最低/最高的期望估值范围），每个投资人在约定报价机会内，使用或放弃对项目估值和投资金额的意向议价，如意向报价被项目方接受则视为有效报价，项目方不接受则为无效，报价结束后，项目方接受最低投资估值即为该项目的最终估值，该项目方和全部投资人均以该估值为基础，出让/认购该项目股份。大家投是国内目前唯一推出估值市场化的私募股权融资平台，也是行业内鲜有的让跟投人有议价权的平台。

另外，在风控方面，为了有效降低投资人投资风险，提高创业者融资效率，大家投委托兴业银行深圳分行推出的一种面向大家投投资款监管服务——投付宝。投付宝的主要内容是：投资人认投项目时把投资款转入监管账户，待有限合伙企业成立后，再按照投资人的意见分批次将有限合伙企业所有合伙人的投资款分批次转入有限合伙企业基本账户，有限合伙企业普通合伙人再将有限合伙企业基本账户的投资款转入目标项目公司基本账户。这样的方式使得投资变得更加的方便快捷。

## 三、开拓创新，四板出击

目前，在大家投的平台已经演进到了3.0版，业务板块分为四大板块：创投板、影视板、演艺板和高端服务业。

针对私募股权融资项目、影视项目，统一为“影视板”，主要针对国内外优秀的电影、电视剧、自媒体视频开展股权融资服务。影视板项目融资额度范围为500万至3000万。针对舞台剧项目，统一为“演艺板”，主要针对舞台剧巡演等短期获得收益的文化娱乐类服务。针对高端服务业项目，统一为“高端服务业”，主要面向高收入群体客户提供高端医疗与家庭健康管理、高端养老、贵族式子女教育、高端休闲养生等服务。

### （一）创投开路

在创建初期，大家投的业务主要针对私募股权融资项目。统一为“创投板”，主要针对的是互联网与高科技类项目的种子轮、天使轮等轮次的融资，项目融资额度在50万至1000万不等，大家投在“创投板”时期，大家投不仅在第一轮自融获得14自然人与创新谷孵化器100万人民币投资（估值500万人民币），而且和兴业银行联合首创第三方银行监管账号“投付宝”，为以后的发展奠定了良好的基础。

## （二）影视探索

在 2015 年 3 月，大家投创始人李群林与一个朋友探讨中国文化产业的发展问题，让其受到了很大的启发和鼓舞，李总当即判断"影视剧"与"股权众筹"将会是一对好的搭档，所以决心踏入影视股权众筹，进而果断决定开始筹备影视股权众筹业务：定规则、研发系统、寻找首个影视剧项目。2015 年 5 月 18 日大家投影视板正式上线，第一个上线的项目是由张嘉译、董洁主演的电视剧《花开如梦》，一经推出就受到投资人的热烈追捧，不到一个月时间 600 万的份额顺利众筹完成。然后第二部电视剧秦海璐主演的《女人花似梦》1000 万份额，第三部电视剧杜淳、姚迪主演的《爱的速递》600 万份额也陆续在短时间内众筹完成。到 2015 年底，上述三部电视剧全部拍摄杀青，目前也全都完成后期制作进入宣发阶段，预计 2016 年下半年开始将会陆续与观众见面。不出意外，2016 年年底前这三部电视剧的近 300 位投资人都将会陆续完成从投资到退出整个完整商业闭环。到时，这 300 位投资人将会作为中国股权众筹行业第一批实现赚钱效应的亲历者载入中国股权众筹行业发展史册。对于投资人来说，影视剧项目相对创投项目投资周期短，风险相对较低，投资人参与感强，非常适合稳健投资。而股权众筹对于影视行业来说，在提供资金支持的同时，自带粉丝效应，并在影视宣发、市场调研、效益转化等方面有着先天优势，可以成为影视项目融资的优选项。

## （三）进军演艺

基于影视板成功上线与运营的启发，2015 年年底，李群林又将业务创新拓展到了同是文化娱乐类的舞台剧领域。经过调查发现，单场舞台剧从启动到演出结束最短可在半年左右的时间，这无疑使"演艺板"的推出更加坚定。这一板块首个上线的项目儿童舞台剧《小马快跑》250 万份额同样在短时间内众筹完成。从 2016 年 4 月起，本项目将从深圳开始启动全国巡演，预计到 7 月份，该项目的近百位投资人将迎来第一笔投资分红。这也就基本实现了在半年时间内让投资人从投资到获取收益的预期目标。

## （四）高端服务

经历了影视板与演艺板的成功运作，在股权众筹产品领域，在调研和评估的基础上，李群林决定再次大胆创新，推出高端服务业板块。这个板块的项目方向确定为面向高收入群体客户提供高端医疗与家庭健康管理、高端养老、贵族式子女教育、高端休闲养生等类型，这一类服务在国内各大城市的供需矛盾较为突出，即供应远满足不了需求，市场前景乐观，而且采用股权众筹这一方式募资，将会实现项目投资人与项目刚性需求客户的部分重叠。如在大家投平台上线的东莞达越健康管理项目，是一个定位于主要面向东莞天安数码城周边高收入群体，为客户提供家庭健康管理并提供与广州顶级医疗专家资源对接服务的实体医疗服务机构。这一类项目具有强烈刚需、目标客户对服务价格敏感度低、忠诚度高、行业竞争壁垒高等显著特征，因此此类项目只要营运团队靠谱，项目整体的投资风险就可以最大化地降低。

布局上述三大板块，大家投用了整整一年的时间，目前已形成了创投板、影视板、演艺板、高端服务业四大板块齐发力的格局。

分析这几大板块的业务特征来看，基本上形成了为投资者提供不同投资周期、不同风险概率、不同回报程度、不同项目行业的丰富、多层次的股权众筹产品，让广大投资者可以根据自己喜好与风险承受能力做个性化股权投资资产配置。

综合当前股权众筹行业面对的普遍性难题，大家投将逐渐加大影视剧、舞台剧、高端服务业这些引入收益分红权益的项目，通过加大上线力度，进一步调整结构，优化股权项目配置，践行我国股权众筹行业的“供给侧改革”创新，以数百位投资人陆续赚钱的业绩迎接“让资本普惠大众”这个行业梦想的实现。

大家投 CEO 李群林深信，未来几年股权众筹行业也一定能实现赚钱投资人数量以每年上十倍的速度增长到几千人、几万人、几十万人……进而，行业也将进入良性循环。

2016 年是大家投创业成立的第四个年头，在 2016 年也终将实现“让项目方融到钱、让投资者赚到钱”这两个促进行业健康、高速发展缺一不可的目标。

## 四、规圆矩方，客户至上

### （一）众筹规则

首先大家投众筹平台的一些独特之处，大家投在全国首创众了帮模式初期企业股权投融资业务模式，单次跟投额度可以最低到项目融资额度的 2.5%。

而且大家投还独创天使投资行业对一个项目的领投加跟投机制，实现职业天使投资人与业余天使投资人的共同支持创业者的行业格局，正是由于这样的特点使得大家投股权众筹有其独特的众筹规则。

**领头规则**

领头人规则：

1. 一个项目只能有一个领投人，领投人认投项目须经创业者确认同意后方可有效；
2. 领投人对单个项目领投最低额度为项目融资额度的 5%，最高额度为项目融资额度的 50%；

领投人资质要求：

满足以下任一条件即可：

1. 两年以上天使基金、早期 VC 基金经理级以上岗位从业经验；
2. 两年以上创业经验（只限第一创始人经验）；
3. 三年以上企业总监级以上岗位工作经验；
4. 五年以上企业经理级岗位工作经验；
5. 两个以上天使投资案例。

领头人职责：

1. 负责项目分析、尽职调查、项目估值议价、投后管理等事宜；
2. 向项目跟投人提供项目分析与尽职调查结论，帮助创业者尽快实现项目成功融资；
3. 帮助创业者维护协调好融资成功后的投资人关系。

跟头人项目跟头规则：

1. 注册天使投资人，即可取得项目跟投资格；
2. 对一个项目的跟投额度最低为项目融资额度的 2%，最高为项目剩余未被认投金额；

3. 对一个项目跟投后，创业者有权拒绝跟投人的认投；

**认筹资格**

成功注册成为大家投的投资人后，投资人需要缴纳100元认筹诚意金和400元见证费才能获得认筹资格，获得认筹资格后，只要投资人不反悔，永远拥有对每个项目认筹的机会；

100元诚意金缴纳后不得申请退款，诚意金作为投资人风险补偿金来源，用于补偿投资人非正常投资亏损。

**投资人反悔**

出现下面任一情况均属于投资人反悔：

a. 投资人成功认投项目后，项目到达付款阶段，接到大家投客服付款通知5个工作日后，投资人仍不付款的，认定为该投资人反悔；

b. 投资人认投成功又要求取消认投的，包括付款成功后又要求退款的，认定该投资人反悔；

反悔一次后，投资人将失去认筹资格，必须重新缴纳100元诚意金才可以重新获得认筹资格。

### （二）融资项目

大家投平台将融资项目分成初创板与启动板两个板块，具体规则如下：

**1. 初创板**

项目融资额度大于100万人民币，投资人数量不超过50人，单笔投资额度不低于项目融资总额2%，向上取整单笔最低3万起投。项目融资次数最多可以有2次；每次间隔时间不低于半年。项目估值荷兰式询价，投资人持股以有限合伙企业的形式占股项目公司的股份，在大家投融资超过500万人民币时符合新三板条件将推荐给合作券商辅导公司上新三板。用户可以通过投付宝进行资金中转，当投资人退出时，可以通过大家投机构投资业务板块寻找合适的机构接盘；或者条件成熟时通过中国证券市场监测中心“私募报价系统”转让；或者等项目公司上新三板、创业板后再通过证券市场实现退出。

**2. 启动板**

项目融资额度等于或少于100万人民币，投资人数量不超过200人，单笔投资额度为一千元起投，最高限额一万元，每笔必须为千元整数倍；每个项目有50个1000元起投名额，先到先得；前50名投资人可以千元起投，第51名投资开始最少投（剩余额度/最多剩余名额）举例：假如某项目融资50万，前50名投资人每人都是认投最低额度1000元，合计5万，则第51名投资人最少投（50万－5万/150人＝3000元）。每个项目只能融资一次，投资人持股采取1套3或1套2或1套1模式后再用1个母有限合伙企业入股项目公司。多个有限合伙企业的普通合伙人均为同一个领投人。投资人在退出时，等项目公司转为初创板并且融资成功后，按照初创板项目投资人退出渠道实现投资人退出；项目公司转为初创板之前可以通过创业者回购方式退出。融资完成满半年，产品上线并且有一定运营数据，有3人以上全职创业团队，项目季报上传及时规范，创始人诚信、项目财务数据等事项没有投资人投诉，可以转初创板继续融资。领头人遵循先返本，后分配收益的原则；收益分配具体方式：1. 总投资收益的80%由有限合伙企业（包括母有限合伙企业和子有限合伙企业）的自然人按照投资比例分享；2. 总投资收益的20%为管理收益：领投人分享15%；大家投分享投资收益的5%。2016年1月1日起，管理收益分配比例调整为领投人与大家投各10%；

## 五、百尺竿头，更进一步

大家投被外界称为“草根”互联网股权融资平台，除了大家投本身是以“众筹”的方式起家，其所服务的对象也主要是“草根”阶层，与其他同类平台天使汇等不同，大家投的起投金额较小，适合大众投资。

### （一）有口皆碑

大家投自身定位准确，立足科技创新项目，并随着时代的发展，多样化布局，创新产品线，走连锁服务和影视项目路线。大家投对投资人要求门槛较低，适合大众投资，在一定程度上增加了平台的人气。在行业里，创新的脚步较快，为行业创新做出了很大的贡献，在资金的保障上较好。

大家投作为最早一批互联网股权融资平台，其专注于股权众筹项目，为创业者和投资人提供公平、透明、安全、高效的众筹服务。据数据统计，大家投的发展速度极快，2013 年，帮助 5 个项目成功融资 284 万；2014 年增长率超过 4000%，全年帮助 47 个企业完成融资，总共已完成超过 5000 万的融资额；2015 年，总共上线 115 个融资项目，项目需求资金 23106 万，帮助 51 个项目融资 9601.3 万，项目数成功率为 44.35 %，融资成功率为 41.55 %，平均融资额度为 188.26 万。值得一提的是，自从大家投推出了影视项目股权融资，平台得到了飞速的发展，如《女人花似梦》上线仅仅一周，认筹金额超 700 万；而在 2015 年 5 月份，大家投上线的《花开如梦》，项目融资金额 600 万，这个项目也引起了市场上的广泛关注，从上线到融资完成不到一月时间。大家投上的很多项目在获得资金后进入了发展的“快速通道”，很多案例也获得了私募基金的认可，现已有 6 个项目已经或者即将成功拿到 VC 的 A 轮投资：微星辰、内聘网、月光宝盒、奇异果、服务堡，以及大家投。凭借流程标准化、服务人性化和高于同行的融资能力，大家投自 2012 年上线以来，吸引了众多的创业者和投资者。截至 2015 年上半年，大家投已为众多项目融资过亿元。其中，在成功融资的项目中，已有多个项目已获得下一轮天使投资或 A 轮融资。

2016 年上半年，A 股定增市场活跃，根据投中研究院统计显示，2016 年上半年，有 328 家 A 股上市公司实施了定向增发方案，融资金额总计 8219.68 亿元，与 2015 年同期的 2856.8 亿元相比增加 187.72%。从单笔融资金额看，上半年完成定增的 328 家企业平均单笔融资金额为 25.06 亿元。从上市公司层面来看，定增火爆的原因在于，成本的升高导致传统行业希望通过兼并重组获得转型升级的动力，而新兴行业则希望过并购掌握最新技术，实现产业链完整。目前上市公司壳资源仍然稀缺，存在寻租空间。2016 年上半年，在完成定向增发的 328 家 A 股企业中，苏宁云商、紫光股份、浦发银行、完美环球、泛海控股等 5 家公司定增融资金额超过 100 亿元人民币。其中，苏宁云商单笔定增规模达 292.33 亿元，为上半年规模最大定增案例。此次定增，包括淘宝（中国）软件、安信 - 苏宁 2 号参与认购。苏宁云商 292.33 亿元融资主要用于物流平台建设、苏宁易购云店发展、互联网金融项目、IT 项目以及偿还银行贷款和补充流动资产等。制造业定增融资规模居前。定向增发收益方面，根据投中研究院统计，2016 年上半年完成定增的 328 家 A 股上市公司定增上市首日平均收益率为 44.21%。其中，百润股份上市首日收益率为 416%，为上半年最高。上半年 A 股市场就完成定增情况的行业分布来看，328 家企业分布于 17 个行业，较为分散。无论从完成数量还是完成规模，制造业都高居榜首，有 90 家共完成 1848. 56 亿元，数量及金额分别占比 27. 4% 、22. 50%；IT 紧随其后 40 家完成 685. 48 亿元，数量及金额分别占比 12. 2% 、8. 34% 。从最近发行的定增项目数据可以看到，大股东及主要股东参与了接近一半的项目，另一半为机构投资者和自然人。上市公司定向增发一般都伴随着新项目的上线、资产注入或是战略投资注入，因此市场对定向增发的理解更多为利好。

投中研究院预计，2016 下半年定增市场有望迎来定增迎来黄金建仓期，多项政策出台推动并购重组，扩大配套募集资金比例，非公开发行作为上市公司再融资的渠道地位进一步提升。从 2016 年 3 月 2 日“三年期定增价格只能调高不能调低，或者改为询价发行”的证监会窗口指导意见来看，2016 年下半年定向增发项目仍将是再融资市场主要产品，呈现“频度高，单体大”的特征，不同行业发行难度和定价水平的差异化将更为显著。

据零壹数据中心统计，截至 2016 年一季度末，我国互联网股权众筹平台已筹金额保守估计在 20 亿元左右。世界银行预测，到 2025 年，全球发展中国家的众筹投资将达到 960 亿美元，中国有望达到 460 亿至 500 亿美元。其中，70% 至 80% 的融资额将是股权众筹融资。

全球来看，股权众筹这一新兴事物正在得到各国政府的支持。拿美国为例，近年来美国资本市场服务中小企业的能力不断下降，高成本和高负担被视为是症结所在，政府试图放松监管，改变这一现象。2012 年 4 月，美国政府颁布了《JOBS 法案》鼓励股权众筹，该法案涉及的内容包括了：对认定的新兴成长企业简化 IPO 发行程序、降低发行成本和信息披露义务；在私募、小额、众筹等发行方面改革注册豁免机制，增加发行便利性；提高成为公众公司的门槛。

国内的监管立法进程也正在有序推进，监管层也发布了一系列新规来为 guquan 众筹正名。2014 年 12 月 19 日，中证协出台《私募股权众筹融资管理办法（试行）（征求意见稿）》，此稿件当时被解读为股权众筹合法地位的确立。2015 年 1 月 30 日，国务院总理在常务会议上又提出完善股权众筹的融资机制。从第一次说试点用推进股权众筹来解决融资难的问题，到 2015 年一月份，也就是两个月时间，李克强总理就已经坚定了决心，不用试点，现在要考虑是怎么完善股权融资机制，所以李克强总理是众筹的最大的一个推销员。2015 年 3 月，国务院办公厅印发了《关于发展众创空间推进大众创新创业的指导意见》，鼓励地方政府开展互联网股权众筹融资试点，增强众筹对大众创新创业的服务能力。2015 年 7 月 18 日，央行等十部委出台《关于促进互联网金融健康发展的指导意见》明确了股权众筹的性质和监管机构。2015 年 9 月，国务院印发《关于加快构建大众创业万众创新支撑平台的指导意见》，要求各级政府尽快出台相关政策支持众筹行业发展。从 2015 年的股权众筹行业政策来看，国家高层对股权众筹行业的发展是持支持态度的，相关监管部门也在积极完善相关的监管细则，自始至终，这些政策都在给股权众筹行业释放一种积极信号——“肯定并支持行业发展”，这也是 2016 年行业政策制定的基本方向。

### （二）任重道远

尽管政策上股权众筹迎来了诸多利好，但是其自身却在发展中暴露了很多问题：前段时间某股权众筹平台首个新三板定增项目，但在众筹项目接近尾声之后出了问题——在投资人资金到位后，这家公司从最初公告的“定增”蹊跷变成“老股转让”，按照该项目方后续发布的财报，利润不仅没有达到宣传时声称的 3500 万，而且是亏损近 3000 万，以“10 元转让价”来看算是腰斩（宏力能源股权众筹项目涉嫌欺诈的细节在此）。

作为股权众筹上遭受损失的投资人们，他们的质疑在于，平台只是最终把这些事实通报给投资人，没有给投资人选择的余地和权利，平台和投资人之间也没有签署相关文件。就连最近才兴起的影视众筹也开始暴露出了诸多问题，在某平台融资成功的《喜乐长安》项目融资3000万，最后只达到了170多万的惨淡票房，关于这部剧当时项目方承诺的是进行本金保证并且溢价回购，但是最后给投资人的结果却是希望债转股，在另外一个影视众筹平台的项目《女汉纸真爱公司》也是出现了票房亏损，导致项目方提前收回本金拒绝与投资人同股同权的事情。而这只是股权众筹众多风险的其中一些。众筹项目发起人的诚信风险，伪造项目、财报的风险，或者同一个项目的众筹需求在多个平台重复发布募资，这些乱象并不少见。在投资人与发起人之间构建起稳固的信任关系，股权众筹生态系统才能健康发展。行业现状恰恰给保险行业提供了大量的空间，如果有专业保险公司提供相应的保险产品，平台给股权众筹项目都买了保险，或许可以给投资人提供一个分散风险的渠道。在理赔这方面，保险公司应该会设计一个理赔上限。比如一个项目，每个投资人的投资金额为10万，发生欺诈行为后，保险公司只赔付其中的80%，即8万，此后保险公司再问众筹平台和领投人各索赔2万，一共4万，这样从某种程度上鼓励用户去查项目资料，也让股权众筹平台承担相应的责任，平台需要担负起过滤项目的职责，领投项目的基金，也有义务去做尽职调查。

平台是实际进行风控的一方，比如阿里和京东的众筹平台，目前已经开始深入选择众筹项目，这些项目需要和阿里京东的整个生态相符，如果只是开个线下小店，那就没什么意义。

作为新兴的股权融资模式，高风险依然是不可避免的话题，由于股权投资的金额一般较大，周期也较长，因而做好风控是为投资人资金树立安全的壁垒。在九死一生的股权投资领域，只有从筹前、筹中、筹后全方位的管理才能最大限度的保护投资人的资金和融资企业的良性、快速发展。

2015年，股权众筹在政府的肯定与支持下，呈现出爆发的态势。京东、阿里、平安、360等巨头纷纷挥军入场，造就了过去两年整个行业募资超百亿的“繁荣”格局。但市场不得不直面的一个现实就是，目前退出者寥寥，撇开投资人的赚钱效应几何，而大谈募资融资额度的成倍增涨并无实际意义。90%的股权众筹平台以TMT领域的创投业务作为主营方向。这一数据也与国内当前的创业氛围紧密相关，一般情况下，TMT项目的风险投资退出需要等待被投公司IPO或进行下一轮融资，少则3年到5年，多则7至10年的周期。对于个人投资者而言，其资金的流动性大打折扣，无疑会挫伤他们的投资积极性。90%以上天使投资面临失败。这是一个很现实的投资风险，股权众筹服务于TMT创投业务同样如此，先是“一窝蜂”而上，而后销声匿迹，必然带来投资者的焦躁情绪。90%以上的股权众筹平台都将活不过5年。股权众筹平台自身亦是创业者，仍未迈入发展的稳定期，对于项目的跟踪以及承诺服务投资者的能力令人堪忧。既然如此，作为平台方何不直面现实，与其因循守旧，毋宁大胆创新，围绕为投资人赚到钱这个目标，让“创业、创新”与“众筹”进入良性循环。

2016年8月，有消息称成立仅2年多的原证监会创新部人员陆续履新他职，证监会创新部正式解散，编制归内审部。创新部原有的监管工作，可能会被分散到证监会其他部门。创新部当时是在2014年2月证监会机构大调整时与债权部、私募部和打非局一起新设的，目的是为了适应新的金融监管形势，解决监管真空等问题。但随着原创新部主任张思宁，副主任欧阳昌琼，副主任黄明，副主任刘洁任等领导的陆续调任创新部也随之解散。按照证监会公布的情况，创新部的主要职责是：负责资本市场全面深化改革领导小组的日常工作；承担推进资本市场全面深化改革有关政策研究、实施协调等工作；研究证券期货市场创新发展，推动证券期货市场业务创新试点，拟订相关工作指引；研究资本市场互联网创新活动；协调制定证券期货市场中跨市场创新业务和产品的监管规则；牵头会内各部门支持各地重大经济金融改革和试点工作；承担金融创新领域的部际协调工作。创新部曾主要负责互联网金融股权众筹的监管已经相关法规政策的制定，但在发布《股权众筹融资管理办法（试行）》征求意见稿后，一直到目前都没有出台相应的股权众筹监管细则。

目前创新部解散后，股权众筹的监管还没有明确归哪个部门监管。新成立的内审部从职责表述看对下属机关和各部门都有明确的管理职权，权力比较大。内审部在证监会的地位，还要取决于这 16 名在编人员是从其他现有业务部门切分出来，还是中央编办新增编制，若是中编办新增，意义重大。内审部强调证监会主体责任，并对证监会进行监督，相当于证监会内部的中纪委。所以大家投等平台面临着非法集资的风险，立法方面还需要完善。

# 案例六　滴滴——以共享经济为龙头的独角兽[①]

**背景**

滴滴出行是全球领先的一站式多元化出行平台。滴滴在中国400余座城市为近3亿用户提供出租车召车、专车、快车、顺风车、代驾、试驾、巴士和企业级等全面出行服务。多个第三方数据显示，滴滴拥有87%以上的中国专车市场份额；99%以上的网约出租车市场份额。2015年，滴滴平台共完成14.3亿个订单；成为全球仅次于淘宝的第二大在线交易平台。

公司致力于以共享经济实践响应中国互联网创新战略，与不同社群及行业伙伴协作互补，运用大数据驱动的深度学习技术，解决中国的出行和环保挑战；提升用户体验，创造社会价值，建设高效、可持续的移动出行新生态。2015年，滴滴入选达沃斯全球成长型公司。

## 一、资本寒冬里的高歌往事悲凉不堪回首

在打车应用滴滴出行的北京办公室，许多员工将公司创始人兼CEO程维称为“老大”，当然也有人称呼他的英文名“Will”。程维出生在江西上饶铅山县的普通家庭，因高考漏答数学最后一页考题，被调剂到北京化工大学念行政管理专业。他的大学与旁人无异，打打球、逃逃课、恋恋爱；毕业后前前后后换了七八个工作，也与刚毕业的迷茫大学生没有差别。2005年，程维进入阿里巴巴旗下B2B公司从事销售工作，后因业绩出色晋升，成为当时阿里最年轻的区域经理。“你刚有多少身家，就想过小日子了?”王刚把他生拉硬拽到了杭州。2011年，外国一家打车应用公司迅速融资得到了他们的关注。这家公司不是Uber，而是英国创业公司Hailo。程维认为，Hailo模式可以移植到中国市场，同时提了一个口号，叫做移动互联网让出行更美好。一年后，29岁的程维从支付宝离职创立了小桔科技，后来，王刚也离职，并成为程维创业的主要资金支持者，在北京中关村推出手机召车软件滴滴打车。最终决定创业后王刚出资70万，程维出资10万，他从杭州回到北京，在2012年5月和吴睿、李响开始创业。主流VC都找遍了，但都没有结果；跑了一百多家公司，没有敲开任何一家出租车公司的门。之后“滴滴打车”上线，已经安装了500个司机端，但是上线亮灯的只有16个。第二天，灭了8盏。司机在使用过程中认为“滴滴打车”是骗子，和运营商合伙骗他的流量，程维决定给司机流量补助，一周5元。直到几个月后，此前他们并不认识的金沙江创投合伙人朱啸虎通过微信找上门来，一拍即合，几乎答应了他们所有条件，滴滴这才完成A轮融资。“那就拎包回来，在国内继续找（钱）。”坐在中关村软件园的滴滴办公室，程维苦笑，“挺悲凉的，往事不堪回首。”

① 本案例由黄景薇搜集整理并撰写成文。黄景薇为东北大学创新创业与风险投资研究所研究助理。

但事实证明，滴滴出行与竞争对手相比还是有许多优势。一些竞争对手完全复制了 Uber 在美国的策略，与高级轿车司机合作。但在中国，高级出租车的数量远低于普通出租车。当竞争对手摇摇招车获得在北京机场招募司机的独家合约后，滴滴出行来到北京最大的地铁站推广其应用（App）。

## 二、不按章程的野蛮打法

滴滴打车一开始只在一个城市（北京），用最精锐的部队验证自己的模式，成功时再横向复制，从而形成了今天的规模。但开拓北京的市场，却不像滴滴创始人程维想象的那样简单。

### （一）用户的喜欢和支持是唯一的生命力

推广初期，没有出租车公司愿意和滴滴合作，员工都很沮丧。程维鼓励大家：再坚持一下，跑完全部 189 家公司，没有一家愿意跟我们合作，我们就认了、放弃！经过不懈的努力，滴滴终于谈下来第一个出租公司。最后，有 8 位司机安装了客户端。就是这样，滴滴敲开了第二家、第三家公司。地推团队也开始有了干劲儿。2012 年 9 月，滴滴打车上线，有 500 位司机安装了客户端，但是上线的人数只有 16 个。于是程维面试了一个人，每天给他 400 块钱，让他绕三环打车。当时还特意嘱咐：不要去昌平，资金有限，省着点花……在司机方便的厕所发传单时，他们会考虑是司机进去的时候发传单，还是出来的时候。因为如果是进去时发的传单，出来时往往就被扔掉了……

就这样，滴滴慢慢积累了第一批种子用户。

### （二）滴滴快的闪婚，互联网出行的普及

程维称滴滴创办的初衷是希望通过互联网解决信息不对称问题，提高整体交通效率。公司目前提供的各项服务，都针对专门的人群，解决城市出行的各类交通问题，降低拥堵。

2014 年，滴滴打车与快的打车掀起全国补贴大战，可以说是当年中国互联网公司最激烈的烧钱大战。快的的背后是阿里巴巴，滴滴的背后是腾讯。然而，滴滴借助腾讯微信大数据资源与技术等的强力援军，在 2014 年 1 月 10 日上线的滴滴打车微信支付功能，迫使战局急剧变化。从年初发动大战到 3 月底，滴滴打车用户数从 2200 万暴涨到 1 亿，日均订单从 32 个城市的 35 万，增长到 178 个城市的 521.83 万，订单量甚至超过了同期淘宝的移动支付。七天七夜，是流传很广的“励志故事”。眼看 40 台服务器撑不住了，在苏州街的银科大厦，滴滴 CTO 张博和技术团队、腾讯部队奋战七天七夜，重写服务端架构。最终，滴滴成功包围快的打车，在 2015 年 2 月 14 日情人节头条，滴滴合并快的打车。好像所有单身的互联网企业都结婚了，都始于滴滴快的那一次相信爱情。

在公司治理上，滴滴和快的合并案使用了少见的 Co - Ceo 二元化共享权力结构，滴滴打车 CEO 程维与快的打车 CEO 吕传伟共同担任联合 CEO。快的打车方面表示，两家公司在人员架构上保持不变，业务继续平行发展，并将保留各自的品牌和业务独立性。新公司对此给出的解释是有利于避免恶性竞争，又保留了两家公司的优良基因，未来仍然可以平行而独立的开展业务。然而，公司需要的是不打折扣的执行力，Co - Ceo 的松散化管理只能是自取灭亡。尽管合并之后滴

滴和快的都一再强调双方的管理团队会留任，但事实是以吕传伟为代表的快的团队肯定会退出，新公司的所谓辟谣更像是为了稳定军心而许下的善意谎言。

合并的另一个驱动力是资本层面的，出行创新的特点是高估值，Uber 估值轻松突破 400 亿美元，在中国还得到了百度这样的战略投资者，滴滴和快的最新一轮的融资达到了 7 亿美元的级别，在这种高速迭代的资本模式下，滴滴和快的将不可避免面临着与 Uber 一样的问题：以他们的烧钱速度，再想通过融资扩张已经非常困难，高估值本身就是一把双刃剑，尤其是存在强大竞品、政策未明的情况下，因此无论是 Uber 还是滴滴快的，势必都会在 2015 年完成 IPO，如果两家公司继续恶性竞争，既不符合投资人的利益，也会使融资风险大增。

互联网行业很多领域是靠疯狂烧钱烧出市场规模的，如门户，视频，B2C；但互联网金融业务绝不是靠烧钱能快速催熟市场的，支付、P2P、众筹都不能靠疯狂烧钱取胜。必须承认，打车软件渗透率大幅提升源于补贴，腾讯和阿里两家公司的移动支付推动起来也大大受益于此。移动支付极大的优化了出租车领域的效率，司机和乘客都很受益。补贴对于引导和教育市场是绝对有价值的，但在市场教育完之后，还继续进行巨额补贴，这是不理性的，很多时候是由于囚徒困境导致很难停下来。

### （三）互联网专车时代的开启，中国式智慧

“打车难”是中国诸多城市病之一，尤其是大城市最大的问题。北京在高峰期的时候，汽车的行使平均速度只有 12 公里，显著慢于自行车，比很多跑步的都慢。出租车的象征性增加数量往往不及人口增量的千分之一，时间越往前走，车却越难在路边召到。很多出租车公司在长期占有和享用出租车牌照资源的红利时，却无法积极面对市场的需求作出有效调整。

在打车市场，“烧钱”是横扫市场的最佳利器，因为打车软件只需在出租车司机和乘客之间搭建一个平台即可，哪个打车软件补贴的越多，用户就越往哪个打车软件倾斜。但是专车业务的难度相对较高，不仅需要公司开发、管理专车资源的能力较高；还需要注重服务品质，为用户带来较好的乘车体验。

这源于专车服务与生俱来的基因优势。基于其母体——来自互联网思维的创新优势，专车甚至解决了出租车监管体制都无法解决的公共性问题。滴滴快的正打算用大数据为用户画像，以提升出行效率，同时还可以避免盲目“烧钱”。上海金融与法律研究院院长傅蔚冈表示，专车为市民提供了多样化和更方便的出行选择，应该给予一定支持。他指出：“专车可以为出行者提供完善的服务，甚至配有相关保险。这种满足消费者个性化出行需求的服务应该受到鼓励。”

程维在 2015 年 5 月 22 日宣布，滴滴将投入 10 亿元请全国人民免费体验快车，覆及全国 12 个城市，“三年内，要让所有人出行，车子都能在三分钟内到面前”，滴滴快的致力于把所有交通工具搬到网上来，成为涵盖出租车、专车、快车、顺风车、代驾以及城市公交等多种出行工具在内的“全球最大的一站式出行平台”。

滴滴快的在专车市场狠砸 10 亿元，充分表明了其对专车市场的重视。专车用户的高端属性和专车服务的难替代性决定了专车用户拥有比出租车用户更高的忠诚度和 ARPU 值，而出租车属于基础型服务，价格透明，没法直接变现。如果在没代金券的情况下，专车每单的价格大约是出租车的 2 ~ 4 倍，盈利能力比较高。这是为何滴滴快的在打车市场站稳脚跟之后，便风尘仆仆杀到专车市场来的根本原因。

滴滴打车于 2014 年 8 月 19 日宣布推出为高端商务出行人群提供优质服务的产品滴滴专车，

也是针对传统出租车行业推出滴滴打车软件之后上线的第二款产品。滴滴打车软件面向出租打车用户群体，而滴滴专车则面向中高端商务专车群体，这意味着对用车行业的覆盖将更加全面，也能够为用户提供更加多元化的出行。据易观国际发布的数据显示，2015 年第一季度滴滴专车（含一号专车）、易到用车和 Uber 分别以 80.9%、17.5% 和 8.1% 的比例占据中国专车服务活跃用户覆盖率的前三名。同年，滴滴出行为了更好的为 3 亿出行用户提供服务，将 APP、微信公众号、QQ、网页版的在线客服后台统一接入 ImCC 系统（InstantMessagingCongtatCenter），高效帮助滴滴出行完成了跨渠道、跨平台的在线客服管理。

专车之所以能够在市场竞争中跑赢约租车和拼车模式，很大一部分原因在于专车更符合“中国特色”。相比部分城市政府主导的约租车，互联网思维的专车更注重用户体验，迎合了中国市民日趋挑剔的个性化出行需求；而相比以私家车共享为主的拼车软件和海外玩家，专车软件与租赁公司合作的四方协议模式，更容易在中国现行环境下赢得主管部门认可。

### （四）快车拼车顺风车，大数据算法

滴滴快的 2015 年 5 月 13 日宣布，在北京、天津、广州、深圳、成都、重庆、武汉以及杭州等中国 8 个城市上线搭车服务“滴滴快车”，最低价每公里不足 1 元。“滴滴快车”服务目前已内置在滴滴打车 APP 上，用户可以通过 APP 内的“快车”入口直接呼叫“滴滴快车”，以联系愿意分享车辆、合乘出行的车主。订单发出之后，系统会自动推送给距离最近的车主，整个叫车流程与叫出租车、专车相同。五月中旬，滴滴快的宣布推出合并后的第一个战略级产品“一号快车”。2015 年 6 月 1 日，滴滴快的做出了与快的打车合并后的大动作，一款名为“滴滴顺风车”的产品在北京发布上线，这款产品的定位是“共享出行”，这个月内，上海及全国其他 25 个城市也将有“顺风车”可搭。“一号快车”是以乘客的需求作为主导，乘客在平台上发出用车需求，司机根据乘客的需求，带乘客去往目的地；“顺风车”则是以司机为主导，司机首先从一个地方去往另一个地方，乘客才能搭载。推出拼车业务主要是为满足乘客在出行成本和效率方面的需求，同时弥补出租车运力不足，这与专车满足乘客高层次的出行需求不同。

滴滴 CEO 程维深刻认识到，滴滴成功之道就在于大数据。为此，滴滴在 2015 年 5 月成立机器学习研究院，2016 年 4 月又将其升级为滴滴研究院，专注于大数据技术研发，大数据支撑滴滴海内外业务拓展，积极挖掘自身交通大数据“钻石”。贵阳大/数据交易所则为滴滴提供了整合国际大数据资源的便利渠道，提供了变现滴滴交通大数据资产的快捷平台。2015 年 9 月，滴滴进行全面品牌升级，更名为“滴滴出行”，明确依托移动互联网技术、构建大出行生态。

## 三、窘境的循环，生死独角兽

### （一）“血海狼窝”乱平后，Uber 异军突起

滴滴是一个从如同血海狼窝激烈竞争的打车行业里艰难生长起来的企业，尽管滴滴快的估值高达 165 亿美元，“下一个 BAT”的名声也不绝于耳，但是程维却说，他的内心充满了惶恐和焦虑——这个行业的时间窗口只有三个月，如果有一方资金断裂，就会彻底出局。在与快的打车旷日持久的战役里，双方对司机和乘客不停地加码、对标，“那种消耗战让整个行业没有前途。”这

种思想主导了后来滴滴快的的联姻。

而出行游戏只是正式开始，滴滴快的将要面对的是他们未来最伟大的竞争对手——来自美国的 Uber。Uber 正式在中国发力，对司机推出了极高的补贴政策，他们以高端专车服务 Uber Black 作为中国最先上线的业务，司机都挑选自为五星级酒店服务的车队司机，着装统一，举止得体，车辆也都是奥迪、宝马、奔驰等高端车型。Uber 按“天”支付给司机费用，让这些司机在闲时接活。通过具有针对性的高端市场开拓，Uber 逐渐打开了中国市场，并且在滴滴和快的忙于合并时逐渐扩大了和本土移动出行企业的竞争优势，他们在市场中已经站稳，并且开始寻找合并本土企业的机会。军事迷程维把和快的的补贴战比成为“第一次世界大战”，而和 Uber 一战比喻成为“第二次世界大战”。在这次的对垒中，“闪电战”成为他的主导思想。

## （二）攘夷之始末，“Uber 屠夫”

Uber 创始人兼 CEO Travis Kalanick 把中国市场视为寄美国市场之后的下一个重大市场。在 2013 年，他带领着其他几位 Uber 高管来到了中国，并且造访了滴滴打车。尽管程维的开场白很热情，但双方交流的整个过程处于一种紧张的状态。程维表明了自己对于滴滴打车订单量终将超越 Uber 的信心，并且拒绝了 Travis Kalanick 提出的持股 40% 的投资条件。

Kalanick 并没有因为程维的自信而感受到很大的危机感。2015 年初，在滴滴出行专注于快的打车合并事宜之际，Uber 正在迎头赶上：在几个月时间内就控制了中国私家车打车市场近 1/3 的份额；应用更优，技术更稳定；2015 年初估值 420 亿美元，相当于滴滴出行当时估值的 10 倍。对此，程维说：“当时我们感觉自己就像是当年的解放军，我们只拥有步枪，被敌人的飞机和导弹所轰炸。他们的武器很先进。”

于是，程维和一些高管开会讨论此事。他们对滴滴出行的日交易量进行了分析，调整了给予司机和乘客的补贴金额。程维还会定期用这种强烈的危机感提醒员工：“如果我们失败，结果就是灭亡。”

2015 年 5 月，程维开始向 Uber 发动反击：滴滴出行宣布补贴 10 亿元人民币，并且向 Uber 在美国的最大竞争对手 Lyft 投资 1 亿美元，以获得将来双方谈判时的有效筹码。在这场争夺用户和市场的战争中，双方分别从不同的渠道获得了投资：2016 年 5 月，苹果公司向滴滴出行注资 10 亿美元；而 2016 年 6 月，Uber 从沙特阿拉伯融资 35 亿美元。在获得投资，加大补贴额度的过程中，双方开始了漫长激烈的砸钱过程。

在这个过程中，由于本土企业对中国消费者更深入的了解程度，Uber 的亏损明显多于滴滴出行：美国《福布斯》给出的数据显示，仅在 2015 年上半年内，Uber 就已经亏损了 9.87 亿美元；2016 年 1 月，滴滴出行副总裁陶然回应 Kalanick 的炮轰是这样说：“Uber 在华补贴一直居高不下”，2015 年 12 月时，在北京，“Uber 高峰期给司机 5 倍补贴，平峰期给司机 2.6 倍”，还使用了“本周坐几次下周就免几次”的非常规促销，“Uber 在中国平均一单补贴 40 元”，但是“Uber 在中国市场砸了超过 60% 的开销，才收获不到 10% 的全球 GMV”；由于司机刷单、市场份额大幅落后以及遭到补贴捆绑，Uber 在中国市场的发展已经大不如前。

在长时间入不敷出、滴滴出行向美国发展市场的情况下，Uber 最终选择和滴滴出行公司重回谈判桌，并于 2016 年 8 月 1 日正式向外界公布这个消息。Uber 虽然拿到了数目不小的款项和股份，但是也彻底退出了广阔的处于高速发展的中国移动出行市场。合并了快的打车和 Uber 中国的滴滴出行已经占据了中国移动出行领域的最大份额。

## 四、互联网诞生32年最大融资：滴滴两周完成投行半年工作量

2015年7月8日，滴滴快的对外宣布，已完成F轮的20亿美元融资，新的投资方包括资本国际私募基金等多家全球知名投资者，阿里巴巴、腾讯、淡马锡、高都资本（Coatue Management）等现有股东也都追加了投资。投资人极度看好滴滴快的合并后的迅猛增长，希望他们加速颠覆市场，并在全球与Uber争霸。

这是世界互联网领域由滴滴快的创造的一项神奇纪录。因为投资者热情高涨，滴滴快的“不得已”提高了融资额度，本轮融资中还有数亿美元的剩余额度。未来1个月还将有新的投资方加入，预计本轮融资全部结束后，融资金额将远超20亿美元。投资人认为，滴滴快的整合的顺利非常顺利，出现了显著的“1+1>2”效应。面对移动出行的广阔市场，可以加速发展。本轮融资完成后，滴滴快的公司将拥有超过35亿美元的现金储备，成为中国移动互联网领域现金储备最高的公司。

值得一提的是，本次融资仅耗时两周半，完成了投行半年多的工作量，创造了“融资速度”的又一个纪录。当投资意向确定的时候，还需要准备海量文件，包括协议、各种条款，而用美元融资的文件大多在几十页，需要把之后可能涉及的所有风险因素考虑进去，这个环节需要法律、财务等各个领域的专业人士参与。简单来说，如果同样的融资额度放到传统行业，一个流程走下来半年完成就算是“极速”了，而放到滴滴快的这样正在打仗的公司中，半年时间已经足够颠覆行业格局。所以融资流程也只能加速，再加速。能在两周半完成融资，取决于滴滴和投资机构的高度默契和高效沟通。更为关键的是，有希望像BAT在互联网时代称霸一样，成为移动领域入口级、生态级企业，目前只有滴滴快的，投资方确实没有其他选项。

滴滴出行在2015年全年融资37.42亿美元，3年造出超200亿美元估值独角兽。未更名“滴滴出行”前的滴滴打车，在2012至2014年间已获得了4轮融资，分别来自与金沙江创投的300万美元A轮融资、来自腾讯的1500万美元B轮融资、来自腾讯和中信基金近1亿美元C轮融资，以及在2014年12月，完成D轮7亿美元融资，由国际知名投资机构淡马锡、国际投资集团DST、腾讯主导投资启动亿元专车品牌推广——“今天坐好一点”，滴滴体刷爆微信朋友圈，一小时参与用户达三千万，视频点击过千万经过两个多月的公测，“滴米”调度系统正式上线，通过大数据优化出行体验，双十二实现90%的打车成功率。

2016年5月13日，滴滴出行在公告中称，苹果将助滴滴打造数据驱动的移动出行平台。此项十亿美元的巨额投资将成为这家中国叫车服务公司在与Uber Technologies Inc竞争之际获得的单笔最大投资。苹果正努力振兴在中国的销售，中国是该公司第二大市场。通过这笔投资，苹果将获得滴滴出行规模相当大的一笔股份，其首席执行官（CEO）库克称，它将有助于苹果更好地理解重要的中国市场——“我们的投资出于一些战略原因，包括更加了解中国市场某些特定板块的机会。当然，我们相信假以时日，投资也会带来丰厚回报。”

程维表示：“Apple的认可令成立四年的滴滴深受鼓舞，更是一种激励。滴滴将继续努力，与司机和乘客、与全球伙伴一起，让人人拥有更加灵活可靠的多元出行选择；帮助我们的城市解决交通、环保和就业挑战。”苹果看中的不仅仅是滴滴在国内所占的市场份额，还有背后数十亿国人的出行大数据。

2016 年 6 月 16 日，滴滴出行宣布，已经完成了新一轮 45 亿美元的股权融资，新的投资方包括苹果、中国人寿及蚂蚁金服等。腾讯、阿里巴巴、招商银行及软银等现有投资人也都参与了本轮融资，成为全球未上市企业单轮最大规模股权融资之一。本轮除股权投资外，招商银行还将为滴滴牵头安排达 25 亿美元的银团贷款，中国人寿对滴滴进行了 20 亿人民币（约 3 亿美元）的长期债权投资。这也意味着，滴滴本轮融资的实际总额高达 73 亿美元。滴滴出行表示，本轮融资资金将用于平台技术升级、大数据研发和运营、提升用户体验、进一步拓展国内外市场和新业务等。至此，滴滴公司拥有的可调用资金约 105 亿美元。

## 五、烧钱大战之后何去何从

柳青曾说过“中国是独特的市场，技术将成为制胜关键，补贴不再是重点，没有人为了拿 30% 的补贴而愿意等上 30 分钟。”

继跨境电商、外卖电商、生鲜电商减缓或暂停烧钱之后，最近以烧钱成名的多家约车软件也开始放缓其烧钱补贴的步伐。但和其他大多数互联网平台一样，停烧后随即出现的用户量下滑和用户跳票问题，立马成为拖垮这些多年用钱堆起的“雄壮大厦”的大地震。

用钱吹出来的“泡沫”最终没如招股宣传册中说的那样成为“大厦的坚固根基”，在停止吹捧后泡沫爆裂的速度正在以出乎意料的速度消散……

滴滴在 2015 年完成 20 亿美元的融资后，一度在行业内炒的火热。不过，在看不到底的烧钱黑洞和各种花销中，滴滴也没有折腾太久。滴滴共有 6 条产品线：出租车业务、专车业务、快车业务、顺风车业务、代驾业务和城市公交业务。在补贴经营，四处征战之际，这就是 6 个看不到底的烧钱黑洞，进行了长时间的烧钱大战。

作为 O2O 时代的典型模式，滴滴最初就是想通过建立一个规模庞大的网络信息服务和交易平台，找到一个比现有的出租车行业更低的价格区间，吸引众多 DS 用户，从而吃掉出租车市场的巨大利润。

烧钱之所以受到分享经济的青睐，关键就在于能够烧得越多就意味着融到的钱也越多。而融资的多少，在很大程度上决定着一个经济项目的估值。而估值的高低，又继续影响着投资人的信心……就是这样一个循环反复的过程，让大家对烧钱、估值趋之若鹜。

在 2016 年滴滴与优步“牵手”之后，滴滴遭到一系列“差评”。2016 年 8 月，宣布达成战略协议时，价格就出现了多次上涨，9 月 5 日，滴滴顺风车再次被曝涨价 20%。很多人认为，滴滴优步合并后的价格提升早晚都会来临，这也是“垄断”所造成的影响之一。

一方面，司机和乘客作为出行的两个主角，面对滴滴价格上升价的调整，都纷纷呈现出抛弃滴滴之势。另一方面，滴滴给司机端的补贴也已经大幅度缩水。相比 2016 年 5 月，滴滴 6 月的用户渗透率开始下降。到 7 月，滴滴的用户渗透率显现了大幅下滑的趋势，跌幅近 10%。（渗漏率指：使用应用的人数占所在领域活跃人数的比例。）

当下，市场上除了滴滴和优步专车以外，还有神州专车、首汽约车等专车服务。仅易到用车拥有高端的价格较高的“专车”服务，若拿服务来讲，滴滴远比不上易到用车的服务。其一，易到在服务体验上也占有一定优势，而且易到的车型比滴滴的车型要好。其二，在价格以及补贴方面，易到比滴滴的力度更大，势必会造成用户和司机的“背叛”。

因此，如果分享经济不能培育出真正能够盈利的商业模式，反而是变成只会“分享投资人钱”的经济，只会将投资人的钱烧到无止境的补贴中，画好的大饼和描绘的美好未来极有可能会戛然而止。单纯依靠烧钱补贴去占领市场，只会让分享经济项目自身抵抗风险的能力降低。一旦融来的钱烧完，就会丧失前进动力，此前轰轰烈烈的投入也都打了水漂，成为一个笑话。

滴滴合并之前把大量的精力和财力投入到抢占市场份额上，还没有见到具体成效，这个时候滴滴却急于结束烧钱，进入正常盈利模式，但是显然以目前滴滴的状况并没有支撑“改革”的实力。目前的状况疑似是滴滴的战术。将市场份额让给对手，使合并不构成垄断。

与此同时，易到用车创始人、CEO 周航也宣布，从 2015 年 11 月底开始的“充多少返多少”优惠促销活动即将结束。从 2016 年 7 月 1 日开始，易到充返力度将降至 50%。“资本市场毕竟耐心有限，所有打车平台都在思考烧钱之后的出路。即便打车平台企业融再多的钱，也要思考如何回归正常商业，毕竟没有人愿意一直把钱扔到马路上。”周航曾直言。

在投资环境和政策双重压力之下，补贴减少乃至停止是必然的。面对已经建立起来的庞大用户群，必须寻找真正能够变现、盈利的策略和手段。简单来看，必须要将因补贴而产生的需求转化为大众生活必不可少的刚需。

滴滴出行减少对乘客和司机的补贴，也许意在向高端市场发展，而程维在 2016 年第三届世界互联网大会上的发言更是向我们透露出这样的信息：在合并快的打车和 Uber 中国之后，滴滴出行在中国移动出行领域已经占据了绝大部分的市场份额。在市场争夺中初有成效之后，滴滴下一步的行动将会向利润额的扩大以及向人工智能方向发展。前期砸钱大战中的损失，以及人工智能开发背后的高额成本，或许正是促使滴滴缩小补贴额的关键原因。

## 六、网约车新政

原本定于 2015 年 6 月底出台的新一轮上海出租车改革方案提出了关于上调本市出租车起步费的相关方案，这意味着出租司机的承包金还将跟着进一步上调。这对于当下“整个行业至少上百辆车空置”的局面无疑雪上加霜。

一边是疯狂野蛮的扩张，一边是难以控制的离职潮，双方都面临各自的失控，一场变革势在必行，而对于身处这场变革底层的司机而言，他们的需求十分简单：“我们只想能在稳定环境下，努力地开车，改善生活。”

滴滴出行中的拼车行为、顺风行为，交通管理部门将其定义为“私人小客车合乘出行”。北京、上海、广州对每日的合乘次数做出了规定：每天不超过两次。规定都要求驾驶员需事先发布出行信息，与合乘者约定行驶线路、出行时间、乘车地点、费用分摊、安全责任、人身保险等事宜。北京对于拼车、顺风车规定，必需有专门的拼车软件独立存在，不得与网约车软件合并。

2016 年 5 月，为了更加有效地监管网约车市场，在一定程度上提高网约车司机的职业素质，交通运输部联合公安部等七个部门联合发布了《关于深化改革推进出租汽车行业健康发展的指导意见》和《网络预约出租汽车经营服务管理暂行办法》，要进入网约车平台的司机也要像获得驾照那样参加相应考试。而在滴滴出行和 Uber 合并之后，乘客和司机更是发现，给司机和乘客的补贴额度已经开始逐渐缩小，甚至开始停止。在地方政府拥有不小的决定权的情况下，随着网约车市场变数开始增多，网约车高端化或许是一个拥有广阔前景的发展方向：因为当时 Uber 就是通过针对高端乘客推出的 Uber Black 成功打开了中国市场的大门。同样，曾经对 Kalanick 笑言“Uber 是滴滴的灵感来源”的程维，自然不会忘记借鉴这个拓展市场壮大规模的经验。

而与此同时，网约车新政虽然已经开始实施，但移动出行趋势已经形成，大众也已经逐渐养成移动出行习惯。在市场渗透率仅有 1% 的移动出行行业里，国内几家领跑移动出行服务的企业依然占据着平台、规模、技术等方面的先发优势，上升空间仍然很大。而领跑者中的滴滴出行更是占据着市场中的最大份额，新政对于他们并不是枷锁，而是更规范的跑道。

## 七、分享经济的大潮

### （一）大潮势不可挡

分享车辆的普及有两个条件，技术是一方面，观念是另一方面。如果没有技术的突破就不会有今天蓬勃发展的网约车。在刚刚过去的三到五年时间里，移动互联网技术快速发展，智能机能够普及到司机和乘客，这些是基础。传统的模式只能通过抑制需求来管理，就是摇号不让买，买了不让用；不仅是限号，未来可能还要提高各种各样的使用成本，甚至要收拥堵费。这个瓶颈的破解方法就是由原来工业时代的拥有经济，向互联网时代的分享经济转变。这是新文明的必然要求。

此前的第一次共享出行大战以滴滴与快的合并的方式宣告结束。第一次共享出行大战，带火了“共享经济”这个词，成就了滴滴快的这一超级独角兽公司。滴滴快的的成功背后，是大量的拼车、专车和打车 App 的倒下，可以说打车 App 引爆的第一次共享出行大战本质上是从群雄割据到双雄对决的过程。

分享经济作为一个新鲜火辣的舶来概念和模式——“使用比拥有更美好”，进入国内短短的时间中，就完成了让人瞠目结舌的进化。滴滴出行、神州专车、饿了么及多个上门服务的壮大，逐渐演变出全新的经济模式，甚至衍生出多元化的生态系统。

2016 年 7 月，《网络预约出租汽车经营服务管理暂行办法》出台对于共享出行行业来说是天大的好消息。

2016 年 10 月 20 日，全球顶级的战略管理咨询公司罗兰贝格公开发布《2018 年中国汽车共享出行市场分析预测报告》。罗兰贝格统计了全球共享经济主要涉及的九大领域中领军企业的营业收入和市场份额。据测算，2015 年全球共享经济规模已经达到了 1869 亿美元。

在罗兰贝格的《报告》中，中国汽车共享出行市场中用户的需求远大于市场的实际供给，市场发展潜力远大。共享出行的用户增长和市场规模远远未触碰到天花板。几个关键的增量指标如下：

2300 亿美元：截至 2016 年中国已经形成 625 亿美元的共享经济市场，并保持 54% 的高速增长，到 2018 年有望达到 2300 亿美元，在全球共享经济中的占比由 33% 提升至 44%，成为领军力量。

1.8 万亿元：汽车共享出行在中国拥有广阔的发展前景，其直接需求将由 2015 年的 816 万次/天快速增长至 2018 年的 3700 万次/天，对应市场容量有望由 660 亿元/年增长至 3800 亿元/年，而潜在需求带来的潜在市场容量更有望达到 1.8 万亿元。汽车共享出行将成为生机无限的蓝海。

550万就业岗位：短短三年，仅汽车共享出行已迅速发展到年订单量17.7亿单、创造550万就业岗位、吸引投资234亿美元，中国约2.5亿用户每周至少使用1次共享出行软件。

根据《报告》，超过94.2%的居民表示汽车共享出行为其提升了出行幸福感，其中37%的居民表示汽车共享出行使其出行更加舒适、57%的居民表示出行更加快捷、82%的居民表示出行更加方便、45%的居民表示出行更加高效、12%的居民表示出行更加安全。

### （二）共享出行的缺陷

并不意外，随着滴滴快的名声的高涨，业界评论的矛头开始指向了滴滴快的的“伪共享经济”，并陈说了共享出行模式的一些缺陷：1、出行是服务行业，专业人士、具有服务心态的人来做才有更好的体验；传统出租车，遇到路痴几率更低，遇到“坏司机”几率更低，就体现了传统服务业的优势所在；2、非共享经济型平台，对司机和服务具有更强的控制力，司机违规损失会很大，丢了饭碗还要赔钱；共享经济平台司机违规成本是很低的，这个平台做不了还可以换一个，再说本来就是一份兼职而已；3、共享经济平台看上去去中心化，实际上它很可能会成为最大中心；看上去消除了一些中介，它自己可能会成为一个最大的中介。

一直以来滴滴在对外宣传中都将自己定位于共享经济平台，而真正体现共享经济的，则是旗下的顺风车业务。然而顺风车业务只占滴滴总体业务的一小部分。在大量快车涌入滴滴、滴滴烧钱补贴的高潮阶段，许多人贷款买车，全职开快车，在快车模式中，共享经济已经变形。部分由原来非法经营的车辆进入快车平台，变成滴滴平台上的专职司机。共享经济的属性在衰退。抛开这些专职的快车、专车全天运营给交通带来的拥堵，滴滴已经由原来的共享经济演变成一个类似专职的出租车公司。

事实证明，上述这些担忧不无道理。好消息是，这些担忧都在被解决，基于共享经济模式的出行服务体验更好、效率更高、成本更低是事实。罗兰贝格报告显示，2015年中国专车市场规模是80亿元，2020年有望达到5000亿元，市场才是最准确的裁判。要做到如此大的规模，专车服务的目标如果是去抢夺出租车的市场，或者成为出租车2.0——基于互联网的超级巨型出租车公司，是实现不了的。

### （三）共享势在必行

2016年5月24日，李克强总理出席第二届中国大数据产业峰会暨中国电子商务创新发展峰会。在本届峰会上，李克强就提到要发展共享经济。因为只有共享，数据才能无限放大，这不仅仅是做加法、乘法。他认为共享经济作为新业态假以时日，将为中国经济注入强大力量。同时，共享经济也是分享经济，让每个人都有平等创业的机会。

而在谈论到出行行业与共享经济时，罗兰贝格认为，当未来城市出行供给不能依赖汽车保有量的粗放增长，而出租车和公共交通的运力提升亦遭遇瓶颈时，汽车共享出行正是在城市道路资源紧缺、公共交通和出租车发展受限的情况下，一个短期内就可见的解决方案。至少目前已经让中国的出行状况，产生了良性的变化。一个更为明显的判断是，共享经济的规模的占比越来越高，模式创新本身带来的转型利好势必影响决策判断。

此外，共享出行革命的两大技术革命：Tesla这类智能汽车正在风靡，谷歌无人驾驶汽车上路在即，汽车技术革命正在如火如荼进行；人工智能、大数据、云计算、物联网等互联网下一代技术正在迎来跳跃式发展。伴随汽车技术和下一代互联网技术的发展，交通会变得更加智能，出行将更加安全、环保和便捷。很难想象十年后的交通体验会是怎样的，基于无人车的专车服务又是怎样的。共享出行平台需要拥抱新能源汽车、智能汽车、自动驾驶汽车等潮流，面向未来的汽车和交通设计共享出行模式，才是星辰大海，是诗和远方。

分享经济在以全新的方式——分享闲置资源，满足多元化需求等，快速重构着大众的生活方式，为其带来更多便利。但不得不承认的是，不管经济形式怎么变幻，要想取得可持续的发展，必须建立在足够的利润基础上。将线下消费通过互联网转移到线上，盈利的本质并没有改变。滴滴们正面临着整个时代前所未有的巨大挑战。

# 案例七　饿了么[①]

**背景**

餐饮 O2O 模式发源于美国，其中最成功的是 OpenTable。在线订餐网站 OpenTable 于 1998 年在美国旧金山成立，经历了 10 多年的发展，于 2009 年在纳斯达克公开上市。凭借其 ERB（Electronic Reservation Book）系统和用户订单抓住商户，逐渐建立了竞争门槛。OpenTable 通过独创的"广告 + 软件的租赁服务收费"的盈利模式，取得了良好的业绩，也造就其在股票市场的强劲表现，从上市之初的每股 20 美元一路上扬，一度达到 118 美元的高位，引起了国内外投资人对餐饮 O2O 模式的强烈兴趣。

在现在这个互联网兴起的时代，这种餐饮模式的出现则是当下发展的必然趋势，"饿了么"正是在恰当的时候抓住了这样一个时机才使其一跃成为中国最大的餐饮 O2O 平台。它整合了线下餐饮品牌和线上网络资源，用户可以方便地通过手机、电脑搜索周边餐厅，在线订餐、享受美食。这不仅给人们的让忙碌的人节省吃饭的时间，还让能让人更多的了解身边的美食，这便是"饿了么"可以成功走入市场的原因。

## 一、点滴积累，砥砺前行

### （一）平台简介

"饿了么"是中国最大的餐饮 O2O 平台之一，公司由张旭豪、康嘉等几个大学生创立于 2009 年 4 月。

"饿了么"整合了线下餐饮品牌和线上网络资源，实现网上餐厅的效果，于此同时，"饿了么"向用户传达一种健康、年轻化的饮食习惯和生活方式。除了为用户创造价值，"饿了么"率先提出 C2C 网上订餐的概念，为线下餐厅提供一体化的运营方案。

2014 年"饿了么"平台交易总订单量达到 1.1 亿，日订单峰值 200 万单，市场占比 60%；覆盖全国超过 250 个城市，20 万家餐厅及 2000 万用户；移动端交易额占比超过 75%，牢牢站稳了中国最大在线外卖订餐平台的位置。

2016 年年初，"饿了么"平台日均订单仅在 10 万单左右，近期已突破 100 万。订单增长的同时还带来了用户使用习惯的转变，移动端占比已上升至 70%，移动客户端成为"饿了么"用户的主流使用方式。2016 年 5 月，"饿了么"宣布接受大众点评领投的 8000 万美元，这对其后

① 本案例由张宁搜集整理并撰写成文。张宁为东北大学创新创业与风险投资研究所研究助理。

来的发展起到了推动作用。截至目前，“饿了么”员工数从200多人拓展到2000多人，团队下沉至国内二、三、四线城市，覆盖城市近200个。国内在线订餐平台“饿了么”对外宣布该平台日订单已突破百万。2016年10月，“饿了么”实现了十倍增速，日订单量由10万增长至100万。

### （二）创业历程

“饿了么”的主要创始人张旭豪和他的几个伙伴康嘉，汪渊，叶峰、曹文学全都来自于上海交通大学。2009年4月，他们看中了餐饮外送行业，并准备开发网络订餐系统，使餐饮业逐步走向信息化。正巧，交大软件学院的叶峰也看好这个创业。于是，网络订餐系统的“饿了么”就这样初步形成了。创业伊始，大家还讨论过公司名称问题，最终“饿了么”这句学生间的点外卖口头禅最终胜出，以它的亲切顺口成了公司的响亮大名。最初的启动资金全靠几个人东拼西凑，连学费都没能幸免。为了全情投入，张旭豪主动放弃去香港理工大学深造的机会，与康嘉一起选择休学。而叶峰则在2010年本科毕业后，放弃了进入微软的机会，和大家一起奋斗创业。

最初的创业是快乐而又艰辛的，大家并肩奋战，尽情挥洒青春的激情，却也有碰壁、资金缺乏时的困惑。“饿了么”团队刚开始时承包过一家餐饮店的外卖业务，用来熟悉“行情”。作为团队的领头人，张旭豪几乎连续几个月每天只睡四到五个小时，经常亲自“披挂上阵”送外卖，狂风暴雨也从不间断。

网络订餐系统初运营时，已有30家加盟店支持，日订单量达500～600单。可那段时间，张旭豪和康嘉却因为过于奔忙劳碌而“后院起火”：先是窃贼光顾宿舍将电脑等财物一掠而空；接着，一位送餐员工在送外卖途中出车祸；随后，又有一辆配送外卖的电动车被偷……重重压力下，张旭豪不得不撤销热线电话和代店外送，让顾客与店家在网上自动下单和接单。

为了给网站造势，张旭豪不停地参加各种创业大赛，以扩充创业本金。2009年10月，“饿了么”网站在上海慈善基金会和觉群大学生创业基金联合主办的创业大赛中，获得最高额度资助10万元全额贴息贷款。12月，网站在欧莱雅大学生就业创业大赛上，获得10万元冠军奖金……通过创业竞赛，团队总共赢得了45万元创业奖金，获得资金的“饿了么”网如鱼得水，到2009年底，订餐平台已拥有50家餐厅进驻，日均订餐交易额突破万元。

为了网站的发展，张旭豪招来了网站技术总监汪渊，汪渊专门编写了一个小软件，可在校内BBS上给每个会员用户自动群发站内消息，其中规模最大的一次发了六万条。“饿了么”网站因此访问量大增。

靠线上和线下广告吸引学生订餐容易，但吸引更多饭店加盟绝非易事。多数店家保持半信半疑的态度：“我在你的网上开个页面，放几份菜单，你凭什么就要抽8%？”对此，张旭豪的策略是：“谈，不停地谈。”他们每天出门“扫街”，最忙时一天要“扫”100多家饭店，最难谈的饭店，“谈”了40多个回合才拿下。

2010年5月，“饿了么”2.0版本成功上线。“饿了么”不仅攻下华东师大，连附近紫竹科学园区也被纳入自己的“势力范围”，顾客群从大学生拓展到企业白领。仅隔一个月，“饿了么”就推出了超时赔付体系和行业新标准。9月，“饿了么”全上海版上线，合作餐厅超过千家，单月最高交易额达到了百万元。11月，手机网页订餐平台上线，订餐业务不仅覆盖了全上海，目标还直指杭州、北京等大城市。

2011年3月，“饿了么”注册会员已超过两万人，日均订单3000份。这个由大学生创办的公司当时已经基本成型，正是因为他们如此的努力与坚持才使“饿了么”成为享誉中国的餐饮平台。

### （三）融资历史

“饿了么”近年来的迅速崛起与其能够成功融资有着密不可分的联系，除了在创业初期，张旭豪等人自己筹备的资金以及各种创业大赛的立项基金共 50 万余元之外，“饿了么”主要进行了以下几轮成功的融资，保证了公司的正常运转。

A 轮：2011 年 3 月来自金沙江创投的数百万美元；

B 轮：2013 年 1 月来自经纬中国、金沙江创投的数百万美元；

C 轮：2013 年 11 月，来自红杉资本中国、经纬中国、金沙江创投的 2500 万美元融资；

D 轮：2014 年 5 月 6 日，来自大众点评的 8000 万美元融资；

E 轮：2015 年 1 月，中信产业基金领投，腾讯、京东、大众点评和红杉资本跟投的 3.5 亿美元融资；

F 轮：2015 年 8 月 28 日，华联股份旗下新加坡商业公司、中信产业基金领投、华人文化产业基金、歌斐资产等新投资方以及腾讯、京东、红杉资本等原投资方跟投 6.3 亿美元。

## 二、长远目光，大局战略

### （一）目标战略

“饿了么”目标用户主要集中在各大高校与公司白领，原因是各大高校虽然食物价格低廉，但是饭菜种类单一，并且最重要的是不能够做到随时随地享受订餐服务。其战略目标无疑就是争取成为中国最大的餐饮 O2O 平台，在满足中小商家的同时入驻之外，力争将大型餐饮行业也纳入版图。将线上平台做到更加完善，在线下做到更好的服务。让每位订购外卖的顾客能够吃到美味的食物，做到真正引领餐厅外卖业务电子商务化，在未来外卖订餐业务中做到领军企业。为了实现目标，饿了么做了有两套值得骄傲的 IT 系统，即 Walle 内部管理系统和餐厅管理系统 Napos，前者主要用于“饿了么”内部员工的销售协同，尤其是地推团队；后者主要适用于“饿了么”的合作商家，Napos 是饿了么外卖平台的入口，也是商家的订单，这两套系统使得“饿了么”的核心竞争力有了显著增强。

### （二）经营战略

#### 1. 主导思想明确

很多地方饭店虽多，但是没有一个信息平台，要找到他们的菜单，电话还是很不方便的，而且在电话订餐的高峰期，有时候电话还打不进，在噪杂的环境下交流起来很不方便，即使订餐顺利每个月还得花上四、五块钱电话费。这是在校大学生都切身感觉到的，而且中国的餐厅本身是没有什么特别大的网站的，不像淘宝、阿里巴巴这些网站特别大，餐饮市场还没有，所以这是个市场机会，“饿了么”不提供餐饮，也不负责配送，只是提供信息平台，像淘宝等网站一样。率先提出“C2C 订餐”的概念，在重视订餐，服务用户的同时，也重视服务餐厅，搭建用户和餐厅沟通的平台，推动了餐饮行业数字化的发展，无疑，“饿了么”成为区域化电子商务的领跑者。

“饿了么”的理念是“不仅为顾客提供方便，同时还传达一种年轻化的生活方式，并竭力使其健康化”。并且“饿了么”认为满足顾客挑剔口味的最好方法就是给顾客充分的选择权，而保证服务质量和选择的多样性是品牌成就的不二法门。“饿了么”为了给顾客提供高质量，多样化的选择，邀请更多的加盟餐厅。不同程度的加盟店也反映了选择的多样化。同时也营造了一个竞争的环境，使得同种类型的加盟店（例如都是经营日式料理）的服务质量得到提升，各种优惠和促销手段也相继推出。

**2. 交易流程简单**

顾客通过“饿了么”网站可以清楚地看到周边每一家餐厅的每一款菜色提供外卖的时间，在当今宅文化盛行、食品安全问题突出的时刻，“饿了么”为用户提供了更多吃的选择。如果店家的某一道菜由于某种原因不能提供外卖，顾客便可以在网站上清楚地看到此道菜在页面显示为“关”，并且显示下一轮外卖开始的时间。消费者只需轻轻点击鼠标，美味即刻送到面前。整个订餐流程方便快捷，即使不注册也能订餐。而餐厅只需安装“饿了么”网络订餐系统特制的终端就能轻松地管理自己的网上餐厅（其中包括：订单处理打印，营业额统计，优惠信息发布等功能）。在交易完成后，顾客还可以获得“饿了么”网站赠送的十倍于订餐价格的积分，用来兑换网站提供的精致礼品。这些礼品都十分“潮”，最吸引顾客的礼物莫过于 IPHONE 和 IPOD 了，不过得集齐 100 万积分才能获得一个 IPOD TOUCH。

**3. 总体发展方向明确**

现如今“饿了么”的主营业务是小店外卖，针对的用户以中低端用户为主，客单价在 10 ~ 20 元之间。未来，将涉足客单价跟高的中端餐饮外卖。其主要的发展方式有以下几个方面：

（1）线下门店推广：“饿了么”的线下地推团队约有 100 余人，占公司总人数的一半左右。“饿了么”并未寻求第三方地推团队的帮助，在它看来，第三方团队虽然掌握大量线下资源，但团队的不稳定性会为之带来巨大威胁。

（2）大区化推进：“饿了么”的线下拓展方式，并不是以城市为单位，而是以“大区”，每个大区会有 1 ~2 人进行推广，同时配备数名短期兼职员工。目前，仅北京，就拥有超过 20 个大区。而二三线城市则一个城市有约 10 个左右的大区。

（3）物流配送：与推广不同，物流方面“饿了么”主要与第三方公司进行合作，如北京，“饿了么”主要合作的公司是美食送，或者，也有不同高校学生自己组织外卖团队为学生提供服务。“饿了么”对物流的关心主要基于配送速度和食品保鲜程度来衡量。因此，“饿了么”要想有更高的发展，提高物流质量势在必行。

## （三）盈利战略

**1. 盈利来源**

“饿了么”的盈利主要来源于四个方面：一是在线订餐月流水超过某个额度收取入驻商家一定管理费用，为了吸引商家的入驻，免除入驻平台的费用，减少商家的疑虑，只在商家月销售满一定金额抽取一定的管理费用，实现双赢；二是平台商家竞价排位，“饿了么”将平台最前面几个铺位作为广告铺位，根据商家的竞价，收取月租，在实现商家推广的同时，又尽量避免了用户体验的降低，最终实现盈利；三是促销活动收取增值收费，平台定期开展活动，对参与的商家收取一部分费用；四是商家广告收入，包含两部分，即是线下的宣传单宣传推广和线上的横板广告宣传方式。

**2. 盈利模式**

最开始，“饿了么”采用的为中介模式——从餐馆取餐，然后由“饿了么”配送给客户，一周结算一次，后来由于配送人数的缺乏，以及考虑到商家与客户的方便性，“饿了么”改为平台型模式，即让商家自己去跟客户联系配送餐。

归纳起来，当“饿了么”转入平台，不再提供配送后，他们在商业方面可以分成两个阶段：

第一阶段：固定佣金模式。这是大多数的订餐平台采取的商业模式，因此也造成了激烈的市场竞争，导致网站恶意降低费用去抢夺市场份额，“饿了么”在实行这种模式一段时间后，便宣告放弃。

第二阶段：管理费＋竞价排名模式。当商家通过“饿了么”每月订单额到达一定数值后，“饿了么”会向该商户抽取固定的管理费。这一模式的确帮助“饿了么”在争取优质商家资源时得到不少主动权，使其在抢占市场份额方面形成优势，最终在与其他同类网站的竞争中脱颖而出。

此外，品牌商户的推荐广告、企业消费者的充值现金流、展示商户的竞价排名等都是重要的盈利方式。对于一般的商家来说，如果他们月营业额达到9000元，“饿了么”便会收取450元费用，不到9000元则不会收取任何费用。但是，活动优惠的差价由“饿了么”承担（满10元减5元，那减掉的5元由“饿了么”出，商家还是赚10元），每半个月进行一次结算，把补贴打进商户的卡里。

## 三、互联思维，技术保障

### （一）技术模式

www. ele. me网站是一家页面功能最为简洁直观的外卖网站，且注重用户体验，而不是内容或者花色的堆砌。由团队自主设计，有为大学生量身定做的功能布局，丝毫没有多余的东西。谁都能看懂，只需点几下鼠标，即使没上过网的人，也能根据导引订餐成功且流程方便快捷，无需注册，绑定账户等，只需填写地址，电话，省去很多不必要环节，我们网上订餐就是图个方便，这恰恰满足这一需要。“饿了么”功能细心有趣，因为设计者本身就是大学生，了解才能迎合，如谁去拿外卖，快捷留言功能，充分体现了对其营销对象的体贴，整个网站令用户浏览起来十分愉悦，食欲也会大增。在为了满足市场需要的前提下，采用了如下先进的技术。

**1. 网络订餐系统**

“饿了么”网络订餐系统是一种全新的社区化电子商务模式，它为社区内的餐厅和顾客搭建了一个高效的网络订餐平台，顾客可以通过网站，手机等一系列数字终端浏览他周边的餐厅信息，并且直接在线下单，完成交易。而餐厅就像在网络上又开了一家餐厅一样，“饿了么”网络订餐系统拥有目前上海最完整的餐厅地理位置数据与外卖餐厅信息的数据系统，目前申请的一项专利技术“通过web访问销售终端”也是行业中一大核心技术。

**2. 自行组装终端**

餐厅是如何收到消费者的订单呢？很大一部分原因是得益于团队CTO叶峰自主研发餐厅终端。餐厅只需要安装“饿了么”特制的终端就能直接接收顾客订单，并配送外卖。安装“饿了么”网络订餐系统特制的终端就能是餐厅更轻松地管理自己的网上餐厅（包括订单处理打印、营业额统计、优惠信息发布等功能）。餐厅使用自行组装终端软件每年只需向“饿了么”预付一定的年费，不用按外卖量提成，一个终端的价格比 POS 机还便宜，并且还具有不会中毒的优势；终端打印机一式三份地打印账单，也提高了店家的结账效率，因此餐厅非常乐于接受。

**3. 人性化设计**

“饿了么”足足花了半年开发出的网络平台可按需实现个性化功能，比如顾客输入所在地址，平台便自动测算周边饭店的地理信息、外送范围，给出饭店列表和可选菜单；而在平台那头，饭店实时接到网络点单，可直接打印订单及外送地址。且“饿了么”在网站上提供一系列的小游戏，从而迎合消费者的心理。“饿了么”为了更好的跟消费者沟通，帮消费者解决订餐难题，建立了一套完善的反馈机制，通过资料显示 33.9% 的消费者会在遇到意外情况的时候选择在“饿了么”的网页上“给管理员留言要求尽快送到”，这说明，消费者中有相当一部分的人是比较相信“饿了么”的反馈功能及其反馈速度的。反馈功能的作用不仅可以了解到加盟店的质量与动向，从而相应地进行调整与沟通；同时提升了“饿了么”网络订餐的专业程度。还有在某些下雨等特殊原因情况下，“饿了么”的首页上会显示“天雨路滑，外卖大哥会晚些到”，“此店家现在十分忙碌”等友情提示。

## （二）APP 技术构架

时代演进，技术也随之发展。到今天，APP 已然成为绝大多数互联网企业用来获取用户的核心渠道。与此同时，伴随着业务量的增长，愈来愈大、愈来愈多的 APP 也在不断地、持续地挑战着每一个移动端研发人员的知识深度，而我们的移动端技术人员也在这个不断接受挑战的过程中，成就了今天的移动互联网时代。“饿了么”移动 APP 就是这样一个挑战，多用户量、多业务量，在接受着更多更挑剔用户的同时，默默地、不断地演进着移动端的架构。此 APP 的构建主要包括以下几个架构。

**1. MVC**

我们常说，脱离业务谈架构就是纯粹的耍流氓。饿了么移动 APP 的发展也是其业务发展的一面镜子。在“饿了么”业务发展的早期，移动 APP 经历从无到有的阶段。为了快速上线抢占市场，传统移动 APP 开发的 MVC 架构成了“短平快”思路的首选：这种架构以层次结构简单清晰，代码容易开发而被大多数人所接受。在 MVC 的体系架构中，Controller 层负责整个 APP 中主要逻辑功能的实现；Model 层则负责数据结构的描述以及数据持久化的功能；而 View 层作为展现层负责渲染整个 APP 的 UI。分工清晰，简洁明了；并且这种系统架构在语言框架层就得到了 Apple 的支持，所以非常适用于 APP 的 startup 开发。然后，这种架构在开发的后期会由于其超高耦和性，从而造就庞大 Controller 层，而这也是一直被人所诟病。最终的 MVC 都从 Model - View - Controller 走向了 Massive - View - Controller 的终点。

**2. Module Decoupled**

“短平快”的 MVC 架构帮助饿了么移动 APP 快速抢占了市场。而随着代码量的不断增加，臃肿的 Controller 层也在崭露头角；而业务上，“饿了么”的移动 APP 也从单一 APP 发展为多 APP 齐头并进的格局。这时候，如果降低耦合，复用已有模块成了架构的第一要务。架构中，模块复用的第一要求便是代码的功能组件化。组件化意味着拥有独立功能的代码从系统中进行抽象并剥离，再以“插件”的形式插回原有系统中。这样剥离出来的功能组件，便可以供其他 APP

进行使用，从而降低系统中模块与模块之间的耦和性，也同时提高了 APP 之间代码的复用性。

“饿了么”移动组件有两种定义：公有组件和业务组件。公有组件指的是封装得比较好的一些 SDK，包括一些第三方组件和自己内部使用的组件。如 iOS 中最著名的网络 SDK AFNetworking，Android 下 OKHttp，都是这类组件的代表。而对于业务组件，则定义为包含了一系列业务功能的整体，例如登录业务组件，注册业务组件，即为此类组件的典型代表。

对于公有组件，“饿了么”移动端采取了版本化的管理方式，而这在 iOS 和 Android 平台上也早有比较成熟的解决方案。例如，对于 iOS 平台，CocoaPods 基本上成为代码组件化管理的标配；在 Android 平台上，Gradle 也是非常成熟和稳健的方案。采用以上管理工具的另一个原因在于，对企业开发而言，代码也是一种商业机密。基于保密性的目的，支持内网搭建私有服务器成为必需。以上的管理工具都能够很好地支持这些操作。

对于业务的组件化，他们采取了业务模块注册机制的方式来达到解耦合的目的。每个业务模块对外提供相应的业务接口，同时在系统启动的时候向 Excalibur 系统注册自己模块的 Scheme（Excalibur 是“饿了么”移动用来保存 Scheme 与模块之间映射的系统，同时能根据 Scheme 进行 Class 反射返回）。当其他业务模块对该业务模块有依赖时，从 Excalibur 系统中获取相关实例，并调用相应接口来实现调用，从而实现了业务模块之间的解耦目的。而在业务组件，即业务模块的内部，则可以根据不同开发人员的偏好，来实现不同的代码架构。如现在讨论得比较火的 MVVM，MVP 等，都可以在模块内部进行而不影响整体系统架构。这种 E（Excalibur）M（Modules）C（Common）架构以高内聚、低耦合为主要的特点，以面向接口编程为出发点，降低了模块与模块之间的联系。

该架构的另外一大好处则在于解决了不同系统版本的兼容性问题。这里举 iOS 平台下的 WebView 作为例子来进行说明。Apple 从 iOS 8 系统开始提供了一套更好的 Web 支持框架——WebKit，但在 iOS 7 系统下却无法兼容，从而导致 Crash。使用此类架构，可以在 iOS 7 系统下仍然注册使用传统的 WebView 来渲染网页，而在 iOS 8 及其以上系统注册 WebKit 来作为渲染网页的内核。即避免了 Apple 严格的审核机制，又达到了动态加载的目的。

**3. Hybrid**

移动 APP 的开发有两种不同的路线，Native APP 和 Web APP。这两种路线的区别类似于 PC 时代开发应用程序时的 C/S 架构和 B/S 架构。

以上我们谈到的都属于典型的 Native APP，即所有的程序都由本地组件渲染完成。这类 APP 优点是显而易见的，渲染速度快、用户体验好；缺点同时也十分突出：出现了错误一定要等待下一次用户进行 APP 更新才能够修复。

Web APP 的优点恰好就是 Native APP 的缺点所在，其页面全部采用 H5 撰写并存放在服务器端。每次进行页面渲染时都从服务器请求最新的页面。一旦页面有错误服务器端进行更新便能立刻解决。不过其弊端也容易窥见：每次页面都需要请求服务器，造成渲染时等待时间过长，从而导致的用户体验不够完美，并且性能上较 Native APP 慢了 1 ~2 个数量级；与此同时还会导致更多的用户流量消耗。另一个缺点则在于，Web APP 在移动端上调用本地的硬件设备存在一定的不便。不过这些弊端也都有相应的解决方案，如 PhoneGap 将网页提前打包在本地以减少网络的请求时间；同时也提供一系列的插件来访问本地的硬件设备。然而，尽管如此，其渲染速度上还是会稍微存在一定的差距。

Hybrid APP 则是综合了二者优缺点的解决方案。“饿了么”移动对于此二类 APP 的观点在于，纯粹展示性的模块会更适合使用 Web 页面来达到渲染的目的；而更多的数据操作性、动画渲染性的模块则更适合采用 Native 的方式。

Hybrid – EMC 架构中，Web 作为一个子模块，注册加入到整个系统中，从而实现让业务上需要快速迭代的模块达到实时更新的效果。

**4. React – Native & Hot Patch**

经过这些年的业务发展，Hybrid 提供的展示界面更新方案也逐渐地无法满足 APP 更新迭代的需要。因此越来越多的动态部署的方案被提了出来，比如 iOS 下的 JSPatch，waxPatch，Android 下的 Dexpose，AndFix，ClassLoader，都是比较成熟 Hot Patch 动态部署解决方案。这些方案的思路都是通过下载远程服务器的代码来动态更新本地的代码行为。

React – Native 则属于另一种动态部署的方案，其核心原理在于通过 JavaScript 来调用本地组件进行界面的渲染。

而"饿了么"移动 APP 发展到今天，各个 APP 综合用户量已经过亿。因此一个非常小的错误所带来的问题都可能会直接影响到几万人的使用。为了保证 APP 的稳定性和健壮性，Hot Patch 方案也就成了当下最有待解决的问题。

根据 80% 的用户访问 20% 页面这一 80/20 原则，保证这 20% 访问最频繁的页面的稳定性就是保证了 80% 的 APP 的稳定性。因此，"饿了么"移动对于部分访问最频繁的模块进行了 React – Native 备份。当这部分页面出现问题时，APP 可以通过服务器的配置，自动切换成 React – Native 的备份页面；而与此同时开发人员开发一个小而精的 Hot Patch 来修复出现的问题。当 Hot Patch 完成修补后，再切换回 Native APP 的原生功能。HotPatch – EMC 的架构主要目标在于解决移动 APP 的稳定性问题。通过 RN 与 Native 的主备，可以减少系统 APP 出错带来的失误成本。

## 四、平台建设，多元分析

### （一）"饿了么"平台的优势

**1. 方便快捷，食品信息展现丰富**

"饿了么"作为一个网站商城，它能给加盟餐饮商提供淘宝商城一样的空间模块来显示自己食品的图片信息，营养价值及更多的文字描述信息等。这改变了仅依照名片菜单上菜单名字来确定菜肴原料类别的现象，大家都知道，很多饭菜名字跟实物是不相符的。通过"饿了么"平台就很好的避免了顾客购置同其期望值较大的食品。增加了加盟商同顾客之间的信任度。另一方面顾客可通过"饿了么"平台直接下单付款，相对传统的电话外卖极大地缩短了购置时间，且下单地址由顾客填写，避免了因外卖派送员送错地址的现象。

**2. 工作人员贴近客户群**

"饿了么"是由学生群体创立的，所以他们的想法和思维习惯更贴近现在的大学生，他们更知道大学生们需要什么，想得到什么样的服务，从而针对需求，提供相应的服务，满足他们的需求。"饿了么"在网站上打出每订一份餐都会得到一瓶 250ml 统一冰红茶这样的优惠活动，与其他网站和私人老板相比有了很大的优势；同时又提出超时免费的口号，极大的增加了客户的购买稳定力，提高了同类网站的竞争力，为"饿了么"赢得了长久的顾客。

**3. 平台反馈机制设计合理**

“饿了么”网站上的顾客留言板和聊天室等都是对商家进行监管及反应食品信息的有效工具。这在很大程度上督促商家不断提升自己的饭菜质量。也能使众多好评的商家吸引更多的客户。

**4. 食品种类丰富**

“饿了么”采取的是加盟商制度，这形成了其食品种类丰富多样，满足了学生们不同群体的饮食需要。现在的大学生对饭食口味的要求很高。对于大学生来说，他们几乎每天甚至每顿饭都要在餐厅吃，他们真的吃腻了，他们想改变，想尝试一下其他的、在学校没有的口味。校园餐厅里面的饭菜已经满足不了他们个性化的需求了。但是大学生这类消费群体的活动范围很有限，他们基本上都是在学校内或学校附近，相对来说比较集中。尤其是目前许多高校的新校区和很多的大学城都建在郊区，离市区特别远，坐车都要一个多小时。同时，大学生每天的作息时间也相对来说比较固定。这样就导致在校大学生就餐的范围受到了限制，他们吃饭的时候大部分只能在校内或者是校园附近。但是“饿了么”的出现，解决了在校大学生活动范围有限的问题，满足了他们多样化、个性化的需求。

### （二）“饿了么”平台的劣势

**1. 客单价相对较低，利润较薄**

“饿了么”把市场定位为在校大学生这一群体，他们没有经济来源，饭菜以中低价位居多。即使一天成交多单，其盈利仍较少，这将是“饿了么”这一外卖平台发展壮大的一大瓶颈。

**2. 宣传工作不到位**

据有关资料显示目前有一半以上的同学对“饿了么”并未有太多了解，更没有在其平台上购物的经历。这就表明“饿了么”在校园宣传方面做的还不到位，仅靠发传单、贴海报的方式来宣传“饿了么”其效果确实很不明显。

**3. 物流配送制度不完善**

消费者选择外卖很大程度上是选择了其方便快捷的特点。但如果物流配送制度不完善，配送速度较慢，就会在很大程度上减少客户数量。“饿了么”没有自己的物流系统，所谓派送人员都是由加盟商自行安排，这就导致因各种因素造成的配送时间快慢不一的现象。快餐外卖因为原本客单价比较低，再加上交易的频率比较高，导致物流成本不但不会因为不断增加的交易次数而有所下降，反而会因为持续增长的交易次数而大大增加，这就使得原本客单价就比较低的快餐外卖雪上加霜，利润被削得是薄之又薄，甚至走向亏损的下坡路。所以对于快餐外卖网站来说，他们是不敢而不是不想去触碰物流。同时，物流也是一道门槛，把那些压根没有物流配送能力的餐厅拦在外面，根本没有机会入驻外卖平台。一些加盟商为了节省支出，就没有雇佣专门的配送人员，就是店里人员什么时候有空，什么时候送，导致配送速度快慢不一。其次，配送时限没有约束。因为许多入驻商户都欠缺正规的配送制度，大部分都是按照自己的速度来完成配送任务。对于送外卖的人员的时限没有任何的约束和限制，也没有任何惩罚措施，所以导致一些送外卖的人员形成懒散的工作习惯。因为外卖不能及时的送到用户的手中，会造成一些用户的不满，这样最终会造成一些客户的流失。

**4. 诚信和商户审核问题**

诚信问题是在第三方订餐网站也就是外卖平台与入驻餐厅合作的过程中经常出现的问题。现在的餐饮消费根本没有办法像订机票、订房子那样，因为订机票、订房子拥有现成的客户管理系统和相当明确的客户记录，而餐饮消费却是没有秩序可言的，客人们来了就点餐，吃过了就走。所以导致很多第三方订餐网站在与商家结算的时候，往往只能依靠签署的相关协议，很难进行一笔一笔的清账。更要注意的是，如果有一些餐馆与消费者进行私下“勾结”的话，对订餐网站来说无疑是一个更大的挑战。而且，目前的商户审核机制很不健全，大部分的商户还没明白是怎么回事，就糊里糊涂的进来了，根本都没有打算长期的在平台上入驻，只知道进来之后能够增加客源，提高盈利。商户们入驻平台的门槛很低，彼此之间又缺少竞争机制，这就会增加一些安全隐患。

**5. 其他的风险**

（1）财务风险：资金周转困难，成本控制问题，赢利有风险；

（2）经营风险：沟通效率低，配送速度慢，食品安全没有保障等；

（3）人事风险：内部管理缺乏秩序，太过年轻，经验不足；

（4）平台风险：恶意刷分，故意差评，平台制度建设尚不完善等；

（5）竞争性风险：“饿了么”作为一种新兴的外送业务，具有很多优势，比如说成本低和门槛低，但凡事都有两面性，这些优势在给它带来益处的时候，也给它带来了很大的竞争挑战，因为很多人都禁不住成本低廉、赢利丰厚这样大的诱惑。而对于那些已经拥有一定市场份额的区域，门槛就变得很高，商家大都不会情愿入驻两家外卖平台。对于外送业务还是一片空白的地区，谁抢先进入，谁就赢了。所以迅速拓展市场，并将区域化慢慢做大，逐渐形成规模效应，对外卖平台来说就变得尤其重要。

## （三）“饿了么”平台的机遇

最近几年，互联网技术发展特别快，人们的衣食住行已经离不开网络。网上订餐更是凭借自己特有的便捷性和直观性，容易俘获大学生们的“芳心”，从而就易于被他们认可和接受。互联网上出现这种方便快捷的外卖平台类的订餐形式，正是电子商务不断发展的结果，是其新应用的具体体现；同时，网上订餐这种新形式的出现，对加速电子商务发展的步伐也有很大的帮助。

大学生面临的是一个“快餐＋互联网”的时代，如今的外卖族90%以上都是80后、90后，他们是互联网时代的弄潮儿，引领时代的潮流，他们的生活已经离不开网络，特别是随着“宅生活”的逐渐盛行，外卖就有了更大的需求。因为有需求就有市场，因为需要，“饿了么”这类外卖平台就出现了。“饿了么”外卖平台的出现正好顺应了时代发展的潮流，迎合了大学生们的需要和要求，受到大学生们的强烈支持和喜爱。

## （四）“饿了么”平台的威胁

**1. 来自学校食堂的威胁**

校办食堂有着规模比较大、学校给予的财政补贴等一系列独一无二的优惠政策，所以在价格、制度、供应能力和统一管理方面占据很大的优势。而且，食堂里的饭菜相对来说也比较干净和卫生，营养搭配也比较科学，学校食堂里的早餐品种多，有饼、包子、油条、馒头、鸡蛋、稀饭等等，非常丰富。现在的食堂已经不像以前那样了，现在的食堂饭菜种类多样，各种口味应有尽有。好多入住学校窗口的商户都是比较有名的饭店的加盟店，好吃又实惠。现在校内也存在一些餐馆，并且这些餐馆规模适中，卫生环境和饭菜质量都较好，供给也方便，既可以满足来店就餐也可以提供订餐。而且，现在学校食堂里餐饮店、咖啡店和西餐店应有尽有，满足了不同学生的需求，价格相对外面的餐厅来说也比较优惠。随着学校食堂的不断进步，与外面的餐馆越来越接轨，外面有的东西学校基本上也都有了，而且价格又低，所以就更没有必要叫外卖了。这对“饿了么”来说将会是一个很大的威胁和挑战。

**2. 来自“美团”等其他外卖平台的威胁**

美团外卖具有地推人员分布广的优势，地推团队现在已经有了一系列相当成熟和完善的体系和制度。“地推”对电子商务 O2O 业务的发展至关重要，绝大部分入驻美团外卖的商户是不具备互联网操作能力的，即使遇到很简单的问题都没有能力独立解决，在这种情况下及时有效的地推就变得特别的重要，关键是给予商户信心，让他们更加信赖美团。美团外卖推出的产品在市场上只摸索了不到一年的时间，虽然抄袭、甚至模仿其他的外卖网站，可是目前来说，美团外卖的产品体验已经做的相当成熟和完善。可以看出“美团”在产品节奏的控制上把握得很好。

“饿了么”在外卖产品方面做的确实不错，但在商户的自营销方面仍有一些欠缺。而对于“淘点点”来说，因为受到淘宝体系的一系列限制，外卖产品做的比较复杂，比如说多店铺、子账号等情况。但是不同的是，“美团”的入住商户是在“饿了么”培养出来的基础之上的，并且又大胆的添加了更多更强大的功能，这就使得“美团”具有更强的竞争力，当然这也是“美团”特有的优势。目前，美团外卖也看中了校园这个大市场，宣传单遍布校园的每个角落，还有在报栏上张贴海报，大力的进行宣传“美团”外卖，与“饿了么”公开的进行竞争。“美团”因为其固有的优势和有力的宣传在校园中已经占有了一定的市场，对“饿了么”造成了很大的威胁。

# 案例八　韩都衣舍[①]

**背景**

韩都衣舍集团创立于2008年，定位“快时尚韩风”，致力为都市年轻时尚人群提供最时尚、最流行的服饰。发展至今，旗下共有Souline、HSTYLE等28个子品牌。其服饰以“款式多、更新快、性价比高”为特色，深受顾客喜爱，被誉为“韩风时尚专家”。截至2013年底，公司有40余个业务部门，员工人数超过2300人。2014年，公司成功与韩国巨星全智贤签约。2016年11月聘请“纽约时尚王”崔范锡为新晋时尚总监。2014年，韩都衣舍女装取得了天猫历史上第一个全年度、“双十一”“双十二”“三冠王”。2015年“双十一”，韩都衣舍以2.844亿元战绩获得了互联网女装品牌的销售冠军，位列天猫全品类20强。2016年7月，韩都衣舍获批挂牌新三板，成为互联网服饰品牌上市第一股。2010荣获“中国十大网货品牌”和“最佳全球化实践网商”；2011中国纺织服装行业十大风云人物；2011创业邦中国年度创新成长企业100强；2011中国纺织服装行业年度精锐榜“十大网络品牌”；2012荣获“2012山东行业最佳雇主”称号；2012韩都衣舍在淘宝（天猫）平台和京东商城均为女装类目销量排名第1位；2016年3月，2016年2月份中国工业品牌指数服装榜单发布，多家企业成为网民最爱品牌，韩都衣舍成为月度中国工业品牌指数上榜品牌。

## 一、最初创业，从做买手开始

作为在淘宝网上女装品类排名第一的电商品牌的创始人，身高168cm的赵迎光算不上懂得时尚。甚至，他自己觉得看不出哪件衣服算好看。他婚前穿假名牌，婚后衣服全由老婆操办，但占据了济南历城区夏都金地商业广场五、六两个整层的韩都衣舍总部，却被他装修得很时尚。电梯门口的一整面墙都是透明的橱窗，里头摆着五个姿态各异、穿着这季流行的薄荷色系服饰的模特；电脑，吧台，休息区，还有液晶电视屏幕上，都是打扮靓丽的女孩在韩国街拍的画面。

赵迎光1995年毕业于山东大学外国语学院。1997年，对韩贸易激增，他选择作为山东国际经济技术合作公司韩国支社代表，前往首尔从事服装外贸出口。在韩国工作的十年时间里，赵迎光见证了韩国电商的起步以及发展过程，并在此期间里把电商作为自己今后的发展方向。2002年，赵迎光兼职在易趣网开了一家韩国化妆品店。2005年，他转至淘宝网经营，到2006年底，他还做过化妆品销售、防辐射孕妇装等多种产品。2007年9月，他参观了YSP网上服装销售公司，颇受震撼。这家网店在2007年日销售额已经达到300多万人民币。这家网店所属公司的社

① 本案例由李杭搜集整理并撰写成文。李杭为东北大学创新创业与风险投资研究所研究助理。

长告诉赵迎光：在网上卖东西，一定要做自己的品牌，这样在将来才能够有机会继续发展；第二，女装行业在电商中是最火热的，发展前途很大；第三，只要能够满足上新快，款式新，做女装电商经销一定能获得成功。从这个公司的成功上，赵迎光得到了不少启示。他决定放弃自己之前的兼职，“转战”服装销售，并辞职回济南创业，打算创建一个互联网服装品牌。

就这样，2008 年 3 月，韩都衣舍正式开业，赵迎光还在韩国注册了企业最初成立之时，赵迎光打算借鉴 YSP 的营销模式以打开市场。YSP 的营销模式的重点是款式多，更新快。但是，在济南这个北方二线城市，既没有产业环境，又没有设计人才，赵迎光只能从韩国代购做起。而在当时，韩国代购已经在淘宝网上泛滥，要想在竞争中赢得优势，就只能有比别人更全的服装，打出比别人更合适的价格。不满足于 10% 代购费的赵迎光招揽了一批学生，将韩语系和服装设计系的搭配在一起，从韩国 3000 个服装品牌中挑选出 1000 个，分给 40 个人，每人每天从 25 个品牌的官方网站上挑出 8 件新品，每件商品的上架下架都跟随官网的速度，与此同时，他还决定代购来的服装统一使用“韩都衣舍”的标志，将服装提价一倍。使用了和全球快时尚知名服装品牌 ZARA 相类似的买手制的韩都衣舍，因为不存在代购产生的同款问题，虽然价格高于原价，但是也达到了不错的销量。

2009 年，赵迎光转变了发展思路。他提出公司要从“商品进口专家”转变为“时尚进口专家”。第一时间引进最新时尚款式，并根据中国顾客的审美习惯，进行二次设计，然后在国内找代工企业生产，降低成本。与此同时，他开始培养自己的设计师，自主设计服装式样，并与代工企业合作，创造出自主设计、生产、销售的“研产销一体”式链条。

## 二、买手小组——哈佛商学院认可的商业模式

更换商标这种方法为韩都衣舍带来了不少收益，但这种途径实质上还是代购，仍然避免不了等待时间过长，无法退换货，经常断货、断色、断码，性价比不高等代购的弊端。在培养了买手一年之后，赵迎光决定从“代购商品”转为“代购款式”；与此同时，真正的“买手小组”开始建立起来。

### （一）转变思路，重构商业模式

转换发展方向的韩都衣舍参考了日本的阿米巴模式。在整个商业模式创新的过程中，赵迎光选择了阿米巴模式里边最核心的三个关键词，第一个是自由自在，第二个是重复分裂，第三个是激情四射。用这三个词做整个商业模式创新的核心，进行了整个的商业模式的重构。

在反思了常规企业发展快与慢的根本原因之后，赵迎光决定用小组制来凸显韩都衣舍与其他企业之间的差距，成为一个有代表性的服装品牌。

在赵迎光等人组成的领导层的商讨下，他们确定了五个基本方向：第一是尽量实现全员参与的经营；第二个是精细核算到每个员工；第三个是高度透明的经营；第四个是自上而下和自下而上的结合；第五个希望培养企业更多的领导人，也就是希望更多的偏下层员工以及管理者具有一定的决策和判断能力。

### （二）小组制的成长轨迹

在赵迎光刚刚开始创业时，由于公司资源有限，只能做代购。所以他把工作重心放到培养买手上，招揽一批学生，将韩语专业和服装设计专业的人搭配在一起，从韩国3000个服装品牌中挑选出1000个，分给40个人，每人每天从25个品牌的官方网站上挑出8件新品，这意味着每天有200款新品。

当时，淘宝搜索是按刷新时间排序，原本赵迎光只是想使产品充足、新鲜，却没想到赢得了流量。这让韩都很快跟网上千千万万个韩装店铺区别开来，竞争力一下增强。但是这种竞争力主要表现在争夺顾客的前端。虽然获利可观，但是赵迎光却很快发现了这种模式在后台的问题：第一是代购的几大硬伤，比如等待时间过长，无法退换货，经常断货、断色、断码，性价比不高等；第二是选款师没有经营意识和竞争意识。选款师上完新款之后，顾客下不下订单，这款衣服能卖多少，跟他们没什么关系。

针对这些弊端，赵迎光做出了一些调整：第一，从“代购商品”转为“代购款式”。买手像从前一样选出款式，然后交给生产部门采购样衣，打样，选料，在国内找工厂量产；第二，不再要求每个人盯着25个品牌，而是全部打乱，买手之间开始竞争，培养买手的独立经营意识；与此同时，给每个买手配备相应的视觉人员和运营人员，几个月后，这种小组加分成制度的优势开始显现。买手小组的积极性高涨，他们不仅可以找到韩国最新的时尚款式，还能找到相对靠谱的代工厂生产，降低成本，把控质量。库存周转也快起来了。“买手小组”的雏形初现。

为了通过更直观的对比显示出“小组买手”的优势，赵迎光索性在内部做了个试验，成立了两套班子：一套是按照传统服装公司设置三个部门：设计师部、商品页面团队以及对接生产、管理订单的部门；另一套系统是把三个部门的人打散，每个部门抽出1个人，3个人成立1个小组，总共10个小组。两套班子同时开工，3个月后，传统班子被停掉，公司开始试用效率更高、绩效更好的小组制生产模式。

就这样，“买手＋视觉人员＋运营人员”的小组制模式正式成形了。

然而，随着韩都衣舍的快速发展，到2011年，公司里已经有了70个小组。小组一多，原来可以调配的资源无法调配，一些推广机会资源的分配常常不能使所有小组都满意。在这种情况下，赵迎光索性给每个小组更高的自治权，款式选择、定价、生产量、促销全都由小组自己决定，小组提成根据毛利率或者资金周转率来计算，毛利和库存成了每个小组都最关注的两个指标；对于首页资源，他们有一个内部资源市场化的机制：成立6个月以上的小组，可以竞拍位置；成立6个月以内的，首页拿出专门的位置，让大家抢，谁手快谁抢到。因此，在韩都的淘宝店里，并不会有统一的打折促销，而是每个小组根据自己商品的情况做出促销决策，以保证毛利率和资金周转率。所以，经常光顾韩都衣舍旗舰店的买家会发现，首页的广告，折扣的力度和商品范围经常是看似随机发布的。

最重要的财权完全放开，每个小组的资金额度自由支配，而这个额度又与小组的销量直接挂钩，卖得越多，额度越大。在韩都衣舍，本月的资金额度是上个月销售额的70%。比如上个月有个小组卖了500万元，500万元的70%是350万元，那么这个月该小组可以用350万元再去下新的订单。在这种强烈的竞争模式下，每个小组都必须有很强的危机意识。一个小组会学会更加合理地使用自己的使用额度。因为如果产品卖不出去，就再没有使用额度，小组必须开始卖库存。如果库存永远卖不出去，这个小组就永远没有额度。高层会对各个品类的小组进行竞争排名，排名前三位的会得到奖励，后三名的会被打散重组。

韩都衣舍就是依靠着这种“把公司做小”的理念，获得了比其他互联网服装品牌更加长远的发展。

这一阶段的使命是解决内部资源分配问题，也是韩都整个公司架构全面小组化的阶段。产品小组若是觉得之前对应的摄影小组不够好，那就换一个；若是觉得生产部某个小组协调得力，就会分配更多任务，那个小组就会有更多收入，也会更有动力。整个组织架构就像标准配件一样，可以自由对接，也确保大多数人员的收入能够跟市场绩效挂钩。

2012~2013 年，韩都衣舍公司已经有 200 多个小组，旗下有 7 个品牌，每年将近 2 万款新款服饰，在这个阶段，发展的重点已经变成了供应链的完整连续的维护。这离不开全局规划和单品精确管理。在这种情况下，韩都衣舍公司的小组层面创建了以数据把控每一件单品生产的全过程的单品全流程运营体系，公司层面则成立了分析历史数据协调各个小组竞争的企划中心，将产品划分为“爆旺平滞”四个档次，对平款和滞款快速打折促销，很大程度上减少了恶性库存，实现了用售罄率倒逼各个链条做到单款生命周期管理，并统筹全局。现在韩都衣舍的售罄率能够做到服装行业很难做到的95%，而且完全无压力。这种企业利用互联网提升运营效率的成功案例，已经入选了清华大学 MBA，长江商学院，中欧国际工商学院以及哈佛商学院 EMBA 教学案例库，成为众多企业争相借鉴模仿的范例。

## （三）展望小组制后续发展

小组制的前三次改革都是针对韩都衣舍公司内部进行的，赵迎光开始思考，能不能引进外部的优秀设计理念，通过韩都衣舍的平台实现他们的构想？

以设计 T 恤为例，用户先选择版型，然后设计图案，然后选择生产数量，比如 200 件 20 元一件，200 到 500 件 19 元一件，在韩都衣舍的合作工厂进行生产。接下来，韩都衣舍帮助其进行销售，团队每天出具销售报表。

在整个过程中，韩都衣舍有两大盈利点，一是服务费，二是通过运营数据找到有潜力的设计师，让设计师通过韩都衣舍现有的运营平台，做出“小而美”的时尚品牌。

如果是这样，韩都衣舍或许会由一个服装生产商逐步成为一个时尚品牌孵化平台，赵迎光将这种模式称为“时尚云”平台。值得一提的是，因为设计师可以自主选择销售平台，所以这个模式还涉及天猫、京东、唯品会等电商，从另一个角度而言，韩都可能会用一个个服装品牌串起整个互联网行业。有趣的是，淘宝也为独立设计师单独开辟了板块。赵迎光把这些将会大量涌现的小品牌形容成小蚂蚁，小蚂蚁终会一点点吞噬掉传统大企业的市场。

## （四）小组制背后的责权利以及弊端

在小组制的责权利方面，第一是责任，管理层每年会跟踪每一个小组，在 10 月份的时候制定第二年的生产计划和销售计划。会和每一个小组进行谈话，确定每个小组打算完成多少的销售额，期望获得的毛利率、库存周转的数目大小，然后就会确定下来。第二，权利是什么？一方面是服装款式的确定，打算要上市的款式，全部由小组成员商量决定；另一方面是款式的颜色数目，尺码，每个颜色和尺码的库存，这些都是小组成员确定的。最后一方面是价格，价格自主确定，公司仅仅提供一个最低加价标准。第三是利益，也就是奖金是怎么算。非常简单，奖金 = 销售额 × 毛利率 × 提成系数。所以每个小组，基本上每天都可以算出来会赚多少钱。所以每个员工获得的利润和奖金不是由公司来决定的，是根据自己的业绩决定的。

虽然每个员工的报酬基本都是由他们自己的业绩决定的，但是小组制中缺少淘汰环节。公司每天早上十点钟会公布昨天的销售排名，每天每个小组都会受到一个强刺激，非常强的刺激。导致什么？第一名很兴奋，想要维持第一的排名，第二名认为自己只要一努力就可能超越第一名，于是也会积极思考怎么超越第一名。倒数第一努力是想慢慢上升，超过一名是一名。每一个小组为了名次靠前一步很努力，没有加班制度，都自己加班，这是排名机制产生的一个效果；同时，奖金的分配也由组长确定，所以，因为奖金分配的问题，小组的分裂和重组在韩都衣舍公司已经是常态。正是在这样的排名刺激以及奖金归属分配问题下，员工工作热情高涨，愿意学习，公司也借此获得了长足发展。

同样，小组制也存在一些不可忽略的问题。第一，买手培养需要时间成本。师傅带徒弟模式，一般需要 2 年，第一批买手培养至关重要；第二个缺点，买手水平参差不齐，产品品质不稳定。需要设置一个首席评控官，严格控制选择的代购服装款式；第三个缺点，销量多批的下单模式，对供应链要求高。必须跟工厂有数据对接，需要做管理系统，但现在市面上所有的 ERP 系统都不适合买手小组制。需要数据人才开发新的 ERP 系统。

这些缺点背后反映出来的问题值得思考：对员工的刺激确实起到了提高业绩的作用，会不会物极必反引起消极怠工情绪的产生蔓延？奖金分配是否应该制订更加合理的制度，不是由各小组组长的主观意志决定分配？通过刺激实现的高销售额，高涨的工作热情是否真的能够作为一个在多个领域有发展机会及动向的发展势头良好的企业的健康的企业文化？

## 三、品牌专注 VS 多点撒网

相比于同为淘品牌且对子品牌较为专注的裂帛和茵曼，韩都衣舍旗下已经有 37 个子品牌，远超前两者，并且这个数量还可能持续增长。一方讲究“一个一个专注做，做一个成一个”，另一方则讲究广撒网，“跟生小孩一样，就算每个孩子考取北大的几率只有 1%，生一百个，总有一个可以考上北大”。这是一场专注细分领域深度挖掘与追求更广泛客户群体之间的较量。韩都衣舍将更多精力放在品牌的开发上，正在高速发展自己旗下的子品牌，并且收获颇丰：主品牌 HSTYLE 的销售占比已经不到一半，其他二十多个品牌的占比已经超过了 50%。韩都衣舍现在旗下欧美系的品牌有 5 个，东方风的品牌是 3 个。在赵迎光的理想中，将来希望韩风系大概占 40% 左右的比例，欧美风占 30%，东方风占 30%，达成 4：3：3 这么一种比例；而汇美集团创始人方建华则认为，如果用美国的政治体制打比方，在他看来，韩都衣舍与子品牌之间是抽成模式，而茵曼与子品牌之间的关系，如同美国的联邦制，它们采用合伙人模式来管理。如今，汇美集团旗下拥有包括茵曼在内的 12 个品牌，与韩都衣舍“孵化”的概念不同，方建华对于品牌的标准要更高一些，除了要求合作品牌的创始人拥有一定的管理能力，同时还需要资金合作。“资金多少因人而异，但一定要有合作的诚意。”合作伙伴会共享汇美集团的供应链、IT、物流等系统。

不可否认的是，有韩都衣舍使用小组制成功的例子在先，后来的许多企业都争相模仿，同时，对于韩都衣舍现在旗下 28 个子品牌的产品开发与销售来说，小组制算是更适用的一种模式，而方建华表示，像汇美集团这样子品牌不多的企业来说，小组制不一定适用。茵曼作为淘品牌，在与淘宝一路共同走来的发展初期享受到了巨大流量红利，如今也开始面临着压力。与传统服装行业相比，淘品牌没有过硬的供应链系统，它们多数都经历的是从市场拿货、找小工厂加工、与多个工厂建立合作关系的历程，较少数是自建工厂的，这样的品牌上路快，但后劲不足。较弱的供应链能力在未来将会在一定程度上阻碍着淘品牌的发展。这些“淘品牌”拥有部分相同的基因——依托淘宝和天猫平台，企业保持着高速增长。但在网购逐渐理性化和品质化后，靠低价获得市场认可的淘品牌如何可持续发展，成为最现实的问题。目前，茵曼的服装在线上的销售占比，只占到整个服装销售总额的30%～40%，巨大的机会依然是在线下。方建华说，“如今线下零售做的不好，只是表明现在线下有了问题，并不意味着线下没有机会。”所以方建华的销售重心已经逐渐转向线下销售，同时在线上开展跨品类货物销售，推出主打家居用品的子品牌“茵曼Home”，希望能够线上线下齐发展；而赵迎光则一方面坚持自己的线上销售，另一方面在寻求线下合作伙伴的同时，利用韩都衣舍集团现有资源，增加子品牌，扩展业务范围，甚至是给一些创业失败的企业提供学习韩都衣舍集团成功经验的平台。

## 四、融资&starVC，获得双赢

2016年5月1日下午，韩都衣舍近日向全国中小企业股份转让系统提交了公开转让说明书，韩都衣舍披露的股权结构显示，赵迎光、张虹霞、刘军光、杜廷国、吴振涛五人分别持有18.1538%、10.7383%、10.7383%、6.6026%、4.9385%的股权，合计持有51.1715%的股权，赵迎光、张虹霞、刘军光、杜廷国、吴振涛为公司实际控制人。这意味着韩都衣舍即将挂牌新三板，而这距离阿里巴巴成立“协助商家上市办公室”不过几天时间。

根据公开转让说明书显示，2014年度和2015年度，韩都衣舍营业收入为8.31亿元和12.60亿元，归属于申请挂牌公司股东的净利润为-3753.76万元和3385.16万元。

在韩都衣舍的2014年度和2015年度主营业务收入中，女装产品占比最高，达到70%以上，但由79.91%降至73.34%；同时业务逐步向男装、童装等领域延伸，男装占主营业务收入的比例由15.25%提高至16.95%，童装占比由4.84%提高至8.89%。

报告期内，女装产品的毛利贡献率一直居首，占比超过70%。但由于业务向男装、童装及其他业务延伸，童装产品及其他业务毛利增幅较大，女装品牌毛利占公司毛利总额的比例有所降低。

在销售渠道上，主要为线上渠道，销售模式分为B2C模式及“B2B-B2C”模式，B2C销售平台主要分为官方网站、官方APP、天猫、京东等。“B2B-B2C”渠道主要是唯品会，其向韩都衣舍采购产品，韩都衣舍与唯品会直接结算。

而在销售客户上，2014年度以唯品会为主，销售金额为1.81亿元，占营业收入比例为21.75%。2015年，唯品会销售金额为3.45亿元，占营业收入比例为27.37%；阿里巴巴俪人购销售金额为134.94万元，占营业收入比例为0.11%。

韩都衣舍认为，这种模式不依赖线下渠道进行销售，由此省去了租金与人力成本，而线上销售既加强了对渠道的控制力，也保证了轻资产的运营模式。

韩都衣舍披露的股权结构显示，赵迎光、张虹霞、刘军光、杜廷国、吴振涛五人分别持有18.1538%、10.7383%、10.7383%、6.6026%、4.9385%的股权，合计持有51.1715%的股权，赵迎光、张虹霞、刘军光、杜廷国、吴振涛为公司实际控制人。其中，赵迎光为董事长兼总经理。

此外，明星投资人李冰冰、黄晓明、任泉三人成立的StarVC在2014年对韩都衣舍进行了投资。截至目前，李冰冰、黄晓明、任振泉（任泉）三人分别持有韩都衣舍0.5438%、0.5438%、0.3955%的股份，合计为1.4831%。

韩都衣舍对2015年的融资情况进行了披露：

2015年2月，A轮融资，JollyView出资1810.1277万元人民币；BigProfit出资1810.1277万元人民币；BestJolly出资638.8686万元人民币。

2015年6月，B轮融资，KIP17出资1794.2440万元人民币；JollyView式出资172.7872万元人民币。

2015年8月，C轮融资，景林景麒出资5384.0700万元人民币；景林羲域出资950.1300万元人民币；景林九盛出资7452万元人民币；深圳蔚然出资1210.9500万元人民币；韩投凤凰出资1670.9294万元人民币；原股东JollyView出资3975.6687万元人民币；

2015年9月，D轮融资，珠海乾亨出资1000万元人民币；汉理前泰出资1500万元人民币；汉理前骏出资1000万；原股东景林九盛出资6000万元人民币。

韩都衣舍也在其公开转让说明书中承认，未来将会面临宏观经济低迷、市场竞争加剧、消费者偏好转移、原材料价格波动及人力成本提高等风险。而对于未来的发展，韩都衣舍称将在以互联网技术为核心的新商业基础设施上，致力于时尚品牌的创意、设计、孵化与运营；同时，构建以商业智能+大数据应用为核心，打造以创意、智造、金融投资为要点，以营销、智能储运、专业客服、互联网传媒、O2O培训、柔性供应链等为要素的时尚品牌孵化与运营的生态系统。

## 五、未来犹可追

用赵迎光本人的话来说，韩都衣舍“一开始就赚钱，赚多赚少而已”。2012年，韩都衣舍年度交易额达6亿，重复购买率为38%的韩都衣舍成为淘宝第一女装品牌，赵迎光认为大量的人员储备为之奠定了基础。

“为什么传统服装行业转线上很难?”无论是招新人，还是见记者，亦或是参加行业大会，赵迎光总是离不开这个话题。他在办公室的黑板上画一张草图，描述韩都衣舍的三级部门，第一级：产品研发、视觉传达、市场营销；第二行写：工厂、供应链、客服、物流；第三级是人资、行政和财务。

在他看来，包括韩都衣舍在内的服装电商实行单品运营模式，和传统行业的订货会模式大相径庭。传统企业或许能做好二级部门，但缺少互联网基因的他们很难领悟第一级。

对于韩都衣舍来说，第一级部门等同于品牌。请韩国搭配师搭配，在韩国拍摄图片，写细节化的文案，在微博、微信、贴吧等互联网媒介进行推广行销，传统服装企业缺少这样的互联网基因。赵迎光拒绝那些打给加盟商看的广告，“绝不做冠名”。他看重直接和消费者沟通的方式，比如电影贴片。

和淘宝排名前三的女装品牌—茵曼的创始人方建华不同，赵迎光提倡多品牌运营，“如果第一级部门是品牌，第二级部门就是我们的品牌孵化器”，并且做了尝试。目前，韩都衣舍旗下有七个子品牌，除了原有的休闲女装，还有男装、童装、职业女装、包括鞋子等。显然，赵迎光的野心是用电商平台打造中国的 Zara。

Zara 对大牌的模仿和低廉售价，深受原创者诟病。韩都衣舍同样面临被认为是“山寨”的问题。但赵迎光不以为然，“中国做山寨的是主流，成长起来的不还是极少数吗?”和 Zara 对大牌的直接照搬不同，韩都衣舍对服装进行了再设计，并且在韩都衣舍公司，还有“改动比例必须超过 30%”的内部规定。一定程度上，这是赵迎光在规避版权侵犯问题，但是所有人不得不意识并且承认的一点就是，原创能够对于韩都衣舍品牌的奠基推广，甚至是对于日后线下门店的设置，起到决定性的作用。

但相对于在顶级品牌周围开门店的 Zara，韩都衣舍显然还缺乏“尊贵感”。赵迎光明白，提升品牌档次不是那么容易做的事情。他也企图解决这个问题，比如发行叫做“韩时尚”的内刊，向消费者传递韩流时尚；一直将很大的经历放在社交媒体平台的维护，以做好宣传工作；韩都衣舍现在已经邀请到了全智贤、朴信惠、安宰贤和池昌旭四位韩国一线明星作为其代言人，并于 2016 年 11 月聘请有“纽约时尚王”称号的韩国设计师崔范锡担任韩都衣舍时尚总监。

2010 年，韩都衣舍这家网店一跃成为淘宝网服饰类综合人气排名第一、会员多达 200 万、长江以北最大的淘宝卖家、山东电子商务的领头羊。

2010 年 1 月，韩都衣舍正式成为淘宝网的 KA 长约客户。2010 年，韩都衣舍独创的“基于产品小组制为核心的单品全程运营体系”这一独特商业模式，经过市场验证，取得了意想不到的成功，2010 年 8 月 6 日，“韩都衣舍”品牌成功入驻“淘品牌”，2010 年 9 月，在网商大会上，获得“十大网货品牌”和“最佳全球化实践网商”等荣誉称号。

2016 年，韩都衣舍集团开启了“品牌商 + 服务商”的双轮驱动模式，韩都衣舍开始兼具品牌商和服务商双重角色。在韩都的主营业务中，男装、童装和其他业务的份额正在悄然提升，韩都衣舍以自身的专业能力和信息系统优势，将业务向品牌孵化以及代运营等服务延伸。二级生态系统的建设会分为品牌韩都和韩都动力两个部分去做。品牌韩都就是经营韩都衣舍公司自己推出的子品牌，或者与其他企业合作推出的子品牌，经过这些年的发展这套体系已经达到了成熟。另一部分就是服务韩都，也就是帮助其他的品牌进行线上零售业务。这两块布局组合起来就是二级生态。

韩都衣舍还全面开放了自己的电商运营能力，已经产生了韩都智能、韩都传媒、韩都质造、韩都客服、韩都储运、韩都运营、韩都大学、韩都映像、韩都金融等九大系统。这些系统的维护发展对接了第三方的客服、仓储、网拍、策划、经济公司。韩都衣舍不仅以开放的心态面对品牌方，而且以开放的心态面对中间的供应商、资源方，这些位置都会向第三方开放。韩都衣舍现在更多地是作为一个实现资源集成和分配的功能的平台。如果代运营的品牌如果不满意现在提供的客服团队，可以推荐提供另外的合作公司。

对于一些企业来讲，韩都衣舍的发展过程足以拿来借鉴学习，韩都衣舍推出了智汇蓝海系统。一些失败的项目在传统的孵化器体系中是没有价值的，但是在智汇蓝海这个孵化器中，失败的创业者会在创业的过程中熟悉和了解韩都的体系和文化，这些失败的创业者可以很好的融入品牌韩都和韩都动力这两部分业务中去，成为品牌韩都和韩都动力源源不断的人才来源。从借鉴教育角度来看，韩都衣舍搭建了一个良好的生态体系。

对于未来的发展，赵迎光表示，要从广度（不断增加品类）和深度（品类做精做细）两方面做好工作，让顾客有更快捷的购物流程，并有更多的挑选款式。

随着一系列创新解决方案的实施，韩都衣舍已处于国内同行业绝对领先地位。截至 2013 年 8

月，企业员工超过2000人，淘宝网店铺会员人数突破800万。他还在韩国最大的电子商务平台AUCTION和GMARKET上开通销售店铺。有理由相信，随着韩都衣舍集团在多领域推出业务服务，以及在服装市场内的业务范围拓展，韩都衣舍集团有望从互联网公司成功发展转移线下业务，成为具有原创精神和能力的多方面多领域发展公司。

# 案例九　黄太吉，靠卖煎饼谱写融资 3.6 亿神话[①]

**背景：餐饮外卖市场的发展**

从 2008 年下半年起，在扩大内需的大环境下，商务部提出在扩大内需、拉动消费方面，将大力发展餐饮业。发展至今，中国餐饮 O2O 主要模式可以分为四大种类：一、团购类，是目前餐饮 O2O 的主要模式；二、点评类，起到了市场培育的作用；三、订餐类；四、外卖类，市场在近年来快速发展。国内外卖 O2O 市场发展至今，基本形成了以饿了么和美团外卖居于第一阵营，口碑外卖（淘点点）和百度外卖第二阵营，其他外卖项目垫底的三层市场格局。

中国在线外卖市场的发展经历了探索期、市场启动期、高速发展期等阶段，在 2016 年，在线外卖市场进入了高速发展期，互联网餐饮外卖基本格局已经形成，厂商之间形成差异化竞争，盈利模式更加清晰。用户习惯已经基本形成，互联网餐饮外卖市场开始高度扩张。面对巨大的市场空间，资本对外卖行业持续看好，在资本的支撑下外卖市场开始快速扩张。在线外卖市场的下一个阶段是应用成熟期，届时市场发展将趋于成熟，准入门槛将会提高，竞争也会更加激烈。根据 2014 年以及 2015 年在线外卖交易规模预测，2016 年全年的交易规模预测将为 832 亿元，2017 年全年的交易规模预测达到 1183 亿元，前景非常可观。

据中国产业调研网发布的 2016 年中国餐饮外卖现状调研及市场前景走势分析报告显示，我国餐饮外卖行业整体行业集中度较低，中小型企业数量多、分布广，这些企业以要求较低的中小餐户为主，经营利润率较低，餐饮外卖行业由于产品高度的不确定性以及物流配送流程的难掌控，目前依然是一个高度碎片化的市场。

## 一、黄太吉简介

2012 年 7 月 20 日，在北京极富商业气息，高楼林立的 CBD（Central Business District，中央商务区）中，出现了一家煎饼铺，一家别开生面的煎饼铺。这便是黄太吉，颠覆传统的快餐店。这家煎饼铺的老板叫赫畅，典型的 80 后创业者。从 22 岁起他先后经历了百度、去哪儿、谷歌担任品牌与用户体验管理工作，26 岁与英国传奇广告教父萨奇兄弟创办 4A 数字营销公司，28 岁创建数字创意公司 DIF。黄太吉是他的第三次创业。

在很多人的固有思维模式里，煎饼是一个上不了“台面儿”的行当，然而有个人却把煎饼卖到了年收益 500 万的流水，这家只有 13 个座位，营业面积只有十几平方米的煎饼铺，仅经过一年的时间，估值就已接近 4000 万人民币左右，这就是黄太吉。

① 本案例由付智塬搜集整理并撰写成文。付智塬为东北大学创新创业与风险投资研究所研究助理。

黄太吉的高调发展，吸引来的不只是四面八方的美食家，还有前赴后继寻求加盟的人与众多知名投资人。经营不到半年，经纬创投，创业工场等国内众多知名风投就主动找上门来寻求合作。随后，黄太吉于2013年1月1日完成天使轮融资，金额数百万人民币，主要投资人为创业工场VenturesLab。在2015年6月8日，完成A轮融资，金额数千万人民币，投资方为分享投资。2015年10月8日，黄太吉完成总额为1.8亿元人民币的B轮融资，本轮投资由盛景网联、香港投资人陈坤亮领投，分享投资等A轮投资人跟投，投中资本作为本次融资的独家财务顾问投行。有消息称，黄太吉在此次融资之后将加大跟传统餐饮品牌的合作共享，继续深扎外卖市场。2016年2月3日，申请挂牌新三板，并开始进行股改，主办券商是中信建投。2016年4月10日，获饿了么战略投资数千万人民币。营业不到四年，累计融资达3.6亿元人民币，估值达2.5亿美元（近17.25亿人民币，采用汇率6.9048）。

## 二、时尚人士遇上煎饼果子

北京城里难得一见的地道煎饼果子，现吃现炸的无矾手工油条，独门秘制的醇厚卤汁豆腐脑，现磨纯豆浆为黄太吉店里的四大金刚！再配有赫氏风味大卷饼和源自成都麻辣凉面与麻辣烫，让传统美食焕生新容！良心用好料，还原老味道，其创始人赫舍里·畅用全新的营销方式，让创太极成为改写传统美食的新传奇！

互联网待过的赫畅，穿着时髦，开着跑车，一般人不会想到，他对煎饼果子情有独钟。赫畅说这源于他从小就爱吃，自己做饭也不错，吃自己做的东西是一件无比幸福的事，所以一直梦想着拥有一家餐馆，能够呼朋唤友，结识很多人。因为忙，这个梦想一直被搁置着。

职场上经历了两家互联网公司后，他慢慢觉得，民以食为天，其实大众消费餐饮业还有很多机会。于是赫畅思索着，为什么肯德基、麦当劳这样的洋快餐能够在中国这么多年，发展得那么好，这可能得益于他们简单的食品形态。比如汉堡，两片面包中间夹什么都可以，千变万化，但非常容易标准化。披萨一张面饼，上面撒什么就是什么，也是千变万化又能标准化的食品。但中餐的流水线作业就很难，炒菜的火候、口味很难掌握到每份都相同。而且行业内健康快餐之间的冲突越来越明显，人们想要快捷、方便的享受美食，但也要享受的健康，享受的没有负担——而肯德基和麦当劳的油炸食物，与消费者渴望吃得健康，吃得安心的理念，日渐冲突。能否在中餐中找到类似汉堡那样既能不断拓展口味，又能做到规范化标准化生产的食品形态，还要符合人们对健康便捷的双需求呢？按照这个思路，赫畅很快就想到了“中国式汉堡”——煎饼果子。

黄太吉主打煎饼果子这个想法，还和另一个人有关系，就是现在黄太吉的老板娘。据了解，在经历了几番跳槽之后，赫畅特别想自己做点事儿，但又苦于不知道具体做什么，就在此时，他认识了现在的黄太吉的老板娘，一个地道的天津姑娘，随后赫畅开始往返于背景和天津之间。由于老婆是天津人，自己和老婆都喜欢吃煎饼，加上赫畅对餐饮行业的分析，所以开始对做煎饼这件事产生了兴趣。

两个人经过商量，决定做一家煎饼铺，但店铺的形式区别于传统意义上的街头店，他希望能够颠覆煎饼之前在人们脑海中的形象，于是他决定把煎饼店开进北京的CBD。黄太吉第一家门店位于北京市建外SOHO西区10号楼一层。经过三四个月的紧张筹备，就在一切都准备就绪随时可以开业时，店铺的名字却还没想好，如何起个朗朗上口又易于记忆的名字，着实让做了多年品牌管理的赫畅伤了不少脑筋。赫畅在一次采访中对记者说，自己想了很多名字，但是始终没有一个让自己特别满意。“黄太吉”这个名字是自己晚上做梦时梦见的名字。由于自己是来自于哈尔滨的满族人，自己的满族姓氏为赫舍里，于是他将小铺起名为黄太吉，取意“皇太极”之意。名字取好之后，紧接着就开始筹划着开业。作为一个没有任何餐饮从业经验的人，为了保险起见，他特意选了一个周末作为开业的日子，他依稀记得开业当天大概卖了几百块钱。

随着大家的口口相传，没过多久生意就开始火了起来，每天中午排队吃煎饼的人已经不是门店内所能承载的，很多人为了吃上一口儿经常要排上近半个小时的队伍，这起初有点出乎他的意料。但是随着时间的推移，赫畅已对这种门庭若市的场景司空见惯。截至目前，黄太吉在北京已开设近 27 家门店，分布在望京、国贸、三元桥、大望路、中关村、十里堡、酒仙桥、五棵松、西红门、清河、双榆树、朝阳门、慈云寺等热门商区。

为什么选择煎饼作为自己创业的切入点，赫畅有一套自己的理论。首先，从行业趋势上来看，赫畅认为中国的快餐有个特点：要么太接地气，要么太不接地气。另外，中国作为一个饮食大国，孩子们的童年被很多洋品牌快餐所包围，这是不正常的，中国人应该有自己引以为豪的快餐品牌。此外，从制作工艺上来讲，中国的美食相对于汉堡、披萨等西式快餐，在标准化工艺上要复杂的多，这也在很大程度上限定了中国快餐的发展。如何才能保证快餐的效率，又能还原先吃现做的工艺，且便于携带，综合考虑权衡之后，赫畅发现煎饼是个不错的切入点。

虽然赫畅从未从事过任何与餐饮相关的行业，但他的互联网背景，给这个煎饼果子店打开了一条不同寻常的营销之路。“黄太吉”几乎利用了所有社会化媒体平台营销，不止微博，大众点评，还有即时通讯工具，如微信、陌陌，通过这些途径来订餐和推送促销消息。除了微博、微信、大众点评等平台，主流媒体也是一个不容忽略的渠道。据悉，正是通过北京电视台的“BTV美食地图节目”，才让这家店让更多的吃客熟知，影响力社会化媒体扩散到全社会。对于黄太吉的营销，赫畅认为，往往看上去越不像营销的“营销”，产生的效果反而会更好。15 平方米的煎饼店，16 个座位（原先 13 个，后增加 3 个），新浪微博粉丝超过 14 万，煎饼果子能从早卖到晚，猪蹄需提前预约限量发售，开店不到一年，收入就实现 500 万进账，被风投估价 4000 万元人民币，完成 B 轮融资后，被估值近 17.25 亿元人民币。

## 三、四次大胆转型，做中国互联网餐饮的领头羊

### （一）开奔驰送煎饼

赫畅曾做过品牌管理，因此特别注重营销效果，开创黄太吉后也是将各种营销手段发挥到了极致。赫畅有着独特且精准的用户定位，在《冯仑风马牛》的一期节目中，赫畅坦言，那些一顿饭平均水平在十几二十块的，主要是结构性需求的人不是黄太吉的目标用户，黄太吉针对那些对品质有追求的人。把店铺开进 CBD，也主要是将大楼里的白领作为主要客户群。

然而难的是，如何做到让写字楼里的白领觉得，在黄太吉吃煎饼果子和在星巴克喝咖啡是一样的，赫畅为此费尽了脑筋：在店面装潢上略带港式茶餐的格调；背景音乐包含了流行、爵士、蓝调等；店面陈设中除了盆景，还有来自世界各地的新奇玩意儿，比如来自华盛顿国家天文博物馆的阿波罗登月杯、来自巴黎的斑牛雕塑、来自日本的招财猫、来自纽约的爱因斯坦玩偶。此外

还有各种文案接地气的宣传招贴，免费 WIFI，会提醒顾客怎么行车，店内还有停车攻略，教你怎样停躲避贴条，而如果不幸被罚老板会送上南瓜羹安慰。品质上，坚持用无明矾现炸油条做馅，而不是很多摊位上的薄脆。赫畅认为，正宗的煎饼果子是夹油条的。有油条，配以现磨豆浆，剩下的部分豆浆点一下做成豆腐脑。这样就有了煎饼果子系列产品———黄太吉的“老四样”。之后为了丰富口味，加入了东北卷饼，大家喜欢吃四川风味，于是又推出了“麻辣烫”和四川凉面。针对爱吃肉食的吃客，店里还有限量定时供应的秘制猪蹄。CBD 的女孩子很多，黄太吉就又开发了两款甜品南瓜羹和紫薯芋头泥，这就是整个产品系列。有主食、饮料、甜品，产品成了系列化，也标准化了。白领们一边上网，一边品甜食，格调一下变得优雅起来。白领们在舒适的用餐环境中吃着放心的食品，对产品的价格并不敏感，很少有人关注到食品价格到底是多几块还是少几块钱。还将营业时间定为早上 7 点到夜里 2 点半，推出夜间同步外卖活动，并打出海报“夜的黑，我们懂”。

2013 年，为再度制造话题，增加黄太吉热度，赫畅开着奔驰去送外卖。事如人愿，“开奔驰送煎饼外卖”一度成为微博上被炒热的话题，“黄太吉”的知名度也被打响。赫畅说道，如果了解我们，就知道这不是噱头，做噱头可以租车，那台车就是我家自用的，坦白说最大的原因是想省钱，直接拿过来就用了。”不过这倒是成了黄太吉的卖点，够起订金额，老板开豪车送餐，北京国贸周边是 120 元，远点是 200 元，三里屯附近是 260～300 元。“很多人看见我们很开心，好像我们不是送餐员是明星，看见我们就拍照，看到老板娘开奔驰送餐，觉得是件很酷的事情，很好玩。”

因为特色，赫畅的煎饼果子做成了一个品牌，把吃煎饼果子做成了一种时尚，让用户体验到这是一种很酷、很潮的事，让食客觉得在黄太吉吃煎饼和在星巴克喝咖啡感觉是一样的。

### （二）百丽计划阶段

百丽计划阶段，即在同一片商区集中部署黄太吉旗下不同品牌。

在开始创业的前 18 个月，黄太吉用互联网营销引流，打算用互联网的方法改造传统餐饮的成本结构，从而在保证客流的情况下，能够把店到开便宜的商区，计划做“中国的麦当劳”。

不过，几个月后，这个模式出现了“bug”，因为没有人会天天吃煎饼果子，而且配送对象还是 CBD 的白领。所以他们就开始尝试其他品类和品牌：主打炖菜的“牛炖先生”川渝风味的“大黄蜂”小火锅、“从来”饺子馆、“幸福小冒菜”、“叫个鸭子”……大概在 2014 年 6 月，赫畅从单纯的“经营一家店”，变成了“经营一条街”，顾客怎么买都是他的。

在投资黄太吉之后，盛景嘉成基金创始合伙人彭志强表示，黄太吉通过多品牌实现了多品类，满足了消费者常换常新的饮食刚性需求。这与百丽集团以多品牌集群密集开店、控盘百货商场的商业模式十分相似。

用赫畅自己的比喻，黄太吉的各个品牌小店就好比是门户网站的各个频道，在前端可以是频道化、个性化，后端则可以实现资源充分共享。就拿土豆来说，土豆在黄太吉煎饼店做成土豆丝，到了牛炖就是土豆块，到了大黄蜂小火锅就是土豆片，可以形成良好的共享效应。除了采购外，人员、店长、培训等重要资源亦可共享。

资本对这种互联网思维餐厅更是推波助澜。有消息称，黄太吉在获得了 1650 万元投资后，仅仅两个月又有新投资者追加投资。第一轮投资后其估值是 6.5 亿元，而两个月后新投资者已经按 12 亿元估值了。雕爷牛腩创始人孟醒为封测就花了 1000 万元，不过这也让风投发现了这家奇怪的牛腩店的商业价值，VC 投资了雕爷牛腩 6000 万元，而它的估值早已达到了 4 亿元。叫个鸭子今年 3 月开始筹备，5 月试运行，7 月估值 5000 万元，7 月底完成 600 万元天使轮融资。而西少爷肉夹馍、伏牛堂等，走的都是类似路数。

### （三）宜家计划阶段

宜家计划，即开放连锁加盟能力。

从 2012 年中旬开业至今，黄太吉不仅仅得到了众多食客们的拥趸，更吸引了很多投资人的注意，据赫畅称，目前主动找上门来的风投包括经纬创投、创业工场等国内众多知名风投，每天打电话来寻求加盟的人更是前仆后继。

起初，关于被问及最多的加盟，赫畅有自己的想法：黄太吉只做直营，不做加盟。这样可以在品质把控上更利于管理和监督，他希望把黄太吉这个品牌做的尽可能长远绵长。

关于公司未来的发展，赫畅在 2013 年接受记者采访时告诉记者，黄太吉计划今年在北京开 5 ~6 家分店，计划 2014 年将分店开到上海、深圳等地，如果一切发展的顺利的话，也会考虑把黄太吉开到纽约、伦敦、墨尔本等国外地区，三年之后再回来做下一轮扩张。他同时透露，未来黄太吉每家店铺的菜单不会完全相同，每家店铺会根据不同地区的特点研制新的特色产品，不同的店铺只会保留那些经典款的产品，他认为这样做更有趣，也让食客们对不同的店铺有不同的念想。

2016 年 11 月 2 日，为满足全国上千加盟意向伙伴的咨询及签约需求，黄太吉官方宣布，经过四年锤炼的黄太吉正式开放全国品牌加盟及澳洲市场加盟。

## 四、外卖工厂店，打造外卖生态

在 2016 年 3.15 餐饮卫生事件过后，各大外卖巨头纷纷加强监管，取缔不合法餐厅等等……然而，仅仅靠平台自我约束却很难做到永远不出错。因为在日趋火爆的外卖领域，第三方外卖平台由于并不负责具体的生产和加工流程，而是由各个餐厅独自负责生产加工，最后导致了口感、食品卫生和安全等问题还是难以保障。

对此，黄太吉的做法是设立自己的中央工厂。为了保证食品安全可靠，味道标准，黄太吉设立了外卖工厂店，统一加工。希望通过品牌店 + 工厂店的新形式，深度整合上游产业链和终端用户，提升行业集中度和产业效率，进而重塑餐饮市场格局。

这样的中央厨房简直比自家厨房还干净，采用完全透明化，完全用玻璃装饰，他们通过标准化的设备和工艺，把工厂店的产能全部投入到外卖上。这种集中式的生产和加工有利于食品安全质量管控。另外，标准化的加工工艺，不但提升了工作效率还降低了加工成本，甚至不会产生因制作工艺和制作员工的不同，而导致的口感差异化。为避免口味单一没新意，黄太吉还引入了第三方品牌并进行统一加工，由他们提供原材料或者半成品。这样，如果客户希望吃到两个餐厅的菜品，只需要在黄太吉上点两个菜就可以了，外卖员会迅速将其送到客户手中。这样不仅可以避免合作餐企的食物品质出现问题，还节省了点餐族的外送费。点餐族或许还有这样的担心，如果都从中央厨房配送，那么到手里的外卖会不会已经变凉了？对此，黄太吉的做法是：统一终端配送。快递员从距离订单最近的一个外卖工厂店领取外卖，并迅速配送到客户手中，效率可比传统配送方式提高一倍以上。

赫畅在《冯仑风马牛》中还说道，中国餐饮市场，中国餐饮产业链的市场，它的链条极长，极深厚，且极为分散，还需要有相当大的力量、人才、资源投入到里面，才能对这个整个的市场做一个非常大的改变。中国的人均餐饮消费只是美国的1/7，可以看出还有相当大的增量，但是新的增量一定要建立在一个全新的商业模式跟技术体层上面。这次外卖工厂店的转型，黄太吉给外卖市场提供了创新解决思路，从根本上解决了外卖的安全卫生问题，也为点餐族们提供了一份放心与开心的餐品。

2016年4月10日，赫畅向猎云网确认，与饿了么正式达成战略合作，黄太吉获得饿了么战略投资，双方将在食品安全、餐饮供应链等方面深入合作，共同打造安全、高品质的外卖生态。此次战略投资的达成，将推动黄太吉和饿了么在外卖品牌、安全作业、餐饮内容、前端产能以及市场营销上展开深入合作。赫畅表示，本次引入饿了么的战略投资，对黄太吉来说有转换角度、开拓新方向的重要意义。黄太吉将不再只立足自身看问题，而是站在服务整个生态的角度去发展，去布局。今后，黄太吉会更加专注在供应链整合以及更丰富和更高品质的餐饮IP研发上。

饿了么创始人兼CEO张旭豪表示，饿了么一直抱着开放的心态和产业内的各个行家合作，黄太吉同样拥有开放的心态，双方的合作也持续了很久。我们认可黄太吉在品牌、食品安全、产品品质方面的功底，希望能和黄太吉一起，拼出整个生态更美好的未来。黄太吉拥有国内顶尖品质的前端产能中心集群，在食品安全和产品质量把控等方面具有国内先进水平。饿了么与黄太吉的合作，有利于进一步为整个平台的商户提供高标准的前端作业指导，以期实质性地改善中国餐饮外卖生产环境。同时，饿了么将独家发售黄太吉旗下及其代理的所有品牌的产品，加强对白领人群的餐饮供给，巩固饿了么在白领外卖领域的领先优势。

投中资本董事李靖表示，饿了么是国内领先的外卖平台，围绕餐饮构筑起完整的线上线下生态；黄太吉是国内优秀的餐饮外卖供应链整合品牌，相信双方在资本和业务的合作能对整个外卖生态的进步起到良性的助推作用。

## 五、低谷与巅峰

创业，本身就是一个试错的过程。过程中总是有好有坏。2016年9月16日，有消息爆出从4月开始，与黄太吉签约合作的8家品牌餐企已经有半数从黄太吉外卖平台下线。据北京商报报道，尽管目前在黄太吉外卖App的“品牌传奇”中显示有700Kcal、局气、黄记煌等12个品牌，但是在黄太吉外卖的产品页面，提供产品的品牌仅有一起拼、黄太吉、牛炖3个。同时另有消息称，黄太吉曾经建起的10个产能中心（即外卖工厂店）目前已经关闭了5个。经北京商报记者实地查看，原来在和平里地区可以搜到的黄太吉门店如今确实已经搜索不到。

理想总是与现实擦肩而过。据北京商报了解到的情况，导致本次商家集体出走的主要原因是目前与黄太吉外卖平台合作的成本过高。一位不愿透露姓名的知情人士透露，黄太吉要求用黄太吉的配送团队进行配送，而黄太吉为商家代加工以及配送的成本转嫁给了商户本身，每单的抽成比例高达40%～50%，而且商家还要自行对C端消费者进行补贴。从黄太吉此前的签约合作商户以及目前平台上留下的商户看，主要还是新兴的互联网餐饮品牌和餐饮创业项目。为控制运营成本，这类品牌都将外卖作为主要流量入口，因此很多品牌都同时上线多家外卖平台，而平台方对于不同的客户也有不同的抽成、补贴规则。据了解，目前美团外卖、百度外卖、饿了么三大外卖平台对于“大客户”，每单的抽成比例约在15% –30%，另外还会联合商户向C端的消费者进行补贴等。相比之下，黄太吉外卖平台的低流量、高抽成，在多数合作商户看来并不划算。另有一位暂停与黄太吉合作的餐企负责人坦言，黄太吉的代加工模式实际上并没有达到预期的效果。

也许是树大招风，黄太吉的任何风吹草动都会将其推上风口浪尖，言其经营陷入危机者有之，言其资金链断裂者有之，言其快要破产者更有之。面对种种舆论，一直保持沉默的赫畅终于在2016年9月21日通过其官方微信公众号对于“关店”一事做出回应，并发文《没有低谷，哪来巅峰》。文中，赫畅承认外卖工厂关店的事实，并说道，关闭了一半的大型工厂店，平均每家500平方米以上，开销及成本大，既然业务结构不合理，没有必要保留，必然关掉。赫畅认为外卖平台型业务战场不断升级，连平台间合并的传闻都天天有，没有必要耗在一场没有胜算的战争里。且关店获股东支持，团队支持，并没有失去投资人的信任，只是中止了几份和房东的房屋租约，且完善整体的履行了退租赔偿工作，房东也得鼓掌称快。

对于黄太吉的现状，赫畅做出了这样的陈述：

1. 黄太吉品牌门店依旧存在和不断深化经营，并没有业务的实质性改变，大煎饼果子依然在售。

2. 黄太吉外卖也依旧存在，自主开发的后台数据运营体系支持黄太吉继续深入部署外卖供给端的建设能力。只是产能部署的方式正在重新设计和规划，更加精细化运营，最近广州和西安已经开始数十个新型作业点的运转和实验，下一步推进全国正在筹备当中。

3. 黄太吉的品牌还有很多可以变现的业务，且在澳洲的加盟商招募已经开始，会带来新的业务增长点。

4. 要做的工作还有很多，不排除未来拓展多种品牌经营模式，包括第一次开放国内加盟。黄太吉已经积累了非常扎实的品牌运营及标准化的运营体系。即使不再融资，通过新业务加速品牌直接变现收入，自我造血的问题不大。

黄太吉从横空出世到被供上神坛，一直质疑声不断，有人认为黄太吉脱去互联网的外衣一无所有，也有人认为黄太吉的成功是营销攻势下的虚假繁荣。是非不去评说，有一点不可否认，如同小米用“专注、极致、口碑、快”教育了国内手机厂商一样，某种程度上，黄太吉也是传统餐饮人的老师，在诸多方面对行业有“启蒙”作用：

**1. 传统小吃的机会**

第一个把街边的传统小吃发展成一个品牌的企业，这对于未来餐饮的趋势确实是一个很大的启发。中国有很多可挖掘的传统小吃，都可以发展成品牌，这是餐饮行业一个非常大的机会。过去几年，黄太吉做了非常好的尝试。

**2. 品牌观和营销意识**

过去，很少有餐饮老板特别注重营销这个话题，或者不知道该怎么去营销。我们经常会看到一些传统餐饮做了十年、二十年也做不出来一个品牌。但恰恰是以营销见长的黄太吉，在短短的三年之内能做成一个影响全国甚至走出中国的餐饮品牌。这让很多传统餐饮感到不解。黄太吉成名在此，被质疑也在此。靓丽的品牌形象、帅气的制服，黄太吉改变了人们思维中固化的“餐饮只是围绕灶头打转”的低端印象，原来餐饮也可以如此拉风、如此时尚。这是黄太吉的成功，难道不是整个餐饮行业的成功？

**3. 对资源的整合**

餐企像一个个有弹性的分子结构，可大可小。有的餐企是单原子结构，是一个或多个餐厅的组合，呈现出球形；有的餐企是多原子结构，不断地向产业链的上下游裂变与延伸，呈现出椭球型，从而真正实现由餐厅向企业的转变。黄太吉的玩法属于后者，已经不是纯粹的餐厅。往下游，打造自己的外卖配送队伍；往上游，建造外卖代加工平台。链条之长，在整个小吃界堪称"前无古人"。对资源的有机整合也是很多传统餐饮所欠缺的，这不仅需要资金，更需要想象力和胆量。资源的有机整合，才能真正实现由餐厅向企业的转变。黄太吉的跨界，示范了彼得·蒂尔所说的从0到1的突破，拓宽了餐饮经营的边界。黄太吉也成为餐饮企业发展史上传统与互联网的分界线，守旧与创新的分界线。

**4. 跨界的带动效应**

餐饮是个落后的传统行业，当别的行业将定位、精益管理、互联网思维已经玩烂的时候，餐饮行业却仍对其充满了新鲜与好奇。黄太吉的跨界杀入、迅速蹿红，让更多餐饮圈之外的人看到了餐饮暗藏的机遇。这些跨界人将其他行业的经验移植至餐饮业，比如合伙人制度、公司组织架构、科学管理等，他们在掘金的同时带动整个餐饮行业的升级与进化。跨界者注入的不只是资金，更是新鲜的思维。黄太吉创业三年来，不断用创新探索餐饮行业在移动互联网大潮下优化成本结构的可行方式，从最开始的黄太吉煎饼果子单品到黄太吉外卖的开放共享平台，每一步都敢为人先，坚决的进行快速的自我革新，截至目前，黄太吉连续三年保持了485%的年销售增长率，公司员工规模从15人达到了1500人，且率先在行业内完成了从采销，生产，到销售，配送的一体化数据平台研发，且黄太吉60%以上的收入来自于外卖业务。在这个过程里，黄太吉得到了众多互联网重量级人物徐小平、李明远、李善友、李学凌、王峰、沈亚的早期投资，也先后得到分享资本、盛景网联的投资，历史融资总额到达3.6亿人民币，在餐饮行业里创造融资金额之最。

鲁迅曾经说过：既然像螃蟹这样的东西，人们都很爱吃，那么蜘蛛也一定有人吃过，只不过后来知道不好吃才不吃了。第一个吃螃蟹的人是个勇士，因为他让我们知道螃蟹好吃。第一个吃蜘蛛的人也是勇士，因为他让我们知道蜘蛛不好吃。无论何种情况下，敢为天下先都是一种有价值的行为，哪怕试错。

而创业本身就是一个试错的过程。从这个意义上讲，创业公司的创业过程没有对错，只有因果。黄太吉无论是第一个吃螃蟹的人，还是第一个吃蜘蛛的人，无论是成为先驱，还是先烈，它都是这个时代的勇士。

# 案例十　聚美优品[1]

## 背景

聚美优品由海归学子陈欧、戴雨森创立于2010年3月，致力于创造简单、有趣、值得信赖的化妆品购物体验，公司首创了“化妆品团购”概念：每天在网站推荐几百款热门化妆品，并以远低于市场价折扣限量出售。

创办之初，聚美优品便获得徐小平18万美元天使投资，第二年接受红杉资本、险峰华兴等几家风投机构合计1200万美元投资，其中红杉中国出资585万美元，险峰华兴出资90万美元，徐小平追投20万美元。截至上市前，陈欧为第一大股东，持有公司40.7%股份；联合创始人戴雨森为五大股东，持股6.3%。此外，红杉中国、险峰华兴、徐小平分别持有聚美优品18.7%、10.3%和8.8%股权。

徐小平，真格基金创始人、中国著名天使投资人。曾荣获“2010年最受尊敬天使投资人”，“2011年度天使投资人”，“2012年最佳天使基金”，“2013年最佳天使投资人”，“2013年中关村天使投资领军人物”等称号。

红杉中国的合伙人及投资团队兼备国际经济发展视野和本土创业企业经验，从2005年9月成立至今，在科技，消费服务业，医疗健康和新能源/清洁技术等投资了众多具有代表意义的高成长公司。红杉中国的投资组合包括新浪网、阿里巴巴集团、京东商城、唯品会、豆瓣网、诺亚财富、高德软件、乐蜂网、奇虎360、乾照光电、焦点科技、大众点评网、中国利农集团、乡村基餐饮、斯凯网络、博纳影视、开封药业、秦川机床、快乐购，蒙草抗旱、匹克运动等。

## 一、80后海归陈欧和他的聚美优品

2010年，互联网的创业门槛已经提高，2000年随处都是机遇的好时光已经不在，方向性的领域已经被大的公司垄断，这个时候剩下的只有垂直细分领域。那是2010年初，这正是中国互联网千团混乱大战的酝酿期。

此时从美国斯坦福大学毕业回国进行创业的陈欧，发现中国的广大女性消费者对于线上购买化妆品的信心不足，线上化妆品行业没有领头羊企业存在。化妆品就是新大陆。他总结出了三个“可行条件”。首先，电子商务在中国正在高速发展是不争的事实；其次，化妆品需求很大，但市

[1] 本案例由付智塬、朱晓萌和陈心蕊搜集整理并撰写成文。付智塬、朱晓萌和陈心蕊为东北大学创新创业与风险投资研究所研究助理。

场上还没有一个可信的化妆品网站；最后，做这个别的男人不好意思做的行业反倒给了自己机会。合伙人之间有了激烈的争吵，陈欧要做电商，合伙人戴雨森提议做社区。他们这边争执不休之际，国内刮起了团购热。陈欧提议先借着团购的方式做着玩，凭感觉一步一步来。由于公司的流动资金只剩下30万，只好一面继续着游戏广告业务，一面用了两天时间，在技术上让团美网（聚美优品前身）上了线。

2010年3月31日，团美网作为中国首家专业女性团购网站上线，以正品平价形象口碑相传，在短时间内取得飞速发展。9月9日，团美网正式启用顶级域名，更名为聚美优品，成为国内领先的女性时尚限时折扣购物平台 。

## 二、从团购转型B2C：聚美优品的美丽生意

聚美优品只卖“美丽”，团购的都是化妆品以及周边产品。这一定位有点令人不解，“但我们实质上是B2C，团购只是表象。”聚美创始人、CEO陈鸥却这么说。尽管其递过来的名片上小括号里还写着“原团美网”，其公司的展示柜里还赫然摆放着“最受女性欢迎团购网站”的奖杯。

陈欧认为“要做大事情，还是要回国”，于是，从斯坦福商学院毕业后回国创业，并选择从化妆品这一相对冷僻的市场切入，避免与行业巨头们“正面冲突”。“如果是书、男士衬衫或者百货，就可能遭遇腾讯、阿里巴巴或者当当们的狙击。”陈鸥说。

选择从细分领域切入的另一个因素，可能是资金。“单个品类运转所需要的资金量显然要比较少。”ChinaVenture分析师冯波说。陈鸥的团队选择借力团购这种模式，或许是最好的证明。团购这种由GroupOn发扬光大的商业模式，被陈鸥认为是“最理想化的”：拿消费者的钱去做采购、这些钱可以在账上停留长达3个月。

“GroupOn的运营模式创新之处在于，它把线下的生活服务产业与线上营销结合起来了，其次是折扣的模式第一时间就能吸引消费者。”险峰华兴创始合伙人陈科屹说，在包括化妆品在内的女性用品市场，这两种模式也是起作用的。

截至2011年3月，该网站的注册用户已近百万，月销售收入也超过2000万人民币，但其实聚美的产品并不那么便宜。在品牌商授权的模式下，不仅价格无法控制，质量也无法控制。在发生了多宗质量案件后，陈鸥的团队想了一系列的办法，诸如推行30天无条件退货制度，哪怕是消费者使用过的化妆品都可以退；品牌实行官方授权等等措施。但最终他们还是意识到：如果要杜绝这类问题，关键还是自己掌握货品而不是借力第三方的供货商。

“我们已经更贴近B2C而不是团购了。”聚美还要在IT系统、客服团队建设等方面加大投入，而基于化妆品的特殊性，据了解其下一步动作也是尝试在中心城市自建物流。

与B2C同样的是，持续增重的聚美将需要大量资金的投入。在最初意识到资金问题时，陈鸥将电话打给了徐小平，后者成了聚美第一位天使投资人。

## 三、垂直电商竞争白热化，创业艰难

### （一）乐蜂网对上聚美优品：谁动了我的市场

垂直电子商务是指在某一个行业或细分市场深化运营的电子商务模式。垂直领域的优势在于专注和专业，能够更容易取得用户信任，从而加深产品的印象和口碑传播，形成品牌和独特的品牌价值，这也是小资本创业企业的必经之路。垂直电商前路如何？外界声音不断。但有一点能够肯定的是，电商行业并不太平，垂直电商的竞争正走向白热化。先是京东商城、天猫、苏宁易购之间的价格战进入白热化，随后化妆品 B2C 乐蜂网与聚美优品陷入口水战，双方互相指责。

同为美妆 B2C 的乐蜂网是聚美优品最大的竞争对手，是著名的节目主持人李静带领团队打造而成目前可以说是国内少有的专注女孩美丽打造的 B2C 网站。由于聚美优品在最低价网上的返现金额度是 16.9%，乐蜂网就将现金返额度提高到如今的 19.5%，这大大提高了站点在最低价网站平台上的竞争力，乐蜂网再利用这个空挡成功阻挡了聚美优品。无论是品牌推广还是争夺优质供货商，乐蜂网与聚美优品之间火药味一向十足。早在去年 6 月，聚美优品创始人陈欧与乐蜂网创始人李静就曾在微博中言辞激烈地“对抗”。李静在微博中大肆宣扬聚美优品利用黑客手段攻击乐蜂网。与此同时，陈欧更是暗指乐蜂网找水军冒充聚美离职员工抹黑。值得注意的是，乐蜂网同聚美优品有着共同的投资人红杉资本。据公开资料显示，聚美优品上线以来便获得了新东方创始人徐小平等国内知名天使投资人，以及国际最大风险投资基金红杉资本的数千万美元高额投资。而在 2008 年，乐蜂网也曾获得了来自红杉资本的首轮投资，金额达到上千万元。

同时业内人士也指出，表面上看，乐蜂网同聚美优品彼此是“冤家”，但仔细观察，乐蜂网与聚美优品走的道路并不完全相同。乐蜂网依托明星资源形成“达人经济模式”，品类拓展上多采取谨慎的相关多元路线，只扩充一些周边产品。聚美优品其实起家于团购模式，过去一直专注于化妆品领域，最近两年来已经将品类扩充至护肤、彩妆、身体护理等领域，聚美优品还将进军奢侈品零售，乃至开设线下旗舰店。

### （二）迢迢创业不平路

创办之初，从徐小平的 18 万美元的天使投资开始到上市，聚美优品只有 2011 年接受了红杉资本等几家 VC 共 1300 万美元的投资。此后一直持续盈利的聚美优品没有拿过一分钱的融资，直到启动 IPO。在 2013 年财报中，聚美优品的营业规模 60 亿元人民币毛利 24.5%，净利 7.1%。是中国首个上市前主营业务既已规模盈利的电商公司。然而事实上，抛开与乐蜂的口水仗，从开始的项目融资一路走来，聚美创业之路并不太平。

“301”大促是以聚美成立三周年的名义举办的。在陈欧的记忆里，没有哪次经历像“301”这般惨烈。超出想象的巨大流量直接造成服务器崩溃进而引发爆仓，堆积成山的货品发不出去，客服电话被打爆，几十万用户十几天收不到货，也联系不到聚美。尽管陈欧和其他高管一再发表声明、道歉，但是无济于事。“最根本的问题还是创始团队的发展跟不上公司的发展速度。”陈欧反思之后给出的这个答案，也得到了徐小平的认同。换句话说，大促出现的这种局面，一方面印证了陈欧和聚美能够创造营销奇迹的长板，同时无情地暴露了他们的短板。

此外，聚美在上市招股书里，风险提示第六、七两条分别做了陈述，“我们可能因售卖未经授权产品，侵犯第三方知识产权产品或不符合化妆品许可经营要求的相关产品承担相应责任。如果我们的网站上售卖了假货，那么我们的声誉和财政业绩会受到资金物质和负面影响。”在百度，微博上分别搜索了有关聚美的关键词，发现关联最多的就是假货。而某国际化妆品大牌的销售人员表示，只要官方没有授权渠道销售的产品都可以视为非官方产品，从法律角度上来说，都可以起诉这些未经授权的销售平台的。

陈欧曾表示，新领域创业需经历很多艰辛。回国创业，并不是陈欧突然的想法。深思熟虑后，他决定从化妆品这一相对冷僻的市场切入，避免与行业巨头“正面冲突”。化妆品市场总量大，而且与其他B2C网站的直接竞争也有限。所以陈欧另辟蹊径，选择了细分领域的垂直模式去做这样一个网站。他体会到创业对于自己来说，是一种生活的选择；不为成败，只是一种生活方式。

聚美的营业模式是以目标为导向的，比如在2010年左右，聚美每个月的销售额都以1000万元的量级递增。到了2011年，聚美年销售首次突破10亿元；2012年，这个数字已经翻了两倍；2013年，预计全年销售额有望超过60亿元。而且据业内人士爆料，聚美早就实现了盈利。与之相对应的融资记录却没有这么显眼。除最开始是从徐小平那里拿到18万美元，险峰华兴也是聚美的天使投资人，真正意义上的A轮融资来自红杉资本，2011年它向聚美投资650万美元。另外还有一笔500万美元的B轮融资，前后加在一起，不过千万美元左右，这在动辄上亿美元融资规模的电商行业，当属异类。

## 四、启动赴美上市美妆电商IPO第一股

### （一）赴美上市，投资人获利800倍

2014年5月16日晚，聚美优品在美国纽交所正式挂牌上市，上市股票代码为“JMEI”，开盘价为27.25美元，较22美元的发行价上涨23.9%，市值达到约38.695亿美元，成为中国首个赴美上市的垂直化妆品电商。当美国纽交所敲响开市钟的那一刹那，30岁的陈欧成为成功登陆纽交所最年轻的中国企业CEO。作为国内垂直化妆品B2C电商平台聚美优品的创始人，随着公司正式挂牌上市，陈欧的个人财富达到了15亿美元，而这一切仅用了4年时间。

除了陈欧个人获得巨额财富外，本次IPO中，投资人赚得盆满钵满，而上市后这家争议不断的公司如何前行，也是业内关注的焦点。

值得一提的是，当前资本市场不景气，但即便如此，聚美优品向美国证券交易委员会（SEC）提交了IPO（首次公开招股）招股书增补文件，并披露该公司的2014年财年第一季度财务业绩。文件显示，聚美优品第一季度净利润为1660万美元，发行价区间为19.5~21.5美元，估值区间为31.2亿~32.5亿美元。随后，聚美优品增加了发行股本，扩大了融资额度。最终聚美优品在此次IPO中发行1114万股美国存托凭证（每股相当于1股A类普通股），融资2.451亿美元。加上“绿鞋”权力（超额配售选择权），IPO承销商可再认购167.1万股存托凭证。

和众多电商公司相比，聚美优品此前的融资额度较小，这也使得其创始团队持有公司较高的股份，保持对公司足够的控制权。

### （二）基石投资者类似定心丸

基石投资者，是指企业 IPO 时在公募之前作为战略投资者申购公司股票的机构投资者，主要是以银行、保险公司、对冲基金、主权财富基金、养老金等为主的大型机构投资者、大型企业集团以及知名富豪或其所属企业。作为一家全球知名的私募股权投资基金，新加坡 General Atlantic 基金管理公司在聚美此次公开发行中投下 1.5 亿美元，并接受 180 天的锁定期，成为基石投资人。新加坡 General Atlantic 基金管理公司与聚美优品签署股份认购协议，最高认购价值 1.5 亿美元的聚美股份。按照发行价格 22 美元计算（1114 万 x22 + 167.1 万 x22 + 1.5 亿），最终融资额为 4.3 亿美元，而之前拟最高融资仅为 3.8 亿美元。和众多电商公司相比，聚美优品此前的融资额度较小，这也使得其创始团队持有公司较高的股份，保持对公司足够的控制权。基石投资者的引进，实际上是对公司的基本面、盈利模式、发展前景的肯定，给市场带来了很大的信心，是不确定市场 IPO 的一个稳定剂。

当前在资本市场暗淡的情况下，聚美优品仍能获得资本方的青睐，原因为何？陈欧在接受媒体采访时表示，“我们给国外投资人讲述聚美是一个中国的美丽事业，已经连续 8 个季度盈利，从数据、团队、执行运营效率等方面赢得资本方的认可。”目前，聚美优品在美妆电商领域的市场份额达到 22%，用户重复购买率高、用户粘性强、利润率高成为支撑其业绩的主因。

不过，在分析人士看来，聚美优品发展也存在一些制约，公司是否仍存货源隐患也遭受着质疑。陈欧如何回应这些难题？“化妆品天生会被质疑，聚美优品上市后业务会变得透明，可以建立起消费者的信任。”陈欧说，未来，公司将会将重点放在供应链的整合和改善用户体验上，并推行防伪码体系，实现真正让消费者放心。据了解，聚美优品上市后，有了资金和品牌影响力，横向上将拓展服装、鞋包、家居等品类；纵向上，强化与上游品牌厂商的合作力度，提高独家代理及自有品牌成交比例，并强化诸如个性化定制等移动端的布局。有了战略之后，还要看未来聚美优品的执行能力和市场大势，这也将是决定聚美优品未来能否走得更远的关键。毕竟这家公司积淀的时间太短，上市亦并不是成功的终点，而是另一个挑战的开始。

### （三）海外机构看好中国电商

海外机构对中国电商抱有较高的期望，这也是聚美优品招股说明书补充披露基石投资的原因，这是一个资本市场要求的规定动作。

凭借业绩增长和中国美妆垂直电商的发展空间，聚美优品才能吸引像 GA 这样长期价值机构投资者的眼球。众所周知，当前，美国资本市场的中概股波动性加大。1.5 亿美元基石投资，这样一笔巨额投资，在近几年来赴美上市的中概股公司中是比较少见的。从技术角度分析，此举将使聚美拥有支持公司长期发展的股东结构。创业四年就以 30 亿美元估值上市，聚美 IPO 成功说明了中国电商的惊人潜力。

## 五、倒在 IPO 上市后的自我迷失

2014 年，沉寂了数月之久，陈欧宣布重出互联网江湖，再次回归到公众视线当中，与先前的一身荣耀形成鲜明对比的，是笼罩在陈欧身上的一层寒霜，自打递交了 IPO 申请之后，聚美优

品就开始走起了背字，在各种流言蜚语的倾覆之下，股价连续3个月一路下探，收盘市值缩水达30%，创上市以来新低。

到底是什么致使聚美优品股价遭遇寒冬？

**1. 假货与舆论风波**

从最初若干用户发微博说买到假货（这个我们可以暂且视为竞争对手恶意抹黑）；到7月28日祎鹏恒业被腾讯科技曝光，聚美优品在事发数小时后下架该平台所有商品，在百度输入聚美优品，会自动提示“假货”“售假”等若干关键词，聚美优品的尴尬不只是业内人士看得到。

同时，也有投资者认为，聚美优品上市估值已被高估，现在也算正常挤出其中的水分，加上整个中概股整体迎来一个低点，业绩不好的情况下股价下跌也是必然。

业内仍有很多人从未消散对聚美的怀疑，他们在上市当天还频繁抛出对聚美“卖假货、水货也能上市”的质问。6月10日，那篇赫赫有名的“我为自己代言的C公子”粉墨登场了。作者以当事人的姿态将陈欧涉嫌虚构“创业门”的故事讲述出来。文章一经传播便在互联网中发酵放大，对陈欧的质疑之声把刚刚从华尔街凯旋的新贵推上了风口浪尖。

错失在第一时间回击的最佳时机，是聚美当时在公关方面犯下的大错。聚美的股价6月10日起从30.7美元高位一路下挫，狂跌十天后仅为23美元，市值损失高达11亿美元！

**2. 增长放缓业绩不佳**

2014年8月以来，聚美第二季度总净营收1.544亿美元，同比增41.9%；净利润为1540万美元，同比增长53.6%，环比下降7%，至此结束了上市以来的上场势头。到今年11月，聚美优品第三季度财报显示，其第三季度总净营收为1.577亿美元，同比增长28.0%，连续2个季度环比0增长，不及分析师预期。

据电商分析师王利阳观点，聚美股价下跌不是因为投资机构抛售引起的，而是散户持续出逃的结果。聚美第三季度效益不佳是对其股价持续下跌的雪上加霜。

此外，从数据不难看出，聚美优品股价下跌与其业绩也不无联系。据媒体分析，对比聚美优品和当当、京东三家电商，聚美优品季度营收远不及京东、当当，且聚美优品在第三季度还遭遇到业绩下滑。

**3. 竞争领域陷入红海**

京东、1号店、阿里等巨头对化妆品领域的细分化，也会使还没有形成核心竞争力和高黏性“粉丝”用户的聚美优品压力很大。此外，整合了乐峰的唯品会；瓷肌、囍皂、牛尔在天猫建立的化妆品B2C；京东和腾讯共同注资的京东拍拍等等竞争对手的出现也会对一早占领市场的聚美优品产生威胁。

王利阳表示，聚美股价短时间内难以增长，一是电商市场已经没有概念红利，股价表现最终还是由经营财务体现出来；二是巨头对化妆品电商的分类能力极强，聚美没有形成稳定的核心竞争力。而且，越来越多的新兴竞争者在女性网络消费领域的崛起，这很容易导致用户被夺走。三是随着化妆品品类被日益规范，国内加强了对化妆品电商的严管力度，这就让聚美之前赖以生存的灰色供应链处于崩盘的边缘，所以我们也能看到聚美在转型，取代第三方卖家。

从IPO上市后，落在陈欧肩上的是一个更为庞大的聚美优品，接下来要走的也是一段更为艰难的路，这也为以后聚美优品的私有化埋下了伏笔。

## 六、私有化风波不断，引股民不满

在目前的美股市场，JMEI 被严重低估。虽然每一个私有化的公司都会强调自己被市场低估了，这看起来是陈词滥调，但对于聚美来说，这是一个毋庸置疑的事实。根据公开信息，聚美优品在 2015 年跌去了 60% 的市值，比 2014 年最高峰时，跌去了 85% 的市值，从百亿美元市值企业，直降至 9 亿美元企业。2016 年初，国际、国内经济形势不乐观，A 股熔断、千股跌停的戏码一出接一出，中概股受累一片惨绿，聚美优品破位下跌，陈欧、沈南鹏这才下定私有化决心。

在资本疯狂，无数电商疯狂烧钱，巨额亏损的恶劣竞争环境下，聚美仍然可以在保持高速增长的同时维持优秀的盈利能力。在上市以来，聚美优品也在高速公路换轮胎，短短一个季度换成了向跨境电商的转型，成为中国第一的跨境电商。聚美的财务数据和业务数据证明了他们优异的执行力，但聚美的股价却没有反映出合理的公司价值，甚至低于一些在规模和盈利能力上远远落后他们的公司。

私有化有利于公司在转型期更灵活，做更长期的决定，能让公司更好的应对转型和竞争。今年颜值经济的战略，无疑需要在公司长期的发展上有更多的投入。而非上市公司可以更好的沉下心来做最正确的事情，而不用被股价和财报分散精力。

2015 年，收到大股东私有化要约的中概股多达 32 家。进入 2016 年，智联招聘、酷 6 传媒、聚美优品先后宣布私有化方案。特别是聚美优品不到 IPO 价格 32% 的私有化方案引起广泛质疑。

关于聚美优品私有化的讨论广泛而不深入，说来说去就是 22 美元 IPO，7 美元私有化坑爹、97% 的交易日收盘价都高于 7 美元这些表面的内容。聚美优品私有化当中谁是买方，从谁手里买？私有化价格与 IPO 发行价有什么关系？持有聚美优品的股东有多冤？私有化价格多少才合理？聚美优品经营状况如何，是否蓄意用坏、拿业绩打压股价？

2015 年 2 月 28 日，聚美优品总股本为 1.45 亿股，主要股东合计持有 1.04 亿股，占比 71.8%，合计投票权 94%（由于陈欧、戴雨森持有的是附带高投票权的 B 类股票）。对照招股文件，陈欧、戴雨森、红杉基金、徐小平当时都没有持减。

私有化买方包括陈欧、戴雨森和红杉基金，三家合共持有 54.4%。而 2015 年 2 月 28 日三家合共持有 56.6%，说明他们合共减持了 2.2%（约 320 万股）。估计险峰华兴、银泰资本等早期投资机构亦有减持动作。

假如众 VC 减持价在 20 美元以上，料可收回全部投资，剩余股票都是净赚的。中概公司的早期投资者，多半会在上市一年左右减持。

这是 VC 的惯常手法，谈不到蓄意砸盘。

聚美优品私有化的买方由陈欧、戴雨森、红杉三家组成（持有 54.4%），其他主要股东与二级市场投资者同为卖方。

按照私有化方案，买方需要收购 6600 万股，其中 4100 万股来自二级市场投资者，2500 万股来自早期投资人（包括徐小平的 1123 万股）。

按 7 美元私有化，徐小平赚了 206 倍，其他早期投资人也获利丰厚。如果早点动手减持，徐小平等早期投资者能够赚得更多。

作为要约收购方（陈欧、戴雨森、红杉基金），高位减持、低位私有化在道义上有很大瑕疵。

但如果减持与私有化之间相距超过6个月，证券监管部门不会干涉。

价格是私有化方案中最敏感的要素，特别是当其低于IPO发行价的时候，出价方瞬间成为千夫所指。现在聚美私有化的消息大大引起股民的不满，还有投资人拟组团起诉聚美优品。

2014年5月16日，聚美优品在纳斯达克上市，发行价为22美元。2016年2月18日提出的私有化价格为7美元。投资人的回报是69%很能吸引眼球。

2010年，徐小平投资18万美元，成为陈欧的第一位投资人。2011年，红杉、险峰华兴等VC联合投资1200万美元（其中，徐小平跟投20万美元）。假如2014年聚美优品倒掉了，投资人找谁说理去？徐小平、红杉们会说：还我38万美元、还我1200万美元吗？

如果认为明星VC不可能失手，可以看看这篇文章：《徐小平投资的七个失败的项目，深入分析原因》。

2012年3月，唯品会在纽约所上市，发行价为6.5美元，一度跌至4.12美元。2015年4月，唯品会一度突破307美元！陈欧不想让聚美优品像唯品会那样暴涨40倍，让自己的身价从10亿美元增加到400多亿美元？投资人买入聚美优品时，有没有意淫聚美优品是下一个唯品会？

种种原因，聚美优品股价长期低迷，翻盘无望。陈欧失意、投资者跟着倒霉，这才是投资与回报的常态，不然满大街都是中国首富、世界首富了。

2010年成立、2014年就上市敲钟去了，速成本身就意味着风险。在竞争激烈的电商领域，又是假货重灾区美妆用品垂直电商，风险就更大了。投资聚美优品，就是选择了比投资百度更大的风险，但百度、携程远没有唯品会涨得快！

陈欧带着聚美优品风光上市，却没有上岸，还是一枚创业者。绝大多数创业者给投资人的回报都是负值，因为90%的创业企业会在3年内倒掉。只要不存在欺诈，投资者必须自担风险，这是规则。

按IPO价格私有化没指望，能不能参考2015年交易价或60日、120日均价？（2015年交均价为15.05美元）

有人这样计算：从上市到提出私有化其间572个交易日内低于7美元的只有21个交易日，即97%交易时段的股价都高于私有化价格。

聚美优品私有化的关键是向二级市场的投资者收购4100万股票。计算这部分股票的换手率，可以发现投资者没有那么大的委屈。

从2016年1月15日到2月17日这20个股价低于7美元的交易日，以4100万股为分母，累计换手率高达132.2%。算上2月18日当天，累计换手率达142.7%！

仅2月17、18两天，就成交了1140万股，占要约收购对象的27.9%。放出天量的同时，股价强势上扬，两个交易日的收盘价较2月16日分别上涨了8.2%和6.3%。

在二级市场买入并长期持有是相对个别的现象，多数投资者一边骂7美元坑爹，一边以疯狂抢筹。他们的想法是：6.3美元买入，7美元私有化，稳赚11%。假如聚美优品迫于舆论压力提高私有化价格，比如说8美元，可获近16%的收益！

折腾一年也值呀。环顾国内外资本市场，哪里找年化收益16%且无风险的投资标的。

在私有化要约前20天，以不到7美元买入的投资者，从143%的换手率看4100万股票中的相当一部分（有可能是绝大多数）在这些人手里。什么60日均价、120日均价、2015年全年均价、IPO发行价和你们有关系吗？

好比公交车侧翻，路人甲、乙、丙、丁奋不顾身地钻进车厢，不是救人是准备向公交公司索赔。

聚美优品以要约前 10 个交易日收盘均价 5.53 美元为参照提出 7 美元收购价，溢价 26.6%。10 个交易日太短了且收盘价容易被操控，用成交量加权的收盘均价更可靠一些。加权后，10 个交易日的收盘均价略有提高，约为 5.8 美元。

聚美优品私有化的吃相的确难看，但还有更难看的：欢聚时代参照的是昨天收盘价（closing trading price of the last trading day）！比较合理的定价参照是要约前 30 交易日的收盘均价（用成交量加权），约为 6.5 美元。如果给出 26.6% 的溢价，私有化价格应为 8.2 美元。在这 30 交易日，拟被收购的 4100 万股的累计换手率达 184.1%，几乎被彻底倒了两次手。

聚美优品私有化引发这么大波澜，陈欧、沈南鹏多半会有限度地妥协。

限度是什么？是聚美优品在 a 股上市的可能性、时间和估值。归根结底是这家公司有多优秀及获得大陆资本市场认可的程度。假如预期在 a 股或战略新兴板有希望获得 100 亿美元以上估值，私有化价格就有较大的提升空间。聚美优品私有化价格这么低，在一定程度上隐含着对回归之旅的不乐观。

总的来说，依据客单价、年交易频次、下单用户量来看，垂直电商业务本身的故事已经不太好讲，具体私有化以后怎么办，这是一个问题。

不过，聚美从创业开始，仅凭 1300 万美元的融资，就能在恶劣的电商竞争中厮杀出来，连续盈利并在四年时间就完成公司上市，创造了一个奇迹。这次私有化，是聚美在成长过程中遇到的难题，但无疑对聚美也是一个里程碑式的新起点，也是公司价值回归和奔向下一次创业奇迹的重要时刻。

# 案例十一　懒猫旅行，人人都能自由行[①]

**背景**

“土匪”“疯子”……作为长沙资深户外玩家耳熟能详的职业玩家，因为相同的爱好走到一起。外号“土匪”的赵俊2002年和一群热爱旅行和探险的年轻人一起成立了“长沙爬山虎俱乐部”。“我们玩着玩着就‘不务正业’的做了这个产品。”2013年，当移动互联网大潮席卷全国时，赵俊敏锐的发现了机遇，赵俊和几个朋友萌生了“打造更适合国人出境自由行产品”的想法，“懒猫旅行”应运而生。

懒猫旅行通过应用电子商务和与天猫商城及各大旅游预定平台深入合作等网络营销，专注于境外目的地短途游，解决自助旅游者到国外以后的一切游玩、小交通、周边服务、翻译导航等痛点需求。懒猫的产品以非标准碎片化的一日游、带接送的门票套餐、接送机等项目为主，同时还涵盖接送机、包船包车、极限运动等项目。让网友像买衣服鞋子一样上网‘淘行程’，真正意义上把纯玩式的自由行选择权交还给用户。懒猫旅行乘着在线旅游互联网+的东风之势，迎合了互联网时代平价消费超值体验的用户需求，到2016年已成为国内最大的境外自由行当地游服务提供商。

## 一、玩出来的移动互联网公司

赵俊，懒猫旅行创始人。懒猫旅行的创始人为志同道合的资深驴友，是一群从山里水里走出来看世界的玩主。爬过高山，渡过西沙，狩猎草原，狂热的户外分子身上总是有不安分的因子。

熟悉懒猫旅行赵俊的人从不称呼他的名字，直接叫他“土匪”，用他的话说，就像山里的原始人用最简单粗暴的方式获取食物，和他小时候在山坳子里的抓鸟、挖泥鳅的个性一点都没变，骨子里流淌着最原始的野性。变的是，从前的“登山狂人”，近些年只跟水打交道，到现在只剩下一个爱好——钓鱼了。老子曰“水善利万物而不争”，也曾翻山越岭的激情，如今平静如湖的心境，懒猫旅行土匪赵俊用了15年的时间。

靠山吃山，出生于湖南邵东县的深山老林之中的“土匪”，从小对于山就有着特别的情结，18岁之前，就把县里的高山爬遍了；18岁以后走出大山，在湖南警察学院上班期间，他开始真正的“玩山”，第一个月工资就掏空买了个登山包。懒猫旅行土匪坦言，当时年轻气盛，把军被塞在背包里，骑着摩托就走，庙里、山洞都住过，过野人的日子，还觉得特别好玩。后来流行上网玩BBS，知道有一帮人玩户外，“那时候起点高，看到国家攀岩队有培训课，直接托人在北京

① 本案例由靳陆宇搜集整理并撰写成文。靳陆宇为东北大学创新创业与风险投资研究所研究助理。

买装备、帐篷，都是当时最顶级配置，包括 GPS——这可是当年的神器啊。”

彼时，长沙的户外还没有“圈”，初生牛犊不怕虎的赵俊有“神器护体”，在一次前往湖南著名“土匪窝”湘西飞虎洞探险活动之中，“土匪”一战成名，也收获了这个名号。

玩到后来一发不可收拾，2002 年，“土匪”裸辞了，不带一丝犹豫。因为酷爱登山，所以要求自己更专业，那年开始他跟着国家登山队一起训练、爬雪山，考取高山向导证；同一年，他揣着上班攒下来的 1 万元，孤注一掷做户外 BBS、成立“爬山虎”户外俱乐部，汇聚着梦想的俱乐部迅速吸纳了数百会员，到 2007 年，已经是拥有 2 万会员，兼职领队 70 多人的“超级大户”了。然而看似蒸蒸日上的俱乐部，却因缺乏经营经验，危机重重，“那时候太年轻，有激情，有胆量，经验不足，但也容得下失败”，次年，“土匪”做了一个让大家都跌破眼镜的决定：带着一个登山包、一个电脑包、一个驮包的他，离开呆了 13 年的长沙，买张机票飞到了北京，消失。

到了首都，“土匪”还是那个土匪，却决心不再做草寇。那时候北京的明星和企业家圈子都热衷玩户外，赵俊就跟人合伙策划线下的探险活动，带他们在国内外四处徒步，其中包括登山界著名的“7 + 2”路线——登七大洲的最高峰，外加南极北极极点的“豪华登山大礼包”。两年间，赵俊为国内的一帮精英企业家保驾护航，也注意到了他们身上一些有意思的现象。“是‘土豪’，更是一群不可思议的、像永动机一样不会休息的人”，之所以这么说，是因为他发现这些企业家虽然不及登山领队专业，但是都有着超强的意志力和韧性，如同他们的企业文化一样，拥有绝对的信仰——无论是登顶山峰还是人生的高峰，最关键的是“坚持”。这让赵俊心里渐渐有了不一样的东西。

保持着一年登三四座山频率的赵俊，2009 年，在法国登完勃朗峰之后，突然向大家宣布：不爬了。野还是继续野，只是开始溯溪，海钓，玩水，考潜水证，人生由不停的向上攀山转换成曲折地向前涉水，眼前，是一片更为宽广的大海。

2010 年 11 月，再一次转身，赵俊在云南丽江发现了一片新天地——一片 3000 亩的美丽草场，湖光山色中，他搭建了木房子、栈道，把这里改造成了一个休闲度假乐园，爱吃的客人可以吃到时令野味，喜欢运动的客人可以骑马、划皮划艇，在这片诗情画意的风景里，“丽江懒猫”随之诞生了，几个五湖四海志同道合的人开始涉足起在线旅游行业。而那里，也成为他们梦开始的地方。创业初期，赵俊也经历了渠道的匮乏，合作的艰辛。但凭借其优质的服务、个性化的自由行体验，在当地，马上树立起了服务品质的金字招牌。

在赵俊看来，尽管人人都想拥有真正的自由行，然而直到今天，打开的仅仅只是冰山一角，“做企业，自己玩和带人玩感受是不一样的，国人出去旅游，痛点太多，所以我们需要设计出高品质的旅行套餐。”

2013 年，赵俊将战场锁定了泰国，刚开始，他们并不知道要做什么，就在普吉观察前来旅游游客的需求。泰国普吉岛，不仅是最热门的旅游目的地，也是全世界旅游从业者的天堂。赵俊先是砸钱买了 40 台潜水相机，一步解决租相机的后顾之忧；而后，和团队在岛上扎根 3 个月，专心提升订单效率，提质产品。从浮潜咬嘴到水下相机，每一个细小的服务都是驻点蹲守的摸索和实践的累积。高性价比的“一日游”一经推出，在线上售卖火爆。这一年，湖南懒猫国际旅行社有限公司正式创办，开始专注境外自由行 O2O ，当年热血的户外人开始了新的长征路，有苦有乐，但更多的，是朋友和口碑。

从最开始的几个人，到现在 200 多人的团队，懒猫旅行一直在壮大。当年由赵俊自己花 3 个通宵研究淘宝入驻规则，再花 4 个通宵做图，上新，写文案到如今，懒猫旅行拥有运营中心、产品中心、深圳研发运营中心、市场品牌部、人力资源部、行政部、财务部等完整的组织架构，多年创业之路打磨出的是懒猫旅行对市场敏锐的把控，对团队的人性化的管理，还有更加笃定前行的步伐。

“脏活、累活都得给我好好担着，让用户懒着。”这是赵俊经常说的一句话。作为国内最大的境外自由行当地游服务提供商，懒猫旅行专注境外目的地短途游，真正做到随走随定极速响应、好玩不贵的互联网属性。

“很多事情，到后来，你会发现，都是一场轮回。”关于创业的来时路，赵俊没有吹嘘，只有敬畏。玩转全球的懒猫旅行，所有人的相逢，都是一场美妙的轮回。从不惑到认知，从疯狂到理智，从执念到信念，全部都是坚持的重量。因为向自由致敬的情怀，所以以梦为马，仗剑天涯。就像懒猫旅行的梦想——带着更多人走出去看世界的山山水水。赏景、识人，听故事，才是美好人生。

## 二、企业壮大的命脉——融资

从成立之时的第一笔单到销售总额破亿，懒猫旅行只用了短短两年半的时间，这在阿里“去啊”平台市场，甚至在互联网旅游行业，都称得上是一个传奇似的标杆。不卖机票、酒店，专做当地玩乐类目，2013 年至 2016 年，懒猫旅行已经服务过超过 100 万中国出境自由行游客。发展速度如此迅猛的懒猫旅行，自然离不开企业壮大的命脉——融资。

2014 年 7 月，懒猫旅行获得由险峰华兴领投的天使轮千万级融资。

2015 年 8 月，懒猫完成两轮数千万人民币融资，投资机构包括险峰华兴、国金投资、远瞩投资、涌铧基金等风投机构。这一年，懒猫旅行年销售总额达 1.8 亿元。

2016 年 3 月，懒猫加速了全球化进程，同步开拓 8 大新目的地，按估值 5 个亿规模引入了 B 轮融资。

谈及为何会获得投资机构的青睐，懒猫旅行 CEO 杨景认为最重要的一点是，公司发展没有急功近利，“与同行竞争者大举烧钱补贴笼络用户不同，我们主要靠深度关注产品、不断提升服务和用户体验，一步一步地形成用户积淀”。

懒猫旅行已经是泰国自由行当地游服务第一大品牌，在阿里“去啊”平台市场占有率超过 50%，每月服务超 8 万人次。上线三年，懒猫旅行服务出境自助旅行者超 200 万人次，全年营收也从 2013 年 500 万，到 2014 年落户长沙高新区，突破 5000 万，至 2015 年达到 1.8 亿元。2016 年截至 7 月底懒猫旅行已营收 2 亿元，预计年底将达到 4 亿 +，2017 年全年营收预计达到 8 亿元的规模。

## 三、境外海岛自由行市场里终将突围的潜伏者

随着签证政策继续放宽，二三线城市出境游需求和实际消费的释放，国人出境游的旺盛需求有增无减。出境自由行看起来热闹，市场却远未饱和。跨境旅游市场加速井喷，成熟 OTA 与聚合平台如巨鲸般血腥厮杀，细分市场里小平台也在纵横窄道里短兵相接。在价格战和长期亏损成

为行业关键词的背景下，作为国内最大的境外海岛自由行服务提供商，懒猫旅行在大力巩固王牌产品线的同时，也迈开了版图扩张的步伐。懒猫旅行更像是潜伏在水下觅食的生物，很难想象在那不紧不慢、起伏均匀的呼吸背后，是有鲸吞一切的野心，还有蚕食市场的耐心。

大量数据显示，国内游客对旅行体验的要求越来越高，促使注重品质的旅游产品备受热捧。随着旅游经验的不断积累，中国游客对自由行目的地的需求越来越多样化、精细化、深度化。虽然自由行的市场潜力巨大，但是满足用户需求的自由行产品和服务仍然相对匮乏。

不卖酒店、机票，专注目的地短途游，解决自助旅行者到国外以后的一切游玩、小交通、周边服务、翻译导航等痛点需求的懒猫旅行，为何能在竞争如此激烈的旅游行业大环境中站稳脚跟，杀出一条属于自己的路，究其原因，还是懒猫旅行的服务和特色。

### （一）不冒进，我们踩着自己的节奏

由于地理位置近、性价比高，东南亚往往是持有护照的国人出境旅游第一站。2013 年，懒猫选择当时生态热度较高的普吉岛，开始了新征程。从那开始，懒猫一直专注在做非标准碎片化的一日游、带接送的门票套餐、接送机等项目上，致力解决国内用户在游玩、小交通、周边服务、翻译导航等方面的痛点需求，在普吉岛、曼谷、巴厘岛等地推出了很多符合国人出行习惯的产品和服务。为了吸引各地游客，东南亚各国也陆续放宽签证政策，机票不同时段的各种促销，都在刺激着人们出境自由行的神经。由于从 2013 年开始便一直在东南亚海岛自由行上精耕细作，懒猫优势显得尤其突出。

市场机会摆在眼前，懒猫要做的是在保持服务水准的同时，审慎地迈开扩展步伐，稳步提高发展速度。赵俊说他一贯坚持的是，不冒进，掌握好自己的呼吸节奏。越是在激烈的竞争格局下，保持冷静、夯实基础才能保持健康成长。

作为一个有过 9 年登山经历的高山向导，赵俊为懒猫的发展贯穿鲜明的方法论："90% 以上的山难事故不是因为客观原因，而是主观上急于求成、不讲方法造成的。创业也类似，傲慢死，冒进死这两种比较常见，所以认清自己、把握节奏很重要。"在旅游行业摸爬滚打的这些年的困难和坚持，让他的确有这样的魄力和决心。2012 年以来，懒猫旅行一直专注于自由行体验产品和服务，业务量没有出现过爆发式的增长，即便在 2016 年 B 轮融资资金到位的情况下，也未部署目的地和业务线数量的大肆扩张。"不能急，就像登山，市场的空间不管如何扩张，但要以懒猫的要求严格挑选优质供应商、保证产品和服务质量。"赵俊一脸从容和淡定。

从 2013 年破百万到 2015 年破亿，有人说快、有人说慢，有人觉得刚刚好。但对待这些数字，赵俊显得特别冷静，他很清楚创业跟登山一样，一口气爬到顶不现实，只有通过良好的经营管理创造持续的复利效应，实现稳定收益，才能在凶险的环境中站稳脚跟，为继续向前养精蓄锐。在赵俊的方法论里，有两种登山方式：喜马拉雅式以大后勤，大保障，大资源做后盾，一股劲朝着设定好的目标和路线往前，而一旦有重大变故就意味着整个计划彻底失败；阿尔卑斯式则是小团队突击作战，只设定目标和基本路线，节奏和时机由团队在行进中不断调整，路线也会经常做出相应调整，甚至发现目标有偏差时，会选择另一座山峰去攀登。

在懒猫身上，我们似乎能够看到阿尔卑斯式的影子，资源耗费小、在市场中更能灵活应对，并终有所获，可这也十分考验团队的向心力。而说到团队，赵俊身上天然散发"老大哥"气场，在他看来，成就感只能来自帮助多少人完成攀登雪山的梦想，而不是自己爬得多高，如果只关注自己最后达成目标的结果，而不关注团队成员的成长，不太可能有登顶的那一天。

## （二）"在目的地作战，我们有自己的一套"

懒猫旅行从2013年开始进入境外自由行市场，一直以打造更加适合国人出行习惯的产品理念。以泰国为首站，开发出了极具性价比、体验丰富的自由行产品。懒猫在开发每个产品前都会做多次研判，也不惜花费人力、动用大量资源来完善并丰富产品形态，与此同时，不断优化自己的供应链系统，极力打磨出具有自身特色又深受消费者青睐的当地游类目体验。

首先，懒猫旅行与全球华人供应商合作，给用户提供全程的中文服务，让中文服务"绕地球三圈"。在此之前，境外自由行对于旅行者来说，最大的障碍在语言。大多数旅行者因为语言不通和境外消费维权艰难等问题，最终妥协选择传统跟团游。而传统旅行社流水线般生产的打包行程涌现出来的服务问题也屡见不鲜：导游态度恶劣，指责不消费的旅客；行程太紧凑，太累吃不消；行程含餐太差，太饿吃不饱；还有以低价的团费报名，最后只能被迫被带到各个购物店强制消费，让人叫苦不迭。

懒猫旅行的出现完全解决出境自助旅游者的这些困扰。不同于众多传统旅行社的全打包行程，懒猫旅行专注境外目的地短途游和衔接服务，解决自助旅游者到国外以后的一切游玩、小交通、周边服务、翻译导航等痛点需求。满足了一个境外旅行者在当地的绝大部分服务和体验需求，把无隐形消费，不靠购物返点的纯玩行程自由度交还给旅行者本人。

在购买和享受旅行服务的整个过程中，消费者完全可以在网上随心搭配自由选购。懒猫旅行为了缩短服务响应时间、提高服务质量，懒猫旅行在泰国、毛里求斯、新西兰等多个目的地设立办事处并配备中文导游，在运营、客服和目的地之间建立了高效的沟通机制并进行严格管控考核，为每个人提供中文售前咨询，中文行中衔接，中文售后保障。极大降低了境外自由行的门槛，即使你完全不会英文也可以轻松出境自助游。截至2015年底，懒猫共服务出国自助旅行者超过100万人次，成为目前国内最大的境外自由行当地游服务提供商。

其次，独立开发供应链系统，提高效率。做目的地旅游无法绕开的难题是——产品和供应商的极度碎片化，以及由此带来的库存信息不对称。由于各个目的地供应商信息化程度普遍不高，要实现像机票、酒店那样的API对接非常困难。这对平台的市场认知、应变能力和管控力都提出了很高的要求。赵俊心里清楚，不花上几年时间精心打磨，很难完善供应链条。既然难题绕不过，就努力去解决它。

为了能够实时掌握库存情况，懒猫开发并不断优化自己的供应链系统，同时用最轻松、最方便的形式给供应商培训，逐步培养使用习惯、实现更精准的库存控制。

对于产品和服务，懒猫也积累了丰富的经验和自信。由于目的地提供的很多产品并不符合国人出行旅游的习惯，因此懒猫在开发每个产品前都会做多次研判，也不惜花费人力、动用大量资源来完善并丰富产品形态，极力打磨出更满足国人出行需求的产品。

懒猫旅行最大的不同就在于每到一地都深耕地面供应链和服务品质，在每个国家都设立懒猫分公司或者办事处，通过地面团队的实际体验、实地感受、实地需求深度介入，提升用户体验度和满意度，确保产品优劣能得到及时反馈、服务能得到严格管控，遇到事件能迅速响应，从产品诞生到销售整个流程结束，沟通能形成良性闭环，全过程能及时掌控。把脏活、累活都好好担着的劲，成为懒猫贯彻"全程无忧，负责到底"服务理念得以落地的重要支撑。

其三，懒猫在不断研究目的地从开发新产品的同时，培养了一批金牌中文导游，他们的名字叫做"首席陪玩官"，跟传统社导游不同，他们不靠购物返点，纯靠体贴细致做好评服务，照顾好每一个懒猫客人，用心服务。他们的主要任务就是陪玩，跟大家聊天，并提供一些当地好玩的好吃的，带给用户大量的咨询游玩。如当地的大型活动，水下拍照等等，“陪玩官就像当地的活点地图，没有不知道的地方。”从售前专业客服咨询，制定最科学的行程规划建议，到购买的极速响应，60 分钟出单，自由退改，再到懒猫承诺负责到底的售后保障，懒猫都用以人为本的服务给了用户朋友般的信任感。

最后，建立自己的资源，满足年轻旅行者更个性化的境外行程需求，让定制不再奢侈化。

虽然旅行是做链条，但要用互联网的要求和标准改变品质。2013 年，杨景等人在泰国旅游时发现，游客如果想要在水下进行拍照就只能上淘宝购买潜水摄像机，没有能够租赁的地方。但一台摄像机的价格在几万块左右，大多数人拍一次也就不会在用了。于是，杨景一行人用他们的全部积蓄购买了几台潜水摄像机，以 80 ~ 120 元左右的价格租赁给游客。“这次的试水给我们积累了一大批忠实的用户，到后来做一日游，也是从满足用户没有被满足的需求开始，慢慢发酵，到最后行程口碑效应。”

懒猫旅行的产品以非标准碎片化的一日游、带接送的门票套餐等项目为主，同时涵盖接送机、包船包车、极限运动等项目。包括年轻人追求的刺激跳伞、勇敢者的挑战直升机冰川探险、一生必须要体验一次的热气球等，甚至连 Wi - Fi 租赁、电饭煲租赁这样的细节也包含在内。在产品设计中，懒猫旅行极力为旅行者提供有当特色又符合中国人消费习惯的当地游行程产品，并按照中国人的习惯定制中餐。这是由于很多国外的产品没有中国化，对国人来说并不是很好的选择。“而自己在地面做产品，可以在提高质量的同时，从硬件到软件的设计也更适合中国。”

同时懒猫旅行也在碎片化产品的基础上，利用自身强大的产品数据库和运营经验，进一步提供人人都能享受的定制自由行服务。2015 年，懒猫旅行在碎片化行程预订服务之外，推出了私人定制、小包团业务，解决传统私人定制游奢华高端的价格壁垒，让更多用户可以享受到大众化价格、私人化服务体验。2016 年，懒猫还将推出旅游目的地购物业务，通过线上销售、当地配送的方式试水跨境旅游 O2O 购物。2017 年懒猫将启动“客源国际化”，实现客源地和目的地交叉互动，解决全世界自助旅行者的目的地产品采购和行中服务的问题。如今懒猫旅行依靠自己强大的产品链体系，将价格门槛降低，为用户提供亲民化的定制服务，享受量身打造的私享定制自由行程。

懒猫旅行的挖掘新产品打通渠道的道路确实不容易，但也是这种踏实的服务理念让懒猫旅行在激烈的市场站稳了脚跟。在美上市的多家在线旅行社，去年的财务数据显示，除个别商家持续盈利外，更多平台却面临着亏损扩大的局面。但事实上，从销售情况来看，他们常年在“去啊”保持销量第一的好成绩。

### （三）非好口碑不能维持生命力

从客户的口碑来看，除了服务，懒猫的产品也是深入人心。懒猫在普吉岛好评分高达 4.9 的行程——复古木质红帆船蜜月岛一日游，让所有人都赞不绝口。比如巨型豪华双体帆船红魔号，高逼格的出海行程，给你出境自由行的个性化出海体验。还有明星们都爱的公主号，每一个产品似乎都体现着懒猫旅行的专业和与众不同。

此外，尼泊尔地震后懒猫为滞留游客提供临时避难所并义务供应物资、泰国地陪将不慎扭伤脚的客户妈妈送到医院并全程陪同……这些在身处异国的情况下被别的旅行社不管不顾，却被懒猫服务大为感动的声音，往往在游客回国后被进行二次传播，从而又带来更高销量。

不错的成绩背后有赵俊的一套方法论在支撑。他称，境外自由行服务跟客户发生的关系是非常直接的，当时当地的体验决定了你这个商家的产品和服务到底行不行，抱着一竿子买卖的态度是不可能维持长久生命力的。因此，懒猫一直在拓展优化目的地资源和纵深完善产品体验上下工夫。为了缩短服务响应时间、提高服务质量，懒猫在泰国、毛里求斯、新西兰等多个目的地设立办事处并配备中文导游，在运营、客服和目的地之间建立了高效的沟通机制并进行严格管控考核。做好口碑服务游刃有余，回头客自然接踵而至。

赵俊坦言自己现在和团队还在不断“登山”，随着旅游市场“从近及远”、“从跟随到自主”的变化，懒猫旅行还将面临更多的机遇和挑战。他们希望通过自身的优势，整合更多优质资源，提升旅游自由行产品的性价比，让更多的喜欢自由行的人都可以走出去，玩起来，全程无忧，随走随订。创业者的商业态度决定了企业的发展方向，而懒猫也确实在沿着这样的路径匍匐向前，像是在进行一场潜行狙击。

## 四、玩转互联网在线旅游 + VR 虚拟现实 + 直播

“互联网 +”时代下，人们的吃、住、行都在不知不觉中改变。活跃在移动互联网时代的“手机人”，对旅游产品也提出个性化的需求，自由行成为越来越时尚的旅行方式。在线旅游开始不断走进人们的生活，移动互联网与旅游的跨界融合方兴未艾。

依托互联网，以满足旅游消费者信息查询、产品预订及服务评价为核心目的，囊括了包括航空公司、酒店、景区、租车公司、海内外旅游局等旅游服务供应商及搜索引擎、OTA、电信运营商、旅游资讯及社区网站等在线旅游平台的新产业正处于快速上升期。该产业主要借助互联网，与传统旅游产业以门店销售的方式形成巨大差异，被旅游从业人士称之为“在线旅游”。

随着签证政策继续放宽，二三线城市出境游需求和实际消费的释放，国人出境游的旺盛，给出境旅游市场带来巨大的发展空间。跟选择传统的跟团不同，现在的年轻人，会更倾向于选择通过特色的旅行预订平台，自己预定一日游形式的自由行线路、租车、包车等，实现轻松境外出游。

“让用户像买鞋子包包一样上网‘淘行程’，真正意义上把纯玩式的自由行选择权交还给用户。”湖南懒猫国际旅行社有限公司 CEO 杨景介绍，用户可在懒猫旅行自行淘特价机票、提前预订境外酒店，再根据自己行程安排在懒猫旅行挑选个性化的境外一日游行程。

这种在线旅游模式深受年轻一代旅行者的追捧，2016 年懒猫旅行的年销售总额在 7 月底就已经达到了 2 亿规模。据介绍，真正的旅游旺季在 7 月份之后才到来，今年懒猫旅行的营业额有望突破 4 亿元。

对于产品和服务，懒猫旅行积累了丰富的经验和自信。谈及未来发展，懒猫旅行 CEO 杨景说：“做小比做大更好，做精做深更重要。懒猫将继续打磨产品线，把目的地扩充到更多的地方的同时，不断提高产品和服务。”除了做旅游产品预订平台，懒猫旅行将触角伸向旅游链条的最终端——资源提供方，这也是与其他大型 OTA（在线旅行社）不同之处。在重要的目的地，如普吉岛，懒猫旅行购买了自己的船只；针对国人的消费、生活饮食等习惯，把产品改良成符合国人喜好的产品。如将帆船改造加阳棚，在船上提供中餐。CEO 杨景表示，做自营产品一方面保证服务能得到严格管控，另一方面也有利于企业的风险控制。懒猫旅行乐于做“旅游行业民工”，

深耕细作打下坚实的基础。“做服务端、产品端是最苦、最难的，脏活、累活都得给我好好担着，让用户懒着。”

其次，2016 年被业界称为“VR 年”，各类 VR 内容发力，“VR + 旅游”应运而生。VR 技术，解决旅游行业的通过 VR 技术，可以将实地体验感带给用户，打破空间和时间的限制，让用户可以有身临其境的感觉，而懒猫旅行紧跟着时代技术潮流，充分利用着 VR 技术，目前懒猫已经和 VR 拍摄公司合作，将普吉岛美丽的海景、人文风情，以 VR 视频的形式展现给大家。

此外，直播平台越来越多，吃饭可以直播，睡觉可以直播，打游戏也可以直播……旅游业自然不甘示弱，旅游直播正迅速崛起，懒猫旅行也没有错过旅行直播的潮流，今年七月，懒猫旅行邀请泰国人 & 妖皇后，跨境直播湄南河游轮，透着屏幕也能感受到无处不在的泰式风情。“直播 + 旅游”让“坐地日行八万里，巡天遥看一千河”的体验从诗中真正地走进现实，足不出户就能连接世界“任意门”。直播的介入将这种延伸赋予了真实和亲近感。对旅游行业来说，直播这一特殊媒介带来的临场感和即时性除了要比处理过的美图和宣传片更加多维，还能建立深度社交场景，懒猫旅行也会把直播的场景投向泰国以外的越来越多的目的地。

## 五、打造运动新模式，开启跨界新玩法

2016 年三月，懒猫旅行和快乐垂钓，联袂打造垂钓新模式。垂钓是世界上参与人数最多的一项运动。相比一些国家，中国真正意义上加入此项运动的人数还不算特别多。究其原因，一是在大家的印象中垂钓从装备到场地比较“烧钱”。二是对垂钓运动了解渠道不够，不敢轻易妄为。

“我们希望通过打造这样一个平台，为全国的垂钓爱好者提供量身定制的空间，让他们更好的了解并且爱上这项运动。”快乐垂钓频道负责人如是说道。节目组还特别邀请了国内专业的当地玩乐类在线旅游服务商懒猫旅行全程保驾护航。“泰国可能不算新鲜的目的地，但这一次八天七夜的免费嗨钓之旅，大家一定会有不一样的见闻，”懒猫旅行资深总教练信心满满、娓娓道来：“比如泰过第一大淡水湖——秀兰湖，就是世界顶级的路亚野钓场所，它的能见度可以达到水下 5 米，不论是景色还是渔业资源，都能让体验者意犹未尽。”

这一次，资深旅友创办的懒猫旅行和快乐垂钓的合作，可以说是思想战略上一拍即合。在懒猫看来，与高尔夫等相对“高端”的运动相比，垂钓在中国的消费群体更大。但当务之急是需要将这项运动平民化、普及化。而他们，也一直朝着这个方向努力。比如懒猫推出的独家包船——红帆船，大大降低了垂钓爱好者出海的成本，同时娱乐体验的方式也更加多元，而在后期，懒猫旅行也将深耕更多好玩的目的地，让以往高高在上的国外海钓、巨物垂钓、精品路亚旅行变得亲民随意。

此外，汪涵携手懒猫旅行，开启“方言 + 旅行”的跨界新玩法。2016 年 11 月 24 日，汪涵这个自称“江湖人”，一辈子和方言打交道的中年男人，携同懒猫旅行，开展了#说句方言换旅行，汪涵请你帮个忙#的活动，并通过 h5 页面的小游戏，录一句方言让朋友猜的形式征集方言。在“说句方言换旅行”的活动中，汪涵的方言保护和懒猫的品牌传播是最重要的两个目的。方言保护和海外旅行的跨界组合，为整场活动增加了更多趣味，也增加了超多变数。至于方言和旅行之间的联系，懒猫旅行 CEO 杨景认为，旅行是为了寻找乐趣，而方言更能体现一个地方的文化特点。汪涵也曾这样说过：“旅行是为了寻找乐趣，而‘趣’字是走与取的结合，在行走的过程

中我们去获得乐趣。向回走，我们传承方言文化，找到文化根基，获得文化的自信；向外走，我们到其他的地方去看看，拓展文化的视野。只有扎好根基，拥有文化自信，我们才能走得更远，看的更多，找到更多的乐趣。”

## 六、资本寒冬，巨头垄断，出境游创业者的突围之道

无论是游客，还是创业者，都相信移动互联网时代一定可以诞生更多创新的公司，提供更好、更个性化的旅行体验，尤其是出境游领域。然而残酷的现实是，2015 年下半年，随着整个互联网创业被“寒冬，死亡，融资失败”等字眼笼罩，一大波出境游创业项目倒在了快速扩张的路上。

积累了十几年的户外经验的赵俊，从来没有想过有一天他也会采用烧钱补贴战略。2015 年上半年，在价格补贴的大潮下，懒猫旅行加入了这场激战。最多的时候，懒猫旅行曾一个月烧掉了 100 万，用来狙击烧钱玩家的进攻。“大家都在打补贴，我们是很恐惧的。”回想起当时做出的决定，赵俊有点无奈，“大家拿的钱太多了，因为害怕市场被攻占，我们不得不拿出有限的弹药去抵抗。”

起初，和大多数创业公司不同，赵俊将主要精力放在了后端供应链的资源整合。但这样的投入也拉长了回报周期，流量上不去的直接影响是拿不到融资。赵俊打了个比方，同等规模下，懒猫拿一元人民币时，别人能拿到一美元。他意识到，门槛不高的旅游行业其实是个“流量的生意”。获取流量最快速的方法无疑是价格战。背靠资本，各大公司用补贴获取流量的大火越烧越大，而与大火一同烧起来的是获客成本，这使得亏损成为 OTA 的普遍现象。随着获客成本的日趋增高，再高的毛利也不足以覆盖流量成本。一旦融不到钱，靠补贴获取流量的创业公司剩下的只有转型或者关闭。

既没有提供行业价值，也没有提升供应链效率，很多公司最后剩下的只有一个“能融钱的空壳”。懒猫旅行也差点倒在了这个“大坑”里。由于加入补贴大战，2015 年是懒猫旅行毛利率最低的一年，做补贴的那几百万几乎全部白白烧掉。直到年底资本环境越来越恶劣，赵俊才彻底醒悟，靠补贴争夺流量的是一个“幻觉”，“烧了几个月，几乎没有什么回报。”

更残酷的是，幻觉被打破后，赵俊发现流量入口依然掌握在巨头手中。“巨头有流量和资金优势，如果你卖的东西和他们一样，他们不用做补贴就可以干掉你。”这一点大概没有人能比赵俊的体会更深。去年的一场争夺耗掉了他们有限的粮食弹药，好在团队及时悬崖勒马，懒猫活了下来。懒猫旅行的赵俊在烧完几百万后也回到了之前的打法。赵俊称，他们几乎把所有的力量都投入到了后端。一方面对懒猫最核心的一日游产品进行改造，另一方面对供应链深度升级。

“关注产品、服务和用户体验永远不会错，一定会拿到回报。虽然这个过程很慢，但至少我们看到希望。”经过一轮洗牌，现在的赵俊对懒猫的商业模式更为自信，“即使我们不是一个牛逼的模式，但只有活下去才能讲梦想。”

从 2015 年到 2016 年 9 月，懒猫的毛利率上涨了 40%，明年还会保持这个增速。目前懒猫营收 3000 多万一个月，成交获客成本在 30 元以内，他估计几个月后就能实现盈亏平衡，到 2017 年便可以盈利，“不能依赖资本，得学会自己造血。”

而在投资人看来，学会自己造血的核心在于找到影响公司发展最核心的东西，然后牢牢抓

住，深耕运营并提升效率。

懒猫旅行仍将面临各种机遇和挑战，毕竟，这支有来自知名企业的职业经理人，也有来自江湖的骨灰级玩家的团队，还相当年轻。在发展的路上他们需要做的，就是一如既往在保持高水准个性化产品服务的同时，审慎而坚定地迈开自己的步伐，将旗帜以稳定的速度飘扬在更多的目的地版图，在竞争的格局下，保持冷静，笃定前行。

# 案例十二　乐视[①]

**背景**

乐视视频，原名乐视网，成立于2004年北京，享有国家级高新技术企业资质，致力打造基于视频产业、内容产业和智能终端的“平台+内容+终端+应用”完整生态系统，被业界称为“乐视模式”。乐视垂直产业链整合业务涵盖互联网视频、影视制作与发行、智能终端、应用市场、电子商务、互联网智能电动汽车等；旗下公司包括乐视网、乐视致新、乐视移动、乐视影业、乐视体育、网酒网、乐视控股等。

乐视2010年8月12日在中国创业板上市，是行业内全球首家IPO上市公司，中国A股最早上市的视频公司。目前乐视网影视版权库涵盖100000多集电视剧和5000多部电影，并正在加速向自制、体育、综艺、音乐、动漫等领域发力。乐视网连续三年获得德勤“中国高科技高成长50强”“亚太500强”，并获中关村100优高新技术企业、2013福布斯潜力企业榜50强、互联网产业百强、互联网进步最快企业奖等一系列奖项与荣誉。2014年1月27日，乐视股价一度冲至55.50元，市值创下历史新高，达441.3亿元。公司经过多年的积累，公司在网络视频服务行业中树立了良好的品牌形象，确立了“乐视网”品牌，已经成为国内领先的互联网高清影视剧视频服务及3G手机电视服务商。

截至2016年12月3日，贾跃亭、深圳市鑫根下一代颠覆性技术并购基金壹号投资合伙企业（有限合伙）、刘弘为乐视前三大股东。

## 一、梦想开花——乐视的诞生

1973年，贾跃亭出生于山西省临汾市襄汾县，父亲是当地一名中学教师，家境普通。20世纪90年代，从山西一家税务专科学校毕业后，他未回老家，而是来到女友的家乡运城市垣曲县地税局当了一名普通的网络技术管理员，月薪300元左右。

1998年前后，贾跃亭在一个饭局上偶然接触到“通讯业务”，意识到这是一个大机会，带着妻儿来太原闯荡，并成立山西西贝尔通信科技有限公司。

此时中国通信行业和整个商业互联网刚刚兴起，原信息产业部成立，搜狐、网易、腾讯也在同年成立。这一年，后来创立优酷网的古永锵，还在北京国际饭店和张朝阳喝茶思考是否要加入搜狐；后来创立土豆网的王微，则在美国卫星公司休斯做亚洲市场拓展；而马云已经两次创业失败了，他在这一年登上了长城，与团队抱头痛哭。2003年，贾跃亭想要寻找更大的市场，于是

① 本案例由陈心蕊搜集整理并撰写成文。陈心蕊为东北大学创新创业与风险投资研究所研究助理。

他来到了北京，刚踏入北京时，他与当年初到太原四处寻找机遇的小镇青年并无不同。他在紫竹桥美林公寓租住一处民居兼当办公室和住所，成立了北京西伯尔通信科技有限公司。

贾跃亭在北京并无任何过硬关系，所以他第一次采用了合伙人创业的模式，合伙人包括现任乐视网副董事长刘弘。贾跃亭在北京的第一个大手笔，是在大约150万元人民币的创业资金中，拿出上百万购置了一辆宝马七系轿车。

几个月后，北京西伯尔拿到了它在北京的第一个招投标项目——北京网通的室内覆盖资质。一位乐视早期员工告诉记者，这个项目正是其中一位合伙人借助其在网通的关系撮合而成。

此后，北京西伯尔专门承接电信运营商不看重但又必不可少的室内外网络覆盖业务，时值电信高科技企业兴起，移动通讯、互联网处于上升期，贾跃亭抓住机会开始发展手机流媒体业务，涉足互联网。

2004年，脱胎于北京西伯尔流媒体部的乐视网正式成立。

## 二、主流中的非主流——乐视的商业模式

### （一）视频蝶变——从播放小视频到筹拍大电影

乐视本是一个视频网站，但在它发展过程中，视频网站开始变得越来越不像视频网站。从播放小视频到投拍大电影，乐视网上演了视频网站的蝶变。从购买视频内容到出资投拍影视作品，视频网站对内容控制力的渴求掀起了行业的新一轮洗牌。

乐视网像是一条放进视频网站这潭水的“鲶鱼”。

“我们在打造‘网络视频博物馆’的全新概念。”刘弘说，“此前乐视网做过影视、动漫等分类频道，对于这方面的运作可谓得心应手。同时，我们还通过有线、无线互联网建立新媒体发布平台和视频互动社区。”

但优酷、土豆等视频网站早已耕耘多年，乐视网想独树一帜必须有自己的理念和核心技术。刘弘表示，基于Web2.0理念的乐视网影视互动社区直接体现的是与市场收益相结合的“看点”。

乐视网稳健的现金流得益于其有效的盈利模式。乐视网独创了收费+免费的商业模式。一方面，乐视网对购买版权内容进行互联网上的收费发行；另一方面，乐视网推出免费的客户端，用户可以自由上传各种影视视频进行分享。

投拍电影的热衷是出于对内容的一种信仰。视频网站如果没有好的视频内容就不会有稳定的用户群体，那么更遑论广告收益和付费用户。投拍电影除了配合网站推广和获得收入外，更重要的是能和影视制作和发行公司建立更为广泛的关系，有多种形式的商业模式才能够使乐视网保持高速的增长。

乐视网依托两大核心技术打造出两大类业务线——网络视频和手机视频。乐视网在网络视频方面拥有内容制作和新媒体发行渠道、视频分享网络电视台、企业网络电视台；在手机视频方面拥有手机电视平台合作运营、3G手机乐视网、手机电视内容制作平台。

光有完备的平台并不意味着就能够盈利。乐视网每月超过10万的付费用户需要的是热门的影视剧集，而不仅仅是完美的技术平台。因此，从2004年以来，乐视网就开始大量购买正版影视剧，目前已拥有的正版影视剧内容超过1万小时，而和发行渠道建立良好的合作无疑将给乐视

网带来更为丰富的内容资源。

参与制作，合作发行，网络独播，这一套组合拳下来，乐视网逐渐向产业链的上游延伸，一旦完成生产发行销售的一体化整合，乐视网或将建立起自己的新媒体帝国。

### （二）付费的甜蜜——乐视的盈利模式

乐视网采用特殊的模式找到了付费用户，同时提供非常简单的付费方式。这也就不难理解，为什么一个排名第17的视频网站，却有着业内第一的财务指标。

如果说今天与20年之前相比最大的不同是什么，相信得到的答案半数以上会涉及互联网。我们坐在家里，打开电脑，甚至可以不洗漱，就能够纵览国内外一切重大事件和信息；当我们找到了一部精彩的电视剧，也不需要每天定时守在电视机前等待有限集数的播放，而是可以在网上搜寻，在周末的晚上，淋漓痛快地把二十几集全部看完；当我们得知了一部电影大片，无暇去影院观看时，我们亦可以打开电脑。

以上我们所看到的内容，除了固定的宽带费用之外，不需要付出额外的花销，我们已经习惯了在网络的世界中品尝“免费的大餐”。不过，免费终归是免费，新闻和资讯可以不要求画面的质量，而免费的影视作品往往画质粗糙，对注重“体验”型受众来说视觉冲击效果会大打折扣，这时，付费的高清视频就有了生存的土壤。

乐视网就是在这种环境下找到了自身发展的市场空间。现如今的乐视网，流量相比行业内其他公司并不靠前，但却有着业内第一的财务指标。为什么享誉盛名的优酷网至今难以盈利，而流量仅排名第17位的乐视网的业绩却可以傲视群雄？

网络视频是互联网领域包括门户网站、网络游戏、电子商务在内的四大前沿战场之一，一批如优酷、土豆、pplive、迅雷、激动网、六间房等在内的网络视频公司先后获得了风险投资。相对视频分享网站，乐视网从规模上看略显弱小，其内容种类及流量远不及视频分享网站，知名度也并不高。但乐视网却有着独一无二的商业模式，这使得它在群雄逐鹿的网络视频领域牢牢占有一席之地。

乐视网采取付费+免费的商业模式。一方面，网站对购买了版权的内容进行互联网上的收费发行；另一方面，网站推出免费的客户端，用户自由上传各种影视视频，并进行视频分享。综合考虑视频网站的战略定位、流量、用户体验、版权合法性、内容质量、影响力、盈利能力以及媒体曝光率等各个方面，乐视网采取“正版内容点播收费+广告收入+版权分销”的收费模式，盈利模式清晰，版权风险较小，运行成本较低。

乐视网的定位非常明确。乐视网是过点播收费的方式，专注于长视频影视剧的门户网站。在互联网刚刚崭露头角的时代，大多数网站强调的是视频分享，用户自己上传自己的内容。那时包括一些浪漫主义评论家认为，博客的发展意味着民主时代的到来，因为在博客上可以进行视频分享，每个人都拥有了平等的新闻权。因此，短视频产生了巨大的市场价值和发播平台，也出现了一批短视频分享网站，如优酷、土豆、酷6等。乐视网在成立之初就详尽分析了当时的网络视频市场，避开竞争激烈的短视频分享领域，专注于影视剧长视频，找到了网络视频市场的发展缝隙。乐视网击中了网络看电影和电视剧人群的需求；在商业模式上，每月30元的费用对于热衷体验高清影视剧的用户来说，并不存在经济负担。

与此相关联的是，用手机回复短信的包月付费方式，其便捷性支撑了付费模式。乐视网用一种方法找到了付费用户，同时提供非常easy的付费方式，这两点是乐视网商业模式的核心，从而产生了一系列后果：1、内容少；2、流量小；3、成本少。乐视网虽然内容少，但大都集中在长视频影视剧，目标用户群十分明确，同时网站运营所耗费的资源也少，节约了大量成本。乐视网 2010 年业绩预告中显示，营业收入约 2.3 亿元，净利润约 7000 万元，同比均有 50% 以上的增幅。

### （三）全网贴片——乐视的广告模式

乐视网与影视剧出品方及发行方建立了紧密的合作关系，包括近两年热播的商业大片，如《三枪拍案惊奇》《满城尽带黄金甲》《画皮》《疯狂的赛车》和《潜伏》等。乐视网开创的全网贴片的广告模式，就是将一些广告内置在影视剧内容中，直接分销给合作伙伴，实现投放乐视网广告的客户，同时达到投放国内主要视频网站的全网贴片效果。

起初的乐视网流量小、内容少、知名度低，这种贴片广告的模式没有生存土壤。但随着乐视网上市，其知名度大大提高，同时独家版权影视剧数量的大增使得采取广告贴片的运营模式成为可能，乐视网进而借机开创出“全网贴片”的广告模式。这一模式的开创给视频网站带来了新的发展机遇，将实现各方合作共赢的局面。

虽然上市两年来乐视网的业绩大增，但版权风险仍然值得警示。伴随着合法影视剧版权重要性的凸显，各网络视频服务提供商对影视剧版权的争夺将愈发激烈，其中独家热门影视剧版权交易价格上涨尤为迅猛。如果影视剧版权的采购价格出现持续上涨状态，这将增加公司版权采购的成本和无形资产摊销金额，对公司的盈利水平产生一定的冲击。

### （四）乐视电视、汽车与手机——垂直整合产业链

盈利模式上，乐视超级电视充分展现了乐视网互联网模式带来的好处。除了依靠超级电视的硬件带来较低的毛利外，乐视网还依靠内容收入，即硬件的价格加上乐视网一年的内容包；同时，乐视网作为一个视频媒体，广告收入将成为其非常重要的盈利来源。除此之外，Letv Store 也提供软件的下载收入以及软件分账股份。

另一个依靠乐视互联网模式带来的好处，则是乐视超级电视在用户体验上对传统电视厂商的超越。贾跃亭称，乐视作为互联网企业，与传统电视企业在产品研发模式上存在不同，整个研发过程中，乐视能够和用户密切沟通和反馈，吸收更多用户的建议。

在乐视超级电视的背后，更强有力的支撑来自于乐视历时多年打造的、与苹果公司相对接近的产业链。不同的是，苹果除了硬件和 IOS 优势外，优势在音乐，而乐视的优势则体现在视频。贾跃亭介绍，乐视整个生态系统从平台向内容、终端、应用逐步延伸：平台方面，包括乐视的云视频开放平台和乐视的自有电商平台；内容部分，分为软件采购（专业的影视视频制作机构来购买专业的内容）和自制内容（如微电影、网络剧、网络栏目以及来自乐视影业的传统影视剧的自制等）。

不难看出，随着乐视整个生态系统的建立，乐视从曾经以乐视网为核心的公司转变成了一个全产业链覆盖的重公司，这一过程中，公司资源整合的能力变得十分重要。贾跃亭称，尽管乐视 TV 整合进了乐视整个生态系统中，但乐视 TV 仍然是一个新的公司。受限于乐视在硬件部分不会投入生产车间、不会去做物流，所以相对而言，乐视仍然是一个研发为主的公司。

对于乐视产业链是否会被轻易复制，贾跃亭承认没有任何一个模式是不可复制的，但复制难度有高有低，“乐视生态的复制门槛非常之高”：

首先，因为电视机最核心的优势是视频，最核心的应用是娱乐，以视频为核心的娱乐是乐视网作为一个视频网站，树立的第一道门槛。

第二，乐视是正版的专业视频网站，如果优酷作为一个普通的 UGC 的视频内容站的话，其实不需要电视机，它在移动端完全可以解决。但是，电视机还是需要这种专业的视频。

第三，乐视的研发能力，四百多人的研发队伍，与富士康、高通、夏普等打造世界级的组合。

贾跃亭透露，在整个乐视生态圈中，未来的收入将以乐视网为主，Letv 也能够分到极小的一部分。如果以乐视网来做营销的用户，乐视网分成仍占是大头；如果以 Letv 的营销团队来发展的用户，则 Letv 有可能会拿到多一些的份额。

关于乐视的未来，贾跃亭早已有了明确的发展方向，“在没有任何资源的情况下怎么做呢？就是要比别人看得远，也就是说战略的前瞻性非常重要；要比别人走得早，因为你没有更多的资源，你只能在别人没有看到，且别人没有行动时你先行动；要比别人走得快。”

乐视汽车同样也是产业中重要的一环，乐视成立了全球首个由互联网公司和汽车主机厂共同成立的人工智能研究院，2016 年乐视汽车走进了 7 个城市，计划共享 3000 辆车；2018 年乐视计划走进 100 个城市，共享 20 万辆车；2020 年乐视要进入全球化全面开放的新格局，共享超过 100 万辆车。

超级电视上市三年来，累计销量超过 700 万台，不仅成为上市公司业绩上涨的重要推动力，更成为国内智能电视第一品牌；超级汽车首轮融资 10.8 亿美元的同时，首款互联网智能电动样车已经上路测试；超级手机凭借“强大内容＋智能硬件”模式正在不断扩大国内与海外的市场份额，未来还将推出人工智能手机。

## （五）开放的闭环——乐视生态

### 1. 垂直整合的闭环生态链

垂直整合的闭环生态链，是指以用户极致体验为核心，通过“平台＋内容＋终端＋应用”四层架构的闭环垂直整合，打破产业边界、组织边界、创新边界，各环节协同共鸣、环节间产生化学反应，整体产生聚变效应，不断创造出与众不同的全新产品体验和更大的用户价值。垂直整合的闭环生 态链，是乐视在互联网时代下为追求极致用户体验而做出的产业理论创新，是对工业时代为追求生产效率而牺牲用户体验与用户价值的专业化分工理论的深刻反思与颠覆，代表了全球经济在进入互联网生态时代下的必然。

主打生态闭环、生态型组织，也是乐视完成自我生态内的闭环，闭环生态两大特征，第一是闭环。闭环非常重要，只有这种垂直的闭环才能创造全新的产品价值、产品体验和用户价值。现在很多产品都是千篇一律，没多大差别，就是做了个软硬结合。乐视的手机、电视拿出来却不一样。第二就是开放，开放就包括智能开放，包括生态开放。乐视的标准定好，只要符合生态的标准，就可以加入到乐视生态中。乐视生态成为社会的公共资源，被全行业认可。乐视是一个从封闭到开放的过程，所有的产业都可以和别人合作。

### 2. 开放的闭环生态系统

垂直整合的闭环生态链与横向扩展的开放生态圈之间相互交错、形成矩阵结构，共同构成乐视完整的开放的闭环生态系统。乐视生态内各环节间强化反，使得乐视生态能够自循环、自孵化、自进化、自创新，持续创造全新的用户价值。

乐视现在已经形成几大子生态。第一互联网内容生态。也就是最最原始的内容生态、视频生态，和云的部分；第二是体育生态。当时门户时代，四大门户已经把整个体育媒体瓜分完了，一个小小的视频网站要做体育，这不有病吗？但是仅仅三年时间下来，体育媒体就剩下了乐视和腾讯了。未来真正的互联网体育媒体绝对不是单纯的发个新闻，而是要用互联网的模式来变革体育产业；第三是电视生态、手机生态、汽车生态。当然汽车生态现在还是个饼，而且还是一个很薄的大饼而已。还有一个子生态，互联网金融生态，这是乐视必须要做的产品。互联网金融能让乐视提供更好的服务，乐视生态的大数据要比任何一个横向的互联网公司的大数据意义要大的多。乐视的大数据有用视频的，有看电影的，有用电视的，有用手机的，甚至云平台更开放，用户24小时的轨迹都有可能和乐视建立关联。乐视能够取到用户所有的行为数据。

横向扩展的开放生态圈，是指“平台、内容、终端、应用”每一个环节充分开放全部资源，从业务、用户、资本多层次引入能够与乐视生态强相关、强化反的外部合作伙伴，打破企业间的利益边界、资源边界、产品边界，与全社会的合作伙伴共生共赢共享。乐视生态在构建开放生态圈的过程中，将始终坚持“垂直整合的闭环生态链”的基本理念，确保合作伙伴之间、合作伙伴与乐视之间，能够在各环节内，各环节间强关联、强化反应，进一步提供新的用户价值。

2016年10月13日，职场社交平台领英（LinkedIn）发布了一份中国“最跨界互联网公司”排行榜。榜单显示，乐视依靠近年来生态跨界模式的探索及推动行业的变革，并吸引了各行业众多知名高管和从业人员的加盟，以77%的人才跨界比排名榜首。

## 三、在质疑中发现价值——乐视生存启示录

众筹营销——Yes or No?

所谓众筹营销，英文叫做customer planning to customer（CP2C），字面上的意思就是集中大家的智慧来做营销，具体含义是指由消费者发起产品的订购邀约以及提出一些DIY的柔性需求给厂家，而厂家在下单之时起，就可以全程给出生产排期和产品追踪。

乐视提出的“众筹营销”实际上是针对小米此前“饥饿营销”的一个相对概念。小米之前的玩法是，用限量预约的方式实现分批销售，打着“缺货”的旗号吊消费者胃口，实际上为了保证回款速度和账期，以此来减少资金链的压力，小米也因此被业内诟病为“卖期货”。

而乐视所谓的“众筹营销”，一是让消费者可以提出自己的需求，实现有针对性的生产；二是改变了过去按照批次生产的方式，而由订单来驱动生产。说的通俗点就是，“我们不存在缺货的情况，只要你要，就一定能有，你要什么样的，就有什么样的”。

而在乐视的“众筹营销”期待了一个美好的愿景，但面临的问题却是不得不忽略的：

第一，众筹营销要想成功，这个“众”字很重要，需要一个庞大的用户群对“乐视”这个品牌有着强烈的忠诚度和追随感，在乐视超级电视的发布会现场，“乐迷”也成为被乐视试图打造的一个群体存在，就像小米的“米粉”。但从发布会现场的人气来看，“乐迷”签到台的人数甚至不及媒体签到台，“乐迷”无论是从数量上，还是热情上离“众”都还很远。

其次，需要用户对超级电视的DIY需求很强烈，才能实现所谓的让消费者参与到产品设计中。然而，事实上，在大部分中国消费者的眼中，电视这类家电产品仍然作为一种标准化的商品存在。也鲜有消费者能专业到对产品的提出可用的设计意见。虽然这个愿景和规划看起来很美，

但离真正的规模化成型，还有很远。

第三，让消费者参与到前端的设计，必然要面临的是生产周期会很长，这对原来的消费者买个电视“即买即走”的模式有很大的不同，那是否会有大批的消费者为了买一台电视等上几个月?

最后一点，众筹营销需要有强大的供应链作为支持，虽然乐视在此方面有富士康“撑腰”，但乐视创始人贾跃亭也坦言，“这对乐视TV年轻的团队是个很大的挑战”。

## 四、坚定不移——乐视融资启示

### （一）上市坎坷

2010年8月12日乐视网创业板IPO A股首家网络视频公司诞生。

上午9时30分，乐视网董事长贾跃亭在深圳证券交易所敲响开市宝钟，乐视网（300104）的开盘价达到49.44元，较29.2元的发行价高出20.24元，涨幅69.32%。其中公司控股股东和实际控制人为贾跃亭先生。截至本招股说明书签署日，贾跃亭先生持有公司62.41%的股权。

至此，国内视频行业经过5、6年的探索，A股首家网络视频公司诞生。乐视网宣称，公司近三年营业收入与净利润保持快速增长，年复合增长率分别达98%和74%，2009年互联网视频个人付费领域占11%以上的市场份额。

截至2010年4月，乐视网拥有电影版权2324部，电视剧版权43097集。去年国内出品的票房收入排名前20部影片中，乐视网获得了其中13部影片的网络版权。乐视网公开发行股票2500万股，发行后总股本为1亿股，发行价格29.20元/股，募集资金将达7.3亿元。其中网下发行500万股，网上发行数量为2000万股股票，自上市之日起开始上市交易。发行募集资金将投向以下3个项目：互联网视频基础及应用平台改造升级项目、3G手机流媒体电视应用平台改造升级以及研发中心扩建等，总投资2.62亿元。

截至2010年12月底，乐视网上市半年有余，投资乐视网已两年有半，作为全球及中国首家独立上市的网络视频第一股，其市值约55亿~65亿元人民币，这一受到舆论关注的案例使中国创业板增色不少。乐视网的投资及上市历程，可谓波澜壮阔，摄魂动魄。尤其是当它上市前夕，舆论浓云密布，犹如山雨欲来风满楼，至今令人难忘。乐视网过会审核结果刚刚公布，就遭到了前所未有的关注，在不乏类似凤凰网以“乐视网创业板成功过会”这样的标题进行正面报道同时，更有众多声声质疑：“一个排名十七的视频网站，却有业内第一的财务指标”；“建议发审委的委员们多向行业内真正的专家或相关服务机构咨询一下再做决定”；更有一些媒体“荒诞”“意外”过会、“舆论登时哗然”“绝无仅有的爆炸性事件”、“暖昧上市疑云”等标题或词句报道，使读者对于乐视网的上市认识陷入“波诡云谲”之中。

在那个阶段，乐视网的投资人，由于处于缄默期，基本上对于有关质疑保持了沉默。一些媒体对于乐视网的流量、收入、身世、利益链条等等进行了认真分析。如今，事实胜于雄辩，在大部分视频网站仍然在烧钱、仍然在盈利边缘挣扎的背景下，乐视网却取得了良好的业绩，其结果足以证明乐视网模式的成功，而面对质疑声声，更加考验投资者的眼光。

2010年10月27日，乐视网发布上市后首份财报，乐视网第三季度实现收入7108万元，比上年同期增长 62.07%，前三季度总收入为 1.73 亿元，比去年同期增长 66.96%；利润方面，第三季度乐视网净利润为 1934 万元，比去年增长 59.9%，前三季度利润为 5052 万元，比上年同期增 65.39%。2010 年 12 月 10 日，乐视网又发布 2010 年业绩预增预告：2010 年 1 ~ 12 月份经济效益显著提高，营业收入、净利润均有较大幅度增长，营业收入预计约 22500 万 ~ 23500 万元，同比增长 54% ~56%；净利润预计约 6800 万 ~ 7100 万元，同比增长 52% ~60%。

这是一份很不简单的业绩报告！优酷招股说明书显示，优酷网 2007 年营收为人民币 180 万元，亏损约 9000 万元；2008 年营收为人民币 3300 万元，亏损约 2.04 亿元；2009 年营收为人民币 1.53 亿元，亏损约 1.82 亿元；2010 年前 9 个月营收为人民币 2.34 亿元，亏损约 1.66 亿元。

土豆网也在烧钱，其 2007 年营收为人民币 660 万元，亏损约 9590 万元；2008 年营收为 3090 万元，亏损 2.12 亿元；2009 年营收为 1.132 亿元，亏损 1.44 亿元；2010 年前 9 个月营收为人民币 2.24 亿元，亏损为 8370 万元。

乐视网在全球及中国首家独立上市，尤其是在质疑中的业绩快速成长，不仅标志着在网络视频上市及业绩竞跑中，乐视网取得了领先地位。同时，也表明在网络视频领域的投资竞赛中，本土创投打破了外资创投的传统优势，改变了互联网投资领域以往外资基金一统天下的局面。

什么是乐视网投资成功的关键？一名投资人是样说的："我们投资乐视网是在 2008 年 7 月，对于投资网络视频已经算比较晚了。当时，国内外一些大牌风险基金已经扎堆投资了诸多视频企业。创投界许多人认为，网络视频是互联网领域包括门户网站、网络游戏、电子商务在内的四大前沿战场之一，一批如优酷、土豆、pplive、迅雷、激动网、六间房等在内的网络视频公司先后获得了风险投资。其中，土豆网、优酷网作为领先的视频分享类网站，虽然尚未实现成熟的盈利模式，但还是受到风险资本的追捧。截至 2010 年 7 月，土豆网合计完成了五轮融资，总金额 1.35 亿美元。截至 2010 年 9 月，优酷网合计完成了六轮融资，总金额 1.6 亿美元。当时，它们均拥有广大的用户群体，网站流量大，视频日浏览量过亿，海量原创视频（UGC：UserGenerated-Content，用户生成内容）充实了网站的内容，具有强大的社会影响力。相对视频分享网站，乐视网当时则显得弱小。其内容种类及流量远不及视频分享网站，知名度不够，也没有互联网企业常见的精英海归团队。在乐视网近两年的融资经历中，它们先后接触了众多投资者，其中不乏中外大牌 VC。在我接到乐视网的商业计划书时，还有业内知名创投好友善意提醒它的"重大问题"，甚至我们的投资经理团队也有人存疑。但是，乐视网的独特亮点和核心优势打动了我。"

### （二）融资历程

**乐视影业**

2013 年 8 月，乐视影业获深创投 2 亿元 A 轮投资。

2014 年 9 月，乐视影业获恒泰资本 3.4 亿元 B 轮投资。

**乐视体育**

2015 年 5 月，乐视体育宣布完成 8 亿元的 A 及 A + 轮融资。

2016 年 4 月，乐视体育宣布获 80 亿元 B 轮融资。

**乐视金融**

尚无公开信息。

**乐视云**

乐视手机

2015 年 11 月，乐视移动完成首轮融资 5.3 亿美元（约合 36 亿元人民币）。

**乐视电视**

2013 年，乐视致新获得 3.37 亿元融资，其中包括富士康旗下子公司增加融资 1.3 亿。

2014 年，乐视网向乐视致新增资 4.05 亿元。

**乐视汽车**

2016 年 9 月 20 日，乐视汽车 10.8 亿美元（约合 72 亿元人民币）首轮融资已完成。

**乐视云**

2016 年 2 月，乐视云获得重庆产业基金 A 轮投资 10 亿元，上半年亏近 1 亿。

2016 年 3 月，乐视云宣布完成 A 轮融资。根据乐视网的公告显示，乐视云获得重庆战略性新兴产业乐视云专项股权投资基金合伙企业 10 亿元的投资，并且提供部分相关产业资源支持。融资完成后，乐视网持有乐视云的比例由之前的 60% 下降至 50%；重庆市产业基金持股比例为 16.67%。

截至 2016 年 11 月 10 日乐视网上市后增发募资总额为 60.29 亿元，在全部上市公司中排名 228 名，募资总额则接近平均水平的两倍，若单从创业板来看，乐视网增发累计募资总额高居第 6 位，仅次于东方财富、碧水源、坚瑞沃能、捷成股份、掌趣科技。

此外，因通过配股实施募资的公司主要集中在沪市及深市主板，中小创公司数量极少，自上市以来，两市共 652 家上市公司通过配股，累计募资 5533.86 亿元，平均每家公司募资 8.49 亿。这 652 家公司中，属于中小创板块的仅 22 家，占比 3.37%，乐视网并没有通过配股募集资金。

乐视在资本市场的直接融资规模并不大。但 IPO 和再融资募集的钱是不用还的，其代价是摊薄贾跃亭等乐视创始人的股权。

实际上，在 IPO 和增发之外，乐视的融资别有洞天：通过其他多种方式获取现金流，且规模巨大。

贾跃亭本人频繁通过质押股份形式来获取资金。Wind 数据显示，从 2013 年开始，贾跃亭和其姐姐贾跃芳开始频繁质押所持乐视网股份，截至目前，已累计质押乐视网股份达 38 次（含到期后重新质押），按照 50% 的质押率计算，通过此方式获取的现金保守估计超过 200 亿元。根据乐视网的历次公告，上述质押所得现金多数用来支持乐视业务发展。

乐视系统内公司还广泛通过相互担保方式，为系统内公司获取现金流。数据显示，光是乐视网上市以后，以上市公司名义提供担保的情况就至少出现 4 次，为乐视系统内公司获取超过 20 亿元的现金流。

除此以外，乐视系统的几家实体公司还通过吸收风投资金的方式募集大量资金。公开资料显示，乐视影业、乐视汽车、乐视体育、乐视金融、乐视云、乐视手机、乐视电视等实体吸收的风投资金超过 200 亿元。

截至 2016 年 11 月 10 日，综合来看，作为一家上市主体营收刚破百亿的公司，乐视系统内公司从各种渠道获取的现金流至少已在 500 亿元级别，而这或仅是冰山一角。

乐视资金链断裂?

2016 年 11 月 6 日，乐视网董事长贾跃亭发表内部公开信，公开承认乐视目前存在资金链紧绷，并对手机业务造成影响。

自 2010 年上市以来，乐视网通过定向增发、发行债券、银行借款等方式，融资过百亿。但同期，乐视在视频、电视、手机、云计算、汽车、金融等领域均大笔投入，关于乐视“缺钱”的质疑声始终未曾消散。同时，巨额的投入并没有为乐视网形成“造血”机能，乐视旗下纳入上市公司乐视网的生态业务乐视云、电视、内容板块仍处于亏损。

缺钱，一直是乐视发展过程中无法回避的问题。乐视网2016年三季报显示，截至9月30日，乐视网负债余额为189.72亿元，资产负债率为65.72%。乐视网在季报中表示，公司负债总额和资产负债率仍然相对较高，增加了资金管理难度，同时也增加了利息费用的支出，从而带来一定的偿债风险。

乐视网的现金流量表，也释放着“缺钱”的信号。三季报显示，乐视网1~9月份经营活动产生的现金流量净额5.4亿元，同比下滑32.89%。与此同时，销售费用、管理费用、财务费用三大费用支出巨额增长，涨幅分别达到160.07%、88.04%、197.92%，仅财务费用一项，就达到4.06亿元，而同期净利润才4.93亿元。

为缓解乐视网资金紧张局面，贾跃亭频繁将手中持有的乐视网股票进行质押。数据显示，自2013年3月起，几乎每隔几个月，贾跃亭就将持股质押。截至2016年9月末，贾跃亭已质押5.71亿股乐视网股份，占其所持股份的比例为83.63%；贾跃亭之弟贾跃民质押了4182万股，占其所持股份的比例为95.17%，质押目的是“为融资提供担保”。

此外，2015年，贾跃亭先后减持乐视网7.29%股份。媒体报道，贾跃亭共套现80亿~100亿元。这笔减持套现的钱随后被贾跃亭以无息贷款形式借给了乐视网。

Wind资讯数据显示，自2010年上市以来，乐视网IPO募资7.3亿元，三次定向增发募资60.28亿元，5次发行债券募资25.3亿元，此外历年通过借款间接融资52.56亿元，6年通过乐视网这一上市公司平台，累计募资145.44亿元。

钱去哪了？

6年融资过百亿，乐视网的融资水平在上市公司行业中已显不俗，但同时乐视网对外投资也不断增加。

2013年，乐视网对外投资仅9.08亿元，2014年增加到16.03亿元，2015年达到30.41亿元，几乎增长一倍，而2016年前3季度，这一数据已经达到73.18亿元。自2010年上市至今，乐视网对外投资活动已流出148.32亿元资金，用于设立子公司、并购基金、收购股权等事宜上。

大举对外投资，使得乐视网资金链紧绷。今年前三季度乐视网投资活动产生的现金流量净额为-72.57亿元，同期筹资活动产生的现金流量净额为72.06亿元，勉强支撑投资资金链。

从乐视网合并报表看，10家并表公司中，花儿影视、乐嗨文化、TCL盈利，累计盈利2.56亿元。其余7家生态子公司均为亏损。

乐视何去何从尚不得知。然而，对广大股票市场投资者而言，不确定性即是风险。

# 案例十三　陆金所——线上金融的引领者[①]

## 背景

2016年11月，平安集团旗下的互联网金融旗舰－陆金所已正式启动香港上市工作，参与陆金所控股IPO的四家投行：花旗集团、美银美林、摩根士丹利、中信证券已经进驻陆金所展开上市前的尽调工作。按计划，陆金所将于2017年一季度向港交所递交A1上市申请表，预计2017年中正式登陆香港资本市场。

陆金所，全称上海陆家嘴国际金融资产交易市场股份有限公司，平安集团旗下成员，是中国最大的网络投融资平台之一，2011年9月在上海注册成立，注册资本金8.37亿元，总部设在国际金融中心上海陆家嘴。陆金所旗下网络投融资平台2012年3月正式上线运营，是中国平安集团打造的平台，lufax结合全球金融发展与互联网技术创新，在健全的风险管控体系基础上，为中小企业及个人客户提供专业、可信赖的投融资服务，帮助他们实现财富增值。截至2016年10月末，注册用户已逾2600万。

陆金所是上海唯一一家通过国务院交易场所清理整顿的金融资产交易信息服务平台。

## 一、紧跟互联网金融浪潮打造综合类服务平台

互联网技术的发展，使金融交易向更高效、更快捷、更安全的方向发展，使越来越多的金融业务由线下转移到线上进行。大数据技术和云计算等信息科技的发展，使资金的供给和需求能够进行有效的配给，准确反映市场的供求信息变化，有效满足市场的投融资需求，为P2P行业的发展开辟了道路，正在改变着只能借助银行等传统金融机构进行间接融资的局面。并且，互联网的发展也使得人们在进行投资时能够突破地域上的限制，同时减少了交易双方的信息不对称现象。

面对互联网金融的浪潮，平安坚定贯彻“科技引领金融”的战略，确定了将平安打造成为中国市场上最大的个人零售金融公司的发展目标，在保持传统成熟业务－保险、银行、投资三大支柱持续快速发展的同时，积极向社交金融拓展，全面布局互联网金融市场，目标是建立综合财富管理、健康管理和生活管理于一体的社交金融服务平台。按照马斯洛的个人心理层次需求理论，人在解决了生存问题和安全问题，现上一层就是社交层次的需求量，再上一层就是自我受到尊重的需求，最高层次就是自我实现。为此，平安集团以现实金融生活为切入，将金融融入“医、食、住、行、玩”的生活场景，重点聚焦支付业务、房市车市、医疗健康、交易所等四大创新业务，实现与用户的高频互动，并运用大数据、精准营销等战略，推动产品创新，满足客户的多样

① 本案例由李玲搜集整理并撰写成文。李玲为东北大学创新创业与风险投资研究所研究助理。

化需求，提高用户满意度，实现客户向平安金融平台转化和迁徙。陆金所是平安集团在互联网金融领域战略布局的重点，也承担着平安集团的一个艰巨目标：8 年内，平安能在市值、网点或者客户数量等某一个指标上，打造中国最大的综合类金融服务平台。

## 二、追求优质服务提供不同产品体验

陆金所主营业务分为网络投融资平台 Lufai 和金融资产交易服务平台 Lfei 两大平台，分别面向个人客户和机构客户提供服务，其中 P2P 产品主要分为四种，它们是稳盈 - 安 e 贷 、稳盈 - 安业贷 、彩虹系列 、安鑫系列。每一种 P2P 产品又具有不同的特点。陆金所 P2P 产品中中不仅有小额信用贷款产品，还有大额房产抵押型产品；产品投资期限以长期为主，多数产品由担保公司或保险公司对本息进行保障，风险相对较小，收益稳定，收益率较高，并且可以在持有一定期限后对债权进行转让。产品种类较多，更新速度较快，可以满足不同偏好的投融资者的多样化需求。

同时，陆金所平台对借款人也有着严格的审查，减少和避免交易过程中因信息不对称而带来的风险。一般来说，借款人需要提供身份证原件、车房相关凭证（包括房产证、购房贷款合同、产权调查证明等；如果没有车房可不提供）、最近超过 6 个月的发薪银行流水、工作证明、个人征信授权委托书等。然后通过以上材料对借款人的还款能力进行综合评估，并告知借款人前往附近陆金所指定的线下网点进行信用核定，提交审核需要的所有材料。在陆金所平台上，借款人的借款申请通过率一直很低，基本维持在 40% 左右。

### （一）稳盈 - 安 e 贷

“稳盈 - 安 e”是陆金所网站平台推出的个人投融资服务，是 Lufai 的明星产品。稳盈 - 安 e 贷这款产品为有借款需求的个人提供融资服务，同时也为有投资需求的个人提供投资服务，帮助双方快捷方便地完成投资和借贷。通过平安集团旗下担保公司审核的借款方直接向投资方借贷，双方通过平台的电子借贷协议，明确双方的债务与债权关系。“稳盈 - 安 e”服务仅向符合中华人民共和国有关法律法规及本公司相关规定的合格投资人和借款人提供。

“稳盈 - 安 e 贷”是一种个人对个人的无抵押的小额信用贷款，该产品最低投资金额是 1 万元，借贷期限在 1 到 3 年之间。借款人和投资者通过陆金所平台签订电子借贷协议，明确借贷双方权利义务关系。借款利率在人民银行公布的同期贷款基准利率基础上上浮 40%，投资人可以在每个月收回等额的资金，包括每月等额本金和产生的相应利息。对于借款人的审核，陆金所通过平安旗下担保公司在进行，在担保公司对借款人审核后方借款人可申请贷款。借款人需要提交身份证明、收入证明、工作证明、居住证明等证明材料，担保公司针对不同借款人的具体情况，也会要求借款人提供一些其他的证明。若借款人在规定时间内未能履行还款责任，担保公司将承担全额偿付投资者未被偿还的本金部分以及超过偿还日期的全部应还未还利息、罚息等。

“稳盈 - 安 e”项目通过创新有效解决了网络借贷行业投资回报与安全性的平衡问题，模式与方式创新对互联网金融行业具有重要参照价值。

### （二）稳盈－安业贷

“稳盈－安业贷”是房产抵押型项目，由平安融资担保公司对借款人的借款承担全额本息担保责任，陆金所平台为借贷双方提供中介服务。

稳盈－安业贷，起点是25万，每月还息，到期还本。投资期限两到三个月，年化利率是7.3%；投资期限四到十二个月，年化利率为7.6%。这种产品适合资金量较大的投资者，由平安融资担保（天津）有限公司担保。

### （三）彩虹系列安鑫系列

彩虹系列和安鑫系列是委托贷款债权转让产品。委托贷款债权人将委托贷款资产借助陆金所平台向投资人转让。

这两种产品的资金门槛是12万元起，投资期限为一到十二个月，比同期银行理财产品高10%－15%个百分点，收益方式是一次性还本付息，在120天后可以债权转让。安鑫系列由中国平安财产保险股份有限公司提供履约保证保险。

## 三、两轮融资手握重金

2016年1月18日，陆金所正式对外宣布近期完成12.16亿美元融资，其中包括B轮投资者9.24亿美元投资和A轮投资者行使认购期权投资的2.92亿美元，融资完成后，陆金所估值达到185亿美元，而A轮融资时其估值是100亿美元。

陆金所B轮融资获得了来自境外众多机构投资者的参与，包括中银集团投资有限公司、国泰君安证券（香港）有限公司、民生商银国际控股有限公司等。计葵生的一句话很有意味：“在B轮融资过程中，投资人向我们反馈，之所以选择支持陆金所，也是看我们的策略这几年一直在变，一直在调整。”

2015年的陆金所，不断蜕变与重生。从2015年3月起，不到半年的时间，陆金所先后完成了剥离自营P2P业务、转型开放平台模式、斩获基金牌照、上线基金频道、注入平安普惠、联手前海征信上线“人民公社”完成域名变更、自贸区开设新业态子公司等动作。一连串变革之后，陆金所成了只拥有纯平台业务的销售渠道。它背后的控股公司—陆金所控股也首次浮出水面。在整合了如今的陆金所平台、平安普惠和前海金交所之后，呈现出一个全新面貌，不仅拥有P2P产品、货币基金、寿险、万能险等标准金融产品，也涉及非标的金融资产，甚至还会有债券众筹、股权众筹。

谈及陆金所的变化，计葵生说其实是迎合或者说引领着整个市场的发展。他认为，每一个快速发展的市场都会大致经历三个阶段：第一阶段是快速成长期，玩家趋之若鹜，但市场需求、市场风险模糊；第二阶段是规范期，优胜劣汰形成市场标准；最后一个阶段是整合期，市场脚步放缓，收购兼并出现。

平台化后的陆金所逐渐显现出惊人的吞吐力，如今已拥有金融机构合作方接近500家，上线超过2000只公募基金，在300个城市拥有线下服务网点，拥有投资人1800万，活跃投资人至去年12月底超过360万。截至去年末，陆金所整体交易量（包括机构与个人）已突破1.6万亿元，其中个人端整体交易量约 6000 亿元。

2013～2016 年，对于陆金所来说，用“瞬息万变”来形容并不为过。除了 2015 年开启的一系列组织结构变革，近年来人员架构尤其是高管人员的流动、产品业务线的更替也都是朝令夕改的节奏。或许这是调整商业逻辑的同时，不得不付出的代价与成本。幸运的是，机构投资者还是很买账。

据计葵生介绍，此次陆金所 B 轮融资收到的有效订单多倍超额覆盖原计划募集金额，中银集团投资有限公司、国泰君安证券（香港）有限公司、民生商银国际控股有限公司等多家境内外优质机构投资者及企业机构成为 B 轮融资认购方。加上 A 轮投资者行使认购期权投资 2.92 亿美元，使得此轮融资总规模达到 12.16 亿美元。

“去年完成架构变革后，B 轮融资一方面将继续支持陆金所平台、平安普惠以及前海金交所的发展。另一方面也将在获客与风控方面加大投入。”计葵生坦承，随着陆金所整体边界的开放，对于风控系统的要求也日趋苛刻。

## 四、不断加强创新达到转型发展新高度

各个传统网贷平台逐步转变发展战略，以适应时代需求。一些体量较小的平台开始精细化经营，专注于消费金融、供应链金融、不良资产处置等细分领域；体量较大的平台则开始综合化经营，逐步突破 P2P 范围，开展固定收益理财和金融权益交易等业务。其中，陆金所的转型发展属于后者，在积极遵守监管规则的基础上，实现了商业模式的快速创新。自成立起短短的五年内，陆金所已经经历了 1.0、2.0、3.0 三种商业模式转型，并且形成了独具优势的风控体系。

### （一）P2P + 债权转让二级市场

在 1.0 时期（2012 ～2013 年），陆金所业务以自营模式运营 P2P 网络借贷为主，以高效率、低成本的方式实现个人直接投融资，联结不同地区间投融资需求，实现资源高效配置。从资金借贷双方的地域上看，出资人有近 70% 来自一线城市，借款人则只有 20%。因此，陆金所的网络借贷业务对于平衡区域经济发展起到了显著作用。与此同时，针对机构投融资的金融资产交易平台（Lfex）在 2013 年正式搭建，主营业务包括金融机构之间的交易（F2F 模式）和金融机构与企业之间通过互联网进行产品、服务及信息交换（B2B 模式）。通过对资产的结构化设计，优质部分提供给个人投资者，劣后部分提供给基金、信托和保险公司等。此外，为了解决出借方的资金流动性问题，陆金所建立了网贷债权转让的二级市场，同时覆盖个人投资业务和机构投资业务。当某个债权人需要流动性时，可以通过“一口价”和“竞价”等方式寻求转让。在债权转让成功时，平台会收取 0.2% 的手续费。这一方面缓解了投资人短期流动性需求，另一方面也给平台自身创造了稳定的收入来源。因此，借助在商业模式和产品业务方面的创新，陆金所很快在 P2P 网贷行业中处于领先位置。

在此期间，陆金所从平安集团引入了成熟的个人信贷授信系统，用于快速建立初步的风险控制管理体系，在设立之初就与同属平安集团的平安融资担保（天津）公司展开合作。通过在 P2P 网贷业务中引入第三方担保等增信措施，全方位保护投资者利益。在投资合同条款上，规定对于逾期 80 天的投资项目，由第三方担保支付全额的本金、利息和逾期罚息。

### （二）跨业＋端到端风险管理

在2.0时期（2013～2015年），陆金所逐步聚焦“开放”与“跨业”两个关键词。在平台业务上，拓展银行、信托、保险、证券、不动产、P2P、地方政府、公募基金和私募基金九大市场。在综合性线上财富管理平台的同时，提出建立满足不同投资者以及投资者不同阶段、不同需求的一站式财富管理平台概念。在客户层面，划分出中高收入阶层个人投资者、高净值客户与大众客户、金融机构与企业客户三个群体；在业务层面，划分出P2P、非信贷金融服务、现金管理三大类别；在产品服务上，注重多元化产品组合包装后的线上匹配，并且对不同类别产品的风险管控建立标准化程序。在此基础上，逐步形成了资产来源、包装组合技术、端到端风险管理等方面的核心竞争优势。在这一阶段，陆金所建立了全过程风险管控架构，形成七步端到端的风险管理体系。一是制定风险政策制度框架体系，业务必须在制度框架内运行；二是对产品风险标识，对资产进行分类和信用评级，并将产品划分为五个不同的风险等级；三是全面信息披露，将产品关键信息传达给投资者；四是设置投后预警监控，根据检查的结果实时调整评级，动态向投资者披露信息；五是打造覆盖全产品线、产品生命周期的风险管理系统；六是建立全方位的风险评价体系；七是探索投资者与产品精准匹（KYC）。

### （三）跨境、O2O＋供需精准匹配流程

在3.0时期，陆金所的商业模式开始向O2O和跨境两个方面转型，进一步完善综合财富管理平台。O2O主要是充分整合线上和线下资源，其中，线下数量庞大的平安保险和平安普惠的代理人和门店员工，是陆金所的独特优势。跨境则是建立起双向交易平台，包括引入海外优质资产和境外资金对接国内资产。在服务方面，提供基于大数据的资产组合管理及推荐功能等，上线更丰富的资产类别。即在聚合P2P、非标准化金融资产和标准化金融资产等主打产品之外，又扩容了非固定收益类产品。并且，进一步提高资产获取和包装能力、风险管理和组合能力以及销售能力，实现更高效、更低成本融资。在对外合作方面，积极开展。

战略合作，与企业开展跨界合作探索金融场景化。同时，在客户资源、客户体验、营销渠道等领域，双方共同探索互联网金融与实体企业的跨界合作新模式。

在风控方面，陆金所建立了成熟的需求与供给精准匹配流程（KYC）。KYC以七步端到端风险管理体系为基础，进一步整合资产端和负债端的大数据，为投资者提供“量身定做”的理财服务。KYC包括两个方面：一是将产品风险等级划分为R1～R5五个等级，风险依次提升。其中，R1本金和收益率稳定，R5本金和收益率都可能有较大波动。二是投资者风险承受能力评估。通过投资者风险评估问卷，从基本信息、投资经验、投资目的、投资风格、风险认识五个方面，将投资者风险承受能力划分为C1～C5五个类别，风险承受能力依次提升。在此基础上，将产品与投资者匹配，同时提供有针对性的风险投资建议。

综上所述，在商业模式上，陆金所由最初的单纯P2P网贷平台，逐步转型成为当前一站式线上金融资产交易平台，形成了比较成熟的需求与供给精准匹配流程（KYC）。陆金所发展道路的转变，对网贷平台的转型发展有很好的借鉴作用。

## 五、独具自身特色引无数平台竞折腰

平安“大陆金所”与传统金融资产交易所的比较优势。虽然都是平台的建制，经营的业务近似，但除陆金所发展一枝独秀外，其他 23 家金融资产交易所发展都陷入瓶颈，流动性不足，盈利能力有限。之所以如此，一方面，是因为陆金所能够更好地借助中国平安的集团化战略谋求发展；另一方面，是因为其本身强大的互联网金融思维。通过平安集团化作为平台运作注入活力，平安集团化和互联网金融“双轮驱动”的发展战略，为陆金所提供了重要的业务支撑。平安集团先是并购了深发展，获得了深发展在个贷领域与供应链金融领域的先发优势，再复合集团内的平安保险、平安证券、平安信托、平安好房、平安好车等渠道，基本完成从贷前到贷后的金融生态建设。

做为平安集团旗下的子公司，陆金所能够借助母公司良好的品牌形象开拓市场。平安集团有二十多年从事金融服务的经验，有近 8000 万客户的大数据资源和累积了 7 年之久的消费金融数据模型为陆金所使用。同时，平安集团还为陆金所提供了线下审核借款人的网点。另外，平安集团还专门成立担保公司，为陆金所的业务提供担保服务。在管理团队方面，平安集团从麦肯锡等引进优秀人才，并从集团公司空投高管到陆金所，为陆金所的开展提供充足的人力的支持。按照陆金所《借贷及担保协议》规定，一旦借款人逾期超过 80 天或提前还款，平安集团旗下担保公司将承担向投资人赔偿全部应还本金和利息（包括逾期罚息），再向借款人催收欠款。而陆金所获得的直接收益是，交易所会收取手续费，而担保公司还会根据贷款人需求资金的紧急程度等因素向其协商收取一定比例的费用。

在理财端客户引流方面，由保险、银行、证券提供；在项目端方面，由银行、信托、证券、保险吸收，滚雪球的效应逐渐形成。这些先发优势在平安集团化战略思维的推动下，逐渐导入陆金所，其他金融资产交易平台面临的难题都在陆金所面前变得迎刃而解。

相比于众多 P2P 平台动辄 10% 以上的年化收益率，陆金所的利率在主要 P2P 平台中是最低的，但 3 年内积累近 1000 万注册用户的优异成绩，表明个人投资者在进行选择时，对风险最小化的偏好远胜于几个点的利差。陆金所依托于中国平安集团这颗大树，富二代的气质一览无余，平安品牌这个隐性信用背书对投资者的吸引力无疑起到了关键作用。

Lufai 平台在上线之初，即引入同属平安集团旗下的平安融资担保（天津）有限公司，为借款人的借贷真实性及申请担保资格进行审核和风险控制，并对借款人的借款承担全额担保责任。如果遇到借款人未能按时还款，并且逾期 80 天仍未还清，担保公司将会对投资人进行代偿，包括全部剩余本金、应付未付利息和逾期罚息。同时，陆金所还从平安引入一个授信模型，规定任何向陆金所借款的个人或企业，都必须通过授信模型审核，加大其风险控制保障。另外，稳盈系列产品明确了一笔投资只对应一笔借款的一对一模式，坚决避免 P2P 拆标或期限错配等为赚取高额利差而扩大隐形风险的行为，无疑为投资者又打了一锭强心针。

陆金所相较于其他平台，另外一个特色功能，即二级市场的债券转让功能。项目投资人在急需流动性时，可以将手中持有的稳盈系列债券通过平台转让给其他投资人，转让的最短期限为 60 天。债权出让人可以选择“一口价”或“竟拍”形式进行转让，即在转让时，转让人可以根据自身需求选择几十元到几百元不等的自主调价，这可提升自身投资的收益，或是让利给下家来提高流动性。同时还引入拍卖的形式，最高可设定一个月的利息收益为竞价上限进行限时拍卖。

针对每笔成功转让，陆金所收取转让价格的0.2%作为手续费。通过债券转让模式，既增加了流动性，缓解了投资人短期资金需求，又为平台本身增加了一笔稳定的收益。在Lufai平台P2P交易规模快速攀升的同时，陆金所还把业务覆盖面从个人客户拓展至了机构客户。针对机构投资人和提供企业融资的金融资产交易平台——Lfei. eom正式上线，对于两个平台的分工定位，陆金所董事长计葵生说："实际上，我们这两个平台是互补的，个人投资者交易经由陆金所Lufai平台，而机构投资者经由Lfei平台，但他们所交易的基础资产可能是一样的，只是交易的流程不一样。但两者又是有关联的，例如，一个机构资产通过信托的结构化设计以后，可能风险较大的劣后部分卖给基金、信托和保险公司；而优先的优质部分可能就卖给了个人投资。"作为一个金融资产交易平台，Lfei为保险、信托、传统商业银行、金融租赁、券商以及非金融企业共同搭建了一个金融资产交易平台。通过整合、匹配各方需求，瞄准非标业务，将资金供求双方连接，促成最终交易。Lfei重点推动两大类非标业务模式：金融机构对金融机柜的F2F业务与非金融企业之间的B2B业务。在Lfei平台上的资产按其来源区分，其一是由外部机构提供、经陆金所平台筛选的金融产品，包括信托受益权、专项资管计划份额等二其二是平安集团内部以车贷、信用卡贷款为基础资产的信托受益权、专项资管计划等。同时，与Lufai平台一样，Lfei平台同样提供了二级交易市场，实现非标金融资产的快速交易与流通，满足了机构持有者的流动性需求。

与Lufai P2P平台为个人投资者提供给担保的运作模式不同，由于在Lfei平台上进行投资的均为机构投资者，具备独立的风险控制能力，Lfei并不为其提供兜底的担保服务。据陆金所副总经理楼晓岸表示，为降低项目风险，Lfei主要从如下三方面进行风险控制：第一，与专业的机构合作，全面评估项目的潜在风险和预期收益：第二，Lfei平台为项目提供评级服务，比如，针对某些不确定性较大的项目，平台将引入保险公司或是担保机构，为金融产品做结构化设计，以针对投资机构不同的风险偏好提供不同风险等级的产品；第三，实时监测交易量，严格控制各类业务在各机构中的占比情况二在Lfei平台上线后的短短两年内，其面向机构投资者的交易规模增长迅速，目前已占据陆金所整个交易平台交易规模的80%以上。

互联网金融运作模式提升互联网金融的获客能力，陆金所在传统金融优势的基础上，从内部突围，借助自身优势，解决平台普遍遭遇的客户量不足、风控能力弱等痛点，此外还以开放的姿态拥抱互联网金融新思维。在转型过程中，陆金所通过强化金融业务与客户交互的方式，让金融和日常生活产生更多的关联，增加品牌形象的亲和力，持续优化投资流程，提升用户体验。

## 六、尝试 Lending Club 模式

国内互联网金融的发展其实也是一个中国故事的缩影。"国内有大范围的电商格局与强大的支付基础，所以互联网金融可以踩在巨人的肩膀上前进。此外，整个国内零售金融业其实近10年才刚刚开始，在中小企业、个人融资方面还有很多需求是传统银行无法满足的，同时又有不少人在寻找投资理财的工具，在供需双方的同步撬动下，这个市场才会呈现如此爆发式增长。"计葵生断言，未来不管如何调整，需求的大方向不会改变。

如果将平台看作天平，两端分别对应融资与投资方，要让需求平衡，计葵生强调平台需要加码的除了便捷性、安全性和透明度外，还需要重视另一个概念：流动性。

“对融资企业来说，最大的诉求就是尽快以低成本拿到资金，对投资人来说，不管是 P2P 还是固定收益产品，就想知道，如果今天投，过了三个月、半年或一年要变现的话，是否可以随时进行交易。”计葵生说，融资与提现实质上是一个相关性概念，“要融半年的钱得付出 5% 到 6% 的成本，融一年得付出 6% 到 7%，两年得付出 7% 到 8%，为什么期限一长，成本就高呢？“因为市场上缺乏流动性。如果流动性强的话，投资人想要的回报是比较低的，因为他知道可以随时把钱拿回来。”

计葵生很看好 Lending Club 模式在中国的演化，基于分散的大算法逻辑来分散风险，降低风控成本。“比方说，1 万美元的投资，会分到每份 25 美元，投向 400 个不同的借款人。这样做的好处是，有 20 个出现坏账，回报率还是有保障的，因为得到的收入或利息还可以赚到 80%—90%。”在 P2P 方面的坏账大概有 50% 都是来自欺诈，所以选择贷款人的时候，贷款人要到陆金所的门店，来确保真实性，确保贷款人的还款能力，确保签合同的资料很清晰。

2015 年陆金所做过这方面的尝试。计葵生向《21CBR》记者透露，上线基于分散逻辑的系统，但他也坦承，这并不简单。“我们估算过，如果要做美国 Lending Club 的模式，每一笔贷款要签 1500 个借款人，才有分散逻辑。有 1500 个借款人，才可以给 1500 个投资人机会，所以每天差不多有 100 万个合同需要处理，之后每一天还可以转让，甚至还会有二级市场参与进来，系统的复杂程度会相当高。”

## 七、明确自身定位展望未来发展方向

从 2015 年 3 月起，陆金所对外宣布整合计划，做一个“平安普惠金融”，到 6 月份短短 3 个月的时间，普惠金融业务集群基本已经整合完毕并正常开展业务。平安普惠整合了平安直通贷款业务、陆金所辖下的 P2P 小额信用贷款，以及平安信用保证保险事业部。三个模块的业务管理团队整合后的平安普惠的产品部分将由无抵押、有抵押及中小企业三条线构成，逐步将 P2P 个人信贷业务从陆金所剥离，转入平安普惠金融二陆金所逐步向开放平台过渡。

“陆金所就是一个开放的市场，过去平安二十几年，是养牛卖牛奶，现在他要做的就是成立牛奶市场。陆金所的定位，不是一个证券交易所或商品交易所，而是类似阿里巴巴、淘宝的金融电子商务服务平台。”计葵生如是总结道。陆金所与平安普惠金融结合，维持 020 模式，资产来自线下，由平安普惠金融进行风险控制、筛选、管理，经过筛选有资信保障的资产才能进入陆金所线上交易平台二同时，陆金所的线上平台与淘宝类似，将是一个开放的平台，P2P、基金、寿险、信托、众筹、非标资产等一系列通过陆金所评估筛选的产品，均可在线上平台进行公开交易二陆金所将全力专注于线上监管与信息披露，利润也将主要来源于中介服务和手续费。

2015 年计葵生接受采访时说道：“现在最大的收入来源就是上架费，这是第一个收入来源。第二个收入来源是，客户买了之后二级市场转让，第三个还没出现，可是我觉得慢慢会出现，就是说我们累计更多的这些客户跟数据之后，我们也可以开发很多新的信息工具，这些信息工具在市场上也可以用，就是我们未来很多合作方，不管是证券公司、基金公司进入我们的渠道，或者经营客户等等，可能我们有很多信息可以帮他去想市场的趋势是什么，产品卖给谁比较好卖，提供这样的服务。”如果看传统的一个交易所的收入来源，会发现第一是 IPO，等于新产品上市。第二，就是交易量、手续费。第三，是它的信息包装，变成一种服务卖给市场，或者它的软体本身卖给其他的公司。所以一个互联网金融的平台它的收入来源会有三四种，大部分的网贷平台就是有一种，未来会有三四种的多样式，然后它的稳定性发展会更好。

从实际运作来看，陆金所扼守单笔借贷交易严格对应的规则底线，承诺不做资产池，也不依靠期限错配来达到扩大业务规模的效果。在多重金融手段的强大保护和平安集团的用心庇佑下，陆金所继续在 ZPP 业务完善和拓展方面精耕细作，在用户交易体验和融资方人网匹配环节加大纵深挖掘，尽快建立全网络和大范围的信贷凭证二级转让机制，并在稳步推进的基础上实现陆金所设立的第三个目标——为线下众多小额贷款公司和借贷担保企业提供口径统一、信息高度共享的资信评级服务。

“如果一开始我们不参与建设‘基础设施’就不会有路，没有路就没有车和收费站二但在了解铺路、造车的原理和风险后，陆金所应该只做收费站。”董事长计葵生如是总结陆金所的发展路径和终极定位。陆金所在不断地发展创新中逐步明确了自己的定位，相信陆金所的未来发展也会稳步前进，达到一个新高度。

# 案例十四　美窝家装——年轻人的美窝之家[①]

**背景**

2016 年 11 月 19 日，美窝家装位于杭州蓝钻天成的展厅正式开业。美窝家装在试营业期间就锁定了 250 余单，合同额近 3000 万。展馆还特别为年轻人设置了 400 平方米的咖啡厅“美窝之家”，作为粉丝活动中心。

2016 年 5 月成立的美窝家装，宣布获得由初心资本、蔡文胜执掌的隆领资本、元晓资本联合投资的 3000 万天使投资。美窝家装是定位于 27～35 岁年轻人的高端互联网家装公司。创始团队均来自国内一线装企及互联网企业的高管，曾在家装行业创造过诸多传奇。美窝以“让年轻人住的更好”为使命，按照 1020 元/㎡计价，要用 10 万的价格，装出传统装修公司 20 万以上的品质，立志做出让年轻人尖叫的产品。

美窝家装 CEO 高原系原腾讯孵化互联网家装企业执行总裁，任职期间公司完成了 5 轮融资，并成功挂牌上市，四月份从该公司离开。今年 11 月，高原接受了美窝的邀请，加入并担任公司 CEO。加入美窝的半个月时间内，高原就带领美窝完成了 3 家机构合计 3000 万元的天使投资。其中，与蔡文胜只聊了 20 分钟就签下了投资协议。

## 一、引入日本技术，开拓高端市场

高原，原腾迅众创空间双百计划流量占股的美家帮企业执行总裁，现任美窝家装 CEO，在其任职期间公司完成了 5 轮融资，并成功挂牌上市。

2016 年 4 月初，高原从互联网家装平台美家帮离职。有了时间沉淀下来，他花费了近一个月时间，跑遍全国 130 多个城市展厅。他想解决“如何才能更好地满足用户的装修需求?”这一问题，但是徒劳无果。

于是他决定去日本看看。日本家装的创新装修建材运用令高原叹为观止。日本室内装修以软装为主，硬装产品则高度标准化。家装公司为用户提供统一的硬装配置，如墙面、地板、洗手池、橱柜等固定设施，用户再根据个性需求配置家具、家电等软装产品。日本大部分房屋墙面非常干净，一开始高原以为是由于日本人都很爱干净。然而，日本建材企业的工作人员告诉他，日本房屋外墙材料有自净功能：阳光照射可使墙面附着的污物分解，雨水冲刷即恢复洁净。日本家装的卫生间，一间宽不足 1 米，长约 2.5 米的洗手间中，马桶、洗手池、节水装置、纸巾放置架，甚至针对残障人士的无障碍如厕措施一应俱全。装修的人性化设计深深影响着高原，再对比

① 本案例由彭星搜集整理并撰写成文。彭星为东北大学创新创业与风险投资研究所研究助理。

国内家装行业标准化程度低、设计不够人性化等痛点，让高原想做出一些改变。

2016年11月，高原接受美窝的邀请，正式加入互联网家装企业美窝，并担任CEO一职。高原加入美窝后，借鉴日本家装经验，从硬装产品切入，为用户提供从装修设计、物料采购到施工的整体家装服务，且全流程自营。2016年11月19日，美窝正式开业，展馆位于拱墅区蓝钻天成，展厅还特意为年轻人设置了400平方米的咖啡厅“美窝之家”作为粉丝活动中心。在试营业期间，美窝就签定了250余单，合同额近3000万。

“让年轻人住的更好”是美窝的初衷更是使命。通过对近万名年轻人的调查，他们发现，27~35岁的年轻人，这个80后、90初的奋斗群体正处于事业爬坡期，生活被昂贵的房价、白热化的竞争环境、年迈的父母、年幼的孩子、有限的积蓄所占满。而构想、选择装修的时间少，即使这样并不影响他们对高生活品质的追求。

在中国，装修公司有20余万家，却没有一家专注服务于27~35岁这个群体的装修公司。这样一来，这些群体就急需一家能够提供品质优良的一站式装修服务的公司。为打造更高的质量，美窝家装在设计方面借鉴了日本建筑和室内的人性化设计，同时充分考虑中国年轻人的居住习惯和特点。如卫生间里要使用双重防臭地漏，这样可以有效减少85%的异味；油漆要使用进口环保水性漆，特别是如果家里有孩子，防止吸入有毒气体；房间门安装静音门锁，这样每晚回家，开门关门都不会打扰家人；床头要安装带USB接口的开关门板，这是手机平板族必备；使用人性化一体式台盆，告别脱胶、藏污，更清爽；安装衣柜感应灯、卫生间小夜灯；墙面阳角使用防护条，保护孩子免于磕碰受伤。材料上美窝严选国际主流的10大一线品牌进行战略合作，比如TOTO、德国西门子、德国都芳、大自然、东鹏、奥普、美国摩恩、欧派等。

美窝产品的理念是极简、轻奢、人性化。为更好的完善美窝家装，高原提出了将丰田精益生产应用到家装领域的概念。美窝装修研究院对装修服务进行了模块化设计，消除浪费、提升管理颗粒度和快速运转，再逐步完善个性化的标准化，工人按照其标准进行安装即可；同时把现场管理的颗粒度提升到以小时为单位，再赋予监理团队处罚施工团队的权力。截至目前，美窝是全国第一家将丰田的精益生产引入家装领域的公司，并花费百万聘请顶级的丰田精益生产团队，对美窝的施工全流程进行精益化改造。

在美窝家装看来，工人是装修过程中最重要的核心人物。施工上美窝坚持100%自有产业工人，因此成立云匠学院对工人进行统一培训、统一管理，拒绝层层分包。美窝家装的工人的薪酬待遇高于行业标准20%左右，因为美窝相信只有让产业工人获得体面、尊严的生活，他们才能把这份爱与责任传递给客户。然而，针对用户装修体验的改进上，美窝坚持主动，坚持快速响应。客户一次诉求，20秒极致响应。每周装修管家主动进行回访，24小时快速上门。他们秉承着一个中心：服务年轻人，必须坚持高端的品质。但高端不意味着高价。美窝家装目前定价1个单价1020元/㎡的基础安装包和29个个性化安装包，预计客单价10万元左右，要用10万的价格，打造出出市面上传统装修公司20万以上的品质，立志为年轻人打造出毛坯新房的高端市场。

加入美窝的半个月时间里，高原带领团队完成了3家机构合计3000万元的天使投资。高原在与蔡文胜签订投资协议时，只聊了20分钟，这说明一线投资机构对美窝团队的看好。高原说：我们不想赚快钱，只想踏踏实实把装修这件事做好。高原表示，美窝计划于明年完成10个以上城市体验馆的建设。

## 二、一流产品，精益求精

美窝从创立就坚持效仿 MUJI，用大师设计引领产品；用丰田精益生产打造 100% 自有产业工人，绝不分包；学习海底捞用服务感动用户形成口碑，带来自增长。因为，美窝要成为装修行业冠军。

在材料方面，美窝严选国际主流的 10 大一线品牌进行战略合作，比如 TOTO、德国西门子、德国都芳、大自然、东鹏、奥普、美国摩恩、欧派等，并挑选其中的尖货产品，型号在网上都可以查得到；在设计层面，美窝借鉴了日系建筑和室内的人性化设计，同时，充分考虑了中国年轻人的居住习惯。美窝也是全国第一家将丰田的精益生产引入家装领域的公司，花费百万聘请顶级的丰田精益生产团队，对美窝的施工全流程进行精益化改造；在施工层面，美窝坚持 100% 自有产业工人，成立云匠学院对工人进行统一培训、统一管理，拒绝层层分包。

装修一直以来大行业、小公司的现状迷茫了一代人。行业发展至今没有一家年产值破百亿的公司，更没有一家行业公认的标杆企业和能够让用户十分信任的公司，口碑都没有做好。家装行业的标杆和榜样其实是在行业之外。设计师品牌 MUJI 、成本优化到极致的丰田 、超预期服务的海底捞 。这三家企业蕴含了未来装修行业新物种最稀缺的基因，他们也是高端互联网家装——美窝坚定对标学习的企业。因此美窝自创立之初，就坚持对标这三个企业。

### （一）专注服务年轻人

专注服务 27 ~ 35 岁的年轻人，他们都是奋斗中的 80 后、90 初。这个群体刚刚告别小鲜肉时代，就要开始直面离谱的房价、白热化的竞争环境、年迈的父母、刚出生的孩子、有限的积蓄。他们正处于事业爬坡期，整个生活都被占满了。留给他们挑选装修的时间很少，但他们没有放弃对生活品质的挑剔追求。他们太需要一家公司，能够提供优质的一站式装修服务。美窝专注服务于这些年轻人，想让装修在他们那里，不再成为一种负担。

作为家装领域的创业者，美窝一直在思考一个问题：27 ~ 35 岁的年轻人，需要一个什么样的家？美窝想让年轻人尖叫起来。美窝跑遍了全国 135 个城市家装体验馆，直到去了日本，走访了积水屋，住友，丰田，松下、骊住等日本家装巨头才找到答案。日本人对人性化、极简主义的设计追求，对高科技、环保新材料的研发，对用户体验、跪式服务的苛刻让人肃然起敬。日本的制造业、服务业高度发达，精益生产领域已经精确到以“秒”“毫米”为单位来计算。美窝也是全国第一家将丰田的精益生产引入家装领域的公司，花费百万聘请顶级的丰田精益生产团队，对美窝的施工全流程进行精益化改造。丰田是世界上将成本控制的最好的企业，当整个装修市场还在以“天”为单位理解装修时，美窝已经开始了“分钟节拍式施工”。施工精益化详细流程精确到秒、米为单位，包括材料的位置、空间、摆放均经过现场反复优化验证。采用 PMC 生产计划与物料控制，实现 PPM 质量管理水平。

设计方面美窝借鉴了日系建筑和室内的人性化设计，同时，充分考虑了中国年轻人的居住习惯。在中国，装修公司有 20 余万家，却没有一家专注服务于 27 ~ 35 岁这个群体的装修公司。美窝家装必须要用十万的价格，装出市面上任何传统装修公司，二十万以上才能装出的品质。美窝的使命就是要让这些年轻人住得更好，就是要把人性化、高品质家装带到千家万户，为年轻人带来尖叫用户体验的完整家装产品，美窝设计的其实是一种年轻人的生活方式。

### （二）专注高端家装

极简、轻奢、人性化是美窝产品的设计标签。为了能实现这7字诀，美窝找到了《梦想改造家》的明星设计师青山周平、王平仲进行了深度研讨，后又签约了人性化设计大师梁苏杭。光三套样板间就打磨了将近6个月，团队才感觉到满意，觉得年轻人大概可以装逼了。设计一直是MUJI最为人称道的优势。在MUJI之前，人们或许不会相信，以如此朴素的风格、克制的战略面对市场，也会在商业上取得如此巨大的成功；美窝的设计理念与MUJI很像：极简、轻奢、人性化、关注细节。必须签约行业顶级设计师，这样才能在人性化和功能上打磨出比较高的水准。

美窝家装认为产品是企业的灵魂。因此自创立初期，就高度重视产品研发及落地服务，专门成立美窝装修研究院及精益智造中心，并聘请国内外一流人性化产品研发高级人才和精益智造领域专家团队加入，旨为年轻人带来尖叫用户体验的完整家装产品。美窝打破行业组货拼凑概念，倡导完整商品，像买汽车一样买家装。人们可以直接把设计费在20万以上的大师级作品直接搬到家里去。材料上选用国际一线品牌尖货，环保必须达到E0级指标。严选供应链，只做F2C，厂门对家门。比如TOTO卫浴、西门子厨电和电器、能养金鱼的德国都芳水性漆、大自然多层实木复合地板、东鹏全抛釉瓷砖、奥普浴霸、摩恩五金、潜水艇地漏等。并且和主流的互联网家装公司通常使用大品牌中低端产品或库存尾货不同，美窝只选择品牌尖货，型号在网上都可以查得到。

美窝家装希望像MUJI一样，以低调、无声无息的姿态进行“看不见的人性化设计”。床前预置的西门子USB插座面板，房间预留的智能硬件接口，针对厕所难免出现的异味，进行了双地漏技术研发，这个技术在国内也是首创。很多卫生间为了避免防潮，只能采用金属门，这样就牺牲了整个房屋的设计风格，显得很有违和感。为了解决卫生间木门的防潮问题，美窝投入很大精力研发，用了特殊处理工艺，保证它不潮湿。美窝主张少即是多。在一个城市每年只为2000位年轻人提供专属服务。美窝设计的其实是一种年轻人的生活方式。美窝只做高端家装，不高端，年轻人怎么装逼？但是高端不意味着高价，美窝定价只有1020元/㎡。必须要用十万的价格，装出市面上任何传统装修公司，二十万以上才能装出的品质。材料上美窝严选国际主流的10大一线品牌进行战略合作，比如TOTO、德国西门子、德国都芳、大自然、东鹏、奥普、美国摩恩、欧派等，并挑选其中的尖货产品，型号在网上都可以查得到。

施工上美窝坚持100%自有产业工人，成立云匠学院对工人进行统一培训、统一管理，拒绝层层分包。给到工人的薪酬待遇高于行业标准20%左右，因为美窝相信只有让产业工人获得体面、尊严的生活，他们才能把这份爱与责任传递给客户。

在人性化设计上，美窝找来日本设计师深入参与，后又签约了人性化设计大师梁苏杭。带领美窝装修研究院，对装修服务进行模块化设计，再逐步完善个性化的标准化，满足年轻人对家的美好向往。比如卫生间里要使用双重防臭地漏，这样可以有效减少85%的异味；油漆要使用进口环保水性漆，特别是如果家里有孩子；房间门安装静音门锁，这样每晚回家，开门关门都不会打扰家人；床头要安装带USB接口的开关门板，这是手机平板族必备；使用人性化一体式台盆，告别脱胶、藏污，更清爽；安装衣柜感应灯、卫生间小夜灯；墙面阳角使用防护条，保护孩子免于磕碰受伤等。

针对用户装修体验的改进上，美窝坚持主动，坚持快速响应。客户一次诉求，20秒极致响应。每周装修管家主动进行回访，24小时快速上门。服务年轻人，必须坚持高端的品质。美窝CEO高原说：我们不想赚快钱，只想踏踏实实把装修这件事做好。

### （三）专注对标三个企业

坚持对标无印良品，用大师设计引领产品，只有这样才能给年轻人提供高品质的生活方式；坚持对标丰田，精益生产打造100%自有产业工人，绝不分包，只有这样才能真正的解决施工交付问题；坚持对标海底捞，用服务感动用户，形成口碑，只有这样才能带来用户自增长。坚定地对标这三家企业，在美窝看来是应对行业未来不确定性的法宝。美窝计划于明年完成10~15个城市体验馆的落地。美窝设计的是一种年轻人的生活方式。

装修行业的创新一直停留在营销层面，行业缺少一种刨根问底的科学态度。所有的成本、流程深挖下去都是一脑袋浆糊，没有人真正从底层解构这个产业。丰田是世界上将成本控制的最好的企业，更令人惊叹的是：成本下降的同时，质量还更好。在高端轿车领域，丰田生产线造一辆车需要16.8小时，平均100辆车有34个毛病。而在欧洲汽车业，造一辆车平均需要57小时，而其每100辆车平均有78.7个毛病。丰田精益生产的核心就是：消除过程中一切不创造价值的浪费，充分释放生产力。装修因为链条太长，施工没有标准，工人文化水平素质偏低，加上这个群体本身被社会边缘化，极度缺乏成就感和尊重。因此这个行业可通过精益生产优化的空间惊人的巨大！

当整个装修市场还在以“天”为单位理解装修时，美窝已经开始了“分钟节拍式施工”。施工精益化详细流程精确到秒、米为单位，包括材料的位置、空间、摆放均经过现场反复优化验证。采用PMC生产计划与物料控制，实现PPM质量管理水平。这使得装修的成本历史性地出现了激动人心的变化，成本颠覆性下降的同时，装修质量又得到了保障。家装行业太需要一种严谨的科学态度，做家装要学习丰田对于成本与产品品质精益求精的思想与方法论。每一个体验过海底捞“变态式服务”的人应该都印象深刻。海底捞员工那种发自内心的快乐和激情，带给顾客的惊喜与尖叫的服务，如果不是企业拥有超强的文化向心力，通过培训是不可能做到的。

家装是个传统服务业，服务客户的环节、角色特别多。到了施工环节，主要就是依靠工人来服务业主。但是这个行业的痛点实在太多了，客户的体验太糟糕了。其根源在于行业畸形的生产结构——工人层层分包。打个比方：客户小王跟装修公司签下了10万元的装修合同，装修公司转手7万元分包给项目经理，项目经理再通过二次分包5万元包给小工头。层层分包的后果就是客户原本10万元的装修款，最后实际上只享受了5万元的品质。更糟糕的是，小包工头为了能够有利润，为了生存只能不断地增项。这时候各种黑幕和猫腻就随之而来，最后又把价格做到了10万元。如果层层分包的现状不能解决，如果不能坚决地发展自有产业工人，那么装修行业就不可能从根本上得到改变。而且传统装修公司对于企业文化及服务的意识十分薄弱。家装的本质是爱的传递，只有产生爱才会产生责任。美窝坚信：只有照顾好员工，给予信任，他们才能更好的照顾好用户。只有当工人感受到了公司的爱与关怀，他才会产生责任感，然后把这种责任感带给客户！中国的装修工人群体很庞大，但是他们却几乎没有任何的发言权。没有人关心这个群体的生活状态，大多数人觉得这是一个脏、乱、差的行业。也因此，这个行业出现了严重的老龄化现象，年轻人不愿意进入，这使得行业进一步恶化。美窝要彻底地改变装修工人的生存状态，让匠人能更有尊严和体面的将美窝的爱与责任传递给千家万户。

### （四）线上线下，引领先潮

美窝（MYWOO）自创始之初，就确立了业界领先的线下（体验店）和线上（网上商城）双向引流、有机融合一体化经营的“OAO”电商模式。线上美窝商城（MYWOO.CN）以美式家具为主，结合家纺、软装等产品和服务，是一个综合性家居装修购物网站；线下体验店将通过无差别展示，让消费者能够在体验馆中切实体验、查看网络上所销售的商品，同时体验馆也是贴近市场和就近服务的“实体终端”，实体店面，购物有保障。

美窝商城在线销售商品价格随市场价格变动而调整，有些情况下可能下单后，商品售价产生变化，消费者可在活动中心提出申请价格保护，最终售价以官网最低价为准。预置全国城市楼盘户型图：全国近300家体验馆，最近承担售前、售中、售后服务；专业订单跟踪系统，确保交期，可随时查询订单状态免费预约上门策略，免费设计，免费送货上门安装完善的售后服务系统，定期免费上门保养维护。

美窝内部特别推崇迪士尼的“镜头文化”，每个人都要做最精彩的自己！每时每刻都要像是面对镜头站在舞台上，将最好的自己展现给别人，特别是美窝的产业工人。家装本身是一个充满爱的行业，许多工人看似不负责任的作业，实际上是因为：家装层层分包的交易结构，价值链没有被打破，利润太低；工人缺乏积极正面的及时反馈，只有内部封闭的评价体系；没有任何组织能够以科学系统的方法为其成长和技能负责。美窝坚信：好工人是不需要管理的，只需要激励、赞美和关怀。只有当工人感受到了公司的爱与关怀，他才会产生责任感，然后把这种责任感带给客户！这不仅是一种匠人尊严的回归，也是彼此尊重后产生的力量。美窝正在优化系统，目标是希望能够和产业工人工资实现秒结，并且工作质量的好坏都清晰可量化。把舞台还给工人，他们才是真正的主角！

中国的装修工人群体很庞大，但是他们却几乎没有任何的发言权。没有人关心这个群体的生活状态，大多数人觉得这是一个脏、乱、差的行业。也因此，这个行业出现了严重的老龄化现象，年轻人不愿意进入，这使得行业进一步恶化。

装修工人的娱乐方式很单调，许多工人最大的爱好就是炸金花、斗地主。辛苦一年赚了十来万，结果年底赌博把钱都输光了，连回家的车票都买不起。甚至很多项目经理，把给工人发工资的钱都输光了，导致出现跑路、工人拿不到血汗钱的情况。美窝未来还会为产业工人设计专属的理财产品，替他们理财，年底能拿更多的钱回家！

工人群体已经消失在主流世界视线里太久，哪怕在商品经济已经如此发达的今天，我们在市场上依然找不到一款专门为装修工人设计的耳罩、口罩、鼻罩、围裙，甚至是创作的歌曲、电影。他们没有享受到整个社会资源极大丰富的红利，这仍然是一个缺乏存在感的群体。美窝要彻底地改变装修工人的生存状态，让匠人能更有尊严和体面的将美窝的爱与责任传递给千家万户。

美窝主打5年装修质保、10大国际尖货、20道丰田精益工序、40天科学工期、80后产业工人护航。美窝的基因是尊重用户主权的人文精神。APP全程全景播报265道施工细节，客户一次诉求，20秒极致响应。装修真正靠的是工人，美窝100%自有产业工人，并且导入丰田精益生产流程，进行专业训练，封闭式培训认证上岗，这在装修史上前所未有。每月装修管家主动进行回访，24小时快速上门。家装行业责任不明确，互相推诿的情况在美窝绝不会出现。

美窝给工人的薪酬待遇高于行业标准20%左右，因为美窝相信只有让产业工人获得体面、尊严的生活，他才能把这份爱与责任传递给我们的客户。美窝联合创始人白木说：我们不想赚快钱，只想改变这个行业。

# 案例十五　诺亚财富——探索前进的财富管理之路①

## 背景

诺亚作为中国财富管理的先锋，从2003年开始，首先引进私人银行的概念，以客户导向，建立了一个聚焦在客户需求的独立财富管理公司。到2016年三季度，诺亚已经为客户配置超过3559亿的资产。这十多年来，诺亚不仅仅建立了一个中国最好的投资平台，也同时建立的一个完整的服务平台，服务已超越投资，也包括投资、保险、教育、家族服务、汽车租赁、海外配置等。

即将过去的2016年，是“黑天鹅”事件频发的一年。无论是英国脱欧公投还是美国总统大选，结果都出人意料。政治事件叠加美元启动加息周期、日欧进入负利率时代、人民币纳入SDR等重大经济事件，让全球宏观市场环境更加充满了挑战和不确定性。而国内经济运行依然呈现“L型”走势。财富管理市场，仍然存在一些通过资金池、资金期限错配、无独立托管的理财产品，个别机构通过隐性担保来谋取业务量的短期增长。

而2016年11月15日诺亚财富公布的2016前三季度的财报数据显示，2016前三季度，集团实现净销售收入为18.7亿元人民币，同比增长20.8%，似乎并未受到太多不景气经济事件的影响，以平稳的多领域、全方位的发展，令世界财富管理行业瞩目。然而另一方面，诺亚财富辉煌的背后，也不可避免的出现了发展的问题。

## 一、财富“掌舵者”汪静波

汪静波在成为诺亚财富管理公司之前就已是叱咤风云的商业人物。她曾是四川大学硕士研究生，拥有证券及基金从业资格，美国注册财务策划师（RFP），于清华大学全球化时代基金管理进修，2009年毕业于中欧国际工商管理学院总经理班，全球CEO培训项目。并且她曾担任成浦集团总会计师、结算中心总经理、湘财荷银管理有限公司副主管、湘财证券私人银行部门主管等职位。而关于诺亚财富的创建，汪静波并非像我们想象般的野心勃勃。她自己曾说她根本不是一个有野心的女人，当初创业，完全是被迫的，股市行情不好，公司要把她那个部门整个裁掉。不忍心大家流落街头。于是，汪静波便开始了自己的创业尝试。

汪静波从基金管理公司副总经理转而去创建国内首个证券公司私人金融总部，其实也就是看准了私人理财的前景，正如她自己所说：“高端客户将会越来越多，他们的理财需求也将高涨。”汪静波刚刚出来创业的时候，即2005年到2007年这个阶段主要是小而美。到2007年的时候一

① 本案例由刘琪搜集整理并撰写成文。刘琪为东北大学创新创业与风险投资研究所研究助理。

次很偶然的机会，得到了红杉资本中国基金创始人沈南鹏的关注，他非常看好这种财富管理业务，于是对诺亚财富进行了大量投资。随后，诺亚财富规模不断扩大，也因其先进的管理模式变成财富管理行业的中国领军人。

然而，在发展过程中汪静波也遇到了不少困难。她曾讲到："我人生中最艰难的时刻应该是 2014 年年底，诺亚在昆明遇到一个金融诈骗案，我们的一个基金在托管银行的账户被挪用了 10 个亿。2015 年，我跑了昆明无数次，拜访了当地所有的房地产开发商，了解了当地全部的小贷公司运营情况以及民间借贷状况。幸运的是，在大家的共同努力下，最终追回了全部损失。我从这件事中汲取了深刻教训，遇到问题时要愿意面对，当 10 年创业可能将毁于一旦的时候，我们选择面对自己的心，想清楚什么是自己应该面对的，然后让自己变得强大。"也正是汪静波和诺亚股东们这种不断迎接挑战、积极化解困难的勇气，让诺亚财富变得越来越强大。

## 二、横空出世，占得先机

巴菲特曾经说过："准备最重要。诺亚并不是等开始下豪雨，才动手建造方舟的。"先知先觉、看准商机，在这个市场上非常重要。

在中国，2007 年前中国几乎没有财富管理市场，之后不少通过房地产、股市聚集起财富的富人们开始选择理财业务，而后才形成了全球瞩目的中国理财市场。不过，相较于财富管理发达的美国而言，中国市场的品种很少，可供投资的渠道也很单一，从前不少人使用房屋抵押贷款，就使得不少地产开发商先富了起来。可是由于利益增长与社会经济增长的矛盾越发突出，理财收益的需求不断增加，出现了更多的信托融资渠道。可以说，诺亚是在中国金融市场逐步开放完善的过程中，银行等大机构创新度不够的情况下，信托开始繁荣之时孕育而生的。当时房地产基金前景甚好，但危机总是伴随着机遇的来临，正是看到了国内房地产行业在调控和转型中所蕴藏的机遇，诺亚财富较早地介入房地产私募投资基金的创新。

如今，作为最早开拓财富管理市场的领军人，诺亚财富已经逐步拓展了各个领域的项目范围，涉及财富管理、资产管理、全球开放产业平台、互联网金融四大领域。其中财富管理主要包括高端财富管理和家族财富管理。高端财富管理是集团核心业务之一，以诺亚正行（上海）基金销售投资顾问有限公司为主体展开。诺亚正行是首批经中国证监会核准，首批取得基金销售牌照及营业执照的独立基金销售投资顾问公司。其以独立、公平、客观的筛选标准，与超过 78 家（市场上 90% 以上）基金公司合作，管理销售超过 2000 支公募基金产品及 100 多支私募精选基金，为国内中高净值客户推荐"公募基金中的精品"与"量身定制的专户理财产品"，协助客户资产保值与增长。家族财富管理中心是诺亚财富集团旗下致力于服务超高净值家族客户的精英团队，以全权委托投资服务为重点，整合集团资源，为客户提供全方位的家族财富管理，包括资产配置、顾问咨询及增值服务，从而达到金融资本的保值增值，同时亦能使得家族人力与智力资本的荣耀传承。资产管理涉及全权委托 、资产配置 、私募股权投资、房地产基金投资、公开市场投资等领域。全球开放产业平台涉及国内配置产品、海外配置产品、保险经纪和融资租赁。而互联网金融包括线上支付服务、白领私人银行和互联网综合金融服务平台业务。总之，诺亚财富的业务领域涉及财富管理的方方面面，始终走在财富管理机构的最前沿。

## 三、独树一帜的经营管理模式

诺亚财富经过长期的发展，已形成了其独特的经营管理模式。诺亚财富的管理中心不隶属于任何金融集团、不受集团控制，不经手客户的钱，完全针对客户的需求提供规划与建议，让诺亚财富管理中心完全站在客户立场，为客户提供包括私人、家庭和信托基金等在内的全面的资产配置建议。总之，诺亚财富的管理模式别具特色，独树一帜。

### （一）相对中立的服务模式及深入产品上游的产品开发模式

第三方理财，即由独立的中介理财顾问机构向高净值客户提供综合性理财规划服务，诺亚财富是目前国内最大的第三方理财机构。

第三方理财机构不代表任何金融机构，独立地分析客户财务状况和理财需求，从客户的角度提供综合性的理财规划服务，收入来源于向客户收取的投资顾问费用。诺亚财富虽然目前尚无法实现从客户方获取收入，但诺亚财富不经手客户资金，不发行金融产品，不收取任何产品的管理费，能够随时根据市场的变化向客户建议增减资产配置，在一定程度上保持了第三方理财机构的独立性，极易获取客户的信任。诺亚财富把很多精力投向投融资项目，深入前端参与产品的设计和开发，包括项目寻找、在产品推出过程中向产品供应商提出建议等，并对产品挂钩的基础资产和风险进行跟踪管理，保证了产品品质，并有效控制了风险。有时诺亚财富会根据客户需求，寻找合适投资标的，专门定制和设计产品，这是诺亚财富的核心竞争力之一。

### （二）全面多维度的产品评价、筛选和后续管理体系

诺亚财富形成了完整的产品管理流程，即“金融产品研究系统平台—投资策略会—产品立项会—风险控制委员会—产品通过会—产品存续管理—产品回顾及持续改进”。金融产品研究系统平台由研究部、产品部和产品管理部组成，团队成员大多从事过产品开发工作，具有较高的专业素质，主要任务是甄别产品供应商资质，分析其投资理念，对市场同类产进行排名等。根据该流程每个产品都要经过投资策略会、立项会和风险控制委员会三道关口。投资策略会每 3 个月召开一次，由投资策略师根据未来 3 个月的市场趋势，划定目标产范围，然后经产品经理调研后立项，再由各个部门、客户进行评价，最终产品要通过风控委员会的审核后，方可最终上线。2011 年，诺亚财富分析与跟踪的产品有 1500 个，但只有 285 个产品通过立项会，92 个产品通过风险控制委员会，最后真正上线产品 72 个，产品通过率 5%。

诺亚财富建立了独立客观的产品筛选体系，以及针对不同类型产品的评价指标体系和风险控制逻辑，严格按照“投资理念、投资流程、投资业绩和投资人员”的准则，对市场上各类金融产品展开独立持续的调研、分析和评估，筛选构建理财精品池。比如，对固定收益类产品，评价指标包括产品和发行机构两类，权重分别为和并根据股权质押、证券结构化等各细类产品的差别，对每个指标设定了不同的标准。比如，政府担保项目一般风险较低，但诺亚在筛选这种产品时要求产品经理与当地政府人员见面，研究该政府的执政能力、财政实力等。对于客户已投资产品，诺亚财富全程跟踪产品的运行情况，并及时将情况反馈给客户，一直持续到产品结束到期，指导客户调整资产配置。

### （三）通过自愿结合的“行动组”团队营销模式实现了专业化分工

诺亚财富曾尝试过多种营销模式，包括以荷兰银行为代表的“农夫猎手”模式、保险代理模式等。他们希望与客户建立长期稳定的关系，最终确定了“行动组”理财管家模式。诺亚财富“行动组”模式是以一个人组成一个团队，团队内既有擅长营销的人，也有擅长理财服务的人，内部分工由各个工作组根据自己的情况灵活处理，不再由公司统一划分，但以小组的形式共同营销和服务客户。如果团队中有人成长了，他可以独立出来，组建新的团队。在营销方法上，与券商相同，诺亚财富也通过多种多样的线下活动聚拢人气，如举办大型理财讲座、投资峰会，或组织旅游、亲子夏令营，成立“诺亚会”，为所有诺亚会员构建财富投资以外的生活平台，打造客户与主流精英的社交圈层，并和全球顶级奢侈品、高端定制服务、移民、留学等贵族生活各个需求层面亲密接触等。

### （四）系统人才培养，打破人才瓶颈

对私人理财行业来说，理财师的客户服务能力，无疑至关重要。“在国外，个人理财业务的从业人员，不但要有市场、资本、金融、贸易、法律等方面丰富的专业知识，而且要有优秀的客户服务意识和能力。私人理财师的基本形象是头发花白、在金融或私人银行工作 15 ~ 20 年以上、有丰富经验的资深人士。而在国内，私人理财行业的兴起还不到 10 年。比较资深的理财师也只有 30 多岁，从业时间都很短。人才对各个企业来说都是短板。”诺亚财富首席运营官应松在接受《经理人》采访时曾说。为了破解人才瓶颈，诺亚财富不断在找人才方面下工夫。诺亚选用的主要是三类人，第一类是在金融行业有十几二十年工作经验、对这个行业有充分理解的资深人士，这些人目前多为公司骨干；第二类是在其他高端客户服务领域有所成就，有丰富的客户服务经验和人生阅历，热爱这个行业、愿意转行，接受挑战，致力于在这个行业持续发展的人；还有就是年轻人。而在培训方面，诺亚财富推出了“私人银行家成长计划”，在个月内陆续开展针对心理素质、专业能力、沟通能力、领导力等的系列培训，使年轻人逐步成长为精英理财师。

为适应优秀人才匮乏的环境并避免理财师跳槽可能带来的客户流失，诺亚财富建立标准化业务流程，通过多种渠道为客户提供服务，以整体服务优势加强客户对公司的认同。诺亚财富理财师的工作定位于客户需求调查与简单的理财咨询，内容包括客户的日常信息沟通、了解客户的需求、定期对客户的资产状况进行调查（许多调查最后会形成规范的表格文档并反馈到公司），以及公司产品推介。而产品的设计和筛选、客户的资产配置规划、风险的监控等对专业能力要求较高的工作转到了总部后台，有效缩小了理财师的工作范围，降低了工作难度和对经验能力的要求。理财师不是直接向客户提供理财意见并跟踪操作的全能型理财师，更像是一个定期拜访的调研员。此外，诺亚财富设立了客户服务中心和客户沟通联络服务中心，向客户发送标准化服务信息，比如公司对资本市场的观点、产品相关信息等，并根据市场变化通知客户调整资产配置。诺亚也将个人理财中最重要的核心能力“产品和风险控制”掌握在自己手中，让客户感觉到真正能为其创造价值的是整个诺亚，能够将客户资源牢牢掌握在公司手中。即便理财师工作调动，或者资深的理财师被其他机构挖走，新的理财师也能很快接手，而且不至于引起客户满意度降低。

# 四、发展瓶颈

## （一）诺亚财富“转型之痛”

在混业经营的金融市场里，第三方财富管理公司往往是大量缺乏理财经验人群的首选理财顾问机构，而这些理财机构在不同的跨金融区域都具备非常丰富的经验能较好地为客户提供理财建议，并且能根据客户的自身情况做出相对观的配置建议。

从某个意义上讲成熟金融市场的第三方财富管理公司还变相承担了财富在不同金融资产区域配置的重任。第三方财富管理是金融服务市场发展到一定阶段所必然出现的金融业态。它的本质是一种金融经纪业务确保交易双方达到较好的资源匹配和撮合是其本质，在双方交易过程中，经纪方的独立性是交易达成的核心点。没有独立性作为基础那么经纪业务就没有生存的价值。

在中国野蛮生长的第三方财富管理公司据说已经达到多家仅年就成立了上千家这样的机构都打着客观、专业、独立的旗号进行着所谓的财富管理工作。但是这些财富管理公司不能称为财富管理公司，而只能称为金融产品的销售公司。诺亚财富从某种意义上只是某一金融产品的分销商或者称之为渠道商，并不是所谓的财富管理公司，因为它们首先都不具备起码的独立性。

从诺亚财富的结构上来看，信托和股权投资成为诺亚财富主要的销售大头，而这两类产品主要发售方——信托和私募股权机构都在铺天盖地建立各自的渠道，信托就不说了开始建立财富团队已经好多年了。第三方真正的优势在于独立，一旦跟返点挂上钩了也就失去了独立性，失去了独立性的第三方的销售竞争优势也就会逐步失去，跟信托公司和私募股权机构自建的销团队相比，逐步地丧失优势也是迟早的事情。

从实际情况来看销售类的财富管理公司面临的难题还有客户忠诚度转移的问题，如果第三方财富管理的核心不是建立在客户基础上的一种交易策略，而仅仅是在快速销售的模式下那么忠诚度转移和业务飞单都是非常普遍的事情，因为作为一种纯撮合匹配的居间业务而言中介方的优势是不明显的客户在成交环节中很容易绕开中介方这就是传说中的飞单，而成交之后客户就从第三方手里转移到了资产管理方手中只要资产管理方的管理能力还行而且客服也不错，就基本上会被资产管理方通过各种方式留住，如果资产管理方的资产管理能力不行，那么作为销售的财富管理公司也一样无法留住客户，因为公司给客户选择了不好的资产管理方，无论做得好还是不好受伤的都是第三方财富管理。所以从这个层面看纯销售类的公司的生存难度很大。

确切地回到诺亚财富身上来看诺亚财富也自然理解到自身的困境所以也一直在走转型之路，它的转型之路很有意思就是逐步离开第一个层面的财富管理范畴进入到第二个层面的财富管理行业它在致力转型成为一家资产管理公司。

从这个行业层面而言诺亚财富的优势是比更多的资产管理公司更了解客户的需求理论上更能设计出适合的理财产品，但是其缺陷在于缺乏具备资产管理能力的人才，而这些人才无论是对外招聘还是对内培养，都不是在短期内就能促成的，再加上转型之后诺亚财富也就成为一家资产管理公司，那么对于所有的金融机构而言，其销售上的优势也就会逐步丧失诺亚财富和上游的产品供给方从某种意义上就成为竞争对手。

对资产管理公司而言最核心的其实是资产管理能力，这种能力虽然不能量化但是却是成为维系资产管理的核心所在，对于资产管理能力而言，这种能力要跟资产规模相匹配，并不是规模越大越好因为资产规模大了管理能力跟不上反倒会大大降低盈利的可能甚至可能会亏损。所以，对于资产管理方而言，钱不是管理得越多越好。我们往往看到很多资产管理公司在一定规模的资金下可以管理得很好，但是随着资金的规模不断庞大却出现了管理一塌糊涂的现象，这就是显然高估了自己的资产管理能力。

这种资产管理能力的积累是需要长期的，是从不断的实践中得到积累的从这个意义上来看，诺亚财富就是跟时间在赛跑。如果不能在销售优势丧失之前快速形成资产管理的能力那么也就意味着转型的失败。

### （二）诺亚－歌斐“整改风波”

2015 年 2 月 6 日，中国证监会新闻发言人邓舸通报了部分私募基金现场检查结果，对歌斐资产管理有限公司等机构采取了责令改正的行政措施，要求限期整改。本次检查发现，私募房地产基金管理人存在的问题集中在合格投资者制度落实不到位、单只基金投资者超过法定人数、利益冲突防范不力、管理机构内控制度缺失、项目投后管理不到位、信息披露不到位等方面。

歌斐资产作为诺亚财富旗下全资子公司，对于诺亚财富的贡献举足轻重。歌斐资产受罚整改令诺亚深受打击，诺亚也因此引入了职业经理人负责集团的战略、运营及管理工作。

事实上，诺亚财富当初成功上市便是因为背后站着声名赫赫的大股东红杉资本。上市后，虽然诺亚发展速度加快，但利润的增加并没有带来股价相应的上涨，这逐渐令股东方的沈南鹏不满。对于公司近年的调整，诺亚方面对记者称，自 2012 年起，诺亚控股更明显感受到理财市场发展的巨大潜力及日益复杂的竞争环境，因此有必要进一步加强高阶管理团队的夯实，引进更多资深专才，承担集团重要工作的分工。

诺亚财富年报显示，2010 年～2013 年，其净利润分别为 1153 万美元、2397 万美元、2283 万美元、5144 万美元，相当于人民币 0.72 亿元、1.5 亿元、1.42 亿元、3.21 亿元。2012 年可谓遭遇“寒冬”。据了解，此前诺亚与信托公司的合作曾一度出现问题。行业人士认为，当时第三方相当于帮助信托公司销售产品，而 2011 年、2012 年左右诺亚的条件变得苛刻，所以很多信托公司当时也不愿意和诺亚合作了。更重要的是，在诺亚发展的过程中，尽管公司利润不断增加，但股价一直不温不火，这让投资方沈南鹏大为恼火。在 2014 年的股东大会上，有股东质疑，“诺亚上市四年了，股价却没怎么变化，管理层怎么看待，有没有想过私有化?”而汪静波认为“从上市起，诺亚利润增长了 6 倍，但股价没让股东满意，原因可能是管理层的精力主要放在内部管理和经营上，而对资本市场的影响力不够。美国资本市场是很成熟的市场，股价没涨说明诺亚还有进步的空间，我们管理层也在做策略调整。至于私有化，虽然美股估值比国内低，但我们相信更加市场化的美国资本市场，不会考虑私有化的问题。”

除此之外，诺亚财富具有较强竞争力的房地产基金还是依托于歌斐资产。汪静波曾表示，“歌斐资产发行的房地产基金产品要经过层层风控，产品选择的交易对手都是业界顶尖的，从运营能力、品类选择、区域分布、历史投资上都做了筛选。我们跟国外合作的公司就有黑石、铁狮门和凯雷等。”

对于 2015 年的挑战，诺亚表示，将持续深化客户管理，特别关注经济形势变化，关注产品的风险控制，协助客户做多元化、全球化资产配置。同时，持续加大在互联网金融上的投资。

## （三）“谋取高额收益，损害投资者权益”之嫌

2016 年 11 月 24 日，《南方周末》刊发文章《悦榕基金六年“烂尾”，投资人追查诺亚财富》，文章曝光国内首只人民币酒店私募股权资金——悦榕基金亏损近 30%，文章直指诺亚财富董事局主席兼 CEO 汪静波。

根据《南方周末》的报道，六年前，全国五十余名投资人在诺亚财富推介下，共同投资了一只名为“悦榕基金”的私募股权基金。“3.4 倍回报、4 年半收回本金、6 年后上市”。但实际上这一项目不仅 IPO 失败，收益还在持续下滑。截至 2015 年底，基金净值仅为 7.49 亿元，净资产亏损近 30%。若无法在接下来的一年多内找到“接盘侠”退出，该项目将以失败告终，投资人将面临巨额亏损。

投资人认为，诺亚财富为了高额的管理费提成夸大宣传。一份关于悦榕基金的审计报告显示，自 2010 年 7 月 16 日至 2013 年 10 月 31 日三年多期间，悦榕基金总体费用支出约为 1.0166 亿元，费用支出主体（即 GP 管理费，按合同基数 2.5% 计算）为 9736.7 万元，占总支出的 96%。在这近亿元的管理费中，作为基金实际管理人的天津悦榕获得的管理费收入约 6600 万元（基数 1.5%），诺亚则获得约 3100 万元，占管理费总规模近三成（基数 1%）。投资者因此控诉：“诺亚的首要违规行为，就是夸大宣传、欺骗消费者，在路演过程中暗示项目的高收益。但是双方都清楚实际收益根本到不了这么高。”

而针对上述指责，诺亚财富于 2016 年 11 月 28 日做出了关于“悦榕基金”相关报道的澄清说明。说明如下：

**1. 关于悦榕基金真实情况**

该基金为私募股权投资基金，与二级市场证券投资不同，并无基金净值一说。在股权投资项目实现实质退出之前，对投入回报进行简单预测与评估，有失依据。文中将阶段性审计报告内容引导为基金净值，该审计报告依据国际及房地产基金保守原则，结果并未充分反映基金实际市场价值，且进行清算之前，先下“投资人将面临巨额亏损”论断，有违事实。

**2. 关于诺亚财富“夸大宣传”的事实真相与销售渠道的权限**

该基金为私募股权投资基金。根据合伙协议，基金管理人及诺亚财富未对基金未来的收益作任何承诺，并就基金未来可能发生的风险进行充分提示，所有投资人均为合格投资人，个人投资金额在千万以上，并在签约时，均已阅读并签署由管理人出具的风险揭示书。事实上，目前基金所投项目酒店正常运营，部分开发项目仍在建在售，对本项目涉及的基金产品各方也存在不同看法。诺亚作为销售渠道，根据相关法规与合伙协议，应尊重基金管理人的职责、专业判断与作为。

**3. 关于合格投资人“刚性兑付”的违法违规要求**

该基金依据合伙企业法依法设立，所有投资人均为拥有数千万级以上资产的高净值客户，是中国私募股权投资的合格投资人，均知晓私募股权投资基金是一种高风险、高收益的投资产品，法规要求不允许承诺保本保收益。曾经企图通过威胁和恐吓的手段，要求诺亚为其实现这些投资人的“单独退出刚性兑付”，这种不合法、不合规、不公允，是伤害其他投资人的要求。文中提及的其相关观点明显是在恶意歪曲事实，企图非法实现私募投资基金的“刚性兑付”。该诉求违法违规，也有违契约精神。近年来中国证监会、基金业协会近年来不遗余力推行投资者教育，表示要打破刚性兑付，诸多监管领导、金融从业者包括诺亚管理层，也均在多种场合不遗余力推动

投资者教育。

**4. 关于管理费“高额”严重失真**

相关服务费用收取，是市场正常水平，从未高额；投资人也没有付出任何额外费用。

**5. 关于投资产品的信息披露与存续服务**

在过去的所有基金存续期间，在《独家财务顾问协议》及《后续服务协议》中约定的内容，诺亚均做到尽职尽责完成。文中将诺亚财富合法合规运营管理服务，与行业中出现的一些问题内容相互混淆，已对本司形象构成损伤。

**6. 关于该项目的“备案登记”**

项目基金首期出资付款日是2010年9月。当时证券投资基金相关法规尚未出台，对此没有明文要求。直到2014年1月17日，中国证券投资基金业协会发布了《私募投资基金管理人登记和基金备案办法（试行）》（以下简称《办法》），《办法》于2014年2月7日起施行。自《办法》正式施行，诺亚长期以来有提醒并敦促基金管理人依据《办法》补足基金备案程序，但备案程序属于基金管理人职责，基金管理人至今未备案的原因，诺亚方面尚无法得知。

**7. 关于财富管理行业“第三方独立之辩”**

本司高管愿意与投资人、媒体以及关系此事的公众继续深入探讨这一话题。我们相信，理性的思考与交流，有助于辩出中国第三方财富管理行业的清晰发展路径，同时也呈现诺亚作为行业龙头企业对行业及自身发展最新的探索与努力。

实际上，投资者需要明白的是，诺亚财富是一个中介机构。他们只是过了个手，把基金产品从制造端（基金公司）传给消费端（投资者）。在这个转手的过程中，诺亚财富会收取一些费用（比如申购费，管理费，利润分成等），但是诺亚财富完全不承担投资风险。

此外，由于像诺亚财富这样的第三方理财机构的收入来源于他们销售的基金的返佣，因此其宣传的独立性是有问题的。第三方理财机构的销售人员最大的销售动机在于推销价格最贵，返佣最高的基金。至于那款基金到底好不好，是否适合客户，对于他们来说则是次要的。在国内，这是一个普遍存在且亟待解决的问题。

与此同时，这对于投资者起了很大的警醒作用。盲目的购入，本质上是非常不负责任的投机行为。一个合格的投资者应该了解第三方理财机构的责任范围和弊端，更重要的是主动学习金融知识，提高自己对于金融产品的认识能力，增加自己对于“金融鸦片”和“金融忽悠”的抵抗能力，不要被表面上宣传的那些预期回报迷惑了心智，从而做出负责任的投资决策。

## 五、未来展望

诺亚财富于2003年源起于中国，是中国独立财富管理行业的开创者和领导者，不同于传统金融机构，从客户的立场出发，用独立客观的角度，为客户提供海内外各类型金融投资产品的专业筛选、资产配置及投资组合管理服务。诺亚财富从2007年获得美国著名风险投资基金红杉资本注资，经过快速发展，通过全市场、多维度的产品筛选及风险控制体系，参与金融产品的创新和设计，获得客户与业内的一致好评，成功于2010年11月10日在美国纽约证券交易所上市。（纽交所上市代码：NOAH），为中国独立财富管理行业的领军者。作为中国第一家在美国纽约证券交易所上市、旗下公司获得中国证监会与香港证监会业务发展相关金融牌照与资格的综合金融服务管理集团，它的成就举世瞩目。

同时，在诺亚财富发展的过程中，它出现的转型问题和第三方独立性发展问题又是不可忽视的。诺亚财富是中国独立财富管理行业的一个缩影，在曲折中不断探索，迎接更辉煌的发展前景。

# 案例十六　万国体育[①]

**背景**

对于每个家长来说，孩子拥有一个健康的体魄是父母最大的心愿。如何找到一个专业的价格亲民的拥有高素质老师指导的体育培训机构，是每个家长的难题。公开数据表明，仅北京、上海、广州、深圳4大城市适龄青少年人口就约1600万，而我国体育教育市场潜力极大且开发严重滞后，青少年体育培训市场远未饱和。

随着近些年奥运会的关注度的提高，从最初的有氧运动到现在的全民健身热潮，但当我们燃烧起运动的激情时，却发现“无处可去”。场地是体育健身的基本条件。目前，国内体育场地数量及面积有限，且国内大部分的体育场馆都属于政府及学校所有，还有重要的一点，国内体育场馆多是出于竞技体育的目的而建造，许多场馆的功能不太符合全民健身的需求。一方面是消费升级时代的全民健身需求日益旺盛，另一方面是场馆以及体育服务供给明显不足。

我国人均体育消费绝对水平偏低，且比例较不合理，以运动服装、运动器材等实物消费为主，在赛事及健身服务领域的消费水平偏低，因此未来以顶级IP为带动的体育消费是我国体育产业整体快速发展的关键。从行业空间的角度来看，国内体育培训行业具有很大的发展空间，其产业空间大、可持续性极强的特点决定了其在中长期内都将是国内的重要朝阳产业。根据政府公开的数据，在政策扶植下，预计在2025年，我国体育产业总值达5万亿，体育服务业在体育产业中的占比保守可达40%，即2万亿，体育培训预计占体育服务业1/10，市场体量可达千亿级。

## 一、万国体育简介

万国体育成立于2006年，是中国最大的以青少年击剑培训为核心的“体育培训第一股”公司，是中国体育培训业唯一一家上市公司。目前全国击剑会员总数5万人左右，万国体育市场份额超过40%，是击剑行业的绝对龙头。击剑被誉为“格斗中的芭蕾”，首届奥运会就被列为正式比赛项目。“与足、篮、排、乒、羽、网等项目相比，击剑项目是‘平效’最高的”。所谓平效，是指“销售业绩/店铺面积”，即卖场每平方米的销售额。因此，击剑培训在体育培训中具有较高的商业开发价值。首先，击剑是蕴含较高文化体验的体育项目，击剑文化与中国古老的剑文化一脉相通，重礼仪、守规则，培养青少年挑战困难的勇气。其次，击剑培训的开展需要有专业教练、专业场、专业装备才能开展，有一定的门槛，因此被称为青少年体育培训中的精品培训。第三，运动场地使用的坪效较高，单位面积单位时间容纳客流多，解决了体育场馆运营效率问题。

① 本案例由胡柳搜集整理并撰写成文。胡柳为东北大学创新创业与风险投资研究所研究助理。

正是这些优点促使万国体育的击剑培训获得了巨大的成功。

## 二、在烈火中重生

### （一）濒临破产

王剑，万国体育的创始人及 CEO。起初创建万国体育仅仅是对于击剑运动的喜爱。2004 年，身体处于亚健康状态的他偶尔接触到了击剑运动，从此一发不可收拾，背着剑包四处约人击剑。但当时北京只有百来人练击剑，全国就千余人参与这项小众运动，正值“发烧期”的王剑只好开始往国外跑，找人陪练。夫人邢金红建议他干脆在北京开个馆，从此王剑走入了击剑运营这个领域。

起初王剑有四个同龄的爱好者打算一起合伙开馆，但到预算真正做出来后，其余三人相继退出，只剩下他孤军奋战。2006 年 10 月，他在安贞附近找到一家即将关门的小剑馆，跟老板夫妻合作用 180 万注册了一家剑馆。由于经营不善，仅一年后，合伙人就退出了。一直到 2008 年初，王剑的剑馆仍处于严重亏本的低谷中，连跟了他 15 年的秘书都选择了离开。

### （二）创新思路

以学校为销售突破口来打开商业运营的渠道。当时他们调整经营思路，首先把学校作为主要渠道。因为做白领，时间、频率不能保证，需求不紧密，不稳定，于是决定从青少年培训入手。在初步成功后，改进课程，建立了体能、技术、实战的课程体系，包括联赛机制，取得了良好效果。目前形成了“专业、系统、创新”的教学理念。

### （三）增扩场馆

2008 年 5 月，会员增长到 400 多人。然而奥运会前，他们使用的场馆面临着拆除风险，为了做大做强，王剑在奥运会之后一口气谈下了奥体中心体育馆，把规模直接扩张到了两万平方米。相应地，会员人数从 2008 年的 400 名会员到 2010 年的 3000 人规模，王剑和他的团队只用了两年不到的时间。

### （四）明星阵容

通过研究家长的消费心理，王剑发现家长希望创建体系化的教程和专业的高质量老师阵容。巧合的是，2008 年奥运会后，前中国国家男子重剑队主教练肖剑和女子花剑队主教练王钰相继加入万国体育。随后万国教育吸纳了一系列人才，形成了由两位前国家击剑队主教练，八名知名外籍教练，180 余名国家级和省级优秀退役运动员组成的教练团队。国际水准的教学团队确保学员得到最专业的指导。

### （五）凤凰涅槃

通过一系列的改革措施，用了 10 年时间，万国体育从原有的濒临破产状态到成为国际上最具规模，拥有一流设施与雄厚师资的击剑运动培训机构。今年受到大众点评的 CEO 张涛的青睐，张涛成为万国体育合伙人。可以说万国体育实现了一场完美的逆袭!

## 三、璀璨新星的升起

### （一）击剑行业的领导者

击剑被誉为“格斗中的芭蕾”，首届奥运会就被列为正式比赛项目。其次，击剑培训的开展需要有专业教练、专业场、专业装备才能开展，有一定的门槛，因此被称为青少年体育培训中的精品培训。目前拥有2万多名会员，是全球规模最大的击剑培训机构。据悉，目前全国击剑会员总数5万人左右，万国体育市场份额超过40%。十年来，万国体育累积培训会员总数已达10万人。特别是登上新三板之后，堪称国内体育培训第一股。青少年是未来体育行业的接班人，目前万国击剑的学员在全国整体的比赛成绩是相当好。8月在福建泉州，2016全国击剑冠军赛刚刚结束，万国击剑的学员特别是青少组有许多取得了很优异的成绩。无论是在国内还是在国外，均享有较高的名誉。是击剑培训业当之无愧的龙头!

### （二）乘法运算：登陆“新三板”

2016年6月13日，北京万国天骐体育股份有限公司在北京奥体中心召开挂牌庆祝仪式，证券简称“万国体育”。至此，万国体育成为国内资本市场首家以体育培训为主业的上市公司。今年仅上半年营收就达9967万元，净利润2115万元。作为一家中小企业，万国的账面足以让一些年年烧钱，年年亏损的“豪门”汗颜。

如果说资本和互联网都喜欢做乘法，用互联网的思维来看体育、购买体育赛事IP都是没错的，但是没有体育人口，赛事和互联网+都是不能成立的。在低调发展，默默做着加法运算10年后，万国体育在连续三年实现净利润20%－30%增长率后登陆“新三板”，成为国内资本市场第一家体育培训企业。这是万国体育所做的乘法准备。

虽然登陆“新三板”门槛不低，但登陆“新三板”意味着巨大的优势，它会促进公司治理更加规范，有一定的广告效应，还会带来财富效益，可以流通套现但成本较低，新三板挂牌速度快，拥有较大定向融资可能性。仅2016年上半年，万国体育营收9967万元，净赚2115万元。此外还吸引了很多投资者的关注，很多健身民众不怕距离，专门到万国体育进行相关体育培训。

### （三）万国体育中心

2016年9月10日，国内第一家Sports Mall——万国体育中心（Vango Sports Center）在上海开业。万国体育中心位于上海浦东新区世博园，总面积达35，000平方米，拥有以V3（击剑、游泳、自行车）为核心，包括舞蹈、篮球、瑜伽、健身、羽毛球等多种体育项目，以及美甲、插花、咖啡厅、餐厅、体育用品超市等生活服务配套，是国内第一家面向全民健身的多功能、现代化体育综合体。

万国体育中心通过构建以体育培训与健身为核心的新型业态，以全民健身为内容支撑的场馆运营模式，将体育培训健身（内容）与场馆（空间）运营相结合，满足了全民健身的消费需求，实现了场馆的再利用和功能升级，形成了场馆运营新模式。为国内普遍存在的场馆数量少、场馆运营难提供了有效解决方案。

至此万国体育形成了多元化客户结构，并创造了一种全新的模式。关于客户结构的多元化：由于成人消费类体育项目的大大丰富，成人客户比例将大大提升，万国体育的客户结构将从以孩子为中心逐步变成以家庭为中心的客户结构，还有其中的多功能赛事馆可以实现机构类客户的突破。全新模式的含义：以家庭为主，实现全民健身、一站式亲自体育馆的场馆运营模式，实现了全新构思的体育培训。

进入资本市场后，万国将由单一击剑培训的 1.0 时代，全面升级到击剑培训和大体育服务为主体的 2.0 时代。上海的体育中心被万国董事长王剑视为企业升级转型的关键性突破。目前万国体育正在从击剑培训全面切入到体育培训领域，迈入 2.0 发展时期。

2.0 时代主要聚焦于中国企业的商业模式创新。公司生产的产品不再立足于抄袭与模仿而是立足于创新与改进，同时面向小众化消费次主流市场，以小康人群为主要客户类型，科学化的营销模式来拉动市场，用理性务实的方式找买点（FAB），市场信息透明。万国体育从单一击剑培训到为全民参与的运动热潮服务，业务扩大，前景广阔。

### （四）股东股权

除了公司实际控制人外，主要股东有温运娟、王丽雯、肖剑、北京鹏泰云峰企业管理咨询公司、北京蓝普金星企业管理中心、北京翔瑞博恒企业管理中心。

2015 年 10 月 13 日成立北京鹏泰云峰企业管理咨询公司，北京蓝普金星企业管理中心作为万国体育内部员工持股平台。

2015 年 10 月 13 日成立北京翔瑞博恒企业管理中心，肖剑为有限合伙人，公司主要用于管理万国体育击剑教练团队，同时也是万国内部员工的持股平台。

王丽雯为公司实际控制人王剑的姐姐。

万国体育在 2016 年一月从有限责任公司转变为股份有限公司，由七位股东共同持股，至目前持股比例并没有发生改变。

总而言之，除温运娟以外，公司主要股东都在万国体育转变成股份公司前实际参与到万国体育的公司运作中。

此外，并没有任何风险投资基金会对万国体育进行风险投资。

## 四、凤凰之所以为凤凰

### （一）公司特点

张涛曾先后在联想、万达、安踏任职，目前是万国体育的合伙人。虽然他自嘲是越跳公司的市值规模越小，但觉得构建一家真正伟大体育公司的希望却越来越大，自己越来越接近体育生意的本质。作为最早进入体育产业的一批人，这位前安踏副总裁一直认为，体育产业是讲情怀的，体育是离人性最近、离商业最远的产业之一。

张涛说“其实对于不少多次创业者，财富已不是最大问题。我想（能不能做好）主要看三件事，情怀、格局和坚持。这在王总身上体现得很明显。”

**1. 情怀**

众人拾柴火焰高。虽然万国体育在击剑行业是绝对的龙头，虽然其他击剑俱乐部领导人都说，定价都要看万国，万国并没有不给别人活路，相反的王剑认为青少年培训市场还有待深入开发，因此一定是众人拾柴火焰高。俗话说，三十年河东三十年河西，原来面临倒闭的万国体育现在成为击剑行业的龙头，甚至豪不夸张地说，万国体育以一己之力拉动了全国击剑行业的兴起。甚至于现在在全国范围内，学习击剑的基数超过了学习乒乓球的人数，从原来的几千人到现在的十万人，这是巨大的飞跃。然而万国体育仍坚持无数星星才能点亮夜空的想法。这种慷慨大度的情怀与格调是万国取得巨大成就的思想支柱之一。

优质的服务，平民的价格。万国体育本着铸剑育人，承载未来的信念，踏踏实实地做着国民心目中的学校机构，成为国人最信赖的体育培训机构。目前万国体育每年9000元的会员价格乍一看很贵，但一年52周，以一周两次课计算，平均每节课不到百元，性价比远高于钢琴等才艺培训。“还是尽可能地希望给孩子、家长提供便利。”此外，万国体育打造了一系列精致的课程，针对不同年龄的青少年量身定做课程；聘请专业明星教练，由两位前国家击剑队主教练，八名知名外籍教练，180余名国家级和省级优秀退役运动员组成的教练团队可以对孩子们进行专业的高质量的指导，使青少年获得了更加优异的成绩；所有体育设备均是优质品质，设备齐全，多种多样，万国体育仅采用最好的设施。

**2. 格局**

击剑被誉为“格斗中的芭蕾”，在第一届奥运会上就作为参赛项目。击剑培训需要较高的门槛。首先，击剑是蕴含较高文化体验的体育项目，击剑文化与中国古老的剑文化一脉相通，重礼仪、守规则，培养青少年挑战困难的勇气。其次，击剑培训的开展需要有专业教练、专业场、专业装备才能开展，有一定的门槛，因此被称为青少年体育培训中的精品培训。最后，运动场地使用的坪效较高，单位面积单位时间容纳客流多，解决了体育场馆运营效率问题。因此，国内击剑培训的市场较大，难度较高，也注定击剑培训在体育培训中具有较高的商业开发价值。

**3. 坚持**

作为计算机专业的毕业生和早期的IT从业者，王剑对互联网思维并不陌生。

对于国务院46号文件出来后很多大手笔的购买，以及“互联网+”的时髦概念，王剑自己的理解是，资本和互联网都喜欢做乘法，用互联网的思维来看体育、购买体育赛事IP都是没错的，但是没有体育人口，赛事和互联网+都是不能成立的。

“对于体育培训，可能大家也会关心投资人的金融行为。但目前，中国的体育培训不能说基本空白，也是初级阶段。”所以在讨论乘法之前，王剑觉得，还是要扎扎实实做好加法。同样，互联网可以实现产品创新，跨界共享和提升服务体验，却不能凭空创造出体育人口。

在万国体育寻找新模式的时候，大概有半年时间，万国的团队完全没管销售，全力投入课程体系的打造。王剑记得非常清楚，“到2008年5月份左右，突然间就销售翻翻了，突然一个月就做到两三百人，出现爆发式增长”。

从此以后，就是一路上坡。

即使是现在，他觉得目前的体育产业偏于浮躁，做投资以来感受尤其深刻。“有时候一天要看好些个BP（商业计划书），很多项目那就是在画大饼。”对于体育培训行业来说，最需要最重要的就是加法运算，只有在加法运算的基础上才能更好的实现乘法运算，为全面进入体育2.0时代做好充分的准备。

张涛觉得，体育产业刚开始大发展，很多高素质的人才、团队还没有进入，同时，一些投资者或创业者单纯以金融、互联网思维硬套体育，却不了解体育的特殊规律。“所以，目前的体育产业不缺忽悠，缺的是工匠精神，实干家。”

而上海万国体育中心的开张之所以让他兴奋，不仅是因为只用了 5 个月，就把一个钢筋水泥框架变成了如今极具现代感的体育 mall，而是因为深刻感觉到，体育产业的大发展，就需要很多像万国这样，能沉住气在基层十年深耕，一步步把梦想变成现实的人们。从地胶的安全到馆内的设计、乃至消毒灭蚊虫，于细微处见精神。“你知道如何进行空间设计和颜色搭配，能让消费者感到舒适吗？他们知道．”张涛说。

北京大学国家发展研究院体育商学院院长易剑东在不同场合表示过更期待看到坚实的基础和盈利模式，并希望万国能为体育产业的未来树立标杆。他认为，中国与西方发达国家在体育产业上的差距，关键在于没有一个强大的基础——没有足够多的体育参与者和消费者。因此，他将万国体育的上市称为“体育产业一个踏实的开始”。

## （二）市场细分

### 1. 以青少年为主要培训对象

青少年是未来体育事业的接班人，是体育的消费者。但国内针对青少年进行的体育培训却很少见，更多的是大人们的健身房。而万国体育抓住了青少年体育培训短缺的市场，创造性的开拓青少年市场。

击剑听起来有点小众。但如果看到每天下午 5 点以后，位于北京北四环奥体中心的万国击剑馆秒变“菜市场”的情景，你当时就会震惊的。

在各地商业 mall 受到电商冲击，纷纷面临转型和倒闭之时，为什么万国体育坚信体育 mall 模式能够成功，甚至不惜投入重金改造？张涛说：“主营业态是青少年体育培训，这是关键。”以往体育场馆运营难，就是缺少类似青少年培训这样可以天天进行的主营业态，仅靠赛事和演唱会这样的大型活动毕竟太少也不稳定，“而没有主营业态，场馆运营就是伪命题。”

事实上，万国之所以不惜投入巨资改造场馆，就是因为此前的发展往往受制于场馆，大而无当的场馆多，“几乎每个城市都有个小‘鸟巢’，哪怕放在那里长草，却没有适合青少年训练、中小赛事活动的场馆。”

以青少年培训的主营业态来盘活体育场馆运营，这在国内还是首创。在家长日益重视体育和素质教育的大背景下，青少年体育培训像教育培训一样渐成刚需，也是典型的必须亲身来到才能产生消费的体验型业态，以此为主营业态，给商业地产、体育场馆运营都提供了一种新思路。

让家长希望孩子在专业老师的指导下获得优异的培训的梦想成真，让孩子获得更加优异的培训环境，让孩子们在兴趣的带领下成为未来国家体育的栋梁，让老师的工作成为一种乐趣，这是万国体育的始终目标。

### 2. 兴趣是最好的老师

与国内填鸭式的教学不同，万国体育并不是一味的只教导孩子们如何学习击剑技术，而是将大部分的时间放在如何激发孩子的击剑兴趣。万国体育创始人王剑认为，兴趣是最好的老师，培养孩子的兴趣至少需要 2 年的时间。所有的教练均是喜爱击剑运动的优秀教练，每天的击剑教学不是负担而恰恰是一种甜蜜。正是因为有了兴趣的强大保障，孩子们才能在一些大型比赛中屡次获得优异成绩。在当今浮躁的时代，万国体育无疑给了我们最好的示范。

## （三）体育服务综合体模式

### 1. 全民参与，突破单一模式

这是一个全民健身的时代，从广场舞到瑜伽，从篮球到足球，从游泳到骑行，很多很多的健身活动深受国民的喜爱。但国内缺少国民健身的大型体育馆，有些运动甚至都没有相应的场所。在这种情况下，万国体育中心运用而生。

万国体育中心拥有以 V3 为核心的多元、协同的体育项目。所谓 V3 包括击剑、游泳、自行车，是万国体育结合现代五项（射击、击剑、游泳、马术、越野跑）和铁人三项（游泳、自行车、马拉松）的项目特点，总结十年青少年体育培训经验，结合中国青少年体质发育的内在规律及体适能运动科学原理，创新推出的室内综合体育项目。除 V3 外，万国体育中心还拥有舞蹈、篮球、瑜伽、健身、操舞、田径、羽毛球等多种体育项目。万国体育中心有全球规模的击剑馆、上海的舞蹈培训中心、国内第一条室内空气骑行赛道等。此外，还有美甲、插花、咖啡厅、餐厅、体育用品超市等多种生活服务配套，以及 3200 平方米的多功能赛事馆，可用于举办比赛、演艺、展览等各类活动。万国体育中心项目丰富，协同性强，既能满足青少年体育培训的需求，也拥有多项成人体育健身的项目；既具有体育培训的专业性、科学性，又具有体育休闲的娱乐性、时尚性，适合于全家共同参与体育健身，体现了万国体育所追求的大家庭、大体育、大健康的经营理念。真正实现全名参与的功能。

### 2. 较强复制能力

众所周知，打造体育服务综合体，对于许多城市顶级场馆而言，也有颇多成功的案例。国外如麦迪逊广场，国内如乐视体育生态中心等。但是这样的模式，很难被广泛推广。

这是因为体育馆的运营除了受地理位置、人口密度、消费水平、赛事资源等客观影响，与场馆经营与管理水平也密切相关。在《体育发展“十三五”规划》，明确了提出了科学创新场馆运营，建立城市体育服务综合体。

那么什么是体育服务综合体？那是将城市体育场馆设施建设与住宅、休闲、商业等业态融合，为参与体育竞赛、全民健身、体育培训的群体提供配套服务，拉长服务链，把场馆设施打造成为以体育为主题、功能丰富、综合配套齐全、可经营性强、充满活力的服务性实体。

接着我们回到原来所谈的问题，为什么顶级体育场馆模式很难被复制？首先它需要发达而密集的赛事和文化演出来做内容支撑。显然，这并不是每一座城市都能拥有。即便拥有，一座城市的顶级资源通常也只够满足不了多家场馆。其次，模式不是简单的旗舰店，而是有主店，有小规模分店，分店为主店导流，主店为分店支撑，更进一步地，还可以实现全国会员一卡通。这就为模式的复制提出了相当高的要求。

但万国体育所打造的体育服务综合体，也就是万国体育中心这样的体育 MALL，万国体育相关负责人却认为是具备较强的复制能力。“因为万国体育中心是以全民健身、大众体育为核心内容驱动的，而不是比较高端、精英、稀缺的赛事等内容。”万国体育中心形成了以体育培训和健身为核心内容的场馆运营新模式。

未来，万国将逐步打造大体育服务平台，在做好线下布局、做大用户规模的同时，还可以结合线上，与其他产业紧密结合。

家长们的口口相传。在体育界，万国体育像是一个异类，从不像其他体育服务也一样高调宣传，事实上万国连一分广告钱都没有出过。万国体育是体育界的一名踏踏实实的工匠，是一个实干家。上市前，万国没有做过任何宣传推广，有的只是对课程体系的完善和明星阵容的扩大。那万国到底是怎么宣传的呢？俗话说好酒不怕巷子深，万国体育的超高名声完全是家长们口口相传。孩子在万国接受的良好教育使得家长们不由自主的为万国做起了宣传工作。创始人王剑认为，这么多年万国会员持续增长，不是销售做得好，“还是教学和服务体系做得好”。目前，北京的击剑馆每个月平均三、四百个新增会员，一半以上是靠口碑来的，介绍和续费占了2/3。

## 五、凤凰起飞

### （一）全面进入2.0时代

可以说，万国体育中心是是国内中大型体育场馆运营的创新模式，是万国体育升级到2.0的关键性突破。万国体育中心是国内第一家面向全民健身的多功能、现代化体育综合体。随着登陆资本市场，万国体育将全面升级到2.0时代。未来几年，万国体育将全面加快产品创新升级，通过产品的不断创新和增加，实现体育用户规模的快速增长。一是创新打造体育综合体，创新推出以V3（击剑、游泳、自行车）为核心的体育组合产品，打造体育主题MALL；二是形成体育培训多元化，积极布局多种体育项目培训，实现体育培训产业的专业化、标准化、体系化；三是击剑产业一体化，加快开设击剑场馆，布局击剑商业赛事、击剑用品制造等上下游。

### （二）“三位一体”大体育服务平台

“三位一体”是指万国体育将搭建“万国体育中心”“万国击剑中心”“万国大体育培训”三个服务体系。目前，万国体育投资设计运营的万国体育中心已在上海浦东上市，且发展良好，成为为国内第一家体育培训上市公司。万国体育中心以全民健身为内容支撑的场馆运营模式解决了国内体育场馆多是以赛事、商演等为核心内容，但受制于赛事、商演等内容的稀缺性，复制难度较大的难题，具备更强的可复制性，这也为国内普遍存在的场馆数量少、场馆运营难提供了有效解决方案。万国体育中心打造了一种体育主题MALL，符合消费升级时代的需求和趋势，可望成为城市消费新地标，万国体育的品牌影响力将大大提升。万国体育正在从击剑培训全面切入到体育培训领域，迈入2.0发展时期。万国体育中心是万国体育2.0的第一个重要突破，是其搭建“万国体育中心”“万国击剑中心”“万国大体育培训”等“三位一体”的大体育服务平台的核心和关键所在。

除了万国体育中心，万国体育还正在上海开设击剑中心，以及数十家轻小型体育培训中心，形成多元化的场馆布局和多元化的产品种类，建立万国大体育体系。

资本市场也对万国体育和上海万国体育中心项目评价积极。中信证券8月份研报称，万国体育中心将在青少年体育培训及文化交流领域树立全新的标杆，通过建造综合性体育场馆，万国体育将实现产品多元化、销售多元化和客户多元化，逐渐打造以体育服务为核心的商业生态圈，成为新的城市消费地标。渤海证券9月份研报称，看好体育培训行业和万国体育多年积淀的优势，上海万国体育中心项目大大拓展了公司未来的发展空间，看好其由单一击剑向综合性体育服务平台的发展战略，并给予“增持”的投资评级。

未来几年，万国体育将以上海为模板，全面加快复制扩张，快速做大用户规模，实现青少年体育培训的专业化、体系化、规模化、科技化。

### （三）由产品型公司升级到平台型公司

万国体育成立于2006年，主营业务包括击剑运动培训、击剑赛事举办和击剑装备销售，目前在北京、深圳、广州、佛山、上海等地开设了8家击剑运动培训中心。以目前来说，万国公司做了相当多的加法运算，其主营业务就是在线下开设击剑课程，举办击剑赛事和出售装备，在一个体育浮躁的年代沉下心来，安安静静的做一名工匠而非忽悠骗子。可以看到，万国体育精致全面的课程设计，强大的明星教练阵容，安全高等的配套设施，平民式的价格优惠，这些都促使了万国体育的巨大成就。

先要有线下的实实在在的市场消费需求，才谈得到线上。“线上的作用是可以更好地满足线下的消费需求，但不能凭空制造消费需求。”在认认真真做加法的基础上，万国在未来还将打造平台型公司，加速产品创新，促进公司有产品型公司到平台型公司的转变。所谓平台型公司，必须拥有核心产品和核心客户资源，通过搭建平台（线下俱乐部、场馆、网站、微信等方式），实现平台提供商、产品提供商和最终用户的有效连接。王剑也认为，互联网肯定是可以“+”的，但怎么“+”？互联网可以帮助产品创新，跨界共享，提升服务和消费体验，但首先还是得有扎实的产品和服务，互联网才加得上去。

未来，在踏踏实实做一名体育工匠的路途上，万国体育提出将逐步构建涵盖线下和线上的综合性体育服务平台。线下是万国经营的各类场馆，包括传统的击剑馆、新型的体育综合体，以及分布在各类社区、学校的培训设施，形成网状结构，覆盖不同区域和客户；线上平台是在线下平台夯实以后，开展线上运营服务，提供各类产品服务。

### （四）“体育+”产业链

自国务院《关于加快发展体育产业促进体育消费的若干意见》发布以来，“体育+”产业在国内外掀起风潮，5万亿乃至7万亿的“产业蛋糕”规模，引爆了资本争相追逐。体育究竟加什么，才能在最大程度上实现体育产业多元化，效益和效率最大化？做大“体育+”，从文化教育、旅游娱乐、互联网+/科技、体育文化产权等拓宽体育产业的变现渠道中，“体育+地产”或将成为体育产业变现的快捷道。

目前中国房地产行业亟待深度转型的重要时期，需要注入优质的内容，盘活存量资产，优化物业服务，为客户提供更丰富的空间和内容服务，同时，中国体育产业在国家领导人的高度重视下，也开始进入爆发式增长期，为房地产行业注入优质体育文创元素，无疑为体育产业与房地产行业健康有序发展开出了一剂良方，一个服务房地产和体育产业联动发展合作共赢的全国行业组织应运而生！

对于万国体育来说，万国体育中心是“体育+地产”产业链的一环，打造了商业地产模块。

商业地产即作为商业用途的地产。体育商务型模式，是在区域层面上实现体育与的结合，通过体育经济力量驱动城市区域发展，主要涉及体育、商贸、旅游、城市和区域经济等方面。如在体育中心为核心的综合片区上发展赛事经济，吸引商贸、房产、会展和酒店等行业入驻，产业间相互合作，形成产业集聚，增强区域综合竞争力。

很多房地产产业到处寻求合适的项目，努力打造各种商业中心。然而经过仔细研究就可以发现，商业地产大多是都是华而不实，只有外表而没有真才实学。近些年高度膨胀的房地产产业急于转型，但千篇一律的模式和让消费者感觉不到干活的内容让商家和消费者都感到了疲倦。

万国体育合伙人张涛说当今商业地产最缺的就是内容。商业地产做体育主要方向还是做培训。基于此，万国体育未来的定位是基于体育培训的综合运营商。内容是一个项目的核心，没有内容，项目的运营就是一盘散棋，无法长久生存。

目前，作为国内首家多功能、现代化、综合性的体育 mall，万国体育中心是上海浦东新区打造文创高地产业园引进的首批重点项目，由原世博园 11 个联合馆中规模最大的非洲联合馆改建而成，占地近 6 个足球场的面积。该体育中心不仅推出以 V3 项目（击剑、游泳、自行车）为核心并覆盖篮球、瑜伽、舞蹈等多项体育培训组合产品，还有美甲、咖啡厅、餐厅、小超市和体育装备零售等配套服务，既为青少年提供专业化的体育培训，又满足以家庭为单位的休闲健身需求，特意留出的综合赛事馆则用于组织和承接中小型赛事和活动。以青少年培训为主要内容，积极打造一站式亲自体育馆的模式使万国体育中心貌似神散而形不散。

除了“体育 + 地产”这一模块，未来，万国将逐步打造大体育服务平台，在做好线下布局、做大用户规模的同时，还可以结合线上，与其他产业紧密结合，构建更多的“ 体育 +”产业链。为客户营造更加宾至如归的体育健身环境！

# 案例十七　小牛电动——智能代步时代的极客①

**背景**

2015年4月28日，全球移动互联大会举行第一天，北京798艺术区后门儿开张了一家新店面，名为"牛电科技"，掌柜的不是别人，正是前不久宣布要造"最牛电动车"的李一男。28日当天，李一男现身GMIC创新大赛现场，在演讲中向公众宣布了自己的新身份——牛电科技CEO。

牛电科技现有投资方包括了GGV、IDG、红杉资本、梅花天使、明势资本、创新工场、真格基金，以及新加入的凤凰祥瑞等一线投资机构。牛电科技也成为国内继小米科技、滴滴打车A轮前融资最多的创业公司。

## 一、智能代步高科技市场，"天才少年"李一男的最后一场豪赌

李一男，1970年出生，湖南长沙人，华中理工大学少年班毕业。这个外表腼腆、内向、常常咧着嘴傻笑的大男孩，其实今年（2016年）已经46岁了，但人家在23岁就已出来"混江湖"。2000年，30岁的李一男出走华为自立门户，创办港湾网络，在此后的六年时间里，华为的"钢铁统帅"任正非和"奇才少帅"李一男相互搏杀。2008年10月，百度任命李一男为公司首席技术官。2011年8月，金沙江创投发公告称，李一男以合伙人身份加盟金沙江创投，将专注于无线通信和互联网等领域的投资。从此"蛰伏"，逐渐淡出公众视野。2015年4月，李一男通过微博宣布"做一些让自己觉得激动的事情，将一切过往归零。"他创办了主打两轮智能电动车的北京牛电科技有限公司并担任CEO。2015年6月1日下午，北京798艺术区D-Park，一场苹果式的发布会之后，李一男正式把他的创业项目牛电科技推向了公众，并在儿童节这一天发布了新公司的第一款产品——小牛电动踏板车N1，采用锂电池及可扩展的电池槽，搭载60瓦功率的博世电机，续航里程预计超过70公里。这款看似低端同时充满了对传统电动车行业发出挑衅的二轮踏板车开启了他新的旅程——他希望中国的年轻人在未来都能够骑着"牛车"出行，既有符合经济规律的乐趣，又适应了广义的电动能源潮流。

年过不惑的李一男在解释自己为何选择电动车行业时，多次提到目前电动车市场保有量达到两亿台，每年新增三千万万台左右，市场空间非常巨大。小牛电动的投资方，纪源资本合伙人李宏玮此前在接受媒体采访时称，这是李一男的最后一次创业，"赌在上面了，包括时间和自己的声誉。"

① 本案例由吴丹搜集整理并撰写成文。吴丹为东北大学创新创业与风险投资研究所研究助理。

### （一）绿色出行大潮的驱动

2014 年全国共产销电动踏板车 2904.5 万辆，随着政府鼓励绿色能源、限购、限行等一系列政策的出台，未来五年将迎来大面积的更新换代（我国电动踏板车保有量已达 2 亿辆），而目前我国年销量 30 万辆的电动踏板车企仅 20 家。出行是个庞大、刚需市场，除了政府鼓励的公交、地铁等绿色出行工具，以滴滴、Uber、神州租车为代表的互联网公司也虎视眈眈，试图以新技术和产品降低用户出行成本、提升出行效率，专车、快车、拼车、租车等新出行形态由此诞生。

然而，滴滴们对出行市场的贡献或许并不如想象中美好以北京为例，北京常住人口 2300 万，每天人均需要 1.5 ~2 次出行工具，出行总量为 3000 万 ~4500 万人次，其中地铁日均运力接近 1000 万人次，占市民出行总量的 30% ~40%；地面公交系统日常运力与地铁相当，维持在 1000 万人次左右。私家车方面，北京保有 559 万辆机动车，私人轿车 316 万辆，去掉每天 20% 的限行部分，大约 250 万辆车行驶，上下班有 500 万人次。剩下的是两轮自行车和电动车，前者数量为 500 万 ~600 万辆，后者超过 300 万辆，2015 年大肆兴起的 O2O 狂潮，送餐员和快递员出行次数较高，电动车出行总量为 500 万 ~1500 万人次。

不难发现，目前北京出行市场呈现公共交通占主导、私家车和电动车齐头并进的格局。但并非一成不变，在政府鼓励绿色出行、治理道路拥堵的背景下，私家车未来的想象空间堪忧。去年 12 月，北京确定 2020 年交通具体发展目标：日出行总量 5700 万人次，中心城绿色出行（地铁、公交、自行车、电动车和步行，不包含私家车）比例达到 75%，五环内机动车流量降低 10% ~15%。

这意味着，尽管北京出行市场逐步扩大，但在公交和电动车的双重夹击下，未来私家车的数量、通行时间、通行区间受限是大势所趋，以私家车共享为基础的出行方式，既不经济、也不能改变大多数人的出行方式，滴滴们在中心城通勤的作用大为受限。事实上，滴滴们主要满足中等收入人群的部分出行需求，他们不能代表城市居民对出行的全部意见。即便滴滴在北京日订单达 200 万单，也未必能提升总体出行效率，有时甚至“帮倒忙”。在补贴、滴米和早晚高峰倍率的刺激下，滴滴平台车主更愿意在商务区活动，挑选高性价比的活，他们不在意占用车道后造成不必要的拥堵。

与私家车发展受限形成鲜明对比的是，绿色、高效的电动车大有可为。李一男曾表示，5 公里以内的汽车出行占城市汽车出行比例近 60%，无污染的自行车、电动两轮车出行理应得到更多的提倡和道路权利的尊重，牛电科技成为出行领域风口上的猪。

值得注意的是，目前中国电动车保有量为 2 亿台，智能化、节能、时尚是电动车的发展趋势，而这恰恰是具有互联网思维的牛电科技优势所在。面对每年 3000 万台电动车这一巨大市场，牛电科技大有可为，发力推广智能电动车，使其成为未来用户首选的中短途出行工具。

### （二）借电动车行业时代之势（品牌集中度很低，需要主动塑造口碑）

对于不熟悉电动车行业的消费者来说，可能鲜有人会注意到，2014 年我国电动自行车行业首次出现整体下滑迹象，从 30% 的年增长率变成 1.98% 的负增长。不过从国内各大电动车品牌的表现来看，此次销量下滑并非坏事。数据显示，在行业整体下滑的同时，市场排行靠前的一线品牌反而保持了不小幅度的提升，中小品牌则出现严重下滑，这说明电动车品牌集中化很低，更需要企业主动塑造口碑，行业的马太效应逐渐凸显，从高速发展期逐渐走向洗牌期。在对行业下滑原因的分析过程中，可以总结出电动车行业亟待解决的痛点。

一个是传统电动车产品单一、低质，售后服务体系不健全。无论从外观设计、电池技术还是其他辅助驾驶的功能上看，目前电动车的产品单一化程度都十分之高。不同品牌产品之间的差别往往只体现在车身所用材质的不同上，或在车座、车尾架上进行小幅度改观，缺乏个性化的功能设计，由此导致品牌辨识度较低，走在大街上几乎很难分辨出某个电动车出自哪家厂商。在电池续航能力上，各家产品表现差别不大，并没有哪家具备特别明显的优势。而在产品质量上，由于过去行业始终处于卖方市场，厂商过分压缩成本追逐暴利，同时将大笔资金投入到广告上，导致产品质量无法得到保证。售后体系也停留在较原始的门店阶段，在各大品牌官网上几乎找不到一个线上服务入口，从互联网行业的视角看这几乎是无法想象的。

二是在续航、安全性等方面遭遇技术壁垒。电动车的电池续航能力由于受到目前电池技术的限制无法得到有效解决，现实使用场景往往是，消费者从某地到达另一地点，需要拎着沉重的电池上楼充电，否则将无法返回出发地。而电动车的防盗能力也是其安全性能较差的另一种表现，由于经常被盗，许多消费者因此不再选择电动车作为交通工具。

最后一个显而易见的缺陷则是车身较重，便携性差，搬运不便。搬运电动车的场景往往发生于消费者为防止丢失将电动车搬到楼上时，以及因为工作等原因需要去外地时。

### （三）电动车领域的“苹果”

电动车不同于手机、平板电脑、穿戴设备等电子消费品，产品的寿命周期相对更长，无法通过快速迭代维持品牌热度和用户忠诚度，所以如何通过产品功能、质量和服务一鸣惊人迅速占领市场显得尤为重要。从牛电的团队构成来看，很显然对各个方面做了充分的准备，凭借李一男的个人魅力，以及团队的营销能力，这款尚未问世的产品吸引了众多业界大佬的关注，也吊足了消费者的胃口。

相较于电动车行业里的大多数庸常的普版，小牛电动车的设计品质、产品力、科技力都比传统一代电瓶车有了质的飞跃。小牛电动车集成了 GPS 模块，可以随时追踪车辆位置。配合远程控制 App，支持包括车况检测、位置记录、报警提示、综合信息显示四大功能。在手机上，你可以进行整车情况检测。同时小牛电动车亦致力于建设 3000 家线下 O2O 体验店，用于提供产品展示、消费者试车和售后服务。而销售部分主要在线上部分完成，牛电科技在京东开设了线上品牌店，并提供“线上购买、送货到家、开箱就骑”的大件物流方式、7 天无理由退货、30 天只换不修等售后服务。在“智能”方面，小牛智能电动踏板车则具备 GPS 防丢、手机远程控制等功能。

更让人注意的一点，小牛电动采用原装锂电池延长续航能力，还有与德国博世联合研发了一款专用电机增强动力性能，以及在智能化方面的特殊设计等等。而这与当苹果刚刚推出第一代 iPhone 时如出一辙，与众不同的设计和全新的 IOS 操作系统，让很多城市高消费人群爱不释手。小牛电动在产品方面的精心打造，使得其在一上市推出便能给人以眼前一亮的感觉，从而获得很多城市新生代消费群体的喜爱，而现在很多小牛电动的消费者应该与 2010 年时很多国内消费者购买体验苹果手机时的感受一样，时尚而且与众不同。

## 二、一群有趣的年轻人，打造这个时代的车

牛电科技在他们的带领下仍然稳步向前，成为电动车行业不可或缺的新兴力量。“人无癖不可与交，以其无深情也”，牛电科技在官网页面标题下的第一行加粗大字如是写道，底下站着六个人，分别是电子研发副总裁刘成栋、首席设计师 Joseph Nelson、副总裁胡依林、首席执行官李一男、市场副总裁张一博，以及供应链副总裁何卫华。

“设计”是牛电科技最重要的一个词汇。李一男在金沙江创投做投资时遇到包括胡依林在内的一群设计师，那是李一男有史以来最为沉寂的阶段——他甚至中止了在微博上的活动，整整三年，一条微博都没有发过，直到创业消息传出——用李一男自己的话来说，是“热爱设计师的创造力”，这是一直在理工路线上打拼的他以前很少接触到的世界。跟其他智能产品创业的团队不一样，小牛创业的电动车领域由于跟传统行业接近，同时也满足消费者在出行方面升级的需求，所以小牛的品牌很快在行业内打响了知名度。

除了李一男之外，担任产品副总裁的胡依林，也是一枚极显含金量的团队资产。胡依林同时也充当着联合创始人的角色，他很早就在上海实现了财富自由，在 Frog Design——这个全球闻名的设计公司曾是苹果、索尼和路易威登等大牌客户的御用供应商。服役时期，他以本田十分经典的 ZOOMER 电动机车为原型，独立设计出了偏重时尚和轻便的“XZOOMER”，在没有申请专利的情况下，让中国的代工厂将同类型的山寨产品销出超过 300 万件。

早在 2012 年，胡依林就在摩托骑行环游中国的路途中，做过 500 多人次的街头调研，积累了真实、鲜活的用户需求。随后，牛电科技还通过第三方调研公司，以电话、网络问卷、入户深度调研等方式，了解到了逾万名不同年龄、地域、收入、阶层的用户，对于城市中短途出行和小牛电动 N1 的真实反馈，形成了对未来数年城市出行大趋势的判断。

之所以选择与李一男搭档，是因为胡依林在其个人历史里“吃过大亏”。除了“XZOOMER”，他还做过两个独立设计师品牌的鞋子。因为过于“跨界”——据胡依林称，他在微软和 Frog Design 时轮岗并胜任了视觉、交互、工业等多个领域——他试图用一个人的力量，去搞定从原材料到供应链再到市场销售的全部环节，结果进入“自我膨胀的作死篇章”，意识到要将一件事情做成，必须背靠与自己有着相同基因和能力的一群人。

小牛电动上市初期也经历产能爬坡的过程，经过数月整合供应链、抓生产和品控，才缓解产能不足的尴尬。2015 年 10 月 20 日，小牛电动以 15 小时 35 分创造全网两轮载具最快售罄记录，销售 2 万台，贡献 1 亿现金流水。牛电科技开始步入正轨。创始团队成为牛电科技发展的主心骨，主要来自 Frog design、本田、华为、小米、艾默生、万向科技等国内外顶尖科技公司，创业经验丰富、拥有创业精神、痴迷电动车、对用户和产品敏感是其共同特征。

### （一）凤凰祥瑞领投，牛电科技获 A + 轮投资

在融资方面，李一男和他的团队显然具有足够的资本号召力，在他身后，GGV、IDG、红杉、创新工场、真格基金、明势资本、梅花天使等顶级 VC 的身影频现，天使和 A 轮继续连续完成，总额度达到 5000 万美元——这是在产品根本还未问世之前，资本市场的闭眼下注。

2015 年 6 月 30 日，牛电科技在京东众筹上创造了为期 15 天 7000 万元的神话，至今无人打

破记录。在李一男和京东众筹第一项目光环的加持下，牛电科技风靡科技圈和时尚圈，用“拿奖拿到手软”来形容其火爆程度一点也不为过。小牛电动车击败 Apple Watch 获得 2015 搜狐时尚盛典年度科技创新奖，牛电科技荣登《快公司》评选的“中国十大最具创新力企业”榜单。

在发布首款新品小牛 N1 约半年后，“李一男事件”爆发，历经“传闻——否认——受审ing”。但这似乎并没有影响到牛电科技的发展，2016 年 3 月 23 日宣布获得由凤凰祥瑞领投的 3000 万美元 A + 轮投资，又在今日正式宣布由前 KKR 运营副总裁李彦出任此前空悬的 COO 一职，并将于 4 月 21 日发布 M 系列新品。表面上看，凤凰祥瑞投资牛电科技是对其产品和商业模式的认可；深究内在，凤凰祥瑞真正看中的是牛电科技创始团队，尽管不如雷军创办小米时组建豪华团队，但在智能硬件领域也绝对数一数二。比如，设计师出身的胡依林与李一男的组合不仅契合，而且互补性强。

对于 3000 万美元的融资的流向，李彦表示，此轮融资有四大用途，即产品技术研发、产能和供应链扩容、品牌服务个性化，以及完善牛油用户社群。具体方案如下：

首先是，用于产品技术的研发，用于扩充核心技术研发团队，除加强 BMS、电机控制器、智能中控系统的研发，还将在 App、电商购物、数据处理和个性化分析方面持续投入；其次是，用于进一步扩充产能和供应链影响力，对常州产线进行扩建，提高产能和对供应链的影响力；其三是，斥资 8000 万元，用于打造品牌化和个性化的售前、售中、售后服务体系；其四是，建设用户社群，让更多的牛油找到趣味相投的朋友。

毕竟关于牛电科技有没有“三轮车、四轮车的相关计划?”张一博半开玩笑地表示“个人飞行器（同样适用于中短途出行）也不是没有可能”。

### （二）自建工厂，极致原始的创作

牛电公布的产品概念中包含四个要点：1、科技的问题，要用科技来解决；2、梦想到哪里，车就跟到哪里；3、驾驶之乐，岂止于汽车；4、是工业产品，也是艺术品。

自从互联网经济——或者说得更直白一些，不妨将之称为“小米模式”——被广泛应用，硬件产品的产能困境就是公认的课题，创业企业通常会陷入“供应链陷阱”，即如果你不够规模，就进不去高品质的工厂，也无法在零配件的采购上拿到优势价格。

李一男抛弃博弈思路，直接在常州盘下了一个两万多平方米的工厂。“中国的电动车产业虽然很大，但是你把前五名拿开之后，就几乎不剩下多少产业规模了，因为这和电子产业差异很大，后者从 20 世纪 90 年代开始，就有 IBM、惠普、戴尔在负责培育中国的，所以代工体系已经非常成熟了”，李一男坦言，因为实在找不到合适的工厂，他被迫将自建工厂放进了创业筹划里。

自建工厂的坏处，自然是资金压力极大，牛电科技 5000 万美元的融资，有很大部分都要在这项重资产上消耗。另一方面，这也意味着高度可控的供应链和流水线，从成本到销量都能够精细管理，这会加强产品研发的成长空间。

“我们不会搞饥饿营销，工业产品的特点就是最大限度的满足用户需求，四条全自动生产线对产能是有保证的”，而在销售之后的售后问题上，李一男打算在全国合作 3000 家 O2O 维修店，这些维修店本身可能就是销售其他电动踏板车产品的，但是因为牛电科技并不走线下渠道，所以“不在乎他们是不是卖别人的车”，只要对人员做出培训，让这些店面可以提供场地和服务、并获得收益上的成长，就足够了。

当前我们的确处于一个消费升级的时代，大量有消费能力的城市青年，需要一款时尚炫酷而且具有科技感的产品，小牛电动车的出现让更多的城市青年多了一种消费选择，相当于填补了一块空白市场，能够受到市场欢迎也就不足为奇了。

此次最让人瞩目的牛电科发布的小牛电动 M1 系列产品，包括覆盖城市居民全需求的 M1 顶配版、M1 动力版、M1 都市版和 M1 青春版。相较小牛电动 N1 系列主打的科技酷品范，M1 系列将主打生活时尚范，整体产品外观、重量、功能和也更轻巧。

为了让更多人能够体验到 Niu X Plan，牛电科技将在 10 个城市推出“小牛驾到”免费试驾服务。只需在线上预约，便可以在约定时间，去线下体验点试驾，小牛特工会提供 VIP 式指导服务，让用户体验全线新产品。“小牛驾到”将于 4 月 23 和 24 日首先在北京、苏州启动，5 月在上海和杭州开启，随后陆续在南京、郑州、南宁、昆明、深圳、徐州落地。

## 三、告别山寨时代，致敬特斯拉

李一男曾在多个场合表示，这次小牛电动车将带来一次锂电池的革命，小牛 N1 弃用铅酸电池，采用的是 170 节 2600mAh 松下 18650 锂电池，重量为 10. 1kg，共同组成 1560wh 的电量，电池使用寿命为 5 年，单次充电最高可行驶 100*km*。用李一男的话说就是，可以任意在一个城市的两点之间穿梭，中途不用充电。

在李一男看来，在中国这样一个广泛禁摩、道路饱和的国家，“锂电革命”决定着电动踏板车市场的春天，尤其是过去二十年锂电池的研发，都给内燃机和铅酸电池造成了足够的挑战。小牛电动车义无反顾地采用了锂电池，在电动车行业掀起了锂电池革命，再加上各种高端组件和材料的运用，以及智能化防盗系统等，这些使得小牛电动车高出传统电动车一个“段位”，打造出了一个全新的与众不同的电动车。这对于传统电动车行业来说无疑一个颠覆性的举措。要知道，在电动车在国内发展的这十几年，一直都是采用重达二三十斤公斤的蓄电池。而这一块小小的锂电池的变化，不仅仅是能够让电动车更加轻便，甚至在续航能力方面也值得期待。

除此之外，尽管一个是电动汽车，一个是电动踏板车，但是在电动车智能化方面，“前辈”特斯拉对于牛电科技也应该有所启发。不过，李一男接受媒体采访还特别强调，牛电科技并不打算做成像特斯拉那样小众高端的极客产品，而是希望能够卖到上千万辆，甚至对用户市场的定位也不仅仅只在国内，而且还瞄准了欧洲。

特斯拉 Model S 的拆解显示，其轿车底盘密密麻麻的捆满了电池，总重达到 900 公斤，即使科技行业的发展日新月异，关于电池的创新也是最少的，而电池瓶颈，也被业界认为是阻碍新能源驱动的最大难关。不过，特斯拉一直承担“锂电池概念股”的声明，特斯拉还推出了电池新品“Powerwall”，这是一个可充电的锂电池，能够和固定电网集成分摊电力，或是依靠太阳能发电自给自足。

“内燃机擅长为高转速环境服务，而电动机则更适合低转速环境，所以牛电科技要利用它这个天然特点，发挥在最高时速受限的情况下所能够带来的更愉悦的用户体验”，李一男在 2015 年 5 月 25 日一场媒体沟通会上，如此表达他对电动踏板车主导未来交通的预期信任。

从产品结构而言，铅酸电池的重量是最大的劣势，传统电动踏板的重量通常在八十公斤甚至九十公斤以上，它的装卸相对麻烦，而且不能通过互联网进行直销，“他们都是先把它发运到店里面，然后店里又把三十公斤的铅酸电池装上去，焊接，再以门店模式发运给用户”。

李一男的目标，是造出可以直接网络下单、送货上门且不需要用户手动组装的电动踏板车产品，也只有锂电池能源能够满足这一规划。

“我们想要真正规范电动踏板的路权，中国现行的电动踏板标准是16年前制定的，其核心是车重不能超过40公斤，车速不能超过20公里，这个标准就意味着中国当前在道路上行驶的电动踏板车90%以上都超标的”，李一男仿造日本和欧盟的标准，送审了一个新的方案，他希望可以借助政策和市场的双向支持，来协助锂电池的普及，也可以在维护环保和定义路权两个问题上做出一些尝试。

“欧盟规定只要电动踏板车的时速超过15公里以上，就必须有发声器告知用户，这是一个技术问题，但是在中国就很少有厂商意识到”，李一男说，每种交通工具都应该有合理的生存空间，而且互不冲突。

## 四、粉丝经济，耳目一新的营销大战

2016年10月13日，牛电科技于晚间对外推送了一则消息：截至2016年10月13日19点22分，10万牛油累计骑行里程突破100000000KM。在这个一如往常的平凡时刻，小牛电动的用户骑行总里程数已经达到了1亿公里。牛电科技运营数据表明，在过去的7个月里，五万多名牛油累计骑行5884万公里，人均累计骑行1116公里，每人日均骑行11.76公里，个人骑行总里程最高的达到18326公里，单人单日最远骑行距离291公里。

不同于传统的电动车厂商热衷于在电视台投放广告，小牛电动更倾向于通过多种媒体互动来扩大产品的知名度。显然小牛电动作为一家初创公司，而且是一家具有互联网基因的电动车公司，主要通过线上和线下的营销互动引爆产品是最为明智的选择。相较于传统电动车厂商在各地电视台投放广告的一掷千金，小牛电动的营销成本更低，并且在这个互联网连接一切的时代，通过线上与线下的互动在传播品牌口碑的同时，更能够沉淀最忠实的粉丝，而这些粉丝将能够成为二次传播的种子用户，最终将达到“滚雪球式”的传播效应。而小牛电动的粉丝被称为牛油，这些牛油经常自发在线下组织骑小牛电动车扫街活动，而经过微博和微信等线上平台的曝光之后，大大增加了小牛电动的品牌曝光度。

### （一）借势营销——任性的出场白

首先，这与小牛在上市前后在营销方面的精密策划和“步步为营”密不可分。在小牛电动正式发布前，先是李一男在微博上宣布回归，高调公布自己的创业项目小牛电动车即将上市的消息，并在微博上频繁与粉丝进行互动。作为通信业界传奇人物李一男的最新创业项目，小牛电动可以说是含着金钥匙诞生的，在不差钱的情况下，小牛电动在发布前期进行了充足的市场预热，不断制造话题，“锂电革命”“年轻人的第一台电动车”等等产品理念的提出，更使得小牛电动在互联网圈先有了一批年轻人粉丝，而即将面市发布之时，李一男和小牛电动官方微博更是通过微博平台频频抖出“包袱”，吊足了粉丝们的胃口。而后，在6月1日儿童节当天，小牛电动在798举办了盛大的发布会，邀请大量的媒体和粉丝到场观摩小牛电动车的首次亮相，而小牛电动和李一男的微博上也进行同步直播，并进行转发抽奖活动，这使得产品得到了集中宣传，品牌得到了进一步传播。

借势营销是互联网手机品牌惯用的手段，对创业者来说也是最廉价的“上位”方式。小牛电动凭借李一男的经历，媒体很自然的把这个少年天才和雷军相比，小牛也就顺势被比作为下一个小米。以至于后来的700Bike也竭力效仿。对任何品牌而言，销量奇迹离不开品牌上的成功，尤其潜在消费者对品牌价值的认同感。

### （二）声势浩大的京东众筹

紧接着，小牛电动将自己的第一批量产的电动车放在京东上进行众筹。这其实是“一石两鸟”的重要营销策略。第一，京东众筹作为当前国内最具影响力和人气的众筹平台，特别是在智能硬件方面的众筹方面有不少成功的案例，而小牛电动将京东众筹作为首发平台，可以借助京东成熟的众筹模式和销售平台，快速的销售掉首批产品；第二，京东众筹不仅仅是一个众筹销售平台，更是一个具有社会化传播属性极强的营销平台，通过京东众筹平台的抽奖和无偿支持等，可以使得小牛电动车的品牌得到更多的曝光和关注。而在京东进行众筹的同时，李一男和小牛电动还在持续得与小牛的粉丝们进行互动，一方面通过微博将众筹的捷报持续告知粉丝，另一方面通过日历、抽奖等互动方式，让粉丝影响到更多的身边人。而这些也是小牛电动在京东众筹平台取得成功的关键要素。

### （三）文化符号与社群属性

小牛电动车的用户有一个共同的名字叫牛油，其实就是在为用户划定一种社群属性。通过线上论坛和线下聚会的形式，小牛把用户打造成了一个粉丝群体，从一方面来说，交流本身就在提升用户满意度，这对早期的互联网品牌尤为重要。从另一方面来说，互联网经济的本质是一种人物经济，社交就是帮助用户找到彼此喜欢、价值观相同的人，产品是其中的一个媒介。和早期的MIUI一样，社群成了小米发展粉丝的有效工具，但最终还是会因为产品造成粉丝的流失。

“粉丝信任危机”对于创业公司来说堪称生死难关。曾经的土曼手表就曾因为发货延迟而遭遇用户大量退货，公司走到生死边缘，而罗永浩也因为产能爬坡问题备受质疑，丢失最佳的市场的机会。

在京东众筹成功之后，出于测试产品质量和提升良品率的需要，小牛被迫延迟了一个半月发货，而由此引发了市场大量的质疑。这对小牛电动来说，同样是巨大的考验。一边是粉丝催促发货质疑声四起，另一边是对于质量的严格把控，避免产品不合格带来更大危机。小牛最终选择道歉和延迟发货，并给予用户现金补偿的处理方式。尽管仍有粉丝不满，也有由粉转为黑的用户，但是小牛电动却赢得了改进产品的时间，由此避免了一次更大的产品危机。

这反映出了十分现实的问题，即粉丝不再单独追求性价比，开始追求产品品质感。从小牛电动粉丝的立场几度转换来看，他们已经开始能够更加理性的客观看待创业公司的问题和缺陷；对于自己热爱的产品不再是毫无理性的“护短”和“跪舔”，而是更倾向于帮助产品找到自己的问题所在，从而促进产品进行改善。相反地，他们不是乌合之众，而将成为有共同价值观的社群。

就在小牛电动将京东众筹的16000台智能电动车全部发货完毕之后，又在官网上完成了5000台的预售，这一次只花费了1小时43分。而在微博上，用户除了对小牛电动的助手App有吐槽外，其他的几乎都是一片赞誉之声，小牛最终还是依靠产品品质的保证和对用户的真诚，重新又赢回了粉丝的心。

### （四）脑洞大开的广告创意

2015 年 12 月 16 日，周三，世界互联网大会首日，小牛电动在《新京报》世界互联网大会会刊上连续投放两版广告，而且是一前一后的回马枪广告，先是“本人遗失小牛电动车一辆”，然后小牛电动回应道：“不怕丢的小牛电动车，敢丢就敢赔”。

互联网公司在报纸上投放广告早已屡见不鲜，但投放两版一唱一和的广告并不多见，小牛电动开了一个先河。更为重要的是，在世界互联网大会如此重要的场合，小牛电动竟敢夸下“不怕丢”的海口，为了挤掉汪峰上头条也是蛮拼的。这种出格的宣传方式有利有弊，弊端是不禁让人为其捏一把汗，好处是品牌劈开大脑。

不同于传统的电动车厂商热衷于在电视台投放广告，小牛电动更倾向于通过多种媒体互动来扩大产品的知名度。显然小牛电动作为一家初创公司，而且是一家具有互联网基因的电动车公司，主要通过线上和线下的营销互动引爆产品是最为明智的选择。相较于传统电动车厂商在各地电视台投放广告的一掷千金，小牛电动的营销成本更低，并且在这个互联网连接一切的时代，通过线上与线下的互动在传播品牌口碑的同时，更能够沉淀最忠实的粉丝，而这些粉丝将能够成为二次传播的种子用户，最终将达到“滚雪球式”的传播效应。而小牛电动的粉丝被称为牛油，这些牛油经常自发在线下组织骑小牛电动车扫街活动，而经过微博和微信等线上平台的曝光之后，大大增加了小牛电动的品牌曝光度。

### （五）向欧洲市场进军

2016 年 8 月 16 日下午，牛电科技在北京正式公布了新款电动车小牛 N1S，同时表示将会进军海外市场，并公布了“NIU 全球发展战略”。牛电科技 COO 李彦介绍，小牛电动一直致力于通过两轮出行的方式，帮助智慧城市解决出行难问题，为全球用户提供便捷、安全、环保的出行方案。“NIU 全球发展战略”将第一站直指欧洲市场，并选择以严谨著称的德国作为小牛全球战略的首个落地国家，随后将陆续在欧洲其他国家落地，之后是美国市场，再陆续延伸至全球其他市场，预计 2018 年整个海外市场的销量将达到 15 万辆或更多。

在硬件方面，N1S 从续航、操控、设计、驾驶、智能等 5 个方面进行了 10 余项的升级，小牛希望通过不断的迭代和完善为用户提供更爽更酷的产品。除产品软硬件升级外，小牛电动还将在服务上进行全新升级。一直被小牛电动用户喜爱的“牛油保”将全面升级，提供了 1 车双驾驶者的保险，让车主在将车辆外借朋友时也能得到人身、三者、丢车等方面全面的保障。小牛今年还将启动官方的授权体验店建设计划，年底前预计将在全国逾 100 个城市开设 500 家。

小牛的出海计划是公司整体战略的一部分，因为跟传统的电动车厂商相比，小牛作为后起之秀在渠道方面仍然存在短板，所以小牛制定了拓展线下渠道，并且走向海外市场的计划。而且在小牛现在的状况下选择进军海外，对小牛来说是选择了一个增量市场，也有利于扩张小牛的国际影响力。雅迪、爱玛等电动车都有海外市场，小牛做海外布局也是为了能够更全面地跟竞品竞争。

## 五、Niucare，那些与售后不得不谈的问题

牛电科技在 2015 年斥资 5000 万为用户打造了一项名为“NIU CARE”冬日保养计划的服务

后，并与国内一流保险公司联合推出“牛油保”保险计划，承诺整车丢失后可获理赔。2016 年，牛电预计继续斥资 8000 万人民币继续打造整条线下服务体系，让品牌化、个性化服务在智能出行领域成为可能。

不同于传统电动车厂商将售后服务当作产品成本，小牛电动则将售后服务做成了营销机会。

### （一）牛油保，关注消费的痛点

中国电动车保有量约两亿，但消费者长期面临着高意外伤残、高三者人伤事故率和高被盗率的风险。智能穿戴领域百家争鸣，消费群更注重高品质体验，耳机售后服务已成消费痛点。面对痛点，悟空保创始人陈志华表示：“深度分析过小牛电动和 FIIL 耳机的生态、场景、流程和痛点，定制产品及服务，与中国人寿财产保险股份有限公司建立深度战略合作关系，产品全部采用系统实时对接方式，提供互联网的线上低成本、快速、高效系统解决方案。”

### （二）Niu Care，互联网保险定制

在 Niu Care 项目的推动下，“小牛电动不怕丢”成为热门话题，显然这在传统的电动车行业是不可想象的，毕竟对于大多数电动车厂商来说，提供免费的售后服务就相当于增加了成本。这就使得小牛电动在投入 5000 万对老用户进行售后服务之后，直接把小牛电动车的售后服务水平拉升到汽车 4S 店的服务水平，也直接拉开与行业里其他电动车产品的体验差距，让老用户和新用户在服务体验方面与其他品牌的电动车有了区隔，增加粉丝好感的同时，也能够吸引更多的潜在用户进行购买。

与此同时，层出不穷的问题接踵而来。虽然早在今年六月小牛 N1 发布时，李一男就表示，在他看来工业产品的特点就是最大限度的满足用户需求，所以小牛电动车绝不会学小米玩饥饿营销。但“Niu Care”的保养主题发布会前夕，波及李一男的风波虽然最终没有盖棺定论，但却让小牛电动却一定程度上站在了舆论的风口浪尖上。

Niu Care 的冬日保养计划对小牛电动来说，其实很大程度是想通过完善电动车售后，打破市场僵局的一次全新尝试，但消费者对电动车保养意识的盲目，为这家公司的计划蒙上了一层阴影。而另一款产品“牛油保”保险，初衷或许是好的，但让消费者在购买电动车之外，再买一份保险，这或许看上去更多的是噱头。

## 六、牛电与智慧交通的未来之思

在主流媒体一片各有引向的评论中，不乏撞见这样的话语——牛电动车的到来，似乎就磨拳擦掌，要颠覆整个电动车行业。因为革命性硬件、智能化、互联网思维等等概念全被塞进一款电动车里，这电动车号称要解决 2 亿人的出行问题。真的能解决吗？电动车智能化是一件好事。但一款带了如此多概念的电动车售价多少钱？又会给用户带来多好的使用体验？前者很明确，后者却很难说。对用户来说，最实实在在的就是这款车要花 3999 元，高配置的版本要花 4999 元。它究竟好在哪里呢？你骑上它就知道了。想要马上体验？对不起先交钱。因为小牛电动车目前只能在互联网上看到，这是一款互联网产品，目前在京东众筹，厂商承诺送货上门，但前提是你要先交钱。

市场会筛选出能被消费者接受的产品，所以要求公布成本价还有最终利润的想法是不正常的。现在可以知道的是，小牛电动车包含了许多技术，其中或多或少的都领先于目前市场上能买到的大部分电动车。然而，这不甚亲民的价格是牛电最直接且致命的软肋。

除却虚高的定价因素外，配置缺乏实用性也常为人津津乐道。小牛电动搭载的是锂电池，并且配有 EBS 电子刹车系统、GPS 定位和导航系统、防盗功能等看起来比较高大上的功能。但这些功能装在一辆电动踏板车上，并没有真正能够运用自如的地方。

从产品本质来看，智能电动车也仍旧是个电动车，是用来满足用户出行用的。作为交通工具，电动车是自行车的升级版，可以让人们更轻松短距离出行。智能化的电动车，还有附加的更多功能，譬如，其产生了大量可以反映用户行为的数据可以上传到云端，这有利于分析用户的生活习性乃至生理特征；如果加上社交功能，智能电动车则成为每个用户的社交工具。其实更重要的安全驾驶，这是所有人都希望的，以后当然可以实现更高级的安全性能。

在当前智能硬件第一波热潮已经过去导致各媒体、科技、资本全都不看好这个行业的情况下，牛电科技用数字有力地回击了智能硬件无出路的这个说法。那么，资本寒冬的说法或许本就不该存在的。或者，投资者只看到了大量涌入的智能硬件创业者。但是，他们忘记了人以及产品本身。绝大多数互联网产品，似乎最终的归宿都只是给传统企业提供新的思路然后自己消亡，因为只有传统企业真正懂得行业规则。小牛如若要在智能代步的蓝海市场中长远立足，那必将有一段很为艰难的战役。

# 案例十八　云投汇，让创投更简单①

**背景**

2015 年 7 月 30 日，中科招商在北京正式发布"云投汇"股权众筹平台。作为中国目前唯一由知名投资管理公司发起并控股的线上股权众筹机构，云投汇致力于在证券业协会监管下持续推进私募股权投资标准化、可视化和大众化，为中小企业提供不同成长阶段的资本支持，为投资人安排最佳投资机会和退出渠道。

云投汇以"让创投更简单"为目标，运用互联网金融技术为新兴产业企业和项目投资人提供一站式投融资交易工具，以领投和众筹模式为项目融资，并为合伙投资人发掘优质项目，获取原始股权投资收益。这次云投汇希望以 100 亿的"云投基金"为依靠，运用"明星领投人"的模式来切入互联网非公开股权融资市场。

## 一、经济发展新常态中科发力股权众筹

2014 年 11 月，李克强总理在国务院常务会议上首次提出开展股权众筹融资的试点，缓解企业融资难。2015 年 3 月，李克强总理在两会政府工作报告又提出，"大众创业，万众创新"。创业、创新的热情在中国大地上扑面而来。同时，我国私人财富市场的可投资总量和高净值人群数量持续保持两位数的快速增长，2014 年我国高净值人群规模突破 100 万，众多高净值客户在实业投资的方向上，也逐渐向新行业和消费服务业靠拢。股权众筹提供了高净值人群的有效投资渠道，极具发展潜力的互联网金融、O2O、TMT 领域的创业项目吸引着大批高净值投资人士的投资目光。股权众筹打破了传统天使、PC、VE 的投资路径，使小额、分散化、低风险投资成为可能。在政策方面，2015 年 7 月 18 日，中国人民银行等十部委发布的《关于促进互联网金融健康发展的指导意见》指出，股权众筹融资中介机构可以在符合法律法规规定前提下，对业务模式进行创新探索，发挥股权众筹融资作为多层次资本市场有机组成部分的作用，更好服务创新创业企业。《指导意见》明确了股权众筹发展的意义与业务边界，为股权众筹下一步快速健康发展提供了政策保障及明确了业务发展方向，股权众筹迎来其迅猛发展阶段，更多互联网巨头、金融集团、创新型精英进军股权众筹市场，股权众筹的资本盛宴正式拉开帷幕。

中科招商董事长兼总裁单祥双抓住这一机会，秉承"创新创业领航成长"理念，开展全产业链布局，股权众筹正是这个产业链中的重要一环。2015 年中科招商将全面发力互联网 PE，通过新三板定增募资的部分资金将会用于 2015 年公司的互联网 PE 战略。而率先布局股权众筹行业，

---

① 本案例由靳陆宇搜集整理并撰写成文。靳陆宇为东北大学创新创业与风险投资研究所研究助理。

全面推出“云投汇”股权众筹平台，是中科招商推动互联网PE战略实施的重要步骤，是进一步丰富自身互联网创新集群的关键举措。

股权众筹需要解决资金问题、项目问题、人才问题，大型机构在资本资源、品牌资源、信用资源的整合方面具备优于中小机构的能力。这也是中科招商打造云投汇的优势所在。虽然目前国内众筹平台已达上千家，但中国的众筹发展还处在初级阶段，主要原因在于互联网技术与金融专业的融合还处在非常初级的阶段，未来，随着专业金融人士及投资机构的加入，互联网金融必将迎来跨越式的发展。

据了解，云投汇拥有优越的投资制度。首先，云投汇强调合伙投资人制。投资人到云投汇选项目，云投汇也在挑选投资人，不符合标准的投资人，即使带来再多的资金，都会被云投汇拒之门外。为此，云投汇推出金牌领投人制度，领投人需投入30%到50%的资金，之后，云投汇会配合投放一定规模的资金，然后再向社会募集。云投汇平台每年会对领投人的业绩进行评估，如果领投人没有达到预定的目标，平台会按照规定清退。

其次，云投汇的股权流动性优于其他平台。中科招商具有庞大的资本体系，云投汇平台投资的项目，由于资金的充裕，可使股权顺畅流通。另外，云投汇未来会连接中科招商股权交易、上市推荐、重组并购、上市公司收购兼并等各大系统。这样云投汇投资的项目价值提升、放大、兑现的效率会显著提高。

第三，云投汇在项目的筛选上有严格的标准。每个项目都是经过精挑细选、层层把关而选出的优质项目。

“老百姓常说，没见过老虎的人不怕老虎。但是大人不怕老虎和小孩不怕老虎是两回事。小孩不怕老虎是因为不知道老虎的厉害。大人不怕老虎是因为他掌握制服老虎的本领。中科招商之所以敢于涉足股权众筹领域，是因为我们拥有足够驾驭其合规发展的能力。”单祥双通过形象的比喻来说明中科招商开展股权众筹业务的优越性。

对于现在并不规范的股权众筹市场，单祥双表示，未来五年股权众筹会成为股权投资新常态，中科招商要把云投汇打造成真正的VC/PE投资的云平台，无论创投、天使、PE，甚至证券投资都可以通过云投汇完成，云投汇打造的是“互联网+PE”的新态势。

云投汇创始人兼CEO董刚表示，作为中国目前唯一一家由知名投资管理公司投资控股的互联网金融股权众筹平台，云投汇定位于服务优秀领投人和机构。并从资本实力、资源实力、人才实力、经验教训的积累、制度建设等都做好了充分的准备。云投汇的实质是重塑整个股权投资行业，用“互联网+”的手段形成一个崭新的互联网PE平台。所有的机构都可以借助云投汇完成募资、投资、管理、退出的流程。

## 二、用“专业性基因”保驾护航

在互联网浪潮的冲击下，各行各业都在迅速的互联网化，金融行业也不例外。此番投资并控股云投汇，是中科招商布局整个互联网金融棋局的重要一步。用中科招商董事长单祥双的话说就是，“与其等别人来革自己的命，还不如自己先革自己的命。”

带着解构传统金融的使命而来的云投汇与其他股权众筹平台最大的区别就是基因不同。云投汇创始人兼CEO董刚介绍说，“云投汇的基因是专业性。”

专业性的体现首先从人开始。在专业人才方面，董刚网罗了原始会和中科招商的优秀员工加入。除了员工的专业性，领投人的专业性也非常重要。董刚介绍说，众筹的基本模式逻辑就是需要有一批“傻瓜投资人”，这个并不是贬义，而是强调领投人的专业性。比如，很多跟投人投资项目只看价格，殊不知项目的好坏关键不是价格，而是它的成长性。这就需要明星领投人的专业性非常高。所以，董刚他们用这100亿基金去寻找明星领投人，让他们用自己的专业能力和专业眼光来判断项目，确定投资机会，从而给跟投人更好的专业引导。

这其实基于他们自己很重要的一个专业判断：投资能力和募资能是两种能力。对于大部分的投资经理来说，有些人投资能力很强，有些人募资能力极其优秀。而云投汇的百亿基金就解决了这个问题。即当领投人发现优秀项目但苦于自身资金不足时，可申请成为明星领投人，通过审核即可按相关约定获得“云投基金”的支持。

董刚特别强调，“虽然说互联网金融是要去中心化，但去中心化并不代表没有中心，准确来说应该是中心网格化、中心虚拟化。”最重要的还是要保留专业性。因为互联网金融说到底还是金融，如果没有专业性，风险太高。而且众筹还是一个高风险的事情，不可能把它做成泛大众化的类似电商模式。

针对部分电商众筹平台，董刚认为，做股权众筹最关键的不是流量问题，当然流量很重要，但还需要专业性。涉及风控方面，是不可能泛大众化的，一定需要专业性来保驾护航。做众筹并不是流量模式，用户量大不代表真正的投资人多。

云投汇的专业性基因主要体现在以下五点：有强大的创投机构做背书，品牌效用显著；资金、人才、技术等资源密集且实力雄厚；行业研究深入，项目资源广，孵化能力强；投融资经验极其丰富，专业判断能力卓越；致力于服务投资人，定位明确且专注度高。

董刚分析道，京东众筹的基因是电商，36氪孵化器的基因是媒体，人人投的基因是营销，基因就决定了未来的发展方向。有着专业性基因的云投汇在未来的发展中将稳步前进。

## 三、创新模式强力推出一二一战略

“云投汇”创始人兼CEO董刚在中科招商鼎力支持下全面推出“一二一”启航战略，即一项基金，两个计划，一批战略合作伙伴。在该战略中，“云投汇”设立100亿“云投基金”面向全球招募“明星领投人”，为明星领投人进行领投配资，解决领投人发现优质项目但资金不足的难题；发挥中科招商“千导计划”的优势，将“云投汇”的线上服务与“千导计划”的线下辅导相结合，使创业导师与创业者在“千导计划”的生态平台上实现精准对接；与知名股权交易机构、投资机构及孵化器达成战略合作，实现资源共享、优势互补、协同创新。

### （一）百亿云投资金

云投汇成立100亿元的“云投基金”，面向全球招募“明星领投人”。目前，100亿元的基金全部由中科招商设立。后续仍然会有其他基金入驻，并不是复制百亿基金的规模，而是复制这种杠杆方式。

据董刚介绍：“为了更好的把控风险和提高项目融资成功率，保证投资人和项目方的权益，云投汇的‘领投+跟投’机制有一些不同之处，即给领投人灵活补差、领投配资等。”

也就是说，对于中科招商作为领投人在云投汇发起的项目，如果项目在规定的期限内未能募集到目标金额的投资，中科招商将补齐差额，保证项目如期顺利完成融资。而在这背后，即是云投汇 100 亿元“云投基金”的支撑。云投汇的项目一般在两个星期之内都可以融资完成。这也得益于百亿基金的灵活补差制度。

云投汇 CEO 董刚介绍：“我们以‘云投基金’来支持我们优秀的投资经理，为他们提供强大的募资能力，让他们只需要发挥自己的投资能力，去发现好的项目，完成好的项目完成合作的管理，或者说让投资人充分发挥其才能。”

### （二）明星领投人计划

2015 年 9 月 18 日中科招商召开发布会，详细推介备受关注的“明星领投人计划”。

云投汇董事总经理陈晓明表示，百亿“云投基金”将支持明星领投人，吸引全球最优秀的投资人通过云投汇平台领投发布拟投资的优质项目，将云投汇平台打造成全球最优秀的职业投资人募资平台。云投汇 2015 年完成 120 个明星领投人的招募，发布超过 200 个以上优质项目。

明星领投人一共分为五级，星级越高，平台对领投比例要求就越宽松，投资杠杆和管理规模就越大，相应地，领投人的回报也越高。按照候选人的资历、从业经验、投资业绩等维度进行评级，评级标准包括从业资历、项目投资经历、投资业绩等因素。领投人最低领投比例按照不同星级从 10% 至 40% 不等，云投基金最多可配 30%，大幅提高项目融资成功概率。5 星级领投人则是在投资领域或某实业领域取得卓越成就的业界翘楚，领投条件相对宽松，最低领投金额可低至千分之二，即可对跟投人要求收益分成。明星领投人以个人名义申请，投资主体可以是申请人本人，也可以是申请人所在的投资公司。审批流程方面，候选人在线提交个人简介、过往业绩总结、一位业内大佬对候选人的评价，云投汇对候选人进行尽调，并按照上述评级标准进行评级和批复，申报 5 星级的领投人须提交中科招商集团审核批复。

云投汇每半年对明星领投人进行评估打分，主要从领投人在云投汇平台领投项目的数量、领投金额、在平台的活跃度以及投资业绩四个维度进行考量和加权计算，各个指标的分数加权平均分达到 80 分或超过 80 分方可晋级，低于 60 分则降级或取消明星领投人资格，60～80 分的则维持原星级。

明星领投人对跟投人的投资金额和云投基金的投资金额的分成按阶梯比例计算（超额累进制），对于跟投人的投资金额分成，年化收益率小于 10% 的部分不予分成，10%～50% 的部分分成 20%，超过 50%～200% 的部分分成 30%，超过 200% 以上部分分成 50%。对于云投基金的投资收益，不予分成。云投基金对明星领投人不收取管理费。

明星领投人提交项目尽调报告、投资分析报告和融资方案（包括领投人自筹资金、云投基金投资额以及交易架构），云投基金投委会秘书长组织投委会在一定周期内在微信群中做出决策，投委会 2/3 成员表决通过后，云投基金则可投资该项目，项目可按照上述融资方案在云投汇平台发行募资。天使轮项目决策周期 3 天，A 轮和 B 轮项目决策周期一周，C 轮项目决策周期两周，PE 项目决策周期一个月。

星级 1 星、2 星、3 星、4 星、5 星，尽调报告的抽检比例 50%、40%、30%、20%、10%。对于各个星级的明星领投人，云投汇根据星级对应的尽调报告抽检比例，基于领投人提交的尽调报告选择部分项目进行二次尽调和查验。一旦发现领投人的尽调报告存在重大疏忽、刻意伪造等情况，取消明星领投人的资格，并在平台公布领投人的违规行为。初期云投汇将对所有项目进行二次尽调，从严把握明星领投人引进项目的风控。

明星领投人机制优势明显。与其他互联网非公开股权融资平台对比，云投汇明星领投人计划是业内首创，明星领投人通过云投汇平台进行项目领投，中科招商云投基金的投资既解决了领投人自有资金有限的困难，又为领投人增加了信用背书，这是专业投资管理机构背景的融资平台的独特优势。

业内也有平台募资成立领投基金，平台主导领投基金的投向，这样做，一方面增加平台的运营压力和风险，另一方面合规性存疑。云投汇明星领投人计划则规避了上述风险。与传统的天使投资人和 VC 对比，云投汇为传统的天使投资人和 VC 提供了新兴的募资渠道，相当于为每个项目成立了专项基金，募资门槛更低，也没有基金存续期的压力。项目投资过程可通过平台追溯，让优秀的投资人脱颖而出云投汇的创新是在证监会相关法律法规的大框架下进行的，引入专业投资机构作为领投人，为跟投人把握项目投资价值，降低投资风险三方受益共同发展。

同时，明星领投人机制对各方也有具体细致的优势。对明星领投人来说：第一，放大了财务杠杆，分散风险，早期项目的不确定性强，通过明星领投人计划，同样的资金可以投资更多的项目，是命中的企业数量增加。第二，更容易根据自己的意愿投资。由于获得了明星领投计划的资金支持，项目更容易获得所在投资机构的支持。第三，积累业绩，提升投资人个人的影响力。明星领投人可能曾就职于多家投资公司，其投资业绩比较分散。明星领投人计划对明星领投人的背景和过往业绩做第三方尽职调查。明星领投人在平台上与跟投人互动，提升个人影响力。第四，利润分成更加灵活。投资人投出高收益的项目时就能够获得比较高的利润分成。

对跟投人来说，第一，平台除了对项目的详细描述之外，还有对领投人的详细的尽职调查，跟投人更放心。第二，明星领投人在平台上与跟投人互动交流，使跟投人更加了解被投项目。第三，由于明星领投人的收益跟业绩挂钩，所以平台项目一定是领投人精选的优质项目，跟投成功率会更高。

对项目方来说，第一，明星领投人计划为企业提供了多位投资人的历史业绩和从业背景，有利于项目挑选投资人。第二，明星领投计划部分资金支持，使得平台募资压力小，项目募资更容易。

明星领投人的利润分成机制也极具特色。明星领投人对跟投人的分成按阶梯比例计算（超额累进制）：年化收益率小于 10% 的部分不予分成；年化收益率 10% ~30% 的部分分成 10%；年化收益率 30% ~100% 的部分分成 20%；年化收益率 100% ~300% 的部分分成 30%；年化收益率 300% ~500% 的部分分成 40%；年化收益率超过 500% 以上部分分成 50%。而对于收益分成，云投汇与其他平台有三点不同。首先，云投汇采用了年化收益率的评价方式。由于三年一倍的收益和一年一倍的收益是完全不一样的，时间成本是必须考虑的，因此，云投汇采用了年化收益率的评价方式把时间作为收益的一项重要指标。第二，云投汇不收任何管理费。第三，云投汇采取根据投资收益采取阶梯比例分成，如果挣得比较少年化小于 10%，领投人就不收取任何费用了，如果挣得比较多，根据收益，提取分成；挣得越多，分得越多。可以看出，明星领投人计划对明星领投人的好处不言而喻，总的来说有这样几个方面：放大财务杠杆，分散风险；更容易根据自己的意愿投资；累积业绩，提升投资人个人影响力；利润分成更加灵活等。

云投汇的创新是在证监会相关法律法规的大框架下进行的，引入专业投资机构作为领投人，为跟投人把握项目投资价值，降低投资风险。

### （三）千导计划

“千导计划”是中科招商构建创业产业平台引进创业导师计划，该计划引进一千名签约导师、一万名认证导师、十万名注册导师，构建创业产业生态平台。加入“千导计划”的创业导师将得到中科招商给予的全面的系统支持与服务，包括发起设立天使基金，优先投资创业导师辅导推荐的项目，支持创业导师与创业者、学员共同创业等。针对“大众创业”的时代趋势、成功率偏低的社会性难题以及创业者缺资金少经验的客观现状，中科招商自创立以来始终秉承“创新创业领航成长”的发展理念进行创业产业的全产业链布局。云投汇作为创业项目的互联网股权众筹平台，是中科招商整个产业布局中的重要一环，自然与千导计划密不可分。

具体来说，云投汇的线上服务将与“千导计划”的线下辅导相结合，使创业导师与创业者在“千导计划”的生态平台上，实现精准对接、深度辅导、彼此增值；与知名股权交易机构、投资机构及孵化器达成战略合作，实现资源共享、优势互补、协同创新。

## 四、设置退出机制

中科招商执行副总裁、云投汇 CEO 董刚告诉《第一财经日报》：“2016 年的热点，很大程度上在于平台间的差异化，平台间是有差异化的，差异化体现在一方面是本身，另一方面是不同的基金对项目有不同的偏好，会更为细分。”而线下线上更好的结合、优质项目的找寻和筛选、信息披露、退出等均将成为平台差异化竞争的关键。据董刚分析：“退出角度确实也是全行业的难点，我们跟二级市场相比，核心的差异就在于流动性，流动性导致了必然很高的风险定价，时间成本换取风险的回报，这是风投的基本逻辑。”

目前，退出机制不完善是国内股权众筹面临的一大痛点。很多创业公司并不能顺利上市，众筹股东想卖并不容易。所以，在退出机制上，云投汇 2015 年 7 月与北京股权交易中心达成全方位战略合作，希望试点新的退出机制。董刚强调，云投汇不是信息中介，也不是简单的交易平台。涉及投资人的利益等问题时，云投汇会不断跟进项目情况，及时进行消息披露，保障投资人的利益。目前，云投汇只收取项目方的佣金，且不超过 5%。对投资方则不收取任何佣金。

退出机制，一般主要有三种方式：一是并购和 IPO，这是主要方式；二是股权回购，但《公司法》和《证券法》对股份回购做出了严格限制；三是股份转让，既可以非公开转让给其他投资者，也可以在后续融资中退出。关于退出问题，云投汇联合创始人邓力介绍说，云投汇允许投资人隔轮退出，阶段性的退出，保证明星领投人和跟投人的一些实践的退出要求。年化收益会更加考验领投人的能力，项目不一定要等到最后上市才退出，可以在中间任何一个高收益的环节退出。这也是为了更好的保护跟投人的利益。

云投会采用灵活的退出机制，一方面，在投资协议上，给投资人更多的选择，让投资人能够自主的选择是否退出，什么时候退出；另一方面，云投汇与北京股权交易中心达成合作，双方将在优质项目推荐、企业挂牌转让、投资人认证等方面展开合作，这也意味着为平台投资者开辟了新的退出渠道。

## 五、寻求合作遍地开花

在上线仪式后，云投汇与北京股权交易中心、京北金融、启迪之星投资、中国留学人员创业园联盟签订战略合作协议。在达成的战略协议中，各方将本着完善自身建设、资源共享、优势互补、协同创新等原则，在优质项目互荐、股权转让、金融产品创新、项目路演、投资人培训、行业研究、项目辅导、项目孵化、区域拓展、赛事活动等各方面分别展开合作，共同推进中小企业的健康快速发展。

云投汇与北京股权交易中心达成全方位战略合作后，已经在股权转让、退出机制上展开探索。另外值得关注的是，针对股权众筹平台的投资风险还将有更多的创新。董刚在采访中透露："云投汇正在积极布局和创新新产品，以期最大程度的平衡投资风险、保障投资人收益。"

此外，云投汇落地河北石家庄，协同政府共同推进创新创业。2016 年 6 月 26 日下午，中科招商云投汇落地河北启动仪式暨股权投资论坛在石家庄科技中心项目厅正式举行。这是中科招商集团双创新生态的核心企业云投汇在河北落地后举办的首场活动，本次活动由河北石家庄高新区科技局、石家庄市科技创新服务中心等相关政府、领导机构及云投汇主办，吸引了百余名天使投资人、创业者及准投资人到场出席。石家庄积极活力、创新争先的城市形象在这场活动中展露无疑。

云投汇河北分公司总经理孙显峰先生表示，随着经济的高速发展，中国中产阶级数量有了很大幅度的提升。在高净值人群逐渐扩大的新股权时代，运用互联网金融技术为企业和投资人提供一站式投融资交易工具，以领投、跟投的众筹模式帮助项目快速融资的云投汇，在提升企业价值，为投资人发掘优质项目方面都有着出色表现。

而在石家庄高新区的支持下，云投汇河北分公司非常有信心做好云投汇在河北地区的运营及投资管理工作，将积极引入云投汇（北京）总部的丰富资源，为河北搭建专业优质投融资平台服务。

云投汇落地河北计划，将会正式入驻河北石家庄市科技创新服务中心。石家庄市科技创新服务中心副总经理曹红志表示，科技中心拥有优质的孵化场地、配套设施、创业辅导及孵化服务软硬件配置。未来，科技中心与云投汇将会加深资源整合，打造河北阳光专业的投融资环境，实现强强联手的共赢局面。

而云投汇选择石家庄，也是经过了深思熟虑。创业创新，如今已不是一线大城市的专属名词。越来越多的创业项目落户二线城市，像咻医生、康诺生物，就是来自河北本土的创业项目，这两个项目与来自北京的快快鱼、态度旅行在本次活动的路演环节进行了精彩分享，让投资人大呼，找有潜力的投资项目不一定非要去北上广。紧跟创业创新发展潮流的云投汇，也正是基于此选择了创投生态潜力无限的石家庄。"其实，做天使不是一个简单的工作，而是要造一个完整的创投生态圈。我们要通过我们的分站，我们的线下活动，让更多投资人参与到天使投资中来。"中科招商集团执行副总裁，云投汇 CEO 董刚在活动中表示。创客总部、创客共赢基金合伙人李建军向在场嘉宾进行了主题为"天使投资如何筛选投资项目"的分享，自身数十年的经验浓缩在本次演讲中，令河北地区的投资人受益匪浅。

云投汇更大的一个亮点在于国内分站的启动。2016 年 5 月 20 日下午，中科招商云投汇成都分站启动。云投汇成都分公司是由云投汇战略性投资的创新型孵化器，坐落于成都高新区，面积 3400 平方米。该空间主要布局互联网金融、移动互联网、大健康、文化创意等具有高成长性的新兴行业，特别是 IP 类项目的孵化。成都云投空间作为云投汇的西部运营中心，将与北京总部、深圳分公司一起，承担云投汇的有关运营及投资管理工作。云投汇计划将"云投空间"模式复制到全国其他城市，通过招募城市合伙人的方式，建立云投汇的区域运营中心。中科招商云投汇分别与原道资本、中晨资本进行签约授牌仪式，相关领导和负责人共同携手启动水晶球，云投汇项目管理总监苑琳女士为现场嘉宾介绍了中科云投（成都）天使基金的相关情况。云投汇是中科招商集团双创新生态的核心企业，是将中科招商集团丰富的项目资源，专业投资判断力与互联网结合，创新性打造的涵盖全面生态系统的互联网非公开股权融资平台。

云投汇 CEO 董刚先生就为什么中科招商选择成都来成立这样一支创投基金和中科招商云投汇在成都作出表示，“成都作为中国西部的核心城市，在中科招商的全球布局中具有重要的战略地位，而中科招商一向看重合作伙伴的价值观、团队品性和落地执行力——也就是所谓的‘狼性’，原道资本、中晨资本作为成都当地投资机构的新锐代表，非常匹配集团公司对属地化团队的要求。”

云投汇除了加强与国内的合作交流外，还整合了海外股权投融资资源。2015 年 10 月 12 日，中科招商以 4 亿元美元投资全球最大在线股权融资平台 AngelList。在该平台完成投融资的知名企业包括 Twitter、Uber、Foursquare 等。中科招商国际业务负责人吴碧瑄曾表示，通过与海外股权融资平台的合作，可以加深双方在技术、人才、项目等方面的交流。他透露，类似的方式以后将有可能继续运用在在剑桥、以色列、德国、东京等地。随着合作深入，云投汇将会成为充分整合股权资源的众筹平台。

此外，2016 年 7 月，由中科招商集团主办，互联网非公开股权融资平台云投汇承办的“拼人气、投硅谷，跟着中科看项目”活动正在如火如荼地进行。本次活动旨在通过线上评选方式，挖掘 8 位云投汇平台最具影响力和号召力的认证投资人代表。云投汇举办本次活动的意义在于，第一，中科招商集团是全球首家与 AngelList 合作且投资规模最大的投资机构，云投汇作为 AngelList 在国内的对标企业，将以本次活动为契机，与其在创投领域建立起良好的合作关系。第二，这是云投汇在践行中科招商“硅谷直通车”的一次创新型尝试，将为投资人提供一个进入硅谷高科技创投圈学习、交流的机会。中科招商与 AngelList 共同打造“硅谷直通车”，希望在帮助海内外优质的早期项目提供资金源的同时，为中国投资人开辟一条投资硅谷早期项目的独特通道。云投汇 CEO 及创始人董刚表示，本次“拼人气、投硅谷，跟着中科投项目”的活动，将推动中国创业圈和创投品牌的声誉，并将为中美两地搭建起一座交流与合作的“桥梁”。

云投汇为高速发展的中小企业和投资人提供了一站式投融资务。秉承大孵化理念，提供创业辅导、创业资源对接、宣传推广、可视化估值、财务预测、融资辅导等增值服务，为投资人聚合、挑选和推荐最优质的项目。

传统金融体系下，创投属于专业领域，普通人很难参与，即使是高净值人士往往也只能通过做 LP 参与基金，很难直接参与到原始股和早期项目。不同于多数众筹平台致力于服务创业者的口号，云投汇定位于服务优秀领投投资人，更好的支持创新创业项目融资。围绕领投服务，云投汇通过为广大投资人提供工具化平台，优化投资流程，降低投资门槛，加速资源要素融合互动，持续提高投资效率。有着专业性基因、一二一战略和合作的高涨态势，云投汇在未来的发展中将稳步前进。2016 年 11 月 7 日，云投汇顺利通过中关村科技园区管理委员会的审批，荣获“中关村高新技术企业”认证。得益于专业化风险控制和一站式投融服务模式，云投汇正式迈入国内创新型企业的行列。这也标志着云投汇的发展迈入一个新的高度。

# 案例十九 猪八戒网，将创意“变现”让梦想成真[①]

**背景**

猪八戒网由创始人朱明跃创立于2006年，是中国目前最大的威客网站，也是目前最大的文化创意交易平台。其占据威客网站80%的市场份额，每天都有帮助超过一万家的企业、媒体、政府在猪八戒网上发布需求、购买服务，每天有超过八百万的订单在猪八戒网上产生，猪八戒网为全球25个国家和地区的客户提供200万次的定制化服务。猪八戒有1300万的服务商群体和200万的户主群体，构成了中国最大的服务再生市场。

从2006年成立至今猪八戒网已经获得多轮风投：2007年，获得博恩科技集团500万元天使投资；2011年，获得IDG1000万美元投资；2014年，获得IDG3000万美元投资、重庆市政府基金3000万元投资。

2015年6月，猪八戒网获得赛伯乐集团和重庆国有企业的26亿元C轮投资，目前估值达110亿元。这是中国互联网服务交易平台有史以来的最大一笔融资，猪八戒网同时宣布交易平台将实行零佣金制度，通过平台整体升级，让服务交易规模变得越来越大，进一步推动了中国服务交易行业进入大数据时代的步伐。

## 一、独辟蹊径看准服务电商市场

猪八戒网的创始人朱明跃曾是《重庆晚报》的首席记者。2005年，抱着对新媒体的好奇，朱明跃以自己的外号“猪八戒”注册了个人博客地址，开始在上面发布一些文章和采访心得。很快他发现，在这场众所期待的“传统媒体Vs. 新媒体”对决中，盈利模式和用户黏性都相对匮乏的个人博客终难成主流。与此同时，如何通过互联网将企业招人难的问题与许多散落四方、“怀才不遇”的人对接起来，也成了朱明跃新的关注焦点。

猪八戒网的成立皆源于其创始人朱明跃对人才、对服务、对电商的独特眼光，既然可以有淘宝这样的实物交易平台，那能不能有一个服务交易平台，把有需求的中小微企业和有智慧、专业人才的威客们集中在一起，既解决了中小微企业资金不足而又需要专业设计的刚需，又帮助拥有专业技能的人获得额外的收入。于是猪八戒网应运而生。

2006年初，朱明跃将博客改造成一个威客网站，让企业将一些非核心的业务项目发布到上面，由网络另一端的个人用户根据自己的能力与资质认领完成，并获得相应的报酬。独自兼职运营了近半年后，朱明跃判断这一模式，无论对企业、个人还是作为第三方的网站来说，都基本可

① 本案例由朱晓萌搜集整理并撰写成文。朱晓萌为东北大学创新创业与风险投资研究所研究助理。

行。于是在当年9月，他便正式从《重庆晚报》离职，成立重庆猪八戒网络有限公司，开始创业。在刚刚开始创业的头两年里，与老牌威客网站K68威客网以及差不多同时起步的威客中国、任务中国等网站相比，猪八戒网的成长速度并不算突出。2007年初，猪八戒网在拿到由重庆博恩科技集团董事长熊新祥投资的1000万元首轮融资时，网站上的日交易额不过一两千元而已。直到2008年春节时，朱明跃还在公司内部喊着“一天一万（交易额），解决吃饭”的口号。

2005年，中国科学院MBA学生刘锋将这类通过互联网把自己的智慧、能力、经验转化为实际收益的行为命名为“威客”（Witkey），他们在互联网上通过解决科学技术，工作，生活，学习中的问题从而让知识、智慧、经验、技能体现经济价值，威客网是基于电子商务概念发展的文化创意类产品交易网站，截至到2013年已威客经发展了近8年时间，威客模式也在不断变化。

根据的《2010年中国威客行业白皮书》中公布的数据，截至2010年11月，国内已有超过100家威客网站，注册会员超过2000万，整体交易金额超过3亿元。其中，在累计交易金额过千万的5家威客网站中，猪八戒网一家便“独食”了1.7亿元。猪八戒网最初是从做几百元的LOGO起家，做的是一个非主流的市场，在朱明跃看来，猪八戒网能“后发制胜”的首要秘诀是在众多威客网站号称自己最专业、任务发布数最多或威客数量最多时，率先打出了“最诚信”威客网站的旗号。较之于淘宝、拍拍这类以实物交易为主的电子商务网站，以智力成果为主要交易内容的威客网站首先让个人用户顾虑的就是一旦将自己的方案提交给任务发布方，就极有可能承受知识产权被侵害的风险。一方面，任务发布方可能在事后以所收到方案均不符合要求为由取消悬赏，不花分文就拿到相当数量的方案，自行综合达到预期效果；另一方面，作为第三方中介的威客网站内部员工，也可能私下与任务发布方勾结，假扮威客提交方案后中标，并从中牟利。为此，朱明跃从一开始就规定了如果“买方”在发布任务时注明保证选稿，且其悬赏奖金必须事先通过支付宝或其他第三方支付平台打到猪八戒网的账户上，再由猪八戒网发给最后中标的威客，其间不得退回。其次，在公司内部，他也严令禁止员工以任何形式参与具体的悬赏交易。在猪八戒网发展早期，朱明跃甚至还时不时表明自己曾是《重庆晚报》首席记者的身份，以8年媒体生涯积累的个人声誉作为网站最初的信誉背书。同时，参照淘宝网买家卖家的信誉评分机制，猪八戒网也推出了相应的评级制度：无论是作为买方的任务发布者还是作为卖方的威客，都会根据其发布或认领的任务数量及完成质量，以不同图标获得从“猪一戒”到“猪八戒”的等级评定。在后续发布或认领任务的过程中，这一等级也将被列入卖方、买方是否认领任务或是否选用方案的参考指标之一。

再对比神话故事，猪八戒经历了取经以后，他和师傅与团队一起克服九九八十一难，不断克服人性的弱点，最终取到了真经，看完整个《西游记》，只有猪八戒一次都没有回过高老庄，真的是一路向西，最终克服自己的缺点，然后得道成仙，这才是真正的英雄。

2015年，猪八戒网参与了阿里巴巴和富士康所发起的“中国好智造”项目，今年“双十一”将在淘宝和天猫上推出至少100个关于智能硬件的创意产品。这些产品都是以创客们的单纯想法为起点，而猪八戒网上有大量这样的创客，通过各个项目参与方的搜集、筛选和辅导，有潜力的创意将得到若干顶尖平台的扶持。在这个过程中，猪八戒网提供工业设计、商标注册、品牌包装等方面的服务，富士康负责制造设计、测试、生产等环节的对接，阿里巴巴负责淘宝上的推广与销售等。目前，猪八戒网的团队已经收集到来自全国的上百个科技创意，包括智能门锁、自行车手机及充电架、全新智能空气净化系统等，都将在“双十一”集体亮相。

中国有7000多万家企业，每年都会更新相当的一个比例。从企业开张到运营，这里面存在着一个巨大的市场需求，例如公司形象 Logo 的设计、网站建设、文案撰写、公司注册、商标注册、兼职会计服务等。而这些需求，企业都可以在猪八戒网上获得满意的服务。企业只需在猪八戒网上发布需求，就有专业的威客们接单，为企业完成设计或者建设，完成交易后猪八戒则可抽取 20% 的佣金。如果一年有 100 万的单子，那么猪八戒网就可以赚 20 万。发展到这里，似乎一切都皆大欢喜。这便是猪八戒最初的商业模式，中小微企业获得了服务，威客们获得财富甚至自己也开始创业，而猪八戒网也通过佣金获得了满意的利润。

## 二、依靠数据深挖钻井平台 1 + N

在过去，猪八戒的商业模式很简单，把交易规模做大，每一笔交易抽取 10% 到 20% 的佣金。但是随着跳单翻院墙这种现象的出现，使得交易规模天花板很低，佣金收入增长就乏力。在经历了 7 次腾云行动后，猪八戒网始终没有摆脱佣金这条路。但是 CEO 朱明跃坚信服务交易是互联网发展的大趋势、大未来，第三产业的交易规模未来一定比第二产业要大。

随后，猪八戒网彻底免掉佣金，通过 T 型战略来实现新的商业模式。这个 T 是一横一竖，一横是做平台做交易，获得数据、获得流量、获得用户，通过一竖去钻井，去获得收入，提供延伸服务。比如，猪八戒的设计，宣传品、包装，这些完工过后需经印刷，于是出现了印刷这口井。同时，猪八戒网聚集了三五百万家中小微企业，其中 60% 需要代账财税服务的，如此财税这口井也钻得差不多了。

2006 至 2015 九年间，猪八戒网深耕重庆，九年蛰伏，苦练内功，不仅把自己熬成了服务平台领域的第一，更重要的是累计了巨大的数据，9 年来，至少有 500 万家小微企业在猪八戒网消费过，另外一端卖家，有专业技能的个人和机构，有超过 1000 万之多。数据价值在哪里呢？陈威如教授说过一句话：所有的平台，最后都是用海量的数据来为用户提供延伸服务。

目前，猪八戒网最新的商业模式就是“数据海洋 + 钻井平台”的商业模式。通过原始的服务项目交易，获得海量的用户数据和作品数据。在这个海洋上，陆续开通一个一个的钻井平台，每开通一个，钻出来的可能都是石油或者是黄金。精确地把握企业用户的需求，猪八戒开始发力“1 + N”。一就是一个综合性的平台，以这个多品类去打严重低频，这是猪八戒网想干的。但是 N 是什么？因为每一个服务交易品类它相对来说它都是非常专业的，每个品类之间它的跨度实在太大了，因此一定会出现 N 个重度垂直的、基于某一个品类的这种平台或者是公司的出现，那么从这个角度来说，猪八戒网在呼唤这些重度垂直品类公司出现，同时也坚信，未来的服务交易平台也会出现 1 + N 的格局。企业用户设计完海报，发现猪八戒网提供的印刷服务质量有保障，而且方便快捷价格低，于是设计订单就转化成了印刷订单；小微企业在处理财税问题上不专业，或者选择的外包公司服务缺失，而猪八戒的财税代理正规高效；中小微企业在交易过程，或是企业发展中，资金需求也成为痛点，而八戒金融适时出现等等，无不印证了猪八戒的战略眼光。

自 2015 年以来，猪八戒陆续成立了八戒知识产权、八戒金融、八戒工程等，这一个个的钻井平台给猪八戒网带来了巨额的收入。仅一年时间，八戒知识产权成了中国最大的商标注册代理公司，现在每个工作日在国家商标总局的代理量超过 1000 件，是传统商标行业的 20 倍，而仅从这口井里冒出来的营收，远远超过了猪八戒网过去的佣金收入。2015 年猪八戒网获得了超过 2. 5 亿的营收，2016 年仅仅知识产权这一口井，猪八戒网对外的预算报告是 7. 8 亿营收。

不得不说，猪八戒网在融资过后找到了一个更加正确的商业模式，它的成功是因为它站了在一个正确的风口上，做一个“慢”公司，然后慢慢熬。在等待的过程中，持续改变，最终赢得发展的机会。互联网是个开放的平台，如果只做平台依靠圈住买卖双方获得佣金迟早是思路一条，而放开限制转向依靠数据海洋，为企业提供延伸服务无疑是最为明智之举。

但是，猪八戒网的商业模式还不仅限于此。

## 三、落地线下打造超级孵化器

自2016年以来，猪八戒网动作频频，“数据海洋＋钻井平台”的商业模式迅速推进的同时，猪八戒网运用自身平台的海量数据、创意智库、企业客户以及供应链的成熟资源，迎着“大众创业、万众创新”的东风，提出百城双创战略，打造“八戒城市”项目，从线上走向线下，从重庆走向全国，在全国范围内实施新一轮业务扩张，全方位服务地方企业创业者。据悉，截至目前，猪八戒已和乐山、南川、昆明、长沙、呼和浩特以及乌鲁木齐等城市展开合作，共建八戒城市互联网＋创新型产业园。

作为中国最大的威客网站，重庆猪八戒网络有限公司为全球超过25个国家和地区的文化创意人才及机构，提供在线交易、知识产权保护、消费者保障体系等服务。经过8年多发展，猪八戒网拥有文化创意注册用户超过1300万，平台累计交易额超过65亿元。如何用创意孵化梦想？又让梦想落地成真？这是猪八戒网一直在做的事。猪八戒网创始人朱明跃曾在公开场合表示，未来的猪八戒网不再是一个单纯的网站或APP，而是一个超级孵化器。猪八戒网自诞生起，就为中小微企业的需求和中小服务卖家在服务，而现在八戒城市更是把这价值进一步的落地。许多在猪八戒网线上的服务商，通过猪八戒网获得大量订单，开启自己的创业之路，因此他们也需要线下的一个物理空间，而猪八戒网创新产业园区里，入驻的企业不仅能获得物理空间，也同时是入驻到线上的平台，过去在线下只能服务本地，入驻到猪八戒创新产业园区后，就能服务全国，猪八戒网线上是一个虚拟的园区在做孵化、接订单，而线下城市实体的园区则在消化订单，线上线下形成了一个闭环，实现线上线下的融合。

真实的案例如，2013年，在中国铝业广西分公司工作的蓝慰内退后，一次偶然的机会，蓝慰结识了在深圳做设计的陈小方。“有个足不出户，只要有一技之长，坐在家里也可以工作的新兴职业，你知道吗?”陈小方向蓝慰介绍起重庆的猪八戒网，只要在上面注册，并展示作品，就有机会赢得买家的青睐。一番交谈后，两人一拍即合，组成了一个以起名为主的策划团队，在猪八戒网上做起了威客。热爱文学的蓝慰负责起名，陈小方负责设计。眼下，蓝慰与陈小方的设计团队已到了“坐地接单”的地步，客户遍及海内外，成为有名的起名“大师”。

蓝慰的故事只是猪八戒网威客里的冰山一角。

截至目前，猪八戒网将服务商从个人孵化成公司的案例已有1000多个，解决就业人口超过1万人。而200多万家中小企业等机构型买家，也在这里实现业务的“智慧外包”，向分布在25个国家和地区的服务商们购买文化创意服务。猪八戒网也因此获得了“中国商业模式十强”、“国家文化产业示范基地”等荣誉。从无到有，多方助力，一个点子，创造世界。这正是猪八戒网的创意孵化理念。未来的日子，猪八戒网将全方位利用周边资源与市场经验，将创意“变现”，让梦想成真。

从2006年开始创业，在接近10年的时间里，猪八戒网本着创业的初衷，不仅在实现自己的商业模式更新迭代，也获得了广大投资人的认可，IDG资本创始合伙人熊晓鸽说过，猪八戒的商业模式很独特也很有创意，它不像目前国内市场上很多互联网一样，可能是复制了国外的商业模式，它是地地道道的国内的原创模式，是地道的中国创造。或许正是这地道的中国创造，所以才让猪八戒网不停向前飞。

## 四、获26亿风投成就业内“独角兽”

2015年是猪八戒网创业9年之后的转折之年，这一年猪八戒完成了26亿人民币的融资，整个交易规模和收入都获得了4倍以上的增长，员工也从年初的400人扩张到现在1700人，年底始全国26个城市的布局，从线上到线下，走出重庆到全国。

2011年4月初，被誉为“中国风险投资第一人”的IDG创始合伙人熊晓鸽宣布IDG注资1000万美元参股猪八戒网，并把猪八戒的商业模式评价为“足以让人热血沸腾的中国原创”，预言其会很快海外上市。而在此之前，朱明跃已经获得了第一轮天使投资，来自重庆博恩科技集团董事长熊新祥注资的500万元。虽然中国互联网目前有很多成功的公司，但大都带有国外互联网公司的痕迹，而猪八戒网的模式是完完全全中国的创意。熊晓鸽认为猪八戒网在地域上也有相对的优势，IDG过去投资的企业都是集中在北京、上海、深圳、广州等发达城市，本身竞争比较激烈，人才成本比较高，未来发展更快的反而是在内地的一些城市。他表示，历史因素表明凡是交通不太便利的城市在电子商务和网上交易方面会有些天然的优势，四川地区聚集的高校月培养了很多的人才，这些都是猪八戒网的创业优势。对于企业来说，创新是自身发展的必由之路，在竞争激烈的淘宝网更是如此。随着消费群体的日渐多样化，新的需求层出不穷，如果继续按照以往的策略经营，这些淘宝品牌势必会因为不能适应市场的变化而无法生存和发展。

而近四年后的2015年6月15日，赛伯乐集团与猪八戒网在重庆举行签约仪式，赛伯乐集团总裁李冬、猪八戒网创始人朱明跃宣布，赛伯乐集团将投资猪八戒网16亿元，与此同时，重庆市委常委凌月明也宣布，北部新区下属国有公司也将跟投10亿元注资猪八戒网。这是中国互联网服务交易平台有史以来的最大一笔融资，猪八戒网也成为服务众包领域名符其实的“独角兽”企业。

赛伯乐集团总裁李冬表示：“线上线下兼容型互联网企业是我看好的类型，恰好猪八戒网就是这样的互联网企业，所以我们今天来了。”

获得26亿元人民币投资后，猪八戒网同时宣布交易平台将实行零佣金制度。朱明跃表示：“接下来，猪八戒网将通过平台整体升级，让服务交易规模变得越来越大，进一步推动了中国服务交易行业进入大数据时代的步伐。”猪八戒网成为中国最大的众包服务交易平台，主要生产交易非标准化的、量身定制的文化创意类产品。目前，猪八戒网注册用户1200万，占行业市场80%份额，交易总额超过65亿元。迄今猪八戒网估值已经超过百亿。从2006年成立至今猪八戒网已经获得多轮风投。

重庆工商局资料显示，猪八戒网目前注册资本为1443.4931万，股东包括朱明跃、刘川郁、熊新翔、朱陶、李晴辉，和重庆文化股权投资基金合伙企业（有限合伙）。

猪八戒网2014年年报财务数据显示，其2014年资产总额为1.2亿，负债总额为8170.59万，营业总收入为4815.67万，利润总额为430.32万，净利润为376.66万。而作为平台型公司最重要的佣金收入，猪八戒网却选择了全部取消。截至2013去年，佣金收入能占到公司盈利中40%的份额。“现在全部砍掉确实是很痛。但是我们不得不这样做。中国服务交易行业已经进入大数据时代，取消佣金势在必行。”朱明跃表示，“我们通过原始的服务项目交易，获得海量的用户数据和作品数据。通过平台整体升级，让服务交易规模变得越来越大，这个数据海洋将会变得越来越广阔，我们只需要寻找到产业链上的合作伙伴，众创掘金。”

业内相关人士分析称：“猪八戒网是属于一个小分类中的龙头企业，在获得26亿风投后，看好其后续发展，但是作为互联网平台企业，免除佣金、落地全国布局孵化园是不是真的能够获得新的发展还值得再观察。”

早在2011年猪八戒网就有在纳斯达克上市的计划，不过在去年中旬，朱明跃却表示猪八戒的核心商业模式、主要市场和用户都在国内，更适合在国内上市，已着手拆除VIE架构的工作，做回归国内上市的准备。猪八戒网希望借助融资快速成长，并且走向资本市场，一方面中国的资本市场缺一家平台型的互联网公司，另一方面，国内的政策也利好互联网企业在国内上市。希望猪八戒能够是其中一家其买方卖方主要集中在大陆，并且猪八戒网主要以文化交易服务为主。回到国内上市，相比国外，文化上没有代沟，更能获得用户和资本市场认可。因此，等到时机成熟时，猪八戒网将从纳斯达克转回国内上市。

2016年11月，猪八戒网签约入驻有着中国泛智能家居智慧社区之称的物联创智谷产业园，预计明年11月份正式进驻。另外，目前物联创智谷主推3座带装修智能公寓产品，户型涵盖38~90平方米。据开发商统计，“猪八戒网”构建了一个共享经济的超级平台，依托大流量和大数据，把企业服务的专业人士与中小微企业的需求对接起来，实现非标服务产品的“平台化交易”。10年发展，猪八戒网积累了1000万家服务商，共计600余种现代服务，包括品牌创意、产品制造、软件开发、企业管理、企业营销、个人生活六大类别，为500万家中外雇主提供一站式的企业全生命周期服务。

## 五、共享经济模式下的探索

2016年9月，猪八戒网以1.5亿元人民币投资财务软件“慧算账”，成立八戒财税。同时首轮出资5000万人民币与纳斯达克上市印刷企业浙江胜达集团、佛山彩印通三方组建互联网印刷平台“八戒印刷”。与其他互联网行业并购近亲结婚不同的是，猪八戒网更加专注向企业服务领域纵深挖掘。据猪八戒网CEO朱明跃介绍，在互联网+的大战略下，猪八戒网没有停止投资和并购的脚步。在中国大力推进”双创”、”互联网+”的背景下，猪八戒网也在做双创的平台，也在做”互联网+”，2016年同时加了财税和印刷两个产业。猪八戒网选择这两个产业的原因一是基于猪八戒网本身的商业逻辑，而后才是去呼应中国的”互联网+”大战略，这两者是完美的结合关系。2012年猪八戒网只有10亿估值到2015年的百亿估值，短时间内估值10倍暴涨背后的本质原因在于商业模式发生了根本改变：从过去的佣金年代，变成了“数据海洋+钻井平台”的商业模式。仅仅靠平台数据海洋，不一定能够在知识产权的“江湖”里“兴风作浪”，那靠的是什么？更多的是互联网的思维为中小微企业提供知识产权保护的决心。八戒知识产权和传统的知识产权公司完全不一样：第一，价格更低，每单至少低五六百元左右；第二，承诺注册不通过全额退款。这个承诺就是基于在互联网时代下，我们必须要对中小微企业负责，要大大提高他们的用户体验；正是基于这个逻辑，猪八戒网推出了价格低和担保注册这两个政策。一方面有平台数据海洋的支撑，另一方面有我们服务好中小微企业的拳拳之心，这使得猪八戒网在短短不到两年的时间内就成功钻了第一口“互联网+”的井——八戒知识产权。但是如果只钻这一口井，我们“互联网+”发展是不成立的。

新经济模式下的探索同样伴随着争议，对于国内电子商务企业近期大额融资的问题，熊晓鸽表示这一点也不奇怪，投资人有钱不会是瞎花钱、瞎喊价，说到底还是你的企业规模，大家看好的是互联网的成长性。熊晓鸽以 Facebook 为例，当他的活跃用户数突破 5 亿的时候，投资人给 Facebook 的估值可能是 500 亿美元，现在 Facebook 都已经将近 7 亿用户，那最新的估值就可能达到 700 亿美元，这个和市场的规模和发展有关。同样被熊晓鸽作为佐证的还有 IDG 近期刚刚完成了两个基金融资，随着市场规模的发展，额度也相较以前有了数倍的提高，早期 IDG 两个成长基金的额度一个是在 7500 万美元，另一个是在 1 亿美元，而于上个月 31 日刚刚完成的两个最新基金额度则分别达到了 5.5 亿美元和 7.5 亿美元。熊晓鸽介绍称，IDG－Accel 中国成长基金 III 的数额为 5.5 亿美元，主要针对于快速发展的新兴公司；中国资本基金 II 的数额为 7.5 亿美元，主要针对即将进行首次公开募股的成熟型公司。

所以，在过去的 2015 年里，猪八戒网一边在融资、在参加各种论坛的聚光灯下，感觉像在“不务正业”；但另外一边，实际上在疯狂地布局，成立了整个八戒金融的团队，这里面有做股权投资的、有做债权的、有做基金的、也有做互联网金融。进入财税、印刷的领域是猪八戒看了许多的产业、项目以及企业之后做下的决定。猪八戒网在发展中改变了两件事：第一是利用了互联网的技术和思维，使客户和服务商的成长半径，从过去的几公里变成了几千公里，极大地提升了效率；第二个就是重新做利益的再分配，传统设计永远是员工拿小头，公司拿大头，但是猪八戒网作为一个平台，设计师拿 100% 的佣金，颠覆了原先行业的利益分配。

朱明跃曾说，作为创业者，最重要的本事是擅于将一副烂牌打成好牌，创办猪八戒网这十年的路上，实际在前面九个年头，他都意识到这是一副烂牌，比如做企业服务，严重低频、严重非标，而且非专业买家做复杂购买。苦熬、傻傻等待，等不来开花结果。仅仅靠创新支撑不了梦想，坚信对用户有价值的产品就能赚到最后一桶金。猪八戒的关键是坚持了两轮驱动：一个是创新，做了产品的创新，又做七次腾云行动，把产品、把模式推倒重来；而后又做商业模式的颠覆式创新，即实行零佣金制度，不收过路费。通过交易获得用户和数据过后，提供延伸服务，所谓的钻井来赚钱。“仅仅靠创新支撑不了梦想，”朱明跃说，“另一个驱动力，我觉得是靠价值驱动，因为在过去六、七年，我们做一个平台的创业者，结果我们这家公司，还没有我们这个平台上排在前三名的商家收入高，但是我们看到了这个平台它的价值。我们让那么多的人，实现了就业和创业。只要我们做的是一个对用户有价值的一个产品，那么我们就坚信，可以在别人赚第一桶金的同时，我们还能够赚最后一桶金，第一个是创新，第二个是价值，双轮驱动，让我们创业有真正的大未来。”

2016 年 8 月，猪八戒网联合 27 家分公司、全国 6 个八戒园区，以及 1 万家服务商，全国联动，共同打造史上首个属于创业者的服务电商节——“八月八免单日”。事实上，在实物电商领域，各大电商平台打造的“11·11”、“8·18”、“6·18”等电商节多不胜数，但是在服务电商领域，猪八戒网的“八月八免单日”，尚属首例。为创业者服务，不仅仅是一个口号，这次我们要实实在在通过 10 万个超值免单服务，助力 10 万家企业创新创业。”猪八戒网创始人、CEO 朱明跃表示，在互联网成主流的今天，电商造节已成趋势，作为服务电商的典范，猪八戒网在十周年之际，跳出实物电商以打折吸引受众关注的套路，由总公司联合 27 家分公司、6 个八戒园区，以及 1 万家服务商，全国联动，为创业者打造一场史无前例的免单服务狂欢日，助力创业者创业。

# 案例二十 大疆创新——大道无疆，创新无限[①]

**背景**

在我们身边，无人机已取代“自拍杆”，成为国内外摄影专家、时尚达人的新宠。实际上，无人机有着影像航拍、快递运输、灾后搜救、气象控制等诸多功能。随着开发和应用的逐步拓展与完善，无人机在海内外的人气正急速上升，不仅国内上市公司忙着布局，谷歌、三星、亚马逊等国际巨头也纷纷涉足。广阔的市场前景和资本热捧使无人机产业站上风口蓄势起飞，业内预计，该产业将成为下一个新蓝海，未来十年千亿市场待掘金。

这是一家在过去的2年间红得发紫、近乎被神话的企业，《新闻联播》先后5次报道了它。这家企业叫大疆（深圳市大疆创新科技有限公司），其创始人是汪滔。在一次政府工作会议上，李克强总理对汪滔说：“你就是明星”。

深圳市大疆创新科技有限公司（简称DJI），成立于2006年，是全球领先的无人飞行器控制系统及无人机解决方案的研发和生产商，客户遍布全球40多个国家。该公司产品主要销往欧美国家，其产品从无人机飞控系统到整体航拍方案、从多轴云台到高清图传，已被广泛用于航拍、电影、农业、地产、新闻、消防、救援、能源、遥感测绘、野生动物保护等领域。

大疆诞生于大学生追随自己兴趣的执着创业，几乎不靠融资也不追求上市，用了9年时间，把年销售额做到60亿人民币、占据了70%的国际市场份额。现在看来，大疆的“会飞行的相机”系列产品，很可能是第一个来自中国的有能力引领全球科技潮流的产品。

## 一、技术扩散的推动者——汪滔

大疆科技的创始人汪滔，1980年出生于杭州的一个中产家庭。汪滔对飞行器的兴趣始于小学，一本红色直升机探险漫画书诱使他开始对飞机痴迷，并将大部分课余时间花在阅读航模读物上面，还梦想着拥有一架飞行器能跟在身后保驾护航。上中学期间，他仍然兴趣不减，并且开始动手，摆弄一架坏了的父母奖励的遥控直升机。高中毕业，汪滔考入华东师范大学，他在那里待了2年后决定退学，重新报考世界一流大学。

汪滔的成绩一般，他向十几家高等学府寄出申请，只得到了香港科技大学的回复。在香港，他变成了一个彻底的“技术派”。2005年，汪滔决定将遥控直升机的飞行控制系统作为毕业课题，这个决定改变了他的人生轨迹。

课题的核心问题是让航模能够自动悬停。当时，清华、浙大等高校的博士团队也在研究类似

① 本案例由靳陆宇搜集整理并撰写成文。靳陆宇为东北大学创新创业与风险投资研究所研究助理。

课题，已经持续了几年时间，浙江大学还搞了一个“浙大无人机傲停一分钟”的新闻。

对于本科生而言，这个课题的难度可想而知。学校给了汪滔 1. 8 万港币作为启动经费，他没日没夜得研究了大半年，但课题展示阶段还是失败了，仅得到一个勉强通过的毕业分。

面对挫折，汪滔很倔，他把失败品拿回家，又“折腾”了两三个月，居然真的搞定了飞控系统。他的研究成果仅比浙大的团队晚 1 个月，带着成果去珠海航展和高交会上转了一圈，汪滔就收到了企业的订单，于是他决定创业。

他的成果也得到了导师的肯定。香港科技大学机器人技术教授李泽湘引荐汪滔攻读研究生，他也是大疆的早期投资者。

2006 年，汪滔在上研究生课程的同时，与两位同学一起创立大疆，又招募了几位成员。为了节省成本，他们将“总部”移师深圳，在一片城中村的农民房里安了家。汪滔回忆说，当时的想法就是开发一款产品，能养活一个 10 到 20 人的团队就行。

起初，这个念头也是奢望。大疆起步时期的订单断断续续，接到的都是小单。最严重的问题则是当时团队上下找到不到方向，一位早期的成员透露说：汪滔起初想往专业的圈子里靠，但是涉及专业无人机级别的，不是军事类就是大型国企的需求，大疆的团队在各个层面都没有竞争力。

由于缺乏早期愿景，加之汪滔个性很强，最终导致大疆内部纷争不断。大疆开始不断流失员工，有些人觉得老板很苛刻，在股权分配上很小气。在创立两年后，大疆创始团队的所有成员几乎全部离开了。汪滔坦言，他可能是一个“不招人待见的完美主义者”，“当时也让员工们伤透了心”。

大疆经历了一段时间的困难期，最拮据的时候，公司账户上只有 2 万元。好在相信汪滔的并非只有他自己，亲属和朋友的持续投资帮助大疆渡过难关。

面对困难，汪滔很从容。他认为，无论在哪个领域，困难都是所有创业者必须去面对的。对创业者而言，最重要的是一颗纯粹的心。“只有抱着‘把事情做好的决心’坚持下去，才能在创业的道路上走得更远。”

汪滔的坚持很快就得到了回报。2008 年，大疆第一款较为成熟的直升机飞行控制系统 XP3. 1 面市。“当时能够采用自主悬停技术的产品非常稀缺，一个单品就能卖到 20 万，钱很好赚。”汪滔说。

创业的初步成功，并不能让汪滔满意，在他看来，过高的价格门槛会带来市场的局限。汪滔决定转型。

当时，多旋翼飞行器已经开始兴起，这给汪滔带来了灵感。大疆很快把在直升机上积累的技术运用到多旋翼飞行器上。

“多旋翼市场起来之后，那时人人都在搞航拍。”汪滔说，大疆最初的核心产品是飞行控制系统。他发现，即便解决了飞机的操作难题，摄像机还是需要另外购买安装。“我们为什么不能做一个一体化的解决方案?”

2012 年，大疆推出全球首款航拍一体机“大疆精灵 Phantom1”。经由高度技术集成，大疆精灵将之前局限于航模爱好者的专业市场推广至大众消费市场，将单纯的飞行体验拓展至航拍体验后，不仅让大疆走上了高速发展的快车道，也引爆了整个无人机行业的市场需求。

“大疆的成功，源自始终专注于产品的态度。”汪滔说。

固定悬停、自动返航、影像实时回传、GPS 自动导航……在接下来的几年里，大疆始终以用户的体验反馈为依据，不断实现产品的升级换代。如今，大疆的产品已经占据全球70%的市场份额，成为民用无人机领域当之无愧的领航者。

对于越发激烈的行业竞争，汪滔并不担心，而是始终保持着开放的态度。2014 年 11 月，大疆推出 SDK 软件开发套件，把大疆已有的核心技术向后来的开发者开放，"希望此举能够将无人机产业推向一个新的高度。"汪滔说。

汪滔对竞争开放的态度，源于对大疆技术优势的绝对自信。"我们在无人机领域有着近 10 年的技术积累。"他表示，图像传输、云台技术和飞行系统是大疆的核心技术。这些技术拼接在一起，才形成了大疆现在的领先地位。

"无人机未来的发展方向，是在应用领域的创新，而不是价格上的竞争。"创业 9 年来，大疆始终将创造力作为发展的根本。在大疆 3000 多名员工中，研发人员数量超过 700 人，"研发力量是竞争对手的 10 倍以上。"汪滔说。

汪滔当年创业的初衷是做一个"容易飞的飞行器"，后来逐步延展到"让更多的人体验不同的世界"。如今，这两个目标都已实现，汪滔的目光已看得更远。

"一直以来，中国都缺少一个能够打动全世界的产品。'中国制造'也很难摆脱靠性价比优势去获得市场的尴尬局面。"汪滔表示，希望通过大疆对产品的精益求精，让中国制造贴上高质量、高品位的标签。

## 二、无人机领域的"苹果公司"

2014 年之前，没有什么圈外人知道大疆的名头，更没人了解其行业——消费级无人机产业。实际上，大疆之前，世界范围内都没有消费级无人机的概念，汪滔是这个行业的"盘古"。如今，大疆创新正在国际科技创新市场上掀起一股强大旋风，这家发展不到 10 年的中国民营企业被比作无人机领域的"苹果公司"。

2015 年 4 月初，大疆在纽约、伦敦和慕尼黑同时发布了其"精灵"系列民用无人机的第三代产品。"精灵"是第一款在世界范围内获得巨大成功的一体化消费级无人机。这家"80 后"掌舵的创业企业已成为全球民用无人机领域无可争议的领军者。

大疆的传奇被美国有线电视新闻网称为"一段励志的创业故事"，并称赞其"成功打破了人们对中国科技公司的创新能力不如其他国家竞争者的刻板印象。"《华尔街日报》还称大疆是"首个在全球主要的科技消费产品领域成为先锋者的中国企业"。2014 年，《福布斯》将汪滔放置封面，评价其为中美创新人物的代表。同年，《福布斯》《时代》《经济学人》不约而同地将大疆产品"封为"年度最杰出的高科技产品之一。

### （一）用技术创新重塑中国制造，畅行国际市场

大疆科技视技术创新为企业生命，并把它作为重新定义"中国制造"的核心。大疆科技自主创新研发了一系列产品，不断推进技术跨越，每年都有新产品问世，每一代产品都实现技术大跨越，赢得客户喜欢。

大疆最初的主营业务是研发生产用于直升机航模和多旋翼飞行器的飞行控制系统。2008 年，他研发的第一款较为成熟的直升机飞控系统 XP3. 1 面市，随即四处兜售这套系统。彼时市场上还

没有“消费级无人机”这个概念，大疆的产品大多通过一些专业网站或论坛销售，渐渐获得业内人士认可。

和其他飞行器一样，这类无人机也分为三大类，包括固定翼（fixed wing）；依靠一个或两个主旋翼提供升力直升机（helicopter）；以及有4个或者更多旋翼的多旋翼（multi-rotor）。其中，多旋翼的优点是机械简单，能垂直起降，缺点是续航时间最短，载荷量小。一位新西兰的代理商告诉汪滔，他的客户中超过90%人使用多旋翼，总抱怨找不到好的飞行器。于是，汪滔将积累的技术运用到多旋翼，再打包自己的飞控系统出售。在一众业余出身的飞行器中，大疆看上去超凡脱俗，通过各国的相关论坛，大疆的产品售往全球各地，口碑极佳，公司每月能有20万左右进账。

搞定了飞行器和飞控系统，有了资金的汪滔开始研发其他技术。航模级无人机的核心技术拆解开来一共有4个部分：飞控、云台、图像传输和相机。飞控是汪滔的老本行，其本质和机器人技术一样，追求的是智能化飞行。云台是安装、固定摄像机的支撑设备，它要保证无人机在各种环境下做到稳定拍摄。

汪滔在研发云台技术期间，经营一家航拍公司的美国人科林-奎恩询问大疆是否有保证无人机稳定拍摄的方法——当时没有无人机专用的云台，DIY的成品很难做到画面稳定。

大疆很快搞定了这项技术，他们的云台系统可以在飞行中调整方向，即便无人机摇摇晃晃，也不会影响画面质量。奎恩告诉汪滔，这个技术在美国会是很大的市场，他毛遂自荐加入大疆，和深圳总部一起成立了大疆北美分公司。

奎恩是一个天才销售员，有形象有口才，他参加过综艺节目，在美国演艺圈有人脉。奎恩将大疆的产品赠送给好莱坞里的知名人士，通过这类渠道迅速传播大疆品牌，让更多对无人机一无所知的人了解了这个产业。

2013年1月，第一代大疆“精灵”（Phantom）面世，和以往的专业航拍飞行器不同的是，这款四旋翼无人机无需组装，“开箱即飞”，通过遥控器和智能手机就可以灵活控制，使航拍的技术门槛和成本大大降低，让普通人也能够以相对较低的成本，用一种全新的视角认识自己周遭的环境。

“精灵”问世后，汪滔几乎没有在销售上投入什么精力，公司的营收就持续成倍增长。订单的来源也不再局限于美国，欧洲和亚洲分别为大疆的营收贡献了30%的比例，拉美和非洲地区也有10%，整个市场完全是大疆的蓝海。

凭借这款产品，大疆正式奠定了自己的行业地位，同行将其比作业内的苹果公司。而单论行业占有率，苹果相较大疆也是望尘莫及。

大疆约八成销售是在海外市场实现的，在北美和欧洲的表现尤为亮眼。美国联邦航空管理局（FAA）的资料显示：获批使用无人机的129家公司中，61家在使用大疆无人机，遥遥领先于第二位。另外695家正等待批准的公司中，有近400家公司申请使用大疆无人机。企业客户之外，大疆更是美国个体消费者的唯一选择。多家市场研究机构认为，大疆在全球民用无人机市场的占有率接近七成。

“我们可以毫不隐晦地说，是大疆开辟了民用无人机的市场。”大疆宣传与公共关系部总监邵建伙说，创新最关键的不是“从1到N”，而是“从0到1”的过程。

“大疆恰恰就是完成了消费级无人机‘从0到1’的这一步，即国际上流行一个词叫‘垄断性创新’，如果你的技术是开创了一个行业，领先优势就会是难以撼动的。”

有人说大疆不像一家中国公司，但这家企业更倾向于把自己称为“2.0 版本”的中国企业。

“公司创始人是‘80 后’，这一代企业家成长在中国改革开放之后，他们所处的环境相对宽松，再加上互联网的影响，很早就具备了国际视野，也抛弃了过去资源竞争、低价竞争这些零和模式。”邵建伙说。他解释说：“2.0 版本”中国企业直接跳过了早期的“中国制造”以低价、低附加值产品抢占市场的阶段，从一开始就是技术驱动、创新驱动的，“我们希望改变国际市场对中国产品的一些陈旧认识。”

大疆产品不仅为普通家庭用户所喜爱，也以较低成本应用在更多的领域和行业。除了最常见的航拍、影视拍摄和新闻报道，还有搜索救援、执法、防火、电力巡线、环保科研等行业。民用无人机在全球爆发式增长的同时，大疆创新也在逐渐适应其行业“领军者”的角色，更多地着眼于整个行业的良性可持续发展。

“无人机作为一个飞行平台可以被应用于很多领域，行业应用直接决定了未来的市场。”邵建伙说。

2014 年下半年以来，大疆发布了基于“精灵”无人机的开源软件开发套件（SDK），并连续举办了两届“开发者大赛”，鼓励不同背景的研发人员和发烧友、在校学生利用开源平台来挖掘民用无人机的新应用领域。

大疆所重视的另一层社会责任在于对安全的不懈追求——简单易用而又性能强大的无人机固然可以改善人们的生活，但同时也可能被不法之徒甚至恐怖分子所利用。

在各国政府、专家和公众激烈探讨无人机安全与监管制度的同时，大疆除了积极向各国政府提供信息参考和意见建议，也在尝试通过技术手段来限制负面的民用无人机应用。

大疆无人机在全球公开登记的民用和军用机场，包括一些国家和地区政府制定的禁飞区域都有禁飞设置，以保障无人机在可控的使用范围内安全飞行。

邵建伙说，对安全性的追求永远是无人机技术研发的核心问题。“因为它首先是一个飞行器，任何的性能和应用开发的前提都不能脱离安全。安全的核心是人的安全。”他说：“全世界的民用无人机发展到现在，还没有导致出现人员伤亡的案例，我们希望这个记录一直保持下去。”

### （二）及早布局国际销售渠道，增加品牌的国际知名度

2006 年汪滔就开始将产品向国外无人机业余爱好者销售，并通过留言板 DIY Drones（DIY 无人机）与无人机爱好者互动。另外，汪滔在创业早期还带着产品到一些小型贸易展及数码影像器材展上推销，比如参展 2011 年在曼西市举办的无线电遥控直升机大会。通过以上两种形式增加了创业早期大疆品牌在业余爱好者和专业航拍领域的知名度，拓宽了销售渠道。更值得一提的是，大疆科技还在不断加强以上渠道，例如参加科隆 Photokina 世界影像博览会、日本国际摄影器材与影像展览会、德国纽伦堡国际玩具展览会以及 2015 年 CES 国际电子消费展。

大疆科技通过国际社交平台和各类赛事提升其国际品牌影响力。首先是运营国际社交平台，其所运营的国际社交平台要比一般国内品牌多得多，包括 Facebook、Twitter、YouTube、Vimeo、Instagram。其次是借助于各类赛事引起关注，大疆科技在全球主办了多场照片和视频比赛，鼓励用户将作品上传到社交及视频网站上参与分享，以此吸引无经验的大众消费者试用大疆产品用于航拍；除了主办比赛外，大疆科技还活跃于全球各类赛事，如：2015 年大疆“悟”（Inspire 1）直播了在洛杉矶举办的 Air + Style 单板滑雪比赛，此举开创了无人机被用于大型现场直播的先河，其独特而精彩的航拍镜头，令人为之惊叹。疆科技还以航拍赞助商的身份参加 2015 年亚特

兰大斯巴达障碍赛。

### （三）拓展市场新领域，开辟网络新渠道

在演艺界，很多美剧都有航拍的需求，但直升机航拍较为昂贵，而无人机航拍不仅能达到相似的效果，还能大大节约成本。从 2013 年开始，大疆科技就开始接触演艺圈的人，给他们做航拍演示，送样品试用体验，美国演艺圈开始逐渐喜欢 DJI（大疆无人机）品牌。2014 年，大疆科技分别参加了美国的两个独立电影节，使得很多电影制作人对大疆无人机产生兴趣。实际上，大疆无人机已经在《摩登家庭》《神盾局特工》和《国土安全》等热播美剧中露过脸。经口口相传，大疆无人机渐渐在美国电影界积累了口碑。大疆科技还打通了以官网为基础，海内、海外主要电商平台并重的三维网络通路。大疆科技的官网不仅为国内客户提供了购买渠道，还用多种语言为国外的客户提供了产品价格、库存和运费等信息，这些国外的客户主要集中在亚太、欧洲和北美洲等地。2014 年大疆科技还新增了包括亚马逊、易趣网在内的 12 个北美地区航空摄影供应商和国际电商渠道。

毫无疑问，大疆是中国乃至国际科技创新市场上的新传奇。有外媒报道，大疆或将成为最新一家获得天价估值的中国民营高科技初创企业。

## 三、引入风险投资，助力企业快速成长

从美国的经验来看，风险投资对高新技术发展起到了重要的推动作用，因为初创企业一方面面临融资难的问题，另一方面又面临较大的资金缺口，风险投资的介入不仅有助于初创企业渡过资金难关，还能帮助初创企业制定战略、规范财务管理和疏通销售渠道等。

和其他众多以数十亿美元估值完成融资的创业公司不同，大疆并未进行多轮融资。大疆称，自从公司在 2006 年创建以来，只有极少资金是来自外部资本。大疆主要将其现金流用于过去几年的迅速扩张上。

2012 年 12 月，大疆创新获得麦星投资 A 轮融资，主要用作欧美无人机民用市场推广；

2015 年 1 月，大疆创新获得麦星投资和红杉资本数千万美元融资；

2015 年 5 月，大疆创新获得硅谷风投公司 Accel 共计 7500 万美元 C 轮融资，用以加速产品在全球的推广，并联合设立全球首个无人机基金 SkyFund，鼓励创业公司在专业细分领域的研究开发应用，并成立由行业领袖、资深从业者、计算机领域专家和相关领域学者组成的无人机行业顾问委员会，为其投资的公司提供指导；

2016 年，据《华尔街日报》报道，大疆创新科技正在进行融资谈判，估值高达 100 亿美元。包括 Accel Partners、Kleiner Perkins Caufield & Byers 在内的几家风险投资公司已提出对大疆投资，但融资条款仍在制订中，大疆寻求在此轮融资中筹集数亿美元资金。这轮融资将是投资者的一笔规模相当大的押注，赌定飞行器能够克服潜在监管和安全担忧。这笔融资将推动大疆进入全球最具价值创业公司中的一个独特阵营，反映出大疆在全新电子领域的支配地位。无人机正迅速迈向主流。

## 四、法规阴霾

不管是海外公司，还是国内企业，民用无人机都逃不开一个未知风险，就是法规的不确定性。对于法律规范将对大疆带来的风险，汪滔避重就轻，只回应说，严格监管无人机使用，从根本上讲有利于行业的良性发展。

在美国，针对民用无人机的使用规范一直争执不休。2012 年，Team Black Sheep 创始人 Raphael Pirker 因使用无人机拍摄照片用于商业用途，被美国联邦航空管理局（FAA）罚款 1 万美元，从此 FAA 禁止公司或者个人使用无人机作商业用途。这位被处罚的摄影师将此情况上诉到美国国家运输安全委员会（ NTSB），之后 NTSB 判决：摄影师不应受到处罚，无人机不在 FAA 监管范围之内。

美国是大疆产品的主要出口市场，模型无人机虽然无须像商用无人机那样，需要经美国民航处的批准许可，但民航处规定，模型遥控飞机的飞行高度需要控制在 400 英尺（约 133 米）以下，且要在远离人群和民航的地方飞行。

几个月前美国政府又出台规定，两千克以上的飞机必须有执照才能飞。法国 Parrot 公司为了低于标准上限，把 AR. Drone 高度集成化，每台飞行器的质量仅 400 克到 500 克。

与美国相比，香港地区对无人机的要求较为宽松，放飞重量不超过 7000 克的无人机作闲暇活动，无需向民航处申请。但是非闲暇用途操作这些系统，则需要民航处批准。另外，无人机也不得在任何人士、船只、车辆或构筑物上空或其 50 米范围内飞行。

而在国内，中国民航局允许无人机依法从事工、农、渔、商等生产、科研工作，使用无人机的单位和个人需要申请划设和使用空域。未经地区管理局批准，禁止在民用机场空域内从事无人机飞行活动。

目前无人机市场的主导是军用无人机，占到了三成左右。从 2003 年到 2014 年，无人机的数量和生产商数量以每年 15% 的速度增长。中信建设证券研究发展部分析，未来十年，军用无人机仍是产业重点，军用无人机将成为各国空军的中坚力量，民用无人机市场每年有 20 亿美元净增长空间。

有行内人士透露，大疆仓库里有几万只小精灵，营业额大部分来自于小精灵，一旦政府禁止小型无人机使用，大疆会蒙受重创。不过，大疆也有后备方案，今年 7 月推出的手持云台系统“如影”成为汪滔的后备军——如果无人机产品受到严格的监管限制，“如影”还可以担当营销重任。

## 五、负重致远

### （一）竞争与壁垒

汪滔是个追求极致的完美主义者，他是大疆的 CEO，也是 CTO，此外，大疆产品设计的每一个细节都需要他来拍板。

汪滔很自豪于大疆的技术和设计能力，他认为大疆是“7 分技术，3 分商术”。而中国制造业大部分是“用 7 分的商术，对自己的 3 分产品进行包装，把精心包装的东西在社交、媒体圈中宣扬。”

但实际上，大疆的营销团队比其他企业更懂得包装。过去的两年间，白宫、日本首相府等新闻爆点的背后，很难说没有大疆团队的推波助澜。汪峰甚至找过大疆，希望他们不再用其名头进行大肆传播。推广的过程中，不可避免地出现了一些笑话，比如“比尔·盖茨为了体验大疆产品买了人生第一部 iPhone”无疑是讹传，因为大疆也有安卓的系统。

在所有的报道中，大疆都被形容为潜力无限的全球领导者，媒体极力渲染无人机在未来的广阔商机以及大疆的行业地位，没有一家媒体曾指出这家急速扩张的企业可能存在的问题，甚至没有媒体总结过大疆的核心技术优势究竟是什么。

那么，大疆是否能满足国人的预期，顺利成长为一家世界级、拥有核心技术的巨头企业？这其中，有很多问题值得探究。

首先，大疆的核心竞争力是什么？处于行业领导者的位置，核心竞争力成了概念集合体，它包含了企业的品牌形象、渠道、技术和管理。

科技产业，技术自然是重中之重。消费级无人机的技术门槛实际上很低，让飞行器起飞和降落的程序是一套开源系统，很多人都可以拿过来做出一套产品，淘宝上，只需几百块钱就能买到类似的飞行器。

汪滔也认为，入门级无人机的产品，很快就会像当年的键盘和鼠标一样一片红海，各厂商为了几十元的利润而厮杀。

相较这些对手，大疆最大的优势在于飞控和云台系统的研发，多年的技术积累使得其产品稳定，出现“炸机”“放生”的概率相较竞争对手少许多。

然而，这些技术优势，都停留在“消费级无人机”这一层级。顾名思义，再往上，还有专业级别的无人机技术。这一分水岭上下，是两个完全不同的产业。最顶级的如诺斯罗普·格鲁门公司生产的“全球鹰”，用钱也未必能买到。军事层面之下，还有很多针对不同政府部门和行业的专业无人机产业，每个国家都有专注于该类市场的相关企业。

大疆的技术优势明显，是因为行业里有太多不懂航空，连开源软件和航模都玩不转的从业者。随着消费级无人机市场高度繁荣，很多专业级别的公司也对该产业虎视眈眈。近年来，在美国、德国的相关航空展上，相继出现了许多不逊色于大疆飞控技术的系统。

另一方面，一些有能力将成本做到比大疆还极致的巨头企业，也正试图进入无人机产业掘金。亚马逊启动了 Prime Air 的无人机物流计划，已经进入了第 9 代产品的研发；国内的极飞与顺丰正推进无人机物流项目；oogle 收购无人机公司 Titan Aerospace；Facebook 以 2000 万美元收购英国无人机公司 Ascenta；迪士尼乐园也引入了无人机。

2014 年之后，国际和国内资本都蜂拥无人机市场，创业团队、投资人纷纷涌入进来，产业链上下游高度繁荣，国内几家著名的从专业转战消费级无人机的企业，都获得了风投的支持。在国外，由《连线》杂志主编克里斯－安德森创立的 3D Robotics，刚成立就拿到了 1 亿美元。

可想而知，未来几年内，消费级无人机市场将掀起一阵腥风血雨，在这场大战中，大疆想要维持行业霸主的地位，无疑将面临重重挑战。

### （二）“无人机＋”时代?

资本如此热衷无人机产业，是因为该产业被想象为可以改变很多传统行业，像“互联网＋”一样，创造一个“无人机＋”的时代。

但在过往媒体的鼓吹风潮中，具体涉及如何服务传统行业的内容全部被一笔带过，只是笼统地称“无人机在未来可运用的领域非常广泛，比如农业、消防、灾害救援、野生动物保护、电路巡检、交通检查”等等。

究竟如何应用，这些媒体也不清楚。在大疆，每天都有各行业不同公司前来问询合作，其中的绝大部分人，对于无人机的功能太过于“想当然”。

消费级无人机和专业级是两个完全不同的概念，其产品也有天壤之别。刨去电磁散逸、保密通讯等专业技术，消费级无人机在大规模应用的道路上还有两大壁垒：一是航程和滞空时间不足，二是载荷能力不足，很难应用于更多产业。

大疆面临同样的问题，其所有类型的产品，航行时间都在半个小时以内，而四旋翼的结构，也注定了其载荷量不大。想要在这两方面做出革命性突破，几乎是不可能的事情。

航程问题牵涉到电池技术。10 多年来，电池技术几乎是原地踏步，从石墨负极、硅负极、金属负极到石墨烯，材料学家在电池方面的革新无所不用其极，论文天天发，投资叠叠加，但产品从来没有出现。太多放言要颠覆电池行业的“专利技术”，前赴后继的不知所踪。

汽车、手机等很多行业都受困于电池技术，相较之下，无人机只能算是“小产业”。

所以，想要解决航程、载荷量的问题，最好的方法就是“加钱”买专业级的无人机。当然，这加的钱不是一般的多，小型的无人机系统，一套都至少需要几十万到百万。

发展“无人机＋”的市场很难，那大疆能不能谨守消费级市场的地位，依赖市场规模实现成长？就目前看来，前景同样不容乐观，其中最大的限制是政策。

美国是最先对消费级无人机进行管制的国家，FAA 的一纸规定将 Amazon 几千万美元的投资化为 0，Amazon air prime 计划不得不推到，重新来过。大部分航空设计公司，仍在一边赚政府和军方的钱，一边观望 FAA 的态度。

中国也开始重视对消费级无人机的管制问题，北京政府已经明文规定五环内“禁飞”，想要体验无人机，请先驱车半小时。其他地方政府的相关政策也在制定当中。

政府对该市场进行管制，一方面是出于信息保护，更多则是出于安全考虑。无人机本身就存在上手门槛和技术风险，即便操作流程再简化，“新手上路”也会出现很多“坠机”的风险。如果坠落区域恰好是闹市区，危险程度可想而知。

无人机产业，实际天花板并没有那么高。一直风光无限的大疆，也已经走到路口，它迫切需要找到新的市场来维持高速增长，否则就得应对随着时间推移，摩尔定律蚕食硬件利润的困扰。

### （三）负面缠身的管理与文化

高速发展之下，大疆的管理和企业文化建设，同样值得探究。汪滔是一个极为强势的管理者，他给大疆上下贴上了自己的标签。或许是出于强势，汪滔一直没有树立“共赢者”的形象：大疆的初始团队已经分崩离析，而为大疆开拓北美市场立下赫赫战功的科林－奎恩，也在和大疆对簿公堂后离开，加入竞争对手的公司。

一位不愿具名的大疆研发部门员工对我们说：“大疆的‘一言堂’现象极其严重，汪滔和谢加的话相当于‘圣旨’，而这两位大 BOSS 都喜欢感情用事，近乎偏执。”

汪滔也坦言在这方面的不足。他说自己比较遗憾的事情就是一毕业就创业，从没有当过普通员工，因此留下了一个盲点：“有时候缺少同理心，不知道员工到底是什么样的感受。我甚至想要不休息两年去打工，补上这一课。”不过意识到并不意味着改正，在不满时，他会把下属的报告或是设计摔到地上，质问对方“这是什么垃圾”。

强硬只是一个小问题，但是“一言堂”制度正延伸出许多不小的问题。网上关于大疆“管理与文化”的讨论中，几乎是一面倒的负面言论。其中主要有 3 个问题：一是只注重研发团队，其他部门遭到“心理上的蔑视”；二是管理混乱，很多团队的目标不明确，重复劳动现象严重；三是员工之间的关系不佳。

大疆在管理和企业文化方面存在着很多亟待修正之处。没有哪家企业可以仅依靠产品“单腿”闯进世界 500 强，强大如乔布斯，其偏执也只是针对产品，苹果的团队氛围和企业文化，同样被当做教学案例。

无论是市场还是管理，在成为一家真正伟大的世界级企业之前，汪滔和大疆科技，仍有很长的一段路要走。

# 附 录 篇

# 附录一 2015 中国风险投资大事记

## 政 策

2015 年 1 月 14 日，国务院决定设立总规模 400 亿元的国家新兴产业创业投资引导基金，重点支持处在“蹒跚起步”阶段的创新型企业，从而推动大众创业、万众创新。

2015 年 1 月 28 日，诺华制药发布公告与高通风险投资将合作成立一家联合投资公司，重点发掘那些拥有医药新技术或者新产品的初创团队。

2015 年 6 月 25 日，蚂蚁金服联合中国投融资担保有限公司、恒生电子发起设立了互联网金融资产交易平台设立“网金社”，这也是国内第一家获政府批准的互联网金融资产交易中心。

2015 年 8 月 11 日，盛景网联登陆新三板，凭借“以培训为入口，以投资为放大”的平台型创新商业模式，公司已成功打造了覆盖股权投资全产业链的闭环。

2015 年 8 月 27 日，中信银行宣布打造新型消费金融。

2015 年 9 月 11 日，上交所正式发布《上市公司与私募基金合作投资事项信息披露业务指引》。

2015 年 9 月 29 日，国务院将正式颁布《全国社会保障基金条例》。

2015 年 10 月 13 日，中科招商投资管理集团股份有限公司（简称：中科招商）将携手 AngelList 打造“硅谷直通车”，投资前沿技术型初创公司。

2015 年 10 月 14 日，美国移动支付创业公司 Square，周三已经正式向纽交所提交了 IPO。

2015 年 10 月 17 日，武汉成立首个天使投资人平台。

2015 年 10 月 19 日，2015 年全国大众创业万众创新活动周启动仪式在北京中关村国家自主创新示范区展示中心正式开幕。

2015 年 10 月 19 日发布的 2015 年第三季度财报显示，IBM 公司第三季度的营收与去年同期相比大跌 14%，跌破此前分析师预期。

2015 年 10 月 20 日，作为首届“全国大众创业万众创新活动周”活动系列活动之一的“资本有约—中国创新创业大赛优秀企业融资路演”活动在北京中关村举行。

2015 年 10 月 23 日，由太库发起的全球创新产业资本联盟今日成立。

2015 年 10 月 24 日，中关村创新创业季（2015）——全球风险投资峰会于北京市朗丽兹花园酒店拉开序幕。

2015 年 10 月 7 日，沙特王子阿尔瓦利德（Alwaleed bin Talal）及其投资公司 Kingdom Holding 增持了所持 Twitter 股份。

2015 年 11 月 24 日，传京东 1.5 亿美元投资控股豆瓣未来将打通账号体系。

2015 年 12 月 8 日，长寿经开区与中国风险投资有限公司签订战略合作协议。

2015 年 12 月 13 日，复星阿里腾讯参与博纳 10 亿美元私有化阿里占股 10%，中国唯一一家的全产业链垂直整合影视集团博纳影业集团（NASDQ：BONA）宣布，已与 Mountain Tiger International Limited（母公司）以及其全资子公司 MountainTiger Limited 达成最终私有化合并协议。

2015 年 12 月 20 日，赞那度：搅动中高端旅游市场获腾讯八千余万投资，赞那度刚刚宣布要进军 VR 内容制作，希望借助早期的优质内容未来做一个 VR 内容平台。

2015 年 12 月 27 日，股票发行注册制改革授权决定通过。

2015 年 12 月 29 日，新三板融资逾 1 亿企业遭抽查。

## 基金募集

2015 年 1 月 4 日，潍坊文化发展投资基金正式签约揭牌，该基金总规模 5 亿元，首期规模 1.02 亿元，将重点投资于潍坊市新闻出版和发行、广播影视、文化艺术、文化科技、文化休闲、网络文化等行业的优秀企业。

2015 年 1 月 7 日，环球健康产业天使投资基金（环健天投）在北京成立，由来自中国、美国、新加坡等全球实力雄厚的企业、企业家和天使投资人共同发起创立，首期募集规模为 1 亿美元，是目前中国唯一一支健康产业天使投资基金。

2015 年 1 月 13 日，在“CSMIC2015 移动互联网两岸年会”上，猎豹移动宣布将在台成立猎豹创业基金，扶植更多台湾优秀青年实现创业梦想。

2015 年 1 月 14 日，国务院总理李克强主持召开国务院常务会议，决定设立国家新兴产业创业投资引导基金，规模为 400 亿元。

2015 年 2 月 1 日，大族激光发布公告称，公司拟与国信弘盛合资设立基金管理公司，注册资本 1000 万元，其中公司出资 490 万元，国信弘盛出资 510 万元。基金管理公司将发起设立“国信大族机器人产业基金”，基金规模 10 亿元。

2015 年 2 月 3 日，浙商创投管理集团沈阳盛海基金在沈阳成立，基金由沈阳市政府、沈阳国家大学科技城，和辽宁省电商协会共同发起设立，基金规模为 1 亿元，主要投资于高端装备制造、信息、航空、生物医药、新材料、新能源、节能环保等七大新兴产业领域。

2015 年 2 月 5 日，近日证券教父阚治东重注温州拟设文创基金，首期 3 亿元，总规模 10 亿，出资方包括政府引导基金及温州当地民资。

2015 年 2 月 11 日，华媒控股公告，公司拟与浙江浙商创业投资管理集团有限公司，共同出资设立名为杭州华媒浙商投资合伙企业（有限合伙）的文化传媒产业基金，计划规模为 1 亿元，其中华媒控股出资 3000 万元，其余由浙江浙商创业投资管理集团有限公司负责募集。

2015 年 2 月 25 日，由上海磐霖资产管理有限公司与山西仟源医药集团股份有限公司共同发起设立的医疗健康产业基金“宁波磐霖仟源股权投资合伙企业（有限合伙）”于近日正式成立，基金总规模 3 亿元人民币。

2015 年 3 月 3 日，环保行业龙头企业万邦达联合九鼎投资在上海自贸区发起设立万邦九鼎环保产业基金，该基金总规模设定为 20 亿人民币。首期规模将不低于 5 亿人民币，存续期为 5 年。

万邦达作为基金的有限合伙人，首期出资1.5亿元。首期其余资金，即3.5亿元，由昆吾九鼎负责对外募集。

2015年3月3日，和君资本设立满天星天使基金，首期规模3亿元。

2015年3月9日，三泰控股3月6日晚间公告，公司拟使用自有资金1亿元参与设立“西藏联合股权并购投资基金”，占出资总额的10%，公司承担有限责任，不参与基金的日常运营与管理。

2015年4月16日，中搜宣布发起中搜创投基金，总规模为2亿人民币，专注投资移动互联网早期项目。

2015年6月13日，全国首个专业页岩气产业股权投资基金在渝成立。

2015年7月1日，美邦服饰（美特斯邦威）发布定增募资预案，该公司拟以不低于8.28元/股价格向不超过10名特定投资者非公开发行10.87亿股，此次定增90亿，用于“智造”产业供应链平台构建、O2O全渠道平台构建、互联网大数据云平台中心项目。

2015年7月14日，国资委正推动设立1~3支中央企业创新投资基金，以拓宽央企投资渠道，加大科技创新成果转化力度。

2015年7月27日，Orio成立1.5亿美元投资基金，主要投资金融科技和B2B电商初创企业，同时关注SaaS和B2C电商。

2015年7月27日，物明投资、博济医药发起设立生物医药产业基金，该基金目标规模3亿元，其中基金管理团队认购规模为1亿元。

2015年7月27日，金沙江资本设立50亿美元全球并购基金，该基金将致力于跨境并购国际龙头企业，目标规模以10亿美元数量级计。

2015年7月28日，盛世投资与杭州市萧山区政府签约，共同发起10亿元规模的创业投资引导母基金。

2015年8月6日，昆仑万维日前发布公告，宣布拟非公开发行股票的募集资金总额不超过25亿元。

2015年9月8日，深圳燃气发起设立燃气产业并购基金。

2015年9月11日，天星资本当日与国富资本达成战略合作，双方将采取“双GP模式”，共同发起设立“天星国富股权投资基金”。

2015年9月12日，武汉设10亿天使投资母基金。

2015年9月17日，北京成立城乡结合部发展专项基金。

2015年9月19日，峰瑞资本（FREES FUND）宣布在60天之内完成了人民币基金的第一轮募集，来自8家机构，共募集9.2亿元人民币。

2015年10月2日，万向控股拟将设立5000万美元基金投资数字货币技术。

2015年10月12日，产融云携手亨亚金融于成都成立［中小企业转型创新孵化基金］。

2015年10月16日，知名科技行业孵化器Y Combinator成立了规模7亿美元的风投基金。

2015年10月21日，中关村成立10亿元天使母基金。

2015年10月29日，河南成立首只政府引导的天使投资基金。

2015年11月3日，KKR切宁集团共设Emerald Media基金。

2015年12月28日，“上海自贸区股权投资基金”在陆家嘴金融城发起设立，这是全国第一支专注投资自贸试验区的基金，主要投资领域为中国（上海）自由贸易试验区内的商用物业和企业股权。

2015 年 12 月 29 日，坚瑞消防公告，公司于 2014 年 12 月与“粤商创投”拟共同发起设立一支产业并购基金，对符合公司发展战略需要的企业以及上下游企业进行投资。

## 投融资

2015 年 1 月 12 日，山东雷帕得汽车技术股份有限公司正式登陆新三板，证券代码为：831613，成为新三板第一家挂牌同时采取做市转让方式的企业。

2015 年 1 月 12 日，于 2014 年 12 月初正式上线的趣炒股已经获得了数百万美元天使投资，投资方为梅花创投、唱吧陈华、赶集网杨浩涌。

2015 年 1 月 13 日，51Talk 宣布完成对 91 外教的整体收购，涉及金额未透露。

2015 年 1 月 13 日，湖南卫视旗下电视购物品牌快乐购在深交所发布了首次公开发行股票并在创业板上市公告。公告显示，快乐购每股发行价格为 9.06 元，发行股数为 7000 万股，占发行后公司总股本的 17.94%，融资总金额预计将达 6.342 亿元。

2015 年 1 月 13 日，用自助型 BI 推动企业产品消费化、大数据可视化公司永洪科技完成五千万美元 A + 轮融资。

2015 年 1 月 13 日，佐力科创小额贷款股份有限公司在香港上市，股票代码 06866. HK，每股发行价为 1. 3 元 2015 年 10 月 10 日，首汽租车完成 1. 2 亿美元 A 轮融资出资方为嘉实投资，首汽租车早在 1992 年就已成立，是国内第一家综合性的汽车租赁服务供应商。

2015 年 1 月 14 日，“又拍云” 获得来自鼎晖创投 5000 万人民币的 A 轮投资。

2015 年 1 月 14 日，P2P 平台点融网宣布获得老虎基金的投资，成为 2015 年首家宣布融资消息的 P2P 公司。

2015 年 1 月 14 日，运输 O2O 领域内的同城极速配送企业“云鸟配送” 获得 1000 万美元 A 轮融资，由经纬中国、金沙江、盛大资本联合投资。

2015 年 1 月 15 日，近日，学习宝宣布获 B 轮融资，金额达 2000 万美元，由软银中国领投，原投资方金沙江跟投。

2015 年 1 月 19 日，budiu 智能定位童鞋创始人兼 CEO 甘志泉宣布获 500 万美元 A 轮投资，投资方为清流资本。

2015 年 1 月 19 日，贵人鸟发布公告，拟与虎扑体育合作成立体育产业基金，基金目标规模 20 亿元，分两期设立，其中第一期规模为 10 亿元。

2015 年 1 月 19 日，控客科技（小 K 智能插座）对外宣布公司完成 4 千万元 A 轮融资，估值 4 亿人民币，投资方为厚持资本。

2015 年 1 月 19 日，上海合复新材料科技有限公司宣布完成了 3700 余万元的 A 轮融资，投资方为天津海达创业投资管理有限公司。

2015 年 1 月 20 日，“环信” 发布移动客服平台 SDK 获红杉 A + 轮融资 300 万美元。

2015 年 1 月 20 日，JDF 金典工场已于近日完成了 B 轮融资，入股方为和润集团旗下投资公司，本轮融资金额约 3000 万元。

2015 年 1 月 20 日，近日，提供境外目的地产品预订的 O2O 旅游网站澳乐网宣布获千万人民币A轮融资，投资方为戈壁投资。

2015年1月20日，日前，专注于会务O2O模式的场地预订平台淘会场宣布获得了2000万人民币A轮融资，由米仓资本和知名天使投资人吴泳铭联合投资。

2015年1月20日，移动旅行社区“在路上”宣布完成新一轮融资，领投方为新天域资本，湖畔山南、IDG和红点资本跟投。

2015年1月20日，以色列二维码技术创业公司“视觉码”宣布，已经获得来自阿巴巴集团B轮注资，这也是阿里巴巴首次投资以色列创业公司。

2015年1月20日，找钢网获得一亿美元D轮投资。本轮找钢网融资由IDG、华晟资本联合领投。

2015年1月21日，火速轻应用CEO赵九州宣布，火速轻应用获得了千万级人民币的A轮融资，投资方为创新工场。

2015年1月21日，近日，P2P平台永利宝已完成千万美元融资，汉理资本领投。

2015年1月21日，日前，分类信息网站百姓网宣布完成D轮融资，金额近1亿美元，由国际领先的投资机构领投，前三轮投资商均进行跟投。

2015年1月26日，据马佳佳介绍，定位“女性移动问答”的社区App“High”已经获得来自高榕资本的千万天使投资。

2015年1月27日，餐饮外卖O2O“饿了么”正式对外宣布获得3.5亿美元E轮融资，本轮融资来自中信产业基金、腾讯、京东、大众点评以及红杉资本的联合投资。

2015年1月27日，网上订餐平台“饿了么”宣布获得3.5亿美元E轮融资。

2015年1月28日，基于量化投资的投资理财平台钱大人宣布获得由华盛基金，齐物集团、Next Innovation（NI）投资的“千万元人民币”级天使轮融资。

2015年1月28日，据悉，桔子理财已经获得B轮1亿美元融资，由为国际顶级投资机构DST领投，贝塔斯曼、经纬中国和险峰华兴等机构跟投。

2015年1月28日，微信生态上的初创企业北京鲜老虎科技公司已经获得天使投资，具体金额未透露。

2015年1月29日，TT快车目前已经获得红杉的A轮融资，具体金额暂时未透露。

2015年1月29日，线上健身平台“火辣健身”获300万美元天使及Pre－A轮融资。其中，天使轮由阿米巴投资，Pre－A轮由景林资本和虎扑文化共同投资。

2015年1月5日，“地狗互联”近日宣布获得1000万元的天使投资，投资方为成都网货商会相关领导以及成都业界著名天使投资人和传统企业老板。

2015年1月5日，近日，同城快件限时速递移动互联网平台“快收”透露，该公司近期刚刚完成了300万美元天使融资，投资方为策源创投。

2015年1月6日，P2P网贷平台口贷网获得京北投资的Pre－A轮投资，这成为2015年首个互联网金融行业投资案例。

2015年1月6日，分类信息网站百姓网今日对外宣布已完成其D轮融资，融资金额近1亿美元。

2015年1月6日，网龙在线教育子公司贝斯特教育获得5250万美元的A轮股权融资，投资方包括IDG资本、祥峰投资及奥飞动漫。

2015年1月6日，易题库宣布完成数千万人民币A轮融资，此轮投资方为腾讯产业共赢基金。

2015 年 1 月 7 日，跨屏程序化购买广告平台及服务商智云众（OptAim）宣布已经完成 A 轮千万美元融资，投资方为贝塔斯曼亚洲投资基金。

2015 年 1 月 8 日，近期上线的移动 APP 玩儿去已经于去年 12 月获得远镜连锁成长基金数百万人民币种子天使投资。

2015 年 2 月 10 日，近日，网筑集团获得近 6000 万美元注资，投资方为红杉资本与易居资本。

2015 年 2 月 10 日，糖护科技正式宣布完成数千万元人民币 A 轮融资，投资方为赛富亚洲和创新工场，资金已在 2014 年 11 月全额到账。

2015 年 2 月 10 日，星空琴行宣布在 2014 年 9 月已经完成近千万美元 B 轮融资，由蓝驰创投（BlueRun）领投，顺为资本跟投。

2015 年 2 月 10 日，主攻食材采购的大厨网已获 1500 万美元投资。

2015 年 2 月 11 日，移动粉红应用“美妆心得”确认，刚刚获得“韩投伙伴”（KIP）1000 万美元 A 轮融资，上轮投资方合力投资跟投。

2015 年 2 月 11 日，中国国内第一家分类广告网站“百姓网”日前宣布完成 D 轮融资，金额近 1 亿美元。

2015 年 2 月 12 日，近日，华创资本投资企业、国内最大的在线演艺经纪公司热度传媒宣布，已完成对新锐映像 4000 万元战略投资。

2015 年 2 月 12 日，由欧洛帕科技打造推出的朝九晚五 APP 已经获得了百万级天使投资，由中大创投领投、广东天使会、广州天使投资、凌源合创、中创供应链在内的多家机构跟投。

2015 年 2 月 14 日，福建好彩头食品股份有限公司与红杉资本战略合作签约协议在泉州成功签定，红杉资本向好彩头集团注资 2 亿人民币。

2015 年 2 月 15 日，家政 O2O 平台 e 家洁近日完成了 B 轮数千万美元融资，德同领投，另有三家机构跟投。

2015 年 2 月 24 日，近日，知名儿童游乐连锁品牌“悠游堂”获得 2 亿元人民币 PE 股权融资，由达晨创投、同创伟业、TCL 产业基金、重山资本、广发证券、正和岛等多家著名投资机构联合投入。

2015 年 2 月 24 日，据获悉，西十区即将谋求 B 轮融资，计划 B 轮融资约 3 亿元，用于将演出票务业务覆盖到二三线城市。

2015 年 2 月 24 日，由上海乐住信息技术有限公司全面打造的眯客（imike. com）移动应用，正式宣布成功完成 5000 万美元的 A 轮融资，由国际顶级海外风投 SIG 基金领衔、德沃基金联合投资。

2015 年 2 月 25 日，霸菱亚洲（Baring Private Equity Asia）近日宣布霸菱亚洲第六号基金募集完成，获得 39. 88 亿美元承诺投资。该基金将涵盖广泛领域，投资亚洲地区的企业、以及在亚洲有发展前景的跨国企业。

2015 年 2 月 25 日，上海银河数娱创始人饶昊苏宣布银河数娱完成 A 轮融资，融资金额超过 1 亿元人民币，投资方为东方富海、松禾资本、上海文化产业基金。

2015 年 2 月 3 日，网络大数据解决方案服务公司信励科技 simplyBrand，目前对外公布其获得数百万美元 Pre – A 轮融资，投资方未披露。

2015 年 2 月 3 日，主打中高端人群的定制旅行平台游心旅行宣布已经于 1 月 30 日正式宣布完成 A 轮千万美元融资，投资方为韩投伙伴、美林控股和清华紫光顺风投资。

2015 年 2 月 3 日，作为国内率先探索运动社交市场的去动已经于 2014 年底获得了来自 SIG（海纳亚洲）的 A 轮投资，金额是 1000 万美元。

2015 年 2 月 4 日，80 后创业全渠道生活服务平台田小米，已经于去年获得获千万元天使投资，投资方未透露。

2015 年 2 月 4 日，互联网金融公司 51 信用卡 APP 宣布完成 B 轮融资，融资金额 5000 万美元，本轮融资由 GGV 资本领投，GGV 为新参与的投资机构。

2015 年 2 月 4 日，近日，北京凤凰假期国际旅行社有限公司宣布完成第二轮融资，投资方为正源策略、君联资本、基石资本三家投资机构。

2015 年 2 月 4 日，据好厨师创始人徐志岩透露，其 A 轮不少于 500 万美元的融资马上到位。

2015 年 2 月 9 日，魅族宣布获 6.5 亿美元战略投资，其中阿里巴巴集团领投 5.9 亿美元，海通开元基金也将投资魅族 6000 万美元。

2015 年 3 月 10 日，为企业及团队提供客服机器人产品的智齿科技宣布完成 770 万元人民币的 Pre－A 轮融资，该轮投资由真格基金领投，芳晟及华创资本跟投。

2015 年 3 月 10 日，在华北地区推广中小牧场“托管”的中鼎牧业宣布，获得鼎晖投资基金等投资机构在内的 4 亿元资金注入。

2015 年 3 月 11 日，销售易获经纬领投 1500 万美元 C 轮融资。

2015 年 3 月 12 日，福雅思 SAT 在线教育服务提供商“提分威学堂”获得首轮天使投资，其公司估值 3000 万元，公司尚未透露投资方。

2015 年 3 月 12 日，蓝港互动正式宣布，与永乐票务达成协议，将投资 2300 万人民币入股永乐票务。

2015 年 3 月 13 日，友友租车宣布获得 1000 万美元的 A＋轮融资，由易车公司投资。

2015 年 3 月 13 日，在线美妆服务平台“i－EVER 美课美妆”宣布获得 1000 万人民币的 A 轮融资，主投方为光速安振，平安创投跟投

2015 年 3 月 16 日，O2O 本地生活服务电商青年菜君完成最新一轮融资，平安创投、真格基金和策源创投三家机构合投数百万美元。

2015 年 3 月 16 日，99 分期宣布已于春节前完成 A 轮数千万元融资，本轮融资来自国内著名的风险投资机构以及 A 股上市公司旗下的投资公司。

2015 年 3 月 16 日，会场会议 O2O 公司会唐网完成新一轮过亿元的融资，未透露具体的投资机构。

2015 年 3 月 16 日，上海代客泊车应用“停车宝”完成由平安创投领投，涌铧投资跟投的 1600 万元 A 轮融资。

2015 年 3 月 16 日，上门足疗 O2O 平台上门帮获得 500 万元天使融资，领投方为民间资本。

2015 年 3 月 16 日，团购网站 Ensogo 完成了一轮 760 万美元的融资，投资方为香港投资机构 Ward Ferry Management。

2015 年 3 月 17 日，产后母亲的哺乳顾问宅妈妈获 500 万天使投资。

2015 年 3 月 17 日，大学生兼职服务平台跑跑兼职已签完天使轮融资协议。

2015 年 3 月 17 日，房产 O2O 平台“房呀”日前完成数百万美元天使轮融资，投资方为顺为

资本。

2015 年 3 月 17 日，公众小额捐赠平台“路人甲”完成 200 万天使融资。

2015 年 3 月 18 日，今日，二手车电商平台优信集团对外宣布，领投方为百度公司，出资 1 亿美元，另有 KKR、Coatue 等投资机构跟投。

2015 年 3 月 18 日，天使客宣布已经获得近 800 万元 Pre - A 轮的融资。其中，天使客的天使轮主要投资人之一德讯投资创始人曾李青在本轮融资中增加了对天使客的投资。

2015 年 3 月 18 日，用“P2P + O2O”概念来打造传统农业的成都“一品一家”获天使投资。

2015 年 3 月 19 日，本地商户移动支付 O2O 平台“开桌”内部人士向猎云网独家透露，公司已完成 A 轮近 2 亿人民币融资。

2015 年 3 月 19 日，本地商户移动支付 O2O 平台“开桌”完成 A 轮近 2 亿人民币融资，投资方为天图资本，目前资金已全部到账。

2015 年 3 月 19 日，袋鼠正式宣布姨妈皂获得联信创投数百万天使投资，姨妈皂是首款针对女性经期内衣皂产品。

2015 年 3 月 23 日，51 猎头宣布获得 A 轮数百万美元融资，投资方是 NEA 和唯猎资本。

2015 年 3 月 23 日，漫画 UGC 娱乐社区元气弹宣布已获戈壁投资 650 万元投资。

2015 年 3 月 23 日，母婴互联网品牌小鹿叮叮正式宣布获得合力投资数百万元天使投资，具体金额并未透露。

2015 年 3 月 23 日，校园 O2O“俺来也”获 Pre - A 轮 2630 万元融资。

2015 年 3 月 23 日，长租公寓品牌“寓见”获 A 轮融资，顺为资本领投。

2015 年 3 月 24 日，8868 手游交易平台近日宣布获得 1000 万美元的 B 轮融资，由联创永宣领投，A 轮投资方经纬中国跟投。

2015 年 3 月 24 日，北京多宝时代网络科技有限公司已获得 400 万人民币天使融资，由洋葱基金领投，常州高新创业投资跟投。

2015 年 3 月 24 日，二手车第三方估值平台公平价获 1000 万美元 A + 轮融资，由经纬创投、晨兴资本领投，经纬合伙人邵亦波成为公平价董事会成员。

2015 年 3 月 24 日，口语 100 创始人朱奇峰已完成 B 轮融资，投资方包括中国基金一哥王亚伟、新东方董事长俞敏洪以及美国基金经理厉旭辉等，A 轮投资者软银中国也继续跟投。

2015 年 3 月 24 日，妈妈快厨宣布已启动 Pre - A 轮融资。

2015 年 3 月 24 日，舒服吧已经完成 500 万的天使轮融资。

2015 年 3 月 25 日，春水堂完成 8000 万元 B 轮融资，投资方包括：联创永宣和同创伟业。

2015 年 3 月 25 日，儿童智能硬件领域初创公司“贝美互动科技”宣布已获得千万级天使轮投资，由动漫文化产业巨头奥飞动漫、知名天使投资人 Free 吴宵光共同参与投资。

2015 年 3 月 25 日，酒店哥哥宣布已获得数百万美元的 A + 轮融资。

2015 年 3 月 25 日，洗衣 O2O 平台“我要洗衣”完成 400 万天使轮融资，投资方为知名天使投资人薛蛮子、麦涛。

2015 年 3 月 25 日，专注于民间手工美食交易平台的“觅食”已完成 400 万美元的天使轮融资，投资方为晨兴资本。

2015 年 3 月 26 日，物流行业用车服务 O2O 平台物流小秘完成 1000 万美元 A 轮融资，本轮由华创资本领投，IDG 资本跟投。

2015 年 3 月 29 日，在线教育平台“一起作业网”宣布获 D 轮融资 1 亿美元，这是中国 K12 在线教育领域单笔数额最大一次融资。

2015 年 3 月 30 日，DataEye 宣布已完成五千万人民币的 A 轮融资，领投方为亚商资本，跟投方为深创投。

2015 年 3 月 30 日，本地生活服务 O2O 平台“宅米”获得数千万 A 轮投资，投资机构是祥峰投资。

2015 年 3 月 30 日，新东方前执行总裁陈向东的创业新项目“跟谁学”完成 A 轮 5000 万美元。

2015 年 3 月 30 日，炫我科技宣布获得 170 万美元 A 轮融资，投资方为挚信资本。

2015 年 3 月 30 日，燕窝平台小仙炖完成 150 万人民币天使轮融资，投资方为洪泰基金。

2015 年 3 月 30 日，易宝集团宣布获得新一轮投资，由远东宏信领投，为披露交易的财务条款。

2015 年 3 月 30 日，在线教育机构猿题库宣布已完成 6000 万美元的新一轮融资。

2015 年 3 月 30 日，专注于结伴旅行的行者 App 宣布 Pre - A 轮 500 万人民币融资已全部到位，投资方为广发证券和众信旅游。

2015 年 3 月 31 日，ofo 骑游获得唯猎资本数百万人民币天使融资。

2015 年 3 月 31 日，P2P 平台拍拍贷完成 C 轮融资，君联资本领投，AIG 和周大福跟投。

2015 年 3 月 31 日，出国留学培训的在线教育公司“小站教育”宣布已获得 2900 万美元投资，由 GGV 纪源资本和顺为资本领投。

2015 年 3 月 31 日，金山软件发布公告宣布，金山云已经完成新一轮 6666 万美元融资。

2015 年 3 月 31 日，汽车后市场 O2O 服务项目车陛下团队宣布自投天使轮，A 轮拟融资 1000 万美元

2015 年 3 月 31 日，社区 O2O 领域创业企业爱鲜蜂已完成 2000 万美元 B 轮融资，由高瓴领投，红杉资本等跟投。

2015 年 3 月 3 日，据悉，成都“出品”的企业服务软件麦客 CRM 获得红杉资本 400 万美元 A 轮投资。

2015 年 3 月 4 日，橙牛违章管家透露其已完成 3000 万人民币 A 轮融资，由如山创投领投，德同资本、盈动资本以及投资人李治国跟投。

2015 年 3 月 4 日，近期，闪银奇异科技完成 2000 万美元 B 轮融资，估值 1 亿美元，投资机构为 SIG。3 月 4 日，一款骑行运动 App 野兽骑行，已经获得徐小平百万美元天使投资。

2015 年 3 月 4 日，炫我科技正式宣布获得挚信资本 170 万美元 A 轮融资，这也是国内影视动画渲染行业的第一笔风投。

2015 年 3 月 4 日，专注于为房产物业提供基于移动端口的社区 O2O 服务平台“家生活”已完成数百万 Pre - A 轮融资。

2015 年 3 月 5 日，本地 30 分钟生活服务“宅米”获得数百万天使投资。

2015 年 3 月 5 日，一家为中小餐厅提供全品类原材料的供应商链农确认，近日公司已经完成红杉资本 800 万美元 A 轮融资。

2015 年 3 月 9 日，上门按摩 020 功夫熊 CEO 王润透露，功夫熊目前已经完成由险峰华兴投资的数百万美元 A 轮融资，并于 3 月 8 日宣布正式开启上海市场。

2015 年 3 月 9 日，新的进口电商“西集网”（xiji. com）正式公测上线，并已获得千万美元级别的风投。

2015 年 3 月 9 日，云高高尔夫近日获得由 5000 万人民币 A 轮融资，由广发信德投资管理有限公司领投。

2015 年 4 月 11 日，请吃饭 APP 创始人刘刚强宣布，A、B 轮共获得了 2048 万美元投资，其中 A 轮 337. 5 万美元、B 轮 1710. 5 万美元。

2015 年 4 月 12 日，拼车软件天天用车宣布获得 C 轮融资，由百度领投，红杉资本跟投。

2015 年 4 月 13 日，互联网金融平台共赢社宣布获得千万美元 A 轮融资。

2015 年 4 月 14 日，P2P 抵押贷款公司 LendingHome 完成新一轮总额 7000 万美元的融资，由中国社交网站人人公司牵头。

2015 年 4 月 14 日，嘿哈科技宣布获得 Pre – A 轮千万级融资，由新东方、好未来、洪泰基金联合投资。

2015 年 4 月 14 日，环球塑化网获数千万 A 轮融资，三家机构联合投资。

2015 年 4 月 14 日，汽车管理服务有限公司和诚智达宣布获得 3500 万元人民币 A 轮融资。

2015 年 4 月 14 日，虚拟现实设备及内容服务商暴风魔镜完成首轮 1000 万美元融资，投资方为华谊兄弟、天音、爱施德、松禾资本。

2015 年 4 月 14 日，易兴科技宣布获得千万级 Pre – A 轮融资，由赛马资本领投，云筹等跟投。

2015 年 4 月 14 日，音悦台近日宣布 3500 万美元融资已经到位。

2015 年 4 月 14 日，直播课程推荐平台选课网宣布已完成数百万美元 A 轮融资，投资方为北极光创投。

2015 年 4 月 14 日，卓正医疗控股有限公司称已完成 B 轮融资，由一家香港投资机构领投。

2015 年 4 月 15 日，动网体育完成千万级天使投资，领投方为挚盈资本。

2015 年 4 月 15 日，基于微信的外卖系统服务商乐外卖宣布获得数百万元天使融资，投资方主要是个人及深圳乐刷科技有限公司。

2015 年 4 月 15 日，上门保养创业公司“卡拉丁”获 1000 万美元 A 轮融资，宽带资本领投，极客帮资本和戈壁创投跟投。

2015 年 4 月 15 日，上门美容 O2O 白鹭美宣布已获得 1500 万 Pre – a 投资，估值达 1. 5 亿。

2015 年 4 月 15 日，线上黄金投融资平台“黄金钱包”获得软银中国资本千万美元投资。

2015 年 4 月 18 日，传合拍在线获美国一家基金公司投资入股，拟投资超过 1 亿元人民币。

2015 年 4 月 1 日，90 后“云暖男”创业，姨妈枣获百万投资。

2015 年 4 月 20 日，返利网宣布已完成 1 亿美元的 C 轮融资，由国际电商日本乐天领投。

2015 年 4 月 20 日，互联网 + 证券投资平台马展金融宣布获得 1000 万美元的 A 轮融资，由蓝驰创投投资。

2015 年 4 月 20 日，企业社交媒体数字营销平台 MAKA 团队宣布获得经纬数千万人民币的 Pre – A 轮融资。

2015 年 4 月 20 日，团队工作餐的 O2O 创业公司吃饭儿再次获得源码投资。

2015 年 4 月 20 日，微信第三方服务商微盟已确认完成 B 轮融资，融资金额为 1. 5 亿人民币。

2015 年 4 月 20 日，文化创意产业公共服务云平台“创意云”宣布完成数千万元 A 轮融资，有毅达资本旗下紫金文化基金投资。

2015 年 4 月 20 日，杂品配送应用企业 PepperTap 获云杉资本和 SAIF Partners 1000 万美元融资。

2015 年 4 月 20 日，专注于人脸识别等智能分析算法及产品研发的广州云从信息科技有限公司获得佳都科技与新余卓安投资管理中心 5000 万元投资。

2015 年 4 月 21 日，传团贷网已完成近 5 亿人民币的 B 轮融资，由九鼎投资领投，史玉柱和多家投资机构跟投。

2015 年 4 月 21 日，国内领先的互联网金融平台积木盒子完成总金额达 8400 万美元的 C 轮融资，英国天达集团领投。

2015 年 4 月 21 日，汽车后市场本地汽车生活服务 O2O 平台车蚂蚁宣布完成 2000 万美元 A 轮融资，由凯旋创投领投、晨兴创投跟投。

2015 年 4 月 21 日，微信第三方服务商微盟已完成 1.5 亿人民币的 B 轮融资，由金字火腿领投，华映资本跟投。

2015 年 4 月 21 日，专注于知识产权领域的垂直法律电商平台知果果宣布获得 370 万美元的 A 轮融资，由经纬中国领投、联想之星跟投。

2015 年 4 月 22 日，国内领先的心理学网络服务平台壹心理近日宣布完成 A 轮融资，投资方为北极光创投。

2015 年 4 月 22 日，国内知名的餐饮采购配送 O2O 平台大厨网近日获得近一亿元人民币的天使投资。

2015 年 4 月 27 日，图吧战略获四维图新 2.96 亿战略投资。

2015 年 4 月 28 日，河狸家近日宣布获得近 5000 万美元 C 轮融资，由启明创投领投，麦星资本、光信资本、IDG、宽带资本跟投。

2015 年 4 月 28 日，华康移动医疗宣布已完成 2 亿元 B 轮融资，由云锋基金、同创伟业、新天域资本、湖南海捷医疗投资共同完成。

2015 年 4 月 28 日，人才管理软件云服务公司北森正式宣布获得经纬中国与青宥仟和领投、红杉资本继续跟投的 1.1 亿元 C 轮投资。

2015 年 4 月 29 日，国内首创由消费者“自由出价”的购物网站微价商城宣布已获得千万美元的 A 轮融资，由晨兴创投领投，多位知名投资者跟投。

2015 年 4 月 29 日，汽车后市场平台“约养车”团队近日宣布获得 1000 万天使投资。

2015 年 4 月 2 日，A + 课堂派宣布已完成数百万天使投资，由华创盛景投资。

2015 年 4 月 6 日，网易前女性总编辑推出的针对女性用户的 app“美黛拉”宣布已完成数百万美元的 A 轮融资。

2015 年 4 月 7 日，家装 O2O 品牌“美家帮”宣布完成 800 万美元 A 轮投资。

2015 年 4 月 7 日，旅行社交网站蚂蜂窝宣布已于 2015 年 1 月完成 C 轮融资，由高瓴资本、Coatue、CoBuilder、启明创投共同参与。

2015 年 4 月 7 日，企业订餐平台美餐完成 C 轮 1.4 亿元人民币融资，由大众点评领投，KPCB、NGP、挚信资本跟投。

2015 年 4 月 7 日，体育 O2O 公司动吧宣布已获 550 万人民币真实融资，已加入诚信融资联盟。

2015 年 4 月 7 日，游子曰获得 800 万 Pre - A 轮投资，由中路资本领头，樊顿资本跟投。

2015 年 4 月 8 日，“请吃饭”宣布完成 B 轮融资，由祥峰投资领投，红杉跟投。

2015 年 4 月 8 日，宠物 O2O 服务平台暖窝宣布已获得数百万天使投资。

2015 年 4 月 8 日，化妆品电商丽人丽妆宣布完成 B 轮 1 亿美元融资，由 Crescent HydePark 领投，麦顿投资、汉理资本等机构跟投。

2015 年 4 月 8 日，家教 O2O 平台“轻轻家教”宣布完成 1500 万美元 B 轮融资，由红杉资本领投，挚信资本和 IDG 资本跟投。

2015 年 4 月 8 日，农家乐 O2O 企业“住两天”宣布获得 600 万元天使融资，由滴滴打车投资人王刚、暾澜资本、基本粒子投资。

2015 年 4 月 8 日，鲜果组合定制 O2O 果果哒宣布已获数百万天使投资。

2015 年 5 月 11 日，第三方营销数据技术公司秒针系统宣布已完成超 5000 万美元的 D 轮融资，由春华资本领投。

2015 年 5 月 11 日，基于 LBS 的运动社交 App“约运动”宣布已获 200 万天使投资。

2015 年 5 月 11 日，江苏互联网金融企业付融宝近日获得 Pre - A 轮数千万元人民币的融资。

2015 年 5 月 11 日，母婴电商麦乐购完成 5000 万美元 B 轮融资，由凯欣资本领投，唯品会跟投。

2015 年 5 月 11 日，社交出版平台“赞赏”完成 900 万 A 轮融资，由 IDG 资本投资。

2015 年 5 月 11 日，仙侠科技获得 A 轮千万级融资，又东方汇富阚治东旗下创丰资本投资。

2015 年 5 月 12 日，爱尚鲜花日前获得千万级天使投资，达晨资本领投、多家机构跟投。

2015 年 5 月 12 日，橙意手表宣布已获 500 万美元投资。

2015 年 5 月 12 日，移动医疗新锐“一呼医生”宣布完成 A 轮融资。

2015 年 5 月 12 日，中国最大的胶囊酒店/公寓连锁集团尚俭太空舱集团近期完成 A 轮融资，由杉杉创投联合华盛基金投资。

2015 年 5 月 13 日，二手车一站式导购平台“车 101”宣布已完成 A 轮 1000 万美元的融资，由五岳天下领投，光速安振创投追加投资。

2015 年 5 月 13 日，母婴监护健康管理平台天使医生近日获得 8000 万 A 轮融资。

2015 年 5 月 13 日，物流配货平台“运满满”近日宣布获得数亿人民币的 B 轮融资，由红杉资本领投，光速安振跟投。

2015 年 5 月 13 日，在线旅游云技术商天下房仓宣布完成 6000 万人民币的 A 轮融资，由常春藤资本领投，数元基金及青松基金跟投。

2015 年 5 月 13 日，众信旅游与世界玖玖近日达成资本合作共识，世界玖玖获得众信旅游 A 轮融资。

2015 年 5 月 14 日，家装 O2O 企业“酷家乐”完成 1000 万美元的 B 轮融资。

2015 年 5 月 14 日，移动医疗平台“就医 160”宣布完成 B 轮 1.3 亿元融资。

2015 年 5 月 18 日，金蝶国际软件集团与京东集团联合宣布达成合作协议，京东出资 13 亿港币现金认购金蝶约 10% 股份。

2015 年 5 月 18 日，开源云平台宣布完成 1600 万美元的 B 轮融资，如山创投领投，盈动投资和蓝驰创投跟投。

2015 年 5 月 18 日，美容上门服务 O2O 企业美丽来近日宣布已完成 1000 万元人民币天使轮融资，由华创资本投资。

2015 年 5 月 18 日，专注移动母婴健康服务的贝联科技近日获唯品会的投资，具体投资金额和占股比例尚无法得知。

2015 年 5 月 18 日，做远程伤口护理管理的 Tissue Analytics 获腾讯领投的 75 万美元融资。

2015 年 5 月 19 日，纯免费家校沟通平台“我的班”近日宣布已获数百万元天使投资。

2015 年 5 月 19 日，复星国际将以 18.4 亿美元的价格买断美国保险公司 Ironshore 全部权益。

2015 年 5 月 19 日，高端时尚电商走秀网宣布完成 C 轮 3000 万美元融资，由怡和联创领投，KPCB 等跟投。

2015 年 5 月 20 日，百合网宣布已完成新一轮融资，总额为 15 亿元人民币。

2015 年 5 月 20 日，百合网在今日举行的“百合网十周年庆典”上正式宣布，该公司已完成了近 15 亿元的再融资。

2015 年 5 月 20 日，第三方推送服务提供商极光推送宣布完成千万美元 B 轮融资，由复星昆仲领投，IDG 和 Mandra Capital 跟投。

2015 年 5 月 20 日，杭州同盾科技宣布已获得 3000 万美元 B 轮融资，由启明资本领投。

2015 年 5 月 20 日，宏达新材宣布公司已初步确定购买分众 100% 股权，拟通过资产置换、发行股份及支付现金的方式。

2015 年 5 月 20 日，家居闪购“美喵家居”宣布已完成数百万天使投资。

2015 年 5 月 20 日，全球私募股权投资（PE）机构 KKR 日前宣布已完成对福建圣农发展股份有限公司的战略投资。

2015 年 5 月 20 日，英语单词记忆软件“贝壳单词”已获 50 万天使投资。

2015 年 5 月 21 日，瞄准新三板的股权众筹平台众投邦获得 B 轮 5000 万元融资，出资方为同创伟业、创富志资本、同信投资和前海华捷。

2015 年 5 月 21 日，魔方公寓获华平追加投资。

2015 年 5 月 21 日，亲子游 APP“童玩儿”近日宣布完成 500 万天使轮融资，投资方是陶石资本。

2015 年 5 月 21 日，医药电商 B2B 交易平台“药品终端网”宣布完成 2700 万元 A 轮融资。

2015 年 5 月 21 日，逸创云客服近日宣布获得 1500 万人民币 A 轮融资，由唯猎资本投资。

2015 年 5 月 22 日，WIFI 万能钥匙完成 5200 万美元的 A 轮融资，投资机构包括海通开元、北极光创投等。

2015 年 5 月 24 日，定位为一站式创业服务平台的聚创宣布获得了磐谷资本 1500 万元天使融资。

2015 年 5 月 24 日，股权众筹平台云筹宣布完成 A 轮 1764 万元融资，领投方是重庆易一天使投资有限公司。

2015 年 5 月 24 日，乐信付宣布已完成千万级 A 轮融资，由诚元财富领投，融谨源创投和现有天使投资人 Peter. Z 参投。

2015 年 5 月 25 日，白鹭时代宣布已获得深创投和经纬创投等机构 B 轮融资，估值超 10 亿元。

2015 年 5 月 25 日，好未来正式宣布千万元战略投资儿童教育类 APP“小伴龙”，具体金额未公布。

2015 年 5 月 25 日，剧角映画公布已完成超过 1 亿人民币 C 轮融，由广东奥飞动漫文化股份有限公司与天风证券股份有限公司领投。

2015 年 5 月 25 日，奢侈品电商珍品网宣布完成 A 轮 6000 万元融资。

2015 年 5 月 25 日，水果生鲜电商天天果园今日宣布完成总金额 7000 万美元的 C 轮融资。

2015 年 5 月 25 日，水果生鲜电商天天果园宣布完成总金额 7000 万美元的 C 轮融资，由京东领投，海纳亚洲创投基金、锴明投资等跟投。

2015 年 5 月 25 日，移动互联网企业微智全景宣布已于近日完成 1 亿元人民币的 B 轮融资，由尚心资本和 IDG 联合投资。

2015 年 5 月 26 日，采购服务一站式平台“万商汇”近日宣布获得百万天使轮投资。

2015 年 5 月 26 日，小鱼在家宣布完成 B 轮融资，投资方包括创新工场、成为资本、富士康和光速安振。

2015 年 5 月 26 日，携程旅行网宣布获得 2.5 亿美元投资，由美国在线旅游企业 Priceline 集团投资。

2015 年 5 月 27 日，到店按摩 O2O “7 点钟”已获得联想千万天使融资。

2015 年 5 月 27 日，管家帮宣布已获 1.2 亿人民币 B 轮融资。

2015 年 5 月 27 日，货源分销平台卖家网日前已获得 1800 万元天使投资，投资方为世纪投资。

2015 年 5 月 27 日，汽车后市场上门养车 O2O 平台 e 保养宣布已完成 2000 万美元 B 轮融资，由昆仑万维领投、源码资本重仓跟投。

2015 年 5 月 27 日，上门推拿 O2O 平台“魔魔达”获得由杭州云智投资的百万元天使投资。

2015 年 5 月 28 日，10 秒短视频应用“秒拍”获得 5000 万美元 C 轮融资。

2015 年 5 月 28 日，打车公司滴滴快的获 1.42 亿美元投资，有新浪旗下微博出资。

2015 年 5 月 31 日，互联网金融平台投哪网宣布完成 1.5 亿元 B 轮融资，注资方为辽宁大金重工股份有限公司。

2015 年 5 月 3 日，餐饮 O2O 项目烧饭饭宣布已获得新一轮 150 万美元融资，由顺为基金及 IDG 资本投资。

2015 年 5 月 3 日，广场舞教学 APP 获得百万元风险投资。

2015 年 5 月 4 日，国内领先的移动在线英语学习平台“知米英语”宣布获得 Pre - A 轮数百万美元融资，由龙腾资本领投，天使轮投资方顺为资本跟投。

2015 年 5 月 4 日，上门洗车服务软件“呱呱洗车”已获得 58 到家 1000 万美元 A 轮投资。

2015 年 5 月 5 日，e 代驾宣布完成 D 轮 1 亿美元融资，融资完成后 e 代驾公司整体估值为 8 亿美元。

2015 年 5 月 5 日，第三方交易平台淘手游宣布获千万投资，由清科和蓝港互动合投。

2015 年 5 月 5 日，电影动漫周边 O2O 销售平台漫骆驼宣布已获洪泰基金近千万 Pre - a 投资。

2015 年 5 月 6 日，P2P 平台网利宝获 4000 万美元 B 轮融资，投资方为鸿利光电。

2015 年 5 月 6 日，爱屋吉屋首次对外宣布，公司已完成 D 轮融资，本轮融资额达 1.2 亿美元，融资后公司估值超过 10 亿美元。

2015 年 5 月 6 日，美业 O2O “美丽加”宣布完成五千万人民币 Pre - A 融资。

2015 年 5 月 6 日，中国应用性能管理（APM）企业 OneAPM，宣布获得成为资本领投，经纬创投、启明创投跟投的 1.65 亿元人民币 C 轮融资。

2015 年 5 月 7 日，爱屋吉屋宣布已完成 D 轮 1.2 亿美元的融资，公司估值超过 10 亿美元.

2015 年 5 月 7 日，中国无人机制造商深圳大疆科技获得 7500 万美元的投资，公司估值约 80 亿美元。

2015 年 5 月 8 日，致力于提供旅游度假产品预订服务途牛旅游网与自营电商京东集团对外联合宣布，途牛获得总计 5 亿美元的投资。

2015 年 6 月 10 日，保健品垂直电商平台“呀苹果”宣布获得 5000 万美元 A 轮融资，投资方为华威国际资本及罗斯柴尔德金融家族。

2015 年 6 月 10 日，测聘网获得 3500 万人民币 A 轮融资，投资者为个人。

2015 年 6 月 10 日，华视传媒宣布旗下子公司华视互联完成 7000 万元 A 轮股权融资交易。

2015 年 6 月 10 日，社交应用“甭纠结”透露已获得百万美元 A 轮融资，投资方是成为基金。

2015 年 6 月 10 日，专注于餐饮案例报道的产业媒体“掌柜攻略”宣布已获得 200 万人民币天使轮融资，由风云天使投资。

2015 年 6 月 11 日，51 社保网已完成 A 轮 400 万美元融资，由宽带资本领投，永宣资本、九合创投跟投。

2015 年 6 月 11 日，观天智创公司宣布已完成近千万人民币天使轮融资，由险峰华兴投资。

2015 年 6 月 11 日，国内一站式自助网上理财平台宝点网宣布完成 3000 万美元 A 轮融资，由菲律宾长江实业集团领投。

2015 年 6 月 12 日，O2O 推拿品牌“九阿哥”宣布获得数百万投资，由真格基金和 3W 共投。

2015 年 6 月 12 日，免费在线语言教育平台多邻国宣布已完成 4500 万美元 D 轮融资，由谷歌投资基金领投，此前的投资方跟投。

2015 年 6 月 12 日，校园 O2O 门口头获 1000 万融资。

2015 年 6 月 13 日，家教 O2O 疯狂老师获腾讯 2000 万美元投资股值过亿，投资方为腾讯。

2015 年 6 月 15 日，六艺星空完成 2000 万美元 C 轮融资，嘉御基金领投。

2015 年 6 月 15 日，时刻送获百万人民币天使融资：最后 1 公里精准配送。

2015 年 6 月 15 日，巨涟金融宣布获得超亿元 A 轮融资，投资方为北京知风投。

2015 年 6 月 15 日，雅座获 C 轮数亿人民币投资，蚂蚁金服领投。

2015 年 6 月 15 日，猪八戒网获 26 亿风投，投资方为赛伯乐集团和重庆北部新区下属国有公司。

2015 年 6 月 16 日，Evrythng（你没看错）成功筹资 750 万美元，欲实现“尽联网”。

2015 年 6 月 16 日，零担物流创业公司“发哪儿”获得 500 万元天使投资。

2015 年 6 月 16 日，深度学习创业公司 Nervana 获得 2050 万美元 B 轮融资。

2015 年 6 月 16 日，学霸君获 5000 万美元 B 轮融资，挚信资本和启明创投领投。

2015 年 6 月 16 日，艺术教育 O2O 受资本关注，尚课无忧获千万元天使投资。

2015 年 6 月 16 日，音米眼镜获 700 万美元 A 轮融资，IDG 和君联资本联合投资。

2015 年 6 月 1 日，车联网及“汽车后市场 O2O 平台服务商”车问网日前宣布完成 A 轮 5000 万元融资，由高览资本领投，人人公司跟投。

2015 年 6 月 1 日，社区 O2O 新秀生活圈 C 宣布已获得 1600 万美元的 A 轮融资，蓝湖资本领投。

2015 年 6 月 1 日，图片社交应用 in 宣布完成 B 轮 3 亿元融资，由经纬中国和知名投资人林利军领投，千合资本、华兴资本、国科嘉和和盈动投资跟投。

2015 年 6 月 1 日，主题自驾游网络平台“自驾中国”获 500 万元天使投资，天音控股主投。

2015 年 6 月 23 日，“1 号柜”A 轮融资 3000 万，投资方为来自福建的财团。

2015 年 6 月 23 日，在线床垫零售商 Casper 获 5500 万美元 B 轮融资，Institutional Venture Partners 领投。

2015 年 6 月 23 日，在线旅游 B2B 公司“票管家”近日宣布，目前已经完成 3000 万元 Pre－A 轮融资，投资方为三位独立投资人。

2015 年 6 月 24 日，安心 de 利完成 B 轮千万融资，美国人人领投，真格跟投。

2015 年 6 月 24 日，成都极米科技获得芒果传媒 3 亿 Pre－B 轮战略投资。

2015 年 6 月 24 日，第三方定价平台车 300 车完成 A 轮融资，源码资本领投。

2015 年 6 月 24 日，网贷之家获亿元级别 B 轮融资，赛富和创东方投资。

2015 年 6 月 24 日，原经纬中国胡海清联手陌陌郑毅，成立浅石创投：专注天使轮到 A 轮投资。

2015 年 6 月 25 日，办公界“Airbnb” WeWork 融资 4 亿美元，估值达 100 亿美元。

2015 年 6 月 25 日，北半球国际首轮融资 2500 万 ，经纬中国浅石创投联合投资。

2015 年 6 月 25 日，理财范获得 2. 1 亿元 B 轮战略投资，涉及金额为 2. 1 亿元。

2015 年 6 月 25 日，云适配获得 B 轮融资，涉及金额为千万美元，IDG 和晨兴资本联合投资。

2015 年 6 月 2 日，95 后移动社交“甭纠结”宣布获数百万美元 A 轮融资。

2015 年 6 月 2 日，按摩 O2O 宜生到家获得 300 万美元天使投资，投资方为洪泰基金。

2015 年 6 月 2 日，登索尼平台获千万风投，投资方为联想。

2015 年 6 月 2 日，面向城市白领的轻时尚出租公寓品牌青客公寓获 1. 8 亿 B 轮投资，由赛富亚洲领投，纽信创投等跟投。

2015 年 6 月 2 日，去哪儿（NASDAQ：QUNR）与银湖投资集团今日共同宣布，去哪儿将获得由银湖投资集团领投的共 5 亿美元的战略投资。

2015 年 6 月 2 日，去哪儿宣布获得 5 亿美元战略投资，由银湖投资集团领投。

2015 年 6 月 2 日，中国高铁媒体公司畅达传媒宣布获得 1 亿元人民币的 A + 轮投资，由慧鑫泉投资等专业投资机构投资。

2015 年 6 月 2 日，专注于民间手工美食交易平台的“觅食”近日获得 1500 万美元 B 轮投资，由红杉资本领投，晨兴资本跟投。

2015 年 6 月 3 日，K12 互联网教育公司“乐乐课堂”宣布获得 500 万美元的 A 轮融资，由晨兴资本领投。

2015 年 6 月 3 日，投资社区“超交易”获得数千万元 Pre－A 轮融资，投资方 RedRock Venture Fund、鸣客资本、Charlor Investment 及 AngelVest 天使谷。

2015 年 6 月 3 日，在线教育软件“选师无忧”宣布获得 A 轮融资。

2015 年 6 月 3 日，专为宠物服务的暖窝获百万天使融资，投资方为创业接力基金。

2015 年 6 月 4 日，家教 O2O“老师好”宣布已获得近 1000 万美元 A 轮融资，投资方包括 SIG 等。

2015 年 6 月 4 日，拼车 O2O 平台“包拼车”完成 830 万美元 A 轮融资，Lead Edge Capital 领投。

2015 年 6 月 4 日，药给力完成数千万人民币的 A 轮融资，由同渡创投领投，平安创投跟投。

2015 年 6 月 4 日，智能投影仪坚果 G1 获 2 亿元 B 轮融资，由松禾资本，时代伯乐，天奇阿米巴三方联投。

2015 年 6 月 8 日，电商全渠道管理平台云商店完成 A 轮 1000 万美元融资，投资方为软银赛富。

2015 年 6 月 8 日，国内首家视频手游媒体克拉手游频道宣布获得数百万天使投资，投资方为星河数字娱乐基金。

2015 年 6 月 8 日，智能停车平台“ETCP 停车”宣布完成 A 轮融资，金额高达 5000 万美元。

2015 年 6 月 9 日，贝联科技宣布完成 3000 万美元 A 轮融资，由景林投资和唯品会联合领投。

2015 年 6 月 9 日，国内首家社区型运输协同平台服务商 oTMS 宣布获得千万美元 A + 轮融资，由成为资本、经纬中国和百度联合投资。

2015 年 6 月 9 日，途虎养车网宣布已完成近一亿美元的 C 轮融资，领投机构为愉悦资本，远东宏信、汇勤、海通、君联、启明投资跟投。

2015 年 6 月 9 日，找我网宣布已获得数百万元天使投资，北软天使、合一天使联合投资。

2015 年 7 月 13 日，华丽志以股权众筹方式完成千万级天使轮融资，真格基金参与，立足中国消费升级市场的“媒体 + 品牌投资及孵化”平台。

2015 年 7 月 13 日，家居电商服务平台居家通获虎童基金数千万元 A 轮融资，未来将重点用于智慧物流园建设、干线平台、配装平台和信息系统升级。

2015 年 7 月 13 日，旅行 App 那里旅行获 1200 万天使投资，资金将主要用于产品的打磨以及市场开拓。

2015 年 7 月 14 日，Begin ONE 混合动力自行车完成千万级 Pre - A 轮融资，未来会选择在京东和天猫开店的方式在线上销售产品，而在线下则会选择渠道加盟商。

2015 年 7 月 15 日，YOHO！宣布完成 1 亿美元 D 轮融资，由深圳达晨创投领投，CMC 华人文化基金、远镜资本及原股东赛富基金与祥峰投资跟投。

2015 年 7 月 15 日，个人记账理财平台挖财宣布完成 8000 万美元 B + 轮融资。

2015 年 7 月 15 日，家庭美食社区下厨房对外正式宣布完成 B 轮融资，涉及金额 3000 万美元，投资方为华创资本和京东。

2015 年 7 月 15 日，康恩贝宣布投资医药电商平台“可得网”，涉及金额为 3. 2 亿元。

2015 年 7 月 15 日，汽车电商 O2O 平台车风网完成 B 轮融资，涉及金额 5 亿元人民币。

2015 年 7 月 15 日，挖财完成 1. 3 亿美元 B 轮融资，新天域资本领投。

2015 年 7 月 15 日，医生图片社交产品“医图”获经纬天使轮投资，资金将主要用于产品创新和迭代，以及优秀人才的招募等。

2015 年 7 月 25 日，麦淘亲子获逾 4000 万元 A 轮融资，开物华登领投，有成基金跟投，主打“旅游 + 教育”。

2015 年 7 月 26 日，“餐饮老板内参”获吴晓波基金 2000 万人民币，打造餐饮产业链社交与服务的平台商业模式。

2015 年 7 月 27 日，Google 看好旅游 O2O Secret Escapes 获融资 6000 万美元，融资可能会用

于更大规模的兼并和市场扩张，以期实现全球范围业务加速增长的目标。

2015 年 7 月 27 日，有利网完成 C 轮融资约 4600 万美元，高领资本领投，打造综合性的资产证券化金融服务信息平台。

2015 年 7 月 28 日，B2B 企业找塑料网获 3600 万美元 B 轮融资，新天域资本领投，光信资本、启明创投、IDG 资本和真顺基金跟投。

2015 年 7 月 28 日，法律 O2O 赢了网获数千万元融资，腾讯领投，德同资本和复励投资跟投。

2015 年 7 月 28 日，华云数据获一亿美元 C 轮融资，海通开元投资。

2015 年 7 月 28 日，盛世投资与杭州市萧山区政府签约，共同发起 10 亿元规模的创业投资引导母基金，首期规模 2 亿元，用以支持早期创业项目。

2015 年 7 月 28 日，移动云客服环信获 1250 万美元 B 轮融资，红杉资本领投，经纬中国和 SIG 跟投。

2015 年 7 月 28 日，云农场获得春晓资本亿元投资，双方将合力共同打造农业互联网高科技全产业链模式。

2015 年 7 月 28 日，足记获 1000 万美元 A 轮融资，红杉资本等共同投资，此轮融资之后足记估值大约在五千万美元左右。

2015 年 7 月 29 日，“会分期”获得 A 轮融资，涉及金额 3500 万元，源码资本领投。

2015 年 7 月 29 日，天使客众筹项目 magic wifi 获得腾讯千万级投资，有望成为新三板挂牌的第一家 WiFi 服务供应商。

2015 年 7 月 29 日，小多科技“晓多客服机器人”获得数千万 A 轮投资，资金将用于团队招募、产品研发。

2015 年 7 月 29 日，智能骑行装备 LIVALL 获得 8000 万人民币 A 轮融资，信中利领投。

2015 年 7 月 3 日，23andMe 获得 1. 15 亿美元 E 轮融资。

2015 年 7 月 3 日，蚂蚁金服完成 A 轮融资，估值超 450 亿美元。

2015 年 8 月，Uber 融资 10 亿美元。

2015 年 8 月 10 日 ，二手车 O2O 平台车置宝对外宣布其已完成由九鼎资本、毅达资本联合领投，戈壁等跟投的总额为 3 亿元人民币。

2015 年 8 月 10 日，帮厨机器人获 2500 万元 A 轮融资，正品元将加大市场及新商业模式的开发。

2015 年 8 月 10 日，二手车平台车置宝获 3 亿 B 轮融资，九鼎毅达联合领投，为车主提供全程的一站式卖车服务。

2015 年 8 月 11 日，O2O 海鲜熟食外卖平台 E 海鲜获苏河汇百万天使投资，打造 O2O 模式熟海鲜外卖第一平台。

2015 年 8 月 11 日，大数据分析引擎 Aleiye 获北极光数百万美元天使融资，此轮融资将主要用于 Aleiye 的应用升级和市场化布局。

2015 年 8 月 11 日，电竞手游 Vainglory 开发商获 B 轮 2600 万美元投资，参投方包括 Skpye、阿里巴巴的 Index Ventures 财团，投资小米科技的 Yuri Milner，facebook 的投资人 Jim Breyer 等。

2015 年 8 月 11 日，高榕资本再募 5. 6 亿人民币早期基金，管理资金总额超 8 亿美元，专注于 TMT 行业早期和成长期的投资。

2015 年 8 月 11 日，趣分期获得约 2 亿美元新一轮融资，互联网金融巨头蚂蚁金服领投，趣分期将与蚂蚁金服旗下支付宝，芝麻信用等多类业务展开全面深度战略合作。

2015 年 8 月 11 日，水果 O2O 电商缤果水果获千万级 Pre - A 轮投资，盈信资本领投，采用全程“可视化”，致力于通过为消费者打造“全方位的安全感”。

2015 年 8 月 11 日，途虎养车网获愉悦资本、汇勤、远东宏信及海通注资完成 C 系列融资，此轮融资的资金用于推动业务继续增长，并进一步投资于人才、科技和线下服务，以巩固其在市场上的领先地位。

2015 年 8 月 11 日，小螺趣租 A 轮融资 500 万美元：光速安振领投途家跟投，在本次融资过程中度假公寓租赁平台途家也参与了跟投。

2015 年 8 月 12 日，春雨掌上医生发起“春风创投”：一期基金 3 亿元，出资人包括上市公司、个人投资者、政府引导基金等。

2015 年 8 月 12 日，国内最大的摄影服务 O2O 平台美时美刻宣布完成 A 轮 1.2 亿人民币（约 2000 万美元）融资。

2015 年 8 月 12 日，好色派沙拉获千万 A 轮融资，东方弘道 IDG 共同投资，未来将会走上典型的 020 + B2C 商业模式之路。

2015 年 8 月 12 日，美时美刻完成 A 轮 1.2 亿融资，这一金额刷新了摄影行业的融资纪录，为互联网摄影行业最大单笔融资。

2015 年 8 月 12 日，亚盛医药获 9600 万 A 轮融资，元禾原点、元明资本领投，独特的技术和全球领先的候选药物管线是亚盛医药的核心竞争力。

2015 年 8 月 12 日，招聘服务平台“3K 猎头”获创新工场天使轮投资，颠覆传统的高价思维。

2015 年 8 月 18 日，上药云健康完成 11.12 亿元 A 轮融资京东 IDG 资本参投，宣布旗下上海医药大健康云商股份有限公司的 A 轮融资。

2015 年 8 月 19 日，华联股份 9000 万美元增资“饿了么”母公司 Rajax，全资子公司新加坡商业公司拟以增资形式成为 Rajax 股东。

2015 年 8 月 1 日，京颐股份（KYEE）正式宣布，完成共计 2.21 亿元人民币的 C 轮融资。

2015 年 8 月 1 日，京颐股份获 2.21 亿元 C 轮融资盛世景投资领投，今为止国内传统医疗信息化行业最大的一笔非上市类融资。

2015 年 8 月 20 日，华谊兄弟完成 36 亿元定增腾讯阿里平安等参与，发行对象为阿里创投、平安资管、腾讯计算机及中信建投。

2015 年 8 月 21 日，点融网 C 轮融资 2.07 亿美元：渣打银行和 CFF 领投，A 股上市公司渤海租赁参投，之前两轮的投资方也分别进行了跟投。

2015 年 8 月 21 日，趣味资讯平台“微头条”获鼎晖投资千万级 A 轮融资。据悉，本轮投资将被使用在团队建设与市场拓展运营两方面。

2015 年 8 月 21 日，校园 O2O 平台 59store 获 2 亿 Pre - B 轮融资深创投领投。

2015 年 8 月 25 日，货运 O2O 货车帮获数亿元 A + 轮融资腾讯领投高瓴跟投，且 A 轮投资方（包括钟鼎创投，高瓴资本、DCM）全部跟投。

2015 年 8 月 25 日，面向企业用户的文件协作云服务亿方云获 500 万美元 A 轮融资光速安振领投，并宣布同步功能正式上线。

2015 年 8 月 26 日，“天机”完成 500 万美元 A 轮融资金沙江创投投资，此轮资金将用于产品开发更新、团队建设以及市场推广。

2015 年 8 月 26 日，Coursera 获 4950 万美元 C 轮投资。

2015 年 8 月 26 日，亿航无人机今日宣布完成 4200 万美元 B 轮融资。

2015 年 8 月 27 日，“运东西”完成 A 轮亿元融资深圳协同创新基金投资，“运东西”定位于物流行业的垂直搜索、交易与运营的平台。

2015 年 8 月 27 日，YC 夏季班成员 Lugg 获 380 万美元投资 A Capital 领投，本轮由 A Capital 领投，SV Angel、CrunchFund 和一些个人天使投资者。

2015 年 8 月 27 日，创业者服务商南极圈获千万级天使投资腾讯领投，此轮投资由腾讯领投，国金资本跟投。本轮投资将被南极圈用于人才招募和日常营运。

2015 年 8 月 27 日，大数据金融 BBD 完成 1 亿 B 轮融资鼎晖、三盛等参投，联合投资机构为：国金证券直投（鼎兴量子）、鼎晖投资和三盛集团。

2015 年 8 月 27 日，企业记账软件 + 财税服务商账王企业记账完成 3000 万元 Pre – A 轮融资银杏谷领投。

2015 年 8 月 27 日，青年读诗已获近百万元天使投资好奇心基金会参投。

2015 年 8 月 27 日，手机回收平台回收宝获源码资本数百万美元天使投资，本轮融资将主要用于优化产品及服务，以更好地唤醒市场并服务用户。

2015 年 8 月 28 日，互联网券商老虎证券已获得上亿元 A 轮融资，由小米领投。

2015 年 8 月 29 日，九鼎投资日前宣布九鼎已于近日战略投资小学教育培训机构高思教育集团，金额为 4 亿元。

2015 年 8 月 2 日，青普旅游获 4000 万元融资，风云天使基金联合其他投资机构共同投资，专注于文化艺术产品的度假旅游。

2015 年 8 月 30 日，机智云宣布完成 B 轮 2 亿融资九仁经纬联合投，是目前国内物联网（IoT）云服务业最大一笔融资。

2015 年 8 月 30 日，空空狐 B 轮融资 1500 万美元。

2015 年 8 月 30 日，空空狐 B 轮融资 1500 万美元：昆仑万维周亚辉领投，A 轮投资机构全部跟投。

2015 年 8 月 30 日，小微企业财税管家“账王”获银杏谷 3000 万 A 轮投资，账王旗下生长出流水记账和代理记账两款分支软件，产品完成大跃步改版。

2015 年 8 月 30 日，智能理财工具“财鱼管家”已完成 2000 万 A 轮融资，财鱼管家是一款为理财进阶型用户设计的理财管理（辅助）工具。

2015 年 8 月 31 日，悟空租车获近 2000 万天使投资紫辉金科联合投资，悟空租车以“轻资产 + 重运营”和“分布式网点布局”的模式切入租车市场。

2015 年 8 月 3 日，安博凯掷金 8000 万美元投资国际物流公司 Apex，进一步拓展业务、进行附加并购、完善 IT 系统和基础设施、并满足营运资金需求。

2015 年 8 月 3 日，滴滴快的又获 20 亿美元注资，主权财富基金参投，阿里、淡马锡等股东追加投资，政策性风险将在未来一个月内基本释放。

2015 年 8 月 3 日，服务器管理企业云络科技获 A 轮 5600 万元融资，此轮融资将用于研发和运营推广。

2015 年 8 月 3 日，酒仙网 7 轮融资 14.3 亿元，拟在新三板上市：去年亏损 2.87 亿元，目前的亏损属于“战略性亏损”。

2015 年 8 月 4 日，家政 O2O 好慷在线完成 7000 万 B 轮融资赛富基金领投，打造标准化保洁产品和自有的服务团队。

2015 年 8 月 4 日，一块去旅行网获 2500 万元 A + 轮融资，深创投领投，将主要用于周边游目的地资源的拓展和对旅游产品质量的把控。

2015 年 8 月 5 日，C2C 海淘平台淘世界获 B 轮 3000 万美元融资蘑菇街领投，将向满足都市女性全方位消费升级的购物需求迈进。

2015 年 8 月 5 日，家政 O2O 企业 e 袋洗获 1 亿美元融资百度领投，未来将拓展至邻里服务生态圈的其他服务项目上。

2015 年 8 月 5 日，摩托罗拉系统获银湖 10 亿美元投资，主要开发公共安全通信设备。

2015 年 8 月 5 日，摩托罗拉系统宣布获银湖 10 亿美元投资。

2015 年 8 月 6 日，爱回收再融 6000 万美元京东携手天图资本入局回收 O2O，京东商城将与爱回收一起共同探索手机以旧换新的全新模式。

2015 年 8 月 6 日，厨师上门平台好厨师对外宣布已完成 1 亿人民币 B 轮融资，由同创伟业领投，光速安振跟投。

2015 年 8 月 6 日，好厨师获 1 亿人民币 B 轮融资，估值 6 亿，在扩张的同时继续把服务进行标准化。

2015 年 8 月 6 日，来客获得 1000 万元 Pre – A 轮融资，厚持资本参投，本轮资金将主要用做市场推广、研发投入、硬件材料采购等方面。

2015 年 8 月 6 日，欧工软装：获达晨 5000 万 A 轮融资，2 年从 0 到估值 5 个亿，打造中国人自己的家居软装一条龙服务平台。

2015 年 9 月 15 日，空格 App 正式宣布完成 A 轮 1 亿元人民币融资。

2015 年 9 月 10 日，麦子金服宣布完成 8.7 亿 A 轮融资。

2015 年 9 月 12 日，爱学贷完成 3 亿 B 轮融资中银投资浙商产业基金领投，除此之外，爱学贷还与中国银行签订战略合作协议。。

2015 年 9 月 13 日，妙计旅行完成 2 千万美元 B 轮融资 BAI 领投晨兴等跟投，妙计旅行是一个提供智能行程规划，并能够一键打包成可供购买的旅游产品的工具类产品。

2015 年 9 月 13 日，医疗互联网企业趣医网宣布，完成总计 4000 万美元的 B 轮融资，并已顺利交割。

2015 年 9 月 14 日，“多彩饰家”完成 1.5 亿元 B 轮融资创新工场领投，广联达、天津惠达志远跟投。

2015 年 9 月 14 日，助理来也获 400 万美元天使融资光速领投红杉跟投，助理来也上线目前主要在一线城市提供云端私人助理式服务。

2015 年 9 月 15 日，空格 App 在杭举行新闻发布会正式宣布完成 A 轮 1 亿元人民币融资，该轮融资由德同资本领投，招银国际、盈动资本跟投。

2015 年 9 月 15 日，空格获 1 亿元 A 轮融资德同资本领投招银国际等跟投，同时空格也宣布了 5000 万元的 A 咖计划梦想基金为个人服务者圆梦。

2015 年 9 月 15 日，上门推拿 O2O 平台“熊猫拿拿”完成 6000 万 A 轮融资，熊猫拿拿是小区无忧孵化项目，是一个聚焦亚健康人群健康服务的上门推拿理疗平台。

2015 年 9 月 15 日，同心医联获君联资本和经纬中国 1000 万美元 A 轮投资，由君联资本领投，天使投资机构联想之星继续跟投。

2015 年 9 月 16 日，ENJOY 获得 1500 万美元 C 轮融资红杉领投 IDG 跟投，ENJOY 的融资主要将用于人力资本投入，持续改善线上线下产品体验。

2015 年 9 月 16 日，比菜价获 720 万美元 A 轮融资 SIG 与零一创投共同投资。

2015 年 9 月 16 日，成立仅五个月的优客工场今日宣布完成超过两亿元的 A 轮融资。

2015 年 9 月 16 日，房多多完成 2. 23 亿美元 C 轮融资方源资本领投，此轮融资领投人方源资本是大中华地区最具规模的私募股权基金管理公司之一，旗下管理基金规模约 25 亿美元。

2015 年 9 月 16 日，晶云完成 1000 万美元 A 轮融资加大药物晶型纵深研究，为全球制药公司提供以晶型为核心的最优药物研发方案，共同推进药物的高效研发。

2015 年 9 月 16 日，优客工场完成超 2 亿 A 轮融资中投汉富与歌斐领投，领投金额超过 1 亿元人民币。

2015 年 9 月 17 日，“药店 + 互联网” 平台——快方送药宣布，获得天图资本 2 亿人民币的 B 轮融资。

2015 年 9 月 17 日，快方送药获 2 亿 B 轮融资转型 “自营药店 + 互联网”，快方送药将发展战略专注于 “药店 + 互联网” 模式，进一步完善供应链，加速全国布局。

2015 年 9 月 17 日，神州专车获 5. 5 亿美元 B 轮融资去年亏损 3800 万元。

2015 年 9 月 17 日，蔚来汽车完成 5 亿美元融资红杉资本与愉悦资本参投，该公司计划开发廉价、环保的互联电动汽车，挑战特斯拉。

2015 年 9 月 17 日，中国电动汽车厂商蔚来汽车（NextEV）已经完成了一轮约 5 亿美元的融资。

2015 年 9 月 18 日，链 P2P 电网贷获深圳国投资本 A 轮融资：风投抢滩供应，宣布完成 A 轮 4 千万元融资。

2015 年 9 月 18 日，食材 B2B 平台美菜完成 C 轮融资，截至目前为止，其四次融资累计融资额已达 10 亿人民币。

2015 年 9 月 18 日，搜房网已获 IDG 和凯雷集团等最多 7 亿美元投资，投资方以每股美国存托股（ADS）5. 85 美元的价格认购了搜房的新发行股。

2015 年 9 月 1 日，“资产 360” 平台完成 3000 万 A 轮融资源码资本参投，资产 360 利用互联网，大数据构建了国内第一家不良资产清收服务平台。

2015 年 9 月 1 日，二手车电商平台 “车猫网” 获 12 亿人民币 B 轮融资，本次融资由浙富控股旗下投资基金领投，由上海举汇资产以及元璟资本跟投。

2015 年 9 月 1 日，二手车交易平台车猫网宣布，完成总额 12 亿元人民币的 B 轮融资，本次融资由浙富控股旗下投资基金领投。

2015 年 9 月 1 日，互联网平台招财猫完成 1200 万 A 轮融资拟冲刺新三板，估值 1 亿元人民币，并将为挂牌新三板做最后冲刺。

2015 年 9 月 1 日，新掌趣科技完成 3000 万人民币 A 轮融资毅达资本参投，新掌趣科技是一家专注于手机与电视双屏互动的移动互联网公司。

2015 年 9 月 21 日，“婚礼纪” 完成千万美元 B 轮融资经纬创投领投，目前，婚礼纪的发展已从 O2O 工具过渡到 O2O 平台。

2015 年 9 月 21 日，e 代泊完成数千万 A + 轮融资：赛马资本国信君安投资，“e 代泊”联合其战略投资方中国平安推出了高额“代泊险”，为其代泊服务保驾护航。

2015 年 9 月 21 日，无忧保姆获 2000 万 A 轮融资 e 袋洗、天瑞资本等投资，天使投资机构挚盈资本本轮继续跟投。

2015 年 9 月 22 日，“呼叫老师”完成 1000 万天使融资中科乐创投资，呼叫老师是一款一对一在线辅导 App，该产品专注于解决孩子的作业问题，当孩子学习遇到作业难题时，可以随时通过手机呼叫老师解答。

2015 年 9 月 22 日，百果园获 4 亿 A 轮融资天图资本领投广发信德等跟投，本次融资是中国水果连锁零售行业迄今为止最大的一笔投资。

2015 年 9 月 22 日，挂号网近日完成 3 亿美元融资。

2015 年 9 月 22 日，国内互联网黄金管理平台“黄金钱包”宣布完成 1.07 亿元人民币的 B 轮融资，软银中国和上海恒大集团领投，国华鼎盛、竞技世界和能图资本参与投资。

2015 年 9 月 22 日，红帽法律卫士完成 1000 万天使 + 轮融资天阔资本投资，做全国首家法务孵化平台，以免费企业法律服务切入，为初创企业提供方方面面与法律有关的服务。

2015 年 9 月 22 日，黄金钱包完成 1.07 亿 B 轮融资，软银中国和上海恒大集团领投，国华鼎盛、竞技世界和能图资本参与投资。

2015 年 9 月 22 日，理财服务平台添米获千万级 A 投资熊猫轮资本投资。

2015 年 9 月 22 日，深圳市百果园实业发展有限公司完成了 4 亿元人民币 A 轮融资，以消费品投资著称的天图资本领投 3.5 亿元，广发信德等机构跟投。

2015 年 9 月 22 日，停简单获 2000 万美元 A 轮融资千方集团领投 FreeS 跟投，其互联网停车方案已经接入数百个大型停车场。

2015 年 9 月 24 日，“南派投资”获雷军、乐视近亿元 A 轮以及 A + 轮投资，南派投资完成本轮融资之后，会将资金继续投入到旗下拥有的 IP 组合的价值挖掘当中。

2015 年 9 月 24 日，爱鲜蜂获 7000 万美元 C 轮融资高瓴天图红杉等投资，爱鲜蜂从不刷单、从不虚报数据、从不夸大融资额，坚守诚信的商业道德理念。

2015 年 9 月 24 日，大疆获得新一轮 5 亿美元融资。

2015 年 9 月 24 日，挂号网完成 3.94 亿美元融资高瓴与高盛集团领投，复星、腾讯、国开金融等共同投资。

2015 年 9 月 24 日，开鑫贷公布获得国开行 2 亿元天使轮融资。

2015 年 9 月 24 日，美容 O2O 企业白鹭美宣布获得 1 亿元人民币战略投资，投资方为投资月子中心，高端幼儿园，妇产医院的专业机构。

2015 年 9 月 24 日，微医集团（挂号网）今日宣布完成新一轮融资，总金额为 3.94 亿美元。

2015 年 9 月 24 日，矽递科技获得 1 亿元 B 轮融资。

2015 年 9 月 24 日，永利宝金融完成 1 亿元 B 轮融资。

2015 年 9 月 25 日，iAdvize 近日宣布完成 1600 万美元 A 轮融资，资方包括 Iris Capital、Bpifrance 和 Alven Captial。

2015 年 9 月 25 日，停车平台“停简单”宣布获得 2000 万美元 A 轮融资。

2015 年 9 月 26 日，YHOUSE 悦会科技今日宣布获得 1.2 亿元人民币的 B 轮融资。

2015 年 9 月 26 日，大学生信用生活平台“学信通”获 1000 万天使投资，项目充分利用“互联网 +”的新模式，面向大学生提供 O2O 的信用生活金融服务。

2015 年 9 月 26 日，将恋爱“养成”进行到底恋恋获 2000 万元 A 轮融资，恋恋自 2013 年 7 月上线，同年 12 月获得中路资本数百万元的天使轮融资。

2015 年 9 月 26 日，美容 O2O 白鹭美完成 1 亿战略融资布局概念美容院，白鹭美是一款上门美容 APP，目前主要为用户提供面部护理以及身体护理量大服务项目。

2015 年 9 月 28 日，“91 恋车”完成 2000 万天使融资金诺等联合投资，1 恋车专注于解决传统学驾乱收费等混乱现象，目前主打学生市场。

2015 年 9 月 28 日，e 泊车完成近千万天使轮融资凯业与无量资本投资，“e 泊车”希望通过打造智能停车场云平台解决以上问题。

2015 年 9 月 28 日，滴滴快的建全球出行生态圈：投资印度打车服务商 Ola。

2015 年 9 月 29 日，“微购易”完成 3000 万元 A 轮融资赛马资本投资，微购易是基于 SaaS 的微信公众号、支付宝服务窗和百度企业号的一体化云服务平台。

2015 年 9 月 29 日，4G LTE 解决方案商思路名扬获 3500 万美元 A 轮投资，思路名扬成立于 2009 年，是一家 4G LTE 智能方案解决商。

2015 年 9 月 29 日，777 元/㎡的“美家帮”宣布获 B 轮融资天图资本领投，美家帮的主打业务是定价为 777 元/㎡的毛坯房装修服务，包含一线主材、一线辅材、人工费，基本等同于除了软装，基础工程全包。

2015 年 9 月 29 日，嗒嗒巴士对外宣布完成近两亿人民币元 B 轮融资。

2015 年 9 月 29 日，嗒嗒巴士完成近 2 亿元 B 轮融资，本轮投资方包括 A 轮投资方北极光创投，以及只关注互联网 + 交通的京桥资本。

2015 年 9 月 29 日，发行平台 Medium 完成 5700 万美元 B 轮融资。

2015 年 9 月 29 日，社交 O2O“出来嗨”宣布完成千万人民币 Pre - A 融资，“出来嗨”是款通过参加和发起约会 / 聚会，迅速在线下交友的移动社交产品。

2015 年 9 月 29 日，手机品牌商瓦戈科技获数亿元 A 轮投资。

2015 年 9 月 29 日，影视大数据公司艺恩获千万投资投中资本担任财务顾问。

2015 年 9 月 29 日，足球控宣布完成 800 万元 Pre - A 轮融资，足球控宣布完成 800 万元 Pre - A 轮融资德同资本领投。

2015 年 9 月 2 日，“美乐乐”获 8401 万美元投资宜华木业为第一股东，交易完成后，宜华木业将持有美乐乐 18.21% 的股份。

2015 年 9 月 2 日，大油站 O2O 车到加油已完成数千万元 A 轮融资人人领投，车到加油是一款为车主提供一站式加油服务的移动应用。

2015 年 9 月 2 日，小白机器人完成由纪源资本领投的数千万元 A 轮融资，小白机器人是由上海元趣信息技术有限公司历时 1 年半时间研发完成。

2015 年 9 月 2 日，智慧电单车“轻客”获九合领投 4000 万元 A 轮融资，其天使投资方启迪资本跟投。

2015 年 9 月 30 日，Vargo 获数亿元 A 轮投资曾获红杉等高管个人投资。

2015 年 9 月 30 日，Vargo 获数亿元 A 轮投资。

2015 年 9 月 30 日，思路名扬获 3500 万美元 A 轮战略投资。

2015 年 9 月 30 日，紫光股份有限公司宣布以 38 亿美元入股西部数据公司，成为西数第一大股东。

2015 年 9 月 5 日，乐视旗下智慧社区 O2O 平台乐生活获 6000 万天使融资，且以排他性协议签下江苏 900 多家社区。

2015 年 9 月 6 日，携车网获 4 千万元 B 轮融资投资方为阿里巴巴旗下的湖畔山南股权投资基金和上市公司道明光学。

2015 年 9 月 7 日，酒业 B2B 易酒批完成 2 亿元 B 轮融资，本轮投资由源码资本领投，景林资产跟投，贝塔斯曼及担任本轮融资独家财务顾问的光源资本也进行了跟投。

2015 年 9 月 9 日，中科招商宣布拟以 27 元/股的价格再融资不超过 300 亿元。

2015 年 10 月 10 日，糖尿病管理服务平台掌上糖医获 1500 万美元 A 轮融资，由 IDG 领投，某知名战投机构跟投，天使投资方平安创投和经纬中国继续加码跟投。

2015 年 10 月 10 日，中粮我买网获 2 亿美元 C 轮融资泰康人寿百度等投资，中粮我买网是中粮集团 2009 年投资创立的 B2C 生鲜食品电商网站。

2015 年 10 月 11 日，妙生活完成 500 万美元 A 轮融资钟鼎创投独家投资，生鲜电商平台发展到现在，同质化现象非常严重，而此次获得融资，投资方更看重的是其团队拥有“易迅”强执行力的背景。

2015 年 10 月 12 日，“私银家”宣布完成数亿元 B 轮融资 IDG 资本领投，私银家平台可以提供的产品种类不仅仅局限于在中国大受高净值人群追捧的信托，另外还包括资管、阳光私募以及国内市场少见的海外产品，超全的产品线使私银家在面对九月中旬突如其来的“信托产品荒”时游刃有余。

2015 年 10 月 12 日，58 到家完成 3 亿美元 A 轮融资阿里 KKR 平安联合投资，58 到家目前是中国最大的多品类本地生活 O2O 上门服务平台。

2015 年 10 月 12 日，微播易获得 3.2 亿元 C 轮融资，投资方为中国文化产业投资基金、经纬创投等。

2015 年 10 月 12 日，微播易完成 3.2 亿元 C 轮融资经纬创投等联合投资，微播易计划于 2016 年在视频社会化媒体资源继续建立领跑优势。

2015 年 10 月 13 日，麦轮胎获数千万人民币 A 轮寒冬之下汽配电商寻出路，麦轮胎成立于 2011 年 8 月是一家以轮胎为切入点的垂直电商。

2015 年 10 月 13 日，神州将战投 e 代驾：PE 华平投资牵线 15 日对外公布。10 月 13 日，小牛学堂完成 400 万元 Pre - A 轮融资丰利财富等投资。

2015 年 10 月 13 日，外教平台 VIPKID 获近 2 千万美元 B 轮融资北极光领投，VIPKID 整合北美优秀教师的碎片时间，通过在线视频的方式对 5 ~ 12 岁的学生进行授课，目标消费群体为中产阶级以上家庭。

2015 年 10 月 13 日，一对一少儿英语在线教育平台 VIPKID 宣布获得近 2000 万美元 B 轮融资，本轮融资由北极光领投，经纬、创新工场、红杉资本跟投。

2015 年 10 月 14 日，“良医汇”获得千万元 A 轮融资：君联资本投资。

2015 年 10 月 14 日，斧子科技完成 6000 万美元融资。

2015 年 10 月 14 日，斧子科技完成 6000 万美元融资 IDG 复星北极光参投。

2015 年 10 月 14 日，手机品牌商瓦戈科技获数亿元 A 轮投资主打手机安全。

2015年10月14日，真融宝获得红杉资本上亿元人民币级别B轮融资。月日，真融宝获得红杉资本亿元人民币级别轮融资

2015年10月14日，真融宝今日召开发布会，正式对外宣布获得红杉资本上亿元人民币级别B轮融资。

2015年10月15日，趣旅网宣布完成近2000万美元A轮融资，投资方为元钛长青基金。

2015年10月15日，任天堂、口袋妖怪公司和谷歌向创业公司Niantic Labs投资2000万美元。

2015年10月15日，新浪微博以近1亿美元投资有信。

2015年10月16日，互联网金融理财平台“小赢理财”宣布获得6000万美元A轮融资，本轮融资由周大福企业投资。

2015年10月16日，企业B2B采购平台Kinnek宣布获得2000万美元B轮融资，本轮融资由Thrive Capital领投，Matrix Partners,、Sierra Ventures、Version One Ventures等共同参投。

2015年10月16日，任天堂、口袋妖怪公司和谷歌宣布，将向创业公司NianticLabs投资3000万美元。

2015年10月17日，Quip获得了美国知名风险投资公司的3000万美元投资。

2015年10月18日，“魔猴网”宣布完成千万级A轮融资泰岳梧桐投资，此轮融资主要用于推广和进一步完善网站内容，提升用户体验。

2015年10月18日，校园电商“易点到”获星火金融1200万元天使投资，作为当前在西部地区极有影响力的校园零食快送平台，易点到已走上了快速扩

2015年10月1日，美国编程学校General Assembly近日完成了一笔7000万美元的融资，领投方为先进出版集团。

2015年10月1日，美国在线借贷平台SoFi完成了新一轮规模为10亿美元的融资。

2015年10月20日，“智游啦”在京东众筹上完成近千万人民币A轮融资，而此前其天使轮融资曾于2011年3月获得由创业接力、戈壁创投联合投资的数百万元人民币。

2015年10月20日，百融金服宣布获得B轮融资2亿元。

2015年10月20日，大数据金融信息服务“百融金服”完成2亿B轮融资，百融金服成立于2014年3月，主要提供大数据金融信息服务，基于云端大数据计算平台，为金融机构提供贷前营销、贷前信审以及贷后不良资产管理的全业务周期服务。

2015年10月20日，罗辑思维对外宣布完成B轮融资估值13.2亿，本轮融资由中国文化产业基金领投，启明创投等跟投，同时柳传志等行业大佬参与了罗辑思维的股权众筹。华兴资本担任此次融资的独家财务顾问。

2015年10月20日，罗辑思维正式对外宣布完成B轮融资，估值13.2亿人民币。

2015年10月20日，人工智能创业公司出门问问（Mobvoi），完成了由Google投资的C轮融资，累计融资7500万美元。

2015年10月21日，加华伟业1亿元人民币投资上海巴比餐饮管理公司。

2015年10月21日，“千家万纺”完成千万元A轮融资云启创投等投资，千家万纺专注于打造纺织行业互联网供应链，是一家专为家纺买手店、批发店、品牌零售商、礼品公司、品牌公司、电商公司提供家纺类产品的交易服务平台。品牌零售商、礼品公司、品牌公司、电商公司提供家纺类产品的交易服务平台。

2015 年 10 月 21 日，大数据公司 Palantir 完成 1.05 亿美元融资。

2015 年 10 月 21 日，大姨吗再获 1.3 亿人民币战略投资 。

2015 年 10 月 21 日，加华伟业 1 亿元人民币投资上海巴比餐饮管理公司，上海巴比食品餐饮管理公司以中式早餐为主导产业，旗下拥有著名优质畅销品牌月日，加华伟业亿元人民币投资上海巴比餐饮管理公司，上海巴比食品餐饮管理公司以中式早餐为主导产业，旗下拥有著名优质畅销品牌“巴比馒头”。

2015 年 10 月 21 日，钛媒体以私募众筹方式获得 5050 万融资估值 5.05 亿，此番融资由投资新榜的天奇阿米巴创投基金主导，会同多个投资方。

2015 年 10 月 21 日，宜花科技获 1200 万美元 A + 轮融资。

2015 年 10 月 21 日，宜花科技获 1200 万美元 A + 轮融资 SIG 海纳亚洲投资，此前宜花曾获得来自真格基金、真顺基金、黑马基金数百万美元天使投资。

2015 年 10 月 21 日，中粮我买网获 2.2 亿美元 C 轮融资。

2015 年 10 月 21 日联姻泰康百度中粮我买网获 22 亿美元 C 轮融资此轮融资由泰康人寿领投百度云龙资本阳光资本跟投华兴资本任独家财务 10 月 21 日，联姻泰康百度中粮我买网获 2.2 亿美元 C 轮融资，此轮融资由泰康人寿领投，百度、云龙资本、阳光资本跟投，华兴资本任独家财务顾问。

2015 年 10 月 22 日，“掌游宝” 完成 5000 万 A 轮融资此轮投资由国金和竞技世界合投，计划将用于平台打造、品牌推广及赛事运营三个方面。

2015 年 10 月 22 日，人和网移动版 App “和聊” 完成 1300 万新一轮融资，人和网是一个实名制商务社交平台，在商务社交领域深耕多年，平台上有 700 万用户，本身实力相当深厚。10 月 22 日，油帮帮在天使客众筹 1100 万鼎晟资本等领投 800 万，以“连接民间油站，打造全国最大互联网加油站” 为目标的油帮帮登陆天使客众筹。

2015 年 10 月 23 日，途虎养车网完成 5000 万美元 C + 轮融资。

2015 年 10 月 26 日，“大街网” 完成 2 亿人民币 D 轮融资基石资本领投，北极光、软银，卓誉资本，俞敏洪，蔡文胜跟投。

2015 年 10 月 26 日，ImbaTV 完成约 1 亿 B 轮融资毅达资本领投王思聪参投，ImbaTV 的 A 轮投资方红杉资本与创新工场也参与了 B 轮投资。

2015 年 10 月 26 日，波罗蜜全球购完成 3000 万美元 B 轮融资百度参投，LB Investment、分享投资以及成为资本、欧德等上一轮投资者共同投资。

2015 年 10 月 26 日，微汇金融 A 轮融资 3200 万美元：新浪参投未透露金额，微汇金融主要有两大核心业务线构成，一是面向个人投资者提供理财服务的交易平台——微财富，另一个是为致力于从事互联网金融业务的企业提供整套互联网金融解决方案 WeX 云金融业务线。

2015 年 10 月 27 日，定制定居品牌丽维家获 1 亿元 B 轮融资联创永宣领投，A 轮顺为资本继续跟投，新锐熊猫资本跟投。

2015 年 10 月 27 日，钢铁第三方 B2B 平台“钢为网” 宣布，完成近 2000 万美元 B 轮融资。

2015 年 10 月 27 日，空间客车完成近千万元天使轮融资薛蛮子麦涛参投，“空间客车” 旨在搭建一个开放式的智能众包技术服务平台，利用社会闲散资源，实现跨城市快件当日达。

2015 年 10 月 27 日，思路名扬获千万美元 A 轮投资大力布局海外 4G LTE，思路名扬是一家 4G LTE 智能方案解决商，也是国内同行业中最早一批从事 4G 智能通讯的研发与生产的企业。

2015 年 10 月 27 日钢为网完成近 2000 万美元 B 轮融资中瑞资本等投资钢为网原名为“中国钢铁现货网”是现在国内大型的钢铁行业平台主营业。

2015 年 10 月 28 日，“沪江”完成 10 亿 D 轮融资软银麟毅等八家联合投资。

2015 年 10 月 28 日，房产 O2O 平台遇善房完成 3000 万元 A 轮融资暴龙投资，遇善房将进一步推广品牌，进行 IT 方面的建设和销售团队的拓展。

2015 年 10 月 28 日，公子小白机器人获千万级 Pre - A 融资两月估值翻 3 倍，由纳兰德投资有限公司投资。

2015 年 10 月 28 日，互联网 + 理财师平台亿金融完成 A 轮 3680 万人民币融资，领投、妈妈资本跟投。

2015 年 10 月 28 日，沪江宣布获得 10 亿元人民币 D 轮融资，估值超过 70 亿。

2015 年 10 月 28 日，美味不用等获约 1 亿美元 C 轮融资，此轮投资方包括大众点评、百度、经纬中国等。

2015 年 10 月 28 日，美味不用等完成约 1 亿美元 C 轮融资经纬百度等投资。

2015 年 10 月 28 日，蜜蜂金服获 3000 万元战略投资中国新电信集团领投，未来在大数据金融、云计算、供应链金融等方面，将对蜜蜂金服形成战略支撑

2015 年 10 月 28 日苏州叠纸完成 15 亿 B 轮融资投中资本任独家财顾苏州叠纸以换装类手游起步致力于树立暖暖女孩精品 IP 形象

2015 年 10 月 29 日，“一米兼职”APP 获得 2000 万元人民币天使轮融资。

2015 年 10 月 29 日，温商打造“快货运”APP 已获 1000 万美元风险投资，欲打造“运力”B2B 交易平台。

2015 年 10 月 30 日电商仓配服务商“发网”获 2 亿融资 。

2015 年 10 月 31 日，兴业银行获绿色融资超 7700 亿元。

2015 年 10 月 7 日，App Direct 获摩根大通等投资 1.4 亿美元。

2015 年 10 月 8 日，P2P 开鑫贷公布完成 2 亿元天使轮融资国开行投资。

2015 年 10 月 8 日，黄太吉完成 1.8 亿人民币 B 轮融资盛景网联等领投。

2015 年 10 月 8 日，神州专车运营主体优车科技有限公司（简称“优车科技”）今日宣布完成 B 轮 5.5 亿美元融资。

2015 年 10 月 9 日，精品外卖共享平台黄太吉正式对外宣布完成了 1.8 亿人民币 B 轮融资，本轮投资由盛景网联、家族基金投资人陈坤亮、吴焯民领投，部分 A 轮投资人跟投。

2015 年 10 月 9 日，首汽租车完成 1.2 亿美元 A 轮融资。

2015 年 11 月 17 日，健康运动平台“健康猫”获得 3500 万融资估值 3.5 亿。

2015 年 11 月 10 日，“好车无忧”获 5000 万美元 B 轮融资源码资本等领投。

2015 年 11 月 10 日，“智慧树”获得 1 亿元 B 轮融资投中资本任独家财顾，智慧树由环宇万维自主研发，是基于移动互联网和云技术的幼教互动云平台，也是迄今国内园所覆盖最广、用户基础最大、内容产出最多的实名认证亲子社交平台。

2015 年 11 月 10 日，微盟宣布完成 5 亿元人民币 C 轮融资海航集团领投，微盟在 2014 年推出社会化分销平台 SDP，为传统零售企业布局微商分销体系提供技术平台，目前有超过 100 万家商户使用微盟产品。

2015 年 11 月 10 日，游学夏冬令营机构世纪明德完成 B 轮融资估值约 10 亿，融资完成后管

理团队仍保持相对控股。

2015 年 11 月 11 日，“1 号外卖”完成 5800 万 A 轮融资鑫濠投资李红领投。

2015 年 11 月 11 日，“InNail”获千万元 Pre－A 轮融资艾瑞资本领投，InNail 创立于 2012 年，是一家定位高端的健康美业服务连锁经营公司，同时也是一家极具创新的互联网企业。

2015 年 11 月 11 日，“小铜人”完成千万级天使轮融资汉鼎股份投资，小铜人以互联网金融营销为切入点，通过主要布局互联网金融、理财领域自媒体及代理组建联盟，覆盖粉丝超 3 亿，已经成为专业的新媒体及营销机构。

2015 年 11 月 11 日，“折疯了海淘”获得浙创商投近千万元天使投资。

2015 年 11 月 11 日，不跟团旅行定制网完成千万级融资纽信创投领投，由此，不跟团作为一家有传统旅行社基因的在线旅行定制服务网站，正式进入独立化运作。

2015 年 11 月 11 日，广州旅易完成 3000 万 A 轮融资腾邦梧桐等联合投资，资金将主要用在深度开发帕劳旅游资源以及其旅游服务链的升级等方面。

2015 年 11 月 11 日，小站教育完成 6000 万美元 C 轮融资红杉资本等投资，这是今年 4 月小站教育获得由为顺为资本、GGV 纪元资本、麦顿资本和贝塔曼联合投资的 2900 万美元 B 轮融资后再获投资。

2015 年 11 月 11 日，益体康获 3000 万元 A 轮融资：从村医切入经纬投资。

2015 年 11 月 12 日，C2C 社区电商美啦获千万美元级 C 轮融资天图领投，作为 C2C 社区电商，美啦区别于 B2C 平台深度库存的状况，从个性需求的角度切入，通过内容场景来引导消费，例如限量款、节日特供款这一类个性化产品。

2015 年 11 月 14 日，口腔医疗 O2O 乐牙网完成千万 A 轮融资同渡资本投资，该公司推出口腔医疗 O2O 平台——乐牙网和 App 应用，提供找牙医服务。同时也会分享腔保健知识，主要是帮助有需求的人寻找合适的腔医疗机构和专业的牙医。

2015 年 11 月 15 日，博泰集团完成 1.2 亿元 A 轮融资投资方为红马资本，红马资本的第一支基金是重庆高新创投两江品牌汽车产业投资基金，该基金首期规模 12 亿元人民币，重点投资领域为汽车关键零部件、新能源与智能汽车、汽车后市场和汽车文化等。

2015 年 11 月 17 日，“微影时代”完成 15 亿元 C 轮融资纪源资本等参投，本轮领投方为北京文资华夏影视基金，参投方包括信业基金、纪源资本、南方资本、诺亚歌斐、新希望等，原始股东腾讯、万达、引力跟投。

2015 年 11 月 17 日，Hive 获得 650 万美元融资鼎晖投资与唯猎资本领投，DG 跟投的新一轮 650 万美元融资，此次融资资金将主要用于海外市场扩展方面。

2015 年 11 月 17 日，斗米兼职获 4 千万美元 A 轮融资已从 58 赶集分拆独立，斗米兼职是 58 赶集集团持续品牌创新战略的又一个重大布局，独立分拆并获得融资后，将进入快速发展的轨道。

2015 年 11 月 17 日，微票儿获 15 亿元 C 轮融资纪源资本新希望等参投，“微票儿”目前拥有三大购票入口，包括微信钱包“电影票”、QQ 钱包“电影演出票”和“微票儿”APP 演出票和微票儿 APP。

2015 年 11 月 17 日，在线视频直播服务平台“微吼”获近亿元 B 轮融资，微吼是一家在线视频直播服务平台，主要服务于中国的中小型企业、社群，帮助它们实现 PC 和移动端的商务活动如新品发布、路演众筹、培训、产品推广等直播。

2015 年 11 月 17 日，智能停车系统“好停车”获 Pre - A 投资华本融合投资，好停车目前主打的是一套自主研发的无线智能停车系统，这套硬件设备无需更换现有的停车场设备，只需加装好停车的车牌识别一体机，车主即可享受 ETC 停车、手机支付等体验，减少停车场管理方的人力成本。

2015 年 11 月 18 日，呱呱洗车获得一亿元 Pre - B 轮融资风云天使基金领投，近呱呱洗车在 O2O 洗车“资本寒冬”论下“逆寒而上”，开始新的征程，也为上门洗车行业发展注入了一针强有力的强心剂。

2015 年 11 月 18 日，世界邦获新浪千万美元追加投资杨致远王树曾投资，此次合作致力于加深之前与新浪的合作，更好的打造旅游分享经济理念。

2015 年 11 月 19 日，“慧科教育”完成 3 亿元 B 轮融资千合资本等投资。

2015 年 11 月 19 日，在线视频直播服务商微吼直播获亿元人民币 B 轮融资，在线视频直播服务平台微吼主要服务于中国的中小型企业、社群，帮助它们实现 PC 和移动端的商务活动如新品发布、路演众筹、培训、产品推广等直播。

2015 年 11 月 1 日，PLU 娱乐传媒获近亿美元融资投中资本担任独家财顾，PLU 是中国第一批电子竞技赛事内容制作机构、第一批非官方的电竞赛事组织者。

2015 年 11 月 1 日，电商仓配服务商“发网”获 2 亿融资毅达资本等投资。

2015 年 11 月 1 日，防辐射公司派蒙集团获 4000 万 A 轮融资信中利投资，派蒙集团通过 10 余年的发展成为国内防辐射企业的代表。

2015 年 11 月 23 日，途牛获得海航旅游巨额投资：据称金额高达 5 亿美元，通过线上线下的互动，以线上企业整合线下资源，为线下资源拓展线上渠道。

2015 年 11 月 24 日，“旅游圈”完成 B 轮融资 5 亿现金深化全国布局，本轮由五家机构共同投资完成，分别为钜派集团的易居资本、南粤基金、海通开元、谱润投资和华夏信诺资本。

2015 年 11 月 24 日，51CTO 宣布获过亿元融资挚信资本领投德沃基金跟投，51CTO 曾经是 IT 技术与服务媒体网站，两年前他们上线了学院，提供在线 IT 教育。

2015 年 11 月 24 日，赤子城完成数亿人民币 C 轮融资累计用户已突破 2 亿。

2015 年 11 月 24 日，国家产业基金 24 亿元入股中兴微电子持有 24% 股权。

2015 年 11 月 24 日，艺术品金融平台玺喜网获中沃投资千万级天使投资，此轮融资后，玺喜网将会拓宽业务布局，从艺术品 P2P 业务，拓展到艺术品租赁、艺术品场景化服务艺术品场景化服务。

2015 年 11 月 25 日，“第五大道”完成数千万元 A 轮融资源石资本投资，其发布的全新商业模式将实现网络下单，品牌专卖店取货。

2015 年 11 月 25 日，“电商四小龙”之一蘑菇街获逾 2 亿美元的 D 轮融资，本轮融资由平安创投领投，天图资本跟投。

2015 年 11 月 25 日，“银豆网”完成 3 亿元 B 轮融资投资方为恒天资产，恒天资产为国务院国有资产监督管理委员会监管的国有独资大型中央企业，银豆网是一家严谨、专业并且具有丰富实践经验的互联网金融平台。

2015 年 11 月 25 日，“悦好教育”完成 3000 万 A 轮融资中科招商投资，随着新东方、诺亚舟、弘成教育等教育企业到纽交所、纳斯达克上市，教育产业越来越受到资本市场的密切关注。

2015 年 11 月 25 日，瓜子二手车从 58 赶集分拆杨浩涌追加 6 千万美元投资。

2015 年 11 月 25 日，小咖秀完成 D 轮 2 亿美元融资新浪微博领投红杉跟投，旗下产品以移动互联网用户为目标群体，包括秒拍，小咖秀，Vitamio，VPlayer 四个移动端视频类产品。

2015 年 11 月 26 日，58 月嫂完成 3000 万元 A 轮融资 58 到家乐奕创投等投资。

2015 年 11 月 26 日，FLYPRO 飞豹无人机获得 8000 万 A 轮融资宜华资本投资。

2015 年 11 月 26 日 58 月嫂完成 3000 万元 A 轮融资 58 到家乐奕创投等投资。

2015 年 11 月 2 日，百恩百·特购社完成 1 亿元 A 轮融资。

2015 年 11 月 2 日，百恩百特购社完成 1 亿元 A 轮融资知名风投投资，该网站是国内首家会员制进口电商网站，所有商品均来自海外正规渠道采购并底价销售给会员。

2015 年 11 月 2 日，斑马快跑 CEO 李佳在“万辆新能源物流车合作签约仪式暨新闻发布会”上正式向外界宣布，已成功获得 1 亿元人民币的 A 轮融资。

2015 年 11 月 2 日，斑马快跑宣布获得 1 亿人民币 A 轮融资复星资本投资，斑马快跑致力于以合法营运的新能源货车取代目前已让城市管理者颇为头疼的黑面包，不限行，不限号，节能环保，合法营运。

2015 年 11 月 2 日，恒富在线宣布获得千万元 A 轮融资中瀛鑫科技投资。

2015 年 11 月 2 日，互联网金融“爱定投”获聚信达 7000 万元 A 轮投资，通过本次 A 轮融资爱定投将大力开拓 P2P 金融市场，提升品牌形象。

2015 年 11 月 2 日，礼来亚洲 1500 万美元投资“迈博斯生物”A 轮融资，迈博斯生物是一家专注于开发用于诊断和治疗癌症，代谢和自身免疫病的抗体的生物技术初创企业。

2015 年 11 月 2 日，智能商业管理终端掌贝微 POS 宣布完成了一亿元 A + 轮融资，由丰厚资本领投，金沙江跟投。

2015 年 11 月 2 日礼来亚洲 1500 万美元投资“迈博斯生物”A 轮融资。

2015 年 11 月 30 日，凹凸租车获 3 亿元 B 轮融资经纬中国策源创投等投资，2014 年 5 月上线之初，凹凸共享租车即与中国太平洋保险建立了战略合作，联手发出适合租车模式的险种，开发出了适合 P2P 租车模式的 205 万元险种。

2015 年 11 月 3 日，App 积分运营平台兑吧完成 3000 万 A 轮融资云毅领投，由于开发方面已经比较成熟，兑吧当前的主要目标很简单，就是接入更多 App 成为他们的用户，所以融资所获资金会投放在运营、商务上，将业务团队进一步发展壮大。

2015 年 11 月 3 日，Alteryx 获得 8500 万美元融资，本轮融资由 Iconiq Capital 领投，Insight Venture Partners 和 Meritech Capital Partners 跟投。

2015 年 11 月 3 日，Nestpick 刚刚宣布了 1100 万美元的 A 轮融资，资方包括 Mangrove Capital Partners、Enern 等。

2015 年 11 月 3 日，美国家政 O2O 公司 Handy 宣布完成 5000 万美元 C 轮融资，领投方是富达国际（Fidelity Management）。

2015 年 11 月 3 日，社区 O2O 对酒当歌 A 轮完成 1.3 亿融资盈信资本领投。

2015 年 11 月 3 日，深圳对酒当歌电子商务公司宣布完成 1.3 亿元 A 轮融资，该轮融资由盈信资本领投，创新工场和隆领资本蔡文胜跟投。

2015 年 11 月 3 日，掌贝微 POS 获一亿元 A + 轮融资切入 O2O 闭环最后一环，由丰厚资本领投，金沙江跟投。

2015 年 11 月 4 日，Uniplaces 完成 2400 万美元 A 轮融资。

2015年11月4日，传知乎C轮融资5000万美元：腾讯领投估值3亿美元。

2015年11月4日，大数据分析服务商“神策网”获得600万元天使投资，Sensors Data针对互联网企业提供大数据分析产品和完整解决方案，以及针对传统企业提供大数据相关咨询和完整解决方案。

2015年11月4日，招财猫理财宣布完成数千万A轮融资浙大友创投资，杭州招财猫网络科技有限公司是国内领先的移动互联网理财服务平台。

2015年11月5日，美利金融宣布获得6500万美元A轮融资。

2015年11月5日，知乎确认已完成5500万美元C轮融资。

2015年11月6日，Square宣布最高可融资4亿美元

2015年11月6日，蘑菇租房完成3000万美元B+轮融资KTB Network领投。

2015年11月6日，蘑菇租房完成B+轮3000万美元的融资。

2015年11月6日，数据堂B轮融资2.4亿元，本轮融资由中航信托、海通证券、东方证券、浙商资管、青岛华通、安徽国富共同出资。

2015年11月6日，在线数据交易平台聚合数据正式对外宣布获得2.18亿人民币B轮融资。

2015年12月10日，“大神圈”完成亿元A轮融资领投方为掌趣科技。通过融资，大神圈将引入更多优质的合作伙伴与资源，共同开发大神圈拥有的精品IP，并在游戏、影视、动漫、文学领域与合作伙伴进行深度合作，增强各方在这些领域的协同效应。

2015年12月10日，“小站教育”获8400万美元C轮投资红杉资本领投。

2015年12月10日，从共享租卡消费切入的美美租卡获千万级天使融资。

2015年12月10日，云智慧获1230千万美元B+轮融资红杉戈壁追加投资，这是云智慧继2014年A、B两轮融资之后的最新一轮融资，彰显了资本市场对云智慧所践行的APM发展道路的信心。

2015年12月12日，永洪科技完成1亿B轮融资做客户与大数据的桥梁。

2015年12月12日，永洪科技完成1亿B轮融资做客户与大数据的桥梁。

2015年12月13日，“潮生活”系列微信公号获两千多万天使轮投资。

2015年12月13日，“潮生活”系列微信公号获两千多万天使轮投资。

2015年12月13日，女性社群产品“趁早”宣布完成2000万元A轮融资。

2015年12月13日，女性社群产品“趁早”宣布完成2000万元A轮融资。

2015年12月13日，云角信息完成4000万元A轮融资江苏润和软件领投。

2015年12月13日，云角信息完成4000万元A轮融资江苏润和软件领投。

2015年12月14日，“云家政”完成1200万美元B轮融资领投方为SIG 。

2015年12月14日，“云家政”完成1200万美元B轮融资领投方为SIG 。

2015年12月14日，宜花科技完成数千万美元B轮融资元璟创投领投，宜花科技成立于2014年，通过“互联网+”整合鲜花行业，向终端花店提供服务，用移动互联网技术改变鲜花产业。

2015年12月14日，宜花科技完成数千万美元B轮融资元璟创投领投，宜花科技成立于2014年，通过“互联网+”整合鲜花行业，向终端花店提供服务，用移动互联网技术改变鲜花产业。

2015年12月15日，复星大手笔：投给摩登天空1.3亿共同成立30亿产业基金。

2015 年 12 月 15 日，复星大手笔：投给摩登天空 1.3 亿共同成立 30 亿产业基金。

2015 年 12 月 15 日，教育平台阿凡题获 B 轮 6 千万美元融资深创投等投资。

2015 年 12 月 15 日，教育平台阿凡题获 B 轮 6 千万美元融资深创投等投资。

2015 年 12 月 15 日，零佣金美股交易平台美豹金融获薛蛮子 1200 万投资。

2015 年 12 月 15 日，零佣金美股交易平台美豹金融获薛蛮子 1200 万投资。

2015 年 12 月 15 日，信用宝完成亿元 A 轮融资朗玛峰领投中美创投等跟投，信用宝 CEO 涂志云表示，短暂营销并不具有实际效果，做平台也应将钱更多的花在提高用户体验度上。

2015 年 12 月 15 日，信用宝完成亿元 A 轮融资朗玛峰领投中美创投等跟投，信用宝 CEO 涂志云表示，短暂营销并不具有实际效果，做平台也应将钱更多的花在提高用户体验度上。

2015 年 12 月 15 日，音乐平台歌者盟获千万级 Pre－A 轮投资灏蓝资本领投。

2015 年 12 月 15 日，音乐平台歌者盟获千万级 Pre－A 轮投资灏蓝资本领投。

2015 年 12 月 15 日，知乎大 V 起家的“硬派健身”完成 1000 万 Pre－A 轮融资。

2015 年 12 月 15 日，知乎大 V 起家的“硬派健身”完成 1000 万 Pre－A 轮融资。

2015 年 12 月 16 日，“八条鱼”完成近亿元 A 轮融资津报金控等投资。

2015 年 12 月 16 日，“八条鱼”完成近亿元 A 轮融资津报金控等投资。

2015 年 12 月 17 日，大数金融获 5 亿人民币 B 轮投资太盟投资集团领投。大数金融是一家 2014 年底开始运营的信贷工厂，采用数据化的风控技术，生产中大金额的个人无担保贷款，帮助草根级小微企业主获得正规金融机构价格合理的贷款，并为各类金融机构提供个人信贷解决方案。

2015 年 12 月 17 日，大数金融获 5 亿人民币 B 轮投资太盟投资集团领投。大数金融是一家 2014 年底开始运营的信贷工厂，采用数据化的风控技术，生产中大金额的个人无担保贷款，帮助草根级小微企业主获得正规金融机构价格合理的贷款，并为各类金融机构提供个人信贷解决方案。

2015 年 12 月 17 日，凤凰金融完成 8000 万美元 A 轮融资中信与中科院领投。

2015 年 12 月 17 日，凤凰金融完成 8000 万美元 A 轮融资中信与中科院领投。

2015 年 12 月 17 日，银河数娱完成超 1 亿元 A＋轮融资领投方为松禾资本。

2015 年 12 月 17 日，银河数娱完成超 1 亿元 A＋轮融资领投方为松禾资本。

2015 年 12 月 19 日，LESS&MORE 获 800 万人民币 Pre－A 轮投资联科创盈投资，LESS&MORE 是国内男装定制上门服务提供商，主要以手工定制及搭配、设计为理念，为现代男士提供个性化服装体验。

2015 年 12 月 19 日，蓝领 WiFi 融资 3000 万美元将在新三板挂牌上市。

2015 年 12 月 19 日，智能云平台三开科技 A 轮融资 1200 万欲解决养老难题，“智能养老云平台”从属于三开科技。

2015 年 12 月 1 日，“全城热炼”完成近亿人民币 B 轮融资君联资本领投，全城热炼走的是 ClassPass 模式，推 99 元包月不限课程类型、不限消费次数，但是同一健身房每月内最多消费不能超过三次的团购。

2015 年 12 月 1 日，“悦跑圈”完成 1800 万美元 B 轮融资动域资本投资，悦跑圈是一款基于跑步与社交结合的移动 App，通过寻找跑友、分享跑步记录、举办赛事等方式建立集合社交、服务、内容为一体的垂直跑步社区。

2015年12月1日，第三方电子签约云平台上上签完成A轮融资DCM领投，上上签，是一家第三方电子签约云平台，针对互联网企业的电子签名需求，帮助用户在互联网上获取具有法律效力的电子签名，让用户通过上上签完成整个协议的签署，实现随时随地，想签就签的线上签署。

2015年12月1日，洗衣O2O“多洗”获千万Pre-A轮融资盛景嘉成投资。

2015年12月20日，海逸风传媒完成A轮融资：1个月内获得3家风投注资，2015年11月11日，瀚丰资本与北京海逸风传媒签署了股权投资协议，正式入股海逸风传媒；紧接着在11月27日，川江资本注资海逸风传媒；12月11日，新鼎资本注资海逸风传媒。

2015年12月20日，生鲜平台味道网获3300万A轮投资出资人包括郎永淳。

2015年12月21日，店货分离“觉客体验店”完成1450万Pre-A轮融资，觉客是中国最早系统化探索“店货分离”体验店零售模式的互联网公司。

2015年12月22日，“美家帮”获得B+轮投资称估值已过10亿人民币。

2015年12月22日，本土设计公司指南设计获千万元投资北极光领投，成立至今超过10年的北极光创投，一直活跃在创业、创新投资领域的风口浪尖。

2015年12月22日，传美团点评已完成28亿美元融资2015年亏损超100亿。

2015年12月22日，闪存项目Memblaze获千万美元投资通用和高通投资，Memblaze是一家专业提供企业级高性能存储产品（固态硬盘）及解决方案的企业。

2015年12月22日，水性指彩MISSCANDY获A轮5000万融资亚商资本领投，与MISS CANDY专注于健康美甲产品的研发和销售，开创了“健康指彩”品类，旨在用健康、方便个人使用的美甲产品，美甲教程，线上线下全渠道的购物体验等，让“女性做自己的美甲师”。

2015年12月23日，“百场汇”获得3000万A轮融资：峰瑞资本李丰投资。

2015年12月23日，“拼好货”完成B轮融资：投资方为高榕资本和IDG。

2015年12月23日，极装吉住获1000万元天使融资传统家装巨头投资，极装吉住的投资来自一家传统的家装巨头。

2015年12月23日，理财平台考拉理财获2000万元A轮融资伯藜创投领投，考拉理财是由广州财略金融信息科技有限公司打造的创新金融理财平台。

2015年12月24日，决胜网获得超过两亿元C轮投资资金已全部到账。

2015年12月25日，旭辉控股集团有限公司获交通银行上海分行80亿元的授信额度。

2015年12月27日，温州寻钱网金融信息服务有限公司宣布获得首轮千万元投资，投资方为浙商创投和丰厚资本。

2015年12月28日，国内企业销售管理软件供应商纷享销客日前宣布完成C轮5千万美元融资。

2015年12月29日，产融贷获A轮融资，中国风投资有限公司是本轮投资方。

2015年12月29日，日前，一款可以帮助0~6岁父母完成孩子完成英语启蒙的APP叽里呱啦获得真格基金和宝宝树的天使投资，金额为85万美元。

2015年12月29日，蚁视获得3亿B轮投资

2015年12月2日，“理大师”获1600万Pre-A轮投资普华资本领投。

2015年12月2日，爪爪：复单率60%的宠物O2O寒冬中获得1500万融资。

2015年12月31日，九阳股份宣布拟出资3000万美元对本来控股进行增资。

2015年12月3日，“咖啡零点吧”获得西部资本3000万人民币A轮投资。

2015 年 12 月 3 日，倍至科技完成 2 千万元 Pre－A 轮融资中沃投资领投。

2015 年 12 月 3 日，好房通获赛马资本盈创兴科朋锦中联合投资 8000 万，所获得的资金将用于全新 C 端产品的推广和多个城市近千家二手房门店换牌、交易支持、后市场业务的统一运营。

2015 年 12 月 3 日，进口电商五洲会海购：再获 15.7 亿投资环球易购投资。12 月 3 日，运维平台“日志易”获红杉资本 6 千万人民币 A 轮投资，“日志易”面向企业提供运维日志分析、搜索、可视化监控告警等功能服务。

2015 年 12 月 3 日，一米鲜完成 1500 万美元 Pre－B 轮融资出让 15% 股权，一米鲜隶属于聚鲜（北京）科技有限公司，是国内生鲜 O2O 垂直领域的创业企业。

2015 年 12 月 4 日，美食应用好豆网获千万美元融资加强智能厨房布局，好豆网，旗下拥有美食社区服务网站“好豆网”，以及“好豆菜谱”和“去哪吃”两款移动应用，提供菜谱分享、美食推荐、小组社交活动三大核心服务。

2015 年 12 月 7 日，易茗造型获得近 2 亿元融资华谊兄弟等参与投资。易茗造型目前拥有影视剧化妆造型业务、造型师经纪人业务、易茗造型艺术学校及电商等几大业务版块。其中，影视剧化妆造型、学校培训业务分别为公司贡献了 40% 以及 30% 的营收额，是公司业绩的核心。

2015 年 12 月 7 日，紫晶通财完成 6000 万美元 A 轮融资老虎环球基金领投，紫晶通财以基金对冲为基础，以普惠金融，促进金融平台、构建现代化金融体系、优化金融服务和产品。紫晶通财以基金对冲为基础，以普惠金融，促进金融平台、构建现代化金融体系、优化金融服务和产品，发展至今。

2015 年 12 月 9 日，“医学界”完成 2000 万 A 轮融资道彤资本等投资，“医学界”在 2015 年 9 月推出主打医生在线教育的医生学习社区——医生站 APP。医生站迄今为止注册医生用户已接近 40 万。

2015 年 12 月 9 日，女性助手“美柚”完成 D 轮融资经纬创投等联合投资，13 年开始，“美柚”从一个简单的女性经期记载管理工具起步后，在很长一段时间内维持着“工具 + 社区”的经典思路——通过工具来绑定用户的硬需求，社区则用来提高用户的活跃度和打开频次，同时降低获客成本。

2015 年 12 月 9 日，县区级本地服务“梦虎”获得千万级天使轮融资。梦虎，一款本地生活服务类应用，以“兴趣圈子＋线下活动”的泛社交模式作为切入点，专注于县区级的本地生活数据挖掘。

2015 年 12 月 9 日，移动出海平台“白鲸社区”已完成数千万 A 轮融资，白鲸社区是一个为开发者提供出海服务的平台，产品已于去年 7 月上线，现已服务超过 30000 个面向海外市场的开发者、2000 余个项目、公司。

## 退　出

2015 年 1 月 12 日，山东雷帕得汽车技术股份有限公司正式登陆新三板，证券代码为：831613，成为新三板第一家挂牌同时采取做市转让方式的企业。

2015 年 1 月 13 日，51Talk 宣布完成对 91 外教的整体收购，涉及金额未透露。

2015 年 1 月 13 日，湖南卫视旗下电视购物品牌快乐购在深交所发布了首次公开发行股票并在创业板上市公告。公告显示，快乐购每股发行价格为9.06元，发行股数为7000万股，占发行后公司总股本的17.94%，融资总金额预计将达6.342亿元。

2015年1月13日，佐力科创小额贷款股份有限公司在香港上市，股票代码06866.HK，每股发行价为1.3元港币，开盘价1.54港币。

2015年1月14日，旋极信息披露，公司拟通过“现金+增发”方式，收购西安西谷100%的股权，交易金额5.46亿元，增值率728.48%。

2015年1月20日，金山软件发布公告，宣布小米科技将通过其全资附属公司收购金山软件2.98%的股份。

2015年1月21日，泰格医药拟用1.54亿元收购北医仁智100%股权。

2015年1月29日，腾讯将收购17173，涉及金额10亿美元。交易完成后，腾讯游戏频道和17173将进行整合及人事调整。

2015年2月24日，Ironshore与复星国际有限公司近日宣布，复星已完成收购Ironshore的普通股，占Ironshore股份之流通普通股总数（在完全稀释的基础上）的20%，买入价格为4.64亿美元。

2015年3月19日，A股上市公司科达股份宣布斥资5.4亿元整体收购广东雨林木风计算机科技有限公司。

2015年3月2日，58同城斥资2.67亿美元并购安居客。

2015年4月21日，阿里巴巴影业集团宣布以8.3亿元现金成功竞价广东粤科软件工程有限公司。

2015年4月6日，游族网络宣布购买广州掌淘网络科技有限公司100%股权，交易总价为5.38亿元。

2015年5月25日，A股公司新嘉联拟购买虚拟运营商巴士在线100%的股权，交易金额为16.85亿元。

2015年5月4日，九鼎投资（430719）发布公告称，将出资20亿元人民币，创建全资控股互联网金融品牌——九信金融。

2015年6月16日，Zynga一美元收购前CEO皮卡斯名下的孵化器公司。

2015年6月16日，航美传媒将以21亿元出售广告业务75%的股权。

2015年6月24日，国美电器斥资38亿人民币收购大中全部股权，部分将会与集团向北京战圣授出之贷款36亿人民币抵销。

2015年6月8日，百度宣布收购日本原生广告公司popIn的控股权。

2015年6月8日，蓝色光标宣布同时收购中国两大移动广告公司。

2015年7月15日，PE巨头同创伟业挂牌新三板，根据公告，同创伟业此次发行210.53万股，募集资金近3.5亿元，由9名投资者出资认购。

2015年8月11日，前程无忧2.687亿元收购应届生及Zhiding Youyuan，在上述两笔控股收购之外，该公司还于第二季度开展了多笔非控股性投资，投资规模为2010万元。

2015年8月1日，雅虎并购时尚电商Polyvore强化数字杂志和垂直内容，将提供原生购物广告，给零售商带来流量和销售额。

2015年8月31日，分众传媒A股上市火速换壳七喜控股。

2015年9月10日，本邮政株式会社（Japan Post Holdings）已在周四获准IPO（首次公开招股）上市，该公司将通过这项交易筹集 1.4 万亿日元（约合 116 亿美元）资金。

2015 年 9 月 1 日，九鼎投资 106 亿港币收购富通香港。

2015 年 9 月 7 日，威创股份拟 8.57 亿并购金色摇篮。

2015 年 10 月 15 日，酒仙网收到全国中小企业股份转让系统文件，其股票在新三板挂牌的申请获得批准。

2015 年 10 月 22 日，升华拜克 16 亿并购炎龙科技游戏公司。

2015 年 10 月 9 日，凤凰学易拟引入好未来 3000 万美元战略投资。

2015 年 10 月 9 日，联创股份布局互联网拟 17.3 亿收购上海激创上海麟动。

2015 年 11 月 6 日，阿里以 56 亿美元现金收购优酷土豆。

2015 年 12 月 3 日，华人文化中信资本 4 亿美元收购曼城母公司 13% 股权。

2015 年 12 月 4 日，复星医药再出大动作：2.5 亿元投资医院占股 70.47%。

# 附录二　2016 中国风险投资大事记

## 政　　策

**1.** 2016 年 01 月 05 日，随着授权国务院调整注册制适用法律的相关《决定》获人大常委会审议通过，注册制实施的法律障碍消失。

**2.** 2016 年 2 月 5 日，国家外汇管理局宣布放宽单家 QFII 机构（合格境外机构投资者）投资额度上限，并将锁定期从一年缩短为 3 个月，规定即日实施。资本持续单向流出、外储不断下降的形势将遇到对冲。

**3.** 2016 年 2 月 3 日，国务院总理李克强主持召开国务院常务会议，部署建设双创基地发展众创空间，加快培育新动能；部署进一步做好特困人员救助供养，切实保障其基本生活；通过《全国社会保障基金条例（草案）》。

**4.** 2016 年 5 月 3 日，在亚洲开发银行（亚行）理事会第 49 届年会召开之际，亚行行长中尾武彦与亚洲基础设施投资银行（亚投行）行长金立群在德国法兰克福签署了一项谅解备忘录，为双方联合融资项目构建了平台。

**5.** 2016 年 2 月 25 日，工、农、中、建、交五大行联合宣布停收异地汇款、跨行转账手续费，相应政策也都一一落地浙江，开始执行。

**6.** 2016 年 3 月 12 日，中国人民银行副行长兼国家外汇管理局局长潘功胜表示，央行会同有关部门一起，打击为客户提供首付贷融资、加大购房杠杆、变相突破住房信贷政策的行为。

**7.** 2016 年 3 月 11 日，国家发改委《计划报告》提出，加强互联网金融管控，并明确其关键是“制定负面清单”。全国人大代表、重庆市长黄奇帆 8 日在北京指出，互联网企业若涉足融资贷款，就须高度关注，“因为稍有不当，就会引发风险甚至大风险”。

**8.** 2016 年 3 月 21 日，中国证券金融公司（下称“证金公司”）近日宣布，自当日起恢复转融资业务五个期限品种并下调费率。

**9.** 2016 年 3 月 25 日，广东省金融办日前下发了《广东省小额贷款公司利用资本市场融资管理工作指引（试行）》，表示为了进一步拓宽广东省小贷公司融资渠道，鼓励小贷公司在依法合规情况下通过上市（挂牌）或发行债务类融资工具融资。

**10.** 2016 年 3 月 27 日，国家发展和改革委员会、国家开发投资公司（以下简称“国投”）、中国投融资担保股份有限公司（以下简称“中投保”）在北京共同签订《战略性新兴产业融资担保风险补偿金合作协议》，三方将共同在战略性新兴产业领域开展项目融资风险补偿试点工作，京津冀等 8 个试验区将首批开展试点。

**11.** 2016 年 4 月 16 日，央行发布《境外央行类机构投资银行间债券市场业务流程》《境外央行类机构投资银行间外汇市场业务流程》，对境外央行类机构投资银行间债券市场实行备案制管理，境外央行类机构可自主决定投资规模。

**12.** 2016 年 4 月 29 日，广州市融资担保行业协会于近日发布了《关于禁止我市融资担保公司参与 P2P 网络平台相关业务的通知》（下文简称《通知》）。《通知》指出，P2P 网络平台极易发生非法集资等行为，为此禁止融资担保公司参与 P2P 网络平台业务。

**13.** 2016 年 5 月 3 日中国人民银行决定，自当日起，将本外币一体化的全口径跨境融资宏观审慎管理试点扩大至全国范围内的金融机构和企业。

**14.** 2016 年 4 月 25 日，广州市政府和广州市商务委官网发布《关于进一步加快融资租赁业发展的工作方案》（下简称《方案》）。涵盖放宽企业准入及经营条件、解决企业融资困难、加大财政扶持力度、推动自贸试验区创新集聚发展、规范行业健康发展等五个方面共 29 条工作措施，并明确各部门责任分工。

**15.** 2016 年 5 月 4 日，两周前，国务院组织 14 部委召开会议，将在全国范围内启动为期至少 1 年的互联网金融专项整治，并出台了《互联网金融风险专项整治工作实施方案》。

**16.** 2016 年 5 月 6 日，央行发布《2016 年第一季度中国货币政策执行报告》，《报告》总结了一季度货币政策执行情况，并对下一步的货币政策安排作出部署。

**17.** 2016 年 5 月 9 日，晋江市出台了《关于加快发展互联网金融和跨境金融的若干意见》（以下简称《意见》），加快培育和发展互联网金融、跨境金融等新兴金融业态，进一步发挥金融特别是互联网金融和跨境金融支持晋江市实体经济发展的引擎作用。

**18.** 2016 年 5 月 12 日上午，广安经济技术开发区国税局与中国建设银行广安分行举行征信互认、银税互动——“税易贷”合作签约仪式，为小微企业破解融资难、融资贵的难题带来了福音。

**19.** 2016 年 5 月 13 日，省工信委、省银监局、省国税局、省地税局联合推出的“税银通”服务平台正式上线，可以在线受理中小微企业融资申请。

**20.** 2016 年 5 月 6 日，浙江省工商行政管理局就贯彻落实《开展互联网金融广告及投资理财名义从事金融活动风险专项整治工作实施方案》下发通知（以下简称《通知》），对相关企业的名称和经营范围等事项提出了意见。

**21.** 2016 年 5 月 16 日，为进一步缓解中小企业融资难题，市财政局近日出台政府采购支持中小企业信用融资办法，为中小企业开辟融资“绿色通道”。

**22.** 2016 年 5 月 25 日举行的广东省十二届人大常委会第二十六次会议表决通过了《中国（广东）自由贸易试验区条例》。

**23.** 2016 年 5 月 30 日，全国股转系统发布《全国中小企业股份转让系统挂牌公司分层管理办法（试行）》（以下简称《分层管理办法》），于 5 月 27 日发布施行。《分层管理办法》总共 4 章 19 条，包括总则、分层标准和维持标准、层级划分和调整、附则等。

**24.** 2016 年 5 月 31 日，财政部、发改委日前发布的《关于进一步共同做好政府和社会资本合作（PPP）有关工作的通知》要求，着力提高 PPP 项目融资效率。

**25.** 2016 年 5 月 31 日，财政部、发改委发布了关于进一步共同做好政府和社会资本合作（PPP）有关工作的通知，明确七大举措进一步推进政府和社会资本合作（PPP）工作，并明确强化监督管理，杜绝固定回报和变相融资安排。

**26.** 2016 年 7 月 18 日，《中共中央国务院关于深化投融资体制改革的意见》（以下简称《意见》）发布，标志着我国投融资体制将迎来一次重大变革。

**27.** 2016 年 7 月 18 日，中共中央、国务院发布《关于深化投融资体制改革的意见》（以下简称《意见》）。《意见》明确了深化投融资体制改革的指导思想、基本原则和重点任务。

**28.** 2016 年 7 月 26 日，天津城投创展租赁有限公司等 6 家企业获得天津自贸试验区内资融资租赁第一批试点资格确认，这是商务部、税务总局关于内资融资租赁试点确认工作简政放权，下放到天津等 4 个自贸试验区所在省级商务主管部门后，全国首批确认的内资融资租赁试点企业。

**29.** 2016 年 8 月 30 日，福建省政府对外公布《关于建立健全政策性融资担保体系的若干意见》（以下简称《意见》）。

**30.** 2016 年 8 月 29 日，国家知识产权局发布通知，将在连云港等 72 个地区和单位开展专利质押融资、专利保险试点示范工作，试点示范时间自 2016 年 8 月起，为期 3 年。

**31.** 2016 年 9 月 9 日，为遏制虚假重组、忽悠式重组，对炒壳降温，证监会今年 6 月 17 日启动对《上市公司重大资产重组管理办法》（以下简称《重组办法》）进行修改工作，现已完结，修改后的《重组办法》当日正式发布施行。

**32.** 2016 年 8 月 24 日，银监会、工业和信息化部、公安部、国家互联网信息办公室等四部门联合发布《网络借贷信息中介机构业务活动管理暂行办法》。

**33.** 2016 年 12 月 19 日，近期，财政部印发《财政部驻各地财政监察专员办事处实施地方政府债务监督暂行办法》，依托财政部驻各地财政监察专员办事处实施地方政府债务监督，强化监督问责。

**34.** 2016 年 12 月 16 日，征求意见稿发布三个月后，证监会正式发布了《证券期货投资者适当性管理办法》（以下简称《办法》）。

**35.** 2016 年 12 月 22 日，近日，余杭区出台了《余杭区商标权质押贷款补助和风险补偿办法（试行）》，支持具有品牌优势的企业拓宽融资渠道，鼓励和支持金融机构开展商标权质押贷款业务，盘活企业商标无形资产，推进企业转型升级。

**36.** 2016 年 12 月 30 日，股转系统今日公告，依据《国务院关于建立完善守信联合激励和失信联合惩戒制度加快推进社会诚信建设的指导意见》等文件的要求，全国股转公司对失信联合惩戒对象实施惩戒措施，限制其在全国股份转让系统挂牌、融资。

## 基金募集

**1.** 2016 年 1 月 5 日，贵州省 2016 年批准设立的首只产业投资基金——贵州公共和社会资本合作（PPP）产业投资基金 4 日成功落地。

**2.** 2016 年 1 月 9 日，设立农村产业融合发展投资基金。

**3.** 2016 年 2 月 9 日，国内首只国家资金引导的知识产权股权基金——国知智慧知识产权股权基金正式发布。

**4.** 2016 年 3 月 11 日，由“多层次资本市场联盟”（以下简称多盟）发起，成立我国首只帮企业先行垫付诉讼费用的诉讼融资基金。

**5.** 2016 年 5 月 6 日，由著名媒体人秦朔创立的上海那拉提网络科技有限公司在“汇志新媒体助力计划暨内容创业 2.0 沙龙”活动现场，宣布将联合上海天天汇志网络科技有限公司发起设立规模亿元的新媒体投资基金，专注于新媒体内容平台和支持平台的投资。

**6.** 2016 年 5 月 21 日，由福建卧湖股权投资管理有限公司（卧湖资本）主办的“‘新起点，新引擎’投资论坛暨卧湖基金开幕仪式”于福州融侨皇冠假日酒店举行。

**7.** 2016 年 5 月 31 日，众传媒董事长江南春在新闻发布会上宣布，分众传媒体育基金正式成立，该基金由分众传媒和方源资本合作成立，领投咕咚 3000 万美元，另外还有 SIG、软银中国等跟投。

**8.** 2016 年 7 月 5 日，香港特区金融管理局最近成立基建融资促进办公室（IFFO），旨在推动香港发展为一个基建融资的枢纽。

**9.** 2016 年 7 月 5 日，广州民间金融街管理委员会联合广州民间金融研究院在广州民间金融街互联网金融孵化中心举办第五期长堤金融沙龙活动，探索“知识产权融资中的法律风险”问题。为充分调动银行放贷的积极性，市财政已投入 3000 万元，设立了知识产权质押融资风险补偿基金。

## 投 融 资

**1.** 1 月 5 日，沪深交易所公布了修改后的新股网上网下发行实施细则，两市融资余额 3 天蒸发逾 500 亿。

**2.** 1 月 8 日，中国国电集团公司公司债券“16 国电 01”成功发行，20 亿元募集资金全部到位标志着国电集团成为首家在证监会监管的资本市场中，向公众投资者公开发行公司债券的全民所有制企业。

**3.** 1 月 8 日，天津港保税区中小微企业评价体系正式交付启用，民生银行、光大银行、浦发银行及广发银行与区内企业签订合作协议，初步达成融资需求 9.7 亿元。

**4.** 1 月 8 日，武汉本土 P2P 平台玖融网宣布获得 5000 万元 A 轮融资，投资方为大型互动娱乐集团天鸽互动。

**5.** 1 月 11 日，B 轮融资近 4 亿的短融网要做另类银行 未来借道 A 股上市，B 轮融资近 4 亿的短融网要做另类银行 未来借道 A 股上市。

**6.** 1 月 11 日，美术宝获 6600 万元 B 轮融资 计划 2017 年挂牌新三板，美术教育综合服务平台“美术宝”创始人甘凌透露美术宝已获得 6600 万人民币 B 轮融资，由禾林资本领投，国海创新、博雅资本跟投。

**7.** 1 月 11 日，“一号美店”获千万级 pre－A 轮融资 诺辉投资领投，“一号美店”成立于 2015 年 4 月，隶属于北京壹号美网络科技有限公司。

**8.** 1 月 11 日，“什么值得买”五年来首次融资 华创资本 1 亿元注资，作为中国最具消费决策影响力和最大消费流量的入口，“什么值得买”自成立之日起就具备造血能力，五年多来未接受任何外部机构投资。

**9.** 1 月 11 日，云鸟配送获 1 亿美元 C 轮融资 华平投资领投红杉等跟投，新一轮融资云鸟将主要用于技术研发、安全保障体系完善、服务品质提升、标准化推进及开通新城市。

**10.** 1 月 12 日，“七乐康”获得超 1 亿美元 B 轮融资 年销售额超 10 亿，B 轮融资主要用于大白云诊的拓展上。大白云诊的定位是“大众普惠项目“，即通过移动互联网技术为患者提供图文、语音多种方式进行健康咨询，健康管理等服务，满足患者问诊、慢病管理、自我健康管理需求。

**11.** 1月12日，畅思广告完成首轮上亿融资 晨晖资本和景林资产主投，此轮融资成功标志着畅思广告作为自触控科技分拆出来的独立运营公司获得了市场认可，未来公司将在资本和团队上进一步保持独立性。

**12.** 1月13日，轻松家电宣布获得5000万元A+轮融资。

**13.** 1月13日，弹幕视频平台AcFun获软银中国数千万美元A+轮投资，由合一集团（原优酷土豆集团）领投的5000万美元，且估值已超过2亿美元。。

**14.** 1月13日，互联网酒业大战正酣“网酒网”完成2亿元A轮融资，投资方包含工银国际及建银国际旗下境内资产管理平台所受托管理的私募股权投资基金等多家投资机构。

**15.** 1月13日，家政O2O公司管家帮完成2亿元C轮融资 碧桂园独家投资，管家帮原名95081，隶属于北京易盟天地信息技术有限公司，95081家庭服务中心本身定位于为贾彤客服提供公共便民服务。

**16.** 1月13日，乐视控股旗下酒类生态电商网酒网宣布完成近2亿人民币的A轮融资，投资方包含工银国际、建银国际等多家投资机构。

**17.** 1月13日，乐视控股旗下酒类生态电商网酒网已完成A轮融资，本轮主要投资方包含多家知名投资机构，投资总金额近2亿元。

**18.** 1月13日消息，家电后市场服务商轻松家电宣布A+轮融资成功，继2015年7月A轮融资之后，轻松家电半年内再获5000万人民币A+融资。

**19.** 1月14日，行车记录仪盯盯拍获千万Pre-A融资 东方网力等投资，此轮融资将用于公司人力、资源投入，产品更新迭代研发，盯盯拍将站在用户角度提供更惊艳的影像效果和更佳的用户体验。

**20.** 1月14日，唯医网完成千万美元级A轮融资 挚信资本领投，唯医网定位于国内首家为骨科专业人士开设的继续教育与专业社交平台。

**21.** 1月15日，药品终端网完成5000万元新一轮融资 即将挂牌新三板，药品终端网于2015年12月完成来自国弘资产的新一轮融资，融资金额为5000万元。据了解，国弘资产是专业从事证券投资和股权投资的阳光私募基金。

**22.** 1月15日，“装小蜜“获得2000万元A轮融资 中路资本等投资。

**23.** 1月15日，软银中国资本日前完成对AcFun弹幕视频网（简称A站）额度为6000万美元的A+轮投资。

**24.** 1月16日，全国中小企业股份转让系统（简称“新三板”）挂牌公司“恒大淘宝”已发布公告，宣布定向发行2173.40万股，募集资金86936万元。

**25.** 1月16日，即将被解除经济制裁的伊朗正积极推进一个雄心勃勃的造船计划，伊朗最大的两家航运公司——伊朗国家油运公司（NITC）和伊朗国家航运公司（IRISL）计划融资1200亿美元用于建造船舶。

**26.** 1月18日，陆金所宣布已完成12.16亿美元的融资，其中包括B轮投资者9.24亿美元投资和A轮投资者行使认购期权投资的2.92亿美元。

**27.** 1月25日，据出品并运营“借贷宝”平台的人人行科技股份有限公司透露，“借贷宝”

平台近日已签约完成二轮融资，融资金额高达 25 亿元人民币。

**28.** 1 月 27 日，中发科技公告称紫光集团买入中发科技股份 805 万股，买入金额约为 1.32 亿元。举牌概念再掀热潮，关注三类投资机会。

**29.** 2 月 1 日，新东方在线宣布将获腾讯 3.2 亿元投资 将于国内 IPO，新东方在线成立于 2005 年，是新东方旗下的在线教育网站。

**30.** 2 月 2 日，嗒嗒巴士获 1.28 亿元战略投资 布局新能源巴士，纳川股份战略投资嗒嗒巴士，而后享有嗒嗒巴士增资后的 18.69% 股权。

**31.** 2 月 2 日，“中国默多克”再出手：黎瑞刚向华尔街见闻砸下 1 个亿。

**32.** 2 月 3 日，“一起牛”逆市完成 2000 万 pre – A 轮融资 大营资本领投，加速打造全球化财富管理平台。

**33.** 2 月 3 日，商询科技获数千万元 A 轮融资 建海外企业负面信息库，商询科技是一家通过大数据手段寻找线索，帮助企业解决业务问题的新创公司。

**34.** 2 月 3 日，宠物电商波奇网完成 1.02 亿美元 C 轮融资 招商银行领投，除了原有投资者高盛等参与了跟投外，公司管理团队参与跟投 400 万美元。

**35.** 2 月 3 日，杨浩涌透露瓜子二手车 A 轮融资达 2.5 亿美元。瓜子二手车直卖网即原来的“赶集好车”，上线于 2014 年 11 月 27 日，是一家主打 C2C 个人二手车买卖服务的交易平台。

**36.** 2 月 3 日，提供高级辅助驾驶服务的极目启行获 100 万天使融资。

**37.** 2 月 4 日，传人人车新一轮融资 1.5 亿美元 或于春节前后宣布，人人车是成立于 2014 年 4 月的二手车 C2C 交易平台，业务覆盖 20 个城市。

**38.** 2 月 5 日，青苹果健康宣布完成千万美元 B 轮融资 金沙江创投跟投，青苹果健康创立于移动医疗潮起的 2013 年，并在当时就确立了“熟人医患”的模式切入市场。

**39.** 2 月 5 日，10 分钟 10 元钱剪发“快发”获得 8000 万元 A 轮融资。“快发（QCHouse）”于 2014 年 11 月在杭州成立，快发强调剪发的日常打理，用户通过线上预约或者进店付费后，经过培训的快剪师可以在 10 分钟内完成剪发，收费固定为 10 元，期间不会进行任何推销与办卡的业务操作，店内也没有相关吹风、烫染的服务。

**40.** 2 月 5 日，分众传媒借壳上市后首次资本运作：1 亿投资数禾科技。分众传媒进行投资的主体是上海求众。

**41.** 2 月 5 日，“日日煮”获得合一资本等 3500 万 A 人民币轮投资，作为一个优质内容 IP，“日日煮”专注于制作 3 ~5 分钟的实用短视频，其中包括家常食谱、美容小贴士以及其他有创意的生活小秘诀。

**42.** 2 月 15 日，甘肃省科学院日前与深圳前海兆和资产管理有限公司签约，双方将在我省建立集纳米粉体研发、生产、应用与销售为一体的高新科技企业。甘肃纳米粉体基地签约，总投资 10 亿元。

**43.** 2 月 19 日，停车运营服务商立方控股获 1.41 亿 B 轮融资，立方控股本轮融资获得了天堂硅谷、九泰基金、易方达等多家知名机构的青睐，本轮发行完成后公司整体估值已超 20 亿元。

**44.** 2 月 22 日，处置事故车拍卖公司丰顺路宝宣布完成 4500 万美元融资，投资方包括国内著名的二手车在线交易服务提供商优信集团、峰尚资本以及君联资本。

**45.** 2 月 22 日，马东的米未传媒宣布获得 A 轮融资 5 个月估值 20 亿，米未传媒成立于 2015 年 9 月 16 日，并在成立发布会上宣布了 PreA 轮融资的消息，创新工场领投，娱乐工场跟投。

**46.** 2 月 22 日，金华山旅游经济区 1.5 亿元融资项目顺利通过工商银行浙江省分行的评审。

**47.** 2 月 22 日，洗衣 O2O 服务商多洗获 4500 万元 A 轮融资 启赋资本领投。随后又宣布与海尔达成合作，双方共同推出青年洗衣计划。针对有洗衣机等洗护智能硬件需求、但是又无自有住房的群体的一种家电租赁服务。

**48.** 2 月 22 日，领健信息获得丁香园数千万元投资 布局诊所生态。领健信息于 2015 年 5 月成立，同年 8 月获得经纬中国天使投资。是口腔 + 互联网 SaaS 服务提供商，领健信息以信息技术改造口腔医疗行业，通过连接医院、诊所、医生、患者、数据、第三方服务及供应链。

**49.** 2 月 23 日，乐视体育 B 轮融资 30 亿：估值 20 亿美元 砸 27 亿签 2 年中超。乐视体育和体奥动联合同时在香港和北京召开名为“BigBang 超级大爆炸”的发布会，宣布乐视体育获得 2016/2017 两个赛季中超联赛全部 240 比赛在中国大陆、港澳台、印度、美国、加拿大和新加坡、泰国等全部东南亚国家和地区的独家新媒体版权。

**50.** 2 月 23 日，帮助用户挑选酒店的好巧网获顺禧资本 6000 万元投资，好巧网是一家帮助用户挑选酒店的网络平台，专注服务于自助出境游的游客。

**51.** 2 月 23 日，蜜蜂停车完成 8000 万元 A 轮融资，公司已经获得由腾讯、泓锦文并购基金、同创伟业、坤鼎车联网产业基金和其他投资人共同出资的 8000 万元 A 轮融资，本轮融资由泓锦文并购基金领投。

**52.** 2 月 23 日，“一家民宿”获阿里晨兴等数千万人民币 Pre - A 轮投资，本轮融资由互联网知名人士、阿里巴巴旗下湖畔山南基金、晨兴资本共同完成。

**53.** 2 月 24 日，零担供应链平台“一智通”完成数千万 A 轮融资，该轮融资由元禾原点、熊猫资本联合领投，星汉资本跟投，星汉资本同时担任独家财务顾问，这笔融资将用于 IT 与渠道建设。

**54.** 2 月 24 日，天使王刚参与投资“悦装网”金额为千万元级别。悦装网是互联网家装 O2O 聚合平台，跟大多数互联网家装平台有类似之处的是，平台业务推广方式同样是以套餐的形式，以 688 元/平方米，988 元/平方米的套餐模式切入互联网家装。

**55.** 2 月 26 日，华人策略（08089 - HK）拟出资 1.2 亿元（港元，下同）收购金地毯（北京）文化传媒 51% 股权。华人策略现跌约 8.7%，报 0.83 元，成交约 1300 万股，涉及金额约 1100 万元。

**56.** 2 月 26 日，中国互联网音频企业蜻蜓 FM 已完成拆除 VIE 结构并拿到新一轮融资，估值为 25 亿人民币，此轮融资由中国文化产业投资基金领投。

**57.** 2 月 28 日，健客网完成 1 亿美元 A 轮融资 凯欣资本投资，健客网是一家领先的网上药店，在线下有 9 家连锁门店。

**58.** 2 月 28 日，国内可穿戴设备厂商 bong 完成 3200 万 A 轮融资 银江资本主投，未来双方将在企业级市场形成战略性互补。天使轮投资方盈动资本也进行了跟投。

**59.** 3 月 1 日，嘉实基金（博客，微博）旗下子公司嘉实投资出现在《京东商城第四季度及 2015 年报告》中，报告显示，京东金融已经完成了 66.5 亿元融资，估值达 466.5 亿元人民币。

**60.** 3 月 2 日，增强现实（AR）公司 Blippar 宣布，在新一轮融资中筹集了 5400 万美元“推动视觉发现的未来发展”。此轮融资由马来西亚主权财富基金国库控股（Khazanah Nasional Berhad）领投。

**61.** 3 月 2 日，8 天在线完成约 2 亿元 B + 轮融资 领投方为隆力奇，这是继去年 9 月团队获得顺为资本和复星昆仲 B 轮融资后的又一次资本动作。

**62.** 3 月 2 日，悟空租车完成 1158 万 Pre－A 轮融资 同城人人贷邓锋兴领投，悟空租车引入了车联网设备和自助取还车系统，这样用户可以在 7＊24 小时的区间内实现租车，并在任意合法停车位进行还车。

**63.** 3 月 2 日，电动汽车服务商“充电网”完成近 2000 万美元 A 轮融资，获得由凯睿超投资、尚势资本和鹏德创投以及郑靖伟先生的近 2000 万美元的 A 轮融资。

**64.** 3 月 2 日，京东金融完成 66.5 亿元融资 估值为 466.5 亿人民币，京东金融宣布获得来自红杉资本中国基金、嘉实投资和中国太平领投的投资人的投资。

**65.** 3 月 3 日，格格家完成数千万元 A 轮融资 顺为领投经纬真格等跟投，格格家于 2015 年 3 月正式上线，定位为“进口食品免税店”。

**66.** 3 月 3 日，乐视云完成 10 亿人民币 A 轮融资 重庆市产业基金领投，本次乐视云 A 轮融资所获资金和资源，将被用于产品研发、服务优化、人才招纳、全球布局、拓展营销等领域。后续将出让部分股权对乐视云团队给予激励。

**67.** 3 月 3 日，山脉户外获 1800 万元 A 轮投资估值过亿 新动金鼎领投。该品牌由 2011 年拿下第一个海外户外品牌代理至今，已取得 100 多个户外品牌授权，拥有 80% 国际知名品牌，20% 国内一线畅销品牌，2015 年全年营业收入超过 5000 万并以每年 100% 的业绩增长赢得户外垂直电商第一。

**68.** 3 月 3 日，乐视控股子公司乐视云计算有限公司宣布完成 A 轮融资，由重庆战略性新兴产业乐视云专项股权投资基金合伙企业（有限合伙）投资 10 亿元人民币，并且提供部分相关产业资源支持。

**69.** 3 月 4 日，二手车电商“车来车往”完成 1800 万美元 A 轮融资，车来车往二手车于 2015 年 5 月成立，它采用 C2B 模式，在 C 端卖车车主与 B 端车商之间建立信息共享、快速竞价的二手车流通服务平台。

**70.** 3 月 4 日，前百度高管任旭阳创办海致获 3000 万美元融资 君联资本领投。

**71.** 3 月 4 日，天天海淘获数千万 A 轮融资 华滨创投领投，天天海淘 2012 年上线，目前是美国东海岸最大的国际转运公司，在纽约有一个线下连锁快递品牌和仓库，其拥有 40 多个收货点，线下 60 多家加盟店。

**72.** 3 月 4 日，推拿 O2O 死伤一片 宜生到家逆势拿到 5000 万 A 轮融资。

**73.** 3 月 5 日，“融云”完成 5000 万元 A 轮融资 中兴合创领投。

**74.** 3 月 5 日，海淘返利网站 55 海淘获得 1 亿 A 轮融资 北京竞技创投投资，55 海淘创办于 2011 年，以海外购物导购返利为主要商业模式，目前拥有 500 多万活跃用户。

**75.** 3 月 7 日，企业级基础云服务商青云 QingCloud 正式宣布，完成 1 亿美元 C 轮融资。

**76.** 3 月 7 日，驾考培训 O2O 平台“猪兼强”完成数千万 A 轮融资 估值过亿。

**77.** 3 月 7 日，翼道获侨鑫创投 1000 万天使投资 首推无密码安全，翼道专注做移动身份认证，研究的“无密码安全认证”，将数字证书技术和移动互联技术结合，用户无需记录、输入任何密码，也可达到银行级安保系数。

**78.** 3 月 8 日，VR 游戏制作团队酷咔数字获 600 万天使投资 松禾资本领投。

**79.** 3 月 8 日，周边生活推荐平台“挖挖”获 2000 万元 Pre－A 轮投资，挖挖是一款基于地理位置的熟人社交软件，以地理位置聚合挖掘为核心功能，打造基于地点的消费挖掘服务和社区。

**80.** 3 月 9 日，黎叔又买了：华人文化再次投向好莱坞 金额超过 1 亿美元。

**81.** 3 月 9 日，世界高铁网完成 2000 万 A 轮融资 资深老将打动丰厚资本 F4，世界高铁网是致力于提升轨道交通与工程建筑领域物资供应链效率的 B2B 电商平台，平台从采购端出发，基于大数据提供一站式的交易服务。

**82.** 3 月 10 日，复星昆仲投资企业“8 天在线”获约 2 亿元 B + 轮融资，‘8 天在线’起于校园，但从未限于校园，这背后依赖的是公司自建、覆盖全国的扎实供应链体系，独创的库存调度与备货系统，高效的人员管理体系等等，而这些也是公司通过过去几年努力所建立起来的核心壁垒。

**83.** 3 月 10 日，TasteAnalytics 完成 340 万美元 Pre – A 轮融资 真格领投，跟投方有聚合数据、华创资本、清华企业家协会天子投资、NewGenSiliconValley、SilverWealthInvestment、SocialStarts。

**84.** 3 月 10 日，上海仁度生物科技完成亿元新一轮融资 华盖资本领投，仁度生物是中国领先的专注于 RNA 分子诊断技术（SAT）与产品的高新技术企业，公司致力于开发、推广以实时荧光核酸恒温扩增检测技术（简称 SAT 技术）为基础的 RNA 分子诊断产品。

**85.** 3 月 10 日，柠萌影业完成 5 亿元 B 轮融资：弘毅领投 腾讯和芒果基金跟投，弘毅是中国领先的 PE 机构，也是中国第一个在好莱坞进行股权投资的 PE 基金管理人，而芒果则是中国最具实力的广电系投资人之一。

**86.** 3 月 11 日，瓜子二手车直卖网宣布，在昨天瓜子二手车的交易量为 1027 辆，实现交易额 8372 万元。杨浩涌同时宣布瓜子二手车 A 轮融资已到账金额为 2 亿美元，未来融资总金额可能会达到 2.5 亿美元。

**87.** 3 月 11 日，综合人力资源服务提供商人瑞集团宣布获得基石资本亿元 C 轮融资，其此前曾获得分别来自于君联资本和麦格理的 A 轮与 B 轮融资，累计融资总额已达 2 亿。

**88.** 3 月 11 日，星环科技完成 1.55 亿 B 轮融资 瑞力投资深创投等投资，本轮融资由上海瑞力投资、深创投、中小企业发展基金、基石资本等国内知名机构投资。

**89.** 3 月 11 日，青云 QingCloud 宣布完成 C 轮融资 规模化企业级市场，本轮融资由两家人民币基金领投，蓝驰创投跟投。

**90.** 3 月 12 日，艺术品电商“掌拍艺术”完成 3000 万元 Pre – A 轮融资，掌拍艺术 APP 由中国艺术网于 2015 年 5 月推出，功能分为竞拍拍卖和资讯两块，出售的艺术品品类包括和田玉、瓷器、书画、玛瑙、紫砂壶等等。

**91.** 3 月 12 日，众创空间 WeWork 融资 4.3 亿美元 联想控股领投，此轮融资由中国投资者领投，使 WeWork 成为全球最具价值的创业公司之一，同时也表明了该公司开拓亚洲市场的计划。

**92.** 3 月 12 日，优客工场完成约 2 亿元 A + 轮融资 估值近 40 亿元，由中投汉富、歌斐资产共同领投。

**93.** 3 月 14 日，菜鸟网络完成超百亿首轮融资 多家国内外著名投资机构参投，新的投资方包括新加坡政府投资公司（GIC）、淡马锡控股公司（Temasek）、马来西亚国库控股公司（Khazanah）、春华资本等多家国内外著名投资机构。

**94.** 3 月 14 日，36 氪旗下氪空间宣布战略入股纳什空间，36 氪、氪空间与纳什空间宣布结成战略合作伙伴关系。据悉，三方将在共享办公领域展开物业拓展、招商、企业服务等多层面的深度合作。

**95.** 3 月 15 日，从 COSER 到二次元造星 次元文化获复星昆仲数千万 A 轮投资，次元文化的前身是杭州 304 文化，一个有十多年历史的动漫社团，在旗下有不少 COSER 和动漫资源后，就开始了 COSER 经纪相关的业务。

**96.** 3 月 15 日，凯撒旅游与海航资本 12 亿元投资乐视体育，本次投资被视作凯撒旅游继年初推出巴西奥运观赛产品以来凯撒在体育旅游板块进行的进一步业务拓展。

**97.** 3 月 15 日，坚果智能影院宣布完成 6 亿元 C 轮融资 金砖资本领投，这笔融资将主要用于新产品研发、营销渠道开拓、海外市场战略布局。

**98.** 3 月 16 日，斗鱼获腾讯领投 1 亿美元融资 南山资本和天神娱乐进行跟投，随着斗鱼 TV 新一轮融资完成，斗鱼 TV 也将成为武汉首家互联网独角兽企业。

**99.** 3 月 16 日，此前由 Star VC 投资的火乐科技宣布已完成 C 轮 6 亿人民币融资，此轮由金砖资本领投、中金前海等多名投资方跟投。

**100.** 3 月 16 日，阿里巴巴旗下物流平台菜鸟网络近日宣布完成首轮融资，据了解，这是菜鸟网络自 2013 年成立以来的首轮对外融资。官方尚未透露具体金额，据业内人士透露此轮融资金额超过百亿元人民币。

**101.** 3 月 17 日，昆仑决宣布获得晨兴资本、IDG 资本等超 2 亿元 B 轮融资，昆仑决，全称昆仑决世界格斗冠军赛，是由昆尚传媒携手江苏卫视合力打造的中国高水平搏击赛事、隶属 WLF 自由搏击理事会旗下。

**102.** 3 月 17 日，摩贝获数千万美元 C 轮融资 红杉资本与挚信资本领投，化学品 B2B 电商平台摩贝网从数据中心做起随后切入 B2B 交易，再逐步切入增值服务。

**103.** 3 月 17 日，魔方网获千万美元 B 轮融资 深创投、天珑移动领投，目前魔方网的业务主要分为国内和海外两条线，在国内他们是一家手游媒体。

**104.** 3 月 18 日，近日，游戏媒体魔方网完成千万美元 B 轮融资，此轮融资由深创投，天珑移动领投，经纬创投跟投。

**105.** 3 月 18 日，生鲜电商平台两鲜 FreshFresh 创始人沈斌表示，已经完成 A 轮 2000 万美元融资，完成融资后，将进一步完善物流等供应链，优化用户体验。

**106.** 3 月 18 日，“二更”完成 5000 余万元 A 轮融资 真格基金、基石资本投资。「二更」（全称“杭州二更网络科技有限公司”）2015 年 4 月成立，在推出后的短短数月内，迅速沉淀数百万粉丝，成为新媒体视频领域中的知名品牌。

**107.** 3 月 18 日，Faceu 获数千万美元 B 轮融资 美图领投、光速安振跟投，此次融资的大部分资金会投入到产品研发中，用于打磨 IM 即时通讯及视频图像处理技术，为进一步拓展社交功能做铺垫。

**108.** 3 月 18 日，“省心宝”A + 轮融资 4000 万元 估值达 2 亿人民币，省心宝成立于 2014 年 10 月，是专注于新车交易的 B2B 平台，服务主要涉及新车交易、物流运输、汽车金融等三大核心业务板块。

**109.** 3 月 18 日，乐客 VR 宣布获 A + 轮 2500 万融资 一年融四轮，乐客 VR 主要为 VR 线下体验馆提供硬件整体方案及内容分发平台。

**110.** 3 月 19 日，“妈咪知道”完成 1 亿元 B 轮融资 复星昆仲资本领投。

**111.** 3 月 20 日，土流网在北京人民大会堂举行新闻发布会，宣布 B 轮融资获得复星集团旗下复娱文化以及另一资本经纬创投共计 1.5 亿元人民币融资。

**112.** 3 月 20 日，动漫 IP 研发运营商两点十分获峰瑞资本数千万元 A 轮投资。两点十分动漫是一家针对二次元群体，研发运营非低幼动漫 IP 的泛娱乐公司，目前主要的产品形态为原创数字漫画及三维动。

**113.** 3 月 20 日，“上药云健康”获 1. 35 亿元 A + 轮融资 软银与盛太合投。

**114.** 3 月 20 日，酒类 B2B 电商“易酒批”获 2 亿元 B + 轮融资 估值 30 亿元。

**115.** 3 月 21 日，当虹科技宣布获光线传媒、国海创新资本近 1 亿元投资。当虹科技成立于 2010 年，向 B 端企业提供完整的智能的视频解决方案和完整的全链条的“视频 + 云”的服务。

**116.** 3 月 21 日，又拍云完成数亿人民币 B 轮融资 一家产业资本领投。又拍云成立于 2010 年，其前身是作为中国版 flickr 的又拍网 .

**117.** 3 月 22 日，金融大数据服务商“元宝铺”完成 1 亿元 B 轮融资 腾讯领投。“元宝铺”和其美国先行者 Kabbage 一样，切入点都是以电商卖家经营数据为授信依据做短期纯信用贷款，之后再把服务对象逐步拓展到线下小微商户以及个人。

**118.** 3 月 22 日，真旅网拆除 VIE 完成 6 亿元 C 轮融资 毅达资本领投，联创资本、金浦创新消费、光大富尊三家机构跟投。2014 年，真旅网商业模式由 B2C 向 B2B 转型，成功创建天地行 B2B 平台，目标为业内 B 端用户提供机票、酒店、旅游度假、邮轮、签证和机场贵宾服务等一站式综合旅游服务。

**119.** 3 月 23 日，拉勾网获 2. 2 亿元 C 轮融资 弘道资本领投、启明创投等跟投。拉勾网成立于 2013 年 7 月，主打的是“薪资全透明”“投递 7 天内必有回复”等体验。现在，拉勾自称已拥有超过 11 万企业用户和 600 万个人用户。

**120.** 3 月 23 日，阿里系医美 APP“美丽神器”获数千万美元 B 轮融资。美丽神器是一家专业服务于整形美容行业的 O2O 平台，收录了全国知名的整形美容医院和机构，为医院带来更多更精准的潜在客户。

**121.** 3 月 23 日，易订货获千万美元 B 轮投资：深创投领投 华创资本跟投，易订货是深圳铱云科技旗下产品，本次投资由深创投领投，上一轮投资方华创资本跟投。

**122.** 3 月 23 日，大数据招聘服务 SaaS 平台 e 成完成数千万美元 B 轮融资。

**123.** 3 月 24 日拉勾网宣布获得 2. 2 亿元人民币 c 轮融资，拉勾网 ceo 许单单对新京报记者表示，这笔融资将主要用于产品和技术研发，而非烧钱营销。

**124.** 3 月 24 日，媒体公布的淘实惠 A 轮投资人里，阿米巴资本为领投者，华睿互联（国家战略性新兴产业创投计划引导基金）、启赋资本、中信资本、飞猪资本、王亚伟先生及李琪先生（阿里巴巴集团前 coo）为联合投资方。

**125.** 3 月 24 日，阿里巴巴 30 亿元战略投资神州专车 约占其 10% 股份。

**126.** 3 月 24 日，欧拉网络获得新一轮 7000 万美元融资 由毅达资本领投，奇虎 360、执一资本等多家机构跟投，2015 年，它持续入围谷歌应用商店的前十开发商榜单，一度与脸书、谷歌和猎豹移动并列为全球四大安卓开发商。

**127.** 3 月 25 日，中国最大的互联网人身健康险平台大特保对外宣布，已于上月完成 B 轮融资，总融资额近 2000 万美元，B 轮结束后大特保估值达到 10 亿人民币。

**128.** 3 月 25 日，飞豹近日再获 1. 5 亿人民币融资，领投方是深圳市创新投资集团有限公司（深创投）。据了解，去年 11 月，FLYPRO 飞豹获得 A 轮 8000 万元人民币融资，资方来自宜华集团。

**129.** 3 月 25 日，利用眼球跟踪技术、从事头戴式装置（HMD）的初创企业 FOVE 近日宣布获得了 1100 万美元的 A 轮融资。所得融资将用于规模生产、研发以及内容获取等方面的投入。

**130.** 3 月 25 日，鲜 LIFE 宣布获得千万美元 A 轮融资，该笔资金将主要用于完善全球供应链和物流体系的建立。

**131.** 3 月 25 日，中集集团旗下深圳中集电商物流科技有限公司正式宣布，成功完成 A 轮 3 亿元融资。

**132.** 3 月 25 日，“鲜 LIFE”获得千万美元 A 轮融资 贝塔斯曼、鼎晖领投。鲜 LIFE 创建于 2014 年 7 月，同年 12 月正式上线，致力于为追求品质生活的人们提供全球跨界精选零售商品。

**133.** 3 月 27 日消息，在今日的 IT 领袖峰会上，乐视 CEO 贾跃亭透露，乐视体育刚刚完成 80 亿元人民币的融资，估值在 215 亿元左右。

**134.** 3 月 27 日，真旅网宣布获得 6 亿元的 C 轮融资，并宣布已经拆除 VIE 红筹架构回归境内资本市场。

**135.** 3 月 27 日，“车和家”完成 A 轮融资 李想计划融资 1 亿。车和家以城市的日常交通出行为目标，打造小而美的智能电动车，绝非常规的汽车。

**136.** 3 月 27 日，美到家宣布获得千万美元融资 美图为战略投资方，本次融资将主要用于智能化美妆产品研发与美业市场扩张，未来双方将在美业市场形成战略性互补。

**137.** 3 月 27 日，VR 平台 Wonderland 完成 1300 万 Pre－A 轮融资 隆领资本领投。Wonderland 是一个基于 AR 技术的场景搜索移动平台，团队自己和其他内容生产者基于 Wonderland 的场景识别技术和工具，生产 AR 应用或游戏，并通过平台分发。

**138.** 3 月 27 日，真旅网拆除 VIE 完成 6 亿元 C 轮融资 毅达资本领投．2014 年，真旅网商业模式由 B2C 向 B2B 转型，成功创建天地行 B2B 平台，目标为业内 B 端用户提供机票、酒店、旅游度假、邮轮、签证和机场贵宾服务等一站式综合旅游服务。

**139.** 3 月 27 日，宜和宜美宣布完成 5000 万融资 。宜和宜美基于非金属加工机床领域领头羊星辉数控的产业链延伸，完成了从最上游到最下游的跨界，不仅成功聚合了全产业链优势资源，将全屋软装定制一站式服务搬上互联网，并且以 456 标准直击行业痛点，打造互联网软装新生态。

**140.** 3 月 27 日，上线 14 个月估值达 10 亿美元 红杉、光信领投瓜子二手车 A 轮。

**141.** 3 月 27 日，VR 科技公司映墨科技获数千万元 A 轮融资 华睿、银江资本领投，云椿资本以及天使投资方如山创投跟投。

**142.** 3 月 27 日，中粮我买网战略投资良食网 前者去年获得 2.2 亿美元 C 轮投资。目前中粮我买网在华北、华东、华南和华中设有仓库，生鲜配送范围为全国 173 个城市。

**143.** 3 月 27 日，近日，国内首款 B2B 移动订货电商软件—易订货对外宣布，完成千万美元 B 轮融资。

**144.** 3 月 28 日，总投资 240 亿美元（约 1600 亿元人民币）的存储器基地项目在武汉东湖高新区正式启动。这也是武汉建国以来单体投资最大的高新产业项目。

**145.** 3 月 28 日，阿里健康 2.25 亿元投资万里云 持股 25%．万里云医疗信息科技（北京）有限公司成立于 2009 年，专注于远程医疗影像服务业务的发展和运营。

**146.** 3 月 29 日，天马精化（002453）周一晚间发布《非公开发行股票预案》，拟向 6 名投资者发行非公开发行 2.33 亿股，募资 19 亿元。

**147.** 3 月 29 日消息，日前，接近天天果园的投资人向记者透露，天天果园已于近日完成 D

轮融资，金额超过 1 亿美元。

**148.** 3 月 29 日，O2O 商业地产综合服务平台好租宣布完成 A 轮 2.5 亿元人民币融资。此次投资由黑洞资本、愉悦资本领投，北极光跟投。

**149.** 3 月 29 日，好租宣布 A 轮融资 2.5 亿元人民币 黑洞资本、愉悦资本领投。好租是 58 赶集集团战略投资的 O2O 商业地产综合服务平台，通过“互联网 + 商业地产服务”的模式，借助互联网技术的应用，解决传统房地产服务中客户的痛点。

**150.** 3 月 29 日，U 掌柜生鲜完成 3 千万美元 B 轮融资 投资女王徐新加持. 其模式是基于 LBS 定位，通过 APP 和微信商城下单购买水果，其定位是提供用户全国各地好滋味的水果生鲜电商。

**151.** 3 月 29 日，金融大数据服务商“元宝铺”完成 1 亿元 B 轮融资 腾讯领投。此轮融资将主要用于优化客户服务，提升服务质量和品质；同时增强研发投入，帮助银行降低运营成本、风险成本。

**152.** 3 月 29 日，乐视体育 B 轮融资结束 融资 80 亿估值 215 亿。

**153.** 3 月 29 日，传运动无人机 FLYPRO 飞豹获 1.5 亿 B 轮融资 深创投领投。

**154.** 3 月 29 日，“中集电商物流”完成 3 亿 A 轮融资 远致富海投资。

**155.** 4 月 5 日，哆啦宝完成 4000 万 A + 轮融资 深创投集结号投资等联合投资，哆啦宝是服务于线下的第四方支付平台。

**156.** 4 月 5 日，营销分析创企 Mintigo 完成 1500 万美元融资 红杉投资。

**157.** 4 月 5 日，Coffee Box 获得 5000 万 B 轮融资 华策影视领投。Coffee Box? 由星巴克外送服务起家，沿用了星巴克成熟的供应链，绕开传统门店，采用商区内建立隐蔽“站点”的方式运作，每个站点只有两个咖啡师和几个配送人员，保证在? 30? 分钟内送到。

**158.** 4 月 5 日，传魔方公寓获 3 亿美元 C 轮投资 由中航信托领投，新一轮融资后，魔方公寓总体估值将超过 10 亿美元，成为长租公寓领域的第一家独角兽企业。

**159.** 4 月 5 日，个推完成超 7 亿元 C 轮融资 海通证券民生银行等领投。个推是手机消息推送技术服务商，成立于 2010 年 10 月，个推隶创始人兼 CEO 为连续创业者方毅，此前创办杭州每日科技有限公司。

**160.** 4 月 6 日，快看漫画完成超 1 亿 B 轮投资 布局多领域推动泛娱乐战略。

**161.** 4 月 6 日，联想控股战略投资澳洲 KB Seafoods 公司 进军全球海鲜产业。KB Seafoods 公司下属的 Kailis Bros 公司是澳大利亚海鲜食品行业的领导者，为澳大利亚的主流超市和餐饮企业提供超过 6500 种的海鲜及附属产品，同时也向东亚市场出口龙虾等高端产品，主打品牌包括：KB’ s、By George、Clipper K 等。

**162.** 4 月 6 日，地平线机器人获得硅谷风投投资 曾获红杉高瓴等联合投资。公司将云端的大规模深度神经网络算法实现在高性能低功耗的“大脑引擎”上，带来设备端上的智能。

**163.** 4 月 6 日，邢帅教育完成 3 亿元 B 轮融资 国泰君安等投资。邢帅教育创始人邢帅对多知网说，这轮融资主要用于在线教育内容 VR 部分的研发。

**164.** 4 月 7 日，马泷齿科中国公司完成 8500 万 B 轮融资：GGV 领投 弘晖资本等跟投，上海立赢投资管理中心，广州宜利复医道合医疗投资基金以及公司 A 轮独家投资人弘晖资本共同跟投。

**165.** 4 月 7 日，美利金融宣布获得京东金融投资 加深布局二手车消费领域。用户可从京东金融 App 汽车白条，进入“美利车金融”的申请入口。

**166.** 4 月 7 日，金柚网完成 B 轮 1 亿 B 轮融资 红杉资本中国基金等投资。金柚网是目前在线人力资源领域的领跑者。

**167.** 4 月 7 日，汇通天下完成4500 万美元 C + 轮融资 淡马锡领投。汇通天下专注于为公路运输及配送提供信息服务，公司成立于 2009 年 1 月，隶属于北京汇通天下物联科技有限公司，创始人兼总裁翟学魂。

**168.** 4 月 8 日，早道网校完成 1500 万 A 轮融资 华创资本继续跟投。早道是国内最早采用真人直播教学的语言培训机构，直播这种教学结合的特性更加符合语言学习，在出勤率和学习效果上，远远高于教学分离的录播模式。

**169.** 4 月 8 日，“药师帮”完成 7100 万 A 轮融资 复星领投常春藤资本跟投。

**170.** 4 月 10 日，阿里巴巴影业集团（HK：01060）发布公告称，博纳影业的私有化交易已于 4 月 8 日（开曼群岛时间）完成。交易完成后，阿里影业间接持有博纳影业约 8. 94% 股权（按全面摊薄基准计约 8. 29% 股权），并已支付的对价总额约为 8600 万美元。

**171.** 4 月 11 日，互联网金融平台药业贷宣布获得 A 轮 4000 万元人民币战略投资。GM 国鸣投资吴鸣霄先生因其在二级资本市场上拥有长盛不衰的投资经历，被中国股民誉为“ST 大亨”“资本大鳄”“中国巴菲特”和“中国索罗斯”。

**172.** 4 月 11 日，光线传媒（300251）午间公告，公司正在筹划重大对外投资项目，涉及的领域为互联网及文化行业相关，公司投资金额预估为 10 至 20 亿元之间。经公司向深圳证券交易所申请，公司股票于 4 月 11 日（星期一）上午开市起停牌，待公司披露相关事项后复牌。

**173.** 4 月 12 日乐视体育召开 B 轮融资发布会，乐视体育融资 80 亿。

**174.** 4 月 12 日，上海车轮宣布，已完成 B + C 轮总额 5. 5 亿元人民币融资（对应估值 24 亿）。此轮融资由易鑫资本领投，好望角、景林、上汽和百利宏跟投。

**175.** 4 月 13 日，国内最大的全景相机厂商 Insta360 获得数亿元 B 轮融资的消息刷爆 VR 圈。

**176.** 4 月 16 日，晨鸣纸业发布定增预案，公司拟非公开发行不超过 10. 62 亿股，募集资金总额不超过 80 亿元，将用于投资漂白硫酸盐化学木浆项目和对晨鸣租赁的增资。

**177.** 4 月 17 日，星舰基因完成千万级天使轮融资 主营基因检测。该检测平台通过自有高标准生物实验室，引进国际先进 illumina 设备。采取多种测序方法：一代测序、Snapshot 技术、芯片、NGS 测序法。

**178.** 4 月 17 日，蚂蚁金服完成超 35 亿美元 B 轮融资：盈利 3 年 估值 600 亿美元。

**179.** 4 月 17 日，食行生鲜获得 2. 49 亿元 C 轮投资：毅达资本领投 天图等跟投。从模式上看，与大多数生鲜电商 B2B2C 的模式不同的是，食行生鲜做的是 C2B2F 模式的生鲜电商。

**180.** 4 月 18 日，“要出发”获 5. 5 亿元 D 轮投资 金鼎投资、众信旅游等投资。此次投资资金将被用来推出面向商务精英人群的“元气休闲之旅”家庭周边游套餐。

**181.** 4 月 18 日，慧沃网获 1. 5 亿 B + 轮融资：复星昆仲领投 好未来跟投。慧沃网是一个幼儿园智慧办园解决方案提供商，旨在通过提供简单、实用的开放式网络学校、班级管理平台及服务，促进“家校沟通”，全面提高孩子成长的各项素质。

**182.** 4 月 18 日，泰坦云正式对外公布完成 1. 6 亿人民币 B 轮融资，本轮融资由春晓 3 资本领投，梧桐树资本、荣正投资、灏德资本、博将资本等多家知名机构跟投。

**183.** 4 月 18 日，Insta360 联合创始人兼 CMO 陈金尧代表公司正式对外宣布，公司已完成数亿元 B 轮融资。

**184.** 4 月 18 日“威牛修车”对外宣布完成千万级人民币 Pre - A 轮融资，估值达 1 亿元人民币，此次由乐赟资本领投、永不落幕资本跟投，具体金额暂未透露。

**185.** 4 月 18 日消息，互联网 + 幼教互动平台慧沃网宣布获得 1.5 亿 B + 轮人民币融资，复星昆仲资本领投，B 轮投资方之一好未来继续跟投。

**186.** 4 月 18 日，周边游平台“要出发”宣布获得来自众信旅游、金鼎投资、中信建投资本等机构的 D 轮 5.5 亿人民币融资，会上还宣布创新工场董事长兼 CEO 李开复成为要出发产品代言人。

**187.** 4 月 18 日货运 O2O 平台货车帮已完成 3500 万美元的 A + + 轮融资，该轮融资由元生资本领投，腾讯、DCM 等老股东跟投。

**188.** 4 月 18 日，人人快递宣布获 5000 万美元新一轮融资，投资方为一家知名投中后期的机构。

**189.** 4 月 18 日，主打周边游服务的“要出发”宣布获 D 轮 5.5 亿融资，投资方为众信旅游、金鼎投资、中信建投资本等机构。

**190.** 4 月 18 日，食行生鲜获得 C 轮融资 2.49 亿元确认，本轮融资由江苏省毅达资本领投。

**191.** 4 月 19 日，汽车 O2O 平台“微车”今天向媒体宣布，已完成 1.52 亿人民币完成 B 轮融资。此次融资后，估值已超过 7 亿人民币。

**192.** 4 月 19 日，车主服务平台微车完成 B 轮 1.52 亿元融资 估值 7 亿元。微车目前需要的投资不仅仅是财务上的投资，更多的是看重投资方背后的资源实力是否对其之后的整合业务有所帮助，能否撬动足够多的行业资源。

**193.** 4 月 19 日，慧沃在北京国家会议中心举行融资新闻发布会，慧沃 CEO 张康宣布慧沃新一轮融资中获得复星昆仲资本、好未来 1.5 亿元人民币的 B + 轮融资，估值达到 10 亿。

**194.** 4 月 20 日，工程机械行业综合服务平台铁甲完成了由元生资本领投的 2 亿元 C 轮融资。

**195.** 4 月 20 日，百度宣布旗下百度视频业务正式独立运营，新公司小度互娱科技有限公司（下称小度互娱）将专注于 PGC（专业生产内容）内容平台建设，已完成近 10 亿元融资，由影视传媒公司新文化（300336.SZ）领投，风险投资基金赛富基金等跟投，原百度视频事业部总经理胡浩出任 CEO。

**196.** 4 月 20 日，火球理财宣布获得 1.2 亿元人民币 B 轮融资，投资方为凤凰祥瑞。

**197.** 4 月 20 日，roseonly 诺誓已于去年底完成 C 轮融资，由元生资本、盛世投资、君创资本共出资 1.9 亿元人民币。

**198.** 4 月 20 日，个性化定制平台 ZOMAKE 已完成来自 Infinity Ventures Partners 的百万美元级天使轮融资。

**199.** 4 月 20 日，工程机械服务平台铁甲获 2 亿元 C 轮融资 深耕行业快发展。元生资本由原腾讯副总裁、腾讯投资部总经理彭志坚创办。铁甲 A 轮投资方启明创投和 B 轮投资方 DCM 全部跟投。

**200.** 4 月 20 日，Roseonly 完成 1.9 亿元 C 轮融资 元生资本、盛世投资、君创资本投资。Roseonly 诺誓创立于 2013 年 1 月 4 日，寓意是爱你一生一世，主打“一生只送一人”的爱情唯一理念。

**201.** 4 月 20 日，销售易完成 1 亿元 C + 轮融资 经纬中国领投真格基金跟投。销售易是北京仁科互动网络技术有限公司旗下的核心产品，它融合社交和移动技术，帮助企业提升销售团队执行力和业绩。

**202.** 4 月 20 日，百度视频获 10 亿融资独立运营：新文化领投 将投 5 亿做 PGC。该基金将主要用于优质 PGC 内容和创作者的帮扶投资，促进百度视频从导流、营销、商业变现等方面推动独立 PGC 商业模式的成熟。

**203.** 20316 年 4 月 20 日，氪空间第 5 期创业项目——移动医疗手术平台“名医主刀”宣布已获得 B 轮融资，融资金额为 1.5 亿元人民币，由约印创投和汉富控股领投。

**204.** 4 月 21 日，悦美网宣布获 1.1 亿元 B 轮融资 赛富资本领投。悦美网于 2012 年上线，2013 年展开撮合交易业务，2014 年由移动社区升级为医美 O2O 电商,？2015 开始加大医生端服务，重点开展供应侧的服务升级。

**205.** 4 月 22 日，医药电商德开大药房完成 1.7 亿元 B 轮融资 估值将达 10 亿。公司主要致力于制氧机、轮椅、护理床、褥疮垫、血糖仪、血压计、治疗仪等各种家用医疗器械、康复护理产品的零售与批发。

**206.** 4 月 22 日，医疗美容 O2O 悦美今天公布了悦美双平台战略及 B 轮融资信息。CEO 向小琴宣布，悦美于 2015 年 12 月完成 1.1 亿元人民币 B 轮融资。本轮融资由赛富资本领投，A 轮投资方策源创投跟投，浩悦资本担任悦美本轮融资的独家财务顾问。

**207.** 4 月 23 日，传乐视汽车即将完成 5 亿 ~ 10 亿美元 A 轮融资 2019 年上市。腾讯科技在全国企业信用信息系统中查询到法乐第（北京）网络科技有限公司成立于 2014 年，也就是乐视公布“SEE 计划”的同一年。

**208.** 4 月 24 日，苏宁云商晚间发布公告称，将整合旗下金融业务，搭建独立金融平台“苏宁金服”，并增资 66.67 亿元。

**209.** 4 月 25 日，“衣二三”完成数千万美元 A + 轮融资 IDG 资本领投，真格基金、清流资本、金沙江创投跟投。

**210.** 4 月 25 日，“数来宝”完成数千万 A 轮融资 洪泰基金和远毅资本投资。

**211.** 4 月 25 日，每日优鲜获 2.3 亿元 B + 轮融资 华创资本、远翼投资联合注资。每日优鲜成立于 2014 年 11 月，一直致力于重构生鲜供应链，提高行业效率，连接优质生鲜的生产者和消费者，为用户提供极致的生鲜电商服务体验。

**212.** 4 月 25 日，零零无限完成 2500 万美元融资 发布 Hover Camera 无人机。投资方包括 IDG，金沙江创投，真格基金，ZUIG 等。与此同时，零零无限还发布了一款产品——HoverCamera 无人机，它的面世让消费者可以毫不费力以全新的视角拍摄精彩瞬间。

**213.** 4 月 25 日，微影时代完成天神娱乐领投 C + 轮融资 估值达 20 亿美元。腾讯、华人控股、乐逗游戏、光大金控、远洋资本等多家机构参投。

**214.** 4 月 25 日，KEYS 潮宿获得 3000 千万元 A 轮融资 前海行健领投。KEYS 潮宿潮宿以打造今晚入住理想憩所为目标，以移动应用程序连接用户和管家，提供即时入驻和私人管家服务。

**215.** 4 月 26 日，蚂蚁金服完成 B 轮 45 亿美元融资 创互联网行业单笔私募融资之最。本轮融资新增战略投资者包括中投海外和建信信托（中国建设银行下属子公司）分别领衔的投资团，而包括中国人寿在内的多家保险公司、中邮集团（邮储银行母公司）、国开金融以及春华资本等在内的 A 轮战略投资者也都继续进行了投资。

**216.** 4 月 26 日，StarVC 宣布投资商汤科技 携手打造人工智能产业孵化器。

**217.** 4 月 26 日，脑穿越 VR 完成 Pre – A 轮融资 创新工场与真格合投。脑穿越 VR 的业务主要分成两部分，一部分是移动端 VR 游戏开发，一部分是聚合精选 VR 内容的脑穿越 VR APP。

**218.** 4 月 26 日，蚂蚁金服今日对外宣布，公司已于日前完成 B 轮融资，融资额为 45 亿美元。

**219.** 4 月 26 日，贾樟柯旗下的商业电影公司——暖流文化正式宣布完成本轮融资，估值 3 亿，5 家资本方分别是：微影时代、招银国际、景林资本、头头是道和天津梦想者，他们将持有暖流 10% 的股权。

**220.** 4 月 26 日，蚂蚁金服对外宣布，公司已完成 B 轮融资，融资额为 45 亿美元，创造了世界互联网行业最大的单笔融资记录。

**221.** 4 月 27 日，火球理财完成 1.2 亿元 B 轮融资 凤凰祥瑞投资。

**222.** 4 月 28 日，创新工场获来自世界银行集团成员 IFC 的 1500 万美元投资 并成立文化与体育方向新基金。IFC（国际金融公司）是世界银行集团的成员之一，成立于 1956 年，主要目的是配合世界银行的业务活动，向成员国尤其是发展中国家的私人企业提供贷款和投资，来鼓励国际私人资本流向发展中国家。

**223.** 4 月 28 日，有壹手完成 B 轮 6200 万融资 基石资本、基石广汇车联网基金领投。

**224.** 4 月 28 日，苏宁金服首轮融资 66.67 亿 投后估值达 166.67 亿。资本实力的提升，将能够进一步推动苏宁金服快速发展，打造全生态的综合金融服务能力。

**225.** 78.5 月 2 日，手游直播平台触手 TV 称其获得了 2000 万美元融资，估值 1 亿美元，领投方为国内 A 股某上市公司。

**226.** 5 月 2 日，近日，微影时代宣布完成 C + 轮融资，由天神娱乐领投，腾讯、华人控股、乐逗游戏、光大金控、远洋资本等多家机构参投。易凯资本在本次交易中继续担任微影时代的财务顾问。至此，微影时代 C 轮两次融资总额已达 45 亿元人民币，公司估值 20 亿美元。

**227.** 5 月 2 日，通付盾获得 10.5 亿元 B 轮投资。投资方未披露。

**228.** 5 月 2 日，无人机公司『零零无限』获 2300 万美元 A 轮融资，投资方包括 IDG、金沙江创投、真格基金、ZUIG 等。

**229.** 5 月 2 日，每日优鲜正式完成 4.3 亿元人民币的 B 轮系列融资。由远翼投资领投，华创资本跟投。

**230.** 5 月 3 日，考拉先生获 1.5 亿 B 轮融资 聚焦小商家熟客 CRM 软件。由汉富资本和原有投资方合投。

**231.** 5 月 3 日，平安理财网获安芙兰资本数千万人民币 A + 轮融资。平安理财网于 2014 年 9 月 19 日正式上线，目前平安理财网创新的投资产品包括车商贷、车融宝、车速宝等，中国银行中银保险公司在近日成为平安理财网的担保机构。

**232.** 5 月 3 日，知鸟游学获 2000 万元融资：创客星领投 预计 11 月将挂牌新三板。

**233.** 5 月 3 日，食材 B2B 平台宋小菜完成 A + 轮 8515 万融资 银泰投资、经纬中国、IDG 中国投资。

**234.** 5 月 3 日，光线传媒豪掷 1.6 亿投资网络直播及网红电商 完善产业链布局。对于此次投资，光线传媒称是为了加大与浙江齐聚的资源及业务整合力度，加快对互联网行业的探索和尝试，更好地使公司业务与网络直播产业相结合、促进，逐渐摸索并建立新的互联网业务生态圈，以加强在互联网领域的布局。

**235.** 5 月 4 日，联想 10 亿投资英国最大养老保险公司 进军英国保险业。这意味着，联想控股（Legend Holdings）通过投资 PIC 部分股权，正式进军英国保险业。

**236.** 5 月 4 日，专注仪器仪表行业 B2B 撮合 仪器圈完成 2000 万 Pre－A 轮融资。投资机构为天使投资基金、国科嘉和基金以及银杏天使基金。

**237.** 5 月 4 日，FLYPRO 飞豹无人机获深创投 1.5 亿元 B 轮投资意向。无人机顺利完成飞行过程，需要发动机、飞控系统、云台、电池、定位技术及正在尝试的更先进的语音及画面识别、跟踪及避障等技术。

**238.** 5 月 4 日，直播社区平台 17 获得乐体创投 1.5 亿元人民币投资。17 由资深创业家同时也是知名艺人黄立成先生创办，普斯投资董事长王思聪以及 Infinity Venture Partners 参与早期投资。

**239.** 5 月 5 日消息，阿里巴巴今日发布了 2016 财年第四季度及全年财报披露，阿里巴巴旗下菜鸟网络在在刚刚过去的第四财季完成了百亿元融资，阿里巴巴集团称，截至到 3 月 31 日，其依然持有菜鸟网络约 47% 的股权。参与菜鸟网络这一轮的股东包括新加坡政府投资公司（GIC）、淡马锡控股公司（Temasek）、马来西亚国库控股公司（Khazanah）、春华资本等多家投资机构。

**240.** 5 月 5 日，17 APP 在台北正式向外宣布，联合北京摩游世纪科技有限公司在国内成立公司，并获得乐体创投和未名资本的 1.5 亿元融资。

**241.** 5 月 5 日，智电互动集团宣布获得 1.28 亿元 A 轮战略投资，同时发布“O 计划”，提出“开放、众创、共享”的理念，在造车、用车、充电三个环节，推进开放平台合作计划。

**242.** 5 月 5 日，电阿里巴巴成立的香港创业者基金 5 日公布，挑选了三间香港初创企业作首轮投资，分别为 YEECHOO，Shopline 及 GoGoVan。阿里巴巴去年 11 月成立 10 亿港元规模的“香港创业者基金”，启动以来共收逾 200 份来自不同发展阶段的企业申请，首轮将投资上述三间初创企业。

**243.** 5 月 7 日，考拉先生公布其完成了 B 轮融资 1.5 亿元人民币的消息。此轮投资方为 DCM（美国顶级风险投资机构）、汉富、启赋等机构。

**244.** 5 月 9 日，金山软件旗下子公司金山云完成 C＋轮融资近 5000 万美元，与 C 轮融资 6000 万美元相加，金山云该轮系列融资总金额超过 1 亿美元，公司估值则超过 11 亿美元。

**245.** 5 月 9 日，近日虚拟现实企业曼恒数字发布新一轮融资消息，由赛富领投，据曼恒数字公告显示，本轮融资总额为 1.54 亿人币，其中著名投资机构赛富领投 1 亿元。

**246.** 5 月 9 日，罗莱生活（002293.SZ）日前宣布拟定向增发融资 12.5 亿元，该项目拟以 12.04 元/股向包括伟发投资、绍元九鼎、栖凤梧桐一期等六家特定对象发行 1.038 亿股股份。

**247.** 5 月 10 日，Rancher Labs 喜获 B 轮 2000 万美元融资，创始人兼 CEO 梁胜宣布出任有容云联席 CTO，云舒网络与 Rancher Labs 战略联盟正式形成。

**248.** 5 月 10 日，国内最大的基层中医连锁集团“固生堂”在广州举行 C 轮融资发布会。本轮融资由美国史带基金领投、中国平安跟投 7000 万美元，是目前国内中医领域最大的单笔融资。

**249.** 5 月 11 日，东方航空（00670.HK）完成发行第九期超短期融资券。本期融资券发行额为 30 亿元人民币，期限为 180 天，单位面值为 100 元人民币，年利率为 2.79%。

**250.** 5 月 13 日，今滴滴出行宣布获得苹果 10 亿美元投资，这是滴滴迄今为止获得的单笔最大投资。

**251.** 5 月 14 日，筷来财完成数千万元 Pre－A 轮融资 Fintech 基金领投，棕泉资本、溪山天使会、坚果投资跟投。此轮融资将用于平台金融技术和互联网技术升级、支持餐饮供应链金融业务在全国的布局，进一步提升平台的服务能力，助力连锁餐饮产业升级，全面开创餐饮 4.0 时代。

**252.** 5 月 14 日，中视科技完成 5000 万元 A 轮融资 黄晓明欢乐时光等投资。中视科技成立于 2012 年 7 月，是一家自主研发、运营为一体的高新科技网络公司，也是安徽省第一家视频娱乐公司。

**253.** 5 月 14 日，阿里影业 10 亿元投资大地影院：我只是晚百度半个脚跟。此次投资大地影院是阿里首次以资本的形式投资落地影院，在此之前阿里影业更多是通过粤科软件旗下票务系统和淘宝电影展开票务合作。

**254.** 5 月 14 日，泓申金服完成 2 亿元 A 轮融资 年内将业务拓展致全国。泓申金服主要经营房产抵押借款、过桥垫资赎楼及不良资产处置业务。

**255.** 5 月 14 日，嘟嘟巴士完成 1 亿元人民币 B 轮融资 彩虹精化领投。嘟嘟巴士是由深圳乐途宝科技推出的互联网定制巴士出行平台，于 2015 年 4 月底正式上线。

**256.** 5 月 14 日，金山云完成近 5000 万美元 C + 轮融资 移动视频是重中之重。

**257.** 5 月 14 日，特斯联科技获超千万美元 A 轮融资 IDG 资本及光大系基金投资．立足于城市级移动物联网平台，特斯联科技凭借自主产权核心智能硬件及智能工程铺设线下入口。

**258.** 5 月 15 日，中医“固生堂”C 轮融资 7000 万美元：美国史带基金领投 平安跟投。固生堂中医在北京、广州、深圳、佛山、无锡、南京、苏州、中山、昆山、成都等城市逐步构建起包括 20 多个中医门诊和一级医院的连锁服务体系，有中医专家逾 700 位，年门诊量近 100 万人次、医疗用房面积达 2 万平方米 。

**259.** 5 月 15 日，特赞 Tezign 获数千万人民币 A 轮融资 红杉资本中国领投。特赞是？36 氪氪空间的第五期项目之一，15 年 7 月上线的 1.0 版本的核心功能就是将公司发布的设计需求通过一套匹配算法对接给合适的设计师，匹配过程中特赞将客户设计需求和设计师工作流程进行产品化

**260.** 5 月 15 日，“淘宝电影” 获得 17 亿元人民币的 A 轮融资，融资由鼎晖投资、蚂蚁金服、新浪网领投，和和影业、博纳影业、华策影视、南派泛娱、联瑞影业等多家机构参与。

**261.** 5 月 15 日，“星座不求人”完成了 1000 万元天使轮融资，投资方为英诺天使基金。

**262.** 97. 5 月 15 日，阿里影业公告称，公司旗下淘宝电影获得 A 轮融资 17 亿元。此轮融资后，淘宝电影的估值达到 137 亿元，而参与 A 轮融资的投资者总共将持有该平台的 12.4% 股权。

**263.** 98. 5 月 15 日，阿里影业（01060，HK）公告称，公司旗下淘宝电影获得 A 轮融资 17 亿元。此次融资后，淘宝电影全新更名为淘票票，并会成为阿里影业相对独立的一个控股子公司来运作。

**264.** 5 月 16 日，食行生鲜获得 C 轮融资 2.49 亿元确认！本轮融资由江苏省毅达资本领投。

**265.** 5 月 16 日，财经自媒体平台“功夫财经” 宣布获得 1500 万元的 A 轮融资，投资方为合一集团。

**266.** 5 月 16 日，基因检测公司“海普洛斯” 宣布已经完成 5000 万元的 A 轮融资。

**267.** 5 月 16 日，平安好医生成功获得 A 轮融资，市值 30 亿美元。

**268.** 5 月 17 日，移动健身平台 keep 完成 3200 万美元 C 轮融资，晨兴资本和纪源资本领投，贝塔斯曼亚洲投资基金跟投。

**269.** 5 月 17 日，社交应用探探宣布完成 3200 万美元 C 轮融资，估值达 1 亿 5000 万美元。由国际风投 DST、元璟资本和 LB 共同领投，DCM、贝塔斯曼、KPCB、光亮资本等机构跟投。

**270.** 5 月 17 日，移动健身应用 Keep 宣布完成 3200 万美元 C 轮融资，由晨兴资本和 GGV 纪

源资本领投，老股东贝塔斯曼亚洲投资基金跟投。

**271.** 5 月 17 日，社交应用探探宣布已于 5 月初完成 3200 万美元 C 轮融资，由国际风投 DST、远璟资本和 LB 共同领投，DCM、贝塔斯曼、KPCB、光亮资本等机构跟投。

**272.** 5 月 18 日，家装后市场 O2O 移动服务平台神工 007 宣布获 1500 万美元 B 轮融资，投资方为顺为资本、晨兴资本。

**273.** 5 月 19 日，亲子娱乐运营商环球悦时空宣布已完成 3000 万人民币的 A 轮融资，投资方为清科岭协基金。

**274.** 5 月 19 日，星辰天合（XSKY）宣布 A 轮 5200 万元融资完成。老牌科技基金红点投资领投，北极光创投跟投。

**275.** 5 月 20 日，国内首家专注于汽车抵押借贷服务的网贷平台——微贷网宣布获得 10 亿元的 C 轮融资，这是微贷网成立以来完成的第四轮融资，也是其最大规模的一笔融资。领投方为嘉御（中国）投资基金，跟投方分别是中信建投资本管理有限公司，以及东易日盛装饰股份有限公司。

**276.** 5 月 20 日，跨境日淘电商“豌豆公主”宣布完成 1000 万美元 A + 轮融资，Ventech China、伊藤忠、MTG、真格基金参与投资。

**277.** 5 月 21 日，上海看榜信息科技有限公司（新榜）宣布完成 A + 轮融资，本轮由微影资本领投，真格基金、高榕资本跟投。

**278.** 5 月 21 日，乐车邦正式确认获得 1. 3 亿人民币 A 轮融资，该轮融资由均胜电子、博汇源领投，红杉资本、百度、车音网跟投。

**279.** 5 月 20 日讯昨日，中国平安旗下 O2O 健康医疗服务平台——平安好医生正式对外宣布，完成 5 亿美元的 A 轮融资。本轮融资的资本方包括海外知名股权投资基金、五百强大型央企、国有金融企业以及大型互联网公司。

**280.** 5 月 21 日，平安好医生 A 轮融资 5 亿美元。

**281.** 5 月 22 日，焦扬网络宣布获得了金浦投资、深圳前海富盈通两家机构的 B 轮投资 8000 万元人民币。

**282.** 5 月 22 日，中国 VR 游戏先锋企业北京基因互动技术开发有限公司宣布获数百万人民币天使轮融资，溪山天使会领投。

**283.** 5 月 23 日，育果医生宣布获得数千万人民币 A + 轮融资，由友创资本领投、多家机构跟投。

**284.** 5 月 23 日，票据理财平台抓钱猫宣布完成 3300 万人民币 A 轮融资，本轮投资方为稼沃资本。

**285.** 5 月 23 日，哇咔足球获得近千万天使轮投资，由晨曜资本领投，上海国灏、蛮子基金等机构跟投。

**286.** 5 月 23 日，国内 VR 用户平台 87870 宣布获得掌趣科技的数千万级投资，估值过亿。

**287.** 5 月 23 日，化工 B2B 平台化塑汇已获得千万美元 Pre – B 轮融资。

**288.** 5 月 24 日，百度视频宣布成功融资 10 亿并独立运营，打造中国 PGC 视频第一平台。

**289.** 5 月 24 日，中国最大的红木 O2O 交易平台美家居宣布完成 1200 万 Pre – A 融资，估值 3 亿元，新青年资本领投，美家居区域合伙人跟投。

**290.** 5 月 24 日，时代今典集团宣布完成票房收入 ABS 发行，以旗下 78 家影院未来票房收入为基础发行的资产支持证券，募集规模总额为 10 亿元。

**291.** 5 月 25 日，出境自驾游租车第一品牌租租车确认完成数千万美元的 B 轮融资。

**292.** 5 月 25 日晚间，壹玖壹玖酒类平台科技股份有限公司（NEEQ：830993；以下简称 1919）发布关于股票发行新增股份挂牌并公开转让的公告，1919 获 1.5 亿 B + 轮融资。

**293.** 5 月 26 日，校园社交软件 tataUFO 宣布完成 Pre – B 轮融资，软银全球之星基金（SoftBank Global Star Fund）领投。

**294.** 5 月 27 日，教育培训服务平台课栈网宣布已完成 8000 万元人民币的 A 轮融资。

**295.** 5 月 30 日，互联网金融平台米么金服近期完成近亿元 B 轮融资，此轮融资由曦域资本领投，顺为资本跟投。

**296.** 5 月 31 日，Ventech China 领投同志社交应用 Blued C 轮融资，香港新世界集团、贝塔斯曼和 DCM 跟投；C + 轮则由嘉御资本领投，中手游跟投。

**297.** 5 月 31 日，聚橙网完成数亿元融资 投中资本担任独家财务顾问，由海通开元领投，建发股份、九弦资本、温氏投资等机构跟投。聚橙网是一家以演出经纪为业务主体，同时向上下游延伸至演出制作、演出票务和剧院运营的文化演出全产业链型行业龙头企业。

**298.** 5 月 31 日，咕咚获 5000 万美元 C 轮融资 分众旗下体育基金 3000 万美元领投。

**299.** 5 月 31 日，无人驾驶汽车软件公司 NuTonomy 融资 1600 万美元 高原资本领投。福特执行董事长比尔·福特（Bill Ford）参与创办的风险投资公司 Fontinalis Partners 和 Signal Vetures 等现有股东也参与跟投。

**300.** 5 月 31 日，同城货运 O2O 平台货拉拉在北京 3W 咖啡召开融资及战略发布会，货拉拉 CEO Shing（周胜馥）宣布公司获得第 3 轮 1000 万美元融资，此次融资由概念资本（Mindworks Ventures）领投，清流资本、之初创投（Appworks）、Asia Plus 跟投。

**301.** 6 月 1 日，上海文广投资美国 VR 公司 联手黎瑞刚合资成立 JAUNT 中国。总投入超过 1 亿美元。该公司将整合各股东方资源，输出电影级别的 VR 影视内容。

**302.** 6 月 2 日，肆客体育获 5000 万元 Pre – A 轮融资 真格基金、源渡创投等投资。肆客体育是一款足球垂直新媒体产品，为足球球迷提供全面专业而有趣的资讯、赛事直播和赛事服务

**303.** 6 月 3 日，肿瘤专业数据公司“思派网络”完成数千万美元 B 轮融资。思派网络起步于 2014 年，作为立足于肿瘤领域的大数据公司，在推出的多中心科研型数据库的基础上，升级为全员、全数据、全工作流的管理型数据库，从最基础环节协助肿瘤领域医教研核心工作的优化发展。

**304.** 6 月 4 日，在线教育机构“猿辅导”公司获腾讯 4000 万美元投资。这是腾讯在 K – 12 在线教育领域最大的一笔战略投资，双方还将在产品层面有更深入的合作。

**305.** 6 月 4 日，回收宝 A 轮融资近亿元：成为资本领投 中信资本跟投。回收宝作为一家专门回收二手手机的网站，通过线上网站、微信公众号及其他合作平台的渠道面向全国范围回收二手手机，回收机型包括华为、苹果、三星、小米在内的 20 多个品牌、3000 多种型号。

**306.** 6 月 5 日，“云途腾”完成 3650 万人民币 A 轮融资 方广资本领投。云途腾是一家专业面向企业级用户提供开放云平台产品、解决方案及服务的公司。

**307.** 6 月 6 日，汽车互联网企业易车宣布获得腾讯、百度、京东与 PAG 共 3 亿美元战略入股。

**308.** 6 月 11 日，“开始众筹”宣布完成 1 亿元 B 轮融资 领投方为昆仑万维。元璟资本、经纬

中国、引爆点资本、盈动资本等四家老股东增持，道森资本、青骢资本参与跟投。

**309.** 6月12日，互联网金融平台“银票网”完成A+轮1.2亿元人民币融资，投资方为中国华宇经济发展有限公司。

**310.** 6月13日，滴滴出行完成45亿美元股权融资 但实际总额可能高达73亿美元。新的投资方包括Apple、中国人寿及蚂蚁金服等。腾讯、阿里巴巴、招商银行及软银等现有投资人也都参与了本轮融资。这是全球未上市企业单轮最大规模股权融资之一。

**311.** 6月15日，分期乐完成D轮系列首笔融资 金额达2.35亿美元。分期乐的本轮融资由华晟资本、共建创投和一家国内大型保险机构领投，系列融资的其余投资方及投资金额将会在投资完成后陆续对外公布。

**312.** 6月15日，优速快递完成数3亿元以上A轮融资 钟鼎创投等参与投资。优速快递是一家通过国家工商总局审批注册的全国型网络快递、快运、物流企业。

**313.** 6月15日，香蕉游戏获1.5亿A轮融资 投资方为IDG和文资数码投资基金。

**314.** 6月15日，“米其林”已完成对中国代客泊车服务平台e代泊A轮融资总额超8000万元 投中资本担任财务顾问。

**315.** 6月16日，贝贝网D轮融资1亿美元 投资方为新天域北极光等。此轮融资将主要用于自营供应链、消费者体验提升和新业务拓展等方向，贝贝网将在现有母婴核心品类的基础上，继续拓展居家百货、服侍等相关品类，成为围绕妈妈经济的移动购物入口。

**316.** 6月16日，疯狂老师获C轮1.2亿元融资 景林资本领投。同时，张浩宣布疯狂老师与腾讯达成战略合作，将在K12直播方面展开合作，首个课程将在7月11日上线。

**317.** 6月16日，树熊网络B轮融资2亿元 联建光电和德塔资本联合投资。树熊网络成立于2012年10月，是国内领先的提供商用智能Wi-Fi产品和方案的互联网公司。

**318.** 6月18日，杏香园宣布获得亿元A轮融资 杭州锦江集团有限公司跟投。杏香园是国内首个多学科医生众创平台，由国内知名心血管专家沈法荣教授于2015年4月创立。

**319.** 6月19日，美甲帮获千万美元B轮融资 美团大众点评领投“指尖经济”。

**320.** 6月20日，曝乐视汽车50亿融资最新进展：联想控股入局 投资少数股权。

**321.** 6月20日，恒泰医疗完成数亿元B轮融资 国科嘉和与君联资本联合领投。

**322.** 6月20日，公交WiFi运营商16WiFi获3亿元人民币B轮融资 迄今WiFi领域最高B轮。

**323.** 6月21日，考拉FM获1.7亿元投资 君联资本领投 进一步拓展车联网布局。考拉FM作为国内领先的网络音频服务平台，内容涵盖新闻、财经、娱乐、搞笑和汽车等多类型的音频节目以及有声读物和流行音乐等，其服务覆盖手机终端、车载终端、PC终端和音视频盒子等渠道，为超过1.6亿的用户在路上、运动、睡前等场景下提供高品质的音频服务。

**324.** 6月21日，毛大庆的优客工场获3亿人民币Pre-B轮融资 估值已达45亿元。

**325.** 6月21日，预防儿童走失、打击拐卖，“小神兔”天网APP获千万元天使投资。

**326.** 6月22日，数据库安全厂商安华金和获5000万B轮融资 君联资本参投。安华金和是一家专业的数据库安全产品和服务提供商，有四款数据库安全产品包括数据库保险箱、数据库漏洞扫描系统和数据库防火墙、数据库审计系统，全面覆盖数据库安全防护的事前、事中和事后阶段。

**327.** 6月22日，乐视VR重拳一击：融资超3亿 估值或达30亿 深圳鑫根基金领投。

**328.** 6月22日，ZMENG众盟完成A轮与A+轮1.1亿元融资 复星、九鼎、海子金融投资。

众盟是一家线上综合消费服务平台及线下社区综合消费服务体，众盟的核心目标是打造全新消费增值服务网络平台，用互联网技术提供实时信息服务并实现 B2B 在线交易。

**329.** 6 月 23 日，芒果 TV 完成近 15 亿元 B 轮融资 估值几近翻倍达到 135 亿元。除原有股东之外，新进入的股东包括深圳光大新娱产业基金、广州越秀立创三号实业投资、芒果文创投资基金、建投华文传媒投资公司、上海骏勇投资、北京中核鼎元。

**330.** 6 月 23 日，保利约 4 亿美元入股滴滴出行 后者估值约 260 亿美元。保利地产及保利投资均拟通过保利资本设立的人民币基金对滴滴出行进行股权投资。

**331.** 6 月 23 日，芒果 TV 宣布完成 B 轮融资。此轮融资芒果募集资金近 15 亿元人民币，投后市场估值已高达 135 亿元。

**332.** 6 月 24 日，近日，媒体消息披露，房地产巨头链家已经完成 B 轮融资，额度 60 亿元。

**333.** 6 月 24 日母婴电商贝贝网日前宣布获得 D 轮 1 亿美元融资。

**334.** 6 月 25 日，二次元电商次元仓再获 3300 万 A + 轮投资 松禾资本领投。次元仓的商业模式是 B2C 电商平台，平台上的产品主要来自自营和商家入驻。

**335.** 6 月 25 日，刷刷手环获 2000 万元融资 上海某私募基金投资 B 轮融资持续中。刷刷手环是一个支持移动支付功能的可穿戴智能手环，把健康运动监测功能与日常生活便捷支付功能相结合，凤凰云科技（北京）有限公司旗下产品。

**336.** 6 月 28 日，国内首家中高端人才发展平台猎聘 6 月 28 日正式宣布完成 D 轮超 1 亿美元的融资，目前估值近 10 亿美元，成为国内招聘行业首个独角兽企业。

**337.** 6 月 29 日，近日，媒体得到来自 Gowild 智能科技内部的证实，A 轮融资已经顺利完成，投后估值达一亿美元，由远致富海、紫金港资本领投，博实睿德信投资、海泉基金、纳兰德资本、恒达元亨投资等知名投资企业跟投。

**338.** 7 月 4 日，上海报业集团旗下新媒体项目界面（上海）网络科技有限公司完成 B 轮超 3 亿元融资 中石油旗下昆仑信托领投。

**339.** 7 月 5 日，短信服务平台云片网获千万级别投资创东方领投。云片网就是一家短信服务平台，致力于为企业提供短信服务解决方案。

**340.** 7 月 5 日，百布获数千万美元 B 轮融资 成为资本领投，源码资本继续跟投。其相关负责人向亿欧表示，新一轮融资将主要用于扩大业务规模和优化供应链体系，未来百布将建立更加快速、稳定、强大的纺织品供应链体系，更好地服务每一家服装企业。

**341.** 7 月 5 日，软件定义存储 TaoCloud 完成千万级 Pre – A 轮融资 如山创投领投。TaoCloud 成立于 2014 年 10 月，是北京大道云行科技有限公司品牌，专注于 ServerSAN、分布式文件系统、高性能 NAS 等软件定义存储系统研发及产品服务，为客户提供高效智能的存储及数据管理解决方案。

**342.** 7 月 5 日，货运平台“叭叭速配”获得中科乐创 3000 万元 Pre – A 轮融资。投资主要用于推广货运物流平台，实现随时随地找车找货，通过手机客户端随时查找百万货源和车源信息，自动匹配货源与车源，短信即时提醒。

**343.** 7 月 6 日，马拉马拉完成千万级 Pre – A 轮融资 和同资本投资。马拉马拉成立于 2015 年 9 月 17 日，专注服务马拉松跑步或重度跑步人群，APP 可以通过大数据分析跑者身体素质，为用户个性化提供智能训练计划，管理马拉松赛事成绩、证书、奖牌记录及装备等。

**344.** 7 月 6 日，蜘蛛旅游网获数千万美元 B 轮融资 投中资本担任独家财务顾问。

**345.** 7 月 6 日，微农业系统服务商 iGrow 再获 A + 轮融资，戈壁创投继续领投，亚财富旗下财富派跟投。

**346.** 7 月 7 日，大特保再获数千万美元融资 领跑互联网保险融资榜。本轮投资由老股东台湾中华开发领投、复星跟投，此轮融资结束后，大特保估值 2 亿美元，成为业内最有可能率先步入 C 轮的互联网保险创业公司。

**347.** 7 月 7 日，饮食品牌“邢少爷” A 轮融资 5000 万 慕槿投资领投。饮食品牌“邢少爷” A 轮融资 5000 万 慕槿投资领投

**348.** 7 月 7 日，豌豆荚孵化的“开眼”获经纬中国千万级 Pre - A 轮投资。开眼是豌豆荚去年推出的一款视频聚合产品，从今年年初开始独立运营和融资。产品上线时每天精选 5 个与生活方式相关的国外精品视频推荐给用户，因为相对优质的产品设计和视频内容颇受好评；后来则加入了部分国内视频内容。

**349.** 7 月 7 日，趣分期完成首期约 30 亿 Pre - IPO 系列融资 正式升级为趣店集团。未来趣店集团旗下将用于针对校园消费金融趣分期，非校园消费金融来分期，大学生免息助学贷款趣助学，大学生成长基金趣成长，兼职平台趣兼职，实习平台趣实习，就业平台趣就业 7 大块产品。

**350.** 7 月 7 日，乐视确认 LeVR 正在进行 3 亿元融资 融资后估值约为 30 亿。

**351.** 7 月 7 日，蓝港影业宣布获 1. 3 亿元 A 轮融资 蓝港互动增资 5000 万。

**352.** 7 月 7 日，“一条”获 1 亿人民币 B + 轮融资 CMC 领投 创伴、飞马旅跟投。

**353.** 7 月 7 日，农村 B2B 电商 51 订货网获 1. 5 亿 B 轮融资 彬复资本领投，常春藤资本、恒毓投资、顺为资本等机构跟投。

**354.** 7 月 10 日，“好色派沙拉”获 2200 万元 A + 轮融资 东方富海领投，华诺创投、FreeS 联合投资。不同于其他竞争对手选择扩品类 + 线上轻模式运作的模式，“好色派沙拉”采取的策略是线上和线下同步推进，并且只专注沙拉一个品类。

**355.** 7 月 11 日，道路救援“壹路通”完成 2000 万元人民币 A 轮融资 华创领投。

**356.** 7 月 11 日，橘子娱乐获 1000 万美元 B + 轮投资 华创资本领投。这家公司以原创内容覆盖明星八卦、时尚、影视、生活、美妆、搞笑 GIF 等年轻人感兴趣的泛娱乐话题；产品层面则融入弹幕评论、打分等游戏互动机制提高用户活跃度。

**357.** 7 月 11 日，客服系统供应 Udesk 新一轮获 1 亿人民币融资 君联资本领投。Udesk，即北京沃丰时代数据科技有限公司，成立时间于 2013 年 12 月，总部位于北京，是国内专业的 SaaS 智能客服软件服务提供商。

**358.** 7 月 11 日，在线编程学习平台 Codecademy 获 3000 万美元 C 轮融资 Naspers 领投。

**359.** 7 月 11 日，外卖 Freshly 获 2100 万美元 B 轮融资 领投方为 Insight。Freshly 坐落在纽约，以平均 11 美元每餐的价格为用户提供健康食品外送服务。

**360.** 7 月 11 日，专注留学后市场中的房屋交易、机票服务的公司异乡好居获 5000 万人民币 A 轮融资 天创资本领投。

**361.** 7 月 12 日，主打 P2P 借贷理财的互联网金融服务平台固金所获千万级 Pre - A 轮融资 小村资本领投。

**362.** 7 月 12 日，iPayLinks 完成千万人民币 A 轮融资 凤凰祥瑞互联网基金领投。iPayLinks 专注于从事跨境收付款业务，同时为跨境业务生态圈的企业提供供应链金融服务。

**363.** 7 月 12 日，企亚夏汽车 1 亿元认购 2. 03% 股份 途虎养车 D 轮融资预估值近 50 亿业

并购。

**364.** 7 月 12 日，互联网招聘平台 Boss 直聘宣布完成第 5 轮融资 够花 50 个月 顺为和今日资本参投。

**365.** 7 月 12 日，“泓迅科技”完成 B 轮融资 专注 DNA 合成技术 协立投资参投。泓迅科技是一家专注于 DNA 合成的生物技术公司，注册成立于 2013 年 8 月，由多位具有多年行业技术研发、管理和市场营销的专业人士创立。

**366.** 7 月 12 日，巨杉数据库获千万美元 B 轮投资 DCM 领投。SequoiaDB 巨杉数据库 2012 年创立于广州，主要服务于中国的企业级市场，主要产品 SequoiaDB 是企业级的分布式、标准化 NewSQL 数据库，作为商业化的数据库产品。

**367.** 7 月 17 日，永洪科技获 2 亿元 C 轮融资 腾讯创投领投，元生资本、东方富海、经纬创投、艾瑞咨询跟投。永洪科技提供敏捷型大数据分析工具，可以实现 5 分钟一键安装、5 分钟快速数据源配置以及 5 分钟报表设计，大部分的业务分析需求变化，都可以在一天内得到响应。

**368.** 7 月 18 日，春晚机器人“优必选”获 1 亿美元融资，鼎晖资本领投，中信证券、金石创投等跟投。。

**369.** 7 月 18 日，做程序员笔试面试的牛客网获 1000 万人民币 Pre – A 轮融资 亿联资本领投。

**370.** 7 月 25 日，火锅外送品牌锅否完成 3400 万元 Pre – A 轮融资。锅否目前团队有 70 多人，在北京有 45 个配送点，已实现五环内全覆盖，月单量在 2 万单到 3 万单之间，客单价为 152 元左右。

**371.** 7 月 26 日，海风教育千万级获 A + 轮战略投资 互桂基金领投。以自主招生辅导切入 K12 课外教学市场，弥合了当时学生在自主招生申请指导和面试培训方面的经验缺失，迅速填补了该领域的市场空白。

**372.** 7 月 18 日，工资钱包获新一轮 2 亿人民币融资 软银中国资本领投。工资钱包为企业提供“全网云付系统”、“科企云 SaaS 系统”、以及常规人事管理服务。

**373.** 7 月 26 日，CloudIn 云英获 4000 万元 Pre – A 轮融资 云启资本领投 晨兴等跟投。CloudIn 云英在市场中拥有众多典型客户，涉及 O2O、电商、游戏、视频、媒体、互联网金融以及互联网医疗等多个行业领域。

**374.** 7 月 19 日，MRO 工业品 B2B 电商工品汇获 6000 万 A 轮融资 南京睿恒领投。

**375.** 7 月 19 日，“毒舌电影”估值高达 3 亿元 BAI 领投。除了此前原本的两家投资机构外，“一条”“锤子”的投资方合鲸资本参与了跟投。

**376.** 7 月 19 日，社交电商“拼多多”完成 1.1 亿美元 B 轮融资 高榕资本领投。目前入驻“拼多多”的品牌和平台包括：BLACKMORES（澳佳宝）、WMF（福腾宝）、花王、网易考拉海购、麦乐购、辣妈帮、丰趣海淘等。

**377.** 7 月 19 日，惠开车 i 保养获 1 亿元融资 将从车险开拓后市场。同时，i 保养正式宣布与全球润滑油销量冠军壳牌达成战略合作伙伴协议。合作后，壳牌将为 i 保养渠道提供专供润滑油。

**378.** 7 月 20 日，国内早期“结合农业生产场景”的农金圈宣布完成 1.3 亿元 A 轮系列融资深创投领投。

**379.** 7 月 21 日，汽配电商平台“巴图鲁”获钟鼎创投、华创资本领投 1 亿元人民币 B 轮。

**380.** 7 月 22 日，好租完成 A 轮 2.5 亿元融资 愉悦资本领投。好租是一个从 58 赶集集团中独立出来、定位做商业地产 O2O 服务商的互联网平台。

**381.** 7 月 25 日，永洪科技获 2 亿元 C 轮融资 腾讯创投领投，元生资本、东方富海、经纬创投、艾瑞咨询跟投。永洪科技提供敏捷型大数据分析工具，可以实现 5 分钟一键安装、5 分钟快速数据源配置以及 5 分钟报表设计，大部分的业务分析需求变化，都可以在一天内得到响应。

**382.** 7 月 25 日，春晚机器人“优必选”获 1 亿美元融资，鼎晖资本领投，中信证券、金石创投等跟投。

**383.** 7 月 25 日，做程序员笔试面试的牛客网获 1000 万人民币 Pre - A 轮融资 亿联资本领投。

**384.** 7 月 25 日，火锅外送品牌锅否完成 3400 万元 Pre - A 轮融资。锅否目前团队有 70 多人，在北京有 45 个配送点，已实现五环内全覆盖，月单量在 2 万单到 3 万单之间，客单价为 152 元左右。

**385.** 7 月 25 日，成立不足一年的移动社交电商平台拼多多宣布，已获得总额 1.1 亿美元的 B 轮融资，投资方为高榕、新天域、腾讯等。

**386.** 7 月 25 日，近日，会唐网宣布已完成第三轮过亿元融资，本轮融资的领投方是稼沃资本，第一轮投资方继续增持，第二轮投资方春晓资本也选择了跟投。

**387.** 7 月 26 日，海风教育千万级获 A + 轮战略投资 互桂基金领投。以自主招生辅导切入 K12 课外教学市场，弥合了当时学生在自主招生申请指导和面试培训方面的经验缺失，迅速填补了该领域的市场空白。

**388.** 7 月 26 日，工资钱包获新一轮 2 亿人民币融资 软银中国资本领投。工资钱包为企业提供“全网云付系统”、“科企云 SaaS 系统”以及常规人事管理服务。

**389.** 7 月 26 日，CloudIn 云英获 4000 万元 Pre - A 轮融资 云启资本领投 晨兴等跟投。CloudIn 云英在市场中拥有众多典型客户，涉及 O2O、电商、游戏、视频、媒体、互联网金融以及互联网医疗等多个行业领域。

**390.** 7 月 26 日，MRO 工业品 B2B 电商工品汇获 6000 万 A 轮融资 南京睿恒领投。MRO，是英文 Maintenance、Repair and Operations 三个词的缩写，指工厂或企业对其生产和工作设施、设备进行保养、维修，保证其运行所需要的非生产性物料，该市场在中国已经超过万亿。

**391.** 7 月 26 日，互联网教育公司伟东云教育完成融资 估值达 40 亿 建银国际领投。伟东云教育平台是采用云计算架构设计，具备大数据分析能力的教育应用服务平台。

**392.** 7 月 26 日，镭神智能完成近亿元 A 轮融资 招商资本领投。作为中国领先的激光雷达企业，镭神智能致力于向全球提供先进的机器人导航避障激光雷达、激光灭蚊炮和激光灭蚊机器人、激光成像雷达、无人驾驶激光防撞雷达、无人机定高激光雷达、激光扫描仪、位移传感器、特种光纤激光器等产品及解决方案。

**393.** 7 月 27 日，英雄体育完成 6.4 亿元融资 分众传媒领投。

**394.** 7 月 27 日，新四板互联网金融平台" 财蜂发财树" 获亿元股权投资。5 月，财蜂发财树与新浪支付合作，启动资金托管，保障用资金安全。4 月，在深圳前海股权交易中心（新四板）挂牌上市，挂牌代码 363713。

**395.** 7 月 27 日，天创资本领投异乡好居新一轮 5000 万元融资 利欧股份跟投。异乡好居目前已成为国内最大的留学房产全品类服务平台，目标是让留学生家庭在孩子的留学道路上租房、买房更便捷、安全、放心。

**396.** 8 月 1 日，“快诊”宣布获得 7500 万元融资 君联资本领投。快诊的母公司为同心医联科技（北京）有限公司，创立方为清华新医盟，主要业务方向是快速帮助患者完成检查。

**397.** 8 月 2 日下午，全球最大医疗美容与健康服务平台更美 APP 在北京召开了 C 轮融资战略发布会。投资方有潮宏基集团、苏宁环球、腾讯、中信建投、复星医药等多家上市企业及一线投资机构，融资额为 3.45 亿元，稳居同行业第一。

**398.** 8 月 2 日，全球最大医疗美容与健康服务平台更美公布 C 轮 3.45 亿元融资 中信复星腾讯等多家巨头参投。

**399.** 8 月 2 日，体育大数据公司魔方元科技获上亿元投资 华人文化领投。该轮投资完成后，将以体育产业链上的“数据连接器”为主业继续深耕，并启动“多元应用”战略，加大在体育大数据产品上的研发力度。

**400.** 8 月 2 日，互联网汽车企业易车旗下专注互联网 + 汽车金融平台的子公司易鑫金融获 5.5 亿美元联合战略投资 腾讯百度京东领投。

**401.** 8 月 3 日，一站式保险电商服务平台慧择网获近亿元 B 轮融资 达晨创投追加投资。慧择是经保监会批准较早获得保险网销资格的网站之一，其致力于通过互联网技术与保险服务的融合，为不同群体的用户提供专业优质的保险信息咨询、风险评估、定制高性价比的保险方案、提供在线垂直交易、及与客户利益一致的理赔协助服务。

**402.** 8 月 3 日，获沈南鹏青睐 刘涛出任首席体验官 VIPKID 获 1 亿美元融资。VIPKID 成立于 2013 年 10 月，是专注于 5～12 岁在线少儿英语的教育机构，当前使用符合美国小学课程 CCSS 标准教材的定制课程。

**403.** 8 月 3 日，东软熙康完成二轮 6400 万美元融资 中国人民财产保险有限公司领投。东软集团是一家面向全球提供 IT 解决方案与服务的公司，创立于 1991 年。熙康为东软集团在健康管理领域的标志性品牌，于 2011 年在国外、香港、北京同步注册成立。核心业务包括：区域与自助式健康体验中心、物联网健康感知终端熙康行表和云健康服务平台熙康网。

**404.** 8 月 3 日，银客集团获 3 亿元 C 轮融资 港股集团云游控股投资。银客集团旗下有“银客网”（现称银客理财）、“简理财”及“融时代”品牌，主要从事互联网金融服务。

**405.** 8 月 4 日，无创肝纤维化检测设备公司海斯凯尔获亿元 B 轮融资 君联资本领投。海思卡尔的核心技术为“瞬时弹性成像技术”，其核心产品为“FibroTouch”肝纤维化检测仪。

**406.** 8 月 4 日，医事通已完成 1.12 亿 A 轮融资 海南海药领投。医事通共有医事通档案柜系统、膳食营养管理系统、医事通计划免疫系统、APP 移动端平台、妇幼管理系统等自有产品。

**407.** 8 月 6 日，音米眼镜完成 B 轮融资 中信金石、亚商资本领投，IDG 资本、君联资本跟投。音米通过重塑供应链流程，把眼镜生产周期大幅压缩 75%，由传统的 3～6 个月压缩至 3～6 周。并采用 C2B（消费者反向决定生产）模式，少量多批快速返单，确保灵活响应用户需求。

**408.** 8 月 6 日，工业品电商平台佰万仓宣布获得光速中国、高榕资本天使轮融资。佰万仓是工业品行业提供一站式采购解决方案服务的电商平台，依托自身在工业品行业资源整合能力，结合高效的互联网平台模式，提供正品、低价、全品、便捷的一站式采购解决方案。

**409.** 8 月 6 日，工品一号获得 4000 万人民币 A 轮融资 顺融资本、海丰至诚基金投资。工品一号以紧固件作为切入点，打造了一个专注标准化工业零配件行业在线交易平台，工品一号平台采用自营模式，客户主要面向全国从事标准零配件贸易的中小 B 商户。

**410.** 8 月 6 日，掌贝获 3 亿人民币 B 轮融资 味千、金沙江、上海雄厚等联合投资。掌贝最早从事的是智能 POS 的业务，为商户提供融合收款、电子会员卡券、在线商城、团购管理等服务，进而基于积累的数据，帮助商家进行经营数据的统计分析，以及通过沉淀粉丝会员进行社交营销。

**411.** 8 月 6 日，葡萄生活获 1 亿元 B 轮融资 拉卡拉领投，君联资本等跟投。葡萄生活成立于 2012 年 4 月，是一家到家服务类平台，目前其平台上涵盖了：上门按摩、家政、维修、鲜花等多项到家服务项目，聚集了 300 多家服务供应商。

**412.** 8 月 8 日，暴风 TV 宣布完成 2 亿元 A 轮融资 航辰投资领投。

**413.** 8 月 8 日，心脑血管互联网医疗平台橙医生获 3000 多万元投资 易联众领投。橙医生是一个专注于心脑血管领域的患者预约挂号、病情咨询管理的互联网医疗平台，隶属于广州桔叶信息科技有限公司，该公司注册成立于 2015 年 4 月。

**414.** 8 月 8 日，闪电购获 2. 67 亿的投资 阿里领投。闪电购主要提供基于 LBS 定位的一公里范围内的快消食品、水果生鲜、休闲零食等货品的一小时配送到家服务。

**415.** 8 月 8 日，银客集团将宣布完成 C 轮 3 亿元融资。本轮融资的领投方为港交所上市公司云游控股。

**416.** 8 月 10 日，纷享逍客 E + 轮融资 7000 万美元。

**417.** 8 月 10 日，北京明略软件系统有限公司（简称“明略数据”）对外宣布已于 8 月完成 B 轮 2 亿元人民币融资。本轮投资由红杉资本中国基金领投，分享投资、任子行（A 股上市公司）、A 轮投资人硅谷天堂联合参与。

**418.** 8 月 10 日，点我达 C + 轮融资 10 亿元。

**419.** 8 月 10 日，容联云通讯 C 轮融资 7000 万美元。

**420.** 8 月 10 日，二手车车辆历史信息服务商“车鉴定”获 6000 万人民币 A 轮融资基石资本、广汇车联网基金投资。“车鉴定”是中国第一家车辆历史信息服务商，覆盖一辆车从新车销售到报废的车况记录。

**421.** 8 月 10 日，明略数据 B 轮融资 2 亿 红杉中国，分享投资、任子行等投资。明略数据，成立于 2014 年 4 月，专注于通过大数据为企业解决高价值问题。其产品覆盖大数据全产业链，三大核心落地产品分别是：MDP 安全大数据平台，DataInsight 分布式数据挖掘系统，以及 SCOPA 数据关联关系挖掘产品，同时申请或授权大数据领域发明专利 11 项。

**422.** 8 月 11 日，网娱大师获得 1. 5 亿元 A 轮融资 金控资本、米硕基金等投资。网娱大师最早是一款针对网吧用户推出的移动端 App，用户可以通过该产品进行网吧订座、约战等功能，同时产品还打通的网吧的支付系统，可以通过这款产品在网吧进行消费。

**423.** 8 月 12 日，实体商业大数据营销服务商客来乐完成 B 轮 1. 1 亿融资。

**424.** 8 月 12 日，P2P 垂直搜索引擎投之家获 8000 万融资 创东方领投。

**425.** 8 月 14 日，E 约充电宣布 A 轮获投 3000 万元 中植集团投资。目前，万尊的移动充电车已经小规模的投入使用，用户通过“e 约充电”下单后即可使用，附近的充电车会提供上门充电服务。

**426.** 8 月 14 日，“罐头视频”获两轮融资 华映资本领投估值 1 亿元。罐头视频是一个专注于生活品质提升的移动视频品牌，它以生活类技能为切入点，以用户自发参与的病毒式传播为主要传播手段，服务中国消费升级大趋势。

**427.** 8 月 15 日，电动自行车品牌轻客完成 1. 5 亿元 B 轮融资 清控银杏领投。轻客智慧电单车最大的特点是搭载了 VeloUP 动力系统，这种动力辅助系统通过传感器来读懂用户意图，进而在骑行的时候进行助力。

**428.** 8 月 15 日，企业 SaaS 服务公司小满科技 B 轮获得 3500 万元投资 启明创投领投。小满科技刚获得达晨创投 A + 轮投资，此后凭借：专注打磨产品和服务，稳步布局全国渠道，树立行业楷模品牌，这三驾马车并驾齐驱，在外贸 SaaS 领域取得了的傲人的成绩。

**429.** 8 月 16 日，境外旅游包车平台“皇包车”宣布完成 1.2 亿元 B 轮融资 方正和生领投。在境外包车市场上，从融资阶段、覆盖规模等来看，皇包车都算是行业内领先的一家。

**430.** 8 月 16 日，美系车专修“懂车行”获得英泰基金 1000 万元天使投资。轮融资将主要用于打造美系别克、福特和雪佛兰专修连锁。

**431.** 8 月 16 日，什马金融获近亿元 B 轮融资 顺为资本、北极光领投。什马金融创立于 2015 年 1 月，是一家以电动车、摩托车垂直领域为切入点，致力于服务数亿农村人口的消费金融公司。公司旗下消费金融产品什马分期和供应链金融产品信用袋。

**432.** 8 月 16 日，美柚完成 10 亿元融资，已拆除 VIE 回归国内资本市场。

**433.** 8 月 16 日，斗鱼直播再获 15 亿元融资 凤凰资本腾讯领投。在本轮融资完成后，斗鱼 TV 将与腾讯在资源和版权方面进行深度合作。

**434.** 8 月 17 日，食材 B2B 电商优配良品获 1.2 亿融资 易果生鲜、新凤祥集团领投。优配良品是一家为餐饮、酒店等商家提供一站式食材供货服务的电商平台，致力于打通上下游供应链，减少餐厅食材购买流通环节，直接对接产地和餐厅，并制定了相应的产品标准。

**435.** 8 月 18 日，家居设计平台“尖叫设计”获 4000 万元 Pre – A 轮融资富坤创投和道杰资本投资。尖叫设计以北欧生活方式为主，设计哲学为“生活即风格”，承认每一个使用者的生活形态。

**436.** 8 月 18 日，车到加油再获亿元融资 曾获真格基金徐小平天使融资。2015 年 4 月 13 日，其产品上线，车到加油汇集上百家油站，能够一键导航、下单，车内移动支付。同时它也能够帮助民营油站业主建立并运营微信服务号。

**437.** 8 月 18 日，林依轮原创品牌“饭爷”再获 8000 万融资，估值 3.6 亿元。“饭爷”也利用了当下最时髦的网红 + 视频直播 + 电商的战术打法使品牌知名度得到了巨大提升。

**438.** 8 月 18 日，互联网金融平台“懒财网”获 1.8 亿元 B 轮融资 乐视领投。

**439.** 8 月 18 日，应急手机维修平台 CellSavers 获 1500 万美元融资，红杉资本参投。

**440.** 8 月 18 日，出境自驾游租车平台租租车（zuzuche.com）宣布完成 B、B + 轮融资，两轮融资高达 7 亿人民币，仅用时半年。

**441.** 8 月 18 日，智能理财平台懒财网在北京宣布完成 B 轮融资，本轮融资金额 1.8 亿元，由乐视控股领投。

**442.** 8 月 20 日，轻客获得了 B 轮融资 1.5 亿，加上去年 A 轮融资 4000 万，轻客在成立不到两年的时间内已融资近 2 亿。

**443.** 8 月 21 日，“毒舌电影”完成估值达 3 亿元的 A 轮融资 贝塔斯曼亚洲投资基金领投。“毒舌电影”是一个对电影进行犀利点评的微信公众号，半年内，粉丝从 80 万增长至超过 200 万。

**444.** 8 月 23 日，野农优品获 2000 万元天使轮融资。野农优品是一家向消费者提供优质食材的电商网站，于 2013 年 8 月正式成立，是一家专注于绿色生态健康的农产品公司。

**445.** 8 月 23 日，“环龙新材料”完成 C 轮融资 晨晖资本参投。环龙新材料成立于 2011 年 1

月，主要从事本色竹纤维材料及原纸的生产、研发和销售。

**446.** 8 月 23 日，产金融提供商魔方金服获 9500 万 A 轮融资 凯泰资本、戈壁创投共同投资。随着中国存量房产市场的到来，类似以租约证券化等方式，为存量房产运营商提供金融服务的公司越来越多。

**447.** 8 月 23 日，智能互联便利健身平台“光猪圈健身”完成 1200 万 Pre－A 轮融资 探路者和同基金领投。光猪圈健身成立于 2015 年 3 月，在“智能互联便利健身”的概念下，通过线下智能健身房集群＋线上应用系统搭建互联网＋物联网的智能健身平台。

**448.** 8 月 24 日，在 P2P（网贷机构）管理暂行办法正式公布，鹏金所对外宣布，其于 8 月 23 日完成了增资扩股工作，万科向鹏金所投资约 3 亿元（具体金额为 299，999，998 元），成为鹏金所第一大股东。

**449.** 8 月 25 日，主打新能源绿色通行领域的斑马快跑获 1. 5 亿新一轮融资 博嘉创投领投。

**450.** 8 月 25 日，群星金融获 1. 5 亿元 B＋轮融资 曦域资本领投。群星金融成立于 2013 年 6 月，是一个中小企业应收账款融资交易平台，其通过移动互联网技术和大数据风控模型，挖掘核心企业供应链中链属企业的应收账款资产，帮助其对接资金方解决其短期资金需求，间接加快供应链运转。

**451.** 8 月 25 日，京颐股份、趣医网完成新一轮融资超 3 亿元 软银中国资本领投。京颐股份成立于 2004 年，是一家智慧医疗技术及服务提供商。业务范围涵盖移动医疗、医疗物联网、护理教育、医院 HRP、供应链平台、HCRM、云 HIS、公共卫生八大领域。

**452.** 8 月 26 日，新型空间收益权金融平台“一米好地”拿到 1 亿 A 轮投资 中南资本领投。

**453.** 8 月 26 日，定制家具欧睿宇邦获磁斯达克数千万 A 轮融资。欧睿宇邦成立于 2000 年，隶属于上海宇邦厨具有限公司，欧睿宇邦集设计、生产、加工、安装为一体，提供厨房解决方案，2008 年开始接触并打入互联网家装定制。

**454.** 8 月 26 日，在线教育公司阔知获数千万元 A 轮融资，估值 6. 4 亿元。旗下产品主要有 Edusoho 开源网络课堂、Edusoho 教育云、好知网等。

**455.** 8 月 26 日，好享家完成 1. 2 亿 B 轮融资 方正和生、弘章资本、富坤资本投资。创建于 2009 年的好享家，是五星控股集团旗下专业的舒适智能家居连锁服务商。以家庭的消费升级需求为风口，专注于室内舒适智能系统的集成化解决方案。

**456.** 8 月 26 日，汽车服务电商 e 保养宣布完成 C 轮首笔 1. 5 亿元融资，未来建设 B2B 供应链体系。本轮融资由壹号资本领投，源码资本等跟投。本轮融资将会用于系统技术平台、配件供应链、门店连锁管理、人力资源培养等方面。

**457.** 8 月 26 日上午消息，汽车保养 O2O 项目 e 保养今日宣布获 C 轮首笔 1. 5 亿元人民币融资，壹号资本领投，源码资本等跟投。

**458.** 8 月 27 日，幼师口袋获千万级 pre－A 轮融资 职场辣妈瞄准 230 万幼师群体。

**459.** 8 月 28 日，全域医疗完成 1. 8 亿人民币 A2 轮融资 正和磁系资本和联基金领投。全域医疗的产品体系由三部分组成，包括全域放射治疗的质量控制平台、远程协作平台和培训交流平台。

**460.** 8 月 28 日，把专家“运”到外地做手术 唯唯医生获近千万元投资。

**461.** 8 月 30 日，版映科技获千万级投资 高德地图创始人成从武领投。版映科技是一家全网 IP 垂直孵化平台，为 IP 内容提供全方位开发解决方案。

**462.** 8 月 30 日，小船机器人获千万 pre – A 轮 暴风科技领投。小船机器人隶属于小船信息科技（上海）有限公司，自主研发无轨导航技术解决方案，公司板块分为研发中心，营销中心，展销平台，生产基地。

**463.** 8 月 30 日，“上上签”获数千万元 A + 轮融资 顺为资本领投。上上签的做法是，基于 SaaS 的电子签约方式，用户不需要使用任何的 Ukey 或者专用软件，只需要在上上签云平台上，就可以完成整个协议的签署，并带有储存合同的功能。

**464.** 8 月 30 日，猎上网完成两亿元 C 轮融资 大华创投领投。猎上网是国内首家对结果负责的招聘服务交易平台。成立以来，猎上网一直致力于建设招聘行业的基础设施，为企业和猎头服务商提供技术和服务的支撑，建立招聘领域像阿里巴巴一样的 B2B2C 的交易平台。

**465.** 8 月 30 日，招聘服务交易平台猎上网在上海举办发布会，亿欧受邀参加。发布会上，猎上网 CEO 辛小蝶宣布已经完成 2 亿元 C 轮融资。

**466.** 8 月 30 日，近日，网娱大师宣布完成 1. 5 亿元人民币的 A 轮融资，由国内最大创投机构——“深圳市创新投资集团”（以下简称“深创投”）联合浙江金控资本等投资机构共同投资。

**467.** 8 月 30 日，招聘服务交易平台猎上网宣布已经完成由大华创投领投、IDG 跟投的 2 亿元 C 轮融资，此次融资将用于覆盖更多的领域，深度拓展如金融、制造、医药、快消等猎头需求旺盛的行业。

**468.** 8 月 31 日，国内首家智能酒柜公司“新潮智能储酒科技”获得千万级天使战略投资。新潮智能储酒科技前身是开创了国内酒柜、酒窖行业的新潮公司，新潮在其所在的传统业务领域已经占据了绝对的领导地位。

**469.** 8 月 31 日，懂球帝获超 1 亿元融资 苏宁领投。懂球帝是一款以足球资讯和 UGC 内容为主的社区应用。创始人陈聪是深度球迷，第一份工作在百度贴吧担任产品经理，之后于 2013 年下半年创立了懂球帝。

**470.** 8 月 31 日，易途 8 完成 1. 5 亿 B 轮融资 三花控股集团领投，中赢集团、顺融资本、华鼎基金、阿里巴巴十八罗汉麻长炜联合投资。易途 8 通过接送机、包车游、点对点市内接送、当地玩乐，全方位解决出境游客的用车需求。

**471.** 8 月 31 日，近日线下智慧店铺服务平台掌贝宣布，已完成由味千中国、金沙江创投、上海雄厚投资和其他上市公司个体投资人联合投资的 3 亿元 B 轮融资。

**472.** 8 月 31 日，懒熊体育从多方得到消息，懂球帝 C 轮融资的领投方已经确定为苏宁集团，金额超过 1 亿人民币。

**473.** 9 月 1 日，艺旗科技获 1 亿元 B 轮融资 若沐资本领投。艺旗科技主营业务为艺术教育、设计服务、非标艺术电商等跟艺术行业相关的产业，

**474.** 9 月 2 日，“医疗天猫”汇医在线获 2000 万元 A 轮融资 浙银资本领投。从用户层面来说，目前汇医在线的用户端可以为患者提供在线视频问诊、会诊、医生直播、随访等功能，未来还会推进医院攻略、寻医问药、患患互动等多元化的互动方式。从院外层面来看，汇医在线将在院内工作站中加入更多人工智能的功能，如智能阅片、三维成像、数字化病理等。

**475.** 9 月 2 日，金斧子获数亿元 C 轮融资 由华西股份领投，招商局创投、红杉等跟投。斧子已经获得证监会颁发的独立第三方基金销售牌照，已经证券业协会备案登记的私募投资基金管理人资质，成为持牌机构。

**476.** 9 月 2 日，学无国界 myOffer 获沪江和信天创投数千万元 A 轮融资。myOffer 免费出国留

学申请智能平台，是学无国界整合线下 UVIC 英国教育移民签证中心以及全球大学资源，帮助学生实现在线一键申请、打通留学产业上下游、为全球留学生提供一站式服务的综合平台。

**477.** 9 月 2 日，“我的天科技”获千万级 Pre - A 轮投资。“我的天科技”成立于 2015 年，是一家专注于 AR 产品研发的科技创业公司。上线了一款名为“我的天”的 AR 手机应用，通过“AR + GIS”实现“时空相册”功能——通过手机屏幕可以看见真实空间的天空中悬挂的相片。

**478.** 9 月 2 日，玩加赛事获近千万元 Pre - A 轮融资 丰厚资本领投。跟 Max + 、捞月狗这类切 C 端玩家数据不一样，玩加赛事的切入点是赛事数据：玩家可以消费基于赛事数据的电竞资讯、比赛解读等内容，对于 B 端用户玩加则提供赛事数据相关的解决方案。

**479.** 9 月 2 日，酒店云 PMS 服务商绿云科技获得 8500 万人民币 A 轮融资。投资方为首业资本、博观资本、夏菊投资及浙商银行。绿云科技是一家专注于酒店云 PMS、酒店信息化平台研发和服务的高科技企业，成立于 2010 年，目前已研发出基于云计算技术和 B/S 架构的 iHotel 酒店信息化平台。

**480.** 9 月 2 日，自行车共享项目“ofo”已经获得了经纬中国领投，金沙江、唯猎资本跟投的数千万美元 B 轮融资。

**481.** 9 月 3 日，糖医生完成数千万元 Pre - A 轮融资 打造糖尿病产业闭环。糖医生成立于 2014 年，定位于糖尿病健康管理。糖医生平台拥有两款 APP，分别是医生端和患者端。

**482.** 9 月 3 日，麦谷科技完成 5000 万 Pre - A 轮融资 估值将达到 3.5 亿人民币。麦谷科技成立于 2010 年，是一家以车联网大数据运营服务为主的公司，其主要业务集中于车联网云服务、智能硬件、大数据与人工智能等。

**483.** 9 月 4 日，中商惠民宣布获得 13 亿人民币 B 轮融资 计划三年内 A 股上市。中商惠民成立于 2013 年 5 月，致力于为居民社区，商业社区和大学社区提供生活商品配送服务。

**484.** 9 月 4 日，“六度中医”获千万元天使投资 树兰医疗产业基金领投。六度中医成立于 3 月，据林涛介绍，六度中医的微信公众平台在今年 5 月份开始内测，该平台将分为医生端、诊所端、患者端三个端口。

**485.** 9 月 5 日，新道科技公告完成 1.89 亿元人民币的 B 轮定向增发融资，此轮融资的投资方由 24 家机构及自然人组成。

**486.** 9 月 6 日，人人车宣布完成了 D 轮的首笔融资，拿到了 1.5 亿美元。

**487.** 9 月 6 日，掌上心电已获得精千万元 A 轮融资 精准医疗百家汇领投。2014 年 11 月，掌上心电正式发布了自己的主打产品 SnapECG，该产品使用单导心电图检测技术，旨在通过心脏节律的检测预知潜在的以心律失常为主的疾病风险。

**488.** 9 月 6 日，海绵保 A 轮获数千万元投资 海尔资本领投。海绵保作为平台，就是将 B 端企业这些场景化风险需求与保险公司对接，为 B 端定制保险方案，提供风控管理和理赔协助服务。

**489.** 9 月 8 日，康康血压获数千万元 A + 轮融资 建首个慢病互联网医院。康康慢病互联网医院的定位为：基于慢病的二次诊疗。据介绍，康康的慢病互联网医院并不局限于专门的 APP，在康康的 APP、微信公号、杏树林等其他合作伙伴的平台都有呈现。

**490.** 9 月 8 日，“俺来也”获 2.4 亿元 B 轮战略投资 从校园超市到 O2O 大学。俺来也目前的业务主要包括俺来买、月光宝盒、俺有金、俺来玩、品牌馆、数码馆等几部分，业务范围涉及零售、金融、游戏等。

**491.** 9 月 8 日，方糖小镇完成近 2 亿元 A 轮融资 寒冬也不能阻止中国版 Wework 模式的火热。

方糖小镇的联合办公正在完成颠覆传统办公的使命，联合办公不是一个简单的办公，它通过聚集一批最具创新创业的人群，正在构筑移动互联网时代之后下一个流量入口。

**492.** 9月12日，创新工场完成45亿元人民币募资 富士康为主要投资者。创新工场是中国最激进的风险投资公司之一，他们投资了一些使用人工智能技术开发无人驾驶和企业软件的公司。该公司过去3年已经向美国和中国的25家人工智能创业公司投资了1亿美元。

**493.** 9月12日，物流网络平台“壹米滴答”获近亿元A轮融资 普洛斯领投。壹米滴答隶属于上海壹米滴答供应链管理有限公司，成立于2015年6月，同年10月正式启用壹米滴答品牌。抱团打造共生共赢物流生态圈“壹米”象征着最短的空间距离，“滴答”代表着最小的时间刻度。

**494.** 9月13日，瓜子二手车A轮融资超2.5亿美元 未来一年品牌投入10亿人民币。目前，瓜子二手车实时在售个人车源量超过12万台；覆盖全国28个省份、179个城市，通过卫星城策略服务能力覆盖208个城市；在瓜子二手车主力覆盖的179个城市中，有170个城市的交易量为行业第一。

**495.** 9月14日，乐视超级汽车融资10.8亿美元 英大资本、深创投、联想控股等介入。乐视首款互联网智能电动样车已经上路测试；生态汽车超级工厂落户浙江后，与之配套的超级汽车体验园及汽车生态小镇也已经在全力规划与推进。

**496.** 9月14日，专注癌症精确诊疗的泛生子完成数亿元融资 由中源协和领投。泛生子致力于覆盖癌症全周期诊疗各个环节（风险评估、早期筛查、分子诊断和术后监测等）的健康管理产品，专注为肿瘤患者进行精确诊疗。

**497.** 9月18日，线上青少儿在线英语培训学校哒哒英语完成数亿元B轮融资 所有资金已全部到账。DaDaABC坚持采用“学校化”而非“平台化”的运营模式，为孩子提供相匹配的固定私教，而不是每节课由家长选择老师。

**498.** 9月18日，快剪连锁品牌星客多获千万元A+轮融资 顺为资本领投。本轮领投方顺为资本是由雷军和许达来联合创立的风险投资基金，重点关注互联网，移动互联网，高科技行业以及互联网与其他行业结合所带来的变革，投资初创期及成长期的优质创业公司。星客多是顺为投资的第一家美业企业。

**499.** 9月19日，郭广昌投资家装 互联网整家提供者“构家”获数亿元A轮融资。构家成立于2014年5月29日，创始人兼CEO颜传赞，提出家装如造车般制造，让家装用户如购车般“构家”，主要面向中产阶级消费群体提供硬装、软装、设备、家具、家电等服务，实现一键购买整家家装产品和服务。

**500.** 9月21日，盛科网络完成3.1亿元战略融资 国家集成电路产业投资基金领投。盛科2005年创立于苏州，主要从事全系列以太网核心芯片以及基于自主核心芯片的定制化网络交换机的设计和研发，是全球这领域为数不多的厂商之一。

**501.** 9月21日，ROOBO完成1亿美元融资 科大讯飞等投资。至今为止，这家成立2年的主打智能机器人的公司，旗下已经拥有了儿童机器人、宠物型机器人、VR一体机、无人机以及骨传导耳机等产品。

**502.** 9月22日，零度智控完成1.5亿人民币的B轮融资 高通创投、民航投资和信达国萃投资。零度智控发布ROLLCAP口袋云台相机，它采用一体化高度集成设计，将用于专业无人机上的三轴机械增稳云台和高清摄像高度集成。

**503.** 9 月 22 日，新三板公司“般若系统”获碳云智能 3000 万元战略投资。般若系统是一家从事金融、电信、互联网及个人消费领域的大数据计算服务的软件企业，于 2 月 23 日正式在新三板挂牌，成功募集资金 800 万元。

**504.** 9 月 22 日，BOSS 直聘获 2800 万美元 C1 + C2 轮融资 华映资本、高榕资本领投。BOSS 直聘于 2014 年 7 月在苹果应用商店正式上线，独创了牛人与 BOSS 直接开聊找工作的" 直聘" 模式。

**505.** 9 月 22 日，爱上租获 1.01 亿 A 轮融资 投资方为巨鲸资本。爱上租是盛世管家原租赁业务部与合租公寓运营商蜗居网络合并组建成立的专业租房平台。

**506.** 9 月 22 日，纳能润滑油已获吴世春领投的天使轮投资。纳能润滑油隶属于广州泛海节能科技有限公司，是一家致力于车辆与工业节能减排产品研发、生产、销售的高新技术企业。

**507.** 9 月 22 日，互联网招聘 APP“BOSS 直聘”今日宣布，已经于 8 月完成由华映资本领投的 C1 轮及高榕资本主导的 C2 轮融资，C1、C2 两轮融资共计 2800 万美元。

**508.** 9 月 24 日，日前在北京举办的“919 乐迷狂欢夜”活动上，乐视创始人贾跃亭宣布，乐视超级汽车 10.8 亿美元首轮融资已完成，这一数字也创下全球汽车产业首轮融资纪录。

**509.** 9 月 25 日，熊猫 TV 近期已完成了 A 轮融资，金额达 6.5 亿元，此轮估值达到了 24 亿元。熊猫 TV 本轮融资由乐视领投，金额约 3.6 亿，

**510.** 139. ???? 9 月 25 日，人工智能创业公司智能管家（ROOBO）日前宣布，获得由科大讯飞等联合投资的 1 亿美元融资。

**511.** 9 月 25 日，互联网家居平台艾佳生活获超亿元 A 轮融资 由达晨创投、正和岛基金联合投资。艾佳生活是一家面向地产 3.0 的互联网家居生态创新型企业，通过整合房地产、家居、家装、设计、金融服务、物流安装服务等资源，用共享经济的模式创造价值，实现共赢，为客户提供全品家装服务，致力于满足消费者“把样板间搬回家”的市场诉求。

**512.** 9 月 25 日，“一道自媒体”获天使轮投资 估值一个亿。一道自媒体就是一个帮助广告主和自媒体达成营销对接的服务平台。

**513.** 9 月 26 日，ofo 共享单车获数千万美元战略投资 滴滴出行领投。ofo 和滴滴都是" 大众创业、万众创新" 战略的受益者和践行者。作为滴滴未来城市共享出行开放生态建设战略的一部分，滴滴出行与 ofo 将进一步围绕" 城市出行共享" 展开战略合作，用户在滴滴平台上亦有望直接体验到 ofo 的服务。

**514.** 9 月 26 日，心医国际获超 2 亿元 C 轮融资 中金智德投资管理有限公司领投。心医国际成立于 2010 年 6 月，一开始是做医学影像产品，后来将业务延伸到临床全信息化应用，现在主要是构建服务院间业务协同的综合远程医疗服务平台体系，成为平台化的分级诊疗解决方案提供商、运营商和服务商。

**515.** 9 月 27 日，爱尔眼科发布消息称同意公司全资子公司山南智联医疗信息科技有限公司以参与投资天津欣新盛股权投资合伙企业（有限合伙）的方式间接投资奇虎 360 科技有限公司股权，投资认缴出资额为 3032.4 万美元等值人民币。

**516.** 9 月 27 日，360 获爱尔眼科 3000 万美元间接投资。爱尔眼科称，鉴于奇虎 360 各项业务的持续开展应符合相关部门的监管要求，山南智联拟与深圳英大资本管理有限公司共同设立“英大资本 - 爱尔 360 专项资产管理计划”，将其所持有的欣新盛投资的 LP 份额作为委托财产出资给资管计划，相应的 LP 份额登记为资管计划。。

**517.** 9月27日，宏远时代体育完成3亿融资 投资方为尚雅投资、品清资本。成立于2010年的宏远时代体育从哈尔滨起家，开始以篮球培训为主，2012年进入北京市场，目前覆盖了篮球、足球、羽毛球、网球、击剑5个培训项目，进驻城市达21个。

**518.** 9月27日，“小鱼儿科技”完成B+轮融资 投资方主要包括光速中国、创新工场和成为资本。小鱼儿科技成立于2014年3月，是一家致力于研发互联网软硬件和智能机器人的创新型公司，先后完成了A、B两轮累计近3000万美元的融资。

**519.** 9月28日，全民TV并购手印直播后 再获5亿元A轮融资。全民TV表示将持续发力PGC内容打造、结合手印直播接入营收内容的优势，实现平台粉丝"生根"及营收的“落地”

**520.** 9月28日，掌门1对1获新一轮数亿元融资 华晟资本领投。掌门1对1线下的品牌合作对象以地区线下辅导机构及中小学公校为主。

**521.** 9月28日，国内最大的二手车电商平台瓜子二手车直卖网宣布，两大知名VC经纬中国、蓝驰创投参与完成了瓜子二手车的A轮融资，成为瓜子二手车的重要投资方。据悉，瓜子二手车A轮融资总额超2.5亿美元，创下二手车电商领域单笔融资之最。

**522.** 9月29日，凯撒拟5.5亿领投易生金服 还将收购天天商旅。撒旅游已与易生金服旗下易生支付合作，打通网关接口，降低成本费率；合作发行预付费联名卡，增加会员权益。

**523.** 9月30日，花椒直播完成3亿元A轮融资 东家奇虎360参投。花椒直播是2015年6月上线的360孵化的手机直播平台。6月2日，花椒直播上线移动VR专区，推出萌颜和变脸功能。

**524.** 10月4日，时装零售商Grana获1000万美元A轮融资 阿里巴巴香港创业者基金领投。

**525.** 10月4日，“格格家”宣布完成1亿元A+轮融资 由广发信德领投。格格家于2015年3月正式上线，是一家是进口食品免税店，定位高端用户、中产阶级。

**526.** 10月5日，ofo共享单车完成1.3亿美元C轮融资 将走出校园进军城市。ofo共享单车是无桩共享单车出行解决方案，首创“共享单车”模式。

**527.** 10月7日，SDN服务商云杉网络获千万美元B轮投资 由经纬中国领投。北京云杉世纪网络科技有限公司成立于2011年12月，是一家数据中心SDN解决方案提供商。

**528.** 10月9日，学乐中国获得数千万美元C轮融资 金沙江创投领投。学乐中国于2002年成立，是一个小学生在线学习网站。针对小学生的学习特性，设计开发与学校课程同步的服务。目前拥有由近100名国内优秀教师组成的研发队伍。

**529.** 10月10日，食务链完成5000万元A+轮融资 由启赋资本领投。本轮融资将主要用于深耕跨境食材链条上的各个环节，把跨境食材的供需关系由多边变成双边，同时在交付速度、服务体验等方面更好的服务用户，使上下游效率变得更高。

**530.** 10月10日，学乐云教学完成2亿美元C轮融资 由新天域基金领投。学乐云教学平台由杭州博世数据网络有限公司研发，正式运营于2014年，覆盖全国26个省、市、自治区的54000余所学校，为教育主管部门、学校、教师、学生、家长、第三方机构等用户提供教育信息化服务。

**531.** 10月10日，红杉、真格、毛大庆等联手创立的空间再造平台“优享创智”获A轮超4亿元投资。共享际团队去年12月正式组建，其商业模式为“空间运营+内容运营”。成员来自凯德、万达、万科、OMA、CPG等知名企业，团队80%以上的人员均有海外留学、工作背景及跨国企业的工作履历。

**532.** 10月11日，中高端汽车服务平台“德师傅”完成超2亿元B轮融资。德师傅成立于

2014 年 12 月，与市场中的多数车后服务品牌相比，德师傅的用户指向了“中高端”汽车车主，为其提供“管家式”的汽车服务，业务包括维修、保养、钣喷、保险等，预订、支付、实时监控、回访客诉等环节都可在线完成。

**533.** 10 月 11 日，“叮叮约车”获光大金融 50 亿元投资。叮叮约车是庞大集团打造的多元化出行服务平台，下设旅游专线、网络租车、顺风车、城市专车、通勤班车、旅游房车、出租车、汽车保养、分时租赁、汽车电商等业务板块。

**534.** 10 月 12 日，停车企业 ETCP 获 15.5 亿元 B 轮投资 万达飞凡领投。ETCP 隶属于北京悦畅科技有限公司，自 2012 年起发力于传统停车行业的互联网智慧化升级，建立了基于大数据云平台的智慧停车管理平台。

**535.** 10 月 12 日，诺贝儿教育获得 7500 万人民币 B 轮融资 由田含光、王全祥投资。诺贝儿教育成立于 2006 年，主要专注发展幼教领域，教研团队依托华南师大教育发展中心。

**536.** 10 月 12 日，来自创投行业的消息，国内新兴的智能手机充电便民服务发展商畅充科技于近期顺利完成公司 1 亿元人民币的天使 + 轮融资。

**537.** 10 月 14 日，互联网智能健身房“Liking 健身”对外宣布已经获得数千万人民币 A 轮融资，由同创伟业领投，国内某知名投资人跟投。

**538.** 10 月 14 日，“乐客游戏”获德同资本千万级 Pre – A 轮融资。乐客游戏致力于 VR 游戏研发与影视 VR 结合的探索，其创始人既是游戏人也是电影人出身，同时具备双行业的制作经验。

**539.** 10 月 15 日，“赛福基因”获千万元天使投资 构建智能化基因数据解析平台。赛福基因是一家精准医疗服务提供商，致力于用基因科技提高临床诊断准确率和患者治愈率，同时为关注健康的客户群体，绘制个体基因组信息图，提供个性化的健康建议。最终目标是让每个人拥有一本基因使用说明书。

**540.** 10 月 17 日，同志电商应用 HOTR 正式上线 获浅石创投近千万元天使轮融资。HOTR 的初期的产品功能主要集中在按摩、大趴旅行、医美三大同志刚性消费需求。

**541.** 10 月 17 日，“蜜蜂收纳”获经纬千万人民币投资 打造云端收纳空间。蜜蜂收纳是一个按需上门的云端储物空间。手机下单即可一键呼叫上门取件，物品打包后存入蜜蜂收纳自营仓库；用户可通过手机随时查询存储物品状态，并按需取回。

**542.** 10 月 17 日，万色城完成 1 亿美元融资 美国华平及中金前海共同投资。万色城于 2009 年上线，集购物平台和创业平台为一体，基于社交 + 自有品牌的模式，创业者可以通过实名认证，在平台上购买店铺，成为万色网商，可对店铺自主经营，也可转售、出租。

**543.** 2010 年 10 月 17 日，全民直播已经完成了 5 亿人民币 A 轮融资，完成本轮融资的同时，全民直播还对外宣布，在此之前完成了对手印直播的并购。

**544.** 2010 年 10 月 17 日，近日互联网 + 智慧停车行业再曝重量级消息，国内智慧停车创始企业 ETCP 宣布完成 B 轮巨额融资，融资额度为 15.5 亿元。

**545.** 10 月 18 日，易酒批再获 1 亿美元 C 轮融资 景林资产领投 年销售额达 50 亿。易酒批根植于中国酒水这个万亿级市场。在这个行业中，现有供应链环节多、链条长，存在巨大的改造机会。

**546.** 10 月 18 日，理才网获得 6 亿元 B 轮融资 海富产业投资、和灵资本、朗玛峰等机构联合投资。理才网成立于 2014 年，致力于为企业提供一站式企业管理解决方案，目前理才网已经推出人力资源 SaaS 服务 dayHR 以及 PaaS 开放平台 daydao 等。

**547.** 10 月 18 日，“辣椒快打”宣布已完成3000 万元 Pre - A 轮融资。辣椒快打是一个全球大屏游戏精选平台，属于深圳天易联科技有限公司，公司致力于在智能电视或大屏使用场景为用户提供全球性优质游戏资源及全新的交互操控方式。

**548.** 10 月 18 日，因果树获保利资本等 1 亿元 B 轮融资 新图灵产品可代替投行分析师写报告。因果树是一家依托平台大数据、通过人工智能技术和创新金融服务，力图量化股权的投融资服务平台，能够帮助投资人洞察行业趋势、发现潜力项目、进行估值等，还可以帮助创业者认知自我、了解行业、关注对手，并能实现人工智能投资、优质项目预测等。

**549.** 10 月 19 日，空间家获商办 O2O 领域最大单笔投资 2.58 亿，翰同资本、永柏投资领投。空间家是一家为企业提供写字楼、厂房、土地租赁销售相关的选址及服务平台，致力于以真实的租售信息，精准、高效地为企业提供选址服务，并围绕企业选址后需求，构建金融、注册、装修、采购等一站式服务。

**550.** 10 月 19 日，斗米兼职正式对外宣布，获得包括高瓴资本、腾讯、百度和新希望集团领投，A 轮老股东高榕资本和蓝湖资本跟投的4000 万美元 B 轮融资。

**551.** 10 月 19 日，企业选址与服务平台“空间家”宣布完成 2.58 亿元 A 轮融资，由翰同资本、永柏资本联合领投，创业黑马、昆通投资等跟投。

**552.** 10 月 20 日，团贷网宣布获得 3.75 亿元 C 轮融资。

**553.** 10 月 20 日，天音控股晚间公告称，公司拟向珠海市魅族科技有限公司进行投资，投资金额总计人民币 2 亿元，并与珠海市魅族科技有限公司各原股东、新投资方签署《投资协议》。

**554.** 12 月 20 日，乐刻运动今日对外宣布未来拟在全国范围内开出 5000 + 智能健身房，同时透露，公司已分别于 2015 年 8 月获得 IDG 资本领投 300 万美元 A 轮投资，7 月乐刻获得头头是道基金、华晟资本领投、IDG、普华、雍创跟投的 1 亿人民币 B 轮融资。

**555.** 12 月 20 日，中国电影行业领军企业博纳影业集团正式宣布完成继私有化之后总规模为 25 亿元人民币的 A 轮融资。此轮融资由阿里影业、腾讯领投，中信证券金石基金、国开金融有限责任公司、中植企业集团、招银国际金融有限公司、工商银行、新华联集团等国内外知名机构参投。

**556.** 10 月 20 日，天音控股拟向魅族投资 2 亿元 取得 0.655% 的股权。2015 年 2 月，魅族获阿里巴巴 5.9 亿美元（约 36 亿人民币）战略投资，此后进入快速发展阶段，一年发布多款新机。

**557.** 10 月 20 日，团贷网获得 C 轮 3.75 亿元融资 将会区分板块在 A 股、港股上市。团贷网脱胎于唐军早期创立的东莞市俊特信贷咨询有限公司，正式上线于 2012 年 7 月，是国内早期的互联网金融平台。

**558.** 10 月 21 日，央数文化在上海召开发布会，正式发布 MAGNEO 尼奥放大镜，会议最后，创始人兼 CEO 熊剑明宣布了一则重磅消息：公司完成 B 轮融资，规模达 2.5 亿，由新天域资本领投，GGV、高通、华西集团等跟投。

**559.** 10 月 22 日，国庆前，新兴游戏直播平台全民 TV 宣布获得新一轮 5 亿元融资，同时宣布将出资 3 亿元收购上线仅 27 天的移动直播手印直播。

**560.** 10 月 22 日，东莞本土龙头企业团贷网召开“C 轮融资暨集团品牌战略升级发布会”，宣布获得 C 轮 3.75 亿元融资，着力打造金融控股集团，从 P2P 板块向综合金融平台转型。

**561.** 10 月 22 日，央数文化获得 2.5 亿元 B 轮融资 由新天域资本领投，GGV、高通、华西集团、乐道、源之道跟投。作为儿童启智科技品牌，MAGNEO？尼奥放大镜？专注于 3～16 岁儿童成长陪伴的智能硬件产品的开发。同名产品 MAGNEO？尼奥放大镜？是一款儿童移动电脑，以 AR 增强现实技术为核心。

**562.** 10 月 25 日，菜篮网完成 8000 万元 A + 轮融资 由中凌晟银投资。菜篮网采用的是 C2B 预售 + 反向 O2O + 自建物流的混合模式。所售卖的都是餐桌上的日常时令果蔬，其中 70% 从郑州周边的蔬菜基地直采，并通过模式来降低成本和现金流压力，损耗也可控制在 5% 以内。

**563.** 10 月 25 日，微知完成 3000 万美元 B 轮融资 由京东金融投资。微知（Microseer）于 2009 年在上海成立，专注于人力资源服务共享云平台的建设，主要业务是 HR 外包和 IT 服务。

**564.** 10 月 26 日，51 信用卡近日宣布获得来自嘉实投资和银泰集团累计 8400 万美元的 C + 轮融资，加上此前的 C 轮融资总额近 4 亿美元。9 月 20 日，51 信用卡在四周年战略发布会上宣布完成了由天图投资和 A 股上市公司新湖中宝领投的 3.1 美元 C 轮融资。

**565.** 10 月 26 日，慧科集团完成 C 轮融资 成立创投平台慧科资本 管理首期 5 亿元规模基金。慧科致力于培育共享教育生态，从战略性新兴产业体系建设出发，以中国高等教育作为切入点，以职业教育作为导向，在夯实线下教育服务的同时又布局线上教育，目前已实现全国 1500 所高校的覆盖。

**566.** 10 月 27 日，借点钱获 3500 万元 Pre - A 轮融资 优势资本和名川资本领投。“借点钱”是上海融之家金融信息服务有限公司旗下产品，融之家依托征信数据，集数据挖掘技术和智能搜索技术，为个人和小微企业免费提供贷款渠道。

**567.** 10 月 27 日，国内知名智能家居企业欧瑞博完成 1.1 亿 B 轮融资 拓邦股份领投。自 2012 年以来，欧瑞博共推出数十款智能开关、智能插座、燃气报警器等产品，销售量共计达数百万。

**568.** 10 月 28 日，康藤旅游 A 轮融资 3000 万元，元钛长青基金与戈壁创投联合投资。康藤会继续以帐篷营地或古村落为切入点，配套周边生态旅游线路形成小型区域旅游目的地，最终创造出改善终端体验的旅行方式，同时实现旅游生态环境友好与经济效益的可持续平衡发展。

**569.** 10 月 28 日，作业盒子完成 1 亿元 B 轮融资 由德联资本领投。作业盒子将发布一款针对小学数学的自适应产品，同时通过一款产品把家长拉进作业场景中。

**570.** 10 月 28 日，比克电池完成 9 亿元融资，由小村资本、中科招商、中小企业基金等投资。比克电池是国内最早拥有自主知识产权的锂电池供应商，在生活数码、新能源汽车和后备储能多个领域提供领先的电能解决方案。

**571.** 10 月 28 日，车享家获得 A 轮融资 资金规模达到亿元级别。纯平台模式主要在于：随着后市场线上平台如雨后春笋般涌现，竞争的越来越激烈，线上客户的引流成本越来越高。

**572.** 10 月 28 日，“智慧树” 完成 3.5 亿元 B 轮融资 新浪成新股东。智慧树网是目前全球最大的学分课程共享平台，在国内拥有超过 1，800 家高等院校会员，覆盖超过 1，000 万大学生。智慧树网帮助会员高校间，实现跨校课程共享和学分互认，今年预计帮助 500 万在校大学生，完成跨校选课修读。

**573.** 10 月 28 日，星图？智控完成 7200 万元 B 轮融资 人人集团、多牛传媒等参与投资。公司正式成立于 2015 年 4 月，在此之前曾专注于飞控研发 4 年之久。2015 年 8 月，星图智控推出第一代产品“蜻蜓” 无人机，这款产品主打便携，操作上简单、易上手，适合旅游用户。

**574.** 10 月 30 日，一号美店完成千万元 A 轮融资 易桦投资领投。一号美店成立于 2015 年 4 月，是一个服务于线下美妆零售门店（日化店），完全基于线下场景，贯穿全业务流程的智能零售解决方案平台，隶属于北京壹号美网络科技有限公司。

**575.** 10 月 31 日，“医生汇”完成 3000 万元 A + 轮融资。医生汇主要以“医学 V 直播”对外。2015 年，其从医学视频直播切入，发展至今，医生汇已经成为一个包括 PC 端、微信端、APP 三大平台的综合医学内容社区。

**576.** 10 月 31 日，“小鹿乱撞”获千万投资 东方富海领投。小鹿乱撞于 2014 年成立，2015 年 3 月，公司旗下首档节目《当红辣子鸡》正式上线。《当红辣子鸡》围绕职场、创业等话题展开脱口秀，每期邀请两到四位风口行业的当红嘉宾进行互动。

**577.** 10 月 31 日，智课教育完成 B 轮两亿元融资智课教育完成 B 轮两亿元融资。目前智课旗下有线上教育品牌智课网、线下互联网教学中心、智课教育云以及智课 VR 等业务。

**578.** 10 月 31 日，职派完成 3000 万天使轮融资 丹普基金领投。职派成立于 2015 年 5 月，是国内一家具备 DISC 和 MBTI 双授权的高校通识职业教育咨询公司，由旨在搭建国内专业的大学生一站式就业互联网解决方案平台。

**579.** 10 月 31 日，对冲基金紫晶通财完成 3 亿美元 D 轮融资 阿特拉斯创业领投。

**580.** 10 月 31 日，“房司令”宣布获数亿人民币 C 轮投资，盈信国富、微众享基金领投。房司令，通过线上到线下的 O2O 运营模式，将互联网消费与租房消费隶属于南京邦航投资管理有限公司有机结合，从而为房东和租客提供房屋租赁市场的金融服务。

**581.** 11 月 1 日，蚂蚁金服投资泰国 Ascend Money 再造一个泰国版“支付宝”。蚂蚁金服将对 Ascend Money 展开战略投资，并通过输出技术和经验把蚂蚁金服的普惠金融模式复制到泰国，未来 5 年有望服务泰国一半以上的网民。

**582.** 11 月 1 日，咸鱼游戏完成过亿 B 轮融资 金科娱乐和澜亭资本领投。作为一家以移动游戏发行起家的游戏公司。截至目前，咸鱼游戏已经凭借《最佳阵容》《街球联盟》等精品体育手游的成功发行，踏入体育游戏发行领域的第一梯队。

**583.** 11 月 1 日，国内最大规模办公空间提供商氪空间完成超过 2 亿元 A + 轮融资 普思资本、IDG 共同投资。中国现在已经进入" 轻资产模式" 主导的城市有机更新时代，商业地产、商业空间将迎来巨大变化，这是联合办公的机会。

**584.** 11 月 3 日，“瓦当瓦舍”获戈壁创投数千万元 A 轮投资 定制化玩法打造随心所欲之旅。瓦当瓦舍是一家结合旅行服务与社交文化的一站式酒店服务平台。通过开发多样化的住宿产品体系，并借助会员共享的集中数据及财务 PMS 管理系统，来构建移动的旅行生态体系。

**585.** 11 月 3 日，铅笔道再融 720 万 1 年素描 1200 名创业者 32 名宝贝砸 1000 万筹建内容铁军。

**586.** 11 月 3 日，柔宇科技宣布获得 Pre - D 轮 5 亿人民币投资。柔宇科技定位从事下一代新型信息显示技术及其相关电子产品的研究、开发、生产及销售公司。

**587.** 11 月 3 日，摩拳擦掌的新玩家们 共享单车 Hellobike 完成 A 轮融资。

**588.** 11 月 7 日，e 兼职获 1500 万 Pre - A 轮投资 东方环球投资领投。e 兼职平台于 2015 年 5 月正式上线，产品分为企业版和求职版。未来，e 兼职希望在做好大学生用户的基础上延伸到白领人群相关业务，在帮助企业输送人才的同时，让天下没有闲散的技能。

**589.** 11 月 7 日，天创资本投资北京航天宏图 5000 万元 持续关注 3S 领域。北京航天宏图是一家专业从事卫星（遥感卫星、导航卫星）技术研究与应用的高新技术企业。

**590.** 11 月 7 日，极鲜网宣布获得阿里、君联资本亿元级 A 轮融资。极鲜网致力于打造成进口生鲜的" 阿里巴巴" 平台，通过整合全球优质海鲜产地资源、全程透明的供应链服务，真正做到极致新鲜的用户体验。

**591.** 11 月 7 日，翻翻动漫获爱奇艺 B 轮战略投资 估值达 4 亿人民币。积累了 10 年发展经验的翻翻动漫，尝试一改以往单一版权引进和输出为主的营收模式，试图打通专业漫画端全产业链条，丰富公司的营收模式。

**592.** 11 月 8 日，辛巴达旅游完成数千万元 A + 轮融资 勤智资本领投，深圳众投邦、上海汉景家族办公室基金、上市公司骅威文化等跟投。辛巴达成立于 2010 年，主要为以家庭为单位的旅客提供出境旅行专业定制服务，通过对用户的需求智能匹配行程方案，一站式解决出行问题。

**593.** 11 月 8 日，智课教育 B 轮融资 2 亿 金砖资本、百度等联合投资。智课教育始终认为，互联网对教育的作用绝非颠覆而应是进化，所以在其发展中，始终没有脱离教育本质，不断融合线上线下教学模式，其所独创的“进化论”也支持其稳步发展。

**594.** 11 月 8 日，易果生鲜完成 C + 轮融资 苏宁 2 亿美元领投。2015 年 3 月苏宁宣布进军生鲜市场，并将品牌命名为“苏鲜生”，希望以高粘度、高频次消费的生鲜商品打开苏宁全品类、全渠道战略。合作开展之后，易果将整体入驻苏鲜生，上线旗下 4000 个 SKU 的生鲜商品。

**595.** 11 月 8 日，喜泊客获得 9000 万元融资 由浙江农资领投，浙江科投、浙商股份跟投。上海喜泊客信息技术有限公司（EZParking）成立于 2009 年，是国内一家致力于停车大数据应用的科技公司，其自 2013 年起开始布局“互联网 + ”停车生态领域的各个环节，至今形成了停车大数据采集、车联网停车应用入口、城市级线上停车数据处理支付平台 、城市级智慧停车场库建设和运营的商业环节。

**596.** 11 月 8 日，“倍磅康复” 获国发创投 800 万元投资。苏州倍磅医院投资管理公司成立于 2015 年，致力于康复医疗、护理、养老产业的营运和管理。目前公司下设康复专科医院、社区康复养老中心、互联网家庭康复平台、联合康复养老研发中心等。

**597.** 11 月 8 日，果酱直播完成数千万元 A + 轮融资 由微影资本领投。酱直播主打美少年偶像直播互动，是针对广大女性用户提供年轻男性主播才艺表演和交流互动的社区。本轮融资将主要用于优质主播的培养、用户的扩展及直播平台的搭建。

**598.** 11 月 9 日，移动互联网时代的" 大数据 + 人工智能" 平台型技术公司——玩咖传媒获 6000 万元投资 联想创投领投。

**599.** 11 月 9 日，蓝金灵完成 2000 万元 A 轮融资 由紫辉创投领投。蓝金灵搭建了完整的电商 B2B 供应链金融服务模式，接下来将全力拓展金融服务范围，由汽车后市场（主要为汽配）逐步向医药、生鲜、电子元器件等领域渗透。本轮融资将主要用于团队、运营建设，以及加大技术投入增强数据建模开发能力。

**600.** 11 月 10 日，网化商城完成数千万元 A + 轮融资 由普华资本投资。网化商城从事小批量化学品交易，主要偏重于化学定制合成和定制生产领域，服务小试和中试阶段的生产型用户。

**601.** 11 月 14 日，艺术教育平台艺伙获近千万 Pre - A 轮融资 由头头是道基金领投。艺伙分为艺展、艺课、艺问三个板块，艺展类似于 MONO 的交互形式，对艺术家和其某一系列的作品进行细致化的集中展示；艺课延展图文、视频、语音三种展现形态。

**602.** 11 月 14 日，房屋增值服务平台“舍艺” 自建装修团队 获 3000 万元天使轮融资。由丰厚资本与无穹创投领投，联创资本等跟投。舍艺定位为一站式房屋增值平台，成立于初，由盈家生活内部孵化，平台服务包括房源出售管理、住宅装修、定制精装、软装配售等多项专业房屋资产管理。

**603.** 11 月 15 日，人人租机网完成 800 万首轮融资 由领智创投等投资。人人租机网是以“平台 + SaaS”模式，基于地理位置为全国企业提供设备机器租赁、融资服务。

**604.** 11 月 16 日，“火辣健身”宣布完成过亿元 B 轮融资 曾获黄晓明投资。火辣健身自 2015 年 1 月上线以来，致力于提供高品质健身课程，目前在线课程日均播放总时长已经超过 2000 万分钟，主要用户集中在 25 ~ 35 岁的白领人群。

**605.** 11 月 16 日，BOXFiSH 宣布完成 B + 轮融资 运用 AI 技术解决教育难题。BOXFiSH 成立于 2010 年，是一家主打整套 iPad 英语培训体系的教学机构，致力于提供移动平台的英语学习服务，改进传统英语学习，提供生动趣味的课程。

**606.** 11 月 17 日，“好租”获数亿人民币 B 轮融资 由元生资本领投。好租成立于 2015 年 7 月，是由 58 赶集集团投资的互联网办公服务平台，致力于为企业提供从写字楼租赁到覆盖各类强相关服务领域的整体解决方案，旗下拥有好租和好租商城两条业务线。

**607.** 11 月 18 日，猎云网完成新一轮融资 由泰德创业领投，五岳天下跟投。猎云网定位于专注服务创业者和投资人，成立三年多来已发展成为旗下拥有绝对领先的科技媒体报道网站、FA 服务、创业者社群、联合办公等四大产业矩阵，完整打通了整个创业服务链条，已经发展成为国内领先的一线创业服务平台。

**608.** 11 月 18 日，大搜车完成 1 亿美元 C 轮融资 蚂蚁金服、神州专车参与投资。大搜车将借助本轮融资及战略股东的资源优势，将 SaaS 系统服务从二手车商延展至新车经销商，并与蚂蚁金服携手共建汽车金融创新服务平台，用大数据和场景驱动汽车金融交易。

**609.** 11 月 18 日，魔方格宣布完成近 1. 5 亿元融资 投资方为个人投资者。基于题库的 K12 在线教育产品魔方格自 2013 年 6 月上线，其特色在于采用游戏化思路来设计产品。

**610.** 11 月 18 日，优维科技完成 3000 万元 A 轮融资：祥峰资本领投 君盛资本跟投。优维科技秉承 DevOps 的理念，旨在提供整体 IT 应用管理解决方案，输出先进的互联网化运维能力。

**611.** 11 月 18 日，野兽骑行获 1. 5 亿 B 轮融资 宣布入局共享单车。

**612.** 11 月 18 日，人工智能机器学习公司 Petuum 获 1500 万美元 A 轮融资。机器学习和人工智能技术是自动驾驶汽车、语音识别、计算机视觉、自然语言处理和电子医疗记录分析等许多科技公司在大数据分析应用和创新工作的关键。

**613.** 11 月 18 日，可爱学获 B1 轮大额融资 章子怡领投并出任董事。可爱学成立于 2015 年，前身是家教 O2O 企业——请他教，后转型为中国首个课后陪伴式教育连锁，专注服务 3 至 12 岁的儿童，除课业辅导外，还提供艺术培训、兴趣教育、户外拓展等全方位服务，把教育机构的实用功能和个性化需求完美结合。

**614.** 11 月 14 日，个推完成 4 亿元 D 轮融资 伯乐纵横领投。个推是一家专业的手机推送解决方案服务商，专注于提供移动设备长连接 SDK 和服务端接入的整体解决方案。旗下拥有个推推送、个推大数据和个灯数据营销平台等众多产品。

**615.** 11 月 15 日，天天拍车完成 1 亿美元 C1 轮融资 高达投资、腾讯、软银中国等投资。本轮融资资金将主要用于扩张市场、提升标准化运营能力以及提升用户体验，在巩固现有市场的同时加速发展全国跨区域流通交易，并将在金融、新车等全产业链重点布局，打造全新汽车消费生态体系。

**616.** 11 月 21 日，美窝家装获 3000 万元天使轮融资 蔡文胜 20 分钟签协议。美窝家装致力于打造让年轻人尖叫的产品，按照1020元/㎡计价，要用10万的价格，装出传统装修公司20万以上的品质。

**617.** 11月21日，一下科技完成5亿美元E轮融资，由新浪微博领投，上海广播电台、上海文化广播影视集团有限公司旗下产业投资基金等共同投资，赵丽颖出任副总裁。一下科技成立于2011年8月，是中国领先的移动短视频娱乐分享应用和移动视频技术服务提供商，旗下拥有“秒拍”“小咖秀”和“一直播”三款视频应用产品。

**618.** 11月21日，就医160完成C1轮5650万元融资 并以292.8万元收购深圳市健康源药业有限公司。移动医疗盈利难的问题未解，不少移动医疗公司纷纷投资或收购医药电商企业，试图形成“医+药”的生态闭环。

**619.** 11月22日，钱脉堡宣布完成千万天使轮融资 投资方为昱企投资。作为新型的互联网金融公司，钱脉堡金服专注于汽车金融和个人投资业务，向社会提供优质的汽车抵押贷款和互联网理财服务，自成立以来，公司一直致力于在汽车金融服务领域的开拓创新，并不断帮助与满足广大投资者的相关投资需求。

**620.** 11月22日，网贷平台爱投资完成2.5亿元B轮融资，爱投资目前已为上市公司提供了累计50亿元的供应链金融服务，未来将继续与上市企业就供应链金融服务展开深度合作，实现联合、联享、联动。

**621.** 11月22日，食材B2B平台链莱完成总额超1.5亿元融资。链莱曾以自营模式为切入点，但随后杨振辉发现，技术、运营、采购、分拣、配送等各环节都要参与，对于互联网人来说，模式太重且不够专业，而后转型为平台模式，开放给经营者和创业者。

**622.** 11月23日，沐金农完成3000万元A轮融资 由团贷网、薛蛮子等领投。沐金农2015年1月正式上线，专注三农共享科技金融，用互联网化的金融手段解决三农问题，是国内早期运行土地经营权抵押贷款的科技金融公司。

**623.** 11月24日，徙木金融获得1.02亿元A轮融资 由知新资本和招商局创投领投。徙木金融将进一步升级研发力量，引进更多不同岗位的专业人才，进一步扩充私有计算集群，对接更多外部数据源，引入更多优质资金提供方，从而使得信贷产品的上线速度更快，用户体验更好，信贷价格更低。

**624.** 11月24日，在行 & 分答获得来自腾讯的A+轮投资。在行 & 分答致力于打造一个按需知识服务平台，通过分享经济让千万人的智慧得以分享。

**625.** 11月24日，3Glasses获欧菲光6000万人民币投资。深圳市虚拟现实技术有限公司则是一家专注于智能穿戴设备、虚拟现实、增强现实等领域研发工作的虚拟现实科技公司。

**626.** 11月24日，量化派获5亿元C轮融资 投资方暂未透露。量化派（Quant Group）是一家基于大数据的消费金融服务提供商，致力于用数据驱动消费金融，进而改变金融体系，推动世界商业的发展。公司通过基于机器学习和互联网化的风险定价，整合互联网及传统数据源。

**627.** 11月25日，500彩票网1.1亿元投资趣凡网络 持股51%。500彩票网将与趣凡合作，帮助其发展、推广移动端社交扑克类游戏平台。当前趣凡旗下产品包括《牌友》和《德州之夜》等。

**628.** 11月25日，“自行车在线”获数千万元Pre-A轮融资 万潮集团领投。“自行车在线”定位于自行车网络媒体平台，主要是在互联网、移动互联网、线下平台运营和推广自行车运动，为企业和组织提供一站式营销推广服务，为中国自行车玩家提供专业、互动交流平台。

**629.** 11 月 25 日，利树股份（833300. OC）发布公告称，公司拟与具有相应资质的租赁公司进行融资租赁交易，融资规模为不超过 1. 8 亿，期限不超过 5 年。

**630.** 11 月 25 日，“1 步单车”已完成 A 轮 2 亿人民币融资。用户可以通过注册登录、充值押金、扫码取车、停车扣款便能完成一次用车，内置记录卡路里消耗、骑行等诸多数据，用户可实时掌握当天的运动量及身体状况实现有效管理个人健康。

**631.** 11 月 26 日，易果生鲜已完成 C + 轮融资 由苏宁投资集团领投。易果生鲜将为苏宁的社区 O2O 项目“苏宁小店”供货，联合抢占社区市场，同时苏宁小店也将承担前置仓职能，降低物流成本，提高用户体验。

**632.** 11 月 26 日，贝登医疗获 6500 万元 A 轮融资 中卫基金、东方富海和普华资本投资。贝登医疗是一家成立于南京的医疗器械 B2B 平台，公司成立于 2010 年。贝登医疗主要通过向上游的医疗器械厂家采购，服务下游中小型的医疗器械经销商和部分民营医疗机构。

**633.** 11 月 26 日，金英杰医学宣布获 B 轮融资 由华软金宏领投。金英杰医学成立于 2009 年，目前已向全国医学领域提供卫生资格、医师资格、药师资格及职称晋升等医学培训项目。

**634.** 11 月 26 日，HR 云服务提供商乾通互连宣布完成 2. 5 亿元 B 轮融资，并发布其一站式人力资源云服务平台——嗖嗖云。本轮融资的领投方为北京长安投资集团有限公司，乾通互连创业团队跟投。

**635.** 11 月 28 日，量化派获得 5 亿元 C 轮融资 由阳光保险领投，复星集团旗下 PE 基金复星创富、国信证券旗下国信弘盛以及赛点资本进行跟投。量化派主打产品“信用钱包”可以通过 APP，微信公众号及第三方接口，为用户提供消费信贷撮合及消费场景下的白条服务。

**636.** 11 月 28 日，阿里影业战略投资和和影业 投资完成后持股 30%。和和影业成立于 2013 年，自起在电影投资发行管理领域全面发力，投资并牵头协同联瑞、麦特等业内优质公司管理发行《美人鱼》《火锅英雄》《绝地逃亡》《追凶者也》等项目。

**637.** 11 月 28 日，e 袋洗完成数亿元 B + 轮融资 由立白集团领投。利用这笔融资，e 袋洗将加速推进其垂直整合战略，优化产业链和品质管理。

**638.** 11 月 29 日，信达生物完成 2. 6 亿美元 D 轮融资 国投创新领投。信达生物成立于 2011 年 8 月，目前已经建成一条包括 12 个抗体新药的产品链，治疗领域涵盖肿瘤、自身免疫疾病、眼底病、心血管病等四大疾病领域，已有 4 个产品获得批准进入临床研究，其中 3 个已经正式进入临床Ⅲ期研究。

**639.** 11 月 29 日，豌豆公主获 B 轮 2600 万美元融资。豌豆公主之所以持续受到资本界的青睐，是因为它不仅填补了国内高品质日货的市场空白，还从运营端强化供应资源，深度绑定了各类知名的日方品牌商。

**640.** 11 月 30 日，缔脉宣布完成 5500 万人民币首轮融资 由启明创投领投。缔脉宣布，完成本轮融资后，公司计划加速发展和壮大现有的团队，继续诚邀具有创新药原始开发经验的专业人才，包括临床科学家，临床药理学家，生物统计学家，药物安全和风险管理专家，以及境内外注册专家。

**641.** 12 月 1 日，悦装网获近亿元 A 轮融资 由招商局创投领投。互联网家装平台悦装网成立于 2015 年 8 月，倡导 B 端供应链共享经济模型，2015 年 12 月份曾获得洪泰基金和著名天使投资人王刚千万级天使轮融资。

**642.** 12 月 1 日，车轮互联宣布完成 1 亿元 C + 轮融资 由易鑫资本领投。车轮互联今年主打的是“双轮战略”。“前轮”以车轮考驾照为入口的互联网驾校业务，合作驾校超过 1100 所，覆盖全国 100 多个城市。

**643.** 12 月 4 日，互联网法律服务机构无讼获华创资本领投 1.2 亿元人民币 B 轮融资。这是国内互联网法律服务领域单笔金额最大一笔融资，也是今年下半年资本寒冬背景下专业服务领域较大的一笔融资。

**644.** 12 月 5 日，大嘴外教完成超千万元 Pre - A 轮融资 沪江投资旗下的互桂基金投资。大嘴外教成立于 2006 年，用一对一外教授课模式，为各年龄段的学员提供个性化定制的语言学习解决方案。

**645.** 12 月 5 日，长租公寓“可加公寓”母公司获卓昂投资与浙商银行 8000 万投贷联动融资。“可加公寓”围绕不断增长的城市青年群体的生活需求，借助物联网、信息技术等手段，为年轻白领提供高品质的长租公寓产品，同时开放的长租公寓运营系统也为闲置房业主提供了更高效的出租房管理技术支持。

**646.** 12 月 6 日，Xbed 宣布获得 5000 万元 Pre - A 轮融资 由戈壁创投和启赋资本领投。主打酒店式体验的 Xbed，运营包容性更强，可以吸纳公寓、民宿、酒店的房间，未来会占据更大的市场容量。

**647.** 12 月 6 日，国内知名物流网络平台壹米滴答完成数亿元 A + 轮融资 由凯辉基金领投。首创网络众筹、运力众包等运营模式，通过省地直达、县镇直通，打造“小票快运”、“大票零担”主营产品，以末端无盲点的配送优势加以省内中转无缝对接支撑专线大车落货。

**648.** 12 月 7 日，铂略金融获 PGA Venture Partners1500 万元种子轮融资。铂略金融计划明年启动设立首个针对离岸人民币的“ECN 外汇电子交易平台”（Electronic Communication Network），让国内外金融机构更高效的进行离岸人民币交易。

**649.** 12 月 7 日，锣卜科技获京东众创 A 轮投资，着手研发无人快递车。锣卜科技成立于 2014 年底，最开始专注于平衡车、折叠电动车等领域，推出过萝卜车、柠檬车、葫芦车等产品，于今年年初推出了低速自动驾驶汽车——鸡蛋车。

**650.** 12 月 7 日，欧美思获得 5000 万元 A 轮融资 零一创投、昆仲资本、普华资本等投资。欧美思的管理解决方案，为机构提供十项服务，包括管理云平台、管理运营手册、校长管理培训、骨干技能培训、员工职业培训、名校参访服务、招生实战服务、家庭教育讲师培训、中国好校长以及网络空中课堂。

**651.** 12 月 7 日，孙继海旗下创业公司嗨球科技完成首轮融资 由华人文化领投。嗨球科技拥有包括众多体育明星、世界冠军奥运冠军、资深体育媒体人、职业俱乐部、潮流运动资深玩家在内的体育 IP 资源。

**652.** 12 月 9 日，聚合数据获得 3.6 亿元 C 轮融资 由邱坚强领投。本轮融资将用于继续夯实完善聚合数据平台，在做大、做深、做强三个方面进行提升。

**653.** 12 月 9 日，微泰医疗完成 B 轮融资 由启明创投领投。公司于 2011 年在杭州未来科技城成立，致力于自主研制销售新一代贴敷式智能胰岛素泵、新型血糖监测系统、糖尿病管理系统等产品，提供糖尿病检测到治疗器械，以及患者服务等完整产品线。

**654.** 12 月 9 日，植观再获 A 轮投资 峰瑞资本领投。

**655.** 12 月 9 日，颐居美丽乡村获颐高集团千万天使轮投资。颐居美丽乡村落在“两山发源地”安吉余村。这将会是“系统升级”的美丽乡村，将会成为“互联网 +”、共享经济和大健康及“大众创业、万众创新”的一个典型。

**656.** 12 月 9 日，“西少爷”融资 1150 万美元：弘毅投资领投 今日资本跟投。“西少爷肉夹馍”在完成了标准化模式、连锁经营的两年多砾炼之后，初具品牌效应。

**657.** 12 月 12 日，“车鉴定”完成 1000 万元 A + 轮融资 投资方为明势资本。车鉴定是一家车辆历史信息服务商，覆盖一辆车从新车销售到报废的车况记录，包括里程数、车辆事故修理信息、车辆维修保养记录、二手车车辆销售价格等信息，并以数据分析技术生成车辆历史档案，让车况变透明，成为二手车交易的参考依据，以消除信息不对称。

**658.** 12 月 12 日，云集微店获 2016 社交电商最大 A 轮融资 2. 28 亿元 凯欣资本领投、钟鼎创投跟投。云集采用‘中央厨房 + 社群’的模式。中央厨房解决商品品质问题，社群则发挥社交优势，解决销售渠道问题。

**659.** 12 月 13 日，优拜单车 4 个月内完成 2. 5 亿元融资 中路资本、一村资本领投。作为优拜单车的主力车型“火星”，率先在共享单车上使用碳纤维皮带传动系统、内置三级变速系统等单车业内领先的技术与部件。

**660.** 12 月 14 日，运满满完成 C2 轮 5 千万美元和 D1 轮 1. 1 亿美元融资。运满满成为车货匹配平台中唯一一家完成 D 轮融资的企业，在业内呈现一骑绝尘之势，也标志着“互联网 + 物流”领域发展历程中新的里程碑。

**661.** 12 月 14 日，餐饮 SaaS 客如云宣布完成 B + 轮 7200 万元定增。此次定增新增西藏网金、水木创融、中投证券、中信证券、中信建投、宁波鼎锋等投资机构及投资人。

**662.** 12 月 15 日，粉盒科技获 BAI100 万美元 pre – A 轮投资。粉盒科技以明星为 IP，联合多位专业设计师，推出符合当前年轻群体时尚生活品味的消费品牌“咖”。

**663.** 483. ???? 12 月 15 日，快乐工场获奥飞娱乐、东方富海数千万人民币投资。快乐工场创办于 2011 年，是国内一家专注于“二次元”内容的 IP 综合运营商。其拥有强大的漫画产品创作、研发团队，以及丰富的海内外客户合作经验，由其创作的《神印王座》《召唤万岁》等优秀漫画作品多次获奖。

**664.** 12 月 16 日，全球跨境酒水 B2B 贸易平台挖酒网 B 轮获亿元融资：供应链优化价值显现。

**665.** 12 月 16 日，36 氪完成亿元量级的新一轮融资 招商局创投领投。现在的 36 氪已是一个拥有媒体、联合办公（氪空间）、创投及金融业务四大板块的科技创新企业生态服务平台。

**666.** 12 月 17 日，“助理来也”完成数千万元人民币 A 轮融资 微软领投。助理来也主要在一线城市提供云端私人助理式服务，采取人工 + 智能的模式，在计算机程序的辅助下，通过自然和贴心的交互方式满足用户有关打车、咖啡、代购、机票、火车票、酒店、按摩、跑腿、外卖等各项服务需求。

**667.** 12 月 17 日，世界高铁网完成 4000 万 A + 轮融资 轨道交通领域企业晋正公司投资。世界高铁网的业务已经不仅限于 B2B 电商，还包括 SaaS 服务，以及物流、金融、保险等业务。

**668.** 12 月 17 日，光际资本 5 亿元人民币投资移动电商达令。达令是一款移动推荐式购物 APP，主要客户群为 85 后年轻女性，推广以移动端为主，B2C 自营模式为主，累计用户超过 1600 万人。

**669.** 12 月 17 日，骑行服务平台行者完成 5000 万元 A + 轮融资 由吴晓波领投。行者的体验和服务在不断升级，除了续航能力、轨迹记录精确度等得到改善之外，由社区向电商的变现也维持着稳定的增长步伐。

**670.** 12 月 18 日，发网完成 B + 轮融资 由晨晖资本领投。发网是国内电商仓配一体化服务的开创者，目前已是国内最大的第三方仓配一体化的电商物流服务商，以帮助商家提升供应链效率、降低物流成本、保障消费者购物体验为核心价值。

**671.** 12 月 19 日，小虎金融集团完成近亿元 B 轮融资 由拉卡拉创投等资本方入股。除了资本入股外，小虎金融和拉卡拉控股还将在资产端和渠道端进行资源共享，并在大额支付上进行可能性探索。

**672.** 12 月 19 日，轻轻家教获好未来 1800 万美元 C + 轮融资。轻轻家教将进一步开启与好未来的深度合作，加强教研投入，形成科学有针对性的教研体系。除原有的一对一上门家教外，轻轻家教今年先后推出一对三“朋友团”“一对一远程答疑及教学”等新业务，并提供专家直播课堂、轻轻问答、升学咨询等增值服务。

**673.** 12 月 20 日，乐刻运动获得超 1 亿元 B 轮融资 头头是道和华晟资本领投。

**674.** 12 月 20 日，盛大集团对美国大型资产管理公司美盛集团持股增至15% 陈天桥将出任美盛副董事长。美盛最被肯定的特色是资金管理方面的独特专长。旗下拥有美盛基金管理、西方资产、锐思投资、布兰迪全球投资管理等诸多知名的投资管理公司，专注于各自擅长的领域。

**675.** 12 月 20 日，博纳影业完成私有化后 25 亿元融资 阿里影业腾讯领投。此轮融资由阿里影业、腾讯领投，中信证券金石基金、国开金融有限责任公司、中植企业集团、招银国际金融有限公司、工商银行、新华联集团等国内外知名机构参投。

**676.** 12 月 20 日，“我赢职场”获近亿元 B 轮融资 千和之源投资。我赢职场成立于 2013 年 6 月，目前提供 iOS 开发、互联网架构师、安卓、Oracle、SAP、RedHat、Cisco 等多个方向的课程，其线上平台包含 12000 个小时的教学视频、25000 道互动练习题。

**677.** 12 月 20 日，博纳影业完成 3. 6 亿美元（约 25 亿元人民币）融资，阿里巴巴影业与腾讯集团领投。

**678.** 12 月 20 日，亲宝宝获数千万美元 B 轮融资，复星集团领投、顺为资本跟投。亲宝宝于 2013 年 1 月正式上线，主要面向有孩子的年轻家庭，通过提供家人亲友私密共享的云空间，记录、共享家庭与孩子的成长历程，让所有亲友能够零距离关爱孩子成长。

**679.** 12 月 21 日，爱回收宣布完成 4 亿元人民币 D 轮融资，本轮投资由凯辉基金和达晨创投联合领投，天图资本、京东集团、晨兴创投、景林投资、前海母基金等新老股东均参与跟投。

**680.** 12 月 21 日，手电子产品回收平台爱回收对外宣布，已经完成 4 亿元的 D 轮融资，本轮投资由凯辉基金和达晨创投联合领投，天图资本、京东集团、晨兴创投、景林投资、前海母基金等新老股东均参与跟投，其中天图资本再次超额跟投。

**681.** 12 月 21 日，拓普基因完成超亿元 A 轮融资 经纬中国领投。肿瘤领域是拓普基因的核心业务领域；其中乳腺癌、结直肠、肺癌是拓普基因的战略发展领域，特别是乳腺癌领域从遗传易感基因（BRCA）到乳腺癌复发风险评估及个体化用药指导，经过两年的精心耕耘，已成为乳腺癌基因检测领域第一品牌。

**682.** 12 月 21 日，爱回收完成 4 亿 D 轮融资 由凯辉基金和达晨创投联合领投。此轮融资后，爱回收将持续垂直深耕现有业务，整合优化产业链，提升服务品质，建设回收行业服务标准。基于主营业务的稳定增长，爱回收还将推出“爱机汇”和“享换机”两项新业务，切入众包和消费金融领域。

**683.** 12 月 22 日，哒哒英语获数亿元 B + 轮融资 由东方富海领投。哒哒英语获得资本市场垂青的主要原因是其稳定的“固定教师”的教学模式。

**684.** 12 月 22 日，互联网物流平台货车帮今日宣布完成 B – 1 轮股权融资，金额达到 1 亿 1468 万美元，同时货车帮的 B – 2 轮融资也已经进入尾声。

**685.** 12 月 22 日，在线教育市场的领导品牌哒哒英语在上海宣布完成了数亿元 B + 轮融资，本轮融资由东方富海领投，上轮投资人涌铧投资继续跟投。

**686.** 12 月 22 日，中国领先的互联网物流平台货车帮今日宣布完成 B – 1 轮股权融资，金额达到 1 亿 1468 万美元，同时货车帮的 B – 2 轮融资也已经进入尾声。

**687.** 12 月 23 日，亚朵宣布完成 1 亿美元 C 轮融资，投资方为君联资本和阿里巴巴荣誉合伙人陆兆禧。

**688.** 12 月 23 日，好租创始人兼 CEO 曲先洋在”如 7 而至好创未来”2016 好租客户答谢会暨新品发布会上正式对外宣布 B 轮融资“扩融”，由商业地产巨头红星美凯龙参投，这也是红星美凯龙目前投资的唯一一家商业地产互联网公司。

**689.** 12 月 23 日，货车帮完成 1.15 亿美元融资。货车帮位于贵州。该公司的目标是将中国 2000 万卡车与货运需求匹配在一起。这样做很有意义，因为中国超过 90% 的卡车为私人所有。

**690.** 12 月 25 日，网娱大师完成 1.5 亿元人民币 A 轮融资，本轮由深圳市创新投资集团联合浙江金控资本、米趣科技旗下米硕基金完成，将主要用于电竞赛事引擎的开发、电竞全产业链的布局及中国电子竞技嘉年华等全国性电竞赛事的筹办。

**691.** 12 月份 25 日，巨人网络获阿里体育 1 亿元战略投资。

**692.** 12 月 25 日，iGola 骑鹅旅行获 1.3 亿元人民币 A + 轮融资 由沃衍资本领投。iGola 创立于 2014 年，是一家出境游机票及线路垂直搜索网站，通过在全球范围内的国际机票元搜索，为出境用户提供搜索、比价和购买的服务。

**693.** 12 月 25 日，亚盛医药获 5 亿元 B 轮融资 由国投创新领投，拾玉资本、潜龙投资、方正韩投等投资方跟投。

**694.** 12 月 25 日，咸鱼游戏完成过亿元 B 轮融资，本轮融资由金科娱乐和澜亭资本领头，华谊兄弟跟投。

**695.** 12 月 26 日，FitTime 睿健时代获 5000 万元 B + 轮融资，东方富海领投。成立于 2013 年 1 月的 FitTime 睿健时代是一家健身及减肥服务平台，能够针对不同类型、不同需求的健身人群给出饮食和训练的建议和指导。

**696.** 12 月 26 日，ROAD FC 北京路德完成上亿元融资，估值达 2 亿美元。本轮投资方主要是体育健康、文化娱乐产业基金，并有明星和导演参与。

**697.** 12 月 26 日，昆仑决完成了 B 轮融资，估值 3.5 亿美元，领投方是晨兴资本，IDG 资本、北极光创投跟投。

**698.** 12 月 26 日，野兽骑行完成 1.5 亿元 B 轮融资，设立独立品牌 Bluegogo（中文名小蓝单车）全面开拓共享单车市场。

**699.** 12 月 26 日，壹医考完成数千万元 A 轮投资 由慕华投资领投。壹医考成立于 1 月 7 日，是一家医疗领域的教育机构，主要从事医师、药师资格考试及护理类卫生资格考试的考前培训。

**700.** 12 月 26 日，老虎证券完成 2 亿元 B 轮融资 中信证券、华盖资本参投。老虎证券（Tiger Brokers）成立于 2014 年，是一家由技术和产品驱动的海外互联网券商。定位于为全球华人提供便捷、优质、可靠的全球资产配置服务，此前在 A 轮融资中曾获得来自小米科技的亿元规模投资。

**701.** 12 月 26 日，魔方招聘获5000 万元 A + 融资 由协立投资，上海联创领投。魔方招聘，成立于 2015 年 3 月，是基于移动互联 + 招聘面试的招聘网站，求职者和企业在线就能沟通，极大提升了求职者和企业双方的效率。

**702.** 12 月 27 日，首汽租车宣布完成 A + 及 B 轮 21. 5 亿元融资 由太平资产领投。首汽租车经历24 年的发展，在领域内始终保持较为领先的地位。2014 年7 月，首汽以“国际化、互联网、市场化”为导向，快速搭建了“实体经济 + 互联网 + 资本”的格局，启动首汽租车的重塑之路，在传统产业的转型升级上做出尝试。

**703.** 12 月 27 日，国安估值 55. 5 亿元新东家浮出水面 中赫集团计划 35. 5 亿买 64% 股权。此前中超 16 支球队中有 7 家控股公司为地产商，如恒大、绿城、建业、华夏幸福等，如果中赫集团成功入股国安，涉足中超的地产商则会增至 8 家。

**704.** 12 月 27 日，斗象科技获 7000 万元 B 轮融资 由银杏谷资本、嘉铭资本等共同出资。斗象科技成立于 2014 年 5 月，是一家创新型互联网安全服务提供商，现已在众包安全测试、企业安全自动化风险感知、安全新媒体社区领域完成产品战略布局。

**705.** 12 月 28 日，澎湃新闻获上海国资 6. 1 亿战略入股 推出视频和英文两大项目。澎湃新闻最新两大项目也登场亮相：澎湃新闻视频项目正式启动，澎湃新闻英文项目 Sixth Tone（第六声）正式上线。

**706.** 12 月 28 日，善康科技完成 1 亿元融资 高特佳投资集团领投。善康科技（ASK）将健康保险与互联网医疗结合，其主要业务为专注于各种慢性疾病治疗后期的“院外管理”环节，利用移动互联网技术创建新型医患关系，助力医生高效行医，增强患者护理效果。

**707.** 12 月 28 日，慧算账完成两轮 1. 5 亿人民币融资，IDG 资本、川融资本等多家机构参投。慧算账将在 2017 年实施四大战略规划：期权及合资计划、运营平台智能化、税所合伙计划、双引擎三个中心计划，提升合作伙伴利润率。

**708.** 12 月 28 日，送药上门服务的 O2O 企业叮当快药宣布完成 3 亿 A 轮融资 同道共赢投资。

**709.** 12 月 28 日，触手 TV 完成 4 亿元人民币融资 由 GGV 纪源资本、顺为资本领投。

**710.** 12 月 30 日，乐投天下宣布完成亿元级 B 轮投资，投资方为中艺云梯投资管理有限公司，正式进军文化金融领域。

## 退　　出

**1.** 2016 年 1 月 6 日，广东绿瘦健康信息咨询有限公司（以下简称广东绿瘦）将以 15 亿元的价格注入公司，初步估值溢价 62 倍。

**2.** 2015 年 12 月 27 日，A 股上市公司希努尔发布重组草案，拟以发行股份及支付现金为对价，向喀什星河等 20 名交易对方收购星河互联 100% 股权，交易价格合计 110 亿元。

**3.** 2016 年 1 月 4 日，勤上光电发布公告宣称公司拟以发行 1. 06 亿股份及支付现金 5000 万的方式收购广州龙文 100% 股权。

**4.** 2016 年 3 月 23 日科大讯飞（002230. SZ）发布继续停牌公告，公告称，目前公司正在筹划重大事项，拟发行股份收购北京乐知行软件有限公司。

**5.** 2016 年 4 月 10 日，冠福股份 16.8 亿并购塑米信息。

**6.** 2016 年 5 月 3 日，恒大地产集团有限公司（3333. HK）宣布，斥资 36.1 亿元收购嘉凯城（000918. SZ）约 9.52 亿股股份，占总股本 52.78%，成为嘉凯城的控股股东。

**7.** 2016 年 7 月 23 日，停牌超过 3 个月之后，万家文化发布了资产收购预案，公司拟通过发行股份并支付现金的方式，分别作价 4.14 亿元和 3.7 亿元购买隆麟网络和快屏网络 100% 的股权拓宽游戏电竞领域的业务。

**8.** 2016 年 8 月 5 日，恒大集团下午在港交所发布公告称，恒大集团透过其附属子公司购入万科 4.68% 股份，共花费 91.1 亿人民币。

## 其 他

**1.** 2016 年 1 月 8 日，由凯盛融英主办的“知识共享 · 智慧融合”2016 凯盛年度峰会在北京举行。与此同时，凯盛融英开发的移动端融智平台“凯盛专家”APP 也正式上线。

**2.** 2016 年中国人民银行工作会议在北京召开。

**3.** 2016 年 1 月 16 日，中国证监会召开 2016 年全国证券期货监管工作会议，中证监主席肖钢发表题为《深化改革健全制度加强监管防范风险促进资本市场长期稳定健康发展》的重要讲话。

**4.** 2016 年 1 月 14 日，惟饮者作为泸州产区白酒的新贵代表，“出席”了融资中国 2016 年资本年会暨颁奖盛典。

**5.** 2016 年 1 月 21 日下午，2016 年“共青团与人大代表政协委员面对面”活动在东营市胜利大学创业园举行。青年企业家、创业青年、创业大学生代表等共 30 人参加了活动。

**6.** 首届海峡两岸投融资对接高峰论坛顺利举行。

**7.** 2016 年 1 月 16 日，“投资家咖啡”在北京中关村创业大街正式创办开启。投资家咖啡馆也同时落户北京中关村创业大街，其团队成员均来自阿里、腾讯和滴滴等互联网巨头。58 同城 CEO 姚劲波也参与了这家咖啡馆的投资。

**8.** 2016 年 1 月 26 日，滴滴出行与招商银行联合宣布双方达成战略合作，未来双方将在资本、绑卡支付、金融、服务和市场营销等方面展开全方位合作。

**9.** 2016 年 2 月 3 日，我市在德国斯图加特市举办 2016 中国南京新兴产业发展推介会，深入推介南京战略性新兴产业、现代服务业领域合作发展新商机，深化我市与德国企业的经贸产业合作。

**10.** 2016 年 1 月 6 日，2016 国际消费类电子产品展览会（CES）在美国赌城拉斯维加斯举行，展会上尖端的科技与酷炫的产品吸引到全球关注的目光。

**11.** 2016 年 2 月 18 日，天合光能宣布获得彭博新能源财经（简称“BNEF”）授予的“全球最具融资价值组件品牌”称号。该称号以 BNEF 在全球范围的问卷调查为依据，再次证明天合光能的组件品牌得到广泛认可。

**12.** 2016 年 2 月 21 日，奥飞动漫（002292）宣布，将以增资扩股方式投资国内顶尖的全景视觉服务商“互动视界全景视觉”（Sightpano）。

**13.** 2016 年 2 月 19 日，国资委和中国铁塔股份有限公司（简称中国铁塔）联合举办“走进新国企”·揭秘“铁塔模式”在京召开。中国铁塔公司一年节约行业投资 500 亿。

**14.** 2016 年 2 月 27 日，在两会即将到来之际，为助力养老金融发展，"养老金政策、运营与投资"中国养老金融 50 人论坛首届峰会在京召开。本次会议旨在汇聚各界专业人士共同探讨养老体系改革，研讨养老金的政策、运营和投资，以期为我国养老体系的可持续发展献计献策。

**15.** 2016 年 1 月 17 日，国内首条拥有完全自主知识产权的新能源项目——HDT 高效太阳能电池项目，落地福建晋江。

**16.** 2016 年 4 月 3 日，由中国投资协会联合中国经营报主办的为期两天的第七届中国国际投资理财博览会于落下帷幕。

**17.** 2016 年 4 月 9 日从新郑市获悉，丙申年黄帝故里拜祖大典经贸洽谈活动收获颇丰，共达成合作意向项目 35 个，意向金额达 739.8 亿元。

**18.** 2016 年 4 月 17 日，国家商务部与中国国际投资贸易洽谈会（简称投洽会）组委会在沪联合举行 2016 投洽会推介会。

**19.** 2016 年 4 月 17 日，北京因果树网络科技有限公司推出了主打智能预测一级市场投研准确率的首个投资机器人（300024，股吧）“AlphaGo +”。机构人士指出，目前国内股权投资市场体量还较小，未来将呈现指数级增长。

**20.** 2016 年 4 月 14 日，由贸促会中国国际贸易促进委员会汽车分会指导，四川省政府主办，新浪汽车承办，AutoLab 汽车实验室联合承办的“2016 第二届中国汽车创业大赛”在上海展开预赛第一站的项目角逐。

**21.** 2016 年 3 月 25 日，中国互联网金融协会于在上海正式宣告成立，这标志着互联网金融行业规范发展进入了新的历史时期。

**22.** 2016 年 4 月 16 日，中国首家 MR（混合现实）智能头戴显示设备全球巡展启动仪式在珠海召开。

**23.** 2016 年 7 月 20 ~ 22 日，由中国中小企业协会、中国银行业协会、中国融资担保业协会、中国开发区协会、中国投资协会等五家国家级行业协会共同主办的第四届中国中小企业投融资交易会（以下简称“投融会”）将在北京国家会议中心举办。

**24.** 2016 年 4 月 20 日，销售管理服务商“销售易”正式对外宣布获得 C + 轮 1 亿元人民币融资，目前其官网域名为 xiaoshouyi. com，本轮融资由经纬中国领投，真格基金跟投。

**25.** 2016 年 4 月 20 日，通辽福阳再生资源有限责任公司在上海股权托管交易中心成功挂牌，成为科尔沁区第一家进入资本市场挂牌融资的中小企业，翻开了科尔沁区民营中小企业对接资本市场的新篇章。

**26.** 2016 年 4 月 22 日，由云南城投集团主导并携手恒泰证券、华夏银行共同打造的“恒泰浩睿—彩云之南酒店 58 亿资产支持证券”（下称：酒店类 REITs）近期在上海证券交易所成功设立，这标志着备案制后国内规模最大企业资产抵押债券（ABS）、首单酒店类 REITs 项目成功落地云南。

**27.** 2016 年 4 月 26 日，宝德股份（300023，股吧）晚间公告，拟非公开发行不超过 6000 万股，募集资金总额不超过 66185.58 万元。公司股票 4 月 27 日复牌。

**28.** 2016 年 4 月 29 日，以文化艺术品质押投资理财服务为主的互联网金融平台——利魔方，成功举办 2016 第二期会员见面日，期间利魔方 CEO 姚全、COO 孙卓等与投资者代表共话新形势下的互联网金融，解码文化艺术品投资理财。

**29.** 2016 年 5 月 7 日，实物质押信息服务平台淘当铺登陆 360 淘金，开启股权融资，成为 360 淘金平台上第一个互联网金融类项目。

**30.** 2016 年 5 月 7 日上午，由 MC 创投梦工场主办的“助力双创”1000 位投资人论坛在中共中央党校举办。与此同时，中国首部顶级投资人访谈《中国蓝图—中国投资人访谈录》正式发布。

**31.** 2016 年 5 月 14 日，丝博会暨第 20 届西洽会举行首场大会集中签约，陕西省与新疆生产建设兵团、贵州等省区共签订了涉及商贸物流、文化旅游、装备制造等领域的 37 个项目合同，涉及总投资额 723.3 亿元。

**32.** 2016 年 5 月 17 日，在云栖大会 · 武汉峰会上，阿里云和银杏谷资本联手发布重磅消息，宣布共同成立“阿里云创客 + 合作联名意向投资基金”，从资本入手大力扶持优秀的创新创业项目。

**33.** 2016 年 5 月 26 日，广东惠州警方通过其官微通报了“e 速贷”案件的最新调查结果。通报称，案件已被定性为非法吸存，经过公安机关初步查明，广东汇融投资股份公司利用“e 速贷”平台非法吸收的资金累计达数亿元。

**34.** 2016 年 5 月 26 日，互联网垂直招聘服务平台“招聘大师”，最近确认获得 550 万美元 A 轮融资。

**35.** 2016 年 10 月 21 日，由新三板府联合东方汇富、光大证券、复旦管院等单位，主办的新三板投资峰会在上海如期举行。

# 附录三 VC/PE 机构列表（按投资事件数量排序）

| 投资机构 | 总部所在地 | 投资机构 | 总部所在地 |
|---|---|---|---|
| 君联资本 | 北京海淀区 | 元禾控股 | 江苏苏州市 |
| 同创伟业 | 深圳福田区 | 北京工业发展投资 | 北京西城区 |
| 东方富海 | 深圳福田区 | 联想控股 | 北京海淀区 |
| 天星资本 | 北京海淀区 | 康大恒远 | 山东青岛市 |
| 中科招商集团 | 北京朝阳区 | 力合科创集团 | 深圳南山区 |
| 松禾资本 | 深圳福田区 | 盛万投资 | 上海浦东新区 |
| 九鼎投资 | 北京西城区 | 新区创投集团 | 江苏无锡市 |
| 创东方 | 深圳福田区 | 君盛投资 | 深圳福田区 |
| 德同资本 | 上海卢湾区 | 温氏投资 | 广东广州市 |
| 软银中国资本 | 上海长宁区 | 国科投资 | 北京海淀区 |
| 优势资本 | 上海浦东新区 | 明石投资 | 北京海淀区 |
| 天堂硅谷 | 浙江杭州市 | 久奕资本 | 上海长宁区 |
| 江苏高投 | 江苏南京市 | 长江国弘 | 上海黄浦区 |
| 天图资本 | 深圳南山区 | 华人文化投资 | 上海静安区 |
| 浙商创投 | 浙江杭州市 | 澳银资本 | 深圳南山区 |
| 挚信资本 | 上海浦东新区 | 亚商资本 | 上海长宁区 |
| 宽带资本 | 北京东城区 | 六禾投资 | 上海浦东新区 |
| 高特佳 | 深圳南山区 | 世纪方舟资本 | 北京东城区 |
| 信中利 | 北京朝阳区 | 创丰资本 | 上海杨浦区 |
| 清科创投 | 北京朝阳区 | 普思资本 | 北京朝阳区 |
| 瑞华投资 | 江苏南京市 | 赛伯乐投资集团 | 浙江杭州市 |
| 华睿投资 | 浙江杭州市 | 苏州昆吾九鼎 | 江苏苏州市 |
| 启赋资本 | 深圳南山区 | 紫辉投资 | 上海卢湾区 |
| 山东高新创投 | 山东济南市 | 谱润投资 | 上海浦东新区 |
| 贝塔斯曼 | 北京朝阳区 | 华瓯创投 | 浙江杭州市 |
| 金茂资本 | 江苏南京市 | 普华资本 | 浙江金华市 |
| 富坤创投 | 深圳南山区 | 磐霖资本 | 上海浦东新区 |
| 中信产业基金 | 北京东城区 | 天赋资本 | 上海浦东新区 |
| 基石资本 | 深圳福田区 | 海达投资 | 天津滨海新区 |

续表

| 投资机构 | 总部所在地 | 投资机构 | 总部所在地 |
|---|---|---|---|
| 弘毅投资 | 北京海淀区 | 格隆创投 | 上海浦东新区 |
| 高榕资本 | 北京朝阳区 | 四维资本 | 上海浦东新区 |
| 常春藤资本 | 上海浦东新区 | 安益资本 | 上海长宁区 |
| 证大投资 | 上海浦东新区 | 浦东科投 | 上海浦东新区 |
| 秉鸿资本 | 上海浦东新区 | 盛大游戏 | 上海浦东新区 |
| 复星创富 | 上海黄浦区 | 硅谷天堂 | 北京海淀区 |
| 达泰资本 | 江苏苏州市 | 磐石资本 | 上海卢湾区 |
| 斯道资本 | 北京朝阳区 | 小村资本 | 上海浦东新区 |
| 和君资本 | 北京朝阳区 | 中兴合创 | 深圳福田区 |
| 国发创投 | 江苏苏州市 | 维思资本 | 上海浦东新区 |
| 今日资本 | 上海浦东新区 | 东方赛富 | 深圳福田区 |
| 麦星投资 | 深圳福田区 | 东土盛唐 | 深圳南山区 |
| 五岳投资 | 深圳福田区 | 悦享资本 | 深圳福田区 |
| 华软资本 | 北京东城区 | 捷鸿资本 | 上海静安区 |
| 吉禾股权投资 | 上海黄浦区 | 实地资本 | 北京西城区 |
| 东证创新投 | 上海黄浦区 | 汇金立方 | 北京朝阳区 |
| 湖畔山南 | 浙江杭州市 | 银河吉星 | 北京西城区 |
| 华安未来资产 | 上海浦东新区 | 鼎晟天平 | 北京朝阳区 |
| 浙江创投 | 浙江杭州市 | 安持资本 | 上海长宁区 |
| 天亿投资 | 上海徐汇区 | 睿立资本 | 上海浦东新区 |
| 欧瑞 | 北京朝阳区 | 中融国际 | 黑龙江哈尔滨市 |
| 名信中国 | 北京东城区 | 开来投资 | 山东淄博市 |
| 京北投资 | 北京海淀区 | 点石投资 | 深圳南山区 |
| 泰达科投 | 天津滨海新区 | 粤商创投 | 广东广州市 |
| 中企高达 | 北京朝阳区 | 中广投资 | 广东 |
| 上海弘信资本 | 上海浦东新区 | 华山资本 | 北京朝阳区 |
| 纳兰德投资 | 深圳福田区 | 石天资本 | 上海浦东新区 |
| 远镜创投 | 北京东城区 | 知新资本 | 北京房山区 |
| 动域资本 | 北京东城区 | 方广投资 | 上海闵行区 |
| 广发信德智胜 | 广东珠海市 | 紫辉创投 | 上海黄浦区 |
| 浩然资本 | 北京朝阳区 | 松禾创新 | 深圳南山区 |
| 新沃集团 | 北京海淀区 | 胜达国际 | 北京 |
| 浙江赛伯乐 | 浙江杭州市 | 嘉富诚 | 北京朝阳区 |
| 西安高新风投 | 陕西西安市 | 博星投资 | 北京西城区 |
| 中证大道 | 深圳南山区 | 合一资本 | 北京朝阳区 |
| 中关村发展集团 | 北京海淀区 | 华清坤德投资 | 北京海淀区 |

续表

| 投资机构 | 总部所在地 | 投资机构 | 总部所在地 |
|---|---|---|---|
| 慧宇投资 | 上海浦东新区 | 兆富投资 | 湖南株洲市 |
| 瞰澜投资 | 浙江杭州市 | 乾融资本 | 江苏苏州市 |
| 富海万盛 | 上海杨浦区 | 润都资本 | 广东广州市 |
| 赛马资本 | 深圳福田区 | 盈科资本 | 福建福州市 |
| 湖北高新投 | 湖北武汉市 | 鼎鑫资本 | 上海 |
| 盈峰资本 | 深圳福田区 | 华商盈通 | 北京朝阳区 |
| 国投集团 | 北京西城区 | 北京中富 | 北京朝阳区 |
| 同华投资 | 上海浦东新区 | 京国发投资 | 北京西城区 |
| 时代伯乐 | 深圳福田区 | 歌石投资 | 北京丰台区 |
| 越秀产业基金 | 广东广州市 | 亦庄国投 | 北京大兴区 |
| 加华伟业 | 北京朝阳区 | 邦易资本 | 北京 |
| 博大创投 | 北京海淀区 | 盛景网联 | 北京海淀区 |
| 上海泓域资本 | 上海卢湾区 | 茂树资本 | 上海卢湾区 |
| 正海资产 | 上海浦东新区 | 一村资本 | 上海长宁区 |
| 君润资本 | 浙江宁波市 | 馨兰聚德 | 上海奉贤区 |
| 保德信 | 天津和平区 | 金睿和投资 | 广东佛山市 |
| 光谷创投 | 湖北武汉市 | 物明投资 | 深圳南山区 |
| 宁波金帆 | 浙江宁波市 | 宁金基金 | 宁夏银川市 |
| 高正创投 | 江苏常州市 | 开信创投 | 北京东城区 |
| 集素资本 | 浙江杭州市 | 高能天汇 | 北京朝阳区 |
| 恒昇阳光 | 辽宁大连市 | 国影投资 | 北京海淀区 |
| 德信资本 | 深圳福田区 | 来共点投资 | 北京朝阳区 |
| 盖亚投资 | 广东珠海市 | 北京中关村创投 | 北京海淀区 |
| 中国农发重点建设基金 | 北京西城区 | 国科嘉和 | 北京海淀区 |
| 开物投资 | 北京东城区 | 时空五星 | 上海徐汇区 |
| 中和资本 | 北京朝阳区 | 棕泉资本 | 上海黄浦区 |
| 北拓控股 | 北京朝阳区 | 德润投资 | 上海奉贤区 |
| 亚杰天使投资 | 北京海淀区 | 赛领基金 | 上海浦东新区 |
| 鼎辉投资 | 上海长宁区 | 光大利得 | 上海浦东新区 |
| 通江投资 | 上海普陀区 | 思科瑞新资产 | 上海浦东新区 |
| 杉杉创晖 | 上海杨浦区 | 江西高投 | 江西南昌市 |
| 光合基金 | 上海闵行区 | 先导控股 | 湖南长沙市 |
| 博将资本 | 上海嘉定区 | 山证基金 | 山西太原市 |
| 华控管理公司 | 江苏南京市 | 红榕创投 | 浙江杭州市 |
| 赛伯乐股权投资 | 浙江绍兴市 | 吴江创投 | 江苏苏州市 |
| 启征投资 | 浙江杭州市 | 华海力合 | 山东济南市 |

续表

| 投资机构 | 总部所在地 | 投资机构 | 总部所在地 |
|---|---|---|---|
| 惠州时代伯乐 | 深圳福田区 | 景涵财务 | 陕西西安市 |
| 大成创新资本 | 深圳 | 金石资产 | 深圳南山区 |
| 高樟资本 | 北京海淀区 | 前海易德 | 深圳 |
| 红石资本 | 北京朝阳区 | 德同广报投资 | 广东广州市 |
| 劲达创投 | 北京西城区 | 泛海投资 | 北京朝阳区 |
| 约瑟投资 | 北京朝阳区 | 鼎诚资本 | 北京西城区 |
| 航天投资 | 北京西城区 | 联科创盈 | 北京丰台区 |
| 融银资本 | 北京海淀区 | 惠阳资产 | 北京西城区 |
| 银富投资 | 北京海淀区 | 中富投资 | 北京海淀区 |
| 民航投资 | 北京顺义区 | 博观资本 | 北京海淀区 |
| 上汽投资 | 上海静安区 | 融拓创投 | 北京海淀区 |
| 亚商资本 | 上海嘉定区 | 华生资本 | 上海长宁区 |
| 狄普投资 | 上海徐汇区 | 千骥创业 | 上海徐汇区 |
| 克里斯托弗基金 | 北京通州区 | 科维思 | 上海长宁区 |
| 普凯天吉投资 | 上海浦东新区 | 中汇金 | 上海长宁区 |
| 万融投资 | 上海宝山区 | 和君投资 | 上海嘉定区 |
| 和盟 | 浙江杭州市 | 国药资本 | 上海黄浦区 |
| 晟华创投 | 江苏徐州市 | 相卫集团 | 上海徐汇区 |
| 安赐管理 | 广东珠海市 | 铸山投资 | 上海闸北区 |
| 弘迈中国 | 上海 | 清芯华创投 | 北京海淀区 |
| 醴泉投资 | 上海浦东新区 | 光荣资产 | 北京海淀区 |
| 五牛基金 | 上海浦东新区 | 北京华卓 | 北京海淀区 |
| 钜洲资产 | 上海浦东新区 | 淳信投资 | 北京密云县 |
| 鑫游资本 | 上海浦东新区 | 尼克投资 | 北京海淀区 |
| 盛山资产 | 上海浦东新区 | 上海田仆 | 上海嘉定区 |
| 能图资本 | 上海浦东新区 | 诚成资本 | 北京海淀区 |
| 雷石合安 | 天津滨海新区 | 泰生投资 | 北京海淀区 |
| 重庆戈壁 | 重庆两江新区 | 五岳元航 | 北京海淀区 |
| 春台建业投资 | 湖北武汉市 | 沃石投资 | 上海长宁区 |
| 重庆信三威 | 重庆渝北区 | 凯洲资本 | 上海杨浦区 |
| 维科创投 | 浙江杭州市 | 展瑞新富 | 上海普陀区 |
| 浙江中富 | 浙江杭州市 | 易津投资 | 上海崇明区 |
| 金润资产 | 浙江宁波市 | 雅银投资 | 上海浦东新区 |
| 杭州华软投资 | 浙江杭州市 | 君翼博星创投 | 上海浦东新区 |
| 东吴创新资本 | 江苏苏州市 | 自贸区基金管理公司 | 上海浦东新区 |
| 基本粒子投资 | 浙江杭州市 | 简鸣投资 | 上海浦东新区 |

续表

| 投资机构 | 总部所在地 | 投资机构 | 总部所在地 |
|---|---|---|---|
| 惠博投资 | 浙江嘉兴市 | 远翼投资 | 上海浦东新区 |
| 引爆点投资 | 浙江宁波市 | 巨杉资产 | 上海浦东新区 |
| 国君资本 | 河南郑州市 | 燕山投资 | 天津滨海新区 |
| 平安信托 | 深圳福田区 | 赛富盛元 | 天津滨海新区 |
| 富成创投 | 广东广州市 | 万信投资 | 湖北武汉市 |
| 龙柏宏易资本 | 深圳福田区 | 华工科技投资 | 湖北武汉市 |
| 中通汇银 | 深圳福田区 | 海捷投资 | 湖南长沙市 |
| 中科中广创投 | 广东东莞市 | 蔚蓝投资 | 江苏苏州市 |
| 珠海铧盈 | 广东珠海市 | 五都投资 | 浙江杭州市 |
| 小众投资 | 广东珠海市 | 江苏国信 | 江苏南京市 |
| 高榕资本（深圳） | 深圳光明新区 | 浙银资本 | 浙江杭州市 |
| 金鹰基金 | 广东珠海市 | 联合基金 | 浙江杭州市 |
| 贵阳创投 | 贵州贵阳市 | 海银达 | 山东青岛市 |
| 鼎峰资本 | 四川成都市 | 鼎泓乘方 | 深圳福田区 |
| 红秀资本 | 深圳南山区 | 红十三 | 深圳南山区 |
| 沃美投资 | 北京朝阳区 | 信诺资本 | 深圳南山区 |
| 建元天华 | 北京西城区 | 协同创新 | 深圳南山区 |
| 维西资本 | 北京朝阳区 | 五岳资本 | 深圳福田区 |
| 天融博汇 | 北京西城区 | 聚昌投资 | 广东广州市 |
| 先锋金融集团 | 北京东城区 | 一创新天投资 | 深圳福田区 |
| 黑洞投资 | 广东广州市 | 尖岗山投资 | 深圳南山区 |
| 华控投资 | 北京海淀区 | 弘广投资 | 广东广州市 |
| 紫光创投 | 北京海淀区 | 真实资本 | 深圳南山区 |
| 小白互动资本 | 深圳光明新区 | 火柴快鹿 | 上海长宁区 |
| 中时鼎诚 | 深圳福田区 | 华医资本 | 上海普陀区 |
| 领航创投 | 河北石家庄市 | 春山浦江 | 上海浦东新区 |
| 成都德馨 | 四川成都市 | 璞盈资本 | 上海浦东新区 |
| 西藏泰昇 | 西藏拉萨市 | 心澄资产 | 上海崇明区 |
| 德宝昆山 | 江苏苏州市 | 磐信投资 | 上海浦东新区 |
| 保利资本 | 广东珠海市 | 上海中沃 | 上海浦东新区 |
| 联和运通 | 北京 | 迎睿基金 | 上海浦东新区 |
| 汇力基金 | 北京朝阳区 | 沃珑港资本 | 上海浦东新区 |
| 华清基业 | 北京朝阳区 | 申万菱信资产管理 | 上海浦东新区 |
| 醴泉创投 | 北京西城区 | 弘坤资产 | 上海浦东新区 |
| 中瑞国信 | 北京朝阳区 | 岩桂投资 | 上海青浦区 |
| 正德恒生 | 北京朝阳区 | 晶凯资本 | 上海浦东新区 |

续表

| 投资机构 | 总部所在地 | 投资机构 | 总部所在地 |
| --- | --- | --- | --- |
| 雏菊机构 | 北京东城区 | 中科招商天津 | 天津滨海新区 |
| 高通盛融 | 北京西城区 | 乾源投资 | 天津滨海新区 |
| 中联基金 | 北京朝阳区 | 中信金石 | 天津武清区 |
| 日信嘉锐投资 | 北京东城区 | 天弘基管 | 天津滨海新区 |
| 民生银行 | 北京西城区 | 财富同超 | 湖南长沙市 |
| 源石资本 | 北京朝阳区 | 中部创投 | 湖北武汉市 |
| 雅才资本 | 北京西城区 | 瑞庆科技 | 湖南长沙市 |
| 海航资本投资 | 北京朝阳区 | 鼎信泰和投资 | 湖南长沙市 |
| 鼎晖投资 | 北京朝阳区 | 武汉高科 | 湖北武汉市 |
| 泰达宏利 | 北京西城区 | 光谷人才创业投资 | 湖北武汉市 |
| 方正富邦 | 北京西城区 | 天风天盈 | 湖北武汉市 |
| 旺家资本 | 北京朝阳区 | 聚心投资 | 重庆渝北区 |
| 南车创投 | 北京海淀区 | 哈尔滨壹加壹投资 | 黑龙江哈尔滨市 |
| 青鸟基金 | 北京海淀区 | 鸿鹤资本 | 黑龙江哈尔滨市 |
| 中财金控 | 北京海淀区 | 科大讯飞 | 安徽合肥市 |
| 燕园同德 | 北京海淀区 | 海萨尔投资 | 深圳坪山新区 |
| 水木创融 | 北京海淀区 | 亚东投资 | 吉林长春市 |
| 海益得资本 | 上海长宁区 | 同兴财富 | 江苏苏州市 |
| 弘晖投资 | 上海徐汇区 | 国联创投 | 江苏无锡市 |
| 博哲投资 | 上海黄浦区 | 宝兴投资 | 浙江湖州市 |
| 鉴睿资本 | 上海嘉定区 | 和泰股权投资 | 江苏常州市 |
| 辰德资本 | 上海黄浦区 | 帝沃投资 | 江苏南京市 |
| 尚诚资本 | 上海闸北区 | 博智投资 | 浙江温州市 |
| 清科华盖 | 上海嘉定区 | 现代资产 | 江苏南京市 |
| 南翔创投 | 上海嘉定区 | 融卓投资 | 江苏南京市 |
| 谆朴投资 | 上海宝山区 | 杭商创投 | 浙江杭州市 |
| 金耕资管 | 上海长宁区 | 江宁科技创投 | 江苏南京市 |
| 正和方达投资 | 江苏南京市 | 朴素资本 | 深圳福田区 |
| 凯石资本 | 江苏南京市 | 宏太智慧谷 | 广东广州市 |
| 紫金投资 | 江苏南京市 | 广州英诺 | 广东广州市 |
| 紫金创赢 | 江苏南京市 | 远致创投 | 深圳福田区 |
| 新企二期创投 | 江苏南京市 | 中南资本 | 深圳光明新区 |
| 德尔石墨烯 | 江苏苏州市 | 元泓创投 | 四川成都市 |
| 宁波极致 | 浙江宁波市 | 铸龙投资 | 宁夏银川市 |
| 泓源资本 | 浙江杭州市 | 成都技术转移集团 | 四川成都市 |
| 太浩创投 | 江苏苏州市 | 贵州龙佳 | 贵州贵阳市 |

续表

| 投资机构 | 总部所在地 | 投资机构 | 总部所在地 |
|---|---|---|---|
| 厚扬景桥 | 江苏苏州市 | 四川产业振兴基金 | 四川成都市 |
| 乐丰投资 | 浙江杭州市 | 达孜盛世景 | 西藏拉萨市 |
| 诺裕泰翔 | 浙江宁波市 | 品清资本 | 深圳南山区 |
| 康成亨 | 江苏镇江市 | 鼎石资产 | 天津滨海新区 |
| 大营资本 | 深圳福田区 | 信达风 | 浙江宁波市 |
| 新疆力利记 | 新疆 | 和信融智 | 重庆北碚区 |
| 华仁海湾投资 | 深圳龙岗区 | 邦易投资 | 北京东城区 |
| 日信集团 | 内蒙古呼和浩特市 | 海德润正 | 北京朝阳区 |
| 关天资本 | 陕西西安市 | 世盈创投 | 福建厦门市 |
| 拓金投资 | 陕西西安市 | 行健资本 | 北京朝阳区 |
| 海尔赛富 | 山东青岛市 | 洪范基金 | 北京 |
| 德赛金 | 新疆乌鲁木齐市 | 仓源基金 | 北京朝阳区 |
| 君研投资 | 陕西西安市 | 民富基金 | 天津红桥区 |
| 德同福方投资 | 陕西西安市 | 英泰格瑞 | 天津滨海新区 |
| 同创博润 | 陕西西安市 | 仁和金砂 | 北京朝阳区 |
| 兴和财富 | 福建福州市 | 财富联合 | 北京西城区 |
| 海立方舟 | 山东青岛市 | 丰祥集团 | 北京西城区 |
| 前海厚安 | 深圳南山区 | 北京股权投资 | 北京西城区 |
| 紫金港资本 | 深圳福田区 | 鼎元合创 | 北京西城区 |
| 力合华清投资 | 深圳南山区 | 国开投资 | 北京西城区 |
| 泛友创投 | 深圳罗湖区 | 世银基金 | 北京朝阳区 |
| 加里红杉 | 深圳福田区 | 浙控金诚 | 北京东城区 |
| 广东联合创展 | 广东广州市 | 观唐投资 | 北京朝阳区 |
| 锦源永泰 | 深圳南山区 | 央广联合传媒 | 北京朝阳区 |
| 梅州中科 | 广东梅州市 | 蓝巨投资控股集团 | 北京东城区 |
| 太平洋投资管理 | 深圳福田区 | 达德厚鑫 | 北京朝阳区 |
| 琢石投资 | 广东广州市 | 天和投资 | 北京东城区 |
| 千合投资 | 深圳南山区 | 华远宝诚 | 北京朝阳区 |
| 复兴资产 | 深圳南山区 | 高林资本 | 北京朝阳区 |
| 诺涵投资 | 深圳龙岗区 | 云禧投资 | 北京西城区 |
| 华蕴投资 | 深圳南山区 | 峰汇资本 | 北京东城区 |
| 鼎尖投资 | 北京海淀区 | 枫海资本 | 北京密云县 |
| 中金汇财 | 北京东城区 | 环球众城 | 北京海淀区 |
| 浙商基金 | 北京朝阳区 | 魔豆工坊 | 浙江杭州市 |
| 世纪利伟 | 北京东城区 | 开元资本 | 北京海淀区 |
| 圣康控股 | 北京朝阳区 | 国富资本 | 北京海淀区 |

续表

| 投资机构 | 总部所在地 | 投资机构 | 总部所在地 |
|---|---|---|---|
| 华信君融 | 北京朝阳区 | 天泽投资 | 北京延庆县 |
| 运通汇金 | 北京朝阳区 | 简道众创 | 北京通州区 |
| 民生投资 | 北京东城区 | 海润财富 | 北京海淀区 |
| 信业华福 | 北京朝阳区 | 和浦云洲 | 北京海淀区 |
| 汇益财富 | 北京东城区 | 纬世财富 | 北京平谷区 |
| 华清道口资本 | 北京石景山区 | 运胜投资 | 北京海淀区 |
| 盛德玖富 | 北京西城区 | 鹭林投资 | 北京通州区 |
| 鑫和投资 | 北京通州区 | 中金甲子 | 北京海淀区 |
| 中信资产 | 北京东城区 | 华软金宏 | 北京海淀区 |
| 中海软银 | 北京东城区 | 天石资本 | 北京海淀区 |
| 森淼丰润 | 北京朝阳区 | 华创融金 | 北京海淀区 |
| 永惠基金 | 北京延庆县 | 中财龙马 | 北京海淀区 |
| 中证基金 | 北京东城区 | 益仁同心 | 北京海淀区 |
| 和谐浩数投资 | 北京东城区 | 金种子创业谷 | 北京海淀区 |
| 和璞资本 | 北京朝阳区 | 易联昌元 | 北京昌平区 |
| 华盖创业投资 | 北京东城区 | 盈拓投资 | 北京海淀区 |
| 108 度集团 | 北京朝阳区 | 国泓资产管理 | 北京密云县 |
| 海子金融集团 | 北京朝阳区 | 景达创投 | 上海普陀区 |
| 天时开元 | 北京朝阳区 | 宝升科投 | 上海静安区 |
| 中骏基金 | 北京朝阳区 | 久有股权基金 | 上海黄浦区 |
| 千山资本 | 北京朝阳区 | 汇投资本 | 上海徐汇区 |
| 中证联合控股 | 北京朝阳区 | 宏益投资 | 上海杨浦区 |
| 浩源资本 | 北京朝阳区 | 澄鼎投资 | 上海宝山区 |
| 生和能源 | 江苏常州市 | 熠美投资 | 上海静安区 |
| 钰泰蓝石 | 北京朝阳区 | 上海万盛投资 | 上海虹口区 |
| 星河资本 | 江苏常州市 | 美世创投 | 山东菏泽市 |
| [illegible] | 广东云浮市 | 国盛古贤 | 上海普陀区 |
| 奥飞投资 | 广东汕头市 | 齐旭投资 | 上海嘉定区 |
| 大唐投资 | 北京海淀区 | 远帆投资 | 上海杨浦区 |
| 九州投资 | 北京海淀区 | 成芳投资 | 上海虹口区 |
| 中金控股 | 北京海淀区 | 中正达广 | 上海徐汇区 |
| 浙商财富 | 北京海淀区 | 初冠投资 | 上海嘉定区 |
| 同心创投 | 北京海淀区 | 厚益资产 | 上海闸北区 |
| 晟睿嘉烨 | 北京海淀区 | 珠池资产 | 上海宝山区 |
| 紫光创投 | 北京海淀区 | 占星资管 | 上海长宁区 |
| 灏蓝资本 | 上海嘉定区 | 和颐资产 | 上海浦东新区 |

续表

| 投资机构 | 总部所在地 | 投资机构 | 总部所在地 |
|---|---|---|---|
| 赛领博欣 | 上海虹口区 | 海富通基管 | 上海浦东新区 |
| 赛领并购 | 上海虹口区 | 上海松科投 | 上海松江区 |
| 上海立功 | 上海普陀区 | 兴业财富 | 上海浦东新区 |
| 淳时资本 | 上海卢湾区 | 弘章资本 | 上海浦东新区 |
| 上硅产业 | 上海嘉定区 | 如码资本 | 上海浦东新区 |
| 海通新创 | 上海黄浦区 | 盛合投资 | 上海闵行区 |
| 辉时投资 | 上海嘉定区 | 新连洋投资 | 上海虹口区 |
| 上海浆果 | 上海徐汇区 | 天津科投 | 天津河西区 |
| 铂泉资本 | 上海虹口区 | 滨海财富基金 | 天津和平区 |
| 柏尚投资 | 上海卢湾区 | 新泰祥宇 | 天津滨海新区 |
| 新东吴优胜资管 | 上海黄浦区 | 瑞驰投资 | 天津滨海新区 |
| 零加壹投资 | 上海静安区 | 智寅投资 | 上海奉贤区 |
| 翌睿投资 | 上海长宁区 | 湖南国投 | 湖南长沙市 |
| 宋城七弦 | 浙江杭州市 | 湘水洞庭资本 | 湖南长沙市 |
| 皓纬投资 | 上海杨浦区 | 光谷国发 | 湖北武汉市 |
| 欧源资本 | 上海浦东新区 | 华鸿景开投资 | 湖南长沙市 |
| 鼎坚投资 | 上海浦东新区 | 千禧龙投资 | 湖南长沙市 |
| 科宝投资 | 上海浦东新区 | 金鼎盛投资 | 湖北武汉市 |
| 中菊财富 | 上海青浦区 | 永耀投资 | 重庆渝北区 |
| 丰实股权投资 | 上海浦东新区 | 湖南兴创 | 湖南郴州市 |
| 辉正投资 | 上海浦东新区 | 睿信资本 | 湖北武汉市 |
| 凯时赢投资 | 上海松江区 | 卓辉盛景 | 安徽芜湖市 |
| 东胜股权投资 | 上海浦东新区 | 松兴投资 | 江西鹰潭市 |
| 欧擎集团 | 上海浦东新区 | 新华信托 | 重庆江北区 |
| 远桥投资 | 上海青浦区 | 子悦投资 | 江西鹰潭市 |
| 华设财富 | 上海崇明区 | 顶立汇智 | 湖南长沙市 |
| 德茂资本 | 上海浦东新区 | 汇能投资 | 湖南长沙市 |
| 申冉投资 | 上海浦东新区 | 湖南中小微企业产业投资基金 | 湖南长沙市 |
| 银来集团 | 上海浦东新区 | 启航投资 | 湖南长沙市 |
| 北中长清 | 上海浦东新区 | 领投邦 | 湖北武汉市 |
| 银河资本 | 上海浦东新区 | 众邦资产 | 湖北武汉市 |
| 国道资管 | 上海浦东新区 | 中鼎创富 | 江西新余市 |
| 泰有投资 | 上海浦东新区 | 重庆英飞尼迪 | 重庆巴南区 |
| 谷欣资产 | 上海浦东新区 | 安徽省铁路发展基金 | 安徽合肥市 |
| 兰璞投资 | 上海崇明区 | 源通投资 | 安徽合肥市 |
| 恒奉投资 | 上海奉贤区 | 零度资本 | 湖北武汉市 |

续表

| 投资机构 | 总部所在地 | 投资机构 | 总部所在地 |
|---|---|---|---|
| 智越投资 | 上海青浦区 | 德福基金 | 深圳福田区 |
| 尖晶投资 | 上海浦东新区 | 金涌泉投资 | 深圳福田区 |
| 景洲投资 | 上海浦东新区 | 深圳前海财阳 | 深圳福田区 |
| 嘉睿创投 | 江苏常州市 | 南通富海 | 江苏南通市 |
| 田丰创投 | 浙江杭州市 | 绩优投资 | 浙江杭州市 |
| 远见投资 | 浙江杭州市 | 岩木草投资 | 浙江杭州市 |
| 安成投资 | 浙江宁波市 | 鼎尼投资 | 浙江杭州市 |
| 滨江创投 | 浙江杭州市 | 嘉兴浙华武岳峰投资 | 浙江嘉兴市 |
| 田保投资 | 吉林长春市 | 青域合禾投资 | 浙江杭州市 |
| 沃金投资 | 浙江杭州市 | 牵牛花资产 | 江苏无锡市 |
| 北远投资 | 浙江宁波市 | 瀚展资产 | 浙江杭州市 |
| 开云投资 | 浙江宁波市 | 磐石基金 | 江苏无锡市 |
| 华西同诚 | 江苏无锡市 | 浙银资本 | 浙江杭州市 |
| 知本投资 | 浙江杭州市 | 万川凯源 | 江苏南京市 |
| 红杉光景 | 深圳南山区 | 堃冠达 | 江苏苏州市 |
| 华数传媒 | 浙江杭州市 | 苏州科创 | 江苏苏州市 |
| 云晖投资 | 浙江杭州市 | 道烨创投 | 江苏苏州市 |
| 双安资产 | 江苏南京市 | 温青创投 | 浙江温州市 |
| 磐石瑞通 | 浙江嘉兴市 | 中赢股权投资 | 浙江杭州市 |
| 正友资产 | 浙江宁波市 | 天成资本 | 江苏苏州市 |
| 嘉和源资产 | 江苏南京市 | 拉尔夫投资 | 江苏南京市 |
| 乐康投资 | 江苏常州市 | 嘉和融通 | 深圳福田区 |
| 乾鼎投资 | 浙江宁波市 | 淄博高新投 | 山东淄博市 |
| 外滩明珠创投 | 江苏南京市 | 河南农业开发 | 河南郑州市 |
| 优耀宝润投资 | 浙江杭州市 | 联合创投 | 辽宁大连市 |
| 中科招商 | 江苏无锡市 | 金凯高新投 | 山东东营市 |
| 特银资本 | 江苏南京市 | 西安科投 | 陕西西安市 |
| 吴江创迅创投 | 江苏苏州市 | 新疆创新投 | 新疆乌鲁木齐市 |
| 茂信投资（杭州） | 浙江杭州市 | 德昌投资 | 山东青岛市 |
| 点量兴业 | 江苏南京市 | 海翼投资 | 福建厦门市 |
| 泛华诚业 | 浙江杭州市 | 世纪红榕 | 广西南宁市 |
| 南京丰越 | 江苏南京市 | 恒一创投 | 福建厦门市 |
| 熙点投资 | 浙江杭州市 | 东兴证投 | 福建福州市 |
| 存济基金 | 浙江杭州市 | 泓润投资 | 福建泉州市 |
| 富鹏投资 | 浙江金华市 | 骏逸股权投资 | 新疆石河子市 |
| 宁波静德投资 | 浙江宁波市 | 地山投资 | 福建泉州市 |

续表

| 投资机构 | 总部所在地 | 投资机构 | 总部所在地 |
| --- | --- | --- | --- |
| 同喆投资 | 浙江杭州市 | 赛伯乐创投 | 辽宁大连市 |
| 宁波景盛 | 浙江宁波市 | 南方贝尔 | 福建福州市 |
| 龙庆长泰 | 浙江杭州市 | 通和投资 | 辽宁大连市 |
| 微众享基金 | 江苏南京市 | 民享财富 | 河南郑州市 |
| 富睿财智基金 | 江苏南京市 | 海通安元 | 陕西西安市 |
| 浙民投 | 浙江杭州市 | 铭石投资 | 新疆克拉玛依市 |
| 极地信天 | 浙江嘉兴市 | 思山投资 | 新疆喀什地区 |
| 中汇富瑞 | 内蒙古包头市 | 能源金融 | 云南昆明市 |
| 福州新城发展投资 | 福建福州市 | 富盈安稳赢 | 广东珠海市 |
| 中科国装 | 深圳宝安区 | 全球阳光基金 | 深圳南山区 |
| 财富摩根 | 深圳福田区 | 前海华睿 | 深圳南山区 |
| 汉高盛创投 | 深圳福田区 | 凯利易方资本 | 广东广州市 |
| 君德富创投 | 广东东莞市 | 国中创投 | 深圳福田区 |
| 君威投资 | 深圳福田区 | 西域洪昌 | 深圳南山区 |
| 鼎诺投资 | 深圳福田区 | 水杉元和投资 | 深圳南山区 |
| 弘德隆盛 | 广东广州市 | 踊跃资本 | 广东佛山市 |
| 森阳银瑞 | 广东佛山市 | 康曼德资本 | 深圳南山区 |
| 汇金泰富 | 深圳福田区 | 喜乐佳投资 | 深圳南山区 |
| 广晟投资 | 深圳福田区 | 前海行健 | 深圳南山区 |
| 深圳地平线 | 深圳福田区 | 富道投资 | 广东珠海市 |
| 华翔基金 | 深圳罗湖区 | 中投港融 | 深圳光明新区 |
| 华融泰 | 深圳福田区 | 深港通资本 | 深圳大鹏新区 |
| 信科基金 | 深圳南山区 | 嘉盈盛投资 | 深圳宝安区 |
| 秋石资产 | 深圳 | 红岭天使 | 深圳福田区 |
| 慧誉壹号 | 广东广州市 | 宪立投资 | 深圳福田区 |
| 达安京汉投资 | 广东广州市 | 前海吉祥基金 | 深圳光明新区 |
| 景鸿永泰 | 深圳 | 盈科环球资产 | 深圳光明新区 |
| 骏凯资本 | 深圳福田区 | 东方融润 | 深圳罗湖区 |
| 比特云投资 | 广东佛山市 | 星火众筹 | 深圳宝安区 |
| 莱茵达 | 广东珠海市 | 泓锦文 | 深圳龙岗区 |
| 商智联 | 深圳福田区 | 道格资本 | 深圳福田区 |
| 宝安资产 | 深圳罗湖区 | 茶马古道投资 | 深圳光明新区 |
| 珠海启辰星 | 广东珠海市 | 中鹏德鑫 | 深圳光明新区 |
| 中德福金控 | 深圳南山区 | 中证信资本 | 深圳福田区 |
| 景和道 | 深圳 | 中投广生 | 深圳光明新区 |
| 同心文鼎基金 | 深圳南山区 | 前海开源 | 深圳南山区 |

续表

| 投资机构 | 总部所在地 | 投资机构 | 总部所在地 |
|---|---|---|---|
| 中城建投 | 深圳福田区 | 安信基管 | 深圳福田区 |
| 嘉谟资本 | 深圳南山区 | 红森资本 | 深圳光明新区 |
| 汇联创景 | 深圳南山区 | 大唐同威 | 深圳南山区 |
| 众志信投资 | 深圳南山区 | 华堂古村投资 | 深圳福田区 |
| 三达投资 | 深圳南山区 | 拉芳投资 | 深圳福田区 |
| 太和投资 | 深圳南山区 | 红筹投资 | 深圳南山区 |
| 华瑞天富资本 | 广东珠海市 | 凡星资本 | 深圳南山区 |
| 汇盈基金 | 深圳福田区 | 双流英飞尼迪 | 四川成都市 |
| 航远股权投资 | 深圳南山区 | 得天金信 | 贵州贵阳市 |
| 红犇投资 | 广东佛山市 | 西藏金石投资 | 西藏拉萨市 |
| 宏升投资 | 广东广州市 | 瀚融资本 | 四川成都市 |
| 大银富华 | 西藏拉萨市 | | |
| 锦瑞投资 | 西藏拉萨市 | | |
| 攀西惠融 | 四川宜宾市 | | |
| 天合宇通 | 西藏拉萨市 | | |
| 宁夏正方投资 | 宁夏银川市 | | |
| 浙景投资 | 西藏拉萨市 | | |
| 大鸿投资 | 河北石家庄市 | | |
| 联创东林投资 | 四川成都市 | | |
| 鸿新资管 | 西藏拉萨市 | | |
| 猎鹰天使创投 | 西藏拉萨市 | | |
| 草根知本 | 西藏拉萨市 | | |
| 鸿申投资 | 河北石家庄市 | | |
| 嘉兴华赞胜 | 浙江嘉兴市 | | |
| 金砖丝路 | 广东珠海市 | | |
| 中融财富 | 广东广州市 | | |

# 附录四　中后期 VC 机构列表（按投资事件数量排序）

| 投资机构 | 总部所在地 | 投资机构 | 总部所在地 |
|---|---|---|---|
| IDG 资本 | 北京朝阳区 | 高通创投 | 北京朝阳区 |
| 深创投 | 深圳福田区 | 海汇投资 | 广东广州市 |
| 红杉中国 | 北京朝阳区 | 国金投资 | 深圳南山区 |
| 经纬中国 | 北京朝阳区 | 新中欧创投 | 上海杨浦区 |
| 达晨创投 | 深圳福田区 | 钟鼎创投 | 上海浦东新区 |
| 启明创投 | 上海浦东新区 | 启赋创投 | 深圳南山区 |
| 创新工场 | 北京海淀区 | 德丰杰龙脉 | 上海静安区 |
| 晨兴资本 | 上海徐汇区 | 华盈创投 | 上海浦东新区 |
| 永宣创投 | 上海徐汇区 | 易一天使投资 | 重庆南岸区 |
| 金沙江创投 | 北京朝阳区 | 上海创投 | 上海卢湾区 |
| 险峰长青 | 北京朝阳区 | 湘投高创投 | 湖南长沙市 |
| 中国风投 | 北京朝阳区 | Ventech China | 上海黄浦区 |
| 戈壁创投 | 上海浦东新区 | 凯旋创投 | 北京东城区 |
| 达晨财智创投 | 深圳福田区 | 峰瑞资本 | 北京朝阳区 |
| 启迪创投 | 北京海淀区 | 高达资本 | 江苏南京市 |
| 顺为资本 | 北京朝阳区 | 五岳天下 | 北京海淀区 |
| 联创策源 | 北京朝阳区 | 中新创投 | 江苏苏州市 |
| 凯鹏华盈 | 上海徐汇区 | 中科招商 | 广东广州市 |
| 华创资本 | 北京朝阳区 | 盈动资本 | 浙江杭州市 |
| 联想之星 | 北京海淀区 | 湖南高新创投 | 湖南长沙市 |
| 分享投资 | 深圳南山区 | 河北科投 | 河北石家庄市 |
| 智基创投 | 上海黄浦区 | 如山投资 | 浙江杭州市 |
| 力合清源 | 深圳南山区 | 华威 | 北京朝阳区 |
| 天创资本 | 天津河西区 | 朗玛峰创投 | 北京海淀区 |
| 青云创投 | 北京海淀区 | 深圳创新资本 | 深圳福田区 |
| 源码资本 | 北京朝阳区 | 中国高新投资 | 北京西城区 |
| 成为资本 | 上海静安区 | 富丽投资 | 江苏苏州市 |
| 光速安振中国 | 上海黄浦区 | 澳银资本（中国） | 深圳南山区 |
| 毅达资本 | 江苏南京市 | 凯风创投 | 江苏苏州市 |

续表

| 投资机构 | 总部所在地 | 投资机构 | 总部所在地 |
|---|---|---|---|
| 复星昆仲资本 | 上海徐汇区 | 华犇创投 | 重庆渝中区 |
| 粤科金融集团 | 广东广州市 | 广州科投 | 广东广州市 |
| 阿米巴资本 | 上海杨浦区 | 浙江科投 | 浙江杭州市 |
| 安芙兰资本 | 北京海淀区 | 江苏高投管理 | 江苏镇江市 |
| 鼎晖创投 | 北京朝阳区 | 创业工场 | 北京海淀区 |
| 平安创新中心 | 上海浦东新区 | 辰能风投 | 黑龙江哈尔滨市 |
| 盈富泰克 | 上海卢湾区 | 国发融富 | 江苏苏州市 |
| 东方汇富 | 深圳福田区 | 乐搏资本 | 北京朝阳区 |
| 重庆科投 | 重庆九龙坡区 | 线性资本 | 上海浦东新区 |
| 招商科技 | 深圳南山区 | 华工创投 | 湖北武汉市 |
| 陕西高投 | 陕西西安市 | 光信资本 | 北京朝阳区 |
| 初心资本 | 北京东城区 | 中科宏易 | 深圳福田区 |
| 华禾投资 | 上海长宁区 | 招商和腾创投 | 上海 |
| 同威创投 | 深圳南山区 | 和光投资 | 北京海淀区 |
| 通联创投 | 浙江杭州市 | 富海银涛 | 深圳福田区 |
| 信天创投 | 深圳南山区 | 上海汉世纪 | 上海浦东新区 |
| 无锡高新投 | 江苏无锡市 | 西藏自治区投资 | 西藏拉萨市 |
| 幸福投资 | 北京海淀区 | 德沃基金 | 北京海淀区 |
| 礼来亚洲 | 上海浦东新区 | 海邦投资 | 浙江杭州市 |
| 联想乐基金 | 北京海淀区 | 邦明资本 | 上海杨浦区 |
| 景风正德 | 江苏苏州市 | 华创盛景 | 北京海淀区 |
| 江苏高新投 | 江苏南京市 | 张江高科 | 上海浦东新区 |
| 红塔创投 | 云南昆明市 | 华兴资本 | 北京朝阳区 |
| 盛宇投资 | 上海徐汇区 | 凯得创投 | 广东广州市 |
| 永威投资 | 北京朝阳区 | 济南科投 | 山东济南市 |
| 国泰创投 | 北京西城区 | 招商局富鑫 | 上海 |
| 维众创投 | 上海长宁区 | 朗程资本 | 上海长宁区 |
| 思伟投资 | 上海卢湾区 | 中瑞创投 | 北京 |
| 星河互联 | 北京海淀区 | 浙华投资 | 浙江嘉兴市 |
| 唯猎资本 | 北京朝阳区 | 愉悦资本 | 北京东城区 |
| 江苏高科产业投 | 江苏南京市 | 愈奇投资 | 上海静安区 |
| 盘古创富 | 北京朝阳区 | 辰海资本 | 上海静安区 |
| 银桦投资 | 深圳南山区 | 科锐特创投 | 河北保定市 |
| 华软投资 | 北京海淀区 | 国润创投 | 江苏苏州市 |
| 广东红土创投 | 广东广州市 | 百奥财富 | 上海静安区 |
| 富汇创投 | 北京海淀区 | 国投高科 | 北京西城区 |

续表

| 投资机构 | 总部所在地 | 投资机构 | 总部所在地 |
|---|---|---|---|
| 汉韬投资 | 上海静安区 | 诚信创投 | 广东广州市 |
| 上海银领 | 上海浦东新区 | 创势资本 | 北京海淀区 |
| 熊猫资本 | 上海卢湾区 | 架桥资本 | 深圳福田区 |
| 弘晖资本 | 上海黄浦区 | 天奇阿米巴 | 江苏南京市 |
| 华夏海纳 | 河南郑州市 | 软银中印 | 上海静安区 |
| 清源德丰 | 北京海淀区 | 融创创投 | 深圳福田区 |
| 曲速创投 | 重庆渝北区 | 深圳高新投 | 深圳福田区 |
| 美林创投 | 浙江杭州市 | 凯泰资本 | 浙江杭州市 |
| 上海科创投 | 上海卢湾区 | 芳晟基金 | 北京朝阳区 |
| 深创新 | 北京海淀区 | 中金创新资本 | 北京朝阳区 |
| 云启资本 | 上海黄浦区 | 鼎嘉创投 | 上海浦东新区 |
| 广东科投 | 广东广州市 | 上海科技创投 | 上海卢湾区 |
| 国发创新资本 | 江苏苏州市 | 深圳红土创投 | 深圳福田区 |
| 新干线投资 | 浙江杭州市 | 磐谷创投 | 北京朝阳区 |
| 元璟资本 | 浙江杭州市 | 浙江红土 | 浙江嘉兴市 |
| 青岛科投 | 山东青岛市 | 河南高科创投 | 河南郑州市 |
| 上创信德 | 上海卢湾区 | 融翼资本 | 上海浦东新区 |
| 协立投资 | 江苏南京市 | 凯盈资本 | 深圳南山区 |
| 慧盛创投 | 上海徐汇区 | 北京高新创投 | 北京海淀区 |
| 弘业国际 | 江苏南京市 | 新安财富 | 北京海淀区 |
| 安徽创投 | 安徽合肥市 | 中关村创投 | 北京海淀区 |
| 海尔创投 | 山东青岛市 | 中海投资 | 北京海淀区 |
| 星火金融 | 北京海淀区 | 徐汇科投 | 上海徐汇区 |
| 珠海清华 | 广东珠海市 | 长岭资本 | 上海静安区 |
| 兴烨创投 | 上海闵行区 | 中海创投 | 北京海淀区 |
| 红桥创投 | 福建泉州市 | 中兴创投 | 深圳南山区 |
| 哈尔滨创新投 | 黑龙江哈尔滨市 | 和瑞控股 | 浙江杭州市 |
| 麦瑞投资 | 深圳福田区 | 西旅创新投 | 陕西西安市 |
| 轻盐创投 | 湖南长沙市 | 伯藜创投 | 上海长宁区 |
| 成都创投 | 四川成都市 | 艾云创管 | 上海长宁区 |
| 道杰资本 | 上海浦东新区 | 武汉科创投 | 湖北武汉市 |
| 光大金控投资 | 天津东丽区 | 中以基金 | 深圳福田区 |
| 乾龙创投 | 上海普陀区 | 天地基金 | 上海浦东新区 |
| 启迪之星 | 北京海淀区 | 基因资本 | 北京东城区 |
| 北京科投 | 北京海淀区 | 三屋创投 | 重庆南岸区 |
| 汉理前景投资 | 上海闵行区 | 东湖创投 | 湖北武汉市 |

续表

| 投资机构 | 总部所在地 | 投资机构 | 总部所在地 |
|---|---|---|---|
| 中美创投 | 深圳南山区 | 商裕投资 | 浙江杭州市 |
| 浦东创投 | 上海浦东新区 | 鼎峰投资 | 北京朝阳区 |
| 高睿创投 | 江苏常州市 | 歌斐资产 | 上海杨浦区 |
| 浙大创投 | 浙江杭州市 | 无穹创投 | 上海杨浦区 |
| 诚鼎创投 | 上海浦东新区 | 火炬创投 | 福建厦门市 |
| 鼎桥创投 | 江苏苏州市 | 高弘创投 | 江苏南京市 |
| 雄厚资本 | 上海徐汇区 | AA 投资 | 北京海淀区 |
| 海银资本 | 北京海淀区 | 仙瞳资本 | 深圳南山区 |
| 西藏昆吾九鼎 | 西藏拉萨市 | 红土嘉智 | 北京海淀区 |
| 力鼎投资 | 上海长宁区 | 金海胜创投 | 天津和平区 |
| 拥湾资产管理 | 山东青岛市 | 致景投资 | 上海杨浦区 |
| 东方汇银 | 广东佛山市 | 同渡资本 | 北京海淀区 |
| 浚源资本 | 安徽滁州市 | 招商局科投 | 深圳南山区 |
| 联创投资 | 浙江杭州市 | 百瑞创投 | 河南郑州市 |
| 华亿创投 | 江苏苏州市 | 龙科创投 | 上海 |
| 微梦创科 | 北京海淀区 | 成都高投 | 四川成都市 |
| 哈创投集团 | 黑龙江哈尔滨市 | 方广创投 | 江苏苏州市 |
| 盈开投资 | 浙江杭州市 | 瑞华信投资 | 深圳福田区 |
| 马力创投 | 北京海淀区 | 和利资本 | 上海长宁区 |
| 天素创投 | 北京西城区 | 信缘投资 | 江苏苏州市 |
| 德同凯得 | 广东广州市 | 橡子园创投 | 上海浦东新区 |
| 网易资本 | 北京海淀区 | 丰瑞投资集团 | 上海浦东新区 |
| 抱团创投 | 四川成都市 | 苏高新创投集团 | 江苏苏州市 |
| 玖创资本 | 北京朝阳区 | 国元创投 | 安徽合肥市 |
| 海泰投资 | 天津西青区 | 嘉信佳禾 | 上海虹口区 |
| 南昌创投 | 江西南昌市 | 中发君盛 | 北京海淀区 |
| 海博基金 | 江苏苏州市 | 安丰创投 | 浙江杭州市 |
| 国富金源 | 深圳福田区 | 龙岗创新投 | 深圳龙岗区 |
| 楚商领先 | 湖北武汉市 | 招商局银科 | 深圳福田区 |
| 东元创投 | 浙江宁波市 | 粤财创投 | 广东广州市 |
| 湖南中投建华 | 湖南长沙市 | 正同创投 | 上海浦东新区 |
| 四川中小企业投资 | 四川成都市 | 南丰资本 | 深圳福田区 |
| 彩虹创投 | 深圳福田区 | 上创新微 | 上海嘉定区 |
| 今日投资 | 广东广州市 | 领汇创投 | 上海徐汇区 |
| 三行资本 | 北京海淀区 | 金犁风投 | 河南郑州市 |
| 安徽科投 | 安徽合肥市 | 长润创投 | 深圳福田区 |

续表

| 投资机构 | 总部所在地 | 投资机构 | 总部所在地 |
|---|---|---|---|
| 晓扬科投 | 深圳福田区 | 睿合广润 | 深圳南山区 |
| 志道隆 | 深圳福田区 | 中广文影 | 上海浦东新区 |
| 基石资本 | 上海浦东新区 | 中兴资本 | 天津滨海新区 |
| 通用创投 | 北京海淀区 | 东方星空 | 浙江杭州市 |
| 大正赛富 | 黑龙江哈尔滨市 | 红岭创投 | 深圳福田区 |
| 立达资本 | 北京西城区 | 农天资本 | 上海杨浦区 |
| 光大汇益伟业 | 北京西城区 | 华控汇金 | 北京海淀区 |
| 国发高新 | 江苏苏州市 | 国投瑞银 | 深圳福田区 |
| 麦腾创投 | 上海普陀区 | 融玺创投 | 上海金山区 |
| 大族创投 | 深圳南山区 | 六禾创投 | 上海崇明区 |
| 中创 | 北京朝阳区 | 执一资本 | 北京东城区 |
| 通和资本 | 上海浦东新区 | 德同富坤 | 深圳南山区 |
| 南车时代高新 | 湖南株洲市 | 拙朴投资 | 北京海淀区 |
| 中信联合创投 | 深圳罗湖区 | 天德创投 | 浙江 |
| 中大科创 | 广东广州市 | 中科招 | 北京海淀区 |
| 尚心资本 | 北京东城区 | 光谷烽火创投 | 湖北武汉市 |
| 南山资本 | 北京海淀区 | 亚盛投资 | 北京朝阳区 |
| 和谐天成 | 北京海淀区 | 安固创投 | 江苏苏州市 |
| 南京高新投 | 江苏南京市 | 立元创投 | 浙江杭州市 |
| 新兴创投 | 四川成都市 | 尚势投资 | 北京海淀区 |
| 博叡创投 | 深圳福田区 | 博瑞盛德 | 北京西城区 |
| 河南创投 | 河南郑州市 | 金永信投资 | 浙江杭州市 |
| 盛泉资本 | 江苏南京市 | 上实创投 | 上海杨浦区 |
| 九派创投 | 湖北武汉市 | 左驭资本 | 北京朝阳区 |
| 坚果资本 | 福建厦门市 | 中物创投 | 四川成都市 |
| 鹏德创投 | 深圳宝安区 | 南通红土资本 | 江苏南通市 |
| 启诚创投 | 广东广州市 | 珠海领先互联 | 广东珠海市 |
| 上海新湖创投 | 上海闸北区 | 中金富创投 | 深圳南山区 |
| 龙象之本 | 北京朝阳区 | 红鼎创投 | 浙江杭州市 |
| 华汇通投资 | 北京海淀区 | 巨人网络 | 上海徐汇区 |
| 高德创投 | 江苏无锡市 | 无锡华软投资 | 江苏无锡市 |
| 泰恒投资 | 浙江杭州市 | 富坤中技 | 北京海淀区 |
| 百联优力 | 北京朝阳区 | 高玉创投 | 江苏苏州市 |
| 金海创投 | 江苏连云港市 | 体创资本 | 北京朝阳区 |
| 万嘉创投 | 浙江杭州市 | 首创创投 | 北京海淀区 |
| 科升创投 | 上海 | 欧擎欣锦 | 上海杨浦区 |

续表

| 投资机构 | 总部所在地 | 投资机构 | 总部所在地 |
|---|---|---|---|
| 常州德丰杰 | 江苏常州市 | 嘉道谷投资 | 深圳光明新区 |
| 博汇源创投 | 深圳宝安区 | 亿文创投 | 江苏苏州市 |
| 江苏泰华 | 江苏南京市 | 汇衡创投 | 陕西西安市 |
| 九洲创投 | 江苏常州市 | 博峰资本 | 北京 |
| 杉杉创投 | 浙江宁波市 | 辉立资本 | 上海 |
| 海风联资本 | 北京海淀区 | 杰思汉能 | 北京朝阳区 |
| 正达联合投资 | 北京朝阳区 | 德诺资本 | 深圳福田区 |
| 丹阳盛宇 | 江苏镇江市 | 鼎晖华泰 | 北京海淀区 |
| Asian Groove | 上海浦东新区 | 九华创投 | 福建莆田市 |
| 尚颀投资 | 上海闸北区 | 领庆创投 | 上海长宁区 |
| 正润创投 | 北京海淀区 | 华清博远创投 | 北京朝阳区 |
| 安赐创投 | 广东珠海市 | 泰豪晟大 | 深圳福田区 |
| 东方邦信 | 北京西城区 | 盈创动力 | 四川成都市 |
| 熔岩投资 | 浙江宁波市 | 汇智基金 | 安徽合肥市 |
| 君汇创投 | 浙江杭州市 | 崇石投资 | 天津北辰区 |
| 力合天使 | 深圳南山区 | 创新创投 | 福建福州市 |
| 越榕资本 | 黑龙江哈尔滨市 | 典度投资 | 浙江杭州市 |
| 银河创投 | 江苏镇江市 | 大连凯达创投 | 辽宁大连市 |
| 吉林科投基金 | 吉林长春市 | 吉富创投 | 江西宜春市 |
| 成都高投 | 四川 | Koolanoo 集团 | 北京 |
| 鼎信博成 | 贵州贵阳市 | 华泰瑞麟 | 深圳 |
| 东方成长创投 | 北京朝阳区 | 北京华控汇金 | 北京海淀区 |
| 东方华盖创投 | 北京东城区 | 凯容投资 | 广东广州市 |
| 创祥投资 | 上海杨浦区 | 新亚伙伴 | 上海卢湾区 |
| 徽瑾创投 | 上海浦东新区 | 天津中南成长 | 天津滨海新区 |
| 燧石资本 | 深圳光明新区 | 天堂硅谷恒通 | 浙江杭州市 |
| 湖南富坤 | 湖南长沙市 | 国联产业投资 | 北京昌平区 |
| 青锐创投 | 上海黄浦区 | 汇嘉创投 | 上海嘉定区 |
| 墨池山创投 | 北京通州区 | 南京创投 | 江苏南京市 |
| 燕园创投 | 北京海淀区 | 阿谢资本 | 上海浦东新区 |
| 兰德创投 | 浙江杭州市 | 吴中创投 | 江苏苏州市 |
| 中博创投 | 上海徐汇区 | 竞择创投 | 深圳福田区 |
| 中城创投 | 安徽蚌埠市 | 兴和创投 | 浙江嘉兴市 |
| 上海红土创投 | 上海奉贤区 | 通盈创投 | 广东广州市 |
| 明嘉资本 | 北京朝阳区 | 嘉鸿壹号 | 山东青岛市 |
| 卓佳汇智 | 深圳福田区 | 合盈创投 | 江苏苏州市 |

续表

| 投资机构 | 总部所在地 | 投资机构 | 总部所在地 |
|---|---|---|---|
| 深圳中新创投 | 深圳福田区 | 汇丰源 | 四川成都市 |
| 中科乐创 | 深圳南山区 | 长江汇英 | 上海长宁区 |
| 贝利创投 | 浙江杭州市 | 正轩投资 | 深圳 |
| 科丰科投 | 上海浦东新区 | 正赛联创投 | 上海徐汇区 |
| 三生石创投 | 浙江杭州市 | 邦联投资 | 上海静安区 |
| 启峰 | 北京 | 众合创投 | 上海浦东新区 |
| 金源创投 | 四川攀枝花市 | 浙江金桥创投 | 浙江杭州市 |
| 杭高投 | 浙江杭州市 | 欧肯资本 | 上海浦东新区 |
| 凯晟投资 | 四川成都市 | 科润创投 | 上海浦东新区 |
| 开创高新投 | 重庆九龙坡区 | 明辉投资 | 上海长宁区 |
| 淄博创新资本 | 山东淄博市 | 德泰创投 | 山东烟台市 |
| 元生创投 | 江苏苏州市 | 火山石投资 | 上海静安区 |
| 盈创兴科 | 四川成都市 | 艾利克斯 | 江苏镇江市 |
| 成都高投创投 | 四川成都市 | 丰图投资 | 北京海淀区 |
| 武汉创新投 | 湖北武汉市 | 恒健创投 | 广东广州市 |
| 瑞璟创投 | 江苏苏州市 | 信辉创投 | 江苏常州市 |
| 昆山红土创投 | 江苏苏州市 | 联想创投 | 北京海淀区 |
| 惠通高创 | 北京西城区 | 常荣创投 | 江苏常州市 |
| 华芯创投 | 上海杨浦区 | 海德邦和 | 上海长宁区 |
| 腾业创投 | 北京东城区 | 思格资本 | 上海黄浦区 |
| 移动互联网投资基金 | 福建福州市 | 华汉投资 | 湖北武汉市 |
| 晨光创投 | 北京昌平区 | 吴中国发创投 | 江苏苏州市 |
| 亿润创投 | 北京房山区 | 中卫创投 | 上海嘉定区 |
| 无锡红土创投 | 江苏无锡市 | 天泉创投 | 浙江杭州市 |
| 安徽红土创投 | 安徽合肥市 | 湖南高新投管理 | 湖南长沙市 |
| 合肥风投 | 安徽合肥市 | 建信资本 | 上海虹口区 |
| 翘然管理资本 | 北京 | 海祥创投 | 天津滨海新区 |
| 高新明鑫创投 | 江苏苏州市 | 华兴合创 | 海南 |
| 九弦资本 | 北京石景山区 | 爱瑞投资 | 安徽马鞍山市 |
| BWA | N/A | 安卓信创投 | 深圳南山区 |
| 和辉资本 | 深圳福田区 | 引航创投 | 北京海淀区 |
| 盛维创投 | 上海杨浦区 | 睿信投资 | 上海浦东新区 |
| 钢研大慧 | 北京海淀区 | 香塘创投 | 江苏苏州市 |
| 二三四五投资基金 | 上海闵行区 | 普凯瑞盛 | 北京海淀区 |
| 秦皇岛科投 | 河北秦皇岛市 | 光谷人才投资 | 湖北武汉市 |
| 康成亨能达创投 | 江苏南通市 | Transcosmos | N/A |

续表

| 投资机构 | 总部所在地 | 投资机构 | 总部所在地 |
|---|---|---|---|
| 文广投资 | 浙江杭州市 | 上海君熠 | 上海闵行区 |
| 海口创投 | 海南海口市 | 诚承投资 | 深圳南山区 |
| 融风投资 | 江苏苏州市 | 领庆创投 | 浙江嘉兴市 |
| 国泰创投 | 北京海淀区 | 红土银科 | 四川成都市 |
| 中企汇创投 | 深圳龙岗区 | 星杉创投 | 上海浦东新区 |
| 相城创投 | 江苏苏州市 | 恒锐创投 | 上海 |
| 厚土创投 | 山东青岛市 | 镇江高新产投 | 江苏镇江市 |
| 圣华洋创投 | 深圳福田区 | 和缘创投 | 广东珠海市 |
| 鑫奥创投 | 湖南长沙市 | 亿和创投 | 江苏苏州市 |
| 维美创投 | 浙江杭州市 | 安牧 | 上海长宁区 |
| 深圳康成亨 | 深圳福田区 | 水木易德投资 | 北京海淀区 |
| 衡盈屹盛 | 上海崇明区 | 君紫资本 | 北京海淀区 |
| 七匹狼投资 | 福建厦门市 | 大西部创投 | 北京海淀区 |
| 鑫盛达投资 | 湖北武汉市 | 无锡浚源资本 | 江苏无锡市 |
| 东方盛富 | 深圳福田区 | 瑞顺创投 | 江苏苏州市 |
| 麟玺创投 | 北京海淀区 | 勤安投资 | 广东广州市 |
| 中咨顺景 | 北京海淀区 | 荣盛创投 | 河北廊坊市 |
| 重庆富坤 | 重庆渝北区 | 科惠投资 | 上海浦东新区 |
| 凯鼎投资 | 广东佛山市 | 龙磐投资 | 北京西城区 |
| 万盛宏业 | 上海虹口区 | 复聚卿云 | 上海静安区 |
| 报喜鸟创投 | 浙江温州市 | 浙大友创 | 浙江杭州市 |
| 创富成长 | 深圳南山区 | 经典创投 | 深圳福田区 |
| 包头红土资本 | 内蒙古包头市 | 同盛卓越创投 | 深圳福田区 |
| 恒祥投资 | 浙江杭州市 | 融易创新投资 | 广东东莞市 |
| 财信创投 | 湖南长沙市 | 信虹投资 | 上海卢湾区 |
| 顺融资本 | 江苏苏州市 | 兴湘投资 | 湖南长沙市 |
| 盈泰创投 | 四川成都市 | 德道投资 | 深圳南山区 |
| 黎曼投资 | 上海浦东新区 | 博纳德投资 | 北京朝阳区 |
| 东莞红土创投 | 广东东莞市 | 银隆资产管理 | 甘肃兰州市 |
| 海得汇金 | 江苏无锡市 | 坤元投资 | 浙江杭州市 |
| 华信中诚 | 深圳南山区 | 联信投资 | 深圳福田区 |
| 大雄风创投 | 深圳福田区 | 金华康创投 | 湖南长沙市 |
| 金色未来创投 | 浙江杭州市 | 富智阳光 | 北京 |
| 联盛创投 | 浙江绍兴市 | 同方创投 | 北京海淀区 |
| 首创成长 | 深圳福田区 | 海泰创新资本 | 浙江 |
| 依奥斯 | 四川 | 科风投资 | 广东广州市 |

续表

| 投资机构 | 总部所在地 | 投资机构 | 总部所在地 |
|---|---|---|---|
| 联升资本 | 上海徐汇区 | 玖荣创投 | 深圳福田区 |
| 宸乾投资 | 上海崇明区 | 弘励创投 | 深圳南山区 |
| 华夏信诺 | 北京朝阳区 | 东软创投 | 辽宁 |
| 科祥投资 | 上海浦东新区 | 来晟创投 | 深圳福田区 |
| 娴钦创投 | 上海嘉定区 | 建信康颖 | 上海嘉定区 |
| 光控医疗健康 | 四川成都市 | 新蓝海创投 | 深圳福田区 |
| 张江科投 | 上海浦东新区 | 清源创投 | 深圳南山区 |
| 力群创投 | 上海嘉定区 | 金茂创联 | 江苏苏州市 |
| 永柏联投 | 上海浦东新区 | 雅瑞资本 | 北京海淀区 |
| 国富投资 | 上海浦东新区 | 海融高新创投 | 辽宁大连市 |
| 同创创投 | 江苏无锡市 | 飞图创投 | 北京朝阳区 |
| 福星资本 | 深圳南山区 | 科力投资 | 黑龙江哈尔滨市 |
| 中金石创投 | 深圳福田区 | 浙科汇涛创投 | 浙江杭州市 |
| 光控创业 | 深圳福田区 | 嘉信投资 | 上海徐汇区 |
| 摩根大通创投 | 北京西城区 | 华诺创投 | 浙江杭州市 |
| 神华资本 | 深圳福田区 | 前海汇能 | 深圳光明新区 |
| 苏豪创投 | 江苏南京市 | 华文创投 | 安徽合肥市 |
| 浙江创新产投 | 浙江杭州市 | 华晟投资管理有限责任公司 | 安徽合肥市 |
| 光大金控 | 浙江杭州市 | 青岛红土资本 | 山东青岛市 |
| 国润投资 | 北京海淀区 | 新城创投 | 江苏常州市 |
| 金源鸿基创投 | 北京西城区 | 鼎金资本 | 北京朝阳区 |
| 紫江创投 | 上海徐汇区 | 地平线投资 | 上海杨浦区 |
| 京控融华 | 深圳南山区 | 国信投资 | 浙江杭州市 |
| 力利记集团 | 北京朝阳区 | 润新创投 | 山东淄博市 |
| 鼎晖时代 | 北京海淀区 | 智信溢 | 山东青岛市 |
| 兆星创投 | 北京海淀区 | 紫竹创投 | 上海闵行区 |
| 海泰创新投 | 天津南开区 | 德汇创投 | 上海浦东新区 |
| 筑银资本 | 贵州贵阳市 | 贝壳基金 | 浙江杭州市 |
| 中金创投管理 | 北京东城区 | 宏发创投 | 山东滨州市 |
| 远大创投 | 安徽芜湖市 | 美邦坤元创投 | 浙江杭州市 |
| 程铂瀚创投 | 北京朝阳区 | 金纺创投 | 广东佛山市 |
| 点甲创投 | 上海杨浦区 | 惠人生物创投 | 湖北武汉市 |
| 江诣创投 | 山东烟台市 | 海银投资 | 福建厦门市 |
| 信诺泰创投 | 深圳南山区 | 智和资本创投 | 深圳南山区 |
| 航天红土 | 陕西西安市 | 海圣投资 | 江苏扬州市 |
| 中科宏易创投 | 深圳福田区 | 富鑫创投 | 广东广州市 |

续表

| 投资机构 | 总部所在地 | 投资机构 | 总部所在地 |
|---|---|---|---|
| 黄金创投 | 山东济南市 | 兰石创投 | 深圳南山区 |
| 年利达创投 | 深圳福田区 | 南泰创投 | 江苏南京市 |
| 熔岩创投 | 广东东莞市 | 东方嘉信创投 | 深圳南山区 |
| 富德恒利 | 黑龙江哈尔滨市 | 火橙资本 | 深圳福田区 |
| 唐融投资 | 深圳福田区 | 中科阜鑫 | 广东中山市 |
| 海南信息产业创投 | 海南海口市 | 嘉吉投资 | 上海卢湾区 |
| 星杉投资 | 上海黄浦区 | 钛和投资 | 浙江杭州市 |
| 江苏众合创投 | 江苏南京市 | 瑞明创投 | 江苏南京市 |
| 安健信 | 广东广州市 | 永荣投资 | 深圳福田区 |
| 国信君安 | 江苏南通市 | 青岛高新创投 | 山东青岛市 |
| 安徽高新创投 | 安徽马鞍山市 | 新产业创投 | 深圳福田区 |
| 粤科创投 | 广东广州市 | 太钢投资 | 山西太原市 |
| 昆仑星河 | 北京海淀区 | 盛兰创投 | 上海嘉定区 |
| 大渡口创投 | 重庆大渡口区 | 领锐科投 | 上海青浦区 |
| 戈壁（北京）投资 | 北京海淀区 | 富汇合创创投 | 北京海淀区 |
| 启迪东湖创投 | 湖北武汉市 | 尚理投资 | 上海卢湾区 |
| 厦门中科宏易 | 福建厦门市 | 温商创投 | 浙江温州市 |
| 中体鼎新投资 | 北京西城区 | 智汇创投 | 北京东城区 |
| 拓世诺金 | 北京东城区 | 工顺投资 | 北京 |
| 南通德丰杰 | 江苏南通市 | 银河金桥投资 | 北京海淀区 |
| 原点创投 | 江苏苏州市 | 中创富 | 深圳福田区 |
| 国科蓝海 | 广东佛山市 | 河北信投集团 | 河北石家庄市 |
| 淮南创投 | 安徽淮南市 | 真金创投 | 上海浦东新区 |
| 杭州海邦 | 浙江杭州市 | 中联资本 | 四川 |
| 弘帆创投 | 上海长宁区 | 龙洲投资 | 浙江嘉兴市 |
| 金丰汇智 | 山西太原市 | 粤财节能创投 | 深圳南山区 |
| 小象创投 | 深圳南山区 | 合融资本 | 江苏苏州市 |
| 世纪博通 | 深圳南山区 | 迈朴投资 | 陕西西安市 |
| 晶创合创投 | 北京朝阳区 | 融易创投 | 广东东莞市 |
| 玛利洁贝创投 | 江苏苏州市 | 汇智创投 | 深圳南山区 |
| 高达创投 | 江苏南京市 | 山楂树投资 | 上海虹口区 |
| 真银创投 | 上海 | 海汇合赢 | 广东佛山市 |
| 成都昆吾九鼎 | 四川成都市 | 扬州高投创投 | 江苏扬州市 |
| 光大三山 | 北京 | 上海亦联 | 上海虹口区 |
| 善达投资 | 上海浦东新区 | 崂山创投 | 山东青岛市 |
| 浙科升华创投 | 浙江杭州市 | 百润央银 | 福建厦门市 |

续表

| 投资机构 | 总部所在地 | 投资机构 | 总部所在地 |
|---|---|---|---|
| 科泉创投 | 江苏南京市 | 亚商华谊 | 上海嘉定区 |
| 智望博润 | 浙江宁波市 | 诚毅投资 | 上海浦东新区 |
| 光控资产 | 上海浦东新区 | 遨问创投 | 上海杨浦区 |
| 盛邦惠民 | 北京海淀区 | 苏大天宫创投 | 江苏苏州市 |
| 和丰投资 | 浙江绍兴市 | 高科创投 | 安徽合肥市 |
| 沅渡创投 | 江苏无锡市 | 海泰戈壁 | 天津西青区 |
| 鑫百益创投 | 福建厦门市 | 财信创投 | 湖南长沙市 |
| 暨南投资 | 广东广州市 | 金发科技 | 广东广州市 |
| 阿尔法投资 | 江苏苏州市 | 智度德诚创投 | 西藏拉萨市 |
| 天沐君合投资 | 江苏宿迁市 | 均衡创投 | 江苏无锡市 |
| 清源投资 | 湖南长沙市 | 诺伟其创投 | 上海浦东新区 |
| 燊乾投资 | 上海青浦区 | 东珺金皓 | 上海浦东新区 |
| 今玺创投 | 深圳福田区 | 瑞基资产 | 上海浦东新区 |
| 金色胡杨 | 深圳福田区 | 四创投资 | 上海崇明区 |
| 诺亚信创投 | 深圳福田区 | 文资华夏 | 北京怀柔区 |
| 美好资本 | 浙江 | 华源创投 | 山东泰安市 |
| 华睿智富 | 北京海淀区 | 西藏华镧 | 西藏拉萨市 |
| 海南寰太 | 海南海口市 | 百利鑫创投 | 山西太原市 |
| 清控创投 | 北京海淀区 | 杭州长江创投 | 浙江杭州市 |
| 合肥工投 | 安徽合肥市 | 东盛创投 | 深圳南山区 |
| 中经瑞益 | 北京朝阳区 | 盛世博扬投资 | 湖北武汉市 |
| 领修创投 | 深圳福田区 | 康通投资 | 广东广州市 |
| 浙江弘帆创投 | 浙江杭州市 | 溢源润达 | 山东青岛市 |
| 明业投资 | 北京朝阳区 | 美投高新投 | 深圳福田区 |
| 高投股权投资 | 江苏苏州市 | 奇福投资 | 上海青浦区 |
| 中南成长 | 深圳福田区 | 常州德丰杰正道 | 江苏常州市 |
| 智联慧云 | 北京朝阳区 | 鼎龙泰豪投资 | 湖北武汉市 |
| 达鑫投资 | 深圳福田区 | 敦和创投 | 浙江杭州市 |
| 仁和智本 | 上海浦东新区 | 中洲创投 | 深圳福田区 |
| 弘卓资本 | 北京海淀区 | 元亨盈盛 | 北京顺义区 |
| 云杉资本 | 河南郑州市 | 祥荣创投 | 深圳福田区 |
| 苏州钟鼎创投 | 江苏苏州市 | 万利赢石创投 | 上海黄浦区 |
| 新维投资 | 广东广州市 | 国恒传动创投 | 重庆渝中区 |
| 华信资本 | 深圳 | 锦华赢富 | 江苏苏州市 |
| 国旺投资 | 江苏徐州市 | 金瑞投资 | 广东肇庆市 |
| 曦域资本 | 上海青浦区 | 成都创投 | 四川成都市 |

续表

| 投资机构 | 总部所在地 | 投资机构 | 总部所在地 |
|---|---|---|---|
| 歌石投资 | 上海嘉定区 | 半岛基石创投 | 深圳福田区 |
| 华创智业 | 北京海淀区 | 壹壹天使 | 北京朝阳区 |
| 山西国电投资 | 山西太原市 | 沸点资产 | 北京朝阳区 |
| 红马资本 | 重庆渝北区 | 普丰国际创投 | 北京大兴区 |
| 江苏广电创投 | 江苏南京市 | 首都科技集团 | 北京海淀区 |
| 恒信创投 | 吉林长春市 | 工信联盟 | 北京海淀区 |
| 荣盛创投 | 浙江杭州市 | 利合资本 | 上海浦东新区 |
| 大同创投 | 福建福州市 | 前海梦创 | 深圳福田区 |
| 天富锦创投 | 深圳福田区 | 鹏润资产 | 北京通州区 |
| 建银城投 | 上海浦东新区 | 国泰光华 | 四川成都市 |
| 暴风创投 | 天津滨海新区 | 苏州博韬创投 | 江苏苏州市 |
| 长兴科商创投 | 浙江湖州市 | 天合永信 | 北京海淀区 |
| 创丰昕汇 | 上海杨浦区 | 启迪银杏 | 北京海淀区 |
| 上海蓝都 | 上海长宁区 | 道合天下 | 北京海淀区 |
| 前海弘鹰创投 | 深圳南山区 | 亚商投资 | 上海嘉定区 |
| 岩山投资 | 上海浦东新区 | 星杉紫薇 | 上海浦东新区 |
| 中大一号投资 | 广东广州市 | 骐爵投资 | 上海奉贤区 |
| 坤元创投 | 浙江杭州市 | 华成智讯 | 天津滨海新区 |
| 观复投资 | 浙江杭州市 | 东风资产 | 湖北武汉市 |
| 金泰创投 | 山西太原市 | 高新创投财富 | 湖南长沙市 |
| 鼎信长城基金 | 北京西城区 | 芬纳斯创投 | 湖南长沙市 |
| 智慧产业投资 | 湖北武汉市 | 津通创投 | 江苏常州市 |
| 华宝贵永创投 | 上海徐汇区 | 红塔（昆山）创投 | 江苏苏州市 |
| 东珑久创投 | 上海宝山区 | 仁达投资 | 浙江杭州市 |
| 上海中孵创投 | 上海浦东新区 | 原质资本 | 浙江杭州市 |
| 高华创投 | 江苏苏州市 | 融丰源创 | 内蒙古包头市 |
| 红树投资 | 深圳南山区 | 嘉桥创投 | 辽宁大连市 |
| 加德信 | 深圳福田区 | 华弘资本 | 深圳 |
| 红月创投 | 湖北武汉市 | 启赋众信 | 深圳南山区 |
| 嘉源兴业 | 深圳龙岗区 | 汇博成长创投 | 深圳南山区 |
| 世用资本 | 北京朝阳区 | 睿高投资 | 广东珠海市 |
| 盛元丰亨 | 北京海淀区 | 青羊资产 | 广东广州市 |
| 顺泰创投 | 上海闵行区 | 长安汇富 | 深圳南山区 |
| 嘉懿创投 | 上海浦东新区 | 润土投资 | 深圳南山区 |
| 蒙联融创 | 天津滨海新区 | 民享投资 | 海南海口市 |
| 重庆科技创投 | 重庆北碚区 | 贵安金融 | 贵州贵阳市 |

续表

| 投资机构 | 总部所在地 | 投资机构 | 总部所在地 |
|---|---|---|---|
| 吴中高科 | 江苏苏州市 | 领沨创投 | 西藏拉萨市 |
| 巨凝创投 | 江苏常州市 | 高校科技 | 北京朝阳区 |
| 瑞鑫创投 | 江苏苏州市 | 君翼投资 | 上海徐汇区 |
| 中盈创投 | 内蒙古呼和浩特市 | 永红创投 | 福建厦门市 |
| 通财创投 | 河南焦作市 | 甘肃高新创投 | 甘肃兰州市 |
| 创翼创投 | 福建厦门市 | 大富配天 | 深圳福田区 |
| 佳新创投 | 深圳福田区 | 开创投资 | 天津河西区 |
| 和德盛创投 | 四川成都市 | 诸暨惠风 | 浙江绍兴市 |
| 维梧成都 | 四川成都市 | 杭州中鼎创投 | 浙江杭州市 |
| 西安创投 | 陕西西安市 | 西科创投 | 四川绵阳市 |
| 长运兴安 | 北京朝阳区 | 晓德投资 | 北京朝阳区 |
| 联通创新 | 北京西城区 | 京华永业 | 上海浦东新区 |
| 鸿正瑞和 | 北京海淀区 | 天翼创投 | 上海浦东新区 |
| 东方云鼎投资 | 北京海淀区 | 晟果创投 | 湖南长沙市 |
| 大河汇智 | 北京海淀区 | 君瑞投资 | 黑龙江哈尔滨市 |
| 常州金码创投 | 江苏常州市 | 远望创投 | 北京朝阳区 |
| 新筹投资 | 浙江杭州市 | 六町资本 | 上海闵行区 |
| 金沙科技 | 江苏常州市 | 鑫丘投资 | 上海浦东新区 |
| 合银创投 | 广东广州市 | 汇鸿创投 | 江苏南京市 |
| 力鼎凯得 | 广东广州市 | 稳悦创投 | 江苏苏州市 |
| 有孚创投 | 深圳福田区 | 天玑星创投 | 广东佛山市 |
| 乐华源城投资 | 深圳南山区 | 诚毅创投 | 四川成都市 |
| 灏源资本 | 深圳南山区 | 泰华德勤 | 江苏南京市 |
| 众明股权投资 | 河北保定市 | 潍坊红土资本 | 山东潍坊市 |
| 亚邦投资 | 上海闸北区 | 明华投资 | 山东烟台市 |
| 天云睿海创投 | 上海杨浦区 | 首一创投 | 北京朝阳区 |
| 上海盛彦舟合投资 | 上海崇明区 | 盟动力资本 | 北京海淀区 |
| 杉友创投 | 上海金山区 | 粤丰创投 | 广东广州市 |
| 萍乡创新资本 | 江西萍乡市 | 梧桐亚太 | 广东广州市 |
| 龙鑫投资 | 江苏苏州市 | 汤荣颐合 | 北京海淀区 |
| 厦门长融 | 福建厦门市 | 敏新创投 | 上海青浦区 |
| 诚成高投 | 深圳罗湖区 | 高桐资本 | 上海杨浦区 |
| 南山创投 | 深圳 | 远望谷创投 | 深圳南山区 |
| 国瑞联合投资 | 海南海口市 | 绿源投资 | 上海 |
| 金坤创投 | 浙江杭州市 | 中润弘利 | 北京海淀区 |
| 丹阳盛世 | 江苏镇江市 | 熠明创投 | 浙江杭州市 |

续表

| 投资机构 | 总部所在地 | 投资机构 | 总部所在地 |
|---|---|---|---|
| 凯龙基金 | 北京西城区 | 阳明资本 | 福建福州市 |
| 复华创投 | 上海嘉定区 | 生康创投 | 江苏南京市 |
| 申世投资 | 上海青浦区 | 盛华投资 | 甘肃兰州市 |
| 中投财富资本 | 天津滨海新区 | 三生创投 | 上海徐汇区 |
| 中小企业基金发展 | 山西太原市 | 亚欧创投 | 浙江杭州市 |
| 金牛创投 | 湖南长沙市 | 银杏投资 | 湖南长沙市 |
| 山西中欧投资 | 山西太原市 | 泰恒投资 | 浙江杭州市 |
| 越商创投 | 浙江绍兴市 | 鼎问财富 | 北京海淀区 |
| 中融盛投资 | 浙江宁波市 | 重山远志健康基金 | 北京东城区 |
| 三房巷创投 | 江苏无锡市 | 首业资本 | 北京东城区 |
| 杭州德汇投资 | 浙江杭州市 | 名川资本 | 北京海淀区 |
| 中原文产创投 | 河南新乡市 | 开物兴华 | 上海徐汇区 |
| 馨美创投 | 陕西西安市 | 仰岳管理 | 上海青浦区 |
| 源通投资 | 安徽滁州市 | 太湖点石创投 | 江苏苏州市 |
| 涌江首亿 | 浙江绍兴市 | 泰德创投 | 江苏苏州市 |
| 投投是道 | 深圳南山区 | 融裕创投 | 浙江杭州市 |
| 东昊创投 | 江苏南京市 | 启凯投资 | 山东青岛市 |
| 三微创投 | 福建厦门市 | 海西创投 | 福建厦门市 |
| 中洲沃顿 | 深圳福田区 | 鼎晖华禾创投 | 江苏苏州市 |
| 金桥创投 | 内蒙古呼和浩特市 | 乐道兴创投 | 北京海淀区 |
| 上海东吴创投 | 上海黄浦区 | 新世纪创投 | 江西南昌市 |
| 开元科投 | 湖北武汉市 | 联邦华盈 | 江西南昌市 |
| 共赢投资 | 四川成都市 | 中瓯创投 | 浙江杭州市 |
| 厚泽国联投资 | 江苏无锡市 | 威豪创投 | 江苏南京市 |
| 君宝投资 | 江苏苏州市 | 融达小额贷款 | 江苏苏州市 |
| 凯晨资产 | 深圳福田区 | 佛山金茂 | 广东佛山市 |
| 富汇创新创投 | 北京海淀区 | 厚德财富 | 深圳罗湖区 |
| 上海三峰 | 上海浦东新区 | 蓉兴创投 | 四川成都市 |
| 浙江正茂创投 | 浙江杭州市 | 上润创投 | 福建福州市 |
| 云阁投资 | 广东广州市 | 气候变化资本 | 北京朝阳区 |
| 粤科金叶 | 广东肇庆市 | 玖溪思倍 | 浙江杭州市 |
| 宏融宝汇 | 北京西城区 | 中软科投 | 北京昌平区 |
| 紫海方舟 | 北京西城区 | 中诚信投资 | 北京延庆县 |
| 汇升联华 | 北京东城区 | 崇德弘信 | 北京大兴区 |
| 霍尔果斯汇联创投 | 新疆伊犁哈萨克自治州 | 工道创投 | 北京海淀区 |
| 旭幸投资 | 上海松江区 | 璟创睿驰 | 北京门头沟区 |

续表

| 投资机构 | 总部所在地 | 投资机构 | 总部所在地 |
|---|---|---|---|
| 黑河东方 | 黑龙江黑河市 | 创合汇投资 | 上海杨浦区 |
| 镇江高新投 | 江苏镇江市 | 联新行恒 | 上海黄浦区 |
| 台州银润投资 | 浙江台州市 | 洹涛投资 | 上海长宁区 |
| 瑞鑫投资 | 山东德州市 | 万城创投 | 上海浦东新区 |
| 行联投资 | 山东潍坊市 | 华设金融 | 上海崇明区 |
| 百利宏创投 | 深圳福田区 | 杏泽投资 | 上海浦东新区 |
| 四川时智投资 | 四川成都市 | 火线资本 | 上海浦东新区 |
| 中领创投 | 上海崇明区 | 山蓝资本 | 上海浦东新区 |
| 崇石创投 | 天津滨海新区 | 江西中嘉 | 江西南昌市 |
| 赛恩斯投资 | 湖北武汉市 | 潇湘资本 | 湖南长沙市 |
| 博思辰光 | 北京海淀区 | 邦盛投资 | 江苏南京市 |
| 长江创投 | 湖北武汉市 | 莱芜创投 | 山东莱芜市 |
| 盈谷生物产业创投 | 云南昆明市 | 天玖创投 | 福建厦门市 |
| 松海创投 | 深圳福田区 | 深圳华浩投资 | 深圳福田区 |
| 水星创投 | 天津滨海新区 | 投控东海 | 深圳南山区 |
| 重熙投资 | 上海杨浦区 | 卓金共创 | 深圳南山区 |
| 渤海金石 | 天津滨海新区 | 科创润华 | 广东江门市 |
| 百兴年代 | 上海闸北区 | 泰和创投 | 四川成都市 |
| 上海创新投 | 上海浦东新区 | 悟空投资 | 深圳南山区 |
| 章宸投资 | 上海宝山区 | 同晟创投 | 深圳南山区 |
| 诺晟投资 | 上海浦东新区 | 安益资产管理 | 上海长宁区 |
| 普济资本 | 北京东城区 | 浙江蓝石 | 浙江绍兴市 |
| 乾元盛创投 | 北京西城区 | 中科远东 | 深圳福田区 |
| 浙创投资 | 上海宝山区 | 正和弘毅创投 | 海南海口市 |
| 精致投资 | 上海浦东新区 | 中科蓝天创投 | 江苏无锡市 |
| 秉原秉荣投资 | 上海浦东新区 | 海林投资 | 北京朝阳区 |
| 华金投资 | 天津滨海新区 | 汇富银创投 | 北京延庆县 |
| 安正路投资 | 天津津南区 | 启迪慧想教育 | 北京海淀区 |
| 德融资本 | 深圳 | 谱元资本 | 北京海淀区 |
| 和融创投 | 上海崇明区 | 贝琛创投 | 上海宝山区 |
| 健坤投资 | 北京海淀区 | 沅澧投资 | 湖南常德市 |
| 凤颐创投 | 浙江绍兴市 | 赛富丽元 | 浙江杭州市 |
| 铭源红桥 | 福建厦门市 | 云帆投资管理 | 西藏拉萨市 |
| 海德润创投 | 深圳福田区 | 科创嘉源 | 四川成都市 |
| 廷博创投 | 广东广州市 | 创新创投 | 安徽亳州市 |
| 银通泰瑞 | 上海长宁区 | 中盛天誉 | 新疆乌鲁木齐市 |

续表

| 投资机构 | 总部所在地 | 投资机构 | 总部所在地 |
|---|---|---|---|
| 钱江风投 | 浙江杭州市 | 大之商企业发展机构 | 上海普陀区 |
| 爱德生物基金 | 山东青岛市 | 光谷创投 | 湖北武汉市 |
| 麦田万家 | 深圳福田区 | 怡和国联投资 | 江苏无锡市 |
| 比邻创投 | 广东广州市 | 华通建力 | 山东青岛市 |
| 日亚吴中国发创投 | 江苏苏州市 | 生物医药创投 | 辽宁沈阳市 |
| 联众创投 | 深圳福田区 | 九派资本 | 深圳 |
| 迪策创投 | 湖南长沙市 | 中科农发 | 湖北武汉市 |
| 中科龙城 | 江苏常州市 | 黄蓝创投 | 山东滨州市 |
| 云赛创投 | 上海杨浦区 | 维实创投 | 福建厦门市 |
| 宏商创投 | 广东东莞市 | 江苏红杉创投 | 江苏南京市 |
| 久久平创投 | 江苏苏州市 | 深蓝创投 | 江苏苏州市 |
| 基石创投 | 北京海淀区 | 晶世创投 | 北京朝阳区 |
| 喜氏金融 | 上海长宁区 | 富腾资本 | 深圳 |
| 华科创投 | 天津滨海新区 | 聚云投资 | 上海崇明区 |
| 富国金溪 | 浙江杭州市 | 盈富创展投资 | 广东广州市 |
| 大地银鼎 | 上海徐汇区 | 领航资本 | 北京朝阳区 |
| 北远创投 | 浙江宁波市 | 华仁投资 | 山东青岛市 |
| 嘉维资本 | 浙江杭州市 | 中静创投 | 上海徐汇区 |
| 金丰和泰 | 深圳福田区 | 绿源道投资 | 天津北辰区 |
| 大鑫创投 | 浙江杭州市 | 睿临投资 | 上海嘉定区 |
| 恒安投资 | 江苏苏州市 | 海天创投 | 江苏常州市 |
| 天佑资本 | 深圳南山区 | 宜兴江南天源 | 江苏无锡市 |
| 中科鸿业 | 广东中山市 | 联顺投资 | 重庆两江新区 |
| 浩成创投 | 上海松江区 | 中天科投 | 江苏南通市 |
| 兆年创投 | 江苏苏州市 | 银利伟世投资 | 上海浦东新区 |
| 中琎创投 | 湖南长沙市 | 鑫联创投 | 上海浦东新区 |
| 广晟创投 | 广东佛山市 | 绿河投资 | 上海浦东新区 |
| 投资机构 | 总部所在地 | 投资机构 | 总部所在地 |
| 盛基创投 | 上海黄浦区 | 达晨文旅创投 | 湖南长沙市 |
| 磐蓉投资 | 上海长宁区 | 弘凯创投 | 福建宁德市 |
| 启创资本 | 深圳南山区 | 金重投资 | 上海浦东新区 |
| 华芳创投 | 江苏苏州市 | 百利宏创投 | 深圳福田区 |
| 中欧国际 | 上海浦东新区 | 国联创投 | 江苏无锡市 |
| 芜湖瑞创 | 安徽芜湖市 | 嘉晟投资 | 浙江宁波市 |
| 无锡 TCL 投资 | 江苏无锡市 | 富国资产 | 湖北武汉市 |
| 青联投资 | 山东济南市 | 联动创投 | 广东东莞市 |

续表

| 投资机构 | 总部所在地 | 投资机构 | 总部所在地 |
|---|---|---|---|
| 晟源泰投资 | 深圳福田区 | 久安创业 | 河南郑州市 |
| 运时投资 | 北京朝阳区 | 睿富创投 | 深圳福田区 |
| 沃源投资 | 上海杨浦区 | 滨化投资 | 山东滨州市 |
| 满博投资 | 浙江杭州市 | 鲁信创投 | 山东济南市 |
| 中金安达投资 | 湖北武汉市 | 中国资本管理 | 北京西城区 |
| 伟星创投 | 浙江台州市 | 汇添富医健投资 | 上海黄浦区 |
| 天津贞元嘉富诚基金管理 | 天津滨海新区 | 麒麟阳光 | 天津滨海新区 |
| 海峡创投 | 福建厦门市 | 德晟创投 | 辽宁大连市 |
| 德鑫创投 | 广东佛山市 | 开投基金 | 北京朝阳区 |
| 赛领麓元 | 上海浦东新区 | 怡诚创投 | 河南郑州市 |
| 硅谷天堂创投 | 北京海淀区 | 嘉和九鼎投资 | 辽宁沈阳市 |
| 荷塘探索创投 | 北京海淀区 | 海越创投 | 浙江杭州市 |
| 颐成投资 | 上海长宁区 | 宝金国际 | 北京朝阳区 |
| 麟风创投 | 上海浦东新区 | 江南仁和 | 江苏无锡市 |
| 观释资本 | 上海浦东新区 | 宏鹏投资 | 浙江绍兴市 |
| 晟道创投 | 湖北武汉市 | 达顺创投 | 上海嘉定区 |
| 金观诚 | 浙江杭州市 | 津蒲投资 | 广东广州市 |
| 江苏省文化投资 | 江苏南京市 | 苏州金沙江 | 江苏苏州市 |
| 中航德兴 | 福建厦门市 | 鹏康资本 | 北京通州区 |
| 航天科工投资 | 北京海淀区 | 中昇信投资 | 西藏拉萨市 |
| 中大孵化器 | 湖南长沙市 | 世纪方舟 | 北京房山区 |
| 凤城国资控股 | 江苏泰州市 | 东方睿银 | 北京西城区 |
| 亚商创投 | 江苏苏州市 | 京顺盛世 | 北京朝阳区 |
| 上汽创投 | 上海嘉定区 | 赣州高能创投 | 江西赣州市 |
| 点睛创投 | 天津滨海新区 | 瑞银华信 | 深圳 |
| 云南长扬 | 云南昆明市 | 首建投 | 北京西城区 |
| 太钢创投 | 山西太原市 | 汉鼎亚太投资 | 北京海淀区 |
| 邦盛资本 | 广东东莞市 | 丹丰创投 | 上海杨浦区 |
| 洪清华创投 | 上海嘉定区 | 上海汇映 | 上海嘉定区 |
| 智慧创投 | 江苏苏州市 | 朱雀投资 | 上海浦东新区 |
| 高科新创投资 | 江苏南京市 | 马赛资本 | 上海奉贤区 |
| 拉萨恒宁创投 | 西藏拉萨市 | 易翎资本 | 上海浦东新区 |
| 镇江高科创投 | 江苏镇江市 | 东珺惠尊 | 上海浦东新区 |
| 臻龙投资 | 上海金山区 | 华旭投资 | 上海浦东新区 |
| 华融创投 | 山东济南市 | 综艺控股 | 上海浦东新区 |
| 恒安世代 | 福建泉州市 | 泰安华创 | 山东泰安市 |

续表

| 投资机构 | 总部所在地 | 投资机构 | 总部所在地 |
|---|---|---|---|
| 大象创投 | 深圳福田区 | 国粹红钻 | 深圳福田区 |
| 竣弘投资 | 广东珠海市 | 重庆信飞 | 重庆渝中区 |
| 开创汇富 | 青海西宁市 | 嘉华盛裕创投 | 山东烟台市 |
| 赣商创投 | 湖北武汉市 | 中天投资 | 新疆石河子市 |
| 伟柏创投 | 西藏拉萨市 | 云煌投资 | 浙江杭州市 |
| 建银远为汇鑫 | 天津滨海新区 | 东珺惠尊 | 上海浦东新区 |
| 仁达基业 | 福建厦门市 | | |
| 渤海和合创投 | 山东青岛市 | | |
| 舟仁创投 | 深圳福田区 | | |
| 和丰投资 | 浙江杭州市 | | |
| 财金投资 | 上海杨浦区 | | |
| 潞安投资 | 上海杨浦区 | | |
| 北广文资 | 北京海淀区 | | |
| 东电投资 | 深圳福田区 | | |
| 中凯信创投 | 深圳福田区 | | |
| 嘉融投资 | 上海浦东新区 | | |
| 中金集团 | 上海长宁区 | | |
| 圣雍创投 | 上海崇明区 | | |
| 英飞海林创投 | 北京顺义区 | | |
| 致颢投资 | 上海宝山区 | | |
| 毅达创投 | 安徽合肥市 | | |
| 文化产业投资基金 | 宁夏银川市 | | |
| 协睿创投 | 江苏苏州市 | | |
| 益辰奇点 | 北京东城区 | | |
| 沈阳创投 | 辽宁沈阳市 | | |
| 德广盛安 | 北京海淀区 | | |
| 京富融源 | 北京大兴区 | | |
| 华夏幸福 | 北京朝阳区 | | |
| 安益大通 | 安徽合肥市 | | |
| 无锡金融 | 江苏无锡市 | | |
| 蕃秀创投 | 广东广州市 | | |
| 联银创投 | 上海浦东新区 | | |
| 蓝源投资 | 浙江宁波市 | | |
| 红樱资产 | 上海静安区 | | |
| 特华投资 | 北京朝阳区 | | |
| 开源投资 | 陕西西安市 | | |

# 附录五　早期VC机构列表（按投资事件数量排序）

| 投资机构 | 总部所在地 | 投资机构 | 总部所在地 |
|---|---|---|---|
| 荷多投资 | 上海杨浦区 | 创业接力集团 | 上海杨浦区 |
| 梅花天使创投 | 北京朝阳区 | 接力天使 | 上海杨浦区 |
| 合力投资 | 上海黄浦区 | 固德银赛 | 湖北武汉市 |
| 英诺天使 | 北京海淀区 | 快创营 | 上海杨浦区 |
| 德迅投资 | 深圳福田区 | 创享投资 | 深圳南山区 |
| 天使湾创投 | 浙江杭州市 | 常石投资 | 上海浦东新区 |
| 九合创投 | 北京海淀区 | 青骢资本 | 上海徐汇区 |
| 老鹰基金 | 北京海淀区 | 知初资本 | 北京朝阳区 |
| 无锡创投 | 江苏无锡市 | 乐游资本 | 北京海淀区 |
| 洪泰基金 | 北京海淀区 | 唯嘉资本 | 上海嘉定区 |
| 丰厚资本 | 北京东城区 | 嘉丰资本 | 北京朝阳区 |
| 青松基金 | 北京东城区 | 极客帮创投 | 北京石景山区 |
| 深圳创新谷 | 深圳南山区 | 东湖天使基金 | 湖北武汉市 |
| 苏河汇 | 上海虹口区 | 创业基金会 | 上海杨浦区 |
| 青山资本 | 北京朝阳区 | 大河创投 | 北京海淀区 |
| 长沙科投 | 湖南长沙市 | 慧立创投 | 上海徐汇区 |
| 银杏谷投资 | 浙江杭州市 | 迭代资本 | 浙江杭州市 |
| 纽信创投 | 上海长宁区 | 浦软创投 | 上海浦东新区 |
| 原子创投 | 上海普陀区 | 龙翌资本 | 北京东城区 |
| 新进创投 | 上海浦东新区 | 士兰创投 | 浙江杭州市 |
| 零一创投 | 上海黄浦区 | 锡山创投 | 江苏无锡市 |
| 创智空间 | 上海杨浦区 | 新科源科投 | 新疆乌鲁木齐市 |
| 澎湃资本 | 上海浦东新区 | 探针创投 | 上海宝山区 |
| 深圳高新投创投 | 深圳福田区 | 东方元鼎资本 | 北京朝阳区 |
| 米仓资本 | 浙江杭州市 | 冠誉创投 | 深圳福田区 |
| 福建华兴 | 福建福州市 | 复旦量子创投 | 上海杨浦区 |
| 泰有投资 | 北京海淀区 | 杭州泰邦创投 | 浙江杭州市 |
| 国富源投资 | 深圳福田区 | 安思晟 | 福建厦门市 |
| 志成资本 | 深圳福田区 | 逐鹿资本 | 上海普陀区 |

续表

| 投资机构 | 总部所在地 | 投资机构 | 总部所在地 |
|---|---|---|---|
| 传媒梦工场 | 浙江杭州市 | 泰山创投 | 山东泰安市 |
| 苏高新风投 | 江苏苏州市 | 德骏资产 | 上海闵行区 |
| 陶石资本 | 上海嘉定区 | 长石资本 | 上海徐汇区 |
| 挚盈资本 | 上海崇明区 | 建国创投 | 上海浦东新区 |
| 天使汇 | 北京海淀区 | 科大控股 | 安徽合肥市 |
| 武岳峰资本 | 上海浦东新区 | 多牛资本 | 浙江杭州市 |
| 众海投资 | 北京海淀区 | 永辉瑞金创投 | 北京海淀区 |
| 水木投资 | 湖北孝感市 | 正时资本 | 深圳南山区 |
| 鼎聚投资 | 浙江杭州市 | 乾明天使投资 | 深圳南山区 |
| 起源资本 | 北京朝阳区 | 齐一资本 | 浙江杭州市 |
| 国成投资 | 深圳福田区 | 亚洲搭档 | 上海静安区 |
| 中大创投 | 广东广州市 | 长虹创投 | 四川绵阳市 |
| 厚德创新谷孵化器 | 北京海淀区 | 初创投资 | 上海浦东新区 |
| 游侠汇投资 | 上海杨浦区 | 金信祥泰 | 北京海淀区 |
| 万豪投资 | 浙江杭州市 | 广东天使会 | 广东广州市 |
| 深港产学研科技 | 深圳南山区 | 水木资本 | 北京平谷区 |
| 彩梦想创新工场 | 深圳南山区 | 孚威创投 | 深圳罗湖区 |
| 乐尧创投 | 上海闸北区 | 杭元福创投 | 深圳福田区 |
| 紫荆资本 | 深圳罗湖区 | 清科创投 | 北京海淀区 |
| 金立创投 | 深圳福田区 | 邦创投资 | 天津和平区 |
| 清研创投 | 深圳南山区 | 横琴沃土创投 | 广东珠海市 |
| 张江火炬 | 上海浦东新区 | 松涛风投 | 福建厦门市 |
| 乐邦乐成 | 北京海淀区 | 长春科投 | 吉林长春市 |
| 引力创投 | 上海闵行区 | 鼎晶投资 | 上海青浦区 |
| 清华企业家 | 北京海淀区 | 皖江创投 | 安徽芜湖市 |
| 九盈投资 | 上海长宁区 | 广道创投 | 福建厦门市 |
| 中缔投资 | 上海嘉定区 | 昌润创投 | 山东聊城市 |
| 金惠创投 | 江苏无锡市 | 杉华投资 | 广东广州市 |
| 初灵创投 | 浙江杭州市 | 宁波天使基金 | 浙江宁波市 |
| 云起资本 | 北京东城区 | 同盛创投 | 深圳福田区 |
| 长健投资 | 浙江杭州市 | 极客梦工场 | 北京石景山区 |
| 湖杉资本 | 上海虹口区 | 蓝海天使资本 | 上海 |
| 火炬科投 | 湖北武汉市 | 早鸟基金 | 北京朝阳区 |
| 耀途资本 | 上海闸北区 | 翰潭投资 | 上海金山区 |
| 天津盈杉 | 天津东丽区 | 南山科创 | 深圳南山区 |
| 顺融创投 | 江苏苏州市 | 松源资本 | 北京朝阳区 |

续表

| 投资机构 | 总部所在地 | 投资机构 | 总部所在地 |
|---|---|---|---|
| 臻云创投 | 北京海淀区 | 苏州海富投资 | 江苏苏州市 |
| 东湖创投 | 湖北武汉市 | 天裕创投 | 北京西城区 |
| 三江资本 | 北京朝阳区 | 亿联资本 | 北京海淀区 |
| 常州高新创投 | 江苏常州市 | 博丰创投 | 上海浦东新区 |
| 杭州通汇创投 | 浙江杭州市 | 金科高创 | 北京朝阳区 |
| 北京险峰华兴 | 北京海淀区 | 德信投资 | 北京 |
| 瑞辰投资 | 浙江杭州市 | 同道齐创 | 广东珠海市 |
| 翰鼎投资 | 福建福州市 | 合力蓉信 | 四川成都市 |
| 创吧投资 | 广东汕头市 | 嘉信麒越 | 浙江宁波市 |
| 麒翼投资 | 上海徐汇区 | 翊翎资本 | 北京朝阳区 |
| 凯启投资 | 浙江杭州市 | 金智创投 | 江苏南京市 |
| 贵格天使 | 北京朝阳区 | 中保创投 | 福建福州市 |
| 跨星创投 | 浙江杭州市 | 无极道资本 | 广东广州市 |
| 七煋瓢虫投资 | 北京朝阳区 | 贵阳科投 | 贵州贵阳市 |
| 合之力团诚 | 上海长宁区 | 南昌高新投 | 江西南昌市 |
| 天际创业 | 浙江杭州市 | 杭州高科创投 | 浙江杭州市 |
| 天善资本 | 北京海淀区 | 常州高正 | 江苏常州市 |
| 华岳投资 | 山东济南市 | 奇伦天佑 | 北京东城区 |
| 智鸿创投 | 宁夏银川市 | 领享投资 | 深圳福田区 |
| 东方比逊基金 | 广东广州市 | 旗银创投 | 浙江杭州市 |
| 道彤投资 | 上海杨浦区 | 六翼投资 | 江苏南京市 |
| 鼎首投资 | 上海金山区 | 二十一世纪天使资本 | 北京朝阳区 |
| 卡日曲投资 | 上海崇明区 | 英飞玛雅投资 | 江苏扬州市 |
| 蚂蚁天使 | 上海长宁区 | 博润创投 | 浙江宁波市 |
| 高新风投 | 浙江杭州市 | 嘉源启航 | 深圳龙岗区 |
| 松禾梦想 | 深圳南山区 | 华闻资管 | 西藏拉萨市 |
| 狗尾草资本 | 深圳福田区 | 东科创星 | 湖北武汉市 |
| 新际创投 | 上海闸北区 | 一德兴业 | 深圳龙岗区 |
| 安天飞扬 | 安徽合肥市 | 永洲创投 | 上海崇明区 |
| 创赛基金 | 深圳福田区 | 高和创投 | 湖北武汉市 |
| 元禾凯风 | 江苏苏州市 | 民享财富 | 深圳福田区 |
| 交大顶峰 | 上海徐汇区 | 易高成长创投 | 四川成都市 |
| 中科物联 | 江苏无锡市 | 青松创投 | 深圳南山区 |
| 远大创新 | 安徽蚌埠市 | 中航长城 | 江苏南京市 |
| 秀洲创投 | 浙江嘉兴市 | 华健创投 | 江苏泰州市 |
| 乐创会 | 浙江杭州市 | 华慧投资 | 江苏苏州市 |

续表

| 投资机构 | 总部所在地 | 投资机构 | 总部所在地 |
|---|---|---|---|
| 唐盛投资 | 上海虹口区 | 将门创投 | 北京朝阳区 |
| 新协创投 | 江苏苏州市 | 欣裕投资 | 上海浦东新区 |
| 领航成长创投 | 深圳福田区 | 维度资本 | 浙江温州市 |
| 辛得投资 | 上海嘉定区 | 赛速投资 | 上海 |
| 广州天使投资 | 广东广州市 | 万象创投 | 福建泉州市 |
| 传媒梦工厂 | 浙江杭州市 | 海富通投资 | 深圳福田区 |
| 戴乐斯投资 | 浙江杭州市 | 成都科创投资 | 四川成都市 |
| 美富创投 | 广东广州市 | 弘信创业 | 福建厦门市 |
| 上海天使投资 | 上海静安区 | 淄川高新创投 | 山东淄博市 |
| 力合清源投资 | 江苏无锡市 | 弘德投资 | 广东佛山市 |
| 华夏创投 | 北京 | 台宝南山创投 | 西藏拉萨市 |
| 海朋资本 | 广东广州市 | 祥润创投 | 深圳南山区 |
| 金光紫金创投 | 江苏南京市 | 银河鼎发 | 北京西城区 |
| 以诺创投 | 上海浦东新区 | 苏州科技创投 | 江苏苏州市 |
| 西亚斯美亚迪孵化中心 | 河南郑州市 | 鸿凯资本 | 上海虹口区 |
| 钟鼎汇元创投 | 江苏苏州市 | 鑫致诚 | 深圳福田区 |
| 山东汇益 | 山东济南市 | 博华瑞盈 | 北京朝阳区 |
| 海纳融智 | 深圳南山区 | 怡和家投资 | 北京密云县 |
| 山西科技基金 | 山西太原市 | 华图投资 | 天津滨海新区 |
| 故乡城市 | 四川成都市 | 中科孵化创投 | 深圳 |
| 港银创投 | 浙江杭州市 | 润凯创投 | 内蒙古阿拉善盟 |
| 天泽投资 | 北京海淀区 | 海嘉投资 | 上海浦东新区 |
| 泰达创投 | 山东烟台市 | 精裕创投 | 上海浦东新区 |
| 瑞安创投 | 河北石家庄市 | 国盛投资 | 天津滨海新区 |
| 翰章创投 | 上海宝山区 | 科联众创投 | 深圳南山区 |
| 圣剑投资 | 上海浦东新区 | 百金投资 | 上海浦东新区 |
| 国韬投资 | 天津滨海新区 | 应天创投 | 上海青浦区 |
| 汇智大河 | 北京昌平区 | 数字点睛 | 北京朝阳区 |
| 博辰创投 | 江苏苏州市 | 创金合成 | 北京海淀区 |
| 承胜创投 | 湖北武汉市 | 佳浩投资 | 上海浦东新区 |
| 金枫创投 | 江苏苏州市 | 瑞驰丰和 | 湖南长沙市 |
| 紫金科创 | 江苏南京市 | 积薪创投 | 上海崇明区 |
| 择端创投 | 深圳福田区 | 华夏汇金 | 江苏南京市 |
| 东玖汇 | 上海宝山区 | 厚积资本 | 北京朝阳区 |
| 未来工场 | 北京海淀区 | 上城区创投 | 浙江杭州市 |
| 蜂窝投资 | 浙江杭州市 | 中盛创投 | 陕西西安市 |

续表

| 投资机构 | 总部所在地 | 投资机构 | 总部所在地 |
|---|---|---|---|
| 日燊投资 | 广东广州市 | 伽马创投 | 广西南宁市 |
| 诺泽投资 | 上海杨浦区 | 光合空间 | 北京朝阳区 |
| 澜哲资本 | 上海金山区 | 界石投资 | 上海长宁区 |
| 长春高新投 | 吉林长春市 | 泰礼创投 | 上海闵行区 |
| 格瑞嘉德投资 | 北京朝阳区 | 启嘉创投 | 上海嘉定区 |
| 万源众邦 | 北京朝阳区 | InnoSpace | 上海杨浦区 |
| 清华兴业 | 北京海淀区 | 恩惟创投 | 上海闵行区 |
| 盛基创投 | 上海卢湾区 | 吾同投资 | 上海浦东新区 |
| 创享创投 | 浙江杭州市 | 东玖资本 | 上海浦东新区 |
| 中大科技园 | 广东广州市 | 中路投资 | 上海浦东新区 |
| 挚金资本 | 深圳南山区 | 如尔投资 | 湖北武汉市 |
| 微游汇孵化器 | 深圳龙岗区 | 融众创投 | 江苏 |
| 中海资本 | 北京东城区 | 银湖投资 | 浙江杭州市 |
| 立春资产 | 北京海淀区 | 迅成创投 | 福建福州市 |
| 连帅国富 | 北京海淀区 | 智潮资本 | 深圳福田区 |
| 四合同济 | 北京门头沟区 | 创大 Inno Hub | 广东广州市 |
| 信达通利 | 北京海淀区 | 劳睿思 | 深圳南山区 |
| 融商创投 | 江苏无锡市 | 西藏险峰管理 | 西藏拉萨市 |
| 晨脉创投 | 上海青浦区 | 为润资本 | 北京东城区 |
| 澜湖资本 | 浙江杭州市 | 北大医疗 | 北京昌平区 |
| 懿坚 | 浙江杭州市 | 清光鸿运 | 北京怀柔区 |
| 英科贝特 | 深圳南山区 | 慧谷创投 | 上海徐汇区 |
| 富安达投资管理 | 深圳福田区 | 赛哲投资 | 上海杨浦区 |
| 上海宇皓投资 | 上海闸北区 | 原始汇创投 | 广东东莞市 |
| 启纳创投 | 江苏苏州市 | 天府聚源创投 | 四川成都市 |
| 博瑞投资 | 四川成都市 | 高捷金台 | 深圳南山区 |
| 微玺投资 | 深圳南山区 | 萧商创投 | 上海徐汇区 |
| 经开科投 | 吉林长春市 | 博金丰业投资 | 北京朝阳区 |
| 红岭创投 | 深圳福田区 | 山谷资本 | 北京海淀区 |
| 哈尔滨科投 | 黑龙江哈尔滨市 | 知熙投资 | 上海长宁区 |
| 长泰志成投资 | 福建漳州市 | 富诚创投 | 辽宁沈阳市 |
| 光年资本 | 深圳福田区 | 国脉创投 | 福建福州市 |
| 润佳和创投 | 江苏苏州市 | 物易投资 | 湖北武汉市 |
| 中宇科投 | 浙江杭州市 | 领汇创投 | 浙江嘉兴市 |
| 清林华成 | 北京朝阳区 | 龙翔博弘投资 | 北京海淀区 |
| 奇异果创客空间 | 上海浦东新区 | 数码视讯创投 | 北京海淀区 |

续表

| 投资机构 | 总部所在地 | 投资机构 | 总部所在地 |
|---|---|---|---|
| 智盛创投 | 江西鹰潭市 | 奥仁治创投 | 北京海淀区 |
| 华霖创投 | 西藏拉萨市 | 承珞投资 | 上海青浦区 |
| 金科同盛 | 北京朝阳区 | 前海汇睿 | 深圳南山区 |
| 紫金投资 | 北京海淀区 | 民晟投资 | 上海卢湾区 |
| 海丰至诚 | 浙江嘉兴市 | 津华投资 | 上海浦东新区 |
| 滨州创投 | 山东滨州市 | 和利创投 | 江苏苏州市 |
| 嘉和融通 | 深圳福田区 | 天紫微投资 | 江苏南京市 |
| 爱投资本 | 北京石景山区 | 人安山创投 | 江苏苏州市 |
| 贝森资本 | 北京朝阳区 | 厦门高新 | 福建厦门市 |
| 磐古金服创投 | 北京朝阳区 | 卓越润都 | 广东广州市 |
| 创见资本 | 北京朝阳区 | 安泰创业投资 | 浙江杭州市 |
| 精一天使公社 | 北京海淀区 | 金海川投资 | 深圳福田区 |
| 连锐创投 | 上海嘉定区 | 方基创投 | 深圳南山区 |
| 莘泽创投 | 上海浦东新区 | 铜仁梵净山创投 | 贵州铜仁地区 |
| 凯旗投资 | 上海金山区 | 麓谷创投 | 湖南长沙市 |
| 舒展控股 | 上海浦东新区 | 凯普特创投 | 浙江宁波市 |
| 敦成投资 | 上海浦东新区 | 鸿景创投 | 江苏南京市 |
| 武汉光谷创投 | 湖北武汉市 | 金达创投 | 山东潍坊市 |
| 麓谷高新产投 | 湖南长沙市 | 赛迪创投 | 北京海淀区 |
| 国嘉创投 | 江苏苏州市 | 乐奕创投 | 上海闵行区 |
| 新锐浙商 | 浙江杭州市 | 九吾鼎尖 | 上海嘉定区 |
| 独角兽投资 | 浙江杭州市 | 富博睿祺 | 浙江宁波市 |
| 联创华凯创投 | 河南郑州市 | 道生创投 | 江苏扬州市 |
| 天成投资 | 深圳福田区 | 华鸿投资 | 西藏拉萨市 |
| 中新投 | 深圳南山区 | 一山创投 | 江苏苏州市 |
| 润土天成 | 深圳光明新区 | 中玺创投 | 广东广州市 |
| 标胜投资 | 广东珠海市 | 武汉科投 | 湖北武汉市 |
| 欧勒资本中国 | 北京朝阳区 | 绩优投资 | 浙江杭州市 |
| 上海欧德投资 | 上海嘉定区 | 源渡投资 | 江苏无锡市 |
| 谦石投资 | 浙江宁波市 | 镭厉科创投资 | 浙江宁波市 |
| 金城融创 | 江苏张家港市 | 鼎新联合投资 | 新疆石河子市 |
| 华泽资本 | 北京朝阳区 | 坚果兄弟 | 福建厦门市 |
| 青山绿水创投 | 北京海淀区 | 东方创富 | 福建厦门市 |
| 金麟投资 | 上海浦东新区 | 源创投资 | 山东烟台市 |
| 融裕金谷 | 山东济南市 | 微峰资本 | 山东青岛市 |
| 百禾通顺 | 深圳福田区 | 汉明紫鹏 | 深圳福田区 |

续表

| 投资机构 | 总部所在地 | 投资机构 | 总部所在地 |
|---|---|---|---|
| 吉成创投 | 浙江杭州市 | 粤益投资 | 广东广州市 |
| 上海大学生创投 | 上海杨浦区 | 纵联资本 | 深圳南山区 |
| 扬州创投 | 江苏扬州市 | 同创合众 | 深圳南山区 |
| 中通和达 | 北京朝阳区 | 昂若资本 | 深圳南山区 |
| 联晖科力远 | 湖南长沙市 | 硅谷创投 | 西藏拉萨市 |
| 盛世金牛 | 上海长宁区 | 茂绩创投 | 四川成都市 |
| 蓝郡投资 | 江苏苏州市 | 天使创业村 | 上海浦东新区 |
| 海问投资 | 北京朝阳区 | 金源创投 | 江苏无锡市 |
| 东圣投资 | 北京西城区 | 世方联 | 深圳福田区 |
| 环新创投 | 北京海淀区 | 宏中创投 | 深圳南山区 |
| 同冀华成 | 北京海淀区 | 创业一家 | 湖北武汉市 |
| 瀚盟创投 | 上海徐汇区 | 寅嘉创投 | 上海杨浦区 |
| 盛天资本 | 上海浦东新区 | 德丰杰龙升 | 上海静安区 |
| 潍坊创投 | 山东潍坊市 | 弘泰互融 | 上海长宁区 |
| 高科利华创投 | 深圳南山区 | 探针投资 | 上海宝山区 |
| 明照资本 | 北京朝阳区 | 中梁投资 | 上海青浦区 |
| 五方资产 | 北京朝阳区 | 乾银投资 | 上海浦东新区 |
| 泽一投资 | 北京朝阳区 | 合肥创投 | 安徽合肥市 |
| 清华创投 | 北京海淀区 | 长沙高新投 | 湖南长沙市 |
| 清华经管加速器 | 北京海淀区 | 锦兴创投基金 | 深圳南山区 |
| 数联资本 | 北京海淀区 | 恒博创投 | 江苏苏州市 |
| 速普创投 | 北京海淀区 | 长兴红土 | 浙江湖州市 |
| 极客投资 | 上海闵行区 | 新创风投 | 浙江嘉兴市 |
| 新中欧景嘉创投 | 上海杨浦区 | UFO 创投 | 河南郑州市 |
| 磐石嘉岐 | 上海嘉定区 | 凯盈基金 | 深圳南山区 |
| 高金投资 | 湖北荆州市 | 中金集英 | 北京东城区 |
| 汇贤创投 | 浙江绍兴市 | 青阳天使 | 北京东城区 |
| 软银华天 | 江苏苏州市 | 南宁联创 | 广西南宁市 |
| 宁波创投引导基金 | 浙江宁波市 | 云南产业投资 | 云南昆明市 |
| 汇利华创投 | 江苏苏州市 | 健行仁合创投 | 深圳福田区 |
| 容湖创投 | 浙江嘉兴市 | 东方隆盛 | 广东广州市 |
| 领之丰创投 | 上海嘉定区 | 德晟通 | 深圳南山区 |
| 及时雨创投 | 深圳南山区 | | |
| 中晨维金 | 北京西城区 | | |
| 马鞍山创投 | 安徽马鞍山市 | | |
| 盈仁投资 | 福建厦门市 | | |

续表

| 投资机构 | 总部所在地 | 投资机构 | 总部所在地 |
|---|---|---|---|
| 国泰利和创投 | 河北石家庄市 | | |
| 苏信创投 | 江苏苏州市 | | |
| 齐星创投 | 山东滨州市 | | |
| 金业润泽投资 | 北京朝阳区 | | |
| 深圳中海创投 | 深圳福田区 | | |
| 前海联合创投 | 深圳南山区 | | |
| 东湖创新基金 | 湖北武汉市 | | |
| 深渝创新投 | 重庆沙坪坝区 | | |
| 嘉富诚投资 | 北京朝阳区 | | |
| 海世创投 | 陕西西安市 | | |
| 国创创投 | 河北石家庄市 | | |
| 无锡德丰杰 | 江苏无锡市 | | |
| 协力财富 | 甘肃兰州市 | | |
| 日亚投资 | 上海长宁区 | | |
| 恒利风投 | 江苏盐城市 | | |
| 领之丰创投 | 上海嘉定区 | | |
| 及时雨创投 | 深圳南山区 | | |
| 中晨维金 | 北京西城区 | | |
| 马鞍山创投 | 安徽马鞍山市 | | |
| 盈仁投资 | 福建厦门市 | | |
| 国泰利和创投 | 河北石家庄市 | | |
| 苏信创投 | 江苏苏州市 | | |
| 齐星创投 | 山东滨州市 | | |
| 金业润泽投资 | 北京朝阳区 | | |
| 深圳中海创投 | 深圳福田区 | | |
| 前海联合创投 | 深圳南山区 | | |
| 东湖创新基金 | 湖北武汉市 | | |
| 深渝创新投 | 重庆沙坪坝区 | | |
| 嘉富诚投资 | 北京朝阳区 | | |
| 海世创投 | 陕西西安市 | | |
| 国创创投 | 河北石家庄市 | | |
| 无锡德丰杰 | 江苏无锡市 | | |
| 协力财富 | 甘肃兰州市 | | |
| 日亚投资 | 上海长宁区 | | |
| 恒利风投 | 江苏盐城市 | | |

# 附录六　PE 机构列表（按投资事件数量排序）

| 投资机构 | 总部所在地 | 投资机构 | 总部所在地 |
|---|---|---|---|
| 景林资产 | 上海浦东新区 | 架桥投资 | 深圳福田区 |
| 鼎晖投资 | 北京朝阳区 | 中非基金 | 北京西城区 |
| 国开金融 | 北京西城区 | 新开发创投 | 广东广州市 |
| 力鼎资本 | 北京西城区 | 华盖资本 | 北京东城区 |
| 海富投资 | 上海静安区 | 方源资本 | 上海徐汇区 |
| 涌铧投资 | 上海浦东新区 | 普凯投资 | 上海卢湾区 |
| 平安创新资本 | 深圳福田区 | 世铭投资 | 上海静安区 |
| 招商湘江投资 | 湖南长沙市 | 雅戈尔投资 | 上海 |
| 中国文化产业投资基金 | 北京西城区 | 同安投资 | 上海虹口区 |
| 中投 | 北京东城区 | 保腾创投 | 深圳福田区 |
| 云锋资本 | 上海徐汇区 | 蓝山中国 | 北京朝阳区 |
| 泰康资产 | 北京西城区 | 汉能 | 北京朝阳区 |
| 隆领投资 | 福建厦门市 | 鼎新投资 | 北京西城区 |
| 东方弘道 | 北京朝阳区 | 兴业投资 | 北京海淀区 |
| 博信资本 | 北京朝阳区 | 汉富资本 | 北京朝阳区 |
| 博润投资 | 上海浦东新区 | 厚持资本 | 北京海淀区 |
| 联新资本 | 上海卢湾区 | 海通创新资本 | 上海虹口区 |
| 麦顿投资 | 上海徐汇区 | 海通创意资本 | 上海黄浦区 |
| 银河投资 | 北京西城区 | 少数派 | 上海崇明区 |
| 宁波鼎锋明道 | 浙江宁波市 | 华鑫盈信 | 深圳福田区 |
| 中金公司 | 北京朝阳区 | 长园盈佳投资 | 西藏拉萨市 |
| 国投创新投资 | 北京西城区 | 厚朴投资 | 北京 |
| 社保基金 | 北京西城区 | 惠通九鼎投资 | 北京西城区 |
| 雷石投资 | 北京朝阳区 | 西藏瑞华 | 西藏拉萨市 |
| 金浦投资 | 上海浦东新区 | 中钰资本 | 北京东城区 |
| 嘉御基金 | 上海浦东新区 | 高捷资本 | 北京朝阳区 |
| 麒厚西海 | 北京西城区 | 丰年资本 | 北京朝阳区 |
| 天风汇盈 | 湖北武汉市 | 南方资产 | 北京海淀区 |
| 盛桥资本 | 深圳福田区 | 云月投资 | 上海黄浦区 |

续表

| 投资机构 | 总部所在地 | 投资机构 | 总部所在地 |
|---|---|---|---|
| 盈信投资 | 深圳罗湖区 | 平安资产 | 上海 |
| 久银控股 | 北京西城区 | 鼎锋资产 | 上海浦东新区 |
| 科桥投资 | 北京西城区 | 好望角投资 | 浙江杭州市 |
| 九泰基金 | 北京西城区 | 南京瑞森 | 江苏南京市 |
| 盛世景 | 北京海淀区 | 新桥资本 | 北京 |
| 嘉兴昆吾九鼎 | 浙江嘉兴市 | 海胜基金 | 天津河西区 |
| 天津硅谷天堂 | 天津滨海新区 | 和灵资本 | 北京东城区 |
| 呈瑞投资 | 上海崇明区 | 中植资本 | 北京朝阳区 |
| 上海联和投资 | 上海徐汇区 | 晨晖资本 | 北京朝阳区 |
| 中金资本 | 上海长宁区 | 君丰资本 | 深圳南山区 |
| 景林资产 | 上海浦东新区 | 大正元资本 | 深圳福田区 |
| 华芯投资 | 北京西城区 | 沃衍资本 | 北京东城区 |
| 天津弘毅 | 天津滨海新区 | 金科君创 | 北京朝阳区 |
| 财通基金 | 上海虹口区 | 清控科创 | 北京海淀区 |
| 锴明投资 | 上海浦东新区 | 北汽投资 | 北京顺义区 |
| 富舜投资 | 上海浦东新区 | 荣正投资 | 上海长宁区 |
| 万吨资产管理 | 上海浦东新区 | 浦信资本 | 上海黄浦区 |
| 苏州昆吾九鼎 | 江苏苏州市 | 财晟资本 | 上海浦东新区 |
| 旦恩创投 | 北京海淀区 | 鸿立投资 | 上海浦东新区 |
| 中海长益 | 北京海淀区 | 中城投资 | 上海浦东新区 |
| 嘉石投资 | 上海长宁区 | 丰实资本 | 上海浦东新区 |
| 嘉源九鼎 | 浙江嘉兴市 | 诚柏投资 | 天津滨海新区 |
| 盛景投资 | 北京朝阳区 | 优势创投 | 天津滨海新区 |
| 华融渝富 | 重庆渝北区 | 信保投资 | 天津滨海新区 |
| 枫谷投资 | 北京东城区 | 新沃基金 | 天津东丽区 |
| 厚生投资 | 北京朝阳区 | 中新融创 | 重庆江北区 |
| 北京德同 | 北京朝阳区 | 新力投资 | 安徽合肥市 |
| 基石基金 | 北京海淀区 | 鼎锋明道 | 深圳南山区 |
| 诚鼎创佳投资 | 上海虹口区 | 蓝山投资 | 浙江杭州市 |
| 纳米创投 | 上海浦东新区 | 清石资产 | 江苏无锡市 |
| 财通投资 | 湖北荆州市 | 瑞盈卓越 | 深圳福田区 |
| 久久益 | 深圳 | 招商局资本 | 深圳福田区 |
| 蜀祥创投 | 四川成都市 | 安盛创享 | 云南昆明市 |
| 邦信资产 | 深圳罗湖区 | 诺安基金 | 深圳福田区 |
| 七弦投资 | 北京西城区 | 普禾资本 | 深圳南山区 |
| 顺为资本 | 北京朝阳区 | 信达资本 | 天津滨海新区 |

续表

| 投资机构 | 总部所在地 | 投资机构 | 总部所在地 |
|---|---|---|---|
| 容银投资 | 上海长宁区 | 北京金石农投 | 北京 |
| 益菁汇 | 上海虹口区 | 六宝投资 | 北京朝阳区 |
| 渤海基金 | 天津河西区 | 长城投资 | 北京丰台区 |
| 中城赋比兴天津 | 天津 | 和嘉瑞兴 | 北京西城区 |
| 湖北新能源投资 | 湖北武汉市 | 千舟清源 | 北京海淀区 |
| 皖投铁路投资 | 安徽合肥市 | 金葵花资本 | 北京海淀区 |
| 龙柏资本 | 深圳福田区 | 黄河三角洲投资 | 北京东城区 |
| 风博投资 | 河北石家庄市 | 富厚资本 | 上海黄浦区 |
| 高新投资 | 北京海淀区 | 蓝点投资 | 上海徐汇区 |
| 易联资本 | 江苏 | 胜道投资 | 上海浦东新区 |
| 威士曼投资 | 北京 | 东熙投资 | 上海浦东新区 |
| 高和资本 | 北京朝阳区 | 华夏天元 | 上海浦东新区 |
| 上海国和投资 | 上海浦东新区 | 涌金集团 | 上海浦东新区 |
| 中粮农业产业基金 | 北京朝阳区 | 昊德嘉慧 | 浙江嘉兴市 |
| ICAN | 北京朝阳区 | 道成资本 | 深圳福田区 |
| 博源资产 | 广东东莞市 | 中信证券 | 北京朝阳区 |
| 博时基金 | 深圳福田区 | 凯兴资本 | 北京朝阳区 |
| 博源资本 | 四川成都市 | 元素资本 | 北京朝阳区 |
| 唯通资本 | 新疆乌鲁木齐市 | 方富资本 | 北京海淀区 |
| 人寿资产 | 北京 | 易德信投资 | 上海闸北区 |
| 招商昆仑 | 深圳福田区 | 易德增投资 | 上海闸北区 |
| 高能天成 | 北京朝阳区 | 赛领资本 | 上海虹口区 |
| 海洋基石创投 | 北京朝阳区 | 道基投资 | 上海浦东新区 |
| 丰实投资 | 北京朝阳区 | 聚益投资 | 上海浦东新区 |
| 泰岳梧桐 | 北京朝阳区 | 华信投资 | 深圳罗湖区 |
| 鲁证新天使 | 北京西城区 | 森旭资产 | 上海崇明区 |
| 嘉实投资 | 北京朝阳区 | 北斗投资 | 上海浦东新区 |
| 凤凰资本 | 北京海淀区 | 斯凯兰德投资 | 天津滨海新区 |
| 万融资本 | 北京海淀区 | 大正元投资 | 山西阳泉市 |
| 乐视投资 | 北京顺义区 | 武汉布斯投资 | 湖北武汉市 |
| 天任投资 | 北京门头沟区 | 中安资本 | 安徽合肥市 |
| 光大浸辉 | 上海静安区 | 中银浙商 | 浙江杭州市 |
| 瑞业投资 | 上海浦东新区 | 金灿投资 | 浙江杭州市 |
| 钜致投资 | 上海浦东新区 | 通盛医疗 | 浙江杭州市 |
| 兴富资本 | 上海浦东新区 | 浙江九仁资本 | 浙江杭州市 |
| 渤海海胜 | 天津南开区 | 西安航空产业投资 | 陕西西安市 |

续表

| 投资机构 | 总部所在地 | 投资机构 | 总部所在地 |
|---|---|---|---|
| 维思捷宏 | 天津滨海新区 | 金汇安投资 | 河南郑州市 |
| 麦田立家 | 浙江杭州市 | 厚德前海投资 | 深圳福田区 |
| 斯凯投资 | 浙江杭州市 | 鼎恒瑞投资 | 深圳福田区 |
| 联创易富 | 浙江金华市 | 广东文化产业投资 | 广东广州市 |
| 江苏华睿 | 江苏南京市 | 鼎润天成 | 深圳福田区 |
| 勤智资本 | 深圳南山区 | 华夏人合 | 深圳南山区 |
| 河南投资集团 | 河南郑州市 | 珠海乾亨 | 广东珠海市 |
| 葳尔资本 | 山东青岛市 | 融勤国际 | 北京 |
| 长石股权投资 | 新疆乌鲁木齐市 | 中信信托 | 北京朝阳区 |
| 稳国基金 | 福建厦门市 | 九鼎医药投资 | 北京西城区 |
| 青岛城投 | 山东青岛市 | 郁金香投资 | 北京朝阳区 |
| 天鹰资本 | 深圳福田区 | 融通资本 | 深圳南山区 |
| 森得瑞 | 深圳 | 金鼎投资 | 北京东城区 |
| 西藏复星 | 西藏日喀则地区 | 丰利财富 | 北京西城区 |
| 瑞丰投资 | 北京朝阳区 | 安赐资本 | 广东广州市 |
| 盛世神州 | 北京朝阳区 | 中金国联 | 北京怀柔区 |
| 天翼资本 | 北京朝阳区 | 宏道投资 | 北京海淀区 |
| 京西创业 | 北京石景山区 | 金韩投资 | 上海嘉定区 |
| 金慧丰投资 | 北京朝阳区 | 国药基金管理公司 | 上海黄浦区 |
| 盛宇投资 | 上海徐汇区 | 盈霈投资 | 广东广州市 |
| 易居中国 | 上海闸北区 | 中广核亨风股权 | 深圳 |
| 中民投 | 上海黄浦区 | 同创锦绣 | 深圳福田区 |
| 优思投资 | 上海黄浦区 | 广东文投国富 | 广东广州市 |
| 华宝投资 | 上海 | 腾讯创业基地 | 深圳南山区 |
| 理成资产 | 上海浦东新区 | 架桥资本 | 深圳南山区 |
| 宥德投资 | 上海浦东新区 | 壹乾坤基金 | 深圳南山区 |
| 谨业投资 | 上海浦东新区 | 鼎兴量子投资 | 四川成都市 |
| 弘逸资本 | 上海浦东新区 | 以太资本 | 上海黄浦区 |
| 衡盈易盛 | 上海浦东新区 | 融汇资本 | 西藏拉萨市 |
| 长信基金 | 上海浦东新区 | 扬子资本 | 北京东城区 |
| 陆宝投资 | 上海浦东新区 | 中国进出口银行 | 北京东城区 |
| 联创永钧 | 上海徐汇区 | 建金投资 | 北京西城区 |
| 天津歌斐 | 天津东丽区 | 雷岩投资 | 北京东城区 |
| 虎童基金 | 天津滨海新区 | 世欣荣和 | 北京朝阳区 |
| 湖北联投集团 | 湖北武汉市 | 北京国管中心 | 北京西城区 |
| 奥信创投 | 湖北武汉市 | 润信博华 | 北京丰台区 |

续表

| 投资机构 | 总部所在地 | 投资机构 | 总部所在地 |
|---|---|---|---|
| 长江资本 | 湖北武汉市 | 天亿资本 | 北京朝阳区 |
| 联创永锋 | 湖南长沙市 | 重山资本 | 北京朝阳区 |
| 国金投资 | 山西太原市 | 古玉资本 | 北京西城区 |
| 蓝桂资产 | 浙江杭州市 | 和聚投资 | 北京西城区 |
| 福睿德投资 | 浙江宁波市 | 国银投资 | 北京东城区 |
| 浙大科发投资 | 浙江杭州市 | 东方星晖 | 北京西城区 |
| 瑞沨投资 | 江苏南京市 | 德福资本 | 北京东城区 |
| 融高投资 | 浙江杭州市 | 和才（天津）股权投资 | 天津和平区 |
| 思考投资 | 浙江温州市 | 富莱晨思投资 | 北京海淀区 |
| 银江投资 | 浙江金华市 | 航天产业基金 | 北京海淀区 |
| 苏州冠亚 | 江苏苏州市 | 瞪羚投资 | 北京海淀区 |
| 信业宏益投资 | 浙江嘉兴市 | 盛景嘉成 | 北京海淀区 |
| 浙江硅谷天堂 | 浙江杭州市 | 拉卡拉投资 | 北京海淀区 |
| 欧瑞斯 | 山东 | 德丰杰复华 | 北京海淀区 |
| 西投控股 | 陕西西安市 | 基汇资本 | 上海卢湾区 |
| 骊悦投资 | 福建福州市 | 诚达国际 | 上海卢湾区 |
| 长城国汇 | 深圳福田区 | 星浩资本 | 上海闸北区 |
| 恒健资本 | 广东广州市 | 景贤投资 | 上海黄浦区 |
| 远致富海 | 深圳福田区 | 凯石投资 | 上海黄浦区 |
| 长城汇理 | 深圳福田区 | 凌越资本 | 上海静安区 |
| 恒泰华盛 | 深圳 | 农宇投资 | 上海杨浦区 |
| 中一资本 | 深圳南山区 | 劲邦资本 | 上海普陀区 |
| 和君正德 | 深圳 | 光大金控上海 | 上海徐汇区 |
| 幂方资本 | 上海黄浦区 | 烨达股权投资 | 深圳南山区 |
| 宏流投资 | 上海宝山区 | 国家低碳产业基金 | 青海西宁市 |
| 汉景家族办公室 | 上海黄浦区 | 昌吉投资 | 西藏山南地区 |
| 德澄投资 | 上海浦东新区 | 叶海睿德 | 四川成都市 |
| 润天资本 | 上海浦东新区 | 永宣资源投资 | 江苏常州市 |
| 泰豪 | 上海浦东新区 | 天泽吉富资产 | 深圳 |
| 鼎锋明德 | 上海浦东新区 | 广发信德奥飞资本 | 广东珠海市 |
| 璞琢资产 | 上海浦东新区 | 新奥资本 | 北京 |
| 易泽资本 | 上海浦东新区 | 汉盛资本 | 北京 |
| 中信资本投资 | 天津滨海新区 | 中交投资 | 北京西城区 |
| 中乾景隆 | 天津宝坻区 | 汇联资产 | 深圳罗湖区 |
| 蓝水基金 | 天津东丽区 | 通用投资 | 北京丰台区 |
| 泰豪晟大投资 | 深圳福田区 | 淳信资本 | 北京朝阳区 |

续表

| 投资机构 | 总部所在地 | 投资机构 | 总部所在地 |
|---|---|---|---|
| 中投建华 | 湖北武汉市 | 中金华创 | 北京西城区 |
| 中航信托 | 江西南昌市 | 海峡汇富 | 福建福州市 |
| 中欧投资 | 江苏苏州市 | 融源资本 | 北京东城区 |
| 华睿点石 | 浙江杭州市 | 大生投资 | 北京西城区 |
| 赛伯乐甬科 | 浙江宁波市 | 凯雷投资 | 北京西城区 |
| 睿思投资 | 浙江宁波市 | 远策投资 | 天津南开区 |
| 浙科友业 | 浙江杭州市 | 光大金控资产 | 北京西城区 |
| 复聚投资 | 浙江杭州市 | 建信投资 | 北京西城区 |
| 鼎锋海川 | 浙江宁波市 | 招商基金 | 深圳福田区 |
| 维思投资 | 浙江杭州市 | 华夏润石 | 北京朝阳区 |
| 和智资本 | 深圳南山区 | 华山投资 | 北京西城区 |
| 河南农开投 | 河南郑州市 | 宽街博华 | 北京西城区 |
| 新疆联创 | 新疆乌鲁木齐市 | 盘古创富 | 北京朝阳区 |
| 华耀资本 | 山东青岛市 | 建信辉诚 | 北京朝阳区 |
| 中新建投资 | 新疆石河子市 | 雷石基金 | 北京朝阳区 |
| 广西铁投 | 广西南宁市 | 中关村三川管理 | 北京海淀区 |
| 利通基金 | 深圳宝安区 | 华德世纪 | 北京朝阳区 |
| 和盛资本 | 深圳福田区 | 泰腾博越 | 北京东城区 |
| 至尚投资 | 广东广州市 | 九鼎投资 | 北京西城区 |
| 蓝桥资产 | 深圳福田区 | 首泰金信股权投资基金 | 北京朝阳区 |
| 新沃司浦林 | 广东广州市 | 知点投资 | 北京东城区 |
| 红山河投资 | 深圳福田区 | 合泰久盛 | 北京石景山区 |
| 南方基金 | 深圳福田区 | 达麟投资 | 北京西城区 |
| 长实资本 | 广东珠海市 | 凯迪资本 | 北京朝阳区 |
| 华盛基金 | 深圳福田区 | 一方投资 | 北京朝阳区 |
| 华融控股 | 深圳 | 汇泉投资 | 北京海淀区 |
| 安赐互联 | 广东珠海市 | 汇富东方 | 北京昌平区 |
| 华霖合创 | 北京海淀区 | 中民银孚 | 上海金山区 |
| 天安泰投资 | 北京海淀区 | 大简投资管理 | 上海松江区 |
| 新奥投资基金 | 北京海淀区 | 中金祺德 | 上海浦东新区 |
| 和光博雅 | 北京海淀区 | 济业投资 | 上海浦东新区 |
| 嘉实资本 | 北京怀柔区 | 信诚基金 | 上海浦东新区 |
| 先农投资 | 北京海淀区 | 普罗投资 | 上海奉贤区 |
| 广发乾和 | 北京怀柔区 | 景隆资产 | 天津滨海新区 |
| 同系资本 | 北京海淀区 | 远景万方 | 天津滨海新区 |
| 大舍资本 | 深圳南山区 | 博润 | 天津滨海新区 |

续表

| 投资机构 | 总部所在地 | 投资机构 | 总部所在地 |
|---|---|---|---|
| 中金甲子 | 北京海淀区 | 道泓股权投资 | 天津滨海新区 |
| 东方弘泰资本 | 北京海淀区 | 中金佳盟 | 天津滨海新区 |
| 风博汇富 | 北京海淀区 | 金纬资本 | 天津南开区 |
| 普惠正通 | 北京海淀区 | 天津百富源 | 天津滨海新区 |
| 大众资本 | 上海杨浦区 | 金星投资 | 天津滨海新区 |
| 杭信投资 | 上海杨浦区 | 熠帆资本 | 上海奉贤区 |
| 金力方投资 | 上海杨浦区 | 国富基金 | 安徽芜湖市 |
| 平易投资 | 上海静安区 | 东湖百兴创投 | 湖北武汉市 |
| 尊方德投资 | 上海宝山区 | 重庆德同投资 | 重庆两江新区 |
| 港航投资 | 上海虹口区 | 皓熙汇达 | 江西萍乡市 |
| 朗盛投资 | 上海长宁区 | 长白山股权投资 | 吉林长春市 |
| 复祥投资 | 上海杨浦区 | 瑞林投资 | 浙江宁波市 |
| 中芯聚源 | 上海虹口区 | 安赐投资 | 江苏南京市 |
| 凯石益正资产 | 上海黄浦区 | 以诺投资 | 江苏苏州市 |
| 映雪投资 | 上海嘉定区 | 杭州新鼎明 | 浙江杭州市 |
| 复励投资 | 上海闸北区 | 平衡资本 | 江苏南京市 |
| 业祥投资 | 上海长宁区 | 中南文化产业 | 江苏无锡市 |
| 富国基金 | 上海黄浦区 | 浙大联合创新投 | 浙江杭州市 |
| 国寿安保 | 上海虹口区 | 祺鸣投资 | 浙江台州市 |
| 通江投资 | 上海虹口区 | 东方亚杰 | 浙江宁波市 |
| 云杉投资 | 上海松江区 | 华通创投 | 浙江绍兴市 |
| 成丰资本 | 上海浦东新区 | 财通资本 | 浙江杭州市 |
| 福宁投资 | 上海浦东新区 | 天乙金谷 | 江苏无锡市 |
| 鼎冠投资 | 上海浦东新区 | 常州产投 | 江苏常州市 |
| 锐合投资 | 上海浦东新区 | 凯腾创投 | 江苏南京市 |
| 尚雅投资 | 上海浦东新区 | 高能刺桐 | 福建厦门市 |
| 和熙投资 | 上海青浦区 | 海洋投资 | 山东济南市 |
| 本裕投资 | 上海浦东新区 | 隆臣投资 | 新疆石河子市 |
| 元普投资 | 上海浦东新区 | 协和资产 | 陕西西安市 |
| 弘毅投资（上海） | 上海浦东新区 | 新疆盛世坤金 | 新疆乌鲁木齐市 |
| 晨灿投资 | 上海金山区 | 金祥投资 | 河南郑州市 |
| 创金投资 | 山东东营市 | 万瑞达 | 天津滨海新区 |
| 华商盈通 | 新疆乌鲁木齐市 | 华勤投资 | 北京朝阳区 |
| 纳兰德 | 深圳福田区 | 华晨成长投资 | 北京西城区 |
| 智诚海威 | 深圳福田区 | 东源投资 | 北京朝阳区 |
| 中科白云 | 广东广州市 | 璞玉投资 | 上海静安区 |

续表

| 投资机构 | 总部所在地 | 投资机构 | 总部所在地 |
|---|---|---|---|
| 泛亚创投投资 | 深圳龙岗区 | 天佑投资 | 北京西城区 |
| 集成富达投资 | 广东佛山市 | 金陵华新 | 北京石景山区 |
| 汇联投资 | 深圳罗湖区 | 安泰汇银 | 北京西城区 |
| 远致投资 | 深圳福田区 | 紫马投资 | 北京朝阳区 |
| 弘道天瑞 | 深圳 | 建银投资 | 北京西城区 |
| 方略投资 | 深圳福田区 | 忠诚恒兴 | 北京西城区 |
| 弘瑞投资 | 深圳南山区 | 鼎典资本 | 北京朝阳区 |
| 广证金骏投资 | 广东广州市 | 千合盛创 | 北京石景山区 |
| 辰阳投资 | 广东广州市 | 惠旭金信 | 北京东城区 |
| 招财共赢 | 深圳南山区 | 民富中联股权投资 | 北京朝阳区 |
| 银石投资 | 广东广州市 | 瑞源投资 | 北京西城区 |
| 大潮汕投资 | 深圳南山区 | 中钰康健资本 | 北京朝阳区 |
| 君创资本 | 深圳南山区 | 募旗国泰 | 北京西城区 |
| 永乾投资 | 云南昆明市 | 东富汇通投资 | 北京丰台区 |
| 中电投融和 | 深圳南山区 | 德联运通 | 北京丰台区 |
| 盈信德诚 | 深圳罗湖区 | 盛世鼎泰投资 | 北京朝阳区 |
| 宝盈基金 | 深圳福田区 | 国华汇金 | 北京朝阳区 |
| 智度投资 | 浙江宁波市 | 盛世投资 | 北京朝阳区 |
| 威盛基金 | 四川绵阳市 | 华盖卓信 | 北京东城区 |
| 弘俊财富 | 四川成都市 | 天鹰资本 | 北京东城区 |
| 信晔泰坤 | 北京西城区 | 复远投资 | 北京朝阳区 |
| 武汉天风睿通 | 北京东城区 | Yuanxu Equity | 北京朝阳区 |
| 中青国融 | 北京朝阳区 | 孚惠资本 | 北京朝阳区 |
| 华创伙伴 | 北京 | 融沛资管 | 北京西城区 |
| 长电创新投 | 北京西城区 | 金满汇 | 北京朝阳区 |
| 中企汇金 | 北京 | 磐晟投资 | 北京朝阳区 |
| 中矿联合基金 | 北京朝阳区 | 君创同达 | 北京朝阳区 |
| 天津裕丰 | 北京朝阳区 | 日出投资 | 北京朝阳区 |
| 永安信基金 | 北京西城区 | 信文资本 | 北京东城区 |
| 通用投资 | 上海浦东新区 | 中吉金投 | 北京丰台区 |
| 大医博爱基金 | 北京朝阳区 | 海通并购资本 | 上海黄浦区 |
| 基业长盛投资 | 北京朝阳区 | 勤益科投 | 北京海淀区 |
| 云鼎资本 | 北京东城区 | 赛德万方 | 北京海淀区 |
| 喜神资产管理 | 北京东城区 | 楚祥投资 | 北京海淀区 |
| 恒丰美林 | 北京西城区 | 金典银桥 | 北京海淀区 |
| 中城赋比兴 | 北京顺义区 | 中汇金玖 | 上海长宁区 |

续表

| 投资机构 | 总部所在地 | 投资机构 | 总部所在地 |
|---|---|---|---|
| 航天科工资产 | 北京海淀区 | 澜亭投资 | 上海徐汇区 |
| 嘉诚资本 | 北京怀柔区 | 季胜投资 | 上海嘉定区 |
| 普提金投资 | 北京海淀区 | 君禾基金 | 上海宝山区 |
| 真格天成投资 | 北京海淀区 | 森马投资 | 上海普陀区 |
| 瑞宝鼎资产 | 北京海淀区 | 用久投资 | 上海长宁区 |
| 中电资产 | 北京顺义区 | 民享投资 | 上海黄浦区 |
| 未名雅集 | 北京平谷区 | 创瑞坚木投资 | 上海普陀区 |
| 联创永金 | 北京海淀区 | 鼎锋投资 | 上海杨浦区 |
| 春风十里 | 北京海淀区 | 丰煜投资 | 上海青浦区 |
| 珞珈天壕 | 北京海淀区 | 乐澳投资 | 上海 |
| 本草资本 | 北京海淀区 | 国泰君安投资 | 上海 |
| 桃李资本 | 北京海淀区 | 裕坤合 | 上海浦东新区 |
| 弘湾资本 | 深圳福田区 | 元昊投资 | 上海浦东新区 |
| 建信财富 | 北京丰台区 | 冠亚投资 | 上海浦东新区 |
| 莱芜中泰 | 山东莱芜市 | 科鑫投资 | 上海浦东新区 |
| 乔丹 | 上海 | 傲英投资 | 上海浦东新区 |
| 万丰锦源 | 上海杨浦区 | 上海诚盈投资 | 上海浦东新区 |
| 冠英资本 | 上海黄浦区 | 正享投资 | 上海浦东新区 |
| 太海联投资 | 上海静安区 | 平安鼎创投资 | 上海浦东新区 |
| 海通新能源 | 上海黄浦区 | 贯喜资产 | 上海浦东新区 |
| 欧擎股权 | 上海黄浦区 | 汇石股权投资 | 上海浦东新区 |
| 宝聚昌投资 | 上海静安区 | 华岭资本 | 上海浦东新区 |
| 雅弘投资 | 上海黄浦区 | 信达金誉 | 上海浦东新区 |
| 智义投资 | 上海宝山区 | 渤海华美 | 上海浦东新区 |
| 上海复之硕 | 上海杨浦区 | 诺辉投资 | 上海浦东新区 |
| 利得资本 | 上海宝山区 | 混沌投资 | 上海浦东新区 |
| 景辉投资 | 上海杨浦区 | 星通创投 | 上海松江区 |
| 德同诚鼎 | 上海黄浦区 | 中城年代投资 | 上海奉贤区 |
| 涌津投资 | 上海嘉定区 | 慧眼投资 | 上海浦东新区 |
| 时玺海 | 上海嘉定区 | 汇荣投资 | 上海浦东新区 |
| 上海虎铂 | 上海黄浦区 | 朱雀资产 | 上海浦东新区 |
| 云毅投资 | 上海闸北区 | 衍和资产管理 | 上海浦东新区 |
| 上海雅儒 | 上海普陀区 | 天循久奕 | 上海青浦区 |
| 麦子金服 | 上海徐汇区 | 陆家嘴投资 | 上海浦东新区 |
| 鼎晖百孚 | 上海黄浦区 | 东海瑞京 | 上海浦东新区 |
| 融鼎投资 | 上海徐汇区 | 申银万国泓鼎 | 上海浦东新区 |

续表

| 投资机构 | 总部所在地 | 投资机构 | 总部所在地 |
|---|---|---|---|
| 九合股权投资 | 上海黄浦区 | 旗乾投资 | 上海崇明区 |
| 立正投资 | 上海宝山区 | 朗闻资本 | 上海金山区 |
| 易德臻投资 | 上海静安区 | 荷花基金 | 上海浦东新区 |
| 稼沃资本 | 上海浦东新区 | 诚鼎投资 | 浙江杭州市 |
| 上海德同 | 上海浦东新区 | 凯银投资 | 浙江杭州市 |
| 华泰证券 | 上海浦东新区 | 大众投资 | 浙江杭州市 |
| 华泰柏瑞 | 上海浦东新区 | 恒隆投资 | 浙江绍兴市 |
| 涌新投资 | 上海浦东新区 | 英琦恒洲 | 浙江杭州市 |
| 金浦投资 | 上海浦东新区 | 同禧投资 | 浙江绍兴市 |
| 金陀罗投资 | 上海浦东新区 | 晟昌投资 | 江苏南通市 |
| 建银益恒 | 天津滨海新区 | 联泰投资 | 江苏常州市 |
| 新远景佑成 | 天津滨海新区 | 国泰华鼎 | 江苏苏州市 |
| 加华裕丰 | 天津滨海新区 | 和正投资 | 江苏苏州市 |
| 瑞懋时代投资 | 天津滨海新区 | 迪瑞资产 | 浙江杭州市 |
| 海银投资 | 天津滨海新区 | 苏州和信达 | 江苏苏州市 |
| 天津睿银投资 | 天津滨海新区 | 同乐投资 | 浙江宁波市 |
| 元祥投资 | 天津东丽区 | 高新创业投资 | 江苏苏州市 |
| 易邦创展 | 天津南开区 | 博纳世资产 | 江苏苏州市 |
| 渤海股权基金 | 天津河北区 | 国联资本 | 江苏无锡市 |
| 和玉股权投资 | 天津滨海新区 | 南京金果投资 | 江苏南京市 |
| 宏达天健股权 | 天津滨海新区 | 元庚资本 | 浙江杭州市 |
| 约印大通 | 天津滨海新区 | 长茂宏懿 | 江苏南京市 |
| 映趣资本 | 上海浦东新区 | 伏羲投资 | 浙江宁波市 |
| 郁泰投资 | 上海黄浦区 | 中电善德 | 江苏泰州市 |
| 涌瑞投资 | 重庆南岸区 | 千合并购基金 | 浙江杭州市 |
| 歌斐隆鑫 | 重庆江北区 | 嘉兴济峰 | 浙江嘉兴市 |
| 合肥兴泰 | 安徽合肥市 | 九鼎东江 | 浙江嘉兴市 |
| 东湖投资 | 湖北武汉市 | 北帆投资 | 浙江杭州市 |
| 金牛创投 | 安徽蚌埠市 | 浙商汇融 | 浙江杭州市 |
| 君联君投资 | 安徽芜湖市 | 国金阳光 | 浙江宁波市 |
| 兴铁富江投资 | 江西南昌市 | 鼎金嘉信 | 浙江宁波市 |
| 东湖华科 | 湖北武汉市 | 通海投资 | 浙江杭州市 |
| 朗江投资 | 黑龙江哈尔滨市 | 余杭金融集团 | 浙江杭州市 |
| 和君沣盈 | 江西赣州市 | 小咖投资 | 浙江杭州市 |
| 安元投资 | 安徽合肥市 | 元鼎投资 | 江苏南通市 |
| 无极道投资 | 江西九江市 | 凯鹏新岳 | 浙江宁波市 |

续表

| 投资机构 | 总部所在地 | 投资机构 | 总部所在地 |
|---|---|---|---|
| 志道投资 | 安徽合肥市 | 云银投资 | 浙江宁波市 |
| 人福大成 | 湖北武汉市 | 信达汉石 | 浙江杭州市 |
| 安益通 | 安徽合肥市 | 美证安添 | 浙江杭州市 |
| 临云资本 | 重庆渝北区 | 宽客资本 | 浙江杭州市 |
| 创新资源 | 深圳福田区 | 成朴投资 | 吉林长春市 |
| 银基创投 | 江苏苏州市 | 江苏华映资本 | 江苏苏州市 |
| 满古矿业投资 | 浙江杭州市 | 扬州平衡资本 | 江苏扬州市 |
| 金海汇 | 江苏苏州市 | 中科创 | 深圳宝安区 |
| 宏杰基金 | 浙江杭州市 | 七匹狼晟联投资 | 深圳福田区 |
| 巨鲸财富 | 浙江杭州市 | 力奥盈辉 | 广东佛山市 |
| 通衡浙商资本 | 浙江杭州市 | 上银基金 | 深圳南山区 |
| 红柳投资 | 浙江嘉兴市 | 兰石启元 | 深圳南山区 |
| 中值胡杨 | 深圳南山区 | 同德益投资 | 深圳福田区 |
| 方德智联 | 深圳福田区 | 中山泓华 | 广东中山市 |
| 凯迪投资 | 新疆乌鲁木齐市 | 汇通盈富 | 深圳福田区 |
| 盛金投资 | 河南郑州市 | 深圳天图 | 深圳南山区 |
| 中企股权投资 | 新疆乌鲁木齐市 | 高盛华通 | 深圳宝安区 |
| 联创投资 | 河南郑州市 | 睿德信投资集团 | 深圳福田区 |
| 协和投资 | 新疆乌鲁木齐市 | 广州基金 | 广东广州市 |
| 商络投资 | 新疆乌鲁木齐市 | 亚派成长 | 深圳福田区 |
| 新玺投资 | 新疆乌鲁木齐市 | 南桥资本 | 深圳南山区 |
| 长安国际信托 | 陕西西安市 | 粤科财政 | 广东广州市 |
| 伟创富通 | 新疆乌鲁木齐市 | 孚威天玑 | 深圳罗湖区 |
| 黄河三角洲投资 | 山东济南市 | 新价值投资 | 广东广州市 |
| 衡宝投资 | 河南郑州市 | 城发基金 | 广东广州市 |
| 富广源 | 福建南平市 | 中民资本 | 深圳 |
| 世纪财富 | 福建福州市 | 道远东富 | 深圳罗湖区 |
| 华建恒业投资 | 新疆乌鲁木齐市 | 广珠文化 | 广东珠海市 |
| 华创管理 | 福建福州市 | 海量资本 | 深圳南山区 |
| 海科达股权投资 | 新疆石河子市 | 融川控股 | 深圳 |
| 锦尚睦合 | 新疆乌鲁木齐市 | 长润资产 | 深圳福田区 |
| 北部湾投资 | 广西南宁市 | 前海盈合 | 深圳 |
| 开元金通 | 山东德州市 | 国有企业重组发展基金 | 广东珠海市 |
| 泰达新源 | 新疆乌鲁木齐市 | 新富资本 | 深圳福田区 |
| 新疆华实资本 | 新疆乌鲁木齐市 | 中科创资产 | 深圳 |
| 鼎盛汇鑫 | 新疆乌鲁木齐市 | 小牛投资 | 深圳福田区 |

续表

| 投资机构 | 总部所在地 | 投资机构 | 总部所在地 |
|---|---|---|---|
| 集美产业投资 | 福建厦门市 | 中盈国源 | 深圳盐田区 |
| 乾溢源投资 | 广西南宁市 | 新恒利达 | 深圳福田区 |
| 匹克投资 | 福建泉州市 | 物明博济 | 深圳南山区 |
| 鲁信祺晟 | 山东济南市 | 吉石资本 | 深圳宝安区 |
| 福能武夷投资 | 福建福州市 | 玖菲特 | 深圳南山区 |
| 拉隆基金 | 福建厦门市 | 首润投资 | 深圳南山区 |
| 金谷融通 | 新疆乌鲁木齐市 | 南粤基金 | 广东广州市 |
| 菏泽和邦 | 山东菏泽市 | 前海互兴 | 深圳南山区 |
| 缀子财富 | 深圳福田区 | 岭南金控 | 深圳南山区 |
| 腾邦梧桐投资 | 深圳福田区 | 安联汇金 | 深圳福田区 |
| 圆融投资 | 深圳福田区 | 松禾远望 | 深圳南山区 |
| 广发信德中山公用 | 深圳福田区 | 珠海高瓴 | 广东珠海市 |
| 中金前海 | 深圳南山区 | 安达资本 | 深圳福田区 |
| 易方达 | 广东珠海市 | 安迪大洋 | 北京石景山区 |
| 恒日隆投资 | 深圳福田区 | 富明资产 | 北京海淀区 |
| 新金农投资 | 深圳南山区 | 和光同鑫 | 北京西城区 |
| 精一投资 | 深圳南山区 | 金凤凰 | 北京通州区 |
| 蓝海资本 | 深圳南山区 | 凯普德资本 | 北京丰台区 |
| 凯富基金 | 深圳福田区 | 光彩 49 集团 | 北京 |
| 中合信资本 | 深圳福田区 | 诺岩红投资 | 北京怀柔区 |
| 诚道天华 | 深圳福田区 | 盛诺金投资 | 北京朝阳区 |
| 一号公路资本 | 深圳南山区 | 国寿投资 | 北京西城区 |
| 灿基佳业 | 深圳南山区 | 鹊山投资 | 北京顺义区 |
| 纳斯特 | 广东广州市 | 融德资产 | 北京 |
| 天河翰晖恒传 | 广东广州市 | 富恩德粮食基金 | 北京西城区 |
| 新境界 | 深圳南山区 | 人保资本 | 北京 |
| 头狼资本 | 深圳南山区 | 圆基环保资本 | 北京朝阳区 |
| 光大瞰澜 | 深圳福田区 | 德信丰益 | 北京 |
| 中兴合创 | 深圳罗湖区 | 惠农资本 | 北京朝阳区 |
| 广泰投资 | 新疆乌鲁木齐市 | 贝凯投资 | 北京 |
| 长青资本 | 北京朝阳区 | 沃银德克 | 北京东城区 |
| 国辰产业投资 | 四川成都市 | 世富投资 | 北京朝阳区 |
| 成都泰豪 | 四川成都市 | 中瀚海联 | 北京东城区 |
| 燕赵投资 | 河北沧州市 | 厚道资本 | 北京 |
| 沿海产投基金 | 河北唐山市 | 华夏西部弘俊投资 | 北京朝阳区 |
| 凤凰股权投资 | 西藏拉萨市 | 晋商联合 | 北京西城区 |

续表

| 投资机构 | 总部所在地 | 投资机构 | 总部所在地 |
|---|---|---|---|
| 拉萨昆吾九鼎产投 | 西藏拉萨市 | 中汇同创投资 | 北京东城区 |
| 中屹银丰投资 | 四川成都市 | 力天投资 | 北京西城区 |
| 紫光卓远 | 西藏拉萨市 | 砻淬资本 | 北京东城区 |
| 海航旅游集团 | 海南海口市 | 鑫根投资 | 北京朝阳区 |
| 甘肃新兴产业投资 | 甘肃兰州市 | 财富基金 | 北京东城区 |
| 源驰投资 | 西藏拉萨市 | 凤凰财富 | 北京朝阳区 |
| 蓝太投资 | 河北保定市 | 东方国润 | 北京西城区 |
| 成都得誉 | 四川成都市 | 华兴泰达 | 北京朝阳区 |
| 锦秀同德 | 四川成都市 | 星长城投资 | 北京朝阳区 |
| 华茂资本 | 河北石家庄市 | 国信鸿基 | 北京朝阳区 |
| 京江资本 | 江苏常州市 | 富达投资 | 北京朝阳区 |
| 暖流资产 | 天津滨海新区 | 甲子海汇 | 北京朝阳区 |
| 直接资本 | 深圳南山区 | 北京中泽信 | 北京朝阳区 |
| 易居资产 | 上海 | 金岩世纪 | 北京东城区 |
| 中信并购基金 | 深圳 | 信达投资 | 北京西城区 |
| 信业基金 | 北京朝阳区 | 北上投资基金 | 北京朝阳区 |
| 摩根士丹利华鑫 | 深圳福田区 | 华德天爱投资 | 北京朝阳区 |
| 因威斯特医药 | 北京朝阳区 | 东源国信 | 北京朝阳区 |
| 中欧卓越投资 | 北京朝阳区 | 凯兴资产 | 北京东城区 |
| 天辰明达 | 北京西城区 | 博星投资 | 北京西城区 |
| 中科赛新资本 | 江苏无锡市 | 正心投资 | 北京朝阳区 |
| 银达资本 | 北京朝阳区 | 国宏汇金 | 北京西城区 |
| 常青藤联创投资 | 北京西城区 | 新兴嘉本投资 | 北京东城区 |
| 中诚信财务 | 北京丰台区 | 叁果资产 | 北京朝阳区 |
| 广能投资 | 北京朝阳区 | 中国农业基金 | 北京石景山区 |
| 博泽资本 | 北京朝阳区 | 和聚百川 | 北京海淀区 |
| 阿拉丁财富资产 | 北京朝阳区 | 翰海资本 | 北京东城区 |
| 银基伟业股权 | 北京朝阳区 | 天治基金 | 上海浦东新区 |
| 永安财富 | 北京朝阳区 | 中文创投 | 北京西城区 |
| 建信信托 | 安徽合肥市 | 华夏钰生 | 北京朝阳区 |
| 建州基金 | 北京朝阳区 | 银杉科创 | 北京平谷区 |
| 崇德投资 | 北京东城区 | 东方昆仑投资 | 北京朝阳区 |
| 国都景瑞 | 北京东城区 | 富国财富 | 北京东城区 |
| 立达资本 | 北京西城区 | 一扬嘉德 | 北京朝阳区 |
| 建投投资 | 北京西城区 | 兵工财务 | 北京东城区 |
| 国电资本 | 北京西城区 | 华镇基金 | 北京朝阳区 |

续表

| 投资机构 | 总部所在地 | 投资机构 | 总部所在地 |
|---|---|---|---|
| 齐星开创投资 | 北京朝阳区 | 中核基金 | 北京西城区 |
| 中盛基金 | 北京朝阳区 | 中汇瑞祥 | 北京石景山区 |
| 北京文化产业基金 | 北京西城区 | 红杉坤德 | 北京朝阳区 |
| 东方龙济 | 北京朝阳区 | 未易投资 | 北京西城区 |
| 合拓投资 | 北京朝阳区 | 普翌投资 | 北京东城区 |
| 淡水河投资 | 北京朝阳区 | 凯联资本 | 北京朝阳区 |
| 北京欣荣恒投资 | 北京石景山区 | 欧沃投资 | 北京朝阳区 |
| 金汇兴业 | 北京西城区 | 嘉富诚资本 | 北京朝阳区 |
| 德昌行投资 | 北京朝阳区 | 龙元投资 | 北京朝阳区 |
| 国圣资产 | 北京西城区 | 汇金嘉业 | 北京西城区 |
| 中金佳合 | 北京朝阳区 | 前海光大金控投资 | 北京西城区 |
| 艾亿新融 | 北京朝阳区 | 天弘创新 | 北京西城区 |
| 华电金泰 | 北京丰台区 | 中华保险 | 北京西城区 |
| 金风投控 | 北京丰台区 | 盛泰新力投资 | 北京朝阳区 |
| 道睿择投资 | 北京朝阳区 | 复思资产 | 北京朝阳区 |
| 中世融川 | 北京朝阳区 | 同德金信 | 北京西城区 |
| 时间投资 | 北京朝阳区 | 嘉宸投资 | 北京朝阳区 |
| 华信实景 | 北京朝阳区 | 新板资本 | 北京朝阳区 |
| 中新融创 | 北京朝阳区 | 大有财富 | 北京朝阳区 |
| 吉融元通 | 北京朝阳区 | 未名兄弟投资 | 北京昌平区 |
| 中诚方圆 | 北京丰台区 | 中农国新 | 北京海淀区 |
| 盈谷信晔 | 北京西城区 | 点石汇鑫 | 北京顺义区 |
| 云晖资本 | 北京东城区 | 京旅盛宏 | 北京平谷区 |
| 中盛慧信 | 北京西城区 | 绿科云世纪投资 | 北京海淀区 |
| 宏远投资 | 北京东城区 | 东证融成 | 北京门头沟区 |
| 优美缔投资 | 北京朝阳区 | 禾永投资 | 北京大兴区 |
| 基锐资本 | 北京朝阳区 | 银杏盛鸿 | 北京房山区 |
| 锋石投资 | 北京朝阳区 | 凤凰财鑫 | 北京海淀区 |
| 信瑞达投资 | 北京西城区 | 大洋盈通 | 北京海淀区 |
| 中合农投 | 北京朝阳区 | 中投中财 | 北京海淀区 |
| 盛景财富 | 北京西城区 | 诺宝投资 | 北京海淀区 |
| 大唐金控 | 北京朝阳区 | 国新基金 | 北京海淀区 |
| 通盛时富资本 | 上海浦东新区 | 中域投资 | 北京海淀区 |
| 兴业创富 | 北京朝阳区 | 友财投资 | 北京海淀区 |
| 华融天泽 | 北京西城区 | 建投华科 | 北京海淀区 |
| 汇信涌泉 | 北京东城区 | 启明星辰 | 北京海淀区 |

续表

| 投资机构 | 总部所在地 | 投资机构 | 总部所在地 |
|---|---|---|---|
| 云石水泽 | 北京东城区 | 中投元邦 | 北京海淀区 |
| 九鼎华信 | 北京朝阳区 | 艾克天晟投资 | 北京顺义区 |
| 俊远投资 | 北京朝阳区 | 启越新材投资 | 北京顺义区 |
| 诚筑投资 | 上海崇明区 | 中技知识产权投资 | 北京海淀区 |
| 东海岸投资 | 北京海淀区 | 北后谊久投资 | 北京房山区 |
| 恒益投资 | 浙江衢州市 | 鼎视传媒 | 北京顺义区 |
| 领优资本 | 北京海淀区 | 新创百树 | 北京海淀区 |
| 方正中国基金 | 北京 | 中电科投资 | 北京海淀区 |
| 亚洲资产 | 北京海淀区 | 丝绸时代 | 北京海淀区 |
| 华生救援投资 | 天津滨海新区 | 源和资本 | 北京海淀区 |
| 火炬高新投 | 北京海淀区 | 奇点领誉 | 北京延庆县 |
| 萃智投资 | 北京海淀区 | 领瑞投资 | 北京密云县 |
| 友派合力 | 北京平谷区 | 瀛杉投资 | 北京海淀区 |
| 鼎晟和资本 | 北京海淀区 | 阖裕投资 | 北京海淀区 |
| 核心资本 | 北京海淀区 | 风雪投资 | 北京通州区 |
| 点盛投资 | 北京海淀区 | 百朋嘉业 | 北京海淀区 |
| 红石先锋 | 北京海淀区 | 汉世纪国际 | 北京海淀区 |
| 禅益丰 | 北京海淀区 | 谷银基金 | 北京海淀区 |
| 益富海 | 北京海淀区 | 道口投 | 北京海淀区 |
| 中宏伦新能源 | 北京顺义区 | 荣联创富 | 北京海淀区 |
| 英飞尼迪（北京） | 北京海淀区 | 融信泓资本 | 北京海淀区 |
| 华软投资管理 | 北京海淀区 | 汇宝金源 | 北京海淀区 |
| 浩洋投资 | 北京海淀区 | 珠源资本 | 北京海淀区 |
| 华信资产 | 北京延庆县 | 君证资本 | 上海虹口区 |
| 君盛资本 | 深圳福田区 | 东楷景旭 | 上海普陀区 |
| 创和投资 | 上海长宁区 | 千骥星鹤 | 上海徐汇区 |
| 启瑞投资 | 上海黄浦区 | 广目资产 | 上海虹口区 |
| 融客投资 | 上海徐汇区 | 润沃丰投资 | 上海普陀区 |
| 瑞威资本 | 上海徐汇区 | 愚朴投资 | 上海闸北区 |
| 天盈投资 | 上海徐汇区 | 莘竹投资 | 上海嘉定区 |
| 支点投资 | 上海普陀区 | 卓中投资 | 上海普陀区 |
| 易泓资本 | 上海杨浦区 | 盛禾聚合 | 上海杨浦区 |
| 福信投资 | 上海黄浦区 | 隆挚投资 | 上海宝山区 |
| 欣创投资 | 上海静安区 | 经邦投资 | 上海杨浦区 |
| 涌玖投资 | 上海静安区 | 期港资产管理 | 上海黄浦区 |
| 紫槐汉世纪 | 上海闸北区 | 众筹股权投资 | 上海嘉定区 |

续表

| 投资机构 | 总部所在地 | 投资机构 | 总部所在地 |
|---|---|---|---|
| 时利投资 | 上海虹口区 | 海通芒果 | 上海黄浦区 |
| 涌泉亿信 | 上海嘉定区 | 宁波朗盛投资 | 浙江宁波市 |
| 远望新宇 | 上海长宁区 | 上海星鸿 | 上海黄浦区 |
| 凯石隆海 | 上海虹口区 | 沃仑投资 | 上海杨浦区 |
| 黄杉投资 | 上海徐汇区 | 美年大健康投资 | 上海宝山区 |
| 源恺资本 | 上海黄浦区 | 诚鼎扬子 | 上海黄浦区 |
| 瑞领资本 | 上海杨浦区 | 绿水资管 | 上海虹口区 |
| 中合供销股权投资 | 上海虹口区 | 恒松资本 | 上海黄浦区 |
| 鼎亮禾元 | 上海徐汇区 | 均弥资本 | 上海长宁区 |
| 埃得伟信 | 上海闸北区 | 微影歌斐 | 上海杨浦区 |
| 瑞富投资 | 上海虹口区 | 永达资产 | 上海虹口区 |
| 垂虹投资 | 上海徐汇区 | 源熹投资 | 上海普陀区 |
| 兴业国信资产 | 上海虹口区 | 海通证券 | 上海黄浦区 |
| 优欧弼投资 | 上海静安区 | 汇寅投资 | 上海闸北区 |
| 夏鼎资本 | 上海长宁区 | 海通创世 | 上海黄浦区 |
| 瑞康投资 | 上海静安区 | 联新投资咨询 | 上海嘉定区 |
| 成为常青 | 上海静安区 | 绿地投资 | 上海黄浦区 |
| 丰厚投资 | 上海黄浦区 | 恒睿投资 | 上海静安区 |
| 裕通投资 | 上海宝山区 | 瑞经达创业投资 | 上海黄浦区 |
| 上海联创永津 | 上海徐汇区 | 德锌投资 | 上海嘉定区 |
| 松岭基金投资 | 上海黄浦区 | 华盈天山 | 上海徐汇区 |
| 鼎瑞峰投资 | 上海杨浦区 | 国斌投资 | 上海虹口区 |
| 上海观臻 | 上海嘉定区 | 乾立基金 | 上海静安区 |
| 歌斐诺宝 | 上海虹口区 | 檀实资产 | 上海嘉定区 |
| 睿德投资 | 上海黄浦区 | 东方嘉实 | 上海黄浦区 |
| 隆投资产 | 上海闸北区 | 众麟投资 | 上海嘉定区 |
| 信於资产 | 上海杨浦区 | 恩斯奎 | 上海静安区 |
| 勤弘投资 | 上海嘉定区 | 药明康德投资 | 上海浦东新区 |
| 泰石资产 | 上海闵行区 | 鼎华投资 | 上海浦东新区 |
| 光大富尊 | 上海静安区 | 大黎资产管理 | 上海青浦区 |
| 东方富厚 | 上海黄浦区 | 福弘（上海）股权投资 | 上海浦东新区 |
| 盛重投资 | 上海闵行区 | 秉诚股权投 | 上海浦东新区 |
| 紫竹小苗 | 上海闵行区 | 泰恒凯通 | 上海浦东新区 |
| 天希投资 | 上海黄浦区 | 锦江投资 | 上海浦东新区 |
| 德创投资 | 上海静安区 | 沃今投资 | 上海崇明区 |
| 古莲资本 | 上海长宁区 | 和科发 | 上海浦东新区 |

续表

| 投资机构 | 总部所在地 | 投资机构 | 总部所在地 |
|---|---|---|---|
| 清控金信资本 | 北京丰台区 | 塱银基金 | 上海浦东新区 |
| 鲤城五矿 | 福建厦门市 | 丰霖投资 | 上海崇明区 |
| 奥美投资 | 上海浦东新区 | 资理投资 | 上海浦东新区 |
| 恒基浦业 | 上海浦东新区 | 真金资产 | 上海浦东新区 |
| 德厚基金管理 | 上海浦东新区 | 冠旺投资 | 上海青浦区 |
| 欧擎创投 | 上海浦东新区 | 景时投资 | 上海青浦区 |
| 智盈投资 | 上海浦东新区 | 长辰投资 | 上海崇明区 |
| 昌东投资 | 上海浦东新区 | 赛领资本 | 上海浦东新区 |
| 天裕投资 | 上海浦东新区 | 游马地投资 | 上海浦东新区 |
| 亨升投资 | 上海松江区 | 旗达投资 | 上海崇明区 |
| 睿通资产 | 上海浦东新区 | 凌翔投资 | 上海浦东新区 |
| 新日投资 | 上海浦东新区 | 和平大宗 | 上海松江区 |
| 富欣投资 | 上海浦东新区 | 上海淳元 | 上海浦东新区 |
| 瑞力投资 | 上海浦东新区 | 汉铎投资 | 上海浦东新区 |
| 金兆资本 | 上海浦东新区 | 康橙投资 | 上海青浦区 |
| 扬子投资 | 上海浦东新区 | 商金投资 | 上海浦东新区 |
| 宏邦投资 | 上海浦东新区 | 银叶投资 | 上海浦东新区 |
| 磐厚投资 | 上海浦东新区 | 中合盛 | 上海浦东新区 |
| 业禾投资 | 上海崇明区 | 宽鼎资产 | 上海崇明区 |
| 镕晟投资 | 上海浦东新区 | 申万创新资本 | 上海浦东新区 |
| 鼎汇通投资 | 上海浦东新区 | 上海盛歌 | 上海青浦区 |
| 创星投资 | 上海浦东新区 | 泾溪投资 | 上海浦东新区 |
| 元心投资 | 上海浦东新区 | 言呈投资 | 上海浦东新区 |
| 邦恒炬晟 | 上海浦东新区 | 红象投资 | 上海浦东新区 |
| 复地投资 | 上海浦东新区 | 银叶阶跃 | 上海奉贤区 |
| 证大股权投资 | 上海崇明区 | 长汪李石 | 上海浦东新区 |
| 中华开发 | 上海浦东新区 | 行圣投资 | 上海浦东新区 |
| 双阳投资 | 上海浦东新区 | 东方点石 | 上海浦东新区 |
| 圳通投资 | 上海浦东新区 | 举汇资产 | 上海青浦区 |
| 金赛银 | 深圳罗湖区 | 中泰资本 | 上海浦东新区 |
| 丰泽投资 | 上海浦东新区 | 上海未华 | 上海浦东新区 |
| 金浦健服 | 上海奉贤区 | 永淳资本 | 上海浦东新区 |
| 理能资产 | 上海浦东新区 | 尔博资本 | 上海浦东新区 |
| 棕泉投资 | 上海浦东新区 | 昆通投资 | 上海浦东新区 |
| 金浦欣成 | 上海松江区 | 芳阳投资 | 上海浦东新区 |
| 瓜牛投资 | 上海浦东新区 | 勤远投资 | 上海浦东新区 |

续表

| 投资机构 | 总部所在地 | 投资机构 | 总部所在地 |
|---|---|---|---|
| 沣石投资 | 上海浦东新区 | 玖琨投资 | 上海浦东新区 |
| 至坤资产 | 上海浦东新区 | 承树资本 | 上海浦东新区 |
| 镁月资产 | 上海浦东新区 | 景林资本 | 上海浦东新区 |
| 宝樾投资 | 上海浦东新区 | 方和资本 | 上海浦东新区 |
| 允程资产 | 上海浦东新区 | 博约投资 | 上海浦东新区 |
| 竞远投资 | 上海浦东新区 | 凯玛 | 上海青浦区 |
| 君彤投资 | 上海浦东新区 | 贝晟投资 | 上海浦东新区 |
| 海得泽广 | 上海金山区 | 盛之景 | 上海浦东新区 |
| 静观创投 | 上海浦东新区 | 睿谊投资 | 上海崇明区 |
| 兴业投资 | 上海浦东新区 | 韬韫投资 | 上海普陀区 |
| 上海光控动态 | 上海浦东新区 | 锡玉翔投资 | 上海黄浦区 |
| 银日伊方 | 上海浦东新区 | 裕润立达 | 天津滨海新区 |
| 榕树基金 | 上海浦东新区 | 国汇投资 | 天津滨海新区 |
| 广发永胥 | 上海浦东新区 | 黄河源基金 | 天津滨海新区 |
| 胜道资本 | 上海浦东新区 | 紫荆资本 | 天津滨海新区 |
| 正珈投资 | 上海浦东新区 | 盈富投资 | 天津滨海新区 |
| 欣博杰益 | 上海浦东新区 | 易圣栏投资 | 天津滨海新区 |
| 银烁资产 | 上海浦东新区 | 康荣投资 | 天津滨海新区 |
| 优序投资 | 上海浦东新区 | 长荣投资 | 天津滨海新区 |
| 锐喆投资 | 上海崇明区 | 盛世金泉投资 | 天津滨海新区 |
| 金元百利 | 上海浦东新区 | 智盈投资 | 天津滨海新区 |
| 西部利得 | 上海浦东新区 | 平安投资 | 天津滨海新区 |
| 英劳股权投资 | 上海浦东新区 | 海风联投资 | 天津滨海新区 |
| 华宝兴业基金 | 上海浦东新区 | 明智合信 | 天津滨海新区 |
| 玖旺基金 | 上海奉贤区 | 橙力量投资 | 天津滨海新区 |
| 永赢资产 | 上海浦东新区 | 众英桥投资 | 天津滨海新区 |
| 见信投资 | 上海浦东新区 | 瀚锦投资 | 天津滨海新区 |
| 智连晟益 | 上海浦东新区 | 安城投资 | 天津滨海新区 |
| 御泓基金 | 上海奉贤区 | 博信投资 | 天津滨海新区 |
| 乾道嘉信 | 上海崇明区 | 时轮投资 | 天津滨海新区 |
| 信磐文化 | 上海浦东新区 | 春华明德 | 天津滨海新区 |
| 牧园投资 | 上海浦东新区 | 富鼎和 | 天津滨海新区 |
| 黑晶资本 | 上海浦东新区 | 润丰达投资 | 天津滨海新区 |
| 金浦健康基金 | 上海浦东新区 | 渤海国投 | 天津河北区 |
| 中金智德 | 上海浦东新区 | 天津同创伟业 | 天津滨海新区 |
| 君创百基投资 | 天津滨海新区 | 新海天资本 | 湖北武汉市 |

续表

| 投资机构 | 总部所在地 | 投资机构 | 总部所在地 |
|---|---|---|---|
| 天一和投资 | 天津滨海新区 | 永安信投资 | 湖南长沙市 |
| 天津和源信 | 天津滨海新区 | 重庆新希望 | 重庆江北区 |
| 保银投资 | 天津滨海新区 | 重庆信托 | 重庆渝中区 |
| 沃利华投资 | 天津滨海新区 | 重庆顶峰投资 | 重庆渝北区 |
| 吉融投资 | 天津滨海新区 | 重庆光控 | 重庆渝中区 |
| 汇能锦程投资 | 天津滨海新区 | 紫石资本 | 重庆渝中区 |
| 软银博盛 | 天津滨海新区 | 传怡天下 | 湖南长沙市 |
| 广汇投资 | 天津滨海新区 | 湘潭两型公司 | 湖南湘潭市 |
| 晟瑞恒投资 | 天津滨海新区 | 合和达投资 | 安徽合肥市 |
| 宸瑞投资 | 天津东丽区 | 圆基投资 | 重庆渝中区 |
| 滨海基金 | 天津滨海新区 | 辰龙投资 | 重庆渝北区 |
| 中泽嘉盟投资咨询 | 天津滨海新区 | 联创共富 | 重庆江北区 |
| 合信投资 | 天津滨海新区 | 长江基金 | 湖北武汉市 |
| 融信投资 | 天津滨海新区 | 雷石天汇 | 湖北武汉市 |
| 渤海基金 | 天津河北区 | 北斗星投资 | 湖北武汉市 |
| 远津绿洲 | 天津滨海新区 | 南方财经 | 贵州黔东南自治州 |
| 天津软银 | 天津南开区 | 楚天汇通投资 | 湖北武汉市 |
| 同成创展 | 天津滨海新区 | 武汉博润 | 湖北武汉市 |
| 晨亨投资 | 天津滨海新区 | 鑫安融资 | 湖北十堰市 |
| 浙信安亨 | 天津东丽区 | 德宏投资 | 江西萍乡市 |
| 光大金控 | 天津河东区 | 泰兴创投 | 湖南长沙市 |
| 工银国际 | 天津滨海新区 | 赣州招商致远 | 江西赣州市 |
| 瑞阳投资 | 天津河北区 | 广汇信投资 | 湖北武汉市 |
| 新华同创 | 天津滨海新区 | 科创投资 | 湖北武汉市 |
| 信义泰 | 天津滨海新区 | 安全产业基金 | 重庆万盛区 |
| 天津卓华 | 天津和平区 | 文化股权基金 | 重庆江北区 |
| 天津孚惠 | 天津滨海新区 | 万维启航股权投资 | 湖北武汉市 |
| 滨海财富 | 天津滨海新区 | 浙商中部投资 | 湖北武汉市 |
| 同创北拓 | 天津滨海新区 | 泉源合投资 | 湖北武汉市 |
| 鑫牛润瀛投资 | 天津滨海新区 | 兴泰产业投资 | 安徽合肥市 |
| 真格天地 | 天津滨海新区 | 湘晖资产 | 湖南长沙市 |
| 卡日曲 | 天津滨海新区 | 江和投资 | 安徽芜湖市 |
| 百泰易合 | 天津红桥区 | 云鼎股权投资 | 湖南长沙市 |
| 奇虎和盛 | 天津滨海新区 | 四方信源 | 山西临汾市 |
| 中海德 | 天津南开区 | 华君股权基金 | 安徽芜湖市 |
| 盈麟投资 | 上海闵行区 | 和思投资 | 江西新余市 |

续表

| 投资机构 | 总部所在地 | 投资机构 | 总部所在地 |
|---|---|---|---|
| 重庆国创 | 重庆渝北区 | 晋尚博银股权 | 山西太原市 |
| 龙盛玖智 | 重庆江北区 | 西证重投资 | 重庆江北区 |
| 重庆鑫根 | 重庆江北区 | 探路者和同 | 江西鹰潭市 |
| 延华高金 | 湖北武汉市 | 瑞同投资 | 浙江温州市 |
| 太原高新投资 | 山西太原市 | 金联诚投资 | 浙江宁波市 |
| 卓健投资 | 湖北武汉市 | 龙信投资 | 浙江绍兴市 |
| 合众鑫越 | 湖南长沙市 | 广和投资 | 浙江杭州市 |
| 合众鑫荣 | 湖南长沙市 | 摩根士丹利（中国）投资 | 浙江杭州市 |
| 惟同投资 | 安徽合肥市 | 盛商共赢 | 江苏苏州市 |
| 和亚化医投资 | 重庆渝北区 | 浙大正合 | 浙江杭州市 |
| 汇垠天星 | 湖南长沙市 | 拓晖本裕 | 浙江绍兴市 |
| 长瑞圣安投资 | 湖北武汉市 | 鸿林投资 | 江苏南京市 |
| 恒瑞天华 | 湖北孝感市 | 英飞投资 | 浙江嘉兴市 |
| 高投德盛 | 湖北武汉市 | 天元投资 | 浙江湖州市 |
| 新余乐活 | 江西新余市 | 金库创投 | 浙江杭州市 |
| 新余天游 | 江西新余市 | 双熙隆盛 | 浙江宁波市 |
| 睿福德投资 | 湖北武汉市 | 泓源合一 | 浙江宁波市 |
| 睿金众合 | 湖北武汉市 | 双睿汇银 | 浙江宁波市 |
| 长江合志 | 湖北武汉市 | 厚泽股权投资 | 浙江杭州市 |
| 共成投资 | 安徽合肥市 | 红磐基业 | 浙江绍兴市 |
| 天巽投资 | 湖南长沙市 | 天勤投资 | 浙江绍兴市 |
| 华安新兴 | 安徽合肥市 | 天元九鼎 | 浙江嘉兴市 |
| 天风天信财富 | 湖北武汉市 | 沧浪投资 | 浙江杭州市 |
| 嘉立投资 | 湖南长沙市 | 红实基业 | 浙江绍兴市 |
| 渤溢投资 | 重庆渝北区 | 润铭投资 | 浙江杭州市 |
| 合宸投资 | 湖南长沙市 | 天德投资 | 浙江宁波市 |
| 点石财富 | 安徽合肥市 | 创博盛拓 | 江苏苏州市 |
| 金通安益 | 安徽合肥市 | 澄和创投 | 江苏苏州市 |
| 湘商资本 | 湖南长沙市 | 海达蓝源投资 | 浙江宁波市 |
| 绿色产业基金 | 湖北宜昌市 | 凯利投资 | 吉林长春市 |
| 江西金控 | 江西南昌市 | 蓝海方舟投资 | 江苏苏州市 |
| 兴联创 | 湖北武汉市 | 京兆股权投资 | 江苏常州市 |
| 德威资本 | 深圳南山区 | 杭州骥业投资 | 浙江杭州市 |
| 富信富时 | 深圳南山区 | 国盛投资 | 江苏徐州市 |
| 广纳创新投资 | 深圳罗湖区 | 鼎兴投资 | 浙江嘉兴市 |
| 博通创投 | 浙江杭州市 | 浙江卧龙 | 浙江绍兴市 |

续表

| 投资机构 | 总部所在地 | 投资机构 | 总部所在地 |
|---|---|---|---|
| 中大投资 | 浙江杭州市 | 苏州天利 | 江苏苏州市 |
| 上策投资 | 浙江杭州市 | 胜辉投资 | 浙江杭州市 |
| 昊融投资 | 吉林长春市 | 星润投资 | 浙江嘉兴市 |
| 海澜投资 | 江苏无锡市 | 博客资本 | 浙江杭州市 |
| 苏州中昊 | 江苏苏州市 | 昆仑信托 | 浙江宁波市 |
| 博鸿投资 | 浙江杭州市 | 浙大九智 | 浙江杭州市 |
| 江苏中富 | 江苏南京市 | 浙江信达资产 | 浙江杭州市 |
| 茂汇投资 | 浙江宁波市 | 丰裕投资 | 浙江温州市 |
| 软银宏达 | 浙江宁波市 | 前海开元 | 深圳南山区 |
| 远瞻丰源 | 浙江宁波市 | 基布兹 | 江苏南京市 |
| 菲林投资 | 浙江杭州市 | 中电海康 | 浙江杭州市 |
| 泰能投资 | 江苏泰州市 | 京控资本 | 江苏常州市 |
| 信远业丰 | 浙江嘉兴市 | 天骏投资 | 江苏苏州市 |
| 磐华投资 | 浙江温州市 | 谦石禾润 | 浙江宁波市 |
| 恒本投资 | 浙江杭州市 | 景行天成 | 浙江宁波市 |
| 信能资本 | 江苏无锡市 | 中建投信托 | 浙江杭州市 |
| 索思邦投资 | 浙江杭州市 | 卓正盈泰 | 江苏南京市 |
| 大愚投资 | 江苏苏州市 | 浙江金控投资 | 浙江杭州市 |
| 青骓投资 | 浙江宁波市 | 钜源投资 | 浙江宁波市 |
| 高达富鼎投资 | 江苏南京市 | 吉彤投资 | 浙江宁波市 |
| 栖霞资管 | 江苏南京市 | 鼎金开元 | 浙江宁波市 |
| 清石投资 | 浙江嘉兴市 | 国开开元股权投资基金 | 江苏苏州市 |
| 赛伯乐投资 | 浙江宁波市 | 昆仑创元 | 浙江嘉兴市 |
| 紫金汇文 | 江苏南京市 | 凯睿超投资 | 浙江杭州市 |
| 国盛富瑞 | 江苏徐州市 | 太平国发 | 江苏苏州市 |
| 宁波永成双海 | 浙江宁波市 | 融源瑞康 | 浙江湖州市 |
| 金奥基金 | 江苏苏州市 | 宁波昆仑点金 | 浙江宁波市 |
| 常州健腾 | 江苏常州市 | 滨创投资 | 浙江杭州市 |
| 道宁投资 | 江苏南京市 | 维思投资 | 江苏南京市 |
| 华弘投资 | 浙江杭州市 | 盛世磐鑫 | 浙江宁波市 |
| 金百灵 | 江苏无锡市 | 宁波国鑫投资 | 浙江宁波市 |
| 浙江华侨投资 | 浙江杭州市 | 宙麟投资 | 浙江杭州市 |
| 钛和资本 | 浙江杭州市 | 莱茵达体育 | 浙江杭州市 |
| 科地资本 | 浙江杭州市 | 康德投资 | 浙江嘉兴市 |
| 乔楚投资 | 江苏苏州市 | 星路投资 | 浙江杭州市 |
| 煜鼎投资 | 浙江杭州市 | 博创金甬 | 浙江宁波市 |

续表

| 投资机构 | 总部所在地 | 投资机构 | 总部所在地 |
|---|---|---|---|
| 炎昊投资 | 江苏南京市 | 泰尔顺 | 江苏苏州市 |
| 泰通财富 | 吉林长春市 | 天堂硅谷 | 浙江宁波市 |
| 星空投资 | 浙江嘉兴市 | 拔萃投资 | 浙江杭州市 |
| 华科科技 | 江苏常州市 | 江阴银木 | 江苏无锡市 |
| 商融投资 | 浙江杭州市 | 凯腾创业投资 | 江苏南京市 |
| 容泉投资 | 浙江嘉兴市 | 若沐知藏 | 浙江杭州市 |
| 宁波鼎锋明道汇信投资 | 浙江宁波市 | 浙江坤元 | 浙江杭州市 |
| 点亮壹期 | 浙江宁波市 | 北大协同创新 | 浙江杭州市 |
| 蓝迪投资 | 浙江杭州市 | 爱迪尔金鼎投资 | 江苏苏州市 |
| 京湖资本 | 江苏常州市 | 君子兰资本 | 江苏苏州市 |
| 茂信智合 | 浙江杭州市 | 中鑫创投 | 江苏苏州市 |
| 苏州清研 | 江苏苏州市 | 三微投资 | 福建厦门市 |
| 泓谟资管 | 江苏南京市 | 中投资产 | 山东青岛市 |
| 国经投资 | 江苏无锡市 | 天和投资 | 山东济南市 |
| 吉林养老基金 | 吉林长春市 | 东银投资 | 山东济南市 |
| 阅文文兴 | 浙江宁波市 | 华商盈达创投 | 陕西西安市 |
| 玥睿投资 | 江苏南京市 | 创力投资 | 新疆乌鲁木齐市 |
| 沣融投资 | 浙江杭州市 | 欧擎金泉 | 陕西西安市 |
| 一线天投资 | 浙江杭州市 | 赛众投资 | 新疆乌鲁木齐市 |
| 新建元创投 | 江苏苏州市 | 亿象股权 | 河南焦作市 |
| 弘讯诺鑫 | 江苏南通市 | 泰德基业 | 新疆乌鲁木齐市 |
| 藤柏资本 | 浙江杭州市 | 新疆兴汇聚 | 新疆 |
| 瑞谷投资 | 江苏无锡市 | 新美投资 | 新疆乌鲁木齐市 |
| 永鑫方舟 | 江苏苏州市 | 厦门东方汇富 | 福建厦门市 |
| 蓝三古月投资管理 | 浙江宁波市 | 蓝桉投资 | 山东青岛市 |
| 重山睦和 | 江苏苏州市 | 先德资本 | 深圳福田区 |
| 叁加壹资产 | 江苏南京市 | 新疆中盈投资 | 新疆石河子市 |
| 海多投资 | 浙江杭州市 | 新疆联和投资 | 新疆乌鲁木齐市 |
| 多助信息 | 浙江杭州市 | 道生投资 | 福建泉州市 |
| 吉投基金 | 吉林长春市 | 盛世新天 | 新疆石河子市 |
| 锦利投资 | 浙江杭州市 | 炳中投资 | 福建福州市 |
| 中赢集团 | 浙江杭州市 | 弘新投资 | 新疆石河子市 |
| 盛世鸿升 | 浙江宁波市 | 峄城国有资产 | 山东枣庄市 |
| 首科鼎新 | 浙江宁波市 | 智明投资 | 新疆喀什地区 |
| 万中投资 | 浙江杭州市 | 嘉泽投资 | 新疆伊犁自治州 |
| 永石投资 | 浙江湖州市 | 华夏摩根 | 广西防城港市 |

续表

| 投资机构 | 总部所在地 | 投资机构 | 总部所在地 |
|---|---|---|---|
| 中凌晟银 | 浙江杭州市 | 晟世鼎鑫 | 河南郑州市 |
| 金龙投资 | 浙江杭州市 | 邦友投资 | 河南郑州市 |
| 蔚蓝投资 | 江苏南京市 | 金河投资 | 陕西西安市 |
| 致朴投资 | 浙江嘉兴市 | 鼎恒投资 | 山东济南市 |
| 甬港无咖 | 浙江宁波市 | 易通光投资 | 新疆乌鲁木齐市 |
| 明善投资 | 江苏苏州市 | 正鸿昌 | 福建厦门市 |
| 济和创投 | 浙江宁波市 | 厦门莉达 | 福建厦门市 |
| 欣晟投资 | 江苏苏州市 | 广融产权 | 河南郑州市 |
| 万汇通投资 | 浙江金华市 | 威邦基金 | 辽宁沈阳市 |
| 宁波美域 | 浙江宁波市 | 凯康投资 | 新疆乌鲁木齐市 |
| 杭州聚泽 | 浙江杭州市 | 佰汇力量投资 | 河南郑州市 |
| 唐宋投资 | 江苏南京市 | 恒信投资 | 辽宁沈阳市 |
| 子竹资产 | 江苏苏州市 | 青岛煜明 | 山东青岛市 |
| 日昇创沅 | 深圳宝安区 | 宏昇源股权投资 | 新疆乌鲁木齐市 |
| 福建省投资集团 | 福建福州市 | 厦门贞观九鼎 | 福建厦门市 |
| 和泰生物医药投资 | 陕西西安市 | 华夏海纳 | 河南郑州市 |
| 石河子睿德信股权投资 | 新疆石河子市 | 华众沃赋 | 山东济南市 |
| 宜信投资 | 新疆乌鲁木齐市 | 嘉富诚 | 福建厦门市 |
| 睿康投资 | 新疆喀什地区 | 益东控股 | 深圳南山区 |
| 开元金源 | 山东德州市 | 中以英飞 | 辽宁大连市 |
| 阳爵名光 | 新疆乌鲁木齐市 | 鸿石联合 | 福建厦门市 |
| 追日投资 | 福建厦门市 | 协新投资 | 内蒙古呼和浩特市 |
| 极锋股权 | 新疆伊犁自治州 | 聚升泰德 | 新疆克拉玛依市 |
| 金泉投资 | 新疆乌鲁木齐市 | 麦盛资产 | 深圳福田区 |
| 景润投资 | 陕西西安市 | 前海资本 | 深圳光明新区 |
| 广西铁投 | 广西南宁市 | 向日葵投资 | 深圳福田区 |
| 嘉梦投资 | 新疆石河子市 | 智合信 | 深圳福田区 |
| 无极股权投资 | 新疆石河子市 | 新同方 | 深圳福田区 |
| 英拓聚鑫 | 新疆乌鲁木齐市 | 中基投资 | 广东中山市 |
| 西进投资 | 山东济南市 | 长金投资 | 广东广州市 |
| 硕源股权投资 | 新疆乌鲁木齐市 | 贤泽投资 | 深圳罗湖区 |
| 翔睿投资 | 新疆克拉玛依市 | 龙华元基金 | 深圳福田区 |
| 兴杭资本 | 福建福州市 | 金清华基金 | 深圳福田区 |
| 启鑫投资 | 山东淄博市 | 长城资本 | 广东广州市 |
| 豪迈动力 | 山东济南市 | 华盛莱蒙 | 深圳福田区 |
| 东营汇广 | 山东东营市 | 昆鹏投资 | 深圳南山区 |

续表

| 投资机构 | 总部所在地 | 投资机构 | 总部所在地 |
|---|---|---|---|
| 广泽投资 | 山东东营市 | 中能绿色基金 | 深圳福田区 |
| 黄金众筹资产 | 新疆乌鲁木齐市 | 汇杰投资 | 深圳福田区 |
| 时位资本 | 福建厦门市 | 盛屯投资 | 深圳南山区 |
| 蓝色海洋创投基金 | 山东青岛市 | 铧融投资 | 深圳福田区 |
| 金鹏天益 | 深圳福田区 | 利君骐 | 深圳南山区 |
| 民和投资 | 山东烟台市 | 利君骐福旺 | 深圳南山区 |
| 西安天启 | 陕西西安市 | 筑先投资 | 深圳福田区 |
| 瑞鹏投资 | 陕西西安市 | 筑为投资 | 深圳福田区 |
| 新疆泰睿 | 新疆石河子市 | 凯合投资 | 深圳南山区 |
| 厦门建发 | 福建厦门市 | 道天投资 | 深圳福田区 |
| 国杰投资 | 新疆石河子市 | 民康投资 | 深圳南山区 |
| 腾新投资 | 福建福州市 | 裕晋投资 | 深圳福田区 |
| 乾盈领金 | 福建厦门市 | 中久资产管理 | 深圳罗湖区 |
| 海丝泉宗 | 山东青岛市 | 中值投资 | 广东广州市 |
| 华兴汇源 | 福建福州市 | 通联资本 | 深圳福田区 |
| 万嘉盛华 | 福建厦门市 | 海德资本 | 深圳福田区 |
| 长城高创 | 山东青岛市 | 创正股权投资 | 深圳福田区 |
| 博孚利 | 福建厦门市 | 红福基金 | 深圳罗湖区 |
| 红山基金 | 新疆乌鲁木齐市 | 佛山汇晨 | 广东佛山市 |
| 紫金港投资 | 深圳福田区 | 科杰投资 | 广东江门市 |
| 瀚晖投资 | 广东广州市 | 百源汇 | 广东东莞市 |
| 盈川新材料 | 云南昆明市 | 名城金控 | 深圳南山区 |
| 国信基金 | 深圳福田区 | 创世纪投资 | 深圳宝安区 |
| 群策群力投资 | 深圳南山区 | 九宇资本 | 深圳南山区 |
| 招广投资 | 深圳南山区 | 中金鼎鑫资本 | 深圳南山区 |
| 达仁资管 | 深圳福田区 | 恒天金石 | 深圳南山区 |
| 君丰合创 | 深圳南山区 | 飞马 | 深圳南山区 |
| 中楷基金 | 广东广州市 | 深圳国投资本 | 深圳福田区 |
| 金瑞格投资 | 深圳福田区 | 前海小乘 | 深圳南山区 |
| 瑞盈丰华创投 | 深圳福田区 | 深圳盛世景 | 深圳南山区 |
| 盈信创投 | 广东肇庆市 | 纵横万国投资 | 深圳罗湖区 |
| 粤政企业 | 广东广州市 | 华信世纪 | 深圳南山区 |
| 盛世必达 | 深圳龙岗区 | 广东文投 | 广东广州市 |
| 前海中民昇汇 | 深圳南山区 | 鑫根资管 | 深圳南山区 |
| 武当资产 | 深圳福田区 | 帆茂首瑞 | 深圳南山区 |
| 中航投资 | 深圳 | 大地资本 | 深圳南山区 |

续表

| 投资机构 | 总部所在地 | 投资机构 | 总部所在地 |
|---|---|---|---|
| 榕树投资 | 深圳 | 前海南方睿泰 | 深圳南山区 |
| 前海久银投资 | 深圳南山区 | 前海八菱 | 深圳南山区 |
| 东方港湾资产 | 深圳 | 平安德成 | 深圳福田区 |
| 鹏萱投资 | 深圳福田区 | 先行投资 | 深圳南山区 |
| 海联讯投资 | 深圳 | 深圳中信资本 | 深圳南山区 |
| 宝润达 | 深圳 | 恒基长盈 | 深圳南山区 |
| 恒瑞方圆 | 深圳 | 思捷阳光 | 深圳盐田区 |
| 凌日资产 | 广东东莞市 | 高晟融信 | 深圳南山区 |
| 联创利好 | 广东广州市 | 联润东方 | 深圳南山区 |
| 佳朋投资 | 广东广州市 | 珠海久银投资 | 广东珠海市 |
| 舍得之道 | 深圳 | 永邦友谊 | 深圳南山区 |
| 恒泰资本 | 深圳 | 深圳市泰岳投资 | 深圳龙华新区 |
| 中植产投 | 深圳南山区 | 架桥资本 | 深圳南山区 |
| 广发信德敖东基金 | 广东珠海市 | 银叶资产 | 深圳南山区 |
| 泽鑫投资 | 深圳 | 淡水泉资产 | 广东广州市 |
| 中兵广发投资 | 广东珠海市 | 前海睿石 | 深圳南山区 |
| 恒利基金 | 深圳 | 安和大健康 | 深圳南山区 |
| 立方投资 | 深圳 | 丰实云兰 | 深圳南山区 |
| 中云辉资本 | 深圳 | 汇智投资 | 广东汕头市 |
| 分享成长 | 深圳 | 前海聚能投 | 深圳南山区 |
| 盈达投资 | 深圳 | 磐通投资 | 深圳龙岗区 |
| 深圳前海硅谷 | 深圳南山区 | 享悦资本 | 深圳南山区 |
| 敦益投资 | 深圳福田区 | 架桥资产 | 深圳南山区 |
| 黑石盈信 | 广东珠海市 | 索菲亚投 | 深圳南山区 |
| 架桥富润 | 深圳福田区 | 新风口投资 | 广东广州市 |
| 瑞财基金 | 深圳福田区 | 百富源 | 深圳福田区 |
| 薛蛮子基金 | 广东珠海市 | 中金南方 | 深圳福田区 |
| 金信资本 | 广东东莞市 | 天风天成 | 深圳南山区 |
| 集成一号 | 深圳南山区 | 宜华资本 | 深圳南山区 |
| 三重奏投资 | 广东广州市 | 招为投资 | 深圳南山区 |
| 怡珀新能源投资 | 广东广州市 | 达安京汉 | 广东广州市 |
| 前海业远 | 深圳南山区 | 华迪新能 | 广东广州市 |
| 前海瓴建 | 深圳南山区 | 华迪投资 | 广东广州市 |
| 安星资产 | 深圳南山区 | 中钰贤齐 | 广东广州市 |
| 国鼎股权投资 | 云南昆明市 | 九源投资 | 深圳福田区 |
| 海高伦投资 | 深圳福田区 | 强合基金 | 深圳光明新区 |

续表

| 投资机构 | 总部所在地 | 投资机构 | 总部所在地 |
|---|---|---|---|
| 银田投资 | 广东广州市 | 汤孚金融 | 深圳福田区 |
| 乐视鑫根并购基金 | 深圳南山区 | 前海佳浩 | 深圳南山区 |
| 东证鼎晟 | 深圳南山区 | 华昊投资 | 深圳南山区 |
| 易同投资 | 深圳南山区 | 前海富荣 | 深圳南山区 |
| 美银投资 | 深圳福田区 | 海之门休闲 | 深圳南山区 |
| 鹏涛资产 | 广东揭阳市 | 蒙商基金管理 | 深圳南山区 |
| 仁爱祥云 | 广东珠海市 | 前海世嘉 | 深圳南山区 |
| 中咨旗投资 | 深圳福田区 | 富涌谷 | 深圳光明新区 |
| 志惠投资 | 深圳南山区 | 狼多多投资 | 深圳南山区 |
| 中纳资本 | 深圳南山区 | 立诚投资 | 深圳南山区 |
| 盛世迈金投资 | 深圳南山区 | 前海杰维资本 | 深圳南山区 |
| 珠海横琴泰禾资本 | 广东珠海市 | 锦恒投资 | 深圳南山区 |
| 万晟达 | 深圳南山区 | 中开基金 | 广东珠海市 |
| 高杉资产 | 深圳罗湖区 | 钧源投资 | 广东珠海市 |
| 华商鼎盛 | 深圳罗湖区 | 华信资源投资 | 广东广州市 |
| 日靖四方 | 深圳光明新区 | 合江投资 | 深圳南山区 |
| 九合千帆 | 广东珠海市 | 崇正创新资本 | 深圳福田区 |
| 易方达 | 广东珠海市 | 前海瑞莱 | 深圳福田区 |
| 尚融投资 | 广东东莞市 | 文投创工场 | 广东广州市 |
| 华实资产 | 深圳福田区 | 华大农业集团 | 深圳大鹏新区 |
| 前海大米成长 | 深圳南山区 | 弘图广电 | 广东珠海市 |
| 金海资产 | 广东佛山市 | 霍恩基金 | 深圳南山区 |
| 德正嘉成 | 深圳南山区 | 千盈资本 | 深圳南山区 |
| 华澳三文资本 | 深圳南山区 | 博源东方 | 深圳南山区 |
| 国华投资 | 深圳福田区 | 英创基金 | 深圳南山区 |
| 富荣基金 | 广东广州市 | 盈信国富资产 | 深圳南山区 |
| 平安大华 | 深圳福田区 | 铁树资本 | 深圳福田区 |
| 黑蚁资本 | 深圳南山区 | 国金聚富 | 西藏拉萨市 |
| 路奇资本 | 广东广州市 | 金东资本 | 西藏拉萨市 |
| 圣荃投资 | 深圳南山区 | 建邦基金 | 河北石家庄市 |
| 粤商智富 | 深圳福田区 | 富汇天下 | 四川成都市 |
| 亿信基金 | 深圳南山区 | 拓阵投资 | 甘肃兰州市 |
| 中金人和 | 云南昆明市 | 拓展创芯 | 西藏拉萨市 |
| 聚享股权投资 | 深圳南山区 | 林芝锦华 | 西藏林芝地区 |
| 绿享股权投资 | 深圳南山区 | 金杖投资 | 西藏拉萨市 |
| 卓元资本 | 深圳南山区 | 交控汇金 | 海南海口市 |

续表

| 投资机构 | 总部所在地 | 投资机构 | 总部所在地 |
|---|---|---|---|
| 香江投资 | 深圳南山区 | 瑞东资本 | 西藏拉萨市 |
| 比邻投资 | 广东广州市 | 和月阳光 | 西藏林芝地区 |
| 成都磐济 | 四川成都市 | 长城（德阳）投资 | 四川德阳市 |
| 燕赵资产 | 河北沧州市 | 诺信资本 | 西藏拉萨市 |
| 星火投资 | 四川成都市 | 新奥资本 | 河北廊坊市 |
| 兆云投资 | 四川成都市 | 香塘投资管理 | 西藏拉萨市 |
| 聚信发展 | 四川成都市 | 成都同德投资 | 四川成都市 |
| 富恩德投资 | 四川成都市 | 鲁信创晟股投 | 西藏拉萨市 |
| 西金鼎鑫 | 四川成都市 | 金汇投资 | 西藏拉萨市 |
| 永城担保 | 河北廊坊市 | 锦城祥投资 | 四川成都市 |
| 新锦江投资 | 四川成都市 | 申银万国交投 | 四川成都市 |
| 安瑞投资 | 四川成都市 | 谷旺投资 | 宁夏银川市 |
| 友邦投资 | 四川乐山市 | 海创百川 | 海南海口市 |
| 领晟投资 | 河北廊坊市 | 中经汇科 | 河北石家庄市 |
| 汉易投资 | 四川成都市 | 东海岸投资 | 河北邯郸市 |
| 籽渔投资 | 宁夏银川市 | 鼎兴投资 | 北京东城区 |
| 天道投资 | 四川眉山市 | 甘肃国投传化 | 甘肃兰州市 |
| 永恒投资 | 四川眉山市 | 青域基金 | 北京海淀区 |
| 中铁海达 | 四川成都市 | 扬航基石 | 浙江杭州市 |
| 无疆投资 | 河北石家庄市 | 嘉兴信业瑞佑 | 浙江嘉兴市 |
| 华金济天 | 西藏拉萨市 | 和信融智 | 江西赣州市 |
| 夏邦光华 | 四川成都市 | 金圆资本 | 云南昆明市 |
| 金域投资 | 贵州贵阳市 | 康曼迪 | 福建福州市 |
| 拉萨昆吾 | 西藏拉萨市 | 丰厚互联 | 浙江宁波市 |
| 达孜嘉润 | 西藏拉萨市 | 长江源 | 浙江宁波市 |
| 百联汇 | 宁夏银川市 | 君股投资 | 上海嘉定区 |
| 合众创业投资 | 西藏昌都地区 | 磐信投资 | 上海浦东新区 |
| 正煜投资 | 甘肃兰州市 | 盛隆投资 | 上海杨浦区 |
| 龙蟒投资 | 西藏拉萨市 | 富存投资 | 深圳南山区 |
| 国科嘉和 | 西藏拉萨市 | 嘉禾资产 | 深圳南山区 |
| 国安睿博 | 西藏拉萨市 | 共赢投资 | 深圳大鹏新区 |
| 江河资本 | 深圳光明新区 | | |
| 元禾重元 | 深圳 | | |
| 苏州瑞璜 | 江苏苏州市 | | |
| 晟乾投资 | 天津滨海新区 | | |
| 东方世纪 | 新疆乌鲁木齐市 | | |

续表

| 投资机构 | 总部所在地 | 投资机构 | 总部所在地 |
|---|---|---|---|
| 万盛投资 | 新疆 | | |
| 中骏微影 | 宁夏银川市 | | |
| 互娱在线资本 | 广东珠海市 | | |
| 盈港资本 | 深圳南山区 | | |